景东彝族自治县志

(1978—2011)

·上册·

景东彝族自治县地方志编纂委员会　编

方志出版社
Publishing House of Local Records

图书在版编目（CIP）数据

景东彝族自治县志：1978—2011/景东彝族自治县地方志编纂委员会编. --北京：方志出版社，2020.8

ISBN 978-7-5144-4030-0

Ⅰ.①景… Ⅱ.①景… Ⅲ.①景东彝族自治县—地方志—1978—2011 Ⅳ.①K297.44

中国版本图书馆CIP数据核字（2020）第146050号

景东彝族自治县志（1978—2011）

编　　者：景东彝族自治县地方志编纂委员会

责任编辑：徐　宏

出 版 者：方志出版社

地址　北京市朝阳区潘家园东里9号（国家方志馆4层）

邮编　100021

网址　http：//www.fzph.org

发　　行：方志出版社图书经销中心

电话（010）67110500

经　　销：各地新华书店

印　　刷：北京中科印刷有限公司

开　　本：889×1194　1/16

印　　张：89.75

字　　数：2879千字

版　　次：2020年8月第1版　2020年8月第1次印刷

ISBN 978-7-5144-4030-0　　**定价**：880.00元（上、下册）

序　一

贫困问题一直是困扰人类社会发展的重大问题。中国作为世界上最大的发展中国家，为解决贫困问题进行了长期不懈的努力。改革开放以来，特别是党的十八大以来，以习近平同志为核心的党中央把脱贫攻坚作为全面建成小康社会的底线任务和标志性指标，纳入“五位一体”总体布局和“四个全面”战略布局，以前所未有的力度推进精准扶贫、精准脱贫，扶贫开发成就举世瞩目，显著改善了贫困地区和贫困群众生产生活条件，具有重大的现实意义和深远的历史意义。身处中华民族几千年发展历史上将首次整体消除绝对贫困现象的伟大时代，如何更好地发挥地方志的存史、育人、资政的作用，是新时代全国地方志系统必须深入研究和着力解决的重大课题。

党的十八大以来，在党中央国务院的正确领导下，全国地方志系统深入学习贯彻习近平新时代中国特色社会主义思想和党的十九大精神，紧紧围绕党和国家事业发展需要，深入推进地方志改革创新发展，凝心聚力，稳扎稳打，勇于担当，主动作为，全国地方志形势和地方志工作者的精神面貌发生了深刻变化，取得了优异成绩。其中，为贯彻落实《全国地方志事业发展规划纲要（2015—2020年）》，经中国地方志指导小组领导批准，中国地方志指导小组办公室于2015年、2017年先后启动民族地区与贫困地区志书、年鉴出版资助工程（以下简称“志鉴出版资助工程”），对国家级贫困县（区、旗、县级市），中西部地区、少数民族边疆地区面临出版经费困难的志书和综合年鉴给予出版资助。实施志鉴出版资助工程是紧扣时代脉搏、坚持创新发展、传承弘扬中华优秀传统文化的一项创举，不仅有力推动了“两全目标”的实现，而且数十部资助出版的志书、年鉴及时记述了民族地区与贫困地区在全面建成小康社会伟大征程中取得的新成绩和新经验、出现的新情况和新问题、涌现的优秀人物和典型事迹，留住地方文化的“根”和“魂”，为这些地区的经济社会发展、地域文化传播、爱国主义教育、精神文明建设等提供了历史借鉴和智力支持，对全面提升民族地区与贫困地区文化建设水平、确保民族地区与贫困地区和全国其他地区同步全面建成小康社会具有重要意义。

尤为可喜的是，志鉴出版资助工程促成了一批扶贫志书的编纂出版，在文化脱贫攻坚中发挥了独特的作用。例如，《贵州省减贫志》全面系统客观记述了从1978

年至2015年贵州省扶贫、减贫工作的历程及取得的经验，为贵州省实施大扶贫战略提供了有力的资政辅治参考，集中体现了地方志工作因时而动、顺势而为的新作为。前不久，由福建省地方志编委会和人民网共同编纂的《闽宁扶贫协作图志》，是全国首部扶贫协作图志，图文并茂、直观立体、全方位地展现闽宁扶贫协作波澜壮阔的历程，弘扬“闽宁一家亲”“携手奔小康”的深厚情谊和滴水穿石、久久为功的精神，是贯彻落实习近平总书记扶贫工作重要论述精神，服务国家精准扶贫、精准脱贫战略的有力举措。希望各地以此为鉴，编纂出版更多、更好的扶贫志书、年鉴，助力国家精准扶贫、精准脱贫战略的实施，充分展现地方志的独特价值和作用。

当前，我国脱贫攻坚已进入全面决战决胜的关键时期，尚未脱贫的贫困地区集中分布在中西部深山区、极端干旱山区、高寒阴湿地区等，文化建设还比较薄弱，文化产品还不够丰富，文化精品更是少之甚少。同时，这些地区往往是民族文化、历史文化、红色文化、生态文化富集区，具有发展文化旅游、推进文化扶贫的巨大潜在优势，也是繁荣发展地方志事业的巨大文化宝库。要发挥好文化扶贫凝聚人心的优势，善于利用方志文化优势为贫困地区“赋能”，在脱贫攻坚中做出方志人应有的贡献。要发挥好中国名镇志文化工程、中国名村志文化工程的引领作用，大力加强乡镇村志编纂，让百姓记得起乡情、记得住乡愁，凝聚贫困乡镇村庄的强大民心，补齐贫困乡镇村庄的文化短板，以“扶智”的方式“扶志”，践行习近平总书记强调的“扶贫先扶志，扶贫必扶智”的重要理念。

求木之长者，必固其根本；欲流之远者，必浚其泉源。扶贫扶起的是志气骨气，传承的是家国情怀，守护的是绿水青山。扶贫既要富口袋，也要富脑袋。必须坚持文化脱贫和物质脱贫两手抓，筑牢贫困地区文化之基，补足信仰精神之钙，引领脱贫发展之舵。全国地方志系统要围绕中心、服务大局，坚决投入脱贫攻坚这场必须打赢的硬仗，积极参与脱贫攻坚战，发挥优势和特长，深入挖掘文化资源，着力补齐文化短板，努力帮助民族地区与贫困地区的文化建设实现较大的发展提升，在全面建成小康社会、实现中华民族伟大复兴中国梦的征程中贡献方志人的力量。

是为序。

中国社会科学院院长
中国地方志指导小组组长　谢伏瞻

序　二

当前，在以习近平同志为核心的党中央的坚强领导下，全国各族人民正在全面建成小康社会的决胜阶段奋勇向前、阔步迈进。全面建成小康社会，最艰巨最繁重的任务是在革命老区、民族地区、边疆地区、贫困地区。消除贫困、改善民生、实现共同富裕，是中国特色社会主义的本质要求，是中国共产党的重要使命。为了全面实现小康，党中央高度重视扶贫开发工作，全力推进脱贫攻坚工程，实施精准扶贫、精准脱贫。习近平总书记明确提出，全面实现小康，一个民族也不能少，不能落下一个贫困家庭，丢下一个贫困群众。扶贫开发是个系统工程，发展是第一要务，只有发展，因地制宜找准路子，才能最终实现精准扶贫、精准脱贫。“治贫”必先“治愚”，在加强经济和基础设施建设、提高教育水平等方面的同时，扶贫开发还要注重文化扶贫，特别是通过挖掘革命老区、民族地区、边疆地区、贫困地区的文化内涵、历史底蕴、地情资源，让广大干部群众了解地情、了解历史、了解本地区的优势和劣势，在思想上脱贫，尤为关键。

赓续不断地编修地方志是我国独有的优秀文化传统，绵延千年而不断。党中央、国务院高度重视地方志工作，近几年来，习近平总书记、李克强总理、刘延东副总理作出了一系列的重要指示。2015 年 8 月，国务院办公厅印发《全国地方志事业发展规划纲要（2015—2020 年）》（简称《规划纲要》），明确要求到 2020 年必须全面完成第二轮修志规划任务，这是全国地方志工作在全面建成小康社会进程中的硬性任务，也是全国地方志系统为全面建成小康社会的献礼。届时，将同步实现省省有省志、市市有市志、县县有县志，这不仅在中国文化发展史上是绝无仅有的，在世界文化发展史上也是罕见的。从目前来看，要实现这一目标任务，还存在不少困难和问题，特别是民族地区与贫困地区，面临着缺乏人才、资金等诸多困难。实现到 2020 年必须全面完成第二轮修志规划任务，一个省、一个市、一个县都不能少。自 2015 年 8 月，经中国地方志指导小组批准，中国地方志指导小组办公室启动民族地区与贫困地区志书出版资助工程（以下简称“资助工程”），对经国务院扶贫开发领导小组办公室认定的国家级贫困县（区、旗、县级市），中西部地区、少数民族边疆地区、经济欠发达地区存在出版经费困难的省市县三级综合志书进行出版资助。截至目前，已经确定资助两批 20 多部志书。2016 年 4 月，该工程成功入选国家新闻出版广电总局实施的“十三五”国家重点图书、音像、电子出版物出版规划项目。当前正处于全面推进扶贫开发工程的攻坚阶段，深入推进资助工程，是全国地方志系统配合推进精准扶贫、精准脱贫的重要工作，必须引起高度重视。

资助工程是地方志系统的政治工程。革命老区、民族地区、边疆地区、贫困地区蕴含着极为丰富的文化内容，编纂出版志书，对于继承和发扬优秀传统文化、民族文化、革命文化，加强民族团结、促进当地经济社会建设意义重大。革命老区、民族地区、边疆地区、贫困地区的志书是充分展示在中国共产党领导下这些地区经济社会建设取得的巨大成就、各族人民生活幸福安定的历史依据。特别是边疆地区的志书，是历代王朝、社会主义新中国对该地区行使主权的文化宣示，是真实记录边疆地区与祖国一脉相承、荣辱与共的重要载体。《规划纲要》明确要求到2020年全面完成第二轮修志规划任务，是党中央、国务院对各级政府和地方志工作机构的政治要求，必须不打折扣坚决完成，革命老区、民族地区、边疆地区、贫困地区也不能例外。资助工程既是全国地方志系统的文化扶贫工程，又是确保到2020年全面完成第二轮修志规划任务的推进工程，具有重要的政治意义。

资助工程是促进民族地区与贫困地区文化建设的基础工程。地方志书是全面系统地记述本行政区域自然、政治、经济、文化和社会的历史与现状的资料性文献，记述内容包罗万象，记述对象丰富多彩，是对一个地方的文化普查和历史资料的全面梳理。一个地方的经济社会建设，离不开文化支持。发展是硬道理，只有真正实现全面、协调、可持续发展，才能最终实现小康。与此同时，发展也必须是有序的而不是盲目的，必须是实事求是的而不是凭空设想的，必须是因地制宜的而不是照搬照抄的。实践证明，脱离当地的自然条件、历史基础、文化传承、人文习俗等搞所谓的建设，要么是盲人摸象、坐井观天，要么是揠苗助长、掩耳盗铃，要么是削足适履、画蛇添足，最终会落得个水土不服、无疾而终。对于民族地区与贫困地区来说，立足本地的资源、市场、人文旅游等优势，因地制宜找准发展路子，是确保科学发展的首要任务。民族地区与贫困地区，尤其是那些自古以来还没有编修过志书的地区，开展志书编纂既是对当地自然、政治、经济、文化、社会、生态等方面的发展历史、发展脉络、发展规律的全面摸底和调查，又是总结历史经验、汲取历史教训、挖掘历史智慧的全面梳理和探求。通过学习、利用地方志书，让各级领导干部、广大人民群众了解当地的历史、了解实实在在的地情，从历史中汲取营养和智慧为现实提供借鉴和服务，是确保民族地区与贫困地区发展不走弯路、不走冤枉路的有效手段。

资助工程是全国地方志事业协调发展的促进工程。第五届中国地方志指导小组成立以来，一直把走基层、探实情作为一项重要任务，截至目前，已经到30个省（自治区、直辖市）开展了调研。通过座谈、实地考察等多种形式，充分了解了当前全国地方志事业发展面临的主要困难和问题。其中，区域发展不平衡，中西部地区特别是边疆少数民族地区地方志工作与东部地区相比还存在不少差距，是制约全国地方志事业实现全面、协调、可持续发展的瓶颈所在。有的地方甚至出现了花费了大量的人力、物力，经过十余年的艰辛努力编纂出志书，因为缺乏出版经费迟迟未能出版的状况。正是基于以上了解到的情况，中国地方志指导小组及其办公室才下定决心启动资助工程。到2020年全面建成小康社会时，地方志事业区域发展不平衡问题必须得到妥善解决，这也是深入贯彻《规划纲要》的应有之义。而作为主业的修志编鉴，到2020年全面完成第二轮修志规划任务、实现综合年鉴编纂全覆盖的"两全目标"，是中西部地区特别是边疆少数民族地区地方志工作发展的重中之重。从现实意义来说，资助工程对于实现全国地方志事业全面、协调、可持续发展具有重要的促进作用。

在党中央、国务院的高度重视下，全国地方志事业发展迎来重大战略机遇。越是发展的关键时期，越要有大局观，越要从全国一盘棋的角度考虑问题。《规划纲要》作为顶层设计，确定的各项目标任务都要落到实处，而作为"两全目标"之一的到2020年全面完成第二轮修志规划任务，实现省、市、县一个都不能少的目标，是关键中的关键。希望借助资助工程的深入推进，进一步引起全国地方志系统对实现"两全目标"的重视，确保按期保质完成，用志书客观而忠实地记述中国共产党人带领全国各族人民全面建成小康社会的光荣与曲折历程，为全面建成小康社会贡献"志"礼。

是为序。

中国社会科学院原院长
中国地方志指导小组原组长

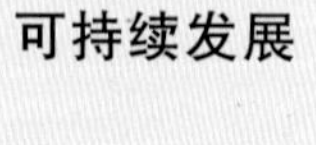

民族地区与贫困地区志书出版
资助工程领导小组

组　　　长：谢伏瞻

常务副组长：高　翔

副　组　长：冀祥德

成　　　员：高京斋　邱新立

民族地区与贫困地区志书出版
资助工程领导小组办公室

主　　　任：冀祥德

副　主　任：邱新立

成　　　员：于伟平　陈　旭　杨海峰　王丹林　徐　宏

景东彝族自治县行政区划图

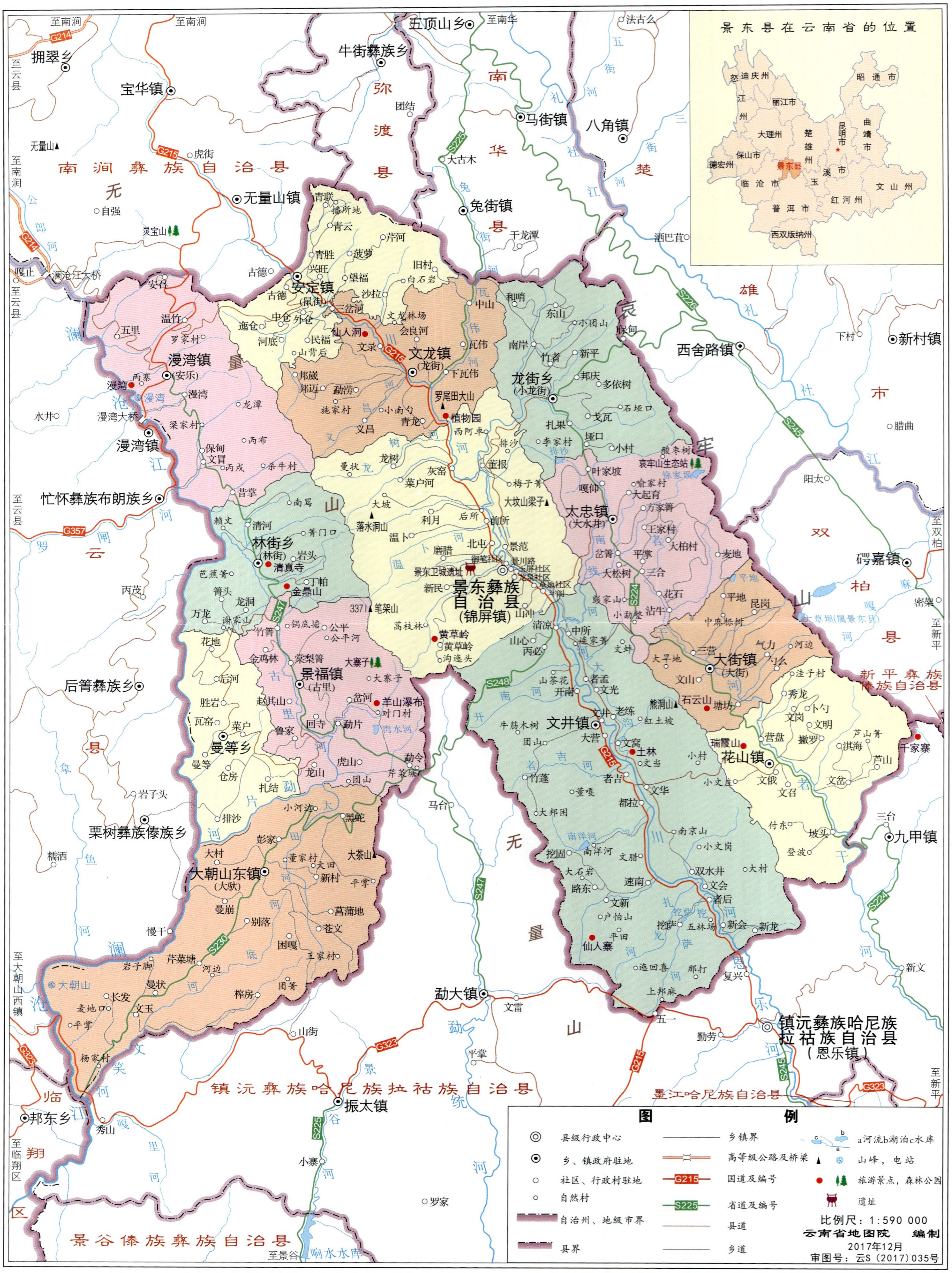

景东县城鸟瞰（李文圣 摄于2013年1月）

2006 年 6 月 20—23 日，中共景东彝族自治县第十一次代表大会在人民会堂召开。图为与会代表合影（县委党史办　提供）

2011 年 6 月 21—24 日，中共景东彝族自治县第十二次代表大会在人民会堂召开。图为与会代表合影（唐忠明　摄）

2008 年 1 月 8—12 日，景东彝族自治县第十五届人民代表大会第一次会议在人民会堂召开。图为与会代表合影（县委党史办　提供）

◎自治县成立庆典

1985 年 12 月 20 日，景东彝族自治县成立庆典（石德林　摄）

会场一角（石德林　摄）

游行活动（石德林　摄）

彝族同胞载歌载舞（石德林　摄）

◎自治县成立 10 周年庆典

入场仪式（李廷新　摄）

游行活动（李廷新　摄）

1995 年 12 月 20 日，景东彝族自治县成立 10 周年庆典（县委党史办　提供）

◎自治县成立 20 周年庆典

2005 年 12 月 20 日，景东彝族自治县成立 20 周年庆典（县委党史办　提供）

县庆标志（县委党史办　提供）

入场仪式（县委党史办　提供）

云南人民广播电视台直播县庆活动（李兆达　摄）

举办第 30 届商品交流大会（县委党史办　提供）

御笔山
（吴永康
摄于 2014 年 1 月）

黄草坝
（唐云
摄于 2014 年 10 月）

无量山主峰（朱家富　摄于 2008 年 5 月）

仙人寨
（罗一华　摄于 2009 年 3 月）

万蟾谷
（罗汀　摄于 2014 年 11 月）

羊山瀑布（朱家富　摄于2009年2月）

◎哀牢山风光

文井土林（李金雄　摄于 2010 年 12 月）

花山瑞霞山（罗海根　摄于 2012 年 9 月）

太忠小石林（罗汀　摄于 2010 年 12 月）

杜鹃湖（吴永康　摄于 2009 年 5 月）

澜沧江百里长湖（周德翰　摄于 2016 年 2 月）

川河云海（吴永康　摄于 2015 年 1 月）

川河坝鸟瞰（李文圣　摄于 2013 年 1 月）

桃源黄草岭（县文联提供 摄于2012年3月）

南洋河水库风光（吴永康 摄于2014年4月）

双河温泉（罗一华　摄于2008年9月）

无量山石房（朱家富　2009 年 5 月摄于景福乡岔河）

无量山石板房（罗庆北　2015 年 1 月摄于锦屏镇黄草岭）

◎黑冠长臂猿

全世界黑冠长臂猿仅存 1100 ~ 1400 只，中国有 1000 ~ 1300 只。景东境内共调查记录到 89 群约 500 只，其中，无量山 80 群，哀牢山 9 群。黑冠长臂猿是比大熊猫还稀少的国家级重点保护动物，景东因此获“中国黑冠长臂猿之乡”称号。

黑冠长臂猿（张洲　2013 年 12 月摄于无量山）

雄性黑冠长臂猿（唐云　2015年4月摄于无量山）

雌性黑冠长臂猿（唐云　2013 年 3 月摄于无量山）

灰叶猴（唐云　2011 年 11 月摄于无量山）

哀牢髭蟾（唐云　2012 年 2 月摄于无量山）

竹叶青蛇（唐云　2012 年 2 月摄于哀牢山）

菜花烙铁蛇（唐云　2013 年 7 月摄于无量山）

红瘰疣螈（杨勇　2007 年 5 月摄于哀牢山）

白　鹭（夏乡　2008 年 9 月摄于川河）

红尾水鸲（庄小松　摄于 2008 年 9 月）

蝴　蝶（夏乡　摄于 2008 年 10 月）

伯乐树（县植物园提供　2013 年 6 月摄于无量山）

景东短檐苣苔（县植物园提供　2015 年 1 月摄于无量山）

克雷木（叶绍增　2010 年 5 月摄于无量山）

云　杉（姜贵勇　2013 年 6 月摄于无量山）

串珠石斛（罗海垠　2015 年 5 月摄于景东植物园）

景东石栎（罗海垠　2015 年 11 月摄于哀牢山）

景东翅子树（县植物园提供　2013 年 6 月摄于无量山）

紫　铆（县植物园提供　2012 年 3 月摄于无量山）

红花木莲（唐云　2013 年摄于哀牢山）

景东槭（唐云　2010 年摄于无量山）

顶果木（罗海垠　2013 年 6 月摄于文井镇开南桥头）

景东榕（叶绍增　2010 年 5 月摄于无量山）

长蕊木兰（杨国平　2004 年 5 月摄于哀牢山）

景东楠（县植物园提供　2015 年 5 月摄于哀牢山）

红豆杉（肖德兵　2015 年 5 月摄于无量山）

中华桫椤（唐云　2015 年 5 月摄于无量山）

曼等榕树群（周德翰　2009 年 9 月摄于曼等乡）

马缨杜鹃（唐云　2015 年 2 月摄于无量山）

细果冬青（周德翰　2007 年摄于哀牢山徐家坝）

樱　花（罗海垠　2015 年 2 月摄于无量山）

喜　树（县植物园提供　2015 年 5 月摄于无量山）

肾唇虾脊兰（县植物园提供　2015 年 5 月摄于无量山）

◎景东文庙

大成殿（罗海垠　摄于 2015 年 7 月）

文庙一角（夏乡　摄于 2006 年 4 月）

棂星门（罗一华　摄于 2010 年 12 月）

政府殿堂楼（罗海垠　摄于 2012 年 11 月）

林街清真寺（罗海垠　摄于 2015 年 5 月）

卫城遗址（罗海垠　摄于 2013 年 1 月）

景东一中古楼（罗一华　摄于 2010 年 2 月）

金鼎山遗迹（罗一华　摄于 2011 年 12 月）

开南书院（吴永康　摄于 2013 年 6 月）

仙人寨古营盘遗迹（周德翰　摄于 2012 年 3 月）

瑞霞山古营盘遗迹（苏思　摄于 2012 年 5 月）

县城南仓井（罗海垠　摄于 2015 年 7 月）

龙泉寺牌坊（罗海垠　摄于 2015 年 1 月）

清凉古街（周德翰　摄于 2009 年 6 月）

安定古驿道（县文联提供　摄于 2009 年 4 月）

南岸白石岩营盘
（周德翰　摄于 2009 年 4 月）

都拉官坡古道
（罗海垠　摄于 2009 年 9 月）

那罕茶马古道
（罗海垠　摄于 2007 年 6 月）

◎景东三塔

南京山文笔塔（罗海根　摄于2013年6月）

保甸振文塔（者吉中　摄于2007年12月）

孔雀山凌云塔（吴永康　摄于2010年10月）

清凉梁家古建筑群（夏乡　摄于 2006 年 5 月）

安定姜家大门（县文联提供　摄于 2009 年 4 月）

严禁土官科派碑碑帖（周德翰　摄于 2010 年 12 月）

陶熔旧宅（罗海垠 摄于 2012 年 5 月）

程含章故居（罗海垠 摄于 2015 年 5 月）

戴家政故居（县文联提供　摄于 2007 年 4 月）

望天坡桥（县文联提供　摄于 2009 年 4 月）

小文献桥（罗一华　2009 年 3 月摄于花山乡文岔）

永定桥（罗海垠　2015 年 7 月摄于文井镇开南）

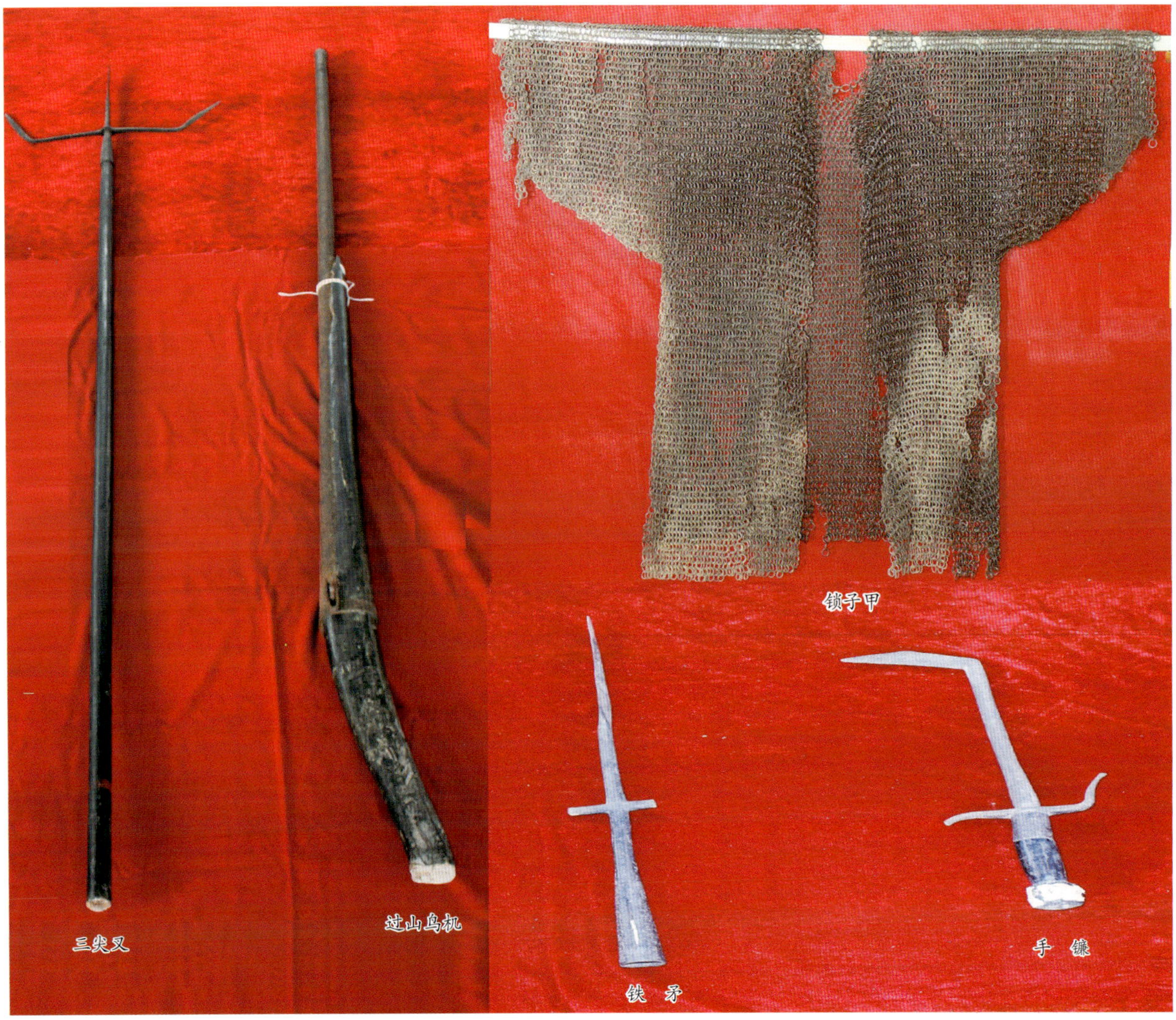

哀牢山各族起义文物（罗海垠　2013 年 1 月摄于景东县文馆所）

置于川河大桥的陶府旧宅石狮（罗海垠　2015 年 6 月摄于川河大桥）

陶金墓碑碑帖（周德翰　2012 年 5 月摄于景东县文馆所）

安乐街出土的新石器（景东县文管所提供　摄于 2010 年 12 月）

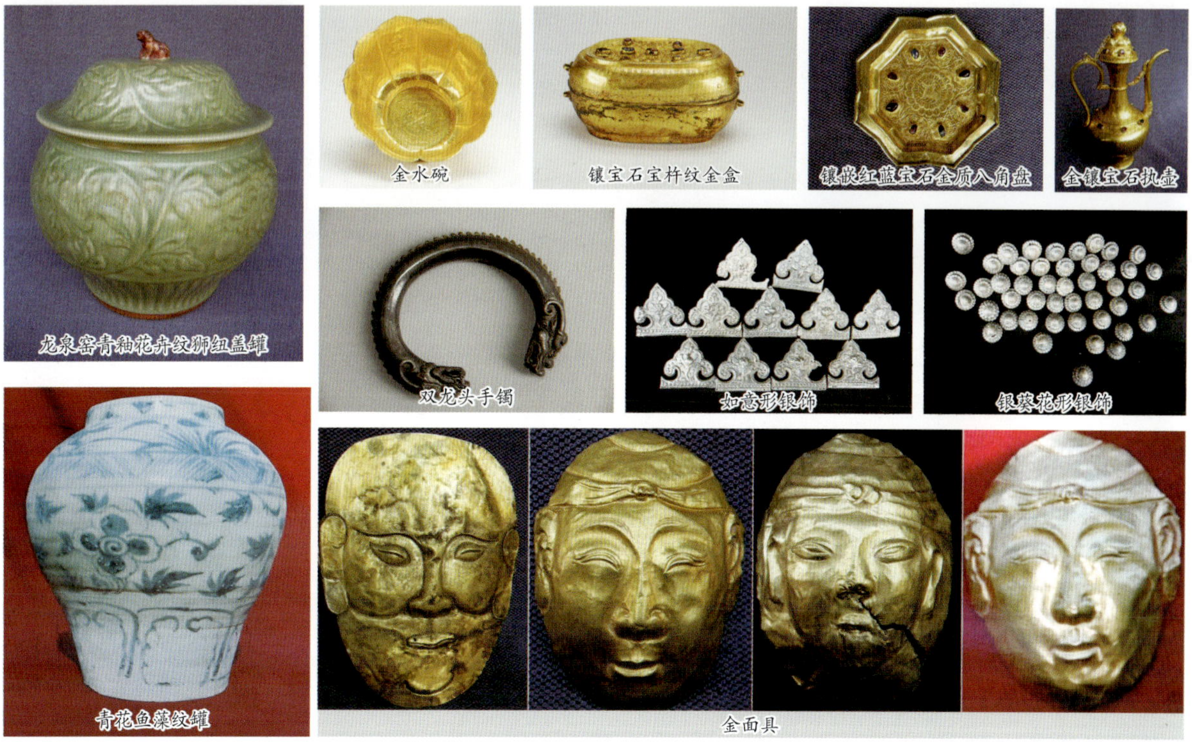

陶土府出土部分文物（景东县文馆所提供　摄于 2008 年 3 月）

忠诚卫士（者吉中　摄于2014年2月）

消防战士（罗海垠　摄于2014年3月）

平安卫士（向景春　摄于 2012 年 10 月）

革命烈士纪念碑（罗海垠　摄于 2014 年 9 月）

景东法院“阳光司法”巡回审判法庭（姜贵寿　摄于 2013 年 3 月）

法治宣传（丁建玲　摄于 2014 年 3 月）

三弦广场夜景（罗海垠　摄于 2015 年 2 月）

月牙湾广场（周德翰　摄于 2005 年 1 月）

南岳广场（罗海艮　摄于2012年10月）

驭江长廊（吴永康　摄于2010年10月）

同治皇帝和刘崐雕塑（县文联提供　摄于 2009 年 6 月）

程含章雕塑（罗海垠　摄于 2007 年 6 月）

戴家政雕塑（县文联提供　摄于 2007 年 10 月）

樊绰雕塑（县文联提供　摄于 2003 年 10 月）

人民广场（郭元辉　摄于 2009 年 7 月）

凤御路民族欢歌雕塑（罗海垠　摄于 2013 年 5 月）

川河湿地（罗海垠　摄于 2012 年 5 月）

银生广场（周德翰　摄于 2005 年 1 月）

茶出银生雕塑（李金雄　摄于 2006 年 1 月）

阿只鲁与战象雕塑（周德翰　摄于 2003 年 5 月）

陶府文化广场（夏乡　摄于 2007 年 10 月）

凌云路（吴永康　摄于 2009 年 5 月）

凤御路（罗海垠 摄于 2012 年 8 月）

景川路（罗海垠 摄于 2013 年 10 月）

锦屏路（罗海垠　摄于2012年8月）

城区老街（罗海垠　摄于2012年11月）

银生路（罗海垠 摄于 2013 年 10 月）

建设路（罗海垠 摄于 2015 年 1 月）

银生大酒店（夏乡　摄于 2009 年 4 月）

金丰大酒店（夏乡　摄于 2007 年 10 月）

都拉移民村（周德翰 摄于 2008 年 8 月）

大朝山水库遗留问题移民龙洞安置点（罗海垠 摄于 2013 年 6 月）

县委县政府办公楼（罗海垠　摄于 2015 年 4 月）

银生集贸市场（夏乡　摄于 2006 年 1 月）

景东客运站（吴永康　摄于 2009 年 5 月）

民生工程保障性住房（罗海垠　摄于 2014 年 10 月）

县中医院一角（罗海垠　摄于 2014 年 6 月）

县人民医院一角（蒋成文　摄于 2015 年 8 月）

城镇居民住房（县文联提供　摄于 2007 年 11 月）

农村新建房（罗海垠　2015 年 7 月摄于文龙镇青龙）

大朝山大桥（罗海垠　摄于2014年9月）

川河大桥（夏乡　摄于2007年10月）

漫湾大桥（罗海垠　摄于 2013 年 9 月）

川河大沟坝头滚水坝（罗海垠　摄于 2015 年 5 月）

湾水河水库（朱家富　摄于 2008 年 4 月）

者干河治理工程一角（陈东　摄于 2013 年 5 月）

青龙水库奠基仪式（县委党史办提供　摄于 2011 年 12 月）

万亩小麦高产创建（叶珍德　摄于 2014 年 3 月文龙乡）

万亩水稻示范田（杨春冉　2013 年 7 月摄于锦屏镇）

万亩烤烟（罗海垠　2013 年 6 月摄于文井镇）

蚕桑高产优质创建示范园（罗海垠　2015 年 5 月摄于文井镇）

甘　蔗（杨春冉　2014 年 12 月摄于文井镇）

黑山羊饲养（夏乡　摄于2011年8月）

生猪养殖（杨春冉　摄于2013年5月）

无量山乌骨鸡规模化饲养（侯明学　摄于2015年3月）

黄牛饲养（徐伟平　摄于2011年4月）

锦屏镇景范水产养殖场（杨春冉　摄于 2015 年 1 月）

思茅松人工林（县林业局提供　摄于 2014 年 7 月）

核桃造林（罗海垠　2015 年 5 月摄于锦屏镇利月）

塔　拉（中科院资源昆虫研究所景东试验站提供　摄于 2007 年 3 月）

杨　梅（罗海垠　摄于 2015 年 5 月）

夏雪梨（罗华　摄于 2016 年 6 月）

樱　桃（纪昆　摄于 2013 年 4 月）

晚熟芒果（杨春冉 摄于 2014 年 10 月）

火龙果（罗海垠 摄于 2014 年 9 月）

竹子育苗（叶珍德 摄于 2015 年 4 月）

颁发林权证（罗海垠 摄于 2007 年 4 月）

森林病虫害防治（景东林业局提供 摄于 2009 年 3 月）

银生中学落成典礼
（夏乡　摄于 2009 年 9 月）

教育部颁普及九年义务教育和扫除青壮年文盲县奖杯（罗汀　摄于 2008 年 9 月）

县幼儿园（罗海垠　摄于 2015 年 7 月）

民族小学逸夫楼（罗海垠　摄于 2015 年 6 月）

国家重点中等职业学校挂牌典礼（罗汀　摄于 2011 年 7 月）

青少年校外活动中心（罗海垠　摄于 2015 年 3 月）

力奥林化工厂（罗海垠　摄于 2015 年 6 月）

脂松香、松节油（县文联提供 摄于 2007 年 5 月）

无量山核桃及生态饮品（陈华 摄于 2010 年 11 月）

缫丝生产（吴永康 摄于 2012 年 7 月）

原料蔗（罗庆东　摄于 2015 年 4 月）

烟花爆竹生产（罗庆东　摄于 2015 年 4 月）

景东变电站（罗海垠　摄于 2015 年 6 月）

大朝山水电站（罗海垠　摄于 2009 年 6 月）

漫湾水电站（罗海垠　摄于2013年9月）

羊皮舞（夏乡　摄于2006年4月）

跳　菜（罗海垠　摄于 2008 年 6 月）

火把节（罗海垠　摄于 2012 年 8 月）

民间打歌（县文联提供　摄于 2009 年 1 月）

石龙鼓（罗海垠　摄于 2012 年 10 月）

杀　戏（吴永康　摄于 2012 年 7 月）

彝族刺绣（安定镇提供　摄于 2012 年 9 月）

者干白绵纸制作（罗庆北　摄于 2009 年 6 月）

台湾中天电视台“台湾脚逛大陆” 节目摄制组到景东采风（李世华　摄于 2005 年 8 月）

小学生杨智尧科幻美术作品 《我的玩具回来了》

康和美术作品《全家一起学习》（木刻着色）

清·黄炳堃美术作品

黄崇普美术作品《哈尼山寨》（水彩画）

付廷勇美术作品《阳光下的喜悦》（木刻套色）

李想美术作品《杀戏组》

黄丕智美术作品《无量雄峰》（国画）

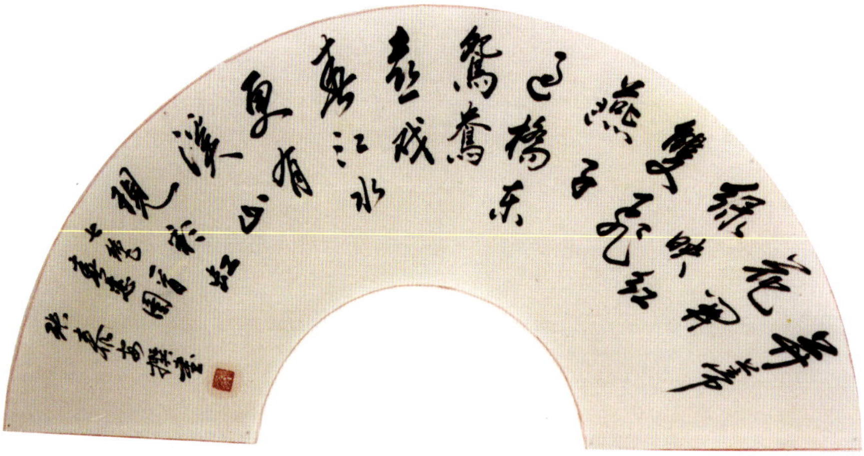

张泰安书法作品

姜永华书法作品

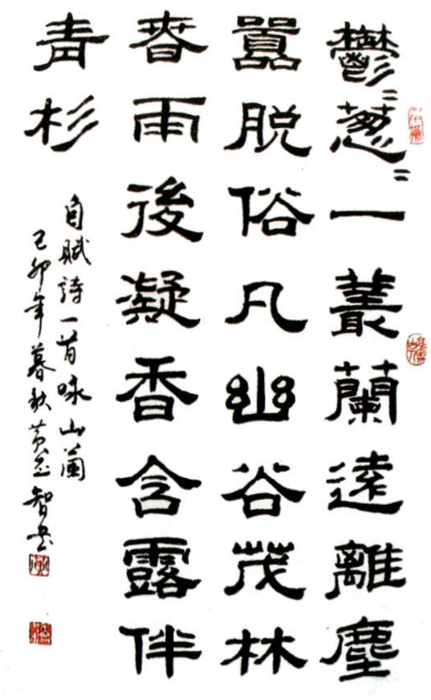

黄丕智书法作品

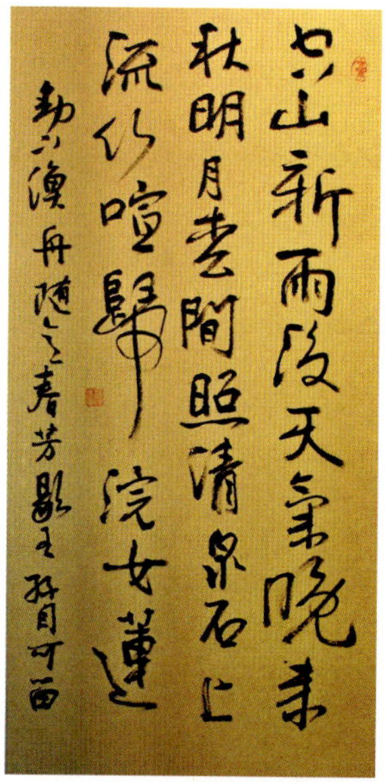

罗一华书法作品

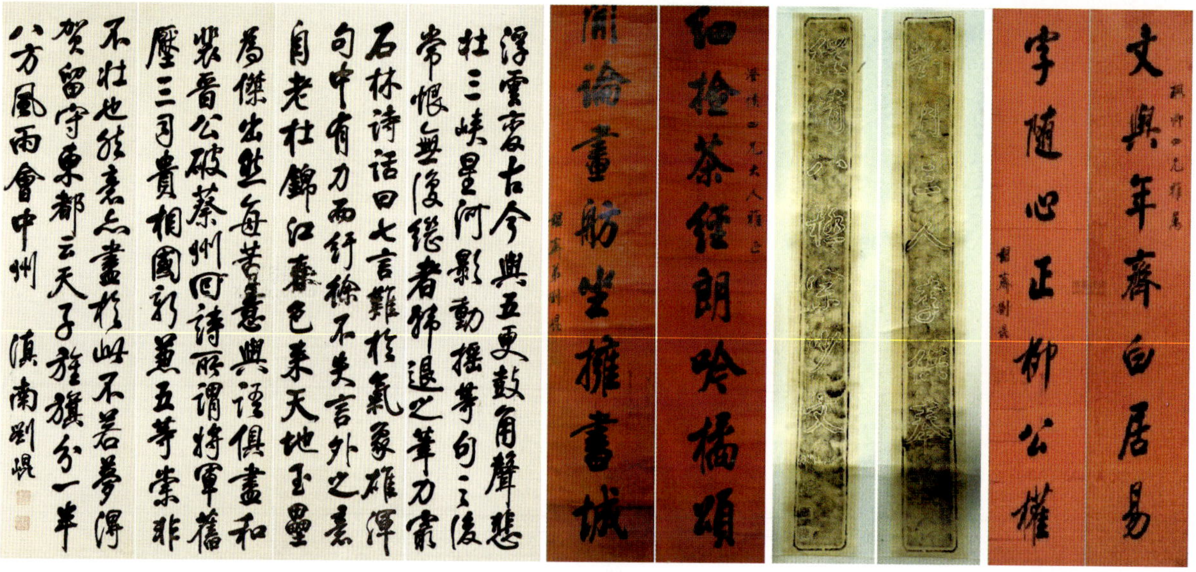

清·刘崐书法作品

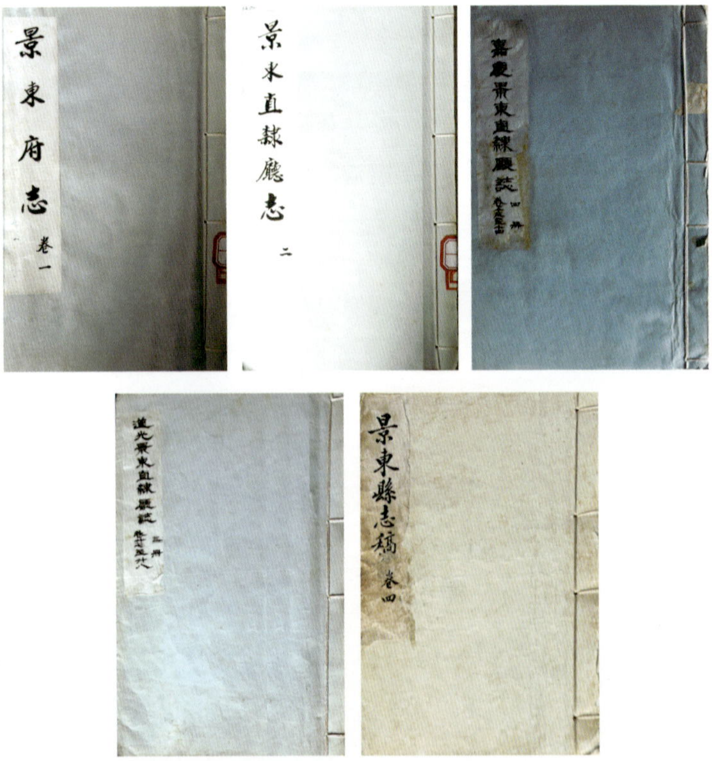

景东县古志书

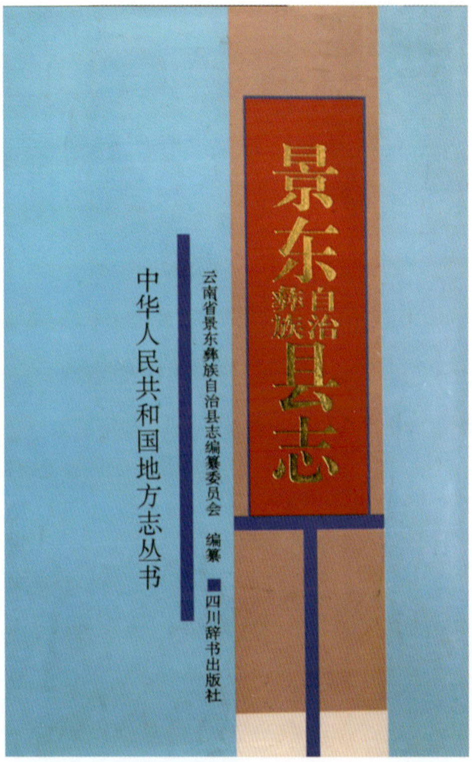

第一部《景东彝族自治县志》

第二轮县志编纂人员。前排左起：李发祥、王潇跃，后排左起：周德翰、罗海垠、李庭辉、颜仕勇

云南省景东彝族自治县志
编纂委员会

（2011.8—2016.12）

李建胭（2011.8—2015.6）
陶明震（2011.8—2016.12）
罗庆今（2015.2—2016.12）
罗海垠（2012.7—2016.12）
徐明宏（2015.6—2016.12）
杨　薇（2011.8—2015.2）
陶明贵（2011.8—2012.7）
李籽汶（2011.8—2016.12）

《景东彝族自治县志（1978—2011）》编纂人员

主　　编　罗海垠

副 主 编　李发祥　周德翰　颜仕勇　李庭辉　王潇跃

编　　辑　罗海垠　李发祥　周德翰　颜仕勇　李庭辉　王潇跃　苏文芳

统　　稿　罗海垠

初　　稿　（按部类顺序排列）

罗海垠　周德翰　颜仕勇　施秀梅　杨　志　李发祥　木莉群　周　华
张新富　罗　舜　杨　瑜　杨丽琼　廖冬萍　李庭辉　程永华　杨春晓
刘子豪　孙　倩　罗开菊　李续艳　王潇跃　吴道富　谢安全　陈　华
刘　林　苏万新　黄成华　杨春焕　毛锐颖　罗莹莹　童墙华　陶明贵
苏　思　王　凯　李龙斌　李　鑫　饶　勇　苏元洪　鲁成学　吴毕应
姜桂寿　徐　艳　李　波　伍淑元　罗成顺　刘昌发　徐文玺　高　银
陈仕荣　李柜霖　罗庆东　杨忠霖　罗　汀　刘铭彬　邓轶群　胡开明
熊元磊　周建国　钱　江　叶　镜　黄　梅　周华斌　李卫国　兰　宏
李跃聪　侯明学　张玲娜　宋　艳　肖　冬　苏　萍　谢荣贵　叶绍增
黄志刚　肖德兵　周　静　刘玉洪　刘本军　罗　辉　汪永云　罗　飞
周恒东　李映林　何　佳　蔡宗典　张玉顺　解明晓　查维奇　王　凡
伍中禄　王承秀　张天伦　董开友　董开文　朱　勇　熊大兴　叶珍德
肖　娅　张　彪　罗　波　王政静　李成章　王　芳　李兆达　王　磊
者吉中　胥婷月　李勤贵　王东恒　方旖旎　李　云　吴　涛　刘刚力
陈建国　李　军

摄　　影　（按部类顺序排列）

罗海垠　唐　云　李文圣　唐忠明　石德林　李廷新　李兆达　朱家富
吴永康　罗一华　罗　汀　李金雄　周德翰　纪　昆　罗庆北　杨　勇
夏　乡　张兴伟　庄小松　姜贵勇　杨国平　叶绍增　肖德兵　苏　思
者吉中　向景春　李世华　丁建玲　姜贵寿　郭元辉　张天伦　周　锦
蒋成文　刘建明　陈　琪　陈　东　杨春冉　叶珍德　侯明学　徐伟平
罗　华　陈　华　罗庆东　杨焕敏　刘玉洪　赵文林　李　力　王春华
熊学忠　范朋飞　鲁成荣　纪　浩　钟礼昌　邓贤刚　李国忠　王潇跃

李跃平　王荧丹　周　艳　熊志平　周安志　熊元磊　黄丕智　刘国进
阮　杨　刘　伦　包忠华　姜　伟　罗建梅　周　进　刘　馗　杨成伟
罗美艳　熊英华　郑文化　杨丕顺　杨光有　肖公杰　李彩文

绘　　图　（按部类顺序排列）
何姗姗　罗　忠　罗海垠　李华喜　肖　娅

《景东彝族自治县志（1978—2011）》审核人员

初　　审　张　瑜　祁　海　李春荣　胡其武　李春海　曾　涛　罗涓溪　吴琼瑶
杨　勇　段廷汉　郎中科　李树萍　李发祥　颜仕勇　罗海垠　周德翰
李庭辉　王潇跃　邓贤刚　陶明贵　罗庆北　罗　舜　张开森　李华喜
叶绍增　孙国章　罗一华　杨国平

终　　审　程汝民　白应华　刘泽民　周德翔　纪永进　邓绍周　李　丽　龙　麟
胡艳兰　张云存　苏光民　李　翔

序

二轮《景东彝族自治县志》，博采广询，参以已意，磨剑数载，精雕细琢，已成文字，文墨风流今行，条理明晰，倍增于前，悉传于后，今志终成，可喜可贺！

景东山川毓秀，历史悠久，人杰地灵，文化厚重，作文修志古风绵延不绝。以清初《景东府志》成书为始，至今已刊印成册数十种，尽叙为史之要略，追记先贤英杰雄才功绩，反映时段经济文化之盛衰，为后人留下极为宝贵的历史文化遗产。最近一部志书，是 1990 年出版的《景东彝族自治县志》，为全县建国以来第一部志书，重点记述 1978 年之前全县经济建设和社会发展成就。时隔多年，县域面貌和经济社会发展之快速前所未有，再次修志势在必行。

二轮志始修之初，力求弃模式、立标准所致的千志一谱，力拒削足裹履，旧瓶新酒，刻舟求剑，继之以新观念、新常态记述社会变迁，突出揭示该地过去和未来的发展走势，鲜明地凸显景东特质，深度挖掘地方精神的民族性，特定的环境、生存方式和体现景东科学发展战略。记述各届县委县政府举全县之力，继承先辈壮志，发扬拼搏精神，为全县发展尽心尽力，力求人尽其才，物尽其用，货畅其流，力促全县经济社会快速发展，共创美好明天的大事。

沧桑变化，了然志中。新志即将付梓，当政者，可以之为镜，析兴废殊荣，知得失明是非，把握未来前进方向；为民者，可以之为师，谙乡土全貌，知创业艰辛，珍惜今天幸福生活。《景东彝族自治县志（**1978—2011**）》意义和价值不可估量，是近年来景东社会主义文化建设的又一重大成果。

是为序！

景东彝族自治县县委书记

景东彝族自治县县委副书记、县长

2019 年 **12** 月

凡　例

一、《景东彝族自治县志（1978—2011）》，为景东县自中华人民共和国成立后编纂的第二部地方志书。

二、本志坚持以马克思列宁主义、毛泽东思想、邓小平理论、"三个代表"重要思想、科学发展观、习近平新时代中国特色社会主义思想为指导，坚持辩证唯物主义与历史唯物主义的立场、观点和方法，全面系统地记述景东县自然和经济、社会发展历史和现状，力求达到思想性、科学性和资料性的有机结合。

三、记述时限，上限为1978年，下限至2011年，重点记述1990—2011年景东县自然、政治、经济、文化、社会发展的历史和现状。记述区域为2011年景东彝族自治县行政区域。凡前志遗缺者，列于各章节之首叙述。

四、本志设地理、政党　群众团体、政权　政协、军事　法治、国策实施、改革开放、基础设施、经济综合管理、农牧渔业、林业、生物多样性保护、工业　乡镇企业、商贸、财税　金融、信息　传媒、人事　劳动、民生保障、教育　科技、文化　旅游、卫生　体育、民族　宗教、乡镇、人物23编，280余万字，照片近千幅。前设概述、大事记，丛录、索引殿后，尽可能体现时代特点和地方特色，真实完整地反映景东各项事业发展的概貌。

五、大事记主要采用编年体，兼用纪事本末体。

六、本书使用现代规范语体文，标点符号用法、数字用法、计量单位用法均遵照国家相关规定。

七、本志采用的地名，1984年4月23日前出现的以文献资料使用地名为准，之后出现的以《云南省景东彝族自治县地名志》为准，个别与该志不符的地名以法定印章为准。景东县于1985年12月20日改为景东彝族自治县，本志中为行文方便，将景东彝族自治县简称为"景东县"。

八、人物志设人物传和简介、名录二章。人物立传，坚持生不入传原则，生人入志，采用以事系人的方法。前志已列有传者，本志略之。立传人物，为景东社会发展起重要作用或重大影响的已故景东籍或景东工作过的外籍人士，人物排列以卒年为序。名录将革命烈士、省部级（含省级）以上劳模和先进人物、特级教师、副高以上专业技术人员列入。

九、本志使用的数据，以统计局公布的统计数字为准，统计局未统计到的数字，则以主管部门的统计数字为准。

十、本志资料，主要来源于历史文献、各类档案及各乡镇、单位和部门专人撰写的稿件，经考证核实后载入。历史资料中无文字记载的，以文物部门发掘的遗址和出土文物为依据，部分由修志工作者采访而来。

目 录

第二编　政党　群众团体

第三编 政权 政协

第四编 军事 法治

第五编 国策实施

第六编　改革开放

第七编 基础设施

第八编 经济综合管理

第九编 农牧渔业

第十一编 生物多样性保护

第十二编 工业 乡镇企业

第十三编 商 贸

第十四编 财税 金融

第十五编　信息　传媒

第十六编　人事　劳动

第十七编 民生保障

第十八编 教育 科技

第十九编　文化　旅游

第二十编 卫生 体育

第二十一编 民族 宗教

第二十二编　乡　镇

第二十三编　人　物

丛 录

索 引

后 记

概　述

一

景东，傣语意为坝子城，历史上有柘南、水城、勐谷、开南、银生、楇南等诸多称谓。位于云南省西南部，普洱市最北端，地跨北纬 23°56′~24°29′，东经 100°22′~101°15′，东靠哀牢山脉（部分跨越分水岭），与楚雄彝族自治州南华、楚雄、双柏三市（县）接壤；西至澜沧江主河道中心线，与临沧市云县、临翔二县（区）相望；南与镇沅彝族哈尼族拉祜族自治县毗邻；北与大理白族自治州南涧、弥渡二县山水相连，东西平均横距 61 千米，南北纵距 73 千米，行政区域界线县级 498 千米、乡级 404.7 千米，国土面积 4532 平方千米，其中，山地 95.5%，平坝 4.5%，人均占有土地 1.26 公顷。县城驻地锦屏镇海拔 1171 米，距省会昆明市 487 千米，距普洱市驻地 261 千米。

景东，历史悠久，素有“滇西南历史文化名邦”之谓。远古时期，就有人类在这块土地上生息。唐虞夏商，为濮地古南极，属梁州南徼地。周时，属西南夷辖地濮子部（一作扑子部）。春秋战国，属古哀牢国。汉，先后隶属益州郡、邪龙县、永昌郡。晋宋梁，仍隶属永昌郡。唐永泰元年（765），南诏王国设开南节度；贞元十年（794），改设银生节度；后晋天福三年至宋绍圣元年（938—1094），属大理国。宋绍圣元年，撤销银生节度，隶属蒙舍镇。元中统三年（1262），隶属威楚万户府；至元十二年（1275），置开南州；泰定四年（1327），改设开南宣抚司；至顺二年（1331），改设景东军民府。明洪武十五年（1382）二月，仍为府；同年三月，降为州，隶属楚雄府；十七年（1384），重升为府；嘉靖中期，增设通判；万历二十七年（1599），裁通判，设同知；康熙四年（1665），设流官掌印同知；乾隆三十五年（1770），降为直隶厅，隶属云南省迤西道。民国 2 年（1913），改设景东县，隶属云南巡按使腾越道尹；民国 4 年，改隶普洱道尹；民国 16 年至中华人民共和国成立（1927—1949），先后隶属第二殖边督办公署、普洱第四行政督察专员公署。1949 年 11 月 23 日，景东县解放；1950 年 3 月 1 日，景东临时县政府成立；同年 6 月 6 日，景东县政府成立，隶属普洱专区。1955—2011 年，先后隶属思茅行署专员公署、思茅地区行政公署、思茅市、普洱市。1985 年 12 月 20 日，景东彝族自治县正式成立。2011 年，全县辖 4 镇、9 乡、166 个村民委员会、3 个社区居民委员会、2346 个自然村。

二

景东，山水交错，素有“两山三水”之谓。“两山”即无量山、哀牢山，“三水”系指川河、者干河、澜沧江。属深切割中山地貌，呈现出高低分层、逐步过渡的分布状态，岭高、坡陡、峡谷多。

最低点为澜沧江与文笑河主河道中心线交汇点，海拔786米；最高点为无量山主峰笔架山，海拔3371米。从河谷最低点到山峰最高点，水平距离61千米，相对高差2585米，平均每千米下降42.4米。景东所处纬度偏南，属亚热带湿润季风气候，素有“山高一丈，大不一样”“一山分四季，十里不同天”之说。受两山作用，形成河流交错、山有多高、水有多高的水资源特征，分属澜沧江和红河两大水系，其中径流面积10平方千米以上河流有46条。多年平均地表径流深706.8毫米，多年平均地表径流量31.53亿立方米，占降雨量48.5%；多年平均地下径流量8.88亿立方米，径流深223毫米。境内有漫湾和大朝山两个百万千瓦级大型水电站。2011年，全县耕地总资源32397.4公顷，占土地总面积的6.7%，其中，水田9141.2公顷，占耕地资源的28.22%，旱地21371.73公顷、占耕地资源的65.97%；临时性耕地1884.47公顷，占耕地资源的5.82%。1981—2010年，年平均气温18.8℃，年平均降水量1154.5毫米，年平均蒸发量1743.3毫米，年平均日照时数2031.5小时，年平均相对湿度77%，冬无严寒，夏无酷暑，四季温和如春。

景东，生物资源丰富，素有“天然绿色宝库”“天然物种基因库”“野生动植物生长天堂”“动植物王国”之称。境内有哀牢山、无量山两个国家级自然保护区，保护区内保存着中山湿性常绿阔叶林3.53万公顷，属地球上最原始、最完整、面积较大的常绿阔叶林生态系统。哀牢山有高等植物2242种、蕨类植物446种；无量山有高等植物2574种，景东特有种60余种。境内有国家一级保护植物云南红豆杉、蓖齿苏铁、野银杏、长蕊木兰、中华桫椤5种，其他被列为国家保护珍稀树种有水青树、红花木莲、多花含笑、大果马蹄木等，保持原始状态的云南铁杉林414公顷，野生古茶园5333公顷，以及山茶、杜鹃、兰花等奇花异草。哀牢山有鸟类323种，哺乳类86种，两栖类26种，爬行类39种，另有种类繁多的昆虫。其中，鸟类有留鸟260种，旅鸟和候鸟63种；云南特有20种。黑冠长臂猿、云豹、绿孔雀等被列为国家级重点保护动物39种。无量山有鸟类373种（景东片区314种），兽类123种，两栖类43种，爬行类60种，其中，列入国家级保护动物23种，CITES附录Ⅰ10种、附录Ⅱ11种，IUCN渐危种4种、易危种9种。景东境内共调查记录到黑冠长臂猿89群约500只，其中，无量山80群，哀牢山9群，黑冠长臂猿是比大熊猫还要稀少的国家级重点保护动物，景东的黑冠长臂猿种群为“世界仅有、中国之冠”，景东因此被誉为“中国黑冠长臂猿之乡”。无量山大寨子监测站通过10年努力，先后习惯化黑冠长臂猿3群、灰叶猴1群，人们得以近距离观察。鸟类资源中，画眉鸟资源尤为丰富，其中哀牢山自然保护区有画眉亚科55种，占全国画眉种数的42%，景东因此被誉为“画眉之乡”。无量山万蟾谷中，每年处暑均会出现万蟾集会奇观。根据部门更新数据：2011年全县林业用地33.5万公顷，占全县国土面积的75.02%，活立木总蓄积3065.23万立方米，森林覆盖率70.51%、林木绿化率73.07%，高于全国48.17个百分点，每年可创造森林生态系统服务功能总价值约232亿元，是全国重点林区之一，先后被国家、省列为木材、松脂、核桃、竹子、蚕桑等基地县。县境原始生态保存完好，被誉为“神奇无量，生态景东”。空气质量级别Ⅰ级，人居环境质量良好，被誉为“绿色天堂，天然氧吧”。

景东，旅游资源丰富，素有“名山大川·仙踪佛影”之称。地处横断山余脉哀牢山、无量山之间，神奇的无量山，隽秀的哀牢山，深藏着无数鲜为人知自然胜景。“两山逶迤三秀水”，险峻的无量诸峰、金庸笔下的“无量玉壁”“无量剑湖”——羊山瀑布，大自然之精灵黑冠长臂猿，世外桃源黄草岭、高山明珠杜鹃湖、鬼雕神塑景东土林、奇山美景无量山、妙趣横生者后仙人寨、静谧安怡的川河田园风光和漫湾、大朝山电站的百里长湖景观，共同构成三大旅游资源区。21世纪后，县委县政府提出“一城、两园、三线、九点”空间布局规划，将景东定位为“大美之土·无量景东”。景东独特的自然风光，被誉为“神奇的自然博物馆”“人类望向自然的眼睛”。

景东，山川灵秀，各民族和谐包容，形成以彝族为自治县的多民族居住地区。境内居住着汉、彝、哈尼、回、傣、布朗等26种民族，人口密度80.3人/平方千米，是云南省6个单一彝族自治县之一，全国8个单一彝族自治县中彝族人口最多的县。1978年，全县总人口29.94万人。2003年后，人口出生率稳定在12‰以下，自然增长率稳定在5‰以下，低生育水平得到巩固。根据全国第六次人口普查（2010年）数据，全县总人口35.95万人，其中，汉族18.79万人、占52.27%，彝族14.61万人、占40.64%，其他民族2.55万人，少数民族占47.73%。境内民族民间文化底蕴深厚。有新石器时代人类遗迹文物出土，唐南诏设开南节度和银生节度，是著名青木香山道、贡象道路、南方丝绸之路和茶马古道要冲。景东还是世界茶树发源地之一、最古老的普洱茶产区。唐朝樊绰《蛮书》："茶出银生城界诸山，散收，无采造法，蒙舍蛮以椒姜桂和烹而饮之。"是普洱茶和云南茶见诸史籍最早的记载。银生文化上承古哀牢文化，后接南诏大理文化和傣族陶府文化，由滇文化、东南亚文明和中原文化交汇融合而成，对南诏国经济、政治、文化有着深远影响。元至顺二年（1331），景东设立军民府，明初俄陶投诚，继任知府，准袭其职，并赐姓为陶，陶氏世袭知府27任526年。已发现的部分陶氏土府墓葬，挖掘出珍贵金银礼祭葬品4000多件，有罕见的金面具和精巧的金银装饰物，其中国家一级文物2件。出土文物反映出土司贵族及当地民族社会生活、风俗习惯、宗教意识及地方经济和手工艺发展状况，对古傣族文化研究意义深远。两千年来，以"重道崇儒"为核心的中原文化，持续不断地与景东各少数民族文化碰撞、交融，孕育出打歌、跳菜、杀戏、洞经音乐、彝族刺绣等多姿多彩、特色鲜明的民族民间文化。同时，也孕育出滇籍帝师刘崐、四省巡抚程含章、清廉名吏戴家政等文化先贤。

三

中共十一届三中全会后，历届县委县政府紧紧围绕党和国家的重大方针政策，大胆探索，勇于实践，走出一条具有景东特色的发展之路。

1978—1992年，景东县中心工作紧扣时代脉搏，着力改革不适应经济社会发展的计划经济体制，形成"打牢农业基础，发展农业促轻工，依靠轻工积累资金，集中财力保重点建设"的战略思想。首先，在全县推行家庭联产承包责任制。实行土地所有权和经营权分开政策，彻底废除"吃大锅饭"分配方式，极大地解放和发展生产力，解决了大多数人的吃饭问题。其次，实行政社分开，废除人民公社。通过"大区小乡制"实践，又进行区乡体制改革。把集体所有制荒山荒地、林地和轮歇地承包到户，大牲畜实行私有私养，提倡土地多种经营，增加和建设农村集贸市场，鼓励农民离土经营，取消农副产品统购和派购政策。扩大企业自主权，实行政企分开，增强中小企业活力，鼓励和发展壮大个体经营。在经济体制上，国营、集体和个体"多轮齐驱动"，走"农林牧副全面发展、农工商综合经营"道路。农村经济从单一种植业转向养殖业、林业、矿业、加工业、交通运输业、建筑建材业、商业、修理服务业等多种行业。这一时期，农民创造性和生产积极性空前活跃，个体经营如雨后春笋，一些早年废弃的街市和新劈街场相继开街，中小城镇日益繁荣和兴起。最后，培育农村产业，发展壮大经济支柱。在粮食基本自给基础上，充分利用光条件和热区优势，重点发展地方特色产业，把发展支柱产业与带动少数民族地区经济发展相结合，坝区主要以蔗糖生产为主，山区则大力发展干果、咖啡、烤烟、蚕桑、茶叶等支柱产业。通过地方财政增收，集中一定财力投入到能源、交通、农田水利、教育、科技等基础设施建设上。

1992—2004年，景东县不断深化改革，扩大开放，创新发展思路，农村"三结合一体化"建设成效突出，经济结构亦趋合理。新纪元之初，县委县政府提出建设"绿色景东、生态景东、文化景东"目标，为全县加快发展创造条件。一是要树立全方位对外开放观念，发展才是硬道理。破除温饱即安、小富即满，消极畏难、无所作为及"肥水不流外人田"思想观念，敞开山门、放开手脚，取他人之长补己之短；破除墨守成规、烦琐低效、等靠要的旧习惯旧思想，树立社会主义市场经济观念。二是要以市场为导向，逐步深化农村改革。主要是解决个体经营缺乏竞争力和产业不能形成支柱、“拳头”产品问题。确保粮食生产，大干人均1亩的高稳产农田地建设；积极探索适合农村跨越式发展道路，实行农工商“三结合”（城乡结合、科技与经济结合、开放与开放结合）一体化综合经营体制，在全县上下掀起第二次大干农村商品基地建设热潮，以“公司+基地+农户”模式，使一大批如茶叶、蚕桑、咖啡、核桃等为主的绿色产业异军突起，成为新的支柱产业，农村逐渐走上农业产业化道路。三是要拓城建镇，调整产业结构，培育支柱产业群。以川河整治为突破口，掀起轰轰烈烈地建镇热潮。四是要调整产业结构，以商品粮基地县、商品猪基地县、优质烟叶示范县和蚕桑大县建设为龙头，把一家一户分散经营与大市场有机结合起来，改变农业经营形式，把传统意义产品生产升格为一个系列，使农业成为包括生产、加工、流通在内的完整产业系列。这些模式的形成，打破景东山区长期封闭的状态，农村出现多种产业化模式，农村经济得到长足发展，走出一条农村创新发展之路。

2004—2011年，景东县全面落实科学发展观，转型发展，绿色崛起，全县政治、经济、文化、社会建设成绩斐然。县委县政府始终坚持以人为本，把体制改革从经济领域转向社会各个方面，对外开放空间不断扩展；实施特色农业稳县、工业强县、科技兴县和城镇带动四大战略，培育壮大烟草、林业、畜牧、蚕桑、电力、矿产、生物资源开发和旅游八大产业，着力构建和谐社会，经济社会持续、快速、健康发展。首先，扎实推进新农村建设，大力发展现代农业。按照“多予、少取、放活”方针，推进社会主义新农村建设，积极开发现代农业，加大对农业农村的投入，转变增长方式，提高农业设施装备水平，强化农村公共服务，深化农村各项改革，加大扶贫开发力度，农业效益不断增加，农民收入持续增长，农村更加平安和谐，呈现出又好又快发展的良好势头。其次，转变经济发展方式，走工业化发展道路。以提高发展质量为核心，加快推进新型工业化，加快现代服务业，推进产业结构优化升级。最后，加快综合性体制改革，维护社会和谐发展。实施县乡机构改革、政府审批改革、农村税费改革、集体林权制度改革、教育综合配套改革、医疗卫生体制改革、农村小型水利工程管理改革、事业单位绩效工资改革等各项改革，以及“万村千乡”“两免一补”等惠民政策，扩大开放，招商引资，社会事业全面发展。

四

中共十一届三中全会后，历届县委县政府带领各族人民解放思想，实事求是，开拓创新，以改革开放促发展，以发展助推改革开放，克服发展道路上的种种困难，各项工作取得令人瞩目的成就。

经济建设成绩斐然。30多年间，景东县始终坚持以经济建设为中心，把工作重点放到加快发展、提高效益上，经济发展成效显著，综合实力不断提升。2011年，全县地区生产总值345978万元，比1978年的5204万元增长65.48倍，年均增长13.7%。全县财政收入45826万元，比1978年的478万元增长94.87倍，年均增长14.8%。一、二、三产业结构由1978年的60.6∶22.3∶17.1调整为2011年的42.7∶25.9∶31.4，类型由“一二三”型调整为“一三二”型，逐步形成按社会主义市场经济发展规律配置产业结构格局。一是通过改革农业生产关系，转变农业生产方式，调动农民生产积极性，农民收入大幅度上升。同时，加大农业基础设施建设力度，改善农业生产条件，粮食产量大幅度增长。在保持粮食生产稳定增长前提下，以发展现代农业为重点，加快培植甘蔗、茶叶、畜牧、烤烟、林果、蚕桑、矿产、电力等产业，相继建成粮食、甘蔗、黑山羊、核桃、烤烟、蚕桑等商品基地，壮大和发展一批农业产业化龙头企业，实现产业较快增长。二是通过实施工业强县战略，改革企业管理体制，优化资源配置，以林、茶、矿、电为龙头，培植优势骨干产业。以电力、林产业、生物资源创新产业和矿业、特色农产品加工业作为重点支柱，推进景东县新型工业化进程，产业结构调整和发展方式转变取得长足进步，工业经济实现速度、质量和效益的增长。三是通过产业结构调整，第三产业得到迅猛发展。2011 年接待游客 35.7 万人（次），旅游收入 17200 万元。四是提出发展非公有制经济战略措施。2011 年非公经济完成增加值 126549 万元，占 GDP 比重达 36.6%，实现“三分天下有其一”，基本形成以公有制为主体，多种经济成分共同发展格局。五是采取有力措施，以城市、交通、能源、通信、水利水电、农田基本建设为重点，不断加大基础设施建设力度，基础设施明显改善。县城面积由 1978 年的 1 平方千米扩展到 2011 年的 5.7 平方千米，城镇化率达 31%。乡村公路全面开通，公路里程从 1978 年的 741 千米增至 2011 年的 2940.2 千米。县内丰富的水利水能资源得到有效开发和利用，新建和改造南洋河、徐家坝、湾水河、挖萨等一批中小型水库，农田灌溉用水和人畜饮水得到充分保障；建成漫湾、大朝山、菊河、南洋河、都鲁河等一批大中小型水电站，使景东成为“西电东送”重要基地。六是城乡居民收入显著提高。农民人均纯收入由 1978 年的 68 元增加到 2011 年的 4171 元，增长 60.34 倍，年均增长 13.3%。城乡居民储蓄存款额由 1978 年的 509 万元增加到 2011 年的 218665 万元，增长 428.60 倍。城乡居民消费结构改变以往以吃、穿等生存资料为主的单一格局，住、用、行、游等享受和人的素质提升消费支出明显提高。扶贫工作效果显著，贫困地区经济持续发展，贫困面大幅下降，大批贫困群众温饱问题得以解决。

社会事业蓬勃发展。30 多年间，实施“科教兴县”“育人兴景”战略，教育、科技、文化、卫生、体育、广播广电、计生等各项社会事业不断发展。把教育作为先导性、全局性和基础性的工作摆在优先发展战略位置，全县教育持续、稳步、健康发展，建成一支科学研究和技术推广专业人员队伍，科技进步对经济增长的贡献率不断提高。2011 年，全县高中专任教师学历合格率由 1985 年的 44.2%提高到 100%，初中专任教师学历合格率从 16%提高到 98.2%。广播、电视覆盖率分别达 99.1%和 99.2%，群众文化生活日益丰富多彩。卫生医疗条件明显改善，公共卫生服务水平和突发性公共卫生事件应急能力得到提高，县乡村三级医疗保健网粗具规模，2004 年在新会村推行新型农村医疗合作试点工作，2011 年全县参合率达 95.6%，有效缓解群众看病难问题。建立健全养老、医疗、失业保险、社会救济、城乡居民最低生活保障线、保障性住房等社会保障体系，做到应保尽保。人口和计划生育工作成效显著，县乡村组四级服务网络初步形成，全县人口出现“低出生、低死亡、低增长”的局面。坚持执行积极的就业政策，加快农村劳动力就业转移，不断创造城镇就业岗位，城镇登记失业率为 3.5%。生态建设和环境保护工作成效显著，平安和谐景东建设卓有成效，民族团结不断加强。

民主法治和精神文明建设成效显著。30 多年间，景东县坚持和完善人民代表大会制度，人大及其常委会充分行使宪法和法律赋予的权力，坚持和完善中国共产党领导的多党合作和政治协商制度，认真落实民族区域自治政策，民族宗教、外事、对台等工作不断取得新进展，爱国统一战线继续巩固和发展。工会、共青团、妇联等群众团体的桥梁纽带作用得到充分发挥。加强依法行政、公正司法和民主政治建设，政务公开、村务公开、厂务公开迈出新步伐。广泛深入地开展国防教育，民兵预备役建设不断加强。“双拥”工作成效显著，不断强化社会治安综合治理，加强禁毒和防治艾滋病工作，妥善处理各种社会矛盾，保持政治稳定，社会安宁，为加快发展创造良好条件。

坚持用科学的理论武装干部，教育群众，在服务经济建设中不断加强和改进思想政治工作，积极开展群众性精神文明创建活动，文明城市创建工作取得显著成效。公民思想道德教育建设内涵不断拓展，未成年人思想道德建设不断增强，各项创建活动呈现你追我赶、创先争优的态势，道德建设先进典型不断涌现。加强基层文化设施建设，大力开展群众性文化活动，积极开展全民健身活动，繁荣基层文化，丰富人民群众精神文化生活。

改革开放和招商引资硕果累累。30多年间，景东县各项改革不断向纵深推进。通过两轮农村家庭联产承包责任制的实施和农业税、林业管理、水务管理体制等改革，深化农业体制改革。从扩大企业自主权开始，逐步放权，对国有企业、集体企业实行承包、租赁、股份制等分配制度改革，提升运行质量和经济效益。开展财政、金融、社会保障等一系列配套改革，逐步建立起社会主义市场经济服务体系。政府机构改革，转变职能及教育、科技、卫生、文化等社会发展事业方面的改革成效显著。

不断深化改革，积极争取国家政策支持，大力实施“走出去”“引进来”战略，制订和落实一系列鼓励投资的政策措施，改善投资软硬环境，逐步提升对外开放层次，进一步提高开放水平。2003—2010年，全县累计引进项目32个，实际到位资金10.05亿元。2010年后，通过扩大对外开放，狠抓招商引资工作，引进一批实力雄厚、税源可靠、前景看好的重点工业项目。2011年，全县实施国内经济合作项目12个，合同（协议）总投资13.38亿元，实际到位资金2.43亿元，出口创汇320万美元。

党的建设全面加强。30多年间，县委县政府坚持以马克思主义、毛泽东思想、邓小平理论、“三个代表”重要思想和科学发展观为指导，着力加强和改善党的领导，提高党政领导水平和执政能力，不断加强党的基层组织建设，增强党组织的凝聚力、战斗力和创造力。全县各级党组织按照党章规定，认真坚持“三会一课”制度，加强党员经常性教育。同时，认真开展整党整风、社会主义思想、“三讲”“三学”“保持共产党员先进性”、科学发展观、“增先创优”“四群”等一系列教育活动，着力解决党员的思想、作风问题，不断提高党员素质。通过坚持民主集中制原则，加强领导班子和干部队伍建设。通过开展“三级联动”活动，推进农村基层组织建设和社区党建阵地建设，深化“部门帮村、党员帮户”活动。通过开展警示教育，建立作风建设长效机制，广大党员干部作风明显好转。通过认真执行党风廉政建设责任制，完善民主测评、廉政考核、责任追究等制度，狠抓廉政教育，深化从源头上治理腐败工作，增强广大党员、干部廉政自律意识，党的基层组织充分发挥战斗堡垒作用，广大共产党员充分发挥先锋模范作用。党在基层的执政基础不断夯实，党的力量不断凝聚壮大。2011年全县共有党员15210人，基层党组织589个，分别比1978年增长2.2倍和87.6%。

五

回顾景东县30多年的发展历史，最根本的一条经验，就是坚持运用中国特色社会主义理论来指导全县工作，推动经济建设、政治建设、文化建设、社会建设全面发展。

解放思想，实事求是。实践证明，坚持党的解放思想、实事求是的思想路线，是景东县一切工作的出发点。解放思想的关键在于一切从实际出发，使主观符合客观，使思想符合实际。有了解放思想，在改革开放道路上才敢于联系实际，突破习惯势力和主观偏见的束缚，排除“左”和“右”的干扰，创造性地贯彻执行党的各项方针政策。既服从全局利益，认真执行中央、省市的方针政策，又根据县情，发挥自身优势，积极探索，勇于实践，加快发展步伐。一切从景东实际出发，才能够充分尊重群众的首创精神，敢为人先、敢于创新。如，1992年全县通过认真学习和贯彻邓小平南方谈话精神，极大地解放了思想、更新了观念。受“大气候”和“小环境”的影响，这段时间成为景东县经济社会发展较快时期。同时，经济社会的不断发展，又促进思想的进一步解放，可以说解放思想伴随着景东县经济社会发展的全过程。

以经济建设为中心，抓住发展这一要务。中共十一届三中全会以后，景东县各级党委政府始终把“三农”（农业、农民、农村）作为全县工作的重中之重，紧紧围绕农业增效、农民增收、农村发展的中心工作，切实加大投入，不断改善农业基础设施，优化产业结构，发展现代农业，推进社会主义新农村建设，加快县域经济发展。在实施第二步发展战略中，结合景东热区资源丰富、开发程度较低、生产水平不高的实际，以群众脱贫致富、增加收入为突破口，大力开展甘蔗、茶叶、核桃、林业、畜牧、烤烟、蚕桑等基地建设，有效调整农业生产结构，增加群众收入，加快农业和农村经济发展。邓小平南方谈话后，全国掀起解放思想，大干快上的又一轮发展高潮。县委县政府作出《关于加快改革开放加速经济发展的决定》《关于进一步搞活科技单位及放活科技人员的决定》《关于加快乡镇企业发展的规定》等一系列重要文件，很快促进新一轮发展。在全面贯彻落实科学发展观过程中，景东县根据资源丰富的实际，提出打牢农业、交通、科教三个基础，调整产业、所有制、城乡三个结构，培植壮大茶叶、林产、烤烟、蚕桑等支柱产业，加快建设“魅力景东、生态景东、文教景东、开放景东、和谐景东”、打造“中国黑冠长臂猿之乡——普洱·景东”的发展思路，作出建设无量山和哀牢山绿色生态经济带的决定，完成景东县城总体规划，掀起景东县加快发展的新高潮。

深化改革，扩大开放。景东县是一个绿色生态资源丰富、生物多样性优势独特，但经济社会欠发达的山区县，深入贯彻落实中央深化改革、扩大开放精神，提升对外开放的水平，在大开发环境中推进经济社会建设，是景东县加快发展过程必须面对和解决好的关键环节。1985 年，景东县在深圳设立“景东县驻深圳经济信息联络站”，作为对外开放的窗口。20 世纪 90 年代，云南省委书记令狐安、省长何志强、副省长李树基、黄炳生、牛绍尧、梁公卿、吴晓青等先后到景东县考察。他们强调：要利用漫湾、大朝山水电站工程建设的有利条件，深化改革，扩大开放，集中精力把经济搞上去。县委县政府及时制定出对外开放政策，组织实施对外开放富民强县战略。1992 年 1 月，在全县三级干部会议上，县委县政府提出“深化改革、依靠科技、开放开发、稳农促工、调整结构、提高效益”的经济发展思路。3 月，又提出“进一步解放思想，更新观念，抓住当前时机，加快改革开放步伐，集中精力把经济搞上去”。景东县对外开放步伐加快。1998 年 10 月 7 日，县委县政府制订出《关于大力发展个体私营经济的若干意见》。2000 年以后，县委县政府相继出台《关于加快县城新区开发及鼓励外商投资的若干意见》《关于进一步改善投资环境扩大开放的决定》《关于加快非公有制经济发展的实施意见》等重要文件，提出“改革开放活县”口号，并成立县招商局，把对外开放内容写入“十五”“十一五”“十二五”规划，把对外开放和招商引资作为“一号工程”来抓。从而，深化改革、扩大开放，推动景东各项事业的健康发展。

以人为本，和谐发展。实践证明，没有广大人民群众收入的稳定增长，就没有经济建设工作的一切。30 多年来，县委县政府始终坚持以人为本，把实现好人民群众的愿望、要求，维护好人民群众的根本利益作为想问题、作决策、办事情的出发点和落脚点，把扶贫攻坚，实现山区群众脱贫致富作为工作重点，动员各方面力量全力以赴抓好扶贫工作。通过开展安居温饱、劳务输出、易地扶贫开发、结对帮扶等活动，贫困山区面貌发生翻天覆地的变化，实现水、电、路、通信的通畅，大部分贫困人口解决了温饱，开始走上致富之路。各级党委政府领导深入基层，开展调查研究，倾听群众意见，采取行之有效的措施，解决人民群众关心的物价、就业、社会保障、就医等热点问题。同时，高度重视广大人民群众收入的稳定增长，坚持不懈地推进战略性调整，不断拓展人民群众增收渠道，保证人民群众从改革开放中得到利益、获得实惠。这些以人为本的新举措，促进了景东和谐发展，构建了社会主义和谐社会。

加强党的建设，保证发展。加强党的建设，是景东政治、经济、文化和社会发展的根本保证。30 多年来，景东县始终坚持“党要管党、从严治党”方针，坚持以中国特色社会主义理论体系为指导，以党的基层组织和基础政权建设为核心，加强党的执政能力建设和先进性建设，全面推进党的思想建设、干部队伍建设、组织建设、作风建设和反腐倡廉建设。在思想上，坚持深入学习中国特色社会主义理论体系，加强党员、干部思想信念教育和思想道德建设，使广大党员干部树立正确的世界观、人生观和价值观，坚定共产主义理想信念。在组织建设中，高度重视抓好党员队伍和基层组织建设，充分发挥党员和基层组织联系群众，服务群众，推动发展的积极带头作用，坚持党管干部原则和正确的用人导向，不断深化干部制度改革，造就出一支高素质的干部队伍。在作风上，坚持全心全意为人民服务的宗旨，深入开展“树新风、强作风、兴思茅”和“走基层、转作风、抓落实”以及“创先争优”等活动，广大党员干部的作风有了根本好转。在党风廉政建设上，对广大党员干部进行党性党纪党风教育，筑牢拒腐防变的思想道德防线，落实党风廉政建设责任制，严肃查处各种违法违纪案件，坚决纠正不正之风，党风廉政建设取得明显成效。

回顾30余年的发展历程，景东县虽然取得辉煌的成就，但与全面建成小康社会的目标任务仍有较大的差距。主要反映在基础设施相对滞后、产业结构不尽合理、发展方式比较落后，城乡群众收入还比较低，民生保障尚处在较低水平，部分干部观念落后、作风飘浮等，未来的发展仍面临着前所未有的挑战。展望未来，景东县将一如既往高举中国特色社会主义伟大旗帜，解放思想，深化改革，扩大开放，以人为本，锐意进取，以科学发展观为统领，充分发扬“尚德崇文，和谐包容，敢为人先”的景东精神，不断推进改革开放和现代化建设，真正成为一个经济更加发展、民主更加健全、科技更加进步、文化更加繁荣、社会更加和谐、人民生活更加殷实、山川更加秀美的魅力景东。

大事记

1978年

6月21日　继5月川河大水后，川河再涨，冲毁麻栎庄大桥。

7月12日　全县政权机构除县、公社设立革命委员会（简称革委会）外，其他工厂、农场、学校、商店、生产大队等企事业单位和国家机关不再设立。

7月30日　文井公社文光渡口发生沉船事件，落水33人，溺亡6人。

8月19日　中共中央转发共青团十大筹备委员会《关于红卫兵问题的请示报告》。文件下达后，景东各学校“红卫兵”“红小兵”组织即行撤销。

10月　永秀公社大田河电站建成发电，装机容量200千瓦。

12月12日　纠正1969年3月“第二次土改”错误，给400户新“地主”“富农”印发平反证明书。

12月　菊河三级电站投产，装机容量2×500千瓦。1985年10月，菊河四级电站投产，装机容量2×200千瓦。两座电站合称菊河电厂（一级二级电站未开发）。

12月至1979年　县财政恢复正常业务。采取行政单位公用经费“包干使用，结余留用，超支自理”，实现增收节支。

12月　开始推广籼型杂交水稻，在农科所、文井等地试种南优2号150千克。

1979年

2月12日至1980年1月　传达学习中国共产党第十一届中央委员会第三次全体会议（简称中共十一届三中全会）精神。

2月28日　县委发文：要求克服“恐右症”，不要怕农民富，不要怕“冒尖”。

4月13日　云南省委抽调省级机关干部组成“农业学大寨”工作团，到景东县帮助工作。

4月　根据国务院、省地有关部署，全面查清县属企业财产、物资，弄清家底，并边清查、边处理、边核资，建立健全管理制度，防治前清后乱。

7月1日　开始执行国家政策.：一对夫妻最好只生育一个子女（包括再婚孩子数），最多两个。

7月　放宽自留地政策，除划定的自留地外，允许每个农户在不毁林开荒的前提下开荒1~2亩。

8月　开始在林街公社林街大队推行农业生产责任制。

9月　贯彻粮食“以计划经济为主，市场调节为辅”方针。公粮征收执行起征，起购点调减后的征购基数，按该年人均口粮水平计征，人均口粮 175 千克以下者，免征公粮。

10 月 4 日 放宽集体贸易政策，允许大牲畜上市交易，自由议价。

是年至 1980 年 6 月 调整粮食征购任务，实行以工分为主的口粮分配办法；调小生产队规模，压缩农田水利基本建设战线，允许生产队在国家指导下因地种植。

是年 国营企业试行利润留成制度。县办工业利润 67%列为预算外收入，33%纳入预算管理；亏损企业自负 20%，纳入预算 80%。

是年 开展畜禽疫病普查工作。全县查出寄生虫 30 余种，其中，传染病种毒病 3 种，普通病 5 种。

1980 年

2 月 16 日 是日 18 时许，日全食，持续时间 1 分 49 秒。家禽家畜惊慌失措，提前归圈，为景东自中华人民共和国成立后日食持续时间最长的一次。

5 月 17 日 全县收听（看）刘少奇追悼大会实况，学习邓小平致的悼词，悼念刘少奇。

6 月 21 日 县委、县革命委员会办公室分设。

8 月 16 日 开南电站因炸药、导火线、雷管保管不当引发爆炸，库房被毁，经济损失 8200 元。

9 月 10 日 允许农民搞“农经商”“季节性经商”和长途贩运。

10 月 开展全县麻风病线索排查，共查出患者 80 例。

11 月 27 日至 12 月 2 日 县委召开公社党委书记会议，决定建立三种主要形式生产责任制：第一种，专业承包，联产计酬；第二种，小段包工，定额计酬；第三种，在边远山区和贫穷落后地区，长期“吃粮靠返销，生产靠贷款，生活靠救济”生产队，允许实行包产到户。

11 月 国家经济委员会、林业部联合在景东县建设松脂生产基地。

12 月 架设菊河电厂至者孟糖厂 10 千伏输电线路，供榨糖及生活用电。

是年 打破财政统收统支局面，改“一灶吃饭”为“分灶吃饭”，由“一年一定”为“一定五年”不变，县财政实行“划分收支，分级包干”。景东享受民族自治地方特殊照顾，每年递增 10%。

是年冬至 1990 年 逐年逐段实施川河大沟防渗衬砌工程。

1981 年

2 月 25 日 开展“五讲四美”（讲文明、讲礼貌、讲卫生、讲秩序、讲道德，心灵美、语言美、行为美、环境美）文明礼貌活动。

3 月至 1983 年 9 月 开展地名普查。

9 月 中学学制改为 6 年。1986 年秋，完成高中学制改革。

11 月 28 日 景东县被列为享受民族贸易“三照顾”（自有资金、利润提成、价格补贴）县。

11 月 县科学技术协会成立。11 月 9 日，召开全县第一次科协会员代表大会。同年，组织各学会推广杂交稻种植、水产养殖等技术。

11 月 云南省政府决定：建立哀牢山、无量山省级自然保护区。1986 年 3 月 20 日，省政府批准建立管理机构。1988 年 5 月 9 日，国务院批准哀牢山升格为国家级自然保护区，1996 年 5 月列为国家 A 级自然保护区。2000 年 4 月 4 日，无量山升格为国家级自然保护区。

11 月 中科院院士、昆明分院院长吴征镒，云南大学教授朱彦丞到哀牢山徐家坝创建森林生态系统研究站（简称哀牢山生态站）。2008年春，吴征镒题词：“保护优先，合理发展；惠及社区，共同参与；生态文明，和谐山川；上下齐心，创建伟业”。2012年9月，吴征镒题词：“坚持中发展，发展中创新”。

吴征镒（站立者左六）一行考察生态站址留影照
（哀牢山生态站 提供）

12月2—8日 景东县第八届人民代表大会第一次会议在县城举行，与会代表195人。会议决定景东县革命委员会改称景东县人民政府。

是年 再次调整农村社员经营自留地（包括饲料地），耕地占比由13.8%增到15%，并发给使用证。

是年 县委对台湾工作领导小组成立。

是年 改革畜牧业管理体制，实行私养为主，将集体猪、羊和大牲畜折价卖给社员饲养，县区乡办畜牧场实行承包到户管理。

是年 湾水河水库竣工。库容224万立方米，投资107.9万元。

是年至1985年 对有接受能力公民普及基本法律常识。

是年至1985年 先后被林业部和云南省列为木材、紫胶生产重点县，松脂、核桃、思茅松生产基地县。

1982年

1月19日 云南省将景东县列入52个县委机要组县份之一。

2月17日 曼等公社小课落渡口发生沉船事故，落水15人，溺亡9人。

2月至4月中旬 开展林业“三定”（稳定林权、划定社员自留山，确定林业生产责任制）。全县划定国有林7.13万公顷，集体林16.68万公顷，其中自留山10.13万公顷；景东段无量山、哀牢山自然保护区分别为2万公顷和1.17万公顷。5月21日，将公社林、大队林划归国有。1983年10月2日，“两山一地”（承包山、自留山，轮歇地）到户结束。

2月至1985年5月 开展第二次土壤普查。结果：全县土地面积44.61万公顷，其中，耕地5.45万公顷，林地34.93万公顷。

1990年8月至1995年8月1日 开展土地详查。结果：全县土地面积44.59万公顷，其中，耕地7.97万公顷，园地0.51万公顷，林地28.93万公顷。

7月1日 开展第三次全国人口普查。是日零点，景东县总户数56115户，总人口310933人，其中，汉族178782人，彝族112961人，哈尼族9653人。

7月 景东县农业区划气候区划完成。

9月至1988年10月 调查地方性甲状腺肿（大瘿袋）患病情况，受调查32.52万人，倾向病人2375例。

11月8日 县委县政府发文，要求立即刹住乱砍滥伐森林违法行为。1983年1月17日，云南省制止乱砍滥伐森林领导小组认为景东“制止乱砍滥伐及查处措施不力”，帮助制订“八条措施”，28

日，中纪委指示对乱砍滥伐森林4件大案作处理上报意见；6月21日，县委县政府上报《贯彻紧急指示总结》。

是年 西区公路全部连通。

是年 全面推行家庭联产承包责任制。当年，全县粮食总产9156.5万千克，比1981年增加502万千克。

是年 国营企业实施第一步"利改税"；1984年，实施第二步"利改税"。"利改税"后，全县国营小型企业按八级超额累进税率征收所得税，大中型企业则按55%比例税率和核定税率分别缴纳所得税与调节税。

1983年

2月10日 县委发文，要求全县干部群众学习新《中华人民共和国宪法》。

2月21—27日 县委召开公社党委书记、主任、县直各部门负责人会议，落实全县国民经济计划。

3月29日至4月2日 召开全县劳动模范致富代表大会，与会代表305人。

4月 县图书馆成立。

7月 景东松香厂改建成蒸汽法加工。

9月1日凌晨 统一严厉打击刑事犯罪活动，抓获各种嫌疑犯101人。此后，又收容51人，批捕78人。10月29日，县法院在跃进会堂举行宣判大会，公开审判34人，判处有期徒刑32人、死刑2人。

9月6日 农业中学在文井公社成立。1992年3月27日至9月10日，搬迁至县城锦屏山麓，改称职业技术中学。1994年6月，奉文规范为职业高级中学（简称职中）。2006年、2011年7月11日，分别被认定为省级和国家级重点中等职中。

9月15日 县委决定：认真学习《邓小平文选》。

9月23—24日 云南省省长普朝柱到景东县检查指导工作，查看县茶厂、茶试站、粉丝厂。

12月1日 停止使用布票、线票，棉布、棉织品敞开销售。

12月28日 是日6：30至14：25，全县突降雨雪，降雨雪量69.7毫米，雨雪压倒甘蔗1000公顷，减产800万千克，经济损失182.7万元。

景东电影院（县文管所 提供）

是年 县城自来水厂建成，年供水16.7万立方米。1997年3月至1998年6月，再度改造，年供水237.25万立方米。

是年 县政府招待所接待楼建成，建筑面积1400平方米，投资16.2万元。1994年5月，政府宾馆竣工，建筑面积3242平方米，投资700万元。

是年 花山红糖厂建成，投资10万元。

是年至1987年1月7日 全面

修葺文庙，投资 27.5 万元。

是年至 1985 年 11 日 景东电影院建成，内设坐席 1150 个，投资 65 万元。

1984 年

1 月 7 日 县委县政府下发《关于军民共建、地方自建精神文明单位的意见》。

1 月 27 日至 4 月 10 日 开展设区建乡工作。15 个公社（镇）、151 个大队体制改革后，设 15 区（镇）、166 乡（区辖镇、镇辖办事处）。

3 月 19 日 中国人民政治协商会议云南省景东县委员会（简称政协景东县委员会）筹备委员会成立。9 月 17—24 日，政协景东县第一届委员会第一次会议在县城举行，肖宇清当选首任主席。

7 月 20 日 15 个区镇公安派出所成立，共配备干警 62 人。

7 月 10 日至 1987 年 8 月 4 日 清查“三种人”（即追随林彪、江青反革命集团造反起家的人，帮派思想严重的人，打砸抢分子）。

8 月至 9 月 开展文物普查，查清文物 183 项。

9 月 18 至 24 日 景东县第九届人民代表大会第一次会议在县城召开。

10 月 营业税开征。随着商品流通领域扩张和个体工商户发展，营业税每年以 30% 速度增长，跃居工商各税之首。

10 月 15 日 “反共救国军”一案昭雪，景东县原副县长彭学孔、李英等人得以平反。

11 月 1—6 日 中共景东县第五次代表大会在县城召开，与会代表 338 人。

11 月 19 日 县委发出《关于学习贯彻党的十二届三中全会精神的通知》。

是年 产品税以独立税种开征，税目分工业产品和农产品。景东产品税主要以糖、酒、原木、电力为主。

是年 撤销文化科，设立文化局。同年 9 月，广播电视划归文化局管理，文化局更名文化广播电视局。

是年 实行木材市场开放。1988 年后，木材统一由林业部门计划采伐。

是年 县文物普查队在景福区棠梨箐乡小村队发现新石器时代工具石斧。

是年 全县改革育秧方式，推广农膜育秧 3000 公顷。

是年至 1987 年 全国三年“以工代赈、民工建勤、民办公助”公路建设中，景福、林街、永秀、曼等等外公路 209 千米，改造为四级公路。

1985 年

1 月 21 日 生猪和猪肉购销价同时放开，自由上市。3 月 26 日，取消肥猪派购政策，实行议价议购。

1 月至 1986 年 2 月 2 日 建成南华兔街—景东文龙公路（简称南景公路），全长 26.5 千米，投资 31.1 万元。

2 月 25 日 县委书记办公会决定：“不再提以林为主”生产方针，但要充分发挥林业优势，把林业作为发展经济重点之一。

2 月 27 日 是日 15：30，安乐线 k28+800 米发生“2・27”特大道路交通死亡事故，死亡 3 人，受伤

4人。

3月14日　文井区老练乡普安寺合作社赵某，因家庭纠纷，杀死父母哥姐和姑爹5人，然后自杀身亡。

3月19日　在深圳设立景东县驻深圳经济信息联络站，后因未履行职责而撤销。

3月15日至年末　开展“增百计划”（每个农民每年增收100元）。与1984年相比：人均粮食减少46.5千克、收入增加65.8元，仅文井区、锦屏镇完成“增百计划”。

4月7日　景东县支援漫湾电站建设领导小组成立。12月，景东县支援漫湾电站建设办公室（简称援漫办）成立。

5月5日　锦屏区、锦屏镇、文井区、者后区划为一般地区，其他11个区为艰苦地区，知识分子在艰苦地区工作享受艰苦地区待遇。

6月1日　国务院批准撤销景东县，设立景东彝族自治县（简称景东县），以景东县行政区域为景东彝族自治县辖区，12月20日为法定假日。12月20日，举行自治县成立庆祝大会。

6月20日　开南三级电站建成投产，装机容量2×320千瓦。

6月　云南省邮电物资供应1984年度先进集体和个人表彰会在景东县召开。

9月10日　全县第一个教师节庆祝大会在跃进会堂召开，与会1000余人。

9月25日　景东电视转播台首次试播。1986年实现卫星转播。1987年底，景福区建成首座区级地面卫星接收站。1997年底，全县共建接收站206座，实现“村村有”卫星接收站。

10月　县汽车站落成。

景东汽车站（县文馆所　提供）

12月9日　思茅地委通知：将景东林业局党组织关系划归景东县委管理。1988年1月12日，省属景东林业局下放思茅地区管理。1990年5月20日，地委又将景东林业局党组织关系划归行署林业局管理。

12月27至29日　政协云南省委员会副主席刘树生到安定区芹河乡、文井区调研，考察群众生产生活。

12月10日至1987年1月　开展整党活动。

12月　《云南省景东彝族自治县地名志》出版。

是年　开展森林资源二类调查。结果：全县土地面积44.61万公顷，其中林地27.71万公顷。1996年10月，再次开展森林资源二类调查。结果：林地面积27.11万公顷，比1985年下降0.4%。

是年　开展草山普查。

是年　取消粮食统购，实行合同订购。

是年　修葺跃进会堂，投资20万元。同年12月20日，改称人民会堂。

是年　美国加州大学洛杉矶分校博士海莫夫到无量山、哀牢山调查黑冠长臂猿种群及数量。

是年至1987年2月　文井糖厂进行技术改造，日处理甘蔗25万千克扩建为100万千克，投资1727万元。

是年至1989年5月　国道214线弥渡海坝庄至漫湾改建。路线自海坝庄起，经弥渡、南涧、小军庄后，改走新华、马鹿田，越无量山养鸡场垭口，再降坡至漫湾，跨澜沧江与老路相接。改建后路线长 149.9 千米，其中小军庄至漫湾另选新线 91.1 千米。

1986 年

1 月 1 日 县普法领导小组成立。至 1990 年，分三阶段普及《宪法》《刑法》《刑事诉讼法》等法律常识。

1 月 2 日至 1990 年 1 月 12 日 清理整顿公司。查处经济违法 40 件（万元以上 4 件）。思茅行署批准保留公司 26 个、降格 2 个、撤销 2 个。

2 月 19 日 县四班子领导会议决定：从 165 个乡镇中划出贫困乡 93 个，其中特困乡 44 个，并制订出《"七五" 脱贫计划》。

3 月 1—3 日 冷、冻低温灾害。高寒山区大牲畜冻死甚多，小春冻害严重。

3 月 23 日 商业局失火，火毁二层办公楼房，经济损失 13 万元。

4 月 9 日 人民武装部改归地方建制。

4 月 林业部副部长杨延森一行，到景东林业局查看林业生产工作。云南省林业厅吴广勋陪同。

5 月 1 日 总装机容量 167 万千瓦的漫湾电站开工。1987 年 12 月 20 日，大江截流成功。1993 年 5 月 12 日，云南省漫湾发电厂成立；6 月 30 日，第一台机组发电；7 月 3 日，举行庆典，省长和志强、省人大常委会主任尹俊、水电部副部长汪恕诚、省人大常委会副主任李树基、能源部副部长陆佑楣为发电仪式剪彩。1998 年 12 月 20 日，一期工程竣工。2004 年至 2007 年 5 月，建成装机容量 30 万千瓦二期工程。总投资 26.62 亿元。2008 年，并购田坝电站机组 1 台 12 万千瓦。

5 月 17 日 县人代会审议通过：将火把节定为法定节日。

7 月 18 日 太忠区大起育乡发生水肿病 15 人。8 月 14 日，景福区虎山、金鸡林、竹箐、赵其山等 7 个乡发生水肿病 36 人。

8 月 20 日 县政府公布者干会盟遗址、文冒振文塔、南京山文笔塔、孔雀山凌云塔、嘎埂营李文学起义军营盘遗址、文哈古水利工程、景东文庙、卫城遗址、林街清真寺、文龙风雨桥、龙泉寺古戏楼为县级文物保护单位。

9 月 7—11 日 县委县政府召开山区工作会议，研究力争在"七五"期间基本解决大多数山区人民温饱问题。

10 月 先后在锦屏、景福、大街、花山、文井 4 区（镇）试行预决算制度。越年 10 月，在全县各区镇推行。

是年 全省优质米鉴定会在景东县召开，推广云香稻 1 号 400 余公顷。

1987 年

1 月 12 日 举行文华大桥通车典礼。桥长 102.12 米，宽 5.5 米，钢混双曲一孔结构，投资 56 万元。

3 月 县委召开农村工作会议，作出《贯彻中央〔1987〕5 号文件，深化农村改革意见》。

5 月 县委决定：恢复县直机关党委。

7 月 1 日 实行居民身份证制度，凡年满 16 周岁以上居民，颁发居民身份证。

10 月 28 日 是日 15：30，弥宁线 k139+22 米处发生"10·28"特大道路交通死亡事故，死亡 4

人，重伤4人。

10月至1989年7月 扩建徐家坝水库（别名杜鹃湖）。库容由110万立方米增至661万立方米，为思茅地区最高海拔（2450米）水库。

12月11—15日 中共景东县第六次代表大会在县城召开，与会代表295人。

12月21日 景东文庙被列为第三批省级重点文物保护单位。

1988年

1月26日 景东县14个区党委会更名为乡党委会，乡党支部更改为村党支部。28日，奉文撤区建乡，全县共设16个乡镇。其中，永秀乡另设文玉乡，撤销文井区设文井镇，撤销保甸区设漫湾东镇（法定印章名为漫湾镇）。

2月27日 是日21时，清永线k15+590米发生“2·27”特大道路交通死亡事故，死亡3人，重伤6人。

2月28日 是日12时，曼等乡后河村新街渡口举行下水仪式。一条旧船载23人驰到江中沉覆，溺亡13人。

3月1日至7月13日 建成漫湾—景东110千伏输变电线路工程，线路长58.8千米；当年5月至1989年2月，建成景东变电所，两项投资540万元。

3月19日至8月31日 建成川河大沟东水西调工程。

6月30日 是日11：21，弥宁线k141+29米发生“6·30”特大道路交通死亡事故，死亡5人，受伤20余人。

7月5日 实行粮油购销、调拨和财务一次包干到乡镇，一包三年不变。

8月至1989年10月 建成年产5800立方米胶合板厂，投资453.1万元。

10月 在县城河东街抢救性发掘陶府墓葬3座。其中，1号墓为空坟，2号3号墓葬分别为故知府少凤公墓和景东土知府陶金墓。3号墓出土文物金面具、金筷、金链、金手镯等512件，银器21件，铜器5件；少凤公墓出土文物金器61件，银器265件，瓷器1件。1996年10月，发现4号墓葬，并抢救性发掘。2000年1月5日，发现5号墓葬，抢救发掘出文物金项链、金手镯、双耳金杯、嵌宝石银簪、金质双鱼纽扣饰物等252件。2003年3月1日，发现6号墓葬，挖掘出文物金银、宝石、瓷器等33件。陶府墓葬先后出土文物4000多件。

11月6日 是日21时，澜沧、耿马先后发生里氏7.6级和7.2级地震，波及景东。

是年 国营工商企业实行承包经营责任制，分配上实行“包死基数，确保上交，超收多留，欠收自补”；粮食企业建立“风险调剂基金制度”，以调剂盈亏，平抑粮价。

是年 开征农业特产税，税目有茶叶、核桃、芒果、牛肝菌等。

1989年

2月 学校推行“三制”（校长负责制、经费包干制、教师聘任制）改革。

5月9日至6月17日 县委先后两次召开干部大会，贯彻中央坚决制乱指示，抽调工作组到各乡镇开展稳定工作。

6月11—13日 每日16时后，曼等乡扎结村和文玉乡洼子田、老厂、梁子等社，从地上升起一个个直径30~40厘米不等奇异火球，上升高度30~100米不等，然后消失，大部分出现在箐边山洼。原因不详。

10月12日至11月 美国加利福尼亚大学卡培德、中科院昆明生态研究所邱学忠等16人，到哀牢山考察亚热带自然生态保护和森林生态。

11月11日至1992年6月 建成挖萨水库。库容318万立方米，投资430万元。

11月15—20日 云南省蔗区水利工作会议在景东召开。省水利水电厅厅长孙有寿、思茅行署副专员郑锦盛与会。

12月4日 开展扫除“六害”（贩卖吸食毒品、拐卖妇女儿童、制映淫秽物品、利用封建迷信骗钱害人、赌博和卖淫嫖娼等）斗争，查获“六害”案件7起。

是年 景东县获云南省粮食登上新台阶超标准奖。

是年 完成全国第四批节能改灶试点县任务。

1990年

2月9—27日 取缔大街、花山“会道门”组织。

3月6—10日 云南省滇西南农业开发工作会议在景东县召开。川河坝片被列为滇西南农业综合开发区之一（第一期），9月启动。锦屏、文井、者后、大街、花山先后被列入滇西南农业综合开发区。

4月25日 锦屏、花山、太忠、景福等乡（镇）特大风灾。风毁房屋1916间，死亡1人，重伤1人。

4月27日 花山文俄、文召降雹。

4月 《景东彝族自治县概况》出版。

5月5日 百货大楼竣工。建筑面积990.3平方米，造价44万元。

5月至9月底 县公安局开展严厉打击严重刑事犯罪活动。

7月1日 开展第四次全国人口普查。是日零点，全县总人口337190人，其中，汉族183425人，占54.4%；少数民族153765人，占45.6%。

7月 县政府办公楼竣工。该楼为5层钢混结构，建筑面积2564平方米，投资90万元。

8月至1995年8月1日 开展土地详查：全县土地面积44.59万公顷，其中，耕地7.97万公顷，园地0.51万公顷，林地28.93万公顷。

9月16日 凌晨，漫湾电站工地采石场发生泥石流，造成14人死亡，6人受伤。

9月26日至年末 开展党风和廉政大检查，共查处党员违纪案件37起37人，挽回经济损失1.06万元。

10月2日至1992年11月9日 建成景东水泥厂。年产325#、425#水泥4000万千克，投资1350万元。1998年8月13日，再度技改，年产水泥6000万千克，投资95.8万元。

10月22—23日 全县交通工作会议决定：每年11月为爱路月，同月10日为爱路日。

11月17日 云南省1990年度甘蔗、水利工作会议在景东县召开。

12月28日 县公安局首次开展禁毒活动。摸清全县吸毒人员62人，捣毁吸毒窝点4个，依法逮捕贩毒分子14人。

是年 县政府在锦屏、文井2个镇5个办事处，建成连片吨粮田360公顷，超额完成省农业厅下达指标（200公顷）。

是年 景东晚熟芒果基地建设启动，先后建成芒果基地277.27公顷，投资163万元。1995年1月22日，通过省验收。

1991 年

1 月 1 日 《云南省景东彝族自治县自治条例》颁布施行。2005 年 7 月 1 日，新订《云南省景东彝族自治县自治条例》颁布施行。

1 月 4 日 文华农场更名为云南省第九劳改支队。1995 年 9 月 4 日，更名为云南省景东监狱。

1 月 12 日 景东县获省政府“云南省迎亚运、迎国庆治理整顿道路交通秩序”先进单位表彰。

1 月 23 日 是日 17 时许，新建川河大沟文独箐渡槽试水时垮塌。

3 月 1 日和 5 月 20 日 县乡 964 人短期学习培训后，分赴厂矿、农村宣传十三届七中全会和省地委工作会议精神。

3 月 6 日至 6 月 30 日 全县各乡镇建成党校及农职业技术学校。

4 月 23 日至 5 月 14 日 云南民族电影制片厂到漫湾电站拍摄电影《大峡谷》。

5 月 17—20 日 云南省县乡公路养护工作会议在景东县召开。云南省交通厅蒙果成、思茅行署周仲恺与会。

“7 · 16” 洪水冲毁文龙百年风雨桥（李廷新 摄）

6 月 28—30 日 漫湾电站库区代表大会在漫湾镇举行。

6 月 新开通文玉—大朝山电站进厂公路，里程 30 千米。

7 月 16 日 景东县发生“7 · 16”洪灾，造成重大人员伤亡和经济损失，文龙百年风雨桥、斗阁吊桥亦被水毁。县财政投入救灾救济款 168.4 万元。

8 月 10 日 景东县被列入全国 214 个非国家重点扶持贫困县之一。

8 月 14 日至 1992 年 4 月 21 日 全县开展社会主义思想教育活动。

8 月 27—29 日 县委召开七届三次全委（扩大）会议，讨论和制订依靠科技兴农，振兴景东经济规划和措施。

9 月 10 日 县委县政府发出《关于发动和依靠全县各族人民打一场禁毒人民战争的意见》。

12 月 2 日 县计划生育协会成立。

12 月 19 日 开通程控电话。

12 月 景东—安定 50 千米出境三级公路改造动工，并分段实施，2004 年 7 月 17 日通过省验收。总投资 5000 万元。

是年 景东县获云南省粮食生产登上新台阶奖。

1992 年

1 月 11—13 日 县委召开三级干部会议，学习贯彻党的十三届八中全会和省委三级干部会议精神。

2月27日 县委县政府决定：恢复农机局，糖业办公室归属工业局，扶贫办公室归属计划经济委员会，广播电视局和文化局分设，恢复地震办公室。

3月3日 财政所、农工站、林业站归属所在乡镇，县主管局在业务上负责指导。1996年5月5日，各乡镇林业工作站隶属县林业局。2011年12月20日，又归属到乡镇。

4月17—19日 云南省副省长李树基到大朝山电站进场公路和锦屏镇黄草岭村调研。

6月8—11日 县委县政府召开三级干部会议，讨论发展教育“八五”计划和十年规划。

6月20日 县委县政府发出《关于加快改革开放、加快经济发展的决定》。

6月至1994年9月30日 建成文井镇清凉—大朝山电站公路（简称清大公路）。1995年5月6日，通过省、地区验收。1998年，景东县主动将公路扩建为山岭重丘区四级，弹石铺面。全长158千米，总投资1215万元。

7月20日 景东县被列为全省发展县乡工业第一批重点扶持40个县之一。

9月9日 县离退休干部关心下一代委员会成立。

10月 林产公司兼并景东茶厂，建成核桃乳、绞股蓝和纯净水饮品生产线，投资900万元。

10月至1995年5月1日 建成供销社民贸大厦。

11月14日 增设者后乡双水井行政村。

12月20日 县境开通国内国际直拨电话。

1993年

1月5日至1995年5月11日 建成曼等—高笕槽公路（简称曼高公路）。

1月27日 普洱同心乡发生6.3级地震，波及景东，部分房屋和工程建筑受损。

2月1日至1997年6月28日 建成豆地箐水库。总库容217万立方米，投资560万元。

3月20日 县委县政府作出《关于县属机构改革的决定》。

4月20日 县委县政府发出《关于加快农村商品生产基地建设的决定》。

4月 城区中心农贸市场建成运营。建筑面积1310.53平方米，投资49万元。1998年，再度改造，投资358万元。

6月24日 在抓捕重大盗窃嫌疑人施某某（锦屏镇景范办事处河东街社人）过程中，因施持刀杀伤办案民警，围捕民警当场将其击毙。

6月26日 景东县被列为云南省40个世行贷款综合性妇幼卫生保健项目（简称卫VI）县之一。1995年2月，卫VI项目正式启动。项目总投资331.87万元。1997年，卫VI培训大楼竣工。

7月3—4日 云南省省长和志强、副省长牛绍尧在参加漫湾电站第一台机组发电剪彩后，专程到景东县

和志强（右二）、牛绍尧（右三）到景东县考察（县委宣传部 提供）

考察。

7月13日 安定乡连续降雨，菠萝、望福2村受灾严重，直接经济损失1600万元。

7月20日至8月22日 龙街乡石垭口村发生不明原因猝死，7人死亡。2005年，央视《走近科学》栏目播出《哀牢山猝死迷雾》，引起社会广泛关注。2006年7月16—20日，中科院地理科学与资源研究所、中国疾病预防研究所专家到石垭口调查猝死根源；同年，石垭口被定为省级监测点。2004年，龙街乡石垭口整村搬迁至文井镇新会村工作启动。2006年11月4日，县政府在文井镇召开解决石垭口移民生产生活困难现场办公会。2011年，搬迁工作基本结束。

8月3日 文井镇都拉办事处小河底社发生一起恶性凶杀案，一对夫妻杀死男方之父，伤男方之母，杀死两个不满10岁儿子，然后双双上吊自杀。

8月12日 云南省政府批准撤销文玉乡，建立大朝山东镇（简称东镇），镇址小厂街。1994年3月19日，举行建镇庆祝大会。2006年1月20日，撤销永秀乡，其行政区域并入东镇，镇址大驮街。

8月28日至1996年3月28日 建成漫湾—思茅22万伏高压输电工程，实现普洱电力与省网大电并网运行。

9月1日 中共云南省委党校行政学院函授学院景东学区首届函授大专班在县委党校举行开学典礼。

9月7日 思茅地区邮电局架通思茅—景东281千米光缆通信线。

9月至1994年4月 全县推行农村党员目标管理。

9月 文化部授予景东文化馆“标准文化馆”称号。

12月8日 《思茅报》景东记者站成立。

12月23日 境内开通13套有线电视节目。

12月24日 上午，县委县政府在人民会堂召开纪念毛泽东诞辰100周年大会，参会1000人。

12月28日 装机容量135万千瓦大朝山电站开工，工程首次在云南省高坝中采用碾压混凝土重力坝。省长和志强、副省长牛绍尧为电站开工剪彩。1997年8月4日，主体工程动工；11月10日，大江截流成功。2001年12月26日，首台机组运行发电。2003年8月，工程竣工。投资88.7亿元。

12月 景东县实现“青壮年基本无文盲县”目标。1997年，实现“无文盲县”目标。1999年9月24日、10月17日，普及九年义务教育（简称普九）分别通过地、省验收。2007年，被评为“两基”（基本普九、基本扫除青壮年文盲）合格县。2010年，两基工作通过国检。

是年 县境开始大规模种植烤烟，并成为农业特产税主要税源之一。

是年 景东林产公司郝思嘉牌核桃乳饮料，获全国星火计划成果金奖。1994年、1995年、2001年分别获全国科技之光成果金奖、中国北京国际食品博览金奖和中国名优产品称号。

是年 景东县达到基本消灭疟疾县标准。

是年 景东一中被认定为云南省二级一等完全中学。

1994年

1月15日 《景东报》在1961年2月停刊后复刊，1999年1月，更名为《景东消息》。

1月至1995年1月28日 建成景东—文龙三岔河35千伏输变电工程。

1月至1995年5月 刨花板厂建成，投资1400万元，年产5000立方米。2006年12月停厂。

2月27日 锦屏乡灰窑村退伍军人崔发强，在乡政府附近水塘勇救3名落水儿童。

3月9—13日 思茅地区城乡企业工作会议在景东县召开。

3月30日 是日10：30，供销社火炮厂礼花弹车间发生特大爆炸事故，7名青年女工遇难。

3 月 29—31 日 省内外林业专家、记者和旅游部门 100 余人，到景东县考察哀牢山国家级自然保护区。

4 月 1 日 职中举行大街籍台胞陶熔捐款仪式，捐款额 40 万元。

4 月 11—16 日、5 月 9—14 日 县委在党校举办两期科级干部学习《邓小平文选》(第三卷）培训班。

4 月 陶明贵散文《榕树情》获首届“艾青杯”全国当代文学艺术作品大奖赛优秀作品奖。

5 月 7 日 县广播电台成立，称景东人民广播电台，7 月 1 日开通播出。

6 月 18 日 税务局分设为地税局和国税局。

6 月 21 日 是日 22：50 至 22 日 6：00，连降暴雨，引发特大洪涝灾害。

6 月 景东县防盲治盲工作通过省验收。12 月 30 日，被评定为“云南省防盲治盲先进县”。

7 月 28 日至 1996 年 8 月 实施云南省首批“三为主”(计划生育以宣传教育为主、避孕节育为主，经常性工作为主）试点工作，并通过省验。

7 月 全县 15 个乡镇计划生育服务所成立。

9 月 5 日 保护消费者权益委员会挂牌成立。

9 月 民族中学落成。

9 月 国务院授予孔广群“全国第二次民族团结进步模范”称号。

10 月 11 日 县委县政府发出《景东彝族自治县有偿出让集体荒山荒地使用权的实施办法》。

10 月 11 日 曹守基获“全国百名少先队事业热心支持者”称号，并获“星星火炬奖章”及荣誉证书。

“6 · 22” 洪涝灾害后，县城机关干部清理景川路淤泥（李廷新 摄）

1994 年 12 月，锦屏乡、锦屏镇合并建镇庆典（赵文林 摄）

黄炳生（右二）到景东县调研（县委党史办 提供）

11 月 14—16 日 云南省副省长黄炳生一行，考察川河坝农业综合开发项目，查看贫困山区锦屏乡温卜村。

11月20日　思茅地区部分全国、云南省人大代表到景东县视察，指导挖萨水库建设。

11月29日　县政府出台《景东彝族自治县深化城镇住房制度改革实施方案》。

11月30日　县林业局森林经济民警中队成立。

12月　第一部《景东彝族自治县志》出版发行。该志上起民国初年，下讫1990年，前立概述、大事记，中设地理、经济、政治、文化、社会5编41章，后缀人物、附录，共94万字。

12月　撤销锦屏乡建制，其行政区域并入锦屏镇。

1995年

1月28日　文庙孔子像落成，雕像高3米、基础高1.95米。

1月28日　县文物管理所挂牌成立。

2月14—15日　思茅地区工会工作会议在景东县召开。

2月18日至8月3日　文玉铜矿厂建成，日处理矿石10万千克，投资480万元。

3月1日　国务院绿化委员会表彰林街乡丁帕村为“千佳村”；表彰姜华国为先进个人，并获全国绿化奖章。

4月14日　县农村党员基金会成立。

4月27—29日　云南省农村卫星广播电视收转站工作会议在景东县召开。

5月1日　始行双休日制度。

5月31日　完成“二五”普法。

5月　掀起学习孔繁森热潮。

6月9日　始行国家公务员制度。

8月30日　《云南省景东彝族自治县林业管理条例》公布施行。

9月14—15日　开展全国第三次工业普查。

9月　景东县被列为省级实施希望工程布点县。是年，“爱心储蓄”89.04万元。

10月9—12日　政协云南委员会副主席李明德到景东县调研。

10月10日　景东人民广播电台成立并开播。

西南联大前所希望小学奠基典礼（赵文林　摄）

10月23—25日　思茅地区第二次人大代表工作会议在景东县召开。

10月27日至5月28日　建成西南联大希望小学。投资64万元，其中西南校友捐赠20万元。2000年12月，该学校获得“全国模范小学”称号。

10月　县住房公积金管理中心成立。

11月　景东国有资产管理局（二级局）成立，隶属县财政局。

12月6日　经省评，县医院获“二级甲等”称号，卫生部授予匾额。

12月19—20日 上万男女老幼身着民族盛装聚集县城，庆祝自治县成立十周年。19日，在人民会堂举行迎宾晚会。20日，在体育馆举行庆祝大会和大型民族文艺表演。是晚，举办焰火晚会。

12月 实现乡镇通大电。2000年12月，实现村村通大电。

是年 投资100万元改造城区街道，投资20万元建成街心花园（2003年后改称人民广场），园中竖立汉白玉彝族少女像，投资6万元将街心花园烈士纪念碑迁至开化寺烈士陵园，投资300万元完成县体育馆一期工程。

街心花园彝族少女雕塑（石德林　摄）

1996年

1月1日 《云南省景东彝族自治县水利工程建设和管理条例》公布实施。

1月23日 丹麦国际民间组织“明”协会到景东儿童福利院（简称儿童院）考察。1997年11月15日，协会海勒·丽克、戴安娜·津森一行检查援建饮水工程项目。

1月30日至1997年1月19日 者孟糖厂进行技术改造，日处理甘蔗能力150万千克，投资5352万元。

2月下旬 景东监狱首次批准在押犯12人春节回家探亲。

4月1日 县武装部收归军队建制，全称为“中国人民解放军云南省景东彝族自治县人民武装部”(简称县人民武装部)。

4月9—12日 云南省生态学会1996年年会暨景东生态保护资源开发研讨会在景东县举行。

4月23日 思茅地区中院、景东县法院在灯光球场举行公判大会，宣判罪犯8人。

4月26日 黑山羊商品基地建设通过省、地区验收，并被评定为优良项目。

5月5日 花山乡卜勺村发生特大枪杀无辜村民案。犯罪嫌疑人苏某某因精神失常，盗走火药枪1支，打死本村村民2男1女，逃进哀牢山躲避。公安部门历时一个月，先后出动90余人（次）缉捕无果，成为历史悬案。

5月10日 县城实行生猪定点屠宰、集中检疫。

5月31日 是日3:40，锦屏镇澎湃旅社失火。火毁土木结构2层楼房1幢600平方米，经济损失21.98万元。

6月至1997年4月 开展公路路产路权界定工作。结果：全县界定公路748.68千米，其中，国道36千米，省道121.2千米，县乡道13条591.48千米。

7月11—14日 召开三级干部会议，思茅地委书记李师程与会。

7月25日至2002年12月18日 实施依法治县，开展普法活动。

8月20日至2001年1月11日 开展县乡行政区域界线勘定（简称勘界）。

9月9日 县医院被授予“爱婴医院”称号。

10月2日 县委在人民会堂举办学习特色理论报告会，云南省委党校党委书记赵绍敏作《进一步把握邓小平同志特色理论体系》报告。

10月13日 景东县与上海市普陀区结成对口帮扶，开始实施“温饱试点村”“脱贫奔小康试点村”“白玉兰重点村”“产业发展”“公共社会事业”等建设项目。截至2011年11月，共投入帮扶资金4580万元。

10月15—17日 云南省有机肥料工作会议在景东县召开。

10月至1999年 县烟草主要病虫害综合防治研究课题组成立。并与中国科学院昆明动物研究所合作开展“四病六虫”（炭疽病、野火病、青枯病、赤星病，地老虎、螽斯、蟋蟀、蓟马、蚜虫、蛞蝓）发生规律研究及综合防治。

11月10日 县公安局在漫湾镇214国道破获2起武装贩毒大案，当场缴获海洛因22.8千克、鸦片2.75千克，收缴运毒吉普车2辆、移动电话3部、军用手榴弹1枚。

11月11日 农村社会养老保险工作启动。

11月30日至12月3日 荷兰专家瑞耐斯考察无量山黑冠长臂猿保护情况和中荷合作云南森林保护与社区发展（简称FCCD）项目资助环境。1998年至2004年5月，FCCD项目完成。1999年10月3日，FCCD咨询专家组到景东段无量山自然保护区开展生态旅游可行性调研。

12月29日至1998年1月14日 建成漫湾白糖厂，日处理甘蔗50万千克，投资3500万元。

漫湾糖厂（罗海垠 摄于2008年1月）

12月30日至1999年10月 建成排沙河水库。库容347万立方米，投资1328万元。

12月31日 开展首次全国基本单位普查。全县共有法人单位606个，产业活动单位428个。

12月31日 首次开通移动通信（又称全球通）。

是年 开征甘蔗农业特产税，税率5%。翌年，提高为10%。

1997年

1月1日 开展首次全国农业普查。是日零时，全县从事生产经营活动农村住户72100户，以种植业为主71655户；耕地面积32848公顷，农田有效灌溉面积9730.53公顷。

1月1日 保留乡镇粮管所、粮油饲料工业公司、物资器材公司、粮油贸易公司、总公司等19个核算单位，撤销粮油总公司经理部，合并成立劳动服务公司。

1月6日 是日14：30，永秀乡彭家村公所失火，火毁土木结构办公宿舍楼12间、变压器1台、放像设备1套、木板200丈、现金1.3万元，经济损失6.5万元。

1月18日 是日1时许，县公安局在昆明市金花宾馆破获一起特大贩毒案，缴获海洛因41.48千克、吉普车2辆，抓获犯罪嫌疑人4人。

1月28日 县烟草专卖局（公司）挂牌成立。

1月30日 开通气象卫星综合应用业务系统“9210”工程第一期建设终端站。

1月 百货公司、五交化公司合并，成立商业总公司百货五交化公司。

1 月 糖业公司 6250 千瓦火电自备电厂投入使用。

2 月 19 日 邓小平在北京逝世。20—25 日，全县各族群众悼念邓小平逝世。

3 月 4 日至 2001 年 3 月 19 日 扩建曼等莱户河水库。库容 124.3 万立方米，投资 726.5 万元。

3 月 10—11 日 云南省玉米机制钵暨深施化肥验收会在景东县召开。

3 月 25—26 日 思茅地区松脂生产现场会议在景东县召开，景东松脂生产经验引起各松脂生产县关注。

3 月 30 日至 4 月 1 日 思茅地区妇联在景东县召开扶贫攻坚现场会议。

4 月 13 日 乡镇开通传真业务。

4 月 30 日 镇沅九甲—景东花山米雅街公路（简称九米公路）景东段（19 千米）竣工。

5 月 30 日 实现公路村村通。乡村公路总里程 1296 千米。

5 月 30 日 县公安局“110”报警服务台开通。

5 月 30 日 《景东报》刊出白血病患者杨元英（文井镇者孟办事处大寨社人）求援信。数月内收到社会各界捐款 3.8 万元，帮其完成导基因骨髓移植手术。

5 月 省地县三级签订“九五”建设规划协议。景东县九五重点建设项目：林化厂技改、万立方米集成材生产线、刨花板二次贴面加工、者孟糖厂技改和 5 万亩甘蔗基地建设，总投资 11960 万元。

6 月 8—9 日 云南省林业体制专项调研组到景东县调研林产工业企业发展情况。

6 月 27 日 县委县政府在人民会堂举行纪念中国共产党成立 76 周年和迎香港回归祖国报告会，与会 1000 人。

7 月 2—20 日 县公安局先后取缔大街、者后非法组织“门徒会”，抓获传教骨干 2 人和来自陕西省自称“上级奉差”流窜邪教教徒 1 人。

7 月 16 日 县内发生特大洪灾，川河及其支流暴涨。

9 月 12 日 县公安局查获一起假文物诈骗案，抓获犯罪嫌疑人 3 人，缴获假龙头官印 20 余件，假古币 6 千克。

9 月 30 日 县委学习贯彻十五大精神动员大会在人民会堂召开，与会 1000 余人。

10 月 24 日 大街乡塘坊村文会社师某荣、师某华兄弟俩为争一株秃头树反目，师某华一时冲动，杀害师某荣一家三口，然后服毒自杀。

10 月 29—30 日 思茅地区企业思想政治工作研讨会、文化协会 1997 年年会在景东县召开，与会 100 人。

11 月 10—11 日 云南省委书记令狐安在参加大朝山电站澜沧江截流庆典后，到太忠乡大柏村考察。

11 月 18 日 思茅地区中院在景东县体育馆举行万人公判大会，宣判劳动教养 7 人、管制 3 人、有期徒刑及死刑 4 人。

11 月 26 日 “普六”（普及六年制义务教育）通过市级验收。

12 月 1 日至 2000 年 12 月 31 日 实施三年封山禁猎。

12 月 22—23 日 思茅地区基层创建安全文明社区经验交流会在景东

川河整治工程竣工典礼（李力 摄）

县召开。

12 月 26 日至 1998 年 5 月 25 日 建成莲花塘—麻栎庄段川河防洪整治工程。治理后，河道从 7 千米缩短到 3.71 千米，新增耕地 70.6 公顷，复垦稻田 20 公顷。工程总投资 2495 万元。

春 开展红豆杉资源普查。调查结果：景东段无量山国家级自然保护区海拔 2000～3100 米内，分布有云南红豆杉 11926 株 1778 立方米，面积 9093 公顷。

是年 实现村村通公路、通电话。

1998 年

1 月 10 日 国家开始对烤烟生产实行“双控”（控制面积、控制收购数量）方针。是年，景东县实际种植烤烟 972.5 公顷，比 1997 年减少 2498.6 公顷。

1 月 刘开富散文《刘二狗小传》获第四届路遥青年文学奖散文类三等奖。2003 年 1 月，其生前创作的小说、散文由后人整理成集——《人生是一条等待的河》出版。

2 月 28 日 在曼等乡召开县“五小”（小水窖、小水池、小泵站、小塘坝、小水渠）水利工程建设现场会。

3 月 27 日 县委县政府决定：县委办和政府办（简称两办）分设，土地管理与城乡建设环境保护局分设为土地管理局、城乡建设局、环境保护局，农牧局分设为农业局、畜牧局，残疾人联合会升为正科级，撤销烤烟生产办。

4 月 1 日 按照省政府有关规定，财政系统征收农业“四税”（农业税、农林特产税、耕地点用税、契税）职能、人员，全部划归地方税务局。

4 月 2 日 召开全县扶贫攻坚动员大会，调整充实扶贫挂钩县级机关、企事业单位 93 个。

4 月 25 日 县政府收枪工作领导小组成立，并下发《景东县政府关于收回超配公务用枪和收缴民用枪支的通知》。5 月 5 日至 10 月 31 日，全县收缴民用枪支 1.26 万支，收回超配公务用枪 48 支。5 月 29 日，公开销毁火药枪 1886 支、气枪 252 支；11 月 14 日，公开销毁民用枪支 9771 支。

4 月 28 日至 1999 年 7 月 16 日 完成莲花塘农田建设一期工程。改造老河道新增良田 52.48 公顷，中低产田改造 12.41 公顷，工程投资 608.23 万元。

4—6 月 全县严防 5 号病（口蹄疫）。

4 月 泰国皇家公园到景东县订购杜鹃花树 3000 株。

6 月 15 日 上海伟恒通有限公司捐资 20 万元建盖的文井镇大营办事处希望小学落成。

6 月 16—17 日 云南省副省长梁公卿、省教委主任杨崇龙到一中、职中、民族中学和教师进修学校等地调研。

7 月 1 日 开南电厂兼并文井镇电影院，首开县内集体企业兼并国有企业先例。

7 月 1—3 日 连续中、大雨，水大患。林街乡岩头、丁帕，漫湾镇昔掌、保甸等地降单点性暴雨，引发滑坡和泥石流。计死亡 21 人，受伤 20 人，直接经济损失 7585.1 万元。灾情引起省地高度关注。

7 月 22—24 日 思茅地区扶贫办公室主任会议在景东县召开。

7 月 23 日 龙街乡石垭口村发生一起特大杀人案，精神病患者李应学在 11 个犯罪现场杀害 2 人、砍伤 15 人。

8 月 1 日 《云南省景东彝族自治县城乡建设管理条例》颁布施行。

8 月 5 日 是日 10：50，到景东投资种茶的台商林毓箕，驾吉普车在太忠大水井至平掌公路 k5+500 米翻下 10 米箐沟，当场死亡，乘客轻伤 1 人。

澜沧江航运（李金雄　2015 年 5 月摄于漫湾水库）

8 月 11—14 日　漫湾库区航运协调会在景东县召开。大坝蓄水后，景东县首开航运事业，水库上活跃着 200 余艘船只。

8 月 27 日　是日 5：30，国道 214 线 k2519+990 米发生“8·27”特大道路交通死亡事故，死亡 3 人，受伤 6 人。

8 月 29 日　是日 8：30，大朝山公路 k66+100 米发生“8·29”特大道路交通死亡事故，死亡 4 人。

9 月 1 日　开始规范公费通信，话机、寻呼机自购，话费限额。

9 月 20 日至 1999 年 3 月　香港乐施会援助林街乡“7·3”洪灾赈灾项目建成，垦复农田 75.79 公顷，搬迁、重建和修复岩头村民房 148 户，投入资金 203.12 万元，其中，乐施会援助 100 万元，灾民投工投劳 103.12 万元。

9 月　县政府制发《预算外资金和罚没收入管理实施办法》。

9 月　在孔雀山东南坡建成城市垃圾粪便生态处理场，占地 16.2 公顷。

10 月 1 日　景东林业局（森工局）停止天然林采伐，全面实施国家天然林保护工程。

11 月 3 日　卫城遗址被列为第五批省级重点文物保护单位。

11 月 8 日　县政府发出《景东彝族自治县计划生育“三结合”工作的实施办法》。

11 月 9 日　县委发文通知：深入学习邓小平理论。

11 月　县粮油工贸有限责任公司成立，2004 年 3 月 31 日宣布倒闭。

12 月 18 日　县委县政府在人民会堂召开纪念中共十一届三中全会召开 20 周年大会。

12 月 23—24 日　思茅地区全国和省人大代表现场到太忠乡大柏村、川河防洪整治工地视察。

12 月 25—26 日　上海、云南对口帮扶建设温饱试点村现场经验交流会在景东县召开，参会 236 人。

12 月 28 日　云南哀牢山、无量山国家级自然保护区景东管理局挂牌成立。

12 月 29 日至 2007 年 7 月　建成南洋河中型水库，并通过省验收。水库库容 1697.16 万立方米，投资 1.02 亿元。2002 年 4 月 5 日至 2004 年 5 月 18 日，建成水库配套渠系工程。

12 月 30 日至 2000 年 3 月 15 日　开展乡镇集体企业清产核资工作。结果：全县 109 户集体企业资产总额 98545 万元，负债总额 3276.5 万元，所有者权益 6578 万元。

12 月至 1999 年 1 月　云南省联合考古队发掘林街乡丙况遗址，发掘出新石器时代双肩石斧、石锛、铜斧、陶片等文物 150 余件。

是年　思茅地区推广大柏村经验（即找准一条思路，发扬自力更生，艰苦奋斗的精神，真抓实干的工作作风）。次年 9 月 17 日，中央人民广播电台新闻节目播出反映大柏村扶贫攻坚专题报道——《吹响反贫困的号角》；同月，国务院授予大柏村“全国民族团结进步模范集体”称号。

1999 年

1 月 12 日　思茅地区中院、景东县法院在体育馆举行万人公判大会，公开宣判毒贩 13 人和故意杀人犯 1 人。

县中医医院成立典礼（县委党史办　提供）

1月19日至12月　开展延长农村集体土地承包期工作（简称土地延包），延包期30年。抽调县乡村工作队员2132人，试点后按准备、实施、总结三个阶段进行。全县15个乡（镇）、166个村（办）、2283个社、76362户、268119人纳入土地延包，签订合同书72221户，发放土地经营权证书70834份。

1月18日　县中医医院成立。2月8日，在原县医院马口门诊部挂牌营业。2003年5月，迁入新址（建设路64号），占地0.53公顷，建筑面积9427平方米。

1月21日　县委县政府发出《关于进一步促进乡镇企业发展的决定》。

4月8—9日　思茅地区民族宗教系统扶贫工作会议在景东县召开。

4月12日　县城新区建设工程动工。

4月26—29日　思茅地区第七次政协主席联系会议在镇沅、景东召开。

5月17日　是日11：20，清漫线k76+250米发生“7·17”特大道路交通死亡事故，死亡3人，受伤3人。

6月7—9日　召开大朝山电站景东库区移民工作会议。

6月11日至8月30日　取缔、揭批邪教“法轮功”。法轮功从四川、昆明传入，一度在景东发展到6个练功点177人。

8月2日至2000年3月24日　文井镇山心办事处发生上、下冯家社，上、下马家社，小庄社多次群体性哄抢土地事件。截至2000年4月20日，相关农户96户自愿到办事处签订第三轮延包合同，该群体闹事事件平息。

9月29日至10月1日　开展联欢晚会、游园、篝火晚会等文艺活动，隆重庆祝国庆50周年暨景东解放50周年。

9月　《景东文学作品集》第一集出版。

10月2日　是日15：10，芹漫线k77+800米发生“10·2”特大交通道路死亡事故，死亡3人，受伤9人。

10月22日至11月3日　连续降雨，引发洪灾。至12月，景东县恢复灾后生产，先后组织干部1000人走出机关，入驻农村第一线抓生产。

10月　景东县被列入云南省“两改一同价”工作第二批40个重点县之一。至2001年8月26日，完成一二期农村电网建设与改造，并通过省验收。

11月1日　县委县政府发出《关于实施县内易地开发扶贫的决定》。

11月9日　大豆新品系列示范推广暨“景绿一号”通过省、地区验收。

11月10—15日　在新西兰世界轮椅射击比赛中，景东籍残疾运动员李剑飞代表中国队夺得2枚金牌。2004年9月18日，第十二届残奥会男子P1-10米气手枪SH1决赛中，李剑飞以663.8环成绩为中国代表队夺得首枚金牌；10月9日，思茅市委市政府表彰其奖金10万元。李剑飞被授予“全国五一劳动奖章”，先后获得“中国青年五四杰出贡献奖章”“第十二届残奥会中国体育代表团优秀运动员”等称号。

11 月 10 日至 12 月 10 日 县残联、卫生局牵头，解放军 62 医院与县人民医院开展白内障囊外摘除手术，人工晶体植入手术 62 例。

11 月 29 日 林业分类经营区划成果通过国家、省、地区验收。

11 月 景东县被列入云南省电脑农业专家系统推广县。

12 月 10 日至 2000 年 5 月 16 日 开展综合治理整顿县城活动，县城“脏、乱、差”现象有所改变。

喜迎澳门回归祖国（赵文林 摄）

12 月 16 日 思茅地区“人民满意的公务员”事迹报告在人民会堂举行，与会干部职工 800 人。

12 月 17—20 日 全县各族喜迎澳门回归祖国。

12 月 22 日至 2000 年 1 月 9 日 霜冻灾害。

12 月 26 日、28 日 分别拍卖 50 辆、100 辆三轮摩托车经营权，成交额 133.24 万元。

是年 景东县麻风病患者发病率由最高年 40.29/10 万（1950），控制至 0.29/10 万，达到国家麻风病控制指标。

是年 美国驻 WWF 办毕尉林考察无量山黑冠长臂猿，写出《无量山黑冠长臂猿保护行动计划》。

2000 年

老练大桥（罗海垠 摄于 2013 年 2 月）

1 月 12 日至 5 月 14 日 建成莲花塘农田二期工程高稳产田 133.33 公顷，投资 150.76 万元。

1 月 23 日 老练大桥（六孔预应力混凝土空心板桥）竣工，并通过验收。

1 月 景东县第一部长篇小说——周德翰著《冷寂大河》出版。

2 月 16 日 在政府小礼堂举行经济形势报告会，云南大学教授徐光远、农业部信息中心孟繁隆作报告。

2 月 24 日 者后乡路东村发生一起特大中毒事件，死亡 4 人，经抢救脱险 2 人。

2 月 20 日至 5 月 20 日，首批大朝山电站景东库区移民搬迁至白羊田安置点。

4 月 14 日 公开拍卖城区出租汽车经营权。

4 月 15 日至 12 月 开展县级领导班子和领导干部“三讲”（讲学习、讲政治、讲正气）教育活动。

4月27日晚 在人民会堂举办党课讲座，听讲者800人。

5月1日 县城“三山四箐”（锦屏山、玉屏山、翠屏山，虹桥箐、石婆坡箐、老龙箐、烂泥河）实施封山育林。期限：2000年5月1日至2010年5月1日。

5月28—29日 龙街乡、太忠乡基本解决温饱工作通过省验收。

6月21—22日 思茅地区土地管理工作会议在景东县召开。

6月26日 县法院在体育馆举行万人公判大会，公开逮捕犯罪嫌疑人10人，决定违法青少年劳教5人，宣判20人，处决3人，并当众销毁一批毒品。

6月 开展“铲除大麻，清除毒源”工作，全县共铲除毒品原植物大麻8.3万株。

7月10日 云南大学法律系教授杨临宏在政府小礼堂作“社会主义市场经济与法制建设”知识讲座，听讲者130人。

7月15日，思茅地区烟叶收购工作会议在景东县召开，行署领导陈松与会并讲话。

7月24日 景东县承担实施的省院合作思茅热区开发项目甘蔗品种园建设及良种推广通过省、地区验收。

8月2日至10月25日 开展改革村级体制、民主选举村民委员会工作（简称村改委）。

8月 景东林产工业（集团）公司金铃牌松香获“云南省名牌产品”称号。2002年，获“中国名优产品”称号。

9月 县政府对基本解决温饱的曼等、花山等8个乡（镇）各奖励1万元，对基本解决温饱的勐令、大驮等5个村和挂钩扶贫单位各奖励2000元，奖金总额24.6万元。

9月20日 央视播出《为环保忙碌的人》，宣传哀牢山自然保护区GEF项目社区环境教育在大街乡气力村实施情况。

9月25日 县“三五”普法通过市级验收。

10月13日10：05 景东—大朝山线K67+800米发生“10·13”特大道路交通死亡事故，死亡8人，受伤1人。

10月17日22：03 国道214线K2549+200米发生“10·17”特大道路交通死亡事故，死亡5人，受伤5人。

10月22日 启动易地扶贫安居工程。

11月1日 开展第五次全国人口普查。是日零时，全县总人口352089人。其中，汉族188300人，彝族140556人，哈尼族11274人。

11月26日 创建省级文化先进县通过市级考核。

11月30日至12月2日 思茅地区水利工作会议在景东县召开。

12月13日 思茅地区森林公安局景东分局挂牌成立。

12月18日 县委县政府发出《关于加快县城新区开发及鼓励外商投资的若干意见》。

12月20至22日 举办首届民族民间文艺会演暨民族传统体育运动会，2万人参加开幕式。举办“彝家风采”大型文艺表演和篝火晚会。

12月 在锦屏镇景范村建成农业科技示范园。

是年 全面推行“零基预算”，对乡财政实行“零户统管”。

2001年

1月11日至8月31日 开展“三个代表”（代表中国先进生产力的发展要求、代表中国先进文化的前进方向、代表中国最广大人民的根本利益）重要思想学习教育活动，分三批进行。全县先后投入1135.66万元，为群众办实事3243件。

2月9—11日 思茅地区质量技术监督工作会议在景东县召开。

2—3月 开展谢韬案件警示教育，景东县受教育党员干部1.11万人（次）。

3月1—4日 举办邻县“新世纪杯”门球、气排球邀请赛，大理、楚雄、西双版纳、思茅4地（州）7县（市）27队212人参与。

4月23日 是日下午，景东县法院在体育馆举行严打整治万人公捕公判大会，宣布逮捕犯罪嫌疑人20人，宣判刑事犯12人。

4月28日 县委县政府决定，设立旅游事业管理局和档案局。

6月17—18日 思茅地区民兵基层建设暨人武部正规现代化建设观摩研讨会在景东县召开。云南省军区和志光、思茅地区领导董治良、魏红及思茅军区和绍全、周忠仕、李呈国、陈代明等出席。

6月26日至8月1日 隆重庆祝建党80周年。举办千人演唱会、缅怀先烈党员入党宣誓、庆祝暨表彰大会、专题文献展览、征文等活动。

7月14—15日 云南省、普洱市生物资源开发与创新办到景东县调研。

7月17日 撤销水利水电局，成立水务局。

7月24日 云南大学教授任新民在政府小礼堂客座举行经济知识讲座。

7月25日 在文庙举行捐赠仪式，14人共捐赠现代革命文物58件。

8月9日 大朝山电站库区曼状码头开工。

9月14日 漫湾澜沧江百里长湖景区被国家旅游局公告为AA级旅游区。

10月21—22日 举行都拉易地开发区移民安置工程开工动员大会暨开工奠基剪彩仪式。

10月24日上午 在人民会堂举行敬老节暨老干部形势通报会；中午，举行大型游园活动；是晚，举办敬老节文艺晚会。

10月26日 国家林业局到景东县调研山区综合开发工作。

10月27日 云南省工程咨询中心闻旭、王永会一行，到文井镇都拉村评估易地安置试点工程项目。

10月27日 景东县法院在文井街举行“10·26”国家禁毒日暨严打整治公捕公判大会，宣布逮捕犯罪嫌疑人10人，审判刑事犯6人，处决1人。

10月31日 地方海事处挂牌成立。

10月 景东县第一部乡志——《曼等乡志》出版。

11月22日 总结“三五”普法，部署“四五”普法。

12月4—5日 政协云南省、政协思茅地区委员会委员调研景东县小城镇建设。

12月13日 县疾病预防控制中心挂牌成立。

12月16日 蛮官清酒和景宝牌“回心草酒”分别获第七届中国国际食品博览会金奖、中国名牌产品称号。

12月27日 思茅地区药品监督管理局景东分局挂牌成立。

12月28—29日 畜牧扶贫工程项目通过省验收。

12月29日 大朝山电站责任有限公司董事长董述春及云南省国土资源厅于蕴祥、云南省移民办宗云河一行，到锦屏镇白羊田检查移民村工作。

是年 开始实施“温饱工程”。

是年 大朝山东镇在文玉村试种橡胶树6公顷。2006年，引入金马橡胶公司，走“公司+基地+农户”模式。

2002 年

1 月 19 日至 2005 年 5 月 30 日 建成川河防洪整治二期工程（一期下游延伸 1.6 千米），投资 788 万元。

3 月 7 日 思茅地区宣传工作会议在景东县召开。

3 月 22 日 景东—恩乐油路工程开工。

3 月 29 日 思茅地区易地扶贫现场会在景东县召开。

4 月 1 日 在全县范围内取缔载客电三轮摩托，公交车和出租车取而代之。

4 月 17—19 日 县委县政府分别在永秀、曼等召开现场办公会，开始“景东西部开发”工作。

4 月 20 日 锦屏镇公开拍卖锦屏红砖厂资产和经营性使用权，最高价位 420 万元。

5 月 4—5 日 泰国法政大学（THAMMASAT）教授素米・皮提帕、撒玛沙・瀑书汪到景东县探寻傣族南迁历史。10 月 9—10 日，素米・皮提帕再次到景东考察傣族文物。

5 月 10 日 离退休和回乡土改队员 109 人济济一堂，纪念景东土地改革 50 周年。

6 月 18 日至年末 开展县级领导班子团结干事教育活动。

6 月 21 日 景东县首家农民家庭图书室——“求知图书室”在文井镇清凉街开业，创办人罗意。

7 月 6 日 暴雨引发洪灾，漫湾镇发生泥石流。

7—11 月 县公安局开展打击“抢劫”“抢夺”犯罪专项斗争。共侦破各类刑事案件 159 起，摧毁犯罪团伙 9 个 35 人，抓获刑事作案成员 155 人。

10 月 20 日至 11 月 30 日 城区御笔、玉屏、龙泉 3 个社区先后成立。2012 年 4 月，大草地社区成立。

10 月 始行职工医疗保险制度（简称医保）。2008 年 5 月 1 日，始行城镇居民医保。

12 月 4 日 景东自然保护区管理局在笔架峰设立无量山脉最高点标识。经核，20 世纪 80 年代《景东彝族自治县行政区划图》中，将笔架山误标为猫头山。

12 月 20 日 云南省委党的十六大宣讲团到景东县宣讲，云南省社科院邓小平理论研究中心何宏翔作宣讲报告，听讲者 1000 人。

12 月 《中共景东彝族自治县历史大事记》出版。

是年 景东县被列为 42 个“云南省优质烟叶示范县”之一。

是年 景东林产工业集团总公司企业改制，建立景东南国莹银林产集团。

是年 麻栎庄大桥（又名景太大桥）建成，桥长 112.9 米，投资 400 万元。

2003 年

1 月 6—7 日 思茅地区妇女工作会议在景东县召开。

1 月 12 日 在县城头塘加油站查获无证运输卷烟 60 件，案值 8.05 万元。

1 月 29 日至 2004 年 2 月 建成南洋河电站。装机容量 2×130 千瓦，投资 850 万元。

1 月 全县中小学教师工资由县财政统一发放，中心学校接受双重管理。

2 月 16 日 集中销毁没收的电鱼器 37 台（套）、电瓶 4 个、变压器 16 个、捕捞网兜 6 套、网具 23 张、潜水鱼雷 94 颗。

3月　命名县城新区12米以上街道及广场。

3月　南涧河平板钢筋混凝土大桥建成，桥跨径186米，宽6.5米。

南涧河大桥（罗海垠　摄于2013年11月）

4月14—16日　举办中国昆明国际旅游节思茅分会场暨景东彝族文化旅游节，设有大型广场文艺表演——“世界黑冠长臂猿之乡的呼唤”迎宾晚会、跳歌和移民新村长街宴、杜鹃湖徒步旅游等活动项目。

4月20日　景东彝族糊米罐罐香茶艺表演获得首届全国民族茶艺表演大赛金奖。

4月20日至8月　严控非典型肺炎（简称“非典”），动员全县建立预防控制“非典”网络和群防群治。

5月17日　人工引雨缓解旱情。平均降雨17.1毫米，最大22毫米。

5月28—29日　云南省委常委、政法委书记李明朝考察川河防洪整治工程，到看守所、县中队、公安局、法院、检察院调研政法工作。

6月1日　景东县第一家私立幼儿园——鸿飞双语幼儿园开园。

6月5—7日　中科院昆明分院院长张状鑫到哀牢山生态站检查工作。

6月13日至7月　全县掀起学习英模陶学峰热潮。

6月18日　自然保护区管理局在太忠乡救护1只受重伤的国家一级保护动物短尾猴（别名红面猴），经畜牧兽医中心施救，脱离危险。

6月23日　开始实施社会治安综合治理整体联动防范工程。

8月5日　政协云南省委员会副主席何占均，率调研组到景东县调研下岗失业人员再就业工作。

8月6日至12月20日　开展农村税费改革。

8月22日　思茅地委学习贯彻“三个代表”重要思想宣讲团到景东宣讲，听讲者800人。

8月26日　是日凌晨，暴雨，引发洪灾和山体滑坡。

8月　开始推行农业人口独生子女家庭“奖优免补”政策。

9月　中共云南省顾问委员会常委党向民到文井镇者吉温饱示范村、都拉异地扶贫基地、太忠乡大柏村等地调研扶贫和农业农村工作。

9月6日至2004年3月6日　修复孔雀山凌云塔。投资530万元，收到社会捐款341.8万元。

9月27日　景东水泥厂以承债方式530万元转让给私人经营。总资产2822万元，因改制等因素负债2200万元。

10月12日至2004年11月24日　建成老干部活动中心。建筑面积1652平方米，投资205万元。

10月20日　合署办公的县科技局和县科协分设。

10月　思茅地区血站景东血库建成。

11月26—28日　思茅地区文学创作笔会在景东县举行。

11月27日至2004年5月27日　建成景东—龙街公路（简称景龙公路）弹石工程。

11月27日至2005年6月11日　在文井镇建成亚麻加工厂，不久后倒闭。

11 月 县公安局赵丽梅获得“全国优秀人民警察”称号，荣记一等功。

12 月 18 日 是日 15：00 许，景东水泥厂财务室保险柜被撬，失窃现金 9.2 万元。21：30 许，案件告破，系昭通市永善县团结乡人赵国正、唐学均流窜盗窃所为。

12 月 23—24 日 云南省副省长吴晓青一行到县人民医院、中医医院、景东一中、景东县小学、景东职业中学、安定完小、龙街中学、龙街乡石垭口村调研卫生、教育情况及慰问农民。

是年 景东县发现首例艾滋病患者。

2004 年

1 月 5 日 县委召开党风廉政工作会，通报思茅地区检察分院依法查处景东少数干部涉嫌犯罪基本情况。

1 月 30 日至 2 月 严防禽流感。

2 月 17 日 是日 17：00 许，锦屏镇董报完小因电路老化起火，火毁土木结构瓦屋教学楼 1 幢 10 间，经济损失 6 万余元。

2 月 20 日 大街乡塘坊村草地组、下村组发生群体性事件，部分村民在大街煤厂矿区道路设置路障，阻碍车辆通行和企业生产。

2 月 正式启动世界银行贷款/英国政府捐赠结核病控制项目。

2 月 掀起学习《中国共产党党内监督条例（试行）》和《中国共产党纪律处分条例》热潮。

2 月 林街清真寺被列为第六批省级文物重点保护单位。

3 月 5 日 都鲁河电站开工。电站装机容量 1 万千瓦，投资 4500 万元。

3 月 8 日 2 万妇女聚集孔雀山森林公园，欢度国际妇女劳动节。

3 月 12 日 县供电有限责任公司挂牌成立，公司注册资金 1000 万元。

3 月 14 日至 2005 年 7 月 7 日 实施“云岭先锋”工程。共投入 3000 万元建成“民心工程”500 项，投入 1120 万元落实农业产业化建设项目 12 个，投入 150 万元建成贫困山区设施脱贫工程 5 项，社会捐资捐物 150 万元。

3 月 30 日 北京大学教师刘丽华到曼等乡调研公民思想道德状况。

3 月 31 日至 4 月 1 日 每日 11：00 至 19：00，蜻蜓群由北向南，飞过景福乡政府驻地古里街，密密麻麻，不计其数。

欢度国际妇女劳动节（罗庆北 摄）

4 月 5 日 在人民会堂举行县民族工作会议暨第一次民族团结进步表彰大会。

4 月 10—18 日 北京《民族画报》记者徐正荣到孔雀山凌云塔、文庙、杜鹃湖、黄草岭、土林、都拉移民新村等地采风。

4 月 13 日 是日 19：55—19：59，九级大风，瞬间风速 23.1 米/秒。

4 月 26—27 日 首届“银生春韵·彝乡女星”选拔大赛在县人民会堂举行。

县民族工作会议暨第一次民族团结进步表彰大会（县政府办　提供）

5月15日　曼笼河电站建成发电。装机容量250千瓦，投资70万元。

5月28日　县政府与佳浩公司签署缫丝厂建厂协议书。缫丝厂占地4.67公顷，总投资3000万元，年处理干茧150万千克、生产生丝50万千克。

6月6—11日　思茅市政府在景东县召开全面推行农业人口独生子女家庭奖优免补工作培训会。

6月9日　政协云南省委员会视察组到景东县调研《中共中央国务院关于加强老龄工作的决定》和《云南省老龄事业“十五”计划纲要》实施情况。

6月24日　县政府与昌龙公司签订纤维板建厂协议。

6月25日　锦屏镇董报村人崔某某携带非洲幼象牙2只（价值50万元），欲往南涧等地出售，在安定木材检查站被森林警察查获。10月15日，思茅市中院判处崔某某无期徒刑。

7月2日　永秀乡困嘎、苍文、菖蒲地、新村、黑蛇5村风灾，直接经济损失61万元。

7月7日至2010年9月　广东嘉宝莉化工涂料有限公司先后捐资22.5万元，资助学生125人完成初高中学业。

7月12日　云南省电信有限公司景东公司正式成立。

7月15日　云南大学外语系师生到景东县开展“三下乡”活动。

7月23日　县委县政府发出《关于加快新时期扶贫开发工作的决定》。

7月　李开运长篇历史小说《陶府传》出版。

8月17日　两办信访局更名为景东县信访局。

9月5日　银生集贸市场建成开业。市场占地1.86万平方米，可容纳4000余人，投资1380万元。

9月15日　县委县政府召开民主测评大会，民主测评市管处级党员领导干部德、能、勤、绩、廉等。

9月28日　县委发文：开展“四个一”（领导班子每月安排1次集中学习、每季度举办1次双休日知识讲座，领导干部工作之余每天学习1小时、每月熟读1本书）学习活动，推进学习型领导班子建设。

9月　景东县首项专利产生——文井镇文光村魏大章发明的沼气池出粪具，获得国家知识产权局“实用新型专利证书”。

9—10月　完成紫胶寄主林建设内外业规划。《景东彝族自治县澜沧江流域8万亩紫胶寄主林建设项目可行性研究报告》通过省级评审。

10月21日　安全生产监督管理局成立。

10月30日至2005年末　完成漫湾电站景东库区移民二次搬迁工程建设。移民入住210户772人，投资3255.56万元。

10月　全球林冠项目（Global Canopy programgr）主任、博士ANDYEW W·Mitchell，澳大利亚Gyiffith大学首席生态科学家、教授Roger kitching考察哀牢山生态站。Mitchell认为哀牢山原始森林非常适合开展林冠研究。

11 月 5 日至 2005 年 10 月 19 日 开展全国首次经济普查。

11 月 15—17 日 云南省人大代表视察组到者后、文井、锦屏等乡（镇）视察“三农”（农业、农民、农村）工作。

11 月 21 日 是日 14：50，花山乡秀龙村李某某卧床吸烟引发火灾，造成死亡 1 人，重伤 1 人，下落不明 1 人，直接经济损失 1.2 万元。

11 月 27—30 日 思茅老体协第一届“无量山杯”运动会在景东老体协体育活动中心举行。66 个代表队参加门球、气排球、陀螺竞技。

11 月 30 日 撤销县直机关党委，成立县直机关工委。

12 月 1 日 开始执行《景东彝族自治县整村推进扶贫开发工作规程》。

12 月 15—19 日 云南省政府秘书长刘平带领发改、移民、财政、扶贫、民政及华能澜沧江公司、国电昆明勘测院环保分院领导、负责人，到漫湾库区调研。

12 月 27 日至 2007 年 7 月 5 日 完成芹菜塘—漫湾公路（简称芹漫公路）改扩建一期工程，并通过市县验收。2006 年 3 月 6 日至 2007 年 6 月 20 日，完成续修工程。

是年 景东县正式被列为世行贷款/英国赠款、日本援助结核病控制项目实施单位。

2005 年

1 月 3 日至 10 月 建成文路河电厂二级站。装机容量 1800 千瓦，投资 720 万元。

1 月 18 日 安定乡中仓双河温泉度假村举行开业典礼。双河温泉占地 6.4 公顷，投资 166 万元。

1 月 31 日 县委县政府发出《关于深化文化体制改革，加快文化产业发展的意见》。

1—2 月 开展“迎新春、送温暖、敬亲人”活动。

1—6 月 连续干旱。

2 月 1 日 艺术院校景东籍在校学生在县人民会堂举办“2005 年春节文艺晚会”，自编自演节目。

2 月 19 日至 2006 年 6 月 分三批开展保持共产党员先进性教育活动。全县 20 个党委 18 个总支 440 个支部党员 1.27 万人受到教育。

2 月 20 日 移民开发局成立。

2 月 20 日 烤烟生产办公室成立。

2 月 25 日至 7 月 20 日 建成文录桥。全长 54.64 米，投资 80 万元。

3 月 4 日 锦屏、文井等 9 个乡（镇）普降大雪。

3 月 13 日至 12 月 10 日 御笔山森林公园一期工程完成；11 月 23 日，二期工程动工。

4 月 10 日 城区干部群众列队迎接首届“马帮茶道·瑞贡京城”普洱文化北京行宁洱马帮队徒步进入县城。

4 月 12 日至 9 月 7 日 安定乡农贸畜牧市场建成。占地 1.1 公顷，投资 154 万元。

4 月 14—18 日 举办首届“中国人寿杯”青少年艺术风采大赛。参与角逐选手 387 人。

4 月 27—30 日 景东县 100 多人参加思茅市“一节两会”（第七届中国普洱茶节、首届全球普洱茶嘉年华会、云南省首届普洱茶交易会），表演茶艺、展示茶车。

5 月 24 日 《蜜蜂报》主编辛勤在县人民会堂举办“培养孩子成为身心健康的合格接班人”家庭教育讲座，听讲者 2600 人。

5 月 25 日 政协云南省委员会副主席李先猷到景东县调研文史工作。

5月25—26日 思茅市传达全国全省统战工作部长会议精神会议在景东县举行。

6月22日 在县体育馆举行“珍爱生命、拒绝毒品”万人签名活动。

6月25日 中国工商银行景东县支行整体移交农村信用合作社。

6月 杨洁（笔名情凝紫眸）网络小说《中国妖精》，获2004年新浪万卷杯原创大赛优秀长篇奖。

8月26日 文井镇都拉村小河底易地移民32人，到漫湾电站库区二期移民安置点农田抢收稻谷。县事态处置领导小组讯问、询问24人，收缴稻谷312.5千克。

9月22日 香港慈善人士冯燊金资助爱心工程“春蕾小学”，在龙街乡多依树村启动。

9月30日 新华社“茶马古道”采访团到景东县采风。

11月1日 全国开展1%人口抽样调查工作。

11月3日至2006年6月 开展农村贫困户建档立卡工作。建档立卡21.78万人，并实行微机管理。

御笔山森林公园一期工程（李延新 2005年12月摄）

11月4日 本县“无毒县”创建工作通过省市验收。

11月9日 徐家坝水库倒滤体出现渗漏险情，危及大坝及下游安全。26日，云南省政府派驻工作组现场处理险情。

11月20日 首次以竞拍方式转让国有商品林木采伐经营权12伐块1.5万立方米，由7家企业获得，成交总额726万元。

11月25—28日 银生茶叶有限公司宫廷普洱茶（散茶）、普洱熟饼（甲）、普洱茶青饼（甲），同时获第四届广州国际茶文化节金奖。

12月19—20日 隆重庆祝自治县成立20周年。19日，在县人民会堂举行迎宾晚会。20日，在体育馆举行庆典大会和大型文艺表演。是晚，举行篝火晚会。

12月24日 水利部、公安部、发改委组成调研组，调研漫湾、大朝山电站库区移民安置工作。

是年 景东对外宣传打出“世界黑冠长臂猿之乡·银生古城”名片。

是年 县委县政府明确一段时期产业发展重点是着力抓好林产、畜牧、烤烟、蔗糖、蚕桑、茶叶、紫胶、矿产八大产业。

是年 除烟叶外，取消其他农业特产税。

2006年

1月5—7日 思茅市委宣传部长黎素梅带领服务团到东镇开展“三下乡”活动，捐款捐物14万元。

1月10日 云南省农村能源服务体系建设会议在景东县召开，学习景东农村沼气服务经验。

1月11日 思茅市委党的十六届五中全会精神宣讲团到景东县宣讲，听讲者800余人。16—20日，县委党的十六届五中全会精神宣讲团到各乡镇巡回宣讲，听讲者1000余人。

1月16日至5月 开展古茶树（园）资源普查。结果：全县野生茶树群落分布1.91万公顷。

1月20日 云南省政府批文：撤者后乡并文井镇，两乡镇合并后设镇址于原文井镇政府驻地文井街，镇名为文井镇；撤永秀乡并大朝山东镇，两乡镇合并后设镇址于原永秀乡政府驻地大驮街，镇名为大朝山东镇。

2月27日 云南广播电视信息传输网股份有限公司景东支公司举行庆典仪式。次年11月9日，新营业厅开业。

2月 县广播电视台记者在无量山拍摄到黑冠长臂猿。在云南、央视新闻台播出后，引起人们广泛关注。

2月 经济商贸局和经济贸易局合并，成立经济和商务局。

3月12日 联合召开全县2006年“3·15”国际消费者权益日宣传咨询服务活动和执法活动现场大会，开展“消费与环境”年主题活动。发放宣传材料1.45万份，接受咨询、宣传服务2.3万人，销毁标值23.2万元假冒伪劣商品。

3月14日 云南省贫困地区劳动力转移培训景东基地开班。

4月7—8日 政协云南省委员会主席杨崇汇一行，到文井镇速南村红毛树新农村建设试点村及开南村、文庙等地调研。

4月21—27日 20个部门组队开展以“携手建设创新型国家”为主题科技活动周巡回宣传。

6月5日 在文井镇启动深化集体林权制度主体改革（简称林改）试点。2007年1月26日至2009年3月26日，基本完成林改，并通过省验收。2010年4月20—24日，通过省级抽查。全县先后抽调工作人员1.63万人，共确权集体林地18.77万公顷，调处林权纠纷4501起，确权23.03万宗，发放林权证21.42万宗7.62万本。投入经费1330.48万元。

6月11日 在城街开展“安全发展，国泰民安”为主题安全生产宣传咨询日活动，受教育3万人。

6月20—23日 中共景东县第十一次代表大会在县城召开，与会代表269人。

7月18—19日 欢庆火把节。举行“火把节之夜”文艺晚会和欢庆火把节系列活动启动仪式。

7月25日 云南省政府顾问邹纲仁一行到漫湾、大朝山电站调研景东县库区移民工作。

8月3日 深圳市盐田区教育局雷启渊代表盐田区教育局、深圳市神舟电脑公司向花山中心校赠送电脑50台。

8月6日 是日15：00，太忠乡大松树、岔箐降冰雹。

8月9日 《中国人口报》记者张杰到景东县采风“关爱女孩”活动。

9月4日 全县科级以上党员干部156人到景东监狱接受警示教育。

9月19日 县委发文要求认真组织学习《江泽民文选》。是年，掀起学习《江泽民文选》热潮。

10月2—4日 国家六部委考察团到景东县考察，研讨加快景东经济社会发展战略，提出八条意见。

10月9日 启动“万村千乡市场”工程。

10月11日 是日9：10，漫湾镇安召路k7+700米发生“10·11”特大道路交通死亡事故，死亡5人，受伤3人。

10月 景东县创“甲级卫生县城”通过市级验收。2008年10月，通过省级检查，获“云南省甲级卫生县城”称号。

11月21日 景东、镇沅两县上海帮扶项目经验交流会在景东县召开。

11月25日 云南省军区政委王增钵到景东县检查武装工作。

11 月 潘柏君散文集《生命的绝唱》出版。

12 月 1 日 公开销毁私自安装 1.8 米和 1.5 米接收天线 2060 口，数字卫星接收机 1020 台，模拟卫星接收机 200 台。

12 月 8—10 日 灭鼠达标工作通过省验收。

12 月 14 日 思茅市警示教育基地在景东监狱举行挂牌仪式。

12 月 18 日 总结“四五”普法，启动“五五”普法。

12 月 19—22 日 云南省国家级自然保护区第五届交流协作会在景东县召开。

12 月 22 日 县公安局破获“12·22”特大贩卖假币案，会泽人方兴贵携带 10.27 万元假币，潜入景东县准备兑换，被公安民警抓获。

全县“四五” 普法总结表彰暨“五五” 普法动员会议
（县政府办 提供）

12 月 24 日 是日 13：50，小景线 k179+650 米发生“12·24”特大道路交通死亡事故，死亡 4 人。

12 月 27 日至 2009 年 9 月 20 日 建成完全民族中学（后改称银生中学）。2009 年 9 月 6 日，举行新生开学典礼。学校占地 12.13 公顷，投资 1.2 亿元。

12 月 31 日 开展第二次全国农业普查。是日零时，全县共有农业生产经营户 75158 户，农业生产经营单位 183 个；农业从业人员 188189 人，农业技术员 513 人。

12 月 31 日至 2007 年 1 月 1 日 县公安局在勐海、孟连警方协助下，破获一起特大贩毒案，抓获犯罪嫌疑人 9 人，缴获海洛因 20.66 千克。

是年 全面取消农业税。

是年 开始推行国库集中支付改革。

是年 景东彝族打歌被列为第一批省级非物质文化遗产。

是年 景东南国莹银林产集团有限责任公司重组，成立景东力奥林产集团有限公司（简称力奥公司、力奥集团）。

是年 老仓河热水塘电站建成，装机容量 1000 千瓦，投资 856 万元。

2007 年

1 月 15 日 景福乡鲁某某用钢钳盗割孔雀山凌云塔附近 80 对通信光缆 5 根，造成直接经济损失 15.4 万元，间接经济损失 190 万元。

1 月 27 日 公开流转拍卖国有商品林 5 宗 2913.33 公顷，成交价 3507 万元。

1 月 31 日至 2 月 2 日 县域海拔 1800 米以上地区普降大雪。

1 月 公安局查破一起特大贩毒案件，抓获毒品犯罪嫌疑人 3 人，缴获冰毒 8.43 千克，运毒车 2 辆，毒资 40 余万元。

1 月 启动疾病监测系统死因监测工作。

云南省委副书记李纪恒（右一）到景东调研（罗汀 摄）

3 月 23 日 召开全县农业农村工作暨社会主义新农村建设会议。

3 月 31 日 全国政协委员、国家民宗委副主任江家福到景东县调研民族宗教工作。

3 月 央视《美丽中国》栏目组到无量山国家级自然保护区拍摄黑冠长臂猿。

4 月 3 日 老仓福德茶厂举行落成典礼，普洱市领导关鼎禄参加剪彩。茶厂投资 850 万元，年加工茶叶 100 万千克。

4 月 17—18 日 云南省委副书记李纪恒到景东县调研，先后查看佳浩公司、银生中学建设、文井镇都拉移民村、红毛树小康村建设，对景东县建设社会主义新农村作出指示。

4 月 25 日至 6 月 13 日 县妇联牵头，到锦屏镇黄草岭、前所村西山脚等地开展城乡姐妹共建新农村活动。

4 月 25—26 日 在川河放流建鲤 10 万尾。

银生古城首届普洱茶原料交易会开幕式（赵文林 摄）

5 月 15—16 日 举办“银生古城首届普洱茶原料交易会”。开幕式上，举行茶叶协会、晒青茶加工示范基地授牌和彝族民间祭茶神仪式。交易会期间，举行国内知名作家景东采风活动、《无量山文艺》更名为《银生文化》首发式、经贸洽谈及招商引资签约、专家品鉴座谈会、民间茶艺茶道表演等活动。各乡镇展出无量山、哀牢山生态茶，市内外参展茶企业 46 家，126 家购茶客户现金交易 680 万元，协议交易 500 万元，招商引资签约 1.26 亿元。

5 月 16 日 召开县情介绍暨《银生文化》双月刊首发式座谈会，作家肖克凡、张昆华、欧之德、缪开和、野莽、杨海蒂、顾建平、王青风、谢欣、谭建成、黑陶、陈志强、李开义、存文学、李文秋、马青、苍虹、叶多多等与会座谈。

5 月 20 日 花山乡残疾人兰勇获第七届全国残运会男子坐式排球赛冠军。

5 月 23 日 安徽省桐城县黄梅戏艺术传播公司到景东县巡回演出，演出节目《点状元》《天仙配选场·路遇》《打猪草》等。

6 月 3 日 是日 5 时 34 分 56 秒，宁洱县发生 6.4 级地震，波及境内。景东民众为宁洱地震灾民捐款 16 万元。

6 月 9 日 太忠乡大松树村阿海组铅锌矿井发生瓦斯爆炸，死亡 3 人，重伤 1 人，轻伤 1 人。

迎奥运全民健身周活（县政府办 提供）

6月25日 开展党员领导干部“加强作风建设，促进廉洁从政”教育活动。

6月28日 县委宣传部在孔雀山森林公园举办“迎奥运全民健身周登山比赛”活动。次年4月7日，在体育馆举行“全民健身与奥运同行”启动仪式；29日，举办“迎奥运万人长跑”比赛活动。

7月1日 启动农村最低生活保障（简称低保）制度，年底纳入低保3.7万人，发放保障金1332万元。

7月8日 商务部市场运行调解司副司长王北鹰到景东县检察蚕桑产业，落实2007年国家“东桑西移”工程项目。

7月11日 召开公墓选址听证会，新址设在锦屏山麓紫胶所背后空旷地樱桃洼。

7月19—20日14时许 普降暴雨，引发“7·20”洪灾。景福乡通鼻子山（又名通孔山）坍塌，山体约直径5米通透圆洞部分被削，“通孔”景观不复存在。

7月24日 县公安局成功破获一起跨普洱、楚雄、大理三州（市）四县特大盗销摩托车一条龙团伙案，先后抓获盗窃成员11人、销赃人员8人，涉及两轮摩托车失窃案66起，涉案总价20余万元。

7月 开通县政府门户网站。

8月1日 《云南省景东彝族自治县城镇建设管理条例》颁布实施。

8月15日 云南艺术学院在县幼儿园设立“社会艺术水平考级”考点，76人参加省第十四届电子琴、钢琴二至九级考试。

8月16日 降单点性暴雨，文井闷沟水库濒临溃坝，经七昼夜奋战，险情排除。

8月 民宗局开展少数民族离婚情况调查。结果显示，民族贫困山区离婚率上升。

9月4日 召开治理赌博和搞“小刺激”变相赌博督查动员大会，城区干部职工1000人与会。

9月21日 全县首届科学技术大会召开。

10月22日 广东省潮州市电视台《天下普洱》系列片摄制组，到大街乡拍摄彝族饮茶习俗。

11月2日 县委办、宣传部、关工委、教育局等部门联合，在景东县小学举办革命传统教育讲座。

11月23日 防范艾滋病志愿者大队正式成立。

11月25日 撤销县农村社会经济调查队，设立国家统计局景东调查队。

11月27日晚 中国移动欢乐新农村启动仪式暨大型公益文艺晚会巡演活动在景东体育馆开幕。

11月30日 2007年云南省报纸副刊研究会年会在景东县召开。

11月至12月14日 建成“金财工程”（即政府财政管理信息系统，简称GFMIS）并通过省市县验收，投资33.42万元。

11月至2008年1月 县乡人大换届选举，产生新一届县人大代表199人、乡镇人大代表798人。

12月8日 城区干部职工3464人义务清理川河大沟3.4千米，清淤3860立方米。

12月18日 巩固“无毒县”工作通过省验收。

12月20日至2009年8月 “数字乡村”视频系统制作完成，建成县级网页1个、乡级13个、村级165个、组级1947个。

是年 全面实施边疆解“五难”（各民族群众读书难、看病难、看电视听广播难、文化活动难和学科技难）惠民工程。

是年 启动新型农村合作医疗保障制度（简称新农合）。

是年 启动“惠民一卡通”，落实国家支农政策。

是年 全面启动农村公路通达工程项目建设。

是年 全面落实义务教育“两免一补”（免杂费、免书本费、补助寄读生活费）政策。

是年 启动农村中小学现代远程教育工程，全县共配备计算机846台、投影机21台、电视机378台、DVD机204部。

是年 景东县被省政府列为全省50万亩核桃发展重点县之一。

2008年

3月2日 云南省地税局工作组到县地方税务局检查指导数据大集中工作。

3月5—7日 系列大型报道“发现云南之美”采访团，到景东县挖掘“发现景东价值之美”“发现景东秘境之美”“发现景东人居之美”。

3月8—10日 黑冠长臂猿监测站挂牌仪式在大寨子举行。

3月11—13日 “七彩云南·生态普洱”摄制组到景东县采风。

3月12日 举办党风廉政教育专题讲座，云南省委巡视组凌华炘客座讲授，听讲者830人。

3月13日 省市33人及县内选派132人新农村建设指导员赴第一线，着手建设“富民工程”。

3月19日 西双版纳热带植物园专家陈进一行4人考察景东县生态环境。

4月2日 景东县举办十一届全国人民代表大会第一次会议精神报告会，全国人大代表杨亚梅报告大会情况、传达主要精神。

4月4日 大街乡大街、文山发生哄抢下营后山国有茶厂茶叶、砍毁茶树群体性事件。

4月8日 取缔大街乡龙田梁子非法采挖小煤窑。

4月16—19日 台湾中天电视台《台湾脚逛大陆》节目摄制组编导蔡文钦、企划粘璨文、摄像张源庭、主持人蔡依伶和蔡佩伶一行到景东县采风。

“5·12” 汶川大地震赈灾晚会现场（县文联　提供）

4月24日至10月31日 开展“解放思想、深化改革、扩大开放、科学发展”大讨论活动。

4月28日 举办首届“非公经济”文艺晚会，反映改革开放30年非公经济取得的巨大成就。

4月30日晚 举行首届“景东十大杰出青年农民”颁奖晚会。

5月1日 始行行政问责办法，推行首问责任制、服务承诺制、限时办结制。

5月12日 四川省汶川县发生8.0级地震。19—21日，全国哀悼日，降半旗志哀。19日14：28，县城防空警报和大小车辆喇叭长鸣，人们肃立 3 分钟，深切哀悼四川汶川大地震遇难同胞。5 月 22 日，中共党员 5560 人缴纳“特殊党费”52.71 万元；是晚，举办赈灾义演晚会。截至 6 月 1 日，共筹集善款 214 万元。

5 月 7—17 日 瑞士巴塞尔自然历史博物馆教授布卡特，到景东县境内哀牢山国家级自然保护区开展哺乳纲食虫目研究。

5 月 17 日 省市纪委调研组检查指导景东县党风廉政建设工作。

5 月 18 日 中国野生动物保护协会授予景东县“中国黑冠长臂猿之乡”称号。

5 月 25 日 普洱市林业产业协会景东分会和林业局林业服务中心分别挂牌成立。

7 月 1 日 《云南省景东彝族自治县环境保护条例》发布施行。

7 月 4 日 召开茶叶产业化经营座谈会，广泛听取茶界人士关于茶叶产业化经营意见和建议。

8 月 8 日 力奥公司在孔雀山举行技改项目开工仪式。2009 年 6 月至 11 月 28 日，该公司投资 9800 万元建成年产松香 4000 万千克、歧化松香 2000 万千克、松香树脂 2000 万千克林化深加工生产线。2012 年 11 月 17 日，举行 4000 万千克核桃肽饮料生产线开工仪式。

8 月 10 日 大朝山电站景东库区 572 名移民安置遗留问题处理搬迁场地平整项目动工。

8—11 月 建成“平安景东”治安视频监控系统一期工程，设监控中心 1 个、监控点 49 个，投资 170 万元。

9 月 1 日 停止征收个体工商户管理费和集贸市场管理费。

9 月 10 日 县委举行纪念改革开放 30 周年暨台侨属座谈会。

9 月 13 日 中共景东县纪律检查委员会派出纪工委、监察局派出监察分局成立。

9 月 13 日 共排查出三鹿牌婴幼儿奶粉 454 袋、107 听，下架封存处理。

10 月 10 日至 2009 年 11 月 30 日 建成景东首批廉租房 91 套。

10 月 17 日 在县人民会堂举行昌龙杯“波澜壮阔三十年，春华秋实看今朝”演讲比赛，参赛选手 28 人。

10 月 29 日 野生动物保护国际（简称 FFI）在昆明举办西部黑冠长臂猿保护现状及战略研讨会，景东自然保护区管理局被推荐为 FFI 召集人和联络员，并与 FFI 签订云南西部黑冠长臂猿保护合作意向书，期限 2009—2010 年。

10 月 曼等乡扎结村发现 2 只国家Ⅱ级保护动物冠斑犀鸟。

11 月 1 日 20：00 至 2 日 8：00 普降暴雨，引发“11·2”特大洪灾。近邻楚雄州西舍路山体滑坡和洪涝灾害，造成交通断阻、重大人员伤亡和财产损失。景东县及时成立援助救援机构，清通县城至徐家坝水库生命通道，输送大量物资保障救援。

11 月 22—23 日 普洱市诗词楹联协会 2008 年年会暨景东诗会在景东县举行。

12 月 1—2 日 景东县市级文明县城创建巩固工作通过验收。

12 月 1 日至翌年 8 月 1 日 建成曼等 35 千伏输变电工程，投资 734 万元。

12 月 5—19 日 县委县政府纪念改革开放 30 周年，举行图片展、纪念大会、文艺晚会等活动。

冠斑犀鸟（张兴伟　摄）

12 月 8 日 全县 3.94 万人义务清理沟渠 320 千米，清淤 6.17 万立方米。

12 月 16 日 “美丽银生”系列丛书——《中国知名作家眼中的景东》《景东散文精选》《景东新诗精选》《波浪壮阔三十年春华秋实看今朝》出版发行。

12 月 19 日 景东首届冬季体育运动会开幕。

12 月 25—29 日 在青少年活动中心举行 2008 年村（社区）干部培训班，村（社区）干部 570 人参训。

12 月至 2009 年 2 月 开展烟花爆竹专项整治工作。

是年 景东县被列为全国“东桑西移”基地县和云南省蚕桑生产核心基地县。

2009 年

1 月 13 日 举行王春先进事迹巡讲报告会，听讲者 1000 人。

1 月 国务院决定实施成品油税费改革，取消成品油价外征收公路养路费、航道养护费、公路运输管理费、公路客货运附加费、水路运输管理费、水运客货运附加费 6 项收费，逐步取消政府还贷二级公路收费。同时，将价内征收汽油消费税单位税额每升提高 0.8 元，即由每升 0.2 元提高到 1 元，柴油消费税单位税额每升提高 0.7 元，即由每升 0.1 元提高到 0.8 元，其他成品油消费税单位税额相应提高。

2 月 1 日至 2013 年 1 月 开展“家电下乡”活动。本县农民按规定购买补贴类家电产品，可获得 13%财政补贴。

2 月 24 日 安全生产管理局执法大队挂牌成立。

2 月 北京动物园副园长张金国、野生动物摄影家奚志农到无量山考察、摄影。

3 月 8 日 云南省委督查室陈英一行到文龙、锦屏等地督查抗旱保春耕工作。

3 月 雕塑家赵春明设计的和谐力量雕塑，在驭江长廊观景台旁落成。

3 月 25 日 大自然保护协会（The Nature Conservancy TNC）中国部首席科学家龙勇诚、海南霸王岭国家级自然保护区蔡笃垒、杨民到哀牢山生态站考察。龙勇诚留言：“哀牢山具有中国最大一片原始亚热带森林，是中国长臂猿最重要的分布区，对云南中部地区的生态安全举足轻重。但愿此美景天长地久，人间共享。”

3 月 17 日 东镇电管所划归云南电网公司景东供电有限公司。至此，全县乡镇供电所全部上划。

3 月 30 日 举办深入学习实践科学发展观活动专题知识讲座。云南省中国特色社会主义理论副研究员王鸿林为主讲人。

3 月 30 日至年末 全县分三批开展学习实践科学发展观活动，围绕“党员干部受教育、科学发展上水平、人民群众得实惠”主体要求，“促发展、保增收、维稳定，构建和谐景东”。

4 月 27 日 景东县特色生态旅游小城镇建设规划现场会在景福乡勐令村芹菜塘召开。

4 月 30 日 中共中央组织部原常务副部长赵宗鼐到佳浩公司、文庙、陶府文化广场调研。

5 月 4 日 县委召开“五四”爱国运动 90 周年纪念大会，600 人与会。

5 月 5 日至 8 月 1 日 电子政务网建成。9 月 1 日，正式投入使用。

5 月 13 日 贵州省玉屏侗族自治县人大常委到景东县交流城市规划立法、城镇规划建设管理等经验。

5 月 27 日 是日 10：50，花大线岔东镇大村便道路 k1+250 米发生“5·27”特大道路交通死亡事故，死亡 4 人，受伤 12 人。

6 月 3 日 大街煤业有限责任公司 15 万吨扩能技改项目开工。

7 月 25 日至 12 月 26 日 建成大街 110 千伏输变电工程。

7—8 月 美国华盛顿大学博士 Josehp Orkin 到大寨子黑冠长臂猿监测站考察。

8 月 18 日 “一会两站”（乡镇消费者协会分会和村居民委员会 12315 联络站与消费者投诉站）建设结束。

8 月 26 日 县委文件通知：学习贯彻落实胡锦涛《在云南考察工作结束时的讲话》。

8 月 景东杀戏被列为省级第二批非物质文化遗产。

9 月 3 日 欢送 118 名大学生村官进村开展“村官”工作。

9 月 8—9 日 农业部畜禽遗传资源专家组一行 5 人，到景东县鉴定普洱哀牢山毛脚鸡品种。专家组认为，景东有毛脚鸡品种资源基础，遗传外貌特征稳定，建议县委县政府加大投入，强化措施，创造条件加大选种繁育力度，引导农民走标准化养殖，保护毛脚鸡核心群。

9 月 12 日 景东—太忠公路油路工程开工。

9 月至 2010 年 4 月 持续大旱，遭遇百年一遇旱灾。造成全县 24.9 万人受灾，5.21 万人缺水，2.52 万头大牲畜饮水困难，农作物 4.59 万公顷受灾，经济损失 2.1 亿元。

10 月 13 日至 2011 年 5 月 24 日 恢复开南书院。书院占地 0.67 公顷，投资 400 万元。

10 月 25 日 开展农村小型水利工程管理体制改革。

11 月 1—2 日 浙江金洲集团董事长俞锦方到景东县考察旅游资源。

11 月 12 日 景东县第一家 4S 店（4S 规模、4S 管理、4S 服务）——嘉辉汽车服务有限公司开业。

11 月 26 日 普洱市在景东县召开群众性广场文化活动现场会。

12 月 2 日 岔山 35 千伏输变电工程投运，投资 850 万元。

12 月 11 日 安定乡青胜村发现大量钟乳石山体群。

是年 景东监狱整体迁移至普洱市思茅区，更名为云南省普洱监狱。

2010 年

1 月 14 日至 8 月 14 日 大理州人欧阳某某、罗某某、杨某某、李某某 4 人窜至景东、镇沅等地，毁坏变压器 14 台，盗取铜芯销售，涉案金额 24 万余元，被县公安局侦破抓获。4 人被县法院分别判处 7 年至 15 年不等有期徒刑。

1 月 15 日 是日 15—18 时，日环食，全县各地可见。

1 月 17 日 是日 8 时，西部漫湾、东镇、曼等、景福、林街 5 乡（镇）实现电网互联。

1 月 县人民医院获“全国医药卫生系统先进集体”称号。

2 月 8 日 导演田壮壮到哀牢山生态站考察，并到景东电视台查看无量山、哀牢山影像资料。

3 月 5 日 景东文庙被列入第七批国家级重点文物保护单位。

3 月 8 日 上万妇女群众在体育馆参加游园活动，纪念国际劳动妇女节 100 周年。是晚，举行“丰姿绰约庆三八”文艺晚会。

3 月 19 日 全面推行为民服务五项制度（民情责任区制度、人民勤务员制度、民情联席会议制度、民情巡视制度、民情满意度测评和问责制度）。

4 月 16 日 北京梦禹山川影视文化传媒有限公司捐赠文井镇新会小学 10 万元，用于修缮校舍和解决饮水。

4月16—18日 德国纽伦堡大学教授郝柏林一行4人，到哀牢山生态站考察徐家坝地区植被情况，并应邀到太忠乡中学作科普讲座。

4月25日 普洱市知识产权宣传周在景东县启动。

"森林景东" 建设启动仪式（县委党史办 提供）

4月27日 华信烟花爆竹公司改扩建工程通过验收，工程投资224万元。

4—12月 建成菊河口银生桥，投资375万元。2012年12月8日，正式投入使用。

4月 英国鸟类专家保罗到银生中学讲授鸟类知识。

5月5日17：04 林街乡万龙小学失火，火毁砖木结构房屋1间200平方米、6位教师财物，经济损失20余万元。

5月20日 普洱市财政涉外金融工作会议在景东县召开。

5月25日 刀会祥先进事迹巡讲报告会在县人民会堂举行，听讲者600人。

刘 岷（普洱市档案馆 提供）

5月30日 普洱市第六次全国人口普查试点启动仪式在景东县举行。

6月2日 在锦屏镇景范村大丙郎组以义务植树方式，举行"森林景东"建设启动仪式。

6月5至6日 荷兰农民生产者协会驻亚洲官员珍妮一行，到锦屏、花山访问农民专业合作社情况。

6月11日 云南省烟草农业科学研究院易冕、徐树德、余青等专家，到景东县指导烤烟大田病虫害防治工作。

6月18日 云南电视台、昆明热线（网站）记者和康辉旅行社代表，到土林、羊山瀑布、大街万亩茶园等地考察旅游资源。

6月26—27日 普洱市煤炭资源整合和煤矿整顿关闭工作督查汇报会在景东县召开。

6月 湖南省长沙市岳麓区学士街道玉江村赤江斫塘角上组发现景东籍清代名人刘岷墓。该墓气势宏大，建有牌坊、墓庐、神道、墓碑、石人、石马、石桌、拜台等，墓周依地形封土，壕周用山石砌筑，每隔50米嵌有"刘有馀堂"界碑。墓园有"刘大中丞神道"牌坊1座，正墓阴刻"皇清诰授光禄大夫湖南巡抚刘公韫斋府君之墓"。

7月10日 云南省机场集团有限责任公司总裁刘明、副总裁邓喜平到景东县考察民航通用机场拟址。

7月11日 云南省绿色环境发展基金会、力奥公司援助的生物多样性保护项目——大寨子黑长臂猿栖息地植被恢复及食物源基地建设实验示范项目启动。

7 月 县公安局开展打击盗窃摩托车专项行动，成功打掉盗窃团伙 4 个，抓获犯罪嫌疑人 25 人，追缴被盗摩托车 40 余辆，挽回经济损失 20 万元。

7 月 景东无量山乌骨鸡及土鸡蛋获农业部农产品质量安全中心“无公害农产品证书”。

8 月 11 日 普洱市委统战部长黄丽云、云南省千和律师事务所主任伍志旭一行，到景东县与考入省外大学的贫困生座谈，资助大学生 9 人 4.3 万元。

8 月 12 日 台湾东华大学环境学院院长夏禹九一行 4 人，到哀牢山生态站考察。

8 月 17 日 国家联合调研组到漫湾镇调研华能集团援助的人畜饮水、文教卫生、产业等扶贫开发项目工作。

8 月 17—18 日 政协普洱市委员会第六次提案工作座谈会在景东县召开。

9 月 24—26 日 西部黑冠长臂猿保护研讨会在景东县自然保护区管理局举行。国内外专家及官员龙勇诚、蒋学龙、Paul、Thomas Gessiman、Helga Rainer、阎璐、崔多英、姚守平、范朋飞、华朝朗、宋劲忻、张文等参会。

国家联合调研组到漫湾镇调研（县委党史办 提供）

9 月 村级组织活动场所建设通过省市验收。

10 月 1 日 《云南省景东彝族自治县水资源条例》发布施行，1996 年颁布的《云南省景东彝族自治县水利建设和工程管理条例》同时废止。

10 月 9 日至 12 月 9 日 云南省委第四巡视组进驻景东县巡视。提出建议：(1) 进一步解放思想，开拓进取，谋求经济社会实现新的跨越；(2) 以加强作风建设为重点，充分调动广大干部的积极性；(3) 合理布局，重心下移，进一步支持和加强基层一线的工作。

10 月 12 日 举办“银生天籁，唱响彝乡”民族民间原创歌曲大赛，有 12 个乡镇选送参赛歌曲 13 首。

10 月 27 日 中科院昆明分院院长王庆礼到哀牢山生态站检查指导工作。

10 月 29 日 县公安局在景洪—下关卧铺客车查获海洛因 10.15 千克，抓获毒贩嫌疑人 2 人。

11 月 1 日 开展全国第六次人口普查。是日零时，全县有 97878 户，359527 人，其中，汉族 187901 人，彝族 146098 人，哈尼族 12477 人。

城市污水处理厂（罗海帆 摄）

11 月 10 日 2010 年度中央财政农机购置补贴项目实施通过市级验收，补贴机具 605 台，资金 164.34 万元，其中超市补贴资金 41 万元。

11 月 10 日 举行“绿色电脑进西部活动”赠送仪式，分别送往各学校和文化站电脑 45 台。

11 月 17 日 景东县首家民营医院——德隆达医院开业。

11 月 20 日 县公安局在县人民会堂举行以“警民和谐，共话平安”为主题的第二届“警营开放”活动启动仪式，1000 余人参加。

11 月 24 日 是日 17：05，芹漫线岔林街乡清河村核桃组便道 k0+800 米发生“11・24”特大道路交通死亡事故，死亡 4 人，受伤 4 人。

11 月 20—24 日 华东师范大学苔藓植物专家王幼芳、中科院昆明植物研究所马文章一行，到哀牢山考察苔藓植物。

11 月 《中共景东地方史》（第一卷）出版发行。

12 月 3 日 景东新闻网开通运行。

12 月 27 日至 2012 年 9 月 27 日 建成城市污水处理厂，占地 2 公顷，日处理污水 1 万立方米，投资 4100 万元。

是年 开始实施生态茶园建设，至 2012 年末，累计实施 1.37 万公顷。

是年 县图书馆被文化部评为“三级图书馆”。

2011 年

1 月 4 日至 3 月 31 日 全县乡镇党委换届，调整干部 74 人。

1 月 6 日 普洱市委十七届五中全会精神宣讲团到景东县宣讲，听讲者 700 人。

1 月 9 日 新会新农村建设工作领导小组成立，并进驻文井镇新会村推进新农村建设。

1 月 14—25 日 景东县委十七届五中全会精神宣讲团到乡镇宣讲，听讲者 681 人。

2 月 15 日 云南无量山国家级自然保护区生态旅游规划专家组杨桂华、唐跃军一行，到景东县磋商生态旅游发展计划。

2011 年 3—7 月，景东县开展学习杨善洲义务植树活动（姜贵勇 摄）

2 月 15 日 中医医院举行“云南中医学院实习医院”挂牌仪式。

2 月 19—21 日 国家林业局保护司巡视员陈建伟到景东县考察黑冠长臂猿科研、监测等工作。

3 月 3 日 景东县在佳浩公司举行茧丝绸工业项目建设现场办公会。

3—7 月 掀起学习杨善洲热潮。5 月 7 日，县乡领导在驭江广场义务植树。7 月 8 日，干部职工 2319 人，在文井镇中所村连家箐组种下思茅松 16.67 公顷 4.2 万株。

4 月 10—13 日 画家易只到龙街乡写生。

4 月 13—14 日 上海市嘉定区

韩晓玉一行到景东援助县职业中学20万元购置汽车专训设备，资助县职业中学、锦屏完小的优秀学生20人，共2万元。

4月22—24日 全国各地10位摄影师到哀牢山生态站、羊山瀑布、黄草岭、土林、清凉古街道、梁家大院、安定乡青云村等地采风。

4—5月 县政府机构改革。设置工作部门25个，部门管理机构1个，另设政府直属事业单位9个。经济和商务局、招商局合并，设工业商务和信息化局；人事局、劳动和社会保障局合并，设人力资源和社会保障局；与人事局合署办公的机构编制委员会办公室单设，列入党委机构序列；交通局与城乡建设局指导城市客运职责合并，设交通运输局；农业局、科学技术局与经济和商务局承担的乡镇企业管理职责合并，设农业和科学技术局；文化体育局、广播电视局合并，设文化体育和广播电视局；扶贫开发领导小组办公室、易地开发扶贫办公室职责合并，称扶贫开发办公室。

5月5—8日 云南省自然保护区野生植物种质资源采集与保存培训班（第四期）在景东县举办。

5月11日 普洱市"科普大篷车"走进银生中学、景东一中等校园，宣传科普知识。

5月20日 景东县法院宣判一起猎捕、杀害珍贵濒危野生动物水鹿团伙案，对左某、罗某等10人分别作出1~2年有期徒刑和2000~4000元罚款。

5月27—28日 卫生部中日友好医院、日本国际协力机构进修归国专家一行23人，在院长许树强带领下，到景东县义诊病人430人、捐赠药品价值1.5万元。

5—7月 开展庆祝建党90周年纪念活动。举行"爱国歌曲大家唱"演唱会、党的建设成就图片展、"彝乡儿女心向党"大型红歌合唱会、庆祝建党90周年大会、征文书画摄影比赛颁奖仪式、大型演唱会等活动。

6月1日 县图书馆正式对外免费开放。

6月10—11日 普洱市惩治和预防渎职侵权犯罪展览在青少年活动中心举行，观展者1500人。

6月21—24日 中共景东县第十二次代表大会在县人民会堂举行。会议提出"尚德崇文、和谐包容、敢为人先"景东精神。

6月25日 首届"感动银生十大人物"颁奖典礼在人民会堂举行。

景东县庆祝中国共产党成立90周年大会（李世华　摄）

6月30日 县政府政务服务中心及公共资源交易中心挂牌成立。两个"中心"共设窗口54个，进驻开展便民服务单位31个。

7月1日 云南省文物鉴定专家组到景东县鉴定馆藏文物。结果：国家级一、二、三级文物分别为2件、8件、28件。

7月7日 普洱市县级供销合作社改革发展推进会在景东县召开，云南省供销合作社领导单昆生与会。

7月13日 公安局破获一起特大运输毒品案。查获海洛因12.71千克，抓获贩毒嫌疑人2人，缴获运毒摩托车2辆。

7月23—24日 国家级自然保护区管理评估工作会在景东县召开。

8月1日 开始对年满60周岁以上符合相关规定农村籍退役士兵发放老年生活补助。

首届“感动银生十大人物” 颁奖典礼（李世华　摄）

8月20日　全国各地8位摄影师到杜鹃湖、土林、县城老街和城区各广场采风。

8月27日　普洱市第一批重点项目观摩会在景东县举行。普洱市领导张善强、黄丽云、黄志伟等与会。

8月28日　在县联社大会议室召开县域经济发展银政企合作座谈会。银企签约后，可直接发放贷款27户5.51亿元，银企签订意向书29户10.05亿元。

8月　作家杨海蒂散文《景东散记》，获“行走天下·全国首届人文地理散文大赛”一等奖。

9月8日　在文龙乡举行新农保和城镇居民社会养老保险基础养老金首发仪式。

9月15日　普洱市委胡锦涛“七一”讲话精神宣讲团到县委党校宣讲。

9月16—20日　云南画报社记者到无量山、哀牢山、土林、茶马古道、清凉古街、梁家大院、卫城等景点采风。

9月16—17日　中国科学院生命科学与生物技术局副局长苏荣辉到哀牢山生态站考察。

9月30日　举行2011年公共租赁住房（简称公租房）建设开工仪式。公租房建设占地1.55公顷，建筑16幢300套1.8万平方米，投资2953.56万元。

9月19—22日　西双版纳植物园和景东县委县政府共同举办哀牢山生态站30周年科研成果展示暨森林生态系统学术研讨会。中国科学院孙鸿烈、王庆礼、陈进、李宏伟、吕春朝及市县领导与会。吕春朝受吴征镒委托宣读《我与森林生态站的情缘》，向景东县转赠吴征镒“哀牢无量秀，塔笋相辉映；生物宝藏多，科学发展兴”题词牌匾。景东县和西双版纳热带植物园共同签订《景东亚热带植物园建设合作框架协议》；各位专家和学者还到景东一中、景东县职业中学、银生中学、民族中学、锦屏镇中学和人民会堂举行“科普教育进学校进机关”科普演讲。

9月23日凌晨　东镇榨房村河底组发生泥石流灾害。

哀牢山生态站30周年科研成果展示暨森林生态系统学术研讨会（李世华　摄）

9—10月　《普洱日报》《云南民族时报》《云南经济日报》相继刊登《扎实推进无量山哀牢山绿色生态经济带建设》《景东劲风吹绿色生态风》《让人类望向自然的目光更远》《文化和生态，景东发展的两张名片》《灵秀哀牢，景东生态保护“样本”》《谋局旅游，景东欲建亚热带植物园》等文章和时评。

10月15日至12月31日　深化乡镇机构改革。乡镇党政机构统一设置党政、经济发展、社会事务、社会治安综合治理4个办公室。事业单位统一设置农业、林业、人口与计划生育、文化广播电视、村镇规划建设、社会保障6个服务中心和财政所，县级派出（驻）机构保留公安派出所、司法所、卫生院、中心学校、国土资源所和文井法院、景福法院。

10月17日 云南省农业厅公布景东无量山乌骨鸡为“六大名鸡”之一。

10月19日 经省评、国家核准，力奥公司获得高新技术企业认定。翌年8月，获优强民营企业称号；11月29日，列为云南省第七批创新型试点企业。

10月 缅甸、泰国、越南、老挝4国农业专家，到景东县考察秋大豆种植情况。

11月5日 景东县历届上山下乡知识青年488人在县城举行联谊会，共同纪念难忘岁月。

12月4日 国家历史文化专家组李治亭、李世愉、徐凯、方铁、邹建达、赵虹等到景东县考察文化建设及土司文化研究、保护与发展工作。

12月8日 是日16：30，大街乡街子组杨存等户失火，火毁房屋、商品、生活用品、家用电器等，经济损失60余万元。

12月13日 青龙水库动工，设计总库容2163.03万立方米。翌年11月17日，水库截流。

12月18日 全面启动“四群教育”（群众观点、群众路线、群众利益、群众工作）。

12月21日 财政局获第三批“全国文明单位”称号。

12月27日 撤销龙街乡石垭口村建制，龙街乡辖区面积不变；成立文井镇新龙村建制，村委会驻新会村原那信组大龙潭，文井镇辖区面积不变。

12月27日 县殡仪馆开馆。

12月 10只迁徙候鸟赤麻鸭（别称黄鸭、黄凫、渎凫、红雁）迁徙至县城边川河。

是年 完成全国第三次文物普查。结果：不可移动文物165处，申报文物保护单位国家级1个、省级3个、市级4个、县级16个。

是年 龙街、安定引进“云麦53”实施小麦高产创建示范区建设1360公顷。翌年收割测产：比项目实施前全县三年平均单产105.1千克增104.1千克，增长99%。

是年 《中共景东彝族自治县新时期历史大事记》出版。

是年 洞经音乐、杀戏、彝族打歌6位传承人被命名为首批普洱市非物质文化遗产项目代表性传承人。

第一编

地　理

第一章 建 置

第一节 位置 境域

景东县地处横断山系纵谷区南端，无量山脉和哀牢山脉北段，位于滇西南中部，普洱市北端。北纬23°56′~24°29′，东经100°22′~101°15′。东靠哀牢山，与楚雄彝族自治州南华、楚雄、双柏三市（县）接壤；西至澜沧江主河道中心线，与临沧市云县、临翔二县（区）相望；南与镇沅彝族哈尼族拉祜族自治县毗邻；北与大理白族自治州南涧、弥渡二县山水相连，县级行政区域界线长498千米，乡级行政区域界线长404.7千米。县城位于县境中部，海拔1171米，距云南省会昆明市487千米，距普洱市驻地261千米，距镇沅县城74千米。全县东西平均横距61千米，南北纵距73千米，总面积4532平方千米，其中，山地占95.5%，平坝占4.5%。从卫星地图上看，无量山山脉和哀牢山山脉如两条绿色巨龙将县城围在中间，恰如双龙护珠。

在春秋战国之前，景东为徼外荒服之地。

唐代，蒙氏在今大理立南诏国，于景东置开南节度和银生节度，鼎盛时期辖境包括今大理州南涧、楚雄市部分、玉溪市元江、普洱市、临沧市大部、西双版纳州、越南莱州、老挝丰沙里、缅甸景栋、泰国清迈等地。

元代，先后设开南州、开南宣抚司、景东军民府，辖开南、威远、干远及猛缅大部。

明代，威远、干远、猛缅相继脱离，辖境包括今地、小景谷、民乐、振太、里崴、勐大、临沧市平村。正德《云南志》:“东至楚雄府楚雄县界三百二十里，西至大侯州界三百六十里，南至威远州界四百里，北至楚雄府定边县界三百里，东北到镇南州阿雄巡检司二百六十里，东南到者乐甸长官司一百五十里，西南到顺宁府三百里。西北到蒙化府浪沧江巡检司三百里。自府治至布政司一千一百八十里，至应天府八千一百八十里，至顺天府一万一千六百里。”

清代，辖境与明末未有大的变化。道光《云南志钞》:“在省城西南一千二百八十里，其地东至楚雄府南安州界一百八十里，西至顺宁府云州界二百二十里，南至镇沅州界二百九十里，北至蒙化厅南涧界一百三十七里，东南至镇沅直隶厅州恩乐县界一百三十五里，西南至顺宁府顺宁县界三百里，东北至楚雄府镇南州界二百二十里，西北至蒙化厅界三百三十里。东西广三百四十里，南北袤四百三十里。”

民国，大体沿袭旧治。民国《景东县志稿》:“东南广三百九十里，南北袤四百七十三里。距北京一万一千六百里，距省城一千二百八十里。东至楚雄县、摩刍县界一百八十里，南距镇沅县界二百九十里，西距云县界二百二十里，北至蒙化县南涧界一百八十里，东南至镇沅县恩乐界一百九十里，西南至顺宁界三百里、距景谷县四百里，东北至楚雄县、镇南县界二百二十里，西北至蒙化界三百三十里。面积二万七千五百方里。”

中华人民共和国建立后，1949年12月，平村划归临沧，崇文、明善合并设崇明区，将五福并入景福区，太平区改为太忠区。1957年12月，将民乐、景谷区划归景谷县，将勐大、里崴、振太划归镇沅县。1959年1月，又将镇沅县恩乐、文龙（九甲）划归景东。1961年3月，复将恩乐、文龙划回镇沅。同年，将文井划为文井、者后，保甸划为安乐、林街，太忠划为太忠、龙街，景福划为景福、曼等，崇明划为花山、大街，村级行政区域作小范围调整。

1985年后，据中共云南省委政策研究室通知，面积以云南省测绘局公布数据为准，景东县总面积4465.85平方千米。1996年8月至2001年1月，经过勘界，县级行政区域界线局部有所调整，云南省测绘局公布数据为4532平方千米。

景东县各乡镇辖区面积、驻地及海拔一览表

表1-1-1　　单位：平方千米、米

乡镇	辖区面积	驻地及海拔		乡镇	辖区面积	驻地海拔	
		驻地村居	海拔			驻地村居	海拔
锦屏	530.39	御笔	1171	龙街	272.77	小龙街	1480
文井	842.67	文井	1139	文龙	286.26	龙街	1200
漫湾	306.23	安乐	1330	安定	230.75	鼠街	1460
东镇	543.82	大驮	2001	林街	218.56	林街	1058
花山	294.66	文俄	1250	景福	283.20	古里	1380
大街	187.83	大街	1318	曼等	171.21	菜户	1700
太忠	292.88	大水井	1426	—	—	—	—

说明：各乡镇行政区域未进行过专门勘测，采用农业区划面积，其合计数据不等于全县行政区域面积数据。海拔为所驻村海拔

第二节　建置沿革

景东历史悠久。20世纪80年代文物普查中，在境内澜沧江、川河及者干河流域均有新石器时代文物出土。

唐虞夏商，《禹贡》将天下分为徐州、冀州、兖州、青州、扬州、荆州、梁州、雍州、豫州九州，《尔雅·释地》:“南至于濮铅”，地处濮地，为古南极，属梁州南徼地。

周，合梁于庸，武王伐纣，联合庸、蜀、羌、髳、微、卢、彭、濮八国，属西南夷辖地濮子部（一作扑子部）。

春秋战国，属古哀牢国。

汉，元封二年（前109），汉武帝灭滇，置益州郡，隶属该郡。东汉永平十二年（69），哀牢王柳貌遣子率种人内属，隶属邪龙县。永平十八年，属永昌郡。

晋宋梁，袭旧制，仍属永昌郡。

唐，永泰元年（765）南诏王国设开南节度，贞元十年（794）撤开南节度，改设银生节度。天福三年至宋绍圣元年（938—1094），属大理国。

宋，绍圣元年撤银生节度，隶属蒙舍镇。

元，宪宗三年（1253）十二月忽必烈灭大理段氏政权，中统三年（1262）收景东，隶属威楚万户府。至元十一年（1274），设云南行中书省（简称云南行省）。至元十二年置开南州，仍隶属

威楚路。泰定四年（1327），改设开南宣抚司。至顺二年（1331）二月，撤开南宣抚司，设景东军民府。

明，洪武九年（1376），改云南行中书省为承宣布政使司；十五年二月，袭元制，景东仍为府；三月，降为州，隶属楚雄府。十七年，重升为府；二十一年，设景东驿和板桥驿；洪武二十三年，设景东卫。宣德十年（1435），设保甸巡检司。弘治十四年（1501），设三岔河巡检司。嘉靖中期景东府增设通判，万历二十七年（1599）裁通判设同知。

清时，云南恢复行省名称，隶属云南行省。康熙四年（1665）实行“改土归流”，景东府为“土流并治”，除土知府外，设流官掌印同知。乾隆三十五年（1770）二月二十七日，降为景东直隶厅，隶属云南省迤西道。

民国2年（1913）全国裁府改县，景东仍称直隶厅，隶属云南巡按使腾越道尹。4年，改隶普洱道尹。16年废道，改普洱道为第二殖边督办公署，仍属其所辖。尔后，普洱第二殖边督办公署改为普洱第四行政督察专员公署，续辖景东。

清代景东、南华、弥渡三交点界碑

（县文联提供 摄于2009年4月）

1949年11月23日，景东县解放。1950年3月1日，景东临时县政府成立；6月6日，景东县政府成立，隶属普洱专区。1955年普洱专区政府所在地迁至思茅，后改称思茅行署专员公署，仍属其所辖。1985年12月20日，景东彝族自治县正式成立，归思茅地区行政公署。2003年思茅撤地设市，属思茅市。2007年思茅市更名为普洱市，属普洱市。

第三节 行政区划

景东境内最早为濮人（别称仆、扑、卜、百濮等）迁徙生活。《逸周书·王会解》：“卜人以丹沙”，又：“正南，瓯邓、桂国、损子、产里、百濮、九菌，请令以珠玑、玳瑁、象齿、文犀、翠羽、菌鹤、短狗为献。”濮人曾向商王朝献短狗（一作矩狗），向周王朝献丹砂。《左传》载，鲁文公十六年（前611），“麇人率百濮聚于选，将伐楚”。

秦，秦始皇统一中国后推行郡县制，在云南派官“置吏”，在夜郎、滇等地主要通道设郡、置县；同时，派军筑连接云南与内地官道“五尺道”，标志着中原王朝对云南正式统治。

西汉建元六年（前135），唐蒙出使夜郎，汉武帝始在西南夷设置郡县。元鼎六年（前111），汉武帝平定“西南夷”，在西南置犍为、牂牁、越嶲、益州四郡，景东属益州郡西部属国哀牢地，未纳入郡县设置范围。据《后汉书·西南夷传》载，哀牢西南有不少“散在溪谷，绝域荒外，生人以来，未尝交通中国”的原始部落，西南夷主要有濮、越族群。

东汉建武二十七年（51），哀牢王贤栗率种人内附，汉封贤栗为君长。永平元年（58），汉王朝在澜沧江（今漫湾五里）建造澜津桥，时称笮桥，后称景云桥，史称巨险。永平十二年（69），东汉置哀牢、博南二县，割益州西部都尉所领六县，新置永昌郡，成为独立行政区划。景东属永昌郡哀牢国属地，时称柘南。澜沧江流域以东地带有濮子部，澜沧江以西地带有望部和茫部（茫天连），诸部族各居山川，地广人稀，有归属无建置。哀牢国鼎盛时期，疆域辽阔，号称东西三千里，南北四千六百里，国土约138万平方千米，范围大半与东汉所设永昌郡辖地基本一致。即东起哀牢山脉，西至缅北敏金山，南达今西双版纳南境，北抵喜马拉雅山南麓。

三国蜀汉建兴三年（225），诸葛亮南征，七擒七纵孟获，平定南中益州、牂牁、越嶲、永昌四郡后，在边疆少数民族集居区域实行羁縻制度，集中力量恢复郡县制度，中原汉族政治、经济、文化影响逐渐向西南边疆推移。并将南中五郡调整为建宁、朱提、云南、永昌、兴古、越嶲、牂牁七郡，景东属永昌郡南涪县。诸葛亮还把永昌郡濮人数千部落移到云南、建宁界（今祥云一带），以充实二郡。

唐天宝七年（748），南诏与唐王朝和盟，“六诏合一”，统一大理洱海地区，并向周边地区拓展，除首府区十睑外，设政区为七节度、二都督。永泰元年（765）设置开南节度，辖威远城（景谷）、柳追和城（镇沅）、奉逸城（普洱）、利润城（勐腊），内有盐井一百多所，派兵驻守。贞元十年（794）更设银生节度，辖银生城、开南城、威远城、奉逸城、利润城、柳追和城、大银孔、茫乃道、通镫川、河普川、羌浪川、送江川、邛鹅川、林记川。南诏区划设置为节度（都督）、城、镇、赕、村邑（镇、赕、村邑名及数量失考）。

宋绍圣元年（1094），“金齿白蛮”夺取银生城，大理国改蒙舍赕为蒙舍镇，统开南、威远等地。

元宪宗四年（1254），云南归附元朝，政区中心由大理迁址昆明。云南在大理五个区域基础上设大理、善阐、北路、中路、南路五个总管府。其间，设威楚万户府开南州。据《混一方舆胜览》：“开南州，沿革：古柘南也。蒙氏移置银生府，即金齿地，领一十二甸。”至元十三年（1276），云南行中书省建立，为全国十一省之一。省下设路、府、州、县。在边疆民族地区路、府以下设置部族首领政权，实行“以土官治土民”土司制度。《元史新编》：“至顺二年，云南景东甸蛮官阿只弄遣子罕旺来朝献驯象，乞升甸为景东军民府，阿只弄知府事，罕旺为千户，常赋外岁增输金五十两，银七百两，许之。”景东府辖开南州、威远州、干远州（镇沅），下设保、甲（保甲名、数量失考）。

明洪武九年（1376），改云南行中书省为承宣布政使司。省下改路为府，更置州县，设置卫所。在边疆各少数民族地区建立宣慰司、宣抚司、安抚司、长官司，以及各为“御夷”的府州。同时，实行“土流兼治”“府卫参设”措施。《明史·列传》：“洪武十五年，平云南，景东先归附……诏置景东府，以俄陶知府事，赐以文绮袭衣。”景东府为土流并设府。二十一年（1388），在府北设景东驿，府城北六十里设板桥驿，均为邮传驿铺；二十三年，设景东卫，安排军屯，兼理民事。宣德十年（1435），在府北一百六十里设保甸巡检司。弘治十四年（1501），在府北七十里设三岔河巡检司。府下则设开南、者孟、者吉、都喇、景东、者后、保甸、猛统、寄庄十里（甲名及数量失考）。

清顺治十五年（1658），清兵入滇，改明代承宣布政使为云南行省，设巡抚。省以下为道、府、州、县，由知府、知州、知县执掌政事。之外另创厅制。清初，因明制，维持土司制度。雍正初，始行改土归流。景东土知府陶大鉴主动交出养廉田，要求承担役税，被视为土司楷模，成为“江内”（澜沧江以东）得以保留的极少数土司之一。清朝前中期下设里、甲、庄、圈；后期改设区、段。雍正《景东府志》记载，景东府下设十里、两川、四庄、二十一圈。十里即景东里、开南里、者孟里、者吉里、者后里、仲古里、保甸里、猛统里、里崴里、都喇里，两川即上川、下川，四庄即上川庄、中川庄、鲁马庄、猛统庄，二十一圈即福都圈、圈快圈、圈况圈、圈铁圈、圈冒圈、圈掌圈、圈美圈、圈折圈、乌木圈、者来圈、者牙圈、者法圈、者东圈、戛里圈、猛片圈、猛保圈、猛丁圈、猛整圈、力法圈、仰里圈、景谷圈。乾隆《景东直隶厅志》记载，景东下设十四里、三甲、四庄、两川、二十四圈。十四里即景东里、开南里、者吉里、都喇里、汉者后里、夷者后里、上仲古里、下仲古里、上保甸里、下保甸里、猛统里、里崴里、上者孟里、下者孟里，三甲即上五甲、中五甲、下五甲，四庄即上川庄、中川庄、鲁马庄、猛统庄，两川即东下川、西下川，二十四圈即圈美圈、圈掌圈、力法圈、者法圈、上猛整圈、下猛整圈、猛丁圈、圈况圈、福都圈、圈快圈、猛片圈、上圈冒圈、下圈冒圈、戛里圈、猛猓圈、景谷圈、者东圈、者来圈、者牙圈、圈铁圈、上仰里圈、下仰里圈、圈折圈、乌木圈。

民国初期，设5区、30段。其中，5区为：中区、东区（者干乡）、南区（猛统镇）、西区（保甸乡）、北区（中川镇）；30段为：中区共1段、东区共5段、南区共8段、西区共6段、北区共10段。民国31年（1942），撤区并乡，下设19乡（镇）、150保、915甲。

1949年11月23日，景东解放时辖18个乡（镇），即：平村、民乐、景谷、振太、勐大、里崴、明善、崇文、太平、文井、清凉、锦屏、文龙、安定、保甸、景福、五福、永秀。

1950年，设15个区，139个村、1个镇。1953年，区政府改称区公所，文井区加设文新、者吉2个村，142个村（镇）改称乡（镇）政府。

景东县1950年区划设置一览表

表1-1-2　　单位：个

区名	村镇数	村镇名
锦屏一区	7	锦屏镇　新民　北屯　前所　利月　温卜　景范
清凉二区	5	斗阁　清凉　丙必　中所　者孟
文井三区	8	姚营　老练　大营　文窝　文华　路东　者后　竹蓬
里崴四区	8	大山　新街　平地　白水　西山　文卜　半坡　文夺
崇明五区	14	淇海　撇乐　秀龙　勺么　气力　弯子　蛮俄　坡头　塘房　昆岗　卜勺　大街　蛮岔　邦河
太忠六区	12	竹者　邦庆　龙街　锅瓦　丫口　戛仰　大水井　岔箐　平掌　三合　花石　三营
安定七区	10	民福　河底　外仓　中仓　古德　鼠街　青云　望福　菠萝林　沙拉
文龙八区	10	灰窑　龙树　冷远　邦迈　文禄　龙街　瓦伟　南岸　和哨　东山
保甸九区	9	丁帕　岩头　林街　清河　文冒　德胜　安乐　五里　安召
景福十区	14	山头　鲁家　公平　箐头　竹箐　金鸡林　龙洞　后河　瓦窑　曼等　中山　勐片　岔河　勐令
勐大十一区	11	勐统　文来　文开　英德　南康　柄榔　回短　大井　文泮　罗家　文牍
永秀十二区	10	大驮　黑蛇　新村　苍文　困戛　榨房　别落　曼崩　文玉　长发
民乐十三区	6	民乐　蛮专　白象　大河边　戛胡　红土坡
景谷十四区	6	文联　文山　营盘　景谷　团山　文杏
振太十五区	10	山街　文平　秀山　焕习　泰和　文兴　塘房　响水　黄栗　兴隆

1956年，区划调整。15个区不变，乡镇由142个调整为94个。

景东县1956年区划设置一览表

表1-1-3　　单位：个

区名	乡镇数	乡镇名
锦屏一区	7	锦屏镇　新民　北屯　前所　利月　温卜　景范
清凉二区	3	斗阁　清凉　者孟
文井三区	7	姚营　老练　大营　文华　路东　者后　者吉

续表 1-1-3

区名	乡镇数	乡镇名
里崴四区	4	新街　平地　白水　九道河
崇明五区	8	撇罗　气力　坡头　昆岗　大街　蛮岔　文岗　花山
太忠六区	7	邦庆　龙街　丫口　大水井　岔箐　三合　花石
安定七区	6	民福　中仓　古德　沙拉　青龙　望月
文龙八区	6	灰窑　邦迈　文禄　瓦伟　平掌　龙树
保甸九区	5	岩头　安乐　保甸　五安　清林
景福十区	10	山头　鲁家　箐头　竹箐　后河　瓦窑　中山　勐片　岔河　勐令
勐大十一区	7	勐统　英德　柄榔　回短　大井　文泮　罗家
永秀十二区	8	大驮　黑蛇　新村　苍文　曼崩　文玉　长发　黄草岭
民乐十三区	6	白象　大河边　戛胡　红土坡　秀山　蛮东
景谷十四区	3	景谷　化联　响水
振太十五区	7	山街　泰和　文兴　塘房　黄粟　兴隆　文屏

1957 年，区划调整。15 个区不变，乡镇由 94 个调整为 140 个。

1957 年景东县区划设置一览表

表 1-1-4　　单位：个

区名	乡镇数	乡镇名
锦屏区	5	新民　利月　景范　团结　景屏（镇）
清凉区	5	斗阁　清凉　丙必　中所　者孟
文井区	10	姚营　老练　大营　文窝　文华　路东　者后　竹蓬　文新　者吉
里崴区	8	大山　新街　平地　白水　西山　文卜　半坡　文夺
崇明区	14	淇海　撇罗　秀龙　勺么　气力　弯子　蛮俄　坡头　塘房　昆岗　卜勺　大街　蛮岔　邦河
太忠区	12	竹者　邦庆　龙街　锅瓦　丫口　戛仰　大水井　岔箐　平掌　三合　花石　三营
安定区	10	民福　河底　外仓　中仓　古德　鼠街　青云　望福　菠萝林　沙拉
文龙区	10	灰窑　龙树　冷远　邦迈　文禄　龙街　瓦伟　南岸　和哨　东山
保甸区	9	丁帕　岩头　林街　清河　文冒　德胜　安乐　五里　安召
景福区	14	山头　鲁家　公平　箐头　竹箐　金鸡林　龙洞　后河　瓦窑　曼等　中山　勐片　岔河　勐令
勐大区	11	勐统　文来　文开　英德　南康　柄榔　回短　大井　文泮　罗家　文陡
永秀区	10	大驮　黑蛇　新村　苍文　困戛　榨房　别落　曼崩　文玉　长发
民乐区	6	民乐　蛮专　白象　大河边　戛胡　红土坡
景谷区	6	文联　文山　营盘　景谷　团山　文杏
振太区	10	山街　文平　秀山　焕习　泰和　文兴　塘房　响水　黄粟　兴隆

1957 年 12 月，将景东县民乐、景谷 2 个区和振太区秀山、响水 2 个乡划归景谷县，勐大、里崴、振太 3 区划归镇沅县。1958 年 12 月将镇沅县恩乐、前进（文龙）划归景东县。全县设 9 个公社，108 个管理区。锦屏区改称火箭公社，锦屏镇改称红旗管理区；崇明区分设大街、花山 2 个公社，清凉、文井合并设文井公社；安定、文龙合并设安龙公社。

景东县1959年区划设置一览表

表1-1-5 单位：人

公社名	管理区数	管理区名
火箭公社	10	红旗 永胜 北屯 前所 龙树 灰窑 利月 温卜 新民 东报
文井公社	13	丙必 中所 文窝 老练 开南 大营 都拉 路东 竹蓬 挖固 速南 者吉 清凉
花山公社	10	老街 营盘 文召 蛮岔 淇海 撇罗 文岗 秀龙 卜勺 坡头
大街公社	6	大街 三营 塘房 气力 昆岗 勺么
太忠公社	9	大水井 岔箐 方家箐 王家村 平掌 三合 花石 戛仰 麦地
安龙公社	22	龙街 文龙 义昌 三岔河 猛劳 邦迈 田心 古德 瓦伟 瓦罐窑 中仓 中山 外仓 河底 民福 望福 兴旺 大村 芹河 青联 旧村 青胜
保甸公社	11	岩头 丁帕 德胜 林街 安乐 五里 文冒 安召 新村 漫湾 清河
景福公社	16	山头 公平 竹箐 龙洞 箐头 弯子 瓦窑 金鸡林 曼等 鲁家 勐片 勐令 中山 回寺 扎结 岔河
永秀公社	11	大驮 大村 新村 苍文 黑蛇 困戛 别落 曼崩 文玉 榨房 长发
恩乐公社	9	文会 者后 复兴 民江 勤劳 团结 五一 玻烈 文旧
前进公社	8	新庄 东洒 勐真 甸坑 九甲 果吉 和平 三合

1960年，太忠分设为龙街、太忠2个公社，安定分设为安定、文龙2个公社。全县设13个公社，155个管理区。

景东县1960年区划设置一览表

表1-1-6 单位：个

公社名	管理区数	管理区名
火箭公社	10	红旗 永胜 北屯 前所 龙树 灰窑 利月 温卜 新民 东报
文井公社	13	丙必 中所 文窝 老练 开南 大营 都拉 路东 竹蓬 挖固 速南 者吉 清凉
花山公社	10	老街 营盘 文召 蛮岔 淇海 撇罗 文岗 秀龙 卜勺 坡头
大街公社	6	大街 三营 塘房 气力 昆岗 勺么
太忠公社	9	大水井 麦地 王家村 花石岩 岔箐 大柏村 柳树田 三合 戛仰
龙街公社	10	龙街 邦庆 竹者 东山 南岸 和哨 查角 多依树 锅瓦 丫口
文龙公社	11	龙街 文禄 义昌 三岔河 猛劳 邦迈 瓦罐窑 田新 中山 包谷田 瓦伟
安定公社	12	中仓 外仓 古德 河底 兴旺 望福 青胜 大村 民福 芹河 旧村 青联
保甸公社	12	岩头 丁帕 德胜 安乐 五里 文冒 安召 新村 漫湾 清河 林街 昔屯
景福公社	16	山头 箐头 瓦窑 曼等 中山 扎结 鲁家 勐片 回寺 岔河 公平河 金鸡林 勐令 龙洞 后河 竹箐
永秀公社	12	大驮 大村 苍文 困戛 榨房 别落 漫罗 文玉 黑蛇 长发 曼崩 新村
恩乐公社	9	文会 者后 复兴 勤劳 团结 民江 玻烈 五一 文究
前进公社	25	勐真 甸坑 老金树 大平掌 文岗 九甲 联合 春光 新庄 新光 新民 者铁 扎卡 班海 田心 新文 永和 文安 文风 有罗 永明 水头 新仓 东洒 柳树

1961年3月20日，恩乐、前进2个公社除文会、者后外，划归镇沅县。全县设14个公社，151个大队。1961年5月22日，新划区。文井划分为文井、者后，保甸划分为安乐、林街，太忠划分为太忠、龙街，景福划分为景福、曼等，崇明划分为花山、大街。全县设11个区，53个公社。

景东县1961年3月区划设置一览表

表1-1-7　　单位：个

公社名	大队数	大队名
火箭公社	14	斗阁　山冲　红旗　景范　北屯　前所　磨腊　东报　灰窑　龙树　利月　黄草岭　温卜　新民
文井公社	13	者吉　老练　都拉　清凉　中所　山心　竹蓬　者孟　开南　大营　文窝　文东　丙必
者后公社	7	文会　者后　挖萨　速南　文新　路东　挖固
花山公社	12	营盘　蛮俄　坡头　蛮岔　淇海　撇罗　文明　卜勺　文岗　秀龙　文召　新村
大街公社	7	大街　三营　塘房　气力　昆岗　勺么　平地
太忠公社	12	大水井　麦地　王家村　花石岩　岔箐　大柏村　三合　戛仰　平掌　丁帕　沾牛　方家箐
龙街公社	11	龙街　邦庆　竹者　东山　南岸　和哨　查角　多依树　锅瓦　丫口　石丫口
文龙公社	11	龙街　文禄　义昌　三河　猛劳　邦迈　瓦罐窑　田心　中山　包谷田　瓦伟
安定公社	13	中仓　外仓　古德　河底　兴旺　望福　青胜　大村　民福　芹河　旧村　青联　鼠街
安乐公社	8	安召　五里　新村　安乐　漫湾　德胜　文冒　曼状
林街公社	10	清河　回营　昔屯　岩头　丁帕　二道河　箐头　大村　龙洞　菠萝林
景福公社	12	山头　赵其山　塘力箐　公平　竹箐　金鸡林　鲁家　坡头山　回寺　勐片　勐令　虎山
永秀公社	12	大驮　大村　苍文　困戛　榨房　别落　文玉　黑蛇　长发　曼崩　新村　菖蒲地
曼等公社	9	花地　后河　胜岩　瓦窑　平掌　大龙树　仓房　排沙　扎结

景东县1961年5月区划设置一览表

表1-1-8　　单位：个

区名	公社数	公社名	生产队数
锦屏区	5	火箭　灰窑　龙树　利月　新民	106
文井区	5	清凉　文井　者后　路东　竹蓬	171
花山区	5	花山　坡头　撇罗　蛮岔　文岗	104
大街区	1	大街	52
太忠区	3	三合　大水井　戛仰	95
龙街区	8	和哨　东山　南岸　竹者　邦庆　龙街　丫口　锅瓦	100
文龙区	3	文龙　瓦伟　邦迈	81
安定区	4	中仓　鼠街　青云　沙拉	107
保甸区	4	安召　安乐　德胜　林街	108
景福区	8	曼等　勐片　山头　箐头　鲁家　竹箐　后河　勐令	171
永秀区	7	大驮　大田　长发　苍文　龙塘　曼崩　文玉	140

1962年，区划调整。区由11个调整为14个，公社由53个调整为151个。

景东县1962年区划设置一览表

表1-1-9　　单位：个

区名	公社数	公社名
锦屏区	14	斗阁　山冲　红旗　景范　北屯　前所　磨腊　东报　灰窑　龙树　利月　黄草岭　温卜　新民
文井区	13	者吉　老练　都拉　清凉　中所　山心　竹蓬　者孟　开南　大营　文窝　文东　丙必

续表 1-1-9

区名	公社数	公社名
者后区	7	文会 者后 挖萨 速南 文新 路东 挖固
花山区	12	营盘 蛮俄 坡头 蛮岔 淇海 撒罗 文明 卜勺 文岗 秀龙 文召 新村
大街区	7	大街 三营 塘房 气力 昆岗 勺么 平地
太忠区	12	大水井 麦地 王家村 花石岩 岔箐 大柏村 三合 戛仰 平掌 丁帕 沾牛 方家箐
龙街区	11	龙街 邦庆 竹者 东山 南岸 和哨 查角 多依树 锅瓦 丫口 石丫口
文龙区	11	龙街 文禄 义昌 三河 猛劳 邦迈 瓦罐窑 田心 中山 包谷田 瓦伟
安定区	13	中仓 外仓 古德 河底 兴旺 望福 青胜 大村 民福 芹河 旧村 青联 鼠街
安乐区	8	安召 五里 新村 安乐 漫湾 德胜 文冒 曼状
林街区	10	清河 回营 昔屯 岩头 丁帕 二道河 箐头 大村 龙洞 菠萝林
景福区	12	山头 赵其山 塘力箐 公平 竹箐 金鸡林 鲁家 坡头山 回寺 勐片 勐令 虎山
永秀区	12	大驮 大村 苍文 困戛 榨房 别落 文玉 黑蛇 长发 曼崩 新村 菖蒲地
曼等区	9	花地 后河 胜岩 瓦窑 平掌 大龙树 仓房 排沙 扎结

1965 年，区划调整。锦屏区分设锦屏镇，锦屏镇辖 1 个居民委员会。全县设 14 个区、1 个镇，151 个公社、1 个居民委员会。

景东县 1965 年区划设置一览表

表 1-1-10

单位：个

区镇名	公社（居）数	公社（居）名
锦屏镇	1	锦屏镇居民委员会
锦屏区	13	斗阁 山冲 景范 北屯 前所 磨腊 东报 灰窑 龙树 利月 黄草岭 温卜 新民
文井区	14	者吉 老练 都拉 清凉 山心 竹蓬 者孟 开南 大营 文窝 丙必 朱家营 文光 文华
者后区	7	文会 者后 挖萨 速南 文新 路东 挖固
花山区	12	营盘 文俄 坡头 文岔 淇海 撒罗 文明 卜勺 文岗 秀龙 文召 芦山
大街区	7	三营 塘房 气力 昆岗 勺么 平地 下营
太忠区	13	大水井 麦地 王家村 花石岩 岔箐 大柏村 三合 戛仰 平掌 沾牛 方家箐 叶家坡 大松树
龙街区	12	小龙街 邦庆 竹者 东山 南岸 和哨 查角 多依树 锅瓦 丫口 石丫口 新平
文龙区	11	龙街 文禄 义昌 三岔河 猛劳 邦迈 瓦罐窑 中山 瓦伟 会良河 邦崴
安定区	15	中仓 外仓 古德 河底 兴旺 望福 青胜 民福 芹河 旧村 青联 鼠街 青云 沙拉 迤仓
保甸区	7	安召 五里 安乐 漫湾 德胜 文冒 温竹
林街区	6	清河 岩头 丁帕 箐头 龙洞 林街
景福区	13	赵其山 塘力箐 公平 竹箐 金鸡林 鲁家 回寺 勐片 勐令 虎山 古里 岔河 龙山
永秀区	12	大驮 大村 苍文 困戛 榨房 别落 文玉 黑蛇 长发 曼崩 新村 菖蒲地
曼等区	9	花地 后河 胜岩 瓦窑 仓房 排沙 扎结 莱户 曼等

1968 年，区改称公社革命委员会，公社改称生产大队，下设生产队。全县设 14 个公社、1 个镇，

151个大队、1个居民委员会。1980年，公社革命委员会改称公社管理委员会。全县设14个公社、1个镇，151个大队。1984年3月，农村体制改革，设区建乡。全县设14个区、1个镇，159个乡、5个区辖镇、2个镇辖办事处。

景东县1984年3月区划设置一览表

表1-1-11　　单位：个

区镇名	乡镇数	乡镇名
锦屏镇	—	锦屏镇居民办事处　锦屏镇农业办事处
锦屏区	14	北屯彝族乡　董报　龙树彝族乡　菜户彝族乡　灰窑　利月彝族乡　前所　温卜彝族乡　磨腊彝族乡　景范　斗阁　山冲　黄草岭　新民
文井区	15	文井镇　者吉　老练　都拉彝族乡　清凉　山心　竹蓬彝族乡　者孟　开南　大营　文窝　丙必　中所　文光　文华哈尼族彝族乡
者后区	8	文会哈尼族乡　者后　挖萨　速南　文新　路东　挖固　怕末哈尼族乡
花山区	12	营盘　文俄哈尼族乡　坡头　文岔　淇海彝族乡　撇罗彝族乡　文明彝族乡　卜勺　文岗彝族乡　秀龙彝族乡　文召哈尼族乡　芦山彝族乡
大街区	8	大街镇　三营　塘坊　气力彝族乡　昆岗彝族乡　勺么彝族乡　平地彝族乡　文山
太忠区	14	大水井　麦地彝族乡　王家村彝族乡　花石岩　岔箐瑶族乡　大柏村彝族乡　三合彝族乡　嘎仰彝族瑶族乡　平掌彝族乡　沾牛彝族乡　方家箐彝族乡　叶家坡　大松树瑶族乡　大起育彝族乡
龙街区	13	小龙街　邦庆彝族乡　竹者彝族乡　东山彝族乡　南岸　和哨　扎果　多依树彝族乡　戈瓦彝族乡　垭口　石垭口彝族乡　新平彝族乡　小村彝族乡
文龙区	12	龙街镇　文录　义昌彝族乡　三岔河彝族乡　勐涝彝族乡　邦迈彝族乡　瓦罐窑彝族乡　中山彝族乡　瓦伟　会良河彝族乡　邦崴彝族乡　下瓦伟
安定区	16	鼠街镇　中仓彝族乡　外仓彝族乡　古德彝族乡　河底彝族乡　兴旺彝族乡　望福彝族乡　青胜彝族乡　民福彝族乡　芹河彝族乡　旧村彝族乡　青联彝族乡　青云彝族乡　沙拉彝族乡　迤仓彝族乡　菠萝彝族乡
保甸区	8	安召彝族乡　五里彝族乡　安乐彝族乡　曼湾　德胜彝族乡　文冒彝族乡　温竹彝族乡　昔掌彝族乡
林街区	7	林街回族彝族乡　清河彝族乡　岩头彝族乡　丁帕彝族乡　箐头彝族乡　万龙彝族乡　龙洞彝族乡
景福区	13	古里镇　赵其山　棠梨箐　公平彝族乡　竹箐彝族乡　金鸡林彝族乡　鲁家彝族乡　回寺　勐片　勐令　虎山　岔河　龙山彝族乡
永秀区	15	大驮　大村　苍文　困嘎　榨房　别落　文玉　黑蛇　长发彝族乡　曼崩　新村　菖蒲地　彭家　芹菜塘　曼状
曼等区	9	花地彝族乡　后河　胜岩　瓦窑　仓房彝族乡　排沙　扎结　菜户　曼等

1985年6月，经国务院批准，撤销景东县，设立景东彝族自治县（简称景东县）；12月20日，景东彝族自治县正式成立，区、区级镇规模不变，撤销82个彝族乡，保留彝族外民族乡9个。1988年1月，区改乡，全县设13个乡、3个镇，166个村（办）。

景东县1988年区划设置一览表

表1-1-12　　单位：个

乡镇名	村（办）数	村（办）名
锦屏镇	2	玉屏路　景川路
锦屏乡	14	北屯　董报　龙树　菜户　灰窑　利月　前所　温卜　磨腊　景范　斗阁　山冲　黄草岭　新民

续表 1-1-12

乡镇名	村（办）数	村（办）名
太忠乡	14	大水井 麦地 王家村 花石 岔箐 大柏村 三合 嘎仰 平掌 沾牛 方家箐 叶家坡 大松树 大起育
文井镇	15	文井 者吉 老练 都拉 清凉 山心 竹蓬 者孟 开南 大营 文窝 丙必 中所 文光 文华
者后乡	8	文会 者后 挖萨 速南 文新 路东 挖固 新会
花山乡	12	营盘 文俄 坡头 文岔 淇海 撇罗 文明 卜勺 文岗 秀龙 文召 芦山
大街乡	8	大街 三营 塘坊 气力 昆岗 勺么 平地 文山
龙街乡	13	小龙街 邦庆 竹者 东山 南岸 和哨 扎果 多依树 戈瓦 垭口 石垭口 新平 小村
文龙乡	12	龙街 文录 义昌 三岔河 勐涝 邦迈 瓦罐窑 中山 瓦伟 会良河 邦崴 下瓦伟
安定乡	16	鼠街 中仓 外仓 古德 河底 兴旺 望福 青胜 民福 芹河 旧村 青联 青云 沙拉 迤仓 菠萝
漫湾镇	8	安召 五里 安乐 漫湾 文冒 温竹 昔掌 保甸
林街乡	7	林街 清河 岩头 丁帕 箐头 万龙 龙洞
景福乡	13	古里 赵其山 棠梨箐 公平 竹箐 金鸡林 鲁家 回寺 勐片 勐令 虎山 岔河 龙山
永秀乡	9	大驮 大村 苍文 困嘎 黑蛇 曼崩 新村 菖蒲地 彭家
文玉乡	6	别落 文玉 榨房 曼状 长发 芹菜塘
曼等乡	9	花地 后河 胜岩 瓦窑 仓房 排沙 扎结 莱户 曼等

1994年3月，撤文玉乡，设大朝山东镇（简称东镇）。全县共设12个乡、4个镇，167个村（办）。1994年12月，撤锦屏乡，并入锦屏镇。2000年11月，村公所改称村民委员会，下设村民小组。2006年1月，撤永秀、者后2个乡，分别并入东镇、文井镇。2011年12月，全县共设4个镇、9个乡，166个村、3个社区，2346个组。

景东县2011年12月区划设置一览表

表 1-1-13　　单位：个

乡镇名	村居数	村居名	组数
锦屏镇	18	**御笔 玉屏 龙泉** 龙树 莱户 利月 温卜 磨腊 新民 黄草岭 山冲 灰窑 董报 景范 前所 北屯 斗阁 景川路	206
文井镇	25	清凉 新会 者后 双水井 老练 挖固 丙必 者吉 山心 者孟 开南 文井 文光 中所 文华 挖萨 文新 路东 速南 竹蓬 文会 大营 文窝 都拉 新龙	307
漫湾镇	8	安召 温竹 五里 安乐 漫湾 保甸 文冒 昔掌	134
东　镇	15	大驮 大村 彭家 黑蛇 新村 菖蒲地 苍文 困嘎 曼崩 榨房 别落 芹菜塘 曼状 文玉 长发	255
大街乡	8	大街 文山 塘坊 勺么 气力 昆岗 平地 三营	133
花山乡	12	营盘 文俄 文召 坡头 文岔 芦山 淇海 撇罗 文明 卜勺 文岗 秀龙	190
太忠乡	14	叶家坡 嘎仰 大水井 岔箐 大松树 平掌 三合 花石 沾牛 麦地 大柏村 王家村 方家箐 大起育	173
龙街乡	12	和哨 东山 南岸 竹者 新平 邦庆 多依树 戈瓦 小村 垭口 扎果 小龙街	170
文龙乡	12	龙街 文录 三岔河 邦崴 邦迈 勐涝 义昌 瓦罐窑 下瓦伟 瓦伟 中山 会良河	159
安定乡	16	民福 河底 迤仓 中仓 外仓 古德 鼠街 青胜 青联 青云 兴旺 望福 菠萝 芹河 沙拉 旧村	190

续表 1-1-13

乡镇名	村居数	村居名	组数
林街乡	7	清河　林街　岩头　丁帕　龙洞　箐头　万龙	108
景福乡	13	古里　棠梨箐　公平　金鸡林　竹箐　赵其山　回寺　鲁家　龙山　岔河　勐片　勐令　虎山	190
曼等乡	9	花地　后河　胜岩　瓦窑　菜户　曼等　仓房　排沙　扎结	131

说明：黑体字为社区

第四节　行政区域界线

1999 年 12 月 14 日和 2000 年 1 月 18 日、12 月 19 日、12 月 25 日，分别签订楚雄与思茅和思茅与临沧、思茅与大理、景东与镇沅行政区域界线（简称界线）协议书。2000 年 12 月 28 日，分别签订全县 14 乡镇间界线协议书。2006 年 1 月，撤销永秀与东镇、者后与文井、者后与花山 3 条乡（镇）界线，调整文井与花山界线，取消相关界线三交点 6 个。各协议书均规定：界线两侧飞田、飞地、飞林及跨越界线引用的水资源等维持现状管理不变，但范围不得扩大。至 2011 年末，景东县共涉及县市（区）界线 8 条 498.22 千米、三交点 7 个，涉及乡镇界线 23 条 404.7 千米、三交点 24 个（含县内乡镇与外县接界三交点）。以下由北向南，由西向东分别叙述。

景东县行政区域界线三交点统计表

表 1-1-14

级别	界线名称	三交点地名
州级	楚普线	太平山（南华、景东、弥渡）、大风垭口（景东、南华、楚雄）、鸡冠子山（楚雄、双柏、景东）、庙房山（双柏、镇沅、景东）
	普大线	澜沧江与羊街河主河道中心线交汇点（南涧、景东、云县）、豹子咬毛驴岭岗（景东、弥渡、南涧）、太平山
	普临线	澜沧江与羊街河主河道中心线交汇点、澜沧江与糯五河主河道中心线交汇点（云县、景东、临翔）、澜沧江与文笑河主河道中心线交汇点（镇沅、临翔、景东）
县级	景镇线	庙房山、澜沧江与文笑河主河道中心线交汇点
乡级	漫龙线	芭蕉树河头（漫湾、安定、文龙）、阿木拉山头（漫湾、文龙、锦屏）
	漫锦线	阿木拉山头、无量山头（漫湾、锦屏、林街）
	漫安线	陡门阁山头（漫湾、安定、南涧县）、芭蕉树河头
	锦龙线	梨树箐头（文龙、龙街、锦屏）、螃蟹箐（龙街、锦屏、太忠）
	锦文线	阿木拉山头、梨树箐头
	林锦线	无量山头、细左河头小梁子（林街、景福、锦屏）
	锦太线	螃蟹箐、大断腰垭口（锦屏、太忠、文井）
	林漫线	澜沧江与昔掌河主河道中心线交汇点（林街、漫湾、云县）、无量山头
	曼林线	澜沧江与石奶箐主河道中心线交汇点（林街、曼等、云县）、解板山垭口（曼等、林街、景福）
	景林线	解板山垭口、细左河头小梁子

续表 1-1-14

级别	界线名称	三交点地名
乡级	文街线	寅街河（文龙、龙街、南华县）、梨树箐头
	龙太线	螃蟹箐、杨家坟（龙街、太忠、楚雄市）
	景锦线	细左河头小梁子、曼笼河头（景福、锦屏、镇沅县。按：当地人称曼笼河头，实际为菊河源头）
	曼景线	解板山垭口、勐片河与白花箐主河道中心线交汇点（曼等、景福、东镇）
	文大线	查防哨梁子（太忠、大街、文井）、老鹰嘴（大街、花山、文井）
	文锦线	小澜坝梁子（文井、锦屏、镇沅县）、大断腰垭口
	文太线	大断腰垭口、查防哨梁子
	文花线	老鹰嘴、帕索河头（文井、花山、镇沅县）
	大太线	查防哨梁子、长包包梁子（太忠、大街、楚雄市）
	花大线	老鹰嘴、大犀牛角箐垭口（花山、大街、双柏县）
	镇曼线	澜沧江与勐片河主河道中心线交汇点（曼等、东镇、云县）、勐片河与白花箐主河道中心线交汇点
	镇景线	勐片河与白花箐主河道中心线交汇点、薄刀山头（东镇、景福、镇沅县）
	安龙线	芭蕉树河头、浪淌河（安定、文龙、南华县）
	者花线	麦地湾（花山、文井、者后）、帕索河头
	文者线	李家山神庙梁子（者后、文井、镇沅县）、麦地湾
	永镇线	澜沧江与曼崩河主河道中心线交汇点（东镇、永秀、云县）、石碓窝垭口（东镇、永秀、镇沅县）

说明：含 2006 年乡镇合并取消的三交点

景东县州县级行政区域界线走向说明一览表

表 1-1-15

界线名称		界线走向
楚普线	南景线	太平山Ⅰ#三面单立界桩起，向南偏东南顺山坡下至芹河垭口东面约 300 米小路，转东沿小路约 450 米后，向东偏东南约 400 米跨过小路下七里箐，顺七里箐河道中心向南偏东南经浪淌河下至南景桥（浪淌河桥）1#双面双立界桩；1#界桩起，向北偏东北逆兔街河上至与老寅街河中心交汇处，再向东逆老寅街河上约 1000 米后，转向东南逆老寅街河上至隔界箐河流中心交会处，再转向东偏东北逆隔界箐上约 1800 米，向东顺山脊上跨过两条小路，经磨石堆，顺箐下至双石岩箐交汇处；边界线从与双石岩箐交汇处起，转东南顺箐下至与死马箐交汇处到南岸河主流中心交汇处，向东北逆依喝地河（小戈瓦河）上至东箐垭口（高程 2537 米）西约 660 米后，转东偏东南逆箐上至大风垭口Ⅰ#三面单立界桩。界线全长 25.7 千米
	楚景线	大风垭口起，向西南顺山脊至猴子坪山（高程 2785 米），转东南沿山脊约 750 米至一山头，又向东约 280 米，转南沿山脊到汪家场山心（高程 2829.7 米），向东北顺山脊约 400 米后，又向东沿山脊延伸至小亮山（高程 2876.6 米）南约 40 米，转东偏东南顺山脊经一碗水山（高程 2877 米）后，再顺山脊延伸 700 米，向西南沿山脊约 700 米，南偏西南沿山脊至竹四营盘（高程 2848 米）；竹四营盘起，向南约 730 米至一山头后，转东南沿山脊经 2743 米高程点，向南偏西南约 460 米后，转南顺山脊跨过小路约 450 米，向西南约 300 米后，转东南顺山脊经黄竹箐（高程 2720 米）、笋子箐山（高程 2859 米），向南偏东南顺山脊至水转湾北面山头后，又向东南顺山脊经 2859 米高程点，往东南顺半坡转西南约 480 米后，向东南经李家坟山（高程 2867 米）、大山心（高程 2916.1 米），再向南偏东南沿大山心山脉至火石坝山头（高程 2871.0 米）；火石坝山头起，向南偏东南沿大山心山脉至 2756 米高程点北侧小路跨过小路后再顺山脊自然延伸，经解板山，过大羊奶果树山头（高程 2584 米）、杨家坟（高程 2754.3 米）后，转南偏西南约 610 米，向东南顺山脊下至枇杷箐河底；枇杷箐河底起，向南沿山脊上跨过乡村路再顺山脊到 2662.6 米高程点后，又向东南顺山脊经 2542 米高程点下至细么凹河底，跨过河后又沿山脊上至烧香梁子，从烧香梁子转东偏东南顺山脊经 2672 米高程点西面约 115 米，再向南约 400 米后，转东南沿白水河箐源头半坡至鸡冠子山（楚雄称黄风箐后山）Ⅰ#三面单立界桩。界线全长 44.1 十米

续表 1-1-15

界线名称		界线走向
楚普线	双景线	鸡冠子山起，向东南沿哀牢山主脉下至水箐河河底，转北偏东北沿山脊上至 2422 米高程点山顶，又转东南沿山脊下至水箐河河底，从河底沿山脊上至 2591 米高程点山顶；从 2591 米高程点山顶向南沿哀牢山山脉经 2650 米高程点、大队长梁子，转东南沿主脉经大牛丛后山（高程 2665 米），向南偏东南延伸约 250 米后，又向南偏西南约 320 米后，转南沿山脉约 710 米后，向东南沿哀牢山主脉经大光山（又名小昆岗山，高程 2684.8 米），再沿山脉延伸下至大草坝水库南约 460 米的河底；从河底向东顺山脊上约 150 米至山顶，转东南沿哀牢山主脉经 2618 米高程点的山顶、马鞍山（高程 2717 米），过 2634 米高程点山顶、2610 米高程点西面约 30 米后，向南偏西南经纸厂西面山脊，向东南沿哀牢山主脉经大亮山（又名哀牢山，高程 2945.9 米）、腊藤坝后山，过 2821 米高程点、2818.4 米高程点的山顶，转东沿主脉延伸约 700 米后，向东南沿哀牢山主脉跨过小路，转南沿主脉至庙房山Ⅰ#三面单立界桩。界线全长 32.6 千米
普大线	景南线	澜沧江与羊街河主河道中心线交汇点Ⅰ#三面三立界桩起，东偏东北逆羊街河上至 1100 米曲线处，再转北偏东北继续逆羊街河上至 1800 米曲线处，再东偏东南沿山脊经过汪家垭口延伸至 1675 米高程点，拐向南沿山脊下至安召河，再转向东北逆安召河上至安召河与小清河交会处，再向东沿滴水箐上至骑马垭口 1#单立双面界桩南侧约 45 米处；1#界桩南侧约 45 米处起，向南沿茨坪二山脊上至营盘山顶（高程 2691 米），再转东偏东南沿山脊上至 2720 米曲线处，再东偏东北沿山脊上至大营盘顶（高程 2790.6 米）再拐向东偏东南沿山脊下至 2576 米高程点，再向东北沿山脊向下经过 1758 米高程点至 2#界桩；2#界桩起，向东北沿山脊经过 1682 米高程点延伸至石洞寺河（景东称川河）河道中心与南涧河河道中心交会处，然后大致转向北偏东北顺南涧河上至 2701 米高程点，再南偏东南沿山脊下约 500 米后拐向东北沿半山腰延伸约 600 米，再向东沿山脊延伸经过 2595 米高程点至豹子咬毛驴岭岗Ⅰ#三面单立界桩。界线全长 42.97 千米
	景弥线	豹子咬毛驴岭岗起，向东南沿山脊行约 450 米后上至一山头，转东沿山脊上至大店山顶，再东偏东南沿山脊下至播所垭口，再拐向南顺山脊下至阿鲁大门垭口，再转东南沿山脊延伸之蕨蕨岭山顶北侧约 50 米处，再向北偏东北顺山脊延伸至小后门箐头，再向东顺小后门箐下至与小核桃箐相接，从相接处南偏东南顺小核桃箐下至螳螂河相接处，从相接处向东顺螳螂河下至螳螂河与一条小河交会处，从交会处转东偏东南沿山脊延伸至太平山Ⅰ#三面单立界桩。界线全长 10.81 千米
普临线	景云线	澜沧江与羊街河主河道中心线交汇点Ⅰ#界桩起，东南向沿澜沧江主河道中心线过漫湾电站至漫湾大桥 01#双面双立界桩；漫湾大桥起，沿澜沧江主河道中心线过大朝山电站至大朝山大桥 02#双面双立界桩；大朝山大桥起，沿澜沧江主河道中心线至澜沧江与糯五河主河道中心线交汇点。界线全长 114.89 千米
	景临线	澜沧江与糯五河主河道中心线交汇点起，沿东南向澜沧江主河道中心线至澜沧江与文笑河（临翔区称蛮肖河）主河道中心线交汇点。界线全长 2.48 千米
景镇线		澜沧江与文笑河主河道中心线交汇点（高程 786 米）起，沿东北向文笑河主河道中心线而上，过 795 米高程点、810 米高程点、859 米高程点、928 米高程点，沿东南向支流困别河主河道中心线而上，过 1009 米高程点、1096 米高程点至窄门口潭；窄门口潭起，沿东南向山脊上至小横路，沿小横路至潘家山大平掌（花皮树处），沿东偏东北向小梁子下至 1280 米高程点，沿鸭笋箐上 200 米，沿东偏东南顺张学田梁子分水线至总脉；沿总脉分水线向北，过麻栎树垭口、田头间梁子（高程 1779 米）、黄栎树垭口、大田垭口、懒板凳垭口、石碓窝垭口、多依树垭口、灰苔山（高程 2337 米）、2330 米高程点、王家坟垭口、王六地头山（高程 2389.5 米）、大亮山（高程 2367 米）、熊洞山（高程 2383 米）、2352 米高程点、龙塘口山（又名项家箐头，高程 2423 米）、2325 米高程点、老光山（高程 2381 米）、2377 米高程点、大茶山（高程 2393.6 米）、2118 米高程点、薄刀山头（高程 2125 米）、大尖山（高程 2077 米）、骂掌垭口；骂掌垭口起，沿铜厂河下至密查河口，沿密查河上至大水井箐口，沿大水井箐上至后箐垭口，沿北偏东北向小山脊下至芹菜塘垭口公路处，沿东向公路至石板箐，顺石板箐上 1200 米至总脉，北偏东北沿总脉分水线，过 2231 米高程点、2347 米高程点、2545 米高程点、2672 米高程点、2900.6 米高程点，沿东向无量山支脉

续表 1-1-15

界线名称	界线走向
景镇线	分水线，过朝阳山（高程 2752 米）、2585 米高程点、小坝子山（高程 2698 米）、2640.4 米高程点、大团山（高程 2700 米）、2511 米高程点、2451 米高程点、2420 米高程点至无量山清勐公路高峰垭口 1#界桩；1#界桩起，沿南向无量山支脉，过 2351 米高程点、查家窝梁子（高程 2322.2 米）、棠栗树（高程 2265 米）、2188 米高程点、杨梅树垭口、辣子地山头（高程 2117.1 米）、李家山神庙梁子（高程 2036 米）、界牌山（高程 1990 米）、乱山包（高程 2245.4 米）、帮有梁子（高程 2255 米）、刀箐梁子、2257 米高程点、刀箐垭口、岩脚山（高程 2394 米）、大麦地梁子（高程 2287 米）、胡家坝头（又称梅花梁子，高程 2420.1 米）、2305 米高程点、2250 米高程点至香箐棚（高程 2388.4 米），沿东向山脉分水线、过 2344 米高程点、2144 米高程点至五一公路 2#界桩；2#界桩起，沿东南向山脉分水线，过 2096.6 米高程点、马道山（高程 1775 米）、2134 米高程点、2172 米高程点至三棵桩垭口，沿东北向隔界箐至四格田上白虎山梁子（高程 1764 米）、过 1082 米高程点、1577 米高程点、1443 米高程点、营盘山（高程 1287 米），沿东偏东北向小箐下至弥宁公路 3#界桩；3#界桩起，沿小箐下至川河，沿川河主河道中心线下至龙洞，沿东北向山脉分水线，过秃头山（高程 1365.4 米）、1507 米高程点、落皮山（高程 1789 米）、仙人脚（高程 2160 米）、亮山（高程 2288.1 米），沿山脊 750 米后沿东偏东南向山脊，过界龙塘（高程 1620 米）、1560 米高程点、1395 米高程点，沿山脊 1200 米后沿东偏东北向山脊下至者干河；者干河起，沿者干河主河道中心线上至都鲁河河口，沿都鲁河主河道中心线，过 1184 米高程点、1320 米高程点，沿东北向山脊分水线，过 2108.7 米高程点、2520 米高程点、2781 米高程点、2835.4 米高程点，至庙房山Ⅰ#界桩。界线全长 224.67 千米

景东县乡级行政区域界线走向说明一览表

表 1-1-16

界线名称	界线走向
漫龙线	芭蕉树河头起，沿无量山脉分水线，过小光山（高程 2967.3 米），至阿木拉山头（高程 2879 米）。图测界线长 14.2 千米
漫锦线	阿木拉山头起，沿无量山脉分水线，至无量山头（高程 2996 米）。图测界线长 1.6 千米
漫安线	景南线陡门阁山头起，沿无量山脉分水线，过中山（高程 2888.6 米），至芭蕉树河头。图测界线长 23.2 千米
锦龙线	梨树箐头起，沿南向山脉分水线过起所山（高程 2003.6 米），顺白道场梁子下至董报河，沿东北向二台坡箐上至张坤坟垭口，沿东北向山脉分水线至花鱼箐头，顺西南向花鱼箐下至排沙河，顺排沙河上 100 米，沿小梁子上至总脉处，沿东南向山脉分水线过公兵山（高程 2134.8 米）至高程点 2119.3 米；高程点 2119.3 米处起，沿西南向山脉分水线 850 米，沿东向小梁子下至螃蟹箐（高程 1735 米）。图测界线长 15 千米
锦文线	阿木拉山头起，沿东北向山脉分水线至曼状后山（高程 2723.8 米），沿东南向山脉分水线过阿马拉山头（高程 2473 米）至凹特吃山，沿东北向黄家箐下至龙树河，顺龙树河下至冷远河口，顺冷远河上 400 米，沿东向洼子上至小山顶，沿北向洼子下至小箐，顺小箐上至高程点 1611 米，沿东北向小箐下至川河，顺川河下至小干河口，沿小干河上至岔河处，顺东南向岔箐上至垭口，沿东北向山脉分水线上至地理坐标（X2725500，Y17682970）处小路，沿东南向小路 150 米处顺北向小梁子上至山顶，沿东向小梁子下至磨刀箐，顺东北向梁子分水线上至梨树箐头。图测界线长 27 千米
林锦线	无量山头（高程 2996 米）起，沿西偏西南向无量山山脉分水线，过无量山山神庙（高程 3245 米）、无量山（高程 3245.1 米），至细左河头小梁子。图测界线长 16.5 千米
锦太线	螃蟹箐起，顺螃蟹箐上 230 米至黄家后山，沿黄家后山分水线过大坟山梁子（高程 2210 米）、瞭望台（高程 2129.3 米）、高程点 2001 米，沿东南向小箐下至朱家坝小河（高程 1527 米），沿东南向小梁子上至景太公路，又上至大断腰山山脉处，沿大断腰山山脉过大断腰山（高程 1730 米）、大断腰后山（高程 1686 米），至大断腰垭口。图测界线长 12 千米

续表 1-1-16

界线名称	界线走向
林漫线	澜沧江与昔掌河主河道中心线交汇点起，顺昔掌河上至小箐，沿小箐至岔箐口，顺岔箐口至小缅树梁子；小缅树梁子起，过大尖山（高程1868米）、大黄垭口、太山（高程2155.4米）、太阳庙（高程2173.8米）、老金殿垭口、营盘山，至高程点2888米，沿东向山脊分水线直至无量山头（高程2996米）。图测界线长12.7米
曼林线	澜沧江与石奶箐主河道中心线交汇点起，沿石奶箐上1200米，沿南向干箐上至背阴山（高程1727米），沿东向山脊过曼高公路、解板山（高程1871米），至解板山垭口（高程2100米）。图测界线长6.5千米
景林线	解板山垭口起，沿东向山脉分水线，过老鹰山（高程2184.9米）、黄岩头下至核桃箐头，顺核桃箐下至曼高公路，沿曼高公路至塘泥村垭口；塘泥村垭口起，沿山脊分水线，过大尖山向东北顺山梁下至岔河口，又沿塘泥村小河下至小麦地河岔河口，沿夹象沟隔界上450米至三棵树梁子，顺三棵树梁子过骑马石至丁帕小路，顺丁帕小路至攀枝花树坡；攀枝花树坡起，顺小路进70米，沿南向地边小箐至二道河，顺二道河上200米沿李家箐上670米，顺东南向山梁子分水线上至轿顶山，沿山脉分水线过高程点2411米至山神庙垭口；山神庙垭口起，沿东北向三个小山顶连线至小路处，顺小路至大岔箐，又沿东北向小箐上700米，顺小岔箐上至细左河头小梁子（高程3064米）。图测界线长18.8千米
文街线	楚普线寅街河起，沿南向小梁子分水线上至总脉，沿总脉分水线过接官所（高程2056.9米）、大乌头山（高程2297.1米），至梨树箐头。图测界线长11千米
龙太线	螃蟹箐起，沿东北向螃蟹箐下至岔河口（高程1528米），沿漫别河上高程点1650米处岔箐口，沿东北向小箐上至山脊垭口处，沿北向山脊分水线至高程点1981米，沿东北向山脊分水线下300米，沿东北向下至小箐，顺箐下至马鞍山河，沿马鞍山河下至高程点1472米，沿硝水河过高程点1706米后，沿硝水河至杨家坟（又名小新场后山）与楚普线交会。图测界线长21千米
景锦线	细左河头小梁子起，沿无量山总脉分水线向南过笔架山（3371米）、猫头山、背娃娃山（高程3305米）、大囤子山（高程2900.6米），直至曼笼河头（高程2900.6米）与景镇线交会。图测界线长8.5千米
曼景线	解板山垭口起，沿总脉分水线，过刺通树垭口、罗家村后山、打磨箐头山（高程2215.2米）、黄昏垭口、老虎山头（高程2372米）至蚂蝗箐垭口；蚂蝗箐垭口起，顺南向小箐下至岔箐口，沿东南向小箐上至总脉山头处，沿总脉分水线至马鞍山垭口，又沿山脊赶街大路至棉花林后山；棉花林后山起，沿总脉分水线至绿山箐、火烧人洼（高程2192米）至马家坡（高程2221米）；马家坡起，顺东偏东南向小箐下至岔箐，沿南向小箐上至公路，沿公路至打狐狸垭口；打狐狸垭口起，沿总脉上至岔河山（又名插旗梁子）；岔河山起，沿南向大花石岩梁子分水线下至白花箐头，顺白花箐下至勐片河与白花箐主河道中心线交汇点。图测界线长25千米
文大线	查防哨梁子起，沿东南向总脉分水线，过大平地山、熊洞山，至老鹰嘴。图测界线长11千米
文锦线	景镇线小澜坝梁子起，沿东向洼子下至曼笼河，过高程点1665米、高程点1420米下至瓦桥；瓦桥起，沿曼笼河下500米，沿南向洼子上至熊家后山，又上施家垭口；施家垭口起，沿公路下至张怀邦坟，绕坝边至糖业公司实体围墙直对凌云塔；凌云塔起，沿东向洼子下至川河；川河起，沿破千河上至川河大沟，沿川河大沟至草烟地箐（盐井塘渡槽），沿草烟地箐上至草烟地箐头垭口处；草烟地箐头垭口起，沿西北向山脉，过大黑垭口（高程1644米），直至大断腰垭口（高程1667米）。图测界线长21千米
太文线	大断腰垭口起，沿东南向洼子下至南线河，沿南线河上至岔河口（高程1246米），沿东南向山脊分水线上至秃头梁子（高程1652米），沿南向山脊分水线下至小箐，沿东南向小山脊分水线上至梁子（高程1740米）处，沿南偏东南向山脊分水线过高程点1830米至大尖山（高程1860米），沿东向山脊分水线下至岔箐口（高程1388米）文蚌河，沿文蚌河上200米，沿西偏西南向小梁子上至十五公里明槽处，沿清山公路至十七公里处，沿西向山脊分水线过文蚌垭口，至查防哨梁子（高程1985米）。图测界线长16.0千米
文花线	老鹰嘴起，沿西南向山脉，过老鹰嘴山（高程2221.3米）、麦地湾（高程2186米）、文状后山（高程2203.0米）、文旧山（2274.0米）、列底山（高程2274.3米）、邦海山（高程2268米）、河头垭口，至帕索河头与景镇线交会。图测界线长40千米
大太线	查防哨梁子起，沿东北向山脉分水线直至高程点1832米，自该点沿东北向支脉下至石台台向上数第二个垭口处，顺小箐下至糯朵河，沿糯朵河下1290米，沿北偏西北向上至山顶，顺西向山脉分水线直至三锅桩，沿分水线直至大黑箐头，顺大黑箐头下至四台坡河，沿四台坡河上230米，沿东北向洼子上至高程点1708米，沿东偏东北向洼子下至者干河，沿东向小箐上火石箐口，顺火石箐口上250米，沿东向梁子上至山头，过高程点1520米，直至分山碑，沿东南向洼子下至岔箐口，沿东向小箐上1400米，沿南偏东南向洼子上至岔路口，沿大雪场路直至拱桥，顺大牛丛河直至长包包梁子与楚普线交会。图测界线长20千米

续表 1-1-16

界线名称	界线走向
花大线	老鹰嘴起，沿东向骂梅山梁子至勺落大尖山（高程 1622.5 米），沿东北向小梁子下 1000 米，再沿东北向小梁子下至勺落河，顺勺落河下至磨刀箐（大街称刀家箐）口，沿磨刀箐上 400 米至干箐岔箐口，从岔箐口直线上至卖粑粑梁子顶（高程 1470 米）；卖粑粑梁子起，沿东北向山脉分水线至邦浪山（高程 1493 米），沿东向小梁子下至者干河（高程 1261 米），穿河顺秀龙河过高程点 1308 米、高程点 1694 米至大新沟坝头箐岔箐口；岔箐口起，沿东南向小箐至大犀牛角箐垭口与楚普线交会。图测界线长 19 千米
镇曼线	澜沧江与勐片河主河道中心线交汇点起，沿勐片河过高程点 885 米、高程点 1002 米，至勐片河与白花箐主河道中心线交汇点。图测界线长 12.7 千米
镇景线	勐片河与白花箐主河道中心线交汇点起，顺勐片河上至麦子地山脚，从麦子地山脚顺山脊分水线至岔河山头，过酸枣树垭口、花皮树垭口，至薄刀山头与景镇线交会。图测界线长 9 千米
者花线	麦地湾起，沿东南向山脉过文状后山（高程 2203.0 米）、文旧山（2274.0 米）、列底山（高程 2274.3 米）、邦海山（高程 2268 米）、河头垭口，至帕索河头。撤销后并入文花线。图测界线长 11.0 千米。2006 年 1 月，因乡镇合并撤销
文者线	景镇线李家山神庙梁子起，沿东北向山脉分水线过南罗后山（高程 2005 米）、老鹰山（高程 2013 米）至山神庙垭口；山神庙垭口起，沿东南向干箐下至磨刀箐，沿磨刀箐下 720 米，顺东北向干箐上至垭口；垭口起，沿东北向干箐下至箐，再沿东北向梁子至牛筋木垭口；牛筋木垭口起，顺大黑箐下至南洋河，沿南洋河下至黄烟地箐，沿黄烟地箐上至三棵桩；三棵桩起，沿东向山脊至牛圈箐箐头，顺牛圈箐下至川河，沿川河下 700 米至丙麻，从川河起沿东向干箐上至山头；山头起，沿北向干箐下至三岔箐；三岔箐起，沿东南向小箐至岔路，沿东向小路直至文笔塔，沿东偏东北向山脉过大文岗山（高程 1535.4 米，又名大文岗后山）、白水云（高程 2164 米），至麦地湾。图测界线长 32.0 千米。2006 年 1 月，因乡镇合并撤销
安龙线	芭蕉树河头起，沿东北向马鬃梁子分水线至二无量山；二无量山起，沿东偏东北向小梁子分水线走 300 米后，沿东北向小梁子分水线下至山尾巴河，沿山尾巴河上 600 米，沿东北向梁子分水线上至松子箐梁子，沿东南向松子箐梁子分水线至秧草田后山；秧草田后山起，沿东北向山脉分水线至江五坟山（高程 2561.3 米），沿东向山脉分水线至打雀山垭口；打雀山垭口起，沿东北向民福箐下至石井箐；石井箐起，沿北向直上 400 米（X2729520，Y17667780）处，沿西北向直下 220 米至箐，沿箐下 450 米至藤子棚（岔箐处）；藤子棚起，沿高程点 2010 米绕至卢库河，沿卢库河上 250 米至岔箐处，沿西北向干箐上至太平山（高程 2422 米）；太平山起，沿北偏东北向山脉分水线过民福垭口至大山（高程 1984 米）；大山起，沿北偏西北向梁子至山神河与老仓河岔河口；岔河口起，沿老仓河下至川河，沿川河上 150 米至邦别河与川河岔河口，沿邦别河上至望福桥，沿东向洼子上至梁子，沿北向梁子分水线上至打陀螺场；打陀螺场起，沿东偏东北向洼子下至小村河，沿小村河上 1000 米沿东偏东南向干箐至新庄垭口，沿南偏东南向洼子下至会马河，沿会马河下 850 米至蚂蝗箐与会马河岔箐口，沿东北向蚂蝗箐上梁子，沿东南向梁子分水线过 240 米处，沿西南向梁子分水线至地理坐标（X2733630，Y17669900）处，又直至地理坐标（X2733640，Y17670550）处小梁子处，再直至地理坐标（X2733300，Y17670880）梁子处，沿东向过 150 米下至公路坎头，沿南偏东南向公路坎头至小梁子，沿北向小梁子分水线上 300 米，沿东北向下至小会马箐，顺小会马箐上 230 米，沿东向干箐上至梁子，顺南向梁子分水线下 150 米，沿东南向大洼子箐下至沙拉河，沿东南向蔡家岩子上至山头，沿北偏东北向山脉，过马鞍山垭口、高树峰（高程 2050 米），至太山庙梁子；太山庙梁子起，沿东北向梁子分水线下至干箐，顺干箐下至卡地坡脚拉嘎河，顺拉嘎河上至山神垭口；山神垭口起，沿南向山脉分水线过高程点 2343 米至大平地小路，沿北偏东北干箐下至小湾河，沿小湾河上至高程点 1786 米，再上 100 米处，沿东向干箐上至上村小路，沿西偏西北向上村小路进 650 米至梁子处，沿东南向梁子分水线至高程点 1810 米，沿东向梁子分水线过牛筋木树垭口至罗大坟垭口；罗大坟垭口起，沿东北向梁子分水线直至浪淌河与楚普线交会。图测界线长 43 千米
永镇线	澜沧江与曼崩河主河道中心线交汇点起，沿西偏西南向磨盘箐上至梁脊垭口处，沿南偏东南向梁子分水线至扎锅山，沿东北向山脉分水线过多依树垭口（东镇称麻栎树垭口），沿西北向大碑梁子，沿北偏东北向梁子分水线下至箐口，沿东向小箐上至箐口，沿东北向马道山梁子分水线上至大亮山（高程 2175 米）；大亮山起，沿北向山脉分水线过箐竹林山（高程 2270.1 米），过高程点 2272 米，沿东向小洼子下至王家垭口，沿东向梁子上朝山庙梁子，沿东南向山梁子至干桔河垭口；干桔河垭口起，沿东北向公路至解板箐，沿解板箐上至总脉解板箐垭口处，沿东北向总脉分水线上至箭头山（高程 2335 米）；箭头山起，沿东北向山脉梁子过老马箐垭口处，沿赶街大路至大荒田梁子，沿大荒田梁子下至老马箐和大龙潭箐箐口；箐口起，沿西南向小山梁子分水线至横路处，沿东南向

续表 1-1-16

界线名称	界线走向
永镇线	横路 200 米至梁子缺口处，向南平绕至闷根坡（二台坡），向西南平绕至麻栎树垭口，沿西南向小干箐下至秧田箐，沿秧田箐上至车树洼子，沿西南洼子上至孔家山头，沿南向孔家山梁子分水线，过小亮山（高程 1770 米）下至河底河；河底河起，沿东南向段保田头梁子分水线上至高程点 1942 米处，沿东南向梁子分水线下至困别河，沿困别河至地理坐标（X2661850，Y17661470）处，再沿困别河上里崴田，沿东南向小干箐上至山脉分水线，沿山脉分水线至石碓窝垭口与景镇线交会。图测界线长 22.0 千米。2006 年 1 月，因乡镇合并撤销

第二章　自然环境

第一节　地　质

景东地质，最古老为下古生界无量山群，哀牢山露出的最古老地层为前奥陶系哀牢山群。无量山巅和哀牢山顶为太古时代前震旦纪，约11亿年前生成。其余为中生代三叠纪层，约2亿年前生成。在川河坝、者干河沿岸、嘎仰河峡谷地带的三叠纪层，有新生代第四纪沉积物覆盖，它的组成物质是泥沙及各种疏松砾石和风化石，是地质时期最晚年代，距20世纪末约50万年。

一、地质构造

境内地处青藏滇缅印尼巨型“歹”字构造体复合部位，以歹字形构造体系和经向结构构造体系为主，沉积作用、岩浆活动和变质作用都相当强烈，地层发育较全。由于受东西向营力作用挤压，形成规模较大的北西向及南东向构造带。并以此为主导构造，其次为弧形构造及近东西向构造，其褶皱构造与断裂构造形迹基本一致。境内有澜沧江、大团山断裂等较大规模构造带发育。全县地层与岩浆分布概况是：下古生界较广，如无量山群及哀牢山区多属下古生界，无量山群主要分布于漫湾—勐片一线以东，文龙邦迈、锦屏黄草岭以西，面积约500平方千米，组成著名无量山山脉高峰群地带，为一套复理石或类复理石特征之变质岩系，主要有石英片岩、片岩、微晶片岩及石英岩等岩石，并夹有变粒岩、千枚岩、变质砂岩等。哀牢山下古生界，岩石普遍变质，主要有板岩、石英片岩、片岩等。

二、地层

境内地层有二叠系、三叠系、侏罗系、白垩系、第三系、第四系六种类型。

二叠系　二叠系上统和下统境内均有分布，多见于哀牢山西坡，澜沧江边及勐片街以南岩子脚附近和东镇等地。岩石普遍轻微变质，下统为碎屑岩夹碳酸盐沉积，哀牢山一带夹少量酸性火山岩、火山碎屑岩。上统以哀牢山一带出露较全，其下部为泥板岩、板岩、千枚岩、砂质夹灰页岩、硅质岩，底部为砾岩，上部以基性—中性火山岩、火山碎屑岩、砂页岩等碎屑沉积为主，夹灰质页岩、硅质页岩、煤线及角砾状生物碎屑灰岩等。

三叠系　境内三叠系主要由中、上三叠统组成。中三叠统忙怀组分布于无量山西侧，多见于东镇，岩石有板岩，砂岩夹凝灰岩等。上三叠统分布于曼等、东镇以及景福等地，属三叠统小定西组，岩石有安山玄武岩，玄武岩夹凝灰岩。上述两组在无量山西侧分布较广，为一套酸—中基性火山岩系。三叠统石钟山组分布于安定、锦屏前所、龙街、太忠等地区，为一套粗碎屑—碳酸盐—含煤碎屑沉积。另外，在大街、花山一带者干河两侧，也有上三叠统一碗水组和路马组出露，常见岩石有灰岩、泥岩、砂岩、含砾砂岩及煤线。

侏罗系　是一套海相与陆相交替出现的红色地层。主要集中分布在漫湾至东镇，安定至文井（者后），龙街至花山等地区。下侏罗统漾江组分布在安定、文龙至锦屏镇前所村，多为紫红色泥岩、粉砂岩等。中侏罗统花开左组多出露于安定至东镇一带。居于前述上三叠统中间，常见岩石有紫红色泥岩、砂岩。另外，在文井镇（者后）川河两岸第三四系以上，以及文井镇（者后）与花山乡之间分布着中侏罗统坝注路组、和平乡组和雅期组，出露岩石有泥岩、泥质粉砂岩、粉砂岩、细砂岩等。上侏罗统坝注路组分布于无量上东坡，主要岩石有紫红色泥岩、钙质粉砂岩等。

白垩系　白垩系分布于龙街、文井、东镇、锦屏、漫湾、林街等乡（镇），为一套陆相、泻湖相红色碎屑及含盐沉积。下白垩统景星组多见于无量山西侧，下段为浅红色砂岩夹紫红色黄绿色泥岩、粉砂岩、细砾岩薄层，局部夹煤线、煤层。上段为紫红色泥岩夹杂色泥岩。下白垩统南星组多分布于景星组中间，常见岩石有紫红色泥岩、紫红色砂岩、细砂岩、砂砾岩等。上白垩统勐野组，主要岩石有紫红色泥岩夹粉砂岩、细砂岩。这一组在境内比较少见，仅文井镇山心村至开南村苏家营一线西侧有出露。

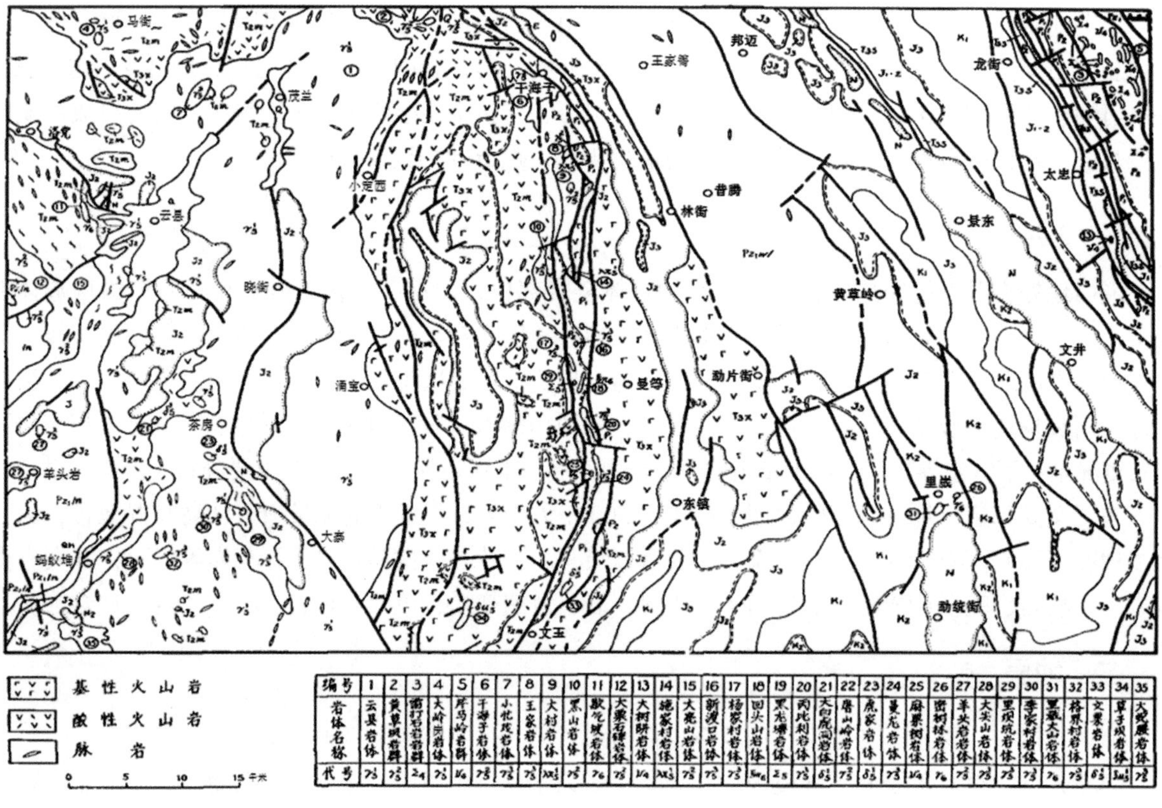

景东幅岩浆岩分布简图

第三系　集中分布于川河、者干河及澜沧江河谷等山间断陷盆地中。下第三系仅出露在漫湾镇的澜沧江峡谷，沿北西向作长条状分布，面积约2.5平方千米，为一套紫灰色厚层——块状砾岩、夹铜色石英砂岩、黄色含泥砂岩、紫色泥岩等。上第三系多见于哀牢山西侧、无量山东侧山麓地带，为黏土岩、粉砂岩夹细砾岩及煤层。

第四系　第四系常见的是全新统，分布于川河及者干河边。可分为河床、河漫滩型。有河漫滩，断续出现一二三级阶地，是境内主要农业耕作区。另有坡积—残积型，常堆积在哀牢山与无量山两侧山麓地带。

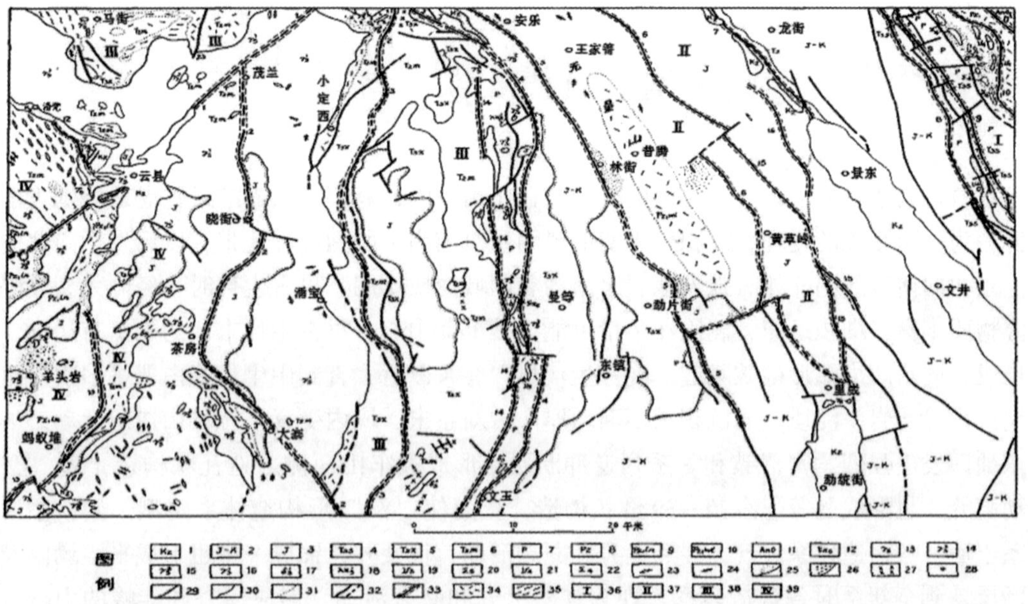

1. 新生界 2. 侏罗、白垩系 3. 侏罗系 4. 石钟山组 5. 小定西组 6. 忙怀组 7. 二迭系 8. 下古生界 9. 澜沧群 10. 无量山群 11. 哀牢山群 12. 正长斑岩 13. 花岗岩 14. 花岗岩 15. 花岗岩 16. 花岗岩 17. 闪长岩、闪长玢岩 18. 石英斑岩 19. 辉长岩 20. 辉石岩 21. 辉长岩 22. 辉绿岩 23. 伟晶、花岗岩脉 24. 石英脉 25. 热力变质角岩带 26. 矽卡岩化 27. 青盘岩化 28. 云英岩化 29. 不整合 30. 地质界线 31. 岩相界线 32. 实测、推测断裂 33. 错动变质带 34. 铁铝榴石角闪岩相带 35. 混合岩带 36. 哀牢山变质带 37. 无量山变质带 38. 澜沧江变质带 39. 洛党、蚂蚁堆变质带

景东幅变质岩分布简图

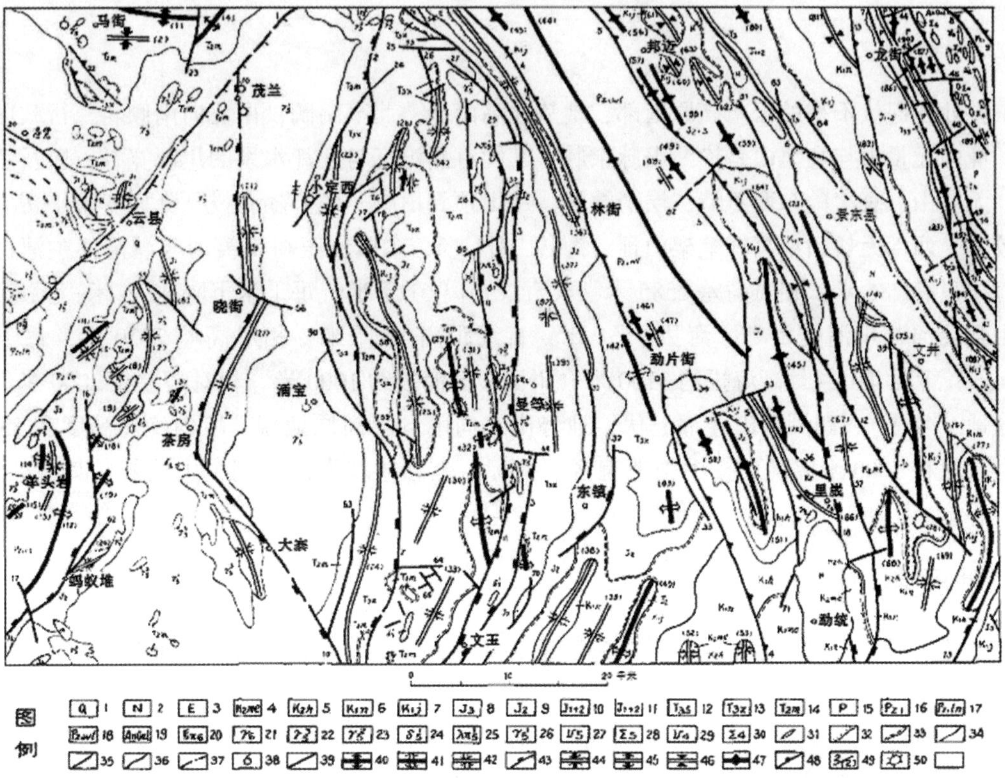

1. 第四系 2. 上第三系 3. 下第三系 4. 勐野井组 5. 虎头寺组 6. 南新组 7. 景星组 8. 上侏罗统 9. 中侏罗统 10. 上、中侏罗统 11. 中、下侏罗统 12. 石钟山组 13. 小定西组 14. 忙怀组 15. 二迭系 16. 下古生界 17. 澜沧群 18. 无量山群 19. 哀牢山群 20. 正长斑岩 21. 花岗岩 22. 浅色花岗岩 23. 花岗岩 24. 闪长岩 25. 石英斑岩 26. 花岗岩 27. 辉长岩 28. 超基性岩 29. 辉长岩 30. 超基性岩 31. 伟晶岩 32. 不整合 33. 假整合 34. 整合 35. 次级断裂 36. 挤压带 37. 隐伏断裂 38. 温泉 构造体系：北东向 39. 主要断裂 40. 背斜经向 41. 背斜 42. 向斜 43. 主要断裂 经向 44. 向斜 45. 背斜 歹字形 46. 向斜 47. 背斜 48. 主要断裂 49. 断裂编号/褶皱编号 50. 穹窿

景东幅构造体系图

第二节 地 貌

景东县最古老地层为下古生界无量山群。但在龙街乡内，哀牢山出露的最古老地层则为前奥陶系哀牢山群，为一套厚大的复理石沉积。表明前奥陶系以前为一剧烈沉降地带，以后发生南北向强烈挤压，产生东西向褶皱。同样伴有强烈地岩浆活动和区域变质作用。早古生代时，经向大型坳陷急剧沉降，陆源物质丰富，堆积迅速，澜沧江一带可能为其沉降中心。早古生代末期的加里东运动，使无量山一带形成一向东凸出弧形褶皱隆起。晚古生代早二叠系以后，直到中生代晚白垩系多次发生海侵海退。此期火山碎屑岩、泥质碎屑沉积物不断增厚。古新系末，境内受喜马拉雅山造山运动影响，使无量山以东地区发生强烈紧密褶皱和一系列逆冲断层，形成哀牢山西侧之迭瓦状构造，为“歹”字形构造活动高峰，也形成曼等、东镇一带帚状构造，从而使“歹”形构造体系定型。始新系后，尤其是始新系末后，各构造体系表现为强烈上升和断裂活动，使文井、锦屏一带也形成平缓坳陷及规模较小逆冲断层。到全新系时各构造体系表现为强烈上升和断裂活动，形成河谷和陡峻的山岭。这一时期，山崩地裂，地震频繁，形成山脉水系相间，呈大体上南北走向，北高南低地势。第三四系地层沿川河、者干河谷地两侧呈条带状分布。川河两侧出露多级河流阶地，河流下切变弱，河床多弯曲。两侧坡度较缓，支流发育，呈羽状或蕨叶状排列沟谷系统。垅沟相间，地面切割较浅，但十分破碎。在者干河及川河等右岸，出现高低不平丘陵和岗地。支流泻出山口，常发育成大小不一的洪积、冲积扇地或局部的倾斜平原。

一、地形地势

景东县处在起伏不平的云南高原南部，地势北高南低，北窄南阔，由北向南倾斜，行政区划图如裤衩状。境内无量山与哀牢山是横断山脉余脉，其间有澜沧江与元江水系的川河宽谷，以及者干河贯穿全境。无量山、哀牢山东西对峙，层峦叠嶂，从山顶到山脚，地势随海拔下降而变得平缓。境内相对高差较大，西部无量山最高峰笔架山顶，海拔 3371 米，东镇文玉村文笑河与澜沧江主河道中心线交汇点海拔只有 786 米，相对高差 2585 米，其直线距离 61 千米，每千米下降 42.4 米；无量山东坡，从笔架山到菊河与川河交汇处，海拔 1151 米，直线距离 15 千米，相对高差 2220 米，每千米下降 148.0 米；东部哀牢山，最高海拔约 3100 米，川河最低海拔约 1000 米，相对高差在 2000 米以上。由此形成盆地（坝子）、四周群山连绵起伏，地势由北向南倾斜高原地貌。境内绝对高度在 3300 米以下，相对高度在 1000 米以上，按中国地貌区划指标，全县地貌为深切割中山地貌。其特征是岭高、坡陡、峡谷多。

二、地貌类型及分布

根据地势等级和主要形态指标，景东县地貌划分为山地、丘陵、岗地、平坝 4 个类型。

（一）山地

山地属侵蚀褶断构造地貌。无量山、哀牢山两大山系均属山地类型，也是境内面积最大，分布最广的地貌类型，面积约 4060 平方千米，占全县土地面积 91%。山地是县内森林主要分布区，森林资源丰富，并且具有较高防护功能。按山地形态特征，山地又可分为亚高山、中山、中低山三种类型。

亚高山 全县亚高山面积约 9.4 平方千米，占全县土地面积 0.2%，山体海拔高度 3000~3371

米，多分布在无量山顶部山脉主脊延伸到境内中段约50千米地段内，有超过海拔3300米山峰16座，纵列山脊线上，地形地势陡峭，如笔架山、猫头山、背娃娃山、大囤子山等。亚高山最低海拔也在3000米以上，山脊上悬崖峭壁，断岩裸露，土层浅薄。植被以灌木草丛为主。山上气候寒冷，夏季多雨雾，冬季不时有雪，土壤为亚高山灌丛草甸土。亚高山皆属无量山自然保护区。

中山　全县中山面积1050平方千米，占土地总面积的23.5%，山体海拔2000~3000米，相对高差1000米。中山分布在哀牢山、无量山中上部，无量山山脊线明显，哀牢山山顶平缓，丘陵起伏，海拔2600~2950米，是抵御寒潮的天然屏障，也是云南省内哀牢山西部中亚热带和南亚热带气候分区的重要分界线之一。中山气候温暖湿润，降雨充沛，地面湿润，分布着国内少有的暖温性常绿阔叶林和暖温性针叶林。土壤从下向上分布着红壤、黄棕壤、棕壤。中山均属哀牢山和无量山自然保护区。

无量山亚高山地貌（唐云　摄于2014年4月）

中低山　从者干河河谷丘陵边缘，以及川河岗地边缘分界。山体海拔786~2000米，相对高差大于500米，面积3004.2平方千米，占全县土地总面积的67.3%。主要分布在哀牢山、无量山的中上部。在此范围内，谷岭交错，地势较低，坡度相对平缓，土壤以赤红壤和红壤为主，土层较厚，分布着景东主要用材树种思茅松和暖热性常绿阔叶林。

哀牢山中山湿性常绿阔叶林地貌（罗海垠　摄于2015年5月）

（二）丘陵

丘陵属侵蚀剥蚀地貌。丘陵地貌在境内主要分布在大街乡大街、塘坊及花山乡营盘、文俄、文召、坡头等村，属者干河以西丘陵地带，总面积116.6平方千米，占全县土地总面积的2.6%。高丘紧临山前地带，有的属山地支脉断续延伸地带，多呈条状与小河相间分布，脊部常出露比较坚硬的石灰岩，多呈岛状分布。

（三）岗地

岗地属剥蚀堆积地貌。岗地多分布在河流两岸一二级阶地之上，原为阶地，被水侵蚀、剥蚀后，分割成平顶丘岗地。由

川河坝边缘中低山岗地地貌（罗海垠　摄于2015年6月）

于长时期受河水切割，呈平顶，丘岗或垅状与支流小河相间排列，丘岗、垅岗两侧一般坡度较缓，多数小于15°，相对高差较小，一般在20~50米，很少高于100米。此类地貌在川河两岸上自锦屏，下至文井均有分布，面积114.3平方千米，占全县土地总面积的2.6%。

（四）坝子

坝子，又称盆地，属堆积地貌。景东的坝子总计有184.36平方千米，占全县土地总面积的4.13%。绝大部分分布在川河流域和者干河流域。按成因和沉积物类型划分，多属断陷盆地中河流堆积地貌，具有土层深厚、比较平坦、水利条件较好等特点。景东的盆地范围小、数量少，所占面积比例也很低，一般都是乡镇政府所在地和主要农业区。根据坝子划分标准，景东的坝子分为三种类型：大于4平方千米低坝子，小于4平方千米低坝子，小于4平方千米中坝子。

四里坝一角（罗海垠　摄于2015年7月）

者后坝一角（罗海垠　摄于2014年9月）

1. 大于4平方千米低坝子

有文井坝、锦屏坝、者后坝、大街坝、花山坝5个，共计150.75平方千米。

文井坝　面积86.87平方千米，包括清凉、山心、丙必、开南、大营、者吉、都拉、文华、文窝、老练、文光、者孟、中所等村及景东监狱的坝区队。

锦屏坝　面积32.63平方千米，包括前所、北屯、董报、景范、山冲、斗阁等村，以及县城区。

者后坝　面积13.42平方千米，包括文井镇者后、文会2个村坝区村民小组。

花山坝　面积4.69平方千米，包括花山营盘、文俄2个村坝区村民小组。

大街坝　面积13.69平方千米，包括大街和三营2个村。

文井坝子和锦屏坝子基本相连，习惯称为川河坝，共计119.50平方千米。

2. 小于4平方千米的低坝子

小于4平方千米低坝子有19个，共计31.03平方千米。

董报坝　面积2.04平方千米，属锦屏镇董报村大部分河谷坝子小组。

灰窑坝　面积1.34平方千米，属锦屏镇灰窑村部分河谷坝子小组。

速南坝　面积2.06平方公千米，属文井镇速南村部分河谷坝子小组。

者干坝一角（叶珍德 摄于2014年2月）

路东坝 面积3.07平方千米，包括文井镇路东和文新2个村部分河谷坝子小组。

文召坝 面积0.50平方千米，属花山乡文召村河谷丘陵坝子。

塘坊坝 面积3.58平方千米，属大街乡河谷丘陵坝区。

花石坝 积2.34平方千米，包括太忠乡三合、沾牛、花石村部分小组。

大水井坝 面积1.10平方千米，包括太忠乡大水井和嘎仰2个村部分小组。

小龙街坝 面积1.45平方千米，包括龙街乡扎果、小龙街、南岸3个村。

龙街坝 面积2.02平方千米，属文龙乡文录、龙街、三岔河等村坝子。

漫湾坝 面积0.73平方千米，属漫湾镇漫湾村河谷坝子。

保甸坝 面积2.18平方千米，属漫湾镇德胜村大部分小组。

文冒坝 面积2.56平方千米，属漫湾镇文冒村河谷坝子。

古里坝 面积0.44平方千米，属景福乡古里村河谷坝子。

勐片坝 面积1.34平方千米，属景福乡勐片村河谷坝子。

文玉坝 面积1.90平方千米，属东镇文玉村河谷坝子。

鼠街坝 面积0.53平方千米，属安定乡鼠街村河谷坝子。

林街坝 面积0.99平方千米，属林街乡林街村河谷坝子。

清河坝 面积0.82平方千米，属林街乡清河村河谷坝子。

3. 小于4平方千米中坝子

芹菜塘坝 面积2.58平方千米，属景福乡勐令村，为境内海拔最高坝子（海拔1870米）。

三、地貌分区

境内地貌以山地为主，呈现出高低分层、逐步过渡的分布规律。

中部宽谷平坝区 分布在县境中部川河沿岸冲积、堆积平坝。上至锦屏镇前所村，下至文井镇文会和者后村，中间有岗地和“V”形峡谷切断，而呈藕节状。本区海拔在1300米以下，总面积236.47平方千米，占全县总土地面积的5.3%。

东部山地河谷丘陵区 位于县境东部上段以川河分界，中下段以宽谷平坝边缘红土岗地分界的哀牢山山地河谷丘陵区为界。包括安定、文龙、锦屏、文井4个乡镇部分土地，以及花山、大街、太忠、龙街乡全部土地，海拔1010~2946米，总面积1675.23平方千米，占全县土地总面积的37.6%。本区由弯曲河床、河漫滩、溪谷平坝、一阶地、丘陵阶地、低丘、中低山、中山等地貌单元组合而成。

西部山区峡谷区 本区包括无量山两侧山地，计有东坡安定、文龙、锦屏、文井部分村和西坡漫湾、林街、曼等、景福、东镇全部村落。海拔786~3371米，共有2549.29平方千米，占全县土地总面积的57.1%。由峡谷、溪谷平坝、中低山、中山、亚高山等地貌单元组合而成。

第三节 气 候

一、气候特征

景东县所处纬度偏南，在北回归线迤北附近，属亚热带湿润季风气候。气候特征：气候垂直变化异常明显；雨量集中，干湿分明，雨热同季，干凉同步；无明显冬季，寒潮影响微弱；年温差小，日温差大，兼有大陆性气候和海洋性气候特征。素有“山高一丈，大不一样”“一山分四季，十里不同天”之说。主要特点可概括为“八个气候”：热量丰富，有效性高，冬无严寒，夏无酷暑的亚热带气候；雨量充沛，雾浓露重，高温高湿的湿润气候；四季不明显，日有四时之感，干湿季分明的季风气候；年温差小，日温差大，兼有海洋性气候和大陆性气候优点的山地气候；垂直变化明显，层次分明的立体气候；春长夏短，春秋同季的南亚热带气候；山地冬季气温，上高下低，结构倒置，无寒无暑，四季如春的常春气候；山间盆地河谷，常风小，早晚无风的静风环境气候。

二、气候分区

景东气候，按立体结构划分为 3 个类型层或 3 个区。

低热河谷平坝区　分布在者干河谷、川河坝、澜沧江边一带，面积 14.67 万公顷，占全县总面积的 32.9%。海拔 786~1500 米，年平均气温大于 18.2℃，大于或等于 10℃的年积温 6200℃，年平均降雨量 1000 毫米。土壤类型主要有赤红壤、沙坝土、胶泥田等。农作物主要有水稻、玉米、小麦、大豆、马铃薯、甘蔗、烤烟、桑、咖啡、茶、果、蔬菜；畜牧业以饲养生猪、鸡为主；林业主要是思茅松、紫胶。本区热量条件好，适种作物广，可一年两熟或五熟。除澜沧江峡谷外，地势比较平坦，水利条件较好，耕地集中，耕作层深厚，农作物产量高。

中山温暖区　分布在哀牢山、无量山山腰一带，面积 19.73 万公顷，占全县总面积的 44.2%。海拔 1500~2000 米，年平均气温 15℃，大于或等于 10℃的年积温 5000℃~5600℃，年平均降雨量 1000~1400 毫米。土壤以红壤为主。农作物主要有玉米、水稻、小麦、蚕豆、大豆、茶叶、烤烟、桑；林业以思茅松、核桃、水果、花椒等为主；畜牧业以黄牛、山羊、猪、鸡为主。云南省六大名鸡之一——无量山乌骨鸡就分布在这一带。本区水热条件较好，有较肥沃梯田梯地，可一年两熟，是景东县旱粮和烤烟主产区。

中高山温凉区　包括安定乡青联、青云、芹河、菠萝，龙街乡和哨、戈瓦、垭口，太忠乡麦地，大街乡平地及哀牢山山腰上部部分村；在无量山两侧有锦屏镇黄草岭、景福乡公平及无量山海拔 2000 米以上村，面积 8.1 万公顷，占全县总面积的 18.2%。海拔 2000~2500 米，年平均气温低于 14℃，大于或等于 10℃的年积温小于 4900℃，年平均降雨量 1400~1700 毫米。土壤类型以黄棕壤为主。农作物主要有玉米、小麦、马铃薯、荞子、蚕豆、豌豆等。林业生产以板栗、核桃、柿子、花椒为主。畜牧业以山羊、黄牛等草食家畜为主。本区海拔高，气温低，适宜作物和家畜有限，作物生长期长，可以一年两熟，但节令较紧，生猪生长慢，育肥期长。

三、气象实况

气温　根据景东气象站 1956—1980 年统计资料，全县年平均气温 18.3℃，最冷月为 1 月，少数年份出现在 12 月或 2 月，月平均气温为 10.9℃，最热月多为 6 月，少数年份出现在 5 月或 7 月，6 月和 7 月平均气温为 23.2℃。年极端最低气温出现在 1964 年 12 月 28 日，气温为-1.4℃，极端最高气温出现在 1958 年 6 月 2 日，气温为 37.7℃。历年气温年较差为 12.3℃，日较差最大月份出现在 3 月，为 18.9℃。日平均气温大于或等于 10℃积温为 6447.6℃，间隔时间 337 天。又据景东气象局 1981—2010 年观测资料，30 年平均气温为 18.8℃，比 1956—1980 年平均增高 0.5℃，年均增高 0.017℃，极端最高气温出现在 2005 年 5 月 29 日，气温为 38℃，最冷月和最热月仍为 1 月和 6 月。

据计算表明，气温随着海拔升高而降低，海拔每升高 100 米，年平均气温大致下降 0.6℃。

降水　据景东气象站观测，1956—1980 年雨量年平均为 1086.7 毫米，降水量最多年为 1973 年，为 1322.1 毫米；最少年为 1977 年，仅有 797.3 毫米，极差 524.8 毫米。5—10 月为雨季，降水量占全年降水量的 87.14%，年降水日数为 153.5 天，一年中暴雨日数占 32%，无雨日数为 211.5 天，占全年 58%。其他降水还有冰雹、雪、露、霜、雾等。一般是冰雹 0.5 天，露 229 天，雾 63.1 天，霜 10.4 天。1981—2010 年，30 年年平均降水量为 1154.5 毫米，比 1956—1980 年平均增加 67.8 毫米，年均增加 2.26 毫米，降水最少和最多月份分别为 1 月和 7 月。

境内降水分布不均衡，降水量随着海拔升高而增加，每升高 100 米，降水量增加 50～80 毫米，而且无量山迤西多于无量山迤东，南部多于北部。

蒸发　年平均蒸发量为 1743.3 毫米，为降水量 1.6 倍，尤以 3—6 月蒸发量最大，合计 795.7 毫米，占全年蒸发量 43.3%。

日照　据景东气象站观测：1956—1980 年，景东县日照时数年平均为 2131.6 小时，占可照时数 48%，年内分配比较均匀，月际变化小。3 月日照时数最多，为 235.6 小时，占可照时数 64%；10 月日照时数最少，为 136.9 小时，占可照时数 39%，年较差 100 小时，干湿交替的 5—6 月，也只相差 50 小时。1981—2010 年，30 年年均日照时数为 2031.5 小时，比 1956—1980 年平均减少 100.1 小时，年均减少 3.37 小时。

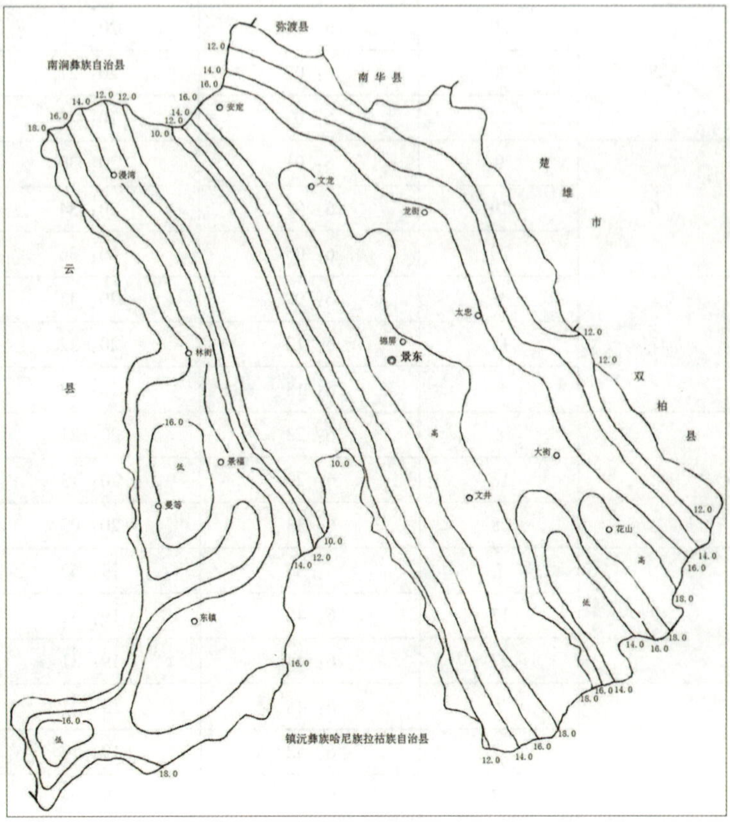

景东县年均气温分布图

景东县晨昏朦影和太阳出没时刻表

表 1-2-17

月	日	晨光始时分	昏影终时分	日出时分	日没时分
1	5	7：43	19：15	8：08	18：50
	10	7：38	19：10	8：03	18：46
	20	7：38	19：18	8：03	18：53
	30	7：36	19：25	8：00	19：01

续表 1-2-17

月	日	晨光始时分	昏影终时分	日出时分	日没时分
2	9	7：31	19：31	7：55	19：08
	19	7：25	19：37	7：48	19：14
3	1	7：17	19：42	7：39	19：19
	11	7：07	19：46	7：30	19：24
	21	6：57	19：51	7：20	19：28
	31	6：47	19：55	7：10	19：33
4	10	6：37	20：00	7：00	19：37
	20	6：28	20：05	6：51	19：41
	30	6：19	20：10	6：43	19：46
5	10	6：11	20：15	6：36	19：51
	20	6：07	20：21	6：31	19：56
	30	6：03	20：26	6：28	20：01
6	9	6：01	20：30	6：27	20：04
	19	6：02	20：34	6：28	20：08
	29	6：05	20：36	6：30	20：09
7	9	6：09	20：35	6：35	20：10
	19	6：13	20：32	6：38	20：07
	29	6：18	20：28	6：43	20：03
8	8	6：23	20：21	6：48	19：56
	18	6：29	20：13	6：53	19：49
	28	6：33	20：03	6：56	19：40
9	7	6：37	19：52	7：00	19：29
	17	6：40	19：42	7：03	19：19
	27	6：44	19：31	7：07	19：08
10	7	6：48	19：21	7：11	18：58
	17	6：52	19：12	7：15	18：49
	27	6：57	19：04	7：21	18：40
11	6	7：03	18：58	7：27	18：34
	16	7：09	18：54	7：33	18：30
	26	7：16	18：52	7：40	18：27
12	6	7：23	18：53	7：48	18：28
	16	7：29	18：56	7：54	18：31
	26	7：34	19：00	7：59	18：36

相对湿度　全县年均相对湿度为77%，最低点出现在4月，仅61%，最高点出现在10月，为85%，历年最小相对湿度为40%，分别出现在1962年和1970年3月16日、3月17日。

风　景东风向频率多受北部湾及孟加拉湾季风影响，盛行东南风和西南风。年均风速0.8米/秒，月平均风速以3月、5月及11月为最大，3月、5月为28米/秒，7月、11月为20米/秒。3月、5月以西北风和东南风较多，11 月以东南风为主。

霜 年均初霜期为1月3日，终霜期为2月8日，霜期37天，无霜期长达328天。有霜日数平均11.8天，霜期最长67天，最短2天。

地温 地温高低受季节变化而使不同深度地温发生微小变异。一般是秋冬春季地表层5厘米温度低于较深层20厘米温度，夏季则相反，表层高于较深层。

第四节 水 系

县境内受无量山和哀牢山作用，形成河流交错，溪流遍布，山有多高、水有多高的水资源特征，分属澜沧江和红河两大水系，径流面积在10平方千米以上河流有46条。川河、者干河、勐片河是境内主要大河流，澜沧江是景东西部与临沧市临翔、云县的分界河。

一、澜沧江水系

澜沧江（下游称湄公河）水系是亚洲唯一流经6个国家的国际河流。发源于中国青海省唐古拉山东北部，纵贯西藏自治区东部与滇西横断山区，于南腊河口出境改称湄公河，蜿蜒于老挝、缅甸、泰国、柬埔寨四国境内，从越南金瓯半岛注入南海。干流长4880千米，流域面积81.1万平方千米，径流总量742亿立方米。云南境内澜沧江上游狭长，干支流构成羽状水系，中下游汇水范围逐步展宽，大支流较多，形成树状水系，流域面积大于100平方千米支流达40条，其中，一级支流16条，二级支流14条，三级支流15条。

澜沧江是纵贯横断山区最长的南北向河流，属澜沧江段总长2354千米。澜沧江上游源头东支发源于扎曲，西支发源于昂曲，都出自青海省境内唐古拉山山脉岗果日山，由西北流向东南，流于南北走向横断山间。进入云南省后流经香格里拉、怒江、大理、保山、临沧、普洱、西双版纳7个州(市)。省境内干流长1170千米，流域面积8.87万平方千米，占澜沧江—湄公河总流域面积的10.9%，为省内第二大河。兰坪县营盘街以上为上游，以下至临江桥为中游，临江桥以下为下游。下游河谷较宽，江面宽140~400米，补远江、流沙河、南阿河、南腊河等支流汇入，水流丰富。径流以雨水补给为主，并有地下水和高山冰雪融化补给。多年平均径流总量517.6亿立方米，干流水质普遍良好。

澜沧江由南涧县流入景东县西侧。在景东境内流程117.4千米，境内流域面积1556平方千米，占全县总面积34.23%。澜沧江水能资源丰富，国家在县境径流段兴建装机容量167万千瓦漫湾电站和装机容量135万千瓦大朝山电站，被誉为“澜沧江中升起的两个小太阳”。

澜沧江以东无量山坡有漫湾、林街、景福、曼等、大朝山5乡（镇），属无量山脉核心地段。但因山高谷深水低，江水一时无法利用，5个乡镇水利灌溉主要依靠五里、碱房、安乐、漫湾、保甸、文冒、昔掌、清水、中古、胜岩、古里、菜户、仓房、勐片、排沙、大田、文笑、岔河等18条澜沧江县径流段支流，多数河流流程短且暴涨暴落，受自然地理条件限制，水利工程比较分散，水资源开发利用程度低。澜沧江支流勐片河水能资源丰富，开发潜力大。

勐片河 澜沧江左岸一级支流，大体呈东北至西南走向，流经林街、景福、曼等、东镇4个乡(镇)，境内西边乡镇主要河流。东支发源于景福乡公平村无量山山脉主峰笔架山，源头段在林街乡境内，称磨刀河，过高笕槽进入竹箐称竹箐河，在景福（古里）与支流公平河汇合后称古里河；西支发源于景福与曼等交界打磨箐山，顺癞蛤蟆河下至古里河。古里河过勐片街后与小门坎河（又名岔河）汇合，称勐片河，在曼等下排沙汇入澜沧江。流域面积592平方千米，河口多年平均流量16.1立方米/秒，河道全长54千米，天然落差2339米，平均坡降42.53‰，水能理论蕴藏量11万千瓦。支流小门坎河上游兴建有库容224.45万立方米湾水河水库；支流干桔河上游兴建有库容134万立方米干桔河水库，但因地质等因素渗水严重，未能发挥效益；源头磨刀河建磨刀河电站和高笕槽电站，总装机容量480千瓦，仅占勐片河流域水能理论蕴藏量的0.44%。2006—2008年，下游东镇段拟建装机容量5.5万千瓦勐片河电站，由玉泰水电有限开发公司开发，但因企业转让等原因搁置。

大田河 勐片河左岸一级支流，古称滇秀河，为东镇主要河流，发源于东镇苍文村石碓窝垭口，流域面积175.8平方千米，水量丰富，年径流量5.01立方米/秒，河道长33千米，天然落差1185米，平均坡降35.8‰。董家村至大田河与勐片河汇口段长15.1千米，集中落差385米，平均坡降25.5‰，是水能资源较为集中河段，可开发水能1138千瓦。1979年，建成装机容量200千瓦大田河电站。

中古河 澜沧江左岸一级支流，为林街乡主要河流。发源于林街乡岩头村无量山山脉主峰无量山（3254米），流域面积138.6平方千米，于林街乡林街村丙况大河口汇入澜沧江。主要支流有清水河、勐密河，其中清水河是林街乡重要灌溉河流。

二、红河水系

红河水系跨越中国和越南，因河水多含红色泥沙，水呈红褐色而得名。发源于大理州巍山县永建镇米鹿么村额骨阿宝。“额骨阿宝”为彝语，意为一条弯弯曲曲河流之父。上源称礼社江，汉代称濮水，唐代称澧社江，宋代称红河，元代后名称不一。1950年后恢复宋代名称红河。红河流经巍山、弥渡、南涧、南华、楚雄、双柏、新平、元江、红河、元阳、金平、河口等县（市），进入红河州后统称红河。它穿越狭窄深谷流向东南，于河口县出境，进入越南经河内市注入北部湾。红河全长1280千米，汇水面积12万平方千米。在云南省境内流域面积748万平方千米，占红河全流域面积的62.3%。红河由元江与西支李仙江、东支盘龙河组成，元江流域占50.9%，李仙江占31.3%，盘龙河占17.8%。流域面积大于100平方千米支流130条，重要支流右岸有弥渡河、李仙江，左岸有马龙河、绿汁河、小河底河、南溪河、盘龙河。李仙江、盘龙河出国境后在越南北部汇入红河。多年平均径流量472亿立方米。流经景东县境内主要支流是李仙江上游川河，另外还有源于景东县太忠乡阿墨江上游者干河。流域面积2929平方千米，占全县总流域面积的66.65%。下游因经李仙下寨而得名李仙江。

（一）川河

川河，古称银江、中川河、中州河、大河，发源于大理州南涧县宝华镇石垭口西南部，从景东县北部安定乡入境，南涧段长23千米，称石洞寺河。县境段称川河，从西北往东南经安定、文龙、锦屏、文井4乡（镇）跨入镇沅县恩乐镇之后，流经宁洱县梅子、德安、把边、普义、黎明及墨江县景星、通关、鱼塘、龙潭、文武。穿过恩乐坝称恩乐江，出恩乐坝到墨江县新抚称新抚江。经宁洱、墨江县汇入阿墨江后始称李仙江，然后沿江城、红河州绿春县与小黑江汇合后出境入越南，至莱州与藤条江（越南南阿河）汇合后改称黑水江，在越南越池附近注入红河。云南省境内长472千米，平均比降4.2‰，流域面积2.34万平方千米，多年平均流量713立方米/秒，支流除阿墨江外，还有泗南江、勐野江、勐漫河（小黑江）等。

川河景东县境内流程118.95千米，流域面积2336.21平方千米，占全县总集水面积52.37%，多年平均流量29.6立方米/秒。年最大洪水主要出现在7—10月，其中以8月发生年最大洪水频率最高，最大流量出现在1960年9月2日，为739立方米/秒；最枯流量在1966年5月15日，为0.93立方米/秒。流域内流域面积10平方千米以上主要支流有安定河（南涧县称南涧河）、老仓河、文路河、龙树河、利月河、大坝河、菊河、董报河、曼笼河（又名曼竜河）、清凉河、开南河、者吉河、速南河、扎龙河（又名文东河）、文板河（又名南洋河）、瓦伟河、三岔河、排沙河、南线河 19 条；另外，较大河流还有南困河、会良河、沙拉河、文果河等。川河流域建有安定电站、老仓河电站、大坝河电站、岔河电站、菊河电站、川河大沟电站、曼笼河电站、文果河电站、中山电站、南洋河电站、开南电站、那卡电站等一批小型水电站。

川河一角（罗海垠 2013 年 2 月摄于文井镇者后）

流域内主要有安定、文龙、锦屏、文井、龙街、太忠 6 个乡（镇），其中锦屏镇是县城所在地，为全县政治、经济和文化中心，文井镇是域次中心。川河坝是流域内重要坝子，也是景东县“粮仓糖库”，坝子内光热、水土资源十分丰富，农业生产潜力大。川河为典型山区性河流，洪水暴涨暴落，沿河两岸县城及安定、文龙、文井防洪问题突出。

老仓河 川河右岸一级支流。发源于安定乡迆仓村无量山山脉主峰陡门阁后山（高程 2785 米），由西向东流经安定乡，最后于文龙乡三岔河流入川河，是安定乡主要河流。老仓河流域面积 88.1 平方千米，多年平均流量 2.09 立方米/秒，全长 14.1 千米，河段落差 1300 米。河流水能资源丰富，落差集中，开发条件好。从上而下依次建有老仓河一至六级梯级电站，总装机容量 2740 千瓦，年均发电量 1390 万千瓦时。建有中仓大沟，长 6 千米，控制灌溉 67 公顷，使“三仓”（迆仓、中仓、外仓）53 公顷旱地变水田，133 公顷旱地可用水浇或喷灌。

瓦伟河 川河左岸一级河流。以流经地（瓦伟）得名。发源于安定乡青联村哀牢山主脉主峰蕨蕨岭（高程 2656 米），回环流经楚雄市南华县兔街、大理州弥渡县牛街交界湾水沟，于回头山脚老寅街河汇口注入景东；在南华境内称兔街河。下游景东段由北向南流经文龙乡中山、瓦伟、下瓦伟，汇集老寅街河、浪淌河、马蹄河于南景桥下游注入川河。该河在景东境内长 23 千米，河段落差 70 米，为文龙乡主要河流之一，灌溉农田 150 公顷，建有中山电站，装机容量 2×400 千瓦。

董报河 川河左岸一级支流。发源于龙街乡东山村哀牢山山脉主峰猴子坪山（高程 2785 米），由南岸河、扎果河和小龙街河汇集而成。流域面积 282.61 平方千米，多年平均流量 5.11 立方米/秒，于锦屏镇董报村注入川河。在川河大沟 k0+500 米与董报河交会处建有拦河闸，长 49.3 米，共 14 孔，孔宽 2.5 米。1965 年 8 月至 1971 年，兴建董报大沟，长 22.6 千米，控制灌溉 60 公顷，基本能满足董报村农田灌溉用水。

菊河 川河右岸一级支流，古称通化河。发源于锦屏镇新民村无量山山脉主峰笔架山（高程 3371 米），由西南向东北经锦屏镇各村落，于锦屏镇左所营注入川河，是锦屏镇主要河流之一。流域面积 91.2 平方千米，多年平均流量 5 立方米/秒，全长 20 千米，河段落差 2155 米，水能资源理论蕴藏量 5395 千瓦，技术可开发量 2000 千瓦。菊河从上而下依次建有菊河三、四级电站（一级二级未开发），装机容量分别为 1000 千瓦、400 千瓦，年均发电量 550 万千瓦时。水资源充沛，兴建有菊河、西山脚、三道沟等 5 条引水渠，灌溉锦屏镇农田 333 公顷，利用菊河大沟兴建有县城自来水厂，设计日产水量 2522 立方米。

龙树河 川河右岸一级支流，又名青龙河、冷远河、冷窝河、板桥河，发源于锦屏镇龙树村无量山山脉主峰无量山头（高程 2996 米），由西向东流经龙树村，从灰窑冷窝流入川河，是锦屏镇主要河流之一。流域面积65.6平方千米，多年平均流量2.1立方米/秒，河长20.7千米，河段落差1652米。河流水能资源丰富，落差集中，水能理论蕴藏量1700千瓦，技术可开发量1000千瓦，占理论蕴藏量的58.8%。

龙树河从上而下分别建有龙树河电站和青龙水库，龙树河电站装机容量1000千瓦，年均发电量330万千瓦时。青龙水库于2011年12月动工，2015年建成。主要解决川河坝农田灌溉、灌区人畜饮水及县城生活用水。设计灌溉面积3233.33公顷，其中，新增1706.67公顷，改善1526.67公顷。设计总库容2163.03万立方米，设计水平年供水量2924.26万立方米，其中，灌溉2510.3万立方米，城镇用水177.58万立方米，农村人畜饮水236.27万立方米。

大坝河 据清顾祖禹《读史方舆纪要》:“北有泉，流为清水河。”古称清水河。川河右岸一级支流。发源于锦屏镇新民村无量山山脉主峰笔架山，经温卜村、前所村流入川河，流域面积64.6平方千米，多年平均流量1.76立方米/秒。2005年7月建成大坝河水电站，装机容量1000千瓦。

利月河 川河右岸一级支流，又名文垂河。发源于锦屏镇利月村无量山山脉主峰无量山（高程2354.1米），流经锦屏镇菜户、利月、前所，于后所注入川河，流域面积35.2平方千米，多年平均流量1.13立方米/秒。

开南河 川河右岸一级支流。发源于文井镇丙必村无量山山脉主峰大团山（高程2700米），由西向东流经文井镇开南村汇入川河，是文井镇主要河流之一。流域面积55.7平方千米，多年平均流量1.27立方米/秒，河长13.7千米，河段落差1155米。河流水能资源丰富，落差集中，水能理论蕴藏量3300千瓦，技术可开发量1440千瓦，占理论蕴藏量的42%。从上而下建有一二三级电站，装机容量分别为400千瓦、400千瓦、640千瓦，总装机容量1.44万千瓦，年均发电量520万千瓦时。

（二）者干河

者干河一角（罗海垠　2009年4月摄于花山乡）

发源于太忠乡大柏村哀牢山山脉主峰黄草坝后山（高程2468米）。下游因居住在沿岸的哈尼族支系阿木人而得名阿木江，以后演变为阿墨江。阿墨江从哀牢山腹地发源后流经大街、花山，出县境流往镇沅、墨江，在江城北部三锅桩附近汇入李仙江，全长268千米，流域面积4180平方千米，多年平均径流量88.3亿立方米。其支流有他朗江、泗南江等。者干河县境流程62.45千米，流域面积587.84平方千米，占全县总面积的13.18%。境内汇入者干河流域面积10平方千米以上的河流主要有沾雨河、昆岗河、文明河、淇海河、都鲁河等8条支流。流域内有太忠、大街、花山3乡，其中大街乡是景东县东部重要煤矿资源开发基地和以蚕桑、茶叶等特色农产品为主的工贸小城镇，也是者干河生态经济区所在。者干河属典型山区性河流，沿河两岸大街、花山经常受洪水威胁。

都鲁河 发源于镇沅县九甲乡哀牢山山脉最高峰大雪锅山（海拔3166米），下游为景东与镇沅两县界河。流经景东县花山乡芦山、文岔，流域面积89.2平方千米。

第五节 山 脉

一、无量山

无量山位于县境西，地跨北纬23°57′~24°44′，东经100°22′~101°04′。地处漫湾、林街、景福、曼等、东镇和锦屏、安定、文龙、文井部分村范围。

无量山脉属横断山脉余脉，即云岭向南延伸的褶皱断块山，是红河支流李仙江与澜沧江分水岭。北西南东走向。北起大理市南部山地，南至景洪东部边境一带，长260千米，宽10~15千米。山体纵贯于西，其支脉向东西两翼扩张而成扇行。地质结构有石灰岩、砂岩、页岩、变质岩，地貌类型有低谷、平坝和丘陵，地面由新老沉积物覆盖，其核心部分由元古代变质岩组成，边缘为中生界红色砂页岩。地势北高南低，平均海拔2500米，主峰笔架山位于景东县境内。山地南端受河流分割为两支，西支沿澜沧江东岸向南延伸，入景洪市；东支沿李仙江向南延伸，入普洱市至景洪东部。

无量山自北由南涧滴水箐进入景东。在景东县境最长89千米，中上部长50千米，宽约7千米，面积2.33万公顷。主峰即坐落于此，其余山峰多为2500米以上高峰，形成中段突兀隆起，南北逶迤起伏的驼峰山势，如背娃娃山、笔架山、猫头山、通鼻子山、大囤子山、金鼎山、朝阳山等。无量山主脊延伸到县境内中段穿越50千米地段内，海拔超过3000米的山峰有16座。这些高山山势峻峭，断岩裸露，土层浅薄，灌木草丛遍布，气候寒冷，夏季多雨，冬季不时有雪覆盖。

无量山主峰（罗海垠、 李金雄、 朱家富等 摄）

无量山保持有完整原始森林生态体系，为保护热带阔叶林水源林，中国纬度最低成片分布的云南铁杉和黑冠长臂猿、金丝猴、马鹿等珍稀动物，以及无量山自然生态系统，在无量山建立了国家级自然保护区。保护区动植物资源丰富，在不到万分之一的国土上保留有全国三分之一物种。据调查研究，无量山自然保护区内有高等植物187科798属1867种，其中珍稀濒危国家级保护植物37种。有哺乳动物101种，隶属28科68属，种数占全国哺乳动物种数（587种）的17.2%，仅次于西双版纳和高黎贡山两个自然保护区，在云南乃至全国名列第三位。国家一二级重点保护哺乳动物有24种，种类在国内各自然保护区中，仅次于高黎贡山自然保护区，位居第二。有鸟类 296 种（亚种），占云南省鸟类种数（762 种）的 38.8%，属 44 科，另 4 亚种，15 目，国家一二级重点保护动物有 30 种，在全国自然保护区中名列前茅。有两栖类动物 28 种，占云南两栖类动物种类（102 种）的 27.5%，隶属 7 科 16 属。有爬行动物 35 种，占云南爬行类动物（150 种）的 23.3%，隶属 8 科 27 属。国内外专家研究表明，景东无量山自然保护区尚存黑冠长臂猿 80 群 500 余只，种群数量“世界仅有，中国之冠”，获中国野生动物保护协会“中国黑冠长臂猿之乡”称号。

二、哀牢山

哀牢山位于县境东，地跨北纬 24°01′~24°09′，东经 100°37′~101°15′。东北起于大理州，自安定乡青联村入境，向东南延伸至中越边境，山脊为景东与弥渡、南华、楚雄、双柏交界地，西至川河边，县境内宽 20 千米，长 87 千米，面积 1740 平方千米。地处龙街、太忠、大街、花山全部及安定、文龙、锦屏、文井部分村范围之内。主峰大亮山，位于花山乡卜勺村境内，北纬 24°20′，东经 101°11′，海拔 2945.9 米，面积约 3 平方千米。

哀牢山主峰大亮山（罗海垠　摄于 2016 年 11 月）

哀牢山属横断山余脉，即云岭向南延伸分支，元江与其支流李仙江的分水岭，是云南省内一条重要的地理分界线。北西南东走向，纵跨大理、楚雄、玉溪、普洱、红河 5 个地（州），出境延伸至越南北部称黄连山。云南省境内长 450 千米。地势北高南低，平均海拔在 2000 米以上，主峰为新平、镇沅、双柏三交点大雪锅山（海拔 3166 米），为沿红河大断裂带强烈抬升的褶皱断块山地，核心部分由元古生界及下古生界变质岩组成，外围为中生界红层。南段受红河及支流李仙江、藤条江等切割，形成观音山、黄连山等山地。山地垂直变化明显。

哀牢山山体浑厚巍峨。自安定入境后，逐渐向东西扩展分支，地势开阔。地质结构为石灰岩、砂岩、页岩，地貌类型有低谷、丘陵和平地，地面由新老沉积物覆盖，动植物种类繁多。据统计，哀牢山自然保护区有高等植物 207 科 720 属 1482 种，有哺乳类动物 86 种，鸟类 323 种，两栖爬行类动物 26 种，爬行类动物 39 种。哀牢山有国家级和省级重点保护野生动物 39 种，其中，国家级保护动物 37 种，省级保护动物 2 种。国内外专家研究证明，哀牢山自然保护区有黑冠长臂猿 9 群。

景东县海拔 2700 米以上山峰基本情况一览表

表 1-2-18　　单位：米

名称	海拔	所属山系	所属乡镇
笔架山	3371.0	无量山	锦屏
猫头山	3306.0	无量山	锦屏
背娃娃山	3305.0	无量山	锦屏
大围子山	3291.8	无量山	锦屏

续表 1-2-18

名称	海拔	所属山系	所属乡镇
小无量山	3254.1	无量山	锦屏
囤子山	3125.3	无量山	林街
朝阳山	2752.0	无量山	锦屏
通鼻子山	2886.6	无量山	景福
鸡冠山	2967.3	无量山	漫湾
大亮山	2945.9	哀牢山	花山
骡马箐山	2928.0	无量山	林街
中山	2888.6	无量山	漫湾
大光山	2864.0	无量山	锦屏
白草坡	2852.0	无量山	锦屏
汪家场山心	2829.7	哀牢山	龙街
老虎山	2820.0	无量山	漫湾
大营盘山	2796.0	无量山	安定
轿顶山	2762.0	无量山	景福
曼状后山	2723.8	无量山	锦屏
小光山	2735.0	无量山	锦屏
马鞍山	2717.0	哀牢山	花山
大团山	2700.0	无量山	文井

第六节 土 壤

一、土壤类型

景东县土壤类型有赤红壤、红壤、黄棕壤、棕壤、亚高山草甸土、紫色土、石灰土、冲积土（草甸土）、水稻土 9 个土类、17 个亚类、30 个土属、46 个土种。9 个土类中，自然土壤 36.1 万公顷，占总面积 80.93%，耕作土壤 5.55 万公顷，占 12.43%。

（一）赤红壤

赤红壤也称砖红壤性红壤，全县面积 12.1 万公顷，占可利用土地面积 29.1%。主要分布在海拔 786~1500 米山麓、丘陵、中低山地貌类型上，包括澜沧江峡谷、川河宽谷及者干河丘陵河谷地区。在澜沧江流域，赤红壤分布上限为海拔 1600 米。赤红壤地带年雨量为 1000~1300 毫米，平均气温 17.2℃~20.0℃，大于或等于 10℃年积温 5800℃~7000℃，无霜期长 300 天以上。可一年 2 熟或两年 5 熟。植被为河谷半干旱稀树草丛及季风常绿阔叶林——思茅松，其间还有牛肋巴、泡火绳等紫胶寄主树，以及甘蔗、花生、茶叶、芭蕉、芒果、龙眼、咖啡、桑、烤烟、橡胶等经济作物和果木，系景东县水稻、甘蔗主产区。成土母岩为基性结晶岩类、泥质岩类、普通石英质岩类和紫色岩类等风化物。赤红壤有红色赤红壤、黄色赤红壤和紫色赤红壤 3 个亚类、12 个土属、8 个耕作土种。其中，耕作土壤 1.26 万公顷，占赤红壤面积的 10.4%，占耕作土壤总面积的 22.6%；自然土壤 10.85 万公顷，占自然土壤总面积的30%。8个耕作土种分别为红香面土、赤红泥土、赤黄泥土、赤泥土、黄香面土、赤黄胶泥土、赤紫泥土和赤紫胶泥土。

（二）红壤

全县红壤面积15.64万公顷，占可利用土地面积的37.5%。各乡镇均有分布，一般分布在海拔1500~2000米中山地带，无量山西侧分布上限2100米。年平均温度为15.8℃~16.4℃，大于或等于10℃积温为4900℃~5600℃。年均降水量1300~1600毫米，植被较好，以南亚热带季风常绿阔叶林——思茅松为主，还有核桃、柿子、桃、梨等经济林木，系景东县以旱作为主的农林牧区。成土母质有基性结晶岩类、泥质岩类、普通石英质岩类和紫红色砂页岩类等风化的残、坡积物发育而成。红壤土类共分4个亚类、7个土属、15个耕作土种。其中，耕作土壤2.22万公顷，占红壤土类面积的14.2%，占耕作土壤总面积的33.9%；自然土壤13.42万公顷，占自然土壤总面积的37.2%。15个耕作土种分别为大红土、香面土、红泥土、红香面土、黄泥土、黄香面土、砾石土、红黄泥土、黄胶泥土、灰香面土、黑香面土紫泥土、紫胶泥土、石子香面土和石紫泥土。

（三）黄棕壤

全县黄棕壤面积7.18万公顷，占可利用土地面积的17.2%。主要分布在哀牢山西侧和无量山两侧中上部，海拔2000~2500米的深切割中山地带。无量山西侧的景福乡，黄棕壤分布在海拔2100米以上，植被为中亚热带阔叶林，系无量山和哀牢山自然保护区原生植被之一，成土母质为泥质岩、普通石英质岩和紫红色砂页岩风化的残积物或坡积物。黄棕壤地带气候冷凉，年均气温15.8℃~16.4℃，大于或等于10℃积温4900℃~5600℃，年降雨量1100~1500毫米。是境内旱地粮食作物生产分布的上限，主要作物有玉米、小麦、蚕豆、豌豆、荞子、马铃薯、青稞等。在黄棕壤带垦殖的耕作土壤有0.19万公顷，占黄棕壤面积的2.64%，多为酸性或强酸性土壤，有机质含量高，表层有机质含量最低5.88%，土壤疏松，磷含量低或极缺，在泥质岩类和紫红色砂页岩类母质发育的耕作土壤钾含量都是高水平。黄棕壤有黄棕壤和紫棕壤两个亚类、3个土属、3个耕作土种。其中，黄棕壤亚类4.89万公顷，占黄棕壤土类面积的68.1%，耕作土壤面积2.29万公顷，占黄棕壤亚类面积的3.1%，有黄灰泡土和灰泡土2个土种；紫棕壤亚类2.29万公顷，占黄棕壤土类面积的31.9%，耕作土壤400公顷，占紫棕壤亚类面积的1.75%，有紫灰泡土1个土种。

（四）棕壤

全县棕壤面积1.92万公顷，占可利用土地面积的4.6%。主要分布在无量山上部或低矮山脊上，以及哀牢山顶丘陵地带，海拔2500~3000米。植被为北亚热带常绿阔叶林、山地针阔叶混交林及部分山顶苔藓矮林等，植被原始完好，是无量山和哀牢山自然保护区的主体，也是境内重要水源林。棕壤地带热量条件差，年均温度小于15.5℃，大于或等于10℃积温小于5000℃。在棕壤地带没有耕作土壤，全部是自然土壤。棕壤亚类只有1个棕壤亚类、3个土属。

（五）亚高山灌丛草甸土

全县亚高山灌丛草甸土面积973.33公顷，占可利用土地面积的0.2%。分布在锦屏与景福、林街之间无量山山脊线16座山峰上，海拔在3000~3376米。这一地带，断岩裸露，悬崖峭壁，土层浅薄，灌木草丛遍布，高山杜鹃较多，另外还有香白珠、箭竹、莎草等，树势低矮扭曲，枝干上附生着苔藓植物，属于山顶苔藓矮林植被。亚高山灌丛草甸土既是土类也是亚类，并只有一个普通石英质岩类发育的亚高山灌丛草甸土土属，成土母质是石英岩、石英砂岩、石英质砾岩等风化的残积物和坡积物。

（六）紫色土

全县紫色土面积3.03万公顷，占可利用土地面积的7.3%。紫色土成土时间晚，常处于幼年发育阶段，土层浅薄，通体颜色与母质相同，层次不明显，半风化母质夹杂较多，有机质含量低，氮、磷、钾含量极缺或低，质地黏重，宜耕性差。境内紫色土仅有1个酸性紫色土亚类，1个紫红色砂页岩类紫色土属，1个红羊肝土土种。紫色土耕作土壤254公顷，占紫色土类面积8.37%。主要分布在花山、大街、太忠、安定、文龙、龙街、锦屏、文井低山丘陵地带，一般分布比较零星，但是在哀牢山西侧局部地区分布比较集中，如安定、文龙和龙街。

（七）石灰岩土

全县石灰岩土面积693.33公顷，占可利用土地面积的0.2%。主要分布在花山、大街、太忠、龙街、文龙、安定、锦屏等乡（镇）。石灰岩土只有黄色石灰土1个亚类，碳酸盐岩类风化物发育的石灰土1个土属、1个黄色石灰土耕作土种。黄色石灰土106.67公顷，占全县耕地面积的0.2%。石灰岩成岛状出露，地势较低，往往被其母岩风化的坡积物所掩盖，很难找到具有石灰岩土性质的土壤。在石灰岩土地区的植被大多是思茅松、灌木及禾本科杂草，母岩为石灰岩风化物，以化学风化为主，由于石灰岩质坚硬，风化十分缓慢，质地黏重紧密，宜耕性较差，保水保肥性能好，有机质含量高，磷、钾含量低，氮、磷、钾比例失调。

（八）草甸土

草甸土又称冲积土，全县面积1613.33公顷，占全县耕地面积的0.4%。草甸土除部分经人为作用发育成水稻土外，基本上没有荒芜的自然土，全部作为耕作土利用。作为旱地利用的草甸土，只有浅色草甸土（冲积土）1个亚类，河阶浅色草甸土1个土属，沙坝土1个土种。沙坝土，面积1613.33公顷，占全县耕地面积的2.9%，母质为第四系冲积物，自然肥力较高，耕作层深厚，质地沙壤土至中壤土，疏松，宜耕性、通透性好，保水保肥性能较差。

（九）水稻土

全县水稻土面积1.46万公顷，占可利用土地面积的3.5%，占耕作土壤面积的26%。分布范围广泛，海拔跨度大，海拔786~2200米均有分布。水稻土分淹育型水稻土、潜育型水稻土、潴育型水稻土3个亚类，冲积性淹育型水稻土、红黄壤性淹育型水稻土、紫色土性淹育型水稻土等8个亚类，紫红沙泥田、胶泥田、黄泥田、沙坝田等17个土种。

淹育型水稻土　全县淹育型水稻土面积846.67公顷，占水稻土面积的33.1%，分布零星，一般分布在坝子边缘或山区的山麓坡地上，不能自流灌溉，地下水位低，通常称为雷响田，或少部分耕作历史不长的新开田、地改田，分冲积性淹育型水稻土、红黄壤性淹育型水稻土、紫色土性淹育型水稻土3个土属，紫红砂泥田、胶泥田、山砂泥田、黄泥田、黄胶泥田、紫泥田、紫胶泥田7个土种。

潴育型水稻土　全县潴育型水稻土面积0.62万公顷，占水稻土面积的43%，主要分布于川河及者干河流域，其他地区也有零星分布。本亚类土壤耕作历史悠久，灌溉条件好，肥力较高，分冲积性潴育型水稻土、红黄壤性潴育型水稻土、紫色土性潴育型水稻土3个土属，沙坝田、沙泥田、鸡粪土田、黄紫泥田、死胶泥田、黄沙泥田、黄灰泥田、红紫泥田8个土种。

潜育型水稻土　全县潜育型水稻土面积0.35万公顷，占水稻土面积的23.9%，主要分布在大街、花山，其次是太忠、林街、景福、曼等、东镇，其他乡镇也有零星分布。潜育型水稻土包括漂白性水稻土和冬水田性水稻土 2 个土属，漂白黄泥田、冬水田 2 个土种。

上述土壤类型，赤红壤、红壤、黄棕壤、棕壤、亚高山灌丛草甸土为地带性土壤，其余为非地带性土壤。

二、土壤分布

景东县土壤分布，有垂直分布规律和区域性分布规律。

垂直分布规律 垂直分布规律是境内土壤分布的主要规律。景东县所处地理位置偏南，处于南亚热带气候区，无量山、哀牢山山体高，相对高差在 2000 余米。与气候、植被相一致，在不同海拔高度，分布着不同土壤类型，组成比较完整的土壤垂直带谱，而且带谱较宽。这个垂直带谱基带是赤红壤，显示南亚热带土壤垂直带谱分布特征。其土壤垂直带谱海拔 786~1500 米为赤红壤，海拔 1500~2000 米为红壤，海拔 2000~2500 米为黄棕壤，海拔 2500~3000 米为棕壤，海拔 3000~3371 米为亚高山灌丛草甸土。但有的带谱分布上下限不尽一致。如无量山西坡，赤红壤分布上限可达到海拔 1600 米，红壤带的上限也相应向上升到海拔 2100 米高度。除无量山西坡外，其东坡与哀牢山西坡，土壤垂直带谱基本上一致。而且，在这个带谱中，没有典型的黄壤，也未成带分布，只有红壤带中有局部黄红壤分布。红壤之下接赤红壤，其上接黄棕壤，棕壤以及亚高山灌丛草甸土，它们之间承上启下，明显表现出土壤类型之间的过渡特点。

区域性分布规律 景东县地貌复杂，气候各异，母质多样，植被类型丰富，农业开发历史不一，在地带性土壤中也镶嵌着一些非地带性土壤和耕作土壤，形成地域性分布特点。分布着紫色土、石灰岩土、草甸土、水稻土 4 个非地带性土壤。

受母岩、母质影响的非地带性紫色土，其母质来源有侏罗统坝注路组、花开左组、漾江组出露的紫红色泥岩，分布于安定、文龙、锦屏、文井等乡（镇）的川河东岸。还有白垩系景星组和南星组出露的紫红色泥岩，除文井、锦屏等乡（镇）外，还有漫湾、林街、东镇、曼等、景福等乡（镇）也有分布。在局部地区，如太忠乡嘎仰河西岸，文井镇挖固村，安定乡青联、青云等村均有分布。石灰岩发育的石灰土，主要分布于安定、文龙、龙街、太忠、大街、花山等乡（镇），按正常情况，石灰岩发育的土壤一般有石灰性反映，pH 值较高，但土壤普查中发现，在石灰岩出露的附近或岩脚取土测定，除个别取样点外，均无石灰性反映。石灰岩附近的风化物，均处于脱钙过程，有的已发育成地带性土。草甸土受地表径流影响较大，在川河宽谷，河谷平缓，河曲发育，在转弯处多有沉积物，如沙粒、粉沙、黏土等，形成较大面积的超河漫滩，及其发育的河阶浅色草甸土（冲积土）。水稻土受地貌、母岩和水利条件影响很大。在川河宽谷的沙坝田，阶地上的黄泥田，岗地上的胶泥田多为能排能灌的基本农田。在条状山间的谷地，由于地下水影响，而出现冷浸田、发汞田。冬水灌溉的水田，土壤长期处于还原状态，产生次生潜育化，形成大烂田。

第三章　自然资源

第一节　土　地

2011年，全县土地面积4532平方千米（45.32万公顷），人均占有土地1.26公顷。土地状况按地形分类，平坝203.94平方千米，占4.5%；山地4328.06平方千米，占95.5%。按土地特征分类，耕地32397.4公顷，占7.15%；森林312442.4公顷，占68.94%；疏林地、灌木林75716公顷，占16.71%；荒山草坡地7799公顷，占1.72%，水面4438公顷，占0.98%；其他20407.2公顷，占4.50%。在耕地面积中，水田9141.2公顷，占耕地面积的28.22%；旱地21371.73公顷，占耕地面积的65.97%；临时性耕地1884.47公顷，占耕地面积5.82%。

第二节　水　源

一、地表水

景东县多年平均地表径流深706.8毫米，多年平均地表径流量31.53亿立方米，占降雨量48.5%。按流域分为澜沧江水系和红河水系。

（一）澜沧江水系

境内有较大支流18条，流域面积1506平方千米，均属无量山西坡，多年平均总降水量23.07亿立方米，地表径流量11.16亿立方米，地下径流量2.67亿立方米，总径流量13.83亿立方米，人均占有水量1.34万立方米，公顷占有水量12.96万立方米。

（二）红河水系

川河　有较大支流19条，流域面积2859.1平方千米，占全县总面积的52.1%。流经2乡2镇，多年平均总降水量33.09亿立方米，占全县总降水量的50%；多年平均地表径流量15.39亿立方米，占全县地表径流量的49%；多年平均地下径流量5.19亿立方米，占全县地下径流量的52%；总径流量20.59亿立方米，占全县总径流量的49.5%；人均占有水量1.34万立方米，公顷占有水量17.85万立方米。

者干河　有较大支流8条，流域面积569.9平方千米，占全县总面积的12%。水资源多年平均降水量8.89亿立方米，多年平均地表径流量4.98亿立方米，多年平均地下径流量1.02亿立方米，总径流量为5.99亿立方米，人均占有水量8100立方米，公顷占有水量11.37万立方米。

入境水量 入境河流主要有澜沧江和川河。总径流量3.62亿立方米，人均占有水量1016.85立方米，公顷占有水量1.22万立方米。

二、地下水

景东地处高原山地，地下水主要靠大气降水渗入补给。据1984年水资源调查资料，多年平均地下径流量8.88亿立方米，径流深223毫米。

三、温泉

马鹿田温泉 位于漫湾镇五里村马鹿田上村南，碱房河与排首河合流汇入澜沧江汇口处。北纬24°40′25″，东经100°25′20″。海拔970米。温泉水温约35℃，流量不详。漫湾电站大坝未蓄水前，温泉出露于河床中，常年被江水淹没，河床繁生一片片墨绿色藻类植物，当地人谑称长上一层“癞蛤蟆皮”。泉区硫黄味较浓。由于河水温度异常，滋生丰富的水生生物，导致鱼群经常于此聚集，温泉区成为捕鱼区。大坝蓄水后，泉区已没入库底。

双河温泉 位于安定乡中仓村热水塘组，又名热水塘。北纬24°41′，东经100°36′25″，海拔1520米。泉水对皮肤病有疗效，自古浴疗者不断。民国《景东县志稿·卷之二·地理志·古迹》:“温泉，在北区第一段老仓村。地极静雅，泉亦清洁，浴之可以疗疾。分雌雄两井，下流可以升碱。”温泉出露于老仓河与利月河（河底河）交汇处沿岩，呈西南—东北流向展布，在长300米岸边，泉水温度30℃～40℃，最高43.5℃，流量0.014立方米/秒。泉水清澈且略带酸咸味，流经处多墨绿色藻类和棕色沉积物，并有少量盐华。泉区上游近南北向利月河右岸有气泡从河水中溢出，温泉分布延伸带很长，面积350×20平方米。围岩性质为紫色砂岩和片岩接触带。双河温泉变动较大，20世纪50年代温度较高，沐浴者先将鸡蛋放进泉口，待浴后可食。1972年兴建老仓河电站时水渠从主泉口上方通过，致使泉口温度明显下降。1976年农历九月一次山洪将主泉口淹没，1980年大洪水又将整个泉区淹没，温泉转移至现在位置，水温有所下降、流量变小。温泉水化学成分：酸碱度8.58，矿化度1.344；钠459，钾25.6，钙7.01，镁18.2，锂0.38，铷0.11，铯0.41，铵0.28；游离碳酸根18.7，碳酸氢根723，硫酸280，氯121，氟1.67；二氧化硅38.6，偏硼酸11.7，砷0.02。温泉为重碳酸硫酸钠型水。

景福热水塘 位于景福乡古里村东北500米。流量较小，温度约35℃，有较小存塘。当地村民和机关工作人员经常到此泡澡，有一定开发价值。

第三节 矿 藏

景东矿藏资源较为丰富，全县共发现大小矿（床）点125个，各类矿产25种。清代中后期，在东镇文玉村宋家组及小厂街、彭家村松毛林组、黑蛇村岩脚组露花村（废村名）、曼等乡仓房村、景福乡龙山村、回寺村大黑箐及虎山村、林街乡万龙村、漫湾镇德胜村得果寺组等地和无量山、哀牢山间，均可看到开矿冶炼的遗迹。金属矿主要有铁、铜、铅、锌、锑、汞、铬、金等20多种，非金属矿有煤、石膏、石棉、盐泉、温泉、水晶、重晶石、滑石、玻璃用硅石、饰面用大理石、砖瓦用页岩、砖瓦用黏土岩、水泥用灰岩、建筑用灰岩、建筑用凝灰岩、建筑用砂岩等，矿产资源种类较齐全。

一、金属矿

金矿 分布于哀牢山龙街乡岩层变质带中，品位0.024克/千克。砂金分布于无量山西坡澜沧江

文玉铜矿（县委党史办提供 摄于 2007 年 11 月）

一带，储量丰富。

铜矿 多共生于铅矿与辉铜矿中，分布于大街及东镇长发、文玉一带。铜矿有黄铜矿、辉铜矿、黝铜矿三种，并以黄铜矿为多，全县各乡镇均有分布，其中以东镇文玉村为最，储量 2000 万余金属千克，品位 8%～10%，已有景东立华腾矿业有限公司入驻开采。辉铜矿蕴藏于景福乡，平均品位 30%，但多属“鸡窝矿”，1997 年景福乡大办乡镇企业，在回寺村毛家坝开采铜矿，由于矿藏、技术等原因未能取得成果。储量在全市排名第四位，占全市铜金属资源储量的 2.74%。

铁矿 分布于哀牢山大街、花山地带及无量山景福、锦屏、文井等地段，全市排名第二位，占全市铁矿石资源储量的 1.21%。鑫盛矿业有限公司注册开采，下辖花山乡卜勺铁矿和迤竹山铁矿 2 个矿山。两处初步探明铁矿石资源量 339.8 万千克，远景储量 250 亿千克，备案核实 244.77 亿千克，平均品位 TFe（全铁）28.82%。

锑矿 主要分布在龙街乡南岸村，南岸矿区探获控制和推断资源/储量（332+333 类）：矿石量 1.68 万千克，金属量 788.8 万千克，全市排名第一位。入驻企业：景东恒富矿业投资有限公司。

铅矿 多蕴藏于东镇长发村，储量 1000 万余金属千克。另外，花山、大街、太忠、龙街有一定储量。

铬矿 估算储量 110 万千克。

二、非金属矿

煤矿 景东煤炭资源较为丰富，大街、花山、太忠、文龙、锦屏、文井等乡（镇）有分布，远景储量千亿千克以上，全市排名第二位，占全市煤炭资源储量的 16.9%。以褐煤居多，亦有少量烟煤和无烟煤，集中于大街、花山褐煤矿带 18 平方千米，烟煤、无烟煤分布于太忠乡三合、岔箐。大街褐煤特点：高硫、低灰分、发热量大。经化验分析，水分含量 8.24%、灰分 9.49%、挥发分 42.27%、固定碳 40%、含硫量 3%，发热量最高 6020 大卡/千克，最低 4000 大卡/千克，平均 5000 大卡/千克。该煤矿覆盖浅、煤层厚，采剥没比 1∶4，开采方式为人工露天开采。

1956 年，财政拨款 0.6 万元分别在锦屏乡景范村、文井镇都拉村开采煤矿，以解决县城生活用煤，并用作文井糖厂、粉丝厂、纸厂的燃料，煤质属劣质褐煤。都拉矿点煤层薄、覆盖深，需井下开采，经济效益差，先行停采。景范矿点到 1958 年因井下渗水无法处理而停采。1960 年，文井机械糖厂建成，需要大量煤炭，1962 年，省煤炭厅拨款 8 万元修建大街煤场。由于储量不清，加之占用农田过多，1965 年由大街文冒迁至塘坊村小文会蚂蟥塘。1965—1966 年，经省煤炭厅地方煤炭处地质队详细勘探，在 0.4 平方千米范围内探明储量为 96 亿千克，1983 年，经省煤炭厅批准对大街煤矿进行改造，并拨款 300 万元，改人工开采为挖掘机剥土采煤，汽车运输排土，提高机械化程度，减轻人工体力消耗。设计规模为年产 6000 万千克，至 1990 年改造工程尚未完工，但开采能力已达 2100 万千克，除满足县内工业及生活用煤外，还销往镇沅、普洱等县，年产值 34.6 万元。

石灰岩 分布于锦屏、龙街、太忠、景福、东镇等地，已探明石灰岩15亿千克，远景资源量（未上储量表）在0.1亿千克以上。水泥生产企业：景东金泰水泥有限责任公司。

石棉 蕴藏于龙街乡邦庆村，20世纪50~90年代陆续有开采，后因开采难度大而停采。

大理石 发现于龙街乡，品质较好，储量1万吨，仅有少量开采。全县探明绿彩石储量85万立方米，红色花岗石110万立方米。

水晶石 多产于无量山间安定、文龙、锦屏、景福，储量待勘查。

砂矿 川河、者干河及其支流沿岸，随洪水冲淤，储量较为丰富，可露天开采。各乡镇亦有少量砂矿开采，俗称山砂，储量不详。

石膏矿 漫湾镇保甸村石膏箐历史上开采过石膏，文井镇南洋河有少量开采，储量待勘查。

第四节 植 物

一、植物分布

暖湿性干热河谷半干旱稀树灌木 分布于澜沧江、川河、者干河沿岸海拔1300米以下低热河谷，天然树种群落复杂，主要有木棉、楹树、刺桐、八宝树、思茅松、红椿、白花羊蹄甲、炮火绳、大叶榕、偏果榕、聚果榕等树种。紫胶寄主树有钝叶黄檀、牛肋巴、秧青、大叶千斤拔、三叶豆。灌木有余甘子、虾子花、算盘子、银柴、金合欢、化香、苦刺花。栽培植物有荔枝、龙眼、芒果、柑橘、咖啡、橡胶。

暖热性思茅松林 位于山体中部，海拔1300~1900米。此地带人口稠密，交通方便，系农耕集中区，也是林业生产主要地带。该地带以次生思茅松林占绝对优势，北纬24°35′地段生长有云南松纯林和少量华山松，主要伴生和河谷片状阔叶林有槲栎、黄毛青冈、小果栲、刺栲、环状栲、包栲、栓皮栎、红樵、木荷、安纳士香、厚皮香、桦木、桤木、云南樟、木莲、冬青、顶果木、红椿。灌木有余甘子、乌饭、南烛、杜鹃、水锦木、虾子花。人工栽培植物有茶叶、核桃、油桐、油茶、棕榈、桃、李、梨、梅、酸木瓜、木移柀、板栗、苹果等经济作物。

暖湿性针阔叶混交林 分布于无量山、哀牢山中、上部，海拔1901~2500米。此地带地广人稀，耕地少，原生常绿阔叶林保存比较完好，种层结构上层由常绿阔叶林树种组成。林内常有一至数个优势树种，并常分为两个乔木亚属。主要树种有硬木石栎、刺栲、滇石栎、大叶木荷、细叶木荷、红木荷、楝树、桦木、旱冬青、野樱花、水红木及零星思茅松、云南松、华山松、油杉、杉木、滇楠、云南樟。灌木以各类杜鹃花为多，滑竹、刺竹、箭竹在局部区域出现，地面有苔藓、地衣，林内常见藤本和各种附生植物。

湿性常绿阔叶林 此类植被类型集中在无量山、哀牢山顶部，海拔2500米以上两个自然保护区内。该林带内生长有国家二级保护植物水青树，属中国珍稀观赏和用材树种。列为国家保护的珍稀树种还有红花木莲、多花含笑、大果马蹄木（白光木）、云南铁杉、云南七叶树、云南紫薇、红椎、滇油杉、云南榧树、山桃等。该林带森林保持着完整的原生态，除上述保护植物群落外，还有大量刺苞栎、高山栲、桤木、桦木、木荷、樱桃、槭树、云南樟，林下灌木以千姿百态的各类杜鹃称雄，林木枝干多寄生有附生植物和藤蔓，林下遍布箭竹、蕨类、苔藓、地衣，是中国较为典型的原始常绿阔叶林，亦是全国少见的、具有较高科研和实用价值的植物群落。

二、植物种类

景东县植物种类繁多，哀牢山共记载有高等植物2242种、蕨类植物446种，无量山共记载有高等植物 2574 种，景东特有种 60 余种。其中以各种栎类和松类分布较广，储量丰富。境内有国家一级保护植物云南红豆杉、蓖齿苏铁、银杏、长蕊木兰、中华桫椤 5 种，其他被列为国家保护珍稀树种有水青树、红花木莲、多花含笑、大果马蹄木等，有保持原始状态云南铁杉林 414 公顷，野生古茶园 5333 公顷，还有山茶、杜鹃、兰花等奇花异草。

（一）裸子植物

景东县裸子植物名录

表 1-3-1

科名	植物名称
松科	华山松 思茅松 云南松 高山松 云南铁杉 云杉 油杉 旱地油杉 云南油杉 圣诞树
柏科	翠柏 侧柏 圆柏 塔柏 柏木
苏铁科	苏铁 攀枝花苏铁 蓖齿苏铁
银杏科	银杏
杉科	杉木 柳杉 水杉 水松
三尖杉科	三尖杉 篦子三尖杉 粗榧
罗汉松科	大理罗汉松 竹柏

（二）被子植物

景东县被子植物名录

表 1-3-2

科名	植物名称
木棉科	攀枝花 瓜栗（发财树）
金虎尾科	镜尖风筝果 盾翅藤风筝果 越南风筝果 越南白花风筝果
鹿蹄草科	普通鹿蹄草（鹿衔草） 贵阳鹿蹄草 水晶兰 松下兰 毛花松下兰
越橘科	环萼树萝卜 白花树萝卜 红苞树萝卜 苍山越橘 云南越橘 大樟叶越橘 隐距越橘 江南越橘 林生越橘 荚蒾叶越橘
杠柳科	古钩藤（半架牛）
茜草科	香果树 达伦木 鸡仔木 粗叶木 梗花粗叶木 虎克粗叶木 睫毛粗叶木 无苞粗叶木 亨氏粗叶木 黄棉木 短柄腺萼木 毛腺萼木 长叶腺萼木 密脉木 垂花密脉木 越南密脉木 钩藤 玉龙拉拉藤 肾柱拉拉藤 牛白藤 鸡矢藤 耳叶鸡矢藤 奇异鸡矢藤 绒毛鸡矢藤 云南鸡矢藤 刺果猪殃殃 小叶猪殃殃 野丁香 滇丁香 石丁香 毛滇丁香 双冠滇丁香 鸡冠滇丁香 川滇野丁香 白花蛇舌草 金草 金剑草 金线草 茜草 滇茜草（紫参） 中国茜草 黑花茜草 柄花茜草 大叶茜草 糙叶丰花草 阔叶丰花草 丰花草 虾子草 薄柱草 有翅蛇根草 短齿蛇根草 秦氏蛇根草 日本蛇根草 变红蛇根草 大果蛇根草 耳草 双花耳草 败酱耳草 伞房花耳草 攀茎耳草 长节耳草 粗叶耳草 卷毛新耳草 紫花新耳草 薄叶新耳草 臭味新耳草 西南新耳草 团花 对面花 弯管花 异色雪花 岩雪花 白花龙船花 玉叶金花 柔毛玉叶金花 短裂玉叶金花 墨脱玉叶金花 展枝玉叶金花 大叶玉叶金花 多毛玉叶金花 单裂玉叶金花 楔叶葎 六叶葎 小叶葎 毛四叶葎 红芽大戟 红大戟 水锦树 景东水锦树 疏花水锦树 长梗水锦树 粗叶水锦树 毛冠水锦树 粗毛水锦树 厚毛水锦树 东方水锦树 麻栗水锦树 吹树 咖啡树 驳骨九节 黄脉九节 山矾叶九节 云南九节 云南大沙叶 多花大沙叶 琼滇鸡爪簕 鸡爪簕 糙叶大沙叶 金樱子（山石榴） 云南山石榴 栀子理肺散 白花苦灯笼 岭罗麦 土连翘 小红参 岩上珠 云南狗骨柴
四角果科	四角果

续表 1-3-2

科名	植物名称
团花科	倒挂金钩　滇南新乌檀　平滑钩藤　攀枝钩藤　白钩藤
大戟科	巴豆　石山巴豆　白毛算盘子　四裂算盘子　革叶算盘子　毛果算盘子　厚叶算盘子　长柱算盘子　艾胶算盘子　算盘子　圆果算盘子　绒毛箕盘子　续随子　毛桐　油桐　膏桐　血桐　东京桐　印度血桐　泡腺血桐　山地野桐　银柴　毛银柴　粗糠柴　大戟　乳浆大戟　钩腺大戟　麻风树　飞扬草　土蜜树　大叶土蜜树　密脉土蜜树　土蜜藤　禾串树　中平树　楸树　绿玉树（光棍树）　橡胶树　棒柄花　椭圆叶棒柄花　云南叶轮木　苍叶守宫木　尾叶雀舌木　细枝叶下珠　叶下珠　铁苋菜　山靛　椴叶山麻杆　石栗　雀儿舌头　藤兰果　滇橄榄（余甘子）　霸王鞭（金刚纂）　一品红　红桑　蓖麻　乌桕　木薯　斑地锦　泽漆　土瓜狼毒　盾叶黑面神　云南土沉香　通奶草　蝴蝶果　俏黄栌　虎刺梅
重阳木科	秋枫（重阳木）
虎皮楠科	西藏虎皮楠　脉叶虎皮楠　交让木
山茶科	茶　野茶　茶红　福氏茶　景东油茶　大头茶　舟柄茶　椆　云南凹脉柃　云南柃　岗柃　韩马柃木　猴子木（五柱滇山茶）　赫德木　厚皮香　山茶花　哀牢红　红背桂　安纳士（茶梨）　滇木荷
水东哥科	尼泊尔水东哥（鼻涕果）　云南水东哥
五味子科	五味子　海风藤　冷饭团
猕猴桃科	尼泊尔撒罗夷　猕猴桃　紫果猕猴桃　硬齿猕猴桃　京梨猕猴桃　粉叶猕猴桃　显脉猕猴桃
买麻藤科	买麻藤
度量草科	毛叶度量草　度量草
马钱科	云南马钱　钩吻（断肠草）　狭叶蓬莱葛　非洲茉莉
醉鱼草科	巴东醉鱼草　大序醉鱼草　金沙江醉鱼草　喉药醉鱼草　云南醉鱼草　密蒙花（染饭花）　白背枫
番杏科	龙须海棠　番杏　宝绿
千屈菜科	虾子花　千屈菜　节节菜　圆叶节节菜　水苋菜　多花水苋菜　大叶紫薇　云南紫薇
海桑科	八宝树
马齿苋科	土人参　大花马齿苋（太阳花）
樟科	樟　云南樟　拟海铜樟　网叶六驳　毛果六驳　木姜子（山鸡椒）　思茅木姜子　长叶木姜子　伽氏木姜子　合办木姜子　多果木姜子　新木姜子　团香果　具苞桢楠　楷杷叶桢楠　谷氏桢楠　云南桢楠　长柄桢楠　长柄云南桢楠　柳叶桢楠　瑞丽桢楠　云南琼楠　大果楠木　长毛楠　景东楠　普文楠　滇琼楠　密花黄肉楠　长梗润楠　阴香　油梨　假桂皮　银叶桂
八角科	小花八角　大花八角
木兰科	山玉兰　红花山玉兰　享利玉兰　西康玉兰　福贡玉兰　长齿木兰　长蕊木兰　大叶木兰　滇藏木兰　大叶木莲　佛氏木莲　红花木莲　川滇木莲（土厚朴）　大果木莲　多花含笑　绒叶含笑　香籽含笑　血藤　优昙花　上柏厚朴　缅桂　吹风散　鹅掌楸　夜合　华盖木　合蕊五味子　大花八角
苏木科	鞍叶羊蹄甲　粉叶羊蹄甲　橙花羊蹄甲（南非羊蹄甲）　洋紫荆（白花羊蹄甲）　翅荚木（任木）　苏木　见血飞　含羞草　含羞云实　喙荚云实　决明　美丽决明　槐叶决明　望江南　神黄豆　腊肠树　顶果树
水青树科	水青树
古柯科	粘木
十萼花科	十萼花
蜡梅科	蜡梅

续表 1-3-2

科名	植物名称
蔷薇科	冬樱花 枇杷 南亚枇杷 大花枇杷 栎叶枇杷 腾越枇杷 樱桃 短柚叶樱 巨点樱桃 高盆樱桃 云南樱桃 腺叶桂樱 尖叶桂樱 黄杨叶栒子 厚叶栒子 木帚栒子 梨 棠梨 豆梨 川梨 移㭎 云南移㭎 白牛筋移㭎 单瓣木花香 蔷薇 刺蔷薇 长尖叶蔷薇 绢毛蔷薇 多花蔷薇（十姊妹） 倒钩刺 浙兴悬钩子 齿萼悬钩子 柔软叶悬钩子 文趾悬钩子 毛叶悬钩子 五叶悬钩子 三叶悬钩子 粗叶悬钩子 橘红悬钩子 藏南悬钩子 椭圆悬钩子 圆锥悬钩子 掌叶悬钩子 密腺羽萼悬钩子 网脉悬钩子 刺花悬钩子 黄果悬钩子 弓茎悬钩子 凉山悬钩子 美脉花楸 锈色花楸 圆果花楸 褐毛花楸 鼠李叶花楸 滇缅花楸 渐尖粉花绣线菊 光叶粉花绣线菊 具裸粒花楸 缩减花楸 萨民花楸 科民花楸 垦状日本绣线菊 木瓜海棠（木瓜） 湖北海棠 草莓 黄毛草莓 粉叶黄毛草莓 山莓 皱果蛇莓 腺毛粉枝莓 蛇莓 琐梅（覆盆子） 火棘（救军粮） 窄叶火棘梅 川康锈线梅 云南绣线梅 绣线梅 毛果绣线梅 中华石楠 球花石楠 全缘石楠 小叶石楠（牛筋木） 星毛委陵菜 莓叶委陵菜 柔毛委陵菜 蛇含委陵菜 西南委陵菜 朝天委陵菜 栽秧泡 高粱泡 大乌泡 李 短梗稠李 粗梗稠李 宿鳞稠李 樱桃李 扁桃木 云南臀果木 路边青 柔毛路边青 云南山楂 钻地风 地榆 黑故子 光叶牛筋条 垂丝海棠 月季 香水月季 波斯菊（格桑花） 龙芽草 黄龙尾 丽江山荆子 华西小石积 红泡刺藤 红果树 玫瑰 毛桃 蟠桃 寿星桃 胭脂红 桃驳李（油桃） 鹰嘴蜜桃 棠 苹果 花红
含羞草科	金合欢 阔叶粉被金合欢 羽叶金合欢（臭菜） 银合欢 蒙自合欢 云南相思树 阔荚合欢 毛叶金合欢 楹树 山槐 猴耳环
蝶形花科	腾冲莸子梢 小花莸子梢 绒毛莸子梢 三棱枝莸子梢 滇南莸子梢（三叶豆） 锈毛两型豆 刀豆 木豆 大花虫豆 绉缩链荚豆 两型豆 针状猪屎豆 翅托叶猪屎豆 大猪屎豆 线叶猪屎豆 头花猪屎豆 三尖叶猪屎豆 猪屎豆 四棱猪屎豆 野百合 光宿苞豆 缘叶金合豆 灰毛豆 狸尾豆 美花狸尾豆 广布野豌豆 救荒野豌豆 刺毛黧豆 大叶球花豆 云南崖豆 假木豆 心叶山黑豆 缅甸黄檀 钝叶黄檀 多体蕊黄檀 滇黔黄檀 粗茎鱼藤 巴豆藤 小鸡藤 红河崖豆藤 香花崖豆藤 亮叶崖豆藤 厚果崖豆藤 大球油麻藤 小槐花 滇南山蚂蝗 肾叶山蚂蝗 羽叶山蚂蝗 长波叶山蚂蝗 绒毛千斤拔 大叶千斤拔 球穗千斤拔 云南千斤拔 深紫木蓝 尾叶木蓝 黑叶木蓝 昆明木蓝 穗序木蓝 茸毛木蓝 三叶木蓝 灰色木蓝 小鹿藿 淡红鹿藿 云南鹿藿 肉色土栾儿 黄雀儿 锦鸡儿 白车轴草 排钱草 白刺花 紫雀花 截叶铁扫帚 天蓝苜蓿 黄花木 苦葛 刺田菁 坡油甘 苦参 葫芦茶 相思子 合萌 秧青 紫铆 绵三七
旌节花科	西藏旌节花 云南旌节花 滇缅旌节花
豆科	蚕豆 豌豆 赤豆 绿豆 四季豆 豇豆 饭豆 四棱豆 巴豆 山豆 扁豆 山扁豆 镰扁豆（大麻药） 山毛豆 任豆 中国宿苞豆（铜钱麻黄） 猪腰豆（白藤花） 兵豆 红豆 凤凰树 黑荆树 鱼藤 老贯藤 首冠藤 紫藤 鸡血藤 鸡骨草 三叶草 五叶草 红三叶 白三叶 甘草 美丽胡枝子 苕子苦檀子（冲天子） 酸角 皂角 花生 野花生 苦刺花 葛根 沙葛（地萝卜） 刺桐 狗响铃 麦冬 紫荆 铜钱草 补骨脂 小叶三点金（斑鸠窝） 黄槐 高山黄华 紫云英黄芪 塔拉 版纳黑檀 龙爪槐 含羞云实
凤仙花科	急性子（指甲花） 水凤仙 金凤花 锐齿凤仙花 棒尾凤仙花 蓝花凤仙花 滇南凤仙花 细柄凤仙花 长喙凤仙花 蒙自凤仙花 小距凤仙花 总状凤仙花 辐射凤仙花 直角凤仙花 红纹凤仙花 黄金凤 滇水金凤
蛇菰科	鹿仙草 多芯蛇菰 红冬蛇菰 印度蛇菰
伯乐树科	伯乐树（钟萼木）
桔梗科	川西沙参 天蓝沙参 鸡蛋参 直立鸡蛋参 珠子参 小花党参 紫花党参 羊奶参 蓝花参 西南风铃草 带灰风铃草 小叶轮钟草 袋果草 胀萼蓝钟花 同钟花 金钱豹 桔梗 金线吊葫芦
半边莲科	短柄半边莲 翅茎半边莲 卵叶半边莲 密毛山梗菜 微齿山梗菜 直立山梗菜 毛萼山梗菜 毛瓣山梗菜 塔花山梗菜 铜锤玉带草
杨梅科	杨梅 矮杨梅 青杨梅
绣球花科	粉背溲疏 紫花溲疏 亨利溲疏 常山 东陵绣球 西南绣球 粗枝绣球 长柱绣球 松潘绣球 挂苦绣球 马桑绣球 柏氏绣球 云南绣球 钻地风

续表 1-3-2

科名	植物名称
冬青科	老鼠刺　紫里果冬青　珊瑚冬青　沙坝冬青　滇西冬青　薄叶冬青　景东冬青　伞花冬青　硬毛冬青　大果冬青　小果冬青　红河冬青　疏齿冬青　多脉冬青　微香冬青　四川冬青　三花冬青　细脉冬青　微脉冬青　双核枸骨
安息香科	拟赤杨　赤杨叶　喙果安息香　禄春安息香　瓦山安息香　粉花安息香　皱叶安息香　越南安息香　桐叶野茉莉
使君子科	使君子　千果榄仁　西南风车子　石风车子　云南风车子　银叶诃子　诃子　榆绿木
山矾科	山矾　毛山矾　腺叶山矾　薄叶山矾　越南山矾　坚木山矾　团花山矾　海桐山矾　丛花山矾　多花山矾　沟槽山矾　灰木　华灰木　德氏灰木　虎氏灰木　尼状花灰木　珠仔树　黄牛奶树　白檀
山茱萸科	灯台树　西域青荚叶　接骨丹　鸡嗉子果
单室茱萸科	云南单室茱萸
八角枫科	八角枫（白龙须）　稀花八角枫　云山八角枫
五加科	吴茱萸五加　细叶五加　异叶鹅掌柴（鸭脚木）　中华鹅掌柴　穗序鹅掌柴　密脉鹅掌柴　文山鹅掌柴　红河鹅掌柴　白背鹅掌柴　离柱鹅掌柴　球序鹅掌柴　瑞丽鹅掌柴　大叶鹅掌柴　密毛鹅掌柴　瓦氏鹅掌柴　云南鹅掌柴　细齿鹅掌柴　鹅掌柴　鹅掌藤　白簕（刺五加）　白背叶楤木　棘茎楤木　景东楤木（刺苞菜）　粗毛楤木　云南楤木　三七　野三七　姜状三七　八角金盘　龙眼独活　芹叶龙眼独活　浓紫龙眼独活　罗伞　大参　树参　掌裂柏那参　大果树参　盘叶柏那参　珠子参　竹节参　显脉大参（阎王菜）　波缘大参　五叶参　总序五叶参　常春藤　幌伞枫　掌叶梁王茶　刺通草
忍冬科	忍冬（金银花）　淡红忍冬　长距忍冬　锈毛忍冬　大果忍冬　净花菰腺忍冬　细毡毛忍冬　绢柳林忍冬　云南忍冬　鬼吹箫　狭萼风吹箫　纤细鬼吹箫　华鬼吹箫　荚蒾　红荚蒾　直角荚蒾　聚花荚蒾　鳞斑荚蒾　腾越荚蒾　短序荚蒾　漾濞荚蒾　肉叶荚蒾　苹果叶荚蒾　水红木
接骨木科	血满草　接骨草（马鞭梢）
假叶树科	玉竹
胡椒科	荜拨　芦子　豆瓣绿　尾叶山胡椒　东京大胡椒　麻疙瘩　石南藤
鸭跖草科	露水草　鸭跖草　紫背万年青　紫竹梅　吊竹兰
白花菜科	猫胡子花　醉蝶花
川续断科	川续断　大花双参
萝藦科	南山藤（苦藤花）　美翼杯冠藤　景东杯冠藤　景东娃儿藤　云南娃儿藤　人参娃儿藤　娃儿藤　昆明杯冠藤　纤冠藤　翅果藤（婆婆针线包）　荷秋藤　云南醉魂藤　云南匙冠藤　西藏弓果藤　弓果藤　多花青蛇藤　球兰　黄花球兰　薄叶球兰　山球兰　白前　山白前　大理白前　牛奶菜　喙柱牛奶菜　云南牛奶菜　黑龙骨　乳突果　马利筋　白薇　牛皮消　青阳参（脱腰药）　通光散　百灵草
旋花科	空心菜　月光花　茑萝　红薯　马蹄金　锥序丁公藤　头花银背藤　长叶银背藤　线叶银背藤　灰毛白鹤藤　大叶银背藤　飞蛾藤　毛果飞蛾藤　夜花薯藤　帽苞薯藤　牵牛　毛牵牛　圆叶牵牛　山土瓜　白花叶　圆锥白花叶
菟丝子科	大花菟丝子
三白草科	鱼腥草（狗青菜）　三白草
木通科	木通　刺藤果（牛腰子果）　五风藤
百部科	大百部
藜科	灰苕菜　菠菜　牛皮菜　猪毛菜　地肤（扫帚草）　千针苋　藜　土荆芥
锦葵科	秋葵　锦葵　蜀葵　花葵　马落葵　棉花　吊灯花　吊灯兰　苘麻　木槿　木芙蓉　扶桑　红孩儿（地桃花）

续表 1-3-2

科名	植物名称
牻牛儿苗科	天竺葵 香叶天竺葵 老鹳草 尼泊尔老鹳草 中华老鹳草 紫地榆 汉荭鱼腥草
葫芦科	野黄瓜 帽儿瓜 藏棒槌瓜 棒槌瓜 茅瓜 钮子瓜 苦瓜 金瓜 葫芦 西瓜 丝瓜 南瓜 佛手瓜 冬瓜 绞股蓝 毛果绞股蓝 毛绞股蓝 罗锅底 陀罗果雪胆 文山雪胆 大苞赤瓟 栝蒌 全缘栝蒌 红花栝蒌 杏籽栝蒌 马瓟儿（老鼠拉冬瓜） 蛇豆 木鳖子 锥形果
桦木科	杜氏枥 重枥 旱冬瓜 蒙自桦（西南桦） 榛子 白花树 赤杨 尼泊尔桤木
杨柳科	悲悼柳 大叶柳 怒江柳 法氏柳 皂柳 云南山柳 纤序柳 垂柳 大理柳 丑柳 景东矮柳 彩叶杞柳 裸柱头柳 四子柳 坡柳 圆叶杨 滇南山杨 清溪杨
壳斗科	板栗 佤山栲 小果栲（小果锥） 元江栲（元江锥） 腾冲栲 栎树 麻栎 白栎 红栎 色栎 疏齿栲（疏齿锥） 刺栲 短刺栲 倒卵叶石栎（硬叶柯） 景东石栎 木果石栎（木果柯） 小果石栎（小果柯） 白穗石栎（白穗柯） 多穗石栎（多穗柯） 绿背石栎 多变石栎（麻子壳柯） 青冈栎 槲栎 锐齿槲栎 齿叶槲栎 锥连栎 大叶栎 毛脉高山栎 白丝栎 大林栎 栓皮栎 思茅鹅耳栎 滇青冈 毛枝青冈 小叶青冈 褐叶青冈 毛脉青冈 大果青冈 红椎 银叶锥 瓦山锥 高山锥 思茅锥 印度锥 变色锥 窄叶柯 白柯（猪栎） 壶壳柯 泥锥柯（华南石栎） 望楼柯 耳叶柯 硬斗柯 港柯（东南石栎） 香菌柯 缅宁柯（临沧石栎） 白粉毛柯（潞西柯） 截果柯 刺杯柯 鸡山柯
桑科	景东榕 森林榕 苹果榕 大果榕（橡皮菜） 小果榕 聚果榕 柔毛聚果榕 高山榕 沙坝榕 雅榕 近无柄雅榕 歪叶榕 尖叶榕 异叶榕 粗叶榕 对叶榕 斜叶榕 褐叶榕 变叶榕 垂叶榕 纸叶榕 葡茎榕 鸡嗉子榕 无花果 地果 短小天仙果 岩桑 鸡桑 奶桑 鲁桑 大青树 石榕树 橡皮树 菩提树 绿黄葛树 构树（葛皮树） 黄葛树 桑树 地瓜藤（地板藤） 柘藤 菠萝蜜 滇菠萝蜜 柘木（黄桑木） 地黄连（兔耳风） 珍珠莲 岩木瓜 景东柘 构棘 超楮 大麻
茶科	野茶树 银木荷 钝齿木荷 南洋木荷 圆齿木荷 印度木荷 柔毛木荷 西南木荷 金绿红淡 茶梨 茶 厚柄连蕊茶 蒙自连蕊山茶 尖萼云南连蕊茶 光果山茶 滇南毛蕊山茶 油茶 西南红山茶 滇山茶 怒江山茶 五柱滇山茶 黄药大头茶 短柱柃 岗柃 丽江柃 景东柃 金叶细枝柃 毛枝格药柃 斜基叶柃 滇四角柃 毛果柃 翅柄紫茎 云南紫茎 紫茎 厚皮香
五月茶科	西南五月茶 山地五月茶
马尾树科	马尾树
凤梨科	菠萝 紫凤梨 擎天凤梨
胡桃科	槿叶黄杞 短翅黄杞 云南黄杞 齿叶黄杞 爪哇黄杞 毛叶黄杞（胖婆娘树） 胡桃 泡核桃 景东泡核桃 山核桃 越南山核桃 化香 铁胡桃树 云南枫杨
胡颓子科	竹生牛奶子 巴东胡颓子 景东羊奶子 大花胡颓子 鸡柏紫藤
木麻黄科	木麻黄
榆科	滇朴 油朴 榆树 滇毛榆 兴山榆 紫弹树 羽脉山黄麻 异色山黄麻 山黄麻 榉木
薯蓣科	参薯 三叶薯蓣 五叶薯蓣 叉蕊薯蓣 多毛薯蓣 光叶薯蓣 黑珠芽薯蓣 褐苞薯蓣 绿春薯蓣 小花盾叶薯蓣 毛胶薯蓣 黄独 山药 黄山药 粘山药 黄姜 黄山姜 白薯莨
荨麻科	大叶宁麻 苎麻 水苎麻 锥头麻 白面苎麻 长叶苎麻 序叶苎麻 细序苎麻 歧序苎麻 束序苎麻 水丝麻 紫麻 红紫麻 滇藏紫麻 水麻柳 长叶水麻 火麻 藤麻 荨麻 须弥荨麻 小果荨麻 滇藏荨麻 红雾水葛（水荨麻） 微柱麻 珠芽艾麻 糯米团 稀齿楼梯草 骤尖楼梯草 锐齿楼梯草 盘托楼梯草 异叶楼梯草 钝叶楼梯草 宽叶楼梯草 显柱楼梯草 细尾楼梯草 假楼梯草 大蝎子草 异被赤车 滇南赤车 圆瓣冷水花 异叶冷水花 山冷水花 鱼眼果冷水花 大叶冷水花 长序冷水花 小叶冷水花 假冷水花 粗齿冷水花 疣果冷水花

续表 1-3-2

科名	植物名称
亚麻科	异腺草　亚麻　石海椒
大风子科	伊桐　大叶龙角
瑞香科	滇瑞香　毛瑞香　白瑞香　短瓣瑞香　费氏瑞香　一把香　山辣子皮　荛花
灯芯草科	灯芯草　野灯芯草　小花灯芯草　长耳灯芯草　印度灯芯草　膜边灯芯草　雅灯芯草　星花灯芯草　片髓灯芯草　细子灯芯草　江南灯芯草（笄石菖）　伞序地杨梅　多花地杨梅　蔺草（席草）
山龙眼科	银桦　红花银桦　变叶山龙眼　山地山龙眼　深绿山龙眼　瑞丽山龙眼　林地山龙眼　假山龙眼
龙舌兰科	龙舌兰　金边龙舌兰　虎尾兰　剑麻　朱蕉（千年木）　知母　铁树　红铁树　巨朱蕉　晚香玉　龙血树
海桐花科	羊翠木　昆明海桐　滇藏海桐　柄果海桐　多花海桐
红木科	红木
远志科	荷包山桂花（鸡根）　小扁豆　远志　小金牛草
番木瓜科	番木瓜
椴树科	一担柴　滇桐　香滇桐　苘麻叶扁担杆　朴叶扁担杆　单毛刺蒴麻（粘人草）　毛刺蒴麻　长勾刺蒴麻　刺蒴麻　柄翅果　蚬木
菊科	绒毛黍离头婆　三裂叶白头婆　红花　水朝阳旋覆花　显脉旋覆花　生菜　短冠东风菜　木耳菜　白子菜　泥胡菜　毛连菜　苦苣菜　黄鹌菜　毛裂蜂斗菜　白菊　黄菊　下田菊　野菊　杯菊　球菊　万寿菊　山黄菊　富贵菊　小舌菊　牛藤菊　蓝花毛鳞菊　肿柄菊　芫荽菊　紫花厚喙菊　白牛胆（羊耳菊）　赤茎羊耳菊　滇南羊耳菊　六棱菊（臭灵丹）　麦秆菊　菱叶紫菊　云南紫菊　翅果菊　叶头风毛菊　羽芒菊　斑鸠菊　糙叶斑鸠菊　狭长斑鸠菊　展枝斑鸠菊　柳叶斑鸠菊　松毛火绒草　烟管头草　地胆草（理肺散）　熊胆草　小蓬草　白酒草　景东白酒草　粘毛白酒草　羽裂劲直白酒草　苏门白酒草　钩苞大丁草　鼠麹草　秋鼠麹草　匙叶鼠麹草　多茎鼠麹草　鱼眼草　小鱼眼草　豨莶　毛梗豨莶　腺梗豨莶　木香　艾纳香　拟艾纳香　馥芳艾纳香　密花艾纳香　千头艾纳香　裂苞艾纳香　柔毛艾纳香　芜菁艾纳香　艾纳香冰片　金纽扣（铜锤草）　美形金纽扣　千里光　拿戈千里光　琥珀千里光　糙叶千里光　菊状千里光　密花千里光　岩生千里光　破皮木　白菊木　栌菊木　艾蒿　白蒿　红蒿　黄花蒿　杜蒿　苦蒿　魁蒿　粗茎蒿　大籽蒿　苦艾　茼蒿　野茼蒿（革命菜）　七叶一枝蒿　茵陈蒿　藿香蓟　大蓟（鸡刺根）　灰蓟　覆瓦蓟　苞叶蓟　藤蓟（珠光千里光）　狭叶兔耳风　异叶兔耳风　异花兔耳风　宽叶兔耳风　腋花兔耳风　白背兔耳风　细穗兔耳风　粘毛香青　黑鳞黄腺香青　朱毛香青　旋叶香青　薄叶旋叶香青　银衣香青　珠光香青　黄绿香青　云南香青　异叶三脉紫菀　宽伞三脉紫菀　微糙三脉紫菀　小舌紫菀　银鳞紫菀　耳叶紫菀　密叶紫菀　密毛紫菀　云南紫菀　苦荬菜　戟叶苦荬菜　细叶苦荬菜　莴苣　山莴苣　马兰　林泽兰　紫茎泽兰　一点红　五月艾　飞机草　玛格丽特　芜菁还阳参　节节红　见霜黄　天名精　山白芷　显脉旋覆花　鳢肠（旱莲草）　云南蓍（飞天蜈蚣）　小花金挖耳　短葶飞蓬　菊三七　叶状鞘橐吾　破血丹　蒲儿根　夜香牛　过山龙　白术　百能葳　刺苞果　向日葵　菊芋　苍耳　蒲公英　牛蒡
紫草科	琉璃草　小花琉璃草　长柱琉璃草　露蕊滇紫草　柔弱斑种草　附地菜　西南附地菜　毛花附地菜　勿忘我　大尾摇　倒提壶（狗屎兰花）　毛束树
厚壳树科	西南粗糠树　云贵厚壳树
杜英科	蒙自猴欢喜　滇越猴喜欢　杜英　日本杜英　披针叶杜英　仿栗
梧桐科	梭罗树　云南梭罗树　火绳树　家麻树　景东翅子树　南火绳　桂火绳　梧桐　山芝麻　细叶山芝麻　火索麻　鹧鸪麻　大叶苹婆　小花苹婆　蛇婆子
毛茛科	毛尖树　野棉花　草乌　黄草乌　滇南草乌　金乌　虎掌草　水虎掌草（石龙芮）　唐松草　多叶唐松草　云南铁线莲　金毛铁线莲　合柄铁线莲　威灵仙　翠雀　云南翠雀花　滑竹乌头　粗花乌头　茴茴蒜　白头翁　毛茛
芍药科	牡丹　黄牡丹　芍药　剪绒

续表 1-3-2

科名	植物名称
叶苔科	花酸苔
鼠刺科	鼠刺
马鞭草科	紫珠 大紫珠 柳叶紫珠 华紫珠 狭叶红紫珠 大叶紫珠 龙吐珠 臭茉莉 重瓣臭茉莉（臭牡丹） 腺茉莉 南垂茉莉 滇常山 海州常山 马鞭草 黄荆 异叶蔓荆 过江藤 毛楔翅藤 景东大青 苞花大青 豆腐柴 思茅豆腐柴 总序豆腐柴 大坪子豆腐柴 三对节 大序三对节 马缨丹 柚木 假连翘 老鸦糊 锥花莸 三台花
唇形科	益母草 鳞果草 西藏鳞果草 匍枝筋骨草 大籽筋骨草 无毛大籽筋骨草 夏枯草 夏至草（白花夏枯） 寸金草 灯笼草 簇序草 钩萼草 铁轴草 白绒草 疏毛白绒草 长毛野香草 刺蕊草 黑刺蕊草 短冠刺蕊草 长冠鼠尾草 荔枝草 地盆草 迷迭香黄芩 淡黄黄芩 假韧黄芩 紫心黄芩 野芝麻 野苏麻 一串红 东紫苏 野生紫苏 长萼糙苏 南方糙苏 西南水苏 粗齿西南水苏 细齿西南水苏 香薷 小香薷 水香薷（水香菜） 白香薷 紫花香薷 黄花香薷 长毛香薷 穗状香薷 鳖菜 腺花香查菜 灰岩香茶菜 细锥香茶菜 毛萼香茶菜 淡黄香茶菜 线纹香茶菜 狭基线纹香茶菜 小花纹香茶菜 黄花香茶菜 匍匐风轮菜 石荠苎 小花荠苎（荆芥） 散血兰 泽兰 广防风 绣球防风 异唇花 全唇花 角花 筒冠花 光萼鞘蕊花 火把花 深红火把花 秀丽火把花 藤状火把花 宽管花 木锥花 被粉小花锥花 抽葶锥花 云南冠唇花 黄花云南冠唇花 滇南冠唇花（藿香） 近穗状冠唇花 米团花 蜜蜂花 肾茶 针筒茶 羽萼木 网萼木 薄荷 假薄荷 甘露子 野拔子 半枝莲 鸡骨柴（扫把茶） 牛至 白苏 地笋 紫背金盘 水虎尾 四方蒿
马兜铃科	杜衡（土细辛） 大百解薯 马兜铃 云南马兜铃 马蹄香
酢浆草科	杨桃 酢浆草 红花酢浆草 黄花酢浆草 山酢浆草 普刺特草（米汤果） 无柄感应草
莲科	莲
睡莲科	睡莲 莼 芡实 萍蓬 水盾草
水鳖科	龙舌草 水蕴草 伊乐藻 黑藻 苦菜 水筛
景天科	厚脸皮 细叶景天 玉蝶 星美人 宝石花 玉吊钟 落地生根 豌豆七 土三七
茄科	红丝线 单花红丝线 茎根红丝线 枸杞 云南枸杞 番茄 水茄 旋花茄 颠茄 碧冬茄 喀西茄 黄果茄 刺天茄 泡囊草 辣椒 兰花烟 烟草 天蓬子 龙葵 少花龙葵（苦凉菜） 红果龙葵 假酸浆 小酸浆 苦蘵（灯笼泡） 云南散血丹 假烟叶树（洗碗叶） 白英 珊瑚樱 珊瑚豆 曼陀罗 挂金灯 夜来香 灯笼果 马铃薯
茅膏草菜科	苍蝇网
落葵科	落葵（豆腐菜） 落葵薯
金莲花科	旱金莲
番荔枝科	番荔枝 钻山风
柳叶菜科	柳叶菜 毛脉柳叶菜 长籽柳叶菜 鳞片柳叶菜 滇藏柳叶菜 高山露珠草 狭叶露珠草 高原露珠草 高寒露珠草 南方露珠草 毛草龙 过塘龙 丁香蓼 倒挂金钟
紫茉莉科	三角梅（叶子花） 紫茉莉
蓝果树科	喜树 蓝果树 华南蓝果树 瑞丽蓝果树（滇西紫树）
蒺藜科	蒺藜
小二仙草科	穗花狐尾藻（狗尾巴草） 小二仙草
夹竹桃科	景东山橙 紫花络石 锈毛络石 鸡蛋花 长春花 云南香花藤 海南香花藤 长序链珠藤 毛车藤 思茅藤 腰骨藤 夹竹桃 萝芙木 青洋参 假虎刺
兰科	景东厚唇兰 双叶厚唇兰 艳丽齿唇兰 矮全唇兰 绿花带唇兰 宽叶耳唇兰 平卧曲唇兰 西南开唇兰 条裂鸢尾兰 阔叶鸢尾兰 筒瓣兰 竹叶兰 短耳石豆兰 短齿石豆兰 大理铠兰 毛唇贝母兰

续表 1-3-2

科名	植物名称
兰科	狭瓣贝母兰　白花贝母兰　大叶隔距兰　三褶脊兰　匙瓣虾脊兰　镰萼虾脊兰　肾唇虾脊兰　少花虾脊兰　地宝兰　虎头兰　龙头兰　鹤顶兰　兔耳兰　黄蝉兰　鸟舌兰　鸟足兰　缘毛鸟足兰　网鞘毛兰　指叶毛兰　密花毛兰　盆距兰　列叶盆距兰　舌喙兰　条叶角盘兰　无距角盘兰　叉唇角盘兰　管叶槽舌兰　大花对叶兰　短柱对叶兰　阔蕊兰　条叶阔蕊兰　狭穗阔蕊兰　纤茎阔蕊兰　独蒜兰　云南独蒜兰　大苞兰　二色大苞兰　长叶苞叶兰　蝴蝶苞叶兰　苞舌兰　小花槽舌兰　笋兰万带兰　小蓝万带兰　岩生独蒜兰　狭穗玉凤花　山珊瑚　环钗石斛　串珠石斛　黄草石斛　金钗石斛　兜唇石斛　叠鞘石斛　矮石斛　鼓槌石斛　密花石斛　美花石斛　梳唇石斛　球花石斛　铁皮石斛（黑节草）　喉红石斛　大苞鞘石斛　毛萼山珊瑚　凸孔坡参　鹅毛玉凤花　黄花白及　羊耳蒜　柄叶羊耳蒜　蕊丝羊耳蒜　节茎石竹桃　绶草（盘龙参）　天麻　石凤丹　竹叶石凤丹　真金草　鹅毛玉凤花（对对参）　树葱　青天葵（坠千斤）　落地金钱
马桑科	马桑
桑寄生科	桑寄生　扁枝槲寄生（螃蟹脚）　五蕊寄生　离瓣寄生　滇西离瓣寄生　稠树桑寄生　黄杨叶寄生藤　多脉寄生藤　鞘花　大苞鞘花　梨果寄生　卵叶梨果寄生　锈毛梨果寄生　红花寄生　小红花寄生　柳叶钝果寄生　木兰寄生　龙陵钝果寄生　卵叶槲寄生　枫香槲寄生
金缕梅科	马蹄荷　红花荷　小花红花荷　大果马蹄木　蒙自蕈树　檵木　红花檵木
石蒜科	滇韭　多星韭　君子兰　窄叶君子兰　文殊兰　朱顶兰　蜘蛛兰　韭莲（韭兰）　风雨花　朱顶红　石蒜（毒辣蒜、一支箭）　水仙　忽地笑　大叶仙茅（猴子背巾）
锦葵科	木槿　朱槿　枣叶槿　野葵　赛葵　黄蜀葵　刚毛黄锦葵　箭叶秋葵　滇西苘麻　磨盘草　大萼葵　黄花稔　桤叶黄花稔　中华黄花稔　云南黄花稔　长梗黄花稔　心叶黄花稔　拔毒散　白脚桐棉　地桃花　云南地桃花　波叶梵天花
蒟蒻薯科	蒟蒻薯
车前科	疏花车前　平车前　大车前
毒药树科	毒药树（史拉登茶）
杜鹃花科	云南克雷木　付氏香白珠　格氏白珠　虎皮白珠　滇白珠　狭叶红粉白珠　尾叶白珠　红粉白珠　苍山白珠　铜钱叶白珠　五雄白珠　四裂白珠　芳香白珠　南烛　长叶南烛　狭叶南烛　马醉木　美丽马醉木　付氏马醉木　杜鹃　绿叶杜鹃　厚叶杜鹃　大白花杜鹃　马缨杜鹃（马樱花）　褐皮杜鹃　黄花马银　棕背杜鹃　迷人杜鹃　粗枝杜鹃　短花杜鹃　睫毛萼杜鹃　高尚大白杜鹃　狭叶马缨杜鹃　露珠杜鹃　红花露珠杜鹃　滇隐脉杜鹃　亮毛杜鹃　紫花杜鹃　小叶杜鹃　尖叶杜鹃　兰叶杜鹃　血红杜鹃　毛枝杜鹃　毛柄杜鹃　滇南毛　柄杜鹃　针毛杜鹃　火红杜鹃　云上杜鹃　大王杜鹃　凸尖杜鹃　长蒴杜鹃　多色杜鹃　粉果杜鹃　蓝果杜鹃　硫黄杜鹃　鲜黄杜鹃　毛棉杜鹃　附生杜鹃　光柱杜鹃　蜡叶杜鹃　酒瓶花　薄叶马银花　红马银花　灯笼吊钟花　毛叶吊钟花　珍珠花　小果珍珠花　狭叶珍珠花　毛叶珍珠花　爆杖花　乌饭　小叶乌饭　樟叶乌饭　上帕越橘　施氏越橘　地檀香　刚毛地檀香　假木荷　柳叶假木荷　云南假木荷　蓝莓
柳叶菜科	灯笼花
荚蒾科	水红木
藤黄科	木竹子　地耳草
桃金娘科	蓝桉　赤桉　大叶桉　乌墨（羊屎果）　假乌墨　五瓣子楝树（碎米树）　香胶蒲桃　短穗蒲桃　四棱蒲桃　水边蒲桃　滇边蒲桃　簇花蒲桃　怒江蒲桃　苦樱桃　番石榴　黄花树　千层金　桃金娘
红树科	大叶竹节树　竹节树
金丝桃科	红芽木（苦丁茶）　尖萼金丝桃　多蕊金丝桃　大理金丝桃　近无柄金丝桃　匙萼金丝桃　岷江金丝梅　地耳草　短柄小连翘　北栽秧花　遍地金
石榴科	石榴

续表 1-3-2

科名	植物名称
野牡丹科	多花野牡丹 基尖叶野牡丹（野牡丹） 展毛野牡丹 金锦香 宽叶金锦香 星毛金锦香 锦香草 肉穗草 报春蜂头草 三蕊草 尖子木 圆椎茶系尖子木 柏拉木 朝天罐 假朝天罐 蚂蚁花 偏瓣花 药囊花 楮头红 酸脚杆
堇菜科	紫花地丁（犁头草） 白花地丁 宝剑草 堇菜 灰叶堇菜 葡茎堇菜 心叶堇菜 紫花堇菜 箭叶堇菜 蝴蝶花（三色堇）
卫矛科	十齿花 中缅卫矛 疏花卫矛 染用卫矛 游藤卫矛 荚蒾卫矛 福氏卫茅 柳叶卫茅 西藏卫茅 刺果卫矛 角翅卫矛 异色假卫矛 南蛇藤 灰叶南蛇藤 显柱南蛇藤 雷公藤 苦皮腾 灯油藤 扶芳藤 昆明山海棠 长序美登木
翅子藤科	皮孔翅子藤
铁青树科	香芙木 青皮木（羊骨脆）
茶茱萸科	微花藤一种
山柑科	柔弱山柑
檀香科	沙针 油葫芦（檀梨） 聚果重寄生 无刺硬核 百蕊草
鼠李科	枣 缅枣 酸枣 印度枣 鼠李 陷脉鼠李 异叶鼠李 薄叶鼠李 帚枝鼠李 山鼠李 西藏鼠李 马甲子 咀签 枳椇 纤细雀梅藤
紫金牛科	瑞丽紫金牛 伞形紫金牛 剑叶紫金牛 南方紫金牛 厚叶杜茎山 丰齿叶铁仔 长叶酸藤子 匍匐酸藤子 短柄酸藤子 平叶酸藤子 杜茎山 毛杜茎山 银叶杜茎山 当归藤 朱砂根 百两金 酸苔菜 纽子果 包疮叶 密花树 金珠柳 鲫鱼胆 齿叶铁仔 珍珠伞
柿树科	柿 野柿 岩柿 异萼柿 毛叶柿 君迁子 景东君迁子 多毛君迁子
山榄科	大肉实树
芸香科	吴芋 乔木茵芋 桂叶茵芋 多脉茵芋斜 花椒 毛刺花椒 竹叶花椒 贵州花椒 吴茱萸 臭辣吴萸 无腺吴萸 楝叶吴萸 棱子吴萸 牛纠吴萸 毛牛纠吴萸 臭节草 毛臭节草 毛山小橘 华山小橘 三桠苦（消黄散） 毛三桠苦 七里香 九里香 两面针 柚子 佛手 枳 香橼 金橘 白虎草 山油柑 假黄皮 小芸木（鸡屎果） 臭常山 飞龙掌血 橘
山茱萸科	山茱萸 灯台树 长圆叶梾木 小梾木
青荚叶科	青荚叶 中华青荚叶（叶上花） 钝齿青荚叶 西域青荚叶
桃叶珊瑚科	桃叶珊瑚 狭叶桃叶珊瑚 细齿桃叶珊瑚 喜马拉雅珊瑚
龙脑香科	尖叶婆罗树 安纳士香（桂兰） 版纳青梅
黄杨科	野扇花 双蕊野扇花 云南野扇花 金丝矮陀陀 雀舌黄杨 多毛板凳果
苦木科	臭椿 尼泊尔苦树 柔毛鸦胆子 常绿苦树
橄榄科	越榄 白头树
楝科	楝 苦楝 川楝 浆果楝 灰毛浆果楝（亚洛轻） 老虎楝（漆赖树） 大叶山楝 毛麻楝 粗枝木楝 紫椿（小果香椿） 红椿 滇红椿 思茅地黄连（云南地黄连） 四瓣崖摩 云南崖摩 红果樫木 皮孔樫木 米兰 矮陀陀 海木
无患子科	龙眼 绒毛翻龙眼 荔枝 野荔枝 川滇木患子 车桑子 倒地铃 茶条木 褐叶柄果木 紫柚木 干果木 复羽叶栾树（摇钱树）
七叶树科	天师栗 大叶七叶树 云南七叶树
清风藤科	山青木 平伐清风藤 簇花清风藤 小花清风藤 灌丛清风藤 四川清风藤 云南清风藤 阔叶清风藤
瘿椒树科	云南瘿椒树

续表 1-3-2

科名	植物名称
大风子科	长叶柞木　栀子皮　光叶栀子皮　光叶天料木
天料木科	烈味脚骨脆　印度脚骨脆　细柄脚骨脆　膜叶脚骨脆
泡花树科	云南泡花树　南亚泡花树　笔罗子（野枇杷）
槭树科	景东槭　黄枝槭　长尾青皮槭　富氏槭　大果槭　长叶槭（光叶槭）　锯叶锡金槭　越南槭　扇叶槭　云南扇叶槭　锐齿槭　楠叶槭　九股牛
漆树科	豆腐果　南酸枣　芒果　长梗芒果　林生芒果　景东晚熟芒　藤漆　黄莲木　清香木　盐肤木　滨盐肤木　三叶漆　尖叶漆　小漆树　大花漆　小果绒毛漆
省沽油科	银鹊树　大果山香圆　嵩明省沽油　越南山香圆　山麻风树
牛栓藤科	红叶藤
木樨科	白蜡树　蜡子树　小蜡　多毛小蜡　银姬小蜡　大叶素馨　密花素馨　双子素馨　丛林素馨　川素馨　樟叶素馨　女贞　杜氏　华女贞　小野女贞　重叶女贞　散生女贞　云贵女贞　山桂花　云南山桂花　桃叶野茉莉　滇桂野茉莉　瑞丽野茉莉　亮叶茉莉　金钟花　迎春花　野迎春　丹桂　金桂　银桂　四季桂　连翘　三叉叶　毛叶丁香　扭肚藤　北清香藤　华清香藤　青藤仔　香花木樨　管花木樨　红花木樨榄　云南木樨榄　狭叶木榄　牛矢果
紫葳科	灰楸　羽叶楸　西南猫尾木　毛叶猫尾木　火烧树　豇豆树　梓树　木蝴蝶（千张纸）　竹林标　火焰树　炮仗花　岩梧桐　毛泡桐　美丽桐　美叶菜豆树　滇菜豆树
马鞭草科	大叶紫珠　落花紫珠　柚木　黄荆　五色梅
小檗科	渐尖叶小檗　川滇小檗　粉叶小檗（三棵针）　无量山小檗　瓦氏小檗　黄连　大黄连　川八角莲　梅氏十大功劳　十大功劳　景东十大功劳　淫羊藿　南天竹
仙茅科	大叶仙茅　绒叶仙茅　小金梅草
棕榈科	棕榈　董棕　龙棕　白藤　棕竹
仙人掌科	仙人掌　仙人指　球草　蟹爪兰　昙花　假昙花　令箭荷花　三棱剑　木麒麟　子孙球　仙人鞭　火龙果
葡萄科	葡萄　毛葡萄　三裂蛇葡萄　毛三裂蛇葡萄　葛藟葡萄（野葡萄）　绵毛葡萄　提子　爬山虎　三叶地锦（三叶爬山虎）　乌蔹莓　鸟足乌蔹莓　白粉藤　岩爬藤　七小叶崖爬藤　蒙自崖爬藤　叉须崖爬藤　景东崖爬藤　伞花崖爬藤　毛细齿崖爬藤　毛枝崖爬藤　狭叶崖爬藤　菱叶崖爬藤　毛菱叶崖爬藤
火筒树科	火筒树　单羽火筒树
蓼科	金荞麦　荞　何首乌　草血竭（弓腰老）　辣蓼　蓝蓼　毛蓼　水蓼　皱叶酸模　酸模　虎杖　火炭母
商陆科	商陆　大麻菜
秋海棠科	四季海棠　中华秋海棠　竹节秋海棠　无翅秋海棠　糙叶秋海棠　粗喙秋海棠　槭叶秋海棠　景洪秋海棠　紫背秋天葵　心叶秋海棠　变形红孩儿
透骨草科	透骨草
泽泻科	泽泻　窄叶泽泻　慈姑　野慈姑　剪刀草
眼子菜科	菹草
伞形科	小柴胡　前胡　川滇柴胡　竹叶柴胡　川芎　楔叶滇芎　当归　野当归　胡萝卜　野胡萝卜　水芹菜　线叶水芹　窄叶水芹　重波茴芹　杏叶茴芹　革叶茴芹　德钦茴芹　景东茴芹　骨缘囊瓣芹　嫩弱囊瓣芹　多毛西风芹　竹叶细风芹　单叶瘤果芹　糙果芹　毒芹　防风　杏叶防风　芫荽　刺芫荽　小窃衣　窃衣　萝卜七　积雪草（马蹄根）　莳萝　印度独活　软雀花　茴香
天胡荽科	中华天胡荽　普渡天胡荽　天胡荽　红马蹄草
桤叶树科	髭脉桤叶树　云南桤叶树　大花云南桤叶树　披针桤叶树

续表 1-3-2

科名	植物名称
杜仲科	杜仲
虎耳草科	常山 黄水枝 岩白菜 金腰属 绣球花 七叶鬼灯檠 虎耳草 芽生虎耳草
红豆杉科	云南红豆杉 南方红豆杉 云南榧树
百合科	葱 洋葱 薤头 韭 藠头 蒜 天蒜 百合 大百合 紫红花 滇白花 报春百合 紫喉百合 西南吊兰 鹭鸶兰 小鹭鸶兰 嘉兰 铃兰 山菅 散斑竹根七 长叶竹根七 宝铎草 萱草 折叶萱草 伸筋草 延龄草 沿阶草 大沿阶草 间型沿阶草 匍茎沿阶草 吉祥草（竹节参） 黄精 五叶黄精 滇黄精 点花黄精 轮叶黄精 云南豹子花 高大鹿药 西南鹿药 窄瓣鹿药 橙花开口箭 弯蕊开口箭 也门铁 芦荟 蒙自藜芦 叉柱岩菖蒲 贝母 玉竹参 土茯苓 巴西木 蜘蛛抱蛋 玉簪花 灰鞘粉条儿菜 万寿竹 短蕊万寿竹 荷兰铁
假叶树科	短梗天门冬 大理天门冬
菝葜科	华肖菝葜 肖菝葜 尖叶菝葜 圆锥菝葜 长托菝葜 菱叶菝葜 暗色菝葜 粗糙菝葜 马钱叶菝葜 无刺菝葜 防己叶菝葜 乌饭叶菝葜 抱茎菝葜 穿鞘菝葜 方枝菝葜
延龄草科	景东重楼 云南重楼 毛重楼 华重楼 北重楼 狭叶重楼 缺瓣黑籽重楼
石竹科	多荚草 漆姑草 雀舌草 无毛漆姑草 竹节草 耳齿蝇子草 长毛箐姑草 箐姑草 抱茎箐姑草 繁缕 禾叶繁缕 锥花繁缕 细柄繁缕 天心菜 鹅肠菜 蚤缀 石竹 短瓣花 缘毛卷耳 狗筋蔓（小九股牛） 荷莲豆 老鹳藤 滇白前
沟繁缕科	田繁缕
粟米科	粟米草
竹芋科	斑叶竹芋 花叶竹芋 青苹果竹芋 飞羽竹芋 紫背竹芋 孔雀竹芋 再力花 春羽 尖苞柊叶（冬叶）
鸭跖草科	水竹叶 紫背水竹叶 裸花水竹叶 竹叶子 红毛竹叶子 穿鞘花 尖果穿鞘花 鞘苞花 树头花 孔药花 蓝耳草 蛛丝毛蓝耳草 节节草 大苞鸭跖草 四孔草 聚花草 钩毛子草 饭包草 紫万年青 大杜若 吊竹梅
黄眼草科	葱草 南非黄眼草
西番莲科	西番莲（鸡蛋果） 红花西番莲 圆叶西番莲 三开瓢 龙珠果
姜科	姜 山柰（沙姜） 高良姜 兰姜 距药姜 光叶闭鞘姜 花叶艳山姜 舞花姜 双翅舞花姜 多毛姜 姜花 红姜花 毛姜花 圆瓣姜花 碧江姜花 蘘荷 阳荷 豆蔻（黄果药） 香豆蔻 云南草蔻 砂仁 长果砂仁 姜黄 郁金 莪术 草果
败酱科	败酱草 柔垂缬草 长序缬草 蜘蛛香
茅膏菜科	茅膏菜
雨久花科	鸭舌草 凤眼蓝（水葫芦） 海寿花
浮萍科	浮萍 圆球浮萍 紫萍 槐叶萍 芜萍
鸢尾科	射干 鸢尾 云南鸢尾 红花鸢尾 扇形鸢尾 香雪兰 扁竹兰 唐菖蒲 黄菖蒲 火星花
金粟兰科	珠兰（鱼子兰） 金粟兰
龙胆科	景东龙胆 大理龙胆 云南蔓龙胆 华南龙胆 草甸龙胆 红花龙胆 阿坝龙胆 异药龙胆 头花龙胆 盐丰龙胆 长流苏龙胆 滇龙胆草 大花蔓龙胆 罗星草 椭圆叶花锚 大花花锚 獐牙菜 狭叶獐芽菜 美丽獐牙菜 西南獐牙菜 川东獐牙菜 淡黄獐牙菜 大籽獐牙菜 藻百年 细茎双蝴蝶
芭蕉科	地涌金莲 芭蕉 香蕉 象腿蕉 垂花火鸟蕉 红蕉
旅人蕉科	旅人蕉 艳红赫蕉 金鸟赫蕉 鹤望兰
花蔺科	水罂粟

续表 1-3-2

科名	植物名称
美人蕉科	美人蕉　姜芋
苋科	牛漆　土牛膝　川牛漆　柳叶牛漆　莲子草　喜旱莲子草　刺花莲子草　五色草　苋（汉菜）　刺苋　血苋　杯苋　浆果苋　白花苋　少毛白花苋　青葙　鸡冠花　小米菜
十字花科	小青菜　小白菜　大白菜　油菜　苦菜　洋花菜　蔊菜（地豇豆）　紫芥菜　花椰菜　甘蓝　擘蓝　萝卜　紫罗兰　荠　北板蓝根
报春花科	过路黄　云南过路黄　叶头过路黄　小寸金黄　景东香草　思茅香草　双花香草　细梗香草　心叶香草　多枝香草　小果香草　假排草　金钱草　短花珍珠菜　泽珍珠菜　延叶珍珠菜　长蕊珍珠菜　大理珍珠菜　报春　四季报春　小报春　景东报春　光叶景东报春　大理报春　丽江独报春　紫晶报春　细辛叶报春　毛萼鄂报春　滇北球花报春　叉梗报春　石面报春　无莛脆蒴报春　宝兴报春　薄叶粉报春　无毛饰岩报春　莓叶报春　波缘报春　年景花　海仙花　滇海水仙花　腋花点地梅　临时救　仙客来　莲叶点地梅
白花丹科	白花丹
玄参科	山罗花　滇川山罗花　中华胡麻草　野甘草　钟萼草　长蒴母草　宽叶母草　通泉草　低矮通泉草　长柄通泉草　低矮通泉草　多枝通泉草　大萼通泉草　杜氏翅茎草　长叶蝴蝶草　西南蝴蝶草　紫萼蝴蝶草　松蒿　细裂叶松蒿　纤细马先蒿　大管马先蒿　亨氏马先蒿　长茎马先蒿　黑马先蒿　大王马先蒿　纤裂马先蒿　腋花马先蒿　多枝婆婆纳　疏花婆婆纳　虻眼　鞭打绣球　尼泊尔沟酸浆　高玄参　毛麝香　黑蒴　南红藤　毛地黄
狸藻科	黄花狸藻　挖耳草
苦苣苔科	景东短檐苣苔　盾座苣苔　细蒴苣苔　紫花苣苔　尖舌苣苔　毛线柱苣苔　矮芒毛苣苔　滇南芒毛苣苔　显苞芒毛苣苔　黄杨叶芒毛苣苔　大花芒毛苣苔　长叶粗筒苣苔　圆叶唇柱苣苔　大叶唇柱苣苔　斑叶唇柱苣苔　美丽唇柱苣苔　西藏唇柱苣苔　腺萼长蒴苣苔　蒙自长蒴苣苔　林生长蒴苣苔　云南长蒴苣苔　纤细吊石苣苔　锈色蛛毛苣苔　滇南芒毛苣苔　秋海棠石蝴蝶　滇泰石蝴蝶　莲座石蝴蝶
爵床科	棉毛尖药花　华南可爱花　毛脉火焰花　鸭嘴花　鳞花草　碗花草　中华孩儿草　多花观音草　匍匐鼠尾草　红花山牵牛　刚毛牵牛　羽脉山牵牛　板蓝　曲序马蓝　疏花穿心莲　白接骨　假杜鹃　圆苞杜根藤　印度狗肝菜　三花枪刀药　爵床　肖笼鸡
昆栏树科	领春木
防己科	地不容（山乌龟）　荷花地不容　黄藤　粉背轮环藤（金线风）　青风藤（滇防己）　一文钱　金线吊乌龟　金果榄
八角茴香科	野八角　天花八角
罂粟科	紫金龙　虞美人　蓟罂粟　齿缘红罂粟　绿绒蒿　总状绿绒蒿　紫堇　紫金龙　荷包牡丹
天门冬科	芦笋　文竹　吊兰　天门冬
天南星科	菖蒲　石菖蒲　魔芋　勐海魔芋　滇南魔芋　野芋　大野芋（滴水芋）　曲苞芋　刺芋　水芋　岩芋　蝴蝶合果芋　银包芋　香芋　旱花岩芋　尖尾芋　天南星　象南星　东北南星　双耳南星　一把伞南星　花南星　美丽南星　山柱南星　奇异南星　长行天南星　金钱树（泽米叶天南星）　三匹箭　半夏　绿萝　紫苞石柑　爬树龙　上树蜈蚣　绿春崖角藤　红掌　粉掌（花烛）　马蹄莲　春羽　滴水观音　银皇后　卜芥　水烛香蒲　黄药子（金线吊蛤蟆）　大浮萍　龟背竹　独角莲大藻
假树叶科	虎皮兰
阴翼科	阴翼
野牡丹科	野牡丹　映山红
莎草科	浆果苔草　十字苔草　条穗苔草　云雾苔草　霹雳苔草　书带苔草　茸球藨草　莎草（香附）　长尖莎草　异型莎草　云南莎草　毛轴莎草　两歧飘拂草　球穗扁莎　萤蔺　短叶水蜈蚣　砖子苗　二花珍珠茅　风车草　荸荠　三棱草

续表 1-3-2

科名	植物名称
谷精草科	谷精草
禾本科	稻 高粱 玉米 薏仁 薏苡 粟 鼠尾粟 稷 心野稷 云南雀稷 圆果雀稷 大麦 小麦 雀麦 燕麦 毒麦 野燕麦 变绿异燕麦 野黍 弓果黍 高野黍 短叶黍 稗 光头稗 无芒稗 细叶旱稗 棕籽雀稗 阿里山剪股颖 大锥剪股颖 华北剪股颖 巨序剪股颖 泸水剪股颖 大陆剪股颖 多花剪股颖 小草 荩草 小叶荩草 海南荩草 孔颖草 楔颖草 囊颖草 水蔗草 孟加拉野古草 大序野古草 西南野古草 多节野古草 刺芒野古草 石芒草 四生臂形草 异序虎尾草 小丽草 橘草 细柄草 芸香草 牛筋草 知风草 乱草 牛虱草 钙生披碱草 画眉草 黑穗画眉草 狼尾草 陕西狼尾草 狗尾草 褐色狗尾草 皱叶狗尾草 金色狗尾草 西南桴草 细毛鸭嘴草 球穗草 竹叶草 求米草 大叶竹叶草 直芒草 露籽草 苞子草 金丝草 棒头草 茇茇草 光稃草 地毯草 皇竹草 毛臂形草 包鞘隐子草 包稃草 拂子茅 青香茅 卡西香茅 鲁沙香茅 扭鞘香茅 四脉金茅 三穗金茅 苇状羊茅 高羊茅 藏滇羊茅 卵花甜茅 鳚茅 黄茅（扭黄茅） 白茅（茅草） 斑茅 鸭茅 菅 竹叶茅 箬叶（粽叶） 白花柳叶箬 小柳叶箬 平颖柳叶箬 李氏禾 旱熟禾 多变早熟禾 喀西早熟禾 锡金早熟禾 马唐 紫马唐 十字马唐 棒毛马唐 狗牙根（铁线草） 茅根 类芦 粽叶芦 芦苇 看麦娘 箭竹 美丽箭竹 无量山箭竹 刚莠竹 网脉莠竹 光亮玉山竹 多枝玉山竹 少枝玉山竹 滑竹 薄竹 龙竹 孝顺竹 苦竹 甜竹 佛肚竹 湘妃竹 凤尾竹 绵竹 金竹 刺竹 芦竹 紫竹 蔗 水果蔗 茭白

（三）苔藓植物、蕨类植物

景东县苔藓植物、蕨类植物名录表

表 1-3-3

科名	植物名称
石松科	铺地蜈蚣 石松 垂穗石松 玉柏
水龙骨科	瓦韦 石韦 西南石韦 江南星蕨 报石莲 水龙骨 大碎补 骨碎补
金星蕨科	密毛蕨
铁角蕨科	铁角蕨
卷柏科	卷柏 翠云草
七指蕨科	入地蜈蚣（七叶一枝枪）
蚌壳蕨科	狗脊 金毛狗
里白科	芒箕骨
乌毛蕨科	乌毛蕨
碗蕨科	溪洞碗蕨
松叶蕨科	松叶蕨
水蕨科	水蕨
叉蕨科	轴脉蕨 牙蕨 黄腺羽蕨
铁角蕨科	铁角蕨 巢蕨
蹄盖蕨科	蹄盖蕨 菜蕨
鳞毛蕨科	贯众（牛肋巴）
肾蕨科	肾蕨 蜈蚣草
莲座蕨科	观音莲座蕨

续表 1-3-3

科名	植物名称
凤尾蕨科	凤尾蕨
铁线蕨科	猪鬃草　旱蕨
鳞始蕨科	乌蕨
桫椤科	中华桫椤
乌毛蕨科	乌毛蕨
海金沙科	海金沙
金鱼藻科	金鱼藻　细金鱼藻
真藓科	回心草
木贼科	木贼（笔管草）　犬问荆　散年木贼
苹科	苹（细芽菜）

三、分布特点

植被垂直分布差异明显。从文笑河口海拔 786 米，到无量山笔架峰 3371 米，跨越亚热带、温带气候带，自然植被因地形、气候、水分条件呈地带状分布。

阳坡与阴坡植被差异明显。在同一海拔高度上，由于区域、坡面、坡向、光、热、水等条件不同，阴坡植物叶大而薄，湿润多汁，植物多为阔叶树种，牧草多为喜阴的藤本植物；阳坡植物叶小质厚、多毛多刺，灌丛牧草为喜光耐旱草本植物。

自然植被受人类经济活动影响明显。除自然保护区局部原始森林区外，一度遭到人为超量采伐，毁林开荒，原生植被逐步演变为次生植被疏林、灌木。又由于人类生活用材及燃料开采，疏林灌丛又进一步遭破坏，次生植被又被草丛、灌丛取代，形成以人居住区为中心，由近到远，植被类型依次为草丛、灌丛、疏林、森林等自然植被分布规律。

植树造林改善人居环境效果明显。实施荒山荒地造林、退耕还林项目后，生活用材及植物燃料逐步被电力、沼气、太阳能、液化气、燃煤等取代，畜力耕作多被机械取代，人居周围广植核桃、咖啡、桑树、茶树、芒果、樱桃、杨梅及竹草等经济植物，人为恢复的植被逐步取代草丛、灌丛和部分疏林。

四、植物原料

树胶树脂　(1) 树胶。县境树胶原料品种资源十分丰富，单壳斗科几十个树种就属很好的栲胶树种。其他广泛生长的栲胶树种，主要有余甘子、杨梅、黑荆树、核桃树、旱冬瓜、盐肤木、厚皮香、羊蹄甲、算盘子、安纳土、乌梅（羊屎果）、桉树、酸枣、水锦树、移依以及松科树种。20 世纪 70 年代始，境内陆续采集和收购部分栲胶原料，但多需砍树剥皮，对森林和生态环境破坏很大。20 世纪 80 年代后，即明令禁止采集。(2) 树脂。县境树脂主要有思茅松松脂，属景东县骨干产品之一。21 世纪后，有人工种植的橡胶树种，主要分布在澜沧江边东镇、曼等低海拔地区。

香料　野生香料资源主要有香樟、黄桉、冬青、山苍子、扫帚油、乌饭、地檀香、野花椒、野薄荷（野藿香）、水香薷、山柰（沙姜）、阳荷（野姜）、川穹、刺芫荽（大芫荽）、香蓼、香茅、蕺菜（鱼腥草）、刺五加、臭菜、青蒿等。20 世纪六七十年代，部分海拔较高山区用地檀香烤芳香油，地檀香俗称炸闪树，因其叶在火中燃烧会发出“噼噼啪啪”声响、闪出火星得名。种植香料资源主要有草果、花椒、茴香、砂仁、干姜、八角、荆芥、紫苏、薄荷、姜黄、香茅、香椿、橙皮、桂花、山楂、木瓜、佛手、桃仁、莲子、芝麻、枸杞、百合等。20 世纪 70 年代，者后等公社部分生产队发展胡椒，但面积较少。花椒在全县种植较为广泛，其中当属锦屏镇黄草岭花椒最为有名。

野生纤维　野生纤维资源主要有水麻、水烛香蒲、野火绳、构皮、千层皮、斑茅、芨芨草、蝎子草、桑树、卫矛、杉木、野葛、水苎麻、攀枝花瓤、荛子梢等；种植纤维资源主要有水稻、玉米、向日葵、竹瓤、火麻、剑麻等。

五、花卉资源

依据植物外形构造和生命特征，花卉分类分为草本和木本两种。草本分为一年生和一二年生，木本分为乔木、灌木、藤本、竹类。

乔木观赏植物　主要有木兰科观花赏形树种福贡玉兰、大叶木兰、红花木莲、长蕊木兰、多花含笑、缅甸木莲，杜鹃花科观花观形树种大王杜鹃，山茶科观花观形树种多种野山茶。

灌木观赏植物　主要有安息香科观花植物多种野茉莉，醉鱼草科观花植物大序醉鱼草，远志科赏黄花及观果植物荷包山桂花、密花远志，茜草科观花植物滇丁香，蔷薇科观花观果及赏叶植物球花石楠、缘叶石楠、中华石楠、石楠，杜鹃花科整个杜鹃属树木都是极好的园林花卉树木，其中马缨花、大白花杜鹃、露珠杜鹃、纯黄杜鹃等都是优秀的观花植物。

草本观赏植物　主要有兰科、报春花科、苦苣苔科、秋海棠科等多种观花植物。

乌梅（罗海垠　摄于 2015 年 5 月）

地檀香（罗海垠　摄于 2015 年 5 月）

山苍子（罗海垠　摄于 2015 年 7 月）

景东县常见野生花卉（王春华、罗海垠、朱家富、肖德兵等　摄）

藤本观赏植物 主要有葡萄科崖爬藤属和葡萄属多种观形植物，蝶形花科观形植物鸡血藤等。

景东县常见花卉名录

表 1-3-4

类别		花卉名称
草本	多年生	兰花 荷花 水仙花 铁线莲 康乃馨（香石竹） 百合 芍药 报春花 松叶蕨 筋骨草 石松 玉柏石松 卷柏 翠云草 木贼（笔管草） 瓶尔小草（独叶一枝枪） 紫萁 海金沙 芒萁 中华里白 团扇蕨 姬蕨 岩穴蕨 乌蕨 团叶鳞始蕨 圆盖阴石蕨 肾蕨 蕨 银粉背蕨 中华蕨 铁线蕨 铁角蕨 桫椤 贯众 扇蕨 金鸡脚 石韦 西南禾叶蕨 苹 苏铁 金粟兰 豆瓣绿 青木香 杜衡 细辛 火炭母 何首乌 紫茉莉 宝绿 石竹 睡莲 萍蓬草 商陆 金鱼藻 乌头 罂粟 莲花 淫羊藿 六角莲 紫罗兰 落地生根 落新妇 蛇莓 草莓 金钱草 含羞草 白花三叶草 鸢尾 火星花 蜀葵 花叶秋海棠 粗喙秋海棠 秋海棠 紫背天葵 掌叶秋海棠 裂叶秋海棠 云南秋海棠 蟹爪兰 柴胡 鹿蹄草 沿芥草 仙客来 龙胆 长春花 薄荷 酸浆 佛手瓜（洋丝瓜） 桔梗 水麦冬 茨菰 水鳖 芦苇 银苞芋 大麻芋 滴水芋 附生芋 马蹄莲 芦荟 文竹 吊兰 万寿竹 麦冬 七叶一枝花 黄精 虎尾兰 贝母兰 龙舌兰 君子兰 仙茅 蜘蛛兰 水仙 唐菖蒲 垂花火鸟蕉 香蕉 地涌金莲 鹤望兰 二月兰 砂仁 魔芋 土田七 美人蕉 白及 串珠石斛 密花石斛 喉红石斛 石斛 长叶苞叶兰 蝴蝶兰苞叶兰 地宝兰 盆距兰 虾脊兰 水晶兰 螃蟹兰 带叶兜兰 阔叶竹茎兰 肾唇虾脊兰 石风丹 酸苔 苦苣苔 景东短檐苣苔 泡莓 藤麻
	一二年生	百合 水蕨 满江红 槐叶苹 红蓼 鸡冠花 大花马齿苋 芡实 虞美人 石莲 山酢浆草 凤仙花（急性子、指甲花） 三色堇 勿忘草 荆芥 观赏辣椒 曼陀罗 小葫芦 向日葵 菊花 万寿菊 大丽菊 野燕麦 琴叶喜林芋 车前草 野芫荽 铜锤草 野芹 波斯菊
木本	乔木	山茶 桂花 紫薇（火把花） 紫铆 玉兰 海棠花 石榴 丁香 银杏 银杉 铁杉 翠柏 福建柏 圆柏 罗汉松 竹柏 香榧 南方红豆杉 杨梅 木菠萝（菠萝蜜） 无花果 橡皮树（大果榕） 榕树 黄葛树 桑树 梓树 冷水花 优昙花 黄兰 含笑 多花含笑 金叶含笑 香籽含笑 红茴香 番荔枝 月桂 木瓜 山楂 移栘 枇杷 苹果 石楠 杏 李 桃 梨 樱桃 高盆樱桃 樱花 火棘 石斑木 相思树 合欢 羊蹄甲 紫荆 银合欢 吴茱萸 柚 佛手 橙 枸橘 花椒 余甘子 芒果 扁桃 黄连木 盐肤木 冬青 南烛 西南卫矛 龙眼 荔枝 枣 吊灯花 木槿 木棉 景东翅子树 景东槭 景东榕 蝴蝶果 阴香 厚皮香 合果木 顶果木 油桃 西南山茶 茶 栀子皮 番木瓜（大树芭蕉） 土沉香 喜树 桉树 番石榴 蒲桃 鹅掌柴 灯台树 银叶杜鹃 大白杜鹃 云锦杜鹃 西南杜鹃 大王杜鹃 露珠杜鹃 凸尖杜鹃 柿 夹竹桃 木蝴蝶（千张纸） 桄榔 蒲葵 棕榈 灯台莲 剑叶龙血树 山茨菰 马蹄荷 大果马蹄荷 柳 樟 酸枣树 思茅松 克雷木 腊肠树 肋果茶 菩提 滇木荷 清溪杨 山凡 舟柄茶 长蕊木兰 银木荷 水青树 西康玉兰 千果榄仁 景东楠 景东冬青 景东山橙 粗榧 山桃 竹节树 火烧花 红花银桦 伯乐树（钟萼木） 银姬小蜡 楮 榉
	竹类	苦龙竹 甜龙竹 金竹 箭竹 滑竹 刺竹 棉竹 罗汉竹 凤尾竹 佛肚竹 湘妃竹 紫竹
	藤本	紫藤 珊瑚藤 山荞麦 小木通 木通 五叶瓜藤 大血藤 两面针 蛇葡萄（野葡萄） 葡萄 猕猴桃 鸡蛋果 牵牛 龙吐珠 炮仗花 金银花 龟背竹 南山藤（苦藤花）
	灌木	牡丹 菊花 月季 杜鹃花 山茶 蜡梅 扶桑 石榴 丁香 草珊瑚 银柳 无花果 三角花（叶子花） 千层金 阔叶十大功劳 景东十大功劳 南天竹 夜合花 紫玉兰 含笑 鹰爪 假鹰爪 瓜馥木 香叶子 八仙花（绣球） 腊瓣花 火棘 窄叶火棘 木香花 叶上花 多花蔷薇 玫瑰 金合欢 紫荆 舞草 银合欢 鸡血藤 吴茱萸 佛手 橙 金橘 枸橘 霸王花 霸王鞭（金刚纂） 绿玉树（光棍树） 芙蓉花 吊灯花 木槿 西南山茶 茶 米碎花 昙花 令箭荷花 仙人掌 胡颓子（羊奶果） 红千层 番石榴 桃金娘 使君子 倒挂金钟 刺五加 叶长花 团花杜鹃 银叶杜鹃 大白杜鹃 云锦杜鹃 西南杜鹃 硫磺杜鹃 粉果杜鹃 酒瓶花 泡泡杜鹃 附生杜鹃 蜡叶杜鹃 蓝果杜鹃 鲜黄杜鹃 长蒴杜鹃 棕背杜鹃 连翘 茉莉花 臭牡丹（臭荷包） 狮子尾 枸杞 假杜鹃 栀子花 绣球花 纯叶鸡蛋花 粗叶悬钩子 野连翘 红花檵木 显脉大参 大花八角 无量山小檗 景东楤木 无量山山矾 多花山矾 桃金娘（破碗花） 哀牢红 景东羊奶子 白簕（刺五加） 五色梅 一品红 南非羊蹄甲 龙爪槐 玉叶金花

第五节 动 物

一、脊椎动物

鱼类 土著鱼类主要有红鳍方口鲃、后背鲈鲤、中国结鱼、云南野鲮、鲃鲤、澜沧江爬鳅、中华刀鲇、巨鲘（面瓜鱼）、中华青鳉、异鱲（花条鱼）、软鳍四须鲃、暗色唇鱼、纹尾盆唇鱼、横斑原缨口鳅、红鲘、间褶鳅、平吻褶鳅、大刺鳅（刀鳅鱼）、金鱼、鳝鱼、泥鳅、澜沧江弓鱼、鲇鱼等。引进鱼类主要有建鲤、青鱼、草鱼、鲢、鳙、团头鲂、彭泽鲫、乌鳢（蛇鱼）、银鱼、武昌鱼、美国斑点叉尾鮰、罗非鱼（新吉富、吉诺玛）等。

爬行类 有2目9科41属60种。主要有大盲蛇、蟒蛇、八莫过树蛇、白链蛇、绿锦蛇、三索锦蛇、黑眉锦蛇、腹斑游蛇、颈槽游蛇、八线游蛇、渔游蛇、红脖游蛇大亚种、方花小头蛇、横纹翠绿蛇、老挝后棱蛇、颈斑蛇、斜鳞蛇指名亚种、斜鳞蛇中华亚种、灰鼠蛇、缅甸游蛇、黑领剑蛇、黑线乌梢蛇、乌蛇（乌梢蛇）、银环蛇云南亚种、丽纹蛇指名亚种、眼镜蛇、眼镜王蛇、莱花烙铁蛇、山烙铁头指名亚种、竹叶青云南亚种、脆蛇、棕背树蜥、蚌西树蜥、云南龙蜥、纵斑蜥虎、锯尾蜥虎、云南半叶趾虎、山滑蜥、蝘蜓、多线南蜥、细蛇蜥、蛤蚧、团鱼、平胸龟、鼋、山瑞鳖，等等。

两栖类 有2目8科20属43种。主要有红瘰疣螈（娃娃鱼）、兰尾蝾螈、微蹼铃蟾、宽头短腿蟾、小角蟾、峨眉角蟾、峨山掌突蟾、螯掌突蟾、景东齿蟾、拟齿蟾属一种、哀牢髭蟾、哀牢蟾蜍、黑眶蟾蜍、缅甸蟾蜍、大花角蟾（老阿阿）、无量山角蟾、华西雨蛙、云南臭蛙、泽蛙、日本林蛙昭觉亚种、花棘蛙、棘肛蛙、双因棘胸蛙、四川湍蛙、棘蛙属一种、斑腿树蛙、云南小狭口蛙、饰纹姬蛙、蛤蟆，等等。其中哀牢髭蜍、哀牢蟾蜍、景东齿蟾为哀牢山特有种。

鸟类 有17目49科373种。主要有小鸊鷉、鸬鹚、苍鹭、绿鹭、池鹭、牛背鹭、白鹭、夜鹭、草鹭、紫背苇鳽、栗苇鳽、赤麻鸭、绿翅鸭、斑嘴鸭、琶嘴鸭、鸳鸯、普通秋沙鸭、风头鹰、雀鹰、松雀鹰、普通鹰、棕翅鵟鹰、黑兀鹫、鹃鹞、蛇雕、猛隼、红隼、鹧鸪、鹌鹑、蓝胸鹑、环鸮山鹧鸪、绿脚山鹧鸪、红喉山鹧鸪、棕胸山鹧鸪、棕胸竹鸡、红腹角雉、白鹇、原鸡（茶花鸡）、环颈雉、黑颈长尾雉、白腹锦鸡（箐鸡）、绿孔雀、黄脚三趾鹑、棕三趾鹑、蓝胸秧鸡、小田鸡、红胸田鸡、棕背田鸡、白胸苦恶鸟、竹鸡、董鸡、黑水鸡、凤头麦鸡、灰头麦鸡、金斑鸻、剑鸻、金眶鸻、林鹬、白腰革鹬、矶鹬、孤沙锥、针尾沙锥、扇尾沙锥、丘鹬、黑翅长脚鹬、棕义鸥、楔尾绿鸠、厚嘴绿鸠、点斑林鸽、山斑鸠、珠颈斑鸠、火斑鸠、绿背金鸠、戴胜鸟、绯胸鹦鹉、大绯胸鹦、灰头鹦武、红翅风娟、鹰娟、四声杜鹃、大杜鹃、中杜鹃、小杜鹃、栗斑杜鹃、八声杜鹃、翠金鹃、乌鹃、噪鹃、绿嘴地鹃、褐翅鸦鹃、小鸦鹃、红角鸮、领角鸮、雕鹦、草鸮（猴面鹰）、鹏鸮（老恨狐）、领鸺鹠、斑头鸺鹠、鹰鹦、普通夜鹰、长尾夜鹰、白喉针尾雨燕子、白腰雨燕、红头咬鹃、冠鱼狗、斑鱼狗、普通翠鸟、赤胸拟啄木、白胸翡翠、蓝翡翠、黑胸蜂虎、栗喉蜂虎、绿喉蜂虎、棕胸佛法僧、大拟啄木、金喉拟啄木、蓝喉拟啄木、黄喉拟啄木、蚁裂、褐河乌、鹪鹩、褐红背岩鹨、锈腹短翅鸫、白喉短翅鸫、蓝短翅鸫、红点颏、蓝歌鸲、红胁蓝尾鸲、金色林鸲、鸲（八哥）、白眉林鸲、鹊鸲、黑喉红尾鸲、蓝额红尾鸲、北红尾鸲、红尾水鸲、短翅鸲、白尾地鸲、灰背燕尾、黑背燕尾、斑背燕尾、紫宽嘴鸫、黑喉后鹏、白斑黑石、灰林鵖、白顶溪鸲、栗胸矶鸫、蓝矶鸫、紫啸鸫、白眉地鸫、光背地鸫、虎斑地鸫、长尾地鸫、黑胸鸫、白腹鸫、赤颈鸫、斑鸫、棕头幽鹛、锈脸钩嘴鹛、棕颈钩嘴鹛、剑嘴鹛、灰岩鹪鹛、短尾鹪鹛、小鹪鹛、斑翅鹩鹛、红头穗鹛、纹胸鹛、红顶鹛、金眼鹛雀、茅纹草鹛、白喉噪鹛、小黑领噪鹛、黑领噪鹛、黑喉噪鹛、灰翅噪鹛、灰胁噪鹛、画鹛、白颊噪鹛、鲶斑噪鹛、纯色噪鹛、橙翅噪鹛、黑顶噪鹛、红头噪鹛、赤尾噪鹛、红翅薮鹛、银耳相思、红嘴相思、棕腹鵙鹛、红翅鸭鵙鹛、淡绿鵙鸠鹛、栗喉鵙鹛、栗额鵙鹛、栗额斑翅鹛、白眶斑翅鹛、灰头斑翅鹛、蓝翅希鹛、斑喉希鹛、火尾希鹛、金胸雀鹛、栗头雀鹛、白眉雀鹛、棕头雀鹛、竭头雀鹛、褐胁雀鹛、灰眼雀鹛、白眶雀鹛、鹊色奇鹛、黄颈凤鹛、纹喉凤鹛、白领凤鹛、棕胁凤鹛、黑颏凤鹛、白腹凤鹛、褐鸦雀、黄嘴鸦雀、北灰鹟、褐胸鹟、红褐鹟、铜蓝鹟、方尾鹟、黑枕王鹟、寿带、白眉扇尾鹟、白喉扇尾鹟、黄腹扇尾、大山雀、绿背山雀、黄颊山雀、黄眉林雀、红头长尾山雀、黑头长尾山雀、绒额、巨鹏、滇䴓、白尾䴓、普通䴓、高山旋木雀、纯色啄花鸟、红胸啄花鸟、黑胸太阳鸟、黄腰太阳鸟、火尾太阳鸟、蓝喉太阳鸟、绿喉太阳鸟、叉尾太阳鸟、纹背捕蛛鸟、暗绿绣眼、红胁绣眼、灰腹绣眼、树麻雀、山麻雀、黄胸织布鸟、白腰文鸟、斑文鸟、燕雀、黑头金翅、藏黄雀、酒红朱雀、红眉朱雀、普通朱雀、红额灰雀、褐灰雀、赤胸灰雀、血雀、栗鹀、黄胸鹀、灰头鹀、硫黄鹀、灰眉岩鹀、赤胸鹀、小鹀、凤头鹀、银耳相思鸟、喜鹊、乌鸦、鹡鸰（点水雀）、红尾伯劳、虎纹伯劳、灰背伯劳、棕背伯劳、长尾山椒鸟、灰喉山椒鸟、赤红山椒鸟、短嘴山椒鸟、粉红山椒鸟、钳嘴鹳、丝光掠鸟、凤头雀嘴鹎、古铜色卷尾、蓝须夜蜂虎、冠斑犀鸟，等等。

巨魾　（肖德兵　摄）

山蟹（罗海垠　摄）

罗氏沼虾（罗海垠　摄）

兽类　有9目30科78属。其中虎在旧志中最后记述于清同治年间（1862—1874）："有同榻高卧在施者，被虎衔去，在外者鼾睡不知。"中华人民共和国成立后，有关虎的记述日渐稀少，但尚未收到绝迹报告。兽类主要有小鼩鼱、川鼩、长尾鼩、印度长尾鼩、短尾鼩、南小麝鼩、长尾大麝鼩、毛猬、中国鼩猬、白尾鼹、长尾鼹、多齿鼩鼹、棕果蝠、大蹄蝠、大棕蝠、伏翼、普通伏翼、南蝠、大黄蝠、长翼蝠、短翼菊头蝠、拖式菊头蝠、鲁式菊头蝠、小菊头蝠、树鼩、猕猴（黄猴）、短尾猴、短属猴、菲氏叶猴（灰叶猴）、黑冠长臂猿、蜂猴（懒猴）、黑叶猴、熊猴（大青猴）、穿山甲、黑白飞鼠、云南鼯鼠、棕足鼯鼠、霜背大鼯鼠、明纹花鼠、隐纹花鼠、红脸颊松鼠、红股长吻松鼠、红腹松鼠、白喉松鼠、猪尾鼠、中华竹鼠、景东树鼠、云南攀鼠、巢鼠、板齿鼠、中华姬鼠、齐氏姬鼠、白腹巨鼠、白腹鼠、灰腹鼠、针毛鼠、社鼠、黄胸鼠、大足鼠、屋顶鼠、锡金小鼠、野外小家鼠、小家鼠、滇大绒鼠、滇绒鼠、昭通绒鼠、四川田鼠、狐、黑熊、青鼬、黄腹鼬、水獭、小爪水獭、鼬獾、猪獾、大灵猫、小灵猫、山狸、斑林狸、果子狸、金猫、豹猫、小熊猫、云豹、赤麂、小麂、毛冠鹿（黑麂）、水鹿、林麝、鬣羚、斑羚、野猪、獐、青羊、苏门羚（岩羊）、熊、豪猪、黄鼠狼、土猪、石獾、草猫、灰毛兔、灰尾兔、云南大飞鼠、苏门羚（岩羊）、金钱豹、孟加拉虎，等等。

家畜家禽　家畜主要有猪、马、驴、骡、水牛、黄牛、山羊、绵羊、狗、兔、猫、鹿、竹鼠，等等。家禽主要有鸡（无量山乌骨鸡、瓢鸡、本地麻鸡、毛脚麻鸡、绒毛鸡、翻毛鸡、无毛鸡、矮脚鸡、珍珠鸡等）、火鸡、鸭、旱鸭、鹅，等等。

景东县常见鸟类（张兴伟、 熊学忠、 夏乡、 罗海垠、 唐云、 庄小松、 朱家富、 罗一华等 摄）

景东县常见兽类（范朋飞、 鲁成荣、 唐云、 姜贵寿、 肖德兵等 摄）

二、无脊椎动物

景东分布并且已采集到的昆虫标本有 20 目 5913 件，其中已鉴定 4086 件，未鉴定 1827 件。已鉴定标本隶属 9 目 107 科 644 种（亚种）。

昆虫类　非洲蝼蛄、蝗虫、蚜虫、蚧、云南松梢蚧、景东白胶蚧、白轮、盾蚧、缘蝽、滇蝽、臭大姐、猎蝽、红蝽、金龟子、屎壳郎、瓢虫、天牛、隐头叶甲、珊螽、大袋蛾、蠹蛾、刺蛾、斑蛾、野螟、钩蛾、尺蛾、大燕蛾、高山松毛虫、思茅松毛虫、文山松毛虫、云南松毛虫、叶蛾、剑川杂毛虫、苹毛虫、蚕蛾、胡桃大蚕蛾、樟蚕、天蛾、舟蛾、鹿蛾、滇鹿蛾、拟灯蛾、灰灯蛾、污灯蛾、斑灯蛾、灯蛾、夜蛾、后夜蛾、虎蛾、毒蛾、带蛾、网蛾、虎腹敌蛾、青刺蛾、带弄蝶、蛱蝶、灰蝶、粉蝶、眼蝶、斯氏里斑蝶、蚕蛾、蠼螋、磕头虫、田鳖、水螳螂，等等。

景东县常见昆虫（纪皓、 罗海垠、 夏乡、 张兴伟等 摄）

环节类　节肢类　软体类　环节类主要有蚯蚓、水蛭、山蚂蝗；节肢类主要有蝉、蜻蜓、萤火虫、蚂蚱、蜜蜂、草蜂、岩蜂、七里蜂、夜蜂、葫芦蜂、猪屎蜂、土蜂、大黑蜂、紫胶虫、斑蝥、马蜂、蚂蚁、白蚁、蟑螂、蚊、苍蝇、牛虻、蜘蛛、地老虎、蛴螬（土蚕）、家蚕、黏虫、象鼻虫、菜青虫、桑螵蛸、蜈蚣、蝎子、马陆（千足虫）、断肠草、蚰蜒（多脚蜈蚣）、九香虫（放屁虫）、鼠妇、棉铃虫、蜻蛉（豆娘）、水蚤、孑孓、水黾（水蜘蛛）、红娘华、蚋、蜉蝣、石蛾，罗氏沼虾、河虾、山蟹、田蟹，等等。软体类主要有蜗牛、蛞蝓、牡蛎、蚶、文蛤、扇贝、塘贝、河贝、河蚌、田螺、福寿螺，等等。

第四章　自然灾害

第一节　地　震

景东县地处墨江、元江和澜沧江深大断裂带，地震烈度七度区，动参数0.1~0.15g，属于地震多发区。地震记录始于明弘治十二年（1499）六月，迄至2011年，先后共发生破坏性地震6次。最大震级发生于明正德十五年（1520）八月辛酉，据《明实录·武宗实录》卷一百八十九载："云南景东卫地震，声如雷，摇仆军器库、城墙、公廨、民居，地多拆裂"。震级为里氏5.6级。

一、县内震情

1970—1980年，每年都有里氏3级左右地震发生。2000—2012年，共发生地震43次，其中，里氏1.0~1.9级地震21次，里氏2.0~3.0级地震19次，里氏3.0级以上地震3次。最大震级地震发生于2011年3月23日，为里氏3.4级。

二、波及较大的震情

1988年11月6日，澜沧和耿马先后发生里氏7.6级和里氏7.2级地震，波及境内。不少学校、民房受损。

1995年7月12日，孟连中缅边境发生里氏7.3级地震，境内有震感。

1995年10月24日，楚雄州武定县发生里氏6.5级地震，波及龙街、文龙等乡，部分民房及学校受损。

1996年2月3日，丽江发生里氏7.0级地震，境内有震感。

2000年1月25日，楚雄州姚安发生里氏6.5级地震，波及龙街、文龙、安定等乡（镇），部分房屋受损。

2007年6月3日，宁洱发生里氏6.4级地震，波及景东，震感强烈。全县13乡镇、164村（居）、537组、7.04万人受灾，文庙、房屋及交通、电力、水利、通信、饮水设施不同程度损毁，经济损失2.13亿元。

2008年5月12日，汶川发生里氏8.0级地震，境内有震感。

2009年7月9日、13日，姚安分别发生里氏6.0级地震和里氏4.7级地震，境内有震感。

2009年11月1日，楚雄钟山发生里氏4.1级地震，境内有轻微震感。

2009年11月2日，大理宾川发生里氏5.0级地震，境内有轻微震感。

2010年2月17日，南涧县无量山镇发生里氏3.3级地震，境内有轻微震感。

1520—2011年景东县较强地震一览表

表1-4-1　　　　单位：千米

地震时间		震中位置			震中烈度	震级		备注
年月日	时分秒	东经	北纬	精度		M_S	M_L	
1520. 8. 28	—	100. 8°	24. 4°	3	Ⅶ⁺	53/4		一说为1520年8月18日
1517. 1. 25	—	100. 8°	24. 4°	2	Ⅳ	4	—	—
1596. 12	—	100. 8°	24. 4°	2	Ⅳ	4	—	—
1615. 7. 4	—	100. 8°	24. 4°	2	Ⅳ	4	—	—
1669. 9	—	100. 8°	24. 4°	2	Ⅳ	4	—	—
1691. 12	—	100. 8°	24. 4°	2	Ⅳ	4	—	—
1728. 5	—	100. 8°	24. 4°	2	Ⅳ	4	—	—
1901. 9	—	100. 8°	24. 4°	2	Ⅲ	3 1/2	—	—
1974. 4. 9	15：40：28	100°37′	24°37′	—	A	4. 1	4. 1	—
1980. 4. 17	09：37：18	100°35′	24°35′	—	B	3. 8	4. 3	—

第二节　旱　灾

1979年，冬春夏连旱。大春受灾2万公顷。

1987年5月，少雨，高温。

1989年4月上旬至5月上旬，干旱。作物受旱0. 51万公顷。

1998年1—6月，持续干旱。水稻、玉米、甘蔗、烤烟受灾2. 03万公顷，经济损失3182万元。

2000年11月22日至2001年4月30日，干旱。农田受灾1. 56万公顷，成灾0. 93万公顷，粮食失产600万千克。

2003年2月16日至4月20日，干旱。小春作物受灾0. 17万公顷，成灾0. 13万公顷，绝收271公顷；玉米、水稻旱死590公顷。经济损失830万元。

2005年2—5月，干旱。农作物受灾1. 18万公顷，成灾0. 72万公顷，绝收0. 13万公顷。经济损失1928. 8万元。

2006年1—4月，干旱。农作物受灾1. 6万公顷，成灾0. 16万公顷，绝收0. 13万公顷。经济损失1392. 8万元。

2008年1月，轻度干旱，农作物和人畜饮水无明显影响；6月18—24日，插花性干旱。

2009月至次年4月，秋冬春初夏连旱，遭遇百年一遇旱情。2009年9月上旬至2010年3月中旬，降水量仅121. 7毫米，为县内有气象记录后最少值，降水较常年偏少68%；全县平均最高气温26. 7℃，较历史同期偏高2. 5℃。由于高温持续时间长，创下平均最高气温历史纪录，造成全县13个乡镇、166个村、24. 9万人受灾，5. 21万人缺水，2. 52万头大牲畜饮水困难，农作物4. 59万公顷受灾，经济损失2. 1亿元。

第三节　洪涝　泥石流

1978年5月，川河大水，淹没水稻、甘蔗266. 67公顷。6月21日，连日暴雨，川河再涨。冲毁麻栎庄木大桥，农作物受灾0. 13万公顷、成灾316. 33公顷，粮食失产240万千克，民房倒塌60间，损失牲畜38头。

1981年9月14—15日，漫湾镇温竹、安乐3~4小时内连降暴雨100多毫米，引发山洪。交通、通讯设施水毁严重。窝落地、罗家村社山体坍塌，泥石流冲走白正昌、张贤富、黄顺3户18人及7间房屋，其中15人死亡。

1984年7月27日，景福区竹箐、公平，林街区丁帕、岩头等10个乡暴雨，引发山体坍塌。造成重伤8人，受惊吓精神失常2人，房屋倒塌14幢，粮食失产32.5万千克，水毁桥梁6座，公路阻断19千米。

1985年6月15日，大街区暴雨，造成2人死亡，水毁农田8.67公顷、简易桥1座。者干河水浑如泥浆，鱼虾被呛死者随处可见。6月18日，锦屏区黄草岭、新民猛雨，菊河水暴涨。水毁菊河电站渠道75米、渡槽1座，造成菊河三级电站停电；水毁山冲乡稻田46.67公顷。全县计7人死亡，房屋受损666间，农作物受灾1.23万公顷，粮食失产1045万千克。

1986年7月30日，川河洪灾。图为文龙区受灾情况（石德林 摄）

1991年7月16日，川河洪灾危及河东大桥（李廷新 摄）

1986年7月9日，漫湾镇温竹、安召、五里、安乐、漫湾连降暴雨5小时，引发多处山体滑坡。造成3人死亡，3人失踪，173幢房屋倒塌或损毁严重，水毁田地32.8公顷，粮食失产9.84万千克，冲毁水碾和水磨32座、12千瓦小水电站1座，冲走牛5头、猪羊鸡鸭鹅110只（头、羽）。景东至昆明214线国道中断半年之久，堆积于昆明的化肥418.6万千克、石油85万千克、钢材150万千克、日用百货400万千克、文井糖厂扩建物资60万千克无法运回，滞运木材4000立方米、白糖75万千克和松香、茶叶及农产品280万千克，财政经济遭受重大损失。是年10月，安定、文龙、锦屏、文井区（镇）连降暴雨，山洪暴发，河水猛涨；公路中断，庄稼受损。其中，水毁安定区房屋54间、稻田18.87公顷，冲坏茶叶加工厂1座，损失成品茶价值8.8万元。

1987年9月5—7日，洪灾。2人死亡，水毁部分桥梁及1座小型电站设备。

1988年6月20日，暴雨，24小时降雨52.9毫米。造成农作物绝收19.8公顷，粮食失产1.63万千克。7月16日，24小时降雨28.5毫米。造成农田受淹0.32万公顷，绝收483.93公顷，粮食失产129.87万千克，水毁水闸1座。7月22日，降大雨，24小时降雨量26.3毫米。造成农田受淹0.47万公顷，粮食失产5.44万千克，水毁渠道25条2.82千米、简易坝头14座。8月5—9日，降水量81.9毫米。造成农田受淹753公顷，粮食失产22.81万千克。

1994年6月22日，川河洪灾冲毁沿岸农作物（李廷新 摄）

1989年5月24日，大雨，24小时降雨量40.1毫米。造成农田受淹165.33公顷，绝收51.2公顷，水毁渠道27米。其中，水毁太忠区民房25间、水田63.87公顷（其中27.2公顷无法复耕）、桥梁4座、手扶拖拉机1辆。6月2日，暴雨，24小时降雨量71.1毫米，造成3人死亡、6头牲畜死亡，水毁房屋7间，农田受淹940公顷，粮食失产39.63万千克。6月27日，大雨，24小时降雨量26.7毫米，造成农田受淹184.57公顷，绝收56.07公顷，粮食失产14.51万千克，水毁桥梁3座。9月5日，大雨，24小时降雨量41.1毫米，造成农田受淹144.87公顷，绝收16.67公顷，粮食失产12.01万千克，水毁房屋29间、渠道307条18.61千米。10月9日，暴雨，24小时降雨量65.7毫米，造成农田受淹178.87公顷，粮食失产1.36万千克，水毁房屋4间、渠道4.75千米。

1990年6月3日，暴雨，24小时降雨量60.7毫米，造成农田被淹340.85公顷，粮食失产15.44万千克，水毁房屋12间（其中倒塌1间）、渠道233条151千米。7月9日，锦屏镇菜户河洪灾。洪水瞬间卷走看水磨房弟兄3人，次日方在20千米下游找到尸体1具，另2人下落不明。7月10日，连续二次大雨。造成5人死亡、19头耕牛死亡，农田被淹1926.67公顷，粮食失产232.4万千克，水毁房屋160间、桥涵13座。7月26日，大暴雨，日降雨量104.2毫米，造成3人死亡、7头牲畜死亡，农田被淹2313.33公顷，粮食失产182.93万千克，水毁房屋345间，损坏200千瓦变压器1台。

1991年7月15—16日，受6号台风影响，特大暴雨。降雨量在川河中上游安定乡哀牢山8个村中心区域280毫米、文龙乡240毫米、水文站81毫米、测站64.1毫米，下游乡镇受灾尤重，计5人死亡、10人受伤、391头大牲畜死亡，农田被淹8866.67公顷，粮食失产1554.02万千克，水毁房屋2542间、桥涵460座（包括文龙百年“风雨桥”），公路多处出现塌方，经济损失2413.79万元。7月31日，哀牢山一线、城区及川河下游暴雨，日降雨量89.8毫米，造成4人死亡，农田被淹590.47公顷，粮食失产14.15万千克，水毁房屋3间、简易水坝350座、渠道155条、桥涵31座。

1992年8月22日，受地面冷锋影响，暴雨，日降雨量82.0毫米。由于抗洪措施得力，未造成大的灾害。

1993年6月29日，暴雨，日降雨量79.5毫米。县供销社两座仓库被水淹达30厘米。7月13日，安定乡连续降雨，菠萝、望福两村受灾尤重。望福村上下望月、横路、牛泥塘大面积滑坡，经济损失1600万元，需搬迁6户。7月23日至24日，暴雨，造成粮食失产5.13万千克，部分甘蔗、烤烟被淹，水毁渠道130米、桥梁8座，经济损失10.31万元。

1994年5月29日，文井镇暴雨，造成农田被淹140公顷，粮食失产68.68万千克，甘蔗受灾9.73公顷、减产67.4万千克，水毁房屋157间、桥涵85座、乡村公路8条，经济损失182.1万元。6月18日，暴雨，日降雨量66.2毫米，造成农田受淹80公顷，粮食失产8.55万千克，水毁房屋144间。6月21日，大暴雨。暴雨中心在大街、花山、文井，日降雨量198.4毫米。全县9个乡镇64

个村受灾严重，1 人死亡、1 人受伤、53 头牲畜死亡，农田被淹 2693. 33 公顷，粮食失产 435. 56 万千克，民房受损 730 间、倒塌 221 间，水毁公路 11.5 千米，中断交通 10 天、电信 7 小时、电力 15 小时，经济损失 1293. 95 万元。

1995 年 7 月 6 日 02：00，速南河上游暴雨。者后乡 6 村 38 社房屋受损 123 间，农作物成灾 57. 53 公顷（其中绝收 20. 6 公顷），水毁路基 4. 79 千米、坝头 7 座、桥涵 4 处、沟渠 90 条，直接经济损失 182 万元。11 月 4 日，暴雨，日降雨量 61. 8 毫米，造成菊河四级电站渠道上方山体坍塌 300 米，电站停止发电和水厂停水 115 小时，经济损失 17 万元。

1996 年 5 月 13 日，暴风雨。全县 7 个乡镇、30 个村、165 个社、1081 户、4665 人受灾，1 人受伤，部分民房、学校和经济作（植）物受损，经济损失 116. 87 万元。7 月 30 日至 8 月 1 日，暴雨，降雨量 162. 9 毫米。大街、花山、文龙、林街多处发生泥石流、滑坡灾害，4 人死亡，受损民房 2621 间、农作物 1460 公顷，粮食失产 421. 8 万千克。9 月 16 日凌晨，漫湾电站采石场发生泥石流灾害，14 人死亡，6 人受伤。11 月 6 日，东镇长发村突降暴雨，引发山洪，1 人失踪，1 人受伤。

1997 年 4 月 29 日，大街煤厂遭受暴雨侵袭，千余万千克煤炭及 1 台抽水机被泥水掩埋，经济损失 50 万元。6 月 16 日、18 日、21 日、22 日、24 日，大雨，造成 1 人死亡、13 人受伤、16 头大牲畜死亡，农田被淹 156. 33 公顷、绝收 8. 27 公顷，水毁房屋 22 间、损坏 46 间，经济损失 27. 2 万元。7 月 16 日，大雨，川河及支流暴涨，造成 18 头牲畜死亡，水毁房屋 466 间、损坏 391 间，农田被淹 3060 公顷、粮食失产 1. 1 万千克，甘蔗受灾 45. 33 公顷，烤烟受灾 40. 93 公顷，公路中断 48 小时，经济损失 1240 万元。

1998 年 7 月 1—3 日，连续中、大雨。3 日，山洪暴发，河水上涨，山体滑坡形成泥石流。全县 15 个乡镇、132 个村办、3. 55 万户、13. 61 万人受灾，21 人死亡、20 人受伤、527 头大牲畜死亡，农作物绝收 1786. 67 公顷，水毁房屋 2948 间、受损 1. 26 万间，经济损失 7585. 1 万元。林街乡岩头、丁帕，漫湾镇昔掌、保甸等地降单点性暴雨，滑坡和泥石流灾害尤重。8 月 7 日，景福、林街、曼等、东镇、永秀、漫湾 6 个乡（镇）突降单点性暴雨，造成 3 人死亡、3 人受伤，农田被淹 3666. 67 公顷，损坏房屋 614 间、倒塌 793 间，水毁公路 830 米，经济损失 1391. 4 万元。

1999 年 7 月 16 日，暴雨，引发大水。造成 15 个乡镇、74 个村办、314 个社、2. 44 万人受灾、1. 02 万人成灾，4 人死亡，民房受损 715 间、倒塌 264 间，农作物受灾 2373. 33 公顷、成灾 1173. 33 公顷、绝收 97. 47 公顷，受损沟渠 315 件、公路 1 条（坍塌 2 段），经济损失 693. 6 万元。8 月 31 日，暴雨，川河、者干河大水。县城街道积水，商铺进水，行人受阻，县人民会堂前一片汪洋，造成 15 个乡镇、104 个村办、1145 个社受灾，15 人死亡、5 人受伤，大牲畜死亡 510 头，水毁房屋 6352 间，农作物受灾 2313. 33 公顷、绝收 2100 公顷，其中甘蔗、烤烟成灾 145. 67 公顷，受损学校 2 所、卫生院 3 所，公路坍塌 66 万立方米，经济损失 1. 46 亿元。10 月 22 日至 11 月 3 日，连续降雨，引发山洪。15 个乡镇、93 个村办、607 个社、3. 22 万人受灾，1. 63 万人成灾，民房受损 782 间、倒塌 232 间，农作物受灾 2053. 33 公顷、成灾 1000 公顷、毁坏 60. 87 公顷、粮食失产 214. 69 万千克，甘蔗受灾 157. 07 公顷、成灾 33. 6 公顷、减产 286 万千克，水毁公路 31 条、人行吊桥 1 座、渠道 312 件，经济损失 796. 3 万元。

2000 年 7 月 5 日，洪、涝灾。8 个乡镇农作物受灾 1100 公顷、成灾 564. 87 公顷、绝收 77. 6 公顷，民房受灾 964 间、受损 623 间、倒塌 34 间，水毁沟渠 284 件，经济损失 463. 2 万元。7 月 8 日，洪涝灾。2 人死亡、4 人受伤、86 头牲畜死亡，农作物受灾 2546. 67 公顷、成灾 1760 公顷、绝收 209. 73 公顷，民房受灾 2. 16 万间、受损 749 间、倒塌 289 间，水毁硅铁厂 1 座、小水电站 2 座、公路 11 条、桥涵 2 座、渠道 584 件，经济损失 1496. 4 万元。7 月 7—9 日，安定乡洪灾。8 个村、2 个企业、815 人受灾，1 人死亡，民房、田地、硅铁厂及水利、交通设施水毁严重，经济损失 437. 1 万元。8月27日，洪、涝灾。8个乡镇农作物受灾1113.33公顷、成灾914公顷、绝收104公顷，粮食失产330万千克，经济作物受灾28.87公顷、成灾11.2公顷，民房受灾824间、受损624间、倒塌96间，经济损失705万元。同日，者后乡挖萨村龙潭地社发生泥石流，死亡1人，冲毁房屋1间。

2001年5月26日，洪、涝灾。农田受淹1093.33公顷、成灾680公顷、绝收64公顷，民房受损763间、倒塌106间，经济损失477.3万元。

2002年7月6日，洪灾。农作物受灾1333.33公顷、成灾806.67公顷，房屋受灾1383间、受损865间、倒塌146间、需搬迁372间，经济损失624.5万元。8月10日，特大暴雨。造成9头大牲畜、199羽家禽死亡，农作物受灾1486.67公顷、成灾960公顷、绝收154.4公顷，房屋受灾916间、受损464间、倒塌126间、需搬迁326间，经济损失752.8万元。8月17日，暴雨，造成1人死亡，农作物受灾1320公顷、成灾853.33公顷、绝收156公顷，房屋受灾840间、受损447间、倒塌107间、需搬迁286间，经济损失577万元。

2003年8月26日，洪、涝灾。5人受伤，农作物受灾2826.67公顷、成灾1580公顷、绝收210公顷，房屋受灾3366间、受损2625间、倒塌212间、需搬迁528间，经济损失1172.8万元。

2004年8月4日，洪灾。造成25头大牲畜死亡，农作物受灾1520公顷、成灾1040公顷、绝收169公顷，房屋受灾1430间、受损1386间、倒塌44间，水毁水利设施297件342处、拱桥3座，塌方2万立方米，经济损失744.7万元。8月28日，洪灾。农作物受灾1113.33公顷、成灾596.8公顷、绝收128.3公顷，房屋受灾1104间、受损1069间、倒塌41间，经济损失494.1万元。10月2日，暴雨。造成农田受灾48公顷、成灾16.7公顷，房屋受损18间，经济损失15.8万元。

2005年7月24日，洪、涝。造成农作物受灾906.67公顷、绝收92公顷，房屋受灾861间、受损847间、倒塌18间，损失214.8万元。10月2—5日，景福乡连降暴雨。造成13个村、86个组受灾，水毁大小桥梁8座、饮水管道43件32千米，民房受损137户285间、毁坏8户26间，学校受损2所，经济损失140万元。

2006年7月17日晚，锦屏镇灰窑、温卜、磨腊、新民等10个村暴雨，造成164组、809户、3360人受灾，房屋、田地、公路、沟渠水毁严重，经济损失146万元。7月21日凌晨，漫湾镇暴雨，引发山洪、泥石流和山体滑坡，造成8个村、136个小组、2100户、9840人受灾，经济损失98.24万元。8月24日，暴雨。造成3.58万人受灾、1.56万人重灾，农作物受灾2353.33公顷、绝收318公顷，房屋受灾780间、受损682间、倒塌98间，公路中断40条，水毁涵洞18个、坝头92个、沟渠182条，经济损失981.9万元。10月上旬，洪涝，造成2.99万人受灾、1.14万人重灾，粮食作物受灾1613.33公顷、绝收148公顷，粮食失产177.29万千克，民房受灾1240间、受损1123间（重损537间、轻损586间）、倒塌117间，受灾甘蔗240公顷、蚕桑120公顷、蔬菜及其他经济林果110公顷（其中绝收32公顷），公路中断43条，石拱桥受损1座，水毁涵洞24个、护岸39处、堤防132米、临时坝头1422件，经济损失1108.22万元。

2007年7月19—20日，强降水，造成1.33万户5.43万人受灾、4909户1.96万人成灾，2人死亡、2人失踪，民房受灾1815户1.11万间（倒塌342户2051间、受损939户6362间），损毁旱地86.67公顷、水田26.67公顷，农作物受灾8953.33公顷、成灾3160公顷、绝收886.67公顷，水毁临时坝头1018座，受损渠道3541件、小水塘2个、小水池82个、人畜饮水管道168千米、河堤20.6千米，公路塌方137.33万立方米，涵洞受损82道，水毁小桥6座、路基68处、挡土墙25处、沙石路面119千米、道班房14间，学校受损29所，电力、通信基础设施不同程度受损，经济损失6849.52万元。8月16日，单点性强降水，造成文井镇文会村2人死亡、2人重伤，闷沟河水库出现险情。

2008年7月，洪涝，造成1.16万人受灾，房屋受损345间、倒塌78间，粮食作物受灾1193.33公顷、成灾658公顷、绝收145公顷，东镇文玉、芹菜塘发生滑坡，经济损失663.98万元。8月，出现1次暴雨、4次大雨。在26日暴雨、27日大雨天气影响下，全县13个乡镇、61个村、184个小组、2.01万人受灾，1.24万人重灾，农作物受灾1633.33公顷、成灾84公顷、绝收240公顷，粮食失产278.7万千克，水毁公路11千米，电力、水利设施不同程度损毁，经济损失608.41万元。11月2日，大范围强降水。文井镇出现大暴雨，降雨量106.7毫米，大街、龙街、东镇、锦屏出现暴雨或大暴雨，造成全县1人死亡、32头牲畜死亡，民房受灾1792户7246间、受损7028间（其中烤房7间）、倒塌168间，农田受灾1933.33公顷、冲毁36.03公顷、无法垦复10.67公顷，受灾农作物1393.33公顷、水产0.67公顷，公路塌方753处9.18万立方米、路基缺口和下沉14.44千米19.55万立方米，受损公路74.8千米34.92万立方米、涵洞75道、桥梁12座（全毁1座）、道班房14间，水毁沟渠1727件199.46千米、临时坝1705座、河提76处980米，电力、通信、广电网络设施不同程度损毁，经济损失6817.64万元。11月8日，太忠乡大松树村大水井组发生整体滑坡。受灾32户140人，危及20户87人，经济损失120万元。

2009年7月20—21日，普降大雨，局部地区暴雨，降雨量43.6毫米，造成13个乡镇、67个村、603个组、2.17万人受灾，1.35万人成灾，民房受灾756间、受损684间、倒塌72间，粮食作物受灾1640公顷、成灾820公顷、绝收146.6公顷，粮食失产351.74万千克，烤烟受灾80.6公顷、成灾41.3公顷、绝收16.6公顷，蚕桑受灾64.9公顷、成灾23.3公顷，公路中断84条、受损184千米、坍方5.7万立方米，水毁沟渠152件167千米，经济损失2004.66万元。

2011年9月23日，大朝山东镇榨房村发生泥石流灾害（钟礼昌 摄）

2010年7月下旬，持续降雨，特别是28日，安定、大街两乡暴雨，降雨分别为90.4毫米和52.5毫米。川河、者干河暴涨，沿河两岸受灾严重。计7个乡镇、73个村、365个组、1.46万人受灾，1.04万人成灾、6327人绝收、38头大牲畜死亡，民房受灾1102间、受损856间、受淹168间、倒塌78间，农作物受灾1093.33公顷、成灾686.67公顷、绝收265公顷，冲毁沟渠550条，安定乡电管所、茶厂、畜牧站、中心校、中学校受淹，经济损失998.2万元。10月6—9日，大范围长时间强降雨，造成13个乡镇、62个村、190组受灾，民房受灾1328间、受损984间、倒塌182间、需搬迁162间，农作物受灾900公顷、成灾497公顷、绝收100公顷，5984.28千米公路、650件沟渠不同程度受损，经济损失1567.8万元。10月27—28日，普降大雨。其中，文井镇文华村麦地、新村组降单点性暴雨，降雨量116.3毫米；大街乡、东镇文玉村和文井镇者后村降暴雨，降雨量分别达86.1毫米、73.9毫米和63.7毫米。造成民房271户1631间受灾、1469间受损、21户126间倒塌、6户36间需搬迁，农作物受灾3446.67公顷、成灾1713.33公顷、绝收371.2公顷，文井、花山3条县乡公路、18条乡村公路水毁严重，桥梁受损1座、全毁2座，水利设施受损202件（渠道200件、水库2座），经济损失2971万元。

2011年9月23日，东镇榨房村河底组发生泥石流，造成民房受损10户57间，36头大牲畜、1200羽家禽被掩埋，公路坍塌30千米，损毁桥梁1座、电力线路7千米、饮水工程5件，经济作（植）物受灾18.07公顷，农田受损6.67公顷，经济损失1453.2万元。

第四节　霜冻　低温

1983年12月28日，强霜冻，植（作）物严重冻害。林街公社岩头大队有两姐妹赶猪到景东域，途经无量山峰时被冻死；哀牢山过双柏县碍嘉密林，1人亦被冻死。

1985年3月，轻度倒春寒。

1986年3月1日至3日，低温灾害。高寒山区大牲畜冻死甚多，小春冻害严重。

1996年1月23日，低温，出现结冰现象。

1999年12月22日至次年1月9日，霜冻灾害。境内温度急剧下降至1974年以来最低气温（0℃），地面最低温度-5.3℃，造成15个乡镇、122个村办、1392个社、3.6万户、14.53万人受灾，701头大牲畜因冻死亡，农作（植）物受灾1.59万公顷、成灾0.44万公顷、绝收760公顷，水产受灾水面46.27公顷，经济损失1.06亿元。

第五节　冰　雹

1985年5月10日下午，太忠区沾牛、大柏村突降大雨、冰雹，河水暴涨。河边牛群被大水冲走，隔岸务农人不能返家。

1990年4月，花山区文俄、文召5平方千米范围内突降冰雹，最大颗粒鸡蛋大小，30户小秧及全部成熟小春被打入土层。7—8月，15个区镇、155个乡降雹、暴雨，造成2万户、10万人受灾，田225.67公顷、地219.73公顷成灾，大牲畜41头、猪1头死亡，民房693间倒塌。

1992年3月16日，降雹，最大直径16毫米，平均重量1克。

1993年1月13日，降雹，最大直径7毫米。

1997年3月31日，景福、安定、曼等降雹，直径约1.5厘米。小麦、烟苗、茶叶受灾4533.33公顷，经济损失204.9万元。4月24日，降球雹，直径5毫米。4月29日，大街、花山降雹，同时伴雷电、大雨、大风，造成2人受伤，11头牲畜死亡，房屋受损392间、倒塌103间，农作物绝收260.67公顷，核桃、烤烟受灾27.47公顷，损坏公路15千米、涵洞15个，雷击电话4部，经济损失121.9万元。

1998年1月6日，文井镇文华办事处降雹，最大直径15毫米。

2000年11月20日，降雹，未造成损失。

2003年1月5日，降雹。农作物受灾1440公顷，成灾826.67公顷，绝收156公顷，经济损失248.1万元。

2004年7月1日，降雹，伴大风，造成房屋受损731间、重损246间，玉米受灾8820公顷，成灾512.3公顷，绝收31.3公顷，经济损失损失241万元。

2006年7月27日，锦屏镇降雹，伴大风，造成8个村、67个组、896人受灾，农作（植）物受灾118.67公顷，经济损失63.68万元。

2006年8月6日，太忠乡大松树、岔箐等村突降冰雹，造成8个村、273个组、1200户、5400人受灾，烤烟受灾104公顷、绝收14公顷，玉米受灾216.67公顷、成灾57公顷，蚕桑、甘蔗及民房不同程度受损，经济损失322.77万元。

2007年4月30日20：45—20：52，降雹，伴大风。锦屏镇斗阁、山冲受害尤重。计120头家畜死亡，农作物受灾5920公顷，经济损失213.9万元。

2008年1月24—28日，出现降雨天气，气温骤然下降。大街乡气力、昆岗、平地、勺么降雹，文龙乡邦崴、邦迈、勐痨、瓦罐窑降雪，造成2个乡、9个村、1809户、7126人受灾，农作物受灾436.67公顷、成灾168.67公顷，其中，粮食作物受灾336.67公顷、成灾115.33公顷，粮食失产27.1万千克，经济损失82.64万元。

2009年7月20日，太忠乡大起育村降雹，造成烤烟成灾23.33公顷、绝收16.13公顷，经济损失89.18万元。

2011年8月31日至9月2日，暴风雨、冰雹灾害。民房受灾340间、倒塌5间，烤房受损70间，农作（植）物受灾4200公顷、成灾1586.67公顷、绝收200.4公顷，思茅松受灾1430株，经济损失3527.09万元。

第六节 风 灾

1989年4月25—26日，风患。文玉、永秀、曼等、景福、林街、漫湾、者后、文井8个乡、64个村、581个社、997户受灾，21人受伤，1头牲畜死亡，损坏房屋1196幢2565间，毁林木1.76万立方米。太忠乡大柏村有两兄弟正在杨梅树上摘果，被大风吹落在地摔成重伤，1人经抢救无效死亡。

1990年4月，锦屏、花山、太忠、龙街、文龙、安定、漫湾、林街、景福两次大风。造成56个村、1496户、1916间房屋受损（其中学校42间），438间重损，1人死亡、1人重伤，风毁成熟小麦274.2公顷及豌豆、蚕豆，粮食失产10.69万千克，直接经济损失3909万元。

1991年7月26日，风患，瞬间风速17米/秒。计8个乡镇受灾，2420公顷农作物受损，粮食失产191.1万千克。8月14日，风患，瞬间风速21米/秒。玉米受灾233.01公顷，失产190万千克。

1992年3月16日，大风，伴冰雹；瞬间风速18米/秒，风向西北。

1994年3月14日，大风，瞬间风速21米/秒，风向北西北。4月18日，大风，瞬间风速18米/秒，风向北西北。

1996年7月4日、8月6日和9月2日，漫湾镇数次风灾，造成166.67公顷玉米绝收，经济损失108万元。

1999年8月6日，太忠乡花石、沾牛、三合、大松树、平掌暴雨，伴大风。房屋、公路、桥梁、水利设施水毁严重，经济损失218.06万元。

2000年4月11日，风患。1人受伤，房屋受损1894间、倒塌12间，农作物受灾131.13公顷（成灾95.67公顷），经济林（核桃）受灾176.47公顷，山林受损112.2公顷，经济损失422.7万元。

2002年4月9日，风患。8个乡镇46个村受灾，1人死亡、1人受伤，农作物受灾388.4公顷、成灾77.7公顷、绝收68.67公顷，房屋受灾927间、受损345间，烧毁变压器3台、输电线路受损10千米，经济损失324.6万元。7月14日，风暴，伴暴雨，风速17米/秒，造成1人死亡，房屋受损532间，农作物受灾1433.33公顷、成灾893.33公顷、绝收152公顷，经济林受损23.4公顷，经济损失453.5万元。

2003年4月17日，风患。房屋受灾2975间、受损1987间，经济林木受灾93公顷，经济损失201.1万元。7月25日，大风，伴冰雹，造成房屋受灾203间、受损97间，烤烟受灾49.2公顷、成灾16.34公顷、失产1718.6千克，其他农作物受灾1880公顷、成灾1640公顷、绝收7.3公顷。8月3日，大风，伴冰雹。造成房屋受灾628间、受损304间，玉米受灾1786.67公顷、成灾1080公顷、绝收 241.8 公顷。

2004 年 4 月 13 日，九级大风，瞬间风速 23.1 米/秒，造成 15 人受伤，15 头大牲畜死亡，房屋受损 1.84 万间、受灾 4978 间、倒塌 24 间，农作物受灾 2066.67 公顷、成灾 301.5 公顷，经济损失 1732.9 万元。

2005 年 3 月 21 日，风患。受伤 4 人，房屋受灾 1.28 万间、受损 1.27 万间、倒塌 30 间，农作物受灾 513.6 公顷、成灾 266.2 公顷、绝收 60 公顷，经济林受灾 8486.67 公顷、成灾 564.5 公顷，经济损失 371 万元。

2009 年 4 月下旬，连续风患，7 个乡镇、46 个村、238 个组、2.08 万人受灾，1.26 万人成灾，1 人受伤，大牲畜死亡 1 头、伤 5 头，房屋受灾 3101 间、受损 2980 间，烤房受损 121 幢，损坏电视机 2 台、卫星接收设备 3 套、太阳能 21 台，经济林受灾 642 公顷，经济损失 326.3 万元。

2010 年 4 月 18 日，曼等乡风灾。9 个村、87 个组、560 户受灾，685 间民房受损，经济损失 380 万元。

第七节　雪　灾

1983 年 12 月 28 日凌晨，降雪，积雪深 3 厘米。农作物折断、倒伏占总面积的 1/4，其中压倒甘蔗 333 公顷。交通中断、通讯设施受损，菊河电站不能发电，糖厂 15 万千克糖浆制不成白糖而改酿白酒。

雪灾（罗庆北　摄）

2000 年 1 月 29—30 日，大雨伴雪和冰雹，造成 5.46 万人受灾、3.24 万人成灾，农作物受灾 3133.33 公顷、成灾 2413.33 公顷、绝收 294.73 公顷，粮食失产 426.1 万千克，经济林受灾 220 公顷，造成经济损失 1227.7 万元。

2005 年 3 月 4 日，大雪（倒春寒），造成 120 头大牲畜死亡，农作物受灾 1933.33 公顷、成灾 713.33 公顷、绝收 185.5 公顷，经济损失 540.5 万元。

2007 年 2 月 1 日，海拔 1800 米以上地区普降大雪，雪深 8~30 厘米；海拔 2500 米以上地区雪深 60 厘米，造成 13 个乡镇、41 个村、369 个村民小组、3.3 万人受灾，2.18 万人重灾，死亡大牲畜 23 头、羊 209 只，农作（植）物受灾 3286.67 公顷、重灾（茶叶）22 公顷、绝收 640 公顷，粮食失产 269.1 万千克，经济损失 835.7 万元。

第八节　雷电　疫病　虫害

1982 年 6 月，黏虫害稼，水稻受灾 4940 公顷。

1994 年 6 月 20 日，白背飞虱害稼，危害农田 2666.67 公顷。

1993 年 7 月 20 日至 8 月 22 日，龙街乡石垭口村第七、八、十、十一社农户发生不明原因猝死，7 人死亡。

1995 年 7 月，虫灾，危害庄稼 3700 公顷。7 月 28 日，雷击损坏电视机 11 台、电话机 16 部。

2006 年 7 月 29 日 19∶53 至 30 日 1∶37，强雷暴天气，695 台 76 米高中波天线铁塔拉线被雷击断，铁塔在 30 日 08∶45 倒塌，经济损失 7 万元。

2007 年夏，稻飞虱害稼，平均虫口密度 6381 头/百丛，严重处达 1 万~2 万头/百丛，危害稻谷 5333 公顷。

2011 年 1 月 17 日，花山乡撇罗村平掌组发生雷击伤人事件，1 人死亡，6 人受伤。

第五章　地　名

第一节　地名普查、补更

一、地名普查

1980 年，县地名管理工作领导小组成立。1981 年 3 月至 1983 年 9 月，抽调工作人员开展地名普查，对各行政村、自然村、专业部门、人工建筑物、名胜古迹、地理实体等地名来历、沿革和含义作全面调查。地名处理上，历史原因乱改滥命名的恢复原名，含义欠妥的广泛征求意见报政府审批更改，重复的适当调整，用字不够准确的更正，来历和含义不客观或带有歧义的修改。全县普查出地名并造册上图 3059 条。1984 年 4 月 23 日，县政府《关于颁发景东县标准地名的通知》要求：“今后，各单位在使用地名时，必须按标准名称书写，不得再任意更改。凡需更改或新命名之地名，应按国务院规定，报经批准后方能使用”。1985 年 12 月，《云南省景东彝族自治县地名志》（简称《地名志》）出版发行。

二、地名补更

1993 年 7 月，县地名补更领导小组成立。1993 年 8 月至 1993 年 12 月 16 日，根据《云南省地名补查和资料更新工作暂行细则》，以《地名志》和《地名普查成果表》为基础，重点参照 1984 年 10 月出版的《景东县地图》和中国人民解放军总参谋部测绘局 1∶5 万地形图及统计资料，逐条逐项逐要素对照并补漏、更新、改错和增删，分类列表登记后实地核查。全县共有 183 人参与补更，走访群众 672 人（次），实地勘察 206 处，对《地名志》挂漏地理坐标，自然村庄海拔、土壤、建村年代及河流河床宽度、深度、流向、流域面积，蓄水坝高低水位及蓄水量、坝体坡度、泄洪闸、输水涵洞等一一补充完善。同时，整理填报《地名补查和资料更新成果表》3372 条，其中废弃地名 24 条，全部按标准化处理。在所使用 3348 条地名中，汉语 2745 条，傣语 506 条，彝语 45 条，哈尼语 32 条，拉祜语 11 条，基诺族语 9 条。2003 年 3—12 月，县城新区广场、街道命名。

三、地名标识

1989 年，投资 2.33 万元安装水泥地名标识牌 104 块、大理石地名标识牌 2 块。其中，县牌 3 块（规格 0.9×0.7×2.3 米），企事业单位牌 5 块，水库牌 1 块，乡镇驻地牌 14 块，村庄牌 81 块。1999 年 10 月，中国农业银行景东支行和信用联合社赞助 2.55 万元，在城区主要街道设置不锈钢街道牌 16 块、搪瓷牌 4 块（规格 1.0×0.75×2.65 米）。2007 年始，先

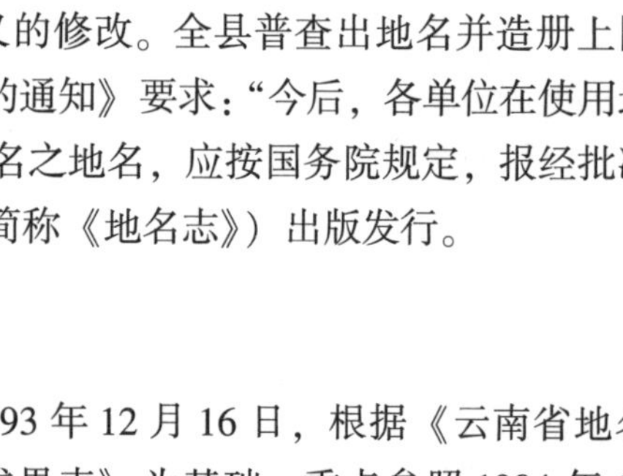

《云南省景东彝族自治县地名志》及地名对联
（罗海垠　摄）

后安装城区标准门牌1725块，其中，单号909块，双号816块；投资6万元。

第二节 地名类别

一、以姓氏得名

锦屏 毛家巷、杨家窝、王家、张家村、吴家山、邹家、沈家窝、赵家洼、陶家。

文井 熊家、施家、庄上张家、杨家庄、胡家坡、卢家庄、田心梁家、响水朱家、傅家、上马家、下马家、连家箐、查家、杨家洼、黄家、陈家、邓家、潘家庄、王家（老练）、大树张家、罗家、郎家、王家（竹蓬）、高家、杨家窝、陈家山、老罗家、徐家田（竹蓬）、陶家村、李家村、徐家田（挖固）、刘家村、林家山、郑家村、魏家村、朱家村、熊家村、陈家村、张家坟、韦家。

花山 蔡家（文俄）、祝家村、罗家（秀龙）、孔家村、段家村、方家坟梁子、孙家村、罗家（文岗）、黄家村、鲁家、余家村、罗家村、普家村、唐家村（文明）、陈家坟、邓家村、毕家村、吴家村、饶家村、陈家村、康家坟、王家村、周家村、曹家村、唐家村（芦山）、卢家坟、吴家洼子、蔡家（文召）。

大街 曹家村、郑家山、杨家村、高家村、旧家箐、熊家村、钟家村、赤家坡、孙家地、杨营、杨家、徐家村、魏家地、何家、刀家坟、陶家村、老马寨。

太忠 黄家、祝家村、张家田、方家村、戴家村、叶家坡、王家山、杨家村、罗家村、余家村、黄家村、喻家村、方家箐、罗家山、王家村、解家村、卢家山、祝家、罗家、彭家山、周家、自家、李家、赵家、黄家窝、游家、郑家、孙家、文家、杨家、王家。

安定 下吴家、罗家村、老米、沈家村、常家村、自家村、杨家村、白家村（迤仓）、罗家村、施家村、蓝家村、吴家村、白家村（民福）。

文龙 师家山、胡家山、郭家村、孔家村、米家村、张家村、邱家村、郭家窝、罗家村、石家山、李家村、伍家村、程家村、何家、丁家村、杨家村、刘家村、杨家、熊家、李家、纪家、自家、施家、张家、蔡家、饶家村、沈家村、张家村、施家村、杨对门。

龙街 赵家村、石家山、田家、罗家、何家村、张家、谢家村、李家、刘家村、罗家、李家村（南岸）、何家、李家、孔家、杨家村（新平）、官家、杨家村（多依树）、丁家、鲁家、普家村、叶家村、戴家村、周家村、李家村（扎果）、杨家村（垭口）、白家村、上白家村、吴家村、汪家场山心。

漫湾 王家箐、杨上村、梁家村、上吴家、杨家旧村、下吴家、杨家村（温竹）、宋家村、尹家、罗家村、白家村、孙家洼子、何家村、方家村、袁家村、徐家箐、纪家坡、姜家坡、朱家箐、杨家村（昔掌）、王家村、侯家村。

林街 周家村、鲁家村、谢家山、老张村。

景福 阿家村、杨家村、王家村（竹箐）、毛家村、罗家村、王家村（金鸡林）、陈家村、祁家村、刘家村、苏家村、李家村（棠梨箐）、丁家村、李家村（赵其山）、叶家坝、王家村（赵其山）、魏家村、毛家坝、杨家村（回寺）、宋家村、许家村、郭家田、鲁家村、杜家梁子、杨家村（鲁家）、马家铺、苏家村、鲍家村、梁家村、周家村、估家山。

曼等 何家村、熊家村、毛家田、苏家村、沈家村、谢家山、袁家村、鲁家村、雷家山、廖家村、杨家村（仓房）、赵家山、杨家村（扎结）、普家山。

东镇 董家村、赵家村、大桥头张家、孙家村、苏家村、周家村（大驮）、熊家村（大驮）、大松山羊家、罗家村（黑蛇）、彭家村、钟家村、丁家村（彭家）、龙家村、魏家村、余家村、陈家村（大村）、周家村（大村）、李家村（新村）、罗家村（新村）、饶家山、金家村、袁家山、邓家村、姚家村、熊家村（曼崩）、俸家山、李家村（菖蒲地）、雷家村、王家村（别落）、丁家村（别落）、丁家田、张家村、老郎村、陈家村（苍文）、廖家坟、罗家村（苍文）、王家村（苍文）、郭家村、李家村（苍文）、湾水河饶家、湾水河陈家、冯家村、王家村（困嘎）、徐家村、刘家村、陶家村、吴家村、老普村、邹家村、谭家村、周家村（榨房）、黄家村、罗家村（长发）、普家村、宋家村、朱家村、梁家村、杨家村。

二、以山水地貌得名（择述）

锦屏　无量山，山名，古称蒙乐山，民国《景东县志稿》以“高耸如云不可跻，面大不可丈量”得名。三道沟，有三条水沟得名。滥泥桥，以滥泥塘边之桥得名。大水沟，有水量较大之沟得名。西山脚，在城西山脚下得名。阿卓，彝名，即路边之村得名。岩（ǎi）子脚，石岩下之村得名。大龙潭，有大龙潭得名。怕地，傣名，即山岩边狭窄之地。扎拉门，彝汉混合名，即箐门口。落水洞，村旁有落水之洞得名。石旮旯，石头多之地得名。平原，因地势平坦得名。三岔河，因三河交汇之地得名。吊支山，山高且似吊在空中得名。湾练，傣名，即尖山。南困，傣名，即浑水河。笼岗，傣名，即森林间之村。石房箐，箐边有石房得名。大坟山梁子，山名，因山上坟多得名。

文井　昔固河，汉傣混合名，即百花河。庄上，因地处麻栎庄和杨家庄之上得名。丙月，傣名，即小平地。南倮，傣名，陡坡之河。大海塘，有大水潭得名。文亮山，汉、傣混合名，即红土村山。同关箐，汉、傣混合名，即袋状山梁之箐。东月河，汉、傣混合名，即小坝子之河。冷水沟，寒泉之沟得名。南星河，汉、傣混合名，即石头多之河。大崮堆，山顶有较平之小山岗得名。龙洞，因有常年出水之洞得名。文当，傣名，即路边寨。小黑田，树林中阳光不足之田得名。倒沟，沟流与河流相反得名。邦困，傣名，即低洼之地。丙弄，傣名，即大平地。那允，傣名，即城边田。董嘎，傣名，即秧田坝。大翁，傣名，即洼子口。斗底，哈尼名，即洼子田。那稳，傣名，即热水田。老旁田，因村旁之田得名。南洛，傣名，即河边洼地。湾河，因河湾旁之村得名。那兔山，汉、傣混合名，即筷子田；别名黄水箐。那打，傣名，即河口之田。隔界箐，景东与镇沅分界之箐得名。一把伞，对面有伞状之山得名。簸箕田，形似簸箕之田得名。半箐，人户居住分散，占箐一半得名。三元井，即“三眼井”，原有三口井得名。文哈，傣名，即岔河寨；原名蛮哈。文腊，傣名，即田头寨；原名蛮腊。帽合山，形似两帽相合之山得名。那巩，傣名，即弯田。陷田，有陷坑之田得名。回索，傣名，即箐口。硬怕，傣名，即岩石房，别名楂别。文竜，傣名，即林中之寨，原名蛮竜。那赛，傣名，即沙田。回龙，傣名，即大箐。者乃，傣名，即小寨。旧卡，傣名，即茅草垭口。丁居，傣名，即角落之地。那信，傣名，即石头田。大竜，哈尼名，即河上游。那边箐，隔箐相望得名。户怕山，傣名，即岩子头。坍山箐，有坍山之箐得名。滥坝，滥泥塘多得名。龙怕梁子，汉、傣混合名，即大石岩梁子。回喜，傣名，即长箐。南京山，原名南鲸山，汉、傣混合名，即有水吃之山。

花山　邦河，傣名，即低洼之地。那弄，傣名，即大田。那旧，傣名，即垭口田；别名爱葛山。那回，傣名，即箐边田。派往，傣名，即小水坝。户腊，傣名，即田头。闷来，傣名，即山梁之地。象头山，形似象头之山得名。出入箐，地处原崇文镇与明善乡交界地出入要道得名。火会，傣名，即箐头。那海，傣名，即牛泥塘田。那赖，傣名，即半坡田。文怕，傣名，即岩子村，原名蛮赖。文卡，傣名，即茅草寨，原名蛮卡。过口村，通往淇海必经之过口得名。武燕，傣名，即冷蛇出入之地。练地，傣名，狭窄之山坡。文献，傣名，即石头寨。登闷，傣名，即车树下之深潭。弯子，山弯中之村得名。卢困，傣名，即洼子上头。南底，原作南的，傣名，即清水河。文弄，傣名，即大寨；原名蛮弄。列底，傣名，狭窄之边缘地。都鲁河，汉、哈尼混合名，即圆形桥墩之河。卢丙，哈尼名，即坟多之地。户东，傣名，即坝子头。登波，傣名，即大竹树下深潭。文糯，傣名，即水潭边之寨；原名蛮糯。

大街　者干，片村，傣名，即集镇中间；别名哈普噜、麟川。八座坟，山上有八座坟得名。文东，傣名，即坝子寨。绕山田，环绕在山边之田得名。文焕，傣名，即桥头寨。上周田，即“上头田”，村子上面之田得名。黑山脚，因村后山树密光暗得名。戳落，傣名，即黄草箐。粪田，因施过大粪之田得名。

太忠　田坝心，田坝中之村得名。中桥，河中间有座桥，村子在桥头得名。小河田，小河边之田得名。二道河，村旁有两条小河得名。扎昔，拉祜名，即山地。文道，傣名，原名蛮道，即葫芦形寨。大水平，片村名，安有水平台之地得名。二水平，安装第二个水平台之地得名。普牙，傣名，即茅草房。旧洒，傣名，即黄竹林垭口。三见坡，村前有三座小山岗，山梁上均有小路，无论走哪条，都可看到，故名。僻坡，地处偏僻之坡得名。阿海，傣名，牛泥塘。寄庄，傣名，即顶端之村。双山，有两座小团山得名。拉坑，傣名，即梯田。

龙街　岭岗村，山岗上之村。南岸，傣名，即冷水河。团山，村后有圆形之山得名。起所，傣名，即箐边寨。南卡，傣名，即茅草河。会落，傣名，箐边洼地。洼土罗，低洼之地得名。半坡，半山坡上之村。塘泥村，片村名，滥泥多之洼塘。水转弯，河水转弯之村。鸡脚路，几条山路相交似鸡脚得名。握苴（zuǒ），彝名，即小岭岗。锣锅箐，形似锣锅之箐。小半山，半山上人少之村。塌土坎，村旁有坍山得名。白水箐，水清澈可鉴之箐。望天坡，山高坡陡，形似望天得名。马鞍山，山峦起伏，形似马鞍得名。小平掌，较小之平地得名。

文龙　龙潭口，水潭边之村得名。大岔路，因岔路多得名。新抗，傣名，即石头坚硬之村。拉嘎么，彝名，即大深箐。四角田，村旁有四角形之田得名。二无量，无量山支脉上之村。洼子，地势低洼而名。独田，只有一坵田得名。绊路山，山道草蓬绊路，行走不便得名。

安定　谜皮河，彝名，即箐箕洼形之地。横路，有一条横穿村子之路得名。山背后，山后之村得名，别名阿必务山背后。沙过落，傣名，即山间角落之地；别名岩子村。望月，形似犀牛望月得名。忙德，傣名，即下寨。瓦嘎细，彝名，岩子上头。顶头村，地处最高点之村。阳坡村，当阳之地得名；别名小雀村。利月，彝名，即热水塘。窝落地，地势低洼得名。绕马路，山路陡且崎岖，马帮绕道而行，故名。山尾巴，山尾之村得名。

漫湾　高埂田，坡陡、田埂高得名。石洞，山岩中有溶洞得名。曼丙，傣名，即平地寨。江口，地处保甸河与澜沧江汇口得名。滴水箐，有滴水坎之箐得名。弯子，村在拐弯处得名。倮么（mō），彝名，大石头。温东，傣名，即坝子寨。排手，山形似左右分开之手得名。翁嘎拉，彝名，箐边狭窄且石头多得名。平头山，山头有块平地得名。丙寨，汉傣混合名，即平地寨。温慎，傣名，即隐蔽之寨。温岭，傣名，即笕槽村。

林街　拉岔，傣名，即岔路田。丙况，傣名，因江边较平之地得名。困庆，傣名，即石头洼。温兴，傣名，即石头寨。干海子，因缺水得名。温营，傣名，即凉爽之寨。邦拐，傣名，即贫瘠之地。古路，傣名，即大山梁。箐门口，箐口之村得名。

景福　老钻天，登山似钻天得名。丫巴山，形似树丫巴之山得名。双桥街，1980年在此设街，并建有两座桥得名。冒古天，因山头高且尖得名。小七田，村旁有七丘小田得名。凤冠山，山似凤凰之冠得名。温邦箐，汉、傣混合名，即窝铺寨箐。小门坎，地处山间夹道，为通往景福、林街必经之要地得

丫巴山（朱家富　摄）

名。曼乃箐，汉、傣混合名，即箐边小寨。庄坡，即“转坡”，山路弯转得名。文蚌，傣名，即泉水寨。荒田，因缺水而荒芜之田得名。一碗水，山间流有一股碗大之水得名。

曼等　下坝田，沟坝下之田得名。栏杆箐，村旁之箐形似栏杆将全村分为南、北两部分得名。小杏轩，汉、傣混合名，坚硬之石头小村。胖腾，傣名，即野外草地。会哈（hǎ），傣名，即岔箐；别名罗邦东。江边，澜沧江边之村得名。丙拐，傣名，即贫瘠的平地。困顶山，汉、傣混合名，即山坡上洼塘下之村。

东镇　黑龙潭，有黑色的深水潭得名。大园圃，有一块较大的菜园地得名。大扁箐，村边既长又宽之箐得名。高村，村子地势较高得名。曼落，傣名，即洼子寨。落雨山，远看云雾缭绕似下雨得名。马箐河，镇沅境内老马河源头得名。小水箐，水小之箐得名。大地坡，半坡有宽大台地得名。单边地，地处偏僻一角得名。石楼梯，山坡有石块砌成之台阶得名。如么山，汉、哈尼混合名，即山梁。老八箐，村子年代较久，且有形似“八”字的大箐得名。科武，拉祜名，即山头之村。岔江，地处小河与澜沧江汇口得名。曼孟，傣名，即坝子寨。锅底塘，形似锅底得名。压木（mǒ）箐，汉、哈尼混合名，即大岩子之箐。窝拖寨，地势低洼得名。团箐，沿小团山环绕之箐得名。得龙，傣名，即“得竜”，森林下面之村。南普河，汉、傣混合名，即有水洞之河。翁孔（kōng），傣名，即低洼之地。困索，傣名，即洼子口。

三、以人得名

锦屏　陈小国，因此人首居得名。

文井　里石，拉祜人名，以人得名。老二田山，因山下有朱老二耕种之田得名。

花山　鲁海家，因鲁海首居得名。罗二山，地片名，因山上住过罗二得名。

太忠　鲁万地，因李万首居得名，后人讹为鲁万。李果成，因此人首居得名。李寿元，因此人首居得名。

安定　罗开明坟山，因埋葬罗开明得名。江伍坟山，因埋葬江伍得名。

曼等　李皮村，因李皮首居得名。

东镇　李秀村，因李秀首居得名。王六地头山，山名，因山下有王六耕种之地得名。

四、以部族部落得名

锦屏　回营，因原住过回族得名。罗武村，因住罗武族（彝支）得名。

文井　小营，因原为回族集中之地，人户少得名。回营小村，因原住回族得名。把衣家，山名，把衣即汉族对傣族的称谓，原住过傣族。

花山　巴腰，原名摆掖村，因傣族居住之村得名。咪哩村，因咪哩族（彝支）居住之村得名。

龙街　拉务村，因原住过拉务族（彝支）得名。哀牢山，山名，因古哀牢部族在此居住得名。

文龙　普满村，因住过普满（布朗）族得名。阿里箐，阿里即傣族对拉祜族之称谓。

安定　汉家村，因明代汉族始迁于此得名。

漫湾　阿里河，含义同阿里箐。

大街　罗武箐，因住过罗武族得名。

东镇　回民村，因清代住过回族得名。回营村，因清代住过回族得名。拿谷箐，拿谷，即拉祜（苦聪）人居住之地。老皮村，因倮族居住，故称倮皮，后人讹作老皮村。

五、以矿藏物产得名

锦屏　樱桃洼、桐子箐、攀枝花、麻栎树、杨梅树、核桃树、冷窝（傣名，即水香菜塘）、木瓜树、菖蒲塘、螺蛳塘、核桃河、芹菜塘、核桃箐、梅子箐、果园、扎洼（彝名，即山猪较多之地）、菠萝迭（彝名，即麻栎树平掌）、秧草塘、柏树林、猴子洞、核桃村、泡竹箐、蒿枝坪、岩蜂山、多依树、刺竹林、麻栎庄（原名马铃庄）、孔雀山、槐树村、文果（傣名，即棠梨树寨）、邦崴（傣名，藤篾较多之地）、蒿枝林、竹叶坪。

文井 洋桃树（即野生芒果树）、大柏树、蚂蝗田、麻栎庄、山茶花、红毛树（开南）、菖蒲地、被窝（傣名，即鸭蛋较多之村）、碱水、菖蒲田、蜜花林、橄榄树、牛筋木树、大竹山、核桃箐（竹蓬）、松毛林、大竹蓬、螃蟹窝、品秀（傣名，即绿色的铁线草）、困博（傣名，大竹洼；别名恩发村）、文博（傣名，原名蛮博，即大竹寨）、文别（傣名，原名蛮别，即鸭子较多之寨）、橄榄坡、文甲（傣名，原名蛮甲，即蝉多之寨）、核桃箐（挖固）、南洋河（汉、傣混合名，即鹭鸶较多之河）、麻地箐、菜子地、红毛树（速南）、马鹿塘、炸落田（汉、傣混合名，即蝉多之洼）、麻栎树、回波河口（汉、傣混合名，即大竹箐河口）、高粱地、丙岔（傣名，即楮树平地）、酸枣树、扎龙（傣名，即林中之蝉）、东国山（汉、傣混合名，即棠梨树坝山）。

米雅街远眺（罗海垠 摄于2013年1月）

花山 回掌（傣名，即有象之箐）、柳树村、黄栎树、核桃树、老虎洞（文明）、盐水田、车树、细芦山、芦山箐、碱水、备的箐（汉、哈尼混合名，即木姜子箐）、老虎洞（芦山）、回扎（傣名，即蝉多之箐）、冬瓜林、酸枣树、芭蕉村、米雅街（汉、傣混合名，即药较多之地为市）、邦直（傣名，即冬叶地）、岩换，傣名，即甜果花寨。

大街 红毛树、大古者（汉、傣混合名，即蕨蕨坝大村）、麻栎树、芭蕉村、竹山、邦井（傣名，即有咸水之地）、碱水、核桃箐、菠萝林（含义同前）、红毛树、柏枝树、邦抗（傣名，即余甘子树，俗称橄榄树）、文育（傣名、即扫帚苗寨）、桂花树。

太忠 高粱地、椿树平掌、碧树河（汉、哈尼混合名，即螃蟹河）、碧坝山（原名枇杷山，因枇杷树较多得名，后人讹为碧坝山）、核桃村、谷巴田（汉、哈尼混合名，即茎菜叶田）、明子山、狐狸洞、酸枣树、章亥（傣名，即石榴地）、麻栎树、松山、栎树、泡竹林（大柏村）、樟木树、泡竹林（麦地）、蒿枝林、蕨蕨林、松毛拉（彝名，即松树多之箐）、黄栎坡、柳树田、糯朵（傣名，即刺樋树水潭）、乌鸦山、大椿树、芭蕉窝、多依树、麻嘎（傣名，即花椒村）、沾雨（傣名，即樱桃树寨）、萱草地。

龙街 马鹿塘、蝙蝠洞、棠梨树、会皇村（汉、傣混合名，即靛叶箐）、狐狸洞、黄栎林、多依树、荨麻林、核桃村、李子树、酸枣树、硝井。

文龙 牛筋木湾、碱塘河、蛇箐、硝水、蚂蚱地（一说马扎地，即制作马扎之地）、扎怕（傣名，即蝉多之岩）、文代（傣名，即棉花寨）、民喜（傣名，即扫帚苗村）、核桃村、菖蒲塘、芹菜塘、麻栎树、冷远（傣名，即冷地方的水香菜）、小白脸（白脸即果子狸俗称，因野生动物白脸较多得名）。

安定 柳树田、刺平掌（汉、彝混合名，即野花椒较多的平地）、背克平掌（汉、彝混合名，即包头栎树平掌）、柏枝库（彝名，原名别茨库，即黄栎树梁子）、蕨蕨林、螳螂河、蚂蝗箐、射射么

（彝名，蛇多之地）、飞鼠箐、邦别箐（汉、彝混合名，即松树地箐）、柳树、茶树箐、木栎林、花椒村（古德）、马鹿塘、菌子村、燕子村、扫把村、面瓜村、核桃村、麻栎树、玉梅村、花椒村（河底）、狐狸村、喜鹊地。

漫湾　石膏箐、麻栎林、茶园、大包麦、酸荞地、会岗（傣名，即马鹿箐）、鱼落村（汉、傣混合名，即樱桃树洼村）、红毛树、蚂蝗田、蜜花林、蚂蝗箐、丙戌（傣名，即白花树平地）、怕岭（傣名，即猴子岭）、核桃村。

林街　勐密（傣名，蜻蜓较多得名）、大昔藤（原名大血藤，后人讹为大昔藤）、南骂（傣名，即水果较多之地）、困蛇（傣名，即豹子洼）、瓦波山（汉、傣混合名，即龙竹坝山）、姐波（傣名，即龙竹寨）、芭蕉箐、大松山、黄果园、麻栎树、轻木林（冬瓜树多得名）。

景福　老座河（汉、傣混合名，即野芭蕉林）、马鹿塘、蚂蝗箐、藤子蓬、芦山（山上芦子较多得名）、棠梨箐、来岛（傣名，即青苔坡）、贯藤山、明子山、瓦固山（汉、哈尼混合名，即山猪较多之山）、羊山（岩羊较多之山）、鸡叫山（山上野鸡常叫得名）、酸枣树、骂掌（傣名，即橡子果）、碱水、轻木林。

曼等　菖蒲塘、蚂蝗田、李子树田、麻亚（拉祜名，即黄竹较多之地）、麻栎树、蚂蝗箐、桃树、松毛林、小课落（汉、哈尼混合名，即长尾雀较多之小村）、茅稗田、大课落（含义同前）。

东镇　摇钱树、大芦山、芹菜坝、稗子地、灰苕（tiáo）地、蒿枝坝、梨果园、困博（含义同前）、荨麻箐、松毛林（彭家）、蚂蝗塘、菠萝树（含义同前）、多依箐、老鹰窝、柳树龙潭、大核桃树（曼崩）、磨石山、狐狸洞、糯米箐、芦箐头、松毛林（菖蒲地）、梨果树、大核桃树（别落）、多依树、芭蕉箐、黄栎山、老鸹（wǎ）藤箐、落窝河（汉、傣混合名，即芦苇塘之河）、核桃河、文票（傣名，原名蛮票，即绵竹寨）、懒板凳（用稻草编成坐凳得名，别名大田）、大核桃树（榨房）、白竹箐、硝洞、文笑（傣名，原名蛮笑，即白花树寨）、澜沧江（古称濮水；音译兰仓江、兰沧江、鹿沧江、浪沧江，汉、傣混合名，即百万大象产地之江）。

六、以嘉言吉兆得名

锦屏　玉屏山，山名，如玉之屏得名。翠屏山，山名，别名孝山，如翡翠之屏得名。锦屏山，山名，别名枇杷山、樱桃洼梁子，如锦绣之屏得名。瑞屏山，山名，如祥瑞之屏得名。玉笔山，又名景董山、御笔山，民国《景东县志稿》："明太祖阅地图之此，以笔点之，因名御笔，后人讹御为玉"，因名玉笔山。凤山，山名，如丹凤衔书得名；一名邦泰山，汉、傣混合名，即棉花地山；一名陶猛田，汉、傣混合名，即一方部长之田。细作，傣名，即粮食丰产之地。文彦，傣名，原名蛮彦，即歌舞之寨。朝阳山，山名，山高阳光充足得名。文垂，原名蛮垂，即似水洗过之寨。凌云塔，塔名，即建塔以酬凌云之志。

文井　文板，原名蛮板，傣名，风景好之寨。四代河，原名四得河，原有四代同堂之户得名，河以村名。勐口，傣名，即绿色之地。文甸山，汉、傣混合名，原名蛮甸山，即日照之寨，山以村名。海田坝，别名鹿鸣、六名；原名海田村，汉、傣混合名，即田多而又平坦之地。白水云山，山名，阳光直射山中清泉，雪白似云得名。文笔塔，别名南京塔，建塔以振文笔之风得名。

大街　阳田，阳光充裕之田。那罕，傣名，即金子田。

文龙　饱谷田，原名辟谷田，田中稻谷颗粒饱满得名。太平山，以社会平安得名。

安定　胜利桥，桥名，旗开得胜之桥。播所地，彝名，即富裕的三家村。富民村，人民生活富裕之村。新丰村，原名张家村，1958 年粮食获得丰收得名。灵宝山，山名，含义待考。

漫湾　曼甸，傣名，日照之寨。振文塔，塔名，建塔以振文风得名。

景福　向阳村，阳光充足之村。

曼等　照红豆坡，阳光照射红豆树之坡得名。

七、以古国古迹及历史事件得名

灰窑板桥遗址（罗海垠 摄于 2015 年 6 月）

锦屏 卫城，明代屯田制设景东卫得名。河东街，明清两代陶氏傣族土司兴旺时在此设街得名。南仓井，汉、傣混合名，即大象喝水之井。马关桥，桥名，因骑马者必经之关卡，均须到此下马得名。孟沼山，汉、傣混合名，即官住之山；又名接官所后山（今陶府文化广场后山）。新桥河，清康熙九年（1670）在此新建石拱桥得名，河以桥名。北屯，明代屯田制设屯，因在城北得名。左所营，明代景东卫在此设左所及营得名。江关箐，在银江（川河）西岸小箐边设过关卡得名。营盘，清代设过营盘得名。石婆婆箐，箐名，因箐边建过石婆庙得名。公山，山名，为公共所有之山得名。工兵山，山名，原名弓兵山，陶土府派土司兵在山上扎营得名。三宝厂，古人在此开采过银、铜、铅三种矿石得名。板桥，村旁设过木板桥得名。夹板箐，夹木解板之箐得名。前所，明代景东卫在此设前所得名。后所，明代景东卫在此设后所得名。明代屯田制设所，因在前所之后得名。瓶罐窑，有烧过瓶罐之土窑得名。营盘山，清代在山上设过营盘得名。马场坡，中华人民共和国建立前往来商人在此放马得名。王官屯，明代屯田制设屯，当官者姓王得名。胥家营，明代屯田制设营，胥姓居住得名。文道营，汉、傣混合名，原名蛮道营，即葫芦营；明代屯田制设营，形似葫芦得名。小河桥，小河上建有石桥得名。

文井 龙家营，明代屯田制设营，龙姓居住得名。姚营，明代屯田制设营，姚姓居住得名。朱家营，明代屯田制设营，朱姓居住得名。船渡口，在此设渡口得名。戴家营，明代屯田制设营，戴姓居住得名。苏家营，明代屯田制设营，苏姓居住得名。龙口箐，相传箐中有龙，因村在箐口得名。观音阁，清代建观音寺得名。普安寺，汉、傣混合名，即芭蕉寨寺；清代建寺庙得名。小农场，1960 年建农场时分场得名。孙家营，明代屯田制设营，孙姓居住得名。文开，傣名，即后迁来之村。中窝铺，原南五区（民乐、景谷、振太、里崴、勐大）属景东时，此地为必经之路，且建有窝铺得名。羊房箐，箐边建关羊之房得名。绵羊山，放牧绵羊之山得名。大牛圈，建大牛圈得名。老家窝，前人居住之地得名。牌坊，清代建牌坊得名。小碗铺，有卖碗之铺得名。铜匠田，清代铜匠开下之田得名。和尚田，和尚寺旁之田得名。大寺庙，原有寺庙（枫林寺）得名。祠堂，建过祠堂得名。那掌，傣名，即象耕之田。仓房，清代建仓房之地得名。小烂庙，山上有破庙得名。邦麻，傣名，即放马之地。中所，明代景东卫在此设中所得名。

花山 养马庄，片村（含老虎洞、罗家村、余家村和唐家村），从事养马之村得名。塘坊箐，箐边洼地建有作坊得名。看牛场，放牧牛羊之场得名。新村，明代屯田制新建之村得名。老街，原在此设过街道得名。营盘，清代设过营盘得名。烧灰村，烧石灰之村得名。邱家庙，邱姓人建寺庙得名；别名付家村。大楚雄，从楚雄迁此得名。坛窑，建烧坛罐之窑得名。别列，哈尼名，即抱人过河。福都，哈尼名，即挖过银子之地。

大街 下营，明代屯田制设营，因在上营之下得名。灵官庙（平地），片村（含下村和背阴山），清代建灵官庙得名。立石碑，山上立有石碑得名。灵官庙（气力），含义同前。上营，明代屯田制设营，因在下营之上得名。后营，明代屯田制设营，因在上营之后得名。杨营，明代屯田制设营，因杨姓居住得名。中营，明代屯田制设营，因在中间名。石洞寺，清代建石洞寺得名。大佛堂，清代建佛教之堂得名。

太忠　牌坊垭口，垭口上有清代建造之牌坊得名。打雀村，秋收季节组织人力上山打雀保护粮食得名。山神庙，建有山神之庙得名。羊圈房，原有关羊之房得名。银匠村，住有银匠之村得名。小火塘，来往马帮烧火做饭之洼塘得名。雇工山，靠雇工耕种得名。老座基，盖过房屋之座基得名。祭龙村，祭龙求雨之村得名。哀麻，放马之地得名。高笕槽，在两山之间架设较高之笕槽引水得名。养老田，留给老人作养老之田得名。文宫，清代建文宫庙得名。老厂，原建过纸厂得名。大面楼，建有一幢较大之面楼（指正房前面之楼房）得名。

龙街　宜起苴（zuǒ），彝名，即烧牛肉吃之地。麻古卢，傣名，即土司在箐边筑城。比打堂，清代设比武之堂得名。树叭喇，彝名，即背麦子之地。新哨垭口，清代在垭口新设岗哨得名。江西地，明代屯田制中江西人迁入此地得名。火石哨，清代在火石岩设岗哨得名。麦地，种过麦子之地得名。烟山，种过烟得名。堂尚，古代官人办公之地得名。扎马村，清代关马之地得名。泥格地，汉、彝混合名，原音译为“你沟”，即关牛之地，后人讹为泥格。抗马，傣名，即关马之地。打磨箐，箐边采石打磨得名。磨马村，汉、哈尼混合名，即养母马之村。扎简，拉祜名，即谷仓村，古代建过谷仓得名。营盘，清代设营盘得名。

文龙　新丈田，原名新站田，清康熙年间（1662—1722）迁板桥驿于此，为新站官田得名，后人讹为新丈田。羊祭垭口，在垭口杀羊祭山神得名。龙树，有祭龙之树得名。文路，傣名，即水淹过之寨。哨房，清代建过放哨之房得名。南勺，傣名，即找水。阵营哨，原名镇夷哨、镇彝哨，清代扎营放哨之地得名。

安定　发达地，彝名，即放绵羊之地。扎木腊，彝名，即采野果煮吃。吃茶坡，来往行人常在此休息喝茶得名。小土城，清代为防御筑过土城得名。旧地基，前人住过之地得名。草子地，种过草籽之地得名。羊圈房，有关羊之房得名。旧村，前人住过之村。界碑，立有与南涧交界碑得名。瓦厂哨，清代在瓦厂设岗哨得名。哨房，清代建放哨之房得名。会马，傣名，放马之箐。火炭村，烧过火炭之村得名。烟子村，原种大烟产籽多得名。祭牛场，祭过牛神之地得名。油榨房，建过榨油之房得名。

漫湾　工兵地，原名弓兵地，清代驻过工兵得名。得果寺，汉、傣混合名，即山梁下之寺；清代建寺得名。百地厂，清代发展到一百户得名。山神庙，清代建山神庙得名。八十村，住过八十户得名。温力，傣名，即铁匠寨。新寺，清代新建寺庙得名。老厂，清代开采过矿石得名。劈雷掌，平地有雷击之树得名。曼炮，傣名，即火烧过之寨。杀牛村，经常杀牛之村得名。

林街　新村，清代新建之村得名。新寨，清代新建之寨得名。一锅箐，箐边原住三户共用一口锅得名。磨刀河，常在河边磨刀得名。白羊地，放牧绵羊之地得名。老房子，历史悠久之房得名。老面瓜地基，在种过南瓜（俗称缅瓜）之地建屋得名。

景福　榨房，建榨油之房得名。高笕槽，含义同前。砍蓬村，砍开树蓬建屋得名。温邦箐，汉傣混合名，即箐边的窝铺寨。三家村，原有三户人居住得名。豆腐塘，常作豆腐之洼塘得名。旧地基，前人居住过之地得名。

曼等　水牛圈，建关牛之圈得名。埋象山，山上埋过象得名。龙树，有祭龙之树得名。烂铁村，挖掘出废铁之地得名。文宫山，山上建文宫庙得名。大门村，清代立过石门得名。小新街，清代新设街道得名。土库房，清代建土仓房得名。打狐狸垭口，打狐狸之山口得名。旧地基，含义同前。香山，山名，山上原有寺庙，常有人去烧香得名；别名大庙山。

东镇　砍背萝坡，相传有人到大芦山背芦子，回到半路被主人抓到并砍坏背萝得名。稗子地，种过稗子得名。学堂，古代设学堂得名。光头坟，埋有不长头发人之坟得名。瓦窑山，山下建有瓦窑得名。靛房，建有靛叶染布之房得名。杀牛垭口，垭口上杀过牛得名。养马箐，箐边养过马得名。万年蜂，山上有历时较长岩蜂得名。石碓窝，有古石碓得名。压鸡村，因墙倒塌压死鸡得名。小厂街，清代在此采矿并设集市得名。玉学，古代办学之地得名。新村，明代汉族迁入新建之村得名。王降村，相传明代出过王姓将军，故称王将，后人讹作“王降”。

第三节 县 名

景东，在不同历史时期，有不同称谓。

春秋战国之前，未见其专名。

汉，时称柘南，蛮云猛谷，均系傣名。柘南，即水淹之地；猛谷，即谷河流经之地（一说穷地方）。

唐，《南诏德化碑》：“建都镇要，银生于黑嘴之乡。”《蛮书》：“女王国，去蛮界镇南节度三十余日程。”按《云南史料丛刊》向达考记：“镇南节度即南诏开南节度，首邑在今景东。”时有开南、银生、镇南等称谓。

宋辽金，《元史》：“银生节度，即今路也。及段氏兴，银生隶姚州，又名当筋（箸）赕。”《中国历史地图集》标“当箸赕”，驻地为今县城。

元，《元史》：“云南省威楚路秃喇寨长哀培、景东寨长阿只弄……并奉方物来献。”景东，亦为傣名，即坝子城（一说铜城）。

明，《肇域志》：“开南州，本朝洪武十五年改景东府。”景泰《云南图经志》：“蛮云柘南，汉云水城，环绕府治。”别名水城。

清，《读史方舆纪要》：“景东府……古荒外地，名曰柘南，蛮名猛谷，一名楫南。”除楫南之称外，方志中亦称景董、景阳。

综上所述，历史上景东有柘南、猛谷、水城、银生、当箸、开南、镇南、楫南、景董、景阳等诸多称谓。

第四节 乡镇名

一、镇名

20世纪90年代锦屏镇政府（赵文林 摄）

锦屏 镇以锦屏山名。唐代，为银生节度府驻地。元代，为景东军民府驻地。明代，洪武十五年（1382）降府为州，十七年复升为府，均为州、府驻地。清代，为前期景东府、后期景东直隶厅驻地。民国，为县政府驻地，1940年撤区建乡，置锦屏镇。中华人民共和国建立后，1959年区、镇合并，设火箭公社，锦屏镇改为红旗区；1961年5月，恢复锦屏区，设红旗公社；1965年11月，恢复锦屏镇（区级镇）；1968年区复称公社，镇沿前名；1988年1月，撤区设乡，镇仍袭前名；1994 年 12 月，乡与镇合并设锦屏镇。

文井　原名蛮井，傣名，即小集镇。1911—1939 年为北区中川镇第六至第九段；1940 年撤区建乡，置清凉乡和文井镇。中华人民共和国建立后，1950 年设文井三区；1959 年清凉、文井合并设文井公社；1984 年 3 月，增设文井镇（乡级）；1988 年 1 月，撤区设文井镇。

20 世纪 80 年代驻保甸街时的漫湾镇政府（李廷新　摄）

漫湾　镇以漫湾电站得名。明清，于保甸街设巡检司。1911—1939 年为西区保甸乡第一二段；1940 年撤区建乡，置保甸乡，驻保甸街。中华人民共和国建立后，1950 年设保甸九区；1958 年 1 月，更名保甸公社；1961 年，恢复区名，并将林街从保甸划出，驻地迁至安乐街，更名安乐公社；1975 年复迁回保甸街，仍名安乐公社；1983 年 6 月复名保甸公社；1984 年 3 月，撤公社设区；1988 年 1 月撤区设漫湾镇，驻地迁至岔山街。

东镇　镇以地处大朝山电站东部得名（大朝山东镇）。1988 年 1 月，从永秀分设文玉乡，驻文玉街；1993 年 8 月，撤乡设东镇；2006 年 1 月，撤永秀乡并入东镇，驻大驮街。

二、乡名

花山　因附近岩石上有花纹得名。1911—1939 年设东区者干乡第四、五段保；1940 年撤区建乡，置明善街。中华人民共和国建立后，1950 年与崇文镇合并设崇明五区；1959 年花山、大街分设，称花山公社；1961 年改为区；1968 年复称公社；1984 年 3 月，花山区；1988 年 1 月撤区设乡。

大街　因其街道宽大得名。1911—1939 年为东区者干乡第二、三段保；1940 年撤区建乡，置崇文镇。新中国建立后，1950 年与明善区合并称崇明五区；1959 年大街、花山分设，称大街公社；1961 年改为区；1968 年改为公社；1984 年 3 月，设大街区，增设大街镇（乡级镇）；1988 年 1 月，撤区设乡。

太忠　太平和忠义各取首字得名。1911—1939 年设东区者干乡第一段保；1940 年撤区建乡，以普牙河为界，北为太平乡，南为忠义乡。中华人民共和国建立后，1950 年两乡合并设太忠六区；1959 年改为公社；1960 年分设太忠、龙街；1961 年为区；1968 年复为公社；1984 年 3 月，设太忠区；1988 年 1 月，撤区设乡。

龙街　乡以驻地村（小龙街村）名。1911—1939 年为北区中川镇第二、三段保；1940 年撤区建乡，隶属太平乡 1~5 保。中华人民共和国建立后，太平、忠义两乡合并，隶属太忠六区；1959 年区易公社、公社易管理区，为龙街区，隶属安龙公社；1960 年分别划出原太忠、文龙一部分，设龙街公社；1961 年改为区；1968 年复称公社；1984 年 3 月，设龙街区；1988 年 1 月，撤区设乡。

文龙　文录与龙街各取首字得名。1911—1939 年为北区中川镇第一段中和甲、共和甲；1940 年撤区建乡，置文龙乡。中华人民共和国建立后，1950 年设文龙八区；1959 年 1 月，与安定合并，隶属安龙公社；1960 年恢复文龙区；1968 年改为公社；1984 年 3 月，改称文龙区，增设龙街镇（乡级镇）；1988 年 1 月，撤区设乡。

安定　傣名，即富饶之盆地（或聚宝盆）。明清，设三岔河巡检司，驻安定关。1911—1939 年为北区中川镇第一段；1940 年撤区建乡，置鼠街镇。中华人民共和国成立后，1950 年设安定七区；1959 年 1 月，安定与文龙合并，设安龙公社；1960 年，撤公社设区，安定、文龙分设；1968 年复称为公社；1984 年 3 月，设安定区，增设鼠街镇（乡级镇）；1988 年 1 月，撤区设乡。

林街　原名麟街，别名勐密猫街。相传古代有麒麟生息得名，后人讹作林街。1911—1939 年设西区保甸乡第三段保；1940 年撤区建乡，林街以北为保甸乡，以南为五福乡。中华人民共和国建立后，1950—1960 年，部分属保甸、部分属景福；1961 年下半年，增设林街区；1968 年改为公社；1984 年 3 月，复设林街区；1988 年 1 月，撤区设乡。

景福　傣名，即蔺草城。1911—1939 年为西区保甸乡第四、五段保；1940 年撤区建乡，设景福镇和五福乡（含今曼等乡全部，林街乡龙洞、箐头、万龙）。中华人民共和国建立后，1950 年设景福十区；1959 年 1 月，改为公社；1961 年分设曼等，更名景福区；1968 年改为公社；1984 年 3 月，设景福区；1988 年 1 月撤区设乡。

曼等　乡以驻地村（曼等村）名。1911—1939 年为西区保甸乡第四段保；1940 年撤区建乡时设五福乡。中华人民共和国建立后，1950—1960 年隶属景福；1961 年下半年，从景福区分设曼等区；1968 年改为公社；1984 年 3 月，设曼等区；1988 年 1 月，撤区设乡。

20 世纪 80 年代景福乡政府（李廷新　摄）

20 世纪 80 年代林街乡政府（李廷新　摄）

三、撤并乡名

锦屏　乡以锦屏山名。1911—1939 年为北区中川镇第五段保；1940 年撤区建乡。中华人民共和国建立后，1950 年初，设锦屏一区；1959 年区、镇合并，设火箭公社；1965 年社、镇分开后为公社；1983 年 10 月，驻地由三道沟迁至头堂；1994 年 12 月，撤锦屏乡并锦屏镇。

者后　乡以驻地村（者后村）名。1911—1939 年为北区中川镇第十段；1940 年撤区建乡，置者后乡，隶属文井镇。中华人民共和国建立后，1950 年设者后、路东两村，隶属文井三区；1957 年设者后、路东、文新三乡，仍隶文井；1959 年，景谷县恩乐、前进两公社划归景东，者后、文会隶属恩乐，速南、挖固、速南仍归文井；1961 年 2 月，设者后区；1961 年 5 月，分设者后、路东两公社，隶属文井区；1962 年 1 月，者后、路东从文井划出设者后公社；1984 年 3 月，设者后区；1988 年 1 月，撤区设乡；2006 年 1 月，撤者后乡并文井镇。

永秀　原名滇秀，傣名，即绿孔雀，驻大驮街。1911—1939 年为西区保甸乡第五、六段保；1940 年撤区建乡时属五福乡。中华人民共和国建立后，1950 年设永秀十二区；1959 年改为公社；1961 年改为区；1968 年复为公社；1984 年 3 月，设永秀区；1988 年 1 月，分设文玉乡；2006 年 1 月，撤永秀乡并东镇。

第五节　村（居）委会名

一、锦屏镇村（居）委会名

村民委员会　北屯，明代屯田制设屯，因在城北得名，村以驻地名。董报，原名逛坝，傣名，即毛叶黄杞树（俗称胖婆娘树）地；原驻董报，1959 年 1 月从文龙区划入并迁至曼岗，村以原驻地名。龙树，有祭龙之树得名，村以驻地（迤龙树）名；1959 年 1 月从文龙区划入。菜户河，种菜人户多得名，驻地大村；1984 年 3 月农村体改中从龙树分设。灰窑，明代建石灰窑得名，驻地杨家窝；1959 年 1 月从文龙区划入。利月，彝名，音译 Liéré（近似），即热水塘，驻地梁子头。前所，明代屯田制设屯，因驻前所得名，村以驻地名。1985 年搬迁至后所。温卜，傣名，即洞边之村，驻地徐家窝。磨腊，傣名，即田头之村，村以驻地（迤磨腊）名。景范，傣名，原名景放，即土司住过之城，驻地莲花塘。新民，以中华人民共和国之劳动人民得名，1950 年设，驻地三家村。斗阁，清代建有斗母阁得名，驻地马场坡；1959 年从清凉区划入。山冲，即山间较开阔之洼地得名；1961 年 2 月从斗阁分设；1965 年迁至笼岗，村以原驻地名。黄草岭，因山岭上有黄草得名，驻地石房箐；1961 年 2 月从新民分设。景川路，《地名志》作“景川”，以城区景川路得名；1965 年设，原驻魁阁楼，2003 年迁至彝兴路。

居民委员会　御笔，以城西玉笔山原名御笔山得名；2002 年 12 月撤销玉屏路办事处新设，办公地点东正街。玉屏，以城西玉屏山得名；2002 年 12 月撤销玉屏办事处新设，办公地点南岳路国土局。龙泉，以城南龙泉寺得名；2002 年 12 月撤销玉屏路办事处新设，办公地点景川路公路养护段。

二、文井镇村名

文井，村以驻地（文井街）名；1984 年农村体改时从大营分设。清凉，因此地清爽凉快得名，村以驻地（清凉街）名；1950—1957 年设清凉区（辖丙必、中所、者孟、文光、山冲、斗阁）；原驻羊坡，1994 年迁至清凉街。山心，因在群山环抱中得名，村以驻地名；1956 年从丙必分设。中所，明代屯田制设所，地处川河中游得名，驻地朱家营。丙必，傣名，即火棘树（俗称救军粮树）平地，村以驻地名。者孟，傣名，即水淹过之坝，村以驻地名；原名者孟营，明代屯田制设营得名。开南，傣名，即迁至有水之地得名，村以驻地名；唐南诏开南节度及元代开南州驻地。文光，原名蛮赖，傣名，即半坡寨，村以驻地名；别名蛮赖营，明代屯田制设营得名；民国中期更名文赖，1956 年更名文光，1969 年更名红光，1973 年恢复现名。老练，傣名，即尖形之田，村以驻地名。大营，明代屯田制设营，因人户多、居住集中得名，村以驻地名。文窝，原名蛮窝，傣名，即葫芦寨，村以驻地名。竹蓬，原名竹棚，因竹丛多得名；原驻竹蓬，1953 年迁至中窝铺，村以原驻地名。者吉，傣名，即冬叶寨，村以驻地（小者吉）名；明清时设者吉里。文华，原名蛮骂，傣名，即水果寨，村以驻地（文华街）名；明清时设景澜关（一作景兰关），别名东都喇，民国中期更为现名，意为文明繁华。都拉，原名都喇，哈尼名，即有毒蒜之地，村以驻地名。者后，傣名，即繁荣的集镇，村以原驻

新民村委会
（罗海垠 摄于 2014 年 5 月）

都拉村委会
（罗庆北 摄于 2009 年 5 月）

双水井村双井
（罗海垠 摄于 2012 年 9 月）

地（即今文会街，古称者后街）名，别名大营（含义同前）。挖固，哈尼名，即有山猪之地，驻地大平田。路东，又名露东，傣名，即小坝子，村以驻地（路东街）名。速南，傣名，即河口寨，村以驻地名。双水井，有双胞井得名，村以驻地名；1972 年于此地设景东林业局第五林场，1992 年从文会分设。文会，傣名，即箐边之寨，村以驻地（文会街）名；原名者后，民国时为北区中川镇第十段驻地；1958 年 7 月更为现名。新会，原名怕末、泡木，傣名，即岩石生花，村以驻地名；1984 年农村体改时从文会分设，1988 年更为现名，意为从文会划出新设；2010 年搬迁重建。新龙，新会和龙街各取首字得名，意为从龙街石垭口迁至新会，驻地龙潭山；2011 年 12 月 27 日从新会分设。文新，原名蛮杏，傣名，即石头寨，驻地下村；民国中期更名文杏，新中国成立后更名文新。挖萨，原名挖洒，傣名，即楮树（俗称葛皮树）坎，村以驻地（中挖萨）名。

三、花山乡村名

文俄，原名蛮俄，傣名，即芦苇寨，村以驻地名。秀龙，傣名，即大白花树，村以驻地（秀龙街）名。文岗，傣名，即中间之寨，村以驻地（下文岗）名。卜勺，哈尼名，即新村，驻地坟山头。文明，原名南勺，因清代出过秀才，民国中期更名文明，村以驻地（上文明）名。营盘，清代设过营盘得名；原驻营盘，1959 年迁至黄家梁子，村以原驻地名。撇罗，傣名，即松树洼，驻地垭口。淇海，哈尼名，即山谷地，驻地康家坟。芦山，山上有芦子得名，驻地新村。文岔，原名蛮岔，傣名，即楮树寨，村以驻地（文岔街）名。文召，原名蛮召，傣名，即官住之寨，驻地弯子。坡头，因地处山坡头得名，驻地米雅街。

四、大街乡村名

大街，因临近大街得名，驻地下营；1984 年农村体制改革时设。平地，因地势较平得名，村以驻地（外平地）名。昆岗，傣名，即马鹿洼，村以驻地（大昆岗）名。气力，含义待考；原驻气力，1959 年迁至杨家村，村以原驻地名。三营，因含上、中、后营得名，驻地上营。勺么，《地名志》作勺摩，法定印章作勺么，哈尼名，即大黄草坝；原驻勺么，1953 年迁至中村，村以原驻地名。文山，派生地名，文召与黑山脚各取一字得名，驻地文召；1984 年农村体制改革时从大街分设。塘坊，因在洼塘中建过作坊得名，村以驻地名。

五、太忠乡村名

大水井，因有出水量较大之井得名，驻地坟地村。叶家坡，叶姓住半坡上得名，村以驻地名。嘎仰，傣名，即鹭鸶多之地，驻地杨家村。大起育，汉、傣混合名，即扫帚苗大寨，村以驻地名，别名岩子头、魏家村；1984 年农村体制改革时从大水井分设。方家箐，因方姓住箐边得名，驻地上村。王家村，因王姓首居得名，驻地小邦别。岔箐，因在两条箐交汇之地得名，村以驻地名。平掌，因地势平坦得名，别名打死马垭口，村以驻地名；1979 年设平掌新街，将三合街迁此。大柏村，有大柏树之村得名，驻地松山。麦地，种麦子之地得名，村以驻地（麦地洼子）名。大松树，村后有大松树得名，村以驻地名。三合，地处三条河交汇之地得名，村以驻地名。花石，《地名志》作花石岩，法定印章为花石，原驻花石，岩石有花得名；1971 年迁至箐头垭口；1995 年迁至小河边。沾牛，原名沾有，傣名，即攀枝花树寨，村以驻地名。

六、龙街乡村名

小龙街，因逢辰、戌日集市得名，因与文龙龙街重名，冠以“小”字区别（一说始以巳日集市，商贾奉诚信为本，忌讳“蛇”字，因名小龙），村以驻地名。东山，地处东边之山得名；1959 年 1 月从文龙区划入，驻地比打堂。和哨，即火石哨，清代在火石岩上设岗哨得名，后人讹作和哨；驻地大平掌。南岸，傣名，即冷水河，驻地白石岩。竹者，明代以竹、者两姓共居得名，驻地大田；2005 年迁至新村垭口。新平，因地形较平得名，驻地平掌村；1961 年从龙街分设。邦庆，原名邦箐，傣名，即石头地，村以驻地（外邦庆）名。多依树，原名多衣树，因此地有移栜树得名，村以驻地名。戈瓦，原名果瓦、锅瓦，傣名，即白藤花蓬，村以驻地名。石垭口，两山间狭窄之地石头较多得名，村以驻地名；2011 年 12 月 27 日撤销。扎果，原名查角，基诺名，即有黄牛果树棍之地，驻地周家村。垭口，原名丫口，两山间狭窄之地得名；原驻扎简，1992 年迁至垭口街。小村，原有人户较少得名，村以驻地名；1984 年农村体制改革时设。

石垭口村委会（姜贵勇　摄于 2007 年 1 月）

七、文龙乡村名

龙街，因逢辰、戌日集市得名，村以驻地名；1984 年 3 月农村体制改革时设。中山，在中间之山梁上得名，驻地碱塘河。三岔河，地处老仓、新庄、邦别三河汇口得名，驻地龙洞塘。会良河，原名汇粮河，汉、傣混合名，即红土箐河，驻地硝水。文录，原名蛮禄，傣名，即水淹过之寨，驻地大河边。瓦伟，原名瓦尾，含义待考，村以驻地（上瓦伟）名。下瓦伟，1984 年农村体制改革时设，村以驻地（下瓦伟）名。邦崴，傣名，即藤条（又名藤篾）地，驻地下村。邦迈，傣名，即新建的窝铺，驻地杨家。勐涝，原名猛劳，傣名，即酿酒之地，村以驻地（中勐涝）名。义昌，傣名，即小黄竹，驻地外村。瓦罐窑，建有烧瓦罐之窑得名，村以驻地名。

八、安定乡村名

鼠街，因逢子、午日集市得名，村以驻地名；1984 年 3 月农村体制改革时设。青联，派生地名，1958 年青联、青云和青胜从青云乡分设，取意青山绿水、三乡联合，驻地扎木腊。青云，取意青山绿水、云雾笼罩，驻地上吴家（别名者么苴），1950 年设。芹河，因河边有芹菜得名，驻地独松树。

青胜，取意青山绿水、旗开得胜，驻地大村。菠萝，《地名志》作菠萝林，法定印章为菠萝，彝名，即栎树林，驻地飞鼠箐；1984 年农村体制改革时从望福分设。望福，取意盼望幸福，驻地望月。旧村，前人住过之村得名，村以驻地名。兴旺，兴旺发达之意，驻地瓦厂哨。古德，原名谷得、古的，傣名，即山梁下之村，驻地旧村；明代设安定堡。沙拉，以沙拉河得名，村以驻地（下沙拉）名；原名大村，因重名改作现名。外仓，在中仓外得名，驻地新丰村；1961 年外仓、中仓、迤仓从老仓（傣名，即黄竹林，原名大老仓）大队划出。迤仓，在中仓迤面得名，驻地李家村。中仓，在迤、外仓之间得名，驻地面瓜村。河底，地处老仓河边，山高箐深、地形低洼得名，驻地利月（含义同前）。民福，原名米富，傣名，即有蔺草得名，驻地汉家村。

九、漫湾镇村名

安召，原名阿召、安招，傣名，即官住之村，后人讹作“安召”，村以驻地名。温竹，傣名，即帅小伙之寨，原驻大村，1993 年迁至干田。五里，原名五里坡，从澜沧江边至坡头有五里得名，驻地垭口田；1992 年因建电站搬迁重建。安乐，原名阿乐，即蜜蜂，后人讹作安乐；原驻安乐街，1988 年迁至岔山街，村以原驻地名。漫湾，原名曼湾，傣名，即山岗上之寨，驻地桥头；1988 年更名漫湾。保甸，傣名，即缓坡下小平坝，村以驻地（保甸街）名；原名德胜，傣名，意为园圃地之下；1988 年更名保甸。文冒，原名蛮冒，傣名，即新寨，村以驻地（下文冒）名；原驻方家村，1999 年迁至新村田。昔掌，傣名，即有多头象之地；1984 年 3 月农村体制改革时从文冒分设，原驻新田，1985 年迁至海上。

十、林街乡村名

林街，村以驻地（林街）名。清河，河水清澈可鉴得名，村以驻地（清水河）名。岩头，石岩上之村得名，村以驻地名。丁怕，法定印章作丁帕，傣名，即岩下之村，驻地岔箐。箐头，地处箐之源头得名，村以驻地名。万龙，傣名，即大山，驻地小村；1984 年农村体制改革时从箐头分设。龙洞，因有水洞得名，村以驻地名；原驻外龙洞罗家，2005 年迁至新山头梁子。

十一、景福乡村名

岔河村委会（朱家富　摄于 2012 年 10 月）

古里，傣名，原名库里，别名勐库，即好洼地，村以驻地名。棠梨箐，箐边棠梨树多得名，村以驻地名；1961 年设。公平，原名温度（傣名，即栎树村），新中国建立后改称公平，即公平合理之意，驻地大芦山。金鸡林，原名蕨蕨林，新中国建立后，因林中金色的野鸡较多得名，驻地三家村。竹箐，因河边竹子较多得名，村以驻地（竹箐河）名。赵其山，含义待考，别名董家山、大泥塘，村以驻地（上赵其）名。回寺，清代建有回族礼拜寺得名，驻地大村。鲁家，因鲁姓居住得名，村以驻地名。龙山，相传山上有龙得名，驻地坡头山；1957 年从鲁家分设。岔河，因在河流交汇之地得名；原驻大石头，1993 年迁至水阁。勐片，傣名，原名猛片，即边缘之地，村以驻地（勐片街）名；1972年修通清（凉）林（街）公路后，在小门坎新建分销店、粮店和酒厂，集市遂迁。勐令，傣名，即有麻栎树之地，村以驻地（勐令街）名。虎山，因山有虎得名，村以驻地名。

十二、曼等乡村名

曼等，原名漫等，傣名，即深水潭边之寨（一说椎栗树林）；原驻洼子刘家，2000年迁至平掌。仓房，因古时建过仓房得名，村以驻地名；原驻中山，2000年10月迁仓房村头。扎结，拉祜名，即谷仓村，驻地山后。排沙，排除箐沟之泥沙得名，村以驻地（上排沙）名；2000年迁至村外梁子。花地，种过棉花之地得名，驻地李子树田。后河，哈尼名，即山地，村以驻地（后河街）名。胜岩，原名困岩，1959年更名胜岩，意为解放战争胜利后新建的岩子村；原驻苏家村，1999年迁至沈家村。瓦窑，烧瓦之地得名，村以驻地（瓦窑街）名。菜户，因种菜人户多得名，驻地三家田。

十三、东镇村名

大驮，因为马帮必经之道，在此卸驮食宿得名，村以驻地（大驮街）名；原驻麦地垭口，1984年迁至大驮街（高粱山）。黑蛇，因有黑色之蛇（俗称崮堆蛇）得名；原驻黑蛇，1993年迁至岩头，村以原驻地名。彭家，以境内之彭家村得名；1984年农村体制改革时从大驮和大村分设，驻地马鞍山（别名石马垭口），1997年火毁重建。大村，因原有人户多得名；原驻困嘎山老余田，1958年迁至上村，1984年迁至大梁子，村以原驻地名。新村，明代汉族迁入时新建之村得名，村以驻地名；2007年搬迁重建。曼崩，傣名，即泉水寨；原驻新村，1987年迁至大水井。菖蒲地，因生产菖蒲之地得名，村以驻地名。别落，傣名，即松树洼，驻地大麦地。苍文，原名粹文，含义待考，驻地芭蕉箐。困嘎，原名困戛，傣名，即低洼之秧田；原驻困嘎（别名子马街），2011年迁至田心，村以原驻地名。芹菜塘，因生产芹菜之洼塘得名，村以驻地（芹菜塘街，别名牛丛碑街）名；1984年农村体制改革时设。曼状，傣名，即角落之村，村以驻地名；1984年农村体制改革时设。榨房，因建有榨油之房得名，村以驻地名。长发，傣名，即天梯，因山高坡陡得名，驻地上村。文玉，派生地名，文笑与玉学各取首字得名；原驻回营村，后迁至水井（俗称衙门），再迁至小厂街，2006年搬迁重建，亦名文玉街。

第六节　县城街道、广场名

一、老城区街道名

玉屏路，因位于玉屏山麓得名。东正街，东北至西南走向，因在老城区正中之街得名。文化街，因原驻有文化单位得名。景川路，沿川河并列南下得名。北川路，位于城北，向东至川河大桥（别名河东街大桥）止得名。北正街，北面之正街得名。西正街，西面之正街得名。南正街，南面之正街得名。虹桥路，以途中之石桥（虹桥）得名。南景街，从正南街通往景川路之街道得名。

二、新城区街道名

凌云路，以孔雀山凌云塔得名。凤御路，取御笔山和凤山首字得名。银生路，以景东别名银生得名。彝兴路，因景东设彝族自治县得名；玉屏路起向西沿石婆婆箐段称彝兴西路。驭江长廊，别名河滨长廊，因筑建驭控银江（川河）堤岸，堤上设长廊得名。建设路，因建设县城新区得名。天华路，因景东物华天宝得名。麟川路，以者干别名（麟川）得名。开南路，以景东别名开南得名。九龙路，以蒙化族（彝支）祖先九龙（一名九隆）得名。御笔路，以玉笔山原名（御笔山）得名。陶府路，因东边路口直对陶土府旧址得名。三合路，取意天时、地利、人和，以太忠乡三合村得名。南岳路，以南岳广场得名。金鼎路，以金鼎山得名。漫湾路，以漫湾镇漫湾村得名。白云路，以锦屏镇斗阁村文黑后山白云寺（今废）得名。南鲸路，以南京山原名（南鲸山）得名。者干路，以者干河得名。民喜路，以文龙乡文录村民喜组得名。青云路，以安定乡青云村得名。锦屏路，以锦屏山得名。气象路，因驻有气象单位得名。瑞屏路，以瑞屏山得名。福康路，取意幸福安康，故名。月川路，以清代四省巡抚程含章（字月川）得名。玉昆路，以清代同治帝师刘崐（字玉昆）得名。瑞霞路，以瑞霞广场得名。回龙路，以者后乡双水井村回龙组得名。德龙路，以东镇长发村得龙组得名，并将“得”改作“德”。

三、广场名

人民广场，以人民会堂得名。南岳广场，唐时，南诏王异牟寻封无量山为南岳，故名。银生广场，含义同银生路。驭江广场，以驭江长廊得名。瑞霞广场，以瑞霞山得名。陶府文化广场，建有与陶府相关的塑像、浮雕，故名。月牙湾广场，因广场形似月牙得名。三弦广场，因建有世界最大型三弦雕塑得名。

第七节　外地与景东有关的地名

一、景东坡

位于大理州弥渡县，从寅街镇西南上坡至密祉乡。因道通景东得名，山因名景东坡山，今道废名存，为唐代青木香山路、明清贡象道路、滇西南丝绸之路组成部分，当地称开南古道、茶马古道景东坡。

二、观象街、 怀象街

位于楚雄州楚雄市区。元明清时，老挝、缅甸、车里、八百、孟艮等地土司赶着驯象，满载象牙、茶叶、香料、药材等进贡方物，到景东集结后，浩浩荡荡翻越哀牢山，抵楚雄落脚，引来鹿城万人空巷观看，落脚地因名观象街；搭棚住象之地因名象房街，民国时改称怀象街。

三、象眼街

位于昆明市五华区，北起人民中路，南至威远街，与端仕街相接。事件同“观象街、怀象街”，贡象从此条街经过得名。

四、义象冢

位于曲靖市马龙县老城北门外，详细位置无考。据《大清统一志·曲靖府·古迹》载：“义象冢：明天启四年，安效良叛，至马龙时，景东土兵统象马逆战，大破之。一象奋勇冲阵，被流矢死，建坊表曰忠义象”。清姚之骃《元明事类钞》：“义象冢，《滇黔纪游》：马隆州有义象冢。天启时，水西安氏叛。陶土司有一象伏山涧中，鼻吸泥水，突出喷泥贼垒，复卷一贼掷空坠死。众贼惊骇，乘势逐北。比收师，象中毒弩而毙。土人葬焉。”1625 年 3 月，贵州威宁土司安效良和沾益女土司设科反，纠集另外两个叛乱者，率二十万众打败土酋袁善。5 月，反叛者数万众直抵沾益，占曲靖，剑指滇中，一路打到马龙境内。云南巡抚闵洪学、布政使谢存仁、副总兵袁善、参将尹启易及本地土司率数万兵勇平叛。战斗伊始，众寡悬殊，形势对明军不利，危急关头，景东土酋陶明卿率领土司兵和七头战象赶来参战。大象走在各路军队前面，威风凛凛，明军士气大振，双方在马龙东面月望轿子山展开激烈厮杀。五天后，以安效良、设科兵败而告终，明军一举收复曲靖、沾益、炎方等地，所向披靡。

这次平叛战斗中，大象起着决定性作用。白天，大象潜伏于山中；傍晚，用鼻子汲取大量泥水，突袭敌军，径直冲入敌营，咆哮跳跃，喷出泥水。在敌阵中，大象横扫敌群，威力无比，有的被象鼻卷起抛向空中摔死、有的被象牙刺穿而死、有的被象脚踩死，侥幸活着的惊骇异常，纷纷逃窜，明军鼓角齐鸣，乘势追击，敌人溃不成军。明军虽然打了胜战，但大象也受了伤。在救治过程中，其中一头身上插满密密麻麻的毒箭，单取下的箭头就有一箩筐。三天后，这头大象中毒而亡。其他六头大象虽说也中毒箭，侥幸皮实肉厚，箭少毒浅，幸免于难。阵亡大象被安葬后，墓前立石碑，碑铭战象功绩，碑名曰："义勇全城忠烈神象之冢"。埋葬战象这天，参战将士和全城百姓纷纷前来凭吊，悲痛欲绝。明崇祯三年（1630），云南巡抚王伉途经马龙，到义象墓地凭吊，写下"吊义象四绝"，马龙人民将王伉绝句铭刻于石碑并建牌坊，曰："忠勇义象之坊"。

五、象来街

位于北京城宣武门西，后名长椿街，今新华社址。元明清时，朝廷在此建象房和演象所，中南亚半岛各国及景东等产象之地土司向朝廷贡驯象于此交接，因名象来街。值得一提的是，元代景东土司阿只鲁以驯象、马匹等方物朝贡并附傣文文书，朝廷无人能识傣文，只记录为缅国来朝。

六、学士路、 翰林路

位于湖南省长沙市岳麓区含浦镇。清末，景东籍湖南巡抚刘岷解职后于此终老，后人为纪念他而名。

第八节　地名掌故

一、南岳无量山

无量山一名，来源于锦屏镇利月村落水洞西部无量山主峰。一峰突兀，如擎天玉柱。唐，南诏第六世王异牟寻模仿中原皇帝封"五岳四渎"，禅封无量山为"南岳"，并于此设祭坛，后人称作无量山山神庙，祭台犹在。《景东县志稿》卷之二《地理志・山川》："蒙乐山，在治西九十里，一名无量山……蒙氏僭封南岳，石枰尚存。"据明代杨慎《滇载记》："……其山千仞，有一殿摇柱自天外来，天帝娶天女处。"又明万历《云南通志・南诏始末》："其山千仞，有一殿，栋柱自空中来，阿育王娶天女处。"阿育王者，《白国始末》载："邃古之初，西海有阿育国，其王能登云上天（出《隋书》）。娶天女，生三子……阿育俗奉佛教，恶杀，不茹荤腥，日食白饭，人称白饭王，是为白国之鼻祖也。"

相传，吐蕃和南诏原是盟友，在两国盟军合击下，两次大败唐军。779 年，南诏王阁逻凤死，其孙异牟寻继位。吐蕃借南诏王位交替之机，加强控制南诏，改兄弟关系为君臣关系，改封异牟寻为日东王，又对南诏征收重税并加重役使，使异牟寻大为不满。异牟寻手下清平官名叫郑回，乃汉人，原为唐县令，他认为江河湖水乃地之气血，各座山川风脉都是相通的，这也就是为什么中原历代皇帝要登泰山祭天，祈求江山永固、百姓安泰原因。异牟寻深受启发，便设祭坛敕封南诏境内大理点苍山为中岳，东川乌蒙山为东岳，化蒙蒙乐山（即无量山）为南岳，怒江高黎贡山为西岳，丽江玉龙山为北岳；又敕封黑惠江、澜沧江、金沙江、怒江为四渎，史称五岳四渎。继后又与唐朝交好，唐册封异牟寻为南诏王。之后，两国联合击败吐蕃，削弱吐蕃侵挠势力，彻底摆脱吐蕃控制。南诏又派出大批贵族子弟到成都学习，学成后返回云南，为南诏经济文化社会发展起到推动作用，达到南诏历史上鼎盛时期。

二、两山四河、 两山三水

20 世纪 60 年代前，“两山四河” 指哀牢山、无量山，川河（中川河）、者干河、勐片河（勐统河）、景谷河。民国《景东县志稿》卷之二《地理志・区段》：“县属原分为四河，河内又划为四十八约、甲、里、圈、庄等类。” 开南书院杨琼联：“万丈文光迎北斗，四河秀气拥开南。” 20 世纪 60 年代后，里崴、振太、勐大划归镇沅，境域形势遂演变为 “两山三水”，一般指哀牢山、无量山，川河、者干河、澜沧江。

三、七步三桥

今作小河桥，在县城以南，文果河公路桥处。民谚曰：“七步三桥，过了桥不见桥”。20 世纪 50 年代兴修弥宁公路后，景废。

四、南岳执圭

指林街乡境内金鼎山形势。金鼎山如王者端坐，气势恢宏；众山呈合抱之势，形如万人膜拜，又如众臣执圭朝圣，堪舆家称之为南岳执圭。剑川岁贡刘印侯凤冠山执教时写有《金鼎山十四景・南岳执圭》诗：“千峰拱服朝圭笏，一岭庄严衣锦袍。正位端居同帝阙，偏旁峙立尽臣曹。”

五、白羊田

白羊田，位于锦屏镇景范村。相传，白羊田世代为陶土知府养象练象场，陶府在此设十二生肖石像供奉。石像凡十二属，每属一排十二尊，纵横各十二，尊尊形态各异，共一百四十四尊，因名百样田，后人讹为白羊田。

六、灰窑花山 “天书”

灰窑花山，又名姊妹山，古称鹤笼山（傣、汉混合名，即大头山），位于锦屏镇董报村西南，因山上岩石有花纹得名。花纹又以南部一直削岩壁为最，如古代竖写文本，民间称之为天书。

七、江西石房

位于锦屏镇新民村西部，菊河北部支流上游原始森林内，为一天然半椭圆顶石洞，深宽高约 10×8×4 米，洞口筑有简陋避风石墙。相传，明代有江西籍一家三口随沐英入景，因避祸到此居住，因大雪封山，全家冻毙，因名江西石房。

八、孔雀山 “太极”

在县城南部孔雀山，一天然池塘形如太极图案。《景东县志稿》卷之二《地理志・山川》：“孔雀山……中有积水回环，若太极。” 今塘存景废。

九、丹凤流霞

在大街乡大街村尖寨组后山，又名凤岭，为旧时景东名山之一。尖寨，因寨子后山峰尖锐而得名。《景东县志稿》卷之二《地理志・山川》：“上建文昌宫、土主庙。秀拔苍翠，竹木回环，时号丹凤流霞，为麟川名胜之一。”“农业学大寨” 期间，山顶部分被炸削。今名存景废。

十、狮象锁水口

狮子山，在大街乡大街村东南，者干河西，形似狮子得名；象山，在花山乡秀龙西南，者干河东，形似大象得名。《景东县志稿》卷之二《地理志·山川》："狮子山，踞者干下流，雄峙一方，为麟川锁钥。与象山犬牙相对，堪舆家目之为狮象锁水口云。"

十一、雀山夜月

雀山，在文井镇挖固村大寺庙组，与镇沅县相接，设过雀山哨，建过枫林寺，为南部要隘。《景东县志稿》卷之二《地理志·山川》："雀山……撑空翠拔，巅出清泉，聚为寒潭，夜有珠光，精莹如月，因题之曰雀山夜月。"

大街尖寨

（罗海垠 摄于2013年10月）

会良河龙潭

（罗海垠 摄于2015年7月）

石婆庙旧址

（罗海垠 摄于2015年7月）

文龙仙人洞

（文龙镇政府提供 摄于2012年5月）

菊河龙门口

（周德翰 摄于2010年4月）

黑蛇仙人井

（罗海垠 摄于2007年5月）

南岸仙人井

（罗海垠 摄于2015年6月）

兽迹石

（罗海垠 摄于2008年2月）

龙街天生桥
（周德翰 摄于 2007 年 4 月）

羊山天生桥
（罗海垠 摄于 2015 年 7 月）

江西石房
（罗海垠 摄于 2007 年 5 月）

十二、龙潭

一在锦屏镇新民村岔河组菊河上游龙潭。进入龙门，河岸狭窄，悬岩峭壁，称一线天；河道曲折千寻，有龙门三道，上游有龙潭。《景东县志稿》卷之二《地理志·古迹》：“门内有潭，深不可测，水色清洁。人不敢近，近则雷电大作，潭水涌起；或有叶落入潭，绿衣鸟即衔而弃之。”2008 年，县城第二水厂于龙门口建成滚水坝取水。

一在文龙乡会良河村东二里处（硝水组）龙潭。明代景泰《云南图经》卷之四《景东府》：“龙潭，在府北九十里瓦尾村。遇亢旱，祷之有应。”今景废名失。

十三、丹凤衔书

指县城东凤山形势。《景东县志稿》卷之二《地理志·山川》：“邦泰山……纡回秀丽，若凤之翔，故又名之凤山。土官陶氏世居其麓，堪舆家称之曰丹凤衔书。”

十四、五龙朝凤象挡水

指县城形势。城西玉笔、玉屏、翠屏、瑞屏、锦屏五山，由北向南排开，如五条龙逶迤回环，城东凤山形如凤凰展翅与之相对；孔雀山由西向东挡住川河，扼控县城南部，堪舆家称“五龙朝凤象挡水”。

十五、玉笔虹桥朱砂道

相传，旧时朝廷报录人到景东告示中举人名单时，人们纷纷从四处赶来，列队表示祝贺。被宣布中举者则要到玉笔山朱砂洞（今称观音洞）挖来赭色砂粉，铺垫从虹桥到文庙道路，以示答谢乡人，民间称“玉笔虹桥朱砂道”。

十六、石公石婆

在县城西部石婆婆箐旁，开花寺桥上游约 400 米处。《景东县志稿》载“石人”：“在中区玉屏山麓，宛如二老并坐，俗呼石公石婆。乡人于三月二十三日（妈祖圣诞日）庆祝、祈嗣，多有灵应。”原建有石婆庙，供奉有石公石婆。20 世纪 60 年代“文化大革命”期间“破四旧”遭劫，石公石婆不存。

十七、仙人洞

一在文龙乡三岔河村南，文录村饱谷田组附近。洞中住过仙人得名。其洞深邃窎远，相传可通往锦屏灰窑之姊妹山。内有石田、石地、石虎、石豹、石芭蕉、石房屋等佳景，洞口有观音坐莲台。清代岁贡陈文谟《辟谷田石洞记》记述仙遇过程：“有病颠者见虎无畏、见蛇不惊，竟从洞口直入，遂到尽头。见上面有三人并坐，教童子取水一碗与之饮。又将拣银、铜、铁镯一支，令佩之。从后洞送出，坠岩下，会有人行过者，其人大呼，村人扎竹筏渡出，白其事，病已痊愈。”

一在东镇黑蛇村芹菜坝组，仙人井附近，当地人称蝙蝠洞。洞口位于石崖西面陡峭半山腰处，仅有一条险峻道路可达。洞口狭窄，仅容一人钻进，里面却豁然开朗，其宽如厅；再往里，曲径通幽，洞中有洞，深莫可测。

一在大街乡塘坊村石洞寺。《景东县志稿》卷之二《地理志·古迹》：“在治东哈普噜（即者干）。内有石狮、石象、石床，外覆寺宇，僧居之，即石云寺仙人洞。”

一在花山乡营盘村瑞霞山顶。《景东县志稿》卷之二《地理志·古迹》：“在者干天华寺顶。有石床一具，名仙人洞。顶上有巨穴，深不可测，前人置羊其内试之，羊由河底出，远在十余里，高亦数十丈，羊仍无恙。”

十八、仙人石床

在花山乡营盘村瑞霞山顶。《景东县志稿》卷之二《地理志·古迹》：“在东区天华寺山顶。世传有人于此成仙。前郡守黄炳堃题诗云：仙人此高卧，一去有遗床。仙人不复返，千载古苔苍。”

十九、仙人脚

一在文井镇新会村那信组，一在东镇苍文村大龙潭组，因岩石上深嵌有人的脚印而名，当属先人肢体崇拜所为。两处传说大同小异。相传，诸葛亮挥师南下，见其山形势奇特，溢彩流光，精气逼人，掐指一算，知道此地会出王侯将相影响中原，于是就在风水龙脉处跺一脚，霎时间，飞沙走石，雷电火作，一股黑烟从地底冒出，地脉元气大破。而脚印亦留到现在。

一在大街乡大街村红毛树组。后山通往双柏古道旁有一巨板石，上有人形之后脑勺、臀部、脚跟印记，似人平躺于板上所留。相传仙人于此平躺，观赏麟川风景和无量山霞光留迹。《景东县志稿》卷之二《地理志·古迹》：“仙人足，在东区者干乡红毛树。”俗称“仙人屁股”。

二十、仙人井

一在东镇黑蛇村岩头组。村脚一石山三面环悬崖峭壁，仅在东南向古道旁有路可行。一巨石当脊而中踞，高丈许宽丈许，如犬哮天；北面中部有一浑然天成的石缸，宽尺许深尺许，缸中贮水过半，无根无源，四季不涸不盈，洁净甘洌，贮水据说可以收拾干净一整只羊。清黄炳堃《仙人井》诗：“一石悬壁立，一石张华盖。有眼井在中，园内而方外。饮者求长生，且称俗肠汰。仙人果可养，不穷万世赖。”

一在龙街乡南岸村委会东100米。磐石突兀，依山而附，巉岩峭壁，称白石岩，前人凿岩成级可登顶。清代设观音庙、楼台亭阁，民国年间被王燕山匪众烧毁。山有石洞，洞内又有小洞，深约两米；小洞内有石盆，四季有水，不枯不溢，钻入洞中可汲，乡人多取饮，据说可求子、祛百病。靠崖壁残垣隐约可见“心宁□□，佛在心中，缘则灵验”几字。每年农历二月十九日，县境及南华、弥渡、楚雄等地群众从四面八方赶来参加观音会，拜祭菩萨，取水祈福。《景东县志稿》载“白石岩仙水”：“巨石巉岩，形如手掌，甚宽。涧高百余丈，昔人建营于此。顶上有石洞，大如盆，四时水满，新鲜清洁，乡人谓为仙水，多取之以除疫。塑观音像于其上以祀之。”清侯应中《白石岩仙水》诗：“硼磴一盘石，万丈接云端。武帝柏梁在，好擎承露盘。”

二十一、兽迹石、天生桥

兽迹石，在羊山瀑布脚剑湖旁。一四方体巨石，上表面平整，约1.5平方米，上面可以寻觅到各种动物的足迹，称兽迹石。天生桥，一在羊山瀑布脚剑湖下游约100米处；一在太忠乡岔箐村普牙河（采石场）上，已毁；一在龙街乡戈瓦村小河口组，天然溶洞，长宽高约30×10×10米。

第二编

政党　群众团体

第一章　中共景东地方组织

第一节　中共景东县历次代表大会

一、第一次至第三次代表大会

1956 年 5 月 9—15 日，中共景东县第一次代表大会在县文化馆召开。出席会议代表 353 人，列席 38 人。会议选举产生中共景东县第一届委员会委员 25 人，选举出席省党代会代表 8 人。1965 年 12 月 30 日至 1966 年 1 月 6 日，中共景东县第二次代表大会在县城召开。出席会议代表 250 人，列席 151 人。会议选举产生中共景东县第二届委员会委员 23 人，县委候补委员 4 人。1971 年 4 月 1—5 日，中共景东县第三次代表大会在县城召开。出席会议代表 500 人。会议选举产生中共景东县第三届委员会委员 31 人。

二、第四次代表大会

1980 年 6 月 4—7 日，中共景东县第四次代表大会在县城召开。出席会议代表 464 人。大会听取和审议何太忠代表第三届县委作《全党动员，全力以赴，同心同德为加快全县社会主义现代化建设而奋斗》工作报告。会议选举中共景东县第四届委员会委员 29 人、候补委员 6 人，选举产生中共景东县纪律检查委员会。

三、第五次代表大会

1984 年 11 月 1—6 日，中共景东县第五次代表大会在县城召开。出席会议代表 338 人。大会听取和审议何太忠代表第四届县委作《坚决贯彻党的十二大精神，努力开创景东县四化建设的新局面》工作报告。选举产生第五届县委委员 25 人，候补委员 4 人，选举产生中共景东县纪律检查委员会。

四、第六次代表大会

1987 年 12 月 11—15 日，中共景东县第六次代表大会在县城召开。出席会议代表 295 人。大会听取和审议侯键代表第五届县委作《在十三大指引下，加快改革，乘胜前进》工作报告、县纪律检查委员会工作报告。会议选举产生第六届县委委员 28 人、候补委员 4 人，选举产生中共景东县纪律检查委员会委员 10 人。

五、第七次代表大会

1990 年 3 月 23—27 日，中共景东县第七次代表大会在县城召开。出席会议代表 231 人。大会听取和审议侯键代表第六届县委作《聚精会神抓党的建议，扎扎实实把经济搞上去》工作报告、县纪律检查委员会工作报告。会议选举第七届县委委员 25 人，选举产生中共景东县纪律检查委员会。

六、第八次代表大会

中共景东县第十一次代表大会（县委党史办　提供）

中共景东县第十二次代表大会（李世华　摄）

1993 年 3 月 18—22 日，中共景东县第八次代表大会在县城召开。出席会议代表 253 人。大会听取和审议徐明良代表第七届县委作《加快改革开放和经济发展步伐，为 2000 年实现小康目标而奋斗》工作报告、县纪律检查委员会工作报告。会议选举第八届县委委员 25 人，选举产生中共景东县纪律检查委员会委员 13 人。

七、第九次代表大会

1998 年 3 月 3—6 日，中共景东县第九次代表大会在县城召开。出席会议代表 260 人。会议听取和审议徐明良代表第八届县委作《高举旗帜，团结奋进，把景东经济和社会事业全面推向 21 世纪》工作报告、县纪律检查委员会工作报告。会议选举第九届委员会委员 27 人，选举产生中共景东县纪律检查委员会委员。

八、第十次代表大会

2003 年 3 月 4—7 日，中共景东县第十次代表大会在县城召开。出席会议代表 271 人。会议听取和审议何世坤代表第九届县委作工作报告和赵昌德代表上届县纪律检查委员会向大会作工作报告。会议选举县第十届委员会委员 27 人，选举产生中共景东县纪律检查委员会委员。

九、第十一次代表大会

2006 年 6 月 20—22 日，中共景东县第十一次代表大会在县城召开。出席会议代表 269 人。大会听取和审议张世清代表第十届县委作《坚持科学发展全面落实“十一五”规划，为实现景东经济社会又好又快地发展而努力奋斗》工作报告。会议选举第十一届县委委员 31 人、候补委员 6 人，选举产生中共景东县纪律检查委员会委员，选举出席中共思茅市第二次代表大会代表。

十、第十二次代表大会

2011 年 6 月 21—24 日，中共景东县第十二次代表大会在县城召开。出席会议代表 293 人。大会听取和审议张瑜代表第十一届县委作《坚持科学发展促进社会和谐为实现景东“十二五”经济社会发展新跨越而努力奋斗》工作报告。选举产生第十二届县委委员 37 人、候补委员 7 人，选举产生中共景东县纪律检查委员会委员。

1978—2011 年景东县委书记、副书记、常委一览表

表 2-1-1

届次	职务	姓名	性别	民族	籍贯	任职时间	备注
第三届（1971. 4—1980. 6）	书记	范书定	男	汉	河南	1977. 7—1980. 6	—
	副书记	李昌发	男	彝	云南景东	1977. 7—1980. 6	—
		何太忠	男	彝	云南景东	1977. 7—1980. 6	—
		王政有	男	汉	云南景东	1978—1980. 6	—
		王永法	男	汉	山东	1978—1980. 6	—
		方荣昌	男	汉	云南思茅	1978—1980. 6	—
	常委	罗桂莲	女	汉	云南镇沅	1977. 7—1980. 6	—
		许天佑	男	汉	云南宁洱	1977. 7—1980. 6	—
		刘凤臣	男	汉	河北	1977. 7—1980. 6	—
		崔金才	男	汉	河南	1977. 7—1980. 6	—
第四届（1980. 6—1984. 11）	书记	何太忠	男	彝	云南景东	1980. 6—1984. 11	—
	副书记	方荣昌	男	汉	云南思茅	1980. 6—1981. 6	—
		王政有	男	汉	云南景东	1980. 6—1983. 12	—
		汪大学	男	彝	云南景东	1981. 7—1983. 12	—
		李俊晖	男	彝	云南景东	1983. 12—1984. 11	—
		杨正忠	男	汉	云南景东	1983. 12—1984. 11	—
		侯　键	男	汉	云南红河	1984. 9—1984. 11	—
	常委	白正清	男	彝	云南景东	1980. 6—1983. 12	—
		冯以庄	女	汉	云南景东	1980. 6—1983. 12	—
		许天佑	男	汉	云南宁洱	1980. 6—1983. 12	—
		刘凤臣	男	汉	河北	1980. 6—1983. 12	—
		李光瑞	男	汉	云南昆明	1983. 12—1984. 12	—
		李觉瑜	男	汉	云南景东	1980. 6—1982. 9	—
		张百如	男	汉	广东龙川	1980. 6—1981. 1	—
		童其峰	男	汉	云南景东	1983. 12—1984. 11	—
		李富生	男	彝	云南石屏	1983. 12—1984. 11	—
		唐燕娜	女	汉	云南景东	1983. 12—1984. 7	—
		张裕农	男	汉	江苏宿迁	1983. 12—1984. 11	—
第五届（1984. 11—1987. 12）	书记	何太忠	男	彝	云南景东	1984. 11—1985. 12	—
		侯　键	男	汉	云南红河	1985. 12—1987. 12	—
	副书记	张裕农	男	汉	江苏宿迁	1984. 11—1985. 12	—
		侯　键	男	汉	云南红河	1984. 11—1985. 12	—

续表 2-1-1

届次	职务	姓名	性别	民族	籍贯	任职时间	备注
第五届（1984. 11—1987. 12）	副书记	杨正忠	男	汉	云南景东	1984. 11—1987. 12	—
		何太忠	男	彝	云南景东	1985. 12—1987. 12	—
	常委	徐明良	男	汉	云南景东	1987. 9—1987. 12	—
		王万星	男	纳西	云南大理	1987. 4—1987. 12	—
		李光瑞	男	汉	云南昆明	1984. 11—1987. 12	—
		李富生	男	彝	云南石屏	1984. 11—1985. 12	—
		杨学进	男	彝	云南景东	1987. 9—1987. 12	—
		杨桂英	女	汉	云南景东	1984. 11—1987. 12	—
		陈维进	男	汉	云南景东	1987. 9—1987. 12	—
		唐燕娜	女	汉	云南景东	1987. 4—1987. 12	—
		童其峰	男	汉	云南景东	1984. 11—1987. 12	—
第六届（1987. 12—1990. 3）	书记	侯　键	男	汉	云南红河	1987. 12—1990. 3	—
	副书记	杨正忠	男	汉	云南景东	1987. 12—1990. 3	—
		何太忠	男	彝	云南景东	1987. 12—1990. 3	—
		徐明良	男	汉	云南景东	1987. 12—1990. 3	—
	常委	刘昌荣	男	汉	云南镇沅	1987. 12—1990. 3	—
		杨学进	男	彝	云南景东	1987. 12—1990. 3	—
		杨桂英	女	汉	云南景东	1987. 12—1990. 3	—
		陈维进	男	汉	云南景东	1987. 12—1990. 3	—
		唐燕娜	女	汉	云南景东	1987. 12—1990. 3	—
第七届（1990. 3—1993. 3）	书记	侯　键	男	汉	云南红河	1990. 3—1991. 4	—
		徐明良	男	汉	云南景东	1991. 4—1993. 3	—
	副书记	何太忠	男	彝	云南景东	1990. 3—1991. 10	—
		徐明良	男	汉	云南景东	1990. 3—1993. 3	—
		杨正忠	男	汉	云南景东	1990. 3—1993. 3	—
		唐燕娜	女	汉	云南景东	1991. 3—1993. 3	—
		龚丕富	男	彝	云南镇沅	1991. 10—1993. 3	—
	常委	王万星	男	纳西	云南大理	1990. 3—1993. 3	—
		孔广群	女	汉	云南景东	1990. 3—1993. 3	—
		毕廷村	男	彝	云南景东	1992. 6—1993. 3	—
		何国贤	男	白	云南鹤庆	1990. 12—1993. 3	—
		李　旭	男	汉	云南景东	1991. 9—1993. 3	—
		杨学进	男	彝	云南景东	1990. 3—1993. 3	—
		童其峰	男	汉	云南景东	1990. 3—1993. 3	—
第八届（1993. 3—1998. 3）	书记	徐明良	男	汉	云南景东	1993. 3—1998. 3	—
	副书记	龚丕富	男	彝	云南镇沅	1993. 3—1995. 2	—
		唐燕娜	女	汉	云南景东	1993. 3—1998. 3	—
		罗成海	男	彝	云南景东	1993. 3—1995. 1	—

续表 2-1-1

届次	职务	姓名	性别	民族	籍贯	任职时间	备注
第八届（1993. 3—1998. 3）	副书记	张善强	男	汉	云南景东	1995. 1—1998. 3	—
		白兆清	男	彝	云南景东	1995. 1—1998. 3	—
	常委	杨学进	男	彝	云南景东	1993. 3—1998. 3	—
		王万星	男	纳西	云南大理	1994. 3—1998. 3	—
		孔广群	女	汉	云南景东	1993. 3—1998. 3	—
		毕廷村	男	彝	云南景东	1993. 3—1998. 3	—
		何国贤	男	白	云南鹤庆	1993. 3—1998. 3	—
		罗　翔	男	满	云南思茅	1995. 6—1998. 3	—
		赵昌德	男	彝	云南景东	1995. 6—1998. 3	—
第九届（1998. 3—2003. 3）	书记	徐明良	男	汉	云南景东	1998. 3—1999. 8	—
		谢　伟	男	汉	四川隆昌	1999. 8—2003. 3	—
	副书记	白兆清	男	彝	云南景东	1998. 3—2002. 2	—
		谢　伟	男	汉	四川隆昌	1998. 3—1999. 8	—
		李大超	男	哈尼	云南镇沅	1999. 8—2003. 3	—
		赵昌能	男	汉	云南景东	1999. 8—2003. 3	—
		张善强	男	汉	云南景东	1998. 3—1999. 8	—
		卢贵忠	男	汉	云南曲靖	1998. 3—1999. 4	挂职
	常委	何国贤	男	白	云南鹤庆	1998. 3—2001. 5	—
		王万星	男	纳西	云南大理	1998. 3—2001. 1	—
		毕廷村	男	彝	云南景东	1998. 3—2003. 3	—
		赵昌德	男	汉	云南景东	1998. 3—2003. 3	—
		王春华	男	汉	山东	2001. 1—2002. 3	—
		李　红	女	彝	云南景东	1998. 3—2003. 3	—
		李树荣	男	彝	云南景东	1998. 3—2003. 3	—
		唐永平	男	汉	云南石屏	2001. 5—2003. 3	—
		马先刚	男	汉	云南景东	1998. 3—2003. 3	—
		梅松尚	男	汉	河南	2002. 4—2003. 3	—
第十届（2003. 3—2006. 3）	书记	何世坤	男	汉	云南宁洱	2003. 3—2004. 4	—
		杨寒松	男	汉	云南双江	2004. 4—2006. 6	—
	副书记	毕廷村	男	彝	云南景东	2003. 3—2006. 6	—
		赵昌能	男	汉	云南景东	2003. 3—2006. 6	—
		赵昌德	男	汉	云南景东	2003. 3—2006. 6	—
		饶明勇	男	哈尼	云南镇沅	2003. 3—2004. 6	—
		徐红斌	男	汉	云南景东	2004. 6—2006. 6	—
		唐永平	男	汉	云南红河	2004. 6—2006. 6	—
		赵兴学	男	汉	云南曲靖	2004. 12—2007. 1	挂职
	常委	李　埙	男	汉	云南景东	2004. 12　2006. 6	
		李　红	女	彝	云南景东	2003. 3—2006. 6	—

续表 2-1-1

届次	职务	姓名	性别	民族	籍贯	任职时间	备注
第十届（2003. 3—2006. 3）	常委	李是呈	男	汉	云南景东	2003. 3—2006. 6	—
		杨中兴	男	汉	云南景东	2003. 9—2006. 6	—
		陶　勇	男	傣	云南景谷	2004. 6—2006. 6	—
		梅松尚	男	汉	河南	2003. 3—2006. 3	—
		朱志明	男	哈尼	云南江城	2003. 3—2003. 7	—
第十一届（2006. 6—2011. 6）	书记	张世清	男	汉	云南通海	2006. 6—2010. 12	—
		张　瑜	男	汉	云南江城	2010. 12—2011. 6	—
	副书记	白兆林	男	彝	云南镇沅	2006. 3—2010. 12	—
		李春荣	男	彝	云南思茅	2010. 12—2011. 6	—
		徐红斌	男	汉	云南景东	2006. 6—2007. 10	—
		董世尧	男	布朗	云南景东	2007. 11—2011. 6	—
		李新龙	男	白	云南大理	2010. 4—2011. 6	挂职
	常委	李　璟	男	汉	云南景东	2006. 6—2011. 5	—
		李是呈	男	汉	云南景东	2006. 6—2007. 4	—
		李笪伟	男	汉	云南景东	2006. 6—2007. 3	—
		李景雄	男	汉	云南镇沅	2006. 6—2008. 6	—
		杨中兴	男	汉	云南景东	2006. 6—2008. 4	—
		杨志先	男	汉	湖南	2006. 6—2008. 4	—
		解兴华	男	汉	贵州	2008. 4—2009. 3	—
		夏　萍	女	汉	云南镇沅	2006. 6—2011. 6	—
		陶　勇	男	傣	云南景谷	2006. 6—2009. 5	—
		何献春	男	彝	云南景东	2007. 5—2011. 6	—
		罗　平	男	汉	重庆南川	2009. 4—2011. 6	—
		张德义	男	彝	云南景东	2010. 7—2011. 6	—
		彭志刚	男	哈尼	河南	2008. 7—2011. 6	—
		程　艳	女	傣	云南景谷	2008. 3—2011. 6	—
第十二届（2011. 6—　）	书记	张　瑜	男	汉	云南江城	2011. 6—	—
	副书记	李春荣	男	彝	云南思茅	2011. 6—	—
		董世尧	男	布朗	云南景东	2011. 6—	—
		李新龙	男	白	云南大理	2011. 6—	挂职
	常委	夏　萍	女	汉	云南镇沅	2011. 6—	—
		何献春	男	彝	云南景东	2011. 6—	—
		李青松	男	彝	云南思茅	2011. 6—	—
		罗　平	男	汉	重庆南川	2011. 6—	—
		张德义	男	彝	云南景东	2011. 6—	—
		李春海	男	拉祜	云南澜沧	2011. 6—	—
		张　洲	男	汉	云南景东	2011. 6—	—
		杨国相	男	白	云南宁洱	2011. 6—	—

说明：书记、副书记均为县委常委，表中不重复设栏

第二节 组织机构

一、中共景东县委员会

1949年12月，中共景东临时县委成立，由于归属问题未落实，有关人员未宣布就职。1950年1月，中共景东县工作委员会成立，隶属中共思茅地委领导。有直属党组织县直机关总支委员会、武工团总支委员会、县整训总队支部委员会。1950年5月，中共景东县工作委员会改称中共景东县委，设县委秘书室、组织部、宣传部3个机构。1951年4月，增设县纪律检查委员会（后改为监察委员会）。1955年，农村工作互助合作部成立。1956年5月，中共景东县委第一届代表会后，县委工作机构先后增设工交、财贸部、统一战线工作部、县直机关党委。1958年秋，中共景东县委党校成立。1966年5月，“文化大革命”开始后，县委受到冲击，陷于瘫痪。1968年9月，景东县革命委员会（简称县革委）成立。1969年12月1日，中共景东县核心领导小组成立。1971年4月，恢复中共景东县委员会，设党办（县委办公室与县革委办公室合署办公）、组织部、宣传部。1975年7月，恢复县委党校。1979年，恢复中共景东县纪律检查委员会。1980年，恢复统一战线工作部。1984年1月，农村工作部成立；4月，县委政法委员会、县委党史征集研究领导小组及办公室成立。1987年6月，恢复县直机关党委。1990年4月，县委机要科成立。1991年10月，景东县国家保密局成立，与县保密委员会实行一套班子、两块牌子、两种职能。

1995年，县级党政机构改革。县委机关保留县委办公室、组织部、宣传部、统战部、政法委员会，县纪律检查委员会与县监察局合署办公，县委农村工作部改称县委政策调研室，县委机要局、保密局、信访科并入县委办公室内设机构（保留机要局、保密局牌子），县老干部管理局和县直机关党委并入组织部（保留老干部管理局、县直机关党委牌子），保留县委党史征集研究室、县委党校。

2002年，机构改革。县委机构设置与思茅地委主要工作部门设置大体对应，保留县纪律检查委员会（监察局与其合署办公）、县委办公室（保留保密局牌子）、组织部、宣传部、统战部（挂县委台湾工作办公室、县人民政府台湾事务办公室牌子）、政法委员会（社会治安综合治理委员会与其合署办公）、直属机关党委，老干部管理局（挂县委老干部工作领导小组牌子）由组织部管理，机要科改为机要局，为县委办公室内设机构（副科级）。经调整，县委设置工作机构7个，即县纪律检查委员会、县委办公室、组织部、宣传部、统战部、政法委员会、直属机关党委；部门管理机构1个，即县老干部管理局。至2011年，中共景东县委设办公室（内设机要局、保密局、督查室、关心下一代工作委员会、政策研究室、农村工作领导小组办公室）、组织部（兼管机关工委、老干局）、宣传部（兼管精神文明办公室）、统战部、政法委（兼社会治安综合治理办公室）、县纪律检查委员会（与监察局合署办公）6个工作部门；县直属机关工委、老干局、精神文明办、保密委员会办公室4个部门

20世纪80年代县委县政府办公楼（邓贤刚 摄）

管理机构；县委党校、党史研究室2个直属事业单位。县级群众团体机关6个，即：总工会、团县委、妇联、工商联、科协、残联。

二、县级机关党委党组总支

1954年8月，景东县人民政府党组成立。1956年6月，县公检法党组和工交财贸党组成立。1961年9月，中共景东县人民武装委员会成立。1963年4月，经县委常委会讨论，决定将县政府、公检法、工交、财贸3个党组合并为县人民委员会党组。1963年7月，县直机关党委成立，下辖19个支部。“文化大革命”开始后，中共景东县政权系统党组织活动中断，直到中共景东县委恢复后，县直机关党委、党组、总支逐渐恢复建立。1978年11月，中共公安局委员会建立。1980年5月，县人民政府党组恢复。1981年12月，县人大常委会党组建立。1985年1月，县法院党组、县检察院党组建立。1986年6月，县政协党组建立。1987年6月，中共县直机关委员会恢复。1987年，县级机关党组织共设县公安局、县工业局、县直机关3个党委，县人大、县政府、县政协、县法院、县检察院5个党组，县林业局、农业局、水电局、粮食局、教育局、交通局、供销社、商业局、城乡集体企业局、农业机械管理局、文化广播电视局11个总支。至1995年，又增设县林业局、商业总公司、糖业总公司3个党委，撤销县工业局党委；增设县地税局、国税局、工商局、供销社4个党组；增设县计经委、土地城建环保局、林产工业总公司3个总支，共计5个党委、9个党组、10个总支。至2000年，县林产工业集团总公司由总支改建党委，县国土局增设党组，人事局、文体局成立总支，共计6个党委、10个党组、14个总支。

2004年，县委决定撤销中共景东县直属机关党委，成立中共景东县直属机关工作委员会。县直机关、企业、事业单位所有党委、总支、支部归属县直机关工委领导。2011年，县直机关工委所属党组织有11个党委、26个总支、208个支部，党员2083人。继续保留县人大、县政府、县政协、县法院、县检察院、县工商局、县地税局、县国税局、县国土局、县供销社、县药监局、县质监局、县工商联、县森林公安局14个党组。

三、乡镇党委

1950年12月底，景东县各区委组建完毕，党组织向社会公开。全县共辖15个区委，即锦屏、清凉、文井、崇明、太忠、文龙、安定、保甸、景福、永秀、民乐、景谷、振太、勐大、里威，县委任命首届各区区委书记。1957年，根据地委行署通知，将景谷区、民乐区划归景谷县，里威区、勐大区、振太区划归镇沅县，并撤销清凉区。1958年9月在人民公社化运动中，以区建立政社合一的人民公社，取消区的称谓，区委会改称公社党委。1961年调整规模，先后将文井公社划为文井、者后两个公社，保甸公社划为安乐、林街两个公社，太忠公社划为太忠、龙街两个公社，景福公社划为景福、曼等两个公社，崇明公社划为花山、大街两个公社。全县辖14个公社。1963年恢复区称谓，公社党委改称区委。1965年，从锦屏区分出锦屏镇辖一居民委员会，成独立建制。同年，中共锦屏镇总支委员会成立。“文化大革命”开始后，各区镇党组织遭冲击处于瘫痪。1968年10月，改区为公社，成立公社（镇）革命委员会。1971年4月，经整党后，恢复公社党委，锦屏镇由总支改设党委，各生产大队党支部也随整党先后恢复。全县辖15个公社（镇）党委、152个党支部。1984年4月，农村体制改革，撤销人民公社，改设区、乡，全县辖15个区（镇）委员会，166个乡党支部。1988年1月，区乡体制改革，改区为乡，改小乡为村。并增设文玉乡，撤销文井区改设文井镇，撤销保甸区改设漫湾镇，全县辖16个乡（镇）166个村（办事处）党支部。1993年，撤销文玉乡，设大朝山东镇。1994年12月，撤销锦屏乡建制，其行政区域并入锦屏镇，2006年1月，撤销者后乡，并入文井镇，撤销永秀乡，并入大朝山东镇。至2011年，全县乡镇党委设中共锦屏镇委员会、中共文井镇委员会、中共花山乡委员会、中共大街乡委员会、中共太忠乡委员会、中共龙街乡委员会、中共文龙乡委员会、中共安定乡委员会、中共漫湾镇委员会、中共林街乡委员会、中共景福乡委员会、中共曼等乡委员会、中共大朝山东镇委员会，下辖22个党总支，240个党支部。

第三节　县委全会

一、四届县委全委会议

一次全委会议　1980年6月7日，县委四届一次全委会议在县城召开。会议选举产生四届委员会常务委员9人，何太忠当选县委书记，方荣昌、王政有当选县委副书记。会议讨论通过《关于加强和改善党的领导，同心同德干四化》决议。

二次全委会议　1981年2月14—18日，县委四届二次全委会议在县城召开。会议学习贯彻中共中央1、2号文件精神和地区治安工作会议精神，部署下一步工作。会议认为，要在稳定和完善生产责任制基础上，建立健全农业大包干责任制，发展乡镇企业，发展农村商品经济，并从实际出发，由群众自己选择责任制形式。

三次全委（扩大）会议　1982年12月21—26日，县委四届三次全委（扩大）会议在县城召开。会议传达贯彻落实中央“思想更加解放一点，改革更加大胆一点”指示，讨论制订建设方针和发展目标。何太忠作《开创新局面，实现翻两番》报告，王政有作《关于加强党的建设和思想政治工作》报告，提出如何加强党的建设和思想政治工作意见。

二、五届县委全委会议

一次全委会议　1984年11月6日，县委五届一次全委会议在县城召开。会议选举产生县委常务委员7人，何太忠当选县委书记，杨正忠、侯键当选县委副书记。会议通过新一届纪律检查委员会第一次会议选举情况报告，吕正学当选县纪委书记，谭林、许天佑当选县纪委副书记。

二次全委会议　1985年1月8—11日，县委五届二次全委会议在县城召开。会议学习贯彻《中共中央关于经济体制改革的决定》。会议认为，社会主义经济是建立在公有制基础上的商品经济，不会产生资本主义。所有权和经营权分开，使企业成为相对独立的经济实体，不会改变企业的社会主义性质。经济体制改革的中心是努力提高企业活力，要简政放权，政企分开，建立企业内部责任制，执行厂长、经理负责制，处理好党委和行政方面的关系。会议通过《县委常委工作制度的暂行规定》。根据上级有关精神，会议讨论确定，景东县解放前和解放初期外逃的出境人员，还在国外的，承认是华侨，其家属承认是侨属，执行有关侨属政策。会议补选副县长任巨元为第五届县委委员。

三次全委会议　1986年4月1—3日，县委五届三次全委（扩大）会议在县城召开。会议听取《县委在整党中的对照检查》（简称《检查》）和县委书记、县长个人对照检查。在听取参会人员意见建议基础上，常委会议补充完善《检查》内容。22日，县委又在县级机关整党中作《整党对照检查》。通过扩大会议，县委决心抓好县级整党，并在总结经验基础上指导好县乡整党，加强农村党支部建设，发挥基础组织在“两个文明”建设中的作用。

四次全委会议　1987年2月18—19日，县委五届四次全委（扩大）会议在县城召开。会议深刻认识反对资产阶级自由化斗争重要性、必要性、长期性及方针、政策。会议要求，要充分认识资产阶级自由化就是否定社会主义制度，主张资本主义道路的核心是反对“四项基本原则”，否定党的领导。各级党组和党员必须旗帜鲜明地反对资产阶级自由化，决不能姑息纵容，心慈手软；反对资产阶级自由化态度要坚决，方法要妥当，要注意政策，斗争严格限制在党内，不搞上挂下连，坚持正面教育，团结大多数；不搞运动，要和风细雨，心平气和，以理服人，防止以人划线，层层检查，人人过“关”，以“左”批“左”，反对资产阶级自由化，要严格政治纪律，党员必须在党章和宪法规定范围内活动。

三、六届县委全委会议

一次全委会议 1987年12月15日，县委六届一次全委会议在县城召开。会议选举产生六届县委常务委员会委员9人，侯键当选县委书记，何太忠、杨正忠、徐明良当选县委副书记。会议通过新一届纪委第一次会议选举情况报告，许天佑当选县纪委书记，谭林当选县纪委副书记。

二次全委会议 1988年3月23日，县委六届二次全委会议在县城召开。会议讨论通过《县委常委工作制度的暂行规定》，明确县委职责是贯彻执行中央和上级党组织的指示，保证国务院和上级政府指示在全县贯彻实施，对全县性重大问题作出决策，向地方政权推荐干部，协调全县范围内各种组织的活动，加强和改善党的领导，实行政企分开。

三次全委会议 1988年8月18—20日，县委六届三次全委会议在县城召开。会议讨论研究全县经济发展战略，分析研究党的基层组织建设问题。

四次全委会议 1988年11月9—12日，县委六届四次全委（扩大）会议在县城召开。会议传达学习中央工作会议和十三届三中全会精神及省委有关指示，统一认识经济形势，明确后两年主要任务。会议要求全县党员干部把思想统一到中央治理经济环境、整顿经济秩序和全面深化改革大局上，服从中央，采取果断措施，遏制通货膨胀，控制物价上涨，保证经济生活健康发展。

五次全委会议 1990年3月11—12日，县委六届五次全委会议在县城召开。会议总结六届县委工作，提出以后任务和措施，讨论召开中共景东县第七次代表大会日程及有关事项。

四、七届县委全委会议

中共景东县委第七届一次委员会成员合影（县委党史办　提供）

一次全委会议 1990年3月27日，县委七届一次全委会议在县城召开。会议选举产生七届县委常务委员会委员8人，侯键当选县委书记，何太忠、杨正忠、徐明良当选县委副书记。会议通过新一届纪委第一次会议选举情况报告，杨学进当选县纪委书记，谭林、吕正学当选县纪委副书记。

二次全委会议 1990年8月20—23日，县委七届二次全委（扩大）会议在县城召开。会议传达贯彻云南省第五次党代会精神，提出现实主要工作是学习贯彻省党代会精神，千方百计完成当年国民经济计划，加强思想政治工作，加强党的建设，保持社会安定团结政治局面。会议还强调要继续抓好计划生育和保护自然生态工作。

三次全委会议 1991年8月27—29日，县委七届三次全委（扩大）会议在县城召开。会议传达贯彻云南省第五届二次全委（扩大）会议精神，围绕全会报告，提出以“关于大力促进科技兴农”为主题，讨论制订依靠科技兴农、振兴景东的规划措施。

四次全委会议　1992年2月20日，县委七届四次全委（扩大）会议在县城召开。会议讨论《景东县国民经济及社会发展“八五”计划和十年规划（草案）》（简称《规划（草案）》），龚丕富就《规划（草案）》作说明。

五、八届县委全委会议

中共景东县委第八届一次全委会成员合影（县委党史办　提供）

一次全委会议　1993年3月22日，县委八届一次全委会议在县城召开。会议选举产生八届县委常务委员会委员10人，徐明良当选县委书记，龚丕富、唐燕娜、罗成海当选县委副书记。通过新一届纪委第一次会议选举情况报告，杨学进当选县纪委书记，吕正学、周明开当选县纪委副书记。

二次全委会议　1994年9月22—24日，县委八届二次全委（扩大）会议在县城召开。会议传达贯彻思茅地委工作会议和省政府在思茅召开的扶贫、经济发展现场办公会议精神。龚丕富作《抓住机遇、深化改革、扎扎实实地做好各项工作》讲话。徐明良作会议总结，提出要牢固树立以改革总揽全局的思想，农村要抓好产品产业结构调整和荒山荒地有偿转让工作；企业要抓好产权制度改革，在抓管理、质量、效益上下工夫，抓好加快经济发展各项政策措施落实；各级党组织要做好党务工作，加强党的建设，确保党组织在经济建设中的领导作用。

三次全委会议　1995年9月12日，县委八届三次全委（扩大）会议在县城召开。会议传达贯彻云南省第六次党代会精神，安排部署工作任务。徐明良就学习贯彻省党代会精神作出要求。

四次全委会议　1996年12月26—27日，县委八届四次全委（扩大）会议在县城召开。会议传达贯彻全省扶贫开发工作会议精神，总结和安排扶贫开发工作。徐明良作《唱响主旋律，打好攻坚战，为振兴景东经济而努力奋斗》主题报告，姜华国、李旭分别作《强化农业基础地位认识，促进农业和农村经济持续发展》和《认清形势，加快步伐，为把景东县烤烟建成脱贫兴县经济支柱而努力》讲话。全会通过《中共景东第八届四次全委扩大会议决议》。

五次全委会议　1998年1月6日，县委八届四次全委（扩大）会议在县城召开。会议学习贯彻党的十五大、中央经济工作会议、省委六届六次会议精神和省委书记令狐安考察景东讲话，总结上年工作和安排部署当年工作任务。徐明良作《把握大局，开拓进取，夺取物质文明和精神文明建设新胜利》讲话。会议通过《关于召开中共景东县第九次代表大会的决议》。

六、九届县委全委会议

一次全委会议　1998年3月6日，县委九届一次全委会议在县城召开。会议选举产生九届县委常务委员会委员12人，徐明良当选县委书记，白兆清、谢伟、张善强、卢贵忠当选县委副书记。会议通过新一届纪委第一次会议选举情况报告，赵昌德当选县纪委书记，陈世伟、高黎明当选县纪委副书记。

二次全委会议　2000年1月4—5日，县委九届二次全委（扩大）会议在县城召开。会议贯彻党

中共景东县委第九届一次全委会成员合影（县委党史办　提供）

的十五大、十五届三中、四中全会、中央经济工作会议和省委六届九次全会精神。谢伟作《认清形势，明确任务，抓住机遇，团结奋进，把景东经济和社会事业推向二十一世纪》的讲话，总结上年工作及分析当前经济形势，提出经济工作要求。讨论县委县政府《关于巩固提高蔗糖产业的意见》《乡镇党政班子年度管理考核方案》和《县委关于加强和改进思想政治工作的若干实施意见》。

三次全委会议　2001 年 1 月 5—6 日，县委九届三次全委（扩大）会议在县城召开。会议讨论通过《中共景东县委关于制定国民经济第十个五年计划的建议》，首次提出把景东建成绿色经济大县和民族文化大县的目标任务。全县经济社会发展思路是抓住两大机遇，夯实两大基础，调整三个结构、实施五大战略，建设四大工程，巩固提高五大支柱产业，实现两个文明建设协调发展。

四次全委会议　2002 年 1 月 18—19 日，县委九届四次全委（扩大）会议在县城召开。谢伟作《解放思想，与时俱进、开拓创新、为实现富民兴景新跨越而努力奋斗》主题报告。会议期间，分组讨论主题报告，县委《关于加强和改进党的作风建设的决议（草案）》及县委县政府《关于农村集体土地流转的意见》(讨论稿)；白兆清作经济形势报告。会议通过县委《关于加强和改进党的作风建设的决议》。

五次全委会议　2002 年 10 月 29 日，县委九届五次全委会议在县城召开。会议讨论通过关于召开中共景东县第十次代表大会相关事宜。

七、十届县委全委会议

中共景东县委第十届委员会常委合影（县委党史办　提供）

一次全委会议　2003 年 3 月 7 日，县委十届一次全委会议在县城召开。会议选举产生十届县委常务委员会委员 11 人，何世坤当选县委书记，毕廷村、赵昌能、赵昌德、饶明勇当选县委副书记。会议通过新一届纪委第一次会议选举情况报告，赵昌德当选县纪委书记，陈世伟、高瑞华、杨炆兴当选县纪委副书记。

二次全委会议　2004 年 2 月 18 日，县委十届二次全委（扩大）会议在县城召开。何世坤作《深入学习贯彻“三个代表”重要思想，全面推进景东经济和社会快速发展》报告。会议提出 2004 年“国内生产总值增长 8%，农村经济总收入增长 4%”的经济社会发展目标。全会要求，坚持以邓小平理论和“三个代表”重要思想为指导，全面贯彻党的十六大、十六届三中全会和省委七届四次、五次全会精神，完善十届县委提出的经济社会发展思路，坚持发展为第一要务，抓好改革开放、经济结构调整、基础设施建设、城镇化、新型工业化五大重点，培育壮大电力、林业、农业（主要是种植业和养殖业）、矿产业、旅游业五个产业；围绕产业强县、文化兴县，解放思想、实事求是、与时俱进，扎实工作、推进全县物质文明和政治文明协调发展，实现国民经济持续快速发展和社会全面进步。

三次全委会议　2005年1月13—14日，县委十届三次全委会议在县城召开。会议学习贯彻党的十六届四中全会、中央经济工作会议、省委七届六次会议和市委一届三次会议精神。杨寒松作《全面落实科学发展观，加强执政能力建设，实现景东经济跨越式发展》报告。会议审议通过县委贯彻中央关于加强党的执政能力建设的《实施意见》。毕廷村就贯彻落实会议精神作要求。14日上午会议闭幕后，杨寒松、毕廷村与各乡镇党委书记、乡镇长和产业领导小组长签订“2005年乡（镇）经济社会发展综合目标责任书”“产业发展目标责任书”“经济社会发展目标责任书”。县领导分别为获“2004年度经济社会发展”“烤烟生产”“松脂生产”等奖励的乡镇颁奖。

四次全委会议　2006年1月12—13日，县委十届四次全委（扩大）会议在县城召开。会议主要贯彻落实党的十六届五中全会、中央经济工作会议、省委七届七次全会和市委一届四次全会精神。听取和审议杨寒松作《坚持以科学发展观统领全局，努力实现全县经济社会更好更快的发展》主题报告和毕廷村作《中共景东县委关于制定国民经济和社会发展第十一个五年计划的建议》报告。表决通过两个报告以及《中共景东县委十届四次全体会议公报》。

五次全委会议　2006年6月6日，县委十届五次全体会议在县城召开。会议主要讨论全县深化集体林权制度改革试点工作有关部署安排。

八、十一届县委全委会议

一次全委会议　2006年6月23日，县委召开十一届一次全委会议在县城召开。会议选举产生十一届县委常务委员会委员11人，张世清当选县委书记，白兆林、徐红斌当选县委副书记。会议通过新一届纪委第一次会议选举情况报告，李景雄当选县纪委书记，陈世伟、高瑞华、戴青明当选县纪委副书记。

中共景东县委第十一届一次全委会成员合影（县委党史办　提供）

二次全委会议　2007年1月17—18日，县委十一届二次全体会议在县城召开。会议主要总结2006年工作，全面安排部署2007年任务，审议通过张世清作《弘扬实干精神、坚持科学发展，为实现景东经济社会又好又快发展而努力奋斗》工作报告；讨论《中共景东县委工作规则》《中共景东县委请示及报告工作制度》和《中共景东县委县政府关于推进社会主义新农村建设的实施意见》。

三次全委会议　2008年1月4—5日，县委十一届三次全委会议在县城召开。会议听取张世清代表县委常委会向大会作工作报告，主要内容为深入学习贯彻党的十七大、中央经济工作会、省第八次党代会、市委二届五次全会精神，总结2007年工作，部署2008年工作任务。白兆林总结2007年经济工作。

四次全委会议 2009年1月20—21日，县委十一届四次全委会议在县城召开。张世清作《深入学习科学发展观全面推进景东县经济社会又好又快发展》工作报告，白兆林作《坚定信心抢抓机遇奋力开创景东科学发展加速崛起新局面》讲话。讨论通过《中共景东县委关于贯彻落实〈中共中央关于推进农村改革发展若干重大问题的决定〉的实施意见》。

五次全委会议 2010年1月18—19日，县委十一届五次全委会议在县城召开。张世清作《坚定信心，扎实工作，全力推进全县经济平稳较快发展，社会和谐稳定》工作报告，同时向全委会报告2009年度干部选拔任用工作情况。白兆林在会上总结2009年经济工作，部署2010年经济社会发展具体任务。通过中共景东县委《关于加强和改进新形势下党的建设时实施意见》，审议通过《中共景东县委十一届五次全体会议公报》。

中共景东县委第十二届委员会常委（县委党史办 提供）

六次全委会议 2011年1月11—12日，县委十一届六次全委会议在县城召开。张瑜代表县委常委会作《务实求理、科学谋划，全力推进景东经济社会科学发展新跨越》工作报告。李春荣就《中共景东县委关于制定国民经济和社会发展第十二个五年计划的建议（草案）》作说明；全会讨论县委常委工作报告，审议和通过《中共景东县委关于制定国民经济和社会发展第十二个五年规划的建议》和《中共景东县委第十一届第六次全体会议公报》。

九、十二届县委全委会议

一次全委会议 2011年6月24日，县委十二届一次全委会议在县城召开。会议选举产生十二届委员会常务委员11人，张瑜当选县委书记，李春荣、董世尧当选县委副书记。会议通过新一届纪委第一次会议选举情况报告，李春海当选县纪委书记，潘世惠、戴青明、李贵堂当选县纪委副书记。

二次全委会议 2011年12月26—27日，县委十二届二次全委会议在县城召开。张瑜代表县委常委会作《弘扬景东精神坚持苦干实干为加速推进景东各项事业科学发展而努力奋斗》工作报告。会议讨论《关于建设景东无量山哀牢山绿色经济带的意见（讨论稿）》，通过《中共景东县委十二届二次全体会议公报》。

第四节 重要决策

一、三届县委

1976年10月6日，中共中央粉碎江青反革命集团。县委成立清查领导小组，召开全县三级干部会议，部署揭批江青反革命集团工作，清理“打砸抢”分子。抽调机关部分干部组成工作组，分赴各公社及企事业单位开展“揭、批、查”工作；平反遭受各种迫害的干部群众，给一批老干部落实政策。1978年2月13—17日，县委召开常委扩大会议，开展县委整风。

1979 年 2 月 24 日，县委发出《关于执行〈中共中央关于地主富农分子摘帽问题和地、富子女成分问题决定的意见〉的通知》。至 1984 年 3 月，全县“四类分子”教育改造任务完成。3 月 15 日，作出《关于“文化大革命”中及以前历史上遗留问题的处理决定》，一律纠正“文化大革命”中造成的冤假错案，给受冤屈和株连人员恢复名誉，推倒诬蔑不实之词和摘除各种政治诬陷的帽子，清理和销毁相关材料，撤销错误文件。7 月 27 日，作出《关于为银行“暗杀集团”等 7 个假案平反的决定》，9 月 20 日，发出《关于对司马江等人特嫌案的处理意见》。

1980 年 1 月 19—23 日，县委召开全县三级干部会议，参加会议 206 人。会议传达贯彻省地县委书记会议精神，研究加强山区发展和民族工作；总结贯彻党的十一届三中全会精神，落实中央关于发展农业的两个文件和省委关于农村经济政策若干补充规定的经验，制订措施。3 月 16 至—17 日，召开三届四次全委会议。讨论通过三届四次全委会决议。

二、四届县委

1980 年 6 月 16 日，县委发出《关于党政分开办公的通知》。6 月 21 日始，县委、县革命委员会办公室分开办公。党政分开后，县革委党组向县委负责，县属各部门请示报告按照党政分工原则办理。8 月 21—25 日，县委召开全县三级干部会议，参加会议 219 人。传达贯彻省委召开的县委书记会议精神，继续解放思想，放宽政策，把全县农业和各项工作搞上去。11 月 27 日至 12 月 2 日，召开公社党委书记会议。传达贯彻地委常委扩大会议精神，学习中共中央《关于进一步加强和完善农业生产责任制的几个问题》，讨论健全完善生产责任制的意见。会议决定建立三种主要形式的生产责任制：第一种，专业联产承包计酬；第二种，小段包工，定额计酬；第三种，在边远山区和贫穷落后地区，长期“吃粮靠返销，生产靠贷款，生活靠救济”生产队，允许包产到户。

1981 年 6 月 30 日，县委发出《关于建立和完善农业生产责任制的意见》。《意见》提出：各公社（镇）、大队党支部要从实际出发，根据不同的生产力和管理水平，由群众选择责任制形式，不搞一种模式、不搞“一刀切”。围绕包干到户责任制的建立和完善，对所涉及的有关政策问题，提出 10 条具体意见。强调建立和完善农业生产责任制必须加强党的领导。

1982 年 2 月，县委县政府发出《关于开展林业“三定”工作的通知》。全县抽调 400 人组成工作组分赴公社、大队、生产队开展“三定”工作。5 月 21 日，县委县政府发出《关于将现有公社、大队林收归国有林的通知》，将公社、大队林收归国有，由县林业局视同其他国有林统一管理，任何单位不得趁分山之机侵占和乱砍滥伐。11 月 8 日，县委县政府发出《关于贯彻执行〈中共中央、国务院关于制止乱砍滥伐的紧急指示〉的通知》，要求各公社（镇）立即刹住乱砍滥伐森林违法行为。

1983 年 2 月 21—27 日，县委召开公社党委书记、主任、县直各部门负责人会议。学习中共中央《当前农村经济政策若干问题》。会议要求各级干部党团员必须清除“左”的思想影响，打开新的思想境界，要树立“五不怕”（不怕一部分人先富起来，不怕农民离土不离乡，不怕农民搞跨地区经济联合，不怕厂矿、企事业单位职工搞经营责任制，不怕知识分子中青年干部进各级领导班子）思想。5 月初，县委派出 4 个工作组到景福、林街、龙街、太忠公社，调查“两山一地”（承包山、自留山、轮耕地）到户试点有关问题。县、公社、大队抽调 850 人组织工作队到生产队，协助、指导“两山一地”到户工作，10 月 2 日结束。9 月 1 日凌晨，根据中共中央《关于严厉打击刑事犯罪活动的决定》和“从重从快”精神，全县统一行动，出动党政干部、干警 226 人，抓获各种嫌疑人 101 人。此后又收容 51 人，其中批捕 78 人。10 月 29 日，县法院在人民会堂召开万人宣判大会，公开宣判 34 人，判处抢劫杀人犯死刑 2 人，有期徒刑 32 人。

1984 年 4 月 15—18 日，县委召开三级干部会议。学习贯彻中共中央《关于 1984 年农村工作的通知》，重点解决对“两户”（专业户、重点户）的认识，放手发展“两户”，发展商品生产，使农民尽快富起来。要求贯彻执行七条政策：（1）土地承包期延长到20世纪末，经济林木开发性承包延长50年，承包山30~50年不变，依法治林；（2）允许土地转包，鼓励把土地逐步向种田能手集中；（3）允许农民自带口粮到城镇落户，离土不离乡；（4）允许跨地区、跨行业经济联合，农民和集体资金可自由或有组织地流动，不受地区限制；（5）尊重自留山承包经营者的自主权，林木、林产品可以继承，可折价转让，定量采伐一定五年不变；（6）允许雇工，不要急急忙忙去干涉、限制；（7）国营企事业要大胆改革，提高效益，建立生产责任制。

三、五届县委

1984年11月27日，县委发出《认真开展党风大检查的安排意见》。党风大检查目的是全面掌握全县党风基本情况，摸清党风好和差两个底数，总结好的经验，查处群众意见大的不正之风和违法行为，促进党风明显好转，重点是检查领导班子党风党纪情况。方法是以自查为主，县委检查抽查。在自查报告中明确回答三个问题：（1）年内党风好转的情况和经验；（2）本单位或本地区党风突出问题；（3）准备采取哪些措施整改。12月16日，省委滇南片党风检查组到景东，听取县纪委党风党纪情况汇报。21日，地委检查组到景福等3个区检查。

1985年1月14—24日，县委派出5个组检查15个区镇、县直18个党委、7个总支、353个支部党风。检查结果：党委中，党风好的有7个，一般的有9个，问题多的有2个；总支中，好的有1个，一般的有4个，差的有2个；支部中，好的有113个，一般的有184个，差的有56个。1月21日，县委县政府发出通知，要求生猪和猪肉购销价格同时放开，自由上市，随行就市，按质论价。3月26日，又发出通知，取消肥猪派购政策，实现议价议购，任何单位、个人饲养的肥猪自由成交。2月6日，县委县政府发出《关于尊师重教的通知》，9月10日召开第一个教师节大会。4月7日，县委召开四班子领导会议，决定成立景东支援漫湾电站建设领导小组。5月28日，县委发出《关于停止执行一些过时的政策规定的通知》，要求清理各部门1979—1984年形成的文件，凡与中央（1985）1号文件和《中共中央关于经济体制改革的决定》精神有抵触的都要停止执行。7月12日，县委县政府发出《关于坚决打击诱骗、拐卖妇女儿童违法犯罪活动的通知》，要求各级党委政府高度重视，采取措施，打击诱骗、拐卖妇女、儿童犯罪活动。

1986年1月2日，县委县政府决定成立清理整顿公司领导小组及办公室，清理党政机关、党政领导干部及子女、配偶经商办的企业。审查核定30个公司名称、注册资金、场地、设施、经营范围、经营方式、法人代表是否符合有关规定；是否有违章违法行为，重点查处倒买倒卖。2月19日，县委召开四班子会议。学习中共中央、国务院《关于1986年农村工作的部署》，重点研究帮助贫困地区问题。国家将景东列入“不发达地区发展资金受援县”，按省地规定划分标准，全县165个乡镇划出贫困乡93个，其中特困乡44个，并制订出“七五”脱贫计划。5月3月，县委县政府发出《关于加强土地管理，制止乱占耕地的通知》，并成立领导小组，及时开展工作。1987年10月6日，县委转发县政府清理制止乱占耕地领导小组《关于清理非农用地调查处理意见的报告》。清理、处理1982年5月后违法占用锦屏区、锦屏镇土地建盖房屋的部分干部、职工、城镇居民和农村社员。6月7—11日，县委县政府召开全县教育工作会议，重点研究全县教育体制改革，实施9年制义务教育。9月7—11日，县委县政府召开山区工作会议，参会110人。重点讨论力争在“七五”期间基本解决大多数山区人民温饱问题。

1987年2月18—19日，县委召开扩大会议，参会90人。会议主要内容，深刻认识反对资产阶级自由化斗争的重要性、必要性、长期性及方针、政策。会议要求，各级党组织和党员必须旗帜鲜明地反对资产阶级自由化，决不姑息纵容、心慈手软；反对资产阶级自由化态度要坚决，方法要妥当，要注意政策。11月17日，县委发出《认真学习党的十三大文件的安排意见》。要求各级党组织要认真学习领会十三大的主题是加快和深化改革，以经济建设为中心，坚持四项基本原则，实施改革开放搞活政策。

四、六届县委

1988 年 1 月 15 日，县委发出《关于开展群众性精神文明建设活动的意见》。指出在新形势下，要从建设有中国特色社会主义高度认识“两个文明”一起抓的重要性，精神文明建设要为经济建设服务。精神文明建设中要继续进行“四有”（有理想、有道德、有文化、有纪律）教育，培育“四有”新人；继续开展创建文明城、站竞赛活动，并提出文明单位、文明村的具体条件。7 月 5 日，县委县政府召开全县粮食工作会议，讨论实行粮油购销、调拨和财务一次包干到乡镇问题。从 4 月 1 日始，县下达各乡镇 1988—1990 年度的粮油购销、调拨、财政任务指标，实行“一定三年不变”。会议强调，完成包干任务的出路在于加快发展粮食生产，深化农村改革，首要的是稳定农业这个基础，坚持一靠政策调动农民的积极性，二靠科学技术，三靠国家、集体、个人增加对农业的投入。用价值规律引导农民发展生产，用政策调节各方面的利益，使农民得到更多的实惠。7 月 30 日，县委发出《贯彻中央（1985）5 号文件的意见》，要求各级党组要认真组织党员、干部学习中央《关于党和国家机关必须保持廉洁的规定》，提高认识，统一思想，共渡难关，同中央保持一致，并重申党政机关和干部必须保持廉洁的若干规定。9 月 22—23 日，县委召开工作会议，分析研究全县党风廉政建设情况，讨论制订粮食（油料）、糖（甘蔗）、茶叶政策。（1）定购粮政策。1988 年 4 月 1 日始，对农民交售的定购粮实行价外补贴。（2）粮（甘蔗）政策。甘蔗收购价从 1988/1989 榨季开始，每吨 66 元提高到 93 元，继续执行核定基数，超基数分成返回政策。（3）茶叶政策。合理调整收购价格，放开边销茶的生产和经营，内销茶叶彻底放开，照章纳税，促进茶叶生产发展。

1989 年 1 月 20 日，县委县政府发出《夺取今年农业丰收的决定》。为实现全年粮食总产 1 亿千克，经济总收入突破 1 亿元；甘蔗入榨 1.2 亿千克，茶叶产量 100 万千克，大牲畜 9.9 万头，黑山羊 11 万只，生猪育肥 9 万头目标，提出 10 项措施。4 月 19 日，县委制订《中共景东县委工作规划》，明确县委工作八项原则，对县委全会会议、县委办会议、文件审批制度、民主集中制、领导方法和作风等作出相应规定。5 月 9 日上午，县委在人民会堂召开党员股所长以上干部大会，要求全县党员、干部群众在思想和行动上，一定要与中央保持一致，坚持以经济建设为中心，坚持四项基本原则，坚持改革开放。号召广大党员、干部和群众明辨是非，保持清醒头脑，维护、珍惜来之不易的安定团结局面。6 月 7 日，县委从四大班子抽调领导干部 20 余人组成 11 个小组到各乡镇传达中央领导在北京市党政军干部大会上的讲话精神。5 月 20 日，县委发出《关于加强和改进企业思想政治工作的意见》，要求抓好企业思想政治工作领导体制改革，改变由党委“一元化”领导思想政治工作体制，建立起行政首长（厂长、经理）负责思想政治工作体制，改进思想政治工作内容和工作方法，建立宏大的思想政治工作队伍。同时处理好行政首长和党组织的关系，处理好国家、企业、个人三者利益关系。9 月 2 日、12 日，县委两次召开处级党员干部会议。会议分为县委常委（包括政协、纪委）、人大党组（包括法院、检察院）、政府党组 3 个小组，以搞好党风廉政建设、端正党风、反腐倡廉为目的，召开党内民主生活会。根据地委提出的 12 个问题，自我对照检查，展开批评与自我批评。11 月 10 日，县委在人民会堂召开县级机关干部职工大会。县委领导贯彻两高院《通告》精神，总结惩治腐败、廉政建设经验及成果。动员干部群众再接再厉，树立长期作战思想，把反腐倡廉斗争进行到底。

五、七届县委

1990 年 7 月 7 日，县委发出《关于学习贯彻中共中央关于加强和改善党对工会、共青团、妇联工作领导的通知》，提出加强和改善党对工青妇工作的领导要求。10 月始，以村为主，县乡为辅，分级负责村（办）团支书、妇女主任、民兵、治保职务补贴。8 月 8 日，县委县政府向省委省政府写出《继续把景东列入“八五”期间全省发展商品粮基地县的报告》，争取国家投资，增加粮食产量。8 月 23 日，县委县政府发出《关于严肃查处党政干部在建私房中违法违纪行为的通知》，提出制止和纠正群众关心的党政干部以权谋私、占地建房不正之风，促进反腐败斗争和廉政建设深入开展，密切党群干群关系。9 月 26 日，县委决定在全县开展党风廉政大检查。检查重点为惩治腐败、查处索贿受贿、贪污盗窃，特别是党政机关企事业单位干部职工在建私房中严重以权谋私、违法违纪情况，以及官僚主义、形式主义、主观主义和各种违反财经纪律现象。方法上采取先自查（包括集体和个人），然后组织检查。11 月 25 日，县委组织 5 个党风廉政检查小组到 16 个乡镇、72 个科局级单位检查。共查处党员违纪案件 37 件 37 人，其中，开除党籍 5 人，留党查看 7 人，撤职 2 人，严重警告 10 人，警告 13 人；挽回经济损失 10572 元。

1991 年 1 月 19—22 日，县委县政府召开全县社会主义精神文明建设和社会治安综合治理工作会议，参会 530 人。会议传达贯彻全省社会主义精神文明建设和社会治安综合治理工作会议精神；县委县政府与各乡镇、县级各机关签订“精神文明建设和社会治安综合治理目标责任书”；表彰奖励政法战线先进单位 17 个、先进个人 41 人。

1992 年 1 月 11—13 日，县委召开全县三级干部会议，学习贯彻党的十三届八中全会和省委三级干部会议精神，重点讨论加强农业和农村工作问题。3 月 14 日，县委发出《关于认真传达学习中发（1992）2 号文件的通知》(即《中共中央传达学习邓小平同志重要谈话的通知》)，要求各级党组织尽快把中央 2 号文件逐级传达到党员、干部，党委、总支、支部成员首先要学习好重要谈话精神，全面、深刻地领会谈话的精神实质，并把干部群众思想统一到中央文件上来。6 月 10 日，县委县政府作出《关于加快改革开放、加速经济发展的决定》。主要内容为抓住“两个机遇”（国家重点工程大朝山电站工程开工和省委省政府把景东列为全省 40 个重点扶持县之一），打牢“四个基础”（农业、公路交通、电力能源、邮电通信），落实三大任务（深入贯彻学习邓小平南方谈话精神，大力发展县办工业和乡镇企业，加大改革力度、加快改革步伐）。

六、八届县委

1993 年 4 月 20 日，县委县政府作出《关于加快农村商品基地建设的决定》。提出在五年内完成高稳产农田建设 1.67 万公顷，建成高产、优质、高效经济作物和经济林木商品基地 1.33 万公顷。提出到 20 世纪末，人均有 1 亩产量 400 千克以上的高稳产田地，有 1 亩经济效益好的经济作物，人均纯收入达到 1000 元。10 月 13—16 日，县委召开扩大会议。传达贯彻全省乡镇企业会议，省滇西南综合开发、省农田水利建设、全省茶叶工作会议，全省纪委书记、监察局长工作会议和全区体改工作会议精神，重点研究加快全县乡镇企业发展和搞好滇西南二期综合开发及今冬明春农田水利建设问题，县委政府纪委领导及有关部门负责人作讲话。

1994 年 1 月 13 日，县委县政府作出《关于党政机关工作人员保持廉洁的规定》，从 10 个方面提出保持廉洁的具体要求，告诫党政机关工作人员，对违反规定者，视情节轻重分别给予批评教育和党纪、政纪处分，触及刑律者交司法机关追究刑事责任。1 月 24—25 日，县委召开乡镇、县级机关、企事业单位副科以上干部会议，民主评议县级党政领导干部。6 月 21—24 日，县委召开全县农村工作会议。会议贯彻中央、省农村工作会议精神，总结改革开放 15 年农业和农村工作取得的成绩和基本经验，认清形势，明确任务，为实现农村三年脱贫而努力奋斗。9 月 5 日，县委县政府向省委办公厅写出《关于要求国家机关和有关部门定点景东县扶持的报告》，希望国务院办公厅、财政部、计委、教委、经贸委、农业部、林业部、水电站、交通部、开发银行等国家机关及有关部门定点景东帮助扶贫，请省委省政府优先安排。

1995 年 3 月 22—23 日，县委召开全县政法工作会议，参会 200 余人。会议传达贯彻全国全省政法工作会议精神，总结和安排布置政法工作。5 月 15—17 日，县委县政府召开全县教育三级干部会议，参会 300 余人。会议传达贯彻全国教育工作会议和全省教育三级干部会议精神。7 月 10 日，县委召开乡镇党委书记、县直机关企事业单位副科级以上干部会议，公开推荐中青年优秀干部，选拔培养跨世纪优秀人才。9 月 18 日，县委发出《关于坚决依法取缔非法传播“基督教”活动的通知》。11 月 6—7 日，县委召开全县农田水利基本建设工作会议，参会 120 余人。会议传达全国全省农田水利基本建设综合开发工作会议精神，总结“八五”期间农田水利基本建设经验和安排“九五”期间农田水利建设任务。

1996 年 2 月 1 日，县委县政府发出《关于进一步加强和改进学校德育工作的意见》。4 月 2 日，县委召开全县政法工作会议，传达贯彻全省政法工作会议精神，讨论“九五”期间至 2010 年政法工作。会上，县政法委与各乡镇、县级各单位签订“1996 年社会治安综合治理目标管理责任书”。5 月 7 日，县委县政府召开全县严打专项斗争电话会议，安排部署严打专项斗争工作。县乡成立严打专项斗争领导小组。经过 90 天严打，破获刑事案件 151 件，抓获作案分子 211 人。8 月 11 日，召开宣传大会，依法处决死刑犯 4 人，挽回企业及人民团体直接经济损失 63 万元。8 月 13 日，县委在人民会堂召开全县深入持久开展严打斗争动员大会，表彰奖励严打斗争先进集体 6 个、先进个人 75 人。6 月 7 日，县委县政府发出《关于贯彻实施〈中国教育改革和发展纲要〉的意见》，提出全县教育事业发展目标，深化教育改革的任务及实施发展目标和完成改革的措施。同日，县政府发出《关于在全县公民中开展法治宣传教育第三个五年计划的通知》，对法治宣传教育总体目标、主要任务、教育对象、方法、步骤、保障措施、宣传教育经费、组织领导等作出具体要求。7 月 11—14 日，县委县政府召开全县三级干部会议，参会干部 510 人。会议传达贯彻全省扶贫工作会议、科技大会和全区脱贫致富奔小康经验交流会议精神，总结“八五”期间发展农村经济、实现扶贫攻坚计划、开展扶贫工作成绩和经验，讨论“九五”扶贫攻坚、全县脱贫致富奔小康目标、任务和政策措施。7 月 25 日，县委作出《关于依法治县的决定》，从法制宣传教育入手，提高全民法律意识和法制观念，推进依法治县进程。

1997 年 2 月 27 日，县委县政府作出《关于深化改革、发展林业的决定》，提出改革的目标是逐步建立现代林业企业制度，推动森林资源产业化管理，完善林业产业政策，依法治林。3 月 27 日，县委决定成立县精神文明建设指导委员会，并发出《关于“九五”期间加强社会主义精神文明建设的意见》。7 月 3 日，县委印发《中共景东县委工作规则》(以下简称《规则》)。《规则》共 6 个部分 28 条，对县委实行领导的基本原则，领导基本方式和职责、组织原则、议事决策、文件审批、工作作风等作出规定。

七、九届县委

1998 年 3 月 21 日，县委县政府召开经济工作分析会议，参会 200 余人。会议总结全县工农业和企业生产情况，分析经济形势及面临的机遇和挑战，提出对策和思路。4 月 21—22 日，县委召开全县政法工作会议，传达贯彻全省政法工作会议精神，总结政法工作，安排工作任务。会议上，县政府与各乡镇签订 1998 年度社会治安综合治理责任书。表彰奖励 1997 年度社会治安综合治理工作乡镇 7 个、单位 40 个。5 月 19—20 日，县委召开全县党务工作会议，传达贯彻省委地委宣传思想和地区纪检监察工作会议精神，总结部署全县党务工作。会议表彰省级文明单位、全省农村基层组织工作的先进单位和个人。7 月 23 日，县委县政府作出《关于加快畜牧产业发展的决定》。计划用 3~5 年时间建立和完善主要畜禽品种良种繁育体系，加大良种推广。同时提出，把畜牧产业发展作为县政府对乡镇年度考核的一项重要指标。10月7日，县委县政府作出《关于大力发展个体私营经济的决定》，提出八条具体措施。要求各级党委、政府明确发展个体私营经济的第一责任人，成立由党政主要领导或分管领导担任组长的发展非公有制经济领导小组，负责研究、制订发展个体私营经济政策、措施，协调、解决实际问题，着力推进个体私营经济发展。10月21日，县委召开全县对台宣传工作会议。强调加强对台宣传工作领导，每年要听取工作部门汇报；县委党校设置对台宣传工作课程，对广大干部开展对台宣传教育。11月9日，县委、县政府发出《关于加快全县卫生事业发展的实施意见》，提出“九五”期间至2010年卫生事业发展目标任务。

1999年1月9日，县委、县政府发出《关于延长农村集体土地承包期的意见》。指出集体土地实行联产承包制度，是一项长期不变的政策。第一轮土地承包到期后，土地承包期再延长30年。3月始，县乡村抽调工作队员2132人（次），在全县15个乡镇、166个村、2298个合作社开展第二轮土地顺延承包，签订“土地承包合同书”7.61万户（份），发放“土地经营权证书”7.61万份，占应签发农户的99.6%。年底，全县第二轮延包工作结束。6月11日，县委组织县级机关、企事业单位负责人及离退休干部参加取缔、揭批邪教“法轮功”大会。7月23日，县委在县人民会堂召开大会，传达中共中央、中纪委、中组部、民政部、公安部关于邪教“法轮功”问题的决定、通知及中央、省委领导讲话精神，城区单位党员参加。7月30—31日，县委、县政府召开全县经济工作会议，15个乡镇和林产、糖业、畜牧、粮食、电力等单位分别汇报上半年经济工作完成情况、存在问题及应对措施。8月5日，县委、县政府召开联席会议，讨论部署实施易地开发扶贫工作。经省政府批准，全县计划易地搬迁安置农户1042户4260人，分别安置在者后、文井、锦屏；会议决定成立易地开发扶贫办公室，配设专职8人。11月1日，县委、县政府作出《关于实施县内易地开发扶贫的决定》，有计划、有步骤地开展工作。10月10日，县委、县政府发出《关于积极推行政务公开、村务公开、厂务公开的意见》，县级成立“三公开”工作协调领导小组，分别设立“村务公开”“政务公开”“厂务公开”办公室，具体抓好“三公开”工作。各乡镇、部门、企业成立相应机构，在党委政府统一领导下，各负其责、齐抓共管，推进“三公开”工作。

2000年4月16日，县委召开乡镇党委书记和有关部门负责人会议，贯彻落实中共中央、国务院《关于处理对社会有害的气功组织有关问题的意见》。要求各级党政组织一定要从讲政治的高度，完成清理工作。7月6日，县委发出《关于推进乡科级党政领导班子及领导干部队伍年轻化建设的暂行办法》和《景东县党政领导干部交流工作暂行规定》，对干部交流组织实施、配套措施作出规定。8月2日，县委、县政府发出《关于改革村级体制，实行村民自治的实施意见》。8月14—15日，召开全县村级体制改革工作会议，培训工作队员；至10月25日，村改工作基本结束。10月20日，县委召开联席会议，县委常委、政府副县长、人大、政协领导出席，农业、物价等部门负责人参加，传达贯彻9月12日全国减轻农民负担工作电视电话会议精神，落实党中央、国务院关于减轻农民负担各项政策措施。

2001年2月5日，县委发出《关于制定国民经济和社会发展第十个五年计划的建议》。4月4日，景东县农村税费改革领导小组召开会议，部署农村税费改革试点工作。4月17—20日，县委县政府召开三级干部会议，县四班子领导、各乡镇、县直各委办局、省地驻景东单位主要领导600余人参加。会议主题为加快经济结构调整，努力开创景东县农村经济发展新局面。8月10日，县委、县政府召开全县冬季农业开发工作会议。会议总结2001年全县冬季农业开发成绩和经验，分析存在问题和不足，安排2002年冬季农业开发任务。9月19日，县委抽派县纪委、县委办、组织部、宣传部工作人员20人组成5个工作指导组，对全县15个乡镇党委、人大、政府、纪委班子进行任期届末民主评议，测评和推荐新一届领导班子人选。11月22日，县委、县政府召开全县“三五”普法总结表彰暨“四五”普法动员大会。会议表彰“三五”普法先进集体19个、先进个人45人。11月26日，县委县政府召开联席会议，传达全区县乡机构改革动员大会精神，对机构改革作初步研究。同时，成立以县委书记为组长、县长为副组长的机构改革领导小组及办公室。

2002年1月31日，县委、县政府发出《关于农村集体土地流转的意见》，明确规定农村集体土地使用权流转适用范围、流转原则、流转方法和程序。3月14日，县委、县政府发出《关于贯彻〈中共中央、国务院关于加强老龄工作的决定〉的意见》。3月15日，县委《印发〈关于景东民族文化大县建设纲要〉的通知》。3月28日，县委《印发〈景东县机构改革实施意见〉的通知》。4月17—19日，县委县政府分别在永秀、曼等召开现场办公会议，提出"景东西部开发"的设想。县发展计划局、农业局、土地局、粮食局等17个经济综合部门及挂钩扶贫永秀、曼等单位领导参加会议。

八、十届县委

2003年5月9日，县委召开扩大会议，贯彻地委扩大会议精神，安排部署"非典"预防工作和下半年经济工作及党风廉政建设工作。7月1日，县委发出《印发〈中共景东县委工作规则〉的通知》，规则共58条，自发布之日起实施。7月3日，县委印发《中共景东县委关于干部人事管理工作的若干规定》。7月4日，县委印发《关于进一步加强和改进新时期工会、共青团、妇联工作的意见》。8月14日，县委、县政府召开全县经济工作会议，总结上半年工作，安排部署下半年工作，县委、人大、政府、政协、纪委领导出席，县直各委办局和企事业单位领导，各乡镇党委书记、乡镇长及省地驻景东单位领导参加。8月26日，县委、县政府发出《关于进一步改善投资环境扩大开放的决定》《关于景东县招商引资的奖励实施办法的通知》《关于加快非公有制经济发展的实施意见》。

2004年3月15日，县委县政府召开全县领导干部大会。县四班子领导、在职处级调研员、各乡镇党委书记及乡（镇）长、县直各委办局、省地驻景东单位、各人民团体负责人和机关党委（总支）书记参加。会议要求全县广大共产党员、干部群众认真贯彻县委十届二次全委扩大会议和县第十四届人民代表大会第二次会议精神，统一思想，明确任务。会议通报2003年度乡镇国民经济增长目标考核情况，表彰2003年党建目标管理工作先进单位，签订"2004年党建目标管理责任状"。8月3日，县委县政府围绕全县产业发展和基础设施建设，发出"六个意见"（《关于加快畜牧产业发展的意见》《关于巩固蔗糖产业发展的意见》《关于加快烤烟产业发展的意见》《关于加快蚕桑产业发展的意见》《关于加快紫胶产业发展的意见》《关于加快公路建设的意见》）。8月26日，县委、县政府在人民会堂召开创建市级文明县城动员大会。8月28日，县委、县政府发出《关于创建省甲级卫生县城实施方案的通知》，明确指导思想、工作目标、卫生县城创建范围、组织领导、分工负责、时间和步骤等内容。9月15日，县委、县政府召开民主测评市管领导干部大会，全县市管领导干部、县级正科级领导干部、乡镇党政正职参加。会上，对市管处级党员干部进行德能勤绩廉等民主测评。

2005年1月31日，县委发出《关于贯彻〈中共中央关于加强党的执政能力建设决定〉的实施意见》，提出6条措施。12月9日，县委、县政府召开全县党员干部大会，总结"十五"计划完成情况和2005年工作，提出"十一五"规划和2006年工作思路，动员全县广大党员干部掀起贯彻十六届五中全会精神新高潮，实现全县经济又好又快发展。

2006年2月7日，县委发出《关于制定国民经济和社会发展第十一个五年计划的建议》，从11个方面阐述"十一五"规划内容。4月28日，县委召开农村工作会议，贯彻落实中共中央国务院《关于推进社会主义新农村建设的若干意见》和省委市委农村工作会议精神，全面启动社会主义新农村建设。同时决定预拨50万元为启动资金。

九、十一届县委

2006年4月12日，县委、县政府召开深化集体林权制度改革研讨会。县四套班子领导，各乡镇党委书记、乡（镇）长，分管林业副乡（镇）长、林业站长和县直各部委办局有关部门负责人参加。会议讨论修改县委、县政府《关于深化集体林权制度改革的意见》。6月5日，县乡工作队员259人入驻文井镇24个村开展集体林权制度改革（简称林改）试点工作。8月2日，县委召开党员干部大会，贯彻思茅市第二次党代会精神，城区副科以上领导干部230余人参加。8月8日，县委发出《关于贯彻落实〈建立健全教育制度监督并重的惩治和预防腐败体系实施纲要〉的实施意见》，提出7条措施。8月21日，县委、县政府召开全县扶贫开发工作会议。县扶贫开发领导小组成员单位领导、县挂钩扶贫单位领导、各乡镇党委书记、乡镇长、分管扶贫工作副乡镇长、扶贫干事参加会议。县委书记、县长分别作讲话。县政府分别与各乡镇签订“扶贫资金责任状和扶贫项目责任书”。会议还作出《关于“十一五”扶贫开发工作的决定》，宣读国务院扶贫办和省市表彰的“十五”扶贫开发先进集体和先进个人名单及县委县政府《关于表彰“十五”扶贫开发先进集体和先进个人的决定》。9月12日，县委县政府在人民会堂召开全县创建省甲级卫生城市暨市级文明县城动员大会。县四套班子领导、县直各部委办局全体职工、省市驻景东单位、县级企事业单位和学校负责人、锦屏镇机关全体干部职工以及社区负责人参加。

2007年1月24日，县委发出《关于印发〈中共景东县委工作规则〉的通知》。《规则》分总则、工作职责、组织原则、会议制度、文件审批、工作作风、附则7个部分，共26条，自印发之日起施行。1月25日，县委、县政府召开全县林改试点工作表彰大会。会议表彰先进集体6个和先进个人48人，同时，对全县林改工作作动员。会后，全县林改工作全面展开。3月5日，县委、县政府提出《关于推进社会主义新农村建设的实施意见》。主要目标为通过15年时间，把景东县大多数自然村建成小康、文明、生态和谐的社会主义新农村。结合景东实际，把新农村建设分为脱贫、温饱向小康迈进、小康向富裕迈进三个阶段和山区、半山区、坝区三个层次，统筹研究，搞好规划，分步实施。2007年始，县级财政每年预算资金用于社会主义新农村基础设施建设，并视情况逐年增加，稳步推进新农村建设。3月16日，县委、县政府共发出“六个意见”（《关于加快林产业发展的意见》《关于加快茶产业发展的意见》《关于加快蚕桑产业发展的意见》《关于加快烟草产业发展的意见》《关于加快蔗糖产业发展的意见》《关于加快畜牧产业发展的意见》）。5月10日，县委、县政府在人民会堂召开“银生古城首届普洱茶原料交易会”动员大会。15—16日，在县城举办“银生古城普洱茶原料交易会”。46户茶企业参加展销，126户外地茶客商现金交易680万元，协议交易500万元，招商引资1.26亿元。交易会期间，在人民会堂举行景东县少数民族茶艺茶道大赛。通过角逐，锦屏代表队获一等奖，花山、安定代表队获二等奖，龙街、漫湾、景福代表队获三等奖，县领导分别为获奖代表队颁奖。

2008年3月10日，县委、县政府作出《关于对2007年度新农村建设工作队及指导员工作先进集体和先进个人进行表彰的决定》，表彰新农村建设先进派出单位10个，优秀指导员50人，优秀工作队长4人。4月22日，县委、县政府召开全县农村工作会议。总结5年全县农业农村工作，安排部署2008年及之后一段时期农业农村工作。8月20日，县委发出《关于组织举办改革开放30周年纪念活动的通知》。12月5日，景东县举办“改革开放30周年图片展”开展仪式，县四套班子领导出席。12月18日，景东县召开纪念改革开放30周年大会。县四套班子领导、乡镇主要领导、县直各委办局、各人民团体、各企事业单位、省市驻景东单位干部职工700余人参加。

2009年1月9日，县委召开扩大会议，县四套班子领导，县委办、人大办、政府办、政协办、县级职能部门负责人参加。会议分析并确定2009年国民经济主要指标，商榷县委十一届四次全委会议内容。2月5日，县委发出《关于贯彻〈中共中央关于推进农村改革发展若干重大问题的决定〉的实施意见》。4月29日，县委发出《关于认真开展省委提出“三个一”活动的通知》，决定在全县广大干部中开展学习“三个一”（个人形象一面旗、工作热情一团火、谋事布局一盘棋）活动。要求各级领导干部按照要求选人用人，营造学习“三个一”活动良好氛围。8月26日，县委发出《关于认真学习传达贯彻落实胡锦涛同志〈在云南考察工作结束时的讲话〉》精神。要求各乡镇和县直各部门、各人民团体组织学习好、贯彻好胡锦涛重要讲话精神，推进党的建设，为实现“保增长、保民生、保稳定”目标而奋斗。11月25日，县委召开党建工作座谈会，贯彻党的十七届四中全会及全市农村基层党建工作会议精神，确定和解决农村改革、发展和稳定中遇到的新情况、新问题，不断创新农村基层党建工作，促进全县党建工作科学发展。各乡镇党委书记、县直机关工委书记交流发言。

2010年4月6日，县委、县政府发出《关于实行科级以上干部责任区制度的通知》。为全面执行为民服务五项制度，县委、县政府决定建立县级领导分组挂钩联系乡镇、正科级领导干部每人一个责任区制度，加强基层党建、社会建设、产业发展、党风廉政、综治维稳工作。4月23日，县委、县政府发出《关于加大统筹城乡力度进一步夯实农业农村发展基础的实施意见》，结合景东县实际，贯彻落实好中央、省市关于农村工作的精神，为做好2010年农业农村工作指明方向。6月1日，县委发出《关于在全县党的基层组织和党员中开展创先争优活动的实施意见》，在全县党的基层组织中掀起创先争优活动新高潮。12月31日，县委发出《关于成立县乡（镇）党委换届工作领导小组的通知》，要求加强对县乡镇党委换届选举工作领导，确保换届选举工作顺利进行。

2011年3月3日，县委发出《关于2011年县委换届方案》，以选好配好乡镇党委书记为重点，选配好党委班子，提高引领科学发展能力。3月25日，县委发出制订国民经济和社会发展“十二五”规划建议，就全县经济社会发展提出建议。4月22日，县委发出《关于中国共产党成立九十周年纪念活动的通知》，决定在中国共产党成立90周年到来之际，开展一系列宣传教育、评选表彰纪念活动。同日，县委发出《中共景东县委常委会工作规则（试行）的通知》，规范县委常委工作程序，发挥县委常委会集体领导作用。4月25日，县委发出《景东县政府机构改革实施意见的通知》，以转变政府职能为核心，明确责任，提高行政效能。5月10日，县委表彰第四批优秀新农村指导员41人。6月12日，县委发出《关于进一步加快水利事业发展的决定》，提出加快景东县水利事业发展的目标任务。

十、十二届县委

2011年8月8日，县委发出《关于加强和改进新形势下人大工作的意见》《关于支持人民政协履行职能发挥作用的意见》，提出推进景东县民主政治建设进程，发挥县人大、县政协在全县经济和社会发展中的重要作用。11月2日，县委发出《关于开展“走基层、转作风、抓落实”主题实践活动的实施意见》，决定用一年时间，巩固2011年“作风年”建设成果，掀起2012年“落实年”工作新高潮，12月17日，县委发出《关于进一步加强民族团结，加快少数民族和民族地区科学发展的决定》，提出促进各民族共同团结进步，共同繁荣发展。

第五节 重要教育活动

一、“增百致富”大讨论

1985年3月8日，县委召开四套班子领导会议，传达贯彻中共中央总书记胡耀邦“条条思路就是要让国家和人民尽快富裕起来”和实现“每个农业人口增收100元”指示。会议决定，县区乡派出大量工作队，用40天时间，在全县开展“增百致富”大讨论，宣传贯彻总书记的指示和要求，深入农户，访富问计，访富帮贫，培养典型户，制订产前产后服务措施，签订粮食征购合同。3月15—18日，县委召开三级干部会议，学习贯彻中共中央、国务院《关于进一步活跃农村经济十项政策》和胡耀邦视察云南7个地州、20个县时的讲话。县委书记何太忠作《深入学习中央1号文件，实现增百致富》报告。报告提出，全县3.33万公顷耕地用1万公顷种甘蔗、水果等经济作物。养殖业以养猪为主，牛、羊、鱼、蜂、兔大发展。凡是农民以户或联户能办的乡镇企业就放手，给予支持和帮助。要把加工业、建筑业、运输业发展起来，组织农民进入流通领域，让更多人学习做生意，打开城门，让农民进城开办第三产业。助民致富措施：(1) 放宽政策，农产品收购放开，凡是新办的乡镇企业免征三年所得税，烤烟产品、烟丝加工税减50%；(2) 集体林区木材退出统配，自留山林木材实行预购预销；(3) 帮助“两户”(重点户、专业户)、一家一户制订增收计划，总结“两户”致富经验，县区乡干部一年内要扶持三五户重点户，对外开放，引进技术、资金、人才，采取联营等多种办法，不要怕别人取走利润；(4) 县科技部门要开展科技普及和调整技术力量，举办各种技术培训班；(5) 大办交通，在三年内采取民办公助办法，使全县交通大有改善。三干会议结束后，全县共组织增百致富工作队员1533人，其中，地级24人，县级195人，区级535人，乡级779人，帮助农村一家一户制订“增百致富”措施。工作队员入村后，访富帮贫8408户，落实粮食定购合同占下达任务的45.99%。据1986年2月14日统计，1985年与1984年相比，粮食人均收入减少46.5千克，经济收入人均增加65.8元，仅文井区、锦屏镇完成增百计划。

二、党员民主评议

1988年10—12月，县委组织部根据中央、省委、地委有关指示精神，在县贸易公司开展党员民主评议、处理不合格党员试点。1989年9月，县委批转组织部《关于逐步铺开党员民主评议的安排意见》。《意见》指出，党员民主评议的方针：坚持标准，立足教育，区别对待，综合治理。目的：从严治党，在改革开放中切实加强党的建设，不断提高党员思想素质和政治素质，确保党员队伍先进性，不断增强党的凝聚力和战斗力，充分发挥党员先锋模范作用。县委下属参加党员民主评议党委21个、总支11个、党支部382个，党员8525人，其中预备党员154人。实际参加党员民主评议8332人，占党员总数98%。经评议审定合格党员8159人，占党员总数的95.71%，其中，基本合格141人，不合格35人，限期改正79人，劝退9人，除名35人。各种纪律处分35人，其中，留党查看9人，开除2人，自行脱党13人，取消党员资格6人。1990年始，每年以支部为单位，开展党员民主评议活动，按照“优秀”“合格”“不合格”3个档次，采取自评和集体评议。通过评议，优秀党员上报上级党委表彰，不合格党员按《党章》规定分别作出组织处理。

三、社会主义教育

1991年4月5日，县委作出《关于全县农村开展社会主义思想教育的决定》。指出这些年来，出现“一手硬，一手软”，思想政治工作削弱，放松四项基本原则和社会主义思想教育（以下简称社教），农村政治思想领域出现一些消极现象。有的干部群众对社会主义产生困惑和疑虑，特别是对党在农村的方针政策和社会主义性质认识模糊，部分农民国家集体观念淡薄，一些地方集体经济削弱，部分基层党组织软弱涣散；有少数党员、干部忘记全心全意为人民服务的宗旨，有的甚至违法乱纪、腐化堕落，严重脱离群众；有的地方封建迷信抬头，资本主义腐朽思想滋生蔓延，社会治安状况不好。县委决定，在全县农村分两批开展社教。并强调各级党委要重视和加强组织领导。第一批于8月14日至11月2日，在安定、文龙、龙街、锦屏、者后、太忠、文井、锦屏等8个乡（镇）、94个村(办)、1200个合作社进行；第二批于11月15日至次年2月2日，在大街、花山、林街、景福、曼等、永秀、文玉、漫湾等8个乡（镇）、72个村（办）、1142个合作社进行。县委从县乡村抽调工作队员1488人，其中机关干部247人。在全县社教中，坚持把加强农村党支部建设作为重点，对其他群众组织进行整顿、调整。全县共调整、健全合作社班子1417个，团支部97个，妇女组织130个，治保会131个。帮助141个村（办）、1964个合作社清理财务、健全财务管理制度；帮助145个村

(办)、2132个合作社分析、研究村情社情，因地制宜地选择经济发展路子及项目，制订村社发展规划。在第一批社教中，把社教和抗灾救灾工作结合起来，组织和发动群众抗灾救灾，生产生活自救，降低“7·16”特大洪灾损失。县委、县政府拨出专款32.6万元用于恢复生产，年终全县粮食总产1.25亿千克，大灾之年获得丰收，实现连续第六个增产年。

1992年3月15日至4月21日，县委根据中央十三届八中全会“关于在乡镇机关和企事业单位中开展社教的决定”精神，从县级机关抽调干部和聘请部分离退休干部205人组成工作组，分赴全县16个乡镇、32个行政村、160个事业单位、56个企业单位开展社教。教育内容：紧密联系国际国内实际，紧扣广大党员、干部职工思想疑点、难点和热点问题，由浅入深地灌输社会主义基本理论，牢固树立社会主义必胜的信念；用小整风方法，开展面对面批评、群众评议和党员团员民主评议；进行个人思想工作总结，找差距、查根源，强化公仆意识，牢固树立全心全意为人民服务的思想；转变作风搞好服务，为群众办实事、做好事；学习贯彻邓小平南方谈话和十三届八中全会、省委、县委三级干部会议精神，建立健全乡镇机关、企事业单位各项规章制度；加强各级领导班子建设，增强凝聚力和战斗力，促进农村两个文明建设。社教中，整顿、健全、完善财务管理制度单位241个，清理并收回个人欠款2.23万元。对违反党纪党员和违反政纪干部、职工给予处分，处理参与赌博的干部职工。调解单位与村社土地、山林民事纠纷59起，举办科学技术培训班9期。组织干部开挖沟渠、修路1437人（次），清理街道卫生7256人（次）。

四、村建工作

1994年12月至1997年末，按照中央、省委、地委统一部署和要求，县委先后派出3批扶贫挂钩及县乡工作队员490人，在全县13个乡镇、76个贫困村（办）“驻村帮社”。1994年12月29—30日，组织第一批村建工作队员培训，县级机关、企事业单位扶贫挂钩单位负责人和工作队员80余人参加。唐燕娜作《切实加强农村基层组织建设，加快贫困山区脱贫致富奔小康步伐》动员讲话，要求派驻工作队用一年时间驻村帮社，协助乡镇党委按照党的十四届四中全会提出的“五条”标准，抓好农村党支部为核心的基层组织建设，帮助贫困村社落实人均1亩高稳产田地、1亩效益比较好的经济林木建设，抓好水电路等基础设施建设。1997年末，实现脱贫1个乡19个村，贫困人口从1994年11万人减少到5.01万人，全县农民人均纯收入由466元增加到743元，增长59.4%。

五、解放思想大讨论

2000年1月28日，县委办公室发出《关于在全县开展“以改革开放为动力，调整结构、开拓市场、搞活流通”为主题的解放思想、更新观念大讨论的通知》。通过大讨论活动，在全县干部群众中树立七个意识（创新意识、质量意识、竞争意识、风险意识、营销意识、品牌意识、形象意识），达到“四破四立”（破除唯书唯上的保守观念，树立敢闯敢试、勇于探索的新观念；破除把产权制度改革与私有化等同的错误观念，树立规范的产权制度是社会主义公有制自我完善的新观念；破除重生产轻营销的陈旧观念，树立市场决定生产的新观念；破除一讲改革就要政府帮助的等、靠、要观念，树立自力更生、艰苦奋斗，主要依靠自身努力摆脱困境的新观念）。为深入开展大讨论活动，县委在党校举办干部理论培训班6期；城区党委、总支、支部书记、县直机关、企事业单位副科级以上领导干部，乡镇组织、宣传、司法干部参加培训475人；各部门、各单位开展形式多样学习讨论7600人次；各乡镇利用乡镇党校举办专题学习培训班70期，培训干部3800人次。

2008年4—10月，按照省委、市委统一部署，县委组织开展全县解放思想大讨论活动。4月24日，县委召开以“解放思想、深化改革、扩大开放、科学发展”为主题的动员大会，下发《关于解放思想、深化改革、扩大开放、科学发展大讨论活动的实施方案》。总体要求：总结改革开放30年景东实践经验，准确把握景东经济社会发展面临的新形势、新任务、新机遇和新挑战，解决影响改革开放、科学发展的思想观念、体制机制、工作作风、工作方法等方面存在的突出问题，探索实现科学发展新思路、新途径、新举措，以思想大解放促进经济大发展。领导干部先后写出体会文章507篇，其中，副科315篇，正科163篇，副处以上29篇。10月30日，召开解放思想大讨论活动总结表彰会。

六、“三讲”教育

1999年6月1—6日，县委在党校举办“三讲”（讲学习、讲政治、讲正气）干部培训班。县属部门科局级干部64人和全县乡镇领导干部115人分两期培训。

2000年4月15日至6月15日，按照省委部署，开展县级领导班子和领导干部“三讲”教育。省委派出巡视组到景东指导。县委、县人大、县政府、县政协领导班子及县纪委、组织部、宣传部、公安局、检察院、法院教育对象74人参加。教育分为思想发动、学习提高，自我剖析、听取意见，交流思想、开展批评，认真整改、巩固成果四个阶段进行。“三讲”教育中，以讲政治为核心，贯彻整风精神，发动和依靠群众开门搞“三讲”。前后征求群众意见6次，征求到意见建议7361条。针对群众意见建议，县四套班子分别提出整改意见，并制订整改措施493条。11月至12月上旬，“三讲”教育回头看。活动分为认真学习，提高思想认识；自查自看，落实整改措施；通报情况，听取群众意见；组织检查，促进整改等4个阶段。

七、“三个代表”重要思想学习教育

2000年6月1日，县委发出《关于深入学习和认真实践江泽民总书记“三个代表”重要思想的意见》。要求各级党组织和全体共产党员学习领会“三个代表”重要思想深刻内涵和“三个代表”之间相互关系。学习和实践“三个代表”重要思想是必须抓好的一项重大任务，县乡两级中心学习组要认真组织学习，专项讨论。各部门、各单位要组织1—3天学习，并利用每周学习日组织学习讨论。把学习实践“三个代表”重要思想与“三讲”教育紧密结合起来，以“三个代表”重要思想为指导，高标准、高质量地抓好“三讲”教育。要抓好“三个代表”重要思想的宣传报道，报刊、广播、电视开辟专栏、专题，及时报道宣传全县的学习情况和经验。8月15—18日，县委、县政府在县委党校举办“三个代表”重要思想研讨班，县委、县人大、县政府、县政协领导，乡镇党委书记、经济、政法、群团组织、意识形态单位负责人共71人参加。

2001年1月11日，县委发出《关于“三个代表”重要思想学习教育活动的实施方案》。对教育活动的指导思想、原则和基本要求、方法步聚、组织领导提出要求，指导全县“三个代表”重要思想学习活动（以下简称“三学”）。全县先后分2批开展“三学”活动。第一批，1月11日至3月18日，县直74个部门1557人参加，占应受教育对象99.9%；第二批，3月25日至5月17日，15个乡镇256个站所1615人参加，占应受教育对象99.8%。1月11—17日，县委举办“三学”骨干培训班。7月1—2日，全县广大干部群众认真收听（看）中央“七一”纪念大会实况。县委中心学习组及时组织四套班子6个部门副科以上领导干部全文学习江泽民在庆祝中国共产党成立80周年大会讲话。7月13日，县委在政府小礼堂召开全县第一、二批“三学”活动回访复查动员大会。县直74个单位党政主要领导、乡镇党委书记、县委“三学”领导小组成员及县委回访复查督查组全体成员115人参加。谢伟总结第一、二批“三学”活动开展情况。至8月13日，“三学”活动回访复查工作结束。7月16日，县委发出《关于认真学习贯彻江泽民同志在庆祝中国共产党成立80周年大会上的讲话的安排意见》《关于村级“三个代表”重要思想学习活动的试点工作方案》，把锦屏镇确定为“三学”活动试点。通过试点带动，全面开展村级“三学”活动。

2002年3月1日，县委召开全县村级“三学”活动动员培训会，动员和部署全县“三学”活动工作。各乡镇党委书记、“三学”办主任、县委督导组、指导组成员参加。动员大会后，各乡镇迅速调整工作机构，抽调工作人员，完善实施方案，明确任务目标，落实工作措施，部署“三学”活动各项工作。4月28日，村级“三学”活动结束。5月10日，县委召开全县“三学”活动回访复查工作安排电话会议，集中回访复查全县村级“三学”活动，再回访复查县级部门、乡镇机关及站所“三学”活动。

八、团结干事思想教育

2002年6月18日，县委召开县级领导班子团结干事教育动员会，决定开展领导班子团结干事教育活动。该次活动是“三讲”教育的延续和深化，是实践“三个代表”重要思想具体活动。6月26日，县委批转《县纪委、县委组织部〈关于景东县级领导班子和领导干部团结干事教育活动的实施方案〉的通知》，提出教育活动的重要性、必要性，指导思想和基本要求，必须遵守的原则，主要范围、对象、方法和步骤。7月9日，县委发出《关于切实抓好县级领导班子和领导干部团结干事教育活动工作若干问题的通知》，及时指导教育活动健康开展。

九、实施“云岭先锋” 工程

2004年3月14日，县委发出《关于贯彻中共云南省委〈关于实施“云峰先锋”工程大力推进党的基层组织建设的决定〉的实施意见》(以下简称《意见》)，提出实施“云峰先锋”工程总体要求和目标。全县各级党组织以《意见》为指导，成立机构、制订规划，明确责任、强化宣传，突出重点、推动全局，工作扎实、成效明显。县委组织部建立联系点14个，县直5个党委建立联系点6个，15个乡镇党委建立联系点34个。8月2日，县委召开“云岭先锋”工程推进会。文井、文龙、安定、漫湾党委书记作专题发言，其他乡镇党委书记作分析交流。县领导提出：要认真抓好“五好五带头”“三培养”(领导班子好、党员队伍好、工作机制好、工作业绩好、群众反映好，带头学习提高、带头争创业绩、带头服务群众、带头遵守纪律、带头弘扬正气，把致富能手培养成党员、把党员培养成致富能手、把致富能手培养成好干部)；突出抓好思想政治建设、领导班子建设、明确党建目标、建立完善民主集中制原则及各项规章制度管理，树立正确政绩观，建设好学习型领导班子，不断推进“云岭先锋”工程。12月14—15日，思茅市委“云岭先锋”工程巡视组到景东县巡视。先后到县医院、公安局、老练村视察“云岭先锋”工程、“云岭青年先锋”工程实施与进展情况。15日上午，赵兴学主持召开汇报会。巡视组对2005年“云岭先锋”工程提出3点要求：(1)在认真做好2004年经验总结基础上，继续抓好宣传、抓落实；(2)结合社会反映热点难点问题，深入细致地开展工作；(3)抓好材料收集、整理乡镇、村站所考核工作，稳步有序地推进“云岭先锋”工程。

十、保持共产党员先进性教育

2005年2月19日，县委发出《关于开展保持共产党员先进性教育活动的实施意见》(以下简称《意见》)。根据《意见》要求，全县先后分3批开展保持共产党员先进性（简称“保先”）教育活动，活动分为学习动员、党性分析、民主评议、整改提高4个阶段。2月21日，县委召开“保先”动员大会。市委督导组、县委常委、县人大、县政府、县政协党员领导，担任过实职副处以上部分离退休干部、县委督导组、乡镇党委书记、党员乡镇长、组织委员、县属单位、人民团体和省市驻景东单位在职党员1000余人参加。县委主要领导根据党的十六大、十六届四中全会和中央、省委、市委“保先”工作会议精神，动员和部署全县“保先”活动。思茅市委督导组组长普彦学作具体要求。3月28日，召开分析评议动员会。4月18日，省委督导组付加兴一行在市委组织部黄河立陪同下，检查指导景东县第二阶段工作情况。在听取县委领导汇报后，认为景东县“保先”活动既能严格按照省市规程操作，又能结合实际开展，很有特色。总体来说领导重视、安排周密，党员参与、群众支持，进展顺利、扎实深入，富有成效，并就如何抓好分析评议提出建设性意见。5月13日，召开第一批“保先”活动整改提高阶段动员会。7月7日，召开第二批“保先”活动工作暨实施“云岭先锋”工程表彰大会，总结“云峰先锋”工程及第一批“保先”工作，部署第二批活动，命名表彰实施“云岭先锋”工程先进基层党组织、优秀共产党员和优秀党务工作者。7月12日，组织和培训第二批“保先”活动督导组成员18人。8月23—24日，思茅市委巡回检查组在听取县四套班子领导对第一批活动巩固和扩大整改成果工作汇报会后，提出要建立健全保持“保先”活动长效机制。12月7日，召开第三批“保先”活动工作会，总结第二批活动，部署第三批活动。县套四班子领导成员及乡镇党委书记、组织干事、部分企业党组织负责人、教育系统党组织负责人参加。

十一、“树新风、强作风、兴思茅”教育

2006年4月11日，县委召开“树新风、强作风、兴思茅”教育活动动员大会。决定用9个月时间，在全县机关、事业单位开展“树新风、强作风、兴思茅”教育活动，促使机关事业单位做到思想政治好，遵守纪律好，办事效率好，服务质量高，群众公认，人民满意，真正达到树立新风，端正作风、振兴景东目的。教育活动坚持正面教育、自我教育为主的原则，坚持走群众路线原则，分类指导原则和有效监督、持之以恒原则。会议对教育活动组织领导、方法步骤、工作纪律提出要求。县四套班子领导、各乡镇党委书记、纪委书记、组织委员（干事）、县直各部委办局领导和城区事业单位负责人参加。参加这次教育活动共13个乡镇、64个机关事业单位，共8300人。8月11日，县委县政府召开“树新风、强作风、兴思茅”教育活动工作会议，总结一、二阶段工作，部署三、四阶段任务。10月20日，县领导小组在人民会堂召开全县“树新风、强作风、兴思茅”教育活动民主测评大会，对89个机关事业单位进行社会民主测评。2007年1月28日，县委作出《关于表彰“树新风、强作风、兴思茅”教育活动先进集体的决定》，表彰奖励文井等5个乡（镇）、县人大机关等7个单位。

十二、学习实践科学发展观

2009年3月27日，县委提出《学习实践科学发展观活动的实施意见》。决定从3月下旬开始，用1年时间，在全县分2批开展深入学习实践科学发展观活动。3月30日，县委召开机关动员大会。同日，举办专题知识讲座，云南省中国特色社会主义理论副研究员王鸿林作《解放思想，深入贯彻落实科学发展观》培训。县四套班子领导、县直各部委办局、各人民团体、企事业单位、省市驻景东单位副科级以上党员干部、各乡镇党委书记、乡镇长参加。4月16日，县委发出《关于深入学习实践科学发展观切实转变干部作风做好新形势下群众工作的意见》。4月26—29日，省市学习实践科学发展观活动分析检查阶段工作部署会议分别在昆明、普洱召开。4月29日，景东县举行转段工作会议，总结第一阶段工作，部署第二阶段任务，要求各级各部门明确分析检查阶段主要任务，重点做好“征求一次群众意见，召开一次专题民主生活会，撰写分析检查报告，组织一次群众评议”等工作。9月15日，景东县举行第一批活动总结暨第二批活动动员大会，提出开展第二批学习实践活动，总体上要加强基层党组织建设，理清发展思路，解决突出问题，加强规章制度建设，树典型创品牌促带动，把学习实践活动办成群众满意工程。

十三、学习杨善洲精神

2011年5月7日，景东县学习杨善洲精神，开展植树活动启动仪式。仪式在驭江广场举行，县四

套班子领导及乡镇党委书记、乡镇长参加。7月8日，开展营建“杨善洲纪念林”义务植树活动，张瑜、李春荣率四套班子领导参加植树活动，县直各部委办局、人民团体、企事业及省市驻景东93个单位2319人参加植树活动，共种植思茅松16.47公顷、4.2万株。

景东县“四群”教育实行干部直接联系群众制度动员大会（李国忠 摄）

十四、“四群”教育

2011年12月18日，景东县召开“四群”（群众观点、群众路线、群众利益、群众工作）教育动员视频会，动员、部署全县“四群”教育活动，实行干部直接联系群众制度。张瑜在主会场作讲话，李春荣主持会议。

第六节 组织工作

一、基层组织建设

整顿党组织 1985年12月10日至1987年1月31日，全县分两批开展整党工作。第一批县级机关、企事业单位，第二批区、乡。这次县区乡三级整党，参加党委20个（县级4个），党组6个（县级5个），总支11个（县级9个），支部368个（县级102个，包括武警中队，不包括两个糖厂），党员8403人，其中正式党员8089人（县级1150人，正式党员1095人）。三级整党任务：统一思想，整顿作风，加强纪律，纯洁组织，实现全党政治上、思想上高度一致，纠正违反四项基本原则，违反中共十一届三中全会后党的路线、方针、政策“左”或右的错误倾向，树立全心全意为人民服务思想，纠正各种以权谋私行为，反对官僚主义、坚持民主集中制原则，反对无政府主义、自由主义、派性，改变党组织软弱涣散状态，按党章规定，把反对党、危害党的分子清理出党。全过程分4个阶段：(1)学习文件，统一思想，提高认识，进行党的基本任务、方针、政策教育；(2)找准问题，对照检查；(3)组织处理，党员登记；(4)总结经验。通过整党，县区乡三级共登记党员7802人，占正式党员的93%；暂缓登记149人，除名44人，各种纪律处分76人，其中，开除党籍4人，留党查看18人，撤销党内外职务2人，严重警告16人，警告36人。

村建工作 1994—1999年，全县开展“村建”工作，各乡镇、村党组织着重抓制度建设，明确乡村两级工作职责，健全完善党员目标管理、民主评议党员制度、三会一课制度、统一制发《行政村（办事处）党建工作制度》。1998年下半年，各乡镇成立领导小组，推行“村务公开”工作。县委从1994年12月起，分3批派出扶贫挂钩及县乡工作队员490多人，在13个乡镇76个贫困村（办）驻村帮扶，全面整顿基层组织，其余村（办）由乡镇党委领导进行。通过整顿，全县调整村（办）党支部书记114人，正副村长（主任）103人，同时充实健全青年、妇女、民兵、治保等组织，以党支部为核心的村级组织得到加强。在整顿中，不断壮大党员队伍，乡镇党委共发展党员1272人，党员空白社由1994年12月的235个，减少到1997年12月的97个。全县村（办）建立完善村党支部、村公所、干部工作职责、制定村规民约、村民手则。1998年县级换届后，农村党支部也开展换届工作。在换届中，重点抓落实“村务公开”和党员干部结队扶贫工程，全县有148个村（办事处）完成清理工作，111个村正式实施村务公开。通过党员干部结队扶贫工程，参加结队扶贫的党员干部共1575人，结成帮扶对象1562户。

2000年，落实基层党建工作责任制，县委与各基层党委签订责任书，基层党委与党支部签订责任书。县委组织部加强督促、指导工作，年终考核，完成目标任务90%以上。2002年，全县深入开展三级联创活动，全面推进农村基层组织建设，形成对农村基层组织建设常抓不懈的工作机制。2005年3月起，在全县21个党委、18个党总支1440个党支部，12713名党员中分3批开展保持共产党员先进性教育活动，从思想、组织、作风和制度方面入手，全面加强领导班子建设。2008年，在创建市、县级党建示范点活动中，推行党员干部为基层讲党课制度。组织部对部门领导和各科室联系点进行明确分工，要求部领导每年联系乡镇调研和指导工作不少于2次，科室每年到联系点工作不少于4次，组织干部每年到示范点上党课不少于1次，切实加强对示范点的联系、协调、督促和指导工作。

景东县2007年村级“两委”干部培训班（县政府办　提供）

2009年，县委组织部制订《关于优化村级党组织设置的意见》，按照有利于促进农村经济社会发展、有利于发挥党组织作用，有利于扩大党的工作覆盖面原则，原则上正式党员50人以上行政村设立党总支，正式党员3人以上村民小组设立党支部，正式党员不足3人的村民小组采取联合组建、创建条件设立党支部。在按照行政村为单位设置党组织的基本框架下，推行“支部加协会”党组织设置模式，根据行政村产业发展现状，对锦屏镇黄草岭村、景范村、文井镇老练村等12个产业初具规模、特色鲜明的村委会，采取党支部班子成员与协会负责人“双向进入、交叉任职”形式，将党支部建设与产业协会建设结合起来，扩大党的覆盖面和影响力。同年6月25日，县委召开党建工作座谈会。县委组织部就《景东县村干部管理办法（试行）》《景东县基层党建工作责任制考核办法（试行）》《景东县党小组长管理办法（试行）》《景东县2009—2013年党员教育培训规划》《中共景东县委进一步加强农村基层组织建设的意见》，向参加会议的乡镇党委书记、组织委员、部分村委会（社区）党支部书记、县直各部委、企事业单位、省驻景东单位党委（总支）书记及党员行政负责人征求意见，经讨论修改后下发各级组织实施。2011年，县委组织部制订出台《景东县关于加强和谐社区建设的实施意见》。选优配强社区“两委”班子，提高社区干部待遇，将社区每年5万元工作经费及每年每名党员50元教育培训经费纳入县级财政预算。年内，采取把党组织建在产业上、建在协会上，行政村党支部改设党总支12个，村民小组改设党支部294个。通过“支部加协会”模式设置党组织16个。并相继推出《景东县党代表活动制度》《景东县老党员活动定补制度》《景东县贫困党员救助帮扶制度》等符合景东实际的基层党建制度和办法，从机制、体制全面规范，破解党的建设普遍存在的经费保障、典型培育等重点、难点问题。

党员发展　1985年1月31日，县委发出《关于发展新党员审批手续的通知》。《通知》规定：

（1）以后发展党员，各党委下属支部发展的党员由区党委审批，县直各局党委下属发展的党员由局党委审批，县直总支、支部发展的党员报县委组织部送报县委审批，县委管理的干部入党报县委审批。（2）坚持“积极慎重”方针，成熟一个发展一个，防止关门主义，禁止突击发展，反对宗派，纳亲、纳派等不正之风。（3）严格按党章办事，认真考察，保证质量。（4）审批党员一定要坚持党委集体讨论，防止其他方式或个人审批党员的做法。同年，县委还发出《关于做好在优秀知识分子中发展党员工作的意见》。至1987年，在全面落实知识分子政策过程中，有120人申请入党，其中91人被吸收入党。

1978—2011年景东县基层党组织情况一览表

表2-1-2 单位：个

年度	党委	党总支	党支部	农村党支部（小组）
1978	15	4	314	260
1979	15	6	331	269
1980	15	7	340	274
1981	15	6	328	264
1982	15	8	342	268
1983	15	9	346	1478（党小组）
1984	18	7	354	1472（党小组）
1985	18	9	359	—
1986	18	11	368	—
1987	18	10	366	—
1988	21	11	378	—
1989	20	10	381	1471（党小组）
1990	19	11	369	1479（党小组）
1991	17	11	369	1476（党小组）
1992	17	11	379	1488（党小组）
1993	17	13	377	1462（党小组）
1994	17	13	378	1478（党小组）
1995	16	13	377	1478（党小组）
1996	17	12	379	1461（党小组）
1997	17	12	386	1458（党小组）
1998	19	12	385	1485（党小组）
1999	19	12	382	1512（党小组）
2000	18	14	385	1562（党小组）
2001	18	14	385	1565（党小组）
2002	18	14	394	1591（党小组）
2003	20	14	407	—
2004	20	14	425	—
2005	21	18	440	—

续表 2-1-2

年度	党委	党总支	党支部	农村党支部（小组）
2006	20	19	432	—
2007	17	19	436	
2008	16	21	448	—
2009	14	26	476	—
2010	15	36	589	—
2011	15	36	589	—

1978—2011 年景东县党员情况统计表

表 2-1-3 单位：人

年度	党员总数			民族		性别	年龄			文化程度			
	党员总数	乡镇党员	预备党员	汉	少数民族	男	35 岁以下	36 ~ 55 岁	56 岁以上	大专及以上	中专	高中	初中及以下
1978	7037	6340	38	3632	3405	6272	2349	4025	663	25	—	83	6929
1979	7050	6305	69	3631	3419	6302	2218	3931	901	22	—	91	6937
1980	7182	6415	110	3753	3429	6431	2085	1941	3156	27	46	63	7046
1981	7310	6544	94	3792	3518	6552	2024	1863	3423	29	49	71	7161
1982	7323	6540	79	3803	3520	6559	1980	1811	3532	28	58	80	7157
1983	7407	6560	116	3868	3539	6642	1917	4152	1338	39	65	101	7202
1984	7553	6631	185	3932	3621	6781	1773	3978	1802	45	85	150	7273
1985	7921	6870	398	4194	3727	7109	1852	4500	1569	54	126	217	7524
1986	8387	7143	412	4489	3898	7525	1923	4425	2039	78	179	322	7808
1987	8542	7215	312	4568	3974	7655	1876	4402	2264	116	209	354	7863
1988	8567	7222	184	4587	3980	7698	1876	4367	2324	133	247	371	7816
1989	8637	7263	154	4575	4062	7762	1791	4309	2537	158	256	396	7827
1990	8562	7326	143	4528	4034	7696	1783	4131	2648	164	276	406	7716
1991	8617	7303	192	4610	4007	7733	1745	4142	2730	195	308	433	7681
1992	8664	7264	200	4662	4002	7773	1693	4107	2864	210	316	448	7690
1993	8816	7276	221	4813	4003	7873	1693	4152	2971	275	371	492	7678
1994	9020	7447	387	4898	4122	8023	1776	4192	3052	324	435	538	7723
1995	9362	7678	550	5094	4268	8282	1931	4230	3201	380	487	687	7808
1996	9834	8055	654	5476	4358	8621	2219	4496	3119	438	560	717	8119
1997	10283	8370	629	5663	4620	8974	2554	4600	3129	555	653	783	8292
1998	10542	8613	612	5721	4821	9135	2771	4595	3176	579	750	820	8393
1999	10914	8843	594	6012	4902	9383	2955	4812	3147	705	886	855	8468
2000	11308	9057	601	6308	5000	9670	3113	4828	3367	855	1006	867	8580
2001	11710	9329	579	6479	5231	9962	3312	4847	3551	1132	1103	882	8593
2002	12027	8798	540	6655	5372	10168	3496	4922	3609	1236	1170	914	8707
2003	12269	9038	515	6792	5477	10327	3736	5078	3455	1555	1159	854	8701

续表 2-1-3

年度	党员总数			民族		性别	年龄			文化程度			
	党员总数	乡镇党员	预备党员	汉	少数民族	男	35岁以下	36～55岁	56岁以上	大专及以上	中专	高中	初中及以下
2004	12442	9309	450	6900	5542	10425	3911	5130	3401	1744	1134	877	8687
2005	12713	9671	535	7034	5679	10588	4101	5219	3393	1925	1163	919	8706
2006	13044	9979	402	7282	5762	10813	3905	5319	3820	2200	1115	905	8824
2007	13234	10124	380	7331	5903	10903	3800	5367	4067	2341	1111	923	8859
2008	13574	10378	416	7549	6025	11130	3668	5647	4259	2563	1104	958	8949
2009	14067	10789	538	7717	6350	11460	4129	5555	4383	2930	1015	1025	9097
2010	14624	11290	652	7994	6630	11834	3902	6171	4551	3058	1047	1079	9440
2011	15210	11814	687	8253	6957	12156	4063	6504	4643	3246	1070	1128	9766

1978—2011年景东县党员发展情况统计表

表 2-1-4　　单位：人

年度	发展党员总数	性别	民族		年龄	
		男	汉族	少数民族	35岁以下	35岁以上
1978	13	11	9	4	13	—
1979	38	35	19	19	31	7
1980	35	31	22	13	18	17
1981	24	18	15	9	19	5
1982	19	15	15	4	10	9
1983	43	37	29	14	30	13
1984	124	109	81	43	75	49
1985	317	273	204	113	241	76
1986	237	207	146	91	169	68
1987	258	216	164	94	198	60
1988	128	115	74	54	99	29
1989	127	105	83	44	90	37
1990	96	84	64	32	72	24
1991	157	126	100	57	107	50
1992	130	105	82	48	93	37
1993	172	129	96	76	121	51
1994	363	303	200	163	261	102
1995	424	347	241	183	309	115
1996	592	455	316	276	458	134
1997	551	439	323	228	419	132
1998	499	365	278	221	413	86
1999	521	393	284	237	419	102

续表 2-1-4

年度	发展党员总数	性别	民族		年龄	
		男	汉族	少数民族	35 岁以下	35 岁以上
2000	514	386	271	243	417	97
2001	524	—	270	254	418	106
2002	503	369	282	221	398	105
2003	451	340	242	209	346	105
2004	418	306	222	196	325	93
2005	450	340	245	205	371	79
2006	371	287	168	203	290	81
2007	361	274	185	176	292	69
2008	389	306	205	184	308	81
2009	524	415	250	274	381	143
2010	614	466	310	304	444	170
2011	670	453	315	355	439	231

二、党员管理

党员教育 1978 年 12 月始，全县掀起学习贯彻中共十一届三中全会精神热潮。各级党组织对党员进行中共十一届三中全会路线、方针、政策教育，从思想上、政治上、组织上拨乱反正，恢复党的实事求是思想路线；停止“以阶段斗争为纲”做法，围绕以经济建设为中心，坚持四项基本原则，坚持改革开放，使党员、党员干部从林彪、江青反革命集团的精神枷锁中解放出来，从“两个凡是”（凡是毛主席做出的决策，我们都坚持维护；凡是毛主席的指示，我们都始终不渝的遵循）中解放出来。1982—1984 年，组织全县党员学习党的十二大文件和新党章，进行新时期党的总路线、总任务教育，并逐步建立健全“三会一课”制度，培训各级组织党员。据统计，1981 年全县党员 7310 人，参加培训 3890 人；1982 年党员 7323 人，参加培训 5222 人；1984 年党员 7553 人，培训 5651 人；1985 年党员 7921 人，参加培训 6085 人。1991 年 3 月，第一所乡镇党校及农业技术学校在文井镇正式建立，至 6 月 30 日全县 16 个乡镇均建立党校及职业技术学校，实行“两块牌子、一个班子、一套设备”，党员教育培训进一步制度化。1993 年 9 月，县委发出《关于在全县基层党组织和党员中实行目标管理的安排意见》，在全县农村全面推行党员目标管理。县委组织部根据县委要求，首先在锦屏乡北屯村党支部开展党员目标管理试点。接着召开现场会议，交流推广农村党员目标管理做法和经验。各乡镇也采取先试点，逐步推开的办法，到 1994 年 4 月，全县 167 个村办支部党员 5600 多人完成党员目标管理工作。1995—1998 年，全县开展村建工作，在村建中着力抓好党员思想教育，普遍对农村党员开展邓小平理论、党章、党的路线方针政策和市场经济知识教育活动，全县受教育农村党员 39148 人次。1998 年，开展电化教育活动，县乡两级轮流播放《中国共产党十五大党章讲座》《共产党不能信仰宗教》等电教片 32 场，受教育党员 16860 人次。2000 年，县级领导班子和领导干部开展“三讲”（讲学习、讲政治、讲正气）教育活动，全县各级党组织以“三讲”教育活动为契机，采取不同形式，结合各地区各部门的实际，系统学习马列主义、毛泽东思想、邓小平理论和“三个代表”重要思想，全县共参加学习教育活动党员 9372 人。2002—2005 年，全县实施“素质教育工程”，乡镇村党组织开展多渠道、多层次、多形式的烤烟、蚕桑种植、家禽养殖等农村党员实用技术培训，共培训农村党员、干部 11315 人次，其中，县委党校 1022 人次，农广校 235 人次，农函大 367 人次，学历教育 217 人次。通过培训，10 人获得大专学历，47 人获得中专学历，548 人提升农业技术职能。2005 年，各基层党组织结合学习贯彻“三个代表”重要思想，在广大党员中开展学习十六大、十六届三中、四中全会精神、《中国共产党章程》及党规党纪教育活动，加大副科级以上党员干部讲课力度，结合实施“云岭先锋”工程，加强对党员教育管理工作，提高广大党员思想政治素质，增强党员意识。全年共开展培训 783 期，其中培训党员 15136 人次。2006 年，健全县、乡、村三级结合、三级联动培训网络，开展农村党员、基层干部“素质教育”工程培训，全年举办培训班 572 期，参培人数 2.9 万人次，其中培训党员 9650 人次。2007 年，全县党员干部职工掀起学习十七大精神新高潮。2011 年，深入贯彻《景东县 2009—2013 年党员教育培训规划》，深层次、多渠道、大规模教育培训党员干部，累计开展 10 期培训，受训人数 1572 人次。同时，依托涉农部门、党校、村级组织活动场所、党员干部现代远程教育等先后开展实用培训 664 场，农村党员干部培训 43160 人次。

创先争优　1982 年 6 月，县委批转组织部《关于开展评选先进党支部、优秀党员活动的意见》通知。《意见》指出：党的基层组织是团结、带领广大群众前进的核心、战斗堡垒。欲正民风，必先正党风。各级党组织必须坚持党性原则，扶正祛邪。富有创造精神、艰苦奋斗、任劳任怨、工作出色的党员要给予表扬和鼓励；对那些精神不振、作风不正的党员，必须进行批评和教育。通过评选活动，树立正气，抵制歪风，使党风有一个较大的好转，增强基层党组织的战斗堡垒作用和党员的先锋模范作用，带领广大群众为“四化”（工业现代化、农业现代化、国防现代化、科学技术现代化）建设而努力奋斗。2001 年 6 月 28 日，举行纪念中国共产党成立 80 周年庆祝大会暨先进表彰大会。表彰锦屏镇龙树村、文井镇开南村等先进党支部 30 个，陈学品、双自荣、伍顺昌等优秀共产党员 99 人，杨灿辉、张家兴、徐绍昌等优秀党务工作者 25 人。2005 年 7 月 1 日，县委作出《关于表彰先进基层党组织、优秀共产党员、优秀党务工作者的决定》，表彰安定乡党委等先进基层党组织 29 个，龙华等优秀共产党员 50 人、毕波等优秀党务工作者 20 人。2006 年 6 月 23 日，县委在人民会堂举行庆祝建党 85 周年暨先进表彰大会。表彰太忠乡党委等先进基层党组织 25 个，杨灿辉等优秀共产党员 80 人和杨丽锦等优秀党务工作者 20 人，在全县各行业、领域树立一批新的先进典型。2008 年 6 月 28 日，举行庆祝中国共产党成立 87 周年暨实施“云岭先锋”工程表彰大会，表彰“云岭先锋”工程先进基层党组织、优秀共产党员和优秀党务工作者。2010 年，景东县出现百年不遇干旱，各级党组织动员广大党员、干部、群众投入抗旱救灾，累计 6.94 万人次，投入资金 848.5 万元；开展“共产党员抗旱先锋行动”，组建共产党员抗旱先锋队 166 个，党员 1856 人与农村贫困党员结成帮扶对子，落实党员项目 121 个，投入资金 185.1 万元，共为群众解决生活难题 1083 个。2011 年，全县各级党组织以纪念建党 90 周年为契机，共争创市级党建示范点 9 个，县级党建示范点 19 个，县民族小学通过市级党建示范点考核。县委表彰优秀基层党组织 30 个，优秀共产党员 90 人、优秀党务工作者 60 人，采编、展播一批优秀基层党组织、先进个人事迹材料。并全面开展“公开承诺”“四亮四评”“评星竞赛”“学习杨善洲先进事迹”，争做优秀共产党员等活动。全县 635 个基层党组织 1 万余名党员公开承诺。

党员基金　1995 年 4 月 14 日，县委在人民会堂召开农村党员基金成立大会。成立农村党员基金会，依靠国家、集体、个人力量，逐步解决农村党员生活困难，对年满 66 周岁以上老党员给予定期困难补助。会上，单位和个人捐款 38 万元，共筹资 90 余万元。

特殊党费　2008 年 5 月 12 日 14：28，四川省汶川县发生 8.0 级特大地震。灾情发生后，县委、县政府号召各机关单位，向灾区人民奉献爱心。5 月 22 日，县直部门、各单位党组织，各乡镇机关企事业单位党组织纷纷召开支部会，组织党员交纳“特殊党费”。县委书记张世清带头交纳 3700 元，党员 5560 人交纳“特殊党费”52.72 万元。

三、干部管理

干部结构 1978年，全县有县管乡科级领导干部122人。其中，女干部6人，占4.92%；少数民族干部47人，占38.52%；中共党员120人，占98.36%；无党派人士2人，占1.64%。在中共十一届三中全会路线指引下，县委贯彻落实中央、省委和地委有关精神，坚持德才兼备、以德为先的用人标准，注重多渠道、多层次考察识别和培养干部，加大干部交流力度，使干部队伍不断扩大，结构不断优化。2011年，全县共有乡科级领导干部504人。其中，女干部91人，占18.06%；少数民族干部224人，占44.44%；中共党员463人，占91.87%；无党派人士41人，占8.13%；研究生文化11人，占2.18%，大学文化355人，占70.44%，大专文化135人，占26.79%，中专以下文化3人，占0.59%，平均年龄41.18岁。

1978—2011年景东县科级领导干部情况统计表

表2-1-5 单位：人

年度	总数	其中							年内提拔	年内交流
		妇女	少数民族	无党派	研究生	大学	大专	中专及以下		
1978	122	6	47	2	—	—	—	—	—	—
1979	178	4	56	11	—	—	—	—	—	—
1982	121	6	26	6	—	5	1	115	32	—
1983	142	5	40	4	—	6	—	136	—	—
1985	165	7	47	—	—	6	5	154	22	—
1986	202	18	52	31	—	6	12	184	23	—
1989	278	12	81	36	—	6	29	243	74	30
1990	315	9	102	42	—	6	39	270	—	—
1991	333	7	107	49	—	6	53	274	—	—
1992	324	11	105	41	—	5	55	264	—	—
1995	284	18	94	47	—	5	71	208	—	—
1996	200	16	71	29	—	6	92	102	—	—
1997	223	19	70	34	—	7	103	113	—	—
1998	211	20	78	66	—	10	113	88	28	—
1999	297	24	112	22	—	20	178	99	54	15
2000	239	23	82	35	1	21	138	79	7	27
2001	265	38	106	43	—	22	168	75	94	29
2002	306	47	128	55	—	37	205	64	78	24
2003	350	53	147	56	1	48	239	62	28	33
2004	342	50	147	30	2	96	223	21	77	40
2005	452	68	—	57	2	134	292	24	112	91
2006	443	73	185	57	3	188	226	26	10	15
2007	506	81	212	53	4	296	193	13	67	116
2008	516	84	227	46	4	303	196	13	81	108
2009	510	86	228	44	3	340	162	5	29	12
2010	503	85	223	45	9	329	161	4	6	3
2011	504	91	224	41	11	355	135	3	46	42

干部管理权限 1984年7月，县委作出《关于干部管理权限的暂行规定》:（1）县委管理县属部委办局及同级群众团体正副职、区党委（公所）正副书记、正副区长、县纪委常委、县直各党委、总支正副书记及支部正副书记、县属各中学、县小正副校长、党支部书记、科局级公司经理、支部书记。未列入上述科局级干部管理下放到下级组织和部门管理。(2）县委管理的干部、党群、法院、检察院系统的干部档案由组织部管理，其他部门由劳动人事局管理。(3）本系统内一般干部调动由本系统审批，党群由组织部审批，政府各委办局由劳动人事局审批。(4）企事业单位中层干部由该单位党委、审批。(5）干部管理体制改革后，对违背党性原则，造成任免、调动不当的，上级有权纠正。(6）调研员、协理员、视导员按原职级管理。(7）担任国家机关领导干部的，党委审查决定后，由国家机关按法定程序审批任命，党委不提名任免。

干部选择任用 1991年，首次施行乡（镇）长助理制。1992年，按照乡镇领导班子梯次结构要求，在15个乡镇中全面推行乡（镇）长助理制。1998年县级五班子及工青妇组织换届，共提拔任用干部88人。其中，副处提正处1人，正科提副处13人，副科提正科28人，一般干部、工人提为副科46人。换届调整中，少数民族干部、女干部所占比例和班子成员文化程度有较大提高，班子的专业、年龄结构也有较大改善。在县级党政领导班子中，少数民族9人，占47.37%；女干部2人，占10.53%；大学本科2人，占10.53%；大学专科17人，占89.74%；平均年龄42岁，比换届前降低2.5岁。县直部委办局班子中，少数民族63人，占38%，比原来上升11.4%；妇女干部15人，占9.03%，比原来上升1.84%；非党干部13人，占7.8%；大学本科11人，占6.53%，大学专科99人，占59.6%，分别比原来上升0.23%、1.3%；平均年龄39.8岁，比原来降低1.4岁。1999年，进行乡镇换届选举工作。县委根据《云南省乡（镇）街道党政领导干部选拔任用工作暂行办法》规定，组成3个考评考察组，分别对乡镇领导班子进行届末考评和新一届领导班子人选推荐、考察。通过换届，全县15个乡镇共选出党委、人大、政府、纪委四套班子领导112人。其中，少数民族47人，占41.96%；大专以上学历64人，占57.14%，比换届前上升1.7%；平均年龄37.51岁。比换届前降低4.84岁，最大年龄54岁，最小年龄23岁，选出乡镇女领导6人，占5.36%，非党领导12人，占10.71%。2004年，景东县制订规范干部任免程序及深化干部人事制度改革举措:（1）坚持和完善干部推荐、考察和任免程序，坚持民主推荐制度、干部考察预告制度、差额考察制度、任前公示制度，推行干部任免票决制度。全年对拟提拔干部公示5批59人，常委会票决干部150人，全委会票决干部19人。(2）实行干部任职试用期制。严格按照《党政领导干部选拔任用条例》有关规定实行干部任职试用期制。全年试用新提拔科级领导干部6人，试用期一年。(3）推行中层干部竞争上岗制度，先后在县检察院中层领导干部配备中，开展竞争上岗试点，经过宣传动员、自愿报名、资格审查、民主测评、民主推荐、组织考察等环节，德才兼备、群众公认、年富力强年轻干部走上科级领导岗位17人。2005年，针对全县科级干部队伍结构年龄偏大、妇女干部和党外干部断层等突出问题，县委通过疏通干部“能下”通道，促进干部流动，同时拓宽选人视野，培养优秀年轻干部、妇女干部、非党干部并选拔到领导岗位上。全县乡科级领导干部队伍年龄结构有较大改善，乡镇党政领导班子平均年龄从2004年底的35.4岁下降到2005年的32.8岁，妇女干部和党外干部分布也更加合理。2006年，乡镇党委换届，选举产生党委委员110人，平均年龄34.9岁。其中，妇女干部17人，占15.5%；少数民族干部57人，占51.8%；大专以上文化104人，占94.5%。2008年，进行乡镇人大、政府换届，选举产生新一届人大、政府领导班子，其中11个乡镇新进班子成员21人，30岁以下8人。2009年，进一步规范干部培养、使用、交流机制，着力培养年轻干部、妇女干部、少数民族干部和党外干部，年内共提拔使用干部29人。2011年，以乡镇党委换届为契机，调整任免干部79人。其中，调整任免正科级干部29人（提拔11人，平级交流13人，免职2人，改任非领导职务3人），调整任免副科级干部50人（提拔10人，平级交流31人，免职5人，改任非领导职务4人）。经换届调整后，乡镇党委书记平均年龄39.8岁，比换届前下降3.4岁；乡（镇）长平均年龄39.1岁，比换届前下降2.1岁。在县级机构改革中，共调整任免干部85人。其中，调整任免正科级干部43人（提拔10人，平级交流31人，免职1人，停职1人），调整副科级干部42人（提拔9人，平级交流33人）。

干部培训　1990年，全县共选派党政干部217人到省地级党校培训，其中，省级4人，地级213人。县委党校举办村（办）干部及股所级干部培训班6期，培训干部660人。推荐报考省地各类学校，进行学历培训干部30人，被录取18人（其中大专17人、中专1人），考取中央党校、函授学院19人。1998年，在县委党校举办各类干部培训班6期，参加培训449人，选派到上级党校培训5人，到省外培训学习15人（县级5人，科级10人），选派干部到各类学校脱产学历培训2人，参加省委党校、函授学习培训173人（本科12人，专科161人）。1999年，全县举办培训班4期，培训干部354人，其中，县直机关及部分企事业党政正科级领导干部66人，乡镇领导干部108人，村级妇女干部180人。选送干部到省委、地委党校培训24人。考取中央党校和省委党校、函授本科班学员18人，考取省委党校、省行政学院景东学区学员265人，推荐到地委党校参加脱产大专班学历培训2人。2000年，全县共举办研讨班1期，培训班4期，参训人数258人，其中，县级领导24人，科级领导干部125人，其他干部109人。先后选送领导干部到省委地委党校培训学习23人（县级3人，科级20人）；选派干部到发达地区考察学习2人（县级1人，科级1人）；在县委党校招收省委党校函授大专生211人，选送到省委党校攻读研究生1人，省委地委党校函大本科班学习31人。2004年，在县委党校举办政治理论和岗位业务短期培训班5期，培训人员471人（次）。选送科级以上领导干部到上级党校和发达地区学习培训26人。选送61人参加本科学历培训，32人参加专科学历培训，3人就读研究生。2005年，全县举办各类培训班683人（次），选送到上级党校参加短期培训35人（次），到发达地区考察学习63人（次），选送干部194人参加学历培训。2006年，全年举办学习十六届五中、六中全会精神骨干培训班和社会主义精神文明骨干培训班7期590人次。2007年，在县委党校轮训169个村委会（社区）村干部532人，并开设1个法律本科班和1个公共管理专科班，招录学员63人。向上级党校选派研究生和本科班学员6人，参加上级党校培训69人，到发达地区考察学习或挂职27人。2008年，县委对近三年提拔的副科级领导干部、纪检监察干部、宣传文化干部、重点行业（部门）站所、股级干部、村级干部以及城区入党积极分子分别进行短期培训，共培训14期1152人次。开设2个函授专科、本科班，招录党校学员126人，并先后选派干部参加上级组织的各类专题学习和培训21批、114人。2011年，县委在党校举办以“坚定理想信念，转变工作作风”为主题的领导干部学习研讨班1期325人，举办以县科级领导干部和村级副主任、副支书、大学生村官为对象的培训班6期712人次，举办基层党组织书记加强社会管理专题轮训班3期301人次，选调处级领导干部2人参加中组部举办的培训学习，选调领导干部到省市以及上海、广西等沿海发达地区进修学习234人（处级24人，乡科级90人，青年干部和专业技术骨干、村级120人），选派乡科级领导干部到上海市跟班学习9人，科级以上干部参加网络在线学习3批次258人。

干部交流　2000年，根据《党政领导干部选拔任用工作暂行条例》《云南省乡（镇、街道）党政领导干部选拔任用工作暂行办法》，结合景东实际，县委研究制定《景东县党政领导干部交流工作暂行规定》。交流使用干部14人。2004年，加大干部轮岗力度，交流乡镇一线工作时间较长的干部到县直部门工作。乡镇党委、人大、政府正职，原则安排到县直部门平级岗位上，共交流干部40人。2005年，交流使用乡科级领导干部91人。其中乡镇人大主席2人到乡镇党委书记岗位，4人到县直部门，推进乡镇干部年轻化进程。2008年，规范干部交流机制，权利部门、关键岗位、城乡干部交流108人。

后备干部培养　1995年，在后备干部队伍建设基础上，首次在全县机关、企事业单位和15个乡镇干部职工中进行中青年后备干部推荐工作，人数186人。1998年，县级五班子及工青妇群团组织换届，在后备干部队伍中入选52人进入新的领导班子。新补进正科级后备干部64人，副科级干部25人，总数216人。当年，在乡镇挂职锻炼后备干部15人（12人属下派），到上海普陀区挂职锻炼7人，到省外培训考察学习35人。全年共选拔任用后备干部76人，占当年提拔任用干部总数的82.6%。1999年，选派一批正科级后备干部到发达地区学习。对部分副科级后备干部，任命为乡（镇）长助理，经受锻炼。当年，在后备干部中选拔正科级干部14人，占选拔任用正科级干部总数87.5%。2000年，坚持“优者胜，劣者退”原则，对后备干部实行动态管理。当后备干部因调动、提拔出现缺额时，及时补充优秀人选。对表现一般或年龄偏大的，及时从后备队伍中退出。年底，储备正科级后备干部106人，其中，少数民族35人，占33%；妇女21人，占19.8%；非党11人，占10.4%，大专以上学历88人，占83%。平均年龄36岁。储备副科级后备干部100人，其中，少数民族44人，占44%；妇女28人，占28%，非党39人，占39%，大专以上学历68人，占68%，平均年龄33岁。2003年，按照正职1∶2、副职1∶1要求，在全县党政机关企事业单位全面开展民主推荐后备干部工作，配备后备干部队伍328人，年龄主要在25~30岁。2009年，县委研究制订《景东县2009—2020年党政后备干部队伍建设规划纲要》，指导未来干部后备队伍建设工作。

干部政策　1993年，根据省委组织部、人事厅、劳动厅相关文件精神，景东县先后落实干部工龄66人。2000年，县委组织部研究制定《关于实行乡镇领导干部考核上岗制度的实施意见》《景东县乡科级领导干部行为规范》《关于推进乡科级领导班子及领导干部年轻化建设的暂行办法》《景东县科级领导干部谈话诫勉和回复问题的规定》。同时，开始实行党政领导干部任前公示制和任职试用期制。当年，对拟提拔科级干部12人均通过媒体向社会公示，公示期15天，并设立举报电话，接受单位、个人及社会各界公示对象德能勤绩廉的反映。对新任非选举产生的副科级领导，实行一年试用期。试用期满后，由组织部门对其考核，经考核胜任现职的，报县委常委会议决定后，按干部管理权限或法律程序正式任职，任职年限连续计算，经考核不胜任现职的，解除试用期并免去试任职务，回原单位或另行安排工作。2002年，根据《国家公务员非领导职务设置办法》，县委制订《景东县党政机关科级非领导职务设置方案》，共有副科级干部208人晋升为主任科员、科员187人晋升为副主任科员。2004年，全面落实老干部政治和生活待遇，建立健全离休干部“两责”保障机制。为符合文件规定落实退休干部相关待遇8人。2004—2006年，实职正科领导30人先后退居二线，给予享受正科比照副县级经济待遇，促进干部年轻化进程。2009年，县委研究制定《特困老干部帮扶解困办法》，每年设立2万元老干部特困金，按标准提高“双高期”离休干部护理费标准4人。对企业离休干部20人及无固定收入已故离休干部配偶23人提供生活补贴和补助。

大学生村干部　根据中共中央组织部等部门《关于选配高校毕业生到村任职工作的意见（试行）》《云南省关于选聘高校毕业生到村任职工作的实施意见》，2008年共选聘大学生村干部17人，2009年选聘129人，2010年选聘40人，2011年选聘36人。2011年乡镇党委换届，大学生村干部首次当选乡镇党委委员13人。随着时间推移，有的大学生村干部先后竞选成为乡镇领导，有的考入公务员队伍或被企事业单位录用。

四、机构

1978年，县委组织部设组织科、干部科、办公室，1984年增设老干科，1996年机构改革后，设办公室、干部科、组织科、干审科和电教科。2002年机构改革，增设干部教育科。2011年，县委组织部内设办公室、干部科、干部监督科、干部教育科、人才工作科、组织科、党员电化教育科，实有组工干部17人。历任部长：许天佑、李富生、徐明良、杨学进、何国贤、赵昌德、唐永平、陶勇、程艳、杨国相。

第七节　宣传工作

一、宣传教育

1978 年 12 月 11 日，县委发出《关于加强理论学习，开展理论和实践关系问题讨论的通知》。《通知》要求：在“解放思想、开动脑筋、实事求是、团结一致向前看”方针指导下，全县开展关于实践是检验真理的唯一标准讨论，各公社党委、机关各单位党支部在安排理论学习时，把理论和实践关系问题讨论作为重要内容列入计划，制订学习制度，检查学习效果，加强领导。

1979 年 2 月 12 日，县委批转宣传部《关于认真学习和宣传党的十一届三中全会公报的意见》，提出在学习、宣传和贯彻落实三中全会精神中，要遵循安定团结、稳定局势，解放思想，鼓足干劲，加速现代化建设的方针，抓住工作重点转移这个中心，力求思想上要弄清转移，行动上要自觉转移，组织上要保证促进转移，工作作风和工作方法上要适应转移，使全县广大干部、党员和群众同心同德，想现代化、学现代化、干现代化。

1980 年 3 月 14—19 日，县委召开全县宣传工作会议，传达贯彻全省地州市县宣传部长会议精神和胡耀邦、邓小平在中共中央宣传部召开的全国地县宣传工作座谈会上重要讲话。会议提出：在全县干部、群众中广泛、深入地宣传和学习邓小平《目前的形势和任务》讲话和党的十一届五中全会公报精神；继续深入宣传贯彻中央关于发展农业的两个文件，使广大干部、群众坚信两个农业文件是中国共产党在相当长一个历史时期所要执行的基本方针、政策；继续开展民主与法制宣传教育，坚决打击一切刑事犯罪活动；积极开展农村文化活动，活跃农村文化生活。

1981 年 7 月 13 日，县委发出《关于认真学习〈关于建国以来党的若干历史问题的决议〉的通知》。《通知》要求：学习党的十一届六中全会通过的《关于建国以来党的若干历史问题的决议》，要着重解决好以下问题：（1）树立毛泽东同志和毛泽东思想的历史地位；（2）实事求是地评价中华人民共和国成立 32 年的是非功过，坚持真理，修正错误；（3）联系实际，总结历史经验，统一思想认识，团结一致向前看。

1982 年 9 月 25 日，县委发出《关于学习宣传党的十二大文件的意见》，要求各级党组织要把学习宣传十二大文件作为当前头等大事来抓，用文件精神统一全党和各族人民的思想，开创全县各项工作新局面。10 月 30 日至 11 月 4 日，县委在锦屏公社进行学习十二大精神党员教育培训试点。锦屏公社党员 408 人和各公社（镇）党委副书记、宣传、组织委员 50 人参加培训，培训班分别由县委领导授课。

1983 年 2 月 10 日，县委发出《关于学习新宪法的通知》。《通知》要求：把学习十二大精神与学习《宪法》结合起来，开展一次提倡勤俭节约，反对大办婚事、大吃大喝；提倡科学，反对封建迷信；提倡有益身心健康的文化活动，反对赌博等一切旧丑恶现象的活动。9 月 15 日，县委发出《关于认真学习〈邓小平文选〉的决定》。《决定》对各级领导干部、党员的学习内容、重点作出要求。

1986 年 9 月，针对思想政治工作重视不够，思想政治工作内容、队伍建设不适应新形势发展要求的现状，县委召开全县思想政治工作会议，有关领导 135 人参加。会议提出 5 个方面学习教育内容：（1）重新学习毛泽东《实践论》《矛盾论》，加强实事求是思想教育；（2）把改革的宣传教育放在首位，引导群众正确认识看待改革过程中出现的问题；（3）继续进行社会主义商品经济的宣传教育，破除小生产者观念，使干部群众懂得发展商品经济是社会主义时期不可逾越的阶段；（4）坚持社会主义方向教育，坚持四项基本原则，坚持社会主义道路；（5）进行党性教育、“四有”教育、法制教育，实现党风和社会风气的根本好转。

1987 年 6 月 10 日，县委转发宣传部《关于深入进行坚持四项基本原则，反对资产阶级自由化的学习教育意见》。《意见》中提出党内要搞好 6 个专题教育：（1）深刻认识反对资产阶段自由化斗争的性质、意义、范围、重点、政策和方法，确立长期斗争思想。（2）深刻认识中共十一届三中全会以来党的路线“两个”基本点，切实弄懂坚持四项基本原则与坚持改革开放搞活相互联系。（3）深刻认识在中国只能走社会主义道路，不能走资本主义道路，只有社会主义才能使国家富强人民富裕。“全盘西化”只能退回到半殖民地半封建的悲惨境地。（4）深刻认识坚持人民民主专政，加强社会主义民主和法制建设，维护安定团结的极端重要性。在中国搞“大民主”只能造成社会动乱。（5）深刻认识坚持四项基本原则的核心是坚持共产党的领导，没有共产党的领导就不会有现代化。在中国不能实行“两党制”、搞“两党”轮流执政。（6）深刻认识马列主义、毛泽东思想是两个文明建设的根本，行动的指南，是发展中的科学体系，决不是“过时的意识形态”，对马列主义既要坚持，又要发展。

1988 年 12 月 8 日，县委批转宣传部《关于贯彻党的十三届三中全会精神，广泛深入进行形势教育的意见》，确保党的十三届三中全会提出“治理经济环境，整顿经济秩序，全面深化改革”方针、重大决策实施。

1989 年 10 月 10 日，县委发出《关于加强宣传思想工作意见》。《意见》要求把干部群众思想统一到党的十三届四中全会精神上来，继续做好稳定局势宣传教育；坚持四项基本原则，反对资产阶级自由化教育。宣传、文化广播电视部门要同政法、工商密切配合，整顿文化市场，取缔一切丑恶现象；坚持一手扫黄、一手繁荣文化生活；加强意识形态队伍自身建设。加强理论宣传、教育工作。学习《马克思主义哲学》，帮助干部树立正确的世界观和掌握正确的方法论。

1990 年 1 月 15 日，县委发出《1990 年宣传思想工作意见》，为克服一手硬、一手软的倾向，把软的工作做硬，虚的工作做实，并提出六个方面工作意见。4 月 25 日，县委提出《关于健全在职干部学习制度和轮训股所长以上干部的意见》，具体要求：县委县政府领导干部（包括县委常委、正副县长、县人大和县政协正职），每届任期内到省委党校进修学习 1 次，其他县处级干部到地委党校轮训；乡镇正副书记、正副乡长，县直各委办、局的负责人，由地委党校轮训；村支部书记、村长、股所长由县委党校轮训。

1991—1992 年，全县农村、乡镇机关、企事业单位开展社会主义思想教育活动。

1993 年 5 月 30 日，县委作出《关于加强和改进宣传思想工作，更好地为经济建设和改革开放服务的意见》，要求各级领导干部提高新形势下宣传思想工作重要性认识，明确新形势下宣传思想工作主要任务，改进宣传思想工作方法，加强对宣传思想工作领导。

1994 年 4 月 11—16 日，县委在党校举办首期科级干部学习《邓小平文选》第三卷培训班，参加学习的干部 57 人。8 月 12 日，县委县政府发出《关于贯彻〈省委省政府关于加强全省思想工作的决定〉的意见》，提出宣传思想要做好 5 个方面工作：（1）以科学的理论武装人。年内举办五期乡科级领导干部《邓小平文选》第三卷读书班；用 3 年时间，把企业中层干部、农村合作社社长、村支委以上轮训一遍；建立健全县乡党委中心组学习制度；组织好县乡机关干部在职学习；抓好一年一度基层党员轮训；在骨干企业中积极创办企业党校；改进中小学校政治理论课教学；组织干部学习，掌握社会主义市场经济理论和现代科学技术基础知识。（2）以正确舆论引导人。县乡镇建立形势报告会制度；加大经济宣传力度；组织好改革宣传，加强舆论监督和舆论调查工作；建立有关新闻宣传制度；对宣传舆论实行统一管理；建立重大问题宣传请示制度；加强大众传播媒体建设。（3）以高尚精神塑造人。在交通干线乡镇逐步建成“文明走廊”；形成社会思想道德教育网络；在学校开展“三百”教育活动；开展学雷锋、学徐洪刚等英雄模范人物活动；完善“两史一情”教育活动。（4）以优秀作品鼓舞人。组织实施“文化精品工程”“民族文化工程”，开展好群众性文化娱乐体育活动；搞好文艺评论；切实加强社会主义文化市场建设和管理。（5）以强有力对外宣传吸引人。加强对外宣传，提高景东知名度，做好“两山两站”宣传，促进全县对外开放、经济建设和旅游事业发展步伐。8 月 1—19 日，县委召开全县宣传思想工作会议。各乡镇党委书记或副书记，宣传、广电、文化、党校负责人和中心校支部书记以及县属各部委办局、企事业单位党委、总支、支部负责人，县属中小学支部书记共 192 人参加会议。这次会议是县委召开的专题研究宣传思想工作会议，也是新中国建立后景东宣传思想战线规格较高、规模较大、范围较广的一次会议。这次会议主要任务是结合中央和省委宣传思想工作会议精神，把全县宣传思想工作由“虚”变实，把“抽象”变为可以操作。

1995 年，自治县成立 10 周年之际，围绕县庆，县委县政府提出 1995 年宣传思想工作要点。主要内容：县乡党校继续办好以学习《邓小平文选》为主要内容的读书班、培训班。县委党校分八期对县直机关党委、总支、支部书记，村（办）党支部书记、主任、妇女主任进行培训。健全和坚持县乡各级党委中心组学习制度，并于上半年和下半年分别举办一期以《什么是社会主义市场经济》和《现代科学技术基础知识》为基础教材的小集中走读辅导班。围绕全县经济建设中心，自治县成立 10 周年庆典，加大宣传力度，高扬主旋律，正确引导舆论，团结鼓劲，振奋精神。

1996 年 4 月 15—16 日，县委召开全县思想宣传工作会议。唐燕娜在会上对宣传思想工作提出要求：(1) 要加大精神文明建设力度，迎接党的十四届六中全会召开，认真贯彻落实好六中全会精神；(2) 加强政治理论学习，用邓小平建设有中国特色社会主义理论教育广大党员、干部和群众；(3) 深入宣传“九五”计划和 2010 年远景目标，加强发展经济和改革开放宣传；(4) 加强新闻管理和对外宣传工作；(5) 繁荣民族文化，管理好文化市场；(6) 加强宣传思想工作队伍建设和宣传文化基础设施建议。10 月 2 日，省委党校党委书记、副校长赵绍敏应县委县政府邀请，为景东县机关干部作《进一步把握邓小平同志特色理论体系》报告。报告围绕特色理论体系本质、特征，从解放思想，更新观念，讲政治的高度进行阐述。10 月 18 日，县委办公室发出《关于认真贯彻党的十四届六中全会精神的通知》。《通知》要求：(1) 在全县迅速掀起学习六中全会热潮。各级各部门要把学习贯彻全会精神作为当前及以后的主要学习任务，作为干部培训和干部学习重要内容。(2) 充分发挥广播、电视、报纸、党校阵地作用，集中一段时间宣传全会精神，并与几年来全县精神文明建设涌现出的先进典型和经验总结结合起来，加大宣传力度。(3) 学习贯彻六中全会精神要做到“六个结合”(与学习党的基本理论、基本路线、基本方针紧密结合；与当前开展的解放思想大讨论紧密结合；与党风廉政建设，促进反腐败斗争结合；与深化经济体制改革、促进经济全面发展紧密结合；与扶贫攻坚，脱贫致富紧密结合；与推动全面完成今年的各项任务紧密结合)。(4) 结合全县社会事业发展，搞好精神文明建设的总体规划。(5) 注意总结新经验，找出存在的问题，探索精神文明建设的新路子。(6) 各级各部门要加强对精神文明建设的领导，坚持两手抓、两手都要硬。

1998 年 11 月 9 日，县委发出《关于认真学习贯彻〈中共中央关于在全党深入学习邓小平理论的通知〉的通知》，要求广大党员、干部充分认识学习邓小平理论重要性和必要性，增强学习的自觉性和紧迫感，抓住重点认真学习。

2000 年 3 月 24 日，召开全县宣传思想工作会议。会议认真传达全区宣传思想工作会议精神，总结 1999 年工作，安排部署当年工作。会议提出宣传思想工作要围绕中心，服务大局，唱响主旋律，打好主动仗，营造发展、团结、稳定的良好氛围；继续抓好邓小平理论和党的十五大精神的宣传学习，用特色理论武装全党；抓好解放思想、更新观念大讨论，切实加强和改进思想政治工作；围绕提高公民素质和城乡文明程度，深入开展群众性精神文明创建活动；抓好县处级以上领导班子和领导干部“三讲”教育宣传工作；抓住中央实施西部大开发机遇，结合景东实际，做好经济宣传工作；围绕全党工作大局，做好维护社会稳定，民族团结的宣传教育工作；坚持正确地舆论导向，提高新闻宣传质量和水平；加强新闻宣传工作，以文明形象吸引人；加强宣传思想工作队伍建设。

2000 年 10 月 24 日，县委宣传部发出《关于学习贯彻中共中央十五届五中全会精神的意见》。《意见》要求：(1) 各级党组织和各单位、部门要充分利用中心学习组日和党团组织生活等，组织党团员、干部、职工群众学习全会公报和《中共中央关于制定国民经济和社会发展第十个五年计划的建议》，深刻领会全会重大意义和精神实质；(2) 以全会精神为指导，结合本乡镇、单位、部门实际，总结回顾“九五”期间发展变化和成就，充分发扬民主，广纳良言，科学决策，讨论和构思第十个五年奋斗目标和措施；(3) 以“三个代表”重要思想为指导，继续开展好“解放思想、更新观念”讨论，毫不动摇地抓好党的建设，巩固“三讲”教育成果，加强和改进思想政治工作，加强精神文明建设，为全县经济、社会发展创造良好环境。

2001 年 7 月 3 日，县委宣传部召集县城意识形态领域副科以上干部学习江泽民在建党 80 周年大会上的讲话。县委宣传部、县教委、县委党校、县广电局、景东县第一中学、景东县民族中学、景东县小学共 30 余人参加。7 月 16 日，县委发出《关于认真学习江泽民同志在庆祝中国共产党成立 80 周年大会上的讲话的安排意见》。2002 年 11 月 14 日，县委宣传部召集教育局、广播电视局、文体局、党校及城区县属中学党政正职领导、办公室主任学习座谈党的十六大精神。12 月 30 日，县委发出《关于认真学习贯彻党的十六大精神的通知》。

2005 年 3 月 11 日，县委召开全县宣传思想工作会议，贯彻落实全市宣传思想工作会议精神，总结党的十六大后全县宣传思想工作，明确 2005—2006 年全县宣传思想工作总体思路和奋斗目标，研究和部署 2005 年主要工作。县五套班子领导和在职副处级调研员、各乡镇党委书记、乡镇长，分管宣传思想工作副书记、宣传委员、县直各部委办局、省市驻景单位党委书记、行政主要负责人、县意识形态口全体干部职工及县级机关全体党员 1000 余人参加会议。5 月 24 日，县委县政府作出《关于加强宣传思想工作的决定》。

2006 年 1 月 11 日，县委举办学习贯彻十六届五中全会精神报告会，邀请市宣讲团成员、市社科联主席王元山作辅导报告。县四班子领导、县直各部委办局、各人民团体及企业等单位干部职工 800 余人参加报告会。1 月 16—20 日，县委宣传部成立学习党的十六届五中全会精神宣讲团，分别到 13 个乡镇宣讲，各乡镇机关、事业单位职工村干部近 1000 人听讲。同年 3 月 21 日，县委办公室发出《关于转发〈2006 年全县宣传思想工作要点〉的通知》。

2007 年 1 月 30 日，县委宣传部在人民会堂举行学习省第八次党代会精神报告会，思茅市学习贯彻省第八届党代会精神宣讲团成员、思茅市委党校科研办主任、副教授刘亚雄客座讲授。刘亚雄结合思茅、景东实际，从四个方面对学习贯彻第八次党代会精神进行宣讲。县四班子领导及城区各部门、单位党员干部职工 800 余人参加听讲。3 月 6—9 日，县委宣讲团到各乡镇宣讲省第八次党代会精神。各乡镇机关、站所全体共产党员共 845 人参加宣讲活动。10 月 15 日，县委县政府组织全县干部职工收听（收看）中国共产党第十七次全国代表大会开幕式。全县收听（收看）党的十七大电视转播党员 6300 人、干部职工 5800 人、各界人士和各族群众 8200 人。11 月 1 日，县委县政府召开学习贯彻党的十七大精神大会。张世清讲话，白兆林主持会议。会议要求：加强领导，精心组织，在全县迅速掀起学习贯彻党的十七大精神热潮，用党的十七大精神武装头脑，指导实践，推动工作，努力开创景东改革和现代化建设新局面。县四套班子领导、县直各部门和省市驻景各单位及驻景军警部队负责人，各乡镇党委书记、乡（镇）长参加会议。11 月 7 日，县委发出《关于认真学习宣传贯彻党的十七大精神的通知》。

2008 年 4 月 24 日，召开宣传思想文化工作会议。会议提出整合资源，唱响主旋律，振奋民族精神，努力开创宣传思想工作新局面，推动景东社会主义文化大发展大繁荣，为政治经济建设提供强有力思想保证、舆论支持、精神动力和文化条件。7 月 20 日，县委县政府发出《关于印发〈景东县关于加强宣传思想文化工作的意见〉的通知》。

2009 年 3 月 19 日，召开全县宣传思想文化工作会议。白兆林在会上作《凝心集力，迎难而上，努力开创宣传思想文化工作新局面》讲话。夏萍传达全市宣传部长会议精神，总结2008年全县宣传思想文化工作，安排部署2009年全县宣传思想文化工作任务。会议表彰奖励2008年度新闻宣传工作先进个人、优秀通讯员、改革开放30年征文获奖者。夏萍与各乡镇和县直各部门签订责任书。

2010年6月8日，县委宣传部在县委党校举办为期2天的宣传文化骨干培训班。全县各乡镇宣传委员（干事）、文化站长和县内各单位宣传文化专（兼）职干部职工共100多人参加培训。培训班上，全体学员开展集中讨论，充分肯定培训效果，每人撰写一篇学习心得。7月9日，县委宣传部发出《关于学习刀会祥同志先进事迹活动方案的通知》。号召全县各部门认真学习刀会祥精神，把学习的思想收获和政治热情转化为做好本职工作强大动力。

2011年1月6日，举行党的十七届五中全会精神报告会。刘亚雄主讲，夏萍主持，县委各部委办局、企事业单位党员干部700余人聆听报告。同年4月17日，召开宣传思想文化工作会议，贯彻全省全市宣传思想文化发展工作会议精神，全面总结2010年宣传思想文化工作，安排布署“十二五”和2011年全县宣传思想文化工作目标任务。张瑜作《把握新形势，谋求新发展，全面开创宣传思想文化工作新局面》讲话。11月14日，景东召开宣传文化系统干部职工大会，主要任务是学习贯彻党的十七届六中全会精神和全国、省市新闻战线“走基层、转作风、改文风”活动精神，安排全县文化系统“走基层、转作风、改文风、抓落实”主题实践活动。

二、干部理论学习

1998年始，逐步健全和完善中心组学习制度。县委中心组理论学习一般坚持一个季度学习一次。10月29日，县委中心学习组学习党的十五届三中全会通过的《中共中央关于农业和农村工作若干重大问题的决定》。县委、县政府决定：从党政机关、企事业单位抽调干部200余人组成工作队，深入全县农村宣传贯彻三中全会精神和《决定》。围绕工作中心，协助各乡镇抓好换届选举、农村基层组织建设、党员干部结队扶贫，冬季农业和农村工作。

1999年新年伊始，县委中心学习组织五班子领导第一次学习。徐明良召集学习活动，主要学习江泽民在纪念中共十一届三中全会召开20周年大会上的讲话。参学人员结合学习《讲话》，联系实际畅谈心得体会。

2000年10月23日，县委中心组在政府小礼堂举行第四季度中心组学习。县四套班子领导和县委办、县委组织部、县委宣传部以及公检法领导共31人参加学习。学习主要内容为中共中央十五届五中全会《关于制定国民经济和社会发展第十个五年计划的建议》。谢伟就全县如何学习，贯彻落实好十五届五中全会精神作具体要求。号召全县各级党组要立即行动起来，把学习贯彻五中全会作为一项重要任务抓紧抓好，年底前抓好面上的原文学习，然后在县委党校开办培训班专题学习，并组织撰写心得体会专题文章互相交流，共同提高。同时，根据五中全会精神，结合景东实际，总结“九五”期间发展变化和基本经验，充分发扬民主，广纳良言，讨论和构思景东“十五”计划；提出抓住以传达五中全会为契机，全面完成2000年各项任务。

2001年3月7—9日，县委中心学习组进行为期3天的理论学习。7日、8日为个人自学，9日为集体学习。县四套班子领导以及县纪委、组织部、宣传部、公安局、检察院、法院6个部门领导共30人参加。主要学习中纪委五次全会精神，并组织专题发言。7月2日，县委中心学习组及时组织县四套班子、6个部门副科以上领导干部全文学习江泽民在庆祝中国共产党成立80周年大会上的讲话。12月末，县委中心学习组组织第四季度理论学习，江泽民十五届六中全会讲话和《中共中央关于加强和改进党的作风建设的决定》。

2002年6月6日、10月8日、10月21日，县委中心学习组分别组织三次学习。学习内容：江泽民5月31日在中央党校、省部级干部进修班毕业典礼上的重要讲话精神；收听（看）中国共产党第十六次全国代表大会隆重开幕实况；座谈讨论十六大报告精神。县委、人大、政府、政协、纪委、组织部、宣传部、公安局、检察院、法院领导班子成员参加学习，何世坤主持。

2003 年 8 月 6 日、9 月 15 日，县委中心学习组分别组织两次学习。学习会上，传达贯彻地委扩大会议精神；学习“三个代表”重要思想，学习胡锦涛在省部级主要领导干部学习贯彻“三个代表”重要思想专题研讨班上所作《要不断使群众得到更多实惠》重要讲话、《党政领导干部选拔任用暂行条例》《云南省各级党委常委会议讨论决定干部任免事项投票表决办法（试行）》及《云南省党的地方委员会全体会议对下一级党委、政府领导班子正职拟任人选和推荐人选表决办法（试行）》等相关内容。县五套班子领导及县委组织部、宣传部、公安局、检察院、法院 5 个部门副科以上领导干部参加学习，学习讨论中，纪委、宣传、组织部门，结合部门工作实际，作专题发言。

2004 年 6 月 10 日，县委中心学习组传达市委有关维护社会政治稳定通知和云南省农村工作手则。县四套班子领导和县纪委、县委办、政府办、组织部、宣传部、公安局、检察院、法院副职 40 人参加。政法委、人大、政府领导结合部门工作实际作重点发言。2006 年 5 月 17 日，县委中心组举行第二季度学习活动。围绕胡锦涛“八荣八耻”，对照查摆自己的问题，中心组成员单位领导共 43 人参加。9 月 10 日，中心组举行第三季度学习活动，学习胡锦涛“七一”讲话、视察云南和思茅结束时的讲话。县委常委、副处级调研员、县人大常委会主任和副主任，县政府副县长，县政协主席、副主席，县公安局、检察院、法院副处以上领导干部，县委各部门，县政府各办局行政主要负责人及各乡镇党委书记、乡（镇）长参加。

2007 年 6 月 19 日，县委中心组举行第二季度学习，学习中纪委《关于严格禁止利用职务上的便利谋取不正当利益的若干规定》。张世清主持会议，并强调全县各级各部门一定要充分认识贯彻这个《规定》的重要意义，加强领导，周密部署。抓好学习宣传贯彻工作，认真组织实施，发挥好《规定》惩治和预防腐败的作用，把反腐败斗争不断引向深入。7 月 30 日，县委中心组专题学习贯彻胡锦涛在中央党校、省部级干部进修班上的讲话（即“6·25”讲话），此次学习活动，共有理论中心组成员及离退休副处以上老干部 62 人参加。

2008 年 5 月 19 日，县委中心组举行解放思想大讨论专题学习活动。张世清强调，各级领导干部要正视现实，激发斗志，率先垂范，坚持深入基层、深入群众，以新的理念谋化新思路，以新的办法解决新问题，以新的举措推动各项工作实现新的突破。结合景东实际，解放思想就是重点解决农业产业发展问题、工业发展问题、交通建设问题。这次专题学习活动，参加学习的成员扩大到各乡镇、各部门的主要领导。县委、县人大、县政府、县政协领导班子成员结合工作实际，各抒己见，畅所欲言，并深入研讨。文井镇、太忠乡及县农业局领导结合工作实际作交流发言。8 月 27 日，县委中心组学习中共云南省委八届五次全会精神。

县委中心组 2008 年度学习活动（县委党史办　提供）

2009 年 5 月 19 日，县委中心组举行深入学习实践科学发展观专题学习会，要求党员领导干部做到个人形象“一面旗”、工作热情“一团火”、谋事布局“一盘棋”。会上，张世清以“以人为本，加强班子建设”为主题作辅导发言。县委中心组成员、乡镇党委书记、乡（镇）长、县直各委办局、人民团体、企事业单位正科以上领导干部参加专题学习。

2010年，县委中心组组织5次学习活动，中心组成员参加学习。2月28日，第一次集中学习，张世清传达学习中央经济工作会议精神，并结合国内外形势和经济发展面临的困难和挑战，就如何推动景东经济平稳较快发展作讲话。5月11日，第二次集中学习，学习内容：党的十七届四中全会精神，《领导干部选拔任用工作四项监督制度》，组织观看省委组织部副部长张百如在省干部学院《学习党的十七届四中全会精神，加强领导班子和干部队伍建设》视频讲话。7月15日，县委中心组开展人大工作和法制建设专题学习活动，学习《法制的必然性和民族立法》，赵昌德受县委书记委托主持。8月27日，开展第四次学习，传达学习并结合工作实际解读省委八届九次全会精神，张世清主持。12月10日，县委中心组开展党的十七届五中全会精神和党风廉政建设专题学习活动，夏萍传达学习十七届五中全会精神，彭志刚领学第十七届中央纪委五次全会精神，罗平领学胡锦涛《坚持用中国特色社会主义理论体系武装全军，推动国防和军队建设科学发展》重要讲话，张世清主持。

2011年，县委中心组开展四次学习活动，县委中心组成员、各乡镇党委书记、乡镇长和部分部门负责人参加学习。2月9日，开展第一季度学习，张瑜传达学习市委二届十次全会精神，李春荣结合市政府经济社会考核办法，就如何推动景东产业发展作重要讲话，县交通局、县烟办、县城建局负责人作发言。7月19日，中心组专题学习胡锦涛“七一”重要讲话精神，各乡镇党委书记分别作交流发言，张瑜作总结讲话。10月8日，县委中心组开展桥头堡建设专题学习活动，参加学习人员102人，观看市直部门桥头堡建设视频汇报片，县四套班子领导就如何推进桥头堡建设分别作交流发言，张瑜、李春荣分别就如何构建景东“两山”绿色经济带建设作专门讲话。12月14—16日，中心组开展省委第九次党代会精神和文化建设专题学习活动，参学人员125人，张瑜主持会议并传达省第九次党代会精神，观看学习省委“四群教育”工作视频会议精神，杨亚梅汇报“首届景东无量山文化科技节”准备工作情况，李春荣就文化兴县战略作发言，张瑜就办节和文化旅游工作讲话，夏萍就学习贯彻党的十七届六中全会精神提出要求。学习会上，邀请省文化厅长黄峻传达解读党的十七届六中全会和省第九次党代会精神，张天梅就全县文化产业现状作发言，周德翰汇报景东历史文化及文化建设有关设想。

四、舆论宣传

内部宣传 20世纪70年代和80年代初，景东新闻宣传报道途径主要包括有线广播、电视、报纸。(1) 广播。1956年建立景东广播站，1999年县广播电台成立，称景东人民广播电台。(2) 电视。1975年在锦屏镇文旧村建立电视差转站，1981年迁至孔雀山，1985年又迁址于紫胶所后山金标梁子。9月25日景东电视转播台首次试播，1986年实现卫星转播，继后开播“景东新闻”节目。(3) 报纸。1956年1月，景东县委创刊《景东报》，八开二版，3日刊，1961年2月停刊。1994年1月15日，《景东报》复刊。1999年1月，改刊为《景东消息》。《景东报》是县委县政府机关报，由县委宣传部承办，编辑部设在宣传部，为四开四版半月刊，每月15日和30日出版。改刊《景东消息》后，将半月刊改为10日刊，每月10日、20日、30日出版。《景东报》坚持正确的舆论导向，及时宣传党的路线方针政策，传达上级党委政府和县委政府指示和决策，反映全县各条战线涌现出来的好人好事，调动广大干部和各族人民建设中国特色社会主义积极性。1993—2000年，《景东报》采编稿件1.09万篇，广播、电视采用7957篇，被中央、省、地新闻单位采用3214篇。2001—2005年，《景东消息》采编稿件3522篇，县人民广播电台播出新闻5649篇，景东电视台播出3288篇，被中央省地报刊台视台采用2138篇。2006年，深入开展十六届五中、六中全会、省第八次党代会、县十一届党代会精神宣传，强化“树新风、强作风、兴思茅”教育活动和创建市级文明县城暨省甲级卫生县城宣传。《景东消息》刊发各类稿件1355件，广播、电视台刊播稿件2689件。全年省级报刊杂志刊登介绍景东文章37篇，市级报刊786篇，在市广播电台用稿251件，市电视台用稿295件。新华网景东信息频道发布宣传稿件1578件，其中，被中国农业网等网站采用96件，被“中国茶城”等网站采用75件。2007年，深入抓好县委十一届二次全会、县十四届五次人代会、县政协六届六次全会宣传；首届普洱茶原料交易会、中国著名作家写景东采访活动宣传；云南省报纸副刊研究会年会景东年会宣传。《景东消息》开设28个栏目，刊发各类稿件1780件，景东电视台播出景东新闻146组新闻1499条，广播电台出景东新闻258组新闻1822条。2008年，围绕县委十一届三次全会，县十五届一次人代会、县政协七届一次全会精神，深入宣传改革开放30周年伟大成果，宣传报道全县“解放思想、深化改革、扩大开放、科学发展”大讨论活动。同时，景东人民心系汶川灾区开展各项救助活动进行宣传报道。《景东消息》开办15个栏目，刊发各类稿件1500多件；县广播电台播出新闻113组945条；播出电视新闻88组845条。还制作播出《银生新韵》《三会精神解读》系列报道6组；拍摄《办人民满意的教育》《三年防治成果》《为了美好的明天》等电视专题片10部。2009年，围绕全县开展深入学习和实践科学发展观活动，从县级到乡镇各级领导干部深入实际，转变作风，全力推进景东经济又好又快发展情况进行报告。《景东消息》刊发各类稿件1700多件，景东人民广播电台、景东电视台制作播出新闻332组2850条，制作播出《彝乡风情》《彝乡先锋》《三农在线》等栏目11个221组，制作播出《黑冠长臂猿保护现状》《魅力景东》等专题片12部。2010年，《景东信息》刊发36期，刊发各类稿件2000多件。景东电视台播出电视新闻133组1276条，广播新闻220组1320条。制作播出系列报道《政协委员访谈》5集，《人大代表访谈》6集，《抗旱保民生备春耕》36集，开办栏目《彝乡先锋》播出24期。2011年，《景东消息》开办“学英模、争先进”“庆祝建党90周年”等专题10余个，刊发新闻、图片2180条（幅），广播、电视播出栏目及专题90期新闻1764条。

外部宣传　2005年，经县委常委会决定，景东县每年拨付专题经费50万元加强对外宣传工作。2007年，参与协助中央电视台在普洱举行“东西南北过大年”现场直播活动；协助中央电视台在景东拍摄制作并播出《追寻黑冠长臂猿》电视专题片；为中央电视台《走遍中国》《讲述》等栏目提供“茶出银生”、《银生古城》等拍摄策划方案，筹备拍摄线索。在“中国农业网”等网站编发新闻96件，新闻稿件《景东——铸造川河流域星罗棋布的经济带》荣获中国导向画报社优秀征文特等奖。香港《文汇报》(云南版)、《江南晚报》刊发县委书记、县长合署文章各1篇。北京《中华文学选刊》《十月文艺》《诗刊》《当代》杂志，天津《青春》杂志，上海《文学报》等全国著名杂志期刊先后发表宣传讴歌景东文章近20篇，《云南日报》刊发景东新闻图片共7件，云南广播电台播出景东新闻58条，云南电视台播出景东新闻68件，新华网云南频道编发新闻稿件678件；《普洱日报》刊登文章386篇，《普洱论坛》14篇，普洱市委《研究与参考》6篇，普洱电视台综合新闻频道播出景东新闻287件、公共频道播出景东新闻185篇，普洱广播电台播出198篇，“中国茶城在线”网站播出86篇、新华网景东信息频道发布宣传稿件678篇。外宣工作位居全市第一。2008年，省级报刊杂志、各类报刊网站刊登介绍景东文章86篇，市级报刊579篇，在省电视台用稿54篇，市广播电台用稿447篇，市电视台用稿303篇，播出专题片5部，“中国茶城在线”网发布73幅图片，外宣工作名列全市10个县区的第三位。2009年，共在上级广播电台、电视台播出稿件608条。《云南经济日报》、“中国茶城在线”网、《普洱日报》都采用登载景东新闻信息，外宣工作名列全市第三位。2010年9月，景东县开设“景东新闻网”，成为对外宣传网络平台。全县外宣工作围绕“辉煌十一五”主题，开展与传统合作媒体对外宣传工作。2011年，在县委宣传部成立对外宣传办公室，探索与中央媒体、省内主流媒体长期合作方式。

五、景东精神

1997年，景东县学习和倡导“踏实苦干、不图虚名、艰苦奋斗”张家港精神。2005年，县委、县政府提出“以人为本、与时俱进、团结干事、开拓创新”景东精神。2011年初，县委宣传部通过座谈讨论和网络征集方式，提炼景东精神内容。同年9月，县委宣传部发出《关于在全县深入弘扬和实践景东精神活动的实施意见的通知》。12月26日，中共景东县委第十二次代表大会通过“尚德崇文、和谐包容、敢为人先”景东精神。

“尚德崇文”是中华民族最优秀的文化传统，在景东尤为深入人心。其文化思想内涵和特质非常丰富。“德”有三层涵义：（1）礼让、谦逊之德；（2）友善、关怀之德；（3）开拓、创新之德。“崇文”又是景东另一重要思想特征。“尚德”与“崇文”密不可分，“德”需要“文”传承，“文”需要“德”引导。

“和谐包容”是对景东地域特征、历史发展、人性本质和时代要求的高度凝练。“和谐”是对立事物在一定条件下具体、动态、相对、辩证的统一。在现时社会活动中，人们需要营造人与社会、人与自然的和谐氛围。“包容”即宽容大度。包容与和谐互为因果，包容是前提，和谐是结果，只有包容，才能和谐。

“敢为人先”是景东各族干部群众新时期经济社会建设不可或缺的精神。主要包括三层涵义：（1）解放思想，坚持改革开放；（2）紧跟时代步伐，有所作为；（3）锐意创新，敢闯敢干。敢为人先作为精神引领，具有强大的推动力与号召力，体现凝心聚力，振奋精神，开拓进取，埋头苦干，真抓实干，争优创新的精神力量。

2011年11月18日，县委宣传部、县精神文明办举办“弘扬景东精神，建设美好家园”万人签名与游行活动，人们在巨幅红色布帛上签下名字。

六、党报党刊征订

县委历来重视党报党刊发行工作。县委宣传部与县邮电局于每年10—11月召开征订工作会议，落实征订计划。由于县委重视和各部门支持配合，能按时完成各年征订任务。2011年，全县共征订《人民日报》193份、《光明日报》16份、《新华每日电讯》126份、《经济日报》65份、《云南日报》671份、《普洱日报》1850份、《求是》135份。

七、机构沿革

县委宣传部始成立于1950年5月。直至1967年4月，全县实行军事管制，一切权利归军事管制委员会，宣传部工作中断。县革委会成立后，宣传部工作由县革委会政工组宣传组代替，1974年1月恢复县委宣传部。2002年，内设精神文明办、办公室、党员教育和理论教育科。挂靠管理《景东消息》报、县文联、外宣办、文产办4个单位。历任部长：王政有、肖宇清、童其峰、刘昌荣、毕廷村、罗翔、李树荣、朱志明、杨中兴、夏萍。

第八节　统一战线工作

一、重要会议、活动

1998年10月21日，县委召开全县对台宣传工作会议，城区副科级以上领导干部参加。地区台办主任邬在云传达省委对台工作会议及省委书记令狐安重要讲话精神。会议要求：（1）建立健全对台工作领导机构和办事机构，加强对台工作投入；（2）县委县政府要加强领导，每年要专门听取对台工作情况汇报，研究对台工作；（3）对台工作有关问题，要及时向上级汇报，做到上情下达，下情上传；（4）各部门密切配合协作，做好对台宣传工作。县委党校要设立对台宣传工作课程，由党、政主要领导讲授有关对台工作的方针、政策，对广大干部进行对台宣传教育。

2001 年 9 月 28 日，统战部举行庆国庆、迎中秋座谈会。县四套班子领导以及党外干部、台属侨属、个私经济代表及群团组织领导参加会议。赵昌能代表县委县政府对全县台侨及各界人士致以节日问候。简介景东县“十五“期间总体思路和发展目标，肯定统战工作在全县社会、经济发展中所起到的重要作用。

2003 年 7 月 4 日，县委发出《关于进一步加强统一战线工作的意见》，对统战工作提出 4 个方面要求。

2005 年 5 月 25—26 日，思茅市传达全国全省统战工作部长会议精神会议在景东县举行。县委副书记赵兴学介绍县情和统战工作情况。市委常委、统战部长伍中华主持会议，全市除西盟县外 9 县（区）统战部长、办公室主任参加会议。

2006 年 8 月 11 日，县委统战部召开非党领导干部座谈会，县人大、政协领导及副科级以上非党员领导干部参加会议，董世尧主持。会议围绕全县经济社会发展座谈交流，并对非党员领导干部提出希望。

2007 年 6 月 4 日，召开统战工作会议，总结过去 5 年全县统一战线工作成绩和经验，安排部署全县统一战线工作。

2007 年 9 月 24 日，召开台侨属中秋座谈会，台侨属代表 20 余人参加。会上，孔广群向各位台侨属代表通报全县经济社会情况，并希望台侨、台属把景东可喜变化传递给台湾同胞和海外侨居亲人，携手共建美好家园。

二、县政协委员协商推荐

1984 年 9 月，政协景东县委员会成立。委员 98 人，由 17 个界别组成，其中，民主党派和无党派人士 65 人，台侨、台属 6 人。

1987 年 5 月，协商产生政协第二届委员 142 人，由 19 个界别组成，其中，民主党派和无党派人士 106 人，台侨、台属 12 人。

1990 年 3 月，协商产生政协第三届委员 183 人，由 22 个界别组成，其中，民主党派和无党派人士 108 人，台侨、台属 12 人。

1993 年 3 月，协商产生政协第四届委员 188 人，由 20 个界别组成，其中，民主党派和无党派人士 117 人，台侨、台属 11 人。

1998 年 3 月，协商产生政协第五届委员 149 人，由 18 个界别组成，其中，民主党派和无党派人士 91 人，台侨、台属 4 人。

2003 年 3 月，协商产生政协第六届委员 157 人，由 21 个界别组成，其中，民主党派和无党派人士 98 人，台侨、台属 7 人。

2008 年 1 月，协商产生政协第七届委员 167 人，由 21 个界别组成，其中，民主党派和无党派人士 107 人，台侨、台属 11 人。

三、党外干部选拔培养

按照中国共产党对党外干部“长期共存、互相监督、肝胆想照、荣辱与共”方针及选拔要求，注重调查研究，保持与党外人士联系，不断发现人才，不断将有影响、有能力党外人士推荐到县人大、县政府、县政协以及乡镇、机关行政领导岗位。特别是在中共十一届三中全会以后，县第八届人民代表大会、县第八届县政府、县政协第一届委员会开始，县级三个领导班子都有党外领导干部担任实职。至 2011 年 10 月，全县有实职副处党外干部 4 人，实职乡科级正职非党干部 9 人，副职非党干部33人。在政府组成部门中，超过1/4部门配备有党外干部，检察院、法院领导班子各有党外干部1人。全县被评为副高级以上职称、在职党外专业技术人员214人，一批党外知识分子被推选和协商为市县人大代表、政协委员，还培养、选拔部分知识分子担任领导职务。

四、民族宗教工作

围绕各民族“共同团结奋斗，共同繁荣发展”工作主题，全面贯彻党的民族工作方针，履行维护民族团结政治责任。向社会宣传党的民族宗教政策，加强同民宗、公安、司法等有关部门的联系，互通信息，引导信教群众把精力集中到脱贫致富上来。同时，向上级争取经费修缮林街、保甸、安乐清真寺。2011年春节前夕，县委统战部到林街乡、漫湾镇慰问民族宗教人士25人，发放慰问金6000元；7月，经县委决定，每年从县财政预算中增加特需经费2万元，用于支付全县3所清真寺寺管会成员、教职员20人的生活补助，全县享受生活补助的民族宗教人士由5人增加到25人。

五、落实统战政策

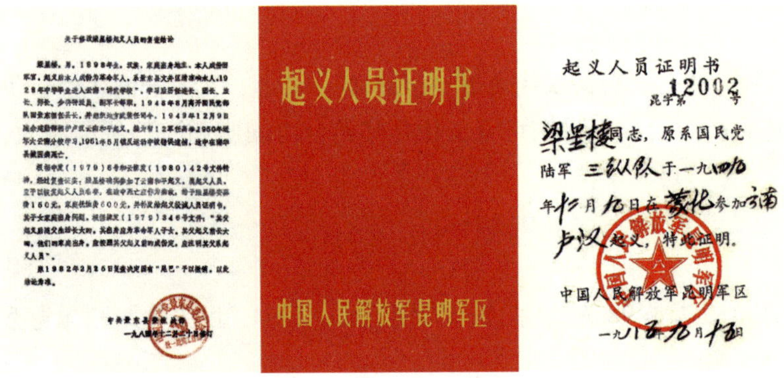

梁星楼起义人员证明（罗海垠　摄）

1979年1月始，县委办公室配设统战干事1人，开展错划“右派分子”复查改正和政策落实工作。在1983年12月9日，通过调查，在有关部门配合下，向县委写出《统战工作情况报告》。《报告》提出，根据中央、国务院及省地委指示，统战工作在落实政策中，平反大量冤假错案。（1）1958年错划“右派分子”85人全部改正，其中死亡8人，刑事犯罪3人未改判（属“右派分子”已改正），其余74人作妥善安置，受株连家属子女40人全部转为城镇人口。（2）原工商业者299人，有53人是否属劳动者未作区分，逐一作区别，确认为劳动者。“文化大革命”给原工商业者重新戴上各种政治帽子的逐一改正；给被扣工资的10人补发工资，给8人调高一级工资；下放农村3人，给死亡2人补发安葬费、医药费，1人收回城镇人口。（3）国民党投诚起义人员16人，给无工作的2人作了安置，对生活困难的5人给予补助。1984年12月4日，县委统战部又向县委报告，给在镇反运动中被关押死亡的起义人员做“病故”处理，被处决的6人作“工伤死亡”处理，发给安葬费抚恤金；有宗教人士7人，“文化大革命”中被批判、查封、抄家1人，另有20户回族群众被查抄，给予补助损失。3处清真寺、宗教活动点全部恢复。1987年2月19日，县委统战部向县委报告落实统战工作情况：（1）给国民党起义投诚人员32人补发起义投诚证明书，能工作的安置工作，丧失工作能力的，发生活费养起来，被错误处决的，补发抚养费和安葬费，遗属生活有困难的，给予一次性补助，国民党县团级宽释人员，发生活费养起来。（2）全县有华侨和去台湾人员130人（户），落实华侨私房23户，沟通信件、物资、人员往来30人。

六、机构

1952年，县委设立统战部，后撤销，统战工作由县委办公室内设分管，1965年2月，正式成立县委统战部。“文化大革命”期间，统战工作终止，人员调离。1981年，再次恢复统战部。历任部长：梁凤祯、肖宇清、郭林、傅肇明、董世尧、李启进、杨国相。

第九节 党校教育

一、主体班次培训

主体班次培训是党校中心工作，党校一切工作都要围绕教学工作开展，为完成教学任务、提高教学质量服务，充分发挥党校“阵地”“熔炉”作用，培训轮训学员上万人。县委党校以马克思列宁主义、毛泽东思想、中国特色社会主义理论为指导，坚持党的基本路线，始终把党性教育作为党校的必修课，把学习马克思主义基本理论与加强党性锻炼结合起来，把改造客观世界与改造主观世界结合起来，坚定党员领导干部理想信念和宗旨观念，提高党员领导干部道德品行和精神境界，把党性教育贯穿于党校教学全过程。同时创新教学方式，推行研究式教学，综合运用讲授式、案例式、体验式等教学方法。充分调动教师和学员积极性，做到教学相长、学学相长。并根据不同时期的政治培训任务和全县经济发展阶段的需要，通过不同形式，培训轮训乡村、县直机关各部委办局、企事业单位党的干部以及其他各类干部数万人次。2000 年后，主要办“全县副科级实职领导干部轮训班”“全县村干部（村总支书记、支部书记、副书记；主任、副主任）轮训班”“科级后备领导干部培训班”“全县处级科级领导干部专题研讨班”“全县基层党组织负责人培训班”“全县公务员轮训班”“城区入党积极分子培训班”等。

1996—2011 年景东县委党校主体班次培训情况统计表

表 2-1-6 单位：期、人

年度	期次	培训对象	培训内容	人数
1996	8	①县直机关党组织负责人；②全县乡村妇女干部（2 期）；③全县村社区村长主任（2 期）；④村社区文书（2 期）；⑤城区入党积极分子	邓小平特色理论、市场经济、党的基础、村干部管理、村文书、基层妇女工作业务等知识	872
1997	6	①贫困村村长、支书（2 期）；②城区党组织（党委、总支、支部）负责人；③全县乡镇村社区团组织干部（2 期）；④城区入党积极分子	党的十四届四中全会精神、党的知识（基层支部建设、理想信念）、科技知识、烤烟种植技术、法律（《刑法》《民事诉讼法》）、党风廉政建设等	572
1998	7	①县直机关各部委办局领导干部；②全县村社区党支部书记（2 期）；③县属企业厂长经理；④城区党组织负责人；⑤全县通讯员；⑥城区入党积极分子	党的十五大会议精神、农村基层党组织建设、农村财源问题、邓小平理论、法律、深化企业改革、市场经济、党的知识（基层支部建设、理想信念）等	569
1999	5	①县直机关正科级实职领导干部；②全县乡镇干部（书记、纪委书记、乡镇长、副职、助理）；③全县基层妇女干部（2 期）；④城区入党积极分子	“三讲”教育、民主集中制、党风廉政建设、保密、金融、实施依法治国思想推进依法治县规划、统战工作、十五大及十五届三中全会精神、法律、基层妇女工作业务等	535
2000	7	①“公民文明素质再教育”理论；②学习“三个代表”重要思想研讨班成员；③县直正科级实职干部；④乡镇宣传、组织、民政专干；⑤政法骨干政治素质；⑥县直机关副科级干部；⑦城区入党积极分子	“三个代表”重要思想、民主集中制、宗旨意识、社会主义精神文明与经济发展、党风廉政建设、调整产业结构发展生产力等	487

续表 2-1-6

年度	期次	培训对象	培训内容	人数
2001	7	①全县共青团干部；②县直副科级干部；③全县村民委员会书记、主任（4 期）；④城区入党积极分子	“三个代表”重要思想、江泽民建党 80 周年大会上的讲话、共青团组织基础知识与管理、领导科学、党风廉政建设、农村产业结构调整基本思路、人口理论、基本法律（《中华人民共和国国家赔偿法》《中华人民共和国保守国家秘密法》《中华人民共和国村民委员会组织法》）等	582
2002	4	①全县机关乡镇妇女干部；②全县科级妇女干部；③全县团干部；④城区入党积极分子	“三个代表”重要思想、妇女组织知识与干部素质的提高、共青团组织知识、党风廉政建设、党的知识（性质、宗旨、目标）等	304
2003	3	①全县乡镇副科级领导干部；②县直属部门单位副科级领导干部；③全县工会主席；④城区入党积极分子	“三个代表”重要思想、全面建设小康社会的奋斗目标和重大部署、十六大精神、领导科学、调整产业结构促进科学发展、党风廉政建设和反腐工作、工会基础理论与工会业务、新《中华人民共和国工会法》等	465
2004	5	①新提拔副科级领导干部；②支书主任“一肩挑”村干部；③全县村支部书记；④全县村主任；⑤城区入党积极分子	党的十六大精神、学习实践“三个代表”重要思想的重大意义、依法行政是发展社会主义市场经济的客观要求、党的知识（性质、目标、条件）、加强自身修养提高履职水平、党风廉政建设、发扬民主依法管理村中事务、防邪教知识等	421
2005	6	①全县村干部（村文书、专业会计、乡镇财政所长、农经员）（3 期）；②全县企业法人；③2004 年 7 月后新提拔副科级领导干部；④城区入党积极分子	提高政治思想理论素质为景东发展提供政治保障、贯彻落实科学发展观加强党的执政能力建设、党风廉政建设、农村经济经营管理、农村统计基础、农村集体经济组织会计制度、《中华人民共和国统计法》、农业统计、农村经济收益分配情况统计等	346
2006	8	①县各直能部门党委书记、总支书记、各乡镇党委副书记（2 期）；②全县基层妇女干部（2 期）；③2005 年 4 月后新提拔副科级干部；④全县工会干部；⑤青年干部；⑥城区入党积极分子	党的十六届五中全会精神、以党的十六届五中全会精神为指导认真贯彻落实本县的“十一五”规划、中国共产党性质与奋斗目标、妇女工作业务知识、社会主义新农村建设、党风廉政建设、党的知识（性质、宗旨、目标）、中共党员条件与及入党程序等	601
2007	7	①全县村干部（支部书记、副书记、主任、副主任）（6 期）；②城区入党积极分子	胡锦涛总书记“6·25”重要讲话精神、党的知识（性质、宗旨、目标）、十七大精神解读、以“云岭先锋”工程为契机推动党的基层组织建设、党风廉政建设、林权制度改革政策、科学发展农村经济、用科学发展观指导新农村建设、新农村建设新形势新要求、加强村委会建设依法推进村民自治等	625
2008	2	全县村干部（2 期）	十七届三中全会精神解读、推进新农村合作医疗事业、加强国土资源管理保证经济社会持续发展、支农惠农政策与景东农业发展、推进农村党组织建设、化解社会矛盾维护社会和谐稳定、推进民政工作又好又快发展等	568
2009	8	①城区入党积极分子；②全县团干部；③全县工会主席；④乡镇县直机关支部书记（2 期）；⑤全县村支部书记 2 期；⑥全县正科级、副处干部	十七届四中全会精神、社会主义核心价值与社会主义文明新风尚、农村基层党组织知识、党风廉政建设、基层支部思想建设、“六个”为什么解读、工会知识、共青团知识、《中华人民共和国劳动合同法》、新形势下的工会工作等	754

续表 2-1-6

年度	期次	培训对象	培训内容	人数
2010	10	①全县村主任；②城区入党积极分子；③全县中心校长、中学校长、支部书记；④全县文化宣传工作者；⑤全县中心校副校长、中学副校长、工会主席；⑥全县小学校长（2期）；⑦全县青年干部；⑧全县科协干部；⑨全县大学生村干部	深入学习中国特色社会主义理论体系努力掌握马克思主义立场观点方法、发扬党内民主加强基层党组织建设、中央一号文件解读与“三农”工作战略新思维、坚持“四议两公开”制度加强农村基层组织建设、农村食品药品知识讲座、如何做好基层人民调解员、反腐倡廉、领导干部心理健康与调试、教师心理健康与调试、突发事件应急能力与措施、反邪教知识讲座、社会主义核心价值体系与加强党员政治信仰问题、未成年人思想道德建设问题、新时期如何当好一名校长、景东“两山”保护区概况及保护中存在的问题等	955
2011	11	①城区入党积极分子；②景东县领导干部研讨班成员；③全县村干部（副主任、大学生主任助理）（3期）；④全县村级专职副书记、大学生支书助理；⑤全县科级领导干部（2期）；⑥全县基层党组织书记（村社区党组织书记、县委隶属机关党委总支书记）（3期）	十七届五中全会精神、领导干部心理健康讲座、中共90周年不懈地努力、国内国际形势与周边安全、回眸——经典红歌、领导干部预防职务犯罪讲座、社会管理与创新、当前社会管理形势与创新、整合基层资源和力量增强基层社会管理及服务功能、发挥基层党组织与党员干部作用提高社会管理能力、把握群众工作新情况新特点切实做好群众工作、云南桥头堡战略、景东历史文化解析、加强和改进新形势下的民族宗教工作、民间常见纠纷调处、社会主义新农村建设、村级干部依法行政努力、村级财务管理知识、反腐倡廉、食品药品知识讲座等	1473
合计	104	—	—	10129

二、学历培训

1989年8月，县委党校与地委党校、地委民族干校联办函授中专班，并分别于1989年、1990年招收学员34人，毕业33人。1993年，与省委党校、省行政学院函授学院联办函授大专班，设景东学区，后改为辅导站。2001年，增设本科班。2008年，停止招生。先后设置行政管理（公共管理）、经济管理、法律、文秘4个专业。共计招生39个教学班，其中，中专班2个，大专班25个，本科班12个；毕业学员2236人，其中，中专33人，专科1586人，本科617人。教育教学由省委党校、省行政学院函授学院负责专业课程设置、教材编修审购、试卷制作批阅、学籍管理、审核批发毕业证，由县委党校（景东辅导站）负责组织招生、班级管理、学籍管理、面授辅导、论文辅导答辩、组织实施考试等具体教学事务。

1989—2008年景东县委党校学历教育情况统计表

表 2-1-7　　单位：人

年度	专业班次	学历	入学人数	毕业人数	毕业时间
1989	八九级函授中专全科班	中专	22	22	1993.6
1990	九〇级函授中专全科班	中专	12	11	1994.6
1993	九三级行政管理大专班	专科	85	81	1996.6

续表 2-1-7

年度	专业班次	学历	入学人数	毕业人数	毕业时间
1994	九四级经济管理大专一班	专科	43	42	1997. 6
	九四级经济管理大专二班	专科	56	54	1997. 6
1995	未招生	—	—	—	—
1996	九六级经济管理城区一班	专科	60	58	1999. 6
	九六级经济管理城区二班	专科	60	56	1999. 6
	九六级经济管理乡镇班	专科	70	70	1999. 6
1997	九七级经济管理城区班	专科	76	73	2000. 6
	九七级经济管理乡镇班	专科	86	82	2000. 6
1998	九八级法律一班	专科	49	47	2001. 6
	九八级法律二班	专科	50	49	2001. 6
	九八级经济管理班	专科	63	63	2001. 6
1999	九九级经济管理乡镇班	专科	79	78	2002. 6
	九九级经济管理城区班	专科	83	83	2002. 6
	九九级法律大专班	专科	96	95	2002. 6
2000	二〇〇〇级行政管理大专班	专科	104	98	2003. 6
	二〇〇〇级法律大专班	专科	109	106	2003. 6
2001	二〇〇一级法律大专班	专科	78	73	2004. 6
	二〇〇一级文秘大专班	专科	46	44	2004. 6
	二〇〇一级行政管理本科班	本科	73	72	2003. 12
2002	二〇〇二级经济管理大专班	专科	73	70	2005. 6
	二〇〇二级法律大专班	专科	76	74	2005. 6
	二〇〇二级行政管理本科班	本科	58	55	2006. 12
	二〇〇二级经济管理本科班	本科	52	50	2006. 12
2003	二〇〇三级经济管理大专班	专科	38	32	2006. 6
	二〇〇三级法律大专班	专科	42	40	2006. 6
2004	二〇〇四级经济管理大专班	专科	31	30	2007. 6
	二〇〇四级公共管理本科班	本科	61	61	2006. 12
2005	二〇〇五级经济管理本科班	本科	56	55	2007. 12
	二〇〇五级法律本科班	本科	72	71	2007. 12
2006	二〇〇六级经济管理大专班	专科	58	57	2009. 6
	二〇〇六级经济管理本科班	本科	49	47	2008. 12
	二〇〇六级公共管理本科班	本科	60	60	2008. 12
2007	二〇〇七级公共管理本科班	本科	37	32	2009. 12
	二〇〇七级法律本科班	本科	26	24	2009. 12
2008	二〇〇八级公共管理大专班	专科	39	31	2011. 6
	二〇〇八级公共管理本科一班	本科	47	45	2010. 12
	二〇〇八级公共管理本科二班	本科	46	45	2010. 12
合计	—	—	2321	2236	—

三、教学科研

科学研究是党校教育的基础。县委党校根据自身条件和特点，联系景东县实际，注意教学与科研结合，以增强教学针对性和实效性，做好培训需求调研，提高党校教学质量，为县委县政府决策服务，为景东经济建设、政治建设、文化建设、社会建设和党的建设服务。设置图书室和阅览室，添置设备与图书资料，为教职工、学员阅读、科研创造条件，提供方便。图书室有图书 1 万余册，配有电脑 17 台。每年还要征订《人民日报》《光明日报》《经济日报》《求是》等 10 余种报刊，供教职工和学员阅读使用。在办好主体班次培训和函授学历教育过程中，坚持全面贯彻宣传党的基本路线方针、政策，运用马克思主义基本原理，围绕改革开放和现代化建设中重大问题和实际问题，结合党的政治和景东实际，开展社会调查、教育教学研究和理论研究，为提高党校办学质量、为县委、县政府决策提供服务。2000 年后，县委党校共有 100 余篇论文分别发表于国内各级刊物或提供给有关部门参考。主要有教材研究、理论研究、历史研究、经济社会发展调查研究等。其中，理论研究文章有李庭辉《"德治"与"法治"探源》、张鸽翔《"以德治国"重要的是以德治吏》；教材研究文章有李庭辉《〈公务员写作〉中的疑问商榷及修改建议》、张鸽翔《〈领导科学〉的修改建议》、姚家芳《〈马克思主义政治经济学经典指导纲要〉中的误差》、刘开荣《浅谈省委党校函授学院专、本科英语教材中存在的问题》；历史研究有论文集《思茅明清儒学教育研究》(中国文联出版社 2005 年版)，获思茅市第一届哲学社会科学著作三等奖；社会调研文章有郎中杰《景东县农村土地流转存在的问题及对策思考》、李庭辉《景东蔗糖产业发展的思考与建议》、张鸽翔《景东县扶贫开发面临的新形势新任务》、姚家芳《浅谈景东县农村公路建设》、姚文康《谈谈如何抓好基层党组织建设》等。

四、教师队伍建设

1985 年，县委党校仅有专兼职教员金有铭、潘祯德、李春选 3 人。1986 年底，县委调入思茅地委党校毕业大专生罗恒联、唐云跃、曾富义、姚家芳等 4 人，充实县委党校教师队伍。1992 年后，陆续从中学调入中青年教师充实教师队伍，改变教师与职工比例，教职工 22 人，其中教师占 50%。

县委党校还重视在职教师进修培训，以提高教师队伍素质。1995 年后，党校安排教师 7 人报考中共中央党校函授学院和中共云南省委党校云南省行政学院函授学院本科、研究生，其中，本科 6 人，研究生 1 人。参加学历培训教师占在职教师的 77. 8%。2011 年，县委党校有专兼职教师 10 人，其中，政治教育 2 人，党史 1 人，科学社会主义 1 人，经济管理 1 人，行政管理 2 人，法律 1 人，中文 1 人，英语 1 人；有 9 人具有大学本科学历，其中，高级讲师 3 人，讲师 5 人，助讲 1 人。

五、经费投入与基础设施建设

县委党校经费属于县财政全额拨款。多年以来，党校培训经费属于全额报账制，即每年培训经费到县财政局实报实销。2010 年，纳入县财政预算，每年预算经费 10 万元。党校的建设和修缮费用由县财政根据需要划拨。1986 年后，县委县政府很重视党校基础设施建设，拨专款修膳和建设，改善办学条件。1992 年，县林产公司赞助 11 万元建盖 1 幢一楼一底 260 平方米砖混结构教学楼。1994 年，县政府拨款 20 万元建盖砖混结构 130 平方米厨房、餐厅，修建 1 个标准篮球场。2003 年，投资 60 余万元建盖 1 幢四层 720 平方米砖混结构教学综合楼。2005 年，县委政府投资 60 万元建盖 700 平方米砖混结构学员住宿楼。2009—2010 年，县委县政府投资 206 万元修葺龙泉门踏步（149 级）、龙泉门、龙泉井，重铺进校园道路，新建报告厅。其中报告厅投资 74 万元，建筑面积 400 平方米，可容纳 330 名学员。同时，重视打造党校文化，环境得到美化。截至 2011 年，党校校园占地 2. 23 万平方米，校园建筑面积 2921 平米，拥有教学综合楼 2 幢，大小教室 4 个，可同时容纳学员 320 人上课；

有 330 个座席的报告厅 1 个；有电教室 1 个、电子投影仪 3 台、微机 17 台，可开展微机培训业务；有办公室、图书室、阅览室、会议室、教职工娱乐室、篮球场、学员健身器材、学员餐厅、学员宿舍楼、小车等设备。

六、机构

县委党校大院（罗海垠　摄于 2012 年 8 月）

1958 年秋，中国共产党景东县委党校建立。1967 年 2 月中断培训，1969 年 2 月县革委会决定把县委党校更名为“五七”干校。1972 年 2 月，撤销“五七”干校，改称县毛泽东思想学习班。1975 年，从景范农场迁回县城西南龙泉寺，恢复中国共产党景东县委党校名称。县委党校属于参加公务员管理事业单位，教师为党校系列专业技术人员，另有事业单位管理人员和工勤人员。党校设校长、常务副校长（正科级）、副校长职位，校长由县委副书记兼任。县委党校设党支部，校党支部下设支部办公室。县委党校下设行政办公室、教学科研办公室、财务办公室、后勤办公室。历年兼任校长：王政友、杨正中、唐燕娜、谢伟、李大超、饶明勇、唐永平、董世尧；历任常务副校长：金有铭、罗恒联、温元浩、李维荣、解明君。

第十节　政策研究

一、政策调研

县委政策调研室成立后，按照参谋服务职能，围绕县委部署和意图，调查研究全县“三农”、扶贫开发、深化改革、城乡建设、产业发展等重要工作，形成调研报告，为县委、县政府重要决策提出可操作性意见。1994—2004 年，景东县先后出台《景东县有偿出让集体荒山荒地使用权的实施办法》《关于加快县城新区开发鼓励外商投资的若干意见》《景东县招商引资奖励实施办法》《关于进一步改善投资环境扩大开放的决定》《关于加快新时期扶贫开发工作的决定》《关于加快畜牧产业发展的意见》《关于巩固蔗糖产业发展的意见》《关于加快烤烟产业发展的意见》《关于加快蚕桑产业发展的意见》《关于加快紫胶产业发展的意见》《关于加快农村公路建设的意见》等政策措施。2008—2011 年，相继完成《农村集贸市场的发展情况调研》《景东县核桃产业发展调研》《景东县开展和谐社区建设与管理的基本情况调研》《景东县坡耕地中小水利建设情况调研报告》《景东县松脂产业发展调研》《景东县社会主义新农村建设调研报告》《景东县关于水电移民问题及对策专题调研报告》《关于景东县蚕桑产业发展情况的调研报告》《景东县农田水利建设调研报告》《立足资源优势推进优质核桃苗木基地建设》等调研材料，完成《抢抓机遇，强化措施，努力实现烤烟产业跨越式发展》《强化措施抓“三农”落实任务促“三保”》《培育新型农民促进农村富裕劳动力转移就业》《坚定信心，攻坚克难，全力推进农业农村经济社会全面发展》《创新机制，整合惠农项目，强力推进省级重点村建设》《全面推进村庄规划加快新农村建设步伐》等市委农村工作会议交流材料，起草县委、县政府《关于建设无量山哀牢山绿色生态经济带的意见》。

二、新农村建设

2006年，景东县新农村建设项目启动。2006—2010年，项目由县农业和科学技术局（新农办）负责实施。2011年起，省级重点村建设项目、市级社会主义新农村项目由县委政策研究室（农办）组织实施。5年间，全县共组织实施新农村建设项目85个，其中，省级重点建设项目24个，省级村容村貌整治项目17个，市级试点村建设项目29个，县级点项目15个；共投入6196.99万元，其中，国家、省级530万元，市级450万元，县级416.28万元。各项目整合资金3824.41万元，农民投工投劳折资976.3万元。

2011年，全县实施社会主义新农村省级重点建设项目12个，涉及文井、安定、大街、东镇4乡（镇）8村12组，受益483户1733人。完成项目总投资1850万元，其中，省级重点建设村项目资金180万元，整合其他项目资金778.6万元，群众投工投劳折资891.4万元。在实施项目中，完成村庄路面硬化6.34万平方米，修建坝塘沟渠4630米，农户房屋美化619户12.17万平方米，农户庭院硬化524户2.15万平方米，建盖科技文化室353平方米，建设文化活动场地237.5平方米，安装太阳能516户，建沼气池23口。另外，用于扶持烤烟、冬早豌豆发展20万元，农村农民实用技术培训6万元、培训人员980人次，设立项目简介牌12副、投资3.6万元。通过新农村建设项目实施，有效发挥村民小组公共建设用地效益，新建垃圾池、公厕、文化活动场地，体育运动场地，实施绿化、美化。农户人居环境有效改善，村组面貌改观，对全面推进社会主义新农村建设起到示范和推动作用。

三、新农村指导员

2007年起，全省建制村各派新农村建设指导员1人。省市县党委成立新农村工作队领导小组，下设办公室在各级党委农村工作领导小组办公室，负责新农村建设指导员日常管理工作。景东县新农办设在县农业和科学技术局，2008年起改设县委政策研究室（农办）。2007—2011年，省市县乡四级选派新农村建设指导员830人次，其中，省级32人次，市级127人次，县级415人次，乡镇256人次，入驻各乡镇成立新农村建设工作队，队长进入当地党委或政府班子。全县先后兼任乡镇党委副书记54人、副乡镇长11人。2010年至2011年12月，云南省司法厅李新龙被派驻景东县担任新农村建设总队长，并任县委副书记。截至2011年，四级组织下派新农村指导员共开展调查研究2490次，撰写调研报告828篇，提出合理化建设1332条，采纳884条，引进项目34个，引进资金1268万元，引进技术10项，引进企业投资38万元，帮助基层群众协调资金210万元，个人捐物捐款3.05万元，帮助农村新建和修复基础设施78件，帮助群众解决饮水困难2019人，为群众办好事1863件。新农村建设指导员由一般干部提拔为副科级58人，副科干部提为正科26人，科级干部提拔为副处级2人。

四、机构

1955年，县委成立农村互助合作部。1956年2月，改称农村工作部。1961年，机构调整，撤销农工部。1965年，农工部恢复。“文化大革命”期间被迫停止工作，1984年，再次恢复农工部。1993年3月，县委、县政府决定撤销农工部，成立县委政策调研室。1994年7月，县委常委会决定政策调研室与县体改委会合署办公，实行一个机构，一套班子，两块牌子，行使两个职能。1996年9月，机构改革，将政策调研室并入县委办公室。2008年5月，根据普洱市编委《关于设置全市党委政策研究机构和农村工作领导小组办事机构的通知》精神，县委政策研究室加挂农村工作领导小组办公室牌子，合署办公，为正科级，由县委办公室管理。历任主任：自国华、李维荣、李太辉。

第十一节　县委办公室

1973 年 12 月 6 日，恢复县委、县革命委员会办公室，撤销县革委会政工组、办事组。办公室一套班子，合署办公。1981 年 12 月后，党政分设，县委、县革命委员办公室分开办公。1993 年 3 月 20 日，县委、县政府决定县委办与县政府办合署办公，统称“两办”。1998 年 3 月 27 日，县委办和县政府办分设。县委办属县委综合办事机构，履行协调指导、综合管理、参谋咨询、督查检查、参与政务、立足服务、办理事务等职能。1998 年，两办分设后，重新核定编制和人员。根据县委办《关于印发县委办公室职能配置内设机构和人员编制方案的通知》，县委办设 5 个科局。县委机要局升为正科。根据县委办《关于成立县委督查室的通知》，县委督查室级格副科。根据县委办《成立县关心下一代工作委员会的通知》，县关工委设在县委办公室。另据 2003 年 10 月 10 日县委常委会纪要，县关工委设专职秘书长（副科级）。根据县编委《关于机构设置的通知》，设置县委政策研究室（加挂县委农办牌子），为正科级单位。

第十二节　县直机关工委

一、思想建设

县委县直机关工作委员会（简称机关工委）任务是宣传和执行党的路线、方针、政策，组织党员学习，对所属党组织和党员进行教育、管理和监督。为保障学习，工委将党的重要文献、重大决定、重要理论书籍订购下发到每个支部，将《党章》发到每个党员。1987—2011 年，在县委党校共举办 7 期支部书记培训班，培训人数 700 余人次，3 次组织工委及所属党务干部到省外考察学习。

“三个代表”重要思想学习教育活动　2003 年，按照县委统一部署，县级机关党组织以党支部为单位，分两批开展学习教育活动。学习教育活动分 4 个阶段进行：第一阶段为学习辅导，深刻理解和掌握“三个代表”重要思想的丰富内涵；第二阶段为对照检查，召开民主生活会，查找存在的问题；第三阶段为制订整改措施；第四阶段为总结验收。

县直机关工委在县革命烈士陵园举行革命传统教育暨入党誓词宣誓仪式

（县委党史办　提供）

保持共产党员先进性教育活动　2005 年，机关工委所属 6 个党委、17 个党总支、191 个党支部、2567 名党员分 3 批开展保持共产党员先进性学习教育活动，历时一年半。在教育活动中，各党委、总支、支部纷纷到扶贫联系点，开展送温暖、献爱心活动，帮助扶贫点解决实际问题，共办实事 58 件，投入资金 38 万元。

实施“云岭先锋”工程，开展创先争优活动　2004 年始，根据省市县委安排部署，用 5 年时间实施“云岭先锋工程”。按照基层党组织和党员实现“五好五带头”总体目标，党政机关开展“学习创新、执政为民”为主题的“五比五创”“三评议”活动，推行办事程序公开、办事结果公开、接受群众监督、服务承诺和首问责任制度。企业单位开展以“做改革先峰、当技术能手、比工作成绩、争创标兵”为主题的比学赶超活动。

重大节庆纪念活动　2001年“七一”建党80周年之际，机关工委在革命烈士陵园举行革命传统教育暨入党宣誓仪式，县直机关、企事业单位1500多名党员参加纪念活动。52名新党员在烈士塔前党旗下宣誓入党。2006年建党85周年活动中，组织县级机关文艺会演。2009年“七一”，组织歌咏比赛，有20个单位参加。2011年“七一”纪念建党90周年活动中，组织全县13乡镇党委、县直6个党委20个党总支13个直属党支部党员5650人参加党的知识竞赛。工委所属党组织全面开展重温入党誓词活动。

二、组织建设

按照“坚持标准，保证质量，改善结构，慎重发展”方针，通过培训、培养、考察正常程序，把有知识、有能力、年轻的优秀分子，特别是生产、工作一线优秀分子有计划地吸收到党内来。1987—2011年，因党员人数不断增加，党组织机构相应调整升格。共举办入党积极分子培训班25期，培训入党积极分子2516人次，发展新党员1187人。1987年10月，县教育局、农业局、水电局党支部升为党总支。1990年，县卫生局党支部升为党总支。1992年5月，县农机局支部升为党总支。1994年，县广播电视局党支部升为党总支。2000年，县教育局党总支升为党委。2005年，县卫生局、经贸局党总支升为党委，县民政局、财政局、县政协、县人大党支部升为党总支。2007年县，农村信用联社党支部升为党委。2009年，县工商局党总支升为党委。由于行政机构改革和企业改制，党组织设置也相应进行调整。1993年，县土地管理局与县城市建设环境保护局合并，成立国土建设环境保护局党总支。2002年，撤销县农机局党总支，并入县农业局党总支；撤销县粮食局党总支，成立县发展计划局党总支；撤销县商业局党总支，并入县经贸局党总支；劳动与人事合并，成立县人事和劳动社会保障局党总支。为加强对离退休党员的管理，成立离退休党员党支部，2002—2011年共成立离退休党支部45个。随着个体私营经济发展，在个体私营企业中建立党组织。2008年，成立景东佳浩公司党支部。2011年，成立景东嘉辉汽车有限公司党支部。2011年，县直机关工委所属党组织有11个党委、26个党总支、208个党支部、2833名党员。

三、作风建设

自2002年始，县直机关工委列为县纪委“党风廉政建设责任目标管理”范围。每年都与县纪委签订“党风廉政建设责任书”，年终接受考核。工委对所属党委、总支、支部将党风廉政建设列入“党建目标管理责任书”中一项重要内容进行管理与考核。2003—2005年，工委连续获县党风廉政建设先进单位称号，受到县委表彰奖励。2004年，对县公安局、县委办等20个部门进行社会评议机关作风和民主测评副科以上领导干部。2005年，对未参加2004年评议和测评的31个部门进行社会评议机关作风和民主测评领导干部。在评议中共提出意见11条，建议70条。同年，县公安局被评为省级基层满意的县直部门，受省委省政府表彰奖励；县林业局被评为市级基层满意县直部门，受市委市政府表彰奖励。2004年，工委获得县级先进党组织称号，受县委表彰奖励。1987—2011年，工委所属党员受党纪处分70人，其中，开除党籍31人，留党查看14人，严重警告7人，警告18人，党内除名13人。

四、制度建设

党组织制度建设　结合县直机关、企事业单位实际，逐步建立健全完善各项管理制度。主要有党建目标管理责任、党员民主评议、党员目标管理、党风廉政建设责任目标管理、“三会一课”、领导班子民主生活会、领导班子成员分管联系部门工作、党员结对帮扶、党费收缴管理等制度。

党费收缴与管理　2003 年、2004 年，工委对所属党组织党费收缴情况进行全面清查。2005 年始，建立党费收缴信息库，实行微机管理，保证党费足额按时收缴。2008 年 5 月 12 日，四川汶川发生里氏 8 级地震，广大党员响应党中央号召，交纳“特殊党费”支援灾区人民。

五、机构

1966 年 5 月，县直属机关党委成立。因“文化大革命”，刚成立便中断工作。1987 年 6 月，县委决定成立县直属机关委员会（简称机关党委），为正科级机构，党委所属 10 个党总支、82 个党支部、929 名党员。1993 年 3 月，县委县政府机关实行机构改革，县直机关党委并入县委组织部，由 1 名副部长任党委书记。2000 年 8 月，机关党委撤销，成立县委县直机关工委，正科级，定编 3 人，所属党组织不变。2002 年 4 月，县级机构改革，将县直机关工委改为机关党委。2004 年 11 月，县机关党委撤销，成立县委直属机关工委，正科级，负责领导县直机关党的工作。县直机关、企业、事业单位所有党委、党总支、党支部都归属于县委直机关工委。历任机关党委书记：周尚芳、叶从军、杞瑞福、张新富；历任机关工委书记：张新富、李维荣、罗成海。

第十三节　党史研究

一、党史研究成果

1984 年 4 月，县委党史研究室开始党史资料征集研究工作。至 2011 年 12 月，先后编纂出版《中共景东县历史资料》（第一至四辑），共 84 万字，印刷 3300 册；编纂出版《中共景东彝族自治县历史大事记》，共 32 万字，印刷 800 册；编纂出版《银生丰碑》，共 50 万字，印刷 500 册；编纂和出版发行《中共景东地方史》第一卷，共 22 万字，发行 2000 册；编纂出版《中共景东彝族自治县新时期历史大事记》，共 38.2 万字，印刷 800 册。

党史刊物（罗海垠　摄）

二、党史宣传教育

1991 年后，组织发行中央、省市党史研究室出版发行的党史书刊 5831 册。组织承办党史党建知识竞赛活动，2002 年 7 月，县委党史研究室组织开展党史党建知识竞赛活动，参赛党员 3089 人，入党积极分子 255 人，职工 579 人。2009 年，县委党史研究室与县委宣传部、景东人财保险公司联合举办纪念新中国成立 60 周年“人保财险杯”党史党建知识竞赛活动，共 61 家单位 2397 名党员干部职工参与竞赛。2011 年 6 月，县委党史研究室与县委宣传部、县直机关工委等部门配合，举办纪念建党 90 周年“嘉辉杯”党史知识竞赛活动，参赛人数 5500 人；开展党史宣讲和党史图片展，2004 年，在保持共产党员先进性教育活动中，为联系单位讲授党史课 5 场 101 人。2011 年 4—7 月，县委党史研究室与县直机关工委、县教育局、县关工委等单位配合，在县民族中学、锦屏镇中学、县水务局、县老干局开展党史宣讲活动，共5场1270人；6月中下旬，与县委宣传部、县直机关工委、县教育局等单位配合，在景东县小学、县民族小学、县人民会堂广场开展党史图片展6场，展出图片102幅，共有2300人观看图片展。2010年5月，开办“景东党史网”，至2011年12月，共上传网站各类文章190余篇95万余字。

三、革命遗址普查及其他

2010年4—5月，开展革命遗址普查工作。共查出革命遗址8处，即：李德和旧居，徐劲旧居，景东县革命烈士纪念碑，何跃邦烈士墓，中共景东县临时工作委员会旧址（县政府殿堂楼），中窝铺奇袭战战斗地，大海塘歼灭战战斗地，后所遭遇战战斗地。其中景东革命烈士纪念碑、中共景东县临时工作委员会旧址、中窝铺奇袭战战斗地、大海塘歼灭站战斗地、后所遭遇战战斗地被省委党史研究室认定为革命遗址。县委党史研究室成立后，共完成省市党史研究室交办的任务50余项。1992年，参加县委组织的社教工作，共190天。2002年，参加村级“三个代表”重要思想学习教育活动督导工作，共61天。

四、机构

1984年4月，县委决定成立“中共景东县委员会党史资料征集办公室”，为正科事业单位。1985年1月，中共景东县委员会党史资料征集领导小组成立，由分管党史工作县委副书记任组长。1993年，改称县委党史征集研究室，2003年改称县委党史研究室。党史研究室是县委部委一级常设机构，既是党史研究部门，又是县委管理党史业务的工作部门，其主要任务是抓好党史资料征编，妥善保存和利用党的历史财富；深化党史研究，准确记载和反映党的历史；突出教育重点，组织开展党史学习教育活动；扩大党史宣传，普及党史知识；加强革命遗址保护利用，搞好党史纪念活动；强化党史部门管理职能，维护党史管理的规范性和严肃性。2011年，有职工4人，均为大专以上学历。历任主任：施立新、王通、李应纪、颜仕勇。

第十四节　老干部工作

一、老干部状况

1980年，县委组织部设专人负责老干部管理工作，办理老干部离退休手续。1986年9月，老干部管理局（简称老干局）成立，主要管理对象为离休干部，当年有离休干部127人。1998年，有离休干部90人，已故37人；行政事业单位退休干部1303人。2011年，有离休干部41人，已故86人；行政事业单位退休干部2173人，其中，副处以上38人，副高以上41人，新中国成立初期参加革命工作141人。

二、老干部待遇

政治待遇　落实老干部政治待遇八项制度（学习制度、阅读文件制度、通报情况制度、组织生活制度、参加重要会议制度、同职级领导干部联系老干部制度、就地就近参观考察工农业生产制度、走访制度）。(1) 学习制度。1985年，根据县委组织部《关于建立离退休干部活动制度的通知》，每月16日为老干部集体学习活动日。留居城区老干部集中组织学习，居住乡村老干部每季度由乡镇组织学习1次。学习内容主要为新时期党和国家方针政策、时事政治、法律法规及老年养生保健知识。(2) 走访慰问制度。每逢春节、敬老节，老干局均要组织活动，召开座谈会茶话会、团拜会，县委、县政府领导到会讲话，转达组织的关心和问候。县四套班子领导分别到部分老干部家中看望座谈。由老干局组织，离休干部省外安置的每隔2—3年专程看望1次，县外安置的每年看望2次，县内留居的每季度看望1次，平时电话经常联系。离休干部住院，必去探视。(3) 通报情况制度。2000年后，每年度召开1~2次全县经济运行情况和重点工作通报会。离休干部、副处副高职以上退休干部参会。由县委县政府领导介绍全县经济社会运行情况，主要内容有GDP总量、财税收支、固定资产投资、重点项目、面临的机遇和挑战等情况。让老干部更加关心县委、县政府决策，向社会宣传，解疑释惑，从而增进全县经济社会健康发展。(4) 参加重要会议制度。1980年后，在县委、县人大换届选举代表时，要安排有老干部代表名额，大会主席团成员中要有老干部代表，并邀请实职处级退休领导列席党代会（全委会）、人代会、政协会，建言献策。

生活待遇　1981年6月，干休所成立。占地16533平方米，建筑面积2555平方米，其中公用房屋460平方米，安置离休干部24户。

1987年，县委批准离休干部经费按每人250元/年提取；1993年，提高公用经费提取标准，县处级离休干部每人500元/年，其他每人400元/年；2000年，再次提高公用经费标准，县处级离休干部每人680元/年，其他每人620元/年。按政策规定，60%返还个人作为就地休养费，40%用于订阅书报、购买娱乐物品及节日慰问。

2001年，为解决企业离休干部与行政事业单位离休干部供养状况不均衡问题，先在两个单位试点，实行企业和财政供养比例各50%办法；越年，企业离休干部26人全部转为财政供养。

自2004年始，根据中共中央组织部《关于对1949年10月1日至所在地解放期间参加革命工作的退休干部在生活上给予适当照顾的通知》(简称13号文件)、省委省政府《关于对建国初期参加革命工作的部分退休干部在生活上给予适当补贴的意见》(简称“8·13”意见)，分别按每人每月200元和170元给予生活补贴。全县共涉及补助141人，其中，43人按13号文件执行，98人按“8·13”意见执行。自2011年1月1日起，根据省委组织部文件精神，补助标准每人每月增加200元，分别为每人每月400元和370元。年末涉及退休干部87人，其中，31人按13号文件执行，56人按“8·13”意见执行。

2003年4月，根据《景东县离休干部离休费、医药费财政支持机制试行办法》规定，离休干部医药费实行实报实销制度，由财政局按每人1.2万元/年核拨到县医保中心。2008年始，建立医疗费用节余奖励机制。以个人年医疗费用8000元为奖励基准，超过8000元者不予奖励，在8000元内按3000元以下、3001~5000元、5001~8000元3个档次，由医保中心直接兑付给节约者。2006年，根据《思茅市直机关事业单位职工住房补贴支付办法》(暂行) 规定，解决离休干部建房补贴13人（户），累计金额10.93万元。自2009年起，由老干部局组织，县处级领导和副高以上退休干部坚持3年1次健康体检，体检费由县财政划拨；年满80周岁以上离退休干部，每月增发健康费100元。

三、老干部管理

自1998年起，推行老干部工作目标管理责任制。老干部局分别与15个乡镇和10个机关单位签订“目标管理责任书”。至2011年，签订责任书单位38个。责任内容包括老干部政治待遇、生活待遇，加强服务管理，发挥老干部作用等。内部管理上，建立健全文书档案资料，包括离退休干部名册、异地安置名册、离休干部遗属配偶名册，完善年度工作计划和工作总结。1999年后，老干局连续10年获市局优秀单位表彰。1988年后，先后召开先进集体和先进个人表彰会7次，30个集体和491人受到一次或多次表彰。

组织建设　1978—2000年，离退休干部组织关系隶属所在单位支部。2000年后，根据省委组织部《关于进一步加强离退休干部党支部建设通知》，按部门或系统先后建立起离退休干部党支部。至2011年，共建立离退休党员干部党支部44个，共有党员824人。居住分散的离退休党员干部，征询本人意见，按属地管理原则，编入所在单位或所在村党支部。县人大属较早建立离退休老干部党支部单位之一，坚持每月1次支部活动制度，并接纳定居县城乡镇人大常委会主任（席）退休干部3人加入该支部。2003年后，全县老干部党支部按所交党费50%作为支部活动经费。2007年1月起，党费留成比例提高到80%。

老干部活动中心（罗海垠　摄于2015年3月）

老干部活动中心　2003年5月，县委、县政府批准建立老干部活动中心，建筑面积1652平方米。活动中心配设有功能较为齐全的活动设施，离退休老干部大多数参加县老体协组织，县老体协按行业系统设立各分会，由各分会组织日常文体活动，缓解活动中心活动空间压力。老干部活动中心建成后，每天有百余人参与学习和各种文体活动。

老年大学　2006年，县委批准开办老年大学。学校规章制度健全，办学经费落实，人员编制到位，办学规模不断扩大。

景东县老年大学招生情况统计表

表2-1-8　　单位：个

年度	办班内容	招生人数	毕业人数	年度	办班内容	招生人数	毕业人数
2006	书法、舞蹈	154	—	2009	舞蹈、太极、电脑	140	—
2007	书法	48	79	2010	音乐、舞蹈	116	140
2008	书法、舞蹈、太极	100	39	2011	舞蹈、音乐、三弦、腰鼓	280	—

四、机构

1986年9月，县委老干部局成立，隶属县委组织部，为正科级单位。2002年3月，实行机构改革。加挂县委老干部工作领导小组牌子，隶属关系不变。2007年，增加老干部活动中心。下设办公室、安置管理与生活福利股。历任局长：吴显富、杞瑞福、徐文雄、杨汝龙。

五、县老人体育协会

1984年12月26日，县老人体育协会（简称老体协）正式成立，县财政拨款1万元在人民会堂左侧建盖砖木结构平房1栋作为活动中心。接着，自己动手建起门球场并组建第一支门球队。1993年6月，为缓解老体协活动经费困难问题，通过多渠道筹集资金，建起90平方米平房1栋对外出租。2001年1月，老体协活动中心迁至体育馆内新建。2003年5月至2004年11月，在老体协活动中心所在地建成老干部活动中心，建筑规模三楼一底1栋，建筑面积1652平方米，总投资705万元，其中底层及二楼划归老体协使用。同时，在室外修建门球场2块、地掷球场2块、气排球场2块、羽毛球场 3 块、拳剑舞操场 1 块。成为功能齐全，场地集中，能满足老年人开展体育、文娱活动乐园。

至 2011 年，先后召开六届会员代表大会。代表大会选举产生主席、副主席、秘书长、委员会委员。代表会议闭会期间，由主席会议、委员会议行使职权，共计召开主席会议 216 次，全委（扩大）会议 56 次。1985 年 5 月 21 日一届四次全委会议讨论通过《景东县老年人体育协会章程》，后经 1990 年、1996 年、2001 年 3 次修改补充并经会员代表大会通过后，呈报县社团登记管理机关批准实施。老体协成立后，积极发展会员，不断壮大协会队伍。老体协成立伊始，筹备组成员为当然会员，承接办理入会手续。在城区，按单位或行业系统组建分会。从第二届开始，简化入会手续，只需本人申请，分会同意，再到老体协分管副主席办理入会手续即可成为县老体协会员。2001 年 2 月，向县政府提请《关于成立各乡（镇）老年人体育分会的意见》，县政府办给予行文批转，各乡镇党委政府非常重视，至 2002 年上半年所有乡镇均成立分会，名称为“景东县老人体育协会××乡（镇）分会”，各村委会设“××乡（镇）分会××村活动室”。至 2011 年，全县有城区分会 20 个，农村分会 13 个，有 86 个村委会建立活动室。协会会员发展到 14969 人，占全县 60 周岁以上老年人口 46410 人的 32.2%。

县老体协集全县各行各业为一体，人才荟萃。协会主席、副主席合理分工，发挥一技之长。按适宜老年人参与活动内容，分为门球，地掷球，气排球，羽毛球、乒乓球，陀螺、麻将、扑克、象棋，拳剑舞操文娱等不同类别，委员会议任命各组组长、副组长，各司其职。拳剑舞操文娱活动有声有色，凡重大节日和重大赛事，都要举办文娱晚会、联欢晚会、歌咏晚会，表演彝族歌舞、演唱革命歌曲、诗歌朗颂以及花灯、京剧、太极拳、花棍、烟盒舞、彩带舞、乐器合奏、独奏等节目，先后开展活动 50 余次。2004 年 10 月 24 日，在欢庆第十七个敬老节晚会上，县老体协夕阳红艺术团正式成立。艺术团由 60 人组成，下设乐队、舞蹈队、合唱队。当晚，夕阳艺术团作首场演出，向社会充分展示老年人精神风采。在体育活动上，老体协利用元旦、春节、火把节、敬老节、县庆及“三八”“五一”“七一”等节庆日，分类别举办运动会，共计 46 次。比赛项目有门球、地掷球、气排球、羽毛球、乒乓球、陀螺、象棋、扑克、麻将、篮球、中长跑、射击等。1998 年、2001 年两次举办邻近县门球、气排球邀请赛。大理州大理市、弥渡县、南涧县，楚雄州双柏县，西双版纳州勐海县，本市景谷县、镇沅县老体协派出代表队前来参赛。承办普洱市（思茅）老体协运动会 3 次。其中 2004 年 11 月 27—30 日首届“无量山杯”运动会，规模空前。全市 27 个单位分别组成 28 个门球队，26 个气排球队、11 个陀螺队参赛，运动员、裁判员、工作人员达 588 人。在组织好县内运动会的同时，县老体协还积极组队外出参赛 100 余次，分别到本市内 8 县 1 区及昆明、丽江、文山、楚雄、临沧、德宏、保山、大理、玉溪等市（县）。

老体协自成立后，在巩固发展同时涌现出一大批先进集体和先进个人。协会先后召开“双先”表彰会 4 次。有 22 个分会 234 人受到县级表彰，5 个分会 20 人受到市级表彰，有 3 人受到省级表彰。老体协被评为全国先进集体，汪大学被评为全国先进个人。

第十五节　关心下一代工作

一、青少年思想道德教育

景东县关心下一代工作委员会（简称县关工委）成立后，以社会主义核心价值体系为主线，开展青少年思想道德教育活动。各级关工委配合有关部门，组织“五老”（老干部、老战士、老专家、老教师、老模范）人员对学校开展“学党史、知党情、跟党走”“延安精神进校园”等宣讲活动，对青少年进行以理想信念为核心的爱国主义、集体主义、社会主义、革命传统和艰苦奋斗教育，接受教育人数每年3万多人次。先后组织开展“祖国在我心中少儿书画大赛”“老少同台唱红歌活动”“老少同乐、共建和谐社区”等活动58场（次）。2008年后，开展以“抓好常规教育·培养优秀行为习惯”为主题的家长座谈会31场（次），参加人数2.11万人；普及科学家教方法，帮助广大家长树立为国教子思想。自2011年始，启动“中华魂”读书活动。

二、预防和减少未成年人违法犯罪

以“四五”“五五”普法为契机，组织法制报告团、法制副校长和“五老”等人员，到学校、社区和企事业单位，宣传《中华人民共和国未成年人保护法》《中华人民共和国预防未成年人犯罪法》以及《中华人民共和国义务教育法》《中华人民共和国道路交通安全法》等法律法规，开展“关爱明天，普法先行”青少年普法教育活动。2003—2011年，共向全县各学校发放普法教材1.22万册、《公民法律知识读本》6450套。

三、关爱青少年健康成长

2009年10月，由4位老年人组成“五老”网吧义务监督员，配合有关职能部门抓净化学校和社会环境，监督检查全县网吧、游戏厅。2008年后，开展捐资助学活动，共争取困难家庭未成年人救助专项经费17.1万元，资助贫困学生254人；开展“献爱心、送温度”、关爱农村留守儿童活动。

四、科技帮扶

在农村青年中开展“讲政治，育新人，学科技，奔小康”活动，配合有关部门到农村开展科技讲座、科技培训、送科技下乡、田头检查辅导等活动，培训青年农民1.5万多人；建立“讲政治，育新人，学科技，奔小康”活动示范点4个，评选农村青年“讲政治，育新人，学科技，奔小康”活动示范户8户。

五、机构

2003年10月，县关工委成立。2009年10月，设立“五老”网吧监督员。县关工委成立后，全县13个乡镇、县直单位、村（居）、社区以及学校、企事业单位相继成立关工委或关工小组。至2012年6月，全县有关工组织118个，组成人员590人，“五老”参加关心下一代工作活动180人。历年兼任主任：饶明勇、唐永平、李璟、普发升，历任常务副主任：曹守基、付肇明，历任秘书长：杨薇、廖冬萍。

第十六节　机构编制工作

1981年12月，县机构编制委员会成立，下设办公室在人事局。1997年，县机构编制办公室（简称县编制办）成立，副科级，为全县机构编制主管部门，与人事局合署办公。2002年5月，县级机构改革，保留县编制办，与人事和劳动社会保障局合署办公。2011年5月，根据县委县政府《关于印发景东县政府机构改革实施意见的通知》，县编制办单设，列入党委机构序列，正科级，名称为中共景东县委员会机构编制办公室，保留县机构编制委员会办公室牌子。内设综合股、登记股。主任：高剑国。

2011 年景东县党政群机关设置及核定人员编制一览表

表 2-1-9

单位：个、人

机关序列	单位	编制				实有		
		合计	行政	事业	工勤	合计	公务员	工人
县委	10	113	96	—	17	135	118	17
人大	1	20	15	—	5	33	30	3
政府	24	412	364	—	48	455	363	92
政协	1	16	12	—	4	27	22	5
政法	5	404	378	—	26	423	400	23
群团	8	33	13	16	4	42	35	7
合计	49	998	878	16	104	1115	968	147

2011 年景东县乡镇机关机构人员编制一览表

表 2-1-10

单位：人

乡镇	编制			实有			工人
	合计	行政	周转	合计	公务员		
					领导在职	工作人员	
锦屏	40	40	—	32	7	15	10
文井	42	42	—	39	9	15	15
花山	30	30	—	25	9	13	3
大街	29	29	—	29	8	15	6
太忠	30	30	—	22	8	9	5
龙街	30	30	—	26	7	16	3
文龙	30	30	—	25	8	11	6
安定	30	30	—	24	8	11	5
漫湾	31	31	—	27	8	17	2
林街	29	28	1	23	8	13	2
景福	30	29	1	26	9	16	1
曼等	29	28	1	23	8	12	3
东镇	33	32	1	30	8	13	9
合计	413	409	—	351	105	176	70

2011 年景东县事业单位机构编制及实有人数统计表

表 2-1-11

单位：个、人

单位名称	下属单位	下编制	实有					
			合计	公务员	管理	专技	工人	
							参公	事业
县委直属	2	23	24	11	—	4	—	9
宣传部	1	8	8	—	8	—	—	—

续表 2-1-11

单位名称	下属单位	下编制	实有					
			合计	公务员	管理	专技	工人	
							参公	事业
老干部局	2	5	4	2	—	—	2	—
总工会	1	4	3	—	—	1	—	2
人社局	5	61	38	19	—	5	14	—
民政局	4	32	21	—	2	8	—	11
统计局	1	5	3	—	—	2	—	1
安监局	1	8	8	—	4	—	—	4
药监局	—	5	—	—	—	—	—	—
教育局	26	3205	3111	—	5	3019	—	87
卫生局	19	779	690	5	—	523	8	154
人口与计生局	2	25	32	5	1	23	2	1
农科局	25	452	431	1	5	293	—	132
畜牧兽医局	17	135	148	9	—	97	1	41
林业局	26	238	231	4	4	121	5	97
水务局	28	133	127	—	4	78	—	45
国土资源局	15	65	47	18	4	2	18	5
住建局	21	131	148	3	2	53	—	90
交通运输局	4	56	42	—	2	16	—	24
文体广电局	9	91	99	—	1	56	—	42
环保局	2	25	10	3	—	3	3	1
县政府直属	10	145	121	77	—	5	37	2
县政府办	2	37	24	—	2	—	—	22
其他系统	1	11	10	—	—	—	—	10
合计	224	5679	5380	157	44	4309	90	780

2011 年景东县乡镇事业单位机构编制及实有人数统计表

表 2-1-12　　单位：个、人

乡镇	下属单位	已下编制	实有				
			合计	公务员	专技	工人	
						参公	事业
锦屏	5	19	24	5	12	4	3
文井	5	27	29	6	13	3	7
花山	5	13	17	4	6	2	5
大街	5	13	12	3	6	1	2
太思	5	13	13	2	5	2	4
龙街	5	13	16	1	3	4	8

续表 2-1-12

乡镇	下属单位	已下编制	实有				
			合计	公务员	专技	工人	
						参公	事业
文龙	5	13	19	5	7	1	6
安定	5	13	13	2	5	2	4
漫湾	5	13	18	5	6	3	4
林街	5	13	9	2	5	—	2
景福	5	13	12	2	6	2	2
曼等	5	13	7	2	5	—	—
东镇	5	24	16	5	5	2	4
合计	65	200	205	44	84	26	51

第二章 纪检 监察

第一节 纪律检查委员会

一、四届一次全委会

1980年6月4—7日，中共景东县第四次代表大会在县城召开。出席会议代表464人。会议选举产生中共景东县第四届纪律检查委员会（简称县纪委）。在县纪委四届一次全委会上，王政有当选县纪委书记（兼），田以华、谭林当选副书记。

二、五届一次全委会

1984年11月1—6日，中共景东县第五次代表大会在县城召开。出席会议代表338人。会议选举产生中共景东县第五届纪律检查委员会。在县纪委五届一次全委会上，吕正学当选县纪委书记，谭林、许天佑当选副书记。

三、六届一次全委会

1987年12月11—15日，中共景东县第六次代表大会在县城召开，出席会议代表295人。会议选举产生中共景东县第六届纪律检查委员会。在县纪委六届一次全委会上，许天佑当选县纪委书记，谭林当选副书记。

四、七届一次全委会

1990年3月23—27日，中共景东县第七次代表大会在县城召开。出席会议代表231人。会议选举产生中共景东县第七届纪律检查委员会。在县纪委七届一次全委会上，杨学进当选县纪委书记，谭林、吕正学当选副书记。

五、八届一次全委会

1993年3月18—22日，中共景东县第八次代表大会在县城召开。出席会议代表253人。会议选举产生中共景东县第八届纪律检查委员会。在县纪委八届一次全委会上，杨学进当选县纪委书记，谭林、吕正学当选副书记。

六、九届一次全委会

1998年3月3—6日，中共景东县第九次代表大会在县城召开。出席会议代表260人。会议选举产生中共景东县第九届纪律检查委员会。在县纪委九届一次全委会上，赵昌德当选县纪委书记，陈世伟、高黎明当选副书记。

七、十届一次全委会

2003年3月4—7日，中共景东县第十次代表大会在县城召开。出席会议代表271人。会议选举产生中共景东县第十届纪律检查委员会。在县纪委十届一次全委会上，赵昌德当选县纪委书记，陈世伟、高瑞华、杨炇兴当选副书记。

八、十一届一次全委会

2006年6月20—22日，中共景东县第十一次代表大会在县城召开。出席会议代表269人。会议选举产生中共景东县第十一届纪律检查委员会。在县纪委十一届一次全委会上，李景雄当选县纪委书记，陈世伟、高瑞华、戴青明当选副书记。

九、十二届一次全委会

2011年6月21—24日，中共景东县第十二次代表大会在县城召开。出席会议代表293人。会议选举产生中共景东县第十二届纪律检查委员会。在县纪委十二届一次全委会上，李春海当选县纪委书记，潘世惠、戴青明、李贵堂当选副书记。

第二节　党风廉政建设

1980年3月27日，县委转发县纪委《关于配备党的纪律检查委员的报告》通知。该《报告》要求：各公社党委要有一名副书记或委员兼管党的纪律检查工作；县属各级党委、总支、支部要有一名副书记或委员兼管党的纪律检查工作；各公社党委、县属各局总支、支部的兼职或专职纪律检查委员在同级党委领导下进行工作，并受上级纪委领导，有权向上级党的纪律检查委员会反映同级党委成员的违纪问题；各厂矿、公司和农村大队党支部委员会应有一名委员兼管党的纪律检查工作。

1981年8月3日，县委批转县纪委《关于县纪委工作情况及当前工作的意见》通知：各级党组织要继续贯彻执行中共十一届三中全会以来路线、方针、政策，在经济上实行进一步调整，政治上实现进一步安定的方针，纠正长期存在的“左”的错误。贯彻执行《关于党内政治生活的若干准则》，坚决纠正不正之风，搞好党风，严肃党纪，保证全党在政治上与中央保持一致。

1999年3月29—30日，县委召开全县党务工作会议，传达贯彻全区组织、宣传思想、纪检监察工作会议精神，安排部署1999年全县党建组织、宣传思想、纪检监察和统战工作。赵昌德作《提高认识，狠抓落实，切实加强党风廉政建设，深入开展反腐败斗争》讲话，徐明良要求：提高对做好党务工作重要性、必要性认识，增强做好党务工作责任感和使命感。党务工作重点：(1) 突出抓好以开展“三讲”教育为重点的思想政治建设；(2) 突出抓好坚持以民主集中制为重点的组织建设；(3) 突出抓好以党风廉政建设为重点的作风建设。

2000年3月6—7日，县委召开全县党风廉政建设工作会议，参加会议150余人。会议传达贯彻十五届中央纪委四次全会精神和江泽民在会上的重要讲话，总结党风廉政建设主要成绩、分析存在问题，部署全县党风廉政建设和深入开展反腐败斗争工作任务。地委委员、秘书长黄寅敏到会讲话。赵昌德作《加大党风廉政建设和反腐败工作力度，保证全县经济社会的健康顺利发展》工作报告。谢伟作《坚持从严治党方针，推进党风廉政建设》讲话。

2003年1月5日，县委召开党风廉政工作会，县四套班子领导，15个乡镇党委书记、公检法机关及县直各部门主要负责人参加会议。何世坤传达地委书记李元书对景东的工作指示，通报地区检察分院依法查处景东少数干部涉嫌犯罪基本情况，并就如何加强党风廉政建设工作提出5点要求。2月，制订领导干部廉洁自律规定。规定严格控制购买小汽车；加强对公务用车管理；加强对公费出国(境)、出省考察学习的管理；严禁利用职务和工作之便“吃拿卡要”，增加企业和基层负担；认真贯彻廉洁自律有关规定。4月，县纪委监察局对执行《云南省公务员八条禁令》提出5条措施。7月1日，县委《印发〈中共景东彝族自治县委关于加强党风廉政建设的规定〉的通知》，规定共12条。

2004年2月19日，召开党风廉政建设大会。毕廷村主持会议，县四套班子领导、县直各部门领导及乡镇党委书记、乡镇长共159人参加会议。会上，何世坤作《大力弘扬求真务实精神，坚定不移地推进党风廉政建设和反腐败工作》讲话，就全县如何开展党风廉政建设和反腐败工作提出明确要求。赵昌德作《以求真务实的作风切实抓好反腐倡廉工作，为加快景东发展提供有力的政治保证》报告。12月9日，云南省纪委常委、秘书长杨玉清，市委副书记、市纪委书记张希升，市纪委副书记曾永泽等到景东调研。赵昌德汇报2002年后纪检监察工作情况。

2006年10月29日，县委发出《关于印发〈景东县党风廉政建设责任制实施办法〉的通知》。《景东县党风廉政建设责任制实施办法》共6章33条。11月7日，县纪委、组织部、宣传部发出《关于在全县党员领导干部中开展专题党风廉政教育活动的通知》。

2007年3月27日，县委提出《关于进一步加强领导干部作风建设改进检查工作的意见》。6月15日，县纪委召开贯彻落实《中共中央纪委关于严格禁止利用职务上的便利谋取不正当利益的若干规定》会议，安排部署清理纠正工作。李景雄在会上作动员讲话。各乡镇党委、县直机关、部门和省市驻景东单位党政主要领导、县纪委监察局干部职工共130余人参加会议。6月25日，县纪委、组织部、宣传部联合发出《关于开展“加强作风建设，促进廉洁从政”主题教育活动的通知》，决定于6—9月在全县党员领导干部中开展以“加强作风建设，促进廉洁从政”为主题的教育活动。27日，云南省纪委常委、监察厅副厅长赵志彬一行在市纪委李康陪同下到景东县检查指导政务公开工作。29日，县政府召开第五次廉政工作会议，总结2006年全县政府系统廉政建设和反腐工作，安排部署2007年反腐倡廉工作任务。8月23日，县委办、县政府办发出关于转发市委办、市政府办《关于印发〈机关事业单位党员、工作人员参与赌博和利用麻将、扑克等娱乐工具搞“小刺激”进行变相赌博处理办法〉的通知》通知。9月4日，召开治理赌博和搞“小刺激”变相赌博督察动员大会，把中央纪委、中组部《关于严肃查处党员和干部参与赌博的通知》精神落到实处。会上，李景雄作动员讲话，张世清就相关要求作讲话。会议由县纪委、组织部、监察局、人事局、公安局联合召开，县城千余名干部职工参加会议。

2008年3月12日，县纪委十一届三次全会在县城召开，出席会议县纪委委员22人、列席110人。全会传达贯彻中央、省市纪委全会和政府廉政工作会议精神。结合景东县实际，对2008年党风廉政建设和反腐败工作进行安排。9月23日，全县领导干部廉洁从政教育大会在县城召开，对全县正科以上领导干部进行廉洁从政教育。

2009年6月2日，县委发出《关于印发〈建立健全惩治和预防腐败体系2008—2012年工作规划实施办法〉的通知》。2月25—26日，县纪委十一届四次全会在县城召开。出席会议县纪委委员22人、列席110人。县纪委常务委员会主持会议，彭志刚代表县纪委常委会作《深入贯彻落实科学发展观，扎实推进景东县党风廉政建设和反腐败斗争》工作报告。张世清出席全会并作讲话。县委常委及县人大、县政府、县政协领导出席会议，有关方面负责人参加会议。

2010年3月18—19日，县纪委十一届五次全会在县城召开。出席会议县纪委委员22人、列席118人。县纪委常务委员会主持会议，彭志刚代表县纪委常委会作《深入贯彻落实科学发展观，扎实推进景东县党风廉政建设和反腐败斗争》工作报告。张世清出席全会并作讲话。县委常委及县人大、县政府、县政协领导出席会议，有关方面负责人参加会议。27 日，召开第三次政府廉政工作会议，会上，白兆林与政府 39 个组成部门和工作部门主要负责人签订县财政资金管理责任书。4 月 11—12 日，省纪委常委王云山在市委伍中华等陪同下，到景东县调研农村基层党风廉政建设工作。

2011 年 4 月 14—15 日，县纪委十一届六次全会在县城召开。出席会议县纪委委员 21 人、列席 122 人。县纪委常委会主持会议。会议全面贯彻十七届中央纪委六次、省纪委八届六次和市纪委二届六次全会精神，回顾总结景东县 2010 年党风廉政建设和反腐败工作，安排部署 2011 年任务。全会审议通过彭志刚代表县纪委常委会所作《围绕中心，服务大局，不断开创景东县党风廉政建设和反腐败斗争新局面》工作报告。张瑜出席全会并作讲话。县委常委及县人大、县政府、县政协党员领导出席会议，有关方面负责人参加会议。

第三节　案件查办

一、信访举报

发挥纪检监察信访举报工作服务人民群众窗口功能，做到来信必阅、来访必接、有批必办、有办必果，确保民情、民意和举报诉求畅通，维护改革发展稳定大局。2001—2011 年，共收到信访举报 566 件，其中，县纪委监察局受理 471 件，市纪委监察局转办 95 件。

二、案件查办

县纪委监察局恢复后，依纪依法办案，发挥组织协调作用，与执纪执法部门协同配合查案。1986—2011 年，共查处违纪违法案件 268 件，通过查处违纪违法人员，惩治腐败，教育广大党员干部。

第四节　纠风和执法监察

一、纠风

1990 年后，县纪委、监察局及纠风部门按照上级有关纠风工作精神，结合实际，贯彻落实纠风工作各项任务。坚持“纠建并举，标本兼治”方针和“谁主管，谁负责”“管行业必管行风”原则，开展“专项治理”“民主评议政风行风”“公示制、社会服务承诺制”“政风行风热线”等各项工作。

1998 年，景东县开展民主评议政风行风工作第一年，县委县政府成立以政府主要领导为组长的评议领导机构，制订具体实施意见，组建评议组，对教育、卫生、文化部门行业进行评议。至 2011 年，开展民主评议部门和行业 30 多个。强化各部门、行业政风行风建设责任意识，提高干部职工整体素质，职业道德水平，促进部门行业建立健全政风行风建设，职业道德建设长效机制，落实群众监督制度实施，树立部门行业为民服务良好形象。

1999 年 4 月始，对国税局、地税局、交通运政管理所等单位开展民主评议行风工作。12 月 19 日，表彰民主评议行风工作。县纠风办公室聘请人大、政协、纪检、监察、妇联等部门相关领导和离退休干部 20 人为行风评议代表。国税局、地税局、交通运政管理所被评为“景东县 1999 年度行风建设先进单位”。

2004 年 11 月 16 日，召开民主测评行风工作总结会。县领导和县行风评议领导小组成员单位领导、行风评议员、评议代表，各被评单位负责人参加。

2007年后，开展涉农收费、行政事业涉农涉企收费、教育乱收费、公路“三乱”、强农惠农政策落实、纠正医疗购销不正之风等专项治理20余项。

二、执法监察

第一，加强对有形建筑市场运行过程中执行法律法规情况监督检查工作。对建设工程招标投标活动中的执法、执纪、执规和执行政策情况进行监督检查；督促县招标办、招标公司及相关部门严格贯彻执行《中华人民共和国招标投标法》等法律法规；督促并协助县招标办调整充实评标专家库，推进电子评标建设；推行拦标价审核办法；会同行业主管部门、建设单位对在建工程的施工进度、安全设施、工程质量、资金管理、农民工工资兑现、工程施工合同、廉政合同的履行情况等跟踪检查。2008—2011年，全县应招标工程全部纳入招标投标程序，应招426个，实招426个，招标投标100%，推进建设工程承发包走入市场化、规范化，对遏制建设领域腐败行为起到积极作用。第二，加大对签订和履行“工程廉政合同”的监督检查力度。全县各类建设工程，建设方、施工方必须签订“工程廉政合同”并经监察签证后，方可办理施工等相关手续及组织施工。2008—2011年，共签证“工程廉政合同”567个，对513个即将竣工工程建设方、施工方履行“工程廉政合同”情况进行走访了解，根据了解的情况签署意见，同时对420个竣工工程验收实施监督检查，确保各个工程在资料齐全、手续完备、质量可信前提下验收并交付使用。

第五节　纪检、监察机构

县委成立后，即在党内开展纪律检查工作。1953—1955年，县委成立纪律检查委员会。1956—1968年，改称监察委员会。1978年，复称纪律检查委员会。1988年，县监察局成立。1993年5月，根据中央和省地纪检监察机关统一部署，县纪委与县监察局合署办公，实行“一套班子，两块牌子”，履行党的纪律检查和行政监察两种职能办公体制，县纪委监察局内设办公室、宣传教育室、信访室、纪检监察室、案件审理室、执法监察室。2002年，内设办公室、宣教调研室、监察综合室、信访室、执法监察室、案件检查室、案件审理室、党风廉政建设室、纠正部门和行业不正之风室。2008年10月，根据中央、省、市对纪检监察派驻机构进一步完善统一管理部署，成立县纪委派出纪工委和县监察局派出监察分局，共设立派出纪工委监察分局5个。历任纪委书记：王政有、吕正学、许天佑、杨学进、赵昌德、李景雄、彭志刚、李春海，监察局长：周明开、高黎明、陈世伟、纪明良、潘世惠。

第三章　群众团体

第一节　工　会

一、工会代表大会

第四次代表大会　1985年3月1—5日，县第四次工会代表大会在县城召开。出席会议代表185人，邀请12人，地区工会办事处领导和各县工会负责人应邀列席。大会听取和审议县总工会作《发扬工人阶级的主人翁精神、锐意改革、努力开创我县工会工作新局面》工作报告、《关于工会财务预结算的报告》和《关于贯彻执行全国总工会“关于整顿工会基层组织、开展建设职工之家活动的试行办法的实施意见的报告》。表彰奖励工会积极分子98人。选举产生第四届总工会委员会委员17人（其中常委7人）和经费审查委员会委员5人。赵奇当选总工会专职主席，刘之委当选专职副主席、经费审查委员会主任，付琼芬当选总工会兼职副主席。

第五次代表大会　1988年5月16—19日，县第五次工会代表大会在县城召开。出席会议代表169人，邀请15人，列席4人。大会听取和审议县总工会作《在十三大精神指引下加强工会自身健设、努力发挥工会组织在社会主义民主生活中的重要作用》工作报告和《认真贯彻三服务方针切实搞好工会财务工作》财务工作报告。选举产生第五届总工会委员会委员17人（其中常委7人）和经费审查委员会委员5人。刘之伟当选总工会主席、温元普当选副主席，黄亮当选经费审查委员会主任、董联福当选副主任。

第六次代表大会　1993年4月27—29日，县第六次工会代表大会在县城举行。出席会议代表172人，邀请36人，列席4人。大会听取和审议县总工会作《加快工会改革步伐为振兴景东贡献力量》工作报告、《工会财务报告》和《工会经费审查报告》。选举产生第六届总工会委员会委员17人（其中常委7人）、职工委员会委员9人、经费审查委员会委员5人、女职工委员会委员5人。李发生当选总工会主席、陈慧明当选副主席，黄亮当选经费审查委员会主任、高黎明当选副主任，王建华当选女职工委员会主任、孔继凤当选副主任。

1994年6月，增补杨忠明为县总工会主席。

第七次代表大会　1998年6月24—26日，县第七次工会代表大会在县城举行。出席会议代表210人，特邀11人，列席6人。大会听取和审议总工会工作报告、工会财务工作报告和工会经费审查报告，表彰1993—1997年度优秀工作者、优秀工会积极分子、先进工会财务工作者和先进女职工。选举产生第七届总工会委员会委员17人（其中常委7人）、经费审查委员会委员5人、女职工委员会委员5人。鲁文全当选总工会主席、左元月当选副主席，熊开林当选经费审查委员会主任、李冬梅当选副主任，左元月当选女职工委员会主任，张黎、李润萍当选副主任。

第八次代表大会　2003年7月28—29日，县第八次工会代表大会在县城举行。出席会议代表

183 人，列席 29 人。大会听取和审议总工会工作报告、工会财务工作报告和工会经费审查报告。表彰先进集体、优秀工会工作者、优秀工会积极分子、优秀工会财务工作者。选举产生县总工会第八届委员会委员 17 人（其中常委 7 人）、经费审查委员会委员 5 人、女职工委员会委员 5 人。夏萍当选总工会主席，左元月、吴治群当选副主席，查娅丽当选经费审查委员会主任，左元月当选女职工委员会主任。

第九次代表大会　2008 年 7 月 23—24 日，县第九次工会代表大会在县城举行。出席会议代表 189 人，特邀、列席 14 人。大会听取和审议总工会作《高举中国特色社会主义伟大旗帜　团结动员全县各族职工为完成“十一五”目标而努力奋斗》工作报告、工会财务工作报告和经费审查工作报告。选举产生县总工会第九届委员会委员 21 人（其中常委 9 人）、经费审查委员会委员 5 人、女职工委员会委员会 5 人。杨亚梅当选总工会主席，罗涛当选常务副主席，吴治群、杨贤丽当选副主席，游琴当选经费审查委员会主任，吴治群当选女职工委员会主任。

二、工会基层组织建设

1973 年，根据中共中央《关于整顿恢复工会工作》指示，景东县恢复工会工作，各基层工会相继恢复活动。1978 年 10 月 15 日，县委批转《县总工会关于整顿工会的意见》，全面开展工会组织恢复整顿工作。1980 年 6 月，省总工会批准县总工会在党政机关成立工会组织，并按《中国工会章程》规定，条件成熟一个建一个。至 1983 年，全县整顿恢复及新建工会组织 81 个，工会会员 5599 人。2002 年始，根据上级关于工会组织工作要求，全县 15 个乡镇先后建立工会联合会，并由乡镇党委副书记 1 人担任工会主席。

1987—2012 年景东县基层工会组织状况一览表

表 2-3-1　　单位：个、人

年度	基层工会	职工	会员	年度	基层工会	职工	会员
1987	81	8183	7644	2000	103	8998	8923
1988	82	8222	7694	2001	103	9006	8931
1989	84	8268	7976	2002	105	9046	8971
1990	86	8307	8210	2003	108	9202	9127
1991	88	8558	8425	2004	110	9289	9218
1992	90	8813	8756	2005	116	9849	9776
1993	93	9153	9087	2006	121	10309	10231
1994	96	9425	9312	2007	124	11789	11722
1995	97	9656	8591	2008	126	13293	13237
1996	98	9901	95606	2009	147	13905	13869
1997	98	10024	9573	2010	168	14799	14770
1998	98	10136	9605	2011	187	16798	16757
1999	101	8986	8911	2012	210	20685	20566

三、工会工作

（一）“职工之家”建设

1984 年 5 月，由县委、县总工会及相关部门组成检查验收职工之家领导小组，正式开展职工之家建设活动。1985 年 3 月，县工会第四次代表大会审议通过《关于贯彻执行全国总工会整顿工会基层组织开展建设职工之家活动试行办法》，提出 6 条验收标准。1985 年 9 月，验收工作组赴各乡镇和行业系统检查。经核准，邮电局、景东公路管理段、文井糖厂、者孟糖厂、大街煤矿、印刷厂、医药公司、贸易批发公司、农业银行、县茶厂、县小学 11 个基层工会为合格职工之家。1986 年，经检查验收，工商银行、水电局、检察院、儿童福利院等 54 个基层工会建成合格职工之家。1987—1991 年，经检查验收，龙街供销社、文龙粮管所、文井卫生院、妇幼保健站、木材公司、气象站等 19 个单位建成合格职工之家。1988 年 5 月，县第五次工会会员代表大会后，继续把整顿工会基层组织、深入开展建设职工之家活动作为工会工作重点，通过创优竞赛，把活动引向深入，并制订先进职工之家、优秀工会工作者、优秀工会积极分子评选条件。1992 年 3 月 17—19 日，召开以建设职工之家为主要内容争先创优验收交流会，有 9 个基层工会交流发言。经评选，邮政局、卫生防疫站，景东公路管理段、医药公司等单位被评为先进职工之家，25 人被评为先进优秀工作者，73 人被评为优秀工会积极分子。至 2011 年，共建设职工之家 146 家，其中，省级先进 4 家，市级先进 64 家，县级先进 86 家，县级合格 60 家。

（二）职工宣传教育

振兴中华读书活动 1984 年 2 月 27 日，县总工会发出《关于举办中华职工读书活动和知识竞赛的决定》，全县 228 个职工读书小组有职工 2286 人参与，其中，311 人参加全国竞赛，有 231 人获奖；其中，邮政局获先进集体奖，李文胜、刘之伟分别获得“优秀积极分子奖”和“优秀组织奖”。1985—1992 年，集中开展 4 次“振兴中华读书活动”，全县参与职工 7600 人。

法律知识竞赛活动 1987 年 4 月，《工人日报》和全国 29 个城市总工会发起全国职工学习法律知识竞赛活动倡议，地区工会办事处发出《关于广泛动员全区职工参加法律知识竞赛的通知》，重点学习“九法一条例”。县总工会成立领导小组，购买发出《全国法律法规选编》160 套，印发学习资料 300 多份。全县共计 117 个基层单位职工 4458 人参加，占职工总数的 51%；发放竞赛试卷 4458 份，收回 1590 份，占参赛人数 35.67%。领导小组按全国统一标准答案评卷打分，有 144 人获得表彰，县总工会获区级组织奖。

反对动乱维护稳定教育活动 1989 年，县总工会坚持正确政治方向，贯彻中共中央 12 号文件和全国总工会十一届二次执委会精神，贯彻落实江泽民讲话精神，培训基层工会主席 123 人。1990 年 7 月，召开基层工会主席会议，学习党的十二届四、五、六中全会精神，培训宣传学习骨干；同时，开展形势政策教育，组织群众性知识答题竞赛，全县共 81 个基层单位职工 3506 人参加。

《工会法》学习宣传活动 1992 年 7 月 15—17 日，举办学习《中华人民共和国工会法》骨干培训班，培训基层主席 125 人；组织职工学习《工会法》，参加人数 7680 人。

职工教育 1981 年 2 月 20 日，中共中央、国务院作出《关于加强职工教育工作的决定》，景东县成立职工教育管理委员会及办公室，配设专职干部兼任办公室主任 1 人。至 1986 年，采取各种方式为青年职工开展文化技术补课 1172 人，经检查验收，1084 人合格。1986 年，组织 1351 人参加不同类型学习培训，其中技术业务进修 855 人，毕业（或结业）593 人，并全部结束初中文化补课扫尾考试。1987 年，组织 2816 人参加不同类型学习培训，其中，岗位职务培训 1109 人，技术业务培训 1133 人，各层次文化学习 574 人。1988 年，筹办职工学校 1 所、培训中心 5 个，配备专职干部 5 人。先后举办各类培训班 21 个，参加培训 610 人；举办业余函授中专班 4 个，学员 112 人；参加大中专自学考试 310 人，获单科合格证 351 人。1975—1992 年，总工会与文化局联合举办职工美术书法摄影培训班 9 期，参加培训 320 人次。1989—1991 年，与外地缝纫师联合举办剪裁缝纫技术培训班 3 期，参加培训 91 人次。

（三）职工民主管理

参政议政　1983年1月6日，县委县政府批转关于进一步贯彻执行中共中央、国务院《关于转发〈国营工业企业职工代表大会暂行条例〉的报告》通知，工会组织参政议政和职工民主管理工作得到加强。县领导班子中有产业工人、工会代表人选。政府协调机构如企业改革领导小组、劳动保护安全委员会、儿童工作协调委员会、社会文化管理委员会等，均有工会代表参加。

建立职工代表大会制度　1983年，景东县深入贯彻《国营工业企业职工代表大会暂行条例》，公路管理段、云南省景东林业局、农业银行、林业化工厂、电信公司等单位相继建立职工代表大会或职工大会制度。在国有企业改制中，坚持和完善职工代表大会制度。1992年1月3—4日，县总工会召开职工民主管理工作评议会，参会单位22个。经评议审查，邮政局、云南省景东林业局、公路管理段、县医院、医药公司、者孟糖厂、糖烟酒公司、林业化工厂被评为职工民主管理达标单位，其中文井糖厂、县医院被评为先进单位。

签订集团合同　1996年11月6日，举行平等协商签订集体合同仪式。12个国有企业和2个集体企业党政领导、职工代表百余人参加。县委、县政府、县人大、县政协、县纪委及有关部门领导出席签订仪式。至1977年，签订集体合同单位共27个。

女职工权益　1990年6月13日，县总工会女职工委员会成立。至1993年，全县建立健全基层女职工委员会16个、女工小组28个。2011年，有女职工委员会136家，女工小组63家；累计开展女职工及妇女干部培训15期，培训人数2800人。

四、职工文体活动

文艺活动　1980—1984年，县总工会与文化馆组建城关业余剧团，机关职工20余人先后排练和演出各类剧目30多个。1985—1993年，与文化局共同组织县级机关职工举办元旦、“五一”和国庆业余文艺演出，并在四、五、六届工会会员代表大会上专场演出唱歌、舞蹈、乐奏、花灯、小品、相声等节目。1981年，景东与镇沅、景谷联合举办书画作品展，展出作品145件，其中景东参展46件，获奖9件。1982年，景东、墨江联合举办美术书法、摄影作品联展，共展出作品108件，其中景东参展53件。1984年、1989年春节，与文化局联合举办美术、书法作品展，共展出作品281件，其中职工作品170件。1985年“五一”节，与老体协联合举办职工书画展，共展出作品126件。1990年12月19—22日，自治县成立5周年之际，与文化局、青年硬笔书法协会邀请地区和地直机关硬笔书法爱好者举办“无量杯”书法大奖赛联展，共展出作品406件，经评选，获得一、二等奖和鼓励奖的参赛者分别有2人、10人和50人。

体育活动　1985年，县总工会与体委联合举办各类球赛，共有56队450人参加。1988年5月，与体委联合分别举办城区、“景川杯”（文井镇机关、者孟糖厂、文井糖厂、第四中学联赛）和“金融杯”职工篮球运动会。1993年国庆至元旦，举办县城职工甲乙丙级篮球运动会，共49支男女球队角逐。1994年5月1日，举办首届“经贸杯”篮球运动会，15支男队和11支女队参与角逐；同时，组织各单位职工开展拔河比赛，有32队参与。1994—1996年元旦和春节，分别举办篮球、陀螺、足球等群众性体育比赛。

五、工人俱乐部

1981年10月至1983年2月，建成工人俱乐部大楼1幢，钢混3层，建筑面积918.9平方米，1983年“五一”期间，俱乐部正式对外开放。1988—1993年，扩大俱乐部活动面积，完善设施。1996年底，俱乐部使用建筑面积1446.84平方米，内设歌厅、卡拉OK厅、展览厅、乒乓球室、图书报刊阅览室、象棋扑克麻将娱乐室、电子游戏室、办公室、宿舍及餐饮、服装、水果、日杂门市服务部等。还把俱乐部作为宣传阵地，利用会议、讲座、黑板报、橱窗等方式宣传党的路线方针政策，展览美术书法作品、摄影图片、邮票等，并举办节日游园、元宵灯会等活动。1984—1990 年，先后展出黑板报 75 期、墙报 19 期、图片 9 期。1984—1985 年，先后订购各类报纸书籍 349 种，职工和群众阅览 4.2 万人次。初期，俱乐部每天对外开放 4 小时；1985 年始，每天开放 5 小时，逢元旦、春节、“五一”“六一” 期间，全天开放。先后共举办象棋擂台 3 次、灯谜活动 6 次、乒乓球比赛 1 次。1991 年 3 月 1—2 日，成功举办元宵灯会联谊活动，展出各种造型彩灯 23 种，参观人数 1100 余人，通过评比，分别评出一、二、三等奖和鼓励奖 2 人、3 人、5 人和 10 人。俱乐部从建成到 1988 年，由县总工会统一管理。1989—1990 年，实行经营承包，但承包中片面注重经济效益，忽略社会效益，职工反响较大。经整改，仍由总工会统收统支管理。2003 年，因人民广场扩建，俱乐部拆除。

六、帮扶救助

送温暖活动 2004 年前，困难职工救助由基层工会视本单位条件而定。1990 年，67 个基层工会救助 117 人，共 0.96 万元；1991 年，35 个基层工会救助 156 人，共 0.89 万元；1992 年，29 个基层工会救助 228 人，共 1.80 万元。2004 年后，县总工会设置困难职工帮扶中心，帮扶全县困难职工。2009 年，帮扶 364 人，共 12 万元，其中，生活救助 335 人 9.05 万元，助学救助 29 人 2.95 万元；2010 年，帮扶 322 人，共 18.46 万元，其中，生活救助 268 人 12.36 万元，助学救助 31 人 3.4 万元，医疗救助 23 人 2.7 万元；2011 年，帮扶 763 人，共 31.39 万元，其中，生活救助 711 人 26.63 万元，助学救助 19 人 1.93 元，医疗救助 33 人 2.83 万元。2011 年，全县困难职工列入全国总工会帮扶 442 人。

职工医疗互助活动 2004 年 7 月 1 日起，本着自愿原则，在职职工和退休人员均可参加城镇职工基本医疗保险和大病补充医疗保险。每期互助活动期限 1 年。

景东县职工医疗互助活动统计表

表 2-3-2

期次	参加单位（个）	参加人员（人）	收缴金额（万元）	补助人次（人次）	补助金额（万元）
第一期（2004.7.1—2005.6.30）	134	9214	66.34	637	34.51
第二期（2005.7.1—2006.6.30）	135	8854	47.54	566	23.16
第三期（2006.7.1—2007.6.30）	128	7833	40.86	642	29.67
第四期（2007.7.1—2008.6.30）	136	9261	49.64	814	37.86
第五期（2008.7.1—2009.6.30）	156	10822	57.44	1012	45.47
第六期（2009.7.1—2010.6.30）	172	11351	58.70	1217	57.74
第七期（2010.4.1—2011.6.30）	170	11405	92.51	1405	61.99
第八期（2011.7.1—2012.6.30）	174	1073	139.15	2010	88.92

贷免扶补 2009 年始，景东县开始实施贷免扶补政策，即由上级下达指标，在下岗失业工人、退伍军人、大学生就业和农民工会会员中考察，按条件享受国家贴息贷款政策，期限 2 年，贷款 6 个月后分期归还。2009 年，贷免扶补 5 人，金额 25 万元；2010 年，贷免扶补 10 人，金额 50 万元；2011 年，贷免扶补 10 人，金额 7 万元。

七、机构

根据县政府办《关于印发景东彝族自治县总工会职能配置、内设机构和人员编制方案的通知》，县总工会机关内设置综合办公室，下设工人俱乐部。

第二节 共青团

一、县共青团代表大会

第八次团代会 1980年7月29日至8月1日，共青团景东县第八次代表大会在县城召开。出席大会代表351人，特邀代表5人，其中，女代表83人，团干部代表156人，科技代表3人，少数民族代表156人。县委副书记方荣昌到会讲话，张百如作《全县团员、青年动员起来，争当新长征实击队》工作报告。《报告》号召全县团员、青年要以“四化”建设为己任，以国家繁荣昌盛为己任，承担起建设“四化”重任，完成县第四次党代会提出的1985年实现“五个一”目标。大会向全县团员、青年发出“跟上时代步伐，沿着正确路线奋勇前进的倡仪书”。会议选举产生共青团景东县第八届委员会委员27人，其中常务委员7人。张百如当选书记，吴显富、田仕发（哈尼族）当选副书记。

第九次团代会 1985年5月6—9日，共青团景东县第九次代表大会在县城召开。出席大会代表250人，另有省属单位、驻景东部队以及对越自卫还击作战中“两山”烈士亲属等特邀代表。会议听取《共青团第八届委员会工作报告》，报告总结上届团代会后青年工作成绩和经验，提出青年工作任务，动员和团结全县各族青年奋发自强，为加速景东经济建设，更好地服从和服务于社会主义经济建设。大会选举产生共青团景东县第九届委员会委员25人，其中常务委员7人。黄霞当选书记，纪纳、杨志新当选副书记。

第十次团代会 1988年9月12—15日，共青团景东县第十次代表大会在县城召开。出席会议代表240人，列席215人。会议听取黄霞作《第九届团县委工作报告》，提出共青团工作任务，号召全县共青团员和各族青年，更加紧密地团结在党中央周围，在建设家乡的伟大实践中，为振兴景东经济再创新的业绩。会议表彰和奖励致富能手9人、先进青年工作者6人、优秀少先队辅导员9人、“蜜蜂小队”竞赛优胜队17个。大会选举产生共青团景东县第十届委员会委员21人，其中常务委员7人。黄霞当选书记，朱朝平当选副书记。

第十一次团代会 1993年5月2—4日，共青团景东县第十一次代表大会在县人民会堂召开，出席会议代表257人，列席249人。大会听取和审议魏启彪代表上届团委作《以经济建设为中心，以改革为动力，团结带领全县团员青年为建设景东建功育人》工作报告。表彰奖励先进集体和个人。选举产生共青团景东县第十一届委员会委员21人，其中常务委员7人。魏启彪当选书记，李璟当选副书记。

第十二次团代会 1998年5月5—8日，共青团景东县第十二次代表大会在县人民会堂召开。出席会议代表241人，列席205人。谢伟到会作《紧跟党开创未来》讲话。李璟代表上届团委作《高举伟大旗帜，为实现跨世纪宏伟目标而努力奋斗》工作报告。大会选举产生共青团景东县第十二届委员会委员21人，其中常务委员7人。李璟当选书记，蔡志当选副书记。

第十三次团代会 2003年8月7—8日，共青团景东县第十三次代表大会在县人民会堂召开。出席会议代表241人，列席223人。饶明勇到会作《牢记使命，勇于开拓创新，为景东全面建设小康社会而努力奋斗》讲话。蔡志代表上届团委作《高举旗帜跟党走，与时俱进创未来》工作报告。会议命名和表彰全县青年致富能手、青年先进工作者、优秀少先队辅导员。大会选举产生共青团景东县第十三届委员会委员21人，其中常务委员7人。蔡志当选书记，杨亚梅当选副书记。

第十四次团代会 2008年7月24—26日，共青团景东县第十四次代表大会在县人民会堂召开。出席会议代表234人，列席215人。董世尧到会讲话，张天梅代表上届团委作工作报告，团市委派出指导组到会作指导。在本次团代会上，县委县政府作出表彰决定，表彰共青团十三届委员会“五四红旗团委”“五四红旗团支部”、优秀团干部、优秀团员、优秀少先队辅导员、优秀少先队员等先进集体和个人。在闭幕大会上，张世清对新一届团县委工作提出4点希望：(1) 要始终坚持用科学理论武装教育青年；(2) 要始终竭诚为广大青年服务；(3) 要始终坚持奉献于社会；(4) 要始终坚持加强团的自身建设。大会选举产生共青团景东县第十四届委员会委员21人，其中常务委员7人。张永磊当选书记，余婷婷、查丕文当选副书记。

二、基层团组织

1978年后，景东团县委贯彻中共十一届三中全会和团中央第十次代表大会精神，拨乱反正，在全县开展整团整风，加强基层团组织的自身建设，按照《中国共产主义青年团章程》，有组织有计划地发展新团员，同时办理超龄团员离团手续。在团基层组织建设上仍以公社和中学为单位建立团委，生产大队建立团总支或团支部，县直机关、企事业单位根据团员的数量分别建立团总支或团支部。1984年后，基层团组织与区乡镇体制改革同步换届，并开展适合于青少年特点的宣传教育和文化体育活动。2001年，县委发出《关于进一步加强基层“党建带团建”工作的意见》。主要内容：充分认识加强基层“党建带团建”工作重要性和紧迫性，明确新形势下加强“党建带团建”工作指导思想和目标任务。通过“党建带团建”工作，切实加强团的各项建设，并建立“党建带团建”联运机制。2002年10月，县委组织部、县委宣传部、县委党校、团县委联合举办为期3天的基层团干部培训班。各乡镇、县直机关、企事业单位、县属五所中学、县民族中学、县职业中学、县小学等单位基层团干部参加培训，赵昌能作动员讲话。2009年后，团县委积极探索在“两新”(新经济组织、新社会组织)组织中建团。通过抓重点、分阶段、分步实施，实现规模以上非公企业、新社会组织团建全覆盖。通过移动网络成功创办“异乡青年手机报和景东共青团网站”，促进共青团组织横向互动、纵向联动团情动态信息快递，全面活跃基层团组织建设工作。2011年，团县委积极开展乡镇团组织格局创新工作，乡镇团委成员从91人增加到194人。团委书记和副书记素质明显提高，团委成员职业分布更加合理，联系青年渠道大大拓宽。同时，团县委与基层团委签订目标管理责任书，层层抓落实。至年底，全县共有586个基层单位建立团组织，基层团组织覆盖各行各业，其中，基层团委20个，基层团总支42个，基层团支部461个，非公企业建立团组织63个。

三、主要活动

中共十一届三中全会后，团县委广泛组织团员青年学习党的路线、方针、政策及团的基本知识，不断加强团的自身建设。在校园内，通过入团、入队宣誓、升国旗唱国歌、诗歌朗颂、歌咏比赛等活动，对青少年进行共产主义、爱国主义、社会主义教育。在生产、工作岗位，组织团员青年投身于全县经济社会建设，开创一流成绩、优质服务，做好本职工作，号召学雷锋、送温暖、做合格团员，争做“四有新人”，并有针对性地开展希望工程，青年文明号、青年志愿者服务等活动，适时地把团员青年旺盛的精力吸引到社会主义现代化建设事业上来。

希望工程　1994年，开始实施希望工程，得到社会各界和广大群众支持，收到捐款6.28万元，成为云南省筹资最多的县市之一，被列为云南省实施希望工程布点县。1995年，团省委、省建设银行分配景东爱心储蓄任务100万元。9月7日，县委县政府召开县级机关领导参加爱心储蓄动员大会，唐燕娜作动员讲话，县建设银行行长、县团委负责人分别介绍爱心储蓄有关事项。会议结束后，收到储蓄款1.55万元。爱心储蓄存款余额89.04万元。2003年，团县委协调有关部门举办“爱心成就未来”义演晚会，所得收入全部捐赠给希望工作；又与县教育局配合，通过“白玉兰远程教育网”在职业中学举办3期“希望小学教师业务培训班”，参加培训1500多人。2005年，开展“义乌爱心公社”书包漂流捐赠活动，向省青基会争取“义乌爱心公社”爱心书包300个，分别捐赠给安定、锦屏、景福贫困小学生。2009年，县境内出现罕见干旱，团县委筹措资金为景福乡勐片村完小援建“共青团希望水渠”1条，为全校师生300余人及村委会周边村民解决饮水困难。2011年，开展“希望心”生命救助活动。团县委与爱佑华夏慈善基金会多方争取，救助县内贫困家庭先天性心脏病患儿15人，帮助他们实施康复手术，每个家庭得到2万~4万元手术费救助。全县希望工程实施后，团县委共筹集资金92万元，用于资助中、小学生2056人次，资助特困大学生圆大学梦218人，援建希望小学1所，帮助贫困家庭子女完成学业。

创建青年文明号　1994年，首次开展创建青年文明号活动。团县委组织乡镇团委，结合乡镇产业特点，与县农业局、畜牧局、烟草局、林业局、工商局等部门联合开展“建设新农村，团旗在飘扬”主题活动，举办培训班，培训农业、林业科技、饭店礼仪、经营管理等知识；同宣传、工会、妇联、文体、旅游、广播电视等部门联合举办首届“银生春韵·彝乡女星”选拔大赛，促进全县旅游经济和民族文化建设快速发展；与县总工会联合举办健美操学习培训，丰富城区业余文化生活。1998年，团县委、县委宣传部、县精神文明办联合举办首届“景东十大杰出青年”评选活动，10位青年被评为“首届景东十大杰出青年农民”，还评出“行业五星青年”5人，获县委县政府表彰奖励。2009年春节，组织县财政局、工商局、林业局、供电公司、人民医院、中医院、花蕾童装等青年文明号单位和企业，开展“青春温暖银生城，真情助困进社区”活动，分别到锦屏镇龙泉、玉屏、御笔3个社区为26户社区困难居民子女“送一本书、添一件新衣”，送去价值6000元的年货。至2011年，全县4个单位获得“省级青年文明号”称号，13个单位获得“市级青年文明号”称号，58个单位获得“县级青年文明号”称号。

青年志愿者活动　1989年，团县委发出“学雷锋、学英模、见行动”号召，景东一中团委率先付诸行动。校团委组织由书记带队，各班团支部轮流值勤，每周星期日上街义务劳动。6年累计活动200次，为街人理发1万人次，负责送开水2.6万人次，为群众代写书信0.5万封，为自行车、摩托车加气0.22万人次。1993年3月，团县委发出《关于开展青年志愿者学雷锋奉献活动的通知》和《学习英雄徐洪刚的通知》，提出每年3月5日为“青年志愿者服务日”倡议。景东一中团委组织团员242人到汽车站打扫环境卫生，工商银行团支部上街为民服务，在农村组织青年志愿者服务队26个2334人，帮助贫困户做农活、砍柴、挑水、打扫卫生，受益农户246户。同年10月，全县广泛开展“情系园丁”志愿者服务活动，参加人员1600余人，受服务教师300余人，并张贴宣传标语500余幅，受到群众赞扬。2006年12月，团市委、团县委组织青年志愿者到景东监狱开展“和谐社会、和谐青年、和谐行动、爱心促和谐”主题系列活动，有青年志愿者9人与服刑人员结成帮教对子。2008年5月12日，四川汶川发生特大地震，全县青年志愿者积极参与抗震救灾筹资活动，举办“灾害无情、人间有爱”赈灾义演晚会，“情系灾区儿童，扬起希望风帆”爱心义卖捐赠活动。2003年中国昆明国际旅游节思茅分会场暨景东县文化节、2005年自治县成立20周年、2007年“茶马古道·走向西藏”国际公益助学行动

开展帮教活动（县文联　提供）

及“银生古城首届茶原料交易会期间，县城机关、学校、社区数百名青年志愿者踊跃参与各项服务工作。2007 年，首次招募大学生志愿者，实施大学生志愿服务西部计划，当年招募国家项目志愿者 1 人，地方项目志愿者 20 人。2011 年，争取国家项目志愿者 3 人，招募地方项目志愿者 36 人，在县内开展支教、支医、支农服务。至 2011 年，全县注册登记志愿者 4360 人（包括各中小学、各乡镇志愿者），在扶贫济困、抢险救灾、禁毒防艾、交通安全及其他县内重大活动中发挥生力军和突击队作用。

青年创业工作　2009 年后，以服务青年就业创业为重点，帮助青年转变就业观念，培养青年就业创业技能。围绕全县支柱产业烤烟、蚕桑、核桃等举办青年技术培训班 232 期，帮助在家务农青年学会至少一门生产技术，并在漫湾镇建立核桃产业青年培训基地 1 个。在创业中，利用国家贷免扶补政策，争取青年创业小额贷款资金 2207 万元，扶持创业青年 417 人。2011 年，完成小额担保贷款 60 户，贷免扶补 25 户，共发放创业贷款 536 万元，带动青年团员 267 人创业就业。还分别在嘉辉汽车服务有限公司和天瑞林业有限公司两家私营企业建立见习基地，及时获取见习信息，帮助见习人员上岗。

四、少先队工作

1953 年 5 月，思茅团地工委发出《关于积极做好少先队组织发展的意见》。县团工委先后在县城中、小学和区完小建立少先队，并不断壮大少先队组织，开展各种有益于少年儿童身心健康的文化体育活动。“文化大革命”开始后，少先队停止活动，各学校普遍建立“红卫兵”“红小兵”组织。1973 年 8 月，根据中共中央要求，团地委和地区教育局提出《关于整顿健全和建立红卫兵、红小兵组织的意见》，各中小学仍以红卫兵、红小兵组织开展校内外活动。1978 年，团省委通知撤销红卫兵、红小兵组织，恢复少先队。1982 年，团县委配合县教育部门召开各中心学校辅导员会议，加强对少先队工作领导，要求各级团组织发扬“全团带队”精神，坚持“把全体少年儿童组织起来”方针，在校内外广泛开展学雷锋、学赖宁、“五讲四美”宣传教育活动，对少年儿童进行社会主义、爱国主义思想品德教育。少先队活动日，在辅导员带领下，帮助“五保户”、军烈属家庭打扫卫生、砍柴、挑水等劳动。1992 年，县级成立妇女儿童工作委员会，分别由县委县政府领导担任工委主任、副主任，成员单位有共青团、妇联、工会、教育、文化体育等相关部门，每年都要召开会议，讨论妇女、少儿工作。特别是一年一度的六一儿童节，全县各中小学校都以不同形式举办庆祝活动。县妇女儿童工委组成慰问组，县四班子领导参加，分别到儿童院，县幼儿院、镇幼儿院、县小慰问。所到之处，同儿童们开庆祝会，观看儿童组织的各类活动。同时还重点慰问孤儿残疾儿童和经济收入偏低家庭儿童。县级各扶贫挂钩联系单位以及部分个体经济知名人士，在六一儿童节前夕为儿童们送去学习文具用品及食品，同儿童一起就餐。各乡镇党委政府也在当地中心校园组织庆祝活动。2003 年，团市委为全县生源比较集中的 20 所农村小学发放鼓号队演奏乐器 20 套，加强农村少先队组织建设，激发少先队组织活力。2011 年，全县共有少先队员 2.4 万人，基层少先大队 148 个，中队 1400 个，少先队辅导员配备率 100%，少先队建队率 100%。

五、机构

1950 年 2 月，景东县开始建团工作，在机关中发展团员，随即在农村中逐步发展团员，开展团的活动。1952 年 4 月，正式建立中国新民主主义青年团景东县工作委员会（简称团县工委）。1953 年 6 月，召开青年团景东县第一次代表大会，团县工委改称为中国新民主主义青年团景东县委员会（简称团县委）。1957 年 7 月，召开第三次县团代会，根据青年团全国第三次代表大会关于更改青年团名称的决议，将新民主主义青年团景东县委员会改称为中国共产主义青年团景东县委员会。“文化大革命”开始后，中止青年团活动。1972 年 11 月，中共景东县委决定恢复共青团组织，并于 1973 年 7 月召开第七次团代会，选举产生共青团景东县委员会。2011 年，创办“彝乡青年手机报”，创建“景东共青团”网站。全县 14~28 周岁青年 5.84 万人，团员 1.91 万人，团青比例 33%。内设办公室，希望工程办、少工委办。

第三节　妇　联

一、妇女代表大会

第四次代表大会　1979 年 12 月 21—25 日，县第四次妇女代表大会在县城召开，出席会议代表 562 人。大会听取和审议罗桂莲代表第三届执行委员会作工作报告。表彰三八红旗集体 30 个，三八红旗手 217 人，妇女先进集体 27 个，先进个人 332 人。选举产生第四届妇女联合会执行委员 41 人，其中常委 11 人。罗桂莲当选主任，杨桂英、罗家凤当选副主任。

第五次代表大会　1984 年 12 月 1—5 日，县第五次妇女代表大会在县城召开，出席会议代表 353 人。会议听取和审议杨桂英代表第四届执行委员会作工作报告，表彰三八红旗手 182 人、三八红旗手先进集体 9 个、“五好家庭” 178 户。选举产生第五届妇女联合会执行委员 27 人，其中常委 7 人。杨桂英当选主任，李进萍当选副主任。

第六次代表大会　1988 年 12 月 6—9 日，县第六次妇女代表大会在县城召开，出席会议代表 233 人。大会听取和审议杨桂英代表第五届执行委员会作工作报告。表彰奖励致富能手 5 人、三八红旗手 16 人、三八红旗集体 1 个、“五好家庭” 22 户、先进妇女工作者 5 人。选举产生第六届妇女联合会执行委员 19 人，其中常委 7 人。孔广群当选主任，李进萍、王建华当选副主任。

第七次代表大会　1993 年 5 月 6—8 日，县第七次妇女代表大会在县城召开，出席会议代表 213 人。大会听取和审议孔广群代表第六届执行委员会作工作报告。表彰奖励“双学双比”竞赛活动先进能手 44 人、“双学双比”竞赛活动先进协调组织 11 个、“双学双比”竞赛活动先进协调组织户 284 户、优秀妇女干部 33 人、五好家庭 284 户，好丈夫 168 人、好婆婆 123 人、好媳妇 174 人、先进工作者 9 人。选举产生县第七届妇女联合会执行委员 19 人，其中常委 7 人。孔广群当选主任，王建华、王桂芬当选副主任。

第八次代表大会　1998 年 6 月 16—18 日，县第八次妇女代表大会在县城召开，出席会议代表 208 人。大会听取和审议县妇联李红代表第七届执行委员会作工作报告。选举产生第九届妇女联合会委员 23 人，其中常委 9 人。李红当选主席，李有兰、陈菊艳当选副主席。

第九次代表大会　2003 年 7 月 23—25 日，县第九次妇女代表大会在县城召开，出席会议代表 236 人。大会听取和审议李红代表第八届执行委员会作工作报告。选举产生第九届妇女联合会委员 23 人，其中常委 9 人。李红当选主席，李有兰、陈菊艳当选副主席。

第十次代表大会　2008 年 7 月 20—22 日，县第十次妇女代表大会在县城召开，出席会议代表 236 人。大会听取和审议李力代表第九届执行委员会作工作报告。选举产生第十一届妇女联合会执行委员 23 人，其中常委 9 人，李力当选主席，杨迎春、吴红当选副主席。

二、维护妇女儿童合法权益

打击拐卖妇女儿童犯罪活动　1985 年，县委县政府发出《关于坚决打击诱骗拐卖妇女儿童违法犯罪活动的通知》。《通知》要求：(1) 坚决打击贩子拐卖妇女儿童犯罪行为，查清事实后，依法严惩。(2) 对诱骗强迫妇女，特别是少女成婚的要依法从严处理，对被迫者给予解救。(3) 拐卖已婚妇女，破坏夫妻关系；已婚妇女虽非拐卖但主动遗弃子女、原夫与他人同居的，依法追究重婚罪。

（4）给诱骗拐卖人充当牵线人，索取介绍费的，没收其收入，情节严重的给予罚款或党纪政纪处分。据1986年公安局报告：1981年始，全县外出妇女儿童2818人，其中，14岁以下被拐骗1人，已婚妇女241人，15岁以上未婚青年2362人，母亲带走小孩241人。县委及时做出批示，要求各级党委政府高度重视，采取有力措施，坚决打击诱骗、拐卖妇女儿童犯罪活动。县公安局先后派出干警15人分别到安徽、山东等7个省24个县市进行调查和解救。

完善妇女儿童工作机制 1990年7月，县委发出《关于贯彻中共中央关于加强和改善党对工会、共青团、妇联工作领导的通知》，要求各级党组织支持工会、共青团、妇联开展适合职工、青年、妇女、儿童特点的有益活动，不要随意抽调工青妇干部从事与其职责不相干工作，党政机关、事业单位可建立妇委会；10月始，由县乡村分级对村团支部书记、妇女主任、民兵、治保干部给予适当职务补贴。2000年10月，由县妇联，县司法局联合成立妇女法律援助联络站，共建148咨询服务热线，开通12338妇女维权咨询热线电话，成立妇女法律维权服务员点17个。先后接待来信来访1058件。2001年，县政府制定《2001—2010年妇女发展规划》和《2001—2010年儿童发展规划》（简称“两规”），确立妇女儿童工作目标，强化政府对妇女儿童工作主体地位，推进妇女儿童事业健康发展。2006年3月3日、2009年1月7日，县妇联九届、十届二次执委（扩大）上，与全县各乡镇妇联分别签订“妇女工作目标管理责任书”。在妇女健康保障上，建立和健全妇女保障服务网络，县乡设有专职妇幼保健医生，村委会配有卫生员，接生员，妇女儿童保健受益率不断上升，妇女儿童常见病得到控制和有效治疗。新法接生率逐年提高，孕产妇和婴儿死亡率不断下降，妇女常见病普查得到加强。2003年后，邀请省内外专家为妇女举办女性健康和生殖保健知识培训9期1200余人，配合计生部门为7万余名妇女进行乳腺病和生殖健康检查。每年六一儿童节来临，县妇女儿童工作委员会都要安排活动事项。县班子领导及工作委员会成员单位分组到县级中、小学、幼儿园、儿童院进行慰问。县级机关各单位，也派员到扶贫挂钩单位学校，送去节日慰问品，与当地儿童欢庆节日。

宣传活动 依托“两规”实施，利用三八妇女节和六一儿童节，开展群众喜闻乐见、寓教于乐的文体和法律宣传教育活动、三八维权周宣传活动，宣传《中华人民共和国妇女权益保障法》《中华人民共和国未成年人保护法》《女职工劳动保护特别规定》《中华人民共和国劳动法》《中华人民共和国婚姻法》《中国妇女发展规划纲要》《中国儿童发展规划纲要》等法律法规及“禁毒防艾”预防知识，遏制拐卖妇女儿童犯罪行为，配合有关部门开展“拒绝毒品、抗击防艾、保护国家、共创平安”“不让黄赌毒进我家”等活动。2003年后，各级妇联组织协调有关部门先后举办法律骨干培训班195期2万余人，开展法制宣传教育65场，出版报48期，咨询服务3820人（次），接受宣传教育人员达4万余人，并发放禁毒、禁赌宣传教育手册、预防艾滋病等宣传资料2.4万份，印发《中华人民共和国妇女权益保障法》宣传单2万份，平安和谐家庭创建活动宣传单2万份。2005年6月22日，禁毒办、妇联、工会、团县委在体育馆举办主题“关爱生命、拒绝毒品”万人签名活动。

“三八”维权周宣传（李世华 摄）

三八妇女节庆活动 1996年三八妇女节85周年之际，县级各单位排练文艺节目30多个，表演3场

三八妇女节游园活动（周德翰　摄）

（次），组织25个代表队参加城区“三八”杯篮球运动会，电视台播放有关妇女采风系列报道9组，展出图片130多幅，反映景东妇女精神风貌。2004年三八妇女节，城区男女老幼2万余人身着民族盛装，云集在孔雀山森林公园凌云塔广场，参加县妇联、总工会等单位举办猜谜语、拔河、登高比赛，和文体局承办森林公园建设一期工程竣工典礼文艺演出，团县委组织青年志愿者为游客送水、捡垃圾，宣传部及农、林、卫生、科技等部门组织专家讲座，让游客咨询农、林、畜牧、卫生、美容等知识，印发科普宣传资料800余份，展出各类宣传图片200余幅。2006年三八妇女节，组织人员身着节日盛装，载歌载舞，县医院组织医务人员20人为群众义诊800余人次，群众无偿献血5人。2009年三八妇女节，组织锦屏镇妇联和3个社区在体育馆开展12个娱乐项目游园活动，万名妇女群众参与自己喜欢的项目，分享节日快乐；是晚，举办“庆三八，唱响祖国颂”文艺晚会，城区部分单位、学校、农民艺术团参加演出。

三、妇女干部教育与培养

1991年1月14—19日，在县委党校举办全县妇女干部培训班，各乡镇村（办）妇女干部170余人参加。县委领导、地区妇联及县委党校、县科委、县计生委等部门负责人，讲授党的基本路线及妇女运动史、妇女工作、计划生育、妇幼保健和科学饲养等科教知识。2002年7月2—5日，举办妇女干部培训班，邀请省工青妇干校研究妇女工作专家到培训班授课。2003年后，先后选派妇女干部68人参加上级妇联组织的各类培训；在县委党校举办妇女干部培训班4期366人次，各乡镇妇联举办妇女干部培训班65期，妇联干部受训率90%以上。2011年，编发《妇女工作手册》到各基层妇女组织3000册。1998年后，县委下发《关于进一步做好培训选拔妇女干部、发展女党员工作实施意见》，为培养妇女干部创造良好环境。县妇联积极配合组织部门加大妇女干部培养力度，并建立全县妇女人才库。2011年末，全县各类干部6298人，其中妇女2368人。县四班子配设妇女干部各1人，有副科级以上妇女领导干部95人，其中正科级25人；167个村进入村两委班子妇女176人，其中，支书6人，主任6人，副主任17人；4个社区女干部配备率100%。历届县人大代表、县政协委员妇女占20%以上。

四、创建活动

第四届妇代会后，以“党政所急，妇女所需，妇联所能”为工作切入点和着力点，围绕中心、服务大局，坚持一手抓发展，一手抓维权，抓好“双学双比”“巾帼建功”“五好文明家庭”“双合格”四大主体活动，团结动员广大妇女投入全面建设小康社会，在构建社会主义和谐社会实践中建功立业。2003—2009年，县委县政府共表彰“巾帼建功”先进集体15个、“双学双比”先进集体16个、“文明岗”27个、“双学双比”先进个人160人、“巾帼建功”先进个人178人、“五好文明户”163户、优秀妇女干部20人、先进妇女工作者5人。

“双学双比”“巾帼建功”创建活动 1989年，按照全国、省地区妇联要求，在全县农村各族妇女中开展“双学双比”（学文化、学技术、比成绩、比贡献）活动，使妇女在确立联产承包责任制、建立社会主义市场经济体制、调整产业结构、科技兴农等农村经济发展活动中发挥作用。还利用创建“妇”字号经济实体，“妇女之家”（妇女学校）和树立“科技示范户”推进农业科技，在农村妇女中逐步确立“科学技术是第一生产力”观念。1990年后，全县共举办各种实用科技班4125期，受训妇女13.5万人次，有7万多妇女掌握1~2门实用技术，有5.6万户成为科技示范户，有5万多妇女运用科学技术走上致富路，成为当地专业户、重点户、示范户、女能手。1991年始，按照全国妇联下发《关于在城镇妇女中开展做“四有”女性，为“八五”计划建功活动的联合通知》，全县城区及乡镇机关事业单位妇女组织，在本单位、本行业组织妇女投入巾帼建功活动。城镇妇女立足岗位，学文化、学科技，开展创业、技能竞赛活动。并以巾帼创业为主题配合有关部门对下岗失业妇女进行再就业及创业培训，使广大妇女职工转变择业观念，更加自觉地加强理论学习和业务培训、学历培训、岗位练兵、岗位建功、岗位成才。在窗口企业服务单位创建“巾帼文明示范岗”，创一流业绩，开展优秀服务，提升业务管理水平，展现新时代妇女形象。1995年3月8日，县委县政府在人民会堂召开纪念“三八”国际妇女节85周年妇女暨表彰会，县级机关单位负责人、妇女干部职工1000人参加大会，首次表彰吴美英等14人为“双学双比”“巾帼建功”优秀妇女干部，唐燕娜等11人为重视妇女工作先进个人称号；表彰14个“双学双比”“巾帼建功”协调小组为“先进协调组织”；县委办、县政府办等15个单位为“先进协调单位”称号。2004年4月，县妇联配合有关部门在人民会堂组织景东首届“银生春韵、彝乡女星”选技大赛。参加角逐38人，获奖15人。

“五好文明家庭”创建活动 1982年始，开展“五好家庭”创建活动。同年12月30日至次年1月2日，县委县政府召开全县“五好家庭”代表大会，出席会议代表156人。会议总结交流开展“五好家庭”活动经验，讨论制订深入持久开展“五好家庭”活动措施。全县评出和表彰“五好家庭”685户。与会代表向全县干部、职工、农村社员发出倡议书。1996年，中共中央作出《关于加强社会主义精神文明建设若干问题的决议》。全县妇联组织积极开展“五好文明家庭”“平安家庭”“和谐家庭”“十星级文明户”创建活动，大力提倡尊老爱幼、男女平等、夫妻和睦、勤俭持家、邻里团结的家庭美德。至2011年底，创建“平安和谐家庭”7689户，先进“平安和谐家庭”6570户，覆盖64个单位和13个乡镇。省级命名优秀“平安家庭”示范区1个、“平安家庭”示范户3户；市级命名“平安家庭”示范区（村）5个，“平安家庭”创建示范户10户；县级优秀“平安家庭”示范乡1个、优秀“平安家庭”示范村（社）3个、优秀“平安家庭”示范户50户。景东县被命名为普洱市“平安家庭”活动创建示范县。同时，开展“五好文明家庭’创建活动，创建率95%以上，被评为省级“五好文明家庭”3户、市级“五好文明家庭”8户。县妇联被省妇联评为2004年度“五好文明家庭”建设先进单位。在广大农村，还开展“三美”（美化村容村貌、美化家庭环境、美化个人形象），“十比”（比谁家居室美、比谁家庭院净、比谁家守法、比谁家最勤劳、比谁家子女成才、比谁家孩子孝敬、比谁家邻里好、比谁家计生好、比谁家致富快、比谁家最稳定）活动。

“双合格”实践 2004年10月起，开展以“为国教子、以德育人”为主题、“争取做合格家长，培养合格人才”为核心“双合格”家庭教育。县妇联、县教育局联合制订出《景东家庭教育工作“十一五”规划》，构筑家庭教育、学校教育、社会教育三位一体教育网络。先后邀请省家庭教育专家、省家庭教育研究会会员、北京家庭教育高级讲师为城区幼儿园和中小学家长举办讲座8场，接受教育7400余人。在县报开辟《家庭教育》栏目，引导广大家长树立正确教子观，引导广大家庭成员多读书、爱学习、争做学习型家庭。开展以“为国教子”以德育人，争做合格家长，培养合格人才为主题的读书活动和“大手拉小手”，奥运知识、环保知识竞赛活动。表彰“双合格”家长270人、“合格小公民”290人，获省级“合格小公民”1人。2010年，县小学和民族小学被命名为“省级家

长示范学校”。

姐妹共建新农村活动 2007年4月25日，县委县政府召开“城乡姐妹共建新农村”动员大会。城乡姐妹共建新农村，是统筹城乡发展，实现城乡妇女发展工作的有效对接。会上，县农业局、地税局等10个“巾帼文明岗”与10个新农村示范村委会签订协议书。成立有关部门、企业、个体民营企业组成“巾帼志愿服务队”，开展“岗村联动”“村企联手”等活动。“巾帼志愿服务队”为14个新农村建设示范村开展种养殖技术培训和妇幼保健培训50期5600人次。各级妇联组织开展“妇女创业就业援助服务”，争取循环资金26万元，带动农村妇女发展种养业10人，增加经济收入；利用“贷免扶补”政策，421户贷款2757万元，705户“小额担保”贷款4272万元，实现失业妇女、农村女科技示范户、女大学生创业1126人，提供闲散劳动力就业6000余人；争取项目资金30万元，在文井镇文窝村龙洞组和锦屏镇利月村、温卜村建造“母亲沼气”200口；争取资金5000元，在锦屏镇新民村实施核桃基地项目建设；配合劳动部门劳务输出女性4312人，占总输出人数35.3%。2011年，为花山秀龙村挂钩扶贫点争取项目资金建盖村委会办公楼和党员活动室，修缮街道和村公路，实施农网改造。

景东县“城乡姐妹共建新农村”动员大会暨启动仪式（周德翰 摄）

创建“妇女之家”（妇女学校） 2011年，依托村社办公环境和设施建设，实现“妇女之家”建设挂牌全覆盖。其中，省级“妇女之家”3个，市级“妇女之家”3个。

五、机构

1952年12月，景东县民主妇女联合会成立。1954年11月，召开第一届民主妇女代表大会。1957年11月，根据全国妇女联合会指示精神，改称县妇女联合会。“文化大革命”期间，县妇联组织陷入瘫痪。1973年初，经县委决定，恢复妇女联合会组织。同年5月26—27日，县第三次妇女代表大会在县城召开，选举产生县妇女联合会第三届委员会。全县15个公社（镇）相继恢复妇联组织，设置专职妇联主任1人，166个大队设置兼职妇女主任。1984年，体制改革。全县15个区镇设立妇女联合会，166个乡建立妇女委员会。1988年，改区为乡，改乡为村公所，妇女组织名称随之改变。2011年，全县有乡镇妇女联合会13个，村社妇女委员会170个，妇代小组2345个，84个县级机关、事业单位和35个厂矿企业分别成立妇女委员会或女工小组。

第四节 工商联

一、工商业联合会代表大会

第三届第一次代表会议 1995年6月29—30日，县工商业联合会三届一次会员代表大会在县城召开，出席会议代表144人，县四班子领导出席会议。会议宣布恢复成立第三届工商业联合会，一个部门，两块牌子。地区工商联筹备组负责人徐家骥及徐明良、唐燕娜分别作讲话。会议讨论加快全县非公有制经济发展问题，审议通过工商联筹备组《筹备工作报告》。选举第三届执行委员会委员 14 人。杨国钦当选会长，选举副会长 3 人（其中兼职 2 人）。

1997 年 7 月 6—7 日，召开第三届二次执委会议，会议选举产生执委 15 人，杨恒兴当选会长。

第四届第一次代表会议　2000 年 7 月 11—12 日，县工商业联合会第四届会员代表大会在政府小礼堂举行，出席会议代表 93 人，特邀 52 人。谢伟出席会议并作讲话，杨恒兴代表第三届执委会作《开拓进取，务实创新，努力开创工商联合会工作新局面》工作报告，选举第四届执行委员会。杨恒兴当选会长，选举副会长 6 人（其中兼职 5 人），秘书长由副会长李建军兼任。

第五届第一次代表会议　2002 年 7 月 18—19 日，县工商联业合会（商会）第五届会员代表大会在县城召开。大会讨论通过《景东县个体私营经济协会章程》，表彰个体私营经济业主 30 户。选举产生第五届工商联执行委员会委员 17 人。熊文祥当选会长，副会长 6 人（其中兼职 5 人），副会长兼秘书长李建军。2003 年 9 月 8—9 日，召开五届二次执委会议。会议选举张善伟为会长。2007 年 3 月 12—13 日，召开五届三次执委会议。熊文祥当选会长。2011 年 3 月 17 日，召开五届四次执委会议。会议组织学习《中共中央、国务院关于加强和改进新形势下工商联工作的意见》；传达普洱市工商联二届五次执委会暨工商联工作会议精神和全市非公经济组织的创先争优活动推进会精神，宣传发动非公经济人士积极参与“云南红土情、光彩进万家——民营感恩行动”；安排部署 2011 年工商联工作。

二、工商联基层组织

县工商业联合会恢复成立后，把建立分会组织工作列为重点。1997 年 4 月，分别到 15 个乡镇调研，召开乡镇非公有制经济人士会议，听取乡镇领导和工商联会员意见建议。10 月后，各乡镇正式挂牌建立乡镇分会。分会挂靠各乡镇工商所，分会长由各工商所长兼任，副分会长由非公有制经济代表人士兼任。乡镇分管经济工作的领导联系指导分会工作。同时还成立外商分会和团体企业分会。12 月底，全面完成挂牌工作。后来由于乡镇撤并，工商管理体制改革，基层工商联（民间商会）也发生变化。至 2011 年，全县有基层商会 14 个，其中，乡镇商会 13 个，外商商会 1 个；工商联会员总数 373 个，其中，个人会员 342 个，团体会员 15 个，企业会员 16 个。乡镇商会设会长 1 人，副会长 1~3 人，秘书长 1 人，执委 7~13 人，商会由党委副书记或政府分管领导任名誉会长、企业办主任任秘书长，非公经济人士任会长、副会长。全县非公有制经济总户数 1.1 万户，注册资金 14.53 亿元，从业人员 2.83 万人，其中，私营企业 402 户，注册资金 7.5 亿元，从业人员 0.81 万人；个体工商户 1.04 万户，注册资金 3.99 亿元，从业人员 1.81 万人；农业专业合作社 196 户，成员 0.22 万人。实现非公有制经济增加值 12.65 亿元，占县内生产总值的 36.58%。个私经济已成为县域经济重要组成部分和新的经济增长点，一批非公经济组织和非公经济代表人士受到县委县政府表彰。其中，12 户私营企业被县纪委授予“重点挂牌保护单位”，45 户被县委县政府授予“重合同、守信用”单位，60 户个私企业被授予“先进私营企业”和“先进个体工商户”荣誉称号。

三、政策宣传

坚持“团结、服务、引导、教育”工作方针，精心组织、多措并举，在非公有制经济组织、非公有制经济人士和工商联会员中积极宣传中央、省市《关于加强和改进新形势下工商联工作的意见》、国务院《关于鼓励、支持和引导个体私营经济等非公有制经济发展的若干意见》（非公经济新三十六条）精神和各级党委政府鼓励支持、引导非公有制经济发展的各项政策措施。四届工商联代表会议后，召开工商联党组会（扩大）36 次，执委会（扩大）10 次，召开各种座谈会 20 余次，走访非公经济企业 160 家（次），走访非公经济人士 410 人次。通过各类会议宣传，参加和接受宣传学习 2500 人次。

四、参政议政

景东县纪念中国共产党成立 90 周年暨非公企业党建工作座谈会
（县委党史办　提供）

1998 年 5 月，县委成立发展非公有制经济领导小组，研究景东县如何出台“关于大力发展个体私营经济的决定”，县工商联按照领导小组安排，自始至终积极参与调研工作。并负责到文井、者后、花山、大街、太忠等乡（镇），召开座谈会，“听、看、议”走访工商户，在调研基础上写出调研报告供县委县政府决策。10 月，县委县政府作出《关于大力发展个私经济的决定》。在调研中，还掌握个私经济运行情况，为县委县政府召开全县个体私营经济工作暨表彰大会提供第一手资料。11 月 18—19 日，全县个体私营经济工作暨表彰大会在人民会堂举行，全县个体私营经济先进代表、乡镇党委或政府主要负责人、工商所（站）长 120 余人出席会议。徐明良作《解放思想，真抓实干，大力发展全县个体私营经济》报告。会上，县委县政府对锦屏镇、花山乡、文龙乡等扶持发展个体私营经济先进集体、文井镇继峰塑料管厂等 5 户先进私营企业、周璇等 52 户先进个体工商户给予表彰。县工商联恢复成立后，对新形势下工商联工作、民营企业履行社会责任情况、构建非公企业和谐劳动关系和非公经济党组织创先争优活动情况开展一系列调研活动，先后提出《关于全面组建乡（镇）分会，夯实基层组织的建议》《关于大力发展非公有制经济贷款担保资金的建议》《关于巩固和发展全县畜牧业安全生产的建议》《关于治理凉水井至小河桥路段脏、乱、差问题的建议》《加强对制假、贩假打击力度的建议》《民营企业履行社会责任参与社会主义新农村建设的意见》等意见、建议，完成《全县非公有制企业党组织建设情况的调研报告》《进一步发展壮大全县非公有制经济的建议》《加强和改进新形势下全县工商联工作的思考》等调研报告。同时，在全县各级人大、政协组织中，都有一定比例工商联会员代表和委员，让非公有制经济代表人士在多个层面上参政议政，发挥工商联在建设民主政治中的作用。1995 年后，推荐政协六届委员 9 人、七届政协委员 18 人。2007 年，全县非公经济人士和工商联会员中有省人大代表 1 人、市人大代表 1 人、县人大代表 3 人、市政协委员 1 人。工商联在各级“两会”期间，引导工商界人大代表、政协委员，围绕经济社会发展和群众普遍关心的问题提出意见、建议，形成一批有价值、针对性强的议案、提案，共提出议案、提案 33 件。

五、扶贫和光彩事业

2001—2011 年，争取资金先后为挂钩扶贫村投入基础设施建设资金 1 万多元，争取救灾衣物 1500 多件。2003 年，工商联执委黄丽萍组织文艺义演，所得门票收入 1 万余元全部捐给县希望工程基金会，同时每年从营业收入中拿出 4000 元，资助贫困大学生 2 人完成学业；2004 年，工商联执委李双超，向希望工程和贫困山区学校、学生捐款 4 万元；2005 年，工商联执委侯建荣将拍卖茶叶款 4.6 万元全部捐给希望工程基金会；2006 年，雅黛康体中心向希望工程捐款 1 万元；2007 年，全县个体工商户和私营企业主积极响应县委县政府号召，为御笔山公园建设捐款20余万元，为修复孔雀山凌云塔捐款20余万元；2008年，四川汶川发生大地震，县工商联、团县委组织赈灾义演晚会收到赈灾款60余万元，全部寄往灾区。2009年，爱心人士陈洪锦等人为建造菊河“爱心桥”捐款12万元；2011年，嘉辉汽车城邹辉向希望工程捐款15万元。同年，14家民营企业与14个村委会扶贫挂钩，向扶贫点捐款捐物，扶持项目实施，扶贫帮团，共投入资金32万元。

六、贷免扶补

2009年后，县工商联抓住国家政策机遇，积极开展贷免扶补项目实施，当年发放贷款6户30万元。2010年，发放贷款12户60万元。2011年，发放贷款112户1340万元。

七、机构

1955年，县工商业联合会（简称商会）成立，并经历两届执行委员会，后因“文化大革命”停止工作。党的十一届三中全会后，大力发展非公有制经济，全县私营经济和个体工商户得到长足发展。2002年8月，成立工商业联合会党组。2008年，经县委批复，工商业联合会会长、副会长更名为主席、副主席。

第五节　科学技术协会

一、代表大会

第一次代表大会　1981年11月9—13日，县第一次科协代表大会在县城举行。出席会议代表有工业、农业、教育、卫生等各行各业科技人员92人。会议听取成立县科学技术协会（简称县科协）动员报告，通过《景东县科学技术协会章程》和第一次科协代表会议决议。选举产生县科学技术协会委员会委员11人。白应光当选主席，胡鸿昌当选专职副主席，谢强章、王琼芝当选副主席（兼），李云生当选秘书长。

第二次代表大会　1990年9月25—28日，县第二次科协代表大会在县城举行。应出席大会代表54人，实到会代表50人。大会选举产生景东县科协第二届委员会委员17人，委员均由不同行业代表组成。周正清当选主席，胡鸿昌当选专职副主席，自国华、李启俊当选副主席（兼），沈忠强当选秘书长。

景东彝族自治县科学技术协会第三次代表大会
（县农业和科学技术局　提供）

第三次代表大会　2000年12月14—15日，县第三次科协代表大会在县城举行。出席会议代表51人，邀请代表37人。会议听取和审议上届科协工作报告，修改并通过《景东县科学技术协会章程》，选举产生景东县科协第三届委员会委员17人。杨志新当选主席，王国强当选专职副主席、李建胭、钱一峰当选副主席（兼），袁德光当选秘书长。

在此期间，苏海新、王华林先后

担任科协主席。

第四次代表大会 2007年3月8—9日，县第四次科协代表大会在县政府小礼堂举行，出席会议代表45人，邀请代表42人。张世清代表县委县政府作讲话，市科协主席龚丕阳到会指导并讲话。会议审议并通过《科协工作报告》，修改并通过《景东县科学协会技术章程》，选举产生县科协第四届委员会委员17人。王华林当选主席，李续艳、李晓当选副主席，李晓兼秘书长。

二、学（协）会研究会

县科协成立至1990年2月，县级先后成立农学会、医学会、水利水电水产学会、珠算学会、会计学会、交通学会、农机学会、书画学会、花鸟学会等，会员达545人。乡镇级有安定、龙街、大街、花山、太忠、曼等、文井、锦屏建立农民专业研究会。专业有水稻、甘蔗、小麦、玉米、蔬菜、水果、茶叶、加工、建筑、养殖等，会员达3244人；19个村（办）建立科技普及协会，会员有892人。2000年后，农村产业结构调整力度加大，支柱产业培植初具规模，各类协会顺应产生，农村科技普及网络进一步拓展。至2011年，全县13个乡镇全部规范成立科协组织，协会委员达124人。各乡镇科协有固定办公场所，配备电脑、数码相机、传真打印一体机等现代办公设备。建立社区科协3个，委员19人；学校科协1个，委员7人；企业科协1个，委员5人。

2011年景东县各类学（协）会统计表

表2-3-3　　单位：个人

名称	法人	登记单位地址	理事会人数	会员人数		成立时间
				团体	个人	
农学会	自宏清	农业局	9	1	261	1991
水利学会	段明华	水电局	9	1	99	1991
林学会	魏大坤	林业局	9	1	312	1997
医学会	王庆华	县医院	7	1	46	2001
会计学会	许建新	财政局	5	1	195	1985
兰花协会	苏德勇	县科委	7	1	125	2001
景东同济医药科技股份有限公司职工持股协会	王庆华	县医院	7	1	151	2005
供销社咖啡产业协会	李福恩	县供销社	7	1	69	2006
茶叶协会	沈维荣	县茶办	5	1	70	2007
无量山核桃协会	谢有能	自然保护局	5	1	37	2007
县林业局农村能源站沼气协会	高　斌	景东能源站	7	1	105	2008
县水务局用水户协会	张德义	水务局	7	1	8000	2007
县摄影家协会	李　旭	宣传部文联	5	1	30	2009
县黑冠长臂猿保护协会	罗有勇	自然保护局	7	—	76	2010
景福乡勐片村生猪养殖协会	古忠诚	勐片酒厂	5	1	106	2005
者后牛肉养殖协会	郭正旺	者后乡	5	1	108	2005
文井镇老练村红土坡牛肉养殖协会	李发金	红土坡组	7	1	51	2005
文龙三岔河生猪养殖协会	卢邵蔚	三岔河村	7	1	100	2005
漫湾镇安乐村生猪养殖协会	王延彬	安乐村	5	1	78	2005
安定鼠街村养猪协会	饶仕华	鼠街村	5	1	17	2005

续表 2-3-3

名称	法人	登记单位地址	理事会人数	会员人数		成立时间
				团体	个人	
锦屏镇黄草岭花椒水果协会	王国文	黄草岭村	7	1	102	2008
文井镇万头良种仔猪繁育协会	解明芬	文井镇	7	1	129	2005
文井镇都拉生猪养猪协会	廖学忠	都拉村	9	1	110	2005
景范水产养殖协会（省百强农研会）	肖德祥	景范村	7	1	114	2003
俩山兴华创新协会	赵华科	斗阁村	7	1	36	2007
锦屏镇北屯村桐子箐小组大棚蔬菜协会	李学勇	桐子箐组	7	1	17	2009
锦屏镇磨腊村核桃种植协会	李成忠	磨腊村	7	1	61	2010
大街乡大街村洋芋协会	罗正能	大街村	7	1	41	2010
文井镇竹蓬村种植茶叶协会	杞贵荣	竹蓬村	7	1	170	2010
文井镇开南村蚕桑种植协会	段正永	开南村	9	1	108	2010
文井中所村镇灰天鹅养殖协会	罗庆春	连家箐组	5	1	210	2010
锦屏镇利月村无量山核桃种植协会	阿尚龙	利月村	7	1	61	2011

三、科普宣传及培训

利用科技活动周、全国科普日、科技下乡、科教进社区等形式，广泛开展科普宣传活动，内容有党的路线、方针、政策和法律法规，崇尚科学文明，反对迷信愚昧，农业科技、生活与健康，环境保护等知识。至 1990 年，累计开展活动 158 场（次），发放科普资料 14.4 万份（册），展出科普挂图、展板 186 幅（版），利用宣传画廊出板报 37 期，受益群众 20.5 万人（次）。

2005 年 1 月，配合市科技“三下乡”工作队到东镇宣传，服务群众 3260 人；5 月 21—24 日，由县科技局牵头，参与在县城、文井、安定、大街利用群众赶街时机开展科技周宣传活动，发放宣传资料 7240 份，服务群众 7500 多人；9 月份，开展“全国科普日”宣传，组织全县 13 个乡镇分别利用赶集日，共发放科普挂图 50 套 500 份，宣传资料 1.36 万份，出板报 36 期，服务群众 3.6 万人（次），完成当年科普宣传活动计划并通过市级验收工作组检查验收。2008 年 5 月 17—25 日，按照县委、县政府安排，配合科技局及相关部门利用城区街天和乡镇赶集日，开展“科技活动周”宣传。县科协向群众发放宣传单、科普图书，解读科普挂图、科普展板，讲解科技知识。宣传内容有种植养殖技术，抗震减灾、农业用药、交通安全、卫生保健等知识。共发宣传单 6500 份，震前预防手册 300 本，抗震救灾大众手册 150 本，救灾防病健康知识 3600 份，农民实用技术读本 100 册，科普挂图 4 套 50 张，接受服务群众 7800 人次；9 月 15—21 日，组织县级相关

科普宣传（县农业和科学技术局　提供）

学（协）会以“节约能源，保护生态环境，保障安全健康”为主题，开展“全国科普日”活动，乡镇街头宣传17场次，在县城与农业、卫生部门配合，设置咨询台4场次，活动宣传覆盖13个乡镇，服务群众1.8万人。

第二届科协代表大会后，围绕县委县政府“依靠科技进步，大力发展农村经济”的工作指导思想，在抓面上科普宣传同时，举办专业培训班，培养农村科技人才。1991年3月，全县第一所农职业技术学校在文井镇建立。截至6月30日，全县16个乡镇均办起农职业学校。共举办各类技术培训班141场次，参培人员8600人次。设立景东致富技术函授大学辅导站，后改称农函大培训班，正式以办班形式招收学员。2004年，开办农村实用技术养鸡、养羊、养牛、养猪、养鱼、蚕桑种养、橡胶种植、洋芋种植8个专业培训班，学员240人。2005年，开办茶叶、蚕桑、烤烟、紫胶、养猪5个专业培训班，学员522人。2006年，开办烤烟、蚕桑、养猪专业培训班，学员704人。2007年，开办茶叶、烤烟、蚕桑培训班，学员600人。2008年，开办烤烟、蚕桑、茶叶培训班，学员719人。2009年，开办烤烟、蚕桑、养鸡、畜牧、核桃培训班，学员831人。2010年，开办蚕桑、烤烟、茶叶、畜牧培训班，学员1035人。2011年，举办各类培训班25期，培训人员2000人。2005年，县科协被评为“农函大”办学先进单位。

四、青少年科普

县科协配合教育部门搞好青少年科技教育活动，累计在城区举办青少年科技培训71期4214人次。同时，组织开展青少年科技创新活动，选送作品参与国家、省、市青少年科技竞赛。2006年5月，省第21届青少年科技创新大赛在思茅市举办。景东选送的作品有3篇科幻作文，6幅科幻绘画获得省级奖励；13幅科幻画、60件动植物标本获得市级奖励。2007年5月，省第22届青少年科技创新大赛在德宏举办。景东选送科幻绘画获省一等奖4幅、二等奖5幅、三等奖8幅，创思茅市第一；经省市评选参加全国竞赛，有2幅科幻绘画分别获得二等奖和三等奖。2008年，在省第23届青少年科技创新大赛上，景东选送科幻作文，3篇入选，17幅绘画作品入选，2幅科幻绘画获一等奖，9幅获二等奖，4幅获三等奖，居全市第一。2009年，选送29幅科幻绘画作品和31篇科幻作文参加国家、省级（省第24届青少年科技创新大赛）和市级创新评比赛活动，其中，有2幅科幻绘画作品获国家级二等奖，2幅获省级一等奖，各有1幅获市级一、二、三等奖；科幻作文获市二等奖1篇，三等奖4篇；教师3人被评为市级“优秀辅导教师”，县科协被评为优秀组织单位，1人被评为“优秀组织工作者”。2010年，省第25届青少年科技创新大赛，景东选送参赛作品中，科幻绘画作品获省一等奖1幅，二等奖1幅，三等奖1幅；获市一等奖1幅，二等奖1幅；科幻作文获市级一等奖1篇。“保护黑冠长臂猿，从我做起”获省级实践方案二等奖。景东民族小学获得市级优秀组织奖，获市级组织工作奖2人，获市级优秀科技教师2人。2011年，省第26届青少年科技创新赛中，景东参赛的少儿科幻绘画作品获省一等奖1幅，二等奖3幅，三等奖1幅。科技实践“七彩童年，快乐成长”活动获省级三等奖，“非物质文化进校园”活动获市级一等奖。2011年5月11—13日，县科协申请市科协的科普大篷车在银生中学、县一中、青少年活动中心开展3场科普巡展活动，学生1500多人参加科普实践活动，实现由理论到实践的提升。

五、科技科普项目引示推广

县科协成立后，针对景东农业大县特点，配合有关部门在坝区、半山区着力推广杂交水稻，进行旱育秧，直播、抛秧、塑料薄膜育秧等试验示范。塑料薄膜育秧技术普遍被农民接受并全面推广运用，杂交稻技术使景东粮食大幅增产。在玉米良种推广上，不断引进良种，先小面积试种，再大面积推广。杂交玉米问世后，农民自主选择杂交品种，成为农民增收致富法宝。在甘蔗种植上，不断从外地引进高产高糖品种，并适时淘汰和更新。2006年，购置“强的纳米863生物助长器”分别在锦屏、文井、安定3乡（镇）5户农户进行养殖、种植试验，群众反映良好。2007年，雪莲果种植在锦屏黄草岭试种成功，每公顷产量6万千克，产值可达4.5万元；在文井镇试用药肥“金稻龙”药肥200公顷，每公顷施肥150千克，增产10%左右，受到群众欢迎。2008年，在锦屏、大朝山东镇推广雪莲种67公顷；在文井、大街、花山等8个乡（镇）推广“金稻龙”400公顷，并在4月组织相关人员到文光村培训药肥使用技术。2000年后，为实施科技扶贫战略，有针对性地对55个贫困村副村长、农科员定向培训实用技术。至2008年底，建立科技示范户962户，科普示范基地7个，科普示范村1个。

六、机构

1980年，县科协成立，与县科学技术委员会合署办公，两块牌子一套班子，有专职干部9人。2003年10月，县科协与县科委分设。内设办公室、学（协）会管理室、科技普及室、青少年科普室。2004年，调入驾驶员1人。2011年，机构改革，内设综合办公室。

第六节 文 联

一、文艺创作活动

县文学艺术界联合会（简称县文联）把树立精品意识、实施精品工程、多出精品力作为工作重点，把握“重在持续、重在提升、重在运作、重在实效”实践要领，每年均举办展览、笔会、采风、出版书籍画册等活动，成为党和政府联系文艺界桥梁和纽带，21世纪后，文联以举办改稿笔会、征文比赛、采风活动和书画摄影展为契机，开展“无量山探秘之旅”“弘扬壮大无量山乌骨鸡产业”“银生赋”征文等活动，并组织好著名作家写景东活动。2007年5月，举行中国著名作家写景东活动，是全县乃至全省参加作家最多、活动时间最长、影响面最广、效果最明显的文化艺术事业重大活动。2008年，参与策划、创作新农村市级调演剧目和“纪念活动文艺晚会”节目，参与举办昌龙杯“波澜壮阔三十年，春华秋实看今朝”演讲比赛。2009年，开展“川河·母亲河”“文井——走进文蚌河”采风。2010年，开展走进“哀牢九十九座山”采风等活动，增强作者创作势头。2011年，在三百名家进普洱、哀牢山生态站成立30周年活动之际，发挥自身优势，做好相关工作，开展各类活动，集中展示中国共产党建党90年景东各个历史时期发展成就。

文联成立后，规范协会建设，整顿诗词书画协会，组织各协会换届。2008年，成立摄影家协会，协会工作有序开展，先后组织讲座、展览、采风等活动。鼓励文艺创作，文学艺术创作活动空前活跃，出版各类书籍150余部，省作协会员从3人增加到7人，不少景东籍作者作品在国家、省、市级刊物上公开发表，一批书法、美术、摄影、文学作品和剧目获市级以上奖励。

二、《银生文化》编辑

2002年，文联成立之初创办《无量》文艺期刊。2005年，通过广泛征求意见更名为《无量山文艺》，半年刊。截至2006年，共出版6期，推出近90万字文学作品。2007年，更名为《银生文化》，开始创办双月刊，同时获得“云南省文艺期刊优秀封面奖”。《银生文化》以“培养文艺人才、推出优秀作品、反映时代生活、促进社会进步”为宗旨，坚持“新颖、独特、简洁”的办刊风格，关注大众生活，反映真情实感，突出民族和人文特色。截至2011年，共出版刊物38期，推出文艺作品近1000余篇300万字。除正常出刊外，自2006年起，《银生文化》共编辑出版《景东女作家专号》《在校大学生专号》《川河·母亲河》《哀牢九十九座山》《哀牢山生态站成立30周年》等专刊。

三、机构

2002年5月16日，县文联成立并举行座谈会，隶属县委宣传部，参照公务员管理，文联主席由宣传部副部长兼任。2006年4月27日，县文联举行第一次代表大会，选举产生第一届文联主席。内设办公室、《银生文化》编辑部。历届主席：李国忠（兼）、熊建荣（兼）、李况（兼）、周德翰。

县文联组织作家采风（罗海垠　2008年5月摄于文井镇开南）

第七节　残　联

一、残疾人概况

1978—1997年，残疾人工作由民政部门管理。1998年，景东县残联开展残疾人抽样调查。调查结果：全县共有残疾人20894人，占总人口的6.12%，其中，视残3308人，听残5460人，智残1540人，肢残8484人，精神残530人，言语残1572人。2011年，全县共有各类残疾人家庭21987户30704人，占总人口的8.11%，其中，肢残7853人，视残5924人，听残、言语残6864人，精神残2369人，智残1273人，多重残6421人。

二、残联代表大会

第一届代表大会　1990年10月4—6日，县第一届残疾人联合会（简称残联）代表大会在县城召开。出席会议代表120人，其中残疾人代表77人。会议确定三年工作目标和任务，选举产生县残联第一届主席团委员。贾崇玖当选主席团主席（兼），董开有、郭文毫当选副主席（兼），并聘请曹守基为名誉主席、易荣华为名誉副主席；雷开泰当选理事长。

景东彝族自治县首届残疾人代表大会（李廷新　摄）

第二届代表大会　1993年4月22—24日，县第二届残联代表大会在县城召开。出席会议代表149人，其中残疾人代表103人。会议听取和审议第一届主席团作工作报告，确定五年工作目标和任务，推举思茅地区残联第二次代表大会代表，选举产生县残联第二届主席团委员。李发祥当选主席（兼），张善强、董开有、吴治聪当选副主席（兼），并聘请易荣华为名誉主席、雷开泰为名誉副主席；李德荣当选理事长。

第三届代表大会　1998年7月9—10日，县第三届残联代表大会在县城召开。出席会议代表85人，其中残疾人代表44人。会议听取和审议县残联第二届主席团作工作报告，确定五年工作目标和任务，推举地区残联第三次代表大会代表，选举产生县残联第三届主席团委员。孔广群当选主席（兼），李发祥、吴智德、段廷汉、陶世凡当选副主席（兼），并聘请谢伟为名誉主席，罗东昆、李国忠为名誉副主席；李德荣当选理事长。

第四届代表大会　2003年9月3—4日，县第四届残联代表大会召开。出席会议代表96人，其中残疾人代表56人。会议听取和审议县残联第三届主席团作工作报告，确定五年工作目标和任务，推举地区残联第四次代表大会代表，选举产生县残联第四届主席团委员，表彰2002年度残疾人事业目标责任制考核先进乡镇一等奖3个、二等奖9个、三等奖3个。孔广群当选主席（兼），李树荣、李德荣、王守忠、罗恒荣、朗忠科当选副主席（兼），并聘请饶明勇为名誉主席，何国贤、阿作莹、李力为名誉副主席；李德荣当选理事长。

在此期间，毕廷友（2004.11—2008.2）担任理事长，杞贵荣（2003.10—2008.2）、吴道富（2004.3—2008.2）担任副理事长。

宣传《中华人民共和国残疾人保障法》（李廷新　摄）

第五届代表大会　2008年2月28—29日，县第五届残联代表大会在县城召开。出席会议代表83人，其中残疾人代表50人。会议听取和审议县残联第四届主席团作工作报告，确定五年工作目标和任务，推举思茅地区残联第四次代表大会代表，选举产生县残联第五届主席团委员。张天梅当选主席，毕廷友、谢开斌当选副主席（兼），并聘请夏萍为名誉主席、金钟鑫、熊文祥为名誉副主席；毕廷友当选理事长，吴道富、杞贵荣当选副理事长。

同年2月18—20日，全县13乡镇分别召开第一届残疾人代表大会，选举产生各乡镇残疾人联合会第一届主席团，并设主席1人（分管领导兼）、理事长1人，具体负责残疾人工作。

三、开展助残日

1990年12月28日，全国人大通过《中华人民共和国残疾人保障法》（以下简称《残疾人保障法》）。《残疾人保障法》规定，每年五月第三个星期日为全国助残日。是年，协调有关部门，发动社会各界人士力所能及帮助残疾人。1991年，第一个全国助残日主题为“宣传残疾人保障法”，县委县政府充分利用广播电视等新闻媒体，呼吁全社会同情和关注残疾人，帮助残疾人，并拨款0.32万元派人赴乡镇慰问部分残疾人，发动学校师生为残疾人送柴1780担。此后，每年均开展助残日活动。

四、残疾人康复

1990年始，县残联将白内障复明、儿麻矫治、聋儿听力语言训练作为残疾人康复工作重点，列入全县残疾人事业“八五”“九五”“十五”“十一五”康复计划。

白内障复明手术　1988年1月至1997年10月，全县共实施白内障复明手术517例。1997年后，复明手术由县人民医院实施，并选定一家配镜店对低视力残疾人进行检查、鉴定及配镜，先后为患者280人配用助视器。1998—2001年，启动"视角第一中国行动"一期项目，4年内共实施白内障复明手术443例，其中，1998年96例，1999年114例，2000年108例，2001年125例；2002—2005年，启动"视角第一中国行动"二期项目，4年内共实施白内障复明手术590例；2006—2011年，组织实施"爱心永恒、启明行动"贫困白内障患者复明手术、"光明行动"贫困白内障患者复明手术等项目，6年内共实施白内障复明手术1140例。

聋儿语言训练康复　1995年，举行首期聋儿听力语言训练班，对3~7岁聋儿及家长进行为期3个月的听力语言培训，培训后少部分聋儿能开口说话，大部分聋儿能正常交流。2000—2005年，5年共培训聋儿家长37人次。2006—2011年，在普洱市残疾人康复中心培训聋儿及家长5人次。

精神残疾康复　据调查统计，1989—2005年全县共有各类精神病患者828人，其中持"残疾人证"472人。除狂躁型患者69人送市精神病院防治和管理外，其余患者均由家庭监护、管理服药。经正规服药后，大多数患者回归社会后能正常生活。2006—2011年，为精神病患者4人提供购药费1.14万元。

麻风畸残康复　2004年，景东县共确认麻风病人116人，其中，出现症状病人66人，造成不同程度肢体畸形56人，散失劳动能力56人。同年6月，国家医疗队在县内为麻风畸残者实施矫治手术26人，其中，单纯性溃疡清创术20人，溃疡清创加兔眼矫治术4人，溃疡清创加截肢术2人；发放防护鞋56双，拐杖2对，护目镜4副，协调解决住院费3.5万元。2007年，为麻风畸残患者实施矫治手术5人。2004—2011年，全县共为麻风畸残患者实施矫治手术31人。

康复训练服务　截至2011年，全县共实施外伤性骨折肢体功能训练10人，智残儿童家庭训练4人，脑瘫儿童家庭训练5人，聋儿家庭训练12人（次），盲童家庭训练1人。

残疾人用品用具供应　1989—2000年，全县共为各类残疾人提供各种用品用具54件。2001—2005年，发放代步轮椅64辆、助行类拐杖24对，发放麻风患者防护鞋134双，帮助安装假肢45人，发放其他用品用具66件；2006—2011年，发放代步轮椅146辆、助行类拐杖16对，发放麻风患者防护鞋160双，帮助安装假肢49人，发放其他用品用具41件，使受助者能够参与社会活动。

五、残疾人劳动就业和培训

1998年前，景东县城镇居民有残疾人102人，其中具有劳动能力60人，通过扫盲，提高从业能力并安排就业60人，其中，全民所有制单位工作19人，个体36人，临时工5人。分散在农村安排就业2456人。1998年后，制定《景东县按比例安排残疾人就业规定》，依法依规安置残疾人就业162人，其中，行政事业单位9人，企业单位57人，个体户96人。截至2011年，全县18~60岁具有劳动能力残疾人22756人，占残疾人总数的74.11%，就业17863人，就业率78.5%，其中，城镇居民残疾人244人，就业188人，就业率77.05%；农村就业残疾人17675人，就业率77.67%。就业残疾人基本上能够自食其力，部分可供养他人。2004年，市残联举办肢体残疾人手工技术刺绣培训班，景东县选派残疾人2人参加学习。2006年，县残联举办首期盲人按摩培训，参加培训的4名盲人获得"初级盲人按摩资格证书"；同年，组织残疾人就业培训140人次。2005年，为农村残疾人开展以种养殖业为主农业技术培训2期，参加培训150人次。2006—2011年，共免费选派、输送残疾人56人参加省市残联举办的盲人按摩、美容美发、摩托车修理、烹饪等技能培训，并取得资格证书。2006—2011年，共举办农村残疾人以种养殖业为主农业技术培训112期，培训残疾人6782人次。同时，积极鼓励残疾人进行各类技能竞技。2006年6月，组织残疾人8人参加普洱市首届残疾人技能竞赛，获奖2人，其中，获摄影二等奖1人，木具制作三等奖1人。2010年6月22—26日，组织残疾人15人参加普洱市第二届残疾人技能竞赛，共有残疾人 8 人获奖，其中，获电脑网页设计绘画二等奖各 1 人，获电脑速录、摩托车修理、茶叶制作、缝纫电子组装家电修理三等奖各 1 人，县残联获组织奖。

六、残疾人社会保障

1981 年，景东县尚未设置残疾人管理机构，县民政局对丧失劳动能力、无依无靠残疾人纳入五保户供养；对具有一定劳动能力、有依靠但家庭困难者，在社会救济方面给予优先照顾。至 2003 年，县残联根据有关规定优先扶贫残疾人，共投入资金 30 万元，脱贫 1511 户。县民政定期救济无劳动能力残疾人 345 户 1060 人，月发放 1. 27 万元；临时救济困难残疾人 325 人次，支出 5. 21 万元，发放救济粮 17. 8 万千克；减免税照顾部分残疾人 20. 68 万元。2004 年起，落实残疾人社会保障政策，将残疾人纳入最低生活保障范围。2004—2011 年，全县落实残疾人最低生活保障 11760 人，其中城镇 126 人，基本做到应保尽保，应救尽救。

残疾人康复扶贫贷款　1997 年起，国家开始实施残疾人康复扶贫贴息贷款政策。景东县采取“以短脱贫、以长致富”开发式扶贫办法，扶持到户到人，共发放专项扶贫贷款 17 万元，其中，重点扶持种植业 8 户 37 人，养殖业 12 户 55 人，交通运输业 5 户 22 人，经商 5 户 24 人。2009—2011 年，共发放专项扶贫贷款 355. 9 万元，其中，重点扶持种植业 74 户 77 人，养殖业 46 户 48 人，加工户 3 户 3 人，经商 17 户 19 人，修理 2 户 2 人。

残疾人就业保障金　1999 年 1 月 1 日始，执行《思茅地区按比例安排残疾人就业实施办法》（试行）规定，凡残疾人就业安排未达到本单位在职职工总数 1. 5%的单位，均应按比例计算并缴纳残疾人就业保障金。保障金实行“社会保障财政专户”收支两条线管理，主要用于补贴残疾人职业技术培训，扶持残疾人集体从业、个体经营。景东县按年均 50 元/人标准，委托税务机关代收。1999—2011 年，全县累计收取 204. 65 万元，支出 158. 16 万元。

残疾人家庭危房改造　2003 年，贫困残疾人安居工程危房改造项目列入政府为民办实事惠民工程，国家每户补助 4000 元，不足部分自己解决。2004—2005 年，完成贫困残疾人危房改造 100 户，受益残疾人 116 人，补助金额 40 万元。另外，还危房改造 100 户，每户配套 400 元用于购置室内生活用品用具。2006—2011 年，全县完成贫困残疾人危房改造 367 户，受益残疾人 379 人，补助金额 262. 1 万元。

帮扶　县残联扶贫挂钩花山乡文岗村。截至 2011 年，共争取和投入资金 17. 15 万元，其中争取村委会办公楼建设资金 10 万元。先后派出 120 人次协助村民委员会抓好换届、林改、抗旱救灾和烤烟、蚕桑、生态茶园建设等工作。

“阳光家园”救助项目　2009—2011 年，全县共救助 211 户 211 人，发放资金 20. 22 万元。

七、残疾人教育

1984—1986 年，县盲聋哑人协会先后选派城镇盲聋哑青壮年，参加地区在普洱举办的扫盲班学习，后又在县城举办扫盲班，共 22 人参加扫盲；先后选送聋哑儿童 7 人到普洱聋哑学校就读；多方争取资金，开展扶贫助学活动。1991 年 9 月至 1997 年 7 月，在景东县小开设弱智儿童班 1 个，弱智儿童 22 人得到就读训练；1997 年 9 月至 2012 年 7 月，教育体制改革，聋哑、弱智儿童分别被招收到特殊学校就读和训练，景东县先后输送聋哑、弱智儿童 48 人。截至 2011 年，景东残疾儿童少年入学率 88. 9%。通过教育训练，残疾儿童学到一些科学文化知识，掌握基本生活常识，回归后能自食其力并共同参与社会生活。2000—2011 年，实施中西部地区盲童入学项目，受助 38 人 2. 58 万元。2004—2005 年，实施扶贫助学春雨行动项目，受助 20 人 6000 元；实施“集善嘉年华北京 2004 年助学”项目，受助 13 人 6500 元。2006—2011 年，资助残疾贫困大学生 34 名 6. 1 万元；协调落实“两免一补”

政策，每年捐资捐物慰问残疾学生和家庭，不断提高残疾学生入学率，降低辍学率。

八、残疾人宣传文体工作

1989 年后，景东县以“爱耳日”“助残日”、元旦、春节为契机，开展“一助一送温暖”“走进每一个残疾人家庭”“志愿者助残”等活动，利用县城街天，宣传残疾人政策法规 10 场次，发放传单 6000 份，并利用新闻媒体扩大扶贫助残社会影响。1996 年 5 月，景东县获思茅地区首届残疾人文艺会演表演一等奖。2002 年，盲人杨跃荣获省第七届残疾人体育运动会 50 米仰游 S11 级第一名。2009 年，肢体残疾人罗平祥《生命的激情》，获第七届全国残疾人艺术会演舞蹈类节目表演赛表演奖金奖。2004 年 9 月，7 名残疾人参加普洱市首届残疾人体育运动会，获 2 金 1 银 1 铜，县残联获鼓励奖。2011 年 12 月 16—18 日，10 名残疾人参加普洱市第二届残疾人体育运动会，获 1 银 4 铜，县残联获组织奖。2011 年 1 月 1 日起，施行景东县残疾人事业奖励政策。

九、残疾人维权工作

来信来访　1978—2005 年，县残联共受理各类来信来访 369 件（次），其中，办理来信 98 件（次），接待来访 271 人次；2006—2011 年，县残联共受理各类来信来访 126 件（次），其中，办理来信 12 件（次），接待来访 114 人次，办结率 100%。

法律援助　2006 年，县法律援助中心残联法律援助工作站成立。截至 2011 年，共为残疾人免费提供法律援助 52 人。

无障碍建设　在新城区建设中，把残疾人无障碍设施建设纳入城市规划和设计范围，分别在彝兴路、建设路、凤御路、玉屏路、凌云路等街道，建设高标准盲道 8680 米。

十、机构

1979 年，根据民政部《关于恢复盲人聋哑人协会的通知》精神，民政局对全县盲人聋哑人进行摸底调查，报经县委县政府批准，成立县盲人聋哑人协会，并作为全县残疾人管理专门机构。1986 年 9 月 22—24 日，召开全县盲人聋哑人代表大会，出席会议代表 150 人，其中，盲人 9 人，聋哑人 100 人。会议选举产生盲人聋哑人协会委员 21 人，并选举产生协会主席、副主席，盲人聋哑人协会办公室设在县民政局。1998 年，根据《关于调整部分县直机构设置的通知》文件，县残疾人联合会下设办公室、康复办、劳动就业服务所、财务室、用品用具供应站等机构，正科级。2011 年，全县各乡镇均设专兼职残联干部，负责乡镇残疾人工作。2010 年 11 月起，全县配备村级联络员 166 人和社区专职委员 4 人。“八五”“十一五”期间，景东县获云南省残疾人工作先进县称号。

第四章 精神文明建设

第一节 全民文明礼貌月活动

1982年，党中央决定把每年3月定为“全民文明礼貌月”。1983年3月11日，县委下发《关于积极认真开展公民文明礼貌月活动的意见》(简称《意见》)。《意见》强调：(1) 要以治理“脏、乱、差”为重点，树立“学先进、赶先进”风气，克服以脏为荣，以粗话为乐的恶习，净化环境；(2) 以“五讲四美三热爱”(讲文明、讲礼貌、讲卫生、讲秩序、讲道德，心灵美、语言美、行为美、环境美，热爱祖国、热爱社会主义、热爱中国共产党) 为主要活动内容；(3) 加强领导，注重思想教育，开展学雷锋、做好事活动。按照《意见》要求，各机关、单位和部门广泛开展群众性爱国卫生和美化环境活动，整顿城区、街道集市、厂容店容，投入爱国卫生义务劳动。全县开展起文明礼貌月活动。活动突出城区、公社驻地集镇街道治理，宣传动员乡村人民群众，开展解决脏、乱、差等问题。全民动手，人人参与，清扫垃圾，开展文明经商、优质服务活动。1983年4月，公路主干沿线部分机关单位、公社、商店柜台、车站，参加地区检查评比活动。

第二节 精神文明创建活动

一、文明单位、文明村

(一) 县级文明单位、文明村、文明行业创建

创建内容及条件 1985年6月，县委发出《关于在全县城和15个区（镇）开展创建文明单位竞赛的通知》，提出创建精神文明单位必备条件，并制订出全县开展创建文明单位竞赛活动三年规划。要求全县创建文明单位竞赛活动，每半年检查评比1次，由县精神文明建设领导小组负责，落实各项竞赛活动。竞赛活动内容主要是在农民中开展评“三户”(评遵纪守法户、评五好家庭户、评文明户) 活动。

1986年，党的十二届六中全会通过《关于社会主义精神文明建设指导方针的决议》。县委发出《景东县“九五”精神文明建设实施意见》，具体部署文明城市、文明村镇、文明单位创建为目标的群众性精神文明建设活动，并制订出精神文明建设五年规划。

1988年1月15日，县委发出《关于开展群众性精神文明建设活动的意见》，具体提出文明单位条件：思想政治工作好，道德风尚好，工作效益显著，文化生活活跃，环境整洁美观，社会秩序好；文明村条件：领导班子有改革创新精神，生产持续发展，劳动致富好，重视科学教育，文化生活活

跃，环境整洁村容村貌好，移风易俗树立良好村风，遵守纪律社会秩序好。

1990年3月，县委对全县精神文明建设活动提出要求。主要内容：搞好反对资产阶级自由化的政治、经济教育，开展“学雷锋、树新风”活动。用雷锋精神建树一代新人，开展创建文明单位（村）活动；以县乡驻地为重点，开展精神文明创建竞赛活动；进行职（行）业道德教育。

1991年1月19—22日，县委县政府召开全县社会主义精神文明建设和社会治安综合治理工作会议。参加会议500余人。徐明良作《全党动员、全民动手，为开创全县精神文明建设和社会治安综合治理新局面而努力奋斗》讲话。

1994年，县委县政府制订出《景东县文明单位（村）建设管理办法》(简称《办法》)。为景东县第一个县级文明单位（村）管理办法，对推动县级文明单位、文明村创建活动有重要意义。《办法》分四章共15条，具体规定县级文明单位（村）条件、评比、命名和奖惩。通过1997年、2004年修改完善，《景东彝族自治县文明乡（镇）创建管理办法（试行）》《景东彝族自治县文明村创建管理办法（试行）》《景东彝族自治县文明单位创建管理办法（试行）》规定进一步细化，以创建文明单位、文明学校、文明村（组）为主要形式，各种创建活动得以覆盖县乡村组。

2010年后，按季度组织开展文明单位联谊会活动。

创建情况　1984年，开展军民共建文明单位示范点活动，群众性文明创建活动取得初步成效。

1989年，景东县第一批县级文明单位表彰命名大会召开。紫胶研究所、县工商局、景东县小学被县委县政府命名为县级文明单位。

1991年，林街乡林街村、安定乡迤仓村、花山乡文岔村，被县委县政府命名为首批文明村，同时表彰新增县级文明单位15个单位（学校）。1995年，开展“青年工程”“青年文明号”“职工之家”“五好家庭”(爱国守法，热心公益好；学习进取，爱岗敬业好；男女平等，尊老爱幼好；移风易俗，少生优育好；勤俭持家，保护环境好)，广泛开展创建文明乡镇、文明单位、文明村（社）、文明家庭活动。

1996年11月20日，县委县政府在人民会堂召开县级机关单位和乡镇领导参加的文明单位命名表彰大会，76个文明单位及9个文明村受到表彰。

1998—2000年，连续3年举办“公民素质”培训、“社会主义精神文明建设知识”竞赛，“文明素质”知识竞赛活动。

1999年，县委首次表彰文明系统、文明小区。

2000年后，县委县政府每年评选表彰1次。

景东县县级文明单位命名表彰情况统计表

表2-4-1　　单位：个

年度	文明单位	文明村（组）	文明小区	文明行业	行业明星或道德模范	年度复查文明单位（村）
1984	3	2	—	—	—	军民文明单位示范点
1989	3	—	—	—	—	首批文明单位表彰、命名
1991	15	3	—		—	文明单位、文明村表彰、命名
1993	4	2	—	—	—	届满合格3个
1994	29	5	—	—	—	届满合格18个
1995	63	11	—	—	—	届满合格6个
1996	76	9	—	—	—	届满合格31个

续表 2-4-1

年度	文明单位	文明村（组）	文明小区	文明行业	行业明星或道德模范	年度复查文明单位（村）
1997	52	19	—	—	—	届满合格 39 个
1998	67	15	2	2	5	届满合格 35 个
1999	10	—	3	3	5	1995、1996 年命名复查合格 114 个
2000	29	3	1	2	5	1997 年命名复查合格 56 个
2001	104	—	—	—	—	
2002	72	—	—	—	—	
2003	7	1	2	15	5	复查 2000 年度命名单位合格 68 个
2004	20	14	—	—	5	复查 2001 年度命名单位合格 77 个
2005	13	89	—	—	5	复查 2002 年度命名单位合格 59 个
2006	4	1	—	—	—	复查 2003 年度命名单位合格 68 个
2007	9	4	—	—	—	复查 2004 年度命名单位合格 89 个
2008	5	2	—	—	—	复查 2005 年度命名单位合格 146 个
2010	18	29	—	—	—	复查 2006 年度命名单位合格 62 个
2011	205	169	6	6	—	

说明：县级文明单位、文明村四年为一届。2011 年后，文明单位、文明村届满不再复查，需重新申报

（二）市级文明单位创建

1993 年 8 月，思茅地委行署命名县医院、县林产公司林化厂、县汽车站为 1992 年度地级文明单位。

1997 年 1 月，思茅地委行署命名县人民检察院、中国工商银行景东支行、县财政局、县广播电视局、县水泥厂、景东公路管理段、县政府招待所、县林产工业公司、县糖业公司、县邮电局大街邮电所、景福邮电所、县国务局大街分局、县工商局大街工商所为 1995—1996 年度地级文明单位。

1999 年 2 月，思茅地委行署授予县儿童福利院、中国农业银行景东支行、中国建设银行景东支行、县农村信用合作社联合社、县人民法院、县公安局、县水利局、县国税局、县地税局、云南省景东监狱机关、县第一中学、县小学、自然保护区景东管理局、景东汽车站、县林产工业（集团）总公司林化厂、县图书馆、太忠乡大柏村为地级文明单位称号。

2008 年 4 月，普洱市委市政府第二批文明单位、文明村、文明行业命名表彰中，景东县有 43 个单位被评为市级文明单位，9 个村评为文明村。

2011 年 2 月，第三批命名表彰中，景东县有 48 个市级文明单位，11 个市级文明村。

（三）省级文明单位创建

1993 年 11 月，省委省政府授予县人民武装部省级文明单位称号。

1999 年 12 月，省委省政府授予中国人民保险公司景东县支公司、县邮政局、县人民医院 1999 年度省级文明单位称号，授予太忠乡大柏村 1999 年度省级文明村称号。

2009 年 12 月，省委省政府命名表彰第十二批省级文明单位，景东县有 11 个单位获省级文明单位称号；第五批省级文明村命名表彰，景东县有 5 个村获省级文明村称号，有 1 个社区获省级文明社区称号。

（四）国家级文明单位创建

2011 年，县财政局获中央精神文明建设指导委员会全国文明单位称号。

二、市级文明县城和省甲级卫生县城创建

景东县创建市级文明县城暨省甲级卫生县城动员大会（李世华 摄）

1978年前，老街是县城集市贸易中心。随着县域经济的发展，集市贸易逐渐转移到景川路。于是，以路为街，带状发展，“脏、乱、差”成为县城管理的顽症。1998年后，县城新区开发，城市建设空间拓展，为源头治理“三乱”打下基础。1999年4月12日，新区建设启动。按照城市建设规划，全面实施绿化、美化、亮化、净化工程，治理“脏、乱、差”现象。2002年4月1日，县委县政府明令取缔载客三轮摩托车，由城市出租车取代，并开通孔雀山至前所大岔路公交车辆，城区客运环境得到改善。同时，加强市场秩序、街道秩序治理，采取日常监管和集中整治相结合的方法，清理占道经营行为。2004年9月，在宣传疏导基础上，先后出动1.5万人次，拆除影响市容市貌各种障碍物120个、广告标语500幅，纠正占道经营行为5000余次。同时，扩建中心农贸市场，规范水果市场和夜市场，新建南仓井和银生农贸市场，结束以路为市、占道经营、人群又挤又乱历史。治脏是城市管理的“老大难”，为解决垃圾堆放难问题，沿街道建造垃圾房20间，清理垃圾桶130个，城管部门与经营户签订门前“五包”责任书。主大街卫生实行全天候保洁清理，卫生保洁率100%。还取缔婚事沿街撒青松毛、丧事沿街放鞭炮的旧习，城市卫生环境有所好转。2000年，投资750万元改造部分老城区，建成花园式人民广场，清理空中网络线路，架设路灯，改造下水道，铺设人行道。2004年，投资40万元完成主街道交通标志、公交车站台、出租车招呼站牌设置；投资400万元实施景川路北段绿化带、人行道、下水道改造工程，人民广场至景东一中道路改造和照明线路安装，新城区7米路和12米街道路面铺设；投资95万元实施城南凉水井段环境绿化，还投资250万元制作8块具有地方特色对外宣传文化广告牌。

在抓城市基础设施建设同时，县委县政府注重公民素质教育，坚持以人为本，遵循“文明城市人民建，文明城市人民管”理念，根据《中共中央加强社会主义精神文明建设若干重要问题的决议》精神，县委决定成立以县委宣传部、文明办为主的县城综合整治领导小组及其办公室，围绕综合整治的重点地段景川路龙泉寺至通化桥段进行调查、分析和研究，提出的调研报告和整治方案经县级五套班子联席会议通过。把景东县城定位为“安全、文明、整洁、祥和、繁荣”的新型文明县城，以整洁的环境、优良的秩序、文明的风尚树立景东“文化之邦”形象。先后制定出《景东县城乡建设和环境保护条例》《景东县创建文明县城暂行办法》《景东文明示范街管理办法》等地方性法规和行政规章，把文明城市创建活动纳入法治轨道。2004年3月23日，毕廷村主持召开县精神文明建设指导委员会会议，提出用2年时间，争创地级文明县城的实施意见。8月26日，县委县政府在人民会堂召开创建市级文明县城动员大会。号召全县人民行动起来，举全县之力打一场创建文明县城攻坚战，确保2005年市级文明县城创建申报工作取得成功。8月28日，县委县政府发出《关于印发〈景东县创建省甲级卫生县城实施方案〉的通知》，提出在创建市级文明县城同时，创建省甲级卫生县城。2006

年9月12日，县委县政府在人民会堂再次召开全县创建省甲级卫生县城暨市级文明县城动员大会。县委书记张世清作《统一思想，形成合力，明确任务，狠抓落实，确保省甲级卫生县城暨市级文明县城创建工作圆满成功》动员讲话。县四套班子领导、县直各部委办局全体干部职工、省市驻景东单位、县级企事业单位和学校负责人，锦屏镇机关全体干部职工及3个社区负责人参加会议。同年10月16—18日，受云南省爱卫会委托，思茅市第七卫生县城检查团一分团一行8人分6个专业组，在县有关领导及部门负责人陪同下，按照《云南省县城卫生评比标准》各项内容，采取听汇报、查材料、实地抽查、问卷调查、访谈和群众举报等方法对照检查，认为景东县创建卫生县城已达到省甲级卫生县城标准。并先后于2008年、2010年通过2年1次复查验收。同年11月8—10日，思茅市第二批文明县城考评验收组对景东创建工作进行考评验收。县四套班子领导和相关部门负责人陪同检查。通过考评，验收组认为：景东文明县城创建工作具有开拓性和独创性，同意验收。2008年及2010年两年一度复查，再次获得殊荣。

三、星级文明户创建

“十星级文明户”创建活动是农村精神文明建设“细胞”工程。1999年，县精神文明建设指导委员会制订《关于在全县农村开展创建“十星级文明户”的意见》，全县15个乡镇分别从抓一个村试点开始。到2000年末，全县各乡镇村组均开展创建“星级文明户”活动。至2004年底，共创10星户1509户，9星户3076户，8星户5586户，7星户6217户，6星户6276户，5星户7431户。2011年底，共创10星户5545户，9星户7431户，8星户7836户，7星户6217户，6星户4376户。还开展“五好家庭”评选活动，全县“五好家庭”参评率93%，创建“平安和谐家庭”1885户。文明行业6个，文明小区6个。

1999年景东县各乡镇第一批“十星级文明户” 统计表

表2-4-2

单位：个

乡镇	十星级	九星级	八星级	七星级	六星级	五星级
景福	5	100	172	172	206	178
太忠	3	4	106	12	13	9
漫湾	3	9	12	5	3	—
文井	8	109	237	277	432	342
花山	8	9	11	—	—	—
大街	—	—	1	4	4	6
龙街	—	—	—	—	7	26
文龙	—	—	9	14	63	442
安定	—	—	—	2	—	—
林街	3	9	27	17	24	20
永秀	18	15	46	79	47	19
东镇	2	15	13	26	11	15
曼等	23	47	73	77	45	32
者后	8	9	10	11	12	13
锦屏	10	—	—	—	—	—

四、军（警）民共建活动

1984 年，县委县政府出台《关于军民共建，地方自建精神文明单位意见》，确定军民共建文明示范单位：人武部与地方共建锦屏公社莲花塘生产队、曼等公社平掌大队，老练部队与文华大队共建老练完小，县武警中队与民政局共建儿童院，文华部队与文华大队共建文华完小。通过军（警）民共建活动，加强军政、军民团结，促进“双拥”工作。开展军民共建活动，坚持以地方领导为主，发动群众自建为主，以做好思想政治工作为主的原则，落实党中央关于工业反哺农业、城市支持农村的方针和要求，把组织开展城乡共建活动作为农村精神文明建设的“龙头工程”，纳入评选文明单位标准和履行社会责任主要内容。景东县基本做到国家级、省级、市级和县级文明单位，各自与行政村或村民小组结成“共建对子”，推动城乡统筹发展。

五、文明示范集市创建

城区文明示范街建设 城区文明示范街：景川路龙泉寺—通化桥。1997 年、1998 年两年实施道路、亮化、绿化、净化四大整治工程，1999 年县委县政府出台《有关景东进一步改革发展、文明建设的专题调研方案》，成立以文明办牵头的县城综合整治领导小组，从有关部门抽调人员组成综合治理办公室。采取日常监管和集中整治相结合的办法，到 2004 年彻底解决县城星期天以路为市、占道经营现状。同年 12 月，县委县政府召开创建文明示范工作会议。决定从 2005 年 1 月 5 日到 2 月 6 日，实行机关干部上街执勤制度。并从城区 90 多个单位部门抽调工作人员 277 人，其中 25 名副处级领导分别担任 12 个段执勤点带班领导，60 个单位部门主要领导担任值班领导，192 名干部职工为值班执勤人员。通过宣传、引导、教育，公民思想道德、文明意识不断增强，凤御路成为县城第一条文明示范街。先后制定出台《景东县城乡建设和环境保护条例》《景东彝族自治县创建文明城市镇暂行办法》《城镇公民守则》。

农村文明集市建设 2001 年始，按照“经济发展，基础设施建设，社会治安稳定，绿化、美化，亮化，环境卫生，思想道德建设，科学文化素质，行业服务质量，创建活动”十项工程抓落实，创建农村文明集镇。2011 年，文龙乡县级文明集市建成挂牌。

第三节 公民思想道德建设

一、思想教育活动

党的十三届四中全会后，景东县群众性精神文明创建活动在实践中不断走向成熟和完善。通过深入开展以“五讲四美三热爱”为主要内容的文明单位、文明村创建活动，结合“扫黄”“除六害”“两手都要硬”，广泛开展“学雷锋”“迎亚运”“迎世博”“迎县庆”，振奋精神，群众性精神文明创建活动呈现强势发展态势。1997 年 10 月 29—30 日，思茅地区思想政治工作研讨会、文化协会在景东召开。全区 10 县（市）企业、宣传文化部门、精神文明办和“两会”会员 100 余人参加会议。景东、景谷、普洱、孟连等 7 县（市）交流经验。12 月 22—23 日，思茅地区创建安全、文明社区动员会在景东召开，会议交流创建活动经验。1998 年，县文明委做出《关于在全县开展迎接昆明'99 世博会，创建文明城镇，提高公民文明素质的通知》和《在全县开展文明公民素质教育考试的通知》。当年，文明办征订《文明公民教育读本》2700 册；次年又征订 3.4 万册，并要求参加全省统一考试。考试对象为全县各乡镇、各单位、文明村 16 周岁以上公民。1999 年 3 月 10 日第一次考试，景东县获得全省组织三等奖，2000 年 8 月 6—20 日，县委宣传部、县文明办分别在县城和 4 个乡镇举办“崇尚科学、反对迷信愚昧”图片展览。县乡机关、企事业单位干部、离退休干部、居民、学生、农民等观看展览1.9万人。2001年，中共中央颁布《公民道德建设实施纲要》，县委宣传部、县文明办举办全县《公民道德建设实施纲要》(简称《纲要》)普及教育骨干培训班，参加培训100余人。全县上下掀起宣传学习《纲要》热潮，让“爱国守法、明礼诚信、勤俭自强、敬业奉献”十六字公民基本道德规范家喻户晓，县文明办先后征订中央、省、市三级有关精神文明和文明素质教育材料1.6万册，下发到机关、农村。先后举办各类培训班400余期，培训干部群众25万余人。

1998年，以“创建文明机关、做人民满意的公务员活动”，落实“领导当楷模、机关作表率、基层树形象”要求，景东县“讲文明、树形象”活动再掀高潮。迎接昆明99世博会、普洱茶叶节、县庆，广泛开展“治理脏、乱、差，创三优”主题活动，以创建“安全文明小区”为内容活动，把社会治安综合治理结合起来，推动群众性精神文明创建。2000年，县乡村开展“倡导文明新风，共建美好家园”活动。以“倡导文明新风，共建美好家园”为主题，活动内容是美化居住环境、维护治安秩序、丰富文体生活、普及科学知识、拓展社区服务、密切人际关系。

二、“学雷锋、树新风”活动

评模活动 1997年后，开展3年1次县乡村三级评“好人”、选楷模活动。通过“十佳青年农民”“十星级青年农民”“行业五星”“景东县道德模范”系列评比表彰，推进乡风文明，建设社会主义新农村。

1997年，评选表彰“十佳青年农民”“行业五星”。黄丕学（大街乡气力村垭口社）、张启忠（景福乡岔河村凤冠山社）、黄开兰（太忠乡嘎仰村龙潭社）等获“十佳青年农民”称号；施贵友（大街乡中心校）、吴继红（县教委）、熊有军（太忠乡派出所）、杨景荣（县人民医院）、赵莉（县商业总公司糕点厂）获“行业五星”称号。

1998年，评选表彰首届“十星级青年农民”。冯玉萍（文井镇开南办事处）、王有祥（花山乡营盘村）、李加泽（曼等乡瓦窑村）、李宗萍（景福乡勐令村）、周新勇（漫湾镇昔掌村）、张天学（大朝山东镇文玉办事处）、官有伟（龙街乡街子村）、卢开进（大街乡塘坊村）、李仕荣（锦屏镇北屯办事处）、李新亮（太忠乡大柏村）获“十佳青年农民”称号。评选表彰“行业五星”。李宁（大朝山东镇芹菜塘完小）、杨强（漫湾镇安召木材检查站）、解新奇（文井镇派出所）、钱一峰（县医院）、苏理琼（县信用联社），获“行业五星”称号。

“文明杯”篮球运动会篮球竞技现场（周德翰　摄于2006年11月）

2011—2012年，评选首届“景东县道德模范”。自国忠、刘长铭、郭子艳、罗欢、李忠华、汪德进、廖兴科、王革铭、刘成珍、罗忠菊，获“景东县道德模范”称号。

“文明杯”职工运动会 1996年，举办首届“文明杯”职工运动会。运动会由县乡文明单位、文明村组成分队，每3年举办1次。截至2010年，已连续举办八届。

“红土地之歌”演讲比赛 2000年，举办首届“红土地之歌”演讲比赛。演讲比赛主题为“爱党、爱国、爱乡、爱岗”。截至2011年，共举办七届比赛。部分参赛选手先后获得省市一二等奖。

“三下乡”“四进村（社）”活动　开展文化、科技、卫生“三下乡”和科教、文体、法律、卫生“四进村（社）”活动，满足广大人民群众精神文化需求。

三、未成年人教育

2005—2011年，落实中共中央国务院《关于进一步加强还改进未成年人思想道德建设的若干意见》，县委县政府制订出《贯彻落实全国未成年人思想道德建设工作会议精神实施方案》。以不同形式和方法，举办未成年人思想道德教育培训班，加强和改进未成年人思想道德教育工作，营造未成年人健康成长环境。2007—2008年，试行“家庭助廉承诺书”。2009年，妇联、文体局、广播电视局和农业局联合举办以弘扬和谐文化，竞展家庭风采为主题的“农业杯”家庭文化艺术大赛。2010年，县妇联联合银生中学举办以“快乐生活”为主题的第五届景东家庭文化艺术节。先后召开家长座谈会1290场（次），参与人数10万余人；邀请省内外教育讲师，开展家庭教育知识讲座240场次，受教育2万余人。

家庭教育是学校教育、社会教育的基础，对未成年人健康成长起着不可替代的作用。《景东县儿童发展规划（2001—2010年）》把家庭教育作为重要组成部分，把家庭教育工作列入议事日程，建立家庭教育长效机制，全面实施《景东县家庭教育“十一五”计划》。围绕“全民素质提升工程”，开展“提高全民素质，道德教育进家庭”宣传实践活动，落实维护孤残儿童合法权益，关爱农村留守儿童，加强未成年人“三生”（生命、生存、生活）教育。在未成年人中，开展“反对邪教，崇尚科学，珍爱生命”“学习先烈革命精神，继往开来报效祖国”“争当四个好少年”“让我们都有一颗感恩的心”“青春温暖银生情，真情助困进社区”“安全出行，你我同参与”“小伙伴手牵手·阳光温暖你和我”“清明祭忠魂”“做一个有道德的人”等系列活动，寓教于活动，促进青少年身心全面健康发展。

2011年，开展首届“景东县美德少年”评选活动。刘诗琦、陈春福、谢娴、魏雪梅、王一一、徐潮、穆骄阳、饶桢、金紫月、杨开荣获“美德少年”称号。

四、“我们的节日”主题活动

2010年始，为弘扬中华文化，建设中华民族共有精神家园，达到“长中国人的根，聚中国人的心，筑中国人的魂”，实现“中国梦”，推动“我们的节日”主题活动在全县广泛开展。活动内容：春节期间，突出辞旧迎新、团圆平安、家庭和睦、尊老爱幼主题，举办联欢晚会等活动，营造欢乐健康、快乐吉祥节庆氛围。清明节期间，突出纪念先人、缅怀先烈主题，举办祭奠扫墓、清明诗会等活动，引导人们继承中华民族优良传统，慎终追远，珍惜幸福生活。端午节期间，突出人与自然和谐共处主题，举办诗会、歌会、经典诵读、踏青、登山等活动，增进人们热爱家乡、热爱自然情感。中秋节期间，突出团结、团圆主题，举办民俗文化节、中秋赏月、体育健身等活动，营造社会和谐、健康向上节日氛围。

五、“关爱生命·文明出行”活动

2011年，启动“关爱生命·文明出行”道路交通安全宣传月活动。启动仪式出动警力50人次，悬挂宣传布标1条，发放交通安全宣传材料1200份，举办宣传展1场，通过手机信息平台发送“文明交通行动计划”“醉驾入刑”宣传信息22条，在客运站大厅电子显示屏播放警示宣传片2场，受理群众咨询120人次，受教育群众3000余人。“关爱生命·文明出行”主题活动开始进社区、进学校、进乡村。

第四节 文明新貌

一、募善捐资

1986 年，全县广大青少年响应邓小平“爱我中华、修我长城”号召，为修复长城捐款 211 元；响应全国少工委“学英雄、建丰碑”活动，捐款 257.8 元；为县烈士塔迁建捐款 385.3 元；为贫困山区儿童捐赠图书 3069 册和文具用品 1268.7 元，参加捐献少年儿童 1.8 万人。

1988 年 11 月 6 日 21：00，澜沧县发生 7.6 级地震，县委、县政府召开紧急会议，及时派出医疗小组和慰问小组；9 日 04：00，8 人医疗小组奔赴地震中心之一竹塘乡老炭山村执行救援任务；13 日，县人大常委会副主任汪大学带领景东慰问组赴竹塘乡慰问，向灾区群众捐赠棉毯 540 床，面条 1 万千克，猪油 5250 千克，冰糖 250 千克。医疗小组分别获得省卫生厅、思茅地委行署“抗震救灾先进集体”称号。1994 年 6 月 22 日，景东县发生重大洪灾，造成人民群众重大财产经济损失。7 月 1 日，县委、县政府在政府小礼堂举行“6·22”洪灾赈灾捐款大会，县级机关捐款 2.35 万元，干部职工捐款 5698 元。1998 年 7 月 3 日 03：00 至 06：00，林街乡岩头等地空降暴雨，引发泥石流和山体滑坡，造成民房、田地被毁人员伤亡的重大灾害。县委县政府组织抢险救灾捐款，收到单位、个人捐款 37 万元，其中个人捐款 11 万元。2007 年 6 月 3 日 05：34：56，普洱市宁洱县发生 6.4 级地震，地震同时波及景东县。县委县政府及时启动应急预案，组织人员深入基层查看灾情，同时县级四套班子领导带队，带着景东人民的情谊及 16 万元捐款前往灾区慰问。2008 年 5 月 12 日 14：28，四川省汶川县发生 8.0 级特大地震。面对灾害，众志诚城，一方有难，八方支援，县委、县政府立即号召全县各族群众、机关团体、单位职工向灾区人民伸出援助之手，奉献爱心。号召发出后，很快就收到县委办、县人大离退休干部、县纪委、监察局、政法委、县妇联、国税局、县直机关工委、景东烟草公司、科技局、安监局、森林公安局、食品药品监督管理局、检察院、供电公司、公安局、畜牧局、新华书店以及锦屏镇党政机关站所、安定乡鼠街村委会、花山乡、文龙乡、景福乡等单位干部职工和村民的捐款。县宣传文化系统专门组织本系统 100 余人在人民会堂举行全县宣传文化系统向地震灾区捐款仪式。全县教育系统干部职工 22897 人，中小学生都向灾区人民献出爱心。5 月 22 日晚，县委、县政府在县人民会堂举办“灾难无情、人间有爱”赈灾义演晚会，向灾区筹集善款 60 余万元。

2003 年 7 月，县委县政府决定修复名胜古迹凌云塔，并成立“孔雀山凌云塔修复办公室”，8 月 18 日，办公室向全县各单位及社会各界发起倡议募捐活动，截至 2004 年 3 月 6 日，共收到捐款 341.8 万元，全部投入修复工程。2004 年，县委县政府决定开发建设御笔山公园，同时成立御笔山公园开发建设协调领导小组及其办公室。在建设资金的筹措上，指导思想是：举全县之力，共建我们的“长城”，在建设资金筹措上，尽可能向上级争取一点，各单位筹集一点，职工捐助一点，向社会倡议募捐一点，广集财力，集少成多。按照这一指导思想，公园开发建设协调领导小组在政府小礼堂召开各乡镇、县直各委办局企事业单位、省市驻景单位筹资动员大会。同时在南羊河酒店召开企业老板筹资动员会，县工商局动员全县个体工商户捐款，建设局也积极动员工程项目经理捐款，县政府驻昆明办事处也向景东籍在昆明工作人士动员捐款，并发出倡议书 4000 余份。由于公园建设是一项公益事业，深得民心，得到社会各界人士的鼎力支持，共收到捐款 280 余万元，工程于 2005 年 12 月 10 日竣工。

二、见义勇为

在全县推进精神文明建设活动中，景东县倡导见义勇为，弘扬社会正气。相继涌现出一批见义勇为模范，他们面对歹徒大义凛然，挺身维护人民生命财产。曾受到省级、市级表彰的模范人物有：宋佳林（单挑三盗贼），景东县第五中学保卫人员，2004 年被评为市级见义勇为模范人物；汪德进（肉搏杀人狂），林街乡岩头村新寨小组村民，2005 年被评为省级见义勇为模范人物；周章（火海救耕牛），林街乡岩头村新寨小组村民，2005 年被评为市级见义勇为模范人物；徐开锦（救人灭火灾），景东县检察院职工，2006 年被评为市级见义勇为模范人物；李忠华（擒获偷车贼），锦屏镇磨腊村迤磨腊村民小组村民，2009 年被评为市级见义勇为模范人物。

三、感动银生十大人物

2011 年 6 月 25 日，通过自下而上民主推荐，张榜公示，征求意见，评选出景东县首届“感动银生十大人物”。罗成光（大街乡平地村民委员会原主任）、樊治国（大朝山东镇中心校校长）、苏萍（县烟办副主任）、赵丽梅（县公安局刑事侦查大队刑事技术中队教导员）、周承金（花山乡文岔村河边村民小组组长）、李正祥（文龙乡义昌村大村小学代课教师）、李正华（文井镇中心卫生院外科副主任医师）、刘玉洪（哀牢山生态站常务副站长）、曹守基（县人大常委会原主任）等被评为“感动银生十大人物”。

第五节 精神文明机构

1982 年 12 月，根据中央有关指示精神，成立县“文明礼貌月”活动领导小组。1984 年 10 月，成立精神文明建设领导小组办公室，由 1 名副书记任组长，县委宣传部长、副县长、县人武部政委各 1 名任副组长，办公室设在县委宣传部。全县 15 区 1 镇及县属各局相应成立领导小组，由主要领导分管。1997 年 5 月，成立景东县精神文明建设指导委员会，县委书记担任委员会主任、县长担任委员会副主任，各有关部委办局主要负责人为成员，办公室设在县委宣传部，由县委宣传部长兼任办公室主任，并配专职副主任 1 人。各乡镇成立精神文明建设领导小组，由乡镇党委主要领导或行政主要领导兼任组长，宣传委员兼任精神文明专干。

第三编

政权　政协

第一章　县人民代表大会

第一节　换届选举

1981年10月，中共景东县委研究决定，成立第八届县人民代表大会选举委员会。根据1979年7月颁布《中华人民共和国全国人民代表大会和地方各级人民代表大会选举法》规定，从本届起，县人大代表由选民直接选举产生。共选出代表235人，其中，妇女46人，占19.57%；中共党员182人，占75.45%；少数民族106人，占45.11%。各条战线代表农林占72%，工交占3.4%，财贸占2.1%，文教占2.1%，科技占2.1%，医疗卫生占1.7%，烈属荣誉军人占0.84%，现役军人占0.43%，工商占0.43%，宗教界占0.86%，县社机关干部占15.4%，青年占16%。

1984年2月19日，县第八届人大常委会第十四次会议决定，成立第九届人民代表大会选举委员会。根据《选举法》规定，全县划分为212个选区，分配代表名额272人，选出县人大代表267人。经代表资格审查委员会审查，调离1人，其代表资格依法终止。实有代表266人，其中，妇女56人，占21.05%；少数民族136人，占51.13%；中共党员162人，占60.90%；共青团员17人，占6.39%；大专文化9人，占3.38%。1985年6月，国务院批准成立景东彝族自治县，补选县人大代表。选举出缺5人，因工作外调依法终止代表资格5人，病故3人，共需补选13人。经各选区选举，县代表资格审查委员会审查，13名补选代表资格有效，县第九届人大代表足额产生。

1986年11月6日，县第九届人大常委会第十二次会议决定，成立县第十届人民代表大会选举委员会。全县划分205个选区，分配代表名额239人，选出县人大代表237人。经县代表资格审查委员会审查，保甸区昔掌乡选区代表候选人得票未过半1人，代表资格无效。当选代表236人，其中，妇女34人，占14.4%；少数民族104人，占44.06%。

1989年11月15日，县第十届人大常委会第十五次会议决定，成立县第十一届人民代表大会选举委员会。全县划分218个选区，分配代表名额262人。选出县人大代表261人，其中，妇女48人，占18.39%；少数民族126人，占48.28%；中共党员165人，占63.22%。

1992年11月5日，县第十二届人大常委会第十六次会议决定，成立县第十二届人民代表大会选举委员会。全县划分220个选区，分配代表名额261人（留后待选1人），选出县人大代表260人，其中，妇女43人，占16.54%；非中共代表78人，占30%；少数民族173人，占66.54%；大专以上文化24人，占9.23%，高中（中专）文化52人，占20%；初中文化以下185人，占71.15%，连选连任代表73人，占28.08%。本届人大任届期间，选出代表260人，先后被罢免代表资格2人，调离本行政区域10人，病故2人，依法补选5人，届末实有代表251人（其中，男210人，女41人）。

1997年10月31日，县第十二届人大常委会第三十二次会议决定，成立县第十三届人民代表大会选举委员会。全县划分169个选区，分配代表名额199人。选出县人大代表199人，其中，妇女43

人，占22.6%；非中共代表26人，占13.1%；少数民族86人，占43.2%；大专以上文化45人，占22.6%；高中（中专）文化38人，占19.1%；初中文化以下116人，占58.3%，连选连任代表51人，占25.6%。本届人大任届期间，选出代表199人，先后病故3人，调出或迁出本行政区域代表7人，两次无故不参加代表大会、依法终止代表资格1人，补选代表6人，届末实有代表194人（其中，男149人，女45人）。

2002年12月3日，县第十三届人大常委会第三十五次会议决定，成立县第十四届人民代表大会选举委员会。全县划分169个选区，分配代表名额199人。选出县人大代表199人，其中，妇女43人，占21.6%；非中共代表38人，占19.1%；少数民族109人，占54.8%；大专以上文化66人，占30.2%；高中（中专）文化33人，占16.6%；初中文化以下100人，占50.3%；连选连任代表36人，占18.1%。

2007年10月15日，县第十四届人大常委会三十七次会议决定，成立县第十五届人民代表大会选举委员会。全县划分170个选区，分配代表名额199人。选出县人大代表199人，其中，妇女39人，占19.6%；非中共代表42人，占21.1%；少数民族105人，占52.8%；大专以上文化67人，占33.7%；高中（中专）文化27人，占13.6%。初中文化以下105人，占52.8%，连选连任代表32人，占16.1%。

第二节　历届人民代表大会

一、第八届人民代表大会

一次会议　1981年12月3—8日，县第八届人民代表大会第一次会议在县跃进会堂举行。出席会议的人大代表195人，占代表总数的84%。会议听取和审议《县革命委员会工作报告》《县财政预决算报告》《县法院工作报告》《县检察院工作报告》，并依次表决通过5个报告决议。根据《中华人民共和国地方各级人民代表大会和地方各级人民政府组织法》规定，撤销县革命委员会，恢复县政府，设立县人民代表大会常务委员会。大会选举产生县第八届人民代表大会常务委员会主任1人，副主任4人，委员13人；李昌发当选主任，崔金财、王致顺、吴惠英、汪国雄当选副主任。选举产生第八届县人民政府县长1人，副县长4人，李俊晖当选县长，曹守基、车天成、罗有肇当选副县长。袁有章当选县法院院长，田以华当选检察院检察长。会议期间，收到代表议案235件。

二次会议　1983年1月19—25日，县第八届人民代表大会第二次会议在县跃进会堂举行。出席会议的人大代表167人，占代表总数的72.3%，县委县政府各部门负责人列席会议。会议听取和审议《县政府工作报告》《县人大常委会工作报告》《1982年地方财政决算和1983年地方财政预算的报告》《县法院工作报告》《县检察院工作报告》，并依次表决通过5个报告决议。大会增选县人大常委会委员1人。会议期间，收到代表议案197件。经大会主席团审查，列为议案122件，其余75件作建议、要求、意见处理。

三次会议　1983年4月16—17日，县第八届人民代表大会第三次会议在县跃进会堂举行。出席会议的人大代表145人，占代表总数的61.9%，列席会议3人。按照《选举法》规定，省第六届人民代表大会实行差额选举，确定代表候选人5人；李昌发（彝族）、王琴芝（女）、蔡安甲、罗景荣当选省第六届人民代表大会代表。

二、第九届人民代表大会

一次会议　1984年9月18—24日，县第九届人民代表大会第一次会议在县跃进会堂举行。出席会议的人大代表259人，占代表总数的93.7%，县委县政府及各部门负责人36人、县政协委员132人列席会议。会议听取和审议《县政府工作报告》《县人大常委会工作报告》《1983年地方财政决算和1984年地方财政预算的报告》《县法院工作报告》《县检察院工作报告》，并依次表决通过5个报告决议。按照《中华人民共和国全国人民代表大会和地方各级人民代表大会选举法》规定，选举产生县第九届人民代表大会常务委员会主任1人、副主任4人，委员13人；曹守基当选主任，汪大学、冯以庄、吴力、汪国雄当选副主任。选举产生第九届县人民政府县长1人，副县长4人；张裕农当选县长，任巨元、谢强章、王琴芝（女）、翁常瑾当选副县长。罗景录当选县法院院长，田以华当选县检察院检察长。会议期间，收到代表议案85件，提出建议、批评和意见189件。经大会主席团审查，列为议案15件，其中，县人大常委会办理5件，县政府办理10件。

二次会议 1985年5月15—19日，县第九届人民代表大会第二次会议在县跃进会堂举行。出席会议的人大代表209人，占代表总数的80.7%，县委县政府各部门和省地驻景东单位负责人47人，县政协委员116人列席会议。会议听取和审议《县政府工作报告》《1984年地方财政决算和1985年地方财政预算的报告》《县法院工作报告》《县检察院工作报告》，并依次表决通过5个报告决议。会议期间，收到代表议案51件，提出建议、批评和意见60件。经大会主席团审查，列为议案2件，其他作建议、批评和意见处理。

三次会议 1985年12月16—18日，县第九届人民代表大会第三次会议在县人民会堂举行。出席会议的人大代表247人，占代表总数的90.8%，县委县政府各部门和省地驻景东单位负责人52人，县政协委员96人列席会议。会议听取和审议自治县筹备委员会主任何太忠《关于成立景东彝族自治县筹备委员会工作报告》，大会通过《关于成立景东彝族自治县的决定》；听取张裕农《县政府工作报告》，通过《关于接受张裕农辞去景东县政府县长职务的决定》。按照《选举法》规定，增选县人大常委会委员6人，何太忠当选自治县县长；通过自治县人大常委会、县政府、县法院、县检察院领导人员留任名单。

四次会议 1986年5月13—17日，县第九届人民代表大会第四次会议在县人民会堂举行。出席会议的人大代表225人，占代表总数的83.9%，县委县政府各部门和省地驻景东单位负责人65人，县政协委员109人列席会议。会议听取和审议《县政府工作报告》《县人大常委会工作报告》《1985年地方财政决算和1986年地方财政预算的报告》《县法院工作报告》《县检察院工作报告》，并依次表决通过5个报告决议，通过《关于彝族传统节日火把节的决定》。会议期间，收到代表议案和建议、批评和意见160件。经大会主席团审查，列为议案21件。

三、第十届人民代表大会

一次会议 1987年5月11—16日，县第十届人民代表大会第一次会议在县人民会堂举行，出席会议的人大代表221人，占代表总数的93.6%。县委县政府各部门及省地属驻景东单位负责人、县政协委员142人列席会议。会议听取和审议《县政府工作报告》《县人大常委会工作报告》《1986年地方财政决算和1987年地方财政预算的报告》《县法院工作报告》《县检察院工作报告》，并依次表决通过5个报告决议。选举产生县第十届人民代表大会常务委员会主任1人、副主任3人，委员13人；汪大学当选主任，王文忠、苏有明、石安当选副主任。选举产生第十届县政府县长1人，副县长5人；何太忠当选县长，刀学明、任巨元、罗景军、姜华国、翁常瑾当选副县长。罗景录当选县法院院长，田以华当选县检察院检察长。会议期间，收到代表议案80件，提出批评、建议和意见68件。经大会主席团审查，列为议案3件，即要求文玉乡新建卫生院1所，太忠区公所迁到平掌街，保甸区公所迁到安乐乡岔山。

二次会议 1988年3月11—15日，县第十届人民代表大会第二次会议在县人民会堂举行，出席会议的人大代表196人，占代表总数的82.7%，县委县政府各部门及省地属驻景东单位负责人54人、县政协委员131人列席会议。会议听取和审议《县政府工作报告》《县人大常委会工作报告》《1987年地方财政决算和1988年地方财政预算的报告》《县法院工作报告》《县检察院工作报告》，并依次表决通过5个报告决议。以无记名投票、差额选举方法，何太忠（彝族）、夏英齐、李青（哈尼族）当选省第七届人民代表大会代表，增选县第十届人大常委会委员2人。会议期间，收到代表议案19件，提出批评、建议和意见23件，质询案5件。经大会主席团审查，列为议案3件，即要求德胜办事处更名为保甸办事处，扩修鼠街街道，粮油挂钩后柴油供应问题。

三次会议　1989年4月4—9日，县第十届人民代表大会第三次会议在县人民会堂举行，出席会议的人大代表192人，占代表总数的81.1%，县委县政府各部门及省地属驻景东单位负责人、乡镇人大常务主席62人、县政协委员128人列席会议。会议听取和审议《县政府工作报告》《县人大常委会工作报告》《县1988年地方财政决算和1989年地方财政预算的报告》《县法院工作报告》《县检察院工作报告》，并依次表决通过5个报告决议。以无记名投票、差额、等额选举方式，孔广群（女）当选省第七届人民代表大会代表，李应林当选县法院院长。会议期间，收到代表议案42件，提出建议、批评和意见39件，质询案、询问案11件。经大会主席团审查，列为议案6件，即要求政府帮助解决灰窑水泥厂660万元贷款，修建者后永久性川河大桥、干桔河水库、坝子场水库、水箐街公路，其他作建议、批评、意见办理；质询案、询问案由相关部门答复，代表们对结果表示满意。

四、第十一届人民代表大会

一次会议　1990年3月15—21日，县第十一届人民代表大会第一次会议在县人民会堂举行，出席会议的人大代表256人，占代表总数的98%，县委、县人大、县政府等相关各部门负责人114人列席会议。会议听取和审议《县政府工作报告》《县人大常委会工作报告》《县1989年地方财政决算和1990年地方财政预算的报告》《县法院工作报告》《县检察院工作报告》，并依次表决通过5个报告决议；通过《云南省景东彝族自治县自治条例（草案）》决议，拟呈报省人大常委会批准后实施。选举产生县第十一届人大常务委员会主任1人，副主任3人，委员13人；苏有明当选主任，张德良、李青、杨桂英当选副主任。选举产生第十一届县政府县长1人，副县长6人；何太忠当选县长，白兆清、张长生、段守孟、姜华国、马先忠、罗景军当选副县长。李应林当选县法院院长，田以华当选县检察院检察长。会议期间，收到代表议案44件，提出建议、批评和意见67件，质询案1件，询问案5件。经大会主席团审查，列为议案3件，转批评、建议、意见41件；质询案作询问处理，由县紫胶办向代表说明；询问案作不询问处理5件，由办公室了解情况后答复代表。

二次会议　1991年3月20—24日，县第十一届人民代表大会第二次会议在县人民会堂举行，出席会议的人大代表231人，占代表总数的89.58%，县委、县人大、县政府等各部门负责人114人列席会议。会议听取和审议《县政府工作报告》《县人大常委会工作报告》《县1990年地方财政决算和1991年地方财政预算的报告》《县法院工作报告》《县检察院工作报告》，并依次表决通过5个报告决议。以无记名投票、差额选举办法，选举县第十一届人大常委会委员2人。会议期间，收到代表议案12件，提出建议、批评、意见66件，询问案6件。经大会主席团审查，12件议案全部转建议、批评、意见办理，询问案由相关部门向代表作说明。

三次会议　1992年3月24—28日，县第一届人民代表大会第三次会议在县人民会堂举行，出席会议的人大代表202人，占代表总数的80%，县委、县人大、县政府等各部门负责人122人列席会议。会议听取和审议《关于十年规划和“八五”计划报告》《1991年国民经济和社会发展执行情况及1992年计划安排情况的报告》《县人大常委会工作报告》《1991年地方财政决算和1992年地方财政预算的报告》《县法院工作报告》《县检察院工作报告》，并依次表决通过5个报告决议。以无记名投票、等额选举方法，选举龚丕富为县长。会议期间，收到代表议案3件，提出建议、批评和意见151件，质询案1件，询问案8件。经大会主席团审查，列为议案1件，转建议、批评和意见2件；153件建议、批评和意见转县政府及职能部门办理，会议期间书面或口头答复152件，绝大多数代表表示满意；质询案作询问处理，询问案由办公室转相关部门，由被询问单位负责向代表说明。

五、第十二届人民代表大会

一次会议　1993年3月9—15日，县第十二届人民代表大会第一次会议在县人民会堂举行，出席会议的人大代表247人，占代表总数的95%，县委、县人大、县政府等有关部门负责人90人列席会议。会议听取和审议《县政府工作报告》《县人大常委会工作报告》《1992年地方财政预算执行情况和1993年地方财政预算草案的报告》《县法院工作报告》《县检察院工作报告》，并依次表决通过5个报告决议。选举产生县第十二届人大常委会主任1人，副主任3人，委员14人；杨正忠当选主任，张德良、李青、杨桂英当选副主任。选举产生第十一届县政府县长1人，副县长6人；龚丕富当选县长，白兆清、姜华国、马先忠、纪纳、李发祥、李春才当选副县长。李应林当选县法院院长，鲁益光当选县检察院检察长。黄炳生、龚丕富（彝族）、李凡一（女、彝族）、杨正忠当选省第八届人民代表大会代表。会议期间，收到代表议案19件，提出建议、批评和意见142件，质询案2件，询问案5件。经大会主席团审查，列为议案1件，转批评、建议和意见18件；1件询问案转建议、批评、意见办理，其余4件询问案分别由政府办、法院、民政局和社会保险事业局有关领导人约定时间、地点作说明；2件质询案交受质询机关县林业局和景东林业局森林公安派出所在规定时间内答复。

二次会议　1994年3月22—26日，县第十二届人民代表大会第二次会议在县人民会堂举行，出席会议的人大代表246人，占代表总数的94.7%，县委、县人大、县政府等有关部门负责人103人列席会议。会议听取和审议《县政府工作报告》《1993年地方财政预算执行情况和1994年地方财政预算草案的报告》《县人大常委会工作报告》《县法院工作报告》《县检察院工作报告》，并依次表决通过5个报告决议。按照《大会选举办法》规定，邹开荣当选县第十二届人大常委会副主任。会议期间，收到代表议案10件，提出建议、批评和意见105件，询问案4件。经大会主席团审查，列为议案1件（即“县城绿化问题亟待解决”），其余9件转建议、批评和意见办理；询问案分别由被询问单位水电局、民政局、林业局和城乡企业局向代表作说明。

三次会议　1995年3月13—18日，县第十二届人民代表大会第三次会议在县人民会堂举行，出席会议的人大代表228人，占代表总数的89.4%，县委、县人大、县政府等有关部门负责人121人列席会议。会议听取和审议《县政府工作报告》《1994年地方财政预算执行情况和1995年地方财政预算草案的报告》《县人大常委会工作报告》《县法院工作报告》《县检察院工作报告》，并依次表决通过5个报告决议；通过《云南省景东彝族自治县林业管理条例（草案）》决议，拟呈报云南省人民代表大会常务委员会审查批准后实施。白兆清当选县政府县长，杨正兴当选县法院院长。会议期间，收到代表议案6件，提出建议、批评和意见59件，未收到质询案、询问案。经大会主席团审查，6件议案均转建议、批评和意见办理。

四次会议　1996年3月11—15日，县第十二届人民代表大会第四次会议在县人民会堂举行，出席会议的人大代表195人，占代表总数的77.7%，县委县政府等有关部门负责人130人列席会议。会议听取和审议《景东县国民经济和社会发展“九五”计划和2010年远景目标的报告》《景东县1995年国民经济和社会发展计划执行情况与1996年计划草案的报告》《1995年地方财政预算执行情况和1996年计划草案的报告》《县人大常委会工作报告》《县法院工作报告》《县检察院工作报告》，并依次表决通过6个报告决议。普发升当选县检察院检察长。会议期间，收到代表议案16件，提出建议、批评、意见53件，询问案1件，未收到质询案。经大会主席团审查，16件议案均转建议、批评、意见办理。

五次会议 1997 年 3 月 10—14 日，县第十二届人民代表大会第五次会议在县人民会堂举行，出席会议的人大代表 187 人，占代表总数的 74.5%，县委、县人大、县政府有关部门负责人 141 人列席会议。会议听取和审查《县政府工作报告》《1996 年地方财政预算执行情况和 1997 年地方财政预算草案的报告》《县人大常委会工作报告》《县法院工作报告》《县检察院工作报告》，并依次表决通过 5 个报告决议。按照《大会选举办法》规定，吴力当选县人大常委会副主任。会议期间，收到代表议案 3 件，提出建议、批评和意见 44 件，未收到质询案、询问案。经大会主席团决定，3 件议案均转建议、批评和意见办理。

六次会议 1997 年 11 月 9—20 日，县第十二届人民代表大会第六次会议在县人民会堂举行。出席会议的人大代表 210 人，占代表总数的 85%；县委、县人大、县政府等有关部门负责人 38 人列席会议。大会以举手表决方式，通过《云南省景东彝族自治县城乡建设管理条例（草案）》，拟呈报云南省人大常委会批准后实施。按照《大会选举办法》规定，薛惠新、孙荣祖、白兆清（彝族）、罗国文（哈尼族）、李有兰（女，彝族）当选云南省第九届人民代表大会代表。大会表彰县第十二届人民代表大会优秀代表 34 人。

六、第十三届人民代表大会

一次会议 1998 年 3 月 16—20 日，县第十三届人民代表大会第一次会议在县人民会堂举行，出席会议的人大代表 196 人，占代表总数的 98.5%；县委、县人大、县政府等有关部门负责人共 140 人列席会议。会议听取和审查《县政府工作报告》《1997 年地方财政预算执行情况和 1998 年地方财政预算（草案）的报告》《县人大常委会工作报告》《县法院工作报告》《县检察院工作报告》，并依次表决通过 5 个报告决议。按照《大会选举办法》规定，选举产生县第十三届人大常委会主任 1 人，副主任 6 人，委员 11 人；杨正忠当选主任，李发祥、马先忠、吴力、查正芹、赵昌能当选副主任。选举第十三届县政府县长 1 人，副县长 6 人；白兆清当选县长，毕廷村、陈维进、孔广群、李俊波、魏大胜、韩有志当选副县长。吴忠灿当选县法院院长，普发升当选县检察院检察长。会议期间，收到代表议案 4 件，提出建议、批评和意见 107 件，未收到质询案、询问案。经大会主席团审查，4 件议案均转建议、批评和意见办理。

二次会议 1999 年 3 月 16—19 日，县第十三届人民代表大会第二次会议在县人民会堂举行，出席会议的人大代表 179 人，占代表总数的 89.9%；县委、县人大、县政府等有关单位负责人共 149 人列席会议。会议听取和审查《县政府工作报告》《1998 年地方财政预算执行情况和 1999 年地方财政预算（草案）的报告》《县人大常委会工作报告》《县法院工作报告》《县检察院工作报告》，并依次表决通过 5 个工作报告决议。由于受亚洲金融危机影响，国内经济主要靠拉动内需刺激增长，根据景东面临的经济环境和走向，必须实事求是确定经济发展指标。县政府建议调整“九五”计划部分指标，即调整景东国民经济与社会发展“九五”计划中“国内生产总值、产业比例、农村经济总收入、粮食总产量、农民人均纯收入、脱贫目标与人民生活质量标准”等项主要指标；同时，增加“个体私营经济比重由 1998 年 19.8%上升为 25%；实施县城规划调整方案，加快新区建设的步伐，以更好地发挥对经济辐射作用，并加快乡镇集镇建设”两项内容，对县政府“九五”计划部分指标调整建议予以批准。会议期间，收到代表议案 4 件，提出建议、批评和意见 87 件，未收到质询案、询问案。经大会主席团审查，4 件议案均转建议、批评和意见处理。

三次会议 2000 年 3 月 14—18 日，县第十三届人民代表大会第三次会议在县人民会堂举行。出席会议的人大代表 182 人，占代表总数的 91.2%；县委、县人大、县政府等有关部门负责人共 151 人列席会议。会议听取和审查《县政府工作报告》《县 1999 年地方财政预算执行情况和 2000 年地方财政预算草案的报告》《县人大常委会工作报告》《县法院工作报告》《县检察院工作报告》，并依次表决通过5个工作报告决议。选举县人大常委会委员2人。会议期间，收到代表议案7件，提出建议、批评和意见97件，质询案2件，询问案4件。经大会主席团审查，7件议案均转建议、批评和意见办理；2件质询案（即兑现1997年烤烟补贴，烤烟返还款）由县政府答复为主，商业、供销两家扶持企业作相应说明；4件询问案中3件分别由扶贫办、土地局和教委作说明，另1件关于优质烟县价补贴询问与质询案答复内容相同，不再单独说明。

四次会议　2001年3月13—18日，县第十三届人民代表大会第四次会议在县人民会堂举行，出席会议的人大代表182人，占代表总数的91.2%；县委、县人大、县政府有关部门负责人150人列席会议。会议听取和审查《县政府工作报告》《2000年国民经济和社会发展执行情况与2001年国民经济和社会发展计划草案》《2000年地方财政预算执行情况和2001年地方财政预算草案的报告》《县人大常委会工作报告》《县法院工作报告》《县检察院工作报告》，并依次表决通过5个工作报告及“十五”计划纲要和2001年计划决议。何国贤（白族）当选县人大常委会副主任，刘德当选县法院院长，徐云生当选县检察院检察长。会议期间，收到代表议案6件，提出建议、批评和意见151件，未收到质询案和询问案。经大会主席团审查，6件议案均转为建议、批评和意见办理。

五次会议　2002年3月12—17日，县第十三届人民代表大会第五次会议在县人民会堂举行，出席会议的人大代表180人，占代表总数的90.1%；县委、县人大、县政府等有关部门负责人共160人列席会议。会议听取和审查《县政府工作报告》《2001年地方财政预算执行情况和2002年地方财政预算草案的报告》《县人大常委会工作报告》《县法院工作报告》《县检察院工作报告》，并表决通过5个报告决议；通过《云南省景东彝族自治县乡公路管理条例（草案)》决议，拟呈报云南省人大常委会批准后实施。按照《大会选举办法》规定，毕廷村当选县政府县长。会议期间，收到代表议案8件，提出建议、批评和意见117件，未收到质询和询问案。经大会主席团审查，8件议案均转建议、批评和意见办理。

六次会议　2002年11月12—13日，县第十三届人民代表大会第六次会议在县人民会堂举行，出席会议的人大代表173人，代表总数的86.9%；县委、县人大、县政府等有关部门负责人33人列席会议。脱佑兹、毕廷村（彝族）、李红（女、彝族）当选云南省第十届人民代表大会代表。大会表彰县第十三届人民代表大会优秀代表100人。

七、第十四届人民代表大会

一次会议　2003年3月13—17日，县第十四届人民代表大会第一次会议在县人民会堂举行。出席会议的人大代表197人，占代表总数的99%；县委、县人大、县政府各部门负责人共126人列席会议，会议听取和审议《县政府工作报告》《县2002年国民经济和社会发展执行情况及2003年计划草案的报告》《县2002年地方财政预算执行情况和2003年计划草案的报告》《县人大常委会工作报告》《县法院工作报告》《县检察院工作报告》，并依次表决通过5个报告决议。选举产生第十四届人大常委会主任1人，副主任6人，委员14人；陈维进当选主任，何国贤、吴力、马先刚、纪世忠、杨艳、邹开荣当选副主任。选举产生第十四届县政府县长1人，副县长7人；毕廷村当选县长，李是呈、孔广群、魏大胜、李启荣、姚顺、李家祥、李绍荣当选副县长。刘德当选县法院院长，徐云生当选县察院检察长。会议期间，收到代表议案20件，提出建议、批评和意见214件，收到询问案1件，未收到质询案。经大会主席团审查，20件议案均转建议、批评和意见办理。询问案约定时间、地点，召集询问与被询问双方作出说明和答复。

二次会议　2004年2月24—28日，县第十四届人民代表大会第二次会议在县人民会堂举行，出席会议的人大代表189人，占代表总数的95%，县委、县人大、县政府等有关部门负责人133人列席会议。会议听取和审查《县政府工作报告》《2003 年地方财政预算执行情况和 2004 年地方财政预算（草案）的报告》《县人大常委会工作报告》《县法院工作报告》《县检察院工作报告》，讨论修改《景东彝族自治县自治条例》修订草案，并依次表决通过 5 个报告决议。何世坤等 43 人当选市第一届人民代表大会代表。会议期间，收到代表议案 4 件，提出建议、批评和意见 118 件，收到询问案 5 件，未收到质询案。经大会主席团审查，4 件议案均转为建议、批评和意见办理，5 件询问案分别由被询问单位（国土资源局、交通局、经贸局、电力公司、糖业公司、人事局、民政局）向代表作说明。

三次会议　2005 年 3 月 15—18 日，县第十四届人民代表大会第三次会议在县人民会堂举行，出席会议的人大代表 177 人，占代表总数的 88.9%；县委、县人大、县政府等各部门负责人 148 人列席会议。会议听取和审查《县政府工作报告》《2004 年地方财政预算执行情况和 2005 年地方财政预算（草案）的报告》《县人大常委会工作报告》《县法院工作报告》《县检察院工作报告》，并表决通过 5 个报告决议；通过《云南省景东彝族自治县自治条例》修正草案，拟呈报云南省人大常委会批准后实施。蒋平当选县检察院检察长。会议期间，收到代表议案 15 件，提出建议、批评和意见 157 件，未收到质询案、询问案。经大会主席团审查，列为议案 1 件，其余 14 件均转建议、批评和意见办理。

四次会议　2006 年 2 月 14—17 日，县第十四届人民代表大会第四次会议在县人民会堂举行，出席会议的人大代表 177 人，占代表总数的 88.9%，县委、县人大、县政府各部门负责人 142 人列席会议。会议听取和审查《县政府工作报告》《县国民经济和社会发展第十一个五年规划纲要报告》《2005 年地方财政预算执行情况和 2006 年地方财政预算（草案）的报告》《县人大常委会工作报告》《县法院工作报告》《县检察院工作报告》，并依次表决通过 5 个报告决议。选举县十四届人大常委会委员 3 人，金钟鑫当选县人大常委会副主任。会议期间，收到代表议案 15 件，提出建议、批评意见 108 件，收到询问案 3 件，未收到质询案。经大会主席团审查，13 件议案均转建议、批评意见办理，分别由县易地安置办公室、民政局、人事和社会保障局向代表说明。

景东彝族自治县第十四届人民代表大会第五次会议（县委党史办　提供）

五次会议　2007 年 1 月 23—26 日，县第十四届人民代表大会第五次会议在县人民会堂举行，出席会议的人大代表 164 人，占代表总数的 82.4%，县委、县人大、县政府等各部门负责人共 138 人列席会议。会议听取和审查《县政府工作报告》《县 2006 年国民经济和社会发展计划执行情况与 2007 年国民经济和社会发展计划（草案）的报告（书面）》《县 2006 年地方财政预算执行情况和 2007 年地方财政预算（草案）的报告（书面）》《县人大常委会工作报告》《县法院工作报告》《县检察院工作报告》，并依次表决通过 5 个报告决议；通过《云南省景东彝族自治县城镇建设管理条例》修正草案。白兆林当选县政府县长，赵昌德当选县人大常委会副主任。选举县十四届人大常委会委员 1 人，饶愚凡当选县法院院长。会议期间，收到代表议案 16 件，提出建议、批评和意见 54 件，未收到质询和询问案。经大会主席团审查，16 件议案均转为建议、批评和意见办理。

八、第十五届人民代表大会

一次会议　2008 年 1 月 8—12 日，县第十五届人民代表大会第一次会议在县人民会堂举行，出席会议的人大代表 195 人，占代表总数的 98%，县委、县人大、县政府有关部门负责人 156 人列席会议。会议听取和审查《县政府工作报告》《县 2003 年至 2007 年国民经济和社会发展计划执行情况与 2008 年及今后五年国民经济和社会发展计划（草案）的报告（书面）》《2007 年地方财政预算执行情况和 2008 年地方财政预算（草案）的报告（书面）》《县人大常委会工作报告》《县法院工作报告》《县检察院工作报告》，并依次表决通过 5 个报告决议；审查通过《云南省景东彝族自治县环境保护条例（草案）》，拟呈报省人大常委会批准后实施。选举县第十五届人民代表大会常委委员会主任 1 人，副主任 4 人，委员 15 人；赵昌德当选主任，马先刚、金钟鑫、袁光洪、杨亚梅当选副主任。选举县第十五届县政府县长 1 人，副县长 6 人；白兆林当选县长，杨忠兴、陶勇、姚顺、欧阳宇辉、彭关明、张天梅当选副县长。饶愚凡当选县法院院长，罗跃宇当选县检察院检察长。会议期间，收到代表议案 45 件，提出建议、批评和意见 132 件，质询案 3 件，未收到询问案。经大会主席团决定，45 件议案均转为建议、批评和意见办理；1 件质询案经提案人同意转为建议、批评和意见办理，另外 2 件质询案由县政府及相关部门向代表作出答复和说明。

景东彝族自治县第十五届人民代表大会第二次会议（县委党史办　提供）

二次会议　2009 年 2 月 14—17 日，县第十五届人民代表大会第二次会议在县人民会堂举行，出席会议的人大代表 184 人，占代表总数的 92.5%，县委、县人大、县政府有关部门负责人共 139 人列席会议。会议听取和审查《县政府工作报告》《县 2008 年国民经济和社会发展计划执行情况与 2009 年国民经济和社会发展计划（草案）的报告》《2009 年地方财政预算执行情况和 2010 年地方财政预算（草案）的报告（书面）》《县人大常委会工作报告》《县法院工作报告》《县检察院工作报告》，并依次表决通过 5 个报告决议。选举县十五届人大常委会委员 5 人，马勇等 45 人当选普洱市第二届人民代表大会代表。会议期间，收到代表议案 18 件，提出建议、批评和意见 28 件，未收到质询案和询问案。经大会主席团审查，18 件议案均转建议、批评和意见办理。

三次会议　2010 年 2 月 2—4 日，县第十五届人民代表大会第三次会议在县人民会堂举行，出席会议的人大代表 171 人，占代表总数的 85.9%，县委、县人大、县政府各部门负责人共 140 人列席会议。会议听取和审查《县政府工作报告》《县 2009 年国民经济和社会发展计划执行情况与 2010 年国民经济和社会发展计划（草案）的报告（书面）》《2009 年地方财政预算执行情况和 2010 年地方财政预算（草案）的报告（书面）》《县人大常委会工作报告》《县法院工作报告》《县检察院工作报告》，并依次表决通过 5 个工作报告决议；通过《云南省景东彝族自治县水资源条例（草案）》，拟呈报云南省人大常委会批准后实施。李小平当选景东出席普洱市第二届人民代表大会代表。会议期间，收到代表议案9件，提出建议、批评和意见70件，质询案2件，未收到询问案。经大会主席团审查，9件议案均转为建议、批评和意见办理，2件质询案在质询对象上涉及个人和公司，不属法律规定质询对象，决定与联名代表沟通、说明，转为建议、批评和意见办理。

四次会议 2011年2月16—19日，县第十五届人民代表大会第四次会议在县人民会堂举行，出席会议的人大代表187人，占代表总数的94%，县委、县人大、县政府等各单位负责人共158人列席会议。会议听取和审查《县政府工作报告》《县国民经济和社会发展第十二个五年计划纲要（草案）（书面)》《县2010年国民经济和社会发展计划执行情况与2011年国民经济和社会发展计划的报告（书面)》《2010年地方财政预算执行情况和2011年地方财政预算（草案）的报告（书面)》《县人大常委会工作报告》《县法院工作报告》《县检察院工作报告》，并依次表决通过5个报告决议。李春荣当选县长，黄卫文当选检察院检察长。会议期间，收到代表议案5件，提出建议、批评和意见50件，未收到质询和询问案。经大会主席团审查定，5件议案转为建议、批评和意见办理。

五次会议 2012年1月6—8日，县第十五届人民代表大会第五次会议在县人民会堂举行，出席会议的人大代表187人，占代表总数的94%，县委、县人大、县政府有关部门负责人142人列席会议。会议听取和审查《县政府工作报告》《县2011年国民经济和社会发展计划执行情况与2012年国民经济和社会发展计划（草案）的报告（书面)》《县2011年地方财政预算执行情况和2012年地方财政预算（草案）的报告（书面)》《县人大常委会工作报告》《县法院工作报告》《县检察院工作报告》，并依次表决通过5个报告决议。会议期间，收到代表议案4件，提出建议、批评和意见20件，收到询问案1件，未收到质询案。经大会主席团审查，4件议案转为建议、批评意见处理，询问案由县政府分管副县长带领政府办、城建局、国土局、畜牧局负责人与提案人约定时间、地点作说明。

景东县第八届至第十五届人大常委会主任、副主任一览表

表3-1-1

届次	职务	姓名	性别	民族	籍贯	任职时间	备注
第八届（1981.12—1984.8）	主任	李昌发	男	彝	云南景东	1981.12—1984.8	—
	副主任	崔金财	男	汉	河南	1981.12—1984.8	—
		王致顺	男	哈尼	云南景东	1981.12—1984.8	—
		吴惠英	女	彝	云南景东	1981.12—1983.7	—
		汪国雄	男	汉	广东	1981.12—1984.8	—
第九届（1984.9—1987.5）	主任	曹守基	男	汉	河南	1984.9—1987.5	—
	副主任	汪大学	男	彝	云南景东	1984.9—1987.5	—
		冯以庄	女	汉	云南景东	1984.9—1987.5	兼职
		吴　力	男	彝	云南景东	1984.9—1987.5	—
		汪国雄	男	汉	广东	1984.9—1985.7	—
第十届（1987.5—1990.3）	主任	汪大学	男	彝	云南景东	1987.5—1990.3	—
	副主任	王文忠	男	彝	云南镇沅	1987.5—1990.3	—
		苏有明	男	汉	云南景东	1987.5—1990.3	—
		石　安	男	汉	云南石屏	1987.5—1990.3	—

续表 3-1-1

届次	职务	姓名	性别	民族	籍贯	任职时间	备注
第十一届（1990. 3—1993. 3）	主任	苏有明	男	汉	云南景东	1990. 3—1993. 2	—
	副主任	张德良	男	彝	云南景东	1990. 3—1993. 2	—
		李　青	男	哈尼	云南景东	1990. 3—1993. 2	—
		杨桂英	女	汉	云南景东	1990. 3—1993. 2	—
第十二届（1993. 3—1998. 2）	主任	杨正忠	男	汉	云南景东	1993. 3—1998. 2	—
	副主任	张德良	男	彝	云南景东	1993. 3—1997. 3	—
		李　青	男	哈尼	云南景东	1993. 3—1998. 2	—
		杨桂英	女	汉	云南景东	1993. 3—1996. 3	—
		吴　力	男	彝	云南景东	1997. 3—1998. 2	—
		邹开荣	男	汉	云南景东	1994. 3—1998. 2	兼职
第十三届（1998. 3—2003. 2）	主任	杨正忠	男	汉	云南景东	1998. 3—2003. 2	—
	副主任	李发祥	男	汉	云南景东	1998. 3—2003. 2	—
		马先忠	男	汉	云南景东	1998. 3—2003. 2	—
		吴　力	男	彝	云南景东	1998. 3—2003. 2	—
		赵昌能	男	汉	云南景东	1998. 3—1999. 8	—
		查正芹	女	汉	云南景东	1998. 3—2003. 2	—
		何国贤	男	白	云南鹤庆	2001. 3—2003. 2	—
		邹开荣	男	汉	云南景东	1998. 3—2003. 2	兼职
第十四届（2003. 3—2008. 1）	主任	陈维进	男	汉	云南景东	2003. 3—2008. 1	—
	副主任	何国贤	男	白	云南鹤庆	2003. 3—2008. 1	—
		吴　力	男	彝	云南景东	2003. 3—2008. 1	—
		马先刚	男	汉	云南景东	2003. 3—2008. 1	—
		纪世忠	男	汉	云南景东	2003. 3—2008. 1	—
		杨　艳	女	彝	云南景东	2003. 3—2005. 7	—
		邹开荣	男	汉	云南景东	2003. 3—2005. 7	兼职
		金钟鑫	男	汉	云南景东	2006. 2—2008. 1	—
		赵昌德	男	汉	云南景东	2007. 2—2008. 1	—
第十五届（2008. 1—2013. 1）	主任	赵昌德	男	汉	云南景东	2008. 1—	—
	副主任	马先刚	男	汉	云南景东	2008. 1—	—
		金钟鑫	男	汉	云南景东	2008. 1—	—
		袁光洪	男	彝	云南景东	2008. 1—	—
		杨亚梅	女	彝	云南景东	2008. 1—	—

景东县第八届至第十五届人民代表大会常务委员会委员一览表

表 3-1-2

届别	姓名
第八届	李昌发（彝） 崔金财 王致顺（哈尼） 吴惠英（女、彝） 汪国雄 赵志明 赵昌志 罗桂莲（女） 王世明 王琴芝（女） 李善植 马保林（回） 何国贤（白） 陈宗伦 李光亮（彝） 吴楚 田仕发（哈尼） 周江

续表 3-1-2

届别	姓名
第九届	曹守基　汪大学（彝）　汪国雄　吴力（彝）　冯以庄（女）　王杰　王世民　马绍文（回）李丕昌　李尚义　李芳惠（女）　李长伟　刘开丽　苏有贵　陶丕祥（傣）　罗德利（哈尼）　李学芬（女、瑶）　孟存厚　钟成芳（女、彝）　杨春昌　李品荣（彝）　赵奇　张世兰（女、苗）
第十届	汪大学（彝）　王文忠（彝）　苏有明　石安　王瑞文　刘昌荣　刘家信　吴力（彝）　李尚义　李学芬（女、瑶）　罗阳庆　罗德利（哈尼）　陈卫东　罗景颜（彝）　孟存厚　黄霞（女、傣）　张世兰（女、苗）
第十一届	苏有明　张德良（彝）　李青（哈尼）　杨桂英（女）　吴力（彝）　张进有（彝）　杨恒兴（白）　金汝华（回）　查正芹（女）　祝兆珍（女、瑶）　陈卫东　侯国俊　温元普　谢帜标　普开祥（彝）　朱德金　赵云（壮）　李发祥　杨昆景
第十二届	杨正忠　张德良（彝）　李青（哈尼）　杨桂英（女）　吴力（彝）　王正辉　孔广群（女）　字雁鸣（女）　杨恒兴（白）　吴启林　张亚萍（女）　张宗美（女）　陈卫东　金汝华（回）　罗允性（彝）　罗兴祥（彝）　查正芹（女）
第十三届	杨正忠　李发祥　马先忠　吴力（彝）　赵昌能　查正芹（女）　何国贤（白）　邹开荣　罗庆北（哈尼）　鲁文学（彝）　李红（女、彝）　张仁祥　李正东（彝）　苏理珍（女）　唐勇（彝）　杞云山　姚顺　罗景山（彝）　苏萍　资源　田莉华（女、土家）
第十四届	陈维进　吴力（彝）　纪世忠　何国贤（白）　马先刚　杨艳（女、彝）　邹开荣　赵昌德　金钟鑫　罗成顺（彝）　资源　张仁祥　卢丕军　张云洪　罗娅（女）　左元月（女）　唐勇（彝）　伍荣良　钱一峰　卢绍科　刘本亚　纪明良　白灵春　周建华　陶勇
第十五届	赵昌德　马先刚　金钟鑫　杨亚梅（女、彝）　袁光洪（彝）　纪明良　卢丕军　杨明成　蔡志　罗成顺（彝）　资源　武恒斌　姚开福（白）　祝福（瑶）　罗涓溪　罗正斌　阿兴珍（女、彝）　李树萍（女、彝）　刘本亚　赵云仙（女）　李继友　程艳（女）　周安文　田玉海　李籽汶

第三节　县人大常委会

一、第八届人大常委会

届期 3 年。常委会由主任 1 人、副主任 4 人、委员 13 人组成，其中女常委 3 人、少数民族常委 6 人。届期内共举行常委会议 16 次。

1981 年 12 月 9—10 日，县八届人大常委会举行第一次会议。会议学习《中华人民共和国地方各级人民代表大会和地方各级人民政府组织法》，明确县人大常委会职权、任务，研究人大常委会工作，明确常委会主任、副主任分工。根据县人大常委会主任会议提请，任命县人大常委会办公室主任 1 人；根据县法院院长提请，任命李应林、罗景录为县法院副院长，任命庭长副庭长 5 人、审判员 8 人；根据县检察院检察长提请，任命李朝珍、伍达润、周安义为县检察院副检察长。

1982 年，县人大常委会先后举行第二至第六次会议。会议听取和审议县政府《关于 1981 年地方财政收支决算和 1982 年地方财政预算的报告》《关于 1981 年国民经济计划执行情况和 1982 年国民经济计划的报告》《计划生育工作情况报告》《关于人大代表提案办理情况的报告》，并作出相关决议；听取县检察院《关于坚决打击经济领域中严重犯罪活动的报告》、县法院《关于法院审判工作的报告》；通过《关于保护森林资源，发展林业生产，制止乱砍滥伐的实施细则》《关于景东县城规划建设管理试行条例》《关于稳定完善农业生产责任制的实施细则》《景东县第八届人大常委会工作制度的暂行规定》；作出《关于坚决制止封建迷信活动的决定》《关于提倡婚事新办反对大操大办的决定》《关于提倡勤俭节约，反对请客送礼、铺张浪费的决定》。根据县长提请，任命政府部门正职及各公社管理委员会主任 11 人，免职 11 人，撤职 1 人；根据县检察院检察长提请，任命检察员 3 人；根据法院院长提名，任命审判员 2 人。

1983 年，县人大常委会先后举行第七至第十一次会议。会议听取和审议县政府《关于 1982 年国民经济执行情况和 1983 年国民经济计划安排情况的报告》《关于 1982 年地方财政决算和 1983 年地方财政预算安排的报告》《关于普及教育工作情况报告》《关于计划生育工作情况报告》《关于景东县林业发展情况报告》，并作出相关决议；通过《景东县城镇建设用地范围的补充决定》。根据县长提请，任命政府各部门正职 17 人，免去 1 人；根据县法院院长提请，免去罗景录的县法院副院长职务。

1984 年，县人大常委会先后举行第十二至第十六次会议。会议听取和审议县政府《关于县级机关机构改革的报告》《关于第八届人民代表大会第二次会议代表提案办理情况的报告》《关于第九届人民代表大会代表资格审查报告（草案）》，并作出相关决议；听取县人大常委会《关于新划的乡镇及选举委员会情况报告》，决定县人大常委会不再任命区公所属县政府派出机构区长、副区长职务。根据县长提请，任命副县长 4 人、政府各部门正职 16 人；根据县检察院检察长提请，任命郑兴有、周安义为县检察院副检察长，任命检察员 3 人；根据县法院院长提请，任命李应林为县法院副院长，任命庭长 3 人、审判员 4 人、宣判委员会委员 7 人，免去审判委员会委员 2 人。

二、第九届人大常委会

届期 3 年。常委会由主任 1 人、副主任 4 人、委员 18 人组成，其中女常委 6 人、少数民族常委 9 人。届期内共举行常委会议 15 次。

1984 年，县人大常委会先后举行第一至第二次会议。会议明确常委会主任、副主任分工；审议通过县政府《关于民工建勤的报告》，并作出相关决议。根据县长提请，任命政府各部门正职 16 人；根据县检察院检察长提请，任命周安义、郑兴有为检察院副检察长，任命检察院科长、副科长检察员 5 人，任命检察员 10 人、检察委员会委员 8 人；根据县法院院长提请，任命李应林、叶国昆为法院副院长，任命庭长 8 人、审判员 4 人、审判委员会委员 7 人，免去审判委员会委员 2 人。

1985 年，县人大常委会先后举行第三至第七次会议。会议听取和审议县政府《关于贯彻〈森林法〉、保护森林资源发展林业生产的报告》《关于景东县城区总体规划的报告》《关于实行民工建勤修建公路、加快全县公路建设决定执行情况的报告》《县教育工作情况报告》《关于公证管理试行条例的报告》《关于用五年左右时间在全县公民中基本普及法律常识规划意见的报告》《关于搬迁和新建革命烈士纪念碑的报告》《关于县工业交通局分设为工业局、交通局的报告》《民政工作情况报告》《关于办理县第九届人民代表大会第一次会议议案、建议、批评和意见情况的报告》，并作出相关决议；通过县人大常委会《关于召开第九届人民代表大会第三次会议的决定》《关于补选、增选县第九届人大代表，县人大常委会委员的决定》《关于景东彝族自治县暂不使用彝族文字的决定》。根据县长提请，任命刀学明为县政府副县长，任命局长 2 人；根据检察院检察长提请，任命郑兴友为检察院副检察长，任命副科长 1 人、检察组组长 1 人、检察委员会委员 1 人。

1986 年，县人大常委会先后举行第八至第十三次会议。会议听取和审议县政府《关于农业科技工作情况的报告》《关于 1985 年审计工作情况和 1986 年审计工作意见的报告》《关于民委工作情况的报告》《关于发展城乡集体企业工作的报告》《关于从严治警情况的报告》《关于修改景东城区建设总体规划范围的报告》《关于粮油购销工作情况的报告》《关于计划生育工作情况的报告》《关于卫生工作情况报告》《关于 1986 年财政支出预算调整的报告》《关于苦聪人族属归类问题的报告》《关于普及法律常识情况的报告》《关于经济体制改革情况的报告》《关于县交通运输工作情况的报告》《关于县物价工作情况的报告》《关于甘蔗糖业生产的报告》《关于贯彻义务教育法和解决学校危房情况的报告》，并作出相关决议；听取人大常委会《关于召开景东彝族自治县第九届人民代表大会第四次会议筹备工作情况的报告》、县政府《关于县第九届人民代表大会第二次会议提出议案、建议、批评和意见办理的报告》、县检察院《关于打击严重经济犯罪活动情况报告》。根据县长提名，任命局长 7 人，免去局长 3 人；根据县检察院检察长提请，任命科长 2 人、副科长 1 人、检察员 1 人，免去科长 1 人；根据法院院长提请，任命审判员 2 人。

1987 年，县人大常委会先后举行第十四至第十五次会议。会议听取和审议县政府《关于 1986 年国民经济执行情况和 1987 年国民经济计划的报告》《关于 1986 年地方财政决算执行情况和 1987 年地方财政预算安排的报告》，并作出相关决议；通过《关于召开县第十届人民代表大会第一次会议时间的报告》《关于县第十届人民代表大会第一次会议筹备工作情况的报告》。根据法院院长提请，任命庭长 1 人、审判员 1 人，免去庭长 1 人。

三、第十届人大常委会

届期 3 年。常委会由主任 1 人、副主任 3 人、委员 13 人组成，其中女常委 3 人、少数民族常委 8 人。在届期内共举行常委会议 15 次。

1987 年，县人大常委会先后举行第一至第五次会议。在第一次会议上，明确常委会主任、副主任分工，会议听取和审议县政府《关于科委工作报告》《关于水利水电工作情况报告》《关于加强贫困山区工作情况的报告》《关于粮食工作情况的报告》《关于文化、广播、电视事业工作情况的报告》《关于对财政预算收支情况和部分调整的报告》《关于甘蔗生产情况的报告》，并作出有关决议。根据县长提请，任命局长 26 人，免去局长 11 人；根据县人大常委会主任受主任会议委托提请，任命兼任人大工作委员会主任 3 人，副主任 4 人；根据县检察院检察长提请，任命检察员 3 人；根据法院院长提请，任命副庭长 1 人，免去副庭长 1 人、审判员 1 人。

1988 年，县人大常委会先后举行第六至第十次会议。会议听取和审议县政府《关于计划生育中几个问题的报告》《关于 1988 年粮食生产发展意见的报告》《关于查处乱占土地情况的报告》《关于下放拘留权的报告》《关于工商行政管理工作情况报告》《关于城乡建设环境保护工作情况报告》《关于计划经济委员会工作情况报告》《关于县统计工作情况报告》《关于税务工作情况报告》《关于扶贫工作情况报告》《关于民委工作情况报告》《关于民政工作情况报告》《关于漫湾电站景东库区移民搬迁方案的报告》《关于调整景东林业局经营区部分国有林地用于安置移民的报告》《关于 1988 年商业工作情况报告》《关于城乡集体企业工作情况的报告》《关于调整 1988 年财政预算指标的报告》，并作出相关决议；通过《关于新建文玉乡的决定》，任命永秀乡、文玉乡选举委员会组成人员；通过《景东县人大常委会工作制度》；作出《关于全面开展执法检查工作安排意见的决定》《设立景东彝族自治县税务检查室的决定》《关于召开第十届人民代表大会第二次会议的时间及议程（草案）》决定。会议同意罗景录辞去县法院院长职务，并由其提名，任命李应林为县法院代院长；根据县检察院检察长提请，任命检察院检察委员会委员 1 人。

1989 年，县人大常委会先后举行第十一至第十六次会议。会议听取和审议县政府《关于县第十届人民代表大会第二次会议代表提出议案、建议、批评和意见办理情况的报告》《关于清理整顿公司工作情况的报告》《关于粮食生产发展情况的报告》《关于科委工作情况的报告》《关于林业工作情况的报告》《关于教育管理体制改革试点工作的报告》《关于内保和交通管理工作情况的报告》《关于计划生育工作情况的报告》《关于土地管理工作情况的报告》《关于 1989 年财政预算执行情况和财政预算指标调整安排方案的报告》；听取和审议县检察院《关于打击贪污受贿经济犯罪情况的报告》，县法院《关于民事工作情况的报告》，并作出相关决议；听取《关于县自治条例起草工作情况的报告》

《关于征用图书馆址情况汇报》；作出《关于审议“一府两院”工作报告必须将贯彻执行情况向人大常委会反馈的决定》，要求凡属县人大常委会安排为例会审议的工作报告，必须在会议结束后一个半月内书面向县人大常委会反馈贯彻执行情况。根据县长提请，任命县政府部门正职3人；根据县法院院长提请，任命庭长2人、审判员5人，免去庭长1人、副庭长1人、审判员1人。

1990年，县人大常委会先后举行第十七至第十八次会议。会议听取和审议县政府《关于县第十届人民代表大会第三次会议代表提出议案、建议、批评和意见办理情况的报告》《关于1989年国民经济计划执行情况的报告》，并作出相关决议；听取县人大常委会主任会议《关于召开县第十一届人民代表大会第一次会议时间及有关事项》《关于县第十一届人民代表大会常务委员会工作报告（草案）》《第十一届人民代表大会代表资格审查报告》《思茅地委、省人大常委会审核景东彝族自治县自治条例情况报告》；决定将《景东彝族自治县自治条例（草案）》提请县第十一届人民代表大会第一次会议审议。根据县长委托提请，任命张长生为县政府副县长职务。

四、第十一届人大常委会

届期3年。常委会由主任1人、副主任3人、委员15人组成，其中女常委3人、少数民族常委9人。任期内共举行常委会议18次。

1990年，县人大常委会先后举行第一至第四次会议。首先根据人大常委会主任提议，明确县人大常委会主任、副主任分工。听取和审议县政府《关于人民调解工作情况报告》《关于1990年工业生产经营情况的报告》《关于计划生育政策补充规定的报告》《关于审计工作情况的报告》《关于调整1990年县级财政预算指标的报告》《关于全县实施国务院〈森林防火条例〉暂行规定的报告》，县人大法工委《关于下半年公安、检察院、法院机关开展执法检查的报告》，县法院《关于成立法院告诉、申诉审判庭的报告》，并作出相关决议。同意姜华国辞去县政府副县长职务；根据县人大常委会主任会议提请，任命人大工作委员会主任2人，副主任3人；根据县长提请，任命贾重玖为副县长职务，任命局长、主任33人，免去2人；根据县检察院检察长提请，任命陈世伟为检察院副检察长、普发升兼任反贪局局长，任命检察员5人，免去郑兴友检察院副检察长职务；根据县法院院长提请，任命吴忠灿为县法院副院长，任命庭长2人，免去叶国昆县法院副院长职务，免去庭长1人、副庭长1人、审判委员会委员2人。

1991年，县人大常委会先后举行第五至第十一次会议。会议听取和审议县政府《关于第十一届人民代表大会第一次会议议案、建议、批评和意见办理情况的报告》《关于局部调整县城总体规划的报告》《关于监察行政工作情况的报告》《关于工商行政管理工作情况的报告》《关于在全县公民中开展法制宣传教育的第二个五年计划的报告》《关于1991年农业生产工作情况的报告》《关于1991年林业工作情况的报告》《关于城乡建设环境保护工作情况的报告》《关于土地管理工作情况的报告》《关于公路管理实施细则的报告》《关于调整1991年财政预算的报告》《关于抗震防灾规划的报告》《关于1991年教育工作情况的报告》《关于执行婚姻法、婚姻登记办法情况的报告》，法院《关于刑事审判工作情况的报告》，县检察院《关于1989年以来执行刑法、刑事诉讼法情况的报告》，县人大常委会执法检查组《关于执法检查工作情况的报告》《关于义务教育执法检查情况的报告》，并作出相应决议；批准《景东县公路建设和管理办法暂行规定》，规定每年11月为全县“爱路月”，11月10日为“护路日”；决定撤销县人大常委会《关于计划生育政策补充规定的决定》，作出《在全县范围内开展婚姻法执行情况检查的决定》。根据县长提请，任命龚丕富为副县长、代理县长职务；根据代理县长委托副县长提请，任命局长、主任5人，免去2人，同意何太忠辞去县政府县长职务；根据县法院院长提请，任命杨开荣为县法院副院长，任命副庭长2人、审判员1人，免去王恒坤县法院副院长职务，免去副庭长1人；根据县检察院院长提请，任命检察委员会委员1人，免去检察委员会委员1

人；同意赵云、朱德金辞去县人大常委会委员。

1992年，县人大常委会先后举行第十二至第十六次会议。会议听取和审议县政府《关于劳动人事工作情况的报告》《关于全县国民经济和社会发展十年规划和八五计划的报告》《关于十一届人民代表大会第二次会议代表议案、建议、批评和意见办理情况的报告》《关于多渠道筹措办学经费的报告》《关于农业科技工作的报告》《关于水利水电工作情况的报告》《关于工商税务工作报告》《关于1992年县财政预算调整的报告》《关于调整招待所和图书馆地址的报告》《关于县城总体规划部分调整的报告》，并作出相关决议；听取县人武部政委王万星作《关于全县民兵和部队机关正规化建设情况的报告》；决定召开县第十一届人民代表大会第三次会议有关事项；县人大常委会根据省、地人大要求，经县委同意，增设县人大常委会代表选举联络工作委员会。根据主任会议提请，任命副主任1人；根据县长提请，先后任命李春才、姜华国为副县长，任命局长、主任5人，免去3人，同意张长生辞去副县长职务；根据县检察院检察长提请，任命检察员、检察委员会委员1人；根据县法院院长提请，任命庭长1人、副庭长4人，免去庭长1人、审判委员会委员1人。

1993年，县人大常委会先后举行第十七至第十八次会议。会议听取和审议县政府《关于1992年财政预决算情况的报告（草案）》，并作出相关决议；听取县人大《关于乡镇换届选举工作情况的报告》；审议通过召开县第十二届人民代表大会第一次会议有关事项。根据县检察院检察长提请，任命检察员3人。

五、第十二届人大常委会

届期5年。常委会由主任1人、副主任5人、委员14人组成，其中女常委5人、少数民族常委10人。届期内共举行常委会议36次。

1993年，县人大常委会先后举行第一至第五次会议。选举产生县第十二届人大常委会代表资格审查委员会，明确主任、副主任分工及各委室对应联系工作部门。会议审议通过县人大常委会1993年度工作要点及十二届人大代表活动制度；听取和审议县政府《关于贯彻落实国务院〈全民所有制工业企业转换经营机制条例〉和〈云南省全民所有制工业企业转换经营机制实施办法〉情况的报告》《关于农村商品生产基地建设情况报告》《关于1993年县级财政预算调整情况的报告》《关于1993年烤烟生产情况的报告》，并作出相关决议；听取县人大教科文卫工委《关于部分中小学生流失情况的调查报告》，对存在的问题提出工作意见和建议；听取和审议县人大常委会法工委《关于李挂芬房屋产权归属问题的调查报告》，作出《关于撤销县政府1984年6月6日〈通知〉及县政府办公室〈关于饮食服务公司原老街油条食馆房产纠纷复议决定〉的决定》。根据县人大常委会主任会议委托提名，任命人大常委会工委主任4人，副主任1人。根据县长提请，任命县政府部门局长、主任29人，免去1人；根据县检察院检察长提请，任命郑兴友为检察院副检察长兼反贪污贿赂局局长，免去普发升反贪污贿赂局局长职务，任命检察委员会委员2人；根据县法院院长提名，任命庭长1人、审判员3人。

1994年，县人大常委会先后举行第六至第十二次会议。会议听取和审议县政府《关于贯彻实施〈中华人民共和国九年义务教育法〉办法的情况报告》《关于办理县第十二届人民代表大会一次会议代表议案、建议、批评和意见情况的报告》《关于全县农村医疗卫生工作情况的报告》《城乡集体企业管理的工作情况报告》《景东县糖业生产情况的报告》《关于漫湾电站景东库区移民工作基本情况和存在问题处理意见的报告》《关于国土建设环境保护工作情况报告》《县城绿化规划及实施规划的意见》《1994年县级财政预算调整情况的报告》，县法院《关于行政审判工作情况的报告》，县检察院《关于法纪检查工作的情况报告》，并作出有关决议；通过县人大常委会1994年度工作要点及县人大常委与县政府工作联系制度；批准县检察院《关于成立检察院农税检察室的报告》；作出《关于锦屏乡、锦屏镇合并工作中有关问题的决定》。根据县长提请，任命周大勇为县政府科技副县长，免去李春才科技副县长职务，任命局长、主任7人，免去4人；根据县法院院长提名，任命周荣林为县法院副院长，任命庭长1人、副庭长2人、法院审判员9人；根据检察院检察长委托副检察长提名，任命检察院检察员8人、检察委员会委员2人。在第九次常委会议上，听取和评议县工商局局长罗绍忠述职报告，首次开展县人民代表大会选举和人大常委会任命干部述职评议。

1995年，县人大常委会先后举行第十三至第十九次会议。会议听取和审议县政府《关于县1994年农业和农村工作报告》《关于办理县十二届人民代表大会第二次会议代表议案、建议和批评和意见情况的报告》《关于文化体育工作情况的报告》《民政工作情况报告》《关于扶贫开发工作中基地建设情况的报告》《关于国民经济运行情况和物价工作情况的报告》《关于筹措办学经费规定的报告》《关于1995年县级财政预算调整的报告》，县检察院《关于反贪污贿赂工作情况的报告》，并作出相关决议；审议《云南省景东彝族自治县林业管理条例（草案)》《云南省景东彝族自治县水利工程建设和管理条例（草案)》，并作出审议决定，拟提交县第十二届人民代表大会第三次会议通过；听取和评议县农业局局长魏大胜、县城乡企业局局长黄永明述职报告；通过无记名投票测评，决定县第十二届人大三次会议召开时间、议程及相关会议材料的审查。第十三次会议上，根据县长提请，白兆清担任副县长、代理县长，同意龚丕富辞去县长职务；根据法院院长提请，任命杨正兴为县法院副院长代理院长，任命庭长3人、法院审判员11人，免去杨开荣县法院副院长职务，免去庭长1人，同意李应林辞去县法院院长职务。第十六次常委会上，根据县长提请，任命毕廷村为县政府副县长，任命局长1人，免去局长、主任2人；根据县法院院长提请，任命汪红为县法院副院长，任命庭长1人、副庭长1人、审判员3人，接受鲁益光辞去县检察院检察长辞请。第十八次常委会上，根据县长委托副县长提请，任命陈维进、鲁益光为县政府副县长，免去纪纳副县长职务；根据县人大常委会主任会议委托提请，任命普发升为县检察院代理检察长。

1996年，县人大常委会先后举行第二十至第二十六次会议。会议听取和审议县政府《关于办理县十二届人大三次会议代表议案、建议、批评和意见情况的报告》《关于广播电视工作情况报告》《关于在全县公民中开展法制宣传教育第三个五年规划的报告》《关于粮食工作情况的报告》《关于林业工作情况的报告》《关于科学技术工作情况的报告》《关于工商行政管理工作情况的报告》《关于1996年县级财政预算调整的报告》《关于我县实施〈统计法〉情况的报告》，并作出相关决议；听取县人大常委会法工委《关于施行〈云南省景东彝族自治县林业管理条例〉和〈云南省景东彝族自治县水利工程建设和管理条例〉有关问题的说明》；决定县第十二届人大四次会议召开时间、议程（草案)，讨论修改县人大常委会工作报告；听取和评议教育局长、民族事务委员会主任、计划生育委员会主任述职报告。会议同意杨桂英辞去县人大常委会副主任职务，同意黄永明因工作调动辞去城乡集体企业管理局局长职务；根据县长委托副县长提请，任命李佳维为县公安局长，免去陈忠运公安局局长职务。第二十四次常委会议上，结合县级机构改革实施，根据县长提请，任命韩有志为县政府副县长，任命局长、主任10人，免去4人，继任局长、主任16人；根据县检察院检察长提请，免去陈世伟检察委员会委员、副检察长职务，免去检察委员会委员职务2人。

1997年，县人大常委会先后举行第二十七至第三十四次常委会议。会议听取和审议县政府《关于办理十二届人大四次会议代表议案、建议、批评和意见情况的报告》《城乡建设工作情况报告》《关于1996年县级财政预算执行情况和其他财政收支情况的审计报告》《全县文化体育工作情况报告》《关于1994年至1996年扶贫资金投入和使用情况报告》《关于国有工业企业改革情况报告》《关于农村卫生工作情况报告》《关于农村教育费附加征收情况报告》《关于农村卫生工作情况报告》《关于川河防洪整治工程项目实施方案的报告》《关于县城总体规划修编工作的情况报告》《关于1997年财政收支预算部分变更情况的报告》，并作出相关决议；作出《关于召开县第十二届人大五次会议决定》，决定县第十届人大五次会议召开时间、议程（草案）及有关事项；讨论人大常委会工作报告；听取人大常委会主任会议关于对县政府部分组成人员、“两院”副职领导成员届中书面述职报告评议情况；听取和评议副县长鲁益光、县科委主任周正清述职报告。张德良辞去县人大常委会副主任职务；根据人大常委会主任受主任会议委托提请，任命人大工委主任3人，免去工委主任职务1人，副主任1人，并同意2名工委主任辞请，辞去工委主任职务；根据县长委托副县长提名，任命纪纳为县政府副县长，任命统计局局长1人，免去1人；根据县法院院长提名，任命庭长2人、副庭长3人、审判委员2人，免去庭长、审判委员3人、副庭长1人；根据县检察院检察长提名，任命邓承功为县检察院副检察长职务，任命检察委员会委员3人、检察员4人。第三十四次常委会议上，决定县第十二届人大六次会议召开时间、议程（草案）即县人大换届选举有关问题；任命第十三届人民代表大会代表选举委员会组成人员，作出《县人大常委会关于授权乡镇选举工作领导小组确定各乡镇选区领导小组成员和正式代表候选人的决定》。在第三十四次常委会议上，根据县委文件，分别接受纪纳辞去县政府副县长、杨正兴辞去县法院院长职务；根据辞职前法院院长提名，任命副庭长1人、审判员4人。

1998年，县人大常委会先后举行第三十五至第三十六次会议。会议听取和审议县政府《关于实施三五普法规划的情况报告》《关于办理十二届人大五次会议代表议案、建议、批评和意见情况的报告》，并作出相关决议；听取《关于县第十三届人大代表资格审查情况报告》、县人大常委会主任会议《关于6位政府组成人员届中书面述职的情况报告》，对6位述职情况表示满意。根据县长委托副县长提请，免去县计划经济委员会主任职务1人。

六、第十三届人大常委会

届期5年。常委会由主任1人、副主任7人、委员13人组成，其中女常委5人、少数民族常委10人。届期内共举行常委会议36次。

1998年，县人大常委先后举行第一至第六次会议。会议讨论通过县人大常委会1998年度工作要点，决定人大常委会代表资格审查委员会组成人员，作出《县人大常委会关于设立代表资格审查委员会的决定》，通过《关于干部述职评议试行办法》和《关于任免地方国家机关工作人员办法》；听取和审议县政府《关于1997年县级财政预算执行情况和其他财政收支的审计报告》《关于土地管理情况的报告》《关于〈云南省预算资金管理条例〉执行情况的报告》《关于普及六年、九年义务教育情况的报告》《关于畜牧业生产情况的报告》《关于1998年县级财政收支预算部分变更的情况报告》《关于县城总体规划修编的报告》，并作出相关决议。根据县人大常委会主任受主任会议委托提名，任命县人大工委（室）主任4人，同意罗景山辞去县人大常委会委员职务；根据县长提名，任命政府部门局长、主任29人；根据县长委托副县长提名，任命顾延伟为县政府副县长，免去韩有志县政府副县长职务，任命局长、主任2人，免去主任1人；根据县法院院长提请，任命汪红、周荣林、邓绍顺为县法院法院副院长，任命庭长5人、副庭长7人，免去庭长1人、副庭长4人；根据县检察院检察长提请，任命邓承功、颜仕鹏、黄思英为县检察院副检察长，任命检察员2人，免去检察员3人。

1999年，县人大常委会先后举行第七至第十四次会议。会议讨论决定县第十三届人大二次会议有关事项，修改《县人大常委会工作报告（草案）》；讨论通过《县人大常委会1999年度工作要点》，讨论修改《县十三届人大常委会组成人员守则》；听取县人大专案调查组对曼等乡第三选区乡人大代表选举中违法情况调查汇报，并作出相应决定；听取和审议县政府《关于从严治警工作情况报告》《关于办理县十三届人大一次会议代表议案、建议、批评和意见情况的报告》《关于林业工作情况报告》《关于全县依法治县规划的报告》《县城规划部分调整的情况报告》《关于财政审计工作的情况报告》《关于大朝山水电站景东库区移民安置规划的报告》《关于卫生工作情况报告》《关于农业和农村工作的情况报告》（主要内容为农村土地承包顺延合同续签工作情况）《关于商业总公司深化改革工作情况的报告》《城乡市政基础设施和房屋建筑工程质量管理情况的报告》《关于1999年度县级财政收支预算部分变更情况的报告》，县检察院《关于批捕、起诉工作情况的报告》，并作出相关决议；听取和评议县城乡企业局局长王丕强述职报告。根据县长委托副县长提请，任命李朝武为县公安局局长，免去李佳维县公安局长职务，任命杨兴寿为县政府副县长；同意赵昌能因工作调动辞去县人大常委会副主任职务。

2000年，县人大常委会先后举行第十五至第二十一次会议。会议听取人大常委会代表资格审查委员会作补选代表资格审查及代表变动情况报告，通过县第十三届人大三次会议有关事项决定（草案），审议通过县人大常委会2000年度工作要点，讨论修改县人大常委会关于拟任干部任前法律考试办法，主任会议关于四位政府组成人员书面述职评议情况反馈，审议通过《县人大常委会决定重大事项的规定》；听取和审议县政府《关于办理县十三届人大二次会议代表议案、建议、批评和意见情况的报告》《关于易地搬迁安置开发扶贫工作情况的报告》《关于1999年度财政审计工作情况的报告》《关于广播电视工作情况的报告》《关于粮食管理工作情况的报告》《关于中、小学收费情况的报告》《关于律师和法律服务工作的报告》《关于2000年县级财政预算调整的报告》《关于民政优抚、救灾工作情况的报告》，并作出相关决议，审议批准县政府《关于农民集体建设用地管理办法》；听取和评议县文体局局长吴永康述职报告，测评均为信任票。根据县人大常委会主任受主任会议委托提请，任命人大委室主任2人，免去工委主任2人；根据县长委托副县长提请，任命政府部门正职4人，免去3人，免去顾延伟县政府副县长职务；根据法院院长提请，任命刘德为县法院副院长，任命审计委员会委员1人，免去邓绍顺县法院副院长、审判委员会委员职务，任命庭长2人；根据县检察院检察长提请，任命徐云生为县检察院副检察长、检察委员会委员；根据本人辞请，同意吴忠灿辞去县法院院长职务、普发升辞去县检察院检察长职务、姚顺辞去县十三届人大常委会委员职务；根据县人大常委会主任会议提请，任命刘德为县法院代理院长，徐云生为县检察院代理检察长。

2001年，县人大常委会先后举行第二十二至第二十八次会议。会议听取县人大常委会代表资格审查委员会《关于代表资格审查情况的报告》，决定县第十三届人大常委会四次会议召开时间，审议通过《十三届人大四次会议有关事项的决定（草案）》《关于对拟任人员任前到会演说表态的试行办法》《县人大常委会会议旁听制度》，审查认定县行政执法机关主体资格，任命各乡镇人大换届选举委员会人员名单，讨论修改《云南省景东彝族自治县公路管理条例（草案）》；审议和通过县政府《关于公墓管理办法》《乡镇人大换届选举时间的决定》《关于办理县第十三届人大三次会议代表建议、批评和意见情况的报告》《关于县城新区土地开发与利用情况的报告》《关于科技工作情况报告》《2000年度县级财政预算和其他财政收支审计的情况报告》《关于水利工作情况的报告》《关于计划生育工作情况的报告》《关于行业纠风工作情况的报告》《关于滇西南农业综合开发情况的报告》《关于三五普法实施情况和制定四五普法规划的报告》《大朝山电站景东库区移民搬迁安置实施情况的报告》《关于减轻农民负担工作情况的报告》《关于2001年县级财政预算调整的报告》，并作出相关决议；听取和评议5名政府组成人员述职报告，并分别作出审议决议。根据县长委托副县长提请，任命朱志明为县政府副县长，免去李骏波县政府副县长职务，任命局长1人，免去2人；根据县法院院长提名，任命黄思英为县法院副院长、审判委员会委员、审判员职务，免去汪红县法院副院长、审判委员会委员、审判员职务，任免庭长3人、副庭长1人，任命庭长1人，免去庭长2人；根据县检察院检察长提名，任命汪红任县检察院副检察长、检察委员会委员、检察员职务，免去黄思英县检察院副检察长，检察委员会委员、检察员职务，任命检察员1人，免去检察员2人。

2002年，县人大常委会先后举行第二十九至第三十五次会议。会议听取县人大代表资格审查委员会《关于代表资格审查情况的报告》，审议通过《关于县第十三届人大五次会议有关事项的决定（草案）》；听取和审议县政府《关于办理县十三届人大四次会议代表的议案、建议、批评和意见情况的报告》《关于环境保护工作情况报告》《关于全县茶叶生产情况的报告》《关于2001年度财政预算执行情况和其他财政收支情况审计的报告》《关于“普六”“普九”工作情况报告》《关于沼气建设情况的报告》《关于城镇职工基本医疗保险实施办法》《蚕桑生产工作情况报告》《关于2002年县级财政预算调整报告》《关于城镇已购公有住房和经济适用房上市交易暂行办法》，并作出相关决议；听取和评议9名政府组成人员述职报告。在第二十九次常委会议上，根据白兆清辞请和提名，接受其辞去县长职务，任命毕廷村为代理县长；根据代理县长毕廷村提请，任命李是呈为县政府副县长，免去李朝武县公安局局长职务。在第三十次常委会议上，根据代理县长委托副县长提名，任命王斌为县公安局局长，并配合县级机构改革进行人事任免；根据县人大常委会主任受主任会议委托提请，任命县人大常委会机关各委室（主任）5人；根据县长提名，任命政府职能部门局长、主任23人，免去7人；根据县法院院长提请，任命廖兴胜、黄思英、米思哲为县法院副院长，免去周永林法院副院长职务；根据县检察院检察长提请，任命颜仕鹏、邓承功、汪红为县检察院副检察长。在第三十二次常委会议上，根据县长提请，任免局长4人。在第三十五次常委会议上，根据县长委托副县长提请，任命李绍荣为县政府副县长；根据县人大常委会主任受主任会议委托提请，任免人大常委会机关工委主任2人。

2003年，县人大常委会举行第三十六次常委会议。会议听取和审议县政府《关于办理十三届人大五次会议代表建议、批评和意见情况的报告》；听取人大常委会代表资格审查委员会《关于第十四届人大代表资格审查情况的报告》，确认199名当选代表资格有效；讨论通过人大常委会主任会议《关于县第十四届人大一次会议有关事项的决定（草案）》，反馈人大常委会主任会议对8位政府组成人员届中书面述职评议意见。

七、第十四届人大常委会

届期5年。常委会由主任1人、副主任6人、委员18人组成，其中女常委3人、少数民族常委8人。届期内共举行39次常委会议。

2003年，县人大常委会先后举行第一至第七次会议。会议听取和审议县政府《关于交通工作情况报告》《关于2002年财政预算执行情况和其他收支审计情况的报告》《关于青龙水库规划情况的报告》《关于中小学收费情况的报告》《关于畜牧业工作情况的报告》《关于城镇职工医疗保险工作情况报告》《2003年度县级财政预算调查情况报告》，并作出相关决议；听取县人大常委会主任会议《关于签订执法责任状工作情况》汇报，讨论修改县人大常委会有关规定、办法，通过《关于修定〈景东彝族自治县自治条例〉的决定》。根据人大常委会主任受主任会议委托提请，任命常委会各工委（室）主任6人；根据县长委托副县长提请，任命周生志为县政府副县长，免去李加祥副县长职务，任命局长、主任23人，免职2人；根据县法院院长提名，任命副院长3人，任命庭长、副庭长16人；根据县检察院检察长提名，任命副检察长3人、检察委员3人，免职1人。

2004年，县人大常委会先后举行第八至第十三次会议。会议听取和审议县政府《关于办理第十四届人大一次会议代表建议、批评和意见情况报告》《2003年度财政审计情况报告》《关于2004年县级财政预算调整情况的报告》《关于农业工作情况报告》《关于招商引资工作情况报告》《关于县城建设与管理工作情况报告》《关于推行执法责任制工作情况报告》，并作出相关决议；听取和评议副县长1人、法院院长述职报告和6位政府组成人员书面述职报告，并作出测评；讨论通过县十四届人大第二次会议有关事宜，修改《景东县人大常委会工作报告》，听取代表资格审查委员会《关于代表资格审查和变动情况的报告》，通过《景东县人大常委会2004年度工作要点》。根据县人大常委会主任委托主任会议提请，任命人大常委会机关工委（室）主任、副主任5人，免职3人；根据县长委托副县长提请，任命局长、主任6人，免职5人；根据县检察院检察长提请，任命检察员1人。

2005年，县人大常委会先后举行第十四至第二十一次会议。会议听取和审议县政府《关于办理县十四届人大二次会议代表建议、批评和意见情况的报告》《关于2004年财政收支决算批复变动情况的报告》《关于水务工作情况报告》《关于民族中学规划情况报告》《关于卫生工作情况报告》《关于基本园田地可持续发展与保护规划的报告》《关于2005年财政预算变更情况的报告》。县法院《关于执行工作情况的报告》，并作出相关决议；审议关于者后乡与文井镇合并，成立文井镇，永秀乡与大朝山东镇合并，成立大朝山东镇议案；听取《关于修定〈景东彝族自治县城乡建设管理条例〉的说明》；听取和评议副县长1人，公安局长、林业局长述职报告及7名政府组成人员书面述职；讨论通过县人大常委会2005年度工作要点，县第十四届人大第三次会议有关事项；通过公布实施《〈景东彝族自治县条例〉(修订）的决定》，县人大常委会《关于出版〈景东彝族自治县人民代表大会志(续编)〉的决定》。第十四次常委会议上，根据县人大常委会主任受主任会议委托提请，免去徐云生县检察院检察长职务，免去颜仕鹏副检察长职务，免去检察委员会委员、检察员1人，任命蒋平为县检察院检察委员会委员、检察员、副检察长、代理检察长；根据县法院院长提请，任免庭长、副庭长、执行局副局长10人。在第十八次常委会议上，根据县长委托副县长提请，同意魏大胜辞去县政府副县长职务；根据县检察院代理检察长委托副检察长提请，任命王宏为检察院副检察长。在第十九次常委会议上，根据县长委托副县长提请，任命政府办主任、劳动人事局局长2人，免去政府办主任、劳动人事局局长2人；根据县法院院长提请，任命胡忠礼为县法院副院长，任命副庭长、审判员2人；根据县检察院代理检察长委托副检察长提请，任命检察委员会委员2人，免去检察员职务1人。在第二十次常委会议上，根据县人大常委会主任受主任会议委托提请，任命县人大农环工委主任1人；根据县长委托副县长提请，免去局长4人，任命局长2人；根据县法院院长提请，免去米思哲县法院副院长职务。在第二十一次常委会议，根据县长委托副县长提请，任命局长2人。

2006年，县人大常委会先后举行第二十二至第二十九次会议。会议听取和审议县政府《关于广电工作情况报告》《关于民族工作情况报告》《关于文井镇跑马道、土林、南边地易地移民安置情况的报告》《关于2006年上半年全县国民经济和社会发展计划执行情况的报告》《关于2005年度本县级财政预算执行情况报告》《2005年度地方财政预算执行情况及其他财政收支情况审计工作报告》《关于县城总体规划调整（2006—2007）情况报告》《关于林业工作情况报告》《关于办理十四届人大三次会议代表建议、批评和意见情况报告》《关于法制宣传教育第五个五年规划报告》《关于2006年度地方财政预算调整方案的报告》，并作出相关决议；听取和评议副县长2人，统计局、文体局、城建局、经济商务局局长4人书面述职；审议通过《县人大常委会工作报告（草案)》《县人大常委会经济监督办法（草案)》《县人大代表资格审查委员会关于代表资格变动情况的报告》，讨论通过县人大常委会工作等六项制度，表决通过乡镇合并议案。在第二十二次常委会议上，根据县长委托副县长提请，免去李绍荣副县长职务。在第二十四次常委会议上，表决通过县人大代表钱某某因触犯刑律，许可对其采取强制措施，并暂停行使县人大代表职务。在第二十六次常委会议上，根据县人大常委会主任受主任会议委托提请，同意毕廷村辞去县长、李启荣辞去副县长、唐永平辞去县人大常委会委员职务，任命白兆林为副县长代理县长职务；根据代理县长提请，任命李红为副县长，任命欧阳宇辉为县公安局局长，免去王斌县公安局局长职务，免去局长1人。在第二十九次常委会议上，根据代理县长委托副县长提请，免去周生智副县长职务，任命欧阳宇辉为副县长，免去政府办主任、县林业局局长职务2人，任命政府办主任、林业局局长、民政局局长3人；根据县人大常委会主任受主任会议委托提请，任命饶愚凡为县法院副院长、审判员、宣判委员会委员，并代理法院院长职务。

2007年，县人大常委会先后举行第三十至第三十九次会议。会议听取和审议县政府《关于农业科技队伍建设情况报告》《教育工作情况报告》《关于2007年国民经济和社会发展计划执行情况的报告》《关于2006年度本级财政决算情况报告》《关于2006年度地方财政预算执行及其他财政收支情况的审计工作报告》《关于农村社会养老保障工作情况的报告》《关于2007年度财政预算调整方案》《关于办理十四届人大四次会议代表建议、批评和意见情况的报告》，并作出相关决议；讨论通过《〈云南省景东彝族自治县城镇建设管理条例（修订）〉颁布实施决定》；通过《景东彝族自治县环境保护条例》(党内送审稿)、县人大常委会2007年度工作要点，修改县人大常委工作报告（草案）；听取县第十五届人大代表资格审查情况报告，确认199名当选代表资格有效，决定召开十五届人大一次会议有关事宜。在第三十次常委会议上，根据县人大代表钱一峰辞请，表决同意其辞去县十四届人大代表职务。在第三十一次常委会议上，根据县长委托副县长提请，任命段华生为副县长；根据检察院检察长提请，任命方斗明为县检察院检察委员会委员、检察员、副检察长，免去王宏县检察院副检察长职务，免去检察委员会委员、检察员职务2人。在第三十二次常委会议上，审议市检察院报来关于县人大代表陈某某因涉嫌犯罪，拟对其采取强制措施许可，经表决同意对其采取强制措施，并暂停其行使县人大代表职务。在第三十三次常委会议上，审议县政府副县长李是呈撤职案，经表决同意撤销其副县长职务。在第三十五次常委会议上，根据县长委托副县长提请，任命杨忠兴、陶勇为副县长，免去教育局局长1人，任命教育局局长1人。在第三十六次常委会议上，根据县检察院检察长委托副检察长提请，任命罗晨辉为县检察院副检察长。在第三十九次常委会议，根据县委委托副县长提请，免去李红副县长职务，免去统计局局长1人，任命统计局局长1人；根据县人大常委会主任受主任会议委托提请，免去蒋平县检察院检察长职务，罗跃宇任县检察院检察员、检察委员会委员、副检察长，并代理检察长职务。

八、第十五届人大常委会

届期5年。常委会由主任1人、副主任4人、委员18人组成，其中女常委5人、少数民族常委10人。届期内共举行常委会议40次。

2008年，县人大常委会先后举行第一至第七次会议。会议听取和审议县政府《关于蚕桑产业工作情况报告》《县集体林权制度改革工作情况报告》《县安全生产情况报告》《关于2008年上半年国民经济和社会发展计划执行情况的报告》《2007年度县级地方财政决算情况报告》《2007年地方财政预算执行及其他财政收支情况的审计工作报告》《2008年地方财政预算调整方案的报告》《社会治安综合治理工作情况报告》《关于农村道路建设工作情况报告》《关于道路交通秩序管理情况报告》《关于殡仪馆及公墓建设规划的报告》《关于执行县人大常委会2008年度各项决议、决定及审查意见研究处理情况的报告》《关于办理十四届人大五次会议代表建议、批评和意见情况的报告》，县人大常委会《2008年度工作要点》《2007年县乡人大换届选举工作情况的汇报》《县十五届人大常委会立法规划（草案)》《第十五届人大常委会代表资格审查委员会名单（草案)》《景东县人民代表大会常务委员会工作规划（试行草案)》《关于补选十五届人民代表大会代表的决定（草案)》《关于召开十五届人民代表大会第二次会议的有关事宜》，并作出相关决议。在第一次常委会议上，根据县人大常委会主任受主任会议委托提请，任命县人大机关工委（室）主任、副主任9人；根据县长提请，任命县政府组成人员（局长、主任）27人；根据县法院院长提请，任命县法院副院长1人；根据县检察院检察长提请，任命县检察院检察员4人。在第二次常委会议，根据县人大常委会主任受主任会议委托提请，任命县人大常委会办公室副主任1人，同意纪明良、罗涓溪辞去县人大常委会委员职务；根据县长委托副县长提请，任命段华生为副县长。在第三次常委会议上，根据县长委托副县长提请，同意欧阳宇辉辞去副县长、公安局局长职务，任命李红武为县政府副县长、县公安局局长。在第五次常委会议上，根据人大常委会主任受主任会议委托提请，同意刘本亚辞去县人大常委会委员；根据县检察院检察长提请，任命检察院检察员4人。在第六次常委会议上，根据县人大常委会主任受主任会议委托提请，免去人大常委会机关工委（室）主任2人；根据县长委托副县长提请，任命局长4人，免职3人；根据县法院院长委托副院长提请，任命副庭长1人。在第七次常委会议上，县长委托副县长提请，任命局长职务1人，免去1人。

2009年，县人大常委会先后举行第八至第十四次会议。会议听取和审议县政府《关于“五五”普法和人民调解工作情况的报告》《关于劳动和社会保障工作情况报告》《关于2009年上半年国民经济和社会发展计划执行情况报告》《2008年度县级财政决算情况报告》《关于2008年度县本级财政预算执行和其他财政收支情况的审计工作报告》《关于2009年财政预算调整方案的报告》《关于向农村信用联社贷款建设银生中学的议案》《关于畜牧产业工作情况报告》《关于核桃产业发展情况报告》《关于办理十五届人民代表大会第一次会议代表建议、批评和意见情况报告》《关于执行县人大常委会2009年度有关决议、决定及审议意见处理情况的报告》，县法院《关于民商事审判工作情况报告》，并作出相关决议；通过县人大常委会《2009年度人大常委会工作要点》《云南省景东彝族自治县水资源条例（草案）》《关于召开县十五届人大三次会议有关事项》。在第八次常委会议上，根据人大常委会主任受主任会议委托提请，任命人大机关委室主任2人。在第十一次常委会议上，根据县长委托副县长提请，同意姚顺辞去副县长职务。在第十二次常委会议上，根据县长提请，同意陶勇辞去副县长职务；根据县法院院长提请，任命县法院审判员2人。在第十三次常委会议上，根据县检察院检察长提请，任命县检察院检察员3人。在第十四次常委会议上，根据县检察院检察长提请，任命刘家宏、周敏为县检察院副检察长、检察委员会委员，免去邓承功、汪红副检察长、检察委员会委员职务。

2010年，县人大常委会先后举行第十五至第二十一次会议。会议听取和审议县政府《关于教师队伍建设情况的报告》《关于2010年上半年国民经济和社会发展计划执行情况的报告》《关于2009年度县级财政决算报告》《关于审计工作情况报告》《社会治安综合治理情况报告（书面）》《关于“五五”普法工作情况报告》《关于办理县第十五届二次会议代表建议、批评和意见情况的报告》《关于2010年度县级财政预算调整方案的报告》《关于执行县人大常委会2010年度各项决议、决定及审议意见处理情况的报告》，县检察院、县法院《关于县人大常委会2010年度审议意见处理情况的报告》，检察院《关于查办和预防职务犯罪工作情况的报告（书面）》，并作出相关决议；审查通过县人大常委会《2010年度工作要点》《关于煤矿生产视察报告》《关于市政建设视察报告（书面）》《关于新农村建设情况的视察报告》；听取和评议8位政府组成人员和法院副院长廖兴胜述职报告。在第十五次常委会议上，根据县长委托副县长提请，免去段华生县政府副县长职务；根据县法院院长提请，任命法院审判委员会委员2人；根据检察院检察长提请，任命检察院检察委员会委员1人。在第十六次常委会议上，县长委托副县长提请，任命李璟为副县长；根据检察院检察长提请，免去方斗明县检察院检察员、检察委员会委员、副检察长职务。在第十七次常委会议，根据县法院院长提请，任命副庭长2人。在第十八次常委会议上，根据县法院院长委托副院长提请，任命查正纪等10人为法院第二届人民陪审员。在第二十一次常委会议上，根据人大常委会主任受主任会议委托提请，同意白兆林辞去县政府县长职务，任命李春荣为县政府副县长，并代理县长职务。

2011年，县人大常委会先后举行第二十二至第二十九次会议。会议听取和审议县政府《水资源综合规划》《关于工业园区建设情况报告》《文物保护工作报告》《林业行政执法情况报告》《关于渔业生产发展情况报告》《非税征管工作情况报告》《向农村信用联社贷款用于青龙水库工程建设项目的议案》《全县农村通达工作工作情况报告》《城镇低保和农村低保工作情况报告》《六五普法规划情况说明和审查批准六五普法规划》《县政府机构改革议案》《2011年上半年国民经济和社会发展执行情况报告》《2010年度财政决算和2011年上半年财政预算执行情况的报告》《关于2010年度财政预算执行情况和其他财政收支情况的审计工作报告》《2011年度财政预算调整方案的报告（草案）》《关于办理县十五届人大三次会议代表建议、批评和意见的情况报告》《关于执行县人大常委会2011年度各项决议、决定及审议意见处理情况报告》，并通过相关决议；审查通过《关于召开第十五届人大四次会议的决定》《县人大常委会工作报告（草案）》《2011年度县人大常委会工作要点》；听取和审议县人大常委会《关于中低产林改造情况视察报告》《关于非税收入征管工作情况调研报告》，并专题询问县政府市政管理工作，由住建局领导作解释答复；听取和评议副县长彭关明、县法院副院长胡忠礼述职报告及3位局长书面述职。在第二十九次常委会议上，讨论修改《县人大常委会十五届人大五次会议工作报告》，作出《召开十五届人大五次会议的相关决定》；听取县政府《关于办理十五届人大四次会议代表建议、批评和意见情况报告》，并作出相关决议；审议县人大常委会《关于表彰十五届人大优秀代表及代表建议案办理先进单位的决定》。在第二十二次常委会议上，根据县长委托副县长提请，免去李红武副县长、县公安局局长职务，任命许志刚为副县长、县公安局局长职务；根据县人大常委会主任受主任会议委托提请，同意饶愚凡辞去县法院院长职务，任命黄卫文为县法院副院长，并代理法院院长职务；根据县检察院检察长提请，任命刘家宏检察院副检察长职务，任命廖杰为检察委员会委员。在第二十五次常委会议上，根据县长委托副县长提请，免去杨忠兴副县长职务，免去李璟副县长职务，任命李青松、张德义为副县长。在第二十六次常委会议上，根据县长委托副县长提请，分别表决同意撤销王正学县城乡建设局局长职务、撤销自宏清县农业局局长职务，免去纪明良等9人局长职务，任命韩卫卫为副县长，任命潘世惠等11人为局长；根据县人大常委会主任受主任会议提请，免去人大常委会办公室主任1人，任命常委会办公室主任1人；根据县检察院检察长委托副检察长提请，免去检察院检察委员会委员1人。

2012年，县人大常委会先后举行第三十至第四十次会议。会议听取和审议县政府《关于向农村信用联社贷款用于征地补偿的议案》《关于建设安普二级县城南连接线一期工程的议案》《关于县城西边山区区域发展与扶贫攻坚规划》《关于景东县“桥头堡”建设总体规划》《关于现代农业园区建设发展规划》《关于工业园区土地收储资金筹集方案的议案》《关于2012年上半年国民经济和社会发展计划执行情况的报告》《关于2011年度县级财政决算和2002年上半年财政预算执行情况的报告》《关于2011年财政预算执行和其他财政收支情况的审计工作报告》《关于2012年县级财政预算调整方案的报告》《关于办理十五届人大五次会议代表建议、批评和意见情况的报告》《关于执行县人大常委会2011年度各项决议、决定及审议意见情况的报告》，并作出相关决议；听取县供销社《关于“乡村流通工程”建设及实施情况说明》；讨论县人大常委会《2012年度工作要点》，审查通过《关于〈景东彝族自治县自治条例〉实施办法》《〈景东彝族自治县环境保护条例〉实施意见》，听取《关于青龙水库建设的视察报告（书面）》《关于县污水处理厂、垃圾处理厂和南郊区开发建设情况视察报告》《关于全县中小学校、食堂食品安全视察报告》《关于县国有资产（资源）管理情况调研报告》《关于全县违法用地、违章建筑情况的调研报告》，讨论和决定召开县十六届人民代表大会第一次会议有关事宜；听取和评议副县长张天梅，检察院副检察长刘家宏、周敏，交通局长雷波、卫生局长李建胭、计生局长朱世旺述职报告。在第三十次常委会议上，根据县人大常委会主任受主任会议委托提请，任命人大常委会机关工委副主任1人；根据县法院院长提请，免去黄思英县法院副院长职务，免去庭长、副庭长、执行局副局长7人，任命李正红为县法院副院长，任命庭长、副庭长5人。在第三十一次常委会议上，根据县长委托副县长提请，任命张永磊为副县长。在第三十五次常委会议上，根据县人大常委会主任受主任会议委托提请，免去人大常委会机关工委主任、副主任3人；根据县长委托副县长提请，免去局长6人，任命局长7人；根据县法院院长提请，免去县法院庭长4人，任命庭长4人。在第三十六次常委会上，根据县人大常委会主任委托主任会议提请，同意蔡志、田玉海辞去县人大常务委员会委员职务，免去县人大常委会机关工委主任1人；根据县检察院检察长提请，任命田治平为县检察院副检察长。在第三十七次常委会议上，根据县人大常委会主任受主任会议委托提请，任命人大常委会机关工委主任1人；根据县长委托副县长提请，任命局长2人，免去局长2人；根据县法院院长委托副院长提请，任命县法院人民陪审员11人。在第三十八次常委会议上，根据县人大常委会主任受主任会议委托提请，同意杨亚梅辞去县十五届人大常委会委员、副主任职务，同意罗成顺、杨明成辞去县第十五届人大常委会委员职务，免去人大常委会机关工委主任 1 人，任命机关工委主任 3 人，任命杨忠于为县检察院检察委员会委员、检察员、副检察长，并代理检察长职务，任命检察员 2 人；根据县长委托副县长提请，同意李青松、彭关明、张天梅辞去副县长职务，任命杨亚梅、杨波为副县长。

第四节　人大代表视察

1982 年 8 月，县第八届人大常委会第十一次会议决定，组织县人大代表 56 人，编为 3 个小组，在全县范围内视察林业“三定”和计划生育工作。

1984 年 7 月，县人大常委会主任会议决定，组织县人大代表，视察市镇建设和贯彻执行《食品卫生法》情况。通过对贯彻《食品卫生法》视察结果分析，被评为“好”的单位 10 个，占 27. 1%；“一般”的单位 15 个，占 40. 5%；“差”的单位 12 个。视察安定等 5 个区 86 个点，视察中肯定成绩，指出存在问题，提出改进意见。

1985 年 2 月 9 日，县第九届人大常委会组织部分省、县人大代表 16 人，视察文井、锦屏、安定等区（镇）乡镇企业。

1985 年 8 月，县第九届人大常委会组织县人大代表 7 人，邀请省人大代表 1 人，视察法院、检察院、公安局、司法局及所属看守所、公证处、法律顾问处工作，并在县第九届人大第六次常委会议上作视察情况报告。

1986 年 2 月 5 日，县第九届人大常委会受省人大委托，组织省、县人大代表 7 人，视察文华农场工作，查看劳改犯人劳动改造情况，并集中全场犯人，由县人大常委会副主任汪大学作形势、法制教育报告。

1987 年 7 月 6 日，县第十五届人大常委会组织全体成员视察火炮厂、红砖厂及 3 户农户专业养殖石蚌、长毛兔和种植四季蕃茄现场。

1988 年 7 月，县第十届人大常委会组织人大代表 15 人，编为 3 个组，视察锦屏镇、锦屏乡、文井镇人民群众反映强烈的白糖、化肥供应问题。通过视察，及时向县政府作反馈，并在视察中发现物资部门将化肥、白糖平价转议价情况，责成检察院、物价局进行查处。县政府安排白糖 1. 5 万千克调往脱销的 6 个乡镇，保证老人、病人、孕妇食糖供应。

1989 年 5 月 9 日，出席和列席县第十届人大常委会第十二次会议全体人员，视察文井镇清凉川河大沟东水西调工程，文井镇副镇长，清凉办事处主任作汇报。

1991 年 11 月 30 日，出席和列席县第十一届人大常委会第十一次会议全体人员，视察灰窑水泥厂工程建设。充分肯定县政府、锦屏乡政府筹集资金创办水泥厂举措及水泥厂工程指挥部全体工作人员所做的努力。

1992 年 1 月 12—20 日，省人大组织第七届景东代表夏英齐、何太忠、李青、孔广群及县人大常委会副主任杨桂英、县教育局副局长李品荣等组成视察组，共视察 5 个乡镇、7 个行政村、13 所中小学工作及全县农田基本建设情况，重点视察全县采取分级管理、分级办学情况，向省人大写出《景东彝族自治县实施教育分级管理分级办学情况的视察报告》和《景东彝族自治县基本农田建设的视察报告》。

1992 年 4 月 28 日，县第十一届人大常委会第十三次会议期间，出席会议的县人大常委会主任、副主任、委员和列席会议的全体人员，视察者后乡漫湾电站库区移民安置新村建设情况，听取者后乡乡长、县援漫办副主任字忠森作汇报，并到文会村 3 个移民安置点实地查看。委员们认为，安置条件已成熟，移民可以按期搬迁。

1993年3月2—4日，县第十一届人大常委会第十七次会议期间。出席会议的县人大常委会主任、副主任、委员及列席会议的全体人员，视察县林产工业公司。在听取公司领导汇报后，委员们在肯定生产、经营各个环节的同时，提出加强经营管理意见。

1994年10月14—18日，县人大常委会组织部分省、县人大代表，视察漫湾电站景东库区后靠安置移民生产、生活情况及远迁安置新规划点。11月12—15日，县人大常委会组织部分省、县、乡人大代表，分赴大街、龙街和县城视察粮、肉、蛋、茶、糖、油等农副商品价格情况。

1996年1月19—20日，县人大常委会组织省八届人大代表和部分县人大代表12人，到景东监狱视察几个监区情况。

县人大代表视察活动（县委党史办　提供）

1999年4月18日，县人大常委会组织机关全体人员和部分县人大代表，视察川河防洪整治工程及农田整治，耕地置换，拓展城市建设空间项目实施情况。同年6月，县人大常委会组成人员和部分县人大代表，视察南洋河水库和菜户河水库建设。

2000年3月2—3日，县人大常委会组成人员和4个乡14个村群众代表，视察白羊田大朝山电站景东库区移民安置区建设。

2001年12月，县人大常委会组织部分省、县人大代表，视察南洋河水库搬迁移民易地安置。

2002年12月，县人大常委会组织部分省、县人大代表，视察县级油路工程建设。

2003年11月8—9日，县人大常委会组织部分县人大代表，编成2个组，到东镇、永秀、林街、曼等视察大朝山电站和后靠安置移民生产生活。同年12月6日，县人大常委会组织部分省、县人大代表，视察县城至太忠乡大水井县乡公路改扩建工程。

2004年5月26日，县人大常委会组织部分县人大代表，视察文井镇开南村蚕桑产业发展。

2010年5月21日，县人大常委会组成人员和部分县人大代表，视察大街煤业有限责任公司煤炭生产线和安全生产设施，并形成《关于大街煤矿生产的视察报告》，在县人大常委会第17次会议上作书面报告。7月，县人大常委会组成人员和部分县人大代表，到安定、文龙中心学校、中小学，视察“两基”工作，迎接国家检查；9月，视察县新农村建设；11月，视察县乡油路工程建设。

2011年8月30日，县人大常委组成人员和锦屏、太忠部分县人大代表，在县政府分管林业副县长及林业局领导陪同下，到锦屏镇灰窑村大中山视察中低产林改造项目实施情况。11月11日，县人大常委会组成人员和文龙3名县人大代表，在县政府分管领导和交通运输局领导陪同下，视察太忠乡公路建设。

2012年3月21日，县人大常委会组成人员和锦屏镇4名县人大代表、国土资源局人大代表，在副县长、公安局局长和城乡建设局、环保局局长陪同下，视察县污水处理厂及县城南部区建设。4月23日，县人大常委会组成人员和龙街乡等部分县人大代表4人，在县政府领导及县食药监局、教育局负责人陪同下，视察部分县中小学食堂食品安全。5月25日，县人大常委会组成人员和锦屏、花山、文龙6名县人大代表，在县政府、县水务局、县移民局领导陪同下，视察中型水利工程青龙水库建设。

第五节　地方立法

一、《云南省景东彝族自治县自治条例》

1985年6月1日，经国务院批准，撤销景东县，成立景东彝族自治县，实现民族区域自治，依法行使自治权利。1986年2月，在县第九届人大常委会第八次会议上，决定成立自治县自治条例起草委员会。在省人大民族委员会指导和帮助下，历经4年，几经修改，形成《云南省景东彝族自治县自治条例》（简称《自治条例》）草案，并按程序完成党内审批手续。1990年3月14日，县第十届人大常委会第十八次会议决定，将《自治条例》草案提请县第十一届人民代表大会第一次会议审议。1990年3月21日，在县第十一届人民代表大会第一次会议上，以举手表决的方式，一致通过《关于〈自治条例〉（草案）决议》，同意上报省人大常委会审批。1990年8月25日，经省第七届人民代表大会常务委员会第十三次会议决定，批准《自治条例》。1991年1月1日，按照省人大常委会授权，县人大常委会决定，《自治条例》公布施行。

2003年8月，根据省、地人大常委会关于修改《自治条例》的意见和部署，经请示县委同意，在县第十四届人大常委会第三次会议上作出《关于修改自治条例的决定》，并成立县委书记任组长、县人大常委会主任、县长、县政协主席任副组长，县直38个部门负责人为成员的自治条例修改领导小组及办公室，办公室设在县人大常委会，负责具体修改工作。通过多方调研，多次召开不同层次和形式座谈会，广泛征求社会各界意见建议，形成初稿，并在省、市人大民族委员会和法制工作委员会指导下，八易其稿，将修改稿印发各乡镇、各有关部门、领导和专家审阅修改。2004年6月12日，在县人大常委会第二十五次主任会议上，决定将修改稿提交县人大党组，由党组呈报县委进行党内报批。2005年3月18日，经省委批复后，在县第十四届人民代表大会第三次会议上审议通过。2005年5月27日，省第十届人民代表大会常务委员会第十六次会议决定，批准《自治条例》。2005年7月1日，按照省人大常委会授权，县人大常委会决定，新修订的《自治条例》公布施行。

新修订《云南省景东彝族自治县自治条例》（罗海垠　摄）

二、《云南省景东彝族自治县林业管理条例》

1995年3月18日，在县第十二届人民代表大会第三次会议上，《云南省景东彝族自治县林业管理条例》（简称《林业管理条例》）通过审议。1995年7月21日，《林业管理条例》通过省第八届人民代表大会常务委员会第十四次会议批准。1995年8月30日，按照省人大常委会授权，县人大常委会决定，《林业管理条例》公布施行。

三、《云南省景东彝族自治县水利工程建设和管理条例》

1995年3月18日，在县第十二届人民代表大会第三次会议上，《云南省景东彝族自治县水利工程建设和管理条例》（简称《水利工程建设和管理条例》）通过审议，1995年7月21日，通过省第八届人民代表大会常务委员会第十四次会议批准。1996年1月1日，根据省人大常委会授权，县人大常委会决定，《水利工程建设和管理条例》公布施行。

2010年10月1日，根据立法程序，重新制定单行条例。

四、《云南省景东彝族自治县城镇建设管理条例》

颁布施行《云南省景东彝族自治县城镇建设管理条例》大会

（县委党史办 提供）

1997年11月20日，在县第十二届人民代表大会第六次会议上，审议通过《云南省景东彝族自治县城乡建设管理条例》(简称《城乡建设管理条例》) 1998年4月2日，该《条例》通过省第九届人民代表大会常务委员会第二次会议批准。1998年8月1日，根据省人大常委会授权，县人大常委会决定，《城乡建设管理条例》公布施行。

2005年4月，县人大常委会决定重新修订《城乡建设管理条例》，通过调研和广泛征求意见后形成修订草案，并按照立法程序，逐级报批。2007年1月26日，该《条例》通过县第十四届人民代表大会第五次会议审议，2007年3月30日，通过省第十届人民代表大会常务委员会第二十八次会议批准。2007年8月1日，根据省人大常委会授权，县人大常委会决定，新修订《城镇建设管理条例》公布施行。

五、《云南省景东彝族自治县县乡公路管理条例》

2001年3月1日，在县第十三届人民代表大会第五次会议上，审议通过《云南省景东彝族自治县县乡公路管理条例》(简称《县乡公路管理条例》) 2002年7月25日，该《条例》通过省第九届人民代表大会常务委员会第二十九次会议批准。2003年1月1日，根据省人大常委会授权，县人大常委会决定，《县乡公路管理条例》公布施行。

六、《云南省景东彝族自治县环境保护条例》

2008年1月12日，在县第十五届人民代表大会第一次会议上，审议通过《云南省景东彝族自治县环境保护条例》(简称《环境保护条例》)。2008年3月28日，该《条例》通过省第十一届人民代表大会常务委员会第二次会议批准。2008年7月1日，根据省人大常委会授权，县人大常委会决定，《环境保护条例》公布施行。

七、《云南省景东彝族自治县水资源条例》

2010年2月4日，在县第十五届人民代表大会第三次会议上，审议通过《云南省景东彝族自治县水资源条例》(简称《水资源条例》)。2010年5月28日，该《条例》通过省第十一届人民代表大会常务委员会第十七次会议批准。2010年10月1日，根据省人大常委会授权，县人大常委会决定，《水资源条例》公布施行。

第六节 常委会工作机构

县人大常委会办公楼（罗海垠 摄于 2015 年 4 月）

1981 年 12 月，县八届人民代表大会选举产生县人民代表大会常务委员会。常委会下设办公室。主任：刘国樑。九届人大常委会任命吴力兼办公室主任。十届人大常委会工作机构设“一室三委”（办公室，法制工作委员会、财政经济工作委员会、教科文卫工作委员会）。委室主任：杨恒兴、王文忠（兼）、苏有明（兼）、石安（兼）。十一届人大常委会工作机构设“一室三委”（办公室，法制民族工作委员会、财政经济工作委员会、教科文卫工作委员会）。委室主任：杨恒兴、查正芹、李昌、吴力。十二届人大常委会工作机构设“一室四委”（办公室，法制民族工作委员会、财政经济工作委员会、教科文卫工作委员会、代表选举联络工作委员会）。委室主任：罗庆北、查正芹、杨恒兴、杨汝宏、姚顺、吴力、金汝华、鲁文学。十三届人大常委会工作机构仍设“一室四委”，机构名称同十二届。委室主任：罗庆北、张云洪、资源、姚顺、罗国文、张仁祥、鲁文学。十四届人大常委工作机构设“一室五委”，增设农业环境工作委员会。委室主任：张云洪、资源、卢丕军、张仁祥、鲁文学、武恒斌。十五届人大工作机构设“一室七委”（办公室，法制工作委员会、财政经济工作委员会、教科文卫工作委员会、代表选举联络工作委员会、农业农村工作委员会、民族宗教外事侨务委员会、环境资源工作委员会）。委室主任：戴青明（未到职）、杨海、王守忠、罗成顺、孔广慧、卢丕军、李继友、蔡志、雷海涛、武恒斌、杨明成、黄绍敏、资源、金蕾。2011 年，实有干部职工 33 人，其中，公务员 30 人，工人 3 人。

第二章　县人民政府

第一节　政府工作机构

一、机构沿革

1949年11月23日，景东宣布解放；12月1日，景东县临时人民政府筹备处成立。1950年3月1日，景东县临时人民政府成立；6月6日，景东县人民政府正式建立。1954年7月，改称景东县人民委员会。1966年，中共中央《五一六通知》后，开始“文化大革命”。1967年3月2日，县“三人领导小组”成立，行使县人委会职权；4月2日，中国人民解放军奉命“两支两军”成立景东县军事管制委员会，并接管县党、政、财、文大权。1968年9月22日，景东县革命委员会成立（习惯称第七届人民政府）。1981年12月3日，召开县第八届人民代表大会第一次会议，景东县革命委员会改称景东县人民政府。1985年12月20日，景东彝族自治县成立。

二、政府组成

1978年1月至1981年12月，机构仍为县革命委员会，为第七届续任。1981年12月，选举产生景东县第八届政府县长1人、副县长3人，县人大常委会任命副县长1人。1984年8月，因县长调离，县人大常委会在副县长中任命代理县长1人；9月，县第九届人代会第一次会议选举县长1人、副县长4人，县第九届人大常委会第七次会议任命副县长1人。1985年6月，经国务院批准撤销景东县，设立景东彝族自治县；12月16—18日，县人大常委会召开第九届人民代表大会第三次会议，会议通过《关于接受张裕农请求辞去景东县政府县长职务的决定》，选举产生自治县县长。1987年5月，县第十届人民代表大会第一次会议选举县长1人、副县长5人。1990年3月，县第十一届人民代表大会第一次会议选举县长1人、副县长7人；第十一届人大常委会第十次会议根据县长提名，任命副县长代理县长职务1人。1992年3月，县第十一届人大第三次会议选举县长1人，第十四次人大常委会任命副县长1人。1993年3月，县第十二届人民代表大会第一次会议选举县长1人，副县长6人，县政府换届改期为5年；十二届人大常委会第十三次会议根据原县长提名，任命副县长代理县长职务1人。1995年3月，县十二届人大第三次会议选举县长1人，县人大常委会根据代理县长提名，先后任命副县长4人。1998年3月，县第十三届人民代表大会第一次会议选举县长1人，副县长6人；十三届人大常委会第二十九次常委会议根据原县长提名，任命副县长代理县长职务1人。2002年3月，县十三届人大第五次会议，选举县长1人，届期内县人大常委会根据代理县长提名，先后任命副县长6人。2003年3月，县第十四届人民代表大会第一次会议选举县长1人，副县长7人。2006年，十四届人大常委会第二十六次会议根据原县长提名，任命副县长代理县长职务1人。2007年1月，县第十四届人民代表大会第四次会议选举县长1人，届期内根据代理县长提名，县人大常委会先后任命副县长6人。2008年1月，县第十五届人民代表大会第一次会议选举县长1人，副县长8人。2010年，十五届人大常委会第二十一次会议根据原县长提名，任命副县长代理县长职务1人。2011年1月，县第十五届人民代表大会第四次会议，选举县长1人，届期内根据代理县长提名，县人大常委会先后任命副县长6人。2013年1月换届，组成第十六届县政府。

三、工作机构

景东县革命委员会成立后，下设政工组、办事组、生产组、人保组四大组。1973年11月，根据省委通知，撤销县革命委员会四大组，恢复各科委办局工作机构。下设办公室（仍与县委办合署办公，统称党办）、民政科、财贸办公室、计委、卫生科、文教科、财税金融革委会（1975年撤销，恢复财政局、人行）、供销社、商业局、粮食局、农林局、农林办、农机局、科学技术办公室、工交局、邮电局、公安局、知青办。1981年12月，景东县第八届人民代表大会正式恢复人民代表大会制，撤销县革命委员会，选举产生县政府，原县革委、办、科、局改称县政府各委、办、科、局。下设办公室（原为党政合署，县政府恢复后分设）、劳动人事局（1979年恢复县革委人事科，1980年恢复劳动工资科，1983年将人事科和劳动工资合并，成立劳动人事局）、民政科（1983年改称局）、统计局、财贸办公室、计委、计经委（1983年将计委、经委、财办、农办合并建立县计划经济委员会）、审计局、文教科（1982年改称教育局）、文化科（1981年新设，原归属文教科，1983年改称文化局，1984后改称文化电视局），民族事务委员会、计划生育委员会、卫生科（1983年改称卫生局）、城乡建设环境保护局、司法科（1984年3月改称司法局）、物价局、体育运动委员会、林业局、水电局、农业局、工交局（1985年又分设工业局、交通局）、城乡集体企业局、物资局、工商行政管理局、财政局、税务局、粮食局、商业局、供销社、邮电局、对外贸易局（1983年改称对外贸易公司）、监察局、土地管理局、公安局、科学技术委员会、人行。1990年，县政府设工作部门37个，分别为政府办、公安局、民政局、财政局、税务局、农牧局、水电局、林业局、教育局、卫生局、统计局、审计局、物价局、计量局、监察局、商业局、物资局、工商行政管理局、工业局、交通局、劳动人事局、文化广播电视局、城乡建设环保局、土地管理局、粮食局、司法局、城乡集体企业管理局、邮电局、气象局、计划经济委员会、民族事务委员会、科学技术委员会、计划生育委员会、体制改革委员会、体育运动委员会、爱国卫生运动委员会、地方志编纂委员会。1993年3月，县委县政府作出《关于县属机构改革的决定》，县政府办与县委办合署（统称“两办”）；县监察局与县纪律委员会合署；撤销县劳动人事局，成立劳动局，县人事局与县委组织部合署；撤销土地管理局、城市建设环境保护局，成立县国土建设环境保护局；撤销文化局、体育运动委员会，成立文化体育局；撤销物资局、技术质量监督局，其工作职能归属县计划经济委员会；县物价局改为县物资公司；撤销工业局，成立县糖业总公司；设立县烤烟生产办公室，为县政府职能部门。1998年3月，县委县政府作出《关于部分县直机构设置调整的决定》，原县委办公室与县政府办公室合署办公，现分设办公；原县土地管理与城乡建设环境保护局，调整分设为县土地管理局、县城乡建设局、县环境保护局；原农牧局，调整分设为县农业局、县畜牧局；县残疾人联合会单列升格为正科级；撤销县烤烟生产办公室。2002年和2011年，根据省市指示，改革调整县乡政府机构。（详见本志第六编《改革开放》）

第二节 基层政权

一、机构沿革

1950年12月，全县先后建立锦屏、清凉、文井、崇明、太忠、文龙、安定、保甸、景福、水秀、民乐、景谷、振太、勐大、里崴15个区委会。1957年底，将景谷、民乐划归景谷县，里崴、勐大、振太划归镇沅县，并撤销清凉区。1958年，公社化运动，以区建立政社合一人民公社，并取消区的称谓。全县设火箭、文井、花山、大街、太忠、龙街、文龙、安定、保甸、景福、永秀11个公社。1963年，恢复区称谓，人民公社以乡建立（大队），并把文井区划为文井、者后两个区，保甸区划为安乐、林街两个区，景福区划为景福、曼等两个区，崇明区划为花山、大街两个区。全县辖14个区、151个公社。1965年，从锦屏区分出锦屏镇，辖一居民委员会。1968年，改区为人民公社，成立革命委员会，小公社改名生产大队，成立革命领导小组，一直延续到1981年。1982年，公社及大队改称管理委员会。1984年1月，机构改革，撤销人民公社体制，建立14个区公所（锦屏镇保留原称谓），为县派出机构，并免去公社管理委员会主任、副主任，任命为区长、副区长；撤销生产大队管理委员会，建立166个乡政府，免去原大队长、副大队长职务，任命为乡长、副乡长；撤销生产队建制，改称合作社，行政村设村民委员会，直接选举村长、副村长。1988年1月，根据云南省委《关于改革区乡体制的通知》，将14个区委会改建乡政府，锦屏镇改称镇政府，164个小乡镇改为村公所、办事处。同年，永秀乡划出部分村社，增设文玉乡。并撤销文井区建文井镇，撤销保甸区建漫湾镇。1994年3月，省政府批准撤销文玉乡，建立大朝山东镇。1994年12月，经批准，锦屏乡与锦屏镇合并，保留锦屏镇建制。2006年1月，省政府批准，撤销者后乡并入文井镇，镇名仍为文井镇；撤销永秀乡并入大朝山东镇，镇名仍为大朝山东镇。

二、乡镇人大换届选举

1988年1月28日，思茅地区区乡体制改革领导小组通知：经省区乡体制改革领导小组同意，景东撤区建乡，设13个乡、3个镇。全县16个乡镇先后召开新一届人民代表大会。共选举产生乡镇人大代表874人。其中，男719人，占82.3%；女155人，占17.7%；少数民族417人，占47.7%。通过召开乡镇人民代表大会，选举产生乡镇人大主席团常务主席16人，乡镇长16人，副乡镇长20人。

1990年换届，全县16个乡镇选举产生乡镇人大代表979人。其中，男798人，占81.5%；女181人，占18.5%；少数民族465人，占47.5%。换届选举产生乡镇人大主席团常务主席16人，乡镇长16人，副乡镇长21人。

1993年换届，全县16个乡镇选举产生乡镇人大代表1068人。其中，男873人，占81.7%；女195人，占18.3%；少数民族497人，占46.5%；中共党员549人，占51.4%。换届选举产生乡镇人大主席团常务主席16人，乡镇长16人，副乡镇长29人。

1996年换届，全县15个乡镇（锦屏乡并入锦屏镇）选举产生乡镇人大代表871人。其中，男699人，占80.3%；女172人，占19.7%；少数民族426人，占48.9%，中共党员522人，占59.9%。换届选举产生乡镇人大主席团常务主席15人，乡镇长15人，副乡镇长33人。

1999年换届，全县15个乡镇选举产生乡镇人大代表869人。其中，男652人，占75%；女217人，占25%；少数民族394人，占45.3%；中共党员514人，占59.15%。换届选举产生乡镇人大主席团常务主席15人，乡镇长14人（曼等乡未选出），副乡镇长37人。

2002年换届，全县15个乡镇选举产生乡镇人大代表874人。其中，男647人，占74%；女227人，占26%；少数民族422人，占48.3%；中共党员529人，占60.53%。换届选举产生乡镇人大主席团常务主席15人，乡镇长14人（永秀乡未选出），副乡镇长58人。

2002年后，乡镇政府届期5年。2007年下半年，景东县被省人大常委会列为县乡同步换届试点。2007年下半年至2008年1月中旬，全县13个乡镇共选举产生乡镇人大代表798人。其中，男596人，占74.7%；女202人，占25.3%；少数民族403人，占50.5%；中共党员592人，占74.2%。换届选举产生乡镇人大主席团常务主席13人，乡镇长13人，副乡镇长51人。

三、工作机构

1980 年，全县除锦屏镇外，其余 14 个公社下设卫生所、中心校、粮管所、林业站、邮电所、营业所、财政所、农工站、兽医站、食品站、供销社。1990 年，全县 14 个乡、2 个镇政府设财政所、国土资源管理所、扶贫办、农经站、农机站、文化站、水管站、农科站、兽医站、林业站、卫生院、计生站、乡镇中学、中心小学、代管单位、派出所、司法所、土地管理所、供销社、信用社、邮政所、电信所、林业站。2002 年和 2011 年，根据省市指示，县乡机构大改革。（详见本志第六编《改革开放》）

景东县政府第七至第十五届县长、副县长一览表

表 3-2-1

届次	职务	姓名	性别	民族	籍贯	任职时间	备注
第七届（1978—1981. 12）	主任	范书定	男	汉	河南	1977. 6—1980. 6	革委会
	副主任	张文彩	男	汉	云南保山	1976. 10—1980. 6	革委会
		李昌发	男	彝	云南景东	1976. 10—1980. 6	革委会
		何太忠	男	彝	云南景东	1976. 10—1980. 6	革委会
		王永法	男	汉	山东	1977. 6—1980. 6	革委会
第八届（1981. 12—1984. 9）	县长	李俊晖	男	彝	云南景东	1981. 12—1984. 8	—
		张裕农	男	汉	江苏宿迁	1984. 8—1984. 9	代理
	副县长	曹守基	男	汉	河南内乡	1981. 12—1984. 9	—
		罗有肇	男	汉	云南镇沅	1981. 12—1984. 9	—
		车天成	男	汉	云南墨江	1981. 12—1984. 9	—
		张裕农	男	汉	江苏宿迁	1983. 11—1984. 8	—
第九届（1984. 9—1987. 5）	县长	张裕农	男	汉	江苏宿迁	1984. 9—1985. 12	
		何太忠	男	彝	云南景东	1985. 12—1987. 5	
	副县长	任巨元	男	汉	云南墨江	1984. 9—1987. 5	—
		谢强章	男	汉	广东梅县	1984. 9—1987. 5	—
		翁常瑾	男	汉	广东潮州	1984. 9—1987. 5	—
		王琴芝	女	汉	云南昆明	1984. 9—1987. 5	—
		刀学明	男	哈尼	云南景东	1985. 12—1987. 5	—
第十届（1987. 5—1990. 3）	县长	何太忠	男	彝	云南景东	1987. 5—1990. 3	—
		刀学明	男	哈尼	云南景东	1987. 5—1990. 3	—
	副县长	罗景军	男	彝	云南景东	1987. 5—1990. 3	—
		姜华国	男	汉	云南景东	1987. 5—1990. 3	—
		任巨元	男	汉	云南墨江	1987. 5—1990. 3	—
		翁常瑾	男	汉	广东潮州	1987. 5—1990. 3	—
第十一届（1990. 3—1993. 3）	县长	何太忠	男	彝	云南景东	1990. 3—1991. 10	—
		龚丕富	男	彝	云南镇沅	1991. 10—1992. 3	代理
		龚丕富	男	彝	云南镇沅	1992. 3—1993. 2	—
	副县长	白兆清	男	彝	云南景东	1990. 3—1993. 2	—
		张长生	男	白	云南怒江	1990. 3—1992. 2	挂职

续表 3-2-1

届次	职务	姓名	性别	民族	籍贯	任职时间	备注
第十一届（1990. 3—1993. 3）	副县长	段守孟	男	汉	云南墨江	1990. 3—1993. 2	—
第十一届（1990. 3—1993. 3）	副县长	马先忠	男	汉	云南景东	1990. 3—1993. 2	—
第十一届（1990. 3—1993. 3）	副县长	李春才	男	汉	云南昆明	1992. 6—1993. 2	挂职
第十一届（1990. 3—1993. 3）	副县长	贾重玖	男	汉	云南文山	1990. 11—1993. 2	—
第十一届（1990. 3—1993. 3）	副县长	罗景军	男	彝	云南景东	1990. 3—1993. 2	—
第十一届（1990. 3—1993. 3）	副县长	姜华国	男	汉	云南景东	1990. 3—1993. 2	—
第十二届（1993. 3—1998. 3）	县长	龚丕富	男	彝	云南镇沅	1993. 3—1995. 2	—
第十二届（1993. 3—1998. 3）	县长	白兆清	男	彝	云南景东	1995. 2—1995. 3	代理
第十二届（1993. 3—1998. 3）	县长	白兆清	男	彝	云南景东	1995. 3—1998. 3	—
第十二届（1993. 3—1998. 3）	副县长	白兆清	男	彝	云南景东	1993. 3—1995. 2	—
第十二届（1993. 3—1998. 3）	副县长	纪　纳	男	汉	云南景东	1993. 3—1995. 11	
第十二届（1993. 3—1998. 3）	副县长	李发祥	男	汉	云南景东	1993. 3—1998. 2	—
第十二届（1993. 3—1998. 3）	副县长	马先忠	男	汉	云南景东	1993. 3—1998. 2	—
第十二届（1993. 3—1998. 3）	副县长	姜华国	男	汉	云南景东	1993. 3—1998. 2	—
第十二届（1993. 3—1998. 3）	副县长	李春才	男	汉	云南昆明	1993. 3—1994. 6	挂职
第十二届（1993. 3—1998. 3）	副县长	周大勇	男	汉	云南昆明	1994. 6—1998. 2	挂职
第十二届（1993. 3—1998. 3）	副县长	毕廷村	男	彝	云南景东	1995. 7—1998. 2	—
第十二届（1993. 3—1998. 3）	副县长	陈维进	男	汉	云南景东	1995. 11—1998. 2	—
第十二届（1993. 3—1998. 3）	副县长	鲁益光	男	彝	云南景东	1995. 11—1998. 2	—
第十三届（1998. 3—2003. 3）	县长	白兆清	男	彝	云南景东	1998. 3—2002. 2	—
第十三届（1998. 3—2003. 3）	县长	毕廷村	男	彝	云南景东	2002. 2—2002. 3	代理
第十三届（1998. 3—2003. 3）	县长	毕廷村	男	彝	云南景东	2002. 3—2003. 3	—
第十三届（1998. 3—2003. 3）	副县长	陈维进	男	汉	云南景东	1998. 3—2003. 3	—
第十三届（1998. 3—2003. 3）	副县长	魏大胜	男	汉	云南景东	1998. 3—2002. 3	—
第十三届（1998. 3—2003. 3）	副县长	孔广群	女	汉	云南景东	1998. 3—2003. 3	—
第十三届（1998. 3—2003. 3）	副县长	李骏波	男	汉	云南楚雄	1998. 3—2001. 2	—
第十三届（1998. 3—2003. 3）	副县长	顾延伟	男	汉	云南昆明	1998. 3—2000. 8	挂职
第十三届（1998. 3—2003. 3）	副县长	杨兴寿	男	彝	云南昆明	1999. 7—2001. 8	挂职
第十三届（1998. 3—2003. 3）	副县长	朱志明	男	哈尼	云南江城	2001. 2—2003. 3	—
第十三届（1998. 3—2003. 3）	副县长	李家祥	男	彝	云南宁洱	2001. 8—2003. 8	挂职
第十三届（1998. 3—2003. 3）	副县长	李是呈	男	彝	云南景东	2002. 2—2003. 3	—
第十三届（1998. 3—2003. 3）	副县长	韩有志	男	汉	云南昆明	1996. 3—1998. 8	挂职
第十三届（1998. 3—2003. 3）	副县长	李绍荣	男	汉	云南玉溪	2002. 12—2003. 3	挂职
第十四届（2003. 3—2008. 1）	县长	毕廷村	男	彝	云南景东	2003. 3—2006. 6	—
第十四届（2003. 3—2008. 1）	县长	白兆林	男	彝	云南镇沅	2006. 6—2007. 1	代理
第十四届（2003. 3—2008. 1）	县长	白兆林	男	彝	云南镇沅	2007. 1—2008. 1	—
第十四届（2003. 3—2008. 1）	副县长	孔广群	女	汉	云南景东	2003. 3—2008. 1	—
第十四届（2003. 3—2008. 1）	副县长	李是呈	男	彝	云南景东	2003. 3—2007. 4	—

续表 3-2-1

届次	职务	姓名	性别	民族	籍贯	任职时间	备注
第十四届（2003.3—2008.1）	副县长	李绍荣	男	汉	云南玉溪	2003.3—2003.8	挂职
		李启荣	男	汉	云南景东	2003.3—2006.6	—
		姚　顺	男	汉	云南景东	2003.3—2008.1	—
		周生智	男	汉	湖南	2003.12—2006.12	挂职
		李　红	女	汉	云南景东	2006.12—2007.12	—
		欧阳宇辉	男	壮	云南镇沅	2006.12—2008.1	—
		陶　勇	男	傣	云南景谷	2007.6—2008.1	—
		段华生	男	汉	云南泸西	2007.2—2008.1	挂职
		杨中兴	男	汉	云南景东	2007.6—2008.1	—
		魏大胜	男	汉	云南景东	2003.3—2005.8	—
第十五届（2008.1—）	县长	白兆林	男	彝	云南镇沅	2008.1—2010.12	—
		李春荣	男	彝	云南思茅	2010.12—2011.1	代理
		李春荣	男	彝	云南思茅	2011.1—2013.1	—
	副县长	陶　勇	男	傣	云南景谷	2008.1—2009.8	—
		段华生	男	汉	云南泸西	2008.1—2010.2	挂职
		欧阳宇辉	男	壮	云南镇沅	2008.1—2008.7	—
		姚　顺	男	汉	云南景东	2008.1—2009.1	—
		杨中兴	男	汉	云南景东	2008.1—2011.5	—
		彭关明	男	哈尼	云南景东	2008.1—	—
		张天梅	女	彝	云南景东	2008.1—	—
		李红武	男	汉	云南凤庆	2008.1—2011.1	—
		李　璟	男	汉	云南景东	2010.4—2011.5	—
		许志刚	男	汉	云南宁洱	2011.1—	—
		李青松	男	彝	云南思茅	2011.5—	—
		张德义	男	彝	云南景东	2011.5—	—
		韩卫卫	男	苗	贵州湄潭	2011.7—	挂职
		张永磊	男	汉	云南景东	2012.2—	—
		杨亚梅	女	彝	云南景东	2012.2—	—
		杨　波	男	汉	云南景谷	2012.2—	—

第三节　重要会议

一、七届县政府

县革命委员会先后召开全县农业学大赛先进集体及先进生产者代表大会、三级干部会议、经济工作会、农村人民公社经营管理工作会议、常务会、专题会等会议，研究部署农业学大赛工作、加强山区经济发展和民族工作、畜牧业经营和管理、建立农村人民公社联系产量责任制和定额计酬经营承包、“六五”期间国民经济发展目标、重新核定行政编制和企事业编制控制数等。

二、八届县政府

先后召开三级干部会议、农民代表大会、劳动致富代表大会、淡水养鱼会议，各区镇长经济工作会、常务会、专题会等会议，讨论研究农村工作和农村经济发展，开展“林业三定”和“两山一地”到户工作、供销社系统体制改革、城区建设总体规划、地方志编纂工作等。

三、九届县政府

先后召开教育工作会、农村工作会、经济工作会、常务会、专题等会议，讨论制订“七五”规划指标及措施，自治县成立筹备和庆典，研究建立无量山、哀牢山自然保护区、加强土地管理制止乱占耕地现象、全县教育体制改革和九年义务教育等工作。

四、十届县政府

先后召开常务会议 24 次，研究防震救灾、茶叶发展、城市卫生费收取、征收电力建设基金、征收矿产资源管理费、交通安全奖惩制度、整顿文化市场，开展“扫六害”，在全县实行居民身份证制度，成立县茶叶试验站、县城治安联防队，消防中队等工作。还安排布置蔗区水利、省柴节煤改灶、滇西南农业综合开发、安定街过境公路改造等工作。

五、十一届县政府

先后召开全体会议 3 次、政府联席会议 3 次、政府常务会议 29 次，分别讨论研究漫湾电站移民安置、县城总体规划、农业技术推广、商业及林业体制改革、职业中学建设、农贸市场建设、教育改革发展、农村独生子女父母养老保险、政府工作规则、水费收取管理办法等工作。此外，还召开全县交通工作会议，全国第四次人口普查、农田水利建设及全省 1990 年度蔗区水利会议。

六、十二届县政府

先后召开政府各部门工作会议、联席会议、现场办公会议、常务会议。部门工作会议有企业改革、粮食工作、国土建设与环境保护、农牧工作、农田水利建设、财政、税务工作等会议。现场办公会议有五小水利建设、农牧科技推广、烤烟种植、者孟糖厂技改、漫湾糖厂技改、川河防洪整治等。专项联席会议有支援大朝山电站建设、进厂公路施工、移民安置、体育馆建设城镇住房制度改革等。政府常务会议主要是讨论研究自身建设，保持清正廉洁，多次专题研究石垭口村村民不明原因猝死重大疫情。

七、十三届县政府

先后召开全县性三级干部会议、经济工作、扶贫攻坚、农田水利、甘蔗生产、林业工作、水利水电建设、计划生育、安全生产、冬农开发、蚕桑生产、社保工作、土地管理、建设管理、乡镇企业综合治理整顿等部门工作会议。政府联席会议、常务会议分别讨论县城新区开发建设，南洋河水库开工，大朝山电站移民安置、易地搬迁扶贫、川河防洪整治、县过境公路建设、通县油路工程建设等，并落实组织领导机构，分工负责以保障各项项目顺利推进。

八、十四届县政府

先后召开全体会议 12 次、廉政会议 5 次、常务会议 38 次，研究景东县经济和社会发展“十一五”规划，年度经济和社会发展情况、县城总体规划调整、成立教育局青少年校外活动中心、城镇职工基本医疗保险、公路保通、深化集体林权制度改革、新农村建设，村级组织建设、“五五”普法、环境保护、农村中小学现代远程教育、新农村合作医疗、加快少数民族和民族地区经济社会发展、县城自来水供水价格，成立国有资产投资公司、筹措农业产业发展扶持资金、社会保障、城镇退役士官安置、中小学教师择优招聘、卫生专业技术人员招考、工作责任追究、城区户外广告资源管理、县城沙沟埂下段改造、漫湾水电站景东移民二次搬迁安置、乡镇广播电视光缆联网和政府视讯会议系统项目建设、破坏性地震应急预案、突发性公共事件总体应急预案以及党风廉政建设等工作。

八、十五届县政府

先后召开全体会议8次、廉政会议5次、常务会议42次，研究优化政务环境、农村公路管理养护体制改革、城镇居民医疗保险、乡镇统计改革、大朝山电站移民安置、退耕还林工程、村级组织阵地建设、新型合作医疗、80岁以上老年人权益保障、兽医管理体制改革、蔗糖产业发展规划、商业中心建设、烤烟产业发展、蚕桑产业发展、招商引资，建立健全全县人民政府领导信访接待日制度、新建完全中学、水资源保护和开发利用、农村公路通达工程、政府机构改革、义务教育学校绩效工资改革，第三批国有林公开流转、生态茶园建设、村镇建设、农田水利基本建设、中低产田地改造、双水井移民安置点生产生活困难，救助差旅费及会议和公务经费标准、抗旱救灾、国民经济和社会发展第十二个五年计划、深化医药卫生体制改革、聘请社会中介机构参与国家建设项目审计、城市社区卫生服务发展规划、政务服务中心及公共资源交易中心建设、保障性住房建设、村庄规划、社区建设、农村敬老院建设、草原家庭承包工作、成立景东无量山旅游开发有限责任公司、青龙水库项目建设、人民会堂建设、体育运动篮球馆建设、旅游厕所建设、六五普法规划、政务公开、安全生产以及党风廉政建设等工作。

第四节 施政纪要

一、七届县政府

为第七届县政府（县革命委员会）延续。全县贯彻执行中共十一届三中全会精神，把工作重点转移到社会主义现代化建设，依靠群众扰乱反正，教育引导干部必须掌握和运用毛泽东思想科学体系。通过努力，“文化大革命”中被迫害干部和群众恢复名誉，假案、错案得到改正，被迫害致死人员得到昭雪。党的干部政策、知识分子政策逐步落实，评定科技人员技术职称，“右派分子”摘帽工作全部完成，属错划的全部改正。改造成为劳动者的绝大多数地主、富农分子得以摘帽，并改定成分。全县上下初步实现人们渴望已久的安定团结、生动活泼的政治局面。在经济工作中贯彻执行“调整、改革、整顿、提高”方针，初步清理长期存在的“左”倾错误影响，按照经济规律办事。1981年，完成工农业总产值1.59亿元，比1978年增加439万元，其中，工业总产值0.36亿元，农业总产值1.23亿元。

在农业方面，贯彻执行中央关于加快农业发展的两个重要文件及其他一系列农村经济政策。坚持“各尽所能，按劳分配”原则，尊重生产队自主权，尊重人民群众意志，因地制宜，从实际出发，推行各种形式的联产计酬责任制，97%的生产队实行“两包到户”。并适当放宽“小自由”政策，调整自留地，增加饲料地，有条件的生产队划分自留山，允许社员饲养山羊和大牲畜，开放农村集市贸易。国家调减部分公余粮负担，提高18种农副产品收购价，降低部分支农工业品销售价，所有这些政策和措施极大地调动了广大农村干部和群众生产积极性。1981年，全年粮食总产8710万千克，主要经济作物和林、牧、副各业也有较大增长。甘蔗产量年均递增31.91%，核桃产量年均递增1.69%，生猪存栏年均递增0.12%，植树造林1366.67公顷。涌现出一批全面增长、增收，一两年就打翻身战的生产队。工业交通生产逐年上升，工业总产值完成3597万元，比1978年增长50%。交通事业上，新建县城河东街大桥，有74大队493生产队通车，通车里程812千米。新建一批小型水电站，装机容量4892千瓦。财贸工作坚持“发展经济、保障供给”方针，支持生产，扩大购销业务，改进市场供应，全县44个街场先后恢复传统街期，城乡市场日益活跃。地方财政收入510万元，比1978年增收32万元。粮食征购核定一定5年不变基数，减轻农民负担。科技、文教、卫生事业也取得一定成绩。1980年获得省3项科技成果奖；恢复升学考试制度，1981年有52人升入大专院校，175人升入中等专业学校。计划生育工作效果显著，1980年人口自然增长率下降到8.6‰，比1979年下降7.5‰。随着生产恢复和发展，人民生活得到改善，职工工资得到晋升。全民所有制企业职工工资由1978年的年均549元，提高到1981年的733元，集体所有制企业职工也由年均481元提高到624元。大多数企事业单位实行奖励制度，广开就业渠道，安置待业人员就业600多人。全县国民经济恢复发展，开局良好。

二、八届县政府

县第八届人民代表大会第一次会议后，县革命委员会改称县政府。第八届县政府继续贯彻执行中共十一届三中全会后路线、方针、政策，把工作重点转移到经济建设，带领全县各族人民集中力量加强社会主义物质文明和精神文明建设。1984年，完成工农业总产值2.37亿元，比1981年增加0.77亿元。其中，工业0.51亿元，农业1.87亿元。

农业生产持续增长。由于全面落实并不断完善农民家庭联产承包责任制，调动广大农民发展生产积极性，商品生产比例在整个农业中不断增长，使全县农业由自给自足生产向商品生产转化。1984年粮食总产量9710万千克，每个农业人口有粮318.3千克。甘蔗产量增长较快，扭转文井、者孟两个糖厂“吃不饱”状况，大牲畜、生猪、羊群存栏继续稳步增长。工业生产、交通事业在调整中稳步发展，经济效益不断提高。新引进普洱茶生产工艺，产品优良，获得对外经济贸易部颁发的优质产品证书。新建县酒厂不断增加设备，提高工艺，增加品种，填补瓶酒生产空白，县境内通车里程不断增加，达1043千米，所有区、镇和77个乡均通公路。农村小型水电站建设加快，装机容量达5370.5千瓦，县城、区、镇和51个乡用上电。林业工作方面，认真贯彻执行中央关于保护森林，发展林业指示，广泛宣传贯彻《中华人民共和国森林法》。特别是中央、国务院下发《关于制止乱砍滥伐森林紧急通知》后，迅速查处毁林案件125件，组织专门力量从重从快查处大案13件。1983年6月，省委召开县委书记会议后，组织850人工作队，在“三定”工作基础上，用近两个月时间，完成“两山一地”到户工作。并颁发山林所有权证和自留山使用证，落实国有林、集体林承包管理责任制，签订集体林承包合同和国有林委托代管责任书，调动广大农民爱林护林、发展林业生产积极性。财税工作取得较好成绩，财政收入621万元，比1981年增加111万元，财政支出完成预算的89.1%，节约开支；商业购销不断扩大，城乡市场日趋活跃。1983年，县区组织11次以大牲畜为主的物资交流大会，上市大牲畜6338头，成交1520头。同时加强市场管理，保持市场商品物价基本稳定；科技工作有所加强。农业上推广籼型杂交水稻，高产、高糖良种甘蔗。畜牧上推广优良猪种内江猪，配合饲料，干部群众科技意识不断增强，在教育、文化、体育、卫生和计划生育工作方面也取得新成绩。

三、九届县政府

第九届县政府率领全县各族人民坚持四项基本原则，坚持改革开放、搞活的方针，进行经济建设。1986年，全县遭受罕见3月雪霜冷冻和7月、10月洪涝灾害，以及漫湾电站工程新修马漫公路和扩修、改建南普公路，使景东县城通往昆明交通主道中断半年之久，给各方面造成严重影响，损失粮食280万千克、甘蔗410万千克，直接经济损失717万元。面对严重的灾害和困难，全县人民坚持生产自救，采取措施，全面实现国民经济和社会发展计划。1986年，实现工农业总产值2.63亿元，其中，农业1.94亿元，工业0.70亿元，财政收入890万元，粮食总产9060万千克。除粮食总产量略有减少外，其余指标比1984年有所增加。

第九届县政府坚持以农业为基础，特别是省政府将景东县列为全省商品粮基地县和扶持发展县后，为景东经济发展带来难得机遇。全县重点抓0.47万公顷综试区配套措施，带动全县提高单位面积产量，具体抓优良品种推广，水利工程复修、岁修，提高复种、间种指数。1986年冬至1987年春，全面整修小型水利工程4100件，完成中型水利工程川河大沟三面光衬砌10千米，新挖延伸沟渠10.42千米。同时增加小春复种726.67公顷，秋后留养再生稻693.33公顷，把灾害损失降到最低限度。在抓粮食生产同时，组织开展多种经营，大力发展乡镇企业。全县共拥有城镇集体企业10个，区办企业65个，乡办企业108个，村办企业2个，联户办企业135个，加上个体经营，从业人员6417人，约占农村劳动力的5%，完成产值1053万元。在工业生产上，完成文井糖厂日处理100万千克原料技术改造，松香厂300万千克规模技术改造，大街煤矿扩建改造。交通上，修通文龙瓦伟河至南华兔街15千米公路，缩短景东至昆明里程。利用以工代赈项目，修通区乡公路60千米，新修改建县区公路47.6千米，不断改善交通环境。商业供销方面，按照“改革、开放、搞活”方针，深入改革，扩大购销业务，服务人民生产生活。全县430个自然购销门点分别完善联购计酬、联销计酬、联利计奖、上缴利润包干等形式承包责任制，把职工劳绩与企业经济效益联系在一起，调动职工经营积极性。

四、十届县政府

第十届县政府遵循中央“治理经济环境，整顿经济秩序”方针，以及在“绝不放松粮食生产，积极开展多种经营”农村工作方针指引下，围绕全县粮豆总收入突破1亿千克、农村经济总收入超过1亿元目标，粮食连续3年增产，改变景东一度吃外地调进粮的局面，变成粮食自给自足、略有结余的县。农村经济总收入连续3年增收，总收入超过亿元。财政收入连续3年增长，收入1468万元。全县工农业总产值3.03亿元，其中，农业2.31亿元，工业0.73亿元。计划生育连续3年完成控制计划指标，人口自然增长率控制在8‰以下。

农村改革方面，主要是完善家庭联产承包责任制，坚持共同富裕的目标，同时，允许和鼓励一部分地区和一部分人先富裕起来。城市改革方面，强化企业自我约束机制，推行企业全员风险抵押承包，把职工部分奖金作为抵押金，将企业职工工资和奖金同企业经济效益挂钩。全县28户国营工商企业，实行承包24户，租赁2户，1989年实现利润826万元，为承包基数313万元的2.6倍，企业职工人均收入1725元。财税改革方面，县对乡实行“划分税种，核定收支，超收分成，节余留用”办法；县级行政事业单位实行“包干使用，节余留用”办法；卫生系统对全额管理单位实行“任务承包，工资浮动，劳务提成”管理办法。县医院和乡镇卫生院不断完善“定额补助，统一核算，任务包干，结余提成，工资回归”管理办法；教育系统先后在景东县四中和大街乡等5个乡（镇）中心完小试行校长负责制，教职工聘任制，经费包干制；科技方面，试行科技、行政联产承包责任制，把科学技术措施与生产效益挂钩。在基础设施建设方面，川河大沟防渗衬砌工程完成40.5千米；徐家坝水库扩建工程竣工，库容蓄水量由111万立方米增加到652万立方米；完成“东水西调”配套工程，把川河大沟水从孔雀山用倒虹管引灌至清凉和四里坝，全长13.5千米；完成锦屏菊河大沟防渗衬砌10千米，完成者后会地河水库配套工程右干渠开挖10千米。工业生产方面，完成漫湾至景东110千伏59千米输电线路和35千伏变电工程，完成漫湾至林街10千伏13千米输变电工程，完成年产5000立方米胶合板工程建设。交通运输方面，完成芹菜塘至永秀公路改线15千米，永秀至文玉公路扩修24千米，景福至曼等公路扩修27千米。商品基地建设方面，结合景东自然资源状况，实施商品粮、甘蔗、茶叶、紫胶、干鲜果品、咖啡、畜牧业7个方面生产基地建设，得到上级支持，并逐渐成为景东骨干产业。

五、十一届县政府

第十一届县政府坚持以党的十三届七中、八中全会精神和邓小平南方谈话精神为指导，遵循中央和上级党委政府各项方针政策，以及县委“深化改革、依靠科教、开放开发，稳农促工、调整结构、提高效益”战略指导原则，从景东实际出发，把重点放在“支援两站、开发两山、建设两坝”上，促进和加快改革开放，加速经济建设步伐，始终坚持以农业为基础，全面抓好经济工作，搞活企业、深化改革，狠抓商品生产，抓住机遇发展县乡工业，大力加强基础设施建设，坚持社会主义物质文明和精神文明一齐抓。1992年，全县国民生产总值2.87亿元，比1989年的2.06亿元增长39.32‰，平均增长11.81%；国民收入2.56亿元，比1989年的1.86亿元增长37.63%，年均增长11.11%；工农业生产总值3.62亿元万元，比1989年的2.82亿元增长28.37%，年均增长8.8%；农业生产总值的2.76亿元，比1989年的2.14亿元增长28.97%，年均增长8.72%；工业生产总值0.87亿元，比1989年的0.67亿元增长29.85%，年均增长7.45%。农村经济总收入1.65亿元，比1989年的1.15亿元增长43.48%，年均增长12.69%；地方财政收入0.16亿元，比1989年略有减少。

在全县范围内，深入贯彻落实党中央、国务院《关于农业发展的决定》和国务院《关于发展高产优质高效农业的决定》，把握住农村改革方向和重点，稳定和完善家庭联产承包责任制，落实农村各项经济政策、放开价格、放开经营、放开市场，取消合同定购粮油任务，减轻农民负担，把农产品经营自主权真正回归农民。政府不断加大对农业投入，3年内县级财政在上级支持下共筹集安排支农资金1834万元，用于小型水利和水土保持，适用农业科技推广和植保等补助。投入专项资金1775万元，解决1.77万人和5.71万头大牲畜饮水，新增灌溉426.67公顷，改善灌溉160公顷。推广落实农业适用技术和各项增产措施。1992年杂交水稻种植8278.87公顷，比上年增长20%，种植杂交玉米2199.8公顷，比上年增长33.5%。农业产值中科技含量不断提高。围绕全县商品生产基地建设，建设高稳产农田。3年累计完成高产、稳产农田建设7765.53公顷，其中，吨粮田753.07公顷，改造中低产田地7028.73公顷。水利建设方面，完成挖萨水库、那掌水库工程建设，完成平地水库、会地河水库、徐家坝水库21千米配套沟渠工程，完工川河大沟防治衬砌25.5千米，修复中仓大沟18千米，大街乡机关及三中4000多人饮水工程竣工。1992年，全县拥有水利工程5372座，其中，引水工程5314座，提水工程52座，水库14座，水塘38口，总库容蓄水量1792万立方米，为农业、工业及人民生活饮用供水1.83亿立方米，农田有效灌溉1.04万公顷，占总耕地33%，比1989年提高3%。1991—1993年，景东被列为省级商品粮基地建设完善县。县政府同时继续落实一批基地建设。黑山羊基地项目建设效益显著，1992年黑山羊存栏10.52万只，比上年增0.98万只，商品率74.6%；晚熟芒果基地着重抓好“四周”建设，引进良种，改造老果树，共建芒果基地277.27公顷，投入资金163万元，1995年1月22日芒果基地通过省级验收。甘蔗基地重点在川河坝和者干坝，以解决蔗区灌溉和蔗区道路建设，办好丰产样板栽培为增长点，涌现出万吨村、千吨社、百吨户；共有茶叶基地5333.33公顷，新建333.33公顷，并初见成效；建设杂交稻制种基地，投入资金70万元，1991年制种164.5公顷，种产量34万千克，1992年按市场需求制种26.6万千克，保证县内杂产稻种需要；1992年，在5个乡镇大面积试种烤烟获得成功。深化改革，工交、商企业全面发展，1992年全县大多数工交、企业生产状况良好，产值全面增长。实行承包经营企业19户，全年实现销售收入1.03亿元，比上年增长0.27亿元，增长35.3%，实现利润760.7万元；全县国营商业实现利润153.8万元，比上年增长7.3%。在企业改革中，将林化厂、木材公司、人造板厂、农业机械厂合并，成立林产工业公司；撤销商业局，成立商业总公司；撤销粮食局，成立粮油工业公司，调整粮食政策，在全思茅地区率先实行粮油购销体制改革，实行粮油价格、经营、市场全面放开，粮油商品化，经营市场化。交通环境进一步改善。县政府抓住国家重点工程漫湾电站和大朝山电站相继在境内建设机遇，抓好交通基础设施建设。举全县之力支援大朝山电站进场公路改造，新建文玉大朝山电站公路30千米，改造清凉至文玉段131千米，完成安定鼠街过境线2千米改造及石门坎、望城坡两段12千米扩修改造。全年新修乡村公路112.5千米。1992年末，全县127个村公所、办事处通公路，占全县村公所办事处总数的75.6%。社会各项事业全面推进。从1990年起，把人口计划生育纳入各级政府任期目标管理，落实责任，具体制订考核制度。连续几年人口出生率、多胎生育率、自然增长率、长效节育率创历史最好水平，提前3年成为控制多胎生育达标县。1992年召开全县教育三干会，进一步落实分级办学、分级管理办法措施。采取县乡村集资、群众集资，勤工俭学，乡村投入80.1万元，群众集资97.5万元，县投资30万元，扩建校舍0.88万平方米，改造校舍1.57万平方米，排危0.3万平方米，新建教师宿舍0.2万平方米，改善办学条件。1992年创建一所示范性职业技术学校，当年计划，当年招生，发展成为初具规模的全省重点职业中学。文化、卫生、体育、广播电视、图书等各项事业不断发展，1992年新建地面卫星接收站16个，电视覆盖率70%，广播中波覆盖率52%。社会主义精神文明和民主法制建设也取得较好成绩，社会治安和社会秩序日益好转。

六、十二届县政府

第十二届县政府认真贯彻党的十四大、十五大和省委第五、第六次党代会精神以及邓小平南方谈话精神，把握改革、发展、稳定大局，全县社会稳定、经济繁荣、民族团结、人心安定。实现国民生产总值、人均国内生产总值、农村经济总收入、固定资产投资总额、乡镇企业总收入、地方财政收支、农民人均纯收入和职工年平均工资收入“八个翻番”，提前在20世纪末实现国民生产总值“翻两番”战略目标。1997年全县国内生产总值7.12亿元，比1992年2.87亿元增4.25亿元，年增长19.91%；三次产业比重由1992年的65∶14∶21，变为1997年的58∶21∶21；工农业总产值5.23亿元，比1992年的3.63亿元增加1.60亿元，年均增长7.58%，其中，农业增长35.58%，工业增长71.11%；农村经济总收入4.17亿元，比1992年的1.65亿元增加2.52亿元，年均增长20.42%；粮食连续4年丰收，分别达1.2亿千克、1.25亿千克、1.31亿千克，总产量从1992年的1.161亿千克增加到1996年的1.31亿千克，创造全县粮食生产最好记录。烤烟、甘蔗、茶叶产量分别为471.3万千克、1.7亿千克、136.9万千克，分别增长13.5倍、61.9%和24.95%；大牲畜、生猪存栏、山羊存栏、出栏、禽蛋产量较大幅度增长。扶贫攻坚效果显著，全县76个贫困村采取县乡定点单位扶贫，实行“六进山”（干部进山，人才进山，科技进山，教育进山，资金项目进山，水、电、路进山），开展以改土、治水、办电、通路和绿色工程为中心扶贫帮困工作，帮助山区人民群众改善生存条件、生产设施和生活方式，理清经济发展思路。1993—1997年，投入各种扶贫资金6647万元，全县1992年底15.23万贫困人口有10.22万人摆脱贫困，贫困人口下降至5.01万人。基本建设取得较大进展，基础设施得到较大加强。5年完成全社会固定资产投资3.96亿元，为前五年的2.4倍，安排重点建设项目11项，完成投资1.71亿元，其中县级财政投资358万元。共实施水利基本建设项目227件，其中完成豆地箐水库建设，启动排沙河水库和菜户河水库建设。完成引水工程46件，渠道防渗衬砌32件127.07千米；人畜饮水工程144件，解决4013人1.93万头大牲畜饮水问题，建成“五小”水利工程949件，净增有效灌溉面积1300公顷。电网建设并入大电网络，全县15个乡（镇）、166个村（办事处）实现村村通电，84%以上农民用上电。投资7482万元（含省地县投资和部分农民集资），完成县城至安定57.4千米出境公路路基和部分路面改造，新增公路里程724千米，实现村村通公路；

投资 1838 万元用于通信建设，自动电话交换机 1.04 万门，增长 12 倍，12 个乡镇实现村通直拨电话，国际、国内程控直拨向乡村延伸。5 年累计投资 1472 万元（不含农户集资），完成各种高产、稳产农田地建设 1.07 万公顷。

支柱产业建设成效显著，林产业、糖业、黑山羊为主畜牧业、泡核桃为主干鲜果业、烤烟“五大”支柱产业经济初具雏形。林产工业 1997 年实现利税 7675 万元，比 1992 年增加 1099 万元，增长 1.5 倍，年均增长 20.43%，在工业总产值中所占比重由 36.8%，提高到 37.3%；糖业累计实现利税 3789 万元，较前五年增长 168.15%，年均增长 33.5%，在工业产值中比重由于受市场和技改影响，从 39%下降到 19.04%，但甘蔗产量在农业总产值中所占比重由 1992 年的 8.53%提高到 1997 年的 10.46%；黑山羊为主的畜牧产业在农业总产值中所占比重由 16.59%提高到 18.45%；烤烟产业累计实现税利 2866 万元，1997 年较 1992 年增加 1224 万元，增长 16.5 倍，年均增长 77.34%，在农业总产值中所占比重由 0.36%提高到 3.85%，干鲜果产业，5 年新增泡核桃 0.85 万公顷，到 1997 年底达 1.08 万公顷，新增芒果等其他各种经济林果 0.15 万公顷，到 1997 年底达 0.17 万公顷。城乡商业贸易购销两旺。国内商业纯购进总值从 3393 万元增加到 8728 万元，增长 157.24%，年均增长 16.93%；国内纯销售从 8389 万元增加到 1.65 亿元，增长 96.7%，年均增长 14.5%；社会消费品零售总额从 1.28 亿元增加到 2.09 亿元，增长 63.28%，年均增长 10.28%；零售物价涨幅由 9.5%逐步回落到 0.8%。人民生活显著改善。职工年平均工资从 1992 年 2350 元增加到 5976 元，实际增长 1.5 倍；城镇居民人均可支配收入 1469 元增加到 3738 元，实际增长 1.5 倍；农民人均纯收入 357 元增加到 743 元，实际增长 108.12%；城乡居民储蓄存款余额 0.59 亿元增加到 2.46 亿元，增长 3.2 倍。全面完成县乡两级机构改革，公务员制度工作全面推开。社会保障制度改革全面推进，全县 122 个企业及行政事业单位 6110 人参加社会养老保险统筹，其中企业 113 户 5898 人。全县 15 个乡（镇）166 个村（办事处）1.19 万人参加农村养老保险。全面推进城镇住房制度改革，推动城镇住房商品化。“科技兴县”成效显著，工农业生产中科技含量迅速提高，农村实用科技全面普及。教学质量不断提高，多层次教育体系基本形成。适龄儿童入学率由 98.3%上升为 99.6%，小学生毕业升学率由 56%提高到 77%，初中毕业生升学率由 32.6%提高到 42.7%，全县 15 个乡镇全部实现“普六”，5 年共录取大中专学生 2066 人，高考连续 5 年名列全区 10 县市第一。五年累计投资 3549 万元新建各种校舍 7 万平方米，新建教师宿舍 1.5 万平方米，排除危房 3.3 万平方米，校舍危房率 2.5%降至 0.5%，办学条件得到较大改善。广播电视、文化体育事业迅猛发展，通过实施全省“331”和“211”工程，基本形成大小功率相结合，广播与电视并举，有线与无线互补传输与覆盖网络，构成同一空间多套节目多频道同时发射整体态势。5 年中共建成农村卫星地面接收站 105 座，调频广播共转站 60 座，广播、电视覆盖率分别 65.4%、70%上升到 85%和 89.2%。图书馆、体育馆建成投入使用，文化体育硬件设施得到加强，全民健身活动广泛开展。在全县经济社会协调发展同时，干部群众精神面貌也发生新变化。至 1997 年底，全县共创省地县级文明单位、村（办事处）268 个，其中，省级文明单位 7 个，地级文明单位 27 个，评选出全县“十佳农民”和“五名行业星”。

七、十三届县政府

第十三届县政府贯彻落实十五大、十六大和省第六次、第七次党代会以及地委工作会，县第九次党代会精神，抓住国家实施积极财政政策和西部大开发战略重大历史机遇，以加强发展为主题，以结构调整为主线，以改革开放和科技进步为动力，以提高人民生活水平为根本出发点，坚持深化改革、扩大开放、加快发展和保持稳定基本指导思想，带领全县各级、各部门和各族人民，保持全县经济持续发展和社会稳定，推动社会各项事业全面进步，完成十三届县政府确定工作目标和主要任务。5 年间，景东县国内生产总值年增长 5.6%，达 9.36 亿元；地方一般预算收入平均增长 10.1%，达 6489

万元；农业种植结构调整取得新突破，粮食产量在种植面积调减基础上稳定增长，粮食与经济作物种植比例调整为73：27，开始进入良性发展状态。畜牧业逐渐成为农民增收主要来源，林产、蔗糖、烤烟、干鲜果支柱产业地位得到巩固和提高，特色经济发展格局起步，蚕桑等后续替代产业发展强劲，订单农业、设施农业起步稳健，农村经济总收入年均增长3.7%，所有制结构和城乡结构有较大改观，非公有制经济比重和小城镇、小集镇规模、功能均有较大幅度增强。三次产业比重由1997年58：21：21调整为2002年46.6：21.6：31.8。5年完成固定资产投资7.9亿元，建成高稳产农田0.51万公顷，累计2.39万公顷。建成山区五小水利3641件，新建小（一）型水库3座，扩建1座，除险加固3座，中型水利工程南洋河水库于1998年7月开工建设，至2002年2月完成大坝封顶。农业基础进一步稳固，水利化程度37.2%。景东至徐家坝、太忠至龙街、三岔河至中仓公路路基改造竣工；文井老练大桥、花山营盘大桥和歇马场、文道营人行吊桥及15个乡镇所在地文明卫生路建成使用，全面完成大朝山电站工程移民安置。农村电网一二期改造完成，县城35千伏中心变电站建成使用，景东县所有村民委员会通电，93.4%农户用上电，农村电价大幅度下降。在县城，启动川河防洪整治一期工程，并于1998年5月完成。同时，开始县城北出境公路（通化桥—凉水井）道路建设。河道治理及出境路完工。在省政府支持下，成功实施易地扶贫项目。通过采取扶贫信贷、小额信贷、部门和党员与领导干部挂钩帮扶，滇沪对口帮扶等有效措施，组织实施扶贫攻坚乡、科技扶贫乡、温饱示点村以及世行扶贫援助等项目，完成“七七”扶贫攻坚计划，5年累计投入扶贫资金1069万元，共解决3万贫困群众温饱问题。农民人均纯收入由1997年的743元提高到928元，增加185元，年均递增4.5%，城镇居民人均可支配收入5974元，城镇低收入人群全部纳入最低生活保障，实现1357户1460人“应保尽保”目标。

第十三届县政府按照建立现代企业制度要求和国有企业三年脱困目标，完成医药公司、物资公司和商业企业股份合作制改革。完成林产公司的有限责任公司改造，外贸公司、印刷厂和锦屏红砖厂经营性资产得以如期出售、转让，全县完成19户企业改组、改制，三年脱困成果得到巩固和扩大。社会保障体系建设步伐不断加快，养老、工伤、生育、失业、医疗保险实现“五险合一，归口管理”。全县524户4816人参加养老保险社会统筹，参统离退休人员2022人，56户3649人参加生育和工伤社会保险统筹，130户7671人参加城镇职工医疗保险。全力组织实施就业和再就业工程，县乡机构改革取得重大突破，精简政府部门9个，减少人员编制14%。财税体制改革、教育管理体制改革和住房制度改革等成果明显，完成村改委和城市社区改革工作任务。

八、十四届县政府

第十四届县政府坚持以邓小平理论和“三个代表”重要思想为指导，牢固树立和落实科学发展观，聚精会神搞建设，一心一意谋发展，圆满完成县十四届人民代表大会第一次会议确定的各项目标任务。

县域经济快速发展，综合实力明显增强。2007年，实现县内生产总值19.39亿元，与2002年相比增加9.96亿元，年均增长15.7%；人均生产总值5065元，年均增长481元；地方一般预算收入1.14亿元，增加6400万元，年均增长14.7%；固定资产投资5.46亿元，增加3.31亿元，年均增长20.5%；农民人均纯收入2102元，增加973元，年均增长13.2%；城镇居民可支配收入8622元，增加2648元，年均增长7.6%；社会商品零售总额4.06亿元，增加1.54亿元，年均增长10%；金融机构各项存款余额13.43亿元，增加6.43亿元，年均增长18.38%；各项贷款余额8.78亿元，增加3亿元，年均增长10.4%；城镇登记失业率控制在4.5%以内；人口自然增长率控制在6.5‰以内；万元GDP能耗下降3%。农村经济快速增长，新农村建设扎实有效推进。2007年，农村经济总收入9.16亿元，比2002年增加4.16亿元，年均增长12.9%；粮食产量1260万千克，累计完成冬农开发

6.11万公顷，实现产值3.7亿元，粮经作物比例由2002年73：27调整为58.3：41.7。烤烟种植0.25万公顷，收购烟叶产量10.33万担，实现烟农收入6200万元，烟叶税收1352万元；桑园0.82万公顷，蚕茧产量260万千克，实现蚕农收入5090万元；野生菜1.91万公顷，栽培型茶园1.24万公顷，茶叶产量632.4万千克，茶农收入1.96亿元。核桃2万公顷，核桃产量300万千克，产值1.1亿元；松脂产量1200万千克，实现产值7556万元；新植0.45万公顷紫胶寄主林，实现产值234万元；种植甘蔗0.35万公顷，产量2.16亿千克，实现农业产值5203万元，畜牧产值3.87亿元。扶贫开发和移民工作卓有成效。5年累计投入2.2亿元，实施扶贫开发重点村、重点组工程118个，茅草房改造5115户。实施文井镇老练和文窝国债易地项目、龙街乡石垭口整体易地搬迁安置和56个上海对口帮扶项目。累计解决2.4万农村特困人口温饱和3.3万不稳定低收入人口发展问题，全县绝对贫困人口由2002年9.43万人减少到7.03万人。完成漫湾电站库区移民237户895人二次一期搬迁安置任务，启动二次二期469人搬迁安置和糯扎渡电站库区移民安置工程。配合省政府完成大朝山水电站移民安置验收，并稳步推进移民安置遗留问题处理，完成572人外迁安置搬迁人口对象核定和实物指标调查。投资67万元实施大朝山库区移民白羊田安置点村间沟渠修建工程和产业扶持。投资103.5万元实施漫湾库区移民双水井安置点危房改造和人畜饮水工程。产业结构进一步优化，三次产业比重由2002年48.8：18.6：32.6调整为45.7：21.4：32.9，实现第二产业增加值4.2亿元，比2002年增长95.3%。新型工业化进程不断推进，缫丝厂、银生茶厂、老仓福德茶厂建成投产。23座小水电站建成投产，发电装机容量1.62万千瓦。非公经济健康发展，景东县共有注册企业243户，个体工商户4873户，私营企业177户，注册资金6.4亿元。第三产业发展较快。第三产业增加值6.33亿元，比2002年增长1.09倍。连锁经营、物流配送、电信、金融、保险、房地产、交通运输、餐饮等服务业发展不断加快。旅游事业步入产业发展行列，5年累计接待游客98万人次，实现旅游收入2568.9万元，年均增长17.3%。基础设施明显改善，发展后劲不断增强。完成景东至恩乐、清凉至大街油路铺筑及景东至龙街弹石路面改造，完成大街至花山、芹菜塘至漫湾、毛家坝至曼等乡政府路基改造。农村基础设施进一步完善。景东第一座中型水利工程南洋河水库竣工验收。完成湾水河水库、平地水库除险加固和豆地箐水库配套渠道建设，完成川河河道治理二期工作。解决5.01万人和1.94万头大牲畜饮水困难。实施土地开发项目5个0.18万公顷。改造中低产田0.47万公顷，完成沼气池建设2.18万口，全县累计3.84万口。完成469个村民小组农网改造，实施1566户无电人口通电工程，新建村级组织活动室55个。扎实推进“万村千乡”市场工程建设，40个农家店建设顺利通过市级验收。改革开放取得新突破，招商引资成交明显。深化集体林权制度改革主体工作通过市级验收；土地征用制度，水利工程管理体制和农田水利设施产权制度改革进展顺利；农村信用社改革全面完成。国企改革目标全面实现，糖业总公司政策性破产获得国家批准。企事业单位改革顺利推进，供销、粮食改革全面完成。优化发展环境，扎实推进招商引资工作，5年累计引进项目30个，协议资金6.68亿元，实际到位资金3.55亿元。社会事业不断发展，和谐社会建设全面推进。改善人民群众生活取

景东县人民政府教育工作督导评估暨“两基” 年检复查反馈会
（县委党史办　提供）

得新进步。开发就业岗位 3249 个，公益性岗位 192 个，发放下岗失业小额贷款 983.5 万元，1950 名下岗工人实现再就业，1087 人享受“五保”政策，3958 人享受城市低保，3.7 万人享受农村低保。解决群众关心热点难点问题取得新突破，按政策规定解决移民山林问题，住房困难问题，石垭口搬迁遗留问题，累计支付城市建设、水利建设、教育基础建设、医疗费及独生子女费等历史性欠账 8443 万元。科技工作不断深入，科技创新能力明显增强。累计组织实施省市县科技项目 39 个，共评定验收科技成果 66 项。申报省市科学技术奖 11 项，获市级科学技术奖 8 项，申报专利 7 项，获授权 5 项。各类教育协调发展，县级教育督导评估和“两基”复查顺利通过省政府验收。初中入学率 97.6%，巩固率 98.6%，小学适龄儿童入学率 99.5%，巩固率 99.4%。实施危房改造项目 86 个，排除小学危房 6.41 万平方米，新建校舍 5.53 万平方米，农村中学远程教育工程实施并完成投入使用，办学条件显著改善。文化体育、广播电视、卫生事业、人口和计划生育工作进一步发展，并取得明显成效。县十四届人大五次会议上县政府承诺十方面实事如期完成，投入资金近 1 亿元。

九、十五届县政府

第十五届县政府根据县委十一届三次全会精神，提出本届政府任期目标任务，团结带领全县各族人民，弘扬“尚德崇文、和谐包容、敢为人先”景东精神，解放思想，改革创新，凝心聚力，攻坚克难，全面实现任期目标。

经济发展跃上新台阶。2012 年县内生产总值由 2007 年的 19.39 亿元增加到 43.38 亿元，增长 1.2 倍；全社会固定资产投资 4.33 亿元增加到 12 亿元，增长 1.8 倍；地方公共财政收入 1.14 亿元增加到 3.05 亿元，增长 1.7 倍；社会消费品零售总额 4.06 亿元增加到 9.96 亿元，增长 1.5 倍；金融机构各项存款余额 13.43 亿元增加到 23.2 亿元，增长 72.7%。结构调整取得新进展。县政府致力于优化产业结构，提升一产，调强二产，调优三产，推动产业科学快速发展。三次产业比重由 2007 年的 45.5：21.5：33，优化调整为 43：27.3：29.7。现代农业加快发展，完成现代农业园区建设发展规模化，粮食连年增产，达 16740 万千克；牧、渔、茶叶、烤烟、核桃、甘蔗、蚕桑等传统产业明显提质，咖啡、生物药业等新兴产业迅速壮大。农业现代化水平持续提高，农业总产值由 12.29 亿元增加到 31.27 亿元，增长 1.5 倍。工业结构布局更加科学。力奥林产、大街煤矿技改扩建项目顺利完成。大街迤竹山、花山卜勺铁矿建成投产，林、电、矿等支柱产业支撑强劲，产值分别为 5.2 亿元、0.83 亿元、3.3 亿元。工业总产值由 2007 年 4.02 亿元增加到 25.37 万元，增长 5.3 倍。现代服务业不断壮大。商贸物流、金融保险、文化旅游等蓬勃发展。旅游收入由 0.07 亿元增加到 2.26 亿元，增长 31.3 倍。现代服务业体系逐步健全，增加值由 6.39 亿元增加到 12.8 亿元，增长 1 倍。基础设施得到夯实。2008 年后，固定资产投资累计完成 49.7 亿元。交通方面，建成 324 千米县乡油路，1498 千米通达工程，67.6 千米建制村通畅工程、县城中心客运站和 12 个乡镇客运站点，实现行政村全面通达。水利方面开工建设青龙水库，完成 16 座小型水库除险加固，建成小水窖 8604 口、水利工程 2.13 万件，解决 11.61 万人饮水问题。城建方面完成川河东岸河堤、三弦文化广场、湿地公园、无量山城休闲园、河滨长廊美化亮化，凌云路改造提升等项目，建设县城南连接线道路，县城规划区面积由 0.53 万平方米增加到 0.85 万平方米，全县城镇化率 30%。电力方面，实施 13 个批次农网升级改造项目，建成 110 千伏变电站 1 座，35 千伏变电站 3 座，全面解决无电人口通电问题。人民生活获得新改善。2012 年城镇居民人均可支配收入由 2007 年的 8623 元增加到 1.67 万元，增长 93.7%；农民人均纯收入由 2102 元增加到 5022 元，增长 1.4 倍。累计投入财力 33 亿元，实施新农村建设 101 个，扶贫整村推进 401 个（村民小组），贫困人口减少 6.3 万人。发放强农惠农富农补贴 2.45 亿元。新增就业 4737 人。转移农村劳动力 1.67 万人。城镇登记失业率控制在 4.16%以内。建成廉租房和公租房 1450 套，实施棚户区改造 372 套。完成农村危旧房改造 6400 户，实施库区移民、易地搬迁、地质灾害搬迁761户。社会保障扩面提质，城乡低保、基本养老、社会救助体系逐步健全。社会事业呈现新气象。至2012年底，新建校舍14.48万平方米，实施1.89万平方米校舍加固工程。“两基”成果巩固提高。认真落实“两免一补”政策，全面实施农村义务教育学生营养改善计划。建立贫困学生救助机制。建成银生中学、特殊教育学校。招聘引进教师223人。完成开南书院、人民会堂恢复和重建，实施9个乡镇综合文化站170个农家书屋179个文化信息资源共享点建设。实施农村电影放映工程。完成广播电视“村村通”工程。花山杀戏被列为省级非物质文化遗产，陶氏土司墓地遗址被列为省级文物保护单位。广泛开展全民健身运动，建成66个全民健身基础工程，广场文化活动和各种体育宣事蓬勃开展。建成县医院综合楼、住院楼及县妇幼保健院综合楼，实现村卫生室全覆盖。实施光明工程和妇幼健康计划。新农合参合率97%。建成县计生服务站和5个乡镇计生服务中心综合楼。人口出生率和自然增长率控制在9.6‰和3.3‰以下。改革开放实现新突破。深化教育综合配套改革，推行校长公选和教师聘用制度，建立教育质量奖励机制。推进医药卫生体制改革，全面推行基本药物制度，启动公立医院综合改革，全面实行药品零差率销售。重视行政管理体制改革，完成县乡机构、集体林权制度、农村小型水利工程管理、事业单位绩效工资等各项改革。实施农村宅基地确权登记发证，加快城乡统筹发展，积极推进农业人口转变为城镇居民工作，完成转户2.05万人。成功举办中国灵长类专家组2012年会暨黑冠长臂猿保护、全国第二届土司制度与边疆社会、哀牢山生态站30周年科技成果展示暨森林生态系统3个国际学术研讨会，以及首届景东国际无量山狂欢节和无量山国际乡村森林音乐会等重要活动，景东知名度和美誉度得到提高。生态建设迈出新步伐。县政府致力于建设秀美景东，保护生态，整治环境，节能降耗，推动生态建设和保护进入常态化轨道。完成第一次全国污染源普查项目，划定集中饮用水源保护区，造林1.77万公顷，6.4万公顷公益林列入生态补偿范围。实施国土整治0.11万公顷，治理水土流失6120公顷（61.2平方公里）。建设沼气9150口。加强“两污”治理，县城污水处理厂、垃圾处理场和乡镇垃圾处理场建成使用。创建36个生态村、20所绿色学校。大力实施节能减排，单位GDP能耗下降2.7%。十五届县政府工作，得到上级和广大群众充分肯定。最大三弦雕塑和最大型三弦合奏载入吉尼斯世界纪录，获全国农田水利基本建设先进单位、中国黑冠长臂猿之乡称号；职中晋升为国家重点职业中学；先后获得云南省粮食生产先进单位、全省水利工作先进单位、全省抗旱救灾先进集体、云南省新型农村合作医疗先进县、云南省蚕桑产业核心基地县、云南省第一批高原特色农业示范县、国家和计划生育优质服务先进单位等荣誉称号。

第五节　县政府办公室

1966年5月16日“文化大革命”开始后，县人民代表大会制度中断。1968年9月，成立县革命委员会，直至1981年12月。县委、县革委办公室合署。1981年12月，恢复县政府后党政分设，设立县政府办公室。1993年3月，县政府办与县委办合署，统称“两办”。1998年3月，县政府办公室与县委办公室分设办公。政府办公室内设秘书股、信息督办股、行政股、法制办公室、信访办公室、保卫股、财政股。2002年，机构改革。县委信访办和县政府信访办合并，组建信访局（副科级），并入政府办公室；县政府驻昆明办事处归入县政府办公室管理（副科级）；政府办加挂外事与侨务办公室、人民防空办公室两块牌子，配备专人履行人防工作职能。内设秘书一股、秘书二股、侨务与外事办公室、无线电管理办公室、人民防空办公室、保卫股、行政股。2011年，机构改革，人民防空职责调整到县住房和城乡建设局，无线电管理职责调整到工业商务和信息化局。内设秘书一科、秘书二科、政务信息和督查办公室（副科级）、县政府突发事件应急管理委员会办公室（副科级）、外事与侨务办公室（副科级）、后勤服务科、安全保卫科。历任主任：杨明金、邓贤刚、马先忠、雷启刚、张善强、赵昌德、郭崇伟、杨忠兴、段学庄、汪明。

第六节 县政府驻外机构

一、驻昆明办事处

1927 年，景东县在昆明设景东会馆，位于昆明市中心地段顺城街。由在昆明工作人员和学生倡议，发动社会各界和县内各保甲集资购买，面积一亩三分六厘四毫，有铺面、阁楼、厢房等 5 幢建筑。会馆主要提供景东到昆明读书学生、游人和商贩住宿，兼联谊同乡和救助困难学生，具有救济福利性质。1952 年，会馆负责人中断，无人管理。1953 年“土改”时，景东会馆由昆明市政府管理，后由昆明五华区房地产管理局管理，租给 20 户市民居住。1992 年 9 月 16 日，景东县政府要求昆明市归还景东会馆。1993 年 12 月 13 日，经多方协调，昆明市政府发出《关于同意景东县政府设立驻昆明办事机构的复函》，景东县政府驻昆明办事处设立。1995 年 6 月，经昆明市政府批准，在昆明市官渡区福海乡船房办事处辖区内西华园西侧，征用土地 0.33 公顷归景东县政府使用。通过规划设计，县政府建盖办事处综合大楼及附属工程，于 1996 年 4 月开工建设，1997 年 3 月竣工，1998 年 1 月投入使用。2008 年 3 月，昆明市西坝路扩建，办事处综合大楼需拆除，其余土地被规划为草海片区公共绿地。为支持新昆明建设，经县委县政府研究决定，拆迁景东县驻昆明办事处。2011 年 8 月，经县委县政府研究同意，驻昆办事处购买业务用房，选址于昆明市官渡区龙泉镇洙清村委会磨盘山江东清水华小区水晶园 39 幢（穿金路金殿野生动物园旁），作为县政府驻昆明办事处业务用房。历任主任：王元良、纪昆、李笪伟、李忠林、郑文明、刘林。

二、驻上海工作处

1997 年 10 月，县委县政府在上海市普陀区正式成立驻上海工作处，负责对接沪景两地经济技术协作、信息交流和各项经贸活动。至 2012 年，上海市各级各部门及社会各界共援助景东县帮扶资金 5510.08 万元，其中争取正常项目外的嘉定区、金山区及有关企业援助项目 11 个，资金 315 万元。工作处为县政府下设副科级单位，2012 年 3 月升格为正科级。主任：苏万新。

第七节 外事侨务

景东县外事侨务工作经历从无到有，从部门兼管单一性工作到自成系统综合性政府职能部门的过程。1978—1985 年，外事工作由县公安局政保科兼管，侨务工作由县民政局兼管。1986 年 1 月，县政府正式成立侨务工作办公室，归属政府办公室，由办公室主任分工负责，配备侨务干部 1 人，负责处理具体工作。后改称外事侨务办公室。侨务办公室成立后，1985—1990 年，主要开展落实华侨私房政策，清理归侨侨眷档案，纠正落实涉及归侨侨眷冤假错案和侨务扶贫工作，以及全县侨情普查。1990—1998 年，主要任务是贯彻落实党在新时期国内外外事和侨务工作方针政策，宣传学习实施“一法、两办法”，开展对外宣传、内外联谊，使外事侨务工作更好地为全县对外开放和经济建设发展服务。1998 年后，围绕经济建设这个中心，以国内工作为基础，国外工作为主导，依法行政，护侨维权，“以人为本，外交为民”，全面开展外来侨务工作，营造和谐稳定环境，促进全县经济社会发展。2006—2009 年，外事侨务办公室工作人员增加到 3 人。2012 年 7 月，外事侨务办公室升格为副科级，配设主任 1 人，工作人员 2 人。

第八节　县庆　节日

一、成立自治县

1980 年 8 月 19 日，景东县革委会向思茅地区行政公署提出《关于要求成立景东彝族自治县的请示》，认为景东县是一个多民族山区县、少数民族人口占总人口的 42.7%，其中 80%以上少数民族人口聚居在山区和高寒贫瘠山区，而且约 20%穷队大部分社员是少数民族，构成山区民族经济落后状况。根据《中华人民共和国宪法》第四条关于各少数民族聚居地方实行民族区域自治规定，为有利于贯彻落实党的民族政策，调动各民族进行“四化”建设积极性，因地制宜，从实际出发，充分发挥山区民族地区的自然优势，使全县各族人民尽快富裕起来，特请示成立景东彝族自治县。思茅行政公署和云南省政府层层转报景东县请示，1985 年 6 月 1 日国务院（国函字 88 号）批准“撤销景东县，设立景东彝族自治县，以原景东县的行政区域为景东彝族自治县的行政区域”。

二、县庆

自治县成立庆典　根据国务院批复，1985 年 7 月 18 日县委召开县人大、县政府、县政协、县纪委主要领导干部会议，决定成立景东彝族自治县筹备委员会，筹委会由 22 人组成。主任：何太忠（县委书记，彝族），副主任：张裕农（县长）、肖宇清（政协主席、拉祜族）、汪大学（人大常委会副主任，彝族）、谢强章（副县长）。委员会下设秘书组、宣传组、行政组、物资组、接待组、建筑市容组。1985 年 12 月 16—18 日，在县第九届人民代表大会第三次会议上，何太忠作《关于成立景东彝族自治县筹备工作报告》，大会通过《关于成立景东彝族自治县的决定》，选举何太忠为自治县政府县长。1985 年 12 月 20 日，召开自治县成立大会。庆祝大会由侯键主持，刀学明宣读国务院同意景东设立彝族自治县的批示，曹守基宣读《关于成立景东彝族自治县的决定》，何太忠作讲话。全国人大民委、国家民委祝贺团团长范培廉，省委、省人大常委会、省政府祝贺团团长余活力，思茅地委、思茅行署、思茅军分区祝贺团团长段毓华对自治县成立表示热烈祝贺。县属单位及各乡镇共组织 16 个代表团，各区镇区委书记、区镇长、各乡镇支部书记、乡镇长，县属部、委、办局领导干部，县文工队农民演出队、各区文艺队、体育代表队，各机关单位职工、县城周边群众 2 万余人参加庆祝大会。

5 周年县庆　1990 年 12 月 20 日，县城召开庆祝自治县成立 5 周年暨《景东彝族自治县自治条例》(以下简称《自治条例》颁布实施大会。省人大、地委行署领导、省地属驻景东单位、县级机关干部职工、锦屏镇干部农民居民共万余人参加庆祝大会。大会由张德良主持，苏有明对《自治条例》作总体评述。侯键代表县委作《各族人民团结奋斗，为发展景东而共同努力》讲话；何太忠代表县政府作讲话，地委副书记毕国光代表地委行署祝贺《自治条例》颁布实施，并希望各级党委政府认真学习贯彻执行《自治条例》，把景东建设成为民族团结、经济繁荣新彝乡。

10 周年县庆　1995 年 12 月 20 日，全县在体育馆隆重庆祝自治县成立 10 周年。国家民委政法司、省文化厅、省民委、省边防武警总队、思茅地区党政军领导，友邻地州县市宾客和在景东任过职老领导 2136 人，各乡镇代表团、县级机关企事业单位、学校及城区干部群众万余人参加庆祝大会。全国人大民族委员会、国家民族事务委员会发来贺电；省委、省人大、省政府、省政协等发来贺电，并赠送锦旗；省内外关心支持景东经济发展的单位、领导及知名人士发来贺电贺信。大会由徐明良主持，白兆清作《十载艰辛结硕果，脱贫必须靠拼搏》讲话；全国人大民委、国家民委祝贺团团长张崇根、省祝贺团团长马化清分别讲话祝贺；行署专员潘政扬宣读贺词。庆祝大会上，全县24个民族表演“腾飞之歌”大型民族文艺节目；晚上，举行五彩缤纷的焰火晚会。

15周年县庆　2000年12月20日，县委县政府举办首届民族民间文艺会演暨民族传统体育运动会，庆祝自治县成立15周年。19日晚，在县人民会堂举行迎宾晚会，为各位领导、来宾、观众献上一台具有浓郁地方民族特色精彩文艺节目。20日正午，省地领导与邻县嘉宾及城区全体干部职工群众、各乡镇代表团2万余人在体育馆参加开幕式。谢伟主持开幕式，并宣布开幕。当国歌奏毕、国旗缓缓升上蔚蓝天空，顿时响起15响礼炮声，表示自治县成立15周年。白兆清作《振奋民族精神，共创美好未来》开幕词，接着进行“彝家风彩”大型广场文艺会演，舞起“红旗颂”，敲起“腰鼓舞”，扭起“扁担舞”，跳起“芦笙舞”，走起“马灯舞”，耍起“祥龙戏珠”，最后由全体演员组成“山花烂漫”并“走向新世纪”，高举旗帜开创未来，共创世纪辉煌。节庆期间，还组织物资交流会，由经委、农业、林业、科委、教委、卫生、广电等部门设立科普、信息展区和咨询服务台，进行科普宣传，提供科技信息；晚上，在体育场举行篝火晚会，燃放烟花。

20周年县庆　2005年12月20日，县委县政府在体育馆隆重举行自治县成立20周年庆典活动。全国人大民委、国家民委祝贺团团长、国家民委副司长蒋桂芳，省祝贺团团长、省民委副主任岩秒，市祝贺团团长、中共思茅市委副书记朱飞云，原省人大常委会副主任、省关心下一代工作委员会执行主任张宝三，省委办公厅助理巡视员徐晓健，省人大农工委主任潘政扬，以及省市、外地州市各有关部门领导、市内外各县区祝贺团领导，中央、省市各新闻媒体，在景东工作过的老领导，景东四套班子领导，各乡镇、县直各部门办局、各人民团体、省市驻景东单位领导职工和城区群众近万人参加庆祝活动。大会由杨寒松主持，毕廷村致辞，蒋桂芳、岩秒、朱飞云作重要讲话。岩秒受中共云南省委、省人大常委会、省政府、省政协委托，向景东县赠送锦旗。省委、省人大、省政府、省政协及省直有关部门发来贺电、表示祝贺。庆祝大会上，举行大型文艺表演“魅力银生”“神奇银生”“火的民族”“腾飞的景东”，表现出“求真务实、团结拼搏，与时俱进”的景东精神。当晚，体育广场内冉冉升起簇簇烟花，再次将县庆活动推向高潮，充分表达景东各族人民欢庆节日喜悦心情。

20世纪80年代火把节文艺表演（李兆达　摄）

20世纪90年代火把节晚会文艺表演（县政府办　提供）

25周年县庆　2010年12月20日，自治县成立25周年暨第二届民族团结表彰大会在人民会堂隆重举行。张世清主持会议，白兆林发表讲话，董世尧宣读县委县政府《关于表彰全县民族团结进步模范集体和模范个人的决定》，全县29个模范集体和62名模范个人受到表彰和奖励。

三、节日

2005年5月27日，云南省第十届人民代表大会常务委员会第十六次会议审议通过《云南省景东彝族自治县自治条例（修订）》，《自治条例》第五十八条对自治县2个节日作重要规定。

县庆　每年公历12月20日为自治县成立纪念日，放假1天。

火把节　每年农历六月二十四日为彝族火把节，节日期间放假3天。

第三章　政协景东县委员会

第一节　政协委员

一、政协筹备

1983年1月，中共中央办公厅发出《关于县（市）和市辖区设立政协问题的通知》，云南省委把景东列为政协新设县，并发出相关文件。1984年3月19日，景东县委发出《关于成立县政协筹备委员会的通知》，成立筹备委员会。杨正忠担任主任，肖宇清、王政有、周江担任副主任，徐明良、白兆清、罗品芝、黄灿鼎、方维汉担任委员，罗品芝兼办公室主任、李春任组织组负责人，刘汉祥任宣传组负责人。全面开展政协筹备工作。

二、委员产生

政协委员产生遵守《中国人民政治协商会议章程》规定，均根据上级要求和县委批准委员安排方案，按照界别分配名额，在景东县县级机关及企事业单位、乡镇充分酝酿协商，广泛征求意见，集体研究决定，提出建议人选。县委组织部考察中国共产党委员建议人选，县委统战部考察非中国共产党委员建议人选。审定后，由县委统战部统一提交县政协常委会议协商产生，报县委同意。

三、委员结构

一届委员会（1984.9—1987.5）　政协景东县第一届委员会设委员108人（届期内增加6人），其中，中国共产党43人，民主党派和无党派人士65人，少数民族35人，妇女15人，大专以上学历16人，中专（高中）学历25人。由17个界别组成：中国共产党5人，共青团3人，妇女联合会4人，总工会5人，中国民主同盟1人，教育界18人，科技界9人，工商界8人，医药卫生界9人，农林界7人，宗教界3人，社会科学界3人，文化艺术界3人，少数民族界6人，台侨属6人，起义人员1人，特邀人士17人。

二届委员会（1987.5—1990.3）　政协景东县第二届委员会设委员142人（届期内增加13人），其中，中国共产党36人，民主党派和无党派人士106人，少数民族38人，妇女20人，大专以上学历25人，中专（高中）学历44人。由19个界别组成：中国共产党8人，共青团5人，妇女联合会5人，总工会5人，中国民主同盟1人，教育界27人，科技界14人，工商界11人，医药卫生界12人，农林界6人，宗教界3人，社会科学界6人，文化艺术界3人，体育界1人，少数民族界8人，台侨属12人，起义人员2人，经济界2人，特邀人士11人。

三届委员会（1990.3—1993.3）　政协景东县第三届委员会设委员183人（届期内增加14人）。其中，中国共产党75人，民主党派和无党派人士108人，少数民族35人，妇女24人，大专以上学

历35人，中专（高中）学历67人。由22个界别组成：中国共产党8人，共青团5人，妇女联合会8人，工交界10人，总工会3人，个体工商界4人，教育界28人，科技界15人，工商界8人，卫生界10人，农林界11人，宗教界3人，社会科学界14人，文化艺术界5人，体育界1人，少数民族界8人，台属7人，侨属5人，起义人员3人，知名人士7人，司法界4人，武装界2人。

四届委员会（1993.3—1998.3） 政协景东县第四届委员会设委员188人（预留2人，届期内增加20人），其中，中国共产党71人，民主党派和无党派人士117人，少数民族63人，妇女25人，大专以上学历38人，中专（高中）学历70人。由20个界别组成：中国共产党8人，共青团1人，妇女联合会6人，工交界9人，总工会4人，教育界24人，科技界17人，医药卫生界11人，农林界8人，宗教界3人，社会科学界20人，司法界7人，经济界15人，文化艺术界3人，体育界1人，少数民族界6人，台侨属11人，新闻界3人，财税金融界5人，特邀人士4人。

五届委员会（1998.3—2003.3） 政协景东县第五届委员会设委员149人，其中，中国共产党58人，民主党派和无党派人士91人，少数民族56人，妇女31人，大专以上学历61人，中专（高中）学历59人。由18个界别组成：中国共产党8人，共青团1人，妇女联合会5人，工商业联合会5人，总工会1人，教育界21人，科技界12人，医药卫生界11人，农林界16人，宗教界3人，社会科学界51人，科学技术协会1人，文化艺术界1人，体育界1人，少数民族界5人，台侨属4人，新闻出版界2人，社会救济福利团体界1人，占0.67%。

六届委员会（2003.3—2008.1） 政协景东县第六届委员会设委员157人，其中，中国共产党59人，民主党派和无党派人士98人，少数民族79人，妇女51人，大专以上学历90人，中专（高中）学历45人。由21个界别组成：中国共产党18人，共青团1人，妇女联合会5人，工商业联合会12人，总工会1人，教育界18人，科技界12人，医药卫生界8人，农林界6人，宗教界3人，社会科学界34人，科学技术协会1人，文化艺术界1人，体育界1人，少数民族界4人，台属5人，侨属2人，新闻出版界2人，社会救济福利团体界3人，无党派人士界14人，特邀人士6人。

七届委员会（2008.1—2012.12） 政协景东县第七届委员会设委员167人（预留2人），其中，中国共产党60人，民主党派和无党派人士107人，少数民族75人，妇女53人，大专以上学历127人，中专（高中）学历16人。由20个界别组成：中国共产党21人，无党派13人，共青团2人，社会科学界18人，教育界8人，医药卫生界9人，科学技术界13人，科学技术协会1人，农林界10人，宗教界3人，少数民族界16人，台属5人，侨属6人，文化艺术界2人，体育界1人，新闻出版界2人，工商业联合会18人，妇女联合会9人，社会福利界2人，特邀人士6人。

第二节 政协全体委员会

一、政协景东县第一届委员会

一次会议 1984年9月17—24日，政协景东县第一届委员会第一次全体会议在县委大会议室举行，应出席会议委员102人，实际到会96人。会议议程：听取和审议县政协筹备委员会工作报告，学习人民政协章程，传达省政协会议和省统战工作会议精神，酝酿协商选举政协景东县第一届委员会主席、副主席和常务委员，列席县九届人大一次会议。大会经过提名，反复酝酿协商，通过无记名投票，产生政协景东县第一届委员会主席1人、副主席4人、常务委员10人。通过一次会议决议。

二次会议 1985年5月14—19日，政协景东县第一届委员会第二次会议在县委大会议室举行，应出席会议委员102人，实际到会95人。会议议程：听取和审议政协常务委员会工作报告、一届一次会议提案审查报告，列席县九届人大二次全会。通过二次会议决议。

三次会议　1985年12月16—21日，政协景东县第一届委员会第三次全体会议在县委大会议室举行。应出席会议委员104人，实际到会96人。会议议程：学习贯彻《中华人民共和国民族区域自治法》《国务院批准成立景东彝族自治县的决定》，听取和审议《景东成立彝族自治县筹备委员会工作报告》，列席县九届人大三次会议、听取县政府三十五年工作总结报告，通过《政协景东县委员会关于拥护成立景东彝族自治县的决议》，参加自治县成立庆典。

四次会议　1986年5月12—17日，政协景东县第一届委员会第四次全体会议在县委大会议室举行。应出席会议委员108人，实际到会98人。会议议程：学习传达省政协工作座谈会议精神，听取和审议政协常务委员会工作报告、一届二次全会提案审查报告，列席县九届人大四次会议。大会增选郭林、杨岭为政协景东县第一届委员会常务委员。通过四次会议决议。

二、政协景东县第二届委员会

一次会议　1987年5月10—16日，政协景东县第二届委员会第一次全体会议在县委大会议室举行。应出席委员129人，实际到会120人。会议议程：听取和审议县政协第一届常务委员会工作报告、第一届委员会提案处理情况报告，列席县十届人大一次会议，协商县政府领导班子人选，酝酿协商选举县政协第二届委员会主席、副主席和常务委员。大会通过无记名投票，产生政协景东县第二届委员会主席1人，副主席4人，常务委员10人。通过一次会议决议。

二次会议　1988年3月10—14日，政协景东县第二届委员会第二次全体会议在县委大会议室举行。应出席会议委员129人，实际到会119人。会议议程：听取和审议政协常务委员会工作报告、二届一次全会提案审查报告，列席县十届人大二次会议。通过二次会议决议。

三次会议　1989年3月31日至4月5日，政协景东县第二届委员会第三次全体会议在县委大会议室举行。应出席会议委员142人，实际到会112人。会议议程：听取和审议政协常务委员会工作报告、二届二次全会提案审查报告，传达贯彻云南省委、地委政协统战工作会议精神，列席县十届人大三次会议，补选县政协副主席、常委。大会补选傅肇明（哈尼）为政协景东县第二届委员会副主席，罗朝智（彝）为常务委员。通过三次会议决议。

三、政协景东县第三届委员会

一次会议　1990年3月13—18日，政协景东县第三届委员会第一次全体会议在供销合作联社大会议室举行。应出席会议委员169人，实际到会155人。会议议程：传达学习《中共中央坚持和完善中国共产党领导的多党合作和政治协商制度的意见》，听取和审议县政协二届常务委员会工作报告、二届一次全会之后提案工作情况报告，酝酿协商选举政协景东县第三届委员会主席、副主席、常务委员，列席县十一届人大一次会议。大会通过无记名投票，产生第三届委员会主席1人，副主席4人，常务委员12人。通过一次会议决议。

二次会议　1991年3月14—18日，政协景东县第三届委员会第二次会议在县人民会堂举行。应出席会议委员174人，实际到会159人。会议议程：传达学习中共中央十三届七中全会精神，听取和审议常务委员会工作报告、三届一次全会之后提案工作情况报告，酝酿协商补选县政协第三届委员会副主席、常务委员。大会通过等额选举和无记名投票，补选陈功荫为县政协三届委员会副主席，冯德智、李云生、周安康为常务委员。通过二次会议决议。

三次全会　1992年3月6—11日，政协景东县第三届委员会第三次全体会议在人民会常举行。应出席会议委员183人，实际到会167人。会议议程：传达学习中共中央十三届七中全会精神，听取和审议政协常务委员会工作报告、三届二次全会之后提案工作情况报告，传达省政协六届五次会议精神，列席县十一届人大三次会议，讨论和协商县政府县长候选人。通过三次会议决议。

四、政协景东县第四届委员会

一次会议 1993年3月6—11日，政协景东县第四届委员会第一次全体会议在县人民会堂举行，应出席会议委员168人，实际到会160人。会议议程：听取和审议政协景东县第三届委员会工作报告、三届三次全会之后提案工作情况报告，酝酿协商选举政协景东县第四届委员会主席、副主席和常务委员，列席县十二届人大一次会议，酝酿协商县政府副县长候选人，表彰县政协第三届委员会先进集体和个人。大会通过无记名投票，产生政协景东县第四届委员会主席1人，副主席4人，常务委员16人。通过一次会议决议。

二次会议 1994年3月21—25日，政协景东县第四届委员会第二次全体会议在县人民会堂举行，应出席会议委员175人，实际到会158人。会议议程：听取和审议常务委员会工作报告、四届一次全会之后提案工作情况报告，列席县十二届人大二次会议。通过二次会议决议。

三次会议 1995年3月12—15日，政协景东县第四届委员会第三次全体会议在县人民会堂举行，应出席会议委员180人，实际到会166人。会议议程：听取和审议常务委员会工作报告、四届二次全会之后提案工作情况报告，列席县十二届人大三次会议，大会专题交流发言。通过三次会议决议。

四次会议 1996年3月10—13日，政协景东县第四届委员会第四次全体会议在县人民会堂举行，应出席会议委员180人，实际到会167人。会议议程：听取和审议政协常务委员会工作报告、四届三次全会之后提案工作情况报告，列席县十二届人大四次会议，视察文井糖厂榨季生产。通过四次会议决议。

五次会议 1997年3月9—11日，政协景东县第四届委员会第五次全体会议在人民会堂举行。应出席会议委员188人，实际到会170人。会议议程：听取和审议政协常务委员会工作报告、四届四次全会之后提案工作情况报告，列席县十二届人大五次会议。通过五次会议决议。

五、政协景东县第五届委员会

一次会议 1998年3月15—18日，政协景东县第五届委员会第一次全体会议在政府小礼堂举行，应出席会议委员149人，实际到会144人。会议议程：听取和审议政协第四届常务委员会工作报告、第四届委员会提案工作情况报告，酝酿协商选举政协景东县第五届委员会主席、副主席和常务委员，列席县十三届人大一次会议。大会通过等额选举和无记名投票，产生政协景东县第五届委员会主席1人，副主席7人，常务委员11人。通过一次会议决议。

二次会议 1999年3月15—17日，政协景东县第五届委员会第二次全体会议在政府小礼堂举行，应出席会议委员149人，实际到会144人。会议议程：听取和审议政协常务委员会工作报告、五届一次全会之后提案工作情况报告，列席县十三届人大二次会议。通过二次会议决议。

三次会议 2000年3月13—16日，政协景东县第五届委员会第三次全体会议在政府小礼堂举行，应出席会议委员146人，实际到会141人。会议议程：听取和审议政协常务委员会工作报告、五届二次全会之后提案工作情况报告，列席县十三届人大三次会议，大会专题交流发言。通过三次会议决议。

四次会议 2001年3月12—16日，政协景东县第五届委员会第四次全体会议在政府小礼堂举行，应出席会议委员149人，实际到会139人。会议议程：听取和审议政协常务委员会工作报告、五届三次全会之后提案工作情况报告，列席县十三届人大四次会议。通过四次会议决议。

五次会议 2002年3月11—15日，政协景东县第五届委员会第五次全体会议在政府礼堂举行，应出席会议委员149人，实际到会138人。会议议程：听取和审议政协常务委员会工作报告、五届四次全会之后提案工作情况报告，列席县十三届人大五次会议，大会专题交流发言，补选政协景东县第五届委员会副主席，表彰第五届委员会优秀提案及承办提案先进单位。会议补选纪世忠为政协第五届委员会副主席。通过五次会议决议。

六、政协景东县第六届委员会

政协景东彝族自治县第六届委员会第五次会议（县委党史办 提供）

一次会议 2003年3月11—15日，政协景东县第六届委员会第一次全体会议在政府小礼堂举行，应出席会议委员157人，实际到会136人。会议议程：听取和审议政协第五届常务委员会工作报告、第五届提案工作情况报告，列席县十四届人大一次会议，酝酿协商选举政协景东县第六届委员会主席、副主席和常务委员。通过等额选举和无记名投票，产生第六届政协委员会主席1人，副主席7人，常务委员11人。通过一次会议决议。

二次会议 2004年2月23—26日，政协景东县第六届委员会第二次全体会议在政府小礼堂举行，应出席会议委员149人，实际到会137人。大会议程：听取和审议政协常务委员会工作报告、六届一次全会之后提案工作情况报告，列席县十四届人大二次会议。会议补选李剑为政协第六届委员会常务委员。通过二次会议决议。

三次会议 2005年3月14—17日，政协景东县第六届委员会第三次全体会议在政府小礼堂举行，应出席会议委员154人，实际到会140人。会议议程：听取和审议政协常务委员会工作报告、六届二次全会之后提案工作情况报告，列席县十四届人大三次会议，表彰六届一次会议优秀提案和提案承办先进单位。通过三次会议决议。

四次会议 2006年2月13—16日，政协景东县第六届委员会第四次全体会议在政府小礼堂举行，应出席会议委员157人，实际到会142人。会议议程：听取和审议政协常务委员会工作报告、六届三次全会之后提案工作情况报告，列席县十四届人大四次会议。通过四次会议决议。

五次会议 2007年1月22—25日，政协景东县第六届委员会第五次全体会议在政府小礼堂举行，应出席会议委员157人，实际到会146人。会议议程：听取和审议政协常务委员会工作报告、六届四次会议之后提案工作情况报告，列席县十四届人大五次会议，补选第六届政协委员会副主席1人，表彰第六届政协委员会优秀委员、优秀提案和提案承办先进单位。会议补选袁光宏为政协景东县第六届委员会副主席。通过五次会议决议。

七、政协景东县第七届委员会

一次会议 2008年1月7—10日，政协景东县第七届委员会第一次全体会议在政府小礼堂举行，应出席会议委员167人，实际到会158人。会议议程：听取和审议政协第六届常务委员会工作报告、第六届委员会提案工作情况报告，列席县十五届人大一次会议，酝酿协商选举政协景东县第七届委员会主席、副主席和常务委员。通过等额选举和无记名投票，产生第七届政协委员会主席1人、副主席4人、秘书长1人，常务委员13人。通过一次会议决议。

二次会议 2009年2月13—16日，政协景东县第七届委员会第二次全体会议在政府小礼堂举行，应出席会议委员167人，实际到会150人。会议议程：听取和审议政协常务委员会工作报告、七届一次全会之后提案工作情况报告，列席县十五届人大二次全会，补选第七届常务委员会委员。会议补选任爱明、李华武、李德荣、张兆华、罗曼（女）、罗中东、高学军、陶明震为第七届常务委员会委员。通过二次会议决议。

三次会议　2010 年 2 月 1—3 日，政协景东县第七届委员会第三次全体会议在县人民会堂举行，应出席会议委员 167 人，实际到会 151 人。会议议程：听取和审议政协常务委员会工作报告、七届二次全会之后提案工作情况报告，列席县十五届人大三次全会。通过三次会议决议。

四次全会　2011 年 1 月 15—18 日，政协景东县第七届委员会第四次全体会议在县人民会堂举行，应出席会议委员 167 人，实际到会 152 人。会议议程：听取和审议政协常务委员会工作报告、七届三次全会之后提案工作情况报告，列席县十五届人大四次会议。通过四次会议决议。

五次全会　2012 年 1 月 5—7 日，政协景东县第七届委员会第五次全体会议在县人民会堂举行，应出席会议委员 161 人，实际到会 156 人。会议议程：听取和审议政协常务委员会工作报告、七届四次全会之后提案工作情况报告，列席县十五届人大五次会议，表彰政协景东县第七届委员会优秀委员、优秀提案、提案承办先进单位。通过五次会议决议。

政协景东县第一至第七届委员会主席、副主席一览表

表 3-3-1

届次	职务	姓名	性别	民族	籍贯	任职时间	备注
第一届	主席	肖宇清	男	拉祜	云南澜沧	1984. 9—1987. 5	—
	副主席	王政有	男	汉	云南景东	1984. 9—1987. 5	—
		周　江	男	白	云南元江	1984. 9—1987. 5	—
		黄灿鼎	男	汉	云南景东	1984. 9—1987. 5	—
		马保林	男	回	云南景东	1984. 9—1987. 5	—
第二届	主席	王政有	男	汉	云南景东	1987. 5—1989. 1	—
	副主席	谢强章	男	汉	广东梅县	1987. 5—1988. 11	—
		郭　林	男	彝	云南景东	1987. 5—1990. 3	—
		黄灿鼎	男	汉	云南景东	1987. 5—1990. 3	—
		马保林	男	回	云南景东	1987. 5—1990. 3	—
		傅肇明	男	哈尼	云南景东	1989. 3—1990. 3	—
第三届	主　席	王文忠	男	彝	云南镇沅	1990. 3—1993. 3	—
	副主席	傅肇明	男	哈尼	云南景东	1990. 3—1993. 3	—
		朱朋礼	男	汉	上海	1990. 3—1991. 3	—
		马保林	男	回	云南景东	1990. 3—1993. 3	—
		黄灿鼎	男	汉	云南景东	1990. 3—1993. 3	—
		陈功荫	男	汉	云南昆明	1991. 3—1993. 3	—
第四届	主席	段守孟	男	汉	云南墨江	1993. 3—1998. 3	—
	副主席	傅肇明	男	哈尼	云南景东	1993. 3—1998. 3	—
		陈功荫	男	汉	云南昆明	1993. 3—1998. 3	—
		马保林	男	回	云南景东	1993. 3—1998. 3	兼职
		陈星志	男	汉	四川	1993. 3—1998. 3	兼职

续表 3-3-1

届次	职务	姓名	性别	民族	籍贯	任职时间	备注
第五届	主席	杨学进	男	彝	云南景东	1998.3—2003.3	—
	副主席	董世尧	男	布朗	云南景东	1998.3—2003.3	—
		杨忠轩	男	汉	云南景东	1998.3—2003.3	—
		吴治德	男	彝	云南景东	1998.3—2003.3	—
		李嘉华	男	汉	云南景东	1998.3—2003.3	—
		陈景高	男	汉	云南景东	1998.3—2003.3	兼职
		马升云	男	回	云南景东	1998.3—2003.3	兼职
		纪世忠	男	汉	云南景东	2002.3—2003.3	—
第六届	主席	杨学进	男	彝	云南景东	2003.3—2008.1	—
	副主席	李树荣	男	彝	云南景东	2003.3—2008.1	—
		查正芹	女	汉	云南景东	2003.3—2008.1	—
		董世尧	男	布朗	云南景东	2003.3—2007.12	—
		丰诗文	男	汉	云南景东	2003.3—2008.1	—
		熊文祥	男	彝	云南景东	2003.3—2008.1	—
		袁光洪	男	彝	云南景东	2007.1—2008.1	—
		王大云	男	汉	云南景东	2003.3—2005.12	兼职
		马升云	男	回	云南景东	2003.3—2008.1	兼职
第七届	主席	李树荣	男	彝	云南景东	2008.1—	—
	副主席	吴 力	男	彝	云南景东	2008.1—	—
		丰诗文	男	汉	云南景东	2008.1—	—
		熊文祥	男	彝	云南景东	2008.1—	—
		李启进	女	彝	云南景东	2008.1—	—

政协景东县第一至第七届委员会常委名录

表 3-3-2

届别	姓名
第一届	肖宇清 王政有 周江 黄灿鼎 马保林 方维翰 印仁宏 伍昌贵 杨岭 邱学孟 陈星志 罗品芝 姜远清 胡鸿昌 郭林 黄霞（女） 赖羡光
第二届	王政有 谢强章 郭林 傅肇明 黄灿鼎 马保林 方维翰 印仁宏 杨岭 杨志新 邱学孟 陈星志 吴秀琼（女） 罗朝智 姜远清 赖羡光 傅力行
第三届	王文忠 傅肇明 朱朋礼 陈功荫 黄灿鼎 马保林 王崇明 方维翰 印仁宏 冯德智 李云生 李华（女） 李应纪 陈星志 杨合理 杨应庆 杨国钦 张正文 周安康 罗朝智 傅力行
第四届	段守孟 傅肇明 陈功荫 陈星志 马保林 王成荣 王崇明 毛国寿 卢丕和 冯德智 刘开富 李正东 李彦勇 杨合理 杨应庆 杨国钦 杨海寿 张正文 罗国文 钱一锋 黄霞（女）
第五届	杨学进 陈功荫 董世尧 杨忠轩 吴治德 李嘉华 陈景高 马升云 赵世凡 罗文萍（女） 罗国文 刘晓萍（女） 罗恒勇 熊文祥 李勇 刘开富 廖应华 罗开智 方文秀（女）
第六届	杨学进 董世尧 李树荣 查正芹（女） 丰诗文 熊文祥 王大云 马升云 袁光洪 赵世凡 李剑 杨红光 李勇 廖应华 毛德华 肖云 杨坤 罗恒庄 张善伟 钟学梅（女） 刘云
第七届	李树荣 吴力 李启进（女） 丰诗文 熊文祥 李剑 马升云 杨红光 罗海燕（女） 黄成华（女） 孙永美（女） 李卓娟（女） 罗丽梅（女） 魏大坤 肖云 罗恒庄 张善伟 钟学梅（女） 刘云 任爱民 李华武 李德荣 张兆华 罗曼（女） 罗中东 高学军 陶明震

第三节 政协常委会议

县政协委员会设常务委员会主持会务。政协常务委员会由主席、副主席、秘书长和常务委员组成。其候选人由参加政协党派、团体和各族各界人士协商提名，经全体委员会议选举产生。常务委员会一般每个季度召开一次，也可以根据工作需要，由主席会议决定临时召开常务委员会议。会议议程由主席会议提出。常务委员会负责召集全体委员会议，全会闭会期间负责县政协全面工作。

一届常委会 1984 年，共举行 2 次常委会。会上学习中共中央《关于经济体制改革的决定》，听取县长《关于全县农业生产方针的报告》和副县长《关于全县经济发展形势的通报》，讨论决定常委会机构设置及负责人，讨论研究常委会活动制度及其开展咨询服务工作有关事宜。

1985 年，共举行 2 次常委会。会议学习中共中央有关文件和《中华人民共和国民族区域自治法》，讨论县政协一届二次会议工作报告（草案），提案审查报告。听取县筹备委员会关于筹备成立自治县情况通报，并向县委推荐自治县县长人选；增补政协委员。

1986 年 3 月至 1987 年 3 月，共举行 3 次常委会。会上学习《中共中央关于社会主义精神文明建设指导方针的决议》，传达思茅地委统一战线工作会议精神；总结县政协 1985 年工作，讨论 1986 年工作计划；增补县政协委员，协商研究县政协换届有关问题。

二届常委会 1987 年，共举行 3 次常委会，贯彻传达党的十三大文件、省政协工作会议精神，听取县政府《关于职称改革的政策、方法、任务和要求的报告》《全县教育基本情况和面临的重要任务》汇报。

1988 年，共举行 3 次常委会议。会上传达学习中共中央十三届三中全会精神、云南省政协六届一次全会精神。专题讨论县政府《景东县国民经济发展计划》及争取浆泊厂工程项目列项问题。会议决定：要进一步学习掌握党的十三大精神，加强政协思想建设；每季度召开一次常委会议，由主席或副主席通报本季度县委工作部署和政协机关工作情况；每年召开一次有各政协组长参加的常委扩大会议，开展通报工作、座谈总结、交流经验、协商对话、咨询服务、对外联谊工作；开展“一封信”活动，要求政协委员对全县各方面工作提出自己的意见、建议、批评，当作送给政协办公室的一封信，由办公室综合印发，供有关部门研究。会议讨论通过谢强章辞去县政协副主席职务请求。

1989 年 1 月至 1990 年 1 月，共举行 8 次常委会。会上学习中共中央十三届四中、五中全会精神和邓小平、江泽民、李鹏重要讲话，贯彻学习李先念《在全国政协主席会议上的讲话》和普朝柱、刘树生在全省统战政协工作会上讲话，协商讨论《云南省景东彝族自治县自治条例》征求意见稿，增补政协委员，酝酿协商召开政协景东县三届一次会议有关事宜。

三届常委会 1990 年，共举行 3 次常委会。会上学习《中共中央关于加强统一战线工作的通知》和江泽民重要讲话；传达省政协主席刘树生在全省政协工作座谈会上的讲话，政协云南省六届三次会议精神。通报县委工作会议主要精神，县人大关于实施《景东彝族自治县自治条例》准备情况，县政府关于水泥厂筹建和大街煤矿扩建情况，1990 年 1—10 月全县国民经济和财政预算执行情况。增补政协委员，商定政协机关专委设置、人员组成。协商讨论《关于进一步实行科技联产承包责任制的建议》及对全县林业工作和教育工作进行视察、调查有关事宜。讨论通过《关于锦屏山、玉屏山、翠屏山退耕还林，封山育林，防止水土流失的建议案》。

1991 年，共举行 4 次常委会。会上学习讨论中共十三届七中、八中全会精神和江泽民讲话；学习《中共中央关于加强农业和农村工作的决定》，云南省委书记普朝柱考察思茅讲话精神和关于滇南、滇西南 14 个县调查报告；总结回顾 1991 年政协工作情况并提出 1992 年工作意见；增补政协委员。在政协三届二次全会上，补选陈功荫为副主席，同意朱朋礼辞去政协景东县第三届委员会副主席职务，听取县政协视察组关于视察曼等乡、大街乡情况汇报，协商讨论通过《关于曼等乡实施“八五”计划有关问题的建议案》和《关于治理与开发者干河源头区域的建议案》。

1992年1月至1993年2月，共举行5次常委会。会上学习讨论邓小平南方谈话精神，传达县委三级干部会议精神；协商讨论景东县国民经济和社会发展“八五”计划及十年规划（草案）；审查批准政协景东县第三届委员会关于表彰先进集体和先进个人名单；讨论修改三届政协常委会工作报告和三届一次全会后提案工作报告；协商推荐政协景东县第四届委员会第一次会议主席团、秘书长名单（草案），决定召开会议的时间、议程、日程等有关事项。增补政协委员、人事任免。

四届常委会 1993年，共举行2次常委会。会议传达云南省政协七届一次全会和思茅、玉溪、曲靖、昭通、丽江、保山、临沧7个地区政协联系会议精神，协商讨论1993年下半年工作意见，通报第四届政协主席、副主席分工情况，商定县政协各专门委员会组成人员和政协小组活动编组名单及人事任免。会议协商讨论通过县政协《关于深化林业经营管理体制改革的建议》。该建议是县政协向县委县政府第一次提出专题建议。

1994年，共举行4次常委会。会上学习中共云南省委《关于加强和改善党对政协工作的领导，进一步发挥政协职能作用的意见》，全国政协八届二次会议修定后人民政协章程，传达云南省政协工作会议精神和思茅地区政协工委召开的全区十县（市）政协主席联系会议精神。决定通过有关人事任免事项，协商增补县四届政协委员。听取景东一中教学教改及争取晋升一级完中情况介绍；讨论通过《关于对国有林南京山林片开展工程营林工作的建议》。

1995年，共举行3次常委会。会上学习政协全国委员会《关于政治协商、民主监督、参政议政的规定》。听取县政府《1994年全县国民经济和社会发展计划执行情况和1995年国民经济和社会发展计划的意见（草案）》，景东发展烤烟生产情况介绍。通报县政协全会提案办理情况，协商决定召开政协景东县四届三次全会时间、议程和日程，讨论修改《政协常委会工作报告（草案）》和《提案工作情况报告（草案）》，进行人事任免事项。

1996年，共举行3次常委会。会议学习《政协云南省委员会常务委员会工作规则（修正案）》，传达思茅地区10县市政协工作联系会议精神，听取县政府《政府工作报告》说明及《景东县国民经济和社会发展“九五“计划和2010年远景目标规划》通报，协商修改县政协四届委员会常务委员会工作报告、1995年提案工作情况和1996年提案工作意见，听取各专门委员会工作情况汇报。

1997年，共举行3次常委会。会议听取县政府对县政协四届四次全会后提案办理情况通报、《1996年国民经济计划执行情况和1997年国民经济计划情况通报》，协商讨论《政协景东县四届五次全会议程和日程（草案）》《政协景东县常务委员会工作报告（草案）》，政协景东县第五届委员会参加单位和委员名单，协商通过县政协机关有关人事任免。

1998年，共举行2次常委会。会议协商通过政协景东县第四届常委员会工作报告和四届四次全体会议后提案工作情况报告，通过第五届政协委员产生和结构情况说明，商定政协景东县五届一次全会召开会期以及邀请参会人员范围、名单，协商同意政协五届一次全会选举办法，协商政协景东县第五届委员会主席、副主席和常务委员会建议名单。

五届常委会 1998年，共举行3次常委会。会上学习《中国人民政治协商会议章程》，全国政协主席李瑞环在全国政协九届一次会议上的讲话和《中共中央关于在全党深入学习邓小平理论的通知》《中共中央关于农业和农村工作若干重大问题的决定》、中共中央总书记江泽民《在十五届三中全会闭幕时的讲话》。传达中共思茅地委工作会议和政协思茅地区工委七次全会精神，全省政协主席（主任）培训学习情况。通报县政协工作要点，安排部署1998年工作，审议通过《政协景东县委员会关于政治协商、民主监督、参政议政的规定》和《政协景东县常务委员会工作规则》，听取关于对全县

非公有制经济调查情况的报告和加大发展个体私营经济实施意见的说明，协商讨论《关于加快发展景东县茶叶产业的建议》；增补县政协委员，进行人事任免。

1999年，共举行4次常委会。会上学习《中共中央、国务院关于进一步加强扶贫开发工作的决定》《中共中央关于国有企业改革和发展若干重大问题的决定》和江泽民重要讲话。传达政协思茅地区工委第七次主席联系会议精神和全县经济工作会议精神，听取县政府《关于1998年国民经济和社会发展计划执行情况和1999年国民经济和社会发展计划（草案）》说明，协商拟定召开县政协五届二次全会有关事宜，协商讨论巩固景东蔗糖产业及咖啡生产问题。会议组织政协委员与参会人员视察县过境公路建设情况和“8·31”洪灾损失情况。

2000年，共举行4次常委会。会议学习“三个代表”重要思想理论，通报县政协班子开展“三讲”（讲学习、讲政治、讲正气）教育活动情况及整改措施制订情况。学习贯彻中共景东县委九届二次全委（扩大）会议精神，协商讨论县政府工作报告，讨论修改县政协常委会和提案两个工作报告。协商讨论《中共景东县委关于制定国民经济和社会发展第十个五年计划的建议（草案）》，商定召开县政协五届三次全会有关事宜，协商决定增补政协委员和政协专委干部任免。

2001年，共举行4次常委会。会议上学习江泽民“七一”重要讲话精神，《中共中央关于加强和改进党的作风建设的决定》。传达贯彻云南省统战工作会议及思茅地区政协工委第九次会议精神，听取并协商讨论县政协关于《全县紫胶生产调查情况报告》《关于“城市贫困群体”的调研报告》，协商讨论县委《关于农村集体土地使用权流转的意见（草案）》，听取政协机关各委室的工作汇报及政协机关赴玉溪、昆明等地考察学习情况通报。

2002年2月至2003年2月，共举行8次常委会。会议学习贯彻中共十六大精神，传达贯彻有关文件和会议精神。审议《政协景东县常务委员会工作报告》《提案工作报告》，听取县政府关于办理县政协五届四次会议后委员提案情况说明，协商决定表彰优秀提案名单和承办提案先进单位，协商决定政协机关各委室人事任免，讨论全县贫困群体调研报告和《景东县非公有制经济发展情况调查报告》，视察通县油路工程、景太大桥工程和县城二期改河工程建设情况，商定召开县政协六届一次全会有关事宜。

六届常委会　2003年，共举行4次常委会。会上学习中共中央总书记胡锦涛“七一”重要讲话精神，《中共中央关于完善社会主义市场经济体制若干问题的决定》，传达贯彻云南省政协主席（主任）培训会议精神，听取县政府对全县上半年经济运行及非典防治工作情况通报，审议通过县政协关于全县退耕还林实施情况的调查报告、六届县政协《常务委员会工作规则》及《提案工作实施办法》，协商决定增补政协委员，任命县政协机关委室主任，协商讨论县政协关于《民主评议景东县城乡建设局工程质量和安全生产管理工作的报告》，视察景东县看守所。

2004年，共举行5次常委会。会议上学习《中共中央十六届四中全会公报》、胡锦涛《在全国政协成立55周年庆祝大会上的讲话》、《中共思茅市委关于进一步推进人民政协履行职能制度化、规范化和程序化实施意见》、市委办《关于印发〈关于加强与人民政协工作联系的规定〉的通知》、省政协主席杨崇汇在省政协九届二次全体会议上的讲话、政协思茅市第一届委员会第一次全体会议精神，听取《县政府2003年工作情况和2004年工作意见通报》，协商讨论县政府提案办理情况通报，审议通过县政协2004年工作重点和《政协景东县委员会关于政治协商、民主监督、参政议政的规定》《政协景东县委员会专门委员会工作目标管理办法》，听取和审议县政协《关于景东县松脂生产调研情况报告》《关于社会治安综合治理工作视察情况报告》《关于蚕桑生产视察情况报告》《关于对景东县计划生育局民主评议情况的报告》《关于对景东县易地开发办公室民主评议情况的报告》，协商决定增补部分县政协委员，同时免去部分政协委员，任免政协机关委室主任（副主任）。

2005年，共举行4次常委会。会上学习《中共中央关于进一步加强中国共产党领导的多党合作和政治协商制度建设的意见》、十六届五中全会精神、《政协云南省常务委员会工作规则》《政协云南省委员会全体会议工作规则》。传达贯彻政协云南省、思茅市会议精神。听取和审议县政府《关于2004年工作和2005年工作意见的通报》《政协景东县六届二次会议提案办理情况通报》《2005年上半年国民经济和社会发展执行情况和“十一五”规划编制情况的通报》，听取和审议政协景东县委员会《关于小城镇建设与管理情况的调查报告》《关于民主评议县环境保护局工作情况的报告》《关于挂钩扶贫工作情况的调研报告》和《关于民主评议景东供电有限责任公司工作情况的报告》；协商决定增补部分县六届政协委员，同时免去部分政协委员。

2006年，共举行7次常委会。会上学习《中共中央关于加强人民政协工作的意见》，胡锦涛在全国统战工作会议上的讲话、十六届六中全会公报。传达贯彻政协云南省、思茅市会议精神，听取县政府2006年上半年工作情况通报，审议县政协《关于对县林业产业发展情况的调研报告》《关于评议县医保中心开展城镇职工基本医疗保险工作情况报告》《关于民主评议县工商行政管理工作情况的报告》，讨论修改并通过县政协常委会和提案两个工作报告，商定县政协第六届委员会第五次全会召开的有关事宜，协商决定增补部分县政协委员，同时免去部分政协委员，任免部分机关委室主任（副主任）。

2007年，共举行9次常委会。会上学习中国共产党第十七次全国代表大会精神、胡锦涛在中央党校重要讲话、中共中央纪委《关于禁止利用职务上的便利谋取不正当利益的若干规定》、中共思茅市委《关于进一步加强人民政协工作的实施意见》。传达贯彻政协普洱市有关会议精神，审议2007年工作要点，听取县政府对2007年上半年工作情况和全县集体林权制度改革情况通报，审议通过全县蚕桑产业情况调研报告、县政协《民主评议党政部门工作实施细则（试行）》，评议县房屋产权产籍管理工作情况，听取、审议通过县政协常委、提案两个工作报告，商定政协景东县七届一次全会召开有关事宜。政协常务会议授权主席会议，全权处理换届工作有关未尽事宜及主持政协七届一次全体会议预备会。会议同意董世尧辞去县政协副主席职务。

七届常委会　2008年，共举行4次常委会。会上学习中共十七届三中全会精神、中共云南省委八届五次全会精神，传达贯彻省市政协有关会议精神，讨论通过2008年县政协工作要点，《常委会工作规则》《专门委员会工作规则》《专门委员会工作目标管理办法》《委员管理办法》，审议、讨论政协景东县常委会、提案两个工作报告，讨论县政府《2008年工作报告》，讨论通过县政协《关于全县基础教育工作的调查报告》《关于全县文化体育事业发展情况的调研报告》，协商讨论政协景东县七届二次全体委员会议日程、议程，商定常务委员会补选候选人及补选办法，视察黄草岭社会主义新农村建设示范点。

2009年，共举行6次常委会。会上学习胡锦涛在庆祝中国人民政治协商会议成立60周年座谈会上的讲话、中共十七届四中全会精神、全国政协会议、省市政协常委会议精神，讨论通过县政协《民主评议县食品药品监督管理局工作报告》《全县畜牧业发展情况调研报告》《全县蔗糖业发展情况调研报告》，听取县政府大街至花山九米桥、县城至太忠油路建设工作实施情况汇报，全县2009年上半年经济运行情况通报，2009年县政府工作报告提纲，讨论决定县政协七届三次全会相关事宜，补选县政协七届常务委员会委员。

2010年，共召开5次常委会。会上学习中共中央十七届五中全会精神及中共云南省委政协工作会议精神，学习市政协常委会议及普洱市首届民生论坛会议精神；通报县政协2010年工作开展情况，进行人事任免；听取县政府2010年上半年经济运行情况通报，县城乡建设工作情况汇报；视察开南书院建设及垃圾处理厂、三弦广场选址；讨论通过县政协《民主评议县中医院情况报告》《全县社会主义新农村建设情况调研报告》。

2011年，共举行8次常委会。会上学习十七届六中全会精神、胡锦涛“七一”讲话。传达市政协工作会议、省第九次常代会、全市领导干部大会精神，听取县政府2011年1—10月财政工作情况通报，县公安局2011年公安工作情况通报，县林业局2011年全县林业工作情况通报，县政府办对县政协七届四次会议后提案办理情况通报，审议通过县政协《关于民主评议国土资源工作情况的报告》《关于农村人畜饮水安全工作的调研报告》，讨论修改并通过县政协常委会、提案两个工作报告。商定县政协七届五次全会有关事宜，审议通过委员任免和机关室人事任免。

2012年，共举行10次常委会。会上传达全国政协十一届五次会议、省政协十届五次会议及市政协二届四次会议精神，学习胡锦涛7月23日在省部级领导干部专题研讨班开班仪式上的重要讲话，听取检察院、教育局工作情况通报，审议通过殡仪馆和文化与旅游产业发展情况调研报告，视察县医院新农合医疗事业发展情况，讨论通过政协有关人事任免，协商讨论政协景东县第八届一次会议有关事宜。

第四节　履行职能

政治协商、民主监督、参政议政是县人民政协的主要职能。通过履行职能，充分发扬社会主义民主，客观、真实地反映社会各界意见和要求，集思广益，促进党政领导机关重大决策科学化和民主化；监督《宪法》及其他法律法规和各项方针政策贯彻落实，协助并推动全县各级领导机关及其工作人员改进工作、提高效率、克服形式主义和官僚主义，反对腐败行为；坚持中国共产党领导的多党合作和政治协商制度，协调社会各方面关系和理顺情绪，促进沟通与理解，加强团结与合作，推进社会主义物质文明、政治文明、精神文明建设和民主政治、法制建设；促进社会主义市场经济体制和社会生产力发展，推动社会各项事业全面进步，贯彻落实“和平统一、一国两制”方针，促进祖国统一大业的实现。

一、政治协商

政协景东县委员会政治协商坚持“三在前、三在先”制度。即重大问题协商在党委决策之前、人大通过之前、政府实施之前。制定经济建设和社会发展规划及事关人民生活的重要问题，先协商后决策；重要人事安排包括同级国家机关领导成员的人事安排，先协商后决定；制定关系地方全局的重要政策法规，先协商后通过。

全委会议协商　1984年9月至2012年1月，县政协共召开全委会议30次。全委会议一般与县人民代表大会同步，政协委员列席人代会。主要议程包括：听取和协商县政府工作报告、国民经济和社会发展计划执行情况及国民经济和社会发展计划草案报告、地方财政预算执行情况和地方财政预算草案报告及县法院、县检察院工作报告。大会主席团组织参会委员分组协商讨论，在充分肯定报告内容的同时，对相关内容提出意见和建议。

常委会议协商　1984年9月至2012年1月，从召开县政协首届一次全委会到第七届五次全委会期间，共召开常委会议126次。其中，首届7次，二届14次，三届13次，四届17次，五届23次，六届29次，七届23次。一般每季度举行1次，特殊需要时可临时举行。常委会议主要协商讨论县域各级党委和政府重大方针、政策，重要人事任免；讨论决定开展视察、调研；评议活动事项。听取县委县政府及其职能机构、部门工作报告、通报和说明，提出建议、意见和批评，并将情况反馈给县委县政府及职能部门，支持政府在政务活动中科学决策、民主决策、大胆决策，保障地方经济建设和社会各项事业又快又好地发展。

主席会议协商　历届县政协主席会议，由主席和副主席组成。根据会议议题需要，也可通知有关人员列席会议。主席会议原则上每月召开一次，会议审查以县政协名义向县委县政府提出重要建议案，特别是县委提交政协的重要决策、重大决定、人事安排方案，主席会议都严肃、慎重地协商讨论，并及时将协商意见反馈给县委。

二、民主监督

提案监督　县政协依托提案办理，通过督办重点提案，促进承办部门落实委员建议，加大民主监督力度。1984—2012年，县政协历届历次会议共收到委员提案1158件，经审查立案1111件，立案率95.94%，其余47件作意见建议处理。经审查立案办理的提案中，集体提案27件，委员提案1084件，办复率100%，办复满意率95%以上。按立案内容分类，经济379件，科技、教育、文化、卫生、体育255件，城市建设、环境保护和交通通讯建设311件，行政管理、政法、社会保障与社会公益事业165件。

景东县历届政协全会提案情况一览表

表3-3-3　　　　单位：件、%

届次	全会	时间	提案	立案	办复	办复率
一届	一次	1984.9—1985.5	69	65	69	100
	二次	1985.5—1985.12	22	22	22	100
	三次	1985.12—1986.5	—	—	—	—
	四次	1986.5—1987.5	20	20	20	100
二届	一次	1987.5—1988.3	13	13	13	100
	二次	1988.3—1989.3	29	29	29	100
	三次	1989.3—1990.3	29	29	29	100
三届	一次	1990.3—1991.3	27	22	22	100
	二次	1991.3—1992.3	19	16	16	100
	三次	1992.3—1993.3	8	7	7	100
四届	一次	1993.3—1994.4	23	23	23	100
	二次	1994.3—1985.3	20	20	20	100
	三次	1995.3—1996.3	46	46	46	100
	四次	1996.3—1997.3	36	33	33	100
	五次	1997.3—1998.3	10	10	10	100
五届	一次	1998.3—1999.3	27	27	27	100
	二次	1999.3—2000.3	50	43	43	100
	三次	2000.3—2001.3	46	41	41	100
	四次	2001.3—2002.3	63	61	61	100
	五次	2002.3—2003.3	35	35	35	100
六届	一次	2003.3—2004.2	47	47	47	100
	二次	2004.2—2005.3	40	38	38	100
	三次	2005.3—2006.2	72	68	68	100
	四次	2006.2—2007.1	44	40	40	100
	五次	2007.1—2008.1	53	53	53	100

续表 3-3-3

届次	全会	时间	提案	立案	办复	办复率
七届	一次	2008. 1—2009. 1	64	64	64	100
	二次	2009. 1—2010. 1	69	69	69	100
	三次	2010. 1—2011. 1	36	36	36	100
	四次	2011. 1—2012. 1	73	73	73	100
	五次	2012. 1—2013. 1	68	68	68	100

民主评议监督　自 2003 年始，县政协在坚持和完善监督方式基础上，充分发挥人民政协民主监督职能，不断探索、拓展、创新民主监督渠道与途径，促进社会主义民主政治建设，率先开展部分党政部门民主评议。2007 年底，在经过 5 年对 8 个单位的民主评议实践与探索，制定出台《政协景东县委员会民主评议党政部门工作实施细则（试行）》，使县政协民主评议工作走上制度化、规范化和程序化轨道。民主评议工作的开展，使政协民主监督领域和方式得到拓展，民主监督职能得到深化。

2003 年 9 月底，政协景东县委员会根据主席会议研究，常务委员会议通过，组织开展县城乡建设局建设工程质量监督和安全生产管理工作民主评议；10 月起，开展深入细致调查研究。采用建设单位与群众、部门与社会成员相结合方式进行评议，要求县城乡建设局建设工程质量监督站和安全生产管理股自查与自评，并写出书面报告；建设单位、施工企业和有关社会成员，主要以走访、座谈会和发放问卷调查表等形式听取意见。在充分听取意见建议基础上，围绕行政执法、依法检查、服务质量、服务态度、违纪处理五个方面内容，就建设工程质量监督和安全生产管理方面发放问卷调查表各 50 份。调查结果：(1) 建设工程质量监管工作。优秀占 26. 8%，良好占 66%，差占 7. 2%。(2) 安全生产管理工作。优秀占 23. 6%，良好占 68. 4%，差占 8%。收到 6 个方面意见和建议，经评议组综合归纳，提出意见和建议 8 条。

2004 年 10—12 月，开展县计划生育工作民主评议。在调查、走访、座谈中，发放县计划生育局内部调查问卷调查表 40 份、社会外部调查问卷调查表 112 份。调查结果：(1) 内部满意率。满意占 64%，基本满意占 36%。(2) 社会外部满意率。满意占 63%，基本满意占 36%，不满意占 1%。在调查评议中，反映出 8 个方面问题和困难。经评议组综合归纳，提出 7 个方面工作意见和建议，并写出评议报告向常委会议汇报。

2004 年下半年，开展县易地开发扶贫办工作民主评议。经省政府批准，全县计划易地搬迁安置农户 1042 户 4260 人，分别在者后、文井和锦屏安置。1999 年 11 月 1 日，县委县政府作出《关于实施县内易地开发扶贫的决定》，提出 1999—2001 年，力争完成转移安置计划任务。易地开发扶贫工作是一项复杂的社会系统工程，社会各界比较关注。评议组在易地办自查自评基础上，先后到文井镇都拉、文华、者吉、老练，者后乡新会，太忠乡麦地，龙街乡垭口、扎果，文龙乡等村组及南京山、土林、苦果地、跑马道移民安置点走访座谈；共召开座谈会 12 次，走访移民和村组干部 36 人（次），听取意见和建议 24 条；发放 6 项 25 个方面内容问卷。调查结果：很满意 542 票，占 21. 68%；满意 1011 票，占 40. 44%；基本满意 579 票，占 23. 16%；不满意 75 票，占 3%，弃权 293 票，占 11. 72%，收到意见建议 39 条。经评议组综合归纳，反映主要困难和问题 6 条，提出建议 8 条。

2005 年 5 月 25 日至 7 月 31 日，全面开展县环境保护局工作民主评议。先后召开座谈会 10 次，累计参加 151 人次。发放 3 个方面调查项目 17 个分项内容无记名民主测评问卷 100 份，收回 96 份，提出意见建议 21 份 27 条。调查结果：(1) 思想组织建设情况（各项规章制度建议、执行情况，干部职工队伍素质建设情况）。很满意 23 票，占 23. 9%；满意 56 票，占 58. 3%；基本满意 16 票，占 16. 7%；不满意 1 票，占 1. 1%。(2) 依法行政情况（环境保护、法律法规贯彻执行、环保行政执法程序、环保部门处罚依据、建设项目环评审批、建设项目“三同时”制度落实、环境监测工作、污染源治理、排污费征收、排污费使用和环保部门现场监理监察情况）。很满意22票，占22.9%；满意46票，占47.9%；基本满意23票，占24%；不满意5票，占5.2%。（3）环保部门服务意识和服务态度情况（文明监督、文明执法、指导基层办理业务、群众举报事项查处、认真接待群众来信来访）。很满意21票，占21.9%；满意52票，占54.2%；基本满意21票，占21.9%；不满意2票，占2%，反映主要问题和困难8条。经评议组综合归纳，提出意见和建议13条。

2005年7月20日至10月30日，开展景东供电有限责任公司工作测评。召开公司职工动员大会，让企业干部职工知晓评议的内容、目的、意义，参与评议工作，并对经贸局、环保局、招商局、计生局、林化厂、嘉信公司等部门及用电大户开展调研活动，发放问题调查表。召开乡镇党委政府领导、部分站所负责人、村干部、供电所工作人员及当地政协委员座谈会，发放问卷调查表100份。综合测评结果：满意占41.4%，基本满意占54.6%，不满意占4%，反映主要困难和问题7条。经测评组综合归纳，提出工作意见和建议8条。

2006年3月21日至8月31日，开展县工商局工作民主评议。调查内容为思想制度建设、市场监管、行政执法、服务质量、廉洁自律五个方面，发放问卷调查表100份，收回100份。综合测评结果：满意占58%，基本满意占34%，不满意占8%，提出建议34份44条，肯定意见2份2条，收到6个方面意见建议。测评组与县工商局共同研究，制订出整改措施，并形成评议报告。

2006年4—6月，开展县医保中心工作民主评议。县医保中心工作自2002年10月1日启动至2005年底，全县参保单位298家15169人，存在统筹经费赤字现象。经评议组客观分析，提出意见和建议6条。

2007年4月1日至6月30日，开展房屋产权产籍工作民主评议。景东县房屋产权产籍由于属事业单位企业管理，自收自支，执法主体资格和执法人员资格不合法，管理行为不规范，资金困难，档案管理条件差，管理不规范。调查过程中，反映出单位管理体制不顺、机构不健全、执法力度不大等问题。经评议组客观分析，提出建议4条。

三、参政议政

列席重要会议　县委举行常委会议或其他重要会议，邀请县政协主席列席；县政府举行全体会议、常务会议或其他重要会议，也视情况和具体需要，邀请县政协领导或专门委员会负责人列席；县直职能部门召开涉及全县性工作会议或研究本部门重大问题会议时，自觉邀请县政协对口联系专门委员会负责人和在本部门工作的省市政协委员列席；各乡镇召开人民代表大会时，也邀请本乡镇、省市县政协委员列席。

政协常委会考察视察调研　1985年，在政协景东县委员会首届二次全会上，科技组提出发展经济林木、水果生产计划。1986年初，协调中科院景东紫胶研究所、林业局、科委等有关助理研究员、工程师、农艺师，到景福、保甸、林街、曼等、永秀、太忠等地考察海拔、气候、土壤条件。结果表明，景东县适宜水果和经济林木生产，是一项投资少、见效快、受益长远的发展项目。经充分论证后，向县委县政府提出发展建议。

1986年1月，组织教育界部分委员14人，视察花山、永秀教育工作，历时10天。经充分论证，向县委县政府提出改变景东教育落后状况建议。1987年，中小学生虽成倍增长，但初高中毕业生仍有70%升不了学，造成社会和家庭压力。1987年9月，经县政协牵头，教育界政协委员多方努力，景东一中具体负责，筹办初高中补习班，招收学生180人，社会舆论良好。

1989年6月，与县人大组成调查组，共同调查教育内部体制改革试点工作。先后到四中、三中、大街中心学校及2所村完小、1所乡中学，历时4天。经综合调查结果，认为试点后教师紧迫感和责任感明显增强，教改工作显见成效，能为全县提供经验。

1991 年 11 月 20—21 日，组织城镇委员，邀请县政府有关部门和锦屏镇政府领导，视察县城重要水利设施菊河大沟。综合视察结果，建议县政府发布关于菊河大沟管理的公告，并尽快成立“大沟管理委员会”，定期召开灌区会议，按时岁修，确保长年通水。同时，召开有关会议，动员机关干部职工及城镇居民不要在大沟保护界内种地，不要向沟内倾倒垃圾。

1993 年 7 月，按照县委常委会议安排部署，调研县属重点骨干企业林产工业公司生产经营状况。1993 年 9 月 30 日，向县委提出《关于深化林业经营管理体制改革的建议》，引起县委县政府高度重视，并召开专题研究联席会议。1994 年下半年，县政协牵头，与林产公司、者后乡政府共同调研南京山片区国有林，探索经营和管理的路子。11 月，向县政府提出《关于对国有林南京山片区开展工程营林的建议》。

1996 年 7 月 26—27 日，组织机关部分政协委员视察文龙乡烤烟生产情况。经综合视察结果，认为县委县政府发展烤烟支柱产业思路对头，政策措施有力。同时，建议县委县政府集中人财物，把文龙乡打造成万亩烤烟基地乡。

1998 年 5 月，由县政协牵头，调研全县个体私营经济及非公有制经济状况。根据调研结果，县委县政府出台《关于大力发展个体私营经济的决定》(简称《决定》)。2002 年 8—10 月，调研《决定》贯彻实施情况。综合调研结果，向县委写出《景东县非公有制经济发展情况调查》。2003 年 3 月 6 日，县委复函予以肯定。

2003 年 6 月 23 日至 8 月 6 日，组成专题调研组，调研全县退耕还林工程项目建设实施情况，并写出调研报告。

2003 年 8 月 8 日，视察景东看守所。综合视察结果，认为搬迁看守所十分必要。

2004 年 7 月 4—13 日，视察全县各乡镇和森林公安分局社会治安综合治理、整体联动防范工程情况。在政法委、综治办、法院、检察院、公安局、森林公安分局和乡镇党委、人大、政府领导支持和配合下，先后召开座谈会 17 次，参加会议 231 人，听取各乡镇和森林公安分局上半年社会治安综合治理情况汇报，查看规章制度、图表、台账，肯定成绩，指出问题，提出改进意见和建议。9 月 8 日，向县委报告综合视察情况。

2004 年 7 月 15 日，组织部分县政协委员，邀请蚕桑办、文井、者后党委政府领导及蚕桑技术人员 35 人组成视察组。视察文井、者后桑园管理、夏蚕饲养情况。综合视察结果，向县政府提出建议意见。

2006 年 5—6 月，组织部分委员会和乡镇领导、林业站科技人员，调研全县 10 个乡镇和昌龙公司、南国莹银林产集团公司林业产业发展情况进行。综合调研结果，向县委写出《关于我县林业产业发展情况的调查报告》。2006 年 11 月 25 日，县政府复函予以肯定。

2008 年 6 月，视察花山、大街磁铁矿及大朝山铜矿开发工作，并提出有针对性和可操作性的合理化建议，得到视察单位认可。综合视察结果，向县委县政府提出建议。

2009 年，先后调研全县畜牧业、蔗糖业发展情况。综合调研结果，分别写出《全县畜牧产业发展情况》《全县蔗糖产业发展情况》报县委，为县委县政府科学决策提供参考依据。

第五节　“三胞”工作

一、侨情普查

第一次普查　1998 年，景东县第一次侨情普查。结果：普查对象 155 户 1770 人，其中，归侨 6 人，华侨 311 人，侨眷属 647 人；港澳同胞 7 人，港澳眷属 7 人；台胞 136 人，台眷属 607 人；空白户和无下落49人。海外亲属主要分布在10个国家和地区，多数居于东南亚，有商人、职员、教授、医生、农民，其中有很多属国内外知名人士。国内眷属中有政协委员、有先进人物、有干部职工，有的被安排在领导岗位。1998年，摸清景东“三胞”去向和居住地等情况。其中侨居泰国、缅甸、法国、老挝等国家和地区的华侨，港澳同胞，共52户155人。在台人员52人（如陶熔、邱开基等），归侨6户63人，台属236户2734人。

第二次普查　2006年，景东县第二次侨情普查。结果：景东县共有归侨侨眷及港澳同胞眷属354户2020人，其中，归侨6户6人，侨眷195户1237人，港澳同胞眷属153户777人；华侨华人和港澳同胞985人，其中，华侨260人，旅外华人395人，港澳同胞330人；代表性人物12人，其中，华侨华人9人，港澳同胞3人。

二、台胞回乡探亲接待

景东县各乡镇均有台侨属，其中锦屏、文井、大街、花山、景福、林街较为集中。1987年后，台湾当局开放民众赴大陆探亲。1988年清明节前开始，县政协配合县委统战部接待回乡探亲台胞共37人次，其中南涧、镇沅18人次。1998—2002年，共接待回乡探亲港澳台侨10起13人，办理赴台探亲3起5人，办理涉台婚姻1起1人。

2005年9月16日，组织召开港澳台侨属中秋座谈会。县四套班子领导及城区部分台侨属60余人欢聚一堂，共庆中华民族传统节日。座谈会由董世尧主持，唐永平向与会港澳台侨属介绍景东经济社会发展建设情况，并代表县四套班子领导向回乡探亲、观光、联谊港澳台胞和海外侨胞表示热烈欢迎。

三、景东籍台胞捐资

1992年，者后籍台胞李思广捐款6万元建设家乡，其中4万元建造路东河石拱桥1座，2万元建盖路东小学图书室1间。1993年，锦屏、文井、大街、花山、景福、林街籍台胞25人，向县委统战部捐赠昆明产旅行车1辆，价值8万元。1994年，大街籍台胞陶熔捐资44万元建盖职业中学教学楼1幢。2000年，大街籍台胞罗恒和捐资1.24万元建造大街关圣宫桥。

第六节　文史资料

一、《景东文史资料》（第一辑）

1998年12月出版，收录“三亲”（亲历、亲见、亲闻）文章42篇14万字。大部分内容反映景东社会政治、教育、文化卫生、工业交通、农田水利、工商财贸等发展历史，收集整理出景东籍历史名人梁得奎、邱开基、陶熔、梁得翼、戴家政生平。

二、《景东文史资料》（第二辑）

2002年8月出版，收录各类文章58篇17.6万字。内容丰富、材料翔实，记述了二战时期“驼峰航线”美国飞机在景东境内坠毁，当地群众救援情景；景东儿女抗击日寇入侵，保家卫国英勇事迹；“文化大革命”时期遭遇“夺权”“罢官”亲身经历回忆；中华人民共和国成立后景东第一个战斗机飞行员经历。

三、《景东文史资料》（第三辑）

2006年11月出版，收录近现代史料65篇27.4万字。在政治方面，记述反映中华人民共和国成立初期党和政府在建设民主政治，建立和巩固革命秩序，恢复和发展生产、平抑物价，保障人民生活等方面所做的种种努力；开展剿匪、镇压反革命、减租退押及土地改革情况；“文化大革命”中一些重大事件亲历者回忆等。在经济方面，记述中华人民共和国成立后恢复和发展国民经济（工业、农业、交通运输等）的成就和经验；记述了农业生产合作社、供销合作社、信用合作社成立情况；“大跃进”运动，大战钢铁铜，放高产卫星、大办公共食堂纪实以及“农业学大寨”、实行家庭联产承包、县内重点工程建设、财政发展沿革等历史重大事件。

四、《景东文史资料》（景东民歌专辑）

2011年9月出版，收录县城传唱较为广泛和久远的传统民曲民歌及打歌场歌手触景生情、随机应变即兴创作民歌101首，盘歌5首，新民歌39首，苏大妈山歌28首，还收录景东音乐爱好者创作或改编歌曲19首。

五、《景东文史资料》（第五辑）

2012年11月出版，收录综合史料37篇18万字及反映七届政协工作图片45张。

第七节 政协机构

一、县政协工作机构

首届景东县政协成立后，下设办公室，并组成宣传、文教卫生、科技、财贸城乡建设、侨务民族、提案审查6个工作组开展部门工作。历任办公室主任：罗品芝、杨岭。第二届办公室主任：李应纪。第三届机关设置“一室四委”办公室及提案联络、文史资料、经济科技、文教卫体4个委员会。各委（室）主任：周安康、卢丕和、李云生、冯德智、黄霞。第四届仍设“一室四委”，各委（室）主任：王成荣、赵世凡、卢丕和、鲁新民、刘富贤、冯德智。第五届设“一室四委”（办公室及提案港澳台侨外事联络、教科文卫体、文史资料、经济人口资源环境4个委员会）。各委（室）主任：李剑、罗文萍、姜发明、魏启彪、赵世凡、温元浩。第六届设“一室六委”（办公室及提案、港澳台侨外事联络、文史资料、社会法制民族宗教、教科文卫体、经济人口资源环境6个委员会），各委（室）级格正科。各委（室）主任：李剑、罗文萍、杨洪光、姜发明、荣团、杞瑞贵、杨明清、罗海燕。第七届内部机构调整，设“一室六委”（办公室及提案、教科文卫体、社会法制民族宗教、经济、文史和外事侨务、人口资源环境6个委员会）。各委（室）主任：李剑（兼秘书长）、杨洪光、李文学、张云洪、荣团、李德荣、周灿和、李卓娟、李太辉、黄成华、罗恒荣。

县政协办公楼

二、政协委员会小组

自第二届始，设政协委员会小组。第二至第七届政协分别设22个、24个、24个、19个、19个、17个小组。

第四章　政　务

第一节　依法行政

一、推行行政执法责任制

2001年5月10日，县委推行执法责任制领导小组成立，下设办公室在县人大常务委员会，各执法单位相应成立工作机构。15日，县委转发县人大常委会党组《关于景东县推行执法责任制的实施意见》。明确县人大常委会为主管机关，负责“一府两院”推行执法责任制工作。按准备、签订执法责任状、建章立制、考评验收4个步骤开展。6月8日，全县推行执法责任制工作动员会议召开。县级班子成员、各执法部门领导140人参加。相关部门通过全面清理所执行的法律法规和行政规章，通过县推行执法办公室审查，提请县十三届人大常委会第26次会议审查确认。经审查，全县有执法部门70个、执法人员1978人，其中，具有行政处罚权67个、执法人员1528人；司法机关3个（县法院、县检察院、景东监狱）、执法人员396人。对中华人民共和国成立后制定且仍在实施具有行政处罚权（司法机关除外）的法律法规、行政规章和1981年1月1日至2001年6月底县人大常务委员会、县政府及其办公室制定规范性文件进行清理：共执行法律116部、行政法规167个、地方性法规68个、行政规章253个、司法解释29个；县人大常委会通过的决定、规章办法等规范性文件25个，其中应当废止5个；县政府制定的决定、规定办法等规范性文件48个，其中应当废止15个；县政府办公室制定的规范性文件24个，其中应当废止3个。在清理基础上，规范性文件制定机关按程序办理过时规范性文件废止手续。8月30日，县委召开签订执法责任状大会。县政府、法院、检察院与县人大常委会签订执法责任状，县政府所属32个执法部门以及15个乡镇政府与县政府签订执法责任状，15个乡镇政府与乡镇人大主席团签订执法责任状。10月11—15日，考评验收。11月22日，大会总结。全县推行执法责任制工作完成。

二、法制宣传

2004—2011年，县政府法制局（法制办）采取培训会、法律知识讲座、法律咨询、印发学习材料等多种形式，开展法制宣传教育，重点宣传《全面推进依法行政实施纲要》《中华人民共和国行政复议法》《中华人民共和国行政许可法》《中华人民共和国行政处罚法》《中华人民共和国政府信息公开条例》《中华人民共和国行政强制法》等行政法律法规。累计培训行政执法人员1500人次。

三、行政复议与行政应诉

2004—2012年，收到行政复议申请14件。经审查，受理14件，结案率100%。受委托组织代理行政应诉案件5件，民事应诉案件3件。

四、受理审理行政裁决案

2004—2011年，受理审核土地、山林权属争议等行政裁决案24件。

五、审查规范性文件、听证会

截至2011年，组织起草、审查县政府发布的现行有效规范性文件《景东县文明示范街管理办法》《景东县廉租住房保障暂行办法》《景东彝族自治县条例实施办法》。2009—2011年，组织和指导县直各部门完成听证35件。

六、行政许可

2009年，完成13个乡镇和县直40个行政部门行政审批清理工作。共清理行政审批项目418项，其中，行政许可项目117项，非行政许可项目301项；保留行政审批项目374项，其中，行政许可项目75项，非行政许可项目299项；决定取消行政许可审批项目26项。

七、机构

1990年，在县政府办公室设置法制专干1人。2004年，经县委批准，县政府法制局成立，隶属县政府办公室内设副科级单位。2006年，县政府行政复议办公室成立，加挂行政复议办公室牌子。2011年政府机构改革，更名为县政府法制办公室，正科级，其人事、党务、机构编制、行政后勤由县政府办公室管理。加挂县政府行政复议办公室、县政府法律顾问室牌子。有工作人员2人。主任：付强。

第二节　来信来访

一、信访制度

1974年10月，县委县革委办指定1名干部兼办人民来信来访。1978年，正式配备专职信访干部1人，并由1名县委副书记主抓。1989年8月，县委县政府决定，建立健全县乡村三级信访网络，16个乡镇33个政府职能部门166个村均设置兼职信访工作干部。1999年12月，县委办、县政府办发出《关于建立县委县政府领导接访群众日制度的通知》，决定从2000年1月起建立县委县政府领导接访群众日制度。领导接访日每月1次，接访时间为每月10日，地点设在县委小会议室。县委常委、副县长、县长助理负责接待，县委县政府分管信访工作领导、涉事单位负责人、信访工作人员参加。2003年6月，开通“12345”书记、县长热线电话。2004年9月，县委成立领导小组及其办公室，处理信访突出问题，并实行联席会议制度，设立农村土地征用、城镇房屋拆迁、国有企业改制、涉法涉诉、企业军转干部、复员退伍军人问题、移民问题、林权问题，政策协调9个问题专项工作小组。在全县实行信访责任区制，一般信访问题不出乡镇、部门，重大信访不出县。2007年7月1日，开通云南省网上信访。2008年起，县委县政府开展领导干部大接访大下访工作。（1）定点接访。县委县政府班子成员为大接访活动接访领导，每个工作日都有2名县处级领导接待来访群众。（2）包案下访。对一些涉及群体利益、调处难度较大的矛盾纠纷和突出问题，由县委、县人大、县政府、县政协，领导分乡镇包案，落实包保责任带案下访，带领有关部门负责人深入乡村组户现场调处，有效化解大批信访积案和特殊疑难信访问题。2009年9月，开通全国网上信访系统。2011年，依托乡镇信访综治维稳中心，村委会（社区）、县直相关部门成立群众工作站13个，群众工作室233个，配备并开通书记、县长“12345”热线电话14部，专兼职信访干部257人。

二、信访案件处理

中共十一届三中全会后，拨乱反正，落实各项政策，群众对“文化大革命”遗案和历史老案申诉较多。县委县政府及时成立落实政策办公室，大多数积案得到解决。随着社会主义市场经济体制建立，各方面改革深化，新矛盾、新问题不断产生，群众来信来访不绝。为应对来信来访，信访局建立收发登记、转办、签发、立案、催办归档制度。受理信件主要包括群众向县委县政府的来信、党政领导交办的信件、上级信访部门转办的信件和直接向信访局的来信。接待来访主要是直接听取来访群众反映问题，当面答复或立案办理。来访案件按照“分级负责，归口管理”原则，采取“分级归口办，信访部门办、部门联合办，领导亲自办”方式处理。

1995年,《信访条例》颁布实施。全县广泛开展《信访条例》及相关法律、法规学习宣传活动。2005年5月1日，新修订《信访条例》颁布实施。利用广播、电视、报纸等媒体广泛宣传，印制和发放《信访条例手册》8000余册、宣传单6万余份，把信访工作纳入法制轨道。并改变“传声筒”、当“听长”习惯做法，变被动接访为主动下访，变单纯接访为综合协调，发挥党和政府连接人民群众桥梁和纽带作用。

2003—2011年景东县信访局来信来访统计表

表3-4-2-1

年度	合计（件）	来信（封）	来访（人）	办结数（件）	办结率（%）
2003	6173	1653	4520	5864	95
2004	4085	1110	2975	3881	95
2005	3663	872	2791	3590	98
2006	3876	1184	2692	3760	97
2007	4701	999	3702	4654	99
2008	2512	650	1862	2437	97
2009	2671	574	2097	2618	98
2010	3711	746	2965	3637	98
2011	3455	536	2919	3386	98

三、机构

2002年，县信访局成立，为二级局。2005年，升格为一级局。2011年6月，县委县政府决定成立县委群众工作局，实行“两块牌子、一套班子”工作格局。内设办公室、网上信访办复室、接访办信室、信访接待大厅。局长：王强。

第三节 政府接待

一、主要工作

县接待办成立后，制定出台《景东县接待办接待暂行办法》(试行）和工作制度。每半年召开一次接待工作联席会议，通报接待工作和经费使用情况，听取县领导及有关部门意见、建议。接待工作既要安排吃住行，又要树立和展示景东形象，搭建相互联系、广交朋友窗口。日常工作中，做好星级酒店服务指导，不定期检查酒店设备设施，加强酒店安全服务宣传，消除一切不安全因素。在膳食服务上，遵循“民以食为天，客以食为先”常规，突出景东特色，根据不同季节选用无量山火腿、乌骨毛脚鸡、灰天鹅、烤猪等草根文化饮食，让宾客品尝景东独特风味，分享生态农业建设成果。在公务接待过程中，严格履行接待程序、控制接待范围和标准，遵守财务制度，使接待工作既有礼有节、不摆阔气、不讲排场，又保证接待工作圆满完成。

二、机构

2008年3月，县政府接待处成立，挂靠县政府办，设接待处处长1人。2011年8月，县政府接待办成立，隶属县政府办管理，设主任1人（正科级）、副主任1人，工作人员4人。主要职责：负责到景东调研、指导工作的副厅级（含非领导职务）以上领导及随行人员公务性接待，协助大小型会议活动接待服务工作，并指导全县各乡镇、各委办局业务接待工作。

第四节　政务活动

一、领导视察、调研

1983年9月23—24日，云南省省长普朝柱在思茅地区行署专员王荣禄陪同下，到景东县检查指导工作。普朝柱听取县委县政府工作汇报后，到县农科所与部分科技人员座谈，查看县茶厂、茶叶试验站、商业局粉丝厂等企业。在与县党政领导干部座谈中，就如何加强对农业工作的领导作重要讲话。

1985年12月27日，云南省政协副主席刘树生到景东县调研，并到安定区芹河乡调查了解群众生产生活情况。刘树生要求县委认真调查研究，重新分析和认识县情，加强贫困山区工作，帮助农民发展生产，摆脱贫困。1986年1月3日，根据刘树生指示，省民委派出摄像组到芹河乡摄录农户生产、生活情况，并在省市媒体广为播放。

1992年4月17—19日，云南省副省长李树基到景东县考察。在县委县政府领导陪同下，考察大朝山进场公路和锦屏乡黄草岭村。在听取全县经济工作汇报后，指出要结合学习贯彻邓小平南方谈话精神，加快改革步伐，集中精力把经济建设搞上去。

1993年7月3—4日，云南省省长和志强、副省长牛绍尧在参加漫湾水电站第一台机组发电剪彩后，专程到景东县考察。在思茅行署专员潘政扬和县党政主要领导陪同下，先后考察景东工业企业和林业。和志强对县委县政府“支援两站、建设两坝、开发两山”发展思路及在农业综合开发、支援国家重点建设、保护生态环境等方面工作成绩给予充分肯定。并指出：（1）景东是一个以山区为主的农业县，要在保护生态良性循环前提下，大力发展林业，把林业作为景东一大支柱产业，走出自己发展的路子。（2）要围绕大朝山水电站建设，带动地方经济发展；要搞好配套工作，建好水泥厂，促进地方工业发展。（3）新建设的小城镇，要作好规划，把第三产业发展起来；就地提供服务，充分利用热区资源，把交通带动起来。

1994年3月12—14日，云南省建设厅副厅长杨应楠带领省旅游局、思茅地区建设局等单位专家20余人，考察景东县境内漫湾水电站库区、哀牢山、文庙景区和陶府墓葬出土文物，评审和验收景东县风景区总体规划。11月14—16日，云南省副省长黄炳生带领农业厅、林业厅、财政厅等部门负责人到景东县调研。先后考察滇西南一二期农业开发项目，川河坝园田化道路、水利设施及甘蔗、芒果基地建设情况，查看贫困山区锦屏镇温卜村。黄炳生指出：景东是全省商品粮基地县，也是思茅主要产粮区，在省上也有一定位置，要下大力气发展粮食生产，以生产商品粮为重点，始终把粮食生产放在重要位置。景东又是全省重点林区县，森林覆盖率达53%，要树立林业大县意识，林业要实行“保护、开发、利用”并举，保持林业发展的好势头。同时，要整合景东丰富的资源，大力发展乡镇企业。12月21—22日，云南省纪委副书记陈开学，思茅地区纪委书记李俊晖到景东县检查指导工作，并到文井镇退休干部徐丕进家调查了解个体经济发展情况。陈开学指出：调整农村产业结构和产品结构，优化资源配置，发展高产优质高效农业，核心是要使农村经济向市场经济转变。一段时间内，都要以农副产品市场为主，要采取各种方式引导农民进入市场，参与市场竞争。

1995年10月9—12日，云南省政协副主席、省工商联合会会长李明德到景东县调研。在听取县政协工作、市政建设和国营、私营企业情况汇报后，到县林产工业公司、木器加工厂、荣昌饭店、景昆钢窗厂等国营、私营企业考察。在与县党政领导座谈时，提出全县粮食、蔗糖、烤烟、黑山羊生产及基础设施建设建议。11月25—27日，思茅地委书记李师程在县党政领导陪同下到景东县调研。先后到林产公司、锦屏镇温卜办事处考察。

1996年3月11—12日，云南省纪委书记孙淦到景东县调研。在听取县委领导工作汇报后，对景东纪检监察工作提出要求：(1) 要提高对纪检监察工作重要性的认识，加强纪检监察干部队伍建设；(2) 搞好党群关系、干群关系，为全县改革开放、经济建设创造良好环境，带领全县人民把经济搞上去。11月19日，民政部工作组在省民政厅城市福利处领导陪同下，检查景东儿童院工作。

1997年5月14—15日，云南省公安厅厅长冯家聪到景东县检查指导工作。在县委领导和地、县公安部门负责人陪同下，查看县看守所监管工作，对县公安局在缉毒、春季“严打”斗争、公安队伍建设等方面取得的成绩予充分肯定。1997年11月11日，云南省委书记令狐安到太忠乡大柏村调研，并同景东县委、人大、政府、政协领导座谈。

1998年6月16—17日，云南省副省长梁公卿、教委主任杨崇龙、地区行署副专员龚丕富在县党政领导陪同下，查看景东一中、县职业中学、县民族中学和县进修学校。梁公卿指出：(1) 社会经济和各项事业发展的基础及条件是人才，特别是经济不发达地区，加强和加速教育事业的发展，多出人材，更显得尤为重要。(2) 要加大教育改革力度，扎扎实实地做好“普六”“普九”工作。(3) 职业教育和成人教育相结合，紧紧围绕全县支柱产业建设来发展和完善教育工作，使教育事业更好地为经济建设服务。

2000年8月24—25日，思茅地委书记杨建甲到景东县调研。先后查看新城区建设、川河防洪整治、大朝山水电站移民、景范白羊田安置点、漫湾镇集镇建设等工程，走访农户，与基层干部座谈。在听取县委县政府主要领导工作汇报后，对全县工作予肯定，并指出：(1) 要深入学习、领会“三个代表”重要思想，进一步开展解放思想大讨论；(2) 要教育农民群众“致富思源、富而思进”；(3) 要坚持党对农村工作的领导，进一步贯彻落实党在农村的各项政策；(4) 要大力发展高产优质高效农业，推进产业化进程。并要求各级领导班子、领导干部团结一致，真抓实干，做实践“三个代表”重要思想模范。

2001年4月27—28日，云南省广播电视局局长卢云伍、副厅级巡视员方晓，在地委宣传部、地区广播电视局领导陪同下，检查指导景东县广播电视工作。先后到695中波转播台、电视转播台、太忠乡岔箐村等地了解中波广播、闭路电视转发、自办广播电视节目、村委会广播电视等设施运转工作情况。县委县政府有关领导随同，汇报全县广播电视发展情况。5月29日，云南省林业厅副厅长徐光凡一行，调研景东县林业政策落实情况。县四班子领导参加汇报会。徐光凡认为景东林业工作成绩显著，森林资源较快增长，在处理森林利益方面出台了较好新政策，走出一条新路子。

2002年2月14日，云南省监狱总局政委罗正云在县政府领导陪同下，检查景东监狱工作。4月24—26日，思茅地区行署专员卯稳国在县委县政府领导陪同下，考察文井镇都拉易地扶贫开发项目区工程和林产工业集团总公司。卯稳国指出：要进一步加快企业改革，通过企业改制，才能促进企业发展。10月26日，国家林业局山区综合开发办陆诗雷、专家组常务副组长刘承龙，调研景东县山区综合开发工作。认为通过3年多努力，景东县在山区综合开发上实实在在做了不少工作，并取得一些成绩和经验，但仍需要把山区综合开发作为一件大事、一项产业来抓。12月13—14日，卯稳国到景东县调研，地区交通局、城建局领导随同，县委县政府领导汇报工作情况。卯稳国认为，景东近年来发展较快，特别是在新城区建设和易地扶贫工作方面尤为突出。12月6—7日，云南省司法厅长施朝兴一行在县委县政府领导陪同下，调研司法厅挂钩扶贫点曼等乡部分村组、农户和学校。2009年3月10日，施朝兴再次到景东县检查指导综治和司法工作，查看锦屏镇司法所建设情况，听取景东司法工作情况汇报。

2003年5月11—12日，思茅地区行署副专员徐明良到景东县调研。在县镇党政领导陪同下，先后查看旱情比较严重的都拉、者吉、大营等地，提出预防“非典”与抗旱救灾是目前工作重点，要坚持一手抓“非典”预防，一手抓经济发展。5月16—19日，思茅地委书记李元书、秘书长谢伟等到景东县检查“非典”防治工作。先后调研新城区开发，部分企业、医院和乡镇村，听取县五套班子工作汇报，县属农林水、计划、经贸、交通、财政、教育卫生等部门领导参加汇报会。会后，县委办印发李元书在景东调研讲话录音材料。5月28—29日，省委常委、省政法委书记李明朝到景东县检查政法工作，县委分管政法工作领导从6个方面作汇报。6月1—3日，团省委书记饶南湖、团省委统战部部长赵明辉一行，在团地委、地区青联及县有关部门领导陪同下，先后到漫湾镇、县人民医院、景东一中检查共青团工作。6月7—9日，思茅地委副书记、纪委书记张希升到景东县安定、漫湾、东镇调研农业农村工作。8月5日，云南省政协副主席何由钧一行到景东县调研下岗失业人员再就业工作。9月6日，思茅地区农村税费改革领导小组到景东县检查指导税费改革工作。在地委副书记王正昌、行署副专员徐明良、行署财政局长余信奇、行署农业局长魏岩广带领下，检查小组到基层检查指导工作。12月23—24日，云南省副省长吴晓青、卫生厅副厅长陈洪、教育厅副厅长徐彬等一行，在行署副专员高颂山、行署教育局、卫生局领导和景东县委县政府及相关部门领导陪同下，查看景东部分县乡村医疗单位、中小学卫生、教育情况，并看望慰问龙街石垭口群众。

2004年5月1—2日，思茅市委副书记朱飞云在县委县政府领导及文化部门负责人陪同下，先后到文井镇土林、孔雀山凌云塔、文庙等地调研，听取县委县政府领导关于旅游等方面工作汇报。朱飞云认为：(1) 景东山美水秀，风土人情多样，历史文化悠久灿烂，旅游资源丰富。要把旅游作为一项产业抓紧抓好，政府要搞好策划，认真研究，把握总体方向。(2) 可以向外引进大企业、大公司，与之合作，创建龙头，从而带动全县旅游事业，要高度重视旅游事业的排他性，依靠自然人文景观，打造出独具特色的景区景点。(3) 在开发景区景点时，要注意与人文相结合，挖掘历史内涵，对景区景点曾经拥有的历史亮点加以宣传，使山川的秀美中包含人文的灿烂。6月6—7日，思茅市委书记李元书到景东检查工作，到实地查看锦屏种养殖示范基地、文井亚麻厂、蚕桑基地，还到部分农户家中了解经济收入情况。李元书要求：加快产业结构调整步伐，千方百计增加农民收入，特别是要加快工业化进程，各级干部要克服小富即安思想，把聪明才智放在干事业上，要有创新、敢干的劲头，通过苦干、巧干加实干，为招商引资创造良好环境。6月10日，思茅市人大常委会副主任罗维祥、市检察院检察长李波到景东县调研。在县人大及公检法等部门领导陪同下，先后到县人大常委会机关、检察院、法院、公安局查看硬件建设和各项工作开展情况。9月8—11日，思茅市市长卯稳国，市委常委、副市长姚国华，市政府秘书长鲁斌到景东县检查指导工作。先后到永秀、景福、林街、漫湾、安定、文龙等乡（镇）调研。卯稳国强调：各乡镇在经济发展工作中，必须结合自身实际，认真调查研究，并依托资源优势，发展特色产业，用科学发展观使特色农业产业化，努力培养一批能使广大人民群众脱贫致富的好产业；同时，要坚持统筹发展思想，把社会事业放在突出位置来抓，才能实现经济社会协调发展。

2005年9月26—27日，思茅市委书记高旭升、市委副书记谢伟在县五班子领导陪同下，到文井镇调研秋蚕养殖、易地扶贫等情况。11月23—25日，思茅市委常委、常务副市长姚国华到景东县调研漫湾、大朝山水电站移民工作及景东县“十一五”规划编制和2005年全县经济运行情况。

2006年4月7日，云南省政协主席杨崇汇到景东县调研。在省政协秘书长龙忠志，思茅市委书记高旭升、市政协主席王正昌和景东县主要领导陪同下，到文井镇速南村新农村建设试点红毛树小组、开南村和文庙调研。8月9—10日，云南省总工会党组书记、常务副主席卢正国、总工会办公室副主任崔家周、财务部副部长黄越红、市总工会副主席罗承芬一行，到景东县检查指导工作。10月2—4日，国家六部委考察团到景东县考察，研讨景东经济社会发展战略。提出8条建设性意见：(1) 发展规划要精细、具体；(2) 充分挖掘国家政策潜力，争取国家政策支持、注重与省上衔接；(3) 经济发展要稳扎稳打，不要急于求成；(4) 要保护好现有森林和植被；(5) 摸清资源，整合资源，开发、利用好现有资源；(6) 进一步重视教育，积极争取国家教育政策、项目和资金支持，发展少数民族教育事业；(7) 重点打造休闲、度假旅游品牌；(8) 注重网络建设。11月25日，云南省委常委、省军区政委王增钵在思茅市委常委、军分区政委邓兴虎、军分区司令员何德文陪同下，到景东县检查武装工作。

2007年4月17—18日，云南省委副书记李纪恒、省委副秘书长林金宏、省民委主任格桑顿珠、省扶贫办主任阿扎、省委政策研究室副主任王兴明、省财政厅副厅长肖晓鹏、省西开办副主任李承宗一行，在普洱市委书记高旭升、市委副书记朱飞云、市委秘书长鲁斌及景东县委书记、县长陪同下，先后考察景东佳浩公司、景东县完全民族中学、都拉移民村，红毛树小康村建设情况，并在锦屏镇前所村召开县乡村三级干部座谈会。座谈会上，李纪恒就社会主义新农村建设工作作指示。5月17—20日，普洱市委书记高旭升、秘书长鲁斌一行7人，在县委县政府主要领导陪同下，先后到东镇、曼等、林街等地调研，并对景东县产业发展、社会主义新农村建设、深化集体林权制度改革、领导干部作风等作出指示。6月27日，云南省纪委常委、监察厅副厅长赵志彬一行，在市纪委副书记、监察局长李康陪同下，到景东县检查指导政务公开工作。7月8日，商务部市场运行调解司副司长、国家蚕丝办主任王北鹰在省市相关领导陪同下，到景东县考察蚕丝产业，旨在落实2007年国家“东桑西移”工程项目。

2008年3月25—26日，普洱市委常委、常务副市长杨锦昆一行，在县委县政府领导陪同下，先后到景东佳浩茧丝绸有限公司、景东民族完全中学、林化厂、文庙等地调研，并对景东工作提出指导性意见。6月17日，云南省纪委常委和正兴、普洱市纪委副书记曾永泽一行，到景东县检查指导党风廉政建设工作。11月13日，普洱市副市长杨林带领市政府办、市国土、城建、矿办等部门负责人到景东县调研国土、城乡建设、矿业发展、水务等工作，并对相关工作提出3点要求。

2009年7月1—2日，普洱市副市长魏艺红、副秘书长李长顺、市民政局局长毕廷村、市安监局局长李康等一行，调研景东县华信烟花爆竹有限公司、锦屏镇敬老院、殡仪馆、太忠正邦公司属矿库等项目建设和工作情况，听取县政府工作汇报。7月13—14日，普洱市人大常委会主任丁艳波、副主任赵云一行，在县委、政府、人大领导陪同下，先后到文井镇、力奥集团、民族中学、佳浩公司调研。8月15日，普洱市副市长寸强一行，到景东县调研交通、旅游、经济商务、招商等工作。8月17日，普洱市政协副主席李盛富一行，到景东县部分企业专题调研技术创新工作。市科技局、市经委、县科技局、县经济和商务局在汇报会上作交流发言。10月21—23日，普洱市副市长童书玮、副秘书长李安强一行，检查力奥林产集团孔雀山等地技改工程和银生中学、县医院及曼等乡菜户彝族完小、乡中心卫生院、中心完小工作。县四班子领导及教育、卫生负责人陪同检查。10月28—29日，普洱市副市长杨林、市建设局长胡剑荣、市矿办主任苏杰一行，先后到文井、锦屏、东镇检查农村民居地震安全工作整合项目、廉租房建设，查看城市垃圾、污水处理厂厂址。县委县政府有关领导陪同。

2010 年 2 月 7—8 日，普洱市发改委主任段发彬、市财政局长陶磊、市政府秘书长杨卫东、副秘书长王鸿彬一行，考察银生中学，看望慰问下岗困难职工、困难党员和移民安置点农户代表。县四班子领导和相关部门负责人陪同。3 月 29—31 日，普洱市副市长童书玮、副秘书长李安强、市教育局长自德军、市信产办主任岩罗、市经委副主任杨斌、市电信总公司经理朱敏一行，检查文井卫生院、银生中学、职业高级中学、县城市政建设、县中医院、县人民医院、景东一中、城市监控系统、政府电子政务网、佳浩茧丝绸厂、孔雀山工业园区等有关扩大内需项目建设和工作开展情况。县四套班子领导和相关部门负责人陪同。

2011 年 6 月 30 日至 7 月 1 日，云南省委第七巡视组组长毛义强、副厅级巡视专员蒋星棋、副厅级纪检监察员孙保荣等到景东县巡视，普洱市副市长童书玮及景东县四班子领导陪同。11 月 13—14 日，云南省民政厅副厅长胥廷义及民政厅社会事务处、社会救助处、社会福利和慈善事业促进处、省假肢矫形康复中心、救助管理站有关领导一行，到景东县查看敬老院、儿童福利院、龙泉社区、玉屏社区建设，走访慰问城乡低保对象和“五保”、优扶对象代表。县委县政府、市民政局领导陪同。

二、重要会议及政务往来

1989 年 5 月 13—15 日，思茅地区党史工作会议在景东召开，全区各县党史办主任 30 余人参会。会议研究和部署中华人民共和国成立后（1950—1956）全区党史资料的征集和编写工作。10 月 12 日，美国加利福尼亚大学环境研究部卡培德、中科院昆明生态研究所副所长邱学忠一行 16 人，到哀牢山徐家坝野外考察亚热带生态保护、亚热带森林生态等项目，历时一个多月。11 月 15—20 日，云南省蔗区水利工作会议在景东县召开。云南省水利电力厅厅长孙有寿作《加强蔗区水利建设、持续稳定地发展蔗糖生产》讲话，何太忠作《景东县几年来开展农田水利建设情况》汇报，思茅地区行署副专员郑绵盛参加会议。

1990 年 3 月 6—10 日，云南省滇西南农业开发工作会议在景东县召开。会议确定把景东县川河坝片列入滇西南农业综合开发区之一，锦屏、文井、者后、大街、花山 5 个乡（镇）先后列入开发。到 1998 年底，完成中低产田改造 8506.67 公顷，占计划任务 106%。完成新建水利设施小（一）型水库 2 座 665 万立方米，扩建小（一）型水库 1 座 216 万立方米，新建小二型水库 1 座；小水塘 1 个 5 万立方米，衬砌干渠 39.13 千米，新建田间排灌沟渠 141.6 千米。完成农业耕地改良土壤 840 公顷；完成干蔗基地建设 3466.67 公顷，占计划的 104%；新建 0.53 万只黑山羊基地 1 个，占计划任务的 106%。造林 3313.33 公顷，占计划任务的 108%。以上农林水项目总投资 5411.14 万元，其中，中央 1414.8 万元，省级 671.6 万元，地级 131.1 万元，县级配套 446 万元，自筹 547.2 万元，农行专项贷款 1637 万元，群众投工投劳折款 563.32 万元。项目实施后，新增粮食生产能力 2630 万千克，甘蔗 19230 万千克，项目区农民人均纯收入由开发前的 365.7 元增至 1024 元。11 月 17 日，云南省 1990 年度甘蔗、水利工作会议在景东召开。何太忠作《关于近几年来全县开展农田水利建设情况的汇报》，交流全县农田水利、水电建设成绩及经验：（1）解决好大干农田水利基本建设认识；（2）坚持“民办公助”原则，充分发动群众，多方筹资兴建水利；（3）统筹规划，重点扶持经济条件较好，有较快发展潜力的地区，让这些地区先富起来。

1991 年 5 月 17—20 日，云南省县乡公路养护工作会议在景东县召开。全省州市县交通局局长及有关部门负责人近 300 人参加。玉溪地区、景东县、临沧县等 7 个单位汇报交流县乡公路养护工作经验。景东、威信、景洪、鹤庆等 32 个县获“县乡公路养护先进单位”称号，并颁发奖金奖品。

1995 年 2 月 14—15 日，思茅地区工会工作会议在景东县召开。全区 10 县市和地区机关单位工会主席、县党政主要领导出席会议。10 月 23—25 日，思茅地区第二次人大代表工作会议在景东县召开。地区人大工委、市县人大常委会主任、副主任及景东县党政领导45人参加会议。探讨在社会主义市场经济条件下，如何开展人大代表、议案办理、建议督办等工作。12月21—22日，思茅地区农牧工作会议在景东县召开。行署领导、市县农牧局局长、中心主任、种子站站长及景东县乡镇农工站站长145人参会，并参观文井镇中所办事处园田化、太忠乡山羊基地建设和锦屏镇温卜村坡改梯。

1996年4月9—12日，云南省生态学会1996年年会暨景东生态保护资源开发研讨会在景东县举行。昆明生态研究所、云南大学、西南林学院和地州环保部门专家、教授50余人，深入研讨景东生态保护与资源开发问题。10月13日，上海市普陀区对口帮扶合作项目开始实施。普陀区委副书记陈先国、副区长司家和一行，到景东县考察林产工业和省级扶贫攻坚乡太忠乡农村，按照“优势互动、互利互惠、帮助发展”原则，签订经济、人才培训、希望小学等合作项目协议书。1997年5月16—18日，司家和一行再次到景东县，考察和指导帮扶工作。司家和提出：(1) 成立帮扶工作领导小组；(2) 建立对口帮扶和经济协作工作进度报告制度；(3) 双方签订《普陀区与景东县经济合作扶贫开发计划》《普陀区帮助景东县建立景东住上海普陀区工作站》《希望小学手拉手结对》和《普陀区资助景东县贫困失学儿童》等协议书。通过双方共同努力和协调配合，对口帮扶工作取得突破性进展。截至1999年，普陀区向景东投入资金200万元，帮助建成温饱试点村15个；协调组织普陀区企业各界人士参与对口帮扶工作，投入资金130万元，在5个乡镇建起希望小学5所；在15个村（办）建起白玉兰卫生室；救助特困山区贫困学生56人。普陀区还捐资47万元在太忠乡建立良种猪供精站和农业科技示范村。景东选送到普陀区挂职学习党政干部9人、培训医务人员9人、骨干教师21人、培养职高学生10人。普陀区派出讲师团到景东培训中小学校长、教导主任和骨干教师182人次。10月15—17日，云南省有机肥料工作会议在景东召开。全省各市县农业局长、土肥站站长100余人参会。云南省农业厅厅长钟振川到会讲话，部分市县作经验交流。与会人员还到景东秋大豆生产现场参观。

1997年3月3—4日，县委县政府组织部分乡镇村及有关部门干部78人，到大理州南涧县考察学习两个文明建设工作，特别是扶贫攻坚经验。3月30日至4月1日，思茅地区妇联扶贫攻坚现场会议在景东县召开。全区县市妇联主任、地区扶贫办、教委及景东县乡镇妇联专职干部、县级各部门妇女负责人参加会议。景东、镇沅、澜沧、思茅等县市妇联主任在会上交流发言，并到县妇联协助创办的景范水果、茶叶生产基地和花山秀龙村扶贫挂钩点参观。

1998年7月22—24日，思茅地区扶贫办公室主任会议在景东县召开。全区10县市扶贫办公室主任，行署扶贫办、财政、农行、妇联及县四班子领导参会。9月20日，香港乐施会援助林街乡赈灾项目启动。7月3日，林街乡岩头村发生严重山体滑坡和泥石流灾害，造成人员伤亡，民房、田地被毁的巨大损失。经省民委牵线搭桥，香港乐施会及时援助赈灾款100万元，帮助灾区人民恢复生产，重建家园。12月25—26日，上海、云南对口帮扶建设温饱试点村现场经验交流会在景东县召开。上海市政府、云南省政府和思茅、文山、红河3地（州）及所属22个贫困县有关领导236人参会。会议总结1996年10月起上海对口帮扶云南两年多取得的成绩和经验，并明确后两年帮扶工作重点。

1999年4月8—9日，思茅地区民族宗教系统扶贫工作会议在景东县召开。全区10县市民族宗教局长、副局长、民宗局、扶贫挂钩村村长和部分社干部54人参会。参观太忠乡大柏村、麦地村和锦屏镇黄草岭办事处。

2000年12月14—15日，思茅地区水利工作会议在景东县召开。全区10县市分管水利工作副县长、水电局局长及有关部门负责人参会。参观太忠乡三合村“五小水利”工程和川河防洪整治工程。地委行署表彰景东、镇沅、墨江、澜沧为2000年农田水利建设先进单位县。

2001年2月9—11日，思茅地区质量技术监督会议在景东召开。各县市质量监督局局长参加会议。2月11—16日，景东县委书记谢伟带领财政、工商、税务等部门11人，专程到浙江省温州市考察温州市民营企业管理、生产、经营和发展经验。7月12日，全区冬季农业开发工作会议在景东县开幕。县市书记、县长、农业局长、冬农开发重点乡镇长和地直有关部门领导参会。12月4—5日，云南省政协委员到景东县视察小城镇建设，高度评价景东县小城镇建设取得的成绩。12月29日，大朝山水电站责任有限公司董事长董述春、云南省国土资源厅副厅长于蕴祥、移民办副主任宗云河一行，到景东县检查指导移民工作。

2002年3月7日，思茅地区宣传工作会议在景东县召开。全区县（市）委宣传部长及地直意识形态口各部门负责人出席会议。3月29日，全区易地扶贫现场会在景东县召开，全区县（市）有关领导60余人参观都拉易地扶贫试点项目区建设现场，并了解项目实施情况。

2003年1月6—7日，思茅地区妇女工作会议在景东县召开。全区10县（市）妇联主席、副主席及景东县城区有关单位妇女工作负责人参会。

2004年3月30日，上海普陀区代表团到者后希望小学、文井红土坡小康试点村及城区综合农贸市场检查指导。上海普陀区对口帮扶景东县，7年间援助项目资金1127.65万元。座谈会上，饶明勇代表县五班子及全县各族人民对普陀区代表团莅临景东检查指导帮扶工作表示热烈欢迎和衷心感谢。7月15日，云大外语系师生到景东县开展“三下乡”（科技、文化、卫生）活动。9月8日，思茅市烤烟生产工作会议在景东县召开。景东、翠云、景谷等7个烟区政府领导分别汇报各自烤烟生产情况、发展目标和措施。11月30日至12月1日，思茅市冬季农业开发现场会在景东县召开。市直各有关部门负责人和各县区党委政府分管领导、农业局长、农业科技推广中心人员50多人参会。

2005年6月14—16日，景东县文明卫生城市创建考察组一行30余人，在毕廷村带领下到墨江、景谷考察，学习借鉴两县创建市级文明县城和省甲级卫生县城取得的成功经验。7月25日，思茅市冬季农业暨生猪生产工作会议在景东县召开。市委办、市政府办、市直农业牧业涉农部门领导，县区党委政府分管领导、农业、畜牧业负责人参会。9月30日，新华社“茶马古道”采访团到景东县采风。在杨忠兴、孔广群陪同下，先后到银生茶叶有限公司、清凉老街茶马古道、景东文庙等地采访，详细了解景东无量山、哀牢山自然保护区和陶府土司文化。采访团认为，景东历史悠久、文化灿烂、山川秀美、风景迷人，资源丰富，物产丰饶，在打造“特色景东、生态景东、文化景东”等方面值得大力宣传。11月9日，徐家坝水库导滤体出现渗漏水险情，一旦水库决堤，将造成不可估量灾害，县政府及时上报险情，引起省政府高度重视；26日，云南省政府派出工作组到徐家坝水库现场处理险情。

2006年1月10日，云南省农村能源服务体系建设会议在景东县召开。全省各州市县农村能源站负责人及州市农村能源统计员参会，省林业厅副厅长冷华到会讲话。3月23—25日，上海普陀区副区长陆永新一行，在景东县四班子领导陪同下，调研2005年帮扶工作。1997—2005年，普陀区共援助景东资金1788.6万元。7月16—20日，中科院地理科学与资源研究所，中国疾病预防研究所专家一行5人，到龙街乡石垭口村现场调查。自1993年后，石垭口村发生多例不明原因心源性猝死病例，疫情引起卫生部、省市县各级政府高度重视，2006年被补充为省级监测点。12月19—22日，云南省国家级自然保护区第五届交流协作会在景东县召开。云南省林业厅保护办领导、思茅市林业局领导，全省各国家级自然保护区领导及业务骨干、中科院昆明动物研究所、昆明植物研究所、西双版纳热带植物园等相关科研院，所有专家学者140人出席会议。

2007年8月22日，普洱市蚕桑产业发展现场会在景东县召开。市领导关鼎禄、张孙民，省商务厅、农业厅，普洱市各县区主要领导及分管蚕桑产业领导，市发展计划局、财政局、农业局、商务局、蚕桑办等负责人参会。9月6—14日，县委县政府组团赴上海、浙江学习考察。白兆林、徐洪斌、纪世忠、杨学进、李红及县直机关部门和13个乡镇主要领导参加学习考察。

2008年3月5—7日，由南方报业传媒集团、云南出版集团公司联合开展的系列大型报道——

"发现云南之美"活动采访团到景东县采访。力图"发现景东价值之美""发现景东秘境之美""发现景东人居之美""发现云南之美"。

2009年5月13日，贵州省玉屏侗族自治县人大常委会副主任一行8人，为修订本县《城镇规划建设管理条例》到景东县交流城市规划立法、城镇建设管理等工作。9月19—20日，楚雄彝族自治州直相关部门领导和南华县委书记、政府县长到景东县调研城市建设；20日，恰逢景东银生中学落成庆典，银生中学获捐5.67万元，纪念景东办学567年。

2011年4月22—24日，全国著名摄影艺术家到景东县采风剪影。5月27—28日，卫生部中日友好医院、日本国际协力机构进修归国医学专家，到景东县开展义诊、捐赠活动。普洱市政府副秘书长李安强、市卫生局副局长郭璟、县四套班子领导参加捐赠仪式。6月27—28日，张瑜一行到云南师范大学、中科昆明分院、云南省文化厅商谈景东县文化产业和亚热带植物园建设、举办节庆活动等相关事宜，并达成合作协议。12月4日，国家历史文化专家组一行，考察卫城遗址、景东博物馆、开南书院和陶府遗址，县四套班子领导陪同。

医学专家到景东义诊（李世华 摄）

第五节 政务服务

一、为民两个体系建设

2009年7月，国家主席胡锦涛考察云南后，提出把云南建成中国面向西南开放的重要桥头堡。2011年始，云南省委省政府将"两个体系"（政务服务体系、公共资源交易体系）建设纳入政府自身建设的重点内容，正式推动全省六级为民服务建设。2011年3月8日，景东县政府主要领导主持召开县十五届政府第二十次常务会议，研究并同意县政府办《关于全县政务服务中心及公共资源交易中心建设方案》，正式启动两个体系建设。

县两个体系建设 2011年4月29日至6月28日，经县委县政府决定，改建建设路8号农村信用联社综合大楼，统一筹建县政务服务中心、公共资源交易中心（简称"两中心"）和信访接待大厅。6月28日，召开进驻单位和进驻人员动员大会，并进行业务培训。同月30日，正式揭牌运行。"两中心"面积3350平方米，其中，服务大厅和办公场所2500平方米，绿化850平方米，总投资1090万元。服务大厅设5个办公区，由县政府统一采购，一次性配备电脑、打印机、电话等办公设备和监控系统、行政审批系统、电子监察系统等信息化办公设备。政务服务中心设交警大队、道路运输管理所2个分中心，国税、地税、工商3个综合区。交易中心设交易大厅1个、可容纳80人，评标室1个、可容纳15人，专家休息室1个、可容纳6人，综合办公室1个、可容纳8人，安装有视频监控系统、投影仪、电子钟、储物柜，建有政府采购、工程交易2个专家库。

乡镇两个体系建设 2011年11月15日，根据省委省政府《关于深化政务公开加强政务服务的实施意见》，县政府印发《景东彝族自治县乡镇为民服务体系建设指导意见》，成立以县长为组长的乡镇为民服务体系建设工作领导小组。2012 年 3 月 23 日，各乡镇站所完成人财物移交，均成立领导小组，开展为民服务体系筹建工作。同年 5 月 7 日，召开全县政务服务体系建设推进会，全面部署乡村组三级为民服务体系建设工作。县政府与 13 个乡镇签订目标责任书，要求于当年 11 月 30 日前全面完成体系建设工作。根据建设完成情况，按“以奖代补”方式给予各每个乡镇 2 万~6 万元补助。11 月 13 日，全县各乡镇为民服务中心、公共资源交易中心和村社为民服务站全部建成，并正式开展工作。

二、工作开展情况

政务中心大楼（县政务服务管理局提供　摄于 2013 年 11 月）

县政务服务中心　2011 年 6 月 19 日，县政府第二十三次常务会议研究通过《县政府政务服务中心管理办法（试行）》，随即制定出《景东彝族自治县政府进驻政务服务中心单位及窗口工作人员考核办法》，规定窗口服务人员工作职责、行为准则、服务标准、服务规范、工作纪律，制定并严格执行服务承诺制、首问责任制、一次性告知制、限时办结制、并联审批制、投诉举报制、投诉处理制、政务公开制及出勤到岗制，规范和加强政务服务中心管理。入驻窗口工作人员实行双重管理，即人事和工资关系保留在原单位，县政务服务中心负责工作管理和工作考核，考核结果反馈原单位作为年终履职考核重要依据。根据 2012 年第五轮行政审批事项清理结果，全县涉及行政许可审批事项单位 33 家，涉及行政审批项目 248 项（其中，行政许可项目 154 项，非行政许可审批项目 94 项）。截至 2012 年 10 月 30 日，已进驻 30 家，进驻窗口工作人员 63 人；行政审批事项进驻 109 项，为民服务事项进驻 9 项。运行后，共为群众办理各类事项 14.33 万件。

县公共资源交易中心　2012 年 1 月 9 日，县委政府印发《关于启动运行景东彝族自治县公共资源交易中心的通知》，全县涉及工程建设招投标（50 万元以上）、矿产资源开发、土地开发转让、国有资产处置、政府采购（5 万元以上）、司法机关罚没物品拍卖等公共资源交易，全部纳入交易中心进行交易和管理。按照“监、管、办三分离”原则，建立“统一进场、资源共享、集中服务、全程监管”公共资源交易管理体制，县政管局全力做好公共资源交易中心进场及服务工作。截至 2012 年 10 月 30 日，共进场交易 79 宗，交易金额 2.1 亿元。其中，工程建设 54 宗，金额 1.34 亿元，节约 324 万元，节约率 2.36%；政府采购 16 宗，金额 1099 万元，节约 83 万元，节约率 6.98%；土地交易 8 宗，金额 5650 万元，国有资产增值额 611 万元；产权交易 1 宗，金额 894 万元，国有资产增值额 330 万元。

三、机构

2011 年 6 月 16 日，县政务服务中心成立，为县政府直属正科级事业单位，加挂县公共资源交易中心牌子。2012 年 3 月 6 日，根据省市要求，撤销县政府政务服务中心机构，组建县政务服务管理局，挂靠县政府办公室，正科级。局长：王敬。

第六节 地方志

一、地方志史略

景东在滇西南属开发较早地区之一，民族文化悠久，特别是在编纂地方志方面，旧志数量位居普洱市之首。明代，修撰府志1部，未存；清代，先后修撰府志、厅志6部，遗存4部；民国年间，修撰县志1部，有存本。

（一）明代地方志编修

明代，由郡守李大奎修，郡孝廉杨周行等撰《景东府志》，卷数及修撰具体年代不详。据清康熙十二年（1673）胡向极《景东府志》载："戊子（1588）间，寇焚无遗，久废弗修。"民国《景东县志稿》罗大任序言："吾邑志书，创自明郡守李公大奎，孝廉杨君周行，暨诸宿搜罗典故，编纂甫竣未梓，而火于寇。"

（二）清代地方志编修

康熙《景东府志》 康熙十二年，奉天（今辽宁省）恩贡、景东府同知胡向极纂修《景东府志》（卷数不详），仅存胡向极《〈景东府志〉旧序》一篇，正本未刊，抄本失传。修撰情况见于雍正《景东府志》，徐树闳序言："景向无志乘，遍加搜访，始得前郡丞胡公向极抄本一编。""去今已六十余年矣。阅之剥蚀残缺，仅寥寥数百言，未免简而不赅，杂而不整。"

雍正《景东府志》 雍正十年（1732），江苏昆山人、景东府掌印同知徐树闳修，景东府儒学教授张问政、原云南府嵩明州儒学训导李馥仲撰《景东府志》，成书后抄写未刊。该志是现存最早的景东地方志，北京、上海、云南等地存有抄本。全书共六卷，分卷首、卷之一至卷之五。其中，卷首载徐树闳自序、张问政序、李馥仲序、胡向极旧序；内容包括修志姓氏、凡例、盛典、目录、图考、星野、气候附、形势、山川附、建制沿革、建置、城池、官署、卫城、仓库、街市附、养济院、漏泽园、关津、桥梁、驿堡、哨铺、边隘附、户口、田赋、屯粮、差役、经费附、屯丁附、差徭、经费附、盐法志、盐井附、物产志、风俗志、秩官、土职附、兵防志、武职附、耕耤、学校志、考校、经籍附、选举、典礼志、祀典志、名宦志、乡贤志、忠孝志、节义志、夷民种类志、名迹志、仙释、坊表附、寺观祠庙、祥异、历代御制、议、奏议、艺文等。

乾隆《景东直隶厅志》 乾隆五十四年（1789），江苏吴县人、景东直隶厅同知吴兰孙、直隶厅儒学教授马应奎纂修《景东直隶厅志》四卷，成书后抄写未刊。志首载吴兰孙自序，旧志胡向极、徐树闳、张问政序。北京图书馆、南京大学图书馆、云南省图书馆藏有抄本。

嘉庆《景东直隶厅志》 嘉庆十八年（1813），河南进士、景东直隶厅同知张志学修，李继昌、赵绂、袁沣等纂《景东直隶厅志》二十二卷，成书抄写未刊，已失传。修志情况载于嘉庆《景东直隶厅志》，罗含章序言："景东志乘，嘉庆己卯（1819），同郡赵明经绂等以新修底册四帙寄粤，嘱为修葺。"另见道光阮修《云南通志·艺文志》载："景志，嘉庆十八年，同知张志学再修为二十二卷。"

嘉庆《重修景东直隶厅志》 嘉庆二十五年（1820），景郡人广东巡抚罗含章（即程含章，后复姓程）将赵绂等人邮寄的志稿，增订为《重修景东直隶厅志》二十八卷，在广东刊印。南京图书馆、上海图书馆、云南省图书馆藏有嘉庆原刊本。该志全书共二十九卷，分卷首一、卷之一至卷之二十八。

道光《景东厅志》 道光九年（1829），程含章纂辑增订《景东厅志》二十八卷，系以嘉庆二十五年原刊本增订至道光九年间事，按旧志依类增入，并对旧志叙事有所订正。云南省图书馆藏有此增订刻本。

（三）民国县志编修

民国12年（1923），景东知事周汝钊修，清末选拔进士侯应中撰《景东县志稿》。志稿石印于民国12年，北京、上海、南京、云南、台湾等地有存本。有卷首一、卷之一至卷之二十二、遗粹一卷，合计二十四卷。1961年，台北成文出版社重印出版。

二、社会主义新方志

编纂地方志是中华民族的优良传统，是一项具有长期性和连续性的系统工程。中华人民共和国成立以后，历届县委县政府非常重视地方志修撰工作，把编修地方志列入物质文明、精神文明和政治文明重要组成部分来抓。

第一部《景东彝族自治县志》 1982年县地方志办成立后，即抽调熟悉县情、具有较好文字功底、责任心强的工作人员参加县志编纂，拉开编修景东社会主义新方志序幕。首轮县志断限时间长，世事沧桑，资料浩繁，工作难度较大。面对困难，修志人员一上北京，八访昆明，十下思普，查遍省地档案馆和图书馆有关景东史料，同时先后两次查阅县档案馆上万份文秘档案，收集到近千万字资料，经10年艰苦笔耕，完成76万字初稿。再经仔细审核，补充完善，于1993年定稿，计有90万字，于1994年12月公开出版发行（四川辞书出版社出版），顺利完成修编任务。首部《景东彝族自治县志》由邓贤刚主编，邓贤刚、雷启刚、王丕学、罗庆北、刘嘉相等人撰稿，真实地记录景东经济、社会、文化等各项事业发展历史，是一部全面、系统的县志，具有重要参考、借鉴和应用价值。

《景东彝族自治县概况》及修订本 为宣传中国各族人民对祖国文明进步繁荣富强所做的贡献，特别是在中国共产党正确领导下，建立起统一的多民族社会主义国家，实行民族区域自治，实现各少数民族平等团结、共同繁荣，在政治、经济、文化等方面所取得的成就。1990年，景东县成立概况编写组，编写出版《景东彝族自治县概况》（云南民族出版社出版）一书。2006年，组建概况修订本编写组，编写修订出版《景东彝族自治县概况》（民族出版社出版），此书列入《中国少数民族自治地方概况丛书》，于2007年公开出版发行。主要内容包括行政区划、自然资源、民族分布、历史发展、政权建设、社会变革、经济文化以及名胜古迹、宗教信仰、风俗习惯等。

收集地情图文资料（县地方志办 提供）

撰写各级年鉴稿 1986年，云南省创办并出版发行全国最早省级综合年鉴之一——《云南年鉴》第一卷，县地方志办公室撰写景东部分年鉴材料。之后，每年按照省市志办、省年鉴办要求，撰写上报《云南年鉴》《云南乡镇年鉴》《云南小康年鉴》《普洱年鉴》等相关景东文稿，记录和宣传景东每一年取得的新成就。

第二部《景东彝族自治县志》编修启动 2004年3月13日，云南省政府办公厅转发《云南省第二轮地方志续修工作规划》，全省第二轮地方志续修工作启动。2005年9月7日，思茅市召开全市地方志工作会议，下达各县区第二轮修志任务。2007年8月27日，市政府办印发《普洱市第二轮地方志续修工作规划》，对全市地方志工作提出具体要求。2005年10月，景东县志办开始拟定《景东县第二轮地方志续修工作规划》《景东县志篇目》《关于成立景东彝族自治县地方志编纂委员会的通知》《景东县志篇目承编单位》等文稿文件，做好第二轮县志续修前期准备工作。2011年8月30日，县地方志编纂工作领导小组成立；11月2日，县政府办印发《景东彝族自治县第二轮地方志续修工作规划》；12月17日，召开全县地方志工作暨编写人员培训会议，来自普洱市志办、全县各乡镇、各部门及驻景东单位负责人和编写人员参会，涉及136个单位203人。全县第二轮续修县志工作全面启动。

三、专业志

随着首轮县志编修的开展，不断地推动部门志、乡镇志的编纂。截至2011年，先后有《景东县文化志》《景东县邮电志》《景东县林业志》《景东县农业志》等27部专业志和《曼等乡志》《大街乡志》《锦屏镇志》等6部乡镇志出版。

景东县专业志出版情况统计表

表3-4-1

单位：万字

序号	书名	主编	副主编	上限	下限	出版时间	字数
1	景东县文化志	李开运	唐荫舜	1763	1989	1991	20.0
2	景东县邮电志	杜开琼	—	1383	1990	1995	8.0
3	景东彝族自治县人大志（第一辑）	汪大学	—	1949	1993	1995	18.0
4	景东林业志	邓贤刚	—	古代	1996	1998	18.0
5	景东县农业志	邓贤刚	—	明朝	1997	1999	20.0
6	景东县土地志	邓贤刚	—	古代	1997	2000	15.0
7	景东彝族自治县人民医院志	邓贤刚	李郁海	1938	2000	2000	14.4
8	景东县工会志	刘之伟	—	1954	1998	2000	16.0
9	景东县公安志	邓贤刚	董　晓	1921	1999	2001	20.0
10	景东农村信用合作金融志	邓贤刚	邓绍鹏	1954	2000	2001	18.0
11	景东县教育志	赵　刚	—	1442	1998	2001	50.0
12	景东县检察志	田以华	彭启翔 陈宗权	1955	1999	2001	40.0
13	景东县民政志	邓贤刚	—	古代	2000	2002	23.0
14	景东法院志	伍淑元	罗景凡	清代	2000	2002	40.9
15	景东广播电视志	邓贤刚	杨正文	1951	2000	2002	12.0
16	景东县电力志	周德翰	陶明贵	古代	2002	2004	10.0
17	景东人口与计划生育志	邓贤刚	龚自信	古代	2004	2005	20.0
18	景东县城乡建设志	邓贤刚	普仕哲	古代	2005	2005	15.0
19	景东县人民代表大会志（第二辑）	杨正忠	—	1993	2003	2005	18.0
20	景东自然保护区管理局志	邓贤刚	彭其昌	1965	2004	2006	19.0
21	景东县烟草志	陶明贵	罗庆北	1949	2006	2007	32.0

续表 3-4-1

序号	书名	主编	副主编	上限	下限	出版时间	字数
22	景东县水利志	颜仕勇	—	1949	2006	2007	40.0
23	思茅市景东林业局志	周建华	黄志刚 周德翰	1956	2006	2007	25.0
24	景东税务·国税志	邓贤刚	杨开祥	古代	2005	2008	20.0
25	景东县财政志	李启进	李　俊 杨忠霖	民国	2006	2008	41.0
26	景东税务·地税志	邓贤刚	余　刚	1994	2008	2009	17.0
27	景东民族宗教志	颜仕勇	—	古代	2007	2009	19.3

景东县乡镇志出版情况统计表

表 3-4-2

单位：万字

序号	书名	主编	副主编	上限	下限	出版时间	字数
1	景东县曼等乡志	卢丕军	周德翰 陶明贵	古代	2001	2001	35.8
2	景东县大街乡志	李庭辉	周德翰	远古	2001	2003	46.0
3	景东县锦屏镇志	周德翰	—	古代	2004	2005	50.9
4	景东县景福乡志	周德翰	陶明贵 李庭辉	古代	2003	2006	53.0
5	景东县文井镇志	邓贤刚	杞云山	古代	2005	2006	18.0
6	景东县龙街乡志	周德翰	—	古代	2008	2009	38.0

四、机构

1982年10月，景东县地方志编纂委员会办公室成立，正科级事业单位。2009年1月，变更为县政府直属正科级事业单位，参照公务员法管理，内设综合股、编辑室。2011年12月，有干部职工4人，其中主任1人。历任领导：邓贤刚、罗庆北、黄成华（副主任主持工作）、陶明贵。

第七节　档　案

一、业务开展

景东县档案馆成立时，负责接收全县各级机构永久或长期性重要文档资料，并集中统一保管，为科学研究、编史修志和社会主义建设提供原始资料；开展全县基层档案业务指导工作，制定《景东档案馆材料借阅规则》《景东县档案工作实施细则》，规范全县档案管理工作。档案馆先后接收县委、人委、商业、公交、财政、银行等9个单位文档资料，共建立19个全宗1652卷。“文化大革命”期间，全县档案工作处于瘫痪状态。1978年，根据全国档案工作会议精神，整顿和恢复档案工作，开始利用档案服务社会主义现代化建设。1980年，根据全国档案工作会议精神，按照“恢复、整顿、总结、提高”八字方针，恢复档案馆正常职能。开始配备充实专兼职档案人员，建立健全档案工作制度，开展档案业务培训，清理历年积存零散文件，立卷归档，档案工作逐步向标准化、规范化、系统化方向发展。1974 年 10 月，制定《景东县档案工作细则》。2000 年 8 月，经思茅地区档案馆目标管理考评小组综合考核，县档案馆达省三级标准。截至 2011 年，全县共接收、征集、整理，建立 65 个全宗案卷 22379 卷，资料 5599 册，印章 965 枚，以及大量声像、照片、会计等档案资料，馆藏内容日趋丰富。有新中国成立前少数案卷，大量案卷为新中国成立后收集整理，主要内容涉及政治、经济、土改、金融、财贸、工资、人事任免、农村水、文教卫生、科技、计划生育、城市建设等。编制有《档案馆指南（初稿）》《全宗目录》《案卷目录》《全引目录》《专题目录》《景东县五大班子历届任职领导人名录》《景东 50 年人口发展变化情况汇编》《景东 50 年粮食情况汇编》《景东县组织史资料》等。中共十一届三中全会后，随着党的工作重点转移，档案工作服务方向转为服务经济建设和科研生产，为党政机关工作查考、领导决策、编史修志提供资料，为揭批查定案、平反冤假错案，落实党的各项政策和精减职工、解决土地、房厂、山林纠纷提供原始依据。

二、机关档案室目标管理考评

2006 年 11 月，经普洱市档案馆目标管理考评小组综合考评，景东档案馆获“省先进一星级档案馆”。截至 2011 年，经县档案局考评小组考评，全县先后有 29 个机关档案室实现目标管理，其中，五星级 2 个，分别为农业发展银行景东县支行、县供电有限公司；四星级 4 个，分别为检察院、国税局、地税局、气象局；三星级 20 个，分别为国土资源局、人民银行景东县支行、移民开发局、农村信用合作社、农业银行景东支行、县公安局、森林公安局及锦屏、文井、花山、大街、太忠、龙街、大朝山东镇、曼等、景福、林街、漫湾、安定、文龙 13 个派出所；二星级 2 个，分别为自然保护局、县林业局；一星级 1 个，即政法委。

三、机构

1959 年 11 月 10 日，景东县档案馆正式成立，馆长由县委人委办负责人兼任，配备档案专职干部 3 人。1962 年，第一次统计全县档案工作基本情况。全县有档案室 43 个，档案馆 1 个；专兼职档案员 53 人。1981 年，馆长由县委办主任兼任。1989 年 1 月 1 日，档案馆划归政府办主管，馆长由政府办主任兼任，档案工作实行党政双重管理。2001 年 4 月 28 日，经县委县政府决定，设立县档案局。档案局与档案馆合署办公，实行两块牌子、一套班子管理体制，级格正科；设局长 1 人、副局长 1 人，有职工 5 人。历任局长：金钟鑫、张兆华、杨薇。

第四编

军事　法治

第一章　军　事

第一节　开南节度　银生节度

一、开南节度

开南节度，唐南诏国前期七节度之一，治所开南城（文井镇开南村）。辖境东抵礼社江，西至澜沧江，南至今越南、老挝、泰国部分地区。南诏后期，撤并入银生节度。樊绰《蛮书》卷六载："云南、柘东、永昌、宁北、镇西及开南、银生等七城，则有大军将领之，亦称节度。"《新唐书·南诏传》也有详细记载。南诏《德化碑》职官提名六位清平官之后为"开南城大军将大金告身"，表明开南城大军将的功劳、爵位和地位显赫，开南城地理位置重要，是交通要道、贸易重镇和战略要地。

设置时间及辖境　唐天宝七年（748），皮逻阁谢世，长子阁罗凤继位。随即派兵征复景东以南大部分傣族居住地区，于永泰元年（765）构筑开南城，置开南节度。樊绰《蛮书》卷六载："银生城在扑赕（南涧）之南，去龙尾城（下关）十日程……又开南城在龙尾城南十一日程。管柳追和都督城。又威远城、奉逸城、利润城，内有盐井一百来所。茫乃道并黑齿等类十部落皆属焉。陆路去永昌十日程，水路下弥臣国三十日程。南至南海，去昆仑国三日程。中间又管模迦罗、于泥、礼强子等族类五部落。"开南城在下关城（龙尾城）以南，距离下关（龙尾城）十一日路程，距离银生城一日路程。开南节度管辖镇沅（柳追和都督城）、景谷（威远城）、宁洱（奉逸城）、勐腊（利润城），境内有盐井一百多口，辖茫乃道、黑齿等十个少数民族部落。陆路距离永昌城十天路程，水路西南下弥臣国（缅甸伊洛瓦底江口）三十日路程；南到南海，距离昆仑国（南海诸国之总称）三日路程。中间又管模迦罗、于泥、礼强子等5个少数民族部落。辖境即今普洱市、西双版纳州及泰国景迈、老挝北部、越南莱州等地。

撤销时间　唐天宝（742—756）前，唐王朝在云南境内设置州（郡）、县，由剑南道戎州都督府（四川宜宾）、姚州都督府（云南姚安）和岭南道安南都督府（越南河内）分管。天宝末年，南诏叛唐，唐朝设在云南的州（郡）、县俱废，南诏开始自行建立政权机构、改划政区。从叛唐至贞元十年（794）近四十年间，先后设置六个节度和八个节度。贞元十年至乾符六年（879）80多年间，南诏社会经济有了较大的发展，政治势力日益增强，管辖疆域不断拓展，行政区划也随之发生变化。其中，云南城设睑，改置节度于弄栋城；开南节度撤并入银生城；宁北节度移至剑川城。在六睑基础上又增加云南、蒙秦、品澹、赵川四睑。又调整节度为弄栋、永昌、银生、剑川、柘东、丽水六个节度，同时增设会川和通海二都督，最后形成较为稳定的行政区划及政区建置系统。开南节度撤并入银生节度后，治今普洱市，西至西双版纳州、缅甸景栋、老挝北部地区及越南莱州一带。

二、银生节度

银生节度，别称开南节度，唐代南诏国八节度（或六节度）之一。是南诏国南方重镇，又是南诏“婆罗门、波斯、阇婆、勃泥、昆仑等处贸易之所”。樊绰《蛮书》卷六载：“银生城……又南至林记川，又东南至大银孔，又南有婆罗门、波斯、阇婆、勃泥、昆仑数种外道。交易之处，多诸珍宝，以黄金、麝香为贵货。”银生城是通往缅甸景栋、泰国景迈、天竺国、伊朗、爪哇、婆罗洲、骠国以南的交通要道、贸易重镇和战略要地。

设置时间　唐大历元年（766）南诏《德化碑》载：“建都镇塞，银生于黑嘴之乡。”马耀《云南简史》：“公元765年筑拓东城（昆明），以阁罗凤之子凤伽异为‘二诏’（幅国王），居拓东。南诏又在南部设立银生府，统领‘黑嘴’（傣族）等部落。”银生节度设置时间，最早在唐代宗宝应元年（南诏赞普钟十一年，即762年），最迟应不超过唐永泰元年（南诏赞普钟十四年，即765年）。具体设立时间众家纷纭，争议仍较大。

治所　樊绰《蛮书》卷六载：“银生城在扑赕（南涧）之南，去龙尾城（下关）十日程……又开南城在龙尾城南十一日程。”明宋濂等著《元史·地理志》载：“开南州……昔扑、和泥二蛮所居也……至蒙氏兴，立银生府，后为金齿白蛮所陷，移府治于威楚，开南遂为生蛮所据。”清嘉庆重修《一统志》载：“禹贡梁州裔，汉益州徼外地。唐时南诏蒙氏立银生府于此，为六节度使之一。寻为金齿白蛮所陷，移府治于威楚，白蛮遂居地，历大理段氏莫能服。元中统三年平之，以所部隶威楚万户。至元十二年，置开南州，仍隶威楚路。明洪武中改为景东府，隶云南布政使司。本朝初因之，属云南省。乾隆三十年改景东厅。”

辖境　晚唐时期，银生节度“领有银生城、开南城、威远城、奉逸城、利润城、茫乃道、柳追和城、扑赕、通澄川、河普川、大银孔等地”（《云南百科全书》）。银生城位于今锦屏镇，开南城位于今文井镇开南村，威远城位于今景谷县威远镇，奉逸城位于今普洱县宁洱镇，利润城位于今勐腊县易武，茫乃道位于今景洪，柳追和城位于今镇沅县恩乐镇，扑赕位于今南涧县公郎，通澄川位于今墨江县玖联镇，河普川位于江城县勐烈镇，大银孔位于今泰国清迈。即辖今普洱市、西双版纳州及泰国景迈、老挝北部、越南莱州等地。

民族　樊绰《蛮书》载：“黑齿蛮、金齿蛮、银齿蛮、绣脚蛮、绣面蛮，并在永昌、开南杂类种也。”“茫蛮部落，并是开南杂种也，茫是其君之号，蛮呼茫诏。”同书又载：“茫乃道并黑齿类十部皆属焉。”“扑子蛮，勇悍矫捷……开南、银生、永昌、寻传四处皆有。”《元史·地理志》载：“开南州……昔扑、和泥二蛮所居也。”

综上所述，银生节度境内民族主要有乌蛮、和蛮（和泥）、黑齿蛮、金齿蛮、银齿蛮、绣脚蛮、绣面蛮、扑子蛮、望蛮、寻传蛮、裸形蛮等。乌蛮是今彝族先民；和蛮（和泥）是今哈尼族先民；黑齿蛮、金齿蛮、银齿蛮、绣脚蛮、绣面蛮都是今傣族先民，茫即勐，傣语意为地方或平坝，茫蛮即住在平坝的人，茫乃，即西双版纳古称；昔扑即扑子蛮，今布朗族先民；和金齿、扑子等杂居的还有望蛮，为今佤族先民。寻传、裸形等蛮，为今景颇族、阿昌族先民。

第二节　明代景东卫

一、景东卫的设置

背景　据明·刘文征《滇志》、清·徐树闳《景东府志》、清·张廷玉《明史》等史料记载，明洪武十五年（1382）二月，明军征服景东，景东仍袭元制设为府，隶属云南承宣布政使司，同年三月降格为州，隶属威楚府。洪武十七年（1384）又升格为府，仍隶属云南承宣布政使司；洪武二十一年（1388），云南第五卫军镇守景东，后五卫军撤回，拟立一千户所。洪武二十三年（1390），土府俄陶请军，奉宅为城，设景东卫。分田屯兵二十处，为云南第五卫军驻防，隶属云南都指挥使司澜沧兵备道（驻今洱海）。

规模 卫所制度是明朝军制。明代自京师至郡县，皆设立卫所，外统于都司，内统于五军都督府。也就是说，卫所分属于各省都指挥使司，各省都指挥使司又由中央五军都督府划片管辖。云南都指挥使司隶属中央右军都督府。都指挥使司下辖若干个卫，卫下辖一定数量千户所和百户所。大抵5600名军人为一卫，1120人为一千户所。一般每卫设左右中前后5个千户所；120人为一百户所，百户所设总旗2个，每总旗辖50人；小旗10个，每小旗辖10人。洪武二十三年（1390），全国有内、外卫547个，所2563个。明代云南都司所统领的卫所数量，各个时期有所不同，最多时有20卫、3御、18（守御）所，有133个千户所，卫军约14.9万人。这些卫所遍布全省各地。近城坝区分千户、百户、总旗、小旗，屯戍垦殖，散为村落。交通沿线也有军户屯田。在驿站冲要之地，设堡军屯田。而哨戍大都在山区，拨军驻守。

景东地处百夷要冲，又因思伦发多次进犯刚收复，且多腴田，奏请明太祖朱元璋特批而置卫，设指挥使4员，同知5员，佥事4员，经历司经历1员，知事1员。有正副千户26员，百户50员，所镇扶8员；三分马步骑军（在职守城军人）219人，七分屯军（屯田军人）533人，舍丁433人，军余（未取得正式军籍军人）9065人。明代实行军屯制，凡军士都是世袭，单独编户籍，叫军户。凡各地卫所皆实行屯田，以保证军饷供应。军士分为屯田与守城两部分：所谓屯田者，就是以屯垦为主半退役式军人，仍由军官统领，由政府拨给生产垫本，建盖房屋，分发耕牛农具，有组织地分营开垦种植，供应军粮，景东境内很多带“营”字地名，如胥家营、朱家营、姚营等，都因军屯沿称而来；所谓守城者就是专门从事城池防务职业军人，平时防守、操练，战时打战。屯田者与守城者，往往实行轮换制，一年或数年轮换一次。边疆地区军士守城与屯种比例为“三分操练，七分屯种”，即三分守城、七分屯种。“遇有战事，则由兵部奉旨调卫所之兵，临时命将充总兵官，发给印信，统兵出征。”大部分舍丁和军余都可征集参战，数量可达万人。战事结束，总兵官交还印信，兵士回到卫所。后期，由于战事渐少，景东卫军籍人数相对减少。

屯驻情况 景东卫五个千户所分布于川河沿岸。左所和右所，位于县城北，川河西岸锦屏镇北屯村境内。左所俗称左所营，位于县城北通化桥（北）旁；右所，位于今北屯村驻地右所组。前所和后所，位于县城西北，川河西岸锦屏镇前所村境内；中所，位于县城东南，川河东岸文井镇中所村驻地朱家营。

五个千户所下属官兵分屯于川河、者干河沿岸。锦屏镇境内有北屯（县城西北，川河西岸，北屯村驻地）、王官屯（县城东南，川河西岸，斗阁村辖境）、文道营（县城东南，川河东岸，斗阁村辖境）、胥家营（县城东南，川河西岸，斗阁村辖境）、下营（县城东南，川河西岸，山冲村辖境），文井镇境内有朱家营（县城东南，川河东岸，中所村辖境）、戴家营（县城东南，川河西岸，开南村辖境）、苏家营（县城东南，川河西岸，开南村辖境）、龙家营（县城东南，川河西岸，文井村辖境）、姚营（县城东南，川河西岸，文井村辖境）、孙家营（县城东南，川河西岸，大营村辖境）、大营（县城东南，川河西岸，大营村驻地），大街镇境内有上营（县城东南，者干河东岸，三营村驻地）、后营（县城东南，者干河东岸，三营村辖境）、杨营（县城东南，者干河东岸，三营村辖境）、中营（县城东南，者干河东岸，三营村辖境）、下营（县城东南，者干河西岸，大街村辖境）。以上带“营”字地名，大多因带兵者姓氏而来。

二、景东卫城

卫城，徐树闳、张问政《景东府志》载：“在府治北里许，古名景董山。元时土司居此，因缅蛮寇景，土司战退迷度（弥渡）大庄投诚。西平请神策卫保障，因让宅为城。洪武二十二年建卫城。周二里零二百四十余步，设四门：东曰利城，西曰定夷，南曰泰安，北曰肃靖。指挥居焉。康熙二十七年奉裁，改为城守营官署。其山之顶名御笔城，有砖城建其上。周环数十步，乃明洪武披览地图以御笔点定立城，因名焉。”

修筑时间　《滇志》载：“景东卫城修筑于明洪武二十三年。”《景东府志》载：“洪武二十二年建卫城。”根据史料和卫城规模、地势、工程量以及历史条件，景东卫城修筑当于洪武二十二年（1389）动工，二十三年竣工。

规模　景东卫城遗迹，元代为傣族世袭景东土司俄陶旧宅。明洪武二十二年，为保卫景东，俄陶奉宅为城。卫城背枕无量山，面对哀牢山，和土府（陶府）署隔江（银江）相望，气势恢宏。城墙周长二里零二百四十余步。城池开设四门：南门称泰安门，北门称肃靖门，东门称利城门，西门称定夷门。从《景东府志》所载图上看，东门、北门造型与现存南门相似，为中国传统古城拱形门孔，门上面有城墙过道、掩体、射击口；西门门楼上有建筑物（后改设为观音寺）。

《景东直隶厅志》载：“城周十里零二百四十余步，设三门，指挥据焉。”又载：“御笔城：在城西景董山，明洪武中建卫城，复于山巅别为小城，周围三十余长，东开一门。本朝康熙九年建营于此，名御笔城。”和卫城同建的御笔城，位于玉笔山顶，因明太祖朱元璋披览地图，用御笔钦定建城，故称御笔城。御笔城用青砖砌筑，周环数十步。建成后，最初为卫指挥使住宅，后用于屯置衣甲、兵器等。

沿革及现状　明朝末年，朝廷腐败，年久法没，军政颓废，“戊子年，倮贼叛，郡无只兵”。至明末，景东卫建制犹在，但形同虚设，已经没有一兵一卒。随着朝代更迭，几经战乱，卫城已是千疮百孔。清康熙二十七年（1688），奉命裁卫设景蒙营，防戍景东、蒙化两地，卫城改为守城营官署。从明洪武二十二年（1389）至清康熙二十七年，卫城历时近300年。有史以来，破坏最大的几次分别为：第一次，明朝末年农民起义。第二次，清康熙二十七年，裁卫设营，改建。第三次，清末咸丰和同治年间（1851—1874）农民起义。第四次，民国15年（1926），在卫城内设置景东一中，规模逐步扩大，卫城建筑物渐被拆除或挪作他用，仅南门（泰安门）保存较为完好。

1998年，景东卫城被列为省级文物保护单位。2005年，县委县政府及相关部门维修南门，并恢复重建西门，修复老金殿、财神殿、观音殿，砌筑南门到山顶石条踏步。

第三节　哨铺　驿堡　关隘　津渡　驿道　营盘

一、驿堡

定边堡　设于明洪武年间（1368—1398），位于南涧县城以南。废弃时间不详。

古德堡　设于明洪武年间，位于安定乡古德村。废弃时间不详。

景新堡　设于明洪武年间，位于景东县城。废弃时间不详。

二、驿站

板桥驿　设于明洪武二十一年（1388），马五匹。位于锦屏镇灰窑村板桥，废置时间不详。清康熙年间（1662—1722）迁至新站（文龙乡龙街村）。《景东府志》载：“板桥驿土驿丞，驻新站，在治北八十里。”

景东驿　设于明洪武二十一年，马八匹。位于县城之北，驿丞世袭，康熙元年（1662）裁。

三、关渡

景澜关旧址蛮骂街（罗海垠 摄于 2009 年 9 月）

母瓜关 在景谷县境内，具体位置不详。

安定关 在安定乡鼠街村南涧河边。《景东府志》载："在郡北百四十里，乃入郡之咽喉，为景蒙之北界，接壤南涧。"设置及废弃具体时间不详。

景澜关 在文井镇文华村蛮骂街。《景东府志》载："在郡南八十里，地名东都喇，开关碑存。"设置及废弃具体时间不详。

渡船口渡 在文井镇清凉村清凉街。

中所渡 在文井镇中所村境内。

蛮井渡 在文井镇老练大桥附近。

那允渡 在文井镇文华村境内。

都喇渡 在文井镇都拉村境内。

者后渡 在文井镇者后村境内。

羊街渡 在漫湾镇五里村羊街。

漫行渡 在漫湾镇安乐村江边组

戛旧渡 在漫湾镇保甸村江口组。

王家渡 在漫湾镇文冒村江边组，旧称王家村。

温练渡 在林街乡万龙村坝子田组小河口。

温营渡 在林街西南，林街与曼等两乡界河温营河口。

课落渡 在曼等乡排沙西北课落组。

沙坝渡 在大朝山东镇曼崩西北沙坝组。

嘎里江渡 在镇沅县振太乡嘎里河口。

此外，澜沧江上还有文玉大船渡、芹菜塘岔江渡、大村曼落渡、一碗水渡、马布山渡、蛮别渡、小新街渡、小课落渡、曼云渡、新街渡、漫湾小江边渡、曼边渡等。川河上还有锦屏渡（溯澜渡）、蛮赖渡、文窝渡等。漫湾、大朝山电站建成后，澜沧江淹没的渡口附近设立码头，以利南来北往船只。

四、铺

厅堂铺 铺役一名。

府前铺 铺役二名，至中所三十里。

府后铺 铺役一名，至灰窑四十里。

灰窑铺 铺役一名，至新站四十五里。

安定铺 铺役一名，至南涧大铁铺二十里。

中所铺 铺役二名，至文华五十里。

文华铺　即蛮骂铺。铺役二名，至者后铺四十里，至雀山哨四十里。
者后铺　在文井镇新会村东南。铺役二名，至恩乐县四十里。
雀山铺　在文井镇挖固村大寺庙组。铺役一名，至猛统四十里。
猛统铺　在镇沅县境内。铺役一名，至乌木五十里。
乌木铺　在景谷县境内。铺役一名，至威远漫折十五里。

五、隘

上水箐隘　在治东八十里，路通楚雄府，蛇乌笼岗界。
中水箐隘　在治东北百二十里，路通南安州。
下水箐隘　在治东百二十里，路通磗嘉。
蛮岔隘　在治东南百六十里，路通恩乐、磗嘉。
石婆坡隘　在治东百一十里。
者后隘　在治东西百二十里，路通恩乐、普洱。
黄泥湾隘　在治南百二十里。
勐统隘　在治南百六十里，路通镇沅、威远。
折只隘　在治南二百四十里，路通威远。
邦别隘　在治东五十里，路通磗嘉、哀牢。

者后隘旧址文会街（罗银垠　摄于2015年6月）

镇夷哨旧址（罗海垠　摄于2015年11月）

永胜营旧址远眺（罗一华　摄于2012年10月）

白石岩营盘旧址（罗海垠　摄于2015年6月）

福都隘　在治东百八十里，路通磗嘉、恩乐，下至新平、新化。

小仰里隘　在治南百六十里。

景谷隘　在治西南二百八十里，路通澜沧江。外上至顺宁、云州，下至猛缅、孟艮。

六、防汛塘哨

福都防汛　在郡东八十里，路通碍嘉、恩乐，下至新平、新化。千总一员，领马步兵一百四十名。

景谷防汛　在郡西南二百八十里，路通澜沧江外。上至顺宁、云州，下至猛缅、孟艮。把总一员，领马步兵一百二十名。

仰里防汛　在郡正南百六十里。把总一员，领马步兵六十名。

分防蒙化　千总一员，领马步兵一百名。

分防南涧　外委千总一员，领马步兵五十名。

镇夷哨　亦作镇彝哨。在文龙乡瓦罐窑村阵营组。山顶尚存环形壕沟遗址。

瓦厂哨　在安定乡兴旺村驻地瓦厂哨组。

雀山哨　在文井镇挖固村大寺庙组。

火石哨　在龙街乡和哨村火石哨组。

水塘哨　在大街乡昆岗村水潭组。

茶房哨　在大街乡三营村西部茶房哨梁子。

曼等哨　在曼等乡曼等村大尖山。

七、营盘（择述）

诸葛营　诸葛旗堆　一在曼等乡后河村西部大团山。据《景东县志稿》载："诸葛营，在西区大团山上。遍山泥丸，形如弹。""大团山，在治西二百三十里。诸葛旗堆在焉。"一在曼等乡政府驻地大行山。据《景东县志稿》载："诸葛旗堆，在西区大行山上。""大行山，在治西二百四十里。诸葛营在焉。"

中梁营　在锦屏镇新民村营盘山。旧名中梁山；一名插旗梁子，20世纪60年代航空大地水准测量于山顶插过旗子得名。上营盘道路、山腰壕沟遗址尚存。据《景东县志稿》载："治西北七十里。四面悬岩峭壁，独一路可上，其顶宽平，可容数千人。昔人曾于此建营，故名。"另据《地名志》载："清代在山上设过营盘，故名。"清代岁贡苏宝生留有《上中梁山》《游中梁营》《小住中梁山》诗句，拔贡黄金第留有《中梁营赋》。

永胜营　又名嘎耿营，在安定乡鼠街村上条街后山。据《景东县志稿》载："永胜营，治北一百一十里，本名碧云山。突兀高耸，四面悬岩，上有清泉涌出。前清杜逆之乱，县人刘应甲扎家口营于其上。伪大司藩率兵数万，围攻三年，卒不能陷，因名永胜营。"遗址尚存。

棠栗营　在安定乡民福村东北营盘梁子，海拔1952.2米。据《景东县志稿》载："棠栗营，在治北一百五十里。'回乱'时纪畴五建，遗址尚存。"据《地名志》载："清代在山上扎过营得名。"

古德营　在安定乡古德村西南营盘山，又名梅花山，海拔2412.4米。据《景东县志稿》载："谷得营，在治北一百七十里。'回乱'时胥钟槐建，遗址尚存。"

复胜营　在漫湾镇保甸村。据《景东县志稿》载："在治北一百三十里。'回乱'时陶巡检建，遗址尚存。"

戛耿营　在太忠乡大水井村。据《景东县志稿》载："戛耿营，在治东七十里。'回乱'时李文藻建，遗址尚存。"

小村营　在龙街乡小村东北营盘山，又名大团山，海拔1909米。据《景东县志稿》载："小村营，在治东北六十里。‘回乱’时人民共建，遗址尚存。”据《地名志》载：“清代设过营盘，故名。”

保龙宫营　在龙街乡和哨东北大龙营山，海拔2241米。据《景东县志稿》载：“保龙官营，治东北。‘回乱’时人民公建，遗址尚存。”据《地名志》载：“清代扎过营盘得名。”

白石岩营盘　在龙街乡南岸村东南白石岩。据《景东县志稿》载：“昔人建营于此。”2011年10月，营盘遗址被列为县级文物保护单位。(详见第一编第五章第八节“地名掌故”)

岩栅营　在龙街乡竹者村东北烟山，海拔2467米。据《景东县志稿》载：“岩栅营，治东北。‘回乱’时人民共建，遗址尚存。”

董报营盘　在锦屏镇董报村北营盘组。据《地名志》载：“清代设过营盘，故名。”

大营盘　在安定乡古德村西南与南涧县交界处大营盘山，海拔2790.6米。据《地名志》载：“清代在此扎营得名。”

温竹营盘　在漫湾镇温竹村北营盘山，海拔2691米。据《地名志》载：“清代在山上扎过营得名。”

花山营盘　在花山乡营盘村营盘组。相传，原为园地，清代地方巴司（武教头）罗武带兵创建营盘；咸同年间（1851—1874）其后裔罗光海承袭，云南巡抚授其“品列晋四”匾额（已毁）。据《地名志》载：“清代设过营盘，得名。”2011年10月，营盘古战场遗址被列为县级保护单位。

秀龙营盘　在花山乡秀龙村东北大山，海拔1915米。为清代哀牢山农民起义军副帅田政驻军营地，尚存石制旗槽等遗址。

新村营盘　在东镇新村以东营盘山，海拔2203.2米。据《地名志》载：“清代在山上设过营盘得名。”

山心营盘　文井镇山心村小旧村组后山，海拔1883米。营盘遗址面积较大，遗迹较多。

方家营盘　在文井镇路东村东北，山名，海拔2087米。据《地名志》载：“清代，方家人率所部在山上扎营得名。”

文新营盘　在文井镇文新村西北营盘山，海拔1719.3米。据《地名志》载：“清代在山上设营得名。”

新会营盘　在文井镇新会村东北营盘山，海拔1540米。据《地名志》载：“清代在山上设营得名。”

者后营盘　在文井镇者后村南与镇沅县交界处营盘山，海拔1287米。据《地名志》载：“清代在山上设营得名。”

仙人寨营盘　在文井镇文新村西南仙人寨。一名营盘山，海拔2245.4米，据《地名志》载：“清代在山上设营得名。”为清代哀牢山农民起义军副帅田政驻军营地。尚存3个营地遗址、2个石寨门和石磨、饮马槽等生活用具，巨石上凿有大大小小的火药坑。2011年10月，营盘遗址被列为县级文物保护单位。

卢库营盘　在文龙乡三岔河村南卢库营盘山，海拔1857米。据《地名志》载：“清代，在卢库后山扎过营得名。”

第四节　战　事

一、明代麓川土司发动“景东之战”

明洪武、正统年间（1368—1449），麓川平缅宣慰使司宣慰使思伦发及其子孙为扩大地盘，向澜沧江以东景东等地进犯，历时半个多世纪。

洪武十八年（1385），思伦发率十万余人攻景东，土知府俄陶率所部二万傣族军队与明军景东守城部队奋力抵抗。因力量悬殊，寡不敌众，俄陶所率傣族军队被击败，明军千户王升战死，景东城被思伦发军队占领。

洪武二十一年（1388），思伦发避开明军正面防守严密的金齿，乘明军战备未就之际，集中优势兵力，发兵进攻马龙他郎甸（今新平县莫沙）的“摩挲勒之战”，未果。思伦发仍不甘心，聚集十五万兵力、百余只战象进攻定边（今南涧县），发动著名的“定边之战”。分析双方阵势后，思伦发选择明军防守薄弱的中线品甸（今祥云县）为突破口。沐英选兵挑将，调集二万精兵从楚雄“昼夜兼程”直奔定边前线与叛军决战。明军用火枪、火铳、火箭大破麓川军的象阵，歼灭叛军有生力量，思伦发不得已退守麓川。定边之战后，思伦发请降，朱元璋对沐英说：“若欲纳款罢兵，可喻以大义，令偿我所费食，并进马万五千匹，景东垒丧军士，令贡象五百、牛三万、象奴三百人，果彼顺命如数入贡，即许之。”第二年，思伦发即“以象马方物入贡谢罪”。

正统三年（1438），思伦发之子思任发“欲尽复其父所失故地”，仍用两面手法，且“狡猾逾于父兄”，一面以大量象、马、金、银向朝廷进贡，“阳为服从”；一面又“得肆奸计”，继续派兵进犯“景东，剽孟定，杀大侯知州刀奉汉等千余人，破孟赖诸寨，孟连长官司诸处皆降之”。此时，思任发前锋已渡过澜沧江，战火危及云南腹地。

正统六年（1441），思任发又采用两面派伎俩，明里派人向明王朝请降，暗地里调兵三万、象八十只，盘踞大侯州（云县），攻夺威远（景谷）。明军将计就计，表面接受投降，暗中出兵三路讨伐，大败思任发。明军返回内地。

思任发之子思机发，“窥大军归，图恢复”，又用两面手法发兵叛乱。正统八年（1443）六月，明军率五万人马，并“发率转饷五十万人”，再征麓川。

麓川土司发动的这场战争，前后八十余年，除朝廷派重兵四次大的围剿外，地方战事不断，“官兵行处，村镇为墟，黎民百姓，死者十之七八”，朝廷发兵十五万“转饷半天下，死者十七八”。

二、清咸同年间各族人民联合大起义

清咸丰、同治年间（1851—1874），景东爆发杜文秀领导的回民起义和李文学领导的彝族起义。他们时分时合，在景东活跃近二十年。杜文秀回民起义已在第一部县志叙述，这里主要记述李文学彝族起义。

哀牢山起义战事　咸丰六年（1856）五月十日，李文学率领王泰阶、李学东、杞绍兴、鲁东应、鲁和胜及五千多贫苦农民，聚集在弥渡县天生营，誓师起义。起义军将斗争矛头直接指向清政府及封建地主阶级，一致推举李文学为“夷家兵马大元帅”。

誓师后，起义军迅速向哀牢山上段密滴村进发，打垮地方地主武装，攻下密滴村。起义军将密滴作为大本营，建立起哀牢山彝族农民政权。李文学起义消息很快传遍哀牢山区，不到十天，哀牢、蒙乐、六诏山区彝、白、苗、汉、回等族人民纷纷加入起义军。这时，杞采顺也率领镇南州彝族起义军加入李文学部，起义队伍发展到上万人，声势日益壮大。此后，哀牢山彝族起义军和大理回民起义军相互联合，在蒙化、景东等地展开一系列征战。

咸丰七年（1857）初，李文学在不断巩固哀牢山北段根据地同时，派王泰阶率领左将军罗自美、副将军字阿乌及三千将士，从哀牢山西缘南下，攻取景东鼠街、龙街，并在鼠街建立鼠街都督府，辖鼠街、保甸、文龙等地，命字安东为都督。6 月，王泰阶又奉李文学之命率罗自美、字阿乌、李学明所部三千人，南取者干，扩大根据地。1858 年 3 月，王泰阶所率义军利用“倒骑马”战术（即战士倒骑马上冲入敌阵，在敌人口瞪目呆之际，趁势攻杀的战术），先后攻克者干要道花山岩子，全歼清军守军。然后顺势南下，势如破竹，攻克者干，占领者干河流域，夺得一处丰饶“粮仓”。

王泰阶夺取者干后，彝族起义军和哈尼族起义军取得正面联系。李文学派出王泰阶、李学东、杞绍兴前往按板和哈尼族起义军领袖田政（田四浪）共商联合事宜，并达成协议。1858 年 8 月 3 日（农历六月二十四日），李文学率领王泰阶、李学东、杞绍兴等彝族义军将士，与田政及其哈尼族义军将士普顺义、何成等，齐聚在者干土主庙前，举行隆重会盟仪式。李文学和田政喝下鸡血酒，用弟兄结拜的方式，发誓共同抵抗清王朝，携手合作打天下。会盟仪式上，李文学授田政为哀牢山彝族农民起义军副帅，田政领导的哈尼族起义队伍正式加入哀牢山彝族起义军。有歌云："者干河边洒火把，土主庙，开门迎；田副帅，普都督，何将军，我们一条心。"者干会盟后，李文学、田政在者干设立者干都督府，辖者干、嘎埂河等地，令徐东位为都督，以此巩固哀牢山南段根据地。

1864 年 9 月，杜文秀义军大司阃马旭率四万余人围攻景东卫城，历时半年没有攻下。越年 2 月，李文学遵守盟约，主动出援，发兵两路，协攻景东。一路由上将军李不东率部二千人，从帅府密滴出发，经垭口、苏家营、塘窑直逼景东；另一路由徐东位率部五百人，从者干直抵景东。李、徐两部与马部会合后，即发动猛攻，清军溃败逃窜。李学东一面追击，一面急告杞彩顺沿江截击。清溃军约三千人刚逃到寅街，即被徐东位追军截杀，伤亡千余人；再逃至猴街，还未来得及渡江，又遭杞彩顺伏兵毁灭性重击。至此，驻守景东清军"全军覆没，无一生还"。

咸丰六年至十年（1856—1860），李文学率领哀牢山彝族起义军东征西讨，义军队伍迅速状大。

哀牢山起义失败 同治六年（1867），杜文秀联合李文学东征昆明。李文学率领部分彝族起义军攻占楚雄、广通一线，此后严守在景东、嘉和新平一带，为东征起义军"抗敌筹粮，守护西南"，保证东征军后勤供给。同年 10 月，大经略蔡廷栋率领十八大司十余万大人浩浩荡荡东征省城昆明。一年后，起义军对省城昆明形成包围之势。起义军发起进攻时，遭到清军抵抗，双方损失惨重。1869 年，东征军以失败而告退。而这次徒耗兵力的东征中，李文学领导的彝族起义军同样遭受重大伤亡。

1870 年春，清军在云南总兵杨玉科等人指挥下，讨伐滇西农民起义军。10 月，清军集中力量进攻彝族起义军西南部前沿阵地通关哨，以期打通哀牢山区西南门户。通关哨位于元江西岸，是昆明进入普洱、思茅要地。通关哨之战十分激烈。在守卫通关哨战斗中，彝族起义军将领王泰阶、普顺义和字阿乌及大部分将士战死，通关哨失守。清军拿下通关哨后，集中大量兵力进攻田政率领的起义军，田政被俘，并遭杀害。

起义军南线失利后，清军开始大规模扫荡哀牢山地区。1871 年，岑毓英率十万大军分三路进攻滇西起义军。次年，清军进逼大理城，李文学得知杜文秀被困消息后，亲率义军前往大理救援，但在进军途中（南涧以南）遭清军大规模袭击。同治十一年十一月，清军攻陷大理城，随即合力围剿哀牢山彝族起义军。清军首先进攻哀牢山农民政权根据地，即帅府所在地密滴。李学东率领起义军死守帅府，奋力抵抗清军的猛烈进攻。后来，起义军内部投机分子刘炳贤叛变，放火烧毁起义军粮仓，起义军军心动摇，密滴帅府很快被清军攻破，李学东率二百多人突出重围。在攻打密滴同时，清军包围南涧四周山区，重金悬赏捉拿李文学。在重金诱惑下，起义军副上将军李明学叛变投敌，趁李文学熟睡之机，将其捆缚，交给搜山清军。随即，李文学被押赴蒙舍城，囚禁了两年。同治十三年（1874），李文学被押往牛街（今南涧无量乡牛街），3 月 28 日在乌龟山凌迟处死。消息传来，哀牢山区"夷众老幼，皆嚎歌山野"。

同治十五年（1876）七月，李学东因病逝世，哀牢山彝族农民起义失败。

三、民国"匪患"

"匪患"是民国年间景东一大社会沉疴。由于长期社会动荡，人民流离失所，致使经济十分萧条。当时，没有受到过抢劫的人少之又少，如大街乡文育人田以清以经营小本生意为生，一生被抢劫 22 次。民国时期，虽然到处设有剿匪大队，但土匪多如牛毛，百姓深受其害。国民政府每年都会大规模清剿，但实际上一直到1955年后，土匪才真正销声匿迹。

（一）西区匪患

1. 主要股匪

王先斋 今景福乡山头村人，人称王大老爷，有手下十人（枪）。

王克成 今景福乡古里街人，有手下五十余人（枪）。原为梁绍贤手下土匪大队长，梁绍贤招安后，王克成仍然在南区和西区抢劫。

王元凡 今景福乡古里街人，有手下十余人（枪）。

王新卫 今景福乡金鸡林王家村人，其叔任国民党地方政权副镇长，有手下三十余人（枪）。

王贤廷 今景福岔河王家村人，曾任国民党政权保长，有手下十余人（枪）。

罗恒富 今曼等乡排沙村人，有手下十余人（枪）。

苏新光 今曼等乡瓦窑村人，有手下三十余人（枪）。

刘忠恕 今景福乡岔河村人，有手下近二十人（枪）。

彭双富 今曼等乡扎结村小坝子人，有手下十余人（枪）。

吴老高 又名吴高脚，今东镇黑蛇村人，当地富户，养有家丁数十人。

此外，还有一些时分时合小股土匪，一些保甲长带着家丁，白天打着剿匪旗号，晚上却干抢人勾当。这些土匪四处杀人抢劫，为害地方百姓，人民苦不堪言。

2. 主要剿匪武装

1940年，董辑武担任西区剿匪大队长，训练地痞、猎手、退役军人等组成一支二十人左右的剿匪队伍，采取强硬清剿措施，只要查获有偷盗行为之人，一律杀头，对大股匪部则采用离间计，分化瓦解，再行清剿。到20世纪40年代末，一些土匪或“招安”或被打死或远走他乡苟且偷生，匪患趋于绝迹。董辑武杀人无数，被人们称为董屠户、人屠户，人们一闻“董辑武”三字便惧怕三分。孩子夜哭，只要说“董屠户来了！”便不敢再哭。据说董辑武被杀前，刽子手问他一生杀过多少人？董辑武回答：“算上自己这颗人头，不多不少，刚好一百颗！”董辑武大号董国瑞，自小喜欢舞枪弄棒，不仅武功好，还练就一身好枪法。他从昆明昆华中学毕业回乡后，被人雇请杀人，在曼等排沙错杀人命，事情泄漏，在景福区长姜尚文包庇下，逃往巍山大地主李元斋家避祸。一年后，李元斋资助其参加昆明“国民党军事干部训练班”。毕业后，任景福自卫队副队长、队长。1939年末，撤区扩乡，任景福镇长兼西区“剿匪”大队长。1949年，被彭学孔率领的民变武装打死。除董辑武剿匪队伍外，各乡均设有剿匪中队。

3. 主要匪患事件

杨氏兄弟火烧平掌村 杨五、杨六，系里崴大山人。1925年始，杨氏兄弟带领五六百名土匪到处烧杀抢掠，无恶不作，两次攻打景东县城，大肆掳杀百姓。县政府发出通缉令，要求地方捉拿归案。刘佰威，曼等平掌村人，毕业于云南省公立法政专门学校，时任西区民团团总，在当地颇有名声。1928年底，刘佰威受命清剿杨氏兄弟，便派民团队长李正国、民团教练陈开武率队伍前往杨氏家乡清剿。李正国等人来到杨氏家，杨氏兄弟恰好带人外出抢劫，只留下家人和几名护院家兵。家人和护院家兵闻讯后，急忙上山躲避，杨八老婆在家坐月子，躲避不及被掳，李正国看到杨八老婆如花似玉，抵挡不住美色诱惑，在村头抓来两个民夫将其抬回，欲做自己老婆。途中，为防止民夫逃跑，还用铁链拴住民夫脖子和抬人担架。李正国等人回途经过大驮街时，杨八岳父丁配兴闻知女儿被抢，哀求李正国留下女儿，并答应满月后让李正国接走。在别人担保下，李勉强答应。杨氏兄弟回家闻听此事后，怒火中烧，扬言要踏平曼等。刘佰威此次派兵清剿杨氏兄弟，只不过想例行公事，打几枪做做样子蒙蔽县府而已，不想却闹出事来，心中很是恼火，于是做好两手准备，一方面将李正国关起来，准备交由杨氏兄弟处置，握手言和；另一方面在平掌村后大水坪设大土炮数门，以备言和不成兵刃相见时不至于吃大亏。1929 年农历四月一日晨，杨氏兄弟率领五六百人，声东击西，避开大道，沿澜沧江逆流而上，直插平掌村外围天上水阁垭口，胡乱放了一排枪后，即迂回包抄突进。眼看言和无望，刘佰威急忙放出李正国，要李率队抵御。谁知，李正国一被放出便拖枪逃命，一时间民团队员和百姓自顾不暇，跟着奔走逃命，杨氏兄弟未遇到抵抗便冲进空无一人的村子。眼看报仇不成，杨氏兄弟恼羞成怒，见房就烧，见畜就杀，将值钱东西搜刮一空，未到中午，平掌村和松毛林两个村子即变成一片焦土。这次复仇事件中，烧毁平掌村农舍三十余户、松毛林农舍七户，其中平掌村有九户为仿白族民居建造，均为三坊一照壁、四角五天井走马转阁楼式豪宅。

清剿罗恒富匪部　罗恒富和手下十余人，长期在周围村庄和云县、临沧等地抢劫杀人，经过董辑武长期清剿，罗恒富部分手下同意接受“招安”。招安当天，恰遇曼等洼子村鲁东家娶亲，十余名土匪交出枪支弹药后，受到刘家热情款待。酒足饭饱后，土匪们被带到五福乡公所院场（今曼等村完小）打牌赌钱。没想到董辑武早就派人化装成刘家客人，混在这伙土匪左右。打牌正高兴时，土匪们的赌摊被隔离，只听一声呼哨，董辑武发出信号，土匪全部被拖翻在地，一刀一个，顷刻间，十余颗人头已被血淋淋提到一起。这十余名土匪有恶贯满盈者，也有为混口饭吃而跟随者，但这次被杀之人，都表示愿意悔过自新，罪不至死。一名十岁小孩随土匪来，因疲惫不堪倒在一堆木头上睡着了，也被叫醒后砍了头。而真正罪大恶极的土匪，却早已随罗恒富逃到云县去了。之前，因董辑武四处清剿，这些土匪以牙还牙，捉住士兵或家属后或吊打折磨而死，或用刺刀慢慢扎死，然后烧其房屋，抢光能带走的东西，无所不用其极。董辑武对这些人恨之入骨，哪里肯罢休！扬言决不会轻易放过他们。经过这次砍杀，罗恒富及剩余土匪不敢再回家乡抢劫。直到 1950 年，罗恒富被云县政府捕获镇压。

白沙水井枪战　1941 年底，土匪梁绍贤及其手下，在勐片街与芹菜塘间设下埋伏，随后派出两名土匪冒充盐贩，找到勐片街赶街的董辑武，谎称在芹菜塘被“棒棒客”抢去盐担子，要求帮忙追回。董辑武派手下小队长周开祥带部前往缉捕。周开祥带领十二人（枪）赶往芹菜塘，至白沙水井一带，忽然枪声四起，盐贩却不知去向，方知中计。周开祥跟随董辑武多次打过硬仗，经常使一挺歪把子机枪，枪法奇准，是董手下最能征惯战者之一，且手下个个都是打仗好手。枪声一响，都本能几个翻滚，伏在掩蔽处，判明包围者情况，边还击边从来路撤退。几个土匪大喊大叫，冲了下来，周开祥及手下一齐开火，打倒冲在最前面两名土匪，后面土匪见势不妙，连忙伏住，一动不敢动。这次枪战，土匪不但没有占到便宜，还丢了两条性命，而董辑武手下仅几人轻伤、一人重伤。

金鼎山围剿战　匪首王克成与川河坝大土匪梁绍贤有姻娅关系，很早就带领一帮狐朋狗友加入梁绍贤部，王自己则充任大队长，长期危害南区和西区人民，强奸妇女上百，杀人数十，烧村十几个。1941 年初，国民党县常备中队长岳世藩带部前来，通知西区南区地方武装一起往剿王克成。在南区振太，岳世藩部咬上王克成，一面跟踪王匪，一面通知董辑武、王匡吾和五福乡地方武装，形成合围之势。王克成见势不妙，星夜兼程，连忙从永秀跨过勐片河，兵分两路，一股从扎结直奔丙拐；另一股直奔扎结大中山翻过梁子，抢劫仓房富户刘某某。然后，汇集藏匿到景福和五福交界金鼎山。这时，县常备中队星夜尾随而至，在董辑武和王匡吾配合下，天亮前将金鼎山围得水泄不通。金鼎山，海拔 2297 米，属原始森林区，山东面南面是悬崖，怪石嶙峋，易守难攻，王克成匪众藏在山顶破庙，动弹不得。黎明时，岳世藩部占据有利地势，向破庙开枪，王克成仓皇应战，战斗从清晨到下晚，四十五名土匪全被打死，匪首王克成也成了枪下之鬼，而围剿军却无一伤亡。之前，一部分土匪头目到赵其山赌博，幸免一死，藏匿一段时间后，即通过城里关系，使银子“弃暗投明”。

围剿王新卫　民间传言，王新卫白天为兵，夜里为匪，而他与镇长董辑武关系十分紧张，董早就想将他除去。于是，从王新卫侄子下手，最终击败长期在地方政权为官的对手。土匪李朝光与王新卫合伙行匪抢劫，李朝光后来主动“投明”。董辑武利用李朝光作内应，派兵抓获王新卫等人。王新卫告发其叔为匪事实后，董辑武令李朝光杀死王新卫，随后带兵连夜包围王匡吾家，活捉王匡吾，将其押解到景福镇公所关押。几天后，即被拖到搭渔坝枪毙了。董辑武解散王的家兵，家产则全部被抄充公。枪毙王新卫后，李朝光跑到云县躲了约两个月，觉得事情已过去，就从云县买来亮帽到丙拐街贩卖。这天，恰遇董辑武到丙拐赶街，李朝光上前与他打招呼，没想到董辑武命手下将其捆住，说有人“告发”李朝光，招安后不仅不安分守己，还跑到云州（县）抢人。当即把李朝光打死在街头。

龙洞塘围捕王先斋　1946 年，土匪王先斋到古里河大龙洞潭洗澡，一时大意，被过路人发现，过路人即报告给董辑武。董辑武立即集合队伍，兵分两路包抄大龙洞潭。王先斋洗好澡后发现有人追来，即朝棠梨箐方向逃跑，董抬手一枪，几百米开外的王先斋即被打伤，王带伤跑到古里，情急之下躲在一棵大青树洞中，董辑武赶到后将其搜出打死，头颅被砍下挂在古里街示众。董辑武任西区剿匪大队长期间，大开杀戒，一些有名匪首如彭双福、王克成、王先斋、王新卫等人及其手下先后被杀死，苏新光逃避在外也被打死，剩下的匪首或被“招安”或远逃，大规模的匪患再没有出现过。

清剿黑蛇吴老高　吴老高是黑蛇富户吴孝康儿子，长年在夷方（景洪、缅甸）做生意。20 世纪 40 年代末，吴老高团伙在夷方累次抢劫有钱人，时间一长，被抢劫者到景东县政府控告吴老高，县政府命令董辑武捉拿。一天，董辑武获知吴老高在家，连忙带兵包围吴家。未几，双方发生枪战，吴家抵挡不住，吴老高被抓，被押解到景福镇公所枪毙，人头被送到县城，挂在十字街头示众。

（二）北区和东区匪患

1. 主要股匪

北区和东区匪乱也非常猖獗，后来在县自卫大队大队长杨希良和田重部下阮学海、田华轩、苏文达等地方剿匪大队联合清剿下，匪患有所收敛。北区剿匪武装主要有北区姜尚文、太忠王绍周等部。

王燕山　今楚雄大姚人，对外号称拥兵上千。从民国 17 年（1928）始到中华人民共和国成立之前，长期为害哀牢山、无量山区巍山、南涧、景东等地。

马爹列　今楚雄双柏碍嘉人，有匪众四五百人（枪）。

三毡帽　今楚雄人，有匪众二十多人（枪）。

鲁跃山　今龙街乡竹者人。为匪后，常在山外一带抢劫，有匪众三十余人（枪）。

杞兆发　今楚雄市西舍路人，有匪众二十余人（枪）。

张兴德　又名张从发（1903—1947），人称跳大爷、老跳，今大街气力朱家村人。跳大爷自幼游手好闲，未进过学堂，有身蛮力。此人好吃懒做，吃喝嫖赌抽鸦片，无所不会；坑蒙拐骗抢女人，样样在行，是当地一霸。喽啰一百余众，有八十多支枪。

弯大爷　真名不详，今花山人，聚众最多时有四五十人。中华人民共和国成立后，弯大爷主动交出赃物，被判处劳改，几年后回乡务农。

罗大凡　今镇沅勐大人。20 世纪三四十年代，经常率三百余人在景东行抢。

邹双　赵元功　均为双柏有名股匪，常常带四五十人在东区抢劫。后来，邹双被跳大爷用计擒获枪毙，赵元功在解放战争初和花山地霸曹慧光勾结，双柏解放后混入嘉区任政府主席，后反动叛乱，被县政府击毙。

2. 主要匪患事件

王燕山之乱　王燕山，今楚雄大姚人。初为职业军人，在普洱道尹徐文光手下当兵。20 世纪 20 年代。王燕山经过策划，准备发兵景东城。县长杜希贤得报后，急报普洱，普洱派营长徐超率领一个营人马，与景东团防大队共同成立临时剿匪事务所，由县长杜希贤任总指挥。1928 年，王燕山队伍出现在河东街。一时间，城区百姓人心惶惶，纷纷逃避。杜希贤即刻组织人马，与王军隔河相望，对峙两个多小时。随后，王燕山率领队伍向太忠方向开走。杜希贤见王燕山退走，以为王燕山怯战，遂带领人马追剿。没想到王燕山退到大冠山后，设伏山口，杜希贤人马一到，双方即发生一场恶战。恶战过后，双方均有伤亡，景东城兵死伤百余人，营长徐超阵亡。不久，县保卫大队在会皇垭口与王燕山部展开遭遇战，保卫大队兵败，死伤数十人。王燕山获胜后，并未进入景东城，而是向楚雄方向开去。同年5月，王燕山率匪众千余人屯驻竹者鸡脚路，附近村民全部被集中起来。王燕山按家庭贫富状况，照单派粮派款派大烟，谁要是在规定时间内未足额交付，即烧毁谁家房屋。土匪在鸡脚路驻扎半月之久，把所有值钱财物洗劫一空，一些出不了钱粮烟的人家房屋被烧毁，一傅姓青年被吊死在树上。

事闻，景东、蒙化、云县三县县长及团首紧急商议，约定于当年农历四月十日合剿王燕山，南涧由蒙化民团团总梁羽翕部驻守，蒙化大沧由云县民团副团总龙雨亭率兵渡江经南涧北上助守，蒙化前任县长李善徽率蒙化和云县部分兵士作为主力进剿匪区。会后，各县均积极备战。不料农历四月十日这天，蒙化县长罗家仁密令李善徽及所率的蒙化和云县兵士停止进剿，联合围剿计划破产。之后，王燕山变本加厉，大肆掠抢，不断招兵买马，壮大队伍，加上蒙化县政府的放纵，王燕山更加随心所欲。同年，一路南下，途经宝华、无量、安定（驻扎在大古德村罗景正家，并于此设司令部）、文龙等地烧杀抢掳，所到之处一片狼藉，百姓惊恐万分，逃亡避之，苦不堪言。最后，王燕山攻下景东城，大肆抢劫，又继续南窜进入镇沅、景谷地界，祸及百里以外。同年六月，连日大雨，江河暴涨，王燕山没有再进驻景东县城，而在无量山区哀牢山区掠抢。经过数月抢掠拉兵，队伍扩充近十倍，后又一路杀回蒙化县。李善徽积极提出防匪措施，写信给罗家仁，要求围剿王燕山，罗表面应允，暗地里却密令亲信不作抵抗。罗家仁养虎为患，王燕山窜回至南涧后，四处烧杀抢掠，已有两千多兵马。李善徽亲率蒙化和云县部分兵丁在大沧奋勇抗匪，终因寡不敌众，大沧失守，被革职问罪。王燕山又率两千多匪众长驱直入，直攻蒙化城。云南省政府得知后，调遣胡印灵率国民革命军第三十九师前往剿匪，王燕山之乱得以平息。王燕山之乱平息以后，罗家仁意欲加害李善徽，诬告其剿匪不力，派县役将李善徽从昆明捕回蒙化下狱。李善徽与几十个狱友联名上诉，同时，云南省政府告发罗家仁贪赃枉法，犯有饿死囚犯若干之罪，便将罗家仁革职查办，又因罗家仁通匪之罪成立，被问死罪，李善徽渐得昭雪。

马爹列洗劫狐狸洞　1939年，土匪马爹列带五百余人，窜至龙街新平、邦庆一带，屯扎于狐狸洞。然后，挨家挨户搜刮财物，杀死村民数人，烧毁房屋数间，抢去年轻妇女十多人和骡马数十匹。匪众又沿路抢劫，经马街子、垭口街，返回双柏。经红花树坡时，被东区团总王绍周领兵伏击，土匪慌忙丢下一些财物、几匹骡马后遁去。王绍周请村民认领财物，但赎金比市场价还高数倍，结果这批财物刚出狼窝，又入虎口。

“三毡帽”为害邦庆山　1944年腊月二十六日半夜时分，流窜在哀牢山到处抢劫的三毡帽带着手下20多名匪徒，悄然闯进龙街乡邦庆山这个只有十几户人家的小村子，为了恐吓村民，土匪首先纵火烧燃烧村民李志然家的草房。住在村边70多岁的老太太从家里跑出来，大声喊叫：“贼来了，快跑!”谁知，话音刚落，即被埋伏在旁的一名土匪一刀砍死。一时间村里鸡飞狗跳，人慌畜惊，村民四处奔逃，土匪烧杀抢劫村子后，抓走村民李志然、李开会、李开顺等5人。这次遭劫难，邦庆山村有5户人家的房子被烧毁，有4人遭杀害，13人被砍伤和打伤。1948年农历四月，三毡帽再次带领20余名土匪闯进邦庆山一农户家抢劫，财物被抢劫一空，还打死1人。同月，三毡帽指使手下喽啰“小秃手”带队抢劫大坝塘村，抢完东西又放火烧毁村子，打死打伤10多人。

鲁跃山出山为匪　鲁跃山，今龙街乡竹者村人。家有弟兄四人，年轻时家贫，为躲兵役长期藏在哀牢山中。1943年，保长白云山派保丁抓住鲁跃山，在押往太平乡公所扎果时，鲁暗暗挣脱绳子，随手抓起一块石头，比划着对着押送他的保丁说：“你我都是穷人，替别人卖什么命？只要不难为我，大家各走半边，否则就一起死!”保丁只好放了他。鲁跃山回到家后，即联络村中到处躲壮丁的青年，结伙抵制抓壮丁，不久后即以种鸦片收入购买短枪武装起来，地方无人敢管。这期间，因长期受到来自楚雄股匪的抢劫，鲁跃山煽动村人到楚雄保甸等地报复性抢劫，在抢劫一石姓富户时将其杀死，为害楚雄地方百姓三四年之久。后经景东县长何志钧派人招安，被委以景东城到安定保路大队大队长，方才终结为匪生涯。

杞兆发哀牢山为匪　1950年初到1951年3月，以杞兆发为首的一股土匪，在哀牢山区龙街一带抢劫财物粮食，祸害乡邻，弄得鸡飞狗跳，人畜不安，给新生人民政权带来严峻考验。杞兆发是楚雄西舍路大村地主，曾任保长。西舍路解放初，杞知道自己末日来临，便纠集部分死党和一些不明真相农民二十余人进山为匪，活动在哀牢山原始森林地带，居无定所，随意抢劫。有吃的时候和被解放军清剿时，就躲在原始老林深处，没吃的时候就出来抢劫，打一枪换一个地方，通常每周出来抢劫一次。一天夜里，杞兆发等人得知邦庆村（村政府驻邦庆狐狸洞黄应举家）有一批没缴财物，准备夜里行抢。当天，恰巧村里开会，散会后村长回家去了，仅文书和一位民兵看守财物。杞匪在路上碰到开会回家群众，便问村里有没有解放军？被问群众警惕性很高，说：阿妹哟，有多少解放军都认不得，站了几大排，数都数不过来！杞匪又问，有没有带枪？回答：墙上挂着一些，板壁上还靠着一大堆，不知道有多少。杞匪感觉事情不妙，遂打道回府，放弃行抢之念。返回途中，顺路抢劫几户人家，打伤一些人，还带走几人作为人质。这期间，土匪过于猖獗，解放军三次出兵清剿，但难觅踪迹，无功而返，政府不得不将邦庆村公所搬迁到别处，周边群众更是人心惶惶。1950年3月，解放军采用离间计，分化土匪内部势力，使其队伍越来越少，行不成气候，杞兆发龟缩在哀牢山深处，惶惶不可终日。1951年8月，楚雄解放军制订《江外（西舍路乡）剿匪计划》，拟联合景东、双柏、镇南三县共同剿匪。10月，杞兆发穷途末路，投案自首。

罗大凡危害者干　民国24年（1935）腊月，罗大凡率250余人，抢劫完者后街后，翻越老鹰嘴进入大街塘坊一带，崇文镇自卫队闻风而逃，一部分未及逃走富户和百姓被土匪围住。土匪在村中驻扎下来，宰牛杀猪，又在富户家挖掘财宝，奸淫掳掠，无恶不作。富户忍气吞声，无奈之下只好凑三千余块银圆和两台留声机给土匪，土匪吃喝玩乐六天后方才离去。罗大凡离开没几天，文山村田兴周如法炮制，带着镇沅老围街20多名土匪七八条枪，以回家探亲为由，伺机抢劫富户。地方乡绅田华轩组织富户和猎人，看准一部分土匪外出，派人跟踪土匪做思想工作，劝他们弃暗投明，以此分化土匪内部势力。随即，突然包围田兴周家，击毙土匪7名。

瓦解者干土匪　民国18年，张兴德二十六岁，靠偷鸡摸狗已不能满足其欲望，遂邀约几个臭味相投的弟兄，干起明抢暗盗勾当。其喽啰日渐增多，活动范围日趋扩大，当地村民无不深恶痛绝之。崇明区团总陶德坤，因害怕自己辖区内匪患影响前程，以“兔子不吃窝边草，鹞鹰不打脚下鸡”暗示张，劝其到外地“发展”。张心领神会，于是二人干起表面上互不相干，暗地里官匪相通的勾当。一日，张兴德率心腹宗发林、汤某、“花野猫”及妻子宗发英，途经双柏碍嘉到新平水塘落脚。喽啰打探到维西大富“讲大爷”有一把骡子驮“黄鱼”（金条）上省城的票子，即在山中设伏，抢劫得手后，坐稳山大王位。1935年，张兴德率领匪众二十余人，突然围住邦庆官家村，把村中有威望的人集中在地主官老爷家，严刑拷打威逼，要各户交出大烟和银圆，谁不听就杀谁家人，烧谁家房。结果，村中被洗劫一空，仅大烟就掳走十余驮，另外还有银圆、粮食、衣物等数驮。张精通官匪相通之道，处心积虑投靠新平李三老倌（李润之），还取“獐跳鹿跳”之意，自封跳大爷，率心腹“打钻”（孙姓）、“快中快”（罗姓）、“展得开”（李姓）、“龙占飚”（高姓）、宗发林、李本荣、汤发贵等用掠来之金银，以买墙纸为名向李三老倌进献拉拢。李见跳大爷有些来头，加之自己与省府龙云有些过节，暗忖当此用人之际，既可省招兵买马之费，又可扩充自己势力范围，于是便满口答应。跳大爷则依仗李三老倌权势，在新平、墨江、元江一带大肆掳掠，同时与者干一带官府乡绅暗中保持联系，左右逢源，喽啰一度多达百余众，枪八十多支，扎实做了十二三年山大王。那些年，跳大爷可谓作恶多端，成了人们谈虎色变的“混世魔王”。民国32年（1943），跳大爷联络镇沅匪首罗大凡，率一百多喽啰，到明善乡（花山）酸枣树行抢。明善乡火速派人送信给景东县国民政府，县长即派剿匪大队杨希良率追击大队前往酸枣树清剿。双方激战三天，匪部死伤大半，想活命的喽啰四散逃走。跳大爷情知大势已去，当即掉转枪口，击伤罗大凡，被杨希良“招安”。招安后，跳大爷得知双柏邹双来到景东，便派人去请，称要和他做弟兄。邹双不知是计，如约而至，不料被跳大爷捆绑，押往崇文镇政府枪毙了。原来，邹双和土匪头目赵元功多次到自己家乡气力和昆岗抢劫，让跳大爷十分不快，于是借机除掉邹双立功。跳大爷匪性难改，明里接受招安，暗地里时常派喽啰四处抢劫，欺男霸女，无恶不作，村民敢怒不敢言。民国35年（1946）八月，跳大爷到川河坝蛮井（文井）赶街被人盯上，被他打劫过的文华大户李子深派人悄悄跟踪，伺机将其打成重伤报复。跳大爷被人抬回朱家村不久便不治而亡。弯大爷和跳大爷时分时合，他们约定“兔子不吃窝边草”。跳大爷抢花山，弯大爷抢大街，外出时联合出队，长期到双柏、新平、镇沅等地抢劫。民国28年（1939），大街文燕富户王开洲把银圆藏在地楼下，不料被四名长工发现，经常悄悄取出零星使用。王开洲知道后把四人痛打一顿，然后白天让他们做苦活，晚上锁将起来。四人找机会逃脱，找到弯大爷，弯大爷便带人抢劫王家，还烧了王家马圈。1950年3月25日，崇文区政府在三营簧学成立，武工团员何文旺任区长，开明士绅戴少怀任副区长，并建立民兵模范队。新政权建立，触及地方恶霸利益，恶霸们不甘心失败，妄图颠覆人民政权。当地恶霸伙同罗治华（乡长）、王崇秀、饶仕昌等人，勾结新平县匪首李崇安，双柏县碍嘉匪首赵元功，串通文井恶霸戴洪章，明善匪首曹会光，纠集部分恶霸、土匪、乡保长，裹胁一些不明真相群众组成97人的叛乱中队，由王崇秀自任中队长，周正兴任副队长。5月29日，罗治华、王崇秀、饶仕昌、戴洪章、曹会光及混入昆岗村任村长的叛匪杨元刚等，到双柏县碍嘉赵元功家合谋，由曹会光带领叛匪攻打明善区政府，赵元功带领匪众二十多人星夜赶到昆岗村灵官庙接应。5月30日，杨元刚以造户册为名，将群众诱骗到昆岗村，群众到齐后，杨元刚即宣布：“今天要去攻打簧学区政府，青壮年一个都不许退！谁要是逃跑，就将谁家斩草除根！”然后，将队伍开到文燕山。听到明善区曹会光匪队被打散后，罗治华、王崇秀、赵元功又将队伍带到三营后山老君殿，派祝成林、罗维新二匪到区政府找模范队长罗如美和罗应达联系作内应，明确联络暗号。祝、罗二匪到区政府后，找到罗如美（区政府驻解放军工作队员），当场被罗如美痛骂一顿，二人慌忙逃离区政府。隐蔽在老君殿的叛匪见势不妙，不宣而散，各自逃回家中。匪首罗治华、田重时等逃往双柏县，在“镇反”中被抓获枪决。中华人民共和国成立之初，赵元功混入碍嘉区政府任主席。1950年5月2日，伙同其他恶霸武装进攻新生的双柏县政府，后被打死。

四、美援华飞机景东失事纪实

据有关资料和田野调查，在景东境内坠落的美军飞机有5架。

美军运输机坠毁龙街戈瓦　1943年7月14日17：00许，美国一架运输机尾部冒着黑烟，吼叫着从西边无量山向戈瓦上空飞来。少尉驾驶员布鲁格为保护当地群众生命财产，让3位机组人员跳伞逃生，自己则随机坠毁而亡。(详见第二十二编“人物”)

美军运输机坠毁漫湾中山　1944年3月，美国一架运输机在漫湾上空被日机击中，飞机坠毁在漫湾中山，6名机组人员全部遇难。

美军运输机坠毁文龙瓦罐窑　1944年4月，美国一架运输机因机械故障，坠毁在文龙瓦罐窑，5名机组人员获救3人，牺牲2人。

美军运输机坠毁者后大村　1945年7月20日上午，美国一架运输机在景东者后和镇沅恩乐五一交界处坠毁。4名机组人员跳伞降落在镇沅3人，降落在者后大村1人，得到当地村民救治脱险。

美军运输机坠毁振泰长安　1945年8月，美国一架运输机在振太长安（今属镇沅）坠毁，4名机组人员全部跳伞获救。

第五节　驻　军

一、中国人民解放军老练部队

1970年，中国人民解放军171部队奉命架设昆明到临沧国防通信线路，借用县外贸站场地制作水泥电杆，再运往指定地点。1973年，线路架设结束。上级派部队驻扎景东，维护线路安全，营房建在文井老练，当地群众将入驻部队称之为老练部队。1990年，线路取消，部队随之转移。

二、中国人民武装警察部队景东县中队

1950年，由中国人民解放军某营改编组建中国人民解放军景东公安队中国人民武装警察部队景东县中队（简称县中队），驻玉屏山麓文庙西北。2007年，迁驻锦屏山东麓樱桃洼。1983年1月，改称中国人民武装警察部队景东县中队，正连级，隶属武警普洱市支队，同时接受县委县政府双重领导。历经调防、整编、扩建等八次重大变革，在"清匪反霸"、土地改革、"三反五反"、"文化大革命"、改革开放和社会主义现代化建设各个时期，承担逮捕、看守、看押、处决、维护社会稳定、抢险救灾等各项任务。

三、中国人民武装警察部队景东文华中队

文华农场创建初期有武装警戒。1952年，县中队指派民警看押罪犯38人到文华开荒种地，组织罪犯劳动改造。1953年6月，农场初具雏形，场部迁到文华。县公安队派出一个班12人分三个组执行看押任务，白天到劳动工地看管，晚上到监房组织犯人学习，重大节日参加清理监舍。1954年，看押民警增加到两个班。1955年7月，从思茅调入一个班加强看守力量，三个班组成民警临时中队，与县公安队脱离隶属关系，由地区公安处直接领导，担任农场一队、二队、后勤队劳作区看押和监舍外围警戒任务。1956年，先后成立三队、四队、五队。1957年9月，撤销民警临时中队，改归县民警中队管理，负责一队至四队和后勤队看押工作。1966年7月，县武警中队改编为中国人民解放军77分队。1969年2月，部队调防，文山军分区某连调入文华，接替77分队三排执勤任务，编为539部队77分队，主要担任农场一队、二队、四队、七队看押看守任务，与县武警中队脱离隶属关系。1976年，六队（留场就业人员队）改为犯人队，二连从四队抽调一个班驻六队，执勤点增加到5个。1980年，撤销四队执勤点。1982年10月，根据中共中央批转公安部党组《关于人民武装警察管理体制问题的报告》，思茅军分区将独立营（内卫）营部及所属一、二连移交武警思茅地区人民边防武装警察支队。一、二连分别改称为武警思茅地区人民边防武装警察支队直属一中队和直属二中队，担负任务和执勤内容不变。农场执勤任务仍由直属二中队（原二连）承担。1993年，武警思茅支队从武警思茅边防支队分离，担负农场看守看押任务的直属二中队同时归属武警思茅支队管理，改称武警思茅支队直属二中队。20世纪90年代中后期，逐步投入资金新建中队营房及驻一、二、六、七监区四个排营房。2009年，景东监狱整体搬迁到普洱市思茅区。

四、中国人民武装警察部队景东森林中队

2002年12月10日，抽调思茅市森林支队官兵20人进驻景东林业局招待所，筹备组建中国人民武装警察部队景东森林中队（简称武警景东森林中队）。2003年1月10日，武警景东森林中队正式挂牌成立；同年11月，新营房竣工搬迁入住，驻景川路大草地社区凉水井。2005年，完成县庆20周年安保执勤任务。2006年5月31日，增援黑龙江省黑河市灭火作战。2007年6月7日，参与宁洱县

抗震救灾。2008年8月，配合县森林公安完成“飞鹰行动”执勤。2009年9月，参与楚雄州西舍路泥石流救援。2011年，投入120万元改造后营区，后营区占地1公顷，内设库室场馆37个，主要有水泵、风力灭火机、高压细水雾灭火机等灭火装备；同年8月，参与大朝山东镇榨房村泥石流抢险救援。

第六节　兵　役

1951年，全县自愿应征入伍1250人，到部队集结后，不少人随部队开赴朝鲜参加抗美援朝战争。1955年7月30日，执行《中华人民共和国兵役法》(简称《兵役法》)，全国实行义务兵役制。

1955年下半年始，景东县结合征兵开展预备役军士和兵的定期登记，部队服役一年以上复员退伍军人编为一类预备役，18~20岁男性青年编为二类预备役。1956年，全县开展预备役军士和兵的登记工作，将适龄青壮年全部分编入一二类预备役，10月底登记结束。1957年，将民兵工作与预备役工作“合二为一”“民兵即预备役”。1980年10月，正式恢复退伍军人预备役登记统计，登记对象为1980年12月1日前退伍军人。此后，每年结合退伍军人接收安置工作，按全军统一规定填写“退伍军人登记表”和“退伍军人证明书”，由团或相当于团的机关根据退伍军人年龄和身体状况，确定是否服预备役，在登记表中填写“服预备役”或“免服预备役”字样。退伍军人回到地方后，持证明书及时到当地县（市）人民武装部（简称人武部）办理相关登记手续，人武部结合每年退伍军人接收安置填写“退伍军人预备役登记卡片”，并在证明书上加盖“服预备役”专用章，免服预备役的退役退伍军人则在证明书上加盖“免服预备役”专用章，上报军分区。1981年3月9日，根据上级《关于调整民兵组织问题的报告》和1984年颁布的《兵役法》，实行民兵和预备役相结合制度，基干民兵为一类预备役，普通民兵为二类预备役。把大部分预备役人员编入民兵组织管理。符合服兵役条件的公民，除服现役者外，有民兵组织的单位都编入民兵组织服预备役；没有民兵组织的单位，对符合服预备役条件的公民进行预备役登记。每年结合民兵整组，同时进行退伍军人登记、统计和核对工作，及时开展兵役登记。1984年始，每年9月30日前结合民兵组织整顿，组织乡镇武装部和基层单位对当年12月31日前年满18周岁男性公民进行兵役登记，把符合条件的公民编入民兵组织，服一、二类预备役，或进行预备役登记，并在此基础上确定当年预征对象，以保证为部队输送合格兵员。1995年，全国开始实行预备役制度。预备役包括士兵预备役和军官预备役。预备役士兵年龄为18~35岁基干民兵、18~28岁退伍军人和经过预备役登记专业技术人员为一类预备役，普通民兵、29~35岁退伍军人和经过预备役登记专业技术人员为二类预备役。公民在服预备役期间，定期参加军事训练，执行其他军事任务，并随时准备应征服现役。

四、兵役征集

1951年7月后，兵役征集由县人武部负责，县区政府极力配合。《兵役法》出台后。兵役征集组织与实施一般在平时准备基础上，按宣传动员、体检政审、审定新兵、被装发放、新兵交接和运输、处理退兵、工作总结等程序进行。一般在18~22岁男性公民中征集，少数年度和特殊情况下，亦会放宽条件，如1955年、1957年、1958年、1973年和1985年，规定只在18~20周岁男性公民中征集；1979年，只在18~19岁男性公民中征集，年满17岁中学（高中）毕业生也可自愿参加，少数民族兵、铁道兵个别年龄放宽到23岁，文艺兵也有降到十五六岁的。女兵一般征集17~19岁青年，在具体实施时按国务院、中央军委征兵条令执行。

第七节 民 兵

一、建制

1952年，景东县开始，建立普遍民兵制度。1953年，执行《民兵组织暂行条例》。1957年9月，将民兵和预备役合并编组，建立民兵就是预备役的组织形式。1958年10月，中共云南省党代会作出《关于实行全民皆兵的决议》，地方各级党委政府和武装部门把大办民兵师作为“大跃进”重要内容。10月13日，景东县民兵师成立。至12月底，全县建立民兵师1个，团14个，营68个，连272个。1959年，在整顿人民公社同时，整顿民兵组织存在的某些形式主义倾向和强迫命令、弄虚作假作风。1960年12月至1962年6月，结合整风整社，整顿民兵组织。1962年6月19日，毛泽东提出：“民兵工作要做到组织落实、政治落实、军事落实”。全县各级在干部和广大民兵中宣传教育民兵工作“三落实”。1963年上半年，按照“三落实”和《民兵工作条例》要求，全面开展民兵组织整顿。1964年，组织基层民兵工作“三落实”大检查。1965年，抽调大批干部参加社会主义教育工作队开展年度整组。1967年后，县人武部党委及机关受到冲击，难以实行对民兵的领导，民兵各级组织普遍涣散甚至瘫痪半瘫痪。1968年下半年“划线站队”，县人武部和多数领导干部、一般干部被划为“执行错误路线”“站错队”，有的遭到批斗和人身摧残后被撤职或复员。全县各级民兵组织绝大部分被划“黑线”，许多专职武装干部、民兵干部和民兵积极分子被批斗。1976年10月至1979年，开始逐步恢复民兵工作优良传统，按照《民兵工作条例》建设民兵组织。1981年3月9日，中共中央、国务院、中央军委批转总参谋部、总政治部《关于调整民兵组织问题的报告》，规定调整民兵组织指导思想、方针政策及内容。同年，景东县按照要求减少民兵数量，缩小组建范围，年龄由16~45岁改为18~35岁，简化组织层次，改为普通民兵、基干民兵两种。在调整中，基干民兵和普通民兵分别编组，一般大队编民兵连，生产队编民兵排，人数少的编民兵班。基干民兵一般以生产队编班（组），大队编连（排），公社编营（连），县编团。基干民兵团不另设机构，县人武部即团部。1985年11月1日，根据中共中央、国务院、中央军委批转总参谋部、总政治部《关于当前和今后一个时期民兵、预备役工作的意见》，全县编15个混合营，3个基干营。之后，逐年整顿、压缩。1997年9月，中国人民解放军总参谋部、总政治部联合下发《关于深化民兵工作调整改革的意见》，对新时期民兵组织建设提出一系列新规定。1998年6月，调整改革全县民兵组织建设：在普通民兵仍执行原规定进行编组的同时，基干民兵编组按照有利于领导、有利于提高质量、有利于开展活动、有利于执行任务、有利于平衡负担原则调整。由全县村村社社都编组的做法改变为集中在城镇附近、交通沿线、人员较集中企事业单位；在未建立民兵组织而又符合条件的股份制企业和集体企业以及邮电通信、交通运输、医疗卫生、党政机关等单位建立民兵组织，基干民兵以乡镇、县属企事业为单位集中编组。民兵应急分队实行统一编制，单独编组，参加人员从基干民兵中择优选编，并优先把转业退伍军人和党团员编组进来。民兵应急分队连长由县人武部指派相应职务干部兼任，排长由专职武装干部兼任，指导员由地方党政机关相应职务党政干部担任，保证执行任务的需要。根据现代化战争和质量建军需要，扩大民兵专业技术分队组建规模，提高技术含量，实行分类建设。一类是根据民兵装备和部队装备编制专业技术分队，主要在城镇附近、交通沿线组建，按照“一套装备编组一至两套人员”原则，分乡镇、企事业单位划片编组炮兵、高机、通信、侦察、工兵、防化等到分队。另一类是在地方与军事专业对口单位编组专业技术分队（对口专业技术分队），主要在邮电通信、交通运输、医疗卫生等单位编组邮电通信、交通运输、车船维修、医疗救护等分队。并将参加专业技术分队的民兵骨干年龄作适当放宽，确保专业技术分队质量。2005年底，全县共编民兵混合营15个，基干民兵营1个。

二、民兵军事训练

1984 年，在县人武部内建成可供 100 余人吃、住、训的民兵军事训练基地。

（一）训练内容

景东一中学生军训（罗汀　摄于 2010 年 8 月）

1977 年，执行《四年纲要》。1978 年，各公社武装部、大队因地制宜，采取小型、就地、分散方法，训练射击、刺杀、单兵战术等科目。1979 年 1 月，为适应对越自卫还击作战需要，遵照上级指示，集中对新组建的 2 个支前民兵营和 2 个机动武装连作临战训练。自卫还击战后，根据实践中暴露问题和云南边防斗争形势，调整训练科目，侧重抓组织指挥和排雷埋雷、火箭筒、迫击炮训练，侧重山丘丛林地进攻战术动作及战场勤务。1981 年后，调整改革民兵军事训练：缩小范围，减少人数；缩短周期，改进方法；精简内容，突出重点；训练时间，民兵干部每年不少于 15 天，武装民兵 15~20 天。1985 年，以县集中训练，周期由两年改为年度训练，每年训练 30 天。1986 年，在内容和时间上作调整，内容上军、政、文、科并举，军事训练、科学文化学习、政治教育时间比例 7∶2∶1，训练时间改为 20 天，训练对象转变为以专业技术兵为主，训练任务分配上从平均分配转变为经济条件较好的区镇多训，经济条件较差的区镇少训；实行训练、考核、验收“一条龙”，集中人力、物力和时间，保证训练质量，采取县人武部统一组织，分兵种分片集中训练方式，完成年度训练任务。1991 年，执行新的《民兵工作条例》，实施规范化训练，按照《民兵军事训练大纲》《民兵军事训练若干规定》《民兵军事训练成绩评定标准》和教材要求，统一训练内容，统一训练时间，统一训练考核标准。1998 年后，在规范化训练基础上进行训练改革，实施科技练兵。注重抓好基础性训练，严格落实按纲施训，压缩步兵分队训练，调整应急分队训练，以防空分队、信息分队为重点，落实专业技术分队和对口专业分队训练。2005 年，改革训练内容、改进训练方法，完善训练保障，突出“三支力量”（维护社会稳定力量、城市防空力量、参战支前力量）军事训练，将训练内容由提高一般军事技能训练转为提高针对性、适用性技能训练。

（二）训练类别

专业技术兵训练　1958 年，组建并训练通信兵、炮兵等专业技术分队。1960 年，开展训练民兵炮兵、工程兵、防化兵和通信兵。1972 年，全县开展“三打三防”训练，训练民兵炮兵及其他专业技术打敌坦克和爆破。1973 年后，民兵专业技术兵训练纳入“三年纲要”“四年纲要”，分别规定各类专业技术兵训练内容、时间和要求。1980 年后，调整改革，专业技术兵训练成为整个民兵训练重点。

民兵应急分队训练　1990 年 5 月始，景东县组织应急分队训练。每年组织民兵应急分队训练 1 次，根据民兵应急分队可能担负的任务，在完成基干民兵共同科目训练基础上，进行擒拿格斗、巡逻警戒、防暴自卫等训练。训练中突出机动、指挥、战法、协同等内容，锻炼提高快速反应和遂行各项复杂任务能力。同时，开展政治思想和法规法纪教育。

中学生军训 1964年，景东县开始中学生军训。1980年前，中学生军事训练未形成制度。以学校民兵组织和“学军”形式出现。1980年，民兵组织调整，大中学校不再建立民兵组织，中学生军训停止。1992年，县委县政府决定恢复中学生军训。2002年5月，首次成立学生军训工作办公室，办公室设在县人武部军事科，成员主要以人武部和县教育局有关人员组成。规定每年均由县人武部抽调县乡两级人武、专武干部及部分退伍军人组成教学队伍，进驻中学组织学生军训。训练学生队列、“五六”式半自动步枪操作使用和实弹射击等内容，每年对高一年级学生实施军事训练1周。1992—2005年，全县组织中学生军训32期1.39万人。

三、民兵活动

（一）举办各种文化娱乐活动

“三落实”纪念活动 1972年6月19日，毛泽东发表民兵工作“三落实”指示。每年6月19日，县、公社两级都要举行座谈会、报告会、小型军事表演及各种体育、文艺活动纪念，开展革命传统教育。

文艺活动 1961年，锦屏灰窑民兵连组建青年民兵业余文艺宣传队，先后自创节目340多个，演出500多场次，多次参加县乡文艺表演，深受广大人民群众喜爱，多次受到省地县级表彰。

文化娱乐活动 1950年后，全县基层民兵组织利用农村公益房，因陋就简开办民兵俱乐部、文化娱乐室、文化夜校，组织民兵开展学文化、学政治、学军事和各种健康娱乐活动。

青年民兵之家 中共十一届三中全会后，全县多数村办建立起“青年民兵之家”，有各种书报杂志和球类、棋牌等文体器材。据统计，1983年全县办“青年民兵之家”24个，1988年发展到58个，1995年创办“青年民兵之家”、文化室和文化活动中心87个。

（二）立功创模运动

1978年9月，在思茅军分区组织民兵通讯兵比武中，景东代表队获无线电通讯团体第二名。1984年7月，在思茅分区组织民兵军事大比武中，景东代表队11人参加，获团体第三名和投弹第一名、战术第二名、射击第三名等9项个人名次。1992年5月17日，漫湾镇民兵彭朝兴积极配合公安部门抓获杀人纵火分子，荣立三等功1次。1994年12月，锦屏镇武装部长赵树华被成都军区司令部评为民兵预备役部队优秀“四会”教练员。1994年12月14日，县林产公司基干民兵冯雁宏舍己救人，荣立三等功1次，在全县范围内通报表彰。

（三）创造民兵工作“三落实”先进单位活动

1964年，根据总政《民兵政治工作会议记要》和上级指示，景东广泛开展创造“三落实”先进单位活动。1978年3月8日，总政再次号召“广泛开展创造民兵工作‘三落实’先进单位活动”；9月2日，总参谋部、总政治部、总后勤部颁发《关于开展创造民兵工作“三落实”先进单位活动试行草案》，规定活动范围和条件、评比方法和审批权限等。当年，县人武部表彰民兵工作“三落实”先进集体8个（营2个，连4个，排1个，班1个），先进个人21人。1979年后，先进表彰活动不再开展，民兵建设继续按照“三落实”要求落实。

四、民兵参建

参战支前 1979年1月14日至3月20日，根据上级指示，分别组织临战训练支前民兵营和机动武装连。

维护社会治安　1982年4月，文井公社中所大队连家箐生产队民兵排，发现有人盗窃仓库集体财物，民兵排长带领民兵33人，从深夜2点一直伏击到天亮，抓获盗窃嫌疑人4人。1988年7月17日，文华农场在押犯逃到文井镇竹蓬村，被该村5名民兵抓获送到派出所，受到农场表彰和奖励。1993年8月，全县14个乡镇人武部组织民兵小分队，配合公安部门严厉打击刑事犯罪分子，组成民兵小分队14个，执勤14次，押送犯人176人次。

生产建设和抢险救灾　民兵参加生产建设平常在各自生产岗位上起带头示范作用；以民兵组织形式成建制担负急难险重任务，如兴修水利、修筑公路、抢险救灾等，并参加某些重点工程建设。1978年5—6月，川河暴涨，文光社员50多人被困于大树和竹梢，等待救援，公社党委立即组织民兵30人扎竹筏将被困群众施救上岸。同月，洪灾淹没两岸，武装部发动锦屏、文井两公社民兵6000人投入抗洪抢险。1988年2月，云县后箐区船只失事，曼等乡武装部组织民兵187人施救，将遇难者尸体打捞上岸，并帮助遇难家庭处理后事。1998年7月2—3日，县境大雨，引发林街、漫湾部分山体严重滑坡，人员伤亡严重，县人武组织林街乡民兵120人投入抗洪救灾，帮助群众重建家园。

移风易俗建设精神文明　1981年后，全县组织学雷锋小组1543个，参加民兵6320人（次），帮助烈军属、困难户耕种责任田，做各种好事9430件。各乡镇村每年均利用春节、“八一”等重要节日，组织以民兵为骨干的学雷锋、送温暖、扶贫帮困小组，为烈军属、五保户、贫困户做好事，解决实际困难。1981年后，全县组织民兵建起“青年民兵之家”167个，作为文明村寨宣传教育阵地，开展“学雷锋、树新风、做好事”活动。

第八节　国防教育

一、形势战备教育

中共十一届三中全会后，国防建设指导思想转变，服从服务于国家经济建设大局，认真履行兵役义务、维护社会稳定、保卫国家经济建设。1989年春夏之交，县人武部召开全县基层武装部长会议，制订行动方案，组建民兵应急分队，以备制止突发事件。乡镇武装部及时传达相关会议精神，坚守岗位，保持稳定，保证正常生产生活秩序。20世纪90年代初，东欧剧变，苏联解体，帝国主义对中国推行“和平演变”战略，全县开展以“坚持四项基本原则，反对资产阶级自由化”为主要内容的理想、信念教育。1991年后，开展以“科技强军”为中心的适应“市场”和“战场”需要的形势战备教育。

二、革命英雄主义教育

20世纪50~80年代，全县开展国防教育：结合边境作战，开展保卫祖国边防和维护领土完整教育，立足于“早打、大打、打核战争”准备，开展应付大规模侵略战争战备教育。新中国成立后，结合中印边境、中苏边境、西沙群岛自卫反击和1979年对越自卫还击作战、1984年中越边境“两山”（老山、者阴山）作战，开展全县民兵、预备役人员维护祖国领土完整国防教育。

三、依法服兵役教育

1955年、1984年，全县两次大规模开展《中华人民共和国兵役法》宣传活动。每年结合征兵活动，广泛宣传《兵役法》。

四、民兵性质、任务和政治教育

利用“七一”“八一”、国庆、元旦、春节及“三落实”纪念日，结合训练、执勤、生产任务开展教育活动。1953年3月、7月，总政治部先后颁发《民兵入队誓词》《民兵守则》，为民兵政治教育必修课。1961—1978年，把《民兵工作条例》作为民兵性质、任务教育必读教材。

政治课制度 1950年始，普遍利用夜校、俱乐部等场所，以民兵班排连为单位，集中上课。1981年，中共中央办公厅转发总政治部《关于加强民兵政治教育的意见》，规定民兵政治教育内容和教育三项制度（民兵训练中军政教育时间比例为9：1，基干民兵每月上1堂政治课，普通民兵每年上4~5次政治课），县区人武部普遍抓民兵“月课”试点，建立健全“月课”制度。1984年11月，民兵政治教育除继续坚持军事训练中10%时间用于政治教育外，将基干民兵每月1堂政治课压缩为每年4次；普通民兵则结合征兵、整组和重大节日开展教育。县乡人武部门与宣传、共青团、工会、妇联等部门协同，凡属全民性教育，按地方党委统一部署组织讲课。在培训民兵干部、召开专职干部会议、民兵军事训练时，县四班子主要领导给民兵上政治课或作形势报告。根据教育内容培训专武干部、民兵干部和民兵骨干，再给民兵上课。除此，聘请退伍军人、优秀民兵骨干和党政机关、群众团体、教师授课。采取问答会、演讲会、知识竞赛，运用电化教学等手段开展教学。

宣传教育 征订《国防战士》《民兵专刊》《云贵民兵》《中国民兵》《西南民兵》《云南国防》《中国国防报》《两用人才报》等报刊，作为民兵政治教育教材进行学习。1988年，按照总政治部指示改进全县民兵政治工作教育方法：（1）改革民兵政治教育形式。基干民兵教育由每季度一堂政治课改为每季度一次刊授。县人武部统一为基层民兵发放《民兵政治教育课本》，征订《中国民兵》《西南民兵》《云南国防》《两用人才报》《半月谈》等报刊，由各基层组织民兵学习。（2）统一规定教育内容。根据不同时期形势和任务，统一规定教育内容，采用点将答题、知识竞赛、考核验收、总结评比等形式，落实教育效果。（3）利用广播、黑板报等方式开展政治教育活动。

第九节 地方武装机构

一、县人民武装部

1950年3月1日，县临时政府下设武装科。1950年7月，县剿匪委员会成立，剿匪工作以部队为主，武装科长任交通站长。1950年11月，地委决定，将各县区武装科长、干事、公安治安员调为农协武装干部。1951年7月，县人武部成立，部长由公安局长兼任。1952年6月，县区人武部正式成立。1955年1月，更名为兵役局。1958年4月，更名为人民委员会人民武装部，地方党委书记兼任人武部政委。1961年9月，县人武部党委成立。1967年初，更名为“中国人民解放军云南省景东县人民武装部”，军事编制。1967年3月7日，根据中央军委关于“三支两军”（支左、支工、支农、军管、军训）任务指示，县人武部派军队代表进驻公检法机关实行军事管制；4月2日，经中共思茅专区军事管制委员会批准，中国人民解放军驻思茅部队派人到景东执行“三支两军”任务，成立中共景东县军事管制委员会，取代县委职能。1986年，县人武部移交地方，副处级单位，设部长、政委各1人，部长或政委参加县委常委和军分区党委，县委书记兼任武装部党委书记。内设办公室、军事科和政工科。1996年4月，收归军队建制，正团级，下设军事、政工、后勤等科。

1954年，兵役局始设党支部，隶属政府机关党总支委员会，设书记、副书记、组织、宣传、保卫、群工委员。1961年9月，建立第一届党委，由党委书记兼任人武部第一书记，人武部长任书记。党委委员由人武部副部长、副政治委员和机关各科领导组成，组织关系隶属思茅军分区党委。1986

年4月，党委组织由军队转入地方，隶属县委领导。1996年3月，县人武部正式收归军队建制，部党委同时收归部队，隶属思茅军分区党委。历任书记：石宗章、李光瑞、王万星、王春华、梅松尚、杨志先、解兴华、罗平；历任副书记：范志森、赵怀义、刘凤臣、陈代荣、李光瑞、王万星、陈维进、王飞、李正旺、肖文泽、龚树云、黄荣喜、郭湘文。

二、基层人民武装部

1952年2月，全县各区始建人武部，隶属县人武部，由军分区任命军队干部担任武装工作。同年6月，各区人武部配备部长、军事参谋各1人。1953年4月，省军区电示，区人武部编制部长、副政治教导员、军事参谋、政治干事各1人。1954年，撤销各区人武部，设兵役助理员1人，由军分区任命现役军队干部担任，属县兵役局编制。1958年，各区武装干部改由地方干部担任。1961年12月，在各公社、水利指挥部、林业实验局配备专职武装副部长，全县共16人。1962年5月，配备专职武装干部46人；同年8月，加配8人，全县总计54人。1984年3月，体制改革。文井、锦屏镇各配部长、副部长、干事1人，其他区配部长1人、干事1人。1988年3月，改称乡镇人民武装部。1990年12月24日，国务院，中央军委发布《民兵工作条例》，规定“乡、民族乡、镇、街道和企业事业单位的人民武装部体制的变化，按照国家有关规定办理”。

三、武装干部军事训练

武装干部军事训练按照《军事训练条例》《陆军军事训练与考核大纲》和总部、军区有关教材教范，结合按纲施训进程进行。具体考核办法：（1）军事理论。采取口头宣读、参考人员现场记录、笔答形式组织实施，并依据评分标准逐项考核，评定分数。（2）体能。考核3000米跑、俯卧撑、仰卧起坐和10米×5往返跑4个基础性体能项目，其中3000米跑采取按年龄段分批进行，俯卧撑、仰卧起坐和10米×5往返跑依据“军人体能标准”考核评定成绩。（3）战术标图。依据新版作战标图规定，手工标绘决心图。（4）识图用图。考核简易沙盘制作。（5）主要武器装备操作。考核手枪、步枪实弹射击，以及通信电台和北斗手持机基本操作。

2009年10月26日，执行军分区党委扩大会议精神，组织干部军事理论、高科技知识及参谋新“六会”学习；以岗位练兵为契机，加强干部业务技能和指挥自动化系统学习使用。2010年4月1—2日，组织人武部干部开展国防动员预案演练，夯实全县后备力量体系建设。同年4月25日，组织全体干部识图用图、要图标绘、战术想定、轻武器操作使用、手枪射击等科目训练。同年10月18日，配合省军区完成指挥所演习。2011年11月6日，组织干部完成战备等级转换演练。以3000米跑、手枪射击、计算机标图为主要内容，开展干部队伍比武竞赛活动；参加普洱军分区抗震救灾指挥所联合演习；参加县防汛抗旱指挥部在龙街乡开展的山洪灾害防御演练。组织全体干部职工开展轻武器操作使用、队列、体能等训练。开展手枪、步枪实弹射击训练，手枪合格率60%，步枪合格率100%；开展轻武器分解结合和3000米跑训练。

第二章　政法委及综治

第一节　政法委

一、县委政法委

1982年4月，按照中央指示精神，成立中共景东县政法委员会（简称县政法委），政法委书记由分管政法工作县委副书记兼任。1991年9月，景东县社会治安综合治理委员会成立，由分管政法县委副书记兼任主任，副主任由宣传部长、分管副县长及专职副主任兼任。2003年1月，社会治安综合治理委员会和维护社会政治稳定领导小组合并，设社会治安综合治理、维护稳定委员会（简称县综治委），委员会副主任由人大、政府、政协分管副职和政法委专职副书记、法院、检察院、公安局“三长”兼任。2011年12月，第十二届县委六次常委会研究决定，加强政法委内设机关职级。政法委设副书记2人，兼综治办主任1人，兼维稳办主任1人，综治办副主任、维稳办副主任、政法办主任、政工室主任、执法监督室为副科级。历任县委政法委书记：汪大学、侯键、刀学明、徐明良、杨正忠、罗成海、张善强、赵昌能、李笪伟、何献春，副书记：白正清、李正云、陈忠运、王丕成、吕正学、侯明贵、王庆红、张雄、佟天秋、张鹤翔。

二、县综治委

1991年9月，县综治委成立，由分管政法县委副书记兼任主任，副主任由宣传部长、分管副县长及专职副主任兼任。内设办公室（正科级），与政法委合署办公。1993年4月起，办公室主任由专职副主任兼。1995年5月，乡镇配备专（兼）抓社会治安综合治理工作和政法工作党政副职。2003年1月，综治委和维护社会政治稳定领导小组合并为社会治安综合治理委员会、维护稳定委员会，委员会副主任由人大、政府、政协分管副职和政法委专职副书记、法院、检察院、公安局三长兼任。2010年9月，乡镇综治维稳中心成立，主任由专抓政法、综治维稳工作党政副职兼。历任综治委主任：杨开发、王丕成、吕正学、毛大富、张雄。

第二节　社会治安综合治理

一、治安巡逻

1986年，景东县公安局抽调民警带领联防队员在城镇治安巡逻，城镇发案减少。2001年8月31日，思茅地区公安局印发《思茅地区深化公安改革，全面加强公安基础建设的实施方案》，景东县公安局改革“三队一组”（即建立社区民警中队、巡逻防控中队、案件侦查中队、内勤组）服务制度进行。2002年，组建城区巡逻民警中队1个，7人。2007年，按照市公安局要求，景东县在农村派出所推设便民服务点、民警驻村、组织治保会、护村队巡逻联防等警务模式。2008年后，加大警务室规范化建设力度，推进以社区（警务区、责任区）为导向，完善以防范和服务为导向警务机制。开展“警民相约警务室”等活动，密切警民关系。至2011年，建立城镇警务室3个，配置民警7人；建立农村固定警务室和流动警务室60个，配置驻村民警66人。按“八个一”标准规范警务室外观标识，投入资金45万余元；为警务室配备电脑、数码相机、警车、对讲机、办公桌椅等设备。

二、创建安全文明社区

1996年5月，根据《云南省创建安全文明小区（村寨）暂行办法》，县综治委、公安局、精神文明办联合印发《关于创建安全文明小区（村寨）考核办法》，成立创建领导小组，各乡镇建立相应机构。同时，选择交通沿线、县乡交界地和治安问题比较复杂地方为创安点，以点带面，以治乱为突破口，“打、防、建、管”结合，按照创建一个，见效一个，巩固一个，再发展一个，稳步前进原则进行创安活动。创建中，制订《景东创安工作意见》《景东安全文明小区管理办法》及《防火公约》《防范公约》《文明公约》《治安公约》。此外，制订安全文明小区《组长职责》《组员职责》，违法青年帮教措施和帮教协议书，重点人口、“五种人”（刑事案件被告人和公安机关或人民检察院或人民法院认定的犯罪嫌疑人、人民法院通知有未了结民事案件不能离境的人，被判处刑罚正在服刑的人、正在被劳动教养的人、国务院有关主管机关认为出境后将对国家安全造成危害或者对国家利益造成重大损失的人）管理措施等。按照“一图、十簿”［安全文明社区（村寨）行政分布图；领导小组成员登记簿，报警案件登记簿，外来人员登记簿，违法人员登记簿，调解纠纷登记簿，帮教工作登记簿，暂住人口登记簿，重点人口、五种人登记簿，流动人口登记簿，会议记录账簿］要求，规范创安社区业务台账。1996—1999年，全县创建安全文明村寨94个，涉及村民小组1070个，计3.86万户16.79万人，创安区覆盖面52%；创建安全文明小区131个，包括264个单位，创安覆盖面64.7%。1997年12月，思茅行署在景东县召开创安工作经验交流会，锦屏、文井、文龙3个创安点派出所在大会上作经验交流发言，还安排与会人员到现场参观学习。2000年，年内创建安全文明村委会57个，覆盖783个组、2.69万户、10.86万人；安全小区75个，覆盖75个单位、1668户、3916人。2000年，全县7个乡镇创建“安全文明村寨”100%，11个乡镇所有单位创建“文明小区”，6个乡镇全部创建“安全文明村寨”和“安全文明小区”。经过检查验收，地区级达标安全文明社区20个，县级达标文明小区及文明村寨128个。社区治安工作改观，刑事案件下降。2005年，根据市委市政府建设“平安思茅”总体部署，围绕政治稳定、社会安定、治安良好、毒品危害减少和群众满意等方面制订工作措施，在创建“安全文明社区（村寨）”和建立社会治安综合治理整体联动防范工作基础上，开展“平安县”创建工作。各级党委政府、各部门及时成立创建领导小组，按照平安乡镇，平安村社，平安单位考核标准，落实申报、考核命名各项有效措施，推进全县平安创建工作有序开展。2005—2007年，景东县13个乡镇169个村（社区）2345个村民小组，111个机关、企事业单位先后获市县乡平安达标单位，2007年获省级平安县。2008—2011年，建设“平安和谐景东”为根本目标，肩负“守土有责，保一方平安”政治责任，化解各类社会矛盾，打击各种违法犯罪，落实基层基础建设。

三、治安综合治理维稳工作考核

1993年始，县委县政府委托县公安局对各乡镇、县直各部门、企事业单位进行考核。自2001年始，由政法委负责考核。治安综合治理维稳工作执行“一票否决”制，其中乡镇考核内容：(1)关注“法轮功”“实际神”“三班仆人”“全能神”、“门徒会”等邪教及“两案”人员情报信息，及时发现活动情况。严防境内外敌对势力渗透活动，防止插手人民内部矛盾。全面掌握社会上出现重大活动情况反响和社会治安反映突出问题，确保节庆活动安全。(2) 在平安创建工作中，按照县综治维稳要求，围绕10条考核标准、逐级考核评定，为争创“平安乡镇、平安单位”做好各项基层基础工作。(3) 在强化基层基础工作中，充分发挥基层组织职能作用，健全完善各项工作机制，激发基层干部工作热情，把各项综治维稳工作任务落在实处，切实提高治保会、调解会人员业务能力。(4) 在矛盾纠纷排查调处工作中，坚持以“小事不出村、大事不出乡镇”为目标，“每周必排，重点时段及时排查，每月必报”，及时发现矛盾苗头隐患，及时调处解决，最大限度把矛盾化解在基层。(5) 在综治维稳常规工作中，抓好扫黄打非、学校周边环境整治、四大节日大检查、流动人口和暂住人口管理、刑释人员管理等工作。抓好“交通整治、消防管理、安全生产、控制吸食毒品增员”四项重点工作。

第三节　专项治理

一、打击刑事犯罪

1983年8月至1987年1月，全县开展打击刑事犯罪活动，分3个阶段11仗。

第一战役（1983.9—1984.7）　分3仗。主要打击流氓团伙分子、流窜犯罪分子、杀人犯、放火犯、爆炸犯、投毒犯、强奸犯、抢劫犯和重大盗窃犯、拐卖妇女儿童人贩子、强迫引诱容留妇女卖淫犯罪分子等。查处案件387件，抓捕人犯349人，其中，刑事犯罪分子234人，报检察院批捕277人，劳教32人，其他处理33人；摧毁犯罪团伙18个79人，治安处罚163件275人；共缴获各种赃物折款12811.62元，赃款4426.19元；出动公安干警263人，其他干部及工作人员758人。

第二战役（1984.8—1986.2）　集中行动5次。重点打击流窜犯，抓在逃、扫死角，深挖隐藏较深的犯罪分子。共打击各种刑事犯罪分子200人，逮捕108人，劳教5人，治安处罚13人，审查教育具结悔过放出240人，转外县处理5人；共破获刑事案件20起，治安案件32件，摧毁流窜团伙3个。

第三战役（1986.3—1987.1）　统一行动3次。以打击现行和反盗窃为中心，集中打击流窜犯和贩毒分子。共报县检察院批准逮捕刑事犯罪分子135人，抓捕刑事犯罪分子110人，先后出动公安干警131人次，其他部门干部111人次。

二、打击流窜犯

1989年5—7月，全县统一开展打击流窜犯行动，查破大小案件24起，摧毁盗窃团伙4个19人，查获各类违法犯罪人员133人，其中，审查处理127人，教育处理6人，逮捕13人；缴获赃款3.58万元及一批赃物。

三、“严打严防”与“扫六害”

1990年5—9月，开展全县“严打严防”斗争。同年，公安局先后派出干警15人，分别到安徽、山东等7省24县调查和解救被拐卖人口。解救被拐卖妇女1人，儿童2人，批捕拐卖人口案件29件72人，缴获赃款8000余元。尔后，以公安局为主，检察院、法院密切配合，组成外调工作组10人，查办县供销社、县茶厂的白糖、茶叶被诈骗案，挽回经济损失15.8万元。

四、打击盗窃犯罪

1993年，全县抽调各部门民警，开展以打击盗窃犯罪为主的专项斗争，为期50天。共破获刑事案件47起，查处治安案件77件，缴获被盗赃物价值4.29万元，抓获违法犯罪分子135人，其中依法收审11人；在47起刑事案件中，摧毁盗窃团伙5个，涉案47人。

五、“反盗窃、打零贩、抓禁吸、追逃犯”斗争

1994年4月，在省公安厅统一部署下，全县范围内开展“反盗窃、打零贩、抓禁吸、追逃犯”百日专项斗争。共破获刑事案件148起，查破犯罪团伙29个，涉案146人；查处治安案件63件，查获违法人员160人，缴获各种赃款3万元，收缴火药枪2支，电击器1支，清理整顿旅店86个，录像放映点2个，查访外来暂住人口28户6600人。

六、“春季严打”“查禁打击卖淫嫖娼、赌博”和“打盗抢、追逃犯、抓防范、保安全”系列专项斗争

1995年，组织开展“春季严打”“查禁打击卖淫嫖娼、赌博”和“打盗抢、追逃犯、抓防范、保安全”一系列专项斗争。共破获各类刑事案件67件，抓获涉案人员101人，其中，刑事拘留1人，收审38人，依法逮捕22人，送劳教5人；缴获赃物价值5.89万元，赃款2.66万元；查处赌博案73件，抓获赌徒196人，没收赌资8653元及一批赌具；查处卖淫嫖娼案9起，依法处理卖淫女9人，嫖客8人。

七、“反盗抢、追逃犯、打团伙、抓防范、保稳定”专项斗争

1996年5—7月，县公安局开展“反盗抢、追逃犯、打团伙、抓防范、保稳定”专项斗争，共破获各种刑事案件151起，抓获案犯211人；查处治安案件585件，处罚违法人员860人，缴获赃物赃款价值63万余元，摧毁违法犯罪团伙97个，涉案523人。同年9月，开展全县枪支清理活动，共清理出民用枪支9083支，审验合格建档管理8644支，收缴478支，查处非法贩卖枪支案件2起。

八、“严打整治”专项斗争

1997年4—9月，查禁农村邪教“门徒会”8起239户578人；破获各类刑事案件55件，其中重特大案件12件，查获刑事犯罪团伙9个45人，抓获刑事犯罪成员72人；查处治安案件233件，处罚教育违反治安管理人员481人，缴获赃款赃物价值4万余元。“严打”工作破获、截获贩毒案14起，其中海洛因案12起，缴获赃款62万余元、运毒车12辆，抓获毒犯41人。获得省、地区、县的表彰和嘉奖。

九、集中整治卖淫嫖娼、赌博等专项行动

1998年6—8月，集中整治卖淫嫖娼、赌博等社会丑恶现象专项行动。共查处卖淫嫖娼案件29件，处罚54人，查处赌博案件45件，处罚149人。同年5月20日至10月31日，开展清理枪支专项整治，共收回超配公务用枪48支，收缴民用枪支1.26万支，当年销毁民用枪支1.19万支。

十、“打黑除恶”严打整治

2001年4月至2003年4月，开展“打黑除恶”严打整治专项斗争。

全县政法工作暨新一轮禁毒人民战争会议（李世华　摄于2009年6月）

共破获刑事案件568起，抓获犯罪嫌疑人445人，其中逃犯28人（上网逃犯28人）；查获各类犯罪团伙27个、97人。2002年9—10月，开展全县集中整治校园周边治安秩序专项行动，有效净化社会环境。

十一、命案侦破专项行动

2002年，按照“命案必破”和防范命案发生要求，立命案15起，破15起。2004—2011年，刑侦部门以侦破命案为龙头，严厉打击各种刑事犯罪活动。2004年，立命案11起，破10起，破案率90.9%；2005年，立15起、破15起；2006年，立14起，破14起；2007年，立8起，破7起，破案率87.5%；2008年，立7起，破7起；2009年，立5起，破5起；2010年，立7起，破7起；2011年，立13起，破12起，破案率92.3%。

十二、打击“两抢一盗”

2005年5月，开展打击“两抢一盗”多发性专项斗争。破获“两抢”及盗窃案件104起，抓获犯罪嫌疑人135人；缴获被盗摩托车8辆，清查、整顿各种场所846处，追缴财物总价值37.96万元。2006—2011年，继续开展打击“两抢一盗”专项斗争，全县共立案2271起，破案1148起。

十三、打击涉毒犯罪

2005年10—12月，加强缉毒情报工作，侦办毒品案件，打击涉毒犯罪。2007年，破获“3·31”涉毒案件，抓获犯罪嫌疑人1人，缴获毒品鸦片3.02千克。2008年，查破毒品案件12起，抓获毒品犯罪嫌疑人11人。2009年，查破毒品案件17起，抓获毒品犯罪嫌疑人17人。2010年，查破毒品案件22起，抓获犯罪嫌疑人15人。2011年，查破毒品案件36起，抓获犯罪嫌疑人16人。

十四、边境地区社会治安整治

2010年8—12月，全县边境地区社会治安整治专项行动，为边境地区长治久安奠定基础。

十五、矛盾纠纷大排查大化解

2011年2—7月，全县范围内开展矛盾纠纷排查、社会治安重点地区整治专项活动。

十六、“破案追逃” 专项行动

2001—2011年，开展“破案追逃”专项行动。抓获网上在逃犯308人，其中，外省在逃16人，本省外地在逃86人，本地在逃206人。2011年，全县抓获各类在逃人员18人，完成上级下达逃犯抓捕任务数的145.45%，受到省、市公安部门通报表扬。

第四节 处理邪教

一、取缔冒用宗教名义邪教组织

自1995年始，境内边远山区“门徒会”等邪教组织活动频繁。级少数省内外邪教分子借“传教人”“上级奉差”名义，走村串户，四处游说，一些好逸恶劳或相信神药两解之人，上当受骗成为地方邪教骨干。以“亲联亲、友联友”等方式严重扰乱群众正常生产生活秩序，影响当地社会政治稳定、经济发展、民族团结。县境冒用宗教名义邪教组织主要有“门徒会”“三班仆人派”和“实际神”。

门徒会　门徒会，又称旷野窄门、旷野教。1996 年 9 月，先后由魏某某、李某某、潘某某等人从四川、陕西传入境内，并在者后、永秀、花山等地建立小分会、教会、教会点发展组织。1997 年 4 月始，在当地党委、政府支持下，县公安局组织力量依法查禁取缔。1997—2007 年，通过办学习班、处理骨干、没收“慈惠费”及各种经书、表册，教育各地受害群众。2007—2011 年，公安机关通过各种方法教育广大群众，提高群众思想觉悟和识别能力，依法打击邪教，查禁取缔，维护农村稳定。

反邪教宣传（县委办　提供）

三班仆人派　自 1995 年 12 月始，锦屏镇灰窑村陈某某等人，受县外非法传教组织影响，收听外台广播“福音”知识，以“亲传亲”形式组织“家庭式”聚会活动。1996 年 8 月 27 日，公安机关获知确切信息后制止取缔。1997 年 3 月 13 日，安徽省宿县人徐某某、李某某 2 人至陈某某家，散布“2000 年地球要爆炸，洪水要淹天”等荒诞言论，秘密传教的陈某某等人大肆公开活动。1997 年 3 月 14—17 日，再次被县公安局依法查禁取缔。通过教育后，将徐某某、李某某遣返原籍，其他成员则依法进行治安处罚，举办教育学习班后解散。

实际神　实际神又称东方闪电、全能神、七灵派，1993 年由黑龙江省阿城县“呼喊派”骨干创立。2002 年 1 月，由江苏省徐州市传入普洱市墨江县。2005 年 3 月，1 男（自称孙某某）1 女（自称杨某）随身携带名片，到景东基督教非正常活动点传教，蛊惑拉拢基督信徒，当即遭到反对和驱逐。2 人又到文井、锦屏、森工局等地游说，发展地方骨干，四处传教布道，要求以“信徒发展信徒”，宣传所谓“全能神”。同时，要求各信徒必须拿出三分之一家产“尽本分”。2006 年 6 月，公安机关介入调查，该邪教组织成员先后自行停止非法活动。

二、取缔“法轮功”邪教组织

1997 年 9 月，“法轮功”邪教组织由秦某、杨某某从昆明、四川黔江等地传入景东，在县城发展练功点 6 个，练习者涉及干部、居民、家属及农民上百人，但绝大多数练习者仅出于强身健体目的。1999 年 5 月底，景东县按照上级要求，初步查清辖区内“法轮功”邪教组织体系。7 月，中国政府作出取缔“法轮功”邪教组织决定。县委县政府采取一系列措施，做好练习者思想转化工作，各练功点当即停止活动并明确表示脱离“法轮功”邪教组织。至 2001 年 7 月回访结果，绝大多数原“法轮功”练习者生活正常，未出现复修现象。

景东县“无邪教乡镇”创建和反邪教警示教育基地建设情况表

表 4-2-1　　　　单位：个

年度	无邪教乡镇	反邪教警示教育基地	备注
2007	6	—	太忠、龙街、文龙、安定、漫湾、东镇
2008	5	—	文井、林街、大街、景福、曼等
2009	1	—	锦屏
2010	1	1	无邪教乡镇创建：花山；基地建设：县青少年活动中心
2011	—	6	景东林业局、文井、锦屏、安定、文龙、太忠

第三章　公　安

第一节　社会治安

一、治安保卫

1979年，县公安局设立内保股，县级机关、企事业单位、厂矿、学校逐渐设立内部安全保卫人员。自1991年始，县公安局每年举办3次内部单位保卫人员培训班，主要学习有关法律法规、内保知识，军训、实弹射击。1992年，机关、企事业统一购买保卫人员制式服装。1994年始，受县政府委托，公安局建立内部单位治安管理责任制，签订责任书，实行考核奖惩制度，单位内部发案明显下降。至1998年，党政机关、企事业单位、厂矿、学校、卫生系统先后建立起保卫组65个、保卫265人，设保卫股12个、保卫科21个、执勤室5个，经济民警中队1个、经济民警分队1个。1999年8月，将经保、文保涉及国内安全保卫职能划归内保股管辖，涉及社会治安职能划归治安部门管辖。2007年12月，撤销内保科，成立国内安全保卫大队。

二、刑事案件

1979年，县公安局增设刑侦股，逐步完善刑事犯罪立案、侦破和集中打击职能。1978—1979年，全县立案48起。1980—1989年，全县立案681起，其中1989年立案最多，达146起。与70年代相比，立案总数和重特大案件数均大幅上升。1990—1999年，全县立案2257起，其中1994年立案最多，达302起。针对突出问题，多次开展打击严重暴力犯罪、团伙犯罪、毒品犯罪、重大盗窃案、涉枪涉爆、流氓恶势力等行动。2000—2009年，全县立案4215起，其中2002年最多，达494起。建立追逃、指纹远程查询比对、警企联合防范等侦查破案长效机制，建立联合督办案件机制，完善督捕逃犯、刑侦工作考核等机制，公安刑侦民警积极性和主观能动性得到充分发挥。2010—2011年，全县立案1587起，抓获犯罪嫌疑人513人，缴获物品价值73.34万元。公安局结合开展“大走访”开门评警活动，贯彻落实“三五”群众工作法，在“三项重点工作”基础上抓好“四项建设”，开展“两抢一盗”“命案侦破”“清网行动”“严打整治”等专项工作。2011年，在市政法机关打击盗抢摩托车专项行动期间，查破盗窃摩托车案件74起，缴获被盗摩托车35辆，电动自行车1辆，抓获盗窃摩托车嫌疑人15人，打掉摩托车盗窃团伙3个10人，为群众挽回经济损失15万余元。2年间，全县抓获网上在逃人员53人，其中，外省7人，本省外地州5人；破获毒品案件42起，抓获犯罪嫌疑人26人。

1978—2002 年景东县刑事案件统计表

表 4-3-1　　　　单位：起、人

年度	案件总数		重特大案件		抓获案犯	年度	案件总数		重特大案件		抓获案犯
	立案	破案	立案	破案			立案	破案	立案	破案	
1978	28	19	16	16	41	1991	232	134	42	41	169
1979	20	16	8	8	21	1992	168	111	52	42	147
1980	45	43	12	12	30	1993	214	155	66	59	256
1981	60	46	10	9	58	1994	302	234	61	53	335
1982	57	50	13	13	75	1995	263	195	97	76	269
1983	53	47	21	21	179	1996	240	218	75	63	326
1984	43	40	14	14	234	1997	232	208	79	68	278
1985	74	68	41	37	136	1998	188	163	77	66	212
1986	61	53	31	27	71	1999	159	143	59	55	171
1987	68	51	30	27	90	2000	330	206	61	49	201
1988	74	57	35	26	82	2001	473	269	87	58	165
1989	146	121	62	55	169	2002	494	299	106	70	280
1990	259	142	37	28	206	—	—	—	—	—	—

2003—2011 年景东县刑事案件统计表

表 4-3-2　　　　单位：起、人

年度	案件总数		主要案件														抓获案犯
			杀人		放火		爆炸		强奸		抢劫		绑架		伤害		
	立	破	立	破	立	破	立	破	立	破	立	破	立	破	立	破	
2003	440	287	8	18	3	3	—	—	7	7	11	9	1	1	56	52	261
2004	461	338	9	7	1	1	—	—	8	8	13	11	—	—	39	39	252
2005	366	250	10	11	3	3	—	—	4	4	7	4	—	—	42	40	233
2006	381	264	12	11	2	2	—	—	3	3	9	7	1	1	48	50	213
2007	447	323	4	4	4	3	—	—	2	3	7	5	—	—	54	52	281
2008	394	278	4	4	2	2	1	1	11	11	8	8	—	—	39	34	215
2009	429	355	2	2	2	2	—	—	7	7	11	8	—	—	65	67	258
2010	618	269	6	6	1	1	—	—	3	2	3	1	—	—	49	44	234
2011	848	491	10	10	3	2	—	—	6	5	8	5	—	—	54	48	370

三、经济案件侦查

（一）案件侦破

2001 年，经侦机构筹备伊始，结合全国整顿和规范市场经济秩序专项行动，开展经济犯罪案件侦查破案工作。2002 年，重点打击金融、财税、商贸等领域经济犯罪。同时，与税务部门密切合作，开展打击涉税违法犯罪专项治理行动；与工商、盐务等部门合作，整顿和规范市场经济秩序。2003—

2004 年，以金融、商贸、建筑等领域经济犯罪活动侦查为重点，打击扰乱社会主义市场经济犯罪。2005—2007 年，以维护全县经济社会发展为目标，打击税务、商贸、金融、烟草等领域的经济犯罪，配合县烟草部门开展“风暴五号”“风暴六号”专项行动。2008 年，开展打击网络传销、反假币防诈骗、非法生产经营、制售假发票和非法代开发票、非法集资等犯罪活动，集中清理和化解重复信访、保险类案件。2009 年，协助烟草等部门查处行政案件，配合县烟草专卖、工商等执法部门，开展“风暴十号”“风暴十一号”“风暴十二号”涉烟犯罪专项行动；与相关部门联合，向广大群众宣传发票基本常识，集中销毁一批假劣药品。2011 年，重点打击事关国家经济安全的金融财税领域犯罪、非法经营，以及侵害群众利益、影响社会和谐的涉众型、多发性犯罪。推进打击销售伪劣商品和银行卡犯罪的“亮剑”“天网 2011”专项行动。

2000—2011 年景东县经济案件侦破统计表

表 4-3-3

年度	立案（起）	涉案金额（万元）	破案（起）	挽回经济损失（万元）	抓获犯罪嫌疑（人）
2000	9	842.4	9	149.8	8
2001	8	680.4	8	107.8	12
2002	8	60.6	7	20.6	8
2003	6	25.0	6	36.6	8
2004	7	81.5	3	8.6	3
2005	9	24.8	10	14.0	5
2006	4	41.0	4	29.0	16
2007	3	10.0	2	—	6
2008	5	20.2	5	11.1	12
2009	12	130.0	11	—	17
2010	11	120.0	12	120.0	14
2011	12	62.0	13	129.2	12
合计	94	2097.9	90	626.7	121

（二）典型案例

非法经营假冒卷烟案 2008 年 4 月 18 日，熊某某驾驶东风 153 大货车到祥云县拉啤酒。在祥云县城，以每条 3 元价格购买“精春城”卷烟准备运往漫湾镇出售。次日 7 时许，当车行至国道 214 线漫湾镇安召木材检查站时，被经侦民警和烟草专卖局工作人员查获，当场从大货车车厢搜出“精春城”卷烟 7425 条。经云南省烟草质量监督检测站检测，系假冒伪劣卷烟；经景东县价格认证中心认定，总价值为 7.43 万元。熊某某上述行为已触犯刑律，涉嫌非法经营罪。2008 年 4 月 19 日，熊某某被公安局刑事拘留；2008 年 5 月 22 日，被执行逮捕。后经县法院审理，依法判处有期徒刑六个月，并处罚金 4 万元，用于运输假冒伪劣卷烟的东风 153 大货车予以没收，上缴国库。

非法收购销售烤烟案 2008 年 10 月，张某某、李某某二人到文龙乡等地收购烤烟，向文龙乡下瓦伟村何某某收购烤烟 1200 千克转卖给吕某某（另案处理）等人。11 月 5—6 日，二人又向文龙乡瓦伟村伍某某、余某等人收购烤烟；6 日晚，两人分别被公安局民警抓获，当场从张某某雇请车辆上查获烤烟 4486.3 千克，从李某某驾驶的长安牌微型车中查获一套打包机等物品。经县价格认证中心鉴定，查获的烤烟总价值为13.28万元。两位犯罪嫌疑人以营利为目的，未经许可，经营法律、行政法规规定的专营、专卖烟草专卖品，扰乱社会市场秩序，其行为已触犯刑律，涉嫌非法经营罪。2008年11月7日，二人被公安局刑事拘留，经县检察院批准，同年12月11日被逮捕。后经县法院审理，被告人张某某、李某某犯非法经营罪，分别判处有期徒刑一年六个月，并处罚金1万元。依法没收非法收购的4486.3千克烤烟和长安牌微型车、打包机等作案工具，分别由烟草、公安部门依法处理。

非法生产销售假冒卷烟案 2005年9—10月，田某甲及妻子沈某某在林街乡收购烟叶1000多千克，存放于佳浩蚕茧公司林街收购站。2006年初，田某甲向他人购买切丝机、复烤机、卷烟机和包装机后，伙同其弟弟、姐姐在锦屏镇景范村建盖生产卷烟厂房，雇请张某某等人一起生产假冒精春城、古陶卷烟，在沈某某的商店销售。7月20日，被告人田某甲驾车运输卷烟到其租房时，被县烟草专卖局工作人员发现并报警。公安机关接警后，查获18件84毫米春城卷烟、145件70毫米春城卷烟、38件70毫米古陶卷烟、144条红河卷烟，以及烟草专用机械、烟丝、制烟辅料和其他物品。经检验，上列卷烟均为假冒伪劣产品，经鉴定总价值为17.86万元。犯罪嫌疑人田某甲、其弟田某乙、其姐田某丙、沈某某以营利为目的，未经许可，经营法律、行政法规规定的专营、专卖品，扰乱社会市场秩序，其行为已触犯刑律，涉嫌非法经营罪。20日，被公安局依法刑事拘留。经县法院审理，以非法经营罪判处被告人田某甲有期徒刑二年六个月，并处罚金2万元；判处被告人田某乙有期徒刑二年，并处罚金1.5万元；判处被告人沈某某有期徒刑一年，缓刑二年，并处罚金5000元；判处被告人田某丙有期徒刑八个月，缓刑一年，并处罚金5000元。

信用卡诈骗案 2010年12月14日17：30，赵某某在太忠乡大水井街某摩托车修理店门前，捡到一张云南省农村信用社联合社金碧惠农卡和一张写有取款密码的纸片。15日，赵某某在县城从中国农业银行景东支行ATM自动取款机和景东县农村信用合作联社CDM存取款机分六次取走存款8200元，把骗取的存款拿回家藏匿。29日，失主发现金碧惠农卡和密码纸片丢失，查询得知被人取走存款后向太忠派出所报案。经经侦大队调查后，将犯罪嫌疑人赵某某抓获。赵某某以非法占有为目的，用他人遗失的金碧惠农卡骗取他人存款，数额较大，其行为已触犯国家刑律，涉嫌信用卡诈骗罪。30日，被县公安局监视居住，后抓捕归案。经县法院审理，犯罪嫌疑人赵某某以信用卡诈骗罪，被判处有期徒刑六个月，缓刑一年，并处罚金2万元。

持有假币案 2006年12月22日，方某某（会泽县人）从下关携带假人民币10.26万元，到景东县城某宾馆房间住宿，把假币藏匿于床下。同日21：40，锦屏派出所接到他人举报，依法搜查该宾馆房间，将可疑人民币扣押，把犯罪嫌疑人方某某带回派出所审查。经中国农业银行景东县支行鉴定，查获的人民币均为假币。23日，方某某被公安局刑事拘留；28日，被县检察院批准逮捕。经县法院审理，以被告人方某某犯持有假币罪，判处有期徒刑三年，缓刑四年，并处罚金4.5万元。

出售假币案 罗某某，某厂退休工人，案前住河东街干休所；李某某，安定乡人；纪某某，文龙乡人。2005年12月初，张某（未抓获）让罗某某帮助购买10万~20万元假币，罗某某遂联系纪某某。纪某某邀约李某某到河东街干休所罗某某住所与罗某某商谈购买假人民币出售事宜，纪某某、李某某许诺事成之后付给罗某某4000元作为报酬。随后，李某某、纪某某共同出资，由李某某到昆明购得3万元假币后，两人把假币交给罗某某出售，罗某某以数额小为由拒收。12月5日，李某某和纪某某共同出资，由李某某再次到昆明购得20.06万元假币。16日晚，到罗某某住所以7万元价格把假币交给罗某某。罗某某持23.06万元假币到约定地点，准备交给张某时，被公安机关人赃俱获。17日，犯罪嫌疑人被公安机关刑事拘留。2006年1月24日，被县检察院批准逮捕。后经县法院审理，以出售假币罪分别判处被告人罗某某、李某某有期徒刑五年，并各处罚金5万元；判处被告人纪某某有期徒刑二年，缓刑五年，并处罚金5万元。

四、打击毒品犯罪

景东是毒品走私过境的重要通道，处于云南省堵源截流第一道防线。1978—1991 年，全县先后缴获鸦片 2.74 千克。20 世纪 90 年代，县境渐渐出现一些毒品吸食、注射人员，且有蔓延趋势。1992 年 8 月，景东公安局缉毒队成立，配有缉毒民警 4 人。同年 11 月 25 日，在文井镇小团山查获运输毒品案 1 件，缴获海洛因 36 克，抓获毒品犯罪嫌疑人 1 人。1993 年，在 214 国道漫湾木材检查站设卡查缉，在一辆临沧至下关大客车上查获海洛因 1080 克，收缴黑白电视机 1 台，双卡收录机 1 部，抓获毒品犯罪嫌疑人 4 人。1994 年，先后在 214 国道查获海洛因案 4 起、鸦片案 1 起，共缴获精制海洛因 5873 克，鸦片 3200 克，收缴人民币 100 余元、14 英寸黑白电视台 1 台、格林音响 1 部，抓获毒品犯罪嫌疑人 5 人。1995 年 4 月 21 日、5 月 5 日、5 月 22 日、8 月 2 日、10 月 15 日，先后在 214 国道查获海洛因 374 克，鸦片 4700 克，收缴人民币 1.13 万元、金项链 1 条，抓获毒品犯罪嫌疑人 11 人。1996 年，在 214 国道设卡查缉，共查获毒品案件 10 起，查获走私 555 牌香烟案件 1 件，缴获海洛因 59.17 千克、鸦片 4.4 千克，抓获毒品犯罪嫌疑人 21 人，收缴 555 牌香烟 2500 条，缴获运毒车 2 辆、手榴弹 2 枚。1997—1998 年，共侦破查缉毒品案件 36 件，缴获大量海洛因、鸦片、黄皮、罂粟果，收缴大小贩毒运输车辆 15 辆、手机 1 部，抓获毒品犯罪嫌疑人 58 人，收缴毒资 170 余万元。1999 年，贩毒分子利用鞋跟、鞋底、人体藏毒，查获毒品案件 11 起（其中，海洛因案 7 起，鸦片案 2 起，黄皮案 1 起，罂粟壳案 1 起），缴获海洛因 2.15 千克、鸦片 1.11 千克、黄皮 0.47 千克、罂粟壳 60 千克，抓获贩毒嫌疑人 9 人。2000—2001 年，在 214 国道公开查缉堵截，查获毒品案 11 件，缴获海洛因 9.85 千克，缴获鸦片 0.08 千克，抓获犯罪嫌疑人 9 人，缴获轿车 1 辆。开展打零专项斗争：打掉零星贩毒窝点 1 个，缴获海洛因 50 克，抓获贩毒嫌疑人 3 人。2002—2003 年，加强情报调研和专案侦查，破获毒品预备案 8 起，抓获犯罪嫌疑人 18 人，缴获海洛因 4.7 千克，毒资 151.59 万元；查获零星贩毒案 1 起，抓获犯罪嫌疑人 1 人，缴获海洛因 2 克；侦破景东史上最大跨省有组织预备毒品案，缴获毒资 112.17 万元。2004 年，根据全省“天网会战”、全市“天雷行动”，以及 8—12 月全国“扫毒行动”要求，景东县查破毒品案件 22 起，抓获犯罪嫌凝人 23 人（其中台湾籍 3 人），缴获毒品 3.26 千克，其中，海洛因 1.36 千克，冰毒 1.9 千克。2005—2006 年，在国道 214 线采取“三道防线”（一线堵、二线查、三线截）。共破获毒品案 21 起（其中，预备案 14 起，现行案 7 起），缴获大量海洛因、冰毒，抓获犯罪嫌疑人 43 人，缴获毒资 77.5 万元。2007—2008 年，共破获毒品案 40 起，抓获犯罪嫌疑人 84 人，缴获大量海洛因、冰毒、鸦片，黄皮、易制毒化学品硫酸，收缴毒资 67.95 万元。2009—2010 年，破获毒品案 74 起，抓获犯罪嫌疑人 88 人，缴获大量毒品，收缴毒资 80 余万元，缴获涉案车辆 9 辆。2011 年，通过公开查辑，破获运输毒品案 36 起，抓获毒品犯罪嫌疑人 16 人，缴获大量毒品，缴获涉案摩托车 3 辆；对各类涉毒信息分析，综合研判，破获毒品案 7 起，抓获毒品犯罪嫌疑人 11 人，缴获大量海洛因，查获被盗车辆 1 辆。成功侦破“7·13”“10·2”万克毒品案。

1991—2011 年，依靠各机关单位和基层组织，开展吸毒人员清查并造册登记。根据吸毒人员不同吸毒史，采取限期戒除（群众监督戒除）、强制戒除、劳动教养戒除等措施戒毒，收戒吸毒 137 人（次）。全县在册吸毒人员 106 人，戒断巩固 1 年以上 2 年以内未复吸 72 人，2 年以上 3 年以内未复吸 61 人，3 年以上 5 年以内未复吸 55 人，5 年以上未复吸 42 人，平均戒断巩固率 49.4%。铲除边远山区私种罂粟 1980 株，铲除野生大麻 19.3 公顷。

五、看守

1979 年 2 月，新修订全新《中华人民共和国逮捕拘留条例》公布后，看守所开展整顿，解决长期羁押拘留犯不作处理问题，建立新收押制度，以逮捕证或拘留证作为收押人犯唯一合法凭证，改变收押、关押混乱状况；在 1979 年 7 月，“两法”公布后，学习“两法”，规范监管秩序；1979 年底，调整充实看守所看守民警队伍，查处看守工作中违法违纪行为，落实看守所工作制度，投资修建和改造监室，改善关押条件；1980 年 6 月，按照公安部“配齐干部、落实规章制度、杜绝打骂虐待犯人等违法违纪现象、教育犯人有成效”四条验收标准，对照查验。经过整顿，看守民警由 4 人增至 6 人，改变沿袭多年“上班靠岗，下班靠锁”做法，落实值班制度 . 1982 年，开展“比学赶帮”活动，推动看守工作制度落实，年末获“先进单位”称号。1983 年“严打”，关押人数剧增，看守工作任务成倍增长。1984—1989 年，监所关钾人数倍增，事故隐患多。县公安局、检察院联合多次普遍检查和重点抽查，提出整改意见，拨专款改进、修缮监所设施，看守所再创“安全无事故年”。1990 年 4 月 10 日至 5 月 10 日，开展打击取缔“牢头狱霸”、整顿监所秩序专项斗争，共打击处理“牢头狱霸”和其他严重违反监规纪律在押人员 5 人，召开公判公处大会 5 次，在押人员受到教育，监所秩序有效整肃。1991 年后，按照《看守所条例》规定，依法管理，严格管理，科学管理和文明管理，切实保障在押人员合法权益，关押、卫生和生活条件改善和提高，看守所实现零事故，先后受到省公安厅表彰。1993 年 7 月 20 日，公安部印发《公安机关看守所安全大检查与值班巡视暂行规定》，要求安全大检查每月不少于 2 次，重大节日或者必要时随时检查；安全巡视间隔时间不得超过 20 分钟，深夜和上下班加强巡视等。1997 年 1 月 15 日，公安部发出《关于主动接受人大、政协对看守所工作检查监督问题的通知》，要求主动邀请人大代表、政协委员视查看守所，汇报工作，接受检查监督，每年至少一次。同年 4 月，公安部印发《看守所等级评定办法》，看守所投入等级创建工作。1998 年，实行警务公开，向社会作出严格执法，文明管理“八项承诺”，保护在押人员合法权益，制订会见、通信、接受监督等制度。9 月，住所武警执勤实行“内转外”(即外围控制由武警负责，内部安全巡视管控由看守民警负责)。2000 年起，看守所、武警中队开展“共建、共管、共保安全”活动。2008 年，县公安局完成《看守所执勤目标设施建设 3 年规划》，通过市级验收。同年，实施安全预警制度。北京奥运会期间，开展“迎奥运百日安全竞赛”活动，确保奥运会、残奥会期间安全稳定。至 2011 年底，看守所均安装监控、巡视、受虐报警系统，建立局域网，监管工作实现信息化。1998—2011 年，每年均通过省公安厅监管总队检查考核，连续保持“二级看守所”等级。

六、治安管理

公共娱乐场所管理 20 世纪 70 年代末，跃进会堂广场等公共娱乐场所管理逐步恢复。1994 年 8 月，公安部发出《关于坚决查处娱乐场所“三陪”活动的通知》。公安机关查处在歌舞厅、卡拉 OK 厅、夜总会、咖啡厅、音乐茶座等公共娱乐场所“三陪”(陪酒、陪舞、陪唱）等色情活动，与文化娱乐场所管理部门签订治安责任书。1999 年，全省开展查禁打击黄赌毒统一行动，公安机关与有关部门配合，出动警力 154 人次，清查歌舞厅、卡拉 OK 厅、电子游戏室、台球室、美容美发厅、桑拿按摩室、洗头洗脚店、旅店业等 192 家次，查获各类违法案件 186 起 326 人，其中，卖淫嫖娼 25 起 43 人，赌博 32 起 106 人，其他 129 起 77 人。对违法人员给予治安拘留 20 人，罚款 260 人，警告 26 人，教育 20 人。2001 年 10 月，全县开展整顿和规范歌舞娱乐服务场所秩序专项行动，查处一批违法人员，与业主签订“禁娼禁赌责任书”。2004 年，全市开展“净化社会环境，迎接撤地改市”专项行动。景东县查处卖淫嫖娼案 3 起 6 人、赌博案 4 起 17 人、毒品案 22 起 23 人。2007 年，整治校园周边环境，查处违规经营娱乐场所、网吧、电子游戏室等。新设立治安岗亭，开展治安巡逻和消防安全检查，消除火灾隐患，维护校园及周边环境良好治安秩序。2008 年，按照公安部《关于加强对企事业单位和重点行业场所进行专项检查的紧急通知》要求，组织警力开展城区内部单位、行业场所安全大检查。共出动警力 210 人次、车辆 42 辆（次)，检查内部单位 104 家（其中重点单位 40 家)，查出治安隐患 68 起；检查重点要害场所 78 处，其中，宾馆旅店 56 家，公共娱乐场所 8 家，大型商场 3

家，集贸市场和人员集聚场所3处，废旧金属收购业8家；发出安全检查整改通知书75份，查处治安隐患15起、消防隐患10起，并当场整改。2009年，县公安局制订《景东彝族自治县公安局开展禁赌控边专项行动方案》，开展为期3个月专项整治行动。共查处赌博案55起220人，卖淫嫖娼案6起11人。同时，开展新一轮禁毒人民战争和《娱乐场所管理条例》，加强娱乐场所高危从业人员管理，搜集涉毒线索，收戒吸毒19人。2010年，继续开展排查整治校园及周边治安秩序专项行动工作。组织开展打击卖淫嫖娼、淫秽色情表演等违法犯罪活动。共出动警力432人次、车辆86辆（次），清查娱乐场所8家、宾馆旅店83家、美容美发厅57家（次）、书刊摊点7家（次）、印刷复制业70家（次），音像出租及放影点20家。查处卖淫嫖娼案4起8人，引诱、容留、介绍他人卖淫案1起1人，制作、运输、复制、出售、出租淫秽物品案1起1人，组织播放淫秽音像或淫秽表演案1起1人，收缴盗版图册36份、盗版音像制品26张、淫秽光盘16张。2011年，全省开展“春季严打”专项行动。景东县共出动警力472人次、车辆116辆（次），检查重点单位、重点部位、娱乐场所、危爆物品管理使用单位、出租房、旅店业等行业场所，落实“五防”安全措施和宣传活动，制订安全管理责任制。继续开展校园周边环境整治，落实防范措施。

查禁卖淫嫖娼 1986年9月25日，国务院发出《关于坚决取缔卖淫活动和防止性病蔓延的通知》，公安、司法、卫生联合开展查禁取缔工作。县公安局抽调警力清查各旅店，查获卖淫嫖娼案10起，抓获20人，其中，卖淫女10人，嫖客10人。1989年，查获卖淫嫖娼案4起8人，其中，卖淫女4人，嫖客4人。共收容审查6人，治安罚款37人，其他处理90人。捣毁卖淫窝点4个，抓获8人。2000年3月，全省开展禁娼、禁赌集中统一行动。多次清查宾馆旅店、歌舞厅、桑拿按摩、美容美发厅、电子游戏室等，共查获卖淫嫖娼案49起，查处92人。2000—2011年，全县共受理卖淫嫖娼案176起，查处164起，查处违法人员317人，其中治安处罚317人。

查禁赌博活动 1979年，县境一些地方开始出现赌博活动。当年，公安机关查处参赌人员6人。1987年7月24日，《云南严禁赌博条例》颁布。全县查处赌博案23起92人。1988年5月，全省开展打击飞车赌博和整顿公路车站秩序专项斗争。景东县以弥宁公路干线为重点，组织民警11人，查处飞车赌博案2起，捣毁赌博团伙2个，抓获各种违法犯罪分子26人，其中，收容审查4人，治安拘留5人；罚款16人1050元。1989年11月，县委县政府成立除“六害”（卖淫嫖娼、制造贩卖传播淫秽物品、拐卖妇女儿童、种植吸食毒品、聚众赌博、利用封建迷信骗财害人）领导小组，开展打击除“六害”专项行动，并确定以县城及交通沿线为打击重点。共抽调党政干部、公安民警、武警官兵及政法干部、保卫干部、治安联防人员等197人次，查破“六害”案41起，其中赌博案16起87人，赌博团伙16个，捣毁赌博窝点16处。2000年3月，开展禁赌集中统一行动，清查宾馆、酒楼、歌舞厅等公共娱乐场所79家，查获赌博案80起248人；5月，出动警力18人次，逐一清查电脑、电子游戏经营场所，取缔参赌电子游戏室1家，收缴电子游戏机5台、电脑板1块。2003年1—4月，开展禁赌专项行动2次。2005年，全省在边境地区开展打击赌博违法犯罪的“秋风”行动。景东县查处赌博案13起，查处涉赌人员61人，查获地下赌博团伙1个13人，取缔赌博窝点1个，收缴赌资1万元，没收赌具15台（件）。2007—2011年，全县共查处赌博案317起，查处涉赌433人，查获赌博团伙317个1133人。

查禁淫秽物品 1981年4月4日，中共中央宣传部、文化部、公安部等7个部门联合发出《关于查禁淫书淫画和其他淫秽物品的通知》，公安机关配合有关部门，加强对音像的管理。1983年8月，结合“严打”斗争开展查禁取缔工作。1985年4月7日，国务院颁布《关于严禁淫秽物品的规定》。清理整顿全县营业性录像点（室）和所放映录像带，收缴淫秽物品3件。1993年，全国人大常委发出《关于惩治走私和制作、贩卖、传播淫秽物品的犯罪分子的决定》，全省开展“扫黄”统一行动。查处制贩、传播淫秽物品案3起，收缴录像带26盘，处罚违法人员3人。2000年，制订《景东县

2000年扫黄打非集中行动方案》，加强娱乐场所管理。查获违反严禁淫秽物品管理规定案2起，违法人员2人。2002—2011年，全县共查处违反严禁淫秽物品管理案6起，查获违法人员6人，治安处罚6人。

七、特种行业管理

1979年，国家工商行政管理总局、公安部等7部门联合发出《关于对特种行业登记的通知》。1980年始，景东县将特种行业纳入管理，逐个签发证，同时规定修理钟表、收音机、刊刻公章须持有公安机关证明，住宿须验证登记，印刷业不准印刷机密文件等。1983年7月，省公安厅发出《关于颁发云南省特种行业许可证的通知》，要求经营修理钟表、自行车、印铸刻字、收购废旧物品等特种行业重新登记办证。至1984年，全县共清理特种行业85家，发放许可证85本，发证率100%。其中，旅店业49个，修理业15个，废旧金属收购业13个，照相业8个。1984年，为破案提供线索5条，抓获犯罪分子3人，查破案件4起。1986年，景东县特种行业发展到135个，其中，旅店业108个，废旧金属收购业26个，印章刊刻业3个。通过清理整顿，取缔不符合特种行业管理规定的特种行业24个。1987年，全县共有特种行业151个，其中，旅店业131个，废旧金属收购业11个，印章刊刻业3个，其他修理业7个。在特种行业中抓获流窜犯28人，查处案件11件。1988年，按照“谁主管、谁负责”原则，推行特种行业治安承包责任制，签订合同书，建立和完善登记、验证、会客、检查、实物保管等制度，实行经济奖惩。全县特种行业换证150个，培训旅馆服务员2次210人。1991年，全县有旅店业126个，共培训从业人员4次270人。行业间共有安全保卫小组13个49人，提供破案线索24条，协助抓获违法犯罪分子60人。1992年1月31日，《云南省旅馆业治安管理实施细则》发布，无证人员住宿需到派出所登记，开具准住证后方可住宿。1993年，全县共有特种行业132家，特行中有治保组织18个，当年发生刑事案1起，治安案6件，均予查处。1994年，培训废旧金属收购业2次14家39人，规定收购废旧金属时须凭身份证。通过收购登记，查获盗卖废旧金属案2起，打击处理2人。另外，清理整顿国道214旅店业53家，责令无证经营17家补办证14家，取缔3家。1996年，思茅地区公安局发出《关于进一步贯彻〈云南省旅馆业治安管理实施细则〉的意见》，按要求制作“旅客须知”“住宿登记卡”“旅馆业管理手册”等。全县有特种行业186个，发生治安案15件，特行从业人员提供破案线索5条，抓获违法人员58人。1997年，与特种行业、文化娱乐场所单位签订治安责任书。全县有特种行业154家，在特行中设有治保人员14人，受理刑事案2起，治安案23件，提供破案线索4条，抓获违法人员69人。1998年9月25—27日，清理整顿全县特种行业、公共场所、旅店业等，共清查旅店5家，公共场所37家，登记暂住人口97人。2002年，将行业场所管理责任落实到社区民警，由社区民警负责监督管理。公安机关与236家特种行业和868家出租房业主签订治安责任书。2008年9月，完成旅馆业治安管理信息系统建设，安装前台工作站系统54套，其中，大型34套，小型20套。至12月底，入住旅客信息录入系统9360条。全县有旅馆业106个（其中星级宾馆8个），床位3180个，从业人员256人，治保人员128人（经过培训56人）；旧货摊5个，从业人员13人；刻字业2个，从业人员2人；印刷业44个，从业人员135人；机动车修理业248个，从业人员698人。至2011年底，全县旅店业共安装“云南公安旅店业治安管理信息系统”114家，信息采集设备114台，累计上传数据87.62万条。

第二节 110报警服务

1996年7月，按照公安部《关于加快110报警服务台建设的通知》，景东县110报警服务台建立，实行全天候值班制度。规定接警后城区5分钟、城郊10分钟内赶到现场。1997年5月30日，

110 报警服务台正式成立。配备警用微型车 1 辆，由机关各科室干警 24 小时轮流值班。同年，在锦屏镇、文井镇建立 110 报警服务台。1998 年 1 月 15 日至 5 月 9 日，改为专职人员值班，由干警 5 人和联防队员 6 人组成；5 月 10 日，实行聘用制，把通讯科合并到 110 报警服务台，定编 5 人，投入相对固定警力 13 人，配备警用车辆 2 辆。截至 1998 年 12 月，110 共出警巡逻 2500 车次，出动人员 8000 人次。共受理群众报警求助 678 件，处理 86 件；留置审查 210 人，处罚 160 人。2001 年，县城公安派出所改革，实行“三队一组”制，人财物管理权向派出所倾斜，110 报警服务台下放到锦屏派出所管理，担负处警任务，承担巡逻职能。2003 年，省公安厅印发《关于农村推广沾益县“乡村 110”经验实施方案》《云南省公安机关 110 接处警工作规则实施细则》；同年 6 月，各乡镇开通“110”报警电话，在乡镇所在村组及公路沿线设置“110”报警点。全县共有“110”在编民警 7 人，联防队员、治安协管员 25 人。2004 年，遵循“一台对外，统一接警，分类处警”原则，“110、119、120”报警服务“三台合一”。县城建立街面警务亭（站）和哨点 7 个，设立巡逻队 3 支，配置民警 6 人，协警 40 人；农村建立乡村“110”报警服务站 14 个，投入协警 37 人。2005 年，指挥中心建立，“110”隶属局警令部指挥和管理，完成接警、处警、调度统一指挥，由省公安厅统一配发接处警平台全套设备。2009 年始，完善县公安局指挥中心工作机构。在做好接处警同时，接处警中队民警 8 人实行城市视频监控系统不间断“空中巡逻”，把城区治安信息研判与“110”接处警信息融合，重点监控路面、街道。年内利用系统监控记录查获各类违法犯罪嫌疑人 62 人，破获各类案件 48 起，发现报告群众性上访 8 起，火灾事故 5 起，帮助查找走失人员 7 人。2010 年 10 月，重建安装“110”处警系统投入使用。2000—2011 年，“110”共接（处）报警案件 10.92 万起，年均 9095 起，处警率 100%，通过情报信息系统综合应用平台布控人员、车辆信息 2000 余条。

第三节　户政管理

1978 年，景东县城镇户口由公安部门主管，农村户口由公社秘书兼管。10 个行政区各设公安特派员 1 人，年终协助统计员统计户口，汇总入公安局治安股。1981 年 4 月，农村户口管理工作逐步移交派出所。1984 年 8 月，各乡镇公安派出所成立，全部户籍工作归派出所管理。1991 年 10 月，户政科成立，主管户口及颁发居民身份证。1998 年 5 月，治安大队成立，撤销户政科，户口工作由治安大队确定专人管理。2003 年，城镇和农村集镇派出所户口工作由社区民警中队管理，乡镇派出所确定专人管理。2004—2008 年，先后印发《景东彝族自治县人口信息系统建设改造实施方案》《关于启用新版人口信息管理系统有关问题的通知》，转发《云南省政府关于深化我省户籍制度改革的意见》，制订《景东公安局关于深化户籍制度改革的实施意见》，加强人口信息系统建设。2009 年，印发《景东彝族自治县公安局服务群众八项户政管理措施的通知》，结合基层所队正规化建设，投入资金 30 万元，构筑文井、花山、大街、锦屏、文龙 5 个派出所户政服务窗口。2010 年，省公安厅印发《云南省公安派出所窗口服务工作规范》。2011 年，按照《普洱市公安局关于以县区公安局为单位建设户政 E 网办证厅的通知》要求，召开专题研究部署会议，制订专项工作方案，并落实经费 17 万元采购户政窗口终端计算机设备 14 台，开展户政 E 网办证工作。

一、户籍管理

常住人口　1979 年 9 月，地区公安处推行户籍民警责任区制度，推进常住人口管理。1982 年，全国第三次人口普查，城乡建立户口簿，城镇换发户口簿，更换门牌。据统计结果：1984 年末，全县共迁出 3942 人、迁入 4027 人，出生 6967 人、死亡 2273 人；总户数 35369 户、总人口 324440 人，其中，男性167197人，女性157243人。1985年，第一次颁发居民身份证。至1991年，完成常住人口登记表（简称常表）取代户口底簿管理方式，建立常表底簿6787册337876人，占总人口的100%。1989年，全县进行户口核对，填发常住人口登记表33.14万份，各派出所建立常住人口登记制度。1990年，核对全县常住人口三级户口，向居民颁发家庭户口簿，做到全县“四有”（县局有公民身份证卡，派出所有常住人口登记表，村有户口底册，家有户口簿）。1990年7月1日，全国第四次人口普查，全县有家庭70780户，总人口337190人。其中，男性176624人，女性160566人；汉族183425人，少数民族153765人。1995年，省公安厅发出《关于进一步做好农村家庭户口簿发放和管理工作的通知》，开始发放农村户口簿，分批分期更换常住人口登记表、换发居民户口簿。1997年，开始核对全县三级户口，并更正登记项目不全、错漏的户口簿，为微机联网打基础。1998年，户政科与治安大队合并后，户籍管理列入治安管理重要业务，把常住人口、暂住人口、重点人口列入派出所基础工作。至1999年，全县城镇、农村基本做到家家有户口信息，村（办）有户口登记底册，派出所有常住人口登记表，县公安局有身份证底卡。2000年，农村派出所人口信息系统和县人口信息系统网络建成，逐步实现制证、办证微机化管理。当年，全国第五次人口普查，全县有家庭户86485户，总人口349704人，其中，男性183458人，女性166246人；非农业人口25317人，出生4652人（其中男2420人、女2232人），死亡2570人（其中，男1471人，女1099人）。2002年9月，省公安厅派人指导和协助地区、县级人口信息系统百城联网计算机管理，景东县完成全县各派出所常住人口信息系统建设。截至2003年12月，共录入常住人口信息356775人，实现与全国人口资源信息共享。2005年，按照省公安厅《关于切实加强人口管理工作意见》要求，制订户口核对工作方案，筹措资金印制户口核对表格、宣传单、宣传画等，并按照“村不漏户、户不漏人、人不漏项”原则，逐户逐人核对。2010年，全国第六次人口普查，全县共入户核查104624户361511人，登记人户分离人数48050人，清理核查持证未落户66人（解决36人）；出生未报户口1068人（解决59人），其中违反计划生育政策309人（解决78人）；漏登人口102人，重登人口60人；应销未销人员3871人，其中死亡人口3366人；户口变更及更正项目数644570条；核查暂住人口3307人，其中新登记2101人；清理核查境外人员18人，“三非”人员15人。2011年，按照“三项重点工作”要求，全面展开辖区内常住人口户口核对工作，及时更新维护人口信息系统。完成16~45周岁常住人口信息变更一次、二次以上，更新维护率分别为70.06%、62.38%；完成人口信息重人、重号和特征数据全面核实更正，本地补落户人员名单与审批落户材料“一对一”自检自查。至12月31日，全县户口105659户，总人口364117人。

流动人口　1975年，农村人员开始进城承包工程（因无户口称黑包工队），少数流窜作案和在逃犯混入其中，扰乱社会治安。景东县着手清理“三无”（无合法证件、无固定场所、无正当经济来源）盲流人员及流动人口居住场所。1982年10月，在全区派出所长会议上，地区公安处提出，为保障暂住人口安全，住宿3天以上由暂住户主或本人持证向派出所申报登记，住宿3天以内向居委会申报登记。居委会受理时，若发现可疑人员，及时向派出所报告，派出所应及时了解清楚，不留空隙。居民留宿不相识或过路旅客，必须当天向派出所报告，离开时注销。1984年，在严厉打击刑事犯罪活动中，县公安机关与工商、劳动、城建部门配合，清理登记流动人口，从中抓获违法犯罪人员50人，依法逮捕24人。1989年，全省专项清理整顿元旦、春节期间暂住人口，出动公安民警、保卫干部513人次，清理登记暂住人口241人，抓获违法犯罪人员133人，依法逮捕13人，收容审查127人，治安处罚108人，遣返原籍6人。1990年，全国第四次人口普查中，外籍常住景东人口369人，其中，一年以上223人，不满一年146人。全县户籍常住外地一年以上人口共3480人。1992年，实行出租房许可证制度，公安机关进行登记、发证和管理。1993年，全县登记暂住人口2358人。1996年11月，清理暂住人口。全县共有暂住人口2672人，其中，务工1296人，务农96人，经商560人，其他720人；处理134人。1996年5月14日，按“谁主管谁负责，谁用工谁负责，谁受益谁负责”原则，派出所与施工单位负责人、房屋出租户主、旅店业主签订“治安责任书”，指定专人与派出所建立联系制度，定期汇报暂住人口动态；边远山区由户籍协管员、治保会、村委会登记暂住人员。2003年6月30日，深入重点场所进行暂住人口核对、登记和办证。全县有暂住人口3524人，其中，居住一月以下1776人，一月至一年650人，一年以上1100人；来自省内2083人、省外1440人、港台1人；居住旅店1076人，居住居民家中448人，单位内部450人，工地工棚375人，租赁房屋1025人，其他150人；发暂住证2037人。2004年，管理暂住人口3123人。2005年，按照中央六部委《关于进一步加强和改进出租房屋管理工作有关问题的通知》精神，坚持“谁用工、谁负责，谁出租、谁负责”原则，探索“以房管人”出租房治安管理机制，通过抓试点，以点带面，全面推动出租房屋治安管理。全县共有暂住人口3466人，其中，男性2002人，女性1464人；省外1885人，省内1581人；务工1419人，经商1280人，其他767人。从中列管重点人口10人，查处违法人员70人（其中，逮捕3人，治安处罚41人，其他处理26人）。2006年，管理暂住人口3448人。2007年，根据省公安厅《关于加强暂住人口治安管理工作的指导意见》精神，探索建立适应新形势发展要求和人口流动需要管理体制和运行机制。共管理暂住人口3444人。2008—2009年，管理暂住人口2668人，清理核对2035人。2010年，按照“划片管理、责任到人”管理制度和“以房管人”工作方法，建立业主责任制和暂住地责任制，全面掌握暂住人口底数，强化管理措施，推动建立流动人口社会管理模式。全县共有暂住人口3322人。2011年，有暂住人口8754人。采集流动人口信息2.18万条，办理居住证7569份。

重点人口　1979年，中央批转中宣部、公安部等八部门《关于提请全党重视解决青少年违法犯罪问题的报告》。1985年3月12日，公安部发出《重点人口管理工作规定》，规范重点人口列管六大类24种人，列管与撤销人口由派出所长和内保科长审批，报县（市）公安局备案。当年各派出所填表审批、列管重点人口616人。贯彻失足青少年“教育、挽救、感化”方针，落实帮教小组、帮教措施。当年撤管22人，停止活动94人，打击处理犯罪24人，有继续活动54人。1986年，与有关部门配合，依靠基层订立承包帮教合同，落实“四包”（家长包子女、学校包学生、机关厂矿包职工、街道乡镇包社会青年）措施。1988年，把有现实危害，可能作案犯罪嫌疑人员列入管理重点，加强控制、教育、疏导。全年列管重点人口445人，其中，经帮教改好66人，停止违法活动90人，有继续活动196人，撤销重点人口管理156人，依法处理26人。1998年5月，公安部重新修订《重点人口管理工作规定》，将重点人口六大类24种修改为四类19种。2003年、2004年，分别列管重点人口409人和487人。2005—2011年，按照省公安厅《关于做好重点人群治安管理工作的通知》精神和《“重点人群”三年目标》具体要求，列管重点人口照片采集率和动态维护率均为100%，人口管理工作实现信息化、自动化，7年分别列管重点人口358人、373人、368人、354人、349人、318人、66人。

户口迁移　1977年11月，国务院批转公安部《关于处理户口迁移的规定》。1985年3月，地委行署发出《关于适当放宽“农转非”规定的通知》，批准“黑人黑户”（农村已注销户口、城镇又落不了户及超计划生育和非婚子女）和“口袋户”（已办迁移手续而在城镇长期落不下户）“农转非”落户。同年4月，地委批转县科委《关于解决部分知识分子的家属由农业人口转为非农业人口的暂行意见》，解决一批长期在艰苦地区和边疆工作知识分子和教师家属“农转非”问题。全县有非农业人口15784人。1989年12月26日，省政府转发《国务院关于严格控制“农转非”过快增长的通知》，将批准权收到省辖市一级政府（含地州），公安部门负责办理审批落户手续，粮食部门负责办理市政粮食供应。1990年，地区行署转发《国务院和省政府关于严格控制“农转非”过快增长的通知》。景东县成立“农转非”联合审批办公室，由计经委、公安局、粮食局抽人负责审批“农转非”人员。

全县有非农业人口16930人，其中，出生、迁入、农业人口转为非农业人口等原因新增1658人，死亡、迁出等原因减少1263人。1992—1993年，共办理收费计划外“农转非”户口1761人。1994年6月，思茅地区公安处、粮食局、教育局联合发出《关于办理大中专院校新生户口、粮食关系的通知》。1998年，地区公安局向行署提出《关于支持发展个体私营经济放宽对外来个体私营企业人员落户政策的请示》，个体私营企业人员给予办理常住人口登记手续，纳入正常户籍管理，放宽农转非到小城镇落户政策。1999年11月，省公安厅发出《关于贯彻执行〈云南省县政府关于进一步推进我省小城镇户籍管理制度改革的决定〉实施意见的通知》，提出：(1) 省不再向各地下达“农转非”计划指标，全区各县市放宽农村人员在小城镇办理常住户口条件，放宽大中专院校毕业生和引进人才在小城镇落户条件，放宽个体、私营企业人员的落户条件；(2) 取消由计划、公安、粮食、人事、土地管理等部门参加“农转非”审批联合办公制度，公安机关在当地政府确定发展计划内，统一行使审批落户权。全县有非农业人口24368人，其中，出生、迁入、农业人口转为非农业人口等原因新增1346人，死亡、迁出等原因减少786人。2000年12月29日，实行“思茅地区小城镇户籍制度改革13条举措”，并列为公安机关实施西部大开发战略服务具体措施。2001年12月27日，行署公安局制订《关于深化我区城镇户籍制度改革的意见》，放宽七类20种对象户口限制。2003年8月，根据公安部户籍管理7条便民措施和思茅地区小城镇户籍政策办理小城镇户口“农转非”人员。2008年5月，制订《景东彝族自治公安局关于深化户籍管理制度改革的实施意见》。取消农业户、非农业户及其他类型户登记管理模式划分，实行“一元制”户籍登记管理制度，统一登记为“居民户”。2011年12月，省公安厅制订《关于加大城乡统筹力度促进农业转移人口转变为城镇居民的意见》和《关于加大城乡统筹力度促进农业人口转移为城镇居民户籍迁移实施细则（试行）》。全县有非农业人口28822人，其中，出生、迁入、农业人口转为非农业人口等原因新增740人，死亡、迁出等原因减少831人。

二、居民身份证管理

1985年9月，第六届全国人民代表大会常务委员会第十二次会议通过《中华人民共和国居民身份证条例》（简称《居民身份证条例》），规定在全国（除台湾）范围内实行居民身份证制度，落实户口管理政策措施。1988年，景东县居民身份证领导小组及办公室成立，主管全县居民身份证颁证工作；各乡镇成立颁发居民身份证工作组，初次颁发16周岁以上中国公民身份证。至1989年4月30日，全县总人口331384人，其中16周岁以上213976人，实际发证200193人，发证率93.56%。1991年10月，户政科成立，继续做好颁发居民身份证扫尾工作。1994年，制订目标量化考核办法，户籍工作更加完善和规范化。1996年1月1日，启用新防伪居民身份证。1998年，换发全县十年期身份证。2001年2月，省公安厅发出《关于全面做好公民身份证号码编制工作的通知》；6月30日，景东县完成公民身份证号码编制工作，新制身份证编码由15位上升18位。2002年，省公安厅发出《关于认真做好军队和武警部队人员公民身份证号码编制工作的通知》，全县收到军人身份证号码登记表368份，补编号码368人，升位368人，并由地区公安局统一录入计算机。2004年，公安部、省公安厅印发《关于认真做好换发第二代居民身份证工作的通知》，景东县共清理核对人口37万人，居民身份证号码纠错重号327人、错号1009人，漏号补编344人，人像采集267120人，解决部分户口遗留问题。2007年，完成人口信息管理系统升级改造，探索出边远农村脱网采集“二代证”人像新办法。受理和发放公民申办二代证10余万张，利用二代证换发线索抓获上网在逃人员1人。2008年，完成17万人换证任务。2009年，受理二代证2.83万人，上传2.79万条。2010年，受理二代证1.67万人，上传1.63万条。2011年，受理二代证1.45万人，上传1.42万条。

第四节　公安机构

一、县公安局

（一）机构设置

1979 年 11 月，县公安局党委成立；5 月，公安局内设秘书股、政保股、内保股、预审股、治安股、刑侦股、消防股、看守所。1982 年 12 月，股改科，教导员改称政委，增设行政科、通信技术科、政工室，配备专职纪律检查员。1985 年 12 月后，先后增设交通管理站、交通警察中队、漫湾交通警察分队、户政科、治安拘留所、缉毒队、法制科、纪律检查委员会、禁毒大队（撤销缉毒队）、110 报警服务中心、治安大队、警务督察大队。2001 年 3 月，指挥中心成立，建立 110 报警服务台；6 月，撤销内保科、政保科，成立经济犯罪侦查大队（副科级）和国内安全保卫大队（副科级）。2002 年 3 月，增设装备财务科、机要通信与计算机管理监察科、外管科。2003 年 8 月，刑事警察大队更名为刑事侦查大队，外管科更名为出入境管理科。

2007 年 12 月 30 日，内设执法执勤、综合管理、选设及监管场所等副科机构。

执法执勤　（1）指挥中心，下设接处警中队、情报调研中队、机要通信中队、内勤中队；（2）国内安全保卫大队，下设案件侦查中队、内部单位安全保卫中队、防范和处理邪教犯罪中队、内勤中队；（3）刑事侦查大队，下设刑事案件侦查一中队、刑事案件侦查二中队、经济案件侦查中队、情报资料中队、刑事技术中队、内勤中队；（4）治安管理大队，下设治安案件查处中队、爆炸危险物品管理中队、公共信息网络安全监察中队、基层基础中队、户政管理中队、出入境管理中队、内勤中队。（5）交通管理大队。内设交通事故处理中队、秩序管理中队、车管中队、内勤中队及漫湾交通管理中队、城市交通管理中队。

综合管理　政工监督室，加挂纪委、监察室、督察大队牌子；法制室；警务保障室。

选设　即禁毒大队，加挂县级禁毒委员会办公室牌子。下设毒品案件侦查中队、情报信息中队、禁种禁吸中队、内勤中队。

监管场所　景东县看守所，下设深挖犯罪中队、管理中队、内勤中队；景东县拘留所，下设管理教中队、内勤中队。

2011 年 5 月 30 日，内设机构 12 个（综合管理 4 个，执法勤务 8 个）、监管场所 2 个、公安派出所 13 个，均为副科级，下设股所级。

综合管理　（1）指挥中心（办公室），下设接处警中队、情报调研中队、机要通信中队、内勤中队；（2）政工室，下设综合股、组织人事股（党委办公室）、宣教训练股；（3）纪检监察室（警务督察大队），内设综合股、案件检查审理股、审计股；（4）警务保障室，下设综合管理股、装备财务股。

执法勤务　（1）法制室；（2）国内安全保卫大队，下设案件侦查中队、内部单位安全保卫中队、防范和处理邪教犯罪中队、内勤中队；（3）刑事侦查大队，下设刑事案件侦查一中队、刑事案件侦查二中队、情报资料中队、刑事技术中队、内勤中队；（4）经济犯罪侦查大队，下设经济案件侦查中队、情报信息中队、内勤中队；（5）治安管理大队（爆炸危险物品管理大队和出入境管理大队），下设治安案件查处中队、爆炸危险物品管理中队、基层基础中队、户政管理中队、出入境管理中队、内勤中队；（6）网络安全保卫大队，下设网络监察侦查中队、内勤中队；（7）禁毒大队（县禁毒委员会办公室），下设毒品案件侦查中队、情报信息中队、禁种禁吸中队、内勤中队；（8）交通警察大队

（公路巡逻民警大队），下设内勤中队（指挥室）、事故处理中队、秩序管理中队、法制宣传中队、车辆管理所、客运安全管理中队、城区交警中队、漫湾交警中队、文井交警中队。

消防大队　公安现役部队。（详见本章第六节“消防管理”）

公安派出所　1982年3月，文华农场派出所成立。1984年7月，在公安特派员基础上，相继成立锦屏、头塘、文井、者后、花山、大街、太忠、龙街、文龙、安定、漫湾、林街、景福、曼等、永秀15个乡（镇）派出所。1991年9月，增设东镇派出所。1997年后，因行政区划调整，撤销头塘、者后、永秀3个派出所。2011年，机构改革。设锦屏、文井、花山、大街、太忠、龙街、文龙、安定、漫湾、林街、景福、曼等、东镇13个乡（镇）派出所，副科级。其中，锦屏派出所设所长、教导员各1人（正科）；下设刑事案件侦查、治安案件查处、治安巡逻、社区民警、内勤5个中队，其他派出所设所长、教导员各1人，副科级，除锦屏、文井派出所外，加挂交警中队牌子。

（二）人员编制

县公安局政法专项编制194人，人员控制数26人（含交通警察大队政法专项编制16人，人员控制数5人）。其中，局长1人，政委1人，副局长4人，纪委书记兼督察长1人。核定其他科级领导职数49人。2011年12月，在册民警247人、工人3人。历任局长：王永法、白正清、罗成海、陈忠运、李佳维、李朝武、王斌、欧阳宇辉、李红武、许志刚，政委：夏天印（局教导员）、陈忠运、苏元洪、王斌、李乐澎、李红武、李文辉、钱丙云，副局长：李朝珍、白正清、纪文章、陈忠运、杨靖、罗成海、张学良、李旭、何元德、毛大富、伍国良、雷启勇、谭大勇、王华、孙明、罗强、吴国龙、钱丙云、廖逢聪、李昌成，副政委：纪文章、刘铣铭、陈忠运、苏元洪、王玉柱、兰成强。

二、普洱市森林公安局景东分局

机构设置　1980年4月，在景东县、景东森工局设立“景东县公安局无量山自然保护区派出所”和“林区派出所”。1986年3月，景东县公安局无量山自然保护区派出所和哀牢山自然保护区派出所成立。1988年4月，成立县公安局森林派出所和自然保护区派出所。1994年2月，县公安局森林派出所改称县公安局林业公安科，自然保护区派出所改称县公安局无量山自然保护区派出所和县公安局哀牢山自然保护区派出所。2000年6月，县公安局林业公安科更名为思茅地区森林公安局景东分局。无量山自然保护区派出所、哀牢山自然保护区派出所和林区派出所分别更名为思茅地区森林公安局景东分局无量山自然保护区派出所、思茅地区森林公安局景东分局哀牢山自然保护区派出所和思茅地区森林公安局景东分局林区派出所。2002年4月，县森林公安分局机构为副科级单位。2003年10月，改称思茅市森林公安局景东分局。2004年5月，升为正科级，设局长1人、副局长1人、副政委1人，兼职政委1人；内设办公、政工、刑侦、治安4个科室；8月，改设为办公、政工、法制、治安、刑侦5个科室（队）。2005年12月，林区派出所成建制移交县森林公安分局管理。2007年4月，无量山自然保护区派出所、哀牢山自然保护区派出所成建制移交县森林公安分局管理。2007年4月，县森林公安分局更名为普洱市森林公安局景东分局；2009年10月，更名为县森林公安局。2011年5月30日，内设办公、政工、法制、刑侦、治安5个科室（队），设林区、无量山自然保护区、哀牢山自然保护区3个副科级派出所。

管理体制　1988—2007年，实行条块结合、以块为主的双重领导管理体制，既是同级林业部门职能机构，又属同级地方公安机关序列，行政管理以林业部门领导为主，业务工作以地方公安机关指导为主。2008年9月，省机构编制委员会办公室、省公安厅、省林业厅联合下发《关于规范州（市）县（市、区）森林公安机关机构设置和加强队伍建设的意见》，明确森林公安机关是国家林业部门和公安机关重要组成部分，具有武装性质兼有刑事执法和行政执法职能的专门保护森林及野生动植物资源、保护生态安全、维护林区社会治安秩序重要力量。根据省政府办公厅转发国务院办公厅《关于解决森林公安及林业检法编制和经费问题文件的通知》精神，由林场、森工局和自然保护区管理的森林公安派出所，一律划归当地森林公安机关，实行统一管理。

警务模式　县森林公安局负责侦办破坏森林和野生动植物资源违法犯罪案件、查处管辖范围内治安案件和各类林业行政案件。2000 年 4 月 4 日，省高院、检察院、公安厅、林业厅联合发出《关于对云南省森林刑事、治安和林业行政案件执法中有关问题的通知》，规定森林公安机关在查处以上案件职权范围及与相关部门协作关系。推行以“三情”“四网”“两管理”（山情、林情、社情，群防群治网络、组织协查网络、组织联防网络、情报信息网络；破坏森林资源和野生动植物资源人员的监控，木材流向、加工、运输管理）为主要内容的基层基础业务工作，和“一警一区、一警多能、双警联勤、责任到人”林区警务模式；建立以林区派出所为龙头，以警务区、执勤室、护林站为平台，以护林员为骨干，以乡镇、林场为基础，以伐区为点、公路为线，以木材消耗行业为面，点线面相结合的林区治安动态防控体系。

收缴的野生动物制品及狩猎工具
（姜贵寿　摄）

无证木材运输车冲关
（姜贵寿　摄）

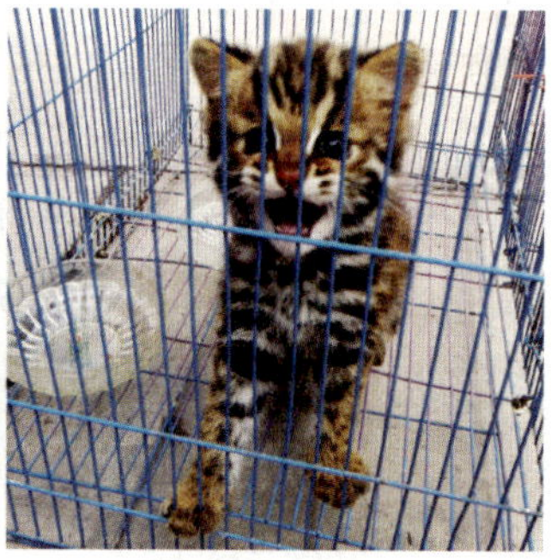

不法分子捕获的豹猫
（姜贵寿　摄）

涉林案件查处　1988—1990 年，累计受理各类森林案件 247 起，查处 247 起，查获违法犯罪人员 410 人，其中，追究刑事责任 18 人，行政处罚 392 人；收缴木材 913.57 立方米，挽回经济损失 37.02 万元。1991—1995 年，累计受理各类森林案件 133 起，查处 133 起，查获违法犯罪人员 615 人，其中，追究刑事责任 4 人，行政处罚 611 人；收缴木材 1114.25 立方米，挽回经济损失 45.79 万元。1992 年、1995 年，全县两次开展林区治安“严打”专项整治行动，严厉打击各类涉林违法犯罪行为。1996—2000 年，少数地区乱砍滥伐、毁林开荒现象较为突出，盗伐、运输国家珍稀动植物犯罪活动未从根本上解决，木材流通领域秩序混乱，案件呈上升趋势。累计受理各类森林案件 354 起，查处 354 起，查获违法犯罪 536 人，其中，追究刑事责任 3 人，行政处罚 533 人；收缴木材 2064.12 立方米，挽回经济损失 71.88 万元。2001—2007 年，采取警力下沉、警务前移、触角向林区延伸措施，加强打击各类涉林违法犯罪活动，林区治安形势趋于好转，治安案件、林政案件大幅下降，但刑事案件大幅上升。累计受理各类案件 1182 起，查处 1182 起，查获违法犯罪人员 1337 人，其中，追究刑事责任 44 人，行政处罚 1138 人；收缴木材 1442.94 立方米，挽回经济损失 356.96 万元。2008—2011 年，加大各类矛盾纠纷排查调处力度，开展“抓逃犯、破大案”专项斗争和“飞鹰行动”“候鸟三号行动”，打击各类破坏森林资源违法犯罪活动。累计受理各类涉林案件 357 起，查处 357 起，查获违法犯罪 463 人，其中，追究刑事责任 130 人，行政处罚 333 人；收缴木材 1549.06 立方米，挽回经济损失 163.12 万元。

1985—2011 年景东县查处森林案件统计表

表 4-3-4

年度	查处案件总数（起）	查处人数（人）	挽回经济损失（万元）	年度	查处案件总数（起）	查处人数（起）	挽回经济损失（万元）
1985	37	52	1.30	1999	52	54	34.62
1986	23	27	0.54	2000	172	173	12.68
1987	58	92	2.28	2001	138	164	24.35
1988	56	56	16.00	2002	78	112	9.17
1989	129	177	10.57	2003	94	113	10.80
1990	62	177	10.45	2004	82	120	76.94
1991	29	99	3.62	2005	102	119	85.90
1992	25	69	5.20	2006	542	554	77.80
1993	18	55	4.56	2007	146	155	52.00
1994	41	187	22.15	2008	105	115	52.30
1995	20	205	10.26	2009	39	57	57.03
1996	19	149	11.82	2010	67	121	20.45
1997	21	48	5.53	2011	146	170	33.34
1998	90	112	7.23				

第五节　交通安全管理

一、交通勤务机制

1978—1998 年，制订“文明执勤守则”“文明用语”，实行交通定点执勤、固定上岗勤务制度。结合实际实行岗位责任制，采取点线面结合的执勤办法。1992 年，改革内部管理体制，由三级管理变为四级管理，组建乡镇交警中队 1 个。1993 年，建立巡逻执勤为主的勤务制度；发展完善四级交通管理体制，把城镇干道交通管理扩大到边远乡镇道路。1994—1996 年，实行中队 3/4 民警、大队 2/3 民警上路执勤方式，采取高峰站点、低峰巡线、流动巡逻、以动制动执勤方式，延伸管理范围。1997 年，推行和落实“定路段、定时间、定人员、定责任、定标准”工作责任制。1998 年起，城区 2 个岗亭均设副岗（1 班民警 2 人），除站岗指挥交通民警外，其他民警机动，高峰时在路口指挥疏导，平峰时深入路段管理，重点控制事故多发路段，实行以点带面、点面结合执勤方法和承包到人“三包”“三定一包”（包秩序、包安全、包宣传教育，定人、定路段、定责任、包安全畅通）责任制。在县城，实行大队包面、中队包片、班组包线、个人包岗段的勤务制度；在农村公路，采取分段巡逻和定点检查相结合办法，加强重点路段指挥疏导，控制事故多发点段。1999—2007 年，先后组织开展“利民、便民、为民、爱民”活动和创建文明单位、文明岗组、文明执勤标兵活动。1999 年 3 月，实行大队领导包面、中队领导包线、民警包段守点责任制，形成点线面结合巡逻执勤网络，采取动静结合、流动巡逻为主的工作方式。同年，全面实施勤务制度改革，以岗点为中心，加大路段巡逻力度，推行承包路段秩序管理方式，严格考核制度。城区和道路主干道全线实行双向巡逻，采取定点执勤和机动巡逻相结合的勤务方式，实行路面 24 小时监控。2000 年，改革交通管理方式和勤务制度，“平安大道”实行全天候巡逻勤务机制，形成以流动检查为主、定点检查为辅的交通秩序管理机制，加大对道路的监控面和巡逻检查密度。2001 年，全面推行民警带班责任制，做到交通高峰期站岗指挥、低峰期巡逻疏导，加大流动巡逻纠正违章力度和密度，扩大管理面，做到责任区不堵塞、“违章不过岗”。2002—2004 年，打破勤务时段管理模式，实行错时工作制，减少管理空档。2005—2007 年，在交警内部改革警务、勤务模式，划小责任区；在城市中队实行警务区管理制度，划段包干，责任到人。同时，实行领导包片、民警包线工作制度，采取定点执勤和流动巡逻相结合的勤务方式，“白天见警车，夜晚见警灯”，加大巡逻管控力度，强化路面行车秩序整治。以国道、省道干线公路沿线中队巡逻段为依托，推行联勤协勤制和“高峰站点、低峰巡线、错时上路”的巡逻监控模式，使大队警力和时间投入路面管理，实行大队领导划片、划线包干，民警定人、定位、定时、定责“一包四定”责任制，形成“点”上控制与“线”上巡逻有机结合勤务制度。2008—2011 年，改革完善勤务模式，以落实民警路段承包责任制为核心，实行重点区域、重点路段、重点时段“错时勤务制度”和动态管理，增强勤务工作针对性、时效性和有效性，有效提高路面见警率和管事率。实行大队领导包片、中队领导包线、民警包点责任制，把全县主要省道和县乡道路划分为若干管段，明确责任中队和责任人，落实责任民警。在勤务安排上，打破“八小时制”，因地、因时、因事故规律灵活推行弹性工作制、延时工作制、错时工作制等。同时，客运车辆实行 24 小时勤务查验登记制度，9 座以上客车做到逢车必查验、必提示、必登记，认真落实“四查”要求。

道路交通安全检查（李兆达　摄）

二、交通安全宣传

法律法规宣传　1988 年 9 月，交警中队和漫湾交警中队成立。1988 年，贯彻实施《中华人民共和国道路交通管理条例》，开展以机动车驾驶员为重点对象交通安全宣传教育活动，应用黑板报、标语、幻灯片等多种形式宣传教育，同时要求运输、客运等有车单位，集体加强对驾驶员交通安全宣传教育，期间下发《中华人民共和国道路交通管理条例》图解 20 套、磁带 13 盘、手册 35 本，制作悬挂宣传标语 19 条，出动宣传车 26 辆（次），受宣传人数 800 余人；橱窗宣传展览 11 次，观看者 4 万余人。1990 年 4 月，与县团委联合开展交通法规宣传活动，公路、街道上随处可见交警、团员、少先队员“宣传站”“监督岗”，散发事故《通告》1200 余份、《致团员、青少年的公开信》2100 余份，购置发放宣传图片 12 套、宣传挂图 10 套、录像带 14 套、录音带 100 余盒、《道路交通法规学习手册》80 册，放映录像 57 场，组织全县广大群众交通法规竞赛及考卷 310 份，掀起“全民学交规、人人保安全”热潮。1998 年 9 月，通过电视电台全文播放《云南省道路客运交通安全管理规定》（简称《规定》），组织干警深入客运企业及有关单位，采用讲座、会议等形式宣传。同时，交警大队分别举办学习班，组织全体民警学习《规定》。2005 年 6 月 3 日，县政府成立宣传《中华人民共和国道路交通安全法》（简称《道路交通安全法》）活动领导小组。全县开展“九个一”（开展一场以中小学生为主题的学习普及《道路交通安全法》知识竞赛；举办一台文艺节目巡回演出，送交通法规下乡；组织

一场电影、幻灯专场演出，利用幻灯片宣传交通法规知识；开辟一个《道路交通安全法》解读专栏，把群众最关心的问题，以通俗易懂的形式进行解答；以系统和条块为单位，分片、定人、包干举办一次《道路交通安全法》知识讲座；人人动手做一份试卷，在全县范围内开展普法教育；对驾驶员组织一次集中教育，力争学习教育面100%；下发一套学习宣传资料，配合宣传活动的开展；制作一条以交通安全为内容的电视公益广告为主要内容的交通安全宣传活动）活动。分管副县长就法律贯彻实施发表电视讲话。交警全警参与，采取广场文艺演出、悬挂宣传标语等形式宣传。2008—2011年，全县开展以“迎奥运、保平安、促和谐”为主题的道路交通安全宣传启动仪式，拉开《云南省道路交通安全条例》宣传序幕。活动期间，全大队共出动警力1200人（次）、宣传车121辆（次），设立宣传咨询点6个，悬挂宣传布标119条，展出宣传图板块1.46万次，播放交通安全宣传光碟317场（次），向群众发放交通安全宣传资料6.27万份，接受群众咨询300人次。

安全宣传教育　景东公安局交警中队组建后，把“安全第一”放在首位，开展安全教育。在易发、多发事故路段，设立“进入复杂路段，希望您安全通过”“陡坡弯急，注意安全”等警示语言安全宣传牌。20世纪90年代初，利用广播、电视、专栏等形式，到学校教授交通安全常识课，组织观看图片展，向广大人民群众和少年儿童进行交通安全宣传教育。1990年，利用广播、电视，定期播放交通安全录音录像。在公路干道急弯、陡坡、事故多发地段，设置永久性混凝土交通安全宣传牌4块、铁质宣传画11块、铁质宣传牌216块，投资6万元。1991年，开展“迎亚运，庆国庆”道路交通法规宣传活动；对安全工作做得好的单位，制成音像资料，并在县电视台系列报道宣传。1992年，利用简报、电台、电视等形式，宣传报道重视交通安全的单位，通报批评违章肇事严重的单位，并帮助其整改，限期改正；制作突出重大事故典型案例图片，广为张贴宣传，处罚一个教育一片。1993—1995年，刷新全县公路永久性宣传牌，根据不同路段喷印不同宣传标语。1996年3月31日，举行“交通安全宣传周”启动仪式，出动宣传车和交通安全检查车69辆（次），悬挂跨街巨幅横标18幅，张贴宣传标语894条，展出交通事故图片520张，举办专栏20期，印发交通法规宣传材料1万份，设立宣传咨询服务点3个，制作录音带26盘，放映录像17场，在报刊上报道文章5篇，广播电台播出信息6条，电视新闻宣传8次，受教育人数达10万人（次）。1996—2000年每年4月1—7日，开展“交通安全宣传周”活动。1997年6月，开展“迎香港回归祖国，确保交通畅通”游行宣传活动；9月，开展“讲文明、树新风、告别不文明交通行为”宣传活动。1998年9月20日，在人民广场举行“告别不文明交通行为”千人动员大会，组织千人签名活动。1999年11月10日，开展“规范交通行为，迎接'99世博会”宣传教育活动，以中小学生、城乡群众、机动车驾驶员和机动车骑车人为对象，动员社会力量，齐抓共管，唤醒广大交通参与者交通安全意识，增强市民遵章守法观念。2000年9月4—10日，开展以“遵守交通法规，保护个人和他人安全；崇尚现代文明，塑造自己和城市的形象”为主题的第五个交通安全宣传周活动。同年，以创建交通安全文明村寨、学校为载体，扩大宣传阵地，增强宣传效果，提高公路沿线村民和学生交通安全意识。组织中小学生200余人上街维护交通秩序，宣传交通法规，清扫道路垃圾，散发畅通工程宣传单1500份，推动城市“文明畅通工程”活动。2001—2002年，结合每年1月下旬春运，将每年1月22日定为景东县“道路交通安全宣传日”；利用广播、电视、文艺、知识竞赛等多种方式开展“云南省道路交通安全大型图片巡回展”活动。2003年6月1日，在全县范围内启功“平安是福”交通安全宣传大型系列活动。2004年11月，在全县开展以“关爱生命，平安出行”为主题道路交通安全宣传“五进”（进农村、进社区、进单位、进学校、进家庭）活动，历时1个月。出动警力626人次，深入单位56个，组织播放宣传光碟18场，巡回展出安全展板68次，讲授交通安全课10次，张贴宣传画35幅，在电视台播放“关爱生命，平安出行”光碟6次，受教育群众11万人。2005年，与卫生、安全监督管理等部门联合举办咨询、事故案例剖析、事故案例画展等一系列宣传教育活动。每月定期到县出租汽车驾驶员在岗培训班讲课。2006年，在全县客运企业和客运驾驶员中开展“珍爱生命，杜绝违法”教育活动，制作发放特大交通事故照片和交警提示宣传材料2000份。对低速载货汽车、拖拉机驾车人采取“面对面”宣传教育方式，做到“六知两保”（知人、知地、知车、知技术、知行驶路线、知隐患，保安全、保守法）。在车管所、驾驶员考试场所张贴、展出交通宣传挂图，全天循环播放交通安全宣传警示教育片。全年共发放各种宣传材料1220份，出动宣传车80辆（次），召开现场会92次，制作宣传牌250块，举办展览468次，制作宣传挂图152张，放映电影录像214场，受教育人数12万人次。2007年1月1日，以“遵章守法，从每一步做起”和围绕“和谐春运、平安出行”为主题，开展新年“春运交通安全宣传”活动，营造“关注交通安全，文明参与交通”浓厚氛围。共召开现场会27次，制作宣传牌300块，印发各类宣传资料2万份，出动宣传车89辆（次），放映电影、录像19场。2008年，围绕《云南省道路交通安全条例》宣传，重点推进“五进”宣传工程。全年出动宣传警力1230人（次），出动宣传车230辆（次），开展各类宣传活动35场（次），深入农村举办面对面宣传活动146场（次），举办乡镇派出所民警、专职协管员培训班2期共98人（次），悬挂安全宣传标语25条，制作宣传牌52块，召开现场会55场（次），放映安全宣传录像270场（次），发放安全宣传材料6.5万份。全县参加交通安全知识竞赛运输企业1个329人、社区3个90人，中小学校15个3429人。2009年，认真贯彻落实省市交通安全宣传工作会议精神，结合景东实际，制订《景东县开展“保护生命、平安出行”交通安全宣传教育方案》《景东县公安局道路交通安全宣传工作方案》《景东县机动车驾驶人交通安全集中教育活动方案》等方案，并抓好节假日和“5·15”“5·26”“10·6”“12·2”及“5·19”警营开放宣传日活动。全年共出动宣传警力2250人次，出动宣传车426辆（次），开展各类宣传活动265场（次），深入农村举办面对面宣传活动195场（次），举办乡镇派出所民警、专职协管员培训班3期126人次，悬挂安全宣传标语61条，制作宣传牌55块，召开现场会54场（次），放映安全宣传录像272场（次），发放安全宣传材料6.6万份。2010年，结合全省“交通文明行动计划”活动，制订《景东县道路交通安全宣传教育联席会议制度》《景东县文明交通行动计划工作实施方案》《景东县公安局道路交通安全宣传管理工作职责》《景东县公安局交警大队重点人群、重点单位、重点场所宣传教育工作方案》，逐级成立宣传领导机构，细化目标责任，并加强与新闻媒体协调配合，强化交通安全宣传教育。全年共出动宣传警力2150人次，出动宣传车318辆（次），举办宣传展览、放映宣传录像各99场（次），深入农村举办面对面宣传活动55场（次），悬挂安全宣传标语27条，制作宣传牌63块，召开现场会55场（次），放映安全宣传录像116场（次），发放安全宣传材料8.62万份。2011年，抓好节假日宣传活动。以公安机关开展大走访“开门评警”活动为契机，加强广大人民群众交通安全意识和法律意识宣传；与安监、交通、农机等部门协调配合，开展“安全宣传月”宣传教育活动。全年共出动宣传警力715人次，宣传车140辆（次），发放宣传资料6.5万份；宣传进企业12次、学校30个、乡镇30个，上交通安全课21场（次），播放宣传光碟640场（次），受教育11.5万人次。

三、交通安全监督、机动车辆、机动车驾驶员管理

（一）交通安全监督管理

城区交通管理 1986年前，道路交通由公安、交通、农业（农机）共同管理。1986年10月2日起，统一由公安机关管理。1988年8月1日，《中华人民共和国道路交通管理条例》实施，依照《条例》管理道路交通秩序。1996年，公安部下发《关于组建公路巡逻民警在公路上实施统一执法的通知》。按照通知要求，将县交警大队改为公路巡逻民警大队，同时挂县公安局交通警察大队牌子，实行一支队伍，两块牌子，交通管理职责、任务不变，加强预防和处置刑事犯罪和治安违法。2000年

起，建设路与景川路交叉路口、景川路与北川路交叉路口设置固定岗，进行交通指挥。2004 年 5 月 1 日，《中华人民共和国道路交通安全法》颁布实施。同年，使用移动测速仪对限速路段行驶车辆进行测速。2005 年，县城区主要干道施划道路交通标志标线，在建设路与凌云路交叉路口、建设路与银生路交叉口设置交通信号灯。2009 年，在小景线县城南北两端设置固定测速仪，对过往车辆进行测速。2010 年，在景川路与建设路交叉路口、景川路与北川路交叉路口，景太大桥交叉路口、通化桥交叉路口增设交通信号灯，在民族中学交叉路口设置示范岗亭。2011 年，以解决城区道路畅通为目标，完善城区道路交通设施。把创建"平安畅通县区"活动与深化畅通工程有机结合起来，着力在交通规划、道路基础设施建设、交通科技管理三个方面提升水平。5 月，增设凌云路与景太大桥交叉路口、河东街大桥延长线与凌云路交叉路口两组信号灯。

农村交通管理　1982 年，整治主要干线交通流量大、秩序不好、事故多发路线路段。1994 年后，开展农村道路交通秩序治理，主要打击"三无"车辆及无证驾车、酒后驾车、超速超载等严重违章行为。2006 年，结合景东实际，提出贯彻落实"丘北会议"精神工作实施意见，县政府发出《关于进一步加强农村道路客运安全发展工作的决定》，组织联合执法队伍加大动态巡逻检查力度，严格禁止和严厉查处低速载货汽车和拖拉机违法载人行为。2007 年 6 月 21 日，分步骤、有计划开展农村地区无牌无证机动车集中清理整治，有效消除农村地区道路交通安全隐患。2008—2011 年，正式启动委托农机监理部门实施拖拉机道路交通安全监管试点工作，开展拖拉机"一盯一"管理制度。清理整治低速载货汽车、拖拉机、两轮摩托车违法载人行为和"三无"车辆。全县共清理整治农村地区无牌、无证机动车 1735 辆。

（二）机动车辆管理

1978 年至 1986 年 8 月，景东县机动车管理由交通监理部门监管，公安交通管理部门统一管理，核发牌照，年度检验。1987—1997 年，所有机动车到普洱市公安局交警支队登记注册、年检。1998 年，市公安交警支队委托县公安交警大队对"五小车辆"（拖拉机、农用车、二轮摩托车、三轮摩托车、轻便摩托车）进行登记注册、年检，其他车辆继续到市公安局交警支队登记注册、年检。2000 年 10 月 1 日，市公安交警支队委托县公安交警大队对除了客运车辆、危险化学品运输车辆、专业机械车之外的机动车进行年检。2002 年 5 月，对全县未登记注册、脱检机动车进行登记注册，纳入管理。同年，车管分所成立，正式对五小车辆进行登记注册、年检。2004 年 5 月 1 日，《道路交通安全法》实施，省政府委托县公安局交警大队登记注册、年检。拖拉机由农机部门登记注册、核发牌证。同时，启动电脑随机选择机动车号牌。2005—2007 年，在各乡镇设置车管业务便民服务站，五小车辆管理业务向乡镇延伸。共办理摩托车落户 1202 辆，机动车年度检验 1.25 万辆，委托检验 36 辆，机动车注册登记上牌 3419 辆，机动车转人登记 510 辆，变更 359 辆，转籍过户 472 辆，各类机动车报废 69 辆，机动车盗抢信息库比对查寻 1652 辆。2008—2011 年，县政府决定，小景线者后至安定拉客运输 121 微型车过户到县客运站，正式纳入客运车辆管理。全县长途客运车 49 辆和危险化学品运输车 16 辆安装 GPS 车载终端卫星定位系统。建立完善汽车客运站安全监督制度，实行客运车辆"户籍化"一车一档管理制度，客运车辆定期检验率 100%。7 座以上客运车辆逢车必查，做到一查（检查车辆安全技术状况）、二看（核查乘载人数）、三教育（交通法规教育）、四嘱咐（叮嘱行车安全），并做好登记。加强 11 辆校（园）车监督管理，利用交警信息平台，对校车行驶路线等信息逐一登记造册，建立校车管理数据库，定期通报校车交通违法行为；督促有车学校建立健全校车和承租车辆管理制度，校车和承租车辆依法实行登记注册，定期检验，使车况保持完好。先后共出动警力 7.46 万人次、警车 1.71 万辆（次），检查车辆 24.92 万辆（次），查处交通违法案件 1.53 万件；依法办理各类机动车注册登记 3.88 万辆，办理核发机动车驾驶证 1.77 万人，下乡依法办理摩托车注册登记

0.66 万辆，核发各类车辆检验合格标志 4.15 万辆，清理报废车 120 辆，建立完善客运车辆档案 97 份。

（三）机动车驾驶人管理

1978 年至 2011 年 12 月，全县机动车驾驶员从 125 人增至 5.93 万人。1977 年，10 辆车以上单位和公社拖拉机站成立自检领导小组，组织驾驶员、修理工学习，坚持检验不合格不签、养路费不交清不签，检审和安全检查期间举办违章人员学习班。1978 年 1 月 1 日后，累计发生交通事故 5 次，并缴销负事故主要责任的驾驶员驾驶证。1979—1981 年，全区驾驶员检审采取地区设检审办，10 辆车以上单位成立自检小组，10 辆车以下单位由监理站按系统或区域组成联检小组，负责本单位车辆和驾驶员检审。各公社农机管理站成立自检小组，负责检审本公社拖拉机及驾驶员。驾驶员审验累计学习时间不得少于 32 小时，严重违章或肇事扣证及驾驶技术有问题的驾驶员必须复考，凡采用人工直流供油、酒后驾车、将车交无证人驾驶、持有学习证单独驾车者，均缴销驾驶证或学习证。1982—1983 年，年满 60 岁尚未办理退休手续的机动车驾驶员不予审验；持有驾驶证的行政领导干部，工作与车辆管理无关的不审验。小客车（旅行车、吉普车）驾驶员必须具有 5 年以上驾龄和 10 万以上安全行车公里，达不到要求者由单位调整，否则不予签证。驾驶技术有疑问或严重违章，行车作风恶劣，有群众检举揭发或单位反映，经查证属实的，由监理部门监督全科复试，2 次不合格者缴销其驾驶证。单位无车和私自在外驾驶车辆的驾驶员不予审验。1982 年，县农机局参加检审领导小组，并由其派员参加检审办公室检审后，再到县检办签证盖章。文井公社以农机站为单位，成立自检审小组，负责全公社拖拉机检审，并由公社农机站集中两证到县、地检办签证；县城附近零星车辆须开到县检审办公室检验，各个自检小组自验车辆由县派出检验人员深入单位就地抽验；技术有问题或头年检审后肇事负主要责任的要进行复考，合格后予以签证。1984 年，检审具体业务由监理部门会同有关部门统一组织实施，检审期内使用驾驶员代理证，每年 7、8 月集中检审，并在副证上签盖印章办法审验，其中农用车、拖拉机及其驾驶员由县农机监理部门负责，要求以车属单位和区公所为单位，成立自审自检小组先自检自查，检审办按标准验收合格后给予签证。1987 年，根据有关文件精神，农用拖拉机和驾驶员技术档案移交公安交通监理站，农用拖拉机检审换发全国统一的牌证，换发统一的机动车行驶证、驾驶证。1988 年，机动车年度检审（8 月 1 日至 11 月 31 日）以派出所为主，建立辖区检审机构，分系统、分单位、分片区、分乡成立检审片组办公室，分期组织车辆修理检验、驾驶员审验学习及道路交通管理条例考试。大中型专业运输单位及拥有 30 辆车的机关、企事业单位成立自检审办公室，10 辆车以上单位成立自检小组，10 辆车以下及乡镇机动车和驾驶员分片组，由有车单位联合成立检审小组或由乡镇公安派出所负责检审。1989 年 1 月，机动车驾驶员检审业务移交公安机关，由地区公安交警支队负责办理“五小”车辆登记业务和驾驶员管理业务。驾驶员审验时分期分批考试，已退、离休或年满 60 周岁驾驶员不予审验，年满 55 周岁不准驾驶大客车。1990 年，检审由思茅地区行署公安交警支队到基层或有车单位检车签证。1993 年 3 月 20 日，行署公安处下发《关于改革机动车、驾驶员业务管理的通告》，陆续将拖拉机、摩托车、简易运输车、小四轮工程翻斗车、残疾人专用车及同类驾驶员业务委托各县交警大队承办。1995 年 8 月 1 日起，汽车和摩托车类初学驾驶员报名由行署公安交警支队委托各县交警大队负责初审后报支队车管所审核。1996 年 9 月 1 日，施行《机动车驾驶证管理办法》《驾驶员考试办法》，驾驶证审验按有效期对应月份审验。10 月 1 日起，申请学习汽车类驾驶和办理有关业务由申请人持身份证复印件到地区公安局车管所办理，其他各类机动车向委托的县（市）交警大队提出申请。1997 年，每月 7、8 月定期审验、换证改为按驾驶证有效期起始年月日对应月份审验、签证。同年，在全区开展机动车驾驶员定期审验及换证。1998 年，执行《关于驾驶证签注延期审验换证的通知》，在驾驶证审验中严把收费关、遗失补证审验关、审验时间关、军转地驾驶时间关。1999 年，取消驾驶证年度审验中由各大队加盖本年度无违章肇事记录条章，有无违章肇事记录改由车管所微机储存信息并查询；把“五小”车辆业务管理及其驾驶员审验下放到各县交警大队，不从事客运的小型汽车驾驶员年度审验每两年一次。2000 年 6 月 1 日至 2001 年 3 月 31 日，在全市换（核）发防伪机动车驾驶证和行驶证。10 月，建成集车管、驾管为一体的流动车管所；放宽持“B”型驾驶证增驾“A”型驾驶证人员必须找挂靠单位、持法律文书公证及每辆大型客车只能配备 1.5 名驾驶员等限制条件。2002 年，开展“一站式”服务，提高机动车登记、注册、转籍、过户、变更等业务速度。组织“流动车管所”到工矿企业和边远乡镇开展上门服务。2003 年 7 月，取消遗失补办驾驶证需登报 30 天后补发的规定。9 月 1 日起，驾驶员可到县交警大队办理汽车驾驶证有效期满换证、年度审验业务。2005 年 6 月，与邮政局联合推出新学驾驶员邮政快递服务。8 月 1 日起，启用自行开发的打印扩充程序，在驾驶证副页添加下一次审验和换证日期，军用机动车驾驶员考核管理由军队有关主管部门负责。2006 年，建立完善被记满 12 分的机动车驾驶人教育培训、考试及消分制度。至 12 月 20 日，办理驾驶证初次申领 1012 人，增驾申请 48 人次，补证换证 128 人次，记满 12 分学习考试 7 人次，注销驾驶证 6 本，更正档案 7 份，提交体检证明 212 人，转出驾驶证 50 本，补建电子档案 1 份。2007 年，继续严格驾驶人考试发证工作，把好驾驶人考试关，至 12 月 20 日，办理驾驶证初次申领 2318 人，增驾申请 66 人次，补证、换证 318 人次，注销登记 12 人，档案更正 2 人，驾驶人提交体检证明 1214 人，驾驶证转出 62 本，交通违法满分学习 11 人，档案补建 1 份，逾期未检验驾驶证恢复 12 人。2008 年 6 月 1 日始，全面做好新版机动车驾驶证换发。同年，继续推行并严格落实客运安全管理“两卡”（客运车辆驾驶人安全管理卡、客运车辆安全管理卡）制度。2008—2011 年，共换发“客运驾驶人安全管理卡”418 张、“客运车辆安全管理卡”408 张，受理两卡科目三考试申请 518 人次，督促客运企业落实安全生产主体责任，突出客运从业人员安全监管，落实“三关一监督”（严把运输经营者市场准人关、营运车辆技术状况关、营运驾驶人从业资格关，加强对客运场站的安全监督），督促运输企业安装使用 GPS 技术装备，加大对客运车辆及驾驶人运行过程的动态监控。实行“谁检验、谁签字、谁负责”，严把驾驶人考试和驾驶人检审关。至 12 月 20 日，受理驾驶证初次申领 2158 人，增驾申请 61 人，补证换证 67 本，注销登记 15 人，档案更正 2 人，驾驶员年度体检 1234 人，驾驶证转出 71 本，交通违法满分学习 14 人，档案补建 1 份，逾期未检验驾驶证恢复 14 本。

（四）培训考试

1974 年 4 月，交通管理站举办第一期汽车驾驶员培训班，公社驾驶员免交培训费。1984 年 7 月，交通管理站举办第二期汽车驾驶员培训班。1988 年，分期组织驾驶员《道路交通管理条例》考试。1991 年 5 月 10 日至 7 月 20 日，对全区大客车驾驶员进行整顿和考试。同年，调整驾驶员培训方法，成立培训科，精简培训站，学员由支队培训科统一招收分配，驾驶员培训走向专业化、正规化，年内考取初级驾驶员 1148 人，客车驾驶员 52 人。1993 年，取消学习驾驶技术要到行署公安交警支队报名的规定，改为在各县区培训站报名；取消学习驾驶技术按人、车比例培训的规定。1994 年，先后制订《思茅地区机动车驾驶员培训站管理工作实施方案》《思茅地区机动车驾驶人员培训站（校）教学实施细则》，实行按报名先后审核、录取。1995 年 10 月 15 日起，各类机动车驾驶员培训严禁跨区域培训。1996 年，运用微机考试。1997 年 9 月 17 日，规范考试时限、训练人数（人/辆）。1998 年，五小车辆机动车驾驶证在景东县公安局交警大队审验。1998 年 8 月 1 日，汽车类科目成绩严格按 90 分以上为及格。1999 年，新学驾驶员理论学习和考试改在各大队进行。2001 年，设立无纸化考场，实现交通法规与相关知识（简称科目一）考试全电脑操作，科目二实行红外激光桩考全电脑自动化考试，放宽报考时限，学驾人员随到随报，随报随学。2002 年 5 月 10 日，汽车类驾驶员科目一无纸化远程考试系统正式投运，各县区参加科目一考试学员就地参加考试。同年，取消汽车类驾驶员培训科目一、科自二、科目三固定考试，学习期满可以自己选择考试时间。2004 年 5 月后，除大型客车驾驶证以外，都在县交警大队审验，拖拉机驾驶证由县农机部门培训核发。2004—2006 年，普洱市安达驾驶培训学校、宏达驾驶培训学校、交通驾驶培训学校先后在景东设立培训站，学员通过培训后到普洱市考训中心考试，由交警支队考试核发机动车驾驶证。2005 年，改革机动车驾驶员培训考试制度，办证工作实行微机管理；规范机动车驾驶，使科目一二三考场设置达到标准要求；在车管、驾管两个业务大厅和外观检验、考试中心设置标识牌，在学员考场建立考试员数据库，由微机随时安排考试员考试。全年经考试、考核合格领取驾驶员执照 1085 人，其中，汽车 326 人，摩托车 663 人、拖拉机 96 人。2006 年，以核发“客运车辆安全管理卡”“客运驾驶人安全管理卡”为契机，开展客运车辆驾驶人交通安全知识教育和“车辆制动失灵怎么办”“车辆起火怎么办”等应急处置能力培训。至 12 月 20 日，共完成科目三场内道路驾驶考试 108 人次。2007—2011 年，落实“客运车辆安全管理卡”“客运驾驶人安全管理卡”核发和淘汰制度，建立科目一无纸化远程考试系统和科目二网上预约考试系统，建立申请人报名培训与预约报告信息核对机制，严格受外审核程序；与县运政管理所联合开展机动车驾驶培训质量监督，建立驾校考试质量排名通报和群众举报奖励制度，深化随机抽调、安排考试员制度，落实考前告知、考中鉴定和考后讲评要求。先后组织科目一考试 4185 人次。

四、交通事故处理

1998 年 3 月 9 日至 2004 年 4 月 30 日，依据国务院《中华人民共和国道路交通管理条例》《道路交通事故处理办法》，公安部《交通管理处罚程序规定》《交通管理处罚程序补充规定》《道路交通事故处理程序规定》，云南省政府《云南省道路交通管理实施办法》《云南省道路交通事故处理程序实施细则》等法律法规处理交通事故。2004—2011 年，依据 2004 年 5 月 1 日颁布的《中华人民共和国道路交通安全法》和国务院《中华人民共和国道路交通安全法实施条例》、公安部《道路交通违法行为处理程序规定》《交通事故处理程序规定》等法律法规处理交通事故。本行政区域内发生的交通事故，公安交警部门通过调查，弄清案情，判明责任，按照构成交通事故要素的原则，做出责任鉴定，然后进行调解处理或依法定责，以责论处。

第六节　消防管理

一、消防监督

（一）防火安全检查

1980 年，各级防火安全委员会普遍建立。检查重点为粮、棉、油物资仓库、火灾隐患大的城镇居民区。1982 年，抓旱季防火，围绕元旦、春节保卫，全县组织检查组 16 人次，检查单位和居民住宅 247 个，查出不安全因素 125 条，更新电线 951 米，拆除简易油毛毡房 350 平方米，发放防火宣传单 120 份，放映防火电影、幻灯 13 场，举办消防培训班 2 期。1984 年，在春季防火安全检查基础上开展 5 月“安全月活动”。组成 4 个 16 人检查组大检查 2 次，发现火灾隐患 145 条，下发“责令限期整改通知书”16 份，疏通消防通道 2 条，拆除油毛毡简易建筑 250 平方米，更换电线 600 余米，增设水带 210 米、室外消火栓 4 个、灭火器 8 个。1986 年，全县组织城镇防火检查组检查单位 24 个，发现火灾隐患 120 条，其中重大火灾隐患 13 条，并责令其整改。1988 年，在中秋、国庆、“艺术节”安全保卫中，全县组织 40 人次，检查单位 16 个，发现火灾隐患 31 条，整改 27 条，限期整改 4 条，下发“责令限期整改通知书”9 份。1989 年，全县组织防火安全组 7 个 28 人次，检查单位 17 个，查出火灾隐患98条，提出整改意见105条，下发“责令限期整改通知书”21份，拆除各类简易棚屋512平方米，更换陈旧电线2210米、各型电闸37个。1990年4月17日，普洱县宁洱镇凤新街特大火灾发生后，行署立即召开各县主管副县长、重点单位法人代表200多人参加火灾现场会，总结吸取教训。会后，景东县组织火灾安全检查组6个24人，检查重点单位和部位、重点乡镇、村社居民户，整改火灾隐患237条、限期整改55条，拆除油毛毡和简易建筑2417平方米，更换旧电线2900米、不合格电闸230个，增设灭火器146个、水带520米、水枪2支、消防水池6个36立方米，更新安装城镇消火栓19个。1993年，首届“中国普洱茶叶节”期间，县公安消防会同保险、林业等部门开展防火宣传和安全检查活动。据不完全统计，全年共组织防火安全检查8次，参加46人次，检查单位17个，查处火灾隐患15条，发出“重大火灾隐患整改通知书”6份，整改率79%。1997年，在监督执法过程中，罚金和行政处罚单位6个13人。1998年，全县开展防火安全大检查12次，检查单位17个，查出火灾隐患153条，当场整改148条，限期整改5条，消防处罚2家单位13人。1998年12月9日，公安部颁发《消防监督检查规定》。2000—2011年，全县共检查单位1612个（次），发现火灾隐患2440条，责令当场整改1868条，限期整改572条；当场发出“整改通知书”1432份，“限期整改通知书”365份，行政处罚29个单位163人。

（二）消防专项治理

石油行业专项治理　1992年，根据公安部和省公安厅统一部署，开展全县石油行业专项治理。景东县派出检查组2个，全面检查石油站点选点到审批施工、油罐安装、安全环境、防火灭火设备情况。查出手续不全1家、不具备消防环境条件2家、安全不合格1家；查出各种火灾隐患11条，撤销加油站点1个，停业整顿2个，其余限期补办手续、整改。同年11月，复查全县石油站点整改情况。1996—1998年，持续专项治理石油、液化气行业、宾馆、酒店、大中型商（市）场。全县共组织检查组2个6人，整治液化气供应站3个、加油站10个、厂矿3个、宾馆4个、商场2个，共查出火灾隐患21条，当场整改18条，限期整改3条，发出“重大灾隐患整改通知书”1份，行政处罚单位1个3人。2002—2011年，根据公安部《关于加强石油站专项整治中落实消防安全治理工作的通知》，全县共检查治理加油站1500个（次），发现火灾隐患160条，当场整改120条、限期整改40条，发出“责令限期整改通知书”20份，行政处罚6个单位8人。

公共聚集场所专项治理　1997—2001年，除经常性安全检查监督外，多次开展专项治理。先后组织检查组20个75人，全面检查宾馆旅店24家、商场3个、城镇农贸市场1个，共查出火灾隐患59条，当场整改30条，限期整改29条，发出“重大火灾隐患通知书”1份，停业整顿单位和个体5个，行政处罚单位和个体7个。并按“谁主管，谁负责”原则，与24家单位签订“消防安全责任书”。2002—2011年，每年坚持公共聚集场所重要时段专项治理。变更公共聚集场所使用质性3个，责令停业整顿存在重大火灾隐患单位2个。

学校消防安全专项治理　1997年10月，遵照省教委、省公安消防总队《关于在全省学校开展消防安全专项治理的通知》，景东县成立专项治理领导小组，办公室设在县教委，受检学校成立领导小组。全县抽调组成检查组4个16人，专项治理中小学校基础设施、安全规章制度、消防设施与器材配置165所，共查出火灾隐患135条，当场整改110条，限期整改25条，举办消防培训班3期600人次。县一中、县小自筹资金改造电路，拆除有火险隐患违章建筑，设置消火栓2个，购置灭火器20个。受检学校健全用电、用火、用油、用气、易燃、易爆和药品安全管理制度，部分学校充实或配备专兼职保卫干部或护校队，教委与直属学校签订“消防安全责任书”。同年11月20日至12月10日，全县抽调组成复查小组3个12人复查验收。2000—2011年，坚持每年按季度与县教育局全面检查中小学校消防安全。

消防重点单位管理　1982年，贯彻国务院批转公安部《关于全国重点保卫工作现场会议的情况报告》，遵循“预防为主，防消结合”方针，按照点面结合、确保重点原则，突出消防重点监督管理。经调查摸底，全县确定消防重点管理单位12个，并每季度消防安全检查1次。1990年，根据重点单位生产经营发展变化清况作调整，消防重点单位增加到21个，其中建立防火档案单位19个。1995年，按“十项标准”检查验收达标单位，合格19个。2002年，公安部颁布实施《机关、团体、企事业单位消防安全管理规定》（61号令）。采取社会公告、主动申请、消防审核方法，纳入消防重点单位管理28个。2003—2011年，纳入消防重点单位增加到39个。管理工作由每年每季度检查改为不定期抽样检查。

（三）建筑防火审核

1992年4月，《云南省消防建筑监督管理办法》发布实施。按照《建筑设计防火规范》和《高层民用建筑防火设计规范》，陆续开展建筑防火审核工作。1998年9月1日，《中华人民共和国消防法》（简称《消防法》）实施，建筑工程消防审核列入法律法规，从事建筑防火审核人员必须做到持证上岗。1994—2011年，共审核工程项目85个，建筑面积19.24万平方米，其中，高层民用建筑1个，液化石油储配站1个。

（四）消防培训

1980—2011年，全县共举办消防培训班200期20万人次。其中，石油行业5期，公众聚集场所法人代表50期，物资仓库消防管理人员5期，锅炉工、电工、油漆工10期，专职和义务消防队15期，其他消防培训115期。此外，经常到社区、企业、学校、农村、家庭讲授消防基本知识。

（五）消防工作综合治理

自1986年起，按照“谁主管，谁负责”原则，实行防火安全责任制。主要有八种：(1)行政领导责任制；(2)厂矿、企业对防火人员实行岗位责任、记分制有奖承包；(3)机关、企业、混合大杂院，由有关单位共同集资聘请专人承包；(4)城镇以居民组为单位，轮户值班，挂防火值日牌，佩戴防火值日袖套；(5)以寨子为单位，专人承包，误工还工；(6)治安、消防联合承包，由群众集资或村社提留给予一定报酬；(7)经费比较困难村社，实行轮户值班，实行“叫火制”，用敲锣、鸣枪、吹牛角等形式联络，统一用火时间，火灾报警；(8)党员或村社干部、治保会、民兵承包，要求村民做到人走火灭，捂火塘、穷灶堂、满水缸、自制火钩、火叉等简易灭火工具。据1989年不完全统计，全县有石油站（库）4个，企事业单位16个，有15乡152个村寨推行消防承包责任制。1991年，省政府在官渡召开群防群治现场会。景东县社会治安综合治理委员会、防火安全委员会决定，把防火安全纳入社会治安综合治理；公安机关将消防工作纳入公安工作考核项目，逐级落实防火安全责任制，层层签订防火安全责任书，火灾起数、死人、伤人数逐步下降。

1978—2011年景东县消防火灾情况统计表

表4-3-5

年度	发现火险隐患（次）	责令限期整改（次）	处理火灾事故（起）	火灾死亡（人）	火灾受伤（人）	火灾损失（万元）
1978	58	15	13	—	—	1.82
1979	36	20	20	1	7	4.86

续表 4-3-5

年度	发现火险隐患（次）	责令限期整改（次）	处理火灾事故（起）	火灾死亡（人）	火灾受伤（人）	火灾损失（万元）
1980	45	11	31	2	—	12.48
1981	48	11	8	—	—	2.60
1982	52	21	8	—	—	2.60
1983	47	13	16	1	1	3.60
1984	39	11	11	2	1	7.59
1985	41	19	10	—	—	0.82
1986	36	17	8	—	—	6.34
1987	25	14	7	—	—	3.30
1988	45	20	5	—	—	2.25
1989	49	21	4	—	—	3.43
1990	25	9	3	—	—	0.26
1991	47	13	4	—	—	0.24
1992	56	30	4	1	1	3.34
1993	49	29	5	1	—	1.34
1994	36	13	5	—	—	0.96
1995	61	27	7	2	—	1.65
1996	69	20	7	—	—	7.55
1997	75	36	4	—	—	2.38
1998	45	16	5	1	1	5.32
1999	36	17	4	1	1	11.17
2000	71	33	4	2	4	1.25
2001	76	45	6	1	2	21.48
2002	52	16	5	—	—	45.88
2003	78	19	3	1	—	74.56
2004	59	12	10	2	—	5.24
2005	112	22	12	3	—	11.34
2006	42	11	7	2	—	7.96
2007	256	47	5	—	—	25.78
2008	356	58	14	—	—	17.32
2009	444	96	35	3	2	36.00
2010	345	58	13	—	—	86.59
2011	998	714	5	—	—	5.15

二、消防装备

营房　1998 年前，景东公安消防大队办公、住房设在县公安局内。1999 年 5 月，根据云南省公安厅消防总队规范化达标建设要求，在县公安局内建盖砖混结构平房办公用房 1 幢 72 平方米，投资 8

万余元。2001 年，县政府划拨消防大队建设用地 2.67 公顷。2004 年，新建砖混结构两层办公综合楼 1 幢 381 平方米，三层公寓楼 1 幢 586.81 平方米（6 套），投资 110 万元。消防大队迁入新营房。2009 年，新建四层砖混结构中队综合楼 1 幢 669 平方米，投资 79 万元。

消防通信设施　1980 年，安装火警电话 1 部。1983 年，全区消防通讯进入公安专线。1994 年，消防通讯进入公安专网程控电话，景东自购对讲机 4 部，开始使用无线对讲机实施火场指挥。2003 年，公安信息化“金盾工程”计算机网络实现全国公安联网，景东公安消防大队全部接入“金盾网”。2011 年 10 月，119 火警服务台实现“三台合一”，由单一处警变为联动处警。

车辆与防护装备　1980 年，消防用具仅有斧子、铁桶、梯子、铁锹、火钩、22 马力手扳泵等简陋工具。1986 年 3 月，购买东风牌内座式泡沫—水罐消防车 1 辆，容量 5000 千克。1986 年后，购买消防水泵 5.15 千瓦 10 台、7.35 千瓦 6 台和价值 13 万元干粉、泡沫灭火器。1999 年 4 月，购买长城皮卡车 1 辆。2001 年 7 月，购买 140 水罐消防车 1 辆、个人灭火救援防护装备 10 余套。2007 年 10 月，购买灭火救援器材和 140 水罐消防车 1 辆。2009 年 3 月，购买大功率斯太尔王消防车 1 辆及灭火救援装备；7 月，新购桑塔纳轿车 1 辆。2010 年，购买灭火抢险救援装备及多功能救援车 1 辆。2011 年，购买灭火抢险救援装备及 32 米举高消防车 1 辆；8 月，高空消防救援训练铁塔建成并投入使用；全县 13 个乡镇各配备消防抢险救援服 1 套。至 2011 年底，消防大队共有各种消防车 5 辆、消防业务用车 2 辆，装备空气呼吸器 35 具、防化服 9 套、隔热服 13 套、避火服 2 套、战斗服 46 套、防毒面具 2 具、呼救器 23 个、救生器材 36 件（套）、破拆器材 28 件（套）。

公共消防设施　1996 年，全县安装城镇消火栓 12 个。至 2011 年底，城镇消火栓增加到 46 个，并为乡镇配备消防手抬机台泵 1 台及消防水枪、水带等基本消防灭火设备，编制出《城镇消防规划》。

三、火灾预防与扑救

1980 年起，防火宣传得到重视。1984 年 5 月，《中华人民共和国消防条例》颁布施行。全县采取多种形式开展宣传活动，共出宣传墙报 10 期，录制宣传磁带 16 盘，出动消防宣传车 15 台（次），专题租放防火影片 16 场。1985 年，全县在城乡举办消防图片展 17 次、幻灯宣传 26 场（次）、配合司法机关宣传《云南省消防条例》6 场。1984—1992 年，全县印发《云南省消防条例》75 份、防火宣传材料 19 期 600 余份，出版消防专刊 31 期，召开消防专题会议 9 次、火灾现场会 2 场，利用电影放映电器防火和农村防火幻灯片 18 场，出动消防车 22 车（次），巡回城乡举办火灾案例图片展 82 场。消防干警 7 次到中小学、9 次到厂矿企业宣传消防法规和防火灭火基本知识。1993 年，国家将每年 11 月 9 日定为“消防宣传日”，全县掀起“消防宣传日”宣传热潮。共发放宣传资料 2.68 万份，张贴悬挂宣传标语 1200 条、举办消防知识讲座 3 场（次）。1997 年“消防宣传日”，消防大队与文体局联合举办“消防日全民健身慢跑活动”，消防部队、机关、学校、厂矿和 12 个消防重点单位 1200 人组成 4 个方队，高举横幅、标语，或手持小红旗沿景东大街慢跑 2 千米，引来数万群众观望。1998—2004 年，县政府领导在电视台和广播站发表消防安全电视广

消防培训（罗汀　摄）

火灾扑救（县消防大队 提供）

播讲话8次，电视台播放消防专题片12次，在县城举行大型油库灭火演练7次，开展消防宣传42次，参加单位259个（次），出动宣传车155台（次），2万余人参加，发出宣传资料3.2万份，培训防火负责人198人次。2005—2011年，每年均在春季、旱季、六月安全月开展防火宣传活动，坚持每年2次消防知识“五进”（进学校、社区、企业、农村和家庭）宣传。共发放防火宣传资料7.5万份，展出消防火灾事故照片462幅（次），组织开展消防知识培训51次，参训人员6120人，组织大型消防宣传活动4次，受教育群众12万余人。

四、机构

中华人民共和国建立后，先后成立公安消防队、政府专职和合同制消防队、企业专职消防队、义务消防队、防火安全委员会等消防机构。

公安消防大队　1980年，县公安局增设消防股，选配消防民警2人。1981年1月，转为现役。1983年9月1日，消防股纳入武警思茅支队管理，改称武警景东消防科，实有干警2人，同时接受公安机关领导。1986年7月1日，消防部门纳入地县公安机构，划归公安机关领导。1992年1月，改称武警景东消防大队（副营级），执行公安消防任务时称景东县公安消防大队。1993年2月，升格为正营级。2008年11月，武警景东公安消防中队成立，有干部2人、战士8人。2011年，下辖现役中队1个，代管地方政府专职消防队2个。历任大队长（副大队长）：鲁文宗（副营职）、皋银邦、罗忠海、罗云旺、陈肖进、陈燃，历任政治教导员（副教导员）：唐凤鸣、马军、池要春。

政府专职和合同制消防队　2004年7月，筹建政府专职和合同制消防队，招聘队员7人。2007年7月，招聘队员17人。2008年10月，招聘队员15人。2011年，队员业务培训由公安消防大队负责，并在其管理指导下开展消防工作。

企业专职消防队　企业专职消防队除担负本单位防火灭火任务外，在公安消防队指导和调动下参加地方灭火救援。景东县先后成立企业专职消防队4个。分别为：（1）景东林业局专职消防队，1992年成立，有队员10人；（2）石油公司专职消防队，1992年成立，有队员9人，企业改制后撤销。（3）食品公司专职消防队，1992年成立，有队员6人；（4）景东昌龙林产工业公司专职消防队，2009年10月成立，有队员5人。2011年，全县有企业专职消防队3个24人。

义务消防队　20世纪50年代，群众性义务消防队逐步建立，但在“文化大革命”中解体。20世纪80年代后，又逐步恢复。1984年，全县有城镇义务消防队4个32人，农村义务消防队7个63人。1991年，云南省政府召开全省消防群防群治现场会议，行署批转《全区消防群防群治五年规划》，要求各县成立义务消防支队，乡镇成立大队，村成立中队，社成立分队，未设公安消防队的县城和远离公安消防队的厂矿企业要成立专职消防队，义务消防队要求配备必要的消防器材。2011年，全县有义务消防队8个72人。

防火安全委员会　防火安全委员会是协调、组织、指挥安全防火工作的政府机构。20世纪50年代，各县建立防火指挥部，“文化大革命”中停止活动。1980年，县防火安全委员会恢复，办公室设在公安消防部门。1998年4月，颁布实施《中华人民共和国消防法》，调整充实各级防火领导机构，成员单位更加广泛，县有防火安全委员会，乡镇或较大厂矿企业、学校有防火安全领导小组，街道村社居（村）民委员会、厂矿车间班组有防火小组或防火安全员，各级政府和单位法人代表为安全防火第一责任人，基本实现纵向到底，横向到边，全方位的消防安全管理体系。

第四章　检　察

第一节　侦查监督

1979—1988 年，县检察院侦查监督工作由刑事检察科负责。1988 年 10 月，实行侦诉分设，撤销刑事检察科，设立侦查监督科和审判监督科，自侦部门不再履行逮捕、起诉职责，自侦案件由侦查监督科审查逮捕，并监督其侦查活动是否合法。1998 年 4 月，侦查监督科改为审查批捕科。

一、审查批捕

审查逮捕人犯条件　1980—2000 年，审查逮捕案件程序采取个人阅卷制作笔录、集体讨论、检察长批准。重大疑难或有争议案件，提交检察委员会讨论决定，或向上级人民检察院请示。2001 年始，改革审查逮捕工作方式，不再统一制作阅卷笔录，而是强化“审查逮捕案件意见书”作用，将对案情和证据的摘录充实到“审查逮捕案件意见书”，达到“意见书在手如同卷宗在手”目的。实行专人审查、部门负责人审核，检察长或者检察委员会决定制度。2007 年始，全面推行快速办理轻微刑事案件工作机制及不批捕说理制度，做好侦查监督环节息访息诉工作。2007—2011 年，依法快速办理轻微刑事案件 38 件，建议快速移送审查起诉 17 件。2011 年，开展审查批捕案件风险评估预警工作，科学制订预案，防止因执法不当激化矛盾或引发新矛盾。1979—2011 年，共受理提请逮捕 3035 件 5010 人，依法审查后决定批准逮捕 2645 件 4072 人，不批准逮捕 368 件 706 人；事实不清、证据不足，退回公安机关补充侦查 167 人，公安机关撤回 18 件，自行补查 112 人。2010 年始，按照自侦案件审查逮捕权上提一级相关规定，将县检察院办理报捕自侦案件报请市人民检察院审查。

“严打”和专项斗争　“严打”按照依法“从重、从快、一网打尽”方针，“三年为期，三个战役，争取两年见成效，三年好转”，统一行动，集中打击（详见本编第三章“公安”）。1983—1986 年，决定批准逮捕 504 人（其中追捕 15 人）、不批准逮捕 55 人、退回补充侦查 20 人。1987 年后，继续坚持“严打”方针，开展专项打击和专项治理。先后开展打击拐卖妇女儿童人贩子、流窜犯、贩毒犯以及扫除“六害”等专项斗争。在打击“拐卖妇女儿童”专项工作期间，派出外调组到广东、浙江、安徽、山东、河南、四川等地调查取证，共批准逮捕、审查起诉人贩子 197 人；在开展反盗窃专项斗争中，通过补充侦查，挖出重大杀人在逃严重刑事犯罪分子 1 人。2001 年 4 月至 2003 年 4 月，再次投入“严打”整治斗争，坚持“从重从快”方针，依法严厉打击各类刑事犯罪。

提前介入侦查活动　1983 年“严打”斗争期间，县检察院开始执行提前介入案件制度。提前介入的案件主要是特大、疑难复杂案件和专项斗争中需要打击的案件，侦诉分开后，侦查监督部门在公安机关和自侦部门提请和决定逮捕犯罪嫌疑人之前环节上开展介入工作，提前了解案情，掌握有关证据，获取侦破案件各自情况动态，及时发现问题，提出建议和交换意见，缩短办案时间，提高办案效率，保证办案质量。除个案引导外，还就证据标准、侦查取证中一些带有规律性、共性问题采取不定期与侦查机关召开联席会、座谈会等形式反馈交流，研究解决办法，形成打击合力。1979—2011 年，共提前介入 241 件（次）。

复议、复核　对侦查机关要求复议的不批准逮捕案件，同级人民检察院侦查监督部门应当更换办案人员负责审查办理，并在收到提请复议书和案卷材料后七日内作出是否变更决定，书面通知提请复议侦查机关。对侦查机关提请上一级人民检察院复核的不批准逮捕案件，上一级人民检察院应当在收到提请复核意见书和案卷材料后十五日内由检察长或者检察委员会作出是否变更决定，通知下级人民检察院和提请复核的侦查机关执行。人民检察院作出不批准逮捕决定并且通知侦查机关补充侦查的案件，侦查机关在补充侦查后又提请复议的，人民检察院侦查监督部门应当建议侦查机关重新提请批准逮捕；侦查机关坚持复议的，人民检察院不予受理。1979—2011 年，审查复议符合案件 7 件 19 人，维持原决定 6 件 17 人，改变原决定、重新作出批准逮捕决定 1 件 2 人。

二、刑事立案监督

人民检察院对侦查机关立案活动是否合法进行监督。1997 年《刑事诉讼法》规定，人民检察院认为公安机关对应当立案侦查的案件而不立案侦查，或者被害人认为公安机关应当立案侦查的案件而不立案侦查向人民检察院提出的，人民检察院应当要求公安机关说明不立案理由，人民检察院认为公安机关不立案理由不成立的，应当通知公安机关立案，公安机关接到通知后应当立案。1997 年 10 月，县检察院侦查监督部门开始开展刑事立案监督工作。至 2011 年，共办理立案监督案件 53 件。2009 年 9 月，开通景东县行政执法与刑事司法信息共享平台，协调、督促公安、法院、工商、质量技术监督等 17 个部门开展执法信息录入工作，当年从信息共享平台发现线索成功监督立案 1 件。

三、侦查活动监督

人民检察院在审查批捕工作中发现公安机关侦查活动有违法情况，应当通知公安机关纠正，公安机关应当将纠正情况通知人民检察院。开展侦查监督活动的基本方式有适时介入（提前介入）、引导侦查机关取证、运用《检察建议》《纠正违法通知书》、跟踪监督等，分口头纠正和书面纠正两种。1993 年，制订“案件跟踪监督制度（试行）”，对提请批捕的犯罪嫌疑人实行案卡登记，从受理跟踪到移送起诉，通过跟踪监督发现违法情况并及时提出纠正意见。1994 年，实行案卡登记 106 件 207 人；1995 年始，受理案件全部实行案卡登记。1979—2011 年，侦查监督部门对公安机关和自侦部门在侦查活动中违法行为提出书面纠正和口头纠正 241 件（次），发检察建议（意见）书 40 份。如：1998 年 3 月 12 日，接到公安部门 1997 年内执行逮捕又变更强制措施 9 件 16 人，以“情节轻微，危害不大”作出撤销案件决定通知书后，经依法审查后及时向公安机关发出纠正违法通知书，按照刑事诉讼程序重新移送起诉，充分发挥检察法律监督职能。

1979—2011年景东县侦查监督情况统计表

表 4-4-1

年度	受理		审查结果						公安撤回	立案监督	纠正违法		提前介入	检察建议	延长羁押期限	检察意见书	审查变更强制措施
			批捕		不批捕		退查	追漏			口头	书面					
	件	人	件	人	件	人	人	人	件	件	次	次	件	份	人	份	件
1979	19	22	17	18	—	4	2	—	—	—	—	—	2	—	—	—	—
1980	22	28	17	21	5	5	1	—	—	—	—	—	3	—	—	—	—
1981	24	32	19	26	5	3	3	—	1	—	—	—	2	—	—	—	—
1982	43	67	38	62	5	5	4	—	—	—	—	—	2	—	—	—	—
1983	172	307	165	247	7	26	7	13	1	—	5	—	4	—	—	—	—
1984	85	106	72	71	13	35	8	2	1	—	4	—	2	—	—	—	—
1985	75	85	67	77	8	5	4	1	1	—	2	—	3	—	—	—	—
1986	104	176	93	142	11	26	10	1	2	—	1	—	8	—	—	—	—
1987	74	119	66	91	8	21	6	1	—	—	2	—	5	—	—	—	—
1988	99	210	88	175	11	22	4	3	2	—	3	—	28	—	—	—	—
1989	128	243	112	196	6	21	7	1	2	—	—	—	15	—	—	—	—
1990	136	243	120	212	16	25	8	—	—	—	3	6	20	2	—	—	—
1991	102	181	90	146	12	10	14	5	—	—	1	—	51	—	—	—	—
1992	67	130	60	112	7	9	—	8	—	—	1	—	17	—	—	—	—
1993	64	119	52	89	12	19	10	8	1	—	—	—	7	—	—	—	—
1994	106	207	85	151	21	29	38	1	—	—	6	7	—	7	—	—	—
1995	88	125	75	102	13	16	13	2	—	—	3	1	10	—	—	—	—
1996	97	180	78	127	9	36	17	—	—	—	1	1	10	7	—	—	—
1997	68	123	63	107	5	16	3	—	—	2	10	1	2	8	—	—	—
1998	79	103	76	100	3	3	—	—	—	—	36	2	8	—	—	—	—
1999	78	115	69	94	9	16	8	3	—	6	23	—	3	—	—	—	—
2000	69	125	59	94	10	29	—	3	2	3	—	4	—	—	—	—	—
2001	97	170	89	151	8	15	—	1	2	2	5	1	2	—	5	—	—
2002	109	160	96	139	13	13	—	1	3	—	10	1	3	1	5	5	—
2003	108	172	105	159	3	12	—	—	1	—	11	—	4	—	3	—	—
2004	87	127	80	115	7	12	—	—	—	—	6	4	9	2	—	—	—
2005	101	151	92	136	9	12	—	3	—	—	18	2	5	1	—	1	6
2006	81	130	73	114	8	13	—	3	—	1	10	1	6	—	—	—	4
2007	116	209	107	183	9	24	—	—	—	—	—	—	5	1	16	1	4
2008	168	274	139	216	29	58	—	—	—	4	—	—	8	—	—	—	—
2009	140	224	114	173	26	51	—	2	—	4	30	—	4	—	—	—	—
2010	115	174	85	113	30	58	—	3	—	15	—	16	16	2	3	—	—
2011	114	173	84	113	30	57	—	5	—	14	—	3	8	1	—	1	—

第二节 诉讼监督

一、审查起诉

法律规定公安机关、国家安全机关和人民检察院自侦部门侦查终结，凡需要提起公诉或免于起诉的案件一律由人民检察院审查决定。县人民检察院对受理起诉案件实行个人阅卷，集体讨论，检察长决定，重大、疑难案件由检察委员会讨论决定的办案制度。1979—2011 年，共受理审查各类刑事案件 3290 件 5137 人。经审查，依法向法院提起公诉 2847 件 4322 人（其中追诉 39 人），免予起诉 189 人，决定不起诉 103 人。针对适用普通程序审理的案件，依法派检察员出庭支持公诉 2465 件（次），并对审判活动依法实行法律监督，发表公诉意见 2464 件（次）；针对法院判决、裁定进行认真审查，对确有错误判决裁定提出抗诉 42 件。

1989 年 2 月，侦诉分开，公诉部门同时对检察机关自行侦查案件实行监督。1989—2011 年，共受理自侦案件 111 件 120 人，其中贪污、贿赂等经济类犯罪案 84 件 92 人，渎职侵权案 27 件 28 人。2010 年，全面推进职务犯罪案件上级院同步审查制度。截至 2011 年，已判决职务犯罪案件报市人民检察院同步审查 18 件 18 人。

严格把握案件质量，追诉漏罪漏犯，依照法律规定，人民检察院在审查起诉案件中认为案件事实不清、证据不足时，可以退回侦查机关补充侦查，也可以自行补充侦查。据不完全统计：1979—2011 年，公诉部门共自行补充侦查 23 人，补充各种证据 63 份，退回侦查机关补充侦查 256 人；在审查起诉案件时，既注意严格把握起诉案件的事实和证据，同时绝不忽视追诉漏犯漏罪工作，对审查中发现已构成犯罪，应判处刑罚但侦查部门未移送起诉的决定追诉漏犯 36 人，追加起诉漏罪 29 人，纠正公安机关错误移送审查起诉 1 人。2010 年，推行检察长列席审委会制度，至 2011 年，检察长列席审判委员会 3 次。

21 世纪后，盗窃、杀人、伤害、抢劫、毒品等严重危害社会犯罪较为突出。2000—2011 年，此类案件占受理案件数 40%。(1) 盗窃案件居高不下，共受理 412 件 658 人，占受案人数首位，且累犯频繁；(2) 恶性案件呈上升趋势，杀人、伤害、抢劫等暴力性犯罪逐年增多，共受理此类案件 456 件 653 人，因家庭矛盾或邻里纠纷引发恶性杀人案件及故意伤害案件占大多数，且手段残忍、情节恶劣，其中故意伤害案件 281 件 403 人，占 62%；(3) 交通肇事案件不容忽视，共受理 143 件 143 人，其中无证驾驶和酒后肇事频发；(4) 毒品案件较为突出，共受理 123 件 215 人；(5) 未成年人参与作案人数增多，在抢劫、盗窃等团伙作案中尤为突出。2011 年始，公诉部门建立未成年人犯罪案件专人专办制度，维护未成年人合法权益，全年办理未成年犯罪案件 11 件 14 人；(6) 犯罪手段呈新型化、隐蔽化，结伙作案、多次作案等新情况不断出现。如，以杨某某为首的 10 余人盗窃作案共计 30 余次。

依据法律规定，犯罪情节轻微、后果不是很严重的犯罪行为，检察机关依法作出免予起诉。1979—2011 年，共依法作出免予起诉决定 189 人。工作中坚持教育挽救方针，帮教并考察免诉人员，打击少数、教育多数，把办案和法制宣传紧密结合起来。如，对陈某某故意伤害罪、黄某某流氓罪作出免予起诉决定后，公开宣布、帮教，免诉人现身说法、认罪服罪，通过回访考察，收到良好社会效果。依照法律规定，犯罪嫌疑人没有犯罪事实或者具有以下情形之一的应当作出不起诉决定：(1) 情节显著轻微、危害不大，不认为是犯罪；(2) 犯罪已过追诉时效期限；(3) 经特赦令免除刑罚；(4) 依照刑罚规定告诉才处理的犯罪，没有告诉或撤回告诉；(5) 犯罪嫌疑人、被告人死亡；(6) 其他法律规定免予追究刑事责任。1979—2011 年，共依法决定不起诉 103 人。自 2007 年始，推行快速办理轻微刑事案件机制及宽严相济刑事司法政策；自 2010 年始，落实风险评估预警机制。截至 2011

年，开展拟不起诉、不抗诉和有矛盾激化可能案件风险评估 7 件，科学制订预案，有效防止因执法不当激化或引发新的矛盾。

在诉讼和监督中，严格执行告知制度。据不完全统计：1979—2011 年，公诉部门填换押证 2138 份，向被告人发委托辩护人告知书 5137 份，向被害人发委托诉讼代理人告知书 2055 份，听取被害方及其代理人的意见 256 次。

二、审判监督

县人民检察院对法庭审判监督内容，包括法庭组成人员是否合法、审理案件是否依照法律程序进行、当事人诉讼权益是否得到保障。恢复重建后，共审查判决书、裁定书 2847 份（件），发现判决量刑畸轻、畸重或使用法律不当，提出抗诉 42 件，法院改判 30 人，维持原判 12 人。如，受理钟某某故意杀人案，因其妻长期与其兄通奸，钟某某一时激愤，杀死其兄，一审判处钟某某有期徒刑 12 年，公诉部门以量刑偏重提起抗诉后，二审改判有期徒刑 5 年。2011 年 4 月，量刑规范化工作正式开展，公诉部门坚持针对 15 种常见犯罪全部以书面形式量刑建议提出，并在庭审中就量刑建议设定专门辩论程序，提出书面量刑建议 51 件 84 人，以公诉意见书形式提出量刑建议 15 件 15 人。

1979—2011 年景东县人民检察院审查起诉、监督情况统计表

表 4-4-2

年度	受理数		审查结果					出庭公诉	发表公诉意见	抗诉	改判	纠正违法	
			起诉		免诉	不诉	追诉					口头	书面
	件	人	件	人	人	人	人	次	篇	件	件	次	次
1979	17	19	12	14	4	—	—	—	—	—	—	—	—
1980	17	21	18	22	1	—	2	10	9	1	1	—	—
1981	29	42	25	37	4	1	—	25	25	2	2	—	—
1982	43	67	34	48	12	—	—	34	34	1	1	—	—
1983	93	146	91	143	3	1	5	80	80	3	3	—	3
1984	143	204	144	201	8	—	—	136	136	8	6	—	—
1985	73	84	63	75	1	—	—	55	55	—	—	—	1
1986	76	119	63	95	9	1	1	60	60	2	1	—	—
1987	70	104	70	101	3	—	—	72	72	1	1	—	1
1988	101	187	81	148	7	—	2	81	81	3	2	2	—
1989	83	151	72	127	12	—	1	83	83	1	—	1	—
1990	141	245	113	202	41	1	2	92	92	1	1	3	7
1991	118	213	104	184	23	6	2	89	89	1	—	—	—
1992	70	108	65	97	15	—	2	94	94	1	—	—	—
1993	61	109	51	79	18	—	—	72	72	—	—	—	—
1994	101	180	89	158	9	3	—	78	78	4	3	—	5
1995	97	136	76	108	6	1	—	67	67	1	—	6	2
1996	105	152	81	118	13	1	—	87	87	—	—	—	—
1997	75	122	51	76	—	14	—	51	51	1	—	—	2

续表 4-4-2

年度	受理数		审查结果					出庭公诉	发表公诉意见	抗诉	改判	纠正违法	
			起诉		免诉	不诉	追诉					口头	书面
	件	人	件	人	人	人	人	次	篇	件	件	次	次
1998	91	124	79	106	—	2	—	63	63	1	—	3	—
1999	92	123	91	122	—	9	—	84	84	—	—	—	—
2000	74	113	73	112	—	8	2	70	70	1	1	4	2
2001	110	176	99	156	—	11	—	82	82	1	—	5	1
2002	110	173	104	159	—	11	—	71	71	—	—	—	—
2003	126	190	115	175	—	8	—	83	83	1	—	—	—
2004	106	153	98	141	—	5	3	76	76	1	—	5	—
2005	140	207	135	189	—	6	3	71	71	1	1	—	—
2006	129	189	108	157	—	—	5	70	70	1	1	—	—
2007	140	250	114	174	—	—	1	101	101	—	—	—	—
2008	192	294	152	223	—	4	—	112	112	1	1	10	—
2009	158	261	131	217	—	3	—	95	95	1	1	12	1
2010	159	241	123	172	—	1	2	112	112	1	1	—	10
2011	150	234	122	186	—	6	6	109	109	1	1	—	11

第三节 反贪污贿赂

反贪污贿赂局前身为经济检察科和经济案件侦查科。1979 年，恢复重建法纪经济检察科；1981 年 8 月 4 日，单设经济检察科；1988 年 3 月 10 日，更名为经济案件侦查科；1990 年 11 月 15 日，更名为县检察院反贪污贿赂工作局；1994 年 5 月 7 日，更名为县检察院反贪污贿赂局。

1979 年 12 月 25 日，根据“两高”（最高人民检察院、最高人民法院）、公安局《关于案件管辖范围的通知》，属人民检察院侦查的经济案件有：贪污案，贿赂案，偷税、抗税、骗税案，挪用公款案，挪用救灾、抢险、防汛、优抚、救济款物案，假冒商标案，还有巨额财产来源不明案。1996 年 3 月 17 日《中华人民共和国刑事诉讼法》和 1997 年 3 月 14 日新订修《中华人民共和国刑法》规定：人民检察院直接侦查的经济犯罪案件有贪污案、挪用公款案、受贿案、单位受贿案、行贿案、对单位行贿案、介绍贿赂案、单位行贿案、巨额财产来源不明、隐瞒境外存款案、私分国有资产案、私分罚没财产案。1979—1980 年，在干部配备不足，内设机构尚未健全情况下初步开展经济检查工作，采取“走出去，请进来”办法，派出三个工作组先后到景福等 5 个公社和县直单位作社会调查，共收到案件线索 16 件；1989 年前，自侦经济案件从案件受理、初查、立案、批捕、起诉、出庭支持公诉，到对判决、裁定书的审查都由经济检察科承办；1989 年，侦诉分设，只负责经济案件受理、初查、立案、侦查工作。1979—1999 年，共受理各种经济犯罪 383 人，经审查和初查，决定立案侦查 250 人、逮捕 113 人、向人民法院起诉 99 人（其中报送省检察院思茅分院审查起诉 6 人）、免予起诉 82 人、撤销案件 33 人、被告人死亡或长期下落不明终止侦查 5 人，为国家、集体挽回经济损失 528.44 万元。通过抓热点行业，集中力量查办“窝案”“串案”，先后侦破一批有影响的案件，

1981—1995 年仅农行系统就立案查办 15 人。税务检察室成立后，查处偷税抗税案件成倍上升，仅成立当年受理经济犯罪案件 48 人，立案侦查 35 人，大案 7 人，在两高《关于贪污贿赂、投机倒把等犯罪分子必须在限期内自首坦白的通告》(简称《通告》) 宣传期两个月间，犯罪分子共投案自首 13 人，其中经济犯罪分子 7 人，交代犯罪金额 4.1 万元，退赃 3.9 万元；在押经济犯罪分子 7 人坦白交代犯罪金额 10.2 万元，退缴赃款 6.4 万元；服刑犯 3 人交代出余罪。

1998 年始，反贪工作逐渐形成院党组重视、检察长亲自抓办案工作。按照“一把手”负总责要求，实行检察长亲自抓，分管副检察长具体抓，反贪部门全力以赴查办贪污贿赂案件，各业务部门密切配合，相互支持，全院一盘棋，认真落实各项办案措施，使查办大要案工作真正落到实处。2000—2011 年，充分运用侦查一体化办案机制，上下联动，集中突破，深挖细查，查办出一批大要案。共受理案件线索 104 件 105 人，立案侦查 56 件 56 人，大案 24 件，移送起诉 45 件 46 人，撤案 8 人，挽回经济损失 984 万元。严厉打击发生在医疗卫生、水利、林业、移民扶贫、烟草、国土、教育等系统内一批贪污贿赂职务犯罪。如，2006 年查办文井镇卫生院院长王某某受贿案件，在卫生系统开展专项预防宣传，乡镇卫生院院长 11 人到县人民检察院投案自首，其中 9 人涉案金额 0.5 万~4 万元，取得良好社会和法律效果；2007 年查办商业局局长、商业总公司总经理杨某某受贿 36.5 万元案；2008 年查办水务局局长王某某受贿 22.3 万元案、县林业局局长段某某贪污受贿 35.7 万元案；2009 年查办扶贫办主任杨某某受贿案、自来水厂鲁某某受贿案；2010 年查办烟草专卖局（分公司）局长（总经理）龙某受贿案；2011 年查办政府办副主任王某贪污案、锦屏镇国土资源所陶某受贿案、教育局招生办主任刘某贪污案等一系列重大案件，移送审查起诉后，法院均做出有罪判决。

景东县反贪污贿赂办案情况统计表

表 4-4-3

年度	受理数		立案情况										逮捕		审查结果				挽回经济损失
			立案数		其中										起诉		免诉	撤案	
					贪污		贿赂		偷抗税		大要案								
	件	人	件	人	件	人	件	人	件	人	件	人	件	人	件	人	人	人	万元
1979	1	1	—	—	—	—	—	—	—	—	—	—	—	—	—	—	—	—	—
1980	11	16	5	5	2	2	—	—	—	—	—	—	2	2	2	2	—	—	0.36
1981	4	4	3	3	2	2	—	—	—	—	—	—	3	3	3	3	—	—	0.56
1982	15	17	7	10	3	4	—	—	—	—	4	4	6	8	6	8	2	—	0.51
1983	13	19	13	19	4	5	—	—	—	—	3	9	13	19	11	17	2	—	1.59
1984	14	14	10	10	5	5	2	2	—	—	1	1	8	8	8	8	1	—	0.71
1985	13	18	7	10	5	7	—	—	—	—	1	1	4	4	4	4	4	—	1.29
1986	23	26	7	8	6	6	1	2	—	—	2	2	4	5	4	5	4	1	4.27
1987	15	19	14	15	9	10	1	1	—	—	4	4	5	6	5	6	5	—	13.03
1988	12	14	2	4	1	1	—	—	—	—	—	—	2	4	2	4	3	3	36.20
1989	28	32	26	29	3	4	3	5	3	3	3	3	6	9	6	9	16	4	11.84
1990	24	25	22	23	10	11	2	2	6	6	6	6	5	8	5	8	10	4	13.46
1991	27	28	20	20	5	5	8	8	6	6	2	2	5	5	5	5	11	1	7.76
1992	12	12	7	8	1	1	—	—	—	—	1	1	3	4	3	4	7	7	58.98
1993	3	3	1	1	1	1	—	—	3	3	—	—	—	—	—	—	—	—	4.60

续表 4-4-3

年度	受理数		立案情况										逮捕		审查结果				挽回经济损失
			立案数		其中										起诉		免诉	撤案	
					贪污		贿赂		偷抗税		大要案								
	件	人	件	人	件	人	件	人	件	人	件	人	件	人	件	人	人	人	万元
1994	17	17	10	10	10	10	—	—	1	1	—	—	8	8	7	7	2	1	50.33
1995	14	14	13	13	6	6	—	—	4	4	—	—	2	2	6	6	4	2	77.10
1996	6	6	2	2	—	—	—	—	4	4	—	—	1	1	—	—	1	2	17.00
1997	6	6	5	5	1	1	—	—	—	—	—	—	1	1	1	1	—	2	33.00
1998	10	10	6	6	3	3	—	—	—	—	—	—	2	2	1	1	—	3	26.00
1999	11	11	5	5	1	1	3	3	—	—	—	—	2	2	4	4	—	2	97.00
2000	11	11	6	6	3	3	—	—	—	—	—	—	—	—	3	3	3	2	49.91
2001	8	8	6	6	5	5	—	—	—	—	—	—	—	—	1	1	—	4	9.31
2002	4	4	2	2	1	1	—	—	—	—	—	—	—	—	1	1	—	—	9.02
2003	9	9	2	2	1	1	—	—	—	—	—	—	—	—	1	1	—	—	21.26
2004	9	10	2	2	—	—	1	1	—	—	—	—	—	—	2	2	—	—	30.37
2005	13	13	5	5	—	—	1	3	1	1	—	—	3	3	5	5	—	—	140.00
2006	14	14	3	3	—	—	1	1	—	—	2	2	1	1	3	3	—	—	236.74
2007	9	9	3	3	1	1	2	2	—	—	3	3	2	2	3	3	—	—	191.68
2008	6	7	6	7	4	5	1	1	—	—	6	7	2	2	6	7	—	—	100.90
2009	7	7	7	7	1	1	5	5	—	—	7	7	3	3	7	7	—	—	82.35
2010	8	8	8	8	—	—	4	4	—	—	—	—	3	3	7	7	—	—	81.90
2011	6	6	6	6	3	3	2	2	—	—	6	6	3	3	6	6	—	—	30.78

第四节 反渎职侵权

1979 年，县检察院法纪经济检察科成立；1981 年 8 月，分设为法纪科、经济科；2005 年 7 月，法纪科更名为渎职侵权检察科，2006 年更名为反渎职侵权局。1989 年前，法纪检察在职能上实行“侦、捕、诉”合一；1989 年，侦诉分设，只负责受理、初查、立案和侦查工作。

1979 年始，执行《中华人民共和国刑法》《中华人民共和国刑事诉论法》（简称“两法”）。1979 年 12 月 15 日，最高人民法院、最高人民检察院、公安部联合发文，规定人民检察院法纪部门直接受理重大责任事故等 22 类案件。1979—1980 年，主要组建法纪科机构，调配和培训干部。1981—1999 年，法纪科共受理侵权渎职案件 179 人，经审查立案侦查 65 人，其中，特大案件 1 人（县籽种站副站长自某某玩忽职守受贿案），大案 2 人；逮捕 32 人，提起公诉 32 人，免予起诉 25 人，撤销案件 4 人；为国家和集体挽回经济损失 21 万余元。针对举报公安干警刑讯逼供案件上升问题，向县人大报告，同时向公安机关发出检察建议，促进公安机关严格执法、依法办案。1994 年 3 月，县供销社火炮厂发生重大爆炸事故，造成女工死亡 7 人，法纪部门查处火炮厂厂长石某某玩忽职守案（免予起诉）、车间主任石某某玩忽职守案（免予起诉）。对受理法纪案件中不构成犯罪，不需要追究刑事责任案件，在以事实为依据，以法律为准则原则下，法纪部门在查清事实，分清罪与非罪后，或采取法制教育，或转有关部门处理，对涉案人员进行法制教育。

1990—2000 年间，法纪工作案件管辖发生如下变化：(1) 自 1990 年始，重婚罪归民法调整，由人民法院管辖，检察机关不再管辖重婚案；(2) 法纪案件管辖增加"体罚虐待被监管人案"；(3) 1983—1997 年，重大责任事故案由检察机关管辖；1998 年后，归公安机关管辖。1997 年，执行新修订《中华人民共和国刑法》。突出对国家机关工作人员渎职侵权犯罪惩罚，最高人民检察院根据"两法"对渎职侵权案件管辖做出重大调整，1999 年 9 月 16 日，执行《最高人民检察院直接受理立案侦查的案件立案标准的规定（试行）》，管辖范围和罪名设置更加细化，由 16 种案件扩充为 42 种案件。

1997—2011 年，渎职侵权部门共受理渎职侵权案件 49 件 55 人，立案查处 16 件 17 人，撤案 2 件 3 人，转处 2 人，为国家挽回经济损失 105 万余元。2005 年，查办干桔河水库建设渎职案件，移送起诉后法院均作出有罪判决，开创渎职侵权检查工作新局面。其中，移民办主任李某某在水库建设过程中，滥用职权致使国家利益遭受 300 余万元重大损失，利用职务之便，非法收受贿赂 36.958 万元，滥用职权、受贿案，数罪并罚判处有期徒刑 9 年；移民办副主任陶某在水库建设中，玩忽职守，致使国家遭受 300 余万元重大损失，利用职务之便，非法收受贿赂 8.5 万元，玩忽职守、受贿案被判处缓刑。2006 年，查办民政局局长张某在农保基金管理工作中，玩忽职守、受贿案，被判处缓刑；农村养老保险管理所所长程某某在农保基金管理工作中，玩忽职守、受贿案，被判处缓刑。2007 年，立案办理案件 2 件 2 人。以深入查办国家机关工作人员渎职侵权案件为重点，主动加强与林业、水电、烟草、安监等部门沟通联系，在做好反渎职侵权法制宣传同时，结合森林资源被乱砍滥伐较为严重实际，查办林业系统渎职侵权案件 1 件 1 人。2008—2010 年，以深入查办危害能源资源和生态环境渎职侵权犯罪案件为重点，查办锦屏镇林业站站长李某某玩忽职守、受贿案，大街乡塘坊村林业助理员周某某玩忽职守案和太忠乡三合村林业助理员王某某玩忽职守案，大案率、起诉率、有罪判决率均为 100%。同时，参与景泰水泥有限公司"4·28"机械致人死亡事故、景东恒东制糖公司"2·17"事故、大街煤业"6·17"及"9·16"安全生产事故等重大安全事故调查 10 次，结合调查以案释法，进行法制宣传教育，并通过检察建议，推动行政主管部门从各个环节制定管理措施。

第五节 职务犯罪预防

2001 年，县委成立预防职务犯罪工作领导小组，由县委副书记、政法委书记任组长，县检察院反贪污贿赂局、法纪科相应明确预防职务犯罪工作职责。随着打击贪污贿赂、渎职侵权等职务犯罪工作需要和预防职务犯罪范围扩大，预防职务犯罪工作逐步从反贪污贿赂、反渎职侵权工作中独立出来。2005 年 7 月 25 日，县检察院预防职务犯罪科成立，形成比较系统的职务犯罪工作机制。

预防职务犯罪科工作开展情况：(1) 结合查办案件，开展职务犯罪预防。加强与反贪、反渎部门联系，深入发案单位，分析发案原因，帮助建章立制，堵塞漏洞。通过召开座谈会、联席会等共同分析讨论行业职务犯罪状况、发案原因，有针对性地提出检察建议，制订相应预防对策。如，通过分析和研究教育系统贪污案件，找出教育部门资金管理漏洞，及时提出检察建议，保障寄宿学生补贴、贫困学生补助资金安全到位，达到"查处一个，教育一片"目的。(2) 与重点单位、行业建立联系，结合典型案例，开展法制宣传教育。2005—2011 年，共与部门（系统）建立预防职务犯罪联系单位 16 个，发检察建议 25 份，开展预防警示教育授课 69 次，开展预防立项 27 件，接受预防咨询 144 件（次）；开展预防调查 113 次，通过预防调查发现职务犯罪线索被侦查部门立案侦查 2 件。2006 年，在景东监狱挂牌成立全县党员干部警示教育基地；2009 年，对 2000—2007 年查办的 27 件自侦案件录入归档，开展系统预防和重点预防工作；2011 年，在全县规范开展行贿档案查询工作，要求建设方严把投标单位资格审查，当年共受理查询 125 件（次）。

第六节　监所检察

监所检察是检察机关依法履行法律监督的一项重要内容。县检察院恢复重建同时，恢复对监管场所的监督检察，最初由刑事检察科兼管。1981 年 8 月 4 日，成立监所劳改检察科；1988 年 3 月 10 日，改为监所劳改监督科。对公安局看守所和云南省第九劳改支队实行定期不定期检察，驻所、驻场检察。主要检查看守所、监狱是否依法收押、依法管教，有关部门是否依法办案进行监督检察。据不完全统计，1979—1994 年检察发现问题以口头或书面提出纠正意见 99 次。

一、驻监狱检察室

1994 年 11 月 10 日，县检察院驻云南省第九劳改支队检察室正式挂牌成立。1995 年 11 月，更名为县检察院驻云南省景东监狱检察室。2003 年，驻监狱检察室完成达标工作，被授予“三级规范化检察室”称号。2009 年 1 月，景东监狱整体搬迁至普洱市，县检察院派驻景东监狱检察室随之撤销。

1995—2009 年，共办理服刑人员重新犯罪案件 103 件 128 人，其中，101 件 126 人向县法院提起公诉，2 件 2 人向市检察院移送审查起诉，经法院审理后均作出有罪判决；检察减刑案件 9050 件，假释案件 384 件，保外就医案件 286 件，对减刑、假释、暂予监外执行进行同步监督，确保工作依法有序开展；开展安全防范检察 240 次，参与清监 220 次、狱情犯情分析会 168 次、讨论拟报减刑及假释评审会 56 次，深入监区检察 360 次，针对发现问题提出口头建议 12 次，检察罪犯生活、卫生等情况 320 次，检察罪犯关禁闭、加戴械具等情况 150 次；落实节日期间值班制度，开展节日期间监管安全和生产安全大检查；开展在押罪犯谈话教育，注意及时发现和矫正监管民警对在押罪犯体罚虐待、滥用械具、克扣囚粮囚款、超时超劳动强度等问题；加强检察罪犯收押、释放活动是否合法，在检查工作中，发现监管干警谢某某虐待被监管人员和干警袁某某失职致使在押人员脱逃的职务犯罪案件线索后及时立案侦查，为首例思茅地区监所检察部门办理自侦案件；对服刑罪犯 152 人开展帮教活动，如 1990 年配合云南省第九劳改支队，重点对景东籍难以改造的服刑罪犯 34 人，由支队、检察院、罪犯家属、犯人四方共同在第九劳改支队签订帮教协议，有效地促进上述罪犯的改造。

惩治和预防职务犯罪联席会议（县检察院　提供）

二、驻所检察室

1989 年后，监所科建立看守所在押人员情况卡片、表格和实行登记制度。工作中采取口头或书面催办、与有关部门交换意见等监督形式，对看守所检查工作基本实现经常化、制度化。1999 年 3

月2日，县检察院驻看守所检察室正式挂牌成立，县检察院在看守所设立专门办公室，确定专人驻所。2008年，驻看守所检察室获最高检察院“全国二级规范化检察室”称号。在每个监室内设置检察官信箱、发放“在押人员约见驻所检察官申请表”。据不完全统计，2003—2011年开展“减刑、假释、暂予监外执行”“打黑除恶”“核查纠正监外执行罪犯脱管、漏管”、监管执法等专项检查活动检察各类法律文书3348份，发现并纠正错误23份，催办案件132件（次）。对在押人员上法制宣传课15次，受教育面300余人次，参与清监80余次，安全防范检查43次，对即将到期案件催办70余件（次）。2007—2011年，建立并完善监外执行罪犯登记台账，监外执行罪犯共214人，其中，判处缓刑196人，剥夺政治权利5人，假释6人，暂予监外执行7人。2011年，驻看守所检察室完成与看守所监控联网、信息联网“双联”工程，更加有效、及时地监督看守所监管活动；设检察内网专线，完成“两网一线”的建设。

第七节　控告申诉检察

控告申诉检察是在接待人民群众来信来访基础上，新建立的一项直接依靠人民群众，实行法律监督的检察业务。1979—1985年，县检察院未设专门控告申诉机构，有关接待处理人民群众来信来访工作由办公室兼管。1985年7月19日，控告申诉检察科成立。1993—2011年，先后获省市级“文明接待室”称号各3次。

一、来信来访

1989年，最高人民法院、最高人民检察院《通告》发布，激起群众同犯罪分子作斗争积极性，检举、揭发、举报和投案自首人员增加，共受理举报线索88件109人。2002年始，落实“首办责任制”，提高一次性处理信访问题成功率。1992年始，创建文明接待室活动，建立健全检察长接待日制度，明确每月15日为检察长全天接待日，采取定期、随即、预约“三接待”方式方便群众、满足群众。1995年后，坚持每周一为检察长接待日。1992—2011年，检察长共接待来访群众1589人次。如，2005年检察长蒋平在接待花山乡卜勺村陈某某等人来访时，了解到1996年5月花山乡农民饶某某等人被错捕，检察院依法给予赔偿。1997年1月30日，饶某某在领取赔偿金时代领其他4人赔偿金，之后一直以等待公安机关赔偿扣押物品等费用为由，拒不退赔偿金给陈某某等人，陈某某等人多次向有关部门反映，一直未能解决。蒋平亲自与公安局交涉，并责令饶某某退还他人赔偿金，次日与公安局领导一同将赔偿款送到陈某某等4人手中，再次向他们赔礼道歉，陈某某等人表示不再上访。1979—2011年，共受理群众来信3660件，接待群众来访1628人次，自行查办1019件，转有关部门1020件。

二、举报中心

1988年3月，县检察院犯罪案件举报站成立，设在控申科。1988—1992年，收到各种举报334件，自行初查123件，经初查立案侦查22件。1993年3月，举报站改为举报中心；9月，正式挂牌成立。1996年，设立专门来访（举报）接待室和举报专线电话并向社会公布。1998年，举报线索审查协调小组成立，举报线索收发、拆阅、登记、转办、保管实行专人负责，逐步走向规范化、制度化。

1993—2011年，举报中心共受理群众举报389件、控告150件、申诉105件，其中，贪污贿赂线索301件（次），渎职侵权线索88件（次）；按照“高检院规定的范围”开展初查工作，共初查举报线索31件，经初查移送自侦部门审查立案4件，举报失实和不构成犯罪转其他处理27件。如，2002年接到安定乡古德村主任私吞农民“坡改梯”经费举报后，进村挨家挨户调查了解。经核，该主任已将1万元“坡改梯”经费如数兑现给农民，因手续不全，导致账上没有依据，中心及时向举报人做出答复，并对村财务制度漏洞提出意见和建议。

1997年4月21—27日，利用广播在全县152个村中开展举报宣传。1998—2011年，每年都以“人民检察为人民”“惩治职务犯罪，维护公平正义”“群众参与、反腐倡廉、服务和谐”等不同主题，与全国检察机关同步开展举报宣传周活动。先后出动检察干警140人次，发放宣传材料3600份，接待法律咨询60人，受理举报、控告、申诉28件。

三、复查、评估、评查

历史老案复查 1982年，清理信访老户，复查和纠正有冤错可能的再申诉案件。如，1986年对检察院成立前公安机关已作不起诉处理33件33人，检察机关成立不久为迎接民主人士检查团检查而重办手续，使用不起诉文书，作免予起诉结论，复查后均作撤案处理。

专项复查 2002年，全面开展上访老户、交办案件、积压举报线索“三清理”工作；2003年，开展服刑人员申诉专项清理工作；2005年，清理2000年后受理的申诉案件；2006年、2008年，排查2003年后举报线索和自侦部门办案中发现的线索；2009年，排查涉检信访案件。

涉检信访风险评估 2010年始，对检察机关直接受理的职务犯罪案件拟作不立案、撤销案件决定，拟对涉案款物作出查封、扣押、冻结及处理决定，拟作不批准逮捕、不起诉、不抗诉决定等案件开展风险评估。截至2011年，作出风险评估案18件，其中，不起诉1件，不批准逮捕14件，不立案3件。

案件评查 2010—2011年，评查不批捕、不起诉、自侦及具有一定社会影响刑事案件110件；及时整改文书制作、讯问笔录不规范等问题。

四、刑事赔偿

1995年1月1日始，执行《中华人民共和国国家赔偿法》。至2011年，共受理刑事赔偿请求5件，赔偿3件，赔偿金额1.66万元。其中，1997年1月，依法赔偿饶某某等5人被错捕案。

第八节　民事行政检察

1993年9月20日，县检察院民事行政检察科成立。成立之初，群众对民事行政工作认知度低、案源少，在不断加大业务宣传、扩大案件来源同时，主动寻找案源，以强化审判监督为重点、以狠抓抗诉案件为主线、以抗诉和提请抗诉为主要内容，加大办案力度，把业务核心和重点放在案件办理上。2000—2011年，共计受理抗诉类案件76件。经审查，提请抗诉12件，建议提请抗诉6件，发再审检察建议12件，检察建议23件。2008年，执行新修订的《中华人民共和国民事诉讼法》，加大宣传力度、更新观念，开拓非抗诉案件办理渠道。2009年，突破并填补非抗诉案件办理空白，实现民事行政检查工作多元化发展。2009—2011年，办理非抗诉类案件81件，挽回经济损失300余万元。

在依法监督和纠正人民法院确有错误判决、裁定同时，对裁判正确，不符合立案、抗诉的申诉案件做好申诉人服判息诉工作。

第九节　人民监督员、特约检察员

2004年，景东县试行人民监督员制度。县委成立领导小组，县委副书记、纪委书记赵昌德为组长。同年10月，成立以检察长为组长的人民监督员制度工作领导小组，制订实施方案，首聘苏伟等

3 人为第一届人民监督员。2005 年 7 月，安排专人负责试点日常工作。2007 年 2 月，人民监督员工作办公室正式成立；2009 年，更名为人民监督工作办公室；2010 年，将加强与人大代表、政协委员联系工作纳入常规管理，主动争取代表和委员理解和支持；2011 年，开展特约检察员工作，首次聘任无党派人士 2 人担任特约检察员。2004—2011 年，在组织人民监督员专题学习研讨、加强日常联系基础上，以“三类案件”监督为重点，探索人民监督员监督“五种情形”方式方法，无“漏告知”“漏监督”情况发生；定期不定期向人民监督员通报检查工作情况、召开座谈会、观摩职务犯罪案件庭审，评议出庭公诉工作。2007 年，启动人民监督员监督评议案件程序。至 2011 年，监督评议案件程序 4 件 4 人，均为拟不起诉职务犯罪案件，经人民监督员独立评议，均同意检察机关意见；对决定逮捕职务犯罪案件 2 件填发“对被逮捕的犯罪嫌疑人有权要求人民监督员监督案件的权利义务告知书”，犯罪嫌疑人对逮捕决定均无异议；人民监督员试点工作健康有序开展。

景东县人民检察院人民监督员聘任情况统计表

表 4-4-4

届次	姓名	性别	学历	职务	身份
第一届（2004. 10. 26—2007. 10. 29）	苏 伟	男	初中	锦屏镇斗阁村支书、主任	县十四届人大代表
	杨红光	男	专科	县政协提案港澳台侨外事联络委员会主任	县政协委员、常委
	钟学梅	女	大学	县农业局农技推广中心农艺师	县政协委员
第二届（2007. 10. 30—2010. 10. 29）	苏 伟	男	初中	锦屏镇斗阁村支书、主任	县十四届人大代表
	杨红光	男	专科	县政协提案委员会主任	县政协委员、常委
	资 源	男	大学	县人大法工委主任	县十四届人大代表
	钟学梅	女	大学	县农业局农技推广中心常务副主任、农艺师	县政协委员
	张兆华	男	大学	县档案局局长	县政协委员
第三届（2010. 10. 31— ）	资 源	男	大学	县人大法工委主任	县十四届人大代表
	张兆华	男	大学	县档案局局长	县政协委员
	肖德祥	男	—	锦屏镇景范村支书	县党代表、人大代表
	李德荣	男	大学	县政协经济委员会主任	市县政协委员、常委
	高学军	男	大学	县中医院院长、副主任医师	市人大代表

景东县人民检察院首届特约检察员聘任情况统计表

表 4-4-5

单位：平方千米、米

姓名	性别	学历	职务	党派
谢应明	男	大学	县经贸委副局长	非中共党员
魏大坤	男	大学	县林业局副局长	非中共党员

第十节 检察委员会

检察委员会是检察机关内部实行集体领导的机构，由正副检察长和部分科室领导组成。检察委员会实行民主集中制，在检察长主持下讨论和决定检查工作重大问题和重要事项，讨论处理重大疑难案件。如果在重大问题上检察长不同意多数人意见，可以报请本级人民代表大会常务委员会决定，或者报上级人民检察院决定。2006 年始，实行纪检组长列席检察委员会制度。

第十一节　检察机构

1978 年 11 月，县检察院恢复筹建。1979 年 1 月 1 日，正式恢复重建，在县公安局大门挂牌，在公安局内设立办公室、经济法纪检察科、刑事检察科；9 月 17 日，建立院党支部。1980 年 3 月 3 日，检察委员会成立。1981 年 8 月 4 日，法纪、经济分设，建立监所劳改检察科。1984 年 10 月，建立驻文华农场检察组，由检察院抽 2 人、文华农场抽 2 人共 4 人组成。1985 年 1 月 10 日，检察院党组成立；7 月 19 日，办公室兼管的控告申诉检察科单设。1985 年 12 月 20 日，更名为景东彝族自治县人民检察院。1998 年 4 月，侦查监督科更名为审查批捕科。1988 年 3 月，法纪检察科更名为法纪案件侦查科，经济检察科更名为经济案件侦察科，监所劳改检察科更名为监所检察科，并在控申科内部设立犯罪案件举报站；10 月，刑事检察科分设为侦查监督科和审判监督科。1990 年 11 月 15 日，法纪案件侦查科更名为反贪贿赂局（简称反贪局）。1991 年，县检察院搬迁重建。院址设在玉屏山麓谭家大地，征地 0.33 公顷，建盖钢混结构宿舍楼 2 幢 24 套，面积 1276 平方米；钢混结构办公大楼 1 幢，面积 1117.43 平方米。1993 年 2 月，设立政工科；9 月 20 日，增设民事行政检察科；同年，犯罪案件举报站更名为举报中心、控告申诉检察科。1994 年 11 月 10 日，检察院驻云南省第九劳改支队检察室挂牌办公，定编 3 人。1995 年 6 月 27 日，设立法警室；11 月，因云南省第九劳改支队更名为云南省景东监狱，监察室更名为县检察院驻云南省景东监狱检察室（2012 年撤销）。1997 年 7 月，法警室更名为法警队，设立检察技术科。1998 年 4 月，审判监督科更名为审查起诉科。2004 年，县检察院搬迁重建，院址位于凌云路，占地 1.53 公顷，2006 年底办公楼竣工使用，建筑面积 8869 平方米。2005 年 7 月，审查起诉科更名为公诉科，增设职务犯罪预防科和人民监督员办公室；同年，审查批捕科更名为侦查监督科。2006 年 6 月，经济案件侦察科更名为反渎职侵权局。2009 年，政工科更名为政治处。2011 年 11 月，设立监察室和驻看守所检察室。

检察院办公大楼（吴永康　摄于 2009 年 5 月）

2011 年，县检察院共有 15 个内设机构（不包含纪检组），分别为政治处、反贪污贿赂局、反渎职侵权局、办公室、侦查监督科、公诉科、控告申诉检察科、监所检察科、驻看守所检察室、监察室、民事行政检察科、检察技术科、职务犯罪预防科、法警队、人民监督工作办公室。其中政治处主任、纪检组长、反贪局长、反渎局长、专职检委委员为正科级，其他内设机构（包含反贪局副局长）为副科级。实有干警 51 人，其中，检察长 1 人，副检察长 3 人；检察委员 4 人，检察员 22 人，助理检察员 1 人，书记员 7 人，法警 2 人，无法律职务工人 3 人，试用期人员 3 人，副处级 1 人；正科级 8 人，主任科员 8 人，副科级 5 人，副主任科员 6 人，科员 15 人，未定级 3 人；研究生 1 人，大学本科文化 37 人，大专文化 8 人，大专以下文化 5 人。党员 26 人。

第五章　法　院

第一节　刑事审判

基层人民法院刑事审判的重要任务和主要内容是审判普通刑事案件，惩治侵犯公民人身权利和民主权利、侵犯财产、危害公共安全、破坏经济建设、危害社会管理、渎职和妨害婚姻家庭等各种刑事犯罪。普通刑事案件，是指除危害国家安全外一切刑事犯罪案件。1979 年 7 月 1 日，第五届全国人大二次会议通过《中华人民共和国刑法》(简称《刑法》) 和《中华人民共和国刑事诉讼法》(简称《刑事诉论法》)。县法院按照《刑法》《刑事诉讼法》审理刑事案件；根据“疑罪从无”和“罪刑法定、罪刑相适应”原则，坚持非法证据排除，重事实、重证据，尊重和保障人权。贯彻落实最高人民法院印发的《人民法院量刑指导意见（试行)》，推进量刑规范化改革，将量刑纳入法庭审理程序，发挥法庭查明量刑事实功能，增强量刑公开性和透明度，保障公诉人、当事人、辩护人和其他诉讼参与人参与量刑的权利。始终贯彻“宽严相济”刑事审判政策，在处罚具体案件时，根据事实和情节，以及被告人坦白情况，实行严中有宽、宽中有严、宽严相济的审判政策，公正处理案件。1978—2011 年，县法院共审结普通刑事案件 4074 件，其中，判处刑罚 4984 人，免除刑罚 231 人，宣告无罪 96 人。

2001—2011 年景东县普通刑事案件审判统计表

表 4-5-1　　　　单位：件

年度	危害公共安全罪	侵犯公民人身权利罪	侵犯公民民主权利罪	侵犯财产罪	妨害社会管理秩序罪	贪污贿赂渎职罪	破坏社会主义市场经济秩序罪	审结案件
2001	18	40	14	51	8	4	2	137
2002	10	45	5	49	10	6	3	128
2003	14	42	10	53	4	3	1	127
2004	12	40	7	55	3	2	4	123
2005	13	34	11	50	7	5	—	120
2006	15	47	4	39	2	7	1	115
2007	23	50	7	48	7	3	5	143
2008	17	52	13	59	16	5	3	165
2009	20	45	7	48	16	10	1	147
2010	29	55	9	33	18	13	3	160
2011	16	41	9	43	17	13	1	140
合　计	187	491	96	528	108	71	24	1505

严重刑事案件审理　严重刑事犯罪是刑事犯罪中对社会治安最严重的破坏活动。1977—1979 年，全县开展揭批查林彪、江青反革命集团残余势力，严惩打、砸、抢等严重刑事犯罪。1980 年后，县法院以《刑法》《刑事诉讼法》为武器，依法打击各种严重刑事犯罪。1983 年 9 月始，按照中央和上级法院统一部署，针对杀人、抢劫、强奸、流氓等严重犯罪活动突出，犯罪手段恶劣，群众缺乏安全感，社会治安形势严峻的状况，县法院集中审判力量，与公安、检察机关密切配合，依照全国人大常委会《关于迅速审判严重危害社会治安的犯罪分子的决定》，从重从快审判罪犯，从严惩处严重刑事犯罪分子。1986 年后，社会治安明显好转，但杀人、纵火、强奸、抢劫、拐卖人口、毒品犯罪等严重犯罪仍有发生，县法院继续坚持“严打”方针，除正常办案、从重从快打击严重刑事犯罪外，与公安、检察机关相配合，集中开展打击严重刑事犯罪专项斗争。1978—2011 年，共审结杀人、抢劫、强奸、拐卖人口、毒品犯罪等案件 1264 件，惩处案犯 1361 人。

2001—2011 年景东县判处案犯统计表

表 4-5-2　　单位：人

年度	10 年以上	5 年以上	不满 5 年	有期徒刑、缓刑	免刑	管制	拘役	无罪	处附加刑	判决总数
2001	4	33	59	47	7	3	4	1	18	176
2002	4	13	70	40	5	2	9	5	19	167
2003	5	18	55	46	7	1	8	2	53	195
2004	1	12	46	41	1	1	3	—	56	161
2005	2	9	41	43	5	—	3	—	3	106
2006	8	13	32	77	6	—	2	8	6	152
2007	6	21	49	96	8	—	1	2	7	190
2008	4	17	60	110	14	2	3	4	6	220
2009	11	25	62	93	7	—	3	—	7	208
2010	12	21	27	115	9	3	1	—	—	188
2011	13	21	44	97	8	—	2	3	3	191
合计	70	203	545	805	77	12	39	25	178	1954

经济案件审理　经济犯罪包括贪污、盗窃、诈骗、行贿受贿、走私、伪造倒卖票证、乱砍滥伐林木、伪造国家货币等构成犯罪的行为，它直接危害社会主义经济建设，破坏社会经济秩序，严重干扰改革开放顺利进行。同经济领域的犯罪行为作斗争，历来是人民法院的重要任务。中共十一届三中全会后，随着改革开放不断深入，人们经济交往频繁，一些意志薄弱的人，在新形势下经不起考验，贪图享受，见利忘义，一心向钱看，违背公德，无视法律，走上犯罪道路。走私、贩私、贪污、受贿、投机倒把、诈骗等犯罪活动逐渐突出起来，各类经济犯罪案件上升，县法院结合整顿经济秩序，加强审判经济犯罪案件。1982 年 3 月起，全县开展打击严重破坏经济犯罪斗争，县法院严格执行全国人大常委会《关于严惩严重经济犯罪的决定》，集中力量，加大打击力度，惩治经济犯罪。1989 年 8 月 15 日，最高法院、最高检察院发布《关于贪污、受贿、投机倒把等犯罪分子必须在限期内自首坦白的通告》，把反腐败斗争推向深入。县法院严格依法办案，认真落实《通告》各项规定，坦白自首，积极退赃的予以从轻处理，拒不坦白的依法从重惩处。同时选择宽、严典型案例，召开宣判大会公开宣判，分化瓦解经济犯罪分子。1991 年后，县法院贯彻“一要坚决，二要慎重，务必搞准”方针，慎重地审理一批经济犯罪案件。1978—2011 年，共审结各类经济犯罪案 803 件 1070 人。

其他刑事案件审理 其他刑事案件是指普通刑事案件中除严重刑事犯罪案件、经济犯罪案件外其他刑事案件，主要包括破坏生产设施和公共建设、破坏交通运输、重大责任事故、渎职、诬陷、侮辱、诽谤、妨害公务、印制贩卖淫秽物品、破坏婚姻家庭等犯罪案件。改革开放后，由于流动人口增多，人们交往增多等原因，绝迹多年的传播淫秽物品、卖淫嫖娼等犯罪重新泛起，妨害社会管理犯罪案件逐渐增多，诬陷、侮辱、诽谤、赌博犯罪案件时常发生。县法院充分运用政策、法律武器，惩治其他各种犯罪。1978—2011 年，全县共审理破坏生产设施、公共建设、交通运输、重大责任事故、玩忽职守、赌博、脱逃、贩卖淫秽物品、妨害公务、非法拘禁、诬陷、诽谤、虐待、遗弃、重婚等其他刑事犯罪案件 2007 件，判处案犯 2553 人。

第二节 民商事审判

一、民事审判

民事审判，是人民法院的一项重要审判职能。民事审判职能就是根据国家法律和政策，调整平等主体之间具有财产内容或人身内容的社会关系，涉及全体社会成员在生产、流通、消费领域中产生的民事权利和义务，内容十分广泛，关乎公民婚姻家庭，关乎公民、法人财产权益和人身权益。中共十一届三中全会后，国家全面转入经济建设，实行“对内搞活经济、对外开放”方针政策，经济迅速发展，人口流动和经济交往增多，产生民事法律关系的基础逐渐扩大。县法院认真贯彻全国第二次民事审判工作会议精神，加深民事审判工作为社会主义现代化建设服务，认真执行民事审判政策法律，规范程序制度，提高办案质量。1982 年后，随着民事交往日趋频繁，各种纠纷不断增多，案件类型也变化较大。县法院结合贯彻全国第三次民事审判工作会议精神，培养民事审判干部，提高执行民事审判政策法律水平，严格依照《民事诉讼法（试行）》规定办案。1987 年 1 月 1 日，《中华人民共和国民法通则》(简称《民法通则》) 颁布施行；1991 年 4 月 9 日，《民事诉讼法》颁布施行，县法院按照实体法、程序法审理案件。司法实践中，面向农村、面向群众，结合县情、社情，针对景东山区、半山区和交通条件制约给当事人诉讼带来不便的实际，采取便民诉讼措施，开展“三就地”(就地立案、就地开庭、就地调解或判决) 巡回办案，解决群众最关心的诉讼难问题。重视涉农、热点、群体诉讼、劳动争议等案件调解，把握调解结案机会和积极因素，做好辩法析理工作，寻求各方利益共同点和结合点，平衡当事人利益，达成谅解。1978—2011 年，全县共审理民事案件 11326 件，其中调解 7029 件，占 62.06%。

2001—2011 年景东县民商事案件审判统计表

表 4-5-3 单位：件

年度	婚姻家庭继承	合同	权属侵权	结案方式			结案总数
				调解	判决	其他	
2001	87	385	525	448	263	286	997
2002	265	177	227	405	126	138	669
2003	214	117	193	286	127	111	524
2004	148	156	137	217	118	106	441
2005	125	115	103	187	72	84	343
2006	179	113	172	240	131	93	464

续表 4-5-3

年度	婚姻家庭继承	合同	权属侵权	结案方式			结案总数
				调解	判决	其他	
2007	180	166	153	227	155	117	499
2008	249	253	216	254	187	277	718
2009	266	280	284	261	283	286	830
2010	312	203	196	250	255	206	711
2011	361	290	180	276	284	271	831

离婚案件审理 1978年后，整顿民事审判工作。贯彻落实全国第二次民事审判工作会议精神，进一步确立离婚标准，即以婚姻基础、婚后感情、发生纠纷原因和责任，以及夫妻关系现状为依据。1984年，新订《中华人民共和国婚姻法》颁布施行。贯彻执行离婚自由原则，景东县离婚案件持续上升。县法院遵循婚姻家庭政策和《婚姻法》基本原则处理离婚案件，把感情是否破裂作为离婚的标准。1993年11月3日，最高法院发布《关于人民法院审理离婚案件处理财产分割问题的若干具体意见》，具体规定夫妻共同财产、单方个人财产，以及离婚时夫妻财产分割、清偿债务等条款。县法院认真贯彻执行，规范案件审理。1978—2011年，全县共审结离婚案件3383件，占民事案件的29.86%。

房屋纠纷案件审理 房屋纠纷案情各异，类型复杂，审理难度大。县法院审理的房屋纠纷案件，主要是房屋买卖、房屋出租、房产分割，挤占房屋返还等类型。20世纪80年代，《城市和房屋管理条例》《民法通则》等政策和法律法规，是县法院在不同时期、不同类型房屋纠纷案件的处理依据。(1) 房屋买卖纠纷案件处理。具体案件审理中，根据不同情况，实事求是予以处理：房屋买卖多年后，卖主因房价上涨而起诉的，依法驳回诉讼请求；以欺骗手段买卖的，宣布买卖关系无效；擅自出售共有房屋的，如其他共有人愿意出售房产，并放弃优先购买权的，认定买卖关系有效，卖房收益按共有人对房屋拥有权的份额分配卖房款；其他共有人不愿出售房屋的，宣布买卖关系无效，房屋收益退还买主；强买他人房屋的，买卖关系无效，房屋退还卖主，房款退还买主；一房多次出卖的，确认合法有效的那次；每次都不合法的，宣布所有买卖关系无效；抢占入股房屋的，收归集体所有。(2) 房屋租赁纠纷案件处理。在审理此类案件时，维护合法租赁合同，制止违反合同行为；租赁期未满，出租人要求加房租或收回出租房屋的，不予支持；欠交或少交房租的，调解或判决补交；承租人损坏租赁房屋的，判决由承租人修缮或赔偿；房屋自然损毁的，由出租人修缮；将租赁房屋占为己有或出售、拆建的，由承租人将房屋退赔给出租人，不能退赔原房的，折价赔偿。(3) 房屋确权纠纷案件处理。一般由原告方提供证据，举证不能又无法查证的，视为败诉；能提供证据，证实所主张的产权属其所有，或提供线索，经查证属实的，对其主张予以支持。(4) 房屋继承纠纷案件处理。首先审查当事人所主张的房产是否享有继承权，然后根据法定继承顺序或遗嘱等来确定继承份额。确定继承份额时，坚持男女平等，保护妇女、儿童和病残者合法权益，充分考虑继承人对被继承人所尽义务多少，公正合理地调解或判决。虐待被继承人的，剥夺其继承权。涉外继承纠纷，适用继承物所在地法律。(5) 房屋侵权纠纷案件处理。公民侵占他人房屋的，在查清事实基础上进行调解，调解无效的，依法判决；原房尚存的，判决退赔；原房损坏的，由侵权者赔偿；侵权人改建原房屋的，将改建的新房判归原主，由原房主给予改造者合理的经济补偿。1978—2011年，全县共审结房屋纠纷案件1199件，占民事案件10.58%。

损害赔偿案件审理 损害赔偿纠纷，是因行为人的侵权行为，致使公民、法人财产权益或者人身权益受到损害而引起的纠纷。《民法通则》颁布施行前，由于国家没有制订侵权损害赔偿的法律法规，审理损害赔偿案件主要是根据有关民事政策和法律，本着保护国家和集体财产、保护公民合法权益和人身自由不受侵犯的原则进行处理。1987 年 1 月 1 日，《民法通则》施行，较详尽地规定侵权损害赔偿，加之最高人民法院有关司法解释，审理损害赔偿案件法律依据比较完备。(1) 人身损害赔偿案件处理。坚持赔偿致害有关原则。受害人因受到伤害所遭受的损失，一般由致害人全部赔偿。赔偿范围一般包括医疗费（医药费、住院费、护理费）、交通费、误工费、伤残者生活补助费、死亡者丧葬费及生前所抚养、赡养人必要的生活补助费。具体赔偿数额，医疗费和丧葬费以实际支出计算；误工费，根据受害人误工时间及所从事职业而定；伤残者生活补助费和死者生前抚养、赡养人必需的生活费，根据当时当地生活水平而定。致害人无民事行为能力的，如幼儿、精神病人，由监护人负责赔偿；家畜、家禽致人受伤的，由动物饲养人或管理人负责赔偿。(2) 财产损害赔偿案件处理。坚持实事求是、公平合理合法的赔偿原则。造成他人财产损害的，按照损害财产数额由致害人负责赔偿被害人；牲畜毁坏他人庄稼的，根据当时庄稼受害面积、长势情况等进行估产作价，损失多少由牲畜主人赔偿多少；致他人牲畜受伤的，由致伤人赔偿牲畜治疗费用；致牲畜死亡的，按卖价赔偿。(3) 精神损害赔偿案件处理。一般予以口头训诫，责令停止损害或赔礼道歉，消除影响；造成损失的，调解或判决致害人赔偿被害人一定数额财物。赔偿的具体数额，根据过错大小和后果轻重以及社会影响程度等因素而定。因过失致害或情节轻微的，主要是赔礼道歉，为被害人恢复名誉，消除影响。1978—2011 年，全县共审结损害赔偿案件 2434 件，占民事案件的 21.49%。

债务纠纷案件审理　债务纠纷案件，主要是因借贷、劳动、买卖、担保抵押等不履行义务而引起的纠纷。改革开放后，随着商品经济的发展，经济往来增多，互相借贷情况大量出现。人民法院运用法律手段参与调节社会经济活动的领域拓宽，人民群众依靠法律维护自己合法权益的行为多起来，求助法院解决纠纷也自然多起来，债务纠纷案件随之逐年增多。1987 年后，随着社会主义法制的健全和人们依法办事观念增强，借贷关系步入法制轨道，特别是国家经济的高速增长，人们经济交往越来越多，债务纠纷案件持续上升。这一时期债务纠纷案件的主要特点：(1) 大多发生在生产流通领域，借贷纠纷最多，其次是买卖纠纷。(2) 诉讼标的（金额）显著增大，大多数在千元以上，有的甚至几十万元。(3) 欠债原因复杂化。主要是债务人经营亏损，资不抵债，无力偿还；货物买卖中，卖方预收货款后，不发货，又不退款，或买方拖欠货款，或以货物瑕疵为由拒绝不付款；少数债务人不守信用，损人利己，故意拖欠债务。(4) 出现新类型案件，如劳动报酬、抵押和买卖纠纷等。县法院在审理债务纠纷案件时，本着保护公民自愿、互利、互通有无、合作发展和限制高利盘剥的原则，按照有关政策和法律规定调解或判决，保护当事人合法权益。有偿还能力拒不偿还的，判决偿还；暂时无偿还能力的，分期或缓期偿还；在做好当事人思想工作基础上，适当降低或减免利息；少数违法借贷、乘人之危牟取暴利所形成的债务纠纷，高额利息不予保护。1978—2011 年，全县共审结债务纠纷案件 1841 件，占民事案件的 16.25%。

山林、水利、土地纠纷案件审理　1978 年前，农村实行社会主义集体化，个人山林、土地加入农业合作社、人民公社，生产关系发展为集体性质，公民间山林、水利、土地纠纷转化为社与社、村与村、乡与乡间争议，也有个别县与县间争执。村社间争议，本着互让互谅原则，协调解决，解决不了的，由上级行政管理机关调处。纠纷诉到法院的很少，即使诉到法院，由于集体形式和规模不断调整，土地、山林随之划并，法院不便解决，大都转交有关行政管理部门处理。非经法律程序不可的，法院才予受理。中共十一届三中全会后，农村实行家庭联产承包责任制；20 世纪 90 年代中期后，国家有偿出租荒山荒坡给个人开发利用；2006 年后，集体林权制度改革，充分调动人民群众积极性，促进山林、土地开发利用，土地、山林、水利纠纷随之增多。县法院处理此类案件，根据国家有关政策和法律、法规进行调解或判决，本着兼顾个人、集体、国家三者利益的原则，合情合理合法解决。1978—2011 年，共审结此类案件 805 件，占民事案件的 7.1%。

二、商事审判

商事审判，是调整生产和流通领域的经济关系，保护国家、集体和个人合法权益，维护社会主义经济秩序。1978年前，未建立商事审判机构，经济纠纷案件归属民事审判庭审理。中共十一届三中全会后，党和国家的工作重心转移到经济建设，经济立法逐步健全。1981年7月，根据《人民法院组织法》规定和上级法院通知精神，县法院经济审判庭成立，专门负责经济合同纠纷案件审理。2002年，撤销经济审判庭，经济审判职能并入民事审判。这一时期，县法院主要依据《民事诉讼法》《民法通则》和《经济合同法》审理经济合同纠纷案件。

在审理经济合同纠纷案件时，发现当事人利用经济合同进行违法犯罪，损害国家、集体、个人利益的，根据不同情况，采取不同方法，严肃处理。构成犯罪，需要追究刑事责任的，按管辖权限分别转公安机关或检察机关处理；情节轻微、危害不大，尚不需要追究刑事责任的，或者仅是违反经济、民事或行政管理法规的，予以训诫或责令具结悔过、收缴非法所得、罚款、拘留等民事制裁。1981—2011年，全县共审结经济合同纠纷案件2412件。

房屋买卖合同纠纷案例　原告茹某某，被告李甲、李乙，第三人杨某某。2009年5月，被告李乙与第三人杨某某达成协议，李乙自建住房卖给杨某某，杨某某支付李乙部分建房款，其余款项杨某某用自己位于某小区的一套住房折抵给李乙，并约定李乙建好房屋后为杨某某办理好相关房屋、土地产权证，等李乙办理相关证件后杨某某再交付、过户某小区房屋给李乙。后在杨某某未交付房屋情况下，李乙便将杨某某某小区房屋出售给被告李甲，双方于2010年4月1日签订房屋买卖合同。李甲与李乙签订房屋买卖合同后，又将该房屋以26.9万元价格转售给原告茹某某，并在2010年5月10日收取原告2万元定金，双方于2010年5月29日签订房屋买卖合同。之后李甲告知茹某某：出售的房屋是李乙卖给自己的，让茹某某与李乙直接打交道，茹某某便在2010年5月30日直接把18万元购房款支付给李乙，加上之前支付给李甲的2万元，李乙当天向茹某某出具一份20万元收条。因杨某某房屋未折抵给李乙，李乙也就未如期交房给李甲，李甲无法如期交房给茹某某。2011年12月26日，经茹某某与二被告协商，茹某某与李乙重新签订一份房屋买卖合同，李乙以26.6万元价格把杨某某在某小区所有的该房屋直接出售给茹某某，当天李乙又向茹某某出具5万元的一份收条（茹某某实际支付李乙现金3万元，2万元作为李乙之前未如期交房给茹某某造成的损失，加在总房款中，不属于2011年12月26日签订的合同约定5万元违约金），加上之前支付的20万元，茹某某共向李乙支付房款25万元（茹某某2万元损失计算在内），李甲则以第三人身份在房屋买卖合同上签了名字，同意解除之前与李乙签订的房屋买卖合同和与茹某某签订的房屋买卖合同。后因李乙无法向杨某某交付自建住房，杨某某也未向李乙过户、交付小区套房。二被告也一直未将房款返还原告。

法院认为，原告茹某某与被告李甲2010年5月29日签订的“房屋买卖合同”和2011年12月26日签订的“房产买卖协议”未违反相关法律规定，合同合法有效，合同当事人各方应按合同约定履行各自义务。但因第三人和被告李乙的原因，李甲无法履行与茹某某于2010年5月29日签订的“房屋买卖合同”中约定的交房义务，经双方协商，该合同在2011年12月26日茹某某与李乙签订“房产买卖协议”时已解除，所以茹某某与李甲双方的合同义务已终止。茹某某与李乙在2011年12月26日签订的“房产买卖协议”中约定李乙应在2012年7月30日前交房给茹某某，但因第三人的房屋并没有交付、过户给李乙，故李乙无法向原告交房。依据合同法规定，当事人一方因第三人原因造成违约的，应当由对方当事人承担违约责任。因合同无法履行，原告要求解除合同于法有据，合同解除后，李乙应把收取的25万元房款返还原告，并按协议约定向原告支付5万元违约金。原告支付李乙 18 万元房款时，李乙出具的是 20 万元的收条，说明当时原告知道之前支付给李甲的 2 万元定金已包括在内，应视为 2 万元也是支付给李乙的房款。原告诉称李乙和李甲是合伙卖房并无事实依据，茹某某与李乙在 2011 年 12 月 26 日签订的“房产买卖协议”中李甲只是以第三人身份签字，所以李甲并不是卖方，对其有约束力的只是协议中第四条第（六）（七）项，即李甲同意解除其与李乙签订的房屋买卖合同和与原告签订的房屋买卖合同。经协商，李甲与原告签订的合同已解除，而实际收取原告 25 万元房款的是李乙，原告在其与李乙在 2011 年 12 月 26 日签订的“房产买卖协议”中也予以认可，故原告要求李甲与李乙共同连带返还 25 万元房款和支付 5 万元违约金并无法律依据，法院不予支持。

综上所述，根据《合同法》第九十三条第一款、第九十七条、第一百一十四条第一款、第一百二十一条，《民事诉讼法》第六十四条第一款之规定，判决如下：(1) 本判决生效之日解除原告茹某某与被告李乙于 2011 年 12 月 26 日签订的“房产买卖协议”；(2) 由被告李乙在本判决生效之日起 30 日内返还原告茹某某购房款 25 万元，并支付原告茹某某违约金 5 万元；(3) 驳回原告茹某某其他诉讼请求。

租赁合同纠纷案例　原告王某某、陈芋某、陈勇某，被告中国联合网络通信集团有限公司某分公司（简称某公司）。2010 年 3 月，被告某公司经与原告陈芋某协商后，要求租用三原告位于德龙路的屋顶作为建设联通通信基站使用，租金每年 4000 元，双方初步协商后，被告在未与原告签订租赁合同的情况下进场施工，在原告屋顶架设基站，2010 年 8 月，原告发现顶楼房间天花板出现开裂，裂缝不断加大，后侧墙、二楼房间墙壁也出现开裂，多次找被告协商赔偿，双方未达成协议，最终也未签订书面合同。另，经原告申请，县法院委托云南鼎丰司法鉴定中心对原告房屋开裂与被告建设基站有无因果关系及房屋损失进行鉴定，鉴定结论为：被鉴定房屋受损与某公司在屋顶安装通信基站有直接因果关系。房屋损失价值评估为 71080.5 元。

县法院认为，本案被告某公司在与原告陈芋某初步协商后，被告于 2010 年 3 月在原告屋顶架设通信基站，虽然双方未签订书面合同，但在施工过程中原告未提出异议，默认被告的行为，可视为双方已达成场地租赁合同，被告在使用租赁物时未充分考虑房屋的承载能力，导致原告房屋顶棚开裂，系被告对租赁物使用不当，被告应当对原告损失承担全部赔偿责任，被告辩称原告同意被告施工故应当自行承担部分损失没有法律依据，法院不予采纳。在庭审中，双方均表示愿意解除合同，系双方对合同的约定解除，法院予以确认。依据《合同法》第九十三条、第二百一十九条、第二百二十七条之规定，判决如下：(1) 解除原告陈芋某、王某某、陈勇某与被告某公司于 2010 年 3 月口头订立的房屋租赁合同，被告于本判决生效后十日内将架设在原告陈芋某、王某、陈勇某位于德龙路屋顶的联通通讯基站拆除，并清理走所有建筑材料，恢复屋顶原状。(2) 由被告某公司赔偿原告陈芋某、王某某、陈勇某房屋损失费用 71080 元。③由被告某公司支付原告陈芋某、王某、陈勇某房屋租金 8000 元。

第三节　行政审判

1981 年前，景东县域公民、法人对行政机关行政处罚决定或其他处理决定不服的，直接向上级行政机关投诉，个别诉至县法院的行政案件，也不直接受理，而是转有关行政部门处理。1982—1987 年，根据《民事诉讼法》和工商、治安、税务、林业、土地等有关法律和行政法规规定，县法院受理了一些行政案件。这一时期，属经济行政诉讼的，由经济审判庭承办；涉及房地产和治安行政类的，由民事审判庭承办。在办理行政案件时，严格依照《民事诉讼法》规定程序审理，在查清事实、分清责任基础上，依据《民法通则》和有关行政法律、法规进行裁判。行政处罚决定正确的予以维持，错误的予以撤销，部分错误的予以变更。1988 年后，国家颁布的法律和行政法规日益增多，其中文明规定公民、法人和其他社会组织不服行政处罚决定，可以向人民法院提起行政诉讼的法律、法规、条例逾百，多方面拓宽人民法院受理行政案件的范围。1989 年 11 月，根据上级法院指示，县法院行政审判庭建立，专门负责行政纠纷案件审理工作。1990 年 10 月 1 日，《中华人民共和国行政诉讼法》(简称《行政诉讼法》) 颁布施行，依法行政被广泛宣传贯彻，诉到法院的行政案件逐渐增多，县法院按照《行政诉讼法》程序审理行政案件。(1) 审查行政机关按照法律、法规作出的具体行政行为有没有超出法律、法规规定范围，具不具有行政行为主体资格；(2) 审查行政机关作出的具体行政行为事实是否清楚，证据是否充分，是否在行政处罚前收集和立卷；(3) 审查具体行政行为适用法律的统一性，存不存在法律之间的矛盾，行为和法律责任是否相一致，有没有超过处罚幅度等；(4) 审查具体行政行为符不符合法定程序。符合法律规定、事实清楚、适用法律正确、程序合法的具体行政行为予以维持，事实不清、适用法律错误、超越行政职权、严重违反程序的具体行政行为予以撤销。办案中，坚持行政诉讼特有原则：(1) 起诉到县法院的行政纠纷，坚持法律、法规有明确规定可以起诉的，才予受理。(2) 行政诉讼案件审理，坚持实行合议制集体办案原则，审理后作出判决或裁定，不搞独任审判或调解，但行政赔偿案件可以调解。(3) 严格按照《行政诉讼法》有关规定，实行行政机关负举证责任原则，提出处理决定的事实和法律依据，以及不服判决的理由和论据。(4) 行政案件原被告不服县法院判决、裁定提出案件上诉，经中级法院发回重审的，另行组成合议庭审理。(5) 坚持复议前置规范。县法院管辖的案件，凡是法律法规规定有行政机关的复议或仲裁程序的，当事人应当先行申请复议或仲裁，不服行政机关复议或仲裁而提起的行政诉讼，县法院才予受理；未经行政机关复议或仲裁程序的，县法院不予受理。1989—2011 年，全县共审结各类行政纠纷案件 91 件，审查行政非诉执行案件 194 件。

2001—2011 年景东县行政案件审判统计表

表 4-5-4　　　　单位：件

年度	诉讼类案件					结案方式		审查非诉案件		案件总数
	公安	资源	城建	工商	其他	判决	裁定	裁定准予执行	裁定不予执行	
2001	1	—	2	1	—	3	1	3	1	8
2002	—	1	2	—	—	1	2	24	6	33
2003	1	2	3	1	1	5	3	24	17	49
2004	—	1	1	1	—	1	2	2	—	5
2005	1	1	1	—	1	2	2	1	—	5
2006	—	—	1	—	6	4	3	—	—	7
2007	1	1	—	—	—	2	—	—	—	2
2008	—	3	1	3	1	6	2	—	—	8
2009	—	8	3	1	2	10	4	—	—	14
2010	2	1	—	—	3	3	3	—	—	6
2011	1	3	1	1	3	6	3	77	2	88
合计	7	21	15	8	17	43	25	131	26	225

第四节 执 行

一、执行条件

必须有执行依据。所谓执行依据，就是人民法院据以执行的法律文书。主要是指人民法院制作的判决书、裁定书和调解书，也包括仲裁机关的裁决和公证机关赋予强制执行效力的债权文书，以及行政机关行政决定。必须具有给付内容。即据以执行的法律文书是确定义务人给付对方某种财物，不具有给付内容的法律文书不能作为执行依据，必须是已经发生法律效力。人民法院法律文书和仲裁机关裁决、公证机关赋予强制执行效力的债权之书，以及行政机关申请执行的行政决定，必须是已经发生法律效力，否则不能作为执行依据。必须负有义务的一方当事人拒绝履行法律文书确定的义务。如果义务人自动履行义务，执行程序就不会发生。

二、执行情况

改革开放后，县法院的执行工作大致分为两个阶段：第一个阶段（1978—1986）。这个阶段，执行机构不健全，没有专门的执行工作部门；受案范围窄，执行案件数量不多；案件执行由负责审案的业务庭办理。在此期间，共执行各类案件 594 件。第二个阶段（1987—2011）。这个阶段，执行案件成为县法院一项重要职能工作。1987 年 7 月，执行庭成立，执行机构逐步健全，执行力量不断壮大，委案范围不断扩宽，执行案件数量不断增多。1992 年后，新增行政机关申请执行案（即非诉行政执行案）、受托执行案；1998 年后，新增刑事附带民事执行案、仲裁执行案、公证债权文书执行案。2002 年 6 月，由于受案范围拓宽，案件数量持续增多，为加大执行工作力度，规范执行行为，执行庭改称执行工作局，赋予执行裁决权和执行实施权。

这一时期，“执行难”是困扰县法院的大问题。所谓“执行难”，是指执行债务人难找，执行财产难寻，协助执行难求，执行财产难动，导致部分执行案件积压，执结率偏低，严重影响当事人合法权益、人民法院形象、法律威严。“执行难”原因很多，主要是：（1）案件当事人法制观念淡薄，缺乏履行义务自觉性。（2）当事人签订合同时，出于发财心切，对前途估计过于乐观，过于相信对方当事人，达成日后无法兑现的法律关系，为执行难埋下隐患。（3）由于形势变化、政策调整、意外事件、经营不善等原因，使得当事人“君子协议”、白纸黑字的合同不能兑现，人民法院公正判决无法落实。（4）景东经济落后，贫困人口多，虽然许多债务人主观上并不想赖账，但在客观上无履行合同和被执行的能力。（5）地方保护主义、部门保护主义作祟。（6）执行力量薄弱，执行工具、装备落后，执行机制不能完全适应执行工作的开展。这一时期，最高人民法院发布了许多执行工作政策文件、司法解释。1998 年 7 月 8 日，最高人民法院出台《关于人民法院执行工作若干问题的规定（试行）》；1999 年 7 月 7 日，中共中央转发最高人民法院党组《关于解决

现场执行（熊志平 摄）

人民法院“执行难”问题的报告》，为执行工作提供坚实保障。

1998年后，景东县针对“执行难”问题，加强执行工作领导和队伍建设，完善工作机制，建立健全执行联动和救助机制，形成党委领导、人大监督、政府支持、法院主办、各界配合的执行工作格局。规范执行行为，强化执行程序、方式和效果的监督和检查。坚持办案法律效果与社会效果有机统一，既考虑申请执行人的利益，又不剥夺被执行人基本生活条件，既重视当事人双方利益，又不忽视社会公众利益。开展执行“会战”，清理积案，并根据不同情况，采取不同执行方式，对确无执行能力的延期或终止执行，待有执行能力时再执行；对有执行能力而拒不执行或规避执行的，予以强制执行，实施冻结、划拨存款或扣押变价财产还账；对违反建设规划的建筑物，予以强制拆除；对阻碍强制执行的公民、法人，给予拘留或罚款。通过执行，最大限度地保护债权人合法权益，维护司法权威。

1987—2011年，共执行各类案件5761件，执行到位金额12350.91万元。

2001—2011年景东县执行案件统计表

表4-5-5　　单位：件

年度	刑事	民事	行政	行政非诉	执结方式					案件总数
					自动履行	和解	强制执行	终结	其他	
2001	55	480	1	2	200	19	21	251	47	538
2002	50	428	—	1	125	20	7	327	—	479
2003	44	307	—	3	101	17	6	230	—	354
2004	54	355	—	1	105	13	4	288	—	410
2005	23	154	—	2	139	10	2	28	—	179
2006	48	250	1	1	223	30	2	45	—	300
2007	30	257	—	1	209	24	2	16	37	288
2008	26	179	—	13	139	11	26	42	—	218
2009	95	496	—	29	97	117	4	379	23	620
2010	14	338	—	14	78	165	1	104	18	366
2011	25	200	3	35	119	27	—	84	33	263

第五节　信访与审判监督

一、信访

党的十一届三中全会后，随着各项政策落实，来信来访大幅上升，信访反映处理的问题既有现实问题，又有历史遗留问题；既有要求为自己落实政策，又有检举揭发控告他人等。处理这类信访问题，情况复杂、涉及面广、政策性强。县法院调动一切积极因素，认真做好信访工作。(1) 群众来信来访做到事事有交代，件件有着落，对其中新案申诉做到年底无积压，旧案申诉本着“有错必纠”精神切实处理。(2) 发挥信访工作“耳目作用”，及时向党委反映各阶层对执行政策，特别是审判政策上带普遍性、倾向性的意见，供党委掌握情况，指导工作。(3) 保障人民群众参与管理国家、监督国家机关和工作人员的民主权利。(4) 注意倾听群众呼声、关心群众疾苦、支持群众正当要求。

1978—1989 年，共受处群众来信 4298 件，接待群众来访 3206 人次；办理申诉案件 38 件，其中，维持 13 件，改判 25 件；纠正“景东反共救国军”“中统景东特工队”两个历史假案涉案人员 227 人；重点立案复查新中国成立后政治性案件和反革命案件 348 件，其中，维持原判 312 件，改判 27 件，既往不咎 3 件，转有关部门处理 6 件。1990 年 8 月，根据上级法院指示，县法院成立告诉申诉庭，将信访工作纳入告诉申诉庭业务范围。1990—1997 年，告诉申诉庭共受处群众来信 2751 件，经审查移送有关审判庭办理 2490 件，转有关部门处理 85 件，由告诉申诉庭立案审理 176 件（均为申诉复查案件），改判 39 件，书面驳回 111 件，说服息诉 26 件。接待群众来访 1839 人次，其中，告诉 509 人次，申诉 1330 人次，涉及案件 785 件，经审查移送有关审判庭办理 191 件，口头驳回 82 件，说服息诉 392 件，撤诉 18 件，调处简易纠纷 19 件，作其他处理 83 件。1998 年 3 月，根据上级法院指示，撤销告诉申诉庭，单独分设立案庭和审判监督庭，告诉申诉工作从立审合一中分离出来。1998—2011 年，立案庭共审查立案 15196 件，处理群众来信 1255 件，接待群众来访 1613 人次，解答群众法律咨询 2887 人次。

二、审判监督

1998—2011 年，共办理审判监督再审案件 73 件，其中，刑事案件 22 件，民事案件 51 件。

第六节　审判机构

景东县人民法院大楼（罗海垠　摄于 2013 年 11 月）

1973 年 12 月，县法院恢复，内设刑事审判庭、民事审判庭和办公室。1978 年，在武警中队住址（开南书院）建成砖木结构、瓦顶房 3 间 14 格，首次有审判和办公用房。1979 年 7 月，恢复审判委员会。1980 年 9 月，景福人民法庭成立。1981 年 7 月，增设经济审判庭。1981 年，县法院新址在人武部库房前动工，至 1996 年改扩建完工，新建和改扩建机关审判和办公用房 1940 平方米。1982 年 11 月，文井人民法庭成立。1984 年 11 月，增设审判监督执行庭。1987 年 7 月，审判监督执行庭改为执行庭。1989 年 11 月，增设行政审判庭。1990 年 7 月，增设告诉申诉庭；11 月，增设政工科。1991 年 1 月，大街人民法庭成立（1993 年 7 月撤回县法院）。1994 年 4 月，机构改革，增设法警队和法医技术鉴定室，内设刑事审判庭、民事审判庭、经济审判庭、行政审判庭、告诉申诉庭、执行庭、法警队、法医技术鉴定室、政工科、办公室 10 个职能部门和景福、文井 2 个派出人民法庭。1998 年 3 月，撤销告诉申诉庭，设立审判监督庭，增设立案庭和民事审判二庭。2002 年 6 月，机构改革。撤销经济审判庭和法医技术鉴定室，增设刑事审判二庭、民事审判三庭和纪检监察室，执行庭改为执行工作局，法警队改为司法警察大队，政工科改为政治处。内设立案庭、刑事审判一庭、刑事审判二庭、民事审判一庭、民事审判二庭、民事审判三庭、行政审判庭、审判监督庭、执行工作局、司法警察大队、办公室、政治处、纪检监察室 13 个职能部门和景福、文井2个派出人民法庭。领导职数4人，其中，院长1人，副院长3人。2008—2010年，县法院再次搬迁，院址位于凌云路189号。新建审判大楼1幢5500平方米，除大中小各式审判法庭外，还设立案厅、办公室、会议室、案件讨论室、羁押室、看守室、档案室、储藏室、接待室、休息室及文化活动室。2011年，县法院内设立案庭、刑事审判一庭、刑事审判二庭、民事审判一庭、民事审判二庭、民事审判三庭、行政审判庭、审判监督庭、执行工作局、司法警察大队、办公室、政治处、纪检监察室13个职能部门和景福、文井两个派出人民法庭，具有法官审判资格34人。

第六章　司法行政

第一节　依法治县

1996年7月25日，中共景东县委作出《关于依法治县的决定》，同时下发《景东彝族自治县依法治县规划》。县级成立由县委、县人大常委会、县人民政府主要领导担任正副组长，各有关部门领导为成员的依法治县领导小组；各乡镇、县直单位、省地属企事业单位，也成立相应领导机构。形成“党委领导、人大监督、政府实施、全社会参与、全方位推进的工作格局。1999年9月16—17日，县委县政府召开全县依法治县工作会议。县四班子领导及乡镇党委书记、乡镇长、乡镇人大主席、县直党、政机关、人民团体、企事业单位、省地属单位领导共147人参加。会议提出依法治县的总体目标：1999—2003年，逐步制定与国家法律、法规相配套的规范性文件，制定和完善自治条件及单行条例，使全县政治、经济、文化、社会生活各方面实现法制化，2000—2010年实施依法治县两个五年规划。

2001年5月，景东县按照思茅地委要求，开展推行执法责任制工作。中共十五大把“依法治国，建设社会主义法制国家”“确立为党领导人民治理国家的基本方略”。全国九届人大二次会议依照法定程序将依法治国方略写进宪法。在行政、司法机关推行执法责任制是贯彻依法治国基本方略，推进依法治县的重要举措。县委及时成立推行执法责任制领导小组，县人民代表大会常务委员会为推行执法责任制的主管机关，负责“一府、两院”推行执法责任制工作。各执法部门也相应成立领导小组，采取各种形式，宣传动员，让广大干部职工明白推行执法责任制的目的、意义以及重要性、必要性，主动参与到推行执法责任制工作中，各执法部门对本部门实施的相关法律、法规、行政规章、规范性文件进行清理登记。通过县人大常委会审议确认执法主体资格。8月30日，召开签订执法责任状大会。以责任状的形式，将各部门涉及的法律、法规和行政规章分解到内设机构，分解到岗，落实到人，让各执法部门及执法人员明确执法任务，执法权限、执法标准以及违法应承担的法律责任。通过推行执法责任工作，保障了宪法、法律、法规和行政规章在全县的贯彻执行，杜绝行政执法中越权执法和消极执法，不断完善行政执法监督与制约制度，从根本上解决有法不依、执法不严、违法不究的问题，为推进全县的民主法治建设和依法治县进程奠定坚实基础。

第二节　法制教育

1986—1990年，在全县公民中开展法律常识普及宣传教育。采取发放法律常识读本，办法律常识黑板报、墙报、专栏，开设典型案例橱窗，播放法制幻灯片，举办法制讲座，到县属中小学讲授法制课，组织法律知识考试、竞赛等形式，开展普法学习教育活动。全县参与普法学习干部职工8450人，参学率88.2%，经考试取得普法合格证7048人，占参学干部、职工人数的92%；村民参与普法学习17.06万人，参学率85%；开设法制课中学24所、小学215所，小学生在青少年时期接受法制教育3.31万人。

一、普法

1985—2011年，全县实施6个五年法制宣传教育规划。2011年，是实施六五普法第三年，至此，景东普法历时27载。

“一五”普法（1986—1990） “一五”普法对象为工人、农（牧、渔）民、知识分子、干部、学生、军人、其他劳动者和城镇居民中一切有接受教育能力公民。普法内容是“十法一条例”（宪法、民族区域自治法、刑法、刑事诉讼法、民法通则、民事诉讼法（试行）、婚姻法、继承法、经济合同法、兵役法和治安管理处罚条例）。基本目标是通过普及法律常识教育，增强全体公民法制观念，知法、守法，养成依法办事习惯。开展“一五”普法后，全县公民得到启蒙式法律常识教育。

“二五”普法（1991—1995） “二五”普法是在坚持改革开放、整顿市场经济秩序背景下开展的全民普法活动，是普法学用结合阶段，将普法规划改为法制宣传教育规划。“二五”普法的重点对象为县团级以上各级领导干部，特别是党政军高级干部；执法人员，包括司法人员和行政执法人员；青少年，特别是大中学校在校生为。普法内容以宣传宪法为核心、以专业法为重点，普法活动开始转向学用结合、依法治理轨道。基本目标是紧紧围绕党和国家中心工作，深入学习宪法，有针对性地学习国家基本法律常识，有计划、有步骤、分层次、分部门地学习专业法律知识，促进各项事业依法管理。“二五”普法在深度和广度上较“一五”普法有很大推进，普法重点对象在“一五”普法基础上增加对执法人员、宣传教育工作者的法制宣传教育。整个“二五”普法期间，全县各行业制订普法规划，组织学习专业法律法规50多部；采取各种方式举办干部普法培训班，要求干部接受普法学习。中小学生全面推行普法教育，高中以上学校开设法制课，中学生法制教育纳入学校教育计划，小学将法制教育纳入规范教育内容。与只注重法律学习的“一五”普法相比，“二五”普法的显著特征是学用结合。

“三五”普法（1996—2000） “三五”普法是民主法治建设新阶段。1997年，党的十五大报告首次提出实行依法治国基本方略、建设社会主义法治国家。“三五”普法的重点对象为县处级以上领导干部、司法人员、行政执法人员、企业经营管理人员和青少年。普法内容主要是学习邓小平关于社会主义民主与法制建设理论；继续开展宪法知识和公民工作、生活密切相关基本法律知识以及与维护社会稳定有关的法律知识教育；着重抓好社会主义市场经济法律知识普及。通过在全体公民中继续深入进行以宪法、基本法律和社会主义市场经济法律知识为主要内容的宣传教育，进一步增强公民法律意识和法制观念，不断提高各级干部依法办事、依法管理水平和能力。“三五”普法对普法重点对象做出相应调整，除领导干部、司法部门和行政执法部门执法人员、青少年之外，还明确加强经营管理人员的社会主义市场经济法律知识宣传教育，做到依法经营、依法管理，自觉遵守市场秩序，维护社会公共利益。另外，还加强对普法重点对象学法、用法水平考核。领导干部学法要实行考核考试制度，把是否具备必要的法律知识和能否严格依法办事作为对领导干部考核和任用的一个重要标准。“三五”普法期间，景东各级开展依法治理工作。

“四五”普法（2001—2005） “四五”普法是普治并举阶段。普法背景是全国人大对宪法进行修改，并颁布行政许可法、行政复议法，十六大报告提出要依法行政，打造法治政府。确立“12·4”法制宣传日。“四五”普法的重点对象为各级领导干部、司法和行政执法人员、青少年、企业经营管理

人员。普法内容是继续学习邓小平关于社会主义民主与法制建设理论；宣传宪法和国家基本法律，学习宣传与公民工作、生活密切相关基本法律知识以及与维护社会稳定有关法律知识教育；宣传社会主义市场经济相关法律法规，宣传保障和促进国家西部大开发、加入世界贸易组织、维护社会稳定等社会发展迫切要求的各项法律法规。基本目标是通过实施“四五”普法规划，努力实现由提高全民法律意识向提高全民法律素质转变，实现由注重依靠行政手段管理向注重运用法律手段管理转变，全方位推进各项事业依法治理，为依法治国、建设社会主义法治国家奠定坚实基础。2001—2005 年，按照“四五”普法规划“两个转变、两个提高”工作目标，坚持依法治国与以德治国相结合，统一部署，普治并举，突出重点，强化措施，以改革创新的精神，多层次、多形式、多领域地开展法制宣传教育工作。五年中，由司法局组织普及法律法规 36 个，由各乡镇各部门组织学习宣传法律法规 150 个。“四五”普法期间，全县共征订并发放教材 2.23 万册，组织普法考试 10 次、发放试卷 3.25 万份，组织法律知识竞赛 10 次、发放竞赛答题卡 8 万份，组织法制骨干培训 1620 期、发放培训材料 12.36 万份，上街宣传 1200 场（次）、出动宣传车辆 360 辆（次），发放新颁法律法规、自治条例、单行条例单行 40.33 万本，发放法制宣传材料 4500 万份、挂历 4.56 万份、宣传画 0.55 万份，发放录音带 320 盒，放录音 900 场（次），发放光盘 210 盘，图片展 0.64 万场，张贴大小标语 20.5 万条（其中，永久性标语 3185 条，横幅 210 幅），解答群众法律咨询 18.75 万人次，电视台播放法制节目 186 期，《景东消息》刊登法律法规及法制信息 184 期，出法制宣传专栏 18736 期，法制文艺演出 107 台（次）、排练节目 187 个，宣传各类法律法规 45 个，送法下乡 1422 场，放映法制宣传片 360 场（次），开展法制讲座 2.81 万场（次）、受教育人数 20.57 万人，党委中心组学法 520 期，举办法制擂台赛 2 场。全县法制宣传教育依法治理工作总投资 280 万元。全县参加普及学习干部职工 0.9 万人、普及率 100%，应接受普法教育村民 23.52 万人、普及率 87%，应接受普法教育居民 0.84 万人、普及率 100%，应接受普法教育村（居）民干部及委员 0.177 万人、普及率 100%，在校中小学生 4.27 万人，普及率 100%。

普法宣传（县司法局 提供）

“五五”普法（2006—2010）

“五五”普法是树立社会主义法治理念阶段。背景是党中央提出科学发展观，构建和谐社会，倡导坚持社会主义法治理念。普法开始与人文文化、科学发展、和谐发展相对接。“五五”普法的重点对象为领导干部、公务员、青少年、企业经营管理人员和农民。普法内容是通过开展“法律六进”活动和法治城市、法治县（市、区）创建活动，以及法治文化建设，全面提升法制宣传教育文化品位和社会法治化管理水平。普法基本目标是适应党和国家工作大局，适应整个社会和广大人民群众对法律知识的现实需求，通过法制宣传教育和法治实践，进一步提高全民法律意识和法律素质；增强公务员社会主义法治理念，提高依法行政能力和水平；增强各级政府和社会组织依法治理自觉性，提高依法管理和服务社会水平。2006—2010 年，由普法主管机关组织普及法律法规 70 个，各乡镇各部门组织学习宣传法律法规 150 个。“五五”普法期间，全县共征订发放教材 22.23 万册，网站宣传平台 67 个，组织普法考试 4 次、发放试卷 3.25 万份，组织法律知识竞赛 65 次、发放竞赛答题卡 8 万份，组织法制骨干培训 140 期、发放培训材料 12.36 万份，上街宣传 0.12 万场（次）、出动宣传车辆

360辆（次），发放新颁布法律法规、单行条例单行本40.33万本、法制宣传材料4500万份、挂历4.56万份、宣传画0.55万份，发放录音带320盒、播放录音900场（次），发放光盘210盘，图片展0.64万场，张贴大小标语20.5万条（其中，永久性标语3185条，横幅210幅），解答群众法律咨询18.75万人次，电视台播放法制节目196期，《景东消息》刊登法律法规及法制信息184期，出法制专栏1.87万期，法制文艺演出107台（次），排练节目187个，送戏下乡村1422场，放映法制宣传片360场（次），开展法制讲座2810场（次），受教育人数20.57万人，党委中心组学法520期。全县普法依法治理工作经费支出580万元。全县干部职工、村（居）干部、企业管理人员及职工、在校中小学生普及率100%，村（居）民普及率90%，农民工普及率80%，流动人口普及率80%。

自2008年始，县司法局创办景东普法网。结合景东实际，设置新法速递、公共法规、部门法规、专题法规、法律问答、法律常识及案例精选等栏目，宣传国家最新法律法规规章、云南省地方性法规规章、景东县自治条例、单行条例及景东政府职能部门所涉及的法律法规知识，创新全县普法形式，扩大普法宣传面，为机关单位工作人员搭建学习法律法规知识平台。

“六五”普法（2011—2015） 中央《关于国民经济和社会发展的第十二个五年规划建议》指出：“全面落实依法治国基本方略，完善中国特色社会主义法律体系，维护法制权威，推进依法行政、公正廉洁执法，加强普法教育，形成人人学法守法的良好社会氛围，加快建设社会主义法治国家”。“六五”普法更加看重观念、意识和行为习惯作用。要求公务员不断提高自身法律素质和法治观念，培养青少年遵纪守法行为习惯；要求企业经营管理人员、事业单位和新经济、新社会组织管理人员增强诚信守法、依法管理、依法经营观念，引导群众依法维护权益、表达诉求、化解纠纷，提高群众参与基层自治和其他社会管理活动意识和能力。“六五”普法对象扩大到一切有接受教育能力的公民，重点加强领导干部、公务员、青少年、企事业经营管理人员、农民（农民工）、刑释解教人员、社区服刑人员和流动人口法制宣传教育，把领导干部和青少年作为重中之重。

二、法制知识宣传

2008年，县司法局景东普法网建立。景东普法网是以提高全县法律素质和社会法治化管理水平，促进依法治国，建设社会主义法治国家进程为宗旨，宣传中国社会主义民主法制建设成就，展示普法依法治理成果，普及法律知识，弘扬社会主义法治精神为宗旨。随着中国民主法制建设不断加强，依法治国基本方略深入推进应运而生，成为景东县“六五”普法重要载体。截至2011年，共发布普法信息1451条。

第三节　司法调解

一、调解组织

人民调解委员会 人民调解委员会是依法设立的调解民间纠纷群众性组织。中国基层解决人民内部纠纷的群众性组织人民调解委员会，在城市以居民委员会为单位、农村以村民委员会为单位建立人民调解。1985年，全县调解组织恢复。15个乡镇、街道共建立人民调解委员会166个、委员1147人，厂矿调解委员会4个、委员16人。至1990年，各级调解委员会共处理民事纠纷案件1.35万件，培训调解骨干3213人次。1991—2007年，在全县各乡镇建立人民调解委员会。截至2011年，全县共建立人民调解委员会198个，其中，乡镇人民调解委员会13个，村级人民调解委员会（含社区）171个，企事业单位调解委员会8个，专（兼）职调解员3274人。

联防联调委员会　2001年，景东县与相邻镇沅、双柏、南华、楚雄、南涧、云县建立县级行政接边地区矛盾纠纷联合调解领导小组和乡镇行政接边地区矛盾纠纷联防联调委员会；同时，乡镇之间建立行政接边地区矛盾纠纷联防联调委会。2000—2011年，全县各级联防联调委员会调解各类纠纷35件，调解成功34件，调解成功率97%。

民间纠纷调解（李廷新　摄）

二、司法调解

1993—1998年，全县司法助理员共调解民间纠纷1.17万件，调解成功1.13万件，调解成功率96.58%。1997—1999年，各乡镇司法所相继成立。1999—2011年，全县司法所共调解各类纠纷1.19万件，调解成功1.15万件，调解成功率96.64%。为基层政府提出处理建议263条，协助政府制订规范性文件133件。

第四节　法律服务

一、律师服务所

1980年1月7日，景东县法律顾问处正式成立；1984年，更名为律师事务所，1992年，更名为云南红核律师事务所。截至2011年，共办理各类业务4.24万件，其中，刑事辩护2465件，民商事诉讼代理2561件，行政诉讼代理65件，非诉讼法律事务658件，解答法律咨询2.58万人次，代写法律文书1.03万件，办理法律援助案件561件。

二、基层法律服务所

1995年，全县15个乡镇法律服务所成立。截至2011年，全县法律服务所共调解各类纠纷6331件，代理民事诉讼案件578件，非诉讼代理473件，办理见证823件，担任乡镇政府、村民委员会、个体户及其他单位法律顾问897家，代写法律事务文书2834件，解答法律咨询6.45万人次，为当事人避免和挽回经济损失1421.89万元。

三、法律援助

2005年，景东县法律援助中心成立，全面开展法律援助工作。同年，以乡镇司法所为依托，在全县各乡镇建立起法律援助法律工作站。2006年，在工会、共青团、妇联、残联、龙泉社区建立社会组织法律援助工作站。主要负责本辖区、本部门的法律援助工作，业务由县法律援助中心管理。截至2011年，全县共办理法律援助案件1193件，其中，刑事诉讼法律援助154件，民事和非诉讼法律援助1023件，其他法律援助16件，义务解答法律咨询2165人次，代写法律文书380件。1995—2011年，全县法律服务所共承办法律援助案件1664件。2005—2011年，景东县律师事务所共办理法律援助案件195件。

四、148 法律服务

2000 年，景东县开通“148”法律服务专线，在司法局设立协调指挥中心，负责专线的组织领导、受案分流、内部联动等协调指挥工作，建有办公室和法律服务专线值班队伍。2003 年，“148”改为“12348”。截至 2011 年，收接群众咨询电话 2395 次，接待来访群众 3432 人次。

五、社会矛盾调处中心

2001 年，县委县政府办公室发出《关于成立乡镇社会矛盾调处中心的通知》。至 2001 年 6 月中旬，全县 15 个乡镇建立社会矛盾调处中心。截至 2011 年，全县乡镇社会矛盾调处中心调处社会矛盾纠纷 8123 件。

第五节　公　证

一、公证处

1984 年，县公证处成立，工作人员 2 人，依法办理各类涉外、涉港澳台公证及国内的民事、经济公证。

二、公证业务

1984—2011 年，景东县公证处共办理公证业务 2 万余件。其中，公有住房买卖合同公证 4600 件，公路养路费公路建设基金固定包缴协议公证 4170 件，分流职工解除劳动关系协议 189 件，借款合同公证 352 件，定向委培协议公证 15 件，授权委托公证 716 件，继承权公证 257 件，赠与公证 87 件，声明公证 46 件，无犯罪记录公证 7 件，遗嘱公证 27 件，房屋买卖合同公证 130 件，荒山荒地承包合同公证 28 件，房屋租赁协议公证 91 件，内部员工承包门面合同公证 40 件，摩托车经营权出租合同公证 21 件，人畜饮水协议公证 12 件，城镇退役士兵自谋职业协议公证 95 件，烤烟收购合同公证 4908 件，建设施工合同公证 163 件、承包合同公证 237 件，听证会现场监督 3 件，国有土地拍卖、挂牌、建设工程招标、投标等现场监督公证 300 余件，其他合同、协议 3000 余件，承包合同公证 357 件。

第六节　安置帮教与社区矫正

2009 年，县社会治安综合治理委员会牵头，成立由司法局、公安局、民政局、劳动和社会保障局、工商局、团县委主要负责人组成的刑满释放、解除劳动教养人员安置帮教协调领导小组，下设办公室在司法局。同时，各乡镇成立相应领导小组，共同完成安置帮教任务。截至 2011 年，全县 331 名刑释解教人员得到安置。

2009 年，景东县社区矫正工作启动，并成立县社区矫正工作领导小组，组长由县委政法委书记担任，副组长由司法局长担任，办公室设在县司法局，成员单位有县委政法委、法院、检察院、公安局、司法局、民政局、劳动和社会保障局、团县委、总工会、妇联、财政局。2010 年，县司法局设立社区矫正股，配备专职和兼职人员各 1 人，各乡镇成立领导小组，建立工作机构。同时，建立公检法司社区矫正工作联席会议制度。景东的社区矫正工作通过县司法局对县、乡镇工作人员培训，各成员单位发挥职能作用，参与社区矫正工作，13 个基层司法所在乡镇党委政府领导及派出所支持下开展工作。截至 2011 年，全县接收社区服刑人员 312 人，累计解除 96 人，有社区服刑人员 216 人，无脱管、漏管、无重新犯罪现象。

第七节 司法行政机构

一、司法局

1981 年 4 月，县政府设立司法科，科员 3 人；下设法律顾问处，工作人员 2 人。15 个乡镇配备司法员 15 人。1984 年后，改科为局，法律顾问处改为律师事务所，律师 3 人。1984 年，编制由 3 人增至 11 人。下设办公室、法制宣传科、人民调解科。2011 年，司法局内设办公室、基层法律事务股、法制宣传教育股、社区矫正股、法律援助中心、政工室、党支部、工会小组及妇女小组、纪检组，直属机构有公证处及云南红核律师事务所，派出机构为 13 个镇司法所。历任局长：王丕成、侯明贵、苏毅、杨品。

二、乡镇司法所

1996 年，漫湾司法所成立，至 1999 年全县 15 个乡镇司法所成立。2006 年，乡镇撤并，15 个司法所相应撤并为 13 个司法所。2004 年 1 月 1 日，13 个乡镇司法所收编上划县司法局管理。2011 年，全县共有锦屏、文井、大街、花山、文龙、安定、漫湾、东镇、龙街、太忠、林街、景福、曼等 13 个乡（镇）司法所。

第七章　景东监狱

第一节　狱政管理

景东监狱（又名文华农场）成立后，设有专职机构或人员负责狱政管理工作：初期设指导员，1956 年设管教办公室，1966 年设管教股，1969 年设改造组，1978 年设管教科，1987 年设狱政管理科，2010 年增设刑罚执行科。

文华农场根据 1950 年 10 月司法部、公安部《关于监狱、看守所和劳动改造队移交转归公安部门领导的指示》，1953 年云南省公安厅、云南省法院关于"监所应服从法院、审判机关的押票，提票，羁押与提讯人犯，无押票与判决书的监所不予收押，法院、公安与监所配合，清理未决犯，原则上未决犯不能投入劳改队"规定，1954 年 9 月《劳动改造条例》，1963 年公安部《劳动改造管教队工作细则》、1982 年《监狱、劳改队管教工作细则》和 1994 年 12 月《中华人民共和国监狱法》，依法收押。新犯收押后，先编入入监集训队（1986 年前直接送中队关押改造），填写有关登记表，一般经 3 个月收监教育后，再根据分管分押原则，分配到各大、中队改造。

1956 年前，交通不便，附近各县新犯都予收押，包括女犯、重刑犯。1953—1962 年，收押女犯 300 人。1956 年，贯彻中央"改造第一、生产第二"劳改工作方针，执行云南省公安厅《1956 年狱政管理工作具体规划的执行计划》，当年调出重刑犯 143 人，其中女犯 82 人。1963—1972 年，未收押女犯。1973—1976 年，收押女犯 70 人。1977 年，剩余女犯 47 人调往化念农场。之后，只收押刑期 15 年以下男性罪犯。

文华农场成立初 3 年间，每年只有百余名犯人。20 世纪 50 年代，根据上级指示，开始收押镇沅、景谷、澜沧等县犯人，关押人数逐渐增加。20 世纪 60 年代，按上级划片收押规定，主要收押改造思茅 10 县、西双版纳、大理州南涧等地犯人。1983 年，开展"严打"，收押人数增加。2000 年后，收押大理、宾川、祥云、弥渡、南涧及思茅地区 10 县市法院判决罪犯。2005 年，经云南省监狱管理局同意，先后从保山监狱、景洪监狱调入罪犯，从省内外零星调入罪犯。2008 年，只收押普洱市属 10 县区罪犯。2009 年，监狱转移搬迁到普洱市后，收押普洱市属 10 县区有期徒刑、剩余刑期一年以上成年男犯，逐步收押重刑犯、长刑犯、无期徒刑犯。

罪犯收押后，狱政管理主要有减刑、假释，保外就医、监外执行及罪犯死亡处理，申诉、控诉、察举及复查处理，特赦、宽大释放，刑满释放等工作。

第二节　监狱机构

一、建制沿革

1951年9月，县公安局劳改队成立。犯人改造以从事修公路、造桥涵、加工农产品等劳动为主。1952年5月，抽调干部18人，成立独立核算改造生产经营单位，下设县城直属队、清凉分队、文井分队。5月16日，文井分队干部3人带领犯人38人到文华开荒种地，创建文华农场。1953年4月，景东直属劳改队改称普洱专署景东农场，下设一、二、三队。6月25日，队部从县城迁至文华，借用文华村公房办公，以文华方圆几百公顷荒地草坝作为基地，扩大农场建设，创办国营特殊企业。1955年11月2日，改称云南省地方国营景东农场，归地县两级双重领导，对内称云南省政府思茅专署第二劳动改造管教队。同年6月，改称云南省第58劳动改造管教队。1958年，场社合并，景东农场体制下放，归属景东县管理，罪犯改造工作仍由思茅地区公安处管理。1962年1月1日起，改称思茅专区文华农场；生产、基建、财务、物资供应收归地区管理，党团组织、政治思想工作仍由景东县管理。1963年1月1日起，文华农场生产、基建、财务、物资供应收归省公安厅管理；8月12日，实行场长、教导员负责制，对外称云南省地方国营文华农场，对内称云南省第九劳动改造管教队。1967年2月，"文化大革命"开始后，中国人民解放军思茅军分区派军队干部19人（称军事代表），进驻文华农场，实行军事管制，撤销各股室，改设政工组、管教组、生产财务组、秘书组。军管机构先后称云南省思茅地区军管会驻文华农场军事代表、中国人民解放军云南省思茅地区文华农场军事管制小组、中国人民解放军云南省思茅地区公检法军管会驻文华农场军事管制小组、中国人民解放军思茅地区公安机关军管会驻文华农场军事管制小组。1974年4月，撤销军管，恢复原建制，实行场长、政委负责制；对外称思茅地区文华农场。场部设政工、管教、生产、财供、秘书各股。1976年1月1日，上划云南省公安厅劳改局管理，级格县团级。1978年，对外称云南省文华农场。1983年7月，劳改系统划归司法部门管理。1991年1月4日，对内称云南省第九劳改支队。1995年9月4日，更名为云南省监狱管理局，所属劳改支队统一改称为监狱，劳改支队正副支队长职务名称相应改为正副监狱长；11月24日，举行更名和揭牌仪式，云南省第九劳改支队更名为云南省景东监狱。2009年1月，经国务院批准，景东监狱转迁至普洱市思茅区；3月12日，云南省普洱监狱建成使用，举行揭牌仪式。

二、机关机构

1952年，劳改队组建初期，队部只配备会计、出纳、卫生员各1人。1953年，景东农场正式成立，配备会计、文书（兼出纳）、卫生员3人。1956年起，配置秘书、政工、管教、生产、财供股、办公室、总务室、医务室，各股室配设干部1~4人。1966年，"四清"（最初为"清工分、清账目、清财物、清仓库"，后来扩大为"大四清"，即"清政治，清经济，清组织，清思想"）运动后期调整机构，设置教导员办公室、管教股、秘书股、生产股、财供股、生活卫生股，但拟任各股室负责人因"文化大革命"开始未下文任命。1969年，实行军管，取消股室建制，一切权利归军管组，场部设置改造、生产、政工3个组；9月10日，任命各组正副组长。1970年，增设文卫组，1972年撤销，改设办事组。1974年，恢复原建制，设置政工股、管教股、生产股、财供股、秘书股。1978年，改设政治处、管教科、生产科、供销科、财务科、办公室；6月23日，农场党委任命各科室负责人。1981年，纪检组成立；1987年，纪律检查委员会成立。1987年，调整机关机构设置，增设劳资科，把管教科分设为狱政科、教育科。1988年，专职考核办公室成立，2001年归并政治处兼考核工作。

1989年12月，行政监察室成立，与纪委合署办公，并在监察室中设置兼职内部审计人员，负责内审工作。1991年，狱内侦查科成立。1992年3月10日，农场工会筹建组成立，7月25日召开首次职工代表大会。1993年3月29日，云南省文华农场工会委员会成立。1993年12月，生活卫生科成立。1996年6月，审计室成立。1997年1月3日，技术安全科成立，后相继改称安全监察科、安全环保科。1997年，行政科成立，2003年1月撤并入办公室；2002年12月，老干科成立。2002年，机关机构设置除景东监狱领导各办公室外，共有政治处、老干科、宣教科、团委、纪监室、财务科、办公室、审计室、劳资科、生产科、安全监察科、供销科、狱政科、狱侦科、生活卫生科、教育科、工会17个科室。2009年1月，景东监狱向普洱城转移；3月12日，更名为云南省普洱监狱。历任监狱长（场长）：权玉川、黄文召、贾俊山、赵荣科、邱嘉柱、李正邦、白玉祥、穆勇。

三、基层生产经营单位

1952年6月，劳改队下设文井、清凉和直属3个分队，不久后文井分队改称为文华分队。1953年4月，清凉分队撤并入文华分队；6月，队部由景东县城迁到文华，直属分队改称驻县城办事处，年底办事处撤并。1954年，设文华、恩乐2个分队；9月，恩乐分队撤销。1955年2月，设小碗铺第一耕作队和文华街第二耕作队，劳改犯人由186人增至456人，扩大开荒，第一耕作队增设南京山点，第二耕作队增设都拉生产点；将附属第二耕作队工副业分队划出，成立后勤队。1958年，都拉生产点由二队划出，成立四队。1959年，基建工程队驻景东县城，主要从事房建工程施工（1965年撤销）。1959年10月，派出干部押送犯人到老练、者孟开荒。1960年，老练、者孟开荒队成立（称五队、六队），至1961年3月土地划归文井公社。

1960年1月，第一耕作队南京山生产点划出，成立第五生产队（时称第七耕作队）；独立核算的实验室成立，1971年迁至小碗铺，干部学习、犯人生活教育归一中队管理。1984年，改称农科站，主要从事农业新品种推广实验。1999年12月30日，改称农科技术推广中心（场部直属），2002年底撤并入生产科。

1964年1月，文华农场六中队成立，在经营一中队划给部分土地基础上开垦开荒扩大生产，队部设在出山门。1964年，文华农场水库队成立，后改称农建队，主要从事抽水站、水坝、渡口、便桥、蓄水池、水电站、饮水工程，修建文华大桥砂石料和辅助工程施工，1986年撤销。

1969年，文华农场七中队成立。后勤队改称八中队（2003年撤销）。1971年，文华农场机务队成立，隶属生产科，后改称车队。1971年12月1日，将四队采煤组迁至花山乡，成立煤山中队（又称煤厂），至2001年6月撤销。1971年，文华农场茶场成立，并实行独立核算。1974年8月1日，文华农场九中队成立，专门从事茶叶生产，管理原一中队、六中队所属茶园，并扩大茶叶种植生产。

1978年，八中队机修车间、电站划并入车队，成立机务队，并实行独立核算。1983年7月，接管景东县商业局文华农场商店，成立文华农场中心商店，在三、六、五中队增设分销点。1987年，在景东设采购站。1994年，改称商业公司。1998年撤销，实行职工承包，归供销科管理，其中三、五、六分销点归生活卫生科管理，称犯人生活物资供应站。

1994年，撤销九中队，改设职工一大队；10月27日，文华农场一中队水果分队成立。1995年，茶厂转产从事粉丝面条加工，1996年撤销茶厂。1997年9月11日，文华农场机务队成立，1999年3月12日撤销。1998年1月1日，各基层押犯中队和分队更名为监区、分监区。1999年5月28日，撤销七监区（七中队），改设职工二大队。至2002年底，景东监狱共有押犯单位一、二、三、四、五、六、八、九监区，及小湾监区、下关监区（十一监区）、元磨监区（十二监区）；纯职工单位有职工一大队、二大队。

四、文教卫生及行政事业单位

景东监狱医院　又称文华农场医院。1952 年，劳改队下设卫生室。1955 年，扩编为医务室。1962 年，医务室属中队建制。1974 年，改称卫生所。1978 年 6 月，改称为卫生院。1980 年，云南省劳改局核准成立医院，病床编制 80 张。1998 年，改称云南省景东监狱医院，正科级。离景东监狱医院较远押犯监区设医务室，行政上归监区领导，业务上归医院管理。

文华农场子弟学校　1969 年，新建文华农场子弟学校。1972 年，增设初中部，2002 年 8 月撤销初中部，副科级。1974 年，建六中队分校，1984 年撤并入场部子弟学校，建制为中队级单位。2004 年 8 月 9 日，撤销小学部，学校教学设施（房屋除外）划归景东县教育局处理，教师分配到狱属各单位工作。

其他单位　（1）景东县公安局文华派出所，1982 年 4 月 3 日成立，负责本场治安保卫工作，兼负责文华、文窝、都拉、者吉 4 个办事处辖区内治安管理；（2）文华农场严管队，1984 年 9 月成立；（3）防暴大队，2009 年 2 月 4 日成立，后改称特警队。

五、人员编制

文华农场成立初期，核定干警编制 20 人。1952 年，实有干警 20 人。1955 年，扩编为大队，核定干警编制 38 人。1956 年，实有干警 29 人，约占直接生产人员 5%。1974 年，文华农场改为支队建制，干警人数增至 121 人，约占直接生产人员的 6.2%。1975 年，有干警 158 人（其中女干警 35 人）；1985 年，增至 208 人（其中女干警 43 人）。1993 年后，干警人数不断增加，到 1998 年 298 人。2002 年底，实有干警 285 人。2009 年，监狱整体搬迁至普洱市，人员由干警（公务员）、专业技术人员、工人组成，警察人数增至 359 人。

第五编

国策实施

第一章　人口与计划生育

第一节　人　口

一、人口分布

人口分布　根据第六次全国人口普查资料，2000年，全县13个乡镇总人口359527人。其中，锦屏64321人，文井66141人，漫湾19842人，东镇27806人，曼等15974人，花山28042人，大街22562人，太忠22925人，龙街20103人，文龙18150人，安定19011人，林街13583人，景福21067人。

人口密度　根据《2011年景东统计年鉴》，2010年，全县人口密度80.3人/平方千米。其中，锦屏105.7人/平方千米，文井78.8人/平方千米，漫湾66.7人/平方千米，东镇52.33人/平方千米，曼等99.22人/平方千米，花山97.44人/平方千米，大街123.53人/平方千米，太忠94.69人/平方千米，龙街81.69人/平方千米，文龙64.87人/平方千米，安定95.18人/平方千米，林街67.03人/平方千米，景福80.08人/平方千米。

人口比例　景东属农业县，城镇人口所占比例少。根据第六次全国人口普查资料，2010年，农村人口占92.24%，城镇人口占7.76%。

二、人口构成

民族结构　根据第六次全国人口普查资料，2010年，汉族187901人，彝族146098人，哈尼族12477人，瑶族4455人，其他民族8596人。其中，汉族占52.26%，少数民族占47.74%。

性别结构　根据第六次全国人口普查，2000年，全县男性186391人，女性173136人。男女性别比保持在107左右。

年龄结构　根据第六次全国人口普查资料，2000年，0~14岁人口69173人，占19.24%；15~49岁人口209027人，占58.14%；50~64岁人口52435人，占14.58%；65岁以上28892人，占8.04%；80岁以上4684人。其中60岁以上人口42004人，占11.68%。

文化结构　根据第六次全国人口普查资料资料，2000年，全县有研究生34人，大学本科学历3275人，大学专科7377人，高中（中专）18228人，初中98830人，小学186287人，未上过学19012人。15周岁以上文盲14098人。

就业人口结构　根据第六次全国人口普查资料，2000年，全县在业人口24054人，占总人口的6.69%。其中，在业人口从事农牧林渔业18668人，占77.61%；采矿业104人，占0.43%；制造业823人，占0.34%；建筑业508人，占2.11%；交通运输、邮电通讯业452人，占1.88%；住宿和餐饮业597人，占2.48%；卫生和社会保障业134人，占0.56%；教育业346人，占1.44%；公共管理和社会组织423人，占1.76%。在业人口职业构成：专业技术人员690人，其中女性344人；国家机关、党群组织、企事业单位负责人 118 人，其中女性 27 人；办事人员和有关人员 417 人，其中女性 100 人；商业、服务业人员 2238 人，其中女性 1366 人；农林牧渔水利生产人员 18725 人，其中女性 8851 人；生产、运输及有关人员 1866 人，其中女性 340 人。

三、人口变动

20 世纪六七十年代，景东县人口处于高出生阶段。1978 年，人口再生产进入高增长时期，全县总人口 299435 人，其中，出生 8841 人、出生率 29.85‰，死亡 2101 人、死亡率 7.09‰，自然增长 6740 人、自然增长率 22.76‰。1991 年，云南省政府颁布《计划生育条例》、国家计生委颁布《流动人口计划生育管理办法》，计划生育工作进入法制化管理阶段。2011 年景东县公安局户籍总人口 336175 人，其中，出生 3223 人、出生率 9.61‰，死亡 2095 人、死亡率 6.25‰，自然增长 1128 人、自然增长率 3.36‰。2003 年后，景东县人口出生率稳定在 12‰以下，自然增长率稳定在 5‰以下，低生育水平得到巩固。据测算，1979—2011 年全县有效控制人口增长 12 万人。

1978—2011 年景东县公安局户籍人口变动情况统计表

表 5-1-1　　　　单位：人、‰

年度	总人口	出生	出生率	死亡	死亡率	自然增长	自然增长率
1978	299435	8841	29.85	2101	7.09	6740	22.76
1979	303146	7747	25.71	2900	9.63	4847	16.08
1980	305118	5451	17.92	2847	9.36	2604	8.56
1981	309424	6817	22.19	2622	8.53	4195	13.65
1982	315379	8420	26.95	2449	7.84	5971	19.11
1983	319654	6917	21.78	2304	7.26	4613	14.52
1984	324440	6976	21.63	2273	7.06	4703	14.58
1985	326824	5897	18.11	2480	7.62	3417	10.49
1986	329092	6121	18.07	2194	6.69	3927	11.38
1987	322228	5641	17.50	1997	6.03	3644	11.47
1988	325807	4699	14.42	2216	6.62	2483	7.80
1989	339427	4907	14.53	2230	6.61	2677	7.92
1990	340631	4328	12.89	2210	6.50	2118	6.39
1991	341926	3552	10.40	2070	6.06	1482	4.34
1992	341062	2805	8.21	2351	6.08	454	2.13
1993	341166	3454	10.23	2281	6.69	1173	3.54
1994	341824	3715	11.80	2432	7.12	1283	4.68
1995	343610	4450	12.98	2320	6.77	2130	6.22
1996	347353	4405	12.75	2249	6.50	2156	6.24
1997	345185	4878	14.09	2480	7.16	2398	6.94
1998	344747	4931	14.29	2587	7.50	2344	6.79
1999	343478	4687	13.62	2432	7.07	2255	6.55
2000	341166	4876	14.24	2497	7.29	2379	6.95
2001	340109	4383	12.87	2437	7.15	1946	5.72

续表 5-1-1

年度	总人口	出生	出生率	死亡	死亡率	自然增长	自然增长率
2002	340597	4240	12.43	2366	6.94	1874	5.49
2003	337540	4050	11.94	2397	7.09	1653	4.85
2004	332832	3790	11.31	2147	6.94	1643	4.82
2005	332328	3797	11.42	2155	6.48	1642	4.94
2006	333020	3676	11.50	2033	6.11	1643	5.39
2007	333395	3572	10.73	2264	6.8	1308	3.93
2008	335092	3822	11.43	2089	6.25	1733	5.18
2009	331769	3593	10.78	2155	6.46	1438	4.31
2010	334593	3307	9.93	2260	6.78	1047	3.14
2011	336175	3223	9.61	2095	6.25	1128	3.36
年平均值	322937	4881	14.94	2321	7.01	2560	7.93

四、流动人口

随着市场经济发展，流动人口逐年增加。1990 年 7 月 25 日，县第十一届人大常委会第二次会议审议通过《关于景东彝族自治县计划生育政策补充规定》(以下简称《补充规定》)。《补充规定》指出：常住户口不在景东的外来人口超生，一次性征收超生费 4000~6000 元，并由工商部门吊销营业执照，公安部门注销临时户口，不准在景东辖区内从事生产和经营活动。1993 年，景东县流动人口计划生育管理所成立。2006 年，锦屏镇玉屏、龙泉、御笔 3 个社区各配备流动人口计划生育协管员 1 人。2008 年，全县各乡镇各配备流动人口计划生育协管员 1 人。流动人口计划生育管理和服务工作逐步实现经常化、法制化和科学化。

1978—2011 年景东县流动人口变动情况统计表

表 5-1-2　　单位：人

年度	流出	流入	年度	流出	流入
1994	—	2714	2003	7075	2590
1995	—	4028	2004	12901	2773
1996	—	2472	2005	16458	2916
1997	—	3572	2006	22789	2874
1998	—	2086	2007	26011	3445
1999	11872	2736	2008	25846	3705
2000	12013	2945	2009	26494	4307
2001	12140	1870	2010	25870	3701
2002	8640	3752	2011	25648	3738

五、婚姻、家庭

婚姻 根据第六次全国人口普查资料（按 10%居民户统计），2000 年全县 15 岁及 15 岁以上人口

29059 人，其中，男 15044 人，女 14015 人。未婚 6302 人，其中，男 4382 人，女 1920 人；有配偶 20404 人，其中，男 9960 人，女 10444 人；离婚 280 人，其中，男 140 人，女 140 人；丧偶 2073 人，其中，男 562 人，女 1511 人。

家庭　根据第六次全国人口普查资料，2000 年全县有家庭户 97878 个。(1) 家庭户类别。一代户 17848 户，二代户 50371 户，三代户 28224 户，四代户 1435 户。(2) 家庭户规模。1 人户 10219 户，2 人户 13453 户，3 人户 21814 户，4 人户 26683 户，5 人户 14585 户，6 人户 7867 户，7 人户 2274 户，8 人户 672 户，9 人户 198 户，10 人及以上户 113 户。(3) 家庭户均人口。全县家庭户均人口 3. 61 人，其中，锦屏 3. 39 人，文井 3. 5 人，漫湾 3. 66 人，东镇 3. 71 人，曼等 3. 63 人，花山 3. 72 人，大街 4. 03 人，太忠 3. 83 人，龙街 3. 85 人，文龙 3. 8 人，安定 3. 45 人，林街 3. 67 人，景福 3. 52 人。

第二节　计划生育

1963 年，景东县委召开三级干部会，第一次研究计划生育工作，并成立计划生育领导小组，组长由县长兼任，日常工作由卫生科主管，具体业务由妇幼保健站办理。1964 年，景东县首次施行放环手术 16 例，县财政首次安排计划生育经费 296 元。中共十一届三中全会后，人口和计划生育工作提到党和政府议事日程，并作为中国的一项基本国策。1979 年，县计划生育办公室成立，各乡镇均配备计划生育专职干部 1 人，计划生育工作全面开展。20 世纪七八十年代，计划生育工作主要依靠政策措施和行政手段，群众计划生育意识低，人口出生率和自然增长率下降速度缓慢。1991 年，云南省人大常委会颁布实施《计划生育条例》。2001 年，全国人大常委会颁布实施《中华人民共和国人口与计划生育法》、国务院颁布实施《社会抚养费征收管理办法》和《计划生育技术服务管理条例》。2002 年，云南省人大常委会颁布实施《云南省人口与计划生育条例》和《云南省社会抚养费征收管理规定》，计划生育管理和服务工作进入依法管理、村民自治、优质服务、政策推动、综合治理时期。

一、计生政策措施

1991 年前，景东县计划生育工作主要依靠政策措施和行政手段。1979 年，县委转发县计划生育领导小组《关于进一步加强领导，广泛开展计划生育工作的意见的通知》(以下简称《通知》)。《通知》要求：(1) 提倡晚婚。晚婚年龄农村男 25 周岁、女 23 周岁，城镇（包括所有非农业人口）男 26 周岁、女 24 周岁，非婚生育不享受劳保、公医、保健待遇。(2) 一对夫妇生育子女最好一个，最多两个，两胎之间应间隔三年以上，再婚夫妇双方共有两个孩子不应再生育，时间一律从 1979 年 1 月 1 日算起。(3) 只生育一个孩子的，由县、公社发给“独生子女证”，凭证每月发给奖金 5 元，发

20 世纪 80 年代初计划生育宣传（县委党史办　提供）

至孩子16周岁。生两胎节育的，农村由生产队记给一定工分，发给奖金60元，城镇发给奖金30元。农村生一、二胎实行免费接生。同年，县革委会发出《关于计划生育若干问题的试行规定》(以下简称《试行规定》)。《试行规定》主要内容：(1)一对夫妇最好生育一个子女，生育两个子女的夫妇，生育间隔三年以上。(2)一对夫妇终身只生育一个孩子并落实节育措施的，发给“独生子女证”。职工凭证由女方所在单位每月发给儿童保健费5元，女方无职业的，由男方所在单位发给；农村社员由生产队决定，每月发给儿童保健工分30~50分。发放时间从发证之日起到子女满14周岁止。(3)终身不生育子女的职工，在其年老退休时，退休金按100%发给，终身只生一个子女的职工，退休时按规定加发5%退休金。农村社员年老丧失劳动能力，除按当地规定予以照顾外，每月补助生活费3~5元。(4)接受计划生育手术的，在规定休息期间，国家和集体单位职工，工资由原单位照发；农村社员工分由所在队照记；临时工、合同工工资由雇请单位发给，不影响全勤、评奖。1982年，县政府转发县人大常委会《关于进一步做好计划生育工作的决议的通知》(以下简称《通知》)。《通知》要求：(1)国家干部和职工、城镇居民，一对夫妇只生育一个孩子。(2)农村普遍提倡一对夫妇只生育一个孩子，某些群众确有实际困难要求生两胎的，可以有计划安排，但间隔要在三年以上。(3)凡1979年1月1日后办理“独生子女证”夫妇（不包括抱养），发给一次性奖金50元，每月发给保健费5元，直至子女满14周岁为止，由夫妇双方所在单位各负担50%。一方是职工，一方是社员的，可由大队或生产队发给儿童保健费。(4)男25周岁、女23周岁结婚为晚婚，给晚婚假15天；女24周岁以后生育为晚育，多给产假15天，在产假期间办理“独生子女证”的，再延长产假20天。产假期间工资照发，不影响评奖、调资。(5)凡是接受计划生育手术的，凭医疗单位证明，给予一定营养补助。国营和城镇集体所有制单位职工，由单位福利基金、利润提留或内部支付；农村社员从计划生育经费内列支。(6)大队由责任心强的大队干部或妇女主任、医疗站长担任计划生育小组长，每月给予5~7元误工补贴，从县计划生育经费列支。生产队要有1名副队长专管计生工作，由生产队每年付给一定补贴。1986年，县政府发布《关于再婚夫妇生育和领取独生子女证的几点规定》，提出：(1)男方为机关单位职工，女方为农村社员的，应继续提倡一对夫妇只生育一个孩子。从1986年1月1日起经过批准生育两胎的，不再视为超生。(2)机关职工或城镇居民中，提倡女方年龄23周岁以上生育，农村妇女两胎间隔距离应在3年以上。

二、计生政策法规

自1991年4月1日始，执行县政府《关于贯彻执行〈云南省计划生育条例〉的有关规定的通告》(以下简称《通告》)。《通告》主要内容：(1)婚育假期正常婚假3天，晚婚的增加婚假15天；正常生育假期90天，难产或双胎增加产假15天，晚育加奖励假14天，晚育后在产假期间申请领取“独生子女父母光荣证”再增加产假15天，产假期间视为出勤。(2)计划生育手术假期，男性绝育术休假7天，女性绝育术休假30天，放置宫内节育器休假7天；怀孕不满4个月的流产休假20天，怀孕满4个月流产的休假30天；采取绝育、放置宫内节育器手术后失败、怀孕不满4个月流产的休假25天，怀孕满4个月以上流产的休假35天；流产后同时放置宫内节育器的休假25天，流产同时做绝育术的休假40天，休假期间视为出勤。(3)城镇居民和农业人口，采取绝育、放置宫内节育器等措施的发给一次性营养补助费女性50元，男性25元，放置宫内节育器5元；男性绝育后复通，再次做绝育术50元；女性绝育后复通，做绝育术100元。(4)确系节育手术后引起的并发症、后遗症，到指定的医疗单位治疗。(5)只生育1个孩子的夫妻，经县计划生育委员会批准发给“独生子女父母光荣证”，从领证之月起到子女满14周岁止，每月发给保健费10元，并发给一次性奖金50元。夫妻双方都是干部职工的，由双方所在单位各付一半；一方是干部职工，另一方是城镇居民和农业人口的，由干部职工所在单位支付；城镇居民和农业人口，由乡镇政府从计划生育事业费支付。

三、计生宣传教育

宣传教育活动 景东县计划生育工作始终坚持宣传教育为主。每逢“世界人口日”、计划生育法律法规颁布实施日及“三下乡”活动日，县人口计生局及各乡镇组织宣传人员，上街开展计划生育宣传教育活动，发放生育、节育知识小册子及避孕药具，为已婚育龄人群提供相关咨询服务，并形成宣传教育制度。

流动人口计划生育“关怀关爱行动”（县文联 提供）

婚育学校 1992 年，县政府批转计生委、民政局等部门《关于成立县乡婚育学校报告的通知》，县计生委成立婚育学校，设于县服务站内；各乡镇成立婚育学校，各村设立教学点。县乡婚育学校与县服务站和乡镇服务所实行一套班子，两块牌子。县乡婚育学校主要培训计划生育政策法规及青春期、新婚期、孕产期、育儿期科普知识。县婚育学校每季度培训 1 期，每期 5 个晚上；乡镇婚育学校每年培训 1～2 期，主要是将已婚育龄人群集中在乡镇或村教学点培训。培训考试后，统一发放“婚育知识培训合格证”，持本证申领“生育证”。20 世纪 90 年代初，经物价局批准，婚育学校每培训 1 对夫妻收取培训教材、试卷费 24 元。2007 年 6 月 30 日，县发改局通知取消该项收费。

婚育新风进万家活动 1999 年 12 月起，景东县开展婚育新风进万家活动。2000 年，成立县活动领导小组，制订实施方案，确定“破千年习俗，树婚育新风”为活动主题，深入开展形式多样，内容丰富宣传教育活动，广大群众对科学文明进步婚育观念有所增强。2005 年 12 月，县婚育新风进万家活动获“2001—2005 年全省婚育新风进万家活动先进集体”称号。

人口文化大院建设 2009—2011 年，景东县规范建设文井镇清凉、文华、新会，漫湾镇安乐，大街乡大街，锦屏镇灰窑、景川农村人口文化大院示范点。

四、计生技术服务

节育手术 1984 年前，农业人口节育手术费全额报销，干部职工节育手术费纳入公费医疗解决。1984 年 7 月后，农业人口节育手术费报销标准：女扎 8 元/例，男扎 2 元/例，人流 4 元/例，引产 10 元/例，放环 2 元/例，取环 3 元/例。1992 年 1 月后，调整为女扎 20 元/例，引产带结扎 30 元/例，男扎 6 元/例，人流 7.5 元/例，引产 10 元/例，放环 2 元/例，取环 3 元/例。1994 年 4 月后，调整为女扎 120 元/例，人流带结扎 140 元/例，引产带结扎 160 元/例，男扎 30 元/例，放环 15 元/例，皮埋 52 元/例，女扎后营养费 30 元，男扎后营养费 15 元。2010 年 3 月后，调整为女扎 300 元/例，男扎 100 元/例，人流带结扎 350 元/例，引产带结扎 400 元/例，人流 100 元/例，引产 200 元/例，放环 30 元/例，取环 30 元/例，皮埋 100 元/例。并免去技术常规所规定医学检查费和手术费，独生子女死亡的，给予全额报销医疗费，术后并发症的，给予补助或免去医疗费，取消节育手术营养补助费。

避孕药具管理服务 避孕药具主要有长效、短效避孕药，避孕针、膜、膏，男女用避孕套等，以计划内免费供应为主，有偿零售为辅。免费避孕药具全部由人口计生部门提供，有偿零售避孕药具主要由医疗卫生部门和药店提供。全县使用避孕药5万~6万人/年，年消费避孕药具价值15万元左右。县计生服务站设有药具仓库，有药具管理发放人员2人；各乡镇计生服务所配有药具柜，有药具管理发放人员1人；各村社配有药具包，有药具发放、随访人员1人；车站、人口集中的乡村街道设立避孕药具发放点，宾馆、酒店摆放有避孕套。县乡村避孕药具管理服务工作横向到边，纵向到底，广大群众能方便快捷地领取避孕药具。

吻合复通手术 1983年6月，县计生办安排人员，首次送一对夫妇到上海妇幼保健站免费施行输卵管吻合术。1995年后，输卵（精）管吻合手术由县医院承担。

优质服务 2003年，景东县创建计划生育优质服务先进县活动领导小组成立，并制订相关实施方案，开展优质服务工作。2005年，优质服务工作获得市级先进县称号，2008年获得省级先进县称号。2009年后，全县围绕国家优质服务先进县标准，因地制宜，查缺补漏，优质服务工作成果得到巩固提升。主要是抓好医学监护工作，每年为已婚育龄妇女进行两次查环查孕，并做到每检查1人/次补助3元工作经费；不断拓宽服务范围，乳腺病普查普治等工作实现经常化；新建县计生服务站和东镇、龙街、安定、漫湾、曼等5个乡（镇）计生服务所综合楼，新建面积3291平方米；县计生服务站和10个乡镇计生服务所获得“规范药房”称号。

1978—2011年景东县节育率统计表

表5-1-3 单位：人、%

年度	已婚育龄妇女	采取节育措施	综合节育率	采取三术	三术率	采取绝育	绝育率
1980	30536	13358	43.74	—	—	—	—
1981	35907	14056	39.10	722	2.01	327	0.91
1982	36902	17200	53.45	16203	43.90	11318	30.67
1983	38127	15123	39.66	13980	36.66	3827	10.03
1984	41544	25096	60.40	22774	54.74	13238	31.86
1985	45499	28589	62.83	25949	57.03	13669	30.04
1986	47842	26056	54.46	23256	48.61	13992	29.25
1987	49867	30354	60.87	26654	53.45	15039	30.16
1988	52562	35596	67.72	29510	55.09	16147	30.72
1989	54137	39571	73.09	33229	61.38	18038	33.31
1990	55989	43551	77.78	36658	65.47	19939	35.61
1991	56873	46242	81.31	39218	68.96	21483	37.78
1992	59384	49855	83.95	43054	72.50	23783	40.04
1993	60547	51616	85.25	45202	74.66	25236	41.68
1994	61483	50538	82.20	44826	72.91	25289	41.13
1995	61124	49191	80.48	42999	70.35	25128	41.11
1996	62345	52294	83.87	43814	70.28	24556	39.39

五、独生子女家庭奖励

2003年7月，省政府出台《云南省农业人口独生子女家庭奖励暂行规定》，景东县被定为全省农业人口独生子女家庭奖励试点县之一。同年8月，景东县开始执行农业人口独生子女家庭“奖优免补政”政策。“奖优免补”政策内容，奖：一次性奖给独生子女父母奖金1000元。优：独生子女小学毕业升本县（市、区）初中时，在未“普九”地方，加20分优先录取；初中毕业报考本州（市）一级中学的，加10分优先录取，报考本县（市、区）其他高中的，加20分优先录取；高中毕业报考省内高等院校的，给予加20分优先录取。免：免除独生子女义务教育阶段课本费、杂费、文具费（实行“一费制”后，免除“一费”）。独生子女16周岁前，免除其父母所承担农村一事一议筹资、筹劳。补：年满60周岁以后直至其亡故，独生子父母每人每年发给600元，独生女父母每人每年发给700元，如依法生育子女死亡，无子女夫妻每人每年发给750元养老生活补助（即国家规定的奖励扶助金）。2008年起，初中毕业升入高中及高中毕业升入本省大专院校农业人口独生子女，给予享受升学奖励。2009年起，农业人口独生子女伤残、死亡家庭，给予享受特别扶助金；免除农业人口独生子女家庭及双女结扎夫妻“新农合”个人参合费。自2011年起，“半边户”（夫妇双方有1方为农村户口）农业人口一方给予享受养老生活补助。据统计，1980—2011年12月30日，景东县农业人口领取“独生子女父母光荣证”8168户。

1978—2011年景东县农业办理独生子女父母光荣证统计表

表5-1-4　　单位：户、万元

年度	当年农村办证	发放保健费	年度	当年农村办证	发放保健费
1978	—	—	1991	129	—
1979	—	—	1992	132	—
1980	44	—	1993	92	—
1981	40	—	1994	100	—
1982	35	—	1995	96	—
1983	54	—	1996	126	—
1984	49	—	1997	128	—
1985	45	—	1998	96	—
1986	29	—	1999	186	—
1987	20	—	2000	148	—
1988	28	—	2001	212	—
1989	27	—	2002	65	—
1990	14	—	2003	2224	36.5
2004	1380	40.4	2009	222	72.5
2005	1119	41.5	2010	217	70.0
2006	446	78.8	2011	164	63.2
2007	271	77.1	合计	8168	554.5
2008	230	74.5			

说明：2002年以前农业办理独生子女保健费由各乡镇发放

2003—2011年景东县农业人口享受“奖免补”人员统计表

表5-1-5　　单位：人

年度	奖	优	免	补
2003	2290	—	1885	91
2004	1380	21	2021	505

续表 5-1-5

年度	奖	优	免	补
2005	938	31	2487	717
2006	459	34	3113	897
2007	320	84	3640	1022
2008	235	106	3952	1154
2009	202	161	4181	1261
2010	212	232	4291	1328
2011	148	321	4210	1356
合计	6184	990	29780	8331

说明："优" 指奖励高中毕业考取大学独生子女

六、计生统计

1984 年，各乡镇成立计划生育办公室后，计划生育工作人员增加，并明确专人负责计划生育统计工作。1991 年后，各村配备计划生育宣传员，负责计划生育统计工作。2003 年后，各村（居）民小组配备计划生育信息员，负责提供上报计划生育相关信息。景东县计划生育统计工作网络建立健全。1993 年起，全县各村建立计划生育台账，由村计生宣传员负责管理，并实行月"信息报告单"报告制度。2011 年，全县建立电子台账，实现计划生育统计台账规范化、科学化管理。

七、计生协会

1991 年 12 月 2 日，景东县计划生育协会成立。设名誉会长 1 人、名誉副会长 2 人，会长 1 人、副会长 3 人，常务理事 11 人、理事 18 人，秘书长 1 人。协会会长罗景军，副会长孔广群、丁碧亚、李民强，秘书长黄永明。

计生协会企业　1993 年初，县计生委到江西省实地考察后，决定由计生协会创办南亚卫生器材厂，产品以一次性输液器为主。当年在头塘征地 0.14 公顷，建盖厂房 1300 平方米；10 月，购进设备投入生产。卫生器材厂投产后，由于生产量少，成本高，市场营销水平低，未能实现预期效益。1998 年 9 月，由县计生委与县农行金融劳动服务公司合股经营，县计生委占股 40%，县农行占股 60%，农行委派罗晓南任厂长。2001 年，因资不抵债倒闭。

计生村（居）民自治　2006 年，县人口计生局、计生协会制订出《计划生育村（居）民自治实施方案》，各村（居）委会因地制宜，制订并逐步完善《计划生育村（居）民自治章程》等相关规章制度，与村民签订"避孕节育协议书""生育间隔协议书""流出、流入人员协议书"，落实村（居）民相关权利和义务。2010 年，根据《普洱市人口和计划生育基层群众自治村（居）示范活动实施方案》，确定大街乡大街村和漫湾镇安乐村为全县示范点，并按计划开展相关工作。大街乡大街村获得"全国计划生育协会先进单位""全国计划生育村（居）示范单位"称号。

八、统筹解决人口问题

2011 年 8 月 16 日，县委县政府印发《关于进一步加强人口和计划生育工作统筹解决人口问题的实施意见》(以下简称《意见》)。《意见》主要内容：(1) 到 2015 年末，全县总人口控制在 37 万人以内，人口出生率控制在 13‰以内，人口自然增长率控制在 6‰以内；(2) 坚持基本国策，稳定低生育水平；(3) 努力提高出生人口素质，改善人口结构；(4) 确保人口出生性别比趋于正常；(5) 加强流动人口计划生育管理；(6) 积极应对人口老龄化问题；(7) 加强领导，部门配合；(8) 强化人口和计划生育管理和服务体系建设；(9) 切实加大投入，建立稳定增长的投入保障机制。

九、调研报告及学术论文

1997 年后，计划生育管理和技术服务人员深入调查、分析全县人口计生工作情况，总结、探索避孕节育方法，撰写出一些有指导性、有价值调研报告和学术论文，部分文章被上级相关刊物采用，并受到表彰奖励。主要作品：左德升《绝育术后阴囊内无痛性肿块 23 例手术治疗报告》《米非司酮配伍米索前列腺终止妊娠 10~17W 的临床效果观察》《依沙吖啶联合米非司酮配伍米索前列醇中期妊娠引产后清宫时间的探讨》，熊国华《浅谈放置宫内节育器的并发症及其预防措施》《米非司酮联合米索前列醇终止 10~16 周妊娠的临床观察》，丁绍焕《利凡诺联合米非司酮配伍米索前列醇用于中期妊娠引产 100 例临床效果观察》，郎中勇《女性腹式槽切口寻找输卵管的方法探讨》《腹部闭合性损伤治疗体会》《成人经腹腔行腹股沟斜疝修补 16 例体会》，刀会兰《23 例剖宫产的护理体会》，刘昌发《以人为本，以优质服务为宗旨，努力使新型生育文化进入千家万户》《人口计生工作正在为建设社会主义新农村发挥着重要作用》《人口计生工作在社会主义新农村建设中的重要作用》《科学发展人口和计划生育事业，为建设社会主义新农村发挥更大作用》《新农村建设更需要计划生育》，刘昌发、王达《以“三个代表”重要思想为指导，努力做好农业人口独生子女奖励试点工作》，刘昌发、朱世旺《明确新思路，采取新措施，推进景东低生育水平持续健康发展》。

第三节　计生机构

一、行政机构

1979 年，景东县计划生育办公室成立，各乡镇配设计划生育专职干部 1 人。1984 年，乡镇计划生育办公室成立，各配设计划生育专职干部 1 人。之后，乡镇计划生育办公室人员逐步增加到 2~5 人。1986 年，县计划生育办公室更名为县计划生育委员会，2002 年更名为县计划生育局，2005 年更名为县人口和计划生育局。1991 年，全县聘用 167 个村（办）妇女主任为兼职计划生育宣传员，负责本村计划生育工作。1999 年，每个村（居）民小组配设计划生育服务员 1 人，由各村（居）民小组长兼任。2006 年，锦屏镇玉屏、龙泉、御笔 3 个社区各配设流动人口计划生育协管员 1 人。2008 年，全县各乡镇配备流动人口计划生育协管员 1 人，县乡村组四级计划生育工作网络全面形成。至 2011 年 12 月，有干部职工 13 人。历任主要领导：苏丕明、李开龙、丁碧亚、杨艳、王达、朱世旺。

二、事业单位

县计生服务站　1988 年，县计划生育服务站成立，配设技术服务人员 2 人，并建设综合服务楼 800 平方米。2008—2010 年，县计生服务站新建综合服务楼，建筑面积 1443 平方米，总投资 228 万元。2010 年 3 月，县计生服务站迁入新综合楼办公，配备彩色 B 超、红外乳腺检查治疗仪等先进设备。2011 年，有技术服务人员 27 人，其中，副高职称 1 人，中级职称 11 人。

乡镇计生服务所　1994 年后，各乡镇计划生育服务所先后成立。逐步实现人员、房屋、设备三配套，全面开展技术服务、宣传教育、人员培训、避孕药具发放等工作。2011 年，各乡镇服务所有技术服务人员 34 人。

县流动人口计生管理所　1993 年，县流动人口计划生育管理所成立，属县计生委下属参照公务员管理事业单位（财政全额拨款）。2011 年，管理所有干部职工 9 人。

第二章 国土资源管理

第一节 土地资源

景东县域大部分地区山高、谷深、坡陡，许多高山深谷相互贯穿，纵横交错，分布全境，造成堆积地貌、剥蚀堆积地貌、侵腐剥蚀地貌、侵腐褶皱构造地貌。这些地形地貌，导致山地占绝大多数，可耕土地资源贫乏。其中，坡度等级15°以下平缓田地12855公顷，占总耕地25.8%；坡度15~25°坡梯田地24886公顷，占总耕地49.9%；坡度25°以上陡坡耕地12108公顷，占总耕地的24.3%。景东县土地资源特点：(1) 旱地多、水田少，坡地多、平地少。(2) 土地资源类型多，地域组合复杂，立体型特征显著。(3) 土地与水资源、光资源不匹配，水资源丰富的地方耕地少，耕地宽广的地方缺水和冷凉。(4) 山高坡陡，常有暴雨强风，土地生态环境脆弱。(5) 地区之间人均占有耕地不平衡。2011年，全县总耕地面积32397.4公顷，其中水田9141.2公顷。

第二节 土地制度

一、国有土地

20世纪80年代前，景东县国有土地使用形式比较单一，致使部分国有土地使用不够合理，有的被一些老企业、老公房、旧民房所占据，长期得不到合理使用。20世纪90年代后，出台《景东彝族自治县国有土地使用权出让和转让暂行办法》。按照所有权和使用权分离原则，对全县国有土地实行有偿限期出让和转让制度。国有土地出让，由县政府负责有计划、有步骤地施行，实行统一规划，统一征用，统一开发，统一出让，统一管理；国有土地使用权出让，按照平等、自愿、有偿原则，签订合同，合同内容包括出让年限、土地用途、投资开发期限、土地利用要求、出让金额、支付方式、违约责任等。按照土地使用性质，最高出让年限为居民住宅70年，工业用地50年，教育、科技、卫生、体育用地50年，商业、旅游、娱乐用地40年，综合及其他用地50年。国有土地使用权还可转

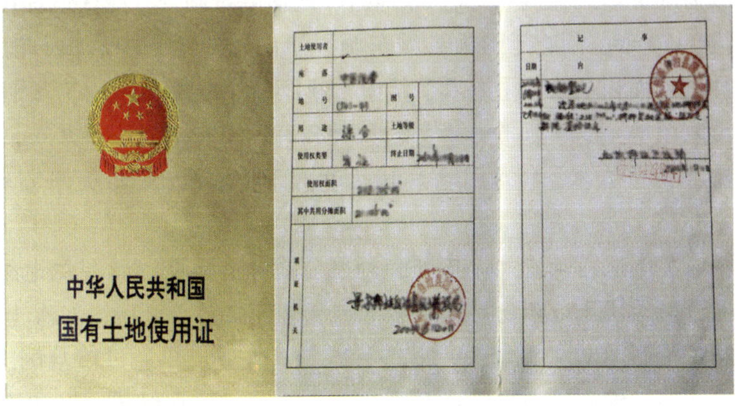

国有土地使用证（罗海垠 摄）

让、出租、抵押等，经营性用地一律以招标拍卖挂牌方式出让。

二、集体土地

1978 年后，景东农村逐步推行农业生产责任制。1980 年，全县共有生产队 2233 个，其中，实行专业承包联产计酬责任制 319 个，占 14.3%；定额管理、小段包工责任制 1006 个，占 45.1%；包产到户责任制 534 个，占 23.9%；包交提留责任制 154 个，占 6.9%；其他形式生产责任制 220 个，占 9.9%。至 1982 年下半年，全县生产队全部实行家庭联产承包责任制。所谓家庭联产承包责任制，就是把集体土地承包给农户经营管理，个人只有使用权，无土地所有权，承包后不得出租、买卖或弃耕，否则集体有权收回，承包期 15 年。1984 年，开展土地“大稳定、小调整”，完善承包生产关系，签发承包合同书。1994 年，根据中共十四届三中全会和农村农业工作会议精神，按照“增人不增地，减人不减土”原则，土地承包期延长至 30 年。1999 年，又在全县范围内开展农村集体土地承包经营权顺延工作，顺延期限 30 年，并重新签订承包合同书。

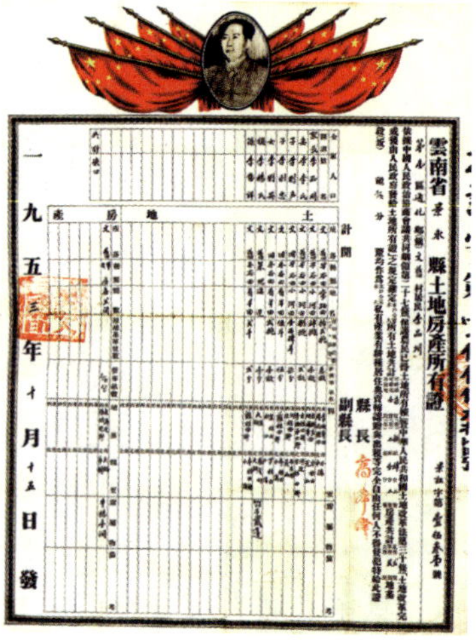

20 世纪 50 年代“土改”期间颁发的土地房产所有证（罗海垠　摄）

第三节　地籍管理

一、地籍调查

土地利用现状调查　1984 年，思茅行署确定景东县为土地利用现状调查（土地详查）县。1990 年，县政府成立领导小组，组长由副县长马先忠担任；委托中国人民解放军成都军区测绘大队承担地籍测绘工作，并签订“景东县 1∶1 万、1∶2.5 万土地利用现状调查合同书”。1995 年，景东县土地利用现状调查通过省级验收。全县国土面积 445935.78 公顷，其中，耕地 79668.68 公顷，园地 5055.86 公顷，林地 289329.65 公顷，居民点及工厂矿山用地 4789.38 公顷，交通用地 2700.57 公顷，水域 4680.41 公顷，未利用地 59711.23 公顷。

城镇地籍调查　1996 年 5 月 27 日至 8 月 30 日，开展城镇地籍调查工作。县政府成立领导小组，组长由副县长李发祥担任，成员由土地管理局、财政局等单位负责人组成，并从有关部门抽调 35 人组成 6 个小组，分赴调查区实施调查；委托西南有色昆明勘测设计院测绘分院承担测绘工作。调查区域为锦屏镇，比例为 1∶500 地籍、地形测量调查，测区地理位置北纬 24°26′，东经 100°50′，平均海拔 1170 米。调查范围为县城东至凤凰山、西至一中后山、南至小河桥（文果桥）、北至头塘大树。县城总面积 720 万平方米，其中，商业金融业用地 25.65 万平方米，工业仓储用地 18.41 万平方米，市政用地 13.79 万平方米，公共建筑用地 112.46 万平方米，住宅用地 55.79 万平方米，交通用地 20.5 万平方米，特殊用地 1.46 万平方米，水域 38.96 万平方米，农用地 299.23 万平方米，其他用地 133.75 万平方米。

公路地籍调查　1996 年，开展公路地籍调查。（详见第七编第三章“交通”）

第二次土地调查　2008 年 8 月至翌年 2 月，开展第二次土地调查工作。2008 年 8 月 13 日至 9 月 26 日，完成外业调绘；9 月 25—26 日，外业成果通过市县国土资源局检查小组专家验收，工作转入内业图件编制、面积量算汇总；10—12 月，内业结束。2009 年 2 月 20 日，外业成果通过省级验收。全县行政区域总面积 445511.14 公顷，其中，耕地 55520.24 公顷，园地 19541.21 公顷，林地

313722.26 公顷，草地 19743.42 公顷，城镇村及工矿用地 6851.53 公顷，交通运输用地 4439.36 公顷，水域及水利设施用地 5769.61 公顷，其他用地 19923.51 公顷。

二、土地登记

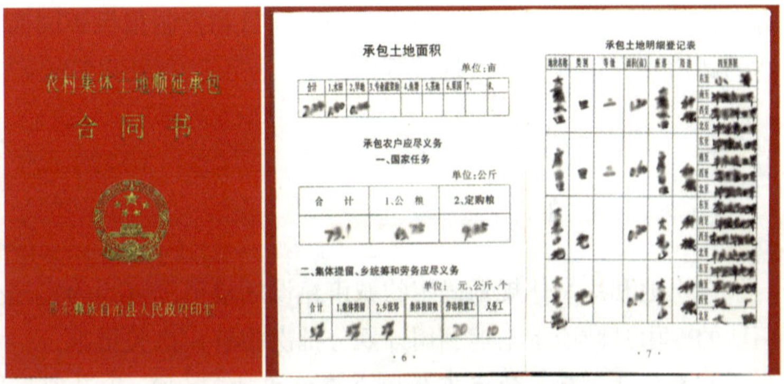

农村集体土地顺延承包合同书（罗海垠　摄）

1978—1980 年，土地登记发证主要为自留地和自留山使用证。1980—1981 年，落实社员自留地。1982 年 2—4 月，开展林业“三定”（详见第十编第二章“山林权属”）。1986—1989 年，全县先后办理土地权属使用证 12 批，发放土地使用证 1074 户。1989 年 3—9 月，在锦屏、文井、者后乡（镇）机关、居民户及独立工矿、乡镇企业实施土地申报登记制度。共登记 1736 户 1896 宗 238.8 万平方米，其中，城镇 179 宗 9507 平方米，建制镇 533 户 580 宗 117.8 万平方米。1999—2011 年，国土资源局在册登记土地（包括初始登记和变更登记）21873 宗，其中，集体 10822 宗，国有 11051 宗。

第四节　建设用地管理

一、土地征用

征地原则和依据　根据《中华人民共和国土地管理法》相关规定，国家出于公共利益需要，可以依法征收或者征用土地并给予补偿。申请征用土地，必须是列入国家建设计划或经批准建设的国家建设项目，建设选址必须符合土地利用总体规划，尽可能不占用或少占用耕地，坚持节约用地原则，反对宽打窄用、多征少用、少征多用、早征晚用、征而不用和浪费土地。在征地工作中，必须妥善安排被征地农民的生产和生活。

征地程序　（1）拟订征用土地方案。方案由县政府或其土地行政主管部门拟订，其中，城镇土地利用总体规划的城市建设用地区内，由县政府根据土地利用计划和建设用地需求拟订；城市建设用地区外按建设项目所实施的能源、交通、水利、军事等设施的征地，由县政府土地行政主管部门根据建设单位或建设主管部门建设用地申请拟订。征用土地方案包括征用土地目的及用途，范围、地类、面积、地上附着物种类及数量，征用土地及地上附着物和青苗补偿，劳动力安置途径，原土地所有权人及使用权人情况等。（2）审查报批。征用土地方案拟订后，由县政府按照《中华人民共和国土地管理法》规定权限，经土地行政主管部门审查后，报县政府批准。其中，农用地转用和征用批准权属国务院的，由国务院批准农用地转用时批准征用土地；农用地转用和征用批准权属省政府的，由省政府同时批准农用地转用和征用土地；农用地转用批准权属省政府，而征用土地审批权属国务院的，先办理农用地转用审批，后报国务院批准征用土地。（3）征用土地方案公告。征用土地依法定程序批准后，由县政府在当地予以公告。被征用所有权人和使用权人应当在公告规定期限内，持土地权属证书到当地政府土地行政主管部门办理征地补偿登记。（4）制订征地补偿、安置方案。县政府土地行政主管部门根据批准的征用土地方案核实土地所有权人、使用权人及地上附着物等，制订征地补偿、人员安置及地上附着物拆迁等具体方案。（5）公告征地补偿安置方案并组织实施。征用土地补偿和人员安置方案确定后，有关地方政府应当予以公告，并听取被征地农村集体经济组织和农民意见，修改和补充征地补偿和人员安置方案，并向被征地单位和农民支付有关费用，落实人员安置及地上附着物拆迁方案。(6) 清理土地和实施征用土地。征用土地补偿和人员安置方案实施后，县政府土地行政主管部门组织有关单位清理被征用的土地，并组织实施征用土地和供地。景东县在征地中，严格执行国家、省市相关法律及规定，征地数量因用地项目和控制指标不同而每年有所不同，但都严格控制在国家下达的新增建设用地计划指标范围内。

二、建设用地审批

（一）国有建设用地审批

在土地利用总体规划确定的城市建设用地范围内，为实施土地利用总体规划而将农用地转为建设用地的，由县政府按土地利用计划分批次报有权机关批准。

有具体建设项目的城市分批次建设用地 （1）建设项目用地预审。申请预审的建设用地单位，应当具有独立法人资格，并在申请预审时提交材料包括建设用地预审申请表，预审申请报告，需审批的建设项目还应提供项目建议书和批复文件及其项目可行性研究报告；项目建议书与项目可行性研究报告合一的，只提供项目可行性研究报告。建设项目用地预审主要内容包括建设项目用地选址是否符合土地利用总体规划，是否符合其他重大相关专业规划，是否符合土地管理法律法规规定的条件；建设项目是否符合国家供地政策；建设项目用地标准和总规模是否符合有关规定；占用耕地的，补充耕地初步方案是否可行，资金是否有保障；属于《土地管理法》第 26 条规定情形，建设项目用地需修改土地利用总体规划的，规划修改方案等是否符合法律法规规定。未经预审或预审未通过的，不得批准农用地转用、土地征收，不得办理供地手续。已经预审的项目，如需重大调整土地用途、建设项目选址等，应当重新申请预审。通过预审的项目，可办理农用地转用、征收土地手续，或者农用地转用和征收土地手续一并办理。通常情况下，农用地转用和征收土地手续一并办理。(2) 建设项目供地。建设项目供地方式有国有土地使用权划拨、出让、租赁、作价出资（入股）4 种方式，其中国有土地使用权作价出资（入股）由省级以上政府批准。其一，国有土地使用权划拨。符合《划拨用地目录》建设项目，可以采用划拨方式供地。《划拨用地目录》规定范围：国家机关用地和军事用地，城市基础设施和公益设施用地，国家重点扶持的能源、交通、水利等基础设施用地，法律、行政法规规定的其他用地。划拨供地申报材料应提交的材料主要有申请书、机关事业单位代码证和法人代表身份证明复印件、有资质勘测单位出具的勘测定界技术报告书和勘测定界图、项目批准部门出具的项目备案表（或项目批准文件）、规划部门出具的规划许可证和用地红线图、规划部门审核同意的项目总平面布置图。国土资源部门主要审查是否符合《划拨用地目录》，勘测定界面积是否与规划许可证、用地红线图及土地权属证件面积一致，项目总平面图布置是否符合用地定额，是否符合节约、集约用地要求。县国土资源行政主管部门审查通过，作出供地方案，报县政府批准后，颁发“国有土地划拨决定书”和“建设用地批准书”。其二，国有土地使用权出让（租赁）。国有土地使用权出让（租赁）分为协议出让（租赁）和招标、拍卖、挂牌出让（租赁）4 种形式。其中经营性用地使用权必须通过招标、拍卖或挂牌等方式向社会公开出让。协议出让（租赁）供地申报材料主要包括申请书，项目单位营业执照复印件、法人代表身份证明，有资质的勘测单位出具的勘测定界技术报告书和勘测定界图，项目批准部门出具的项目备案表（或项目批准文件），规划部门出具的规划许可证和用地红线图，规划部门审核同意的项目总平面布置图，有土地评估资质的单位出具的土地评估报告。招标、拍卖、挂牌出让（租赁）国有建设用地的，根据县或市人民政府批准的供地方案，由县国土资源行政主管部门按照招标、拍卖、挂牌出让（租赁）的程序依法进行，中标人、竞得人交清出让金后，县国土资源行政主管部门与其签订“国有土地使用权出让合同”，颁发“建设用地批准书”。

没有具体建设项目的城市分批次建设用地 在办理没有具体建设项目的城市分批次建设用地手续时，县国土资源行政主管部门根据土地利用年度计划，将土地分类面积表、征收土地数量及安置农业人口情况表和建设拟征（占）地土地权属情况表分别汇总，并出具标注拟占用土地位置土地利用现状图和土地利用总体规划图，测算拟征地项目补偿标准并拟定安置方案，编制建设用地项目呈报说明书、农用地转用及补充耕地、征收土地方案，逐级上报有批准权的人民政府审批。城市分批次建设用地仅占用国有农用地的，只办理农用地转用手续，不需上报征收土地数量及安置农业人口情况表和征收土地方案。城市分批次建设用地仅占用集体建设用地和未利用地的，只办理土地征收手续，不需上报农用地转用和补充耕地方案。

（二）集体建设用地审批

1980年后，农村新建房屋逐年增多，建筑规模越来越大，占用耕地现象日益突出。1989年10月，县土地局对农村居民建房宅基地标准作出规定，城镇郊区农村居民建房用地每户不得超过120平方米，坝区农村居民宅基地每户不得超过150平方米，山区半山区农村居民新建住房用地每户不得超过170平方米；利用荒山、荒地建房可在上述标准内提高20~70平方米。申请建房用地需经村民大会讨论通过，选址定点，填写建房用地申请表逐级上报审核，按审批权限办理批报手续，按规定缴纳税费后，填发使用宅基地证明书，以备办理宅基地使用证。原宅基地已达到上述标准又申请宅基地的，不予批准，出租出卖住房者不准再申请宅基地。居民迁居拆除房屋后腾出的宅基地必须限期退还村民小组，不准私自转让。经批准的宅基地两年未使用的，由原批准机关收回土地使用权，并注销“农村宅基地使用证”。2000年后，集体建设用地审批规定，农村村民建住宅需要使用宅基地的，向本集体经济组织提出申请，并在本集体经济组织或村民小组张榜公布。公布期满无异议后，报经乡镇国土资源所审核，逐级上报县政府审批。经依法批准的宅基地，农村集体经济组织或村民小组应及时将审批结果张榜公布。农村村民一户只能拥有一处宅基地，城市规划区内，人均占地20平方米，一户最多不得超过150平方米；城市规划区外，人均占地30平方米，一户最多不得超过200平方米；属于荒山、荒地、废弃地、村内空闲地、山区、半山区农村村民宅基地可以适当放宽；农村村民因迁居、地质灾害影响搬迁腾出的宅基地必须退还集体，不得私自转让，应当复垦的必须复垦；经批准使用的宅基地，必须按照批准的位置、面积和用途建设，超过二年未建成使用的，农村集体经济组织报经原批准机关批准，无偿收回土地使用权。农村宅基地申请报批时，分原地翻建和异地新建两种情况分别报送相关材料。原地翻建应报送户口簿复印件（与原件核对），原集体土地使用权证书，村民翻建住宅用地申报表；易地新建报送户口簿复印件（与原件核对），原集体土地使用权证书原件及复印件，外地迁入户须提供原籍所在地国土资源管理部门出具的无宅基地证明，多子女户、有子女到婚龄，确需分居另行建房的，需提供双方签订的分户协议，集体拆迁的，须提供拆迁部门出具的拆迁证明。农村宅基地申请人是本集体经济组织成员；因实施村镇建设规划或建设用地拆迁，需重新安排宅基地；原房屋破旧、宅基地面积偏小，需重新翻建、扩建；多子女家庭、有子女已达婚龄，确需分居另行建房；经批准，户口由外地迁入本集体经济组织而又无住房；因原宅基地存在地质滑坡、泥石流无法居住；因基础建设而搬迁；在城乡集镇规划区外，属省县乡公路、沟渠、河道两侧建设用地，应按照《公路安全保护条例》《中华人民共和国防洪法》《中华人民共和国水土保持法》规定，取得交通、水务主管部门同意；申请面积符合宅基地规定标准；在城市规划区内必须办理“建设用地规划许可证”，乡镇集体规划区内必须由乡镇政府出示证明。集体土地使用权变更，双方必须是本集体经济组织成员，应提交户口簿、集体土地使用证和双方申请书、协议书，并取得组村乡三级同意。严禁城镇居民购买农村集体土地作为住宅用地。禁止擅自通过“村改居”等各种方式将农民集体所有土地转为国有土地。禁止农村集体经济组织非法出让、出租土地用于非农业建设。

三、土地补偿

自2009年始，执行《云南省征地统一年产值标准和征地区片综合地价补偿标准（试行）》。景东县征地统一年产值区域分为一二三类地区，一类地区为锦屏、文井，二类地区为文龙、漫湾、花山、大街、安定、太忠、景福，三类地区为林街、龙街、曼等、东镇。补偿标准分别为一类地区统一年产值27240元/公顷，补偿倍数总和（土地补偿和安置补助费总和）为26倍；二类地区统一年产值为23310元/公顷，补偿倍数总和为21倍；三类地区统一年产值为19665元/公顷，补偿倍数总和为16倍。年产值一二三类区交叉区域，补偿标准就高不就低。

2009—2011年景东县征地统一年产值标准表

表5-2-1　　单位：元/公顷

区域编号	年产值标准	倍数	平均补偿标准	区域范围
一类区	27240	26	708360	锦屏、文井
二类区	23310	21	489645	文龙、漫湾、花山、大街、安定、太忠、景福
三类区	19665	16	314550	林街、龙街、曼等、东镇
全县平均值	23400	21	491400	

说明：基准日为2009年7月1日，测算时间为2008年12月

2011年12月2日，县政府出台《县城规划区内建设用地征地补偿工作方案》，规定县城规划区内建设用地征地土地补偿费、安置补助费补偿标准。集体耕地标准水田94.5万元/公顷，平旱地（沙坝地）94.5万元/公顷，梯旱地72万元/公顷，坡旱地54万元/公顷；自留地97.5万元/公顷，园地30万元/公顷，建设用地94.5万元/公顷，未利用地15万元/公顷；青苗及地上附着物补偿费根据实际情况另行计算。

第五节　土地利用

一、土地利用

2009年，全县利用土地420248.37公顷，利用率94.33%，农业利用率98.15%。2011年，全县土地总面积445511.14公顷。其中，农用地412494.02公顷，占92.59%；建设用地7754.35公顷，占1.74%；其他土地（未利用地）25262.77公顷，占5.67%。

（一）农用地

耕地　全县耕地55520.33公顷，占总农用地的13.46%，占全县土地的12.46%，各乡镇均有分布。其中，文井居多，有10199.58公顷，占总耕地的18.37%；其次为锦屏、花山、东镇和龙街，均在4500公顷以上，分别占总耕地的8%以上；林街分布最少，有2440.73公顷，占总耕地的4.4%。

园地　全县园地19541.17公顷，占总农用地的4.74%，占全县土地的4.39%，各乡镇均有分布。其中，东镇和文井分布最多，共有6461.14公顷，占总园地的33.06%；太忠和曼等分布最少，均为536.07公顷。

林地　全县林地313722.16公顷，占总农用地的76.05%，占全县土地的70.42%，各乡镇均有分

布。其中，文井、锦屏和东镇分布最多，共有139908.42公顷，占总林地的44.6%；曼等分布最少，有9315.64公顷，占总林地的2.97%。

牧草地　全县牧草地89.69公顷，占总农用地的0.02%。除太忠、龙街、林街、景福、曼等外，其他8个乡镇均有分布，主要分布在安定，共有78.63公顷，占全县牧草地的87.67%，其余7个乡镇则分布较少。

其他农用地　全县其他农用地23620.67公顷，占总农用地的5.73%，占全县土地的5.3%。

（二）建设用地

城乡建设用地　城乡建设用地主要分为城镇用地、农村居民点用地和采矿用地。全县共有城乡建设用地6801.58公顷，占建设用地的87.71%。（1）城镇用地。全县城镇用地395.93公顷，占城乡建设用地的5.82%。主要集中在县政府及各乡镇政府驻地，其中县政府驻地锦屏分布最多，为335.82公顷，占城镇用地84.82%。（2）农村居民点用地。全县农村居民用地6291.53公顷，占城乡建设用地92.5%；全县零散分布，为城乡建设用地主要地类。其中，文井分布最多，为1540.13公顷，占农村居民点用地24.48%；曼等和林街分布最少，均为230余公顷。（3）采矿用地。景东县矿产资源较为丰富，除曼等和安定外均有分布。全县共有采矿用地114.07公顷，占城乡建设用地的1.68%，其中，锦屏和文井分布较多，分别为32.1公顷和46.31公顷；其余9个乡镇分布均不足10公顷。

交通水利用地　交通水利用地主要包括交通用地和水利用地。全县共有902.74公顷，占建设用地11.64%。（1）交通用地。全县交通用地715.66公顷，占交通水利用地79.28%。其中，文井分布最多，有169.3公顷，其他乡镇分布均少于100公顷；林街和安定最少，分别为13.55公顷和12.86公顷。（2）水利用地。全县水利用地187.08公顷，占交通水利用地的20.72%，占建设用地的2.41%。其中，文井和太忠分布较多，分别为72.39公顷和32.58公顷；其余乡镇分布很少。

其他建设用地　全县共有其他建设用地50.03公顷，占建设用地的0.65%，主要分布在锦屏、漫湾、文井、花山、安定、林街、景福7个乡（镇）。其中，锦屏和文井分布较多，分别为27.15公顷和14.68公顷；其他5个乡镇分布较少，均在5公顷以下。

（三）其他土地

水域　全县水域5290.32公顷，占其他土地的20.94%，占全县土地的1.19%，全县各乡镇均有分布。其中，文井、漫湾和东镇分布最多，均在750公顷以上；大街、安定和龙街分布最少，均在165公顷以下。

自然保留地　全县自然保留地19972.45公顷，占其他土地的79.06%，占全县土地的4.48%，各乡镇均有分布。其中，东镇分布最多，为5864.07公顷；景福最少，仅660.78公顷。

二、土地市场

1994年，全面完成土地使用权制度改革。即土地所有权和使用权分离，实现国有土地使用权有偿限期使用。1998年，景东县在太忠乡成功拍卖第一宗土地。1999年，县土地管理局发布《景东彝族自治县城镇国有土地使用权拍卖须知》，并在花山乡进行小宗地出让试点。1998年始，拓城建镇，提出“以资金发展城镇”理念，坚持“以地生财，以财建镇，以镇招商，以商带农”小城镇发展思路，利用土地置换安置方式，把新城区范围内土地征收为国有土地，经过规划，以拍卖和协议方式限期有偿出让土地使用权，回收资金用以建设和完善城市基础和公益设施。2004年，建立土地储备中心，实现土地统一规划、统一征用收购、统一开发、统一储备、统一出让，实施土地招标、拍卖、挂牌出让制度，经营性用地一律以“招拍挂”方式出让。同时，加强土地二级市场监督管理，任何单位和个人不得出售未经开发的土地，房地产转让土地权属变更严格按照法定程序和要求，由国土行政主管部门初审后，再由城建、交通、环保等主管部门共同会审通过，报县政府批准后才能办理转让过户手续并登记发证。2005 年后，减少并严格控制小宗地出让，发展理念转变为“以城镇发展改善人居、商业服务环境”。2011 年，县公共资源交易中心成立，履行土地出让职责。

第六节　地政监察

一、土地法规

20 世纪 90 年代后，按照县政府制定的《关于处理土地权属纠纷的暂行规定》《景东彝族自治县国有土地使用权出让和转让暂行办法》，按照所有权和使用权分离原则，实行国有土地有偿限期出让和转让制度。1999 年 8 月始，根据县政府的《关于部分国有土地使用权有偿出让的通知》及土地管理局制定的《关于新城区规划建设管理的规定》《用地规则》《景东彝族自治县城镇国有土地使用权拍卖须知》，加强和规范土地管理工作。

二、土地执法

1987 年，按照“预防为主，防治结合，综合治理”方针，依法监察县属机关、团体、单位和个人利用国土资源情况，先后开展非农业建设用地、党政干部非法占地建私房和乱占滥用耕地专项整治活动，创建“三无”（无违法批地、无违法管地、无违法用地）乡镇。1988 年 4 月，成立县清查非农业建设用地领导小组及办公室，由主管副县长任组长，城建局负责人任副组长，相关部门负责人为成员；各乡镇相应成立领导小组。全县共组织清查队伍 683 人，大规模清理非农业建设用地。1990 年 11 月，按照省委省政府“不准党政干部在县以上城市建私房、停止在县以上城市批给党政干部建房地基”指示精神和省土地局《关于严格审批和认真清理城镇个人建住宅用地的通知》，成立县清房督察小组，由廉政领导小组牵头，纪委、监察局、检察院、城建局、土地局参加，全面清查并严肃处理党政干部占地建私房行为。1995 年，开展创建土地管理“三无”乡镇试点工作。建立目标责任制，把“三无”指标作为考核行政领导政绩之一，实行奖惩。1997 年，通过检查考评，全县各乡镇均达到“三无”乡镇标准。21 世纪后，土地执法监察步入常态化，执法范围逐步扩展到矿产资源。2003 年，县国土资源局设立国土资源执法监察大队，建立领导和执法监察人员分片包干、动态巡查责任制和台账。2003—2011 年，全县共发现国土资源违法行为 203 件，其中，责令停止或改正 137 件，立案查处 66 件。

基本农田保护界桩（罗海垠　摄）

2009 年始，全国推行土地矿产卫星图片执法检查。当年，全县共发现卫星影像检测图斑 15 个、15.17 公顷，通过坐标导入叠加分析和实地踏勘核查，实际涉及图斑 15 个，地块 20 宗 15 公顷。其中，新增合法建设 15 宗 12.55 公顷；实地伪变化 3 宗 1.91 公顷；违法 2 宗 0.56 公顷，并经依法查处，恢复耕种 0.56 公顷，罚款 12.11 万元。2010 年后，全县土地矿产卫星图片执法检查分两个阶段开展，第一阶段为地籍变更核实，第二阶段为土地矿产卫星图片执法监测检查。当年，涉及卫星影像监测图斑115个，监测面积69.11公顷；5月29日，国土资源部发出涉及景东土地监测地块40块15.69公顷，未涉及矿产用地。通过实地踏勘和分析合并，涉及图斑25个，其中，实地伪变化14个，地块18宗2.73公顷；合法用地9个，地块21宗12.51公顷；紧急用地1个，地块1宗0.38公顷；违法用地1个，地块1宗0.071公顷，并经依法查处，罚款7083.9元。2011年，涉及卫星影像监测图斑69个，监测面积71.71公顷；6月12日，国土资源部发出涉及景东土地监测地块20块，合并图斑15个，监测面积12.45公顷，未涉及矿产用地。通过实地踏勘和分析合并，涉及合法图斑14个11.28公顷；违法图斑1个1.17公顷，并经依法查处，罚款6.38万元。

第七节 国土资源管理机构

1978—1986年，土地征用由计划经济委员会审批。1986年，农业局内设土地管理股，但未开展工作。1987年，城乡建设环境保护局内设土地管理股开展土地管理工作；12月26日，土地管理局成立。1988年3月18日，土地管理局正式挂牌成立，内设办公室、地籍股、建设用地股和土地监察股。1993年，撤销土地管理局和城乡建设环境保护局，成立国土建设环境保护局，内设土地股开展土地管理工作。1996年1月，土地管理局改称土地管理与城乡建设环境保护局。1998年4月，再次成立土地管理局，内设办公室、建设用地股、监察股、地籍股、地志办和土地管理事务所。1999年1月，设立各乡镇土地管理所；10月，土地执法监察大队成立。2002年，改称国土资源局，内设办公室、政策法规股、规划股、耕地保护股、地籍管理股、矿产管理股、移民搬迁安置办公室；各乡镇土地管理所改称国土资源所。2005年，移民工作职能从国土资源局划出。2011年，内设办公室、政策法规股、规划股、耕地保护与土地利用股、地籍与测绘管理股、矿产资源管理股。历任局长：张明强、李世坤、李启荣、彭关明、施正伟。

第三章　环境保护

第一节　环境质量

景东县环境质量总体稳定，排污企业实现清污分流，水环境质量不断改善，城区空气质量有所好转，达到功能区一级标准，城市声环境质量基本达到功能区标准，县城区饮用水源水质合格率100%，农村饮用水源水质合格率90%以上。工业黑烟基本消除，农村生态环境恶化趋势得到遏制。但县城无环境功能规划，选址得不到调控，饮食油烟、“三厅”（歌厅、舞厅、卡拉OK厅）噪声、钢门窗加工噪声和喷漆恶臭污染问题凸现。

一、水环境质量

通过取样监测分析，景东县城川河入城、出城断面各项指标均符合GB3838-2002《地表水环境质量标准》Ⅲ类标准限值和水体功能要求。水质综合污染指数入城断面为0.503，出城断面为0.637，均属轻度污染，首要污染物为粪大肠菌群。

县城集中式饮用水源地菊河通过2月、6月和8月三期监测，水质监测结果均符合GB3838-2002《地表水环境质量标准》表1地表水环境质量标准基本项目Ⅱ类标准及表2集中式饮用水地表水源地补充项目标准限值要求。

二、环境空气质量

经布点监测，县城环境空气质量PM10（直径小于或等于10微米的可吸入微粒）、二氧化硫和二氧化氮指标日均浓度值符合GB3095-1996《环境空气质量标准》二级标准。环境空气污染指数（API）为14，空气质量级别Ⅰ级，空气质量状况优，首要污染物为PM10。

三、声环境质量

县城声环境质量监测主要通过布网格点进行区域环境噪声监测和交通主干道交通噪声监测。

区域环境噪声　监测点位24个，监测区域2.16平方千米，昼夜达标率均为100%。

交通噪声　主干道布设监测点位4个，昼夜达标率均为100%。

四、生态环境质量

1996—2000年，景东县环境保护以工业污染防治和生态环境保护并举，综合整治农村环境，组织申报省市级“创建绿色”项目，组织开展“创绿”工作。在创绿工作中，景东一中被命名为云南省“绿色学校”，玉屏社区被命名为云南省“绿色社区”，御笔社区被命名为普洱市“绿色社区”，太忠三合完小、县幼儿园被命名为普洱市“绿色学校”。农村能源生态建设方面，农村沼气建设从办示范点到全面开展，以沼气建设为纽带，形成农牧、林业、水利、交通、卫生、环保等多部门协作配合格局，完成农村能源生态建设，农村生活垃圾和污水得到有效处理。

五、空气负氧离子

县城区负氧离子监测点位 7 个。检查结果空气负氧离子的单极系数（q）范围值为 0.22～1.39，均值 0.78；安培空气质量评价指数（CI）范围值为 0.50～13.77，均值 3.3。根据安培空气质量分级标准，监测点位除陶府广场安培空气质量等级为中度清洁外，其他均为最高级别（即最清洁）。

第二节　环境管理

景东县环境保护工作大体经历由单项治理到区域综合防治，由定性为主浓度控制到以定量为主总量控制，使污染物从无组织排放变为有组织排放的发展过程。2003—2011 年，根据国家、省市县整治违法排污企业保障群众健康环保专项行动的整体安排和部署，每年开展整治违法排污企业，保障群众健康环保专项行动。先后共查处环境违法企业 18 家，处罚金额 15 万元，下达“环境违法行为限期改正通知”58 份。2008 年 7 月 1 日，开始施行《景东彝族自治县环境保护条例》，环境保护工作步入法治化轨道。

一、环境责任制

1994 年 4 月，县政府与思茅行署签订 1993—1997 年环保目标责任书，县政府与全县各乡镇、各有关部门签订环保目标责任书，责任书规定景东城区大气环境质量稳定在二级（GB3095-82），县城饮用水源稳定在二类（GB3838-88），实行环保目标责任制管理。届满考核，景东县获全区一等奖。1998 年 11 月，县政府与思茅行署签订 1998—2002 年环保目标责任书，届满考核，景东县获得全区二等奖。2004 年，县政府与普洱市政府签订 2003—2007 年环保目标责任书，届中考核，如期完成年度环保目标任务。

二、环境法规宣传

1986 年 1 月，在全县范围内开展《环境保护法》《水污染防治法》《大气污染防治法》《固体废物污染环境防治法》《噪声污染防治法》等法律法规宣传工作；监督排污企业征订环保报刊，为县四套班子征订《中国环境报》《环境工作通讯》各 1 份。1994—1997 年，每年“6·5”世界环境日，在电视台开办环保剧场、邀请县领导讲话、播放环境保护知识和环保警示教育片，并在街头播放环保知识录音宣传。1998—2011 年，每年“6·5”世界环境日，开展环境法规宣传活动。主要采取悬挂宣传牌匾、横幅标语、宣传车在街头播放录音带、环保人员上街宣传、发放宣传单、宣传册等方式宣传环保知识。共发放宣传单 10 万份、环保袋 5000 个、小围裙 3000 块、环保宣传扑克 5940 付，张贴、悬挂横幅和标语 36 条，编辑《环保信息》简报 20 期，在县城中心繁

环境日宣传活动（县环保局　提供）

华路段和入城交通路口设置“七彩云南、生态景东、我的家园”大型公益广告牌匾4块，在公园、街道和办公楼顶悬挂宣传牌20块，在环保局办公楼门口悬挂标语1幅，在各乡镇街道设置公益广告牌匾1块，到各中小学校上环保课10节；参与公众6000余人。2000年，组织学生开展环保知识演讲竞赛。2001年，在县电视台开办“七彩云南保护行动”专题节目，及时发布“七彩云南保护行动”工作相关信息。2008年，县委县政府组织县直机关、企事业单位和学校清理川河县城段垃圾。

三、环评

2001—2011年，共进行建设项目环境影响评价502项，并办理环境保护审批手续。其中，报告书6份，报告表16份，登记表480份（省环保厅审批6份，市环保局审批16份）。截至2011年，建成环境影响评价项目284项，占59.17%；未建86项，占17.92%；再建107项，占22.29%；停建3项，占0.625%。竣工验收196项，竣工验收率69%。

四、“三同时”监管

1986年始，实行“三同时”（建设项目防治污染设施必须与主体工程同时设计、同时施工、同时投产使用）监管。1990—1995年，施行《建设项目环境管理条例》。重点抓建设项目环境影响评价和“三同时”监管，分别登记办理长发造纸厂、县联社再生资源造纸厂、漫湾糖厂、锦屏粉丝厂、编织袋厂、曼等红糖厂、景东生物制药福利化工厂等建设项目前期管理手续和环境影响评价。1990—1991年，刨花板厂、人造板厂、单切板厂、南国饮品厂相继建成投入生产。1993年，水泥厂正式投入生产。1986—1999年期间，“三同时”执行率90%。1996—2000年，“三同时”执行率95%。2001—2010年，“三同时”执行率100%。

五、污染减排

景东县环境保护以管理减排为基础，以结构减排和工程减排为重点。1995—2000年，关停冷库制革厂、长发造纸厂、印刷厂再生造纸车间、龙街石棉厂、县联社再生造纸厂等“十五小”企业，全县制糖企业和林化厂废气治理由旋风除尘改造为水膜除尘。工业污染方面，颁发排污许可证，实施污染源定量化管理；把第三产业纳入颁证范围，规范管理饮食、娱乐、服务等行业，把排污许可证纳入环境保护目标责任书、城市综合整治定量考核及“一控双达标”重要内容。2001—2005年，实施排污工程改造和管理减排企业7家。其中，实施金泰公司立窑、烘干、生料磨除尘器改造工程，关停年产1.2亿千克水泥熟料生产线1条；建设南国莹银公司刨花板厂木质粉尘回收利用、恒东公司废水综合治理、佳浩公司缫丝厂制丝废水深度处理回用工程，实施昌龙公司木质粉尘回收利用除尘系统和脱硫设施改造工程，审核佳浩公司、恒东公司、昌龙公司、金泰公司清洁生产工作，减排减少主要污染物排放总量。1996年11月，县垃圾处理场开工建设，建设生态处理示范园9.33公顷。2010年10月，县污水处理厂建设启动。

第三节　环境污染与治理

一、污染源调查

1984年8月，景东县开展第一次污染源调查。2008年1—5月，全县开展第一次全国污染源普查工作。共查出工业污染源50家，其中，重点源27家，一般源23家。生活污染源185家，其中，住宿餐饮业150家，居民服务业27家，医院3家，城镇居民4家，集中式污染治理设施1家；农业污染源804家，其中，乡镇基本情况调查13家，种植业659家，畜禽养殖业75家，水产养殖业52家。2009年通过国家级验收。

二、工业污染治理

1999年，思茅行署召开全区工业污染源达标排放工作会议。景东县成立领导小组和技术监督小组，安排部署全县达标排放工作。通过帮助企业整改，限期治理污染源和“一控双达标”，整治工业污染源。2000年，开始整治和规范企业排污口；实施排污许可证制度，把污染物排放总量控制和指标分解到各乡镇、各重点排污企业；推动和促进产业合理布局和优化选址，从源头上防止环境污染和生态破坏。2005年，全县COD、二氧化硫、烟尘、工业粉尘、氨氮、工业固体废物6种污染物排放总量比2000年减少10%。2010年，完成佳浩公司制丝废水回收利用处理、恒东公司制糖建设废水综合利用、昌龙公司木质粉尘回收利用工程减排项目建设和华信公司再生纸厂技改工作，工业污染得到有效治理。

三、噪声污染防治

1998年1月，根据《噪声污染防治法》有关规定，统一防治工业生产、建筑施工、交通运输和社会生活噪声污染监督管理。严格按照国家排放标准，规定噪声源单位和个人作息时限和管理声级限值。特别在中高考期间，加强考前建筑施工、娱乐场所等噪声排污场所限时、限音量管理，加大考场、考生休息场所巡查力度，实行24小时监管，及时处理来电来信来访，对违反者给予口头警告、责令停业整顿等处罚。至2011年，由于县城前期未做好功能区规划，城区功能混乱，交通、建筑、餐饮、养殖等噪声、空气、废水污染扰民及纠纷时有发生。

第四节　生态保护

一、环境规划

景东县自然生态环境总体呈退化趋势。土地退化、水土流失逐步扩大，人均资源占有量低，水资源短缺，矿藏资源可采量下降，耕地不断减少，后备资源不足。部分乡镇生态环境较差，虽然森林覆盖率逐年提高，但由于气候、地质变化，工矿企业不断增加，化肥农药使用不当，人口不断增长，生态环境人为破坏等原因，造成水体、空气、土壤污染加剧，生物多样性减少，自然灾害频发，生态环境保护工作不容乐观。2010年，结合本地自然生态环境、资源和区位实际，制订出《景东县生态环境保护规划》。

2010—2015年景东县生态环境保护规划表

表5-3-1　　　　单位：万元

科目	项目	建设内容及规模	投资概算
污染治理	县城生活污水处理场	1万立方米/天生活污水处理厂建设项目	6400
	乡镇所在生活垃圾场简易填埋场项目	乡镇生活垃圾简易填埋场建设项目	120
环境保护	澜沧江流域生态修复项目	333.33公顷咖啡园地等建设项目	300
	县城周边川河流域湿地生态治理项目	13.33公顷川河流域湿地生态治理建设项目	200
	生态乡镇（村）创建项目	10个生态（村）创建项目	500
生物多样性保护	“两山”珍稀生物及物种资源保护项目	400公顷亚热植物园建设项目	12000

二、生态环境监察

2006 年，景东县生态环境监察工作启动。主要监察两山自然保护区内水源和矿产资源的开发利用、建设项目环保审批手续和“三同时”竣工验收、项目建设对自然生态系统影响等情况，杜绝乱砍滥伐、乱采滥挖行为，确保保护区内生态平衡。2006—2011 年共进行生态监察 192 次。

三、环境监测

2006 年 1 月，景东县监测站成立，设监测技术人员 4 人。2006—2011 年，制订污染源监测工作计划，协助市环境监测站常规监测川河、者干河水质，协助缫丝厂、漫湾糖厂、者孟糖厂、昌龙公司、水泥厂、迤竹山磁铁矿厂和鑫盛矿业有限公司等排污单位做好常规监测，为环境监察工作提供科学依据。

四、排污收费

自 2003 年起，施行《排污费征收使用管理条例》，按照“依法、全面、足额”要求征收排污费。排污企业必须在 12 月 15 日前完成排污申报登记；排污费征收按月核算按季征收，并按规定上缴县财政。

第五节　环保机构

1986 年 1 月，景东县环境保护股成立。1994 年 1 月，县环境监理站成立，实行一套班子，两块牌子。1998 年 4 月，县环境保护局成立。2005 年 1 月，环境监理站更名为环境监察大队。2010 年，县环境保护局下设环境监察大队、环境监测站和环评股 3 个股所级事业单位，内设办公室、法规宣传股、污染控制股。有干部职工 19 人，全部为大专以上学历。2011 年，县环保局拥有固定资产 110 万元，其中，办公用房 600 平方米，工作车 2 辆，电脑 12 台，复印机、打印机各 2 台。历任领导：刘震祥（环境监测站站长）、刀国志、张云洪。

第六编

改革开放

第一章　政治体制改革

第一节　党政机构改革

1971—1981年，县委县革委工作机构时分时合、时增时减，存在不少弊端，不适应改革开放和经济发展需要。1971年4月，县党的核心领导小组召开第三次党员代表大会，选举产生中共景东县第三届委员会。1981年12月，县革委召开八届人民代表大会一次会议，会议撤销景东县革命委员会称谓，恢复景东县人民政府机构。按照法律规定设立景东县人大常委会，为县人民代表大会常设机构。

一、1983年党政机构改革

1983年12月，根据中央、省委部署，县委以配备领导班子为核心进行县级机构改革。县委县政府共设置工作机构32个，其中，县委设办公室、组织部、宣传部、农村工作部、统一战线工作部、政法委员会、纪律检查委员会7个部门，县政府设办公室、劳动人事局（劳动工资科与人事科合并）、民政局、统计局、计经委（计委、经委、财办、农办、科委合并）、体委、审计局、教育局、文化局、民委、计生办、卫生局、司法科、农业局、林业局、水电局、工交局（农机局合并其中）、城乡企业局（手工业管理局与社队企业局合并）、工商行政管理局、财政局、税务局、粮食局、商业局、外贸局、公安局25个部门。至1992年，县委先后增设机关党委、老干局、落实政策办、农工部、机要科5个部门，县政府先后增设监察局、土地管理局、体改委、科委、物价局、技术监督局、广播电视局、城建局、移民办、统计局、地震办、农机局12个部门。国家核定县级行政编制574人，自定编制132人，实有667人，超编93人。

二、1993年政府机构改革

1993年3月20日，根据党的十四大关于“按照政企分开和精简、统一、效能的原则，下决心对现行行政管理体制和党政机构进行改革”要求，县委县政府作出《关于直属机构改革的决定》（简称《决定》）。《决定》内容：(1) 县政府办公室与县委办公室合署；(2) 县监察局与县纪律委员会合署；(3) 撤销劳动人事局，成立劳动局，人事局与组织部合署；(4) 撤销县委农工部，成立政策调研室；(5) 撤销机关党委、落实政策办公室，其职能归属组织部；(6) 撤销土地管理局、城市建设环境保护局，成立国土建设环境保护局；(7) 撤销文化局、体育运动委员会。成立文化体育局；(8) 撤销物价局、技术质量监督局，其职能归属计划经济委员会；(9) 物资局改为物资公司；(10) 撤销工业局，成立糖业公司；(11) 成立烤烟生产办公室，为政府职能部门。

三、1996年党政机构改革

1996年5月，县乡党政机构改革。全县党政机构42个精简为29个，精简30.95%，其中，县委设县委办、组织部、宣传部、政法委、统战部 5 个工作部门，政府设政府办、计经委、科委、财政局、劳动人事局、民政局、民宗局、监察局、公安局、司法局、审计局、工商行政管理局、统计局、土地管理局、城乡建设环境保护局、教育局、文体局、计生委、卫生局、农牧渔业局、林业局、水电局、乡镇企业局 24 个工作部门；县级机关行政编制数 596 人精简为 508 人，精简 14.8%。根据中央规定分类标准，全县 15 个乡镇一类为锦屏、文井，二类为者后、花山、大街、太忠、龙街、文龙、安定、漫湾、林街、景福、曼等、永秀、东镇。

县委机构改革　纪检委机关与监察局合署办公，一个机构，两块牌子；老干局由县委组织部管理；机关党委归县委组织部。撤销政策调研室，其职能归县委办；保密委员会（保密局）归口县委办管理；机要科为县委办内设机构，保留机要科牌子，配备专职工作人员。

政府机构改革　撤销国土建设环境保护局，分别组建城乡建设环境保护局、土地管理局；撤销移民安置办公室，其职能交土地管理局；撤销人事局、劳动局，组建劳动人事局；撤销工业局、糖办，其职能交计划经济委员会。经济体制改革委员会并入计划经济委员会，为内设机构，保留经济体制改革委员会牌子。民族事务委员会改为民族宗教事务局；农业局改为农牧渔业局。粮食局退出政府行政序列，保留牌子，其行政职能交计划经济委员会。财政局加挂国有资产管理局牌子。商业局、外贸局、物资局转为经济实体，其行政职能交计划经济委员会。广播电视局（保留局的牌子，县政府授权承担一定行政职能）改为事业单位。财务科为政府办内设结构。扶贫开发领导小组办公室为扶贫开发领导小组办事机构；烟草领导小组办公室为烟草领导小组办事机构；滇西南农业综合开发办公室为滇西南农业综合开发领导小组办事机构。

四、2001 年党政机构改革

2001 年 11 月至 2002 年 5 月，县乡党政机构改革。县级机构工作部门由 42 个减为 29 个，其中，县委 7 个，县政府 22 个。乡镇机关除锦屏、文井两镇设 3 个综合性办公室外，其余乡镇仅设 1 个综合性办公室。乡镇事业站所由 12 个减为 9 个，行政编制由 925 人精减为 814 人，共精减 111 人，其中县级 66 人，平均精减 14%，乡镇精减 10%。共分流各类人员 30 名，其中，退休 11 人，离岗退养 17 人，从事个体私营经济 1 人，辞职 1 人。

县政府机构调整　计划委员会更名为发展计划局，物价局、粮食局并入发展计划局，保留粮食局牌子。经济贸易委员会更名为经济贸易局。乡镇企业管理局并入经济贸易局，保留牌子。水务局电力行政管理职能交经济贸易局承担，劳动局承担劳动安全职能并入经济贸易局，商业总公司财政拨款在职职工及离退休人员由经济贸易局管理。教育委员会更名为教育局。科学技术委员会更名为科学技术局，加挂知识产权局牌子。计划生育委员会更名为计划生育局。农机局、畜牧局并入农业局。滇西南农业综合开发办并入财政局，为财政局内设机构，副科级。在人事局、劳动局基础上组建人事和劳动社会保障局，统一管理人事劳动、城镇企业职工社会保险、机关事业单位职工社会保险、医疗保险和农村养老保险；劳动局下属事业单位社会保险事业管理局更名为社会保险局，为人事和劳动社会保障局下属副科级事业单位，统一负责管理全县企业、机关、事业单位的养老、失业、工伤、生育保障和农村养老保险基金筹集、支付工作。保留土地管理局，组建国土资源局。移民安置办并入国土资源局，副科级；经济贸易委员会矿产资源管理等有关职能并入国土资源局。保留县政府办、民族宗教事务局、公安局、监察局（与县纪委合署办公，不计机构个数）、财政局、司法局、民政局、交通局、林业局、文化体育局、卫生局、审计局、建设局、统计局、农业局、水务局。保留扶贫开发办，为县扶贫开发领导小组常设办事机构。机构编制委员会办公室为县机构编制委员会常设办事机构，既是县委工作机构，又是县政府工作机构，与人事和劳动社会保障局合署办公。人防工作由县政府办配备专人承担，加挂人民防空办牌子。侨务外事工作由县政府办配备专人承担，加挂侨务与外事办牌子。无线电管理工作由县政府办配备专人承担。保留县政府驻昆明办事处，由县政府办管理，副科级。县委信访办与县政府信访办合并组织信访局，副科级，并入县政府办。环境保护局改为事业单位。县供销社不列入政府系列，使用事业编制，编制数重新核定，经费来源渠道不变。经上述调整，县政府设政府办、发展计划局、经济贸易局、教育局、科学技术局、民族宗教事务局、公安局、监察局、民政局、司法局、财政局、人事和劳动社会保障局、国土资源局、建设局、交通局、水务局、农业局、林业局、卫生局、计划生育局、审计局、统计局和文化体育局23个工作部门；设议事协调办事机构扶贫开发领导小组办公室；设纳入公务员管理的县政府事业机构3个，即广播电视局、旅游局和环境保护局。

县级群众团体机关设总工会、团县委、妇联、工商联、残联、科协（与科委合署办公）6个。

乡镇党政机构调整 锦屏、文井党政内设党政、组织人事与财经、经济社会事务3个办公室。其中，党政办一室职位为党委秘书，二室职位包括政府文书、统计助理员、炊事员和驾驶员；组织人事与财经办一室职位包括组织委员（干事）、离退休服务人员，二室职位包括人事劳动监督助理员、财经助理员；经济社会事务办职位包括民政助理员3人、计划生育助理员3人、乡镇企业助理员2人、科技助理员、司法助理员和村镇建设规划助理员；党群有关干事职位设团委书记（青年干事）、妇联主席（妇联干事）、宣传委员（干事）和武装部长（干事）。其他13个乡镇党政仅设党政办。一室职位为党委秘书，二室职位包括政府文书、统计助理员、财经助理员、炊事员和驾驶员；党群有关干事职位为团委书记（青年干事）、妇联主席（妇联干事）、组织委员（干事）、宣传委员（干事）、武装部长（干事）和离退休服务人员；政府有关助理员职位设计划生育助理员2人、民政助理员2人、人事劳动监察、司法助理员、乡镇企业助理员、科技助理员和村镇建设规划助理员。

乡镇事业单位调整 农机站、畜牧站并入农工站。不再保留文化站、广播电视站，组建文化与广播电视站。保留财政所、农工站、水管站。成立公路管理站。经上述调整，设置4站1所（农工站、文化与广播电视站、水管站、公路管理站和财政所），属乡镇事业单位，接受上级所对应部门的业务指导，人员统一由县人事和劳动社会保障部门安置调配，人财物由乡镇政府管理，站所长任命应向上级对应业务部门征求意见。中小学、卫生等单位改革待中央国务院有关部门颁布方案后再进行。林业站为县林业局派出机构，人财物由县林业局主管，乡镇协助管理。土地管理所更名为国土资源所，单位性质为全民所有制事业单位，为县国土资源局派出机构，人财物由县国土资源局主管，乡镇协助管理。

五、2005年政府机构改革

2005年，县政府部分机构改革。县发展计划局、粮食局整合为县发展和改革局。经济贸易局、城乡集体企业局、招商局整合为县经济和商务局。新成立县安全生产监督管理局。

六、2011年党政机构改革

县党政机构调整 县政府设置工作部门25个，部门管理机构1个，政府直属事业单位9个。组建县工业商务和信息化局，为政府工作部门，县经济和商务局、县招商局职责整合划入工业商务和信息化局，不再保留县经济和商务局、县招商局。组建人力资源和社会保障局，为政府工作部门，县人事局、县劳动和社会保障局职责整合划入县人力资源和社会保障局，不再保留人事和劳动社会保障局。与县人事局合署办公的县机构编制委员会办公室单独设立，列入党委机构序列，名称为中共景东县委员会机构编制委员会办公室，保留景东县机构编制委员会办公室牌子。组建县交通运输局，为政府工作部门，县交通局、县城乡建设局指导城市客运职责整合划入县交通运输局，不再保留县交通局。组建县住房和城乡建设局，为政府工作部门，加挂县人民防空办牌子，县政府办承担人民防空职

责整合划入县住房和城乡建设局。组建县农业和科学技术局，为政府工作部门，加挂乡镇企业局牌子，县农业局、县科学技术局、县经济和商务局乡镇企业行业管理职责整合划入县农业和科学技术局，不再保留县农业局、县科学技术局，县畜牧兽医局调整为县农业和科学技术局管理事业单位。组建县文化体育和广播电视局，为政府工作部门，县文化体育局、县广播电视局职责整合划入县文化体育和广播电视局，不再保留县文化体育局、县广播电视局。县政府扶贫开发领导小组办公室更名为县政府扶贫开发办公室，由议事协调机构常设机构调整为政府工作部门。易地开发扶贫办职责划入县政府扶贫办，不再保留易地开发扶贫办。垂直管理的县食品药品监督管理局调整为政府工作部门。县环境保护局由政府直属事业单位调整为政府工作部门。县旅游局由政府直属事业单位调整为部门管理机构，由县文化体育和广播电视局管理。保留县政府办、县发展和改革局、县教育局、县民族宗教事务局、县公安局、县监察局、县民政局、县司法局、县财政局、县国土资源局、县林业局、县水务局、县卫生局、县人口和计划生育局、县审计局、县统计局、县安全生产监督管理局，均为县政府工作部门。县粮食局职责划入县发展和改革局，县发展和改革局加挂县粮食局牌子，不再保留县粮食局。县经济和商务局煤炭安全生产及矿山安全管理职责划入县安全生产监督管理局。保留县信访局、县法制局（更名为县政府法制办）、县政府驻昆明办事处，正科级，人事、党务、机构编制、行政后勤由县政府办管理。县森林公安局维持管理体制不变，实行林业和公安部门双重领导管理体制，党政工作以林业主管部门管理为主，公安业务工作以公安部门管理为主。县供销合作社、县档案局、云南哀牢山国家级自然保护区无量山国家自然保护区景东管理局、县地方志办、县移民开发局、县地震局、县茶产业发展办、县蚕桑生产办、县烤烟生产办维持原管理体制，仍为县政府直属事业单位。

乡镇党政机构调整 统一设置4个办公室。全县共核定乡镇党政领导职数121人，其中，大乡镇11人，中小乡镇9人，比2002年核定领导职数117人增加4人。乡镇行政编制共核定413人（含周转编制4人），与2002年核定编制持平。

党政办承担机关日常工作运转协调，具体履行机关日常党务政务、纪检监察、组织人事、宣传、统战、民族宗教、机构编制、文秘、督办、电子政务、保密、财务、国有资产监管、后勤保障等职责，负责乡镇人大、政协、人民武装及工会、共青团、妇联和“为民中心”日常工作。经济发展办承担经济发展计划、国土资源管理、村镇建设规划、环境保护和生态建设、农村土地承包管理、林权管理、水利建设与管理、农村经济管理、招商引资、企业管理、统计、扶贫开发、移民开发、安全生产、农民负担监督、市场监管。社会事务办承担人力资源社会保障、民政、卫生、食品安全、人口和计划生育、教育、科技、文化体育、广播电视、外事侨务等职责。社会治安综合治理办承担法治建设、社会治安综合治理、维护社会稳定、人民调解、矛盾纠纷排查调处、突发事件和群众性事件的预防处置、群众工作及群众来信来访等职责。乡镇人大、纪委、人民武装部、工会、共青团、妇联按有关规定或章程设置。乡镇不设政协机构，可明确人员负责具体工作。

乡镇事业单位机构调整 乡镇事业单位机构统一设置7个。全县130个站所事业单位整合为91个，精减39个。核定全县13个乡镇事业单位（中心、所）事业编制701人，与2002年核定编制持平。财政所承担乡镇财政预决算编制，惠农政策资金兑付管理、财政资金监管、国有（集体）资产管理和组织财政收入入库、村级会计委托代理服务等工作。农业服务中心承办农业、水利、农业机械、畜牧兽医等农业技术推广、动植物疫病防控防治、农产品质量检测和农业产业发展规划、技术指导等服务工作。撤销乡镇农业工作站、水务工作站、畜牧兽医工作站。林业服务中心承办林业产业发展、林权管理、林业技术推广要、森林资源开发与保护、护林防火等服务性工作，撤销乡镇林业工作站。人口和计划生育服务中心承办人口和计划生育服务工作，撤销乡镇计划生育服务所。文化广播电视服务中心承办文化宣传、广播电视、群众性体育活动及相关设施维护与管理等服务性工作，撤销乡镇文化与广播电视站。社会保障服务中心承办人力资源开发、劳动力技能培训与转移、就业、新型农村养老保险、优抚安置、社会救助、残疾人救助、最低生活保障、新型农村合作医疗等服务性工作。保留6个县级部门派出（驻）乡镇机构。保留乡镇公安派出所，为县公安局派出机构；保留乡镇司法所，为县司法局派出机构；保留文井法庭、景福法庭，为县法院派出机构；保留乡镇卫生院，为县卫生局派驻乡镇事业单位；保留乡镇中心学校，为县教育局派驻乡镇事业单位；保留乡镇国土资源所，为县国土资源局派驻乡镇事业单位。

2011年，全县共设各类事业单位253个，核定事业编制5879人，其中县级及县派驻乡镇事业单位核定编制5178人，其中，管理人员552人，专业技术人员4314人，工勤人员312人；乡镇所属事业单位核定编制701人，其中，管理人员206人，专业技术人员495人。实有在职事业人员5430人，其中，县级4764人，乡镇666人。

第二节　公务员制度改革

一、"三项制度"改革

1996年12月，县委县政府转发县"三项制度"（公务员、事业单位人事、工资福利）改革领导小组制定的《景东县国家公务员制度实施方案》和《景东县国家公务员制度实施意见》，实行国家公务员制度。县属各有关部门、各乡镇成立推行国家公务员制度（简称"推公"）领导小组和工作班子，负责本部门本单位实施工作统筹规划、组织协调和督促检查。实施工作分准备、实施、检查验收三个阶段。

推公范围　（1）政府职能部门。包括政府办、计划委员会、经济贸易委员会、物价局、统计局、科学技术委员会、财政局、人事局、劳动局、民族宗教事务局、监察局、公安局、司法局、审计局、工商行政管理局、土地管理与城乡建设环境保护局、教育委员会、文化体育局、卫生局、计划生育委员会、农牧局、林业局、水利水电局、交通局、城乡集体企业管理局、民政局、农机局和各乡镇行政机关，按《条例》实施。（2）政府办事机构。包括移民搬迁安置办、扶贫开发办、烟草生产办、滇西南农业综合开发办、县编制办等单位，按《条例》实施。（3）行使国家行政职能，从事行政管理活动，使用事业编制单位。包括社会保险事业、劳动就业服务局、物价所、农村养老保险管理所、公证处、森林公安派出所、自然保护区派出所、计量所、乡镇财政所、乡镇工商所、教委招生办和流动人员计划生育管理所，按《条例》实施。（4）党委机关。包括县委办、组织部、宣传部、统战部、政法委员会、老干局、县纪委和各乡镇党委、纪委，参照试行《条例》。县人大、县政协、县工会、团县委、县妇联、工商联、残联、科协及各乡镇人大、妇联、共青团等单位，参照试行《条例》。

公务员过渡程序　写出过渡申请，单位推公领导小组负责拟过渡人员资格审查。按照领导与群众相结合原则，对工作人员采取过渡考核。考核主要内容为两年内德、能、勤、绩情况，并注重考核工作实绩。具体程序包括自我总结、民主评议、组织鉴定。经党委决定，人大、政府任命政府领导和各部门领导自然过渡，为完备手续，仍要填写"云南省国家公务员过渡登记表"。

施行情况　确定职能部门27个、办事机构5个，公务员岗位定编569人和15个乡镇政府公务员定编259人，参照《条例》。通过推公，县乡两级政府机关中属推行公务员制度范围732人，实际参加过渡考核合格过渡为国家公务员637人；处级不需参加考核22人；经资格审查，因受处分暂缓过渡6人；因病不能坚持工作一年以上暂缓过渡1人；因离职学习一年以上未参加考核2人；尚未转正定级未参加考核30人；提前退休28人；文体局未参加考核6人。全县推公工作通过地级检查验收。

二、事业单位改革

2008年后，根据上级有关指示精神，分批将行使行政职能，使用事业编制的事业单位参照《公务员法》纳入公务员管理，共计43个单位187人。涉及云南省哀牢山无量山国家级自然保护区景东管理局、档案局、环境保护监测大队、劳动就业局、林业局林业有害生物防治检疫站、卫生监督局、地方志办、医疗保险基金管理中心、社保局、供销社、移民开发局、城市监察大队、蚕桑生产办公室、畜牧兽医局、茶产业发展办、流动人口计生管理所、锦屏镇财政所、文井镇财政所、大街乡财政所、花山乡财政所、太忠乡财政所、龙街乡财政所、文龙乡财政所、安定乡财政所、漫湾镇财政所、林街乡财政所、景福乡财政所、曼等乡财政所、大朝山东镇财政所、国土资源局国土资源执法监察大队、锦屏镇国土所、文井镇国土所、花山乡国土所、大街乡国土所、太忠乡国土所、龙街乡国土所、文龙乡国土所、安定乡国土所、漫湾镇国土所、林街乡国土所、景福乡国土所、曼等乡国土所、大朝山东镇国土所。2005年起，实行公务员招考。历年公务员录取情况：2005年57人，2006年31人，2007年36人，2008年13人，2009年21人，2010年12人，2011年17人。

第三节　干部制度改革

1987年3月，县委转发组织部《关于1987年组织工作意见》提出：（1）按照“四化”（革命化、年轻化、知识化、专业化）要求，加强干部队伍建设，选拔配备好各级领导班子；（2）全面理解、正确贯彻“四化”方针，认真抓好后备干部工作；（3）坚持能上能下的方针，加强对各级干部的教育培养，提高干部素质；（4）做好乡干部的管理，落实干部岗位责任制。

1991年8月，县委发出《关于进一步加强干部队伍建设的意见》。提出选择干部五条标准：（1）具有与领导职务相适应的马克思主义、毛泽东思想基本理论和水平，能理论联系实际；（2）坚定执行党的“一个中心、两个基本点”基本路线，坚持四项基本原则，全心全意为人民服务，接受群众监督，与人民群众保持密切联系；（3）不唯书，不唯上，敢于实事求是，一切从实际出发，有开拓进取，敢闯敢试的胆量、胆识和胆略；（4）有较强的改革开放意识、商品意识和科技意识，具有岗位职责要求的组织协调、综合分析、谋略策略、用人识人、口头文字和与岗位职责相适应的专业知识；（5）在本岗位上有较强的事业心和责任感，忠于职守，履行职责，真抓实干，实绩突出，为人公认。

1995年7月，县委召开乡镇党委书记、县直机关企事业单位副科以上领导干部会议，公开推荐优秀中青年干部，培养和选拔优秀跨世纪人才。推荐条件：县处级以上后备干部，年龄45岁以下，重点35岁左右，具有大专以上文化；科局级后备干部，年龄45岁以下，重点35岁左右，具有中专以上文化。特别是注意推荐懂经济、会管理的干部、少数民族干部和非党干部。

2000年7月，县委出台《关于推进乡科级领导班子及领导干部年轻化建设暂行办法》，提出：（1）实现干部年轻化目标。2005年乡镇换届时，党政领导干部年龄以35岁左右为主体，形成40岁、35岁、30岁左右干部组成梯次配备，其中30岁以下要有一定比例。县直部门领导干部以40岁左右干部为主体，要有一定数量35岁以下干部。少数民族干部、妇女干部、非党干部比例应达到上级要求。（2）近期目标。在2002年乡镇换届时，乡镇党政领导干部年龄以40岁左右为主体，形成35岁至45岁梯次年龄结构。其中30岁以上干部要有一定比例，还应有一定数量少数民族干部、妇女干部和非党干部。同年，县委还制定了《景东县党政领导干部交流工作暂行规定》：（1）交流对象。全县乡镇党委政府领导班子成员和县委县政府有关部门主要负责人。即：需要通过交流，丰富领导经验，提高水平；在一个地方或部门工作时间较长；按照有关规定，需要回避；因工作需要，改善领导班子，发挥干部特长及其他原因需要交流。（2）交流范围。在乡镇之间、部门之间、上下级机关之间，党政机关、社会团体和事业单位之间进行。实行双重管理，以业务部门为主管理的领导干部一般应在本系统内交流，根据工作需要也可与地方或其他系统相互交流。

2002 年 3 月，县委办、县政府办转发《县委组织部、县人事局关于县乡机构改革人员分流的意见》提出人员分流渠道和措施：(1) 正常退休。对达到国家法定退休年龄的，必须及时办理退休手续；丧失工作能力，按规定批准退休。(2) 提前退休。符合《国家公务员暂行条例》规定，本人提出申请，单位同意，经组织、人事部门批准，可以提前办理退休手续。(3) 离岗退养。自 2003 年 3 月起，距法定退休年龄 5 年间，且工作年限满 20 年以上或工作年限满 30 年的国家公务员和参照公务员管理的工作人员，本人提出申请，单位同意，经组织、人事部门批准，可以实行离岗退养。(4) 辞职及从事个体私营经济。(5) 培训。根据工作需要和人才储备计划，选派一部分年轻干部离岗培训或接受学历及专业教育。(6) 到农村进行开发性生产。三年内其关系不转，享受在职人员同等工资福利待遇，作为编外人员。(本《意见》2001 年 8 月 9 日至 2004 年 8 月 8 日有效)。同年 7 月，县委出台《关于党政机关非领导职务设置方案》(简称《方案》)。《方案》规定：(1) 县委机关、人大机关、政府机关、政协机关及行使行政职能参照公务员管理的事业单位内设置办事员、科员、副主任科员、主任科员四个级别非领导职务。(2) 非领导职务设置原则、设置范围、设置规格和任职条件。

2003 年 12 月，县委制订出《关于加快干部队伍年轻化进程的意见》提出一段时期领导班子、领导干部年轻化目标：乡镇党政领导干部以 35 岁左右干部为主体，班子结构形成 40 岁左右、35 岁左右、30 岁左右干部梯次配备，其中 30 岁以下要有一定比例，党政领导班子各配备妇女干部 1 人；县直部门领导干部以 40 岁左右干部为主体，班子结构由 35~45 岁的干部形成梯次配备，要有一定数量 35 岁以下干部，少数民族干部、妇女干部和非党干部比例也要达到上级的要求。五条具体措施：(1) 加强理论培训，提高理论水平。在职科级干部中，一般在二年内安排到地委党校或县委党校参加一次以上理论学习，并分批分期安排年轻科级后备干部到县委党校培训，未经培训的，一般不得提拔任用。(2) 加强后备干部队伍建设。每年 10 月 15 日前，各乡镇各单位必须按照可配职数组织一次科级后备干部全额民主推荐考察，并上报县委组织部。(3) 建立干部双向交流制度。科级后备干部和在职年轻干部采取上挂见习，下放锻炼，交流轮岗，定岗压担子等措施，加强年轻干部的实践锻炼。(4) 严格执行任职年龄制度。年满 50 周岁或年满 46 周岁，文化达不到大专学历的科级领导干部不再担任科级实职领导，均改非领导职务。(5) 新任科级干部应具备大专以上学历，副职一般不得超过 35 周岁，正职一般不得超过 45 周岁。

2010 年，首次试行党政机关、事业单位副科级领导干部公开选拔工作。采取个人自愿报名和组织推荐相结合，报名时填写“景东县公开选拔副科级领导干部报名登记表”，一式二份，并由报名人员所在单位资格初审，组织人事部门复审。审查合格后，由“县公选办”统一发放“准考证”，报名人数与职位定比不低于 10∶1，获准参加笔试人数不足 10 人的，该职位不再进行公开选拔。考试分为笔试和面试，笔试用闭卷方式。笔试结束，按 5∶1 比例从高分到低分确定面试人选，并在媒体公布。面试考官由县公选办选定。面试设旁听席，凡有意旁听者，经申请批准后可到现场旁听。笔试和面试成绩按各占 50%确定应试者考试综合成绩，再由县委组织部按照考察人选与选拔职位 3∶1 比例，从高分到低分依次确定考察人选。考察结束，由组织部研究提出各职位拟任人选建议方案，报县委常委会议作出任用决定或提出推荐提名意见。按照《党政领导干部选拔任用工作条例》有关规定，对拟任或拟提名人选进行公示。对公开选拔任用干部实行一年试用期。2010 年，公开选拔县教育局、建设局、统计局、县林业局林技中心、县农业局农业机械推广中心、龙街乡、林街乡等副科领导干部 7 人。2011 年，公开选拔团县委、锦屏、文井、大街、花山、太忠、龙街、文龙、安定、漫湾、林街、景福、曼等、大朝山等乡（镇）和部门副科领导干部 14 人。

2011 年始，率先在检察院、卫生系统试行副科级领导干部竞争上岗。县委成立竞争上岗工作领导小组，领导小组办公室设在组织部。方法步骤上，首先由单位制订《竞争上岗实施方案》，召开全体干部职工动员大会，对竞争职位、任职条件、方法程序提出具体要求，其次由个人自荐报名，填写

“竞争上岗报名登记表”。资格审查合格后，召开单位干部职工参加的演讲会，由评委会对竞职演讲现场打分，同时由参会人员民主推荐。经领导小组确定考察对象并进行考察后，再由县委组织部提出竞争岗位拟任人选，报县委常委会议研究决定。其结果在景东电视台公示7天。竞争上岗任职人员，实行试用期制，试用期一年，试用期满经考试合格，正式办理任职手续，考试不合格的免去试用职务，按试用前职务安排工作。通过竞争上岗，年轻副科领导检察院12人，卫生系统3人。

新任科级干部培训（县委统站部　提供）

第四节　村级体制改革

1984年，区乡机构改革。基层行政机构大队改为乡镇，作为上级领导机关区办事机构。1月27日，县委县政府发出《关于改革农村体制，实行政、社分开，设区建乡的意见》。2月10日至4月10日，县社派出体改工作队员524人入驻基层开展工作，历时60天。15个公社、1个镇、151个大队、2337个生产队，体改后设14个区、1个镇，159个乡、5个区辖镇、2个镇辖办事处。其中民族乡89个，占53.6%。体改中，采用无记名投票方式选举，选民参选率91.3%，共选出乡镇人大代表5156人。全县自然村组成1851个村民委员会，民主选举产生村长、副村长。生产队改称合作社，民主选举出社长、副社长。新选区、乡领导班子成员年龄结构改变较大。

1987—1988年，区乡体制改革。乡镇改称村公所（办事处），隶属上级领导机关乡镇派出机构。1988年1月26日，县委决定将14个区党委会更名为乡党委会，乡党支部更改为村党支部。锦屏镇党委名称不变，下属办事处党支部名称不变。28日，地区区乡体制改革领导小组通知：经省区乡体制改革领导小组同意，景东设13个乡、3个镇，其中将永秀乡划出一部分，新增设文玉乡。撤销文井区设文井镇；撤销保甸区设漫湾镇，镇驻地由保甸迁至岔山；锦屏镇不变。新增设乡镇、村办人员编制在编制内调剂。文井、保甸两区更名为镇党委，下属村党支部改为某办事处党支部。全县设13个乡、3个镇，141个村公所、25个办事处。

村委会换届选举（李廷新　1994年3月摄于锦屏乡北屯村）

2000年，村改委。村公所、办事处改称村民委员会或居民委员会，合作社改称村民小组。8月2日至10

月25日，依据《中华人民共和国村民委员会组织法》及省地县党委关于改革村级体制、实行村民自治的意见，各乡镇选1村公所或办事处（景福乡为2个村公所）为试点，并派出县级93人、乡级2174人组成工作组，协助、指导各村（办）改委；召开村民代表大会，选举产生村委会领导班子，建章立制，实行村民自治，民主管理，基本完成全县167村（居）民委员会村改委工作。截至2011年底，全县共有170个村（居）民委员会及党支部。

第五节 科学民主管理

一、科学民主决策

2003年，按照执政为民要求和建设法治政府目标，十届全国人大突出强调“三项基本准则”（实行科学民主决策、推进依法行政、加强行政监督）。2004年3月，国务院颁布《全面推进依法行政实施纲要》，明确要求各级健全行政决策机制、完善行政决策程序、建立健全决策跟踪反馈和责任追究制度的科学民主决策机制。8月2日，结合景东实际，县委工作会议提出必须健全和完善领导班子议事规则和工作制度，形成科学、民主决策机制。凡属于决定重要问题、重大项目安排、重要干部任免和大额资金分配都必须按照“集体领导、民主集中、个别酝酿、会议决定”基本程序进行决策，不得个人和少数人说了算。2008年3月，开始宣传和实施“阳光政府”四项制度（重大决策听证制度、重要事项公示制度、重点工作通报制度、政务信息查询制度）。2009年2月25日，县政府出台《关于在全县行政机关推行重大决策听证、重要事项公示、重点工作通报、政务信息查询四项制度的决定》，重大决策听证事项包括法律法规规章规定应当听证的决策事项，涉及公共利益、群众切身利益以及社会公众普遍关注的重大决策事项，县域经济社会发展有重大影响的决策事项。并明确听证组织、程序、结果、管理及监督。先后制订和出台《贯彻阳光政府四项制度实施方案》《推行重大决策实施方案》《重大经济政策审批制度》《关于县政府部门及乡（镇）行政负责人问责办法》《关于推行服务承诺制、首问责任制、限时办结制的决定》《关于建立健全县重大决策社会稳定风险评估机制的实施意见（试行）》《全面推进依法行政工作五年规划（2009—2013）》等推进计划和配套措施。按“谁决策，谁负责”原则，逐步实行决策权和决策责任相统一。同年，先后对公路建设占压补偿办法、县城垃圾处理价格、污水处理价格、城市总体规划修编、2010年合作医疗实施方案、第二轮土地利用总体修编等九件重要问题和重大项目进行听证。截至2011年末，共举行听证36件。2010年3月，根据中央、省、市统一安排部署，县政府推行以行政绩效管理、行政成本控制、行政行为监督、行政能力提升为主要内容的效能政府四项制度，成立以县长为组长的推行效能政府四项制度工作领导小组，领导小组下设办公室在县政府办，负责协调推进全县效能政府四项制度建设有关事宜。办公室下设工作推进小组4个，分别负责行政绩效管理制度、行政成本控制制度、行政行为监督制度和行政能力提升制度的相关工作。出台《关于在全县县级以上行政机关推行效能政府四项制度的决定》，并制订《行政机关行政绩效管理制度实施办法》《行政机关行政成本控制制度实施办法》《行政机关行政行为监督制度实施办法》《行政机关行政能力提升制度实施办法》，行政决策机制和民主科学决策日趋完善。

二、政务公开

1999年10月10日，县委县政府发出《关于积极推行政务公开、村务公开、厂务公开的意见》。要求各级党政机关及其工作部门全面实行政务公开。党务政务工作中，凡是行使职权行为的，其运行过程及结果（需保密的除外），都需要在一定范围内采取适当方式向干部、群众和社会公开，接受监督。11—12 月，县级各部委办局、县级企事业单位分别按政务公开指导思想、政务公开领导机构、办事公开制度（包括办事公开的内容、形式等）、政务公开纪律、政务公开时限、办事公开标准、政务公开监督与处理等方面，制订本单位本部门政务公开制度。县委组织部、县纪委每年定期检查督促。2008 年 5 月 1 日，施行《信息公开条例》。12 月，景东县出台《推行政务公开的实施意见》，范围包括全县各级行政部门，以及具有行政管理和社会服务职能的企事业单位、驻景东单位。公开内容除法律法规规定不宜公开内容之外，包括同级人大及其常委会审议通过的国民经济和社会发展计划（包括规划）、财政预决算、重大改革举措及其他决议事项和工作部署，县政府及其所属部门、乡镇政府制订的规范性文件，行政审批、行政许可、行政收费和发证、办照、登记、注册、年审等事项的法定依据、资格条件、办理时限、办理程序、办理结果、工作纪律、投诉渠道，政府人事任免、公务员考试录用等情况和专业技术职称评定、荣誉称号评审的条件、程序和结果，以及现役军人退伍、转业安置的政策、程序等，行政处罚、强制措施事项的法定依据、种类、标准、幅度，拟作出的行政处罚、强制决定的事实和理由向行政管理相对人公开，并告知其依法享有的权利，职能职责包括工作职能、服务项目、服务内容、职务身份等相关具体事项，以及其他与群众切身利益密切相关的事项。利用定期发布政务信息，公报、政务公开栏、公开办事指南，报刊、广播、电视、网络等媒体，社会公示、听证和专家咨询、论证以及邀请人民群众旁听政府有关会议，以及各类综合或专项行政服务中心、电子政务等方式进行公开。并制订出《政务公开工作考核方案》，对政务公开工作施行情况实行量化考核。同时，制订出《政务信息查询制度实施办法》《重点工作通报制度实施办法》《重要事项公示制度实施办法》。随着阳光四项制度和效能政府四项制度的推行，政务公开从形式、内容上得以深化。

三、村务公开

1999 年，根据县委县政府《关于积极推行政务公开、村务公开、厂务公开的意见》要求，完善和深化农村“村务公开、民主管理”制度。年末，全县各村（办）按“五规范、一满意”（阵地建设规范、内容规范、程序规范、时间规范、管理规范，人民满意）原则，开展村务公开，实行民主管理。2000 年村改委后，规范民主选举，加强村务公开和民主管理，完善民主决策和监督。村务公开的主要内容：《中华人民共和国村民委员会组织法》第二十三条、第二十四条规定的由村民会议、村民代表会议讨论决定的事项及其实施情况；国家计划生育政策的落实方案；政府拨付和接受社会捐赠的救灾救助、补贴补助等资金、物资的管理使用情况；村民委员会协助县政府开展工作的情况；涉及本村村民利益，村民普遍关心的其他事项。要求一般事项至少每季度公布一次，集体财务往来较多的财务收支情况每月公布一次，涉及村民利益的重大事项随时公布。2008 年 12 月 24 日，制订出《乡（镇）村政务公开实施办法》。把完善村务公开各项制度作为基层民主管理的一项重要举措，完善《村民代表议事制度》等一系列与村务公开密切相关的制度、规定。以财务收支为重点，村集体土地使用、计划生育指标、土地承包、种粮直补、农村居民低保、村级公益事业一事一议等为主要内容，拓展规范村务公开内容、时间、程序和方式。推行村务公开后，党群干群关系有所改善，村级组织建设有所促进。

四、厂务公开

1999 年前，根据《中华人民共和国工会法》，相关部门在企业中开展厂务公开活动，促进民主监督和管理。1999 年 7 月 14 日，县总工会等 7 个部门联合发出《关于加强景东县厂务公开工作意见的通知》。10 月，按照县委县政府《关于积极推行政务公开、村务公开、厂务公开的意见》要求，抓好厂务公开工作。公开内容：企业改革发展和国有资产保值增值等重大决策和事项，领导干部廉洁自律情况和企业经营中涉及钱与物的敏感问题，与职工切身利益相关的事项和职工普遍关心的问题。2000年10月，按照上级《关于国有企业实行厂务公开，进一步加强民主管理的实施意见》，景东县成立县乡镇企业厂务公开领导小组，领导小组下设办公室在城乡企业局，并由总工会牵头，会同县纪委、监察局、经济贸易局等部门，在国有企业开展厂务公开工作。结合景东实际，制订出《关于国有企业实行厂务公开，进一步加强民主管理的试行意见》《厂务公开责任追究暂行办法》。各企事业单位亦相应成立领导小组，把企业改革难点、职工群众关心焦点、民主评议企业领导人作为公开重点，制订出实施方案，明确公开原则、公开范围、公开内容和形式。至2000年末，全县国有企业除县粮油公司、县供销社外，均已建立厂务公开制度。2002年10月15日，县总工会发出《关于进一步加强职代会民主评议企业领导和厂务公开工作的通知》，规范厂务公开工作，将其引入深层制度化建设。截至2011年，全县国有企业均已建立厂务公开制度。

第二章　农村经济体制改革

第一节　农村政策调整

1979—1980 年，全县贯彻中共十一届三中全会《关于加快农业发展若干问题的决定（草案）》，调整农业政策。1979 年 2 月 28 日，县委发出《关于落实政策调动社员积极性几个政策的意见》，调整农村政策。主要内容：(1) 坚决克服“一平二调”的“共产风”和“浮夸风”，杜绝瞎指挥和强迫命令，保障生产队自主权；(2) 坚决贯彻执行按劳分配，多劳多得，少劳少得，男女同工同酬原则，加强定额管理，推广“五定一奖”“五统一”生产责任制；(3) 社员口粮分配，工分粮要高于基本口粮，对缺粮的军烈属和困难户，要给予适当照顾，经社员群众讨论决定后必须从小春预分开始执行；(4) 坚持以农业为基础，农、工、副一齐上，工、副业统一分配，推广“五定一奖”鼓励社员生产积极性；(5) 社员家庭养猪不受限制，允许社员耕种少量饲料地，在不毁林开荒，不占农田原则下，由集体划定，不许乱挖乱开；(6) 坚决执行社员自留地政策，自留地、饲料地不得超过本队耕地总面积 10%，不许扩大和转让，种什么品种不得干涉（除罂粟等违禁作物外）；(7) 允许社员饲养 3~5 只羊，有条件的也可以饲养 1~2 头菜牛和骡、马、驴等大牲畜；(8) 允许社员在房前屋后种植果树、竹木和茶树，归个人所有；(9) 开放集市贸易，社员和生产队的农户产品，在完成国家征购任务后，都可以上市交易；(10) 严禁毁林开荒，破坏森林和水利资源。随着中共十一届三中全会精神贯彻落实，景东县委按照“解放思想、放宽政策，把经济搞活，把农村搞富”精神，调整社员自留地、农民负担、社队规模。与 1979 年相比，全县社员自留地由 2921.4 公顷增加到 4672.3 公顷，占全县总耕地 13.8%；生产队规模由 2038 个调整为 2233 个；文井公社调整粮、蔗种植面积，调减公粮 140 万千克，其余公社根据自己特点，合理布局农业生产，调减公粮。

20 世纪 70 年代农村生产队社员生产劳动（县农业和科学技术局　提供）

第二节　家庭联产承包责任制

1979 年，根据中共中央关于国民经济“调整、改革、整顿、提高”八字方针，县委县政府合理调整农业生产布局，因地制宜发展多种经营。1980 年，农村逐步推行农业生产责任制。全县共有 2233 个生产队，其中，建立专业承包联产计酬责任制 319 个，实行定额管理小段包工 1006 个，实行包产到户 534 个，实行包交提留 154 个，实行其他形式生产责任制 220 个。1981 年，县委下发《关于建立完善农业生产责任制的意见》。包干提留到户责任制成为景东农业生产责任制主要形式。年末，全县建立包干到户责任制生产队 2166 个。至 1982 年，全县 15 个公社（镇）、151 个生产大队、2373 个生产队、55927 户实行家庭联产承包责任制。与 1979 年相比，当年粮食产量由 8709.5 万千克增加到 9156.5 万千克。1984 年，按照“大稳定、小调整”原则，对承包土地进行小调整，完善承包生产关系，签发土地承包合同书。1994 年，根据中共十四届三中全会农村工作会议精神，按照“增人不增地，减人不减地”原则，把土地承包期由 15 年延长到 30 年。1999 年 1 月 19 日，第一轮土地承包到期后，县委县政府根据《中共中央关于农业和农村工作若干重大问题的决定》，发出《关于延长农村集体土地承包期的意见》，县政府发出《景东彝族自治县延长农村集体土地承包期实施办法》，全县开展土地承包合同顺延 30 年工作，承包期限 2000 年 1 月 10 日至 2029 年 12 月 31 日。3—12 月，县委成立领导小组，乡镇组建工作班子，安排和部署全县土地延包工作。抽调县乡村工作队员 2132 人次，经过试点摸索经验，分准备、实施、总结三个阶段，开展第二轮土地顺延承包工作。全县土地顺延承包人口 280987 人，占农村人口的 88.4%，签订土地承包合同书 76056 户（份），发放土地经营权证书 76056 份，占应签发农户 99.6%；共发包土地 25224.9 公顷，其中，耕地 24152.8 公顷（水田 9499.4 公顷，旱地 14653.4 公顷），非耕地 1072.1 公顷。在延包工作中，一手抓第二轮土地顺延承包工作，一手抓农村经济发展，实现大灾之年粮食稳定增长，当年粮食总产达 1.33 亿千克。2011 年，全县粮食产量 1.59 亿千克，比 1979 年增加 7220 万千克，比 1999 年增加 2630 万千克。

承包田经营（罗海垠　2015 年 4 月摄于文井镇者后）

2011 年，为完善土地承包合同顺延工作，在全县开展土地承包经营权证填发工作。按照“什么样的合同书，填发什么样的经营权证”原则，填写农村土地经营权证家庭承包方式申请书、登记簿、经营权证各 75833 份（本）。申请书由乡镇各自管理，登记簿由县农业局统一管理。

第三节　农村专业户、重点户

随着农村家庭联产承包责任制建立和商品生产发展，开始出现专业户、重点户。其特点是家庭主要劳动力从事某项专业生产或经营活动时间在 60%以上，专业收入占家庭总收入 60%以上，专业产品商品率60%以上。专业户、重点户一般具有劳动生产率、商品率、专业收入高的特点，成为农村学习运用科学技术、发展商品生产、调整农村产业结构、勤劳致富带头人。1985年，全县农村有专业户68户351人，劳动力184人，经济收入38.2万元，人均收入1088.32元，比全县农民人均收入200元高888.32元；有重点户410户1984人，劳动力1002人，经济总收入125.4万元。1986年，农村专业户发展到142户683人，劳动力322人，经济收入45.9万元；农村重点户不作为统计指标。1989年，有农村专业户68户259人，劳动力130人，经济收入15万元。自1990年始，农村专业户统计指标取消。

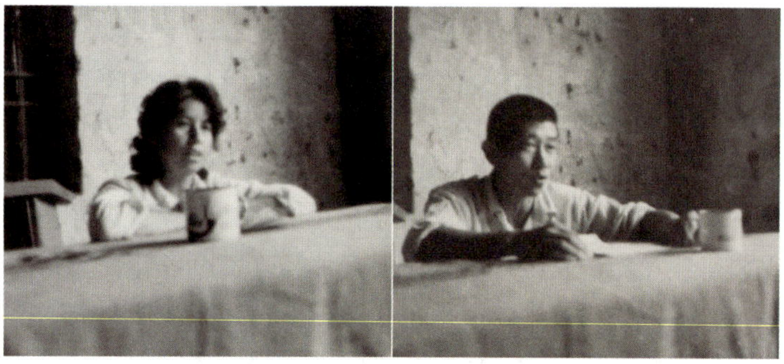

养鸡专业户吴秀琼、养猪重点户陈学品向大家传授经验
（县农业和科学技术局　提供）

第四节　农村经济结构

中华人民共和国成立初期，景东县农村经济结构基本上是单一粮食种植结构。到1978年，农业单一经营结构仍未改变，种植业（粮食）产值占农业总产值的71%。

1980年后，县委县政府因势利导，贯彻“决不放松粮食生产，积极开展多种经营”方针，调整农村经济结构，使粮食与经济作物比例协调发展。1983年，经过初步调整，全县粮豆种植4.37万公顷，比上年减少1135.7公顷；甘蔗面积1689.6公顷，增长18.2%；茶叶面积3224.1公顷，增长10.6%。1984年，农林牧副渔产值在农业总产值中比重发生变化。与1978年比，农业产值由71%下降为64%，林牧副渔比重由29%上升为36%。

景东县择年粮食经济作物种植结构表

表6-2-1

年度	农作物播种面积（%）	粮食作物面积占比（%）	经济作物面积占比（%）	年度	农作物播种面积（%）	粮食作物面积占比（%）	经济作物面积占比（%）
1978	100	96.20	3.80	2002	100	86.04	13.96
1984	100	92.81	7.19	2006	100	86.50	13.50
1989	100	92.88	7.12	2009	100	82.80	17.20
1994	100	89.32	10.68	2011	100	72.80	27.20
1998	100	82.28	17.72				

随着农村改革的深化，农民商品意识的增强和科教兴农战略的实施，农业内部结构调整和农业产业化步伐加快。2011年，全县粮豆种植4.46万公顷，比1978年减少1209.4公顷，总产量1.59亿千克，比1978年增长97.9%；烤烟、茶叶、甘蔗、蚕桑、橡胶、咖啡等经济作物（林木）种植3.15万公顷，比1978年增长6.2倍。全县农业总产值24.55亿元，比1978年增长17.6倍，其中，种植业产值在农业产值中比重由1978年70.3%下降为43.9%，林牧副渔业产值在农业产值中比重由1978年29.7%上升到56.1%。全县农民人均纯收入4171元，比1978年增加63.17倍。

2003年8月，景东县开展农村税费改革试点工作。试点工作涉及15个乡（镇）、166个村、2344组，组织工作队员5871人次，共投入经费144.1万元，分宣传发动、调查摸底、拟定方案、组组落实、验收总结五个阶段进行。按照试点工作要求，完成取消乡统筹、行政事业性收费和政府性基金、集资，取消屠宰税。2003年起，三年内统一取消农村劳动积累工、义务工制度，调整农业税、农业特产税政策，改革村提留征收和使用办法，建立村内筹资投劳“一事一议”制度，实现“村村减负、户户受益”目标。农民负担减少56.54%，农民现金负担由39.9元减少到17.6元，人均减少22.3元；每公顷负担农业税258千克；发放《农民负担监督手册》和农户认可签字8.02万份（户），发放率、签字率99.13%；征收2003年度农业税附加530.79万元，占任务数557.83万元的95.15%。到2006年，全面取消农业税，农村税费改革工作结束。

第五节　农民专业合作组织

一、农民专业协会

1991年始，出现农民专业协会。2007年7月1日，施行《中华人民共和国农民专业合作社法》，专业协会发展速度开始减慢。截至2011年底，全县共有各类社团组织80家，其中农民专业协会72家。2006—2008年，有3家专业协会得到省财政资金扶持，其中，大街乡三营村马铃薯协会9万元，景范村水产养殖协会9万元，文龙乡三岔河生猪养殖协会7万元。

二、农民专业合作组织

2008年10月24日，景东县安定乡古德村茶叶农民专业合作社注册成立。年末，全县农民专业合作社发展到3家，成员784人。2009年，全县农民专业合作社发展到10家。2010年，景东县实施“荷兰农民生产者协会支持云南农民专业合作组织项目”，带动农民专业合作社发展。同年，全县农民专业合作协会发展到73家，拥有成员2200多人，带动农民2600户。截至2011年12月，全县有农民专业合作社176家，拥有成员3500多人，带动农户3800户。其中，种植业76家，畜牧养殖业32家，林果业58家，农机服务1家，其他行业9家。

第六节　林业体制改革

一、林权流转

集体荒山荒地出让　1994年10月，县委县政府制定《景东县有偿出让集体荒山荒地使用权的实施办法》，并成立县集体荒山荒地出让领导小组及其办公室。本次集体荒山荒地使用权出让主体（出让方）：行政村或合作社。出让范围：集体荒山（包括责任山、荒芜自留山）荒地、基本农田包干到户时未纳入承包合同的轮歇地、低产经济林地。出让年限：一般为50～70年，边远冷凉地块可更长一些。出让方式：(1) 协议出让。即以民主协商方式，将符合出让范围荒山荒地出让给使用者，变无偿使用为有偿有期使用。(2) 招标出让。即将确定出让的荒山荒地划分成若干块，议定每块地的基础价后向本村（社）农民公开招标，谁开价高出让给谁。(3) 向社会公开出让。即打破行政区域界限公开向社会招标出让。不分行业、身份，不论国营、集体或个人，谁开价高出让给谁。出让地价75～22500元/公顷，具体价格由各乡村根据出让地块位置、坡度、土壤质量、交通条件、地面附着物等情况和当地经济水平提出指导价交甲乙双方议定。出让用途一般以开发和经营经济林、用材林为主，兼营其他种植业、养殖业、林畜产品加工业。面向市场，依法经营，自主发展，任何单位、个人不得干涉和侵犯其合法经营权。1993—1995年，全县共出让荒山荒地688.53公顷，涉及受让单位35个、农户95户、机关职工11个，有偿收取出让金97.2万元。受让经营者种植核桃、芒果、花椒、柑橘、板栗等经济果木259.07公顷，种植香蕉、甘蔗、粮食和养殖综合经营323.8公顷，低产值茶园、紫胶园改造64.73公顷。

国有森林流转　2005年11月，县政府成立国有森林资源流转工作领导小组。根据林业有关法律法规和政策，以及“公开、公平、公正、诚实、守信”原则，以竞价拍卖方式，有偿流转国有商品林木材采伐经营权1.5万立方米；涉及锦屏、文井、者后、太忠、龙街、漫湾6个乡（镇）12个伐块。

2006年9—10月，景东县国有商品林流转工作领导小组编制出《景东县流转10万亩国有商品林林地林木方案》，并报经上级批准。根据实施方案，县林业局林业技术推广服务中心完成国有商品林资源外业调查工作6846.67公顷，涉及6个乡镇、363个小班、46宗林地。聘请国家林业局昆明勘察设计院完成资源核查，并通过北京中林资产评估有限责任公司资产评估。2007年1月27日，向社会拍卖国有林使用权，成交16宗，林权出让金3507万元。2007年4月6日，举行第二次公开拍卖，成交7宗，林权出让金1274万元。两次拍卖共出让国有商品林权7523.77公顷，成交金额9469万元。

2009年，景东县先后拍卖国有林思茅松采脂权，成交金额370万元，采脂时限3年。至2011年末，合同期满，不再续包。为保护资源，林业局收回采脂权并封停采脂。

二、林权制度改革

2006年4月始，开展深化集体林权制度改革（简称林改）工作，选择文井镇作试点。12月末，试点工作基本结束并通过市级检查验收。2007年1月，全面启动林改。2000年3月，省林改检查验收小组抽查曼等、锦屏、文龙3个乡（镇）、9个村、27个村民小组林改工作，并通过验收。

组织领导　林改是继林业“三定”（稳定山林权；划定自留山、确定林业生产责任制）和“两山一地”（责任山、自留山和轮耕地）到户后又一次林业产权制度改革。景东县成立县委书记为组长，县长为常务副组长的领导小组，成员由分管林业副县长及县人大、县政协、县纪委有关领导和相关部门主要负责人组成。下设办公室在县林业局，林业局长担任办公室主任。办公室下设综合组、宣传组、林权纠纷调处组，技术组。各乡镇成立党委书记为组长、乡镇长为副组长的林改领导小组及其办公室，办公室设在林业站，由站长担任办公室主任。各村委会成立由支部书记任组长的领导小组。村民小组成立5~7人领导小组或议事小组。各级先后抽调工作队员16363人，其中，县级434人，乡镇704人，村干部830人，组干部14208人，农民技术员187人。形成主要领导亲自抓，林业部门具体抓，相关部门配合抓，上下联动共同推进林改工作局面。

林权纠纷调处现场
（罗海垠　2008年4月摄于景东与镇沅两县芹菜塘林权纠纷调处现场）

方法步骤　2006年6月，文井镇林改工作试点开始。其余12个乡镇分别承担试点一个村委会的林改工作。县林改领导小组从县委、县政府、县人大、县政协、县委纪委及文井镇党委政府班子中，抽调干部担任组长，组成 24 个工作组；从自然保护局、林业局抽调技术人员组成技术组驻村开展林改；市林改办派出督导组检查督导。2006 年 12 月，文井林改外业确权告一段落，转入输机发证阶段。2007 年 1 月 26 日，县委县政府召开全县林改工作动员暨先进集体和个人表彰大会，林改工作全面铺开。县林改办整合组成技术组 39 个，统筹安排到 12 个乡镇负责林改技术业务；分西片、中片、东片组成 3 个督导组巡视检查，协助乡镇调处林权纠纷；建立县处级领导挂钩联系林改工作制度，高位推动林改。分为五个阶段推进：

第一阶段，宣传发动，开展培训。全县动员大会后，各乡镇村委会分别召开宣传动员暨骨干培训会议。围绕集体林权制度改革任务、范围、政策和目标，采取多种方式宣传林改。林改期间，张贴标语 8398 条，悬挂横幅布标 138 幅，制作永久性大标语 48 条，印发《景东县深化集体林权制度改革政策问答》和《致林农公开信》各 5 万册，送达县级机关各企事业单位、乡镇村组干部职工及广大农户。举办万人参与林改知识竞赛 1 次，宣传播放、登载林改信息 1309 条，自办《林改简报》79 期，召开各种宣传动员会议 3027 场（次），参与者 23.89 万人，宣传面 96%。

第二阶段，调查摸底，制订方案。调查摸底主要是弄清林权现状，查询林业“三定”“两山一地”到户权源依据，填写“林权现状登记表”并公示。结合村情组情，讨论制订村组林改实施方案，经村民大会或村民代表（户主）会议讨论通过后，报乡镇政府批准实施，并报县政府备案。

第三阶段，落实权属，核发证书。依据林业“三定”权源依据，向农户发放“勘界通知书”，按组宗地范围，组织农户指认自家林地界线，开挖界沟，设立永久性标记。林改技术员利用 GPS 定位仪对农户宗地打点定位，并输入微机，绘制林地位置图、宗地示意图，填写“林权登记申请表”，逐级审核上报，换发、核发全国统一的林权证。

第四阶段，配套改革，建章立制。同步推进集体林权制度相关配套改革是保障实现改革目标的关键，也是长期的工作任务。通过林改，农户领到林权证，顺应了改革的需要。在县林业局成立林权管理服务中心，开展信息、咨询、林权证申请、登记、变更为一体的综合服务。县委县政府出台《关于深化集体林权制度改革配套实施意见》。2008 年下半年开始，县林改办抓紧林改资料立卷归档工作。至年末，建立和健全县乡村三级林权档案。

第五阶段，检查验收，总结完善。根据云南省林改领导小组《验收办法》，市林改办不间断地督导景东林改，乡镇林改办组织自查自纠，发现问题及时整改完善，县林改办在组织推进全县林改工作同时，注重政策调研，发现疑难问题，及时请示报告，保障林改工作质量。

主要内容 主要是解决产权不明晰、经营主体不落实，经营机制不灵活、利益分配不合理问题。林改必须遵循《中华人民共和国森林法》《中华人民共和国土地管理法》《中华人民共和国农村土地承包法》《中华人民共和国村民委员会组织法》等法律法规，主要政策依据为《中共中央国务院关于全面推进集体林权制度改革的意见》、省委省政府《关于深化集体林权制度改革的决定》、县委县政府《关于深化林业产权制度改革的意见》、市委市政府批准的《景东县深化集体林权制度改革实施方案》和全市统一的《业务技术操作规范》等重要文件。保持政策的连续性，即林业“三定”时划定的自留山稳定不变。继续实行“生不增，死不减”、长期无偿使用、允许继承的政策；分包到户的责任山稳定不变。承包期顺延 50~70 年，山上林木归责任山业主所有，承包期内允许继承。责任山适当收取林地使用费。始终坚持以人为本，充分尊重林农的参与权和决策权，工作组不包办代替。凡属重大问题，须经 2/3 以上村民商定通过。改革核心内容是落实经营主体“四权”，即：（1）明确林木林地所有权或使用权。集体林地所有权属于集体经济组织，林农通过确权发证拥有使用权。（2）放活林地经营权。在集体林地所有权性质、林地用途不变前提下，按照“依法、自愿、有偿、规范”原则，鼓励林木所有权、林地使用权有序流转。（3）落实林木处置权。已明晰权属的自留山、责任山及外资、民营企业等单位和个人营造的林木及附着物、林下资源，业主有处置权。（4）保障业主收益权。

林权所有者的林地使用权、林木所有权、林木采伐处置权、林地林木流转权、林下资源开发利用权和林产品开发权等合法权益受国家法律保护。

阶段性成果　景东县林改涉及13个乡镇、166个村委会、2368个组、81135户、326577人。依据2005年资源二类调查资料，应纳入林改集体林地20.23万公顷，通过集体林改确权17.75万公顷，占87.7%。其中，自留山11.29万公顷，占63.6%；责任山（承包山）5.09万公顷，占28.7%；仍由村组集体经济组织经营（分股不分山，分利不分林）1.37万公顷，占7.7%。发生各类纠纷4543起，经县乡村组分级调处4475起，调处率98.5%。至2009年末，核发林权证7.6万本，发证率86.7%。林改工作经省级检查验收后，仍保留林改办公室机构，继续完善部分遗留问题。2011年，县级机构改革，林业服务中心与林改办合并，成立林业改革与产业发展办公室，继续巩固和发展集体林权制度改革成果。

第七节　水务体制改革

一、水利工程管理体制改革

县级水利工程管理体制改革　2003年2月，县政府成立水利工程管理体制改革领导小组，分管水利工作副县长为组长，县水务局局长为副组长，成员单位由县政府办、县人事和劳动社会保障局、县财政局、县发展计划局组成；下设办公室在水务局。2004年8月，县政府批准《关于景东县水利工程管理体制改革实施方案》。改革范围：全县小型以上（含小型）国有水利工程，包括其他部门管理的水利工程。改革重点：中型引水、蓄水工程，小（一）型和重点小（二）型蓄水工程，重点河道提防工程。改革内容：(1) 分级管理。全县水利工程实行分级管理，中型引水（川河大沟）、中型蓄水、小（一）型水库和重点河道提防工程由县级管理，小（二）型水库明确由乡镇管理，小坝塘和其他小型水利工程及设施由受益村组管理，个别农户自建水利工程由农户自主管理；各水库渠系工程按照“谁受益、谁管理”原则，由受益区乡镇村组管理。(2) 明确管理责任。水行政主管部门对各类水利工程负有行政管理责任，负责监督检查水利工程管理养护和安全运行，对直接管理的水利工程负有资金使用和资产管理责任。其他部门和个人直接管理的水利工程必须接受水行政主管部门监督和检查，落实安全运行有关责任。水管理单位具体负责抓好水利工程管理运行和维护，保障安全运行和充分发挥效益。(3) 对水管单位分类定性，定岗定编。根据工程承担任务和收益情况，全县小（二）型以上水利工程管理单位，均定为事业单位，其中又划分为纯公益性和准公益性单位两大类。纯公益性水管单位13个，分别为徐家坝小（一）型水库管理所、湾水河小（一）型水库管理所、排沙河小（一）型水库管理所、挖萨小（一）型水库管理所、会地河小（一）型水库管理所、莱户河小（一）型水库管理所、豆地箐小（一）型水库管理所、平地小（一）型水库管理所、川河河道管理站、那掌小（二）型水库管理所、大旱塘小（二）型水库管理所、大草坝小（二）型水库管理所、大滥箐小（二）型水库管理所。准公益性水管单位4个，分别为川河大沟管理所、胥家营小（二）型水库管理所、老河窝小（二）型水库管理所、小丙月小（二）型水库管理所。纯公益性水管单位，其编制内人员经费（包括社保、医保等费用）纳入财政预算，由同级财政负担，日常公务经费由工程水费提成解决，日常维修养护经费从水利工程维修养护岁修经费中列支，更新改造费用纳入基础建设投资，由计划部门在非经营性资金中安排列支；准公益性水管单位，其承担公益性任务人员（包括离退休人员）经费纳入财政预算，由同级财政负担，日常公务经费由工程水费提成解决，公益性部分工程日常维修养护经费从水利工程维修养护岁修经费中列支，工程改造费用纳入基本建设投资，由计划部门在非经营性资金中安排。经营性部分工程日常维护养护经费在经营性收入中列支，更新改造经费在折旧资金中列支，不足部分由计划部门在非经营性资金中安排。无论是纯公益性水管单位还是准公益性水管单位定编定岗，均按全县事业单位改革方案确定。2006 年 6 月，景东县建成投入使用小（一）型蓄水工程 8 座、引水工程 1 座和防洪工程 1 座，均已完成体制改革。

农村小型水利工程管理体制改革　2009 年 10 月，景东县全面启动农村小型水利工程管理体制改革工作。经调查摸底，全县共有农村小型水利工程 12155 座，经造册登记列入改革 11593 座，全部完成产权界定工作。水利工程建设总投资 26456 万元，资产评估 23748 万元，发放产权证 11593 份，发证率 100%。通过改革，全县农村小型水利工程产权得到明晰，并通过委托管理、用水合作组织管理、自建自管等方式，理顺管理体制。以农户自用为主的水利工程，产权属于农户所有，实行“自建、自有、自管”；非经营性工程，按工程受益范围组建用水合作社组织，产权属用水合作组织所有。列入改革部分水利工程，按照所有权和经营权分离方式确定工程产权。以国家投资为主修建的工程产权属于国家所有，由县政府授权水务局行使出资人权利进行资产处置和监管；以国家、集体和群众共同投资投劳修建的工程，产权属于投资者所有，国家补助部分所形成的资产由县政府委托水务局持股参与经营管理，部分工程采取拍卖或转让个人经营；社会各界资助捐赠所形成的工程资产，按照资助或捐赠者意愿划分产权，不能确定资助捐赠意愿的资产，产权划归工程现有经营者管理。全县批准成立用水户协会 112 个；各用水户协会结合当地实际，分别制订《协会会员会费收支管理办法》《财务管理制度》《投工投劳和集资管理办法》《水利工程管理办法》《供水管理办法》《水费征收管理办法》《水利工程运行和维修养护管理办法》等规章制度。2012 年 10 月，改革工作通过市级验收。

二、水资源费征收

1998 年始，县水务局征收水资源费取水户 23 个，其中，大电 2 户，小电 4 户，工业 11 户，饮用水户 6 户。1998—2003 年，共征收水资源费 47.17 万元。2004—2009 年，改为地税局代收。2009 年 10 月起，又改为水行政主管部门直接征收。2010—2011 年，共征收水资源费 8494.64 万元。2011 年 5 月，施行《景东彝族自治县水资源条例》，水资源费征收纳入依法治水轨道。

第三章　企业经济改革

第一节　流通体制改革

一、商业体制改革

1993年1月1日，撤销县商业局，成立县商业总公司，全民所有制企业，独立核算、自主经营、自负盈亏。2000年4月13日，根据县政府《关于商业总公司改革的有关问题的通知》，总公司作为过渡性机构暂时保留；“按职能定岗位，按岗位定人”原则，保留工作人员5人，其余人员分流到所属公司，已退休5人纳入财政供养范围。2002年12月，商业总公司撤销。

县百货公司　1998年6月1日，根据县政府《关于同意百货五交化公司改制实施方案的批复》，县百货五交化公司改制，重组为股份制企业，国营企业转为集体所有制企业。

县食品公司　1999年1月8日，根据县政府《关于同意食品公司改制实施方案的批复》，县商业总公司食品公司改制，重组为股份合作制企业。改制后，食品公司属无主管企业，独立核算。

安定综合批发公司　2000年5月8日，根据县政府《关于商业总公司四家企业改制为股份合作制企业的批示》，安定批发公司改制，重组为股份合作制公司。

漫湾电站综合服务公司　2000年5月8日，根据县政府《关于商业总公司四家企业改制为股份合作制企业的批示》，漫湾电站综合服务公司改制，重组股份合作制公司。

县饮食服务公司　2000年10月9日，根据县政府《关于商业总公司四家企业改制为股份合作制企业的批示》，按照“先终止、后重组”程序，县饮食服务公司改制，重组为股份合作制企业。国有净资产产权由职工出资购买，职工由新公司接收，所有债权债务转由新企业承担。改制后，不再保留国有职工身份。改制时，在职64人，离退休33人，落实政策抚养3人。2004年，进行第二次改革，改为有限责任公司。

二、粮食流通体制改革

粮食体制改革　1985年1月，中共中央、国务院发出《关于进一步活跃农村经济的十项政策》（简称中央1号文件），明确提出：“从今年起，除个别品种外，国家不再向农民下达农产品统购派购任务，按照不同情况，分别实行合同定购和市场收购。”“粮食、棉花取消统购，改为合同定购……定购以外的粮食可以自由上市。”农产品统购派购制度被打破，成为中国农产品流通体制走向市场化的转折点。1992年10月，景东实行放开粮食市场第一次粮改，“粮油购销价格全面放开一步到位”，粮油实行议购议销。成立县粮油总公司，保留粮食局，实行“两块牌子一套班子”“政企合一”管理形式。1994—1996年，实行粮食购销“两条线”运行改革。1996年1月，根据思茅行署《关于深化粮食改革实行两条线运行的通知》，县粮食局挂靠县经贸委，实行粮食购销“两条线”运行改革。即

“在粮食行政管理部门的统一领导下，粮食经营实行政策性业务和商业性经营两条线运行机制，业务、机构、人员彻底分开”。1997—1998 年，“四分开一完善”改革（即“三项政策一项改革”）。1997 年 1 月，经县委县政府批准，粮食系统实行“两条线”运行。全县粮食系统 17 个政策性单位 281 人，承担掌握粮源、吞吐调节、稳定市场、救灾等政策性经营任务，所需费用按财政隶属关系分别由中央和地方财政补贴；5 个商业性单位 112 人，主要承担粮食零售业务，实行独立核算，自主经营，自负盈亏，照章纳税。1998 年 5 月，国务院召开全国粮改会议，明确提出“四分开一完善”（实行政企分开、中央与地方责任分开、储备与经营分开、新老财务账目分开，完善粮食价格）机制，更好地保护农民生产积极性和消费者利益，真正建立起适应社会主义市场经济要求，符合中国国情的粮食流通体制。1998 年 11 月，景东粮油总公司分设为粮食购销公司和粮油工贸有限责任公司。

粮食企业改革　2003—2005 年，根据国务院《关于进一步深化粮食流通体制改革的意见》、国家计委等八部委《关于加快国有粮食购销企业改革和发展意见的通知》、国家发改委和国家粮食局等五部门《关于进一步深化粮食购销企业改革的指导意见的通知》，以及省市政府粮食流通体制改革会议精神，开展粮食企业改革。

自 2003 年 12 月起，粮油工贸有限责任公司按照“处置资产、安置职工、关闭企业”改革模式，启动改革。2004 年 3 月，粮油工贸公司在职职工 126 人，按政策领取安置费，与企业解除劳动关系；离退休 42 人，按政策全部剥离；另有抚恤人员 6 人，作妥善安置，公司债务作承转处理，各项社会事务关系逐步理顺。3 月 31 日，公司如期关闭。

2004 年 11 月，结合企业实际，按照“处置资产、安置职工、解除劳动关系、剥离债务、转换企业经营机制”改革模式，粮食购销公司启动改革。2005 年 6 月，全公司在职职工 238 人，按政策领取安置费，与企业解除劳动关系；退休 130 人和离休 2 人，按政策全部剥离；另有抚恤人员 57 人和落实政策（精简下放）人员 21 人，作妥善安置。实现企业经营机制转换，职工身份全员置换。

2004—2011 年 7 月、2005 年 6 月粮食企业改革后，景东县根据 2004 年 5 月国务院《粮食流通管理条例》（国务院 407 号令）及《粮食收购审核管理暂行办法》《粮食流通监督检查暂行办法》《粮食质量监管实施办法》等法律法规，开展社会粮食流通统计、社会粮食流通市场监督检查、储备粮管理，理顺管理机制。县粮食购销公司主营县级储备粮代管、军粮和救灾救济粮代供等业务。2011 年 8 月，粮食局职责及“人、财、物”一同并入县发改局，设立粮油管理股履行粮食管理工作职责。

1978—2011 年景东县粮食（贸易粮）购销情况统计表

表 6-3-1　　　　单位：万千克

年度	粮食征购数量			粮食销售数量		
	征粮	购粮	合计	城镇、市场销售	农村销售	合计
1978	449.4	808.0	1257.4	404.4	293.4	697.8
1979	239.2	503.9	743.1	388.3	437.1	825.4
1980	250.3	609.5	859.8	381.0	295.2	676.2
1981	220.8	674.7	895.5	416.3	437.7	854.0
1982	287.2	716.8	1004.0	501.7	464.8	966.5
1983	322.9	1129.6	1452.5	480.8	710.1	1190.9
1984	396.8	1580.9	1977.7	546.2	166.3	712.5
1985	260.6	250.0	510.6	394.4	97.7	492.1

续表 6-3-1

<table>
<tr><th rowspan="2">年度</th><th colspan="3">粮食征购数量</th><th colspan="3">粮食销售数量</th></tr>
<tr><th>征粮</th><th>购粮</th><th>合计</th><th>城镇、市场销售</th><th>农村销售</th><th>合计</th></tr>
<tr><td>1986</td><td>329.4</td><td>1296.0</td><td>1625.4</td><td>434.3</td><td>275.4</td><td>709.7</td></tr>
<tr><td>1987</td><td>419.6</td><td>1241.5</td><td>1661.1</td><td>473.5</td><td>220.7</td><td>694.2</td></tr>
<tr><td>1988</td><td>434.6</td><td>1658.5</td><td>2093.1</td><td>491.1</td><td>264.9</td><td>756.0</td></tr>
<tr><td>1989</td><td>428.3</td><td>1920.0</td><td>2348.3</td><td>490.9</td><td>215.0</td><td>705.9</td></tr>
<tr><td>1990</td><td>356.9</td><td>1410.0</td><td>1766.9</td><td>491.2</td><td>215.7</td><td>706.9</td></tr>
<tr><td>1991</td><td>427.1</td><td>1226.0</td><td>1653.1</td><td>617.2</td><td>652.3</td><td>1269.5</td></tr>
<tr><td>1992</td><td>210.0</td><td>2061.1</td><td>2271.1</td><td>691.6</td><td>625.0</td><td>1316.6</td></tr>
<tr><td>1993</td><td>66.2</td><td>2181.6</td><td>2247.8</td><td>1192.7</td><td>844.4</td><td>2037.1</td></tr>
<tr><td>1994</td><td>224.0</td><td>556.2</td><td>780.2</td><td>353.8</td><td>176.2</td><td>530.0</td></tr>
<tr><td>1995</td><td>311.1</td><td>774.6</td><td>1085.7</td><td>486.2</td><td>136.9</td><td>623.1</td></tr>
<tr><td>1996</td><td>302.7</td><td>1044.4</td><td>1347.1</td><td>441.3</td><td>691.8</td><td>1133.1</td></tr>
<tr><td>1997</td><td>192.9</td><td>619.0</td><td>811.9</td><td>469.5</td><td>—</td><td>469.5</td></tr>
<tr><td>1998</td><td>186.4</td><td>380.3</td><td>566.7</td><td>238.9</td><td>109.9</td><td>348.8</td></tr>
<tr><td>1999</td><td rowspan="7">公粮折征</td><td>416.4</td><td>416.4</td><td>177.7</td><td>—</td><td>177.7</td></tr>
<tr><td>2000</td><td>781.6</td><td>781.6</td><td>693.7</td><td>—</td><td>693.7</td></tr>
<tr><td>2001</td><td>46.7</td><td>46.7</td><td>562.7</td><td>—</td><td>562.7</td></tr>
<tr><td>2002</td><td>403.1</td><td>403.1</td><td>209.8</td><td>—</td><td>209.8</td></tr>
<tr><td>2003</td><td>400.7</td><td>400.7</td><td>779.8</td><td>263.5</td><td>1043.3</td></tr>
<tr><td>2004</td><td>—</td><td>—</td><td>338.2</td><td>212.6</td><td>550.8</td></tr>
<tr><td>2005</td><td colspan="5" rowspan="7">2002—2004 年退耕还林补助粮和 2003 年陈化粮销售完毕。2005 年国有粮食企业改革改制结束后，粮食购销公司除轮换县级储备粮外，仅入市收购数量很少的商品粮，用作救灾救济粮和军粮代供</td></tr>
<tr><td>2006</td><td rowspan="6">2006 年 1 月起取消农业税</td></tr>
<tr><td>2007</td></tr>
<tr><td>2008</td></tr>
<tr><td>2009</td></tr>
<tr><td>2010</td></tr>
<tr><td>2011</td></tr>
</table>

三、供销体制改革

1983 年 3 月，景东县委发出《关于加快供销社系统体制改革的意见》。改革内容：(1) 恢复供销社“三性”(组织上的群众性、管理上的民主性、经营上的灵活性)。搞好清股、分红、扩大股金，召开社员代表大会，制定新社章，民主选举理事会、监事会。(2) 发展各种形式的联营。通过联营把双方结成利益与共的经济联盟，逐步把供销社办成供销、加工、储藏、运输、技术等综合服务中心。(3) 成立县联社。县联社在当地党委政府领导下，办成基层社的经济联合体。(4) 逐步改革劳动人事制度。(5) 全面推行经营承包责任制。景东县根据各基层社情况分两批推进，第一批为安定、文龙、锦屏、文井、者后、花山、大街、太忠 8 个基层社，第二批为龙街、保甸、林街、景福、曼等、永秀 6 个基层社。同年，根据全国农村供销合作社提出的五点要求总结验收。

截至1997年，全县供销合作社系统主要为集体经营。1997年后，随着社会主义市场经济发展，供销合作社体制机制不再适应市场经营发展需要。为转变经营机制，实施“第一轮职工承包经营改革”，实行按劳取酬。1998年，实施“第二轮职工承包经营改革”，所有商品折价25%出售给职工个人，职工自主经营，多劳多得。2003年，按照国家总社“四项改造”（以参与农业产业化经营改造基层社，以实行产权多元化改造社有企业，以实现社企分开、开放办社改造联合社，以发展现代经营方式改造经营网络）要求，根据省政府《关于加快供销合作社改革的意见》、县政府《关于进一步推进全县供销系统改革的批复》文件，全县供销系统实施改革改制工作，全面推行“职工转身份、企业转机制、联社转职能”体制改革。以自费改革方式，完成13个基层供销社、6个县直公司改革改制，改革改制面100%。利用资产作价或现金补偿安置职工465人，经济补偿850万元，与企业终止劳动合同的职工90%以上实现再就业。改革改制后，供销社系统有基层供销社13个、直属公司5个、干部职工66人。2009年，根据省委省政府、县委县政府有关深化改革，推进供销合作社“二次创业”的文件精神，赋予供销合作社建设“乡村流通工程”职能职责，实施“二次创业”。

四、物资体制改革

1993年3月20日，根据县委县政府《关于县直属机构改革的决定》，物资局改称县物资公司，下设金属建材、机电2个门市部。1998年12月15日至1999年3月，按照“先终止、后重组”程序，县物资公司改制，重组为股份合作制企业。历任董事长：陈东、吴学波。2005年3月，县物资公司再次改制，自然人肖裕长以397万元价格获得公司股权，集体企业转变为私营企业。

五、药品购销体制改革

1954年6月，县医药公司成立。1990年后，公司年均销售额320万元，经营状况一般，显露亏损迹象。1997年，企业改制，重组为股份合作制企业（民营企业），成为景东县第一个改制企业。2004年，第二次改革，改称有限责任公司，董事会由4个股东组成；职工26人，退休9人。2011年，内设行政部、质管部、零售部、财务部、仓储部，下设药品零售分支机构7个；年均销售额800万元，职工40人，其中药学人员占32%。

六、石油体制改革

1980年，石油站改称石油公司，隶属县商业局。1985年，隶属思茅地区石油公司，由县商业局代管，县级单位。1998年6月28日，划归中国石油化工集团公司，改称中国石油化工股份有限公司云南石油总公司景东公司，隶属思茅石油公司；经理：孙林。2000年8月，为降低费用，减少管理层次，云南石油分公司将玉溪、思茅、版纳三地州石油公司合并，重组为中国石化集团云南玉溪石油分公司，县石油公司改称中石化普洱石油分公司景东石油分公司；景东、景谷、镇沅三县公司隶属景谷管理中心，负责人：冯周琼。2008年，重设机构，改称中石化普洱石油分公司景东石油支公司；因销售板块改革重组，更名为中国石化销售有限公司云南普洱景东石油分公司，隶属中国石化销售有限公司云南普洱石油分公司，负责人：马雯。2011年，所属加油站4座，其中，营业3座，歇业1座。设经理1人，综合管理员1人，委派会计1人；在册职工42人，其中，离退休9人，内部退养1人，劳务派人员31人（含转换工12人），留守1人。公司党支部隶属普洱石油分公司党委，下设党小组1个，党员7人。

第二节　乡镇企业改革

1997年后，景东县乡镇企业持续稳定、健康发展。1997年，农业部发出《关于进一步深化乡镇企业改革的意见》，要求从转变增长方式入手，稳步推进乡镇企业产权制度改革。1999年1月，县委县政府作出《关于进一步促进乡镇企业发展的决定》，乡镇企业产权制度改革步伐加快。2004年末，全县完成产权制度改革集体企业6个，乡镇企业数量从1996年的6928个削减到4979个。

2005年始，继续深化乡镇企业产权制度改革，完善各项规章制度。乡镇企业持续、快速、健康发展，个体、私营企业迅速增长，企业实力明显增强。2011年末，全县有乡镇企业6116个，比1979年增加24.81倍；从业人员13940人，比1979年增加1.68倍；总收入51400万元，比1979年增加268.11倍。

第三节　电力体制改革

1984年，电力体制改革，电力发供分开，设菊河电厂与电力公司。1982年3月，工交局属菊河电站划归水电局主管。1987年1月，为理顺工作关系，解决发供矛盾，更利于发展生产和经营管理，县委县政府决定将菊河电厂与电力公司合并，成立县电力公司，实行统一核算，为国有电力企业。1988年始，实行承包经营责任制，调动职工积极性。在第一轮三年承包经营期，经济效益取得历史最好水平。2004年，地方电力改革。由云南省电力集团有限公司和县政府共同出资，组建县供电有限责任公司。其中，云南省电力集团有限公司控股51%，县政府控股49%。2005年12月，上划为云南电网公司全资子公司，更名为景东供电有限公司，注册资本金924.13万元。2009年3月，景东县最后一个电管所——永秀电管所划归景东供电有限公司，景东电网实现全县“一张网”。同年，按照“两乡镇一所”模式调整乡镇供电所，共设置供电所8个，即锦屏供电所（供锦屏镇辖区）、文井供电所（供文井辖区）、太忠供电所（供太忠、龙街辖区）、花山供电所（供大街、花山辖区镇）、景福供电所（供景福、曼等辖区）、安定供电所（供安定、文龙辖区）、漫湾供电所（供漫湾辖区）、大朝山供电所（供东镇辖区）。

第四章　社会保障体制改革

第一节　养老保险

一、城镇职工养老保险

1987 年，执行省政府《关于国营企业职工退休费用实行社会统筹的通知》，开展国营企业职工退休养老保险业务。参保 252 人，计收 4.7 万元。1988 年，执行省厅文件，开展合同制工养老保险业务。参保 335 人，计收 57 万元。1989 年始，征收集体所有制企业劳动合同制工人退休养老金。1993 年，执行国务院《关于企业离退休人员增加离退休金的通知》、省政府《关于适当调整企业离退休职工待遇的通知》文件，调整企业离退休职工待遇。

1987—2011 年景东县城镇职工基本养老保险金筹集与支付情况统计表

表 6-4-1　　　　单位：人、万元

年度	参保人数	缴费人数	离退休人数	收入	支付	年度	参保人数	缴费人数	离退休人数	收入	支付
1987	252	—	—	4.7	—	2000	5157	—	1995	1000	1005
1988	3723	—	—	57	49	2001	5196	—	1966	720	1090
1989	—	—	—	—	—	2002	—	—	—	—	—
1990	4027	—	—	12.5	137	2003	5216	3946	2059	961	1325
1991	4123	—	—	17	181	2004	5328	3496	2093	1061	1377
1992	4511	—	—	241	226	2005	5248	3596	2136	1019	1586
1993	4616	—	—	291	269	2006	4543	4098	2154	1034	1841
1994	4516	—	1368	493	385	2007	4777	4006	2209	1437	2120
1995	5371	—	1588	682	562	2008	5222	4752	2274	1564	2520
1996	5233	—	1629	742	737	2009	5758	4885	2383	2286	2891
1997	5580	—	1702	775	742	2010	6783	5811	3386	5851	3617
1998	4930	—	1804	818	841	2011	7274	6163	3551	3192	4638
1999	4932	—	1885	732	918	—	—	—	—	—	—

二、农村养老保险

1995 年 8 月，思茅地区行署首次召开农村养老保险（简称农保）工作会议。1996 年，景东县农保工作启动。同年 8 月，设立农保工作管理委员会，主任由分管民政的副县长兼任，副主任由民政局长、县政府办主任兼任，委员由相关部门负责人组成；各乡镇相应设立机构，各村（办）设立代办点，由文书兼任代办员。全县先后召开各级干部会议 188 次，印发宣传资料 2300 份，电视专题宣传 35 场（次），张贴标语 788 条、办黑板报 104 期；县政府出台《景东县农村社会养老保险暂行办法》，坚持自愿投保，以个人交费为主，集体补助为辅，成熟一户、登记一户，成熟一人、登记一人。1996 年 12 月，全县各乡镇参保村（办）81 个、5040 人，收取保险金 168.2 万元。1997 年，县政府发出《关于进一步加强农村社会养老保险工作的通知》，强调解放思想，更新观念，深化认识，加大力度推动农保工作；当年，参保合作社 1952 个、7257 户 10599 人，投保 385.69 万元。1998 年，参保 1544 人，投保 44.46 万元，首批 14 人按月领取养老金 7464 元。1999 年，增投 135 户、206 人，收取 12.46 万元，22 人领取 1.38 万元。2000 年 1 月，由于农保工作机构归属问题尚未理顺，加之金融市场波动较大，县农保工作管理委员会决定暂缓收取投保基金。当年，28 人领取 1.45 万元，年满 60 岁辞世 57 人、退保 2.46 万元。

全县农村社会养老保险工作会议（李廷新　摄于 1996 年 9 月）

2002 年，省劳动厅下发《关于农村养老保险工作职能移交劳动部门的通知》。2003 年 12 月，农保工作职责移交县人事和劳动社会保障局。在历次借贷过程中，县政府分管领导未严格审核借贷人资质，导致资金流失 410.42 万元；通过审计，县委县政府发出《关于 2006 年农村社会养老保险基金审计情况报告》，决定从 2008 年始，县财政每年安排资金逐年偿还，其中，2009 年偿还 100 万元，2010 年偿还 50 万元。县劳动部门接手后，设立农村养老保险管理所，并对参保对象更换新证。2009 年，全县参保 14397 人，收取养老保险金 497 万元；达到领取条件 648 人，发放 7.9 万元。2010 年，参保 14397 人，收取养老保险金 500.01 万元；达到领取条件 734 人，其中年内达到领取条件 99 人，发放 39.6 万元。2011 年，参保 14397 人，达到领取条件 816 人，其中年内达到领取条件 57 人，发放 28.61 万元。

第二节　失业保险

1986 年 7 月 12 日，国务院颁布改革劳动制度“四个规定”（《国营企业实行劳动合同制暂行规定》《国营企业招用工人暂行规定》《国营企业辞退违纪职工暂行规定》和《国营企业职工待业保险暂行规定》）。同年 10 月 1 日，建立国营企业职工待业保险制度，待业保险金按职工工资总额的 1% 扣缴。1988 年初，景东县开始执行待业保险制度。

1993 年 4 月，执行国务院《国有企业职工待业保险规定》。党的十四届三中全会通过《中共中央建立社会主义市场经济体制若干问题的决定》，“失业”一词正式成为党政机关文件可用规范用语，待业称失业，待业保险称失业保险。1994 年，省政府出台《失业保险令》。1999 年 1 月，国务院颁布《失业保险条例》和《社会保险费征缴暂行条例》，规范失业保险基金征缴工作。2006 年，省政府出台《失业保险条例》，调整失业保险覆盖范围、缴费比例、基金管理和使用等标准。同时，执行市政府《关于全面启动事业单位参加失业保险的通知》、县政府《关于全面启动事业单位参加失业保险的通知》文件，全面启动事业单位失业保险参保工作。

1988—2011 年景东县失业保险金筹集与支付情况统计表

表 6-4-2

年度	参保单位（个）	参保职工（人）	应征待业保金（万元）	实缴待业保金（万元）	失业职工（人）	支付失业保险金（万元）
1988	100	2350	—	1.97	—	—
1989	98	2472	—	2.04	—	—
1990	105	3453	—	2.81	—	—
1991	102	2746	—	3.65	—	—
1992	90	3404	—	4.03	—	—
1993	99	3925	—	4.71	—	—
1994	75	3460	—	5.56	—	—
1995	75	3794	—	12.82	—	—
1996	175	3998	—	21.63	—	—
1997	162	4051	—	20.56	—	—
1998	170	3524	—	26.7	—	—
1999	180	3846	—	57.59	—	—
2000	195	3689	—	57.00	—	—
2001	190	3554	—	45.00	—	—
2002	193	3450	—	50.09	—	—
2003	—	3858	—	77.90	360	72.00
2004	63	2976	—	100.70	976	104.25
2005	74	2482	—	85.68	1145	237.22
2006	212	7393	24483	190.73	941	281.73
2007	219	8265	352	422.65	572	150.08
2008	247	8407	381	538.19	—	70.25
2009	216	8060	252	283.96	—	81.15
2010	—	8282	346	360.79	—	—
2011	—	8961	628	657.52	1702	89.70

第三节　工伤保险

1998 年，执行《〈景东县企业职工工伤保险实施办法〉的补充通知》文件，实施企业职工工伤保险；参保 3865 人，计收工伤保险费 20 万元，支付工伤保险 9.5 万元。2011 年，参保 5237 人，计收 85 万元，支付保费 74 万元。

1998—2011 年景东县企业职工工伤保险金筹集与支付情况统计表

表 6-4-3

单位：人、万元

年度	参保人数	保险金收入	保险金支出	年度	参保人数	保险金收入	保险金支出
1998	3865	20	9.5	2005	2249	17	13.5
1999	3788	17	8	2006	2068	10	9.5
2000	3667	26	13.3	2007	2541	37	6
2001	3644	19	16	2008	3146	58	34
2002	—	—	—	2009	3428	65	20
2003	3183	16.9	17.5	2010	3965	66	29
2004	2517	24.7	12.4	2011	5237	85	74

第四节　生育保险

1993 年，开展农村独生子女结扎户养老保险，资金由县乡两级财政承担。参保 205 户，保额 1200 元/户（夫妻各 600 元）。1999 年，执行《景东彝族自治县企业职工生育保险暂行办法》，开展企业职工生育保险。参保 3795 人，计收保险金 13.2 万元，支付保险金 9 万元。2010 年 8 月，开展计划生育家庭意外伤害保险工作。投保 17807 户 64344 人，计缴保额 56 万元。2011 年，全县完成企业生育保险参保 2249 人，计收保险金 78 万元，支付保费 77 万元。

1999—2011 年景东县企业职工生育保险金筹集与支付情况统计表

表 6-4-4

单位：人、万元

年度	参保人数	保费收入	保费支出	年度	参保人数	保费收入	保费支出
1999	3795	13.2	9	2006	1811	20	10
2000	3667	15.8	7.5	2007	1955	27	8
2001	3644	21	23.4	2008	2542	56	20
2002	—	—	—	2009	2738	64	33
2003	3183	37	24.8	2010	3077	69	46
2004	2517	21.4	24.8	2011	4429	78	77
2005	2160	18	13	—	—	—	—

第五节　医疗保险

一、城镇职工

2001 年 10 月，景东县医疗保险基金管理中心成立，驻北川路河东街大桥旁。根据国务院《关于建立城镇职工基本医疗保险制度的决定》《云南省城镇职工基本医疗保险暂行规定》《思茅地区城镇职工基本医疗保险实施办法》，县政府出台《景东县城镇职工基本医疗保险实施办法》（简称《办法》），并于县十三届人大常委会第三十四次会议审议通过。《办法》规定：城镇职工基本医疗保险费由用人单位和个人缴纳，以上年度思茅地区、普洱市社会平均工资为缴费基数，缴费费率分别为：2002 年 10 月至 2004 年 3 月的 7%（单位 5%、个人 2%），2004 年 4 月至 2010 年 3 月为 8%（单位 6%、个人 2%），2010 年 4 月至 2012 年 3 月为 10%（单位 8%、个人 2%）；灵活就业人员由个人缴纳。基金由统筹基金和个人账户基金组成，个人缴费全部记入个人账户，单位缴费按年龄段分配比例记入个人账户。个人账户基金实行定向使用，用于定点医院门诊看病治疗、定点药店购药及统筹基金起付标准以下住院医疗费用个人自付部分；统筹基金按规定用于支付职工住院医疗费、门诊紧急抢救医疗费用和经批准纳入统筹基金支付范围特殊疾病、慢性疾病门诊费用。实行“两定”（定点医疗机构、定点零售药店）审批制度，经审核批准“两定”医疗机构 19 个、零售药店 46 个；“两定”服务机构监督管理实行签订服务协议、日常稽核检查及年终考核方式进行。2010 年 4 月 1 日始，实行普洱市城镇职工基本医疗保险市级统筹。全市统一缴费比例，职工达到规定条件退休不再缴纳基本医疗保险费。

二、城镇居民

2008 年，普洱市被列为全国第二批、云南省七州市城镇居民医疗保险试点城市之一。2008 年1 月 6 日，市政府颁布《普洱市城镇居民基本医疗保险暂行办法》，并出台配套文件。城镇居民基本医疗保险统一政策，市级统筹，四级财政补助，县级经办。按照“低标准、广覆盖、保大病、逐步提高保障水平”原则，建立统筹基金，重点保障住院和门诊特殊疾病，除城镇职工基本医疗保险制度规定人员外，覆盖学生、少年儿童和其他非从业居民。2008 年 6 月 1 日，景东县城镇职工基本医疗保险正式启动。至 2012 年末，参保 1.13 万人，基本做到应保尽保。城镇居民医疗待遇“两个提高”：（1）筹集标准提高。成年人 2008 年 200 元/人、2009 年 220 元/人、2010 年 240 元/人、2011 年 312 元/人；学生少年儿童 2008 年 80 元/人、2009 年 100 元/人、2010 年 120 元/人、2011 年 192 元/人。（2）政策范围内住院报销比例提高。按定点医院一二三类别，住院报销比例 2008 年至 2009 年 5 月成年人三类 60%、二类 50%、一类 40%，学生少年儿童三类 70%、二类 60%、一类 50%；2009 年 6—12 月成年人三类 65%、二类 55%、一类 45%，学生少年儿童三类 75%、二类 65%、一类 55%；2010 年 1—12 月成年人三类 75%、二类 65%、一类 55%，学生少年儿童三类 85%、二类 75%、一类 65%。2011 年 1 月始，按人群和医院类别调整报销比例，所有参保居民三类 85%、二类 75%、一类 65%。

城镇职工医疗保险证
（罗海垠 摄）

第六节 城镇大病补充医疗保险

一、城镇职工

自 2002 年 10 月 1 日始，景东县实行职工大病补充医疗保险制度。医保政策规定，参加城镇职工基本医疗保险人员必须参加城镇职工大病补充医疗保险，参保单位按上年度普洱市社会平均工资 1% 缴纳，个人缴纳 36 元。运作方式为引入商业保险公司，通过购买服务实现大病保险及时理赔。超过基本医疗保险支付限额以上的医疗费用由大病补充医疗保险基金支付 90%，个人承担 10%；职工大病最高支付限额 2007 年底前为 12 万元，2008 年 1 月 1 日起提高到 15 万元。

二、城镇居民

自2011年1月1日始，执行《普洱市城镇居民大病补充医疗保险实施办法》，城镇居民大病补充医疗保险正式启动。按照市级统筹、属地管理、统一政策、统一待遇支付标准、统一基金管理使用方法，运作方式为引入商业保险公司，通过购买服务实现大病保险及时理赔。超过基本医疗保险支付限额以上的医疗费用，由大病补充医疗保险基金支付70%，居民大病最高支付限额6万元。

第七节　城镇特慢病门诊统筹补助

一、城镇职工

自2002年始，实行城镇职工基本医疗保险特殊病、慢性病门诊统筹补助政策。慢性病门诊统筹补助病种7种，特殊病病种5种。2010年，慢性病门诊统筹补助病种增至26种，特殊病病种增至6种；取消启动特、慢病门诊统筹补助起付线，补助标准增至每年500元/人。

二、城镇居民

自2008年始，实行城镇居民基本医疗保险特慢病门诊统筹补助政策，特慢病门诊统筹补助病种7种。2011年，补助病种增至8种。统筹报销比例二三级定点医院分别为75%和65%。

第八节　新型农村合作医疗

农村合作医疗始于1969年。县革委参照外地经验，招聘民间中草药医生为“赤脚医生”，在全县公社各大队成立合作医疗站；参合人员每人缴纳0.5~1.0元启动资金，农村社员看病吃药不要钱，医务人员评工记分参与集体分配。后来，由于缺乏财力而流产。为解决社员看病难问题，合作医疗改为大队卫生室，医疗费用自理。

2003年8月，在者后乡新会村试行新型农村合作医疗（简称新农合）。乡村两级成立领导小组，制订实施方案，医疗基金坚持农民自愿缴纳、集体扶持、政府资助原则。每位参合农民每年缴纳10元、政府补助20元；合作医疗只针对住院医疗费，不负责门诊医疗费。住院治疗费报销比率分别为本乡卫生院50%、县级医院40%、省市医院30%。2004年末，全村参合500余人，占村人口的50%。2005年，全村参合388人，合作医疗收入1.34万元，其中县财政拨入1万元；住院报销21人，支出医疗费1.51万元。

参加新农合的村民在看门诊（县委党史办提供　摄于2008年10月）

2006年，县新农合管委会成立。由县长任主任，分管副县长任常务副主任，县政府办、县发展和改革局、民政局、财政局、人事和社会保障局、扶贫办、人口和计划生育局、残联等部门主要领导和参合农民代表为成员，负责全县新农合工作。同年 11 月，在卫生局设立县新农合管理办公室，卫生局长兼任主任，成员从乡镇医疗机构借调 5 人组成，内设医疗审核、财务、信息统计部门。12 月4 日，县委县政府召开全县合作医疗制度实施工作启动会议，派出 1000 余人驻村入户宣传政策，收缴合作医疗资金。2007 年 1 月，省政府批准景东县全面实施新农合。全县全年参合 24. 66 万人，其中民政部门全额帮助绝对贫困农民参合 3. 81 万人，参合率 75. 52%。当年 11 月，全县新农合补偿 30. 8 万人次，其中，门诊 30. 6 万人次，住院 7366 人次；门诊费住院费减免补偿 541. 46 万元，其中，门诊 145. 92 万元，住院 395. 55 万元。2008 年，启用自制模块审核结算，登记表电子录入。2009 年，建立新农合管理信息系统。配设乡镇信息系统管理人员，健全参合人员信息和新农合转诊档案。2010 年，实行新农合信息系统“费用大项”录入结算。乡村两级门诊处方信息按新农合系统录入，当月审查上报。同年 4 月，开通省市定点医疗机构即时结报系统。

2007—2011 年景东县新农合基金筹集及支出情况统计表

表 6-4-5

年度			2007	2008	2009	2010	2011
参合人数（人）			246618	258768	288731	295083	295807
参合率（%）			75. 52	79. 05	94. 70	96. 23	95. 56
基金筹集	上年结余（万元）		—	237. 81	403. 51	344. 28	930. 69
	中央财政配套（万元）		483. 28	996. 00	1203. 99	1770. 27	3668. 00
	省财政配套（万元）		493. 27	1035. 07	1154. 92	1770. 50	2248. 00
	个人缴费（万元）		233. 20	220. 68	499. 29	511. 19	768. 48
	医疗救助（万元）		13. 42	38. 09	78. 17	78. 97	118. 94
	利息收入（万元）		2. 18	4. 34	4. 99	7. 27	38. 11
	合计（万元）		1225. 32	2531. 99	3344. 87	4482. 48	7772. 22
基金支出	门诊支出	补偿人次（人次）	343961	546195	716541	721217	675055
		补偿资金（万元）	167. 41	500. 20	782. 29	860. 41	1033. 26
		人均补偿（元）	4. 87	9. 16	10. 92	11. 93	15. 31
	住院支出	补偿人次（人次）	8468	12606	18070	21474	24694
基金支出	住院支出	补偿资金（万元）	820. 10	1583. 14	2163. 43	2623. 42	3887. 51
		人均补偿（元）	967. 02	1266. 86	1197. 25	1221. 67	1523. 42
	住院分娩	补偿人次（人次）	—	1295	1372	1699	1875
		补偿资金（万元）	—	45. 14	54. 88	67. 96	90. 06
		人均补偿（元）	—	348. 59	400. 00	400. 00	480. 30
	合计	补偿人次（人次）	352429	558801	735983	744390	701624
		补偿资金（万元）	987. 51	2128. 48	3000. 59	3551. 79	5010. 82
		人均补偿（元）	80. 59	92. 78	102. 01	85. 83	73. 24

第五章　综合体制改革

第一节　财政体制改革

一、财政包干

1978 年，国家试行财政管理体制改革。景东县仍执行“收支挂钩，总额分成”财政管理体制，将地方税收划为地方固定收入，原则上全部列入县级预算，不参与总额分成；国营企业财务管理试行企业基金制度。1979 年，景东国营企业试行利润留成制度。国营县办工业利润留成，县划出 67%列为预算外收入，33%纳入预算管理。企业亏损数额，企业负担 20%，80%纳入预算管理。

1980—1984 年，景东县除实行“划分收支、分级包干”财政管理体制外，还享受少数民族地区特殊照顾，每年递增 10%。划归县财政收入：(1) 地方固定收入。包括地方所属国营企业收入、农业税、工商所得税、地方税和其他收入。(2) 调剂收入。主要是工商税收入。行政事业单位财务制度作相应改革，试行“预算包干”办法，年度预算核定经费全部归单位掌握使用，年终结余留用，超支不补。1984 年，景东县开始组建乡镇级财政，15 个乡镇财政所成立。乡镇财政收入有农业税、屠宰税、茶叶农特税、契税和工商零星收入，支出有乡干部工资和乡政府办公经费。财政所执行报账制，县对乡镇财政实行“收支挂钩，差额补助”财政管理体制。

1985—1987 年，实行“划分税种、核定收支、分级包干”财政体制，基本上按照“利改税”第二步改革后税种设置，按隶属关系划分中央财政收支和地方财政收支，根据地方收支基数，计算确定地方收入分成比例和上解、补助数额，一定五年不变。1985 年，乡镇实行“定收定支，收支挂钩，超收留用，减收不补”财政管理办法。思茅行署财政局核定景东收入基数 612. 2 万元，支出基数 860. 7 万元，超支的 248. 5 万元由省定额补助，并逐年以 10%递增率给予补助。

1988—1990 年，执行“定额补助”包干办法。1991 年，实行复式预算。配套措施：“利税分流”试点，完善承包经营责任制，进一步放宽政策，增强大中型企业活力。“利税分流”，将国有企业所得税率由 55%降为 33%，税后利润实行税后承包或按资分利；承包到期企业，进行第一轮承包，部分国有大中型企业机器设备实行加速折旧，允许部分国有企业增提技术开发费，允许国有企业实行按销售收入的 1%提取补充流动资金。1992 年，乡镇财政管理体制调整为“核定收支，收支挂钩，顺差上解，逆差定补，超收分成，短收超支自理，节支留用”。

二、分税制

1994 年，全国统一实行分税制财政体制。景东县执行云南省过渡期“分税制”财政管理体制，“分税制”与原体制并用运行。1995—1996 年，中央对地方财力薄弱地区实施一般性转移支付。景东县属享受转移支付县之一，仍执行云南省过渡期“分税制”财政管理体制。15 个乡镇推行“零户统管”管理办法。1997 年，云南省地州县财政管理体制基本原则为“重机制建设，促财源培养，保预算平衡”。主要特点：原上交地区，原则上保 1995 年地方既得利益；原补助地区，在 1995 年定额补助基础上，根据公务员正常晋级等个人增资因素适当增加定额补助。简化决算事项，对个别上解项目作小调整。调整内容：按照财权事权相结合原则，下放一部分财力，取消印花税年终解省 30%，取消农业税提价年终解省 40%，城镇土地使用税年终解省 50%改为 30%。增加县级财政定额补助，增加行政事业单位岗位津贴和物价津贴，以及公务员正常晋升工资政策补助。建立财政管理体制配套考核体系，景东县划为云南省“以奖代补”考核二类县。具体考核办法：(1) 当年预算收支平衡，不新增赤字。(2) 县级财政不拖欠工资和上级专款。(3) 以往年度滚存赤字，每年消化 15%。(4) 当年地方财政收入增幅不低于 13%。(5) 当年财政供养人口实际数低于经计算该县标准财政供养人口数。根据上述 (1) (2) (3) 项指标要求，消化历年财政赤字超过 15%按消化赤字额 30%给予奖励，奖励低于 100 万元的，按 100 万元奖励，达不到 (4) (5) 两项指标的，扣除上述奖励总额的 20%，不能实现上述 (1) (2) (3) 项指标的，年终决算一次性扣款 50 万元，出现新增赤字按出现赤字数额 20%在年终决算结账时相应扣款。1997 年，景东县消化历年财政赤字 1037 万元，比上级下达消化财政赤字 977 万元多消化 60 万元。1998 年，执行《云南省地县级财政 1998 年—2000 年“消除赤字平衡预算”以奖代补考核奖励办法》(以下简称《办法》)。消化历年财政赤字 521 万元，净结余 356 万元。实现提前两年完成消化赤字任务，率先成为全省无赤字县，云南省奖励景东县 100 万元。1999 年，按照“依法治税、聚财有度、应收尽收”原则，继续执行“适度从紧”财政政策和《办法》；采取改组、联合、兼并、租赁、承包经营和股份制等形式，推进企业改革。实现县级财政收支平衡，净结余 186 万元，受到省财政表彰奖励。2000 年，国家实施民族地区转移支付政策，景东得到转移支付补助 956 万元。全县全面推行“零基预算”管理体制，实施城镇职工基本医疗保险制度改革。2001 年，实施省对地州市财政管理体制方案，执行《云南省地县财政“收入上台阶考核奖励”暂行办法》。农村税费改革试点工作开始前期摸底调查。2002 年，实施《云南省财政国库管理制度改革试点方案》，建立政府统筹制度，实施“收缴分离”“罚款分离”预算外资金管理办法，将全部罚没收入、行政事业性收费及部分政府性基金纳入部门预算管理，编制综合财政预算。对乡镇实行“定收定支，收支挂钩，超收全留，短收不补，一定三年不变”管理体制。景东得到上级一般性转移支付补助 265 万元。2003 年，全县中小学教师及各行政、各事业单位职工工资由县财政统一发放，并全面开展农村税费改革工作。景东收到一般性转移支付补助 430 万元、民族地区转移支付补助 493 万元、农村税费改革转移支付补助 1064 万元、调整工资转移支付补助 4526 万元。

三、农村税费改革

2004 年，以完善公共财政为目标，完善零基预算编制办法，建立预算项目评审制度，推进财政改革；深化农村税费改革试点工作，全县农民减负率 55. 85%。得到上级转移支付补助 9642 万元。2005 年，按照“核定乡镇财政收支基数，收支挂钩，超收分成”总体要求，制订县对乡镇财政管理体制。主要是核定收入范围划分和基数、一般预算支出基数。景东得到一般性转移支付补助 978 万元、民族地区转移支付补助 671 万元、调整工资转移支付补助 3776 万元、农村税费改革转移支付补助 1114 万元、取消农业特产税降低农业税率转移支付补助 1376 万元。2006 年，执行稳健的财政政策。全县各乡镇实行“乡财县管”和工资统一发放；全面实施国库集中支付制度改革工作，建立以国库单一账户体系为基础、资金缴拨以国库集中收付为主要形式的现代财政管理制度，全县 132 个预算单位全部实行国库集中支付改革。得到上级转移支付补助 26976 万元。2007 年，执行新的市对县财政体制。主要做法：在划分事权基础上划分税种，增值税 25%、农业四税、营业税（除部分税目）等作为地县财政收入，留给地方；兼顾公平、效益原则，省只参与部分地区的超基数分成。乡镇实行

“预算共编、账户统设、集中收付、采购统办、票据统管”的财政管理方式；村级推行资金“村财乡代管”改革，全面实行农民补贴“一折通”。得到上级转移支付补助36291万元。2008年，实施稳健的财政政策。开展村级公益事业建设一事一议财政奖补试点工作，施行“整村推进”产业扶贫政策，全面推进新型农村合作医疗制度，完成工资统发软件升级。得到上级转移支付补助47362万元。2009年，执行《云南省州（市）级和县级政法机关经费保障标准》。全力以赴“保增长、保民生、保稳定”，出台保障性安居工程、新型农村养老保险试点、农村校舍安全工程、森林生态效益补偿等民生政策。得到上级转移支付补助78061万元。2010年，深入推进财税制度改革，优化财政支出结构，促进经济结构调整和发展方式转变，全力保障和改善民生，从严控制一般性支出，深化医药卫生体制、政法经费保障体制等重大改革。得到上级转移支付补助90697万元。2011年，按照《云南省县政府关于印发云南省省级财政追加预算支出审批制度的通知》精神和县区“十二五”财政管理体制，深化部门预算改革，推进国库集中收付制度，完善政府采购制度。实行非税收入“收支两条线”管理，加快金财工程建设步伐，全面推行公务卡制度。得到上级转移支付补助99156万元。

四、财政收支改革

行政事业单位工资统发　自2006年始，实行“编委核编、人事核标、财政核资、银行统发”模式，使用全省普及的工资统发系统软件，行政事业单位人员工资统发。2008年，全面完成软件升级，正式运行预算执行信息系统。

部门预算　自2007年始，试行新的预算编制方法，编制独立完整的部门预算。2009年，全县推行。2010年，强化预算管理，推行综合预算，一般预算、政府性基金、财政专户等资金统一管理、统筹安排。2011年，推进预算编制改革，改进预算编制方法，实行零基预算、部门预算和综合预算，着重压减一般性经费支出，降低行政运行成本。

国库集中支付　自2006年始，国库集中支付改革；2008年，全面实施。建立国库集中支付系统，归并统一账户，计划、资金划拨、账务处理分离，单位有钱不见钱，财政“口袋”彻底透明。2009年，推进国库管理制度改革，配合审计、纪检、监察部门加强工作监督检查，及时查处违反规定案件。2010年，完善国库资金管理，明确财务责任，优化支付流程；运用平台一体化管理信息系统。2011年，完善国库单一账户体系，部门（单位）在履行政府职能过程中衍生的其他各项收入纳入财政专户管理，提升国库集中支付管理水平。

五、政府采购改革

2002年，利用广播、电视和会议广泛宣传《中华人民共和国政府采购法》和《云南省政府采购条例》。2003年8月，县政府采购中心成立，编制4人，办公室设在财政局。景东县采购制度规定：(1) 必须体现制度内含的基本原则，即“三公”(公正、公平、公开) 原则、效率原则和竞争原则。(2) 必须符合县情，具有可操作性。(3) 制度的设计体现政企分开、效率优先、制度科学，能够起到协调全县国民经济各方面的作用。2005年，出台《政府集中采购目录及采购限额标准》，规定单项在3000元以上的项目必须集中采购；公开招标限额分别为货物类20万元以上、服务类30万元以上、工程类50万元以上。2006—2007年，继续推进政府采购改革，执行县政府制定的《政府采购实施细则》和《供应商年检制度》。先后采购行政事业单位微机、工程材料等政府采购项目60次，预算404.7万元，实现合同资金377万元，节约27.7万元，节约率6.85%。2008年，因地制宜，尝试不同采购方法方式。采购金额1733万元，节约167.23万元，节约率8.8%。2009年，完成政府采购2858.19万元，节约187.76万元，综合节约率6.16%。2011年，完成政府采购3113.61万元，节约208.03万元，综合节约率6.26%。

六、其他改革

“金财工程” 2008年，县财政局机关信息中心成立。完善局域网建设，建立国库集中支付等信息系统，实现财税库横向联网；建成视频会议室。2011年，完成机房等硬件建设，财政业务系统软件陆续投入应用。

公务卡制度 2008年，试行公务卡制度。2010年，基本实现“人手一张公务卡”工作目标，全面实行县级预算单位库存现金（备用金）限额管理申报和核定工作，预算单位“用卡”意识普遍提高。2011年，公务卡结算方式普遍推广，财务支出透明度提高。

第二节 税收体制改革

一、工商税改革

1984年前，景东税务局征收税种主要有18个，分别为产品税、增值税、营业税、资源税、国营企业所得税、集体企业所得税、城乡个体工商户所得税、个人收入调节税、国营企业奖金税、集体企业奖金税、事业单位奖金税、城市维护建设税、车船使用税、房产税、城乡土地使用税、屠宰税、印花税、建筑税及能源交通重点建设基金和教育附加费。征收管理方法主要依据政务院、国务院征收条例，遵照上级税务机关通知精神，结合本县税源实际开展税款征收。1983年，工商税改革。将工商税改为产品税、增值税、盐税、营业税，并增设新税目税率。有盈利的国营企业普遍征收所得税，税后利润采取按比例分成办法上缴县财政，实行税利并存。1984年10月1日起，工商所得税改为国营企业所得税和集体企业所得税，完全过渡到以税代利；税后利润归企业使用。

二、分税制改革

1994年4月20日，根据国务院《关于组建国家税务总局在各地的直属税务机构和地方税务局的意见》精神，景东县制订方案，并报思茅地区税务局获得批准。1994年6月19日，税务局机构分设为国家税务局和地方税务局，分设前在职职工111人。其中，分流到国家税务局73人，分流到地方税务局38人。

第三节 金融体制改革

1978年前，实行大一统“银行+农村信用社”模式，人民银行承担各项存款、贷款等银行业务，农村信用社机构以生产大队信用社形式存在。1978年始，人民银行金融体制改革。1979年，试点改革“统存统贷”信贷资金计划管理体制。1979年9月，中国建设银行景东县支行成立。1979年12月，恢复中国农业银行景东县支行。1983年，国务院发布《关于人民银行专门行使中央银行的决定》，确立人民银行性质与地位。1984年1月1日起，采取挂“中国人民银行景东县支行、中国工商银行景东县支行”两块牌子、记两套账过渡办法。1985年1月1日，成立中国工商银行景东县支行，人民银行人员、财产账务划归工商银行，人民银行业务由工商银行代理。1986年5月1日，另行组建中国人民银行景东县支行，专门行使中央银行职能。1993年12月，国务院发布《关于金融体制改革的决定》，明确人民银行制订并实施货币政策和金融监管两大职能。1994年，人民银行转换职能，从侧重资金规模分配和机构审批转到实施统一货币政策和加强对金融业监督管理。1996年，农村信用社与农业银行脱钩，直接接受人民银行监管。1998 年，商业银行和人民银行与所办证券公司、保险公司、信托公司等经济实体脱钩，银行、证券、保险和信托实行分业经营。2004 年，中国银监会思茅分局景东办事处成立，人民银行不再承担银行业金融机构日常监管职能，除继续履行好货币发行、外汇管理、经理国库、支付结算、金融法制建设、调查统计等职能外，增加金融稳定、反洗钱、征信管理三项职能。至 2011 年，全县共有银行类金融机构 5 家，金融机构网点 29 个，金融从业人员 271 人，初步形成以中央银行为领导，多种金融机构并存，实行分业经营、分业监管的现代金融组织体系。

2011 年景东县金融机构及人员情况统计表

表 6-5-1 单位：个、人

机构名称	人民银行	农业银行	农业发展银行	农村信用社	邮政储蓄银行
分支机构数量	1	3	1	21	3
职工数量	16	58	13	172	12

第四节 城镇住房制度改革

1993 年始，深化城镇住房制度改革工作。成立县城镇住房制度改革领导小组，组长由县长担任，副组长由主管副县长担任，小组成员由政府办、城建局、计经委、财政局、物价局、劳动局、税务局、建设银行、农业银行、县总工会等单位负责人组成。领导小组下设办公室在城建局。8 月 26 日，县政府制订出城镇住房制度改革实施方案；9 月 21 日，获思茅行署同意批复。12 月 20 日，县委县政府在人民会堂召开县级机关干部职工住房制度改革动员大会，传达上级房改政策。会议基本内容：（1）把住房建设投资由国家、单位统包的体制改变为国家、单位、个人三者合理负担的体制；（2）把各单位建设、分配、维修、管理住房的体制转变为社会化、专业化运行的体制；（3）把住房实物福利分配的方式转变为按劳分配为主的货币工资分配方式；（4）建立以中低收入家庭为对象，具有社会保障性质的经济适用房供应体系和以高收入家庭为对象的商品房供应体系；（5）建立公积金制度；（6）发展住房金融和住房保险，建立政策性和商业性并存的住房信贷体系；（7）建立规范化房地产交易市场，发展社会化房屋维修、管理市场，逐步实现住房资金投入产出的良性循环，促进房地产业和相关产业的发展。根据该实施方案，首先从提高公有住房租金，收取租赁保证金为切入点，促进职工购买公房。购买公房者，可优先购买房屋 54%产权，购买时一次性付款的，可优惠房价款的 25%，单位仍保留 46%的产权。1994 年，根据国务院、省政府关于城镇住房制度改革有关文件精神，景东县城镇住房改革领导小组再次拟定《景东县深化城镇住房制度改革实施方案》；12 月 19 日，经思茅行署同意，转报省房改领导小组；23 日，省房改领导小组批复："同意一步到位按成本价售房，按规定折扣政策执行。成本价要逐年测定，报省房改领导小组批准后执行"。1995 年 4 月 8 日，根据思茅地区住房制度改革办公室批转的《景东县政府公积金管理办法》《景东县公有住房租金和住房保证金的计算办法》《景东县出售公有住房实施细则》《景东县关于违反房改革政策的处罚暂行规定》《景东县城镇私有住房管理暂行办法》《景东县城镇住房拆迁管理暂行办法》六项改革配套政策，城镇住房制度改革有序推进。1997 年 7 月 1 日，全国取消福利性实物分房，实行住房分配货币化。鉴于建设空间制约，景东住房制度改革局限于原有住房。1999 年，新城区建设启动。县政府决定，凡在新城区建盖的公有住房，本单位条件允许的，经县政府批准同意后，可按 1997 年 7 月 1 日房改政策销售公房。县房改办相继出台《景东县深化城镇住房制度改革加快住房建设的实施方案》《景东县已购公有房和经济适用房住房上市交易实施细则》，县财政局出台《景东县机关事业单位职工住房补贴暂行办法》，城镇住房走上货币化分配。先后出售公有住房2960套20.3万平方米，职工人均住房29.9平方米。

第五节 住房公积金管理

1995年，县政府住房制度改革办公室及县住房公积金管理中心成立，主要负责房改资金和住房公积金归集与管理。2003年6月，机构改革。住房资金管理中心与政府住房制度改革办公室分设，住房资金管理中心职责上划思茅地区住房公积金管理中心，更名为思茅地区住房公积金管理中心景东管理部（简称景东管理部），升格为正科事业单位。截至2011年，全县共有186个单位的8412名职工缴存住房公积金2.03亿元，累计提取5540万元，累计发放贷款1.81亿元。主任：钱江。

1995—2011年景东县住房公积金归集使用表

表6-5-2 单位：万元

年度	归集金额	提取金额	发放贷款	年度	归集金额	提取金额	发放贷款
1995—2002	3396	—	—	2007	1922	366	2614
2003	940	25	1238	2008	1996	327	2517
2004	1130	599	2445	2009	2851	1056	2312
2005	1216	311	2101	2010	5094	1064	2520
2006	1447	266	2895	2011	5844	1526	3618

第六节 人事劳动制度改革

一、劳动合同制

1983年，中共十二大提出改革用工制度，试行劳动合同制，在新招用工人中试行。同年，省劳动局颁布《关于全民所有制单位推行合同工制度的试行办法》，并发出《关于试行合同工制度的通知》，要求全民所有制企业、事业单位在招工中要尽量招合同工，极少数特殊工种才可以招固定工。劳动合同工制度的推行，可以根据生产任务及经营状况确定用工及合同期限。可以辞退和解除劳动合同，改革“大锅饭”“铁饭碗”弊端，调动企业积极性，使劳动者产生压力，改变劳动态度。合同工不实行固定工退休退职办法，按社会保险办法执行。1992年，执行省劳动厅6号文件，景东县全部实行劳动合同制度，打破企业管理干部与工人，固定工与合同制工人身份界限，实行企业全体人员与企业法人代表签订劳动合同，企业法人代表、党组织负责人与企业主管部门签订劳动合同，逐步建立上岗、试岗、下岗竞争机制。1995年1月1日，《中华人民共和国劳动法》施行；2007年6月29日，《中华人民共和国劳动合同法》施行，劳动用工制度步入法制轨道。

二、招聘制、 聘用制

2003年2月24日，县委办、县政府办发出关于事业单位人事制度改革实施意见通知。同月27日，县委县政府召开全县事业单位人事制度改革工作会议。各乡镇主要领导、人事、监察，全县各事业单位领导、办公室主任参加会议。会议对事业单位人事制度改革作出全面部署。改革内容：（1）建立和推行聘用制度，引入竞争机制，破除干部终身制。所有事业单位新老职工都要按照国家有关法律规章，改行政管理为聘约管理，改国家职工为“单位人”。2002 年 1 月始，对单位新增人员一律实行聘用合同制。(2) 实现以岗位管理代替身份管理。在编制部门下达的内设机构、领导职数范围内和人事部门核定的专业技术职务结构比例限额内科学合理地设置岗位，按照“竞争上岗、双向选择、择优聘任”原则对岗聘任。各事业单位在编计划内增人时，要实行公开招聘和考试制度。(3) 严格考试制度。通过严格考核，确定事业单位人员续聘、高聘、低聘、解聘、晋级、增资和奖惩。(4) 建立形式多样、自由灵活的分配激励机制。根据按劳分配和生产要素参与分配、效率优先、兼顾公平原则，扩大事业单位内部分配自主权，实行按岗定酬、按任务定酬、按业绩定酬分配办法，逐步建立重实绩、重贡献，向优秀人才和关键岗位倾斜，形式多样，自主灵活的分配激励机制。(5) 建立以内部消化为主的未聘人员分流机制。对未聘人员坚持以单位内部消化为主要原则，探索多层次、多形式、多渠道安置办法，为他们发挥作用创造条件和机会。全县有 192 家事业单位完成聘用合同签订工作，5596 人签订聘用合同。

第七节　工资制度改革

一、1985 年工资制度改革

1985 年，实行国家机关和事业单位工作人员工资制度改革。主要内容：国家机关行政人员、专业技术人员均改以职务工资为主要内容的结构工资制，即现行标准工资加副食品价格补贴、行政经费节支奖金，与这一次改革增加工资合并一起，分为基础工资、职务工资、工龄津贴、奖励工资四个部分；中小学校、幼儿园教师及医院护士除按规定发给工资津贴外，分别加发教龄津贴或护龄津贴，教龄和护龄津贴均按从事本职业工作年限计算；国家机关、事业单位工人实行以岗位（技术）工资为主要内容的结构工资制，除岗位工资外，基础工资、工龄津贴和奖励工资金额与干部相同；新参加工作职工，在见习期和熟练期不实行结构工资制，改按新标准临时工资或学徒期、熟练期待遇执行。

二、1993 年工资制度改革

1993 年 10 月，机关和事业单位工作人员工资制度改革。主要内容：机关干部实行职务级别工资制（简称职级工资制），由职务工资、级别工资、工龄工资、基础工资四项组成；机关事业单位工人分别执行技术等级（职务）工资制和普通工人岗位工资制；机关技术工人执行岗位技术等级（职务）工资制，其岗位技术等级（职务）工资由岗位工资、技术等级（职务）工资、奖金三项构成；事业单位技术工人等级（职务）工资由技术等级（职务）工资和津贴两部分组成；普通工人由岗位工资、工人奖金两项构成。

三、2006 年工资制度改革

自 2006 年 7 月始，改革公务员工资制度，规范公务员收入分配方式；同时，改革和完善事业单位工作人员收入分配制度，合理调整机关事业单位离退休人员待遇。主要内容：公务员基本工资结构由职务工资、级别工资、基础工资、工龄工资四项简化为职务工资、级别工资两项；事业单位基本工资构成包括岗位工资、薪级工资两项；机关工人基本工资由技术等级（职务）工资和岗位工资两项构成，岗位工资根据工作难易程度和工作质量确定，按初级工、中级工、高级工三个技术等级和技师、高级技师两个技术职务设置，分设若干工资档次；普通工人基本工资由岗位工资、奖金两项构成简化为岗位工资一项。

四、企业工资调控

自1985年始，企业工资管理实行工资总额同经济效益挂钩的方法。主要解决企业职工内部按劳分配问题，调整工资总额结构，建立新的工资制度，理顺工资关系；建立正常工资升级增资制度，改进奖励、津贴制度。自1986年始，国家机关、事业单位和企业单位工资标准分离。国家机关事业单位工资标准按国务院机关事业单位工资改革领导小组工资改革方案执行；企业单位工资标准按不同行业经营状况，由国务院企业工资改革领导小组另行制定。国家机关事业单位和企业单位不再同步调整工资，也不再执行同一标准、同步下达工资调整计划指标。1989年，"工效挂钩"企业职工，实行内部浮动工资升级。在调资中，全面清理企业职工档案工资，理顺企业内部工资关系。自1990年始，企业使用"工资基金管理手册"。1991年，按照"分级管理，分级调控"原则，县劳动主管部门与银行等部门做好企业工资基金使用计划审核签章工作，使用"工资基金管理手册"，有效控制消费基金增长。1993年，按照"宏观管理、微观放开"原则，建立效益决定工资水平，企业自主分配、政府监督调控体制，落实、尊重和保护企业工资资金分配自主权。同年始，取消指令性工资计划指标，地区对各县市实行动态调控的弹性工资计划，按投入产出综合经济效益指标增长控制各县市工资总量，以工资总量间接控制职工人数，企业工资总量取决于企业经济效益好坏。1994年，加快企业内部工资分配制度改革，推行岗位技能工资制。进一步落实企业工资分配自主权，建立本企业工资标准，废除国家统一规定的工资标准，调整工资收入结构，把十项补贴转入基本工资，并使工资分配向脏、累、险岗位和技术要求高、责任重的岗位倾斜。自1995年1月1日始，全县各类企业全面实行"工资总额使用手册"。1999年，地区行署颁布《思茅地区企业工资指导线试行办法》，取消弹性工资计划计算办法，实现政府间接调控企业工资总额，达到有效监控和指导国有企业及其他各类企业工资分配目的。2002年，景东县全面推行工资指导线制度，取消和废除国有企业"工效挂钩"等工资总量控制办法，实行工效总额备案制，试行各类企业依据政府发布的工资指导线水平，自主确定职工工资增长水平。2003—2011年，县政府对企业劳动工资宏观管理，坚持工资指导线制度。企业内部，建立以岗位工资为主要内容的基本工资制度。

第八节　文化体制改革

2005年，完成云南广电网络景东支公司转企改制工作。2006年2月27日，全面完成"四权"（资产权、人事权、经营权、财务收支管理权）交接、广电网络（有线电视台）企业化改造，实现"一级法人，省级模式"垂直管理，并正式挂牌运营。

2010年，执行省委宣传部等7个部门发布的《关于加快推进文化市场综合执法改革的意见》。撤销文化市场稽查队，整合文体和广电文化市场执法职能及机构，成立文化市场综合执法大队。负责全县文化市场综合执法，统一行使文化市场行政处罚及相关行政强制、监督检查职能。

第九节　教育体制改革

1972年，恢复文教科建制。文教科设科长、副科长各1人，下设人事秘书、会计等，各公社设立文教助理员1人，管理公社学校教育事务。1978年10月，工宣队、贫管会撤出学校，恢复校长制。

根据《小学暂行条例实行草案》规定，设校长、教导主任。

1979 年，各公社恢复中心校建制，中心校统管全区教育教学工作。领导班子设校长 1 人、副校长 1~2 人、教导主任 1 人、副教导主任 1~2 人、总务主任 1 人、专职扫盲干事（部）1 人、教研员 1 人；各乡村完小设校长 1 人，负责乡村教育教学工作。

1980 年，取消文教助理，教育由公社副革委会主任分管。1983 年 9 月，恢复文教助理，协助公社管委会管理辖区教育教学工作。1986 年 8 月，由于文教助理工资待遇低于普通教师，无人愿意从事该岗位而取消，设立教育副区（乡镇）长分管教育。1986 年 2 月 28 日，县教育局制订出校长、教导主任职责。

1989 年 2 月，在大街乡试行“三制改革”(校长负责制、教职工聘任制、经费包干制)。根据教育局下达教育教学任务、教师工作量、校园建设、勤工俭学管理目标，中心校校长逐级分解包干到各村完小校长、乡中学校长，村完小校长、乡中学校长再分解到教师。同年 5 月，县属学校“三制改革”在景东四中试行，校长候选人由县委组织部、宣传部、教育局等部门共同考察，审核任职资格，差额产生候选人。候选人在全校教职工大会上竞选，竞选通过后，按干部管理权限由组织部任命，再由教育行政部门聘任。学校处室领导由校长考察提名，报教育行政部门批准，由校长聘任；乡镇中学校长由乡镇党委政府批准，中心校长聘任。“三制改革”加强了学校校长办学自主权，校长可在一定范围内选聘教师、使用包干经费。年终，县教育局根据年初“校长任期目标管理责任书”量化考核，兑现奖惩。至 1997 年，“三制改革”在全县学校分批推行完成，县教委修改完善考核指标，考核分由 100 分细化为 1000 分，全县各级各类学校管理制度化、规范化。

1993 年 2 月 13 日，执行中共中央、国务院印发的《中国教育改革和发展纲要》规定：“深化中等以下教育体制改革，继续完善分级办学、分级管理的体制。中等及中等以下教育，由地方政府在中央大政方针的指导下，实行统筹和管理”。“县乡两级政府要把教育纳入当地经济、社会发展的整体规划，分级统筹管理基础教育、职业技术教育、成人教育。”“中等及中等以下各级各类学校实行校长负责制。校长要全面贯彻国家的教育方针和政策，依靠教职员工办好学校。”1993 年后，按照县委《关于干部人事管理有关问题的通知》精神，县属中学校长由县委管理、县政府任命，实行“三制改革”的学校校长由教育行政部门聘任；县属学校处室干部由教育行政部门任命。乡镇中学校长按干部管理权限由乡镇党委政府管理，但“三制改革”试行学校由党委政府批准后仍由中心学校聘任和管理。县委同时要求乡镇和有关部门在考察干部时，应主动征求业务主管部门意见。对县属中学校长，仍由教育行政部门根据年初签订的“校长工作责任目标”量化考核，兑现奖惩；乡镇中学校长，由乡镇中心学校开展“校长工作责任目标”考核，兑现奖惩。

1995 年，地委行署下发《关于贯彻落实〈中国教育改革和发展纲要〉的意见》(以下简称《意见》)，明确全区教育发展目标任务，以及办学体制建设、教育保障机制等。《意见》要求在办学体制上，逐步建立以政府办学为主、社会各界共同办学的体制；改革管理体制，基础教育实行地方负责、分级办学、分级管理的体制；加快学校内部管理体制改革，积极推进农村、城市教育综合改革。

1996 年，执行《思茅地区教育分级管理规定》，明确地区以下各级政府对教育工作的任务和责任。

1997 年，执行《思茅地区基础教育分级管理实施办法》，明确地区、县、乡、村四级教育管理机构主要职责，加强全区对教育的领导和管理，充分发挥各级办学积极性，加快全区教育事业改革和发展。

1998 年 12 月，施行国务院制定的《面向 21 世纪教育振兴行动计划》(以下简称《计划》)。《计划》第十条指出：“实行教师聘任制和全员聘用制，加强考核，竞争上岗，优化教师队伍。”2001 年，县教育局在者后乡开展“学校领导竞选任职、教师竞聘上岗改革试点”，在“三制改革”基础上完善教师聘用制。

2003年，执行地委行署制定的《关于贯彻落实〈云南省基础教育振兴行动计划〉的实施意见》《贯彻〈云南省贯彻实施国务院关于基础教育改革与发展决定的意见〉的实施意见》，按照“积极进取，实事求是，分区规划，分类指导”原则，坚持以“两基”为重中之重，制订“十五”教育主要目标，围绕《云南省基础教育振兴行动计划》，改革农村义务教育管理体制，落实“国务院领导下的地方政府负责，分级管理，以县为主”体制，县政府主要承担实施、巩固和发展农村义务教育的责任，抓好中小学发展规划、布局调整，硬件建设和教育管理。

自2003年1月始，在乡镇不再设教育副乡（镇）长，由乡（镇）长直接负责辖区内政府应当履行的教育管理职能。

第十节 卫生体制改革

一、医疗卫生机构改革

2009年始，医疗卫生机构改革。主要内容为统筹推进医改五项重点任务，实现全民基本医保，建立健全基本药物制度，拓展公立医院改革试点，逐步实现人人享有基本医疗卫生服务。

基本医疗保障制度 2007年，全面推行新农合制度。至2011年，累计参合138.5万人，累计筹集新农合基金1.74亿元，补偿309万人次，支付补偿资金1.47亿元，历年新农合资金使用率在85%以上。新农合筹资标准提高到每人每年230元，提高新农合最高支付限额和住院费用报销比例，统筹基金最高支付限额达到全国农民人均纯收入6倍以上，2011年最高支付限额5万元。在县级新农合定点医疗机构开展即时结报工作，推行新农合“一卡通”。

国家基本药物制度 扩大国家基本药物制度实施范围，实现基层全覆盖。自2011年1月1日起，在辖区内政府办基层医疗卫生机构（含村卫生室）实施国家基本药物制度，全县所有基层医疗机构全部配备使用基本药物目录药品，并实行零差率销售。规范基本药物采购机制，出台《景东县贯彻落实国家基本药物制度实施方案（试行）》，按照“年初预拨、年终结算，足额补助”办法进行补偿。制订《景东县基层医疗卫生机构实施基本药物补偿方案（试行）》，落实补助和奖励政策。

基层医疗卫生服务体系 全面完成农村三级卫生服务网络和城市社区卫生服务机构建设任务。确保每个行政村都有卫生室，每个街道都有社区卫生服务机构，并为边远地区、山区配置流动巡回医疗服务车。进一步完善乡村一体化管理制度。2009—2011年，完成1364人次的乡镇卫生人员、村卫生室卫生人员、城市社区卫生服务人员在岗培训。

基本公共卫生服务 自2009年始，全面开展九类基本公共卫生服务。2011年，国家基本公共卫生服务补助标准由人均15元提高到25元，2009—2011年，基本公共卫生服务经费到位2086.5万元，各级经费足额到位。全县累计建立居民健康档案19.5万人，设置健康教育宣传栏，统一印制健康教育材料12种，为0~6岁儿童预防接种，贯彻执行《中华人民共和国传染病防治法》和《中华人民共和国突发事件应对法》，依法开展传染病和突发公共卫生事件的监测与报告，做好突发公共卫生事件应急处置工作。全县未发生重大传染病疫情。

公立医院改革 推进“以病人为中心，以提高医疗服务质量”为主题的医院管理活动，开展“平安医院创建”和“优质护理服务示范工程”。制订相关政策，鼓励社会资本投入卫生事业；开创多元化办医格局，支持社会资本创建各类医疗机构和参与公立医院改革。开展“三好一满意”（服务好、质量好、医德好，群众满意）民主评议行风活动，改变医德医风，提高医疗质量、医疗技术水平，提升群众满意率。

二、人事制度改革

引进专业人才 2007年后，开展引进卫生专业人才制度改革。每年由人事局牵头，卫生、纪检、监察等部门制订引进人才方案，从昆明人才交流市场引进大学本科以上卫生专业急缺人才。至2011年，全县引进卫生专业人才80人。

绩效工资改革 自2010年始，实行绩效工资改革，引入竞争机制，形成待遇与工作实绩、岗位、技术挂钩的机制。实行年底再分配制度，调动干部职工积极性。

三、管理体制改革

转变基层医疗卫生机构服务模式 推行基层医疗卫生机构主动服务、上门服务，开展巡回医疗，为城乡居民提供基本药物、基本医疗和公共卫生服务，方便群众就医。基本实现“小病不出乡、大病不出县”目标。

推行院长（主任）负责制 落实管理责任，提高管理效率。结合基层医疗卫生机构信息化建设，推行规范化、精细化管理。运用《国家基本药物临床应用指南》和《国家基本药物处方集》，宣传培训医务人员合理使用基本药物，规范基层用药和医疗行为，控制基层门诊输液和抗生素、激素使用。乡镇卫生院和社区卫生服务机构门诊量与医疗卫生机构门诊占比明显提高。完善远程医疗会诊系统，提高基层医疗卫生机构服务能力和水平。

第十一节 统计体制改革

2007年，乡镇统计站改革。全县13个乡镇不单独设立统计站，其职能并入乡镇党政综合办公室，加挂乡镇统计站牌子，以乡镇管理为主。主要负责辖区内社会经济统计源头数据采集，以及执行统计法等工作。县统计局主要负责指导乡镇统计站业务、人员培训及统计执法等。每个乡镇核定统计助理员行政编制2人，人员在乡镇选调和招考。

第六章　对外开放

第一节　招商引资

2003年后，县委县政府出台系列招商引资政策，一批客商纷纷到景东投资。湖南永州时兴房地产开发公司投资2000万元，兴建景东商贸城；福建客商注册云南新玉泰水电投资有限公司，投资5000万元兴建花山都鲁河电站及勐片河梯级电站建设项目，概算总投资2.5亿元；福建客商注册里竹山铁矿开发有限公司，投资1.2亿元开发大街平地磁铁矿；福建客商注册立华腾矿业开发有限公司，投资1.6亿元开发文玉铜矿；山东客商注册景东鑫盛铁矿有限公司，投资1.5亿元开发花山卜勺磁铁矿；浙江温州客商注册云南中宏房地产开发有限公司，投资5000万元开发景玉商业中心。2007年5月，成功举办银生古城首届普洱茶原料交易会，160家企业参展，参加人数近6万人，现金交易1780万元，协议交易600多万元，和省内外客商签订合作项目4个，协议资金12.62亿元。到2008年，全县累计引进投资项目31个（其中，按资金来源属地划分：国内省外14个，省内市外10个，市内县外6个，县内1个；按开发项目类别划分：水电4个，矿产资源8个，房地产7个，林业2个，饮食服务业1个，教育1个，农业经济作物8个）。合同（协议）资金81.79亿元，累计实际到位资金52.15亿元。截至2009年5月，全县累计引进国内经济合作项目31个，合同（协议）资金81.79亿元，累计实际到位资金61.19亿元。2011年1—12月，全县共实施国内经济合作项目12个，其中新引进6个，合同（协议）总投资13.38亿元，实际到位市县外资金3.9亿元，完成市政府下达任务数2.4亿元的162.5%。

第二节　对外经济协作

一、开放环境

中共十一届三中全会后，县委县政府制订一系列政策、措施，改善投资环境。1998年5月11日，县委发出《关于成立县发展非公有制经济领导小组的通知》。10月7日，县委县政府出台《关于大力发展个体私营经济的决定》，阐明发展个体私营经济指导思想和目标是以邓小平理论为指导，全面贯彻落实中共十五大精神，以“三个有利”为根本标准，紧紧围绕景东县“夯实两个基础，建立五大支柱，实行五个翻番，达到一个目标”经济发展思路，制订“六不限、三放”政策，即：坚持不限经营（除国家明令禁止、限制经营的行业和商品外）、不限经营方式、不限经营规模、不限发展比例、不限发展速度、不限发展数量，放心、放胆、放手，本着“先发展后规范、先放开后完善、先扶持后受益”原则，立足县情，解放思想，放宽政策，拓宽领域，加强领导，搞好服务。全面推进个体私营经济快速、健康发展。实行个体工商户、私营企业与国有、集体企业在开发利用资源、投资融资、市场准入、税收负担、管理服务等方面公平对待，在登记注册、项目报批、许可证管理、土地使用等方面一视同仁。

2000 年 12 月 18 日，县委提出《关于加快县城新区开发及鼓励外商投资的若干意见》(以下简称《意见》)。《意见》提出：(1) 以优惠政策，出让新城区国有土地使用权，无论县乡机关干部（不论何种职务)、教师、医务工作者、农民、个体经营户等（包括县外人员和已购公房者）均可参与新城区国有土地使用权竞买自建房，或集资建房。(2) 创造宽松环境，鼓励外地客商到景东县兴办产业。外地客商属于投资高新技术、基础设施建设（能源、交通、环保、水利、教育和社会公益事业等)、生物资源开发与创新、矿产资源开发及高创汇、高税收的项目，均以行政划拨方式供地，征用土地按法定标准下限收取土地相关费用。(3) 县外投资企业从事经营性项目的，按有偿使用方式获得土地使用权，在县城规划区内的用地，以基准地价作为出让地价，在县城规划区外的用地，以征地成本再加20%作为出让价，其中项目投资额在 100 万元以上的只收征地成本费，同时，出让金可在 5 年内分 3 次付清。(4) 年纳税额在 10 万元以上大户经县政府批准，由财政按纳税总额的 20%返还，用于扩大再生产。(5) 县外投资者以出让方式获得的国有土地使用权在有效年限内，可以整体转让、分割转让或者出租，转让所得依法缴纳土地增值税后，归该投资者所有。(6) 县外投资者对景东国有企业进行购买、兼并、联营等改造的，享受有关国有企业的优惠政策。(7) 放宽县外到景东投资人员及职工在景东县城办理城镇常住户口的限制等优惠政策。

2003 年 8 月 13 日，制订《景东彝族自治县招商引资奖励办法》，明确提出凡是为景东县经济发展牵线搭桥，成功引进县外项目、资金、技术和人才的县内外公民、法人和其他组织，都给予表彰奖励。县委县政府随即出台《关于进一步改善投资环境扩大开放的决定》，明确以“诚信亲商、安商、扶商”，努力营造“你赚钱我保护，你发展我铺路，你纳税我服务，你有困难我帮助”的招商环境。8 月，县招商局成立。同时，成立招商引资工作协调领导小组，由政府主要领导任组长，成员为县直 42 个单位和部门领导，统筹协调招商引资工作；下设办公室在县招商局，负责办理日常事务。

二、交流与合作

改革开放后，景东县对外经济协作取得一定成绩。1983 年，由景东县社队企业局牵头，引进云南砖瓦总厂，在锦屏公社山冲过山桥兴建景东县第一座机制红砖厂，年生产能力为 1000 万块。由社队企业局、锦屏公社、云南砖瓦总厂联合投资 55 万元，联营 10 年（至 1992 年 12 月）。红砖产量 1984 年 705 万块，1985 年 1154 万块，四年还清贷款且略有节余，属县内引资成功的第一个项目。1986 年 11 月，由县供销社与湖南祁阳火炮厂联营，建立“花炮厂”，联营五年。投产第一年产值 13. 7 万元，至联营期满年产值达 37 万元。联营期满后，企业隶属县供销社。之后，相继引进蚕桑项目，发展缫丝产业。引进人才和技术，发展亚麻种植项目。引进资金、技术和人才，整体购买景东林产工业（集团）总公司，变更为景东力奥林产集团有限责任公司。引进广东恒福糖业集团有限公司，4900 万元整体购买景东糖业总公司，注册成立景东恒东制糖有限公司（者孟糖厂）和景东恒漫制糖有限公司（漫湾糖厂)。三度引进资金和技术，开发大朝山铜矿：第一次于 1997 年 1 月 1 日，大朝山东镇政府将铜矿厂一次性转让给昆明市嵩明杨林明辉选矿厂，转让额 580 万元；第二次于 2003 年 2 月 18 日，县政府以 150 万元承包给云南安宁金康有限责任公司开采经营，经营期五年；第三次于 2006 年 8 月，云南安宁金康有限责任公司将采矿权转让给景东立华腾矿业有限公司，转让额 500 万元。2011 年 1 月 21 日，立华腾矿业有限公司资产重组，公司注册资金 13. 6 亿元，股东分别为云南山海企业投资管理有限公司，出资 5440 万元，占总股本的 40%；云南龙润投资有限公司，出资 4670 万元，占总股本的 35%；自然人唐建伟，出资 3400 万元，占总股本的 25%。

1997年，上海市普陀区将上海木工研究所朱卫国列为对口帮扶景东县人员名单，指导景东林产公司集成材生产。1997年，上海市普陀区长征镇政府对口帮扶太忠乡麦地完小校舍建设项目，总投资52.99万元。1998年后，上海市普陀区对口帮扶景东实施以下项目：(1) 培育人才。共培养医务人员3人、中小学骨干教师11人，挂职学习领导干部副处1人、副科8人，培训中小学校长、班主任52人、骨干教师67人、职业中学学生11人。(2) 卫生室建设。普陀区捐资9万元，建设“白玉兰”卫生室3个，总面积240平方米。(3) 希望校园建设。总投资76万元，其中普陀区捐资20万元，建设太忠乡三合希望小学，其中教学楼604平方米、教师宿舍430平方米、学生宿舍400平方米、学生食堂160平方米；捐资5万元，为希望小学配置电教设备1套。(4) 助学。捐资救助贫困山区儿童上学50人，年捐资2万元；普陀区洵阳路小学与太忠希望小学开展“手拉手”助学活动，受助学生100人。(5) 良种猪供精站建设。普陀区捐资15万元，建成太忠乡良种猪供精站。房屋功能齐全，设备配套完整，软硬件达到县内先进水平。(6) 科技示范村建设。总投资50万元，其中普陀区捐资30万元，建设太忠乡三合科技示范村。(7) 饮水工程建设。建造“三面光”水渠1条5.7千米，小水窖57个，人畜饮水工程10件。(8) 温饱试点村建设。由普陀区捐资15万元，建设龙街乡岔河“温饱试点村”，实施“五个一”工程。即：人均1亩高稳产农田（地），配套建设20个小水池，户均1口沼气池、1口氨化饲料池、1间卫生猪厩，建设1个科技文化室，并配套地面卫星接收站，达到实用性、典型性、示范性目的。2000年，经济协作在千禧年取得新进展。至2011年五年内，普陀区对口帮扶援建项目9个，投入资金489.1万元。其中，希望小学2所、捐资61万元，村卫生室23所、捐资69万元，大棚蔬菜基地4公顷、捐资15万元。

第三节　对外贸易

中华人民共和国建立以后，对外贸易逐步成为政府行为。由于景东地处边远山区，外贸物资无法直接出口交易，只能组织生产、收购、加工、包装后调省进出口公司转口贸易。贸易商品主要有松香、松节油、泡核桃、蜂蜜、木耳、香菌、梅干、蓖麻子、花椒、棕籽、芒果、龙胆草、皮张、香料油等。

一、松香松节油

1978—1984年，松香属内销产品，松节油调云南省进出口公司转口外贸。松香销量：1978年0.22万千克，1979年2.06万千克，1980年8.17万千克，1981年5.97万千克，1984年0.68万千克，1985年调运出口松香1.01万千克、松节油4.32万千克，1986年调运出口松香17万千克、松节油414.9万千克，1987年调运出口松香55.45万千克、松节油5.61万千克。1988—1991年，年产松香150万~300万千克，全部调运出口日本及东南亚诸国。1992年，组建县林产工业公司，松香、松节油产量大幅增加。1996年6月12日，获省进出口商品检验局“出口产品质量许可证书”。1999年，出口集成材570立方米。2002年，出口松香250万千克，创外汇120万美元。

二、香料油

景东县香料油，主要有冬青油、山苍子油、黄樟油、帚把油等。冬青油，采集榨桑叶提炼而成，含水杨酸甲酯，为阿司匹林主要原料，调运销售荷兰、新加坡等国家和香港地区。山苍子油，又名木浆子油和野胡椒油，主要用于制作除垢剂，合成紫罗兰、酮及维生素甲等，调运出口英国、法国、德国、瑞士、意大利等国家。黄樟油、扫把油，调运出口英国、法国、澳大利亚、荷兰等国。1989年后，逐渐停产。

三、核桃

泡核桃为景东县调运出口的主要商品。1975 年，泡核桃列入国家统购物资，由粮食部门统一经营，县级收购后，调运出口日本、东南亚诸国。1983 年，取消核桃统购政策，核桃可以进入市场交易。1983—1990 年，县外贸公司收购调运出口泡核桃分别为：1983 年 2.98 万千克、1984 年 9.32 万千克、1985 年 14.61 万千克、1986 年 92.32 万千克。1987 年后，核桃价格浮动较大，且个体商贩信息灵通，收购灵活，外贸公司仅收购 3.54 万千克。1988—1989 年收购核桃 42.59 万千克，1990 年收购 35.9 万千克。1990 年后，外贸政策逐步放开，核桃产量逐年增加，不再属对外贸易商品。2000 年全县核桃产量 162.78 万千克，2010 年 413.84 万千克，均在市场自由贸易。

四、皮张

民国 36 年（1947），县境行商收购少量羊皮、麂皮、豹皮，运销大理、昆明等地。1947 年，县城十字街一店铺挂售麂皮 1 张，月余无人购买。县政府建立后，各种兽皮成为外贸出口紧俏商品。20 世纪 50~70 年代，景东县收购调运禽兽皮张主要有虎皮、豹皮、狼皮、香狸皮、西狐皮、狸子皮、黄鼠狼皮、松鼠皮、水獭皮、锦鸡皮、雉鸡皮、孔雀皮等。80 年代后，绝大多数禽兽被列为国家保护动物而禁猎，可猎对象仅有黄麂，故麂皮收购量较为稳定，但价格越来越昂贵。1971—1976 年，收购麂皮 12402~13916 张，1977 年 4079 张，1979 年 4646 张；1971—1988 年年均收购麂皮 2500~3300 张，其中 1985 年最少，为 111 张。1995 年，加强枪支管制，再无野兽皮可收。

1975 年后，收购调运皮张还有山羊皮、牛皮等。个体商户收购山羊皮、牛皮比重较大，具体数据无法确定。

第四节　外贸经贸机构

一、外贸机构

1964 年，景东县对外经济贸易站成立。1968 年，外贸站革命委员会成立。1969 年，撤销外贸站，管理职能并入县商业局，1972 年恢复，仍名景东县对外贸易站。1980 年，外贸站升格为外贸局，外贸局党支部成立，职工 16 人。1985 年后，更名为外贸公司，管理职能划归县计划委员会。1990 年，外贸公司有职工 16 人。1994 年，根据中共十四届三中全会和国务院《关于进一步深化对外贸易体制改革的通知》精神，外贸公司走“自主经营、自负盈亏、自我发展、自我约束”道路。2002 年，以出售方式转让于外省人陈宏煦，变为私营企业，转让额 180 万元。外贸机构设置历时 38 年。历任主要领导：许进军、刘禄之、李文顺、李飞雄、吴敬柏（副经理代）、范昌元、施帮禄、范景勇。

二、经贸机构

1993 年 4 月 18 日，县政府发出《关于明确县属骨干企业和部分小型企业隶属关系的通知》(以下简称《通知》)。《通知》提出：(1) 县属企业商业总公司、粮油总公司、林产工业公司、物资公司、外贸公司、医药公司、糖业公司（拟建）、县乡企业开发公司、县水泥厂，凡无主管部门的行政上归口计经委管理。(2) 县属小型企业，如县酒厂、县茶厂、县印刷厂、大街煤矿、县石油公司等行政上隶属计经委管理。1996 年 9 月 6 日，根据县委机构改革后县级党政机关机构设置的通知精神，全县工业及国营企业（包括外贸公司）归经济贸易委员会管理，内设办公室、企业股、技术监督股、体制改革股、矿场资源管理委员会办公室、经济协作办公室、技术改造股、产品质量计量检验检测中心 8

个股室。1998 年 5 月 21 日，组建县经济贸易委员会党总支，隶属县直属机关党委，辖县经济贸易委员会机关党支部、县物资公司党支部、县外贸公司党支部、县医药公司党支部、县印刷厂党支部、县石油公司党支部。2002 年 6 月，实施政府机构改革，更名为县经济贸易局（简称“经贸局”），非公有制经济发展管理职能由工商局移交经济贸易局。2005 年，根据县政府《关于机构改革的实施意见》精神，商贸局改组为经济和商务局，为县政府工作部门，承担工业经济运行、产业政策、中小企业、非公经济、乡镇企业、内外负责、对外开放、招商引资、区域协作、经济合作等职能。县招商局、乡镇企业局成建制划入县经济和商务局，发展计划局重要农产品进出口计划等职能划入经济和商务局。县经济和商务局挂中小企业局、乡镇企业局、非工业经济领导小组办公室、经济协作办公室牌子。2006 年 1 月，县城乡集体企业管理局、县经济贸易局正式合并，设办公室、企业股、综合股、商务股、非公和乡镇企业股、安全生产股、老干部管理办公室。2011 年 4 月，根据县委关于政府机构改革实施意见精神，组建县工业商务和信息化局（简称“工信局”），为政府工作部门。县经济和商务局、县招商局职责整合划入县工业商务和信息化局，不再保留县经济和商务局、县招商局。县经济和商务局乡镇企业管理职责整合划入县农业和科学技术局。2011 年 8 月，正式更名为县工业商务和信息化局，设办公室、财务室、综合经济运行股、商务股、招商股、中小企业股、工业股、工业园区股、应急办公室、煤炭和安全管理股、无线电和网络信息化管理股。历任经贸委（局）主任：李文、李勇、王丕强、朱世旺（总支书记主持），工信局局长：唐勇。

第七编

基础设施

第一章　农业基础设施

第一节　高稳产农田地建设

1964—1978年，景东县主要靠开展“农业学大寨”搞农田基本建设。1979年后，主要靠家庭联产承包责任制调动农民积极性推动。一段时期，由于放松农田基本建设，出现水利失修、地力减退，农业生产徘徊不前状况。县委县政府提出：“七五”期间，景东县农业要登上新台阶，必须坚持大干农田基本建设。1986年后，抓住商品粮基地建设机遇，制订农田基本建设规划，组织和动员广大干部群众开展农田基本建设。1990年末，县委县政府提出，用6年或更长时间，建成1.67万公顷高稳产农田。1990年后，每年冬春都要投入几十万个工日开展农田水利基本建设。到1991年末，全县建成高稳产农田7798.6公顷。1996年后，集中资金建设园田化、坡改梯、中低产田地改造、节水农业等项目。到2003年，建成高稳产农田1.77万公顷。2009年，建设重点转移到中低产田地改造，编制出2009—2020年21万亩中低产田地改造规划。到2011年，全县建成高稳产农田地1.93万公顷，其中，吨粮田800公顷，750～999千克粮田4213.33公顷，500～749千克粮田7866.67公顷，400～499千克粮田6366.67公顷。全县粮食产量1991年1.14亿千克，1995年1.28亿千克，2000年1.37亿千克，2005年1.29亿千克。2011年，粮食产量1.59亿千克，获省政府“粮食生产先进县”称号。

高稳产农田地建设（县委党史办提供　摄于2008年3月）

第二节　农业综合开发

一、农业综合开发

一期开发　1990—1992年，锦屏镇、锦屏乡、文井镇、者后乡等38个村被列为国家第一期农业综合开发区。共完成项目建设水利32项，农业49项，林业18项，畜牧4项，农机6项，农产品加工2项。累计完成土石方436.2万立方米，混凝土方5.14万立方米，群众投工709.6万个工日，总投资5823.2万元，其中，农发基金2749.6万元，农行专项贷款1449.83万元。新增灌溉2793.3公顷，改善灌溉2980公顷，治理水土流失4173.3公顷。累计增产粮食7327.92万千克，油料62.9万千克，糖料14537.8万千克。农业总产值由开发前的9995.63万元（1990年不变价计）增至1992年的2.6亿元，农民人均纯收入由开发前的374元增至564元。

二期开发　1993—1995年，锦屏、文井、者后、大街、花山共60个村844个生产合作社被列为国家农业综合开发区。完成花山乡豆地箐小（一）型水库扩建项目，建成高稳产农田900公顷，改造中低产田1606.7公顷，完成机耕机耙1840公顷，建设综合生产基地1个22.8公顷。完成项目总投资1436.4万元，其中，中央388.9万元，省级188.4万元。1995年，农业总产量比1990—1992年3年平均产量增产粮食1044.3万千克，增长25.10%；增产油料32.8万千克，增长292.8%；增产肉类201.8万千克，增长93%；增产糖料4726.9万千克，增长48%；新增农业总产值8279.1万元，新增农民人均纯收入311.8元。

三期开发　1996—1998年，锦屏、文井、者后、大街、花山60个村844个合作社被列为国家农业综合开发区。新建排沙河小（一）型水库，建成高稳产农田640公顷，改造中低产田地1733.3公顷，举办技术培训52期9140人次，完成人工造林64公顷，完成甘蔗基地建设3466.7公顷，新建黑山羊养殖示范区2个，完成总投资2230.6万元，其中，中央613.5万元，省级310万元，农行贷款975万元。三年内与前三年产量累计数相比，粮食产量5861.3万千克，增长2.6%；油料产量44.14万千克，增长46.4%；肉类产量576.7万千克，增长32%；糖料产量26100万千克，增长82.5%；农业总产值28662.4万元，增长49%；农民人均纯收入1024元，增长42%；每百元投资现值农产品增长量144千克。

四期开发　1999—2001年，锦屏、文井、者后40个村507个组被列为国家农业综合开发区，涉及29346户11.5万人。完成中低产田地改造3106.7公顷，完成渠系67.06千米，营造防护林440公顷，种植甘蔗666.70公顷，培训科技3896人次。完成投资1728.5万元，其中，中央740万元，省级336万元。新增灌溉386.7公顷，改善灌溉340公顷，新增粮食2600万千克，新增糖料48500万千克，新增农业总产值2874万元，农民人均纯收入增加201.06元。

五期开发　2002—2004年，锦屏、文井、大街、花山53个村715个组被列为国家农业综合开发区，涉及3.89万户12.88万人。完成中低产田地改造2626.70公顷，新建小水塘1座，建成机耕路40.87千米，购粮种125万千克，改良土壤1700公顷，良种基地建设及示范推广533.30公顷，技术培训1.25万人次，科技示范推广1353.3公顷，建成蚕桑基地333.3公顷。累计完成总投资2096.73万元，其中，中央879万元，省级468.40万元。新增高稳产农田1086.70公顷，新增粮食产量150万千克、油料30万千克、糖料4400万千克、蚕桑95万千克；种植业产值1271万元、利税631万元。

2005年开发　2005年，农业综合开发区选择在漫湾、文井、大街40个村572个组，涉及农户24724户9.93万人。总投资1492.83万元，其中，中央548万元，省级247万元。完成中低产田改造1220公顷，建成蚕茧生产车间及仓库1000平方米。

2006—2010年开发　2006—2010年，文井、花山、大街、太忠等10个乡（镇）66个村239个组被列为农业综合开发片区。完成中低产田地改造5.9公顷，治理河道3条1.29千米、渠系建筑物821座，新建机耕路65条36.84千米、修复19条95.96千米，新建机耕桥78座、人行桥106座，购买良种337万千克，改良土壤1800公顷，平整土地25.04公顷，示范推广农业技术10项953.3公顷，购置蚕台、方格簇及仪器设备100台（套），技术培训2.48万人（次）。累计完成投资5693.97万元，其中，中央2612万元，省级1176万元。新增灌溉753.3公顷，改善灌溉1466.7公顷，新增粮食生产能力232万千克、糖料4402万千克、蚕茧20万千克；种植业产值2955万元，增加农民纯收入1964万元，解决饮水安全问题2.03万人。

2011年开发　2011年，农业综合开发区选择在文井、花山、龙街、太忠16个村，涉及5755户2.4万人。完成中低产田地改造306.7公顷，生态治理346.7公顷，建成核桃基地13.3公顷。完成投资1677.17万元，其中，中央617.71万元，省级338万元。项目建成后，新增粮食25万千克、蚕茧23.2万千克、糖料875万千克，种植业总产值1196万元，增加农民收入701万元。新增灌溉66.7公顷，改善灌溉206.7公顷，治理水土流失346.7公顷，新增优质核桃苗280万株、产值918万元、利润367万元。

二、机构

1990年7月，经云南省地农业综合开发领导小组批准，景东县被列为第一期滇西南农业综合开发区。1995年后，滇西南农业综合开发改称农业综合开发。县委县政府成立农业综合开发领导小组，在县财政局设立农业综合开发办，副科级。2011年，共有职工5人。

第三节　电脑农业专家系统

1999年，云南省电脑农业推广办公室把景东列为电脑农业专家系统推广县。到2007年，先后在10个乡镇、47个村、346个组推广示范电脑农业专家系统，扶持资金14万元，开展技术培训646期，受训4.11万人次，印发资料2.94万份。推广示范1.31万公顷，其中，小麦200公顷，甘蔗446.7公顷。新增粮食810.4万千克、产值987.77万元，新增甘蔗711.65万千克、产值106.75万元。节约成本101.97万元，实现经济效益1196.47万元。2008—2009年，把景东列为电脑农业技术开发及推广应用项目实施县。涉及锦屏、文井、花山、大街、太忠、龙街、文龙、安定、大朝山9个乡（镇）、63个村、629组、1.24万户。开展技术培训295期，受训3.63万人，印发资料2434份。推广1.18万公顷，完成合同面积104.2%。其中，水稻6763.3公顷，玉米1573.3公顷，甘蔗1373.3公顷，无公害茶园转换1400公顷，冬大豆700公顷。累计新增产量1325.23万千克、产值1283.84万元。2010年，整合资源，把测土配方施肥、高产创建与推广电脑农业专家系统相结合，涉及锦屏、文井、花山、大街、太忠、龙街、文龙、安定、大朝山9个乡（镇）、63个村、629个组、3.22万户。投入经费21万元，其中省电脑农业推广办下拨7万元。示范推广6586.7公顷，完成合同面积109.8%。其中，水稻2833.3公顷，玉米800公顷，甘蔗733.3公顷，冬大豆800公顷，无公害茶园转换733.3公顷，冬季马铃薯353.3公顷，蚕桑333.3公顷。累计新增粮食2280.8万千克、经济作物854.8万千克，新增总产值1273.44万元，节约成本11.82万元，增收节支1285.26万元。2011年，以DET软件开发平台模块、推理功能，深化应用系统二次开发，加快软件本地化进程。在完成县乡基本农情资料数据库基础上，收集、整理各类农情和农业专家知识，丰富和提高农业专家系统数据库、知识库、模型库内容和质量，结合地方产业结构调整和地区优势，开发高经济价值农作物新品种软件，完成冬马铃薯、种桑养蚕专家系统开发2个，升级和完善水稻、玉米、甘蔗、冬大豆、茶叶专家系统5个，知识库规则总数525条，录入数据5864个。在锦屏、文井、花山、大街、太忠、龙街、文龙、安定、大朝山东镇9个乡（镇）、72个村、648个组推广示范电脑农业专家系统，涉及农户

电脑处理地块玉米种植
（县农业和科学技术局　提供）

3.3万户。示范推广6833公顷，完成合同面积的114%，投入经费21万元，开展技术培训133期，受训5082人次。新增粮食作物272.7万千克、经济作物1134.85万千克，累计总产值1686.84万元，新增总收入1277.71万元，节约成本11.85万元，增收节支1289.56万元。

第四节　新农村建设项目

2006年4月28日，景东县召开农村工作会议，决定预拨新农村建设启动经费50万元。同时，成立新农村建设领导小组，组长由县委副书记担任，下设办公室在农业局。2006年5月至2007年2月，全县实施新农村示范点10个，其中，省级3个，市级3个，县级4个。涉及6个乡镇、7个村、10个组、498户、2530人。完成总投资508万元，其中，省级30万元，市级60万元。主要用于乡村组道路、环境卫生、人畜饮水、文化体育、科技培训、产业发展等项目建设。示范点人均经济林木0.15公顷、占有粮食338千克，纯收入同比增长17.4%。2006年，黄草岭村示范点共接待旅游团队30个2000多人次。2007年3月5日，县委县政府发出《关于推进社会主义新农村建设的实施意见》，提出：要按照“生产发展、生活宽裕、乡风文明、村容整洁、管理民主”要求，建设社会主义新农村。主要任务是“五通”“六好”(通水、通电、通路、通电话、通广播电视，产业培植好、房舍改造好、乡风塑造好、环境整洁好、农民培训好、班子建设好)。截至2011年，共实施新农村建设项目112个，其中，省级重点建设村36个，省级村容村貌整治示范19个，市级村容村貌整治示范35个，县级村容村貌整治示范22个。完成投资9565万元。项目受益13个乡（镇）、70个村、112个组、5461户、2.05万人。2007—2011年，全县累计下派新农村建设指导员830人、县新农村建设总队长1人、乡镇工作队长65人，工作队65支。

2006—2011年景东县新农村建设情况一览表

表7-1-1

年度	2006	2007	2008	2009	2010	2011
总投资（万元）	508.7	574.3	460.1	1193.8	4488.6	2339.5
受益小组（个）	10	13	9	24	29	27
农户（户）	498	700	515	1049	1389	1310
人口（人）	1965	2721	2001	4047	4845	4924
省级重点村（个）	—	—	—	12	12	12
省级试点（个）	3	3	2	5	4	2
市级试点（个）	3	7	4	6	9	6
县级试点（个）	4	3	3	1	4	7
省级投资（万元）	30.0	30.0	20.0	230.0	220.0	200.0
市级投资（万元）	60.0	120.0	50.0	85.0	135.0	90.0
县级投资（万元）	126.3	65.0	65.0	80.0	80.0	90.0
各级政府投资（万元）	55.1	27.5	134.4	151.9	3455.6	1023.4
群众投劳折资（万元）	237.4	332.3	190.7	646.9	598.0	936.2
开挖公路（米）	100	—	—	—	—	800
村组公路改造（米）	70566.0	16050.0	4263.3	11078.0	12133.0	18098.0

续表 7-1-1

年度	2006	2007	2008	2009	2010	2011
入户路硬化（米）	6695	12349	8418	18605	15700	1213
排水系统管道（米）	298100	8618	5080	2300	10607	276
挡墙建设（立方米）	762.0	894.9	1145.3	1064.0	595.8	732.0
建水池（个）	—	50	32	—	44	—
涵洞（立方米）	158.0	139.2	2.6	37.0	26.0	71.1
排水沟（米）	1547	2657	422	2434	2096	3028
内墙体美化（平方米）	12820	8540	3640	38190	32800	24931
外墙体美化（平方米）	100159	102585	55736	143410	128171	107780
庭院硬化（平方米）	20004	15028	15890	25718	30986	21506
公厕建设（个）	62	20	32	12	23	22
房屋改造（平方米）	—	24325.0	168.0	28360.0	31480.0	118.9
灌溉沟渠（米）	2790	422	—	—	—	—
垃圾池（立方米）	—	540	24	—	6	44
农网改造（户）	—	—	—	—	—	69
文化活动室（平方米）	375.3	288.0	70.0	600.2	526.1	411.0
娱乐场所（平方米）	915.0	650.0	50.0	1858.0	1100.0	250.1
安装太阳能（户）	72	175	110	198	322	516
安装广播电视（户）	30	—	—	—	—	—
一池三改（户）	425	768	409	805	732	156
改圈（平方米）	4543	5136	2147	4875	894	321
改厕（平方米）	189	848	392	1034	221	258
改厨（平方米）	5895	5104	4587	16480	1530	1025
农家乐（户）	20	—	—	—	—	—
村委会建设（幢）	1	—	—	—	—	—
民居防震加固（户）	—	—	226	533	—	—
建沼气池（口）	105	107	47	34	—	23
产业发展（公顷）	391.3	81.5	39.5	194.2	27.2	153.3
科技培训（期）	146	74	45	106	110	52
科技培训（人次）	5742	5046	2442	5297	5292	2848
项目简介碑（座）	—	—	—	—	12	12

第五节　测土配方施肥项目

2007 年，景东县按照“测土、配方、配肥、供肥、施肥指导”和 11 项重点工作内容，实施测土配方施肥补贴资金项目。2007—2011 年，累计到位 240 万元。完成样品采集土壤 4200 个、植物 1182 个，调查农户 4200 户；土壤、植株样品检测 3900 个，分析 2.23 万项（次），各种试验 658 组。以水稻、玉米、小麦、油菜、马铃薯、烤烟、大豆、甘蔗、茶叶、核桃等农作物为主，发放配方施肥建议卡52万份，入户率92%。累计推广测土配方施肥19.38万公顷（次），节本增效1.36亿元；开展技术培训1183期，受训14.1万人次；完成化验室改造320平方米，购置、安装仪器设备19台（套），制订施肥配方16个。完成“云南省测土配方施肥地力评价采养点基本情况调查表”600份，“云南省测土配方施肥地力评价采点农业生产情况调查表”“测土配方施肥采样地块基本情况调查表”“农户施肥情况调查表”各4700份。为部分作物制订主配方：氮（N）、磷（P_2O_5）、钾（K_2O）配比水稻、玉米13∶7∶5，马铃薯15∶15∶15，烤烟15∶10∶24。按照农企合作要求，与昆明农家乐复合肥责任有限公司合作生产不同作物配方肥，农户按方购买施用。同时，建立景东县测土配方施肥技物服务中心，在乡镇建立配肥服务网点。

第二章　水　利

第一节　蓄水工程

一、水库

（一）中型水库

南洋河水库　位于文井镇挖固村南洋河，控制径流面积31.4平方千米。设计坝高54米，黏土心墙风化料坝，总库容1697.16万立方米。由云南省水利水电工程勘测设计研究院设计，县水利勘察设计室承担渠道工程大部分技施测设工作。主要工程项目：拦河坝填筑、溢洪道、输水隧道、渠系工程。经过邀标，拦河坝工程由省水利水电工程有限公司中标，溢洪道工程由省水利水电工程有限公司（大理二公司第二项目部）中标，导流输水隧道工程由思茅行署水电局机械施工队中标。1999年11月开工，2005年5月竣工，总投资1.02亿元。设计灌溉面积3420公顷，其中，增灌1846.67公顷，改善灌溉640公顷。2002年11月试蓄水；至2006年4月，累计供水2380万立方米，灌溉效益良好。2007年7月19日，水库枢纽和渠系配套工程竣工，并通过上级验收。

南洋河水库大坝（罗海垠　摄于2013年6月）

跨川河西水东调工程（罗海垠　摄于2012年9月）

（二）小（一）型水库

徐家坝水库　又名杜鹃湖。位于太忠乡境内哀牢山国家级自然保护区板壁河，海拔2450米，控制径流面积14.4平方千米。1958年初建，设计坝高22米，库容111万立方米。1967年，由于施工条件限制，完成坝高14米后搁置。1973年，承接施工，坝高增加到21米。通过技术处理，蓄水量达111万立方米，并开通南北输水干渠22千米，灌溉太忠公社10个大队74个生产队农田。1987年，国家“七五”商品粮基地县建设项目实施，徐家坝水库扩建立项，由地区水利机械施工队承包施工，投资180万元。1987年冬修通公路，1988年11月水库破土动工，1989年4月主体工程完工。设计坝高36米，总库容652.87万立方米，控制灌溉7333公顷，其中太忠乡353公顷。库水输入川河大沟后，增灌文井镇农田380公顷。2006年，完成徐家坝水库大坝安全鉴定及初步设计工作并通过评审，投资43万元。2008年11月28日水库除险加固工程开工，2009年7月31日完工。主要工程量：土石方开挖3697.71立方米，坝顶黏土填筑456立方米，200#混凝土334.1立方米、150#混凝土128.86立方米，反滤料1477.3立方米，草皮护坡4924.22平方米、泥结石路面440平方米，帷幕灌浆2166.54米，100#混凝土防渗墙浇筑891.67立方米，审计完成总投资451.72万元。2010年9月16—17日，水库除险加固工程通过市县验收。

湾水河水库　位于景福乡勐令村境内无量山西坡湾水河，径流面积3.53平方千米。原设计为黏土心墙坝，坝高28米，库容150万立方米。1958年11月，工程开工。由于资金、技术条件限制，加之国家政策调整，1961年停止施工。1975年，在原设计基础上建坝，坝高增至32米，库容扩大至224.45万立方米，均质土坝改为塑性黏土心墙坝。同年11月开始续建，1982年完工。设计灌溉面积424.67公顷，1995年灌溉90.4公顷。2003年4月29日，地区水利局、地区发展计划委员联字批复《景东县湾水河水库除险加固工程初步设计报告》。2005年1月26日，水库除险加固工程施工，2006年完工；完成投资546万元。2007年7月19日，通过上级竣工验收。

倒淌河水库　位于文井镇文华村倒淌河，控制径流面积3.7平方千米。1970年6月由文华农场兴建，1974年12月建成。坝高22米，均质土坝，库容100万立方米，灌溉面积160公顷。2011年8月20日，水库除险加固工程开工。批复总投资440.5万元，其中，中央318万元，省级30万元，市县92.5万元。

会地河水库　位于文井镇文会村会地河，径流面积7.58平方千米。1972年6月动工，1986年1月竣工。坝高31.6米，均质土坝，库容129.02万立方米，灌溉面积166.67公顷。2001年，完成水库除险加固工程。主要内容为大坝滑坡体开挖、大坝风化坝壳料填筑、反滤料制备和铺设、150#混凝土预制块护坡。结算总投资129.96万元。

平地水库　位于大街乡平地村竹山河，控制径流面积5.55平方千米。水库坝高36.5米，均质土坝，总库容112.1万立方米。设计灌溉者干河谷5个村农田346.67公顷，其中，增灌33.33公顷，水浇地100公顷，改善灌溉213.33公顷。水库保护人口1.2万人、农田600公顷。1988年10月动工，1990年11月竣工，1991年5月开始蓄水。蓄水当年，坝体便出现渗流，成为病害工程。2005年5月，省市水库大坝安全鉴定专家组审查《景东县平地水库大坝安全鉴定报告》，同年完成平地水库除险加固前期工作，并上报立项。2006年3月，水库除险加固工程建设开工；2007年7月27日，通过竣工验收。

挖萨水库　位于文井镇挖萨河，控制径流面积45.5平方千米。水库工程列入滇西南农业综合开发项目。坝高40米，均质土坝，总库容318万立方米。1989年11月动工，1992年6月竣工。完成配套沟渠19.9千米，流量1~0.3立方米/秒，“三面光”衬砌；建设倒虹吸6座、渡槽18座。灌溉面积362公顷，项目总投资596.69万元。2011年8月29日，水库除险加固工程开工，批复总投资490万元，其中，省级445万元，市县45万元。

豆地箐水库　位于花山乡文俄村豆地箐，径流面积8平方千米。水库工程列入滇西南农业综合开发投资项目。1958年，修建坝高20米，库容33万立方米的小（二）型水库，灌溉农田53.33公顷。建成后坝体长期漏水，死库容被淤，出现阀门铁球启闭不灵等事故。1992年，思茅地区水电勘测设计院完成水库扩建设计，由县机械工程公司承建。坝高45米，坝顶长98米，总库容216万立方米，灌溉花山乡3个村农田466.67公顷，其中增灌、改灌146.67公顷。1993年2月动工，1997年5月竣工。2004—2005 年，完成主渠道 24.39 千米，渡槽 5 座，明槽 2 座，排洪槽 38 座，放水斗门 66 座，退水闸 22 座，公路涵洞 13 座，人行桥 40 座。2011 年 8 月 20 日，水库除险加固工程开工，总投资 418 万元，其中，中央 361 万元，市县 57 万元。

菜户河水库　位于曼等乡菜户村菜户河上游，控制径流面积 2.35 平方千米。1975 年 12 月，建成坝高 25 米，库容 40.5 万立方米的小（二）型水库，灌溉农田 60 公顷；1981 年 6 月，工程竣工。1994 年，扩建工程列为以工代赈项目，由县水利水电勘察设计室勘察设计。1996 年 11 月，勘测设计资料获省水利厅供水公司审查通过。设计坝高 35 米，坝顶长 169 米，总库容 124.3 立方米，灌溉面积 259.73 公顷，其中，增灌 161.72 公顷，改灌 115.33 公顷。土坝填筑工程由南方工程建设局中标，输水道、溢洪道由文井中所、太忠岔箐建筑队承包。1997 年 3 月 4 日动工，2000 年 12 月竣工。2010 年 2 月，水库除险加固工程开工。批准投资 612.5 万元，其中，中央 338 万元，省级 100 万元，市级 30 万元，县级 144.5 万元。2011 年 3 月 22—23 日，除险加固工程通过市县验收。

排沙河水库　位于锦屏、龙街、太忠 3 乡（镇）交界处的排沙河，控制径流面积 26.93 平方千米。属第三期滇西南农业综合开发项目，主要解决大朝山电站白羊田移民安置区生产生活用水及锦屏镇景范村农业灌溉用水。设计坝高 52 米，坝顶长 187.5 米，均质土坝，总库容 340 万立方米，灌溉面积 200 公顷，其中，增灌 53.33 公顷，改灌 33.33 公顷。地区水电设计院设计，县滇西南农业综合开发办负责实施，景东路通责任有限公司施工。1996 年 12 月 30 日动工，1999 年 3 月 22 日竣工。建成后未能达到设计要求，存在安全隐患。2003 年 11 月 8 日，召开市县水库病险研讨会，提出应急措施。2006 年，完成大坝安全鉴定及除险加固初步设计，并通过市级评审。2010 年 4 月，水库除险加固工程开工，批准投资 958.41 万元，其中，中央 545.85 万元，省级 100 万元，市级 30 万元，县级 282.56 万元。2011 年 3 月 23 日，除险加固工程通过市级验收。

干桔河水库　位于大朝山东镇大驮村干桔河，控制径流面积 4.9 平方千米。主要解决大朝山电站移民农田灌溉问题。设计坝高 35.5 米，总库容 134 万立方米，灌溉面积 517.13 公顷。1999 年 1 月动工，2000 年 2 月大坝封顶，完成投资 520 万元。2001 年 7 月 12 日关闸蓄水，坝基、坝肩及涵洞周围出现严重渗漏。同年 10 月 15 日，地区水利水电局下发《关于景东县干桔河水库渗漏问题的处理意见》，要求：（1）尽快与有关部门联系，落实大坝渗漏原因分析，提出处理设计；尽快落实资金处理此库病害。（2）在工程未处理前，应加强水库试运行管理，确保水库度汛安全，试运行期间不出现工程安全事故。至 2011 年，渗漏情况仍未得到有效处理，工程不能移交验收。

（三）小（二）型水库

胥家营水库　位于锦屏镇斗阁村胥家营组，控制径流面积 1.5 平方千米。属滇西南农业综合开发项目。县水电局勘察设计室设计，省铁建司施工。均质土坝，坝高 15.5 米，长 268 米，总库容 31.9 万立方米。灌溉面积 67 公顷，其中，增灌 3.33 公顷，改灌 33.33 公顷。1991 年 10 月动工，1992 年 6 月竣工。2011 年，除险加固。

那掌水库　位于文井镇文会村那掌河，径流面积 13.7 平方千米。属漫湾电站移民安置水利工程。县水利电力局勘察设计室设计，省铁建司施工。均质土坝，坝高 31.5 米，长 132 米，总库容 67.6 万立方米。改善灌溉 173 公顷。1990 年 5 月动工，1992 年 5 月竣工。

柏枝园水库　位于文井镇丙必村柏枝园，控制径流面积 0.83 平方千米。均质土坝，坝高 18.2 米，长 50.08 米，总库容 13.32 万立方米，灌溉面积 100 公顷。渠道 80 米，“三面光”衬砌，流量 1 立方米/秒。2003 年 12 月动工，2004 年 7 月竣工。

闷沟水库　位于文井镇文华农场，控制径流面积8平方千米。均质土坝，坝高17米，长140米，总库容50万立方米，灌溉面积167公顷。1972年动工，1974年9月竣工。

那卡水库　位于文井镇文华农场，控制径流面积4平方千米。均质土坝，坝高26米，长100米，总库容30万立方米，灌溉面积33公顷。1973年2月动工，1974年12月完工。2013年8月9日，水库除险加固工程开工，总投资299.69万元。

品秀水库　位于文井镇文华农场，径流面积5平方千米。均质土坝，坝高12米，长130米，总库容15万立方米，灌溉面积73公顷。1975年1月动工，1976年6月竣工。

小丙月水库　位于文井镇清凉村，控制径流面积1.4平方千米。均质土坝，坝高11米，长85米，总库容11万立方米，灌溉面积67公顷。1976年11月开工，1980年4月竣工。

大草坝水库（周安志　摄于2012年4月）

老河窝水库　位于文井镇都拉村，控制径流面积2.2平方千米。均质土坝，坝高12米，长80米，总库容10.8万立方米，灌溉面积67公顷。1972年11月动工，1973年5月竣工。

大旱塘水库　位于大街乡三营村。均质土坝，坝高18米，总库容22万立方米，灌溉面积40公顷。1973年3月，动工兴建；1979年5月，工程竣工。2012年4月，水库除险加固工程开工，总投资293.28万元。

大滥箐水库　位于大街乡塘坊村，控制径流面积8平方千米。均质土坝，坝高18.4米，库容13.4万立方米，灌溉面积27公顷。1958年11月，水库兴建；1985年5月，工程竣工。2013年9月15日，水库除险加固工程开工，总投资99万元，其中，省级90万元，市县9万元。

大草坝水库　位于大街乡昆岗村哀牢山国家级自然保护区内，行政区域隶属双柏县，水库管理使用权属景东，控制径流面积0.8平方千米。均质土坝，坝高15.5米，总库容31.5万立方米，灌溉面积20公顷。1958年11月动工，1968年12月竣工。

景东县中小型水库一览表

表7-2-1

名称	所在乡镇	工程规模	坝高（米）	设计防洪标准（年）	径流面积（平方千米）	库容（万立方米）		输泄水建筑物 溢洪道最大泄洪量		竣工时间
						总库容	兴利库容	形式	泄洪量（立方米/秒）	
南洋河水库	文井	中	54.0	50	31.4	1697.2	1404.6	河岸式	23.3	2007.7
挖萨水库	文井	小（一）	40.0	30	45.0	318.0	275.0	河岸式	25.3	1982.6

续表 7-2-1

名称	所在乡镇	工程规模	坝高（米）	设计防洪标准（年）	径流面积（平方千米）	库容（万立方米）		输泄水建筑物		竣工时间
								溢洪道最大泄洪量		
						总库容	兴利库容	形式	泄洪量（立方米/秒）	
会地河水库	文井	小（一）	31.0	30	10.0	129.0	118.0	河岸式	40.0	1986.1
豆地箐水库	花山	小（一）	45.0	30	8.0	216.0	178.8	河岸式	7.6	1995.5
平地水库	大街	小（一）	36.5	30	5.5	120.0	73.7	河岸式	5.5	1992.11
徐家坝水库	太忠	小（一）	36.0	30	14.4	652.9	585.3	河岸式	2.0	1989.7
排沙河水库	锦屏	小（一）	52.3	30	26.9	354.6	236.8	河岸式	61.7	2001.4
菜户河水库	曼等	小（一）	35.0	30	2.4	124.3	98.7	河岸式	4.7	2001.2
湾水河水库	景福	小（一）	39.0	30	3.5	187.0	155.0	河岸式	6.0	1982.5
倒淌河水库	文井	小（一）	22.0	20	3.7	117.0	70.0	河岸式	6.0	1974.12
小丙月水库	文井	小（二）	11.0	20	1.4	11.0	8.0	河岸式	2.5	1968.5
柏枝园水库	文井	小（二）	18.2	20	0.8	13.3	9.8	河岸式	4.7	2004.7
老河窝水库	文井	小（二）	12.0	20	2.2	10.8	10.0	河岸式	—	1973.5
那掌水库	文井	小（二）	31.5	20	13.7	67.6	50.9	河岸式	79.0	1992.5
闷沟水库	文井	小（二）	17.0	20	8.0	50.0	45.0	河岸式	12.2	1974.9
品秀水库	文井	小（二）	12.0	20	5.0	15.0	13.0	河岸式	13.6	1976.6
那卡水库	文井	小（二）	26.0	20	4.0	30.0	28.0	河岸式	5.6	1974.12
胥家营水库	锦屏	小（二）	15.5	20	1.5	31.9	27.2	河岸式	1.0	1992.6
大滥箐水库	大街	小（二）	18.4	20	8.0	13.4	12.0	河岸式	15.5	1987.5
大旱塘水库	大街	小（二）	18.0	20	5.0	22.0	19.0	河岸式	10.8	1975.4
大草坝水库	大街	小（二）	15.0	20	0.8	31.5	29.1	河岸式	15.5	1969.1

二、坝塘、水窖

坝塘 新中国建立后，景东县结合当地水利资源，因地制宜，兴建大批小坝塘。20 世纪 50~90 年代，相继兴建坝塘 51 件，蓄水量 59.09 万立方米，兴利水量 52.6 万立方米，灌溉面积 810.53 公顷。坝塘主要分布在锦屏、文井、太忠、文龙、花山、安定、曼等、大街、东镇。

景东县小坝塘统计表

表 7-2-2

乡镇	坝塘名称	蓄水量（万立方米）	兴利水量（万立方米）	坝高（米）	坝长（米）	灌溉面积（公顷）	备注
锦屏	玉屏庄	2.0	2.0	8.0	176.0	13.3	—
	大水沟	4.1	3.5	15.0	59.0	10.0	—
	文旧	2.5	2.5	7.0	130.0	20.0	—
	老龙箐	3.0	2.5	9.0	32.5	—	以经营养殖、农家乐为主

续表 7-2-2

乡镇	坝塘名称	蓄水量（万立方米）	兴利水量（万立方米）	坝高（米）	坝长（米）	灌溉面积（公顷）	备注
文井	外山茶花	0.5	0.4	3.0	36.0	2.0	—
	团山	0.8	0.7	3.0	42.0	17.3	—
	龙洞	1.0	0.9	4.0	50.0	13.3	—
	那赛	5.0	4.6	6.0	71.0	46.7	—
	卢家庄	2.7	2.5	4.0	60.0	20.0	—
	山茶花	0.8	0.8	3.5	21.0	5.7	—
	新村	1.2	1.0	5.0	62.0	40.0	—
	董阿家	0.5	0.5	4.0	39.0	3.3	—
	梅子箐	6.5	5.7	14.0	39.0	10.0	—
	白云寺	0.7	0.6	4.0	60.0	6.7	—
	泥土河	3.5	3.0	4.5	51.0	40.0	—
	苏家营	0.4	0.4	4.0	41.0	10.7	—
	茶地山	0.7	0.6	5.0	80.0	2.7	—
东镇	上水塘	1.5	0.7	15.0	35.0	10.7	供水 0.7 万立方米
大街	黑龙潭	0.7	0.4	3.0	20.0	33.3	—
花山	车树	3.5	3.2	7.0	70.0	40.0	—
	田坝	3.0	2.7	4.0	58.0	26.7	—
	水牛厩	4.5	4.2	5.0	45.0	66.7	—
安定	鱼塘	0.1	0.1	—	—	3.3	—
	独田垭口	0.3	0.3	—	—	20.0	—
	垭口	0.2	0.2	—	—	20.0	
	上吴家	0.1	0.1	—	—	8.0	—
曼等	街子	0.1	0.1	2.0	27.0	1.3	—
	罗家庙	0.3	0.3	2.8	15.2	3.7	—
	中会哈	0.2	0.2	2.5	30.0	3.6	—
	胜岩	0.4	0.4	3.1	45.0	10.0	—
文龙	米家	0.1	0.1	1.0	15.0	6.9	—
	菖蒲	0.3	0.2	2.5	45.0	30.0	—
	村头间	0.2	0.2	2.5	20.0	9.7	—
文龙	何家	0.5	0.3	3.5	95.0	40.0	—
	田心	0.4	0.3	2.0	65.0	6.7	—
	徐家	0.3	0.3	2.0	80.0	26.7	—
	中岭	0.1	0.1	1.5	30.0	5.3	—
	大村	0.1	0.1	2.0	40.0	4.0	—
	小文代	0.3	0.3	2.5	42.0	23.3	—
	纪家	0.2	0.1	2.0	36.0	8.0	—
	大文代	0.1	0.1	2.0	25.0	5.3	—
	迤干田	0.1	0.1	2.0	35.0	6.7	

续表 7-2-2

乡镇	坝塘名称	蓄水量（万立方米）	兴利水量（万立方米）	坝高（米）	坝长（米）	灌溉面积（公顷）	备注
文龙	外干田	0.2	0.1	3.0	46.0	8.0	—
	马鹿	0.3	0.2	2.5	45.0	16.7	—
	下会岭	0.1	0.1	2.5	40.0	1.7	—
	大村子	0.3	0.2	2.5	45.0	23.3	—
	阵营哨	0.1	0.1	1.0	10.0	6.7	
太忠	李家箐	0.9	0.8	2.2	77.0	21.3	—
	大水塘	0.6	0.6	5.0	37.5	20.0	—
	倒坡	3.5	3.4	9.0	170.0	21.3	—
	养鱼田	0.5	0.5	6.0	37.0	10.0	—

水窖 1994年10月24—26日，召开全县农田水利工作会议。提出以“五小”工程为重点，建设山区小水利。1997—1998年，县委县政府组织有关部门到南涧县观摩小水窖建设，在曼等乡召开全县“五小”水利工程建设现场会，全县掀起建设“五小”水利热潮。至2011年，全县共有积水量6立方米以上水窖7244个，总容积11.67万立方米，总投资3093.08万元，供水人口2.29万人。

小水窖（罗海垠 2015年6月摄于锦屏镇斗阁）

景东窖池工程统计表

表 7-2-3

乡镇	村委会	数量（个）	蓄水量（立方米）	总投资（万元）	乡镇	村委会	数量（个）	蓄水量（立方米）	总投资（万元）
锦屏	董报	455	9100	136.5	文井	都拉	1	25	0.3
	灰窑	52	1040	15.6		新会	221	3315	84.0
	龙树	72	1440	21.6		路东	66	990	19.8
	利月	38	850	14.0		文会	67	1005	20.1
	温卜	32	590	10.9		挖萨	76	1140	25.1
	磨腊	25	470	8.3		者孟	2	250	15.0
	新民	14	260	4.7	花山	文明	13	195	5.2
	景范	9	180	2.7		文召	3	66	6.3
	斗阁	42	840	12.6		文岗	6	95	5.4
	前所	138	2820	43.1		芦山	20	440	6.0
	山冲	8	160	2.4		坡头	3	60	3.0
文井	文华	2	40	1.2		秀龙	8	120	2.4

续表 7-2-3

乡镇	村委会	数量（个）	蓄水量（立方米）	总投资（万元）	乡镇	村委会	数量（个）	蓄水量（立方米）	总投资（万元）
花山	营盘	19	285	5.7	文龙	下瓦伟	155	2325	51.2
	文岔	23	345	6.9		勐涝	20	400	18.6
大街	大街	3	90	3.6		义昌	70	1050	24.4
	气力	75	1500	58.5		邦迈	20	400	18.6
	勺么	16	320	6.4	安定	兴旺	96	1440	29.6
	文山	5	100	2.5		青胜	108	1620	36.4
太忠	大起育	20	400	6.0		芹河	4	60	1.2
	大柏村	37	740	11.1		民福	57	1130	51.9
	沾牛	20	350	6.2		望福	29	435	8.7
	岔箐	77	1540	23.1		古德	16	240	5.8
	三合	69	1230	21.3		青云	2	30	1.2
	叶家村	24	435	7.4		青联	23	345	9.7
	麦地	71	—	—		外仓	125	1845	48.5
	平掌	26	470	8.0		沙拉	104	1685	46.9
	大水井	24	430	7.4		中仓	4	60	1.2
	大松树	19	530	8.9		河底	15	300	14.0
	嘎仰	29	525	8.9		菠萝	14	210	4.2
	花石	19	330	5.9	漫湾	昔掌	2	30	6.4
	方家箐	6	120	1.8		五里	6	90	1.9
龙街	小龙街	373	5595	156.5		保甸	13	195	4.2
	新平	188	3095	110.9		安乐	1	15	3.2
	垭口	127	1905	63.3		文冒	8	120	2.6
	竹者	199	3285	121.1	林街	龙洞	28	560	8.4
	南岸	223	3345	99.1		万龙	7	140	2.1
	和哨	212	3180	92.1	景福	竹箐	15	225	5.8
	戈瓦	143	2145	72.1		金鸡林	41	615	15.8
	东山	78	1170	37.4		回寺	15	225	5.8
	多依树	63	945	30.9	曼等	仓房	129	1935	119.3
	小村	60	900	30.0		扎结	82	1455	100.8
	扎果	112	1680	53.6		胜岩	151	2265	58.1
	邦庆	248	3045	94.0		菜户	145	2175	67.2
文龙	瓦伟	200	3000	40.0		曼等	37	555	17.1
	会良河	164	2460	32.8		花地	103	1545	44.5
	三岔河	187	3405	125.0		排沙	55	1100	53.5
	中山	177	2655	56.5		后河	367	5505	147.9
	文录	46	765	20.2		瓦窑	148	2220	52.9
	瓦罐窑	112	1905	55.2	东镇	别落	41	615	12.1

续表 7-2-3

乡镇	村委会	数量（个）	蓄水量（立方米）	总投资（万元）	乡镇	村委会	数量（个）	蓄水量（立方米）	总投资（万元）
东镇	大村	15	225	4.5	东镇	曼崩	2	30	1.3
	彭家	29	435	8.5		新村	1	15	4.5
	黑蛇	11	165	3.1		榨房	3	45	1.1
	大驮	26	400	7.6		文玉	17	255	5.1
	芹菜塘	4	60	1.6	合计	108	7244	116696	3093.1
	曼状	13	195	3.9					

第二节 引水工程

一、川河大沟

川河大沟，因渠引川河水得名。坝头位于锦屏镇董报村石门坎，由北向南沿川河东岸蜿蜒伸延，终于文井镇文华村倒淌河，全长80千米，渠首引水流量5立方米/秒；在文井镇中所村南线河左岸开渠1.2千米，引入南线河水补充水源。1988年，川河大沟东水西调工程实施。在大沟29.5千米处开口，安装直径0.7米、长305米铸铁倒虹吸管道，穿过川河底上西岸孔雀山，再修13.5千米沟渠引水至丙必村文仓组，保障文井镇清凉、山心、丙必3个村38个组380公顷农田灌溉。川河大沟干渠和支渠总长94.7千米。

1956年11月，云南省水利局批准兴建川河大沟。12月，县委、县人委决定抽调民工3700人上工地。1957年1月6日，设立工程指挥部，正式开工。1958年，完成第一期工程14.5千米，通水至景范。1960年4月，挖通大沟80千米，通水69千米。1978年，大沟延伸10.42千米，80千米干渠全部贯通。

1980—1990年，分期完成大沟防渗衬砌，总投资302.23万元。1993年，县政府决定对渠首作除险加固处理，委托地区水利水电勘测设计院设计。一期工程于1994年12月25日开工，1995年5月23日竣工，完成混凝土浇筑2185.5立方米，浆砌石支砌575.6立方米，干砌石支砌1407立方米，总投资126.79万元；二期工程于1997年2月6日开工，同年6月4日竣工，主要是大修并改造闸门及启闭机，拆建启闭室，增加检修间，加固冲沙闸，拆除部分导水墙。完成启闭室、检修间建筑28.8平方米，混凝土浇筑427.88立方米，修理和安装启闭机4台、闸门4道，总投资33.5万元。2010年，实施农业综合开发川河中型灌区节水配套改造项目，防渗衬砌处理前段35.8千米（包括南线河取水渠1.2千米）。工程于10月15日开工，2011年4月30日竣工。完成投资1964.54万元。

川河大沟是境内最大灌区渠道引水工程，滇西南综合开发项目川河坝主要水利骨干工程。设计灌溉面积3866.67公顷，占全县的40.28%，占项目区的70.71%；实际灌区面积2820公顷，占全县有效灌区的30%，占项目区有效灌区的63.51%。

川河大沟引水工程建设伊始，地理环境复杂，施工条件异常艰难。景东人民克难奋进，发扬战天斗地的精神，利用简陋工具硬是在崇山峻岭间开凿出一条“幸福渠”，对景东县经济社会发展起着举足轻重作用，被称为当代水利建设史上的奇迹、云南省的“红旗渠”。

川河大沟施工现场一角
（县文馆所　提供）

工程技术人员亲手制作模板
（县文馆所　提供）

董报河拦河闸
（罗海垠　摄于 2015 年 5 月）

二、小型沟渠

1956 年前，景东农业耕作主要靠雨水和提引水灌溉。各个村落因地制宜，利用当地水资源开挖小沟、小渠引溪流箐水供饮水和农灌。农业合作化开始，主要依靠集体力量，扩大、加固并配套改造水沟。1980 年后，国家加大水利建设投入，永久性改造较大水沟、引水坝、渡槽、隧洞、斗门、路桥等建筑物。至 2011 年，全县共有较大沟渠 280 件，控制灌溉面积 8767 公顷，总投资 3428.05 万元。其中，引水流量 0.1~0.99 立方米/秒沟渠 271 条，引水流量 1~3.99 立方米/秒沟渠 8 条。

第三节　农村人畜饮水

一、乡镇集镇饮水工程

各乡镇政府驻地均属各地主要集镇。20 世纪 80 年代前，生活用水各自为政，各集镇利用打井、开沟或笕槽引水等方法解决人畜用水。20 世纪 80 年代后，逐步采取国家拨款和机关单位驻地居民、农户集资方式，集中建设供水设施。至 2006 年，新建文井、花山、大街、文龙、漫湾、东镇等集镇供水 14 项，改扩建景福、曼等、安定等集镇供水 4 项。但因季节性水源缺乏，境内少数集镇饮用水仍未得到彻底解决。

2005 年景东县乡镇集镇供水一览表

表 7-2-4

供水地名	人口（人）	年供水量（万立方米）	成本（元/立方米）	水价（元/立方米）	供水地名	人口（人）	年供水量（万立方米）	成本（元/立方米）	水价（元/立方米）
安定	1100	4.0	0.83	1.00	大水井	1500	5.4	1.02	1.00
文龙	1600	5.8	1.08	1.00	保甸	850	3.1	0.73	1.00
文井	2500	9.0	1.43	1.00	漫湾	1635	5.9	1.17	1.00
清凉	950	3.4	1.20	1.00	林街	1600	5.8	0.59	1.00
土林街	890	3.2	1.27	1.00	景福	1500	5.4	0.53	1.00
者后	1585	5.7	1.17	1.00	大𤘻	2500	9.1	0.78	1.00
花山	2400	8.6	0.70	1.00	文玉	1200	4.4	0.85	1.00
大街	2500	9.0	1.16	1.00	曼等	1800	6.5	0.83	1.00
三合	1100	4.0	1.01	1.00	合计	27210	98.0	—	—

说明：此表根据景政办复〔2005〕38 号文件整理

二、农村人畜饮水

有史以来，境内家庭靠引（挑）山泉、河水或井水解决饮水问题，有的村落联合开渠或打井共用。枯水季节，农户之间、村寨之间因水源引发的纠纷时有发生，更有甚者拳脚相向，对簿公堂，闹得不欢而散。新中国建立后，水利部门多次调查饮水困难地区，一村一策渐次解决。多数村寨结合农业用水开沟凿渠、修库建塘、筑池设窖，解决用水问题。至1999年末，全县解决农村饮水困难人口8.97万人，占农村人口的27.59%，未解决23.69万人，占72.53%。2000年始，国家西部大开发。县委县政府向全县人民承诺，2000—2005年在全县范围内实施饮水解困工程，基本解决5万名群众严重缺水饮水困难问题。至2004年，全县共有人畜饮水工程1126项，水池3017口，总投资3863万元，受益人口13.97万人，大牲畜8.6万头。至2011年末，农村安全饮水人口达24.91万人。

（一）国债人畜饮水工程

2001—2003年，实施国债人畜饮水项目。2001年，第二、第三批项目涉及锦屏、文井、太忠、景福、林街、漫湾25个村、67个组。完成饮水工程78件，其中，管道引水58件，水窖20件，水池208口，蓄水量2519立方米，完成投资481.1万元。解决2609户13988人和3075头大牲畜饮水困难。2003年，第一第二批项目涉及安定、文龙、花山、大街、漫湾、者后、东镇37个村、96个组。完成人畜饮水工程96项，架设输水管道438.45千米，兴建水池311口，蓄水量3318.8立方米，完成投资339.3万元。解决2964户12000人和5536头大牲畜饮水困难。

（二）农村饮水安全工程

2005—2011年，全县实施农村饮水安全工程项目。解决农村、集镇11.1万人饮水安全问题。

少数民族饮水安全工程　2005年，实施少数民族饮水安全项目。涉及漫湾、林街2个乡镇4个村8个组。完成饮水工程8件，架设输水管道26.07千米，兴建水池15口，蓄水量125立方米，投资43万元。解决330户1303人和970头大牲畜饮水安全问题。

国债农村饮水安全工程　2006—2008年，实施国债农村饮水安全项目。2006年，第二第三批项目涉及文井、龙街、曼等、大朝山4个乡（镇）8个村60个组。完成饮水工程52件，架设输水管180.04千米，新建水池51口，蓄水量895.8立方米，总投资308.5万元。解决2236户9000人和6705头大牲畜饮水安全问题。2007年，第一批项目涉及文井、安定、文龙、大街、太忠、花山6个乡（镇）、15个村、124个组。完成饮水工程119项，架设输水管道240.18千米，新建水池107口，蓄水量1365立方米，总投资595.12万元。解决3629户18146人和13549头大牲畜饮水安全问题。2008年，第一批项目涉及文井、安定、文龙、大街、太忠、花山、林街、龙街、曼等9个乡（镇）、17个村、89个组。完成饮水工程97项，架设输水管道338.05千米，新建水池166口，蓄水量1502立方米，投资469.23万元。解决2617户13084人和9601头大牲畜饮水安全问题。

中央预算内及省级农村饮水安全工程　2010年，实施中央预算内及省级第一批农村饮水安全项目。涉及文井、锦屏、安定、文龙、太忠、龙街、漫湾、东镇、曼等9个乡（镇）、22个村、205个组。完成饮水工程205件，架设输水管道782.85千米，新建水池237口，蓄水量3839立方米，投资1774.67万元。解决7326户30142人和5024头大牲畜饮水安全问题。2011年，实施中央预算内第三批和省级投资农村饮水安全项目。涉及锦屏、大街、花山、龙街、漫湾、景福、东镇、林街、曼等9个乡（镇）、22个村、182个组。完成饮水工程182项，架设输水管道697.17千米，新建水池206口，蓄水量3214立方米，投资1370.66万元。解决6394户26292人和4400头大牲畜饮水安全问题。

第四节　河道治理

一、莲花塘改河工程

莲花塘位于锦屏镇景范村莲花塘组，川河东岸，距县城2千米。川河由北向南流至莲花塘，直角向西成弧形绕至左所营，再由东转南流出，形成一个天然大河湾。“农业学大寨”期间，县委、县革委会决定，举全县之力实施莲花塘河道截弯改直工程，推动全县农田水利建设。改河后，可增加耕地33.33公顷。工程包括新河道开挖、河道护坡浆砌、消力池建设、景范小河口处理、输水管道及人畜通行桥施工几部分。

1977年10月20日，改河工程动工。民工在全县15个公社1616个生产队中抽调，每个生产队1人，以公社为单位组成民兵连，由公社干部担任连长、指导员，自办伙食，口粮自带，不足部分由生产队补给，工地每人每天补助菜金0.2元，生产队按工地转回工日数评记同等劳动力工分。1979年1月始，工地实行定额管理，每个定额0.7元，其中0.3元交回各生产队，第一次合并民工减至500余人，第二次合并减至80余人。自1981年始，农村实行家庭联产承包责任制，民工要参与土地承包。8月，县委领导决定工程下马。累计投劳57.68万个，耗资98万余元。开工后，一直得到全县广大人民群众支持，虽未按规划设计完成，但为防洪整治工程的实施奠定了基础。

二、川河防洪整治

1995年，县委县政府克服重重困难，再次将川河整治工程提到议事日程，决定分期分段根治川河隐患。整治工程自始至终得到省市政府和有关部门支持，累计投资4809万元。工程由葛州坝勘测设计院负责初设，由省水电勘测设计院承担技术施工。施工单位有中国有色金属十冶机械化公司、云南省葛大工贸有限公司及云南省林业工程公司联营体、嵩明县建筑公司第五工程处、云南省景东监狱等。2011年4月2日，县政府召开川河县城左岸连接段防洪整治工程竣工验收会。

一期工程　1997年11月开工，1998年5月竣工。治理莲花塘至塘窑河段，治理长度4.08千米（原主河道长7千米）。完成土石方开挖57.4万立方米，河堤填筑38.4万立方米，浇灌混凝土2.99万立方米，支砌石方4.76万立方米，建筑排涝涵洞10座，跨河倒虹吸2座，河口交汇建筑物5件。整治后，设防标准由三年一遇提高到二十年一遇，保护川河两岸353.27公顷农田和县城安全；新增耕地70.6公顷，为新城区开发和土地置换创下条件。

川河防洪整治五期工程施工现场（唐云　摄于2010年4月）

者干河治理工程施工现场（李廷新　摄于1990年）

二期工程　2002年1月开工，2002年5月竣工。治理塘窖至麻栎庄河道，治理长度1.6千米。完成土石方开挖9.8万立方米，河堤填筑11万立方米，浇灌混凝土0.81万立方米，支砌石方1.35万立方米。工程保护两岸农田67公顷。

三期工程　2006年5月开工，2006年6月竣工。治理景太大桥下游左岸河段，新建河堤170米，原河道护坡墙顶加高190米。完成土石方开挖0.53万立方米，河堤填筑0.23万立方米，浇灌混凝土0.35万立方米，支砌石方0.18万立方米。工程实现河堤与景太公路的有机结合。

四期工程　2009年3月开工，2009年6月竣工。治理景太大桥下游河段左岸河堤延伸与景太公路对接，治理长度402米；大桥上游左岸河堤墙顶加高，长度420米。完成土石方开挖1.04万立方米，河堤填筑4.59万立方米，浇灌混凝土0.15万立方米，支砌石方0.35万立方米。工程完善景太公路及新建材市场配套建设。

五期工程　2009年12月开工，2010年6月竣工。治理河段由河东街大桥左岸水文站至新建材市场，治理长度1.77千米。完成土石方开挖9.9万立方米，河堤填筑14.41万立方米，埋石混凝土5.67万立方米，浇灌混凝土0.53万立方米，支砌石方0.12万立方米。由县级自筹资金建设，总投资918.98万元。为一期配套完善工程。保障左岸水文站至建材市场防洪安全，提升城市品位，为县城扩建耕地置换打下基础。

三、者干河治理

1977年始，治理者干河。主要提高河道行洪标准，保护两岸基本农田，新增部分农田。

三营段　1977年春，开始治理大街三营段河道。由大街公社三营大队党支部组织施工，文焕、中营、河边、文武、上周、上营、小街、杨营8个生产队参加。工程主要把东岸河弯改直，固定河床，改造河滩。完成土石方开挖2700立方米；支砌底宽2.5米、顶宽1米、高2~5米河堤870米，支砌石方4800立方米。投资4.3万元，其中国家补助1.3万元，其余均由生产队投资投劳。

文东至关圣宫桥段　1996年7月，开始治理文东至关圣宫桥段河道，长1.6米。用推土机疏通宽25米、深1米河道，清除土石方29万立方米。投资72.5万元。

文焕至萱草地段　1997年，河道治理向上游延伸，改治大街乡文焕至太忠乡萱草地接壤段，全长1.2千米。疏通宽20米、深1米河道，清出土石方2.6万立方米。投资6.5万元。

文东至背阴塘段　2000年5月，治理文东至背阴塘段河道，全长4.8千米。完成土石方开挖22万立方米，砂石填筑9000立方米，垒石2600立方米，石方支砌1500立方米，浇灌混凝土180立方米。投资160万元。

花山街段　2009年，治理者干河花山街段河道，全长342.9米。完成土石方开挖2.38万立方米，砂石填筑0.32万立方米，浇灌150#混凝土528立方米、200#埋石混凝土2023立方米。投资100万元。

者干河与文俄河汇口　2011年6月，治理者干河与文俄小河汇口，全长106米。完成土石方开挖3371立方米，砂石填筑982.28立方米，浇灌150#混凝土120立方米、200#混凝土126.33立方米、200#埋石混凝土392.5立方米。投资36.61万元。

四、老练小河治理

2008年12月至次年5月，治理文井镇老练小河连（家箐）南（京山）公路桥至川河段河道，提高行洪标准，保护两岸村庄和农田。治理河道长1043米，完成开挖土石方26126.13立方米，回填土石方1168.13立方米，浇灌150#埋石混凝土3316.12立方米、200#混凝土7.8立方米，75#石支砌213.06立方米。投资99.68万元。

五、老马河治理

2008 年 12 月至次年 5 月，治理文井镇老马河连南公路至川河段河道，提高行洪标准，保护两岸耕地 67 公顷。治理河道长 980 米，完成开挖土石方 17072.29 立方米，土石方回填 75.25 立方米，150#埋石混凝土 2952.01 立方米，毛石垫层 160.94 立方米。投资 72.61 万元。

六、林家小河治理

2006 年 12 月至次年 8 月，治理文井镇林家小河连南公路至川河段河道，提高行洪标准，保护耕地 67 公顷。治理河道长 552 米，完成土石方开挖 10878 立方米，浇灌 150#埋石混凝土 881.91 立方米、200#混凝土 307.90 立方米。投资 34.86 万元。

七、文蚌河治理

2008 年 12 月至次年 5 月，治理文井镇文蚌河连南公路至川河段河道，提高行洪标准，保护耕地 67 公顷。治理河道长 754.7 米，完成土石方开挖 12562.24 立方米，土石方回填 4592.34 立方米，浇灌 150#埋石混凝土 1634.83 立方米、150#混凝土 560.3 立方米、200#混凝土 12.5 立方米。投资 59.79 万元。

开南河治理工程（县委党史办提供　摄于 2006 年 3 月）

八、南线河治理

2011 年 11 月至次年 1 月，治理文井镇中所村南线河新村大桥至川河段河道，提高行洪标准，恢复农田 4 公顷，保护耕地 67 公顷。治理河道长 863.1 米，完成土石方开挖 12819.19 立方米，土石方回填 38867.24 立方米，浇灌 150#埋石混凝土 2154.96 立方米、150#混凝土 1098.66 立方米，抛石 1135.95 立方米。投资 163.05 万元。

九、开南河治理

2005 年 3 月 6 日至 5 月 11 日，治理文井镇开南河河道，提高行洪标准，新增农田 0.67 公顷，恢复农田 4 公顷，保护农田 67 公顷。治理河道长 1420 米、宽 16.5 米。完成土石方开挖 6.21 万立方米，土石方回填 1.70 万立方米，75#石砌方 2440 立方米，浇灌 200#埋石混凝土 2937.45 立方米、150#混凝土 120 立方米、150#埋石混凝土 793.8 立方米。投资 150 万元，其中，农业综合开发项目 50 万元，福泉糖业公司 40 万元，县土地局 40 万元，县财政 20 万元。

十、怕末河治理

2011 年 11 年至次年 5 月，治理文井镇怕末河河道，提高行洪标准，保护耕地 54 公顷。治理河道长 311.2 米，完成土石方开挖 2193.60 立方米，土石方回填 2245.88 立方米，75#支砌方 35.13 立方米，浇灌 150#埋石混凝土 667.99 立方米、150#混凝土 11.32 立方米、200#混凝土 3.27 立方米。投资 24.81 万元。

第五节 水土保持

一、水土流失状况

1999年，水利电力部天津设计院和云南省水利水电厅应用遥感技术，调查思茅地区土壤侵蚀情况。景东县土壤侵蚀面积1457.34平方千米，占全县国土面积的32.67%。其中，轻度侵蚀1268.77平方千米，中度侵蚀176.08平方千米，强度侵蚀12.49平方千米。主要分布在文龙、太忠、曼等一带。2007年，根据云南省政府《关于划分水土流失重点防治区的公告》，景东县属西南土石山区，列为云南省主要预防保护区，水土流失防治执行I级标准，水土流失容许值为2×50万千克/平方千米。景东县水土流失主要原因：(1) 重力因素。全县95.5%属山区，山高坡陡，沟箐繁多，河道切割深，重力成为水土流失主要营力。(2) 水力因素。受南亚热带气候影响，高温多雨，旱季、雨季分明，雨量集中，不时出现单点暴雨，水力成为水土流失另一个营力。(3) 土壤因素。全县广泛分布的赤红壤及灰质胶泥，具有遇水松散、黏度低等特点，容易流失。(4) 人为因素。人类滥砍乱伐、毁林种植等不良活动和森林火灾，加剧水土流失。

二、小流域治理

1956年9月，景东县派出水利干部参加云南省水土保持委员会第一期水土保持培训班，并在县农水科设专职水土保持干部。1960年，在县水工队设水土保持站。“文化大革命”期间，机构被撤销。1988年6月，文井镇设立水利水土保持管理站。1995年4月，成立县水土保持委员会，并在县水电局设水土保持工作站，制订出1996—2005年水土保持规划，各乡镇水利水土保持站相继成立。2006年末，全县有专职水土保持干部50人，其中县级5人。

（一）以工代赈项目

1993—1997年，实施以工代赈小流域治理项目。经上级批准，湾水河水库、挖萨水库、速南河、川河大沟、菊河获得小流域治理立项投资。

湾水河水库小流域治理 1993年，实施湾水河水库小流域治理项目。完成库区绿化核桃1660株、雪梨360株、水蜜桃218株、花椒1200株、木瓜700株、板栗300株，建造蓄水池2个、引水灌溉沟渠1件，治理水土流失104公顷。投资25万元。

挖萨水库小流域治理 1994年，实施挖萨水库小流域治理项目。完成库区绿化芒果、荔枝、龙眼1500株和柑橘1万株，建造蓄水池2个、排洪沟1件，治理水土流失1453.33公顷。投资20万元。

川河大沟、速南河小流域治理 1995年，实施川河大沟、速南河小流域治理项目。完成绿化36公顷，完善小型水利水保工程措施3件，治理水土流失58公顷。分别投资10万元。

菊河流域治理 1996年，实施菊河流域治理项目。包括县城“三山四箐”(御笔山、玉屏山、翠屏山，虹桥箐、石婆婆箐、老龙箐、钟家河)、菊河下游。完成拦沙坝3座、排洪沟3处，加固排洪桥1座。撒播思茅松、草33公顷，治理水土流失168公顷。

（二）省级项目

1991—2004年，实施省级水土保持治理工程项目。包括龙街河、昆岗河、文垂河3个综合治理区。2004年7月26日，通过省级验收。

龙街河小流域治理 1999—2002年，实施龙街河小流域水土保持综合治理项目。涉及龙街乡小龙街、南岸2村，流域土地46.7平方千米，其中，水土流失23.1平方千米，小流域治理23.1平方千米。完成治理18.31平方千米，占下达计划数的96.3%。其中，“坡改梯”367.73公顷，水保林513.47公顷，经果林428.93公顷，种草80公顷，封禁治理353.6公顷，保土耕作87.27公顷；完成小型水利水保工程土石方量5.9万立方米，建成蓄水池36个，开挖灌排沟及架设饮水管道8940米、水平沟1670米，建造谷坊4座。投资196.2万元，其中，省级120万元，地县68.7万元，群众自筹7.5万元。

昆岗河小流域治理　2001—2002年，实施昆岗河小流域水土保持综合治理项目。涉及大街乡昆岗村20个组，小流域土地23.01平方千米，规划治理10.23平方千米。完成治理11.38平方千米，占下达计划数的99.7%。其中，“坡改梯”141.33公顷，水保林128.4公顷，经果林564公顷，封禁治理303.8公顷。完成小型水利水保工程土石方量3.4万立方米，兴建蓄水池15个，开挖排水沟及架设饮水管道5000米，投入劳动工日7.8万个。投资140.47万元，其中，省级98.47万元，地县39万元，群众自筹3万元。

文垂河小流域治理　2002—2003年，实施文垂河小流域水土保持综合治理项目。涉及锦屏镇董报、前所、利月、灰窑4村，小流域土地34.89平方千米，其中，水土流失14.8平方千米，小流域治理14.8平方千米。完成治理14.6平方千米，占下达计划数98.8%。其中，“坡改梯”99.53公顷，水保林55.4公顷，经果林128.2公顷，封禁治理462.53公顷，保土耕作25.93公顷。完成小型水利水保工程土石方开挖2.95万立方米，修建蓄水池20个，开挖排灌水沟及架设人畜饮水管道11.84千米，修建挡土墙31.4米，治理河道1.5千米，投入劳动工日11.2万个。投资127.74万元，其中，省级78.89万元，地县44.85万元，群众自筹4万元。

第六节　抢险救灾

20世纪50年代，县委县政府成立抗旱防汛指挥部，主抓全县抗旱防汛工作。办公室设在水利部门，指挥长由分管农业副县长担任，成员一般由武装、民政、财政、交通、农业、卫生、供销、粮食、林业、水利、电信、气象、计经委等有关负责人组成。在指导思想上，贯彻“以防为主，防重于抢，确保安全”方针，发动群众兴修水利，开展水土保持，减少、减轻旱、洪灾损失。

一、抗洪抢险

“7·16”洪灾抗洪抢险　1991年7月16日，景东发生百年一遇特大洪灾（简称“7·16”洪灾），川河沿线乡镇遭受巨大损失。灾害发生后，县委紧急召开四班子领导及有关部门负责人会议，成立抗洪救灾领导小组，组成工作组分赴灾区查看灾情，慰问、看望灾民，组织干部群众抢险救灾。县政府及时安排救灾资金10万元，粮食部门调拨救济粮5万千克，农资部门调运化肥14.5万千克。地委副书记毕国光率领行署救灾工作小组及时赶赴景东，指导抗洪救灾工作。省政府拨款50万元、地区拨款10万元，支援灾区恢复生产，重建家园。全县收到324个单位（其中县外7个）职工8533人、2525农户捐款25.3万元，以及大量大米、食盐、布匹、奶粉、衣服、毛巾、油毛毡、化肥、药品等生产生活物资。

“6·22”洪灾抗洪抢险　1994年6月22日，连续降雨，县城及各乡镇不同程度受灾。灾情发生后，县委县政府派出大批机关干部分赴灾区，配合乡镇抗洪救灾。7月1日，在政府小礼堂举行“6·22”洪灾赈灾捐款大会，县级机关单位捐款2.35万元，干部、职工捐款5698元。

“7·3”洪灾抗洪抢险　1998年7月3日，县境突降暴雨，平均降雨量142.2毫米。3—6时，林街乡岩头、丁帕，漫湾镇昔掌、保甸等地出现罕见单点性特大暴雨，引发山体滑坡和泥石流灾害（简称“7·3”洪灾）。灾害发生后，景东县及时成立抗洪救灾领导小组和发展生产领导小组，广泛宣传动员干部群众，增强防大洪、抗大灾意识。要求认真落实防洪救灾措施：(1) 全面检查全县水库、坝塘防洪工程；(2) 由各乡镇武装部负责，建立一支以民兵为主体抗洪救灾突击队；(3) 各级干部深入第一线指导、参与抗洪救灾，把灾害损失减少到最低限度；(4) 全县93个扶贫挂钩单位干部立即深入76个贫困村，帮助抗洪救灾和恢复生产。省委省政府、地委行署十分关心和重视景东灾情。省委书记令狐安打电话询问灾情，发来慰问电，并派出省政府副秘书长张绍云带领工作组赶赴林街重灾区，与省民政厅、省救灾办、省防汛办、省地矿局等负责人，地委书记杨建甲、行署副专员李忠恒和魏红等领导，地区民政局、水电局等负责人、思茅军分区官兵共同参加抢险救灾。全县收到省级拨款和捐款173万元、地区级13万元、县级37万元，总计223万元（其中，个人捐款11.1万元）用于救灾救济。

抗洪救灾（李廷新　摄于1994年6月）

二、抗旱救灾

1997年抗旱　1997年4月，时值春耕栽插、玉米播种黄金季节，全县出现严重旱情。4月30日，景东县召开县级副科以上干部及89个扶贫挂钩联系单位负责人抗旱和扶贫工作会议，动员各级组织投入抗旱救灾。6月4日，召开抗旱防汛指挥部全体成员紧急会议，分析旱情，研究对策，决定实施人工增雨。6月5日上午，再次召开抗旱救灾电话会议，要求全县各级干部和各族人民紧急行动起来，全力以赴抗旱救灾。先后参加10.7万人，其中，县级干部32人，县乡干部854人，学校师生约4000人。出动抽水机11台187千瓦，柴油机38台294千瓦，运水车75辆，乡村社群众购买塑料管1.8万千克；投入抗旱资金68万元，其中，县财政10万元，县级各单位17万元，乡村社自筹41万元，用于救灾和恢复生产。

2005年抗旱　2005年1—5月，景东县遭受罕见旱灾，大部分水源枯竭，库塘蓄水量急剧减少，群众生产生活用水紧张。全县各级各部门贯彻落实省市抗旱工作电话会议精神抗旱救灾。先后参加抗旱15.41万人，建设泵站3处，投入机动抗旱设备276台309千瓦、运水车104辆，抗旱用

抗旱救灾（钟礼昌　摄于2010年）

电 6.2 万千瓦时、用油 9400 千克，抗旱资金 149.3 万元，临时解决 5.08 万人 2.43 万头大牲畜饮水困难。

2010 年抗旱　2010 年春，全县各乡镇出现旱灾。各级各部门投入抗旱救灾工作。先后投入资金 1028.36 万元，其中，各部门 638.3 万元，群众自筹 390.06 万元；投入工日 11.25 万个、燃油 3.4 万千克、用电 5.3 万千瓦时。

第七节　水政执法

一、地方性法规和行政规章

地方性水利法规　1995 年 3 月 18 日，《云南省景东彝族自治县水利工程建设和管理条例（草案）》通过县第十二届人民代表大会第三次会议审议。7 月 21 日，通过省第八届人民代表大会常务委员会第十四次会议批准。县八大常委会决定，该《条例》自 1996 年 1 月 1 日起施行。

2010 年，《云南省景东彝族自治县水资源管理条例（草案）》通过县第十四届人民代表大会第三次会议审议。2010 年 5 月 28 日，通过省第十一届人民代表大会常务委员会第十七次会议批准。县人大常委会决定，该《条例》自 2010 年 10 月 1 日起施行，同时废除《云南省景东彝族自治县水利工程建设和管理条例》。

地方性行政规章　1987 年 7 月 13 日，县政府制颁布《景东彝族自治县川河大沟工程管理规定》。1992 年 3 月，县政府颁布《景东彝族自治县水利工程供水收费标准管理规定》。1996 年 2 月，县政府制订出《景东彝族自治县蓄水工程管理规定（试行）》。1997 年 2 月 21 日，县政府制订出《景东彝族自治县水利工程供水收费标准和管理规定》，原《景东彝族自治县水利工程供水收费标和准管理规定》同时废除。

二、执法主体和执法情况

1995 年后，相继成立水政水资源站、水土保持站。2000 年 10 月，县政府批准成立水政监察大队。1999 年 1 月，水政水资源、水土工作站联合举办水利行政执法培训班，培训水利执法人员 50 人，经考试合格，省政府颁发“执法证书”。2000 年，制订县城“四箐”及流域水保监督、防洪等规定。先后处理违法违章案件 5 起，处理损坏堤防案件 2 起，阻止乱采石 1 起及采砂若干起，调解水事纠纷 2 起。2003 年，水政监察大队正式挂牌成立，并培训水利执法人员 66 人，经考试合格，核发“行政执法证”。2005 年，根据上级要求，开展全县水政执法检查工作，处理违法建筑 4 座、无证采砂 2 件、围堵河道 2 件。至 2006 年，全县共办理“取水许可证”59 份、水保审批项目 45 个、“采砂许可证”38 份。

第八节　水务机构

景东县人民政府成立后，水利部门先后称为建设科、农林水利科、农林服务站革委会、农林水革委会、农林水利局、水利电力局、水利水电局、水务局。1978 年，县水电局成立，内设人事秘书股、会计统计股、工程管理股、基建股。1996 年 11 月，经县政府批准，改称县水利水电局，内设办公室、计划财务统计股、水利水电建设管理股、抗旱防洪冬春修办室。2001 年 7 月，更名为县水务局，内设办公室、计划财务统计股、水利水电工程建设管理股。2006 年定编，有公务员 10 人，其中，办公室2人，计财股1人，水利水电工程建设股3人。2011年12月，机构改革，共有15人，其中公务员8人。下辖水利水电勘察设计室、水政水资源管理站、水土保持管理站、河道管理站、防汛抗旱办公室及川河大沟、南洋河水库、徐家坝水库、湾水河水库、平地水库、排沙河水库、豆地箐水库、挖萨水库、莱户河水库、会地河水库等管理所。历任局长：陈应诗、陈寿鹊、李明聪、阿金雄、王开明、袁昌臻。

第三章　交　通

第一节　弥遮公路纪事

抗日战争期间，蒋介石听从云南省长龙云建议，拟修筑滇缅铁路，起于昆明总站（今昆明北站），止于缅甸腊戍，与景东擦肩而过（沿澜沧江西岸而下，隧洞、桥墩等遗迹尚存）。铁路于1938年12月动工，1942年因滇西失守停工，仅从昆明修到安宁（后又拆除）。在此期间，铁路附设工程滇缅公路（下关—畹町）先行建设。工程由地方负责，中央辅助。1938年9月，公路建成，全长547.8千米，成为西南输送抗战物资大动脉。1941年9月，省政府下令修筑滇缅公路重要支线弥遮公路。弥遮公路起自弥渡海坝庄，经南涧，翻无量山，跨澜沧江，过云县草皮街、吴家寨，最后止于遮别。公路全长331.48千米，景东境内约5千米，属滇缅间传统路线之一。

景东县领命修筑弥遮公路后，成立滇缅公路工程处，工程处设在民众教育馆（文庙），由县长王景陶兼处长，杨恩泽任副处长，下设工程、民工、粮食、运输、会计、文书等股，工程股由杨希良任总队长，王绍周等3人分别任3个大队大队长；下设小队、中队若干，由各区领队人充任小队、中队队长。并在全县各区强征民工近3000人，其中有兄弟、父子和夫妻工，甚至有孕妇。安定区靠近公路工地，负担尤重，被征集民工最多。1941年10月，各地民工带着行李、干粮，赶赴澜沧江边马鹿田一带工地，盖起简陋茅草棚后仓促上阵，仅有锄头、刀斧、竹箕、棕草绳等简单工具。工地上瘴深毒重，白天酷热，晚上严寒，还不时遭到日军飞机骚扰。由于先期准备不足，民工缺医少药，加之运输不便，骡马征集又极其困难，粮食、蔬菜、油盐供给远远不足，饿死、累死、病死、工伤现象时有发生，不到4个月时间，死亡民工300多人，工程一度陷入绝境。1942年4月，弥遮公路通车。

公路通车后，省政府拨给景东县部分款项用于救助和抚恤伤亡民工家属，但这些款项被县参议长赵祥生占为己有。县城士绅马熙泽知晓后，与赵祥生理论，官司打到省政府，结果赵祥生败诉，退出全部款项，由马熙泽接替处理。马熙泽用这些款项在新公园（今老干部活动中心前面）修建纪念石碑1座，将300多名死难民工名字刻于纪念碑上，剩余款项在新公园内建盖两层三格带走廊戏楼1幢，其中中格楼为戏台，并添置半套戏装行头。

纪念塔高约8米，基座为正六面体梯台构造，长约4米，设十六七级台阶，围有高约0.9米石护栏；梯台正中为宽约1.4米、高约2.2米四面体碑座，四面镶嵌大理石石碑，石碑刻有碑文；碑座中央竖立一道三棱形石标，高约3米，上书“修滇缅公路的纪念标永垂不朽”，顶尖如剑。1953年12月，弥宁公路通车，弥遮公路弥渡至南涧段成为弥宁公路一部分。1959年底，建造菊河电站，纪念塔和老城过街楼一同被拆除，用于支砌电站机房水槽。1994年6月，戏楼被拆除。

第二节 公 路

一、国道214线

景东县境原无国道。因兴建漫湾大型水电站，南涧县境内落底河至景云桥段被库水淹没，214国道改由南涧县小军庄经宝华、无量至景东漫湾镇跨澜沧江。新修公路称马漫公路（南涧马鹿田至景东漫湾），由漫湾电站筹备处组织修建。公路于1985年9月开工，1987年5月竣工，按山岭重丘区三级标准建设。县境国道始于安召滴水箐，沿途经漫湾镇温竹村、安乐村、镇政府驻地岔山街，达漫湾电厂，境内里程36千米。1990年1月，景东公路管理段接管马漫公路安召k2519米至漫湾大桥k2555米段。2001年1月20日，云南省公路局、大理总段、思茅总段、景东段、南涧段召开交接会议，自2000年1月20日起，正式将境内36千米沥青路、沿线2个站所、1个养护点房屋及工人28人，养护机械、砂石料场等移交南涧段管理。

二、省道小普线（小军庄—宁洱）

弥宁公路（即小普公路），起于214线南涧小军庄（k2460+900米），止于宁洱，全长435.35千米，属景东唯一过境省道。过境路段北起安定，南至者后，沿川河贯穿安定、文龙、锦屏、文井、者后5个乡（镇），长121.2千米。1951年11月开工，1953年1月竣工。景东县1.3万多人参与建设。新中国建立初期，受资金、技术等因素制约，公路建设标准等级低，弯多路窄，纵坡起伏较大，特别是进入雨季，山洪暴发，泥石流、滑坡灾害频发，交通经常断阻，景东人民饱尝交通不畅苦头。1990年，省交通厅把小普公路列为经济干线建设计划，分批分期加以改造。

鼠街至县城公路改造 1990年6月至1991年6月，成立鼠街过境公路改建指挥部，由科技副县长任指挥长，县交通局、景东公路管理段主要领导任副指挥长。一期工程按山岭重丘区三级标准，改造鼠街段公路2.4千米，投资156.97万元。1991年10月至1993年5月，成立县公路指挥部。二期工程按山岭重丘区和平原微丘区三级路标准建设，由省公路规划设计院第一测设队测设，改造安定至三岔河段4.881千米、梅子箐至望城坡段5.9千米公路。投资502万元，其中，省级362万元，地县140万元。1992年10月至1997年7月，三期工程按山岭重丘区和平原微丘区三级路标准建设，委托省公路规划设计院进行可行性研究、县公路局施工测量队协助测设，改造三岔河至梅子箐29.3千米、文垂河至县城7.74千米公路。投资1534万元，其中，省级996万元，地县538万元。二、三期工程总投资4959.74万元。2004年7月17日，改造工程通过省级验收。改造后，县城至安定里程由57.4千米缩短为50千米。

县城段公路建设 1998年11月22日至1999年7月15日，成立县公路指挥部。按二级路标准建设新城区通化桥至凉水井过境公路，全长3.6千米，铺筑面积3.82万平方米。路基工程由指挥部组织施工，投资1173.7万元；路面工程由景东公路管理段实施，投资180.54万元。

县城至三家村油路建设 2002年，小普公路县城凉水井至者后三家村段，列为中央预算专项资金（西部国债）投资贫困县油路工程，全长64千米。2002年1月11日，云南路桥总公司以3536.6万元标价中标。2002年3月22日至2003年4月，完成油路铺设。公路里程缩短至61.41千米，其中，二级路1.5千米，四级路59.91千米。总投资3819.46万元。2003年8月13—19日，油路工程通过省级验收。2003年8月20日，由景东公路管理段代管。2005年4月12日，正式移交景东公路管理段养护。

三、县乡公路

（一）花大线（花山—大朝山电站）

花大线起于花山乡政府驻地，止于澜沧江大朝山大桥，全长211千米，为连接景东县东部和西部的重要经济干线。横跨川河坝、无量山，东段由清凉经大街至花山（简称清山公路），长49千米；西段由清凉经芹菜塘、大驮街、文玉至大朝山大桥，长162千米。

清山公路　1963年，景东县自力更生，修通第一条县乡公路，即清凉至大街公路，长30千米。1964年，续修大街至花山公路，长19千米。2003—2005年，列入“以工代赈”建设项目，按山岭重丘区四级标准改造。一期工程16千米，二期工程33千米。总投资890万元，其中，省级投资700万元，地区、县投资170万元。2007年1月至2008年4月，完成清凉至大街30千米油路铺设。2008年10月至2009年5月，完成大街至花山19千米油路铺设。

清勐公路（景勐公路）　1969年11月至1970年4月和1971年11月至1972年3月，景东县革委会举全县之力，两次组织“西区公路会战”。第一次会战，开通清凉街至勐令街无量山公路，全长53千米。第二次会战，以连接西区5个公社驻地为目的，5条公路同期开工，全长189千米；(1) 勐令至景福，里程32千米；(2) 景福至林街，里程23千米；(3) 毛家坝至大行山，里程33千米；(4) 芹菜塘至大驮，里程48千米；(5) 安定至安乐，里程53千米。

1981—1984年，修建大驮至文玉公路，全长34千米。分两次组织施工。第一次修建大驮至小芹菜塘（牛丛碑街）段，1982年通车，里程18千米；第二次修建小芹菜塘至文玉（小厂街）段，1984年通车，里程16千米。1992年3月，省政府、国家能源一部水电设施院、大朝山电站筹备处确定大朝山电站进场公路专线“以清凉为起点直达大朝山电厂方案”，景东县即抽调相关人员组建工程指挥部，全线新（扩）建清凉至大朝山电站公路。新建文玉至大朝山电站38千米，改扩建124千米。改扩建工程分两期实施：第一期为改扩建砂石路面工程，第二期为铺设弹石路面工程，于1994年9月竣工。新（扩）建后，花大线清凉至大朝山大桥实际里程157.85千米。

（二）芹漫线（芹菜塘—漫湾镇）

芹漫线起于景福乡勐令村芹菜塘，止于漫湾镇政府驻地岔山街，全长102千米。沿线经过景福、林街、漫湾3个乡（镇），勐令、勐片、回寺、古里、棠梨箐、竹箐、丁帕、林街、昔掌、文冒、保甸、漫湾12个村。1972年，建芹菜塘至林街段，全长57千米。1984年，争取国家“以工代赈”项目粮食、棉花、棉布、炸药、水泥等物资补助，地方筹资32.6万元，群众投工投劳。1985年1月5日至5月10日，曼等、景福、林街3个乡出动民工1.46万人，改造公路至高笕槽，长28千米。1985年11月1日至1986年3月20日，投工7.7万个改造高笕槽至林街段，长14千米。1982年，列入国家松香生产基地建设项目，开通林街至保甸段，长25千米；1984年7月1日至12月30日，投工18万个完成改造。1975—1983年，修通保甸至漫湾段，长20千米；1988年11月20日至1990年5月，完成改建。2004年12月至2006年6月5日，实施芹漫线全路段改扩建。2008—2010年，按照山岭重丘区四级标准建设，分三段实施油路工程：(1) 2008年9月20日至2010年11月30日，实施芹菜塘至林街段，全长55.76千米。(2) 2009年2月16日至2009年12月30日，实施芹漫线K55+313米至K67+313米段，长12千米。(3) 2010年12月至2013年7月，实施芹漫线K67+313米至岔山段，长34千米。总投资785.7万元。

（三）毛高线（毛家坝—高笕槽）

毛高线起于景福乡毛家坝，经曼等大行山至高笕槽，全长69.5千米。(1) 毛家坝至大行山段。

1971年11月至1972年3月西区公路会战开通，全长34.5千米。1985—1986年，改造丙拐街至大行山段，长12.5千米。1986年12月22日至1987年3月21日，改造剩余21千米路段。2005年11月至2007年4月，全线改建。2010年12月28日至2012年5月，实施油路工程。投资2386.83万元。(2) 大行山至高笕槽段。1991年12月27日至1995年5月修建，全长35千米，投资215.2万元。

（四）安安线（安定—安乐）

安安线起于安定乡鼠街，止于安乐公社安乐街，全长53千米。1964年，安定公社中仓大队被树立为全县农业学大寨先进典型，开通鼠街至中仓公路，全长16千米。1972年，西区公路会战，至安乐公路取岔道于中仓公路k10米处，新开挖公路43千米。安安公路是景东县第二条翻越无量山通道。20世纪七八十年代，对地方经济发展发挥着重要作用。马漫公路开通后，过往车辆渐少。

（五）连南线（连家箐—南京山）

连南线起于中所村连家箐，止于文华村南京山，全长24.5千米，途经文井镇者孟、文光、老练、文窝、文华5个村及者孟糖厂、文华农场。公路始建于1964年；1987年11月至1988年1月改扩建，投资14万元。当地政府渐次将公路延伸至文会、新会，过境入镇沅县恩乐公社复兴大队。

（六）文三线（文华—三章田）

文三线起于文华大桥，止于镇沅三章田，全长49千米。(1) 文华至花山段。系20世纪50年代文华农场拉煤专用通道，公路建设标准低。1994—1997年，经省地交通部门批准，按照四级公路标准测设改建。投资160万元，其中，县级24万元，地级23万元，"以工代赈"113万元。全长30千米。(2) 花山至三章田段。1980年，由花山公社组织，各大队、生产队相互协作，挖通花山至坡头公路。1995年，景东花山至镇沅九甲段公路列入"以工代赈"项目，按山岭重丘区四级标准改建，投资160.122万元。2008年10月10日至2009年5月20日，完成花山至三章田油路铺设。全长19千米。

（七）大振线（大朝山—振太）

大振线起于大朝山东镇文玉村杨家组，止于镇沅县振太乡秀山村，全长5千米。1993年初建，为大朝山电站砂石运输便道。2011—2012年，建设文笑河公路桥。2013年，公路扩修并铺设弹石。镇沅县将公路修至秀山村，成为县乡公路，正式命名为大振线。

（八）景三线（景东—三合）

景三线起于县城麻栎庄大桥，经太忠乡政府（大水井）、三合村（平掌）至花大线k32米处，全长49.5千米。(1) 县城至大水井段。1966年修通，称景（东）太（忠）公路，1986年改称景三公路。景东林业局在麻栎庄修建麻栎庄大桥，桥桩、桥面均为木质结构，1978年7月川河洪灾，大桥水毁。1980年，河东街大桥竣工。景太公路起于河东街大桥，沿川河大沟沟堤（部分）至麻栎庄。2003年，麻栎庄大桥落成，恢复原起点。1999年1月至2000年5月，列入"以工代赈"项目，按照山岭重丘区四级标准改建。2009年1月至2012年4月，铺设油路。全长22千米。(2) 大水井至平掌街段。1973年始建，1985年8月改扩建，1986年4月列入县乡公路，按甲级标准养护。2010年12月至2011年8月，扩（改）建并铺设油路。投资1044万元。全长12千米。(3) 三合至花大线k32段。1982年，列入国家松香生产基地建设项目开通。2008年至2009年2月10日，列入通达工程项目扩（改）建。全长10.67千米。

（九）景太线（景东—龙街—太忠）

20 世纪 80 年代景太公路一角（县委党史办　提供）

景太线起于县城河东街大桥，经龙街乡政府、垭口至太忠乡大水井，全长 61.39 千米。（1）县城至龙街段。1965 年 12 月至 1969 年 4 月，景东林业实验局修建林区公路而成。起点段从马关桥过麻栎庄大桥，沿川河大沟沟堤上至川河大沟管理所。1980—2011 年，河东街大桥建成后改道，缩短里程 2 千米。1999—2004 年，分两期实施公路扩（改）建，铺筑弹石路面。投资 329.93 万元。2010 年 12 月至 2012 年 8 月，按山岭重丘区四级标准建设，铺设油路。全长 35.9 千米，投资 3633 万元。（2）龙街至太忠段（简称龙太公路）。途径龙街、太忠 2 个乡，扎果、垭口、叶家坡、嘎仰 4 个村。20 世纪 80 年代，由龙街、太忠两公社组织，民办公助、相互协作开通。2000 年 4 月至 2001 年 7 月，列入"老、少、边、穷"地区公路建设项目，实施扩（改）建。投资 300 万元，其中，省级 150 万元，县级 150 万元。全长 25.5 千米。

（十）漫羊线（漫湾—羊街河）

漫羊线起于漫湾镇排首 214 线，至羊街河与南涧县漫害山公路接合，全长 29 千米。（1）排首至五里村段。1987 年，修建林区公路而成。2008 年，实施通达工程完善。全长 24 千米。（2）五里村至羊街河段。1995 年建设完工，非等级公路。全长 5 千米。

（十一）南景线（南华—景东）

南景线起于景东文龙乡瓦伟河桥，止于南华县免街，景东段长 15.1 千米。1985 年至 1986 年 3 月 20 日，景东县成立公路建设领导小组，分两期施工建成。属景东与南华相互合作的交通支线，景东至省城昆明又一条通道，比绕道南涧、弥渡，里程减少 60 千米。通车后，经不断改建，道路日趋完善。

四、乡村公路

20 世纪 50~70 年代，弥宁公路及县乡公路通车后，惠及全县 69 个大队，但仍有 97 个大队运输靠人挑马驮。西区公路会战，各公社开始谋划所属区域公路建设。到 2000 年，全县 166 个村委会全部通车，拥有乡村公路 110 条，通车里程 1390.9 千米，其中 5 千米以上公路 92 条。

景东县乡村公路建设一览表

表 7-3-1　　单位：千米

乡镇	公路名	起止地点	通车年限	里程
锦屏	利月路	前所至下村	1985	8.8
	山冲路	斗阁至旧村	1972	5.1
	菜户路	灰窑至菜户	1994	9.0

续表 7-3-1

乡镇	公路名	起止地点	通车年限	里程
锦屏	文果路	马关桥至文果	1982	2.0
锦屏	董报路	那蚌至西阿卓	1978	2.3
锦屏	磨腊路	北屯至磨腊	1990	22.4
锦屏	新民路	岔道垭口至新民	1988	5.6
锦屏	黄草岭路	县医院至上村	1986	28.8
锦屏	温卜路	大黄至下村	1992	12.5
锦屏	龙树路	水泥厂至龙树	1992	13.4
锦屏	文垂河路	前所至夹板箐	1990	19.0
文井	文老路	文井街至老练	1975	1.2
文井	山心路	清凉至山心	1980	4.5
文井	竹蓬路	文井至田房	1978	26.3
文井	山茶花路	戴家营至山茶花	1978	3.5
文井	文华九社路	南京山至四棵树	1979	5.0
文井	团文路	文井至团山	1980	20.2
文井	南新路	南京山至新街子	1979	19.8
文井	挖固路	速南路口经速南至挖固	1978	21.0
文井	路东路	文代至路东	1974	3.0
文井	文新路	文哈至文新	1974	2.0
文井	挖萨路	者后街至挖萨	1980	8.0
花山	文召路	梅子箐至文召村	1978	4.0
花山	文俄路	户腊至小文状	1978	6.0
花山	文明路	爱国山头至解板山组	1985	14.2
花山	秀龙路	营秀桥头至梁子组	1981	19.1
花山	文岔路	花山桥至大楚雄组	1988	2.4
花山	芦山路	文岔至芦山	1989	6.7
花山	福都路	莱家地至福都	1985	9.4
花山	花撇路	花山街至龙树组	1984	16.7
花山	文岗路	花山街头至大仓房	1986	13.8
花山	撇罗路	箐边梁子至平掌	1986	13.0
花山	淇海路	文岔村至大山组	1983	10.9
大街	气力路	花大线 k19 至白花组	1976	17.4
大街	勺么路	排土场至方家箐	1978	18.0
大街	平地路	过磅房至竹山	1984	19.9
大街	昆岗路	树林组至昆岗	1981	18.8
大街	文山路	大街粮管所至文山村	1985	5.0
大街	昆岗新路	昆岗路 k3+600 米至昆岗	1998	13.0
太忠	王家村路	观音庙至黄草坝	1990	7.4
太忠	叶家坡路	叶家坡至滴水箐	1992	1.0

续表 7-3-1

乡镇	公路名	起止地点	通车年限	里程
太忠	大起育路	牌坊垭口至大起育村	1988	9.2
	方家箐路	岔箐至方家箐	1996	17.0
	大柏村路	金票树至大柏树	1990	10.0
	麦地村路	分水岭至麦地村	1997	28.4
	大松树路	天生桥至新房子组	1994	8.8
	徐家坝路	平掌街至徐家坝	1987	22.6
	三文路	三合至文焕	1996	13.5
龙街	新平路	新村垭口至风吹山	1981	11.0
	多依树路	普家大箐至多依树	1981	3.3
	龙街路	会良河至龙街	1980	1.0
	东山路	大秧地至东山	1992	16.7
	竹者路	龙南路 k14 至竹者	1995	24.6
	邦庆路	龙石路至西舍路	1998	14.0
	酸枣树路	垭口至酸枣树	1997	12.0
	龙寅路	龙街至寅街	1990	29.7
文龙	会良河路	瓦伟大桥至蚂蚱地	1974	8.0
	新抗路	湾田岔口至新抗组	1993	14.0
	义昌路	新大田组至义昌村	1987	10.1
	瓦罐窑路	沙沟箐至瓦罐窑	1983	13.6
	瓦伟路	大桥头至瓦伟垭口	1984	4.0
	勐涝路	龙街至勐涝	1990	9.8
	邦崴路	龙街至邦崴	1982	22.7
安定	旧村路	街塘至中山	1993	8.5
	中仓路	小老仓至中仓	1964	5.9
	兴旺路	鼠街至兴旺	1992	6.0
	外仓路	田心至外仓	2000	3.9
	河底路	热水塘至河底	2003	5.6
	民福路	三岔河至民福	1993	6.5
	迤仓路	安定线 k15 至迤仓	1972	2.9
	芹河路	三岔河至芹河	1985	20.3
	菠萝路	菠萝至菠萝林组	1992	12.0
	播所地路	鼠街至播所地	1996	16.0
	沙拉路	沙拉河	1984	20.0
漫湾	安召路	漫湾镇至安召	1990	11.5
林街	箐头路	青树垭口至箐头村	1990	5.5
	丁帕路	拷狗箐至丁帕	1994	12.2
	万龙路	大弯箐至万龙	1995	19.7
	龙洞路	水箐街至龙洞	1988	6.5

续表 7-3-1

乡镇	公路名	起止地点	通车年限	里程
林街	岩头路	魏家村至岩头	1990	20.4
景福	金鸡林路	双桥至金鸡林	1997	8.2
	赵其山路	大岭岗至赵其山	1987	5.1
	回寺路	贮木场至古里桥头	1985	15.8
	虎山路	胡家铺至团田	1988	10.2
	公平路	棠梨箐至公平村	1996	11.3
	鲁家路	山河村至垭口	1990	10.5
	勐片路	小门坎至勐片	1978	1.5
	龙山路	毛高线 k12 至荒田组	1985	1.1
	岔河路	小门坎至凤冠山组	1988	12.4
曼等	排沙路	丙拐至排沙村	1991	19.6
	仓房路	荣家垭口至仓房村	1991	8.0
	扎结路	雀家垭口至扎结村	1995	12.5
	曼等路	大行山至曼等村	1996	11.4
	瓦窑路	鱼塘垭口至曼别	1999	14.2
	花地路	大行山至花地	1994	26.0
东镇	新村路	分水垭口至新村	1983	9.5
	苍文路	张犁头坟至苍文	1987	25.6
	菖蒲地路	科武垭口至菖蒲地	1986	14.9
	黑蛇路	黑蛇至新村	1988	13.5
	彭家路	大叶坟至大树田	1992	14.0
	困嘎路	大驮街至旧村	1984	21.3
	曼崩路	王家垭口至曼崩停靠点	1998	15.4
	榨房路	文玉中学至榨房	1993	29.5
	别落路	花大线 k157 至别落	1990	3.3
	文玉路	文玉街至文玉村	1982	1.3
	大村路	分水垭口至大村	1994	16.9
	岩新路	岩头至新村	1993	12.0
	文长路	文玉至长发	1996	13.5

五、专用公路

景东县专用公路缘于林区公路。改革开放后，注重培植产业，相继出现蔗区、烟区、矿山、水库等专用公路。专用公路投资主体明确，建设和使用与当地政府、村民密不可分，一旦公路建成，即变为乡村或村组公路。

林区公路　1965 年下半年，景东林业实验局改为森工企业，开始在文龙、锦屏、龙街、太忠等地建设林区公路，生产木材。截至 1998 年，共开挖林区公路 325 千米。自 1980 年始，县林业局成立木材站，组织木材生产。1992 年林产工业公司成立，2003 年企业改制，均以木材生产作为企业主业。

在木材生产过程中，每年都要进行伐区规划设计，开挖林区公路。30余年中，开挖林区公路1000余千米。公路测设及走向均控制在许可范围内，兼顾当地村组农户利益。伐区生产结束后，惠及农户的道路仍保留通行。

蔗区公路 1958年兴建文井白糖厂，1966年增建者孟糖厂。由于甘蔗产量增加，糖厂规模满足不了生产需要，县委县政府并对糖厂扩（改）建。1998年，新建漫湾白糖厂。为鼓励农民种蔗，糖厂（糖业公司）每年均投入一定资金，开挖新蔗区路和维护老蔗区路，文井镇连南线由此而开通。其他乡镇，凡种蔗村组，均有蔗区道路投资。

烟区公路 2000年后，景东县烤烟生产从试验示范发展到规模种植。公路未修到田边地角的地方，种烟、收烟靠人工搬运。为解放农村劳动力，县烟草公司出资将公路修到田边地角，方便农民生产。

矿山公路 自1995年始，景东县招商引资，开发文玉铜矿、卜勺和平地磁铁矿，业主投资修建矿山公路。矿山公路车流量大，重型货车出入频繁，公路等级比一般乡村公路要高，且有专人养护。

水库公路 景东县水库枢纽多建在没有公路的地方，工程启动前必须先通路。1987年，修通徐家坝水库公路，全长22.6千米。1996年，菜户河水库扩建，修建公路5千米。1999年，修通排沙河水库公路，全长12千米。1999年，修通南洋河水库公路，全长7千米。2011年12月，修通青龙水库公路，全长4千米。全县水库专用公路总计50.6千米。

六、集镇文明卫生路

1994年5月，云南省公路局提出：在20世纪内，每个乡镇都要有1千米高级或次高级路面。景东县制订出文明卫生路实施管理办法，建设单位为县交通局，项目主管单位为地区交通局。景东县文明卫生路建设除文井、者后为油路外，其他乡镇均为水泥路。

景东县集镇文明卫生路建设一览表

表7-3-2　　单位：米、万元

乡镇	路面结构	道路长度	开工时间	竣工时间	投资
者后	沥青	1000	1998.8	1992.2	355.0
文井	沥青	930	2002.3	2002.10	365.0
文龙	水泥	1526	1998.1	1998.12	132.9
曼等	水泥	1000	1997.3	1998.12	135.4
漫湾	水泥	1000	1997.3	1998.12	148.9
景福	水泥	1000	1997.3	1998.12	155.5
林街	水泥	1000	1997.3	1998.12	132.8
东镇	水泥	1000	1997.3	1998.12	137.1
永秀	水泥	1000	1997.3	1998.12	107.3
花山	水泥	830	1998.3	1999.12	147.0
大街	水泥	1075	1998.3	1999.4	132.8
太忠	水泥	976	1997.3	1998.12	125.6
龙街	水泥	1000	1997.3	1998.4	153.7

第三节　桥　涵

一、特大桥

景云桥　古名桥，位于海蒙公路k135+355米澜沧江上，大桥东属景东县漫湾镇五里村，西属云县漫湾镇草子地村。柔性钢索吊桥（悬索桥）。始建于汉永平元年（58），史称澜津桥（或兰津桥），又称笮桥。据清顾祖禹《读史方舆纪要》："兰津桥，《滇纪》云：旧在府西南，跨澜沧江上，后汉永平初所建，永乐初修。高广千仞，两岸峭壁林立，飞泉急峡，复磴危峰，森罗上下，熔铁为柱，以铁索系南北为桥。自古称为巨险。"江流飞急，东岸峭壁插天，西岸迭石为礅，相距二十余丈，以铁索扣之，修桥其上，古西南丝绸之路蜀、身毒道要隘，历代几经修复。民国8年（1919）秋至9年4月重修，名云景桥。民国33年复修，更名景云桥。桥长128.42米，净跨88米，设计荷载汽—8。滇缅公路工务局弥遮公路工程处建造。1949年3月，"共革盟"部队（一支打着"共产党、国民党革命委员会、民主同盟联军"旗号反动武装）火毁桥面。1953年8月11日，修复通车。1970年10月，另选新址（下游91米处）建成加劲梁钢索吊桥公路桥，原桥仅存钢索。省公路设计院设计，省交通厅第一桥工队施工。桥长128.64米，净跨80米，载重汽—13。1982年3月，更换主索，改木梁为钢梁，1993年5月拆除。漫湾电站关闸蓄水后，遗迹淹没。

景云桥（摘于第一轮《云县志》）

漫湾大桥　又名澜沧江大桥。位于澜沧江漫湾电站下游国道214线上，景云桥下游21千米。东为景东县漫湾镇漫湾村，西为云县漫湾镇漫湾村。钢筋混凝土单曲拱桥。全长173.89米，桥宽7+1×2米人行道，主孔净跨95米，净空高22.75米；矢跨比1/8。设计荷载汽—20。由云南省公路局规划设计院设计，省公路局运输处桥工队承建。1986年3月15日开工，1987年6月29日竣工，投资275.89万元。

大朝山大桥　位于大朝山电站下游澜沧江上，连接云县、景东两县。东属景东县大朝山东镇文玉村，西属云县大朝山西镇大朝山村。大朝山电站建设永久性桥梁，钢筋混凝土单曲拱桥。桥长186米，净跨130米，净空高31.8米，桥宽7+2×1米人行道。设计荷载汽—超20，挂—120。1997年4月20日开工，1998年7月20日建成通车，是境内唯一专用大型桥。云南大朝山水电有限责任公司筹建，省公路规划勘察设计院设计，云南公路桥梁工程处承建。

二、大桥

川河大桥　位于县城河东街古渡口（别称渡船口）。明代至清初，建有跨川河木桥，长桥如虹，名大河桥；桥上覆瓦屋六十四间，上有铺面，下有沙坝，郡人于此赶街。16世纪90年代，据《读史方舆纪要》:“大河桥，在府东二里，跨大河上。上覆瓦屋四十九楹”。康熙五十二年（1713），木桥年久朽颓，同知黄淑琪主持重建，桥长二百尺、宽丈余，架屋二十一间，上覆以瓦、下叠以石，改称溯澜桥；后圮。清嘉庆年间（1796—1820），由赵绂、程含章等人捐资，建溯澜渡，雨季过往靠木船摆渡，冬春季水势减弱时架设简易木桥，用原木支架立于河中，方木榫接铺成桥面，利于行人往来。1979年，新建空腹式钢筋混凝土双曲拱桥，改称川河大桥（又名河东街大桥）。桥头各安放2只陶土知署旧宅石狮子，形态各异，经常有人烧香祭拜、栓红线挂红布（当地以桥取名或行车驾驶员祈求平安风俗）。桥长114.4米，3孔，跨径3×30米，桥宽7.1米，矢跨比1/6，设计荷载汽—15，拖—80。1979年3月动工，1980年11月竣工。投资62万元。大桥西端为北川路末，与过境线凌云路连接；下游麻栎庄大桥建成后，东端成为景太线起点。

景太大桥　位于锦屏镇文旧河与川河汇口下游80米处，县城西南麻栎庄大桥旧址。1965年，景东林业实验局改制为国营森工企业，为解决太忠、龙街两地木材运输问题，投资建造麻栎庄木桥。桥桩桥面为木质结构，桥面先后修复5次，为县境第二座横跨川河中型木桥。桥长67.5米，7孔，跨径7×9.5米，高5.6米。1978年6月21日，川河大水，毁桥，交通中断。1980年，河东街大桥落成，两岸交通恢复。2002年，在麻栎庄大桥旧址建造景太大桥，属预应力钢筋混凝土空心板桥。桥头各安放2只石狮子，经常有人烧香祭拜、栓红线挂红布（风俗同前）。共5孔，桥长112.9米，跨径5×20米，桥宽9+2×1.5米。设计荷载汽—20，挂—100，设计洪水频率1/100。2002年2月开工，2003年5月竣工。投资380万元。

清凉大桥　位于文井镇清凉街尾古渡口（清凉渡），清山公路起点。1963年，兴建第一座跨川河大型木桥，桥长90米，跨径10米，桥墩用木桩，机械打牢；桥面用木材架设，垫以砂石。1973年，改建为钢筋混凝土双曲拱桥。桥长113米，3孔，跨径3×30米，桥宽5.5+2×0.25米，桥高10米。设计荷载汽—15。投资42万元。1975年1月15日，举行竣工通车典礼。2013年，危桥重建，为3孔预应力混凝土空心板桥。

文华大桥　位于文井镇玉米山街脚，横跨川河与文华农场（景东监狱）连接。1967—1968年，文华农场始建悬索桥（人行桥）。桥长90米，桥高15米，桥宽2米。1985年，改建为钢筋混凝土肋式单曲拱桥。桥长102.12米，桥宽4.5+2×0.25米。总投资56万元，造价5484元/米。

老练大桥　位于文井镇老练古渡口（蛮井渡），横跨川河。1975年，建成悬索桥，又名老练吊桥。长116米，宽4米，高8米，人行道3米。由上级补助、群众投工投劳完成，为文井街通往文光、老练、文窝交通要道。1998年，在下游100米处新建预应力混凝土空心板桥，吊桥停止使用。桥长135.4米，6孔，跨径6×20米，桥宽7+2×1米。1998年11月开工，2000年1月竣工。投资367.56万元，其中，省级40万元，县级140万元，镇级131.56万元，糖业公司56万元。

新会吊桥　又名五林场吊桥。位于文井镇者后村弥宁公路k232旧渡口处，横跨川河悬索桥。钢筋混凝土加劲梁公路桥。桥长88米，跨径64米，净宽4.5米，设计荷载汽—15。1973年开工，1974年4月竣工。景东林业局为运送木材而建，总投资27.96万元。建成后，每年均需要投资维护。2004年和2011年两次改造，木质桥面更换为铁板。

南涧河大桥　位于安定乡北、南涧河下游。始建于唐代，清嘉庆年间（1796—1820）程含章捐钱建成瓦桥，名景蒙桥，后圮。民国时期，王文麟等人约南涧人重修。1951年修弥宁公路改设石拱桥。小普公路（弥宁）改直后，在老桥下游50米另建平板钢筋混凝土桥，改称南涧河大桥。桥长186米，16孔，宽6.5米。2003年建成使用。

九米大桥　位于者干河与都鲁河汇口下游150米、九米线k15+500米处，横跨者干河，故又名者干河大桥，景东花山与镇沅九甲连接枢纽。单跨石拱桥。净跨径1~35.6米，桥长61.8米，桥宽7.5米，桥高18.15米。设计荷载汽—20，挂—100。2001年3月开工，2002年8月竣工。投资106.1

万元。

都拉移民桥　位于文井镇都拉村，南洋河水库东干渠横跨川河倒虹吸兼农用桥。钢筋混凝土平板结构。桥长 115 米，5 孔，桥宽 3.5 米，桥高 12 米。县水电局设计。2002 年 11 月开工，2003 年 10 月竣工。

新会吊桥（罗海垠　摄于 2013 年 2 月）

九米大桥（罗海垠　摄于 2013 年 10 月）

三、中桥、小桥

银生桥　位于菊河口，跨菊河，月牙湾广场与三弦广场连接枢纽。预应力钢筋混凝土空心板桥，双柱式钢筋混凝土钻孔桩基墩柱、桩茎桥台，青黑色花岗石板铺装薄壁前墙、浆砌片块石侧墙、行车道及人行道，米黄色抛光花岗石道牙路缘，带浮雕图案白色花岗石工艺护栏。桥长 85.2 米，3 孔，跨径 3×20 米，桥宽 2.5×7.5+2.5 米。设计载荷公路—Ⅱ级。2010 年 4 月动工，12 月竣工。总投资 375 万元。2013—2014 年，紧靠银生桥上游加建同结构、同形式桥梁 1 座，双桥合一，改称菊河姊妹桥。

文龙桥　位于文龙乡龙街，为弥宁公路跨川河连接桥梁。4 墩 5 孔石拱桥。1953 年始建，1972 年重修。桥长 64.25 米，跨径 5×9 米，桥宽 7+2×0.75 米，高 12 米. 设计荷载汽—13。

三岔河桥　位于文龙乡三岔河街西，横跨川河，通往双河温泉桥梁。1971 年 11 月始建，混凝土桥墩，方木桥梁、木板桥面。2001 年 5 月水毁，重建为双曲石拱桥，重力式桥墩、桥台。桥长 24 米，桥宽 3.5+2×1 米人行道，净高 16 米。设计荷载汽—10。

南景桥（罗海垠　摄于 2015 年 5 月）

花山桥　位于花山乡东部者干河。桥长 46 米，单孔，跨径 26 米，桥高 12.53 米，桥面净宽 7 米，拱长度 1/3；主拱上附设 4 个腹拱，腹拱跨径 4 米。1995 年兴建。投资 12 万元。

南景桥　位于文龙乡南、瓦伟河与川河汇口上游 30 米处，横跨川河，南景线咽喉要地。等截面悬链线无绞石拱桥，U 形桥台。设计最大洪峰水位 6.73 米（流量 660 立方米/秒）。桥长 45.7 米，2 孔，桥宽 7+2×0.75 米人行道，跨径 2×15 米，矢跨比 1/6，拱圈厚 0.7 米。设计荷载汽—

20，挂—100，人群250千克/平方米。1986年3月开工，6月竣工。投资19.63万元。

南线桥　位于清凉至太忠公路、文卡田至文道营段（清凉街对面南线河下游），距南线河与川河汇口600米。悬链线平坦石拱桥，重力式U形桥台。桥长54.34米，桥宽7+2×0.5米人行道，桥高8.9米，2孔，跨径2×16米，矢跨比1/6，拱圈厚0.7米，拱轴系数4.32，引桥120米，设计荷载汽—20，挂—100，设计最大流量420米/秒。工程于1993年10月动工，因资金不到位停建3年，于1996年11月完工。总投资48万元，每米平均造价8768元。

大坝桥　位于锦屏镇前所大坝河。明代始建风雨桥，后多次重修。清道光年间（1821—1850），乡绅周丕襄倡修，1952年水毁。1971—1973年，重建3孔石拱桥。桥长47.35米，跨径3×10.2米，桥宽8米，桥高7米，设计荷载汽—13。1993年，在下游300米弥宁公路k166+990米处另建，原桥继续保留使用。新桥为等截面悬链线无绞拱，重力式单向压力墩桥台。桥长52.56米，2孔，跨径2×16米，桥宽7+2×1.05米人行道，矢跨比1/4，拱圈厚0.7米。设计荷载汽—20，挂—100。1993年7月开工，1994年7月竣工。总投资25万元。

关圣宫桥　位于大街乡三营与文冒之间，横跨者干河。钢筋混凝土四肋圆弧拱桥，U形桥台。桥长56米，桥高1.7米，桥宽3.6+2×0.75米人行道，3孔，跨径3×17米，矢跨1/10。设计荷载汽—15，挂—80。1998年开工，2000年3月完成桥梁主体工程，因资金不足，未完成桥梁引道，车辆无法通行，只能当作人行桥使用。桥梁预算42.56万元，实际投入29.56万元，其中个人捐资4万余元。

营秀桥（罗海垠　摄于2013年10月）

营秀桥　位于花山乡营盘那赖，桥东岸与秀龙公路相接，距县城54千米，距花山乡政府4千米。等截面悬链线无绞石拱桥。桥长69.84米，3孔，跨径3×16米，矢跨比1/6，桥宽4.5+2×0.5米人行道。设计荷载汽—20，挂—100。1999年2月开工，2000年6月竣工，工程造价81.53万元。

胜利桥　位于安定乡鼠街西，横跨川河。清代中后期建风雨桥，民国期间修复，1963年8月水毁。1964年，兴修中仓公路，架设简易木桥，可越无量山通西部漫湾、林街等乡（镇）。1976年，改建为块石混凝土拱桥。桥面刻五星浮雕，因名胜利大桥。桥长22.3米，2孔，跨径2×11.2米，桥宽4.2+2×0.15米，桥高4米。1976年开工，1977年竣工。

烟站桥　位于安定乡鼠街南，横跨川河，连接烟站双孔石拱桥。1995年12月始建。跨径26米，桥宽5.4米。设计荷载汽—10。

文录桥　位于文龙乡小景线k36处，距县城40千米。等截面悬链线无绞石拱桥，重力式U形桥台。桥长57.64米，2孔，跨径2×16米，矢跨1/6，拱圈厚0.7米，主拱圈宽6米，桥宽4.5+2×0.75米人行道。设计荷载汽—20，挂—100，2005年2月开工，7月完工。

仙人洞桥　位于文龙乡文录村与三岔河村隔界，距县城39千米，距文龙乡政府8千米，横跨川河。左岸与省道小景线相连接，右岸连接文录村保谷田组及三岔河村蛇箐组。等截面圆弧石拱桥。桥长36.65米，跨径1×20米，矢跨比1/4，桥宽4.0+2×0.5米人行道。设计荷载汽—20，挂—100。

2009 年 2 月开工，9 月竣工。投资 59.5 万元。

大田桥 位于花山至大朝山公路 k130+260 米处，距县城 91 千米，横跨大田河。1972 年初修路，始建简易木排桩公路桥。1975—1976 年，改建石拱桥，跨径 6 米，桥宽 10 米，投资 0.8 万元。2009 年水毁，重建 1~20 米钢筋混凝土空心平板桥，桥宽 6+2×0.25 米。设计荷载公路Ⅱ级。2009 年 2 月开工，10 月竣工。投资 72.9 万元。

通化桥 位于锦屏镇西北，横跨菊河。双孔石拱桥，古名桥，“通化”意指道通化蒙（巍山）。明洪武二十三年（1390）始建。清光绪七年（1881），同知梁恩浩捐俸三百余金倡修为双曲石拱桥，百姓颂以“万家生佛”额匾，立“去思碑”纪念。民国 25 年（1936）8 月水毁，民国 26 年重建。1953 年，新增建一部分改为公路桥。1979 年扩建，桥长 28.5 米，桥高 5.3 米，桥宽 9.3 米；形成“三桥合一”。设计荷载汽—20。上游中桥台设镇水石犀，桥头各安置 2 只石狮子，上游右狮座刻“景东县大朝山过境公路指挥部立”“景东县大理石厂”字样。

开南桥 位于文井镇开南村西北，横跨开南河。3 孔石拱桥，古名桥。民国 26 年（1937）乡饮大宾拔贡李继春、苏子秀倡建。料石支砌桥台，拱顶缘镶东头西尾龙雕；中墩 2 米处起台，立坐北朝南镇水石犀；桥台各设 2 只石狮。1954—1955 年，改建为公路桥。桥长 20 米，桥高 6 米，桥宽 4 米，设计荷载汽—15。2002 年铺设油路，因中孔出现裂痕，改建为钢筋混凝土平板桥。

泰和桥 又名太和桥，古名桥。位于安定乡老仓河，连接老仓与民福通道。民国丙辰年（1916），始建石拱桥，1976 年水毁。1992 年重建，1998 年再次水毁。2003 年 3 月，重建双孔石拱桥。桥长 16 米，桥宽 5.6 米。横木座底，铺以木板，桥墩起架、建屋覆瓦，建成风雨桥。

莲花塘桥 位于锦屏镇景范村西。1978 年，为方便群众到西岸耕作，建横跨川河空腹式钢筋混凝土双曲拱桥，因改河搁浅闲置。桥长 84 米，3 孔，桥宽 2.4 米，两边设农灌用铸铁管，中间两墩上部设让车台。投资 14 万元。1999 年，改河成功而启用。

文会吊桥 位于文井镇文会村西古渡口（者后渡），横跨川河悬索桥。桥长 78 米，桥高 7 米，桥宽 2 米。1976 年开工，1977 年竣工。

文窝吊桥 位于文井镇文窝村西，横跨川河悬索桥。桥长 72 米，桥宽 2 米。1985 年初开工，6 月竣工。1991 年 7 月 16 日，西龙门架水毁，修复。2004 年，更换桥面板。

文道营吊桥 又名斗阁吊桥。位于锦屏镇斗阁村，横跨川河连接文道营悬索桥。1980 年始建，投资 2 万元。1991 年 7 月 16 日水毁。2001 年，在下游 100 米处重建，投资 2.3 万元。

果园吊桥 位于锦屏镇前所村东，横跨川河连接果园组悬索桥。桥长 160 米，投资 24 万元。

长廊吊桥 位于县城新区驭江长廊，横跨川河悬索桥。2000 年，为方便群众东岸耕作始建。2 孔，桥长 60 米，投资 20 万元。

四、古桥名桥

马关桥 位于锦屏镇东南，横跨文旧河。石拱桥，古名桥。明代始建，称景明桥。清代，改称马关桥，即骑马者必经之卡，到此进城均须下马步行。1977 年扩建。桥长 7.3 米，桥宽 8.2 米，桥高 3.9 米。荷载汽—20。

小街桥 位于大街乡三营村小街组。石拱桥，古名桥。清代始建。八字形料石支砌桥台，上薄下厚，两层半圆单孔拱圈，拱顶缘置龙形镇水兽。北面有半圆形古井，南面紧邻古街。桥长 4.1 米，桥高 2.9 米，桥宽 4.4 米。2012 年，扩建为公路桥。

文焕桥 位于大街乡三营村文焕组。石拱桥，古名桥。清代始建。条石支砌八字形桥台，上薄下厚两层半圆单孔拱圈，拱顶缘置龙形镇水兽，桥面垫石以平，设石护栏。桥长 4.8 米，桥高 3.7 米，桥宽 3.6 米。2012 年，改建为公路桥。

瓦伟桥（罗海垠　摄于2010年8月）

清河桥（罗海垠　摄于2007年11月）

品秀桥（县文联　提供）

麻地桥（县文联　提供）

大河边桥（罗海垠　摄于2015年7月）

文新桥（县文联　提供）

塘坊桥　位于大街乡塘坊村桥头组。风雨桥，古名桥。清代始建。八字形桥台，木梁、下枋上板桥面，枋端设内外柱构架，穿斗式5架梁悬山顶单檐桥身；桥北加建抬梁式5架梁重檐歇山顶建筑，桥南加建穿斗式5架梁悬山顶单檐桥头堡，覆瓦。桥长15.5米，桥高16.2米，桥宽6米。2012年，桥下建石拱桥以护。

卢丙双桥　位于花山乡坡头村米雅街东南两河交汇处。石拱桥，古名桥。清代始建。北桥横跨自西向东小河，天然巨岩作台，半圆形单孔拱。桥长4.7米，桥高2.8米，桥宽2.8米。南桥横跨自西南向东北小河，半圆形单孔拱，南岸以天然巨岩作台，北岸设八字形桥台、登桥台阶，雕石护栏。桥长5.3米，桥高2.2米，桥宽2.5米。两桥以石板路相连。

小文献桥　位于花山乡文岔村小文献东，横跨文献河。风雨桥，古名桥。清代始建，民国37年（1948）重修，2005年复修。东岸石砌高大桥台，西岸天然巨岩作台，木梁、下枋上板桥面，枋端起木构架，穿斗式5架梁悬山顶单檐桥身，桥东设穿斗式5架梁悬山顶牌楼较高桥头堡，桥西设稍高穿斗式5架梁悬山顶重檐阁楼桥头堡；桥面铺纵枋作主通道，宽约1米，桥边上下纵枋间设风雨挡板，桥头堡设挡风雨土石墙及火塘。桥长18米，桥高3.95米，桥宽4.4米。

文俄双桥　位于花山乡文俄村垭口组南200米瓦桥田。风雨桥，古名桥。清代始建。北桥横跨自西北向东南小河，八字形桥台，木梁，穿斗式5架梁悬山顶单檐建筑桥身，桥面主过道加铺纵枋，宽约1米；南端地势低平，设横土墙及左右台阶，北端设左右挡风雨土墙。桥长15.5米，桥高3米，桥宽4.3米。因年久失修，仅存北边残损瓦桥。

曼笼桥　位于锦屏镇山冲村旧村组，横跨曼笼河。风雨桥，古名桥。清代始建，1973年重修。块石支砌桥台，木柱木板镶构桥面，设护栏，穿斗式3架梁悬山顶单檐桥身，檐缘设吊柱，桥端设土护墙桥。桥长11.4米，桥宽2.8米，桥高2.7米。

营盘桥　位于花山乡营盘村营盘组东南500米，横跨营盘河。石拱桥，古名桥。清代始建。八字形桥台，半圆形单孔拱，拱顶置龙形镇水兽，设石护栏。桥长7.6米，桥高4.8米，桥宽3.4米。

文召桥　位于花山乡文召村文闷组西南200米，石拱桥，古名桥。清代始建。巨岩作台，上薄下厚，两层半圆形单孔拱圈，拱顶置龙形镇水兽，设石护栏，南端依势设登桥台阶。桥长7.8米，桥高4.2米，桥宽3米。2011年10月，列入县级文物保护单位。

卜勺桥　位于花山乡卜勺村黄家组西1千米。石拱桥，古名桥。清代始建。天然巨岩作台，半圆形单孔拱，拱顶置龙形镇水兽，设狮雕石护栏。桥长6.3米，高2.75米，宽2.8米。

练地桥　位于花山乡芦山村练地西北1千米，横跨练地河。石拱桥，古名桥。清代始建，天然巨岩作台，半圆形单孔拱，设石护栏。桥长10米，桥高5.85米，桥宽2.6米。

瓦伟桥　位于文龙乡瓦伟村中岭组，横跨马蹄河下游。石拱桥，古名桥。清代始建，景东至南华传统古道遗迹。八字形桥台，上薄下厚两层半圆形单孔拱圈。桥长9米，高5.7米，宽3.2米。1986年1月，在旁（上游）建成单孔公路石拱桥，桥长9米，高7米，宽7米。古桥闲置，仅作为生产生活便道使用。

嘎仰桥　位于太忠乡嘎仰村东南1千米，横跨嘎仰河。石拱桥，古名桥。清代始建。料石支砌桥台，双层拱圈，桥身呈弧形，红砂石板桥面。桥长8.5米，桥宽2.8米；设石板护栏，高0.4米。

石匠房桥　位于太忠乡嘎仰村东北10千米，横跨嘎仰河。石拱桥，古名桥。碑记遗失，始建年代不详。北岸天然绝壁为台，南岸红砂石岩砌台，双层拱圈，桥面水平，新设石板护栏。桥长12.5米，跨径5米，桥宽3.1米，桥高4.7米。桥南左紧依天然巨石设石砌神龛，龛顶为正四边形瓦棱石盖顶，龛内奉杨四将军浮雕，高0.66米，宽0.4米，两边石柱阴刻楷书对联："身披金甲除水怪，手持钺斧斩地妖"。为县内祭祀杨四将军唯一实物遗存，仍有人祭拜。2011年10月，被列为县级文物保护单位。

半坡桥　位于漫湾镇漫湾村半坡北300米。石拱桥，古名桥。清代始建。北岸天然巨岩作台，南岸设八字形桥台，两层半圆形单孔拱圈，拱顶置龙形镇水兽，设石护栏。北端有3块碑刻，字迹模糊难辨。桥长12.5米，桥高4.5米，桥宽3米。2012年，桥面垫砂石以平作公路桥。

清河桥　位于林街乡清河村清河组北500米，横跨清水河。石拱桥，古名桥。清代始建，天然巨岩作台，上薄下厚两层半圆形单孔拱；设石护栏，局部有瓦桥痕迹，保存较为完好。桥长13米，桥高6米，桥宽4米。

竹者桥　位于龙街乡竹者村东北4千米，横跨竹者河。石拱桥，古名桥。清代始建。东南岸天然巨石为基，料石砌台；西北岸料石砌台，双层单孔拱，呈弧形，设石板护栏。桥长4.3米，桥宽2.7米，桥高4米。桥西北奉有石雕神像，仍有人祭拜。

望天坡桥　位于龙街乡扎果村东南2千米，横跨扎果河。石拱桥，古名桥。始建年代不详。以石灰岩料石作台，双层单孔拱圈，拱顶缘设镇水兽，桥面中轴铺红砂岩石板，两边铺石灰岩石板，设石板护栏。桥长10.8米，桥宽3.3米，高6米。西南凿有一穹形土洞，洞口挂有红布（当地村民风俗）。

邦庆桥　位于龙街乡龙街村北4千米，横跨邦庆河。石拱桥，古名桥。始建年代不详。料石作台，双层半圆形单孔拱，桥面铺石板，设石护栏（残存）。桥长6米，桥宽2.8米，桥高4米。西南10米有水磨房遗迹；南端小路东北设小型石房神龛，无神像；东北端东侧立有大理石石碑，阴刻两行楷书："千年古物，留给子孙。一九九六年二月十二日修复。"

品秀桥　位于文井镇文华村一组北500米，横跨品秀河。石拱桥，古名桥。清代始建。支砌条石作台，上薄下厚两层半圆单孔拱，桥面铺以块石。桥长19.2米，宽3.88米，高4.1米，跨径8.72米。

麻地桥　位于文井镇文井村下姚营组，横跨麻地箐。石拱桥，古名桥。清代始建。单孔，支砌条石作台，桥面铺以方块石，无护栏，保留完好。桥长5.6米，桥宽3米，桥高2.6米，跨径3.2米。

永定桥　位于文井镇开南村文亮山组，横跨开南河。石拱桥，古名桥。清道光十六年（1836）仲春始建。西岸支砌条石作台，东岸天然巨石为台，上薄下厚两层半圆单孔拱圈，桥面铺以方正石板。桥长13.2米，桥宽3.86米，桥高6.6米，跨径8.56米。

南岸桥　位于龙街乡南岸村北，南岸小学东，横跨南岸河。石拱桥，古名桥。清代始建。支砌料石作台，双层单孔拱圈，桥面中轴石板铺路。全长16.2米，跨径10.7米，桥高5.3米，桥宽4米，两边各设7级登桥台阶。当地村民仍有祭桥风俗。

大河边桥　位于景福乡勐令村河边组东50米。石拱桥，古名桥。清代始建。西岸巨岩为基，东岸支砌条石作台，上薄下厚二层半圆单孔拱，设石护栏、登桥台阶。桥长4.5米，高4.1米，宽3.5米。

花地桥　位于曼等乡政府北30千米，花地村龙潭田脚，横跨栏杆箐。石拱桥，古名桥。清代始建。自然岩石为台，双层单孔拱，桥碑失存。桥长6米，桥宽3.5米，桥高6米。

雷家山桥　位于曼等村北2千米。石拱桥，古名桥。清代始建。天然巨石为基，支砌料石作台，双层单孔拱圈，桥面呈弧形，铺石板，设镇水石兽（已毁）。桥北设一孔0.2米见方，引水通道穿过桥台。桥长12.5米，宽3.35米，桥高6米。

公平桥　位于景福乡公平村大芦山组北1千米，横跨公平河。石拱桥，古名桥。清代始建。天然巨岩为台，上薄下厚两层半圆形单孔拱，桥面铺砂石以平，设石护栏（残存）。桥长5.6米，桥高2.7米，桥宽2.2米。

文新桥　位于文井镇文新村文新组北500米，横跨文新河。石拱桥，古名桥。清代始建。北岸天然巨岩为台，南岸设八字形桥台，上薄下厚两层半圆形单孔拱，拱顶缘置龙形镇水兽。桥长9米，桥宽4米，桥高6.7米。被当作公路桥使用。

第四节　公路养护

一、省道养护

1953年小普公路通车后，一直由景东公路管理段养护。改革开放前，实行计划经济管理模式，公路养护成本只增不减，职工“干多干少一个样，干好干坏都一样”。中共十一届三中全会后，深化内部改革，工作重点放在提高好路率、水毁防治等工作上。1982年始，根据上级要求，实行企业化管理。按照《投资包干节约留成实施细则》规定，将上级下达经费结合实际包干给道班，签订公路养护承包合同，打破公路养护吃“大锅饭”、端“铁饭碗”管理体制。1987年，实行“路段到人、责任到人、工资浮动、定额计酬、双方考核”七项目标管理责任制。2002年，公路养护按公司化管理，实行“五定、二包、二保”（定材料质量、定管理里程及人员编制、定生产任务、定投资总额、定大项指标”，包范围的投资总额、包工资总额，保计划成本不超支、保大项指标的完成）。2007年，实施管养分离改革，景东段列为试行管养分离改革试点单位。按照《普洱公路管理局景东分局干线公路管理与养护分离实施办法》（试行）规定，完成干部竞争上岗、建养公司组建、路基社会化等一系列内部机制改革。2008年，正式取消管养分离改革。2009年始，实行公路养护运行机制改革。按照“拓展主业、狠抓外围、起步三产、发展种养殖业”目标和“路好、单位强、职工富、和谐文明”要求，提高路况质量、强化养护管理。1978—2011年，境内省道共投入大中修、抢修、改建、保养、事业费1.16亿元。1990—1999年，214线景东段保养投资6199万元。

二、县乡公路养护

1972年乡镇全部通车后，实行县乡两级养护。县交通局承担花山至清凉、清凉至景福及南景公路景东段养护，设专业养护队3个，分设道班16个，有固定养护工人77人。龙街、太忠、永秀、曼等、林街、漫湾等乡（镇），按不同地段设道班29个，有常年代表工191人。1980年后，县乡公路养护实行承包责任制。承包内容：(1) 养路补助费包干基数；(2) 公路养护完好率指标。专业养护队各道班按月查评好路率，乡镇道班按季查评好路率，达到承包好路率基数，固定工按路分发足工资，代表工发足补助费，各管理人员工资按全路平均好路率基数计发工资和岗位补助，奖励或惩罚与员工同担。1997年，制订《县乡公路养护管理办法》，取消固定工资，实行养护经费（工资、补贴）与好路率和路面挂钩。根据管理人员和管理人员工作性质、现状制订相应指标，基数工资、岗位津贴、资金等组成结构工资，按完成或超标完成养护管理任务计发结构工资和奖金。2002年，县交通局制订出《县乡公路养护考核管理办法》，并分别与管理段、乡镇管理站签订责任书，段、站与养护工人签订公路养护合同，一级抓一级，把管护责任落到实处。2008年，根据“县道县管、乡道乡管、村道村管”要求，采取大段承包和小段逐步承包相结合、公路沿线有管护能力和责任的村民经常性养护相结合的方法，养好公路。2010年1月，按照“管养分离”“养护社会化、市场化”要求，招投标选定盛世公路养护有限公司负责县道日常养护，合同协议期10年。

三、村组道及专用道路养护

景东共有村社道路242条926千米。村组公路均属等外公路，养护归所属村社管理。养护方法有三种：(1) 每年雨季即将来临之前，组织劳力清理边沟，疏通涵洞，保障公路排水。雨季过后，再次组织维修，清理塌方、平整路面；(2) 承包给专人专户常规维护；(3) 运输时节或突击运输时组织劳力抢修保运。随着农村经济发展，农民收入增加，农民购买运输车辆、拖拉机、摩托车越来越多，为保障通行，车主也理所当然地投入道路维修养护。专用道路养护，主要由投资主体承担，当地组织给予协调配合。

第五节　运　输

一、货运

1978年，全县通车里程741千米，货物运输主要依托县车队，当年货运量8000万千克，货运周转量38.2亿千克千米。中共十一届三中全会后，一部分先富裕起来的农民率先购买拖拉机、汽车，特别是1984年后，五〇拖拉机成为景东运输的主力军，承担着县内木材、甘蔗倒短运输，甚至跑长途拉木材至楚雄大旧庄、一平浪，结队到德宏、版纳一带糖厂榨季倒运甘蔗。同时，外地专业运输部门车辆涌入景东货运市场，昆明总站、楚雄总站、临沧总站派出人员常驻景东、协调运输，地方车辆也不断增加。1990年，景东共有各型汽车592辆，其中，企业、事业单位367辆，私车255辆，省地单位81辆；当年货运量1.8亿千克，货运周转量98.9亿千克千米。1996年，运输市场全面放开，货物运输市场化运作。1998年，全县公路里程达2830千米，货运量6亿千克，货运周转量750亿千克千米。

二、客运

1978年前，景东城乡未开通客运业务，城乡往来主要靠货车、拖拉机。1980年后，县车队先后购入客车，开通县城至景福、林街、花山、大街、安定、文龙、文华、者后客运班线，缓解城乡客运压力。1987年，客车增加到9辆，按班期营运。1988年，县汽车队更名为景东运输公司，允许个人购客车挂靠公司营运，客运车辆增加到64辆，基本能满足城乡客运。2001年1月，思茅汽车经贸有限责任公司依法兼并县运输公司，与景东汽车客运站合并，成立思茅交通运输集团有限公司景东分公司。合并后有职工90人、临时工40人，营运车辆76辆。当年投资107万元，全面改造烂泥桥（又名青云桥）客运站，内设候车室、客运售票室、货运调度室、行李托运室、零担货运室，站内有停车场和装车台。2004 年 1 月，企业再次改制，由国有企业改制成民营企业，称云南金孔雀交通运输集团有限公司景东运输分公司。2009 年 1 月，新客运站在凌云路落成，景东运输分公司整体搬迁新站营业。有员工 79 人，其中管理人员 19 人，拥有客运车辆 106 辆，农村客运微型车 120 辆，危险品运输车 14 辆，公务用车 4 辆，吊车 3 辆，客运班线覆盖省内昆明、大理、楚雄、临沧、景洪、保山等地州市，市内思茅、宁洱、景谷、镇沅、墨江等县区，县内各乡镇 113 个村委会，农村客运班线通达率 68%。2005 年始，按四级五级客运标准建设农村客运站，构建农村客运网络，方便百姓出行。

景东县农村客运站建设一览表

表 7-3-3

名称	占地面积（平方米）	建筑面积（平方米）	投资总额（万元）			建成时间	通县里程（千米）
			上级	交运集团	合计		
漫湾客运站	638.0	400.0	39.0	—	39.0	1990 年始建，2005 年改造	105
芹菜塘客运站	1295.0	564.9	35.0	54.6	89.6	2007	49
安定客运站	1296.7	175.5	35.0	130.0	165.0	2006	50
文龙客运站	1333.4	263.9	35.0	97.4	132.4	2008	31
文井客运站	6243.0	272.9	35.0	135.5	170.5	2008	24
者后客运站	1774.0	468.3	35.0	46.0	81.0	2008	50
曼等客运站	1173.0	146.0	35.0	45.0	80.0	2010	117
大街客运站	1735.8	146.0	35.0	51.0	86.0	2010	41
花山客运站	6436.0	319.1	35.0	147.8	182.8	2008	60
龙街客运站	667.0	146.0	35.0	15.0	50.0	2010	34
太忠客运站	1310.4	122.4	35.0	15.0	50.0	2012	20
东镇客运站	763.2	233.0	35.0	31.9	66.9	2009	109

三、航运

2001—2002 年，景东县抓住漫湾和大朝山电站建设机遇，建设漫湾栎树坡码头、大朝山曼状码头和曼崩、排沙、瓦窑、林街、曼壮 5 个停靠点。2007 年，在漫湾库区新建安乐河、羊街河、马鹿田 3 个渡口。逐步形成以漫湾和大朝山库区集中运输为主，其他水域零星运输为辅的水路交通运输业，成为景东县又一项重要运输业，并为发展库区旅游、水产养殖等奠定了基础。截至 2012 年末，库区通航里程 180 千米，其中，漫湾库区 72 千米、大朝山库区 96 千米，糯扎渡库区 12 千米；拥有客渡船 42 艘（其中私人交通艇 1 艘），渔船 25 艘，水运从业人员 71 人，当年完成客运量 10 万人次，货运量 500 余万千克。

四、运输管理费

1978—2005 年，专业性营业企业每月按运费总额的 3%计征运管费，其他经营性客运车辆（含吊、挂车）、大中型轮式、手扶式拖拉机，每月收取运管费 5 元/吨，国营、集体、个体联户参与营运畜力车，每月收取管理费 1 元/套。1988 年 7 月起，免征驮马等运管费。1994 年 1 月起，乡村从事营业性运输的各类拖拉机、农用汽车减征运管费30%，由1993年的每月10元/吨减征为每月7元/吨；国营汽车维修、运输服务企业及联户、个体修理户按营业额收入1%计征管理费。

1987—2011年景东道路运输管理所运管费征收统计表

表7-3-4　　单位：万元

年度	征费数	年度	征费数	年度	征费数	年度	征费数
1978	10.78	1985	13.99	1992	15.37	1999	64.38
1979	11.53	1986	14.31	199	21.00	2000	71.21
1980	11.87	1987	14.39	1994	35.60	2001	83.45
1981	12.95	1988	14.45	1995	41.62	2002	95.00
1982	12.97	1989	14.58	1996	52.97	2003	102.21
1983	13.74	1990	14.62	1997	58.30	2004	108.64
1984	13.86	1991	14.84	1998	61.25	2005	112.57

说明：自2006年1月起，国家实施燃油税费改革，取消公路运政管理费在内的六项收费

第六节　交运管理

一、路政管理

1987年10月13日，国务院颁布《公路管理条例》。县交通局、景东公路管理段通过会议、广播、标语、发放材料等方式宣传相关政策、法规，增强全民护路意识。1990年，县委县政府决定每年11月为"爱路月"、11月10日为"护路日"，此后每年如期举行活动。1996年12月，县路政大队成立，15个乡镇各配备路政管理专职干部1人。1998年，查处路政案件8起，拆除违章建筑1处，收回路产路权1661.7平方米，办理临时用户手续3起。2003年1月1日，经云南省人大常委会批准，施行《景东彝族自治县县乡公路管理条例》。2004年，开展全县性路检路查。参检250人次，说服教育40余人，查处违法案件28起，挽回经济损失300余万元。2006年，开展路查。说服教育60余人，查处案件6起，挽回经济损失160余万元。2007年，排查公路在建项目，及时清除隐患。查处蚕食公路案件34件，清障28处，设置路桩460棵。

路产路权界定　1996年6—11月，开展公路地籍调查。县政府成立领导小组及办公室，成员由司法、公路管理段等单位负责人组成，并从县级有关单位抽调工作人员6人；各乡镇相应成立领导机构，配合公路产权界定工作。界定标准为公路用地，即公路界碑以内，包括公路两侧行道树、侧沟、截水沟外线以外，不少于1米；国道、省县乡道、山区路段路基宽度不足6.5米的，按6.5米界定；陡坡路段除路基宽度外，向左右各延伸5米；坝区和人口居住密集路段，国道、省道路基宽度不足8.5米的，按8.5米界定、县乡道路基宽度不足7.5米的，按7.5米界定；弯道按曲线加宽值界定，经过县城和乡镇路段按城镇规划标准界定。公路保护用地（即公路两侧外缘边沟各向外延伸），国道不少于20米的，按20米界定；省道不少于15米的，按15米界定；县乡道不少于10米的，按10米界定；大中桥上下游河流不少于50米的，按50~150米界定。公路工作及生活、料场用地，根据砂石料场好坏、储存量、运距等因素，一般以原取料场位置界定；道班房、生活用地，一般以原划定位置和面积界定；没有道班房的，调查时确定位置界定。调查和界定结果：（1）全县公路界定里程

748.68千米。其中，国道214线36千米，省道（小景线）121.2千米，县乡道13条591.48千米。县乡公路分别为南景公路15.4千米，景龙公路35.3千米，太忠公路45.8千米，文营公路5.7千米，清山公路49千米，花九公路19千米，连南公路27千米，泰玉公路5千米，芹大公路110千米，曼等公路69.5千米，清漫公路151.7千米，安漫公路46千米。公路等级分别为三级路面国道214线36千米、省道小景线县城至安定50千米，四级路面县城至者后64.2千米；县乡道13条591.48千米，基本达到四级公路391.48千米，达不到四级按四级标注界定200千米。（2）全县公路界定面积1210.72公顷。公路用地：界定线内165.85公顷，其中，农田648处18.38公顷，旱地993处71.96公顷，建筑物760处75.51公顷。公路保护用地：界定面积1472.54公顷，其中，农田155.77公顷，旱地446.37公顷，林地728.36公顷，建筑物78.32公顷，荒地41.54公顷，河流22.18公顷。料场用地：界定140个48.89公顷。道班房用地：界定65个24.45公顷，其中，建筑物1.62公顷，空地5.5公顷，菜地17.33公顷。

公路普查 1985年9月28日，省交通厅发出《关于开展公路普查规划工作的通知》，要求在全省范围内开展以县乡道为重点，兼调查其他公路及驿道、桥梁、渡口等的普查规划工作。截至1985年，全县共有县乡公路406.2千米，其中晴雨通车142千米。四级公路122.2千米、等外公路284千米；纵坡超出限额239处、平曲线半径小于标准679处，低级路面122.2千米、无路面里程284千米，桥梁42座710.3米、其中危桥2座22米，涵洞1174道6654米、其中永久性涵洞745道5063.5米。上述公路中，泥石流地段77处6318米、水毁严重地段135处10779米、事故多发地段25处18554米、滑坡地段2处90米，大型桥梁2座，专用公路106千米、乡村公路450.5千米。

2001年4月6日，根据交通部、国家统计局《关于开展第二次全国公路普查工作的通知》及《云南省公路普查实施方案》要求，成立县公路普查领导小组及办公室。并利用宣传车、宣传栏、张贴标语、悬挂横幅等形式宣传，宣传率90%以上。截至2001年，全县公路总里程3437.2千米，其中，国道36千米，省道114.2千米（原121.2千米），县道11条671.6千米，乡道118条1519千米，村道214条476.4千米，专用道26条100千米，其他道路520.0千米；大桥5座543米，中桥4座222.8米，小桥99座1380.2米，涵洞1690道。公路密度76.9千米/平方千米。

二、运政管理

货运市场 自1979年始，运输市场逐步放开。企业、事业单位及个体购买车辆参与社会营运日趋增多，私拉乱跑、私收运费、自主定价、收受回扣等现象凸现。1981年11月，根据省政府有关通知，地县两级成立交通运输市场管理办公室，全面治理整顿交通运输市场，营业性车辆纳入营业证管理。同年底，县民间运输管理站改称交通运输管理站。根据《云南省汽车货运市场管理暂行办法》，结合景东实际，规定各机关团体、企业单位、厂矿、学校、公社、大队、生产队所属车辆，凡参加社会物资流通的各型拖拉机、翻斗车、驮马等均属民间运力，一律实行“统一运价、统一票据、统一结算”。1986年，规范运输管理。凡参与社会营运国营、集体、个体（联户）各种车辆，必须向交通监理、税务、工商和运输管理部门缴纳各种税费（营业税、城建税、养路费、管理费）。1988年，允许外籍车辆参与本县运输，但必须与公路运输管理部门签订运输合同。公路运输许可证实行一户一证，统一使用交通运输专用发票。同年，成立景东客货运输机动车辆服务中心，下设客运站、货运站，负责全县承运物资车辆服务管理。1991年，根据省政府《关于整顿道路、水路运输市场经营行为，纠正不正之风的实施意见》，组织力量调查摸底，审验经营者开业资料、经营范围、执业资格、运价执行等；检查车辆单位和上路车辆，查处倒卖运力，吃吨位、吃里程，乱收费吃回扣及违反道路运输法律法规行为。1992年，根据地区运政管理处《关于安排1991、1992年度审验工作的通知》，采用广播、标语、通告等形式广泛宣传，逐户审验，建立车辆营运台账和车辆技术档案。全县共审验经营许可证、营业证 1092 辆，占应审数的 92%，审验合格率 98%。

1993 年 6 月 1 日，全面开放道路运输市场。规定凡在县内从事营业性道路运输的单位和个体户、联营户，必须向县交通运输管理部门提出申请，注册登记，经批准后按规定办理营运手续，凭“中华人民共和国道路运输证”从事营运；抢险救灾及县政府下达的紧急运输物资，由县交通运输管理部门协调组织运输。2001 年，整顿和规范运输市场。成立县整顿和规范领导小组，印发《关于整顿和规范道路、水路运输市场秩序工作实施方案》。主要内容：(1) 打击非法营运车辆。重点打击无证无照从事道路运输经营活动的“黑车”，查处超范围、超类别经营和用非法手段控制客货运输经营权行为。(2) 规范水路运输。取缔“三无”船舶（无船名船号、无船舶证书、无船籍港）5 艘，洪峰期间不能保障运输安全暂停航船舶 8 艘。2005 年，按照《云南省乡镇船舶安全生产责任制承包办法》，签订县乡村三级安全责任承包书，船舶责任书签订率 100%。坚持常规管理和重点检查相结合，特别在街天、节假日现场监管渡口、码头停靠点，保障水运安全。2006 年，开展路查。全年上路检查 285 天，打击“黑车”非法经营和其他违法违章车辆，共查处案件 484 起。其中，无证经营 256 起，无从业资格证 185 起，未按规定缴纳税费 43 起。2008 年，开通“绿色通道”，核发“鲜活农产品准运证”191 份；规范“绿色通道”管理，建立健全准运证核发台账，保障鲜活农产品运输物资流通。同年，支援四川抗震救灾运输应急储备运力汽车 30 辆，核定景东至昆明线路零担货物运输重型厢式货车 2 辆。2009 年，开展道路运输业质量信誉考核，从业人员诚信考核和营动车辆审验。全面核对营业户行政许可档案、车辆管理档案和运行情况，建立健全各项基础台账，核查“道路运输证”与“车辆行驶证”。至 7 月 30 日，应审货车 2031 辆，审核 1103 辆 4420 人；道路运输作业人员换证 1595 人。

客运市场　1980 年后，客运市场逐步放开。根据省地县三级客运“四定”（定路线、定班次、定发车时间、定时宿地点）原则和分散管理规定，要求经营客运业务单位和个体提供经营客运路线、班次申请，经县交通主管部门提出意见，报地区交通部门审批后方可营运。1987 年 4 月 15 日，根据国家经济委员会《关于农村个体运输户管理问题若干规定的通知》，规范个体客运市场。从事客运的个体户，主要为本地城乡人民服务，也可跨地区从事客运。无论个体客运户还是国营集体客运企业，一视同仁，根据需要统筹安排，划定经营区域和路线。1991 年，开展道路水路运输市场治理整顿。(1) 换发全省统一客运线路标志；(2) 客运路线和客运班次定点发车，定站报到，定点住宿；(3) 清理运输企业和运政部门发放的客票。(4) 采取行政、经济手段查处驾驶员贪污票款行为；(5) 整顿客运车辆容貌，改进服务态度。

1993 年，根据省政府《云南省开放道路运输市场实施办法》规定，客运路线和班次放开经营。境内客运线路和班次核发线路标志牌，挂牌经营；使用统一票证，并纳入企业管理，未挂线路标志牌上路视为非法经营。1996 年，按照交通部《关于整顿客运市场秩序的通知》，从清理线路牌入手，以县城为重点，整顿无证经营、超类别经营、串线经营和行为不规范、车不进站等情况。1999 年，按照思茅地区运政管理处《关于进一步加强客运市场管理的紧急通知》，清理和规范线路牌起止点名称，审查驾驶员营运资格；淘汰老化车辆，整顿不具备道路客运车辆；加强监督和稽查客运市场，统一排班，凭票发车，例行发车前检查。2001 年，成立道路客货运输、水路运输市场秩序整顿和规范领导小组，整顿和规范客货市场。主要内容：(1) 加强站容站貌管理，“退商还站”“退娱还站”，按照“三优”“三化”（优美环境、优良秩序、优质服务，服务过程程序化、服务意识规范化、服务质量标准化）标准，整治客运市场“脏、乱、差”现象，实行站车分离，封闭式发车，按国家标准考核客运站点；(2) 严格查处载货和客货混装违章行为。(3) 查处“拉客、甩客、兜客、宰客、卖客”行为，强化安全生产监督管理。2003 年，根据县政府《整治农用车、微型车、拖拉机和从事非法客运实施方案的通知》要求，成立专治领导小组。6 月 5 日，召开交通、公安、工商、经贸、农机、运输企业等成员单位会议。抽调相关人员组成稽查组，整治县城至安定、者后专线微型车、农用车、拖拉机非法载客行为。出动宣传车5辆，印发宣传材料2000份，电视公告半个月，让广大群众和客运经营者知晓道路运输法律法规，明白拖拉机、农用车载客风险，共同维护交通秩序。在宣传基础上，查处非法营运行为，查处安定—县城—者后省道景东段非法营运行为69起，途中接拨旅客1200人次。县政府批准投放6辆专线车，缓解整治后专线客运压力，保障群众出行。登记、完善各种营运手续微型车110辆，并统一挂靠思茅交运集团景东分公司，由公司统一票价，统一保险理赔。加强安定、文龙、清凉、文井、文华、者后站点监管，规范微型车营运；增开景东至太忠、龙街、安定中仓线路。共查处无证经营车辆87辆，无照经营车辆105辆，处以罚款16750元。2006年，县政府发布《关于清理和规范微型车道路运输市场秩序的通知》，要求凡境内从事道路旅客运输的微型车，无论是否办理过营运手续，一律纳入此次清理整顿和规范范围。微型车道路旅客运输条件：（1）车籍必须属景东营运车辆，并严格按审批的线路经营。自用微型车、客货两用微型车及外籍微型车禁止在境内从事旅客运输。（2）车辆应达交通部JT/T1989-95《汽车技术等级评定标准》一级车况。（3）驾驶员应具有5年以上安全驾驶经历，并经过业务部门培训考试合格取得客运运输作业资格。按照《普洱市安装使用出租车程控计价器实施方案》，统一安装出租车程控器。2008年，转变客运管理服务方式，将服务融入管理，提升客运管理水平。运管所组织客运服务人员13人开展“三优”“三化”知识竞赛，提高服务人员服务水平，常年安排稽查人员驻站检查，保障全县客运工作安全有序。2011年春运和黄金周，共投放微型车11520辆（次），中型客车1197辆（次），分别完成客运13.6万人次和1.03万人次，客运量分别比2010年同期增长1.38%和4.22%。

三、安全管理

安全宣传　自1980年始，利用一年一度春运及“6月安全月”活动，在城市、公路沿线宣传“安全第一、预防为主”方针，宣传《道路交通安全法》《公路法》《道路交通管理条例》《道路运输条例》。2002年春运前夕，在县城召开春运安全生产动员大会。春运期间，召开各种形式会议，与会1236人；制作大型横幅20条，张贴标语354条、通告245份、特大交通事故宣传图片4块，宣传16次，出动宣传车21辆（次），发放教育宣传材料1450份，播放春运安全通知、通告光盘11次。教育面10.25万人次。

水上交通安全检查（熊元磊　摄）

安全检查　1975年，景东交通运输监督管理站成立。主要负责南普公路安全运输管理，处罚违章事故，维护交通秩序。1978年，景东交通安全委员会成立，主要维护县乡公路交通秩序和安全。1979年，县农机局农机安全监理站成立，专管拖拉机安全营运事务。2009年，县安全生产领导小组成立，制订“交通局安全生产工作要点”，组织“安全生产年”“安全生产月”活动，重点监管和整治道路养护、交通安全违法行为。公路养护重点检查危桥、险路，发现问题设置警示标志，及时整改。督促客运企业、培训站、维修企业落实各项规章制度，检查监管水上交通安全。

第七节　机动车维修和驾驶培训

一、机动车维修

1978—2011 年，景东县有机动车维修户 226 户，其中，二类汽车修理 18 户（AAA 级 4 户、AA 级 14 户），三类汽车修理 132 户，摩托车修理 76 户。实现以二类维修企业为主导、三类维修业户为补充机动维修业格局，满足道路运输市场发展需求。

景东县二类汽车维修企业经营状况表

表 7-3-5

维修企业名称	法人代表	质量信誉考核评定级别	从业人数	主要承修项目
景东嘉鑫汽车修理厂	王　亮	AAA	50	整车维修
景东嘉诚修理厂	王　龙	AAA	31	整车维修
景东建达小车修理中心	廖进喜	AAA	18	整车维修
云南金孔雀集团有限公司景东通达维修分公司	戴继东	AAA	26	整车维修
景东县花腰汽车修理厂	李维强	AA	21	整车维修
景东县嘉运汽车修理厂	肖奠圆	AA	13	整车维修
景东县林业修理厂	阎新春	AA	23	整车维修
景东县达宇汽车汽车修理厂	纪　平	AA	17	整车维修
景东县阿亮小车修理厂	王学洪	AA	10	整车维修
景东华辰汽车服务有限公司	张　波	AA	14	整车维修
景东县李达小车修理厂	李　达	AA	14	整车维修
景东万里达小车修理厂	王乃华	AA	13	整车维修
景东安平小汽车修理厂	余　雄	AA	10	整车维修
景东顺达车车辆服务有限公司	李长明	AA	22	整车维修
景东景东东升修理厂	周延永	AA	13	整车维修
景东县广福汽车修理厂	杨强先	AA	12	整车维修
景东县胜达小车修理厂	杨春燕	AA	7	整车维修
景东洪元小车修理厂	王仕权	AA	5	整车维修

二、机动车驾驶培训

2004 年，普洱市安达驾驶员培训学校景东分支机构落户景东，成为县内第一家机动车驾驶员培训学校。2010 年，各驾校训练场地完成建设并投入使用。至 2011 年，全县有机动车驾驶员培训学校 4 家，从业人员 126 人，各型教练车 64 辆。全部实现规模化、集约化管理和经营，基本实现学员学籍档案、教学安排、教学设置等计算机管理。驾校内部管理制度和内设机构健全，岗位职责明确。完成交通、安达 2 家驾校分支机构三类驾校独立法人变更申报工作，解决历史遗留问题。各驾校训练场地完成标准化建设，并通过省市运管部门验收合格。1978—2011 年，累计完成机动车驾驶员培训 10845 人。

景东县机动车驾驶培训机构经营状况表

表 7-3-6

机动车培训机构名称	法人代表	教练车	从业人员	类别		
				一类	二类	三类
普洱市安达驾驶员培训学校景东分支机构	彭明星	20	28	总校 1 类	—	申报 3 类
普洱市交通驾驶职业学校景东分支机构	王志忠	14	33	总校 1 类	—	申报 3 类
景东宏达驾驶员培训有限公司	刘子祥	30	39	—	2 类	—
景东惠民机动车驾驶培训有限公司	罗城海	—	26	—	申报 2 类	3 类

第八节　交通管理机构

一、县交通运输局

1956 年，县政府始设交通科，同年成立群众运输管理站。1957 年，交通科、群众运输管理站、手工业联社合并，成立县工业交通局。1958 年 6 月，恢复群众运输管理站，并更名为民间运输管理站。1961 年 9 月，精减机构，工业交通局更名为工交科。1963 年，更名为工业交通局。1968 年，成立工交局革委会。1985 年 6 月，工业交通局分设工业局和交通局，交通局下设秘书、运输、公路、会统 4 个股。2011 年 5 月，机构改革，更名为县交通运输局。内设办公室、计划财务股、基本建设管理股、政策法规与交通战备办公室、运输管理与安全监督股、公路管理股等 6 个股（室）。历任局长：张德良、刘成顺、黄忠明、雷波、彭其昌。

二、下属事业单位

（1）地方公路管理段。1963 年，大街公路养护队成立，有养护民工 150 人。1964 年，花山公路养护队成立，有养护民工 20 人。1965 年，花山、大街公路养护队合并，统称清山公路养护队，由县工交局直接管理，养护里程 49 千米。1970 年，景勐公路通车，清勐公路养护队成立，养护里程 53 千米，1972 年养护到小门坎，1987 年延伸到景福大神树，全长 87 千米。1994 年 12 月，清山、清勐公路护队合并管理，养护里程 134 千米。1980 年，县乡公路大中修工程日益增多，为满足工程需要，成立交通局机务队。至 1999 年 8 月，县政府批准，以机务队为基础，撤销清山、清勐、南景公路养护队、公路设计施工队，成立县地方公路养护段，承担全县县道管养。（2）地方海事处。2001 年 10 月，县政府批准成立地方海事处，依法履行水运安全监督管理职能，并在漫湾库区和大朝山库区设立漫湾、曼状 2 个航运管理所。（3）公路工程质量监督站。2011 年 12 月，县委编办批准成立县公路工程质量监督站，为财政全额拨款事业单位，股所级。（4）公路规划勘察设计室。2011 年 12 月，县委编办批准成立县公路规划勘察设计室。设计资质为丙级，财政全额拨款事业单位，股所级。

三、运政管理所

1985 年，民间运输管理站更名为交通运输管理站。先后撤销安乐、锦屏、安定、龙街、曼等、景福 6 个运输社，不再以运输为业，大多数汇入第三产业队伍，各谋生路。1989 年，更名为交通运政管理所（简称运政所），负责全县客运、货运、汽车维修、搬运装卸和运输服务业五大行业监督管理。1997 年，运政所人员经费统一收编到普洱市交通局市运政处，纳入市属事业单位编制统一管理，属市直管单位，并成立县交通运政管理所党支部。2006 年，全国公路运输燃油附加费（费改税）改革，不再征收公路建设基础金和运输管理费。2010 年，国家实行大部制改革，运政部门参照公务员管理，县级运政所升格为副科。在职 21 人，其中，本科 11 人，专科 10 人，高中 1 人，全部持有交通部和云南省“行政执法证”。在职工人全部通过考试转变为参公管理干部身份。

四、公路管理段

1953 年，景东公路养护段成立，负责弥宁公路景东过境段养护任务。下设龙街、大河边、冷窝、开南、大翁 5 个道班。段址位于景川路中段（五交化公司），占地 0.13 公顷；1963 年迁往城南龙泉寺旁，占地 0.78 公顷。20 世纪 60 年代初，景东段正式设立三岔河、石家山、大河边、望城坡、北屯、孔雀山、开南、者吉、速南、者后 10 个道班。1966 年 5 月至 1967 年 2 月，实行军事化管制，改为景东公路养护七连。1968 年 4 月，养护段革委会成立。1971 年 4 月至 1975 年 7 月，改称景东养护连革委会，1975 年 8 月至 1978 年，恢复景东公路养护段名称。下设党支部、行政、工会、工程统计、财务、材机、劳工、文书、后勤等部门。1984 年，增设公安派出所。设置党总支、行政、工会、工程、财务、材机、综合安全、劳工、办公室等部门，下设有文龙、文井公路管理所，灰窑机化站。1991 年，公安派出所与路政管理所实行一个机构、两块牌子。1995 年，正式成立路政大队。1980 年 9 月，改为景东公路管理段。1988 年，各道班正式以地名命名。1993 年，道班改称公路管理站和公路管理所。历任段长：杞儒昌、苏正光、陶华、王旭、姚俊彪、刀存璟。

五、路政管理大队

景东公路路政管理大队，主要管辖小景线南涧小军庄 k118+800 米至景东 k240+000 米 114.2 千米省道。主要职责是保护该路段路产、路权，保障公路交通完好、安全畅通。设财务室、路政大队。有干部职工 8 人，其中大队长，副大队长各 1 人。

第四章　城乡建设

第一节　城乡建设规划

一、县城总体规划

1984 年 2—12 月，测绘、编制景东县城总体规划。由思茅行署建设局组织地区各县市城建部门专业技术人员 18 人完成。1985 年 2 月 1 日，规划通过县第九届人大常委会第三次会议审议。1987 年 8 月 5 日，获行署同意批复。(1) 规划范围：东起河东街干部退休所辖区及河东街村沿大红坡毛路土坎以下；西延御笔、玉屏、翠屏、瑞屏、锦屏 5 座山头并顺延至 695 台和景东林业局管辖区；南至大草地小河桥；北以菊河为界，面积约 10 平方千米。(2) 城市性质定位：全县政治、经济、文化中心，是以发展农副产品加工工业、木材、林化工业为主体的新型小城镇。县城建设基本按照规划有序推进。

20 世纪 90 年代后，城区建设迅猛发展，由于城市规划区域太小（仅 2.3 平方千米），城区发展主要依托老城区，老城区建筑陈旧，参差不齐，人口密度大、道路拥挤狭窄，特别是过境公路与城市道路交织，行人车辆拥堵，影响景东形象，县城总体规划不能适应城市建设发展需要。1997 年 9 月，县委县政府决定调整和修编原规划，由云南省规划设计研究院和县城乡建设局联合编制完成《景东县城市总体规划（1997—2015)》，2003 年获省政府批复。新县城规划建设区域增至 3.2 平方千米。城市性质定位：全县政治、经济、文化中心，以发展食品加工业、林化工业为主导产业及旅游业为特色的现代化小城市。新规划较好地指导城市的建设和发展。2002 年末，城区建设区域扩展至 6.22 平方千米，常住本地人口增加到 3.3 万人。随着城市化进程加快，县城核心作用愈加明显，吸引大量周边地区农业人口进城居住，城区实际居住人口达 4.8 万人，发展目标达到或接近远期城市总体规划。同时，由于经济实力增长，人民生活水平提高，思想观念更新，对城市生活居住环境质量、风貌和特色等有新的要求，迫切需要调整 1998 年《景东县城市总体规划》。

20 世纪 90 年代景川路一角（李廷新　摄）

2003 年 11 月，城市建设规划修编工作纳入上海市普陀区对口援助景东县项目之一，由县政府和上海普陀区建委、普陀区规划局负责组织。城市规划区域重点向南、兼顾向东、争取向北拓展。(1) 城市形态。以现有城区为中心形成以轴向带动片区发展的带状组团式城市形态。(2) 城市结构。在发展完善老城区和景川路以东新建城区的基础上，形成“两条轴线、三大组团、片区”城市结构。三大组团：中心组团，位于菊河以南，小河桥以北。川河以西片区，逐步完成产业结构调整和老城区改造整合，形成以居住和商业服务为主的城市核心地区，川河以东片区则形成以市场资产为主的片区。北部组团，越过菊河，沿省通二级公路城区段向北发展，以大咀子为界。其中川河以东片区为远景发展用地。依托对外交通道路发展工业仓储和货物流通中心，川河以西片区形成以旅游服务、商务、生活为主的片区。南部组团，从小河桥以南到孔雀山脚。其中川河以东片区以无污染一二类工业和物流仓储为主的工业区。川河以西片区是未来城市商贸、文化娱乐和体育中心所在，也是城市主要生活居住地区，是城市近期发展重要地区。(3) 城市性质。全县政治、经济、文化中心，以发展绿色资源产品加工为主，具有现代山水园林与历史民族文化相交映的生态旅游工贸城市。

“十二五”后，城镇化建设处于快速发展阶段。2011 年下半年，省政府出台《关于加强耕地保护，促进城镇化科学发展的意见》，提出要发挥规划引导和调控作用，优化城乡发展空间。县委县政府依托自然优势，再次调编县城总体规划。(1) 利用四大发展优势，构筑区域四个合作平台。即：利用哀牢山和无量山国家级自然保护区优势，构筑区域间生物科学研究合作平台；利用具有云南省准热带、南亚热带、南亚高原季风带三大气候带，生物圈旅游特色单元承接点优势，构筑区域间旅游合作平台；利用无量山文化即百越、氐羌民族大迁徙、大融合文化和中原文化优势，构筑区域间民族人文研究合作平台；利用整合和放大湄公河同次区域生物等产业合作优势，构筑区域间生物产业合作平台。(2) 以田园式组团结构，打造县城新貌。北部旅游度假组团，中部老城商贸组团，东部物流加工组团，西南部现代物流加工组团，南部工业园区组团。为更进一步展开景东特色，规划景东无量山城。(3) 规划范围。川河与菊河交汇处即凤凰山南部川河东岸，凤凰山北部川河东岸，左所营通化桥西部菊河以北，规划面积 126.53 公顷，分期实施。

二、乡镇建设规划

农村实行家庭承包责任制后，经济社会空前发展，各乡镇依托当地财力，不断推进地方小集镇建设。但由于法制不健全，一段时期内集镇建设仍处于无序状态。20 世纪 90 年代后，各乡镇比较注重集镇建设规划，集镇面貌有所改观。至 2011 年，全县已有 5 个乡镇完成建设规划，其余乡镇均在依次推进。

文井镇 (1) 规划范围。北至文井镇中心小学，南至大营，西至镇政府，东至普大高速公路，规划面积 3.67 平方千米。(2) 规划性质。景东县域中心，全镇政治、经济、文化中心，重点发展科技、生物、资源开发、农副产品深加工等产业，形成以加工、运输、仓储、物流为一体现代农业型特色小镇。(3) 城镇体系布局。坚持多利用坡地、荒地搞建设，用“山水田园一幅画，城镇村落一体化”思想，大力发展山地、山水田园为特色的城镇引导人口分布，促进城镇可持续发展。

文龙乡 (1) 规划范围。西北至龙街中心茶厂组，东南至龙街中心村老街外组，规划面积 1.22 平方千米。(2) 规划性质。景东县旅游发展次中心，以彝族文化旅游、自然风景旅游和生态农业为主的旅游型特色小城镇。(3) 城镇体系布局。“一心、一轴、两次轴的川字形”城镇发展空间模式。是景东县联系滇西和滇南地区的主要节点城镇。依托小普线及普大高速路贯穿南北的城镇发展轴，重点发展烤烟、茶叶、核桃等经济作物为主生态型城镇。

大街乡 (1) 规划范围。东至文燕大沟（南干渠），南至文东，西至小古者，北至关圣宫。(2) 规划性质。哀牢山经济干线，现代农业型中心镇。(3) 城镇体系布局。依托万亩生态茶园自然田园风光，重点发展旅游、生态观光及农副产品加工，串接中部主要村落，形成大街南北方向发展轴线，通过“四叶一矿”（茶叶、蚕桑、核桃、烤烟、磁铁矿）产业发展规划，建设“四区”（特色生态农业发展区、现代农业发展区、综合发展区、工业开发区）；详细规划全乡道路交通、给排水工程、电力通信、教育文化、科技、卫生、商业服务、集镇设施、城镇特色建设、自然资源，人文资源、环境保护、环卫设施、防洪、消防等社会事业发展。

景福乡　（1）规划范围。西至烟站，东至国家一级水准点，北至无量山脚，南至砖厂，面积73.68公顷。（2）规划性质。县域西部城镇发展次轴。（3）城镇体系布局。整个区域形成“两心（芹菜塘乡域经济发展中心，古里街乡域经济发展中心）、一轴（芹漫公路）、四片区（北部产业经济区、中部产业经济区、南部产业经济区、无量山国家自然保护区）”乡域空间结构布局，通过“点、线、面”空间结构，促进乡域社会经济又快又好地发展。

林街乡　（1）规划范围。北至林街乡幼儿园，南至林街中学，东至林街村委会，西至芹漫过境公路，规划面积103.39公顷。（2）规划性质。县城西部城镇发展次轴。（3）规划发展定位。紧紧围绕城镇上山、新农村建设和调整优化城乡结构要求，发展绿色经济和低碳经济。（4）城镇体系布局。在规划期内使整个区域形成“一心（驻地乡镇经济发展中心）、一轴（依托芹漫公路，大力发展城镇交通商贸业）、三片区（西部产业经济区、东部产业经济区、无量山国家自然保护区）”乡镇空间结构布局，促进县城西部城镇全面发展。

第二节　县城建设

一、老城区建设

中华人民共和国成立后，新政权接受伪政权公共财产，依法没收地主大宅庭院。县委县政府及其所属部门分别选择这些房产、地产作为办公场所。县委县人委仍在旧址办公，人武部、公安局、法院、检察院、工交局、财政局、邮电局、新华书店、百货公司等部门选择大户庭院办公。相当一段时期，县城党政机关、群团组织包括城镇居民，没有大兴土木，只是修修补补，满足办公需要而已。20世纪五六十年代，县城还没有砖混结构平顶房。1974年，县革委会建盖景东首幢平顶建筑，二楼一底，建筑面积829.3平方米，投资7.5万元，称办公大楼。1979—1998年，随着城乡经济发展，省外建筑企业不断介入，带来建筑新工艺、新技术，建筑档次逐渐提高。从通化桥至龙泉公园景川路两侧，平顶建筑拔地而起，形成以景川路为轴新街道，县城面貌大为改观。

二、新城区开发建设

1977—1981年，县委、县革委会启动川河莲花塘段改河工程，由于历史、技术等原因，未能完成工程项目建设。1997年，县委、县政府承接改河未尽事宜，实施川河莲花塘至塘窑段防洪整治工程。通过整治，川河河道缩短2200米，新增耕地70.6公顷。采用土地置换方法，增加城区建设用地。1998年，建成县城新过境公路，结束沿公路建街，带状建设历史。1999年4月12日，县城新城区建设动工。规划新城区道路先期建设7740平方米、人行道工程6596平方米及排水、绿化、亮化、自来水、电网、电信等八项工程，预算总投资

20世纪70年代县城一角（石德林　摄）

4174万元。2000年12月19日，县委、县政府发出《关于加快县城新区开发及鼓励外商投资的若干意见》。主要内容：(1) 以优惠政策，出让新区国有土地使用权，无论县乡机关干部、职工、教师、医务工作者、农民、个体经营户（包括县外人员和已购房者），均可参与新城区国有土地使用权竞买自建房或集资建房。(2) 创造宽松环境，鼓励外地客商投资兴办产业。外地客商投资高新技术，基础设施建设（能源、交通、环保、水利、教育和社会公益事业）、生物资源开发与创新、矿产资源、旅游资源开发及高创汇、高税收的项目，均以行政划拨方式供地，征用地按法定标准下限收取土地相关费用。投资企业从事经营性项目的，按有偿使用方式获得土地使用权，在县城规划区内的用地，以基础地价为出让低价。(3) 改革户籍制度，增长城市人口。放宽县外到景东投资人员、职工在县城办理城镇常驻户口限制；放宽高新技术、科研机构所需科技人员，中专以上学历或技术员以上职称人员、私营企业人员，农村人口在县城购买商品房或在县城新区购买土地建房人员；放宽从乡镇调往县城购买商品人员的配偶及其子女在县城落户条件。

20世纪80年代县城一角（邓贤刚 摄）

20世纪90年代末县城远眺（黄丕智 摄）

景东县城新区主要分类建筑一览表

表7-4-1 单位：平方米

名称	坐落	建筑面积	竣工时间	施工单位	备注
工商局	建设路	2794	2003	景东中玉建筑公司	搬迁
国税局	建设路	1465	2007	景东凯达建筑公司	搬迁
地税局	建设路	2886	2005	景东宏发建筑公司	搬迁
农业局	建设路	4283	2003	广东建筑队	搬迁
县中医院	建设路	10000	2003	思茅一建司	搬迁
公安交警大队	建设路	34	2006	景东宏发建筑公司	搬迁
教育局综合楼	建设路	3765	2007	兴业建筑公司	新建
景东供电有限责任公司	凌云路	3877	2006	思茅第二建筑公司	新建
财政局	凤御路	5363	2003	广东建筑队	搬迁
民政局	凤御路	1920	2006	华通建筑公司	搬迁
交通局	御笔路	3258	2003	景东房地产综合开发公司	搬迁

续表 7-4-1

名称	坐落	建筑面积	竣工时间	施工单位	备注
景东信用联合社	凌云路	4500	2011	景东银生建筑公司	新建
国土资源局	银生路	1200	2001	广东建筑队	搬迁
环境保护局	银生路	720	2000	广东建筑队	搬迁
检察院大楼	凌云路	8869	2007	思茅万力建筑公司	搬迁
法院大楼	凌云路	5664	2009	思茅维地建筑公司	搬迁
自然保护局	凌云路	6058	2008	景东银生建筑公司	搬迁
景东客运站	凌云路	3134	2007	思茅交通建筑公司	搬迁
银生农贸市场	凌云路	9300	2004	景东房地产综合开发公司	新建
林苑小区	者干路	17640	2006	思茅天恒建筑公司	新建
公务员小区	凌云路	57640	2006	思茅天恒建筑公司	新建
银生水榭小区	九龙路	39851	2010	宣威市振华建筑建材公司	新建
卫生小区	凌云路	15791	2009	思茅维地建筑公司	新建
糖业小区	凌云路	22660	2002	思茅第一建筑公司	新建
景检茗苑小区	凌云路	16300	2008	普洱维地建筑公司	新建
兴业小区	凌云路	6100	2005	景东房地产综合开发公司	新建
凌云小区（一）	凌云路	12449	2008	景东兴业建筑公司	新建
凌云小区（二）	凌云路（月牙湾）	5431	2009	景东兴业建筑公司	新建
月牙湾佳园	凌云路	97211	2010	福州龙峰建筑公司	新建
盛世和谐小区	西郊路	15791	2011	思茅维地建筑公司	新建
盛世花园	景川路	9335	2008	思茅维地建筑公司	新建
雅竹龙泉小区	景川路	9731	2012	云南春江建筑公司	新建
教育小区	凌云路	11021	2009	普洱维地建筑公司	新建
法院小区	南鲸路	4400	2003	石林建筑安装公司	新建
金晖花园	凌云路	7676	2010	思茅维地建筑公司	新建
银生花园	景川路	2260	2009	银生建筑公司	新建
园丁小区（Ⅰ）	景川路	2700	2006	景东兴业建筑公司	新建
园丁小区（Ⅱ）	景川路	9000	2006	景东银生建筑公司	新建

三、城市配套工程

（一）市政道路

民国时期，县城有 6 条街道，城中央建有过街楼 1 幢（三层角檐木架结构）。1959 年，建设菊河电站，过街楼因妨碍运输被拆除。街道以过街楼为中心分东正街、南正街、西正街、北正街，另有文化街、武庙街 2 条岔街。1953 年，弥宁公路通车，先后开通景川路、玉屏路、虹桥路、北川路、南景路 5 条通道。至 20 世纪 90 年代，多次改造路面，但城市格局未发生大的改变。1998 年后，县城新区开发。新区道路与原城区道路相衔接，渐次完善纵横东西、南北通道。县城新区有宽 12 米或 7 米街道连接各住宅区、商业网点、公共设施、行政办公楼、宾馆酒店。

景东县城区主要道路建设情况统计表

表 7-4-2　　单位：米

道路名称	修建年份	长度	宽度			路面结构	备注
			车道	人行道	绿化带		
凌云路（通化桥—陶府广场）	1998	3590	23.0	10.0	4/8	沥青	—
银生路（魁阁楼—民族中学）	1999	730	16.0	8.0	4	沥青	—
九龙路（河东街大桥—景太大桥）	2008	1490	6.5	—	—	沥青	—
景川路（通化桥—养护段）	1952	3334	10.0	10.0	2	沥青	—
玉屏路（人民会堂—景东一中）	1972	1100	5.0	2.0	—	沥青	—
2 号路（雅竹龙泉—河滨长廊）	2001	620	9.0	5.0	—	沥青	未命名
建设路（沙沟埂—河滨长廊）	1999	1093	14.0	8.0	3	沥青	—
彝兴路（景川路—凌云路）	2001	690	6.0	3.0	—	沥青	—
1 号路（景川路—河滨长廊）	1999	660	13.0	10.0	3	沥青	未命名
陶府路（景川路—凌云路）	2009	205	7.0	2.5	—	沥青	—
北川路（河东街大桥—东门坡）	2001	730	7.0	2.0	1	沥青	重修

（二）灯光照明

20 世纪 70 年代，县城仅有菊河电站供电，景川路、玉屏路、老街安装路灯 48 盏，线路长 2200 米。80 年代后，城市建设推进，城市亮化工程更上一个档次。漫湾和大朝山电站建成后，县城供电得到保障。到 2001 年，县城共安装高杆灯 3 盏、双臂灯 104 盏、单臂灯 233 盏、礼花灯 8 盏、庭院灯 67 盏、草坪灯 78 盏。随着新区开发建设，凌云路路灯向南北延伸，南起孔雀山森林公园，北至锦屏镇北屯村委会，长 8000 米。至 2011 年，夜晚华灯初上，新老城区灯火辉煌，景色宜人。

（三）供水设施

1969 年 2 月，在锦屏镇玉屏路东门坡建成县城第一个供水站，取源菊河农灌沟水，日供水规模 80 立方米，安装 80#、40#、32#铸铁水管 5000 米。1983 年，在菊河大沟豹子洞建自来水厂 1 座。设有预沉池、水力混合池、反应池、沉淀池、过滤池、高位蓄水池、清水池等。管道安装有 200#输水主管 500 米（至东门坡），再分设两条输水管道，一条由东门坡至龙泉寺公路养护段，安装 150#铸管 2158 米；另一条由东门坡至电影院，安装 100#铸管 1785 米，共供应县城 85 个单位 3500 人、居（农）民 277 户 1643 人饮用水，年供水量 16.7 万立方米。1990 年，投资 14 万元新建 200 立方米、100 立方米清水池各 1 个，铺设 100#铸管 2300 米，解决河东街变电所、干休所和当地村民饮用水问题。1994 年，制水区新建 728 立方米清水池 1 座，新增 155 立方米/小时抽水泵 1 台，铺设景东一中至县检察院 100#铸管 1100 米，解决虹桥、文庙片区生活用水。1996 年，引进真空加氧机消毒技术，降低供水成本；增设东门坡至城建局 300#铸管 1800 米。1998 年 6 月，水厂扩建竣工。新建 280 立方米/小时反应池 1 组，重力无阀 320 立方米/小时过滤池 1 组及预沉池、穿孔旋流反应池、斜位反应池、清水池等供水系统，日供水量由 80 立方米/日提高到 6500 立方米/日。2000 年，投资 2150 万元实施县城供水工程，解决新城区饮水需要。至 2002 年，铺设老城区 400#管道 2100 米、300#管道 5000 米、200#管道 1323 米、150#管 548 米道、100#管道 1300 米，铺设支管 2200 米；在马关桥新建 1000 立方米对置水池 1 个。截至 2011 年，县自来水厂供应机关、学校、企事业单位、城镇居民用水达 143

万立方米/年。

（四）排水设施

长期以来，县城排水基础较弱，雨水、污水顺其自流，或靠明沟排放。1983 年，初次在老城区东正街、西正街修建 1 条宽 0.5 米、深 0.7 米排水沟，沟面铺以混凝土盖板。由于排水设施位置较矮，无法满足排水要求。一进入雨季，虹桥箐、石婆婆箐山洪暴发，老街道、景川路砂石淤积、污水四溢，百姓叫苦不迭。1985 年始，改造城区排水系统。1986 年，投资 1226 万元清理玉屏路人民会堂前明沟，加铺混泥土活动盖板 721 块；景川路电力公司至烂泥桥段设双面排水暗沟，沟深 1.5 米、宽 1 米、长 1030 米，混凝土筑沟，面盖水泥板，人行道与排水沟一次成形；北川路县医院至河东街大桥段长 300 米，安装铸铁管排水；东正街口至魁阁楼段设下水道、人行道，长 190 米。政府宾馆、蓝天宾馆排水则归入人民会堂排水沟。后经踏勘规划设计，人民会堂、工会俱乐部路段排水道改直，由蓝天宾馆直下穿过景川路，新开排水沟 70 米，再归入烂泥河。首端设有沉沙池，定期清除沉积物。

在新城区，衔接老城区排水设施设计网状排水系统。凌云路设双向排水，安装直径 1.2 米水泥管，总长 1248 米；银生路设 1.1×1.1 米混凝土箱式暗沟双向排水，总长 177 米；建设路设 1×1.2 米混凝土箱式暗沟双向排水，总长 1796 米；5 条 12 米街设 1×1.2 米暗渠双向排水，沟总长 6706 米。居民小区、道路小区道路宽 4 米，均设双向暗沟排水。

（五）园林建设

县城景川路、银生路、建设路、凤御路等主要街道，两侧绿化带即纳入规划和建设。为满足城镇居民休闲娱乐，规划建设有 8 个文化广场。

河滨长廊（驭江广场） 起于月牙湾广场菊河与川河汇口，止于景太大桥，全长 3000 米。河堤每 10 米设水泥杆 1 棵，杆中及顶部焊有仿铜人字形钢架，以便花草藤蔓附爬。长廊人行道衬以长方形青石条，宽 3 米。广场与长廊连为一体，广场四周种植叶子花、桂花、茶花、黄槐、塔柏、苏铁、毛叶丁香（拼花）、杜鹃、重叶女真等奇花异树，建休闲亭（驭江亭）1 座，长廊中部设圆形观景台 1 座。

南岳广场 位于银生路中段，占地 5385 平方米，投资 76.7 万元。广场内建有南岳亭阁，亭阁融合人与自然和谐理念，融建筑、雕画、诗词、场灯及花木草坪于一体。阁亭为曲折建筑样式，雕梁画栋，琉璃瓦顶。广场内设有刘岷教授同治皇帝雕塑、程含章雕塑、戴家政雕塑及二龙戏水雕塑。广场内可供人群健身、舞蹈。

银生广场 位于建设路中段民族中学旁，占地 4514 平方米。广场内有 30 米高杆华灯 1 盏。场内建有多个小花池，植有奇花异草。广场内设茶叶茶壶雕塑和反映茶马驿站的塑像。可供游人散心、闲聊。

瑞霞广场 坐落在景东第二小学旁，占地 2760 平方米，以园林绿化为主。

陶府文化广场 位于凌云路南端。2005 年 8 月启建，2005 年 12 月竣工，占地 2.87 万平方米，投资 365 万元。广场建筑主要反映陶氏傣族土司历史文化，其中建有傣式凉亭 2 座、长亭 1 座、楼 1 座，设阿只鲁驭战象驰骋沙场雕塑、丹凤衔印雕塑。沿河堤修建城墙和烽火台，城墙壁浮雕反映傣族历史和民俗文化。

人民广场 又名街心花园，位于景川路与玉屏路岔口，占地 4700 平方米。周边建有蓝天宾馆、电影院、工会俱乐部、文化馆、人民会堂。1969 年，为庆祝中华人民共和国成立 20 周年，在广场南端建主席台 1 处，命名为大庆广场。1995 年，为迎接自治县成立 10 周年，拆除大庆广场建“街心花园”，园中竖立汉白玉彝族少女雕塑 1 座。2003 年 3 日，重新规划和建设广场，填平长 150 米外沟，拆除工会俱乐部及临时摊点建筑，建翘檐雕绘亭2座、红石镶砌音乐喷水池1座、30米高杆华灯1盏，绿坪3826.31平方米，成为城区居民集会、休闲和娱乐场地。2012年，重建人民会堂，拆除凉亭、喷水池。

月牙湾休闲广场　位于凌云路北端，菊河右岸。2005年5月开工建设，占地12859平方米，投资350万元。主要建设项目有水上乐园、广场、表演区、休闲区，特色树种绿化。

人民广场音乐喷泉（县政府办提供　摄于2004年5月）

三弦文化广场　位于川河与菊河交汇口西北，占地5.47公顷。广场以三弦雕塑为主要标志，弦高21.733米，安装在长25米、高13.44米基座上。2011年下半年开工建设，2012年5月26日安装完成，5月28日测量，7月6日列入最大型三弦吉尼斯世界纪录。

（六）公益性建设

人民会堂　1960年始建，面东靠西，始称跃进会堂。建筑长宽高分别为45.4米、24米、12.31米，建筑面积1187.12平方米。会堂由门厅、售票室、观众厅、舞台、化妆室等组成，工字形平面，投资10.7万元。1985年，为庆祝自治县成立，投资20万元重新装修会堂，地坪加设混凝土坡面，用座椅取代木条长凳，在门厅筑台陈置火把雕塑，并改称人民会堂。1995年12月，自治县成立10周年之际，人民会堂重新修葺。2012年，拆除新建。

体育馆　位于人民会堂右侧，自治县成立10周年之际，向景川路办事处尚武门社新征3.33公顷土地建设。体育馆设2500人观礼台和主席台，设有400米半圆式田径运动场1块、篮球场3块。其中设有看台及灯光篮球场1个，可供2000人观看。

老年体育活动中心　位于体育馆大门内。2000年1月13日，县委县政府批准建设老年体育活动中心，占地3949平方米，建设750平方米楼房1幢，内设会议室、办公室、保卫室、乒乓球室、麻将室。园内有门球、地掷球、羽毛球、气排球场各2个，拳剑舞场1块，设有休闲长廊、大门、铁焊围栏、绿地、花台、厕所等。

文化馆　1992年前，文化馆设于文庙内。1996年，选址人民会堂右侧文化工作队址，当年6月破土动工，由县建筑公司三队承建，1997年10月竣工交付使用。二楼一底框架结构，建筑面积620平方米，投资50万元。内设办公室、娱乐厅、展览厅、教室。

电影院　位于景川路一侧，与跃进会堂、大庆广场相邻。1983年，由四川省什邡县建筑设计院设计，十四局四建司承建，占地3250平方米，建筑面积1646平方米，投资57万元。内设座位1150个，普通银幕与宽银幕两用。由观众厅、门厅、休息室、放影室、机修室、更衣洗手间、办公室、宿舍组成。2005年，产权变更，改设为天生祥超市。

城市生活垃圾处理厂　1996年，在孔雀山建设首个垃圾处理厂。随着城市的发展，城市生活垃圾量增多，无法满足处理要求。经云南省发展和改革委员会批准，选址于樱桃洼新建垃圾处理厂。工程于2009年12月17日开工，2011年12月30日完工并投入使用。建设规模为日处理垃圾6万千克，总容量6100万千克，总投资2985.27万元。建设内容为垃圾处理场主体工程和附属设施设备、环保设施、配套装运系统设备设施。

城市污水处理配套管网工程　经云南省发展和改革委员会批准，选址于川河左岸斗阁村文黑组新建污水处理厂1座。工程于2010年12月27日开工，主体工程于2012年9月30日完工。设计规模为处理污水1万立方米/日，总投资6109万元。至2012年末为试运行阶段。

第三节　乡村建设

一、集镇建设

1978年后，农村集贸市场不断发展完善。借助漫湾、大朝山电站进场公路建设机遇，县境先后兴建岔山街、文玉街（小厂街搬迁）、曼状码头街，改造大驮街、芹菜塘街、牛丛碑街。21世纪后，乡镇驻地集镇不同程度得到改造，配套设施、服务功能逐步改善，各乡村集镇基本实现路面硬化。

景东县主要集市建设及集日一览表

表7-4-3

乡镇	街名	街道建设	赶集日	备注
锦屏	城街	老街、景川路	星期日	老街又名十字街
文井	清凉街	农贸市场1个	狗龙	—
	文井街	农贸市场1个	猪蛇	—
	玉米山街	以路为市	鼠马	文华街搬迁
	者后街	农贸市场1个	牛羊	又名大营街
	路东街	古街道1个	鼠马	—
花山	花山街	以路为市	鸡兔	又名明善街
	米雅街	以路为市	鼠马	又名坡头街
	文岔街	以路为市	狗龙	古称瓦桥街
	秀龙街	以路为市	星期六	—
大街	大街	农贸市场1个	猴虎	又名大营街
太忠	大水井街	以路为市	猴虎	又名太忠街
	平掌街	以路为市	鼠马	又名三合街
龙街	小龙街	以路为市	狗龙	—
	垭口街	以路为市	星期六	—
文龙	龙街	农贸市场1个	狗龙	又名文龙街、大龙街
安定	鼠街	农贸市场1个	鼠马	又名安定街
	三岔河街	以路为市	鼠马	又名腰街
漫湾	岔山街	以路为市	6天一赶	又名漫湾街
	安召街	以路为市	6天一赶	—
	保甸街	以路为市	6天一赶	—
林街	林街	以路为市	猴虎	—
	水箐街	以路为市	鸡兔	又名冷水箐街

续表 7-4-3

乡镇	街名	街道建设	赶集日	备注
景福	古里街	以路为市	猴虎	又名景福街
	小门坎街	以路为市	鸡兔	—
	勐令街	以路为市	狗龙	—
曼等	大行山街	以路为市	猪蛇	又名曼等街
	后河街	以路为市	狗龙	—
	丙拐街	以路为市	虎马	—
东镇	大耿街	以路为市	猴虎	又名永秀街，古称滇秀街
	芹菜塘街	以路为市	虎蛇	又名牛丛碑街
	文玉街	以路为市	狗龙	又名小厂街
	岩头街	以路为市	牛羊	又名黑蛇街
	码头街	以路为市	虎蛇	新兴建江边街道

二、农村建设

1978 年前，农村住房主要有瓦房、栅片房和茅草房三种，个别农户甚至借居天然岩洞，居住条件简陋，质量不高。1978 年后，逐渐出现砖木结构建筑，慢慢发展到砖混结构、钢混结构，木门木窗改设为钢门钢窗、铝合金门窗、防盗门，瓷砖贴面、墙漆修饰，建筑风格越来越新颖多样。山区交通相对落后地方，因地制宜，就地取材，建盖出自成特点的住房，如林街乡丁帕、景福乡公平、岔河等地石房，锦屏镇新民、黄草岭、利月等地石板房。1981—1990 年，全县农村新盖房屋 4.43 万间。1993—2001 年，共建新房 1.98 万户、5.75 万间、129.78 万平方米，投资 1.24 亿元。2003 年后，按省市要求统一建筑风格，规划建盖村委会党员宣传室，建筑面积不低于 150 平方米。各乡镇结合资金情况适当扩大建筑，解决村委会办公场所，至 2012 年全部建设结束。自 2008 年始，国家实施农村民居危房改造及地震安居工程。至 2011 年，完成拆除重建 4150 户，修缮加固 2906 户，中央和省级补助 4430 万元，县级配套 140 万元，农户自筹 2.17 亿元，农村人均住房 27 平方米，基本消灭茅草房、杈杈房和栅片房，交通沿线实施反映地方民族文化的墙饰工程，美化亮化村容村貌。

第四节　城乡古建筑

一、文庙

文庙亦称黉学、孔庙，位于城西玉屏山麓。原址塘窑，始建年代不详。明正统七年（1442）改建于南仓井西。万历十五年（1587）复迁塘窑，明末焚毁。清康熙二十一年（1682）迁至玉屏山麓，康熙三十九年再迁塘窑。乾隆十七年（1752）复迁玉屏山麓。嘉庆十一年（1806）、道光二十一年（1841）、同治元年（1862），三次遭兵燹毁损。同治十三年（1874）捐资修复，由程承辅监修，住守三年，据方志记载：“县城文庙之建设，承辅一人之功也”。主要建筑有大成殿、大成门、棂星门、泮池、钟鼓楼，占地 5292 平方米。整个建筑依山就势，西高东低，坐西向东，建筑呈阶梯状，布局严谨，主体突出，雄伟壮观。经数百年风雨剥蚀，大成殿面临倾覆，棂星门椽朽檐缺，各种飞禽走兽图案斑斑驳驳，部分模糊不清。中华人民共和国成立后，县人委将文化馆设置其中，馆内藏书，供人们阅览。在大成殿内搭建戏台，棂星门内放电影，县城机关干部职工大会皆在馆内举行。“文化大革命”

文庙全貌（吴永康　摄于 2011 年 10 月）

期间，馆内设施遭到不同程度破坏。1983—1985 年，聘请通海县古建队全面修葺文庙，使得文庙焕然一新，楼亭转阁、琉璃瓦盖、雕梁画栋，曲檐翘角、悬铃叮当，各种仿生绘画栩栩如生。在钟鼓楼和书楼间，增设亭阁 2 座，使整个文庙建筑更加协调和完善。大成殿、棂星门、休憩楼、南北厢房，保持原有建筑模式和风格。1992—1995 年，第二期维修文庙，由剑川古建队施工，并在大成殿立汉白玉孔子像。2004 年 4 月至 2005 年 10 月，第三期维修文庙。由大理国光古建园林公司施工，主要工程项目有大成殿、厢房拾漏及墙体粉刷，中轴路恢复，棂星门落架大修，新建魁星楼、泗水牌坊，改换天子台、状元桥石板，依规制增设“四配十二哲”（颜回、曾参、孔伋、孟轲，闵损、冉雍、端木赐、仲由、卜商、有若、冉耕、宰予、冉求、言偃、颛孙师、朱熹）。几经修葺完善，整个文庙显得更加协调、更加清新和古色古香。

进入文庙大门后，便步入规整块石支砌的半圆形拱桥池塘，拾级而上，穿泗水牌坊、魁星阁，道路两旁筑有 2 座翘檐六角亭，六角亭上方为南北对峙的钟鼓楼和书楼，正前方棂星门迎面高耸，棂星门为七基八拱斗拱，三间垂檐式双柱牌坊，底座由两块高 2 米、长约 3 米巨石雕凿而成，并雕刻有须弥莲花。又过棂星门、大成门，大成殿呈现眼前，气势轩昂。大成殿建筑面积 121.8 平方米，为歇山顶式建筑结构，琉璃瓦顶，屋脊有宝鼎和走兽陶瓷脊封，整个大殿布满形态各异的飞禽走兽、鲜花蔓草、山水人物图案，工艺精湛；正门左右联书“先觉先知，为万古伦常立极；至诚至圣，与两间功化同流”（雍正为曲阜孔庙所题联语）。大成殿内正堂左右联书“气备四时，与天地鬼神日月合其德；教垂万世，继尧舜禹汤文武作之师”（乾隆为北京孔庙所题联语）。1987 年 12 月，文庙被云南省政府列为第三批省级文物保护单位。2013 年 5 月 3 日，被国务院列为第七批全国重点文物保护单位。

二、卫城遗址

位于县城西北御笔山麓，城墙依山而建，周长 5000 米。中华人民共和国成立后，卫城遗迹仅存南门门堡及部分残墙，总长 1510 米。为景东一中校址，南门即为一中大门，门额书“泰安门”三字。1986 年 8 月，列为县级文物保护单位。保护范围：东至一中围墙，南至一中大门，西至老城墙，北至菊河大沟；建设控制地带：保护范围外延 20 米。1992 年，修复卫城南门门堡，门堡长宽高 33.4×20.0×7.8 米。城门深高宽 18.2×5.5×3.2 米，门洞下半部用料石压缝平砌，上半部用长宽厚 41×19×9 厘米青砖砌成拱圈。东门遗址到南门遗址还保存有料石城墙，长 66.6 米、高 4.7 米。南门以上，存断断续续依山而筑砖墙 160 米，最高处达 6 米。西边遗存长 35 米、高 3.6 米石墙及 120 米断断续续砖墙。

卫城遗址基本保存着原城墙规模，特别是南城门基本保持原貌，是省内少存的卫城遗址之一，也是明代初期在景东设立卫城的历史见证，对研究景东地方史具有一定价值。1998 年 11 月 13 日，被云南省政府列为第五批省级重点保护单位。

三、三塔

凌云塔 坐落于城南孔雀山麓。清代乾隆丙子（1756）秋，当地士绅移建孔雀山哨塔以振文风。乾隆庚子年（1780），明经赵绂倡建，于哨楼遗迹鼎建凌云塔，一年后毁于地震。嘉庆己卯年（1819），县令徐树闳倡建，乡绅募捐1600两白银恢复重建。塔基为正方形，边长4米、高1.35米，用石块支砌。塔底层外围长16.55米，墙厚1.42米，塔身高23米，七层六角形，底层北开一门，门高1.95米、宽0.72米。塔内每层设木头十字架，塔顶安装铜铸宝鼎，檐角垂吊铜风铃。弥宁公路通车前，行人从南入景东城，必经凌云路，凌云塔成为景东标志之一。

2003年，经过岁月风雨剥蚀和多次地震影响，凌云塔塔基下沉，底层开裂，塔身倾斜，随时有倒塌危险。县委县政府决定重修凌云塔，并成立复修办公室，向社会团体、个人倡募集资。工程采用“拆落塔身，加固基础，原样恢复”方法，分重建和新建两部分。（1）重建工程：将基础1.5米加深至3.5米，改条石支砌为钢筋混凝土浇灌，新设四方平台；底座边长由4米增至7米，塔体增至八层，塔高由23米增至28.9米，塔檐风铃、铁鸟及塔内佛龛、塔刹宝鼎依原样修复、配置。塔北门首、门边镶大理石镌刻对联，额首书“凌云塔”，左右联书“凌空添妙境，聚宝现祥云”。（2）新建工程。以塔为中心建圆弧型广场1个，面积500平方米；广场东西两侧建盖具有民族文化特色的韫斋廊和月川廊；修建凌云塔北向大道，大道依山拾级而上，长658米、宽25米，共设条石台阶427级；大道两侧建盖二层八角亭2栋、休闲亭2座；弥宁公路岔口至凌云路设置3000平方米停车场1个。工程于2003年9月6日破土动工，2004年3月8日竣工。投入工日6.5万个，总投资530万元，其中社会捐款341.8万元。

文笔塔 坐落于文井镇文华与文会两村交界南京山麓。始建于明代中期，塔高21米，六方形九级密檐式砖塔，塔身立于宽7米、高1.7米四方形须弥座，第一级边长6.56米，北面留门，门首题款因石灰层脱落而字迹无痕。塔壁厚1.77米，塔心每级间设有十字桁架。塔身造型形如锥子，刚健有力，刺破天空。文笔塔与凌云塔遥遥相望，虽经数百年风雨侵袭，数次地震，依然耸立云中安然无恙。截至2011年，塔尖因雷击受损，塔身出现多处裂纹。

振文塔 坐落于县城西北漫湾镇保甸文笔山。建于清道光十一年（1831），塔身为四方形，共8层，塔高11.5米，用料石支砌，弓腰实心，基座石埋于土中。塔身第一级边宽和高均为2.3米，北面砌有一方形壁孔，孔内嵌有大理石碑（不存），侧边镌刻对联，额首书“振文塔”，左右联书“巍峨振起文明笔，安固坚培翰墨风”。第二三层束腰，第四五层隆出。第五层塔体四面镶嵌形态各异浮雕佛像，层间用薄型石板平边叠向外挑出为檐，塔顶为葫芦形。塔顶附生两棵榕树，高两米多。塔旁大青树伞状挺立，遮天蔽日，蔚为壮观。

四、开南书院

开南书院，始建于清代康熙四十年（1701），同知茹仪凤倡建，具体位置不详。雍正十二年（1734），同知徐树闳改设学署内。乾隆二十八年（1763），同知谢颖元改建于小街石桥上。嘉庆三年（1798），因书院地势低洼，历遭水患，移建玉屏山麓（今县公安局驻地）。光绪三十一年（1905）三月，同知郑鼎缨将书院房屋附入黉学宫（文庙），财产提作高初两等学堂和筹办中学堂经费，书院废弃。开南书院在滇西南书院群中具有较高知名度。景东历史上进士、举人、贡生，多出自开南书院，如刘崐、程含章、戴家政等。清代，同知吴诒沣聘请宁州著名诗人刘大绅任山长，程含章受其影响走上诗歌创作之路；同知黄炳堃聘请宣威州进士张寅旦任山长、曲靖府举人汤增美任主讲，他们都是云南诗文卓著的归隐官员，在造就人才同时，寄情于山水，吟诗唱和，形成较有名气的文人群体。

2009年，县委县政府决定恢复开南书院。选址于文庙左侧，规划占地2660平方米，其中，建筑

重建开南书院奠基典礼（罗一华　摄于2009年10月）

用地1100平方米，绿化1400平方米。书院仿照清代古典建筑风格设计，布局上采用中轴对称、纵深多进院落形式。正中建筑为大门、讲堂、藏经阁，两侧建筑为斋舍。大门牌匾书“开南书院”四字，左右联书“万丈文光迎北斗，四河秀气拥开南”（清代杨琼撰联）。讲堂位于书院中心位置，是书院核心部分，为老师做指点性讲授并为学生答疑释惑的教学重地；中堂左右联书“工善其事，必利其器；业精于勤，而荒于嬉”（岳麓书院宾步程联）、“立德立言立功，士先立志；有猷有为有守，学必有师”（南京尊经书院康基田联），正堂悬挂木板，上书“书院学规”（摘自岳麓书院）。书院中轴线最高处为藏经阁，有书院必有藏书，有藏书必有藏经阁；藏经阁正门左右联书“还书如别深情友，入室唯闻太古香”（刘岷联），正堂左右联书“一里书斋，半里烟村半里市；十年心学，五年练气五年神”（程含章联）。中轴线两侧建有四幢厢房，称为斋房，也称学堂，为学生自修和住宿之地，也是历任书院山长居住之地。2009年10月13日，举行恢复开南书院奠基仪式。2011年5月24日，恢复建筑落成，正式对外开放，投资450万元。

五、御笔山古建筑

御笔山森林公园修复施工现场（赵文林　摄于2008年7月）

御笔山建筑始建年代不详。明代洪武二十三年（1390），于山顶筑御笔城，别名小城，形如偃月，又名月城；又建有笕泉，构亭其上，名曰漱玉，引无量山清泉解决卫城官兵和居民用水。万历三年（1575）及十八年，相继增修。清代，沿山建有财神殿、武侯祠、毗卢殿、观音阁等，松柏苍翠，兰桂芬芳。清末民国初年，战乱不断，御笔山建筑群几遭破坏，笕泉则废弛于咸同年间（1851—1874）民族起义。20世纪60年代，仅遗几间破屋，但在“文化大革命”期间“破四旧”遭劫。80年代，民间有人自发在御笔山种植花草果木，集资修筑栈道，逐渐发展到建房舍，恢复庙宇，烧香拜佛。21世纪后，县委县政府决定恢复，并成立开发建设协调领导小组及办公室，分一期和二期建设御笔山森林公园。（1）一期工程。2005年3月13日开工，12月10日竣工。建设宽1.8米、长880米条石游道，设台阶1329级；新建老君殿、观音殿、财神殿，仿古建筑，建筑面积1600平方米；新建旅客厕所1间42.82平方米，恢复重建卫城西门及御笔台。工程投资580万元。一期工程结束，收到各界捐资280余万元。（2）二期工程。2008年11月23日开工，越年7月竣工。沿玉屏山修建宽1.8米、长

1355米条石游道1条，设台阶2047级，新建八角亭、六角亭各1座，与御笔山游道相接，投资350万元。公园落成后，与文庙和卫城自成一体，可以环绕御笔山、玉屏山散步，登上山顶观看无量山雄姿、哀牢山日出，下到山脚游览文庙。

六、林街清真寺

林街清真寺，俗称礼拜寺。位于县城西部，林街乡林街村回营，属景东较早建筑之一。始建年代不详，清咸同年间（1851—1874）焚毁，马安正等人将寺地送作公所。清同治十二年（1873），地方绅首刘尚中（曼等人）兴建义学，因染疾而捐馆，狄治国继而肩之，光绪七年（1881）告竣，称凌凤书院，后改称麟凤书院（今林街小学）。光绪二十年（1894），紧靠书院东向恢复清真寺，坐西向东，由大殿、喧拜堂和两厢房组成四合单院，占地1337平方米，其中建筑占地750平方米。大殿坐东向西，抬梁式十五架梁歇山顶单檐一楼一底建筑，面阔5间18米，进深5间14.9米，前檐下有半拱装饰，殿门为缕雕花卉鸟兽格扇门，西墙设牌楼式壁龛，上书绘阿拉伯文《古兰经》首章。喧拜堂与大殿相对，三檐二楼一底建筑，木构架下部为抬梁式六架梁歇山顶构造，面阔5间14.6米，进深9米，上部二檐为居中攒尖顶结构。大殿与喧拜堂前檐廊为四翘出檐斗拱，梁枋雕刻油彩绘，屋面釉瓦覆盖，设脊窗、宝顶及吻兽。南北厢房为穿斗式悬山顶重檐一楼一底建筑，2012年改建为三楼砖混结构。1986年10月，被县政府列为县级文物保护单位。保护范围：东至清真寺承包地，南至箐沟，西至大路，北至大榕树。2003年12月8日，被云南省政府列为第六批省级重点保护单位。

20世纪90年代林街清真寺（罗庆北　摄于2003年）

七、三营黉学

又名三营庙学、东区黉宫、者干义学，位于大街乡三营村上营组，距县城39千米。前身为明宣德年间（1426—1435）卫学（具体位置不详），嘉靖后迁入现址，后改设府学。明万历年间（1573—1620），杨仕汉发迹于斯，并多所维持，通判尹学孔捐金创设新城书院；崇祯十四年（1641），司马赵邦奇复捐廉培修。主要建筑物有崇圣祠、大成殿、东西两庑、桂宫、奎间、宫墙等。清雍正八年（1730），知府徐树闳拨给小街租税为香火之资；咸同年间（1851—1874），主要建筑物毁于哀牢山各族

三营黉学正殿（周德翰　摄于2008年6月）

人民起义，同治十一年（1872）同知凌应梧捐金修复。1965 年，于此设三营完小；1973 年，因扩建校舍拆除部分建筑物，存有泮池、大成殿、桂宫等；1980 年，重修大成殿、桂宫，与原貌有别。

八、梁家大院

位于文井镇清凉村响水组，距县城 13 千米。建于清光绪中期，占地约 1 平方千米，保存有古宅 105 间，居住有 21 户、77 人。建筑群落以典型的景东民居为特征，广泛吸收大理白族“三坊一照壁”“四合五天井”民居建筑风格；道路用石板、青砖铺就，装饰精美，富有地方特色，具有较高文化艺术和科研价值。

第五节　建筑管理

一、建筑设计院

1984 年前，设立景东县基建队设计室。1985 年 7 月 24 日，建筑设计院成立，为城乡建设环境保护局下属事业单位，丁级设计资质。1997 年 12 月，配备微型计算机和 K-9H 原型软件，设计效率提高，人员由 5 人增加到 10 人。

二、建设编审

1994 年 1 月，城建局建设工程概结算编审办公室成立，负责全县工程建设标准、定额，组织制订工程建设地方行业标准等工作。至 2011 年，完成国有投资工程概算、预算、结算审查、标底编制等把关总值 25 亿元，审出多算资金约 100 万元。

三、工程招投标管理

1999 年 2 月，县招投标管理办公室成立，负责监管工程招投标全程。2004 年 4 月，挂靠思茅市普平工程招标有限责任公司，设立景东分公司，受招标人委托代理招标有关业务。根据《思茅市房屋建筑与市政基础设施工程项目招投标管理办法》，监管标准为 30 万～50 万邀请招标，50 万元以上公开招标。

四、工程监理

2002 年 3 月，工程监理公司成立，负责监理全县公共房屋建筑实施工程。2011 年，公司有员工 13 人，其中，二级建造师 6 人，造价员 2 人，监理工程师 2 人，建造师 1 人。2005—2010 年，共完成监理项目 262 个，其中，县城 94 个，乡镇 168 个。

五、质量监督

1988 年 6 月 29 日，工程质量监督站成立，属建设局下设自收自支事业单位，定编 5 人。1995 年，有工作人员 12 人，其中，技术人员 9 人、财务管理人员 2 人。1991 年 4 月 25 日，获省建设厅工程质量监督证书，下属实验室获省计量局计量认证。

六、执法监察

1994 年，县市政规划土地环境保护综合执法监察队成立。1997 年，改称为城市建设管理监察队。1998 年 9 月，又改称为城市建设监察大队（简称监察大队）。2004 年，撤销综治办，监察大队升格为副科级单位，定编15人。1998年8月1日，施行《云南省景东彝族自治县城乡建设管理条例》，监察大队按照该《条例》规定及相关法律法规开展工作。

七、环境卫生

1958年，爱国卫生运动委员会成立。靠行政手段管理县城公共卫生，采取检查评比方法，设“最清洁”“清洁”“不清洁”三个档次考核单位卫生。1983年，环境卫生管理所成立。先后购置垃圾车2辆、垃圾桶250个，雇清洁临时工13人，每天清扫城区街道路段卫生。各机关、学校、厂矿、企事业单位门前实行“三包”（包卫生、绿化、环卫管理）。20世纪90年代，城市面积不断扩大，居住人口增加，城市垃圾增多，环境卫生清扫任务日趋繁重，1996年，按照土地有偿出让方式在孔雀山脚建设垃圾处理厂，占地10.67公顷，当年投资18.73万元，在园内新建150立方米蓄水池1座、25立方米化粪池4座、50立方米垃圾废水池1座，开挖200米环形垃圾粪便运输道路1条，并种植龙眼、木瓜绿化。2000年9月4日，撤销环境卫生管理所，成立园林绿化环境卫生管理所。2012年12月，园林绿化环卫所有合同制职工240人，临时工169人，清扫面积60万平方米，日清理垃圾5万千克。

第六节　建筑企业

一、地方建筑企业

县建筑公司　1960年，县基建队成立。1969年2月，县基建队革命委员会成立。1982年，改制为景东县建筑公司，隶属县乡镇企业局。位于县城南端，占地2307平方米，各类房屋25幢3466平方米，大小建筑机械18台。职工101人，其中普工91人。1987年后，实行组合承包，由于历史欠账较多，未能实现发展和突破。

凯达建筑工程有限公司　2002年11月1日成立。员工198人，其中，项目经理15人，中级职称16人，初级职称16人，技工18人。注册资金602万元。资质等级叁级。

兴业建筑有限公司　2002年4月2日成立。位于县城兴业小区，有二级注册建造师3人，二级临时建造师15人，专职质检员8人，专职安全员5人，架子工2人，电工2人，机械设备员2人，其他施工持证人员39人。资质等级叁级。

宏发建筑工程有限公司　2002年4月2日成立，位于县中医院对面。资质等级叁级。

华通建筑有限公司　2003年3月31日成立，位于德龙路50号。员工296人，其中，建造师12人，中级职称28人，初级职称45人。注册资金662.8万元。资质等级叁级。

中玉建筑工程有限公司　2003年10月16日成立，位于锦屏镇魁阁楼103号。资质等级叁级。

云南春江建筑工程有限公司　2005年9月16日成立，位于景川路285号。有二级建造师9人，二级临时建造师8人，专职质检员7人，专职安全员5人。资质等级贰级。

二、外来建筑企业

广东电白第二建筑公司观珠队　1980年入驻景东县，参与景东房屋建筑。1986年，整顿建筑市场，属外来施工建筑队唯一手续完善的公司。施工队驻景东150人，其中，技术工100人，普工40人，管理员10人。

四川潼南建筑队　1980年入驻景东县，参与景东房屋建筑。1982年，整顿建筑市场，因施工质量可靠、工期短、信誉高而继续留驻景东。1986年，再次整顿建筑市场，因建筑施工手续不完备，取消在景东施工资格。

普洱市泰源建筑有限公司　2008年8月15日成立，企业经营地址位于普洱市思茅区北连接线。2009年入驻景东县，参与景东房屋建筑。有二级建造师10人，专职安全员6人。资质等级叁级。

普洱市骏马建筑工程（集团）有限责任公司　2002年4月2日成立。企业经营地址位于普洱市思茅区宁洱大道237号。2010年入驻景东县，参与监督房屋建筑。企业资质主项：房屋建筑工程施工总承包叁级；增项：建筑装修装饰工程专业承包叁级。

云南省普洱市倚象建筑有限责任公司　2011年入驻景东。有一级建造师1人，二级建造师11人，临时二级建造师3人，建造员3人，工程师30人，施工员18人，造价员1人，会计1人，质检员6人，安全员5人。资质等级叁级。

第七节　房地产业

一、房地产业普查

1984年1—11月，开展城镇房地产普查工作。共普查省地属事业单位3个，县属工矿企业（场）4个，企事业单位98个，锦屏镇居民400余户、农户700余户，并扩大城郊4个自然村227个体产权户。通过景谷、景东、镇沅三县片组检查和安排街道、单位、居民区、自然村全面自检自查，不合格普查材料则采取相应补救措施。1986年，经审定普查结果：(1）公产户56户，建筑面积0.75万平方米；(2）全民自管公产1709户，建筑面积31.57万平方米；(3）集体自管公产209户，建筑面积3.96万平方米；(4）城镇居民私产396户，建筑面积4.32万平方米；(5）城镇农民房产724户，建筑面积9.88万平方米；(6）其他产权12户，建筑面积0.54万平方米。

二、房地产管理

1986年3月，县房地产管理所成立。1986年5月9日起，根据《景东彝族自治县城镇房地产登记发（换）证的若干规定》，开展城镇房地产登记发（换）证工作。1988年3月20日，县房地产交易所成立，房地产管理所与房地产交易所实行两块牌子，一套班子。1988年，土地局与城建局分设，有关地产职责归土地局，房地产管理所改称房产管理所。1986—1989年，全县发（换）房地产证分别为：全民性40户，建筑面积8.35万平方米；集体户181户，建筑面积3.05万平方米；居民户181户，建筑面积2.06万平方米；农业户567户，建筑面积7.58万平方米；清产99户，建筑面积1.25万平方米；商品房49户，建筑面积0.29万平方米；变更51户，建筑面积0.42万平方米；换证18户，建筑面积0.33万平方米；个体商1户，建筑面积0.09万平方米；干休所11户，建筑面积0.13万平分米。1990—1993年，对部分乡镇政府驻地集市规划区、独立工矿区、省地属单位公私房屋登记发证，对部分乡镇国营、集体及部分个体房产登记发（换）证。1995年5月1日起，依法实行城镇规划区内独立工矿区、农村集镇房屋交易申报制度。

三、房地产开发

1988年6月，县房地产开发公司成立，隶属城乡建设局。公司成立后，由县政府发文收回紫胶所未使用的部分土地（即省地质局804地质队）、临时用地2.75万平方米，作为景东第一批商品房开发小区，组织6个建筑工程队开发建设。配设人员6人，修缮职工住宅区800平方米，投资12万元建盖7间门面。1993年，公司员工增至26人，业务由单一房地产开发，发展到代建施工、开设建材批零经营门市，经营百货、副食等项目。1994年后，国家出台新房地产开发政策，多数职工参与单位集资建房，房地产开发跌入低谷。1998 年起，新城区建设启动，公司参与市政建设项目投标预标，业务正常开展。2002 年 4 月，公司取得叁级房产开发资质、叁级房建资质和城市风景园林绿化丁级资质。2008 年始，国家实施保障性住房建设项目。2008—2011 年，共建设廉租房 1150 套 5.75 万平方米，工程投资 7758 万元。2011 年，建设公共租赁住房 16 幢 300 套 1.8 万平方米，占地 1.55 公顷，总投资 2953.56 万元。2012 年，建设廉租房 100 套 5000 平方米，总投资 800 万元。

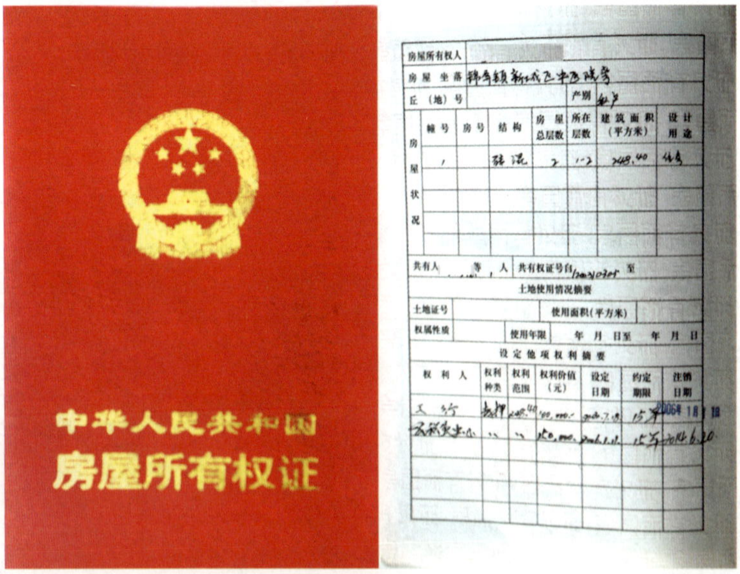

房屋所有权证（罗海垠　摄）

第八节　城乡建设机构

1950 年 3 月始，全县建设事业由民政科兼管。1960—1961 年，县政府设置基本建设办，专司全县基本建设事宜。1962 年，基建办撤销，归计委办管理。1968 年 9 月，归生产组承办。1980 年，归计委管理。1984 年 8 月，设立县城乡建设环境保护局。1993 年 3 月 20 日，撤销土地管理局、城市建设环境保护局，成立县土地管理与城乡建设环境保护局。设办公室、规划建设股、土地股、环保股、财会统计股、监察股、抗震防灾办公室；下属事业单位：环卫站、设计室、质检站、房管所、房产交易所、自来水厂；下属企业单位：装饰公司、房地产综合开发公司，有干部职工 162 人。1998 年 3 月 27 日，分设为土地管理局、县城乡建设局和县环境保护局。2011 年，加挂县人民防空办牌子，政府办人民防空职责划归县住房和城乡建设局，指导城市客运职责划归县交通运输局。设办公室、财务统计股、城乡建设规划局（二级局）建设股、房改办、抗震办、园林绿化环卫所、市政公用事业管理所。下属企业：建筑工程设计院、预结算编审办、安全与工程质量监督站、房管所、自来水厂、开发公司、工程监理公司、招标投标办。2011 年，有干部职工 163 人。其中，行政 13 人，事业 112 人，企业 38 人。历任局长：罗绍忠、自荣祥、李林科、王正学、罗有勇。

第八编

经济综合管理

第一章　经济概况

第一节　发展思路

“五五”“六五”计划期间，景东县还没有关于“发展思路”提法。“七五”计划开始，对全县经济社会提出明确的基本思路和实施计划。

1986年2月19日，县委召开全县三级干部会议。提出“七五”期间全县经济和社会发展基本思路，即依靠科技进步，开发资源优势，调整产业结构，实施温饱工程。

1992年1月11—13日，县委召开三级干部会议。提出“八五”期间全县经济和社会发展基本思路，即深化改革、依靠科技、开放开发、稳农促工、调整结构、提高效益。

1996年3月11—15日，景东县第十二届人民代表大会第四次会议在县城举行。白兆清作《关于景东彝族自治县国民经济和社会发展“九五”计划和2010年远景目标的报告》。提出“九五”期间全县经济和社会发展思路：(1) 按照县委“九五”期间“夯实两个基础，建立五大支柱，实现五个翻番，达到一个目标”要求，结合内部和外部客观实际情况，在“九五”期间，建设和发展必须坚持以“两个转变”为目标，以研究和解决生产力要素组合效应为重点，深化体制改革，寻求新的经济增长点；(2) 以资源为依托，市场为导向，以开放为助推器，在稳定粮食基础前提下，抓住时机，加大产业结构调整力度，长短结合，以短养长，围绕资源、市场和税制办产业，从资源等综合情况出发，实施地域分工、分类指导，形成各自相对优势的产业和财源，进而形成全县系统内以富民富县为目标的生产力布局。

2001年5—6日，县委召开九届三次全委（扩大）会议，讨论通过《中共景东彝族自治县委关于制定国民经济第十个五年计划的建议》。提出“十五”期间全县经济和社会发展思路：抓住两大机遇（国家实施西部大开发，云南建设绿色经济强省、民族文化大省、连接东南亚、南亚国际大通道的机遇），夯实两大基础（交通、水利、城镇建设等硬件基础和科技教育等软件基础），调整三个结构（产业结构、城乡结构和所有制结构），实施五大战略（特色经济战略、基础设施优先发展战略、城镇化战略、科教兴县战略和可持续发展战略），建设四大工程（以提高公路等级和路面等级为重点的交通网络建设工程，以南洋河水库及配套沟渠为重点的水利建设工程，以县城新区建设为重点的小城镇建设工程，以改善农村用电条件和发展农村沼气建设为重点的能源建设工程），巩固提升五大支柱产业（林产业、蔗糖业、畜牧业、烤烟产业、干鲜果业），培育和发展茶叶、蚕桑、特色蔬菜瓜果、食用菌、咖啡、旅游等产业，建设绿色经济大县和民族文化大县，实现“两个文明”建设协调发展。

2011年2月，景东县制订《景东彝族自治县国民经济和社会发展第十二个五年规划纲要》(2011—2015)。提出“十二五”期间全县经济和社会发展思路：高举中国特色社会主义伟大旗帜，以邓小平理论和“三个代表”重要思想为指导，深入贯彻落实科学发展观，紧紧围绕全省“两强一堡”（建设绿色经济强省、民族文化强省和中国面向西南开放的桥头堡）战略，顺应各族人民过上更好生活新期待，以科学发展为主题，以加快转变经济发展方式为主线，以统筹城乡发展为重点，以深化改革和科技创新为动力，以项目建设为抓手，以“实现景东经济社会跨越式发展”和改善民生为目标，全面实施“一产富民、二产三产强县、生态立县、改革开放活县”五大战略，做强做大林业、烤烟、蚕桑、矿电、牧渔产业，提升茶叶、核桃、蔗糖产业，着力培育食品加工业和旅游文化产业。突破交通瓶颈制约，抢抓机遇，后发争先，推进农业现代化和新型工业化进程，提高城镇化和教育现代化水平，为与全国全省同步2020年全面建成小康社会打下坚实基础。

第二节　发展措施

“五五”和“六五”期间，县委、县革委会提出发展农业，特别是粮食生产措施。随着经济社会的发展和县情的深入认识，从“七五”开始，县委县政府提出的发展措施更加全面、更加完善、更加符合县情、更加扎实有效。

“五五”初期，县委、县革委会提出：(1) 深入揭批江青反革命集团，肃清流毒和影响，分清是非，冲破小农经济束缚，大干快上；(2) 把农田基本建设作为一项伟大的社会主义事业来办；(3) 坚持“以粮为纲，全面发展”方针；(4) 全党动员，大办农业，打好农业总体战；(5) 加强领导，广泛开展计划生育工作。中后期，县委、县革委会提出：(1) 解放思想，放宽政策，搞活经济，建立和完善以生产责任制为主的各项经济政策；(2) 改进和提高社队经营管理，全面落实农村经济政策；(3) 明确发展农业的基本方针，走农工副综合发展道路，克服“以粮为纲”单一经济思想；(4) 因地制宜地搞好农业基本建设，努力改善农业生产条件；(5) 广开门路，发展生产，尽快使农民富裕起来；(6) 抓紧做好全县自然资源调查和农业区划工作；(7) 努力提高科学技术水平；(8) 抓好计划生育工作，控制人口增长。

1981年11月25日，县委发出《“六五”期间和1982年国民经济发展意见》。提出：(1) 决不放松粮食生产，积极发展多种经营；(2) 发挥优势，突出重点，在“活”字上做文章；(3) 一靠政策，二靠科学，把农业和多种经营搞上去；(4) 鼓励集体和社员发展经济林木，适当给予经济扶持；(5) 建立工业、财贸经济责任制；(6) 认真落实扶持政策，经济上给予必要的扶持；(7) 加强党对经济工作的领导。

1985年11月25—29日，县委召开全县三级干部会议，讨论制订“七五”规划指标和发展措施。提出：(1) 切实保证农业的稳步增长；(2) 改变比较单一的经济结构；(3) 千方百计提高经济效益；(4) 大力发展乡镇企业；(5) 发挥商业流通在商品经济中的重要作用；(6) 抓好能源、交通建设；(7) 切实抓好教育和科学技术工作；(8) “两个文明”“两种生产”（经济文化、计划生育）一起抓；(9) 加强领导，保证“七五”计划目标的实现。

1992年，景东县制订《景东彝族自治县国民经济和社会发展十年规划和第八个五年计划》。提出：(1) 全面深化经济体制改革，继续稳定以家庭联产承包为主的责任制，以国营企业为中心，坚持和完善厂长（经理）负责制；(2) 坚持以农业为基础，确保粮食和经济作物产量稳定增长；(3) 加快工业发展，带动全县经济振兴；(4) 继续加强能源、交通、通讯基础设施建设；(5) 建立和完善多渠道、多成分、多形式、少环节的流通体制，充分发挥国合商业主渠道作用，搞活流通，促进经济发展；(6) 强化企业产品质量、节能降耗，安全生产管理，推进企业技术进步，提高企业经济效益；(7) 大力发展科技、教育事业；(8) 建立和完善县、乡、村三级文化网络和医疗保健网，开展群众性文娱体育活动，提高广大人民群众文化体育生活和医疗健康水平；(9) 控制人口增长，搞好环境保护，改善人民生活；(10) 抓好支援漫湾电站、大朝山电站建设工作，合理、妥善安置移民；(11) 增加固定资产投资，打牢经济和社会发展基础；(12) 加强社会主义精神文明建设和民主法制建设，培养有理想、有道德、有文化、有纪律的社会主义新人。

1996年3月11—15日，景东县第十二届人民代表大会第四次会议在县城举行。提出：(1) 持之以恒地加强农业基础，确保粮食增产增收；(2) 培育和建设好“五大”支柱产业（林产、蔗糖、畜牧、烤烟和干鲜果）；(3) 继续加强能源、交通、通讯等基础设施建设，不断改善经济环境；(4) 认真实施“科教兴县”战略，提高经济增长质量和效益；(5) 扎扎实实地实施扶贫攻坚工程，努力实现脱贫目标；(6) 以国有企业改革为中心，全面推进各项改革；(7) 围绕小康目标，加快社会事业发展，提高人民物质文化水平；(8) 加强民主法治建设，保持社会稳定；(9) 坚持“两手抓”的方针，把社会主义精神文明建设不断推向前进。

2006年2月7日，县委发出《关于制定国民经济和社会发展第十一个五年计划的建议》。提出：(1) 全面落实科学发展观，明确“十一五”时期经济社会发展的指导思想；(2) 全力建设社会主义新农村，积极推进城乡统筹发展，提高农业综合生产能力，全面深化农村改革，大力发展农村公共事业，千方百计增加农民收入；(3) 积极推进产业结构优化升级，把林业、畜牧业、蚕桑、矿电、蔗糖、烟草、茶叶、生物资源开发和旅游文化产业培植成景东县的支柱产业；(4) 壮大县域经济和促进区域协调发展；(5) 发挥投资和消费对经济增长的拉动作用；(6) 深化体制改革和扩大对外开放；(7) 建设资源节约型和环境友好型社会；(8) 实施科教兴县和人才强县战略；(9) 推进平安景东建设，构建社会主义和谐社会；(10) 动员全县各族干部群众为实现“十一五”规划而努力奋斗。

2011年2月，景东县制订《景东彝族自治县国民经济和社会发展第十二个五年规划纲要》（以下简称《纲要》）。提出：(1) 加快基础设施建设，增强跨越式发展后劲；(2) 实施“一产富民”战略，加快推进社会主义新农村建设；(3) 实施“二产三产”强县战略，促进新型工业化发展和第三产业提速；(4) 加快城镇化进程，建设“魅力景东”；(5) 实施“生态立县”战略，建设“生态景东”；(6) 实施“科教兴县战略”，重塑“文教大县”；(7) 实施“改革开放活县战略”，建设“开放景东”；(8) 强化社会建设，构建“和谐景东”。

第三节 发展状况

一、国民经济主要指标

1978年后，全县经济持续稳定健康发展，国民经济主要指标逐年增长。1990年，国民生产总值（当年价）22246万元，比1978年的5204万元增长327.48%，年均增长14.13%。工农业总产值30315万元（按1990年不变价计算），比1978年的15597万元增长94.36%，年均增长6.23%。其中，农业总产值23073万元，比1978年的13232万元增长74.37%，年均增长5.19%；工业总产值7242万元，比1978年的2365万元增长206.22%，年均增长10.72%。

1995年，国民生产总值51522万元，比1990年的22246万元增长131.6%，年均增长23.36%。工农业总产值43749万元，比1990年的30315万元增长44.31%，年均增长9.6%。其中，农业总产值30466万元，比1990年的23073万元增长32.04%，年均增长7.20%；工业总产值13283万元，比1990年的7242万元增长83.42%，年均增长16.37%。

2000年，国民生产总值83035万元，比1995年的51522万元增长61.16%，年均增长12.67%。工农业总产值82425万元，比1995年增长32.81%，年均增长7.35%。其中，农业总产值58478万元，比1995年的30466万元增长91.95%，年均增长18.39%；工业总产值23947万元，比1995年的13283万元增长80.28%，年均增长16.09%。

2005年，国民生产总值135552万元，比2000年的83035万元增长63.25%，年均增长13.03%。工农业总产值111952万元，比2000年的82425万元增长35.82%，年均增长7.17%。其中，农业总产值86863万元，比2000年的58478万元增长48.54%，年均增长9.8%；工业总产值25089万元，比2000年的23947万元增长4.77%，年均增长1.02%。

2011年，国民生产总值345978万元，比2005年的135552万元增长155.24%，年均增长26.4%。工农业总产值397364万元，比2005年的111952万元增长254.94%，年均增长39.1%，其中，农业总产值245540万元，比2005年的86863万元增长182.68%，年均增长29.66%；工业总产值151824万元，比2005年的25089万元增长505.14%，年均增长35.0%。

1978—2011年景东县部分年份国民经济主要指标统计表

表8-1-1

单位：万元

年度	总产出	一产	二产	三产	年度	总产出	一产	二产	三产
1978	7337	4443	1636	1258	2000	82158	44583	15343	22232
1980	8123	4580	1995	1548	2005	135905	58813	31272	45820
1985	17255	10039	4362	2854	2010	288170	128085	64620	95465
1990	33942	20060	7306	6576	2011	345978	147569	89777	108632
1995	75080	38508	19699	16873	—	—	—	—	—

说明：按当年价格计算

从一、二、三产业发展比例看，分别为1978年60.6∶22.3∶17.1，1980年56.4∶24.6∶19.0，1990年59.1∶21.5∶19.4，2000年54.3∶18.7∶27.0，2005年43.3∶23.0∶33.7。第一产业从1978年的60.6下降到2005年的43.3，第二产业从1978年的22.3上升到2005年的23.0，第三产业从1978年的17.1上升到2005年的33.7。第三产业发展速度远高于一、二产业，服务业发展比较快。总体上看，一、二、三产业比例向现代化比例发展，第二产业发展速度比较缓慢，明显滞后于第三产业。2010年为44.5∶22.4∶33.1，2011年为42.7∶25.9∶31.4。

1978—2011年景东县部分年份国民经济主要指标统计表

表8-1-2

单位：万元

年度	国民生产总值	人均国民生产总值	工农业总产值	农业总产值	工业总产值
1978	5204	174	15597	13232	2365
1980	5676	186	9243	6027	3216
1985	11852	363	24068	18860	5208
1990	22246	653	30315	23073	7242
1995	51522	1499	43749	30466	13283
2000	83035	2374	82425	58478	23947
2005	135552	3822	111952	86863	25089
2010	288170	7963	286819	190713	96106
2011	345978	9502	397364	245540	151824

二、经济发展速度

1978—2011 年，全县经济增长速度呈现波浪式发展轨迹。

“五五”期间，是景东县工农业增长起步时期。

“六五”期间，是景东经济较快增长时期。其中，农业总产值增长速度最快，年均增长速度从 1976 年的 1.4%增加到 1980 年的 17.19%；工业总产值增长速度从 1976 年的 8.22%增加到 1980 年的 13.28%。

“七五”期间，国民生产总值增长速度从“六五”期间 15.74%回落到 7.92%，工农业总产值增速从 112.18%回落到 74.52%。其中，工业总产值增幅上升 10.17%，农业总产值下降 51.59%；工业产值年均增长速度上升 0.67%，农业产值下降 5.98%，农业总产值下降幅度最大。一、二、三产业增长速度比“六五”期间普遍呈下降趋势。其中，一产业总产值降幅最大，二、三产业降幅相对较小。

“八五”期间，经过一段时期经济调整，国家实行积极稳健的货币政策，全县经济开始恢复增长，工农业总产值年均增长速度从 1991 年的 11.78%增长到 1995 年的 18.17%，比“七五”期间增加 6.39%，第二次增长高峰开始形成。1991 年后，市场需求日趋显旺，林产工业产品和白糖产品畅销，价格迅速攀升，经济加速增长。工农业总产值增长速度从 1991 年的 74.52% 上升到 1995 年的 130.42%，农业从 1991 年的 69.44%上升到 1995 年的 97.33%。

1978—2011 年景东县经济增长速度统计表

表 8-1-3 单位：%

时间	工农业总产值增长	其中		年均增长速度	其中	
		农业	工业		农业	工业
1976—1980	14.19	7.21	48.50	2.69	1.40	8.22
1981—1985	112.18	121.03	86.51	16.24	17.19	13.28
1986—1990	74.52	69.44	96.68	11.78	11.12	14.49
1991—1995	130.42	97.33	260.67	18.17	14.56	29.25
1996—2000	17.14	14.70	23.57	3.21	2.78	4.32
2001—2005	37.07	48.76	5.06	6.51	8.27	0.99
2006—2011	198.88	150.82	333.09	20.46	16.92	28.30

说明：按现行价格计算

1996 年后，工业产品市场竞争激烈，价格下跌，产品滞销，尤其是蔗糖企业长期亏损，资不抵债。全县工业经济增长速度在“九五”期间和“十五”期间初期下降，到“十五”中后期恢复高速增长。“十一五”期间至“十二五”开局之年，综合经济实力明显增强，经济结构日趋合理。

1978—2011 年景东县经济增长速度统计表

表 8-1-4 单位：%

时间	总产值增长	其中			年均增长速度	其中		
		一产	二产	三产		一产	二产	三产
1976—1980	—	7.21	48.45	—	—	1.40	8.22	—
1981—1985	107.67	114.87	105.05	92.97	15.74	16.33	13.28	14.05

续表 8-1-4

时间	总产值增长	其中			年均增长速度	其中		
		一产	二产	三产		一产	二产	三产
1986—1990	66. 49	69. 66	52. 60	64. 11	10. 73	11. 15	8. 82	10. 41
1991—1995	109. 46	87. 23	227. 94	100. 14	15. 94	13. 36	26. 81	14. 89
1996—2000	36. 60	23. 69	34. 67	75. 29	6. 44	4. 34	6. 13	11. 88
2001—2005	54. 67	76. 49	93. 63	71. 39	9. 11	5. 51	14. 13	11. 38
2006—2011	120. 67	125. 53	141. 90	100. 27	17. 12	17. 66	19. 32	14. 90

说明：按现行价格计算

“五五”期间，全县财政收入年均增长 2. 73%，城乡储蓄存款年均增长 1. 53%。1980 年后，农业生产快速发展、以白糖为主农产品加工业和林产工业加速形成，促进经济总量快速增长和财政增收，地方财力不断增强，储蓄存款增长。“六五”期间，财政收入年均增长 10. 12%，储蓄存款年均增长 24. 04%；“八五”期间，财政收入年均增长 11. 09%，储蓄存款年均增长 21. 92%。2004 年，农村税费改革，免收农业税和农业特产税，地方税收大幅减少。1978—2010 年，地方财政收入累计 258029 万元。2011 年，地方财政收入累计 45826 万元。

1978—2011 年景东县部分年份财政收入和储蓄存款统计表

表 8-1-5

单位：万元

年度	财政收入	储蓄存款	年度	财政收入	储蓄存款
1978	478	509	1995	2606	13216
1980	476	439	2000	5849	34717
1985	826	1069	2005	22094	63175
1990	1468	2867	2011	45826	218665

三、经济效益

1978—2005 年，经济效益逐步下降。一、二、三产业中，经济效益以第二产业最低，第一产业最高。1978—1990 年，第三产业保持高效益后，1995 年开始下降，至 2005 年为 56. 43%，低于第一产业的 68. 92%。2005—2011 年，一、二产业分别由 68. 92%、56. 43%降至 60. 1%、36. 02%，第三产业由 55. 83%上升到 56. 7%。三个产业运行过程中，出现总产出不断增长，消耗逐渐增大，经济效益呈现下降趋势。

1978—1990 年景东县部分年份社会总产值、物质消耗和国民收入统计表

表 8-1-6

单位：万元、%

年度	社会总产值	物质消耗	国民收入总额	占社会总产值比重	
				物质消耗	国民收入
1978	7337	2653	4684	36. 16	63. 84
1980	8123	3015	5108	37. 12	62. 88
1985	17255	6588	10667	38. 18	61. 82
1990	31761	11688	20073	36. 80	63. 20

1991 年，工业现行价总产值 5456 万元，利润总额 721.77 万元。2005 年，全县工业企业现行价总产值 224091 万元，利润总额-3824 万元，比 1991 年大幅下降。2011 年，全县 2000 万元以上工业企业现行价总产值 86806 万元，利润总额 3186 万元，比 2005 年大幅上升。

1995—2011 年景东县部分年份国民经济效益统计表

表 8-1-7　　单位：万元

年度	项目	合计	一产业	二产业	三产业
1995	总产出	75080	38508	19699	16873
	增加值	51501	29935	11363	10203
	效益	68.59	77.74	57.68	60.47
2000	总产出	137487	58478	40012	38997
	增加值	83007	43923	15674	23410
	效益	60.37	75.11	39.17	60.03
2005	总产出	222186	85339	55168	81679
	增加值	135552	58813	31134	45605
	效益	61.01	68.92	56.43	55.83
2011	总产出	689963	245540	249245	195178
	增加值	345978	147569	89777	108632
	效益	50.14	60.10	36.02	56.70

说明：按当年价格计算

第二章　经济结构

第一节　产业结构

20世纪70年代末，全县主要力量集中于粮食生产，二、三产业不具备发展条件。改革开放后，利用县内热区、森林、矿产资源发展蔗糖业、林化工业、矿产业。1983年，大街煤厂改造，设计规模为年产6000万千克。1984年初，者孟糖厂改造，日处理甘蔗70万千克，投资210万元。同年10月，松香厂更新改造，实现试车投产，年生产能力300万千克以上。1985年7月，文井糖厂停厂扩建，日处理甘蔗由25万千克提高到100万千克。1989年10月，景东胶合板厂建成投产。1992年，景东县水泥厂建成投产。1998年1月，景东漫湾白糖厂建成投产，日处理甘蔗50万千克。各乡镇均调整产业结构，地方工业持续发展，一、二、三产业结构改善。

1978—2011年景东县部分年份国内生产总值及产业结构统计表

表8-2-1

单位：万元

年度	国内生产总值	其中			年度	国内生产总值	其中		
		一产业	二产业	三产业			一产业	二产业	三产业
1978	5204	3274	740	1190	2000	83007	43923	15674	23410
1980	5676	3376	894	1406	2005	135552	58813	31134	45605
1985	11852	7196	2020	2636	2010	288170	128085	64620	95465
1990	22202	14854	2817	4531	2011	345978	147569	89777	108632
1995	51501	29935	11363	10203	—	—	—	—	—

说明：按当年价格计算

一、第一产业

1978年，农业总产值中，种植业、林业、畜牧业、副业产值分别占71%、4.2%、16%、8.8%，林业产值比重较小。1985年后，林业发展较快，木材采伐量逐年增加，林业产值随之增加。2005年，农业总产值中，种植业、林业、畜牧业、渔业、农林牧服务业分别占50.3%、20.2%、26.7%、1.1%、1.7%，与1978年相比，种植业产值比重下降20.7%，林业和牧业分别增长16%、10.7%，渔业从无到有。其中，林业增长幅度最大，直接影响农业生产结构。2006年，实施集体林权制度改革，林业产值随之增加。到2008年，林业产值占25.9%，比2005年增长5.7%。2011年，农业总产值中，种植业、林业、畜牧业、渔业产值分别占44.6%、24.2%、30.3%、0.9%，与2010年相比，种植业比重下降 1.3%，林业增长 0.6%，畜牧业下降 3.5%。

1978—2011 年景东县部分年份农业产业结构统计表

表 8-2-2　　单位：万元

年度	农业总产值	其中				
		种植业	林业	牧业	副业	渔业
1978	4443	3155	187	712	389	—
1980	4580	2990	351	978	261	—
1985	10039	5764	617	2792	847	19
1990	20060	10702	2747	4948	1630	33
1995	42355	28240	3455	10547	—	113
2000	58478	34961	7149	15852	—	516
2005	86863	44814	14603	24883	1665	898
2010	190713	87629	47266	51075	3194	1549
2011	241796	107724	58595	73152	—	2325

说明：按当年价格计算

二、第二产业

1978—1990 年，轻工业数从 33 个增加到 1474 个，增长 43.67 倍，产值从 830 万元增长到 3544 万元，增长 3.27 倍。重工业数从 8 个增加到 179 个，增长 21.38 倍，产值从 121 万元增长到 1795 万元增长 13.83 倍。

1978—1990 年景东县部分年份轻重工业结构统计表

表 8-2-3　　单位：万元

年度	轻工业		重工业	
	个数	产值	个数	产值
1978	33	830	8	121
1980	30	931	12	362
1985	382	1937	671	980
1990	1474	3544	179	1795

说明：按现行价格计算

1995—2011 年景东县部分年份轻重工业结构一览表

表 8-2-4　　单位：个、万元

项目（单位）	1995	2000	2005	2010	2011
轻工业单位数	2347	1495	451	545	540
现行价工业总产值	10305	12719	5623	24212	26793
重工业单位数	353	383	236	374	372
现行价工业总产值	9373	11228	16786	39860	59849

1985—1995 年景东县部分年份村办工业、个体工业产值统计表

表 8-2-5

单位：万元

年度	工业总产值	按经济类型分	
		村办工业	个体工业
1985	166	40	126
1990	449	56	393
1995	1157	99	1058

三、第三产业

1978—1998 年，景东县第三产业构成额变化不大。1978 年，第三产业绝对额 1190 万元，构成额 22.9。到 1998 年，绝对额 18226 万元，构成额 24.6。1978 年，总产出 7337 万元，总产出指数 110.5%。到 1998 年，总产出 120124 万元，总产出指数 122.2%。2011 年，按当年价格计算，总产出 195178 万元，比 1978 年增长 26.6 倍，比 2000 年增长 5 倍；按可比价格计算，总产出 186535 万元，增长 9.9 倍。第三产业占全县生产总值的 33.1%，比第二产业增长 10.7%。

1978—1998 年景东县部分年份第三产业总产值及构成统计表

表 8-2-6

单位：万元、%

年度	国内生产总值	绝对额	构成额	年度	国内生产总值	绝对额	构成额
1978	5204	1190	22.9	1990	22246	4531	20.4
1980	5676	1406	24.8	1995	51522	10203	19.8
1985	11852	2636	22.2	1998	74242	18226	24.6

说明：按当年价格计算

1978—1998 年景东县部分年份第三产业总产出情况统计表

表 8-2-7

单位：万元、%

年度	总产出	总产出指数	年度	总产出	总产出指数
1978	7337	110.5	1990	33942	159.7
1980	8123	109.3	1995	75080	120.0
1985	17255	130.4	1998	120124	122.2

说明：总产出按当年价计算；总产出指数按可比价格计算，以上年为 100

2000 年景东县第三产业总产出情况统计表

表 8-2-8

单位：万元、%

项目	按当年价格计算		按可比价格计算		增速
	2000	1999	2000	1999	
总产出	38997	35353	18887	17163	10.0
农林牧渔服务业	1311	1302	627	624	0.5
地质勘探、水利管理业	124	114	59	55	7.3
交通运输、仓储及邮电通信业	9115	8851	4361	4244	2.8

续表 8-2-8

项目	按当年价格计算		按可比价格计算		增速
	2000	1999	2000	1999	
批发和零售贸易、餐饮业	15278	13152	7538	6517	15.7
金融保险业	2024	1667	968	801	20.1
房地产业	461	277	225	135	66.7
社会服务业	190	155	90	74	21.6
卫生、体育和社会福利业	1748	1642	836	787	6.2
教育、文艺及广播电影电视业	3809	3518	1822	1686	8.1
科学研究和综合技术服务业	62	54	30	26	15.4
国家机关、政党机关和社会团体	3252	3173	1555	1520	2.3
其他行业	1623	1448	776	694	11.8

2011 年景东县第三产业总产出情况统计表

表 8-2-9

单位：万元

项目	按当年价格计算		按可比价格计算			
			绝对数		以上年为 100 的速度	
	本年	上年	本年	上年	本年	上年
总产出	195178	171133	186535	171133	109.0	114.9
交通运输业、仓储及邮政业	31303	27064	30258	27064	111.8	112.2
信息传输、计算机服务和软件业	9902	9042	9870	9042	109.2	109.0
批发和零售业	28240	24494	26829	24494	109.5	118.0
住宿和餐饮业	10369	8324	9643	8324	115.8	111.4
金融业	19792	16895	18897	16985	111.8	127.7
房地产业	25244	22681	23924	22681	105.5	104.8
租赁和商务服务业	160	150	155	150	103.3	105.3
科学研究、技术服务和地质勘查业	1842	1517	1789	1517	117.9	109.9
水利、环境和公共设施管理业	1829	1883	1772	1883	94.1	108.8
居民服务和其他服务业	2453	1642	2377	1642	144.8	115.2
教育	18809	17404	18138	17404	104.2	110.6
卫生、社会保障和社会服务业	13703	12761	13088	12761	102.6	148.0
文化体育和娱乐业	825	541	799	541	147.7	103.4
公共管理和社会组织	30707	26735	28996	26735	108.5	113.4

第二节 所有制结构

1978 年前，全县有全民所有制企业 14 个。1995 年后，国有、集体企业在体制改革中通过有偿转让逐步减少。2005 年，全民所有制企业减少到 3 个，集体所有制企业从 27 个减少到 4 个，私营企业

12 个，股份制企业 2 个，个体企业从 959 个（1985 年统计数）减少到 666 个。2011 年，全县有股份制工业企业 4 个，私营企业 105 个，个体企业 794 个。

1978—2011 年景东县部分年份独立核算企业所有制结构统计表

表 8-2-10

单位：个

项目	1978	1980	1985	1990	1995	2000	2005	2010	2011
独立核算企业单位数	41	42	1036	1623	2666	1878	687	923	907
其中，全民所有制企业	14	14	21	21	22	9	3	3	2
集体所有制企业	27	28	56	35	44	36	4	4	2
股份制企业	—	—	—	—	—	3	2	2	4
私营企业	—	—	—	—	—	9	12	117	105
个体企业	—	—	959	1567	2600	1821	666	797	794

1990 年前，工业总产值中全民所有制和集体所有制企业总产值占绝对优势。1978 年，工业总产值（不变价格计算）951 万元。其中，全民所有制企业 826 万元，占 86. 86%；集体所有制企业 125 万元，占 13. 14%；私营、个体所有制工业总产值为零。“七五”期末，民营工业企业开始发展。1990 年，工业总产值 5186 万元，其中，全民所有制占 87. 0%，集体所有制占 5. 4%，个体所有制占 7. 6%。2005 年，工业总产值 25089 万元，其中，全民所有制工业 2680 万元，占 10. 68%，集体所有制企业 460 万元，占 1. 83%，股份合作企业 12551 万元，占 50. 03%，私营企业 7215 万元、占 28. 76%，个体企业 2183 万元、占 8. 70%，集体经济基本退出。

1978—1990 年景东县部分年份工业总产值构成统计表

表 8-2-11

单位：万元

年度	工业总产值	其中		
		全民所有制	集体所有制	个体所有制
1978	951	826	125	—
1980	1293	1131	162	—
1985	2339	2024	189	126
1990	5186	4511	280	395

2000—2011 年景东县部分年份工业总产值构成统计表

表 8-2-12

单位：万元

年度	工业总产值	其中				
		全民所有	集体所有	股份合作	私营企业	个体企业
2000	23947	15263	3877	986	100	3721
2005	25089	2680	460	12551	7215	2183
2010	96106	6878	344	1366	79553	7965
2011	32253	541	285	1920	19935	9572

说明：2011 年为年收入 2000 万元以下企业工业总产值

1989—1992年景东县部分年份社会商品零售额统计表

表8-2-13 单位：万元

项目	1989	1990	1991	1992
社会商品零售额	7559	8421	8952	10724
商业零售额	6228	7243	7506	9064
其中，全民所有制商业	2796	3183	3306	3865
供销合作社	2281	2517	2462	2526
其他集体所有制商业	97	20	24	18
个体有证商业	1054	1527	1714	2655
饮食业零售额	172	259	322	196
其中，全民所有制饮食业	34	23	25	38
供销合作社饮食业	17	13	7	7
其他集体所有制饮食业	—	—	5	17
个体有证饮食业	121	223	285	134

1989年，社会商品零售总额国有、集体、个体分别占44.9%、38.2%、16.9%。1992年，分别占42.6%、28.1%、29.3%。其中，国有、集体比1989年分别下降2.3%、10.1%，而个体则上升12.4%。2005年，零售额国有所占比重下降到0.43%，基本退出；集体商业占15.1%，保持并略有上升；个体商业上升到49.8%，其他民营商业占34.7%。1985—2005年，商业市场所有制构成从国有占绝对优势转变为民营、个体占绝对优势。

1985—2011年景东县部分年份社会消费品零售总额中所有制构成统计表

表8-2-14 单位：万元

项目	1985	1990	1995	2000	2005	2010	2011
社会消费品零售总额	5503	9458	16034	24345	31650	71032	84064
其中，国有经济	1604	3183	4671	1967	136	1549	1734
集体经济	1755	2533	3096	3976	4774	4928	5293
个私经济	754	1527	5122	11976	15766	64555	77036
其他经济	1391	2215	3145	6426	10973	—	—

说明：2000年后，社会消费品零售总额“私营经济”和“个体经济”合并为“个私经济”统计

第三节 乡镇企业结构

1978年，统计部门未对乡镇企业情况作统计。1979年，乡镇企业237个，从业5350人，总收入190万元，总产值99.93万元，利润总额29.67万元，上缴税金4.07万元。1981—1983年，乡镇企业有所减少，至1983年跌至110个。1984年后，乡镇企业特别是非公经济迅速发展。1991年，乡镇企业3739个（其中个体企业3531个），为1979年的14.78倍，从业8972人，总产值1931万元，其中个体企业产值1056万元，占54.69%。2004年，乡镇企业4979个，为1979年的20.01倍，从业

10002人。乡镇企业私营、个体企业数量占96.95%，产值占96.22%，私营个体经济成为乡镇经济发展主导力量；集体企业产值在乡镇企业产值中比例下降到3.78%。2011年，全县乡镇企业6116个（其中，私营40个，个体4787个），从业13940人；乡镇企业私营企业、个体企业数占99.97%。

1978—2011年景东县部分年份乡镇企业经营情况统计表

表8-2-15　　单位：万元

年度	现价总产值				利税总额			
	合计	集体	私营	个体	合计	集体	私营	个体
1979	99.9	99.9	—	—	33.7	33.7	—	—
1980	110.1	110.1	—	—	36.6	36.6	—	—
1984	527.0	177.9	—	349.1	49.5	39.4	—	10.1
1991	1931.0	875.0	—	1056.0	554.0	367.0	—	187.0
1996	14422.0	5765.0	—	8657.0	3751.0	2991.0	—	760.0
1997	20289.0	19864.0	425.0	—	3151.0	3151.0	—	—
2000	12805.0	4252.0	400.0	8153.0	3776.0	382.0	—	3394.0
2004	22989.0	870.0	4811.0	17308.0	6166.0	5174.0	—	992.0
2008	3583.0	—	3583.0	—	—	—	—	—
2011	47780.0	5174.0	8941.0	33665.0	2248.0	—	—	2248.0

说明：按当年价计算

1979—2011年景东县部分年份乡镇企业行业结构情况统计表

表8-2-16　　单位：万元

年度	总计	农业企业	工业企业	交通运输企业	建筑企业	商业、饮食服务业
1979	166.5	63.4	73.6	7.5	16.0	6.0
1984	695.5	63.4	163.9	84.3	145.9	238.1
1991	3092.0	130.0	695.0	495.0	244.0	1528.0
1997	19289.0	689.0	5095.0	5751.0	2201.0	5553.0
2004	28542.0	142.0	7268.0	1893.0	2333.0	16906.0
2008	41942.0	542.0	11651.0	1976.0	4286.0	23487.0
2011	56251.0	691.0	17635.0	2681.0	4759.0	30485.0

第四节　固定资产投资结构

1978年，全县社会固定资产投资185万元，均为国有单位投资，投资结构单一。1980年后，全社会固定资产投资逐年增加，结构趋于合理。2005年，全社会固定资产投资32507万元，比1978年增长175.71倍。其中，国有12455万元，集体5580万元，私人14472万元，分别比1985年增长96.55倍、82.1倍、19.4倍。2005年，固定资产投资结构依次调整为38.3%、17.2%、44.5%，国有单位和集体单位投资相对减少，城乡私人投资有所增加。2011年，全社会固定资产投资136440万元，比2005年增长4.2倍。其中，城镇80280万元，农村32320万元，房地产23840万元，分别比2005年增长3.6倍、3.5倍、26.5倍，结构依次调整为58.8%、23.7%、17.5%。

1978—2005年景东县部分年份社会固定资产投资构成统计表

表8-2-17　单位：万元

年度	全社会固定资产投资	其中		
		国有单位	集体单位	城乡私人
1978	185	185	—	—
1979	321	221	—	100
1980	420	300	—	120
1985	1351	538	68	745
1990	1518	531	121	866
1995	7027	4426	1090	1511
2000	17850	10843	3278	3729
2005	32507	12455	5580	14472

1979—2005年景东县部分年份国有单位固定资产投资构成统计表

表8-2-18　单位：万元

年度	国有单位投资	其中			
		基建	更新	其他	商品房
1979	221	221	—	—	—
1980	300	225	75	—	—
1985	538	511	—	27	—
1990	531	284	83	130	34
1995	4544	4239	130	135	40
2000	10843	9546	1050	247	—
2005	12455	9604	970	1881	—

2006—2011年景东县部分年份社会固定资产投资构成统计表

表8-2-19　单位：万元

年度	2006	2008	2010	2011
固定资产投资完成额	37560	71007	91772	136440
其中，城镇投资	26920	41503	54565	80280
农村投资	8950	18214	22107	32320
房地产投资	1690	11290	15100	23840
在固定资产投资中，国有企业	19560	29994	36639	55916
股份有限公司	4648	16156	13826	22555
私营企业	2679	4284	1600	6950
个体经营	10673	20573	39707	51019

第五节 人民生活

一、农村居民生活水平

1978年，农村土地、山林、耕牛等农业生产资料属集体所有，农民集体劳动，集体分配。全县农民人均所得粮食240千克，人均总收入95元，人均纯收入68元。多数生产队除粮食生产外，没有其他副业收入，农民经济收入主要靠养猪、鸡、鸭等出售。

1981年始，农村推行家庭联产承包责任制，两三年内基本解决吃饭问题。温饱解决后，农民生活质量逐步提高，居住条件明显改善。1989年前，相当一部分农民，特别是少数民族居住在栅片房、杈杈房、茅草房。经过十多年发展，生活环境明显改善。到20世纪80年代末，绝大多数农民基本解决温饱问题。

1990年，农民人均纯收入291元，年均增长18.57%；城乡居民储蓄存款余额2867万元，年均增长22.92%。人均所得粮食218千克、肉类20.1千克。

父亲与我（张洲、夏乡 摄）

1998年，全县实现村村通电、通公路、通直拨电话。随着农民经济收入增长，生活水平出现质的变化，住房逐步由土木结构变为砖木结构、钢混结构，拥有大型家具、彩色电视机、电话、手机、农用汽车、摩托车农户逐年增多。

2005年，全县农村经济总收入66387万元，有农业户口81135户，户均经济收入8182元，人均2033元，农民人均纯收入1503元，为1978年的22.1倍、1990年的5.2倍。人均所得粮食342千克、肉55.8千克。

2011年，全县农村经济总收入195601万元，有农业户口88806户，户均收入22026元，人均收入5834元，农民人均纯收入4171元。人均有粮437千克、肉类80.4千克、住房27平方米。

二、城镇居民生活水平

1978年，全民所有制单位职工工资年均549元，月均45.75元；集体所有制单位职工工资年均481元，月均40.08元。1990年，全民所有制单位职工年均工资1781元，月均148.42元，比1978年增长2.2倍；集体所有制单位职工年均1241元，月均103.42元，比1978年增长1.6倍。

1990年后，全县职工工资增长较快。1999年，全民所有制职工工资年均6956元，比1989年的1463元增长3.8倍，年均增长16.87%；集体所有制单位职工工资年均4903元，比1989年的1225元增长3倍，年均增长14.88%。

1980—1999年，无各类职工工资收入统计数据。2000年后，统计指标和统计口径变动，职工年均工资收入按企业、事业、机关分类统计。2005年，企业职工年均工资9846元，事业13447元，机关13412元。2011年，企业单位在岗职工工资17949元，事业30647元，机关33629元；城镇居民人均消费9372元；人均住房43平方米，比农村居民多16平方米。

2005年，全县实现社会消费品零售额31649.9万元，比1990年的9458万元增长3.35倍，年均增长 8.43%。电话、电冰箱、电冰柜、洗衣机、摩托车等耐用消费品普遍进入城乡居民家庭，家庭拥有量不断增多。家用电脑、手机、摄像机等新兴耐用消费品也进入寻常百姓家，还有一部分家庭拥有私家车。消费结构由传统“吃穿用”向现代“住行游”转变，住房、汽车、通信、旅游等成为消费热点。2011 年，全县实现社会消费品零售总额 84063.5 万元，家庭拥有民用汽车 6073 辆。

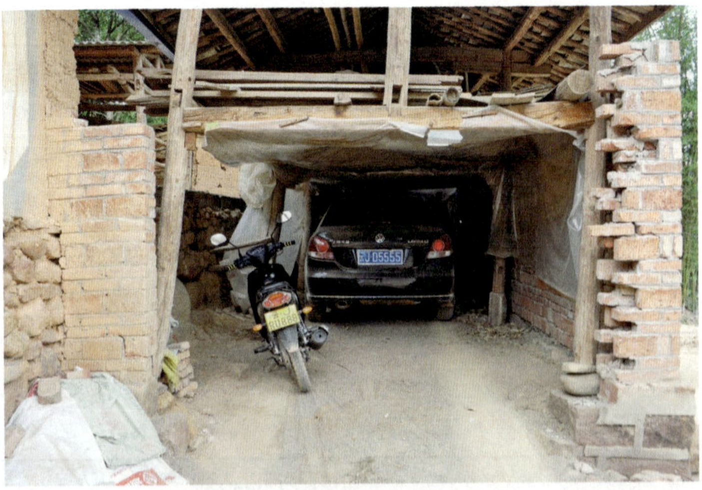

昔日关牛，今日关车（县委党史办　提供）

1980—1988 年景东县部分年份全民所有制企业职工工资统计表

表 8-2-20　　单位：万元

项目	1980	1985	1990	1995	1998
总计	433.14	723.80	2114.94	5346.1	8424.80
农林牧渔服务业	18.85	38.20	250.48	518.90	952.10
采掘业	—	13.70	364.02	978.00	1096.70
制造业	84.39	117.60	250.68	591.70	720.50
电力、煤气及水的生产和共应业	—	—	—	65.20	143.50
建筑业	—	—	—	14.70	13.70
地质勘查业、水利管理业	5.68	9.20	15.66	25.50	32.70
交通运输、仓储及邮电通讯业	10.17	17.40	100.01	202.90	328.60
批发和零售贸易、饮食业	105.49	72.20	144.15	388.30	377.00
金融、保险	10.92	—	49.59	162.90	208.60
房地产业	—	—	2.88	8.60	9.60
社会服务业	—	1.00	8.53	45.00	96.60
卫生、体育和社会福利业	20.99	46.20	89.32	299.10	613.00
教育、文化艺术及广播电影电视业	111.09	245.40	475.66	1084.20	2072.40
科学研究和综合技术服务业	1.07	—	16.66	19.40	28.90
国家机关、政党机关和社会团体	64.49	162.90	347.30	847.70	1678.60
其他行业企业管理机构	—	—	—	94.00	52.30

1980—1998 年景东县部分年份城镇集体经济单位职工工资统计表

表 8-2-21　　单位：万元

年度	1980	1985	1990	1995	1998
制造业	9.44	5.90	5.64	98.70	148.90
建筑业	9.37	11.80	11.48	25.40	14.50
批发零售贸易、餐饮业	7.43	66.10	114.13	212.00	369.90

续表 8-2-21

年度	1980	1985	1990	1995	1998
金融保险业	8.48	11.20	21.57	60.10	101.70
社会服务业	1.00	—	0.32	7.80	—
卫生、体育和社会福利业	0.50	1.70	2.55	4.40	2.70
其他行业	—	4.80	6.06	12.30	20.00
总计	36.22	101.50	161.75	420.70	657.70

2000—2010 年景东县部分年份在岗职工人数和工资统计表

表 8-2-22

单位：人、元/人·年

年度	全部在岗职工人数				人均年工资总收入		
	总计	企业	事业	机关	企业	事业	机关
2000	13612	4519	5875	3218	6892	8171	7966
2005	11467	3163	5649	2655	9834	13445	13405
2010	11986	3988	5568	2430	20067	28384	30852
2011	18909	10424	5914	2571	18908	30647	33629

三、城乡居民储蓄存款

1978 年，全县城乡居民储蓄存款 509 万元。其中，城镇 130 万元，占 25.54%；农村 379 万元，占 74.46%。随着城乡经济发展，到 1995 年全县城乡居民存款达 10421 万元。其中，城镇 9663 万元，占 92.73%；农村 758 万元，占 7.27%。1995 年后，城乡居民储蓄存款增长较快。2011 年，全县城乡居民储蓄存款 218665 万元，比 1995 年增长 19.98 倍，年均增长 20.95%。

1978—2011 年景东县部分年份城乡居民储蓄存款统计表

表 8-2-23

单位：万元

年度	存款总额	其中		
		城镇	农村	农村人均（元）
1978	509	130	379	13.25
1980	439	182	257	8.83
1985	1069	800	269	8.65
1990	2867	1918	949	29.32
1995	10421	9663	758	23.49
2000	34717	—	—	—
2005	63175	—	—	—
2010	173920	—	—	—
2011	218665	—	—	—

说明：1996 年后，金融统计存款不分城镇居民存款和农村居民存款

四、城乡居民生活差别

1980年前，国家实行统购统销政策，城乡居民收入、衣食住行、教育、文化生活等方面存在差距，但差距不大。1980年后，国家实行改革开放，城乡经济较快发展，城乡居民收入和生活水平总体上有较大提高。因城乡之间人口、经济发展条件等多方面差异，导致城乡居民在收入、衣食住行、教育、文化生活等差距呈扩大趋势。2011年，从拥有耐用消费品情况来看，城镇居民家家有彩色电视机、冰箱、洗衣机、手机、摩托车，相当一部分家庭有私家车、电脑。而农村特别是山区农村有以上消费品的人家较少。总体上看，城镇居民生活水平要高于农村。

第三章　计　划

第一节　计划编制与实施

一、“五五”计划

计划目标　1976年1月，县委县革委会提出，立足长远，狠抓以治山治水为中心的农田基本建设，坝区5年实现条田化，山区3年实现台地化。1977年12月，县委在三级干部会议上提出，到1980年建成大寨县，1978年全县粮食总产1.05亿千克；种植甘蔗1066.7公顷，总产560万千克；茶叶4000公顷，总产8.5万千克；生猪存栏20万头，大牲畜7.25万头。核桃、松脂、紫胶生产也要相应发展。

执行情况　至1980年末，全县人口自然增长率为8.56‰，比1975年（“四五”末）的20.80‰下降12.24‰。国民生产总值（当年价）5676万元，工农业总产值9243万元，其中，农业6027万元，比1975年的4887万元增长23.33%，年均增长2.94%；工业3216万元，比1975年的2460万元增长30.73%，年均增长4.58%。农村经济总收入2439万元，比1975年的2227万元增长9.52%，年均增长1.53%。粮食总产9295万千克，比1975年的8309.2万千克增长11.86%，年均增长1.89%。甘蔗5710万千克，比1975年的3909.9万千克增长46.04%，年均增长6.99%。茶叶49万千克，比1975年的64万千克减少15万千克。大牲畜存栏68419头，比1975年的69619头减少1200头。生猪存栏211983头，比1975年的190429头增长11.32%，年均增长1.81%。社会消费品零售额2805万元，比1975年1917万元增长46.32%，年均增长6.56%。地方财政收入476万元，比1975年499万元减少23万元。农民人均纯收入61元，比1975年的65元减少4元；人均占有粮食208千克，比1975年的211千克减少3千克。

二、“六五”计划

指导思想　坚定不移地贯彻执行调整、改革、整顿、提高方针，切实把全部经济工作转移到以提高经济效益为中心的轨道上来，在决不放松粮食生产的同时，大力开展多种经营，牢牢抓住农业、能源和交通、教育和科技进步，继续整顿和调整现有企业，推行和完善经济责任制，巩固和发展经济成果，继续保持“两平一稳”，争取实现财政经济状况逐步好转，使全县国民经济持续稳步地向前发展。

发展目标　到1985年，全县农民人均粮食超过350千克，年均递增6%以上；糖800万千克，茶叶7.5万千克，松香300万千克，紫胶17.5万千克，油茶籽30万千克，花生20万千克，核桃20万千克；生猪育肥8万头，存栏23万头，大牲畜7.8万头，山羊17万只；国民生产总值6400万元，人均200元。

执行情况 至1985年，实现国内生产总值11852万元，全社会固定资产投资总额1351万元，地方财政收入826万元，粮食总产8488.8万千克，农民人均占有207千克，纯收入178元，社会商品零售总额5503万元，人口自然增长率10.49‰。

三、“七五”计划

发展目标 到1990年，全县工农业总产值30315万元，平均年递增7.9%，其中，农业23073万元，年递增7.5%，工业7242万元，年递增14%；财政收入突破1000万元，年均递增6.6%；粮食总产1.15亿千克；乡镇企业总收入突破1000万元。

执行情况 至1990年，国民生产总值22246万元，国民收入由1980年5321万元增加到1990年20073万元，按可比价格计算，年均递增5.45%。工农业总产值（按1980年不变价计算）由1980年4981万元增加到1990年11343万元，年均递增8.6%。财政收入由1980年476万元增加到1990年1628万元，年均递增13.1%。农业总产值由1980年3688万元增加到1990年8154万元，年均递增8.3%。粮食产量由1980年9295万千克增加到1990年10707万千克，年均增长1.4%。工业总产值（按1980年不变价计算）由1980年1293万元增加到1990年3149万元，年均递增9.3%。人口自然增长率由1980年8.5‰下降到1990年6.39‰。农民人均纯收入由1980年70元增加到1990年291元。全民所有制职工工资由1980年730元增加到1990年1781元。

四、“八五”计划

指导思想 以经济建设为中心，深化改革、开放发展；以农业为基础，合理调整产业、产品结构；大力推进科技进步，优化经济结构，加强基础设施建设；开发优势资源，抓好支援“两站”（漫湾水电站、大朝山水电站），开发“两山”（无量山、哀牢山），建设“两坝”（川河坝、者干坝）；搞活流通，不断提高经济效益，确保国民经济持续、稳定、协调发展；在搞好物质文明建设同时，发展社会各项事业，加强社会主义精神文明和民主法治建设；在生产发展基础上，逐步改善城乡人民物质文化生活。

发展目标 到1995年，播种粮食43333公顷，总产量12100万千克；水产品产量20万千克；肉类总产量700万千克；乡镇企业总收入5500万元。工业总产值10500万元，工业总产值在工农业总产值中比重25%。全县公路通车里程1675千米，货运量1000万千克，客运量28万人次。财政收入2100万元，年均增长5%。全县总人口控制在35.5万人以内。农民人均占有粮食361千克，人均纯收入510元，全民所有制职工年工资2.6万元。

执行情况 到1995年，实现国民生产总值51522万元。国内生产总值51501万元，比1990年增加29276万元，增长131.6%，年均增长18.29%。其中，第一产业29935万元，比1990年增长101.53%，年均增长15.04%；第二产业11363万元，比1990年增长303.37%，年均增长32.17%；第三产业10203万元，比1990年增长125.18%，年均增长17.63%。1995年，一二三产业结构比重分别为58：22：20，与1990年比较，第一产业下降8.9个百分点，第二产业上升9.31个百分点，第三产业绝对值增加，比重略减。实现工农业总产值43749万元，比1990年增加13433万元，增长44.31%，年均增长7.62%。其中，工业13283万元，比1990年增长83.12%，年均增长12.9%；农业30466万元，比1990年增长32.03%，年均增长5.72%。农村经济总收入26506万元，比1990年增加13811万元，增长108.79%，年均增长15.86%。农民人均纯收入531元，比1990年增加240元，增长82.47%，年均增长12.78%。城镇职工工资收入4191元，比1990年增加2464元，增长124.68%，年均增长19.4%。乡镇企业总收入13145万元，比1990年增长4.96倍，年均增长42.94%。粮豆总播种45733.3公顷，比1990年减少600公顷，下降1.33%，年均下降0.28%。粮食总产量 12790.7 万千克，比 1990 年增加 2850.3 万千克，增长 28.67%，年均增长 5.17%。人均生产粮食 391 千克，比 1990 年增加 84 千克，增长 27.36%，年增长 4.96%。大牲畜存栏 99863 头，比 1990 年增加 8750 头，增长 9.6%，年均增长 1.85%；出栏 5402 头，比 1990 年增加 4450 头，增长 3.67 倍，年均增长 41.51%。生猪存栏 329051 头，比 1990 年增加 43796 头，增长 15.35%，年均增长 2.9%；出栏 112286 头，比 1990 年增加 21925 头，增长 24.26%，年均增长 4.44%。羊群存栏 123790 只，比 1990 年增加 23264 只，增长 23.14%，年均增长 4.29%；出栏 30318 只，比 1990 年增加 24200 只，增长 2.96 倍，年均增长 37.73%。社会消费品零售总额 16034 万元，比 1990 年增加 6576 万元增长 69.53%，年均增长 11.13%。县级财政收入 2758 万元，比 1990 年增加 1130 万元，增长 69.41%，年均增长 11.12%。各项存款 21913 万元，比 1990 年增加 13498 万元，增长 160.4%，年均增长 21.1%。城乡居民储蓄存款余额 13216 万元，比 1990 年增加 10349 万元，增长 2.6 倍，年均增长 35.75%。人口自然增长率 6.16‰，比 1990 年下降 0.23 个百分点。

四、“九五” 计划

指导思想 坚持邓小平建设有中国特色社会主义理论和党的基本路线，全面贯彻中共十四届五中全会精神和省第六次党代会议精神，牢牢把握“抓住机遇、深化改革、发展、稳定”三者之间关系，解放思想、更新观念、积极推进经济体制和经济增长方式转变，认真实施“科教兴县”战略，励精图治，艰苦奋斗、打牢基础，主攻扶贫，以经济效益为中心，深化国有企业改革，坚持两手抓，促进国民经济持续、快速、健康发展和社会全面进步。

发展目标 建成不同层次高稳产农田地 2.2 万公顷，实现人均 1 亩高稳产农田地。水利化程度 45%。做到村村社社都通电，98%以上农户都用上电，实现初级电气化县目标。建立林产工业、糖业、烤烟、干果、水果、畜牧业五大支柱产业，总产值超过亿元。到 2000 年，国民生产总值 103044 万元。实现国内生产总值 103003 万元，年均增长 15%；工农业总产值 58546 万元，年均增长 6%；农村经济总收入 53012 万元，年均增长 15%；农民人均纯收入 1100 元，年均增长 15%；粮食总产 14000 万千克，人均 419 千克；乡镇企业总收入 26290 万元，年均增长 15%；地方财政收入 5516 万元，年均增长 15%；城镇居民人均生活费收入 3461 元；第一产业 41201 万元，第二产业 30901 万元，第三产业 30901 万元，产业总体比例 40∶30∶30；人口自然增长率控制在 7‰以内。

执行情况 至 2000 年，实现国民生产总值 83035 万元，工农业总产值 58737 万元，农村经济总收入 48731 万元，乡镇企业总收入 19017 万元，粮食总产量 13722.8 万千克。货运量 720 万千克，货运周转量 835.2 亿千克·千米，客运量 45 万人，公路通车里程 2473 千米。社会消费品零售额 24343 万元。地方一般收入 5682 万元，地方一般预算支出 15668 万元。储蓄存款余额 34717 万元，保险收入 1372 万元。农民人均纯收入 890 元，粮食 340 千克。

五、“十五” 计划

指导思想 高举邓小平理论伟大旗帜，以“三个代表”重要思想为指针，坚持党的基本路线和基本纲领。以加快发展为主题，以结构调整为主线，以改革开放和和科技进步为动力，以提高人民生活水平为根本出发点。解放思想、更新观念，积极推进经济体制和经济增长方式转变，努力提高经济增长质量和效益，为全面提高人民生活水平，把景东建设成为绿色经济大县和民族文化大县而努力奋斗。

发展目标 到 2005 年，国内生产总值 12 亿元，年均递增 8%；一、二、三次产业比例结构调整为 50∶20∶30；农村经济总收入 6.4 亿元，年均增长 5%；地方财政收入 7800 万元，年均递增 8%；农民人均纯收入 1200 元，年均递增 5.5%；城镇居民人均可支配收入 7000 元，年均递增 7%；乡镇企业以年均递增高于15%速度发展；个私经济占国内生产总值比重上升到30%；人口自然增长率控制在7‰以内；城镇化水平提高7~8个百分点；科技进步对经济增长贡献率40%；森林覆盖率66.4%。

执行情况　至2005年，县内生产总值完成137546万元，同比增长13.4%。其中，第一产业58813万元，增长2.8%；第二产业33928万元，增长19.3%；第三产业44805万元，增长9.5%；完成“十五”计划12亿元的114.6%；人均国内生产总值4402元，三次产业在县内生产总值中比例由2000年52.9：18.9：28.2调整到43：25：32。固定资产投资完成32500万元，超额完成市政府下达考核指标30900万元任务，完成“十五”计划2880万元的128.5%；地方一般预算收入完成9468万元，同比增长21%，完成“十五”计划8347万元的113.43%；农民人均纯收入实现1503元，同比增长13%，完成“十五”计划1191元的126.2%；全县消费品零售总额31500万元，同比增长10%，完成“十五”计划的100%；农村经济总收入64660元，同比增长18%；城镇居民可支配收入6828元，同比增长6%；人口自然增长率控制在7‰以内；登记失业率控制在4.5‰以下。经济作物种植占农作物总播种面积比例由2000年的11.7%提高到27.4%。其中，畜牧业增加值2.5亿元，占县内生产总值的16%；烤烟业产值3114万元，比2000年的736万元增加2378万元，增长3.23倍；蚕桑业完成种植4200公顷，蚕农人均收入1700元。

六、“十一五”规划

指导思想　以邓小平理论和“三个代表”重要思想为指导，全面贯彻落实科学发展观，坚持以人为本，以建设小康社会为奋斗目标，以加快发展为主题，以调整结构和培育壮大支柱产业为主线，以改革创新和科技进步为动力，以构建和谐社会为目的，以打牢农业基础，加快农业产业化发展，推进新型工业化进程，带动城镇化发展为思路。紧紧抓住农民增收、财政增长和社会稳定三大目标，大力实施特色农业稳县、工业强县、科技兴县和城镇带动四大战略，以培育壮大烟草产业、林产业、畜牧业、蚕桑产业、电力、矿产业和生物资源开发、旅游业为重点的八大产业。突破资金、人才、基础设施制约，努力争取南北出境公路干线高等级化，东西经济干线油路化。争取以交通、水利、生态环保、市镇设施等为重点的一批项目开工建设。大力推进社会主义新农村建设，构建和谐社会，促进经济社会持续、快速、健康发展。

发展目标　“十一五”时期，景东县应坚持加快发展、突出跨越发展为目标，坚持经济和社会协调发展。主要预期目标：在优化结构，提高效益和降低消耗基础上，实现略高于全省、全市发展速度，达13%以上，结构调整取得突破，一二三次产业比例更趋合理，达35：32：33。全社会固定资产投资融资实现多元化，就业岗位持续增加，社会保障体系比较健全，贫困人口继续减少，城乡居民收入水平和生活质量普遍提高，九年义务教育完善提高，价格总水平基本稳定，居住、交通、教育、文化、卫生、保健等条件有较大改善，民主法制建设和精神文明建设取得新进展，社会治安和安全生产状况进一步好转，构建和谐社会取得新进展，耕地保护和土地整治取得新成效。具体发展目标：到2010年末，总人口控制在36.9万人，城镇人口4.75万人，人口自然增长率控制在6.5‰以内；城镇登记失业率控制在5%以内；地区生产总值25.34亿元，其中，第一产业8.87亿元，第二产业8.11亿元，第三产业8.36亿元；地区生产总值发展速度13%，人均地区生产总值7444元；地方一般预算收入15248万元，财政收入发展速度10%；农民人均纯收入2420元，农民收入增长速度10%；城乡居民人均可支配收入9216元；全社会固定资产投资6.54亿元，固定资产投资发展速度15%；医院、卫生院床位数530张；初中学龄人口毛入学率98%，平均受教育年限8年；社会消费品零售总额50730万元，社会消费品消费增长速度10%；城镇化水平28%；森林覆盖率68%；水利化程度40%。

执行情况　到2010年末，实现地区生产总值（GDP）28.8亿元，完成规划目标100.3%，年均增长13.3%（可比价），人均生产总值由“十五”末3822元增长到7587元。全县地方财政一般预算收入由“十五”末 0.96 亿元增长到 2.29 亿元，完成规划目标的 150%，年均增长 19.3%。全县工业总产值 9.61 亿元，年均增长 32.7%，比“十五”末的 2.24 元增长 3.3 倍，实现工业增加值 4.42 亿元。全县固定资产投资总额由“十五”末的 3.25 亿元增长到 10.42 亿元，完成规划目标的 159.4%，年均增长 26.3%。三次产业比重由“十五”末的 43.4∶23∶33.6，调整为 44.5∶22.4∶33.1。全县社会消费品零售总额由“十五”末的 3.15 亿元增长到 7.1 亿元，完成规划目标的 139.9%，年均增长 17.6%。农民人均纯收入由 2005 年的 1503 元增加到 3491 元，完成目标的 144%，年均增长 18.4%。城镇居民人均可支配收入由 2005 年的 6765 元增加到 12716 元，完成规划目标的 137.98%，年均增长 13.5%。人口自然增长率 6.35‰，比 2005 年下降 0.29 个百分点。“十一五”期间，全县种植烤烟 17901.7 公顷，收购烟叶 4033.5 万千克，农民总收入 57485.32 万元，实现烟叶税收 12646.78 万元；2010 年实现林业总产值 3.2 亿元，比 2005 年增长 174%；实现矿产和水电产业总产值 3.55 亿元，比 2005 年增长 642%；完成核桃种植 1.56 万公顷，实现核桃产值 1 亿元；实现畜牧业产值 51075 万元，比 2005 年增长 105%；实现蚕桑产值 4800 万元，比 2005 年增长 268.4%；实现茶叶产值 11000 万元；蔗糖产业实现农业产值 5200 万元、工业产值 7600 万元，分别比 2005 年增长 110.5%、56.1%。

第二节　计划机构

1973 年 5 月，县计划委员会成立。1981 年 1 月，改称经济委员会。1983 年 12 月，计委、经委、财办、农办合并，成立计划经济委员会。1996 年 9 月，撤销计划经济委员会，分别成立计划委员会、经济贸易委员会。2002 年 1 月，更名为县发展计划局，有职工 19 人。2005 年 9 月，改称县发展和改革局，有职工 17 人。2011 年末，共有职工 34 人。1981 年前历任计委会主任：崔金才、黄光月。历任经委会主任：罗有肇、华天祥。历任计经委主任：华天祥、陈寿鹄。历任计委会主任：陈寿鹄、周世荣、王成荣，发展计划局、发展和改革局局长：吴兴余、李忠林、纪昆、郎忠科。

景东彝族自治县志

(1978—2011)

·下册·

景东彝族自治县地方志编纂委员会　编

方志出版社
Publishing House of Local Records

图书在版编目（CIP）数据

景东彝族自治县志：1978—2011/景东彝族自治县地方志编纂委员会编. --北京：方志出版社，2020. 8

ISBN 978-7-5144-4030-0

Ⅰ. ①景… Ⅱ. ①景… Ⅲ. ①景东彝族自治县—地方志—1978—2011 Ⅳ. ①K297. 44

中国版本图书馆 CIP 数据核字（2020）第 146050 号

景东彝族自治县志（1978—2011）

编　　者：景东彝族自治县地方志编纂委员会
责任编辑：徐　宏

出 版 者：方志出版社
地址　北京市朝阳区潘家园东里 9 号（国家方志馆 4 层）
邮编　100021
网址　http：//www. fzph. org
发　　行：方志出版社图书经销中心
电话（010）67110500
经　　销：各地新华书店
印　　刷：北京中科印刷有限公司

开　　本：889×1194　1/16
印　　张：89. 75
字　　数：2879 千字
版　　次：2020 年 8 月第 1 版　2020 年 8 月第 1 次印刷

ISBN 978-7-5144-4030-0　**定价**：880. 00 元（上、下册）

第四章　价　格

第一节　价格管理和改革

1973年后，国家先后两次调高农产品收购价格。1973—1984年，农产品收购价格指数上升384%，工业品销售指数上升114%，农产品收购指数比工业品销售指数大270%。1984年，主要农产品收购价格上升426%。1985年后，深入改革经济体制，许多工业产品由国家定价变为企业自行掌握浮动价或自由价，参与市场调节。1986年后，国家建设资金投放过大，市场货币流通过多，参与市场调节的商品价格猛涨。至1988年，全国市场物价全面上涨，为改革开放后涨幅最大年份。1988年后，物价管理和价格改革历经整顿、深化、完善三个阶段。治理整顿阶段（1988.9—1992.10）。价格管理指导思想：既要稳定物价，又要振兴经济，以控为主，总量压缩。价格改革主要任务：控制物价上涨，正确处理改革、发展、稳定三者关系。深化改革阶段（1992.10—2000.12）。价格改革主要任务：(1) 根据各方承受力，理顺价格，加快改革步伐，建立以市场形成价格为主价格机制；(2) 在坚持价格总水平相对稳定前提下，扩大市场调节范围；(3) 建立和完善价格宏观调控体系。完善阶段（2000.12—）。价格改革主要任务：围绕完善社会主义市场经济价格体制与机制，针对加入WTO所争取有限过渡期，推动国家对外经贸发展，研究国际经济新秩序并适应其要求，加快与国际经贸规则和国际价格接轨。价格改革具体内容：(1) 理顺价格，由狭义价格转向广义价格；价格管理由下游产品转向上游产品的资源、能源等生产要素价格管理；价格调整重点由一般民生价格调整转向垄断性、公益性、保护性、强制性价格调整。(2) 确保价格总水平基本稳定。(3) 政府管理职能转变为定规则，当裁判，搞服务。在价格改革过程中，党中央国务院始终把"米袋子、菜篮子"作为稳定市场主要内容。

景东县物价管理和价格改革主要过程：1991年10月7日，根据省政府《关于进一步搞活流通若干问题的决定》，放宽物价管理范围。包括国务院有关部门管理零售价格商品目录（13类、140种）、省级管理零售价格商品目录（6类、66种）、地区级价格管理商品目录（3类、18种）、省放开省管零售价格商品目录（11类、125种）、地区放开商品和收费目录（29种）。1992年，中央定价减少到141种类。到2001年，中央定价目录仅有商品和服务价格13种（类），政府定价和政府指导价商品和服务价格不到5%（1991年为10%），而市场调节价已超95%。

随着深入改革，价格由早期核算工具、调定价和管理为主转变为以服务为主。依据国家法律法规，当好裁判、搞好服务。

第二节　收费管理

一、收费许可证管理

自1992年2月起，根据国务院《禁止向企业摊派暂行条例》《云南省行政事业性收费许可证规定》《云南省行政事业性收费许可证管理规定》《云南省行政事业性收费许可证管理条例》等法律法规，整顿行政事业性收费，向县内收费单位核发“收费许可证”200多户。1994年始，全面开展行政事业性收费年度审查工作。每年3—5月年审，年审率100%，合格率98%以上。到2011年底，共发放“收费许可证”149个（正本149本，副本149本），其中，国家机关57个，事业单位56个，社会团体2个，卫生系统34个；对问题单位提出整改意见和跟踪检查。

二、收费管理

随着商品价格的逐步放开，物价管理工作重点转移到行政事业性收费方面。1994年，省政府第一批取消收费项目95项；1997年4月，国务院批准取消建设收费项目48项；1998年，根据《中共中央、国务院关于治理向企业乱收费、乱罚款和各种摊派问题的决定》要求，省政府第二批取消“房改售房评估费”等收费项目41项；1998年9月，省政府第三批取消“市场登记费”等收费项目25项；2001年4月，省政府第四批取消“卫生发展管理费”等收费项目25项；2002年，省政府第五批取消“建校费”等收费项目49项。景东县按照收费项目和标准的管理权限，取消县级收费项目和标准。1998年，制止“乱收费、乱罚款、乱摊派”，保护非公有制经济合法权益。先后审核30多个部门收费项目、标准、收费依据，与工商局、监察局核发“个体私营企业缴费项目目录”。2002年，推行涉农收费公示制度，规范涉农收费行为，提高收费透明度，加强收费管理和监督。要求收费单位公示收费项目、标准、依据、监督电话，并在乡镇、村组设立公示牌、公示栏。同年，免费向农户发放《涉农收费公示手册》，户均1册；至2009年，更新《涉农收费公示手册》2次。2005年后，实行义务教育公办中小学校“一费制”；2007年，实行“两免一补”政策，免除学费和杂费，住校生补贴生活费1元/天。2009年，根据省政府取消100项收费项目要求，取消10项收费项目和标准。2011年，根据财政部、国家发改委《关于取消部分涉企行政事业性收费的通知》，规范收费秩序，净化收费环境。

第三节　价格事务

一、价格认证

根据1997年4月《扣押、追缴、没收物品估价管理办法》和2008年6月《关于扣押追缴及收缴财物价格鉴定管理的补充通知》、2003年3月《云南省价格鉴证工作规范》、2005年6月省云南省《〈关于开展涉烟违法犯罪物品价格鉴定标准〉的通知》《云南省涉案财物价格鉴证管理条例》等法律法规及文件要求，开展价格认证工作，为法院、检察院、公安机关提供相关刑事案件依据，为行政执法机关提供价格鉴定、价格评估等服务。2006—2011年，共受理各类价格鉴证案件651起，鉴证标的值823.93万元。

二、价格监测

自1996年起，开展价格监测。2006年，在全县范围内设立3个价格监测点，落实专人负责，加强粮、油、肉、蛋、菜、奶制品等商品价格监测和分析上报工作。报表分周报（45 种）和月报（14 种），并附价格监测分析，为政府宏观调控提供依据；定期公布价格信息，与邻县镇沅、南涧比较，每年开展城市供水成本调研和蔗糖成本调查上报工作，为上级制订蔗糖价格提供重要依据。2007 年 8 月，印发《应对价格异常波动事件工作预案（试行）》。

三、成本监审

2010 年 9 月，施行《云南省政府制定价格听证办法实施细则》，履行价格听证职责。充分采纳社会各界合理化意见和建议，参照毗邻县物价和标准、群众承受能力和县域经济发展状况，按照管理权限合理调整商品价格和收费标准。

电价管理　2002 年，按照云南省农村电价管理规定，审查农村电网改造用户电价，提出方案，逐步出台农网改造到户电价。农网改造农户和机关居民生活用电控制在 0. 6~0. 95 元/千瓦时。

出租车客运价管理　2006 年 3 月，根据恒源运输有限责任公司《关于出租车客运起步价的请示》，核算成本，制订出租车收费价格。在县城规化区 3 千米以内，7—24 时起步价 4 元，0—7 时起步价 6 元，3 千米以外加收燃油补助附加费 1 元/千米；在城区规划区外，由司机和乘客双方协商价格。

城市公交车客运价管理　2006 年，根据县客运站《关于景东县城市公共车价格核定的申请》，审核成本，制订县城公交车客运价格。在营运范围内，票价执行 1 元/人次，2007 年调整为 1. 5 元/人次。

自来水价管理　根据自来水公司《景东县自来水价格改革方案》，核算成本，形成供水价格初审意见书。2006 年 5 月，召开听证会，制订自来水价格改革二步走方案。第一步，从 2007 年起 1 年内，第一类居民生活用水价格 2. 1 元/立方米，第二类工业用水价格 2. 4 元/立方米，第三类经营用水价格 2. 6 元/立方米，第四类特种行业用水价格 5. 2 元/立方米。第二步，从 2008 年 10 月起，水价调整到位，第一类居民生活用水价格 2. 5 元/立方米，第二类工业用水价格 2. 7 元/立方米，第三类经营用水价格 2. 9 元/立方米，第四类特种行业用水价格 5. 2 元/立方米。2006 年 6 月，获市级同意批复。

城区卫生费管理　2002 年，按照《云南省景东彝族自治县城乡建设管理条例》规定，审核城乡建设局《关于收取城区规划卫生费的请示》，经县政府同意，县城规划区卫生费按每人 1 元/月收取。2010 年 1 月，根据城乡建设局《关于申请收取县城居民垃圾处理的请示》，召开听证会。综合听证代表意见和县域经济水平、收费对象承受能力等实际情况，制订收费标准，经县政府、市发改委同意，分三个步骤实施。常驻人口，在垃圾处理场未建成前，按每户 8 元/月收取；垃圾处理场运行三年内，按每户 10 元/月收取；垃圾处理场运行三年后，按每户 15 元/月收取，并及时公示。

第四节　管理机构

1985 年，县物价局成立。下设物价管理所，负责部分农产品成本调查。1993 年 3 月，撤销物价局，其职能归属计划经济委员会。1996 年 9 月，物价局恢复成立，有职工 5 人。2002 年 5 月，撤销物价局，其职能归发展计划局。历任局长：杨汝宏、王恒章。

第五章　统　计

第一节　普　查

一、人口普查

第三次普查　以1982年7月1日零时为普查登记标准时点，普查全县人口数量、地区分布，性别、年龄和民族构成，在业人口行业、职业构成，以及婚姻状况和妇女生育状况等指标。1983年12月，印发《云南省思茅地区景东县第三次人口普查资料汇编》。普查结果：全县有56115户310933人。其中，男性158746人，女性152187人。出生率26.72‰，死亡率9.90‰，自然增长率16.82‰。

第四次普查　以1990年7月1日零时为普查登记标准时点，查清改革开放后全县人口数量、地区分布、素质等方面变化情况。1983年12月，印发《景东彝族自治县第四次人口普查手工汇总资料》。1990年11月30日，发布主要数据公报指标。普查结果：全县有70772户337190人。其中，男性176619人，女性160571人。出生人口5647人，出生率16.82‰；死亡人口2604人，死亡率7.76‰，自然增长率9.06‰。

第五次普查　以2000年11月1日零时为普查登记标准时点，普查全县在社会主义市场经济体制初步建立后人口基本情况。2002年10月，印发《景东彝族自治县第五次人口普查资料》。普查结果：全县有91047户352089人。其中，男性185832人，女性166257人；出生人口5673人，出生率16.12‰；死亡人口2678人，死亡率7.61‰，自然增长率8.51‰。

第六次普查　以2000年11月1日零时为普查登记标准时点，普查2000年第五次全国人口普查后人口数量、结构、地区分布、受教育程度、迁移流动和居住环境等变化情况。普查结果：全县有98623户359527人。其中，男性186391人，女性173136人。出生人口4208人，出生率11.72‰；死亡人口2481人，死亡率6.91‰，自然增长率4.81‰。

二、农业普查

第一次普查　以1996年12月31日为普查标准时点，普查全县农业生产经营单位数量、规模和结构；农村从业人员数量、素质和行业、地域分布；农业用地数量、质量、构成、利用率和流转情况；农业生产性固定资产数量、结构、性能和权属；乡村社区环境和基础设施状况；建制镇规模和社会经济状况。普查结果：1996年末，全县共有15个乡镇，166个村委会；农村住户74240户，常住人口317178人，农村住户家庭从业人口193706人；农村住户农业用地32385.53公顷，其中，水田9537.85公顷，旱地22847.68公顷，薪炭林11302.21公顷；农村住户农作物种植48366.21公顷，其中，粮食43099.85公顷，油料340.98公顷；大牲畜存栏102607头，猪存栏326668头，羊存栏109361只，鸡鸭鹅存栏735461羽。农业生产经营单位中，经营种植业为主70874个，畜牧业为主

175 个，林业为主 67 个，渔业为主 5 个。

第二次普查 以 2006 年 12 月 31 日为普查标准时点。普查结果：景东县共有 13 个乡镇，166 个村委会；农村住户 78532 户，常住人口 288130 人，农村住户家庭从业人口 187426 人，农村住户经营耕地 32926.58 公顷；大牲畜存栏 129997 头，猪存栏 379793 头，羊存栏 126941 只，家禽存栏 1389597 羽。农业生产经营法人单位中，经营种植业为主 16 个，畜牧业为主 2 个，林业为主 76 个。

三、工业普查

第二次普查 1986 年第一季度，开展第二次全国工业普查。普查全县工业企业和生产单位。

第三次普查 1996 年，开展第三次全国工业普查。普查 1995 年全县工业企业和生产单位，为全县制订中长期工业发展规划、调整产业结构、提高工业经济效益提供决策依据。1996 年 1 月，普查登记。

四、第三产业普查

第一次普查 1993 年，开展全国第三产业普查。普查年度：1991 年和 1992 年；普查范围：全县从事第三产业所有单位。包括专门从事第三产业企业、事业和行政单位，如商业、运输、金融、房地产、信息、咨询、科学研究、文化教育单位和行政机关、部队等；第一产业和第二产业企业附属第三产业单位；从事第三产业个体户。普查内容：第三产业发展规模、生产经营活动成果、实物资产情况指标。通过普查，摸清全县第三产业底数，为制订第三产业发展规划和政策提供基础资料，同时也为完善经常性规范统计、向新的国民经济核算体系过渡创造条件。

第二次普查 2003 年 12 月 2 日，国务院发出通知，将原定于 2003 年第二次全国第三产业普查时间推迟，与计划在 2005 年全国工业普查和 2006 年第三次全国基本单位普查合并，同时将建筑业纳入普查范围，于 2004 年开展第一次全国经济普查，并规定全国经济普查每 10 年开展 2 次，逢 3、逢 8 年份实施。

五、基本单位普查

第一次普查 以 1996 年 12 月 31 日为普查标准时点，普查对象和范围为境内所有从事社会经济活动法人单位和产业活动单位，主要属性和经济指标共 20 个项目。

第二次普查 以 2001 年 12 月 31 日为普查标准时点，2001 年为普查资料调查年度。普查资料结果：全部企业法人单位数 161 个，从业人员 6804 人；生产经营性产业活动单位数 294 个，从业人员 6920 人。

六、经济普查

第一次普查 以 2004 年 12 月 31 日为普查标准时点，普查年度为 2004 年，普查对象为境内从事第二产业第三产业全部法人单位、产业活动单位和个体经营户。目的是全面掌握全县第二产业第三产业发展规模、结构和效益等情况，建立健全基本单位名录库及数据库系统，为制订国民经济和社会发展规划，提高决策和管理水平奠定基础。普查结果：2004 年末，景东县共有从事第二三产业法人单位 596 个，其中，企业 150 个，机关事业 235 个，社会团体 32 个，其他 179 个；产业活动单位 1040 个，其中，第二产业 83 个，第三产业 957 个；个体经营户 6911 个，其中，第二产业 709 个，第三产业 6202 个。

第二次普查 以 2008 年 12 月 31 日为普查标准时点，普查年度为 2008 年。普查对象为县境内从事第二产业、第三产业全部法人单位、产业活动单位和个体经营户，内容主要包括单位基本属性、从业人员、财务状况、生产经营情况、生产能力、能源消耗、科技活动情况等。普查结果：2008年末，全县从事第二三产业法人单位686个，其中，企业259个，机关事业193个，社会团体50个，其他184个；产业活动单位586个，其中，第二产业24个，第三产业527个；个体经营户9136个，其中，第二产业859个、第三产业8277个。

第二节 统计工作

一、统计报告

中共十一届三中全会后，恢复统计定期报表制度。自1993年起，根据国家统计局改革统计调查方法和专业统计设置方法要求，实行新的统计报表制度。搜集统计报表方式和数据处理手段有所改变，报表指标有所增加，推行“7+1”一套报表，加大抽样调查、典型调查和科学估算力度。

1994年，统计报表主要有农业、工业、批发零售贸易、交通运输、固定资产投资、劳动工资、物资消费、综合平衡专业统计。1995年，增加服务业统计。同年，建立建筑业统计报表制度、固定资产投资开工和竣工统计报告制度、新开工投资项目登记制度、农村统计考核评比制度、统计报表签收制度、主管部门上报统计报表和资料制度等。1997年，完成农村住户、农产量、农村经济抽样调查、贫困监测统计调查、第三次工业普查后续工作，开展全省“18工程”生物资源产业化开发快速调查后批零贸易、工业统计抽样调查。2008年，建立完善流通和消费价格指数统计工作。抽取调查网点88个，调查规格品465个，由2名个专职统计人员负责，填补景东县居民消费价格指数编制空白。2011年年报开始，43家上划企业全部通过网上直报，执行企业“一套表”制度改革。

二、资料编制

1989年8月，印发《景东县四十年统计资料》200册，内容包括综合、农业、工业、基本建设、物资、劳动工资、财政金融、商业、文化教育、卫生体育等。1992年起，每年印发《景东彝族自治县统计年鉴》100余册，分送有关领导和相关单位。《统计年鉴》翔实记述1989—2011年全县建设成果。内容涉及行政区划、自然资源、综合、人口与计划剩余、劳动力和职工工资、农业、工业、运输、邮电、商业、物资、固定资产投资、财政、金融、保险、文化教育、卫生、体育等。1978年至2011年12月，向县委县政府及相关单位累计提供资料6000人次，资料近20万套。2000年1月始，印发《国民经济主要指标提要》，内容涉及1999年国民经济发展状况，包括国民经济、人口户数、农业、农村经济、工业、乡镇企业、固定资产投资、建筑业、物资、交通运输邮电、商业、财政金融保险、教育、卫生、文化体育、人民生活等主要指标；2009年8月，更名为《景东县国民经济主要指标》，每月印发120册，内容包括国民经济核算、农业、工业（主要工业产品产量、规模以上工业企业经济效益）、固定资产投资、社会消费品零售总额、财政、金融、人民生活、价格指数；至2011年底，共分送4500册。2000年3月，编印《景东景东解放五十年统计资料》300册，分送有关领导和相关单位。全书分为两个部分，第一部分（1949—1978），主要反映中共十一届三中全会前国民经济和社会发展基本情况；第二部分（1979—1998），反映改革开放后国民经济和社会发展所取得的成就。

三、信息公布

1978—2011年，共撰写统计分析1700多篇，其中县委县政府采用100余篇、省市统计局采用30余篇。

四、办公信息化

2003年，专业人员全部配齐电脑。2004年，开通局域网，实现国家、省市县统计部门互联互通。2009年，各乡镇统计站统一配备台式电脑和针式打印机，乡镇统计站实现宽带上网，利用互联网传输统计信息。

第三节 统计机构

一、统计局

1952年，县统计局设立，属县政府职能部门。“文化大革命”期间，属计经委下设科室。1979年，单独设立统计局。负责组织、协调全县统计工作。下设统计局地方调查队，内设局长室、办公室、综合股、经贸股、普查中心、城镇住户调查队。主要开展国民经济核算、农业、工业、能源、科技、贸易、劳动工资、固定资产投资、房地产、建筑业、能源、服务业、妇儿“两纲”监测等26个专业工作。2011年，在职12人，其中，局长1人，副局长1人，主任科员2人，副主任科员3人，科员5人。历任局长：陈连凤、李峻、李大生、陶明震。

二、地方调查队

地方调查队为统计局下设单位，事业编制。主要负责地方调查队全面行政事务工作，统计和研究全县经济社会各个领域抽样调查、典型调查数据，承担县委县政府和上级统计部门布置的统计调查任务。2011年，在职4人。

第六章 审 计

第一节 审计业务

一、财政审计

乡镇财政审计 自1988年始，施行《中华人民共和国审计条例》。审计机关对下级人民政府财政收支进行审计监督。1992年，开展乡级财政审计试点，完成锦屏乡1991年度财政预决算审计。1993年，完成漫湾镇1992年度财政预决算审计。1994年，完成锦屏镇、花山乡1993年度财政预决算审计。1995年始，县审计局每年安排人员开展乡镇财政审计工作。

县级财政审计 自1995年始，施行《中华人民共和国审计法》。财政收支审计监督方式由“上审下”改变为“同级审”与“上审下”相结合。1996年始，正式实行财政“同级审”。21世纪后，以规范预算管理、推动财政体制改革、建立和促进公共财政体系、保障财政安全、提高财政绩效水平为目标，坚持“揭露问题、规范管理、促进改革、提高绩效”，全面提升预算执行审计层次和水平，每年对财政局具体组织本级财政预算执行和其他财政收支情况、县地方税务局税收征管情况进行审计。审计中，以县级财政预算执行审计为重点，以真实性、合法性审计为基础，实现由收支审计并重向以支出审计为主线转变，向财政部门提出深化部门预算改革、完善国库集中收付制度、加强专项资金管理、规范政府采购行为合理化建议和意见；每年按时向县政府和市审计局提交本级预算执行情况及其他财政收支审计结果报告，向县人大常委会提交本级预算执行及其他财务收支审计工作报告。

二、企业审计

景东县早期企业审计以传统财务收支审计查错纠弊为主，在维护国家财经法规、促进国有企业改革、加强管理、防止国有资产流失等方面发挥着重要作用。随着国有企业改革的不断深化，企业审计内容逐步转变为以真实性为基础、以经济责任审计为中心、以促进管理提高经济效益为目标的新型审计。21世纪初，全县国有企业改制结束，企业审计工作逐步淡出。

1985年5月，根据县政府指示，开展县林产公司1984年8月至1985年7月经营管理审计，查出违纪违规金额107.4万元，其中收缴财政49.6万元。1987年2月，开展粮食局粮油议价公司1985—1986年财务收支及经济效益审计，挽回直接经济损失6.6万元，协助公司往成都、江西追回被骗款22.9万元。1988年3月，开展电力公司1985—1987年财务收支审计，纠正公司成本核算、漏缴国家税费等错误，及时挽回经济合同失误22万元。1990年，开展粮食行业1988—1989年财务包干执行情况审计，查出各类违纪金额39.8万元，其中，收缴财政13.9万元，用于改善单位经营条件8.8万元，调整账务1.8万元。1991年，开展全县第一轮承包到期企业25个承包终结审计，查出各类违纪金额169.39万元，其中收缴财政59.45万元；指出企业承包责任制需要完善负盈不负亏、承包基数偏低、存在短期行为、承包合同不严密、资产增值考核不准确五个方面问题。1992 年，完成企业第二轮期中审计 11 个。执行县委县政府决定，开展林产公司、糖烟酒蔬菜副食品公司等 6 个企业合并前资产、债权、债务及财务收支专项审计，摸清企业家底；开展县茶厂离任审计，找出亏损原因，提出扭亏增盈建议。1993 年，完成第二轮承包期中企业审计 10 个及国有企业转换经营机制审计调查。1994 年，完成企业审计 11 个及第二轮承包终结审计综合报告。1995 年，完成县林产工业、糖业总公司 1994 年度审计，查出违纪金额 52. 53 万元，其中收缴财政 20. 43 万元；与财政局、计经局、体改委联合发布《关于对国有企业实行审计查证的通知》，完成企业审计 20 个，查出违纪金额 35. 23 万元。1996 年，完成农资公司、林化厂审计；审计事务所完成企业审计 12 个，查出违纪金额 47. 67 万元。1997 年，完成医药公司财务收支及医药药品回扣审计，查出违纪金额 2. 38 万元，收缴财政 1. 8 万元；审计事务所完成企业审计 10 个，查出违纪金额 236. 2 万元，收缴财政 111. 3 万元。1999 年，完成林产工业总公司及下属厂 1998 年度财务收支审计，查出违规金额 55 万元。2000—2001 年，分别完成企业审计 2 个。2002 年，结合经济责任审计，完成林产工业、糖业、商业 3 个企业的资产、负债、损益审计。2004 年，完成企业审计 3 项。2009 年，开展粮食购销公司 2005—2008 年度财务收支审计，查出漏缴税金 50. 7 万元。2011 年，完成 2009—2011 年国有资产经营有限责任公司、2009—2010 年粮食局粮食购销公司财务收支审计，查出管理不规范资金 0. 6 万元。

三、行政事业审计

景东县结合实际，每年开展部分行政事业单位年度审计。通过审计监督，促使各部门加强预算管理，规范预算执行。1984 年 11 月，开展某学校财务审计，查出会计贪污现金 0. 8 万元，并将其移送司法机关处理。1992 年，完成景福、永秀、曼等 3 个乡卫生院和五中、大街中心学校 2 个教改试点财务收支审计。1993 年，完成民政 1990—1992 年抗震救灾专项资金审计。1994 年，完成社保等 4 个单位审计。1996 年，完成滇西南第二期农业综合开发、1991—1993 年以工代赈农业专项资金及地税、国税、农业审计。1997 年，完成林业、水电、教委等行政事业单位及全县扶贫资金审计，查出违纪金额 8. 99 万元，其中收缴财政 3. 77 万元。1998 年，完成农业等 3 个单位及 4 项专项资金审计。1999 年，完成教委、农业等 4 个单位及全县 1997 年至 1999 年上半年扶贫和其他专项资金审计 3 项。2000—2002 年，完成 7 个行政事业单位、6 项预算外资金、6 项专项资金审计。2003 年，完成公安财务收支、3 项、2 项专项资金审计。2004 年，完成环保等 5 个行政事业单位、2 项及 4 项支农、扶贫等专项资金审计；完成 14 个单位财务收支审计。2005 年，完成财政支农等 8 项专项资金审计 6438 万元。2006 年，开展社保 2005 年度企业职工养老保险审计，发现 2 个单位少申报企业职工养老保险 26. 7 万元，并抽调人员完成财政支农专项资金交叉审计。2007 年，完成城乡建设局等 3 个单位及社保、中小学排危项目等 5 项专项资金审计。2008 年，完成财政、地税、公安、国土资源预算执行审计，查出违规金额 27. 1 万元；开展 2007 年度社保五项基金、新农合基金等专项资金审计 19 项 14102 万元，查出社保少报缴费工资导致少缴社会保险费 22. 69 万元；查出芹漫公路一期建设工程项目占用公路补偿金 5. 9 万元（弥补乡政府经费支出）、漏缴国家税金 2. 2 万元。2009 年，开展农业、林业、水务预算执行及地税 2007—2008 年财政财务收支、2008 年财政支农专项资金、企业职工基本养老保险基金等 11 项项目审计，查出拨付不及时的财政支农和扶贫专项资金 1649. 7 万元，白条支付 115. 9 万元，漏缴相关税费 6. 1 万元、少缴养老保险基金 1. 9 万元。2010 年，开展环保局、畜牧兽医局、政法委等 5 个单位 2009 年度部门预算执行和其他财政收支情况延伸审计，及扶贫、支农、社会保险基金、新型农村合作医疗基金、农业综合开发等 16 项专项资金审计（含专项审计调查 3 项）78499 万元。2011 年，开展交通、民政、卫生、教育 2010 年度预算执行和其他财政收支审计，完成 2010 年度农村、城市居民低保资金和新农合基金筹集、管理使用及效益情况等 16 项专项审计 29475 万元。

四、基本建设审计

财政预算执行审计进点会（县审计局 提供）

自2006年始，景东县开展基本建设审计工作，当年完成质量技术监督局综合大楼等5项投资项目竣工决算审计，核减工程款1.3万元。2007年，完成检察院综合楼等4项投资项目竣工决算审计，核减工程款10.4万元。2008年，完成大朝山水电移民安置区白羊田饮水工程、县医院传染病科技楼2项固定资产投资项目竣工决算审计，核减工程款2.5万元。2009年，开展县城供水二期、九米公路等6个项目竣工决算审计，共核减工程款41.4万元，追缴税款0.6万元。2010年，完成固定资产投资项目审计19个，送审工程造价10215万元，核减工程款96万元。2011年，开展政府投资建设项目竣工决算审计35个，送审工程造价14770万元，审计核减工程款273万元。

五、经济责任审计

1998—2001年，完成领导干部经济责任审计19项，查出违规金额878.8万元，其中，收缴财政355.8万元，自行纠正532万元；移交纪委处理1人。2002年，完成经济责任审计9项，查出违规金额385万元，均作纠正处理。2003年，完成经济责任审计10项，查出违规金额144万元。2004年，完成经济责任审计23项，查出违规金额1194万元，其中收缴财政24万元。2005年，完成经济责任审计10项。2006年，完成经济责任审计15项，查出违规金额165万元，其中收缴财政17万元。2007年，完成经济责任审计8项，查出违规金额16万元，其中收缴财政2万元。2008年，完成经济责任审计9项，查出管理不规范金额322万元、违规金额70.5万元，其中领导干部应负主管责任70.5万元。2009年，完成经济责任审计9项，查出少入固定资产535.4万元、违规处置固定资产40.9万元、漏缴税金13.4万元，占用以工代赈资金2万元。2010年，审计领导干部2人。2011年，审计领导干部7人。

1984—2011年景东县审计项目完成情况统计表

表8-6-1

年度	审计项目（个）	违规违纪金额（万元）	收缴财政（万元）	提出审计建议（条）	采纳审计建议（条）	发布审计公告（篇）
1984	7	19	4	8	7	—
1985	8	110	50	10	8	—
1986	9	43	16	11	10	—
1987	17	33	10	19	15	—
1988	19	9	6	25	21	—

续表 8-6-1

年度	审计项目（个）	违规违纪金额（万元）	收缴财政（万元）	提出审计建议（条）	采纳审计建议（条）	发布审计公告（篇）
1989	17	20	2	23	20	—
1990	12	94	24	21	18	—
1991	19	169	55	29	25	—
1992	26	31	5	41	37	—
1993	25	23	23	53	44	—
1994	26	23	23	51	48	—
1995	9	53	21	21	17	—
1996	9	121	79	19	17	—
1997	21	11	6	43	36	—
1998	29	201	33	54	51	—
1999	22	317	78	47	43	—
2000	18	1052	363	39	37	—
2001	17	107	18	35	31	—
2002	17	589	87	29	26	—
2003	22	310	23	41	38	—
2004	21	1468	40	44	41	—
2005	28	658	21	61	59	—
2006	35	246	37	76	68	—
2007	29	495	10	64	61	—
2008	36	103	32	61	59	—
2009	35	673	8	69	64	—
2010	44	358	73	78	69	29
2011	64	347	59	138	128	57

七、其他审计

2011 年，县政府出台《聘请社会中介机构参与国家建设项目审计实施方案》（以下简称《方案》），该《方案》规定："县审计局审计管辖范围内国家建设项目投资总额 30 万元以上（含 30 万元）的审计项目，由县审计局负责组织实施"。审计局组织实施的川河县城左岸连接段防洪整治工程、锦屏镇中学学生食堂工程竣工决算审计项目，分别被评为 2010 年、2011 年市级优秀审计项目。2009—2011 年，实施"云审工程"。将工作重点集中到财政、投资、经责和绩效审计四个重点领域，审计工作质量和水平有所提高。业务用房建设基本完成。

第二节　审计调查

按照规定，审计部门向各部门和单位开展与国家财政收支有关的特定事项专项审计调查，向本级人民政府和上一级审计机关报告审计调查结果。2005 年前，完成世界银行贷款咖啡项目、县人民银行信贷资金管理和再贷款、行政机关固定资产管理、税制改革等多项审计调查。2005 年，完成劳动就业局 2004 年度失业保险基金审计调查。截至 2004 年末，各企业累计欠缴失业保险费 53.9 万元。2006 年，完成景东信用社 2005 年度资产、负债、损益和财务状况审计调查。2009 年后，相继完成景东县 2003—2005 年就业再就业资金、2007—2009 年“两基”教育经费投入和管理使用、2009—2010 年校舍安全工程建设项目、2005 年 12 月 31 日前其他公益性乡村债务、2006—2010 年校舍安全工程资金和项目、民政福利社 1992—1999 年财务收支、2011 年惠农“四项补贴”资金等专项审计调查 14 项。

第三节　审计机构

1984 年 1 月，县审计局成立。1990 年 6 月，内设综合股、工商企业股、行政事业股。2003 年，政府机构改革，内设办公室、法规股、财政金融审计股、行政事业审计股、投资经贸股、经济责任审计股。2011 年，政府机构改革。内设办公室、法规股、财政金融审计股、行政事业审计股、投资审计股、经济责任审计股机构。历任局长：黄光月、李鼎钟、董连福、崔琨、李启进、高黎明、伍荣良、郎中科、查娅丽。

第七章　工商行政管理

第一节　市场管理

一、市场秩序整顿

1978年，市场监管仍属计划经济体制管理，强调市场整顿，重点限制弃农经商，大米、玉米、大豆、蚕豆、小麦、食用油等统购统销物品一律不准上市交易。1979年，集市贸易限制逐渐解禁，强调正当交易与不正当交易界限，允许社员在完成国家征购任务前提下自产部分农副产品上市交易，不作投机倒把论处；城镇无职业居民、退休、退职人员因生活困难，经生产大队同意可小买小卖；打击放弃职业、流窜贩卖、欺行霸市、转手倒卖行为。1980年，放宽农村政策，解禁集市贸易诸多限制。贯彻“以计划经济为主，市场经济为辅”方针，实行多种流通渠道，多种经济成分，多种经营方式，国营、集体企业，个体工商户共同发展。1981—1989年，解放思想，提倡搞活经济，活跃集市贸易。全县市场发展到43个。1994年，加强全县47个市场监督和整顿，主要整顿注水肉、“黑心棉”和文化市场违法违章行为。共查获经济违法案件93起。1995年，重点查处国营、集体、个体经营假冒伪劣案件，规范管理锦屏、文井、大街、花山、者后5乡（镇）集市。共查处经济违法案件286起。1996年，查处烟、酒、副食、化肥、籽种、化妆品等假冒伪劣、违法违章经营行为192起，涉及品种93个，案值11.7万元，挽回消费者直接经济损失8.5万元。2003年，共查处各类经济违法违章经营行为355起，案值22.3万元。2004年，共查处违法违规经营行为150起，案值10.29万元。2005年，共查处违法违规经营行为62起，案值29.56万元。2006年，共查处违法违规经营行为125起，案值30.09万元。2007年，共查处违法违规经营行为424起，案值78.43万元。2008年，共查处违法违规经营行为1980起。2009年，共查处无照经营449起，各类违法违章经营行为758起。2010年，共查处违法违规经营行为612起。2011年，共查处违法违规经营行为594起。

二、保护消费者权益

《中华人民共和国消费者权益保护法》实施后，景东县依法成立保护消费者权益委员会（简称消委会）。1994年，成立并召开第一届理事会，开展保护消费者权益工作。1996年，召开第二届理事会，成立乡镇保护消费者权益基层监督站，拓展保护消费者权益工作。2002年，召开第三届理事会，调整充实理事会成员和常务理事。1995—2000年，共接待来信来访、咨询服务19.62万人次，受理消费者投诉477件，投诉金额58.98万元，调处473件，调处率99.16%，挽回消费者直接经济损失27.6万元。1997年起，每年一个主题，开展“3·15”国际消费者权益日活动，提高消费者自我保护能力。2005年，评选出县级示范街2条，示范店297户，诚信示范户11户；市级示范店4户。2006年，畅通12315消费者申诉举报渠道，提高消费者申诉解决率和案件举报办结率。2008年，公开销毁一批假冒伪劣卷烟、食品、药品等物品34种，标值3.78万元。

"3·15" 国际消费者权益日活动（县委党史办　提供）

"3·15" 假烟集中销毁现场会（刘国进　摄）

1997—2011年景东县消费者投诉案件受理情况统计表

表8-7-1

年度	消费者投诉					消费者申诉			"3·15" 宣传主题
	起数（起）	投诉金额（万元）	调处（起）	调处率（%）	挽回经济损失（万元）	起数（起）	调处（起）	调处率（%）	
1997	—	—	—	—	—	—	—	—	讲诚信、反欺诈
1998	—	—	—	—	—	—	—	—	为了农村消费者
1999	—	—	—	—	—	—	—	—	安全健康消费
2000	—	—	—	—	—	—	—	—	明明白白消费
2001	—	—	—	—	—	—	—	—	绿色消费
2002	—	—	—	—	—	—	—	—	科学消费
2003	71	31.8	69	97.2	7.1	—	—	—	营造健康消费环境
2004	88	46.0	86	97.7	5.9	—	—	—	诚信·维权
2005	71	12.4	69	97.2	4.3	3	3	100	健康·维权
2006	69	12.6	67	97.1	11.3	—	—	—	消费与环境
2007	54	10.4	53	98.1	4.1	—	—	—	消费与和谐
2008	50	20.2	48	96.0	13.4	—	—	—	消费与责任
2009	39	6.6	37	94.9	5.8	—	—	—	消费与发展
2010	36	43.1	36	100	4.1	—	—	—	消费与服务
2011	36	12.8	36	100	5.2	—	—	—	消费与民生

附：县消费者协会

1994年6月，县保护消费者权益委员会成立，办公室设在县工商局。1997年后，全县15个乡镇按经济区域设立5个基层消协监督站。2004年7月，县保护消费者权益委员会更名为县消费者协会（简称县消协）。设会长1人，副会长1人，秘书长1人，常务理事15人，理事45人。2009年，全县13个乡镇分别成立消费者协会，168个村民委员会（社区）和8个学校设立"12315"联络站，形成"政府主导、工商牵头、部门协作、社会监督、群众参与”维权网络，解决农村消费者投拆难、维权难问题。

县消协成立后，开展有关法律、法规宣传活动，县委县政府把《中华人民共和国消费者权益保护法》纳入全县“三五”“四五”普法规划，并进行培训和考试。先后举办培训班8期，参加培训805人次。2000年后，制作电视专题节目和发布消费者警示29期，广播专题节目52期。在《景东报》开设消费者之友专栏，刊载185期。在《普洱日报》专题报道景东消协开展消费维权进校园、进社区、进农村，消费责任系万家“三进一系”活动。先后开展“3·15”年主题宣传和咨询服务活动123场次，出动车辆295辆（次）、2520人次，印发各种宣传材料130种37.77万份，制作标语口号529条（幅），设办墙报，黑板报38个，宣传有关知识52期。

1997年后，县消协配合有关部门先后4次推荐评选出“文华之星”菜籽油等5种商品为云南省“消费者喜爱商品”；南国天然保健饮品厂等32户企业被市消协授予“消费者信得过单位”；10户企业和个体工商户被评为云南省第二届工商企业诚信单位。截至2011年，共受理消费者投诉821件，投诉金额330.80万元，调处813件，调处率99%，为消费者挽回直接经济损失108.33万元。1996年和2002年，连续两届被云南省保护消费者权益委员会授予先进集体和先进个人称号。

第二节 企业登记管理

一、行业管理

1979年，清查县、公社企业，将企业纳入证照管理。全县共有工商企业591户，按供销、粮食、社队、林业、工交、商业、手工业管理、农机企业、各乡镇合作小组和街道办事处工商企业9类登记管理。其中，供销449户，粮食32户，社队31户，林业2户，工交5户，商业38户，手工业管理6户，农机企业1户和各乡镇合作小组、街道办事处工商企业27户。2004年前，内资企业按农、林、牧、渔，采掘，制造，电力、煤气、水生产与供给，建筑，地质勘查、水利，交通运输、仓储与邮电通信，批发与零售贸易、餐饮，金融保险，房地产，社会服务，卫生、体育和社会福利，教育、文化艺术及广播电影电视，科学研究与综合技术服务和其他行业共15类登记管理。重点监管采掘、建筑等涉及前置审批高危行业安全生产，守法经营等活动。2004年，再次细化，按农、林、牧、渔，采矿，制造，电力、燃气、水生产与供给，建筑，地质勘查、水利管理，交通运输、仓储及邮政，批发和零售，住宿和餐饮，金融，房地产，租赁和商务服务，科学研究、技术服务和地质勘查，水利、环境和公共设施管理，居民服务和其他服务，教育，卫生、社会保障和社会福利，文化、体育及娱乐和其他行业共19类登记管理。用分层分类管理办法实施行业管理，重点监管特殊行业，并分ABCD四级信用分类，重点监管CD两类企业。

二、证照管理

1979年，全县国营、集体企业管理干部会议召开。登记发证工商企业614户，其中分支机构发照管理432户。1985年，政企逐步分开。清理整顿在职干部官商结合、权利结合、与民争利、以权谋私等186户。1986年，清理整顿企业。全县按公司管理43户，符合要求保留26户，降格为个体工商户1户，实属空买空卖吊销营业执照5户，撤销登记3户。1988年，建立企业法人登记管理制度。根据经营条件和出资权属情况，再次清理县属公司30户，其中，确定保留27户，降格1户，撤销2户。1993年，规范公司管理。全方位监管公司设立、运行、登记事项、法律责任等。1996年，企业年检，清理“三无”(无场地、无资金、无人员）企业和挂名集体的私营企业，责令注销和转为个体工商户违规企业7户。1998年，清理挂靠集体的私营企业7户，并注销后登记为私营企业。2000

年，依法管理企业经营秩序，加大前置审批手续把关力度，重点监管矿山、成品油、烟花爆竹、液化气等高危行业，共责令补办前置审批手续49户。2001年，全方位、多层次、规范化管理“三无”企业和企业违法违规行为。2002年，全面检查和收录企业资金、场所、经营范围、法定代表人资格、经营状况和前置审批情况，实现计算机一体化长效监管。2003年，完成年度企业年检工作。依法注销企业64户，当年有企业414户，注册资本2.18亿元。2004年，依法吊销未参加2003年度年检企业17户，回访企业108户。2005年，实检企业359户，年检率96.5%，全县在册企业322户，注册资本（金）2.47亿元。2006年，全县在册企业279户，注册资本2.42亿元；责令4家采石场限期完善手续，关闭1家采石场。2007年，全县在册内资企业243户，注册资本1.66亿元；重点检查和整治登记注册非煤矿山19户和煤矿1户，强行关闭无照无证采石场2户；检查排污企业42户，限期整改4户。截至2008年底，全县共有内资企业222户，注册资本1.6亿元，完善企业档案102户，并实行专人管理。2009年底，共有内资企业205户，注册资本1.6亿元。2010年底，全县共有内资企业202户，注册资本1.6亿元。2011年，全县共有内资企业190户，注册资本1.2亿元。

第三节　个体私营经济管理

中共十一届三中全会后，实行改革开放，提倡搞活经济，恢复集市贸易，个体商业被视为公有制经济补充，全县个体私营经济又有新发展。1985年，出现个体工商户25户33人，其中，商业17户21人，饮食4户6人，修理2户3人，手工1户1人，镶牙1户2人。1987年，景东工商局设立个体管理股，专司个体工商户登记注册、扶持和监督管理。1988年，个体工商户主要分布在修理、运输、建筑、手工、饮食、商业等行业。1992年，实行“三放四不限”（放宽政策，放开政策，放手发展；不限发展比例，不限发展速度，不限经营方式，不限经营规模）方针，支持个私经济发展。1998年，私营企业实现零突破。1999年，贯彻落实《景东县发展非公经济的决定》，在私营企业登记注册、税收征管、经营场所、资金信贷等方面实行宽松政策和优惠措施，个私经济快速发展。2000年，全县个体工商户换照，注销不从事经营的个体工商户，支持并鼓励设立个人独资企业。2004年，全县共登记注册外来个体工商户496户，注册资本1193万元，从业人员1001人；私营企业34户，注册资本2767万元，从业人员658人。2005年，对14家规模大、档次高、信誉好、效益佳的非公企业实行挂牌保护。2006年，施行信用分类管理。2007年，查处无照经营203件，其中，简易处罚169件，立案查处34件。2008年，查处无照经营703件。2010年，查处无照经营368件。2011年，查处无照经营案件259件。

1985—2011年景东县部分年份个体私营企业统计表

表8-7-2

年度	个体工商户			私营企业			农民专业合作社		
	户数（户）	从业人数（人）	注册资本（万元）	户数（户）	从业人数（人）	注册资本（万元）	户数（户）	人数（人）	出资总额（万元）
1985	25	33	—	—	—	—	—	—	—
1988	2565	4508	—	—	—	—	—	—	—
1998	3819	5347	—	22	551	—	—	—	—
1999	4130	5871	2680.00	29	689	1648.00	—	—	—

续表 8-7-2

年度	个体工商户			私营企业			农民专业合作社		
	户数（户）	从业人数（人）	注册资本（万元）	户数（户）	从业人数（人）	注册资本（万元）	户数（户）	人数（人）	出资总额（万元）
2000	3444	5030	2386.00	31	828	1604.00	—	—	—
2001	4274	6168	3092.00	45	1236	3276.00	—	—	—
2002	4453	6602	3855.00	56	1465	4370.00	—	—	—
2003	4187	6721	5292.00	67	1564	8244.00	—	—	—
2004	3481	5340	5370.00	94	1337	11149.00	—	—	—
2005	4064	6025	6304.00	113	2447	17095.00	—	—	—
2006	4323	10499	7549.00	146	2827	33955.00	—	—	—
2007	4873	11357	10062.00	217	4458	28818.00	—	—	—
2008	5555	13234	12386.00	252	5971	43083.00	—	—	—
2009	6442	11581	18347.94	288	5527	48949.80	10	94	493.70
2010	7423	12746	23337.80	340	6542	53472.80	74	923	9431.40
2011	10390	18059	39818.60	402	7274	75002.00	196	2200	30409.06

附：县个体私营经济协会

全县会员由1983年1729人发展到2011年1.12万人，其中，个人1.06万人，企业594人。2008年，获省个体私营经济协会“全省抗震救灾优秀组织单位”称号。2009年12月，获中国个体劳动者协会“全国个私协会先进单位”称号。

协会代表会议　1983年9月3—5日，召开首届个体劳动者和私营经营者代表会议，正式成立县个体劳动者协会。会议选举产生首届协会委员19人。县工商局局长王其志当选协会主任，李正坤为秘书长。会员1729人。下设锦屏、文井、景福、东镇4个分会。

1987年9月20—23日，召开第二届会员代表大会，会议表彰先进个体劳动者并进行换届选举。王其志继任主任，张昆为秘书长。会员2583人。

1991年5月26—28日，召开第三届会员代表大会，会议表彰先进。会议期间，还组织文艺晚会。通过换届选举，县工商局局长高黎明当选主任，张桂英为秘书长。会员3690人。

1996年12月28—30日，召开第四届会员代表大会。会议选举产生新一届理事会，讨论制订协会财务制度，配备兼职会计和出纳，完善协会工作制度。县工商局局长王成贵当选理事会会长，李兵为常务副会长，杨成波为秘书长。会员3990人。

2002年7月18—19日，召开第五届会员代表暨先进个私业主表彰大会。会议表彰奖励先进个体工商户和先进私营企业主30人。讨论通过协会章程，更名为景东县个体私营经济协会。通过选举，产生第五届理事会理事29人，常务理事11人。王成贵当选会长，杨明兰、刘云、陈洪雨为副会长，黄伟为秘书长。会员4274人。

2008年12月25—26日，召开第六届换届暨表彰先进业主大会。参加会议代表108人，特邀代表39人。会议表彰个体工商户34户、私营企业15户，讨论通过协会章程修正案，选举产生第六届理事会理事33人，常务理事17人。王成贵当选会长，杨明兰、刘云、高星程、陈芋桦、陈朝严为副会长，黄伟为秘书长。2010年11月18日，人事调整，召开六届二次理事会。会议表决并通过县工商局局长余仕彬担任会长。

会员维权　1983年9月至2011年12月，组织会员参加各种法律法规培训50场次，培训会员1800

人；接待会员咨询服务2623人次，协调解决会员纠纷250起，为经营者挽回经济损失200余万元。

困难救助 会员受到意外伤害或患重大疾病造成经济困难，协会通过发放慰问金和组织会员捐助，帮助其解决燃眉之急，累计得到救助2932人次，救助金额90余万元。文井镇个体商户黄显益家属患白血病，县协会给予补助0.2万元，动员会员捐助0.58万元；锦屏镇个体商户周同华常年患病，锦屏分会多次看望，同时组织会员捐助1.8万元。2009年始，承办“贷免扶补”工作任务，共享受政策优惠58户，完成贷款金额893万元，带动206人实现就业。

文体活动 1985年，协会组建篮球队，先后参加县级篮球运动会32场次，比赛成绩保持在前5名。2007年，全县22届甲级篮球运动会，协会女队获第二名。2010年10月，在锦开地产“月牙湾佳园杯”暨第25届业余篮球甲级联赛上，协会男女队双双获得第三名。2005年后，先后组织8批次200人到省内外、港澳台地区考察学习。

回报社会 2005年，建设御笔山森林公园。全县共26户企业、114户个体工商户捐资36万元协助。2008年5月，四川汶川地震，全县1120名会员通过民政、红十字会、个私协会等部门向地震灾区捐款，其中通过县协会捐助22.6万元。2010年，青海省玉树发生地震，协会组织会员捐资37万元，帮助灾区重建家园。

光彩服务 2010年起，中国个体劳动者协会把每年10月18日定为全国“光彩服务”活动日。2010年10月17日，县个体私营经济协会借县城街天举行隆重“光彩服务日”活动启动仪式，并连续3年组织会员到福利院、养老院、校园、街道开展义务活动。把“光彩服务日”作为会员回报社会载体和协会工作亮点。

第四节 经济合同管理

1982年7月1日，《中华人民共和国经济合同法》颁布实施，赋予工商部门合同鉴证、仲裁，“守合同、重信用”企业评比、企业动产抵押登记等管理工作职责。县工商局成立合同股，专司合同管理工作。

一、合同鉴证（备案）管理

1982—1989年，促使企业和经济管理单位自觉鉴定、履行和确认无效合同鉴证198份，金额2260.7万元。2003年，鉴证合同25份，鉴证金额972.3万元。2005年，合同备案16份，合同金额1822.81万元。2006年，合同备案16份，合同金额505.1万元。2007年，合同备案9份，合同金额891.18万元。2008年，合同备案9份，合同金额892.17万元。2009年，审查涉农合同15786份，金额1570.41万元。

二、合同仲裁

1982—1985年，全县调处合同纠纷12件，调解合同金额1.31万元。1985年，经济合同仲裁委员会成立，到1992年撤销。其间，仲裁委员会调处经济合同纠纷共20件。1992年后，合同纠纷逐步走司法程序。

三、“守合同，重信用”评比

2003年，县政府命名表彰2001—2002年度“守合同，重信用”单位33户。2005年，评选县级表彰单位21户。2006年，推报单位省级3户、市级7户。2007年，县政府命名表彰2005—2006年度“守合同，重信用”单位 23 户。2009 年，县政府命名表彰 2007—2008 年度“守合同、重信用”企业 26 户。2010 年，推荐市级表彰 5 户、省级表彰 3 户。2011 年，县政府表彰云南省烟草公司普洱市公司景东县分公司等单位 34 户。

四、企业动产抵押物登记

2003—2011 年景东县企业动产抵押物登记统计表

表 8-7-3

年度	企业动产抵押物			拍卖		
	登记数（份）	价值（万元）	债权金额（万元）	监督次数（次）	确认书（份）	金额（万元）
2003	9	4080.0	—	—	—	—
2004	5	1750.0	840.0	—	—	—
2005	15	6164.5	2496.0	—	—	—
2006	8	6528.0	2060.0	—	—	—
2007	9	13920.5	1814.0	—	—	—
2008	10	14932.9	12136.2	—	—	—
2009	6	11766.0	10517.0	—	—	—
2010	4	24665.1	21545.0	1	1	100.5
2011	7	18554.8	17080.0	3	20	1352.9

第五节　商标广告管理

一、商标管理

2003 年，验证 15 户企业注册商标 17 个。2004 年，调查、回访注册商标 16 个。2005 年，指导企业申报“长地山”“黄草岭”等商标注册；查处商标侵权案件 4 件，涉案金额 20.68 万元，没收侵权茶叶 9926.8 千克、药品 191 盒、服装 28 件、侵权商标标识 2700 张，罚款 0.69 万元。2006 年，全县共有注册商标 20 件，其中，新增 4 件，新申报 13 件；有专卖（专营）店 32 个。2007 年，指导 16 个注册商标企业使用商标、商标变更、转让或许可等手续办理 19 个。2008 年，开展注册商标企业和个人注册商标情况调查。据统计，全县共有 13 户企业及个人注册商标 18 个，其中，29 类 2 个，30 类 7 个，31 类 2 个，32 类 1 个，33 类 2 个，19 类 2 个，13 类 1 个，2 类 1 个。2009 年，持有注册商标企业 17 户注册商标 20 个实行微机管理，

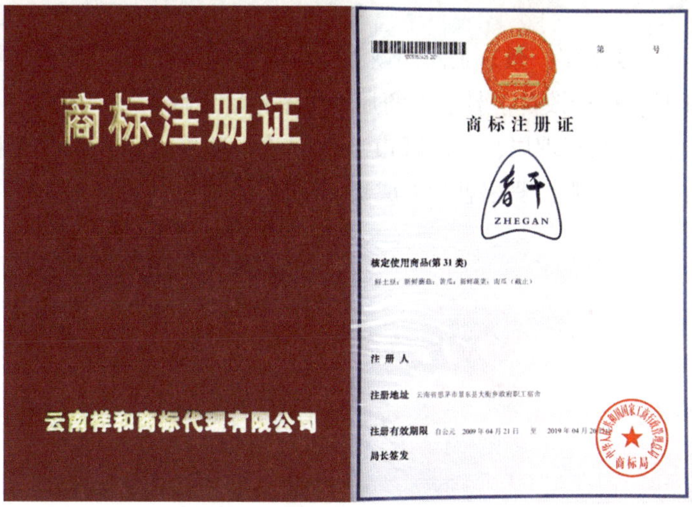

商标注册证（罗海垠　摄）

备案登记“小门坎”等10个受理商标，推行“三书一卡”（商标法律告知书、商标注册建议书、商标策略提示书和商标跟踪服务联系卡）制度，指导申报商标4个。2010年，培训商标管理工作人员33人次，联系商标代理机构2个，指导申报商标受理10件，指导企业16户。2011年，全县有效注册商标94件，其中，新增10件，新申请受理17件；帮助3家企业申请云南省著名商标3个，开展打击侵犯知识产权和制售假冒伪劣商品专项行动8次，当场处罚侵犯“红牛”注册商标专用权1起。

二、广告管理

2003年，对4户广告经营单位进行年检，重新审核存续资格；共审核登记户外广告18条，印刷品广告10条，其他广告3条；查处违法经营广告行为11起，没收印刷品广告1.5万份。2004年，共受理户外广告申请26件，同意发布19件；查处广告一般违法违章行为2件，收缴印刷品广告3000余份、违法布标广告5幅。2005年，共受理发布户外广告申请11件，同意发布8件、不允许发布3件，备案9件，依法停止医疗广告播放3条。2006年，共受理户外广告发布11件，准予发布10件、不予发布1件，备案31件，向媒体广告经营单位下发违法广告停止发布通知书2次，依法停止播放广告7条（次），收缴违法印刷品广告3000余份，查处虚假违法广告5起。2007年，共受理户外广告发布21件，准予发布19件，备案22件，向广告经营单位下发违法广告停止发布通知书2次，要求变更播放内容2条（次），检查户外广告78块（幅），查处违规广告30户，处罚8户，补办登记手续10户。2008年，准予发布户外广告21户，不予登记2户，备案管理27户，查处广告违法行为案件5起，罚款3300元。2009年，对景东电视台广告经营进行年审，对17户广告牌制作企业和个体户进行备案审查，责令停播风湿酒广告1则，停止发布有奖销售虚假广告1条，监测电视广告8条、电视广告备案管理32条，开展广告法律和广告业务知识培训。2010年，准予发布户外广告49条，不予登记4条，电视广告备案16条，共查处违法广告案件8件、罚没收入1.95万元，监测电视广告9条、责令停播1条，责令停止发布有奖销售虚假广告1条。2011年，准予发布户外广告137条、不予登记1条，准予发布临时性户外广告167条，电视广告备案管理12条、印刷品广告备案44条、掌握发布印刷品广告27.6万份、店堂广告备案27条，对22户广告牌制作企业和个体户进行备案审查，查处广告违法案件63起。

第六节　工商机构

1977年，景东工商局恢复，属县政府直管部门。1999年，体制改革，纳入省直属机构。2002年4月，机构改革。景东工商局为思茅地区工商局直属机构，正科级。2010年9月，机构改革。设立县工商行政管理局，为普洱市工商行政管理局直属机构，正科级。历任局长：谭开友、华天祥、王其志、高黎明、罗绍忠、王成贵、余仕彬。

第八章　质量技术监督

第一节　产品质量监督

一、食品质量安全专项整治

2006年，景东县开始开展产品质量和食品安全专项整治工作。县质量技术监督局（简称质监局）协调农业、工商、商务、药监、卫生、公安等部门，集中整治农产品、食品加工与流通、餐饮消费、药品、猪肉等领域质量安全工作，并通过市质监局验收。至2011年，共出动车辆864辆（次），出动工作人员2592人次，检查各类企业和小作坊360户，查办案件120件，涉及货值100余万元；每年与39家小作坊签订“食品质量安全承诺书”，签订率100%。1999—2011年，质监部门监督抽样检验加工企业生产糕点、茶叶、白酒、白糖、月饼、饮用水、食用油等食物样品1120个，检验综合合格率82%。

二、农资产品专项整治

自1999年始，检查县内经销化肥、农药、农膜、农机等产品，主要检查有无生产许可证，并标注编号和标志；检查产品有无合格证，农药是否过期销售等情况，抽样检验化肥产品。2007年5月，在检查县内某农资经营部时，发现所销售磷肥标识不全，当即对其监督抽样。经法定检验机构鉴定，该批磷肥有效磷含量几乎为零，属不合格产品。执法人员随即封存产品，教育和处罚经营部负责人，将劣质化肥作技术性处理，宣传并明确假冒伪劣化肥不允许进入景东市场，及时保护广大农户权益。1999—2011年，共检查农资经销点225个，抽查产品128批次，检验综合合格率96.8%。

三、建材产品专项整治

1999—2011年，开展建材产品专项整治工作，检查县内红砖、空心砖、建筑用混凝土模板、水泥、铝合金门窗、钢筋、墙砖等生产厂家及产品。共检查生产厂家175家、销售门店55个，检查产品690批次、货值350万元，监督抽样145个，检验综合合格率55%。

四、成品油专项整治

1999—2011年，开展成品油产品专项整治工作。依法检查县内各加油站成品油，抽样检验90#汽油、93#汽油和0#柴油。共检查加油站65个，抽取样品231个，综合检验合格率98%。

第二节　计量监督

1988年，景东县派人学习标准计量知识，培训检查员；购置各类标准计量砝码、天平修理仪器等检测设备，核定全县企事业单位天平、砝码。1990年，以产品质量为中心，以市场商品为重点，开展质量监督，修理和改造县内不合计量标准的衡器、量具。全年改进市制秤30件，压力表200个，压力表核定装置3套；验收和核定文井糖厂、电力公司标准计量检定人员资格、标准器具及设备情况。从1999年起，重点检定县林产企业、矿产企业、烤烟收购站、松脂收购站和食品生产加工企业用于安全生产和贸易结算的计量器具。1999—2011年，共检定各类计量器具1万余台（件），其中，压力表5000余块，生产车间及室外作业3000余件，试验室及企业化验室840件，眼镜行业48台，医疗卫生单位680台。

第三节　标准化监督

中共十一届三中全会后，商品经济不断发展，产品质量成为企业求生存、求发展的关键。1988年12月29日，《中华人民共和国标准化法》颁布实施，县内多项产品均能按标准生产。其中，白糖达国家GB317-84标准；松香达国家GB/T8145-1987（2003）标准。1984—1985年，云南省开展产品质量评比。景东面条获省优质产品第二名，白糖、花茶、松香、部分糕点获思茅地区优质产品称号，“景香醇”饮料酒获省轻工系统优质产品奖，“普洱散茶”获对外经济贸易部颁发的荣誉证书。2000年，经云南省质量技术监督局验收，景东县获得“云南省消灭无标准生产合格县”称号。1999—2011年，先后指导文华农场粮油厂、普洱市银生茶叶有限公司、大街兴达茶厂、东华竹木胶合板厂、普洱市绿海沼气科技开发有限公司等企业制订产品标准，并备案登记；指导企业依照标准组织生产，提高产品质量的稳定性。2005—2011年，监督检查全县烤烟收购质量国家标准。按标准要求计量偏差，检查扎把片数、分等分级、标识标注、储运等环节，累计抽查烟站128个，符合率95%。截至2011年12月，全县共办理组织机构代码证书1528户，其中，机关法人109户、非法人35户，事业法人193户、非法人34户，企业法人263户、非法人345户，社团法人52户、非法人3户，个体254户，工会法人1户，其他机构法人224户、非法人15户。

第四节　特种设备管理

1999—2011年，县质监局每年与特种设备使用单位签订“安全责任书”。在重要节假日前组织安全检查，重点检查厂矿、学校、宾馆等场所使用的锅炉、压力容器设备。先后共检查使用单位756家，查出安全隐患505条，下达安全指令书190份（2008年5月开始计算），隐患整改率100%。2007年8月，开展起重机械专项整治工作，检查使用单位设备注册登记、操作人员持证上岗和设备定检情况。检查中对发现的问题责令限期整改，查处无资质自行安装起重机械案件。通过整治，使用单位设备注册登记率、操作人员持证上岗率、设备定检率均达100%。截至2011年，县境内未发生过特种设备安全事故。

第五节 质检机构

1985年，县计经委标准计量所成立。1990年，更名为县标准计量局。1996年，机构改革，标准计量所更名为技术监督局，升为二级局，隶属县经济贸易委员会，内设办公室、计量股，有干部职工8人。1999年10月24日，技术监督工作实行省级以下上划垂直管理，更名为县质量技术监督局，正科级行政单位；12月，劳动部门锅、容、管、特安全监管职能划入质监部门。2006年，机构调整，食品安全监管职能划入质监部门。2011年，局机关下设办公室、稽查科、业务科，有干部职工10人，其中，本科9人，大专1人。历任局长：杨李勇、石铧、杨建国。

第九编

农牧渔业

第一章　农业生产条件

第一节　耕　地

县境内耕地受水源、地势、气候等条件制约，开发程度和利用率也不同。水源条件好、地势平坦、人口密集的坝区、中低山丘陵区，耕地集中连片，利用效益高；水源条件差，山高坡陡，人口稀疏的山区半山区，耕地较分散零碎，利用率较低。

1978—2011年，全县耕地保持在2.95万~3.39万公顷。耕地面积最多年份是1983年，达3.39万公顷；2005年最少，为2.95万公顷。1978年，全县耕地3.21万公顷，其中，水田1.02万公顷，旱地2.20万公顷，农业人口人均耕地1120平方米。1984年，全县耕地3.37万公顷，其中水田1万公顷，人均耕地1090平方米。1985年后，全县耕地面积略有减少。1996年，全县耕地3.31万公顷，其中，水田9729.67公顷，人均耕地1020平方米。1997—2000年，耕地面积略有增加。2000年，全县耕地3.34万公顷。2000年后，由于城镇化建设，退耕还林、还草等政策实施，耕地面积逐渐减少。2005年，全县耕地2.95万公顷。2011年，全县耕地3.24万公顷，其中，常用耕地3.05万公顷，临时性耕地1884.47公顷。

1978—2011年景东县耕地面积变化情况一览表

表9-1-1　　单位：公顷、人

年度	总面积		农业人口		年度	总面积		农业人口	
	数量	比上年增减	人数	人均占有		数量	比上年增减	人数	人均占有
1978	32122.53	—	286067	0.112	1990	33261.00	552.80	323701	0.103
1979	33476.67	1354.14	288930	0.116	1991	33176.93	-84.07	324644	0.102
1980	33844.93	368.26	290945	0.116	1992	32997.87	-179.06	322403	0.102
1981	33610.20	-234.73	295197	0.114	1993	32992.00	-5.87	322033	0.102
1982	33535.00	-75.20	301014	0.110	1994	32910.47	-81.53	322009	0.102
1983	33863.67	328.67	305189	0.111	1995	32883.73	-26.74	322651	0.102
1984	33738.93	-124.74	309977	0.109	1996	33073.93	190.20	322784	0.102
1985	33276.47	-462.46	311040	0.107	1997	33414.20	340.27	323299	0.103
1986	33165.53	-110.94	313137	0.106	1998	33852.60	438.40	323511	0.105
1987	32719.80	-445.73	317101	0.103	1999	33531.27	321.33	323714	0.104
1988	32699.67	-20.13	319491	0.102	2000	33364.87	-166.40	324386	0.103
1989	32738.20	38.53	322880	0.101	2001	32271.60	-1093.27	325380	0.099

续表 9-1-1

年度	总面积		农业人口		年度	总面积		农业人口	
	数量	比上年增减	人数	人均占有		数量	比上年增减	人数	人均占有
2002	31179.67	-1091.93	325780	0.096	2007	30391.00	458.20	329670	0.092
2003	29933.87	-1245.80	326038	0.092	2008	32042.40	1651.40	331392	0.097
2004	29712.73	-221.14	326567	0.091	2009	31890.27	-152.13	333464	0.096
2005	29510.33	-202.40	326577	0.090	2010	31830.80	-59.47	332973	0.096
2006	29932.80	422.47	327344	0.091	2011	32397.40	566.60	335295	0.097

第二节　农业劳动力

1978 年，全县农业劳动力 11.83 万人，占农业人口的 41.38%，每个劳动力负担耕地 0.271 公顷。1984 年，有农业劳动力 13.73 万人，占农业人口的 44.31%，每个劳动力负担耕地 0.246 公顷。1984 年起，从事第一产业劳动力比例逐年下降，第二三产业劳动力比例逐年上升。1990 年，全县有农业劳动力 15.35 万人，占农业人口的 47.56%，每个劳动力负担耕地 0.217 公顷。2005 年，全县有农业劳动力 19.84 万人，占农业人口的 60.57%，每个劳动力负担耕地 0.149 公顷。2011 年，全县有农业劳动力 20.81 万人，占农业人口的 62.36%，每个劳动力负担耕地 0.156 公顷，其中，从事第一产业劳动力 16.35 万人，占农村劳动力的 83.75%；第二产业劳动力 0.29 万人，占农村农动力的 1.41%；第三产业劳动力 3.09 万人，占农村劳动力的 14.84%。

1978—2011 年景东县农业人口劳动力情况一览表

表 9-1-2

年度	农户（户）	农业人口（人）	农村劳动力（人）	每个劳动力负担耕地（公顷）	第二产业		第三产业	
					人数（人）	占劳力百分比（%）	人数（人）	占劳力百分比（%）
1978	51212	286067	118367	0.271	—	—	—	—
1979	52070	288930	120823	0.277	1755	1.45	287	0.24
1980	52298	290945	126224	0.268	618	0.49	474	0.38
1981	53233	295197	129198	0.260	356	0.28	147	0.11
1982	55927	301014	133693	0.251	208	0.16	522	0.39
1983	55162	305189	136957	0.247	262	0.19	1203	0.88
1984	56512	309977	137358	0.246	249	0.18	3575	2.60
1985	58010	369021	138574	0.240	595	0.43	4312	3.11
1986	59541	311779	141673	0.234	684	0.48	4712	3.33
1987	60508	315791	144943	0.226	589	0.41	4967	3.43
1988	63253	317986	146540	0.223	672	0.46	5263	3.59
1989	65236	320696	150640	0.217	791	0.53	5556	3.69
1990	66685	322826	153537	0.217	826	0.54	6003	3.91

续表 9-1-2

年度	农户（户）	农业人口（人）	农村劳动力（人）	每个劳动力负担耕地（公顷）	第二产业		第三产业	
					人数（人）	占劳力百分比（%）	人数（人）	占劳力百分比（%）
1991	69255	325567	161152	0. 206	915	0. 57	6083	3. 77
1992	70934	328072	164027	0. 201	954	0. 58	6501	3. 96
1993	70850	320630	170237	0. 194	1101	0. 65	9390	5. 52
1994	72791	320667	173734	0. 189	1017	0. 59	11186	6. 44
1995	73615	320607	178374	0. 184	1210	0. 68	12311	6. 90
1996	74679	323322	180295	0. 183	1196	0. 66	13535	7. 51
1997	76142	324266	182748	0. 183	1201	0. 66	15461	8. 46
1998	77282	325944	183973	0. 184	1252	0. 68	16668	9. 06
1999	78147	323964	181823	0. 184	1393	0. 77	17206	9. 46
2000	78063	324386	182984	0. 182	1707	0. 93	19030	10. 40
2001	78707	325380	184749	0. 175	2045	1. 11	21020	11. 38
2002	79680	325780	185365	0. 168	2694	1. 45	21644	11. 68
2003	80356	326038	194157	0. 154	2233	1. 15	31315	16. 13
2004	80799	326567	187589	0. 158	2503	1. 33	22628	12. 06
2005	81135	327516	198368	0. 149	2504	1. 26	33740	17. 01
2006	81938	327344	188619	0. 159	2520	1. 34	24613	13. 05
2007	82256	327926	190878	0. 159	2526	1. 32	27184	14. 24
2008	83081	327893	193057	0. 166	7282	3. 77	25047	12. 97
2009	85052	328915	193233	0. 166	7124	3. 69	24339	12. 60
2010	87604	332609	195189	0. 163	2775	1. 42	17214	8. 82
2011	88806	333663	208057	0. 156	2940	1. 41	30885	14. 84

第二章　农业技术及管理

第一节　耕作制度

中共十一届三中全会后，在推行家庭联产承包、调整农村产业结构同时，各级政府引导农民改革耕作制度。在建设高稳产农田地、改善农田水利灌溉的基础上，低热河谷坝区充分利用光热水气等自然条件，改一年一季种植为三季种植，扩大复种指数。1978 年，全县耕地复种指数 148.2%，1995 年为 157.7%，2011 年增至 170%。全县在不同气候类型地区，实行不同轮作方式。

一、川河低热河谷坝区

一年三熟　小麦—杂交水稻—再生稻，油菜—杂交水稻—再生稻，杂交水稻—秋大豆—小麦，杂交水稻—秋大豆—蔬菜。

两年三熟　杂交水稻—秋大豆—育苗，杂交水稻—秋大豆—蔬菜。

两年四熟　杂交水稻—秋大豆—烤烟—蔬菜。

四年五熟　甘蔗（春植）—甘蔗（宿根）—甘蔗（宿根）—玉米—小春（小麦或蚕豆）。

二、温凉河谷坝区

一年两熟　杂交水稻—小麦，杂交水稻—油菜，杂交水稻—冬大豆，杂交水稻—马铃薯，杂交水稻—蔬菜，玉米—小麦，玉米—蚕豆，玉米—豌豆，烤烟—小麦。

三、温凉山区

一年两熟　水稻—小春（小麦或蚕豆），烤烟—油菜（或马铃薯），玉米—小春。

四、冷凉山区

一年一熟　水稻—冬闲，玉米—冬闲

一年两熟　玉米—蚕豆或小麦（小麦需套种于玉米收割前），玉米—冬荞（或马铃薯），早荞—秋荞。

第二节　科技培训

一、农业广播电视教育

1985 年，景东县农业广播电视学校成立。至 2011 年底，共招生 13 个专业中专生 332 人，毕业学

员203人。其中，农业经济管理29人，畜牧兽医70人，林业19人，淡水养殖1人，财务管理10人，乡镇企业管理1人，茶树栽培1人，果树栽培1人，烤烟栽培1人，现代乡村统合管理25人，人口与计划生育管理16人，现代农业15人，现代种植技术14人。自2005年起，与云南农业大学联合办学，开展本科学历教育。至2011年，共招收本科生142人，毕业139人，其中，农学专业96人，动物医学37人，农林经济管理3人，农机3人。

二、初级农业技术和“绿色证书” 工程

自1986年起，景东县开始一年制初级农业技术培训工作。至1996年底，共培训1768人。1997年，景东县被列入全省实施“绿色证书”工程县之一。1999年，“绿色证书”工程开始实施，以农业系统、教育系统、科协农函大为主体，以农村初中生和村组干部为依托，开展“绿色证书”培训、考试、考核、评审、发证等工作。到2011年，共培训3552人，发证3024人，涉及种植、养殖等行业。

三、农业科技

2003年，景东县被列为国家级“跨世纪青年农民科技培训工程”县之一。2004年，开始实施，投入培训经费40万元，其中，国家30万元，省级10万元。至2011年末，共培训青年农民3148人，经考试考核，颁发“跨世纪青年农民科技培训”证书3000人，涉及蚕桑、烤烟、茶叶、畜牧兽医、水产养殖、宾馆服务等行业。2011年，实施云南省新型农民科技培训项目，培训内容主要有池塘养殖、蔬菜栽培、甘蔗种植、种桑养蚕、马铃薯栽培、水晶豌豆栽培等技术，共投入培训经费10万元，培训10期513人。

四、农机技术

1978年，景东县拖拉机培训站成立。1989年，更名为县农业机械化初等技术学校。1978—1998年，共培训拖拉机驾驶员2100人。1998—2004年，农机部门不参与拖拉机培训。2005年至2006年10月，培训低速载货汽车和G3驾驶员510人。2006年11月至2010年10月，共培训拖拉机驾驶员1425人。2010年12月至2011年，社会驾校培训拖拉机驾驶员1014人。1978—2011年，累计培训拖拉机驾驶员5049人、农机修理工1582人、农机操作手5000余人次。

五、农村劳动力转移

自2010年起，景东县实施农村劳动力转移培训。2010—2011年，共实施37期4106人，投入培训费84.5万元。其中，市抗旱捐赠12万元，完成培训1256人；省农村劳动力转移培训资金30万元，完成培训2007人；中央农村劳动力转移阳光工程培训资金42.5万元，完成培训1350人。内容涉及船舶安全驾驶、新型农机（具）使用与维修、乡村旅游服务、割胶技术、餐厅服务、作物病虫害防治等行业。

第三节 植保植检

一、植物保护

（一）预测预报

1978—1984年，县农科所植物保护组在农科所试验田设点，锦屏、文井、花山、安定、景福设协作点，采用田间定点调查、黑光灯、糖液诱蛾方式，调查黏虫、黑尾叶蝉和稻瘟病。1985—2006

年，县农业技术推广中心植保站开展黏虫、稻飞虱、稻瘟病系统调查，水稻白叶枯病、水稻螟虫、玉米大小斑病、玉米螟、小麦锈病、农田鼠害宏观调查。1997年，增设美洲斑潜蝇系统调查，每年发布病虫简报3~4期。2007—2011年，植保植检站开展稻飞虱、稻瘟病、美洲斑潜蝇、小麦条锈病、马铃薯晚疫病系统调查，监控水稻白叶枯病、稻螟虫、玉米大斑病、玉米小斑病、玉米螟、农田鼠害，每年发布病虫简报5~6期。

（二）试验示范

1994年，用除草剂昆明Ⅱ号750~1125克/公顷防除稻田杂草示范0.14公顷，防效率92%~99%。1995年，在锦屏镇育秧田开展4种化学除草剂除草试验，除草率均在90%以上，除草效果比较明显；水稻一次净除草试验，施用一次净22.5千克/公顷除草，效果、产量优于其他处理方式；大豆不同生育期喷施粉锈宁预防锈病试验，苗期、盛花期及结荚期喷施粉锈宁，可有效控制锈病，提高产量。1997年，在太忠乡大水井村开展防治稻瘟病试验，用硫环唑2250~3000克/公顷防治稻瘟病示范33.33公顷，防效率73.8%；用120毫升/公顷康复多防治稻飞虱示范266.67公顷，防效率85%~90%。1998年，在景范良种场试验田设水稻品种抗瘟性监测圃，监测到水稻主栽品种汕优63、D优63抗瘟性下降；用绿菜宝防治斑潜蝇药效试验，药后20天防效率86.4%。2000年，在锦屏镇斗阁村开展水稻品种多样性混合间栽试验，间栽比净栽增产489.45千克/公顷，稻瘟病发病率降低2.4%。2001—2005年，累计开展水稻品种多样性混合间栽实验示范3933.33公顷，增产稻谷255.58万千克。2005年，用艾美乐防治稻飞虱示范3.2公顷，药后9天，稻飞虱成虫、若虫死亡率91.7%~99.5%。2008年，在文井镇清凉开展省农科院甘蔗间作玉米防治玉米大小斑病和玉米螟实验任务，示范6.67公顷，混种病情指数下降1.29，减少用药量1.2千克/公顷，节约防治成本73.65元/公顷。2009—2011年，开展稻飞虱、马铃薯晚疫病专业化统防统治实验示范1133.33公顷，防效率80%以上。2011年，开展“灯诱、色诱、性诱”等绿色防控技术防治蔬菜、茶叶、烤烟害虫实验示范76.67公顷。

（三）生产防治

土壤和种子消毒 （1）土壤消毒。20世纪80年代前，零星使用生石灰、烧扎把消毒土壤。90年代后，用敌克松、甲霜灵锰锌结合栽前最后一次整地，在塑料大棚地、水稻旱育秧地、苗圃地进行土壤消毒。（2）种子消毒。20世纪80年代后期，推广强氯精浸泡水稻种子消毒。1996年后，杂交水稻种子消毒率百分之百。1997年，示范并推广杂交玉米包衣种。2003年后，杂交玉米包衣种达100%。

病害防治 据植保专业统计年报：1985—2011年，景东县农作物病害24.53万公顷（次），防治26.42万公顷（次），防治率107.7%。（1）稻谷病害防治。境内稻谷病害主要有稻瘟病、稻白叶枯、稻纹枯病、稻根腐病。1985—2011年，发生稻谷病害6.3万公顷（次），防治75.71万公顷（次），防治率120.1%。1978—2011年，发生稻瘟病2.45万公顷（次），流行高峰分别在1985年、1998—1999年、2004年、2009—2011年，其中1985年发生3806.67公顷（次）。1978—2011年，发生稻白叶枯病1.18万公顷（次），流行高峰分别在1985年、1995年、2002年、2011年。（2）玉米病害防治。境内玉米病害主要有玉米大斑病、玉米小斑病、锈病、黑粉病、丝黑穗病。20世纪90年代前，很少用农药防治玉米病害。1987—2011年，发生玉米病害4.94万公顷（次），防治3.28万公顷（次）。2005年，玉米大斑病、玉米小斑病偏重发生，面积5313.33公顷，防治4000公顷，防治率75.3%。（3）小麦病害防治。境内小麦病害主要有小麦锈病、白粉病。1986—2011年，发生小麦病害4.43万公顷（次），防治4.7万公顷（次），防治率106%。其中，小麦锈病（又名条锈、叶锈）3.52万公顷（次），防治5.43万公顷（次），流行高峰分别在1986年、2003年、2010—2011年，其中2011年发生4800公顷，防治7000公顷，防治率145.8%。（4）蔬菜病害防治。境内蔬菜病害种类较多，其中疫病、霜霉病、白粉病、炭疽病、青枯病危害较重。21世纪后，冬辣椒种植面积逐年增加，主要用甲基托布津、粉锈宁、代森锌防治疫病、霜霉病、叶斑类防治病害。(5) 果树病害防治。境内主要有芒果和柑橘炭疽病、白粉病，主要采用剪除病枝，喷施石硫合剂、甲基托布津、代森锌、粉锈宁等药物和方法防控。

虫害防治　据植保专业统计年报：1985—2011年，景东县农作物虫害54.88万公顷（次），防治48.11万公顷（次），防治率88.3%。(1) 稻谷虫害防治。境内稻谷虫害主要有稻飞虱、稻螟虫、黏虫、稻蝇蚊、蓟马等。稻飞虱、黏虫以迁入虫源为主，其中稻飞虱于20世纪80年代随杂交水稻推广逐年加重，有白背飞虱、褐飞虱、灰飞虱3种。1978—2011年，发生稻飞虱害12.09万公顷（次），防治12.71万公顷（次），流行高峰分别在1989年、1991年、2007年、2011年；发生黏虫害3.05万公顷（次），主要危害水稻、玉米等，防治2.7万公顷（次），流行高峰分别在1982年、1988年、1997年，其中1988年发生8213.33公顷，防治5726.67公顷，防治率69.7%。1985—2011年，发生稻谷虫害16.31万公顷（次），防治16.62万公顷（次），防治率101.9%。(2) 玉米虫害防治。境内玉米虫害主要有黏虫、玉米螟、地下害虫。1978—2011年，玉米螟发生4.22万公顷（次），防治2.77万公顷（次），防治率65.5%。(3) 小麦虫害防治。境内小麦虫害主要有蚜虫、地下害虫。1978—2011年，发生小麦蚜虫6.01万公顷（次），防治4.41万公顷（次），防治率73.4%。(4) 蔬菜虫害防治。境内蔬菜虫害主要有斑潜蝇、潜叶蛾、菜青虫、蚜虫、蓟马等。其中美洲（南美）斑潜蝇于20世纪90年代中期传入，常年发生危害1000公顷，防治率100%。(5) 果树虫害防治。境内芒果和柑橘虫害主要有介壳虫类、果实蝇、红蜘蛛、蚜虫、芒果象甲、蓟马等。果树虫害发生时，及时喷施药物防治。

草害防除　20世纪90年代前，在茶园零星使用化学方法除草外，农田以人工防除为主。90年代后，在水稻、甘蔗、茶、果、小麦、玉米、烤烟等作物地推广化学方法除草。至2011年，常年化学除草3.33万公顷，主要药剂有农得时、丁草胺、草甘膦、宝成等。1991—2011年，发生农作物草害32.05万公顷（次），防除29.69万公顷（次），挽回产量损失2710万千克。

鼠害防治　20世纪80年代前，由于磷化锌、毒鼠强等剧毒杀鼠剂使用过多，导致猫、蛇等天敌生物锐减，鼠害猖獗。1986年后，每年组织开展春秋两次鼠害联防，推广敌鼠钠盐、溴敌隆等高效低毒杀鼠剂，鼓励养猫治鼠，毒饵、电猫灭鼠，修墙防鼠等综合性防治措施。2008年后，农作物种植结构逐步调整，老鼠食源作物减少，鼠害日渐猖獗。1988—2011年，共发生农田鼠害24.09万公顷（次），防治25.18公顷（次），挽回产量损失3110万千克。

（四）农药使用

农药使用　20世纪80年代后，推广各种化学农药和植保器械的应用，化学防治成为控制农作物病虫害的主要措施，农药使用量逐年增加。1978—1990年，农药使用量3万~10万千克；1991—2000年，农药使用量10万~20万千克；2001—2008年，农药使用量20万~40万千克；2011年，农药使用量达52.43万千克。2008年，在锦屏镇设立农药使用监测站，定点调查5户农户农药使用情况，2008—2011年，共调查水稻4.59公顷，小麦1.74公顷，冬大豆4.26公顷，平均使用农药分别为4440克/公顷、382.5克/公顷、3195克/公顷。

市场监管　1997年《中华人民共和国农药管理条例》和2002年《云南省农药管理条例》出台后，以规范农药市场秩序，提高农药产品质量和标签合格率为基本目标，以禁限用高毒农药、假冒伪劣农药为监管重点，开展农药市场监督管理。1998年和2000年，先后举办农药经营人员上岗培训班3期，培训人员191人次。2001—2011年，与工商、质监、卫生等部门联合，每年开展农药市场检查2~3次，累计检查农药经营户721户（次），查获过期农药820千克。2008—2011年，抽查市场农药质量、标签，共抽查农药产品质量样品35个，农药标签87个，标签合格率60.92%。至2011年，建立农药经营示范店15个，农药规范经营店108个。

（五）植物检疫

农业有害生物调查　1980年，全县开展大小春和甘蔗病虫害普查，共查出大小春病虫害796种，其中太忠、龙街19个大队138个生产队发生小麦腥黑穗病333公顷；共查出甘蔗病害11种，虫害11种。1995—1997年，开展南美斑潜蝇、美洲斑潜蝇疫情分布调查，全县范围内均有发生，主要危害蔬菜。2001—2002年，全面普查农业部重点有害生物病虫208种及云南省补充规定病虫2种，共查出病虫害10种。其中，病害2种，虫害8种。2001—2011年，开展农业有害生物疫情调查。主要内容为十字花科根肿病、黄瓜绿斑驳花叶病毒病、红火蚁、稻水象甲、亚麻菟丝子、蝗虫、香蕉穿孔线虫、扶桑绵粉蚧、薇甘菊、水稻细菌性条斑病、芒果果核、果实象甲等，境内植物检疫对象有水稻细菌性条斑病和芒果果核、果实象甲。

植物检疫　2007年，县植保植检站成立，开展产地及省内外调运检疫。2010—2011年，共完成水稻制种基地检疫64.07公顷，签发“合格证”种子20.5万千克，申请办理种子检疫证明编号11个。

第四节　农业机械及管理

一、农机推广

（一）农机拥有量

1978年，全县农机总动力仅1.03万千瓦，2011年达27.28万千瓦，增长25.56倍。1978—2011年，大中型拖拉机从197台增加到5.33万台，小型拖拉机从103台增加到544台，配套农机具从236台增加到1252台，农副产品加工机械从791台增加到2.72万台，另有微耕机7158台、联合收割机51台、果蔬烘干机55台、农用挖掘机33台、简易保鲜冷库5个。

（二）农机作业水平

2011年，完成机耕机耙1.55万公顷，比1978年增加4.71倍，跨区机耕0.24万公顷，水稻、小麦机收3.57万公顷。农业机械化作业水平21%。

（三）农机作业效益

2011年，农机总收入2.12亿元，比1978年增加40.21倍，其中跨区作业收入353万元。农机从业人员1.51万人，比1978年增加26.09倍。

20世纪70年代插秧机操作培训
（县农业和科学技术局　提供）

农业科技培训
（李兆达　摄）

农机下乡
（县农业和科学技术局　提供）

（四）农机技术推广

甘蔗种植机技术 1978 年 12 月，农机研究所试制出第一代甘蔗种植样机。1979 年，通过改进制造出第二代 2CZ-2 型甘蔗种植机。1984 年 6 月，经云南省鉴定站测试，第二代种植机为合格产品。当年生产 3 台，机种甘蔗 33.3 公顷。1993 年，该技术被收入《中国适用科技成果大辞典》。

机械节种技术 1993 年，引进 SZB-45 手动制钵机进行示范。到 1997 年末，共推广制钵机 526 台，完成机制钵育苗定向移栽玉米 4230.7 公顷，平均增产玉米 1412.7 千克/公顷，全县共增收 552.46 千克，农民增加收入 662.96 万元。

机械深施化肥技术 自 1995 年起，引进 LYJ 型多功能追肥枪进行示范。1996 年，共引进 1.2 万支。1996—1998 年，完成化肥深施 2.31 万公顷，玉米增产 1277.26 万千克，节约化肥 235.28 万千克。

简易工厂化育秧抛秧技术 1996 年，开展简易工厂化育秧抛秧技术示范。1997 年，在全县推广，完成抛秧 800 公顷，平均增产稻谷 1314 千克/公顷。

农业节本增效工程技术 2003—2007 年，引进 5TZ-38 型高效擦压式大豆脱粒机 1986 台，完成大豆收割 7112.7 公顷，累计脱粒 1280.29 万千克。

其他农业机械新技术 2006—2008 年，引进 5TC-76 型水稻脱粒机 1673 台，完成水稻脱粒面积 3366 公顷。2008—2011 年，示范水稻机械化种植 65.4 公顷。同时，推广马铃薯机械化播种与收获、保鲜冷库、果蔬烘干机、茶叶修剪机、水稻插秧机、烤烟起垄器等农机新技术。

二、农机购置补贴

自 2005 年始，实施中央和省财政农业机械购置补贴政策。至 2011 年末，共补贴 1011.37 万元，受益农户 3399 户，带动农民投入 3020 万元，补贴各类农业机械 3482 台（套）。2010—2011 年，农户到省超市购机 139 户，获补贴 241 万元。

三、农机产品质量监督管理

2002 年，县农机产品质量投诉站成立。至 2011 年，共受理农机产品质量投诉 138 件，办结 135 件，为农民挽回经济损失 67 万元；发放农机宣传材料 1.13 万份、技术咨询 8500 人次；联合有关部门清理整顿农机市场 2300 人次，检查出问题农机产品 915 件，涉及金额 68.7 万元。

四、农机安全监理

1979—1988 年，农机安全监督管理由农机部门负责。主要履行农田拖拉机及驾驶员管理、田间检查及安全教育活动、拖拉机及驾驶员违章、事故处理等职责。1989 年至 2004 年 4 月，农田拖拉机及驾驶员由农机监理部门管理，其他如拖拉机监理业务等由公安部门委托农机部门办理。2004 年 5 月 1 日，《中华人民共和国道路交通安全法》实施，农机安全进入依法管理阶段。农用运输车划归公安部门管理；上道拖拉机由农机管理部门登记、检验、核发牌证，并对拖拉机驾驶员进行考核、发证。

五、机构

1984 年 1 月，县农机局撤并入县工交局。1994 年 4 月，县农机局恢复，为政府职能部门二级局。1996 年 3 月，升为行政一级局。2002 年 8 月，县农机局撤并入县农业局，设立县农业局农业机械化推广中心，为副科级事业单位。2011 年 10 月，更名为县农业机械安全监理总站，负责辖区内农业机械的管理。历任农机局局长：罗品芝、张国科。

第五节　农业环境监测

1995年12月，农业环境保护监测站成立。1996—2004年，开展《云南省农业环境保护条例》宣传工作，发放宣传资料1.5万份；把黄草岭村列为生态农业示范村；推广玉米地膜覆盖、脱毒马铃薯种植、引种水萝卜及旱作立体农业、稻田多熟高产高效模式等生态农业新技术，改善农业生态环境。2007—2008年，开展全国第一次农业污染源普查。共培训普查员39人，普查全县种养殖业户786户，其中，种植659户，畜牧75户，水产养殖52户。2004—2010年，推行农业标准化生产，推进无公害农产品产地和"三品一标"（无公害农产品、绿色食品、有机食品，地理标志作物）认定认证，景东县被定为全省第一批无公害农产品产地认定整体推进县。通过申报，锦屏、文井、大街、花山4个乡（镇）获无公害稻田认定2667公顷，全县"五个认证"（无公害粮经作物产地、无公害茶叶产地、无公害核桃产地、无公害畜禽养殖产地、无公害水产养殖产地）面积5.17万公顷；大米、玉米、茄子、番茄、马铃薯、蚕豆、大豆、辣椒、小米辣、核桃、活鸡、羊肉、鲜鸡蛋13个农产品获无公害食品认证。2007年始，定期不定期检测蔬菜农药残留。至2011年，共监测22期，检测样品1350个。

第六节　农业行政执法

自2001年始，县政府与农业局签订执法责任状，贯彻落实农业法律法规。2011年5月，县农业综合执法大队成立，为县农业和科学技术局下属财政全额拨款事业单位，核定事业编制6人。12月，经省农业厅农业综合执法培训，6人取得农业综合执法证。2011年末，县农业系统共有执法机构7个，执法人员64人。其中，渔政执法大队属法律授权执法机构，农业技术推广中心、农机安全监理总站、农经管理站、种子管理站、植保植检站、农业综合执法大队属委托执法机构。2000—2011年，先后出动执法人员3846人次、执法车辆1308辆（次），开展全县农机、渔业船舶、渔业行政执法及农产品、农业投入品质量安全监管执法专项和联合行动641次，抽检农业投入品样品57个，罚款1万余元，没收并销毁货物价值23.8万元。

第七节　农业管理

一、行政机构

1978年11月，县农业局成立，下设人事秘书股、财务股、畜牧兽医股。1997年，共有专业人员204人，其中，高级8人，中级60人，助理92人，技术员44人。1998年5月，分设为县农业局和县畜牧局，农业局机关下设办公室、农业股、农业广播电视学校、计财股。2000年7月，加挂县渔政管理局标志牌。2002年4月，县畜牧局、县农业机械化管理局并入县农业局，仍名为农业局。2004年2月，农业局与畜牧局分设，县农业局机关下设办公室、计财股、农业股、农机股、渔业股。2008年12月，下设办公室、计划财务股、种植业股、农机股、渔业股。2011年5月，农业局与科学技术局合并，成立农业和科学技术局，经济和商务局乡镇企业管理职责划归农业和科学技术局，加挂乡镇企业管理局牌子。2011年末，农业和科学技术局下设办公室、计划财务股、产业政策和法规股、科技成果与知识产权管理股、种植业管理股、安全生产管理股、科技计划股、项目办（新农村建设办公室)、乡镇企业股。有专业人员 314 人，其中，高级 21 人，中级 136 人，初级 157 人；共有职工 434 人，其中，县级 232 人，乡级 202 人。历任农业局长：李昌、贾崇玖、自国华、魏大胜、朱平、沈维荣、自宏清，农业和科学技术局长：罗涛。

二、事业单位

农业技术推广中心　1984 年 8 月从农科所分设成立，副科级事业单位。下设土肥站、推广站、植保站、甘蔗站、农业试验站。1990 年，与茶果生产办合并改称经作站。2011 年末，下设土肥站、粮油站、经作站、农环站。主要负责全县农业科技试验示范和推广，制订和实施农业科技推广计划，指导乡镇农业服务中心、群众性科技组织和农民技术员开展农业技术工作等。

农业机械安全监理总站　前身为农业机械化管理局。2002 年 4 月，农业机械化管理局行政职能划入农业局，下属农机推广站、农机培训学校、农机监理站合并成立农业局农业机械化推广中心，为农业局下属副科级事业单位。2008 年，核定事业编制 20 人，有职工 20 人；下设农机技术推广站、农机安全监理站、农机化初等技术学校。2010 年 1 月，改称农机安全监理总站，为农业局下设副科级事业单位。主要负责全县农机具引进、试验和推广，农机手培训，农机安全监理，拖拉机牌证核发及年度审验，拖拉机道路交通安全监管，农机购置补贴等。

水产渔政站　1997 年 4 月，全县渔政管理职能从水电局划入农牧业局，增加水产养殖技术培训推广职能，改称县水产渔政站，主要负责渔业科技试验、示范和推广，渔业环境和水产品质量监测，渔政管理等。

农村合作经济经营管理站　1956 年 1 月，县会计辅导队成立，隶属县委农村合作部。1962 年改称会计辅导站，隶属农水科。1985 年，改称农村合作经济经营管理站，主要负责农村集体财务与资产、农村土地承包合同和农民负担的监督管理，指导农民专业合作组织建设和农村经济统计调查等工作。

植保植检站　原为农业技术推广中心内设股所级站，2007 年 5 月，分设为独立法人正股级事业单位。主要负责植物检疫和农药管理，新农药试验示范和推广，农作物病虫草鼠害监测、治理和防治技术指导等。

甘蔗技术指导站　原为农业技术推广中心内设股所级站。1996 年，分设为独立法人正股级事业单位。主要负责甘蔗科技试验示范、制订和实施甘蔗科技推广计划、承担甘蔗生产技术指导及培训等。

农业试验站　1953 年 3 月成立。1960 年，改称农业科学技术研究所，有技术员 30 人，农工 30 人。1984 年，成立县农业技术推广中心，农业科学技术研究所改称农业试验站。主要负责农业科技试验、示范和推广。

茶叶试验站　（详见本编第五章“茶叶”）。

县种子站　1959 年 9 月，县种子站成立，1969 年撤销，1973 年恢复。主要负责农作物品种试验、示范和推广及栽培技术指导，种业信息统计上报和公布、种子质量纠纷的鉴定及处理，备荒种子储备等。

中央农业广播学校景东分校　1985 年，文井镇与县农业职中合作，以中央农业广播学习形式招生办学。1994 年 7 月，中央农业广播电视学校景东分校成立，为农业局下设股所级事业单位。主要负责农业广播电视教育、农民科技培训、农村劳动力转移就业统计、农业信息报送等。

良种繁殖场　1958 年 3 月 8 日，景范棉花农场成立。1964 年，改称良种场。1969 年，改称“五七”干校。1976 年，复称良种繁殖场，实行分工包产到组，统一核算管理。主要负责农作物品种试种、示范、繁殖和推广。

农业综合执法大队 2011年7月，农业综合执法大队成立，为农业和科学技术局下设股所级单位。主要负责宣传、贯彻执行党在农村的路线、方针政策及农业法律、法规和规章，开展农业法律、法规和规章执行情况监督检查，依法查处违反农业法律、法规和规章的违法行为，监督检查农业投入品的质量，确保农产品质量安全。

三、乡镇农业科技机构

1978—1979年，逐步建立县、公社、生产大队、生产队四级农科网。1984年8月，各乡镇农业工作站成立，配备技术人员2~4人，人财物归县农业局管理，后逐渐加入农经、畜牧兽医、水产养殖等行业。1992年初，人财物划归各乡镇政府，县农业主管部门以技术指导为主。1998年5月，乡镇农业工作站与畜牧站分设。2002年4月，乡镇畜牧站、农机站归并成立综合站，设农技、农经、畜牧兽医、水产养殖、农机5个专业。2004年2月，乡镇畜牧站分离单设。2006年7月，乡镇农业工作站人财物上划，在职职工188人。主要负责本乡镇农技推广、农经、水产养殖、农机、茶叶种植、甘蔗种植等工作。2011年，深化乡镇机构改革，成立农业服务中心，理顺和规范相关职能职责。

第三章　种植业

第一节　粮食作物

一、水稻

水稻是景东县主要粮食作物之一，全县各乡镇均有种植，海拔 1500 米以下地区多种植籼型杂交水稻。1978—2011 年，面积保持在 0.77 万～1.04 万公顷。1978 年，水稻种植 1.02 万公顷，2001 年后逐年有所减少。至 2011 年，种植面积减少到 0.76 万公顷，与 1978 年相比，减少 0.26 万公顷。1984 年种植面积最多，有 1.05 万公顷；2011 年最少，有 0.76 万公顷。1997 年总产量最高，达 5535.1 万千克，1981 年产量最低，为 3560.5 万千克。

1978—2011 年景东县水稻面积产量统计表

表 9-3-1

年度	种植面积（公顷）	总产量（万千克）	单产（千克/公顷）	年度	种植面积（公顷）	总产量（万千克）	单产（千克/公顷）
1978	10196.73	3935.90	3859.96	1995	9566.33	5494.60	5743.69
1979	9784.40	3693.60	3774.99	1996	9516.20	5451.30	5728.44
1980	9824.67	3681.50	3747.20	1997	9275.07	5535.10	5967.72
1981	9773.93	3560.50	3642.85	1998	9156.93	5310.50	5799.43
1982	9920.40	3948.50	3980.18	1999	9076.80	5284.60	5669.76
1983	10242.13	4217.50	4117.80	2000	9320.67	5398.60	5792.07
1984	10462.13	4464.50	4267.30	2001	9008.33	5290.10	5872.45
1985	10025.53	4138.10	4127.56	2002	8635.20	5061.80	5861.82
1986	10065.33	4132.70	4105.88	2003	8585.67	5026.60	5854.64
1987	10072.27	4215.60	4185.35	2004	8727.67	5066.90	5805.56
1988	9951.40	4337.10	4358.28	2005	8609.00	5085.80	5907.54
1989	9950.33	4354.60	4376.33	2006	8326.80	5100.60	6125.52
1990	9928.60	4664.40	4697.94	2007	7779.20	4729.70	6079.93
1991	9836.40	5091.10	5175.78	2008	7995.60	4926.70	6261.76
1992	9703.87	5083.50	5238.63	2009	7995.60	4897.90	6125.74
1993	9909.60	5102.90	5149.45	2010	7645.40	5059.90	6618.23
1994	9430.60	5106.10	5414.40	2011	7563.60	5086.00	6724.31

二、玉米

玉米是景东县主要粮食作物之一，全县各乡镇均有种植。1978—2011 年，面积保持在 1.37 万～1.82 万公顷。1979 年种植面积最多，有 1.82 万公顷；2007 年最少，有 1.37 万公顷。2010 年总产量最高，达 6330.2 万千克；1986 年最低，为 3179.2 万千克。

1978—2011 年景东县玉米面积产量统计表

表 9-3-2

年度	种植面积（公顷）	总产量（万千克）	单产（千克/公顷）	年度	种植面积（公顷）	总产量（万千克）	单产（千克/公顷）
1978	15697.67	3591.60	2287.98	1995	17014.60	4748.10	2790.60
1979	18178.60	3637.60	2001.03	1996	16746.00	4882.50	2915.62
1980	18178.60	3605.50	1983.38	1997	14774.60	4295.70	2907.49
1981	18158.27	3480.50	1916.76	1998	15756.00	4452.30	2825.78
1982	17677.00	3707.50	2097.36	1999	15948.93	4910.30	3078.76
1983	17328.73	3862.50	2228.96	2000	15838.73	5038.50	3181.13
1984	17173.67	3744.00	2180.08	2001	15558.47	5149.90	3310.03
1985	16857.13	3265.80	3007.98	2002	14863.33	4924.30	3313.05
1986	16886.60	3179.20	1882.68	2003	14538.00	4971.80	3419.87
1987	16960.40	3344.20	1971.77	2004	15194.93	5128.10	3374.86
1988	17115.87	3511.80	2051.78	2005	14321.40	4807.30	3356.72
1989	17351.33	3913.70	2255.56	2006	14200.93	4797.10	3378.02
1990	17516.40	3282.90	1874.19	2007	13711.20	4826.10	3519.82
1991	17559.13	4115.80	2343.97	2008	14457.80	4921.10	3403.77
1992	17103.33	4618.50	2700.35	2009	14457.80	5252.10	3632.71
1993	16508.27	4125.10	3903.29	2010	15888.20	6330.20	3984.21
1994	16940.73	4537.77	2678.62	2011	15171.07	6082.30	4009.14

三、小麦

1978—2011 年，景东县小麦保持在 0.67 万～1.13 万公顷。1980 年种植最多，有 1.13 万公顷；1986 年最少，有 0.67 万公顷。1999 年总产量最高，达 2190 万千克；1985 年最低，为 615.2 万千克。

1978—2011 年景东县小麦面积产量统计表

表 9-3-3

年度	种植面积（公顷）	总产量（万千克）	单产（千克/公顷）	年度	种植面积（公顷）	总产量（万千克）	单产（千克/公顷）
1978	9666.20	1552.90	1606.53	1983	7650.47	890.50	1163.37
1979	11201.07	834.20	744.75	1984	6936.60	837.00	1206.64
1980	11321.33	1341.50	1184.93	1985	6666.67	615.20	992.80
1981	9536.73	998.00	1046.48	1986	6655.00	626.30	941.10
1982	7819.27	812.00	1038.46	1987	7200.20	856.50	1189.55

续表 9-3-3

年度	种植面积（公顷）	总产量（万千克）	单产（千克/公顷）	年度	种植面积（公顷）	总产量（万千克）	单产（千克/公顷）
1988	7689.40	933.90	1214.53	2000	10788.53	2147.40	1990.45
1989	8629.67	1109.40	1285.56	2001	10117.67	1705.50	1685.66
1990	9795.87	1334.90	1362.72	2002	9416.73	1702.20	1807.63
1991	10346.00	1507.70	1457.28	2003	8847.47	1384.10	1564.40
1992	10082.07	1469.10	1457.14	2004	8216.20	1386.90	1688.01
1993	9899.87	1492.20	1507.29	2005	8265.20	1500.60	1815.56
1994	9726.07	1328.60	1366.02	2006	7988.47	1471.70	1842.28
1995	9902.73	1615.90	1631.77	2007	7872.33	1490.30	1893.09
1996	10389.93	1778.10	1711.37	2008	7811.20	1447.77	1853.45
1997	10587.80	2050.20	1936.38	2009	7811.20	1488.30	1905.34
1998	10476.73	2120.60	2024.10	2010	8099.20	804.50	993.31
1999	10566.67	2190.00	2072.55	2011	7854.53	1473.50	1875.99

四、蚕豆

1978—2010 年，景东县蚕豆保持在 0.19 万～0.52 万公顷。1993 年种植最多，有 0.52 万公顷；2010 年最少，有 0.19 万公顷。2005 年总产量最高，达 282.8 万千克；2010 年最低，为 144.3 万千克。2011 年，蚕豆与大豆合并统计，统称豆类，种植面积 0.78 万公顷，总产量 1083.1 万千克。

1978—2010 年景东县蚕豆面积产量统计表

表 9-3-4

年度	种植面积（公顷）	总产量（万千克）	单产（千克/公顷）	年度	种植面积（公顷）	总产量（万千克）	单产（千克/公顷）
1978	2008.60	323.50	1610.57	1995	2453.80	267.30	1089.33
1979	2046.00	151.30	739.49	1996	2395.47	257.90	1076.62
1980	2282.27	242.00	1060.35	1997	2358.47	265.50	1125.73
1981	2010.67	237.90	1183.19	1998	2229.33	263.00	1179.73
1982	2479.33	260.80	1051.90	1999	2290.20	235.80	1029.60
1983	2492.40	269.00	1079.28	2000	2342.07	245.70	1049.07
1984	2450.93	247.50	1009.82	2001	2494.27	248.30	995.48
1985	2284.13	153.10	670.28	2002	2431.67	267.20	1098.83
1986	2304.40	167.20	725.57	2003	2351.13	254.40	1082.03
1987	2382.87	213.20	894.72	2004	2298.93	264.50	1150.54
1988	2374.93	188.70	794.55	2005	2225.93	282.80	1270.48
1989	2268.67	193.70	853.80	2006	2078.47	250.80	1206.66
1990	2249.40	198.10	880.68	2007	2041.60	239.90	1175.06
1991	2470.73	225.00	910.67	2008	1994.53	232.70	1166.69
1992	2296.80	247.60	1078.02	2009	1994.53	241.90	1212.82
1993	5210.47	265.40	509.36	2010	1943.07	144.30	742.64
1994	2269.60	200.00	881.21				

五、大豆

1978—2010 年，景东县大豆保持在 606~4268 公顷。2004 年种植最多，有 4268 公顷；1981 年最少，有 606 公顷。2006 年总产最高，达 632.6 万千克；1980 年最低，为 22.5 万千克。2011 年，大豆与蚕豆合并统计。

1978—2010 年景东县大豆面积产量统计表

表 9-3-5

年度	种植面积（公顷）	总产量（万千克）	单产（千克/公顷）	年度	种植面积（公顷）	总产量（万千克）	单产（千克/公顷）
1978	781.00	47.70	610.76	1995	2689.33	209.80	780.12
1979	742.07	29.50	397.54	1996	2879.13	242.20	841.23
1980	626.93	22.50	358.89	1997	3088.27	308.10	997.65
1981	606.13	30.00	494.94	1998	3727.13	450.60	1208.97
1982	687.67	39.50	574.40	1999	3400.60	360.20	1059.22
1983	762.20	37.50	492.00	2000	3501.87	380.40	1086.28
1984	865.53	40.00	462.14	2001	4020.00	433.00	1077.11
1985	712.87	49.80	698.58	2002	4056.80	521.00	1284.26
1986	930.47	51.10	549.18	2003	3962.47	502.30	1267.64
1987	1097.87	53.70	489.13	2004	4268.33	545.40	1277.78
1988	1198.60	58.50	488.07	2005	4135.93	598.70	1447.56
1989	1290.87	70.30	544.59	2006	4094.53	632.60	1544.99
1990	1064.07	69.60	654.09	2007	3886.20	592.80	1525.40
1991	1253.60	67.20	536.06	2008	3880.80	583.50	1503.56
1992	1186.20	72.10	607.82	2009	3880.80	572.50	1475.21
1993	2378.60	167.60	704.62	2010	3188.07	510.60	1601.60
1994	1734.00	151.20	871.97				

六、薯类

薯类主要种植马铃薯，其他薯类零星种植。马铃薯以者干坝、文井坝、锦屏坝种植最广，产品销售一般在 3—4 月。1985 年前，薯类种植面积未作统计。1985—2011 年，景东县薯类面积保持在400~2000 公顷。2011 年种植最多，有 2000 公顷；1985 年最少，有 400 公顷。2011 年总产量最高，达 864.7 万千克；1985 年最低，为 40.6 万千克。

1985—2011 年景东县薯类面积统计表

表 9-3-6

年度	种植面积（公顷）	总产量（万千克）	单产（千克/公顷）	年度	种植面积（公顷）	总产量（万千克）	单产（千克/公顷）
1985	379.60	40.60	1069.55	1988	565.27	53.20	941.14
1986	588.53	51.20	869.96	1989	600.60	56.60	942.39
1987	551.87	48.50	878.83	1990	634.53	70.20	1106.33

续表 9-3-6

年度	种植面积（公顷）	总产量（万千克）	单产（千克/公顷）	年度	种植面积（公顷）	总产量（万千克）	单产（千克/公顷）
1991	666.53	72.30	1084.72	2002	1054.00	212.10	2012.33
1992	713.33	69.70	977.11	2003	965.53	211.10	2186.36
1993	640.80	78.00	1217.23	2004	1064.53	242.00	2273.30
1994	705.47	101.60	1440.17	2005	1167.27	273.10	2339.64
1995	709.47	94.90	1337.62	2006	1269.67	416.60	3281.17
1996	802.00	116.00	1446.38	2007	1259.07	438.90	3485.91
1997	737.00	103.90	1409.77	2008	1277.47	464.60	3636.88
1998	903.53	160.40	1775.26	2009	1277.47	492.30	3853.71
1999	937.40	179.80	1918.07	2010	1631.93	581.50	3563.27
2000	897.67	173.70	1935.01	2011	2027.13	864.70	4265.64
2001	913.27	173.70	1901.96				

除以上作物外，大春作物还有高粱、旱荞、芸豆等，小春作物还有冬荞、豌豆、大麦等。

荞（杨春冉 摄）

秋大豆（杨春冉 摄）

紫薯（阮杨 摄）

第二节 经济作（植）物

一、甘蔗

1978 年后，景东县甘蔗种植面积逐年增加。1978 年，全县甘蔗面积 973.7 公顷，产量 3190 万千克，平均单产 3.28 万千克/公顷，出糖率 9.6%。20 世纪 80 年代后，县委县政府派出技术员到广东、广西等地学习先进技术和经验。1987 年县委组建蔗糖生产办公室，1996 年撤销蔗糖生产办公室，在县农业局内设立甘蔗技术指导站。1998 年，景东县甘蔗种植增至 6356.87 公顷，产量 33360 万千克，平均单产 5.25 万千克/公顷，出糖率 10.16%。到 2005 年，甘蔗种植有所下降，面积 3049.3 公顷，产量 17100 万千克。2006—2007 年，甘蔗种植有所回升，分别为 3498.1 公顷、4018.7 公顷。此后，景东县甘蔗种植总体上呈下降趋势。到 2011 年，全县甘蔗种植 2990.9 公顷，产量 22150 万千克。

1978—2011 年景东县甘蔗面积产量统计表

表 9-3-7

年度	种植面积（公顷）	单产（千克/公顷）	总产量（万千克）	年度	种植面积（公顷）	单产（千克/公顷）	总产量（万千克）
1978	973.7	32765.7	3190.4	1979	1571.5	37688.8	5922.8

续表 9-3-7

年度	种植面积（公顷）	单产（千克/公顷）	总产量（万千克）	年度	种植面积（公顷）	单产（千克/公顷）	总产量（万千克）
1980	1527.3	37386.2	5710.0	1996	2794.8	57742.6	16137.9
1981	1460.2	36104.6	5272.0	1997	4685.9	58010.2	27183.0
1982	1429.6	45541.4	6510.6	1998	6356.9	52485.2	33364.3
1983	1689.6	59052.4	9977.5	1999	5906.1	52159.4	3080.6
1984	1832.2	47896.0	8775.5	2000	5003.2	57356.7	28696.7
1985	1951.7	47456.1	9262.0	2001	5246.9	56858.0	29832.8
1986	1791.7	47338.3	8481.6	2002	5671.2	54800.4	31078.4
1987	1691.1	53979.7	9128.5	2003	4309.7	58160.0	25065.0
1988	1910.6	54938.2	10496.5	2004	2613.9	58400.1	15265.4
1989	1985.3	51265.3	10177.7	2005	3049.3	56063.6	17095.5
1990	2069.1	55966.8	11580.1	2006	3498.1	66720.0	23339.3
1991	2408.4	47936.8	11545.1	2007	4018.7	62464.6	25102.7
1992	2843.6	51354.6	14603.2	2008	3153.7	57143.3	18021.3
1993	2863.1	58311.6	16695.2	2009	2143.2	57754.5	12377.9
1994	2832.2	65823.4	18624.5	2010	2330.0	56090.0	13069.0
1995	2422.9	63915.6	15486.1	2011	2990.9	74067.3	22152.8

二、油料作物

本地食用油料作物主要有花生、油菜、芝麻、火麻、南瓜、向日葵等。

花生　1978—2011 年，景东县花生种植保持在 34～415 公顷。2009 年种植最多，有 415 公顷；1978 年最少，有 34 公顷。2009 年总产量最高，达 64.18 万千克；1979 年最低，为 3.9 万千克。

油菜　1978—2011 年，景东县油菜种植保持在 83.6～1145.6 公顷。2009 年种植最多，有 1145.6 公顷；1989 年最少，有 83.6 公顷。2003 年总产量最高，达 90.5 万千克；1979 年最低，为 6.7 万千克。

其他油料　向日葵，又名葵花，俗谓瓜子、残阳饼，以玉米、红薯地间套种为主，净种较少。葵花子，可榨油，但多用作零食。芝麻，在县内有零星种植，多作香料使用。

1978—2011 年景东县油料作物面积产量统计表

表 9-3-8

年度	种植面积（公顷）	总产量（万千克）	单产（千克/公顷）	年度	种植面积（公顷）	总产量（万千克）	单产（千克/公顷）
1978	242.60	14.60	601.81	1985	378.07	29.90	790.86
1979	236.13	10.70	453.14	1986	343.00	39.40	1148.69
1980	267.47	14.40	538.38	1987	266.33	35.50	1332.93
1981	272.53	17.70	649.47	1988	259.07	37.70	1455.21
1982	451.33	31.00	686.86	1989	247.67	28.90	1166.88
1983	462.27	40.60	878.27	1990	282.53	35.10	1242.35
1984	397.87	40.60	1020.43	1991	309.67	39.30	1269.09

续表 9-3-8

年度	种植面积（公顷）	总产量（万千克）	单产（千克/公顷）	年度	种植面积（公顷）	总产量（万千克）	单产（千克/公顷）
1992	383.07	62.00	1618.50	2002	496.53	75.51	1520.75
1993	415.40	54.10	1302.36	2003	839.73	133.00	1583.84
1994	392.33	56.90	1450.31	2004	864.47	126.80	1466.79
1995	617.13	80.90	1310.91	2005	934.07	138.62	1484.04
1996	565.20	56.90	1006.72	2006	977.60	141.84	1450.90
1997	505.73	56.20	1111.26	2007	829.93	131.78	1587.84
1998	477.27	60.60	1269.72	2008	1367.27	130.43	953.94
1999	445.73	43.06	966.06	2009	1560.93	151.96	973.52
2000	458.47	56.04	1222.33	2010	1327.07	97.35	733.57
2001	445.20	52.72	1184.19	2011	876.80	107.00	1220.35

三、蔬菜

蔬菜（杨春冉　摄）

1978—1989年，景东县蔬菜生产以家庭式菜园为主，品种多为叶菜和根菜，淡旺季比较明显。20世纪90年代后，开始开发冬早蔬菜，规模逐步扩大，品种逐渐增多。全县蔬菜种植面积分别为：1989年697.67公顷，1992年673.13公顷，2011年2737.67公顷，总产量3702.38万千克。

按产品器官分类，境内种植类蔬菜有根、茎、叶、花、果5类，不下百种。

根菜类　分为肉质根类菜和块根类菜。(1)肉质根菜类。主要有白萝卜、红萝卜、青萝卜、红心萝卜、地萝卜、胡萝卜、大头菜（根用芥菜）、芜菁甘蓝等。(2)块根菜类。主要有豆薯（地萝卜，也当水果食用）、佛手瓜根、牛蒡、葛、茴香根等。

茎菜类　分为地下茎类和地上茎类。(1)地下茎类。主要有马铃薯、菊芋、莲藕、姜、荸荠、慈姑、芋、香芋（广东芋）、九头芋、儿芋、麻芋、滴水芋、魔芋、甜魔芋、薯蓣（山药）、蕉芋（姜芋）、薤（藠头）、甘露子、红薯、紫薯、黄薯等。(2)地上茎类。主要有茭白、芦笋、甜竹笋、缅竹笋、苦竹笋、冬笋、莴苣、儿菜、球茎甘蓝、榨菜、菜薹、苤蓝等。

叶菜类　分为普通叶菜类、结球叶菜类、辛番叶菜类和鳞茎菜类。(1)普通叶菜类。主要有小白菜、青菜、苦菜（俗称青菜）、油菜、菜心、苦苣、牛皮菜、木耳菜（豆腐菜）、玉米菜、苦凉菜、枸杞尖、芥菜、菠菜、水香菜、芹菜、野水芹、白芹、苋菜、空心菜、南瓜尖、佛手瓜尖、茼蒿、藜蒿、黄豆芽、扁豆芽、豌豆芽、黑豆芽等。(2)结球叶菜类。主要有结球甘蓝、紫甘蓝、大白菜、卷心菜、结球莴苣、包心芥菜等。(3)辛番叶菜类。主要有大葱、分葱、细葱、洋葱、韭菜、韭黄、薄荷、芫荽、茴香、野芫荽等。(4) 鳞茎菜类。主要有洋葱、大蒜、百合等。

花菜类　主要有花椰菜、金针菜、青花菜、芥蓝、西兰花、韭菜花、南瓜花等。

果菜类　分为茄果类、荚果类豆类和瓠果类。(1) 茄果类。主要有紫茄、糯茄、蛇茄、番茄、水果番茄、花椒、辣椒、小米辣、菜辣、朝天椒、树辣、灯笼辣、魔鬼辣、雀屎辣等。(2) 荚果类豆类菜。主要有菜豆、豇豆、刀豆、毛豆（新鲜黄豆）、豌豆、蚕豆、眉豆、荷兰豆、芸豆、荷包豆、扁豆、四棱豆、秋葵、甜玉米等。(3) 瓠果类。主要有黄瓜（也当水果食用）、南瓜、金瓜、冬瓜、丝瓜、苦瓜、菜瓜、瓠瓜（葫芦）、蒲瓜、蛇瓜、佛手瓜、西葫芦等。

四、水果

景东县地处亚热带，适宜果树生长。20 世纪 80 年代，境内水果生产以家庭式零星种植为主。1989 年，全县有果园 155. 13 公顷，总产量 178. 51 万千克。1990 年后，广大农户种植果树积极性有所提高，农业、林业、科委等部门多次从外地引进芒果、柑橘、梨、苹果、桃、李等果苗供应农户，果园面积不断增加。1992 年，全县有果园 200. 2 公顷，总产量 304. 76 万千克。随着市场经济的发展和水果品种的不断引进，县境果园面积逐年增加，产量不断提高，品质所改善。1999 年，全县水果产量 356. 91 万千克。2011 年，全县有水果面积 1499. 93 公顷，总产量 281. 76 万千克。

种植类水果　按园艺分类法，全县种植类水果分为仁果类、坚果类、浆果类、柑橘类、瓜类和热带及亚热带果类。(1) 仁果类。主要有苹果、梨、海棠、花红、山楂、枇杷、木瓜海棠（木瓜）等。(2) 核果类。主要有桃、李、杏、梅、樱桃等。(3) 坚果类。树坚果主要有板栗、核桃、云早丰核桃（美国山核桃）、苦楝子、银杏、腰果、松仁等；种子类主要有葵花子、火麻籽、西瓜子、南瓜子、丝瓜子、花生等。(4) 浆果类。葡萄、猕猴桃、草莓、番木瓜（大树芭蕉）、石榴、人参果、圣女果（樱桃番茄）、无花果、羊奶果、牛奶果、红提、青提等。(5) 柑橘类。主要有柑、橘、橙、柚、柠檬、蓝莓等。(6) 什果类。主要有枣、柿子等。(7) 瓜类。主要有西瓜、黄瓜、香瓜等。(8) 热带及亚热带果类。主要有香蕉、凤梨、龙眼、荔枝、杨梅、椰子、番石榴、石榴、杨桃、芒果、菠萝、树菠萝、火龙果、水果甘蔗、芭蕉、豆薯、酸角、甜角、佛手、荸荠等。

野生类水果　主要有山桃、牛奶果、羊奶果、覆盆子（黄泡果）、移㭎、酸梅、乌墨、桑葚、野柿、棠栗、野芒果（骂梅）、盐霜果、鸡嗉果、琐梅、刺莓、山桃、蛇莓、槟榔青（嘎哩啰）、野芭蕉、野葡萄、野草莓、野樱桃、仙人掌果、南烛、野杜鹃果（打破碗果）、瓜栗、锥栗、铁核桃、余甘子（滇橄榄）、火棘（救军粮）、枳椇（鸡爪梨）、地板藤果、雀黄瓜（老鼠黄瓜）、金缨子、楮实子、野芭蕉、野荸荠、鼻涕果、酸浆草、酸苞叶、野猕猴桃、野山楂、乌饭、龙葵、野西番莲（鸡蛋果）、野番茄、野番荔枝、八月瓜等，计近 100 个品种。

亚麻（县农业和科学技术局　提供）

五、亚麻

2003 年 8 月 28 日，景东县亚麻生产办公室成立。同年，文井镇种植亚麻 215. 33 公顷。2003 年 10 月至

2009年4月，全县累计种植亚麻607.67公顷，每公顷产量7500千克。其中，2004年种植213.33公顷，实收206.67公顷，收购亚麻原茎110.3万千克，平均产值5130元/公顷，最高产值1.6万元/公顷，种麻户户均收入530.86元。种植品种有阿高斯和阿里亚娜，其中阿高斯表现较好。文井镇在亚麻生产期间，亚麻产量不高，农户种植亚麻经济效益低，景东天行健亚麻有限公司未及时向农户兑现亚麻款，亚麻生产户积极性遭到挫伤。2010年后，亚麻停止生产。

六、咖啡

境内澜沧江、川河、者干河沿岸热量条件较好，属咖啡次适宜地区。1985—1988年，全县种植咖啡298.4公顷。至1988年底，种植面积减少到75.33公顷，每公顷产咖啡豆1500~4500千克。1997年2月，在县供销社内设立咖啡公司，采取“公司+基地+农户”模式发展咖啡生产，促进咖啡发展。当年种植咖啡167.2公顷。2003年后，随着咖啡市场好转，农户种植咖啡积极性有所提高，咖啡种植逐年增加。到2011年，全县种植咖啡528.67公顷，其中收获233.33公顷，产咖啡豆31.19万千克。

咖啡（县农业和科学技术局 提供）

七、橡胶

景东县澜沧江沿岸乡镇热量条件较好，适宜种植橡胶。2001年，东镇文玉村文笑组从镇沅秀山引进橡胶品种600号试种，面积5.73公顷。之后，逐步扩大到曼状、曼崩等村。截至2011年，全县种植橡胶1025.5公顷，其中，东镇1007.5公顷，曼等18公顷。橡胶进入初期采割阶段53.3公顷。

橡胶（罗海垠 摄）

第三节 冬季农业开发

景东县热区资源丰富，适宜冬季农业开发。1993年后，随着市场经济发展和农业产业结构调整，县委县政府引导和组织广大农民开发冬季农业。1994年，全县冬季农业开发4333.33公顷。种植作物种类有冬大豆、冬荞、冬早蔬菜、冬薯类等，其中冬大豆2666.67公顷，占61.54%。1995年，云南省热区冬季农业开发现场会议后，景东县冬季农业开发以冬大豆为重点。1999年，全县冬季农业开发1.07万公顷，产值4351.3万元。2000年后，开发重点转向冬早蔬菜和冬季马铃薯，并引进个私企业，走“公司+基地+农户”产业化发展路子。至2011年，全县冬季农业开发1.5万公顷，产值1.53亿元。开发的主要作物，坝区以冬早蔬菜、瓜果、冬玉米、冬大豆为主，半山区及河谷以冬早青蚕豆、冬早青豌豆、油菜为主，山区以野生蔬菜、小麦、冬荞、饲草饲料为主。

冬农开发水晶豌豆种植（杨春冉　摄）

1994—2011年景东县冬季农业开发情况一览表

表9-3-9　　　　单位：公顷、万元

年度	面积	产值	年度	面积	产值
1994	4333.33	—	2003	11333.33	5242.00
1995	1928.00	—	2004	12533.33	5460.00
1996	7522.67	—	2005	12066.67	7100.00
1997	8773.33	—	2006	12753.33	7561.70
1998	9733.33	4236.50	2007	12766.67	8686.50
1999	10733.33	4351.30	2008	13260.00	9741.30
2000	11000.00	4716.60	2009	13766.67	11000.00
2001	10733.33	4678.00	2010	14293.33	10900.00
2002	11200.00	5069.20	2011	14986.67	15300.00

第四章　畜牧业　渔业

第一节　草场饲料

一、草场

（一）天然草场

据1983年草山草坡普查，全县有草山草坡13.92万公顷，可利用11.55万公顷，年产草量10.49亿千克，平均产草7770千克/公顷，理论载畜12.79万个黄牛单位。草场划分为5大类14个组41个型。5类草场中，山地草丛类2.7%，山地灌丛草丛类0.8%，疏林类31.5%，林间草丛类33.7%，农隙地类31.3%。可利用牧草资源125科503种，其中，禾本科66种，菊科47种，唇形科20种，蝶形花科20种，豆科12种，茜草科10种，莎草科7种。

牧草分布　按气候类型和海拔高低不同，境内牧草品种呈现垂直分布规律。海拔786~1300米河谷热带，主要有野古草、扭黄茅、白茅、马唐、牛筋草、芸香草、茜草、救荒野豌豆、李氏禾、狗屎兰花、细柄草等；海拔1300~1900米南亚热带，主要有毛臂形草、小叶荩草、金色狗尾草、球穗草、黑穗画眉草、露籽草、苞子草、紫马唐、多变早熟禾、间型沿阶草、白花柳叶箬、甜根子草、单叶蚂蝗、白健秆、金钱草、野大豆、散年木贼；海拔1900~2700米中亚热带，主要有毛颖草、野香草、兰花参、画眉草、狼牙根、云南翠雀花、芽生虎耳草、云南知刚草、淡竹叶等；海拔2700~3000米，主要有箭竹、圆瓣姜花、莎草等；海拔2700米以上，主要有箭竹、滑竹等。

有毒植物　境内常见的有毒植物有乌头、粗花乌头、金毛铁线莲、合柄铁线莲、茴茴蒜、石龙芮、翠雀、云南翠雀花、霸王鞭、舌筋板、乳浆大戟、泽漆、飞扬草、大狼毒、大戟、土瓜狼毒、七叶一枝花、天蒜、藜芦、山菅、嘉兰、黄果茄、龙葵、曼陀罗、洋金花、山合欢、苦参、海红豆、巴豆藤、高山黄华、决明、飞机草、云南蓍、青洋参、白龙须、黑龙骨、狭叶南烛、美丽马醉木、黄花杜鹃、醉鱼草、钩吻、水蓼、皱叶酸模、酸模、毒麦、雷公藤、黄独、山海棠、白薯莨、天南星、马桑、大一枝箭、问荆、野毛桃、商陆、马缨丹、毒芹、慈姑、狼毒、茅膏菜、含羞草、紫茎泽兰、刺苞果、臭灵丹、山梗菜、坡柳，等等。家畜误食有毒植物后，常常出现呕吐、腹泻、呼吸困难、痉挛、惊厥、昏迷等症状，严重者窒息而亡。

（二）人工种草

1986年，农业部门引入红三叶、白三叶在大街乡三营村和锦屏乡黄草岭村试种7.33公顷，平均产鲜草8250千克/公顷。1994—1995年，引入臂形草、棕籽雀稗、鸭茅、多年生黑麦草、狗尾草、红三叶、白三叶等牧草品种，在锦屏乡黄草岭、垭口、橄榄坡，县良种场，太忠乡麦地、岔箐、大岔箐，漫湾镇龙潭山、回营、保甸，永秀乡大驮村，曼等乡后河村大岭岗、垭口，安定乡小平地、播所地、刺平掌、箐门口、茶树箐种植，共落实种草户477户，完成人工种草126.4公顷，天然草场改良77.53公顷。1999—2001年，县畜牧局引入鲁梅克斯在景福、龙街、太忠、安定推广种植175公顷，平均产量2.78万千克/公顷。2002年，引入一年生特高多花黑麦草在锦屏、文井、漫湾、大街、花山等乡（镇）冬闲农田种植，水肥条件好的地方可刈割6次，鲜草产量达97500万千克/公顷。2003年，推广种植皇竹草421公顷，田种可产鲜草15万千克/公顷；引种饲用玉米、乐食36.67公顷，产鲜草12万千克/公顷。2005年9月，推广种植聚合草33.33公顷。

（三）草原生态保护

自2011年始，国家对8个主要草原牧区省建立草原生态保护补助奖励机制，一定五年。景东县涉及禁牧农户1.36万户，禁牧面积1.5万公顷，补助134.7万元；草畜平衡涉及农户4.1万户，面积10.05万公顷，奖励226.2万元；人工草场建设补贴16.2万元。

二、饲料

饲料资源　据1988年调查，全县生产糠麸1070万千克，蚕豆糠92.54万千克，油枯2.57万千克，酒糟166.6万千克，粉渣20.52万千克。种植青绿饲料如芭蕉、佛手瓜、牛皮菜、鸡菜、薯藤、南瓜、荞子、草籽、水葫芦等，产量1410万千克。1995年，全县精料用量调查，产粮13577.8万千克，用于饲料粮2226.7万千克，占16.39%。2008年，全县农作物秸秆总产15570万千克，其中，稻草4434万千克，玉米秆5909万千克，小麦秆1590万千克，大豆秆934万千克，蔗梢2703万千克；饲用4873万千克，利用率31.3%，其中，稻草1490万千克，玉米秆1600万千克，小麦秆562万千克，大豆秆158万千克，蔗梢1063万千克。

饲料加工　1983—1986年，粮食部门购进四川省畜牧机械厂9ST-1000型配合饲料机组3套，分别安装在锦屏镇粮管所、文井镇粮管所和清凉粮店；乡镇企业局购进云南省粮油机械厂ST-500型饲料机组4套，分别安装在锦屏镇北屯，文井镇大营、者孟和景福乡古里。配合饲料生产分别为1986年68.48万千克，1987年65.74万千克，1988年88.59万千克。1992年，县兽医站开办配合饲料加工厂，厂房建筑650平方米，晒场321平方米，年设计生产能力100万千克，投资20.08万元。1994—2003年，加工厂生产“景宝牌”饲料，最高年产量为50余万千克。2005年6月5日，景东玉泰公司和畜牧局在大草地开办配合饲料加工厂，生产“农佳牌”系列饲料，年设计生产能力3000万千克，总投资1272.2万元。半年后停产，仅生产饲料10余万千克。

第二节　家畜家禽

一、畜禽资源

（一）本地资源

者后水牛　景东以者后一带水牛最优秀，故景东水牛又称者后水牛。当地农民把优良者后水牛归纳为“胸膛开、腰角宽，前山高、后山矮，细角、竹齿、盅子蹄”。毛色多为黑灰色，偶见纯白。据调查，9头成年公牛平均体高128.4厘米、胸围190厘米、体长127厘米、管围23厘米，体重301.6千克；3头成年母牛平均体高118.4厘米、胸围179厘米、体长121.5厘米、管围21厘米，体重255.5千克。公牛2.5~3岁性成熟，母牛3~4岁开始配种，一般3年产两胎。3岁开始调教，公牛役用年龄最长22岁。

太忠黄牛　全县均有黄牛养殖，但以太忠一带黄牛最为出色，故景东黄牛又称太忠黄牛。太忠黄牛头部清秀，体躯长；四肢结实紧凑，蹄质结实，毛色多棕黄，也有花白、黑色。据调查，9头成年公牛平均体高97厘米、胸围138厘米、体长109厘米、管围15厘米，体重192.2千克；74头成年母牛平均体高98厘米、胸围133厘米、体长102厘米、管围13.5厘米，体重169.3千克。公牛2~2.5岁性成熟，母牛初情期2~3岁，每头母牛生育期产仔8~10头。阉牛每天犁水田1亩，旱地1.2亩，可驮运货物40千克，日行5~10千米。

奄耳猪　20世纪80年代前，境内饲养的土猪称奄耳猪。奄耳猪背线平直，头较大，两耳大且下垂，前额有皱纹4~6条，奶头5对，少数6对。据调查，26头肥猪平均体高60.5厘米、胸围106.7厘米、体长110.5厘米、管围15.5厘米，体重73.5千克；13头成年母猪平均体高57.4厘米、胸围86.8厘米、体长105厘米、管围15厘米，体重62千克。公猪双月龄开始爬跨，3~5月龄正常配种；母猪4月龄发情，6~8月始配，年产1~2胎，经产母猪平均产仔6.8头。屠宰率60%~70%。

绵羊　多为本地品种。据调查，成年公羊平均体高72.5厘米、体长73厘米、胸围93厘米、管围9厘米，体重50千克；成年母羊平均体高60厘米、体长61厘米、胸围71厘米、管围8厘米，体重31千克。公羊和母羊分别是4~7月龄、5~8月龄性成熟，1岁开始配种，年产1胎，多数单羔。

山羊　学名云岭山羊。分黑色、黄褐色、青色、白色、白花色5种毛色，体形多呈倒八字型，四肢坚实。一般一胎一羔，15%左右产双羔，也有产四羔者。成年公羊平均体高59厘米、体长58.9厘米、胸围75厘米、管围6厘米，体重51.6千克；成年母羊平均体高53厘米、体长52.6厘米、胸围66.2厘米、管围8厘米，体重34千克。公羊8~9月开始配种，母羊10~12月龄初配，妊娠期148~152天。屠宰率羯羊41.8%、母羊32.5%、公羊31.8%。

马、骡　20世纪70年代前，大量物资靠马帮驮运，故养马较多。马主要购自南涧、大理等地。公马平均体高115厘米、体长113厘米、胸围128厘米、管围14.5厘米，母马平均体高111厘米、体长112厘米、胸围127厘米、管围13.6厘米。2011年，全县马存栏仅13匹，比历史最高年1956年2397匹减少2384匹。

骡为母马与公驴配生，体形较大，耐力强。2011年，全县骡存栏244匹。

饲草多花黑麦草和臂形草种植（侯明学　摄）

驴　本地驴体形较小，毛多灰色。成年平均体高公驴108厘米、母驴95厘米。平时驮运货物，老弱者供人食用。2011年，全县驴存栏3101匹。

鸡　境内饲养鸡种较多，主要有无量山乌骨鸡、瓢鸡等，其中土鸡主要是无量山乌骨鸡。（详见本章第三节“无量山乌骨鸡”）

鹅　本地鹅属肉蛋兼用型，头较大，颈长，前额有肉瘤，胸部发达，毛灰或白。公鹅7月龄性成熟，母鹅7~8月龄开始产蛋，每次产8~12枚，平均蛋重102克。成年公鹅体重

驴（黄丕智　摄）

3.3~4.8千克，母鹅体重3.2~4.5千克。全净膛屠宰率公鹅72%、母鹅86.3%。

狗　景东历史上土狗较为著名，称短狗或矩狗，因体长和四肢较短得名，为历代朝廷指定贡品。本地狗毛色有黄、黑、白、花4种。全县农村普遍家养，用于看家护舍、防盗作伴。

猫　全县普遍饲养，用于捕鼠。毛色有灰、花、黑、白4种。

鸽　全县各地均有饲养，多养肉鸽，供食用，养有少量信鸽。羽毛分青、白、绿、灰、黑。

（二）外引畜禽品种

1958—2011年，引进畜类猪品种有盘克、汉普夏、长白、内江、巴克夏、约克、荣昌、大围子、梅花、太糊、杜洛克、皮特兰、PIC等13种，牛品种有荷斯坦、秦川、西门塔尔、短角、婆罗门、莫累灰、南德温、摩拉、尼里9种，绵羊品种有高加索细毛羊、兰布列羊、新疆细毛羊、美利努羊4种，山羊品种有圭山山羊、萨能奶山羊、波尔山羊、高代努比亚山羊4种，马品种有伊犁马，驴品种有关中驴、佳平驴2种；引进禽类鸡品种有来克亨、新汉斯、澳洲黑、九斤黄、来航鸡、北京白、罗斯、白洛克、双A鸡、斗鸡、贵妃鸡、绿壳蛋鸡等16种，鸭品种有北京鸭、樱桃谷鸭、番鸭3种，鹅品种有四川白鹅、狮头鹅、朗德鹅、皖西白鹅、灰天鹅5种，兔品种有日本大耳兔、安哥拉兔、立克次兔3种；其他有鸵鸟、鹌鹑、肉鸽等。另外，城市居民多自发购入藏獒、警犬、牧羊犬等宠物狗和波斯猫、加菲猫、金丝猫等宠物猫饲养。

二、畜禽饲养

（一）养牛

西门塔尔牛（张兴伟　摄）

饲养方法　有自由放牧和舍养两种。自由放牧，即清晨或中午将牛赶进山场，有猪、牛、羊同牧，公母老幼不分，让其自由采食，日暮牧归。舍养，多见于坝区和回民村寨，乘青草叶茂季节，将青草和嫩叶割回，放在厩内，让牛自食，一天喂2~3次清水，加少许盐巴。耕牛在役使时节，早晚补给充足熟玉米面、泔水、稻草、蔗叶、秸秆、荚壳等。农户注重稻草、麦秆、豆秆、玉米秆收贮，用于枯草季节早晚补饲。坝区牛厩多用木头榫接，分两层，下面关牛，上面装草。稻草通常打垛堆放，山区、半山区经济条件较好地方多盖地楼，楼下关牛或猪牛羊混厩，楼上住人或储粮。牛厩内无饲槽和水槽，补给草料时，成把丢在地上，让牛自由采食。

生产发展　1978年前，牛归集体饲养，因缺乏草料，管理粗放，役使过度，发展缓慢。1978年，存栏水牛2.59万头、黄牛3.82万头。中共十一届三中全会后，集体大牲畜估价分配给农户饲养，牛饲养量逐年上升，商品量大为增加。1998年，全县存栏水牛4.76万头、黄牛5.71万头。2003年，景东被列为肉牛外销基地，省级拨款130万元，用于牛舍改造、冻精改良、饲草种植、犊牛培育等科学养殖技术培训。2003—2007年，举办科学养牛培训班35期2430人。县政府出台养牛大户给予财政贷款贴息政策，文龙乡龙街、文井镇都拉和文井、者后乡者后、锦屏镇斗阁、漫湾镇保甸等地出现饲养 50~300 头养牛大户 8 户，因缺乏草料饲养，一年半载后弃养。2008 年后，牛肉价格逐年上涨，大个头肉牛价格上万元，市场需求增加，群众养牛积极性提高。2011 年，全县牛存栏 10.64 万头，出栏 2.77 万头，产肉 223.3 万千克。

（二）养羊

饲养方法 以放牧为主。牧羊人每天会在羊群必经石板上洒盐，让羊舔食，清点羊群，每月喂花椒或花椒叶 1 次驱虫。平时不补饲，产羔母羊早晚补给些许玉米面糊。羊圈为“楼式”，圆木做羊床，四周木板架设，屋顶盖瓦。通常羊床高出地面 1 米以上，舍下地面呈 45°斜坡，羊粪漏入粪坑内，保持羊床干燥、卫生，减少腐蹄病发生，羊圈不设运动场、补料槽、补草架，仅供羊群休息和睡眠。公母大小混关，母羊邻近产羔时拴在羊圈走廊，便于产羔和羔羊管理。

努比亚与本地黑山羊杂交后代（侯明学 摄）

生产发展 1981 年，集体山羊估价分配给农户饲养。1987—1990 年，山羊生产出现滑坡，存栏仅 9.28 万只。1991 年，景东被列为黑山羊基地县，扶持重点户 526 户。同年，县食品公司开展汤烔羊加工业务，产品销往省内外，价格看好，农民养羊积极性提高。1995 年，山羊存栏 11.7 万只，出栏 3.07 万只，出栏率 28.7%，产羊肉 51.3 万千克，人均占有 1.5 千克，比 1965 年增加 29 倍。2005 年，县畜牧局投资 10 余万元，在城郊建盖羊厩，招商引入波尔山羊种公羊 54 只，分放到各乡镇配种改良，后死亡 13 只，半年后羊场关闭。2006—2011 年，省农业厅投入肉羊扶持资金 88 万元。2011 年，山羊存栏 12.55 万只，出栏 6.3 万只。

（三）养猪

饲养方法 1983 年前，县境农村采用传统养猪，白天放牧，早晚补饲。邻村邻寨牧猪人喜欢一起放牧，猪乱交乱配现象突出。猪厩多用木板架设，低矮、狭窄、潮湿、阴暗，四周用土墙或篱笆围栏，称“懒厩”。猪槽摆放在舍外，卫生和保暖性差；大小公母混关。有的采用“地楼”，猪牛羊混关，平时割青草、树叶和收松毛垫厩积肥；有的在地楼内用木板铺设猪床。几乎家家用大锅煮猪食喂饲。猪饲料主要有芭蕉树、薯藤、瓜叶、水葫芦、菜叶及野生饲草饲叶和糠、麸等，一般青粗料混煮。传统方法将青饲料加盖蒸煮，放置不当会引起亚硝酸盐中毒，同时要耗费大量木柴，浪费能源和劳力。本地猪常用“吊架子”法饲养，即 1~1.5 岁前白天放牧，早晚喂食青粗料熟食，让其长骨长架子，待体重 60~70 千克时，用熟玉米面催膘，出栏猪需养 1.5~2 年。母猪产仔时，部分农户用大豆磨浆喂母猪，增加奶水，仔猪随娘吃食。1983 年始，推广科学饲养生猪，主要推广养猪“八改”技术。（详见第十八编“科技”）

生产发展 中共十一届三中全会后，县内养猪以私养为主，生猪实行定购、派购、“吃卖各半”政策。1980 年 1 月 1 日，县革委会补充规定肥猪收购政策，凡社员交售一头肥猪，重量在 81 千克以

野猪驯养（李世华　摄）

上者，其他无论自养几头肥猪，或食或卖，社员才能自行处理；对完成肥猪派购任务，自愿多卖肥猪者，多卖部分给予粮食奖励。该规定突破“吃卖各半”肥猪收购政策，一定程度上激发了农民养猪积极性。年末生猪生产 19.83 万头，较 1979 年增加 1.37 万头，增长 6.9%。1984 年 1 月 3 日，县政府发出《关于内江纯种母猪饲料供应问题的通知》，提出饲养纯种内江种猪农户，每头每月供应饲料粮 15 千克，种公猪每年补助 30 元。年末存栏 27.33 万头，出栏 9.56 万头。1988 年，建立“景东猪统一供精站”，推广猪人工授精和“养猪八改”技术，逐步扩大瘦肉型猪覆盖面和出栏比例。1995 年，生猪存栏 32.91 万头，出栏 11.23 万头，出栏率 35.97%，实现肉食自给有余。2004 年 7 月 23 日，县委县政府出台《关于加快畜牧产业发展的意见》，提出建立标准化商品猪生产等四大基地，县财政每年投入 120 万元，其中扶持重点户、专业户贷款贴息 40 万元。2005 年，猪价下跌，肥猪亏本 200~300 元/头，造成 2006 年养猪户大量宰杀母猪，仔猪、肉品供应紧张，猪价上涨局面。2007 年 3 月 5 日，县委县政府下发《关于加快畜牧产业发展的意见》，每年投入畜牧业经费增至 140 万元。中央出台能繁母猪补贴和保险政策，下拨能繁母猪补贴 126.07 万元，母猪保险 2.52 万头。2008 年，母猪保险 4 万头，下拨补贴 399.52 万元。2009—2010 年，补贴取消。2009 年，景东被列为国家现代农业养猪项目县，投资 300 万元。扶持规模养猪户 7 户，每户投资 10 万元；猪人工授精点乡级 8 户、每户投资 5 万元，县级 1 户、投资 20 万元；人工授精补助 20 万元，养猪示范户 300 户补助 150 万元。2011 年，母猪补贴 4.6 万头。同时，国家加大规模养猪场扶持力度，每个猪场补助 10 万~25 万元。2007—2011 年，县内部分养猪大户获中央财政扶持 10 万元 7 户，25 万元 10 户。2011 年，猪肉价格一路飚升，双月仔猪卖到 40~50 元/千克；年末生猪存栏 44 万头，出栏 29.18 万头，产肉 2000 万千克。

（四）马、骡、驴

饲养方法　以放牧为主，山区、半山区白天多与猪牛羊混放，坝区由老人、小孩在田边、地埂、沟埂等有草地方牵放，晚上关入圈内。圈内设有饲槽，用铡刀切碎稻草、豆秆，早晚补给。驮运途中或拉车休息时，常用布袋装蚕豆、玉米等精料，套在马嘴上以防泼洒，让其采食。

生产发展　景东历史上养骡马以坐骑和驮运。20 世纪三四十年代，是骡马发展鼎盛时期。1949 年，全县有马 1534 匹、骡 1130 匹、驴 241 匹。90 年代后，机械动力大量取代马骡驴运输。至 1995 年，全县仅有马 9 匹、骡 243 匹、驴 1965 匹。驴因性情温顺，抗病力强，食量小，易饲养，且耐粗饲、耐饥渴、耐重役，既可驮运，又可宰食，产量比 20 世纪五六十年代增多。2011 年，全县有马 13 匹、骡 244 匹、驴 3101 匹。

（五）养鸡

饲养方法　境内多采用放养，任其在房前屋后、田边地角、山脚林边及牲畜厩舍游走觅食，自由饮水，早晚用稻谷、玉米、小麦、豆类、菜叶适量补饲。夜宿于简易鸡舍或猪厩、牛厩栏杆和庭院树枝上，4~5个月可出栏。家家养有公鸡，用母鸡抱窝，每窝种蛋12~15枚。雏鸡用碎米、碎玉米饲喂，白天母鸡带雏鸡在房前屋后觅食饮水，天冷或晚上雏鸡钻入母鸡腹下取暖，成活率70%以上。

技术改进　20世纪90年代，科学养鸡技术开始在县内逐步推广。（详见第十八编“科技”）

生产发展　中共十一届三中全会后，开始出现养鸡专业户，养鸡量大幅上升。1985年，全县采购鸡11.63万只，蛋19.5万千克。1998—2002年，畜牧扶贫项目实施，扶持景福、龙街、太忠、安定养鸡示范户506户。2003年，省财政厅投资60万元扶持龙街、太忠、大街、花山乌骨鸡发展。2005年，省农业厅下达景东养鸡示范区经费20万元。2006年后，省外土杂鸡种开始涌入县内，有10个养鸡户年出笼3万只，规模养鸡户逐年增多。2011年，省扶贫办投资70万元，扶持龙街乡无量山乌骨鸡科学养殖。据统计，2011年全县鸡存栏194.79万只，出栏220.09万只，产肉333.8万千克。产品主要销往景洪、大理、楚雄、昆明等地。

无量山乌骨鸡（夏乡　摄）

瓢鸡（罗海垠　摄）

珍珠鸡（罗海垠　摄）

（六）养鸭

鸭，按生活习性分有旱鸭、水鸭两种；按生产性能分有肉鸭、蛋鸭。水鸭多饲养于田、塘、溪流边，主要分布在文井、锦屏、大街、花山、林街、漫湾等乡（镇），饲养较多农户一般30~50只/户。农村常用抱窝母鸡代孵，每窝种蛋10~15枚，也有用自制电热箱或全自动孵化器孵化，或直接从外地购入鸭苗。小鸭出壳后半天，先喂水后喂料。1~3天喂米饭，4天后喂粉碎的玉米、小麦、豆类熟食，20天后直接喂玉米、稻谷、豆类。早晚将小鸭装入箩筐内，便于搬运和放在温暖地方。出壳后第2天，让小鸭下水半小时，利于胎粪排出，此后逐渐延长下水时间，10天后任其在水中游耍觅食。小鸭每天喂食3次，中鸭、成鸭每天喂食2次。部分养鸭户根据不同日龄，直接喂鸭用配合饲料。锦屏、文井有饲养蛋鸭户，每户数量300~500只不等，蛋鸭500日龄可产蛋250~280枚，主要供应县内市场。

（七）养鹅

鹅为草食禽，各种野生青草和蔬菜可作饲料。一般放入稻田或池塘、河流，任其自由采食，晚上牧归入厩，只要放得好，除育肥外很少补饲。厩舍简陋，用土箕、砖头支砌或竹片围栏，俗称土厩。境内回民冬季用填鹅育肥，即每天填喂两次，冬季宰杀后制成板鹅。1995年后，锦屏、文井农户引入四川白鹅、狮头鹅、朗德鹅、莱茵鹅饲养，产品除供应本县外，销往普洱、宁洱、景洪、昆明等地。2005年，景东获云南省财政厅拨款10万元用于养鹅。2010年后，县境有灰天鹅养殖。（详见本章第四节“灰天鹅养殖”）

（八）养蜂

县境内地理环境复杂，气候温和，鲜花四季盛开，蜂源常年不断，养蜂条件得天独厚。历来群众有养蜂取蛹取蜜习惯，个别人家养蜂近百群，不少人家养蜂40~50群。20世纪70年代后，有关部门引进意大利蜜蜂，帮助群众提高养蜂技术。

蜂蜜　蜂蜜，别称石蜜、岩蜜、石饴、蜜糖、蜂糖。

草蜂（朱家富　摄）

岩蜂（唐云　摄）

家蜂（朱家富　摄）

蜂蛹（罗海垠　摄）

县境内蜂蜜分为家蜂蜜、树蜂蜜、草蜂蜜和岩蜂蜜，其中树蜂蜜、草蜂蜜和岩蜂蜜为野生状态下取得。(1) 家蜂蜜。出自家养蜜蜂，传统用空心树制作蜂桶，放置于墙、房头、树和崖壁上引蜂养殖，成熟后每巢可取10~50千克。10月至次年1月，较高海拔山区野拔子（俗称扫把茶）花正开，所产蜂蜜称冬蜂蜜，带有野拔子清香，产量较少，药用价值高。2—4月，高海拔山区大树杜鹃花盛开，所产杜鹃花蜜颜色偏红、晶莹鲜艳，俗称大红花蜜，香甜醇和，药用价值较高，价格也偏高，本地最高可卖到130元/千克，外地可卖到200~500元/千克；4—6月，栎树花盛开，所产栎花蜜晶莹剔透，但味道偏苦，价格偏低；11月至次年2月，四川、贵州、湖南、湖北一带不少养蜂人带着蜂群到景东越冬，散布在各乡镇低海拔地区兼取蜂蜜和蜂王浆，所产蜂蜜称百花蜜，每户产量0.1万~1万千克。6—9月，山上草乌花（俗称狗闹花）正开，少数盛产野生草乌地方蜂蜜有毒，偶有食蜜中毒事件发生，需慎食。(2) 树蜂蜜。出自野生状态蜜蜂，与家蜜蜂无异，多在树洞、树枝垒巢。(3) 草蜂蜜。出自草蜜蜂，喜欢在草丛、灌丛、树枝垒巢，每巢产1~5千克，产量不高，口味独特，价格略高。(4) 岩蜂蜜。出自岩蜂，岩蜂别称喜马拉雅蜜蜂、雪山蜜蜂，是蜜蜂属体型最大的一种，性情凶悍，喜欢在深山悬崖峭壁上垒巢，蜂群庞大，每巢产蜜20~200千克，不易采集，个别上百年未被采过的岩蜂蜜，硬化如石，需要用手锤敲碎后方能食用。岩蜂蜜香味奇特，鲜洁甜润，富含多种氨基酸、维生素及微量元素，被誉为"高山之宝"。县境多产自自然保护区，受到保护，故产量较少，价格不菲。

蜂蛹　取蛹之蜂主要有土蜂、胡蜂、夜蜂、黄蜂等，多来自野生，境内各地均有出产。民间部分农户有养殖，数窝至数十窝不等，食用较普遍。这些蜂会入侵蜜蜂巢穴，抬食蜜蜂幼虫，不能同蜜蜂混养。(详见第十九编《文化　旅游》)

1978—2011年景东县家畜存栏情况统计表

表9-4-1

年度	生猪（头）	马（匹）	驴（头）	骡（只）	水牛（头）	黄牛（头）	山羊（只）	绵羊（只）
1978	199656	290	425	1508	25916	38190	124467	13526
1979	198284	161	625	1114	26274	36615	124397	11831
1980	211983	151	728	2001	28030	38509	131532	10864
1981	207764	128	669	893	28680	39128	122745	10365
1982	231024	166	772	765	30368	40485	118253	9863
1983	253600	82	683	937	32155	42505	115275	8976

续表 9-4-1

年度	生猪（头）	马（匹）	驴（头）	骡（只）	水牛（头）	黄牛（头）	山羊（只）	绵羊（只）
1984	274036	84	590	909	24375	46006	117596	9113
1985	273329	78	630	835	46779	48894	117640	9815
1986	248634	104	662	772	38335	51212	115998	10469
1987	251377	59	722	508	39847	51575	103975	9953
1988	266935	34	790	453	39333	49955	98848	8869
1989	277727	36	941	325	40076	49544	94323	7914
1990	285255	33	938	286	39332	50521	92752	7774
1991	283380	34	1061	232	41225	51456	95486	7419
1992	285535	15	1412	212	42419	51503	96528	6997
1993	304949	25	1760	221	42949	52389	107454	6618
1994	312165	23	1904	241	43284	51638	105372	3177
1995	329051	9	1965	243	44331	53315	107460	6824
1996	336991	6	1973	258	45120	55497	118846	6219
1997	321438	44	2301	221	46712	57560	110621	5709
1998	328499	5	2479	243	47607	57098	122220	5878
1999	331946	9	2554	302	47990	57353	122987	5696
2000	348914	7	2506	294	47221	57005	118731	5298
2001	337073	9	2640	413	44433	54765	106160	4069
2002	337950	9	2686	435	44602	56240	110648	3440
2003	344002	6	2567	412	45293	57184	119895	3171
2004	359590	15	2742	357	41143	60781	129638	3087
2005	378683	35	2570	293	45137	61637	128874	2730
2006	368017	22	2735	75	46716	61898	125085	2175
2007	369791	22	2938	265	46731	63031	124019	1098
2008	388437	22	3018	250	44696	62946	113290	1306
2009	394052	22	2957	226	48092	63413	109780	1243
2010	404576	27	3139	223	43123	63699	118686	761
2011	440066	13	3101	244	42222	64171	124362	1091

1978—2011 年景东县农林牧渔总产值一览表

表 9-4-2 单位：万元、%

年度	农林牧渔总产值	其中				牧业产值所占比例
		农业	林业	牧业	渔业	
1978	4443	3155	187	1101	—	24.78
1979	3795	2929	174	692	—	18.23
1980	4580	2990	351	1239	—	27.05
1981	4740	3529	448	760	3	16.03

续表 9-4-2

年度	农林牧渔总产值	其中				牧业产值所占比例
		农业	林业	牧业	渔业	
1982	5106	3809	419	874	4	17.12
1983	8580	6313	368	1892	7	22.05
1984	9002	6431	477	2079	15	23.09
1985	10039	5764	617	3639	19	36.25
1986	11839	6634	611	4577	17	38.66
1987	12425	7419	694	4288	24	34.51
1988	17887	10773	1870	5215	29	29.16
1989	18552	10402	2316	5800	34	31.26
1990	20060	10702	2747	6578	33	32.79
1991	21478	11791	3002	6635	50	30.89
1992	25323	14769	3671	6791	92	26.82
1993	27046	16816	3687	6445	98	23.83
1994	32827	22001	3020	7722	84	23.52
1995	42383	28240	3455	10547	141	24.88
1996	50985	33604	5497	11727	157	23.00
1997	57560	38502	6753	12136	169	21.08
1998	58916	37749	6596	14239	332	24.17
1999	59134	35533	7591	15651	359	26.47
2000	58478	34961	7149	15852	516	27.11
2001	58391	34558	7189	16090	554	27.56
2002	58783	34731	7254	16187	611	27.54
2003	59765	34032	7899	17088	746	28.59
2004	70404	37332	12313	19883	876	28.24
2005	85198	44814	14603	24883	898	29.21
2006	96201	48600	18270	28405	926	29.53
2007	120842	63902	21507	34359	1074	28.43
2008	146508	67196	32652	45361	1299	30.96
2009	165912	77028	40422	47005	1457	28.33
2010	187519	84692	50203	51075	1549	27.24
2011	241796	107724	58595	73152	2325	30.25

说明：表中产值按当年价格计算

1978—2011 年景东县肉蛋产量统计表

表 9-4-3　　单位：万千克

年度	肉类总产	其中					禽蛋
		猪肉	牛肉	羊肉	马驴骡肉	禽肉	
1978	309.5	300.5	2.0	7.0	—	—	—
1979	305.8	293.5	2.8	9.5	—	—	—

续表 9-4-3

年度	肉类总产	其中					禽蛋
		猪肉	牛肉	羊肉	马驴骡肉	禽肉	
1980	305.5	292.3	4.0	9.2	—	—	—
1981	305.4	292.5	3.8	9.1	—	—	—
1982	361.5	350.0	2.5	9.0	—	—	33.2
1983	448.5	439.5	2.0	7.0	—	—	18.6
1984	523.8	501.0	2.0	7.5	—	13.3	13.2
1985	597.0	547.3	3.0	12.6	—	34.1	13.3
1986	526.9	481.4	6.5	11.7	0.3	27.0	28.6
1987	513.2	466.4	6.8	11.6	—	28.4	29.8
1988	571.9	509.7	8.5	10.1	—	43.6	45.7
1989	634.5	570.3	8.6	13.2	—	42.4	33.9
1990	649.1	585.5	7.5	13.5	0.1	42.5	45.5
1991	682.6	613.1	6.9	11.4	0.1	51.1	35.6
1992	720.8	638.4	10.4	16.3	0.2	55.5	41.8
1993	899.0	770.7	21.3	36.7	1.7	68.6	36.5
1994	869.0	704.8	45.6	46.5	0.7	71.4	50.3
1995	911.9	738.5	51.3	48.5	0.6	73.0	48.6
1996	874.5	718.5	36.2	43.3	0.5	76.0	35.9
1997	1047.1	859.3	58.1	54.8	0.2	74.7	47.6
1998	1231.4	1018.7	67.9	56.3	0.3	88.2	52.8
1999	1359.4	1122.4	76.3	59.6	1.5	99.6	55.1
2000	1384.6	1100.8	93.6	69.4	4.2	116.6	57.8
2001	1428.9	1124.6	98.3	73.2	2.6	130.2	51.1
2002	1302.4	1014.3	98.7	61.1	2.8	125.5	15.6
2003	1343.3	1037.4	110.8	54.6	6.8	133.7	52.2
2004	1536.6	1209.6	126.0	57.9	7.7	135.4	56.3
2005	1821.6	1359.1	150.2	103.9	7.3	201.1	53.1
2006	2036.5	1524.5	165.8	110.9	5.2	230.1	55.7
2007	2108.7	1570.3	172.8	115.0	3.5	247.1	65.3
2008	2262.4	1700.2	189.4	101.0	3.0	268.8	66.2
2009	2388.6	1787.3	200.1	116.1	3.3	281.8	70.6
2010	2544.9	1906.4	205.7	108.4	3.0	321.4	73.8
2011	2690.5	2004.1	223.3	113.5	3.4	346.2	76.8

1978—2011 年景东县家禽生产统计表

表 9-4-4　　　　单位：只、万千克

年度	鸡			鸭			鹅		
	存栏	出栏	产肉	存栏	出栏	产肉	存栏	出栏	产肉
2003	958433	947979	124.52	47315	46644	6.31	15983	15186	2.83
2004	1072694	994558	126.30	51477	41078	6.10	22561	15842	3.00

续表 9-4-3

年度	鸡			鸭			鹅		
	存栏	出栏	产肉	存栏	出栏	产肉	存栏	出栏	产肉
2005	1175465	1408880	189.66	55118	48453	7.87	17870	14398	2.52
2006	1277158	1005742	222.23	42926	38840	6.14	15433	11421	1.75
2007	1320683	1700981	238.55	41800	41846	6.18	14092	14270	2.43
2008	1357249	1796997	258.25	52111	51100	7.50	18032	17379	2.96
2009	1415955	1980310	270.95	51942	52037	7.87	19418	18532	2.94
2010	1827520	2017703	311.35	54700	46723	6.98	23843	19262	3.06
2011	1947942	2200922	333.80	57494	59916	8.90	25393	28339	3.50

第三节　无量山乌骨鸡

一、历史渊源

农业部专家鉴定无量山乌骨鸡（县政府办　提供）

景东饲养鸡历史悠久。据史料记载，无量山、哀牢山一带出产乌骨鸡、矮鸡（又名摆夷鸡）、哈喇鸡（又名茶花鸡）、斗鸡、珠鸡、牛多罗鸡、娃娃鸡、草公鸡等。有史以来，当地彝、傣、哈尼等民族都有用鸡占卜和祭祀习俗，大小活动，均“杀鸡祭之”。其中无量山乌骨鸡属土著鸡种，因骨肉殊异，在占卜和祭祀中地位尤重。据清代《新纂云南通志》卷五十九《物产考二·动物二·鸟类》载：“又有羽毛如绢丝，皮骨黑色，肉质嫩美之乌骨鸡，或即乌鸡，但不多见。”即指无量山乌骨鸡。无量山乌骨鸡又名景东乌骨鸡、哀牢山大种毛脚鸡、普洱哀牢山毛脚鸡、思景鸡，具有个体大，肉多质优，耐粗饲，觅食力强，适应性、抗病力强，生产性能良好等优点，是无量山区最优良的鸡种资源之一。2010 年 1 月 15 日，经农业部畜禽遗传资源委员会专家鉴定，正式命名为无量山乌骨鸡，列入“国家畜禽遗传资源库”名录。2010 年 7 月，无量山乌骨鸡及土鸡蛋获农业部农产品质量安全中心“无公害农产品证书”。2010 年 12 月，载入《中国畜禽遗传资源志·家禽志》。2011 年 10 月 12 日，被云南省农业厅评为“云南六大名鸡”之一。

二、特征特点

外观特征　无量山乌骨鸡具有黑皮黑肉黑骨、白羽黑肉黑骨、毛脚等遗传性状。体形高大，骨骼粗壮，腿粗长，肌肉发达，体躯宽深，呈方形。头尾昂扬，耳多灰白，部分有绿耳，颈长短适中，胸部宽深，背腰平直，喙平，上喙弯曲，喙、胫、趾多为铁青色，皮肤多为乌黑色，翅膀略下倾，有胫羽、趾羽。毛色有紫红色、黄褐色、麻花、白色、黑色。公鸡开啼日龄150~180天，母鸡开产日龄160~200天，年产蛋90~130枚，平均蛋重52克。30只300日龄平均体重公鸡2.07千克、母鸡2.03千克，全净膛屠宰率公鸡88.05%、母鸡91.28%。

品质特色　“三乌”：乌皮——全身皮肤及脸、喙、胫、趾均呈乌色，乌黑部位和程度随个体不同而稍有差异；乌肉——全身肌肉均呈乌色；乌骨——骨质灰黑，骨膜呈深黑色。经抽样检测，鸡肉蛋白质含量高达26.7%，脂肪含量仅4.5%，每百克钙含量14.9毫克、磷含量235.6毫克、16种氨基酸总含量40毫克以上，发热量6兆焦/千克，干物质26.43%，粗蛋白24.39%，粗灰分1.19%。具有显著食疗保健作用，民间常与火腿、木瓜、大红菌、鸡刺根、罗罗夹屎棍、猴子背巾、蒲公英、露水草、臭莲丹根等食药材烹饪，口感细腻、味道醇厚，是进补、保健、药疗佳品。

第四节　灰天鹅养殖

灰天鹅养殖（李旭　摄）

灰天鹅，又称大雁、野鹅或天鹅，雁属鸿雁，国家二级保护动物。体型肥大，肉质鲜美；低脂肪、低胆固醇、高蛋白，氨基酸、矿物质含量高，是理想的保健食品。据《千金食治》《本草纲目》等药典记载：灰天鹅性味甘平，归经入肺、肾、肝，祛风寒，壮筋骨，益阳气。羽绒轻软，保暖性好，可作枕、垫、服装、被褥等填充材料，较硬的羽毛可以加工扇子及工艺品等。

2010年，文井镇中所村村民从富民县购回野生灰天鹅38只试养成功，注册成立“景东朝阳天鹅养殖农民专业合作社”，采取“公司+基地+合作社”运作模式，利用新技术、新品种等开发出现代化种天鹅和种苗孵化基地。景东灰天鹅经过野外放养，以牧草饲喂为主，适当补喂米糠、玉米等，养殖时间6个月以上，羽重4~6千克，向省内外多家高档酒店定点供应。2011年末，中所村发展灰天鹅1.5万余只，新会村等地有零星养殖。

第五节　畜禽疫病

一、疫病种类

据畜禽疫病血清学检验、临床调查和历年疫病资料记录，全县有畜禽传染病68种，寄生虫病18种，中毒病6种，未定名1种。

传染病　境内畜禽传染病主要有炭疽、巴氏杆菌病（猪肺疫、牛出败、禽霍乱、马巴氏杆菌病、羊巴氏杆菌病、兔巴氏杆菌病）、沙门氏菌病（猪副伤寒、鸡白痢、牛沙门氏菌病）、大肠杆菌病

（仔猪白痢、仔猪黄痢、猪水肿病、禽大肠杆菌病、犊牛白痢）、口蹄疫（猪口蹄疫、牛口蹄疫、羊口蹄疫）、破伤风、布鲁氏菌病、伪狂犬病、日本乙型脑炎、狂犬病、猪瘟、猪流行性腹泻、猪传染性胃肠炎、猪痘、猪流行性感冒、猪细小病毒病、猪繁殖和呼吸综合征、猪圆环病毒病、猪链球菌病、猪萎缩性鼻炎、猪丹毒、猪接触性传染胸膜肺炎、猪附红细胞体病、钩端螺旋体病、猪痢疾、猪支原体肺炎、鸡新城疫、禽流感、鸡传染性法氏囊病、鸡传染性鼻炎、鸡传染性支气管炎、鸡传染性喉气管炎、鸡痘、鸭瘟、鸭病毒性肝炎、小鹅瘟、鸭疫里默氏菌病、牛瘟、牛流行热、牛气肿疽、恶性水肿、牛传染性胸膜肺炎、马传染性贫血、马流行性感冒、马鼻疽、马腺疫、山羊痘、犬瘟热、羊传染性脓疱（羊口疮）、羊传染性角膜结膜炎（羊红眼病）、羊肺炎支原体病、母羊地方性流产、羊肠毒血症、羔羊痢疾、兔瘟。

寄生虫病　境内畜禽寄生虫病主要有伊氏锥虫病、梨形虫病、弓形虫病、球虫病、绦虫病、肝片吸虫病、蛔虫病、姜片吸虫病、疥螨病、犊新蛔虫病、脑多头蚴病、羊脑脊髓丝虫病、牛吸吮线虫病、棘球蚴病、细颈囊尾蚴病、猪囊尾蚴病、牛囊尾蚴病、羊囊尾蚴病。

中毒　境内畜禽中毒病主要有亚硝酸盐中毒、氰化物中毒、有机磷农药中毒、食盐中毒、氟乙酰胺中毒、黄曲霉毒素中毒。

未定名　马属动物喘气病。

二、疫病防治

（一）流行情况

1. 人畜共患病

炭疽　又名飞疔。散发或呈地方性小范围流行，以牛马多见，猪羊和人有感染。1960—1972 年，锦屏镇温卜、景福等地牛发病死亡 14 头，骡发病死亡 1 头；死牛被剥食后，44 人感染、6 人死亡。1982 年，县食品公司养猪场猪发病死亡 2 头。1996 年 7 月，大朝山东镇长发村普家社黄牛发病 4 头，死亡 1 头，其余 3 头作扑杀深埋处理。

牲畜口蹄疫　1999 年 8 月 25 日，安定乡中仓村出现第一例病例，年内两次流行，波及文龙、龙街、漫湾 4 个乡（镇）的 15 个村（办）、48 个合作社 276 户，感染牛 357 头，猪 797 头，山羊 474 只，所有病畜及同圈畜作扑杀深埋处理。2000 年 6 月，永秀乡苍文村 3 个社感染牛 27 头，猪 21 头，山羊 38 只。2001 年，有三次疫情，涉及 10 个乡（镇）、42 个村、98 个组、549 户，共扑杀病畜及同圈畜 2790 头，其中，水牛 492 头，黄牛 402 头，猪 1102 头，山羊 623 只，绵羊 171 只；直接经济损失 200 余万元。2004—2007 年，安定、永秀、锦屏 3 乡（镇）感染黄牛 31 头，水牛 3 头，猪 10 头。2008—2010 年，有 10 个乡（镇）、20 个村感染水牛 92 头，黄牛 118 头，病死 5 头；猪 394 头，病死 65 头，羊 34 只；县屠宰场待宰肥猪 58 头。2011 年，全县 13 个乡（镇）散发。境内牲畜口蹄疫发病不分季节，致死率 8%～25%。如 2011 年 11 月，锦屏镇景范村白洋田一农户 44 头仔猪发病，死亡 11 头；文井镇文会、新会、速南 3 村牛发病 103 头，死亡 9 头；景福乡回寺村山羊发病 45 只，死亡 4 只。

布鲁氏菌病　1963 年，从寻甸引入新疆细毛羊 30 只，因患布鲁氏菌病，全部扑杀；牧羊人出现疑似布鲁氏菌病症状。1991 年，县防疫部门对易感人群 210 人进行血清学检查，阳性率 0.95%。1992 年，县内开展畜间布鲁氏菌病血清学调查，300 只山羊血清查出阳性 1 只、可疑 4 只。2006 年，50 头送检猪血清检出阳性 3 头。2011 年，文井镇者后村一农户饲养山羊 35 只，发病 7 只。

破伤风　全县不同程度散发。1982 年，锦屏斗阁村牛发病死亡 9 头。1984 年，者后乡中营社水牛发病死亡 1 头。1985 年，者后乡者后、新会水牛发病死亡 4 头。1987 年，者后乡文甸山、四棵树、文东发病死亡牛 3 头，母猪 1 头。1988 年，全县牛发病死亡 34 头。破伤风多由猪牛等家畜阉割时消毒不严，感染破伤风梭菌引起。阉割时，肌肉注射 1 万单位破伤风抗毒素可有效预防。

禽流感　2008 年，文井镇者孟村一养殖大户鸡发病，死亡 2721 只；锦屏镇斗阁村、北屯村发病死亡鸭 416 只，鹅 496 只。2011 年 2 月，锦屏镇文黑养鸡场 7500 只土杂鸡突然发病，死亡 3000 余只，剩余鸡群全部扑杀后作无害化处理。

狂犬病　据一位老兽医回忆：1949 年前，大街、花山一带狗发病发疯，“疯狗”乱咬猪鸡牛羊，并伤及人类，祸害数目不详。2011 年，林街、东镇出现病狗 3 只，咬伤 4 人。

2. 猪病

猪瘟　猪瘟是危害养猪业最严重的一种传染病。各龄猪均可发病，但以 2~8 月龄发病率居多。据 183 头猪临床统计，双月以下发病 15 头，占 14.15%；2~8 月龄发病 79 头，占 76.69%；8 月龄以上发病 9 头，占 8.7%。发病不分季节，但多在春秋季。1938 年，境内即有猪瘟流行。1981—1992 年，全县散发。1992 年，全县发生猪瘟 2681 头，其中，春季占 25%，秋季占 46.5%，冬夏季分别占 15.6%和 12.8%。1993 年，锦屏乡温卜，林街乡岩头、丁帕、清河部分村社突发猪瘟，死亡惨重，致使多数农户家无年猪可杀。1994 年，猪染瘟 1.1 万头，死亡 1.08 万头。1995 年，猪染瘟 5320 头，死亡 5301 头。1996 年，锦屏、大街、文华农场从四川购入长白猪 600 多头，染瘟死亡 500 余头，死亡率 90%以上。2004 年 1 月，大街乡一养猪大户饲养生猪 161 头，染瘟死亡 52 头；11 月，曼等乡部分村社猪染瘟死亡 502 头。2007 年，县内生猪大量死亡，经临床观察和血清抗体检测证实，猪瘟是致猪死亡的主要原因。

猪肺疫　猪肺疫流行规律，大猪多发，不分季节，但夏秋发病较多。1991 年，发病 1410 头，夏季占 36.59%，秋季占 39.06%，冬春季分别占 4.69%和 19.6%。据民国农林部西南兽医防治处昆明兽医站资料记载：1947 年，境内即有猪肺疫流行。1981 年，全县发病 7341 头，死亡 6241 头，致死率 85.02%。1987 年，锦屏 6 村 21 社发病 750 头，死亡 200 头。1989 年，大街乡文山村和锦屏镇菜户村发病 270 头，死亡 96 头。1990 年，文井、大街、太忠、安定、景福、曼等等乡（镇）18 个村社累计发病 1476 头，死亡 534 头。1991 年，13 个乡镇、32 个村发病 1410 头，死亡 252 头。1993 年，全县发病 2136 头，死亡 1976 头。1994 年，全县发病 10758 头，死亡 1219 头。1995 年，全县发病 817 头，死亡 636 头。1999 年 1 月 17—19 日，文井镇开南村山茶花社 5 户农户 16 头猪发病，死亡 8 头。2005 年，全县发病 3152 头，死亡 1360 头。2007 年，全县发病 4675 头，死亡 2316 头。2011 年，全县发病 1540 头，死亡 762 头。

猪丹毒　猪丹毒一年四季都会发生，夏秋季多见。1991 年，全县发病 1234 头，夏秋季分别占 27.44%和 55.09%。1981 年，全县发病 1234 头，死亡 1026 头，致死率 83.14%。1986 年，者后乡文会、新会 2 村发病 18 头，死亡 10 头。1987 年，景福乡发病 47 头，死亡 23 头。1989 年，曼等乡菜户、瓦窑发病 25 头，死亡 23 头。1989 年，大街、花山、太忠、景福、安定累计发病 336 头，死亡 84 头。1990 年，景福乡金鸡林发病 10 头，死亡 5 头。1993—1994 年，安定、太忠发病 125 头，死亡 82 头。1995 年，发病 140 头，死亡 104 头。2003 年，全县零星发病 130 头，死亡 78 头。2007 年，全县发病 54 头，死亡 11 头。2011 年，全县发病 32 头，死亡 13 头。

猪副伤寒　1981 年，全县猪副伤寒发病 4100 头，死亡 2210 头。1982 年，发病 5260 头，死亡 1320 头。1983—1985 年，每年发病均超过 6000 头。1986 年，全县发病 5013 头，死亡 421 头。1987 年，发病 4300 头，死亡 400 头。1997 年，锦屏、者后、漫湾、林街等乡（镇）发病 1236 头，死亡 691 头。2007 年，全县发病 5724 头，死亡 2350 头。2011 年，发病 4816 头，死亡 1563 头。

猪流感　1992 年，调查副伤寒发病猪 5260 头，春夏秋冬发病率分别为 13.5%、27.18%、17.93%、41.36%。1987 年，大街、景福发病 1280 头，死亡 120 头。1989 年，锦屏、林街发病 132

头，死亡8头。1990年，曼等、大街发病250头，死亡12头。1993年，林街、花山发病407头，死亡48头。1994年，漫湾保甸街、文冒村方家社突发猪流感，两社生猪存栏648头，发病442头，死亡13头。

猪高热综合征　2007年5月始，锦屏、文井、文龙、太忠、花山、大街等乡（镇）相继发生一种传播迅速的猪传染病，高热，发病率高、死亡率低。至6月27日，疫情涉及10乡镇51村175社2447户，发病6503头，死亡1192头，发病率53.09%，致死率18.33%，其中仔猪死亡率最高。7月16日，县猪统一供精站种猪发病，23日供精中断。锦屏镇一养猪大户饲养生猪630头，7月21—25日发病297头，死亡169头，母猪流产16窝。2008年，文黑2个猪场发病65头，死亡9头。

猪乙型脑炎　2002年7月，县猪统一供精站种公猪发病4头，死亡2头，淘汰深埋2头。病猪出现发热、不食、一侧睾丸肿胀，临床表现疑似猪型乙脑炎。2份血清送市畜牧兽医中心检验，均呈乙脑阳性。

猪繁殖和呼吸综合征　2003年3月10—20日，安定乡望福村养殖大户从邻县买入73头架子猪，发病45头，死亡21头。病猪体温升高，不食，有13头出现气喘、咳嗽，有6头白猪腹内侧可见出血点，有5头出现猪繁殖和呼吸综合征症状。经送检2份病猪血清，猪繁殖和呼吸综合征、圆环病毒病皆为阳性。

伪狂犬病　2004年8月，县畜牧局引入省内两个大型猪场种猪77头，1周后两个猪场猪开始发病28头，死亡17头。经送检5份病猪血清，均呈猪乙脑和伪狂犬病阳性。2006年12月，文井镇都拉村养猪大户能繁母猪发病23头，流产18头。经血清送检，检出有伪狂犬病、猪乙脑、圆环病毒、细小病毒感染。2007年6月，漫湾镇保甸村养猪大户饲养母猪25头，出现流产16头，流产胎儿全部死亡，另有5头正常生产母猪产仔猪54头，在1~3周内出现圆环病毒感染和伪狂犬病症状，死亡46头。

猪流行性腹泻　发病有明显季节性，主要在每年11月至翌年2月。发病不分年龄、性别，以出现水样腹泻、呕吐、脱水为特征。1981年11月，安定乡鼠街、古德等地发病。1987年，安定、文龙、锦屏、文井、者后等乡（镇）发病1935头，死亡57头。1988年，全县发病2275头，死亡78头。1989年，发病1486头，死亡187头。1990年，发病2467头，死亡136头。1991年，发病6664头，死亡191头。1992年，发病1.75万头，死亡356头。1993年，发病4376头，其中曼等乡首次发病，死亡56头。1994年，发病5072头，死亡152头。1995年，发病1.03万头，死亡408头。2000年，发病8750头，死亡615头。2003年2—3月，川河沿线发病1.65万头，死亡230头。2005年，全县发病3560头，死亡102头。

猪水肿病　又称猪泡头病。全县不同程度散发，多见于雨季，主要发生于断奶后1~2周龄仔猪。20世纪80年代，全县累计发病1756头，死亡1613头。1990年，花山乡撇罗，锦屏乡龙树，太忠乡大水井、岔箐、平掌，者后乡挖萨、速南等村发病857头，死亡769头。1993年，太忠乡大松树、沾牛，者后乡文会、新会，漫湾镇文冒、保甸、安乐，林街乡丁帕、岩头，文井镇都拉、开南、清凉发病457头，死亡436头。

猪地方流行性肺炎　1972年，县食品公司引进湖南大围子公猪41头、母猪25头，传入该病，随即在县内传播。1981年，发病6826头，死亡2044头，致死率29.9%。1982—1985年，均有本病流行，发病数量611~7059头。1986—1990年，累计发病1.42万头，死亡1506头。1991—2000年，累计发病8165头，死亡1246头。2001—2010年，累计发病4382头，死亡764头。本病一年四季都有发生，但夏秋较多，猪群拥挤、空气污浊，容易加快传染。可用猪喘平、卡那霉素、支原净等药物治疗。

仔猪黄痢 主要发生于1周以内仔猪，以腹泻、排黄色粪便，同窝仔猪间传染性强、发病率和死亡率很高。2006年，文井一猪场产仔6窝，发病4窝，占66.67%；产仔56头，发病44头，发病率78.57%，死亡13头，病死率29.54%。

仔猪白痢 表现特征为仔猪排灰白色带腥臭浆糊样稀粪。1985—1990年，统计者后乡35窝仔猪252头，其中发病219头，发病率86.9%；死亡31头，病死率14.15%。

猪链球菌病 多见于外来瘦肉型猪种，一年四季均有发生，但5—9月多发，临床上以淋巴结脓肿者居多，败血型和脑膜炎型少见。2003—2006年，统计文井、锦屏病猪35头，其中，淋巴结脓肿30头，85.7%；败血型4头，占11.4%；脑膜炎1头，占2.8%。

猪传染性萎缩性鼻炎 临床以慢性鼻炎、鼻甲骨萎缩、颜面变形为特征。1995年8月，文龙乡三岔河生猪养殖小区约克猪发病，颜面歪斜症状典型3头。

猪附红细胞体病 常发于夏季，白猪症状明显，断奶仔猪多见。临床以发热、贫血、可视黏膜黄染、溶血性黄疸、呼吸困难、皮肤发红和排茶色尿为特征。2003年，开始在漫湾、景福、锦屏、文井、文龙、安定等乡（镇）散发。2009年10月，漫湾镇安乐村仔猪发病14头，死亡6头。

3. 牛病

牛瘟 又叫“烂肠瘟”，是一种死亡率极高的传染病。1926—1948年，文井、保甸和振太流行，疫区牛群几乎死绝。

牛出败 1981—1988年，境内每年均有零星散发，累计发病942头，死亡213头，致死率24.52%。1990年10月，锦屏、文井、者后、太忠4个乡（镇）、8个办事处、21个社发病87头，死亡42头，致死率48.2%。1998年，永秀、文井发病24头，死亡15头。1999年9月，者后乡文会丙岔，太忠乡岔箐发病10头，死亡6头。2003年8—11月，太忠、者后牛发病7头、死亡2头；发病死亡猪8头，鹅5只，鸡30只。

牛气肿疽 1982年，文井中所联家箐水牛发病16头，死亡3头，致死率18.75%。1986年12月，者后文会村旱地社发病35头，死亡8头，致死率22.85%。1987—1988年，者后、花山和漫湾发病58头，其中，黄牛41头死亡15头，水牛17头死亡6头。

恶性水肿 县内散发。多发于雨季，厩舍污秽，家畜阉割后伤口感染腐败梭菌所致。1980年8月，者后区文新上村、箐头、酸枣树阉割水牛21头，发病死亡9头。1982年，者后区文新、挖固、路东发病9头，死亡6头。

病毒性腹泻—黏膜病 临床以发热、口及消化道黏膜糜烂或溃疡，出现水样腹泻、恶臭和黏膜脱落为特征。1986年，者后乡新会、文会水牛发病7头，死亡2头。1987年，者后乡文新发病17头，死亡6头。2004年11月，永秀乡大驮村周家组24头牛发病21头，死亡3头。

牛流行热 临床以突发高热、流泪、流涎、鼻漏、呼吸困难、后躯强拘或跛行为特征。2003年4—6月，漫湾、林街、曼等澜沧江沿岸村组牛发病414头，死亡13头。

4. 羊病

羊支原体性肺炎 发病高峰为6—10月，各龄羊均可发病。1995年8月，锦屏镇大断腰山羊发病162只，发病率64.6%，死亡96只，致死率59.2%。1996年6—10月，太忠乡羊发病364只，死亡163只。1997年，锦屏、太忠、安定3个乡（镇）羊发病502只，死亡135只。1998—2005年，在锦屏、文井、者后、太忠、文龙、安定、曼等、漫湾8个乡（镇）散发，年均发病1850只，死亡35只。2005年，全县发病627只，死亡215只。

山羊痘 2004年8月18日，文井镇竹蓬村碱水、小倒坡羊群发病105只，死亡58只，扑杀369只，县财政每只补助农户100元。2006年1月17日，文井镇老练村山羊发病，平均每天死羊13只；22日，扑杀病羊及同群山羊178只。2011年11月，文井镇老练、文华和景福岔河、回寺山羊发病

185只，死亡96只。

羔羊痢疾　境内零星散发，多见于冬末春初产羔季节，1~2周羔羊多发。1991—2004年，全县累计发病3348只，死亡2946只。

羊传染性角膜结膜炎　俗称红眼病。全县不同程度散发，多见于雨季。临床以羞明流泪，结膜和角膜发炎，角膜混浊和溃疡为特征，严重者失明，病程7~30天。1986年，者后乡羊发病45只，死亡2只。1995年，文井镇羊发病64只，死亡4只。2001年，锦屏羊发病39只。2004年，文井、安定羊发病32只。2006年，锦屏、文井羊发病132只，死亡5只。

羊肠毒血症　俗称软肾病，全县不同程度散发。发病急，死亡快，剧烈腹泻者多见，死亡羊只心脏和肾脏质地变软。1987—1990年，者后和太忠累计发病死亡37只。

羊地方流行性流产　全县不同程度散发。临床以发热、流产、死产为特征。2001—2003年，文井、安定、者后出现母羊流产16只，其中产死胎7只。2004年，采集文井、安定山羊血清32份，送市畜牧兽医技术推广中心检验，衣原体阳性率为31.25%。

5. 马病

马喘气病　20世纪60年代开始在境内流行，初发于大街乡昆岗。该大队马骡35匹全部发病，死亡30匹。1966年，文井竹蓬20匹马骡全部发病死亡。1967—1968年，南线河养马场44匹马骡全部发病死亡。

马腺疫　又叫马链球菌病。20世纪五六十年代在县内散发，数目不详。

马鼻疽　1954年，县运输社4匹马发病。1960年2月，县商业局、养护段共有马骡21匹，发病死亡3匹；经兽医站派人检查，7匹为开放性鼻疽，3匹呈阳性反应，7匹可疑。

马流行性感冒　1994年10月8—23日，漫湾镇安召16个社马骡驴发病87匹，死亡3匹。

马传染性贫血　1987年，文华农场2匹骡发病死亡。1989年，该场1匹马发病死亡。1992年，文华农场、漫湾、林街、曼等马、骡、驴血清学检查165份，其中阳性1份。1997年，在曼等乡驴血清中检出阳性4份，作扑杀净化处理。

6. 其他

兔瘟　1987年，者后五林场职工饲养15只安哥拉兔发病，死亡14只。

犬瘟热　境内不同程度散发，以县城宠物犬多见。临床以发热、长眼屎、咳嗽、呕吐、下痢等为特征，后期出现呜叫、乱钻、行走不稳等神经症状，有失明现象，病死率高。2004—2006年，锦屏镇狗发病死亡7只。

7. 禽病

鸡新城疫　俗称鸡瘟。传染快、死亡率高，不分季节时常流行。1988年，全县鸡发病死亡12.65万只。1990—1995年，鸡发病死亡率分别为1990年30.14%，1991年27.26%，1992年44%，1993年35.54%，1994年48.26%，1995年21.55%。双月以上死亡鸡中，新城疫占50%以上。

禽霍乱　1988年，全县发病死亡3万只。2006年5月，锦屏镇灰窑村一养殖大户鸡鸭发病，鸡死1016只、鸭死109只。

鸡白痢　主要危害0~1月龄雏鸡。雏鸡死亡病例中，鸡白痢占60%以上。

鸭瘟　境内仅有一次记载。1992年，文井镇一农户从昆明引入鸭苗后，发病死亡156只。病鸭头部、颈部发生水肿，群众称大头瘟。

鸭疫里默氏菌病　主要表现为头颈歪斜、瘫痪，后期出现神经症状。2007年3—4月，文井镇都拉村一养鸭大户从昆明购进两批雏鸭2000只，发病死亡1900只。

鸡痘　境内散发。多发于夏秋蚊虫旺盛季节，雏鸡多见，临床以皮肤、黏膜出现痘疤为特征，重者引起失明、死亡。

鸭病毒性肝炎 境内散发。多见于0~1月龄小鸭，临床以肝脏肿大、表面有大量出血点为特征，发病急，死亡率高。2003年，者后乡者后村一养鸭大户从昆明购入蛋鸭300只，发病死亡152只。2010年，文井镇者后村一户小鸭发病，死亡47只。

小鹅瘟 2011年底，文井镇新会村鹅发病65只，死亡63只。

传染性法氏囊病 1~2月龄小鸡多发，以腹泻为主，排蛋清样稀粪，内含石灰渣样物，特征病变为胸肌、褪肌出血，法氏囊肿大、出血，肾肿大。2005年4月，锦屏镇一养鸡户鸡发病，雏鸡死亡86只。

鸡传染性支气管炎 2010年3月，锦屏镇一规模鸡场引入土杂鸡2000只，其中症状明显145只，出现气管罗音、咳嗽、流泪、鼻分泌物增多、呼吸困难等症状。

传染性喉气管炎 临床以呼吸困难，咳嗽、并咳出血样分泌物，喉头和气管黏膜水肿，糜烂、坏死、出血为特征，常与鸡传染性支气管炎混感。2002年，漫湾镇保甸一养鸡大户饲养1500只鸡，其中57只症状典型。

马立克氏病 1999年8月12日，森工局职工饲养的1只本地母鸡，出现典型内脏型病变，肝、心、卵巢见有大量蚕豆大肿瘤结节。

8. 寄生虫病

伊氏锥虫病 1983年，业务部门开展大牲畜血清学伊氏锥虫病调查，其中，马骡4匹，阳性2匹；水牛227头，阳性35头；黄牛10头，阳性1头。1984年，在文龙、文井、者后、曼等、花山6个乡、32村、171社大牲畜血清学检查4975头，查出阳性760头，其中，水牛4222头，阳性701头；黄牛354头，阳性40头；羊399只，阳性19只。1981—1985年，牛累计发病834头，死亡120头；马骡发病87匹，死亡13匹。1989—1995年，牛发病466头，死亡77头。1996—2011年，全县牛发病1538头，死亡176头。德国生产的纳嘎诺，是预防和治疗伊氏锥虫病的特效药物。

梨形虫病 据1980年梨形虫病调查，感染率水牛29.4%（5/17），黄牛27.8%（5/18）。1989年，锦屏乡菜户、利月、温卜、新民、磨腊5个村、16个社的牛发病40头，死亡3头。山羊也出现感染病例。

肝片吸虫病 境内散发。感染强度大，危害严重，常引起家畜贫血、拉稀、消瘦，重者死亡。据1980年牲畜粪便检查，肝片吸虫卵检出率黄牛70.18%（153/218），水牛61.34%（219/357），羊35.25%（43/122）。1990年，屠宰家畜肝片吸虫病检查，阳性率水牛57.14%（32/56），黄牛77.33%（58/75），猪33.6%（84/250），山羊58.69%（27/46）。

猪囊尾蚴病 人畜共患病，肉品检疫重要病种之一。境内1949年前就有流行，散发，多见于贫困山区，特别是不盖厕所地方，猪只易食人的粪便而感染。据食品公司屠宰场统计：1982—1984年，猪囊虫检出率0.43%；1985—1988年，上市交易猪肉检出率0.31%；1989—1995年，检出率0.29%；1996—2011年，平均检出率0.056%。此外，县内有3例人脑寄生猪囊虫报道。

疥螨病 疥螨寄生于畜体上引起发痒、发炎和脱毛的一种慢性病，对猪危害较大，主要在猪场和养猪大户中流行。1986年，者后发疫26头。1987—1988年，者后乡文新村2个社牛发病34头。1989年，者后乡挖固村猪发病31头。1995年，县统一供精站种猪患疥螨病较为严重。

鸡球虫病 多发于雨季，主要危害小鸡，以肠炎为主，排血色粪便，死亡率高。在饲料中加入痢特灵、球虫灵、土霉素等，可显著降低发病死亡率。

猪蛔虫病 境内散发，山区、半山区较突出。据统计：1981—1995年，全县累计发病3.84万头，死亡1246头，致死率3.34%。

犊新蛔虫病 多见于0~2周龄犊牛，临床以腹痛、消瘦、拉稀糊样灰白色腥臭粪便为特征，死亡率高。1986年，者后乡牛犊发病死亡3头。1988年，漫湾镇牛犊发病死亡2头。犊牛出生1周开始驱虫，可有效降低此病发生。

姜片吸虫病　水生饲料丰富坝区多发。1987—1989年，者后乡发病死亡15头。1981—1995年，全县累计发病5326头，死亡268头。

山羊脑脊髓丝虫病　又叫羊风班腰、巴腰羊。境内散发，多发于夏秋蚊虫猖獗季节，由指状丝虫幼虫寄生于脊髓引起，病羊常出现后躯歪斜，行走困难，卧地不起，重者瘫痪。

牛副丝虫病　俗称狗屎疮，坝区水牛多发。常见于夏季，在牛背部、肋部皮下形成结节，几天后破口、出血，多见于4岁以上成年牛。1985—1990年，者后乡累计发病147头。病牛用1%敌百虫溶液或2%~3%左旋咪唑溶液，在结节周围分点注射即可。

牛吸吮线虫病　俗称牛眼虫病，多种线虫寄生于牛结膜囊、泪管引起。临床以流泪、流脓性分泌物为特征，重者角膜混浊，失明。1985—1990年，文井、者后累计发病308头。病牛可用2%~3%左旋咪唑溶液冲洗治疗。

脑多头蚴病　俗称转头疯。山区多见，多发于6月龄至2岁山羊，由多头绦虫幼虫寄生于山羊脑内引起。临床以反应敏感、行走不稳、转圈等为特征。1991—1993年，景福、太忠、龙街累计山羊发病19只。

细颈囊尾蚴病　俗称水铃铛，全县散发。囊体大小如鸡蛋或更大，囊内充满大量液体，主要寄生于动物肝脏浆膜、肠系膜及其他器官中，对幼畜危害较严重。

棘球蚴病　全县散发，属人畜共患病。主要寄生于动物肝脏和其他器官中。肉品检验中，要摘除寄生囊蚴并作无害化处理。

9. 中毒

氟乙酰胺中毒　1988年6月，氟乙酰鼠药开始在县内出售。1989年4月，者后有13头育肥猪中毒死亡；8月13日，者后文东社2只狗误食中毒死鼠，出现二次中毒死亡。1996年8月至1997年1月15日，龙街乡竹者村猪、牛、山羊引起中毒，死亡牛15头，猪37头，羊18只。1997年1月21日，龙街乡街子1头水牛误食后中毒，在街道横冲直撞，攻击路人，被派出所干警击毙。氟乙酰胺鼠药一度泛滥，坝区猫狗几乎绝迹，鼠害猖獗。据不完全统计，1988—1999年全县误食该药中毒死亡猪2596头，牛397头，羊45只。

亚硝酸盐中毒　夏秋时节，农户用卷心菜、南瓜叶、青菜等青绿料喂猪，常加盖焖煮、放置，饲料中硝酸盐转变成剧毒亚硝酸盐，猪食后引起中毒。发病急，死亡率高，多见于下午或第二天早上，猪死厩内。1981—1990年，全县累计猪中毒3593头，死亡2193头。1991—1995年，累计中毒2316头，死亡1763头。发病早期，可用美兰或蓝墨水20~30毫升分点肌注解救。

有机磷农药中毒　家畜误食含有机磷农药食物或过量使用有机磷药物或用法不当中毒。中毒症状：轻者呕吐、流涎、出汗、无力、腹泻，重者呼吸困难，口吐白沫，瞳孔似针尖大小，抽搐，大小便失禁，倒地死亡。

氢氰酸中毒　1998年10月，漫湾镇朱家箐3头耕牛采食高粱再生苗中毒，经及时救治康复。1992年，漫湾镇昔掌村新田1户农户用木薯饲猪，中毒4头，死亡2头。1993年，景福乡回寺1户农户用木薯饲猪，中毒9头，死亡6头。1996年，景福乡勐令村1户农户山羊过量采食桃叶中毒66只，死亡10只。

食盐中毒　多因猪采食腌肉水或盐分过多饲料，未得到充足饮水所致。1984—1990年，者后乡猪食盐中毒死亡34头。1995—2000年，全县猪食盐中毒死亡156头。21世纪后，政府重视农村人畜饮水建设，水源充足，猪舍饮水设施改善，食盐中毒现象明显减少。

霉玉米中毒　全县仅有一次记录。1995年，林街粮管所长期用发霉玉米喂猪，发病15头，死亡7头，致死率46.6%。

酒糟中毒 酒糟因存贮过久或保管不当而腐败、发霉、变酸，猪食入后引起中毒。1989 年，者后供销社酒厂猪酒糟中毒 4 头，死亡 3 头。1995 年，景福勐令村水牛酒糟中毒死亡 1 头。

（二）防治情况

新中国建立后，成立畜禽疫病预防专门机构，安排专项经费，免疫病种逐年增多，效果显著。1983—1991 年，全县治疗各种牲畜疫病分别为 1983 年 8104 头（次）、1988 年 3743 头（次）、1991 年 7468 头（次）。1994 年，锦屏、文井、太忠用青霉素、链霉素、四环素、磺胺嘧啶、安乃近医治牛出败 49 头，治愈 32 头；漫湾用大剂量青霉素、链霉素、安乃近、病毒灵、猪病灵治疗猪流行性感冒，每天肌注 2 次，治疗 362 头，治愈 356 头；漫湾镇用病毒灵、青霉素、链霉素、葡萄糖、维生素 C、柴胡和清热利毒草药治疗马流行性感冒，治疗 87 匹，治愈 84 匹。2003 年，漫湾、曼等、林街治疗牛流行热 334 头，治愈 329 头。

猪瘟预防 自 1957 年始，用猪瘟结晶紫疫苗注射预防猪瘟 1.85 万头，免疫密度 14.58%。1975—1982 年，采取春秋两防，免疫密度 33%～51.23%。由于两防间隔较长，加之农户养猪水平提高，出栏时间缩短，新增猪只漏免现象普遍。1987 年始，推广春防一次性全面注射，按季对漏注猪只补注猪瘟疫苗。1987—2006 年，猪群体免疫密度 76.4%～94.3%。2008—2011 年，猪群体免疫密度年均 91.6%。

猪肺疫预防 1974 年始，用猪肺疫氢氧化铝菌苗预防猪肺疫 8.22 万头，免疫密度 20%。1983—1985 年，用猪瘟—猪肺疫—猪丹毒三联苗预防猪肺疫，年免疫密度分别为 67.3%、76.23%、73.8%。1986 年后，改用猪瘟—猪肺疫二联苗注射易发区猪只。

牛出败预防 自 1957 年始，用氢氧化铝甲醛菌苗免疫牛出败。1967—1973 年中断。1974 年，恢复注射，免疫密度逐年提高。1993 年，注射 4.66 万头，免疫密度 48.85%。2004—2011 年，县内仅对疫点免疫。

牛气肿疽预防 1974 年始，用牛气肿疽菌苗预防牛气肿疽 5000 头，免疫密度 6.98%。1975 年始，仅在疫区和受威胁区注射。1991 年，全县注射 1.29 万头，免疫密度 13.88%。

马传染性贫血预防 1992 年始，用驴白细胞弱毒苗预防马传染性贫血 881 匹。1995—1996 年，累计注射 3198 匹，免疫密度 69.51%。

猪副伤寒预防 1993 年，用猪副伤寒弱毒疫苗预防 1.35 万头。1994 年，预防 816 头。1995 年，预防 738 头。效果良好。

鸡新城疫预防 1988—2007 年，县兽医站门诊提供街天鸡预防注射服务，宣传和普及预防注射技术。7 日龄用鸡新城疫Ⅱ系苗滴鼻，2 月龄用鸡新城疫Ⅰ系苗注射。1990—1999 年，县内平均每年注射 15.34 万只。2000—2011 年，平均每年注射 18.25 万只。

禽霍乱预防 用禽霍乱弱毒疫苗免疫。2000—2011 年，年均注射家禽 4.14 万只。

鸭病毒性肝炎预防 1993 年始，用鸭肝炎弱毒疫苗在养鸭大户中预防。

鸡痘预防 2002 年，首次引入疫苗。在锦屏、文井养鸡大户中注射 1850 只，效果明显。

禽流感预防 自 2007 年始，国家免费提供疫苗。县内零星养殖户存在嫌麻烦、不愿预防现象。每年推广家禽免疫 10 万余只。

山羊痘预防 2004 年，用山羊痘疫苗免疫羊 6584 只。2005 年，免疫 3675 只。

仔猪白痢、黄痢预防 母猪产前 30 天，用同一猪场拉稀仔猪粪兑水拌料喂母猪 3 天，产前 15 天再喂 3 天，此法最有效。

小鹅瘟预防 2010 年始，部分养鹅大户开始用疫苗预防。

三、畜禽检疫

产地和运输检疫 1994年8月，农业局召开全县检疫人员会议，委托漫湾、安定、曼等、者后开展运输检疫，其他乡镇实行产地检疫。如曼等乡街天交易生猪50~104头、鸡1000~2400只，商贩收购运往景洪、思茅、昆明销售前，必须经过农工站兽医技术人员检疫，途中需出具运输检疫证明后方可放行。

市场检疫 1983年，畜牧部门组织技术人员，重点开展安定、文龙、清凉、锦屏4个集市检疫，共检疫猪3.59万头，查出病猪207头，占0.57%。1986年起，市场检疫在全县铺开。1994年，全县共检疫生猪4.68万头，查出病猪1723头，占3.68%；检疫牛2546头，查出病牛2头，占0.07%。病猪中，猪瘟占75.56%，猪肺疫占4.93%，猪丹毒占1.45%，副伤寒占6.3%。1986年始，城街上市交易生猪由检疫人员检疫，注射猪瘟疫苗或猪瘟—猪肺疫二联苗预防。2000年，全县检疫猪2.36万头，检出病猪45头；检疫牛4724头，检出病牛8头；检疫山羊4137只，检出病羊15只。2005年，全县检疫猪5.34万头，检出病猪51头；检疫牛5730头，检出病牛4头；检疫山羊7137只，检出病羊18只。2011年，全县检疫猪5.53万头，检出病猪61头；检疫牛5130头，检出病牛7头；检疫山羊3907只，检出病羊6只。

定点屠宰检疫（李旭　摄）

屠宰检疫 1984年前，牲畜全部由国营食品部门统一屠宰上市，食品公司负责检疫。遇到烈性传染病，由县兽医站派人鉴定。1985年末，取消派购，由个人屠宰上市出售。1986年始，全县检疫工作由县兽医站和各乡镇农工站负责。1987年，县城检验猪肉1995头，检出不合格47头；检验牛肉353头，检出不合格5头。1995年，全县开展检疫街市20处，检验猪肉4.99万头，检出不合格242头，占0.48%；检验牛肉913头，检出不合格2头。1996年，供应县城猪肉集中在冷库定点屠宰。之后，者后、文井、玉米山、清凉、大街、龙街、文龙相继建起生猪定点屠宰场。实行“定点屠宰，集中检疫，统一收费”，能有效杜绝逃避检疫、注水掺假行为。2005年，全县检验猪肉5.15万头，牛羊肉5021头，检出不合格27头。2011年，全县检验猪肉7.43万头，牛羊肉6194头，检出不合格21头。

四、兽药经营管理

兽药是用来治疗和预防动物疫病的特殊商品，经营兽药企业必须具有一定的学历，具备相应的设施，并由当地畜牧兽医主管部门办理兽药经营许可证。1985年前，兽药及器械由县医药公司统一经营。自1985年始，县农业局畜牧股和县兽医站从事兽药和器械批发。自2001年始，个体户逐渐加入兽药批发行业。1983—2009年，全县共办理兽药经营许可证238户。2010年，农业部颁布《兽药经营质量管理规范》，县内经营兽药企业需通过普洱市畜牧兽医局组织考核认定后，方可办理兽药经营许可证。境内符合条件企业62家，其中，县城12家，乡镇50家。

第六节 经营管理

一、经营

（一）商品基地建设

黑山羊基地建设 1991年，景东被列为黑山羊基地建设县，期限3年。项目总投资193万元，其中，扶持养羊重点户526户，投入62.38万元，新建羊厩2.1万平方米；扶持种羊核心群1户，投入14.73万元；兴建兽医站年产100万千克饲料加工厂1个，投入21.08万元，建筑面积650平方米；建设县山羊生产技术综合服务站及服务设施1470平方米，投入43.64万元；建设乡级山羊技术指导站2个，投入7万元；羔羊育肥试验2.46万元；建设畜牧技术人员宿舍530平方米，投入26.34万元；其他支出15.27万元。1994年末，全县养羊户由1990年9106户增至1.05万户，羊群存栏由9.28万只增至11.11万只，增长19.7%；养羊收入户均100元增至400元，累计提供羊粪1.6亿千克。解决农村剩余劳动力500个。

牛羊示范区建设 1997—1999年，云南省畜牧局批准花山、大街、文井为牛羊示范区建设，无偿投资81万元。示范区建设内容：（1）引入良种牛冻精，推广肉牛人工授精技术，增加肉牛体重；（2）注重草料贮备，指导农户利用冬季农田种草养畜，推广青贮氨化技术，晒制青干草；（3）悬挂牛羊舔砖，补充微量元素，开展犊牛培育和防疫驱虫工作；（4）注重圈舍改造，使其干燥、避风、冬暖夏凉，增加料槽和水槽，早晚补饲和饮水。通过加大综合配套技术推广力度，养牛水平明显提高。1997年，牛存栏1.03万头，比上年增加2.4%，能繁母牛3786头，同比增长1.6%；牛出栏988头，出栏率10.2%，同比增长364%。修建永久氨化窖592立方米，推广青贮料164.6万千克，氨化料90.3万千克；人工种草6.8公顷；牛驱虫7326头（次），预防注射8732头，牛死亡率降为1.5%；推广牛羊配料6.7万千克；改造牛圈1260平方米；举办综合配套技术培训班7期471人；培育养牛户肉牛年出栏5~10头7户、11~15头2户、16~20头1户、20头以上1户，63户重点户牛存栏728头、出栏121头，出栏率16.62%。

畜牧扶贫工程示范项目 1999—2000年，在景福、龙街14个村71个社700户实施畜牧扶贫工程示范项目，期限2年。共投入资金403.58万元，其中，省级98万元，县级小额信贷155.58万元，农户自筹（含投工投劳折资）150万元。扶持重点户养猪250户，养鸡450户，带动其他科学养殖1400户。项目实施后，景福乡示范户养猪200户、养鸡150户，人均新增牧业纯收入分别为303元/年、201元/年；龙街乡示范户养猪50户、养鸡300户，人均新增牧业纯收入分别为244元/年、187元/年。2001—2002年，示范项目在安定、太忠实施，省级财政向两个乡分别投入25万元，“一年投资，两年实施，任务减半”。太忠乡在嘎仰、大水井、岔箐、三合、平掌5个村扶持示范户200户，其中，养猪30户，养鸡150户，养羊15户，养牛5户。安定乡在望福、中仓、民福3个村扶持示范户200户，其中，养猪30户，养鸡140户，养羊20户，养牛10户。项目实施后，示范户人均新增牧业纯收入204.5元/年。2003年1月23日，示范项目通过思茅地区农业局验收。

肉牛外销基地建设 2003年，景东被列为肉牛外销基地县，省级投资130万元，在锦屏、文井、漫湾、大街4个乡（镇）种植特高多花黑麦草26.73公顷、皇竹草28.8公顷、紫花光叶苕12.2公顷，建青贮窖760立方米，新建和改造牛厩3230平方米，培育犊牛305头，肉牛补饲1108头，举办科学养牛技术培训6期275人次。2004年，租用文黑农机培训学校作为畜牧局养殖基地，新建牛厩及附属设施460.33平方米，购入摩拉×本地杂交水母牛23头，投资60余万元，半年后停产。

巩固退耕还林后续产业养殖项目 2009年，省财政厅退耕还林后续产业养殖项目在龙街乡东山实施。涉及农户15户，投资16.4万元，建棚厩1000平方米、青贮窖300立方米，种植饲草13.33公顷。2010年，在安定乡实施。农户涉及芹河72户、旧村26户、青联82户，投资122万元，建棚厩7200平方米，青贮窖2000立方米，种植饲草113.33公顷。

（二）经营销售

1956年前，县境内畜产品实行敞开买卖，自由选购。1956年，实行肥猪定购、派购和猪肉定量供应。1958年，实行人民公社，畜禽归公。1961年，撤销公共食堂，允许农民饲养猪鸡鹅鸭和少量大牲畜。1962年，开始实行"吃卖各半"政策。1978年后，畜禽归农户饲养。1985年1月21日，全省取消肥猪派购政策，生猪和猪肉价格放开，实行自由上市，自由交易，随行就市，按质论价。2011年，全县肉类总产2694.2万千克，比1978年318.5万千克增加2375.7万千克，增长7.5倍。

1988—2011年景东县获批投资主要项目统计表

表9-4-5　　单位：万元

年度	项目名称	投资	投资来源
1988	县统一供精站建设	20.0	省农业厅
1991	黑山羊基地建设	90.0	省农业厅
1994	以工代赈草山建设	16.0	省农业厅
1997—1999	大街、文井、花山牛羊示范区建设	81.0	省农业厅
1999—2000	景福、龙街畜牧扶贫工程建设	98.0	省农业厅
2003	肉牛科学养殖项目	100.0	省财政厅
2003	"名、特、优、新"乌骨鸡产业化养殖项目	60.0	省财政厅
2003	无量自然保护区周边乡冻改站点建设	29.0	荷兰政府
2003	肉牛外销基地项目	30.0	省农业厅
2004	乌骨鸡产业化资金	30.0	省农业厅
2004	冷链体系建设	80.0	中央财政
2005	冻改站点建设	10.0	省农业厅
2005	人工授精网点建设	10.0	省农业厅
2005	安定乡畜牧站建设	25.0	省农业厅
2005	肉羊和土鸡养殖	20.0	省农业厅
2005	景东文黑仔猪场建设	50.0	市财政
2005	畜牧产业信息平台建设	10.0	省农业厅
2006	三岔河和小门坎养殖小区补助	10.0	省农业厅
2006	肉牛外销基地项目	20.0	省农业厅
2006	县级检疫监督设施建设项目	41.0	中央财政
2006—2007	黄草岭、大断腰2个养蜂示范区（10万元/个）	10.0	省农业厅
2008	龙街乡退耕还林项目	16.8	省财政厅
2008	安定、锦屏、东镇、景福、文井站点修缮	22.0	中央财政
2009	县疫控中心及8个乡畜牧站建设	163.2	中央财政
2009	龙街乡巩固退耕还林成果后续产业	16.4	省农业厅

续表 9-4-5

年度	项目名称	投资	投资来源
2009	曼等乡畜牧站建设	25.0	省农业厅
2007—2009	11 个生猪标准化规模养殖场建设	170.0	中央财政
2009	中央现代农业生产发展扶持养猪项目	300.0	中央财政
2008—2010	太忠、大街、龙街冻改站点建设（10 万元/乡）	30.0	省农业厅
2010	肉羊基地建设	30.0	省农业厅
2010	安定乡巩固退耕还林成果后续产业	122.0	省财政厅
2010—2011	5 个规模猪场建设	125.0	中央财政
2011	肉羊基地建设	9.0	省农业厅
合计		1869.4	

二、管理

（一）管理体制

全额拨款管理　由大中专学校毕业生、国家正常录用人员及军转人员组成。分配在县兽医站和各乡镇农工站，工资待遇由财政全额拨款，负责全县畜牧兽医技术推广。1985—2008 年，单位经营兽药饲料收入统一建账，属预算外收入，按财政规定开展收入分配，之后，单位主要从事公益事业，不再经营兽药饲料。

差额拨款管理　1964—1971 年，县内组建区兽医站，开展基层动物疫病防治工作。招录兽医 23 人，在职不在编；每月国家供应口粮 16 千克，按工龄补助工资 26～29.6 元/月（人均加 2 元粮价补贴）。1985 年，集体兽医解散，自谋职业。

（二）管理机构及队伍

1978 年，县农林局分设为农业局、水利局和林业局。农业局内设畜牧股，兽医站隶属农业局。1984 年，各乡设立农业工作站，农业、畜牧、农经合署办公，每站有全民兽医 2～3 人，“三权”归农业局。1992 年，“三权”下划乡镇政府。1993 年，兽医卫生监督所和兽药监察所成立，由畜牧股和兽医站工作人员 5 人兼职，各乡镇委托兽药监察人员 1 人为畜牧兽医执法人员，统一配发服装，证、章、标志齐全。1996 年，畜牧兽医技术推广中心成立，隶属农业局，下设综合办公室、财务室、畜禽改良站、畜牧兽医站、草山饲料站、动物检疫站，事业编制 30 人。1998 年，畜牧局成立，正科级，下设办公室、综合股、财务股、动物卫生监督所、畜禽品种改良站、兽医防疫站、草山饲料站、动物检疫站，行政编制 6 人，事业编制 30 人。各乡镇设畜牧兽医站。2002 年，农业、畜牧、农机合并成立农业局，下设畜牧兽医中心，事业编制 35 人。2004 年，恢复畜牧局，内设办公室、财务股、动物卫生监督所、畜禽品种改良站、兽医防疫站、草山饲料站、动物检疫站，行政编制 7 人，事业编制 35 人。2005 年 2 月，乡畜牧兽医站“三权”收归县畜牧局管理。2008 年，畜牧局改称畜牧兽医局，下设动物卫生监督所，事业编制 15 人；动物疫病预防控制中心事业编制 11 人，畜牧工作站事业编制 9 人。2011 年，畜牧兽医局调整为农业和科学技术局管理事业单位，局机关事业编制 10 人。全县有畜牧兽医工作人员 147 人，其中，技术人员 115 人，工人 32 人；高职 4 人，中职 54 人。取得国家执业兽医师资格 7 人。

（三）兽医防疫体系建设

2003 年，农业部立项投资 80 万元，建设县级动物防疫冷链体系。2005 年，省农业厅拨款 25 万元，建设安定乡畜牧站。2006年，农业部立项拨款44万元，改造县级动物卫生监督办公设施及车辆购置。2008年，省动物疫病预防控制中心下达乡站建设经费22万元，其中，安定、锦屏、东镇各6万元，景福、文井各2万元。2009年，扩大内需第三批中央投资163.2万元，其中，建设漫湾、花山、大街、太忠、龙街、文龙、林街、曼等乡（镇）站111.2万元，建设县动物疫病预防控制中心52万元。2009年，省农业厅拨款25万元建设曼等乡畜牧站，建成县动物卫生监督所办公用房及仓库324平方米，县疫控中心办公及化验楼178.36平方米，乡站办公用房花山140平方米、太忠207平方米，龙街120平方米、文龙120平方米、漫湾173平方米、曼等287.8平方米、安定236平方米，配备帕拉丁、猎豹越野车各1辆，配6门冰柜4台、立式冰箱16台、冰柜4台、冷藏包167个和录像机、数码像机、台式电脑、笔记本电脑、投影仪、显微镜及化验设备。

（五）村级防疫队伍

1983年6月至1984年10月，县农业局举办畜禽防疫技术培训班5期262人，学员来自全县158个村，每期学习2个月，成绩合格者发给营业执照回乡开业行医，作为村级防疫员。1983年，县职业中学开设畜牧兽医专业，毕业生回乡从事畜牧兽医工作。2004年4月12—18日，在景东职业中学举办防疫技术培训班1期174人，其中166人考试合格认定为村防疫员。7月23日，县委县政府下发《关于加快畜牧产业发展的意见》，县财政补助村防疫员50元/月，防疫经费25万元纳入年度财政预算。2007年，中央加大村级防疫人员经费投入，下拨专款，用于免疫注射补助，配发防疫器械。2011年，中央下拨专款22.74万元。

第七节　畜牧培训

培训对象主要为牧技人员和农民。通过培训，让农户掌握科学饲养畜禽、疫病防控、青贮氨化等技术和经营管理知识。采取“送出去，请进来”方式，培训牧技人员。

一、初级班

培训时间1年，每月集中面授2天，结业考试合格后，发给绿色证书。1996年3月至2000年3月，先后有景福乡勐令村116人、林街乡清河村54人、景福乡棠梨箐村48人、漫湾镇昔掌村36人获养殖专业初级班培训结业。

二、实用技术培训

根据技术推广需要，针对某项技术进行培训，如猪人工授精输配、鸡苗预防接种、全价饲料配制等技术。1987—2006年，举办科学养猪技术培训253期12679人次。1999—2002年，畜牧扶贫工程示范项目举办技术培训养鸡25期735人次、养猪15期94人次、养羊和养牛13期634人次。2003—2004年，举办技术培训肉牛养殖21期1035人次、种草养畜12期503人次、青贮氨化7期358人次。2003年8月18—20日，举办无量山国家自然保护区周边乡镇肉牛冻改技术培训，参训20人。

三、入户指导

派技术人员到农户家中操作示范，传授技术。2000年4月25—28日，派出技术人员2人到景福乡勐令村、棠梨箐村指导农户学习煤油灯孵鸡技术。2003年，派技术人员到漫湾镇保甸村为个体户培训肉牛冻精输配技术。2008年3月24—27日，派出技术员2人到保甸村教农户调教种公猪3头，推广猪人工授精技术。

第八节 渔 业

一、水面

江河水域资源　景东县水域资源丰富。有径流面积10平方千米以上河流47条，共有水域7497.97公顷。其中，漫湾、大朝山水库水域5040公顷，川河、者干河水域2457.97公顷。

库区水域资源　至2011年，景东县共有大小水库21座，总库容4110.77万立方米，共有水域300公顷，养殖面积200公顷。

池塘养殖资源　至2011年，景东县渔业专用鱼塘面积368.4公顷，水产品总量591万千克。

二、水产资源

土著鱼类　景东土著鱼类资源丰富，各种冷水性、温水性和热带暖水性优质水生生物都能在境内找到最适宜的地理和气候条件繁殖生长。依据相关资料和中科院昆明动物研究所澜沧江、李仙江水系（上游景东段称川河）鱼类资源调查资料，境内共有土著鱼类93种，隶属5目15科13亚科。

经济鱼类　境内经济鱼类主要分布在澜沧江和川河。澜沧江景东县片区主要经济鱼类有红鳍方口鲃、后背鲈鲤、中国结鱼、云南野鲮、鲃鲤、澜沧江爬鳅、中华刀鲇、巨魾、中华青鳉等；红河水系李仙江流域主要经济鱼类有异鱲、软鳍四须鲃、暗色唇鱼、纹尾盆唇鱼、横斑原缨口鳅、红魾、间褶鮡、平吻褶鮡、大刺鳅等。

引殖品种　1997年始，景东县主要引殖品种有建鲤、青鱼、草鱼、鲢、鳙、团头鲂、彭泽鲫、罗氏沼虾、美国斑点叉尾鮰、罗非鱼（新吉富、吉诺玛）等。

其他水生生物资源　（1）两栖类资源。境内两栖类有38种，隶属2目8科5亚科。其中红瘰疣螈具有较高药用和科研价值，1989年被列为国家Ⅱ级保护动物并收入《云南省珍稀保护动物名录》，1998年被收入《中国濒危动物红皮书》。（2）水生爬行类资源。境内水生爬行类有珍稀的平胸龟、鼋（国家Ⅰ级保护动物）和山瑞鳖（国家Ⅱ级保护动物）。（3）水生哺乳类资源。境内水生哺乳类有国家重点Ⅱ级保护动物水獭、小爪水獭。

三、鱼种繁殖和养殖

1977年，在川河大沟管理所设鱼种繁殖场繁育家鱼。开挖鱼塘（池）8口2.73公顷，配备技术员2人，工人4人。1979年，莲花塘水产养殖场人工繁殖鱼种获得成功，繁殖水花草鱼苗70万尾，培育大规格鱼种20万尾，供应附近养鱼户及徐家坝、湾水河、菜户河水库和文井公社农户养殖。当年出现养鱼专业户21户，养殖水面20公顷，产鱼2.6万千克。随即，文华农场鱼种繁殖场建立。1983年7月19—24日，县委县政府召开全县淡水养鱼会议，制订出渔业发展规划。1983—1986

大朝山水库网箱养鱼（大朝山东镇　提供）

年，在县城和各乡镇举办农村养鱼培训班6期，参加培训164人次。1986年，从景谷引进罗非鱼试养成功。罗非鱼适应性强，易生长，繁殖力强，年长0.5千克左右。1988年，引进埃及江鳅（又名草胡子鲶）试养成功，当年繁殖7万尾。埃及江鳅适应性强，生长快，年长2千克左右。1992年后，川河大沟管理所鱼种繁殖场停止鱼苗繁育。1995年，漫湾镇在漫湾水库试行4×4米、5×5米聚乙烯网箱养鱼，面积1公顷，产量约7.5万千克/公顷。除供电站外，销往下关、南涧、云县、景东等地。至2011年，景东县已无规范的苗种繁育基地，每年所需苗种绝大部分从外地调入，成活率低，成本高，品种单一。

四、饲养管理

1978年，景东县池塘养鱼23.33公顷。至2011年，池塘养鱼368.4公顷。20世纪80年代，渔业养殖技术粗放。90年代后，渔业养殖技术发展较快，实现投喂全价颗粒饲料，形成以养建鲤、单性罗非鱼为主，搭配鲢鳙鱼、鲫鱼等品种养殖模式，主要推广池塘高产高效健康养殖、网箱养殖、无公害池塘标准化养殖技术。每公顷水产品产量由1978年150多千克，提高到2011年3万千克。

五、渔业环境和水产品质量监测

景东县渔业养殖用水质量符合NY5051-2001规定，无渔业环境污染。自1997年始，开展水产品质量监测。主要监测从水产品源头到餐桌质量，水产养殖基地、市场、超市等环节用药情况；重点排查养殖单位、渔户药物和添加剂使用情况，检查水产养殖单位、渔户养殖档案、水产品营销记录，查处销售水产品变质、过期行为。至2011年末，境内还没有达标的水产品质量检测设施和机构，只能配合省市开展水产品抽检活动。

六、捕捞工具和方法

景东历史上经常使用撒网、罾（捞兜）、虾篙（须笼）等传统渔具及渔床、渔塘、炸鱼、毒鱼等原始落后方法捕捞鱼虾。在江河、池塘捕捞，撒网是普遍采用的渔具，常年可用。扳罾，有人力罾、机械罾两种。虾篙，主要捕捞江河流溪、水库渔场周围、稻田养鱼放水口鱼虾。刺网，属现代较先进的渔具，常用有单层刺网、三层刺网两种，单层刺网可以让鱼自由游动、挂网；三层刺网用定位、回刺、拖刺形式挂鱼，也可配合定位张网联合作业。渔床，俗称渔坝，属传统捕捞方法。利用江河分流的自然落差，在主河道上架设木栏阻鱼，在分流河道下游用竹片编织渔床，等待鱼类游入渔床后捕捞。渔塘，利用鱼类喜欢在水草上受精的习性，产卵期在水流缓慢地带设草栅栏、留塘洞，塘内投放青松枝，待鱼入塘内产籽受精（俗称摆籽鱼）时，关门捕捞。拖网主要用于捕捞深水底层鱼类。赶、栏、刺、张是新兴的联合捕鱼方法，一般用于湖泊、水库、塘坝养鱼水面较宽、使用单种渔具难以捕捞的地方，采用性能不同的渔具联合作业，充分发挥各种渔具作用，集中捕捞。炸鱼、毒鱼是原始落后捕鱼方法，对鱼类资源危害极大，不但破坏生态，效益也很低。随着青鱼、草鱼、鲢鱼、鳙鱼和热带、亚热带鱼类品种大量引进繁殖，水库、坝塘大面积投放鱼种人工饲养，捕捞工具逐步更新改进，捕捞方法日趋科学有效。

20世纪80年代后，贯彻执行《中华人民共和国渔业法》，强调依法捕鱼，各级政府加强渔政管理，禁止炸鱼、毒鱼，保护鱼类资源，防止江河水质污染。

七、渔政管理

禁渔期 1994年1月，县政府发出《关于加强景东县渔业生产管理的布告》，规定每年2月1日至5月31日为全县天然水域禁渔期。禁渔期间，任何单位和个人不得以任何方式捕捞国家渔业资源。

渔政队伍建设 至2011年末，全县共有27人持有渔业行政执法证件。其中，县级14人，乡镇农工站13人。

宣传贯彻《中华人民共和国渔业法》 1997年后，县水产渔政站利用电视、广播、宣传车、张贴标语等多种形式，在农村及机关、学校宣传贯彻《中华人民共和国渔业法》和《中华人民共和国渔业法实施细则》，维护养殖水域秩序，保护水产资源，保障养殖者合法权益，促进渔业发展。

渔业违法案件查处 1997—2011年，全县共查处渔业违法案件1337起，其中，炸鱼9起、电鱼594起，禁渔期捕鱼627起，禁渔期销售自然鱼82起；没收、销毁非法渔具1653件，其中，网具615件，电鱼器564台，橡皮艇52艘，渔坝142张，渔塘135个，爆炸物（鱼雷）100个，炸药19筒，雷管15个，钓杆11件；处罚1475人次，罚款2.21万元。

渔业船舶管理 漫湾、大朝山水库建成后，澜沧江沿线渔业船舶新兴发展。1997年始，水产渔政站负责渔业船舶管理工作。

第五章 茶 业

第一节 茶树种植与培育

一、茶园发展

景东县属云南省西南茶区，属最适宜茶树生长I类地区。1978年，全县有茶园3105公顷，产量52.1万千克。1980—1982年，部分集体茶园无人管理，甚至被毁，茶园面积有所下降，一度跌至2915公顷。1983年后，农民发展茶叶生产积极性有所提高，茶园面积开始回升。1988年，全县茶园4357公顷。20世纪90年代后，景东县把茶叶生产作为传统优势产业来抓，茶叶生产发展较快。到2004年，茶园6704公顷，产量245.19万千克。2005年后，制订出发展茶叶生产扶持政策，茶叶生产快速发展。至2011年，全县茶园1.44万公顷，其中无公害认证8840公顷，茶叶产量792.64万千克。茶叶生产覆盖全县13个乡镇、166个村，涉茶农户5.4万户、23万人。景东县成为云南省37个重点产茶县之一。

1978—2011年景东县茶园面积和产量统计表

表9-5-1

单位：公顷、万千克

年度	面积	产量	年度	面积	产量
1978	3105	52.1	1995	5559	146.2
1979	3107	47.2	1996	5480	156.0
1980	3034	49.0	1997	5317	136.9
1981	2880	52.7	1998	5350	178.9
1982	2915	52.9	1999	5335	187.5
1983	3224	62.9	2000	5471	195.8
1984	3255	75.7	2001	5849	217.0
1985	3284	65.5	2002	6349	218.7
1986	3230	71.6	2003	6525	226.3
1987	3649	82.2	2004	6704	245.2
1988	4357	86.7	2005	8440	399.6
1989	5159	88.3	2006	9053	503.6
1990	5189	104.1	2007	12781	643.8
1991	5281	103.5	2008	13420	592.2
1992	5288	110.1	2009	13688	639.1
1993	5202	1351.0	2010	13745	7102.0
1994	5553	1450.0	2011	14433	7926.0

二、古茶园

根据2006年茶树资源普查，全县有野生茶树群落1.91万公顷，占全市野生茶树分布面积24.3%；有栽培古茶园2477.9公顷，占全市古茶园面积20.4%。

（一）野生型古茶树群落分布

凹路箐“山”字形野生古茶树（刘伦 摄）

漫湾“蛟龙出海”古茶树（包忠华 摄）

秧草塘野生古茶树群落 位于锦屏镇磨腊村秧草塘组大扁石头，当地称大山茶，野生群落分布面积1573公顷，海拔2420米，土壤为黄棕壤，保护利用状况较好。

泡竹箐野生古茶树群落 位于锦屏镇新民村泡竹箐燕子窝，当地称野茶，野生群落分布面积2508公顷，海拔2780米，土壤为黄棕壤，保护利用状况较好。

凹路箐野生古茶树群落 位于锦屏镇龙树村曼壮组凹路箐，当地称山茶，野生群落分布面积894公顷，海拔2470米，土壤为黄棕壤，保护利用状况较好。其中一棵三枝构成“山”字，树高14米，最大丛围（3棵分枝围径）7.83米，树型奇特，颇为罕见。

槽子头野生古茶树群落 位于景福乡岔河村对门村组槽子头，当地称大山茶，野生群落分布面积986公顷，海拔2495米，土壤为黄棕壤，保护利用状况好。

芦山野生古茶树群落 位于漫湾镇文冒村芦山组，当地称山茶，野生群落分布面积1339公顷，海拔2345米，土壤为棕壤，保护利用状况好。

岩头野生古茶树群落 位于林街乡岩头村半坡组，当地称山茶，野生群落分布面积659公顷，海拔2474米，土壤为黄棕壤，保护利用状况较好。

凤冠山野生古茶树群落 位于景福乡岔河村凤冠山，当地称野茶，野生群落分布面积621公顷，海拔2495米，土壤为黄棕壤，保护利用状况好。

大跌腰野生古茶树群落 位于锦屏镇菜户村迤菜户组大跌腰，当地称山茶，野生群落分布面积159公顷，海拔3390米，土壤为赤红壤，保护利用状况好。

（二）栽培型古茶山分布

大柏村古茶树（罗庆北　摄）

御笔古茶山　分布于锦屏、文井2镇30个小组，有古茶园333公顷。树龄大多在百年以上，属特有的云南大叶茶勐库支系。所产茶叶具有芽叶肥壮、香气清高持久、滋味浓醇耐泡等特点，品质优、生态无污染。

漫湾古茶山　分布于县境西北部，有古茶树（园）13.33公顷，树龄大多在百年以上，属特有的云南大叶茶勐库支系。茶园东与无量山自然保护区相间，西至澜沧江，海拔多在1000~1400米，所产茶叶品质优、生态无污染。其中漫湾村中山一棵大茶树称“蛟龙出海”，生长在海拔1717米地区，树高8.6米，根部最大围径1.75米，年均产普洱茶5千克，为普洱市最大栽培型古茶树。

老仓福德古茶山　分布于安定、文龙2个乡，有古茶树（园）1069公顷，树龄大多在百年以上，属特有云南大叶茶勐库支系。茶园大多与国家级无量山自然保护区相连，海拔1700~2300米，气候温热湿润，日光充足，年平均气温14℃~17℃，年平均降水量1300~1500毫米，平均相对湿度80%，常年云雾缭绕，所产茶叶品质优异，生态无污染，口感佳、味道醇。

金鼎古茶山　分布于林街、景福、曼等3个乡，有古茶树（园）503公顷，树龄大多在百年以上，属特有云南大叶茶种。所产茶叶品质优、生态无污染。

哀牢山西坡古茶山　分布于花山、大街、太忠、龙街4乡，有古茶树（园）373公顷，树龄大多百年以上，属特有云南大叶茶勐库茶种。所产茶叶品质优、生态无污染。

景东县乔木古茶资源面积统计表

表9-5-2

乡镇	村名	面积（公顷）	树龄（年）	海拔（米）	分布自然村
锦屏	山冲	38.0	50~100	1700~2000	邦崴
	龙树	20.1	50~100	1400~1700	—
	菜户	18.0	50~100	1400~1700	迤菜户
	温卜	68.3	50~100	1400~1700	黄草坝
	利月	13.3	50~100	1400~1800	—
	黄草岭	8.0	50~100	1600~1800	—
文井	清凉	10.0	50~100	1400~1750	—
	山心	30.0	50~100	1400~1920	冯家茶园

续表 9-5-2

乡镇	村名	面积（公顷）	树龄（年）	海拔（米）	分布自然村
文井	丙必	60.0	50~100	1400~1980	长地山
	竹蓬	0.1	50~100	1060~1800	—
	文华农场	53.3	50~100	1190~1200	七队、五队
	路东	0.1	50~100	1580~1980	—
	挖固	0.1	50~100	1650~1900	—
	五林场	13.0	50~100	1150~1250	场部
花山	文俄	0.3	50~100	1330~1670	—
	文召	0.3	50~100	1600~1750	—
	营盘	25.5	50~100	1260	—
	芦山	3.3	50~100	1760~2340	备的箐
	文岔	6.8	50~100	1680~2000	村企业
	秀龙	3.4	50~100	1345~1500	—
	文明	7.6	50~100	1727	—
	卜勺	0.7	50~100	2100	—
	淇海	21.0	50~100	1900~2402	淇海茶厂
	撇罗	25.1	50~100	1800~1900	—
	文岗	39.5	50~100	1700~2100	下文岗
大街	昆岗	2.5	50~100	1550	—
	气力	4.4	50~100	1440	—
	勺么	2.9	50~100	1790	—
	平地	1.0	50~100	1600	—
	三营	19.1	50~100	1400	后营
大街	大街	91.5	50~100	1420	下营
	塘坊	2.0	50~100	1430	—
	文山	16.9	50~100	1420	—
太忠	麦地	15.7	50~100	2000~2400	—
	大柏村	5.0	50~100	1900~2100	—
	沾牛	0.8	50~100	1700~1860	—
	方家箐	0.9	50~100	1800~1850	—
	岔箐	0.4	50~100	1500~1700	—
	平掌	1.6	50~100	1600~1650	—
	大松树	0.7	50~100	1500~1620	—
	王家村	0.1	50~100	1650~1800	—
	花石	0.4	50~100	1540~1820	—
	三合	0.6	50~100	1550~1880	—
	大起育	0.8	50~100	1500~2000	—
	嘎仰	0.1	50~100	1623~2000	—
	叫冢坡	2.6	50~100	1800~2030	—

续表 9-5-2

乡镇	村名	面积（公顷）	树龄（年）	海拔（米）	分布自然村
龙街	垭口	9.8	50~100	1600	—
	小村	1.5	50~100	1650	—
	南岸	3.2	50~100	1600	—
	和哨	11.8	50~100	1800	—
	东山	24.5	50~100	1800	—
	竹者	1.7	50~100	1800	—
	新平	5.9	50~100	1700	—
	戈瓦	1.0	50~100	1750	—
	石垭口	1.0	50~100	1600	—
	邦庆	3.3	50~100	1700	—
	多依树	6.1	50~100	1600	—
安定	中仓	59.7	50~100	1460	三组
	迤仓	178.9	50~100	1960	李家
	青云	52.4	50~100	2230~2400	—
	民福	72.0	50~100	1450	黄家
	芹河	57.7	50~100	1850~1980	—
	河底	65.0	50~100	1900	—
	外仓	15.9	50~100	1460~1800	—
	兴旺	32.0	50~100	1460	—
	青联	48.0	50~100	2270~2300	—
	沙拉	33.0	50~100	1500	—
	望福	15.7	50~100	1680~1700	—
	旧村	121.5	50~100	2000~2100	—
	菠萝	43.7	50~100	1900	—
	青胜	36.9	50~100	1460~1860	—
文龙	邦迈	80.0	50~100	1750~2400	村头间
	邦崴	100.00	50~100	1880~2070	刘家
	瓦罐窑	6.7	50~100	1600~1780	—
	文录	20.0	50~100	1340~1540	民喜
	义昌	30.0	50~100	1450~1912	十二组
漫湾	五里	0.7	50~100	1800	—
	安召	65.4	50~100	1700~2200	—
	温竹	74.2	50~100	2000~2100	八一组
	安乐	1.4	50~100	1450~2000	—
	漫湾	42.5	50~100	1900~2100	—
	保甸	4.7	50~100	1850~1950	—
	文冒	6.6	50~100	1700~2250	—
	昔掌	4.6	50~100	1700	—

续表 9-5-2

乡镇	村名	面积（公顷）	树龄（年）	海拔（米）	分布自然村
林街	箐头	18.8	50~100	1800~1950	—
	青河	15.5	50~100	1200~1900	—
	岩头	46.2	50~100	1800~2090	—
	丁帕	16.5	50~100	1930~2100	—
	林街	6.1	50~100	1100~1920	—
	龙洞	30.3	50~100	1800~1950	—
景福	勐令	6.8	50~100	1800~1960	—
	岔河	5.6	50~100	1300~1750	—
	勐片	21.3	50~100	1400~1650	—
	回寺	11.1	50~100	1550~1700	—
	古里	0.6	50~100	1380~1800	—
	龙山	10.5	50~100	1750	—
	鲁家	2.9	50~100	1500~1950	—
	赵其山	5.3	50~100	1780~1860	—
	棠梨箐	10.6	50~100	1500~1800	—
	公平	39.5	50~100	1950~2000	—
	金鸡林	60.8	50~100	1760~1800	—
曼等	花地	2.2	50~100	1300	—
	后河	2.8	50~100	1400	—
	胜岩	2.1	50~100	1350~1450	—
	瓦窑	9.9	50~100	1313~1400	—
	曼等	2.2	50~100	1370	—
	菜户	2.6	50~100	1600~1800	—
	仓房	2.2	50~100	1450~1700	—
	排沙	1.8	50~100	1500	—
	扎结	1.9	50~100	1400~1800	—
东镇	黑蛇	26.3	50~100	1980	岩头
	苍文	36.7	50~100	1960	鱼塘、一碗水
	长发	4.3	50~100	1400~1560	—
	大驮	66.7	50~100	1800~1890	科武
	新村	20.0	50~100	1800~2000	—
	彭家	4.0	50~100	1800~1860	—
	困嘎	8.5	50~100	2075	—
合计	—	2744.4	—	—	—

三、茶树品种

1978—1985 年，境内栽培茶树主要品种为云南大叶群体种。1985 年后，引进云抗 10 号、雪芽

100号等国家、省级优良品种。至2011年底，境内栽培型茶树品种主要为群体种、云抗9号、云抗10号、云抗14号、云抗43号、长叶白毫、短节白毫、云贵、云梅、矮丰、雪芽100号、紫娟、青萱乌龙、金萱乌龙、“普景1号”、景谷大白茶，共计16个。

“普景1号”茶种民间推广　“普景1号”（未获认定），系文井镇丙必村长地山组耿发财发现的变异茶种。1995年，耿发财发现自家茶地长着一棵较奇特的茶树，树龄30余年，芽枝粗壮、茸毛多，芽叶肥硕、芽头白，只开花不结果，采摘方便、产量较高，便试着用嫁接方式引种，获得成功。“普景1号”主要成分：氨基酸3.14%，茶多酚28.44%，咖啡碱3.72%，水浸出物44.27%。适合大面积低产茶园改造。民间除县内自发推广外，在普洱、临沧、玉溪等地推广种植2000余公顷。

长地山“普景1号”母本树（叶珍德　摄）

四、茶园建设和管理

（一）新茶园建设

1978—1993年，新辟茶园均采用种子直播。主要有双行条播、密植茶园两种种植方式。

双行条播　行距1.5米，小行距0.33米，错窝种植，用种375千克/公顷。云南大叶种属乔木型，行距1.8米，株距0.4米，用种375千克/公顷。

密植茶园　（1）茶籽播种。2~3米开厢，丛距0.2~0.25米，每窝丢种5~6粒，用种975~1200千克/公顷。一年一定剪，两年投产。茶籽冬播。（2）茶苗栽植。1993年后，新发展茶园均采用无性系良种茶苗栽植。1.5米开厢，种植2行，退步0.25~0.33米，用苗6万株/公顷。

（二）茶园管理

1978—1985年，推广“深翻、施肥、修剪、封园、防冻”传统模式。1986年后，推广“三耕四肥”，即春夏秋各追肥1次（不包括根外追肥），除草中耕1次，促进土壤疏松透气，培肥地力，有利茶树生长发育，冬季深挖，施基肥，清除杂草，深埋入土，以减少病虫繁殖。

（三）茶树修剪

幼龄茶树定型修剪　幼龄茶树定型修剪一般3次。当茶园内75%~80%茶苗高度达0.33米时，即可第一次修剪，高度以离地0.18~0.2米为宜，大叶茶略高于中小叶种为宜。第二次定型修剪，一般在修剪一年后进行。修剪高度在上次剪口提高0.12~0.16米。第三次定型修剪，在第二次定型修剪一年后进行。修剪高度在上次剪口提高0.1~0.12米，用水平剪将蓬面剪平即可。

成年茶树的修剪　分轻修剪和深修剪。轻修剪，一般在秋茶结束后进行一次，茶树树冠上修剪高度在次剪口提高3~5厘米。深修剪，剪去树冠上部0.1~0.12米深鸡爪枝，使树势恢复健壮，提高育芽能力。经过一次深修剪后，连续几年轻修剪，以后如又出现鸡爪枝多，产量下降，秋茶后可再次深修剪。

（四）低产茶园改造

景东县茶园40%~50%属20世纪70年代初种植，基础设施较差，品种单一。90年代初，由于产量低，均通过改树来提高产量和质量，做到一年改、二年管、三年复壮。

重修剪　树势趋向衰老，分枝稀少、枝条细弱，夹叶增多、萌发无力，出现虫蛀枝、枯枝、主干枝退化呈灰白色的茶树，在春茶结束 10 天内，可剪去原茶树高度 1/2 或 1/3，一般离地 0.5~0.6 米剪平，重新培养树冠。切口要平滑，严防破裂。

台刈　树势严重衰老，多枯枝、细弱枝、白化枝，披生地衣、苔藓，芽叶稀少的茶树，春茶结束 10 天内台刈，根颈部有新枝的应保留数支，以利水分养分输导。

（五）茶树病虫害综合防治

茶树病虫及天敌种类　茶树害虫有 6 目 27 科 48 种，茶树害虫天敌昆虫有 7 目 32 科 114 种。

茶树病虫分布及危害　景东县茶树病虫害种类繁多，分布较广，坝丘高山茶园均有分布。虫主要分布在坝丘区，种类多、数量大；病以高山和丘陵分布为多。病害常年发生，但危害尚轻；虫害从春茶开始，夏秋茶均受其害，夏茶尤重，特别小绿叶蝉、茶驸线螨、黑刺粉虱危害最重。

防治措施　以农业防治和物理机械防治为主，生物防治与化学防治相结合。（1）农业、物理机械和生物防治，及时分批采摘，合理修剪疏枝，耕作除草，合理施肥；直接捕杀或摘除病虫病枝，灯光诱杀，食物诱杀；保护天敌，以虫治虫，以病毒治虫，以菌治虫。（2）化学防治，农药使用按无公害农产品农药使用准则执行，优先选用生物农药，化学农药必须选择高效低毒、低残留药品；搞好预测预报，喷施的农药浓度、次数、时间、方法科学合理，品种对路；严格施药时间，施药 10 天后才能采茶。

第二节　采摘与加工

一、鲜叶采摘

鲜茶采摘（吴永康　2012 年 5 月摄于大街茶山）

采摘制度和周期　中华人民共和国建立初期，茶农采茶“一把抓”“一扫光”，不留叶，重春茶、轻夏茶、丢秋茶。随着茶叶科技的进步，根据地理自然条件、茶树品种、树龄树势和管理水平，推广合理的采摘制度。采摘标准上，大宗茶按“一芽二三叶”标准，名茶按独芽标准，及时采摘。不同茶类对鲜叶嫩度要求不同，加之地理、气候、品种等因素，早批茶采摘时间一般海拔 1500 米以下在 2 月下旬、3 月中旬，海拔 1500 米以上在 3 月下旬。采摘方法上，推广分批多次留叶采摘法，分批次数多，周期短（7~10 天）。全年萌发 4~6 轮，其中，春茶一轮（6~7 批），夏茶二轮至三轮（13~14 批），秋茶一轮至二轮（9~12 批）。

采摘方法　境内茶区仍以传统手工采摘为主。曾经引进机械采摘，但要求茶树品种一致，树冠整齐度高，萌发整齐，培肥条件好，境内茶园不能满足上述条件，未能推广。特别是高档名优绿茶（独芽或一芽一叶）的制作，只能靠手工采摘。

二、加工

（一）初制加工

工夫红毛茶初制工艺　工夫红茶是中国传统的出口茶类。工艺流程为：鲜叶→萎凋→揉捻→发酵→干燥。

红碎茶初制工艺　红碎茶是在工夫红茶基础上发展起来的，初制工艺与工夫红茶基本一致，只增加了一个切碎作业。工艺流程为：鲜叶→揉捻→揉切→发酵→干燥。

绿茶初制工艺　绿茶属于不发酵茶类，通过高温破坏酶的活性，保持茶叶原有绿色。绿茶按初制方法，分为炒青、烘青、晒青、蒸青；按茶叶外形，分为针形、扁形、卷曲形。

（二）精制加工

1. 红绿茶精制加工

包括毛茶定级归堆、毛茶审评拼配、加工流程。毛茶定级归堆，毛茶原料由精制茶厂向初制厂收购，对照国家标准样，根据加工标准样内质要求，结合当年新茶收购品质实际，以内质为主兼顾外形，分等级制订入仓堆样，然后按样分等级散装入仓。毛茶审评拼配，由茶叶仓库管部门按加工计划选取小样，送审检部门拼配。审检部门参照国家标准，结合毛茶品质实际，设计毛茶等级拼配比例，同时测定毛茶水分，核定等级数量。加工流程：分类→拼配→匀堆→补火→清风→装箱。

2. 普洱茶加工

普洱茶属黑茶类，是以云南大叶种晒青毛茶为原料，经渥堆加工而成的后发酵茶，是经再加工而改变茶类的特种茶，有普洱散茶和普洱紧压茶两类。加工流程：杀青→揉捻→晒干→渥堆→晾干→筛分。

杀青　大多采用锅式杀青，因大叶种茶含水量高，杀青时必须闷抖结合，使鲜叶失水均匀，达到杀透杀匀的目的。

揉捻　揉捻是用手直接搓揉已杀青的茶叶。要根据茶叶原料成分灵活用手掌握力度，嫩叶要轻揉，揉时短；老叶要重揉，揉时长，揉至茶叶基本成条索状为适度。

晒干　晒干是利用阳光晒干茶叶水分。一般利用篾席将茶叶薄摊在阳光下晾晒，晒到茶叶干至90%左右为适度。

渥堆　渥堆（即将晒干毛茶堆积保温5~6天或更长时间）是普洱茶色、香、味品质形成的关键工序。一般是先将茶叶泼水吸水受潮，然后堆成一定厚度，让其自然发酵。经过若干天堆积发酵后，茶叶色泽变褐，有特殊陈香味，滋味变浓而醇和。

晾干　渥堆达到适度后，用篾席在室内摊开晾干，使渥堆后的茶叶散发水分，自然风干。

筛分　经渥堆干燥后的茶叶，先散团使其松散，用筛、簸、捡等方法扬去细片碎末，捡剔老梗进行分档，便制成普洱散茶。普洱散茶分出粗细、大小、长短后，根据所作商品茶花色可再拼配加工制作普洱圆茶、砖茶、沱茶等紧压茶。

第三节　加工企业

一、茶叶初制所

1978年后，县境一批集体茶场逐步购进茶叶初制加工机械，部分规模较大茶场建立茶叶初制所，采用机械设备制作毛茶。1980 年，全县集中财力物力抓茶叶初制所建设，相继购进大批茶叶加工机械配备到各集体茶场。2011 年末，全县有茶叶初制所 146 家。

二、精制加工企业

1978 年后，先后创建县茶厂、县茶叶公司、安定茶厂、大街茶厂等集体加工企业。1990 年后，国家经济体制转型，集体茶厂解散。2011 年，全县共有茶叶精制加工企业 10 家，年加工能力 850 万千克。主要品牌有“银生”“老仓”“华腾”等。

景东县茶叶初制加工厂统计表

表 9-5-3

初制加工厂名称	所在地址	负责人	初制加工厂名称	所在地址	负责人
五一联营茶厂	锦屏镇山冲村	高星明	杨发云茶叶初制厂	太忠乡叶家坡村	杨发云
景东古茶厂	锦屏镇景川路	张俊义	云南开源茶叶有限公司	太忠乡徐家坝	黄进传
景东县康源茶叶有限公司	景东县城	张景洲	钟得章茶厂	太忠乡叶家坡村	钟德章
邦崴茶厂	锦屏镇孔雀山	高星程	祝贵琳茶厂	太忠乡叶家坡村	祝贵琳
御笔茶厂	县运输公司门口	丁海勇	罗仁荣茶厂	太忠乡叶家坡村	罗仁荣
山冲茶叶专业合作社	锦屏镇山冲村邦崴组	高祥	尹以怀茶厂	太忠乡大水井村	尹以怀
文华茶叶加工厂	文华农场	张世文	李仕明茶厂	太忠乡大水井村	李仕明
者拉茶叶加工厂	文井镇都拉村	苏加勇	自建国茶厂	太忠乡花石村	自建国
赵昌荣茶叶加工厂	文井镇大营村	赵昌荣	黄文国茶厂	太忠乡花石村	黄文国
何明生茶叶加工厂	文井镇大营村	何明生	大街乡茶厂	大街乡大街村	周德昌
李应良茶叶加工厂	文井镇大营村	李应良	大街兴达茶厂	大街乡文山村	杨中文
黄永明茶叶加工厂	文井镇者吉村	黄永明	三营村茶厂	大街乡三营村	袁以春
李文红茶叶加工厂	文井镇文窝村	李文红	平地村茶厂	大街乡平地村	李丕云
吴贵平茶叶加工厂	文井镇丙必村	吴贵平	昆岗村茶厂	大街乡昆岗村	王德超
卢开富茶叶加工厂	文井镇文井村	卢开富	气力村茶厂	大街乡气力村	苏桂忠
文华农场红土高原公司	文井镇文井村	李卫庆	勺么村茶厂	大街乡勺么村	杨文明
卢开贵茶叶加工厂	文井镇文井村	卢开贵	塘坊村茶厂	大街乡塘坊村	李中明
陈显文茶叶加工厂	文井镇老练村	陈显文	大坡茶厂	大街乡昆岗村	董国新
程汝灿茶叶加工厂	文井镇老练村	程汝灿	大街茶叶公司	大街乡大街村	钟启伟
周德忠茶叶加工厂	文井镇竹蓬村	周德忠	杨中武	大街乡大街村	杨中武
吴有全茶叶加工厂	文井镇丙必村	吴有金	代继礼	大街乡文山村	代继礼
普洱银生茶叶有限公司	文井镇清凉村	清凉街	周德虎	大街乡文山村	周德虎
长地山茶厂	文井镇丙必村	长地山组	代继怀	大街乡文山村	代继怀
五林厂	文井镇者后村	郭正旺	田志品	大街乡文山村	田志品
文新茶厂	文井镇者后村	白兆辉	字荣财	大街乡文山村	字荣财
后河茶叶加工厂	曼等乡后河村	王德平	罗中兴	大街乡塘坊村	罗中兴
芹菜塘四十七道班茶厂	景福乡勐令村	王拴怀	杨中寿	大街乡勺么村	杨中寿
芹菜塘红砖厂茶厂	景福乡勐令村	廖仕启	方俊尚	大街乡勺么村	方俊尚
勐令村茶厂	景福乡勐令村	王大春	罗德刚	大街乡气力村	罗德刚

续表 9-5-3

初制加工厂名称	所在地址	负责人	初制加工厂名称	所在地址	负责人
景福供销茶厂	景福乡古里村	宋家昌	王顺荣	大街乡气力村	王顺荣
赵其山茶厂	景福乡赵其山村	罗庭文	李丕云	大街乡平地村	李丕云
闵有学茶厂	景福乡回寺村	闵有学	鲁情光	大街乡平地村	鲁情光
毛德恩茶厂	景福乡古里村	毛德恩	刘万文	大街乡三营村	刘万文
磨刀河茶叶加工厂	林街乡丁帕村	普昌昆	杨中芳	大街乡三营村	杨中芳
山后茶叶加工厂	林街乡箐头村	周发跃	徐丕正	大街乡三营村	徐丕正
马加庄茶厂	林街乡丁帕村	马家庄	王德刚	大街乡三营村	王德刚
毛德恩茶厂	林街乡箐头村	毛德恩	杨中兵	大街乡三营村	杨中兵
民福茶厂	安定乡民福村龙树组	罗景伟	杨春顺	大街乡三营村	杨春顺
中仓茶厂	安定乡中仓村	李增伟	袁以光	大街乡三营村	袁以光
芹河茶厂	安定乡芹河村	施金福	古者茶叶专业合作社	大街乡大街村	杨旻
安定茶厂	安定乡鼠街村	李增伟	田应明茶厂	花山乡文俄村	田应明
云哀青叶生态茶厂	安定乡旧村	李文斌	孔武茶厂	花山乡文俄村	孔武
中和茶厂	安定乡河底村	李文进	营盘茶厂	花山乡营盘村	杨忠芳
芭蕉河茶厂	安定乡河底村	罗琼翠	坡头茶厂	花山乡坡头村	杨应勇
菠萝茶厂	安定乡菠萝村	谢家奇	丰庆华茶厂	花山乡文岔村	丰庆华
古德茶厂	安定乡古德村	罗伟忠	郭明锋茶厂	花山乡芦山村	郭明辉
河底茶叶农民专业合作社	安定乡河底村	罗一超	李云峰茶厂	花山乡文岗村	李云峰
古德茶叶专业合作社	安定乡古德村	罗靖杰	陈应芬茶厂	花山乡文岗村	陈应芬
老仓河底茶叶专业合作社	安定乡中仓村热水塘	罗凯鸿	李前茶厂	花山乡秀龙村	李前
老仓福德茶厂	安定乡中仓村	罗朝光	李廷勇茶厂	花山乡坡头村	李廷勇
迤仓茶叶种植专业合作社	安定乡迤仓村	李光辉	陶国强茶厂	花山乡撇罗村	陶国强
中仓茶叶种植专业合作社	安定乡中仓村	罗允胜	王军茶厂	花山乡文明村	王军
平掌茶厂	文龙乡邦迈村	李明金	贾恩荣茶厂	花山乡文召村	贾恩荣
新村茶厂	文龙乡邦迈村	武仕勇	陈凤军茶厂	花山乡文召村	陈凤军
五一茶厂	文龙乡邦迈村	赵明忠	杨应勇茶厂	花山乡坡头村	杨应勇
新村茶厂	文龙乡邦迈村	武仕勇	唐应来茶厂	花山乡文明村	唐应来
村头间茶厂	文龙乡邦迈村	李源朝	李开福茶厂	花山乡文岗村	李开福
邦迈茶厂	文龙乡邦迈村	纪荣周	金光雄茶厂	大朝山东镇黑蛇村	金光雄
蔡家茶厂	文龙乡邦迈村	汪大洋	孙体朝茶厂	大朝山东镇黑蛇村	孙体朝
邦崴茶厂	文龙乡邦迈村	汪大发	李武八茶厂	大朝山东镇黑蛇村	李武八
新抗茶厂	文龙乡三岔河村	杨明军	苏有昌茶厂	大朝山东镇大驮村	苏有昌
上卢库茶厂	文龙乡三岔河村	娄德平	景秀茶厂	大朝山东镇大驮村	苏礼军
景东文龙茶厂	文龙乡龙街村	李昌华	黑蛇茶厂	大朝山东镇黑蛇村	杨勇
普昌奎茶厂	文龙乡龙街村	普昌奎	金其泽茶厂	大朝山东镇新村	金其泽
戈瓦茶叶加工厂	龙街乡戈瓦村	普应文	苏有发茶厂	大朝山东镇大驮村	苏有发
东山茶叶加工厂	龙街乡东山村	—	黄文昌茶厂	大朝山东镇曼崩村	黄文昌
和清茶叶加工厂	和清	—	罗有章茶厂	大朝山东镇长发村	罗有章

续表 9-5-3

初制加工厂名称	所在地址	负责人	初制加工厂名称	所在地址	负责人
供销社茶叶初制厂	太忠乡大水井村	袁从怀	王元城茶厂	大朝山东镇别落	王元城
平掌茶叶初制所	太忠乡平掌村	徐丕正	别落茶厂	大朝山东镇别落村	王元强
三合茶叶初制厂	太忠乡三合村	彭中学	黑冠王茶叶公司	县城西郊	陈仁泉
罗姨金茶叶初制厂	太忠乡沾牛村	罗汝金	气力村茶厂	大街乡气力村	苏桂忠
吴应光茶叶初制厂	太忠乡沾牛村	吴应光	安定乡村和茶叶初制所	安定乡迤仓村	罗亮

景东县茶叶精制加工企业

表 9-5-4　　单位：万千克

企业名称	法人	驻址	年加工能力	主要品牌及品种名称
银生公司	侯建荣	文井镇清凉街	100	品牌：银生（登记注册）。品种：银生红茶、银生绿茶、银生普洱
文龙茶厂	李昌华	文龙乡文龙街	100	品牌：华腾（登记注册）。品种：普洱茶生饼、熟饼系列产品
邦崴茶厂	高星程	孔雀山	100	品牌：云中来（登记注册）。品种：普洱茶生饼、熟饼系列产品
三益祥茶厂	张景州	景东河东街大桥头	50	品牌：惠平（登记注册）。品种：普洱茶生饼系列产品
御笔茶厂	丁海勇	县运输公司门口	100	品牌：御笔（登记注册）。品种：普洱茶生饼、熟饼系列产品
大街兴达茶厂	杨忠文	大街乡街子	100	品牌：兴达（登记注册）。品种：普洱茶生饼、熟饼系列产品
县茶试站	者跃达	县茶试站	50	品牌：无量山绿茶系列产品
戈瓦茶厂	普应文	龙街乡戈瓦村	100	品牌：锅瓦（登记注册）。品种：锅瓦生态绿茶系列产品
老仓福德茶厂	罗朝光	安定乡中仓村	100	品牌：老仓（登记注册）。品种：普洱茶生饼、熟饼系列产品、老仓红
大街茶叶公司	钟启伟	大街乡街子	50	品牌：东叶（登记注册）。品种：生态绿茶系列产品

三、产品

绿茶　1953 年，县境开始加工绿茶。最初称滇绿，分 1~10 级，均为晒青，年产量 2.5 万~3 万千克。1964—1983 年，增加文华农场“玉露”及安定茶厂“无量春芽、无量春蕊”，年产量 6 万~7 万千克，由省茶叶公司统一收购。1990—2000 年，全县有初具规模绿茶加工厂 4 家。2011 年，有 3 家绿茶加工企业获得 QS 认证，年产量 6 万~7 万千克，主要销往北京、上海、广东、安徽、河南、山东、贵州、重庆等省（市）。

普洱茶　自 1965 年始，县茶厂利用人工生物技术生产普洱茶，年产量 1 万~1.4 万千克。之后，安定茶厂、文华农场相继投入普洱茶生产。1988 年，全县年加工普洱茶 20 万~25 万千克，有生、熟饼，普洱散茶、砖茶（又称边销茶）。2011 年，全县有普洱茶加工厂 11 家，其中 10 家已获得 QS 认证，年产普洱茶 250 万~300 万千克。

部分茶产品（县茶产业发展办公室、 叶珍德　提供）

红茶　自1961年始，县茶厂加工“景东红茶”，年生产0.2万千克。1976年，红茶加工厂增至3家，均生产工夫红茶，年产4万~4.5万千克。1983—1992年，改加工红碎茶，年产10万~12万千克，由省茶叶公司转口贸易，年创汇1000~1200美元。1995年，暂停生产红茶。2006年始，老仓福德茶厂生产“老仓红”，年生产0.8万~1万千克，主要销往昆明、北京、广州、上海。

花茶　1982年，县茶试站从浙江引进茉莉花种苗在茶试站、锦屏镇试种。自1984年始，生产茉莉花茶，年产量0.5万~0.7万千克，主要销往大理。2002年，停止加工花茶。

乌龙茶　1996年，云南开源茶业有限公司在太忠乡徐家坝种植乌龙茶7.2公顷，年产量0.6万千克，主要销往台湾。2002年，黑冠王茶叶有限公司在永秀乡彭家种植乌龙茶30公顷。2011年，年产乌龙茶3万千克，主要销往山东、北京、上海、江苏等地。

四、茶叶包装

自1963年始，正规茶叶包装。所生产绿茶玉露、无量春蕊、无量春芽及红茶，用布袋作内层包装，清水纸作内飞，木板箱或木条箱作外包装；小包装用草纸袋（分0.5克、1克、2克），清水纸作内飞，每件10克、20克；普洱茶用清水纸作内层，用草纸和笋壳作中层包装，用木箱或木板箱作外包装。现代包装，内用清水纸内飞，中层用纸，外包装用木板、纸箱、竹筐、箩；小包装有硬纸盒清水纸内包和内飞，最外层有水木盒、布袋、纸袋、纸筒、生态复合袋等。

第四节　优质名茶

1921年，安定“老仓茶”获云南省政府优质奖章。

2001年，文龙茶厂“华龙牌生态茶”获“云南省消费者喜爱产品”称号；大街茶叶公司获国家知识产权局中国专利信息中心“新技术、新产品、开发企业”称号，产品“橄榄茶”获金奖。

2007年，普洱银生茶业有限公司“银生绿茶——冷水泡”获美国茶叶协会主办国际名茶评比银奖，“银生红茶——哀牢雪红”获第二届北京国际茶叶博览会银奖，“银生普洱茶——无量熟饼、哀牢生饼、银生古茶”分获第四届广州国际茶文化节熟饼茶、生饼茶、熟散茶三项金奖。2005年，“银生牌”获中国茶叶流通协会“中国三绿工程放心茶中茶协推荐品牌”称号。

2006年，老仓福德茶厂“无量春蕊”获中国云南普洱茶王评选会优质奖；2007年，获中国（广州）国际茶业博览会银奖。

第五节　茶文化

景东是茶叶发源地之一，是最古老的普洱茶产区。20世纪70年代地矿调查时，在锦屏镇文旧村田心发现茶树始祖木兰化石，化石存放在中国地质博物馆南京分馆。早在唐代，景东就有栽茶和饮茶习俗。唐代樊绰《蛮书》载：“茶出银生城界诸山，散收、无采造法，蒙舍蛮以椒、姜、桂和烹而饮之。"是见诸史料最早的茶叶记载。清代，随着茶马古道的发展演变，景东沱茶已运销青藏高原。民国时期，始见茶庄茶号记载。2007 年，景东县举办银生古城首届普洱茶原料交易会，开展民间茶艺茶道展演活动。在长期茶叶生产发展中，孕育出具有彝族人民特殊乡土习俗的茶文化。

一、茶马古道

云南普洱茶马古道中，景东属滇西后路茶马古道。这条茶马古道，昔日从滇西弥渡、下关等地南下到宁洱、思茅运茶，途经思茅区北地景东、镇沅等县，连接滇缅公路通向省会昆明的"官马支路"。

民国时期，马帮从思茅运茶经宁洱、景谷、镇沅、景东、南涧、弥渡与滇缅公路相接，然后从弥渡经下关、丽江、中甸、德钦，到达西藏。此道从景东向西行，经黄草岭，翻越无量山有一段横木栈道，泥泞处铺有条、块石路面，渡澜沧江与临沧驿道相接。从宁洱县城出发走后路，各地马帮经四更桥、五里坡、气山垭口、哨井、谦岗、西萨、景谷、景东、弥渡、下关、丽江，到达西藏。这一时期，后路由大理、下关、保山、祥云、镇南、弥渡、巍山、景东等地，到普洱思茅经营茶叶及土特产的马帮每年 3000 余匹。这些马帮从当地驮运土特产品到普洱、思茅销售。回去时，再从思茅运加工好的茶叶返滇西。

滇西茶叶销路，沿"官马大道"北上，经景谷、振太、里崴、景东、南涧、巍山，到达下关。藏区茶叶销路，再由下关经大理、剑川、丽江，到达西藏。景东至昆明需 18 天，经 36 个马站；景东到思茅需 12 天，经 24 个马站；景东至大理、下关需 8 天，经 16 个马站。由景东至思茅有两条路线：其一，由县城经文井、者后、镇沅、新村、梅子街、磨黑、宁洱，到思茅；其二，由县城经里崴、勐大、按板井、景谷、普洱，到思茅。景东至缅甸的商道也有两条：其一，景东—文井—里崴—英德—振太—民乐—澜沧—西盟—缅甸；其二，景东—里崴—澜沧江嘎里渡—耿马—缅甸。景东茶马古道纵横交替，运输繁忙。

二、茶庄茶号

据有关史志记载，民国 9—19 年（1920—1930），景东经营茶叶的商号有湖南人谭惠平经营的"惠平号"、四川人诸玉清的"义兴号"、广西人覃华甫的"广华农"、大理人赵其亚的"德茂祥"，以及景东人邓静安、刘承尧开办的"德安号""三益合作社"等 10 多个茶庄茶号。据民国 31 年（1942）统计，景东茶叶年销售量为 3000 驮。

三、礼仪习俗

彝家糊米茶（罗海垠　摄）

四色礼　烟、酒、糖、茶即为"四色礼"。境内各族在敬献神灵、提亲、下聘礼、娶新娘、祭祀等活动时，都要用到四色礼。

三道茶　境内各族凡婚姻庆典，新娘、新郎至家到堂屋，先饮一苦、二甜、三回味的"三道茶"，方才举行其他仪式。

糊米茶　将茶、大米混置入土陶罐中，在炭火上边烤边抖，直至烤糊，加适量开水，再加稍许红糖即成，饮用糊米茶可以消食，清除烦渴，治疗腹泻等。

百抖茶　用小土罐将茶烤黄，冲上开水，分倒于土杯或瓷杯中饮之。百抖茶因烤时需边烤边抖，需抖至百余次，使茶均匀焦黄而得名。

四、茶诗

普洱茶属健康饮品。古往今来，茶不仅是农民致富的产业，也是礼仪的象征。人们在品茗时，往往赋予其健康、和平、吉祥、高雅、廉洁等美好愿望，与人们所追求的目标和境界相联系，又总是与琴棋书画、诗词歌赋相辅相成。景东虽地处偏域，但自古以来很多骚人墨客流连其间，吟诗作赋，留下不少著名茶诗，这些茶诗中，当数黄炳堃《采茶曲》最为著名，已有上百年历史（详见第二十三编《丛录》）。此外，清恩贡生李文靖《题堂皇山》、拔贡生梁必仁《尝新茶》，以及民国训导周学曾《茶山春日》《茶山夏日》《茶山秋日》《茶山冬日》等，都是不可多得的茶诗。

第六节　茶叶管理

一、行政机构

2004 年 7 月，县茶产业发展办公室成立，为政府直属正科级事业单位，有干部职工 2 人。2011 年，政府机构改革，设立县茶产业发展办公室，正科级。内设综合股、项目规划股和生产技术股，有干部职工 10 人。历任主要领导：阿银辉、沈维荣。

二、茶叶技术推广单位

1958 年，在安定乡与文龙乡交界处芭蕉河建立第一个县办茶场。1965 年，迁至城郊瑞屏山麓。先后开垦茶地 10 公顷，配备工人 15 人。“文化大革命”期间，茶场撤销，1972 年恢复。1975 年，茶叶辅导站成立，半年后与茶场合并，更名为景东茶叶实验站。至 2011 年，有专业技术人员 32 人，其中工人 16 人。

第六章　烟草业

第一节　种植区划

一、种植区划指标

景东县烤烟种植区划指标分为最适宜区、适宜区、次适宜区和不适宜区。

最适宜区　海拔1300~1800米，6—8月日均气温大于或等于20℃持续天数在70天以上，9月下旬平均气温大于17℃，0~60厘米土壤含氯量小于百万分之三十，所产烟叶香气足、质量好、口味醇和。

适宜区　海拔1200~1800米平坝或缓坡地，无霜期大于120天，大于10℃活动积温在5504℃~6415℃，平均温度15.4℃~17.9℃，土壤pH值5.5~7.5，适宜烤烟生长期大于120天。

次适宜区　无霜期大于120天，6—8月日均气温大于或等于24℃，9月平均气温16℃，日照充足。

不适宜区　无霜期不足120天，海拔1000米以下或海拔2200米以上，0~60厘米土壤含氯量大于百万分之四十五，山高沟深、雾气大，日照明显不足，气流不畅，耕地坡度大于40度，水土流失严重，交通不便，燃料运输困难。

二、种植区划

全县有13个乡镇159个村1641个组适宜种植烤烟，涉及农户4.9万户20.2万人，共有耕地面积30396.48公顷，其中，水田5505.54公顷，旱地24890.94公顷。适宜种植烤烟面积24301.44公顷，其中，水田784.43公顷，旱地23517.01公顷，共分为5537个片区。

最适宜区　全县总计51个村，宜种面积9973.31公顷，占全县宜种面积的41%；片区数2098个，占全县片区数的37.9%。

适宜区　全县总计97个村，宜种面积13281.14公顷，占全县宜种面积的54.7%；片区数3174个，占全县片区数的57.3%。

次适宜区　全县总计11个村，宜种面积1046.99公顷，占全县宜种面积的4.3%；片区数265个，占全县片区数的4.8%。

景东县烤烟种植适宜性分区情况表

表9-6-1　　　　单位：公顷、%

乡镇	宜种烟面积	其中					
		最适宜区	占比	适宜区	占比	次适宜区	占比
安定	2480.05	1191.85	48.06	1222.33	49.17	68.87	2.77

续表 9-6-1

乡镇	宜种烟面积	其中					
		最适宜区	占比	适宜区	占比	次适宜区	占比
文龙	3740.93	1994.80	53.32	1475.00	39.44	271.13	7.25
龙街	2550.29	1065.98	41.80	1228.93	48.19	255.38	10.01
太忠	2432.96	1540.56	63.32	892.40	36.68	—	—
锦屏	1598.56	913.43	57.14	685.12	42.86	—	—
文井	4421.20	—	—	4421.20	100.00	—	—
大街	836.40	744.30	88.99	92.10	11.01	—	—
花山	1022.88	608.38	59.48	414.50	40.52	—	—
漫湾	1116.05	197.82	17.73	918.23	82.27	—	—
林街	940.86	593.66	63.10	347.20	36.90	—	—
景福	1176.48	449.44	38.20	607.84	51.67	119.20	10.13
曼等	554.00	168.93	30.49	246.66	44.52	138.40	24.98
东镇	1424.72	501.13	35.17	729.58	51.21	194.00	13.62
合计	24301.44	9973.31	41.04	13281.14	54.65	1046.98	4.31

第二节　种植管理

1984—1991 年，景东县开展烤烟栽培试验示范，积累栽培及烘烤经验。1992 年，在试验示范基础上，制订烤烟“计划种植、主攻质量、增加效益”发展思路。在太忠、龙街、大街、花山、安定等乡（镇）种植烤烟 244.4 公顷，实现总产量 29.65 万千克，平均产量 1207.5 千克/公顷。1993 年，执行烤烟生产“瞄准市场需求，确立风险意识，突出区域优势，严格计划种植，科学栽培，主攻烟叶质量，增强竞争能力，提高经济效益”指导方针。全县种植烤烟 909.13 公顷，实现总产 106.03 万千克，平均产量 1162.5 千克/公顷。1995 年，县委县政府决定把发展烤烟当作一项支柱产业来抓，制订烤烟生产“以市场为导向，以科技为先导，择优布局，稳步发展，强化管理，提高单产，主攻质量，提高效益”指导方针。全县种植烤烟 565.27 公顷，实现总产 73.71 万千克，平均公顷产量 1282.5 千克。1997 年，全县 15 个乡镇共种植烤烟 3471.06 公顷，实现总产 471.71 万千克，平均产量 1357.5 千克/公顷，实现总产值 3780.3 万元。

县烟草专卖局（公司）成立前，由商业烟叶公司、供销土产公司及其基层组织烟农种植、收购和调拨经营。1998 年后，商业和供销企业烤烟生产经营业务划归烟草专卖局（公司）。

第三节　面积与产量

自 1998 年始，执行国家烤烟“双控”（控制面积、控制产量）政策。景东县按照烤烟生产“市场引导，计划种植，调整结构，择优布局，依靠科技，提高质量，提高等级合格率”指导方针，种植乡镇从 15 个调减到 6 个，面积减少到 972.47 公顷。（1）坚持择优布局，实施轮作种植。（2）规范化生产和经营，从育苗、预整地、深耕、规格化栽培、平衡施肥、中耕管理、病虫害防治、成熟采收到三段式烘烤，严格按照规定和科学方法实施，提质增效。(3) 推广先进实用技术，控氮降碱，通过测土配方施肥，控氮稳磷增钾。加大集中式商品化漂浮育苗推广力度，提高烟苗质量，全面普及商品化育苗。2002—2004 年，分别在文龙、安定、太忠实施“省优质烟示范县”项目。每年种植示范 100 公顷，各技术项目指标均达到要求，并通过省级考评验收。2005 年，按照“市场引导，计划种植，主攻质量，优化布局，优化结构”发展思路，实施三年轮作。2006 年，按照“打基础、抓质量、配资源、创品牌、上规模、增效益”发展思路，落实“重心下移、着眼基层、突出服务、加强基础”工作重点及市局（公司）科技措施和县政府《关于 2006 年烤烟生产工作的意见》。全面实现漂浮苗商品化、半商品化集中育苗；实施烤房技术改造，推广标准化仓五台 9×9 小烤房以及三段式烘烤技术；推行“三线”下田，推广移栽器、定位移栽，运用电脑烘烤指导仪指导烘烤烟叶等先进科技。(4) 加强病虫害防治，重视降低农药残留量。(5) 强化科技培训，培养一批专家和技术能手、技术带头人。(6) 优质服务，编写发放生产实用资料，重点从物资供应、技术服务、生产管理、烟叶收购、销售等方面做好服务，让烟农满意、放心。2007 年，围绕“以培训提高科技含量、以服务推动生产发展”指导思想，促进全县烤烟生产发展。完成市政府收购任务 516.71 万千克，其中，上等烟叶比例 59%，中等烟叶比例 31%，抽查等级合格率 81%；实现烟农收入 6146.9 万元，完成烟叶税 1354.8 万元。自 2008 年始，全县烤烟种植面积有所扩大，产量逐年增长。2011 年，全县共有 13 个乡镇 135 个村 898 个组 10321 户农户种植烤烟 6377.53 公顷，收购烤烟 1447 万千克，总产值 27.91 亿元，实现烟叶税 6140.07 万元；上等烟比例 66.28%，平均价 19.29 元/千克，户均收入 27041.37 元，同比增加 11216.29 元。

1992—2011 年景东县烤烟种植收购统计表

表 9-6-2

年度	乡镇（个）	村（个）	小组（个）	户数（户）	面积（公顷）	总产量（万千克）	总产值（万元）	平均单价（元/千克）	户均收入（元）	烟叶税（万元）	上等烟比例（%）
1992	8	51	373	2934	244.4	29.65	67.21	2.27	229.10	12.00	2.70
1993	14	129	978	7242	909.13	106.03	206.53	1.95	285.00	42.00	3.00
1994	14	109	714	3975	542.13	44.24	187.78	4.24	472.40	35.00	6.20
1995	14	111	652	3835	565.26	73.71	532.28	7.76	1388.00	124.00	7.20
1996	15	136	1004	7775	1478.66	226.60	1745.80	7.70	1095.10	399.00	17.20
1997	15	154	1775	18600	3471.06	471.71	3780.30	8.01	2032.40	885.00	23.10
1998	6	43	429	5315	972.46	125.14	504.00	4.02	919.90	169.20	1.60
1999	7	53	457	4017	801.86	127.50	748.30	5.86	1863.00	192.60	8.40
2000	6	50	427	4761	909.00	144.24	955.60	6.62	2007.20	233.39	10.00
2001	6	48	381	3877	847.26	145.94	1009.60	6.91	2064.10	305.50	12.30
2002	5	47	360	3987	898.60	141.85	1235.86	8.71	3171.30	312.00	19.60
2003	5	54	377	4257	1003.46	160.00	1287.55	8.04	3024.50	335.00	18.40
2004	7	58	412	4338	1240.00	221.35	1917.38	8.93	4558.30	535.00	28.00
2005	12	74	510	5384	1694.06	318.65	3094.48	9.71	5747.55	680.79	38.32
2006	11	75	555	6254	1851.73	408.00	4364.24	10.70	6978.32	687.29	48.81
2007	11	83	617	6967	2464.20	516.71	6146.92	11.90	8825.00	1354.79	59.00
2008	12	104	749	9315	3586.66	828.18	12213.80	14.75	13111.97	2687.04	64.66

续表 9-6-2

年度	乡镇（个）	村（个）	小组（个）	户数（户）	面积（公顷）	总产量（万千克）	总产值（万元）	平均单价（元/千克）	户均收入（元）	烟叶税（万元）	上等烟比例（%）
2009	11	120	880	12204	4642.46	1054.02	16141.62	15.31	13226.50	3551.16	51.50
2010	11	118	867	11268	5356.66	1200.48	17831.69	14.85	15825.08	3922.97	53.36
2011	13	135	898	10321	6377.53	1446.90	27909.40	19.29	27041.37	6140.07	66.28

第四节　烟区基础设施建设

一、烟区水利工程建设

1995—1996 年，商业部门投入烤烟种扶持经费 6.63 万元，购置水管 0.7 万千克、水泥 2.5 万千克，建设水池 106 个 104.73 万立方米。1997 年，由烟草公司立项，各乡镇组织实施烟区水利工程 721 件，其中，小水沟 23 件，小水窖 698 个；埋设水管 161.6 千米（其中钢管 3.6 千米），支砌石方 1026 立方米，蓄水量 14462 立方米；投资 129.67 万元，投工投劳 5.5 万个，共建成水浇地 826.67 公顷。1998 年，烟草公司投资 12 万元，完成水利工程 66 件，新增水浇地 341.67 公顷。1999 年，投资 39.87 万元，新建水沟 9 条 9226 米、小水窖 121 个 1936 立方米，修复水沟 8 条 9548 米、水池 20 个 764 立方米，新增水浇地 333.53 公顷。2000 年，投资 25.18 万元，农民投工投劳 3236 个，新建水利工程 178 件，埋设水管 47252 米，开挖水沟 3 条 7136 米，新建水池 51 个 1983 立方米，修复水池 34 个 235 立方米、水沟 10 条 6700 米，新增水浇地 150.07 公顷。2003 年，投资 28 万元，修复水塘（坝）2 个 3700 立方米，新建、修复小水塘、小水池 150 个，埋设水管 24 千米，新增蓄水量

烟区基础设施建设（县烟草生产办公室　提供）

集中烘烤（罗海垠　摄）

1810立方米，总灌溉200公顷。2004年，投资58.23万元，投工投劳3.5万个，在文龙、太忠、锦屏、龙街、安定5个乡（镇）新建水池400个，埋设水管10.22万米，蓄水量17139立方米，总灌溉893.84公顷。2005年，投资455.53万元，在者后、安定、文龙、龙街、锦屏、太忠、林街、景福、永秀、文井等10个乡（镇）修建沟渠各1条，长8千米，小水池589个，管网32.64千米，总容量2.92万立方米，总灌溉1046.67公顷。2007年，完成投资744万元（含县政府投资45万元），修建烟区水利工程922件，其中，管网18件，输水管道119.7千米，沟渠衬砌5.41千米，小水窖900口，小坝塘整治2件，总容量5.7万立方米，改善灌溉787.4公顷，受益烟农3519户。2008年，完成水池66个、沟渠8件、管网14件。烟水配套工程实际受益累计889公顷，受益农户2537户。2009年，完成水池129个、沟渠38条、管网18条。烟水配套工程实际灌溉累计840公顷，受益农户1600户。2010年，建成水池129个，沟渠38条，管网18条。烟水配套工程实际灌溉84公顷，受益农户1600户。2011年，建设烟水工程25件。

二、烤房建设

1981年前，境内有零星烤烟种植，但无烤房建设资料记载。1981年，龙街区杨成科试种烤烟，用石块砌建小型烤房烘烤烟叶。1992年，景东县开始发展烤烟生产，烤房技术主要从南华、江川等地引进，建设技术及模式即为南华、江川模式。1993年，全县有14个乡镇129个村7242户烟农建盖烤房4608座。1996年，县政府出台烤房建设扶持政策，由企业有偿无息扶持新种烟户新建烤房300元/座。1997年，新建烤房8696座，烟草公司有偿无息扶持400元/座，共投入350万元。2000—2001年，老烤房改造成立式炉热风室炉膛（简称立式炉）2463座，省地公司补助50元/座，共投入14.33万元。2002年，完成老烤房改造300座。2004年，新建烤房883座，补助250元/座；改造老烤房1957座，补助50元/座。2005年，完成老烤房改造。全县累计有立式炉烤房7469座。2007年，投入2944万元，建盖烤房2421座。2008—2011年，分别新建卧式密集型烤房359座、1439座、1439座、861座。

三、烟区道路建设

1992—1994年，商业部门扶持太忠、花山、者后、漫湾烤烟种植，先后投入8.07万元、水泥1.2万千克，维修烟区道路和桥梁。1998—2005年，县烟草公司先后投入143.8万元，维修烟区道路和桥梁。2007年，修复烟区道路。2008—2010年，分别修建机耕路6.13千米、16.97千米、16.97千米。2011年，修建机耕路8条。

第五节　栽培技术

一、品种

1984—1991年，试行烤烟品种多点试验，筛选适合景东县的优良品种。自1992年始，发展烤烟种植。1992—2011年，先后引入红花大金元、G28、K326、K346、NC82、YH01、YH02、YNH09、云85、云87、云烟317、云烟201、云烟202、云烟203等10多种品种。2004年后，实行商品化育苗，深入推进品种区域化。

二、育苗

土床常规育苗　（1）育苗及移栽。1981—1983年，境内烤烟采用土床育苗，再移栽到大田。

1981—1983 年，龙街乡小龙街村村民自发试种烤烟，用自留地作苗床。1984 年，政府正式试种烤烟。按照农户种植面积，选择承包田地作苗床，将种子与适量细土或细砂拌匀，反复撒播几次，覆以松毛，浇透水，一般 20~30 天后可出苗，平均需种 1 克/平方米，出苗率仅 5%~20%。若苗床出苗率较高，烟苗拥挤，须适当间苗。待苗长到 90~100 天雨季来临时，挑选大苗移栽，成活率为 70%~80%，若连土带苗移栽则成活率在 90%左右。栽后 3~7 天及时更除死苗，一般要换 1~3 次。用该种方法种出的烤烟，往往烟株生长不整齐。（2）病虫害防治。烤烟育苗期经常发生病虫害，病原物随烟苗带入大田。冬季须将苗床翻挖暴晒，育苗前要用栅把或草木树枝、农作物秸秆铺在苗床上焚烧，以减少病虫草害，但苗床土壤有机质会在焚烧中损失。1984 年始，引进育苗技术，按节令培育整齐均匀、健壮足够的烟苗多点种植试验。1992 年始，培植烤烟产业，扩大烤烟种植面积。1995 年，景东县把烤烟列为支柱产业，并逐步普及无火土及稀植育苗。苗床与大田比例一般为 1：15，苗床选用肥地，冬季翻挖晒土，播前 3~5 天碎土做墒，墒面宽 67 厘米、埂宽 33 厘米，每公顷苗床用熟猪粪 450~600 千克、普钙 750 千克拌入 13 厘米深表土层，施以油枯 1500 千克、复合肥 600 千克、硫酸钾 450 千克、硝酸铵 300 千克、多菌灵 30 千克，再覆以 3 厘米厚鲜松毛；苗床地撒烟种 1.5 千克/公顷，种子拌 375 千克细灰砂，分 2~3 次播撒；间苗 3 次，一间大、二间小、三摆匀，最后一次间苗苗距 8 厘米左右，留苗 100~150 株/平方米；浇水要做到表土不干、底土不烂、匀浇少浇勤浇，揭除松毛后浇透水，猫耳期前控制好浇水次数，移栽前 5 天断水锻苗，移栽时浇透水，撬苗带土移栽；出苗后防治好地老虎，可在黄昏时揭去松毛用敌百虫加敌敌畏喷雾，一桶水（15 千克）加敌百虫、敌敌畏各 15 克，采用诱饵剂（每公顷用炒香的细米糠 300 千克、红糖 2.25 千克，再用敌百虫 375 克用水溶化后拌均）一撮一撮地投放在苗床四周田埂下；十字期防治蓟马，用一桶水加乐果、敌敌畏各 15 克喷雾；移栽前彻底防治一次蚜虫。

董报烟苗培育基地（罗海垠　摄）

覆膜种植（李金雄　摄）

两段式育苗　两段式育苗分为母床和子床两个阶段，即先播种到母床，烟苗生长至 4 片左右真叶时假植到子床。母床和子床所用营养土均要求疏松肥沃、养分丰富，有利于多发侧根，地上下均衡健壮生长。（1）母床阶段。选择背风向阳，地势较高，有浇水条件，前两年没有栽过烟草、蔬菜和其他

茄科作物的土地做母床。一般每公顷烤烟需育苗45平方米，播种前2~3天把土块敲碎成1~5毫米细土粒，母床做成畦宽70~100厘米、高10厘米、埂宽30厘米的高埂低畦。同时，每45平方米苗床需充分腐熟并晒干过筛的细圈粪450千克、杀毒矾或瑞猛锌0.75千克。几种肥料、农药充分混合均匀，再拌入母床表层10厘米土层中，并把畦面整平，轻轻压实。母床约覆盖青松毛14千克/平方米，冷凉地区还需覆盖塑料薄膜。播种要求根据不同海拔高度，选择当地播种最佳节令及无风早晨，每5平方米母床用烟种2克、细砂或灶灰1千克，反复拌均匀后分2~3次撒播到表面，立即盖土，再盖青松毛3厘米，最后用喷壶反复洒水直至浇透10厘米厚表土，冷凉地区需覆盖塑料薄膜。如果使用烤烟包衣种子，按规范操作育苗，出苗率可达90%以上。之后，要做好母床管理。浇水要求用喷壶匀浇、少浇、勤浇，晴天多浇、阴天少浇，晚浇早不浇，埂边多浇、中间少浇，经常保持床土湿润，防止浇水过多土壤过潮，做到表土不干，底土不烂。播后10~15天，烟苗出土后要经常翻抖松毛，一般隔5~7天翻一次，每次翻抖时减除1/4~1/3，大十字期后全部揭除。结合翻抖松毛，要间苗3次，第一次在出苗后用竹片划除过多过密之苗和杂苗；第二次在小十字期间去大苗、弱苗和病苗，留出1厘米苗距；第三次在大十字期，进一步间稀摆匀，苗距3厘米。另外，结合翻抖松毛，出苗后喷一次1%浓度百树菊酯防治地老虎；小十字期喷一次50%抗蚜威（1∶500倍液）防治蚜虫；大十字期喷一次10%乐果或氧化乐果（1000倍液）防治蓟马；假植前2~3天喷一次1∶1∶150波尔多液预防病害。（2）子床阶段。第一步，准备子床。以户为单位选择大田水源方便的平整地块，每亩大田准备6~8平方米做成畦宽80~100厘米、埂宽30厘米、高20厘米高埂低畦、畦面平整子床。第二步，配制营养土。每亩大田（或每6~8平方米）准备晒干碎成颗粒状的水稻土或山基土260千克、腐熟家畜细圈肥100千克（用山基土的不用细圈肥）、细粉沙土100千克、普钙3千克、复合肥1千克、硫酸钾1千克及甲霜灵锰锌、硫酸锌、硼酸各0.1千克，充分混合拌匀，装入营养袋里，并整齐地摆放在子床上面。第三步，假植。幼苗在母床上长到5片真叶时可假植，先在母床、子床上浇一次水，于16：00后用1厘米宽竹片把幼苗连土撬起，假植到营养袋中央，及时浇定根水。当天假植完的袋苗，用草帘搭棚遮阴，昼盖夜露，5~6天后不再覆盖。烟苗假植时间越短越好，不要超过3~5天。第四步，管理子床。假植后5天内，早晚用喷壶浇一次水，5天后每天只浇一次，但要增加水量。10天后喷一次波尔多液。移栽前用抗蚜威或乐果防虫。

两段式育苗要求适当扩大苗床面积、稀留苗育壮苗，坚持抢晴撬苗带土移栽，选择在最适合移栽节令培育整齐均匀、健壮足够的壮苗供大田移栽，一般苗床与大田比例为1∶15，苗距27~33厘米；壮苗高20厘米、叶7~9片、秆3厘米，纸烟粗，叶子正绿色，螃蟹根，无病虫、高矮一致，大小粗细均匀。据调查，烟苗移栽存活率分别为拔苗76.9%、撬苗92.3%、营养袋98.5%。营养袋苗根系发达，移栽时不伤根，成活率最高，尤其是抗旱能力增强。

漂浮育苗　（1）漂浮育苗及其优点。漂浮育苗是在温室或塑料薄膜覆盖条件下，利用成型的膨化聚苯乙烯格盘为载体，装填人工配制的培养基质，将格盘漂浮于含有完全矿质营养的苗池，完成烟草种子萌发、生长和成苗过程。培养基质主要由草炭、蛭石和膨化珍珠岩混合而成，由于培养基质摆脱了传统的土壤生长条件，这种方法又叫做无土育苗。漂浮育苗的原理是通过基质毛细管作用吸收供给烟苗生长所需的水分、营养和空气，达到苗壮、苗齐、无病虫、育苗成本低、效率高的目的。其优越性具体表现为：其一，有利于推动烤烟集约化、专业化、商品化育苗进程，促进传统农业向现代化农业生产经营方式转变；其二，减少育苗用地，提高土地利用率，减少资金投入，减轻劳动强度，降底育苗成本，并实现良种区域化布局，杜绝劣杂品种；其三，能人为控制育苗环境条件和育苗时间，提高育苗效率，保证烟苗根系发达、茎秆粗壮，确保烟苗适龄、充足、苗壮、整齐一致，为大田均衡生长奠定基础；其四，可杜绝苗期病、虫、草害，避免土传病虫危害和缺素症状，提高烟苗卫生程度和抗病性，保证大田烟株生长发育健壮整齐；其五，有效防止苗期低温导致的铁秆早花发生，比常规

育苗每株可多收1~3片叶，且叶片宽度增大，扩展叶片面积；其六，由于统一推动良种良法，烟株大田生长整齐、成熟一致，烟叶烘烤质量好，有效提高烟叶的产量和品质，提高经济效益。(2) 病虫害防治。漂浮育苗生产主要病害有猝倒病、黑胫病、立枯病，苗床防病最主要措施是苗床卫生，苗床经常通风排湿、加强光照是减少发病的重要条件。可采用烟苗4~5片叶时开始用1∶1∶150倍波尔多液喷洒苗床，每次只能喷一遍，禁止重复喷洒，对烟苗具有较好的保护作用；用25%甲霜灵800~1000倍液防治猝倒病，用70%甲基托布津可湿性粉剂1000~2000倍液防治立枯病，用25%甲霜灵可湿性粉剂400~500倍液防治黑胫病，均有较好的防治效果；危害漂浮育苗烟苗生产的害虫主要有蚜虫、蛞蝓、潜叶蝇等。可用90%敌百虫1000倍液，万灵3000~4000倍液，50%抗蚜威可湿性粉剂等防治。

三、移栽

烤烟无论是常规育苗、营养袋育苗，还是漂浮育苗，苗龄55~65天就可以移栽，苗龄太长或太短都不利于生产。另外，选择适合的移栽期能充分利用有利因素，避开不利因素，以满足烤烟生长发育对气候条件的要求。据境内多年经验，最佳移栽节令在4月下旬至5月末。

景东县正式试种烤烟时，移栽方式采用单垄条栽，即畦面上只栽一行，烟株两边都是沟，烟株行距1~1.1米，植株1.95~2.25万株/公顷。一般田烟行距110厘米，株距50~60厘米，栽烟1.95万株/公顷；地烟行距100厘米，株距50厘米，不超过2.25万株/公顷。单垄条栽通风透光条件好，群体结构合理，烟株在单位面积上能够吸收充分的营养，最大限度利用光能进行光合作用。反之，则通风差，光照弱，烟叶叶片薄，成熟不正常，易感染病虫害等。1992年扩大烤烟种植面积后，平整的田地移栽烟苗实行“三线栽烟”(拉线开墒、拉线打塘、拉线栽烟)，使烟株横看、直看、斜看一条线，做到拉线移栽，使烟株所占空间均匀一致，利于促进规范化生产。21世纪后，还采用啤酒瓶定位技术移栽烤烟。啤酒瓶定位理墒是一种新的理墒施肥方法，即在理墒前按移栽规格把啤酒瓶放置在墒面上，然后在离啤酒瓶8~10厘米处环形施肥再理墒，理好墒后拔出啤酒瓶形成塘窝，把烟苗栽入塘窝内。其优点：深沟高墒；施中层肥，利于肥料吸收，肥料不易烧苗，安全性高；早施肥料，利于品质提高；移栽速度快，利于集中节令移栽；为漂浮育苗配套技术之一。还可采用竹筒、木桩、灭害灵瓶等代替啤酒瓶，以线定位等。以线定位法就是先在一股线上按栽烟株距固定醒目的等成定位点，把线拉在烟墒正中间，而线两头用木桩固定。按移栽规格理墒施肥时，把定位线放置于烟墒中间，在定位点旁相似于啤酒瓶定位，根据施肥方案环施肥料，然后取下定位线理墒。移栽时，每一墒依据两头固定木桩留下的痕迹，按原位拉上定位线再固定好木桩，然后把烟苗移栽到定位点上。2004年，推广与漂浮育苗相配套的烤烟移栽器，即按墒面上的定位点，将烤烟移栽入定位点内。

烤烟是喜温作物，如果在移栽时和成熟后期气温不足24℃或低于17℃时，对烟株生长和成熟极为不利。2000年，在冷凉地区推行地膜覆盖栽烟，解决烟叶生产低温影响，提高土温，保湿保肥，促进根系发达，使烟叶生长期缩短，提前成熟采烤。地膜覆盖栽烟分为边栽烟边盖膜、先栽烟后盖膜和先盖膜后栽烟三种方式。盖膜“早”，才有效，当天移栽当天盖完。2005年，全县烤烟移栽1694.07公顷，其中地膜覆盖680.1公顷，占40.15%。同年，建立轮作档案，坚持烤烟三年轮作。境内宜烟面积2.43万公顷，占总耕地面积的30.9%，可满足每年种烟8000公顷、生产烟叶1500万千克三年轮作需要；县政府建立合理耕作制度，制订2005—2015年烤烟产业发展规划。杜绝连年栽烟，当大春生产接近扫尾工作时，对小春作物作出合理布局，下一年种植烤烟的前茬（小春）作物，要有利于烤烟生产，安排相应的早熟作物，在连片范围内安排同一作物品种。不安排种植不利于烤烟生长的作物，如大蒜、疏菜等。

四、大田管理

查塘补缺 烟苗移栽后，因病虫害侵袭，或因久旱无雨及人畜践踏等原因，有一部分烟苗会遭到损坏，俗有“缺一塘、坏三棵”之说。另外，移栽后，烟苗有明显的还苗期，抵抗自然力低，会导致一些烟苗死亡。即使采取栽营养袋苗和漂浮苗，成活率也只有98%左右。移栽后要检查烟苗，发现缺塘，及时补苗。在移栽烟时，事先要每栽7~10棵烟，多栽一塘双株烟，用这塘双株烟作为补塘预备用烟苗。

及时浇水保苗　栽裸根苗时期，挑水浇苗次数较多。栽营养袋苗和漂浮苗后，浇2~3次水，烟苗基本成活。山区水浇地烟推广小水窖，可确保烟苗移栽成活。

中耕除草　中耕即除草，一般进行3次，要求头遍浅、二遍深、三遍不伤根。第一次中耕在移栽后7~10天，轻锄、浅锄，要求土地不翻身，不动根、不盖苗，铲尽杂草，盖严肥料；第二次中耕在移栽后15天左右，结合第一次追肥进行。此时，地上部分已摆盘，深锄，细碎土壤，除杂草并培土；第三次中耕在移栽后25~30天内，结合第二次追肥进行。此时，地上部分烟株已团棵，根系比较发达，中耕除草宜浅不宜深，只能锄破地表松土，刮草，避免伤根和碰掉叶片。

提沟培土　大田烟株生长季节正值雨季，如烟田内积水过多对烟株生长不利，需提沟培土及时排涝。提沟培土能使烟株根系发达，茎秆强韧，根茎稳固，增强防风、防倒及抗旱能力，疏通沟道还有利于排水防涝，减少病虫害。培土要做到适时，在烟株团棵前后做到高培，松土层要保证在13~17厘米；做到饱满，畦面平整均匀，根茎部要紧密，不留空隙，做到沟要直，底要平，便于灌溉和排涝。

适时追肥　烤烟对肥料的反映非常敏感，不同的肥料种类、施肥量和施用方法，对烤烟生长发育，尤其对烟叶品质好坏都有明显影响。合理施肥能促进烟株正常生长发育，提高烟叶产量和品质；如果施用不当，不但不能充分发挥肥效作用，反而会引起烟叶产量、品质下降。追肥一般为氮肥、钾肥及中微量元素。20世纪80年代，追肥用碳酸氢铵、销酸铵、少量复合肥和硫酸钾。20世纪90年代中后期，追肥用复合肥、硝酸钾及硫酸钾，还有专用氮钾复合肥。21世纪后，采用测土配方科学施肥。追肥强调早追，在移栽25天内追完。移栽后烟苗成活，兑水浇施低浓度速效氮肥提苗；移栽后15天结合中耕追施复合肥、硝酸钾及硫酸钾；移栽后25天结合中耕培土施完所剩肥料。还可以叶面喷施中微肥及磷酸二氢钾。

及时揭膜　2001年前，地膜覆盖栽烟整个大田期都不揭膜。通过试验及调查研究证明，移栽后35~40天，烟株根系已经发育完好，气温升高，烟株进入旺长，需要一定量的雨水，薄膜作用已经完成，要立即揭膜；不及时揭膜，长时间盖膜会导致土壤空气少、呼吸作用弱，根系活性差、肥料不易吸收；成熟期薄膜自然破裂，土壤中空气增加，肥料供给能力增强，使烟株出现返青现象。

烟草病虫种类及防治　1992年后，烤烟病虫危害日愈趋重，影响烟叶产量和质量，制约烤烟生产发展。县烟草公司与中科院昆明动物所联合开展烟草主要病虫害综合防治研究工作，主要研究炭疽病、野火病、青枯病、赤星病等病害，以及野蛞蝓、烟蓟马、小地老虎、蚜虫等虫害防治，建立烟草主要病虫害综合防治基地，做好预防预报，指导全县病虫防治工作。

封顶打杈及推广化学抑芽技术　封顶方法有扣心打顶、现蕾打顶和见花打顶3种。1982年省烟草工作会议明确提出不准留杈烟，规定每株留叶数为18~22片。一般全田烟株50%中心花开放时封顶，封顶时应掌握封除最低一个花叶下的3片叶。推行化学抑芽技术，逐步达到彻底打杈。

第六节　烟叶初加工

一、烘烤原理

在诸多品类烟草中，烤烟，顾名思义，即需要“烤”的烟草。1939年，美国北卡罗莱纳州比期亚·斯纳德农场一位青年发明用火管烘烤烟叶，一改以往明火烘烤存在的诸多弊端，并迅速在全世界推广。烘烤在烤烟生产中占有重要地位，“烤好是一炉宝，烤不好是一炉草”。决定烤烟使用价值（也是经济价值）的因素主要有品种、栽培、采摘、烘烤等，其中品种、栽培、采摘是基础，烘烤是关键。烟叶从烟株采摘下来后，仍然处于生命状态，继续进行着呼吸运动。在自然条件下虽然可以自行干燥，但其香气、吃味、色泽以及内在化学成分均不适于卷烟工业需要，必须适时人工调制（烘烤），使烟叶色香味达到卷烟所需的最优变化，这就是烘烤的目的。另外，由于烘烤出来的烟叶含水量较高（一般含水量在12%左右），不便于储存保管运输，还需要通过复烤厂“复烤”。因此，农民交售的烤烟又称作“初烤烟”或“原烟”。本志所指“烘烤”，是为“初烤”，即鲜烟叶的烘烤。

科学烘烤（县烟草生产办　提供）

烘烤，即将鲜叶装入烤房，通过调节温度湿度，经过酶促作用，使烟叶发生一系列生物化学变化，使之达到卷烟工业要求，并通过调节湿度，经过物理作用使烟叶脱水、干燥，使色泽、香气以及已转化的各种化学物质固定下来。鲜烟叶在烘烤中生理生化变化极其繁多复杂，其中对烤烟品质影响较为显著的有四点：(1) 化学成分的变化。烟叶中所含化学物质烤前烤后变化较大，如淀粉减少5倍左右，游离糖和果糖增加2.5倍左右，蔗糖增加4.2倍；有些化学成分变化则较小，如总氮仅减少0.27%。(2) 叶绿素的降解。叶绿素在叶组织内以复合体的状态与蛋白质结合在一起，随着蛋白质细胞的破坏与分解，叶绿素降解，原来被叶绿素覆盖的叶黄素、胡萝素显现出来，烟叶呈现黄色，同时也使在燃烧时呈现异味的蛋白质下降，烟叶香气、吃味也随之改善。(3) 碳水化合物的分解。碳水化合物主要指鲜叶中所含的淀粉，淀粉在一定温度和湿度下，分解转化为游离还原糖（主要指葡萄糖）、果糖、蔗糖。鲜烟叶在烘烤过程中经过酶的作用使淀粉大量分解降低，而使糖类大量增加，含糖量高低直接影响着烟叶的香气、吃味，特别是还原糖的提高是烤烟品质好坏的重要标志。(4) 多酚氧化酶活性及其对烤烟色泽的影响。多酚氧化酶是烟叶组织细胞中一类重要的酶，多酚氧化酶活性大小与烘烤时叶内化学成分的变化有直接关系。烟叶在田间初期至八成黄时多酚氧化酶活性逐渐下降，此后酶的活性又会突然升高，但随着水分的大量损失，酶的活性则会很快下降。烟叶在烘烤中变黄期和定色前期，湿度较高，酶的活性逐渐下降，但干湿球计升到50℃时，多酚氧化酶活性又会骤然升高，使烟叶很快变黄，如果烟叶变黄八成时，温度41℃～42℃，湿度下降到38℃～39℃时酶的活性则很快下降，已变黄的叶色会被固定下来。上述烟叶在烘烤中的变化都是在一定温度湿度条件下进行，同时与烟叶变化时段的时间长短紧密联系在一起，烟叶烘烤就是利用这些规律烤出优质烟叶。

二、烘烤操作

烟叶烘烤操作规程，包括采编、装炉、烘烤、出炉、回软、分级扎把、保管待售等环节。环环需按规程操作，一环失误则会影响全盘。

采编　采编是烘烤好坏的前提。农谚“采烟的是师傅，烤烟的是徒弟”“采编不好，神仙难烤”“采编搞好，烤出是宝；采编不好，烤的是草”，这些实践经验，充分说明采编的重要性。

第一，采编首要条件是掌握烟叶成熟度（也叫成熟期）。成熟期分为生理成熟、工艺成熟和工艺过熟。生理成熟，即烟叶在旺长期叶细胞伸长速度很快，自叶细胞伸长度缓慢至停止，干物质积累到最大值时称作生理成熟。此时，叶面积已定型，其生物学变化由合成为主转为以分解为主，采下的烟叶可以获得较高产量，但烟叶品质却没有达到最佳水平。工艺成熟，即烟叶生理成熟后，叶内物质代谢分解大于合成，蛋白质、淀粉下降，氮化物和糖分明显减少，叶绿素含量下降，叶片大面积落黄，细胞开始干缩，细胞间隙开始增大，各种化学成分转化到适合烘烤。此时，采下的烟叶产量虽略低于生理成熟期，但品质明显提高，达到最好经济效益。工艺过熟，即烟叶达到工艺成熟后如不及时采摘，叶片因消耗大，干物质含量急骤下降，叶片变薄变轻，烤后颜色淡、油分少、光泽差、香味淡，吸湿性弱。此时，采下的烟叶产量低，品质明显下降。

第二，采编还需掌握烟叶成熟特征。烟叶成熟特征由于品种、栽培、气候、部位不同而不同。(1）烟叶成熟的一般特征。叶色变黄，达到工艺成熟时叶色黄多绿少；主筋变白发亮，支脉退青变白；茸毛脱落或大部脱落，叶面有光泽；叶尖下垂，茎叶角度增大；采摘时有清脆响声，采后叶柄断面整齐呈马蹄形；手摸烟叶发粘，多采几片后手上会粘一层不易洗掉的黑色烟油。(2）不同品种烟叶成熟的差异。如红花大金元叶色变黄慢，叶面光泽稍差，支脉退青变白稍迟，叶面油分多；K326 叶色变黄稍快，叶面光泽明显，主筋和支脉退青变白以及茸毛脱落均较快。(3）不同部位成熟差异。可分为上部、中部（腰叶）、下部烟叶。上部烟叶，即上二棚及顶叶，叶片较厚，干物质积累多、含水少、较耐养、成熟慢；主筋支脉全部变白发亮，叶色 9~10 成黄，叶片发皱并伴有少量黄色斑点（即成熟斑）时，方可采摘。中部烟叶，即腰叶，是整株烤烟最精华部分，经济效益占 65%~70%，因此，要特别注意掌握其成熟度；腰叶叶面适中、含水适中、干物质积累多、较耐养，一定要等到主筋全白发亮、支脉变白、茸毛脱落、叶色 8 成黄、叶面出现皱褶、叶片黄绿、叶尖下垂，并呈淡黄色才可采摘。下部烟叶，即脚叶，使用价值低，封顶后 5~7 天不论叶片是否变黄、烟筋是否变白，均应采掉。下二棚叶叶片薄、水分多、干物质少、不耐养，成熟较快，当主筋变白、茸毛部分脱落，叶片出现6~7 成黄，叶尖稍下垂时即可采摘。(4）一般情况下各部位采摘时限。封顶后 5~7 天采脚叶；10~15 天采下二棚叶；中间稍停 10 天左右到距封顶 30 天左右采中部叶，以后每隔 7 天左右采 2~3 片。中部叶采完后，再稍停几天，待上二棚及顶叶完成达到工艺成熟时（大约距封顶后 60~70 天）可以一次采完。(5）采烟数量应与烤房容量配套，做到基本吻合。田间采摘时做到不漏摘，不漏株，不漏叶。(6）采烟时间。一般情况下，采烟时间以清晨为好；如遇连续下雨，以雨后天晴田间日照 1 ~2 天后采烟为佳；如果叶片已经达到工艺成熟，必须在雨天采摘，采后应编竿挂晾 1~2 天再入炉；如天气连续干旱，叶片含水量太低则应在编竿后或用湿草席覆盖烟叶茎部，或用喷雾器喷水加湿后再入炉。(7）采编时应防止暴晒和泥土污染，运输、编竿时防止叶片受伤。(8）编竿。编竿方式有死扣编烟法、走线套扣编烟法（活扣编烟法）、加竿梭线编烟法等多种。活扣编烟法优点是上竿、下竿快捷，缺点是干筋期易脱落，因此编竿时一定要将绳索适当收紧。编竿地点要选在室内或阴棚内，防止烟叶被日光灼伤。堆烟地面应垫草席，防止泥土污染。上竿后应分类挂在烟架上，防止堆捂发酵。

入炉　入炉操作规程：(1）排队入炉，田间采回的烟叶成熟度难免有差异，应分类编竿，将变黄慢的烟竿置于上层；适熟烟竿置于中层；过熟烟竿及有外伤、破损烟叶置于底层。(2）上密下稀，由上至下每层递减两竿，并尽可能使上一台叶尖对准下一台空隙。(3）不装湿炉和高温炉，第一炉烤烟（特别是新建烤房）烤前应将烤房四壁及龙路烘干；上一炉烟叶出炉后应待烤房内温度降至 30℃以下再装下一炉，以防四壁温度过高将烟叶烫青。(4）精确计算每台挂竿数，如果总竿数与烤房容量相差不大，可适当加密或减稀各台竿数，并且先装满顶台再按预计算好的各台竿数逐台装竿，防止最后剩余竿数多挤在底台。

三、烘烤技术规程

县境烤房均属气流上升式烤房，即利用空气热分子大于冷分子原理，使烤房热气自然上升。烤房装烟叶后由于烟叶的阻隔，在烟叶变黄期底台与二台温度相差2℃~3℃，底台与顶台温度相差4℃~5℃。但地洞、天窗打开后，顶台与底台温差会因气流上升快而逐渐缩小。1999年，推行“立式炉”烤房；2002年，推行“三段式”烘烤工艺。“三段式”（变黄期、定色期、干筋期）烘烤法，又称“三段五步”烘烤法，其技术要点简明易懂，易为群众掌握。烘烤工艺技术要点：(1) 掌握最佳温度，包括最佳变色温度、最佳定色温度和最佳干筋温度。(2) 严格烘烤工艺所示各阶段温度指数灵活开关地洞、天窗。烟叶各阶段变化都与温度密切相关，如变黄期温度过高烟叶不易发软拖条，定色期温度过高烟片容易挂灰，干筋期温度过高烟叶容易出现烤红等。而各期温度过低也不利于叶内各种化学成分转化。(3) 正确使用干湿球温度计。干湿球温度计是反映烤房温度湿度确定烧火与排湿的依据，不能须臾离开。由于烤房上下层有一定温差，应在二台及四五台各挂一支干湿球温度计，感温球要在距叶尖10厘米地方。使用电子干湿温度计的烤房，探头设置位置同上。(4) 严格按“四看、四定”“四严四灵活”原则操作。“四看四定”，即看鲜烟叶素质，定烘烤技术路线；看烟叶烘烤过程变化，定所需干湿球温度；看干球温度高低，定烧火大小；看湿球温度高低，定排气窗和进风洞开度大小。“四严四灵活”，即烘烤技术应用同鲜叶素质相适应要严，具体掌握要灵活；干湿球温度与烟叶变化相适应要严，各阶段维持时间长短要灵活；确保干湿球温度在规定范围内要严，烧火大小要灵活；湿球温度适宜且稳定要严，排气窗和进风洞开度要灵活。(5) 充分利用烘烤记录图表，善于总结经验教训，掌握最好的烘烤工艺，并注意发挥闹钟的作用，防止因打瞌睡耽误添火、开关地洞和天窗的及时操作。

第七节　烟草经营

一、卷烟

1992年7月1日，思茅地区烟草公司成立。卷烟货源分配由地区烟草公司、行署商业局联合安排下达。1993年1月，景东糖烟酒公司成立，负责卷烟经营业务。1997年1月，县政府与地区烟草公司协商，鉴于历史、地理环境因素，同意保留漫湾、安定卷烟委托代批业务，并将调拨计划调整为漫湾占全县指标的14%，安定占12%。自2002年4月1日始，执行《中华人民共和国烟草专卖法》《中华人民共和国烟草专卖法实施条例》《云南省省内市场卷烟销售管理办法》。国家对烟草专卖品生产、销售和进出口业务实行统一管理，垄断经营。经地区烟草专卖局研究决定，取消漫湾、安定综合批发公司经营卷烟三级批发业务，并由县烟草专卖局（公司）接管；同年10月，正式取消漫湾、安定卷烟三级批发业务。1997年1月，县烟草专卖局成立。全县卷烟销售实行统一专卖管理，经营的卷烟主要有昆明、玉溪、红河、曲靖、昭通、楚雄、大理等卷烟厂生产的96个品种系列。1998年，依据《中华人民共和国烟草专卖法》和《全国农村卷烟销售网络管理规定》，遵循“以我为主、归我管理、由我控制”原则，建立自设批发网点、联营网点、委批网点、流动批发及零售点。1999年5月，围绕卷烟经营任务目标，坚持“专卖专营”和“批发为主、搞好服务、扩大销售、提高效益”原则，强化卷烟经营企业市场地位。2000年2月，执行地局（公司）《关于全区统一执行卷烟批发价格的通知》。2001年，按照省局（公司）一个城市只设一个配送中心要求，组建景东卷烟配送中心。推行“全面访销、全面配送、访送分离、专销结合”城市网建模式，并按照国家局要求对零售户开展清理、换证、登记工作，全面掌握零售户情况，实施“户籍化”管理工程，做到“一户一证、一户一号、一户一卡、一户一档、一户一书”。同年7月，执行国家烟草专卖局《关于切实加强卷烟销售管理，尽快解决同城多头供货问题》。2002年，执行省烟草专卖局关于加强城乡卷烟销售网络建设工作要求，加强城乡卷烟销售网络建设。自2003年1月1日始，全县卷烟从购进到销售全面实现微机管理。2003年3月，执行国家烟草专卖局《进一步整顿规范卷烟经营秩序五条纪律》，开展专项治理卷烟体外循环工作。2004年，落实“控量、促销、稳价、增效”指导方针，巩固和完善卷烟销售网络体系，加强卷烟销售网络信息化建设，实施以“电话订货、网上配货、电子结算、现代物流”为手段，以“标准化、程序化、信息化”为内容，以“三个满意”（厂家满意、零售户满意和消费者满意）为目标的现代商业流通模式。自同年8月始，县城、安定、文龙、龙街实现电话订货，定时送货。卷烟销售量稳步增长，效益不断提高。自2005年1月始，执行市公司《关于西南五省（区市）调整部分卷烟价格和新增品牌统一批发价格》通知，全面启动“电话订货、网上配货、电子结算、现代物流”新型业务模式，县烟草专卖局（营销部）停止卷烟经营业务会计核算。同年8月20日，全国人大常务委员会第17次会议批准世界卫生组织《烟草控制框架公约》（以下简称公约），依据公约第16条5款规定，在中华人民共和国领域内禁止使用自动售烟机；11月，开展卷烟零售户“公开承诺、诚信管理、诚信经营、优质服务”为主题的“双诚信”活动。

2005年，全县共有卷烟零售持证经营户807户，零售经营网点807个，共销售卷烟8373箱，销售额7611万元。2006年，转变营销观念，提升服务水平，树立“以市场为导向，以服务为核心”工作理念；共销售卷烟8257箱，实现销售收入8085.2万元。2007年，销售卷烟9072箱，实现销售收入9622万元，全县电子结算率91.86%，其中，城网98.06%，农网88.52%。2008年，计划卷烟销售9250箱（4.63亿支），实际销售卷烟9260.8箱（4.63亿支），同比增长2.08%；实现销售收入10590.83万元，同比增长8.7%；实现卷烟税利2422.12万元，同比增长3.4%。2009年，计划卷烟销售9500箱（4.75亿支），实际销售卷烟9050箱（4.53亿支），完成年度计划95.26%，同比下降2.27%；实现销售收入11064万元，同比增长4.47%；实现卷烟税利2260.1万元，同比下降6.69%。2010年，全县销售卷烟9575箱（4.79亿支），同比增长5.8%；实现销售收入15354万元，同比增长38.77%；实现卷烟税利2955万元，同比增长30.75%。2011年，计划卷烟销售9780箱，实际销售9781.94箱，实现销售收入18698万元，同比增加3343万元，增长21.78%；实现单箱销售收入19114元，同比增加3079元，增长19.20%；实现综合毛利率26.03%，同比增加0.84%。

1997—2011年景东卷烟计划购销统计表

表9-6-3

年度	上级下达计划（箱）	购进（箱）	销售（箱）	销售额（万元）	年末库存（箱）
1997	10158	5945.00	5132.00	3049.00	822
1998	8343	7135.00	7744.00	5011.00	213
1999	8060	8083.00	7424.00	6423.00	872
2000	7975	7250.00	7433.00	4923.00	689
2001	7800	8482.00	8083.00	6556.00	1088
2002	7800	8054.00	7811.00	4311.00	1331
2003	7800	7190.00	7807.00	5114.00	714
2004	8000	7332.00	8046.00	6629.00	—
2005	8500	8373.00	8373.00	7611.00	—
2006	8650	8257.00	8257.00	8085.20	—

续表 9-6-3

年度	上级下达计划（箱）	购进（箱）	销售（箱）	销售额（万元）	年末库存（箱）
2007	9150	9072.00	9072.00	9622.00	—
2008	9250	9260.80	9260.80	10590.83	—
2009	9500	9050.00	9050.00	11064.00	—
2010	9560	9575.00	9575.00	15354.00	—
2011	9780	9781.94	9781.94	18698.00	—

二、烤烟

烤烟由国家控制，统一经营，实行专营、专卖管理。

1992 年，景东县开始种植烤烟时，由商业和供销两家企业扶持烤烟种植、收购和调拨。具体由县商业烟叶公司、县供销社土产公司以及基层供销社，在县政府烤烟生产办公室指导下种植、收购和调拨经营。1997 年 1 月，县烟草专卖局（公司）成立，并在县政府协调下，理顺烤烟生产经营体制。自 1998 年始，商业和供销停止烤烟生产经营，由县烟草专卖局（公司）全面负责烤烟生产经营，走上专营、专卖的烤烟经营法制化轨道；同时，在种烟地区先后成立安定、文龙、龙街、太忠、锦屏 5 个烟叶站，具体负责辖区内烤烟生产经营。

烟叶收购 烟叶收购由国家控制，属于国家专控产业。1992—1997 年，按照县政府烤烟种植计划，与烟农签订烟叶收购合同，组织种植，完成收购任务。烟叶收购受地区烟草专卖局（公司）委托，按国家收购等级标准和价格进行收购。自 2003 年始，试行“大封闭收购”模式。收购流程：(1) 管理前移。分级基础工作前移到烟农家中，以村委会为单位成立预检小组，由烤烟辅导员兼任预检员负责技术指导，村干部兼任预检员做好组织宣传，改变在烟叶站点进行纯级、坐等收购的移动式管理为主动培训烟农、强化烟农市场意识，提高正确纯级、分级能力及烟叶把内纯度。(2) 入户预检。由辅导员（预检员）到烟农家中预检烟叶，重点指导烟农提高把内纯度和等级批量纯度，防止“三混”和掺假现象。基本要求：部位清楚，色组清楚，分包质量基本一致。预检合格的烟叶，按每次交售数量分别包装，由预检员签字、封签、编码，发给准售证。烟农持准售证到烟叶站点交烟，预检烟叶入库率达不到要求的，由预检员承担责任。(3) 批量交售。烟叶站点按照约时、定量的原则，确定各村组农户交售烟时间（轮次），预检员和烟农提前 2~3 天分类包装、签字、封签、发领准售证；烟农按准售证核定数量分批到烟叶站交售烟叶（允许误差±5%），每次交售数量为总交售轮数的平均数。(4) 密码收购。烟农自运烟叶到达烟叶站点后，凭准售证入场，由收购人员（烟场管理员）安排交售序号，经“领取密码号→初验→分级→定级→称重→微机计价→开单→登记→凭单取款等”程序完成交售过程。未能入库的烟叶，在初验（不合格部分）和称重（超重部分）环节退出交给预检员或烟农。

在收购中，严格执行国家烟叶收购等级标准和价格，平稳收购，善始善终，既不提级提价，也不压级压价，保证烤烟收购资金及时兑现，不打白条，坚持国家利益至上、烟农利益至上，兼顾国家、企业、烟农三者利益，省、市、县分别对优质烟叶给予补贴。

烤烟调拨 根据《中华人民共和国烟草专卖法》规定，烟叶调拨由省、自治区、直辖市计划部门下达。1992—1993 年，景东县烤烟调拨主要挂靠昆明烟厂和楚雄南华复烤厂。1994—1996 年，在地区公司安排下，景东烟叶调拨昆明分厂（春城烟厂）、恩乐复烤厂和省烟叶公司。1997—2002 年，执行地局（公司）调拨计划，主要调拨省烟叶公司。2003 年后，除主要调拨省烟叶公司外，部分调拨省外武汉、常德、杭州等烟厂。

烟叶价格 根据《中华人民共和国烟草专卖法》规定，烟叶收购价格由国务院物价主管部门及其烟草专卖行政主管部门按照分等级定价的原则制定。1992—1996 年，景东执行国家烟叶收购等级15 级制。1992 年烟叶收购价格由国家定价、省优质烟补贴和烟厂返还的生产扶持金 30%构成。1993年，与昆明烟厂签订初烤烟叶各等级供需合同，数量 75 万千克，运价按每 50 千克 14 元付款。烟叶全额调拨昆明卷烟厂，质量按国家标准对样验收入库；烟价和运价补贴按有关规定执行。生产扶持金为中一、中二每 50 千克 300 元，中三、上一每 50 千克 250 元，中四每 50 千克 200 元，上二、上三、青一每 50 千克 70 元；优质烟补贴按省级政策，在保证全额收购、全额上调基础上执行。1994 年烟叶收购价格仍由国家定价、省优质烟补贴和生产扶持费构成。1995 年烤烟收购在国家调整价格的基础上，继续实行优质烟补贴，省定优质烟补贴收购时一次性兑现。景东县在执行省优质烟补贴的同时，继续实行县优质烟补贴，每交售 50 千克中等烟补贴化肥 20 元，烟叶接收单位生产扶持费按 40%返还烟农。1996 年烟叶收购价格由国家定价、省优质补贴、县价外补贴构成（生产扶持费和化肥补贴）。1997 年，全国推行 40 级五价区等级政策，景东县执行三价区价格。收购价格由国家定价、省优质烟补贴、地优质烟补贴、县价外补贴构成。1998 年 7 月 28 日，执行国务院《关于调整烟叶和卷烟价格及税收政策的紧急通知》。烟叶收购继续实行中央管理的政府定价政策；取消各种形式的烟叶收购价外补贴，适当提高烟叶收购价格。自 1999 年始，全国平均收购价格由每 50 千克 242 元提高到 350元，烟叶中准级（X2F 级）每 50 千克收购价格三价区为 380 元；降低烟叶收购农业特产税税率，烟叶收入农业特产税税率由 31%降为 20%。2000 年，执行国家烟叶收购等级 40 级制三价区价格，合同烟叶收购价格总体水平维持 1999 年水平。2001 年，执行国家烟叶收购等级 42 级制三价区价格（增加 C4F、C4L 两个小等级），等级间价格有调整：与 2000 年对比 5 个等级价格提高，15 个等级价格不变，20 个等级价格调减。2002 年，执行国家烟叶收购等级 42 级制三价区价格，6 个等级价格与 2001年有提高，21 个等级价格不变，15 个等级价格调减。2003 年，执行国家烟叶收购等级 42 级制三价区价格，B3F 价格提高 0. 4 元/千克，B2F 价格调减 0. 4 元/千克，全年收购价格水平保持平衡。2004年，执行国家烟叶收购等级 42 级制三价区价格，4 个等级价格与 2003 年保持平衡（C1F、B1R、S1、S2），37 个等级价格均有提高，1 个等级价格调减。2005 年，执行国家烟叶收购等级 42 级制，由三价区调为二价区，42 个等级价格均作调增，为烟叶收购等级价格增幅较大年。

第八节　烟草专卖

一、专卖管理

自 1981 年 11 月 18 日始，执行国务院有关涤棉、烟酒统一调价。1983 年，执行国务院《烟草专卖条例》，烟草运输纳入专卖范围，无烟草公司的地州由省烟草专卖局委托糖烟酒公司或贸易公司开准运证明后运行。1985 年，烟酒由专卖公司统一经营。由专卖部批发给持有营业执照的单位或个人，或委托代销，价格按国家牌价执行。违反者给予批评教育，或处于罚款。1989 年，省政府成立打击走私贩运外国烟的领导小组，相关 9 个单位联合发布《关于打击走私进口外国卷烟的联合通告》，外烟经营企业和个人必须经省烟草专卖局批准，并持有特种许可证，货源由省烟草进出口分公司提供；交通、民航、邮电部门以及各种车辆未经省烟草专卖局发给准运证者，一律不得承运、承寄外烟，违者有关职能部门有权进行查处。

二、专卖执法

县烟草专卖局（公司）成立伊始，境内“两烟”（卷烟、烟叶生产经营）实行专卖管理。在贯彻执行国家烟草专卖法律法规和政策同时，查处和打击各种卷烟违法犯罪活动。同年，发放卷烟专卖零售许可证924个，其中，国营和集体158个，个体766个。2000年，发放烟草专卖零售许可证1050个，其中，国营和集体27个，个体1023个；查处涉烟违法案件36起、各类卷烟217.92件，案值27万元。2003年，落实国家局“全面访销、全面配送、访送分离、专销结合、三网并举”，推进城乡卷烟批零网点建设，卷烟销售、专卖实行工效挂钩考核。同年4月，成立县烟草专卖局（分公司）网络建设领导小组；自10月15日始，销售卷烟统一加贴思茅专卖防伪标识，区内各县标识作废；自10月20日始，运输卷烟必须到地区专卖科开具准运证；11月1日至2004年3月31日，换发烟草专卖零售许可证。全年共查处涉烟违法案件56起、各类卷烟361.32件，查获假冒卷烟108.9件。2004年，开展卷烟经营户烟草专卖零售许可证年度检审，规范卷烟经营管理，搞好网建运行。2005年，发证烟草专卖零售许可证807个，均属个体经营户；查处涉烟违法案件63起、各类卷烟408.2件，案值25.79万元，罚没款2.82万元。2006年9月，开展“风暴三号”专项行动。查处涉烟违法案件44起、各类卷烟167件，案值12万元；查获初烤烟叶0.93万千克，案值1.97万元；查处烟丝案件4起0.28万千克，案值2.81万元。同年，破获“1·23”制售假冒卷烟网络案件，捣毁制假窝点1个，查获卷烟机1台、包装机1台、烘干机1台、假冒伪劣卷烟207.11件，精春城卷烟包装纸箱拓印模板1套（2块）、卷烟包装纸箱279个、卷烟纸14卷（60千克）、卷烟锡箔纸15卷、精春城卷烟封签1.54万枚、古陶卷烟封签0.4万枚、精春城卷烟盒包装纸5.2万张、古陶卷烟盒包装纸0.2万张、精春城包装标识2.85万张、卷烟条包装纸0.7万张、卷烟条包装玻璃纸164张、12.5厘米卷烟包装纸内环35个、钢印4枚（其中,“精春城”2枚,“古陶”2枚）、烟丝28千克及运输微型面包车1辆，案值17.86万元；刑事拘留13人，刑事判决5人。一举摧毁长期盘踞在境内安定、文龙等乡（镇）的售假网络。2007年，开展“高原风暴五、六号”专项行动。查处涉烟违法案件26起、各类卷烟124件，案值13.5万元；查获涉烟刑事案件2起。2008年，查处涉烟违法案件36起、各类卷烟108.1万支，案值11.51万元；查获非法烟叶1350千克，案值3.65万元，总案值15.16万元，罚没款1.61万元。2009年，查处涉烟违法案件37起、各类卷烟34.37万支，案值4.92万元；查获非法烟叶1.33万千克，案值38.2万元，总案值43.12万元，上缴罚没款1.29万元。2010年，查处涉烟违法案件66起、各类卷烟59.14万支，案值16.03万元；查获烟叶1.14万千克，案值34.39万元，总案值50.42万元，罚没款3.56万元。2011年，查处涉烟违法案件53起（含跨年案件14起）、各类卷烟119.43万支，案值22.17万元；烟丝440千克，案值1.23万元；烤烟8846千克，案值27.72万元；公安移交处理滤嘴棒200万支，案值6万元，总案值57.122万元，罚没款7.61万元。

1997—2011年景东县烟草专卖案件查处统计表

表9-6-4

年度	查处违法卷烟（包含假冒卷烟）、烤烟数量		案值/标准（万元）	案件数（起）	罚没款（万元）
1997	卷烟（件）	433.98	15.60	28	2.59
	烤烟（千克）	1160.00	0.93	16	—
1998	卷烟（件）	217.92	27.00	36	2.89
	烤烟（千克）	—	—	—	—
1999	卷烟（件）	411.98	32.73	12	10.66
	烤烟（千克）	—	—	—	—
2000	卷烟（件）	611.62	10.98	21	9
	其中假冒卷烟（件）	72.00	1.44	3	—
	烤烟（千克）	—	—	—	—

续表 9-6-4

年度	查处违法卷烟（包含假冒卷烟）、烤烟数量		案值/标准（万元）	案件数（起）	罚没款（万元）
2001	卷烟（件）	77.45	5.62	20	5.02
	其中假冒卷烟（件）	38.00	0.33	2	—
	烤烟（千克）	—	—	—	—
2002	卷烟（件）	441.71	17.00	36	10.51
	其中假冒卷烟（件）	300.78	15.59	2	0.12
	烤烟（千克）	150.00	0.21	1	0.21
2003	卷烟（件）	352.20	35.49	30	10.07
	其中假冒卷烟（件）	108.90	5.81	5	—
	烤烟（千克）	—	—	—	—
2004	卷烟（件）	396.44	28.32	28	8.49
	其中假冒卷烟（件）	204.32	9.76	11	0.14
	烤烟（千克）	9100.00	5.75	14	1.86
2005	卷烟（件）	408.20	25.79	63	2.82
	其中假冒卷烟（件）	374.98	20.31	50	0.32
	烤烟（千克）	2946.00	10.53	26	3.40
2006	卷烟（件）	400.29	39.64	47	4.72
	其中假冒卷烟（件）	372.43	27.15	28	0.91
	烤烟（千克）	1820.00	1.98	2	0.40
2007	卷烟（件）	141.36	21.17	27	1.91
	其中假冒卷烟（件）	116.04	14.46	20	—
	烤烟（千克）	4760.00	0.57	1	—
2008	卷烟（件）	108.10	11.51	36	1.61
	其中假冒卷烟（件）	23.20	1.68	4	—
	烤烟（千克）	1350.00	3.65	1	—
2009	卷烟（件）	34.37	4.92	37	1.29
	其中假冒卷烟（件）	2.46	0.20	3	—
	烤烟（千克）	13250.00	38.20	4	—
2010	卷烟（件）	59.14	16.03	66	3.56
	其中查处假冒卷烟（件）	0.614	0.28	7	—
	烤烟（千克）	11396.00	34.39	7	—
2011	卷烟（件）	119.43	22.17	33	7.61
	其中假冒卷烟（件）	0.77	0.08	4	—
	烤烟（千克）	8846.00	27.72	4	—
合计	卷烟（件）	4214.19	313.97	520	82.75
	其中假冒卷烟（件）	1614.49	97.09	139	1.49
	烤烟（千克）	81292.00	123.93	76	5.87

第九节　烟草机构

一、县烟草专卖局

1978—1996年，卷烟专卖职能归属县商业局。1997年1月28日，县烟草专卖局（公司）挂牌成立，实行“两块牌子、一套班子、合署办公，统一经营管理烟草专卖工作”管理体制。内设办公室、生产科、销售科（卷烟配送中心）、专卖管理科、安全保卫科、财务科和政工科，职工18人。自1998年始，先后组建安定、太忠、文龙、龙街、锦屏5个烟叶站；5月28日，县检察院烟草检察室成立，办公室设于县烟草专卖局。1998年6月4日，撤销县检察院烟草检察室。1997年12月，云南省烟草景东彝族自治县金叶公司成立，隶属县烟草公司，职工11人。1998年5月21日，更名为县金叶公司。2003年12月，金叶公司与县烟草公司脱离隶属关系。1998年11月3日，成立安定（含文龙）、锦屏、漫湾、太忠、大街5个烟草专卖管理所；11月16日，县公安局刑事警察大队烟草案件侦查室成立，办公室设在县烟草专卖局。1999年4月，县烟草专卖局烟草专卖稽查中队成立。2001年10月，改设为烟草专卖稽查大队，下设一、二中队。2002年7月，云南省烟草景东彝族自治县公司更名为云南省烟草思茅地区公司景东分公司，下设7个科室、5个烟叶站、11个专卖管理所，职工23人；下属金叶公司，职工21人。2003年5月，更名为云南省烟草思茅地区公司景东县经营部。2003年8月，更名为云南省烟草思茅地区公司景东县营销部。下设专卖科、政工科、办公室、生产股、销售股、安保股、财务股和安定、文龙、龙街、太忠、锦屏5个烟叶站，1个稽查大队；11月，县烟草专卖局稽查大队漫湾中队成立。2005年，下设专卖科、政工科、办公室、生产股、销售股、安保股、财务股、烟叶生产基础设施建设办公室和安定、文龙、龙街、太忠、锦屏5个烟叶站，1个稽查大队和芹菜塘烟草专卖管理所。2006年，下设专卖科、办公室、生产技术服务中心、客户服务分中心、安保股、财务股、烟叶生产基础设施建设办公室、人事劳资股、国有资产管理股和稽查大队、芹菜塘烟草专卖管理所和安定、文龙、龙街、太忠、锦屏5个烟叶站。2007年4月20日，更名为云南省烟草公司普洱市公司景东县分公司。下设办公室、烟叶管理科、卷烟销售科、专卖管理科、安全保卫科、财务管理科、稽查大队、芹菜塘烟草专卖管理所和安定、文龙、龙街、太忠、锦屏、文井、花山和芹菜塘8个烟叶站。2008年，县局（分公司）下设综合办公室、卷烟销售科、专卖管理科、烟叶管理科、财务管理科、安全保卫科、基础办和8个烟叶站，从业人员112人，其中聘用88人。2009年，下设综合办公室、卷烟销售科、专卖管理科、烟叶管理科、财务管理科、安全保卫科、基础办和9个烟叶站，从业人员115人，其中聘用90人。2010年，下设综合办公室、卷烟销售科、专卖管理科、烟叶管理科、财务管理科、安全保卫科、基础设施建设办公室、派驻审计办公室，安定、文龙、龙街、太忠、花山、文井、锦屏、西区、大朝山9个烟站和芹菜塘专卖管理所，从业人员114人。2011年，下设办公室、区域市场部、专卖管理科、烟叶管理科、财务管理科、安全保卫科、基础设施建设办公室、党群人事监察科、派驻审计办公室，安定、文龙、龙街、太忠、花山、文井、锦屏、西区、大朝山9个烟站和芹菜塘专卖管理所，从业人员112人。历任局长（经理、主任）：李旭、潘德坤、龙昆、李强。

二、县烤烟生产领导小组

1992年2月，县烤烟领导小组成立，下设办公室在烟草生产办公室。历任组长：贾崇玖、姜华国、白兆清、毕廷村。

三、县烟草生产办公室

1992年2月，县政府烟草生产办公室成立。1998年3月烟草生产办公室撤销，2004年11月恢复。历任主任：熊朝兴、朱平、蔡中文。

第七章　蚕桑业

第一节　蚕桑发展

景东县栽桑养蚕历史较为悠久。在县政府殿堂楼旁，生长着一棵三百余龄的栽种型桑树。清代诗人赵绂《咏水车》:“倒翻波浪润桑麻”；杨子惠《秧马》:“东皋稚子歌声起，炎夏犹听唱采桑。”证明清代初期景东就有种桑养蚕。20世纪40年代，成立专门机构，抽调专职人员开展栽桑养蚕试验，但未及推广。60年代，农户零星自发栽桑养蚕，作为家庭经济补充。

1994年，成立领导小组和工作机构，引进龙头企业，出台扶持、奖励政策，把蚕桑培植成新兴产业。同年，县农业局农业试验站在锦屏镇温卜办事处橄榄坡建设桑园基地，种植桑树1.33公顷，建烤房1幢。2000年，大街、景福、林街3个乡推广栽桑养蚕，种桑25.33公顷。2001年，试养蚕105张，生产蚕茧4080千克，桑农鲜茧收入6.6万元。2003年，全县推广，种桑6667公顷，其中万亩以上乡镇8个。由于种养殖技术不规范，市场不景气，养蚕效益低，桑农毁桑、弃管和弃养现象普遍，桑园面积大幅下滑。2004年，全县桑园跌至2000公顷。2005年，总结出“三个结合”“三个转移”“四条路子”(蚕桑产业与畜牧产业发展相结合。与沼气建设相结合、与水利建设相结合，蚕桑产业向公路沿线转移、向村寨附近转移、向好田好地转移。统一规划，合理布局，规模种植，形成产业，走高起点、高标准地发展之路；依靠科技，抓好培训，突出示范，强化管理，走科技兴桑的发展之路；突出重点，抓重点村促规模，抓大户促面积，走重点村、重点组、专业户发展之路；抓好桑园栽培管理，抓好蚕房改造，走规范化、标准化养殖的发展之路)，合理规划蚕桑发展。2007年，全县发展桑园6667公顷，其中高产优质桑园5333公顷；蚕区由12个乡镇调减为文井、花山、大街、景福、曼等、东镇6个。2005年，全县13个乡镇128个村栽桑养蚕1.6万户，桑园4133公顷，桑农收入2000多万元，基本形成“公司+基地+农户”和“生产、加工、营销”一条龙产业雏形。2011年末，全县桑园2553公顷，年养蚕5万张，产鲜茧207万千克，缫丝25万千克，桑农鲜茧收入6700万元，工业产值7250万元。桑园面积和蚕茧产量居全省第三、全市第一。

2006—2011年景东县鲜茧产量统计表

表9-7-1

年度	鲜茧产量（万千克）	鲜茧收入（万元）	生丝产量（万千克）	工业产值（万元）
2006	137.00	2561.0	—	—
2007	177.33	3462.9	11.0	3300.0
2008	207.26	4091.9	22.0	6160.0

续表 9-7-1

年度	鲜茧产量（万千克）	鲜茧收入（万元）	生丝产量（万千克）	工业产值（万元）
2009	171.21	3372.8	25.0	8520.0
2010	179.06	4637.7	23.0	8970.0
2011	207.00	6700.0	25.0	7250.0

第二节 栽 桑

一、桑树品种及繁育

2000年前，景东县种植桑树品种以马桑为主。2000年始，县财政局财源办引进杂交桑试种。2001年，引进胡桑嫁接，桑叶产量和质量明显提高，桑农种桑积极性有所提高。2001年后，引进农桑12、农桑14、女桑、盛东1号及丰田1号、丰田2号、强桑等品种试种、试养，并逐步推广。2011年，桑树品种形成以女桑、农桑为当家品种，盛东为补充品种，丰田和强桑为推广品种的结构。2007年前，以农户自行育苗自行销售为主；之后，桑苗大部分由佳浩公司从浙江调入，少部分由公司从当地育苗户中采购，又销售给农户种植。

二、桑树栽植

（一）栽植技术

土地整理 秋季或初冬深耕，深度25~30厘米，桑苗栽植前耙平地面，做到墒平土细。

栽植密度与栽植时期 宽行窄株栽植。行距1.1~1.2米，株距0.35~0.4米，密植范围2.25万~2.55万株/公顷。境内四季均可栽桑，但以夏秋季栽桑为宜。

栽植方法与步骤 主要是深挖栽植沟，施足底肥。(1) 栽植沟管理。栽植沟深、宽各0.4米，施农家肥7.5万千克/公顷。(2) 苗木消毒。选择健壮苗木消毒处理，可用20%石灰浆浸泡半小时或用0.5%~1%波尔多液浸泡10分钟，沾泥浆栽植。(3) 定植管理。定植做到苗正根伸、土细、踏实，深浅一致。(4) 栽后管理。栽后加强管理，做好排灌水、查苗补缺等工作。

（二）嫁接

穗条采集贮藏 选择适宜当地栽培的优良品种，要求芽眼饱满，无病虫害，一年生粗细适中枝条，于小寒后10天左右采集；穗条剪去顶稍，10千克左右一捆捆好，立于高0.2~0.3米潮沙中，大寒10天前后即可嫁接。

嫁接方法和嫁接后管理 一般采用踞桩芽接法。技术要点：砧木处理、削芽片、插芽片、包扎。嫁接后，要做好培土、划膜、施肥、防治病虫害等工作。

（三）树型养成

桑树树形养成可分为自然形和剪伐形两大类。在生产实践中以剪伐形为主。剪伐形式有春伐、夏伐和轮伐三种。

三、桑园管理

（一）土壤管理

耕耘时期和方法 一年可中耕2~3次，分冬春夏耕。冬耕一般深0.2米，春耕0.07~0.1米，夏耕0.05~0.07米。

桑园除草及灌溉排水 采用人工除草和化学除草方法，春夏秋季多次进行，做到除早、除小、除了。同时，做好桑树灌溉和排水。

（二）桑树管理

主要是做好伐条、疏芽、修枝、整枝、施肥管理。

低产桑园改造（大朝山东镇　提供）

四、桑树病虫害防治

病害 至2011年，境内常见桑树病害有桑疫病、桑里白粉病、桑褐斑病。主要防治方法：选用抗病品种，培育健壮苗木，消灭越冬病源，加强栽培管理，合理施用农药。

虫害 至2011年，境内常见虫害有红蜘蛛、桑蓟马、桑白蚧、桑螟、桑天牛、黄叶甲、褐金龟子、桑毛虫、桑灰象虫、小地老虎。主要防治方法：农业防治、物理机械防治和生物防治，科学施用农药。

景东县桑园常用农药表

表9-7-2　　单位：天

农药名称	使用浓度	作用、毒性	防治对象	残毒期	备注
80%敌敌畏乳油	1000~2000倍	触杀、胃毒、熏蒸	象虫、天牛、金龟子等	7	蚕期桑园用药
40%乐果乳剂	500~2000倍	内吸杀虫、触杀	象虫	7	同上
50%辛硫磷乳油	1000~3000倍	触杀、胃毒	象虫、叶甲	7	同上
50%马拉松乳油	1000~2000倍	触杀、胃毒	叶蝉	7	同上
90%晶体敌百虫	1000~3000倍	触杀、胃毒	天牛、金龟子、桑毛虫	10~20	早春、晚秋桑园用药
73%克螨特	1500~2000倍	触杀、胃毒	红蜘蛛	7	—
20%三氯杀螨醇乳油	2000~3000倍	触杀	叶螨	7	蚕期前后桑园用药
波尔多液	0.6%~1%	保护	真菌、细菌病	20~30	冬浓夏淡
石硫合剂	波美0.5~50度	治疗、保护	叶螨、膏药病等	13	杀真菌、杀虫
70%甲基托布津	1000~1500倍	保护、治疗、内吸	白粉病、污叶病	1	不能与含铜农药混用
50%多菌灵	1000~1500倍	保护、治疗、内吸	褐斑病、白粉病	—	—
土霉素	500ppm	治疗	细菌病	—	—
硫脲嘧啶	100ppm	治疗	病毒病	—	—

第三节 养 蚕

一、养蚕方式

自2001年始，景东县试养蚕。养蚕方式主要有簸箕饲养、省力化蚕台饲养和大棚地蚕养殖。簸箕饲养和省力化蚕台饲养需要专用或者兼用蚕房，每张蚕种簸箕饲养需要簸箕60块，标准省力化蚕台饲养需要蚕台15个、大蚕网30张、小蚕网6~8张；每张蚕需要用消毒石灰25千克、漂白粉2~3千克，“小蚕防病1号”1包，方格蚕簇200个或折簇50个。地蚕养殖不需要建专用蚕房，不需要簸箕和蚕台，不需要出沙，简易大棚下就能养殖，但需要多用消毒用石灰30%。至2011年末，全县养蚕以省力化蚕台饲养为主，并逐步推广简易大棚地蚕养殖。

养蚕（李世华 摄）

二、蚕品种

2001—2002年，试养蚕品种主要是陆良培育的青松×皓月（正反交）。2003年，佳浩公司入驻景东，引入苏菊×明虎（正反交）。之后，养殖蚕品种以青松×皓月和苏菊×明虎为当家品种，同时，引进蒙自种和山东种试养推广，主要品种有云蚕9×云蚕10、红清×河浩、云夏4×云夏3、春蕾×镇珠、2082×20819。

三、蚕房

2001年始，规划和建设蚕房。主要有老蚕房改造和专用标准新蚕房建盖两种。老蚕房改造是指在原有住房基础上改造而成的蚕房，实用面积不低于30平方米；新建蚕房是指另选地址建盖的蚕房，实用面积不低于45平方米。蚕房建设资金，采取财政贴息贷款、直接补助等方式。财政贴息支持农户贷款0.5万~2万元，直接补助分别为一次性补助400元、500元、2000元、3000元。至2011年底，全县共投入蚕房建设资金1027.6万元，蚕房改造1810间、新建1614间，可用养蚕面积13.66万平方米，建盖小蚕共育室883间2.65万平方米。

四、蚕病害防治

蚕病防治主要以预防为主。蚕病分为传染性蚕病和非传染性蚕病。传染性蚕病，包括病毒病、真菌病、细菌病和微粒子病；非传染性蚕病，包括各种中毒、机械损伤和老鼠吃蚕。境内常见蚕病有病毒病（脓病）、真菌病（僵病）、细菌病和中毒。主要防治措施是加强管理，精心饲养，增强蚕体抗病力；彻底消毒，杜绝病源，注意通风换气和温湿度调节，保持蚕房空气新鲜，避免农药中毒等。

第四节 蚕茧收购和加工

一、蚕茧收购和烘烤

2001—2002年，蚕茧由景东蚕桑公司统一收购、烘烤和销售，收购价格为12~16元/千克。采用土灶烘烤、手工加工，技术落后。2003年后，蚕茧统一由景东佳浩茧丝绸公司收购。2003—2011年，收购价格为18~33元/千克。2006年，引进自动烘茧机3台，分别安装在文井、大街、花山。至2011年，全县共有自动烘茧机10台。

蚕茧（李世华 摄）

二、缫丝

2007年，佳浩公司建成半自动缫丝生产线20组，年处理干茧70万千克，生产生丝25万千克，工业产值6000万元。景东蚕茧质量上乘，绝大部分蚕茧可生产AAAAA、AAAAAA顶级生丝，成为国内外客商争相抢购的俏手货。根据中国纤维检验局、云南省纤维检验所数据，景东干茧平均上车率88.93%，比全国高5.09%，比全省高2.69%；平均解舒率64.79%，比全国高5.67%，比全省高4.23%；平均解舒丝长748.7米，比全国高162.6米，比全省高123.1米；平均洁净成绩93.77分，比全国低0.19分，比全省高0.09分；平均清洁分99.5分，比全国高1.1分，比全省高1分。在国家五项干茧品质检验中，景东蚕茧有三项与全国相比，排名第一，两项排名第二，因此，景东县被蚕桑专家誉为“种桑养蚕天堂”。

第五节 蚕桑机构

1994年8月，县蚕桑办成立。2000年至2003年6月，设立县蚕桑公司（国有）。蚕桑生产由县财政局财源办负责，承担物资供应、蚕茧收够、烘烤和销售任务；各乡镇成立蚕桑办，负责本乡镇蚕桑产业规划和技术指导工作。2003年7月，县蚕桑生产办成立，为政府正科级办事机构，有干部职工9人。2011年，有干部职工10人，其中，主任1人，副主任2人。主要承担全县蚕桑产业发展规划和年度计划，组织协调蚕桑生产，技术指导等工作。历任负责人：杨志新（兼）、何志德。

第十编

林　业

第一章　森林资源

第一节　森林资源二类调查

1985—2011 年，景东县先后开展过 3 次森林资源二类调查。

一、第一次调查

森林资源　1985 年，景东县成立调查队，开展首次森林资源二类调查。结果：全县土地总面积 44.61 万公顷（部门数据），其中林业用地 27.31 万公顷，占 61.2%。活立木总蓄积量 1849.76 万立方米。森林覆盖率 36.6%。林业用地面积和蓄积结构：有林地面积 16.32 万公顷，蓄积量 1429.29 万立方米，疏林地面积 1.2 万公顷，蓄积量 38.20 万立方米，自然保护区面积 3.12 万公顷，蓄积量 360.79 万立方米，灌木林地面积 4.34 万公顷，无林地面积 1.93 万公顷，未成林造林地面积 121.1 公顷；散生木蓄积量 13.84 万立方米，四旁树蓄积量 3.18 万立方米。有林地按使用权属分类：集体林面积 16.68 万公顷，蓄积量 950.78 万立方米，国有林面积 10.63 万公顷，蓄积量 538.19 万立方米，无量山保护区面积 2.32 万公顷，蓄积量 277.73 万立方米，哀牢山保护区面积 1.17 万公顷，蓄积量 83.07 万立方米。有林地按林种分类：用材林面积 9.37 万公顷，蓄积量 809.39 万立方米，防护林面积 6.35 万公顷，蓄积量 609.85 万立方米，特种用途林面积 1.86 万公顷，蓄积量 360.79 万立方米，薪炭林面积 1646.4 公顷，蓄积量 10 万立方米，经济林面积 4348.4 公顷（含竹林 11.1 公顷）。

全县以思茅松为主的针叶林面积 13.22 万公顷，蓄积量 1189.72 万立方米，以栎类为主的阔叶林面积 4.96 万公顷，蓄积量 600.36 万立方米。

1985 年景东县森林资源二类调查林业用地面积统计表

表 10-1-1　　　　单位：公顷、%

乡镇	土地总面积	林业用地面积							非林业用地面积	森林覆盖率
		合计	有林地	疏林地	灌木林地	未成林造林地	自然保护区	无林地		
锦屏区	51260	38719.2	24464.9	520.0	5690.5	—	7548.0	495.7	12540.8	69.0
文井区	46721	32614.1	21087.8	3300.7	5180.8	—	—	3044.8	14106.9	56.2
者后区	37741	28299.0	27215.7	155.4	197.6	—	—	730.3	9442.5	72.6

续表 10-1-1

乡镇	土地总面积	林业用地面积							非林业用地面积	森林覆盖率
		合计	有林地	疏林地	灌木林地	未成林造林地	自然保护区	无林地		
花山区	29204	16983.1	8611.7	717.9	3892.5	80.1	3032.0	648.9	12220.9	47.8
大街区	18643	9629.0	3762.0	1375.3	1148.1	—	1087.0	2256.6	9014.0	26.4
太忠区	29128	16049.3	7118.4	1634.3	1817.9	41.1	3285.0	2152.6	13078.7	34.6
龙街区	27706	14500.5	7206.0	614.4	1551.7	—	4263.0	865.4	13205.5	31.6
文龙区	27179	19018.4	12580.9	546.5	3003.3	—	2209.0	678.7	10160.6	57.6
安定区	23376	12804.3	5438.0	459.6	4175.7	—	1550.0	1181.0	10571.7	44.1
保甸区	30857	20051.9	10766.8	972.8	3616.3	—	4200.0	496.0	10805.1	54.0
林街区	21531	12617.2	4957.1	284.7	2513.3	—	3633.0	1229.1	8913.8	41.7
景福区	27742	14650.0	6472.4	111.2	3171.9	—	4215.0	679.5	13092.0	41.0
曼等区	16890	5625.3	4433.3	216.6	685.6	—	—	289.8	11264.7	30.3
永秀区	54405	30471.1	18324.5	1101.1	6573.9	—	—	4471.6	23933.9	44.8
锦屏镇	1717	1077.5	743.6	33.7	203.3	—	—	96.9	639.5	55.1
合计	446100	273109.9	163183.1	12044.2	43422.5	121.1	35022.0	19316.9	172990.1	36.6

1985 年景东县森林资源二类调查活立木蓄积统计表

表 10-1-2　　单位：立方米

乡镇	合计	有林地	疏林地	自然保护区	散生木	四旁树
锦屏区	2229760	2207750	13880	—	8130	—
文井区	1810200	1683990	103590	—	22620	—
者后区	1894810	1867750	3530	—	23530	—
花山区	877020	838100	29150	—	9770	—
大街区	307690	261230	44440	—	2020	—
太忠区	611300	558470	49410	—	3420	—
龙街区	634330	612340	16800	—	5190	—
文龙区	1276490	1250970	17810	—	7710	—
安定区	359080	341130	13690	—	4260	—
漫湾区	1074350	1009590	57600	—	7160	—
林街区	343960	326580	14380	—	3000	—
景福区	841220	826470	3770	—	10980	—
曼等区	487880	479070	7320	—	1490	—
永秀区	2050090	1971640	45010	—	33440	—
锦屏镇	59700	57820	1560	—	320	—
合计	18497572	14292900	421940	3607922	143040	31770

活立木生长量　全县活立木年净生长量 72.62 万平方米，年净生长率 3.98%。

1985 年景东县森林资源二类调查活立木年净生长量（率）明细表

表 10-1-3 单位：立方米、%

年净生长量	年净生长率	其中									
		保护区年净生长量	非保护区年净生长量								
			合计	林分		疏林		散生木		红椿、四旁树	
				年净生长量	年净生长率	年净生长量	年净生长率	年净生长量	年净生长率	年净生长量	年净生长率
727010	3.98	126966	600044	584247	3.97	11241	4.41	3708	4.04	848	3.97

森林资源消耗量 全县森林资源年总消耗量 69.59 万立方米，非保护区林木年净生长量 59.92 万立方米，消耗量大于生长量 9.67 万立方米。

1985 年景东县森林资源二类调查森林资源年总消耗量明细表

表 10-1-4 单位：立方米

年总消耗量	其中													
	民用材							烧柴	建筑及其他	国家计划采伐			山林火灾	毁林开荒
	合计	农业生产用材	建筑用材	家具用材	烧柴	居民用材	地方用材			合计	森工局采伐	林农采伐外调		
813600	499137	2123	140988	12600	315000	14251	14175	115000	2675	152148	64648	87500	4640	40000

二、第二次调查

森林资源 1996 年，云南省林业调查规划设计院森林调查三队对景东县森林资源进行二类调查。结果：全县土地总面积 44.59 万公顷（部门数据），其中林业用地 30.3 万公顷，占 67.95%。活立木总蓄积 2258.2 万立方米，森林覆盖率 64.9%。林业用地面积和蓄积结构：有林地面积 26.97 万公顷，蓄积量 2248.5 万立方米；疏林地面积 1378.4 公顷，蓄积量 21.25 万立方米，灌木林地面积 19.72 万公顷，无林地面积 11.78 万公顷，未成林造林地面积 371.2 公顷；散生木蓄积量 5.85 万立方米，四旁树蓄积量 1.72 万立方米。按使用权属分类：集体林面积 19.21 万公顷，国有林面积 11.09 万公顷（其中，景东林业局管理面积 9660.4 公顷，自然保护区面积 33416 公顷）。有林地按林种分类：用材林面积 17.49 万公顷，蓄积量 1391.61 万立方米；防护林面积 5.1 万公顷，蓄积量 427.82 万立方米，特种用途林面积 2.44 万公顷，蓄积量 401.91 万立方米，薪炭林面积 0.62 万公顷，蓄积量 27.16 万立方米，经济林面积 1.32 万公顷（含 135.5 公顷竹林）。

以思茅松为主的针叶林面积 18.21 万公顷，蓄积量 1449.5 万立方米，以栎类为主的阔叶林面积 7.58 万公顷，蓄积量 808.69 万立方米。

1996 年景东县森林资源二类调查经济果木面积统计表

表 10-1-5 单位：公顷

树种	茶叶	核桃	紫胶寄主	花椒	梅子	咖啡	芒果	板栗	柑橘	其他
面积	6416.6	4881.5	916.5	188.9	142.5	97.3	81.6	67.7	64.2	197.8

1996 年景东县森林资源二类调查林业用地面积统计表

表 10-1-6

单位：公顷、%

统计单位	土地总面积	林业用地						非林业用地	森林覆盖率
		合计	有林地	疏林地	灌木林地	未成林造林地	无林地		
锦屏镇	43669.0	33202.7	31716.0	234.9	774.6	—	477.2	10466.3	74.40
文井镇	46693.0	33955.7	32457.3	70.2	837.2	42.6	548.4	12737.3	71.31
者后乡	32579.0	24794.4	24603.2	13.0	53.9	—	124.3	7784.6	75.69
花山乡	26521.0	16002.2	15242.6	3.8	652.5	—	103.3	10518.8	59.94
大街乡	17166.0	10245.2	9385.4	—	307.6	—	552.2	6920.8	56.46
太忠乡	25030.0	16053.7	13714.0	291.7	634.6	—	1413.4	8976.3	57.33
龙街乡	24019.0	14480.2	13002.4	53.6	385.9	—	1038.3	9538.8	55.74
文龙乡	23752.0	16700.0	16043.5	170.3	181.6	—	304.6	7052.0	68.31
安定乡	22349.0	12916.5	10398.5	193.0	1282.1	26.0	1016.9	9432.5	52.27
漫湾镇	26846.0	18239.2	17414.2	47.9	562.7	5.5	208.9	8606.8	66.97
林街乡	17350.0	10602.7	9502.9	19.9	669.5	—	410.4	6747.3	58.63
景福乡	24090.0	13899.0	12272.5	52.5	764.1	16.5	793.4	10191.0	54.11
曼等乡	16842.0	7618.8	6247.5	74.8	212.7	3.3	1080.5	9223.2	38.34
永秀乡	29357.0	13119.9	12690.7	25.3	297.0	3.0	103.9	16237.1	44.24
东镇	24920.0	18064.5	17046.7	127.5	371.2	—	519.1	6855.5	69.90
自然保护区	35022.0	33416.0	18633.0	—	11703.0	—	3080.0	1606.0	86.62
景东林业局	9725.0	9660.4	9365.0	—	26.1	269.3	—	64.6	96.57
合计	445930.0	302971.1	269735.4	1378.4	19716.3	366.2	11774.8	142958.9	64.91

1996 年景东县森林资源二类调查活立木蓄积统计表

表 10-1-7

单位：立方米

统计单位	合计	有林地	疏林地	散生木	四旁树
锦屏镇	2931880	2926180	370	2210	3120
文井镇	2789550	2778940	90	4280	6240
者后乡	183260	165850	2670	13180	1560
花山乡	1108530	1105930	780	780	1040
大街乡	551030	547550	1350	1090	1040
太忠乡	771290	763070	5110	2070	1040
龙街乡	798950	796890	830	1230	—
文龙乡	1254920	1251630	1460	270	1560
安定乡	676380	674540	1080	760	—
漫湾镇	1168830	1157430	1070	9270	1060
林街乡	551200	549940	220	1040	—
景福乡	999240	995040	740	2940	520
曼等乡	409110	406490	—	2620	—

续表 10-1-7

统计单位	合计	有林地	疏林地	散生木	四旁树
永秀乡	951810	951330	270	210	—
东镇	1651550	1650390	—	1160	—
自然保护区	3607930	3592940	—	14990	—
景东林业局	678630	678220	—	410	—
合计	21084090	20992360	16040	58510	17180

活立木生长量 全县活立木年净生长量95.49万平方米，年净生长率4.25%。

1996年景东县森林资源二类调查活立木年净生长量（率）明细表

表 10-1-8

单位：立方米、%

活立木年净生长量	活立木年净生长率	其中							
		林分		疏林		散生木		四旁树	
		年净生长量	年净生长率	年净生长量	年净生长率	年净生长量	年净生长率	年净生长量	年净生长率
954900	4.25	954900	4.25	1120	5.27	2400	4.10	1710	4.98

森林资源消耗量 全县森林资源年总消耗量54.78万立方米，生长量大于消耗量40.7万立方米。

1996年景东县森林资源二类调查森林资源年总消耗量明细表

表 10-1-9

单位：立方米

年总消耗量	其中							竹子消耗（根）
	商品材	农民自用材	能源性				自然灾害、盗伐	
			合计	农民生活性烧材	城镇居民烧材	工副业烧材		
547820	111936	177323	255822	180355	47327	28140	2739	35000

三、第三次调查

森林资源 2005年，云南省林业调查规划设计院大理分院对景东县森林资源进行二类调查。结果：全县土地总面积44.66万公顷（部门数据），其中林业用地31.24万公顷，占70%。活立木总蓄积2766.61万立方米，森林覆盖率66.8%。林业用地面积和蓄积结构：有林地面积28.54万公顷，蓄积量2760.92万立方米，疏林地面积500公顷，蓄积量9970立方米，灌木林地面积2.14万公顷，未成林造林地面积2775.7公顷，无立木林地面积2388.2公顷；散生木蓄积量1.6万立方米，四旁树蓄积量3.08万立方米。按使用权属分类：集体林面积20.23万公顷，蓄积量1558.44万立方米，国有林面积11.01万公顷（景东林业局管理面积1.05万公顷，保护区面积3.5万公顷），蓄积量1208.17万立方米。有林地、疏林地、灌木林地按五大林种分类：用材林面积17.51万公顷，蓄积量1602.31万立方米，防护林面积6.82万公顷，蓄积量641.3万立方米，特种用途林面积3.81万公顷，蓄积量494.97万立方米，经济林面积1.95万公顷，蓄积量4.75万立方米，薪炭林面积6353.1公顷，蓄积量18.6万立方米。

以思茅松为主的针叶林面积17.48万公顷，蓄积量1637.43万立方米，以栎类为主的阔叶林面积11.06万公顷，蓄积量1123.5万立方米，竹林面积1139.8公顷。

2005年景东县森林资源二类调查经济果木面积统计表

表10-1-10

单位：公顷

树种	茶叶	核桃	咖啡	板栗	橡胶	椒	梅子	山苍子	柑橘	龙眼	紫胶寄主
面积	9955.7	6260.9	177.5	296.4	218.2	187.0	45.3	35.0	116.7	53.7	1876.2
树种	芒果	梨	木瓜	苹果	荔枝	李	桃	牛肋巴	马椰树	樟树	其他果树
面积	171.2	21.6	6.1	3.2	0.4	0.3	1.9	14.1	88.6	42.9	16.3

2005年景东县森林资源二类调查林业用地面积统计表

表10-1-11

单位：公顷、%

统计单位	土地总面积	林业用地					非林业用地	森林覆盖率
		有林地	疏林地	灌木林地	未成林造林地	无林地		
锦屏镇	42844	29956.2	33.6	1394.8	458.6	120.5	10880.3	71.67
文井镇	79550	56659.8	67.1	2642.9	300.8	170.0	19709.4	73.56
花山乡	26627	16070.5	—	763.0	17.4	10.7	9765.4	62.00
大街乡	17053	8828.8	—	2290.1	156.2	49.5	5728.4	63.01
太忠乡	25227	14110.4	43.0	1035.6	415.3	140.7	9482.0	58.32
龙街乡	24038	13925.1	82.3	573.6	62.0	267.7	9127.3	59.20
文龙乡	23610	15802.6	—	1236.9	82.8	—	6487.8	71.99
安定乡	22250	10571.7	—	3001.3	738.7	0.5	7921.1	54.76
漫湾镇	26966	16234.8	75.6	499.9	19.2	173.3	9963.2	61.42
林街乡	17390	8242.8	177.2	1174.3	19.4	186.2	7590.1	49.13
景福乡	24251	14760.5	—	884.9	288.5	380.1	7937.0	62.09
曼等乡	16879	8280.5	—	1155.1	18.2	33.6	7391.6	54.41
东镇	54373	29978.0	8.5	2788.7	156.0	88.0	21353.8	58.21
无量山保护区	23355	21678.2	—	1568.7	—	31.4	76.7	95.55
哀牢山保护区	11667	10365.6	12.7	334.0	32.8	719.3	202.6	90.49
景东林业局	10505	9904.6	—	64.6	9.8	—	526.0	94.66
合计	446585	285370.1	500.0	21408.4	2275.7	2388.2	134142.6	66.82

2005年景东县森林资源二类调查活立木蓄积统计表

表10-1-12

单位：立方米

统计单位	活立木总蓄积	有林地	疏林地	散生木	四旁树
锦屏镇	3215130	3211870	790	240	2230
文井镇	5601020	5593000	710	2390	4920
花山乡	1301990	1298590	—	750	2650
大街乡	766150	765020	—	240	890
太忠乡	1061470	1057400	690	560	2820

续表 10-1-12

统计单位	活立木总蓄积	有林地	疏林地	散生木	四旁树
龙街乡	1117730	1114460	1000	120	2150
文龙乡	1410410	1409320	—	70	1020
安定乡	801820	799710	—	660	1450
漫湾镇	1391730	1388820	2000	130	780
林街乡	682620	675150	4580	620	2270
景福乡	1335290	1327630	—	4060	3600
曼等乡	593790	588590	—	1850	3350
东镇	2902310	2898260	130	1250	2670
无量山保护区	3326620	3324120	—	2470	30
哀牢山保护区	1194470	1194020	70	380	—
景东林业局	963550	963280	—	260	10
合计	27666100	27609240	9970	16050	30840

活立木生长量 全县活立木年净生长量 102.44 万平方米，年净生长率 3.71%。

2005 年景东县森林资源二类调查活立木年净生长量（率）明细表

表 10-1-13　　单位：立方米、%

活立木年净生长量	活立木年净生长率	其中							
		乔木林		疏林		散生木		四旁树	
		年净生长量	年净生长率	年净生长量	年净生长率	年净生长量	年净生长率	年净生长量	年净生长率
1024380	3.71	1023300	3.71	290	2.81	350	2.29	440	2.12

森林资源消耗量 全县森林资源年总消耗量 61.79 万立方米，生长量大于消耗量 40.65 万立方米。

2005 年景东县森林资源二类调查森林资源年总消耗量明细表

表 10-1-14　　单位：立方米

年总消耗量	其中									
	商品材	农民自用材	培植业用材	灾害性消耗	竹子（根）	烧材（能源性）				
						合计	农民生活烧材	城镇居民生活烧材	工副业烧材	企事业单位烧材
617910	153000	141000	16750	35000	30000	272160	170700	19000	42100	40360

第二节 森林资源数据更新

一、森林资源

2011 年，云南省林业调查规划设计院信息中心更新景东县森林资源数据。结果：全县土地总面积 44.66 万公顷（部门数据），其中林业用地 33.5 万公顷，占 75.01%。活立木总蓄积 3065.23 万立方米。森林覆盖率 70.51%，林木绿化率 73.07%。林业用地面积和蓄积结构：有林地面积 30.43 万公顷，蓄积量 3059.52 万立方米，疏林地面积 347.5 公顷，蓄积量 9640 立方米，灌木林地面积 2.06 万公顷，未成林造林地面积 8152.7 公顷，无立木林地面积 124.6 公顷，宜林地面积 1517.6 公顷；散生木蓄积量 2.16 万立方米，四旁树蓄积量 2.58 万立方米。林业用地按使用权属分类：集体林面积 17.5 万公顷，蓄积量 369.22 万立方米，国有林面积 10.55 万公顷，蓄积量 1217.42 万立方米，个人林面积 5.45 万公顷，蓄积量 1478.59 万立方米。有林地、疏林地、灌木林地按五大林种分类：用材林面积 16.82 万公顷，蓄积量 1644.91 万立方米，防护林面积 8.45 万公顷，蓄积量 932.16 万立方米，特种用途林面积 3.44 万公顷，蓄积量 479.76 万立方米，经济林面积 3.43 万公顷，蓄积量 3.67 万立方米，薪炭林面积 3855.9 公顷。

以思茅松为主的针叶林面积 16.85 万公顷，蓄积量 1773.73 万立方米，以栎类为主的阔叶林面积 7.4 万公顷，蓄积量 906.46 万立方米，其他阔叶林面积 1.61 万公顷，蓄积量 166.76 万立方米，桤类面积 6081.6 公顷，蓄积量 76.45 万立方米。

全县用材林面积 16.82 万公顷，蓄积量 1644.91 万立方米。其中，乔木纯林、混交林面积 16.7 万公顷，蓄积量 1644.27 万立方米，竹林面积 963.4 公顷，蓄积量 237 万株，疏林面积 258.7 公顷，蓄积量 6350 立方米。

全县 0.25 公顷以上连片经济林面积 3.43 万公顷。其中，核桃 2.24 万公顷，茶叶 9104.3 公顷；紫胶寄主 1683.1 公顷，板栗 267.6 公顷，橡胶 198.4 公顷，芒果 160.7 公顷。

全县竹子 415 万株。其中，0.25 公顷以上连片竹林面积 972.8 公顷，蓄积量 239 万株，散生竹 25 万株，四旁竹 151 万株。

全县自然保护区 3.5 万公顷，其中，无量山 2.34 万公顷，哀牢山 1.16 万公顷。

2011 年景东县森林资源数据更新林业用地面积统计表

表 10-1-15　　单位：公顷、%

统计单位	土地总面积	林业用地										非林业用地	森林覆盖率
		合计	权属			林业用地构成							
			国有	集体	个人	有林地	疏林地	灌木林地	未成林造林地	无林地	宜林地		
锦屏镇	42844	33479.2	8729.4	14941.2	9808.6	31258.1	33.4	1260.0	882.4	—	45.3	9364.8	74.04
文井镇	79550	60673.1	19404.3	34736.1	6532.7	54782.1	60.0	2579.1	3140.5	27.9	83.5	18876.9	71.07
花山乡	26627	18034.2	6276.7	10071.4	1686.1	16794.3	—	763.4	458.6	—	17.9	8592.8	64.56
大街乡	17053	11961.8	3588.9	6835.0	1537.9	9804.5	—	2136.0	7.0	—	14.3	5091.2	67.91
太忠乡	25227	17349.7	3887.5	11478.3	1983.9	15490.8	20.5	981.6	792.4	16.1	48.3	7877.3	63.56
龙街乡	24038	16150.1	2692.6	11466.0	1991.5	15028.0	1.8	576.5	317.8	42.7	183.3	7887.9	63.70
文龙乡	23610	19045.9	1284.9	13782.7	3978.3	17889.2	—	907.6	249.1	—	—	4564.1	79.40
安定乡	22250	16527.8	2251.0	10712.9	3563.9	13437.7	—	2988.8	74.7	9.2	17.4	5722.2	67.25
漫湾镇	27466	18930.7	4319.3	10850.9	3760.5	17844.8	57.2	509.4	385.3	24.1	109.9	8535.3	67.13
林街乡	17390	11649.3	1067.2	7736.5	2845.6	10378.9	154.2	1021.0	69.1	—	26.1	5740.7	60.35
景福乡	24251	17567.7	3029.7	10715.1	3822.9	16427.5	—	793.6	143.3	4.6	198.7	6683.3	68.84
曼等乡	16879	10608.3	967.2	7654.8	1986.3	9066.1	—	1212.6	276.0	—	53.6	6270.7	57.30

续表 10-1-15

统计单位	土地总面积	林业用地										非林业用地	森林覆盖率
		合计	权属			林业用地构成							
			国有	集体	个人	有林地	疏林地	灌木林地	未成林造林地	无林地	宜林地		
东镇	54373	38138.5	8728.5	23267.4	6142.6	34102.9	8.3	2930.6	1058.3	—	38.4	16234.5	65.67
无量山保护区	23355	23335.3	20914.3	16.4	2404.6	21731.6	—	1572.8	—	—	30.9	19.7	93.51
哀牢山保护区	11667	11566.9	8409.7	742.7	2414.5	10604.6	12.1	300.2	—	—	650.0	100.1	91.02
景东林业局	10505	10012.2	9947.6	—	64.6	9655.4	—	58.6	298.2	—	—	492.8	92.24
合计	447085	335030.7	105498.8	175007.4	54524.2	304296.5	347.5	20591.8	8152.7	124.6	1517.6	112054.3	70.51

2011 年景东县森林资源数据更新活立木蓄积统计表

表 10-1-16

单位：立方米

统计单位	合计	权属			蓄积构成			
		国有	集体	个人	有林地	疏林地	散生木	四旁树
锦屏镇	3553140	1001800	454260	2097080	3549800	1050	490	1800
文井镇	5790310	2211380	787730	2791200	5781530	850	2870	5060
花山乡	1455450	637030	124340	694080	1452350	—	950	2150
大街乡	892890	328640	16400	547850	891890	—	360	640
太忠乡	1214030	281710	69070	863250	1210020	530	1150	2330
龙街乡	1238800	261690	217920	759190	1236450	30	410	1910
文龙乡	1622820	167850	102240	1352730	1621670	—	410	740
安定乡	970160	254640	51890	663630	968180	—	940	1040
漫湾镇	1565010	409160	652980	502870	1561980	2130	350	550
林街乡	826090	102240	169900	553950	818330	4790	1170	1800
景福乡	1490030	373760	183440	932830	1482150	—	5100	2780
曼等乡	672150	93820	41720	536610	666990	—	2340	2820
东镇	3543760	917800	729490	1896470	3539930	150	1540	2140
无量山保护区	3449000	3091440	730	356830	3446240	—	2740	20
哀牢山保护区	1318600	998330	90110	230160	1318010	110	480	—
景东林业局	1050040	1042880	—	7160	1049720	—	300	20
合计	30652280	12174170	3692220	14785890	30595240	9640	21600	25800

二、活立木生长量

全县活立木年净生长量 98.55 万立方米，年净生长率 3.22%。

2011 年景东县森林资源数据更新活立木年净生长量（率）明细表

表 10-1-17

单位：立方米、%

活立木年净生长量	活立木年净生长率	其中							
		乔木林		疏林		散生木		四旁树	
		年净生长量	年净生长率	年净生长量	年净生长率	年净生长量	年净生长率	年净生长量	年净生长率
985500	3.22	984420	3.22	280	2.90	400	2.14	400	2.26

三、森林资源消耗量

全县森林资源年总消耗量63.66万立方米，生长量大于消耗量34.89万立方米。

2011年景东县森林资源数据更新森林资源年总消耗量明细表

表10-1-18 单位：立方米

年总消耗量	其中						
	商品材	农民自用材	培植业用材	烧材（能源性）	灾害性	其他	竹子消耗（万根）
636589	157391	97004	16750	326031	35713	3700	78

第三节 古树名木

县境内古树名木不胜枚举，树种有茶、榕、樟、椿、榆、桑、酸枣、核桃、泡梅、乌梅、芒果等，是人们日常生活不可或缺的一部分。如锦屏镇前所村后所组一棵古榕，每年农历二十九日人们要清理树身，为其系上红布，增加喜庆氛围。同时也存在蚕食、偷砍偷挖乃至毁坏古树名木现象。

文庙古梅（罗海垠 摄于2015年7月）

县政府古桑树（罗海垠 摄于2013年6月）

一、《云南名木古树》景东古树

1995年，云南省林业学会、省林业厅编修《云南名木古树》，共收录景东古树4棵。

文岔古茶树 所在地：花山乡文岔村。树高8米，基径1.02米，树龄200年，属栽培型大叶茶。

文庙古梅树 所在地：县城文庙棂星门前。树高6米，胸径0.67米，树龄330年。

文龙古榕树 所在地：文龙乡龙街粮管所。树高17米，胸径3.1米，树龄300年。但《云南名木古树》尚未出版，该树即被一精神病人烧死。

县政府古桑树 所在地：县政府殿堂楼旁。树高12米，胸径0.76米，树龄300年。

二、古树名木调查

2002年，景东县开展古树名木摸底调查，全县共有各种古树名木4025棵。

景东县古树名木调查统计表

表 10-1-19

单位：棵

树种	锦屏	文井	花山	大街	太忠	龙街	文龙	漫湾	林街	景福	曼等	东镇	合计
榕树	220	252	65	86	191	211	96	165	48	83	31	173	1621
核桃	13	—	45	13	546	205	12	101	6	1	50	164	1156
石楠	7	—	—	—	14	2	—	3	2	—	—	5	33
木荷	3	—	2	—	41	7	24	10	16	1	4	24	132
红椿	1	1	—	—	14	3	8	28	7	2	2	29	95
蒲桃	—	—	—	2	—	1	—	1	—	1	—	1	6
云南油杉	—	—	—	—	5	7	—	2	—	—	12	40	66
西南桦	7	—	1	4	10	—	—	10	15	1	1	58	107
酸枣	1	—	—	1	8	2	—	—	—	1	—	—	13
栎类	1	—	1	—	190	9	—	1	50	—	—	188	440
桤	1	—	—	—	27	8	—	3	—	—	—	—	39
普文楠	3	—	1	—	1	—	2	1	—	—	—	2	10
柏树	1	1	1	—	—	2	—	—	9	1	—	—	15
茶	—	—	4	4	—	5	—	26	—	1	3	2	45
思茅松	—	—	1	—	9	2	—	1	—	1	—	11	25
柳树	—	—	—	—	6	2	2	—	1	—	—	—	11
山茶	—	—	—	1	10	—	—	—	—	7	—	—	18
杜英	2	—	—	—	—	—	—	9	5	—	—	3	19
桑树	1	—	—	1	—	—	1	7	1	—	—	—	11
香樟树	—	—	—	3	—	1	1	—	—	—	—	—	5
桂花	—	—	—	—	—	—	—	1	—	—	—	1	2
攀枝花	—	—	—	2	3	1	1	—	2	—	1	—	10
杜鹃花	—	—	—	—	—	—	—	—	—	—	—	124	124
野生芒果	—	—	—	—	—	—	—	—	—	—	—	21	21
梅	1	—	—	—	—	—	—	—	—	—	—	—	1
合计	262	254	121	117	1075	468	147	369	162	100	104	846	4025

第二章　山林权属

第一节　林业“三定”和“两山一地”

一、林业“三定”

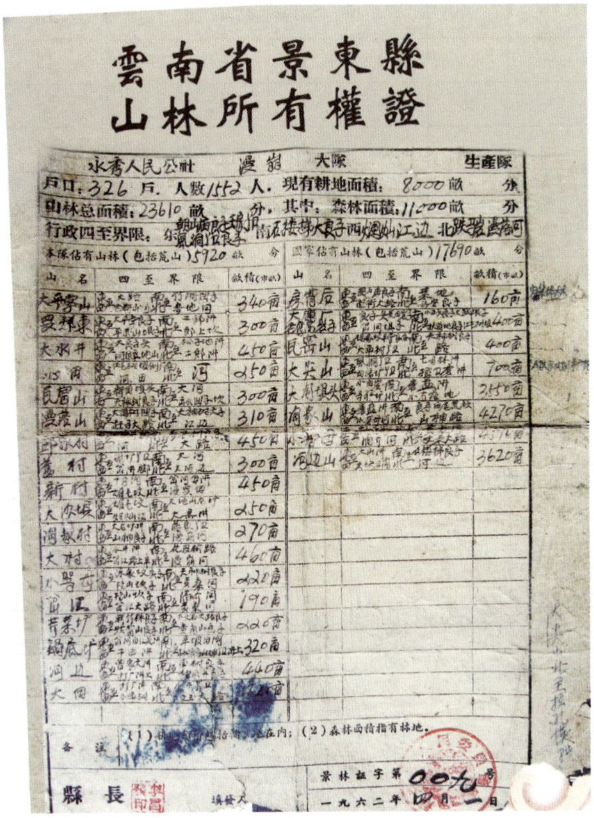

1962 年颁发的“山林所有权证”（罗海垠　摄）

1981 年，根据中共中央、国务院《关于保护森林发展林业若干问题的决定》、省委省政府《关于开展林业“三定”工作的通知》，思茅地区成立林业“三定”（稳定山权林权、划定自留山、确定林业生产责任制）工作领导小组，召开全区林业工作会议，部署林业“三定”工作。县委县政府成立林业“三定”工作领导小组，安排部署全县林业“三定”工作。领导小组组长由分管副县长担任，有关部门负责人为小组成员；各公社相应成立领导小组，由主任或一名副主任担任组长，公社林业员、企业管理员、贫协助理员为组员；各生产大队由大队长负责林业“三定”工作。机构建立后，县级机关抽调工作队员 47 人，经培训后分赴各公社。公社、大队抽调 353 人，组成林业“三定”工作组开展工作。1982 年 2 月下旬林业“三定”开始，至 4 月中旬结束。通过林业“三定”，在全县 27.31 万公顷林业用地中，划定国有林 7.13 万公顷，占 26.1%；集体林 16.68 万公顷，占 61.1%。在集体林中，划定自留山 10.13 万公顷，占 60.73%。核定哀牢山自然保护区 1.17 万公顷，占山林总面积的 4.3%；无量山自然保护区 2.34 万公顷，占山林总面积的 8.6%。

二、“两山一地”到户

1983 年 6 月 12 日，思茅地委行署召开电话会议，传达省委书记安平生关于解决“两山”（自留山、责任山）到户指示。根据思茅地区轮歇地较多的实际情况，地委行署决定在划分自留山和落实承包责任山到户同时，将轮歇地固定下来，落实到户，简称“两山一地”到户。随后，县委派出 4

个工作组到景福、林街、龙街、太忠4个公社，开展“两山一地”到户试点问题调查。6月下旬，县社队抽调850人组成工作队到生产队协助和指导“两山一地”到户工作。全县涉及农户49177户，划自留山10.13万公顷，占集体林地的50.2%，户均2.05公顷；划承包山9.96万公顷，占集体林地49.4%，户均2.02公顷；集体留作水源、牧场830.2公顷，占0.4%。10月底，全县“两山一地”到户工作结束。

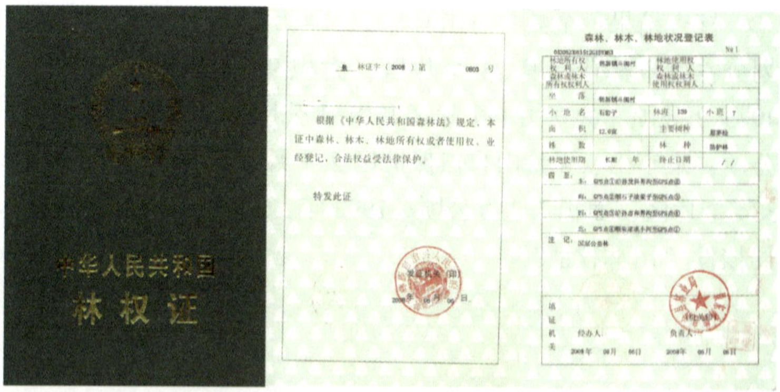

2008年颁发的“林权证”（罗海垠　摄于2015年9月）

在林业“三定”和“两山一地”到户确权基础上，县政府先后颁发“四证”（国有林代管委托书、集体林承包管理合同书、集体山林所有权证和自留山使用证），明晰产权，保障林权所有者、使用者合法权益。1993—1995年，进行集体荒山荒地出让；2005—2009年，先后开展国有森林流转和国有林思茅松采脂权拍卖；2006—2009年，开展深化集体林权制度改革（简称林改）。2010—2011年，补短板，解决林改遗留问题。（详见第六编第二章第六节“林业体制改革”）

第二节　国有林核权发证

1989年，根据国务院和省政府统一要求，国有山林要做到权属清楚，四至界限明确，标识明显，还要弄清国有山林数量、分布情况和经营现状。按照部署，县政府成立国有林核权发证领导小组，由分管林业副县长担任组长，县林业局局长担任副组长，县法院院长、县财政局局长、县水电局局长、县司法局局长、景东森工局副局长、自然保护区管理所所长为成员，下设办公室在县林业局。1990年9月，按照“先易后难，先点后面，点面结合，统筹安排，精心指导”工作部署，国有林核权发证工作选择者后乡新会村开展试点，取得经验后分4个片组在全县范围内铺开。1991年12月，经过半年多外业踏勘、内业整理，成果资料获思茅行署林业局检查合格。

国有林伐区迹地更新（罗海垠　2008年7月摄于文井镇文华）

核查结果：全县共有国有林 11.14 万公顷，占林业用地 27.31 万公顷的 40.8%。按经营管理单位划分：景东林业局有 21 个片区，面积 9837.1 公顷，其中，者后乡文会、双水井、新会 8 个片区 4973.2 公顷，大弯山 1 个片区 1701.1 公顷，文龙乡上瓦伟、下瓦伟、会良河、中山 12 个片区 3162.8 公顷；哀牢山、无量山自然保护区 2 个片区，面积 2.86 万公顷（剔除集体林地面积）；县林业局有 334 个片区，面积 7.3 万公顷。1992 年，县政府分别向景东林业局、两山自然保护区管理所、县林业局核发“山林权证”。

第三章　森林保护

第一节　森林防火

一、机构

扑救森林火灾（唐云　摄于2010年2月）

1978年11月，护林防火指挥部及办公室恢复（2001年更名为森林防火指挥部）。县长为森林防火第一责任人，分管林业副县长为直接责任人并担任指挥长，县林业局副局长或专干担任副指挥长，成员由林业局、农业局、交通局、邮电局、气象局、卫生局、民政局、保护区管理局、公安局、检察院、法院、武装部等部门主要负责人组成；下设办公室在县林业局。各乡镇相应成立森林防火领导机构，主抓当地森林防火工作。

1993年，县乡村建立森林防火责任制，县与乡、乡与村分别签订“森林防火责任书”，防火期结束后检查考评。县级成立专业扑火队，采取“以劳养武”方式补充防火工作经费。各乡镇组建民兵为主的义务森林消防队15支712人，各村组建义务队166支4980人。1999年，组建县乡半专业化队伍15支450人、村级15支8350人。2005年，县林业局组建森林防火民兵通讯连，由60人组成。至2011年，全县组建地方森林消防队16支，其中，专业1支60人，半专业2支40人，义务13支390人；各村委会和涉林单位170支2000余人，县林业局应急分队1支100人。

二、森林防火宣传

根据《中华人民共和国森林法》《云南省森林防火条例》和《景东彝族自治县林业管理条例》有关规定，每年以广播电视、报刊、简报、黑板报、宣传牌、标语等形式宣传森林防火常识、森林火灾安全扑救知识，印发“森林防火户主通知书”，使森林防火意识深入千家万户。县政府每年召开1次全县性森林防火工作会议。同时，与邻县镇沅、南涧、南华、双柏采取轮流“坐庄”方式召开联防会议，防患于未然。

三、森林防火设施及经费

森林防火经费实行省、市、县三级各三分之一筹集。1990—1992年，在文井镇小道坡、太忠乡打鹰山和文龙乡伍家山新建林火瞭望台3座，投资11万元。2002年，在文井镇、者后乡新建林火瞭望台2座。2003年，在打鹰山机站续建中继站1座，并购置车载电台3台，基地电台13台，对讲机16支，投资11万元。2004年，在永秀乡箭头山新建林火瞭望台1座，投资26万元，其中省级投资18.2万元；在文井、者后、花山三乡（镇）交汇点麦地湾新建林火瞭望台1座，投资23.27万元，其中中央投资16.4万元。先后新修防火公路6.5千米，投资32.5万元；开设防火线30千米，投资6万元；建立生物防火林带10千米，投资7.5万元。并在文井镇丙必村、文龙乡中山村分别设置森林防火检查站。截至2011年末，全县共有瞭望台6座，永久性森林防火宣传牌109块，通信设备60台，防火专用指挥车8辆，风力灭火机30台。

四、森林火情

1978—2011年景东县森林火灾统计表

表10-3-1　　单位：次、公顷

年度	火灾次数	过火面积	年度	火灾次数	过火面积	年度	火灾次数	过火面积
1978	41	168.9	1990	2	0.8	2002	2	0.9
1979	244	1706.7	1991	5	3.6	2003	9	36.6
1980	113	417.8	1992	3	0.5	2004	6	10.7
1981	44	622.2	1993	3	4.0	2005	11	85.4
1982	50	40.4	1994	4	4.5	2006	8	33.5
1983	70	13.3	1995	5	0.9	2007	3	2.0
1984	17	22.2	1996	4	0.4	2008	6	16.6
1985	15	1.5	1997	5	1.0	2009	15	12.7
1986	94	314.2	1998	7	2.2	2010	12	151.7
1987	29	29.8	1999	7	3.1	2011	6	23.9
1988	32	10.7	2000	0	0	—	—	—
1989	19	9.3	2001	9	23.3	—	—	—

第二节　林业有害生物防治检疫

景东县境内发现的森林虫害，主要有松毛虫、松梢螟、松纵坑切梢小蠹、松六齿小蠹、松叶蜂、樟蚕、豹纹木蠹蛾、二斑栗象、芒果毒蛾、果核象甲、短头叶蟑、白蚁、三线雪舟蛾、桑寄生等灾害。1990年，县政府批准成立森林检疫站。1994年，配备电脑1台。1996年，装备586型电脑4台，成为继云南省森防战线继省防疫总站、昆明市森林防疫检疫站后第三家配备微机的森防检疫站。2006年，景东森林防疫站被国家林业局批准为国家级林业有害生物中心测报站，每年配送相应测报物资和测报经费2万元。2007年，更名为林业有害生物防治检疫站，实行参公管理。

木材产地检疫（姜伟 摄于 2014 年 5 月）

1978—2011 年景东县森林病虫害防治情况统计表

表 10-3-2 单位：公顷、%

年度	主要有害生物种类	发生面积	防治面积	防治药剂及数量	防治率
1978	—	13333.3	13333.3	白僵菌 1 万千克	—
1979	—	34000.0	666.7	—	—
1980	—	13333.3	2000.0	白僵菌 3 万千克	—
1981	—	2666.7	1333.3	白僵菌 2 万千克	—
1982	—	333.3	—	—	—
1984	—	5333.3	2000.0	白僵菌 4 万千克	—
1991	松毛虫	1666.7	1466.7	白僵菌 1.1 万千克	80
1992	松毛虫	1333.3	1293.3	白僵菌 0.8 万千克	97
	樟蚕	33.3	33.3	—	100
	白蚁	13.3	13.3	—	100
1993	松毛虫	1333.3	1200.0	白僵菌 0.7 万千克	90
	松果梢斑螟	133.3	66.7	—	50
	豹纹木蠹蛾	100.0	33.3	—	33
1994	松毛虫	666.7	566.7	—	85
	松果梢斑螟	66.7	33.3	—	50
1995	松毛虫	533.3	533.3	—	—100
1996	松毛虫	3000.0	2766.7	—	92
1997	松毛虫	3320.0	3266.7	—	98

续表 10-3-2

年度	主要有害生物种类	发生面积	防治面积	防治药剂及数量	防治率
1998	松毛虫	1000.0	933.3	—	93
1999	樟蚕	133.3	53.3	—	40
	松果梢斑螟	100	66.7	—	67
	松毛虫	2733.3	2666.7	白僵菌 3 万千克	98
	樟蚕	200.0	200.0	—	100
	豹纹木蠹蛾	133.3	100.0	—	75
	桑寄生害	606.7	600.0	人工防治	98
	松纵坑切梢小蠹	133.3	133.3	—	100
	松六齿小蠹	133.3	133.3	—	100
2000	桑寄生害	113.3	66.7	人工防治	59
	松毛虫	3266.7	3000.0	白僵菌 4 万千克	92
	毒蛾	3533.3	3333.3	—	94
	松梢螟	333.3	200.0	—	60
	松纵坑切梢小蠹	200.0	40.0	—	20
2001	桑寄生害	1660.0	533.3	人工防治	32
	松毛虫	10473.3	8260.0	白僵菌 3.5 万千克、川保 1 号 1.4 万千克	81
	松纵坑切梢小蠹	260.0	66.7	—	26
	樟蚕	226.7	66.7	—	29
	豹纹木蠹蛾	66.7	—	—	
2002	桑寄生害	800.0	666.7	人工防治	83
	松毛虫	11333.3	9333.3	白僵菌 4 万千克、氯氰菊酯 0.05 万千克、多来保 1 万千克、松毛虫病毒 0.01 万千克、生物导弹 5.4 万枚	93
	松纵坑切梢小蠹	666.7	133.3	—	20
	松梢螟	400.0	—	—	—
	樟蚕	133.3	—	—	
2003	松毛虫	6800.0	6400.0	白僵菌 1 万千克	94
	松梢螟	133.3	—	—	—
	松纵坑切梢小蠹	66.7	—	—	—
	松六齿小蠹	66.7	—	—	—
	樟蚕	466.7	—	川保 1 号 0.1 万千克	95
	核桃黑斑病	100 余株	—	采伐 100 余株	100
2004	松毛虫	4333.3	3866.7	川保 1 号 0.5 万千克	89
	思茅松桑寄生	1333.3	1333.3	采伐寄主树	100
2005	松毛虫	2493.3	2333.3	川保 1 号 0.7 万千克	94
2006	松毛虫	886.7	800.0	川保 1 号 0.3 万千克	94
	樟蚕	26.7	26.7	—	100

续表 10-3-2

年度	主要有害生物种类	发生面积	防治面积	防治药剂及数量	防治率
2006	松大蚜	666.7	633.3	—	95
	桑寄生害	80.0	73.3	人工防治	92
2007	松毛虫	200.0	186.7	川宝1号0.5万千克	93
	松梢螟	366.7	346.7	—	95
	松叶蜂	266.7	266.7	—	100
2008	三线雪舟蛾	5733.3	5200.0	森得宝1万千克	91
	松叶蜂	20.0	20.0	—	100
	松毛虫	1333.3	1233.3	森得宝1万千克	93
2009	松毛虫	9580.0	2640.0	森得宝1.3万千克	33
2009	桑寄生害	400.0	400.0	人工防治	100
	松叶蜂	633.3	600.0	—	95
2010	松毛虫	8000.0	6933.3	森得宝5.1万千克	87
	桑寄生害	333.3	133.3	人工防治	40
	樟蚕	400.0	333.3	林农自防	83
2011	松毛虫	3973.3	3660.0	森得宝2.55万千克	95

1990—2011年景东县植物检疫情况统计表

表 10-3-3

年度	木材（万立方米）	竹材（万立方米）	种子（万千克）	核桃（万千克）	苗木（万株）	核桃枝条（万枝）	棕片（万千克）	药材（万千克）	栎炭（万千克）	林副产品（万千克）	茶叶（万千克）
1990	0.2	—	—	—	—	—	—	—	—	—	—
1991	2.9	—	8.5	—	89	—	—	—	—	—	—
1992	3.0	—	2.5	—	—	—	—	—	—	—	—
1993	3.5	—	6.8	—	—	—	—	—	—	—	—
1994	5.3	—	0.4	—	1.3	—	—	—	—	—	—
1995	4.4	—	1.7	—	1.5	—	—	—	—	—	—
1996	8.1	—	4.0	—	35	—	—	—	—	—	—
1997	5.1	—	9.0	—	—	—	—	—	—	—	—
1998	5.2	—	5.7	—	—	—	—	—	—	—	—
1999	4.8	—	—	1.89	42	—	—	5.0	—	—	—
2000	3.0	0.19	—	0.95	26	—	—	5.2	—	—	8.0
2001	2.8	4万根	3.5	—	36	—	—	0.3	—	—	—
2002	4.2	—	9.6	—	112	—	—	—	—	—	—
2003	5.7	0.12	4.2	—	202	—	—	—	—	35.4	—
2004	5.9	0.11	5.0	—	40	—	0.5	1.7	—	—	0.9
2005	11.9	0.08	4.2	0.41	100	—	2.6	11.0	—	0.3	—
2006	7.2	—	0.5	—	300	—	—	12.0	—	—	—
2007	13.3	—	2.0	—	300	—	—	1.2	—	—	—
2008	9.1	—	—	—	120	—	—	1.1	—	—	—

续表 10-3-3

年度	木材（万立方米）	竹材（万立方米）	种子（万千克）	核桃（万千克）	苗木（万株）	核桃枝条（万枝）	棕片（万千克）	药材（万千克）	栎炭（万千克）	林副产品（万千克）	茶叶（万千克）
2009	11.9	0.08	9.5	—	1462	52	—	0.3	9.8	—	—
2010	1.5	0.06	3.9	—	2881	171	1.6	1.4	2.0	—	—
2011	17.3	0.07	—	—	2965	300	—	3.5	—	15.3	—

第三节 天然林资源保护

一、县属天然林资源保护

1998 年 11 月，根据中共中央、国务院关于实施天然林资源保护工程重大决策，景东县天然林保护工程领导小组成立，由分管林业副县长担任组长，县林业局局长、景东林业局副局长担任副组长，领导小组下设办公室在县林业局。工程分两期实施：一期工程涉及 14 个乡镇及哀牢山、无量山国家级自然保护区 13.94 万公顷，二期工程涉及 13 个乡镇及哀牢山、无量山自然保护区 9.92 万公顷，其中一期工程各项任务圆满完成。

景东县天然林资源保护面积统计表

表 10-3-4　　单位：公顷、万元

期次	规划面积				实施面积				投入管护费
	合计	国有林	集体林	保护区	合计	人工造林	模拟飞播	封山育林	
一期（2000—2010）	139390.6	28218.4	75445.3	35726.9	9178.1	4652.5	685.7	3840.0	397
二期（2011—　）	99226.7	33866.7	36073.3	29286.7	1000.0	333.3	—	666.7	160

景东县一、二期天保工程完成情况统计表

表 10-3-5　　单位：公顷

乡镇	年度	合计	人工造林	模拟飞播	封山育林
锦屏	2000—2009	358.7	217.5	—	141.2
文井	2002—2009	349.4	161.4	—	188.0
	2011	13.3	13.3	—	—
花山	2001—2002	13.3	13.3	—	—
大街	2002—2004	604.6	376.6	—	228.0
太忠	2001—2009	1184.8	452.1	—	732.7
	2011	67.5	67.5	—	—
龙街	2001—2007	912.3	463.7	155.3	293.3
文龙	2001—2007	240.1	60.7	92.7	86.7
安定	2000—2008	1109.6	447.6	78.1	583.9
	2011	445.8	112.5	—	333.3

续表 10-3-5

乡镇	年度	合计	人工造林	模拟飞播	封山育林
漫湾	2001—2009	1335.0	505.1	96.6	733.3
	2011	140.0	140.0	—	—
林街	2002—2006	356.8	190.1	—	166.7
	2011	333.3	—	—	333.3
景福	2001—2007	704.7	704.7	—	—
曼等	2000—2005	1205.4	455.6	316.5	433.3
东镇	2000—2009	794.7	502.7	39.1	252.9
合计	—	10169.3	4884.4	778.3	4506.6

二、省属天然林资源保护

一期工程（2000—2010） 自1998年10月1日始，停止天然林采伐，全面实施国家天然林资源保护工程；10月下旬，景东林业局被列为云南省重点实施单位之一，确定一期规模25.17万公顷，其中，景东区12.61万公顷，镇沅区10.08万公顷，局经营区2.49万公顷；生态公益林（封山育林、人工造林、飞播造林）0.74万公顷。涉及两县乡镇26个及局属林场7个，其中景东涉及各乡镇，无量山、哀牢山自然保护区，文龙林场、大弯山林场、五林场等实施单元36个。景东林业局与景东、镇沅两县林业主管部门协作，将管护区划分为管护林场和管护所29个；远山区25片，近山区117片；林班1460个，小班7264个。建立局领导小组→天保办→林场（管护所）→森林管护点→森林管护人员五级管理模式，形成“横向到界，纵向到片”森林管护体系。分流富余职工到第一线，充实林场及管护所队伍；定人定额，明确责任，建立巡山日志；杜绝重大森林火灾、病虫害和乱砍滥伐事件发生。

一期工程建设按照“严管林、慎用钱、质为先”方针，实现“停得了（禁采天然林）”“稳得住（稳定职工队伍和林区治安）”“能发展（寻找新的经济增长点）”，有效保护天然林资源。主要成果：(1) 森林生态功能改善。生态公益林区建设初具规模，森林覆盖率从68.1%提高到69.7%。工程区提高森林蓄水能力278.53立方米，总蓄水能力达9718.5万立方米；水土流失得到有限控制，减少土壤冲刷15.55万千克。(2)“三大效益”（生态、社会、经济）明显提高。工程造林、森林管护、防火建设等实现历史性突破。林区多资源开发利用初具规模，产业结构调整得到优化，产值、利润、税收及人均收入明显增加。实现森工企业战略性转移，企业富余人员得到妥善安置，职工安居乐业，经济社会持续发展。借力天保工程，促进局机关机构改革，职能部门从17个精减到12个，人员从88人调减到64人。

二期工程（2011— ） 根据省政府《关于继续推进天然林资源保护工程的意见》精神，实施天然林资源保护二期工程。确定二期规模18.56万公顷，其中，景东区9.92万公顷，镇沅区6万公顷，局经营区2.63万公顷。涉及两县22个乡镇7个林场2个自然保护区，其中景东涉及各乡镇，无量山、哀牢山保护区。

第四节 公益林管理

1998年11月，景东县林业分类经营区划领导小组成立。从各乡镇林业站抽调技术人员，经过培训和试点后，分组到15个乡镇16个村2180组开展外业调查工作，历时近6个月完成。全县共区划界定生态公益林12.7万公顷，占林业用地的41.9%；商品林17.6万公顷，占林业用地的58.1%。公益林中，自然保护区3.34万公顷，占生态公益林的26.3%；景东林业局辖区0.86万公顷，占6.8%；县林业局辖区8.5万公顷，占66.9%。

2004年，调整区划全县两类林（公益林和商品林）比例。调整后，区划界定公益林10.84万公顷，占林业用地的34.7%；商品林20.4万公顷，占林业用地的65.3%。区划界定国家级公益林4.99万公顷，其中，哀牢山、无量山国家级自然保护区3.46万公顷，澜沧江东岸0.72万公顷，李仙江两岸0.69万公顷，坡度36度以上0.13万公顷。非天保区有林地纳入第一批中央财政森林生态效益补偿基金国家级公益林0.33万公顷，占区划界定国家级公益林的6.6%。其中，集体林0.28万公顷，国有林0.06万公顷。

2008年，区划界定省级公益林5.3万公顷。其中，江河源头0.61万公顷，江河两岸3.59万公顷，大中型水库周围0.27万公顷，交通干线护路林0.03万公顷，重点水源林0.8万公顷。

2009年，新增中央财政森林生态效益补偿基金国家级公益林5.33万公顷，总计5.66万公顷。其中，江河两岸1.81万公顷，国家级自然保护区3.51万公顷，荒漠化和水土流失严重地区0.35万公顷。

2011年，新增国家级公益林0.4万公顷，省级公益林调成国家级公益林1.5万公顷，新增市县级公益林0.57万公顷。全县共区划公益林11.94万公顷，占林业用地的38.2%，其中，国家级7.57万公顷，省级3.8万公顷，市县级0.57万公顷；共区划商品林19.31万公顷，占林业用地的61.8%。当年补偿公益林森林生态效益基金国家级4.24万公顷568.6万元，其中，国有林0.9万公顷，集体林0.19万公顷，个人3.15万公顷；省级2.22万公顷249.53万元，其中，集体林0.08万公顷，个人2.14万公顷。

截至2011年，全县共落实公益林管护人员425人，其中，国家级272个，省级153个；共聘请国有林（不包括保护局和景东林业局）管护人员162人，其中，天保区107人，非天保区55人。集体林由村委会统一聘请并支付管护费，到户林由林农之间相互协商联合管护，管护补助费支付给林权所有者。

第五节　农村能源建设

1984年1月，县计经委设立节能办公室。1987—1990年，景东县被列为国家“省柴节煤”试点县，先后为各乡镇举办节能改灶技术培训班30期，培训628人次，试点工作顺利实施并通过验收。1999年4月，节能办划归林业局管理，改称农村能源工作站。主要开展农村节能改灶，利用和推广沼气、太阳能、风能、地热等资源。截至2011年，全县共完成节能改灶72110户，其中，1984—2007年68510户，2008年800户，2009年1000户，2010年1000户，占全县总农户的86.8%，改灶成功率100%。改灶后，单体灶平均升温热效率28.05%，比省标高8.05个百分点。

1996年8月至2011年，全县共完成沼气建设46057户，占全县总农户的55.4%。经过沼气建设节约薪柴情况对比试验，每口沼气池节约薪柴2.11立方米/年。2011年，经回访调查核实，共报废灶2000户（个）。

1996—2011年景东县农村能源沼气建设情况统计表

表10-3-6　　单位：户

年度	合计	项目		
		国债	省级	县级
1996—1998	2521	—	—	2521

续表 10-3-6

年度	合计	项目		
		国债	省级	县级
1999	1526	—	—	1526
2000	2017	—	—	2017
2001	4403	—	—	4403
2002	6185	—	—	6185
2003	6083	—	—	6083
2004	4020	1550	2470	—
2005	4311	1970	2341	—
2006	4411	2000	2411	—
2007	2730	1650	1080	—
2008	3567	2567	1000	—
2009	1683	1000	683	—
2010	1300	—	1300	—
2011	1300	—	1300	—
合计	46057	10737	12585	22735

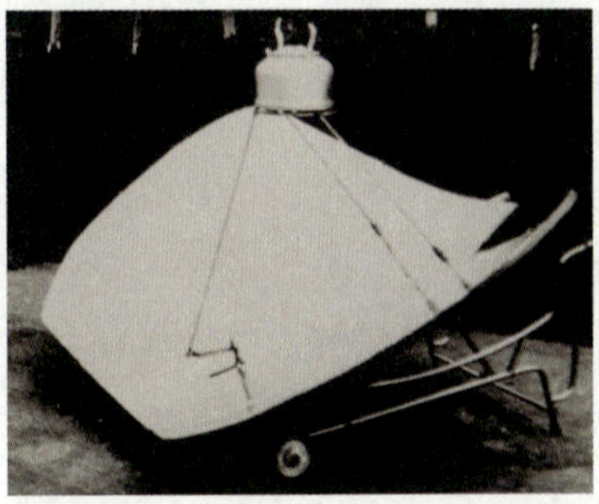

太阳灶（县农业和科学技术局　提供）

节能灶（县农业和科学技术局　提供）

沼气建设（周德翰　摄于 2004 年 3 月）

第六节　封山育林

封山育林是培育森林资源的一种重要营林方式，封山育林后，形成的林分植被种类增多，生物多样性增加，涵养水源、保持水土能力增强，森林病虫害减轻，林分质量提高。历史上，县境即行封山育林、封山蓄水，封育对象主要为水源林、祭祀林（俗称竜林）。如文井镇路东村石岩组尚存清道光年间（1821—1850）封山碑，勒文详细记录有封山原因、过程及四至界限、处理办法。(详见第二十三编“丛录”)

景东疏林地、灌丛地、灌木林地和具备封育条件的荒山荒地，经过 5～10 年封育，大多可成为有林地，而封育成本仅为人工造林的 1/5～1/10。

1990—2011 年景东县封山育林面积统计表

表 10-3-7　　单位：公顷

年度	面积	年度	面积	年度	面积
1990	1958.13	1995	2666.67	2004	1333.33
1991	1569.73	1998	666.67	2005	1333.33
1992	1576.00	2000	11845.93	2011	28779.33
1993	3142.20	2001	873.47		
1994	1443.33	2002	137.07		

第四章　荒山造林

第一节　采种育苗

一、籽种采购销售

1999 年，分别向澜沧、省种苗站销售思茅松子种 0.5 万千克和 2.1 万千克。2000 年和 2002 年，分别向省种苗站销售思茅松子种 0.1 万千克、0.4 万千克。2001 年，从省种苗站采购杉木子种 200 千克。2005 年，从广西采购南岭黄檀籽种 1 万千克。2006—2008 年，逐年从澜沧采购思茅松子种 300 千克、300 千克和 500 千克。

思茅松育苗（罗建梅　摄于 2011 年 6 月）

1983—2004 年景东县林业局思茅松子种收购情况统计表

表 10-4-1　　单位：万千克

年度	松子	年度	松子	年度	松子
1983	0.65	1996	5.71	1998	1.15
1985	2.50	1989	3.60	1999	3.09
1986	2.90	1990	4.50	2000	0.73
1987	4.40	1991	36.3	2001	1.00
1988	5.00	1992	4.86	2002	1.38
1994	0.35	1993	7.70	2003	0.44
1995	1.70	1997	1.70	2004	0.89

二、苗木培育

1997 年，从福建省福清采购龙眼苗 12 万株。1998 年，从省林科院采购杂交核桃 1200 株。1999 年，分别从云南省林科院、广东省采购云丰板栗苗 300 株和麻竹苗 5 万株。

1991—2011 年景东县苗木培育情况统计表

表 10-4-2　　单位：万株

年度	育苗数量	年度	育苗数量
1983	180（思茅松、紫胶）	1998	5（核桃）、5（板栗）、30（苏木）、0.5（竹子）
1984	45（思茅松、紫胶、核桃）	1999	8（核桃）、2（板栗）、7.2（苏木）
1985	190（茶、紫胶、核桃）	2000	10（核桃）、20（杉木）、3.6（竹子）
1986	78（茶、紫胶、核桃）	2001	6（核桃）、4（板栗）、0.4（速生杨）、15.5（杉木）、0.2（喜树）
1987	128（紫胶）	2002	20（核桃）、11（西南桦）、0.8（速生杨）、20（杉木）、15（旱冬瓜）
1988	150（紫胶）	2003	3（核桃）、6（西南桦）、4（杉木）、0.5（旱冬瓜）
1989	628（茶、咖啡）	2004	10（核桃）、7.7（板栗）、3.4（西南桦）、2（旱冬瓜）
1990	26（桉树、茶）	2009	6033（核桃）、411（思茅松）、24（华山松）、4（桉树）、20（旱冬瓜）
1991	12（板栗）、61（华山松）、38（桉树）、4（杉木）、9（喜树）	2010	3690（核桃）、2324（思茅松）、406（桉树）
1995	50（核桃）	2011	3122（核桃）、1105（思茅松）、37（西南桦）、25（华山松）、30（桉树）、1.7（竹子）
1997	30（核桃）、20（杉木）	—	—

第二节　特色经济林

一、特色经济树种

境内特色经济林种较多，主要有思茅松、核桃、茶、桑、西南桦、芒果、紫胶寄主树、咖啡、板栗、橡胶、花椒、桉树、竹草等。按部门管属，本节主要叙述林业部分内容。

核桃

（朱家富　摄于 2009 年 7 月）

云早丰核桃

（李世华　摄于 2013 年 7 月）

澳洲坚果

（罗海垠　摄于 2015 年 10 月）

核桃　核桃为世界四大坚果之一。境内主要有铁核桃和泡核桃两种。铁核桃多为野生；栽培型核桃为泡核桃，又名云南大泡核桃、漾濞核桃，适宜海拔 1200～1800 米。景东泡核桃壳薄肉厚，仁大易取，呈黄白色，味香醇。21 世纪后，海拔较低河谷引种有云早丰核桃，又称美国核桃，挂果期较早。境内核桃栽培历史悠久，各乡镇均有分布，有百年以上古核桃树 2.1 万棵。核桃与各族人民生活密不可分。1639 年，地理学家、旅行家和文学家徐宏祖在滇西南游历。据《徐霞客游记·滇游日记十二》载："（滇西南）郡境所食所燃皆核桃油。其核桃壳厚而肉嵌，一钱可数枚，捶碎蒸之，箍搞为油，胜之芝麻、菜子者多矣。"所指即铁核桃。泡核桃种植同样源远流长，清乾隆《景东直隶厅志》中就有记述。

核桃一般 7~8 年结果，20~25 年进入盛果期，80~100 年后树势渐衰，产量下降，大小年明显。一般三年 1 周期。种子一般粒重 12 克，每千克 82 粒，出仁率 56%，核仁含油量 72%。每年 3 月上中旬发芽展叶、下旬坐果，坐果率 80%左右；9 月中下旬收果。核桃全身都是宝，花、叶、果皮、种壳、种仁及树木均可利用，经济价值极高。

思茅松　思茅松是松科松属常绿乔木，为卡西亚松地理变种。适宜海拔 600~1700 米，喜光，境内野生分布较广，也是大众喜爱的造林树种。思茅松树干端直不扭曲，材质优于云南松，可供建筑、枕木、矿柱、造纸等用，树干可采松脂，树皮可提取栲胶，是重要的用材、产脂和林化工业原料树种，具有速生、优质、高产脂及生态适应性强等特点。据测定：6 年生思茅松平均树高 8 米以上，平均胸径 9 厘米以上，每公顷木材蓄积量 75 立方米。就商品价值而言，生产松脂的效益要远远高于木材。用思茅松高产脂优树种苗培育出的子代林，比一般思茅松林产脂量高 1~3 倍，10~12 年可以陆续采脂，能连续采割 10 年，每株林木年产松脂 6 千克左右。

西南桦　西南桦是北半球桦木科桦木属分布最南的一个种，境内分布较广。西南桦树体高大，干形通直，尖削度小，材质细腻优良，适应性广、生长迅速，容易天然更新，为常绿阔叶林区次生林先锋树种和重要用材树种。在天然条件下，一般 20~30 年便可成材利用。西南桦木材不翘不裂、干缩比小、不易变形，且花纹和色泽美观，除传统家具、建筑、军工等用途外，普遍作为胶合板、高档家具、木地板及室内装饰用材。且共振性能良好，属优良乐器用材。树皮含鞣质 6.9%~11.6%，可提取栲胶。

紫胶寄主树　主要有南岭黄檀、钝叶黄檀（牛肋巴、牛筋木）、思茅黄檀（秧青、紫梗树）、马榔树、木豆、炮火绳、豆腐渣树、木荆花、黄樟等。境内适宜地主要分布在澜沧江东岸、川河两岸海拔 1300 米以下漫湾、林街、曼等、景福、东镇、锦屏、文井、花山等乡（镇）暖湿性干热河谷地带。

苦龙竹
（朱家富　摄于 2009 年 7 月）

甜龙竹
（罗海垠　摄于 2012 年 9 月）

龙竹　境内竹子分布广泛，主要有苦龙竹（大竹）、甜龙竹（香竹）、麻竹和油簕。长期以来，境内各族百姓有端午节前后在房前屋后、沟旁箐边栽竹习俗，素有"无竹不成家、无竹不成寨"之说。竹子用途广泛，民间常用于制作器皿、家具、乐器、绳索等，为竿柱、竹筏、篱笆等重要原料，还可以制造和提取活性炭、纸张、胶板、药物等。其中甜龙竹笋材两用，投资少，见效快，竹笋味道鲜美，营养丰富，农民发展积极性较高。甜龙竹属禾本科勃氏甜龙竹，竿高 10~15 米，直径 10~12 厘米，适宜海拔 800~2500 米。

板栗　板栗又名栗、中国板栗、栗子，属壳斗科栗属植物，多年生落叶乔木或半乔木。境内种植较广，可以果材兼用，经济价值很高。板栗一年生苗定植后，3~4 年开始挂果，15 年左右进入盛果期，盛果期 70~80 年，有些百年以上仍正常开花、结果。板栗营养丰富，富含淀粉、糖、蛋白质、脂肪及多种维生素、矿物质，味美可口，可以鲜食、煮食、炒食，也可作菜肴，还可以加工成栗实粉制作栗子面包、栗子蛋糕等食品。长期服用，还可以补肾益气，止血化痰，颇受人们喜爱。

黄草岭花椒（罗海垠　摄于 2017 年 7 月）

花椒　花椒又名檓、大椒、秦椒、蜀椒、川椒或山椒，为芸香科花椒属落叶灌木或小乔木。境内海拔 1000~2500 米均有分布，有野生型，也有种植型；可孤植、群植，又可植作防护刺篱。花椒用途广泛，果皮可作调味料，提取芳香油，又可入药，种子还可制作肥皂。还可除各种肉类腥气，促进唾液分泌、增加食欲，使血管扩张、降低血压。果实成熟时，红色或紫红色果皮叫椒红，种子叫椒目，都是中药材。境内的花椒，当数锦屏镇黄草岭村产“大红袍”最优，1982 年由大队干部王国祥从昭通引入。黄草岭花椒地域分布窄，其特征为果实上长有一对“小耳朵”，较其他产地花椒不同，口味独特，远近闻名，成为该村品牌产品之一。

景东晚熟芒果　芒果属漆树科热带常绿大乔木，高 9~27 米，寿命可数百年。果肉富含糖、蛋白质、粗纤维及维生素 A，素有“热带果王”之称。境内主要有野生芒果（俗称杨桃）、象牙芒果、三年芒果、缅芒和晚熟芒果。主要分布在海拔 1500 米以下川河、保甸河、者干河两岸及澜沧江东岸，其中川河两岸占 60%。1945 年，清凉区商人周文华从泰国引入象牙芒果，培育出具有晚熟特性的果实。20 世纪 90 年代，景东晚熟芒果以个大皮薄，肉厚细腻，香甜味美而闻名，素有“景谷芒果早来甜，景东芒果晚来香”之称。1993 年，景东晚熟芒果获全国芒果评比第三名，一度成为热门货。但囿于技术、管理等因素，出现表皮光滑、果核果肉“虫蛀”等现象，渐渐淡出市场。1999 年，文井镇清凉村徐家组村民杜庆福，在漫湾镇发现一株象牙芒果树，坐果率高，果实味美而甜、呈“腰子”状。经嫁接改良，培育出矮化新树形，分枝率高，抗病虫、抗逆性强。通过测土配方施肥、套袋等标准化管理，具有坐果率高、果大光滑、品质优良等特点。景东晚熟芒果恰逢中秋、国庆上市，售价可达 25 元/千克，销量可观。2007 年，县林业局投资 13 万元，按照绿色食品芒果技术规程，在文井、锦屏、漫湾等地推广种植。2012 年，景东晚熟芒果被省林木品种鉴定委员会认定为良种。

二、特色经济林普查

2008 年，县林业局开展核桃、紫胶寄主和竹子特色经济林普查。

2008 年景东县特色经济林普查泡核桃情况统计表

表 10-4-3

乡镇	合计	安定	锦屏	景福	林街	曼等	漫湾
面积（公顷）	28409.7	2994.3	1551.1	2986.1	2358.8	340.9	2125.5
株数（株）	5056799	458718	311424	522681	292417	56888	388664
产量（万千克）	414.6	59.3	13.4	46.4	49.0	3.1	34.1

续表 10-4-3

乡镇	太忠	文井	花山	龙街	文龙	东镇	大街
面积（公顷）	1119.5	2195.6	1932.5	4163.0	2240.7	2309.1	2092.6
株数（株）	221645	360727	379263	754870	345805	435002	528695
产量（万千克）	24.0	10.7	42.6	71.2	15.5	36.7	8.6

2008 年景东县特色经济林普查铁核桃情况统计表

表 10-4-4

乡镇	合计	安定	锦屏	景福	林街	曼等	漫湾
面积（公顷）	262.9	4.2	—	66.1	—	5.3	14.5
株数（株）	35475	252	—	6397	—	481	5984
产量（万千克）	14.9	—	—	—	—	—	—
乡镇	太忠	文井	花山	龙街	文龙	东镇	大街
面积（公顷）	29.1	1.4	34.2	4.3	—	—	103.7
株数（株）	3240	170	3623	194	—	—	15134
产量（万千克）	—	—	—	—	—	—	—

2008 年特色经济林普查紫胶寄主情况统计表

表 10-4-5

乡镇	合计	安定	锦屏	景福	林街	曼等	漫湾
面积（公顷）	3857.7	—	236.5	49.5	565.1	1037.4	1470.2
株数（株）	2119659	—	202161	26531	315890	668029	628595
产量（万千克）	42.4	—	6.8	—	15.2	7.5	10.3
乡镇	太忠	文井	花山	龙街	文龙	东镇	大街
面积（公顷）	—	18.3	—	—	—	480.7	—
株数（株）	—	17214	—	—	—	261239	—
产量（万千克）	—	0.3	—	—	—	2.3	—

2008 年景东县特色经济林普查竹草情况统计表

表 10-4-6

乡镇	合计	安定	锦屏	景福	林街	曼等	漫湾
面积（公顷）	2912.7	13.2	312.3	113.5	7.5	125.9	86.1
丛数（丛）	480399	3368	77191	17453	1926	29680	16094
产量（万千克）	2646.9	8.4	386.0	19.4	4.8	74.2	17.2
乡镇	太忠	文井	花山	龙街	文龙	东镇	大街
面积（公顷）	135.9	220.7	1003.5	73.4	64.9	98.1	657.7
丛数（丛）	31892	56063	122208	9082	12794	24673	77975
产量（万千克）	239.2	280.3	916.6	22.3	32.0	61.7	584.8

2008—2011 年，全县核桃新造林 8141.87 公顷。

2011 年景东县各乡镇核桃面积统计表

表 10-4-7　　　　　　　　　　　　　　　　　　　　　　　　单位：公顷

乡镇	合计	安定	锦屏	景福	林街	曼等	漫湾
面积	36551.66	3691.53	2185.87	3539.73	3110.40	1041.33	2831.27
乡镇	太忠	文井	花山	龙街	文龙	东镇	大街
面积	2202.53	2926.60	2272.20	4518.60	2748.73	3099.67	2383.20

三、特色经济林产品

1999—2011 年景东县部分特色经济林产品产量及林业总产值统计表

表 10-4-8　　　　　　　　　　　　　　　　　　　　　　　　单位：万千克、万元

项目	1999	2000	2001	2002	2003	2004	2005	2006	2007	2008	2009	2010	2011
紫胶	6.5	4.6	5.6	16.3	13.5	15.0	12.6	24.6	20.6	33.0	51.7	63.4	29.6
核桃	150.3	162.8	124.7	120.4	135.6	173.1	192.7	241.5	324.2	326.8	381.8	413.8	501.0
芒果	40.6	49.7	45.1	40.6	36.9	41.8	54.2	34.2	40.2	42.0	116.2	108.6	22.8
香蕉	7.8	7.7	5.3	2.7	5.2	4.1	4.8	4.4	5.7	6.0			
柑橘	22.8	20.6	21.7	19.3	17.1	19.0	20.6	21.3	30.7	35.0	44.1	46.3	62.9
梨	115.3	93.7	58.6	75.2	74.5	71.7	68.5	67.9	68.7	70.0	76.4	72.9	69.3
柿子	19.5	17.9	—	13.9	14.6	15.1	14.9	14.9	16.0	15.5	14.0	15.0	16.0
棕片	14.5	11.7	11.9	11.3	9.7	9.5	8.1	6.7	5.6	4.5	2.9	2.9	2.1
笋片	7.6	3.5	3.6	2.4	4.1	2.4	5.2	1.7	3.1	4.0	5.6	3.8	2.7
板栗	4.6	3.4	3.3	7.0	3.9	4.6	5.0	11.4	7.0	8.0	9.2	11.2	13.2
花椒	1.3	0.9	1.3	1.3	2.7	2.0	1.4	1.5	1.6	1.8	2.0	2.6	2.8
林业总产值	7772	7149	10854	7330	7840	12313	14603	18270	21507	32652	40422	50203	58595

说明：①部分特色经济林产品见第十二编“工业　乡镇企业”；②林业总产值包含原木、锯材、人造板、胶合板等林业工业产值

第三节　植树造林

一、核桃树造林

1978 年，云南省“六五”林业发展计划将景东列为全省 15 个核桃生产基地县之一。1979 年，思茅行署签发木本油料作物发展意见，要求景东每年发展核桃 667 公顷，建设核桃基地 0.47 万公顷；省林业厅作出核桃出售与粮食和化肥挂钩奖励规定，每年扶持 5 万元。景东县确定 14 个公社 96 个大队为核桃基地建设点，培训技术人员 200 余人。建设初期，采用头年直播铁核桃，第二年就地嫁接方式造林；不断总结经验后，改用异地规模化育苗造林，并开始采用接穗封蜡技术。1982 年，重点扶持 212 户，嫁接 2.24 万株。1983 年，重点扶持 569 户，栽植和嫁接 1.1 万株。1984 年，扶持 518 户，栽植 1.33 万株。1985 年，扶持 240 户，栽植 0.61 万株。1990—1996 年，成立核桃基地建设领导小组，按小组成员分片包干方式造林；林业部门派出技术员 60 余人，负责泡核桃嫁接苗造林技

术；科委负责指导天然铁核桃改造嫁接工作。1992—1994 年，分别在龙街、林街、景福等 8 个乡（镇）嫁接核桃 40 万株近 2000 公顷。1996 年，检查验收，成活 1667 公顷 25 万株。

1990 年，核桃基地建设列入滇西南农业综合开发项目。1994 年，列入绿色扶贫贷款核桃造林项目。1995 年，列入以工代赈林业建设项目。先后引入外部资金 626 万元，其中，国家专项 94 万元，扶贫贷款 414 万元，育林基金 60 万元，主要用于核桃苗木和肥料补助。

核桃造林（罗海垠 2014 年 4 月摄于锦屏镇新民）

1978—2011 年景东县园圃地核桃造林面积及产量统计表

表 10-4-9　　　　单位：公顷、万千克

年度	1978	1979	1980	1981	1982	1983	1984	1985	1986	1987	1988	1989
造林面积	—	—	—	—	—	—	248.0	220.7	83.3	49.2	4.7	—
产量	—	66.3	63.1	73.3	51.5	66.5	76.6	79.3	72.9	50.2	69.6	71.6
年度	1990	1991	1992	1993	1994	1995	1996	1997	1998	1999	2000	2001
造林面积	20.7	629.2	764.6	215.5	2013.4	1334.9	1666.7	1246.7	334.1	495.1	91.5	354.5
产量	74.2	92.1	100.8	115.3	140.1	162.6	164.8	167.6	144.7	150.3	162.8	124.7
年度	2002	2003	2004	2005	2006	2007	2008	2009	2010	2011	—	—
造林面积	1456.3	852.5	236.7	164.0	446.7	1704.1	7446.7	2468.1	2666.7	2294.2	—	—
产量	120.4	135.6	173.1	192.7	241.5	324.2	326.8	381.8	413.8	501.0	—	—

二、紫胶寄主造林

1979 年，上级下达万亩紫胶园建设任务。景东县选择曼等公社 9 个大队 73 个生产队宜林荒山 700 公顷，拟用 3~5 年建成相对集中人工胶园。1980 年，选定育苗户 34 户，育苗 3 公顷。1981 年，营造紫胶寄主（以马榔树为主）64 万株。1982 年，检查验收，成活 46.6 万株。1984 年，补植补造 60 多万株，投资 8 万余元。至 1986 年，由于经济林体制改革、价格等因素，全县紫胶寄主林仅存 1333 公顷、约 170 万株。“七五”期间，景东县把紫胶园建设列为山区经济林发展重要项目之一。1987 年，县紫胶办公室成立；重点产区成立紫胶生产领导小组，聘请技术员指导紫胶生产。从林业、财政、开发等部门筹资 54 万元，贴息贷款和无偿扶持胶园建设；建设基地 1200 公顷。1988 年，建设胶园 933 公顷。2004 年，县紫胶生产领导小组成立。全县有紫胶寄主 4667 公顷，紫胶产量 30 万千克，产值 400 万元；当年，8 万亩紫胶寄主林建设项目可行性研究报告通过省级专家评审。2005 年，完成紫胶寄主造林 3667 公顷，投资 300 万元。

1978—2011 年景东县紫胶寄主造林面积及紫胶产量统计表

表 10-4-10　　单位：公顷、万千克

年度	1978	1979	1980	1981	1982	1983	1984	1985	1986	1987	1988	1989
造林面积	—	—	—	—	—	333.3	448.2	245.5	264.4	1385.5	1472.4	—
产量	17.5	13.5	6.1	8.0	3.6	5.0	10.3	14.7	11.2	3.8	9.6	11.1
年度	1990	1991	1992	1993	1994	1995	1996	1997	1998	1999	2000	2001
造林面积	—	—	—	—	23.3	—	—	—	—	31.4	7.5	7.5
产量	0.8	1.9	6.7	10.3	16.5	16.1	13.7	11.8	4.8	6.5	4.6	5.6
年度	2002	2003	2004	2005	2006	2007	2008	2009	2010	2011	—	—
造林面积	2.3	8.9	98.0	1084.0	411.1	411.1	—	—	—	—	—	—
产量	16.3	13.5	15.0	12.6	24.5	20.6	33.0	51.7	63.4	29.6	—	—

三、竹子造林

1998—2004 年，在者干河一带完成世行贷款项目竹子造林 375.7 公顷，其他造林 959.37 公顷。

四、柑橘树造林

境内柑橘品种主要有温州橘、脐橙和绿柑。各乡镇均有分布，其中文井、文龙较为集中，文井镇丙必村团山、文井村小大箐、挖萨水库相对成规模。全县种植柑橘 70 公顷，年产量 30 万千克。

五、芒果树造林

20 世纪 80 年代初，景东县被列入“八五”晚熟芒果基地县，设计规模 267 公顷，计划投资 160 万元，期限 5 年，由农业局农业技术推广中心成立农经站组织实施。1990 年，培育实生苗 10 万株。1991 年，嫁接苗出圃。至 1994 年，共种植 500 公顷，超计划完成 233 公顷。全县共有晚熟芒果 700 公顷。至 2011 年，全县芒果种植面积规模没有大的变化。

六、板栗树造林

20 世纪 90 年代前，境内板栗均为当地老品种。1991 年，完成优质板栗造林文龙 667 公顷、锦屏和龙街 333 公顷。1992 年，文龙、锦屏分别营造板栗 220 公顷、40 公顷。1995 年，完成改良 333 公顷。1998—2004 年，完成板栗营造 35.63 公顷，其中，世行贷款 13 公顷，退耕还林 22.63 公顷。2011 年，全县板栗总面积 1333 公顷，品种以九家种和毛板红为主，主要分布在文龙、锦屏、文井、大街 4 个乡（镇）。

1978—2011 年景东县人工造林面积统计表

表 10-4-11　　单位：公顷

年度	1978	1979	1980	1981	1982	1983	1984	1985	1986	1987	1988	1989
面积	1366.7	1107.0	1269.8	1499.6	1484.0	515.8	1386.7	1600.0	1111.9	2322.9	2506.7	1212.6
年度	1990	1991	1992	1993	1994	1995	1996	1997	1998	1999	2000	2001
面积	591.0	1078.7	1541.4	9517.3	2567.9	5329.4	3426.6	1779.3	1313.3	827.3	1309.1	1335.9
年度	2002	2003	2004	2005	2006	2007	2008	2009	2010	2011	—	—
面积	2746.7	2866.7	800.0	6533.3	580.0	1573.3	1153.3	1820.0	3925.4	2576.9	—	—

第四节 迹地更新

1980—1996年，采伐迹地执行“谁采伐、谁更新”原则。自用材小块状择伐，严格要求农户保留健壮母树和清理剩余物，保证采伐迹地天然更新；火烧迹地，由县林业局组织人力清理，撒播思茅松子更新。1990—1996年，全县采伐迹地7666公顷，其中，皆伐3526公顷，择伐4140公顷；人工更新2029公顷，天然更新5637公顷，更新率100%。1997—2011年，全县采伐迹地13666公顷，其中，择伐6333公顷，皆伐7333公顷；人工更新10666公顷，天然更新3000公顷，更新率100%。

1992年孔雀山植树造林现场（李廷新 摄）

第五节 义务植树

1979年2月23日，五届全国人大常务委员会第六次会议决定，每年3月12日为植树节，鼓励全国各族人民植树造林，绿化祖国，改善环境，造福子孙后代。每年植树节，景东县均开展植树造林活动。20世纪七八十年代很多荒山荒地，通过造林封育，21世纪后已蔚然成林，如孔雀山、御笔山等。

景东县1991—2009年义务植树情况统计表

表10-4-12 单位：万株

年度	义务植树	四旁植树	年度	义务植树	四旁植树
1991	13.7	36.6	2001	57.3	30.6
1992	10.0	33.2	2002	66.0	46.8
1993	57.6	—	2003	66.3	—
1994	—	27.3	2004	66.0	—
1995	83.4	38.8	2005	66.0	—
1996	59.6	—	2006	50.0	—
1997	19.9	21.4	2007	43.0	—
1998	50.0	—	2008	45.0	—
1999	47.8	—	2009	45.0	50.0
2000	47.4	—			

第六节　退耕还林

退耕还林工程是党中央、国务院从中华民族生存和发展的战略高度出发，为合理利用土地资源，增加林草植被，再造秀美山川，维护国家生态安全，实现人与自然和谐相处而实施的一项重大生态工程。2002 年 2 月，根据省计委、省财政厅、省西部开发领导小组办公室、省林业厅和省粮食局《关于下达 2002 年退耕还林工程预安排计划的通知》和 2002 年 1 月 15 日全省退耕还林会议精神，景东县成立县乡退耕还林领导小组及办公室。2002—2011 年，全县共实施退耕还林 1.15 万公顷，其中，退耕还林 2866.67 公顷，荒山荒地造林 7333.33 公顷，封山育林 1333.33 公顷。其中，退耕造林按林种分：生态林 2853.71 公顷，经济林 12.96 公顷；按树种分：泡核桃 1223.02 公顷、思茅松 755.75 公顷、茶 292.16 公顷、华山松 120.35 公顷、黄檀 46.19 公顷、马椰树 31.85 公顷、橡胶 27.99 公顷、板栗 22.63 公顷、杉木 1.35 公顷、橘子 12.96 公顷、灯台叶 10 公顷、桤木 7.88 公顷、旱冬瓜 2.17 公顷、龙竹 1.35 公顷、西南桦 0.75 公顷、桉树 0.43 公顷、思茅松和西南桦混交 161.48 公顷、思茅松和桤木混交 2.71 公顷、泡核桃和茶混交 78.29 公顷、泡核桃和桑树混交 43.45 公顷、茶和杉木混交 4.99 公顷、其他 18.92 公顷。

退耕还林项目涉及全县 13 个乡镇、71 个村、670 个组、19368 户、75805 人，核权发证面积 2866.67 公顷。2008—2011 年，完成后续种植 4813.33 公顷，补植补造 448.2 公顷，农村沼气 283 口，太阳能 476 台，技术技能培训 2018 人次。2002—2011 年，国家累计投入退耕还林资金 9215.49 万元。

2002—2004 年景东县各乡镇退耕还林面积统计表

表 10-4-13　　单位：公顷

乡镇	2002			2003			2004
	合计	退耕地还林	荒山荒地造林	合计	退耕地还林	荒山荒地造林	荒山荒地造林
锦屏	98.2	58.8	39.4	334.6	177.3	157.3	31.3
文井	475.2	196.0	279.2	420.8	275.9	144.9	21.3
花山	98.0	55.6	42.4	110.5	58.4	52.1	44.7
大街	112.0	44.0	68.0	105.2	24.2	81.0	22.0
太忠	162.2	80.2	82.0	288.1	83.0	205.1	140.0
龙街	157.8	78.4	79.4	166.2	81.9	84.3	—
文龙	0.6	0.6	—	85.2	18.2	67.0	—
安定	136.6	69.4	67.2	250.7	146.7	104.0	—
漫湾	50.2	—	50.2	52.5	—	52.5	15.8
林街	112.7	80.8	31.9	—	—	—	49.1
景福	170.0	99.6	70.4	—	—	—	160.3
曼等	97.1	35.9	61.2	152.3	100.4	51.9	60.0
东镇	329.4	200.7	128.7	34.0	34.0	—	122.2
合计	2000.0	1000.0	1000.0	2000.0	1000.0	1000.0	666.7

2005—2006 年景东县各乡镇退耕还林面积统计表

表 10-4-14 单位：公顷

乡镇	2005				2006		
	合计	退耕地还林	荒山荒地造林	封山育林	合计	退耕地还林	荒山荒地造林
锦屏	322.1	40.1	15.3	266.6	213.7	—	213.7
文井	941.2	47.8	66.8	826.5	26.7	—	26.7
花山	10.9	10.9	—	—	245.1	—	245.1
大街	26.7	26.7	—	—	80.0	—	80.0
太忠	75.4	5.4	70.0	—	14.5	—	14.5
龙街	63.9	63.9	—	—	333.3	333.3	—
文龙	1.1	1.1	—	—	—	—	—
安定	275.0	34.8	—	240.2	—	—	—
漫湾	615.8	11.3	604.5	—	426.7	—	426.7
林街	202.7	10.7	192.0	—	58.7	—	58.7
景福	251.4	133.3	118.1	—	268.0	—	268.0
曼等	313.3	46.7	266.7	—	—	—	—
东镇	100.7	100.7	—	—	—	—	—
合计	3200.2	533.3	1333.3	1333.3	1666.7	333.3	1333.4

2007、2010、2011 年景东县各乡镇退耕还林（荒山荒地造林）统计表

表 10-4-15 单位：公顷

年度	锦屏	文井	花山	大街	太忠	龙街	文龙	景福	曼等	东镇	合计
2007	248.3	—	—	241.6	—	—	113.3	—	63.4	—	666.7
2010	14.0	42.1	—	—	3.5	1.8	14.5	—	260.1	330.7	666.7
2011	66.7	208.9	66.7	88.8	45.3	—	29.1	66.7	—	94.6	666.7

2008—2011 年景东县巩固退耕还林成果项目补助资金统计表

表 10-4-16

年度	项目资金合计（万元）	种植业		农村能源				补植补造		技能培训	
		面积（公顷）	补助资金（万元）	沼气池（口）	补助资金（万元）	太阳能（台）	补助资金（万元）	面积（公顷）	补助资金（万元）	人次（人次）	补助资金（万元）
2008	259.51	1153.3	207.60	283.0	28.30	—	—	181.5	13.61	500	10.00
2009	227.60	1153.3	207.60	—	—	—	—	133.3	10.00	500	10.00
2010	265.00	1333.3	240.00	—	—	100.0	10.00	133.3	5.00	500	10.00
2011	264.16	1173.3	211.20	—	—	376.0	37.60	133.3	5.00	518	10.36
合计	1016.27	4813.3	866.40	283.0	28.30	476.0	47.60	448.[illegible]	33.61	2018	40.36

2002—2011 年景东县退耕还林工程项目粮食补助、资金补助统计表

表 10-4-17

年度	合计	粮食补助（万千克）	粮食折现（万元）	现金补助（万元）	种苗补助（万元）	封山育林费（万元）	粮食调运费（万元）	生活费补助（万元）	管护费补助（万元）
2002	180.00	225	—	30.00	150.00	—	—	—	—
2003	210.00	450	—	60.00	150.00	—	—	—	—
2004	830.00	—	630.00	60.00	50.00	—	90.00	—	—
2005	1228.00	—	798.00	76.00	140.00	100.00	114.00	—	—
2006	1243.00	—	903.00	86.00	125.00	—	129.00	—	—
2007	1165.33	—	898.90	85.60	50.00	—	128.40	2.04	0.39
2008	1115.33	—	898.90	85.60	—	—	128.40	2.04	0.39
2009	1115.33	—	898.90	85.60	—	—	128.40	2.04	0.39
2010	1115.50	—	588.00	56.00	200.00	—	84.00	157.50	30.00
2011	1013.00	—	273.00	26.00	300.00	—	39.00	315.00	60.00
合计	9215.49	675	5888.70	650.80	1165.00	100.00	841.20	478.62	91.17

第七节　低效林改造

低效林改造目的是为了适应现代林业发展要求，加快森林资源培育和林业产业建设步伐，充分发挥林地生产潜力，提高林分质量，培育优质、丰产和高效的森林资源，为全县经济社会发展提供服务。2009—2011 年，全县共实施低效林改造 3333.3 公顷。补助、兑现情况为 2009 年 600 元/公顷、兑现 40 万元，2010 年 1000 元/公顷、兑现 133.34 万元，2011 年 1500 元/公顷、兑现 200 万元。

2009—2011 年景东县低效林改造面积统计表

表 10-4-18　　单位：公顷

年度	合计	更替树种			
		核桃	思茅松	桉树	西南桦
2009	666.7	34.1	320.9	311.7	—
2010	1333.3	539.0	360.4	434.0	—
2011	1333.3	—	1081.5	225.1	26.8
合计	3333.3	573.0	1762.8	970.8	26.8

第五章　林业管理

第一节　林政管理

一、森林采伐

采伐限额　自 1962 年始，景东县规定林木采伐审批权限：凡伐木 1 立方米，须经乡政府批准；3 立方米内，须经区公所审批；3 立方米以上，须经县林业主管部门（林业站）批准。受交通制约，木材大多为民用材。1965 年始，云南省景东林业实验局改制为森工企业，在国有林区组织商品木材生产；生产指标由国家下达，按计划供材。1975 年 3 月，根据县革委会下发的《关于加强木竹柴炭管理，实行木材统购统销的通知》，成立县木材站，主要承担地方用材任务。自 1976 年始，承担木材上调任务，按调运计划供材。1981 年初，由省级林业部门安排，使用采伐票证，限定一县一年木材采伐量，生产经营主体仍为林业部门。后期，根据省政府有关通知精神，允许供销部门加入竹、柴、炭和木竹制品、半成品（包括杂木杆和 8 厘米以下小径材）经营，境内出现大量加工劣质面板的混乱局面；思茅地委行署当即发出停止木材采伐通知，经检查清理，超出计划部分纳入第二年计划，并关闭木材自由市场，冻结木材及其成品半成品运输。自 1982 年始，实行“五个统一”（统一计划、统一调度、统一销售、统一管理，木材由林业部门统一经营管理）。1985 年，重新开放木材市场，实行多渠道经营，允许集体林内生产的木材退出国家统配。在利益驱动下，不同形式木材经营或加工公司、工厂纷纷出现，涌入林区倒买倒卖木材；部分农户廉价销售自留山木材，造成遗憾。1987 年，地县区三级组成工作组，贯彻执行中共中央、省委省政府关于加强森林资源管理，坚决制止乱砍滥伐的指示精神，清理 1985 年后乱砍滥伐、伪造票证倒卖木材及无证收购、经营木材等违法违规案件，取缔“皮包公司”。通过清理整顿，县委县政府提出木材生产经营“四个一”（一本账、一支笔、一把斧头、一个窗口）原则，木材生产、加工、流通秩序逐渐恢复正常。

1992 年，县委县政府批准成立林产工业公司，组织木材生产、加工和经营。由上级下达年度采伐计划，公司根据指标进行伐区规划，再向林业主管部门报审采伐手续。自 2000 年始，深化经济体制改革，木材退出国家统购，企业开始按市场化运作；按照“山上管严、市场搞活”原则，放开木材生产和经营。2006 年 10 月，国家林业局派出西北林业规划院检查景东木材限额采伐执行情况，查出木材采伐存在违法违规现象，主要是采伐超时限、跨年度，形成事实超限额采伐。经整改，全县资源林政管理步入法治轨道，木材采伐限额根据资源生长和消耗情况，每年由上级下达计划指标。自 2001 年始，森林采伐限额按 5 年计划由省级下达。

2001—2015 年云南省下达森林采伐限额统计表

表 10-5-1　　单位：万立方米

五年计划期	森林采伐限额		
	合计	商品材	其他
2001—2005	50.3	8.5	41.8
2006—2010	65.6	24.2	41.4
2011—2015	61.9	25.0	36.9

采伐许可证　实施森林限额采伐规定后，景东县开始执行采伐许可证制度。单位和农户采伐木材，必须办理采伐许可证。年度采伐计划指标由县林业局根据上级批准限额，分配到各乡镇。农户自用材（烧柴），由农户提出申请，到乡镇林业站办理采伐手续；国有林采伐，按年度计划由县政府批准，县林业局办理采伐手续。自 2005 年始，部分国有商品林流转，允许企业和个人获得经营权。2008 年，集体林权制度改革，核发山林林权证，农户拥有林地使用权和林木处置权、收益权。木材指标由县林业局直接下达给林权所有者；林权所有者提出采伐申请，林业局提出意见，县政府批准，再由林业技术部门进行调查规划设计。采伐业主持林权证、伐区调查设计书、采伐属地乡村及林业站意见，到县林业局办理采伐许可证。业主领到采伐许可证后，林业部门派人拨交伐区，检查监督采伐过程。采伐结束，由林业管理部门组织伐区验收，签发合格证。

2008—2011 年景东县林木采伐许可证发放统计表

表 10-5-2　　单位：份、万立方米

年度	总发证数		商品材				
			发证采伐数量			实际采伐数量	
	发证份数	发证蓄积	发证份数	发证蓄积	发证出材	蓄积量	出材量
2008	4676	23.33	503	14.20	8.58	14.19	8.59
2009	4738	24.68	549	15.47	8.80	15.43	8.63
2010	3730	26.30	547	17.57	8.87	17.57	8.87
2011	3850	24.10	517	17.75	8.51	17.75	8.51

年度	农民自用材		培植业用材		烧材		其他	
	发证份数	发证蓄积	发证份数	发证蓄积	发证份数	发证蓄积	发证份数	发证蓄积
2008	3618	2.03	—	—	543	7.10	12	0.01
2009	3531	2.15	23	0.02	596	6.99	39	0.05
2010	2547	1.52	33	0.02	590	7.15	13	0.04
2011	2867	1.47	—	—	463	4.87	3	0.01

木材及林产品运输　自 1972 年 9 月始，思茅地区实行木材凭证运输，运出地区外木材需持有思茅地区林业管理局“木材运输证”。1976 年始，木材运输证由木材站向林业局领取，持证运输。1985 年，全区使用云南省林业厅木材运输证，简称木材运输小票。小票分为统配材和非统配材两种，由县林业局向地区林业局领取，按计划核发到供材单位；供材单位按车辆装载数量，分车发放。1990 年，随着木材加工企业的增多，以木材为原料的林产品运输，都要办理运输票证。生产单位外运，统一到县林业局换单办证。自 2011 年始，办证纳入省市县电脑联网管理程序，有效监管木材及林产品运输违法违规行为。运输

证分木材运输证和剩余物运输证两种，二者不能交替使用。伐区开出料单后，凭料单到当地林业站办证。

2008—2011 年景东县木材及林产品运输证发放统计表

表 10-5-3 单位：万立方米

年度	合计	国内材					
		原木	锯材	胶合板	刨切板	集成材	其他
2008	5.54	2.97	2.06	0.22	0.16	0.13	—
2009	6.21	3.01	2.96	0.02	0.17	0.05	—
2010	16.97	2.72	2.94	0.29	0.23	0.23	10.56
2011	5.10	2.32	2.28	0.05	0.43	0.02	—
年度	剩余物			竹材（万千克）	林产品	再次运输	案件材
	中纤板	包装材	木炭（万千克）				
2008	4.82	0.42	13.8	2.0	—	0.38	0.03
2009	7.10	0.52	28.4	—	0.01	0.44	0.01
2010	0.63	0.01	—	2.0	0.02	0.35	0.10
2011	1.38	0.35	21.5	—	0.04	0.20	—

二、林地征占用

加强林地保护管理，依法办理征占用林地审批手续是林政管理重要职责。2005 年，县政府制订出《林地征占用审核审批程序》。县林业局收到用地申请后，由林政股依法审核，邀请有资质专业技术人员实地勘察核实，按审核权限依法依规依序审批或转报。资料不全、不合格或征占用情况与实地不符的，通知业主限期完善，限期不完善的不予受理；跟踪已批准实施的项目管理，杜绝违法施工。2011 年，县政府委托省林业调查规划院大理分院编制完成《景东县林地保护利用规划（2010—2020 年）》，林地保护利用工作纳入法治轨道。

2005—2011 年景东县林地征占用情况统计表

表 10-5-4

年度	项目名称	用地性质	征占用面积（公顷）	采伐蓄积（立方米）	植被恢复费（万元）
2005	勐片河二级电站建设	永久	0.0473	1.80	0.38
2006	大街银河电站建设	永久	0.2550	8.00	1.27
	文井 35 千伏输变电线路工程	永久	0.0014	—	0.01
2007	花山 35 千伏输变电工程	永久	0.0744	14.40	0.43
2008	花山至者后 35 千伏输变电工程	永久	0.0088	—	0.05
	景东县殡仪馆建设	永久	2.4667	8.90	14.80
	大街乡森林防火通道建设	永久	1.4740	73.97	8.84
2009	曼等至景福 35 千伏输变电工程	永久	1.7750	208.10	11.13
	永秀至文玉 35 千伏输变电工程	永久	0.8550	71.10	5.48
	漫林线至岔山线 35 千伏输变电工程	永久	0.4288	37.70	2.67

续表 10-5-4

年度	项目名称	用地性质	征占用面积（公顷）	采伐蓄积（立方米）	植被恢复费（万元）
2009	大街迤竹山铁矿选厂建设	永久	33.1945	60.10	118.14
	大街110千伏输变电工程	永久	0.5392	47.80	3.32
2010	大朝山烟叶收购站建设	永久	0.1489	—	0.30
	老仓根雕厂进厂公路建设	永久	0.1138	23.00	0.68
	迤竹山铁矿公司矿点建设	永久	31.7583	390.00	165.69
	文龙35千伏输变电工程	永久	2.0911	96.30	16.28
	澜沧江糯扎渡电站建设	永久	9.1311	287.40	73.05
	景东县房地产开发公司建设	永久	9.6744	953.70	93.86
	梵圣达漫湾采石场建设	临时	0.4043	41.50	2.43
	龙街乡森林防火隔离带建设	临时	0.1690	11.70	1.35
2011	花山卜勺铁矿选矿采矿建设工程	永久	32.1460	721.90	167.19
	清凉至芹菜塘农公路改造工程	永久	1.9005	47.00	14.54
	青龙水库建设工程	永久	31.3090	14235.90	199.65
	太忠大松树石场	临时	0.0263	—	0.14

三、林政执法

林政案件主要有滥伐盗伐林木，乱捕滥猎野生动物，故意纵火、过失失火，涂改、伪造、倒卖木材票证，无证运输木材、货证不符，殴打执法人员，强行冲卡，毁林开荒，戒严期林区用火，占用林地、移植野生树木，非法收购木材，贩卖野生动物及其制品等。全县共设三大林业行政执法单位(县林业局、自然保护区景东管理局、森林公安局)，持林业行政执法证276人。1994年12月，县森林经济民警中队成立，为县林业局下属股所级事业单位，主要承担木材检查站的工作。2003年1月，中国人民解放军森林武装警察中队入驻景东。主要承担保护景东森林资源安全，维护林业社会稳定任务。2006年，森林经济民警中队改称林政稽查大队。1979—1986年，先后设立安定、漫湾、大朝山、文龙中山、者后、文井丙必6个木材检查站。至2011年，仅留安定、漫湾和大朝山3个检查站。

1992—2011年景东县林政案件查处情况统计表

表 10-5-5

年度	查处案件（起）	查处违法人员（人）	变价处理木材（立方米）	挽回经济损失（万元）	年度	查处案件（起）	查处违法人员（人）	变价处理木材（立方米）	挽回经济损失（万元）
1992	35	94	—	16.0	2000	1446	1446	—	—
1993	31	278	446	16.7	2001	1281	1082	—	61.8
1994	368	539	785	29.8	2002	1243	173	—	56.3
1995	428	472	1361	27.2	2003	—	741	758	47.1
1996	650	678	1868	60.5	2004	956	995	—	155.2
1997	384	349	584	16.7	2005	803	803	—	41.7
1998	515	250	—	32.7	2006	1194	1305	1899	144.3
1999	961	961	—	—	2007	1251	901	—	220.2

续表 10-5-5

年度	查处案件（起）	查处违法人员（人）	变价处理木材（立方米）	挽回经济损失（万元）	年度	查处案件（起）	查处违法人员（人）	变价处理木材（立方米）	挽回经济损失（万元）
2008	575	584	1169	70.6	2011	371	392	554	40.7
2009	579	654	666	73.8	合计	14586	13471	10090	1215
2010	774	774	—	103.7					

第二节　林业科技

一、机构

1997年10月，林业技术推广服务中心成立，副科级事业单位，内设基金站、推广站、种苗站、资源站。主要履行林业基金管理，林业试验示范、引种推广、科技培训、种苗管理、森林资源调查等职责。各乡镇林业站设林业科技推广岗位，村委会设林业技术推广员。2011年，全县共有林业工程技术人员148人，其中，高职1人，中职98人，初职49人。2010—2011年，叶绍增、诸良富、王德平、王晓4人获国家级森林资源资产评估咨询人员证书。2005年，林业技术推广服务中心获林业调查规划设计丁级资质证书。2011年，升格为丙级。

二、项目

景东县林业科技试验示范推广培训统计表

表 10-5-6

项目名称	实施年度	实施情况
造林作业设计	1995—2011	编制以工代赈、农业综合开发、绿色扶贫、干果基地、世行贷款贫困地区林业发展、退耕还林、天然林保护工程、低效林改造等项目作业设计
造林技术培训	1995—2011	造林项目林业技术现场培训
核桃子芽苗刨土嫁接法试验推广	1998	子芽苗刨土嫁接操作简便、成活率高。推广后，全县每年出圃核桃嫁接苗上千万株，生态经济效益可观
早实核桃栽培试验	1999—2008	在锦屏磨腊、龙街和哨开展2500株早实核桃栽培试验。早实效果良好，存在干缩现象；可作为水果推广，口感稍甜
国家重点保护植物调查	2000—2001	共调查到国家重点保护植物17种。分别为云南红豆杉、南方红豆杉、千果榄仁、景东翅子树、香樟、合果木、云南山茶、水青树、桫椤、红椿、毛红椿、黑黄檀、任木、云南石梓、长蕊木兰、顶果木、水杉
松树增脂剂试验	2003—2005	在者后三家村、锦屏霸王山开展思茅松增脂试验。割面施用增脂剂后，不影响松树生长，可提高松脂产量8%~14%
美黑杨引种试验	2004—2006	在安定菠萝村、大街改河工程河堤开展2000株美黑杨栽植试验。结果表明，美黑杨适宜在景东种植，而且属速生丰产树种

续表 10-5-6

项目名称	实施年度	实施情况
葡萄引种试验	2004—2006	在锦屏斗阁开展葡萄引种试验。成功后，在锦屏、文井推广，反映良好
甜龙竹笋反季节丰产栽培试验	2004—2007	在斗阁、山冲、清凉开展甜龙竹笋反季节丰产栽培试验。通过保湿灌溉、施肥补养、覆膜增温等技术措施，2—3 月发笋，销售价格与猪瘦肉相当
药用石斛组培苗栽培试验	2005—2007	在文龙、锦屏、文井、林街开展药用石斛组培苗栽培试验示范 6000 平方米，示范后推广
红豆杉扦插育苗试验	2005—2006	在紫胶所开展红豆杉扦插试验。穗条经过 ABT 生根粉处理后，扦插在配方基质上，成活率 80%。2006 年，培育出红豆杉苗木 800 株
晚熟芒果嫁接与推广	2006	在锦屏、文井改造嫁接老品种芒果树 3000 株。越年挂果，具有晚熟特性，挂果期最晚 12 月，可保鲜到春节
编制《景东农村林业实用技术》	2006	编制《景东农村林业实用技术》5 万本，免费对林农发放
南岭黄檀引种试验	2006—2008	在实施澜沧江流域 8 万亩紫胶寄主林产业化发展项目建设期间，从江西、广东、广西、福建和省种苗站引进紫胶寄主南岭黄檀籽种开展培育实验，并推广种植
山苍子矮化丰产栽培试验	2006—2008	在太忠三合村开展山苍子矮化丰产栽培试验，丰产效果良好
伐区作业设计	2007—2011	根据林权所有者委托，在各乡镇林业服务中心和采伐业主配合下，开展伐区和森林抚育作业设计调查 1.61 万公顷，设计采伐活立木蓄积 91.4 万立方米。其中，2007 年 2666.67 公顷 20.4 万立方米，2008 年 2000 公顷 14.3 万立方米，2009 年 2466.67 公顷 20.5 万立方米，2010 年 5866.67 公顷 17.6 万立方米，2011 年 3066.67 公顷 18.3 万立方米
征占用林地及资源损失调查	1997—2011	调查电站、厂矿、输变电线路建设项目征占用林地及森林防火资源损失情况
核桃配方施肥试验	2008—2012	在漫湾昔掌、龙街戈瓦开展核桃配方施肥试验。结果：通过施肥、修剪、除草、松土及病虫害防治管理，具有挂果早、果枝多、病虫危害少、产量高、品质好等特性
巩固退耕还林工程技术技能培训	2009—2011	举办培训班，免费发放《巩固退耕还林技术技能培训材料》《核桃丰产栽培技术》《核桃病虫害防治技术》《思茅松丰产栽培技术》等实用教材。2009 年培训 800 人、发放 820 册，2010 年培训 696 人、发放 750 册，2011 年培训 688 人、发放 770 册

第三节　林业机构

一、景东县林业局

1950 年，林业归属县政府建设科，由副科长 1 人主管。1956 年，从建设科划出成立农林水科，并设景东国有林管理区，下设保甸、太忠、文龙、崇明 4 个森林经营管理所和伐木场、松香厂，职工 50 余人。1959 年 11 月，林管区及下属单位并入景东林业实验局；县级成立景东林业工作站，隶属农林水利科。1969 年 2 月，撤销农林水利科，成立农林服务站革命委员会，1971 年改称农林革命委员会。1973 年，恢复农林水利局，下设林业工作站。1978 年 11 月，农林水分设，县林业局成立。内设人事秘书股、计划财务股、营林股、森工股、林化股、森林公安股。下设木材站、松香厂、自然保护区管理所、各林业站、种苗站。1990 年，护林防火办成立，设专职副指挥长 1 人；同时，把县绿化委员会办公室设在林业局。1992 年，林产工业公司成立，下属木材分公司、林化厂和胶合板厂。1998 年，两山自然保护区管理所升格为保护局。2004 年，森林公安股升格为森林公安局，正科级，不再隶属县林业局。1992 年 1 月，林业站划归乡镇，1996 年 5 月又收归县林业局。2011 年，机构改革，林业站划归乡镇，更名为林业服务中心。县林业局内设行政机构办公室、林政管理股、计划财务股、林业改革与产业发展股和森林防火办公室，行政人员 20 人；设事业机构林业有害生物防治检疫局（参公管理）、林业技术推广服务中心、公益林管理办公室、林权管理服务中心、特色经济林办公室、农村能源工作站、孔雀山园林管理所、长臂猿景东保护站、林政稽查大队及安定、漫湾、大朝山木材检查站，事业人员 112 人。历任局长：黎光祥、杨明金、纪世忠、李笡伟、段学庄、吴兴余。

二、景东林业局

（一）林业实验局、森工局

20 纪世 50 年代末，全面实施“二五”计划。林业部梁吕武、云南省林业厅刘尊益率领一批专家学者到无量山、哀牢山考察，认为景东介于两山之间，地理条件优越，区位优势明显。特别是无量山，从山顶到山脚分布有寒带、温带、亚热带三个气候带，囊括全国 80%以上植物种类，自然基因库极其丰富，是开展科教活动的理想之地，可建造一座仅次于伊春市的现代林业城市。于是，该项目被列入“二五”工业发展纲要唯一一项林业发展科研项目。1958 年，在昆明召开全国工业博览会。在翠湖农展馆内，设 50 平方米景东林业城市沙盘模型，详细介绍开发规划内容，整个项目预算 4250 万元。1958 年秋，省林业厅谢铭等 7 人先期到达景东。在县委、县人委支持配合下，选址县城南郊大草地开展景东林业实验局筹建事宜。1959 年 11 月 17 日，正式建立景东林业试验局。建局宗旨：开展林木繁育；研究林区多种经营发展趋势；培养林业科技人员和技术工人。先后在大中专院校招收大量技术骨干充实 12 个林场，干部职工达 532 人。由于国民经济陷入困难，景东林业城市建设项目被迫下马。1960 年下半年，景东林业实验局调整为缓建单位，大量干部职工分流，全局仅剩 236 人，分布于 9 个林场，主要完成护林防火、少量松香生产、造林及农副业生产任务。1963 年初，紫胶在工业生产中广泛应用，需求量较大。景东气候和水土条件比较适宜紫胶生产。在省林业厅支持下，景东林业实验局探索紫胶生产新途径，在各林场开展紫胶寄生树栽培和胶虫放养工作。先后举办全国紫胶生产技术培训 1 期 43 人，全省林业系统财会培训 5 期 250 人次、狩猎工作培训 1 期及第一批汽车驾驶员培训。从技校和各地农村招收紫胶工 400 余人；建设林木苗圃基地，引培稀有树种，成功引进柚木、巴西木、石栗、顶果木、南洋杉等花卉树木 60 余种。在紫胶生产同时，不断向周边农民传授技术。

1965 年下半年，林业实验局改为森工企业，开展森工生产筹备工作。1966 年，改称云南省景东林业局，为国有森工企业；相继从全省林业系统抽调大批人员，全局职工最多时有 1825 人。木材作为国家建设“三材”（木材、钢材、水泥）之一，实行统购政策，林业局仅负责生产。囿于条件，木材生产主要依靠人力，用油锯、斧头、砍刀造材，靠杆棒撬、夹钩提、肩脖抬搬运，劳动生产率低下，安全隐患大。1965 年 5 月，购入第一台“东方红”拖拉机。之后，渐次增加机械投入，生产效益逐步提高。1965 年，在弥渡县海坝庄设中转贮木场。1967 年，设大草地贮木场，海坝庄贮木场转交漾江林业局管理。1967 年，筹建车队，解决运输瓶颈，省林业厅调拨“解放牌”卡车 50 台。1966—1969 年，生产经营脱轨，仅生产木材 5.21 万立方米，企业亏损 187.93 万元。

1970 年后，林区可采资源减少，森工生产拓展到镇沅林区。1971 年，在者后设年吞吐量最大的贮木场，基本能满足生产需要。1969—1998 年，景东林业局先后为国家生产木材 117.79 万立方米，实现利税 3380 万元；修建和维护林区道路上万千米，建成永久性大桥 5 座，半永久性木桥 4 座。

转型与发展 党的十一届三中全会后，国家对森工企业实行放权让利政策，允许企业有部分自销（议销）指标。景东林业局成立木材经营销售科，从事木材销售，企业由生产型向生产经营型转变。1978 年，下属汽车维修业在全省林业系统“修旧利废”现场会作经验交流；车队却连年亏损，一度改为承包经营。1995 年末，车队解散，所有经营性车辆向社会公开拍卖，修理厂一直得以运作。

随着社会主义市场经济体制日臻完善，木材统配政策转型为国家宏观调控市场化运作。景东林业局兴办木材加工厂、劳动服务公司，广开种养殖、采集与加工、劳动服务门路，安排大批职工子女就业，拓展经营渠道；“以场定居”，实施茅草房、木板房、油毛毡房改造，改善教育医疗卫生条件，完善林区基础设施，兼顾服务周边群众。2004—2005 年，子弟学校、职工医院和林区派出所划归县政府，分离在职和退休职工 62 人；整合楚雄广通服务部、塑料厂、物资公司、木材加工厂、汽车队、修理厂、恩乐贮木场资源，实行收缩性经营。

截至 2011 年，景东林业局森林经营区跨景东、镇沅两县，确权发证面积 2.6 万公顷，其中，景东区 0.98 万公顷，镇沅区 1.61 万公顷。

景东林业局各林场林地面积统计表

表 10-5-7　　单位：公顷

单位	林地	单位	林地
文龙林场	3162.80	三林场（镇沅）	4649.40
大弯山林场	1701.13	四林场（镇沅）	3981.00
五林场	4973.20	六林场（镇沅）	4070.53
一林场（镇沅）	3412.33	合计	25950.40

（二）森工机构

1959 年 11 月，景东林业实验局成立，隶属省林业厅。1966 年，改称景东林业局。1970 年隶属思茅地区，1975 年划归省林业厅，1988 年再次归属思茅地区。2004 年，撤地设市，仍称思茅市景东林业局、普洱市景东林业局，正处级。

党务群团 （1）中共景东林业局委员会。1959 年，景东林业实验局党支部成立。1961 年，党总支委员会成立。1965 年 10 月，升格为党委；31 日，第一届委员会召开，设立政治处为党委办事机构。1971 年 6 月、1981 年 8 月、1984 年 4 月、1988 年 7 月、1992 年 5 月、1996 年 6 月、2003 年 6 月、2009 年 10 月，先后 9 次召开党员代表会议。历任书记：谢铭、贺洪斌、马永坤（军代表）、高必亭、孟存厚、张瑜美、周建华、姚开福。（2）中共景东林业局纪律检查委员会。中共景东林业局第三届委员会始，设立纪律检查委员会，由每届党员代表大会选举产生；设书记或副书记 1 人。历任书记：张文山、杨开祚、杨开达、祁德喜、周建华、姚开福、杨永祥。（3）景东林业局工会委员会。1961 年初，景东林业局工会成立。1973 年前，工会负责人由上级任命。1973 年 8 月，第一次工会会员代表大会召开。1982 年 7 月、1985 年 3 月、1990 年 10 月、1995 年 10 月、1997 年 10 月、1999 年 8 月、2001 年 10 月、2002 年 7 月、2004 年 7 月、2007 年 9 月，先后 11 次召开工会代表大会，选举工会主席、副主席。历任负责人：黄步芳、张敏、万凤恩、惠孝荣、毋立贵、聂仁、李占林、谭一德、姚开福、燕兆才。（4）共青团景东林业局委员会。1960 年末，中共青年团景东林业实验局委员会成立。1972—1999 年，先后召开 4 次团代会。1999 年后，组织科设青年干事 1 人，负责共青团工作。

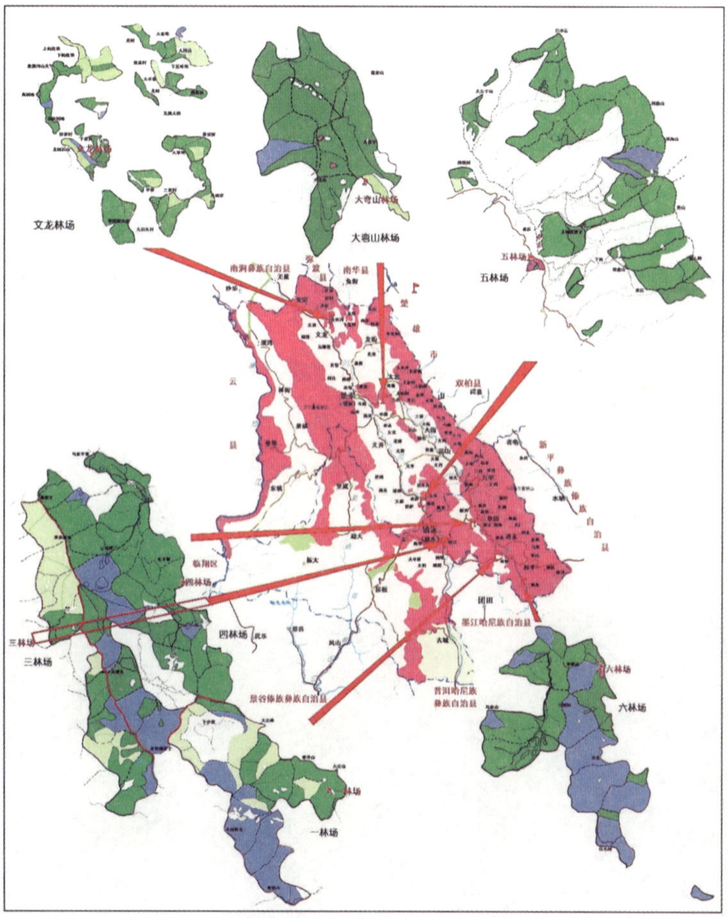

景东林业局经营区位图

历任书记：熊有贤、徐忠林、范林、陈双林、燕兆才、翟林敏、姚开福。

行政管理　1959年11月，景东林业实验局成立，国营林场归并实验局。局机关设人事保卫科、秘书科、生产技术科、行政科、财务科、计划科、经营科、林木培育室，先后增设技工学校、医务室、工会、共青团组织，建立安定、文龙、火箭、文井、者后、龙街、太忠、大街、花山、永秀、景福、保甸12个林场，场部设在公社驻地。林场经营点2～3个不等，如火箭林场下设南攀箐、灰窑经营点，文龙林场下设沙拉河、会良河经营点；以护林防火为主，兼搞造林及农副业。由于交通和资源原因，永秀、景福、安定林场相继撤销，全县共保留林场9个。1966年初，下设2个工程处及贮木场等机构。1967年4月，军事管制，下设办事组、生产组、政工组。1968年10月，成立革命委员会，设“三大组”；增设清理阶级队

景东林业局（景东林业局提供　摄于2006年10月）

伍办公室。1973 年 6 月，撤销“三大组”，设立 10 科 1 室。1978 年冬，撤销局革命委员会，启用景东林业局印鉴。1998 年末，全面停止天然林采伐，工作转入天保。至 2011 年，党务设纪委、组织科、宣传科，行政设办公室（党政合设）、计财科、营林科（天保办）、资源林政科、森林防火办公室、劳动人事科、监察审计科、生活科、保卫科、离退休人员管理办公室、工会及女职工工作委员会；下设一林场（镇沅）、三林场（镇沅）、四林场（镇沅）、五林场（景东）、六林场（镇沅）、文龙林场（景东）、大弯山林场（景东）、恩乐贮木场（镇沅）、中心苗圃（景东）、汽车修理厂（景东）、劳动服务公司（景东）。历任革委会主任：李进才（军代表）、刘应才（军代表）、马永坤（军代表），局长：黄经华、张瑜美、叶根标，副局长：谢铭（主持）、贺洪斌、张子龙、白东艾、黄佑臣、陈笑非、邓同顺、朱应阶、张兴坤、田金玉、赖有才、惠孝荣、毋立贵、崔敬礼、黄经华、李占林、孟存厚、祁德喜、张瑜美（主持）、朱德金、张伯雄、王应章、刘庚齐、叶根标、周永兴、陈勇。

第十一编

生物多样性保护

第一章　自然地理

第一节　哀牢山自然保护区（景东分区）

一、位置、范围、面积

哀牢山国家级自然保护区，位于云南省西部，普洱市北端，景东县东边，哀牢山西坡。地跨北纬23°36′~24°56′，东经100°44′~101°30′，涉及普洱、楚雄、玉溪三州（市），景东、镇沅、楚雄、双

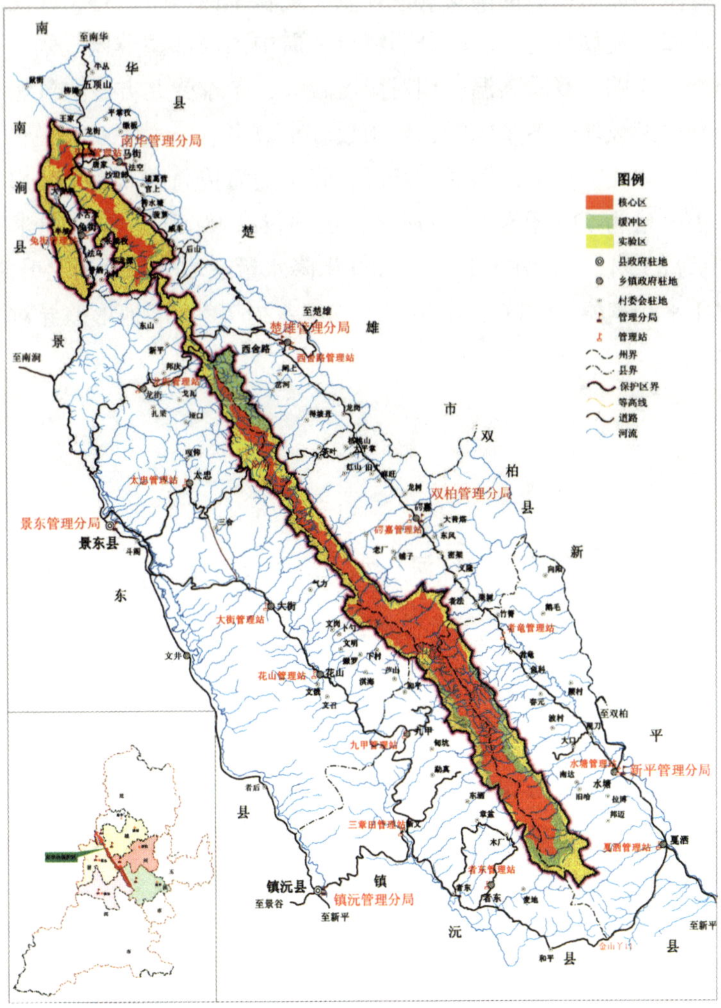

哀牢山国家级自然保护区功能区划图

柏、新平、南华六县（市）。东部与楚雄市、双柏县相邻，南部与镇沅县连接，西部为本县龙街、太忠、大街、花山4乡，北部与南华县接壤。景东分区涉及周边村委会25个，距保护区3千米周边有自然村276个、农户9539户、村民3.7万人。保护区西部由北向南，共设界桩137棵，其中，正桩110棵，副桩（加密桩）27棵；起始桩分别为龙街乡东山村4号和花山乡芦山村113号（与镇沅分区交汇）。景东分区东部管理界限，与20世纪60年代中国人民解放军总参谋部测绘局绘制的1：5万地形图界线相符，部分地段与行政区域界限有出入。

哀牢山保护区景东分区呈南北狭长带状，南北长102千米，东西宽1~5千米。1986年3月，哀牢山省级自然保护区成立，景东分区全部属实验区。1988年5月，升格为国家级自然保护区。1991年7月，县政府核发"国有山林权证"，确认景东分区总面积11667公顷，其中，国有林7190.82公顷，集体林、农耕地、居民点4476.18公顷。2009年，哀牢山总规确认景东分区管理面积为11812公顷，占保护区面积的17.45%。按功能区划，分为核心区、缓冲区和实验区，其中，核心区3549.6公顷，占30.1%；缓冲区444.3公顷，占3.8%；实验区7818.1公顷，占66.2%。

二、气候

哀牢山是云南亚热带中部和北部气候过渡地区，山体东西坡分别受孟加拉湾西南季风、北部湾和东南季风影响，高大的山体山地垂直气候特点明显。哀牢山地区冬春季大部分由来自印度、巴基斯坦干燥热大陆西风，受青藏高原阻挡后的南支气流控制；夏秋季西风带北移，又受来源于印度洋湿层深厚的西南季风影响。所以，气候具有干湿季分明特点，属中国西部型季风气候。但东西坡气候存在一定差异，东坡受东南季风影响，夏季高温，相对湿度较大，冬季受北方冷空气影响较多，气温东坡较西坡低；西坡为西南季风迎风坡，冬季较暖，降雨量较东坡多。

哀牢山有明显山地立体气候特征，辐射、气温、降水随海拔高度而变化。山上部多雾雨，辐射量较山麓少，山麓年总辐射量为130千卡/平方厘米，山顶仅有90千卡/平方厘米。据西坡观测，相对湿度海拔2000米以上为85%以上，海拔1300~2800米降水量递增为每百米上升80毫米。山体上下气温差异很明显，山顶年平均气温11.8℃，山顶与山麓相差约7℃。因地形差异对水热的再分配，保护区内尚有多种小气候。

三、水文

（一）水系

哀牢山自然保护区内河流均属元江（红河）水系。西坡者干河、川河及其下游支流，最终在国外汇入红河。

（二）河流

1. 哀牢山东坡

元江 有两源，西源发源于巍山县与下关市茅草哨分水岭，东源发源于祥云县西南部山地，源流南流，在南涧、弥渡交界处汇合转向东流，再向东南流经南华、楚雄、双柏、新平、元江、红河、元阳等县（市），在河口县南部流入越南境内。元江上游河段分别称礼社江、石羊江、戛洒江，流出国境后称红河，省内干流长692千米，集水面积3.73万平方千米，年均产水量28亿立方米。

2. 哀牢山西坡

者干河 发源于哀牢山中部山地以西，景东县平掌街以东中山村一带。者干河为阿墨江上游，与把边江会合后称李仙江。由于者干流河位于哀牢山西坡，正好位于西南暖湿气流迎风坡，降水比东坡

丰沛，水量较大，相当于元江干流的1/3。

川河 有两源，主源发源于南涧县宝华附近山地，西源发源于无量山东侧密畔山，南涧县境称石洞寺河，景东县境称川河，镇沅县境称恩乐河、景来河、新抚江，宁洱县境称把边江，与阿墨江汇合后称李仙江，无量山东坡、哀牢山西坡支流汇入川河，由于雨季降水丰沛，产水量比元江干流大，年均产水量约147亿立方米。

四、土壤

种类 受地质、地貌、气候和生物的长期作用，使哀牢山发育出具有云南特色，兼有垂直与水平分布规律的山原型土壤分布带。

哀牢山自然保护区森林土壤分类表

表11-1-1

土纲	土类	亚类
寒冻土	亚高山草甸土	亚高山灌丛草甸土
淋溶土	棕壤	山地酸性棕壤 山地生草棕壤 粗骨棕壤
	黄棕壤	山地黄棕壤 粗骨黄棕壤
富铝土	红壤	山地棕红壤 黄红壤 山地红壤 粗骨红壤
	砖红壤性土	山地砖红壤性红壤 黄色砖红壤性土 粗骨砖红壤性土
	砖红壤	砖红壤 黄色砖红壤土 褐色砖红壤
	燥红土	红棕色燥红壤 红褐色燥红壤
岩成土	紫色土	酸性紫色土 中性紫色土 石灰性紫色土
	石灰（岩）土	黑色石灰土 棕色石灰土 红色石灰土
水成土	沼泽土	腐殖质沼泽土 沼泽土

分布 水平分布上，由南向北，分布着热带北缘雨林砖红壤带，南亚热带思茅松林和季风常绿阔叶林赤红壤带，中亚热带云南松林和常绿阔叶林红壤带。

垂直分布上，由下而上，海拔800～1400米为思茅松林赤红壤，海拔1400～2300米为云南松红壤，海拔2200～2700米为湿性常绿叶林黄棕壤，海拔2700～3000米为针阔混交林棕壤，3000米以上是亚高山草甸土。

第二节 无量山自然保护区（景东分区）

一、位置、范围、面积

无量山国家级自然保护区（景东分区），位于云南省西南部，景东县境内无量山狭长山地中上部。地跨北纬24°17′～24°42′，东经100°32′～100°45′，南北长50千米，东西宽7千米，涉及境内锦屏、文龙、安定、漫湾、林街、景福6个乡（镇）。距保护区3千米周边有村委会24个、自然村194个、农户5803户、村民2.5万人。

1986年3月，无量山省级自然保护区成立。景东区面积23730公顷，其中，发证23355公顷，分别为国有林21375.58公顷，集体林、农耕地和居民点1979.42公顷；未发证375公顷，位于景东与南涧相连区域，属规划范围。2000年，无量山升格为国家级自然保护区，未发证部分同时纳入。景

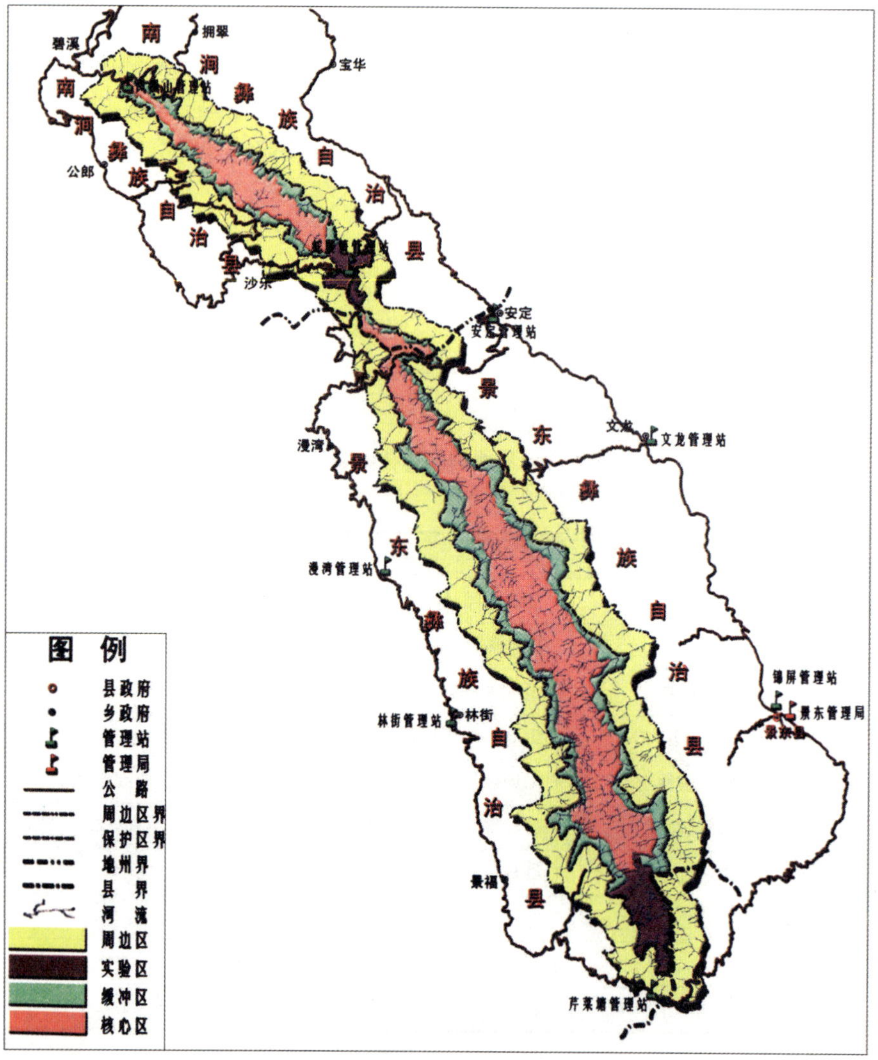

无量山国家级自然保护区功能区划图

东区东坡从北至南、西坡从南至北，共设保护区界桩 363 棵，其中，正桩 238 棵，副桩（加密桩）125 棵。东坡起始桩分别为安定乡迤仓村 1 号、锦屏镇黄草岭村 92 号，西坡起始桩分别为景福乡勐令村 93 号和漫湾镇温竹村 238 号。按功能区划，分为核心区、缓冲区和实验区，其中，核心区 13659 公顷，占 57.56%；缓冲区 8017 公顷，占 33.78%；实验区 2054 公顷，占 8.66%。

二、气候

无量山自然保护区基带的气候类型为中、北亚热带过渡带。受地势高低、地貌形态及山体走向、山峰高度等条件影响，形成较复杂的气候类型。无量山属中国西部型季风气候区，主要受印度洋西南季风和西风南支急流交替影响，具有鲜明的南亚季风气候特点，干湿季分明，四季不明显，兼具低纬度高原气候特点，太阳辐射强烈，热量丰富，年温差小，日温差大，兼有大陆性气候和海洋性气候特征。

无量山自然保护区年均气温 13.2℃，最冷月为 1 月，最热月为 6—7 月，气温随海拔升高而降低，海拔升高 100 米，气温下降 0.6℃，笔架山山顶与澜沧江河谷温差可达 15℃，年积温 5422℃；年均降水量 1602.8 毫米，海拔升高 100 米，降水量增加 50~80 毫米，山顶年降水量 1800~2000 毫米，冬季有降雪天气，降水西坡多于东坡，南部多于北部，雨季集中在 5—10 月，降水量除降雨外，大气降水中雾、露、霜、雪和冰雹比重较大；年均蒸发量1543.5毫米，日照时数年均1925.3小时，多雾、多霜，冬季雾日多，霜期内在洼地、山箐、背阴地区会出现冻土现象。

由于无量山走势与西南季风风向垂直，以及西坡澜沧江深切等原因，东西坡在气候上存在一定差异，在雨量分配上西坡为迎风坡，对气流有机械抬升作用，降雨量高于东坡；在温度分布上，东坡由于东西两侧有哀牢山和无量山作屏障，冬季受东北路径北方寒潮及西北路径青藏高原寒流影响较小，温度略高于西坡，而西坡地形较开阔，易受青藏高原寒流影响，冬季温度略低于东坡；西坡澜沧江深度下切，焚风效应显著，河谷地带出现非地带性干热河谷气候。

无量山山地与河谷之间相对高差较大，致使气候出现明显垂直分布，东坡海拔1100~1800米为南亚热带气候，海拔1800~2200米为中亚热带气候，海拔2200~2900米为暖性气候，海拔2900~3371米为温性气候；西坡海拔1200米以下为干热河谷气候，海拔1200~1900米为南亚热带气候，海拔1900~2300米为中亚热带气候，海拔2300~3000米为暖性气候，海拔3000米以上为温性气候。无量山在云南气候区划处于中亚热带和南亚热带过渡地带，东坡接近南亚热带气候，而西坡接近于中亚热带气候。

三、水文

水系　无量山是元江和澜沧江水系分水岭，西坡属澜沧江水系，东坡属元江水系，东西坡有20多条山地型河流，呈羽状分布。

河流　无量山自然保护区东西坡河流分别汇入澜沧江和川河，受山地丰沛降水影响，这些河流流程虽短，但水量大，尤其是雨季，暴雨过后常会形成山洪，造成洪灾。澜沧江从保护区西部边缘流过，水流湍急，流量大，平均流量1000~1500立方米/秒，自然保护区注入澜沧江的支流有五里河、碱房河、安乐河、漫湾河、古里河等10余条。东坡注入川河的主要支流有老仓河、文路河、利月河、菊河、南线河等9条。这些山地河流径流短、落差大，其中，五里河流程最短，有8.6千米；古里河流程最长，有51千米。

四、土壤

（一）种类

无量山自然保护区森林土壤分类表

表11-1-2

<table>
<tr><th>土类系列</th><th>土类</th><th>亚类</th></tr>
<tr><td rowspan="4">红壤</td><td rowspan="4">红壤</td><td>暗红壤</td></tr>
<tr><td>黄红壤</td></tr>
<tr><td>红壤</td></tr>
<tr><td>粗骨性红壤</td></tr>
<tr><td rowspan="4">褐棕土</td><td rowspan="2">黄棕壤</td><td>黄棕壤</td></tr>
<tr><td>粗骨性黄棕壤</td></tr>
<tr><td rowspan="2">棕壤</td><td>棕壤</td></tr>
<tr><td>粗骨性棕壤</td></tr>
<tr><td>高山土</td><td>高山草甸土</td><td>亚高山灌丛草甸土</td></tr>
<tr><td rowspan="2">石灰土</td><td rowspan="2">石灰土</td><td>红色石灰土</td></tr>
<tr><td>黑色石灰土</td></tr>
</table>

续表 11-1-2

土类系列	土类	亚类
石灰土	紫色土	酸性紫色土
		中性紫色土
		石灰性紫色土

（二）分布

无量山土壤分为地带性土壤和非地带性土壤两类，其中地带性土壤有赤红壤、红壤、黄棕壤、棕壤、亚高山草甸土 5 类，非地带性土壤有紫色土、石灰岩土、新积土 3 类。

1. 地带性土壤

赤红壤　铁铝土纲红壤系列土类，是在南亚热带条件下，在变质岩及碎屑岩母质上发育而成的土壤。它在成土过程中，富铝作用和生物积累作用较红壤强，黏粒硅铝率 1.7~2，全剖面呈暗红色，质地黏重，pH 值 4.5~5.5，呈酸性、强酸性反应，代换性氧含量少，又可分为红色赤红壤、黄色赤红壤、紫色赤红壤三个亚类。主要分布在澜沧江河谷、川河河谷地带，海拔 1400 米以下山麓、谷坡、丘岗、中低山地带。澜沧江河谷下部因焚风作用，气候干热，发育有燥红壤，上限可达海拔 1600 米。

红壤　属铁铝土纲红壤系列土类，是在中亚热带气候条件下发育而成的土壤类型。红壤具有明显脱硅富铝化过程，以富铝化作用为主。pH 值 5.5，呈酸性，剖面成棕红色、灰棕红色、红色。土体黏重，透气透水性差，有机质含量低。又分红壤、暗红壤（褐红壤）和黄红壤三种亚类。分布范围在无量山中部，海拔 1300 米以上，最高可达海拔 2100 米。

黄棕壤　属淋溶土纲棕壤系列土类，发育在北亚热带和南温带的土壤。由于夏季高温与多雨重叠，有利于土壤淀积盐基淋溶。在成土过程中有脱钙、离铁、黏化和弱富铝化特点，黏化层明显，铁铝移动也明显。因母质不同，剖面呈黄棕色或灰棕、暗棕、黑棕等色。pH 值 5，质地为中壤土，粒状、块状结构，土壤自然肥力较高，分布范围海拔 2000~2500 米山体偏上部，保护区下部以这些土类为主。

棕壤　淋溶土纲棕壤系列土类，是在暖温带气候条件下发育而成的土壤类型。由于夏秋暖热多雨、化学风化强烈，产生较多次生黏土矿物，并释放出盐基物质。剖面均以棕色或浅褐色为主，心土质地黏重，为中壤至重壤土。表土层腐殖质积累较多，呈黑色，pH 值 6~7，微酸性至中性，盐基近饱和，土壤深厚，自然肥力高，分布范围在海拔 2500（2600）~3000 米森林带内，是保护区内主要土壤。

亚高山草甸土　属高山土纲土类，是在温带气候条件、亚高山草甸环境下形成的土壤。这类土土层不厚，土内有机质含量高，全氮和碱解氮较高。pH 值 4.95，微酸至中性反应。土壤质地差。分布于无量山顶部残余高原面上，范围很小。

2. 非地带性土壤

紫色土　初育土纲土类，是在紫色砂岩上经风化而成的地域性土类。土壤酸碱性适中，pH 值 5.8~7.3，富含磷钾，土壤胶体品质好、土层薄、抗蚀能力差。分酸性紫色土、中性紫色土和石灰性紫色土三亚类，分布区域多与红壤土类相近，并交错分布，与下部岩层相对应，东坡多于西坡。

石灰岩土　初育土纲土类，是碳酸岩类母质发育而成的岩性土类，多在石灰岩或大理岩出露地区。土壤特性为有机质和养分含量较丰富。表土中有机质与钙质结合，结构好、耕性优、土层浅薄，常伴有石灰岩石块，保水力差、抗旱力差。pH 值 7.4，中至微碱性，分布在自然保护区西部外缘地带。

新积土　初育土纲新积土类，是河流沉积物经耕作熟化后形成的土壤。分布在无量山附近澜沧江谷地、川河谷地底部及一些坝子底部，土层较厚，土层下粗上细，质地适中，养分丰富，通适性好，pH 值 7。

第二章　野生植物资源

第一节　保护区植被

一、哀牢山保护区植被

（一）区划

哀牢山植被根据海拔差异，划分为4种植被带：(1) 季风常绿阔叶林、思茅松林带，分布在海拔2200米以下。(2) 中山湿性常绿阔叶林带，分布在海拔2200~2800米。(3) 常绿阔叶苔藓矮林带，分布在海拔2600~3000米。(4) 亚高山杜鹃灌丛带，分布在海拔3000米以上。

（二）类型

哀牢山保护区植被分类以群落学与生态学为依据，结合植被现状和生物资源进行植被分类，主要有针叶森林植被型、阔叶森林植被型、灌丛灌草丛植被型三类。

针叶森林植被型　(1) 温性针叶森林植被型，包括云南铁杉针阔混交林、华杉松林，以云南铁杉、倒卵叶石栎、疏齿栲、吴茱萸、叶五加、华杉松林混交为主。(2) 暖性针叶森林植被型，以云南松、银木荷、杨梅、小果栲混交林为主。(3) 暖热性针叶森林植被型，以思茅松、红木荷、水棉树混交林为主。

阔叶森林植被型　(1) 常绿阔叶森林植被型。由偏干性、半湿润、中山湿性、苔藓矮林四种常绿阔叶林组成，包括毛叶青冈、冬海棠、银木荷、倒卵叶石栎、火红杜鹃等混交林。(2) 落叶阔叶森林植被型，以山杨、桦木森林植被亚型为主，包括蒙自桦（西南桦）、团香果林、圆叶杨等混交林。

灌丛灌草丛植被型　(1) 常绿阔叶灌丛植被亚型，由温性、暖性常绿阔叶灌丛组成，有两色杜鹃、地檀香、灰毛浆果楝、高山栲灌丛等植物组成。(2) 落叶阔叶灌丛植被亚型，由暖性、暖热性落叶阔叶灌丛组成，包括珍珠花、毛杨梅、余甘子等灌丛。(3) 灌草丛植被型，由密毛蕨灌草丛组成，代表植物为密毛蕨、玉山竹灌草丛。

二、无量山保护区植被

（一）区划

无量山植根据海拔差异，划分为5种植被带：(1) 季风常绿阔叶林带，包括思茅松林。分布海拔在1300~1900米。(2) 半湿润常绿阔叶林带，包括云南松林，分布在海拔1750~2500米。(3) 中山湿性常绿阔叶林带，分布在海拔2200~2900米。(4) 山顶苔藓矮林带，分布在海拔2000~3000米。

(5) 山顶杜鹃灌丛带，分布在海拔3000米以上。

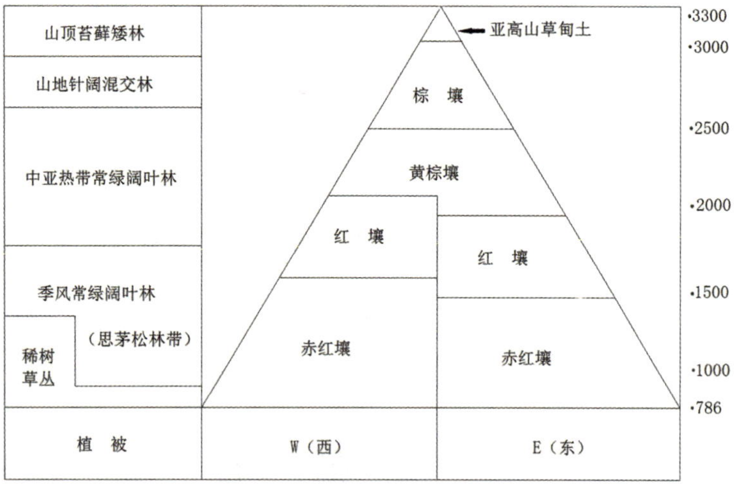

无量山土壤、植被垂直分布图

（二）类型

分为针叶林植被、常绿阔叶林植被、落叶阔叶林植被、灌丛植被、草丛植被5个主要类型。

针叶林植被 (1) 温性针叶林，包括云南铁杉林。(2) 暖性针叶林，包括云南松林、思茅松林。

常绿阔叶林植被 (1) 中山湿性常绿阔叶林，包括壶斗石栎、腾冲栲、木果石栎等混交林。(2) 半湿润常绿阔叶林，包括元江栲、银木荷混交林。(3) 山顶苔藓矮林，包括杜鹃、大花八角混交林。

落叶阔叶林植被 包括旱冬瓜、核桃混交林。

灌丛植被 由杜鹃、地檀香、珍珠花、萌生栎等灌丛组成。

草丛植被 由蕨菜、紫茎泽兰等草丛组成。

第二节 珍稀濒危植物

景东境内有地方红豆杉、伯乐树、水青树、千果榄仁、长蕊木兰、景东翅子树等国家重点保护植物19种。

一、哀牢山自然保护区（景东辖区）

哀牢山自然保护区国家重点保护野生植物名录

表11-2-1

序号	科名	种名	拉丁名	保护级别	
1	红豆杉科	云南红豆杉	*Taxus wallichiana*	国家	Ⅰ
2	木兰科	长蕊木兰	*Alcimandra cathcartii*	国家	Ⅰ
3	苏铁科	篦齿苏铁	*Cycas pectinata*	国家	Ⅰ
4	银杏科	银杏	*Ginkgo biloba*	国家	Ⅰ
5	水青树科	水青树	*Tetracentron sinense*	国家	Ⅱ
6	柏科	翠柏	*Calocedrusmacrolepis*	国家	Ⅱ
7	楝科	红椿	*Toona ciliata*	国家	Ⅱ
8	梧桐科	景东翅子树	*Pterospermum kingtungense*	国家	Ⅱ
9	蓼科	金荞麦	*Fagopyrum dibotrys*	国家	Ⅱ
10	豆科	任豆	*Zenia insignis*	国家	Ⅱ
11	蓝果树科	喜树	*Campeotheca acuminata*	国家	Ⅱ
12	乌毛蕨科	苏铁蕨	*Brainea insignis*	国家	Ⅱ

续表 11-2-1

序号	科名	种名	拉丁名	保护级别	
13	茜草科	香果树	*Emmenopterys henryi*	国家	Ⅱ
14	茶科	野茶树	*Camellia sinensis*	国家	Ⅱ

哀牢山自然保护区云南省级野生保护植物名录

表 11-2-2

序号	科名	种名	拉丁名
1	茶科	野山茶	*Camellia pitardii*
2	木兰科	红花木莲	*Manglietia insignis*
3	木兰科	红花山玉兰	*Magnolia delavayi*
4	木兰科	福贡玉兰	*Magnolia shangpaensis*
5	八角茴香科	大花八角	*Illicium macranthum*
6	樟科	长梗润楠	*Machilus longipedicellata*
7	樟科	普文楠	*Phoebe puwenensis*
8	樟科	长毛楠	*Phoebe forrestii*
9	七叶树科	云南七叶树	*Aesculus wangii*
10	松科	旱地油杉	*Keteleeria xerophila*
11	马兜铃科	云南马兜玲	*Aristolochia yunnanensis*
12	小檗科	川八角莲	*Dysosma veichii*
13	茜草科	滇丁香	*Luculia gratissima*
14	胡桃科	云南枫杨	*Pterocarya delavayi*
15	蔷薇科	冬樱花	*Prunus conradinae*
16	金缕梅科	马蹄荷	*Exbucklandia populnea*
17	金缕梅科	红花荷	*Rhodoleia parvipetala*
18	五加科	楤木	*Aralia chinensis*
19	杜鹃花科	红马银花	*Rhododendron vialii*
20	千屈菜科	云南紫薇	*Lagerstroemia intermedia*

二、无量山自然保护区（景东辖区）

无量山国家级珍稀濒危保护植物名录

表 11-2-3

序号	科名	种名	拉丁名	保护级别	
1	红豆杉科	云南红豆杉	*Taxus Wallichiana*	国家	Ⅰ
2	红豆杉科	南方红豆杉	*T. chinensis var. mairei*	国家	Ⅰ
3	伯乐树科	伯乐树	*Bretschneidera sinensis*	国家	Ⅰ
4	木兰科	长蕊木兰	*Alcimandra cathcartii*	国家	Ⅰ
5	桫椤科	中华桫椤	*Alsophila costularis*	国家	Ⅱ

续表 11-2-3

序号	科名	种名	拉丁名	保护级别	
6	乌毛蕨科	苏铁蕨	*Brainea insignis*	国家	Ⅱ
7	红豆杉科	云南榧树	*Torreya yunnanensis*	国家	Ⅱ
8	十萼花科	十萼花	*Dipentodon sinicus*	国家	Ⅱ
9	水青树科	水青树	*Tetracentran sinense*	国家	Ⅱ
10	樟科	樟树	*Cinnamomum camphra*	国家	Ⅱ
11	蓼科	金荞麦	*Fagopytum dibotrys*	国家	Ⅱ

说明：红豆杉是国家名列的第一批珍贵树种，也是国家禁止出口树种之一。1997 年，根据云南省林业厅、财政厅《关于开展红豆杉资源普查工作的通知》，省林业厅林业规划设计院派出普查小组，协同县林业局和自然保护区管理所技术人员，调查县境无量山红豆杉资源。经查，无量山自然保护区海拔 2000~3000 米地带分布有红豆杉 11926 株，蓄积 1778 立方米，面积 9096 公顷。景东自然保护区管理局在无量山保护区抽样设立固定样地，长期开展科研监测活动

无量山省级珍稀濒危保护植物名录

表 11-2-4

序号	科名	种名	拉丁名	保护级别
1	木兰科	福贡玉兰	*Magnolia shangpaensis*	省级
2	八角茴香科	大花八角	*Llicium macranthum*	省级
3	樟科	毛尖树	*Actinodaphne forrestii*	省级
4	樟科	滇琼楠	*Beischmiedia yunnanensis*	省级
5	樟科	长梗润楠	*Machilus longipedicellata*	省级
6	毛茛科	滇南草乌	*Aontrum austroyunnanense*	省级
7	鬼臼科	川八角莲	*Dysosma uietchii*	省级
8	亚麻科	异腺草	*Anisadenia pubescens*	省级
9	瑞香科	短瓣瑞香	*Daphne faddei*	省级
10	山茶科	猴子木	*Camelliayunna nensis*	省级
11	胡桃科	山核桃	*Carya tonkinensis*	省级
12	胡桃科	云南枫杨	*Plerocarya delauayi*	省级
13	杜鹃花科	红马银花	*Rhododendron uialii*	省级
14	四角果科	四角果	*Carlemannia tetragona*	省级
15	蝶形花科	冲天子	*Millettiapachycarpa*	省级
16	五味子科	鸡血藤	*Kadsura interior*	省级
17	蔷薇科	冬樱花	*Prunus cerasoides*	省级
18	紫树科	滇西紫树	*Nyssa shweliensis*	省级

无量山顶杜鹃灌丛（唐云　摄于 2014 年 4 月）

第三章　野生动物资源

第一节　野生动物

一、哀牢山野生动物

哀牢山动物资源丰富。有鸟类323种，哺乳类86种，两栖类26种，爬行类39种，另有种类繁多的昆虫。其中，鸟类有留鸟260种，旅鸟和候鸟63种；云南特有20种。黑冠长臂猿、云豹、绿孔雀等被列为国家级重点保护动物39种。2005年，在昆明动物所协助下，全面调查哀牢山景东片区黑冠长臂猿分布和数量；建立定向监测研究点，实施有效跟踪保护。

二、无量山野生动物

无量山动物资源同样丰富。有鸟类373种（景东片区314种），兽类123种，两栖类43种，爬行类60种。其中，列入国家级保护23种，CITES附录Ⅰ10种、附录Ⅱ11种，IUCN渐危种4种、易危种9种。所有兽类动物隶属9目30科78属，目科属种分别占全国的20.2%、69.2%、52.6%、34.06%和全省的40.46%、81.8%、75%、56.93%。两栖爬行类动物各级分类阶元水平较高，物种数量仅次于西双版纳保护区，属级分类阶元尤为突出，位列云南省各保护区之首，成为国内外著名两栖爬行动物研究基地。与省内其他国家级自然保护区比较，无量山兽类科属种多样性程度较高，仅次于高黎贡山和西双版纳，但这两处面积要较无量山大得多。因此，无量山是中国原始林保存较好，生物多样性和物种资源最为丰富保护区之一。

无量山自然保护区与其他国家级自然保护区兽类资源比较一览表

表11-3-1　　单位：万公顷、个

名称	面积	目	科	属	种
无量山	3.10	9	30	78	123
哀牢山	6.77	9	29	74	113
黄连山	1.40	9	28	72	106
西双版纳	24.20	11	36	92	126
高黎贡山	12.40	9	31	91	151
白马雪山	18.80	9	24	69	98

无量山自然保护区与云南省内部分自然保护区两栖爬行类动物分类阶元比较一览表

表 11-3-2

单位：公顷

名称	两栖类	爬行类	面积	依据
无量山	2 目 8 科 20 属 43 种	2 目 9 科 41 属 60 种	31313	饶定齐等，2001 年
哀牢山	2 目 8 科 14 属 22 种	2 目 6 科 10 属 12 种	50360	利思敏等，1984 年
西双版纳	3 目 8 科 19 属 52 种	2 目 16 科 46 属 74 种	1969000	苏承业等，2000 年
莱阳河	2 目 7 科 18 属 39 种	3 目 16 科 41 属 50 种	14892	饶定齐等，2000 年
分水岭	2 目 8 科 14 属 29 种	2 目 11 科 31 属 40 种	10800	苏承业等，1997 年
高黎贡山	2 目 7 科 13 属 28 种	2 目 8 科 31 属 48 种	124460	吴介云等，1995 年

第二节　重点保护动物

一、哀牢山自然保护区（景东辖区）

哀牢山自然保护区国家重点保护野生动物名录

表 11-3-3

序号	所属科名	种名	学名	保护级别	
（一）兽类					
1	长臂猿科	黑冠长臂猿	*Nomascus concolor*	国家	Ⅰ
2	猴科	灰叶猴	*Nrachypithecus phayrei*	国家	Ⅰ
3	猴科	短尾猴（青猴）	*Macaca arctoides*	国家	Ⅱ
4	猴科	猕猴（黄猴）	*Macaca mulatta*	国家	Ⅱ
5	猫科	云豹	*Neofelis nebulosa*	国家	Ⅰ
6	猫科	金钱豹	*Panthera pardus*	国家	Ⅰ
7	猫科	金猫	*Felis temmincki*	国家	Ⅱ
8	牛科	羚牛（扭角羚）	*Budorcas taxiclor*	国家	Ⅰ
9	牛科	藏南斑羚	*Naemorhedus goral*	国家	Ⅱ
10	牛科	鬣羚	*Capricornis sumatraensis*	国家	Ⅱ
11	麝科	林麝	*Moschus berezovskii*	国家	Ⅰ
12	鲮鲤科	穿山甲（鲮鲤）	*Manis pentadactyla*	国家	Ⅱ
13	熊科	黑熊（狗熊）	*Selenarctos thibetanus*	国家	Ⅱ
14	浣熊科	小熊猫	*Ailurus fulgens*	国家	Ⅱ
15	鼬科	青鼬	*Martes flavigula*	国家	Ⅱ
16	鼬科	水獭	*Lutra lutra*	国家	Ⅱ
17	灵猫科	大灵猫	*Viverra Zibetha*	国家	Ⅱ
18	灵猫科	小灵猫	*Viverricula indlca*	国家	Ⅱ
19	林狸科	斑林狸	*Prionodon pardicodor*	国家	Ⅱ
20	鹿科	水鹿	*Cervus unicolor*	国家	Ⅱ

续表 11-3-3

序号	所属科名	种名	学名	保护级别	
（二）鸟类					
1	雉科	绿孔雀	*Pavo muticus*	国家	Ⅰ
2	雉科	黑颈长尾雉	*Syrmaticus humiae*	国家	Ⅰ
3	雉科	白鹇（银鸡）	*Lophura nycthemera*	国家	Ⅱ
4	雉科	白腹锦鸡（箐鸡）	*Chrysolophas amherstiae*	国家	Ⅱ
5	雉科	红腹角雉（肉角鸡）	*Tragopan teminckii*	国家	Ⅱ
6	雉科	原鸡（茶花鸡）	*Gallus gallus*	国家	Ⅱ
7	鹰科	凤头蜂鹰	*Pernis ptilorhynchus*	国家	Ⅱ
8	鹰科	松雀鹰	*Accipiter virgatus*	国家	Ⅱ
9	鹰科	普通鵟	*Buteo buteo*	国家	Ⅱ
10	鹰科	棕翅鵟鹰	*Buteo buteo*	国家	Ⅱ
11	鹰科	雀鹰	*Accipitcr nisus*	国家	Ⅱ
12	鹰科	黑兀鹫	*Sarcogyps calvus*	国家	Ⅱ
13	鹰科	蛇鹛	*Spilornis cheela*	国家	Ⅱ
14	鹰科	鹊鹞	*Circus melanoleucos*	国家	Ⅱ
15	八色鸫科	绿胸八色鸫	*Pitta sordida*	国家	Ⅱ
16	蜂虎科	黑胸蜂虎	*Merops leschenaulti*	国家	Ⅱ
17	蜂虎科	栗喉蜂虎	*Merops philippinus*	国家	Ⅱ
18	蜂虎科	绿喉蜂虎	*Merops orientalis*	国家	Ⅱ
19	杜鹃科	小鸦鹃	*Centropus toulou*	国家	Ⅱ
20	草鸮科	草鸮	*Tyto capensis*	国家	Ⅱ
21	鸱鸮科	鹏鸮	*Bubo bubo*	国家	Ⅱ
22	鸱鸮科	红角鸮	*Otus scops*	国家	Ⅱ
23	鸱鸮科	领角鸮	*Otus bakkamoena*	国家	Ⅱ
24	鸱鸮科	领鸺鹠	*Glaucidium brodiei*	国家	Ⅱ
25	鸱鸮科	斑头鸺鹠	*Glaucidium cuculoides*	国家	Ⅱ
26	鸭科	鸳鸯	*Aix galericulata*	国家	Ⅱ
27	鸠鸽科	楔尾绿鸠	*Treron sphenura*	国家	Ⅱ
28	鸠鸽科	厚嘴绿鸠	*Treron curvirostraa*	国家	Ⅱ
29	鹦鹉科	绯胸鹦鹉	*Psittacula alaxandri*	国家	Ⅱ
30	鹦鹉科	大绯胸鹦鹉	*Psittacula dembiana*	国家	Ⅱ
31	鹦鹉科	灰头鹦鹉	*Psittacula him alayana*	国家	Ⅱ
32	隼科	红隼	*Falco tinnunculus*	国家	Ⅱ
33	隼科	猛隼	*Falco severus*	国家	Ⅱ
（三）两栖、爬行类					
1	蟒科	蟒蛇	*Phthon molurus*	国家	Ⅰ
2	蝾螈科	红瘰疣螈	*Tylototriton verrucosus*	国家	Ⅱ

哀牢山自然保护区云南省级保护野生动物名录

表 11-3-4

序号	所属科名	种名	学名
（一）兽类			
1	鹿科	毛冠鹿	*Elaphurus cephalophus*
（二）两栖类、爬行类			
1	眼镜蛇科	眼镜蛇	*Naja naja*
2	眼镜蛇科	眼镜王蛇	*Ophiophgus hannah*

二、无量山自然保护区（景东辖区）

无量山珍稀濒危保护动物名录

表 11-3-5

序号	所属科名	种名	学名	保护级别	
（一）兽类					
1	长臂猿科	黑冠长臂猿	*Hylobatea concolor*	国家	Ⅰ
2	猴科	灰叶猴	*Trachypithecus phqyrei*	国家	Ⅰ
3	猴科	豚尾猴	*Macaca nemestrina*	国家	Ⅰ
4	猴科	熊猴	*Macaca assamensis*	国家	Ⅰ
5	猴科	蜂猴	*Nyticebus coucang*	国家	Ⅰ
6	猫科	云豹	*Neofelis nebulosa*	国家	Ⅰ
7	猫科	金钱豹	*Panthera pardus*	国家	Ⅰ
8	猫科	虎	*Panthera tigris*	国家	Ⅰ
9	猴科	猕猴	*Macaca mulatta*	国家	Ⅱ
10	猴科	短尾猴	*Macaca arctoides*	国家	Ⅱ
11	鲮鲤科	中国穿山甲	*Manis pentadactyla*	国家	Ⅱ
12	犬科	豺	*Cuon alpinus*	国家	Ⅱ
13	熊科	黑熊	*Selenarctos thibetanus*	国家	Ⅱ
14	鼬科	水獭	*Lutra zibtha*	国家	Ⅱ
15	灵猫科	大灵猫	*Vivreea aibetha*	国家	Ⅱ
16	灵猫科	小灵猫	*Viverricula indica*	国家	Ⅱ
17	灵猫科	斑灵狸	*Prionodon pardicolor*	国家	Ⅱ
18	灵猫科	丛林猫	*Felis chaus*	国家	Ⅱ
19	猫科	金猫	*Catopuma temminckii*	国家	Ⅱ
20	麝科	林麝	*Moschus berezovskii*	国家	Ⅱ
21	麝科	水鹿	*Cerus unicolor*	国家	Ⅱ
22	牛科	鬣羚	*Naemorhaedus sumatraensis*	国家	Ⅱ
23	牛科	斑羚	*Naemorhaedus caudatus*	国家	Ⅱ
（二）鸟类					
1	鹳科	黑鹳	*Coconia nigra*	国家	Ⅰ

续表 11-3-5

序号	所属科名	种名	学名	保护级别	
2	雉科	黑颈长尾雉	*Syrmaticus humiae*	国家	Ⅰ
3	雉科	绿孔雀	*Pavo muticus*	国家	Ⅰ
4	鹰科	凤头峰鹰	*Pernis ptilorhynchus*	国家	Ⅱ
5	鹰科	凤头鹰	*Accipiter trivgatus*	国家	Ⅱ
6	鹰科	雀鹰	*Accipiter nisus*	国家	Ⅱ
7	鹰科	松雀鹰	*Aacipiter birgatus*	国家	Ⅱ
8	鹰科	大鵟	*Buteo hemilasius*	国家	Ⅱ
9	鹰科	普通鵟	*Buteo butel*	国家	Ⅱ
10	鹰科	棕翅鵟鹰	*Butasur liventer*	国家	Ⅱ
12	鹰科	林雕	*Iceinacetus malayensis*	国家	Ⅱ
13	鹰科	黑兀鹫	*Sarcogyps calvus*	国家	Ⅱ
14	鹰科	鹊鹞	*Circus melanoleucos*	国家	Ⅱ
15	鹰科	蛇雕	*Spilornis cheela*	国家	Ⅱ
16	隼科	红腿小隼	*Microhierax caerulescens*	国家	Ⅱ
17	隼科	猛隼	*Falco sererus*	国家	Ⅱ
18	隼科	红隼	*Falco sererus*	国家	Ⅱ
19	雉科	红腹角雉	*Frgopan temminckii*	国家	Ⅱ
20	雉科	白鹇	*Lophura nycthemera*	国家	Ⅱ
21	雉科	原鸡	*Gallus gallus*	国家	Ⅱ
22	雉科	白腹锦鸡	*Chrysolopus amherstiae*	国家	Ⅱ
23	雉科	棕背田鸡	*Porzana bicolov*	国家	Ⅱ
24	鸠鸽科	楔尾绿鸠	*Treron sphenura*	国家	Ⅱ
25	鹦鹉科	绯胸鹦鹉	*Psittacula alesandri*	国家	Ⅱ
26	鹦鹉科	大紫胸鹦	*Pssitacula alexbina*	国家	Ⅱ
27	鹦鹉科	灰头鹦	*Psittacula himalayana*	国家	Ⅱ
28	杜鹃科	绿嘴地鹃	*Phaneicophaeus tirstis*	国家	Ⅱ
29	鸦鹃科	褐翅鸦鹃	*Centropus sinensis*	国家	Ⅱ
30	鸦鹃科	小鸦鹃	*Centropus toulou*	国家	Ⅱ
31	鸱鸮科	红角鸮	*Otus sclps*	国家	Ⅱ
32	鸱鸮科	领角鸮	*Orus bakkamoena*	国家	Ⅱ
33	鸱鸮科	雕鸮	*Bubo bubo*	国家	Ⅱ
34	鸱鸮科	领鸺鹠	*Glancidium brobiei*	国家	Ⅱ
35	鸱鸮科	斑头鸺鹠	*Glaucidium cuculoides*	国家	Ⅱ
36	鸱鸮科	鹰鸮	*Ninox scutulata*	国家	Ⅱ
37	蜂虎科	栗喉蜂虎	*Merops philippinus*	国家	Ⅱ
38	犀鸟科	冠斑犀鸟	*Anthracoceros coronatus*	国家	Ⅱ
39	阔嘴鸟科	长尾阔嘴鸟	*Psurisomus dalhousiae*	国家	Ⅱ
40	八色鸫科	绿胸八角鸫	*Pitta soudida*	国家	Ⅱ

续表 11-3-5

序号	所属科名	种名	学名	保护级别	
（三）两栖、爬行类					
1	蝾螈科	红瘰疣螈	*Ylotlriton erruclsus*	国家	Ⅰ
2	蟒科	蟒蛇	*Python molurus bivittatus*	国家	Ⅰ

无量山列入云南省重点保护野生动物名录

表 11-3-6

序号	所属科名	种名	学名
（一）兽类			
1	鹿科	毛冠鹿	*Elaphurus cephalophus*
2	猫科	云猫	*Pardorelis marmorata*
（二）两栖、爬行类			
1	眼镜蛇科	眼镜蛇	*Naja naja*
2	眼镜蛇科	眼镜王蛇	*Ophiophgus hannah*

第三节 野生动物保护

1990 年前，民间枪支泛滥，各种野生动物常被随意猎杀。1991—1993 年，景东县实行 3 年禁猎期。1994 年，推行狩猎证制度，划定狩猎区和禁猎区，明确猎捕对象和数量，办理和发放狩猎证 1000 余人。自 1997 年始，全面实行封山禁猎，收缴狩猎枪支弹具，县域内野生动物得到有效保护。2000 年 10 月，县林业局成立云南省长臂猿景东保护站，主要履行黑冠长臂猿分布调查、种群数量监测及保护，野生动物肇事核查、上报及补偿，野生动物疫源疫病监测及疫情信息报告等职责。2000—2011 年，共核实上报野生动物肇事案 4217 起，肇事类型主要有伤人、伤畜、破坏农作物和经济林果 4 种；核发补偿金 84.98 万元。

景东县 2000—2011 年野生动物肇事、补偿情况统计表

表 11-3-7　　单位：起、万元

年度	肇事数量	补偿金额	年度	肇事数量	补偿金额	年度	肇事数量	补偿金额
2000	398	14.69	2004	329	5.20	2008	193	2.00
2001	292	6.40	2005	478	8.00	2009	349	12.00
2002	413	3.68	2006	328	4.00	2010	259	8.00
2003	317	7.12	2007	693	8.89	2011	168	5.00

第四节 黑冠长臂猿

黑冠长臂猿，别名黑长臂猿、吼猴、撩梆猴、料猴、风猴、黑猴，县境当地人称吼猴。为灵长目

世界著名长臂猿研究专家布罗克曼（左）、中国专家黄蓓考察大寨子长臂猿
（唐云　摄于2012年9月）

长臂猿科长臂猿属。主要栖息于海拔100~2500米热带雨林和南亚热带山地湿性季风常绿阔叶林，由于栖息地遭破坏、种群隔离、种内生物学特点、过度捕猎等原因，全国仅海南、云南少数地方少量生存，全世界仅存1100~1400只，中国有1000~1300只，景东境内共调查纪录到89群约500只，其中，无量山80群，哀牢山9群。黑冠长臂猿是一种比国宝大熊猫以及广西特有濒危动物白头叶猴数量要少得多的动物，被列为国家一级重点保护动物，世界自然保护联盟（IUCN）濒危物种，濒危野生动植物国际贸易公约（CITES）物种。景东两山保护区黑冠长臂猿属于西黑冠长臂猿，西黑冠长臂猿是长臂猿中一个种，是中国仅有的现生类人猿，与猩猩、大猩猩、黑猩猩并称为世界四大类人猿。

黑冠长臂猿历史记载见于广西，甚至远至长江三峡地区，李白笔下“两岸猿声啼不住”诗句，就缘于黑冠长臂猿。成年体重7~10千克，体长0.4~0.55米。直立高不过0.9米，腿短、手掌的脚掌长、手指关节长，身体纤细，肩宽而臀部窄，有较长犬齿。臀部有胼胝，无尾和颊囊。喉部有音囊，善鸣叫。成年雄猿纯黑色，成年雌猿金黄色，刚出生婴猿为淡黄色，在1岁左右逐渐变成黑色，雄性一直保持黑色到成年，雌性性成熟时大部分体毛由黑色逐渐变成灰黄、棕黄或橙黄色。它们一生几乎不下地或极少下地，善于利用双臂交替摆动，手指弯曲呈钩状，轻握树枝藤蔓将身体抛出，腾空悠荡前进，一跃可达10余米，速度极快，能在空中抓住飞鸟。常吃花、果、嫩叶和芽，特别喜欢吃浆果和核果，也吃昆虫、飞鼠和鸟蛋。长臂猿一般以家庭式小群体生活，具有很强领域性，多为一夫一妻制，每胎产一仔。从未有人发现过其尸骨，长臂猿寿命长短仍是未解之谜。

2008年6月18日，中国野生动物保护协会授予景东县“中国黑冠长臂猿之乡”称号。

第五节　景东画眉

县境鸟类资源丰富，画眉鸟资源尤为丰富，被誉为画眉之乡。其中哀牢山自然保护区有画眉亚科55种，占全国画眉种数的42%。

景东县常见画眉统计表

表11-3-8

序号	所属科名	种名	学名
1	画眉鸟亚科 *Timaliinae*	白喉噪鹛	*Garrulax albogularis*
2	画眉鸟亚科 *Timaliinae*	小黑领噪鹛	*G. . moileger*
3	画眉鸟亚科 *Timaliinae*	黑领噪鹛	*G. . pectoralis*
4	画眉鸟亚科 *Timaliinae*	黑喉噪鹛	*G. . chinensis*

续表 11-3-8

序号	所属科名	种名	学名
5	画眉鸟亚科 *Timaliinae*	灰翅噪鹛	*G. . cineraceus*
6	画眉鸟亚科 *Timaliinae*	灰胁噪鹛	*G. . caerulatus*
7	画眉鸟亚科 *Timaliinae*	画鹛	*G. . canorus*
8	画眉鸟亚科 *Timaliinae*	白颊噪鹛	*G. . sannio*
9	画眉鸟亚科 *Timaliinae*	鳞斑噪鹛	*Garrulax squamatus*
10	画眉鸟亚科 *Timaliinae*	纯色噪鹛	*G. . subunicolor*
11	画眉鸟亚科 *Timaliinae*	橙翅噪鹛	*G. . elliotii*
12	画眉鸟亚科 *Timaliinae*	黑顶噪鹛	*G. . affinis*
13	画眉鸟亚科 *Timaliinae*	红头噪鹛	*G. . erythrocephalus*
14	画眉鸟亚科 *Timaliinae*	赤尾噪鹛	*G. . milnei*
15	画眉鸟亚科 *Timaliinae*	红翅薮鹛	*Liocichla phoenicea*
16	画眉鸟亚科 *Timaliinae*	银耳相思	*Leiothrix argentauris*
17	画眉鸟亚科 *Timaliinae*	红嘴相思	*Leiothrix lutea*

第六节　赤麻鸭　钳嘴鹳

一、赤麻鸭

赤麻鸭，别称黄鸭、黄凫、渎凫、红雁，列入世界自然保护联盟（IUCN）濒危物种国际鸟类红皮书，2009 年名录 Ver3. 1，2000 年 8 月 1 日国家林业局《国家保护的有益的或者有重要经济、科学研究价值的陆生野生动物名录》。身长约 62 厘米，鸭身通体橙栗色。雌雄羽色基本相同，但雄鸟有黑色颈环，翅上覆羽白色，飞行时，铜绿色翼镜明显。雌鸟无黑色颈环，头顶和颈侧白色。栖息于开阔草原、湖泊、农田等环境，以各种谷物、昆虫、甲壳动物、蛙、虾、水生植物为食。觅食多在秋冬季节黄昏和清晨，偶尔会在白天觅食。赤麻鸭是迁徙性鸟类。中国主要分布于西部及内蒙古，冬迁至华东、华南地区。多成家族群或由家族群集成更大群体迁飞，常常边飞边叫，多呈直线或横排队列飞行前进。沿途不断停息和觅食。在停息地常常集成数十只甚至近百只群体。2011 年 11 月，挥别近 20 年的赤麻鸭造访县城川河过冬，数量 10 只，成为景东明星动物之一。

赤麻鸭（吴永康　2013 年 11 月摄于川河）

二、钳嘴鹳

钳嘴鹳，鹳形目，鹳科动物。双翅展开时宽达81厘米。分布于印度、斯里兰卡、巴基斯坦、尼泊尔、孟加拉国、缅甸、越南、泰国等东南亚国家。21世纪后，在云南各地陆续出现，2006年在云南洱源县首次记录到钳嘴鹳行踪，2010年4月在西双版纳植物园被发现，同年6月在普洱市景谷县威远镇暖里村、勐班坝子出现。2012年4月，钳嘴鹤在县城附近北屯、前所、景范首次出现。2013年，又在锦屏、文井、大街等地刚栽秧苗稻田里出现，数量约160只。

钳嘴鹳（吴永康　2012年4月摄于川河）

第四章　保护区管理

第一节　资源管护

两山自然保护区建立后，景东县先后在周边10个乡镇设管理站，除景福乡设在勐令村芹菜塘外，其他乡镇均设在政府驻地。每站有5条以上固定巡护路线，每条路线里程3千米；聘用就近村民为半脱产护林员99人，每个护林员巡护3条路线，每条路线里程不低于3千米。2011年，保护区巡护GPS管理系统建立。

1992年，哀牢山保护区资源联防委员会成立，委员由各管理所所长和保护区派出所负责人组成，逐步形成联防会议常态化。同年1月2—8日，首次联防会议在楚雄召开。1993年9月24日，第二次联防会议在景东召开。1995年1月25日，第三次联防会议在新平召开。1997年，全县封山禁猎，禁猎期3年。2000年，再次封山禁猎。2003年4月中旬，开展两山保护区大规模清山行动。由管理局森林派出所牵头，驻景东森林武警及各管理站职工、护林员50余人组成，设3支小分队，历时8天，共清除豹夹3个、钢丝扣300余个，排除火灾隐患2处，查处滥伐林木2起。2001年后，实施国家天然林保护工程，两山保护区全部纳入保护范围。2001—2010年，实施一期工程。2011—2020年，继续实施二期工程。

两山保护区建立后，周边社区群众逐步变不理解为理解、不支持为支持、猎捕野生动物为保护野生动物，其中不乏救助野生动物例子。如：2000年5月，景福乡勐令村鲍家村鲍文忠雨天进山放羊，发现1只重约4千克的国家二级保护动物黑熊幼仔蜷缩于树下，饿得嗷嗷叫，鲍文忠不假思索，用蓑衣包起抱回家中灌药喂粥，小熊恢复元气后送交芹菜塘保护站，经半年多精心养护，熊仔约15千克时送交云南省野生动物救护中心养护。2004年，景福乡岔河村村民救护2只斑羚幼仔和1只水鹿。2001年，景东职中学生救护1只跑到校园的黄麂幼子。2009年10月，县城干活民工捡到1只体力困乏不能飞行的黑鹳，交到保护局，经20天救护后，自行飞离。2009年，有市民捡到1只带伤苍鹰交到保护局，经4个月救护，自行飞离。

第二节　宣传教育

一、社区宣传

1988年，保护区管理所组成3个宣传组，到无量山周边宣传《中华人民共和国森林法》《中华人民共和国野生动物保护法》等法律法规，历时半月，宣传面90%以上。1990年11月，再次组织5个宣传组，分别到两山周边开展保护区有关知识宣传。至2011年，累计宣传350场（次），赠送挂历

公众意识教育（肖德兵　摄于2003年11月）

4.25万份，开展小学生环境意识教育80次，发放各种宣传单10万多份，制作和发放光盘3000多盘。同时，利用街天在县城展开各种宣传活动。2000—2002年，利用商品交易会及2008年、2010年新春佳节时机，展出两山自然保护区概况、动植物展板；播放《绿色守护神》《神奇的哀牢山》《这一方热土》《无量雄峰》《哀牢神韵》等专题宣传片。1987—2011年，采用手册、展版、挂历、画册、碑刻、视频、教材等方式，宣传国家法律法规政策、科普知识，做到有警示、有倡议、有号召。据统计，先后累计印发宣传单6.54万份，张贴标语2万条（幅），编写小学生环境教育教材1200本，编制《自然保护区管理常识手册》500本，制作水泥宣传牌105块、搪瓷宣传牌1000余块。2009年始，陆续开发水晶玻璃、毛绒玩具、光盘、相框、T恤衫、画册等长臂猿系列产品。

二、媒体宣传

报刊杂志宣传　1987—2011年，两山保护区消息分别在《中国林业》《云南林业》《云南林业规划》《云南林业生态》等杂志登载，分别被《云南日报》《普洱日报》《普洱林业》《景东消息》等媒体记者跟踪宣传报道，先后被国家、省级刊物采用科技论文22篇。

视频宣传　两山保护区先后在央视1、4、7、10频道播报8次。2000年1月，央视记者到哀牢山周边GEF项目区拍摄《为环保忙碌的人》专题片；9月20日，通过央视1频道向全国观众播出。2006年2月24日，央视1频道新闻联播播报无量山黑冠长臂猿调查情况。2011年，央视10频道《原来如此》栏目到景东拍摄《家猫还会捉老鼠吗》，相关专题片先后在省市县电视台播放52次。专题片《为了这片热土》《哀牢神韵》《绿色生命守护神》《两山魂》《普洱景东》《听长臂猿打鸣的地方》等在中央省市县电视台播出后，引起观众强烈反响，纷纷为景东古老而神秘的原生态和动植物资源赞叹不已，希望加以保护，让“人与自然和谐到永远，青山常绿，猿啼不绝”。

三、专题宣传

“爱鸟周”活动　自1981年始，每年4、5月县城和乡镇街天，围绕宣传主题，县野生动植物管理委员会与保护区管理局、林业局共同开展“爱鸟周”宣传活动。

黑冠长臂猿保护宣传月　2009年7—8月，中国野生动物保护协会、野性中国工作室、北京动物园FFI共同发起“2009年保护中国长臂猿”主题月宣传活动。7月，主会场活动在北京动物园拉开序幕；8月，分会场活动在景东开展。在云南省林业厅、昆明动物所、西双版纳植物园、普洱市林业局等部门支持下，由县委县政府承办，景东自然保护区管理局协办，县委办、宣传部、政府办、团县委、公安局、财政局、林业局、森林公安局、文体局、旅游局、环保局等部门配合，首先在县城启动，紧接着在两山周边乡村、学校广泛开展宣传。

四、网络宣传

2009年10月，开通中英文网站域名，建立以长臂猿宣传为主的网站。2011年，网站各大模块建成，浏览量 3 万余人次。综合信息网站与新华网、云南自然保护网、景东政务信息等网站单向链接，宣传两山保护区各种信息。2009—2011 年，累计上传信息 500 余条，图片 1200 张。国内外很多家科研机构及研究人员通过网站认识两山、了解两山，并与保护区管理部门建立起项目合作关系。

第三节　动植物资源监测

自 2008 年始，两山保护区野生动植物监测体系建立，保护区科研监测步入常态化。

在哀牢山保护区，开设以水鹿、黑熊和哀牢髭蟾为重点的动物监测样带 5 条，面积占景东片区的 1.92%。第一条，新平村压木垭口到三线河纸厂，长 11.5 千米；第二条，徐家坝水库至簸箕坝，长 7 千米；第三条，徐家坝菖蒲塘至大火塘，长 9.5 千米；第四条，大街勺么村路边至大柳树平掌，长 15 千米；第五条，花山芦山村野猪塘垭口至董家地，长 13 千米。在龙街、太忠、大街、花山辖区保护区内，设中山湿性常绿阔叶林、山顶苔藓矮林样地 10 块，次生林中选测滇山杨林、旱冬瓜林、毛蕨灌草丛。设置半径 10 米监测样园 21 个，监测珍稀物种水青树、红花木莲、野茶周边环境及其更新动态。样地、样园、样带均栽设永久性水泥桩。

在无量山保护区，与中科院昆明动物研究所长期合作，开展黑冠长臂猿监测研究。主要监测长臂猿鸣叫、食性、领域、种群、繁殖情况，研究生态、遗传课题；在落水洞小光山、龙潭、大寨子等地，监测红豆杉、红花木莲、铁杉等珍稀植物与滑竹、大红菌等经济物种。

第四节　珍稀动物盗猎案件查处

1988 年初，保护区干警在哀牢山周边气力村，查获盗伐木材 102 立方米，查处农户 35 户 73 人，为首者判刑两年，责令赔偿损失 4650 元。2001 年 2 月，在笔架山脚，抓获双柏籍偷猎者 4 人，当场收缴林麝皮 3 张，动物手、脚 10 只，麝香 1 个，钢丝扣 293 个，为首 2 人判刑 10 年。2005 年 2 月，林街乡清河村南骂组周某某等 2 人，擅入无量山五台山，非法捕猎珍贵濒危野生动物金钱豹 1 只，2 人分别被判处有期徒刑 3 年。2007 年 7 月，锦屏镇温卜村垭口组张某某、下排组李某某、大泥塘组李某某 3 人，擅闯无量山保护区 060 号界桩非法捕猎，杀害濒危野生动物黑熊 1 只，3 人分别受到刑事处罚。2005 年始，根据国家林业局、公安部统一部署，开展野生动植物资源保护专项行动。分别为 2005 年打击破坏森林资源专项行动、2006 年保护林地资源宣传暨专项整治行动、2007 年云南省区域性林业严打专项整治行动、2008 年“飞鹰行动”、2009 年“绿盾三号行动”、2010 年打击非法侵占乱占滥用林地专项行动、2011 年“亮剑行动”和“春季攻势”行动。累计查处各类林政案件 279 起，处罚 730 人，责令赔偿损失 11.66 万元，罚款 12.40 万元；刑事案 15 起，追究刑事责任人 29 人。

第五节　保护区机构

1983 年 4 月，两山自然保护区工作领导小组成立，委托云南省林勘五大队作保护区勘测规划。1986 年 3 月，两山景东管理所及森林公安派出所成立。1987 年 1 月，正式挂牌，实行“两块牌子，一套班子”，隶属县林业局，副科级股所单位。下设管护点 9 个，其中，哀牢山 4 个，无量山 5 个。人员事业费由省财政全额划拨。1988 年 5 月 9 日，哀牢山升格为国家级保护区。1992 年，两山保护区获世界自然基金会“具有全球保护意义 A 级保护区”称号。1998 年，保护区管理所升格为管理局（正科级一级局）。2000 年 4 月 4 日，无量山升格为国家级保护区。2001 年 5 月 31 日，增加县级编制 25 人，全局编制 73 人。2002 年 12 月，景东管理局获国家林业局“全国自然保护区先进集体”称号。2006 年 2 月，获省林业厅“十五”期间“生物多样性保护、自然保护区和管理先进集体”称号。2007 年 4 月，保护区森林公安派出所划归地方森林公安分局管理；12 月，实行参公管理。2011 年，实有职工 56 人。内设办公室、计划财务股、资源林政管理股、科研室、宣教与社区工作股、公益林管理股、疫源疫病监测股、生态旅游股，外设 10 个基层管理站。历任保护（所）局长：张兴伟、李彦勇、李忠林、罗有勇、谢有能。

第五章 科研与生物资源开发

第一节 昆虫研究所景东试验站

中国林业科学研究院资源昆虫研究所景东亚热带试验站位于县城南郊锦屏山（枇杷山）北麓。实验站基地 80.76 公顷，其中，本部 22.29 公顷，董家山 58.47 公顷。种质资源库保存有紫胶虫寄主植物 256 种，蝴蝶寄主植物数十种，另有黑黄檀、红豆杉、西南桦、塔拉、构树、麻疯树等重要林木及木本花卉种质资源。

一、历史沿革

1955 年 3 月，中国与苏联知名科学家、科技工作者联合组建云南生物考察队，综合考察云南紫胶产区和紫胶资源。中方队长为中科院生物地学部委员、昆虫专家刘崇乐教授，副队长为植物学家吴征镒院士、蔡希陶教授和副所长赵星三；苏方队长为苏联科学院通讯院士波波夫教授、副队长费德罗夫教授，成员为中科院昆虫研究所廖定熹、欧炳荣，中科院植物研究所朱太平、昆明工作站毛品一、李锡文，云南大学任玮、罗光心、薛纪如，西南农学院黄天荣，云南林业厅资云祯，云南农业厅杨星池等。经多方考察，决定在思茅专署景东县董家山建立观测点。董家山位于弥宁公路 167 千米处，距县城北 10 千米，已接近紫胶虫分布北缘。川河沿董家山南坡回环，有明显东南西北四个坡向，便于开展紫胶虫气候研究，植被系云南紫胶产区较好的植被类型，且发现的主要寄主树在董家山及附近均有分布。观测点确定后，有关单位调配科技和行政人员到景东。当年 5 月 1 日，中科院昆虫研究所云南紫胶工作站在董家山成立。1962 年 6 月，改称中国林业科学研究院紫胶研究所。1963 年 6 月 30 日，中国林科院函请景东县委协助，在县城选择交通方便、有两三千亩研究基地的地方建所。1964 年，经省地县各级批准，紫胶研究所征用县城南郊土地 135.6 公顷，其中，荒山 113.33 公顷，旱地 1.47 公顷，新垦地 20 公顷，水田 0.8 公顷，作为办公及实验用地；所部由董家山迁至锦屏山。

1971 年 1 月，紫胶研究所划归云南省，改称云南省紫胶研究所。1979 年 5 月 25 日，收归林业部，复称中国林业科学院紫胶研究所。1988 年 4 月 30 日，改称中国林科院资源昆虫研究所。1989 年 1 月，中国林科院资源昆虫研究所研究中心转至昆明，景东所部改称中国林科院资源昆虫研究所景东南亚热带试验站。1990 年，有职工 118 人，各类专业人员 88 人，其中，高级职称 16 人，中级职称 24 人。内设胶虫、寄主植物、病虫防除、五倍子、虫白腊等加工利用研究室及情报资料室、开发部。历任所长：侯开卫，副所长：王庆波、王聚成、惠孝荣、赖羡光、欧炳荣、杨臣武、资云祯、闫克昱、杨时宁。

二、科研工作

资源昆虫研究所以应用研究为主，开展应用基础研究，加强技术研究与开发工作，使紫胶从自生自灭野生状态发展到能够人工掌控紫胶虫生物学规律、主要寄主植物和关键生产技术，实现规模化生产；围绕提高紫胶产量，开展紫胶虫人工培养技术、寄主植物筛选与培育、天敌防治、高压气候区划等研究，为紫胶生产提供系统科技资料。(1) 紫胶虫方面。主要研究紫胶虫生物学特性、种期预报与放养技术等。(2) 寄主植物方面。主要开展寄主植物种类调查，研究优良寄主植物繁殖栽培及选育、胶园建设与经营管理技术等。(3) 病虫害方面。主要开展紫胶虫及主要寄主树病虫害种类、分布及危害程度调查，研究紫胶白虫、黑虫、红眼啮小蜂、黄胸跳小蜂生物学，紫胶白虫天敌紫胶白虫茧蜂生物学与茧蜂人工繁殖技术。(4) 研究紫胶产区气候与紫胶虫引种驯化。(5) 研究云南紫胶生产区气候特征、产区小气候，紫胶虫新引种气候条件与紫胶虫生长发育、泌胶关系、驯化及越冬保种技术。研究所立足云南，侧重西南，面向全国，经过多年潜心研究和成果推广，有力促进紫胶生产发展，使全国紫胶产区由云南省35个县扩大到包括云南、福建、广西、广东、四川、贵州、江西、海南、湖南9省（区）200多个县。1978—1990年，先后取得科研成果30多项，在各级刊物发表研究报告和论文、文章100多篇，获国家和省部级科技成果奖6项。

紫胶工作站建立初部分工作人员合影
（中国林科院资源昆虫研究所　提供）

建于20世纪60年代的董家山定位观测站
（中国林科院资源昆虫研究所　提供）

景东南亚带试验站
（中国林科院资源昆虫研究所　提供）

第二节　哀牢山生态站

一、历史沿革

哀牢山亚热带森林生态系统研究站（简称哀牢山生态站）位于太忠乡东部哀牢山自然保护区内，距县城60千米。1980年，由中科院昆明分院院长吴征镒、云南大学生态地植物研究室主任朱彦丞带队，在云南省内各地考察30余处后选址建成。1981年3月，中科院生物学部批准建立哀牢山生态站，隶属中科院昆明分院。1987年，中科院机构调整。哀牢山生态站归属中科院昆明生态研究所。1996年，归属中科院西双版纳热带植物园（简称版纳植物园）。2000年，进入中国科学院知识创新基地。2002年9月，加入中国生态系统研究网络（CERN），站名为中国科学院哀牢山亚热带森林生态系统研究站。2005年12月，根据科技部《关于批准建设河北沽源草地生态系统等36个国家野外科学观测研究站的通知》，加入国家生态站，站名为云南哀牢山森林生态系统国家野外科学观测研究站。历任负责人：季鸿德、陈伙结、谢寿昌（兼）、刘文耀、曹敏、张一平、刘玉洪，首席科学家：曹敏（兼）。

二、基础设施建设

建站初期，公路仅达太忠公社驻地大水井，需翻山越岭步行 20 余千米，科研条件简陋。1982 年 2 月，张克映、刘玉洪建立哀牢山气象站。1987 年，徐家坝水库扩建，公路修至水库。2003 年，经中科院批复，招标兴建专家公寓 701 平方米，增加厨房、餐厅等配套设施 255 平方米，修建护林防火便道 2.74 千米，架设通信线路 11 千米，总投资 100 万元。2007 年，新建垃圾池、雨篷、引水工程等附属工程，改造站区人行道。2008 年，建设森林生态自立式铁塔（2×2 米）1 座，高 36 米，设监测平台 4 层（分别为 10 米、18 米、24 米和 28 米）。自 2010 年始，县城至徐家坝公路扩建，铺设柏油路。先后购置快艇、汽车、电脑、程控电话，架设高压输电线路、通信光缆、移动机站，创建图书资料室、实验室，建设水分、土壤、大气和生物监测观测场和监测样地。

三、科研成果

1981—2011 年，哀牢山生态站先后在国内外发表学术论文近 300 篇，研究领域涉及森林生态系统植物种群生态学、生物量及生产力、森林演替、蕨类植物生态、森林昆虫、微生物、两栖爬行类、鸟类以及小兽类群落结构和种群动态、森林养分和水分循环、山地土壤、森林气候和山地气候等学科。先后出版专著和论文集 7 部，分别为《云南哀牢山森林生态系统研究》（吴征镒主编）、《哀牢山自然保护区综合考察报告集》（徐永椿、姜汉侨主编）、《滇中南无量山地区的种子植物》（彭华主编）、《哀牢山森林生态系统研究》（丘学忠主编）、《哀牢山蕨类植物》（徐成东主编）、《云南哀牢山种子植物》（朱华、闫丽春主编）、《中国生态系统定位观测与研究数据集·森林生态系统卷·云南哀牢山》（张一平、刘玉洪主编）。承担国家基金、云南省基金、中国科学院和其他科研项目 58 项；培养研究生 57 人，其中博士研究生 17 人。接待国内科学家和研究生近 2000 人次，其中院士 4 人次。21 个国家科学家和研究生到站科考 300 人次。

哀牢山生态站
（肖德兵　摄于 2012 年 4 月）

生态站二氧化碳人工气候室
（罗海垠　摄于 2015 年 5 月）

吴征镒（右）与哀牢山
生态站负责人交谈
（哀牢山生态站提供
摄于 2009 年 10 月）

2003 年，刘文耀主持的“山地湿性常绿阔叶林中附生（植）物生态学效应机制的研究”项目，获云南省自然科学二等奖；2006 年，蔡传涛主持的“灯台树植物资源调查与人工繁殖试验示范”项目，获得云南省科技进步三等奖。

四、根植景东

1993 年，中科院昆明分院申办哀牢山生态站用地，县政府批准长期用地 41.33 公顷，其中，林地 33.33 公顷，荒山荒地 8 公顷。2002 年，县政府批准“国有土地使用证”面积 0.71 公顷。2003 年 4 月，中国昆明国际旅游节思茅分会场暨景东彝族文化旅游节在景东举行。生态站布置科研成果、仪器及自然风光展室展板，播放专题片《神奇的哀牢山》，到站参观1000人次。同年6—11月，申报省院省校“哀牢山地区植物资源持续利用模式的试验示范研究”合作项目。县政府、版纳植物园各提供配套资金10万元，太忠、龙街政府各提供试验示范用地6.67公顷。2006年，生态站、思茅林科所与县林技推广中心联合申报“山苍子矮化丰产高效栽培试验示范项目”，获版纳植物园专家论证通过，并给予资金支持。2008年7月，协助省生态学会组织“2008生态学科普夏令营”。同月，版纳植物园与景东力奥公司签署联合建设实验示范基地协议，公司提供实验基地38.75公顷，版纳植物园负责规划投资和建设实施，期限30年。2008年11月2—7日，支持楚雄市西舍路乡新华村泥石流灾害救援500余人次，楚雄市政府给予慰问金2万元。2010年1月，版纳植物园与景东保护区管理局签订监测工作协议，生态站支持科研经费4万元，自然保护局协助生态站开展监测工作。同年6月，县职业高级中学与生态站签订办学协议，向该中学赠送科技、科普图书100余册及光盘（内存9000余册科普图书）。2011年9月，景东县与版纳植物园联合举办哀牢山生态站建站30周年庆典。中科院院士孙鸿烈、云南大学生态学与植物学研究所所长欧晓昆、西双版纳植物园党委书记李宏伟、副主任曹敏、中科院各森林生态站等相关领导及群众300人参加；《科技导报》、新华社《新华每日电讯》，云南省美学会、《云南经济日报》普洱记者站等多家媒体到站采访报道。在此期间，签订《景东亚热带植物园建设合作框架协议》；组织开展科普教育进学校、进机关活动，参与科学家、研究生20余人，有12人分别作科普报告；孙鸿烈到景东职中作演讲，题写“强技有为，厚德明理”校训，景东一中、银生中学、民族中学、锦屏镇中学参加听讲8700人次。

哀牢山生态站野外观测场及设施一览表

表11-6-1

序号	观测场地名称	监测内容
1	中山湿性常绿阔叶林综合观测场	主要进行植物、动物、微生物、土壤、土壤水分等项目监测
2	气象综合观测场	进行温、湿、风、光、降水、太阳辐射及土壤水分、水位等监测，设自动和人工气象站各1套
3	林内气象、水分综合观测场	进行土壤水分、水位等监测，设林内人工气象站1套、地表径流场2个、树干径流设施1组、穿透降水设施1组
4	山顶苔藓矮林辅助观测场	主要进行植物、动物、微生物、土壤、土壤水分等项目监测
5	滇山杨次生林辅助观测场	主要进行植物、动物、微生物、土壤、土壤水分等项目监测
6	旱冬瓜次生林辅助观测场	主要进行植物、动物、微生物、土壤等项目监测
7	茶叶人工林站区观测场	主要进行生物、土壤、土壤水分等项目监测
8	森林铁塔	高30米，有平台4层；安装OPEC开路通量观测系统
9	CO_2人工控制实验室（4个）	控制实验研究，可以调控二氧化碳浓度，温度等环境因子
10	6公顷植物永久样地	开展植物生态学调查，为监测亚热带森林生态系统树种长期动态提供基础平台，有利于开展多学科森林动态研究
11	38.67公顷实验示范样地	建设实验示范基地，长期开展不同人为控制条件下亚热带山地森林生态系统恢复实验及示范研究
12	森林土壤碳排放对气候变暖响应的人工控制实验	土壤增温和土壤呼吸自动监测系统，由20个90×90×50厘米自动开闭式透明呼吸箱、增温装置和控制系统组成
13	土壤移植实验	利用不同海拔高度温度效应，在3个高程点（2450米、2100米和1800米）布置森林土壤有机质分解对气候变暖响应人工控制实验
14	单点NDVI监测系统	开展单站点生态系统代谢通量与NDVI指数叠加耦合等研究

第三节　黑冠长臂猿监测站

一、监测站建设

2001 年，选址于景福乡岔河村大寨子组后山，筹建黑冠长臂猿监测站（简称大寨子监测站、监测站）。站址海拔 2000 米，距县城 90 千米，附近有森林 900 公顷，分布有西部黑冠长臂猿、灰叶猴、短尾猴等 5 种灵长类动物，以及鬣羚、斑羚、水鹿、黑熊、林麝、鼯鼠、果子狸、野猪、白鹇、棕胸竹鸡、山鹧鸪、红腹角雉、林雕、蛇雕等众多野生动物，是开展监测科研活动的最佳地点，也是中国第一个野外黑冠长臂猿监测站。

大寨子黑冠长臂猿监测站（罗海垠　摄于 2015 年 7 月）

2004 年 10 月，监测站开工建设。两山保护区管理局和中科院昆明动物研究所签订联合建设协议。2006 年 6 月，建成第 1 幢二层钢混结构综合用楼。2008 年 3 月，中科院院士、副院长张亚平为“昆明动物研究所云南哀牢山无量山国家级保护区合作站”揭牌。2009 年，在当地政府和保护区管理部门支持下，大寨子组 11 户农户投资投工投劳，修通叶家坝到大寨子组简易公路；管理局利用无量山保护区二期建设工程项目资金，修通大寨子组到监测站护林防火公路，架通低压输电线路。2010 年，建成第 2 幢综合楼，建筑面积 555 平方米。

二、科研成果

2003 年 1 月，保护区管理局组织科技人员，在大寨子岩子脚搭建简易帐篷，启动黑冠长臂猿野外监测研究工作；9 月，中科院昆明研究所相继选派在读博士生范朋飞和研究生 4 人到大寨子，开展长臂猿习惯化和行为生态学研究。2003 年，第一群长臂猿成功习惯化，开创国内野外长臂猿不经投食习惯化人工先例。2006 年 9 月，在读博士生黄蓓到监测站开展长臂猿行为生态学研究。通过 10 年努力，监测站先后习惯化黑冠长臂猿 3 群、灰叶猴 1 群；培养博士生 3 人、硕士生 1 人；在国际国内核心期刊发表科研成果论文 18 篇，其中，国际 10 篇，国内 8 篇；培养长臂猿、灰叶猴乡土专家 4 人。长臂猿、灰叶猴报道多次见诸央视 1、4、7、13 频道和省市县电视台，监测站先后吸引英国 BBC 电视台拍摄“美丽中国”节目，美国《国家地理》杂志、中国著名野生动物摄影师奚志农、美籍华人冯文真（冯玉祥孙女）拍摄长臂猿照片。2010 年 3 月，成功举办西部黑冠长臂猿规范化巡护监测和管理制度研讨会；7 月，大寨子黑冠长臂猿栖息地恢复及试验示范项目启动；10 月，在保护区管理局举办西黑冠长臂猿保护行动计划研讨会，国内外专家学者云集景东，共同谋划保护与科研监测事宜。大寨子监测站正逐步成为西黑冠长臂猿重要研究基地。

第四节 自然保护区科研中心

一、机构及人员

2003 年，自然保护区科研中心成立。从各管理站抽调科技人员 6 人组成，承担两山保护区基础性科研工作，如黑冠长臂猿群体数量与分布调查、行为生态学研究等；建立两山保护区其他野生动植物样线样地，常年进行监测。2008 年，更名为科研室。1987—2003 年，科技人员只能协助外来科研单位、院校专家开展基础性科研。2003 年后，经培训学习，能经常性开展科研技术 39 人。科研中心有高级职称 1 人、中级职称 15 人、初级职称 26 人。

二、试验示范种植

1989 年，在黄草岭试种草果成功。2003 年，在山冲基地种植灯台叶 5 万株。同年 12 月，FCCD 项目投资 23.9 万元，在保护区周边社区试验示范石斛 1.13 公顷，在上场河试种红豆杉、红花木莲等珍稀植物。2005 年，在山冲基地试种重楼种苗 444 千克；2006 年种植种苗 40 千克。2007 年，在山冲基地培育出红豆杉苗 1.2 万株。2010 年 5 月，大寨子黑长臂猿栖息地恢复及食源基地试验示范种植项目实施，开始栽种旱冬瓜、西南桦、润楠、水东哥、五味子、冷饭团等食源植物。

长臂猿栖息地恢复及食源试验示范基地苗圃

（景东保护区管理局芹菜塘站提供 摄于 2014 年 3 月）

三、种子采集

2007—2009 年，景东保护区管理局与中国西南野生生物种质资源库（设于昆明植物所）联合实施野生植物种质资源采集项目。先后采集野生植物种子 459 多种，制作标本 1000 多份，提供 DNA 材料 400 多份、照片 1000 多张。

第五节 生物资源开发

一、中草药资源

景东县中草药资源丰富，种类繁多，有“一屁股坐倒三棵药”之说。民间多利用中草药医治各种疑难杂症，医效不凡。1987 年，开展中草药材资源普查。境内有中药材 103 科 265 种，其中，真菌 5 种，苔藓 1 种，蕨类 1 种，裸子植物 3 种，被子植物 218 种，动物 26 种，矿物 1 种；国家重点普查品种 150 种，一般品种 115 种。2011 年，保护区管理局调查全县中草药资源。据初步结果，景东野生药材有300多种，其中常用药物41种，如石斛、重楼、草乌、龙胆草等。全县中药资源蕴藏量759.28万千克，其中国家重点普查品种559.28万千克。部分药材药用和经济价值较高，遭到人们灭绝式采集，导致资源枯竭或濒临灭绝。1989年，全县种植药材1.07公顷，1992年发展到4.53公顷，2011年降至2.8公顷。

草果　又称草豆蔻。姜科豆蔻属，常绿阔叶林下多年生草本植物，被誉为食物调味“五香之一”。县境海拔1200~1800米有种植。草果既是调味香料，又是常用中药，味辛性温，具有燥湿温中、除痰截疟功效，并能解酒毒、去口臭，治心腹痛，积食不消，腹泻，呕吐，食欲不振，咳嗽痰多，胸满腹胀等症。草果种植3年开花结果，7年后进入盛果期，可连续结果20年左右，气候好的年份产量6000千克/公顷。

茯苓　又名松茯苓、茯灵、白茯苓、不死面等。真菌门担子菌纲多孔菌目多孔菌科低等植物。县境出野生茯苓，思茅松伐区内也有种植。茯苓是常用中药和功能性食品，药用部分为菌核，寄主松木。味甘淡、性平、无毒，入心、脾、肺、肾四经，具渗湿、利水、健脾、安神、生津等功效。据《神农本草经》：“主胸胁逆气，忧恚惊邪恐悸，心下结痛，寒热烦漫，咳逆，口焦舌干，利小便。久服安魂养神，不饥延年。”茯苓不同部位效用略有区别，皮能利水消肿；近外皮淡红色部分称赤茯苓，能泻湿热、利尿；含木心茯苓块称茯神，能安神。除药用外，还可制成茯苓糕、茯苓饼等滋补食品。茯苓含有丰富的茯苓酸、三萜酸、茯苓聚糖、麦角固醇、纤维麦素等，茯苓聚糖经化学处理，可软化成具有抗肿瘤活性的茯苓多糖。县境伐桩种植一般300桩/公顷，按接种1袋/桩计，产量900千克/公顷；段木种植900~1200塘/公顷、接种2~3袋/塘，产量7200~9600千克/公顷。

石斛　兰科石斛属多年生附生草本植物。中国传统常用名贵中药材，《神农本草经》《本草纲目》中列为上品。县境各种野生石斛资源较为丰富，但采伐失控，面临濒危；主要种植品种有铁皮石斛（黑节草）、束花石斛（黄草）、流苏石斛（马鞭石斛）、鼓槌石斛和齿瓣石斛。石斛以茎入药，含有石斛碱、石斛胺、石斛高碱、石斛宁等多种生物碱。味甘淡、性微寒，有滋阴养胃、清热生津功效，主要对消化系统、呼吸系统、心血管、眼科等疾病有明显疗效。现代医学研究证明，石斛可以促进血液循环、增强心脏功能，促进肠胃运动、增强消化功能。石斛原料中成药有脉络宁注射液、通塞脉片、石斛夜光丸等，也是生产石斛口服液、铁皮枫斗胶囊、铁皮枫斗晶等保健品的重要原料。

重楼　又名蚤休、七叶一枝花、独脚莲、草河车等。百合科（延龄科）重楼属植物华重楼、云南重楼、景东重楼，或七叶一枝花，本地重楼以景东重楼、云南重楼为主。县境出野生重楼，各地均有种植。入药部位为干燥根茎。秋季采挖，去须根，洗净、晒干。具清热解毒，消肿止痛，凉肝定惊功效，用于疔疮痈肿，咽喉肿痛，毒蛇咬伤，跌扑伤痛，惊风抽搐，小儿高热惊风抽搐。与金银花、连翘等配伍，治热毒疮疡；与鬼针草等同用，治毒蛇咬伤；与石见穿、半枝莲、夏枯草等配伍，用于癌肿。重楼原料中成药有云南白药系列、宫血宁、热毒清、抗病毒颗粒、季德胜蛇药片、重楼解毒酊等。种植选用优良品种、优质种子或种苗，可以直接播种，或层积催芽后移入苗床。一般需经过1年后熟期萌芽，前三年生产缓慢，三年后移栽。

草乌（县文联　提供）

草果（罗海琅　摄）

北板蓝根（朱丁文　摄）

灵芝（罗海垠　摄）

马勃（罗一华　摄）

三颗针（罗海垠　摄）

收获茯苓（叶珍德　摄）

景东重楼（叶珍德　摄）

野生白及（罗海垠　摄）

三七种植（李世华　摄）

砂仁（罗海垠　摄）

使君子（罗海垠　摄）

白及　又名白根、地螺蛳、白鸡娃、羊角七、紫兰、刀口药、连及草等。兰科白及属多年生草本植物，已列入《濒危动植物种国际贸易公约》保护名录，是温带地生兰科植物最具经济价值类群之一。县境常野生在丘陵和低山地区溪河两岸、山坡草丛及疏林下，有零星种植。白及以块茎入药，具收敛止血、消肿生肌功效，内服治肺结核咳血，支气管扩张咯血，胃溃疡吐血、尿血、便血等症；外用治外伤出血、烧烫伤、手足皲裂等症。在生物医药、纺织印染、特种涂料和日用化工方面有巨大商业利用价值。白及种植选择土层深厚、肥沃疏松、排水良好，富含腐殖质砂质壤土以及阴湿地块，第四年11—12月茎叶黄枯时采挖。

金银花　学名忍冬，又名鸳鸯藤。金银花一名出自《本草纲目》，因忍冬花粗开为白色，后转为黄色，故名。为忍冬科忍冬属植物忍冬及同属植物的干燥花蕾或带初开的花。县境有零星种植。金银花自古被誉为清热解毒良药，性甘寒，气芳香，甘寒清热而不伤胃，芳香透达又可祛邪。既能宣散风热，又善清解血毒，用于身热、发疹、发斑、热毒疮痈、咽喉肿痛等热性病。金银花制剂有银翘解毒片、银黄片、银黄注射液等，所提取的医用原料“绿原酸”售价在1000元/千克以上。

肾茶　又名猫须草、猫须公。唇形科肾茶属多年生草本植物。常生于林下潮湿处，无荫山坡上，县境有零星种植。肾茶性凉，味苦，具清热除湿、排石利尿功效，常用于肾炎、膀胱炎、尿路结石等病症，可煎服也可当茶泡饮。现代医学研究证明，肾茶可以促进毒性代谢产物的排除，降低体内血尿酸，用以痛风防治。

灯台树　又名瑞木、女儿木、六角树。山茱萸科灯台树属常绿乔木，县境有零星种植。药材为灯台树干燥叶子。性凉，味苦。具止咳祛痰，退热消炎功效。用于慢性气管炎，百日咳等症。灯台叶原料中成药有灯台叶颗粒、灯台叶片等。

白花蛇舌草　又名蛇舌草、羊须草、蛇总管。属茜草科金鸡纳亚科耳草属一年生披散草本植物。多见于低海拔地区山地岩石上，田埂和湿润旷地。具清热解毒、消痛散结、利尿除湿等功效，尤善治疗各种类型炎症。彝药用全草治疗咽喉肿痛，肺热喘咳，肝胆湿热，赤白痢疾，白浊湿淋，梅毒湿疹，痈疽痞块和毒蛇咬伤，并擅长治疗多种癌肿。

三叉叶　俗称维黄叶，又名三枝叶、三爪皮、喜叶子。木犀科素馨属植物滇素馨，灌木或小乔木。常见于溪边或林中，药用根和叶。味辛，微苦，性平。具祛风除湿，止痛、止血功效。主治感冒发热，头痛身痛，风湿痹痛，跌打损伤，外伤出血。

景东县常见中草药名录

表 11-6-2

类别		药名
植物类	菌类植物	茯苓　灵芝　雷丸　马勃　蝉花
	苔藓植物	回心草
	蕨类植物	伸筋草　卷柏　木贼　海金沙　石韦　骨碎补　猪鬃草　苏铁蕨
	种子植物	银杏　侧柏　鱼腥草　石南藤　荜拨　荜澄茄（山苍子）　桑柏皮　火麻仁　冬桑叶　桑寄生　马兜铃　金钱草　夜交藤　弓腰老　何首乌　虎杖　蛇菰　牛膝　青箱子　怀牛膝　土牛膝　藕节　荷叶蒂　川乌　飞燕草　野棉花　石龙芮　草乌　多叶唐　虎掌草　三颗针　十大功劳　青风藤　一文钱　山乌龟　防己　辛夷　土八角　山肉桂　肉桂　紫金龙　落地生根　虎耳草　常山　杜仲　山桂　木瓜　仙鹤草　桃仁　栘　乌梅　麦仁　金樱子　贯众　覆盆子　枇杷叶　地榆　海桐皮　合欢皮　补骨脂　刀豆　苏木　鸡血屯　决明子　葛根　陈皮　佛手　香橼　橙皮　黄柏　花椒　白虎草　吴茱萸　川楝子　苦楝皮　椿白皮　楝叶　霸王鞭　蓖麻子　盐肤木子　盐肤木叶　木芙蓉叶　木芙蓉花　灯台叶　八角枫根　使君子　五加皮　通草　三七　珠子参　野三七　竹节三七　柴胡　川芎　膜缘柴胡　防风　野当归　威灵仙　车前子　车前草　急性子　女贞子　白蜡树皮　密蒙花　龙胆草　青鱼胆　萝芙木　白薇　牵牛子　菟丝子　马鞭草　蔓荆子　黄芩　荆芥　紫苏　夏枯草　白紫苏　藿香　益母草　薄荷　绣球防风　曼陀罗花　曼陀罗子　土细辛　地耳草（田基黄）　千张纸　板蓝根　靛叶　栀子　茜草　白花蛇舌草　钩屯　金银花　川续断　栝蒌　天花粉　丝瓜络　土党参　白沙参　红花　艾叶　鹅不食草　苍耳子　鬼针草　菊花　茵陈蒿　蒲公英　豨莶草　鱼腥草　臭灵丹　真金草　理肺散　燕麦灵　牛蒡子　白头翁　香蒲　芦根　薏苡仁　香附　荸荠　棕榈子　石菖蒲　母猪半夏　半夏　爬树龙　天南星　野芋　谷精草　灯芯草　百部　玉竹参　万寿竹　竹节七　蒙自藜芦　黄精　萱草根　天门冬　重楼　百合　麦门冬　芦荟　白茅根　仙茅　萆薢　山药　黄药子　射干　兰花扁竹　干姜　砂仁　姜黄　莪术　草豆蔻　郁金　金钗石斛　铁皮石斛　细茎石斛　岩笋　石风丹　白及　对对参　独叶白及　双肾子　树扁竹　野竹兰　秧穗鹭兰
动物类	环节动物	水蛭（水蚂蝗）　蚯蚓　紫胶虫　蜈蚣　蝉蜕　斑蝥　五倍子　螳螂　桑螵蛸　蟑螂　露蜂房　全蝎　乌梢蛇　蛇蜕　脆蛇
	哺乳动物	豹骨　獐　麂香　鹿茸　穿山甲　五灵脂　猴骨　豪猪毛刺　黑熊
矿石类		石膏

二、"哀牢红"茶花

"哀牢红"茶花（*Camellia reticulate* "*Ailaohong*"），系大街乡昆岗村民兰成新经10余年研究培育出的茶花新品种。2010年7月，经中国茶花命名和统一登录委员会专家评议，"哀牢红"获得茶花新品种证书。2012 年 2 月 9 日，在云南楚雄召开第 27 届国际茶花大会暨第八届中国茶花博览会，“哀牢红”参加茶花展览，经国际茶花大会组委会专家评选，获得新品种奖。主要特征：叶长椭圆形，长 13.5～15 厘米，宽 7～8.1 厘米，先端渐尖，基部钝圆至宽楔形，叶片平伸略后弯，中脉突出，网脉明显，大型叶特点在山茶各品种中较突出而容易分辨。花大色红，直径 9～13 厘米，花瓣 24～26 片，5～6 片轮着生，外轮花瓣较大，略曲折，内轮较小，曲折。花期 12 月至越年 3 月。母树在云南哀牢山脉深处，已繁殖出 200 多株，性状保持稳定，一致性好。

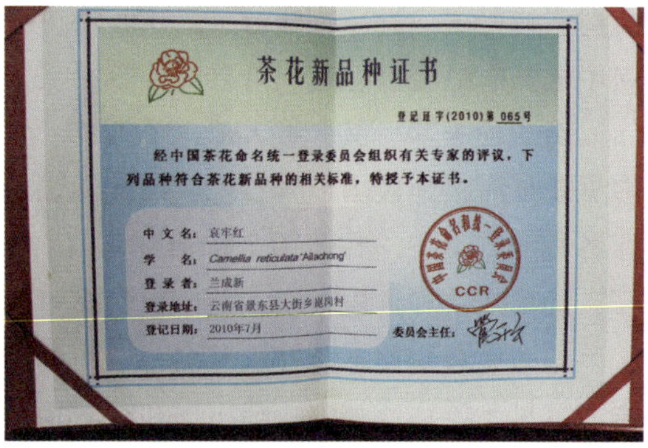
茶花新品种证书

登记证字(2010)第 065 号

经中国茶花命名统一登录委员会组织有关专家的评议，下列品种符合茶花新品种的相关标准，特授予本证书。

中文名：哀牢红

学 名：*Camellia reticulata* 'Ailaohong'

登录者：兰成新

登录地址：云南省景东县大街乡[illegible]村

登记日期：2010年7月

委员会主任：

新品种证书（叶珍德 摄）

“哀牢红”茶花（罗海垠 2017 年 1 月摄于景东植物园）

第六章　国际国内合作项目

第一节　国际项目

一、无量山 FCCD

项目背景　1995 年 9 月，云南省林业厅向荷兰驻北京大使馆递交思茅热带林行动计划，拟开展森林保护与社区发展项目（简称 FCCDP）。1995 年 12 月，荷兰政府作出资助承诺。1996 年 1 月，项目建议书经林业部转由对外贸易经济合作部提交荷兰驻中国大使馆；5 月 6—30 日，按照荷兰国际合作署要求，中荷联合开展实地认定考察，分别在北京、昆明与政府官员举行会谈。最终，景东无量山自然保护区被列入项目建设区之一。

项目实施　FCCDP 总部设在云南省林业厅。县项目办设在自然保护区管理局，负责全县项目协调督查工作，主任由 1 名副局长担任，配设工作人员 5 人。协作单位主要有中科院昆明动物所、云南省林业生态工程规划院、西南林业大学和云南省林业技术学院，实施单位主要有林业、农业、畜牧、环保、教育、科技、水务、科技及保护区周边各乡镇党委政府。1998 年 10 月至 2004 年 3 月，先后获援 621.91 万元，其中，投入“社区环境行动计划”发展 178.44 万元，森林资源调查与研究 134.82 万元，社区项目发展 248.18 万元，设备配置 60.47 万元。地方政府配套 42.71 万元，群众投工投劳投资 41.17 万元。1998—2003 年，县级投入退耕还林、扶贫等 1200 余万元。

项目实施后，无量山自然保护区森林共管机构可持续性加强，森林压力减轻，保护区及周边林区施行可持续参与式管理，野生动植物资源和生态系统得到有效保护，森林火灾及风险大幅下降。

项目巩固　2006 年 3 月，云南省林业厅保护办、FCCD 项目办与景东、南涧签署各类项目巩固联合实施协议。其中，与景东签署“野生动物肇事监测防范试点实施合同”“景东无量山保护与发展培训教育中心和核桃协会发展实施合同”；2006 年 8 月，与景东、南涧签署“无量山保护区走廊带（景东和南涧）共管实施合同”；同年 9 月，与景东签署“小额信贷扶持社区发展促进资源共管合同（景东哀牢山）”；2007 年 2 月，与景东签署“景福、林街核桃协会建设合同”。至 6 月，项目总投入 77.14 万元，其中，荷兰 55.64 万元，中国 21.5 万元。

二、哀牢山 GEF

项目实施　1999—2000 年，哀牢山保护区景东片区被列入“实施全球环境基金（GEF）社区环境教育试点示范”项目。选择在大街乡气力村杨家、中山、箐门口、白化、高家、河头 6 组开展示范活动，投资 10 万余元。(1)“不烧青山烧沼气”。帮助村民修建沼气池 30 口、地火笼 60 口，引导社区群众合理节约森林资源，减轻保护区压力。(2)“重新把猫请回来”。发动、资助保护区边缘 120 户农户每户养猫 1 只，制订村规民约，实施生物治鼠，远离化学毒剂，维护生态环境。(3) 校园“绿喇叭”。为气力完小赠阅报纸、环保读物，制作宣传栏，组织科普讲座、知识竞赛、夏令营等活动，让孩子从小关注保护区，树立生态环境保护意识。

项目成果 （1）辐射效应明显。2000 年 9 月 20 日，专题片《为环保忙碌的人》在央视一套节目播出后，示范点知名度提高。（2）生态意识增强。培养周边青少年从小关心环境、关注家园。在世界爱护动物基金会、省林业厅、《蜜蜂报》社联合发起“我们的朋友”环保征文活动中，气力完小 6 名学生分别获得一等奖 1 名，二等奖 2 名，三等奖 3 名。（3）示范效果显著。环境教育活动受到社区群众欢迎，村民“养山用山”，普遍使用地火笼节约薪柴，森林资源得以保护。（4）试点经验突出。为编写《GEF 项目自然保护区周边社区环境教育指南》提供依据，并于当年 3 月、12 月两次在全国“GEF——社区环境教育研讨会”上作交流和推广。

三、FFI 项目

FFI 官员及外国灵长类专家托马斯、海尔格在大寨子考察长臂猿（唐云　摄于 2010 年 9 月）

2008 年，景东自然保护区管理局与野生动植物保护国际（简称 FFI）签订“云南西部黑冠长臂猿保护工作合作意向书”，期限 2009—2010 年。

无量山黑冠长臂猿调查 2010 年 1—2 月，FFI 援助 5 万元，开展无量山西黑冠长臂猿种群分布调查，编制出《无量山国家级自然保护区西部黑冠长臂猿的群体数量与分布调查报告》。调查表明，无量山分布有西黑冠长臂猿 87 群，其中，景东 80 群，镇沅 4 群，南涧 3 群。

巡护监测规范化试点 2010 年 3 月 22—25 日，FFI 援助 12 万余元，在景东召开西部黑冠长臂猿规范化巡护监测方法和管理制度研讨会，相关专家学者及全国各保护区负责人参加，最终研讨出黑冠长臂猿规范化巡护监测内容、方法及管理制度。运用研讨成果，景东县在文龙邦崴、漫湾温竹窝落地、锦屏黄草坝、林街南骂等地设示范点 5 个，开展巡护监测活动。

哀牢山黑冠长臂猿调查 2011 年 12 月，受 FFI 援助 2000 美元，开展哀牢山景东片区西黑冠长臂猿种群分布调查，编制出《哀牢山国家级自然保护区西部黑冠长臂猿的群体数量与分布调查报告》。调查表明：哀牢山景东片分布有西黑冠长臂猿 9 群 50 余只。

第二节　国内项目

一、云南环境绿色发展基金会项目

2010 年 4 月，云南绿色环境发展基金会“景东黑冠长臂猿保护项目”通过评审，无量山大寨子栖息地植被恢复及食源基地建设试验示范项目启动。实施期限 3 年，基金会支持经费 100 万元，其中，2010 年 30 万元，2011 年 30 万元，2012 年 40 万元。实施内容包括长臂猿宣教、科研监测、大寨子栖息地恢复及食源基地建设。先后在监测站旁整地 26.67 公顷，栽植旱冬瓜、西南桦、七小叶崖爬藤，完成云南五味子、冷饭团、水东哥、买麻藤采种和部分造林地苗圃建设、路旁绿化；开展周边社区环境意识教育，签订管护协议。

二、北京山水自然保护中心项目

2010 年 5—6 月，实施大寨子监测站及周边社区用水安全保障建设工程项目。总投资 11.7 万元，其中，北京山水自然保护中心 9 万元，保护局 2.7 万元。解决黑冠长臂猿监测站及附近大寨子、叶家坝、干河 3 组 74 户 323 人饮水困难问题。

三、中央财政补助项目

2010 年 3 月，申报林业国家级自然保护区中央财政专项补助资金项目获得批准，其中，无量山保护区获得补助 60 万元，哀牢山保护区获得补助 15 万元。截至 2012 年 2 月，项目实施基本完成。

无量山保护区子项目　完成无量山保护区子项目 7 个。分别为景东翅子树、云南铁杉、景东槭树种群数量与分布调查、周边社区环境意识教育宣传、地理信息系统（GIS）建设、保护区综合管理计划编制、灰叶猴食性及其栖息地选择等。

哀牢山保护区子项目　完成哀牢山保护区子项目 3 个，分别为哀牢髭蟾生境改善试验及巡护监测、周边社区环境意识教育宣传、保护区综合管理计划编制。

第十二编

工业　乡镇企业

第一章　工　业

第一节　工业结构

一、所有制结构

中共十一届三中全会后，农业生产责任制在解放劳动生产力的同时，拉动了地方工业发展。随着城市经济体制改革的不断深化，所有制结构除原有的全民所有制工业企业和集体企业外，出现一批个体、私营、股份制等多种所有制经济。至2005年，景东非公有制经济增加值超过全县地区生产总值50%以上。

1978—2011年景东县工业企业所有制结构择年统计表

表12-1-1　　单位：个、万元

年度	全民所有制企业		集体所有制企业		股份合作制企业		私营企业		个体企业	
	数量	产值	数量	产值	数量	产值	数量	产值	数量	产值
1978	15	826	27	125	—	—	—	—	—	—
1980	14	1131	28	162	—	—	—	—	—	—
1985	21	2024	56	189	—	—	—	—	—	—
1990	21	4511	35	280	—	—	—	—	—	—
1995	18	12003	35	99	—	—	—	—	1203	1058
2000	9	15263	37	3877	2	986	12	1000	1567	3721
2005	3	2680	4	460	2	12511	12	7215	1821	2183
2010	3	22750	4	344	2	20699	117	19935	797	22381
2011	2	24985	2	285	4	28437	114	43572	794	37116

2000—2011年景东县工业发展主要指标一览表

表12-1-2

年度	总产值		主要产品					
	总计（万元）	其中规模以上（万元）	松香（万千克）	纤维板（立方米）	糖（万千克）	原煤（万千克）	发电量（万千瓦时）	水泥（万千克）
2000	23946.9	16874.2	700.8	9725.0	3004.5	2920.0	1850.0	5070.0
2001	21206.1	17600.0	815.5	5138.0	2323.8	2234.8	1756.0	4870.0

续表 12-1-2

年度	总产值		主要产品					
	总计（万元）	其中规模以上（万元）	松香（万千克）	纤维板（立方米）	糖（万千克）	原煤（万千克）	发电量（万千瓦时）	水泥（万千克）
2002	23852.8	16979.8	886.0	1933.0	2572.5	3820.1	2393.0	6700.0
2003	21191.4	15634.8	886.0	1294.0	3896.5	3320.1	1939.0	5800.0
2004	22310.0	14600.1	698.1	—	3057.2	4558.3	2993.0	6800.0
2005	22409.1	20181.8	650.0	45367.0	1367.7	3559.4	4797.0	8300.0
2006	35056.1	24371.8	664.8	73113.0	1174.6	2100.2	5875.0	9800.0
2007	40198.0	27256.3	316.0	50569.0	2034.7	5960.0	6738.0	10200.0
2008	47830.0	32527.3	224.1	50172.0	2088.9	6160.0	7482.0	10870.0
2009	64072.0	43396.5	351.0	64000.0	1503.5	6561.0	12055.0	11400.0
2010	124958.0	100148.0	575.1	95644.0	1281.8	4185.5	4631.0	12030.0
2011	150824.0	118571.2	973.0	91470.0	1727.2	6300.0	6087.0	12020.0

二、行业

林产业 主要企业有县林产工业（集团）总公司、力奥林产集团有限公司、昌龙林产工业有限公司。主要产品有原木、锯材、松香、松节油、林板、胶合板、集成材、纤维板、地板条（块）、刨花板、刨切单板、树脂、桐油、紫胶、橡胶等。

采矿业 主要企业有大街煤矿（大街煤业有限责任公司）、文玉铜矿选厂、竹山磁铁矿石选厂、花山磁铁矿石选厂等。主要产品有原煤、铜原矿、铜精矿、铁矿、磁铁矿、铅锌矿、石棉矿等。

加工制造业 （1）食品及饮料制造业。粮食加工企业有县粮油工贸公司粮油加工厂，油料加工企业有文华农场粮油厂、各传统榨油作坊，主要制糖企业有文井糖厂、者孟糖厂、花山红糖厂、漫湾红糖厂、漫湾白糖厂、昌贵红糖厂、郭荣红糖厂、林街红糖厂、振华红糖厂等；糖果糕点饮料企业有县糖果糕点厂、力奥林产集团天然饮品有限公司、陶福饮料厂、景银饮品有限责任公司等；其他企业有酱菜厂、冷冻厂等。主要产品有红糖、冰糖、冰红糖、砂糖、酒、酒精、毛茶、精制茶（晒清茶、烘青茶、普洱茶）、乳制品、核桃乳、绞股蓝饮料、菜籽油、核桃油、大米、面粉、面条、米线、粉丝，小黄饼、饼干、白饼等。（2）纺织业与化学纤维制造业。主要企业为佳浩茧丝绸有限公司缫丝厂。主要产品有生丝、蚕丝被、丝绸、丝绸服装、丝绸装饰品等。（3）服装鞋帽皮革制造业。主要企业有县服装社、县纺织社、乡镇缝纫组。主要产品有土布、棉布、洗染布、服装、鞋、帽、棉线、棉絮等。（4）木竹藤棕草制品和农具家具制造业。主要企业有县木器厂、乡镇木器社、花山竹筷厂等。主要产品有农机具配件、木（竹）制农具、竹筷、纸包装箱等。（5）造纸及纸制品、印刷、办公用品制造业。主要企业有太忠纸厂（国营企业）、县国营印刷厂、锦屏印刷社等。主要产品有土纸（草纸）、者干白棉纸、信笺、文件袋等。（6）非金属矿物制品业。主要企业有景东水泥厂（金泰水泥有限责任公司）、锦屏红砖厂、文井大丰砖厂、北屯免烧砖厂、芹菜塘红砖厂、清凉红砖厂、者孟红砖厂、大草地红砖厂、文华农场红砖厂、大街红砖厂、康达红砖厂、文龙红砖厂、前所陶器厂、三营陶器厂及各传统石灰窑、青瓦（青砖）窑、采砂场、采石场等。主要产品有水泥、红砖、免烧砖、空心砖、石灰、青瓦、青砖、土陶罐、日用陶瓷、混凝土电杆、混凝土水管、条石、大理石荒料、毛石、碎石、河砂等。(7) 金属制品业。主要企业有县五金社、各铁业社。主要产品有农机具配件,铁制农具有板锄、镰刀、砍刀、菜刀、斧头、犁铧、铁锤、铁钉、铁钎、火钳、三脚架、耙齿等;铁皮制品有水桶、风柜机、穿衣镜、钟表、手电筒等。(8) 医药制造业。主要企业为县制药厂。产品有景金散、金乌针剂、草乌针剂等,企业改制后停产。(9) 机械制造业。主要企业为县农机修造厂(农机厂)。在计划经济体制下,农机厂试生产部分农业机械,由于技术力量薄弱,产品质量难以提高,产品积压,1982 年停产。后转为农机具修理,兼营烤烟、面条加工。1992 年,由林产公司兼并。

电力、热力及水生产、水供应业 主要企业有川河大沟电站、菊河电站、开南电站、三营电站、三岔河电站、老仓河电站、南洋河电站、都鲁河电站、漫湾电站、大朝山电站、景东自来水厂等。主要产品有电力、自来水、罐装饮用水等。

建筑业 主要企业有景东建筑公司(县修建工程队)、兴业建筑公司、凯达建筑公司、华通建筑公司、宏发建筑公司、大理国光建筑公司、镇沅景盛建安公司、普洱远达建筑公司、普洱泰源建筑公司、普洱骏马建筑公司、国营思茅农场建筑公司、普洱云达建筑公司、云南春江建筑公司。

物流运输 主要企业有云南普洱道路桥梁工程公司景东分公司、县邮政局、云南金孔雀交通运输集团有限公司景东运输分公司、云南金鹿物流有限公司景东物流分公司、福通零担货运有限公司、普洱市思茅区圆通快递有限公司景东分公司、安顺零担快运有限责任公司、县公交运输有限公司、县林发物流有限责任公司、盛世公路养护有限公司、春虎信息服务部、建发运输服务有限公司、昆明飞飞快递服务有限公司景东分公司、金鑫物流有限公司、宏兴旅游汽车客运有限公司、普洱顺通快递有限公司景东分公司、盛达物流有限公司、云达零担货运服务有限公司、恒源运输有限责任公司、全峰快递服务有限公司、鑫立物流服务有限公司、胜达物流有限公司、宏程运输服务有限公司、兴顺物流有限公司、昆明韵达快运有限公司景东分公司、普洱彩云之南旅游运输有限公司景东分公司、天天快运有限公司、申通快递有限责任公司、利达运输有限公司。

信息传输业 主要企业有中国电信景东分公司、中国移动景东分公司、中国联通景东分公司。

批发和零售业 主要企业有云南盐化股份有限公司景东碘盐配送中心、县民族贸易公司、县供销合作社联合社民贸大厦、县供销合作联合社农业生产资料公司、文华农场粮油、云南省烟草公司普洱市公司景东县分公司、信发贸易有限公司、永谊电脑经营部、雄杰贸易有限公司、智佳科技服务部、云南澜沧江酒业集团有限公司景东经营部、百草堂便利品商贸有限公司、凯达农资有限公司、久鼎矿业有限公司、龙泉车市、金叶燃气经营部、华泰工贸有限公司、御笔茶叶有限公司、景东恒丰糖业有限公司等。截至 2011 年,全县共有批发和零售企业 326 个。

住宿、餐饮业 主要企业有银生食品有限责任公司、熙龙餐饮服务有限公司、无量山火腿木瓜鸡饮食文化有限公司、新概念茶餐厅、荣昌餐饮服务有限公司、七号小吃店、自然香餐饮服务有限公司、红苹果茶餐厅、蓝天宾馆、力奥林产集团物业管理有限公司龙泉宾馆、银生印象大酒店有限公司、银生大酒店、红阳酒店、陶福酒店、杜鹃湖庄园、金丰大酒店、南羊河酒店等。

房地产业 主要企业有房地产综合开发公司,普洱亚兴物业管理有限责任公司景东分公司、普洱市今日房产经纪有限公司景东分公司、源辉物业服务有限公司、盛世物业管理有限公司、盛世房地产开发有限公司、云南中宏房地产开发有限公司、佳园物业服务有限公司、盛鑫信息咨询服务有限公司、普洱华江房地产开发有限公司、力奥房地产开发有限公司、普洱尚标房地产开发有限公司云南洪滔实业有限公司、普洱汇高房地产开发有限公司景东分公司、锦升房地产开发有限公司、通泰信息咨询服务有限公司等。

租赁和商务服务业 主要企业有供销社资产管理有限公司、国有资产经营有限责任公司、工业园区投资开发有限责任公司、平掌街市场租赁服务部、土地收储经营有限公司、建设工程监理咨询服务部、银生水务有限公司、福兴工贸有限公司、华诚投资有限公司、凯宏租车行、普洱本色投资有限公司、永新文化传媒有限公司、鸿祥信息咨询服务有限公司、春风农贸市场服务有限公司、普洱通泰投资有限公司、威龙投资有限公司等。

其他　如供销社花炮厂。主要产品有文塔牌烟花爆竹。

第二节　林产工业

一、行业状况

松香、松节油　景东林产工业起步于松香、松节油生产。1962 年，云南省景东林业实验局在大草地驻地试产松香 5000 千克、松节油 1000 千克。1973 年，将加工技术转给景东县。1974 年，县林业局利用川河大沟管理所旧宅开办景东松香厂（1986 年更名为林业化工厂），生产松香 2.5 万千克、松节油 0.45 万千克；工厂干部职工 5 人。1975 年 3 月，迁址瑞屏山麓。12 月 19 日正式投入生产。1981 年，景东被列为全国松香生产基地县；国家投资 220 万元，修筑松脂运输道路。1982—1984 年，开挖永秀至文玉等松脂运输道路 165 千米，扩大松脂运输网络。1982 年 3 月，经省计委、省林业厅批准，生产工艺改造，由直火滴水法改为连续蒸汽法，项目投资 117 万元。1983 年 7 月，景东松香厂与广东蕉岭松香厂签订技术合作协议，由蕉岭松香厂提供技术，改造景东松香厂工艺流程。1984 年 10 月，正式试车投产，年生产能力 300 万千克以上。2004 年 12 月至 2005 年 6 月。再次实施技改，总投资 2800 万元，其中，南国莹银林产集团有限责任公司 1800 万元，贷款 1000 万元；年生产能力为松香 2000 万千克。2011 年，生产松香 960 万千克，产值 1.68 亿元；松节油 210 万千克，产值 0.48 亿元。

力奥公司技改项目开工仪式
（罗海垠　摄于 2008 年 8 月）

1992 年 1 月，林化厂、木材公司、人板厂合并成立国营县林产工业公司，后又兼并县机械厂、县茶厂。1997 年 3 月，改称县林产工业（集团）总公司。2000 年 4 月，改称县林产工业（集团）有限责任公司。2003 年 1 月，企业改制，改称景东南国莹银林产（集团）有限责任公司林业化工厂。2004 年 8 月，企业改制，承债式转让。仍保持原称谓。2007 年 8 月，公司再次改制，由合资变为独资公司，称云南力奥投资有限公司（简称力奥公司）。经批准，迁址孔雀山东麓实行异地技改。建成年产 4000 万千克松香、2000 万千克歧化松香、2000 万千克松香树脂生产线，松香附加值大幅度提高。

1979 年，县公社企业管理局在景福公社勐令大队芹菜塘开办松香厂（勐令松香厂）。1984 年 3 月，归口撤厂，人员归并县松香厂、木材公司。

1978—2011 年景东县松脂松香松节油产量统计表

表 12-1-3　　　　单位：万千克

年度	松脂	松香	松节油	年度	松脂	松香	松节油
1978	47.7	30.0	5.0	1995	516.3	380.5	80.5
1979	62.8	36.2	8.1	1996	782.0	500.8	103.0
1980	61.1	44.1	10.2	1997	866.3	584.8	138.0
1981	81.0	45.7	11.2	1998	958.4	719.8	150.0
1982	101.2	58.1	11.6	1999	1036.4	700.8	174.0
1983	20.6	15.7	3.2	2000	1063.5	700.8	186.5
1984	55.0	35.0	7.0	2001	1085.7	815.5	187.0
1985	81.8	43.1	9.2	2002	907.5	886.0	126.7
1986	143.0	82.0	18.0	2003	1266.3	886.0	—
1987	216.9	150.1	34.4	2004	878.6	698.1	—
1988	221.1	152.5	34.1	2005	1266.4	650.0	100.0
1989	244.6	170.0	38.0	2006	1641.4	664.8	148.3
1990	286.1	200.0	43.0	2007	1768.8	316.0	148.3
1991	319.6	230.0	48.3	2008	1778.6	224.1	38.1
1992	416.6	300.0	66.0	2009	1803.2	351.0	121.4
1993	571.2	416.0	87.4	2010	1937.1	575.1	127.1
1994	530.2	388.0	85.4	2011	2001.2	973.0	125.0

胶合板　1988 年 1 月，经思茅经济建设项目评估会议评估，准予景东筹建年产 5800 立方米胶合板厂，概算投资 375 万元。1988 年 8 月至次年 10 月，建成并试车投产，实际投资 453.1 万元；招收合同制工人 230 人，抽调管理人员 30 人。1989—1990 年，生产胶合板 830 立方米，产品质量经林业部南京西南监测站检测，外观、结合、黏合强度质量指标达国家规定 95%，尤以黏结强度为佳，首批产品销往四川、河南等省。主要设备有旋切机 1 台、干燥机 1 台、预压机 1 台、热压机 2 台、锯边机 1 台、锅炉 1 台、行车 3 台、挖孔机 1 台、拼缝机 2 台、剪切机 8 台；厂房建筑 7100 平方米、职工住宅及办公用房 2000 平方米。2010 年，因市场低迷停产。

刨花板　刨花板生产以林区剩余物树枝、树杈、锯材等边角废料为原料。1995 年 5 月，选址玉屏山麓，注册成立景东南国莹银华龙木业有限责任公司（简称华龙公司），股份制企业。1996 年，华龙公司刨花板厂建成投产，年生产能力 5000 立方米；总投资 1400 万元，其中，林产公司 70%、景东林业局 30%。当年生产刨花板 5014 立方米，销售收入 485.67 万元，创利税 60 余万元。经 1996 年、1997 年二次贴面技改，每张刨花板售价由 40 余元增加到 100 多元。2002 年，生产线技改，年生产中密度纤维板能力 1.5 万立方米；总投资 450 万元，其中，职工 50 万元，贷款 400 万元。2006 年 12 月，由于环保原因停厂。企业转让给力奥公司后，迁址于孔雀山东麓林产工业园区。新建中密度纤维板生产线，设计规模年产 8 万立方米，2010 年投产。

刨切单板　刨切单板是木材深加工原产品，主要用于刨切板、中密度纤维板、实木地板基材贴面材料。1995 年 12 月，地县林业局、县林产公司职工入股，合资兴建康嘉木业有限责任公司刨切单板厂，年生产刨切板能力 5 万立方米，总投资 150 万元。2004 年 5 月，因原材料供给难以保障停厂。

1999—2011 年景东县林业工业主要产品产量统计表

表 12-1-4

项目	1999	2000	2001	2002	2003	2004	2005	2006	2007	2008	2009	2010	2011
原木（立方米）	50500	46400	50900	72000	55000	45000	—	—	—	—	—	—	—
人造板（立方米）	11119	3729	3138	8585	8722	5141	45367	73113	50569	50300	64000	95644	91470
锯材（立方米）	3882	1699	1928	4664	5546	7717	8937	4863	18931	931	3263	6853	6000
核桃乳饮料（万千克）	16.6	21.6	40.2	55.0	50.1	45.2	55.0	54.8	59.3	75.0	99.0	130.0	207.2

二、主要企业

林产公司　1992 年 1 月，林业化工厂（松香厂）、木材公司、人造板厂合并，成立国营景东县林产工业（集团）总公司（简称林产公司）。注册资金由 1041 万元变更为 5000 万元，总资产由 0.6 亿元扩大到 8 亿元，企业由小型升格为中二型，并获得对外进出口贸易经营权。初期，产品主要有原木、锯材、松香、松节油、胶合板、茶叶。2002 年，主导产品有原木、锯材、松香、松节油、胶合板、集成材、地板条（块）、刨花板、中密度纤维板、刨切单板、“郝思嘉”牌系列天然保健饮料核桃乳、绞股蓝饮料；主营范围包括林业资源培育、开发和利用，原木、锯材、密度板、集成材、松香、松香树脂、松节油和饮品生产、销售；主要产品品牌为金铃牌松香、郝思嘉核桃乳和沧江林板。年贸易额从 2000 多万元上升到 4000 多万元，缴纳利税 600 多万元提高到 1000 多万元。产业从一业经营发展为一业为主、多种经营，产品从单一产品粗加工发展为多种产品精加工，经济结构由一元化向多元化发展，实现多种经济成分与经营方式并存格局。

力奥公司　2000 年 4 月 25 日，县经济贸易委员会发出《关于景东彝族自治县林产工业（集团）总公司改制申请的批复》，同意县林产工业（集团）总公司改制为县林产工业（集团）有限责任公司。2003 年 1 月，企业改制为股份制，成立景东南国莹银林产（集团）有限责任公司。2004 年 8 月 31 日，以资产承债式整体转让，受让方为昆明金德利林业化工有限公司，私营企业，名称未改。2006 年 10 月，股权转让，资产重组，成立云南力奥投资有限公司全资公司。2008 年 5 月，经工商行政管理局核准，更名为景东力奥林产集团有限公司，属私营企业；公司旗下有 5 个子公司，分别为景东力奥林产集团林业化工有限公司、景东力奥林产集团银生木业有限公司、景东力奥林产集团天然饮品有限公司、景东力奥林产集团物业管理有限公司、景东力奥集团林产公司。

昌龙公司　2004 年 8 月，昌龙林产工业有限公司（简称昌龙公司）注册成立，属普洱昌龙工贸企业（集团）有限公司下辖子公司；招商引资项目，非自然人出资有限公司，注册资本 360 万元，出资人纪朝斌（漫湾镇人）。主营范围包括林木繁育、开发和利用，纤维板、原木、锯材、木制品、木片生产与销售。主导产品有昌龙牌中密度纤维板，年生产能力 8 万立方米。公司内设管理、生产、财务、原料、销售、质量监督检验、安全生产监督管理、保卫、工会、共青团等 13 个科室。2011 年末，有合同制工人 101 人，其中，高中层管理人员 15 人，普通员工 86 人。2008 年 12 月，获县级“先进私营企业”称号；2009 年，获“林业产业省级龙头企业”、市级“节能先进单位”称号；2010 年，获“省级成长型中小企业”称号，昌龙牌中密度纤维获“云南省名牌产品”称号；2011 年，获市级“劳动关系和谐企业”“普洱市第一次全国污染源普查先进集体”、县级“2009—2010 年度守合同重信用企业”“安全生产优秀达标企业”称号，昌龙牌商标获“云南省著名商标”。

紫胶加工厂　20世纪60年代末，在县城马口开办虫胶片加工厂，称紫胶加工厂，职工36人。1972年末，因避免与大厂争原料而停厂。1999年，景东紫胶所退休工程师闫克昱在漫湾镇岔山开办紫胶加工厂，投资30余万元。主要加工颗粒胶和色素，年均产值300万元。

昌龙公司主要产品经营情况择年统计表

表12-1-5

内容	2005	2006	2007	2008	2009	2010	2011	合计
产量（万立方米）	4.54	5.46	5.00	5.02	6.38	6.08	5.48	37.96
销量（万立方米）	4.61	5.00	4.86	5.00	6.76	6.76	5.17	38.16
营业总收入（万元）	4222	4610	4438	4596	5639	5896	5122	34523
工业总产值（万元）	4095	5769	4608	4571	5609	5307	5307	35266
实现税金（万元）	522	581	577	429	527	553	324	3513
缴纳税金（万元）	378	457	433	517	457	606	309	3157
利润总额（万元）	187	366	381	27	210	185	-508	848
林业规费（万元）	241	143	140	127	136	111	113	1011

第三节　矿产工业

一、大街煤矿

大街煤厂　位于大街乡塘坊村。1994年前，隶属县工业局，国营小型煤炭企业，称大街煤厂，煤种为优质褐煤。固定职工64人，矿区占地0.51平方千米，其中房建3780平方米，固定资产119.6万元。主要设备有挖掘机2台、推土机4台、打眼机1台、运输车辆13台、车刨床3台、空气锤1台、摇臂钻1台、刮板机2台。同年6月，大街煤矿管理权划归大街乡政府，成为景东唯一乡级国营企业。2003年4月10日，根据县经济贸易局《关于景东大街煤矿整体出售费用的请示》及《大街煤矿整体出售方案》，大街煤矿总资产662.1万元，其中，流动299.3万元，固定362.7万元；在职职工40人，其中，正式22人，合同18人，退休41人。

大街煤业公司　2003年12月31日，大街煤矿以资产承债式向社会竞价转让，由自然人肖会良等7人出资860万元获得，建立大街煤业有限责任公司（简称大街煤业公司）。矿区面积0.46平方千米。2006年，核定年生产能力0.6亿千克。同年10月20日，煤矿工程安全设施通过云南煤矿安全监察局红河监察分局专家组验收。2008年4月，公司股权经3次整合，由普洱佳缘房地产开发有限责任公司、普洱思普矿业工程有限责任公司联合经营，并由前者控股。2009—2012年，矿井技改，总投资3300万元，年生产能力1.5亿千克。2011年，公司设矿长室、生产技术部、安全生产管理部、井口、财务部、供销部、综合部等7个管理部门；在册职工257人，其中管理人员26人。煤矿保有可采储量43.5亿千克。至2012年，产值和税利分别在1.5亿元、0.5亿元以上，成为普洱市煤炭标杆企业。历任董事长：廖国文、卢勇华。

大街煤业有限责任公司历年主要经济指标统计表

表 12-1-6　　单位：万千克、万元

年度	产量	产值	税利	年度	产量	产值	税利
2007	3800	955.5	-154.4	2010	5700	1553.3	463.0
2008	5900	1508.3	308.0	2011	6600	2291.3	705.0
2009	6000	1562.4	257.0				

二、文玉铜矿

位于大朝山东镇长发村。矿藏以铜为主、多金属分布，其中 Pb（铅）、Zn（锌）、Ag（银）等元素异常密集。采矿企业主要为文玉铜选厂、立华腾矿业公司。

文玉铜选厂　又称文玉铜矿厂、大朝山文玉铜矿厂，乡镇企业。1994 年 9 月开工建设，1995 年 7 月 10 日投产，总投资 480 万元。1995—1996 年，累计生产铜原矿 1060 万千克，铜精矿 12.72 万千克，产值 166 万元。1996 年 9 月 23 日，铜选厂被县商业总公司兼并。清查结果：固定资产 457.9 万元，负债 613.23 万元，亏损 67.96 万元。1996 年 11 月 4 日，县委县政府办公会决定，以资产承债式整体转让，受让方为昆明市嵩明杨林明辉选矿厂，法定代表人林述明，转让金额 580 万元，转让标的物包括工厂资产、6.5 千米进厂公路和塔落山矿区（81.76 万平方米），转让期限 1997 年 1 月 1 日至 2026 年 12 月 31 日。1999 年 4 月 22 日，签订转让补充协议，企业权属变更为昆明市永昌工贸实业总公司。2000 年 10 月，因乙方违约，铜选厂收回。2003 年 2 月 18 日，再次以资产承债式整体转让，受让方云南安宁金康有限责任公司，法定代表人李金康，转让期限 5 年。

立华腾矿业公司　2006 年 8 月，云南安宁金康有限责任公司转让文玉铜选厂采矿权，受让方为景东立华腾矿业有限公司（简称立华腾矿业公司），独资企业，转让金额 500 万元，法定代表人唐建伟。通过技改，处理能力 70 万千克/天。2006 年 8 月至 2011 年 1 月，累计生产铜精矿（含铜）151.8 万千克，产值 8095.74 万元，缴纳利税 1056.41 万元。2011 年 1 月 21 日，资产重组，注册资金 1.36 亿元，股东分别为云南山海企业投资管理有限公司，出资 5440 万元，占股 40%；云南龙润投资有限公司，出资 4670 万元，占股 35%；自然人唐建伟，出资 3400 万元，占股 25%，企业法人董光伟。主营范围包括铜矿及相关贵金属开采、加工与销售。在册职工 39 人，其中，高级管理人员 4 人，专业技术人员 18 人，其他 17 人。

三、竹山与花山磁铁矿

大街竹山磁铁矿石选厂　又称景东迤竹山矿业有限责任公司。位于大街乡平地村，距县城 56 千米。云南省安宁市永昌物资经贸集团有限公司下属 17 个矿山企业之一。2009 年 6 月开工建设，2010 年 5 月投产，总投资 2.7 亿元，注册资金 1398 万元，设计规模为年产铁精矿粉 1.5 亿千克，探矿面积 10.1 平方千米。截至 2012 年 12 月，累计生产铁精矿粉 2 亿千克，总产值 1 亿元，上缴税金 1000 万元，带动当地就业 100 人、车辆运输 200 余辆，涉农补偿 2500 万元。

花山磁铁矿石选厂　又称景东鑫盛矿业有限责任公司。位于花山乡卜勺村，距县城 66 千米。云南省安宁市永昌物资经贸集团有限公司下属 17 个矿山企业之一。2008 年 3 月开工建设，2009 年 12 月投产，总投资 2.5 亿元，注册资金 1000 万元，设计规模为年产铁精矿粉 2.4 亿千克，探矿面积 44.94 平方千米。截至 2012 年 12 月，累计生产铁精矿粉 3 亿千克，总产值 1.5 亿元，上缴税金 850 万元。带动当地就业 200 人，涉农补偿 2500 万元。

第四节　建材工业

一、砖瓦

景东砖瓦烧制历史较为久远。明初卫城、清代陶府土司墓葬，以及各地古庙遗迹，不乏明清烧制的完整砖块和瓦片。清代以前，制作的砖瓦浑厚大方，而近代则比较小巧。民国年间，川河坝、者干坝一带先后建起一批小瓦窑，每窑年生产青瓦2万~4万块，但仅部分公廨、学校、富户能建盖瓦屋。1964年，县委发出“家家住瓦房”号召，各区兴起办窑热潮。1981—1985年，全县共烧制青瓦2651.49万块，青砖1886.9万块。1983年，开办景东县第一个机制红砖厂——锦屏红砖厂。1989年后，大草地红砖厂、文华农场红砖厂等相继开办。由于国家压缩基建规模，红砖需求趋于饱和，产品时有积压。21世纪后，红砖需求量大增，常常供不应求。先后建立起红砖厂6个，最多时达10个。此外，20世纪90年代初出现个体户开办小型混凝土空心砖厂，21世纪后遍布城乡各地，生产单位及产量难于统计；还有约30个小瓦窑分布各乡镇，烧制青瓦。

锦屏红砖厂　位于锦屏镇山冲村过桥山，景东县第一个机制红砖厂，公社企业。1983年，由县社队企业局、锦屏公社、云南砖瓦总厂联合投资55万元开办；年生产能力1000万块，联合经营期限10年。1984年，生产红砖705万块，1985年达1154万块，4年还清贷款且略有节余。1989年，锦屏乡贷款78万元，添建20门轮窑1座，年生产能力2000万块。2002年4月20日，乡镇企业体制改革，以资产承债式向社会竞价转让，厂长刘云以420万元获得50年生产经营和土地使用权，成为私营企业。2011年7月，第三次技改，旧设备、旧轮窑更换为新型节能隧道生产线，投资600万元，年生产能力5000万块，生产人员由150人减至130人。2011年，生产红砖1626万块，销售1628万块。

大丰砖厂　位于文井镇中所村，私营企业。2001年12月，由张丽容（四川人）投资100万元开办，年生产能力500万块。2011年，技改扩建，投资1100万元，年生产能力3000万块；生产、销售红砖1400万块。

北屯免烧砖厂　位于锦屏镇北屯村北家坡，私营企业。2008年9月，由田文奇（重庆人）投资258万元开办，年生产能力1400万块。2011年，生产免烧标砖1280万块，销售1240万块。

芹菜塘红砖厂　位于景福乡芹菜塘，私营企业。1998年1月，由伍辉、罗廷文投资80万元开办，18门轮窑，年生产能力500万块。2011年，生产、销售红砖200万块。

农村瓦窑作坊

（罗海垠　2014年3月摄于者吉）

锦屏红砖厂

（罗海垠　2015年4月摄）

景东水泥厂

（罗庆东　2015年4月摄）

清凉红砖厂　位于文井镇清凉村羊坡组丙月山，私营企业。2002年7月，由清凉人李海波投资131万元建成，年生产能力500万块。2011年，生产红砖300万块。

者孟红砖厂　位于文井镇者孟村庙坝山，私营企业。1996年4月，由邓汝芳（广东人）投资150

万元建成；后转包于杨正明经营，更名为者孟和谐砖厂。2011 年，生产红砖 150 万块。

大草地红砖厂　位于县城南 4 千米，景东林业局后山。1980 年 11 月，由景东林业局投资 98 万元开办，年产能力 800 万块。2011 年 2 月停厂。

文华农场红砖厂　位于文井镇文华农场。1995 年，由文华农场投资 80 万元开办。2008—2011 年，由邓金萍承包经营，年生产能力 300 万块。

大街红砖厂　位于大街乡，私营企业。1988 年投资 106 万元开办，16 门砖窑。2011 年，生产红砖 450 万块，产值 160 万元；固定资产 126 万元。

康达红砖厂　位于锦屏镇斗阁村景太公路 4 千米处。2002 年开办，间歇生产。2011 年，由锦屏红砖厂兼并，彻底停产。

文龙红砖厂　位于文龙乡。20 世纪 90 年代开办，间歇生产，六七年后停厂。

二、水泥

中共十一届三中全会后，境内水泥需求量越来越大，但很长时间内，交通、城建、水利等基础设施建设所使用的水泥多从昆明、祥云购进。1990—1992 年，景东县在锦屏镇灰窑建成水泥厂，成为县属重点乡镇企业之一。2003 年 10 月 1 日，水泥厂以资产承债方式转让，受让人武士山，转让金 2200 万元。改制后更名为景东金泰水泥有限责任公司。

1993—2011 年景东县水泥产量产值税利情况统计表

表 12-1-6　　单位：万千克、万元

时段		产量	产值	税利
改制前	1993—1994	6230	2113.34	383.11
	1995—1997	9510	3223.07	391.91
	1998—2000	12300	4194.63	655.59
	2001—2003	17370	4718.33	584.22
改制后	2004—2005	15090	3166.40	675.54
	2006—2008	3080	8095.71	964.22
	2009—2011	3550	10322.57	1171.85

三、砂石料

民国前，县境菊河、大坝河、董报河、开南河开辟有小型石场，专门打制石磨、石缸、石槽、石碾、石条等器具。城郊川河东岸凤凰山麓陶府遗址，遗留有雕刻工艺精湛的石人、石马、石狮等，一些出土的明代大型墓葬及寺庙遗址，不乏石虎、石狮、石麒麟等饰物。新中国建立后，人们普遍于山崖、河道取石为基。中共十一届三中全会后，城乡经济不断发展，房屋建筑从木架结构逐步演变为砖混、钢混结构，文井、锦屏等乡镇企业在文蚌、团田、北屯、灰窑等地开辟采石场，专供城乡建筑用料。20 世纪五六十年代，川河砂石多用于公路维修；80 年代后，取运河砂者车水马龙，多用于交通、城建和水利设施建设。21 世纪后，砂石用量剧增，但凡有河流有砂石地方，均有人取砂采石，数量无法确计。较大石场有灰窑采石场、山心采石场和太忠采石场。

四、石灰

20 世纪 70 年代前，石灰是建筑业不可或缺的建筑材料，随着大量使用水泥，加之新型建筑材料替代品（如腻子粉）的产生，石灰已逐渐淡出建筑业。历史上，花山、大街、太忠三乡盛产石灰，多为农户自办露天鸡窝窑烧制而成，每窑从取石、生火到烧制出炉，需要 10 天左右。而三乡中，洁白度、黏结力和凝聚力尤以太忠乡三合、勐整产石灰为佳。1985—1990 年，全县房建、水利工程累计石灰用量 159. 1 万千克。20 世纪 90 年代后，产量越来越少，偶尔使用多从外地购进。

第五节　缫丝工业

1995—1997 年，县农业局设立蚕桑办试行种桑养蚕，收购鲜茧加工干茧、制作丝绵加工蚕丝被、寿衣等。2000 年，蚕桑产业引起县委县政府关注，并在县财政局设立蚕桑办加以发展。至 2003 年 6 月，县委县政府遵循民营企业发展模式，以“公司+基地+农户”运行机制，招商引资引进佳浩茧丝绸有限公司落户景东，并加大桑蚕基地建设投入。2007 年 8 月 20 日，缫丝厂建立，年处理干茧 150 万千克、加工生丝 50 万千克。

一、行业状况及产品

2011 年，景东县 12 个乡镇、130 个村、1065 个组、9266 户种桑养蚕，投产桑园 1653. 33 公顷，养殖蚕种 5. 58 万张，鲜茧产量 201. 9 万千克，蚕农鲜茧收入 6500 万元。平均每公顷桑园养殖蚕种 33. 75 张，平均张种产茧 36. 2 千克，平均公顷桑产茧 1221 千克，平均公顷产值 39915 元。户均生产鲜茧 217. 9 千克，户均收入 7015 元。蚕桑产业正成为景东农民增收、企业增效、财政增长支柱产业。

二、佳浩公司

景东佳浩茧丝绸有限公司（简称佳浩公司）位于城南景太大桥川河东岸，为云南佳浩茧丝绸集团有限公司子公司，私营企业。注册资本 5998 万元，总资产 2. 45 亿元。是一家集蚕桑基地建设、蚕茧生产、生丝加工、蚕丝被及丝绸系列产品开发、生产、销售为一体的现代化农业产业化龙头企业。公司下设缫丝厂 1 个，蚕茧收烘站 11 个，员工 400 人。公司自成立后，以资本为纽带、科技为依托，推动市场牵龙头、龙头带基地，基地连农户，形成产供销一条龙经营机制。按照“公司+基地+农户”运作模式，与蚕农签订合同订单，形成固定和稳定产品供求关系。公司与蚕农成为风险共担、利益共享共同体。2004 年，获省级“守合同重信用企业”称号；2008 年，获“云南省（企村结对）共建新农村先进单位”及省级“诚信单位”称号。2007 年，公司被商务部列为“东桑西移”项目工程建设单位。

佳浩公司（罗海垠　摄于 2012 年 10 月）

2011 年，公司总资产 2. 9 亿元，生产生丝 25. 2 万千克，工业总产值 7765 万元，完成营业收入 1. 16 亿元，实现利税 2000 万元。员工 400 人，其中，管理 23 人，技术 122 人，后勤 3 人，工人 252

人；按学历划分，本科 4 人，专科 24 人，中专 145 人，高中 108 人，初中 119 人。董事长兼总经理：孙永美。

三、佳浩公司缫丝厂

缫丝厂设于佳浩公司内，为公司主要生产企业。2006 年，开始筹建；2007 年 8 月，试车投产。有生产人员 324 人，管理人员 6 人。2011 年，有管理人员 6 人，生产人员 254 人。

第六节　食品工业

一、制糖业

（一）文井糖厂

位于文井镇姚营村川河西岸，距县城 20 千米。1956 年，由国家投资 190 万元开办，隶属景东企业公司，半机械化小厂，国营企业。1958 年，实施技改，国家投资 250 万元，日处理甘蔗能力 25 万千克，生产白糖 3 万千克。主要生产白糖、冰糖、糖蜜酒和酒精。1984 年末，累计压榨甘蔗 3.84 亿千克，生产机制白糖 4360 万千克，白酒 495 万千克，酒精 56.8 万千克；实现产值 4532.67 万元，利税 2133 万元；有固定资产 322.7 万元，固定工人 195 人。1985 年，糖厂占地 52843 平方米，其中，工厂 2923 平方米，住宅 2629 平方米；有锅炉 1 台，机床 4 台，起重设备 5 台，专用给料机 2 台，水泵 5 台，过滤机 2 台，污水处理设备 6 套，电焊机 3 台，电力整流变压器 1 台，反击式破碎机 1 台，磨碎设备 2 台，电子仪器 8 台，光学仪器 8 台，实验仪器 4 台，专用仪器仪表 2 台，背压式汽轮机 1 台，汽轮发电机 1 台，内燃发电机组 1 套，汽车 4 辆。1985 年 7 月至 1987 年 2 月 7 日，技改扩建，提高甘蔗处理能力及白糖制作工艺流程自动化、现代化程度。投资 1727.4 万元，其中，自筹 191 万元，贷款 1536.4 万元；日处理甘蔗能力 100 万千克。新建办公楼 1 栋，建筑面积 801 平方米；职工住宅楼房 1 栋，建筑面积 5007 平方米。从 2002 年榨季开始，文井糖厂停产，所承担榨区甘蔗全部运往者孟糖厂入榨。

（二）者孟糖厂

位于文井镇者孟村川河东岸，距县城 17 千米；与文井糖厂隔河相望，相距 4 千米。1966—1967 年，由国家投资 450 万元建成，设计日处理甘蔗 50 万千克，年产白糖 600 万千克。主要生产白糖、冰糖、糖蜜酒和酒精。1967—1970 年，年均压榨甘蔗 1000 万千克，为设计能力的 20%；1971—1979 年，年均压榨甘蔗 2000 万千克，为设计能力的 40%；1980—1982 年，年均压榨甘蔗 4000 万千克，为设计能力的 80%。1984 年，技改扩建，投资 210 万元，日处理甘蔗能力 70 万千克。1984 年末，累计压榨甘蔗 40250 万千克，生产白糖 4380 万千克，糖蜜酒 250.4

者孟糖厂（罗海垠　摄于 2015 年 5 月）

万千克，酒精154.4万千克；实现产值4975.37万元，税利1771万元，固定资产644.7万元。1990年，固定职工210人，糖厂占地9.13万平方米，其中，工业8436平方米，住宅5441平方米。有金属切削机床5台、水管锅炉3台、蒸汽机及内燃机3台（套）、锻压设备1台、梁式起重机4台、输送机10台（其中，斗式1台，板式2台，刮板式2台、链式2台、螺旋式3台）、水泵70台（套）、风机9台、沉淀装置1台、过滤机4台、除尘设备2套、旋风除尘器2台、焊接及切割设备3台、电热设备6台、电力机械设备3台、衡器1套、分析器1台、背压式汽轮机1台、汽轮发电机1台、内燃发电机组2套、原料处理设备6台、提汁设备29台、制炼设备47台、糖蜜酒和酒精加工设备12台、汽车4辆。1996—1997年，技改扩建。投资5807万元，日处理甘蔗能力150万千克。2002—2007年，由福泉公司租赁经营。2007年11月，政策性破产改制。2008年，公开竞拍。由广东恒福集团购得，注册成立景东恒东制糖有限公司（简称恒东公司），私营企业，出资人刘锋（董事长）。2011年，固定资产6860万元，企业占地6.99万平方米；职工160人，管理人员30人。

2009—2011年恒东公司生产经营情况统计表

表12-1-7　　　　单位：万千克、万元

年度	白糖	酒精	工业增加值	工业总产值	上缴税金
2009	704.5	68.4	—	—	249
2010	747.8	121.5	—	—	506
2011	1170	162.7	9537	13137	1130

（三）糖业公司

1994年4月，为了适应社会主义市场经济发展需要，整合资源，组建景东糖业总公司（简称糖业公司），下辖文井糖厂、者孟糖厂、漫湾糖厂、者孟复合肥厂、劳动服务公司和县酒厂。2002年，糖业公司申请国家政策性破产改制，逐级上报到国务院，但未获批准。2004年12月18日，公司实行租赁承包，更名为景东福泉制糖有限公司（简称福泉公司），法定代表人何丕明（糖业公司总经理）。2007年11月，全国企业兼并破产和职工再就业工作领导小组作出《关于下达重庆长安实业有限公司等270户企业破产项目的通知》，批准景东县糖业总公司政策性破产改制，历经6年改革，宣告破产。

企业改制　2003年10月，根据县政府文件批示，糖业公司实行破产重组。2006年7月，根据思茅市政府《关于责令景东彝族自治县政府自行整改在糖业整合中存在的违法违规行为的通知》文件要求，鉴于公司破产重组时存在违法违规行为，县政府撤销2003年相关文件，解除福泉公司租赁合同，并成立清算小组，彻底清查公司资产。2006年8月21日，糖业公司收回经营权后，向社会公开招租。福泉公司以每年租金2115万元获得经营权，租期4年。由于市场及企业内部管理不善等原因，虽经几次改革，仍然不能使景东糖业走出困境，公司累计亏损额巨大，严重资不抵债。2006年末，公司资产总额1.33亿元（其中固定资产1.71亿），负债总额1.15亿元，资产负债率161.71%。所有者权益总额8197万元，其中，国有资本金887万元，资本公积金（土地估价入账）90万元，盈余公积金266万元，历年亏损9440万元。2007年11月，糖业公司被列入全国企业关闭破产项目。2008年1月13日，普洱市中级法院正式受理该案，宣布糖业公司政策性破产。至2010年1月案件办结。

2008年6月18日，按照破产工作进度安排，在普洱市第一次公开拍卖糖业公司，有3个企业参与竞拍，由于价格等因素，竞卖未成。2008年7月17日，在普洱市第二次公开拍卖，有3个企业参与竞拍，最终广东恒福糖业集团有限公司以4900万元拍得。同年8月，顺利完成资产移交；同时，

注册成立景东恒东制糖有限公司（者孟糖厂）和景东恒漫制糖有限公司（漫湾糖厂），私营企业。出资人刘锋（董事长）。

职工安置　糖业公司改制后，应安置职工722人，批准退休31人，政策性破产安置113人（核批安置费720.23万元），与公司解除劳动合同298人。根据云南省劳动和社会保障厅《关于对劳动合同解除或终止给予经济补偿金、生活补助费和安置费等问题的处理意见》文件，每人每年工龄补助1000元身份置换金，一次性发给1万元再就业启动金，累计兑付592.98万元（由福泉公司先垫付，在第二次核批费时兑讫）。解除劳动合同愿意到福泉公司再就业人员280人，一次性发给再就业启动金3000元，每人每年工龄补助1000元身份置换金，但由福泉公司统一借用，付给职工利息；改制时，职工再就业启动金和身份置换金兑讫，累计兑付663.02万元。

（四）花山红糖厂

1980年，在大街公社文光筹建大街红糖厂，国营企业。1981年，建成投产，连续2年亏损。1983年，厂址迁至花山公社营盘村乌龟山重建，更名为花山红糖厂。主要生产半机制红糖和糖蜜酒。1984年，生产红糖21.6万千克，白酒0.7万千克，总产值14.8万元，固定资产24.6万元；工厂占地1.45万平方米，其中，厂房1633平方米，住宅687平方米；固定职工12人。主要设备有离心式清水泵1台、交流电弧焊机1台、地中衡器1台、内燃发电机组1套、提汁设备1套、制粉机械1套、汽车1辆。1993年7月21日，根据县政府《关于将花山红糖厂下划花山乡政府的决定》：(1) 花山糖厂下划给花山乡政府。(2) 花山糖厂下划后，企业性质为乡镇企业，享受乡镇企业优惠待遇。在职和退休职工继续保留国有企业职工身份，可享受国有企业职工有关政策待遇。1995年，因价格低迷、红糖滞销、亏损严重，红糖厂关闭、职工分流。历时14年。

（五）漫湾糖厂

漫湾红糖厂　位于漫湾镇保甸村，距县城120千米。1988年12月，红糖厂建成，投资31.5万元。由县城乡集体企业管理局牵头筹建，乡镇企业。采用电机带动滚筒式压榨机，传统方法熬制红糖，设计日处理甘蔗能力5万千克。1989年，试榨10天。生产红糖2.3万千克，产值5.2万元，利润-2.4万元；固定职工6人。1989—1995年，累计生产红糖110.8万千克（其中1990年停榨），完成现价总产值224.1万元。

1989—1995年漫湾红糖厂生产情况统计表

表12-1-8　　单位：万千克、万元

年度	红糖产量	2011年现价总产值	1990年不变价	年度	红糖产量	2011年现价总产值	1990年不变价
1989	2.3	5.6	—	1993	33.4	45.0	61.5
1990	—	—	—	1994	32.3	64.0	68.0
1991	8.5	16.5	21.4	1995	22.3	76.0	44.0
1992	12.0	17.0	19.0	—	—	—	—

漫湾白糖厂　1996年8月至1998年1月，在漫湾红糖厂原址建成。投资3500万元，设计日处理甘蔗能力50万千克。2008年，由广东恒福糖业集团有限公司购买，注册成立景东恒漫制糖有限公司（简称恒漫公司）。2011年，固定资产4900万元，工厂占地3.3万平方米；固定职工110人，管理人员17人。

2009—2011 年恒漫公司生产经营情况统计表

表 12-1-9

单位：万千克、万元

年度	白糖产量	工业增加值	工业总产值	上缴税金
2009	458.3	—	—	10.3
2010	533.9	—	—	254
2011	556.6	2128	4555	522

（七）私营小红糖厂

21 世纪后，机制白糖虽然发展较快，但传统熬制的红糖仍有一定市场。

昌贵红糖厂　2004 年 12 月，由花山乡文俄村老街子组刘昌贵开办。2010 年未榨。年生产红糖 2 万~3 万千克。

郭荣红糖厂　2007 年 12 月，由花山乡文岔村回扎组郭荣开办。年生产红糖 2 万~3 万千克。

林街红糖厂　2007 年 5 月，由林街乡马家平在其木材加工厂内开办。最高年生产 30 余万千克，其他年生产约 3 万千克。

大街振华红糖厂　1989 年，由大街乡大街村文光组刘开华开办。2011—2012 年，生产红糖 28.5 万千克，产值 200 万元。固定资产投资 183 万元，有铁福牌三滚榨机 1 套、五滚榨机 1 套。

二、县糖果糕点厂

1957 年 1 月 5 日，县糖果糕点厂开办，属国有企业。1958 年，糕点社划归商业局综合厂。1962 年，划归县手工业联社经营。1970 年，归还商业局贸易公司。厂址屡经搬迁，先是在三道沟，后迁往龙泉寺、左所营，后又复迁三道沟。1981 年，改称综合加工厂。1984 年，改称县糖果糕点厂，购置华夫饼干机、烤炉、冰糖机、酥心糖机、锅炉等设备。1986 年 11 月 20 日，糖果糕点厂迁至景川路 64 号，投资 25 万元，建盖厂房 1859 平方米，职工由 13 人增加至 43 人，分设糖果、糕点、冰糖 3 个车间，有糖果机、烘干机、合面机、饼干机、单晶冰糖机等 10 多台机械设备。固定资产由 1.81 万元增至 83.12 万元，生产方式和工艺流程由手工生产逐步转为半机械化、机械化生产，花色品种发展到 79 个。1985 年，共生产糖果糕点 64.3 万千克，其中，糖果 26.74 万千克，冰糖 7.59 万千克，糕点 27.26 万千克；总产值由 1963 年 1.81 万元增加到 83.13 万元。

20 世纪 90 年代，工厂“以质量为生存、以品种求发展”，坚持“质量第一，信誉第一”，严格卫生标准，产品夹心饼干、蛋清饼、奶油饼、绿豆糕、芙蓉糕、冰糖等先后获得省地县优良产品称号，销往下关、广通、南涧、镇沅等市（县）。其中小黄饼尤以价廉物美而著称，其特点是配比适度，松软，久存不霉变，普遍受到人们欢迎。随着深入贯彻改革开放政策，糖果糕点生产由独家经营变为多家生产。县内较具竞争能力的还有群益糕点厂、凤凰食品厂。群益糕点厂，个体开办，设备及固定资产 15 万元，主要有蛋清饼、酥心糖等 30 多个品种，年产量 5 万多千克；凤凰食品厂，锦屏镇乡镇企业，以生产酥心糖为主，年产量 4 万多千克。另外，还有数十个蛋糕、面包、冷饮等个体户。21 世纪后，群益糕点厂、凤凰食品厂相继被市场经济淘汰。1998 年，县糖果糕点厂改制；11 月 4 日，根据县经贸委《关于景东彝族自治县糖果糕点厂（股份合作制）董事会、监事会、执行监事选举结果的批复》，认定董事会由陈世荣、赵丽、李文兴 3 人组成，其中陈世荣担任董事长（兼厂长），蔡海英担任执行监事。1999 年 1 月 1 日，根据县政府《关于同意县糖果糕点厂股份合作制企业改制实施方案的批复》，重新组建县糖果糕点厂，转型为私营股份制企业。主要生产夹心饼干，月饼、荞饼、小黄饼等糕点。2011 年，糖果糕点产量 33 万千克，产值 300.18 万元。

1979—2011 年景东县糖果糕点厂部分年份产量产值统计表

表 12-1-10　　单位：万千克、万元

年度	产量	产值	年度	产量	产值
1979	53.3	48.5	2000	41.6	221.8
1980	49.8	47.6	2010	27.0	231.7
1990	59.3	174.3	2011	33.0	300.2

三、饮料业

力奥饮品公司　1995 年 1 月，县林产公司兼并县茶厂，投资开办景东南国天然保健饮品厂，产品核桃乳注册商标“郝思嘉”，年生产能力 60 万千克。2008 年 5 月，企业权属变更，改称景东力奥林产集团天然饮品有限公司（简称力奥饮品公司），私营企业。“郝思嘉”系列天然核桃乳饮料，采用中外合作技术，精选地方优质核桃，配以无量山天然矿泉水和优质蔗糖制成，色泽洁白、口感纯正、营养丰富，有健脑、乌发等功效。产品先后通过食品安全、有机产品、ISO 9001 等认证；获北京“'95 国际食品博览会金奖”、第七届中国国际食品博览会“中国名优产品”、2005 年“云南省消费者最喜爱产品”“云南省第四届青少年运动会指定产品”、2001 年“中国优秀企业”称号等，连续五年被省政府评为“重合同、守信用”单位。

陶福饮料厂　2003 年，由谢应品开办，私营企业。厂址锦屏镇河东街，后迁至斗阁村小河桥组，占地 1180 平方米，总投资 400 万元；有 4 条生产线，包括灌装机、旋盖机、打码机、打包机等。生产“陶福牌”系列碳酸饮料（果味饮料、果汁饮料），取得 QS 532706010181 认证。2011 年，产品产量 300 万千克，产值 375 万元。

景银饮品公司　2007 年 3 月，由苏理祥投资 40 万元开办景银饮品有限责任公司（简称景银饮品公司），私营企业。厂址锦屏镇景川路村回营组。生产销售碳酸饮料及纯净水，主要产品有景东山泉、御笔山泉 20 千克瓶装纯净水，取得 QS 532706010315 认证。2011 年，纯净水产量 20 万瓶，产值 30 余万元。

四、粮油加工业

1959 年，粮食局成立粮油加工机构，开始加工面条。20 世纪 60 年代后，陆续购进制粉机、碾米机和榨油机，粮油加工能力逐步上升。70 年代，粮食加工组和挂面加工组合并同业，更名粮油加工厂。1980 年，增加饲料加工项目。配备 1000 型饲料加工机器 1 台。1984 年，增加饵快机 1 台、米线机 2 台、面包烤箱 1 台、豆腐机 1 台，粮油加工品种逐渐增多，并设门市部销售自产产品，实现生产型向经营型转化。

面粉面条加工　20 世纪 60 年代前，面粉加工主要依靠水磨。60 年代后期，逐渐出现柴油机械加工面粉。1975 年，加工面粉 82.7 万千克。1976 年，加工面粉 102.6 万千克。80 年代后，粮油市场逐步放开，面粉需求量增加，面粉加工业较快发展，年生产量大幅提高。1999 年始，外地面粉大量进入景东市场，且质优价廉，景东不再生产面粉。

1959 年，县粮食局开办挂面厂，购置手摇面条机 2 台，开始加工面条。1980 年，更新 230 型面条机 1 台，所加工的面条质量达到省内先进水平。1989 年 10 月 15 日，景东粮油工贸公司粮油加工厂购进面条生产线 1 条，日生产能力 0.2 万千克，面条产量质量均有所提高。1992 年，面条产量 300 余万千克，除县内销售外，远销昆明、思茅、西双版纳等地，一度供不应求。产品“荷花牌”面条获云南省轻工厅二等奖。2003 年 3 月 31 日，企业改制，国营转私营。2006 年，停止面条生产。面条加

工历时47年。

21世纪后，个体企业逐渐遍布城乡各地，县城附近出现个体面条加工企业5个，每家日生产面条200千克左右。国营面条加工企业仅存文华农场粮油厂，年生产面条12万千克。

大米加工 1952年，宁洱专区粮食局从昆明购回一批GMC美国产汽车引擎，分给景东粮食局2台，由引擎带动铁滚筒碾米机加工大米，并从昆明商调机械师4人负责机器安装、操作，代为培训技术人员，组建起9人加工小组，开创机器碾米历史。1974年，购进200型碾米机1组，设有振动筛、去石机、洗麦机等，生产效率有所提高。1975年，加工大米432.9万千克、1976年，加工大米611.7万千克。1979年夏，购置30型碾米设备1套、48千瓦发电机组1台，安装在清凉粮库专门加工一级大米。2003年3月31日，企业改制，国营转私营。2006年，停止大米加工。大米加工历时54年。

1980—1998年景东县面粉加工情况统计表

表12-1-11 单位：万千克

年度	面粉	年度	面粉	年度	面粉
1980	170	1987	140	1994	580
1981	170	1988	150	1995	1070
1982	170	1989	180	1996	1580
1983	140	1990	290	1997	3650
1984	130	1991	370	1998	8040
1985	140	1992	730	—	—
1986	120	1993	650	—	—

2010年6月，基于战备及粮食应急供应需要，县粮食购销公司（国营企业）购进50.9万元自动碾米设备1套、11.7万元烘干机1台、4.1万元电力变压器1台，安装在清凉粮库。日加工大米能力3万千克、处理稻谷能力3万千克。

1979—2002年大米加工数量统计表

表12-1-12 单位：万千克

年度	数量	年度	数量	年度	数量
1979	70	1987	50	1995	6310
1980	150	1988	90	1996	5050
1981	160	1989	70	1997	5350
1982	110	1990	2830	1998	100
1983	160	1991	2100	1999	120
1984	250	1992	2140	2000	40
1985	550	1993	3360	2001	—
1986	40	1994	4040	2002	—

食用植物油生产 中共十一届三中全会后，粮油市场放开，各类食用植物油大量进入景东，各乡镇粮管所榨油坊先后被市场淘汰，年产量不过10余万千克。2003年3月31日，企业改制，国营转私

营。业主添购四川清江小型110型螺旋榨油机1台，继续生产。2006年，企业解体停厂。

1999年12月，景东监狱开办文华农场粮油厂，投资88万元。产品注册商标“文华之星”，年产纯菜籽油120万千克。设导热油锅炉1台、大型榨油机4台、小型榨油机2台、烘干机1台、日处理2万千克浸出设备1套、日产0.5万千克精炼设备1套、挂面生产设备1套、4万千克油罐10个。2011年，公司注册资金350万元，厂房1440平方米，仓库2050平方米，场地800平方米；设榨油、精炼、包装、面条等车间及原材料和成品仓库；工作人员26人，其中，管理人员6人，生产人员20人。企业获省保护消费者权益委员会第六至第八届“消费者喜爱商品”称号。

此外，城乡尚有零星个体户开办小型机械榨油作坊。县城有景东银桥菜籽油店（老农贸市场）、景东当家有行（新农贸市场），日可生产菜籽油250千克。

五、酿酒业

县酒厂 位于县城南郊马口。1982年10月，县制药厂转建成县酒厂。设烤酒、酒曲、锅炉等车间和化验室，有立式水管锅炉1台、冷却器2套、鼓风机2台、粉碎机1台；职工28人。当年产值7.18万元，利润0.15万元。1983年，生产粮食酒14.95万千克，景川牌白酒1.8万千克、汽水7.44万瓶、酒曲0.74万千克，总产值26.41万元，销售收入26.51万元，缴纳税金8.56万元，实现利润2.23万元。1984年，增加烤酒、瓶酒车间各1个、卧式水管锅炉1台。产品增加景香醇酒、无量清泉酒、高粱酒、芒果汽酒、菠萝汽酒、芒果香槟酒、啤露等，其中高粱酒被评为思茅地区优质产品、景香醇酒被评为云南省优质产品。1984年，生产粮食酒22.09万千克、景川牌白酒8.86万千克、各类瓶装酒1355瓶、汽酒1.9万瓶、汽水4.76万瓶、酒曲1.93万千克，总产值46.53万元，销售收入49.71万元，缴纳税金8.25万元，实现利润6.29万元。1993年8月8日，县酒厂被者孟糖厂兼并，开始生产冰糖和糖果。1994年4月，县酒厂成为景东糖业总公司下属六个企业之一。主要生产冰糖、糖果及少量酒，其中酒产品主要有木瓜追风酒、高粱酒、荞酒等。1997年，酒生产停止。1998年，引进纯净水设备生产瓶装水。2002年，糖业公司改制，县酒厂纯净水由个人承包经营。

小门坎酒厂 位于景福乡勐片村小门坎，距县城72千米。当地村民利用无量山清泉，在此建坊酿制小锅酒，自产自销，历史悠久。新中国农业合作化时，酒坊入社成为集体企业。1981年，由县贸易公司景福食品组经营，成为商办企业，并改造和扩建。1984年初，转为乡办企业，年底转为国营企业。年生产白酒能力10万千克。有固定工4人，临时工6人。2001年1月，企业改制，国营转私营，自然人古忠诚以20万元整体购买酒厂所有权和经营权；实施技改扩建，年生产白酒能力20万千克，产值80万元。2006年，成立无量山酒业有限责任公司，股份制企业；再次技改扩建，增设瓶酒车间，瓶酒经QS 527认证，品种6个。2006—2012年，年生产白酒（散装、瓶装）30余万千克，其中2011年生产白酒50万千克，产值400万元。小门坎酒主要原料为玉米，酒味甘醇浑厚，回味独特，备受消费者青睐，声誉长盛不衰，属地方特色产品。

银生元酒厂 位于县城南郊凉水井，私营企业，业主李开文，主要生产散装白酒。2003年8月，厂址迁至锦屏镇斗阁村王关屯小团山。2009年，产品经QS 53271510079认证，主要生产“量山雄”保健药酒。2011年，产量2万千克，产值340万元。

六、肉类冷冻加工业

20世纪80年代初，景东每年上调肥猪2万多头、菜牛200多头、羊2000多只，但囿于交通条件，鲜活商品运输死亡率较高，损失较大。1979年1月至1980年7月，因战备需要，省食品公司选址景东建设食品冷冻仓库，半机械化操作，建筑面积2970平方米，库容20万千克，投资114万元，为思茅地区第二大冷库；职工 47 人。按照屠宰、冷冻、机电、化验等工序，年屠宰肥猪 3 万头，总计 42.8 万千克，除少量供应当地市场外，80% 销往思茅、昆明。1985 年，随着生猪派购政策取消，猪肉价格放开，冷冻生产量减少，全年亏损 4.81 万元。1987 年，食品公司与湖南省慈利县食品公司服务部联合加工汤煺羊。1988 年 4 月 9 日，出口商品注册证书获得批准，汤煺羊打入国际市场，成为出口商品；实施车间改造，加工汤煺羊 10 万千克。1990 年，加工汤煺羊 10.1 万千克，冷冻牛羊肉 3.4 万千克，产值 17.71 万元；职工 30 人。1996 年 5 月 10 日始，实行生猪专业定点屠宰，供应县城猪肉市场。1997 年，牛羊肉冷冻业务停止，只冷藏少量肉类和部分农副产品、水果等。2003 年 4 月，企业改制重组，转为股份合作制企业。2011 年 10 月，自然人赵芬以 1200 万元整体购买冷冻厂所有权和经营权，继续开展生猪定点屠宰业务，供应县城猪肉市场，兼作农副产品冷藏保鲜。

第七节　印刷业

民国 24 年（1935）4 月，县政府筹集资金，购置石印机械，聘请巍山师傅，开展印刷业务。1953 年 9 月，在城街成立混合社，承接誊写油印业务。1958 年 9 月始，混合社油印车间分出，与景东报社排印室合并，组建景东国营印刷厂，承接铅字排版印刷；职工 28 人。设备有 4 开机1 台、圆盘机 1 台、切纸机 1 台，均为 20 世纪 20 年代国内机器。设造纸、粉笔、油印、捡排、铸字、机印、装订 6 个车间，主要承印《景东报》《景东文艺》、联单、信笺、信封。机器操作靠手摇脚踏，劳动强度极大。1964 年，景东电力开通，结束手工印刷历史。印刷厂从建立至 1965 年稍有盈余，1966—1970 年连年亏损，1971 年后扭亏为盈，1980—1984 年实现利润 4.29 万元，20 世纪 90 年代后，国内印刷业迅猛发展，新兴复印设备出现，印刷厂业务步入萧条。2002 年 12 月 26 日，国有企业体制改革，印刷厂资产整体拍卖，国营职工身份转换，部分土地划归县政府重建开南书院，机器设备及部分土地使用权由自然人陶家兰购买。印刷厂历时 44 年。

1996 年 5 月，景东第一个个体文印经营部——心怡文印服务站在景川路开办，业主罗春安。2011 年，全县共有文印经营单位 57 个，其中，县城 34 个，乡镇 23 个。

第八节　烟花爆竹业

1986 年 11 月，县供销社与湖南祁阳火炮厂联营，开办供销社花炮厂，联营期限 5 年。下设烟花、鞭炮 2 个车间。投产第一年产值 13.7 万元，至联营期满产值 37 万元。联营期满后，花炮厂隶属县供销社。1994 年 3 月 30 日，发生重大安全生产事故，停产整顿半年后恢复生产。1995 年，建造纸厂 1 个，有职工和临时工 150 人。2006 年 11 月，企业改制，转为私营企业，更名为景东县华信工贸有限公司（简称华信公司）。烟花爆竹注册商标“文塔”牌，年产烟花爆竹 12 万箱、再生瓦楞纸 1000 万千克，年产值 2600 万元，年利税 160 万元，就业职工 226 人。2008 年，获省质量技术监督局“产品合格企业”称号，在省内同行业中规模、产量占优先地位。2011 年，固定资产 1170.5 万元，占地 500 多亩，员工 126 人。有烟花生产线 2 条、爆竹生产线 1 条。生产烟花爆竹 29 万余箱，产品包含爆竹类、礼花类、喷花类、组合类等 12 大类，B、C、D 级 200 多个规格品种，产品销往普洱、临沧、保山、大理、楚雄、昆明、曲靖、昭通等 30 多个州市，部分产品出口泰国、老挝等国家，产值 2600 万元，上缴利税 160 万元。

第九节　工业机构

中华人民共和国成立初期，工业管理机构按行业设立企业公司。1956 年 2 月，成立工交科。1955 年末，成立手工业联合社。1957 年，工交科、群众运输管理站、企业公司、手工业联合社合并，成立工业交通局。1961 年，复称工交科。1963 年 3 月，再次更名工业交通局。1968 年 9 月，撤销工业交通局，成立工交局革命委员会。1976 年 10 月，恢复工交局建制。1985 年 6 月，工业、交通分设，成立县工业局、县交通局。历任工业局局长：郑美帆、周安康、李发生、纪仁翼（副局长主持）。1993 年 3 月 20 日，撤销工业局，成立县糖业总公司。国营企业管理职能划归计划经济委员会。主要国营企业有大街煤矿、林业化工厂、印刷厂、机械厂。1994 年 4 月，撤销工业局、糖业生产办公室组，建立糖业总公司，下辖文井糖厂、者孟糖厂、复合肥厂、劳动服务公司、县酒厂。历任总经理：谢太书、吴兴益、何丕明。1996 年 9 月 6 日，撤销计划经济委员会，分别组建计划委员会和经济贸易委员会，工业及国营企业管理职能划归经济贸易委员会。2005 年，经济贸易委员会改组为经济和商务局，为县政府工作部门，承担工业经济运行、中小企业、非公经济等职能。2006 年 1 月，城乡集体企业管理局与经济贸易局正式合并，更名为县经济和商务局，内设企业、非公和乡镇企业、安全生产等股室。历任局长：李勇、唐勇。2011 年 8 月，工业商务和信息化局成立，内设中小企业、工业、工业园区等股室。局长：唐勇。

第十节　安全生产

一、安全生产管理

责任制管理　每年年初，县政府均与安全生产责任单位和企业签订责任状，分解落实责任，伤亡事故控制指标纳入国民经济和社会发展计划指标，列入各级各部门主要领导政绩业绩考核，兑现奖惩。建立健全安全生产行政“一把手”负总责、分管领导具体负责“一岗双责”制度。县政府每半年至少召开一次常务会议专题研究，乡镇每半年至少召开一次专题会议，主要领导每年至少开展一次本乡镇、本部门安全生产情况调查研究，分管领导每季度主持召开一次安全生产例会。县安监局督促生产经营单位与班组、协助各有关单位与下属签订和落实安全生产责任制。县安委办年终至少开展一次各乡镇和生产经营单位责任制落实检查，并纳入日常检查范围。每年按照新实施的法律法规和上级有关部门工作任务，修订责任状。2004—2011 年，县政府累计兑付安全生产考核责任奖 50.39 万元。

安全生产行政许可　在实施安全生产许可证过程中，为企业提供相关服务，引导企业做好安全评价工作，依法申领许可证，从源头上控制不具备安全生产条件的企业进入市场。2004 年后，开展新办非煤矿山、危险化学品、烟花爆竹、民用爆破器材等企业安全生产许可证取证培训，督促企业与评价机构签订协议，通过评审后按程序办理安全生产许可证，依法从事生产经营活动。同时，开展非煤矿山、危险化学品生产经营企业延期换证工作。至 2011 年末，非煤矿山生产经营企业和危险化学品生产经营单位参评率 92%，取证率 92%，其他部门按要求纳入“三同时”（同时施工、同时设计、同时投入生产和使用）审查。

应急管理　2005 年 11 月 14 日，县委办、县政府办印发《景东彝族自治县重特大安全事故应急预案》，初步建立起安全生产应急救援体系。2010 年 1 月 1 日，县政府办印发《〈景东彝族自治县安全生产事故灾难应急预案〉的通知》（以下简称《预案》），要求各有关单位和企业根据《预案》，结合实际制订部门应急预案。同时，县安监局督促各乡镇、部门和企业开展安全生产应急预案演练。至

2011 年末，全县累计开展演练 14 次。

安全宣传 每年“六月安全月”期间，组织相关部门在县城主要公共场所开展“安全生产月”宣传咨询日活动。2005—2007 年，宣传主题为“以人为本、安全第一”“遵章守法、关爱生命”；散发材料 5.8 万份，悬挂图片 276 幅，张贴标语 112 幅，受教育 10 万余人。2008 年，散发材料 1.8 万份，悬挂图片 100 幅，张贴标语 110 幅，播放法律法规 3 部，上报信息 38 篇。2009 年，宣传主题为“关爱生命、安全发展”；悬挂布标 120 幅、图片 1000 份，张贴标语 500 份，展板 1000 次，播放音像资料 20 次，咨询服务 1000 人次。2010 年，宣传主题为“安全发展、预防为主”；散发材料 5 万份，悬挂布标 120 幅、图片 2000 份，张贴标语 450 份，展板 960 次。

2011 年 6 月，县城主题为“安全责任、重在落实”；散发材料 2.2 万份，悬挂布标 130 幅、图片 1000 份，张贴标语 500 份。

安全培训 2005—2011 年，共举办安全生产法律法规、从业人员（农民工）安全生产教育等培训 121 期，受训 5213 人次。

二、安全生产监察

日常监察 规范安全生产事故隐患排查治理工作，查处生产安全事故责任人和各类违法行为。以人为本，做到事前预防、事中控制、事后总结。重点监管各重点乡镇、部门、企业和作业点，发现隐患及时下达执法文书，利用法律手段督促落实。2005—2007 年，全县共查处安全生产责任事故 7 起，处罚金额 39 万元。2008—2011 年，共监督检查生产经营单位 1107 次，发现安全隐患 3169 处，隐患整改率 96%；发出责令改正指令书 86 份、现场检查记录 777 份。按照“四不放过”（事故原因没有查清不放过，事故责任者没有严肃处理不放过，广大群众没有受到教育不放过，防范措施没有落实不放过）原则，对每一起生产安全事故一查到底，严厉追究，依法办案结案，结案率 100%。办案过程要求事实清楚、证据确凿、实事求实、公证文明执法。

综合大检查 强化监管措施，消除事故隐患，防止群死群伤恶性事故发生；加强大型活动和重点时段的监管检查，建立健全安全生产检查制度。单位自查、一般检查与重点检查相结合，每年节假日和重点时段、每季度以及重要节庆和会议期间、重点行业和领域（定期或不定期）开展安全生产大检查，乡镇、部门每季度监督检查一次，生产经营单位则不少于二次。2005—2007 年，共检查生产经营单位 890 个（次），查出事故隐患 2882 项，整改 2618 项。

专项整治 根据不同时期安全生产工作要求，制订专项整治实施方案，定期或不定期抽查，消除安全隐患。2004—2011 年，多次联合开展非煤矿山、危险化学品、烟花爆竹、民用爆破器材等高危行业安全生产监管监督，对存在重大隐患的企业限期整改或停产整顿。2005—2007 年，在开展非煤矿山专项整治中，对 5 座地下矿山强制执行机械通风措施；按照重大危险源辨识标准，完成构成重大危险源的 18 个生产经营单位的建档管理工作。2008 年，在专项整治中，责令 16 个矿山企业制订开采设计方案。2009 年，开展专项检查非煤矿山 103 次、危险化学品 37 次，烟花爆竹 80 家 43 次。2010 年，共检查生产经营单位 102 个 187 次。2011 年，共检查企业 210 个。在打击非法生产经营建设专项行动中，共检查企业 261 个（次）。

2005—2011 年景东县安全生产事故统计表

表 12-1-13

年度	事故（起）	死亡（人）	受伤（人）	经济损失（万元）
2005	186	24	123	96.10

续表 12-1-13

年度	事故（起）	死亡（人）	受伤（人）	经济损失（万元）
2006	137	22	90	92.01
2007	115	22	77	276.40
2008	132	15	100	161.47
2009	326	16	245	215.14
2010	320	17	261	142.50
2011	46	13	63	177.40
合计	1262	129	959	1161.29

说明：自 2011 年始，事故数量不含道路交通简易程序处理事故数

三、机构

1984 年，县安全生产委员会（简称安委会）成立，主任由分管副县长担任，主抓全县安全水产工作，下设办公室在县劳动人事局。1992 年 7 月 9 日，矿山安全卫生监察站成立，隶属县劳动人事局。2002 年 7 月，安全生产监督管理职责划归经济贸易委员会，设安全生产管理股。2004 年 10 月 21 日，县安全生产监督管理局（简称安监局）成立，正科级。2005 年 10 月 17 日，乡镇安全生产监督管理所成立，乡镇企业办公室加挂安全生产监督管理所牌子。2008 年 9 月 8 日，县安全生产监察执法大队成立。2009 年 2 月 12 日，改称县安全生产执法监察大队。2011 年 10 月 24 日。内设办公室、安全生产监督管理股、安全生产协调股（应急救援办公室）；县政府安全生产委员会下设办公室在安监局。局长：杨正荣。

第二章　电　力

第一节　电力资源开发与电站建设

一、电站建设概况

1978年10月，菊河三级电站建成投产，装机容量2×500千瓦，小电网建设有所发展。1980年，农村小水电站建设贯彻上级“谁建、谁管、谁受益”政策，小水电站建设迅速发展。1983—1989年，共有私营水电站11座，装机容量131.3千瓦，最大55千瓦，最小3千瓦，微型小电站上百座。1985年，川河大沟电站扩建投产，电力输送到菊河电厂网络。1985年，重建菊河四级电站，装机容量增至2×200千瓦，实现菊河电站与川河大沟电站联网，总装机容量2150千瓦。但川河大沟电站和菊河四级电站系采用农用沟渠引水发电，春耕时节需要停电保证农田灌溉，电力供应仍然紧张，制约着景东经济社会的发展。随后，县政府出台一系列利于电站发展及建设的政策，一座座电站拔地而起，为景东县经济发展注入强劲动力。至2011年，全县装机容量较大，能正常运行的电站主要有5座。

二、电站简介

漫湾电站　位于景东与云县行政区域界线澜沧江上，因站址建在景东县漫湾镇漫湾河附近得名。距昆明500千米，距景东县城132千米，控流面积11.45万平方千米。电站工程区主要岩层属中三迭统流纹岩，岩性均一、坚硬，呈块状，无单生较弱夹层和大的顺河断层。大坝采用混凝土重力坝，坝后式厂房、厂顶溢流。坝高126米，坝顶长度418米，设计安装6台25万千瓦水轮发电机组，总装机容量167万千瓦。电站总投资26.62亿元。

漫湾电站由水电部与云南省共同合资兴建，是云南省第一座百万千瓦级大型水电厂，中国第一座中央和地方合资大型水电工程。由省水利电力厅昆明勘测设计院勘测设计。1984年，初步设计通过审查。1985年4月，经国家计委批准列入国家计划；9月，对外新建公路工程开工。1986年5月，导流洞、泄洪洞主体工程开工。1987年7月，大坝右岸厂坝基础开挖。1987年12月，实现大江截流。1990年，建设厂房，预埋基础，安装部分机器。1993年5月，正式建厂；6月30日，首台机组投产发电。1995年6月28日，一期工程5台25万千瓦机组投产运营。2007年5月18日，二期工程1台30万千瓦机组投产运营。2008年，并购田坝电站1台12万千瓦机组。1~6号、8号水轮发电机组分别由东方电机股份有限公司、重庆水轮机厂制造。漫湾电站为一厂三站分布，实施集中控制方式，通过2回500千伏和3回220千伏电压等级线路接入云南电网，在系统中担负基荷及调频、调峰和事故备用任务。电站投产后，云南电力工业实现大电厂、大电网、大机组、超高压历史性跨越，成为云南经济和社会发展强大动力，打下“西电东送”“云电外送”战略格局基础。

大朝山电站施工现场（罗海垠　摄于 1998 年）

大朝山电站　位于景东和云县行政区域界线澜沧江上。澜沧江中下游梯级规划中紧接漫湾电站的下一级电站，国家重点工程，21 世纪中国第一个建成投产的大型水电项目。

大朝山电站与漫湾电站直线距离 70 千米（公路里程 131 千米），距昆明直线距离 270 千米（公路里程 631 千米）。工程以发电为单一开发目标，由拦河大坝、泄洪建筑物、地下厂房和引水发电系统等部分组成。枢纽工程采用河床碾压混凝土溢流重力坝、右岸地下式厂房、长尾水隧洞布置。最大坝高 115 米，坝顶高程 906 米，坝顶全长 480 米。坝基及地下厂房岩性以玄武岩为主，岩层中夹有薄层凝灰岩。河床坝段设置 5 个 14×17 米（宽×高）溢流表孔、3 个 7.5×10 米（宽×高）泄洪底孔、1 个 3×6 米（宽×高）排沙孔。控流面积 12.1 万平方千米，多年平均流量 1330 立方米/秒。水库正常蓄水位 899 米。总库容 9.4 亿立方米，调节库容 3.6 亿立方米，装机容量 135 万千瓦（6 台单机 22.5 万千瓦），保证出力 35.13 万千瓦，年平均发电量 59.31 亿千瓦时，2010 年上游小湾电站水库建成发电后达 70.21 亿千瓦时。电站总投资 88.7 亿元，是国内同类型电站技术经济指标比较优越的电站之一。

1990 年 4 月，水规总院会同云南省计委、建委审查通过《关于澜沧江大朝山水电站可行性研究报告的审查意见》；同年，能源部正式批复同意。1991 年 4 月，能源部、国家能源投资公司、广东省政府、云南省政府达成《关于合资开发云南澜沧江中、下游梯级电站的原则协议》，大朝山电站建设资金采用合资方式，部分电力安排送广东。1992 年 7 月，云南省电力局和漫湾水电站工程管理局组建工程筹建处，抽调 11 人开展前期筹备工作。1993 年 5 月，工程项目通过评估；12 月，水电十四局中标项目——导流隧洞开工。1994 年，国家计委批复大朝山电站可行性研究报告，同意由国家能源投资公司与云南省合资兴建，大朝山电站被国家计委列入预备开工项目；同年，云南大朝山水电有限责任公司成立，公司由国家开发投资公司、云南红塔集团、云南省投资公司、云南省电力公司四家股东按 5∶3∶1∶1 出资比例组建，注册资本金 12 亿元（后改为 17.7 亿元），按现代企业制度规范运作。1996 年 5 月 15 日，建成导流隧洞，实现过水分流。1997 年 8 月 4 日，国务院正式批准大朝山电站开工；11 月 10 日，实现大江截流。1997 年 5 月，长尾水隧洞开工。1998 年 1 月，地下主厂房 1 万千克、40 万千克、80 万千克桥机由太原重型机械（集团）有限公司中标。1998 年 4 月，大朝山电厂筹备处成立。1999 年 3 月，500 千伏气体绝缘金属封闭开关设备（GIS）由瑞士 ABB 公司中标。1999 年 3 月，500 千伏干式电缆由德国 ABB 公司中标。1999 年 3 月，500 千伏、220 千伏主变压器分别由常州东芝变压器有限公司、保定天威集团有限公司中标。2000 年 8 月，计算机监控系统由维奥机电设备（北京）有限公司中标。2001 年 3 月 8 日，217.4×22.4×72.63 米（长×宽×高）尾水调压室主体混凝土工程完工。2001 年 3 月 12 日，首台发电机组定子提前 19 天吊入机坑。2001 年 5 月 18 日，大坝碾压混凝土施工完成，总浇筑量 62 万立方米，约占大坝混凝土总量 50%。

2001 年 12 月 14 日，1 号机组正式并网发电。2002 年 3 月 1 日，2 号机组正式并网发电。2003 年 10 月 16 日，6 号机组正式并网发电。电站设 500 千伏输电线路 2 回，起于云县大朝山西镇大朝山变电站，止于墨江变电站。其中过县境 191.02 千米 339 基杆塔，塔基占地 4048 平方米。

菊河电站 位于县城西北部无量山东坡菊河右岸。云南省计委批准开发四级，最终开发使用菊河三级、菊河四级电站，两站总装机 4 台，容量 1400 千瓦。(1) 菊河四级电站，1959 年动工兴建，1960 年 10 月建成投产。水头 22 米，装机容量 160 千瓦。1985 年，电站扩建。水头 40 米，流量 2×0.6 立方米/秒，装机容量 2×200 千瓦，总投资 34 万元。(2) 菊河三级电站，属 20 世纪 70 年代县级最大水电工程项目。1974 年 5 月动工兴建，1978 年 9 月建成投产。电站沟长 4.8 千米，水头 85 米，设计流量 2×0.85 立方米/秒，装机容量 2×500 千瓦，总投资 148 万元。

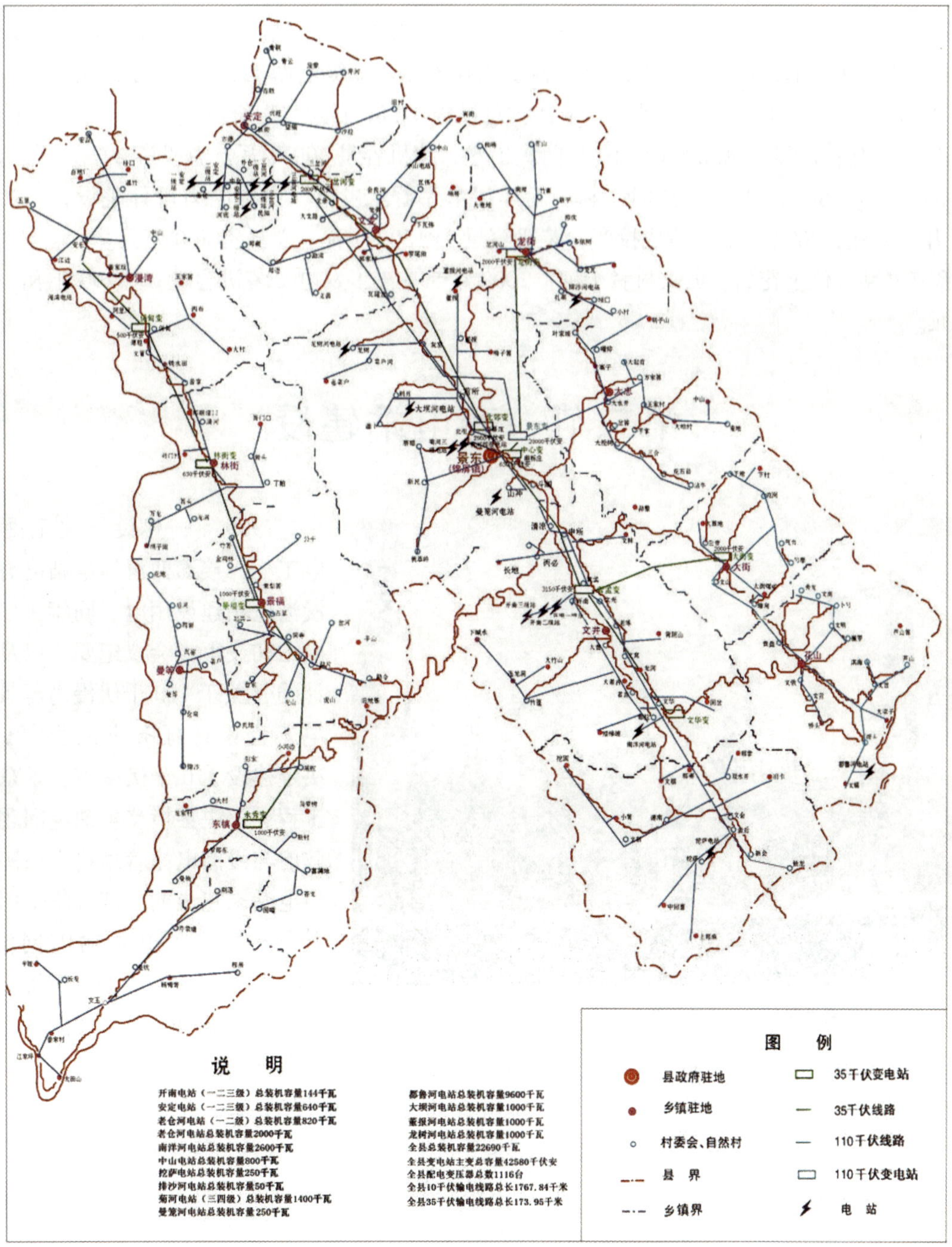

景东县电网地理接线图

开南电站 位于文井镇西北 4 千米开南河下游右侧，距县城 19 千米。分三级开发，由下而上排级，总装机容量 1440 千瓦。1973 年 3 月建成二级站，1977 年 9 月建成一级站，装机均为 2 台，容量共 800 千瓦。1985 年 6 月建成三级电站，装机容量 2×320 千瓦。三级电站渠首流量 1.7 立方米/秒，引水沟长 5.5 千米，供电线路有 10 千伏高压线 52.6 千米，低压线路 124 千米，升降变压器 60 台。总投资 296.1 万元。1995 年发电量 428 万千瓦时。2001 年 1 月 5 日，划归县电力公司统一管理。

三岔河电站　位于安定乡鼠街，径流式水电站。2003 年 7 月动工兴建，2005 年 3 月正式并网发电。厂房 939 平方米，渠道全长 5.5 千米，水头 85 米、净水头 43.2 米。装机容量 2×1000 千瓦，年发电量 1185 万千瓦时。总投资 1200 万元。

老仓河电站　位于安定乡老仓河，由下而上排级，建设三级电站。一级电站 1999 年 2 月竣工发电，沟渠全长 6.7 千米，水头 258 米，装机容量 320 千瓦。二级电站 1997 年 6 月建成发电，沟渠全长 1.25 千米，水头 57 米，装机容量 200 千瓦；总投资 42.86 万元。三级电站 1977 年 5 月建成发电，装机容量 75 千瓦；1994 年和 2003 年 10 月两次扩建，装机容量 400 千瓦。总投资 227 万元。

南洋河电站　位于文井镇南洋河，利用南洋河水库蓄水发电，由省电力设计院设计。2003 年 1 月 30 日开工兴建，2004 年 2 月建成投产，装机容量 2×1300 千瓦。总投资 860 万元。

都鲁河电站　位于花山乡坡头村者干河。2008 年 5 月竣工发电。装机容量 3×3200 千瓦，总投资 5300 万元。

第二节　变电站建设

者孟变电站（景东县供电公司　提供）

1985 年，建设下关至漫湾输变电工程，接通西洱河电站电力，提供漫湾电站建设用电。同年，根据漫湾电站初设审查会议纪要，以及云南省计委《关于 110 千伏漫湾至景东输变电工程设计任务书的批复》文件，决定建设 110 千伏漫湾至景东输变电工程，解决县境严重缺电问题。经县政府与漫湾电站管理局沟通协商，漫湾电站未建成前，部分施工用电配送景东，并纳入电站输电网络系统。1988 年 3 月 1 日，110 千伏漫湾至县城输电线路开工，7 月 13 日竣工。同年 5 月 1 日，滇西电业局景东变电站开工，1989 年 2 月 2 日竣工，变电站占地 6670 平方米。输电线路起于云县漫湾变电站，止于景东变电站，里程 58.8 千米；电杆 71 基、铁塔 72 基，塔基占地 580 平方米；总投资 520 万元。1991 年，建成者孟 35 千伏输变电工程。1992 年，建成者孟 35 千伏变电站。1995 年，分别建成三岔河、景福 35 千伏变电站和林街“T”接简易变电站。1999 年，建成永秀 35 千伏变电站和景范“T”接简易变电站。2000 年，分别建成文华、大街和中心 35 千伏变电站。2001 年 1 月，景东变电站由 35 千伏升压为 110 千伏。2007 年 7 月，建成花山 35 千伏变电站。2008 年，建成者后 35 千伏变电站。2009 年，分别建成曼等、岔山、文玉 35 千伏变电站和大街 110 千伏变电站。2011 年，建成文龙 35 千伏变电站。

第三节　农村初级电气建设

1999 年 10 月，景东县被列为云南省“两改一同价”（改造农村电网、改革农村电力管理体制，实现城乡用电同网同价）工作第二批 40 个重点县之一，景东电力事业拉开农网改造序幕。

一、农网改造内容

（1）10 千伏供电半径过大高压线路，通过加大线径，降低电压电流损失。（2）400 伏和 220 伏供电半径过大低压线路，通过改造和延伸 10 千伏线路，或者加大线径，增设配电变压器，降低电压电流损失。（3）更换不合格高耗能配电变压器，降低变损。（4）更新改造陈旧、老化高低压输电线路和线径过小线路。（5）改造原设计、架设、安装不规范及材质伪劣线路、设备。（6）调整配电容量与用电负荷不匹配配电变压器及设施。（7）改造入户线路，户表上杆，集中管理。（8）集中或分散无功补偿，即供用双方同时考核。（9）逐步完善载波通讯设施，满足调度需要。

二、农网改造情况

第一期　一期农网建设（改造）工程包括锦屏、文井、者后、太忠、文龙、大街、景福 7 个乡（镇）、23 个村、299 组，其中，坝区占 55%，山区占 45%。1999 年 10 月开工，2001 年 4 月竣工通过验收，农网改造率 30%。新建 10 千伏线路 28 条 72.9 千米，改建 10 千伏线路 39 条 105.6 千米，改造 400 伏线路 300.9 千米；更换高耗能变压器 130 台，完成一户一表配套 2 万户。改造前，农村平均电价 1.5 元/千瓦时，最高到 2.59 元/千瓦时，川河沿线每户月平均用电 35 千瓦时，年用电量 420 千瓦时，年总用电量 180 千瓦时，农民用电负担沉重。改造后，10 千伏线路综合损耗从 23% 降至 12%，变压器损耗降低 21%，农村低压电网综合线损从 40% 降至 18%，供电可靠性提高 15%；主干线每年减少电能损耗 100 万千瓦时，降低电费成本 28 万元。农村每户月平均用电 20 千瓦时，年用电量 240 千瓦时，平均电价下降 0.32 元/千瓦时，每年减轻农户电费支出约 130 万元。

第二期　二期农网改造工程包括锦屏、文井、文龙、安定、者后、龙街、花山、大街、景福、太忠 10 个乡（镇）、53 个村。2002 年 5 月 20 日开工，10 月 15 日完成。新建 10 千伏线路 41.49 千米，新建 0.4（0.22）千伏线路 504.34 千米，完成配变安全措施 9520 千伏安/124 台，完成一户一表配套工程 1.4 万户，投资 1529.06 万元。

第四节　农村电网改造

农村电网改造，是指 2002 年二期农网改造工程完工后较大规模电网改造工程。

一、30 万无电人口通电工程

在文井、者后、东镇、锦屏、花山、太忠、龙街 7 个乡（镇）部分村组，增设配电变压器 33 台、容量 1050 千伏安，新建 10 千伏线路 39.53 千米、0.4（0.22）千伏线路 76.48 千米，完成一户一表 1069 户；完成投资 273.26 万元。2010 年末，全县实现户户通电。

二、县城电网建设与改造工程

在锦屏镇增设配电变压器 15 台、容量 4085 千伏安，新建 10 千伏线路 16.48 千米、0.4（0.22）

千伏线路 18.09 千米，完成一户一表工程 430 户；完成投资 466.71 万元。

三、完善西部农网改造工程

在安定、东镇、大街、花山、景福、锦屏、龙街、漫湾、太忠、文龙、者后、文井 12 个乡（镇）部分村组，增设配电变压器 98 台、容量 5625 千伏安，新建 10 千伏线路 57.86 千米、0.4（0.22）千伏线路 351.1 千米，完成一户一表工程 3538 户；完成投资 1369.07 万元。

四、2006 年中西部农网完善工程

在安定、大街、花山、锦屏、龙街、文龙、者后、文井、曼等、林街 10 个乡（镇）部分村组新建配电变压器 35 台、容量 4005 千伏安，新建 10 千伏线路 30.63 千米，新建 0.4（0.22）千伏线路 137.38 千米，完成一户一表工程 2182 户，完成投资 623.37 万元。

五、2008 年无电地区电力建设工程

在花山、锦屏、林街、曼等、漫湾、文井、太忠 7 个乡（镇）部分村组新建配电变压器 28 台、容量 2145 千伏安，新建 10 千伏线路 67.40 千米，新建 0.4（0.22）千伏线路 92.81 千米，完成一户一表工程 1262 户，完成投资 758.39 万元。

六、中西部农网完善 2008 年新增中央预算国债项目

在龙街乡增设配电变压器 20 台、容量 1870 千伏安，新建 10 千伏线路 17.58 千米、0.4（0.22）千伏线路 80.44 千米，完成一户一表工程 1157 户；完成投资 517.89 万元。

七、中西部农网完善 2009 年新增中央预算国债项目

在大街、曼等、文龙、龙街、景福、文井、太忠、林街 8 个乡（镇）部分村组增设配电变压器 32 台、容量 4165 千伏安，新建 10 千伏线路 21.26 千米、0.4（0.22）千伏线路 110.86 千米，完成一户一表工程 1784 户；完成投资 838.4 万元。

八、中西部农网完善 2009 年第三批扩大内需中央预算项目

在龙街、文井、太忠、锦屏、东镇 5 个乡（镇）部分村组增设配电变压器 23 台、容量 3155 千伏安，新建 10 千伏线路 11.44 千米、0.4（0.22）千伏线路 89.51 千米，完成一户一表工程 1543 户；完成投资 837.59 万元。

九、无电地区电力建设 2009 年第三批扩大内需中央预算项目

在安定、大街、曼等、漫湾、文龙、锦屏、文井、龙街、东镇 9 个乡（镇）部分村组增设配电变压器 29 台、容量 2785 千伏安，新建 10 千伏线路 52.11 千米、0.4（0.22）千伏线路 80.27 千米，完成一户一表工程 1444 户；完成投资 802.91 万元。

十、2010 年无电地区电力建设工程项目

在文龙、安定、大街、花山、锦屏、文井、龙街、东镇、林街、曼等、景福 11 个乡（镇）部分村组增设配电变压器 47 台、容量 2570 千伏安，新建 10 千伏线路 44.66 千米、0.4（0.22）千伏线路 131.19 千米，完成一户一表工程 2020 户；完成投资 1496 万元。

十一、农网改造升级工程项目

2010年，在文龙、安定、大街、花山、锦屏、文井、漫湾、龙街、东镇、林街、景福、太忠12个乡（镇）部分村组增设配电变压器47台、容量3050千伏安，新建10千伏线路99.36千米、0.4（0.22）千伏线路124.06千米，完成一户一表工程1963户；完成投资2037万元。2011年，增设配电变压器327台、容量4.22万千伏安，新建10千伏线路233.31千米、0.4（0.22）千伏线路689.2千米，完成一户一表工程1.60万户；完成投资1.10亿元。2012年，增设配电变压器247台、容量1.77万伏安，新建10千伏线路152.91千米、0.4（0.22）千伏线路778.88千米，完成一户一表工程9381户；完成投资9821.39万元。

第五节　电力机构

1977年，全县国有电力企业仅有菊河电站。1982年3月，从工交局划出归水电局主管。1984年7月，分设为菊河电厂与电力公司，电力公司办公地址北川路2号。1987年1月，菊河电厂与电力公司合并，成立县电力公司。内设安调股、财务股、线路队、抄收组、生技股。1991年，完成发电量705万千瓦时，总产值82.5万元，利税49万元。1994—1996年，根据县委县政府《关于农村电网建设的决定》，完成全县农村电网建设任务。1997年底，实现村村通大电，84%以上农户用上电。2002年末，内设办公室、财务股、线路队、调度股、生产技术股、安装公司等机构，下属2个电站、4个变电站、9个供电所，职工300人，总资产3500万元。有35千伏线路124.33千米；35千伏变电站6座，主变容量16450千伏安；10千伏线路980千米，装机容量5050千瓦。全县供电量3000万千瓦时，其中自发电量2600万千瓦时；售电量2800万千瓦时，电力销售收入1000万元，利税220万元。2004年，由省电力集团有限公司和县政府共同出资，组建县供电有限责任公司，属省电力集团有限公司控股的县级供电有限责任公司；3月12日，在县政府小礼堂举行庆典，宣布正式挂牌成立。2004—2005年，在凌云路117号新建生产办公楼，土地面积709平方米，建筑面积4259平方米。2005年12月，上划为云南电网公司全资子公司，更名为景东供电有限公司。注册资本金924.13万元。内设办公室、党群工作部、财务部、生产技术部、市场营销部、人力资源部、安全监察部、计划建设部、监察审计部、电力调度控制中心、输变电管理所、发电管理所、物资仓储配送站和锦屏、太忠、安定、花山、景福、漫湾、东镇、文井8个供电所；设置董事会、总经理室、总会计师室、党委、工会、纪委。公司经理：许祥彤。历任董事长：余体学，执行董事：田玉海、周世发、崔锐达，总经理：刘本亚、田玉海（兼）、周世发（兼）、崔锐达（兼）。

第三章　乡镇企业

第一节　发展历程

乡镇企业，是新中国建设时期农村出现的新生事物。在人民公社体制时，称社队企业，实行公社、大队、生产队三级所有，以生产队为基本核算单位，国家允许公社、大队办企业。1984 年 3 月，改称乡镇企业，范围由乡村扩大到联户、个体多层次发展。1986 年，中共中央农村工作会议把乡镇企业归纳为“四轮驱动”（乡镇办、村办、联户办、个体办）。20 世纪 90 年代，乡镇企业跨地区合作及联营、个体迅速发展，90 年代末出现少数私营和股份制企业，多种经济体制、成分和经营方式并存，农业、工业、建筑业、交通运输业、商饮服务业多种产业全面发展，成为振兴农村经济，加快农民脱贫致富，建设有中国特色社会主义新农村的支柱产业。

第一阶段（1979—1984）　乡镇企业（社队企业）起步。主要以集体企业为主，但并未限制非集体企业的发展。1978 年 4 月，县社队企业管理局成立，手工业管理局下属各公社铁业社、缝纫社，手工业企业全部划归社队企业局管理。1979 年，全县社队企业发展到 273 个，其中，公社 75 个，大队 198 个；从业人员 5350 人，其中，公社 1339 人，大队 4011 人；实现社队企业总收入 189.99 万元，其中，公社 86.36 万元，大队 103.63 万元；完成社队企业工业产值（1970 年不变价）99.93 万元，其中，公社 81.42 万元，大队 18.51 万元。这一阶段，社队企业的发展主要是巩固集体企业，增强企业实力，淘汰部分落后企业。1984 年 3 月，中共中央、国务院批转农牧渔业部报告，肯定社队企业政治地位，并把社队企业更名为乡镇企业，明确非集体企业享有与集体企业同等权利和义务。这一阶段，个体企业（个体户）主要是商饮服务业，发展迅速。1984 年末，全县乡镇企业总数 2164 个，集体企业 164 个，其中，区办 67 个，乡办 97 个，个体 2000 个；从业人员 6538 人，其中，集体 2521 人，个体 4017 人；乡镇企业总收入 713.07 万元，其中，集体 363.97 万元（区办 279.12 万元、乡办 84.85 万元），个体 349.1 万元；完成乡镇企业总产值（1980 年不变价）527.03 万元，其中，集体 177.93 万元（区办 97.12 万元、乡办 80.81 万元），个体 349.1 万元。

第二阶段（1985—1991）　乡镇企业异军突起，快速发展。1986 年 11 月，根据中共中央、国务院农村工作会议精神，乡镇企业划分为乡镇办、村办、联户办、个体办四种基本形式，把发展乡镇企业定为振兴中国农村经济的必由之路。同时，农村经济体制改革的成功，使农村生产力从旧体制束缚中解脱出来，快速发展和提高，农业大发展直接给乡镇企业发展创造良好物质条件，农民生活水平大大提高，直接刺激农民进一步发展乡镇企业愿望。景东出现“村村点火、处处冒烟”、大办乡镇企业的局面。1991 年，全县乡镇企业发展到 3739 个，其中，乡办 65 个，村办 112 个，联户 21 个，个体 3540 个，县直属 1 个；从业人员 8972 人，其中，乡办 1072 人，村办 1331 人，联户 141 人，县直属 16 人，个体 6412 人；实现乡镇企业总收入 2736 万元，其中，乡办 598 万元，村办 257 万元，联户 92

万元，县直属194万元，个体1595万元；完成乡镇企业总产值（1990年不变价）2088万元，其中，乡办542万元，村办253万元，联户138万元，个体1155万元。与1984年相比，乡镇企业增加1575个，增长72.78%；从业人员增加2434人，增长37.23%；乡镇企业总收入增加2022.93万元，增长283.69%；乡镇企业总产值增加1560.97万元、增长296.18%。

第三阶段（1992—1996）　乡镇企业百花齐放，百家争鸣。1992年邓小平南方谈话后，全国兴起新一轮乡镇企业发展高潮。景东抓住机遇，大胆、放心地发展不同所有制形式乡镇企业，只要法律没有禁止的领域，都鼓励、支持乡镇企业进入，经济总量快速提高，各项经济指标高速发展。1996年，全县乡镇企业发展到6928个，其中，乡办78个，村办99个，联户35个，个体6713个，县直属3个；从业人员1.38万人，其中，乡办1793人，村办1435人，联户137人，县直属216人，个体10232人；实现乡镇企业总收入1.73亿元，其中，乡办2931万元，村办422万元，联户204万元，县直属1484万元，个体12242万元；完成乡镇企业总产值（1990年不变价）1.13亿元，其中，乡办2049万元，村办291万元，联户82万元，个体8334万元，县直属578万元。与1991年相比，乡镇企业数量增加3189个，增长85.29%；从业人员增加4841人，增长53.96%；乡镇企业总收入增加1.46亿元，增长533.63%；乡镇企业总产值（1990年不变价）增加9246万元，增长442.82%。

第四阶段（1997—2004）　乡镇企业持速、健康、稳定发展，成为景东国民经济重要组成部分，同时也暴露出诸多问题。1997年1月1日，《中华人民共和国乡镇企业法》颁布实施，进一步肯定乡镇企业在社会主义市场经济中地位和作用，使景东的乡镇企业从边发展边争论的舆论环境中解脱出来。根据农业部《关于进一步深化乡镇企业改革的意见》，从转变乡镇企业增长方式入手，结合实际，稳步推进乡镇集体企业产权制度改革。这一阶段，转变片面追求速度的发展思想，注重企业产品质量，提高科技含量和市场竞争实力。2004年末，全县完成产权制度改革集体企业6个。乡镇企业总数从1996年6928个减到4979个，其中，集体6个，私营40个，个体4784个，其他149个；从业人员1万人，其中，集体799人，私营942人，个体8221人，其他40人；乡镇企业总收入3.11亿元，其中，集体866万元，私营4688万元，个体2522万元，其他23063万元；完成乡镇企业总产值2.30亿元，其中，集体510万元，私营4811万元，个体1.73亿元，其他360万元；增加值总额8561万元，其中，集体227万元，私营1870万元，个体6344万元，其他120万元；利税6166万元，利润4755万元，上缴税金1411万元。与1996年相比，乡镇企业从业人数减少3811人，减少27.58%；乡镇企业总收入增加1.39亿元，增长80.35%；总产值增加1.17亿元，增长103.54%。

第五阶段（2005—2011）　乡镇企业经济效益和增长速度良好发展。进一步深化乡镇企业产权制度改革，完善各项规章制度，乡镇企业保持持速、健康、快速发展，个体、私营企业迅速增加，企业实力明显增强。2011年，全县乡镇企业6116个，其中，集体1个，有限责任公司1个，私营32个，个体6082个；从业人员13940人，其中，集体738人，有限责任公司148人，私营1199人，个体11855人；乡镇企业总收入5.14亿元，其中，集体606万元，有限责任公司4030万元，私营9041万元，个体3.77亿元；总产值4.78亿元，其中，集体606万元，有限责任公司4568万元，私营8941万元，个体3.37亿元；利润总额6256万元，上缴税金3205万元。与2004年相比，乡镇企业增加1137个，增长22.84%；从业人员增加3938人，增长39.38%；总收入增加2.02亿元，增长65.27%；总产值增加2.48亿元，增长107.83%；利润增加1501万元，增长31.57%；上缴税金增加1794万元，增长50.54%。

1979 年景东县轻手工业系统企业情况统计表

表 12-3-1　　　　单位：人、个

单位	合作社	人数	合作小组	人数	备注
安定公社	铁业社	19	缝纫组	5	—
	木业社	6	—	—	—
文龙公社	铁业社	18	缝纫组	4	—
龙街公社	铁业社	15	缝纫组	4	—
太忠公社	铁业社	22	缝纫组	5	—
	太忠土纸厂	35	—	—	—
大街公社	铁业社	25	缝纫组	6	—
花山公社	铁业社	19	缝纫组	6	—
文井公社	铁业社	28	缝纫组	8	—
者后公社	铁业社	11	缝纫组	4	—
锦屏镇	印刷社	3	—	—	—
锦屏公社	铁业社	31	前所陶器厂	38	—
永秀公社	铁业社	22	缝纫组	5	—
曼等公社	铁业社	16	缝纫组	5	—
景福公社	铁业社	26	缝纫组	7	—
林街公社	铁业社	17	缝纫组	5	—
漫湾公社	铁业社	19	缝纫组	5	—
县农机修造厂	—	89	—	—	后划归工交局
县印刷厂	—	28	—	—	后划归工交局
县糕点厂	—	32	—	—	后划归商业局
县酱菜社	—	14	—	—	后划归饮食公司
县机建工程队	—	136	—	—	—
县五金社	—	30	—	—	—
县服装厂	—	68	—	—	—
县纺织社	—	33	—	—	—
县木器厂	—	9	—	—	1979 年建立
轻工公司	—	12	—	—	1980 年建立
牙科医务室	—	3	—	—	1979 年建立
自行车修理门市	—	3	—	—	1980 年建立
轻工糕点组	—	5	—	—	1981 年建立

1979—2011 年景东县乡镇企业基本情况统计表

表 12-3-2

年度	企业单位数（个）	从业人员（人）	总收入（万元）	总产值（万元）	利润（万元）	税金（万元）
1979	273	5350	190.0	99.9	29.7	4.1
1980	248	4470	285.1	110.1	34.2	2.5
1981	135	2356	242.5	95.4	20.3	6.0

续表 12-3-2

年度	企业单位数（个）	从业人员（人）	总收入（万元）	总产值（万元）	利润（万元）	税金（万元）
1982	110	1930	237.1	105.6	18.5	4.7
1983	110	1930	237.4	105.6	18.5	4.7
1984	2164	6538	713.1	527.0	31.5	18.0
1985	2216	5956	718.8	711.9	67.0	14.8
1986	2792	6417	1053.6	985.2	105.0	29.0
1987	2872	6429	1206.0	1277.7	84.0	51.0
1988	3471	7527	1902.0	1475.0	95.0	72.0
1989	3667	7918	1935.0	1522.0	121.0	107.0
1990	4026	8727	2203.0	1676.0	174.0	93.0
1991	3739	8972	2736.0	2088.0	230.0	187.0
1992	4308	10001	3896.0	3067.0	366.0	129.0
1993	5509	11821	6518.0	5366.0	733.0	215.0
1994	6120	12798	10056.0	7846.0	773.0	418.0
1995	6681	13062	13145.0	10195.0	1020.0	585.0
1996	6928	13813	17283.0	11334.0	2991.0	750.0
1997	7334	14175	19864.0	16267.0	2472.0	679.0
1998	7542	14214	24812.0	20762.0	2774.0	1021.0
1999	6913	12780	26198.0	20732.0	3926.0	1114.0
2000	7315	13007	29384.0	22787.0	4501.0	1373.0
2001	3531	8516	21366.0	14963.0	3521.0	1175.0
2002	3606	8627	23988.0	17119.0	4802.0	1429.0
2003	4081	9306	27348.0	19006.0	4186.0	1359.0
2004	4979	10002	31139.0	22989.0	4775.0	1411.0
2005	5052	10883	32851.0	25543.0	5628.0	1585.0
2006	4632	11796	35781.0	29259.0	6800.0	1794.0
2007	4843	12496	36996.0	33417.0	6937.0	1990.0
2008	5907	13083	39330.0	35295.0	7479.0	2177.0
2009	6017	13374	43010.0	39719.0	4888.0	2237.0
2010	6085	13540	45473.0	41491.0	5618.0	2964.0
2011	6116	13940	51374.0	47780.0	6256.0	3205.0

第二节　企业形式

中共十一届三中全会前，景东集体企业隶属轻手工业管理局，如各公社铁业社、缝纫社、小砖瓦厂。1978 年，农村手工业企业划归社队企业局管理，成为公社和大队集体企业。20 世纪 80 年代后，集体企业发展有起有伏。21 世纪头十年，随着乡镇企业产权制度改革和完善，个体、私营企业迅速发展，集体企业逐步退出历史舞台。

按所有制性质划分，景东乡镇企业主要有集体所有制（乡镇办、村办）企业，各种形式联合、合作企业，个体、私营企业，股份制企业，有限责任公司和其他企业等。

1979—2002 年景东县集体企业发展变化情况统计表

表 12-3-3　　单位：个、人

年度	集体企业			从业人员		
	合计	公社（区、乡）	大队（乡、村）	合计	公社（区、乡）	大队（乡、村）
1979	273	75	198	5350	1339	4011
1980	248	84	164	4474	1342	3132
1981	153	58	95	2356	932	1424
1982	110	44	66	1930	647	1283
1983	110	44	66	1930	647	1283
1984	164	67	97	2521	982	1539
1985	156	87	69	2750	1575	1175
1986	173	65	108	2666	1201	1465
1987	190	65	125	2582	1245	1337
1988	162	54	108	2480	1085	1395
1989	177	57	120	2646	1168	1478
1990	162	54	108	2285	1083	1202
1991	177	65	112	2403	1072	1331
1992	181	68	113	2689	1310	1379
1993	213	74	139	3063	1493	1570
1994	209	74	135	3591	2028	1563
1995	171	70	101	3457	2097	1360
1996	180	81	99	3444	2009	1435
1997	154	154	—	2945	2945	—
1998	127	127	—	2607	2607	—
1999	113	113	—	2354	2354	—
2000	78	78	—	2273	2273	—
2001	58	58	—	2106	2106	—
2002	17	17	—	1254	1254	—

第三节　行业结构

景东县乡镇企业行业结构，从一开始就有集体加工企业、工业企业、交通运输业、建筑业、商业饮食服务业及其他企业，门类齐全。在不同发展阶段，不同行业结构随时间的推移有所变化。

一、农业企业

乡镇企业起步阶段，景东县只有集体加工企业，而大部分又是农业企业。20 世纪 80 年代后，大部分农业企业解体或者就近承包给农户经营。1984 年末，集体企业从 273 个减少到 164 个，农业企业减少至 86 个，个体企业迅速发展到 2000 个。1985—1991 年，农业企业减少到 84 个。1992—1996 年，农业企业减少到 79 个。1997 年，调整乡镇企业统计指标，必须持有工商营业执照的企业才进入统计。2004 年，全县农业企业 7 个。2005—2011 年，农业企业基本被淘汰。2011 年，仅存农业企业 1 个，从业人员 268 人，营业收入 691 万元，占企业总收入的 5.05%。

1979—2011 年部分年份景东县农业企业经营情况一览表

表 12-3-4

年度	企业单位数（个）	从业人数（人）	总收入（万元）	年度	企业单位数（个）	从业人数（人）	总收入（万元）
1979	273	4056	63.4	1997	81	1303	689.0
1984	86	1438	63.4	2004	7	81	142.0
1985	55	1028	72.9	2005	7	48	373.0
1991	91	1137	130.0	2008	1	320	542.0
1992	85	1215	400.0	2011	1	268	691.0
1996	79	1430	333.0				

二、工业企业

景东工业企业历经从小到大、从少到多的发展过程。1979 年，全县有工业企业 48 个。1984 年，国家制订一系列发展乡镇企业优惠政策，“四轮驱动”，加快乡镇企业发展。1984 年末，有乡镇工业企业 130 个。1985—1991 年，迅速发展到 1439 个。1992—1996 年，发展到 2523 个。1997—2004 年，乡镇工业发展到巅峰又逐渐回落。1997 年，全县乡镇工业企业 2591 个。1998 年，工业企业 2709 个。自 2002 年始，国家调整统计指标；按国民经济行业分组，工业企业归为制造业，其中又分轻工业、重工业，一部分个体工业不能适应市场经济发展要求被淘汰。2004 年，全县工业企业（制造业）811 个。2005—2011 年，工业企业保持稳步发展。2005 年，工业企业 663 个。2006 年，工业企业 603 个。2011 年，工业企业 633 个，从业人员 3730 人，总产值 1.76 亿元，占乡镇企业总产值的 36.9%，比 2004 年增加 1.04 亿元，增长 14.26%。工业企业单位虽然减少，但总产值显著增长。

1979—2011 年部分年份景东县工业企业经营情况一览表

表 12-3-5

年度	企业单位数（个）	从业人数（人）	总产值（万元）	年度	企业单位数（个）	从业人数（人）	总产值（万元）
1978	48	891	73.6	1997	2591	4717	5095.0
1984	130	1035	163.9	1998	2709	4801	6026.0
1985	916	2486	251.4	2004	811	3070	7268.0
1991	1439	4039	695.0	2008	631	3586	11651.0
1992	1723	4460	1063.0	2011	633	3730	17635.0
1996	2523	4710	4466.0				

三、运输企业

景东县交通运输业，从集体企业开始到个体运输业的发展，历经起步、快速发展、高峰、回落、稳定、持速发展过程。1979 年，全县有交通运输业 2 个（集体企业）。1984 年，增加到 102 个。1985—1991 年，交通运输业发展迅速，与 1984 年相比增加 7.3 倍。1991 年，交通运输业 854 个，占乡镇企业数量的 22.89%。1992—1996 年，交通运输业发展达到高峰。1996 年，交通运输业 1840 个，占乡镇企业数量的 26.55%，全部为个体运输户。1997—2004 年，交通运输业逐步回落。1997 年，交通运输业 1970 个，占乡镇企业数量的 26.86%。自 2001 年始，国家调整乡镇企业统计指标，必须持有工商营业执照的交通运输业才纳入统计，所以 2001 年个体运输业只有 131 个，占乡镇企业数量的 3.71%。2005—2011 年，交通运输业稳定发展时期。2005 年，个体交通运输业 411 个，占乡镇企业数量的 8.13%。2011 年，个体交通运输业 304 个，占乡镇企业数量的 4.97%。

1979—2011 年景东县主要年度交通运输业发展状况一览表

表 12-3-6

年度	企业单位数（个）	从业人数（人）	总产值（万元）	年度	企业单位数（个）	从业人数（人）	总产值（万元）
1979	2	42	7.5	1997	1970	2029	5751.0
1984	101	117	84.3	2001	131	214	1028.0
1985	395	409	83.5	2004	391	523	1893.0
1991	854	883	495.0	2005	411	495	2019.0
1992	956	1044	810.0	2008	297	393	1976.0
1996	1840	1897	4412.0	2011	304	317	2681.0

四、建筑企业

1978 年，社队企业局组建第二建筑公司。1979 年，有集体建筑企业 2 个，从业人员 45 人，完成产值 15.96 万元，占社队企业总产值的 20.82%。1984 年，国家允许个体建筑施工队发展，建筑企业增至 90 个，其中，集体 20 个，个体 70 个；从业人员 1035 人，完成总产值 145.86 万元，占乡镇企业总产值的 20.45%。自 1985 年始，建筑企业迅速增加到 1991 个，从业人员 1294 人，完成产值 163.38 万元，占乡镇企业总产值的 22.94%。1991—1992 年，个体建筑业未纳入统计。1992—1996 年，个体建筑业较快发展。1996 年，建筑企业 245 个，占乡镇企业数量的 3.53%，其中，乡办 22 个，联户 20 个，个体 203 个；从业人员 4710 人，完成产值 2006 万元，占乡镇企业总产值的 15.6%。1997—2004 年，建筑业规范发展，一些没有资质的个体建筑企业被淘汰。2004 年，建筑企业 77 个，占乡镇企业数量的 1.54%，比 1997 年减少 168 个，从业人员 725 人，完成产值 2333 万元，占乡镇企业总产值 10.14%。2011 年，建筑企业 77 个，占乡镇企业数量的 1.25%，与 2004 年相比，企业没有增加，但从业人员增加 371 人，完成产值 4759 万元，比 2004 年增加 2426 万元，占乡镇企业总产值的 9.96%。

1979—2011 年景东县主要年度建筑业发展状况一览表

表 12-3-7

年度	企业单位数（个）	从业人数（人）	总产值（万元）	年度	企业单位数（个）	从业人数（人）	总产值（万元）
1979	2	45	16.0	1997	242	1191	2201.0
1984	90	1035	145.9	2004	77	725	2333.0
1985	191	1294	163.4	2005	55	757	3461.0
1991	20	441	244.0	2008	56	1096	4286.0
1992	18	568	358.0	2011	77	1371	4759.0
1996	245	1512	2006.0				

五、服务企业

境内百姓有兼营商业传统，农忙务农，农闲经商，或加工农副产品，或倒卖小件商品，肩挑背负，走乡串户，做小本生意，活跃农村市场。1979 年，全县商饮企业 8 个，占集体企业数量的 2.93%，其中，公社 7 个，大队 1 个；从业人员 102 人，营业收入 2.26 万元，占社队企业总收入的 1.18%。1984 年，国家制订一系列优惠政策，允许农民经商办企业，并取消地区限制，农村个体工商户可以进城摆摊设点，景东商饮服务业迅猛发展。商饮服务企业数量发展到 1519 个，占乡镇企业数量的 70.19%，其中，集体商业 8 个，饮食业 1 个，服务业 4 个，个体商业 1269 个，个体饮食业 186 个，个体服务业 51 个；从业人员 2512 人，营业收入 238.06 万元，占乡镇企业总收入的 33.38%。1985 年，商饮企业数量锐减到 650 个，以后逐步恢复。1989 年，商饮企业 708 个，1990 年 1017 个。1991 年，发展到 1214 个，占乡镇企业数量的 32.54%，其中，县直属 1 个，乡办 1 个，村办 1 个，集体服务业乡办 7 个、村办 8 个、合作 2 个，个体商业 744 个，个体饮食业 343 个，个体服务业 107 个；从业人员 2192 人，营业收入 1528 万元，占乡镇企业总收入的 55.84%。1996 年，商饮企业数量翻一番，达 2095 个，占乡镇企业数量的 30.23%，其中，商品流通企业 1300 个（县直属 1 个、乡办 4 个），个体饮食企业 583 个，旅游服务企业 212 个；从业人员 4003 人，营业收入 5407 万元，占乡镇企业总收入的 32.10%。2004 年，（个体）商饮企业 3651 个，占乡镇企业数量的 73.32%，其中，批发零售企业 2387 个，住宿饮食企业 960 个，社会服务企业 304 个；从业人员 5015 人，营业收入 1.69 亿元，占乡镇企业总收入的 54.29%。2011 年，（个体）商饮企业 5364 个，占乡镇企业数量的 87.7%，成为乡镇企业支柱产业。其中，批发零售企业 3664 个，住宿及餐饮企业 665 个，饮食企业 426 个，其他服务和娱乐业 609 个；营业收入 3.05 亿元，占乡镇企业总收入的 59.33%。

1979—2011 年景东县主要年度商业、饮食服务业发展状况一览表

表 12-3-8

年度	企业单位数（个）	从业人数（人）	总收入（万元）	年度	企业单位数（个）	从业人数（人）	总收入（万元）
1979	8	102	6.0	1997	2322	4762	5553.0
1984	1519	2512	238.1	2004	3651	5015	16906.0
1985	650	739	140.8	2005	4265	6459	19199.0
1991	1214	2192	1528.0	2008	5256	8343	23487.0
1992	1253	2348	1215.0	2011	5364	9221	30485.0
1996	2095	4003	5407.0				

六、主要产品产量

1979—2011 年景东县部分年度产品产量一览表

表 12-3-9

年度	产品产量
1979	农机配件 0.63 万件、铁制农具 6.1 万件、木制农具 20 件、竹制农具 0.79 万件、石灰 59.1 万千克、砖 15.39 万块、瓦 45.83 万块、木材 3104 立方米、食用植物油 0.2 万千克、粮食加工 14.22 万千克、日用陶瓷 10.3 万件、土纸 0.2 万千克、服装 4.77 万件、铜矿石 0.4 万千克、小水电站（8 座）发电量 235.1 万千瓦时、原煤 77 万千克、毛石 2022 立方米、碎石 176 立方米、沙子 100 立方米、石棉矿 4.5 万千克、农具修理 4.35 万件、茶叶 11.6 万千克、松脂 2.83 万千克、紫胶 14.86 万千克
1984	茶叶 21.63 万千克、发电量 332.7 万千瓦时、农机具配件 0.2 万件、铁制农具 4.67 万件、砖 713.9 万块、瓦 161.3 万块、石棉矿 3.5 万千克、木材 4299 立方米、锯材 117 立方米、粮食加工 4.8 万千克、面条 12.21 万千克、白酒 2.41 万千克、粉丝 1.2 万千克、糕点 0.9 万千克、精制茶 5.42 万千克、服装 0.44 万件、日用陶瓷 2.1 万件、小五金 0.38 万件、房屋建筑竣工面积 8655 平方米
1991	毛茶 28 万千克、精制茶 1.5 万千克、安定茶厂普洱茶出口量 1.4 万千克、原煤 1050 千克、石棉 1 万千克、木材 500 立方米、发电量 399 万千瓦时、粮食加工 231 万千克、粮食制品 98.8 万千克、食糖 8.5 万千克、糖果 10 万千克、糕点 10.7 万千克、白酒 32.1 万千克、砖 1624 万块、瓦 945 万块、石灰 75.5 万千克、日用陶瓷 1.3 万件、铁合金（实物）10.5 万千克、铁制农具 6 万件、房屋建筑竣工面积 1.08 万平方米、货物运输量 50.4 亿千克
1996	毛茶 42.4 万千克、精制茶 5.7 万千克、服装 1.5 万件、原煤 1100 万千克、铜原矿 954.1 万千克、铜精矿 12.1 万千克、大理石荒料 1000 立方米、石料 1.3 万立方米、石棉 2.5 万千克、发电量 720 万千瓦时、粮食加工 1.4 亿千克、粮食制品 60 万千克、红糖 80 万千克、糖果 5 万千克、白酒 58.3 万千克、竹筷 1270 万双、纸包装箱 7 万只、锯材 2200 立方米、木制家具 0.2 万件、铁制农具 0.9 万件、土纸 0.2 万千克、活性炭 6.2 万千克、水泥 3360 万千克、水泥电杆 200 万千克、砖 2928 万块、瓦 492 万块、日用陶瓷 0.2 万件、石灰 60 万千克、房屋建筑竣工面积 2.3 万平方米
2004	毛茶 70.6 万千克、精制茶 74.2 万千克、大理石荒料 3200 立方米、供电量 5753 千瓦时、粮食加工 425.6 万千克、粮食制品 186.8 万千克、食糖 28 万千克、果制品 50 万千克、白酒 116 万千克、橡胶制品 14.2 万千克、砖 1755 万块、瓦 401 万块、中小农具 0.12 万件、水泥 6790 万千克
2011	蔗糖 1700 万千克、乳制品 200 万千克、发酵酒精 1627 立方米、木材锯材 2100 立方米、人造板 9.69 万立方米、松脂及制品 116.4 万千克、蚕丝制品 25.2 万千克、中密度板 4.21 万立方米、木竹纤维板 5.48 万立方米

第四节　乡镇企业管理

一、管理机构

1955 年，县手工业联合社成立，负责组织和管理全县手工业企业生产经营。首先对私营工商业进行社会主义改造，组织城乡零散能工巧匠，分行业组成集体企业，加工生产人民群众所需生产生活用品。1960—1962 年，正值国民经济困难时期，县手工业联合社撤销，1963 年恢复。1966—1971 年“文化大革命”期间，手工业联合社再次撤销，部分手工业企业被解散，部分手工业企业由其他部门代管。1972 年初恢复，并改称手工业局革委会。1974 年，改称手工业管理局。各社队手工业、铁业社、缝纫组等逐步恢复，外单位代管手工企业划还；城镇集体企业用工纳入国家经济计划，每年招工名额由县劳动部门批准。1975 年，全县有手工业企业 37 个，从业人员 863 人。1979 年，各社队铁业社、缝纫组划归县社队企业管理局。手工业局改称轻手工业局，管理五金社、服装厂、纺织社、木器厂、牙科医务室、自行车修理组、糕点组、轻工业供销公司、机建工程队9个城镇集体所有制企业；从业人员308人，其中管理人员22人。1984年1月，县级体制改革，县轻手工业局撤销。负责人：罗景良、李廷新（副局长主持）。

1978年4月，执行国家“把在农村的轻手工业企业全部划归人民公社领导和管理”政策，成立县社队企业管理局。1984年1月，县社队企业局、县轻手工业管理局合并，成立县城乡集体企业管理局及局总支委员会，内设城镇企业、农村企业等股室。1988年3月，获省级“1987年度发展乡镇企业先进单位”称号。1993年，获省政府“全省发展乡镇企业先进县”十县之一，奖金10万元。2006年1月，县经济和商务局成立，加挂乡镇企业局牌子。2011年8月，县工业商务和信息化局成立，乡镇企业职责划入县农业和科学技术局。历任局长：罗有兆、石安、杨兴发、黄永明、王丕强、纪昆、李庆唐（主持）、罗允玉（主持）、李勇、唐勇。

二、经营管理

计划管理 社队企业时代，按照省地下达任务指标，制订相应措施和奖惩办法。计划内容包括企业数、营业收入、总产值、社队工业产值、利润、主要产品产量等。随着改革的不断深化，逐步实行目标责任制管理，年初由政府下达指标，县乡镇企业管理部门与市级主管部门签订发展目标责任书，年中有监督、执行，年终有考核、奖励。

财务管理 1980年4月10日，根据农业部、财政部《农村人民公社社办企业财务管理办法（试行草案)》《农村人民公社社办企业会计制度（试行草案)》规定，管理内容包括财务计划、基本建设投资、固定资产、流动资金、劳动报酬、成本及费用、收入、利润、专业基金、民主理财、财会人员等。1986年9月，财政部、农业部制订出《乡镇企业财务制度》《乡镇企业会计制度》《乡镇企业成本开支范围的规定》，实行半年和年度报制度。半年报有利润计算表和资金平衡表，年度报加报利润分配表、财务分析说明等。此外，统计属农村社会经济组成部分，也是乡镇企业财务管理的重要内容。

质量管理 社队企业时代，质量管理工作薄弱，检验机构和制度不健全，企业生产全凭经验管理，产品质量差，经济效益低。20世纪90年代后，严格执行《乡镇工业产品质量管理办法》，配合质量监督和行业质监部门，建立和完善质量检测监督体系，配备质量监督人员，确保产品合格率，消灭伪劣产品。

技术、营销、安全管理 （1）技术管理。技术人才和力量，主要靠引进技术、举办和参加各种技术培训班加强。1983年，引进红砖生产技术。20世纪90年代初，引进制镜技术。1993—1995年，省县联办高等冶金专科学校函授班，获得毕业证书18人（大专11人，中专7人)。(2）营销管理。帮助企业宣传产品，培训营销队伍和人才。1995—2000年，三次参加云南省乡镇企业产品展销博览会，参展产品有大街精制茶、文玉铜产品、无量山果品公司产品、天然核桃乳饮料等。(3）安全生产管理。设专人和专门股室负责。20世纪90年代，纳入年度发展目标考核责任书，考核指标为“千人死亡率不超过0.21‰、重伤率控制在0.29‰”，实行行政首长一票否决制。

第十三编

商　贸

第一章　商　业

第一节　市场建设

1978年后，城乡集市贸易日趋繁荣，县境内企业及各乡镇重视市场建设，投入专项资金1000多万元。其中，县城中心、马口农贸市场由县饮食服务公司投资155万元，新城区银生农贸市场由股份制企业投资250万元；乡镇集资改造街场建设资金分别为大街22万元、平掌街54.2万元、水箐街30万元、者后街85万元、清凉街17.2万元、文井街50.9万元、玉米山街34.6万元、大龙街52.5万元。城乡各地增设市场服务设施，规范摊点摊位，建立起功能较完备的市场。2011年末，全县有集贸及专业市场43个。

一、集市贸易

境内集市贸易主要形式为赶集。历史以来，人们在人群、村落集中之地以物易物、互相调剂余缺，逐步演变为具有一定规模的街场，遂发展成货币交换场所。元代始，境内便以十二生肖计算街期，即以十二天为一轮两个街期，“空五赶六”。例如：子、午街，是指凡逢属鼠、马日为街期。各乡镇按区域位置推一地为首街，余则按顺序排列，固定街期，循环往复，相约成俗，村民如期赴市交流物资和调剂余缺。川河坝一带，街期次序分别为县城卯酉街、清凉辰戌街、文井巳亥街、文华子午街、中所丑未街、斗阁寅申街。街场名称有的依驻地而名，如清凉街、文井街、文华街等，也有的依街期属相而名，如鼠街、龙街，一年四季，年复一年，民间贸易不断。茶叶等农特产品上市和年关节日，街场比以往更为热闹。年关最后街期称“尽头街”，农户要卖蒜、茴香、葱、青菜等，意为来年更会算、更会想、更聪明、更青春。个别地方没有专门集场建筑，人们固定在一处僻静、空旷的地方，一年集中交易或相互交流1~2次，相沿成俗。如龙街乡东山村“杨梅街”，赶集日每年只有农历二月十六日、三月十六日两天。自1949年始，街场相沿互市。1958年，受“大跃进”和左倾思想影响，视赶集为“游手好闲”而受限制，许多街场被废弃。1961年，街场恢复，但物资实行统购统销，农副产品分三类，其中一、二类物资不得上市，仅三类可以上市交易，市场冷清、萧条。1980年，放宽农村政策，解禁集市贸易诸多限制，集市贸易进入繁荣时期。1981年，县委行文：（1）根据需要增设部分集市贸易点，新辟几条街子；（2）发展部分集体和个体商业、手工业、饮食服务业；（3）边远山区准许少量农户从事农兼商。1982年始，开放农村市场，改革农副产品购销政策，市场日趋活跃，农村经济逐步复苏。1990年，全县街场43个。街期赶集万人以上集市有城街、鼠街、文井街。每个街场除国营和私营门店外，多为外地客商和境内赶“转街”商贩，就地摆摊设点，守卖叫卖。至2011年，随着交通设施改善和通信信息发展，有的街场自然废弃，全县街场数量降至36个。上市物资从农副产品到工业品、日用化工商品，琳琅满目，几乎农村所需要的商品皆能买到。全县集市贸易成交额1990年为0.34亿元、2000年为1.16亿元、2002年为1.21亿元。

20世纪80年代文井街头

（李廷新　摄）

物资交流市场

（李廷新　摄）

牲畜交易市场

（李廷新　摄）

二、专业市场

20世纪90年代，专业市场随着市场经济发展而诞生。1993年4月，景东县投资49万元，在县饮食服务公司中心店老旅社区建成中心农贸市场，建筑面积2687平方米，设摊位250个。2001年10—12月，投资54万元扩建，增建636平方米、摊位120个，基本解决市场拥挤不堪问题。1998年后，根据城市建设规划布局，先后开设马口、县城中心、新城区（银生）、老街、粮油、建材（林产公司）、南仓井等农贸市场及天生祥、大兴量贩超市，基本能够满足城市贸易要求。2004年7月，景东县第一家超市——普洱市天生祥超市景东店（简称天生祥超市）开业。超市租赁电影院，经营场地3000平方米，诚信度AAAA级，私营企业，法人代表王革民，景东店负责人李川，年均销售额2600万元；员工150人。2011年1月9日，大兴量贩开业。超市由文勇（昆明人）投资1000余万元，购买景川路155号陈宏煦土地（外贸公司驻地）建成，私营企业，经营区3100平方米，年均销售额2000万元，员工131人。随着市场经济发展及商品销售量不断增加，逐渐出现如摩托车、汽车销售等专业市场；一些如“七匹狼”“柒牌”等品牌服装，逐渐形成省市县乡四级连锁销售市场。至2011年，县城开办有服装店258个，其中，本县人办146个、占56.59%，外地人办112个、占43.41%。

第二节　商品购销

中共十一届三中全会后，农村集市贸易恢复发展。景东县积极发展商贸事业，开放集市贸易，促进城乡物资交流，建立和发展多种经济成分、多种经营形式、多种渠道并存的流通体系。1983年，全县商业国内纯购进1491.68万元，较1953年增长1218.68万元；纯销售1219.78万元，较1953年增长1054.78万元。1990年，商业国内纯购进4968万元，较1983年增长3476.32万元；纯销售7006万元，较1983年增长5786.22万元。2000年，社会商品零售2.43亿元，较1990年增长1.73亿元。2010年，社会商品零售7.1亿元，较2000年增长4.67亿元。2011年，社会消费品零售8.41亿元，较2010年增长1.3亿元。

一、工业品及生产资料购销

1978年前，县属较大单位如商业、供销、糖厂、农水等部门和企事业单位，均在昆明驻有采购员，按照统一分配指标调运所需要物资，各部门需要建材时直接向有关单位采购。中共十一届三中全会后，全县工农业生产及城镇建设项目剧增，建材品种、规格、数量需求增加，部分物资实行“双轨制”，靠各部门采购物资已远远不能满足经济建设需要。1978 年，县物资局成立，职工 3 人，专司主要建材和金属材料的调配及供应，品种有生铁、中型钢、小型钢、线材、中厚板、薄板、优质钢、焊接管、无缝管以及铜、铅、锌、铝、锡等。1990 年，金属材料购进 164 万元，比 1980 年增加 149.8 万元，增长率 1054.93%，销售 138 万元，较 1980 年增加 114.52 万元，增长率 487.73%。2000 年，农业生产资料购进 2018.2 万元，销售 1660.6 万元，年末库存总值 473 万元。其中，购进农用机械 187 台，销售 157 台，库存 58 台。

2010 年景东县批发企业工业品及生产资料购销情况统计表

表 13-1-1 单位：个、万元

商品名称	企业	购进金额	销售金额
矿产品、建材及化工产品	1	6762.3	6793.3
油及制品	1	4662.3	4623.3
机械设备、五金交电及电子产品	1	1383.3	2029.5
汽车、摩托车及零配件	1	1383.3	2029.5
化肥	1	2100.0	2170.0

2010 年景东县零售企业工业品及生产资料购销情况统计表

表 13-1-2 单位：个、万元

商品名称	企业	购进金额	销售金额
汽车、摩托车、燃料及零配件专门零售	4	11117.7	11074.7
汽车零售	3	9742.8	9624.6
摩托车及零配件零售	1	1374.9	1450.1
医药及医药器械专门零售	2	2046.2	2231.6

二、日用工业品及生活资料购销

民国时期，交通闭塞，货源不畅，日用工业品为稀罕之物。新中国建立后，弥宁公路开通，日用工业品大量运入境内，花色品种齐全。

日用百货 1954 年 5 月，县百货公司成立。至 1960 年，所经销的日用百货有搪瓷器皿、钢精制品及皮鞋、胶鞋、布鞋、肥皂、香皂、玻璃、缝纫机、自行车、手表等。1957 年，全县共经销胶鞋 400 双、火柴 910 件、肥皂 7404 箱、暖水瓶 1700 把、钢精锅 800 口、搪瓷面盆 3400 个。20 世纪 70 年代，塑料制品进入景东市场，缝纫机、自行车、手表、热水壶、肥皂等成为紧销货。改革开放后，日用百货基本能够满足需要。

针纺织品 民国时期，境内棉布以自纺自织为主，主要有川河坝棉制土布和山区火草布、苎麻布等。1957 年，共经销棉布 79 万米，毛巾 3.9 万条。1958 年，棉布实行定量供应，不分城乡，每人 4 米。1961 年，国家处于困难时期，每人仅发布票 0.57 米。1963 年始，恢复棉布定量供应制度。1970 年，全县经销棉布 277.01 万米、呢绒布 700 米、绸缎 1.21 万米、毛巾 10.5 万条。1980 年，经销棉布 136.05 万米、毛巾 12.14 万条、汗衫 10.33 万件、棉毛衫裤 2.86 万件、床单 2292 条、毛线 498 千克。自 1985 年始，取消棉布定量供应，敞开销售。1990 年，国营商店和供销社共销售棉布 54.4 万米、呢绒布 0.1 万米、绸缎 0.27 万米、毛巾 1.07 万条、汗衫 7.63 万件、棉毛衫（裤）2.77 万件、床单1.22万条、服装11.53万件、毛线0.14万千克。20世纪80年代，江苏、浙江、四川等地客商涌入县境，基本占领衣服和布料市场，销量无法精准统计。20世纪90年代后，上述商品不属统计范畴。

五金交电 20世纪五六十年代，五金交电产品如元钉、铁丝、自行车、电灯泡、收音机、镐、凿、锯、钎等由供销系统销售，年销售额不足10万元。1983年6月，县五交化公司成立，当年销售总额54万元。1985年，销售元钉6.43万千克、自行车1842辆、半导体收音机3350部、电视机397台、洗衣机221台、收录机382部、电风扇572台、电冰箱10台，年销售总额152.4万元，较1983年增长182.22%。1990年，销售自行车2219辆、收音机916部、电视机1097台（其中彩电342台）、洗衣机348台、收录机1172部、电风扇269台、电冰箱12台，年销售总额240万元，较1985年增长57.42%。

1978—1998年景东县商品购销、库存总值一览表

表13-1-3 单位：万元

年度	国内纯购进		商品销售				年末库存
	合计	其中农副产品	合计	国内纯销售	调出部分	出口	
1978	608	—	536	—	—	—	—
1979	1434	741	2266	2252	14	—	1028
1980	1902	1017	3133	2507	615	11	1145
1981	2003	995	3417	2722	642	53	1109
1982	2031	1082	3513	2925	480	108	1548
1983	2634	1288	4745	3598	822	325	1699
1984	2617	1315	5100	3896	672	532	1546
1985	2483	954	5295	4431	110	754	1759
1986	2544	1010	5288	4413	100	775	2035
1987	3139	1101	6675	5275	768	632	2480
1988	4512	1858	9667	7855	1016	796	2242
1989	498	2311	9777	7310	1413	1054	3679
1990	5110	1707	10425	8390	508	1527	3655
1991	4382	1357	15143	8200	6943	—	3977
1992	4215	1984	17884	10107	7726	51	4477
1993	4592	1988	18740	5571	13169	—	4338
1994	3969	1554	17850	—	—	—	4939
1995	4554	2584	20144	6044	14100	—	5336
1996	6841	4349	23854	7121	16733	—	7348
1997	8728	5380	34300	13291	21009	—	9694
1998	—	—	28904	12661	16243	—	—

第三节　商业服务

一、经营体制

私营商业 中共十一届三中全会后，实行改革开放搞活经济政策，全县私营商业又有新的发展。

1985年，出现个体工商户24个37人，其中，商业17个21人，饮食4个11人，修理2个3人，镶牙1个2人。1988年，个体工商户2565个，从业4508人。1989—1992年，国家整顿经济秩序，治理经济环境，景东个体经济发展受到一定影响。1992年，邓小平南方谈话后，特别是1997年9月中共十五大召开后，个体、私营等非公有制经济被列为中国社会主义市场经济重要组成部分。1998年，全县注册登记个体工商户3819个，从业5347人，其中私营企业从零发展到22个，从业551人。2011年，注册登记个体工商户1.04万个，注册资本金3.98亿元，从业1.81万人，其中私营企业402个，注册资本金7.5亿元，从业8085人。

集体商业 1952年，在国家政策扶持下由农民集资入股，自愿联合组成的集体经济组织，即供销合作商业。（详见本编第二章“供销”）

国营商业 景东县国营商业历经民主改革、社会主义改造与建设几个发展时期，各个时期根据发展需要或建立、或合并、或撤销、或恢复发展。中共十一届三中全会后，持续深化改革开放，国营商业逐步退出主导地位。1950年7月7日，景东县第一个国营商业机构——贸易公司建立。1951年，全县有批发机构1个，零售机构4个；职工47人。1957年，有批发机构3个，零售机构3个，采购机构5个；职工132人。1954年5月4日，在贸易公司基础上，开办百货公司，扩大经营范围，增加花色品种。1955年5月，增设烟酒专卖公司，下设文井、太忠、景福、永秀专卖组。1956年，相继开办食品公司、社会福利分公司、花纱布公司、盐业公司、油脂公司及农副产品采购局。1964年，全县有批发机构4个，零售机构6个，采购机构1个；职工160人。至1990年，全县商业系统设有贸易公司、百货公司、食品公司、五交化公司、蔬菜副食品公司、安定综合服务公司、漫湾电站综合服务公司、石油公司、民族贸易公司、文华商店和景东大草地林业商店及冷冻库、油库，国营商业网点59个，职工307人（其中营业员95人）；商品零售额877.4万元，实现利润93.4万元。2010年，百货公司改制结束，国营商业彻底退出市场主体。

二、商业企业

县贸易公司 1950年7月7日，开设县贸易公司，称“一揽子”公司，经营粮食、布匹、针织品、医药、食油食盐、烟酒糖等商品百货，职工13人；城区公私商业并存。1951—1952年，贸易公司设批发部1个、零售门市4个，经营品种395种；职工47人。1951年，开设安定、文井、小景谷贸易组；当年，小景谷贸易组移交景谷县。1952年10月，开设振太贸易组。1954年，开设勐大贸易组，随即改称景东贸易公司振太办事处，小景谷贸易组划归景东贸易公司。1957年，“审干、肃反”运动结束，机构整改。贸易、专卖、食品、社会福利4家公司合并，成立县服务局；工商科及百货、花纱布2家公司合并，成立县商业局；盐业公司划归县供销社。1958年，机构大合并，贸易公司烟酒糖、猪牛羊等肉（副）食品经营职责，划归商业局食品股。1962年，“国合”分家，商业局系统内实行专业公司经营；烟酒糖、猪牛羊等肉（副）食品归贸易公司经营，下设文井贸易组，负责收购糖酒。1965年，重新开设食品公司，贸易公司肉食品经营业务划归食品公司，贸易公司经营糖烟酒等副食品。1969年末，“国合”再次合并，称人民商业革命委员会，贸易公司、食品公司合并，设食品组。1970年，贸易公司收回糕点社，开设综合加工厂，成为国营商办工业。1976年，“国合”分设，恢复贸易公司、食品公司，猪牛羊肉食品由食品公司经营。1979年，贸易公司经营综合加工厂划归商业局；安定批发站商品经营业务划归贸易公司，开设安定贸易批发站。1983年1月，开设蔬菜副食品公司，贸易公司粉丝加工点和新建粉丝厂划归蔬菜副食品公司。1985年，贸易公司分设为贸易批发公司、贸易零售公司。1986年，安定贸易组、安定综合批发站合并；贸易公司下属仅保留文井贸易组。1987年，贸易公司贸易批发公司与贸易零售公司合并；8月，食盐经营业务划归供销社。1985年始，深化企业改革，公司内实行经营承包责任制，所属柜台或承包、或按百元计酬承包。

1987 年，公司向商业局和财政局承包，一包三年，内部实行以柜台为单位包缴利润、按销售额百元计酬、租赁三种承包方式，取得较好的经济和社会效益。1992 年 1 月 1 日，根据县政府《关于成立景东彝族自治县商业局糖烟酒蔬菜副食品公司的批复》，贸易公司、蔬菜副食品公司和糖果糕点厂合并，开设糖烟酒蔬菜副食品公司。经理：杨应学。

中共十一届三中全会后，准许个体经济发展。1988 年，全县共有食馆和饮食摊点 395 个，从业人员 627 人，其中，国营 21 个，从业人员 26 人，占摊点总数的 5.3%；供销社经营 21 个，从业人员 21 人，占摊点总数的 5.3%；个体经营 353 个，从业 580 人，占摊点总数的 89.4%。1981 年 9 月，县饮食服务公司试行经营承包责任制。1983 年 7 月，深化改革，部分饮食企业实行经营承包责任制。1984 年，全面放开，实行利润包干上缴责任制。1987 年末，饮食服务公司共有饮食网点 10 个，从业 10 人；旅社 2 个，床位 385 个，从业 17 人；综合门市 2 个，从业 2 人；理发店 1 个，从业 1 人；照相馆 1 个，从业 1 人；冷饮店 2 个，从业 2 人；米粉、米线加工组 1 个，从业 1 人；脱钩饮食店 11 个，从业 12 人。所属店铺除 2 个旅社实行承包经营责任制外，其他均实行租赁经营制。1988 年，完善利润包干上缴、租赁经营制度；通过清理整顿，闲置门店对外投租。2000 年 10 月 9 日，饮食服务公司改制，成为股份合作制企业。2004 年 10 月，自然人毛志华（外省人）以 800 余万元价格收购公司职工股份，成为私营企业，后转让给李春凤（安定人），更名为饮食服务公司。

1962 年 7 月，贸易公司在景川路建盖砖木结构二层楼房 1 幢，开办景东县第一个国营旅社——“景东国营旅社”，设床位 200 个。1972 年 1 月 1 日，景东国营旅社隶属新设立的饮食服务公司。1983 年，增建钢混结构三楼一底楼房 1 幢，开办“银川旅社”，设床位 185 个，兼营餐饮冷饮。1999 年 6 月至 2000 年 1 月，商业总公司统筹规划，拆除景东国营旅社，建成中心农贸市场及三层钢混结构综合楼，建筑面积 2880 平方米，总投资 192 万元。2000 年，企业改制，银川旅社变为股份合作制企业。2004 年 1 月，毛志华以 350 万元价格购买银川旅社产权作房地产开发，新建“园丁小区”。

县百货公司 1954 年 5 月 4 日，开设县百货公司，业务受思茅专区百货公司直管，行政受县政府领导；在老街设门市部，批零兼营。公司内设人事秘书股、财会统计股和业务股，职工 28 人。1955 年，食糖经营业务划归贸易公司；棉布、针织品经营业务划出，开设县花纱布公司。1956 年，设立文井、安定百货小组，实行批零兼营。1957 年，商业体制改革。撤销县工商科；百货公司、花纱布公司合并，成立县商业局。1958 年，“国合”商业机构合并，百货公司经营业务划归商业局日用工业品股，主要商品实行计划分配。1962 年，“国合”机构分家，恢复百货公司、贸易公司，隶属商业局。1965 年，商品购销业务扩大，经营品种增加。1964—1965 年，在景川路新建一楼一底砖木结构百货大楼 1 幢，建筑面积 1485 平方米。1966 年，“国合”机构再次合并，称县商业革命委员会，百货公司隶属革委会供应组。1970 年后，因铁路公路交通堵塞，货源紧缺，商品流通不畅，物资供应时有脱销，部分商品实行分配制度，三类小商品采取自由选购政策。1976 年，商品生产和供应逐步恢复。中共十一届三中全会后，实行改革开放政策，商品经济日趋发展，日用工业品由紧缺走向繁荣，人民生活水平逐步提高。1983 年，深化改革，五金、交电、化工商品经营业务划出，开设县五交化公司，其他商品仍由百货公司经营。1985 年，百货公司分设为百货批发公司和百货零售公司。1987 年，批发、零售两公司合并，仍称百货公司，批零兼营。根据中央“改革、开放、搞活”方针，为适应集体、个体进货需要，扩大百货批发部，增设针织品、棉织品批发部，分类设立针织、服装、百货、文化用品、鞋帽、纺织品、五交化等批发点；设文井批零兼营机构。1985 年，打破“大锅饭”，实行承包经营责任制，工资与任务挂钩，超产超奖。1987 年，推行经理负责制，公司向发包方商业局、财政局一包三年，内部由法人代表公司提出具体承包方案，员工按方案执行。自 1987 年始，实行招标夺标承包制，承包方为企业法人代表。1988 年，物价上涨，出现抢购风潮，购销业务创下历史最高年，商品购进总值 836 万元，销售总值 1117.09 万元，上缴税金 12.18 万元，实现利润 11.88

万元。1997 年 1 月，百货、五交合并，成立县商业总公司百货五交化公司。1998 年 6 月 1 日，根据县政府《关于同意百货五交化公司改制实施方案的批复》，企业改制，组建股份制集体企业，由县经贸委实行宏观管理。

县五交化公司　1983 年 6 月 1 日，开设县五金交电化工公司（简称五交化公司），主要经销五金、交电、化工商品，下设批发部 1 个、零售门市部 3 个；流动资金 9 万元，职工 20 人。1983 年，批发额 28.57 万元，零售额 25.52 万元，实现利润 1.25 万元。1984 年，批发额 57.99 万元，零售额 49.86 万元；固定资产 1.61 万元，月平均流动 23.07 万元，月均销售 9 万元，实现利润 4.61 万元。1985 年，批发额 55.03 万元，零售额 97.42 万元；固定资产净值 2.41 万元，月均流动 34.2 万元，月均销售 12.71 万元，实现利润 7.23 万元。1986 年，批发额 79.35 万元，零售额 96.79 元；固定资产净值 4.7 万元，月均流动 38.9 万元，月均销售 14.68 万元，实现利润 5.92 万元。1987 年，批发额 86.53 万元，零售额 85.53 万元；固定资产净值 11.14 万元，月均流动 48.88 万元，月均销售 14.34 万元，实现利润 4.3 万元。1988 年，批发额 150.52 万元，零售额 164.66 万元；月均销售 23.77 万元，实现利润 6.61 万元。同年，开展售货奖；由于物价上涨，银行资金利率跟不上物价上涨率，民众普遍存在"存钱不如购物"心理，对经久耐用商品形成抢购风潮，为稳定"存贷"，银行采取"保值储蓄"策略。1988 年，商品购销大幅度上升，国家采取相应措施进行遏制。1988—1989 年，"整顿经济秩序，治理经济环境"，购销热潮日趋冷却。1997 年 1 月，根据县商业总公司《关于百货公司、五交化公司合并的决定》，两公司合并，设立百货五交化公司。

县食品公司　1956 年 5 月，为促进生猪生产，执行肥猪派购政策；贸易公司猪牛羊经营业务划出，开设县食品公司，下设文井、安定、崇明、勐大、景福食品组，主营猪牛羊及腊肉制品。同年 7 月 1 日，省委决定在全省范围内实行生猪派养派购，要求"四户养一头母猪"，推广大白猪养殖。1957 年 3 月 1 日，根据中共中央、国务院《关于发展生猪生产的决定》，全国生猪收购价格提高 13.98%；县贸易、专卖、食品、社会福利四个公司合并，成立县服务局，实行政企合一体制；猪牛羊收购业务由各区供销合作社负责，县城开设饲养场负责接转调拨。同年 11 月，实行肥猪"购留各半"政策，对非农业人口实行肉食品按月定量供应政策。1958 年 8 月，经地委行署批准，商业局、服务局、供销合作社、农产品采购局合并，成立县商业局；肥猪派购、收购业务由基层供销合作社办理，食品公司购销业务归商业局采购股行使。1961 年，"国合"分家，肥猪统一由基层供销社代购，按规定接收价交由县饲养场上调和加工腊肉制品。1965 年，食品公司恢复，下设文井、安定、大街食品站，凡设基层食品站区镇，一切猪牛羊收购、上调和供应均由食品站办理。1966 年，食品公司划归县供销合作社，下属食品站合并归供销合作社，县城收购、上调业务由县饲养场负责。1971 年，恢复食品公司及食品站，隶属县商业局。1973 年 8 月 30 日，根据省外贸局、省商业局《关于主要农副产品实行一次性验级有效试行办法的通知》，主要农副产品有棉、烟、麻，肉食品有猪牛羊肉，副食品有花椒等 11 种，土特产有桐油等 14 种；全县执行结果大同小异，各区均出现肥瘦相当的猪认定等级不同现象。1976 年，增设花山、太忠、龙街、林街、曼等、永秀、景福、锦屏食品站，人员由当地供销合作社划出。

1979 年 1 月至 1980 年 7 月，建设食品冷冻仓库。1984 年，实现净利润 6 万元，创历史最高年水平。1985 年 11 月 21 日，根据省政府《关于取消生猪派购，放开购销价格的紧急通知》，取消生猪派购，生猪和猪肉购销价格同时放开，实行自由上市、自由交易，随行就市，按质论价；食品公司肥猪收购量大幅减少，当年亏损 19 万元，1986 年亏损 2.4 万元（主要因为转行），1987 年亏损 1.3 万元。生猪派购政策实施期间，食品公司年均供应城镇猪肉 40 万千克，其中 85%以上肉源靠各食品站供给；生猪派购政策取消后，为求生存，食品公司转变经营模式，将肉食门市开设成综合经营点 32 个，其中，批发部 1 个、酒厂 3 个、饮料车间 1 个、录像放映场 2 个、屠宰车间 1 个、停车场 1 个、旅社 2

个，1986 年比 1985 年减亏 16.6 万元，1987 年比 1986 年减亏 1.1 万元。1987 年末，食品系统共有核算单位 11 个（其中基层食品站 9 个），职工 124 人（其中 10 人脱钩自谋职业），离退休 47 人，占 38%，平均每 2.63 人须负担退离休人员 1 人。1988 年，扩大业务经营范围，实行承包经营责任制，围绕本业，打开销路，如生产烫褪羊等。当年，共宰杀菜羊 5234 只，出口 4.1 万千克；菜牛 769 头，生产冷冻牛肉调供昆明、下关；收购肥猪 481 头、菜牛 1306 头、菜羊 5034 只、鲜（冻）牛肉 743 头；调入猪肉制品 10.24 万千克、比 1987 年上升 77.2%，鲜（冻）猪肉 4093 千克、猪油 8.31 万千克。1988 年，购进值 1187.18 万元，比 1987 年 113.96 万元上升 941.75%。其中，纯购进值 91.31 万元，比 1987 年上升 42.8%；销售值 235.23 万元，比 1987 年上升 15.6%。其中纯销售值 185.75 万元，比 1987 年上升 6.5%。实现净利润 2.78 万元。1999 年 1 月 8 日，组建股份合作制企业；在职 59 人，离退休 65 人，落实政策抚养 6 人。董事长：辛云江。

县蔬菜副食品公司　1964 年 3 月，为平抑蔬菜价格，有计划地生产和供应蔬菜，县政府指示锦屏镇成立蔬菜专业队（简称蔬菜队）。每年贸易公司与蔬菜队签订蔬菜种植品种、数量及销售合同，口粮由粮食部门定量供应，所生产蔬菜统一交售贸易公司经营。据统计，蔬菜队共有菜地 8.47 公顷，后因单位建房和开辟新街场占用，蔬菜种植面积大量减少。1984 年末，实际有菜地 3 公顷。1981 年，贸易公司将蔬菜经营权交回，由蔬菜队自产自销。1982 年，县政府又将蔬菜种植计划、经营权划归贸易公司，由蔬菜队按计划种植，并要求推广科学种菜技术。1983 年 3 月 1 日，贸易公司划出人财物，正式开设蔬菜副食品公司，下设粉丝厂、酱菜厂、副食批发部、零售门市部，每年由财政定额弥补 5 万元。蔬菜队成立后，根据消费者消费量和购买力，蔬菜供应基本上能满足市场需求，生产旺季常出现供大于求现象。自 1985 年 1 月 1 日始，蔬菜实行自由买卖，专业公司主要负责市场调节。财政补贴停止后，公司由蔬菜专营转型为副食品和其他项目兼营。菜市放开后，弥渡等外地蔬菜源源不断流进景东市场，农村菜市供应得到有力的调节。之前，城区肉食品供应主要靠 2 个门点；生猪政策放开后，日均个体宰杀户 15 户，其中宰牛 3 户，逢集日则更多，肉食品选购自由，价格相对降低。实行土地联产承包责任制后，城郊农村围绕市场需求，部分菜农推行科学种植技术，菜类品种越来越多，仅县城每日就有外地常驻菜摊户 10 多户，私人卖菜户 100 多户，赶集日可达 250 户。1986 年 4 月 18 日，思茅地区召开商业会议，把蔬菜、粮食、肉食列为市场三大支柱。据史料记载，民国 5 年（1916），全县有蔬菜品种 70 种。至 1988 年，全县蔬菜品种增加近百种，并呈现出越来越多的趋势。随着经济发展和生活水平提高，曾经廉价的虎掌菌、香菌、金丝木耳、黑鸡枞等倍受青睐，价格越来越昂贵。景东粉丝以蚕豆、豌豆为原料，质地纯正，韧性好，丝条透明一致，深受群众欢迎。1982 年前，粉丝供应靠集体企业手工生产和外县调入，属紧俏商品。1983 年，在县城投资 18 万余元新建中型粉丝厂 1 座，基本实现半机械化生产。粉丝厂投产后，市场需求趋于饱和。

1970 年前，集体企业既生产糖果糕点，也生产酱菜，工厂生产靠手工操作。同年 9 月 1 日，集体企业划归贸易公司管理。1981 年，集体企业隶属商业局，改称综合加工厂。1983 年 3 月，综合加工厂酱菜生产和销售业务划归蔬菜副食品公司，部分产品转入机械生产，但主要还是靠手工操作，生产品种单一。自 1985 年始，试行经营承包责任制。1988 年，公司所属部门仍实行百元计酬，对粉丝厂和酱菜厂实行按投放原料计件包干上缴，但原料受粮食生产和供给制约。初期，年均销售值额 19.17 万元，通过几年努力，1988 年达 81.43 万元，比 1987 年上升 68.2%。粉丝厂创利分别为 1986 年 5 万元、1987 年 12 万元、1988 年 18 万元。酱菜厂因产品品种单一，销路不畅，年创利 6000～7000 元；两厂原料转入议购议销。

安定综合批发公司　1951 年，贸易公司开设安定贸易小组。1954 年，设立安定供销社。1956 年，百货公司开设安定百货小组，仓库、门市均租用民房，负责文龙、安定、保甸三区批零兼营业务；安置 3 人。1958 年 8 月，“国合”机构合并，安定百货小组并入新设立的安定转运站，隶属商业

局，主要经销棉布、针织品、五交化、文化用品、烟酒及农副产品，接转猪牛羊购销业务。1965年前，实行报账制，由百货、贸易两家共管。初期仓库存储容量较小，经常把货物堆放在街道上，夜间需人值班看守，猪羊无圈关养，只好集中在空地上看护。1959—1960年，几乎每夜都发生豺狼咬死咬伤猪羊事件，最多一次羊被咬死23只。1960年，猪瘟盛行，不得不将猪赶到山箐避瘟；在地区食品公司支持下，商业局批准在三岔河建办饲养场，容量300余头，基本解决猪无厩问题。1961年，"国合"分家，除土产品外其他经营业务划归县供销社，并从安定供销社划出砖木结构仓库1幢，不足部分租用谢家大楼等民房。1965年，食品经营业务划出，设立安定食品转运站，隶属食品公司；中药材经营业务划归县药材公司，人员由安定转运站代管。1969年，"国合"合并，安定转运站、供销社、食品站、茶叶收购组合并，成立安定人民商业服务社革命领导小组，内设行政、农产品采购、加工、供应等组；同时，开展"清理阶级队伍""一打三反"（打击现行反革命破坏活动、反贪污盗窃、反投机倒把、反铺张浪费）运动，搞"逼、供、信"，查出少部分人贪污事实，且作适当处理，同时也错误处理一部分人，致使个别人自杀身亡。1971年，"国合"再次分家，恢复安定供销合作社，设立安定综合批发站，隶属商业局，经营项目有棉布、针织品、文化用品、五交化、烟酒糖、石油等。1972年，恢复茶叶收购组，隶属外贸站。安定批发站委托望福、民福、外仓、鼠街、青胜等地生产队加工粉丝、黄粉皮，供应思茅及本县市场。20世纪70年代，全县清酒供应紧张。1973年，民福箐边、外仓先锋、平路树、火炭、鼠街中街、青胜红中等生产队发展烤酒业、养猪业，扶持集体经济；安定酒批量投入市场后，稍可缓解市场压力。国家粮食紧张期间，以蕨蕨根、橡子果、过江龙、山葫芦、糖梨等为原料酿酒，其中"糖梨暴烤酒"味最香醇，但找不出科学方法分解糖分、去除酸味，所以产量较低。1975年，食品销售业务划出，恢复安定食品站；在收购肥猪同时，贯彻国家肥猪购留政策，向贫困户发放预定金，扶持生猪生产。1977年，在川河上游沙坝开办酒厂，在鼠街新村山脚建盖石油、百货仓库。1980年，石油经销业务划归县石油公司，安定设石油仓库。1981年，开设安定贸易批发站，专营烟酒糖等副食品，粉坊、酒厂统由批发站管理。1986年，食品站、贸易批发站、综合批发站合并，成立安定综合批发公司，主营烟酒糖、文化用品、棉布、针纺织品、五交化商品及猪牛羊购销。1987年，批发公司向商业局、财政局承包业务，一定三年，所属门市部及猪牛羊购销业务实行经营责任制，获得较好经济效益。2000年5月8日，公司改制，成立股份合作制公司。

漫湾电站综合服务公司 1985年12月4日，为服务漫湾电站建设，发展地方商品经济，食品公司在漫湾镇岔山街设立漫湾综合服务公司，不久后改称商业局漫湾批发公司。1986年4月，保甸食品站并入公司，隶属商业局，开展针织品、五交化、糖烟酒、调味品等商品批发业务，经营小旅店。下半年，销售值38.97万元，缴税5537元，利润6951元；流动资金5万元，银行贷款18万元，商品库存值29.6万元。1987年，销售值186.47万元，缴税2.36万元，利润1.58万元，商品库存值51.06万元，固定资产19.02万元；职工29人。1987年8月16日至1989年3月13日，建盖三楼一底钢混结构房屋1幢，建筑面积1180平方米；内设门市部、餐厅、旅社（120个床位）。1988年，销售值268.32万元，缴税3.96万元，利润4.12万元，自有资金5.78万元，流动资金借款61.14万元，商品库存值73.35万元，固定资产原值18.9万元。1987年，公司向商业局、财政局承包，实行百元计酬承包制。2000年5月，经县政府批准，改制为股份合作制公司。

石油公司 1976年1月，商业局下设石油站，石油经营业务归石油站，主要经营煤油、汽油、黄油等；固定资产5万元，流动资金5万元，全年销售额6.21万元，利润2.77万元。1979年，安定综合站石油销售业务划归县石油站。1980年，石油站改称石油公司，仍隶属商业局。1985年，石油公司直隶思茅地区石油公司，由商业局代管。随着城乡机械、车辆用户逐渐增多，经营品种逐年增加，业务量不断扩大。1987年，主要供应汽油、煤油、润滑油、润滑脂、柴油等，全年供应量300

多万千克，自有流动资金增长12.81万元，利润11.28万元。1985年后，石油供应偏紧，采取计划供应和议价销售相结合的办法。1987年末，公司占地4.24万平方米，建筑面积2128.4平方米；职工24人，离退休4人。1988年末，有载重0.8万千克油罐车4辆（含挂斗车），50立方米油罐16个、30立方米油罐1个，固定资产原值74.72万元，净值55.09万元，与1976年建站时相比，上升10倍。1998年6月，公司改制，组建国有股份制企业。

民族贸易商店　1986年3月8日，在县城开办民族贸易商店（简称民贸商店），隶属商业局，主营民族商品，兼营百货、针织、副食、交电商品，重点搞零售；营业员10人。1986年，销售额48.37万元，利润1.61万元，缴税1.24万元，年均流动资金11.5万元。1987年，销售额54.77万元，缴税1.61万元，流动资金11.82万元，利润1.33万元。1988年，销售额101.30万元，缴税3.08万元，利润2.03万元，流动资金15.95万元，商品库存总值16.58万元；职工12人，开展有奖售货2次。1993年2月15日，撤销民贸商店，人财物并入五交化公司；固定职工4人，临时工6人。

文华农场商店　1972年，县商业局开设文华商店，距县城37千米。1983年6月，为便于经营管理，经文华农场和商业局协商，报请县政府批准将文华商店有偿划归文华农场，改称文华农场商店。

林业商店　1971年，为方便景东林业局职工和当地社员，贸易公司在大草地开设林业商店，职工3人。1974年初，随着销售业务量扩大，商品供应品种增多，贸易公司经营范围有限，林业商店划归商业局，业务由商业局负责，人事由景东林业局安排。1988年，林业商店撤销。

第四节　商业机构

一、商业局

1950年7月7日，开设县贸易公司。1951年，贸易公司下设文井、安定贸易组。1952年，开设振太贸易组。1954年5月4日，开设县百货公司。1954年8月，滇南盐务管理处决定，在安定区开设盐业组，从镇沅按板盐场派人管理，负责大理、景东、楚雄部分地区食盐供应工作。1955年，开设盐业公司，设立盐业专卖组。1956年4月，开设花纱布公司、食品公司、社会福利公司，盐业专卖组改设为专卖公司。1957年8月，县政府工商科、百货公司、花纱布公司合并，成立县商业局，内设人事秘书、财会、业务统计3个股室；县贸易公司、食品公司、专卖公司、社会福利公司合并，成立县服务局，内设人事秘书、财会统计、业务物价3个股室。两局实行“政企合一”，其中服务局下设安定、景福、文井、大街、永秀服务组和文井、安定百货批发小组。1957年9月，振太办事处、勐大和小景谷贸易小组分别移交镇沅、景谷。同年11月，商业局、服务局分别成立党支部。1958年8月，经思茅地委行署批准，商业局、服务局、供销合作社合并，成立县商业局；撤销文井、安定百货批发组，设立安定综合转运站；其他区服务组与供销社合并，开设中心商店。1958年下半年，商业系统大办工业，手工业划入商业局。1958年11月，“国合”机构合并。1961年9月，所有中心商店恢复为供销社；10月，“国合”分家，分设商业局和供销社，商业局下属百货公司、贸易公司恢复。1961年11月，公私合营商店调整为合作商店（组），由商业局市管股管理。1962年1月，商业局党支部（包括百货、贸易公司）成立；同月，按地区指示，收回公私合营下放人员。1962年3月，商业局共青团支部成立。1964年3月，贸易公司增设蔬菜经营业务。1964年6月，肥猪购销业务及相关人员划归食品公司。1964年11月，县医药公司划归商业局。1965年5月，恢复食品公司，下设安定、文井食品组。1966年7月，食品公司划归县供销社，设立食品经理部；同年，经理部食品经营业务划归贸易公司，设立食品组。1968年，“国合”合并，成立县人民商业革委会。下设政工组和生产组，生产组下设食品组、采购组、生产资料组、供应组；各公社成立人民商业革命领导小组，由农村贫下中农代表会推选代表管理。1976 年 1 月 1 日，“国合” 分家，恢复商业局、县供销社。1987 年，商业局内设人事股、会统股、业务股，下属机构有百货公司、贸易公司、五交化公司、蔬菜副食品公司、糖果糕点厂、漫湾综合服务公司、安定综合批发公司、饮食服务公司、食品公司、石油公司；下设文井贸易组、小门坎酒厂、粉丝厂、酱菜厂、冷冻厂，以及龙街、大街、太忠、花山、者后、文井、景福、永秀、曼等食品组。历任局长：魏学孟、谭开有、肖秀、陈仕明、李俊、李旭、周世荣。

二、物资局

1978 年 10 月，县物资局成立；职工 6 人，其中局长兼支部书记 1 人，会计、统计、出纳各 1 人，仓管员 2 人。1980 年始，业务扩大，人员逐步增加。1985 年，职工 17 人，离休 1 人。1993 年 3 月 20 日，改设为物资公司。1998 年后历经 2 次改制，转变为和营企业。

三、商业总公司

1993 年 1 月 1 日，成立县商业总公司。2000 年 4 月 13 日至 2002 年 12 月，根据县政府批示，暂时作过渡性机构保留。总经理：周世荣、杨应学。

四、经济和商务局

2006 年 1 月，经济贸易局改组为经济和商务局，为县政府工作部门，承担工业经济运行、产业政策、中小企业、非公经济、乡镇企业、内外负责、对外开放、招商引资、区域协作、经济合作等职能；设立局党委。下设办公室、企业股、综合股、商务股、非公和乡镇企业股、安全生产股、老干部管理办公室；职工 23 人。局长：李勇。

五、工业商务和信息化局

2011 年 8 月，撤销经济和商务局、招商局，成立工业商务和信息化局，为政府工作部门。下设办公室、财务室、综合经济运行股、商务股、招商股、中小企业股、工业股、工业园区股、应急办公室、煤炭和安全管理股、无线电和网络信息化管理股；职工 22 人。局长：唐勇。

第二章　供　销

第一节　农业生产资料购销

自1991年始，供销合作社系统主要开展“两分两联”（即工业品联购分销、农副产品分购联销）业务，日杂公司负责系统内大部分日用消费品批发，土产副食公司负责农副产品购销，农资公司负责农业生产资料供应。1991—1997年，县供销合作社联合社（简称县供销社）承担9个乡镇烤烟扶持和经营工作，购销业务发展较快，农业生产资料供应和日用消费品销售大幅上升，企业经济效益较好。1998—2002年，受市场经济冲击，体制机制不灵，经营业务下滑，市场占有率降低，亏损严重。2002年末，全系统累计亏损155万元。2003年，供销合作社改制。2006年，实施“万村千乡市场工程”“乡村流通工程”，发展综合服务社，各项经营业务逐步恢复。

1991—2011年景东县供销合作社系统历年商品经营统计表

表13-2-1　　单位：万元

年度	商品经营				
	合计	系统内购进	系统内销售	农副产品销售	农业生产资料销售
1991	4715	1896	937	283	643
1992	5007	2272	1468	311	796
1993	5776	2759	1779	503	916
1994	4821	2019	1314	402	948
1995	6720	3488	2404	631	1427
1996	8396	3531	1818	1517	3257
1997	10461	4151	2849	3103	4615
1998	4072	1281	927	212	1413
1999	2460	241	52	120	784
2000	2504	136	75	127	620
2001	1733	93	204	63	387
2002	11461	167	258	1756	482
2003	16448	202	267	3303	688
2004	15756	248	22	3837	770
2005	15824	237	120	3527	1252

续表 13-2-1

年度	商品经营				
	合计	系统内购进	系统内销售	农副产品销售	农业生产资料销售
2006	18331	309	18	3006	1401
2007	19957	360	72	6223	1739
2008	22416	631	59	4423	770
2009	30705	457	140	5196	2867
2010	35086	968	124	9580	3072
2011	42785	887	91	10702	4467

第二节 供销发展

1956 年，县供销社拥有景东第一辆汽车，之后逐年增加；1984 年，组建供销社车队，汽车 8 辆；1997 年末，车队撤销。1987 年，在昆明开设经营部，开展农副产品分购联销业务；1999 年，昆明经营部撤销。1993 年，供销、商业部门扶持种烟户 1.5 万户，发展烤烟 1680 公顷；1997 年，“两烟”（烤烟、卷烟）双控，解除供销、商业部门烤烟销售经营权。1992 年至 1995 年 4 月，兴建民贸大厦，投资 480 万元。1997 年 2 月，开办咖啡公司，先后发展咖啡基地 167.2 公顷。2000 年，盘活资产，拆除部分危旧房屋和门市部，建设农村集贸市场 8 个 2.28 万平方米。自 2006 年始，实施“万村千乡市场工程”建设；2007 年 4 月，普洱市“万村千乡市场工程”建设工作会议在景东召开，县供销社作经验交流发言，各县区领导、相关企业负责人到文井、农资公司化肥仓库参观学习。自 2009 年始，实施“乡村流通工程”建设，建立农村现代流通体系，期限 5 年，县财政补助 50 万元；创（领）办农民专业合作社，促进农民合作经济组织发展。2011 年 12 月，以 5 个县直公司、13 个基层供销社为基础，组建供销企业集团，建设农村现代流通经营和合作经济组织指导服务体系。

咖啡豆初加工（大朝山东镇政府 提供）

野生食用菌初加工（姜贵勇 摄）

至 2011 年末，累计投入“乡村流通工程”经费 4426 万元。其中，省级 65 万元，市级 75 万元，县级 50 万元，新农村现代流通服务网络建设工程 185 万元，商务 60 万元，供销 751 万元，社会 3240 万元；改造和建设农家店 187 个 1.22 万平方米，农资店 65 个 3295 平方米，农产品收购点 120 个 4800 平方米，再生资源回收点 13 个 520 平方米，农村流通信息点 2 个 80 平方米，农产品交易市场 3 个 3000 平方米。创建农民专业合作社 137 个，入社 8220 户。其中，咖啡种植合作社 5 个，入社 600

户，种植咖啡210公顷；核桃种植合作社2个，入社260户，种植核桃480公顷；茶叶种植合作社1个，入社60户，种植茶叶26.67公顷；综合服务社240个，服务农户1.07万户；各种协会8个，入会607人，增收1680万元。

第三节　供销机构

一、县供销社

20世纪90年代，县供销社内设主任及党总支办公室、人事股、保卫股、财务基建股、统计股、物价股、业务股、基层指导股，下设农资公司、日杂公司、土产副食公司、贸易中心、车队，以及安定、文龙、漫湾、林街、景福、曼等、永秀、龙街、太忠、大街、花山、锦屏、文井、者后供销社；职工620人。至1990年，共召开五届社员代表大会。1995年8月，供销社工会成立。1996年，深化供销合作社改革，暂定为事业机构。1996年6月，设立社务管理委员会。2000年，供销社党组成立。2002年，县乡机构改革。下设人事秘书股、会计安统股、监察法制安全股、生产统计物价股。2009年，经省人事厅批准，为参公单位。2011年5月，机构改革。下设办公室、合作指导股、经济发展股、财务会计股。第五第六届理事会主任分别为杨昆景、唐勇。

二、供销企业简介

农资公司　1976年1月，恢复县供销社，开办农资公司；11月，农资、日杂合并，开办农资日杂公司。1982年，农资、日杂分设，农资公司下设牲畜饲养厂、火药加工厂、三岔河转运站及零售门市部2个；职工21人。2005年，公司改制。开设县农业生产资料配送中心，下设经营点65个，主要经营化肥、农药、农膜、农具；职工4人，退休13人。

土产公司　1976年1月，开办土产公司。下设食用菌种厂、棕丝厂、6个零售门市部及安定转运站、批发、采购门市部；职工36人。主要从事茶叶、泡核桃、食用菌及其他农副产品经营。2003年，公司改制。2012年，返聘1人，退休11人。

日杂公司　1976年1月，开办日杂公司；11月，农资、日杂合并，开办农资日杂公司。1981年，开办贸易货栈。1982年，农资、日杂分设；日杂与贸易合并，开办货栈日杂公司，下设加工组1个、批发部1个、零售部9个，加工组负责棉絮、家具、炊具加工业务；批发、零售门市主要经营日用杂品、烟花爆竹、服装鞋帽、家用电器、文化用品等；职工24人。1997年，日杂公司、贸易中心和锦屏供销社联合开办日杂总公司；职工80人，退休31人，其他9人。2003年，公司改制。职工6人，退休30人。

民贸大厦综合商场　1994年11月，开办民贸大厦综合商场。主要经营百货、服装、家用电器等；职工61人。2003年，公司改制，职工6人。

咖啡公司　1997年，开办咖啡公司，主要经营供销社系统咖啡生产、销售业务；自营咖啡基地26.67公顷，年均销售咖啡40万千克，其中自产咖啡4万千克。2003年，企业改制。职工3人，退休2人。

花炮厂　1986年，开办景东花炮厂，生产各类花炮和再生瓦楞纸。（详见第十二编“工业　个私企业）

贸易中心　1986年，开设贸易中心，主要经营副食、五金化、交电、日用百货等商品批发零售及旅社住宿业务，参与供销社系统“联购分销”工作；职工12人。1997年，按照云南省供销社“两分两联”集团战略，日杂公司、贸易中心和锦屏供销社联合开办日杂总公司。

实业公司　1994年，开办实业公司，主要经营民贸大厦三楼歌厅舞厅、孔雀山茶园基地。因市场和经营等因素，无法维持。2003年，公司改制，职工6人全部解散。

第三章　粮食流通

第一节　粮油购销

一、粮食征购

1978—1982 年，粮食征购施行定产量、定征购基数，一定五年不变。自 1978 年始，计征公粮 391.6 万千克，执行超产超购、加价、奖励政策。1979 年 9 月，根据中共中央、国务院有关文件和云南省革委会《关于实行粮食起征点起购点和调减公余粮“一定五年”基数的通知》，执行起征起购点、调减后征购基数“一定五年”不变政策。景东县由革委会主任范书定直接领导，组织大队会计、财政所长、粮管所长、农管员、农村股 100 多人，用近 10 天时间测算并确定出基数，即稻谷占总产量 70%为稻产区，稻谷、杂粮各半为稻杂区，杂粮占 70%为杂产区。自 1979 年 10 月始，执行起征起购点调减后的征购基数，征购额仍定为 5000 万千克，征购任务减为 1225.8 万千克，一定五年不变，以生产队为单位，按当年人均口粮水平计征。主食稻米、人均分配稻谷在 200 千克以下的坝区，以及人均口粮在 175 千克以下主食杂粮的山区，实行公粮免征，余粮免购。由于城镇建设和自然灾害等因素，每年均有土地被征或粮食受灾减免情况，计税土地和计税产量逐年下降。1982 年，调整农业产业结构，调动农民粮食生产积极性，贯彻执行中央、省委省政府《关于粮食征购一定五年不变的任务再延续五年的通知》，即原定 1979—1983 年粮食征购（包括超购）一定五年不变基础上，再延续五年（1984—1988）不变。

1978 年 12 月始，开放粮油贸易市场。1982 年 9 月，推行家庭联产承包责任制；粮食征购任务 6.13 万户，全部分包到户，实行以户为单位交粮、结算。同年，经地区行署批准，扩大甘蔗种植 133.33 公顷，调减公余粮包干基数 30 万千克，公粮折征，余粮减免。1983 年，国家实行粮食多渠道流通政策，允许各地在完成粮食统购任务前提下多渠道经营。

二、合同定购

1984 年，全县粮食丰收，粮食收购量增加。1985 年 1 月，中共中央、国务院发出《关于进一步活跃农村经济的十项政策》文件，指出“从今年起，除个别品种外，国家不再向农民下达农产品统购派购任务，按照不同情况，分别实行合同定购和市场收购”。“粮食、棉花取消统购，改为合同定购……定购以外的粮食可以自由上市。” 1985 年，取消粮食统购，执行合同定购政策。开放粮食市场，粮食流通实行合同定购和议价经营“双轨制”。合同定购粮食种类为稻谷、玉米、小麦 3 种，经省、地区同意，景东县蚕豆、豌豆可抵合同定购任务。定购价实行倒三七比例计价，即 30%按统购价，70%按超购价。定购品种和定购任务以外的粮食放开，实行多渠道经营。同年，国务院批转财政部文件，粮食征收改为折征代金。1985 年，完成合同定购任务十分困难，国务院提出粮食定购“既是经济合同，又是国家任务”。1986 年 2 月，省委省政府发出《关于完善粮食合同定购若干问题的规定》，后又作部分补充。主要内容：（1）农民必须完成所承包土地所承担的粮食定购任务；（2）调整合同定购任务，以原一定五年为基数调整，任务作相应调减，一定三年不变。（3）采取完成合同定购任务与优质化肥挂钩办法。1987 年，物价上涨，农业生产成本增加，集市粮价上升，合同定购任务难于完成。根据国务院《关于做好当前粮食工作的通知》，景东县粮油购销实行逐级财政包干制，征购任务定为 1050 万千克，征收工作实行“双轨制”（粮食定购统销、议购议销）。“双轨制”前期，实行“三挂钩”（收购粮食同时供应平价化肥、柴油，发放粮食预购定金）政策，即每交售 50 千克粮食奖售化肥 7 千克、柴油 1.2 千克，并按购粮价款总额的 30%发给农户预购定金；对交售大户奖售永久牌自行车。1995 年 9 月，恢复 1992 年 10 月定购粮油任务，维持粮改前定购任务基数。1995 年，粮食征购任务 1375 万千克，其中，定购 962 万千克，议价 413 万千克，油菜籽 15 万千克。1996 年，粮食征购任务 1050 万千克，其中，定购 962 万千克，议价 88 万千克；县下达各乡镇任务 1200 万千克，其中，公粮 347 万千克，油菜籽 15 万千克。

三、粮食议购议销

1979 年，国民经济贯彻“以计划经济为主，市场调节为辅”方针，开放农村粮食市场；粮食局设立粮油议价股，指导全县粮油议购议销工作。当年，从国库拨出 5686 万千克平价粮作铺底粮返销，全县 11 个粮管所 36 个粮店在保证完成国家征购及超购任务前提下，均开展粮食议购议销业务。1984 年，开设议价公司，作为粮食系统独立核算单位，专营全县大宗粮食议购议销。根据上级指示，开始对工业、商业如酿酒、粉丝等用粮，以及饮食、糕点、副食等部分用粮实行议销。1980—1985 年，按照“购得进，卖得出”原则，价格根据市场需求灵活掌握。全县共议购粮食 777 万千克，议销 383.9 万千克。1984 年，全县粮食因灾歉收。1985 年，从湖北、四川等地购入议价粮 81 万千克、议销粮食 79.9 万千克，调节景东粮食市场。1985 年，工业用粮实行议销，取消定量饲料供应和生猪收购、糖料及其他农副产品奖售粮政策；年用粮 700 多万千克，实行奖售粮可顶抵任务。1988 年 4 月始，全面执行议销制度。1998 年，取消粮食定购。公粮作为农业税，以折征方式完成。

四、粮食供应

1978—2011 年，军粮供应凭 1971 年地区粮食局和思茅军分区联发的“军用粮油豆供应证”供应。工业、手工业、酿酒业用粮由生产单位依据生产计划和销量定额，按期编制计划，经当地政府机关批准后，按单位发给供应证，凭证购粮。市镇熟食、糕点、粮食复制品等行业所需粮食，由各业户依据正常需要量按旺季、淡季编制计划，经有关部门批准凭票证供应。市镇畜力运输业、饲养业凭牲畜数量及骡马所需饲料，分类定量，按月供给。1984 年，调整工业用粮和饲料供应办法，即平价供应转为议价供应。为加速工农业生产，激发部分产品生产和养殖的积极性，国家制订补助粮和奖售粮供应办法。（1）补助粮。根据国家批准的计划，组织农业人口兴修大中型水利工程，修筑道路和其他基本建设工程，除自带口粮外，按照当地政府规定标准，由国家给予口粮补助，每年动员民间驮马、马车、牛车参加短途运输物资和粮食调运及甘蔗收榨季节性运输，给予口粮补助和饲料供应。（2）奖售粮。国家为鼓励农民发展某种种植业和养殖业并出售其产品，规定奖售一定数量的粮食。奖售范围及方法：粮食、油料，按照收购量奖给一定数量布票，奖售给一定比例化肥；交售药材、猪羊牛马、毛皮、土杂、鲜蛋等，亦奖售给一定数量粮食。1973 年后，奖售标准绝大部分是全国统一，也有部分属省府规定。景东按“四个有利”（有利于促进生产，有利于发展经济，有利于增加收购量，有利于市场供应和扩大出口）原则奖售粮食。景东奖售粮食政策始于 1959 年，入奖品种 95 个，之后陆续减少，1984 年减至 60 多种，如交售甘蔗、茶叶、肥猪予以奖售粮食。1959 年、1963 年、1974 年和 1985 年，分别支付奖售粮 36.7 万千克、50.2 万千克、104.78 万千克、530 万千克。自 1985 年始，除甘蔗外，其他农副产品奖售粮一一取消。因取消奖售粮而缺粮户，由粮食部门按比例收购价给予粮食供应。(3) 返销粮。所谓返销粮，即从农村征购起来的粮食，经过一定手续和一定时间后，又返销回农民手中。造成返销粮原因多种多样，如因灾害减产，部分贫瘠山区生产水平低下，所产粮食不能维持基本生活需要；一段时间由于“高征购”影响，购“过头粮”，口粮不落实，需要返销粮予以弥补等。县境返销粮供应时间一般在1、2、7、8月（春荒、夏荒），多数缺粮户一年缺2个月，供应标准为10~15千克/月，视实际情况何时缺粮何时供应，供应方法一般为本人申请，公社、大队审查，在上级下达指标内，由当地粮管所定点定时供应。

20世纪六七十年代，全县缺粮人口5万~10万人/年，返销粮供应量一般50万~150万千克/年，最高年500多万千克。1986年，城镇非农业人口自谋职业者，取消工种定量供应，月供应12.5千克，城镇居民口粮供应最高标准25千克、最低3.5千克，一般居民3.5~16千克，其他体力劳动者和军人17.5~25千克、油脂0.2~0.5千克。1988年12月，根据县政府文件：指标内“农转非”人员，按粮食产区类型卖足一年口粮，即稻产区200千克、稻杂掺半区175千克、杂产区150千克（原粮）方办理“农转非”手续。2003—2004年，陈化粮销售。根据国家、省地相关部门关于加强陈化粮销售工作的系列文件精神，景东县共组织销售陈化粮（原粮）1597.2万千克；完成退耕还林粮食（原粮）供应438.03万千克。自2004年始，粮食供应缩减为政策性粮食供应，即军粮、救灾救济粮等，均由县粮食购销公司代供。

第二节　多种经营

自1995年4月始，县粮食局、粮食油总公司转型发展一二三产业，其中，一产业为种养殖业，二三产业为粮油加工、百货副食品销售、旅游饮食住宿服务等项目。1995—2000年，依靠银行贷款投资1300余万元，开发多种经营业务。(1) 黑山羊繁育。在永秀、林街、景福、太忠、龙街开展黑山羊养殖，个别地方存栏1000余只。(2) 生猪养殖。在安定、林街、景福开展生猪养殖，个别地方存栏1000头。(3) 综合养殖。租赁挖萨水库开发综合养殖，其中养鱼16.67公顷，最多一次捕鱼0.3万千克。(4) 甘蔗种植。租赁者后、文井、锦屏、漫湾、林街部分土地种植甘蔗，种植最高年为180公顷。(5) 发展二三产业。鼎盛时期，有百货门点45个，酒厂5个，旅游点1个，饮食、住宿、停车场10个。1996年，根据综合统计年报表：总投资289万元，利润38万元，其中产业开发占78.53%，大部分综合门点（单位门点）出现亏损。1998年，“四分开一完善”（政企分开、储备与经营分开、中央与地方责任分开、新老粮食财务挂账分开，完善粮食价格形成机制）改革。但多种经营还是亏损连连，资不抵债，以失败告终。2003年，粮食企业改革，粮食部门附营业务负债（农行贷款本金）1300多万元。至2011年，亏损本息超过2300万元。

第三节　粮食机构

1950年6月，县粮库设立。1951年8月，撤销县粮库，成立县粮食局，开设各区粮库；开设粮食公司，隶属县贸易公司。1952年9月，粮食局与粮食公司合并，设粮食局。1956年1月，改称县粮食局，各区粮库改称粮食管理所（简称粮管所）；开设县油脂公司。1957年1月，各区粮管所实行独立核算。1958年，撤销油脂公司，人员并入粮食局；关闭粮食集贸市场，开办粮食局面粉厂。1968年，成立粮食局革委会。1973年，撤销粮食局革委会，恢复粮食局及各股室、基层粮食管理所建制。1979年1月，恢复粮油议购议销业务；9月，设立油脂股，组建粮食局车队。1982年，经县委组织部批准，局党支部改设为党总支委员会。1985 年 1 月，撤销粮食局议价股，开设粮油议价公司。1986 年 10 月，设立粮食器材站。1992 年 10 月，开设粮油总公司，保留粮食局，实行“两块牌子一套班子”“政企合一”体制。1997 年 1 月，开设粮食局驻昆办、多种经营开发公司、劳动服务公司。1997 年末，粮食系统设政策性单位 17 个、商业性经营单位 5 个，其中，政策性单位包括粮食局、驻昆办及各乡镇粮管所；商业性经营单位包括粮油工业公司、物资器材公司、粮贸公司、多种经营开发公司、劳动服务公司。粮食局内设办公室、资产财务股、综合管理股、储运加工股、计划统计股，行政编制 13 人。1998 年 12 月，政企分开。粮食局负责粮食行政管理，粮油总公司分设为粮油收储公司（2000 年更名为粮食购销公司）和粮油工贸有限责任公司。其中，乡镇粮管所改称为粮食购销公司；粮油工业公司、物资器材公司、粮贸公司、多种经营开发公司、劳动服务公司并入粮油工贸有限责任公司。2000 年，根据县政府《关于撤销粮油总公司保留粮食局的通知》，撤销粮油总公司，保留粮食局，内设办公室、资产财务科、统计科、综合科、储运加工基建科。2002 年，根据县政府“三定方案”，粮食局内设办公室、调控股、政策法规综合管理股。2003 年 12 月，改革改制，撤销粮油工贸有限责任公司。2005 年 6 月，撤销粮食购销公司各乡镇分公司，转换县粮食购销公司经营机制，保留粮食购销公司国有性质，实行聘用制。2011 年 5 月，政府机构改革。粮食局职责划入发展和改革局，加挂粮食局牌子；8 月，人财物并入发展和改革局，设立粮油管理股。历任粮食局局长：张振山、罗景禄、许学珠、彭文政、曾元福、龙昆、李朝海。

第十四编

财税　金融

第一章　财　政

第一节　财政收入

1978—2011 年，景东县累计实现财政一般预算收入 185133.8 万元（不含上级补助收入）。

一、税收收入

（一）农业各税

农业各税，又称农业四税，包括农业税、农业特产税、耕地占用税和契税。

农业税　1978 年前，执行 1958 年《农业税条例》，实行比例税制，即按不同地区经济差别，分别以不同规定税率计征，贯彻执行“合理负担”“稳定负担”农业税征收政策。1979 年，执行国务院批转财政部《关于减轻农村税收负担问题的报告》，农业税实行起征点以下减免的办法。1980 年，对自然条件差、长期低产缺粮、维持简单再生产和最低生活有困难的生产队，实行免税 1~3 年政策。1983 年，执行财政部《关于停止执行农业税起征点办法的通知》，恢复农业税征收，并相应追加 1983 年财政收入任务。农业税恢复征收后，极少数口粮和收入水平仍然很低，不能维持基本生活需要，纳税确有困难的生产队或农户，经县政府批准，可从掌握的农业税社会照顾指标中，酌情减免。1984 年，执行云南省起征点、减免和贫困乡减免具体办法规定。1985 年，取消农产品统派购制度，农业税由征收粮食改为按粮食倒三七比例价折算成货币金额征收，农业税实现从实物税向货币税过渡，农业税在农业生产总值中的比例不断下降，征收实物或折征代金。此外，各种税收优惠政策增加，有优待减免（如开垦荒地、兴修水利、植树造林等）、灾歉减免（实行“轻灾少减、重灾多减、特重全免”）和社会减免（如革命烈士家属、残废军人和老、弱、孤寡户等）。1986 年，执行财政部《关于农业税征收减免若干问题的通知》规定：（1）农业税实行征收粮食实物的原则。但一些经济作物和林渔业集中的产区，以及征收粮食实物有困难的地方，在储备粮有保证且纳税人能够接受情况下，经县政府同意，可以据实采取钱粮兼收，代金由财政部门直接征收的办法。（2）征收的公粮实行按市价结算原则。要保证所征粮食达到中等质量以上，并鼓励纳税人交优质谷，坚持“按质论价、按价折量”，公粮结算价以县为单位，由县财政部门参照本县粮食市场价格及农业税任务确定，可以一年一价，也可以一造一价。（3）继续执行粮食价格放开后农业税收入增收部分全额留县的原则。按所行财政管理体制规定，农业税收入全额列入地方预算“农业税收入”科目反映。1995 年，重新规定农业税征管手续：每年根据省核定任务情况，将征收任务分配给各乡镇财政所，各乡镇财政部门根据财政局分配任务，将指标分解到各村。纳税人应向乡镇财政机关据实报告土地亩数、常年产量、农业实际收入和其他有关情况，经乡镇财政征收机关审查核定后，依照税率计算税额，向纳税人发出纳税通

1978—2011 年景东县财政一般预算支出一览表

表 14-1-1　　　　单位：万元

年度	合计	增值税	营业税	企业所得税	个人所得税	资源税	固定资产投资方向调节税	城市维护建设税	房产税	印花税	城镇土地使用税	土地增值税	车船使用税	屠宰税	农业税	农业特产税	耕地占用税	契税	工商所得税	滞纳金及罚款	建筑税	牲畜交易税	产品税	奖金税	烟叶税	国有企业上缴利润	企业亏损	其他收入	工商税
1978	477.8	—	—	—	—	—	—	—	—	—	—	—	0.4	13.1	95.1	—	—	—	12.4	—	—	—	—	—	—	—	—	73.8	283.0
1979	475.2	—	—	—	—	—	—	—	—	—	—	—	—	11.2	85.0	—	—	—	11.7	—	—	—	—	—	—	—	—	43.3	324.0
1980	475.9	—	—	—	—	—	—	—	—	—	—	—	—	13.5	83.8	—	—	—	10.7	—	—	—	—	—	—	—	—	68.1	299.8
1981	510.4	—	—	—	—	—	—	—	—	—	—	—	0.2	14.8	84.7	—	—	—	12.7	—	—	—	—	—	—	—	—	56.9	341.1
1982	554.4	—	—	—	—	—	—	—	—	—	—	—	—	16.0	98.3	—	—	—	11.0	—	—	—	—	—	—	—	—	90.6	338.5
1983	642.0	0.1	—	91.5	—	—	—	—	—	—	—	—	—	17.9	92.3	—	—	—	15.8	—	—	—	—	—	—	—	—	—	424.4
1984	621.0	0.6	18.0	71.1	—	—	—	—	—	—	—	—	—	18.9	96.0	—	—	0.1	14.5	—	5.6	—	19.6		—	—	—	—	376.6
1985	806.7	0.6	135.6	143.6	—	—	—	9.6	—	—	—	—	—	23.3	113.0	—	—	0.5	16.7	—	19.7	—	343.8	0.3	—	—	—	—	—
1986	769.7	0.7	157.7	111.2	—	—	17.4	11.1	0.5	—	—	—	0.2	23.3	116.9	—	—	0.3	7.1	0.4	16.8	—	290.2	1.1	—	14.8	—	—	—
1987	867.4	1.1	180.2	99.8	—	—	—	14.4	11.2	—	—	—	2.2	18.7	139.6	—	1.3	0.4	4.3	1.2	11.8	—	379.4	1.8	—	—	—	—	—
1988	1222.0	204.0	269.4	319.0	—	—	—	25.4	12.3	2.3	—	—	2.0	22.8	162.2	18.5	8.3	2.2	1.4	0.7	7.6	—	334.2	0.3	—	1.2	-171.8	—	—
1989	1461.0	231.0	281.0	501.0	—	0.1	—	30.9	11.9	2.5	3.8	—	1.3	36.0	180.0	39.6	26.4	1.6	—	—	13.8	—	227.3	35.2	—	2.0	-164.4	—	—
1990	1384.0	249.5	311.0	400.0	—	1.0	9.9	35.8	18.2	2.6	9.0	—	2.6	38.1	193.0	34.9	20.4	2.9	—	1.5	14.9	—	246.3	13.4	—	3.6	-224.6	—	—
1991	1452.0	239.0	358.0	299.0	—	0.7	9.9	38.4	21.3	2.5	6.3	—	2.6	40.7	186.0	48.3	5.9	3.6	—	0.7	14.9	—	278.0	14.5	—	63.0	-181.3	—	—
1992	1523.0	183.0	395.0	318.0	1.0	1.0	7.0	38.2	22.3	2.1	7.0	—	3.1	43.0	198.0	52.0	3.0	5.0	—	1.0	6.7	—	315.0	6.7	—	115.0	-200.1	—	—
1993	1754.0	403.0	469.0	249.0	1.0	1.0	10.0	56.0	29.0	2.0	6.0	—	4.0	38.0	138.0	23.0	140.0	6.0	—	1.0	10.0	—	340.0	0.1	—	6.0	-210.1	32.0	—
1994	2089.0	385.0	268.1	428.0	15.0	2.5	14.0	90.0	34.0	2.0	14.2	—	4.9	38.0	248.0	336.0	243.0	3.0	—	0.2	14.0	—	—	—	—	100.0	-179.9	29.0	—
1995	2509.0	463.0	376.8	482.0	26.0	3.0	8.0	107.0	41.0	5.0	13.7	—	3.8	35.0	419.0	518.0	5.0	4.0	—	2.0	8.0	—	—	—	—	130.0	-321.3	180.0	—
1996	2952.0	513.0	500.0	529.0	31.0	2.0	15.0	75.0	39.0	2.0	10.0	5.0	5.0	47.0	464.0	816.0	40.0	3.0	—	0.2	15.0	—	—	—	—	77.0	-324.2	88.0	—
1997	3980.0	575.0	440.0	500.0	40.0	15.0	10.0	100.0	59.0	22.0	10.0	—	4.0	40.0	664.0	1330.0	5.0	1.0	—	—	—	—	—	—	—	—	—	165.0	—
1998	4295.0	1133.0	832.0	163.0	76.0	21.0	12.0	129.0	88.0	10.0	99.0	—	3.0	50.0	812.0	850.0	4.0	6.0	—	—	—	—	—	—	—	—	—	7.0	—

续表 14-1-1

年度	合计	增值税	营业税	企业所得税	个人所得税	资源税	固定资产投资方向调节税	城市维护建设税	房产税	印花税	城镇土地使用税	土地增值税	车船使用税	屠宰税	农业税	农业特产税	耕地占用税	契税	工商所得税	滞纳金及罚款	建筑税	牲畜交易税	产品税	奖金税	烟叶税	国有企业上缴利润	企业亏损	其他收入	工商税
1999	4842.0	1496.0	882.0	136.0	120.0	11.0	—	215.0	43.0	8.0	19.0	—	11.0	61.0	482.0	1077.0	248.0	11.0	—	—	—	—	—	—	—	—	—	22.0	—
2000	5482.0	1578.0	959.0	502.0	253.0	7.0	—	208.0	82.0	16.0	40.0	—	25.0	83.0	403.0	1077.0	202.0	44.0	—	—	—	—	—	—	—	—	—	3.0	—
2001	6588.0	1652.0	1414.0	512.0	260.0	10.0	—	280.0	82.0	16.0	69.0	—	25.0	83.0	400.0	950.0	450.0	20.0	—	—	—	—	—	—	—	—	—	365.0	—
2002	5994.0	1809.0	1486.0	142.0	60.0	6.0	—	468.0	96.0	14.0	89.0	—	30.0	64.0	387.0	909.0	369.0	65.0	—	—	—	—	—	—	—	—	—	—	—
2003	7211.0	2967.0	1156.0	113.0	61.0	8.0	—	287.0	102.0	30.0	102.0	—	40.0	41.0	450.0	1496.0	303.0	55.0	—	—	—	—	—	—	—	—	—	—	—
2004	6390.0	3492.0	825.0	112.0	46.0	20.0	—	612.0	85.0	17.0	116.0	—	28.0	—	396.0	595.0	1.0	45.0	—	—	—	—	—	—	—	—	—	—	—
2005	6976.0	4201.0	802.0	117.0	81.0	15.0	—	685.0	69.0	18.0	22.0	—	51.0	—	—	842.0	1.0	72.0	—	—	—	—	—	—	—	—	—	—	—
2006	8127.0	4358.0	1387.0	—	51.0	47.0	—	1000.0	122.0	30.0	38.0	8.0	38.0	—	—	—	24.0	64.0	—	—	—	—	—	—	960.0	—	—	—	—
2007	7717.0	2998.0	1826.0	133.0	126.0	44.0	—	813.0	94.0	35.0	49.0	25.0	68.0	—	—	—	20.0	133.0	—	—	—	—	—	—	1353.0	—	—	—	—
2008	9890.0	3704.0	1532.0	119.0	177.0	48.0	—	1035.0	62.0	67.0	36.0	43.0	59.0	—	—	—	2.0	315.0	—	—	—	—	—	—	2691.0	—	—	—	—
2009	11133.0	3059.0	2777.0	200.0	143.0	69.0	—	697.0	120.0	58.0	124.0	81.0	127.0	—	—	—	4.0	123.0	—	—	—	—	—	—	3551.0	—	—	—	—
2010	14354.0	3593.0	3159.0	236.0	184.0	109.0	—	775.0	210.0	81.0	128.0	146.0	206.0	—	—	—	1211.0	393.0	—	—	—	—	—	—	3923.0	—	—	—	—
2011	17202.0	4188.0	4275.0	614.0	189.0	262.0	—	874.0	202.0	127.0	106.0	173.0	223.0	—	—	—	9.0	384.0	—	—	—	—	—	—	5576.0	—	—	—	—

知书，并作为纳税凭证。农业税全年一次计算，分夏秋两季征收，夏收较少地区可以不夏征，在秋季一并征收。2003 年，按照“减轻、规范、稳定”原则，正税清费，逐步取消专门面向农民征收的各种税费，减轻农民负担。抽调人员组成农村税费改革试点工作机构，制订具体实施方案。2004 年，按照“多予、少取、放活”方针，逐步取消农业税，贯彻落实农村税费改革政策，农业税率减少一个百分点，农业特产税除保留烟叶农特税外全部取消。2005 年，全部取消农业税，我国延续两千多年的农业税被正式废除。1978—2005 年，全县累计征收农业税 7186. 9 万元。

农业特产税　1983 年，国务院出台《关于对农林特产收入征收农业税的规定》，运用税收手段宏观调控农业生产，农林特产品收入按照较高税率和实际收入征收农林特产税，以调节不同农作物收益水平，缓解农业特产品生产挤占粮田矛盾，稳定粮食、棉花、油料等重要农产品生产。自 1988 年始，景东开征农业特产税，主要对象有茶叶、核桃、芒果、牛肝菌等。1989 年，执行国务院《关于进一步做好农林特产农业税征收工作的通知》，并作出补充规定：自 1989 年起，淡水养殖和苗木收入恢复征收农林特产税，干鲜果品（包括瓜果）收入为 10%，原木收入为 8%，淡水养殖收入为 10%，其他应税产品收入一律按 5%税率计征农林特产税，农林特产税地方附加按纳税人应纳税额 10%征收。自 1993 年始，景东发展烤烟生产，烤烟农业特产税逐渐成为农业特产税主要税源之一。1994 年，税制改革和分税制财政管理体制改革，取消产品税，产品税的农林牧水产品部分应税品目改为征收农业特产税；国务院发布《关于对农业特产收入征收农业税的规定》，农业特产税单列征收。1995 年，县政府发布《景东彝族自治县农业特产农业税征收办法》，规定农业特产税征收范围：园艺收入、林木收入、水产收入、烟叶收入、食用菌收入、药材收入和其他农业特产品收入。农业特产税减免范围：（1）在新开发荒山荒地上生产农业特产品的，自有收入起 1～3 年内准予免税；（2）因不可抗拒自然灾害造成农业特产品歉收的，酌情准予免税；（3）贫困农户缴纳农业特产税确有困难的，可准予减税。自 1996 年始，开征甘蔗农业特产税，税率为甘蔗田间收购价 5%，1997 年税率提高为 10%。2004 年，按照农村税费改革相关规定，除保留烟叶农特税外，其他农业特产品全部取消农特税。1988—2005 年，全县累计征收农业特产税 11012. 3 万元。

耕地占用税　耕地占用征税范围：凡是占用用于种植农作物的土地及鱼塘、藕塘、园地、菜地、经济林地和其他农业用地，已经开发经营种植农作物或从事水产养殖的滩涂等。耕地占用税以纳税人实际占用耕地面积为纳税依据，以县人均耕地为标准分别确定不同税额。自 1987 年始，执行《云南省耕地占用税实施办法》，开征耕地占用税，其收入主要来自建房占用耕地所纳税款。1993—1994 年，征收漫湾电站建设景东耕地占用税。1997 年，执行《国家税务总局关于进一步做好耕地占用税征管工作的通知》。2001 年，执行《国家税务总局关于耕地占用税若干问题的批复》。2003 年，执行《财政部关于耕地占用税具体政策的规定》。2008 年，执行国务院令第 511 号《耕地占用税暂行条例》和云南省政府令第 149 号《云南省耕地占用税实施办法》。2009 年，执行新的《中华人民共和国耕地占用税暂行条例》及《云南省耕地占用税实施办法》。1987—2011 年，全县累计征收耕地占用税 3346. 3 万元。

契税　自 1985 年始，开征契税，财政部有关私人购买国家或社会集资新建房屋、离退休干部购买新建住宅（包括房屋部门出售公有旧住宅）、机关及部队等单位相互间发生房屋买卖、赠与或交换等，均免征契税，但有奖储蓄中奖房屋恢复契税征收。1987 年，执行《中华人民共和国契税暂行条例》和《中华人民共和国契税暂行条例细则》。1988 年，执行财政部《关于城镇职工购买公有住房契税问题的通知》，已实施住房改革的城市和县镇，以及城市中已实施住房制度改革的城区和单位，家住城镇有正式城镇户口的职工，第一次购买公有住房免交契税，当年收入 1 万元以上的城镇住户应照章交纳契税。1991 年，执行财政部《关于对外国企业、外国人及华侨、港澳台同胞征收契税的通知》，规定华侨、港澳台同胞用侨汇（或外汇）购买房屋，给予减半征收契税优惠。1992 年，执行财政部《关于支持住房制度改革，做好契税工作的通知》和《关于“集资”建房契税问题的批复》。

1997 年，执行国务院 224 号令《中华人民共和国契税暂行条例》。契税税率：（1）买契税按房屋买价征收 6%；（2）典契税按典价征收 3%；（3）赠与按现值价格的 6%征收；（4）交换房屋双方价值相等的免征契税，不相等的超过部分按买契税纳税。1994 年，执行省政府《关于深化城镇住房制度改革的实施方案》。1999 年，执行省政府《关于云南省深化城镇住房制度改革加快住房建设实施方案的通知》。2006 年，执行国家税务总局农业税征收管理局《关于当前契税政策执行中若干具体问题的操作意见》。2008 年，执行国务院新修订《中华人民共和国耕地占用税暂行条例》，明确所称耕地，是指用于种植农作物的土地；耕地占用税以纳税人实际占用耕地面积为计税依据，按照规定适用税额一次性征收。2010 年，执行财政部、国家税务总局《关于首次购买普通住房有关契税政策的通知》，两个或两个以上个人共同购买 90 平方米及以下普通住房，其中一人或多人已有购房记录的，共同购买人均不适用首次购买普通住房契税优惠政策。2011 年，执行《云南省 2011 年商品房契税政策》。1984—2011 年，全县累计征收契税 1763.6 万元。

烟叶税　2006 年 4 月 28 日，国务院公布《烟叶税暂行条例》。当年，全县征收烟叶税 960 万元。2008 年，执行云南省财政厅《关于调整烟叶税上解政策的通知》。2011 年，执行《中华人民共和国烟叶税暂行条例》和财政部、国家税务总局《关于烟叶税若干具体问题的规定》。2006—2011 年，全县累计征收烟叶税 18054 万元。

（二）工商各税

景东县工商各税，包括所得税、资源税、产品税、增值税、消费税、营业税等 14 种。

所得税　包括企业所得税、个人所得税和工商所得税。1979 年，基层供销社饮食、服务、修理行业工商所得税税率按 20%征收。1980 年，执行《中华人民共和国个人所得税法》。1981 年，为避免盲目和重复建厂，取消社队企业在开办初期免征工商所得税 2～3 年的规定；社办“四小”企业（小铁矿、小煤窑、小电站、小水泥厂），恢复征收工商所得税。1982 年，城市和县属镇以外社队企业，仍按 20%比例税率征收工商所得税，其他一律按八级超额累进税率征收。1984 年，执行国务院《中华人民共和国国营企业所得税条例》。1985 年，执行《中华人民共和国集体企业所得税暂行条例》和国务院批转财政部《关于国营企业第二步利改税试行办法》，饮食服务业、宾馆、饭店、招待所均按 15%税率征收。1989 年，集体所有制单位技术转让，以及转让过程中发生与技术有关的咨询、服务、培训所得，年净收入在 30 万元以下的暂免征收所得税；超过 30 万元部分，以及发生与技术转让无关的咨询、服务、培训等所得，均按规定缴纳。1986 年，停征工商所得税。1994 年，开征企业所得税，停征集体企业所得税。1978—2011 年，全县累计征收所得税 9700.5 万元。

资源税　1984 年，执行《中华人民共和国资源税条例（草案）》和财政部《资源税若干问题的规定》。1993 年 12 月，执行《中华人民共和国资源税暂行条例实施细则》。1997 年，执行财政部与国家税务总局《关于减征冶金独立矿山铁矿石和有色金属矿资源税的通知》。2006 年，执行财政部、国家税务总局相关规定：（1）取消有色金属矿产资源税减征 30%的优惠政策，恢复全额征收；（2）调整铁矿石资源税减征政策，暂按规定税额标准的 60%征收；（3）调高岩金矿资源税税额标准；（4）统一全国钒矿石资源税适用税额标准。2007 年，执行财政部和国税总局《关于调整铅锌矿石等税目资源税适用税额标准的通知》。2011 年，执行财政部令第 66 号《中华人民共和国资源税暂行条例实施细则》。1989—2011 年，全县累计征收资源税 703 万元。

工商税　1977 年 11 月，为配合国家计委，加强社会主义市场统一管理，财政部规定工业企业生产产品除另有规定者外，都应交商业部门统一收购，违反规定自行销售的产品，一律按实际销售价格征收工、商两个环节的两道工商税，概不例外。机关团体、事业部门、部队单位及企业单位自行到农村采购应纳税的农林牧水产品，依法缴纳工商税。工业企业倒卖非本企业生产产品从中牟利的，按临时经营征收工商税。1984 年，国务院陆续公布产品税、增值税、盐税、营业税、资源税等条例草案，开征新税，停征工商税，改征国内统一增值税。景东征收工商税税额较大的主要产品有糖、酒、木材、煤、电、茶等。1978—1984 年，全县累计征收工商税 2382.4 万元。1984 年，第二步“利改税”。工商税按课税对象性质，分解为产品税、增值税、营业税和盐税 4 种。

建筑税 1983 年 10 月 1 日，执行国务院《建筑税征收暂行办法》，开征建筑税（本年度无收入）。景东被省列为“三照顾”（自有资金、利润提成、价格补贴）县，从 1985 年起，免征建筑税 3 年。1987 年，执行《中华人民共和国建筑税暂行条例》，自筹基本建设投资、技术改造项目中建筑工程投资及按规定不纳入国家固定资产计划的建筑工程投资，均应征收建筑税，税率分 10%、20%、30%。1988 年，购买商品房的单位，由买方和委托方缴纳建筑税。1989 年，加强建筑税征收管理。建设单位经有权单位批准的人防建设计划，用人防经费安排的人防工程建设项目，免征建筑税；用人防经费安排的非人防工程建设项目、用自筹资金安排的结合民用建筑修建的地下室投资，均照章征收建筑税。1990 年，停征建筑税，改征投资方向调节税。1984—2000 年，全县累计征收建筑税和投资方向调节税 158.8 万元。

奖金税 1984 年，执行国务院《国营企业奖金税暂行规定》。1985 年，执行国务院新订《国营企业奖金税暂行规定》，以及国务院、财政部《集体企业奖金税暂行规定》及其《实施办法》和《事业单位奖金税暂行规定》及其《实施细则》，开征国营、集体企业和事业单位奖金税。凡未实行工资总额随同经济效益挂钩浮动的国营企业，其发放的各种形式奖金，都应按规定缴纳奖金税。奖金税实行超额累进税率，按年计征。国营企业全年发放奖金总额人均不超过 4 个月标准工资的免税，超过 6 个月部分按 300%征收奖金税。1987 年，集体企业奖金税比照国营企业奖金税执行；事业单位奖金税全年发放奖金总额人均不超过 3 个月基本工资的免税，超过免税限额的部分比照国营企业奖金税适用税率征收奖金税。1985—1993 年，全县累计征收奖金税 73.4 万元。

城市维护建设税 1985 年，执行国务院《中华人民共和国城市维护建设税暂行条例》《云南省城市维护建设税暂行条例实施细则》，开征城市维护建设税。城市维护建设税向缴纳产品税、增值税、营业税单位和个人征收。按实际交纳产品税、增值税、营业税税额为计税依据，并与三税同时缴纳。景东县规定城市维护建设税税率为县城、文井镇 5%，其他乡镇 1%；漫湾镇、东镇建立后，两镇税率由 1%改为 5%。1985—2011 年，全县累计征收城市维护建设税 8709.8 万元。

房产税 1986 年，执行国务院《中华人民共和国房产税暂行条例》和省政府规定，开征房产税。全省统一按一次减除 30%后的余额为计税额。没有房产原值作为依据的，由房产所在地税务机关参考同类房产核定；房产出租的，以房产租金收入为房产税计税依据。房产税依照房产余额计税的，税率 1.5%；依照房产租金收入计税的，税率 12%。1986—2011 年，全县累计征收房产税 1796.8 万元。

产品税 1984 年 9 月 18 日，国务院发布《中华人民共和国产品税条例（草案)》。同年 10 月 1 日，财政部颁布实施细则，产品征税部分从工商税中脱离出来，建立产品征税独立税种，开征产品税。产品税税目设置，分工业产品和农林牧水产品两大部分，景东实征税目有糖、酒、原木、电力等，1994 年，税制改革，取消产品税征收。1984—1993 年，全县累计征收产品税 2773.8 万元。

营业税 自 1985 年 1 月始，执行国务院《中华人民共和国营业税条例（草案)》和财政部《实施细则》，开征营业税。凡从事商业零售批发、交通运输、建筑安装、金融保险、邮政电讯、公用事业、出版事业、娱乐业、修理修配和其他服务业的单位和个人，均为营业税纳税义务人，就其营业收入额依规定税率缴纳。税率按 10 种行业分别确定为 3%、5%、10%、15%四类，另外列有临时经营税率为 5%~10%。国营粮食企业平价销售粮油、农机站和排灌站收入、外贸出口和调拨商品、医疗保健、育婴托儿、婚姻介绍、殡葬服务、农牧保险、博物馆、文化馆、体育馆、展览馆、公园、科研单位转让科技成果和提供技术咨询、影剧院放映科教新闻儿童专场电影、保险公司承保简易人身保险养

老保险医疗保险两全家庭财产保险、配种站、兽医站、单位或个人举办文化技术培训班等收入免缴营业税，商业批发按进货与销货差额计税。1985 年，从事放映电视录像业务的企业单位和个人收入，按 3%税率征收营业税。1986 年，中国银行经营转存或转贷外汇资金业务收入，按利息收入减去利息支出后的差额计算征收，税率仍为 5%；音像出版单位购进已纳过产品税的空白磁带加工制成录像制品销售收入，按出版业 3%税率征收营业税；单位和个人经营馒头（含花卷、糖包、豆包）、烙饼（含饼丝）、油条（含麻花、糖饼糖片）、烧饼 4 种熟食暂免征零售环节营业税；基层供销社销售给农业生产用的柴油、汽油、润滑油收入和由农机供应站经营柴油、汽油、润滑油收入，暂免征零售环节营业税。1987 年，煤炭集体企业、国营煤炭企业加工矿用产品加工费收入和在矿区内为矿区职工服务而从事的饮食、修理、修配等服务性业务收入，暂免征营业税；供销社经营中小农具收入，暂免征批发和零售环节营业税。1988 年，商业、物资批发企业在 1 个纳税期内（最长不超过 1 个月）经营商品批发业务发生的正负进销差价，可以按相抵后差额计算征收批发环节营业税。1989 年，统一执行税法规定，贯彻公平税负原则。机关、团体、部队、学校和其他企、事业单位从事金融业务收入和委托金融机构贷款利息收入，“金融”业务一律按 5%税率计征营业税。1993 年，国务院《中华人民共和国营业税暂行条例》和财政部《实施细则》出台。1994 年，营业税征税范围和税目税率均发生较大变化，只对在中华人民共和国境内提供营业税暂行条例规定的劳务，转让无形资产或销售不动产作为营业税征收范围，税目由 14 个调为 9 个，税率由四档固定税率和一档 5%~10%幅度税率，减少到 3%、15%两档固定税率和一档 5%~20%幅度税率。2003 年，执行财政部、国家税务总局《关于营业税若干政策问题的通知》。2006 年，执行财政部、国家税务总局《关于建筑业营业税若干政策问题的通知》。2010 年，执行财政部《关于调整个人住房转让营业税政策的通知》，个人对外销售购买不足 5 年的非普通住房，全额征收营业税；个人对外销售购买超过 5 年（含 5 年）的非普通住房或者不足 5 年的普通住房，按照销售收入减去购买房屋价款差额征收营业税；个人对外销售购买超过 5 年（含 5 年）的普通住房，免征营业税。1984—2011 年，全县累计征收营业税 27471.8 万元。

印花税　自 1988 年 10 月 1 日始，执行《中华人民共和国印花税暂行条例》，恢复征收印花税。印花税分税目实行比例税率和定额税率。比例税率分为 1‰、0.5‰、3‰、5‰，其他账簿及权利、许可证照每件税额 5 元。1988—2011 年，全县累计征收印花税 572 万元。

屠宰税　1978 年，明确屠宰税征管规定。机关、团体、学校、厂矿、个人和农村生产队、社员宰杀牲畜按头定额征收屠宰税，平时每头（只、匹）猪 2 元、羊 0.5 元、牛等大牲畜 3 元。春节前 1 个月内，机关、团体、学校、厂矿、个人宰杀定额每头（只、匹）猪 1 元、牛等大牲畜 3 元，羊免税；农村队宰分食和社员自宰自食猪、羊免征屠宰税；生产队病、残、丧失使役能力的牲畜，经有关部门批准宰杀，免征屠宰税。1982 年，屠宰税按头定额征收，每头（只、匹）猪 2 元、羊 0.5 元、牛等大牲畜 3 元。1985 年，屠宰税定额调整为每头（只、匹）猪 4 元、羊 0.8 元、牛等大牲畜 6 元。1994 年，执行云南省制订征收办法，规定每头（只、匹）定额为猪牛 5 元、羊 1 元、马驴骡 3 元，2004 年停征。1978—2003 年，全县累计征收屠宰税 908 万元。

城镇土地使用税　1989 年起，执行《中华人民共和国城镇土地使用税暂行条例》和省政府规定，开征城镇土地使用税。景东县将辖区土地分为二级，即南到龙泉寺、北到通化桥内城区为一级，按 1.5 元/平方米计征；城区外锦屏镇辖区、文井镇、漫湾镇为二级，按 1 元/平方米计征。2007 年，执行《云南省城镇土地使用税实施办法》。1989—2011 年，全县累计征收城镇土地使用税 1117 万元。

车船使用税　1978 年，县境停止征收自行车牌照税。1986 年 10 月 1 日，执行《中华人民共和国车船使用税暂行条例》，开征车船使用税。计征对象为机动车辆和非机动车辆。2007 年，执行《云南省车船税实施办法》。1978—2011 年，全县累计征收车船使用税 970.3 万元。

增值税　1982 年，执行财政部、国家经济委员会《中华人民共和国增值税暂行办法》。1983 年，对县农机厂试行征收增值税。1984 年，执行《中华人民共和国增值税条例（草案）》和财政部《增值税暂行实施细则》。1985 年，执行国务院“对外贸企业和其他单位出口的已税产品，在报关出口后，将已征的增值税税款退给出口企业”规定，除上级特案批准外，生产出口产品的工业企业不减免增值税。1993 年，执行国家税务总局《增值税部分货物征税范围注释》及其《若干具体问题的规定》。1994 年，执行《中华人民共和国增值税暂行条例》和财政部《增值税暂行条例实施细则》。1995 年，执行国家税务总局《关于加强增值税征收管理若干问题的通知》。2009 年，执行国务院令第 538 号《中华人民共和国增值税暂行条例》及其《实施细则》。1983—2011 年，全县累计征收增值税 43676.6 万元。

二、企业收入

商业企业收入　1978 年，境内国营商业企业经营业务逐步扩大，经营情况开始好转，实现利润逐年上升，企业留利水平相应提高。1978—1985 年，全县国营商业企业上缴县财政收入 353 万元。1986 年，全县纳入财政预算内国营商业企业汇编 13 个，实现利润 81.7 万元，上缴县财政 52.8 万元。1987—1992 年，县属国营预算内商业企业累计实现利润 615.1 万元，上缴县财政 245.3 万元。1992 年末，纳入县财政预算内国营商业企业汇编 8 个。1993 年，撤销商业局，开设商业总公司，纳入县财政预算内国营商业企业汇编 1 个，商业总公司实现利润 132 万元。1997 年，开设景东烟草公司，“两烟”销售权划归烟草公司经营，实现利润 0.3 万元；自 1998 年始，公司出现亏损，1999 年亏损 68.3 万元。1998 年，商业总公司下属五交化公司改制。1999 年，食品公司、糖果糕点厂改制。2000 年，饮食服务公司、安定批发站、漫湾批发站改制，商业总公司在下属完成改制后撤销。商业总公司成立 7 年间，累计实现利润 279.9 万元。

工交企业收入　1978 年，菊河三级电站建成投产。1979 年，对县办工交企业实行“盈利三七分成、亏损二八负担”政策；纳入县财政预算内工交企业汇编 8 个，累计实现利润 40 万元，上缴县财政 8.4 万元。1987—1989 年，实行第一轮经营承包，一定 3 年。县属国营工交企业累计实现利润 333.5 万元，上缴县财政 87.3 万元。1990—1992 年，实行第二轮经营承包。糖业利润下滑，甚至出现亏损，累计仅上缴财政 148.4 万元。1994 年，组建糖业总公司。2001 年，县印刷厂出售。2003 年，大街煤矿改制出售。2004 年，糖业总公司停产，者孟糖厂、漫湾糖厂、肥料厂资产出租给福泉制糖有限公司生产经营；组建电力有限责任公司，景东持股 49%。2005 年 12 月，电力有限责任公司无偿划归云南电网公司。

农林企业和其他企业收入　1981 年，开办景东松香厂、景东木材站，划出作为国有森林工业企业单独向财政列报决算；森工企业实现利润 14.5 万元，上缴县财政 1.7 万元。1984 年，林化厂实施改扩建，生产能力扩大。1982—1991 年，国营森工企业上缴县财政 1284.7 万元。1992 年，组建县林产工业总公司。1992—1998 年，国有森工企业上缴县财政 1812 万元。2001 年，林产工业总公司改制为有限责任公司，2004 年 8 月整体出售给金得利林业化工有限责任公司。

其他企业收入　包括除纳入商业、工交、农林企业外其他国营企业上缴县财政的收入。主要是医药、物资、城市公用企业、分设期间的供销社等。1978—1998 年，其他国有企业累计上缴县财政 285.2 万元。

三、政府非税收入

预算外资金收入　1979 年，云南省对中央和地方工业恢复利润留成制度，景东县留 67%列预算外，纳入预算内 33%。纳入县财政管理的预算外资金有农业税附加、工商税附加、县办工业利润留成、集体企业部分更新改造资金及折旧基金 5 项。1984 年，执行国务院《预算外资金管理办法》和《云南省预算外资金管理暂行办法》，加强预算外资金管理，把预算外资金收入年度计划和决算，作为县财政预算和决算附件。确定第一批县级行政收费单位15个，并纳入财政预算管理。1996年，执行《云南省预算外资金管理条例》。预算外资金，是指国家机关、事业单位、社会团体为履行或者代行政府职能，依照国家法律、法规和省政府规章而收取、提取和安排使用的未纳入国家预算管理的各种财政性资金。财政部门是监督管理预算外资金的行政主管部门。1998年，执行省政府《关于预算外资金统筹管理的暂行规定的贯彻意见》和《景东彝族自治县预算外资金和罚没收入管理实施办法》，县级各行政事业单位预算外资金实行专户管理，并根据单位预算外资金来源，以及单位实际，规定5%~30%统筹比例，纳入县财政预算内；当年统筹120万元。1998—2011年，累计统筹预算外资金8025万元。2000年，加强非税收入管理，实行“收支两条线”管理，并将罚没收入和部分行政性收费纳入预算管理。2004年，执行财政部《关于加强政府非税收入管理的通知》。2006年，预决算管理将预算外资金全部纳入预算管理，预算外资金概念更名为非税收入。2008年，加强非税收入征收管理：(1) 规范非税征管范围；(2) 严格非税执收管理；(3) 加强非税代收管理，完善银行代收协议，建立代理银行考评机制，促进代理银行不断改进非税收缴服务水平；(4) 强化非税征管监督。发挥非税票据“以票控费、以票控收”源头控管功能，建立非税收入执行分析制度，组织开展非税收入征管专项检查。2009年，全面加强非税收入规范化、法制化、科学化管理。(1) 加大宣传力度。联合县监察、审计等部门，加大非税收入管理监督检查力度。(2) 严格执行“收支两条线”管理。按照“收支脱钩、收缴分离”规定，将非税收入全额纳入财政预算，实行统一管理。(3) 加强票据管理，健全监督检查机制。按照“征、管、查”相分离原则，建立完善收费公示、收费稽查、收费举报、违规处罚、责任追究等相关制度。要求任何部门和单位不得将非经营性收费擅自转作经营服务性收费，不得开设非税收入过渡性账户，否则视同“小金库”处理。2010年，明确政府非税收入管理范围，建立非税收入管理新体制。以国有资源（资产）有偿使用收入作为加强非税收入突破口，采取措施，挖掘潜力，增加非税收入总量。2011年，执行《云南省政府非税收入管理条理》，明确教育系统政府非税收入是指教育部门依法利用政府权力和信誉、国家资源、国有资产或者提供特定公共服务、准公共服务取得并用于满足社会公共需要或者准公共需要的财政资金；发出《加强政府非税收入国有资源（资产）有偿使用收入管理的通知》，非税收入全部纳入县财政预算管理，当年实现非税收入8186万元。2007—2011年，全县共征收非税收入33198万元。

1978—2005年景东县预算外收入一览表

表14-1-2　　单位：万元

年度	一般预算收入	预算外收入	预算外支出	结余	年度	一般预算收入	预算外收入	预算外支出	结余
1978	478	—	—	—	1989	1600	139	139	—
1979	475	—	—	—	1990	1468	84	84	—
1980	476	—	—	—	1991	1540	88	88	—
1981	510	—	—	—	1992	1546	23	23	—
1982	554	—	—	—	1993	1799	49	49	—
1983	642	—	—	—	1994	2162	73	73	—
1984	621	—	—	—	1995	2606	97	97	—
1985	826	19	19	—	1996	3053	101	101	—
1986	774	28	28	—	1997	4004	24	24	—
1987	890	23	23	—	1998	4508	213	213	—
1988	1254	32	32	—	1999	5059	217	217	—

续表 14-1-2

年度	一般预算收入	预算外收入	预算外支出	结余	年度	一般预算收入	预算外收入	预算外支出	结余
2000	5681	199	199	—	2003	7585	347	347	—
2001	6588	365	365	—	2004	7947	1557	1557	—
2002	6489	495	495	—	2005	9468	2492	2492	—

专项收入　包括排污费收入、水资源费收入、教育附加收入。全县纳入县级财政管理专项收入主要是县级征收的排污费和教育费附加两项。自 1985 年始，开征排污费。自 1993 年始，部分改为思茅地区统一征收，部分由县环保征收后上交地区。1986 年，执行国务院《征收教育费附加的暂行规定》，开征教育费附加。教育费附加依照产品税、营业税、增值税税额为计税依据，附加率 1%，并与上述三税同时缴纳。1986—1989 年，教育费附加由税务部门征收，扣除征收手续费后缴入县财政预算，再安排教育行政管理部门依照规定使用。1990 年，教育费附加仍由税务部门征收，解入县财政扣交地区 30%后，按规定使用。2004 年 7 月，开征水资源费，按省市县 5∶2∶3 比例分为三级收入，景东主要收入来源于漫湾和大朝山水电站。2006—2011 年，全县累计征收专项收入 12988 万元。

行政事业性收费　2006—2011 年，全县累计征收行政事业性收费 2042 万元。

罚没收入　1982 年，执行财政部《罚没财物管理办法》，执法机关收缴的罚没款和没收物资变价款都必须如数上缴国库，任何部门单位和个人不得自行提留。1986 年，执行财政部《罚没财物和追回赃款赃物管理办法》。自 1998 年始，罚没收入全额缴入财政预算管理。2006—2011 年，全县累计征收罚没收入 3809 万元。

国有资产（资源）有偿使用收入　包括国家机关、实行公务员管理的事业单位、代行政府职能的社会团体以及其他组织的固定资产和无形资产出租、出售、出让、转让等收入，世界文化遗产保护范围内实行特许经营项目有偿出让收入和世界文化遗产门票收入，利用政府投资建设的城市道路和公共场地设置停车泊位收入，以及利用其他国有资产取得的收入。2011 年，县财政局发文，规定国有资产（资源）有偿使用收入的具体项目。2007—2011 年，全县累计征收国有资产（资源）有偿使用收入 14014 万元。

其他收入　包括以政府名义接受的捐赠收入、主管部门集中收入、政府财政资金产生的利息收入。2006—2011 年，全县累计征收其他收入 3116 万元。

政府基金收入　2007—2011 年，全县累计征收政府基金收入 12911 万元。

1978—2011 年景东县非税收入一览表

表 14-1-3　　单位：万元

年度	合计	国有资产（资源）有偿使用收入	行政事业性收费	罚没收入	专项收入	其他收入
2006	2767	—	14	659	2084	10
2007	3721	1243	19	542	1914	3
2008	5910	2560	6	643	2396	305
2009	6867	2350	334	746	2127	1310
2010	8514	4389	727	564	2116	718
2011	8186	3468	942	655	2351	770
合计	35965	14010	2042	3809	12988	3116

四、上级财政补助收入

1978—1980 年，实行国民经济第五个计划期间，景东收到上级财政补助收入 554. 5 万元。1981—1984 年，上级财政补助收入 896. 6 万元。自 1985 年始，云南省实行“核定收支、定额补助、一定五年”财政体制，行署财政局核定景东定额补助 546. 72 万元/年。1985—1989 年，上级财政补助收入 4758. 3 万元。1993 年，行署财政局核定景东定额补助 1595. 72 万元/年。1993—1996 年，上级财政补助收入 16039 万元。1997 年，行署财政局核定景东定额补助 3192. 62 万元/年。自 2002 年始，国家增大转移支付力度，成为景东财政收入主要来源。1978—2011 年，全县累计收到上级补助财政收入 524032. 3 万元。

1978—2011 年景东县财政一般预算收支决算总表

表 14-1-4　　　　单位：万元

年度	本年收入	上级补助收入	上年结余收入	调入资金	本年支出	上解支出	年终结余
1978	477. 8	147. 4	—	—	468. 9	—	—
1979	475. 2	201. 5	—	—	536. 0	—	—
1980	475. 9	205. 6	—	—	634. 6	—	—
1981	510. 4	134. 2	—	—	598. 3	—	—
1982	554. 4	169. 1	—	—	692. 0	—	—
1983	642. 4	235. 5	18. 3	—	870. 3	156. 0	19. 0
1984	620. 9	357. 8	19. 0	—	1099. 3	19. 0	66. 5
1985	825. 5	508. 8	66. 5	—	1166. 2	228. 0	214. 8
1986	774. 4	746. 0	214. 8	—	1571. 6	11. 2	149. 5
1987	890. 4	778. 6	149. 5	—	1698. 9	21. 1	7. 5
1988	1254. 1	1355. 9	7. 5	—	2541. 8	40. 9	35. 0
1989	1600. 4	1369. 0	35. 0	—	2889. 6	93. 0	41. 0
1990	1467. 8	1631. 0	41. 0	—	3106. 5	96. 0	-63. 0
1991	1540. 4	1726. 9	-63. 0	—	3238. 8	117. 0	-134. 0
1992	1546. 0	1847. 0	-134. 0	20. 0	3310. 0	129. 0	-109. 0
1993	1799. 0	2323. 0	-109. 0	221. 0	4408. 0	124. 0	-298. 0
1994	2162. 0	4292. 0	-298. 0	314. 0	6978. 0	287. 0	-788. 0
1995	2606. 0	3604. 0	-788. 0	344. 0	6606. 0	327. 0	-1164. 0
1996	3053. 0	5820. 0	-1164. 0	147. 0	9280. 0	407. 0	-1828. 0
1997	4004. 0	7173. 0	-1828. 0	992. 0	10404. 0	523. 0	-521. 0
1998	4508. 0	8031. 0	-521. 0	509. 0	12527. 0	618. 0	108. 0
1999	5059. 0	8613. 0	108. 0	471. 0	13451. 0	862. 0	298. 0
2000	5681. 0	9635. 0	298. 0	841. 0	15668. 0	474. 0	313. 0
2001	6588. 0	14173. 0	313. 0	230. 0	19943. 0	699. 0	694. 0
2002	6489. 0	12618. 0	694. 0	140. 0	18925. 0	827. 0	189. 0
2003	7585. 0	16096. 0	189. 0	50. 0	22627. 0	904. 0	389. 0
2004	7947. 0	20089. 0	389. 0	125. 0	26918. 0	1023. 0	720. 0

续表 14-1-4

年度	本年收入	上级补助收入	上年结余收入	调入资金	本年支出	上解支出	年终结余
2005	9468.0	21608.0	729.0	343.0	30219.0	1068.0	883.0
2006	11008.0	26976.0	883.0	538.0	37949.0	1450.0	-3.0
2007	11438.0	36291.0	6.0	691.0	47392.0	933.0	101.0
2008	15800.0	47362.0	101.0	401.0	59005.0	1320.0	3339.0
2009	18000.0	78061.0	3339.0	774.0	92890.0	1543.0	5741.0
2010	22868.0	90697.0	5741.0	883.0	114932.0	1645.0	4537.0
2011	25388.0	99156.0	4537.0	193.0	123621.0	1826.0	3842.0

五、公债和国库券

（一）公债

保值公债　1989 年，国家发行保值公债 120 亿元，偿还期限 3 年，年利率随人民银行规定的 3 年定期储蓄存款利率浮动，加保值贴补率，外加一个百分点，票面为 20 元、50 元、100 元 3 种。保值公债不记名，不挂失，可以向银行抵押，可以在国家指定场所转让。发行对象为城乡职工、居民、个体工商户、各种基金会、保险公司以及有条件的某些公司。公债实行分配任务办法推销，各级政府必须保证完成任务。向社会推销后若有剩余，各级政府要用地方预算外资金认购。当年，景东实际完成 88.33 万元。

国家重点建设债券　1987 年，国家发行重点建设债券 55 亿元，其中，向单位发行 50 亿元，对个人发行 5 亿元；归还期限 3 年，单位购买年息 6%，个人购买年息 10.5%，采取分配任务方式发行。由银行代理国家财政发行，到期后由财政部一次性偿还本息。单位购买部分发给国家重点建设债券收据，可以记名，可以挂失。个人购买部分发给国家重点建设债券，面额为 50 元和 100 元两种，可转让和继承，但不能上市流通。当年，景东推销国家重点建设债券 30.6 万元。

特种国债和特种定向债券　1989—1991 年、1994 年，国家发行特种国债；1994—1997 年，国家发行特种定向债券。全县累计推销特种国债 44.68 万元，特种定向债券 82.64 万元。

（二）国库券

1981—1987 年，国家每年发行国库券一期。1 月 1 日发行，7 月 1 日计息。1981 年，主要向国营企业、集体所有制企业、企业主管部门和地方政府分配发行，机关、团体、部队、事业单位和农村富裕社队可适当认购，个人可自愿认购。1982 年，发行对象扩大到城乡个人，发行方式采用合理分配和自愿认购两种。国库券年利率分别为 1981 年 4%，1982—1984 年 4%（单位购买）和 8%（个人购买），1985 年 5%（单位购买）和 9%（个人购买），1986 年、1987 年 6%（单位购买）和 10%（个人购买）。期限 1981—1984 年券为 5~9 年，即自发行起第 6 年一次抽签，按发行额分 5 年作 5 次偿还本金并支付相应利息（不计复利），每次偿还 20%；1985—1987 年券为 5 年，到期一次性偿还本息，不计复利。单位购买除发给带有面额的实物券外，1982—1987 年券还可开具记名挂失的收据；个人购买发给国库券，面额有 5 元、10 元、50 元、100 元（1981 年无 5 元，另有 500 元、1000 元、1 万元、10 万元、100 万元，共 8 种；1982 年另有 1 元、1000 元，共 6 种）。自 1985 年始，个人购买 1000 元以上可以开具收据。1981—1987 年发行和还本付息事宜由中国人民银行及其所属机构办理。1988 年，发行国库券一期，发行日、计息日、年利率等与 1987 年国库券相同，偿还期限缩短为 3 年。

1989—1991年，国家每年发行国库券一期，发行对象为公民个人和个体工商户，期限3年，当年7月1日计息，面额分5元、10元、20元、50元、100元5种（1989年无20元面额）。其中，1989年于3月1日发行，年利率14%；1990年于6月1日发行，年利率14%；1991年于4月1日发行，年利率10%。1992年，国家发行国库券分5年期（一期）、3年期（二期）。其中，第一期4月1日发行、计息，6月1日上市，期限5年，年利率1993年6月30日前10.5%、后13.86%，持满5年保值，面额分50元、100元、500元3种；第二期7月1日发行、计息，9月1日上市，期限3年，年利率1993年6月30日前9.5%、后12.24%，持满3年保值，面额分50元、100元、500元、1000元4种。国库券（本年度特种国债与国库券合并）面向全社会发行，由地方政府统一领导，各级财政部门具体组织，主要采取承购包销方式；另外，向“两金”（退休养老基金、待业保险基金）发行部分仍属分配认购性质。1993年，国家发行的国库券分5年期（一期、三期）和3年期（二期）。其中，5年期3月1日发行、计息，5月1日上市；7月1日以非实物（无券记账）形式发行，7月1日计息；期限5年，年利率15.86%，面额分100元、500元、1000元3种，可按3年期兑付。3年期3月1日发行、计息，期限3年，年利率13.96%，面额分100元、500元、1000元3种。本年所发行的国库券均保值。1994年，发行的国库券分1年期非实物国库券、2年期无记名国库券、3年期凭证式国库券、特种定向债券。其中，1年期非实物国库券4月1日发行、计息，8月1日上市，年利率11.89%，2月由财政部通过上海证券交易所挂牌分销；2年期无记名国库券4月1日发行、计息，可记名挂失，可提前兑取，不可上市转让，年利率13%，面额分100元、500元、1000元3种；3年期凭证式国库券采用填制收款凭证办法，以百元为起点整数发行，年利率13.96%，持满3年保值；特种定向债券4月1日发行、计息，不上市，期限5年，年利率15.86%，保值，采用填制收款凭证办法向“两金”（养老保险基金、待业保险基金）定向发行，属派购性质。1995年，发行的国库券分3年期凭证式国债（一、二期）、3年期无记名式国债、1年期记账式国债、特种定向式国债。其中，3年期凭证式国债分别于3月1日至7月20日、11月21日至12月16日两期，采用填制收款凭证办法，以百元为起点整数发行，从购买之日起计息，持满3年实行保值补贴，年利率14%，可记名挂失，可提前兑取（按实际持有天数分段计息），不可上市转让；3年期无记名国债3月1—20日发行，3月1日计息，发行结束后可上市流通，年利率14.5%，面额分100元、1000元、5000元3种；1年期记账式国库券于8月16日至9月16日发行，8月26日计息，年利率11.98%，发行结束后可上市流通，首次采用以“缴款期”为标的招标发行方式。特种定向国债7月1日至8月31日发行，7月1日计息，不上市，期限5年，年利率15.86%，向“两金”派购。1999年后，根据上级通知，国库券销售、兑付业务移交银行办理。

1981—1998年，景东累计推销国库券1195.1万元。

第二节　财政支出

1978—2011年，景东县财政一般预算累计支出697441万元。

一、经济建设支出

自1995年1月1日始，执行《中华人民共和国预算法》和《中华人民共和国预算法实施条例》。预算收支范围、经济建设支出包括用于基本建设投资支出、支持企业挖潜改造支出、拨付企业流动资金支出、拨付生产性贷款贴息支出、专项建设基金支出、支持农业生产支出以及其他经济建设支出。1978—2011年，全县累计支出经济建设资金185240万元。

1978—2011 年景东县财政一般预算支出一览表

表 14-1-5

单位：万元

年度	合计	基本建设支出	企业挖潜革新改进资金	城镇青年就业费	简易建筑费	科学事业费支出	科技三项费	流动资金	支援不发达地区	农林水气支出	工交等事业费	文化广播等事业费	教育费支出	农业综合开发支出	支援农村生产支出	抚恤和福利救济	工商金融事务	行政管理费	流通部门事业费	其他部门事业费	离退休支出	国防和武警支出	公检法司支出	城市维护费	政策性补贴支出	社会保障补助支出	医疗卫生	环境保护	城乡社区	资源电力信息等事务	粮油物资储备管理事务	商业服务管理事务	国土资源气象事务	住房保障支出	车辆税费支出	企业亏损	专项支出	其他支出
1978	468.9	17.2	6.7	—	8.5	—	—	13.0	—	41.5	0.2	17.7	109.3	—	90.8	20.7	—	88.8	—	5.8	—	0.6	—	—	—	—	41.6	—	—	—	—	—	—	—	—	—	—	6.5
1979	536.0	10.9	13.5	—	10.0	—	—	2.0	—	59.1	0.3	32.3	125.9	—	99.8	22.6	—	92.5	—	6.5	—	1.5	—	—	—	—	50.0	—	—	—	—	—	—	—	—	—	—	8.6
1980	634.6	23.3	13.3	—	0.5	—	—	10.0	—	60.9	0.2	24.8	152.5	—	129.0	27.6	—	109.2	—	11.5	—	0.3	—	—	—	—	61.1	—	—	—	—	—	—	—	—	—	—	10.4
1981	598.3	22.5	4.0	—	1.5	—	—	28.0	—	55.7	0.4	22.1	161.9	—	49.4	40.4	—	117.2	—	13.4	—	0.5	8.1	—	—	—	60.4	—	—	—	—	—	—	—	—	—	—	12.8
1982	692.0	26.7	13.0	—	—	—	—	12.0	—	57.4	0.9	24.8	192.3	—	68.2	32.9	—	131.4	—	21.7	—	3.6	18.5	—	—	—	64.1	—	—	—	—	—	—	—	—	—	—	24.5
1983	870.0	83.2	11.0	—	—	—	0.5	15.0	—	93.2	0.3	53.4	237.4	—	62.8	25.0	—	157.5	—	16.8	—	0.4	16.2	6.5	8.0	—	75.0	—	—	—	—	—	—	—	—	8.6	—	16.4
1984	1099.0	20.0	10.0	5.0	—	—	0.5	—	—	114.9	4.0	62.0	250.0	—	141.0	48.0	—	240.8	—	24.0	—	2.1	21.8	27.0	—	—	111.0	—	—	—	—	—	—	—	—	2.1	—	19.0
1985	1166.0	6.6	20.8	5.0	—	—	0.2	—	—	132.0	9.1	69.0	329.0	—	73.9	67.2	—	222.6	—	—	—	0.6	24.3	6.5	26.4	—	90.0	—	—	—	—	—	—	—	—	18.2	—	64.6
1986	1572.0	17.4	69.1	0.6	—	—	1.0	—	—	152.2	9.8	52.1	378.0	—	73.8	126.3	—	337.5	—	42.6	—	3.6	35.2	9.0	47.6	—	104.4	—	—	—	—	—	—	—	—	—	1.2	110.4
1987	1699.0	—	30.0	—	—	1.4	0.5	—	—	150.6	13.2	103.0	400.0	—	209	75.7	—	282.6	—	73.0	—	0.3	26.2	—	73.8	—	59.0	—	—	—	—	—	—	—	—	—	8.5	192.2
1988	2542.0	—	31.4	1.0	15.0	2.6	0.5	—	99.8	157.6	9.9	141.0	483.3	—	226.6	174.3	—	332.0	1.7	82.0	—	0.1	126.0	28.8	437.0	—	86.8	—	—	—	—	—	—	—	—	21.2	—	125.8
1989	2890.0	—	36.9	1.0	4.0	3.6	1.0	—	101.0	205.0	26.3	162.0	565.0	—	494.3	111.0	—	341.4	1.8	81.2	—	—	114.0	35.0	389.0	—	81.0	—	—	—	—	—	—	—	—	1.5	24.0	113.0
1990	3107.0	—	18.8	1.0	18.0	4.0	1.0	15.0	61.0	209.0	31.0	165.0	670.0	—	391.0	278.0	—	380.0	1.8	109.0	—	—	113.0	28.8	373.0	—	93.0	—	—	—	—	—	—	—	—	2.4	21.0	127.0
1991	3239.0	28.0	0.6	1.1	25.0	4.0	3.0	—	60.0	238.0	47.0	204.0	756.0	—	385.0	260.0	—	463.0	1.8	97.0	—	—	142.0	41.0	343.0	—	109.0	—	—	—	—	—	—	—	—	—	—	30.5
1992	3310.0	—	—	2.0	6.0	6.0	5.0	—	53.0	241.0	52.0	231.0	913.0	—	252.0	202.0	—	666.0	2.0	124.0	—	—	170.0	16.0	212.0	—	153.0	—	—	—	—	—	—	—	—	10.0	—	14.0
1993	4408.0	—	500.0	3.0	—	7.0	5.0	—	103.0	287.0	70.0	307.0	1094.0	—	522.0	160.0	—	334.0	2.0	109.0	—	—	159.0	92.0	83.0	—	196.0	—	—	—	—	—	—	—	—	—	41.0	334.0
1994	6978.0	—	500.0	—	10.0	11.0	5.0	—	114.0	451.0	159.0	735.0	1377.0	—	1166.0	244.0	—	1296.0	1.0	234.0	—	4.0	334.0	86.0	30.0	—	441.0	—	—	—	—	—	—	—	—	163	38.0	91.0
1995	6606.0	—	—	—	10.0	9.0	—	—	193.0	439.0	100.0	384.0	1725.0	248.0	384.0	234.0	—	1511.0	4.0	267.0	—	5.0	261.0	92.0	66.0	—	521.0	—	—	—	—	—	—	—	—	—	88.0	65.0
1996	9280.0	—	5	—	10.0	10.0	6.0	—	751.0	693.0	101.0	339.0	2449.0	267.0	514.0	234.0	—	1884.0	27.0	404.0	—	5.0	571.0	155.0	158.0	—	608.0	—	—	—	—	—	—	—	—	—	29.0	60.0
1997	10404.0	—	—	—	45.0	15.0	3.0	—	1003.0	467.0	101.0	347.0	2511.0	113.0	531.0	431.0	—	1617.0	14.0	327.0	1088.0	3.0	530.0	110.0	137.0	—	756.0	—	—	—	—	—	—	—	—	—	—	255.0
1998	11801.0	—	—	—	10.0	13.0	5.0	—	1072.0	709.0	85.0	336.0	2755.0	393.0	401.0	399.0	—	2005.0	51.0	373.0	1276.0	4.0	550.0	103.0	147.0	8.0	739.0	—	—	—	—	—	—	—	—	—	72.0	295.0
1999	13451.0	—	—	—	—	18.0	5.0	—	1184.0	842.0	119.0	420.0	3371.0	429.0	608.0	469.0	—	2037.0	26.0	375.0	1432.0	2.0	635.0	161.0	123.0	86.0	951.0	—	—	—	—	—	—	—	—	—	58.0	100.0

续表 14-1-5

年度	合计	基本建设支出	企业挖潜革新改进资金	城镇青年就业费	简易建筑费	科学事业费支出	科技三项费	流动资金	支援不发达地区	农林水气支出	工交等事业费	文化广播等事业费	教育费支出	农业综合开发支出	支援农村生产支出	抚恤和福利救济	工商金融事务	行政管理费	流通部门事业费
20[illegible]	15[illegible]68.0	—	—	—	—	22.0	7.0	—	1080.0	1533.0	107.0	438.0	3709.0	379.0	846.0	382.0	—	2453.0	16.0
20[illegible]	1994[illegible].0	3397.0	—	—	—	21.0	12.0	—	1011.0	1264.0	154.0	509.0	4401.0	180.0	509.0	467.0	—	2873.0	21.0
20[illegible]	18[illegible]25.0	851.0	45.0	—	—	31.0	7.0	—	147.0	1717.0	298.0	639.0	5163.0	10.0	482.0	547.0	—	3154.0	18.0
20[illegible]	22527.0	804.0	24.0	—	—	31.0	17.0	—	107.0	3185.0	301.0	812.0	5682.0	—	—	758.0	—	3514.0	31.0
200[illegible]	26[illegible]18.0	378.0	50.0	—	—	50.0	7.0	—	44.0	3336.0	321.0	1040.0	7218.0	—	—	834.0	—	4097.0	30.0
200[illegible]	30[illegible]19.0	524.0	35.0	—	—	28.0	10.0	—	105.0	3958.0	361.0	1303.0	7115.0	—	—	973.0	—	4508.0	29.0
200[illegible]	37[illegible]49.0	862.0	8.0	—	—	43.0	40.0	—	92.0	4927.0	393.0	1197.0	8182.0	—	—	1423.0	—	5445.0	55.0
200[illegible]	47[illegible]92.0	—	—	—	—	125.0	—	—	—	6873.0	3478.0	526.0	9878.0	—	—	—	432.0	6450.0	—
200[illegible]	59[illegible]05.0	—	—	—	—	122.0	—	—	—	12177.0	1916.0	598.0	1590.0	—	—	—	1049.0	6904.0	—
200[illegible]	92[illegible]90.0	—	—	—	—	198.0	—	—	—	13825.0	11323.0	596.0	7600.0	—	—	—	30.0	7228.0	—
201[illegible]	114[illegible]32.0	—	—	—	—	169.0	—	—	—	24439.0	9712.0	1431.0	22196.0	—	—	—	683.0	8107.0	—
201[illegible]	123[illegible]21.0	—	—	—	—	218.0	—	—	—	26239.0	5345.0	1293.0	25233.0	—	—	—	783.0	8758.0	—
合计	697[illegible]41.0	7071.8	1446.0	19.7	174.0	1163.0	142.0	95.0	7381.0	109329.0	34649.0	14614.0	48973.0	2019.0	8710.0	9067.0	2977.0	78138.0	334.0

年度	其他部门事业费	离退休支出	国防和武警支出	公检法司支出	城市维护费	政策性补贴支出	社会保障补助支出	医疗卫生	环境保护	城乡社区	资源电力信息等事务	粮油物资储备管理事务	商业服务管理事务	国土资源气象事务	住房保障支出	车辆税费支出	企业亏损	专项支出	其他支出
20[illegible]	377.0	1623.0	8.0	672.0	210.0	118.0	154.0	1086.0	—	—	—	—	—	—	—	—	—	79.0	369.0
20[illegible]	442.0	1845.0	6.0	820.0	239.0	46.0	240.0	1228.0	—	—	—	—	—	—	—	—	—	58.0	200.0
20[illegible]	383.0	2227.0	7.0	904.0	196.0	56.0	397.0	1360.0	—	—	—	—	—	—	—	—	—	130.0	156.0
20[illegible]	472.0	2415.0	11.0	957.0	266.0	56.0	300.0	1807.0	—	—	—	—	—	—	—	—	—	183.0	894.0
200[illegible]	395.0	3449.0	20.0	1286.0	320.0	56.0	485.0	2487.0	—	—	—	—	—	—	—	—	—	378.0	637.0
200[illegible]	415.0	3705.0	16.0	1512.0	708.0	56.0	625.0	2422.0	—	—	—	—	—	—	—	—	—	900.0	911.0
200[illegible]	478.0	4994.0	10.0	2062.0	443.0	43.0	1376.0	2907.0	—	—	—	—	—	—	—	970	—	727.0	1272.0
200[illegible]	—	—	38.0	2549.0	—	—	10298.0	4443.0	236.0	1578.0	—	—	—	—	—	—	—	—	488.0
200[illegible]	—	—	58.0	2729.0	—	—	11653.0	5339.0	660.0	1336.0	—	—	—	—	—	—	—	—	2874.0
200[illegible]	—	—	15.0	3711.0	—	—	19266.0	12230.0	915.0	3213.0	378.0	1125.0	—	—	—	—	—	—	1237.0
201[illegible]	—	—	20.0	5261.0	—	—	16215.0	11903.0	3313.0	1678.0	382.0	158.0	1803.0	446.0	6808.0	—	—	—	208.0
201[illegible]	—	—	35.0	5337.0	—	—	20408.0	13629.0	2894.0	3681.0	187.0	120.0	1838.0	1110.0	5838.0	—	—	—	675.0
合计	5760.0	24054.0	280.6	31655.0	3380.0	3085.0	81511.0	66292.0	8018.0	11486.0	947.0	1403.0	3641.0	1556.0	12646.0	970.0	227.0	2835.7	11997.0

（一）基本建设支出

基本建设支出主要用于建筑和购置固定资产，包括国有企业、行政机关和事业单位房屋建筑维修工程费用，机器设备购置安装费用、公路桥梁、城市建设和农田水利建设费用等，还包括基本建设土地征用、拆迁补偿费用等开支。1978—2011 年，全县累计支出基本建设资金 7071.8 万元。

（二）企业挖潜改造资金支出

1978 年，除县办工业、农牧企业和按产量提取更新改造资金的采掘采伐企业以外，所有国营企业提取的基本折旧基金，50%留给企业，用于固定资产更新改造；50%上缴，由国家统一安排使用。1985 年，执行国务院批转国家经委《关于改进技术进步工作若干暂行规定》，企业折旧基金由企业留用 70%；其余 30%国家不再集中，按企业隶属关系返回给部门和地方。1978—2011 年，全县财政累计支出企业挖潜改造资金 1446 万元。

（三）简易建筑费

财政拨款用于商业、粮食、外贸、县以上供销社等流通企业简易建筑，包括修建简易仓棚、货场，利用旧料修建警卫用房、室外厕所、购置小油罐、修建土围墙、栅栏、水沟等开支。1978—1998 年，全县累计安排简易建筑费支出 174 万元。

（四）科技三项费用

1980 年，科技三项费（新产品试制费、中间试验费和重大科研项目补助费）重点用于副食品生产、食品加工、中高档轻纺新产品、新能源、新型建筑材料、环境保护等研究项目。1981 年，执行国家科学技术委员会三项费“专项管理，分级负责，同行评议，签订合同”管理办法，由地方科技部门批准和签订合同，实行专项管理。1988 年，景东加大科技示范、推广和服务力度。2003 年，执行省政府《关于促进科技成果转化为现实生产力的若干暂行规定》和《云南省促进民族自治地方科学技术进步条例》。1978—2011 年，景东县财政累计支出科技三项费用 142 万元。

（五）流动资金

1983 年，执行国务院批转中国人民银行《关于国营企业流动资金改由人民银行统一管理的报告的通知》，企业流动资金由银行统一供应、统一管理，财政不再划拨。自 1993 年 7 月 1 日始，执行财政部“两则两制”（《企业会计准则》《企业财务通则》，13 个行业会计制度、10 个行业财务制度），企业各种资金可统筹安排，扩大筹资渠道，满足生产经营需要，提高资金使用效益。1978—1990 年，全县财政累计安排企业流动资金 95 万元。

（六）支援农村生产支出

支援农村生产支出是财政预算中安排的用于支援农村集体（户）各项生产专项资金支出。主要包括小型农田水利和水土保持补助费、支援农村使用生产组织资金、农村农技推广和植保补助费、农村草场和畜禽保护补助费、农村造林和林木保护补助费、农村水产补助费、农业发展专项资金支出和发展粮食生产专项资金支出等。1978—2011 年，全县累计安排支援农村生产支出 8710 万元。

（七）农业综合开发支出

农业综合开发支出是指中央和地方预算用于农业综合开发投资和贷款贴息等的支出。1990—2011

年，全县累计配套投入农业综合开发资金 2019 万元。

（八）支援不发达地区支出

少数民族地区补助费　少数民族地区补助费是国家和省为帮助少数民族地区人民解决生产、生活、文教卫生事业等方面除正常经费以外所安排的资金。国家、省地县逐级下拨、列入县财政支出预算。1978—2008 年，全县累计支出少数民族地区补助费 558.4 万元。

支援不发达地区发展资金　主要用于边疆民族地区和贫困山区改善农业生产条件，发展农村能源交通，扶持骨干优势产业，兼顾农村文化、教育、卫生事业，从根本上改变山区面貌。1984 年，景东被列为享受支援不发达地区发展资金受援县。1988—2006 年，全县累计支援不发达地区发展资金支出 7381 万元。

扶贫开发　1999—2011 年，全县累计支出 5115 万元。

（九）其他经济建设支出

1981—2011 年，景东县累计安排城市维护费 3381 万元，主要用于新城区道路、绿化、美化和亮化工程建设。城市维护费除地方财政预算内安排外，地方财政预算外也给予补助。1984—1993 年，全县累计支出城镇青年就业安置费 19.7 万元，主要用于扶持生产、业务费、就业训练和其他支出。

二、各项事业费支出

农林、水利、气象等部门事业费　主要包括农垦、农场、农业、畜牧、农机、林业、水利、水产、气象、土地管理等部门的资源调查、技术推广、干部训练等经费。1978—2011 年，全县累计支出农林、水利、气象等部门事业费 109329 万元。

工业、交通、流通等部门事业费　包括工业、交通、邮电、商业、粮食、外贸等部门所属事业机构开支的经费。1978—2011 年，全县累计支出工业、交通、商业等部门事业费 34649 万元，主要用于个人和公用经费支出。

文教科卫广电等事业费　包括文化、教育、科学、卫生、广播电视等部门所属事业机构开支经费。1978—2011 年，全县累计支出文教科卫广电等部门事业费 229879 万元。

抚恤和社会福利救济事业费　抚恤和社会福利救济事业费是财政预算用于民政部门支配的社会保证基金。1978—2011 年，全县累计支出抚恤和社会福利救济费 9067 万元。

三、行政司法国防支出

行政管理费　行政管理费是用于维持国家机器正常运转的支出。包括县委、政府、人大、政协、纪委、财政、审计等部门的个人经费（包括基本工资、补助工资、其他工资、职工福利、社会福利、社会保障费等）和公用经费（包括公务费、设备购置费、修缮费、业务费和其他费用）。1978—2011 年，全县累计支出行政管理费 78138 万元。

公共安全支出　公共安全支出是财政用于武装警察、公安、检察院、法院、司法等部门的支出。1981—2011 年，全县累计安排公共安全支出 31655 万元。

国防支出　国防支出主要有民兵事业费和国防动员费。1978—2011 年，全县累计安排国防支出 280.6 万元。

四、其他支出

其他支出主要包括落实政策经费、国债推销经费、财政贴息、超收分成、专项支出和上解支出等，既有生产建设性开支，也有事业性及非生产性开支。1978—2011 年，全县累计其他支出 174157 万元。

五、预算外资金支出

自 1993 年 7 月 1 日始，执行国家《企业财务通则》和《企业会计准则》，取消国有企业和主管部门管理的各项专用基金。1996 年 7 月 6 日国务院《关于加强预算外资金管理的决定》和 1996 年 9 月 25 日《云南省预算外资金管理条例》，明确预算外资金是指国家机关、事业单位、社会团体为履行或者代行政政府职能，依照国家法律法规和省政府规章而收取、提取和安排使用未纳入国家预算管理的各种财政性资金。具体包括：行政事业性收费收入；政府性基金、附加收入；主管部门从所属单位集中的上缴资金；用于乡镇政府开支的乡自筹和乡统筹资金；其他按省政府规定应纳入预算外管理的财政性资金。1997 年，政府性基金、附加收入在财政预算内列收列支，取消财政部门管理的预算外资金。1978—2005 年，全县累计支出预算外资金 2492 万元。

第三节　财政管理

一、预决算管理

预算管理　1978 年，执行景东县《公用经费开支定额管理办法》，行政单位公用经费“包干使用，结余留用，超支自理”。1980 年，实行“分灶吃饭”财政体制。按照“一要吃饭，二要建设”原则，重新调整年度收支预算编审。年初根据行署财政局核定收支预算总数编制初步预算，经报请县委县政府审核批准，在第一季度末或第二季度初落实到各收支单位；在预算年度执行过程中，如确需调整收支预算，由县财政局提出调整意见报请县委县政府讨论同意，再报送县人大常委会讨论批准。1981 年，规定“增加收入，压缩支出，一切单位的上年结余，除购买国库券外，未经批准不能动用”。预算外资金拨付实行由用款单位按季分月报送事业进度和用款计划，经财政局专业股审查同意后，按季分月拨款。1984 年，将本级预算内和预算外资金会计科目分别设置，分别核算；加强乡镇财政管理，成立区公所财政组，预算管理采取“收入全部上缴县财政，支出凭证报县财政核销”。1985 年，预算管理实行“划分税种，核定收支，分级包干，一定 5 年”，行署财政局不再逐年分配县财政年度收支预算指标，只下达年度收支考核任务，县财政局根据年度国民经济计划和行署财政局当年对县财政定额补助收入数编制，报经县委县政府同意和县人民代表大会批准后执行；在支出管理上，坚持“不盖房子，不买车子，保证工资，不饿肚子”，对行政事业单位或主管部门实行“核定指标、包干使用、结余留用、超支不补或预算切块、包干使用”。1986 年，行政事业单位预算拨款，采取划分个人、公用两大部分核算管理。个人部分，按规定标准拨付，不实行包干，擅自增人或提高标准开支的一律不予核销拨款；公用部分，实行全年一次核定到主管部门或财务主管单位，统筹安排，包干使用，超支自理，结余留用。超编人员只拨工资，不核拨公务费。控制购置费、会议费、庆祝活动费开支，会议费只对县五大机关和区委区公所少量核拨，各种专控商品和高级消费品原则上不再审批。1987 年，开展“双增双节”运动，坚持量入为出、量财办事，按照“保改革、保重点、保后劲、保国民经济良性循环”财政支出原则，实行预算收支平衡。乡镇财政，实行“划分税种、核定收支、收支挂钩、超收分成、短收自补、节支留用、超支自理”；行政部门，实行“定员管理，逐项核定、计划拨款、超支不补，结余留用”；事业主管部门，实行“预算切块、一次核定、包干使用、计划拨款、超支自理、结余留用”；预算外全额预算单位，实行“核定收支、以收抵支、差额补助”；收入稳定、收大于支或以收抵支差额较小事业单位，推行经济承包和租赁经营责任制，逐年增加上缴利润。1990年，行政事业和公用部门实行分流拨款，专项经费实行“专项资金追踪反馈责任制”，即“单项审核、单项管理、单项决算”。卫生系统实行“任务包干、工资浮动、劳务提成”，教育系统试行“校长责任制、教职工聘用制、工资总额包干内部分配制”。1992年，乡镇财政管理调整为“核定收支、收支挂钩、顺差上解、逆差定补、超收分成、短收超支自理、节支留用”。1994年，执行《中华人民共和国预算法》，推行复式预算改革。按照“全力保工资、努力压赤字、尽力补缺口、量力割尾巴”原则，强化财政预算约束，控制差旅费、邮电费、接待费、会议费等非生产性支出，激励单位创收和用预算外资金及向上争取资金弥补办事经费不足。1995年，在“增收、节支、保运转”基础上，执行分流拨款和经费包干；加强财政监督，控制财政供养人员增加。1996年，继续执行“适度从紧”财政政策，控制支出和社会集团购买力。1997年，省对县采取“以奖代补”考核办法，景东继续执行“适度从紧、量入为出、控制总量、优化支出结构”政策，从严控制“人、车、会、话”等开支。1998年，执行《云南省地县财政1998年至2000年“消除赤字、平衡预算”以奖代补考核奖励办法》和“适度从紧”财政政策。2000年，推行乡镇财政“零户统管”预算管理办法。坚持“量入为出，量财办事”和“一支笔”批条；本着“一要吃饭，二要建设”方针，控制“人、车、会、话和接待费”支出。2002年，采取保“三点三定”（保发展为重点、保稳定为热点、保改革为难点，保法定支出、保规定支出、保县委县政府重点支出）管理办法。2003年，实行全县82%的单位职工工资统一发放，加大政府采购力度，加强预算外资金管理。清理检查县级预算外资金大单位20个，稳步将预算外资金纳入预算管理。2004年，制订乡镇转移支付资金分配办法和标准。每村补助1100元/年；组干部每组按2人计算，每人补助120元/年；五保户每人补助400元/年；农户按计税面积补助1元/亩，按落实农业税正税补助0.1元/千克。2006年，推进“乡财县管”预算管理办法，启动全县国库集中支付制度改革和部门预算改革，强化“收支两条线”管理和非税收入管理，推行“村财乡管村用”制度。严格按照编委核编、人事核标、财政核资、银行统发运行模式，队各乡镇和县直各行政事业单位人员工资实行统发。2007年，执行市对县财政管理新体制。(1) 乡镇和乡镇教育部门，实行财政授权支付管理改革；乡镇财政，实行“预算共编、账户统设、集中收付、采购统办、票据统管”预算管理方式。(2) 实施“整村推进”产业政策。(3) 按照“低标准起步，重点建制”原则，全面推进农村最低生活保障制度。(4) 完善农村和城市医疗救助体系。2008年，审核各单位预算和基础性信息，合理核定定员定额标准；细化全县158个部门和13个乡镇支出项目，使每项支出落实到具体的资金和项目；单位基本支出和专项支出，实行严格的预算管理，按照“人员经费按标准、公用经费按定额、专项经费按项目”原则，压缩一般性支出，确保工资、社会保障、民生重点支出。建立国库单一账户体系管理，预算单位只有一个单位零余额账户，只保留部分专用账户。2009年，财政局各股室专户统一归并到国库股管理，控制经费预算和一般性支出，不断完善行政事业单位定额支出标准；会议费、公务用车、招待费、出国经费等各种经费实行“零增长”包干使用，降低行政事业成本，一律不准违规接换新车；拉网式复查全县财政供养人员，全面实施“年审制”。2010年，非税收入全额纳入预算管理，深化部门预算改革；始终把涉及民生项目支出作为财政支出的首位目标，保证财政用于“三农”、教育、科技、卫生、环境保护、社会保障性支出明显增长；强化工资专户管理，每月及时足额将工资资金从“工资专户”直接划拨到各统发工资的银行和信用社。2011年，围绕“保增长、保运转、保民生”主线，实施源头规范、扶贫资金财政报账制、“一卡通”制、政府采购制、阳光操作制、全程监管制，努力实现管理全覆盖、监督无“盲区”；实行“目标计划、超奖短惩、绩效考核”非税收入征收激励考核机制。

决算管理　1979年，县办工业利润留成由行署为单位决算。1980年，预算包干的行政事业单位，年终按银行支出数列入决算，包干结余当年不列支出，结转下年继续使用。1982年，由国家预算集中的资金，及时、足额地上缴国库；划清中央与地方财政收入、国家财政和企业自有资金、国家预算资金和行政事业单位预算外资金界限。各单位财务决算做到收支有据，数字准确，内容完整，按规章制度办事，不弄虚作假，估列代编。1988 年，控制基本建设支出。凡应停、缓建的楼、堂、馆、所，一律停止拨款；核实各项价格补贴支出，凡超标准补贴的一律压下来，节减行政经费，压缩社会集团购买力。1994 年，推进分税制、税利分流、复式预算、统一税制、统一“两项两制”和相关法律法规社会监督体系。1995 年，按照收付实现制原则，当年发生的财政支出全部列入决算，未发生事项不列入决算，要求乡镇不提前预付、估列代编等，凡政策规定收支两条线列报的单位，不能采取抵留方式处理。1996 年，实行乡镇财政增收目标考核责任制，“多超多奖、不超不奖、欠收惩罚”。要求单位决算基础数字要实，不搞“两本账”，资金管理从严；控制消费性“吃请”支出，把整顿和加强财经纪律作为一项决算纪律来抓。1997 年，实行财政分税制过渡期最后一年，也是省对县“以奖代补”考核第一年。按照“真实、准确、全面、及时”八字方针，编制总决算。1998 年，预算单位以实际支出数为列报口径，财政部门以拨款数为列报口径。2001 年，核对年预算收支数字，清理年度预算应收应支和各项往来款项，结清预算拨借款，清理财产物资和决算数字的对账工作。决算编制程序从执行预算的基层单位开始，自下而上，逐级编制、审核和汇编。2002 年，将部分政府性基金纳入预算管理，深化预算支出管理制度改革。统筹安排预算内外资金，集中财力促发展。在全面调查摸底基础上，改革行政事业单位公用经费标准，按单位性质和工作职能重新分类，核定会议费和小车修理费。2003—2005 年，根据财政部《地方财政实施财政国库管理制度改革年终预算结余资金会计处理的暂行规定》和省财政厅《省对县财政一般性转移支付办法》，以及市对景东“上台阶”政策，编制决算。2006 年，根据省政府《省对州市“十一五”财政管理体制方案》、省财政厅《省对下一般性转移支付考核激励办法》，确定有关分享收入征管和缴库办法，编制决算。(1) 耕地占用税 30%为省级收入，70%为州市级收入；(2) 教育费附加为省级 60%，州市级 40%。2007 年，执行市对县财政管理新体制，按照“真实、准确、正确、全面、及时”八字方针，编制决算。2008 年，根据“一要吃饭，二要建设”原则，在“四保”(保工资、保机构运转、保社会稳定、保重点支出需要) 前提下，调整优化支出结构，实事求是编制决算。2009 年，应对各种财政减收因素不利影响，挖掘增收潜力，推进收入精细化、科学化管理。(1) 按照公共财政支出要求，超收财力重点向农业、教育、医疗、社会保障等民生方面倾斜。(2) 深化预算管理改革，规范预算编制程序，完善定员定额标准，细化项目支出预算，强化预算执行约束力。(3) 完善非税收支管理制度，严格单位银行账户审批，加强专储资金管理，增强政府资金调控力度，规范收费行为，严肃编制财政总决算。2010 年，制订财务内控制度，严把财政收支账务核算关，健全财政资金对账制度，核实全年财政收支、上下级往来资金与预算单位收支情况，统一指标口径，确保财政预算单位收支数据、科目规范一致。2011 年，做好月度预算执行反映和资金分析工作，完善财政收支报表制度；做好年终清算和结账工作；重点比对 2011 年和 2010 年决算报表情况，重点防范决算报表易错地方；拓展决算分析广度和深度，通过决算数据全面分析财政收支执行情况，以决算推动和提高财政预算编制及执行水平，为经济决策和财政改革提供数据支撑。

国库管理　1978 年，执行财政部新订《中央金库条例施行细则》。1985 年，执行《中华人民共和国国家金库条例》。1989 年，执行《中华人民共和国国家金库条例实施细则》。1991 年，中国人民银行景东支行配设专职国库人员 2 人，管理国库业务。2000 年，国库股成立，编制 2 人。2001 年，执行财政部、中国人民银行《财政国库管理制度改革试点方案》《财政国库管理制度改革试点资金支付管理办法》和《会计核算暂行办法》。2002 年，执行《云南省财政国库管理制度改革试点方案》《云南省财政国库管理制度改革试点资金管理办法》《云南省财政国库管理制度改革试点资金银行支付清算办法》《财政国库管理制度改革试点预算结余资金处理的有关规定》和《云南省财政国库管理制度改革试点工作内部管理暂行规定》。2003 年，执行思茅地区《财政国库管理制度改革试点方案》和

《财政国库管理制度改革试点资金支付管理办法》，以及《财政国库管理制度改革试点预算结余资金处理的有关规定》《财政国库管理制度改革试点会计核算暂行办法》。2004 年，执行思茅财政局《财政统一发放工资管理办法》和《财政国库管理制度改革试点局内相关工作管理暂行办法》，首先在教育系统行统一发放工资试点。自 2005 年始，执行思茅市《行政事业单位财政统发工资会计处理办法》及补充通知，在全县所有行政事业单位运行财政统一发放工资管理。2006 年，遵循“总体规划、稳步推进、先试点、后推广”原则，推行财政国库管理制度改革。(1) 逐步建立以国库单一账户体系为基础、资金缴拨以国库集中收付为主要形式的现代财政管理制度。(2) 全县 132 个预算单位全部实行国库集中支付改革，财政在商业银行为其开设零余额账户，专项经费由国库集中支付（财政直接支付或财政授权支付）。2007 年，完善国库管理制度改革，严格银行账户开设、变更、撤销管理，对各个银行账户实行年检制度，在清理和归并基础上，逐步实行银行账户和财政资金“双集中”管理。开设乡镇零余额账户，各项收入统一纳入县级财政管理，各项支出统一由县级预算安排。2008 年，实行“两个分开”(同一银行账户印鉴分开保管，开拨款通知单与开拨款凭证人员分开）管理办法。(1) 在印鉴和凭证管理上，设专人保管，防火、防潮、防蛀、防盗，确保印鉴、凭证安全；(2) 在拨付依据上，按先有预算指标再有用款计划，按时间进度或项目进度拨付；(3) 在拨付审批权限上，要求专户会计、股室负责人、分管领导和主要领导做到一级对一级负责，层层监控，从严把关资金流向；(4) 在加快支出进度上，严禁无故拖延拨款，严禁项目资金滞留国库时间过长，严禁挤占、挪用或平调各类专项资金；(5) 在合理设置会计岗位基础上，建立内部约束机制，强化同银行、预算单位和股室之间定期对账，除股室负责人定期进行稽核外，充分发挥财政监督机构职能，每年检查银行账户或专项资金，不断完善内部监督机制，促进财政资金步入规范化、科学化管理轨道。2009 年，完善“乡财县管乡用”制度。实行乡镇财政“预算共编、账户统设、集中收付、采购统办、票据统管”预算管理方式，完善乡镇收入统一交入县级国库，支出按进度“财政授权支付”和“财政直接支付”。2010 年，全面推行国库集中支付改革，清晰反映政府职能活动，建立国库单一账户体系，预算单位只留一个单位零余额账户，保留部分专用账户。2011 年，坚持国库集中支付改革与部门预算改革、政府采购改革、“金财工程”建设和加强财经纪律、提升财务人员业务水平相结合，推进和完善国库集中支付改革。

二、税收征收管理

农业税管理　1978—1994 年，景东农业税以征收实物（粮食）为主。根据农业生产季节性特点，全年一次计算，夏秋两季征收，夏征小麦、蚕豆，秋征稻谷、苞谷。农业税征收管理，由县财政征收机关编造农业税征收清册，分户填发纳税通知书，并将编制农业税分户任务抄送所属粮食部门，财政、粮食部门配合做好交粮入库工作。纳税人将公粮交入粮库时，粮食部门开具农业粮食入库收据，农业税征收人员每旬一次汇总粮食入库收据。每年所定粮食结算单价计算，由粮食部门向财政部门交付价款，财政部门再及时解入国库。农业税以征实为主，但因产业结构调整，交纳实物确有困难的税户，纳税人向当地财政申请，经财政局审核汇总后，报县政府批准，可以折征代金。农业税负担包括正税和地方附加两部分，正税按照国家税法规定计算征收并列入国家预算收入；地方附加由省政府按照《中华人民共和国农业税条例》规定，随同农业税按一定比例征收地方附加收入，省规定 15%。地方附加属于预算外收入，用于兴办地方公益性事业。结算时，正税缴入金库，附加解入县财政预算外账户。农业税减免分为灾歉减免和社会减免两种。灾歉减免是指纳税人的农作物因遭受水、旱、风、雪或者其他自然灾害而歉收，按照受灾歉收成数，确定减税比例或免税。社会减免是指纳税人生活确有困难，难以负担应税任务，经本人申请，有关部门调查核实，确定减税比例或免税。景东农业税优惠和照顾大体分三类：鼓励发展生产优惠；纳税人经济困难照顾；纳税人因灾欠收照顾。农业税

按账簿、表册、票证保存和管理，册籍主要由县乡两级管理，县乡两级设农业税册籍室，配备专职人员管理，做到“登记有根据，存放有次序，管理有专人，交接有手续”。

农业特产税管理　1983年，执行国务院《关于对农林特产收入征收农业税的若干规定》，园艺、林木、水产及其他省定农林特产收入征收农业税，税率一般为5%~10%，最高不超过15%。1986年始，执行《景东县农业特产农业税收暂行规定》，根据相关农林特产税纳税人、征收品种范围、计税收入、税率等规定，实行农业特产税征收管理。自1994年始，执行《景东县农业特产税实施办法》，根据相关农业特产税纳税人、征税对象、征收范围、计税收入计算、税率减免缓征及征收管理等规定，实行农业特产税征收管理。

耕地占用税管理　1987年，执行《中华人民共和国耕地占用税暂行条例》，根据相关纳税人、征税范围、税率、计税依据以及税收减免规定，从实际征收耕地占用税额中提取5%作征收经费，交省2%，交地区0.5%，县留2.5%。1987—1988年，耕地占用税实行中央与地方“五五分成”法。自1989年始，中央集中的耕地占用税收入让出20%，按倒“三七”比例分成（交中央30%，留县70%），云南省70%部分全部留县。1994年，实行分税制财政体制改革后，耕地占用税划为地方税，征收的耕地用占用税全部解入地方库，应上交中央30%部分在当年财政总结算中上解。

财税交流（县财政局　提供）

契税管理　1978—1994年，景东契税征收管理主要内容有纳税申报、纳税审查、税款征收、税收检查等。规定产权转让契约签订后3个月内，产权承受人必须到房管所和所在地基层财政所办理纳税申报手续，填写“契约缴纳申报表”；财政所接到产权承受人纳税申报表（或减免申请表）、原产权证、契证和产权变更登记证明材料后，审查全部资料，根据产权转移性质确定适用税款，按计税价格计算应征税额。纳税人依法缴清全部税款或依法获得免税后，凭“契税完税证”或“契税免税凭证”，房屋契约、身份证及其他有关凭证到原征税或免税的财政机关办理领取契证手续。

三、财务管理

（一）工商企业财务管理

自1979年始，试行国营企业利润留成制度。国营商办工业利润留成20%，国营商业、供销合作商业经营的化肥、猪牛羊等实行政策性亏损补贴。县办工交企业实现的利润实行上缴财政预算内38%，留县62%。亏损企业亏损部分20%由县利润留成中弥补，80%列入预算弥补，县利润留成与亏损弥补的结算情况，每季报地区财政局，年终地区再与县结算，多退少补。1982年，独立核算、有还款能力的基本建设项目，实行“拨改贷”制度（财政拨款改为银行贷款）。1983年，开展国营工商企业第一步“利改税”。凡有盈利的国营中型企业，按实现利润缴纳55%所得税；凡有盈利的国营中小型企业，按照八级超额累进税制缴纳所得税，税后利润全部留给企业。1984年，执行国务院《国营企业成本管理条例》。1985年，执行国务院《国营企业固定资产折旧试行条例》。开展国营工商企业第二步“利改税”。国营企业上缴国家财政收入，改为按产品税、增值税、所得税、调节税等11个税种向国家缴税，税后利润企业留用。1988年，实行国营工商企业承包经营责任制。按照“包死基数、确保上交、超收多留、欠收自补”原则，对全部实现利润承包，按规定比例上缴，上缴承包利润后的利润余额企业全部留用。建立粮食企业“风险调剂基金”制度。决定议价经营部分，从上缴抵亏损后留利中提取30%；平价经营部分，从企业减亏分成留利中提取20%，作为“风险调剂基金”，主要用于盈亏调剂或作平抑议价粮食市场价格，防止可能出现的盈亏大起大落，稳定财政负担。自1990年始，实行企业第二轮承包。县财政局参与企业承包方案设计，并作为国家对企业承包的发包方代表签署承包合同，承担企业缴纳的所得税与承包合同规定应上缴的利润数差额结算工作，年终企业缴纳的所得税超过应上缴利润数部分，由财政从企业收入中退库返还企业；企业缴纳所得税低于应上缴利润部分，由企业用自有资金向财政补缴。1991年，制订企业承包经营责任制新措施。（1）合理确定承包基数和上缴比例，实行各种形式超目标分成办法，坚持做到财政分成比例一般不低于33%；（2）推行全员风险抵押承包办法；（3）加强承包企业管理和监督；（4）加强企业宏观计划指导，保持国家政策稳定、协调，为承包企业创造良好外部环境，狠抓增产节约，增收节支，大力提高经济效益。同年，在规定折旧年限基础上加速10%~30%折旧计提，并规定折旧基金免征“两金”。1992年，推行国有企业“扭亏增盈”责任制考核办法。企业原材料、燃料消耗比上年降低2%~3%，车间经费和企业管理费（扣除工资、折旧和利息费用）降低5%，经营性亏损企业扭亏50%，政策性亏损企业不得突破核定的亏损指标。财政基本上做到“分类指导、重点帮促、综合治理、逐户扭亏”，一手抓亏损大户扭亏，一手抓盈利大户增盈。正式运行“工效挂钩”办法。全面改革粮油价格，实行粮油价格全面放开政策。1994—1997年，执行利润在3万元以下企业税率为18%，利润在3万~10万元企业税率为27%，利润在10万元以上税率为33%。1998年，百货五交化公司、食品公司实行股份合作制改制，明确产权制度、法人制度、出资者权利与责任、自主经营权利，公司制度规范化，以及股份有限公司、股份合作制会计制度；对税改政策、劳动工资管理、国有资产收益收缴管理等作具体规定。1999年，糖果糕点厂和物资公司实行股份制改造，向林产工业公司派驻财务监事。2000年，糖烟酒公司、饮食服务公司、安定批发站、漫湾批发站实行股份制改造，县运输公司被思茅汽车运输经贸总公司兼并。2001年，公开出售县印刷厂、外贸公司，并妥善安置下岗职工。同年，县林产工业总公司包括华龙有限责任公司、康嘉木业有限责任公司合并实行股份有限责任公司改制，更名为南国莹银林产集团有限责任公司，执行股份有限责任公司会计制度。2002年，向林产总公司和糖业总公司派住财务总监。2003年，景经贸〔2003〕36号文，以860万元出售大街煤矿，以350万元出售水泥厂，转换国有企业职工身份，经济补偿金按1500元/年工龄计发，国有资本全部退出，实现民有民营。县政府批准粮油工贸有限责任公司改革方案。2004年，南国莹银林产集团有限责任公司按承债式股权转让，受让方为昆明金德利林业化工有限责任公司，解除职工劳动合同关系，实行分流安置；出售物资公司和医药公司；改革粮食购销公司，保留公司名称，清退所有职工，将粮食购销公司资产进行评估出售，出售资金用于安置职工；政府批复电力公司股份制改造。2005年，规范管理18家非工企业财务。糖业公司下属文井糖厂和者孟糖厂实行租赁经营方式改制，职工实行分流安置，解除劳动合同关系；文井糖厂租赁给昌龙有限公司，者孟糖厂租赁给福泉制糖有限公司。2006年，文玉铜矿厂再次移交立华腾矿业有限公司经营管理。县糖业总公司再次租赁，租金竞价以1000万元/年为基数，向社会公开招租，租期3年，最后以竞拍价2115万元/年租赁给福泉制糖有限公司。2007—2011年，企业财务管理工作转为管理城镇集体企业、非工经济企业为主，国有企业仅存6个。主要是帮助企业争取项目、资金，发展非共经济和个体私营经济。

（二）行政事业财务管理

全额预算管理 1980年，实行单位预算包干。行政事业单位“预算包干，节余留用，节约奖励，超支自理”。1985 年，建立乡镇财政后，乡镇级行政事业单位人员经费、业务费和各项专款支出由财政所负责安排预算和管理。县财政局负责县级行政事业单位财务管理工作，检查、指导乡镇行政事业财务管理工作。1986 年，行政事业单位采取划分个人、公用两大部分管理。个人部分，按现行规定标准或定额，统一由财政决算，不实行包干，擅自增人或提高开支标准，财政不予核销；离退休人员原则上就地、就单位安排，3 年内不组织离休人员旅游。公用部分，实行全年一次核定到主管部门或财务主管单位，统筹安排，包干使用，超支自理，结余留用。超编人员只拨工资，工会经费按工资总额 1%计提，集体福利费改按每人 1 元/月计提，职工教育费按工资总额 1. 5%计提。1989 年，事业行政单位会计核算一般实行“收付实现制”。简单成本费用核算的会计事项，可用“权责发生制”。1994 年，坚持支出“全力保工资、尽力压赤字、努力补缺口和量力割尾巴”和“适度从紧”原则。严格控制支出，鼓励单位积极创收，实施“跑部”工程。1997 年，执行《行政单位财务规则》《事业单位财务规则》，并规定财政支出在 1000 元以上必须县委书记、县长共同商议批准，方能支出；非生产性支出方面，从严控制“人、车、会、话”等开支，在“保工资发放，保机构正常运转”原则下，确需安排的事业发展资金和经济建设资金，由县委县政府办公会议决定支出。1998 年，实行“三清理（清理供给单位，规范供给范围；清理财政供给编制，确认财政供养对象；清理和调整供养人员标准，严格控制人头费支出，合理确定财政支出范围和标准）。在控制“人、车、会、话”基础上，实行节约奖励，超支自理；明确规定差旅费、接待费、医疗费和控制社会集团购买力。1999 年，控制行政事业费支出政策，重点加强“人员、车辆、会议、电话、接待、控购”管理；压缩非生产性开支，加强社会保障资金管理，推行财政专户、收支两条线管理办法，建立残疾人保障基金制度。2001—2003 年，开展城镇职工基本医疗保障制度改革。在支出管理上，实行保“三点三定”。2004 年，实施农村部分学生“三免费”兴教工作，重点支持中小学危房改造，解决部分历年建校工程欠款和退休教师建房费、安家费。全面推行农业人口独生子女“奖优免补”政策。2005 年，执行云南省《县级公安机关公用经费保障标准》，公安机关公用经费每年 2 万元/人；人大、政协机关公用经费按 2 万元/人标准核拨，保证两大机关公用经费支出。推行下岗失业人员从事微利项目小额担保贷款 86. 5 万元。2006 年，实施农村义务教育经费保障机制改革。从春季学期始，全部免除农村义务教育阶段学生杂费，执行免教科书费、补助寄宿和半寄宿生生活费政策；专项资金实行国库集中支付，资金直达学校，受益学生 3. 86 万人。同年，顺利实施公务员工资制度改革，及时足额兑现在职职工和离退休人员增资，并对财政供养人员发放交通通讯补贴。2007 年，构建公共财政支出体系，全面推行国库集中支付改革，加强部门预算管理，优化支出结构，压缩一般性成本开支，提高财政资金运行效率，建立健全考核通报制度。2008 年，强化预算约束，从源头控制经费支出，要求各单位执行年初人代会批准的预算，未经规定程序，不得擅自变更资金用途。(1) 严格控制预算追加，年内除国家政策调整对部门收支预算产生较大影响或其他不可预见事项造成必不可少的增支外，一般不再审批新的追加支出项目；(2) 加强与人事编制部门协作，按照编制内人员核拨经费，要求各单位清退借调人员和不符合规定临聘人员，并不得在预算外资金中开支此类人员工资及补贴；(3) 严格落实车辆定点采购保险管理制度，将车辆定点采购保险纳入国库集中支付范围；(4) 严格按照会议报批制度和会议费开支标准审核会议费支出，严禁各单位申拨经费或自筹资金用于表彰开支，严禁拨付未经县政府批准的考察学习活动资金。2009 年，会议、公务用车、招待、出国等各种经费实行“零增长”包干使用，降低行政事业成本。拉网式复查全县财政供养人员，全面实施“年审制”。合理控制债务规模，化解政府债务风险，确保到期债务如期偿还。加大公务购车控制力度，核查全县车辆编制管理情况，一律不准违规接换新车。2010 年，涉及民生项目支出作为财政支出的首位目标，保证财政用于“三农”、教育、科技、卫生、环境保护、社会保障性支出；不断强化工资专户管理，每月及时足额将工资资金从“工资专户”直接划拨到各统发工资的银行和信用社；优先保证市政工程建设、交通油路建设、农村公路养护、廉租房建设、中央财政小型农田水利县建设等重点工程和为民办实事项目。2011 年，加大教育、“三农”、公共卫生、社会保障、环境保护、住房保障、文化体育等各项社会事业投入，把推进节能减排、促进循环经济发展作为重中之重，突破制约资源节约和循环经济发展的技术瓶颈，实施源头规范、财政报账制、“一卡通”制、政府采购制、阳光操作制、全程监管制，实现管理全覆盖、监督无“盲区”。

差额预算管理　1980 年，实行差额预算单位财务管理“预算包干”，定收入支出，定经费补助，包干使用。县医院推行经济管理办法，实行增收节支奖励制度。1988 年，对县医院实行定补人员工资的 70%，乡镇卫生所补助 70%~90%，防保人员和离退休人员由财政全额拨款。1997—2011 年，县医院、乡镇卫生院实行“差额补助，工资浮动，统一核算，任务承包，结余分配”。其中，县医院及安定、清凉、太忠卫生院差额补助按职工工资总额 70%补助，文井、花山、文龙、林街、锦屏、大街、漫湾、景福、永秀卫生院按 75%补助，者后、龙街、曼等卫生院按 80%补助，大朝山东镇卫生院按 90%补助；乡镇卫生院防保专干实行全额管理，离退休人员费用由财政拨付。

自收自支　1993—2011 年，具备经济实体条件或事业性质经济实体，一律实行企业化管理，自收自支。县政府招待所、城建局设计室、房产公司、自来水厂、种子公司、良种场与财政供给脱钩，财务由财政企业股管理。

（三）农业财务管理

1980 年，实行单位预算包干，农林水事业“预算包干，节余留用，节约奖励，超支自理”。1981 年，执行科技干部技术津贴月补助标准，其中，高级 11 元，中职 8 元，初级 5 元。1986 年，农林水事业单位经费划分为个人、公用两大部分，个人部分按执行规定标准，统一由财政决算；公用部分实行全年一次性核定包干使用，超支自理，结余留用。1992 年，开展有偿服务、兴办实体的农业事业单位，三年内工资由财政拨付，减免有关税收，投入一定资金或资产。1998 年，严格控制“人、车、会、话”支出，完善管理办法，对差旅费、接待费、医疗费作具体规定。1999 年，按照“增加投入，优化结构、因地制宜、区别对待、集中资金、择优扶持”方针，加大农业支出，重点投入坡改梯、五小和重点水利工程、农业科技推广和综合开发。2000 年，下发《关于抓好扶贫项目工作的通知》，要求加强领导，狠抓落实，加快项目投资进度；9 月，采取措施，撤销各乡镇合作基金会，加强财务管理。2001 年，争取小额信贷资金 1350 万元，其中，农行 1100 万元，财政 50 万元，上海 200 万元；全县 14 个乡镇 92 个村 942 个组的贫困户受益。2002 年，全面推行扶贫资金报账制，并在农财股设置专人管理；乡镇企业办人员经费纳入财政预算，全县共纳入 15 人。2004 年，执行县政府《加强财政专项资金管理的意见》和《关于切实加强扶贫物资管理确保建材质量的通知》。川河大沟管理所纳入事业单位差额管理，并按正式职工的 40%给予差额补助。自 2006 年始，执行县政府《水稻良种补贴实施办法》，明确补贴原则、范围、依据和标准，以及安排与运行、兑付与监管。2007 年，实行村委会会计委托代理制，以村民自愿和鉴定委托协议为前提，坚持“两权分离”（资产所有权、管理权）、“三个民主”（民主管理、民主决策、民主监督）、“四权不变”（资产所有权、经营权、处理权、财务审批权不变）。按照“村集体经济组织会计制度”要求，统一账制，建立健全各项规章制度及内部控制制度，规范财务管理，实行财务公开和民主管理。2008 年，专项资金支付实行国库集中支付，财务“专人、专户、专账”管理，所有专项资金必须专户储存，建立专账，封闭运行。2009 年，按照《云南省扶贫资金管理办法》和《云南省财政厅财政扶贫资金报账制实施细则》，严格执行“三专”管理制度。设立财政扶贫资金专户，实行专人管理、专款专用、专账核算，确保扶贫资金安全运行。加大对农民直接补贴力度，全年共支出补贴资金 6243.97 万元，覆盖全县 13 个乡镇 8 万多农户。2010 年，集中抓好粮食、蔬菜、林果和畜牧养殖标准化生产基地建设，政策扶持龙头企业。2011 年，县直各单位、企业和乡镇专项、扶贫、国债、政府信贷等资金，实行基本建设财务专项资金和县级财政报账制管理，并建立绩效评价制度；种粮综合直补、种粮、退耕还林、能繁母猪等补贴，委托信用社采取“一折通”方式直接发放到个人；农机具购置补贴，采取“差价购机、当场兑现”方式直补给农民。完善支农资金投入新机制，逐年清理和归并乡镇财政支农资金，集中使用。

（四）基本建设财务管理

自1982年始，执行《景东县基本建设管理暂行规定》，明确计划、财政、建设银行、城建等部门具体职责。1987年，景东工商公司借用“拨改贷”资金，基本建设财务管理指标随之增设基建、拨改贷等投资借款项目。1989年，实行基本建设基金制，增设经营性和非经营性资金（基金），分别进行财务核算管理。1995年，收回委托中国人民建设银行景东县支行代行的财政职能。1997年，按照《财政基本建设支出预算管理办法》，加强基本建设拨款、基建财务决算和其他财务管理；实行投资项目概算决算、财务报表审核制度和投资效益分析报告制度。1998年，财政局、计委、国土局联发《关于加强基本建设财务管理的通知》，完善基本建设投资领域宏观调控和管理。1999年，实行项目工程预算、竣工财务决算、跟踪反馈等制度。2000年，基本建设财务管理推行“四个统一”（统一制度、统一账务、统一报表、统一报送）。2001年，加强国债资金管理，建立国债资金专户、专行、专账管理。对项目建设进行跟踪反馈，按工程进度拨款，并按工程总额5%～10%扣留工程保证金，待工程验收合格后再拨。2002年，完善基本建设资金管理，建立健全项目单位财务、专项资金管理、项目核算监督、招投标、项目廉政合同等制度。2004年，实现挂账陈化粮亏损665万元，非经营性亏损1741万元。2006年，加强基本建设资金管理，与发改局和项目单位选好项目，搞好可行性研究，落实基本建设资金来源；加强项目资金监督和控制，配合纪委、检察和审计部门，联合检查项目实施单位，杜绝“胡子”“三边”和“豆腐渣”工程，做到“资金跟着项目走，项目跟着规划走”；推行项目法人负责制、招投标制、项目廉政合同制，确保工程设计、施工、质量监督、检查验收等各个环节都按规范化操作。2007年，制订《重点工程建设项目财务监督管理实施办法》，坚持专款专用，按工程进度拨付资金原则，全程监督资金使用情况。2008年，开设“扩大内需工程资金专户”，建立项目工程档案和督查、审计制度，健全财务制度。项目竣工验收合格工程款付至80%时，组织审计机构审计，凭审计报告及税务机关货物购销、工程结算发票拨付至90%～95%，质保期满后付余款。2010年，加强财政资金管理，加大专项资金拨付审核监督力度，按照用途使用资金，调查研究各项目单位专项资金使用情况。2011年，加强项目支出管理，监督重点工程建设项目单位负责人和财会人员执行财经纪律、法规情况，帮助项目单位建立和完善财务管理制度，杜绝财政监督“真空”地带，从源头铲除滋生腐败的土壤，构筑国有资产“防火墙”。

（五）国有资产管理

1979年，全面开展企业清产核资清查工作。自1990年始，管理国有企业、行政事业单位资产年度报表统计上报和固定资产报废、损失的审批工作。1992年，开展行政事业单位清产核资工作，摸清“家底”，明确产权关系，界定国有资产；设立登记卡片、固定资产账簿、国有资产年度统计报表，建立产权登记及年检制度。经查：全县198个行政事业单位共有国有资产3.8亿元。1993年，办理康嘉木业有限责任公司、华龙有限责任公司资产评估立项、确认，界定产权，明确国家股、企业法人股和个人股；参与两公司完善公司和财务制度，登记产权，审验会计报表。1994年，开展国有企业林产总公司、运输公司、粮油总公司和大街煤矿清产核资试点工作。1995年，对另14个国有企业进行全面清产核资，摸清“家底”，理顺产权关系，界定国有资产，开展价值重估和土地估价入账工作。经查：18个国有企业资产额25456万元，其中，固定资产8934万元，流动资产13417万元，长期投资970万元，无形资产2万元，递延资产23万元，土地估价入账2110万元；负债额15999万元，其中，流动负债1724万元，长期负债75万元；所得者权益9457万元，其中，实收资本5219万元，资本公积338万元，盈余公积919万元，未分配利润871万元；土地清查面积897399平方米。1998年，开展城镇集体企业清产核资工作，摸清"家底"，掌握总量构成、行业分布、结构类型，定性定量地解析企业资产、负债、权益、盈亏等情况。经查：全县城镇集体企业45个，其中，金融企业16个，资产额9879万元，负债额9833万元，所有者权益46万元；非金融企业29个，资产额8673万元，负债额7592万元，所有者权益1081万元，价值重估增值250万元。产权界定企业投入1750万元，其中，集体投入1693万元，个人股金57万元，经营累计623万元。核定金融企业资产额9879万元，负债额9833万元，所有者权益46万元，其中，实收资本423万元，资本公积8万元，盈余公积18万元，未分配利润403万元；非金融企业资产额8791万元，负债额9592万元，所有者权益总额1198万元，其中，实收资本1371万元，资本公积125万元，盈余公积174万元，未分配利润428万元。1999年，开展全县15个乡镇127个乡镇集体企业资产清查、价值重估、产权界定、核定资产和产权登记工作。2000—2009年，国有资产管理工作由各单位和财政局业务股室履行。2010年，重设行政事业国有资产管理股，强化国有资产规范管理，完善部门单位国有资产购置、使用、处置等环节的管理和制度建设，将资产处置变价、出租出借、残值等收益，及时、足额上缴财政国库。2011年，发布《加强行政事业国有资产处置管理相关事项的通知》，明确土地、房屋、车辆及其他资产处置管理规定。

（六）会计管理

1980年，执行《云南省地方财政总预算会计制度》。1985年，先后组织珠算等级考试18次，全县取得五级以上珠算等级680人。1987—1988年，会计师职称评定。1989年，财政局各股室实现电算化会计管理。1990年，组织会计人员参加会计证资格考试。1991年，财政部表彰从事会计工作满30年的人员，景东有6人获得荣誉证书。1992年，组织参加全国会计专业技术资格考试，景东有39人通过考试，获得职称，其中，会计员15人、助理会计师21人、会计师3人。1996年，结合"三大"检查，清理整顿会计工作秩序；对无会计证和不遵照《中华人民共和国会计法》从业的会计人员，作全面清理整顿。1999年始，年终决算会计报表采用统一汇总报表。2000—2005年，加强和规范会计从业资格人员档案、考试、免试、变更等管理。2006年，开展行政事业单位执行《中华人民共和国会计法》《云南省会计条例》情况检查。2008年，举办行政事业单位领导、企业法人和非工经济法人会计知识培训班和座谈会，贯彻落实《中华人民共和国会计法》和《云南省会计条例》；举办会计电算化初、中级知识培训，其中中级知识培训536人；评选企业、单位2007年度"先进会计工作者"29人。2009年，举办行政事业单位、重点企业财务负责人座谈会，总结和交流改革开放30年成就与经验，宣传贯彻《中华人民共和国会计法》，并到周边县交流学习，联合举行知识竞赛。2011年，加强《会计基础工作规范》学习，落实会计电算化工作规范；要求各单位负责人重视会计工作，增强法制、责任和自律意识，合法使用会计人员。

（七）社会保障资金管理

1988年，机关事业单位公费医疗和国有企业劳保医疗制度改革。1993年，城市社会救济制度改革，尝试建立最低生活保障制度。1997年，建立城镇企业职工基本养老保险制度。1998年，建立城镇职工基本医疗保险制度。1999年，建立最低生活保障制度。确定城市居民最低生活保障标准为130元。2000年，执行省财政厅、省残联《残疾人就业保障金征收使用管理实施办法》。思茅地区规定，2002年前景东上缴地区集中部分按10%标准执行。2001年始，再就业经费实行专户管理。2002年，出台《城镇职工基本医疗保险实施办法》及《城镇职工医疗保险实施细则》《城镇职工大病补充医疗保险暂行办法》，规定参保单位以本单位上年度月平均工资总额的5%缴纳，职工个人按本人上年度平均工资收入的2%缴纳；大病统筹参保单位以上年度省社会平均工资的1%缴纳，个人按绝对额3元/月缴纳。自2003年始，执行《景东新型农村合作医疗管理办法》。参加新型农村合作医疗（简称新农合）的家庭，个人筹资标准不低于10元/年，省、地区、县三级财政每年人均再补助10元；离休干部离休费、医药费及时到位，实报实销、足额发放。2004年，印发《下岗失业人员小额担保贷款操作办法》，规定贷款担保额度控制在2万元以内；执行省政府《关于提高我省城市居民最低生活保障标准的实施意见》，规定景东为三类地区，月最低工资标准350元/月。2005年，执行省财政厅、劳动和社会保障厅《关于2005年全省企业和职工基本养老保险缴费比例的通知》，地方统筹企业缴费比例22%，农垦企业、私营企业缴费比例20%，在滇中央行业管理单位企业缴费比例20%，城镇个体工商户、城镇个体劳动者缴费比例18%，职工个人缴费比例8%。2006年，县政府出台《景东彝族自治县新型农村合作医疗实施方案》、发出《进一步加强城镇职工基本医疗保险管理意见》。2007年，适当提高城镇居民最低生活保障补助水平。月人均补差109.51元，全年共支付城镇居民最低生活保障资金519.52万元，县财政配套40万元。建立农村居民最低生活保障制度。按照“低标准起步，重点建设”原则，人均补差30元/月；全县绝对贫困人口和3.7万贫困人口纳入农村低保，共支出1332万元。全面启动新农合，全县参加新农合246618人，上级补助1001.18万元，农民自筹246.618万元。2008年，出台《景东彝族自治县农村五保供养工作实施意见》《景东彝族自治县城乡低保家庭收入测算办法》等，明确城乡低保对象为家庭年人均纯收入低于当地最低生活保障标准的城乡居民，主要是因病残、年老体弱、丧失劳动能力以及生存条件恶劣等原因造成生活困难的城乡居民。2009年，按照“先评审、后决策”“先检查、后分配”原则，建立全方位资金监管体制；筹措新农合资金3016万元，巩固新农合制度。全县参加新农合288731人，参合率87.58%，比2008年上升8.53%。2010年，加大社会保险基金、残疾人就业保障金、社会捐助监管力度，完善各项支出管理制度和资金管理办法，完善财务管理工作规则和流程；开展城镇居民基本医疗保险、新型农村社会养老保险、离退休人员参保、新农合、农村最低生活保障等制度运行情况，以及残疾人就业保障金使用管理情况专项监督检查。2011年，健全完善财务管理工作规则和流程，使预算编制、执行、监督各项工作依流程进行，促进资金监管一体化、动态化和程序化；强化部门支出定额管理和项目库建设，建立财务收支定期分析制度，增强财务监管时效性和针对性；强化社保资金安全管理，建立社保资金专户，专款专用，专户储存，专人管理，封闭运行，及时到位。

五、财政信用管理

财政支农周转金 1979年，试行社队企业投资有偿扶持，建立财政支农周转金制度。1980年，财政预算内安排扶持社队企业投资38万元。1981年，财政支农周转金使用发放坚持“自力更生为主，国家支持为辅”“群众自愿”“定期归还”原则，援助项目应有投资省、见效快、经济效益好的特点。1982年，安排支农周转金26万元。1986年，国家对景东县增加发展资金和扶贫资金，发展资金由县扶贫办组织实施，但在财务管理上仍按资金来源和性质由财政局在农财股拨付，财务分开办理。1987年，制订《财政支农周转金使用管理办法》，规定县乡两级财政部门均应设置财政支农周转金。主要来源：（1）当年预算安排和上年度结转的各项支农资金及支农事业费中用于有偿支援部分；（2）县乡财政机动财力安排的支农资金中用于有偿支援部分；（3）上级财政部门拨给的支农周转金；（4）收回拖欠财政支农的银行无息贷款和通过主管部门发放的乡镇企业周转金；（5）其他可以用于有偿使用的周转金。借出的财政支农周转金到期收回后，作为预算外财政支农周转金，根据财政支农任务与预算内财政支农周转金统筹使用。1988年，允许向财政支农周转金使用者收取少量的占用费；占用费实行差别费率，以体现财政支农周转金的政策性。1990年，思茅地区下达景东县支援不发达地区发展资金40万元，按照支农周转金借款程序办理借款手续。1996年，规定支农周转金对种植业、养殖业信贷一般在3年以上。占用费月费率分别为种植业、养殖业、先进农业科技成果推广等的1‰~2‰，农产品加工业为3‰~4‰，其他工副业为4‰~6‰。1999年，全县累计使用支农周转金1246万元，发展资金175万元，累计发放扶贫贴息贷款365万元。2000年后，停止发放，主要开展回收工作。

国有工业企业技术改造周转金　1988年，规定工业周转金借款期限和使用费率。(1) 工业周转金借款期限（包括建设期和还款期），根据项目工期和经济效益情况确定，最长不超过3年。(2) 使用周转金收取少量使用费。借款月费率分别为1年期1.6‰、2年期2.5‰、3年期3.4‰。自1989年始，执行《工业周转金借款管理办法》。明确借款的范围、条件、审批程序、使用及还款等内容。自1993年5月15日始，根据人民银行调整人民币存贷款利率通知，调整财政工业周转金借款占用费。(1) 流动资金借款年费率，1年期由8.64%上调为9.36%，6个月期由8.1%上调为8.82%。(2) 技术改造借款年费率，由现8.64%上调为9.18%。(3) 各项借款按分段计收占用费。(4) 逾期及挪用借款，计收加、罚占用费。1994年，执行《发展第三产业周转基金暂行管理办法》，扶持工业系统第三产业发展，安置富余人员再就业专项基金；执行《国有工业企业技术改造周转基金有偿使用暂行办法》。1996年，规定国有工业企业技术改造周转金使用期限最长不超过3年，占用费月费率分别为一年期的1.6‰，2年期2.5‰，3年期不超过3.4‰。1988—1999年，累计使用国有工业企业技术改造周转金2495.1万元。2000年后，停止发放，主要开展回收工作。

商贸企业业务发展周转金　1986年，财政局划拨周转金3万元，用以加快商业、服务业网点建设，周转金定期收回。1993年，印发《关于加强商业、粮食企业财政周转金使用管理有关问题的通知》，规定：(1) 周转金发放对象和主要用途、使用应遵循的原则、审批程序，使用时间一般不超过3年；(2) 使用周转金单位应交纳一定比例占用费。1996年，制订《商贸企业业务发展周转金实施意见》，周转金使用年限为3年，占用费年费率分别为1年期1.2%，2年期1.6%，3年期2%，逾期5%。1986—1999年，累计使用国有商贸企业业务周转金170万元。2000年后，停止发放，主要开展回收工作。

社会文教行政事业周转金　1978—1979年，中央财政拨给景东县勤工俭学周转金5万元，用于生产劳动与教学相结合、产品质量好而资金确有困难的中小学校兴办工厂、农场。1988年，执行财政部《关于社会文教行政事业周转金的设置、使用和管理的暂行规定》。1996年，执行《文教行政周转金管理实施办法》，明确社会文教行政事业周转金使用、管理由行财股负责，按借用周转金经济合同形式实施，由主管部门签章担保。周转金借用年限一般为1~2年，占用费月费率3%~5%。1978—1999年，景东县累计使用社会文教行政事业周转金121万元。2000年后，停止发放，主要开展回收工作。

六、预算外资金管理

1979年，县属企业公用事业附加、工业用电附加、工商局系统市场管理费等收入，均列为预算外资金。1982年，执行财政部《预算外资金管理办法》。1983年，全面系统地调查、核定预算外资金项目和收支范围，规定所有单位一律向县财政局编报预算外资金收支情况报表，严格划分预算内外资金具体界限，严禁乱收费、乱摊派。1984年，执行《云南省预算外资金管理暂行办法》。1985年，除有关专项资金收入按规定用于专项支出外，其他正常预算外收入包括农业税附加、工商税附加等，主要用于补充预算内资金不足。1987年，行政事业单位和企业主管部门预算外资金实行“专户储存、计划管理、财政审批、银行监督”；国营企业预算外资金采取“计划管理、政策引导”控制方式。

1991 年，制订《景东县行政性、事业性收费实行财政专户存储管理的几项规定》，明确行政性、事业性收费收入，除国家规定纳入财政预算管理外，均作为预算外资金实行财政专户存储和计划管理。1993 年，将部分行政收费资金纳入预算管理，建立健全收费许可证、收费票据和年度审验、票据稽查制度。1994 年，财政预算内管理的行政性收费，由执行单位在取得收入后当月 25 日金额上缴县财政；单位上缴行政性收费收入时，使用银行“汇信凭证”；暂未纳入预算的行政性收费，仍按县财政《关于行政事业单位预算外资金实行金额收支计划管理的通知》规定执行，县级行政事业单位预算外资金采取“收支两条线”管理办法，结余按 6∶2∶2 比例提取发展基金、职工福利基金、职工奖励基金。1995 年，清理行政事业性收费及专项收费管理和各项基金，纳入正常化管理轨道。1996 年，执行《云南预算外资金管理条例》，检查县直 13 个行政事业单位预算外资金。1997 年，县政府成立领导小组，全面清理全县预算外资金，摸清各单位预算外资金收支分布及管理状况。1998 年，执行云南省政府《省级预算外资金统筹管理暂行规定》、印发《景东彝族自治县预算外资金和罚没收入管理实施办法》，规定“预算外资金和罚没收入管理实行票款分离、统一收取、统一管理”。1999 年，建立财政性资金“预算内进国库，预算外进（财政）专户”收支渠道，基本实现“五统一”（统一收取、统一专户、统筹使用、统一支出）规范管理。2000 年，再次清理单位预算外资金管理，杜绝单位小金库和多头开设账户。2001 年，执行财政部《关于深化收支两条线改革进一步加强财政管理意见》。2002 年，按照“收支两条线”规定，逐步将公安、法院、环保、计划生育等执收部门行政收费资金上缴地方国库，纳入预算管理，其他行政收费资金缴入财政专户管理；推行和完善行政收费“单位开票、银行代理、财政统管”征管体制。2004 年，省财政厅印发《关于进一步规范非税收入上缴财政管理有关问题的通知》，及时清理，遵循制度，完善银行代收，规范划缴程序。2005 年，执行国务院《加强预算外资金管理的决定》。2006 年，非税收入管理“收缴分离，罚缴分离”。2008 年，规范非税收入征管范围，严格非税执收管理。围绕非税征管重点单位、项目和环节，实时跟踪监控，完善银行代收协议；建立代理银行考评机制，发挥非税票据“以票控费、以票控收”源头控管功能；建立非税收入执行分析制度，组织开展非税收入征管专项检查。2009 年，严格执行“收支两条线”管理。按照“收支脱钩、收缴分离”规定，设立非税收入汇缴专户，将非税收入全额纳入财政预算，统一管理；按照“征、管、查”相分离原则，建立完善收费公示、收费稽查、收费举报、违规处罚、责任追究等制度。2010 年，建立非税收入收缴执行情况分析报告制度，制订征管措施。按照预算编制程序，及时下达非税收入指标，实行信息动态监控，加强财政票据管理；按照“归口管理、分次限量、核旧领新”原则，细化财政票据操作规程，严格执行“票款同行”政策，坚持以票管费，利用计算机信息技术手段，实行非税收入征收平台网络信息化。2011 年，各单位非税收入全部纳入财政预算管理，编入单位部门预算，制订征收激励与考核机制。实行“目标计划、超奖短惩、绩效考核”激励考核机制，建立非税收入月报制度和完成情况分析制度，拓宽征缴范围，加强国有资源（资产）有偿使用收入、国有资本经营收益的征管，把“资源”化为“财源”，全面推行电子票据改革，优化银行代收网点，提高银行代收网点覆盖率。

七、住房公积金管理

住房公积金是一种长期性住房储金。在职工工作期间，个人和所在单位均应按职工个人工资总额的一定比例逐月交纳，归职工个人所有，作为职工个人住房基金，专房储存，统一管理，专项使用。1995 年，县住房公积金管理中心成立；执行《景东彝族自治县住房公积金管理细则》，住房公积金按职工个人工资总额的 5%交纳。1996 年，出台《景东彝族自治县住房公积金管理中心会计核算办法》，明确会计核算、会计管理具体内容、办法和措施。1997 年 5 月，执行《云南省建立住房公积金制度实施办法》《云南省单位住房资金管理暂行办法》，住房公积金分级分口管理，责任到人，微机处理；

做到账账相符，账证相符，保证公积金安全增值。1999 年始，执行《住房公积金管理条例》。2004 年 6 月，住房公积金管理中心划归市级管理，按编上划 4 人。

八、国债管理

1981—1998 年，景东县国债券推销对象主要是国营、集体企事业、企业主管部门和各级政府。采取分配任务办法，机关、团体、事业单位、部队和农民、个人可自愿认购或分配认购。1982 年，国券推销办公室成立，办事机构设在财政局，由财政及有关银行抽调人员办理日常事务。1998 年后，国库券推销职能职责划归专业银行代办。

九、政府采购管理

政府采购制度是指各级国家机关、事业单位和团体组织，使用财政性资金采购依法制订的集中采购目录以内的或者采购限额标准以上的货物、工程和服务的行为。是预算管理制度改革的重要内容，也是市场经济国家普遍采用的制度。1999 年，执行财政部《政府采购管理暂行办法》《政府采购招标投标管理暂行办法》《政府采购合同监督暂行办法》。2002 年，执行《中华人民共和国政府采购法》，利用广播、电视和会议广泛宣传，贯彻学习《中华人民共和国政府采购法》和《云南省政府采购条例》。2003 年，成立政府采购中心，制订政府采购制度。（1）必须体现制度内含的基本原则，即“三公”（公开、公平、公正）、效率和竞争原则。（2）必须符合县情，具有可操作性。（3）制度的设计体现政企分开、效率优先、制度科学，并且能够起到协调全县国民经济各方面的作用。2005 年始，执行《政府集中采购目录及采购限额标准》。（1）单项采购金额在 3000 以上的项目，必须集中采购；（2）公开招标采购的限额，货物类 20 万元以上，服务类 30 万元以上，工程类 50 万元以上。2006 年，推进政府采购改革，制订《景东彝族自治县政府政府采购实施细则》和《供应商年检制度》。2008 年，采购范围向“三个延伸”（预算外资金、专项资金、乡镇），并专项检查政府采购执行情况。2009 年，完善各项政府采购管理制度和操作流程，规范操作行为：（1）在采购范围上，充分发挥监督职能，将扩大内需建设、财政扶助、专项资金等项目纳入政府采购范围，并将乡镇政府、相关事业单位全面纳入政府采购管理；（2）在采购方式上，“公开招标为主、其他方式为辅，统筹兼顾，符合实际”，合理确定采购方式。2010 年，按照“三公”挂牌格子原则，及时向社会公开政府采购项目、合同条件、投标人资格预审和评价投标标准等信息，接收社会监督；完善政府采购各项管理、监督检查、人员专业岗位任职要求、集中采购机构考核等；加强政府采购预算和计划管理，完善政府采购全过程实施的概算、预算及决算监控。2011 年，严格执行政府采购审核审批程序，凡是“政府集中采购目录及采购限额标准”项目，公开招标，实行“阳光”采购；实施的政府采购项目，采购人、采购中心及国库支付中心工作人员各司其职，全程监督，推行经常性采购项目回访调查制度。

十、机构

1978 年 10 月，景东招收财税干部 20 人。1979 年，组建中国人民建设银行景东县支行，班子和人员从县财政局分出。1982 年，招收农财干部 30 人，选聘区公所财经干部 9 人。1984 年，各区公所财政组成立，人员由县财政局下派 10 人和区公所财经干部 9 人、茶叶助征员 15 人组成。1985 年，县政府税收财务物价大检查办公室（简称“大检办”）成立，挂靠财政局，设主任、副主任各 1 人，主任由财政局副局长兼任；增设农税股，成立县会计学会和珠算协会。1989 年，会计管理股成立，开设云南省中华会计函授学校思茅分校景东函授站。1990 年，秘书股改称办公室，企业股分设为工财股和商财股，增设审计监察股、国有资产管理股；滇西南农业综合开发办公室成立，副科级，挂靠财政局，设主任 1 人，职工 4 人。1992 年，开设县乡开发公司，设经理（副科级）、副经理各 1 人，职工8人。1994年，工财、商财两股合并，成立企业股，监察股、大检办与国有资产管理股合署办公，增设外经股。1995年，县国有资产管理局（二级局）成立，隶属财政局，设局长、副局长各1人，局长由财政局副局长兼任；下设综合资产评估股、国资企业股、行政资源股。当年，县住房公积金管理中心成立，隶属财政局。1996年，县财政局制订《职能配置、内设机构和人员编制方案》，增设基本建设股、政策法规股、社会保障管理股，工财股和商财股分设，监察股、大检办与政策法规合署办公。1997年，复设社会集团购买力控制办，与政策法规股合署办公。1998年，根据上级部署，财政系统征收农业“四税”职能、人员划归地方税务局。1999年，财源建设办成立。2001年，保卫办成立。2002年，国库股成立，与预算股合署办公，工财股和商财股合并成立企业股；撤销国资企业股、行政资源股和综合资产评估股，成立统计评价股；监察股、政策法规股合并，设立监督检查法制股；撤销税收财务物价大检查办公室和控制社会集团购买力办公室。2003年，行财股分设为行政政法股和教科文卫股，基建股更名为经济建设股，成立政府采购中心；同年6月，住房公积金中心上划市级管理。2004年，财源办升格为正科。2005年，县农村税费改革办公室成立。2006年，撤销统计评价股，成立绩效评价股、信息中心。2009年，开设县国有资产经营责任有限公司，设董事长（财政局长兼）、总经理各1人。2010年，增设非税收入管理股、行政事业国有资产管理股和人事股；监察股和政策法规股合并，设立监督检查股。2011年，制订《职能配置、内设机构和人员编制方案》，明确各股室职责。成立非税收入管理局，增设局长1人（副科）；保留农业综合开发办公室，设主任1人（副科）。财政局下设办公室、预算股、国库股、农财股、经济建设股、综合股、会计股、企业股、行政政法股、教科文股、涉外金融股、社会保障管理股、监督检查股、绩效评价股、科技股、行政事业国有资产管理股、人事股、政府采购中心、农村综合改革办19个股室。历任局长：戴跃良、王文忠、段守孟、纪纳、马恒荣、李是呈、李启进、许建新。

第四节　乡镇财政管理

1984—1987年，县对乡镇财政管理体制的主要形式是“定收定支，收入上缴，支出下划，超收分成”。1984年，组建乡镇财政组，实行“收支挂钩，差额补助”。1985年，成立乡镇财政所。在锦屏、文井、景福、大街4区开展财政管理试点工作，试行区乡“预算支出下放管理，收入包干”，实行“定收定支，收支挂钩，超支留用，减收不补”。1987年，推行“预算支出下放管理，收入包干”。1988—1990年，重新核定乡镇财政收支基数，实行“核定基数，超收分成，多支不补，结余留用”管理体制。1991年，执行财政部颁布的《乡（镇）财政管理办法》，划定农村提留和乡镇自筹征收及使用范围，明确规定乡镇自筹用于农村义务教育、计划生育、民兵训练、社会抚恤、乡村道路五方面，即“五统筹”。1992年，调整乡镇财政体制，实行“核定收支，收支挂钩，顺差上解，逆差定补，超收分成，短收超支自理，节支留用”，两站一所（农工站、林业站、财政所）人财物三权划归乡镇政府管理。1991—1993年，实行较彻底的“分灶吃饭”体制，即“核定收支基数，收支包干，递增上交或定额补贴，短收超支自理”，调动乡镇理财积极性和减轻上级财政压力。1994年，实行分税制财政管理体制，过渡期1年。以乡镇1993年财政收支决算数为依据，视其财源为变动因素，适当调整，确定过渡期财政收入基数及税收返还收入基数，并继续实行超收分成办法。财政支出则采取保工资的原则确定，对调资增支按照标准进行补助。1996年，实行“零户统管”。各项预算外资金一律按“收支两条线”要求管理，实行部门综合财政预算，取消乡镇行政事业单位各类银行账户，各单位财务收支由乡镇财政部门统一核算、统一管理。1997年，省对县采取“以奖代补”考核办法。景东县本着“大稳定，小调整”原则，对乡镇财政仍采取“划分收入，超收分成”管理办法。

1998—2002 年，根据中央指示精神，乡镇财政总决算不再单独列报，汇编县级财政总决算，统一管理。县对乡镇财政全面实行“划分税种，核定收支，收支挂钩，超收分成，节支留用，超支自理，一定三年”的管理办法。2003 年，执行云南省《县乡基层政权建设资金管理暂行办法》，乡镇人头费“以编定支”，实行“零基预算”，原编内人员“配改”落岗人员人头费按“配改”政策预算，三年后取消预算。乡镇因精简人员减少支出而节约的资金全部留归乡镇，以确保乡镇既得利益和正常运转需要。同年，农村税费改革试点数据摸底调查。2004 年，对乡镇财政管理实行“划分收支范围，核定收支基数；收入上划，资金按收入进度下拨；核定补助，确保运转；超收分成，缺收扣减；超支不补，自求平衡”。2005 年，本着“大稳定，小调整”原则，全面推行农村税费改革试点工作。当年，景东全面推行乡镇综合预算管理，集中财力保证乡镇稳定和应急支出需要。2006 年，实行“乡财县管”和乡镇工资由县统一发放。重点做到“三个不变”“六个统一”(预算管理权不变、资金所有权和使用权不变、财务审批权不变，统一编制预算、统一设置账户、统一收付方式、统一办理采购、统一管理票据、统一管理村级资金)。配套措施:(1) 开展乡镇财政供养人员、乡镇行政事业收费票据、乡镇预算内外账户、乡镇政府债务四项清理工作。(2) 采取县财政集中收付制度。工资性支出，由国库直接拨入“工资专户”，银行统一发放；公务费支出，先由财政所提出用款计划，乡镇领导签批上报县财政，由国库集中支付。(3) 完善“村财乡管村用”制度。2007 年，乡镇财政实行“预算共编、账户统设、集中收付、采购统办、票据统管”预算管理方式。2008 年，建立“管理科学、运作规范”的乡镇财政，制订乡镇政府规范化基本要求和各会计单位的职责，依托信息化管理手段，严格乡镇财政管理形式和运作模式。2009 年，做好“七个统一”(统一乡镇部门预算编制主要模式，即统一部门预算编制软件；统一单位基本信息设置；统一预算基础信息主要内容；统一收支项目类别；统一预算优先安排顺序，各项资金安排体现公共财政要求；统一部门预算报表，明确各乡镇修改报表的权限；统一乡镇部门预算草案文本和批复文本格式)。2010 年，规范乡镇财政支出管理，控制不良债务，堵住收入漏洞。(1) 完善预算外资金管理，保障基层政权正常运转和社会政治稳定，降低运行成本。(2) 乡镇财政所业务由县财政局管理，人财物管理权限由乡镇管理；县级提出预算指导意见，由乡镇编制。(3) 乡镇财务由县财政局统一核算，取消乡镇机关及所属机构会计、出纳岗位，统一开设个账户。(4) 乡镇财政所职能调整为“村财村用乡代管”村级账务代理及涉农补贴资金核定、兑付等工作。2011 年，规定乡镇财政管理和收入激励机制。(1) 刚性支出，由县级全额负担，乡镇包干使用；(2) 按照乡镇经济发展情况，分别核定收入基数，实行超收分成；(3) 根据核定人员、机构等定额，确定转移支付标准；(4) 确定公用经费标准。

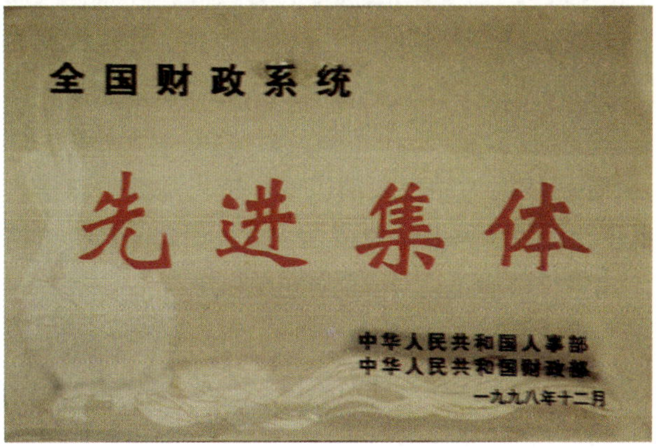

“全国财政系统先进集体”牌匾

(县财政局 提供)

县财政局办公大楼

(郭元辉 摄于 2000 年 5 月)

第二章　税　务

第一节　国家税务

一、税种征收管理

增值税征管　自1983年1月1日始，执行财政部颁布的《增值税暂行办法》。机器机械、农业机具、自行车、缝纫机、电风扇五项工业品试行增值税，工商税按产品销售收入金额征税改为按产品销售收入中增值部分征税。自1984年1月1日始，执行《中华人民共和国增值税暂行条例（草案）》及财政部配套的《实施细则》。自1987年10月1日始，工业企业将自产产品销售给商业批发单位(包括物资、供销)、商业零售单位、个体商贩，均按实际销售收入征收产品税或增值税，不再征收营业税。同年，完善流转税制度，使产品税、增值税和营业税在各自领域发挥自身调节功能。自1989年1月1日始，工业企业自销产品不再征收营业税，一律按实际收入征收增值税或产品税；年末，除烟酒、橡胶制品、成品油化工产品、热能、电气和其他少数工业品征收产品税外，其他工业产品都先后改征增值税。1993年11月26日，国务院颁布《增值税暂行条例》，规定凡在中华人民共和国境内销售货物或者提供加工、修理修配劳务以及进口货物单位和个人为增值税纳税义务人，除绝大部分劳务和销售不动产品实行增值税外，对商品生产、批发、零售和进口全面实行增值税。之后，增值税作为中央与地方共享税，由国家税务系统负责征收。

消费税征管　自1994年1月1日始，执行《中华人民共和国消费税暂行条例》。消费税属于中央税，收入全部划归中央财政。具体征收范围包括烟、酒及酒精、化妆品、护肤护发品、汽油、柴油、汽车轮胎、摩托车、小汽车等11类产品。设置5%~45%共7个不同档次税率和对黄酒、啤酒、汽油实行定额税率。消费税实行定率和从量定额征收办法：实行从价定率办法的应税消费品，计税依据为应税消费品销售额。应纳税额为应税消费品的销售额×适用税率；实行从量定额办法的应税消费品，计税依据为应税消费品的销售数量。应纳税为应税销售品的销售数量×适用定额。自2001年5月始，烟类、酒类产品实行从量定额与从价定率相结合办法，其计税依据为纳税人销售应税销售品数量和销售额，其应纳税额为销售数量×定额税率+销售额×比例税率。计税价格及计税依据：应税消费品计税价格包括从买方收取的全部价格和价外费用。一些难以核定销售价格消费品，由税务机关做出统一定价。

企业所得税征管　自1994年1月1日始，执行《中华人民共和国企业所得税暂行条例》，规定境内企业，除外商投资企业和外国企业外，应当就其生产、经营所得和其他所得缴纳企业所得税，并规定实行独立经济核算国有企业、集体企业、联营企业、股份制企业以及有生产、经营所得和其他所得的其他组织为企业所得税纳税义务人。5月，国家税务总局统一制订《企业所得税纳税申报表》供纳税人、税务机关和代理单位使用。纳税人收入总额包括生产经营收入、财产转让收入、利息收入、扣除收入、特许权使用费收入、股份收入和其他收入。自2002年1月1日始，所得税随主体税种，在工商行政管理部门注册登记由国税机关征收的新办企业，由国税机关统一征收企业所得税。企业所得税实行中央地方共享，按照中央 60%，省级 24%，县级 16%比例分成。

营业税征管　1994 年，国税地税分设，营业税归地方税局征收管理。自 1997 年 7 月 1 日，国务院政策调整金融保险业税收，税率由 5%提高到 8%。税率提高后，由地方税务局征收的金融保险营业税改由国家税务局和地方税务局共同征收。其中，5%税率计征部分由地方税务局征收，收入归地方财政收入；所提高的 3%税率部分由国家税务局征收，收入归中央财政收入。自 2002 年始，国税系统征收的金融保险营业税税率逐年降低 1 个百分点。征收税率分别为 2002 年 2%，2003 年 1%，2004 年始，国家税务局系统停止征收营业税。

个人所得税征管　自 1999 年 11 月 1 日始，开征储蓄存款利息所得个人所得税，税率 20%。储蓄存款利息所得个人所得税，以取得储蓄存款利息所得个人为纳税义务人，以办理结付个人储蓄存款利息储蓄机构（银行）为扣缴义务人，收入全部划归中央财政收入。自 2007 年 10 月 1 日始，储蓄存款利息所得个人所得税税率由 20%调整为 5%。自 2010 年 8 月 15 日始，个人储蓄存款产生利息不再征收个人所得税。

车辆购置税征管　2001 年 1 月 1 日，执行《中华人民共和国车辆购置税暂行条例》，由交通部门征收的车辆购置附加费改征车辆购置税，并由交通部门代征税款。自 2005 年 1 月 1 日始，车辆购置税征收业务划归国税部门，征收范围包括汽车、摩托车、电车、挂车、农用运输车，税率 10%（不包含增值税）。

个体税收调整座谈会（县国税局　提供）

个体税收征管　至 2011 年末，全县国税部门管理个体纳税户 2418 个。个体工商户增值税纳税额核定，按户月销售额起征点 2 万元，按次每次扣税额起征点 500 元，户月销售额不足 2 万元及次销售额不足 500 元的免征增值税。

1994—2011 年景东县税收收入及分税种收入情况一览表

表 14-2-1　　单位：万元

年度	税收收入合计	分税种完成数					
		增值税	营业税	消费税	企业所得税	个人所得税	车辆购置税
1994	1635	1588	1	46	—	—	—
1995	2068	2032	—	36	—	—	—
1996	2092	2053	—	39	—	—	—
1997	2560	2465	55	40	—	—	—
1998	4690	4552	94	43	1	—	—
1999	6161	6022	94	43	2	—	—
2000	6593	6382	89	43	6	73	—
2001	6917	6675	73	42	1	126	—
2002	7534	7328	40	32	10	124	—

续表 14-2-1

年度	税收收入合计	分税种完成数					
		增值税	营业税	消费税	企业所得税	个人所得税	车辆购置税
2003	11956	11822	1	7	7	119	—
2004	14152	13994	—	30	—	128	—
2005	16898	16734	—	23	2	139	—
2006	18091	17251	—	22	5	177	636
2007	17073	16053	—	25	64	201	730
2008	21173	20000	—	10	35	122	1006
2009	17709	15898	—	22	146	53	1590
2010	21703	18914	—	41	704	21	2023
2011	25919	21431	—	104	2038	10	2336

二、发票管理

（一）增值税发票管理

“三专六防”　按照“三专六防”（专人、专柜、专库，库房设有防盗窗、防盗门、防盗锁、保险柜、报警器、防火设备，做到防火、防盗、防鼠咬）要求，加强增值税发票管理，保证其使用合法和安全。

增值税发票领购和盘存　向上级局领购的增值税发票，坚持由管票人在内 2 人以上参加验收入库，入库前检查专用发票版式、数量是否正确和相符，并填开增值税发票入库单。分局向县局领购，同样要求办理验收入库手续。库存增值税专用发票由管票员在内 2 人以上按月盘存，按盘存结果填写增值税专用发票盘存报告以备查。重大节日坚持盘存封存制度。

在册登记　增值税专用发票设发票总账、分户账进行账务核算管理，每发生一笔，便逐一在册登记。机关内部发生业务时，开具增值税机关内部调拨单；向纳税人发售专用发票，按规定标准收取工本费，并开具完税证，当天入库，做到账账、账实、账款三相符。

增值税报表资料　分局每月 20 日前报送增值税专用发票领、用、存报表，县局季末 25 日前按时向市报送报表，并按月装订归档。

电脑专用发票抵扣联认证和企业开具存根联报税　企业取得电脑专用发票后，需认证合格才能申报抵扣进项税额，认证不合格和未经认证发票，一律不得抵扣进项税。

代开或代管监开增值税专用发票　代开或代管监开增值税专用发票人员，必须按增值税专用发票管理责任制要求提出申请，办理所需手续后，才能代开或代管监开。

（二）普通发票使用管理

1996 年 4 月 29 日，发布《云南省普通发票管理规定》。普通发票分为云南省工商业销售发票甲乙丙式、电力销售发票、煤气销售发票、自来水销售发票，农林牧渔新产品销售统一发票、加工修理统一发票、车辆维修发票、收购统一发票、烟叶收购发票、粮油收购发票、收款专用发票、文物古籍外销统一发票、中国人民银行特种发票，以及国家税务局批准印制的其他发票。2001 年，规范系统内外发票管理制度和各项规章，健全发票领用存台账，做好发票计划、编制、发放、监督和检查工作，推行以票管税，保证各项税收正常运转。抓好松脂、甘蔗收购自印发票监督管理，加强商业零售、机动车辆销售和修理等重点行业、重点票种管理，建立专管人员跟踪服务机制和供应卡制度；做好统印发票计制、编制、发放监督检查工作；严格执行发票审批制度，抓好发票源头管理，需要购领发票的新开业户，除要求提出书面供应申请外，须经征管分局认定核批后，实行限量供应。1996 年 9 月 20 日，国家税务总局统一更换普通发票。新版普通发票主要特征为票联采用水印纸印刷、图案为菱纤，并标有 SW 字样，票联不加底纹；发票监章和号码采用有色荧光油墨套印，为大红色，在紫外线灯下呈橘红色反映。2002 年，推进收票管税，把好税收源头发票关，不断改进发票管理方式，加强松香、甘蔗收购发票和自来水销售发票管理。全县全年共报批自印发票 6.15 万份，并组织开展发票自检自查，有针对性地开展重点检查，共查处发票违法案件 5 起，追缴税款 4.67 万元，追缴滞纳金 77.68 万元，罚款 5.03 万元。2003 年，以普通发票换版为契机，开展清查活动，规范管理。全县 392 个普通发票用户自查率 100%，重点检查 236 户，重点检查面 60%。2004 年，重点加强发票和增值税抵扣凭证管理，全面落实“以票管税”。按照思茅国税局统一安排，专项核查涉农产品销售及林产、制茶、缫丝收购等行业单位用票。检查使用农产品收购（销售）发票单位和个人 25 个，对企业销售日记账和清单中无付款和入库凭证号、收购发票当销售发票开具等现象，作相应纠正和处理。2005 年，执行国税总局通知，加强和规范代开发票管理。(1) 建立代开发票情况反馈机制，全程对代开发票进行跟踪；(2) 完善岗位责任制，加强业务培训，提高为纳税人服务质量；(3) 凡代开发票金额超过起征点的，坚持先完税后开票，保证执法公正、合理；(4) 严格遵守代开发票制度，凡不符合代开发票规定的，无论什么人要求都不予代开。杜绝开具人情票和关系票，加强税收征管，坚持依法治税。

（三）专用票证管理

专用票证系指县境涉税及其相关物业使用的票证。其项目主要有车辆维修、粮油收购、税收缴款书、烟叶收购、蔗糖收购等票证。1995 年 4 月 28 日始，执行省国税局《关于云南省车辆维修专用发票收归国税系统的通知》，规定凡属国家税务系统负责征管的纳税人所使用的一切发票，均由国税局负责管理。自 1994 年 4 月 1 日始，全省统一粮油收购发票，启用新版“税收缴款书”和“出口货物完税证分制单”。烟叶收购发票有“云南省烟叶收购发票”和“云南省优质烟叶补贴付款专用发票”两种，仅限于烟叶收购部门向烟农付烟叶款时使用。1998 年，全省统一印制“云南省机动车销售统一发票”，专票专用。

三、税务稽查

国税地税分设后，国税局设立稽查局，并配备稽查局长、副局长及其相关工作人员。1994 年，共查处各类案件 4 起，其中移交司法机关 1 起，追缴税款 18962 元，罚款 9700 元。1995 年，查处严某、罗某某、陆某某等人偷税骗税案。严某，广东电白琼凡村人，1994 年 12 月 21 日至 1995 年 6 月共向糖业总公司购进白糖 8.3 万千克，在锦屏镇虹桥路 10 号自加工 0.9 万千克，销售 7.4 万千克，隐瞒收入偷税 22515 元；罗某某，锦屏镇人，糖果糕点加工销售户，1994 年 12 月至 1995 年 5 月向景东糖业总公司购进白糖 16.1 万千克，自加工 2 万千克、销售 9 万千克，隐瞒收入偷税 18410 元；陆某某，江苏张家港市人，利用真假增值税发票 4 份作弊，共偷税骗税 18962 元，经查实犯罪事实后，嫌疑人移交司法机关依法判处徒刑，并作追缴税金及罚款处理。1996 年，查处湖南邵东九乡曾某某、湖南邵阳郑某建、郑某平及景东电力公司职工杞某隐瞒收入偷税案，并作追缴税款和罚款处理。1997 年 3 月，清查 1996 年度增值税一般纳税人 85 个，共查处入库增值税 23.2 万元。2001 年，国税稽查局内部按照“四环节四分离”（选案、稽查、审理、执行）原则，各设专案组，领导分工负责，形成互相监理、互相制约机制，开展日常、专项、专案稽查。对销售额 50 万元以上商贸企业，全面实施

税法宣传（县国税局　提供）

专项税务稽查；对储蓄存款利息个人所得税，开展专项检查。同时，认真配合广东、昆明等地协查案件，按规定查处涉县境税案。全县共有日常管理纳税户 1503 个，其中，国企 60 个，集体 57 个，个体 1378 个，私人 8 个。选案稽查 127 个，稽查面 8%，其中，国企 14 个，集体 12 个，个体 101 个；稽查出有问题 15 个，下文处理 10 个，罚款 6 个，共查补入库 1983 个、金额 19983 元，其中，税款 14685 元，罚款 4425 元，滞纳金 873 元。2002 年，选案稽查 71 个，稽查面 4.7%，其中，国企 13 个，集体及股份制 14 个，个体及私管 44 个。查出有问题 18 个，占稽查户 25.4%，下文处理 18 个，罚款 7 个；查补税金 36.86 万元，其中，税款 28 万元，罚款 5.2 万元，滞纳金 3.66 万元。协查增值税发票 25 件，查实有问题 8 份，涉及金额 22.4 万元、税额 3.8 万元，协查回复率 100%。2003 年，共受理举报案件 3 起，经查属实，均作一一处理；查补税金 15.63 万元，其中，税款 5.9 万元，罚款 2.98 万元，滞纳金 6.75 万元。当年 8 月，按规定不同程度处罚经营过程发票项目开具不全、超越范围开具、转借、涂改等企业 8 个。全年共稽查纳税户 156 个，清查有问题 63 个，查补税金 48.6 万元，综合处罚率 29%，查补入库率 100%。2004 年，重点稽查医药、酒类、车辆修理及配件销售等行业。选案稽查纳税户 70 个，其中，国有和集体 26 个，个私 41 个；清查出有问题 41 个，处理处罚 38 个，查补税金 49.88 万元，其中，税款 24.29 万元，罚款 24.65 万元，滞纳金 0.94 万元。2005 年，全县共有日常管理纳税户 475 个，其中，企业 138 个，个体 337 个。选案稽查 24 个，其中，企业 18 个、个体 6 个；清查出有问题 14 个，处理处罚 14 个，查补税金 35.1 万元，其中，税款 22.68 万元，罚款 0.82 万元，滞纳金 11.6 万元。

四、机构

国税、地税分设后，国家税务部门实行垂直管理。1994 年，局机关内设办公室、人事教育股、监察室、税收政策管理股、所得税管理股、税收征收管理股、会计股和稽查大队。1995 年，内设办公室、监察室、税检室、流转税管理股、所得税管理股、征收管理股、计划会计股、人事教育股和稽查分局。2005 年 2 月 1 日，机构调整，局机关内设办公室、税政管理股、征收管理股、计划征收股、人事教育股、信息中心（事业单位）、稽查局。2009 年，机构再次调整，内设办公室、税政管理股、征收管理股、人事教育股、收入核算股、法规股、党总支办、信息中心（事业单位）和稽查局（副科级）。历任局长：卢平、王有良。

第二节　地方税务

一、税费管理

国税、地税分设后，地方税务局（以下简称地税局）负责征收营业税、资源税、企业所得税、个人所得税、城市维护建设税、车船使用税、房产税、城镇土地使用税、土地增值税、印花税、固定资产投资方向调节税、屠宰税等税种，代征教育费附加。随着社会经济发展和财税体制深化改革，征收业务逐步扩大，税费收入从1994年0.1亿元增加到2011年2.53亿元。

（一）工商各税

营业税　1993年11月26日，国务院颁布《中华人民共和国营业税暂行条例》。国税、地税分设后，营业税归地税局征管。营业税税目税率分别为交通运输业（陆路运输、水路运输、航空运输、管道运输、装卸搬运）3%，建筑业（建筑、安装、修缮、装饰及其他工程作业）3%，金融保险业5%，邮政电信业3%，文化体育业3%，娱乐业（歌厅、舞厅、卡拉OK歌舞厅、音乐茶座、台球、高尔夫球、保龄球、游艺）5%～20%，服务业（代理业、旅店业、饮食业、旅游业、仓储业、租赁业、广告业及其他服务业）5%，转让无形资产（转让土地使用权、专利权、非专利技术、商标权、著作权）5%，销售不动产（销售建筑物及其他土地附着物）5%。自2009年1月1日始，执行国务院第540号令《营业税暂行条例》。

景东县新营业税税目税率表

表14-2-2　　单位:%

税目	交通运输业	建筑业	金融保险业	邮电通信业	文化体育业	娱乐业	服务业	转让无形资产	销售不动产
税率	3	3	5	3	3	5～20	5	5	5

个人营业收入未达到起征点的免征营业税，达到起征点的全额征收。1994年，按期纳税起征点月营业额300元，按次纳税起征点每次（日）营业额50元。自1997年3月始，按期纳税起征点月营业额500元，1998年7月1日提高到800元；按次纳税起征点每次（日）营业额50元。2003年5月1日至2008年12月31日，按期纳税起征点月营业额1200元，按次纳税起征点每次（日）营业额100元。自2009年1月1日始，按期纳税起征点月营业额3000元，按次纳税起征点每次（日）营业额100元。自2011年11月1日始，按期纳税起征点月营业额2万元，按次纳税起征点每次（日）营业额500元。

企业所得税　企业所得税是就其企业生产、经营所得和其他所得征收的一种税。以所得（即利润）为征税对象，有所得就征，没有所得就不征。具体包括生产经营、财产转让、利息、租金、股息、特许权使用费及其他所得。自1994年1月1日始，执行《中华人民共和国企业所得税暂行条例》，统一按33%比例税率计征企业所得税。实行两档优惠税率，即年应纳税所得额在3万元（含3万元）以下企业，暂按18%税率征收；年应税所得额在3万～10万元（含10万元）企业，暂按27%税率征收；年应纳税所得额在10万元以上企业，按33%税率征收。自2008年1月1日始，执行《中华人民共和国企业所得税法》，税率统一为25%，对符合条件小型微利企业实行20%优惠税率；根据财政部、国家税务总局、海关总署《关于西部大开发税收优惠政策问题的通知》规定，设在景东县国家鼓励类产业的内资企业和外商投资企业，2001—2010年减按15%税率征收企业所得税。

个人所得税　自1994年1月1日始，开征个人所得税。个人所得税税率分别为工资、薪金所得，适用超额累进税率，税率为5%～45%；个体工商生产、经营所得和对企业单位的承包经营、承租经营所得，适用5%～35%超额累进税率；稿酬所得适用比例税率，税率为20%，并按应纳税额减征30%；劳务报酬所得，适用比例税率，税率为20%，对劳务报酬所得一次收入偏高的，可以实行加成征收。特许权使用费所得，利息、股息、红利所得，财产租赁所得，财产转移所得，偶然所得和其他所得，适用比例税率，税率为20%。自2011年9月1日始，执行《中华人民共和国个人所得税法》，工资、薪金所得，适用超额累进税率，税率为3%～45%。

资源税 自1994年始，开征资源税。资源税是对中国境内从事矿产开采和盐业生产的单位和个人征收的一种税。资源税适用定额幅度税率，实行从量定额征收办法。地税局自成立后，征管的资源税税目及相应税额有有色金属矿原矿，主要是铜矿石，为8.5元/万千克。2007年8月1日始，执行税额标准分别为铜矿石70元/万千克，煤炭6元/万千克。自2005年5月1日始，执行税额标准分别为铁矿石60元/万千克，煤炭提高到25元/万千克；地下热水、矿泉水征收矿泉水资源税，为3元/立方米；其他非金属矿原矿分别为石灰石20元/万千克，黏土、毛石、山沙、河沙等5元/万千克。

城镇土地使用税 自1989年1月1日始，执行《中华人民共和国城镇土地使用税暂行条例》。征税对象为城市、县城、建制镇、工矿区范围内土地。城镇土地使用税按地段土地级别划分为计税标准，县政府对城征收城镇土地使用税级差划分为一二三级地段，其中文井、漫湾政府所在地为三级地段。无论单位和个人，土地使用税征收分别为一级0.5元/平方米，二级0.3元/平方米，三级0.2元/平方米。2008年，执行省财政厅、省地税局《关于普洱市城镇土地使用税税额标准的批复》，县城区划分为一二级地段征收土地使用税，其中，一级3元/平方米，二级2元/平方米；建制镇、工矿区划分为一二级地段征收土地使用税，其中，一级2元，二级1元。

房产税 房产税是以房屋为征税对象，按照房屋计税余值或出租房屋租金收入征收的一种税。自1986年10月1日始，执行《中华人民共和国房产税暂行条例》及省政府颁布的《实施细则》(1986年10月30日印发)。房产税由产权所有人缴纳，依据计税对象不同设置为不同比例税率。依照房产余值为征税对象税率按1.2%计算，依照房屋租金为征税对象税率按12%计算；个别纳税确有困难的单位和个人，需要给予减税或免税照顾的由县（市）税务局审批。1998—2003年，暂停办理房产税困难性减免审批工作。自2001年1月1日始，个人出租住房租金房产税税率按4%计征。

城市维护建设税 城市维护建设税是对从事生产经营活动单位和个人，以其实际缴纳增值税、消费税、营业税税额为计税依据，按纳税人所在地适用税率征收的一种税。1985年2月8日始，执行《中华人民共和国城市维护建设税暂行条例》，开征城市维护建设税。实行地区差别税率，不同地区实行不同税率。具体规定为：纳税人所在地在城市市区税率为7%，纳税人所在地在县城、建制镇税率为5%，纳税人所在地在不在城市市区、县城和建制镇税率为1%。

印花税 自1988年10月1日始，执行《中华人民共和国印花税暂行条例》。印花税税目税率：(1）购销合同，按购销金额的0.3‰贴花；(2）加工承揽合同，按加工或承揽收入的0.5‰贴花；(3）建设工程勘察设计合同，按收取费用的0.5‰贴花；(4）建筑安装工程承包合同，按承包金额的0.3‰贴花；(5）财产租赁合同，按租赁金额的1‰贴花，税额不足1元按1元贴花；(6）货物运输合同，按运输费用的0.5‰贴花；(7）仓储保管合同，按仓储保管费用的1‰贴花；(8）借款合同，按借款金额的0.05‰贴花；(9）财产保险合同，按投保金额的1‰贴花；(10）技术合同，按所载金额的0.3‰贴花；(11）产权转移书据，按所载金额的0.5‰贴花；(12）营业账簿记载资金的账簿，按实收资本和资本公积合计金额的0.5‰贴花，其他账簿按件贴花5元；(13）权利、许可证照，按件贴花5元。

屠宰税 自1994年5月1日始，执行《云南省屠宰税征收办法》。屠宰税实行定额征收。每头（只、匹）定额为猪牛5元，羊1元，马驴骡3元。1999年6月15日，执行云南省政府《关于修改〈云南省屠宰税征收办法〉的决定》。屠宰税实行定额征收，每头（只、匹）定额为猪牛马驴骡10元，羊3元。2003年10月9日，根据《云南省地方税务局关于全面停止征收屠宰税的通知》，停止征收屠宰税。

车船税 车船税是以车船为征税对象，向中国境内拥有并且使用车船的单位和个人，按照车船种类、数量、吨位等实行定额征收的一种税。自1986年10月1日始，执行《中华人民共和国车船使用税暂行条例》，开征车船使用税。自2007年1月1日始，执行国务院第482号令《中华人民共和国车

船税暂行条例》，并将车船使用牌照税和车船使用税合并，统称车船税，不分内外统一征收，扩大范围，调整税额标准，明确规定从事机动车交通事故责任强制保险业务的保险机构为机动车车船税的扣缴义务人，应当依法代收代缴车船税。车船税采用定额税率，即对征税的车船规定单位固定税额，按年计征。

云南省车船税税目税额表

表 14-2-3　　单位：元

税目	子税目	计税单位	每年税额	备注
载客汽车	大型汽车（核定载客 20 人以上）	每辆	540	包括电车
	中型汽车（核定载客 9~19 人）	每辆	480	
	小型汽车（核定载客 9 人以下）	每辆	360	
	微型汽车（排气量 1 升以下）	每辆	240	
载货汽车	—	按自重每万千克	600	包括半挂牵引车、挂车
客货两用汽车	—	按自重每万千克	600	
专项作业车轮式专用机械车	—	按自重每万千克	600	
摩托车	—	每辆	60	
船舶	20 万千克以下船舶	按净吨位每万千克	30	拖船和非机动驳船分别按船舶税额的 50%计算
	20.1 万千克至 200 万千克船舶	按净吨位每万千克	40	
	200.1 万千克至 1000 万千克船舶	按净吨位每万千克	50	
	1000 万千克以上	按净吨位每万千克	60	

说明：本表所称自重，是指机动车的整备质量

土地增值税　土地增值税是以纳税人转让国有土地使用权、地上建筑物及其附着物所取得增值额为征税对象，依照规定税率征收的一种税。增值额是以纳税人转让国有土地使用权、地上建筑物及其附着物所取得收入减除规定扣除项目金额后的余额。自 1994 年 1 月 1 日始，执行《中华人民共和国土地增值税暂行条例》及财政部颁布的《实施细则》（1995 年 1 月 27 日发布）、《云南省土地增值税征收管理暂行规定》（1995 年 4 月 28 日发布）。土地增值税税率采用四级超率累进税率，是以征税对象数额的相对应率为累进依据，按超累方式计算和确定适用税率。具体为增值额未超过扣除项目金额 50%部分，税率为 30%；增值额超过扣除项目金额 50%、未超过扣除项目金额 100%部分，税率为 40%；增值额超过扣除项目金额 100%、未超过扣除项目金额 200%部分，税率为 50%；增值额超过扣除项目金额 200%部分，税率为 60%。

固定资产投资方向调节税　固定资产投资方向调节税是对在中国境内进行固定资产投资的单位和个人依据固定资产投资项目实际完成的投资额计算征收的一种税。自 1987 年 7 月 1 日始，执行《中华人民共和国建筑税暂行条例》。1991 年 4 月 16 日至 1999 年 12 月 31 日，执行《中华人民共和国固定资产投资方向调节税暂行条例》。该条例是在建筑税基础上修订而成，并扩大征税范围，凡是用各种资金进行固定资产投资的各级政府、机关团体、部队、国营企业事业单位、集体企业事业单位、私营企业、个体工商户及其他单位和个人，都是固定资产投资方向调节税纳税人。固定资产投资方向调节税税率实行差别税率，根据具体投资方向、投资项目，按相关税率征收，有 0、5%、10%、15%、30%等税率。

烟叶税　执行 2006 年 4 月 28 日公布的《中华人民共和国烟叶税暂行条例》。景东县对收购烟叶

单位按照收购金额的一定比例征收烟叶税。烟叶税实行比例税率，为20%，烟叶税征税范围包括晾晒烟叶、烤烟叶，计税依据为纳税人收购烟叶的收购金额，具体包括纳税人支付给烟叶销售者烟叶收购价款和价外补贴。价外补贴统一暂按烟叶收购价款10%计入收购金额。收购金额计算公式为：收购金额=收购价款×（1+10%）。烟叶税纳税义务发生时间为纳税人收购烟叶当天，并自纳税义务发生之日起30日内申报纳税。

（二）农业税收

农业税　农业税是国家向一切从事农业生产有农业收入单位和个人征收的一种税。景东县农业税长期以征收粮食为主。新中国成立后，农业税由财政部门征收，1998年3月实现“农四税”划转后，农业税转由地方税务局征收。农业税税率是国家对农业税纳税人规定的法定征收比例实行地区差别比例税率。1994年，农业税实际执行税率为8.9%。2003年7月，实行农村税费改革试点时全国农业税率统一按5%执行，之后每年减一个百分点。2005年，停止征收农业税。

农业特产税　农业特产税是对农业特产收入征收农业税。在境内生产农业特产产品的单位和个人为农业特产税纳税义务人。执行1994年1月30日国务院令第143号《国务院关于对农业特产收入征收农业税的规定》和1994年4月14日《云南省农业特产税实施办法》，对农业特产收入征收农业特产税。自1997年1月1日始，生产毛茶单位和个人适用税率仍为7%，收购毛茶单位和个人适用税率由16%调整为12%；从1998年/1999年榨季始，甘蔗收入征收10%农业特产税；从1999年7月1日始，咖啡农业特产税税率由5%调为10%。景东林业局生产、销售原木生产环节与收购环节农业特产税减按10%税率合并计算征收。自1999年1月1日始，单位和个人收购的猪皮暂停征收农业特产税；单位和个人收购的牛皮、羊皮农业特产税减按5%税率征收。自2005年始，除对烟叶仍征收农业特产税外，取消对其他农特产品农业特产税。2006年，烟叶由国务院出台烟叶税，农业特产税全部取消。

耕地占用税　耕地占用税是国家对占用耕地建房或者从事其他非农业建设的单位和个人，依据实际占用耕地面积、按照规定税额一次性征收的一种税。执行1987年4月1日《中华人民共和国耕地占用税暂行条例》和1987年8月26日《云南省耕地占用税实施办法》，耕地占用税采用差别定额税率以县为单位依据各地人均占用耕地面积并参照经济发展情况分成不同等级的税额。景东县列为人均占有耕地在1~2亩二类地区，每平方米征收1.6~8元。自2008年1月1日始，执行国务院新修订《中华人民共和国耕地占用税暂行条例》，明确规定提高税额标准。财政部、国家税务总局确定云南省平均税额为20元/平方米，景东县适用税额为20元/平方米。

契税　契税纳税人是在中国境内转移土地、房屋权属承受的单位和个人。征税范围：国有土地使用权出让，土地使用权转让（不包括农村集体土地承包经营权的转移）包括土地使用权出售、赠与和交换，房屋买卖、房屋赠与、房屋交换。自1997年月10月1日始，执行《中华人民共和国契税暂行条例》及《云南省契税实施办法》第三条规定，云南省契税税率为3%。国家机关、事业单位、社会团体、军事单位承受土地、房屋用于办公、教学、医疗、科研和军事设施的免征契税。城镇职工第一次购买公有住房免征契税。自1999年8月1日始，个人购买自用普通住宅减半征收契税。自2008年11月1日始，个人购买90平方米以下住房执行0.5%税率，购买90~144平方米住房执行1%税率。自2010年10月1日始，个人购买90平方米以下家庭唯一住房执行1%税率。

（三）规费及附加

企业职工养老保险　1998年8月，代征企业职工基本养老保险费。1999年9月，景东地税局由社会保险费代征单位正式转为养老保险费征收机关。征收养老保险费范围包括城镇各类企业及职工，实行企业化管理的事业单位及职工，社会团体及其专职人员，民办非公企业单位及其职工，城镇个体工商户及其人员，灵活就业人员。养老保险费费率缴费单位20%，个人8%，自谋职业人员20%。

职工医疗保险　自2002年始，开征企业职工医疗保险。征缴范围为城镇各类企业及职工，国家机关工作人员（含事业编制人员和劳动合同制工人），事业单位及其职工，社会团体及其专职人员，民办非企业单位及其职工，城镇个体工商户及其操作业人员，灵活就业人员。景东县执行费率分别为单位6%、个人2%。

职工失业保险　自2002年始，开征职工失业保险。征缴范围包括各类企业及其职工，事业单位及其职工，社会团体及其专职人员，民办非公企业单位及其员工、国家机关和与其建立劳动合同关系的工人，有雇工的城镇个体工商户及其雇员。景东县执行费率分别为单位2%，个人1%。

职工工伤保险　自1998年始，开征企业职工工伤保险。征缴范围含各类企业、有雇工的个体工商户。景东县执行费率为单位0.5%~2%，个人不缴纳。

企业职工生育保险　自1999年始，开征企业职工生育保险。征收范围含城镇及各类企业。景东县执行费率为单位1%，个人不缴纳。

文化事业建设费　自1997年1月17日始，执行财政部、国家税务总局《关于印发〈文化事业建设费征收管理暂行办法〉的通知》《中华人民共和国营业税暂行条例》和《云南省文化事业建设费征收管理实施办法》，开征文化事业建设费。从事娱乐业、广告业缴纳营业税单位和个人为文化事业建设费缴费义务人，按营业收入的3%计征。营业额未达到起征点的给予免征，达到起征点的按营业额全额计算应纳费额。按期缴纳起征点月营业额500元，按次缴纳起征点每次（日）营业额50元。

旅游宣传促销费　按照1997年6月6日《云南省旅游宣传促销费征收管理暂行规定》(以下简称《规定》)，开征旅游宣传促销费。征收范围为凡在县境内从事旅游经营活动单位和个人，旅游宣传促销费按营业额5‰缴纳。2010年1月1日取消征收，同时废止《规定》。

教育费附加　自1986年7月1日始，执行国务院《征收教育费附加的暂行规定》，开征教育费附加。凡是缴纳产品税、增值税、营业税单位和个人，都是教育费附加征收对象，教育附加率为1%。自1990年8月1日始，教育费附加率提高到2%，与产品税、增值税、营业税同时缴纳。自1994年始，教育费附加率提高到3%，与增值税、消费税、营业税同时缴纳。

地方教育附加　自2005年1月1日始，执行《云南省县政府办公厅关于征收地方教育附加有关问题的通知》，征收地方教育附加。凡缴纳增值税、消费税和营业税单位及个人，按1%标准征收，与“三税”同时申报缴纳。自2011年1月1日始，标准征收提高到2%。

水资源费　根据2004年7月1日云南省政府办公厅《关于对在滇电力企业全面征收水资源费办法》，开征水资源费。景东县发电取用水水资源费大型水电企业按0.01元/千瓦时收取，中型水电企业发电取用水按0.007元/千瓦时收取，小型水电企业发电取用水按0.004元/千瓦时收取。2009年10月1日始，执行《云南省取水许可和水资源费征收管理办法》，水资源费由各级水政主管部门直接征收，地税部门不再代征。

二、税收征管

（一）税务登记

税务登记是税收征管的一项基本制度。对从事生产、经营的单位和个人，经工商行政管理机关批准，在领取营业执照30日内，持有关证件向当地税务机关申报办理税务登记，经税务机关审查核实后，发给税务登记证。税务登记只限本人使用，不得转借或转让。1996年，景东县首次换发税务登记证，共征管纳税户2008个，其中，国有115个，集体136个，个体1757个。2006年，换发税务登记2492个。税务登记证工本费规定65元/户，2005年起为25元/户，2009年降至20元/户，2011年

1 月 1 日起取消工本费。至 2011 年末，地方税务局共登记纳税户 3729 个，其中，企业 458 个，个体 3132 个，其他 139 个。

（二）纳税申报

办税服务（县文联　提供）

纳税申报是纳税人按照税收法规，履行纳税义务的法定手续。纳税人按日旬月季年向税务机关报送纳税申报表。景东按月纳税于月末 15 日内申报，所得税纳税申报于季末 15 日内申报，并同时报送财务报表，年报于年终后 1 个月内申报。若纳税人未按时申报，则按税法规定，按日加收 5‰滞纳金。

（三）税款征收

根据纳税人生产经营状况及财务水平实际，决定税款征收办法。景东地方税务局税款征收办法有依率计征、定期定额征收、查账征收、代征代扣、代扣代缴等。凡经营商品零售、服务行业、交通运输业或生产砖瓦、坛罐、石灰等，据生产经营情况，核定产量，核定营业额或所得额，按月季或次定期定额征收。凡财务会计制度健全、核算可靠的国有企业、私营企业，经税务机关认可，采取自己申报方式，按月申报纳税，税务机关平时到企业开展业务辅导，按季或年末查核账务，多退少补。

（四）发票管理

国税地税分设后，县地税局根据有关法律、法规规定，建立健全发票管理制度，县局、基层所（分局）专人负责管理发票。1995 年 1 月 1 日，启用云南省地方税务局监制新版发票。自 1996 年 1 月 1 日始，饮食业娱乐业税收实行定额发票管理，在供票时以票面金额综合税率计征税款。自 1997 年 1 月 1 日始，用有统一防伪措施新版普通发票。2003 年 9 月，启用云南省饮食业有奖定额发票。自 2005 年 4 月 1 日始，全面启用新版发票，旧版发票停止使用。自 2011 年 1 月 1 日始，全面使用新版普通发票，旧版发票停止使用。2011 年 2 月 1 日，执行国务院新修订的《中华人民共和国发票管理办法》。

（五）信息化建设

2001 年，地税局分批组织干部职工参加计算机基础知识培训 108 人次，主要内容为 WNDS98 操作系统网络知识、汉字输入构成与运用。同年，地税局城关分局征收大厅首次安装使用《云南地税综合管理信息系统》(即 MISV1. 0 系统) 软件。该系统共分政策法规、税源监控、征收核算、服务管理、税政管理、纳税评估、纳税检查、税务稽查、税收法制、行政复议与税收保全、综合信息服务、纳税数据文件管理、报表管理、系统管理、数据传输等 15 个分系统，47 个子系统，共 328 个功能模块。自 2002 年 12 月始，启用 ATS 农业税征管软件。2004 年 7 月 1 日，《云南地税综合信息服务系统》增加“五险”(养老保险、医疗保险、失业保险、工伤保险和生育保险) 统征模块，采集全县缴费户数据，并录入计算机管理，实现“五险”征管计算机管理。2005 年 4 月，首次进入办公自动化系统运行公文处理（即 ODPS 系统），实现文件登记、分区、拟办、使用、承办、催办、文件查办自动化系统运行。2008 年 4 月 1 日,《云南地税综合管理信息系统 V2.0》软件在景东成功上线运行。

（六）税法宣传

1994 年，按照国家税务总局部署，在全国统一开展“税收宣传月”活动，并确定每年 1 月 23 日为“全国新税制宣传咨询日”。当天，主管财税副县长发表电视讲话；组织 70 多人上街设点宣传和接受咨询，共发放宣传单 200 份；县广播电视台开设专栏，连续出播 60 天；各中学校开讲税法知识课 1267 课时，统一发放试卷 8415 份，及格率 97%。1996 年，宣传月主题为“税收征管与市场经济”，4 月 13 日，县长在电视台发表电视讲话。1999 年，锦屏镇政府在人民会堂召开税法宣传大会，镇长作动员讲话。2002 年，县长作《诚信纳税、利国利民》电视讲话，要求全县各级领导干部带头学习，做遵守税法的榜样。2003 年，宣传月主题为“依法诚信纳税，共建小康社会”，在全县范围内组织税法知识竞赛活动，共印发试卷 4000 份，分别评出一、二、三等奖 1 人、10 人、50 人，对认真组织单位授予组织奖。2005 年，宣传月主题为“依法诚信纳税、共建小康社会”，广播电视台开设地税专栏，连续出播 30 天。2007 年，宣传月主题为“依法诚信纳税，共建和谐社会”，开展彝族花灯唱税法宣传活动。2008 年，税法宣传月主题为“税收 · 发展 · 民生”，采取日常与重点相结合方法，加强宣传。2009 年“税收宣传月”，设咨询台，悬挂标语，邀请县分管领导作启动讲话，共发放宣传单 5000 份、宣传册 200 份，并利用广播、电视和报纸宣传税收法规。2011 年，宣传月主题为“税收 · 发展 · 民生”，上街设台宣传和接受咨询，发放宣传资料 4000 份；在广播电视台连续宣传 30 天;《景东消息》整版登载《中华人民共和国营业税条例》和《中华人民共和国发票管理办法》，发行 1000 份。

（七）征管制度改革

自 2001 年 5 月 1 日始，执行《中华人民共和国税收征收管理法（修订案）》。新征管法增加加强征管、堵塞漏洞税源管理措施，明确税务机关执法主体地位，强化执法手段措施，增加防范涉税违法行为措施，加大打击偷逃骗税力度，大量增加保护纳税人合法权益和纳税人依法享有权利的内容和条款，规范税收机关执法行为，明确税务机关和税务人员违法行为的法律责任。2005 年，国家税务总局推出《税收管理员制度（试行）》。景东县结合实际，制定《景东县地税系统税收管理员制度实施办法》，明确税收管理员职责，加强税源管理，优化纳税服务，全面推进科学化、精细化管理。

（八）税收减免

西部大开发税收优惠　2002 年，执行国务院《关于实施西部大开发若干政策措施的通知》，先后执行西部大开发税收优惠政策企业 8 个。2002—2010 年，企业所得税减按 15%税率减征，减免情况分别为 2002 年 35 万元，2003 年 96 万元，2004 年 716 万元，2005 年 463 万元，2006 年 62 万元，2007 年 15 万元，2008 年 14 万元，2009 年 18 万元，2010 年 15 万元。

下岗失业人员再就业税收优惠　2003 年，执行财政部、国家税务总局《关于下岗失业人员再就业有关税收政策问题的通知》，下岗失业人员从事个体经营者（除建筑业、娱乐业以及广告、桑拿、按摩、网吧、氧吧外）自领取税务登记证之日起，3 年内免征营业税、城市维护建设税、教育费附加和个人所得税。执行情况分别为：2003 年免征 54 个个体经营者税收 2 万元，2004 年免征 35 个个体经营者税收 13 万元，2005 年免征 133 个个体经营者税收 31 万元，2006 年减免 72 个个体经营者税收 68 万元，2007 年减免 134 个个体经营者税收 84 万元，2008 年减免 89 个个体经营者税收 80 万元，2009 年减免 48 个个体经营者税收 96 万元，2010 年减免 25 个个体经营者税收 73 万元，2011 年减免 8 个个体经营者税收 58 万元。

困难减免税　2001—2011 年，先后减免 17 个困难企业房产税 71 万元，先后减免 15 个困难企业城镇土地使用税 44 万元；两税减免情况分别为：2001 年减免 11 万元，2002 年减免 27 万元，2003 年减免 26 万元，2004 年减免 29 万元，2005 年减免 1 万元，2009 年减免 7 万元，2010 减免年 7 万元，2011 年减免 7 万元。

其他减免税　免征县农村信用社农户小额贷款利息收入营业税，其中 2011 年减免 191 万元；减征冶金矿山铁矿石资源税，其中 2011 年减免鑫盛公司 73 万元，减免里竹山公司 43 万元；免征县邮政局邮政普遍服务和特殊服务营业税，其中 2011 年减免 6 万元；免征景东广播电视网络有限公司有线数字电视基本收视维护费营业税，其中 2011 年减免 14 万元。

三、税务稽查

税收检查　1994—1997 年，逐年开展税收大检查。1994 年，城关分局共计检查纳税户 156 个，其中，国企 18 个，集体 14 个，个体 111 个，事业单位 13 个；查出漏欠税 148 万元。1995 年，按照财务、物价、税收“三大检查”工作部署和上级要求，共计检查纳税户 498 个，查补地方税款 104 万元。1996 年，开展发票、交通运输税收专项检查和重点收费纳税行政事业单位大检查，共检查纳税户 600 个，查补税款 43 万元。其中，查出问题发票 26 个，查补税款 2. 6 万元，罚款 6. 6 万元；清理检查交通运输车辆 600 余辆；重点检查单位 27 个，查出应纳税收 30 万元。1997 年 10—12 月，执行国务院关于“三大检查”决定，先后重点检查纳税户 859 个，查补税款 39 万元。

税务稽查　1998 年 4 月，县地税局稽查局成立，主要职责为依法查处偷税、逃避追缴欠税、骗税、抗税等案件。当年，稽查查补收入 34. 04 万元，其中电力公司补税、滞纳金和罚款 20. 46 万元。1999 年，稽查查补收入 589. 8 万元，其中林产公司补税 87. 08 万元、罚款 8. 71 万元。2000 年，稽查查补收入 213. 01 万元，其中林产公司补税 64. 71 万元、罚款 0. 95 万元。2001 年，稽查查补收入 217. 64 万元，其中电力公司补税 43. 41 万元、滞纳金 0. 03 万元。2002 年，稽查查补收入 204. 17 万元，其中林产公司补税 110. 32 万元、罚款 1. 14 万元。2003 年，稽查查补收入 343. 9 万元，其中电力公司补税 35. 97 万元、罚款 0. 08 万元。2004 年，稽查查补收入 282. 70 万元，其中供电公司补税 7. 94 万元、罚款 7. 94 万元。2005 年，稽查查补收入 199. 16 万元，其中林产公司补税 28. 9 万元、罚款 13. 16 万元。2006 年，稽查查补收入 133. 91 万元，其中水泥厂补税 76. 46 万元、罚款 1. 55 万元、滞纳金 2. 07 万元。2007 年，稽查查补收入 167. 82 万元，其中福泉公司，补税 60. 9 万元、罚款 47. 46 万元、滞纳金 21. 1 万元。2008 年，重点抽查纳税户 38 个，查出有问题纳税户 35 个，补税 205 万元，罚款 81 万元，加收滞纳金 28 万元。2009 年，重点抽查纳税户 20 个，查出有问题纳税户 20 个，补税 240 万元，罚款 42 万元，加收滞纳金 5 万元。2010 年，重点抽查纳税户 5 个，查出有问题纳税户 5 个，补税 23 万元，罚款 16 万元，加收滞纳金 4 万元。2011 年，重点抽查纳税户 5 个、结案 3 个，补税 20 万元，罚款 2 万元，加收滞纳金 3 万元；免税款 14 万元。

四、税费收入

1994—1997 年景东县地方税务局地方税收收入分税种情况一览表

表 14-2-4　　　　单位：万元、%

预算科目名称	1994	1995		1996		1997	
	实际收入	实际收入	同比增长率	实际收入	同比增长率	实际收入	同比增长率
税收收入合计	972	1167	20	1343	15	1466	9
1. 营业税	330	450	36	583	30	562	-4

续表 14-2-4

预算科目名称	1994	1995		1996		1997	
	实际收入	实际收入	同比增长率	实际收入	同比增长率	实际收入	同比增长率
2. 资源税	3	3	—	2	-33	19	850
3. 城市维护建设税	89	103	16	75	-27	101	35
4. 投资方向调节税	14	8	-43	15	88	15	—
5. 个人所得税	15	22	47	31	41	50	61
6. 印花税	2	5	150	2	-60	33	1550
7. 屠宰税	38	35	-8	47	34	56	19
8. 土地增值税	—	—	—	5	—	3	-40
9. 城镇土地使用税	14	14	—	10	-29	14	40
10. 房产税	34	41	21	39	-5	69	77
11. 车船使用和牌照税	5	4	-20	5	25	6	20
12. 企业所得税	428	482	13	529	10	538	2
13. 其他	—	—	—	—	—	—	—
14. 烟叶税	—	—	—	—	—	—	—
15. 农业税	—	—	—	—	—	—	—
16. 农业特产税	—	—	—	—	—	—	—
17. 耕地占用税	—	—	—	—	—	—	—
18. 契税	—	—	—	—	—	—	—
非税收入合计	34	14	-59	51	264	56	10
1. 教育费附加收入	34	14	-59	51	264	56	10
2. 文化事业建设费	—	—	—	—	—	—	—
3. 旅游宣传促销费	—	—	—	—	—	—	—
4. 税务部门其他罚没收入	—	—	—	—	—	—	—
5. 城市水资源收入	—	—	—	—	—	—	—
6. 残疾人保障金收入	—	—	—	—	—	—	—
7. 其他非税收入	—	—	—	—	—	—	—
8. 社会保障基金收入	—	—	—	—	—	—	—
基本养老保险基金收入	—	—	—	—	—	—	—
失业保险基金收入	—	—	—	—	—	—	—
基本医疗保险基金收入	—	—	—	—	—	—	—
工伤保险基金收入	—	—	—	—	—	—	—
生育保险基金收入	—	—	—	—	—	—	—
9. 工会经费收入	—	—	—	—	—	—	—
总计	1006	1181	17	1394	18	1522	9

1998—2001 年景东县地方税务局地方税收收入情况一览表

表 14-2-5　　单位：万元、%

预算科目名称	1998		1999		2000		2001	
	实际收入	同比增长率	实际收入	同比增长率	实际收入	同比增长率	实际收入	同比增长率
税收收入合计	3319	126	3543	7	4059	15	4704	16
1. 营业税	990	76	1078	9	1115	3	1437	29
2. 资源税	21	11	11	-48	7	-36	15	1. 14
3. 城市维护建设税	129	28	215	67	208	-3	290	39
4. 投资方向调节税	12	-20	22	83	3	-86	—	—
5. 个人所得税	76	52	120	58	253	111	237	-6
6. 印花税	10	-70	9	-10	16	78	16	
7. 屠宰税	55	-2	61	11	83	36	80	-4
8. 土地增值税	—	—	—	—	—	—	—	—
9. 城镇土地使用税	99	607	19	-81	40	111	89	123
10. 房产税	88	28	43	-51	82	91	117	43
11. 车船使用和牌照税	3	-50	11	267	25	127	28	12
12. 企业所得税	163	-70	136	-17	501	268	824	64
13. 其他	—	—	—	—	—	—	—	—
14. 烟叶税	—	—	—	—	—	—	—	—
15. 农业税	812	—	482	-41	403	-16	270	-33
16. 农业特产税	850	—	1077	27	1077	—	911	-15
17. 耕地占用税	4	—	248	6100	202	-19	335	66
18. 契税	7	—	11	57	44	300	55	25
非税收入合计	590	954	1164	97	1299	12	1093	-16
1. 教育费附加收入	65	16	100	54	86	-14	143	66
2. 文化事业建设费	1	—	—	—	1	—	1	—
3. 旅游宣传促销费	—	—	—	—	—	—	—	—
4. 税务部门其他罚没收入	—	—	—	—	—	—	—	—
5. 城市水资源收入	—	—	—	—	—	—	—	—
6. 残疾人保障金收入	—	—	—	—	—	—	—	—
7. 农业税附加	207	—	180	-13	168	-7	132	-21
8. 社会保障基金收入	317	—	884	179	1044	18	817	-22
基本养老保险基金收入	309	—	856	177	1002	17	777	-22
失业保险基金收入	—	—	—	—	—	—	—	—
基本医疗保险基金收入	—	—	—	—	—	—	—	—
工伤保险基金收入	8	—	17	113	26	53	19	27
生育保险基金收入	—	—	11	—	16	45	21	31
9. 工会经费收入	—	—	—	—	—	—	—	—
总计	3909	157	4707	20	5358	14	5797	8

2002—2005 年景东县地方税务局地方税收收入情况一览表

表 14-2-6　　　　单位：万元、%

预算科目名称	2002		2003		2004		2005	
	实际收入	同比增长率	实际收入	同比增长率	实际收入	同比增长率	实际收入	同比增长率
税收收入合计	5184	10	5334	3	3914	-27	3977	2
1. 营业税	1684	17	1337	-21	1005	-25	967	-4
2. 资源税	6	-60	8	33	19	138	15	-21
3. 城市维护建设税	468	61	287	-39	612	113	685	12
4. 投资方向调节税	—	—	—	—	—	—	—	—
5. 个人所得税	300	27	380	27	290	-24	503	73
6. 印花税	14	-13	30	114	17	-43	18	6
7. 屠宰税	64	-20	42	-34	—	—	—	—
8. 土地增值税	—	—	—	—	—	—	—	—
9. 城镇土地使用税	89	—	102	15	116	14	22	-81
10. 房产税	96	-18	102	6	85	-17	69	-19
11. 车船使用和牌照税	30	7	40	33	29	-28	51	76
12. 企业所得税	703	5	702	—	705	—	732	4
13. 其他	—	—	—	—	—	—	—	—
14. 烟叶税	—	—	—	—	—	—	—	—
15. 农业税	387	43	450	16	395	-12	—	—
16. 农业特产税	909	—	1496	65	595	-60	842	42
17. 耕地占用税	369	10	303	-18	2	-99	1	-50
18. 契税	65	18	55	-15	44	-20	72	73
非税收入合计	1497	37	2522	68	6376	153	9312	46
1. 教育费附加收入	208	45	142	-32	365	157	372	2
2. 文化事业建设费	1	—	1	—	1	—	1	—
3. 旅游宣传促销费	—	—	—	—	—	—	—	—
4. 地方教育附加	—	—	—	—	—	—	72	—
5. 城市水资源收入	—	—	—	—	3022	—	5557	84
6. 残疾人保障金收入	—	—	—	—	—	—	—	—
7. 农业税附加	149	13	239	60	59	-75	84	42
8. 社会保障基金收入	1139	39	2140	88	2929	37	3226	10
基本养老保险基金收入	905	16	961	6	1060	10	1115	5
失业保险基金收入	—	—	—	—	66	—	92	39
基本医疗保险基金收入	195	—	1125	477	1755	56	1976	13
工伤保险基金收入	20	5	17	-15	26	53	23	-12
生育保险基金收入	19	-10	37	95	22	-41	20	-10
9. 工会经费收入	—	—	—	—	—	—	—	—
总计	6681	15	7856	18	10290	31	13289	29

2006—2009年景东县地方税务局地方税收收入情况一览表

表14-2-7　　单位：万元、%

预算科目名称	2006		2007		2008		2009	
	实际收入	同比增长率	实际收入	同比增长率	实际收入	同比增长率	实际收入	同比增长率
税收收入合计	4923	24	6509	32	8401	29	10321	23
1. 营业税	1559	61	2049	31	1812	-12	3103	71
2. 资源税	47	213	44	-6	50	14	74	48
3. 城市维护建设税	1000	46	1070	7	1451	36	959	-34
4. 投资方向调节税	—	—	—	—	—	—	—	—
5. 个人所得税	317	-37	790	149	1105	40	894	-19
6. 印花税	30	67	35	17	67	91	58	-13
7. 屠宰税	—	—	—	—	—	—	—	—
8. 土地增值税	8	—	24	202	43	79	81	88
9. 城镇土地使用税	38	73	50	32	38	-24	126	232
10. 房产税	122	77	94	-23	62	-34	120	94
11. 车船使用和牌照税	38	-25	68	79	59	-13	127	115
12. 企业所得税	706	-4	770	9	707	-8	1100	56
13. 其他	—	—	—	—	—	—	—	—
14. 烟叶税	960	—	1353	41	2690	99	3551	32
15. 农业税	—	—	—	—	—	—	—	—
16. 农业特产税	—	—	—	—	—	—	—	—
17. 耕地占用税	34	3300	29	-15	3	-90	5	67
18. 契税	64	-13	133	108	314	136	123	-61
非税收入合计	9460	2	10321	9	12643	22	10783	-15
1. 教育费附加收入	707	90	524	-26	935	78	585	-37
2. 文化事业建设费	2	100	2	—	3	50	3	—
3. 旅游宣传促销费	—	—	—	—	—	—	—	—
4. 地方教育附加	122	69	122	—	347	184	195	-44
5. 城市水资源收入	4951	-11	5090	3	5747	13	3511	-39
6. 残疾人保障金收入	—	—	21	—	21	—	20	-5
7. 其他非税收入	—	—	—	—	—	—	—	—
8. 社会保障基金收入	3678	14	4562	24	5579	22	6260	12
基本养老保险基金收入	1278	15	1559	18	1777	14	2349	32
失业保险基金收入	218	137	422	94	538	27	353	-34
基本医疗保险基金收入	2136	8	2516	18	2987	19	3222	8
工伤保险基金收入	23	—	37	61	140	278	168	20
生育保险基金收入	23	15	28	22	137	389	168	23
9. 工会经费收入	—	—	—	—	11	—	209	1800
总计	14383	8	16830	17	21044	25	21104	0.3

2010—2011 年景东县地方税务局地方税收收入情况一览表

表 14-2-8

单位：万元、%

预算科目名称	2010		2011	
	实际收入	同比增长率	实际收入	同比增长率
税收收入合计	13493	30. 73	15928	18. 05
1. 营业税	3549	14. 37	4640	30. 74
2. 资源税	137	85. 14	278	102. 92
3. 城建税	1066	11. 16	1190	11. 63
4. 投资方向调节税	—	—	—	—
5. 个人所得税	1151	28. 75	1190	3. 39
6. 印花税	81	39. 66	130	60. 49
7. 屠宰税	—	—	—	—
8. 土地增值税	146	80. 25	174	19. 18
9. 土地使用税	129	2. 38	107	-17. 05
10. 房产税	209	74. 17	202	-3. 35
11. 车船税	206	62. 20	223	8. 25
12. 企业所得税	773	-29. 73	1822	135. 71
13. 其他	—	—	—	—
14. 烟叶税	3923	10. 48	5576	42. 14
15. 农业税	—	—	—	—
16. 农业特产税	—	—	—	—
17. 耕地占用税	1730	—	12	-99. 3
18. 契税	393	219. 51	384	-2. 29
非税收入合计	11228	4. 13	9326	-16. 94
1. 教育费附加	645	10. 26	722	11. 94
2. 文化事业费	3	—	5	66. 67
3. 旅游宣传促销费	—	—	—	—
4. 地方教育附加	215	10. 26	454	111. 16
5. 城市水资源收入	—	-100. 00	—	—
6. 残疾人保障金收入	19	-5. 00	15	-21. 05
7. 其他非税收入	—	—	—	—
8. 社会保障基金收入	10085	61. 10	7834	-22. 32
基本养老保险基金收入	5871	149. 94	3194	-45. 60
失业保险基金收入	398	12. 75	734	84. 42
基本医疗保险基金收入	3526	9. 44	3655	3. 66
工伤保险基金收入	144	-14. 29	129	-10. 42
生育保险基金收入	146	-13. 10	122	-16. 44
9. 工会经费收入	261	24. 88	296	13. 41
总计	24721	17. 14	25254	2. 10

五、机构

1994 年 7 月 8 日，县地方税务局挂牌成立，正科级。内设办公室、税政股、征管股、计划会计股，下设城关税务分局及文井、者后、安定、文龙、龙街、太忠、大街、花山、漫湾、林街、景福、曼等、永秀地税所。9 月，局工会委员会成立；12 月，党支部成立，中共党员 7 人。1995 年，实施体制改革，实行上级税务机关管理为主的双重管理体制；5 月，女工委员会成立。1997 年 1 月，共青团地税支部成立；8 月 18 日，地方税务局党组成立。1997 年 12 月，文井税务分局成立。1998 年 3 月，根据县政府《关于农业四税征管职能、机构、人员等划转的通知》，增设农税股，“农业四税”征收职责及农税人员 68 人划归地税局。1998 年 4 月，地税局稽查局成立。2000 年 7 月，地税局党组纪检组成立。2002 年 3 月，根据省委省政府《关于云南省地县乡机构改革的实施意见》及思茅行署地税局“三定”方案，制订职能配置、机构设置和人员编制方案，地税局内设办公室、税政股、农税管理股、征收管理股、计划统计审计股、人事教育监察股及直属稽查局。基层征收机构调整为“四局四所”：一分局驻锦屏镇（县城），负责锦屏、太忠、龙街；二分局驻文井镇，负责文井、者后；三分局驻漫湾镇，负责漫湾、林街；四分局驻东镇，负责东镇、永秀。税务一所驻大街乡，负责大街、花山；税务二所驻安定，负责安定、文龙；税务三所驻景福，负责景福；税务四所驻曼等乡，负责曼等。2004 年 7 月，规费股成立。2005 年 8 月，第二轮“竞争上岗，双向选择”和机构改革。局机关内设办公室、人教股、监察室、税政股、征管股、计划会计统计股、政策法规股、规费股及直属稽查局。基层征收机构调整为五个分局：一分局、二分局驻县局办公大楼，负责锦屏、安定、文龙、龙街、太忠、大街、花山；三分局驻文井镇，负责文井、者后；四分局驻漫湾镇，负责漫湾、林街、景福、曼等；五分局驻东镇，负责东镇、永秀。2008 年 10 月，第三轮“竞争上岗，双向选择”，机构不变。一分局负责全县税费征收，二分局负责全县行政企事业税费管理，三分局负责锦屏镇个体户税费管理，四分局负责代征单位和车船税管理及安定、文龙、漫湾、林街、景福、曼等、东镇个体户税费管理，五分局负责交通运输税收和文井、龙街、太忠、大街、花山个体户税费管理。2011 年 11 月，执行普洱市地方税务局《关于印发景东彝族自治县地方税务局主要职责机构设置和人员编制规定的通知》，设景东县地方税务局，为市局垂直管理机构，正科级；内设办公室、政策法规股、计划财务股、征收管理和纳税服务股、税政股、规费管理股、科技信息股、人事教育股、监察室及直属稽查局、5 个派出分局，其中一分局为征收分局，其他分局为管理分局。2011 年末，地税局干部职工 104 人，其中，公务员 81 人，工人 23 人；男 75 人，女 29 人；大学本科 49 人，大专 35 人，中专 9 人，其他 11 人。历任局长：马恒荣、杨合理、许建新、李江一。

第三章　金　融

第一节　存款　贷款

一、存款

自1978年始，全县金融机构存款余额逐年增加。当年各项存款余额510.3万元，其中，企业203.1万元，财政180.5万元，储蓄126.7万元。1979—1983年，各项存款余额平缓增长。1984年，各项存款余额1009.5万元，突破千万元大关。1985—1994年，县属各金融机构认真执行国家各项信贷政策，结合实际，采取各种措施多渠道组织存款，全县各项存款逐年递增。1986年，为增加信贷资金，金融机构大力吸收储蓄存款，各商业银行之间，国家银行与非正式金融机构之间，相互展开激烈竞争，采取增加储蓄网点，开办大额定期存款，开展保值储蓄，举办有奖储蓄等各种储蓄活动，对发展储蓄存款起到较大作用，年末存款余额3066万元，比上年末增加1588.2万元，增幅107.47%。1991年，各项存款余额1.07亿元，突破亿元大关。1995年，根据国家统一部署，及时整顿金融市场，规范金融秩序，遏制擅自或变相提高存款利率揽储现象，储蓄存款稳步健康发展。同时，金融机构改进服务质量，加速电子化建设，实现全国网络“一卡通”。其后，各支行加大改革力度，抢抓政策机遇，强化内部管理，建立和完善竞争机制，增强干部职工服务意识，拓展中间业务，提高效率，各项存款快速增长。2006年，各项存款余额11.83亿元，冲破10亿元大关，比上年末增长22.20%。2011年末，全县金融机构各项存款余额34.24亿元，比上年末增加5.04亿元，增幅17.26%。

1978—2011年景东县金融机构各项存款余额统计表

表14-3-1　　　　单位：万元、%

年度	各项存款	比上年末增加	增幅	企业存款	居民储蓄存款
1978	510.3	—	—	203.1	126.7
1979	584.6	74.3	14.56	214.5	108.1
1980	866.3	281.7	48.19	—	161.4
1981	823.0	-43.3	-5.00	—	—
1982	935.5	112.5	13.67	—	—
1983	966.7	31.2	3.34	—	—
1984	1009.5	42.8	4.43	—	—
1985	1477.8	468.3	46.39	—	—
1986	3066.0	1588.2	107.47	—	—

续表 14-3-1

年度	各项存款	比上年末增加	增幅	企业存款	居民储蓄存款
1987	4143.6	1077.6	35.15	—	—
1988	6544.7	2401.1	57.95	—	—
1989	6464.1	-80.6	-1.23	—	—
1990	8414.2	1950.1	30.17	—	—
1991	10740.6	2326.4	27.65	—	—
1992	11728.3	987.7	9.20	—	—
1993	12165	436.7	3.72	—	—
1994	17268.9	5103.9	41.96	—	—
1995	21913.3	4644.4	26.89	—	—
1996	30647.0	8733.7	39.86	—	—
1997	37922.0	7275.0	23.74	—	—
1998	43008.0	5086.0	13.41	11779.0	27475.0
1999	49953.0	6945.0	16.15	14768.0	30536.0
2000	56316.0	6363.0	12.74	15945.0	34717.0
2001	63562.0	7246.0	12.87	14318.0	38103.0
2002	69970.0	6408.0	10.08	15119.0	43856.0
2003	74182.0	4212.0	6.02	13230.0	47468.0
2004	81821.0	7639.0	10.30	15335.0	54916.0
2005	96815.0	14994.0	18.33	8712.0	63175.0
2006	118309.0	21494.0	22.20	8107.0	79791.0
2007	136142.0	17833.0	15.07	13208.0	88147.0
2008	166630.0	30488.0	22.39	18642.0	103769.0
2009	220234.0	53604.0	32.17	23194.0	129763.0
2010	292009.0	71775.0	32.59	29628.0	173920.0
2011	342366.0	50357.0	17.25	113653.0	218665.0

二、贷款

1978—1979 年，按照“区别对待、择优扶持”和“以销定贷”原则，开展以农业、工商业、基本建设等为主的信贷，支持各行业发展。1980 年始，信贷管理体制由“统收统支”改为“差额控制”，信贷计划由总行统一安排。在总行统一信贷计划下，采取国家总行、云南省分行、思茅地区分行、景东县支行分级管理，存贷之间相互依存，多存多贷，少存少贷，互相制约，存贷款差额控制使用，“贷差”不得突破，“存差”必须保证完成。1985 年始，执行“统一计划，划分资金，实贷实存，互相融通”体制，把县人民银行和各专业支行信贷资金全部纳入国家信贷计划，各专业支行自由资金、组织存款、信贷资金等需经县人民银行核定，上报思茅地区分行汇总后，作为各支行营用资金，自主经营，独立核算。1986 年后，县人民银行和各专业银行资金往来改变层层下达指令办法，专业银行在县人民银行开立存贷款账户，上贷下存，存款户没钱，不能超支，各专业支行之间可以互相拆借资金。各专业支行在不违背总的管理原则下，结合自身业务特点，制订系统内相应的管理办法，县工商银行为“统一计划，分级管理，实贷实存，差额控制”，县农业银行为“统一计划，分级管理，实贷实存，自主经营”，县建设银行为“统一计划，分级管理，差额控制，实贷实存，存差上缴”。1994—1997年，实行计划经济与市场经济体制间“总量控制、比例管理、分类管理、分类指导、市场融通”管理体制。自1998年始，县人民银行取消国有商业银行贷款限额控制，实行“计划指导、自求平衡、比例管理、间接调控”信贷管理体制，要求各商业银行加强内部管理，建立自我约束机制，改革促进信贷资源的合理配置，各商业银行行为更趋于合理。

1978年，全县金融机构各项贷款余额520.6万元，其中，工业23.3万元，商业497.3万元。1983年，全县存款余额1068.9万元，首次突破千万元大关。其后几年，各项贷款余额持续增长，1993年，全县存款余额1.10亿元，冲破亿元大关。2004年末，全县贷款余额较上一年下降0.6%，经分析，主要原因：(1) 中国建设银行景东县支行撤销县支行机构，部分贷款上收。(2) 企业流动资金贷款回收大、新增少。其中，农副产品收购贷款减少较大，余额仅为2781万元，减幅31%。(3) 个人贷款增速减缓。2004年末，个人中长期消费贷款余额7985万元，比年初减少1499万元。2005年，小额担保贷款实现零突破，累计发放86.9万元，各金融机构贷款重点投向农业和新城区建设，同时，支持交通等基础设施建设，以及医院等社会事业发展。2008年，因受全球经济危机影响，央行实行从紧货币政策，年末各项贷款7.85亿元，比年初减少9306万元，下降13.44%。截至2011年，全县金融机构各项贷款余额19.8亿元，比年初增长3.36亿元，增幅20.4%，比1978年增加19.75亿元，增长394倍。

1978—2011年景东县金融机构各项贷款余额一览表

表14-3-2 单位：万元、%

年度	各项贷款	比上年末增加	增幅	短期贷款	中长期贷款
1978	520.6	—	—	—	—
1979	378.6	-142.0	-27.28	—	—
1980	629.1	250.5	66.16	—	—
1981	629.1	—	—	—	—
1982	718.7	89.6	14.24	—	—
1983	1068.9	350.2	48.73	—	—
1984	1523.3	454.4	42.51	—	—
1985	1600.7	77.4	5.08	—	—
1986	4586.0	2985.3	186.50	—	—
1987	4997.7	411.7	8.98	—	—
1988	5716.4	718.7	14.38	—	—
1989	6356.3	639.9	11.19	—	—
1990	6709.8	353.5	5.56	—	—
1991	7578.6	868.8	12.95	—	—
1992	9805.2	2226.6	29.38	—	—
1993	11027.5	1222.3	12.47	—	—
1994	14774.2	3746.7	33.98	—	—
1995	17652.2	2878.0	19.48	—	—
1996	28421.5	10769.3	61.01	—	—

续表 14-3-2

年度	各项贷款	比上年末增加	增幅	短期贷款	中长期贷款
1997	38217.0	9795.5	34.47	—	—
1998	43156.0	4939.0	12.92	—	—
1999	46098.0	2942.0	6.82	32725	13373
2000	48171.0	2073.0	4.50	32656	15515
2001	50111.0	1940.0	4.03	31891	15533
2002	57768.0	7657.0	15.28	35871	19353
2003	58132.0	364.0	0.63	31239	24453
2004	57784.0	-348.0	-0.60	33156	23448
2005	71647.0	13863.0	23.99	42161	30486
2006	77367.0	5720.0	7.98	42579	34089
2007	87802.0	10435.0	13.49	50905	36897
2008	80346.0	-7456.0	-8.49	49418	30928
2009	122991.0	42645.0	53.08	82524	40467
2010	164375.0	41384.0	33.65	94500	72400
2011	198011.0	33636.0	20.46	116500	81500

第二节　主要业务

一、支付结算管理

景东县支付结算历经计划经济、改革开放、市场经济建设三个时期。

计划经济时期　实行单一的国家银行信用统揽支付结算。商业信用受到限制甚至被取消，货币流通依据国家计划进行组织和调节，具有鲜明的计划经济及国家银行体制色彩。结算方式主要有支票、汇兑、付款委托书、托收无承付、托收承付等。

改革开放时期　改革开放后，为适应经济金融体制改革和发展需要，支付结算发生一系列变革。1988 年 4 月，汇票业务恢复办理。自 1988 年 8 月始，办理委托收款业务。1988 年 9 月 1 日，由人民银行景东县支行牵头组织成立县同城票据交换所，为同城资金汇划提供清算服务。1990 年，工行储蓄业务率先实现通存通兑。1990 年 2 月 15 日，县工行率先发行牡丹信用卡，与全省各市县工商银行主要网点联网。1991 年 4 月 1 日，人民银行景东县支行全国电子联行系统开通，初步实现异地跨行支付清算业务处理电子化。

市场经济时期　党的十四大确立社会主义市场经济体制建设目标之后，经济金融改革逐步深化，支付结算和支付体系规范发展。人民银行景东县支行针对景东县支付结算工作中存在不讲信用，不执行结算纪律，支付结算秩序混乱等突出问题，开展现场检查，查处违反规定开立和使用账户、压票、随意退票、截留挪用客户和他行资金，无理拒付、自行拒付退票等影响汇路畅通行为，确保景东县资金结算渠道畅通，促进企业及时偿付和收回货款。随着支付系统等基础建设持续推进，中国人民银行逐步完善电子联行系统，实施电子联行“天地对接”工程，人民银行景东县支行电子联行资金在途时间由 7~10 天减少到 2~3 天以内。2000 年后，支付体系建设步入创新、跨越发展新时期。自 2003

年始，县人民银行执行《人民币银行结算账户管理办法》。2005 年 2 月，按照《人民银行结算管理办法实施细则》，在核准开立基本存款账户、临时存款账户、预算单位专用存款账户和 QFII 专用存款账户基础上，分别发放各存款账户许可证。2005 年 6 月，人民银行景东县支行大额实时支付系统的运用，为社会经济活动开展和资金运行提供“金融高速公路”。截至 2011 年，金融机构共发放银行卡 15.5 万张，推广使用 POS 机 320 台、ATM 机 68 台，不断丰富金融产品种类和服务内涵。加强农村支付环境建设，在全市首批（共 3 个县）开通惠农支付服务点 8 个，金融服务体系日趋完善，整体服务功能不断增强。

二、经理国库

1951 年，景东县设立金库，人民银行景东县支行代理金库业务，各基层处、所为代收点，支库设立专人负责办理金库收入收纳、汇总、报解和支拨业务。1986 年 5 月，人民银行景东县支行正式经理国库，履行对本级国库和各经收处各级预算收入收纳、划分、报解入库和地方预算支拨监督管理、国债管理，开展国库统计分析等。各专业银行及其基层机构为经收处，到 2011 年末共有经收处 2 个。

2000—2011 年景东县国库收支指标一览表

表 14-3-3

单位：万元

年度	收入			支出			库存		退库	
	小计	调拨	基金	小计	调拨	基金	上年末	期末	中央级	地方级
2000	5681	10724	168	16230	9	288	61	—	171	143
2001	6620	15138	131	15058	4927	1042	—	—	117	120
2002	6637	13086	148	13621	6353	18	—	253	204	99
2003	7585	16345	152	17609	5979	482	253	266	260	123
2004	7946	19157	61	17988	9048	96	266	229	164	141
2005	9468	22152	111	21007	9322	1426	229	275	546	218
2006	10047	29652	35	29593	9130	1250	275	997	178	120
2007	11438	39850	839	46777	1568	1456	997	3621	403	166
2008	15800	51009	770	63842	650	1563	3621	5145	239	88
2009	18000	74079	1896	87497	522	3360	5145	7740	49	46
2010	22868	92414	6414	110975	1739	7709	7740	9014	228	81
2011	25388	98442	2989	117769	3063	7673	9014	7328	349	498

三、货币发行与流通管理

1986 年，发行库设立后，抓好发行基金调运、组织各种券别到位，保证流通中人民币合理的券别需要，兑换、回收和处理残缺、污损人民币。当年，共回笼现金 6670.1 万元，投放 6565.3 万元，净回笼 54.8 万元。2000 年，共回笼现金 17.75 亿元，投放 18.82 亿元，净投放 1.07 亿元。2004 年，共回笼现金 24.26 亿元，投放 24.09 亿元，净回笼 1703 万元。2004 年 12 月 31 日，发行库撤销，停止办理人民币发行、回笼业务。着重加强对人民币法律保护，维护人民币信誉，开展新版人民币发行宣传和反假人民币宣传，充分发挥反假联席会议成员单位联动作用，以打击、宣传、培训和提高金融服务为反假人民币工作重点，按照打防并举原则，加大查堵工作和打击力度，并履行现金管理职责，做好现金现场检查和非现场监管，有效防范大额现金结算风险；加强对反洗钱有关规定的执行力度，检查监督对《中华人民共和国人民币管理条例》《中国人民银行残缺污损人民币兑换办法》《不宜流通人民币挑剔标准》的执行情况，维护人民币信誉，维护金融经济社会稳定。

四、执行货币政策及维护金融稳定

1986年，人民银行景东县支行另行组建专门行使中央银行职能后，运用上级授权管理再贷款、再贴现、存款准备金、利率等政策工具，加强货币政策工具的管理，每年按时召开金融联席会议，传达贯彻当年货币信贷政策，分析景东县经济金融形势，预测当年景东县金融机构人民币存贷款增长建议目标，作为县委县政府指导金融工作参考依据，以保持金融对县域经济发展支持力度，做好"窗口指导"，促进信贷结构调整。根据宏观调控各项要求，结合景东县经济发展实际制订信贷指导意见，指导金融机构贯彻执行国家宏观调控措施和产业政策，明确当年信贷投向重点以及加以限制的行业、产业，合理安排信贷投放进度，切实把握信贷投向，优化信贷结构，保持货币信贷合理增长，为辖区党政领导提供金融决策服务。

按照"明晰产权关系、强化约束机制、增强服务职能、国家适当支持、地方政府负责"总体要求，建立农村信用社改革效果跟踪动态监测和现场考核机制，开展农村信用社财务经营指标、资金流动性、存款准备金等日常监测和专项中央银行票据兑付考核专项检查，及时分析、反馈改革动态及实施进展情况。

五、金融统计与分析

执行总行金融统计制度，做好金融统计与分析工作，及时、准确、完整地上报监测数据、分析报告以及其他有关数据和材料。协调和指导辖内金融机构统计工作开展，编制《景东县金融统计月报》；拓展统计范围，收集整理辖内经济情况和数据，建立健全经济金融数据信息库，按季撰写景东县经济金融运行情况分析，密切关注经济金融运行状况，针对经济金融运行热点难点问题开展调研，及时反馈经济金融运行苗头问题，为上级行和地方党政部门提供决策依据。2003年按月开展企业商品交易价格调查。

六、征信体系建设

1996年，实行贷款证制度，适应企业多头贷款和银行打破专业分工后贷款信息共享需要。2000年，开通银行信贷登记咨询系统，适应商业银行信息技术发展。全国各商业银行与该数据库联网查询，提供企业在金融机构借款、担保等信贷信息，企业主要财务指标信息等。2005年，启动全国统一企业信用信息基础数据库，企业信用信息基础数据库采取全国集中式数据库结构，数据采集项由300多项扩展到800多项，按年开展贷款卡年审，更新企业信用信息，提高信息准确性。2011年，新办贷款卡23户，年审52户，挂失2户；受理个人信用业务查询18笔。

七、机构监管

从维护辖内金融体系安全、合法、有效运行出发，加大监管力度。一方面从严把住市场准入关。根据设立金融机构原则与条件，按照办理程序，从严把握金融分支机构增设。另一方面从严把握市场退出关。切实履行金融机构撤销、兼并、归口或者歇业、破产、解散监管职责，严把市场退出宣传关、维权关、调解关、鉴证关。1994年实施非现场监控后，监管部门从各金融机构按月报送的资产负债表、损益表、财务报表的数据及其他有关资料中分析、对比，及时掌握各金融机构经营状况，及时发出预警，并结合现场检查、专项检查、金融机构年检等监控手段对金融机构实施监管，并取得良好监控效果。2004 年，中国银监会思茅分局景东办事处成立，人民银行不再履行银行业金融机构日常监管职能。

八、金融电子化建设

金融知识进万家活动（县人民银行　提供）

1995 年前，各金融机构电子化建设仅限于利用计算机处理会计、统计等业务。自 1995 年始，金融系统按照“打基础、上规模、单机起步、分步联网”实施步骤，不断加快金融科技和电子化建设步伐。至 2005 年，建成覆盖全县、联通全国、较为完善的现代化支付结算系统，景东金融电子化建设基本涵盖居民储蓄、对公存贷款、信用卡、网上银行、保险、证券等各项业务，金融电子化建设初具规模，金融机构集约化经营效益提高，市场竞争力增强。1995 年 9 月，思茅市人民银行卫星通讯小站建成，成为全国金融卫星通讯网站点之一，县支行开通电子联行系统，2002 年完成联行业务全部并入全国大网运行，从而保证全国异地资金及时划转和清算，实现资金流动及时监测调度，保证资金高效率运转。1994 年后，推行中央银行会计核算系统，确保人民银行会计核算工作准确、高效。2000 年，为配合中国现代化支付系统二期工程建设，总行重新开发中央银行会计核算系统。目标是满足人民银行改革和业务发展需要，支持现代化支付系统建设，提高会计信息反映能力，加强会计管理，防范资金风险。2005 年 3 月 21 日，按照《中央银行会计集中核算系统推广总体计划》，中央银行会计集中核算系统正式上线运行。成功实现中央银行会计集中核算系统推广应用，形成普洱市中心支行与辖内县支行会计核算集中处理，并在此上接入昆明中支小额支付系统。2000 年，启动内联网工程。经过几年建设，基本建成标准内联网服务平台，内联网已成为人民银行景东县支行信息化建设中不可或缺的重要基础设施，覆盖信贷登记咨询、会议电视、办公自动化、公文传输、电子邮件、国库综合业务处理、货币发行管理信息、金融统计监测管理等数十个重要业务系统在网上运行。至 2005 年，先后完成中央银行会计核算、国库运用、全国支票交换、办公自动化、货币金银管理、人民币结算账户管理、征信管理等系统电子化建设。

第三节　邮政储蓄

一、储蓄种类

1986 年 10 月 1 日，恢复邮政储蓄业务。1987 年，景东邮电局在县局设储蓄专柜，主要办理邮政储蓄业务。人民银行根据邮电局缴存储蓄存款，按月累计平均余额付 2.2‰手续费，邮电局不承担风险。1991 年 1 月 1 日，邮政储蓄由代办改为自办。邮电局收揽邮政储蓄存款转存入人民银行，人民银行向邮电局支付转存款利息和保值储蓄贴息，储户存款利息由邮电局支付，其利差即为邮电局经营收入。1987—2011 年，县内邮政储蓄业务种类有活期、定期、定活两便 3 种。定期储蓄分为整存整取、零存整取、定额、存本取息、整存零取等。活期储蓄分为本地和异地存取业务，还开办代理金融业务和基本储蓄账户办理的各项代理业务、理财业务、代理保险业务、代发工资、代交话费、代交水电费等。1997年，县邮政储汇营业网点实现营业前台微机办理储蓄业务。1999年，景东邮政储蓄业务实现全国联网，通存通兑，发行“邮储银联卡”（简称邮政绿卡）。2000年10月，景东邮政储蓄配备ATM自动取款机。2001年9月，完成对储蓄网点人员培训，实现在储蓄网终端可直接代收移动、联通电话费业务。2002年6月，县内邮政储蓄实施云南省“邮储银联卡”工程，邮政绿卡可在全国各地通存通兑，并在任何一家金融机构贴有“银联”标识ATM或POS机上，以及境外东南亚部分国家或地区使用。2004年9月，县内邮政储蓄实施全国邮政储蓄统一版本工程，提高网络运行效率。2005年6月，县内邮政储蓄实施云南省邮政储、汇“两网互通”工程，进行邮政金融网竞争，提高储汇资金效益率。参加在全系统基础管理整治工作，围绕业务流和资金流，加强邮政金融13个重控岗位管理，落实有关重控职责，提高员工综合素质。从事邮政金融业务人员95%通过职业技能鉴定，邮政储蓄实现业务流程标准化，业务操作规范化。

二、储蓄余额

1987—1991年，全县储蓄余额为56万元。1990—1994年，储蓄存款余额较快增长。其中1990年增至72万元。1994—2011年，储蓄存款大幅增长。其中，1994年436万元，1995年1059元，2000年2655万元，2005年4834万元，2011年8655万元。

1991—2011年景东县邮政储蓄存款余额统计表

表14-3-4　　单位：万元

年度	存款	年度	存款	年度	存款
1991	72	1998	1310	2005	4834
1992	129	1999	2448	2006	5413
1993	193	2000	2655	2007	4759
1994	436	2001	3615	2008	5415
1995	1059	2002	3773	2009	6202
1996	1485	2003	4518	2010	6735
1997	1500	2004	4803	2011	8655

三、邮政储蓄网点

1987年9月，县邮电局营业室开始办理城乡居民个人邮政储蓄业务。1995—1996年，清凉邮政所、文井邮政支局先后开办邮政储蓄业务。2011年末，全县设景川路邮政储蓄银行、清凉营业所、文井营业所3个邮政储蓄网点，分别设支行长和支局长，负责网点管理和发展工作，邮电（政）局长为景东邮政储蓄总负责人和第一责任人；金融从业人员19人。

第四节　金融机构

一、中国人民银行景东县支行

1950年10月20日，中国人民银行景东县支行（简称人行）成立，为中国人民银行在景东县分支机构。1984年，人行与工商分设。1986年5月1日，正式行使中央银行职能。主要职责：行使国家金融方针与货币政策，管理辖内人民币流通，监督管理银行间同业拆借市场，经理国库，维护支付、清算系统正常运行，指导、部署金融业反洗钱工作，监测反洗钱资金，负责金融业统计、调查、分析和预测及信贷征信、金融稳定工作。2011 年，内设办公室、综合业务股和基础业务股；在职 16 人，其中，中级职称 8 人、初级职称 5 人。历任行长：李文焕（兼）、肖云祥、罗允性、李林光、李籽汶。

二、中国工商银行景东县支行

1984 年 1 月，由人民银行景东县支行分设中国工商银行景东县支行，行址在县城景川路。主要业务是管理国营工商企业流动资金，企业信贷、吸收城市储蓄，信贷结算、现金管理。内设人事秘书、信贷结算、储蓄、会计、计统等股室，下设安定、锦屏、大草地、文井 4 个储蓄所；职工 69 人。2005 年，金融体制改革。撤销中国工商银行景东县支行，整体业务、人员移交景东县农村信用合作联社。历任行长：李文焕、王标、朱永顺、施行忠、刘杨、苏大明。

三、中国人民建设银行景东县支行

1979 年 9 月，由人民银行景东县支行分社中国人民建设银行景东县支行，行址在县城景川路。主要业务是对县境建设资金使用行使监察督促职能，协助建设部门对建设工程进行可行性论证及对工程设计、投资概算、施工预算、竣工决算、工程质量检查验收；职工 7 人。1982—1984 年，审查工程预算 14 项，投资 500 余万元；代编工程预算 24 项，投资 481 万元。审核后核增 4.39 万元，核减 36 万元。20 世纪 80 年代，先后为者孟糖厂锅炉改造、县红砖厂技术引进、松香厂技术改造、县酒厂扩大生产线发放贷款 550 万元。1994 年，更名为中国建设银行景东县支行。下设营业部 2 个，职工 16 人。在东镇增设建行景东分理处，后迁至县城营业；设立房地产信贷部，开展与城镇住房制度改革相配套的信贷业务。2004 年 12 月，金融政策调整，建行景东县支行撤销，相关业务移交景东农村信用合作联社。历任行长：张健超、李壁、陈建勇、王开贵、王贵勇。

四、中国农业银行景东县支行

存款 1980 年，中国农业银行景东县支行（以下简称县农业银行）结合自身特点，改善服务质量、吸纳存款大户，使各项存款稳步增长，存款余额 471 万元（其中信用社 273 万元）。1993 年，执行《国务院关于金融体制改革的决定》，国有专业银行向国有商业银行转变。各项存款余额 4749 万元，比 1980 年增长 10.08 倍。1996 年后，执行《国务院关于农村金融体制改革的决定》，按照“巩固乡镇，拓展城市”发展战略，把服务“三农”作为重点，不断拓展存款业务。2007 年末，存款余额 45310 万元，比 1993 年增长 9.54 倍。2008 年后，执行《农业银行股份制改革实施总体方案》，坚持“发展、转型、创新、控险、强管、增效”业务经营方针，各项存款余额持续攀升，至 2011 年达 90377 万元，比 2007 年增长 1.99 倍，比 1980 年增长 191.88 倍。

中国农业银行景东县支行（罗海艰 摄于 2015 年 11 月）

贷款　1979年，县农业银行恢复建制，坚持择优原则，立足城乡，保证重点，为县域经济发展提供有效服务。1980年，各项贷款余额595万元。1993年，各项贷款余额4978万元，比1980年增长4383万元，增长7.37倍。自1993年始，深化改革，各项贷款不断增加。2006年，各项贷款余额24353万元，比1993年增长4.89倍。2011年，各项贷款余额32361万元，比2006增长1.33倍，比1980年增长54.39倍。

机构　1966年初，中国农业银行景东县支行（以下简称县农业银行）并入县人民银行。1979年2月，恢复县农业银行建制，内设营业室和人事秘书、审计稽查、计划统计、会计出纳、农业信贷、信用合作股，下设锦屏、文井、文华、者后、安定、文龙、太忠、龙街、大街、花山、景福、林街、永秀、曼等、保甸15个营业所。主要职责为统一管理支农资金，集中办理农村信贷，领导农村信用合作社发展农村金融事业等。1994年4月，中国农业发展银行成立。县农业银行向中国农业发展银行划转政策性业务、部分人员和财产。1996年10月，县信用联合社与县农业银行脱离行政隶属关系。1999年，县农业银行向商业银行转轨，实行行长领导下经理、主任负责制。2004年底，除锦屏镇外，各乡镇网点撤并。内设营业室、办公室、财务会计部、信贷部、客户部。在城区设景川路分理处、锦屏营业所、北郊储蓄所。2006年设立南郊分理处，2007年初撤并锦屏营业所和北郊储蓄所，成立锦屏支行。2009年1月，更名为中国农业银行股份有限公司景东县支行（简称景东县支行）。2011年5月，景东县支行由景川路迁至凤御路66号，内设支行综合管理部、客户部，有支行营业室、锦屏支行、南郊分理处3个对外营业网点，在岗员工51人。历任行长：李正云、杨兴学、李正东、杨宏、李洪。

中国农业银行景东县支行主要改革发展年份存贷对照表

表14-3-5　　　　单位：万元、%

年度	存款余额	贷款余额	存贷比	年度	存款余额	贷款余额	存贷比（%）
1980	471	595	126.33	2008	51990	7763	14.93
1993	4749	4978	104.82	2009	63207	10941	17.31
1994	6943	3737	53.82	2010	79952	22363	27.97
2006	41444	8365	20.18	2011	90377	32361	35.81
2007	45310	24551	54.18	—	—	—	—

五、农业发展银行景东县支行

1996年12月28日，农业发展银行景东县支行（简称发行）成立，由农行划转18人。下设行长室、综合部、信贷计划部、财务会计部，驻河东街大桥旁（租用农行锦屏营业所）。主要办理经国务院、中国人民银行安排，财政贴息储备贷款和结算及其他业务，吸收财政性、企事业单位以及政策性存款。自1986年末始，发放扶贫贴息贷款。1997年，划转农业政策性存款638万元，至年末余额11964万元。1998年3月，加强粮棉油收购资金封闭运行管理。2002年6月，购买百货五交化公司自选商场为营业办公用房（景川路116号）；框架钢混结构，建筑面积1500平方米，总投资295万元。自2004年始，业务范围逐步拓展，开办粮棉油产业化龙头企业、加工企业和农业科技贷款业务，并扩大产业化龙头企业贷款业务范围。2007年1月，经银监会批准，开办农村基础设施建设、农业综合开发和农业生产资料贷款业务。经多年发展，贷款客户呈多元化，形成“一体两翼”（以粮棉油收购信贷为主体，以农业产业化信贷、农业和农村中长期信贷为翼）发展格局，贷款领域涉及农林牧渔产业化龙头企业，并依靠龙头企业带动农户收益近5000户。2011年，正式职工15人，内设行长室、办公室、客户业务部、会计结算部。历任行长：刘晓萍、刘志昌、李燕涛。

1997—2011 年农业发展银行景东县支行各项存贷款及利润情况统计表

表 14-3-6　　单位：万元、%

年度	存款	贷款	利润	年度	存款	贷款	利润
1997	638	11964	-230	2005	1865	5407	82
1998	324	4559	-218	2006	4151	5520	8
1999	128	4855	-109	2007	4878	5637	49
2000	50	4678	-54	2008	5704	4954	72
2001	217	4297	-114	2009	7454	9688	40
2002	258	4508	-123	2010	8851	13057	252
2003	284	4199	-155	2011	9980	12838	268
2004	209	2740	-152				

六、景东农村信用合作联社

业务发展情况　中共十一届三中全会后，农村信用合作联社生机和活力恢复。1984 年，实施体制改革。恢复社会主义集体金融组织性质，推行经营管理责任制，实行独立核算，自主经营，自负盈亏。12 月，全县信用合作联社代表会召开，选举产生理事会和监事会，成立景东县农村信用合作联社联合社（简称景东联社）。1985 年后，继续坚持“组织上的群众性、管理上的民主性、经营上的灵活性”办社方针，不断拓展信贷业务，支持乡镇企业及重点户、专业户、承包户，组织回笼农村资金，促进商品经济发展，使农民尽快富裕起来。

1980—1984 年，各项存款余额 433.4 万元，比 1979 年增长 15.3%，其中社员存款 222 万元，比 1979 年增长 109.3 万元，增长率 96.98%。1984 年，各项贷款余额 699.5 万元，较 1979 年净增 526.2 万元，增长 3.04 倍。

1995 年，全县各项储蓄余额 4002.5 万元，较 1979 年增加 3622 万元，增长 9.5 倍；各项贷款余额 2387 万元，较 1979 年增加 2243.6 万元，增长 15.56 倍。

1996—2000 年，景东联社发展时期。建（购）房 21 幢，购置车辆 6 部，投资 1951 万元。累计发放贷款 32682 万元，其中，农户 28887 万元，农业经济组织 2723 万元，农村工商业 456 万元，其他 616 万元。1996 年，与农业银行脱离，隶属人民银行。2000 年，各项存款余额 14265 万元，其中储蓄 11733 万元，比 1996 年初分别增长 256.4% 和 230.1%；各项贷款余款 9999 万元；实收资本金 1943.6 万元，股本金

景东农村信用合作联社（李世华　摄于 2003 年 12 月）

438.9 万元，资本公积 27.8 万元，比 1996 年初分别增长 672.5%、1484.5%和 243.2%。

2001 年，坚持以农为本，为农服务宗旨，大力组织存款，拓展新业务，加大改革力度；强化内部管理，提高经济效益。各项存款余额 16528 万元，比上年净增 2263 万元；各项贷款余额 12215 万元，比上年净增 2216 万元，农户贷款占比 76%，存贷占比 74%。

2002 年，各项存款余额 18219 万元，比上年净增 1691 万元，增长 10.23%，其中储蓄 14604 万元，比上年净增 1609 万元，增长 12.38%；各项贷款余额 13465 万元，比上年净增 1250 万元，增长 10.23%，其中农业贷款余额 12741 万元，占 94.62%；存贷百分比 73.91%，比 2001 年增长 0.01%。

2003 年，深化改革，加强管理，改进服务，坚持为“三农”服务，不断提高服务水平和信贷资产质量，经济效益显著提高。各项存款余额 21309 万元，比 2002 年净增 2640 万元，完成计划的 105%；各项贷款余额 14905 万元，比上年净增 1440 万元，其中农业贷款余额 12371 万元，比年初增加 1733 万元，农户小额信用贷款面 22%。

2004 年，实现“三个增长、两个提高、一个降低”（存款增长、贷款增长、股金增长，应付利息备付率提高、呆账准备率提高，费用率降低）。各项存款余额 29644 万元，较年初净增 8335 万元，增长 39.11%，其中储蓄 22785 万元，较年初净增 5653 万元，增长 33%，占各项存款 76.86%；各项贷款 20504 万元，较年初净增 5599 万元，增长 37.57%，其中农业贷款 14443 万元，比年初增加 2072 万元增长 16.75%，农户贷款面 44.34%，占全县存款市场份额 36.2%，占全县贷款市场份额 35.5%。

2005 年 3 月 28 日，云南省农村信用社联合社成立。按照国务院和省政府部署，开展以县为单位统一法人产权制度改革，省联社和省联社普洱办事处相继成立。当年，各项存款余额 54806 万元，较上年净增 25164 万元，增长 84.89%，其中储蓄 37443 万元，较 2004 年末净增 16659 万元，增长 80.15%；各项贷款余额 39655 万元，较上年增加 19152 万元，增长 93.41%，其中农业贷款 19754 万元，占各项贷款 49.81%。

2006 年，结合“立足三农，服务城乡，支持中小企业，促进地方经济、社会快速发展”市场定位开展工作，各项业务全面发展，实现安全合规经营。各项存款余额 68248 万元，比年初增加 13442 万元；各项贷款余额 47493 万元，比年初增长 7838 万元，存贷百分比 69.6%，其中农业贷款 19263 万元，占各项贷款余额 40.6%。

2007 年，景东联社有营业网点 23 个，其中，法人机构 1 个，联社营业部 1 个，乡镇信用社 12 个，分社 10 个；职工 171 人。各项存款余额 79309 万元，比年初增加 11060 万元，增长 16.21%；各项贷款余额 57613 万元，比年初增加 10120 万元，增长 21.31%，其中农业贷款余额 30172 万元，比年初增加 10909 万元，占各项存款市场份额的 38.04%，占各项贷款市场份额的 52.37%，其中农业贷款余额 2.3 亿元，占全县银行业金融机构农业贷款余额的 96%。获农村信用社贷款支持农户 6.6 万户，占全县总农户数的 81%。经营规模居景东银行业首位，成为景东县银行业金融主力军。

2008 年，按照省联社“十六项措施”要求，围绕体制改革和业务发展两大主题，拓展各项业务，不断完善内控制度建设，管理水平逐步提高，抗风险能力和综合竞争实力稳步提升。全县农村信用社利用互联网平台，实现全国储蓄通存通兑，推广银行卡消费，延伸银税、银企合作服务手段。5 月，实现 1000 万元专项中央银行票据兑付。当年，各项存款余额 98432 万元，比年初增加 19123 万元，增长 24%，存款余额居全县金融机构之首，占比 59.07%；各项贷款余额 66846 万元，比年初增加 9233 万元，增长 16%，贷款余额居全县金融机构之首，占市场份额的 83.2%。全年累放农业贷款 27140 万元，占总投放的 56.56%。

2009 年，各项业务迅猛发展，市场竞争力和经营管理水平明显提高，企业形象和社会地位稳步提升。各项存款 133637 万元，比年初净增 35205 万元，增幅 35.77%，存款余额居全县金融机构之首，市场份额 63.5%，比 2008 年扩大 4.43%；各项贷款余额 102307 万元，比年初净增 35461 万元，增幅 53.1%，其中涉农 76062 万元，比年初净增 40331 万元，占各项贷款余额的 74.35%，贷款余额居全县金融机构之首，市场份额 82.5%。

2010 年，以“服务创优”和创先争优活动为契机，超额完成各项目标任务。中间业务拓展力度加大，核心竞争力增强。金碧公务卡顺利发行，电子银行业务拓展，代收代付业务拓展。实现中间业务收入 273 万元，同比增长 72.78%，占收入比重 2.42%。加大自助设备安装力度，用卡环境有效改善。安装自助设备 212 台，其中，ATM 机 16 台，自助银行 1 个，POS 商户 156 个；自助设备交易量 36.18%。恢复流动服务点，实现农村合作金融全覆盖。12 月，平掌街流动服务点恢复；共有联社营业网点 21 个，流动服务点 2 个。实现社会化押运，并加大营业网点设施建设和标准化改造。全县有 18 个营业网点取得营业室、库房二级达标合格证。各项存款余额 186892 万元，比年初增长 53255 万元，增幅 39.85%。其中，储蓄 132455 万元，占总存款的 70.87%；对公 54437 万元，占总存款的 29.13%；存款市场份额 64%，同比提高 3.2 个百分点。各项贷款余额 128955 万元，净增 26648 万元，增长 26.05%，贷款占全县市场份额的 78.45%。评定信用村 39 个、信用组 424 个、信用乡镇 1 个，贷款农户 58879 户，农户贷款面占总农户 69.22%。

2011 年，存贷款保持较高增幅，存量、增量继续保持县域金融机构首位。(1) 贷款管理向规范化、精细化推进。(2) 严控信贷投向和节奏，按照“有快有慢”“有进有退”原则，压缩非农贷款，加大涉农贷款投放，满足支农贷款需求。坚决压缩不符合国家产业政策规定和市场准入标准项目贷款。(3) 7 月，顺利完成办公楼搬迁。启动景福、曼等信用社办公综合楼建设工程。(4) 引入视频会议室、考试系统，建成连结城乡，以培训、考评为一体的培训、教育平台。(5) 中间业务取得突破，竞争力得到巩固和提升。9 月 8 日，在文龙乡举行新型农村社会养老保险及城镇居民养老保险首发仪式。扩充低成本资金来源。非税业务和代收交通罚款取得突破，开通惠农支付服务点 8 个。(6) 随着网上银行、手机银行等新渠道开通，公务卡、贷记卡等新产品推出，新农保代理业务稳步推开，3 个流动服务点开业服务，全县农村信用社服务能力和水平提升。(7) 安全保卫科技管理初见成效。联社在辖内所有网点安装电视监控、红外线报警装置，实现远程监控网络全覆盖，并制订《景东县联社监控中心管理实施细则》，对重要区域实行 24 小时监控，防范涉枪、抢劫、盗窃等案件事故发生。(8) 首次实现自助设备交易笔数超过柜面交易笔数，业务处理由手工时代向电子化时代转变，多层次、多元化现代化金融服务平台形成。(9) 精神文明建设成果丰硕。获省联社“省级先进集体”、普洱市委“青年文明号”、全国妇联“巾帼文明岗”等称号。全年存款 229532 万元，比上年增加 42640 万元，增长 22.82%，其中对公 58977 万元，占存款总额的 25.69%，储蓄存款 170554 万元，占 74.31%；贷款 152813 万元，比上年增加 23858 万元，增长 18.5%，其中涉农贷款余额 132224 万元，占贷款余额的 86.53%，比年初增长 21819 万元，增幅 19.76%，存款占全县市场份额的 67.04%，贷款占全县市场份额的 77.17%，存贷比率 66.58%。存贷余额分别为 2008 年的 2.22 倍、2.48 倍。

民主管理　1984 年，组建社员代表大会，实行“三位一体”(代表大会、理事会、监事会) 管理机制。社员代表大会由全县 15 个农村信用合作联社集体社员和职工社员组成，是联社最高权力机构，代表由信用社员和职工社员中选举产生。重大事项提交社员代表大会讨论，作出决议；理事会根据社员代表大会决议具体管理和实施；监事会维护好社员和集体利益，做好监督。理事委员会是社员代表大会常设机构，在社员代表大会休会期间，管理和处理信用社日常工作。监事委员会是信用合作联社监察机构，监督检查信用合作联社一切工作是否按照党的方针、政策、金融法规和社员代表大会决议正确贯彻执行，并审视信用合作联社是否健康发展。社员代表大会、理事会、监事会任期三年，可连选连任。

1996—2011 年景东县农村信用社存贷款利润情况一览表

表 14-3-7 单位：万元、%

年度	总收入	总支出	年末存款余额	年末贷款余额	利润
1996	833	1103	6478	5064	-275
1997	1162	1200	10574	7857	-38
1998	1342	1382	10666	8930	-41
1999	1109	1176	12021	8930	-67
2000	1127	1109	14265	9999	18
2001	1137	1108	16529	12218	79
2002	1195	1168	18222	13466	27
2003	1211	1189	21309	14905	22
2004	1433	1432	31019	19921	1
2005	2022	1984	54806	39655	38
2006	3418	3355	68248	47493	63
2007	4645	4404	79309	57613	241
2008	6192	5323	98432	66846	869
2009	8168	7483	133637	102307	685
2010	11288	8114	186892	128955	3174
2011	16590	10514	229532	176395	6076

第四章　保　险

第一节　人保财险景东支公司

一、财产险承保和理赔

20世纪80年代前，财产保险种类单一。改革开放后，逐步扩展为企业财产、家庭财产、人身保险等20多个险种。1982年，主要办理企业、机动车辆、家庭等财产保险业务。当年收保费2.52万元，赔款4536元，综合赔付率17.7%。1983年，收保费4.23万元，赔款支出4.43万元，综合赔付率104.7%。1984年，开办7种险种，收保费10.09万元，赔款1.2万元，综合赔付率11.9%。1985年，收保费16.13万元，赔款支出4.37万元，综合赔付率31.7%。1986年，收保费23.54万元，赔款支出22.17万元，综合赔付率94.1%。其中兑现饮食服务公司7.65万元，为最大的一笔赔款。1990年，收保费110.9万元，比1984年增长10倍，当年赔款支出45.9万元，占保险费收入的41.4%。1996年，收保费290万元、理赔246.5万元，分别比1990年增长1.6倍、4.37倍。2001年，收保费426.5万元，理赔234.58万元。2006年，收保费772.5万元，比2001年增长81.13%；理赔484.1万元，比2001年增长106.37%。2011年，收保费2924.51万元，理赔2203.55万元，上缴各类税收300余万元。

1984—2011年景东县保险业务统计表

表14-4-1　　　　单位：件、万元

年度	保费	理赔		年度	保费	理赔	
		件数	金额			件数	金额
1996	290.0	306	246.5	2004	572.0	667	470.9
1997	315.0	297	189.0	2005	634.8	750	492.5
1998	360.0	375	270.0	2006	772.5	965	484.1
1999	400.0	401	280.0	2007	896.0	1004	517.0
2000	431.2	506	258.7	2008	1478.8	1246	909.2
2001	426.5	485	234.6	2009	1706.1	1460	1171.6
2002	497.0	603	418.2	2010	2460.0	1752	1896.0
2003	522.4	705	520.0	2011	2924.5	2100	2203.6

二、机构

1957年前，景东县保险工作委托人民银行代理，有专职人员3人，主要办理车辆运输、财产及

理赔服务车辆宣传（人保财险景东支公司　提供）

人身、农村耕牛等保险业务。1957年，保险业务划归县财政局，工作基本停顿。1982年，由县人民银行代理保险业务，有办事员1人。1984年4月15日，正式成立中国人民保险公司景东县支公司。1996年3月，成立中国人民财产保险股份有限公司景东县支公司，隶属中国人民财产保险股份有限公司，国家控股。2011年，有职员28人，各乡镇均设服务网点、查勘人员及党团、工青妇组织。主要业务为全县各类财产、责任及意外、健康保险。先后获得人保总公司、省委省政府“精神文明单位”“重合同守信用企业”“青年文明号”等称号。历任经理：方祥达、姜方雄、高建忠、孙纪刚、李伟、罗东文、丁建福。

第二节　人寿保险景东支公司

一、承保保险

团体综合意外伤害保险　1985年开办。至2011年，保费收入1183.42万元。

简易人身保险　1987年开办，1999年停办。保险期分10年、15年、20年、30年4种。保险费收入333.63万元。2007年，开办国寿新简易人身保险。

独生子女两全保险　1988年开办，1999年停办。根据投保家长意见确定投保年限，最长投保年限到子女18周岁。保险费收入141.79万元。

养老年金保险　1987年开办，1999年停办。主要对象为集体经济组织在职职工、全民所有制经济组织合同制工人、领有工商营业执照个体劳动者等，保险期从第一次交付保费起生效，至被保险人退休时止。保险责任为投保人退休后月领取养老年金直到死亡为止。保费收入526.49万元。2010年，开办国寿福禄满堂养老年金保险。

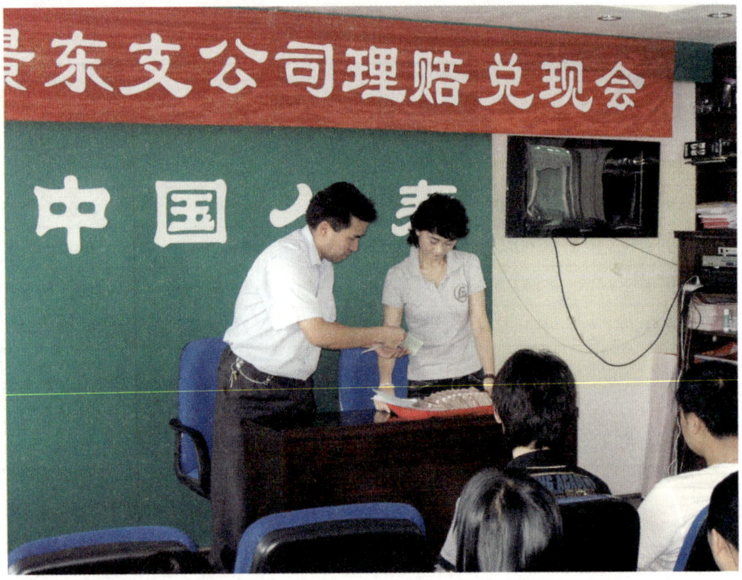

保险理赔（人寿保险景东支公司　提供）

少儿保险　1999年开办，有国寿英才少儿保险和国寿少儿两全保险，承保对象为0~14周岁健康儿童，保险期以整年计算。被保险人在保险期间内因疾病或意外伤害致死或残废，付给全部或部分保险金。2010年，开办福星少儿两全保险。

两全保险和终身保险　1994年

开办健康险。1995 年增加福寿安康险。1997 年后，险种不断更新，有国寿鸿运、鸿福、鸿鑫、瑞鑫、鸿富、鸿丰、鸿盈、金彩明天、美满一生、福满一生等两全保险和康宁终身保险。至 2011 年，开办两全保险险种 16 个，终身保险险种 1 个。

二、保险理赔

1985—1996 年，人寿保险理赔业务由县人民保险公司办理，共处理各类理赔 1443 件，支付赔款 111. 8 万元，综合赔付率 21. 3%。1996 年，财产、人寿保险业务分业经营。1997—2011 年，全县累计处理各类理赔案件 63791 件，2371. 35 万元，综合赔付率 49. 12%；满期支付 22041 件，支付各类满期金 1766. 41 万元。

1984—2011 年景东县中国人寿保险业务统计表

表 14-4-2　　单位：万元

年度	投保人数	保费收入	理赔		满期支付	
			件数	金额	件数	金额
1984	648	3. 80	—	—	—	—
1985	4654	7. 72	5	0. 06	—	—
1986	6283	15. 63	11	0. 52	—	—
1987	11677	27. 61	38	0. 97	—	—
1988	14763	43. 19	31	1. 15	—	—
1989	17816	57. 35	43	1. 73	—	—
1990	23161	68. 46	48	2. 81	—	—
1991	26753	127. 47	135	5. 63	—	—
1992	33419	176. 38	171	9. 46	—	—
1993	34648	223. 69	167	8. 51	—	—
1994	35197	276. 58	194	10. 37	—	—
1995	38613	341. 93	247	33. 43	—	—
1996	39168	456. 37	353	37. 16	—	—
1997	42736	540. 66	331	31. 84	681	82. 11
1998	41375	680. 23	1048	85. 43	2870	292. 82
1999	42517	637. 81	1965	274. 10	2043	243. 30
2000	44759	720. 36	5021	234. 63	2025	243. 41
2001	40383	727. 34	4541	234. 41	2617	162. 73
2002	41812	783. 40	3178	315. 91	2060	124. 19
2003	42366	819. 65	2751	392. 36	1600	96. 37
2004	46114	883. 48	3362	326. 44	1470	88. 71
2005	44637	965. 28	2364	213. 49	1221	73. 67
2006	43913	1159. 60	943	72. 36	1150	69. 14
2007	46648	1641. 75	1266	179. 34	2270	136. 55
2008	43669	1766. 32	1203	192. 92	790	47. 63
2009	41897	1708. 99	1377	161. 13	701	42. 29

续表 14-4-2

年度	投保人数	保费收入	理赔		满期支付	
			件数	金额	件数	金额
2010	52383	1885. 19	1460	206. 73	382	38. 73
2011	53161	1990. 97	1831	195. 80	161	24. 76

三、机构

1982 年，景东由县人民银行代理保险业务，有办事员 1 人。1983 年，有办事员 2 人。1984 年 4 月 15 日，中国人民保险公司景东县支公司正式成立，有职工 4 人。1991 年 3 月，设立文井保险代办站。1996 年 3 月，财产、人寿保险业务分业经营，成立中保人寿保险股份有限公司景东县支公司；公司领导 1 人，职工 6 人。1997 年 5 月，开展寿险营销业务，有营销员 30 人。1999 年 3 月，更名为中国人寿保险公司景东县支公司。2003 年 9 月，更名为中国人寿保险股份有限公司景东县支公司。设立文井营销服务部。2008 年 8 月，设立大街营销服务部和大朝山营销服务部。2011 年，有员工 10 人，营销员 98 人。主要开展人寿保险、健康保险、意外伤害保险等各类人身保险业务及国家保险监督管理部门批准的其他业务。历任经理：贾万明、姚云东、张大海。

第十五编

信息　传媒

第一章　邮　政

第一节　邮政设备

一、营业设备

1978—1991 年，邮政营业基本采用手工作业，没有机器设备。1992 年，县局邮政营业室购置包裹自动收寄机 1 台，包裹称重、计费、书写包裹单一次性完成，工作效率明显提高，质量得到保证。1993 年后，汇兑、报刊收订、邮政储蓄等窗口营业陆续使用电脑操作。增设信箱、信筒、写字台。1998 年，电脑增至 4 台。2007 年后，文井、漫湾、景福、安定、者后先后安装电脑，邮政营业全部使用自动化。

二、邮政投递设备

1978 年，邮路普查，开展“五定”（定人员、定班期、定行走路线、定交接点、定出归班）工作，投递质量逐步提高。

农村投递　1978—1985 年，实行原有“三定”（定员、定时、定点）投递方式。1986 年，农村投递实行改革，部分投递路线承包给投递员或当地村民。当年，投递路线 1593 千米（含村民承包 318 千米），其中，自行车路线 507 千米，步班 1086 千米。1990 年，投递路线 1573 千米，其中，自行车路线 483 千米（村民承包 264 千米），步班 1090 千米（村民承包 758 千米）。投递频次分为逐日班、隔日班、3 日班和 4 日以上。1994 年，农村投递线路 1563 千米，其中，自行车路线 356 千米（村民承包 35 千米），步班 1207 千米（村民承包 758 千米）。全县亲投村公所 161 个，自然村 413 个，学校 180 所。

县城投递　1978 年，县城机关单位大部分迁至景川路两侧，投递点增多，城区设投递员 2 人，每天投递 1 次。1986 年，机关单位沿景川路两侧向南延伸，投递范围随着城市发展规划，范围不断扩大：东至魁阁楼（河边），南至县委党校（龙泉寺），西至景东一中，北至三道沟（通化桥）。采用自行车投递，每天 1 次，设投递员 3 人。1990 年，设投递员 4 人，仍每天投递 1 次。1998 年，邮电分营，邮政根据全县乡村邮路实际，逐年调整和合并邮路，农村邮路以委（代）办方式，由当地人开展邮政投递服务，邮局按月支付给委（代）办人员代办费用。2011 年，全县各乡镇、村（居）委会、村（居）民小组及各基层单位、团体、学校都通邮路，投递线路 108 条，邮路单程总长 2180 千米，设邮递员 29 人，其中本埠投递邮路 59 条，投递半径 66 平方千米，投递员 14 人。

第二节　邮　路

1978 年，景东邮件继续交“普南邮路”（普洱—南涧）长途邮车发运，景东承担着镇沅、普洱

邮政教材配送（县邮政局提供　摄于2007年8月）

（今宁洱），及临沧、南涧部分邮件转运工作。普南邮路长途邮车每天到景东过夜，次日到达南涧后又返回景东，由县局直发清凉、文井、文华、者后、文龙、安定6个邮电所，邮件往来均由普洱邮车途中运递。全县县乡邮路总长380千米，其中，汽车邮路231千米，摩托车邮路109千米，马驮邮路40千米。1986年，县乡邮路总长344千米，其中，汽车邮路263千米，摩托车邮路61千米，马驮邮路20千米。1990年，新增县局至漫湾委办邮路。县乡邮路总长435千米，其中，汽车邮路369千米，摩托车邮路51千米，马驮邮路15千米。全县邮电支局所16个，邮班逐日班有安定、文龙、清凉、文井、文华、者后6所，隔日一班为永秀、景福、勐令、曼等、林街、漫湾、花山、大街、太忠、龙街10所。1994年，增设大朝山邮电所，开通景东至大朝山邮电所自办汽车邮路。全县县乡邮路567千米，其中马驮邮路15千米。1998年9月30日，邮电分营。全县邮政所17个，除清凉、文井、文华、者后4所外，均采取个体汽车和货车委办，每周二班。2000年，撤销勐令邮政所。2001年2月，全省邮路优化组合，取消普南邮路，邮车只到景东，景东所有出口邮件都要交到思茅邮区中心局转运，文龙、安定两所邮件由县内客车运递。2011年8月1日，全省邮路片区调整，重新恢复普南邮路，邮件传递速度明显加快。年末，全县县乡邮路总长622千米。

第三节　邮政业务

一、函件

1978年，完成出口函件24.9万件，1980年突破30万件，1985年40.41万件，1988年49.34万件。1989年，增办邮政快件业务，当年收寄2.23万件。1990年，信函业务量有所下降，收寄45.16万件（其中邮政快件2.8万件）。1991年，收寄44.68万件（含快件）。1992年，收寄52.25万件。1993年，收寄46.42万件。1994年，收寄函件71.27万件（其中邮政9.67万件），函件收入25万元，占邮政业务收入33.36%。自1998年始，电信事业突飞猛进，出口函件大幅下滑。2005年，收寄函件8.48万件，进口函件25.73万件。2006年，收寄函件13.3万件，进口函件42.4万件。2007年，收寄函件6.29万件，进口函件23.9万件。2008年，收寄函件6.64万件，进口函件20.28万件。2009年，收寄函件4.77万件，进口函件18.95万件。2010年，收寄函件3.27万件，进口17.29万件。2011年收寄函件3.35万件，进口函件19.28万件。

二、包件

1978年，收寄包裹0.94万件。1981年，随着经济体制改革，市场开发，经济发展，茶叶、木耳等农副产品寄出和外地商品包裹寄入业务量增长，邮寄包裹突破万件。1988年，收寄出口包裹3.33

万件，为景东邮政邮寄包裹最高年份。1990 年，收寄包裹 1. 27 万件，进口包裹 1. 04 万件。1991 年，收寄 0. 85 万件，比 1990 年下降 32. 64%。1992 年，收寄 0. 87 万件。1993 年，收寄 0. 99 万件。1994 年，收寄 1. 53 万件，比 1993 年增加 0. 53 万件，增长幅度 53%，包件收入占邮政收入的 21. 25%。2005 年，收寄包裹 0. 83 万件（其中快递包裹 0. 41 万件），进口包裹 1. 66 万件。2006 年，收寄包裹 0. 84 万件（其中快递包裹 0. 51 万件），进口包裹 2. 17 万件。2007 年，收寄包裹 1 万件（其中快递包裹 0. 56 万件），进口包裹 1. 87 万件。2009 年，收寄包裹 0. 74 万件（其中快递包裹 0. 55 万件），进口包裹 1. 68 万件。2011 年，收寄包裹 0. 87 万件，其中快递包裹 0. 53 万件。

三、汇兑

1978 年，全县开发汇票 0. 99 万张。1980 年，开发汇票 1. 32 万张。1984 年，突破 2 万张。1990 年，达 2. 8 万张。自 1991 年始，开发汇票业务逐年增长。1992 年，突破 3 万张，达 3. 4 万张。1994 年，开发汇票 3. 92 万张，4 年净增 1. 1 万张，增幅 39%，汇费收入占邮政业务收入的 18. 38%。2001 年 11 月，电子汇兑开通。主要汇兑业务为普通汇款和实时汇款，普通汇款实现 24 小时到达取款，实时汇款与取款可同步进行。自 2002 年始，邮政汇款业务开发加急汇款、实时汇款、回音汇款、礼仪汇款、入账汇款等新业务。2005 年，开发汇票 1. 22 万张，进口汇票 2. 89 万张。2006 年，开发汇票 4. 32 万张，进口 2. 83 万张。2007 年，开发汇票 2. 01 万张，进口 2. 21 万张。2011 年，开发汇票 1. 88 万张，进口 0. 55 万张。

四、报刊发行

1978 年，报刊发行由限额到放开，全年累计发行报纸 197. 4 万份、期发 0. 73 万份，累计发行杂志 5. 09 万份、期发 0. 46 万份。1986—2005 年，国家出版发行的报刊种类不断增加，推行“日报可破月订，周刊、半月刊和月刊可破季订”方法。1986 年，发行报纸 206. 87 万份、期发 0. 97 万份，发行杂志 18. 06 万份、期发 1. 51 万份。自 1994 年始，使用电脑发行报刊，并实现全省联网，电脑录入后汇总上传数据，系统自动决算。发行报纸 215. 15 万份、期发 0. 97 万份，发行杂志 19. 94 万份、期发 1. 52 万份。2005 年，发行报纸 121. 28 万份、期发 0. 33 万份，零售邮发报纸 1. 17 万份；发行杂志 10. 07 万份、期发 0. 84 万份，零售邮发 1. 92 万份。2011 年，发行报纸 155. 21 万份、期发 0. 43 万份，零售邮发报纸 0. 42 万份；发行杂志 8. 05 万份，期发 0. 67 万份，零售杂志 0. 18 万份，报刊流转额 159 万元。

五、机要通信

1978 年，收寄机要邮件 735 件，进口机要邮件 1623 件。1990 年，收寄机要邮件 814 件，收入 732 元，而专业成本 1. 03 万元，政策性亏损 0. 96 万元；进口机要邮件 2636 件。1991—1993 年，机要业务量继续下降。1993 年，收寄 337 件。2005 年，收寄 288 件，收入 1524 元；进口 592 件。2009 年，收寄 325 件，进口 1226 件。2011 年，收寄 504 件，进口 2256 件。

六、集邮

1985 年 12 月 20 日，自治县成立，邮电局制作和使用自治县成立纪念邮戳。1985 年 7 月 1—6 日，景东举办首届集邮展览，送展人数 26 人，展出邮票 77 框。1989 年，县局配置专人专柜，开始邮品出售，邮品销售收入 1. 19 万元。1990 年，集邮品收入 1. 77 万元。1994 年，邮品销售收入 5. 84 万元，占邮政业务收入 7. 15%。2011 年，销售集邮票品收入 28 万元。

第四节　邮政机构

1978—1998 年，电信局、邮政局合并。设局长 1 人、党支部书记 1 人、副局长 2 人、工会主席 1 人；内设办公室、邮政办、电信办、农话办、退管办、物管办、财务室。邮政由 1 名副局长分管，具体业务由邮政办负责。1998 年 10 月，邮电分营。邮政局设局长、支部书记 1 人，副局长 1 人，工会主席由副局长兼；内设综合办、市场经营部。自 2008 年始，设局长、支部书记 1 人，取消副局长，工会主席由综合办主任兼；内设综合办公室、市场经营部。2011 年 11 月，增设金融业务部。历任局长：杨学昌、李世学、王桂英、夏江龙、罗景延、廖旭，教导员：罗忠华。

第二章 电 信

第一节 电信设备

一、电报

1979年前，邮电局采用载波电报电路。1979年，安装BDO-55型电传打字机1台，通报效率提高。1983年，安装DEB-II型载报机1台，电报电路状况改善。1990年，全县有省内电报电路4条，其中，有线（含载波）3条，无线1条；收发电报设备有电传打字机3台、载报机1部、插报机2部、无线短波发讯机2部（含单边带1部）。

二、电话

长途电话 1978年前，长途电话延用1970年50门落地式磁石长途电话交换机1台。1990年，长途电话电路6路，其中载波电路5路。1992年6月25日，景东至思茅安装长途载波终端设备12路。1993年8月，景东至思茅长途光缆开通。1996年，景东长途电路从1993年13路增到544路（数字传输543路），完成思茅至大理通信光缆景东段建设。1997年，景东至景谷长途迂回光缆建成使用。1998年，开通思茅本地光缆自愈环网2.5GSDH设备，全省二级干线同步数字系列（SDH）设备安装调测完毕。1999年，开通花山—九甲—三章田—镇沅迂回光缆，全长14.5千米，出县电路大增，形成大容量、安全可靠的长途数字环形传输网络。2001年3月，思茅地区组建本地网，景东县内组成市话网，到城区内其他各县定为区间电话，出思茅地区算长途电话。

市内电话 1978年，使用400门纵横制自动交换机1套，由摇柄人工呼叫接转改为拨号自动接转。全县架空明线9.3杆千米、30对千米，电缆皮长1.86千米，芯长11.29对千米。安装12千瓦柴油发电机1台保障交换机设备正常运转。1985年，架空明线9杆千米、31对千米，电缆皮长2.9千米，芯长16.93对千米，12千瓦柴油发电机2台，配置电缆自动充气等设备；用户186户。1990年，市话交换机总容量500门，市话用户274户，水泥杆杆路线路14.07杆千米，38.94对千米，电线皮长4.21千米。1992年7月，购置日本二手设备800门纵横制交换机，8月29日安装完毕投入使用，交换机容量1200门；全县农村除林街、曼等、漫湾3所外，其他所与县城实现半自动拨号。1992年8月29日，开办无线寻呼业务，年底用户144户。1993年8月29日0：00，4000门数字程控交换机正试开通使用，景东电信通信、传输进入数字化时代。1998年10月，安装使用华为C&C08程控交换机，交换机容量扩容至1.02万门；安装华为配线架1.5万线，市话电缆规模扩容，管道电缆北向扩容0.6万对，南向扩容0.4万对，初步改变市话营业区内大部分地方因无缆线不能装移机的状况。1999年5月，完成县交换网络一体化改造工作。2001年9月，投资71.87万元新建人孔40个，其中，小号直通型34个，小号三通型6个；敷设管道总长2028.9米（含人孔长），19.33孔千米。

2003年，完成新城区主干电缆建设，其中，敷设电缆1800对1255米、1000对755米、500对740米，交接箱2400对3台、1200对2台；城区共有主干传输通信电缆2.99万对千米、4800对至2400对交接箱24个、配线电缆2.65万对千米。自2004年始，城区用户电缆逐渐被光缆替换，电缆敷设投入逐年减少。自2009年始，加大替换力度，先后建成主干光缆96芯城域网10.86孔千米。

农村电话　1978年至1993年1月，交换机总容量700门，话机358部，交换点14处，三路载波机4端，全县15个乡镇均通上电话。1993年10月，文井程控电话交换机开通使用。1995年，安定、大街、者后、漫湾开通C5端局程控电话。1996年，文龙、景福开通C5端局程控电话。1997年，林街、龙街、花山、文华、大朝山开通C5端局程控电话。1998年，曼等、永秀、太忠开通C5端局程控电话；文井、文华、文龙、安定、漫湾、林街、景福、曼等8个端局改造为模块局。1999—2011年，逐步对C5模块局交换机扩容改造。各乡镇交换容量9984线。

三、小灵通

开通部门小灵通灵群网（张天伦　摄于2007年4月）

2001年4月8日，实施码分多址（CDMA）无线市话（小灵通）一期工程。开通县局机房、孔雀山、文井3个基站，正式承揽小灵通业务。2001年，开通灰窑、者后2个基站，小灵通作为固定电话补充和延伸正式进入景东市场。2002年，开通城区北郊、文道营、文华、太忠、三合5个基站。2003年，开通塘窑、大街、安定、文龙、漫湾、保甸6个基站。2004年，开通花山、林街、景福、曼等4个基站；全县有小灵通基站20个。2008年，电信重组。随着第三代移动通信技术（3G）的发展，小灵通逐步淡出人们视野。2009年10月，全部关闭退网。

四、3G移动电话

2008年10月1日，中国电信景东分公司完成CDMA网络承接，开始经营移动通信业务。经营的号段有189、180、133、153。2008年10月，从联通承接用户2315户。2009年末，3G移动基站数43个，用户4003户，移动收入119.78万元。2010年末，3G移动基站数50个，3G用户数8693户，移动收入191.82万元。2011年末，3G移动基站数54个，3G用户数1.15万户，移动收入296.2万元。

五、网络设备

1995年12月，县城程控机房安装公众数据（DDN）设备，与思茅长途传输机房相连，接入全国公众数据网，连接方式为拨号接入，县内则采用半固定连接。1997年，程控机户安装一套分组交换设备，同时开通分组交换网。随着景东至思茅公众数据采用光纤传输，出局电路大增，互联网（窄带）随之发展起来。这些业务通过数据接入网络支撑，一般由用户终端（电脑）、调制解调器、市话线路、数据接入网设备、数据传输网络、网站、网管、计费、监控等系统组成。1995年12月，在县城安装、开通24路DDN数据通信交换设备，其使用带宽为64千比特/秒。1997年，安装、开通64个端口窄带接入网设备，终期容量320个端口，所用带宽2兆。2002年，开通宽带互联网，主要以非对称数字用户环路（ADSL）接入方式为主。2002年，宽带用户948户。2003年后，各乡镇宽带互联网相继开通。随着电信技术和业务的发展，视频、数据等高速率业务应用日益丰富，便投入成本，实施宽带提速及“光进铜退”工程，以满足用户对高速率业务的需求。2009—2011年，安装宽带网优光纤+局域网（LAN）接入方式167台、光纤+ADSL方式30台。2011年，有线宽带通达全县各乡镇村，合计容量1.2万线，宽带用户8143户。

第二节 电信业务

一、电报

业务量 1978年，电报业务有天气、水情、政务、公益、新闻、普通、汇款及公电等。当年去报3.65万份，来报3.62万份。1983年，电报业务发展创历史最高，去报8.78万份。1985年，电报主要分为国际、国内两大类。国内业务主有普通电报（含电汇）、特急电报、加急电报、邮送电报4种。1988年2月，开办礼仪电报业务。自1992年始，公众真迹传真电报业务推广使用。1993年，开通程控电话，电报被直接、快速的程控电话所替代，很多单位自备传真机，公众电报业务量逐年下降。2006年9月，电报终端设备全线退网，改为真迹传真电报。

资费 1978—1983年，普通电报资费0.03元/字。1983年12月，邮电部调整电报资费价格，军政、公益、普通、银行汇款等电报调到0.07元/字，译电费0.005元/字不变，加急电报费加倍。1992年12月，国内公众电报基础资费从0.07元/字调整到0.03元/字，译电费从0.005元/字调整到0.01元/字。公众真迹传真电报每发1页收费3元，每收1页收费2元。自备传真机用自己电话线向外发送传真分别按区内、区间、长途费率计价收费。

二、长途电话

业务量 1978年，长途业务主要为国内电话和国内长途会议电话2种。1984年，按不同服务对象和业务性质，长途电话又分为代号电话、特种电话、紧急调度电话、政务电话、普通电话、公务业务电话6类。1993年，开通程控电话。随着通信设备更新和技术进步，逐步开通国内长途直拨、可视会议电话、200卡、201卡、IC卡、信息服务、查询等业务。1994年，进入全国自动网，长途区号为08834。1995年，思茅本地网组网，电话号码升至7位，同时取消08834区号，全区统一使用0879区号。1998年后，随着信息传输数字化，长途电话业务不断增大。2011年，长途业务收入130.63万元，比1994年91.6万元增长143%。

资费 1978年，长话资费分为13级，第一级（25千米以内）0.05元/分钟，第十三级（2000千米以上）1.2元/分钟。1987年，长话资费调为12级，300千米内资费有所提高。自1988年始，省内长话加收邮电附加费0.1元/分钟，通往台湾电话收6元/分钟。1993年，取消夜间（含节假日）长途电话半价收费。1996年12月，云南省长途通话费分为4级。省内未建成本地网、空间直线距离300千米内为第一级，资费0.5元/分钟；省内本地网间及未建成本地网空间直线距离300千米外为第二级，资费0.6元/分钟；省际空间直线距离800千米内为第三级，资费0.8元/分钟；省际空间距离800千米外为第四级，资费1元/分钟。2001年12月至2011年12月，执行资费标准：(1) 国内长途直拨电话。资费0.07元/6秒钟，0：00—7：00时段6折优惠。(2) 国内人工电话、人工叫人电话、传呼电话、加急电话、紧急调度电话。计费基本收费时间为3分钟，通话不满3分钟按3分钟计，超过 3 分钟按实际通话分钟数计，尾数不满 1 分钟按 1 分钟计；资费标准 0.7 元/分钟，加急电话和紧急调度电话加倍收费。时间 0：00—7：00 时段 6 折优惠，即 0.42 元/分钟，各类人工长途电话销号手续费 0.1 元/张。(3) 国际直拨电话。资费标准 0.8 元/6 秒。(4) 港澳台地区直拨电话。资费标准 0.2 元/6 秒，不分优惠时段。(5) 国际人工电话。计费基本收费时间为 3 分钟，通话不满 3 分钟按 3 分钟计，超过 3 分钟按实际通话分钟数计，尾数不满 1 分钟按 1 分钟计；资费标准 8 元/分钟。(6) 港澳台人工电话。计费基本收费时间为 3 分钟，通话不满 3 分钟按 3 分钟计，超过 3 分钟按实际通话分钟数计，尾数不满 1 分钟按 1 分钟计；资费标准 2 元/分钟，不分优惠时段。(7) IP 电话。国内长途资费标准 0.3 元/分钟。(8) 长途会议电话。计费基本通话收费时间为 30 分钟，通话不满 30 分钟按 30 分钟计，超过 3 分钟按实际通话分钟数计，尾数不满 1 分钟按 1 分钟计；资费标准 0.7 元/分钟。

三、县内电话

业务量 1978 年，市内电话用户 103 户。20 世纪 90 年代，市内电话业务按用户装用的设备和电信局提供的服务项目，分为普通电话（正机）、电话副机、无绳电话、录音电话、用户交换机、集团电话、分机、中继线、专线、临时电话及临时专线、公用电话、IC 卡电话等。1990 年，市话用户 244 户，收入 4.9 万元。1993 年 8 月 29 日，县城程控电话开通，市话用户 968 户，无线寻呼机 163 部。1994 年，市话用户 2122 户，无线寻呼 204 部，收入 76.33 万元。1996 年 10 月，市话用户 3504 户。市话线路延伸至北屯、景范、斗阁。1997 年，用户 4939 户。1999 年 7 月，市话用户 6802 户。2000 年后，取消市话农话界限，凡属电话用户就近接入交换网点。2001 年 4 月 8 日，无线市话手机业务正式开通。2005 年 11 月，景东电信公司致富通业务开通，中国电信通信设备覆盖境内 100%村社；12 月，有线交换机容量 3.83 万门，本地网（含小灵通和致富通用户）用户 3.54 万户。2009 年，随着宽带、移动电话的发展，固定电话业务逐步萎缩，CDMA 无线市话业务退出历史舞台。2011 年，全县固定电话网络交换点 19 个、接入网 14 个，合计容量 2.56 万线，用户 2.21 万户。

资费 市内电话资费基本执行省部级制订标准。1980 年，按照邮电部、国家物价总局联发通知精神，云南省适当收取新装电话用户初装费，用于市内电话建设。1985 年，省邮电管理局规定按复式计次收费，甲种用户月租费为 7.6 元，乙种用户月租费为 12 元，中继线为 36 元。1987 年 10 月，根据邮电部电信总局新业务规程，云南省对包月制月租费增加区外电路附加费、列名费、国内长途直拨费、数据终端费和第三类传真机使用、选用、选号、热线电话等费用。1990 年，根据邮电部通知，云南省重新确定市话初装费和改制费标准，县级人工电话改程控电话，改制费 1000 元/户，中继线改制 2000 元/对。改制后，市内电话采用复式计次月租费收费办法。交换机容量在 1 万门以下，单机月租费甲种用户 7.6 元、乙种用户 12 元，中继线 36 元。1991 年，省物价局、邮电局联合通知，县级每户电话征收通信附加费 5 元/月，用于增加发展资金。1992 年 7 月，市内电话开办选号业务。按省物价局规定，每号收取选号费 200 元，特殊号码公开拍卖。1993 年 8 月，景东程控电话开通，资费原则上按照省部有关规定执行，初装费、改制费、装机工时材料费作部分减免。通话费按次计收，3 分钟为 1 次，不满 3 分钟按 3 分钟计，0.1 元/次。2001—2011 年，基本月租为住宅电话 15 元，办公电话 25 元，中继线 100 元。区内通话首次 0.2 元/3 分钟，以后为 0.1 元/分钟，区间通话 2000—2008 年为 0.4 元/分钟，2009—2011 年为 0.2 元/分钟。安装普通电话（宽带）每部收取手续费 8 元和工料费 300 元，移普通电话（宽带）每部收取手续费 8 元和工料费 150 元。

四、网络服务

1995 年，景东县 DDN 数字电路开通，金融、保险等行业相继开通专线，采用半固定连接方式与州级管理部门联网。全县所有金融营业网点进入 DDN 网络，县内居民可以在全国范围内很方便地进行异地存取款。1997 年，互联网开通。之前使用 DDN 专线的金融、电力、通信、邮政、交通、公安、法院、工商、财务、税务、教育、卫生等部门先后改成窄带互联网。2003 年，宽带互联网开通，许多窄带用户逐步改用宽带。2009 年，无线宽带开通，实现人们随时随地移动上网愿望。宽带互联网不仅广泛应用于电力通信、商业贸易、政府办公、电影电视，还可以实现远程教学、远程会诊、发布网上通缉令及相关信息、查询相关资料等。

第三节　无线寻呼

1992 年 1 月 1 日，县财政和邮电投资 11 万元，开通无线寻呼业务；自 8 月 29 日始，办理无线寻呼业务。1994 年 11 月 2 日，景东无线寻呼与思茅全区联网，实现全区漫游。1997 年，与全省联网，实现异地漫游。1998 年，全县无线寻呼基站 17 个，覆盖各乡镇所在地，用户 4000 多户。1998 年 8 月，寻呼业务剥离，无线寻呼业务注入全国无线寻呼集团公司。

第四节　电信机构

1998 年 10 月，景东邮电局分设为邮政局和电信局。1999 年 8 月，电信与移动、寻呼分设。电信局设局长、副局长各 1 人，内设办公室、财务室、业务技术室、机线组、机务组、报务组、营业室及文井等 16 个支局所；职工 84 人，职工 60 人。2000 年 8 月 28 日，电信体制改革，改称云南省电信公司景东县电信局。2001 年，实行主附、主辅分离，主业仍称云南省电信公司景东县电信局，设局长、副局长各 1 人，内设综合办公室、市场经营部、运行维护部，主要履行景东县通信发展规划、市场开发、业务推广、服务监督等职能职责；员工 53 人，其中在职 21 人。辅业称景东网信分公司，设经理 1 人，内设综合办公室、业务部、工程部、营业室及各乡镇分支机构，主要履行电信业务处理、设备维护、工程建设等职能职责；员工 95 人，其中在职 38 人，2002 年 9 月，景东网信公司与景东电信局合并，设局长、副局长各 1 人，内设综合管理部、经营服务部、维护安装部及营业室、机线组、机务组和各支局所。2003 年，企业深化改革，推行业务流程重组（BPR）工作，实行全员竞争上岗、业绩考核，每月考核职工 1 次，考核结果与薪酬挂钩。2004 年，景东电信分公司挂牌，更名为云南省电信有限公司景东县分公司，企业经营、决策、管理由上级公司负责。分公司内设综合办公室、市场经营部、维护安装部，设经理、副经理各 1 人，由经理全权代表上级公司处理日常事务，监督执行上级公司业务流程、业务规范，督促完成建设、市场经营等任务。2008 年 2 月，电信实施法人体制改革，分公司更名为“中国电信股份有限公司景东分公司”，内设综合部、市场部、网络部，设经理 1 人，副经理 2 人，由经理全权代表上级公司处理日常事务，监督执行上级公司业务流程、业务规范，督促完成建设、市场经营等任务。历任经理：李世学、徐世武、郭绍冬、李恒伟。

第三章　移动　联通　网通

第一节　移　动

一、业务

种类　中国移动景东分公司主要经营移动话音（语音通信）、数据、IP 电话和多媒体业务，建有客户自助服务网站。(1) 智能网业务。主要有神州行，储值卡、充值卡。(2) 增值业务。主要有呼叫转移业务，呼叫限制、主叫显示业务，主叫显示限制业务，缩位拨号业务，呼叫等待、呼叫保持、呼叫限制业务，遇忙回叫、语音信箱、移动秘书、全球呼、短信息、信息点播、信息一点通、IP 电话、手机上网、彩铃、彩信、随 e 行、IP 记账卡、IP 充值卡、百宝箱、手机邮箱、音信互动与语音在线、号簿管家、拨号上网、移动 MM 等业务。2001 年，推出“百姓集团”业务，有 100 多种套餐资费，供不同消费人群选择，套餐之间互打接听免费。2005 年，推出全球通、动感地带、神州行、神州大众卡四大品牌。2007 年，推出集团客户专有品牌“动力 100”。2010 年，全面开展“139 贴心服务工程”，建立一体化中高端客户服务体系。2011 年，签订无线城市合作协议，在全县范围内全面铺开无线城市建设。

公司成立初期，在县城开设营业厅办理业务，用户交费须到此办理。随着业务扩展，采用委办代办方式，在手机店、报刊亭等客户集中场所设立服务点方便客户。

移动基站（县文联提供　摄于 2008 年 1 月）

基站建设　1999 年，移动公司与电信局分营时，全县建有移动电话基站 3 座（电信局、孔雀山、文华邮电所）。2005 年，有移动通信基站 30 座。基本覆盖公路沿线、各乡镇及乡村主要集贸市场。2006 年，新增基站 30 座，主要覆盖行政村及县乡公路、旅游风景区。2007 年，新增基站 25 座。2008 年，新增基站 26 座，主要分布在行政村及大型自然村。2009 年，新增移动通信基站 30 座，全面覆盖县域乡镇、行政村，惠及部分自然村。2010 年，建成运行 TD (3G) 基站 11 座，主要覆盖县城城区，基站公司新增 2G 移动通信基站

24座。2011年，全县共有在网运行基站225座，网络覆盖全县各乡镇、主要公路沿线和95%以上自然村；沟通100营业厅2个，指定专营店48个，特约代理点171个，村级服务站148个，构成庞大的社会服务营销体系。

收入　1999年，全县移动电话用户2000户，业务收入375万元。2000年，全县移动电话用户增至7921户，业务收入569万元。2006年，新增移动电话用户34366户，业务收入982万元。2007年，全县拥有移动电话用户59351户，业务收入1642万元。2009年，移动电话用户126704户，业务收入3691万元。2010年，用户增至157937户，业务收入3911万元。2011年，移动电话用户182098户，业务收入5237万元。

二、机构

1999年，电信、移动分设；9月，景东移动通信运营部开设。2001年，更名为云南省移动通信公司景东县营业部。2005年，更名为云南移动通信有限责任公司景东县分公司。内设综合部、网络部、市场部、城区营销服务部、农村营销服务部、沟通100服务厅。历任负责人：朱勇、王冬仙、周安刚。

第二节　联　通

一、业务

电话　21世纪后，联通公司从基础话音、寻呼等业务，逐步拓展到包含移动电话、固定电话、宽带业务、数据通信、国际业务、网元出租等基础、增值电信业务，以及系统集成、信息应用、信息内容服务等领域，具有WCDMA3G网络和3G终端产品。提供GSM移动电话、WCDMA移动电话、短信、炫铃、GPRS（通用分组无线服务技术）、掌中宽带、掌上股市及IP电话、互联网等服务，开发出警务新时空、工商新时空、交通新时空、税务新时空、家校通等各种行业应用。2011年，公司拥有移动通信客户5210户，其中，固定电话1313户，移动通信3213户，宽带684户。建成并开通网上营业厅、手机营业厅，建立“联通10010”客服品牌，形成包括客服中心、营业厅、客户俱乐部、网上营业厅、手机营业厅等立体化服务体系，针对不同用户群体提供分级分层专业化服务。建立服务质量监督管理体系，开辟客户投诉热线，实施公开承诺、预约服务等。

网络　2011年，通信网络有固定电话交换容量2.63万门，GSM交换容量38.5万户，GSM基站551个，XDSL接入端口容量1.27亿个。传输网在全市覆盖较广，具备大容量、高速率及自愈功能；移动网乡镇覆盖率82.5%，有智能网、信令网、支撑网、网管网等电信业务管理网络。

二、机构

2000年10月，在云南国信寻呼公司景东分公司基础上，开办景东联通分公司。2008年10月1日，实施国务院深化电信体制改革方案，景东联通公司所属CDMA网络划转电信公司。2009年1月，与中国网通景东分公司融合，成立中国联合网络通信有限公司景东县分公司。有营业厅2个，合作营业厅8个，各地开设有缴费站服务。历任负责人：张诚、杨孟景、杨永华、汤海宁、童美英。

第三节　网　通

21世纪初，开设中国网通景东县分公司，营业范围主要针对城区网路安装管理。2008年10月15

日，中国网通（集团）有限公司和中国联合网络通信有限公司（全称中国联通有限公司）合并，开设中国联合网络通信有限公司（简称中国联通）。2009 年 1 月，中国网通景东县分公司与中国联通景东分公司融合，开设中国联合网络通信有限公司景东县分公司，网通工作人员和业务全部归属中国联合网络通信有限公司景东县分公司。

第四章　新闻广电

第一节　报　纸

一、《景东报》

1956年1月,《景东报》创刊发行。由人工刻写油印，1958年6月，改为活字版铅印。发行数量增至3000份，由赠阅改为订阅。报社负责人：金有铭，总编：刘成富，编辑：周安华。1959年6月，加强新闻出版管理,《景东报》停刊，改为《景东通讯》。1960年1月复刊，4月停刊，累计发行49万多份。《景东报》发挥着县委喉舌作用，在县境影响较大。《云南日报》和新华社记者对《景东报》工作经常给予指导，并从中选用不少新闻报道。《景东报》还设有“石榴花”文艺版面，刊出民间喜闻乐见的山歌、诗歌，歌颂共产党的正确领导，反映景东民族风貌及人民生产生活的巨大变化。

1994年,《景东报》复刊。1月15日试刊号出版，4开4版，半月刊，逢15日和30日出版。每期印刷2500份，由普洱方华印刷有限公司承印。属内部资料，免费赠阅，赠阅范围上至省委省政府、全省各地州、全市各县区，下至各乡镇、村组及学校。1月30日，复刊后第一期正式出版。1995年7月，广大通讯员和读者投稿数量剧增，旬刊不能满足需要，改为每月出刊3期，逢10日、20日、30日出版。1999年，更名为《景东消息》。历任主编：周安华、毕廷村、李力、朱志明、杨中兴、夏萍。

二、《景东消息》

1999年，国家清理和整顿报刊刊物。按照上级有关精神,《景东报》更名为《景东消息》。自2003年始,《景东消息》每期印刷1100份，发行范围包括县直各单位各部门，乡镇党委政府及其所属单位、村（居）委会和学校。通过长期摸索，报纸渐成特色：一版要闻版，二版经济版，三版教科文卫、法律、理论版，四版文艺版，其中文艺版“百花园”刊登景东籍作者文学作品，为广大文学艺术爱好者提供创作平台。报纸既有政治性、广泛性，又有可读性、趣味性，同时，以专栏专版、系列报道、竞赛等形式，强化宣传，营造良好舆论氛围，努力为推进全面建设小康社会做贡献。2006年9月,《景东消息》获“全省优秀内部资料性出版物进取奖”。历任主编：李力、夏萍。

三、《景东信合》

2007年10月,《景东信合》创刊。由县农村信用合作联社主办，内部资料性出版物，免费交流。准印证号：普新出（2007）准印连字第65号；四开四版，一版和四版套红，月报，逢20日出版，年编辑出版 12 期，每期印刷 1000 份，普洱方华印刷有限公司承印。读者群包括全县农村信用社全体干部员工及其家属、管理人员、目标客户、感兴趣的公众、合作和同业单位、上级领导、行业管理部门、媒体单位等。发行范围包括县直各单位各部门，乡镇党委政府及其所属单位、村（居）委会和学校。《景东信合》宣传农村信用社的发展和成就，成为全市乃至全省县级农村信用社打造企业文化、创建文明行业的重要媒介。历任主编：苏大明、罗忠敏、刘东明。

四、《今日昌龙》

2007 年，《今日昌龙》创刊。由昌龙公司主办，内部资料性出版物，免费交流。四开四版，月报，逢 20 日出版，年编辑出版 12 期，每期印刷 800 份，普洱方华印刷有限公司承印。发行范围包括县直各单位各部门，乡镇党委政府及其所属单位、村（居）委会和学校。主编：李云有。

第二节　广　播

一、广播网

自 1983 年始，贯彻第十一次全国农村广播电视工作会议精神，有线与调频并举，发展广播网络。1985 年，省广播电视厅配发广播电视站 50 瓦调频发射机，发射频率 96.4 兆赫，每天播出自办节目 3 小时，人口覆盖率 20%以上。1995 年，购置 100 瓦调频发射机，发射频率 100 兆赫，转播云南人民广播电台第一套节目和景东人民广播电台自办节目。形成调频、中波、有线三位一体的广播传输网络。在全县绝大部分地方，都能收听到中央、省市县级广播。

二、中波转播台（695 台）

1978 年，执行省广播电视局东川会议关于全省各转播台实现同步广播的精神，中波转播台将频率 810 千赫改为 576 千赫。1979 年，改由菊河电站供电，转播台转播趋于正常。1984 年，划归县文化广播电视局，转播云南人民广播电台（10 千瓦）和景东人民广播电台（1 千瓦）。同年，执行全省第二次中波台长会议精神，退出 576 千赫同步广播网，改为 576 千赫和 585 千赫频率转播。1985 年，境内场强收测。场强达 80 分贝的地区覆盖人口约 6 万人，场强达 70 分贝的地区覆盖人口约 12 万，场强达 60 分贝的地区覆盖人口约 14 万人。2000 年，转播台上划云南省广播电视局，定编 15 人，负责转播中央人民广播电台（调幅 1 千瓦 1359 千赫）和云南人民广播电台（调幅 10 千瓦 990 千赫），覆盖面积约 4500 平方千米，覆盖人口 35 余万人。2002 年，重建机房及办公楼。2011 年 5 月 10 日，单位由正科升为副处，定编 17 人，实有 15 人，负责转播、监听中央人民广播电台信号和云南广播电台信号。年末，有 1 千瓦发射机 2 台（主、备），卫星接收机 3 台（主、备），负责接收和转播中央人民广播电台（1359 千赫）信号；有 10 千瓦发射机 2 台（主、备），卫星接收机 2 台（主、备），负责接收和转播云南广播电台（990 千赫）信号。有工程师 2 人、助理工程师 4 人、高级工 2 人。

三、景东人民广播电台

20 世纪 50 年代，景东县广播站成立。1994 年 7 月 14 日，省广播电视厅批准设立景东人民广播电台（简称景东广播电台）。开始转播中央、云南台节目，试办地方节目。1995 年，省广电厅拨款 1 万元，购买 100 瓦主体调频发射机 1 台，转播景东广播电台和省台一套节目。县内除西边乡镇外可收听到调频节目。县台有采编播技术员 14 人，每天开机 5 小时，除转播中央、省台重要广播节目外，开设本地新闻和文艺节目。1997 年，广播、电视合并，设立景东县广播电视台。

第三节 电 视

一、卫星地面接收

1987年3月，建成县电视卫星地面接收站，收转中央电视台一、二套节目。同年中期，云南省实施“331工程”（建设一个3米站，安装一套3瓦机，收转一套电视节目），乡镇驻地全部建成卫星电视地面接收站。2000年，共建成卫星电视地面接收站254座，单收站100余座，系统外25座，行政村驻地至少能收听（看）到一套广播和电视节目。2010年，实施“十一五”20户以上通电自然村“村村通”工程，安装直播卫星接收设备46948套，解决13个乡镇146个村1471个组46948户23.47万人听广播看电视难问题，用户能收听到中央人民广播电台一至七套广播节目，中央电视台一、七、少二频道和各省区、直辖市卫星频道等51套电视节目。

二、电视宣传

1989年10月1日，开播实验性电视自办节目。1995年，广播电视合并，对外称广播电台。1997年，广播电台、电视台、有线电视台合并，称广播电视台，开办综合频道和录像频道；自10月1日始，综合频道实现每天播出。

三、电视转播台

1981年4月，在孔雀山建成第二座电视差转台。1986年3月，建成电视转播台，转播4套电视、1套调频广播节目。2011年，电视转播台共有发射设备9套，其中，电视3套（中央电视一、七和云南电视一），调频6套（中央广播一、三，云南广播一，普洱广播一、二和景东广播）。

四、景东电视台

1989年，创办景东实验电视台。9月，15米高铁塔安装完成，用3W4C1-1发射机向电视转播台传送节目；10月1日，开播自办节目。至1992年，每周播出1组新闻节目，每组播出新闻稿件4~5条、时长5~6分钟，每周六首播、周日重播，18：45开机，19：00转播中央电视台一套《新闻联播》节目，19：30播出自办节目《景东新闻》，20：00播放文艺节目。1993年，迁入新办公楼。1995年，与广播站合并，更名景东广播电视台。

五、机构

1984年9月12日，文化局更名为文化广播电视局，内设办公室、文化艺术股、广播电视股，下辖文化馆、图书馆、文工队、电影公司、广播站、电视转播台、695台。1986年，成立广播电视台。1992年2月28日，撤销文化广播电视局，分设文化局和广播电视局。1994年5月7日，省广播电视厅批准成立景东县人民广播电台。1997年，全县15个乡镇设广播电视站13个。2011年5月30日，文化体育局和广播电视局合并，称文化体育和广播电视局，内设办公室、社会文化艺术管理股、文化产业与非物质文化遗产管理股、体育股、宣传股、广播电视电影事业管理股，下辖文化馆、图书馆、博物馆（文物管理所）、体育馆、文化市场综合执法大队、民族文化工作队、广播电视台、电视转播台、电影发行放映公司。历任局长：刘富贤、刘晓光、杨勇、罗中东。

第四节　有线电视网络

2005 年 3 月 31 日，县广播电视局下属事业单位有线电视台，以资产承债式移交云南广播电视信息传输网络股份有限公司经营管理。2006 年 2 月 27 日，景东支公司挂牌成立。2009 年 7—12 月，完成模拟电视向数字电视整体转换工作。2011 年，在职职工 30 人，拥有数字电视用户 26346 户、杆路资源 760 杆千米，网络覆盖全县各乡镇及 50%的行政村。公司经理：杨晓。

第五节　网　站

一、景东新闻网

2010 年 7 月，景东新闻网申请入网。由县委宣传部开办，有固定 IP 地址，所属中国电信中国教育和科研计算机网。10 月始，对外开放。陆续开设景东要闻、领导讲话、视频新闻、民生访谈、招商引资、文学之页、旅游资讯、景东美食、狂欢节等 20 个专栏，内容涵盖广，更新快，时效性强，属景东外宣官方网站。

二、景东信息网

2008 年 6 月，景东信息网试营业，翌年 1 月正式启用。由县政府办开设，主要包括政务公开、景东概况、新闻中心、政策法规、建言献策、领导讲话、视频新闻、党政工作等几个板块，同时兼顾民生访谈、音乐赏析、民俗文化、企业信息、招商旅游等几个版面。

三、景东银生网

2005 年 4 月 21 日，“景东杨回工作室”入网，属服务景东民生综合性绿色健康网站。2008 年 8 月 8 日，更名为景东银生网。在哀牢山生态站刘玉洪倡导、支持下，规模和声誉逐渐壮大，县内各单位团体和各界人士进驻该网，先后开设景东电视台“景东广播电视”、县文联“银生文化”、摄影家协会“景东摄影家协会”、中科院“哀牢山生态站”、文管所“景东博物馆”、教育局“景东教育”期刊、公安局“银生警情”等单位专栏 10 余个和个人专栏 30 余个。法定代表人：李鸿湖。

四、景东百姓网

2011 年 5 月 1 日，景东百姓网入网，加盟北京城市联盟科技有限公司城市分众门户网——“城市中国”。经营性互联网信息服务，开设网上交友（含婚介）、论坛、博客、www 服务、广告发布等种类。经营许可证编号：京 ICP 证 090779 号，法定代表人：周李城。

第十六编

人事　劳动

第一章　人　事

第一节　公务员管理

一、登记

2006 年 1 月 1 日,《中华人民共和国公务员法》(简称公务员法）正式施行。县委县政府依据相关法律法规和政策规定，按照公务员登记范围、条件和标准，依法登记、审核和报批。在登记工作中，做到“四个一致”(严格审核编制情况，做到登记人员与单位编制一致；严格审查基本条件，做到登记对象基本情况与登记政策条件相一致；严格审查档案材料，做到登记材料与原始材料相一致；严格规范登记呈报材料，做到文字资料与电子文档相一致)。2006—2011 年，全县登记公务员（含参照公务员管理）1045 人，其中事业单位未批为参照公务员管理（简称参公管理）41 人。

二、培训

在职公务员轮训（罗海垠　摄）

公务员制度改革后，本着理论联系实际，学用一致、按需施教、讲求实效原则，实施公务员初任、任职、专业和更新知识培训，致力于高素质公务员队伍建设。培训内容：注重法律法规培训，学习领会相关法律法规内容和精神实质，提高依法行政能力和水平；坚持不懈地抓好常规培训，从公务员应具备的基本技能、公务员形象、团队精神、纪律约束等方面入门，不断提高公务员自身素质。培训方法：以县委党校、县一中为培训基地，分期分批进行。2006—2011 年，先后举办公务员在职培训 10032 人次，其中，初任 125 人次，任职 1218 人次，专业 556 人次。2005—2011 年，先后送新录取公务员 7 批次 187 人到市委党校培训。

三、考录

自 2002 年始，按照“凡进必考，择优录用”原则，考录新进公务员。结合县境经济社会发展需要，按照“公开、平等、竞争、择优”原则，合理向上级申报，争取考录计划，充实公务员队伍。

考录过程即上报计划、发布公告、资格初审、笔试、资格复审、面试、体检考核、录用全程严格执行公务员法规定。特别在面试时，邀请人大、政协、纪检监察机关参与监督，增加可信度和透明度。至2011年底，全县考录公务员170人，其中，少数民族78人、占46%，定向村干部3次8人，定向公安警察3次15人。

四、考核奖励

执行《公务员考核规定（试行）》，公务员考核以实绩考核为重点，把完成工作目标任务等内容作为评优条件之一，并严格掌握优秀比例。景东县在“德、能、勤、绩、廉”五个方面，将“绩”的权重加大，不断增强考核工作活力。2006—2011年，全县考核政府机关（含参公管理单位）公务员8014人次，其中，优秀1499人，称职6365人，基本称职2人，不称职8人，不定等次140人。在做好公务员考核基础上，落实公务员奖励政策。结合景东实际，对年度考核为优秀的公务员进行嘉奖，连续3年优秀者记三等功，并兑现奖金。

五、职务任免

执行《公务员职务任免与职务升降规定（试行）》，按规定任免公务员职务，逐步推行竞争上岗制度。2010—2011年，公开选拔副科级领导干部18人。

2007—2011年，执行公务员法及《行政机关公务员处分条例（试行）》，景东县行政机关公务员受处分22人，其中，处级领导1人，乡科级正职10人、副职8人，副主任科员3人；受刑事处罚被行政开除10人，撤职处分8人，党内严重警告处分1人，党内警告处分1人，开除党籍1人，降级处分1人。

1998—2011年景东县国家公务员统计表

表16-1-1

单位：人

年度	合计	其中			学历				分系统							分层次	
		女	少数民族	中共党员	研究生	本科	专科	中专及以下	党委	人大	政府	政协	法院	检察院	人民团体	县级	乡镇
1998	1808	306	672	1050	—	32	375	1401	151	35	1482	12	47	45	36	847	961
1999	1761	288	482	703	—	29	448	1284	160	35	1425	12	50	44	35	772	989
2000	1211	288	426	664	1	46	476	688	162	32	873	13	48	44	39	756	455
2001	1221	287	439	692	1	55	552	613	155	41	885	12	48	44	36	773	448
2002	1091	271	397	675	1	85	570	435	176	31	753	11	46	39	35	709	382
2003	1128	287	409	668	1	95	650	382	196	34	752	16	46	39	45	703	425
2004	1071	267	432	731	3	200	622	246	196	22	719	19	48	41	26	780	291
2005	1045	269	434	760	3	301	568	173	201	21	695	18	46	39	25	767	278
2006	1078	293	442	775	6	362	564	146	201	23	719	20	46	42	27	802	276
2007	1102	298	471	805	6	439	525	132	200	24	737	22	45	42	32	828	274
2008	1321	444	660	957	6	550	558	207	124	35	1021	19	50	44	28	1045	276
2009	1359	382	546	921	6	667	530	156	124	35	1061	19	50	44	26	1066	293
2010	1386	402	584	1006	6	751	499	130	134	38	1071	18	51	46	28	1092	294
2011	1407	408	698	1025	6	798	489	114	143	38	1078	22	52	46	28	1138	269

说明：1998年、1999年村级干部列入公务员统计，2000年后不再列入

1998—2011 年景东县国家公务员变化情况统计表

表 16-1-2　　单位：人

年度	增加								减少							
	合计	录用				军转干部安置	调入	整建制转入	合计	离开干部工作岗位					调出	整建制转出
		应届高校毕业生	应届中专毕业生	国有事企业单位	其他					退休	辞职退职	开除	死亡	其他		
1998	42	2	—	—	—	—	40	—	33	3	—	—	—	—	30	—
1999	45	—	—	—	—	—	45	—	37	8	—	—	—	—	29	—
2000	37	—	—	—	—	—	37	—	587	17	—	—	1	530	39	—
2001	101	16	8	—	—	1	76	—	91	13	—	—	2	—	76	—
2002	93	7	—	—	—	—	86	—	160	23	1	—	1	15	120	—
2003	153	—	1	58	—	—	94	—	121	43	1	—	1	3	73	—
2004	158	25	8	15	6	—	66	38	203	18	—	—	2	—	76	107
2005	94	—	—	—	—	—	88	6	120	7	—	—	3	53	57	—
2006	156	10	—	—	36	—	74	36	123	11	—	—	—	—	76	36
2007	112	19	—	11	6	—	71	5	88	15	—	2	—	—	66	5
2008	75	14	1	—	3	—	57	—	42	11	—	2	—	—	29	—
2009	56	14	1	—	—	—	41	—	34	8	—	2	—	—	24	—
2010	52	26	—	—	5	—	21	—	28	5	—	—	1	—	22	—
2011	130	17	—	—	4	—	109	—	116	4	—	1	2	—	109	—

1998—2011 年景东县国家公务员考核情况统计表

表 16-1-3　　单位：人

年度	职务晋升情况				考核					奖励	惩戒	培训
	合计	女	少数民族	中共党员	应考核人数	优秀	称职	不称职	未考核及未定级			
1998	51	12	17	32	—	—	—	—	—	—	—	212
1999	67	12	27	27	—	—	—	—	—	—	—	114
2000	29	9	15	10	1211	181	968	—	62	—	—	66
2001	99	24	40	59	1221	183	989	—	49	—	—	125
2002	72	19	25	63	1091	207	842	—	42	—	—	34
2003	47	1	16	27	1192	256	848	—	88	6	3	201
2004	117	30	34	69	1071	142	802	—	127	7	1	820
2005	29	2	10	21	1045	167	783	—	95	19	—	887
2006	7	2	1	5	1078	172	808	—	98	—	—	564
2007	13	1	6	11	1102	187	826	—	89	—	6	302
2008	9	5	4	2	1321	237	990	—	94	13	—	1063
2009	18	10	6	17	1359	231	1009	—	119	—	—	907
2010	21	8	9	18	1392	281	1058	—	53	1	—	1066
2011	35	9	21	32	1407	266	1054	—	87	—	—	930

第二节　专业技术人员管理

一、专业技术职务评定

1978年，国家恢复职称评定工作。1983年9月，暂停评定。1987年6月，景东县首次改革事业单位职称，参加单位102个。1988年6月，全面完成改革并通过评聘验收。1987年10月至1989年3月，改革企业单位职称。专业技术职务涉及中等专业学校、中学、小学、工程、农业、卫生、经济、会计、统计、图书、文博、档案、出版、律师、艺术、体育教练等系列16个，专业技术岗位110个。职称改革期间，县级成立初级职务评审委员会8个，系统行业成立评审评议小组61个，其中中专、图书、文博、档案、出版、艺术、体育教练等专业委托地区初级评审委员会评审。全县共评审高中初级职务2592人，其中，副高职19人，中级384人，助理级1161人，员级1028人。1991年11月，思茅地区组织第一次全国经济员资格考核，景东县报考213人。之后，逐步实现会计、审计、计算机软件、律师、卫生等专业"以考代评"工作。1992年11月，思茅地区职称改革领导小组批准景东县转入经常性评聘，专业技术职务评聘作为一项日常工作，纳入整个人事管理正常轨道。按照政策规定，根据专业技术岗位空缺情况，适时开展专业技术职务评聘工作，包括正规大中专院校毕业生见习期满后，按期考核定职。1993年，全县经批准设初级评审委员会4个（中学、小学、工程、农业系列），保障职称评审正常有序。

1995—2011年，执行上级"凡晋升专业技术职务和评审专业技术资格，须按照相应《试行条例》规定和要求，参加全国或全省统一组织的外语考试"。2004—2011年，执行上级"按照全省统一规定，从2004年起县级及以上企事业单位专业技术人员必须参加全省组织的计算机应用能力考试"。2011年，根据上级文件规定，在县级单位和乡镇基层单位工作的专业技术人员，在申报专业技术职称资格或聘任专业技术职务时，可免试外语和计算机应用能力。

1987—2011年景东县机关事业单位专业技术人员评定情况统计表

表16-1-4　　单位：人

年度	评审定职					考核定职		备注
	正高	副高	中职	助理级	员级	助理级	员级	
1988	—	19	384	1161	1028	—	—	之后停评数年
1993	—	25	140	616	254	16	269	—
1994	—	5	182	224	9	20	169	—
1995	—	4	164	121	4	12	208	—
1996	—	6	89	213	40	41	166	—
1997	—	3	89	195	7	190	314	—
1998	—	1	120	184	294	3	270	—
1999	—	9	121	304	304	255	342	—
2000	—	13	157	285	169	137	81	—
2001	—	20	129	290	239	145	134	—
2002	—	15	113	90	451	2	41	—
2003	—	20	177	454	68	37	72	—

续表 16-1-4

年度	评审定职					考核定职		备注
	正高	副高	中职	助理级	员级	助理级	员级	
2004	—	22	192	253	27	10	105	—
2005	1	23	194	78	23	51	97	—
2006	—	30	204	138	31	19	7	—
2007	—	24	183	89	12	16	117	—
2008	—	39	74	76	11	37	3	—
2009	—	35	209	42	6	33	4	—
2010	3	126	760	93	6	22	7	—
2011	4	102	308	41	11	63	8	—

说明：机关事业单位专业技术人员评定分为两类：(1) 按现任专业技术岗位，通过评审委员会考核评定；(2) 所学专业与现任技术岗位对应，按政策规定予以考核定职

2011 年景东县末在职专业技术人员资格统计表

表 16-1-5　　单位：人

系列	正高	副高	中职	初职
中专教师	—	9	6	1
中学教师	—	34	523	212
小学教师	—	—	1481	368
工程	—	7	198	186
卫生	3	38	194	325
农业	—	43	226	70
经济	—	—	18	22
会计（审计）	—	—	2	46
统计	—	—	—	2
新闻	—	1	2	3
文物博物	—	—	11	7
图书	—	1	19	34
艺术	—	—	—	6

二、岗位设置

2007 年，执行省委、省政府办公厅《云南省事业单位岗位设置管理实施意见》。2009 年 7 月，省委组织部、省人力资源和社会保障厅、省机构编制办公室联合印发《关于事业单位推行岗位设置若干问题的补充意见》。同年 9 月，普洱市召开培训会，景东县启动事业单位岗位设置管理改革工作。2011 年 11 月，全面完成改革工作。全县共设置岗位管理 85 个，专业技术 4549 个，工勤 425 个。

景东县工程、经济专业技术职务高、中级岗位结构比例一览表

表 16-1-6

岗位系列	正高（≤%）	副高（≤%）	中级（≤%）	备注
工程系列	4	20	50	%是指占单位专业技术人员总数的百分比
经济系列	—	20	50	

景东县中小学幼儿园专业技术岗位等级结构比例一览表

表 16-1-7

单位类型	高级中学		初级中学		小学	幼儿园
	高级（<%）	中级（<%）	高级（<%）	中级（<%）	中级（小教高级、<%）	中级（小教高级、<%）
A	48	45	25	50	70	68
B	35	45	20	50	60	58
C	25	50	—	—	45	43

说明：A 类分别为：一级普通高级中学、城镇普通初级中学、城镇完全小学、一级示范幼儿园。B 类分别为：二级普通高级中学、乡镇普通初级中学、乡镇完全小学、二级示范幼儿园。C 类分别为：三级普通高级中学、村级完全小学、三级示范幼儿园

景东县卫生专业技术岗位等级结构比例一览表

表 16-1-8

单位类别	高级					中级			初级	
	三级<%	四级<%	五级<%	六级<%	七级<%	八级<%	九级<%	十级<%	十一级<%	十二级<%
A3	0.5	1.5	2	5	5	12	16	12	23	23
A4	—	—	1	2	2	10	15	10	30	30
B3	1	3	3	6.5	6.5	12	16	12	20	20
C3	0.5	1.5	2	3	3	10	15	10	27	28
D3	0.5	1.5	2	3	3	10	15	10	27	28
D4	—	—	—	2	2	9	12	9	33	33

说明：A3 为县级综合性医院、专科医院。A4 为乡级综合性医院、专科医院。B3 为县级疾病预防控制、健康教育等公共卫生服务机构。C3 为县级妇幼保健机构、血液中心。D3 为县级疗养、康复、卫生保健服务等医疗卫生机构。D4 为城市社区卫生服务中心

2009—2011 年景东县其他专业岗位设置结构比例一览表

表 16-1-9

专业单位	三级≤%	四级≤%	五级≤%	六级≤%	七级≤%	八级≤%	九级≤%	十级≤%	十一级≤%	十二级≤%
交通运输专业	—	—	2	6	7	15	19	16	18	17
农业专业	—	1	2	6	6	16	19	15	18	17
公共图书馆 群文单位 文物博物单位 艺术研究（创作）单位	—	2	3	6	6	15	20	15	16	17
艺术表演单位	—	2	2	5	5	15	20	15	18	18
社会工作专业技术专业	—	—	—	—	—	9	12	9	35	35

三、岗位管理

1993—1999 年，专业技术职务岗位数额由思茅地区职称领导小组下达。2000 年 1 月 31 日，执行省人事厅《关于我省事业单位专业技术职务试行结构比例管理的通知》，事业单位原则上不再下达年度增岗数额，试行专业技术结构比例管理。同年 11 月 30 日，县职称领导小组批复教委、卫生局、农业局、畜牧局、林业局、水务局、交通局、广播电视局、文化局、计生委、县委党校、儿童福利院、自然保护区管理局等 14 家单位专业技术职务结构比例，专业技术岗位数额由地区下达变为专业技术结构管理。2002 年，执行省人事厅《关于我省事业单位试行专业技术职务任职资格评审与职务聘任分开有关问题的通知》，凡已实行专业技术职务结构管理的事业单位，结合人事制度改革需要，单位提出，按行政隶属关系，经地州市人事职改部门、省级主管部门同意，即可试行专业技术职务任职资格评审与职务聘任分开。思茅行署人事局行文通知，各县可结合本地实际，积极而又稳妥地开展试行专业技术资格评审与职务聘任分开工作。按行政隶属关系，各县单位评聘分开工作由县人事职称改革部门审定。2004 年始，景东县根据事业单位实际情况，经主管部门申请，县人事部门逐步试行专业技术职务任职资格评审与职务聘任分开工作。2011 年，除党校系列外，其他各系列各专业均按该办法执行。

四、继续教育

1992 年，专业技术职务评聘工作步入正常化，开始实施继续教育培训。1995 年，执行省人事厅《云南省专业技术人员继续教育登记制度暂行办法》。自 1998 年 8 月 1 日始，履职考核和评聘专业技术职务把“继续教育证书”作为必备考评材料。2000 年 1 月 1 日，执行《云南省专业技术人员继续教育条例》，专业技术人员继续教育逐步规范化。继续教育内容分为公共科目和专业科目。公共科目是指全体专业技术人员应掌握的通用知识和技能，内容围绕拓展知识、开拓眼界、启发思维来组织，重点培养专业技术人员的创新意识和创新能力；专业科目继续教育内容是结合行业发展的实际、专业发展趋势，做到实用性和先进性相统一，理论性和实践性相结合，引领专业技术人员紧跟科技前沿，不断更新、补充专业知识和技能。根据不同行业、不同职级要求，由思茅行署人事局制发专业人员“继续教育证书”，县人事主管部门统一登记和发放。景东县参加继续教育培训 2009 年 4480 人，2010 年 4488 人，2011 年 4519 人。

第三节　技术工人管理

1994 年 12 月 22 日，执行人事部《关于机关、事业单位工人技术等级岗位考核暂行办法的通知》文件，技术等级岗位考核分为初级工、中级工、高级工 3 个等级考核和技师、高级技师 2 个技术职务考评。1995 年 6 月 16 日，省人事厅转发人事部文件，并提出四条补充意见。(1) 凡是机关、事业单位中已转正定级，这次工资制度改革后执行工人技术等级（职务）工资标准的工人（含合同制工人，下同），均列入技术等级考核范围；(2) 不在工人岗位工作，但这次工资制度改革套改执行工人技术等级（职务）工资标准的工人（不含事业单位工人身份在干部岗位执行职员职务等级工资标准或专业技术职务等级工资标准的工人），亦应参加本人原从事工种的技术等级岗位考核。1995 年，执行省人事厅《关于对我省机关、事业单位中非经政府人事部门考核取得技术等级工人进行复核认定的通知》文件，景东县机关、事业单位工人经劳动部门批准，1995 年 3 月至 1995 年 12 月 31 日获得初级工、中级工、高级工、技师证书人员，于 1997 年 1 月 29 日前将相关材料交思茅行署人事局工考办复核认定。

1996 年 12 月 3 日，执行省人事厅《关于同意思茅地区交通局等 8 个单位成立机关、事业单位工人技术等级岗位培训考核站的批复》文件。思茅地区成立行署交通局、思茅财校等培训站8个。1997年，思茅地区举办机关事业单位首期汽车驾驶员技术等级岗位考核培训班。景东县参加培训19人，其中，中级工8人，初级工11人。1997年5月9日，执行省人事厅《关于我省事业单位在管理岗位和专业技术岗位上工作的技术工人本等级培训考试考核有关的通知》，考试类别按工人岗位分为经济类和行政类。经济类主要包括计划、统计、审计、核算、会计、计价、信贷、储蓄、总务等岗位，行政类主要包括文秘、资料、档案机要，讲解、采编、保卫等岗位，经考核合格后，申报考核评审技术等级，考核评审通过后颁发给相应技术等级岗位证书。

2008年4月14日，执行省劳动和社会保障厅、省人事厅《关于印发云南省机关事业单位技术工人职业资格管理暂行办法的通知》，对机关事业单位技术工人职业资格管理作出具体规定和要求。对技师实行职数总控，总体比例控制在技术工人总数的5%；经人事部门核准，初级工、中级工、高级工从取证次月起兑现相应待遇，已实行聘用制单位从聘用次月起兑现相应待遇；技师以上职务实行聘用制，被聘用技师从聘用次月起享受相应待遇，未被聘用技师不能享受相关待遇；技能岗位在下达职数内出现空编时，在总职数中加以补充。

2009年，执行《景东县事业单位岗位设置管理实施意见》，事业单位管理人员（职员）专业技术人员和工勤技术人员，纳入岗位设置管理范围。工勤技能岗位分为技术工岗位和普通工岗位，技术工岗位设置高级技师、技师、高级工、中级工、初级工岗位，依次对应一至五级工勤技能岗位；普通工岗位不分等级。2011年，景东县全面完成事业单位工勤技能人员岗位设置和聘用工作。

2008年，执行省劳动和社会保障厅《关于开展全省机关事业单位技术工人职业资格信息系统基础采集工作的通知》，组织各机关事业单位的基础数据采集工作。数据采集后，登录“云南省劳动和社会保障网”，点击“全省工考信息数据采集”专栏进入链接，单位注册信息后获得单位编码和密码，进行网上管理，每个技术工人通过网络即可获得相关信息。

1997—2011年景东县机关事业单位培训合格技术工人统计表

表16-1-10　　单位：人

年度	技师	高级工	中级工	初级工	合计
1997	7	41	132	66	246
1998	—	109	107	152	368
1999	—	10	67	170	247
2000	—	24	20	16	60
2001	—	37	29	25	91
2002	—	42	57	39	138
2003	—	60	32	24	116
2004	—	44	94	44	182
2005	—	36	55	36	127
2006	6	29	79	48	162
2007	8	37	66	42	153
2008	6	92	104	6	208
2009	7	63	55	2	127
2010	1	103	39	—	143
2011	10	67	26	—	103

第四节　大中专毕业生就业

一、毕业生就业

人才招聘（罗庆东　摄于 2011 年 11 月）

统招统分　1978—1999 年，国家对大中专院校实行统招统分政策。在计划经济体制时期，各大中专院校毕业生取得文凭，就算获得“饭碗”。国家统一招收，取得毕业资格的大中专毕业生，均对口就业安置；定向招生按协议或合同就业；国家计划内自费生、电大普通班专科毕业生，始行“双向选择、自主择业”，不包分配。大中专毕业生分配大体分三类：一类是到行政单位，干部身份；第二类是到事业单位，专业技术人员；第三类是到企业，工人身份。

自主择业　1998 年后，高校扩招，大中专毕业生就业供大于求，毕业生分配成为政府难点和热点。1999 年，按照上级文件精神，景东县出台相关政策。大中专毕业生在国家就业方针政策指导下，逐步实行自主择业，用人单位择优录用双向选择制度。自 1999 年始，县政府不再实行统招统分政策，只实行报到登记制度。1999—2011 年，全县大中专毕业生报到登记 3768 人，其中，本科 931 人，专科 1189 人，中专 1648 人。

1999—2011 年景东县大中专毕业生报到登记统计表

表 16-1-11　　单位：人

年度	报到总数	本科	专科	中专	年度	报到总数	本科	专科	中专
1999	152	—	41	111	2006	197	73	77	47
2000	251	7	10	234	2007	281	89	146	46
2001	265	11	25	229	2008	444	117	186	141
2002	285	6	42	237	2009	373	127	149	97
2003	249	27	49	173	2010	402	155	196	51
2004	227	31	59	137	2011	414	149	237	28
2005	221	43	62	116	合计	3761	835	1279	1647

二、各类人员选拔招聘

大学生志愿者　自 2007 年始，共青团中央、教育部、财政部、人事部联合开展大学生志愿服务西部计划工作。2007—2011 年，全县共招募大学生志愿者 45 人。

“三支一扶”　2006 年，中共中央组织部、人事部、教育部、财政部、农业部、卫生部、国务院扶贫办、共青团中央联合开展高校毕业生到农村基层从事“三支一扶”（支教、支医、支农和扶贫）工作。2009 年始，景东县开招“三支一扶”大学生。2009—2011 年，全县共招募 5 人。

特岗教师　2006 年，教育部、财政部、人事部、中央编办联合开展农村义务教育阶段学校教师特设岗位计划工作。自 2008 年始，景东县开招特岗教师。2008—2011 年，全县共招募 45 人。

大学生村官　2008 年，中共中央组织部、教育部、财政部、人社部联合开展选聘高校毕业生到村任职工作。同年，景东县开聘高校毕业生到村任职。2008—2011 年，全县共选聘 222 人。

第五节　人事统计与档案

一、人事统计

人事统计是人事管理的基础性工作。县人事机构单设后，逐年按照上级要求进行人事统计，为领导决策和制定有关政策提供重要依据。在不同时期，根据经济社会发展、体制改革要求，统计内容相应有增有减，其中基础性统计表有“国家机关事业企业单位干部统计表”“事业企业单位各类专业技术人员基本情况统计表”“干部增加减少情况统计表”“退休干部统计表”等。实行公务员制度后，建立起一套与公务员管理相适应的统计数据库，统计内容随之变化。

二、档案管理

县人社局档案管理范围为全县的人事档案，共涉及 378 个单位，其中，行政 60 个，参公 42 个，事业 266 个，零星企业 10 个。行政单位含县级 30 个、乡镇（政府）13 个、党群口 17 个（工人），参公单位分别为县级 16 个、乡镇（财政所、国土资源所）26 个，事业单位含县级 162 个、乡镇（公路管理站、文化站、计生站、卫生院、林业站、农工站、畜牧兽医站、水管站）104 个，零星企业含电影公司、茶叶公司、大街煤厂、澜沧冶炼厂等企业部分人员档案；共涉及 5496 人，其中，在职 4195 人，退休 1047 人，零星企业 254 人。在职人员中，行政及参公单位干部 1117 人、工人 1000 多人，事业单位专业技术 1557 人、管理岗位 111 人、工勤 410 人，零星企业有电影公司 5 人、茶叶公司 6 人、大街煤厂 5 人、澜沧冶炼厂 15 人、水泥厂 28 人、离职 20 人、民工 57 人、其他 49 人，退休、辞职、开除 69 人。

根据《中华人民共和国档案法》《中华人民共和国保守国家秘密法》以及《干部档案整理工作细则》《干部人事档案管理信息系统》等法律法规，景东县制订出档案工作、干部人事档案管理人员，以及干部档案收集与补充、档案材料鉴别归档、检查核对、保管保密、递交材料归档、档案转递、查借阅等规章制度，不断完善人事档案管理工作。一方面加强档案管理人员素质培训，增强工作责任心，提高档案管理技术业务水平；另一方面加强档案管理硬件设施建设。按档案管理要求，严格实行档案库房、阅览室、办公室“三分开”，档案库房“三铁”（铁门、铁窗、铁柜），落实防火、防盗、防蛀、防高温、防光、防潮等保护措施，确保档案安全。

1980—1997 年景东县国家机关事业企业单位干部情况统计表

表 16-1-12　　单位：人、个

年度	干部	其中		文化程度		政治状况		县级单位	其中			公社（区、乡镇）
		女	少数民族	大专	中专	中共党员	共青团员		行政机关	事业单位	企业单位	
1980	2608	516	678	98	707	780	326	2481	470	1055	956	127
1981	2923	649	761	96	965	685	588	2717	539	1680	498	206

续表 16-1-12

年度	干部	其中		文化程度		政治状况		县级单位	其中			公社（区、乡镇）
		女	少数民族	大专	中专	中共党员	共青团员		行政机关	事业单位	企业单位	
1982	3118	725	818	117	1080	769	491	2908	537	1835	518	210
1983	3058	725	678	130	1124	763	343	2855	444	1911	500	203
1984	3273	715	819	140	1108	738	596	3047	697	1896	454	226
1985	3389	765	872	178	1159	911	600	3085	717	1955	413	304
1986	3454	795	891	191	1213	952	554	3162	761	1974	427	292
1987	3575	823	878	217	1278	771	687	3281	771	2092	418	294
1988	3616	925	1071	279	1294	1017	708	3290	773	2109	408	326
1989	3764	893	943	350	1404	933	494	3469	758	2259	452	295
1990	3896	907	1023	391	1595	917	574	3595	829	2349	417	301
1991	4515	973	1384	454	1597	1317	665	3637	840	2378	419	878
1992	4633	1047	1399	533	1746	1381	826	3536	785	2336	415	1079
1993	4708	1123	1473	620	1897	1289	776	3462	776	2268	418	1246
1994	4874	1251	1498	719	2038	1270	1388	3618	820	2385	413	1256
1995	4985	1254	1447	820	2224	1223	943	3721	819	2580	322	1264
1996	5144	1406	1644	952	2512	1328	1074	4195	860	3335	—	949
1997	5449	1392	1642	972	2846	1289	1050	4493	848	3645	—	956

说明：1996、1997 年度县级事业、企业单位合并统计

1991—2011 年景东县事业单位管理人员、专业技术人员基本情况统计表

表 16-1-13 单位：人

年度	总计	其中		专业技术员													
		女	少数民族	工程	农业	卫生	教学	经济	会计	统计	图书档案	新闻出版	律师公证	艺术	政工	体育	播音
1991	2600	731	687	105	207	324	1612	117	178	24	15	8	5	5	—	—	—
1992	2640	777	684	150	194	334	1664	72	161	24	22	7	5	7	—	—	—
1993	2909	882	814	234	193	374	1767	97	166	24	28	9	4	6	7	—	—
1994	2942	946	817	215	197	393	1855	74	132	21	29	9	4	6	7	—	—
1995	2991	935	760	186	218	415	1973	40	103	13	22	8	3	4	6	—	—
1996	2939	1033	883	159	233	407	2045	12	37	5	27	7	3	4	—	—	—
1997	3122	1003	890	204	247	406	2152	14	45	4	34	8	4	4	—	—	—
1998	3488	1170	1041	224	281	404	2478	17	35	3	35	3	4	4	—	—	—
1999	3833	1481	1295	317	245	434	2749	1	41	2	32	4	3	4	—	1	—
2000	4062	1575	1093	227	338	423	2991	1	37	1	32	5	3	4	—	—	—
2001	4180	1659	1205	410	225	439	3026	—	34	—	14	2	3	25	2	—	—
2002	4277	1758	1529	312	367	435	3092	—	19	3	34	—	3	5	2	—	—
2003	4294	1882	1572	307	378	406	3086	—	22	1	41	44	3	5	1	—	—

续表 16-1-13

年度	总计	其中		专业技术员													
		女	少数民族	工程	农业	卫生	教学	经济	会计	统计	图书档案	新闻出版	律师公证	艺术	政工	体育	播音
2004	4419	1950	1466	426	355	561	2889	17	73	7	52	30	—	6	2	—	1
2005	4431	1916	1453	400	394	539	2922	23	70	5	55	16	—	1	1	—	5
2006	4373	1928	1443	426	357	535	2872	35	59	8	64	16	—	—	1	—	—
2007	4407	2005	1507	424	345	552	2911	39	54	5	62	15	—	—	—	—	—
2008	4415	2015	1504	414	343	564	2923	37	51	4	65	14	—	—	—	—	—
2009	4414	2017	1507	401	344	586	2911	37	54	4	62	15	—	—	—	—	—
2010	4294	2046	1562	237	342	594	2941	36	50	5	61	14	—	13	—	—	1
2011	4465	2105	1622	383	342	603	2957	37	53	3	61	13	—	13	—	—	—

1984—1998 年景东县干部变动情况统计表

表 16-1-14 单位：人

年度	增加											减少						
	合计	选聘非国家干部	统一分配			聘用录用						合计	离职休养	退休	自动离职辞职	开除	死亡	其他
			大专	中专	军转干部	不包分配大中专生	城镇待业青年	农民	以工代干转干	其他	全民所有制单位工人							
1984	511	—	13	83	7	—	23	80	128	49	128	93	13	64	1	7	8	—
1985	99	9	19	28	13	—	20	3	—	2	5	72	13	47	3	4	5	—
1986	200	28	12	75	11	—	19	51	—	—	4	116	11	93	1	3	8	—
1987	218	—	13	92	5	4	43	48	—	1	12	81	11	63	—	1	4	2
1988	267	—	34	55	2	3	9	55	—	2	107	—	5	94	1	3	4	—
1989	332	94	49	53	4	—	11	27	—	—	94	40	3	35	—	—	2	—
1990	201	—	34	121	1	13	2	28	—	2	—	110	4	65	—	1	8	32
1991	239	7	43	123	1	5	3	51	—	—	6	104	1	92	—	4	6	1
1992	285	8	39	151	—	8	—	78	—	—	1	103	4	91	—	—	7	1
1993	278	29	47	155	2	—	1	9	—	—	35	151	1	145	1	1	3	—
1994	278	10	41	189	1	7	1	20	—	—	9	105	1	98	—	—	6	—
1995	353	10	50	189	—	1	—	90	—	—	13	111	—	103	3	1	4	—
1996	304	—	49	176	1	—	—	25	—	53	—	130	—	94	—	1	13	22
1997	524	—	62	398	—	18	—	4	—	3	39	143	—	138	—	—	5	—
1998	445	—	52	267	—	—	—	114	—	12	—	229	—	173	2	—	2	52

第六节　人事、劳动机构

1979 年，县革委会恢复人事科；1980 年，恢复劳动工资科；1983 年，两科合并设立县劳动人事科。1984 年，机构改革，更名为劳动人事局。下设县劳动服务公司（1984 年 6 月成立，1990 年 3 月更名为劳动就业服务局）、县社会劳动保险事业管理所（1987 年 11 月成立，1990 年 8 月更名为县社会保险事业管理局）。历任科（局）长：陈应诗、白兆清、罗廷荣。1993 年，分设为劳动局、人事局。劳动局下设劳动就业服务局、社会保险事业管理局、医疗保险基金管理中心。劳动局长：张明强；历任人事局长：赵昌德、王丕学。2002 年 10 月，机构改革，两局合并，成立县人事和劳动社会保障局。历任局长：叶文生、杨品。2008 年 3 月，又分设为人事局、劳动和社会保障局。下属事业单位归属劳动和社会保障局。人事局长：阿作莹；劳动和社会保障局长：高剑国。2011 年 5 月，党政机构改革，两局职责融合，划入县人力资源和社会保障局，不再保留人事局、劳动和社会保障局。内设办公室、人力资源市场股（人才交流中心）、人事管理股、职称技能股（人事考试中心）、劳动关系与调解仲裁股（县劳动人事争议仲裁委员会办公室）、工资福利股、社会保险股、基金监督股。劳动和社会保障局下设事业单位统一划入人力资源和社会保障局；撤销县农村养老保险管理所，其职能、职责、编制统一划入县社会保障局；县劳动和社会保障局内设机构劳动保障监察大队转为人力资源和社会保障局管理正股级事业单位；加挂景东县农民工工作联席会议办公室牌子，农民工工作职责划入劳动保障监察大队。局长：吴琼瑶。

第二章　劳　动

第一节　就业和再就业

自2000年始，国有企业改革不断深化。企业用工制度转型为双向选择，企业可以选聘职工、职工可以选择企业，部分职工下岗失业。2002年全县下岗失业职工392人，2003年增加到752人。景东县贯彻落实《中共中央国务院关于进一步做好下岗失业工人再就业工作的通知》，建立以县劳动力中心市场为龙头、公共职业介绍机构为主体、民办职业介绍机构为补充、县乡贯通的劳动力市场服务体系，不断加大就业再就业工作力度。针对下岗失业人员职业技能特点，开发适合就业的公益性岗位，特别是大力开发政府投资项目、政府特许经营项目、社区公共管理服务项目、财政拨款单位等公益性岗位，拓宽就业门路，安置失业人员，帮助农民工就业。2003年，新增就业岗位216个，开发公益性岗位36个，帮助失业职工再就业151人。当年，向省外输送劳务工105人、省内116人，介绍县内劳动力就地就业277人，城镇登记失业率3.6%。

2004年，在国家政策支持下，累计开发就业岗位696个，其中，公益性岗位30个（诚信家政服务中心、各乡镇劳动保障所及各社区），天生祥超市120个，云海大酒店30个，中国太平洋人寿保险公司景东营业部28个，昌龙集团82个，教育部门100个，澜沧江啤酒集团景东经营部22个，个体私营就业284个，帮助下岗失业工人实现再就业429人。同年，向省内外输送劳务工2132人，城镇登记失业率控制在4.4%内，完成确保国有企业下岗职工基本生活任务，实现下岗职工基本生活保障与失业保险并轨。

2005年，累计开发就业岗位882个，其中公益性岗位40个，帮助失业人员实现再就业592人。同年3月1日，县人事和劳动社会保障局、财政局、人民银行、经贸局联合印发《景东县下岗失业人员小额担保贷款操作办法》，办理下岗失业人员小额担保贷款73户89.5万元，城镇登记失业率控制在4.4%内。

2006年，中央实施新一轮就业再就业工作。市政府制出台《关于进一步加强就业再就业工作实施意见》，要求用三年时间基本解决体制转轨遗留的失业问题，努力做好城镇新增劳动力就业工作，改善农村劳动者进城就业服务环境，将城镇登记失业率控制在合理范围内，逐步建立就业与社会保险工作的联动机制。全县新增城镇就业岗位600个、就业600人，开发公益性岗位37个，完成持“再就业优惠证”“4050”失业人员再就业29人、特困群体就业42人，农村劳动力转移就业975人，办理下岗失业人员小额担保贷款69户86.5万元，城镇登记失业率控制在4.4%内。

2007年，新增城镇就业岗位540个、就业540人，完成持证下岗失业人员再就业352人、特困群体就业29人，开发公益性岗位128个，农村劳动力转移就业5759人，办理下岗失业人员小额担保贷款464户999万元。全县登记失业人员994人，城镇登记失业率4.1%。

中小企业抽样调查（县劳动和社会保障局 提供）

2008 年，新增城镇就业岗位 597 个、就业 597 人，完成下岗失业人员再就业 341 人、困难人员就业 223 人，开发公益性岗位 157 个，农村劳动力转移就业 5764 人，办理下岗失业人员小额担保贷款 156 户 468 万元。全县登记城镇失业人员 1063 人、失业率 4.73%。

2009 年，实现城镇新增就业 1554 人、持证下岗失业人员再就业 274 人，安置困难人员就业 203 人，开发公益性岗位 153 个，劳动力转移就业 4316 人，新增小额担保贷款 2197 户 9733 万元。全县登记城镇失业人员 1250 人、失业率 4.51%。

2010 年，实现城镇新增就业 850 人、城镇失业人员再就业 377 人，安置困难人员就业 239 人，完成高校毕业生见习 23 人，农村劳动力转移就业 3197 人，开发公益性岗位 235 个，发放小额担保贷款 1.45 亿元，带动就业 780 人。全县登记城镇失业人员 1083 人、失业率 4.36%。

2011 年，实现城镇新增就业 787 人、城镇失业人员再就业 216 人，高校毕业生见习 21 人，安置困难人员就业 158 人，开发公益性岗位 253 个，农村劳动力转移就业 1779 人，城镇登记失业率 4.24%。

2003—2009 年景东县上级再就业资金分配情况一览表

表 16-2-1　　单位：万元

年度	再就业	乡镇劳动保障所建设补助	公益性岗位补助	小额贷款担保	劳动力市场建设	劳动力市场网络维护建设	合计
2003	30.00	1.00	—	—	—	—	31.00
2004	50.00	3.97	3.0	—	—	—	56.97
2005	95.00	5.58	2.0	—	—	—	102.58
2006	156.00	2.97	1.4	—	—	—	160.37
2007	201.00	2.60	1.7	—	—	—	205.30
2008	386.00	—	2.0	20	—	2	410.00
2009	255.01	—	—	20	—	2	277.01
合计	1173.01	16.12	10.1	40	—	4	1243.23

第二节　就业培训

中共十一届三中全会后，不断深化国有企业改革，下岗失业人数增多，再就业压力增加，就业问题成为社会热点和群众关注的重点问题。为此，景东县把解决好广大下岗失业人员尤其是“4050”

人员作为重中之重的工作来抓，采取措施开展针对性职业技能培训。自1984年始，陆续组织城镇待业青年培训，刚开始，培训零散，不成规模。自1990年起，组织城镇待业青年集中培训。1990—1997年，每年开展1~2期城镇待业青年培训班，年均培训150人，培训合格人员就业率在90%以上。2003年，举办计算机应用、商业营销、美容美发、中式烹调师等培训班5期，培训失业人员219人、社会从业人员84人。2004年，举办汽车驾驶、汽车修理、摩托车修理、计算机应用、中式烹调师、餐厅服务员、宾馆服务员等培训班7期，培训失业人员、社会从业人员507人。2005年，举办汽车驾驶、种植业、养殖业、中式烹调、计算机操作等培训班5期，培训失业人员、社会从业人员、农民工1477人。2006年，举办宾馆服务员、餐厅服务员、美容美发及劳动预备制、农村劳动力转移就业各类培训班11期，培训失业人员、社会从业人员、农民工2424人。2007年，举办失业人员、农村劳动力转移就业、在岗农民工就业再就业培训班9期、7160人。2008年，举办失业人员、社会从业人员、农村劳动力转移就业再就业培训班10期、2916人。2009年，举办城镇失业人员、创业人员、计算机操作、农村劳动力转移就业再就业培训班11期、4843人。2010年，举办中式烹调师、计算机操作员、茶园工、农村劳动力转移就业各类就业再就业培训班23期、2802人。2011年，举办计算机操作员、热带作物栽培工、美容师、农村劳动力转移就业各类就业再就业培训班10期、3357人。

第三节　退休管理

一、工人

1978年5月始，执行国务院《关于工人退休、退职的暂行办法》。按规定审批全民所有制企事业单位和党政机关、群众团体工人退休。具体规定：(1) 男年满60周岁，女年满50周岁，连续工龄满10年；(2) 从事井下、高空、高温，特别繁重体力劳动，其他有害身体健康的工作，男年满55周岁，女年满45周岁，连续工龄满10年；(3) 男年满50周岁，女年满45周岁，连续工龄满10年，由医院证明，并经劳动鉴定委员会确认，完全丧失劳动能力；(4) 因工致残，由医院证明，并经劳动鉴定委员会确认，完全丧失劳动能力。自2001年1月1日始，执行省政府《云南省企业职工基本养老保险条例实施办法》。具体规定：(1) 男年满60周岁，女年满50周岁，在生产或工勤服务岗位工作，且连续在本岗位工作满5年的，可以办理退休；女年满50周岁时，在管理技术岗位工作的，以及虽在生产或工勤服务岗位工作，但连续在生产或工勤服务岗位工作不满5年的，需年满55周岁方可办理退休。(2) 男年满55周岁及其以上，女年满45周岁及其以上，从事高空和特别繁重体力劳动，在该工种岗位上工作累计满10年以上，从事井下和高温工作，在该工种岗位上工作累计满9年，从事其他有害身体健康工作，在该工种岗位上工作累计满8年的生产或工勤服务人员，可以办理退休。(3) 因病或非因工致残，经地、州、市级以上劳动能力鉴定委员会确认完全丧失劳动能力的从业人员，男年满50周岁，女年满45周岁。(4) 因公致残从业人员经劳动能力鉴定完全丧失劳动能力的。从业人员出生年月认定，实行居民身份证与职工档案相结合的办法。职工本人身份证与档案记载的出生年月不一致时，以本人档案最早记载的出生年月为准。

2006年8月，根据《国务院关于完善企业职工基本养老保险制度的决定》，省政府出台《关于完善企业职工基本养老保险制度的实施意见》，对企业职工退休的条件未作出新的规定，只是对基本养老保险待遇作出改革的办法，简称“新办法”。2011年1月1日始，退休人员全部按“新办法”执行。对职工正常退休，各级劳动保障行政部门不再实行审批，由县以上劳动保障行政部门按规定核发退休证，社会保险经办机构审核和计发基本养老金。

二、干部

自1978年始，执行国务院《关于安置老弱病残干部的暂行办法》，党政机关、群众团体、事业单位干部，男年满60周岁，女年满55周岁，参加革命工作10年；男年满50周岁，女年满45周岁，参加革命工作10年，经医院证明丧失工作能力。符合上述条件，均可办理退休。自2006年1月始，执行《中华人民共和国公务员法》。公务员符合下列条件之一的，本人自愿提出申请，经任免机关批准，可以提前退休：工作年限满30年；距国家规定的退休年龄不足5年，且工作年限满20年的；符合国家规定的可以提前退休的其他情形的。干部职工退休后，照常享受福利费、公费医疗等待遇。退休人员去世后，其丧事处理、丧葬补助费和供养直系亲属抚恤费与在职去世的职工待遇相同。

第四节 劳动鉴定仲裁

一、劳动鉴定

1990年6月，执行《云南省劳动鉴定暂行办法》，省地县三级成立劳动鉴定委员会，成员由同级劳动、人事、工会等部门负责人和医疗单位各类专家组成。1991年，执行思茅地区《关于开展劳动鉴定工作的意见》，县劳动鉴定委员会成立，组长由分管劳动部门副县长担任，下设办公室在县劳动人事局。自1997年始，执行国家“职工工伤与职业病致残程序鉴定标准”“职工非因工伤残或因病丧失劳动能力鉴定标准”，劳动鉴定工作有章可循。2011年，落实企业工伤人员确认和统筹管理工作，调查摸底2003年底前企业工伤人员。经确认，全县企业工伤人员310人，通过劳动能力等级鉴定40人，占企业工伤人数的13%，其中，五级4人，六级5人，七级9人，八级7人，十级12人。已确认但未进行过劳动能力鉴定，经本人提出鉴定申请31人，占10%；已确认的工伤人员，退休26人，其中通过劳动能力鉴定8人。通过劳动能力鉴定的40人中，按上级规定标准清算工伤费用29人，费用总额33.1万元，其余11人于单位改制时一次性支付。

二、劳动仲裁

1987年7月31日，执行国务院《国营企业劳动争议处理暂行规定》。1988年，县劳动争议仲裁委员会成立，下设办公室在劳动局，配备专职干部1人。1989年，省地两级劳动行政部门组织专职干部培训，培训后开展相应工作。在基层工会组织配合下，建立企业劳动争议仲裁委员会或企业劳动争议仲裁调解小组。2008年5月1日，执行国家劳动争议调解仲裁法，劳动争议仲裁工作有法可依。1988—2011年，受理劳动争议案416件，其中，仲裁67件，调解349件，全部结案。

第五节 劳动监察

自1995年1月1日始，执行《中华人民共和国劳动法》。1995年4月，思茅地区机构编制委员会批准行署劳动局增设劳动监察科。2003年7月，县劳动和社会保障局劳动监察大队成立。

一、执法年审

执法年审是劳动保障监察工作的一项重要基础性工作。主要是在规定时间内审查用人单位按要求报送的书面材料。通过审查，从中知晓用人单位遵守劳动保障法律法规的情况，对违反的用人单位进行整改。2003—2011 年，对各类用人单位进行劳动执法年审 2674 个，涉及劳动者 17.3 万人。经年审，合格 2456 个，下达限期整改指令书 98 份，补签劳动合同 7389 份，督促用人单位办理社会保险登记 86 个，补缴养老保险 389 万元、失业保险费 68.9 万元。

二、专项行动和检查

人力资源市场秩序专项行动 逐一排查职业中介机构及从业人员资格，在职业中介机构自查基础上，建立人力资源市场台账，加强日常监督和管理。依法查处和取缔非法从事职业中介机构的单位和个人，维护劳动者合法权益，为劳动者就业营造良好的社会环境。2003—2011 年，共取缔非法职业中介机构 4 个。

使用童工专项检查 2003—2011 年，全县专项监察用人单位 237 个，涉及劳动者 3057 人，查处和行政处罚使用童工用人单位 6 个。

农民工工资支付情况专项检查 2003—2011 年，共接到举报、投诉案件 967 起，涉及农民工 4868 人、金额 1769.3 万元，责令全部支付。督促用人单位缴存农民工工资保证金 263 个、金额 1293.71 万元。

三、日常巡查和法律法规宣传

日常巡查是劳动保障监察工作日常化、经常化的工作，并对巡查中发现的违法行为进行整改。此外，充分利用报刊、电视台、广播、组办培训班等多种方式宣传《中华人民共和国劳动法》《中华人民共和国劳动合同法》《中华人民共和国就业促进法》《劳动保障监察条例》等法律法规。2003—2011 年，日常巡查用人单位 758 个，下限期整改决定 36 个，发放宣传资料、宣传单 15 万余份。

第十七编

民生保障

第一章　民　政

第一节　基层自治组织建设

一、村民委员会

自 2000 年 8 月始，执行国家《中华人民共和国村民委员会组织法》《云南省村民委员会选举办法》及县委县政府《关于改革村级体制，实行村民自治的实施意见》。至 2011 年，先后共开展 4 届换届工作。

景东县村民委员会换届情况统计表

表 17-1-1

换届时间	选民			村民代表		组长		副主任		主任		班子平均年龄		备注
	登记（人）	参选（人）	比率（%）	应选（人）	实选（人）	应选（人）	实选（人）	应选（人）	实选（人）	应选（人）	实选（人）	选举前（岁）	选举后（岁）	
第一届（2000 年 8 月 2 日至 10 月 25 日）	223285	205179	92. 0	5063	5063	2345	2345	198	198	167	167	40. 0	38. 0	换届时间含试点时间
第二届（2004 年 4 月 20 日至 6 月 25 日）	234497	221320	94. 4	5746	5146	2345	2343	197	197	166	165	43. 0	40. 3	缺额 1 人，3 个月内补选齐
第三届（2007 年 3 月 23 日至 5 月 30 日）	250156	230107	92. 0	4913	4913	2339	2339	197	197	166	165	45. 3	42. 4	石垭口村暂缓选举
第四届（2010 年 3 月 19 日至 5 月 27 日）	250156	230107	92. 0	4886	4886	2345	2345	292	292	166	166	47. 4	46. 2	其中“一肩挑”45 人

二、社区居委会

自 1990 年始，执行《中华人民共和国城市居民委员会组织法》《云南省社区居民委员会选举暂行规定》以及省委、省政府《关于加强城市社区建设的意见》。至2011年，先后设御笔、玉屏、龙泉3个社区居委会，分别辖居民小组11个、21个、12个。各届职责分明，形成以党支部为核心，居委会和协调议事委员会为依托，其他服务组织配套协调，功能健全完备的组织体系和管理运行机制。各社区结合实际，制订各项规章制度，主要有《社区居民公约》《社区资源共享公约》《社区自治章程》《社区委员会工作制度》《社区职责》等。

景东县居民委员会换届情况统计表

表17-1-2　　单位：人

届序	居民小组	居民代表	居民小组			议事委员会			备注
			组长	副组长	委员	主任	副主任	委员	
第一届（2002.10.25—2003.1.10）	44	112	44	8	78	3	3	15	—
第二届（2005.10.25—2005.12.10）	44	123	45	42	90	3	6	14	议事委员会副主任兼职3人
第三届（2008.12.12—2009.1.15）	44	127	42	42	45	3	6	14	议事委员会副主任兼职3人

第二节　勘　界

一、县乡勘界及界线管理

1996年，全国开展省县两级行政区域界线勘定工作。1996年8月28日，县勘界工作领导小组成立，下设办公室在民政局；各乡镇成立领导小组及办公室，具体负责本辖区与毗邻乡镇的勘界。2001年1月11日，县乡勘界结束。先后解决地县界线争议19段64.8千米、乡镇界线争议10段19.7千米；勘定地县行政区域界线8条498.23千米（省地勘测长度）、乡镇行政区域界线26条424.2千米（图测长度）。栽设地县级大型三面钢混界桩8棵，其中，澜沧江与羊街河主河道中心线交汇处3棵（漫湾水库西岸1棵、羊街河南北岸各1棵），三面三立；豹子咬毛驴岭岗、太平山、大风垭口、鸡冠子山、庙房山各1棵，三面单立。栽设大型双面钢混界桩11棵，其中，骑马垭口、汪家垭口、清勐公路高峰垭口、五一公路垭口、隔界箐各1棵，双面单立；浪淌河桥、漫湾大桥、大朝山大桥各2棵，双面双立。界线标绘在中国人民解放军总参谋部测绘局（简称中参部测绘局）绘制的1∶5万地形图上。县级以上界线协议书上报国务院、省地勘界办各1份，县存1份；乡镇界线协议书报省市勘界办各1份，县乡各存1份。界线确定后，景东与外县界线每4年联合踏勘1次，双方共同签订创建平安边界“睦邻友好公约”。从检查情况看，界线稳定，所有边界线标识物、界桩（牌）完好，为地方经济社会发展起到很大作用。

二、重大问题处理决定

（一）楚普线

楚普线景东段走向以云南省哀牢山国家级自然保护区管辖线为基础，以1997年10月15—18日、1998年2月13日双边政府“联合勘定行政区域边界线协议”及附图为准。景东县大草坝水库位于双柏县境内，水库及水源林管理以1998年2月13日由省勘界办参加、两地州勘界办协商签署的处理意见为准，即“大草坝水库管理权、使用权、水资源流向维持现状”。

（二）普大线

景东县安定乡与南涧县无量乡交界处刺平掌后山森林资源，以1998年11月16日两县联合核界所签协议及其附图为准；景东县漫湾镇安召村与南涧县沙乐乡大包麦、茨坪二两段边界线处理以1990年12月28日由两县村（办）签订协议为准。

（三）景镇线

张学田梁子、骂掌垭口至石板箐、大水箐段行政区域界线　走向以1998年12月25日两县勘界工作领导小组联合核界所签协议及其附图为准，边界线两侧插花森林、田地维持现状管理，任何一方不得随意扩大。

景镇线勘定签字（县民政局　提供）

三棵桩梁子至白虎山段行政区域界线　走向以1998年12月25日两县勘界工作领导小组联合核界所签协议及其附图为准，具体走向维持1993年9月11日者后乡者后村公所与恩乐镇五一办事处共同签署协议线，即“三棵桩垭口以分水界直下隔界箐至四格田上白虎山梁子”（编者按：“分水界”一词有歧义，应为“合水线”）。

川河至叶曼控棉竹箐段行政区域界线　走向以1998年12月25日两县勘界工作领导小组联合签订协议及附图为准，“上下西勐社跨越界线山林和土地作为插花林地维持原状不变，但不得扩大耕种范围”。

大卡册（蛮老山）段行政区域界线　走向以1997年5月18日两县勘界工作领导小组联合核定所签协议及其附图为准。

等妹山段行政区域界线　走向以军测线（中参部测绘局绘制的界线图）走向勘定，对镇沅县跨越界线的森林资源以1997年5月18日两县勘界工作领导小组联合核界所签协议及其附图为准。

第三节　拥军优属与抚恤

一、拥军

一般在春节、“八一”节期间开展。届时，由县委县政府组织安排，民政部门负责办理慰问事项。1979年“八一”节、春节期间，慰问烈属43户、病故军人家属20户、现役军人家属1197户、军官家属189户、伤残军人58人及驻景东武警中队、文华武警二中队、老练部队指战员，并到景福公社勐片大队为越战牺牲战士李德昌开追悼会，做好善后工作。1991年“八一”节，召开驻军、烈军属、复员退伍及伤残军人代表座谈会，与会代表300余人。1992年“八一”节，慰问驻文华武警二中队、老练部队、县武警中队及烈军属451户、伤残军人65人。1994年春节前夕，采取座谈、走访、做好事等形式慰问文华武警二中队、老练部队、县武警中队及病故军人家属54户、军属418户、伤残军

八一节座谈（李廷新　1991 年摄于安定乡）

人 80 人；发动群众开展送温暖活动。后期，围绕双拥工作特点，结合实际，共建双拥点 4 个，举办议军会 8 次、联欢联席会 10 次，军地领导互访、现场办公 24 次，解决人武部建设经费 1.6 万元，并设法创造条件改善驻军随军家属生活、子女就学问题。

二、优属

根据党对农村各个时期各项方针政策规定，随着农村经济不断发展变化，抚恤优待工作也相应改变。1978—1980 年，主要以劳动力和工分优待。自 1981 年始，主要以现金优待。1982 年，对农村烈士、义务兵家属实行普遍优待，一般每户给予 1/2～2/3 个劳动力优待。各乡镇根据经济收入和群众承担能力，统一提留、兑现和负担。1985 年，对烈属、病故军人家属在国家定期定量补助基础上，改为定期抚恤。1995 年末，全县统一平衡义务兵优待金负担。据统计部门资料：1995 年，人均优待标准 250 元；1996—1998 年，每服役满一年优待 300 元；1999—2000 年，每服役满一年优待 400 元。结合实际，民政局出台《优抚对象医疗保障实施细则》，建立优属服务组织 14 个，参加服务 1400 人，服务对象 2243 人，义务兵家属优待面 100%。每年“八一”节和春节，给义务兵家属各 100 元慰问优待。至 2011 年末，为军属补助危房修缮资金 146 户 32.8 万元，解决大部分军属和一部分优抚对象临时困难补助和医疗救济 469 人次、52.13 万元。

1995—2000 年景东县退伍兵优待金发放情况一览表

表 17-1-3

年度	1995	1996	1997	1998	1999	2000
退伍人数（人）	66	83	73	56	80	138
人均金额（元）	288.3	443.5	903.0	1328.5	1312.9	1310.8
发放总额（万元）	1.73	3.88	6.59	7.44	10.50	18.09

三、优抚对象普查

1979 年，开展优抚对象普查。普查县境 1950—1978 年被迫害致死、关押、取消优抚对象资格、撤销行政职务、打伤致残、没收优抚证件、捆绑吊打批斗、戴上各种政治帽子、开除党籍等人员 225 人，并按政策规定予落实和纠正，恢复优抚对象名誉。

1979 年景东县优抚对象普查结果统计表

表 17-1-4　　单位：户、人

类别	家属	优抚对象	备注
烈士、因公牺牲军人	40	43	其中 3 人无直系亲属

续表 17-1-4

类别	家属	优抚对象	备注
病故军人	18	20	其中2人无直系亲属
失踪军人	1	1	—
现役军人	1357	8347	其中军队干部家属186户1037人
残废军人、民工、民兵、工作人员	—	39	—
老复员军人	—	847	—
退伍军人	—	2813	—
军队退休干部	—	1	—
地方退休干部职工	—	12	—

2011年末景东县优抚对象统计表

表 17-1-5

序号	类别	人数	序号	类别	人数
1	革命烈士遗属	10	8	在乡老复员军人	115
2	因公牺牲军人遗属	4	9	带病回乡退伍军人	800
3	病故军人遗属	18	10	参战涉核人员	698
4	残疾军人	92	11	1954年底后入伍回农村籍满60周岁部分退伍人员	852
5	伤残国家机关工作人员	1	12	现役军人	678
6	伤残人民警察	5	合计	—	3275
7	伤残民兵民工	2			

四、死亡抚恤

中华人民共和国成立初期，抚恤金标准较低，以后多次调整，标准逐步提高。1979年，抚恤金标准为370~700元/年。1980年6月，牺牲、病故抚恤标准改为烈士、因公牺牲和病故三种，其中，烈士800~1000元/年，牺牲、病故仍按1979年标准发放。

1955、1979、1980年景东县发放抚恤金标准一览表

表 17-1-6

单位：元/年

职级	1955		1979		1980		
	牺牲	病故	牺牲	病故	烈士	因公牺牲	病故
师级以上	650	520	700	600	1000	700	600
团级	450	360	650	550	950	650	550
营级	350	280	600	500	900	600	500
连排级	280	230	550	450	850	550	450
班级	230	200	500	400	800	500	400
战士级	180	150	500	400	800	500	400
参战民兵民工	150	120	470	370	800	470	370

1979—1980 年，执行国家有关越战牺牲家属和革命烈士抚恤标准文件。全县有烈士 13 人，因公牺牲军人 3 人，病故军人 5 人，分别发放抚恤费 1.8 万元；荣立二等功以上烈士家属，在抚恤标准基础上增发 1/4。1981—1990 年，按规定，抚恤费按烈士生前所领工资或 23 级标准工资 40 个月、20 个月、10 个月计发。全县有烈士 6 人，因公牺牲军人 3 人，病故军人 6 人，共发放 1.2 万元。

2005—2011 年景东县抚恤费标准一览表

表 17-1-7 单位：元/年

类别		2005	2006	2007	2008	2009	2010	2011
烈属	城镇	4200	4980	6000	6900	7940	8730	10480
	农村	2640	3120	3600	4140	4760	5240	6030
因公牺牲军人遗属	城镇	3900	4620	5400	6180	7110	7820	8990
	农村	2520	2940	3420	3960	4550	5010	5760
病故军人遗属	城镇	3600	4260	5100	5820	6690	7360	8460
	农村	2340	2760	3300	3780	4350	4790	5510
在乡退伍红军战士		9600	—	—	15720	18080	19890	—
在乡西路红军战士		8640	—	—	14100	18080	19890	—
失散红军人员		2880	—	—	4680	7820	8600	—

五、伤残抚恤

2004 年 10 月 1 日，执行国务院、中央军委新订《军人抚恤优待条例》，并给“五个条件”人员增加生活补助费。“五个条件”指：在乡老复员军人，月增 60 元；带病回乡退伍军人，月增 30 元；在农村和城镇无工作单位，且家庭生活困难的参战退役人员，月提高 30 元；不符合评残和享受带病回乡退伍军人，但患病或生活困难农村和城镇无工作单位的 8023 部队退役人员，以及其他参加核试验军队退役人员，月提高 30 元；中华人民共和国成立前加入中国共产党的农村老党员，月提高 30 元。另外，伤残军人还享受下列待遇：医疗费待遇，全县二等乙级以上共 10 人，享受公费医疗待遇；特、一等伤残军人享受护理费待遇，全县一等伤残军人 2 人，人均享受护理费 50 元/月；伤残人员乘座客车、火车、轮船减半优惠待遇；安排伤残军人力所能及的工作。

1978、1988、1999 年景东县发放伤残抚恤金标准一览表

表 17-1-8 单位：元/年

等级	性质	在职			在乡			民兵民工
		1978	1988	1999	1978	1988	1999	1978
特等	因战	72	240	1000	520	1200	5340	400
	因公	62	216	970	480	1100	5180	
一等	因战	60	204	800	460	1020	4000	400
	因公	50	184	760	430	950	3870	
	因病	—	—	750	—	860	3740	
二等甲级	因战	44	156	455	260	740	2120	230
	因公	38	140	435	240	660	2020	
	因病	—	—	415	—	600	1920	

续表 17-1-8

等级	性质	在职			在乡			民兵民工
		1978	1988	1999	1978	1988	1999	1978
二等乙级	因战	36	135	360	190	538	1320	170
	因公	30	122	340	180	480	1240	
	因病	—	—	330	—	450	1200	
三等甲级	因战	30	108	260	100	336	900	100
	因公	24	98	240	100	322	880	
三等乙级	因战	24	—	205	80	272	780	80
	因公	20	—	195	80	272	780	

2005—2011 年景东县伤残抚恤金标准一览表

表 17-1-9　　单位：元/年

等级	性质	2005	2006	2007	2008	2009	2010	2011
一级	因战	11200	14560	18900	22680	26080	28690	32990
	因公	10800	14040	18300	21960	25250	27780	31950
	因病	10440	13570	17700	21240	24430	26870	30900
二级	因战	10080	13100	17100	20520	23600	25960	29850
	因公	9600	12480	16200	19440	22360	24600	28290
	因病	9200	11960	15600	18720	21530	23680	27230
三级	因战	8960	11560	15000	18000	20700	22770	26190
	因公	8400	10920	14100	16920	19460	21410	24620
	因病	7800	10140	13200	15840	18220	20040	23050
四级	因战	7280	9470	12300	14760	16970	18670	21470
	因公	6600	8580	11100	13320	15320	16850	19380
	因病	6000	7800	10200	12240	14080	15490	17810
五级	因战	5600	7280	9600	11520	13250	14580	16770
	因公	5040	6550	8400	10080	11590	12750	14660
	因病	4560	5930	7800	9360	10760	11840	13620
六级	因战	4480	5820	7500	9000	10350	11390	13100
	因公	4200	5460	7080	8520	9800	10780	12400
	因病	3600	4680	6000	7200	8280	9110	10480
七级	因战	3360	4350	5700	6840	7870	8660	9960
	因公	3000	3880	5100	6120	7040	7740	8900
八级	因战	2240	2880	3600	4320	4970	5470	6290
	因公	1920	2480	3300	3960	4550	5010	5760
九级	因战	1680	2180	3000	3600	4140	4550	5230
	因公	1440	1870	2400	2880	3310	3640	4190
十级	因战	1120	1460	2100	2520	2900	3190	3670
	因公	960	1250	1800	2160	2480	2730	3140
施行时间		2004. 10. 1	—	2007. 8. 1	2008. 10. 1	2009. 10. 1	2010. 10. 1	2011. 10. 1

六、烈士

1950—2011 年，全县荣立特等功 3 人、一等功 17 人、二等功 44 人、三等功 798 人、四等功 14 人，小功 63 人、中功 9 人、大功 20 人。其中，2001—2011 年，荣立一等功 1 人、二等功 6 人、三等功 198 人。

第四节　复退军人安置

一、复退军人

复员军人　1982 年，复员军人每月生活费有 8 元、9 元两种，景东县分别有 63 人、38 人。1983 年，生活费有 75 人月增 10 元、39 人月增 15 元。1984 年 10 月，执行国家统一标准，复员军人 528 人发放生活费 15 元/月。另规定，1949 年 9 月 31 日之前入伍，或在部队服役期间荣立过一次功或属城镇居民户口或独人、年满 60 岁以上月增 5 元；身体带病，半瘫和全瘫痪生活不能自理月增护理费 20 元。1989 年 7 月，在基础上月增生活费 10 元，标准为 25 元/月。1997 年 2 月 2 日，增加 15 元，全国统一标准 40 元/月。1999 年 7 月 1 日，在乡复员军人增加生活费 20 元/月。2000 年末，执行全国统一标准 60 元/月。2002 年 7 月 1 日，适当提高在乡老复员军人定期生活补助。抗日战争（1945 年 8 月 15 日前）、解放战争（1949 年 9 月 30 日前）和新中国建立后（1954 年 10 月 31 日前）参加革命的，每月分别提高 40 元、30 元和 20 元。2003—2011 年，全县有复员军人 450 人，按月领取生活补助费人均 422 元。

退伍军人　1958—2011 年，全县接收退伍军人 7395 人，回农村退伍义务兵 6402 人。安排工作 1097 人，占 14.8%，其中，二等功臣“五证”齐全 13 人，复工复职 118 人，转业志愿兵 28 人，因战、因公、因病持证伤残军人 27 人，超期服役达“五个条件”8 人，各期招工招干 719 人，城镇居民户口 209 人。

1958—2011 年景东县退伍军人安排工作统计表

表 17-1-10

工作部门	人数	备注
党政机关和事业单位炊事、驾驶、办事员	62	—
林业系统	99	含林化厂、松香厂、刨花厂等
供销、粮食系统	61	含乡镇供销社、分销店、县级各公司
商业系统	94	含县级各公司、区乡级部分单位
工业系统	125	含文井、者孟、漫湾等糖厂，部分交通单位及厂矿
公检法司、机关单位	38	—
各乡镇级机关单位	98	—
县属工矿企业	91	—
农业系统	56	—
水电系统	54	含各电厂、电力公司、川河大沟管理所

续表 17-1-10

工作部门	人数	备注
教育系统	48	含各中小学校
卫生系统	32	含各区乡卫生院所
乡镇企业	7	—
工商系统	16	包括 1990 年以后分配到各乡镇工商所人员
税务系统	22	包括 1989 年以后分配到各乡镇站所人员
省地直属驻景东单位	28	包括文华农场、森工局、公路养护段、十八地质队等

二、伤残退伍军人

因战、因公、因病伤残军人或伤残民兵民工，在不同时期有不同称谓。1950—1956 年称残疾军人，1957—1989 年称荣誉军人和伤残军人；1989—2000 年称革命伤残军人。1950—2000 年，全县接收部队退伍回乡、支前民兵民工、国家机关伤残人员 96 人，其中，在职 63 人，在乡 33 人。1980—2002 年，伤残军人退伍后，不分伤残性质和等级，一律安排力所能及的工作。2002 年后，政府增发退役伤残军人自谋职业补助金，不再安排工作。

1950—2000 年景东县伤残军人统计表

表 17-1-11

单位：人

性质		一等	二等甲级	二等乙级	三等甲级	三等乙级
在乡	因战	2	—	1	3	7
	因公	—	—	1	7	6
	因病	—	1	5	—	—
在职	因战	—	—	4	6	11
	因公	—	2	3	18	18
	因病	—	—	1	—	—

三、离退休干部安置

军队离退休人员 景东县分别于 1982 年、1986 年、1990 年、1994 年、2005 年、2007 年 6 次接收军队离退休人员 11 人，其中，离休 2 人，退休 6 人，无军籍退休 3 人。

地方退休干部职工 主要有党政机关、群众团体、事业单位异地安置退休退职干部和工人，以及在军队工作无军籍退休职员和编内工人。全县共有地方退休干部职工 37 人，其中，教育系统教师 6 人、职工 3 人，卫生系统医生 3 人，党政机关干部 8 人、炊事员 4 人，落实政策大队干部 3 人，县属事业单位工人 6 人，无军籍职工 2 人，工商财政系统职工 2 人。

四、城镇退役士兵自谋职业改革

自 2003 年冬季征兵始，入伍时持安置登记表的城镇退伍义务兵和复员士官，以及符合安置条件的农村退伍义务兵和转业士官（入伍前属单位职工除外），实行自谋职业安置办法。退役士兵按程序办理“城镇退役士兵自谋职业证明书”和领款凭证后，一次性领取经济补助。退伍义务兵补助标准基数1.5万元，每服役一年加发1000元；士官补助标准基数1.5万元，每年军龄加发1500元，转业士官每年军龄加发2000元。伤残、立功受奖、女兵及驻藏驻港驻澳部队和艰苦地区退役士兵按规定加发补助金。另在金融、税收、教育、就业、社会保障、户籍、城建、卫生管理等方面还有许多优惠政策。

第五节　赈灾救济

一、救灾

19世纪后，景东县自然灾害多发生为旱、涝灾。一般灾荒救济由民政部门办理，遇到较大灾害由政府统一组织各有关部门共同办理，并发动社会各界救援和捐赠。

1978年6月21日，川河暴涨，席卷沿岸庄稼、民房。文井公社开南办事处一看地老人，躲避不及，情急之下爬上临时窝棚顶，转瞬间即被洪水卷走。文窝12位民兵获悉后，沿川河追踪12千米，泅水将老人救出。文光办事处社员50人在河边劳动，避洪不及，爬到竹篷、大树上呼救，公社当即组织民兵30多人，临时制作4张竹筏将受困社员救出。全县共组织民兵400人抢救群众及物资，政府拨350元救济10户住房无着落农户。灾后，县委县政府发动群众种红薯、双季稻、冬荞、蚕豆220公顷，力图弥补洪灾损失。

1979年，冬春夏连旱。县委县政府发动群众抗旱保收，减少损失。5月9日，文龙乡瓦罐窑第七生产队失火。文龙公社党委组织500多人扑救，捐款416元，捐衣物、被子、家具等332件。县革委会组织慰问组，拨救灾款9000元、救济粮9000千克慰问。

1981年9月14—15日，漫湾镇温竹、安乐发生洪灾。窝落地、罗家社山体坍塌，泥石流造成人员、财产重大损失。县委县政府带领民政部门负责人赴灾区抢救，慰问。拨3.1万元安置灾民，送孤儿1人到儿童院抚养，另给姐妹2人建盖房子3间，添置生产生活用具。

1983年12月28日，雪灾。雪后，县政府组织人力救灾，修复公路；糖厂抓紧检修，组织开榨；电站及时抢修，恢复发电。

1984年7月27日，景福区竹箐、公平，林街区丁帕、岩头等地暴雨，引发山体坍塌，造成人员重伤和精神失常，财物损失严重。县区党政领导赶赴现场组织抢险和慰问，拨款帮助群众恢复生产生活。

1985年6月15日、18日，洪灾。全县死亡7人，房屋和农作物受损严重。县政府拨71万元救援。

1986年7—10月，漫湾镇漫湾、温竹、安召、五里、安乐暴雨，引发多处山体滑坡，造成人员重大伤亡、财物重大损失及交通断阻。云南省政府拨26万元救灾，县政府拨1.84万元帮助101户543人恢复重建、拨4770元搬迁安置29户、拨740元医药救助30人、拨7.24万元救济390户2.02万人。

1989年4月，风灾；5月、6月、9月、10月，洪灾。县政府组织民政干部救济和慰问。1990年4月，锦屏、花山、太忠、龙街、文龙、安定、漫湾、林街、景福风灾，花山区文俄、文召雹灾；7—8月，全县雹、洪灾。县政府及民政部门拨17.69万元救济，异地搬迁安置312户1540人。

1991年7月14—16日，特大洪灾。县委县政府组织人员安抚慰问，民政部门拨5万元急救，粮食部门拨5万千克粮食支援，供销部门拨8万千克化肥救灾；全县共捐款26万元。1992年，旱、涝、风、虫害，民政部门拨救灾款 28.6 万元、粮食 20.7 万千克救济，帮助恢复重建 173 户，修复民房 479 户，涉及 2535 人。

1994 年 5—6 月，者干河、开南河、南线河、老练河、速南河、菊河大水，水毁沿岸农田及作物。民政部门拨出 7 万元救济，机关单位和职工捐款 12.2 万元援助，保险公司发放保险金 560 户 18.48 万元。

1994 年洪灾捐助（李廷新　摄）

1995 年 7 月 6 日，者后乡洪灾。县委县政府及民政部门领导赴灾区慰问，拨款拨粮救济。

1996 年 7 月，连阴雨；8 月，暴雨。大街、花山、文龙、林街多处泥石流、滑坡灾害，造成人员伤亡、财物重大损失。民政部门拨 31.45 万元购粮 49 万千克，救济 4123 户 1.62 万人。

20 世纪 80 年代扶贫救济送温暖活动（李廷新　摄）

1997 年，春旱秋涝。4—6 月，滴雨未落；7 月，暴雨不断，造成人员伤亡、财物重大损失。民政部门拨出 38.4 万元赈灾。

1998 年 7 月 2—3 日，特大洪灾，造成人员伤亡、财物重大损失。林街乡岩头、丁帕，漫湾镇昔掌、保甸等地发生山体滑坡和泥石流，灾害尤重。灾情引起省地高度重视，省领导张绍云，地区领导杨建甲、魏红、李忠恒等带领民政、救灾、防汛等人员赶赴灾区指导抢险救灾，拨款、拨粮、拨物赈济。

1999 年 8 月 31 日，川河、者干河特大洪灾，造成人员伤亡、财物重大损失。县委县政府调动驻军官兵、公安干警、基干民兵、党政机关、企事业单位干部职工 3000 余人投入抢险救灾，拨 47 万元救济 8158 户 3.67 万人。春节，组织 576 人次走访“五保户”（保吃、保穿、保住、保医、保葬）803 户、特困户及灾民 332 户 1349 人，送米 11.15 万千克、糖 4460 千克、猪肉 2230 千克慰问。

1999 年 12 月 22 日至翌年 1 月 9 日，冻害，农作（植）受害严重。民政部门拨 15 万元救济。

2006 年，旱、风、雹、涝灾。春，县五班子领导带队到乡镇、儿童院、敬老院慰问孤儿、五保户、特困户和重灾户，拨款 9.2 万元。

2007 年，风、雹、地震、涝灾。春，县五班子领导带队到乡镇、儿童院、敬老院慰问孤儿、五保户和特困户 2567 人，拨款 9.13 万元。

2010 年，高温，大旱。全县人畜饮水困难，农作物遭受巨大损失。经民政部门核实：夏荒缺粮 1.11 万户 3.96 万人，占农业人口 11.9%。拨款 85 万元，粮 18 万千克赈济。

2011 年，先旱后涝。造成人员伤亡，财物较大损失。民政拨款 22.64 万元、粮 11.1 万千克赈济。

二、救济

1983 年 4 月，第八次全国民政会议将灾济方针“依靠群众、依靠集体力量生产自救为主，辅以国家必要的救济”，改为“依靠群众，依靠集体、生产自救，互助互济，辅之以国家必要的救济和扶持”。灾情发生后，各级党政机关先组织人力物力抢险救急和慰问灾民，及时统计灾情，组织互助互济和救济。

1979—2011 年景东县灾荒救济情况统计表

表 17-1-12

年度	灾荒情况	救济
1979	缺粮生产队 800 个，涉及 2.01 万户、11.23 万人	发返销粮 240.86 千克，救济款 10 万元；棉布 17067 米、被子 246 床、棉毯 746 条、衣物 4093 件、裤子 3438 条
1981	缺粮生产队 859 个，涉及 1.33 万户、7.9 万人	发返销粮 118.5 万千克，救济款 6.3 万元
1982	困难 2.51 万人	发救济粮 27.85 万千克，衣服 2888 件，棉被 504 床，棉布 14867 米；投入 8036 元修补房屋 33 户
1983	缺粮生产队 390 个	发返销粮 111.35 万千克，救济粮 1.20 万千克，救济款 3.74 万元（其中衣被救济 1.45 万元），受救济 1.21 万人；投入 7630 元补助修房 19 户 48 间；救济 60 年代精减职工 12 人 1772 元、149 名精减老职工 3.77 万元
1984	贫困 6225 户、3.11 万人	救济 2.83 万人口粮款 5.1 万元，衣被救济 1.02 万人、7.33 万元，投入 3.72 万元补助修房 326 户 926 间
1985—1986	缺粮 10.05 万人	救济 6799 户、2.96 万人、10.4 万元
1987—1988	—	发返销粮救济 2.18 万户、11.40 万人，救济双缺（缺粮缺钱）户 7606 户、3.5 万人、10 万元
1989	—	救济困难户、“五保户”粮款 10 万元；救济 6969 户、2.58 万人、粮 50 万千克（其中有偿救济 30%）
1990	缺粮 2.28 万户、10.79 万人	救济双缺户 9339 户、3.84 万人、14.47 万元
1991	双缺 6302 户、1.52 万人，缺粮 3.28 万户、14.76 万人	发救济款 24.8 万元、粮 8.9 万千克；增发原大队干部（原为 398 人）15 人、6800 元；救济残疾户 125 户、410 人，粮 4625 千克；修房补助 15 户、39 人、4800 元
1992	缺粮 3.38 万户、14.19 万人	救济双缺户 8162 户，粮 10.35 万千克；救济残疾 2112 户，粮 7650 千克；救济无靠残疾 48 人、180 元（此后纳入长期救济）
1993	困难 9300 户、3.52 万人	发救济款 18.1 万元；困难搬迁扶贫款 7.6 万元；困难修房补助 7.5 万元；衣被救济 11.38 万元
1994	—	为 9 个乡镇 2.14 万户特困户投保，当年 560 户、3166 间房屋因灾受损获赔 18.48 万元；临时救济特困户 7450 户、10 万元；救济 47 户特困户、5.15 万元；救济捐赠衣物 12.74 万件
1995	缺粮 1.20 万户、3.9 万人	发救济双缺户 4245 户，粮 88 万千克；重点救济特困 152 户、912 人（含五保户）、3.84 万元；补助半脱产大队干部 409 人、7.97 万元；补助 60 年代精减老职工 241 人、8726 元

续表 17-1-12

年度	灾荒情况	救济
1996	春荒缺粮 1.19 万户、7.4 万人（其中双缺户 4133 户、1.61 万人），夏荒缺粮 1.86 万户（其中双缺户 6132 户、2.58 万人）	“两荒”救济款 31.45 万元、粮 85 万千克
1997	—	“两荒”救济 9326 户、3.74 万人、38.4 万元
1998	夏荒缺粮 3.12 万户、8.05 万人	发救济款 38.2 万元；始在锦屏镇实施城镇非农业人口最低生活保障试点，纳入保障对象 423 人
2000	“两荒”缺粮 1.73 万户、7.45 万人	404 户 302 人列入最低生活保障，救济款 18.63 万元
2001	春荒缺粮 9544 户、4.01 万人，其中双缺户 7090 户、2.97 万人；夏荒缺粮 1.84 万户、7.91 万人，其中双缺户 1.41 万户、5.92 万人；冬荒缺粮 1.24 万户、5.21 万人，其中双缺户 9320 户、3.91 万人	发救济款 97.4 万元，慰问特困户、重灾户、“五保户”1105 户 2230 人，发放米 11.97 万千克、肉 1199 千克、糖 1199 千克（合 7.19 万元）
2002	春荒缺粮 1.09 万户、4.56 万人，其中双缺户 7663 户、3.14 万人；夏荒缺粮户 1.46 万户、6.14 万人，其中双缺户 8897 户、3.65 万人；冬荒缺粮户 9732 户、3.95 万人，其中双缺户 7346 户、2.69 万人	发救济款 49.9 万元；慰问“五保户”、特困户 1252 户 2333 人，发放米 12.5 万千克、肉 2504 千克、糖 2504 千克（合 7.44 万元）；社会捐款 5.0 万元
2003	—	慰问“五保户”826 户 927 人，特困户、受灾户 338 户 1352 人，发放米 6325 千克、糖 1265 千克、肉 2350 千克（合 5.5 万元）
2005	—	慰问孤儿 102 人、“五保户”934 户 1003 人、特困户 334 户 1369 人及重灾户被子 1489 床，发放米 6685 千克、糖 2674 千克、肉 2674 千克（合 12.3 万元）；医疗救助特困户 730 户
2006	—	慰问孤儿 102 人，“五保户”1053 户 1087 人，特困户 338 户 1453 人，发放 9.2 万元，医疗救助特困 1023 人
2007	—	发救灾粮 23.1 万千克；民房修复 152.6 万元；慰问孤儿 102 人、“五保户”1053 户 1087 人、特困户 332 户 1412 人 9.13 万元，医疗救助特困户 3518 户 5606 人，发放 12 万元
2008	—	发救灾粮 24.51 万千克，民房修复 146 万元
2009	—	发救灾粮 23 万千克
2010	—	发救灾米 18 万千克、款 85 万元
2011	—	发救灾粮 11.1 万千克、款 22.64 万元

三、扶持济困

景东县贫困扶贫改“输血”为“造血”，广泛动员部门和社会各界力量，拿出部分资金无偿发放或有偿无息或有偿低息借贷给贫困户作为生产垫本，在解决生产生活暂时困难同时，帮其出谋划策，自力更生发展生产。后期，县委县政府要求县级机关分别对 44 个特困村挂钩扶贫，规定贫困村不脱贫，挂钩扶贫单位不得撤回。1981 年，扶持困难户 2435 户 1.19 万人 23.63 万元，其中，集体 1.38

万元，信用社、银行、供销 1.69 万元，民政 20.56 万元。越年，粮食总产 71.95 万千克，增 27.96 万千克；副业收入 21.41 万元，增 7.9 万元。至 1984 年，牛从 164 头发展到 286 头，猪从 338 头发展到 920 头，羊从 170 只发展到 734 只；种植茶叶 1.1 公顷，年收茶叶 537 千克；资助治病 33 人，治愈 29 人；修补房屋 173 间，扶贫户 853 户 4882 人脱贫，占总贫困户的 35%；一般生活水平 874 户 4847 人，占总贫困户的 42%，其中 24 户达小康水平。1984 年，民政有偿无息贷款 9090 元，信用社、银行贷款 6980 元扶持军属 3 户、复员军人 2 人、退伍军人 14 人。1985 年，民政有偿无息贷款 2.84 万元重点扶持 16 村 49 户，其中复员退伍军人 35 人、军属 3 户、贫困户 11 户，发展种植、加工、砖瓦，餐饮等行业。1987 年，民政有偿无息贷款 7.19 万元扶持退伍军人 137 人、军属 8 户、困难户 109 人，其中，发展养殖业 197 户、种植业 24 户，运输、加工、服务业、医药卫生等 38 户；筹集 6 万元帮助龙街乡石垭口、景福乡公平、安定乡芹河购买地膜、化肥、子种，开展地膜玉米种植试点 90.83 公顷，粮产大幅增产。1989 年，民政、财政、开发办筹集 45 万元扶持安定乡芹河、菠萝，永秀乡大驮、困嘎，锦屏乡利月、温卜等 6 村种植茶叶 200 公顷。1994 年，民政局、县委宣传部扶持龙街乡石垭口村 1.5 万元架通输电线路，扶持 4.4 万元建成 6 千米公路。

四、五保户供养

五保户供养采取划出田地、投标耕种供养，统筹供养和轮流供养三种方式。1983 年，有“五保户”619 户，代耕供养 64 户。1984 年 5 月，计“五保户”1059 户 1224 人，其中，男 707 人，女 517 人。2011 年，计“五保户”3026 户 3026 人，集中供养 360 人，月供养 256 元；分散供养 2666 人，月供养 149 元。自 1985 年始，民政部门为“五保户”代缴保险金。至 1994 年，共为“五保户”、特困户 2149 户投保 10.5 万元。此外，每逢春节各级政府都要组织慰问。

五、精减退职职工补助

20 世纪 60 年代，精减下放老职工 245 人。1983 年，人均生活困难补助 40 元/月。1984 年，计 132 人，其中补办转、退老职工 92 人。按原工资总额 40%计算，不足 25 元按 25 元计，另月加 3 元医疗费和 5 元物价补贴；全县月补助额 4741 元，年补助额 5.69 万元。2006 年 7 月 1 日，计 160 人，每人每月加 60 元，人均 155 元/月；全县年补助额 29.76 万元。2009 年，计 158 人，人均 155 元/月；全县年补助额 29.39 万元。2011 年，计 159 人，人均 155 元/月；全县年补助额 29.57 万元。

六、大队离职半脱产干部补助

自 1984 年始，执行省委组织部、农村工作部、人事厅文件规定，乡体制改革前担任过小乡、公社管理区和生产大队党支部书记、乡长、管理区主任、大队长、文书等职满 11 年或 11 年以上，男性年满 55 周岁、女性年满 50 周岁，离职后健在的给予定期生活补助。1950—2000 年，全县符合条件 357 人。自 1990 年始，按照任职年限，月补助标准分别为 11~15 年 18 元，16~21 年 23 元，21~30 年 28 元，31 年以上 38 元；待期补发 24 人。全县月补额 7571 元，年补额 9.09 万元。自 2009 年 1 月 1 日始，在 2006 年基础上增 50 元/月。调整后，月补助标准分别为 11~15 年 178 元，16~20 年 183 元，21~30 年 188 元，31 年以上 195 元。

第六节　社会福利

一、城市低保

自 1999 年 10 月 1 日始，执行《城市居民最低生活保障条例》。景东县在锦屏镇先行试点，出台

《城镇居民最低生活保障暂行办法》，规定人均收入低于130元的家庭均属低保对象。自后，多次调高最低生活保障线标准。

2000—2011年景东县部分年份城镇低保实施情况统计表

表17-1-13

年度	纳入低保		人月均数（元/人·月）	年支出数（万元）	退保停保		始行时间	备注
	户数（户）	人数（人）			户数（户）	人数（人）		
2000	404	431	130	21.81	—	—	1996.6	—
2002	1357	1460	130	83.76	—	—	1999.6	—
2004	1843	2167	145	201.01	41	49	2004.10	—
2005	2400	3015	145	285.59	34	47	2004.10	—
2006	2937	3900	157	360.26	52	67	2006.07	—
2007	2954	3946	157	519.52	35	38	2006.07	动态70户83人
2008	3074	4063	157	745.30	28	39	2006.07	—
2009	3254	4242	187	784.90	32	43	2009.01	提高标准9户9人，月增352元；医疗救助240户240人，支出52.6万元
2010	3112	4088	207	—	166	178	2010.03	提高标准23户23人，月增1300元

二、农村低保

自2007年7月始，执行省政府《关于全面建立和实施农村最低生活保障制度的通知》，出台《农村居民最低生活保障实施意见》。全县年均收入低于693元的困难居民有12万人，占农业人口的37.5%；纳入农村低保2.13万户3.7万人，资金配套分别为省级51%，市级9.8%，县级39.2%。全年发放1332万元。

2008年，纳入农村低保2.5万户3.8万人。上半年每人临时增补10元/月，下半年每人临时增补20元/月，分60元、50元、45元三档；支出医疗救助1353人158.79万元，其中，城市177人29.68万元，农村1176人50.95万元；代缴2009年度五保户新农合78.16万元。全年发放2028万元。

2009年，纳入农村低保2.36万户3.65万人。发放“五保户”保障金3026人477.7万元，其中，集中供养165人24.7万元，分散供养2861人453万元；全年发放2610.8万元。医疗救助4.04万户4.04万人146.8万元，其中资助参合3.95万人79万元；临时困难救助12户12人1万元。

2010年，纳入农村低保2.71万户3.66万人。发放“五保户”保障金3026户3026人424.5万元，其中，集中供养165人34.7万元，分散供养2861人389.8万元；全年发放2996.48万元。医疗救助3714户3714人298万元，资助参合3.96万人118.93万元。

2011年，纳入农村低保2.77万户3.76万人，全年发放3543.8万元。医疗救助4.58万人871.82万元，其中资助参合4.06万人，动态调出农村低保5225人，新增6225人，其中农村纳入869户1000人。

三、收养、收容与遣送

（一）儿童收养

儿童院收养　1958年3月，在县城文化街开办景东儿童福利院。1962年3月，搬迁至甘蔗农场（景范良种场）。1965年初，搬迁至景范大队杨家湾，距县城4千米。主要收养境内孤儿。1963年，实行“以养为主，养教结合”办院方针，孤儿半工半读（即早晚读书、中午做工）。1976年，由县办改为思茅地区民政处主办，更名思茅地区景东儿童福利院，孤儿收养范围扩大到墨江、普洱、思茅、景谷、镇沅等县。自1978年始，办院条件逐渐改善，由救济型转为福利型，实行全日制教育。全院占地6348平方米，其中，房屋建筑2579平方米，花园、草坪及体育设施1438平方米；砖混结构楼房6幢，砖木结构平房3幢，设有教室、会议室、电视室、教职工与儿童宿舍、伙房、餐厅、车库、图书室、阅览室、保管室、医务室、办公室、洗澡间、厕所等，办公、生活和教学文体设备齐全。1958—2011年，累计收养530人，出院395人，其中，大专以上15人，参加工作101人，回农村原籍279人；读大学5人，读高中11人，读初中23人，读小学49人，家庭寄养20人，敬老院抚养1人，读市特殊学校书1人，院外抚养25人；残疾人5人，其中，哑巴2人，脑瘫1人，弱智2人；收容10岁以下儿童22人。管理人员15人，其中，小学高教7人，小学一级教师1人，副主任科员1人，高级工3人，中级工3人。1985—2011年，累计到儿童院慰问和献爱心单位300个（次），个人40余人次，慰问和捐献资金59.69万元，其中，单位5.4万元，个人0.86万元，国际社团53.43万元。1988年6月1日，儿童院参加思茅地区文艺会演，开展与县武警中队共建精神文明儿童院等活动。1990年，学生周文忠获“全省学雷锋学赖宁优秀标兵”称号、省优秀少儿奖章。

儿童院课堂授课（李廷新　摄）

散居孤儿供养　2010年，根据民政部、财政部《关于发放孤儿基本生活费的通知》，调查核实全县散居孤儿，孤儿基本生活费保障资金实行专项管理，专账核算，专款专用。2010年、2011年，分别纳入散居孤儿管理110人、184人，人均生活费标准600元/月。

（二）敬老院

1958年，县城福利社成立后，由民政科牵头，组织城区鳏寡老人开办旅社、缝纫店、面条米干加工作坊等企业，通过集体劳动，自食其力，维持基本生活。个别体弱多病无力维持生活者，给予适当补助和救济。20世纪五六十年代，全县先后开办敬老院27所，入院老人281人，其中锦屏敬老院设在尚武门（1969年搬迁至后所）；“文化大革命”期间，各敬老院相继被撤。自1984年2月始，执行云南省第十四次民政工作会议精神，结合实际，分别于1986年11月、1990年3月、1992年4月开办龙街敬老院、锦屏敬老院和文井敬老院，收养孤鳏老人114人。2011年，将锦屏敬老院改为县中心敬老院，由民政局接管，并投资300万元改扩建。

（三）收容与遣送

按照中央“对盲流人员由流出地区负责接收安置，流入地区负责审查动员遣送，大的交通要道要求设转运对口站，县市设收容遣送站”要求，县民政局设收容遣送站（简称收遣站），安排专人负责。1981年后，流动人口增加，盲流人员有增无减。2004年，救助站成立，设站长1人，工作人员3人；对盲流人员从收容遣送逐步改为救济。1989年，收遣盲流人员148人次，其中，外县流入45人，县属103人；乞讨25人，精神病患者15人，残疾5人，解救被拐妇女儿童归家25人，外出打工被骗或被盗78人。1991—1993年，共收遣盲流人员110人次，其中，外县流入57人，县属53人；麻风病患者16人，精神病患者38人，残疾人18人，乞讨38人。2004—2011年，共救助县外盲流人员1097人次，救援6万元。

（四）“先心病”及残疾人救助

2007—2011年，累计送往省第二人民医院免费手术治疗先天性心脏病（简称先心病）贫困家庭儿童36人，唇腭裂99例。2011年，免费治疗残疾贫困家庭残疾人13人，安装假肢、矫形器11人。

四、社区服务

社区机构及居民状况　御笔、玉屏、龙泉3个社区居委会辖5.5平方千米，共6483户16278人。分别下设居民小组、协调议事委员会、人口与计划生育委员会、治安调解委员会、环保卫生委员会、文化教育委员会、社会保障委员会等下属工作委员会及其工作站。共有成员21人（每社区7人），专职工作者12人（每社区4人），社区工作站服务人员35人，享受补贴12人；党员417人，流动党员47人。

服务设施　2008年前，社区设施简陋，办公条件较差。2008年，县政府为玉屏社区划拨土地458平方米。2010年，建成社区办公楼，建筑面积318平方米。2012年9月，加盖二楼建筑307.46平方米，设活动室、会议室、图书室，标价47万元。2011年，县政府为御笔社区划拨土地768平方米；当年9月27日开工，2012年5月完工，建成三层钢混结构社区办公楼，建筑面积921平方米，标价134.6万元。2011年，县政府为龙泉社区划拨土地568平方米，当年10月12日开工，2012年5月完工，建成三层钢混结构社区办公楼，建筑面积684.26平方米，标价104万元。每个社区划拨工作经费不低于5万元/年、培训经费5000元。同时，推进社区信息化建设，建立健全社区综合信息管理和服务平台，每个社区配套电脑不少于5台；建立社区养老日间照料中心。

第七节　有奖募捐及福利彩票

1988年12月6日，县社会福利有奖募捐工作领导小组成立，开始发行社会福利彩票。1995年11月15日，改称社会福利有奖募捐委员会，下设办公室（简称县募办）在民政局。1988—1998年，先后销售即开型福利彩票93.1万张，募积资金63.44万元，其中，上缴中央、省27.65万元，上缴地区8.89万元，县留26.9万元。县留部分主要用于修缮儿童院、敬老院房屋，实施饮水工程、治疗民政对象白内障等项目。自1999年始，即开型社会福利彩票销售市

1992年有奖募捐活动（李廷新　摄）

场渐至萎缩，电脑福利彩票销售由于趣味性强、中奖额高、电视直播开奖等原因，逐步占据彩票销售市场。2003—2011 年，全县先后设置电脑彩票销售点 22 个，彩票销售额 8999 万元。

2007—2010 年景东县社会福利金收支表

表 17-1-14　　单位：万元

年度	拨入金额	用途
2007	559.0	用于城市和农村医疗救助，建设锦屏镇敬老院、殡仪馆、民政局老年活动中心
2008	250.1	用于开展助学、农村和城市医疗互助，建设民政局办公楼、龙街老年活动中心、救灾仓库及救助站、老年活动中心等
2009	160.7	用于城市和农村医疗救助、残疾人事业活动，建设文井镇大营村社区服务站、花山乡文俄村老年人服务建设等
2010	157.0	用于优抚建房补助，儿童、老年人、社会及敬老院项目

第八节　婚姻登记

一、宣传贯彻《中华人民共和国婚姻法》

结婚登记（李廷新　摄）

自 1981 年 1 月 1 日始，实行新的《中华人民共和国婚姻法》。全县掀起婚姻法学习热潮，并将其纳入普法考试科目。1991 年，县人大全面检查各乡镇执行情况。1992 年 11 月，计生、卫生、民政、教育、宣传、妇联联合举办县乡两级婚姻法、计划生育和婚育科普知识培训班，检查婚姻法执行情况 115 人（次）。1994 年 5 月 12 日，检查婚姻法及婚姻登记管理执法情况，利用广播、电视、墙报等形式开展宣传。1995 年，协助锦屏镇清理早婚早育、非婚生育等违法婚姻 48 对。1996 年 6 月 15 日至 8 月 15 日，下发《关于开展违法婚姻清理的通知》，分年度、分种类造册登记，严肃处理无视法律法规当事人。自 2003 年 10 月 1 日始，执行再次新订婚姻法、婚姻登记条例，将其纳入普法内容，采取多种形式广泛宣传和学习。

二、婚姻登记

根据 1986 年 8 月 3 日《云南省婚姻登记实施细则》规定，婚姻工作管理员需考获“婚姻登记员证书”方能履职。1987—1999 年，县乡分期分批开展业务培训。2000 年 10 月，举办乡镇民政助理培训班，考获“婚姻登记员证书”41 人。1988 年 11 月，按照上级民政部门文件关于“清理违法婚姻，强化婚姻管理”要求，景东县抽调 37 人组成工作队，清理出 1981—1988 年违法婚姻 1654 对，其中，补办结婚登记 1354 对，对未达婚龄同居 127 对劝其分居 46 对；责令未达婚龄生育父母做出深刻检查，并交由所属村（居）委会严肃处理。

1981—2011 年景东县婚姻登记表

表 17-1-15 单位：对、人

年度	结婚登记					离婚登记			
	申请	批准	其中批准结婚			申请	批准	经调解不离	法院处理
			再婚	补登	复婚				
1981	3100	3879	80	103	3	95	34	—	20
1982	3015	2872	90	120	2	105	64	17	24
1983	2698	2564	104	110	5	109	54	33	22
1984	2932	2716	77	95	7	104	57	36	11
1985	2631	2538	59	60	3	103	54	49	—
1986	2610	2760	52	107	9	85	54	29	2
1987	2680	2515	104	198	11	90	33	57	3
1988	2581	3015	103	913	10	70	39	29	2
1989	2690	2556	179	613	2	108	65	40	3
1990	2500	2357	158	102	5	110	52	51	7
1991	2417	2327	55	38	7	121	42	77	2
1992	2913	2778	149	53	6	131	48	88	5
1993	2100	1730	16	101	4	147	14	108	7
1994	2642	2903	113	108	3	153	52	91	12
1995	2623	2507	112	72	11	64	35	29	2
1996	3433	3330	196	82	9	122	38	89	3
1997	3439	3368	170	6	6	109	70	39	6
1998	2868	2778	175	9	9	126	101	25	7
1999	2735	2735	171	13	6	75	70	12	8
2000	3030	2931	254	181	4	157	110	40	7
2001	2680	2475	124	85	10	108	85	20	3
2002	2580	2580	170	142	5	250	85	180	6
2003	2470	2470	166	131	7	350	180	153	8
2004	2409	2350	80	71	8	403	210	182	6
2005	2710	2504	62	53	3	394	230	160	8
2006	2791	2513	50	47	3	285	240	40	5
2007	2812	2531	54	42	5	407	270	190	9
2008	2611	2473	110	48	8	501	303	185	11
2009	2403	2258	88	68	1	309	185	121	10
2010	2870	2570	140	93	10	408	330	110	8
2011	2719	2494	80	60	4	373	280	50	19

第九节 殡葬改革

一、殡葬管理

自2006年始，在城区周边勘查拟建墓地。2007年7月11日，在政府小礼堂召开墓地选址听证会。县四套班子及离退休干部、居民、农民、个体、企业代表37人参加。2007年7月18日，民政、林业、城建、土地、环保等部门联合召开墓地协调会。2007年10月23日，经县长现场办公会议决定，将县林业局紫胶所后山21.72公顷果园划拨为殡仪馆及骨灰公墓建设用地。2008年10月至2009年10月，工程主体部分建成，附属部分在建。总规划用地0.3公顷，建筑2050平方米，项目投资384.93万元。2011年9月，殡葬管理中心成立，内设殡葬执法大队、经营性公墓（待建）和殡仪馆；工作人员8人，其中，正式工5人，临时工2人，公益性岗位1人。12月27日，殡仪馆开馆运营。

二、殡葬法规

自2010年7月7日始，执行国务院《殡葬管理条例》《云南省殡葬管理条例》，结合实际，制订《景东彝族自治县殡葬管理暂行办法（草案）》(以下简称《办法》)。《办法》共七章四十八条，内容分别为总则、火化与管理、骨灰和遗体处理与公墓管理、国家公职人员违反殡葬管理的行政处分、丧事管理、法律责任及附则。

景东县公益性公墓一览表

表17-1-16　　单位：公顷

名称	位置	使用部门	建立时间	面积	四至界限
开化寺	县城西部	县城各社区、党政机关、企事业单位	1955.6	5.3	上至红毛树地，左至箐，右至小路，下至大沟
大平掌	文井镇文井村	文井糖厂、四中、中心完小、镇敬老院、姚营组	1998.10	3.3	东至运蔗路，西至大红毛树，南至小箐，北至红坡路
西山脚	锦屏镇北屯村	西山脚、左所营2组	1999.6	3.7	—
北屯	锦屏镇北屯村	北屯组、敬老院	1999.7	0.7	—
木渣山	锦屏镇景范村	大朝山库区白洋田移民安置点4个组	2000.8	1.3	—
大龙塘	锦屏镇景范村	上、下大英2组	2000.8	2.0	—
程家山	锦屏镇景范村	垭口、平原2组	2000.8	1.0	—

第十节 民间组织管理

一、社团登记管理

自1989年10月25日始，执行国务院《社会团体登记管理条例》(以下简称《条例》)，先后开办各种协会、学会和研究会。1991年4月，召开县级社会团体主管部门负责人和各社会团体秘书长会议，学习《条例》及相关文件精神。1991年12月6日，民政局签发《关于社会团体清理、整顿、复查登记有关问题的通知》，成立县社团登记管理工作领导小组，并设民政股负责社团日常管理工作。至 2011 年末，全县依法登记社团 59 个。

1991—2011 年景东县社团登记表

表 17-1-17 单位：人

登记时间	社团名称	会员	登记时间	社团名称	会员
1991	集邮协会	111	2005	文龙乡三岔河村生猪养殖协会	104
	个体劳动者协会	5000		者后乡肉牛养殖协会	112
1991	花鸟盆景根艺协会	143	2006	棋牌协会	
	计划生育协会	324		咖啡协会	70
	水利水电协会	90	2007	用水协会	30
	农学会	261		无量山核桃协会	37
	老年人体育协会	4892		体育总会	56
	珠算协会	80		警察协会	104
1991	会计协会	121		两山兴华创新协会	36
	红十字协会	108		乒乓球协会	60
1992	诗词书画协会	79		老年艺术团协会	36
1995	农村农机协会	49		茶叶协会	40
1996	机动车驾驶员交通安全管理协会	3560	2008	烟叶生产协会	50
1997	林协会	50		环境评估协会	32
1998	保护消费者权益协会	42		锦屏黄草岭花椒、水果研究会	120
1999	医学会	30		沼气协会	120
2001	兰花协会	61		摄影家协会	27
2002	汽车维修协会	120	2010	锦屏镇磨腊村核桃协会	218
2003	农村党员协会	9020		延安精神研究协会	40
2004	安定乡鼠街村养猪协会	68		黑冠长臂猿保护协会	70
2005	文井镇都拉村生猪养殖协会	100		大街乡大街村洋芋协会	40
	太忠乡黑山羊协会	116		文井镇竹蓬村茶叶协会	110
	漫湾镇安乐村生猪养殖协会	108		文井镇开南村蚕桑协会	108
	龙街乡生鸡养殖协会	167		锦屏镇景范村水产养殖协会	114
	文井镇老练村肉牛养殖协会	51	2011	大街乡运输协会	64
	同济医药科技协会	151		文井镇灰天鹅协会	60
	景福乡勐片村生猪养殖协会	115		老龄事业发展促进协会	35
	文明单位建设协会	101		通讯员协会	35
	太忠乡方家箐村蚕桑养植协会	113		农村合作经济组织协会	276
	文井镇良种仔猪繁育协会	143			

二、民办非企业登记管理

自 1998 年 10 月 25 日始，执行国务院《民办非企业单位登记管理暂行条例》。至 2011 年末，景东县依法登记民办非企业13个。

景东县民办非企业登记表

表17-1-18　　单位：人、万元

民办非企业名称	办公场地	注册人数	注册资金	业务主管部门	法定代表人
小神童幼儿园	县城西郊路6号	2	10	教育局	樊则慰
华卓幼儿园	县城南京路27号	11	10	教育局	陶　莉
茁之苗幼儿园	漫湾镇岔山街	8	10	教育局	李　彦
者孟幼儿园	文井镇者孟街	12	1	教育局	杨　晨
聪明屋幼儿园	林街乡林街	6	5	教育局	张丽娟
育才幼儿园	县城白云路17号	9	5	教育局	吴晓霞
同的梦幼儿园	大街乡中心校	6	5	教育局	伍　勇
小太阳幼儿园	花山乡花山街	8	20	教育局	彭　英
敏朵阳幼儿园	景东经济商务局	6	3	教育局	罗　敏
鸿飞双语幼儿园	县城凌云路90号	14	5	教育局	田忠鸿
启蒙幼儿园	文井镇清凉街	—	4	教育局	王　英
小燕子幼儿园	文井镇文井街	11	10	教育局	叶海燕
扬飞幼儿园	花山乡花山街	7	10	教育局	罗丽梅

第十一节　老龄工作

1990年，县老龄问题委员会成立，主任由主管副县长兼任，民政局干部担任专职副主任。每三年举办一次老龄工作表彰会。1996年，表彰关心重视老龄工作“好干部”24人、热情为老年人服务“先进工作者”20人和敬老、爱老、养老“好儿女”56人。1997年，全县“五保”对象1036人中，分别安居于文井、锦屏、龙街3所敬老院76人，其他散居各地由驻地村社供养，吃穿住医有靠，辞世有依。1999年10月10日，授予东镇文玉村玉学社为“敬老模范社”。1999年10月14日，召开“五先”表彰会，表彰老龄、老干部工作先进集体6个、关心重视老龄老干工作领导干部8人、老龄老干先进工作者8人、离退休先进干部40人和“敬老好儿女”36人。2000年3月，投资50万元在体育馆内建成老年体育活动中心，占地0.33公顷，内设门球场、地掷球场、羽毛球场、麻将室、象棋室、会议室、办公室、物资保管室和健身活动场地，成为城区老人健身、交谊活动的理想场所。2009年，出台高龄津贴政策，80~90岁老年人发放高龄津贴20元/月，百岁老人享受生活补贴200元/月。此外，开设老年大学，使其老有所学；成立老年人法律援助中心，先后为老年人免费提供法律援助200余人。2011年，全县60岁以上老年人43112人，占总人口11.9%。其中，60~64岁13484人，65~79岁23668人，80~97岁5944人，97岁以上16人；城镇离退休干部4154人，“五保户”1087人，大队离职半脱产干部289人，各时期精减人员216人，复员军人515人，因病享受定补退伍军人522人，享受农村低保1.68万人。县委县政府还综合运用行政、法律等手段，充分利用广播、电视、网络加强宣传有关老龄工作方针政策和法律法规，加强“敬老爱老助老”主题教育活动。

第十二节　革命烈士纪念碑

1959 年，在文化馆（文庙）大门前建造革命烈士纪念碑 1 座，正面书“革命烈士纪念碑”，背面书“人民英雄永垂不朽”。1985 年 12 月 5 日，县第九届人大七次常委会议审议通过《关于搬迁和新建革命烈士纪念碑的报告》，决定将纪念碑搬迁至跃进会堂前大庆广场。1986 年底，如期建成搬迁，总投资 3 万元，其中共青团员、小学生捐款 400 余元。1992 年 6 月 24 日，县十一届人大十四次常委会议审议通过《关于县城总体规划部分调整的报告》，决定将纪念碑搬迁到翠屏山东麓开化寺烈士陵园。1995 年 8—12 月，如期搬迁建成。

烈士陵园内安葬着牛东文、谭智忠、张发兴、雷富、李东昌、何为刚、何耀邦、李加祥、李宗昌、何天保 10 位烈士遗体。

20 世纪 80 年代革命烈士纪念碑

（县文管所　提供）

第十三节　民政机构

1959 年 1 月 30 日，妇联与民政科合署，成立社会福利部，半年后分设。1966—1976 年“文化大革命”期间，民政事务先后由“三人领导小组”(解放军代表、革命干部代表、群众组织代表）和军事管制委员会统办，除救灾救济、优待抚恤外，民政工作秩序混乱。1976 年江青反革命集团倒台后，恢复民政科。1978 年，增加殡葬改革和党委政府交办的其他事务。1980 年，增加地名和盲人聋哑人工作。1983 年 4 月，增加扶持贫困户和优抚困难户发展生产，治穷致富，军地两用人才开发利用，组织创办经济实体等工作。1987 年行政机构改革，更名为民政局。设局长 1 人、副局长 2 人、老龄委办公室主任 1 人（按副科级配备）。根据各时期的工作职能，先后设置办公室、优抚股、社会救济股、财务会计股、民政股、残疾人联合会、社会事务股、行政区划与地名办、收容遣送站、农村养老保险所、老龄委、城镇居民最低生活保障股等。还设立有党支部、工会、妇女等组织。1988 年，增加有奖募捐工作。1989 年，盲人工作改为残疾人工作，范围扩大，任务增加。1990 年，增加老龄委工作。1996 年 8 月，增加农村养老保险工作。1999 年 10 月，增加城镇居民最低生活保障。2004 年 12 月，农村养老保险职责划归劳动人事和社会保障局。2005 年，成立总支委员会。2006 年，办公场所从县政府老办公楼迁址新城区民喜路，办公区面积 1920 平方米，其中三层钢筋混凝土办公楼房 1 幢。历任科（局）长：王尧（兼)、李万、崔金财、叶自明、易荣华、董开有、张华、王恒章、谢开斌。

第二章　扶　贫

第一节　农村扶贫开发各阶段

景东县扶贫开发工作始于1986年。按照国家扶持政策和扶贫力度，可划分为探索、发展、攻坚三个阶段。

一、探索阶段（1986—1990）

1986年，国家将景东列为“不发达地区发展资金受援县”。景东县组建发展办公室，隶属县计经委，以“温饱工程”为重点，先后建起粮、蔗、茶、紫胶、芒果等商品生产基地。同时，实施“白色革命”（地膜包谷、薄膜育秧）与“绿色经济”战略。按1989年国家规定贫困线（农民人均纯收入300元、人均占有粮食250千克）衡量，1990年全县贫困人口从1985年24.8万人下降到19.7万人，有5.1万人基本解决温饱。

二、发展阶段（1991—1993）

1991年，国务院把景东列为“非国家重点扶持的省定贫困县”。景东县组建扶贫开发办公室（挂靠县计经委），把工作重点从坝区转向“两山”贫困区。1993年末，全县贫困人口下降到13万人，有6.7万人基本解决温饱。

三、攻坚阶段（1994—2000）

1994年，景东被列入国家“八七”扶贫攻坚计划贫困县，其中安定、龙街、太忠、永秀、景福被列为云南省重点扶贫攻坚乡。景东县扶贫开发办公室从计经委分设，升格为一级局。并提出“打基础、调结构、建支柱、兴科教、重扶贫、促发展”工作方针，加大扶贫开发力度，把扶贫开发、解决群众温饱作为压倒一切的政治、经济任务来抓。县扶贫开发办以12个贫困乡、76个贫困村为攻坚主战场，以13万没有解决温饱群众为对象，改变以往救济式扶贫，转为开发式扶贫，温饱项目建设。2000年末，全县建成400千克以上高稳产农田地2.15万公顷，农民人均1亩；完成各类水利配套设施7478件，水利化程度达37%，60%农户用上自来水；建成核桃、茶叶等经济林果基地2.09万公顷，户均0.27公顷；种植甘蔗、烤烟等经济作物0.93万公顷，户均1.8亩。按省定温饱线560元/人衡量，省级重点扶贫攻坚乡安定、景福、龙街、太忠基本解决温饱；全县绝对贫困人口从1993年13万人下降到3.63万人，贫困发生率由31%下降到11%。

第二节 “十五” 扶贫开发

景东县“十五”扶贫开发，共投入各类扶贫资金19744.37万元，其中，财政无偿扶贫6668.2万元，信贷8144.8万元，其他4931.37万元。

一、四项重点扶贫工程

安居工程 安居工程是指以居住茅草房、杈杈房和破损房贫困农户为对象，着力解决农户居住条件，配套解决温饱的开发重点工程。景东县省市存档备案茅草房住户共15个乡镇、163个村、1794个组、5115户。“十五”期间，省市下达安居工程任务2500户，在各级政府支持下，通过发动群众发扬艰苦奋斗精神，以借助外援为辅、自力更生为主，建设家园，项目总投资2484.46万元，其中，省财政1000万元，自筹及群众投工折资1484.46万元。项目实施后，农户居住条件得到改善，部分群众温饱得到解决。

劳动力转移培训 实施景东劳动力转移培训十年规划，完善县乡村三级劳动力转移培训及劳务输出信息服务网络，建立健全乡镇村考核机制，严格兑现奖惩，力争各级政府大力支持。累计完成培训2.2万人，向外输出劳动力0.4万人。

20世纪70～90年代部分贫困人口居住的茅草房、栅片房、杈杈房和半穴居房

（李廷新、赵文林、罗庆北等 摄）

重点扶持村　2001—2005年，根据省委省政府扶贫开发行动计划及思茅市委市政府“百村综合开发、整村推进、重点扶持”原则，景东县累计投资3009.39万元，其中，省市扶贫1060万元，自筹及投劳折资1949.39万元。完成省级重点扶持行政村11个、自然村21个，市级重点扶持自然村1个，省级巩固温饱村（小组）2个、市级巩固温饱村（小组）2个。完成安居房修缮972户6.06万平方米，修复农用沟渠108.5千米，架设饮水管道368.94千米，兴建蓄水池315个4506立方米，村内道路硬化19.05千米2.29万平方米，扩修村组公路135.5千米，新建21条69.4千米，架设0.4千伏线路32.4千米、10千伏线路32千米。新植经济林果897.27公顷，其中，桑283.4公顷，茶401.33公顷，核桃65.87公顷，梅子33.33公顷，花椒33.33公顷，紫胶80公顷；抚管经济林果213.13公顷，其中，桑7公顷，茶70.67公顷，核桃131.47公顷。扶持饲养良种猪5923头、牛950头、羊5060只，建沼气、猪厩、厕所“三配套”1351户，节能改灶147户，安太阳能32户64平方米；建科技文化室7幢360平方米，校舍修缮500平方米、新建290平方米，建卫生室610平方米；开展种养业技术培训312期5.02万（次）。整村推进项目实施效果显著，文井镇竹蓬村获国家“整村推进先进集体”称号。

科技扶贫及产业开发　2001—2005年，以科技为先导，以产业促发展，以企业带动产业链是景东县扶贫开发的一项重点工程。全县累计投入信贷资金7029万元，用于支持一批龙头企业产业开发，促进产业结构调整及带动项目区群众发展。同时，省财政投入科技与产业扶贫资金106万元，扶持建成桑园126.67公顷，泡核桃66.67公顷，无性系茶园13.33公顷；按“周转畜”扶贫模式（即“放母还羔或犊”），发展牛90头、羊590只、猪440头，培训科技人员120期6000人次。

二、安居温饱村建设

实施云南省安居温饱村“水电路房安居配套建设，山水田林路电综合治理”，促使农民尽快解决温饱，以示范带动周边社区综合发展的原则，全县累计实施温饱示范村21个，项目总投资954.24万元，其中，省补420万元，群众投工投劳折资及自筹534.24万元。修缮房屋110户8280平方米、新建住房25户2790平方米，庭院建设493户2.70万平方米；建设高稳产农田地137.33公顷，推广良种良法76.27公顷；建设农灌沟6.3千米、人畜饮水池116个828立方米，铺设输水管道107.42千米，新建村组公路19.3千米、修复9千米，人行驿道14.22千米；完成经济林果（作物）种植213.27公顷，发展牛50头、猪250头、羊1000只；完成沼气、厕所、猪厩“三配套”工程772套（户）；举办科技培训36期4668人次。

三、上海对口帮扶工作

加强东西协作，实施西部大开发是中央的一项重大决策。上海市委市政府响应中央号召开展联系帮扶工作，推进景东县各项事业发展。2001—2005年，上海市政府、普陀区政府先后投入帮扶资金1080.85万元，建成“白玉兰”卫生室13个、卫生院房屋1幢，实施小康示范村5个、“白玉兰”重点村6个、温饱试点村22个、养殖专业村8个、“一镇一品”3个，建设农贸市场2个、畜牧市场1个、培训中心1个、希望小学2所。

四、小额信贷及贴息贷款

2001—2005年，通过发放小额信贷，扶持一批养殖种植专业户，支持群众脱贫致富，解决温饱问题。全县累计发放小额信贷898.6万元，涉及村民小组156个、农户1.8万户；先后投入扶贫贴息贷款6130万元扶持龙头企业，以企业促进蚕桑、烤烟、核桃、茶叶等产业发展，带动项目区8900户3.6万人增加收入。同时，改善水利电力、医疗卫生等基础设施，解决农村用电、灌溉和就医问题。

第三节　“十一五”扶贫开发

景东县“十一五”扶贫开发共投入各类扶贫资金21434.84万元，其中，财政无偿扶贫及上海帮扶9494.84万元，信贷11940万元。累计实施安居工程2615户，整村推进扶贫开发自然村279个，开展劳动力转移培训2.32万人次，实施科技产业扶贫项目6个，建设高优蚕桑示范园333.33公顷、泡核桃1137.33公顷、稻田养鱼26.67公顷、良种茶园66.67公顷，建设生猪育肥及产品加工项目1个；实施上海对口帮扶“白玉兰”重点村25个、希望小学6所、卫生室7个，实施茶叶、“周转畜”、烤烟育苗加工、生猪养殖项目各1个；投放到户贷款9780万元，扶持发展种养业项目涉及各乡镇农户1.83万户；投入项目贷款2160万元，建蚕茧基地1333.33公顷，茶园66.67公顷。

第四节　“十二五”扶贫开发

2011年，全县累计投入各类扶贫资金9557.65万元，其中，中央856万元，省级774万元，市级180万元，上海对口995万元，社会21.7万元，信贷42.9万元，部门整合551.4万元，贴息贷款4450万元（其中，到户2400万元，项目2050万元）；全县108个挂钩扶贫单位共引进资金及部门直接投入405.5万元，群众自筹及其他1281.15万元。

一、整村推进项目

2011年，实施整村推进项目70个，总投资2244.42万元，其中，中央300万元，省级570万元，市级180万元，部门整合427.4万元，社会21.7万元，信贷42.9万元，群众自筹及投工投劳702.42万元。共修缮房屋939户；新建农灌沟渠4千米、新增灌溉6.67公顷，架设人畜饮水管道22.8千米，兴建水池8个125立方米，开挖村组公路134.2千米，村内道路硬化7.08亿平方米；种桑113.33公顷、烤烟22.67公顷、核桃175.73公顷；实施沼气60口、公厕3个、村内40立方米垃圾池1个，安装太阳能923户；建设科技文化室12幢840平方米、100平方米集体活动场地1个。

二、易地移民项目

2011年，实施漫湾镇五里村插花安置及龙街乡南岸村李家组小规模集中安置项目。涉及五里村9个组42户160人，李家组20户90人；总投资348.9万元，其中，中央125万元，部门整合124万元，群众自筹及投工投劳折资99.9万元。完成文井镇者吉村十六组和锦屏镇前所村果园组68户305人易地扶贫搬迁项目实施方案省级评审工作。

上海市普陀区援建太忠乡
“希望小学”（罗庆北　摄）

上海援建勐令
“希望小学”（罗海垠　摄）

上海援建重点村碑
（县政府办　提供）

三、信贷扶贫项目

2011 年，累计投放扶贫贴息贷款 4450 万元，其中，到户贷款 2400 万元，财政贴息 120 万元；投向种植业 2000 万元，养殖业 400 万元。项目涉及 13 个乡镇、90 个村、1600 户。发放项目贷款 2050 万元，财政贴息 61.5 万元，云海工贸经营部核桃种植及加工产业化开发改扩建项目 500 万元，佳浩公司万亩优质高产蚕桑基地建设 1550 万元。

四、社会帮扶项目

全年项目总投资 1336.94 万元。其中，上海市援助 350 万元，普陀区援助 595 万元，嘉定区援助 50 万元，地方配套及群众筹资 341.94 万元。实施整村推进 15 个，产业发展项目 2 个，社会事业项目 4 个。

整村推进 2011 年，项目总投资 941.44 万元，其中，上海市援助 200 万元，普陀区援助 480 万元，地方配套及群众自筹 261.44 万元。实施新农村建设 15 个，支砌挡土墙 308 立方米，村组公路、道路硬化 50620 平方米，房屋美化亮化 468 户，安装太阳能 140 套；新植桑园 29.33 公顷，建蚕房 5 间 200 平方米，改造桑园 53.33 公顷，建吨粮田 13.33 公顷，改造低产茶园 13.33 公顷，改造低产花椒园 66.67 公顷，改造低产苹果园 17.33 公顷，改造低产梨园 5.33 公顷；开展各类实用技术培训 2930 人（次）；建村民科技文化活动室 4 幢 710 平方米，村级文化活动广场 600 平方米。

援建产业发展 2011 年，援建蚕桑强村大户项目 2 个，项目总投资 180.5 万元，其中，普陀区援助 100 万元，群众自筹 80.5 万元。扶持蚕桑致富带头人 50 户，蚕桑生产示范大户 100 户；新建蚕桑基地 16.67 公顷，嫁接优良桑苗 20 公顷，建标准蚕房 80 间 3200 平方米；举办蚕桑种、养培训班 5 期 200 人次。

援建社会事业 2011 年，共援建社会事业项目 4 个，援助资金 215 万元。上海市援建文井镇中心完小教学楼 1000 平方米，援助资金 150 万元。普陀区为县医院购置手术床 2 套，捐赠 15 万元。嘉定区为县职中购置汽车模型 1 套（价值 20 万元），捐赠 50 万元；援建锦屏镇左所营希望小学，援助资金 30 万元。全县 108 个挂钩扶贫单位共引进资金 405.5 万元，部门直接投入 245 万元，其中，物资 50 万元，资金 195 万元。

劳动力转移培训 2011 年，贫困地区劳动力转移培训 1300 人（基地培训），举办培训班 26 期，共投入省级财政扶贫资金 104 万元。

产业扶贫 2011 年，实施产业扶贫项目 2 个，总投资 266.89 万元，其中，中央财政 130 万元，群众投劳及自筹 136.89 万元。新植桑园 266.67 公顷，扶持 1000 户农户养殖无量山乌骨鸡 14 万羽。

扶贫安居房 2011 年，实施扶贫安居房建设 301 户，投入中央财政资金 301 万元。

扶贫互助试点 2011 年，实施扶贫互助试点 2 个，投入省级财政扶贫资金 100 万元。

第三章　移　民

第一节　漫湾库区移民

一、援漫工作

漫湾电站是国家开发澜沧江水能资源的第一座大型水电站，也是国家“七五”和“八五”期间在云南实施的重点水电建设项目。1985 年 3 月 28 日，水利电力部、云南省政府联合签署《关于合资建设漫湾水电站的协议》，商定由省内包干水库淹没处理和施工征地。省政府要求思茅、临沧、大理三地（州）动员广大群众积极支援电站建设，配合工程管理局及时解决建设中需要地州县解决的问题。7 月 16 日，执行省政府《〈关于支援漫湾电站建设会议纪要〉的通知》，成立省、县援漫办，为工程领导小组办事机构，负责办理征地移民等工作。思茅行署先后派出黄强鼎、何太忠为专员代表支援漫湾。8 月，景东县成立以县长为组长的援漫领导小组，继之设立援漫办。

物资供应　截至 1996 年 6 月，景东供应漫湾电站平价大米 194.6 万千克、面条 0.76 万千克、面粉 0.79 万千克、油脂 7.38 万千克、烟酒糖等总值 1548.8 万元、农副产品 360 余万千克，木材 9.924 万立方米、沙石 21.6 万立方米，投入劳务工 100 万个，总值 4030.3 万元。

214 线改道征地补偿和移民安置　电站成库后，国道 214 线南涧县公郎至漫湾电站坝址段被电站水库淹没，其中涉及景东县马鹿塘至漫湾段（简称马漫公路）。景东段公路改从漫湾镇安召村凉水箐至漫湾大桥，全长 36.8 千米，征用安召、温竹、安乐、漫湾 4 村 29 组土地 60.09 公顷。援漫办协助建设单位复核被征土地，与建设单位签订补偿协议，按标准对相关村组农户进行补偿，并组织、实施丧失耕地农户搬迁安置 15 户 83 人（昔掌）、后靠安置 8 户 57 人。

坝区建设征地及补偿　根据电站建设需要，景东县先后完成电站坝址区、施工区、供水工程建设区、堆渣场、炸药仓库、场区 1 号和 2 号公路、施工导流洞等征占土地的登记与复核工作，并与建设单位签订补偿协议，对耕地等征占土地 29.2 公顷，以及漫（湾）昆（明）高压输电线占压土地 28.27 公顷（其中无量山保护区 16.87 公顷）实施补偿兑现。

水库淹没实物指标核查　1988 年末，国电昆明勘测设计研究院、漫湾电站工程管理局、云南省政府援漫办会同地方政府，核查漫湾电站库区淹没实物指标，县援漫办协助参与工作，形成最终调查成果，为补偿工作提供依据。

库区移民补偿投资概算修编　1990 年，执行 1984 年电力工业部《水电工程水库淹没处理规划设计规范》，参照同年物价水平，根据“原规模、原标准、恢复原功能”等相关规定，按时按质完成《景东县水库淹没补偿及移民安置规划报告》，提供设计单位参考。

编制《安置实施规划》　编制《景东县移民安置实施规划》(以下简称《安置实施规划》)，报上级批准后组织实施。

二、景东淹没区主要实物指标

根据水利电力部《关于云南澜沧江漫湾水电站初步设计的批复》、国家计委《关于云南省漫湾水电站设计任务书的批复》，界定水库淹没处理范围。漫湾库区涉及景东县保甸区安乐、五里2个乡17个队。淹没县境国土570公顷，其中陆地424.47公顷。淹没耕地129.23公顷（其中水田52.35公顷），林地135.28公顷，荒草坡地155.55公顷，水面及河滩地146公顷；直接淹没村庄居民点3队68户346人、坍岸影响1队26户131人，淹没房屋26756.2平方米。1984年，初设移民人口877人。1990年，概算修编。涉及504户2569人，设计安置移民180户1020人（增加坍岸影响人口），其中，外迁407人，后靠513人。

三、移民安置

都拉远迁移民安居工程奠基仪式（李力　摄）

前期搬迁安置　1984年8月，根据水电部昆明勘测设计院《云南澜沧江漫湾水电站初步设计·水库移民安置规划报告》，景东移民安置以库边近迁集中建村和分散安插为主。拟于海拔1000～1300米老厂、马鹿田上村、垭口村、鱼落村、三家村和中村一带兴修水利，建碱房河、鱼落村抽水站和三家村河右岸抽水工程，设计农业受灌112.15公顷，其中，开荒造田29.27公顷，低产旱地改水田82.87公顷，预计年增粮食54.82万千克。经土地调剂，安置移民877人（约150户），农业移民人均补偿投资3250.57元。1987年，配合大江截流，实施高程940米以下淹没区江边村14户71人后靠，迁居于狗头坡大平掌（海拔1100米）。由于该地紧靠大江，山高坡陡，虽按规划配置耕地，但无水源灌溉，恢复生产生活比较困难。首期移民安置实施后，县政府抽调专业技术人员依据初设规划反复调查论证后靠资源，结论为后靠区属无量山山高坡陡、水资源匮乏地段，人口稠密，自然资源不足，虽有部分地带可以恢复旱地，但海拔高，土地贫瘠，水土流失严重，热区资源有限，加之开挖马漫公路大量土地被占压，如果全部实施后靠，不但加剧人口与土地、水利、森林资源矛盾，而且移民生产生活

白羊田远迁移民村（吴永康　摄）

双水井远迁移民村远眺（罗海垠　摄于2015年6月）

也难于恢复。1988年10月19日，县政府向行署上报《关于调整漫湾电站库区景东移民方案的报告》，提出“以后靠为主，远迁为辅”的安置方案，即远迁者后乡四棵树300人，其他移民后靠安置。四棵树安置点有景东林业局五林场经营的国有土地390公顷，其中，荒地20.67公顷，林地97.33公顷。移民用地作有偿划拨解决，生产生活用水可在文岗河上游兴建100万立方米库容水库解决（实际批准实施库容56万立方米，投资252万元）。12月29日，省政府办公厅《关于转发调整景东县漫湾水电站库区移民方案的通知》，对上述建议作同意批复。按既定计划，1990年至1991年上半年，编制出《安置实施规划》。1992年5月，完成民房、那掌水库及其他基础设施建设，开垦土地54.27公顷。马鹿田下村、中村、羊街、鱼落村、三家村87户407人（其中，移民391人，五保户1户1人，随迁人口15人）随即搬迁到安置点安置；设立者后乡双水井村民委员会，辖双水井、咸水箐、平掌3个移民小组。移民人均配置水田0.05公顷、旱地0.08公顷、林地0.2公顷，同时，漫湾镇政府完成后靠户及投亲靠友户7户37人搬迁安置及可垦复田地开垦。1991—1994年，完成其他外迁移民土地、林地配置调整。1997年，完成坍岸区老厂社后靠安置。最终，国家认定移民人口1834人，其中，外迁1680人（不含随迁人口）、占91.6%，后靠154人、占8.4%；库区移民安置验收总投资1436万元，其中，远迁653万元，后靠783万元。

二次搬迁安置　电站蓄水发电后，前期补偿资金偏低，后期扶持费用提取比例偏少，无法满足移民生产生活需要，存在土地、水利、人口资源多重矛盾，由于问题长期得不到解决，部分移民生活返贫。2003年8月17日，漫湾库区3地州4县移民群体到电厂生活区上访，引起党中央、国务院、省委、省政府高度重视。云南省政府三次组织召开处理库区后靠移民生产生活问题协调会议，确定实施库区移民二次搬迁。二次搬迁涉及景东人口882人，安置点定于文井镇都拉村（原景东监狱四监区）。2004—2006年，实际安置库区二次搬迁移民237户895人，其中，在都拉村安置210户792人，投亲靠友27户103人。都拉安置点移民人均配置耕地0.08公顷，完成安置总投资3471.65万元。2004年12月15—19日，云南省政府秘书长刘平带领发改局、移民局、财政局、扶贫局、民政局及华能澜沧江公司、国电昆明勘测院环保分院负责人到漫湾库区调研，走访部分移民村寨，与移民代表座谈。最终认为库区虽然实施过二次搬迁，景东库区和施工区部分村组仍存在土地、水利、人口资源以及滑坡等多重矛盾，未能满足群众恢复生产生活最基本需要，生活依旧困难。2005年1月26日，云南省政府发出《关于解决漫湾水电站部分库区移民生产生活困难的专题会议纪要》，明确景东县新增搬迁人口469人，指标纳入移民二次搬迁和后期扶持人口范围。新增移民搬迁安置点选址文井镇文华村（原景东监狱一监区），土地为国有土地有偿划拨。2007年4月14日至2009年4月，完成安置点基础设施及农房重建，新增移民迁入安置区，隶属文华村十一、十二村民小组。二次搬迁新增移民126户473人，其中，迁入文华121户451人，投亲靠友2户10人，未搬迁3户12人。新增移民配置耕地0.08公顷/人。完成投资2383.75万元。

双水井安置点改造　双水井移民安置点前期补偿标准偏低，所建土木结构民房在近20年使用过程中，出现木结构被白蚂蚁啃噬，墙体倾斜、开裂、下沉，瓦屋面漏雨等现象；农灌水资源严重不足，大部分水田改旱，移民口粮不能保障；村委会基础设施薄弱，经济发展缓慢。在完成移民二次搬迁安置同时，云南省政府办公厅对《云南省财政厅关于解决漫湾水电站景东县双水井移民生产生活问题的意见》作出批示，解决双水井移民安置点生产生活困难项目投资1600万元，省市县按5：2：3比例分担，资金缺口仍较大。经县政府多方整合，实际完成投资1967.95万元。2010年初，启动移民房屋修缮及村间道路工程；同年6月，完成水、电及村内临时道路“三通”；2011年，完成那掌大沟、村间道路及村内排水工程。

第二节 大朝山库区移民

一、援大工作

1995年7月，云南大朝山水电责任公司（以下简称责任公司）与云南省政府移民搬迁安置办公室（以下简称省移民办）联合签订《云南大朝山水电责任有限公司委托云南省人民政府移民搬迁办公室负责大朝山水电站水库移民安置实施的包干协议》，规定省移民办按主体工程建设进度，负责如期搬迁、妥善安置大朝山电站水库淹没区移民。省移民办委托国家电力公司、北京水电设计院，在县乡村组配合下顺利完成水库移民安置规划。1995年10月，北京院编制出《大朝山水电站水库移民安置实施规划工作大纲》，景东县按要求编制上报《大朝山水电站景东库区移民安置环境容量分析报告》等相关专题报告。1997年，执行国家计委《关于下达第二批基本建设新开工项目计划的通知》，正式立项批准大朝山电站建设。1998年11月，省移民办编制出《景东县大朝山水电站水库移民安置实施规划综合报告》，上报国家审定景东库区淹没处理补偿静态投资11552.55万元，实际国家审定补偿投资7600万元。根据省移民办与景东县《大朝山水电站移民搬迁安置包干协议》，景东县成立工作领导小组，由县长任组长，分管副县长任副组长，相关部门主要领导为成员；由移民办牵头成立工程指挥部，指导、组织搬迁安置各项工作。

二、景东淹没区主要实物指标

大朝山电站是澜沧江漫湾电站下一梯级电站，国家“十五”期间批准开工建设百万千瓦级电站和中国新世纪第一个建成投产发电大型水电项目。根据国家计委批准的《大朝山水电站淹没处理及淹没安置初步设计规划专题报告》，水库91.25千米淹没线上，涉及东镇、永秀、曼等、林街、漫湾5个乡（镇），长发、曼状、芹菜塘、曼崩、大村、排沙、仓房、曼等、瓦窑、后河、花地、万龙、箐头、林街、清河、文冒、保甸、漫湾18个村及漫湾胶场，共78个社12828人。淹没县境土地820公顷，其中，耕地404.44公顷（其中，水田76.24公顷，旱地328.2公顷），用材林124.80公顷，薪炭林19.21公顷，紫胶经济林17.56公顷，其他用地251.29公顷。库区淹没影响961户4514人、各类房屋72750.37平方米、零星经济果木66363株。最终，国家审定移民2314人，其中，外迁1654人，占71.5%；后靠660人，占28.5%。

三、移民安置

前期搬迁安置　1998年11月，根据省移民办《景东县大朝山水电站水库移民安置实施规划综合报告》，拟县内外迁锦屏镇景范村白羊田集中安置1757人，后靠搬迁安置30人，就地后靠安置527人。景东县采取“三个先行”推进搬迁：（1）土地开发先行。县政府贷款、借款200余万元，提前划拨土地，开垦开发。1995年10月，有偿划拨集体土地210公顷；1998年，有偿划拨土地、林地5625.47公顷。动员县委办、政府办、人大办等县级部门14个，按“谁种植、谁受益”原则，开垦土地种植甘蔗108.2公顷。(2) 水利建设先行。1996年至1999年6月，建成移民农灌用水工程排沙河水库，库容340万立方米；1998—1999年，建成配套农灌渠工程，设计渠长28.5千米、流量0.4立方米/秒；2000年，建成田间支渠配套工程。(3) 林果业种植先行。除甘蔗外，种植竹子2400株、芭蕉2500余株。2000年移民迁入后，县级各单位将土地经营权及种植的甘蔗无偿转让给移民。据统计：2000年，白羊田移民上交糖厂甘蔗348.4万千克，总收入55.16万元，移民人均甘蔗收入407.18元。移民区共开垦耕地107公顷，人均配置0.1公顷，难以全部覆盖规划人口。经县委县政府研究，调整安置人口1082人，后靠安置1232人。2000—2001年，完成土地、水利、电力、交通、学校、医疗等项目建设，移民分两批迁居白羊田安置点230户1082人；后靠搬迁28户133人，其中，漫湾镇文冒村江边组7户41人，曼等乡扎结村山头组15户61人，永秀乡3户14人，大朝山东镇3户17人。前期移民搬迁安置完成总投资8335.8万元（其中，外迁4868.1万元，后靠3467.7万元）。

遗留问题二次搬迁安置　2004年5月，云南省政府召开澜沧江水电开发专题会议，省委、省政府对妥善处理大朝山电站移民安置遗留问题作出部署；省移民办发出《关于妥善处理大朝山水电站移民安置遗留问题的通知》《妥善处理大朝山水电站移民安置遗留问题会议纪要》等。2005年9月，省移民局技术服务中心对前期移民安置中存在的问题作全面调研；11月，编制出《大朝山水电站移民安置遗留问题处理规划方案》，提出景东库区环境容量不足，缺乏必要生存条件，需要再搬迁安置移民572人。安置点确定于景东监狱三监区，归属文井镇文窝村。2008年8月，再次搬迁安置点农房重建及水电路等基础设施正式开工。2011年11月，大朝山库区移民144户572人顺利实施搬迁。再次移民安置完成总投资2985.23万元。

第三节　糯扎渡库区移民

一、景东淹没区主要实物指标

糯扎渡电站是澜沧江中下游河段二库（小湾、糯扎渡）八级（功果桥、小湾、漫湾、大朝山、糯扎渡、景洪、橄榄坝、勐松）水电开发第五个梯级电站，也是澜沧江装机容量最大电站。电站位于澜沧江下游普洱市翠云区和澜沧县交界处，坝高261.5米，水库淹没线长214.3千米，库容237.03亿立方米，装机容量585万千瓦（9×65万千瓦），年发电量239.12亿千瓦时。2007年，电站实现大江截流；2011年，下闸蓄水；2012年，首台机组发电。景东库区淹没涉及东镇文玉、长发2个村3个小组，耕地21.94公顷（其中，水田10.63公顷，旱地8.74公顷）、园地2.57公顷、鱼塘0.27公顷，林地29.8公顷，影响未利用土地67.45公顷；农户住房69户11346.1平方米（其中淹没失稳区18户7260平方米），零星经济果木16384株；机耕路14.5千米，农灌及引水渠道0.3千米，附属挡护砌体465立方米，围墙113.4平方米，栅栏668.3米，晒场（地坪）1571.77平方米，生活水池62.2立方米，厕坑12个，晒台37个；砖瓦窑4个，石灰窑8个，采砂厂1个；坟墓18冢。涉及611人，国家审定水平年（2013年）移民248人，安置规划外迁44户187人，后靠61人。通过移民意愿调查，景东库区70户242人全部选择长效补偿安置模式，其中，选择外迁38户143人，就近安置6户13人（其中，淹没区2户7人，失稳区4户6人），后靠安置26户86人。

二、移民安置

2007年，县移民搬迁安置工程建设指挥部成立。由县长任指挥长，分管副县长任副指挥长，县委办、政府办、政法委、监察局、发改局、财政局、移民局、东镇政府、文井镇政府等部门及文华村、文玉村为成员单位。2012年始，执行《云南省移民开发局关于贯彻执行云南省澜沧江糯扎渡水电站多渠道多形式移民安置指导意见》《普洱市糯扎渡水电站库区移民安置补偿指导意见》。至 2014 年，先后完成外迁文井镇文华村集中生产安置 36 户 138 人，库区后靠安置 5 户 12 人，投亲靠友 1 户 1 人；改（复）建大田山垭口至文笑河口公路 3.91 千米。累计完成投资 2543.75 万元。

第四节　南洋河水库移民

一、淹没区主要实物指标

南洋河水库工程是一项以农业灌溉为主，兼顾水产养殖的中型水利工程。自 1996 年始，执行省计委《关于景东县南洋河水库工程可行性研究报告的批复》。水库淹没影响者后乡挖固村南洋河、一把伞组，路东村旱田组，文井镇都拉办事处小河底组；淹没耕地 62.58 公顷，其中，水田 27.6 公顷，旱地 7.97 公顷，轮歇地 19.97 公顷，自留地 7.04 公顷；各类房屋 22756.23 平方米，涉及移民 135 户 448 人。

二、移民安置

1997 年 7 月 22 日，南洋河水库工程建设指挥部正式成立，下设移民组负责南洋河水库移民搬迁安置工作，并分别由文井镇和者后乡组织实施。

文井镇安置点　（1）移民人口界定。1995 年 5 月 10 日，经库区移民安置领导小组调查核实，认定外迁文井镇安置 85 户 280 人（不含就地恢复生产人数）。（2）安置区土地及补偿标准。执行《中华人民共和国土地管理法》规定，结合受益区实际情况，移民土地以征用方式从农村集体经济组织及景东监狱集中调出安排。征用标准分别为水田 6 万元/公顷，旱地常耕地 3.75 万元/公顷，轮耕地 1.875 万元/公顷，荒地 0.15 万元/公顷，茶地青苗 0.36 万元/公顷。（3）农房重建。坚持“原值、原量和现行价”原则，按照搬迁农户原有房屋面积建盖。（4）安置标准。外迁移民人均土地 2 亩，其中，水田 1 亩，旱地 1 亩；2 亩土地中，含人均宅基地 0.1 亩，自留地 0.1 亩，其余 1.8 亩为耕地。（5）安置地点。按照“相对集中、统一安置”原则，分别在文井镇都拉办事处官坡箐安置 25 户 90 人、者吉办事处红毛山安置 35 户 100 人、文华办事处泥土河安置 25 户 90 人。

者后乡安置点　（1）移民人口界定。1995 年 5 月 10 日，经库区移民安置领导小组调查核实，认定外迁者后乡安置 17 户 75 人。（2）征用补偿和开垦种植。根据“依法、自愿、有偿”原则，在者后村草地、上营两组征用 12.19 公顷，其中，荒坡地 7.02 公顷，沙地 5.03 公顷，田地 0.14 公顷。（3）农房重建。2000 年 12 月 20 日，按照“统一标准、统一建盖”要求，移民安置工作领导小组与施工单位签订承包合同书，组织伐木、木料运输等。2001 年 4 月 20 日，建成土木结构楼瓦房 17 栋。（4）安置标准。人均土地 2 亩，其中，水田 1 亩、旱地 1 亩；2 亩土地中，含人均宅基地 0.1 亩，自留地 0.1 亩，其余 1.8 亩为耕地。（5）安置地点。经者后乡党政班子联席办公会决定，移民统一在者后村大平掌安置，地名改称思桥组。

资金管理及使用　移民安置资金采用报账制管理。至 2007 年 5 月，累计安置 102 户 355 人，投入资金 2387.5 万元，投入资金由移民公共设施和安置补偿费组成。

第五节　青龙水库移民

青龙水库是一座集农业灌溉、灌区人畜饮水、县城供水为一体的中型水库蓄水工程，国家实施西部骨干水源建设 100 件重点工程项目之一，景东县“十二五”重点建设项目。自 2011 年始，执行省发改委、水利厅《关于景东县青龙水库工程可行性研究报告的批复》，核定总库容2163.03万立方米，兴利库容1694.86万立方米，年平均供水2937.63万立方米，工程概算46779.24万元。建设淹没区涉及文龙乡瓦罐窑村杨家、刘家、岩子脚、阵营哨、上村迤、上村，锦屏镇灰窑村迤板桥、外板桥，龙树村上板桥共210户824人，淹没耕地62.43公顷，园地2.65公顷，林地51.52公顷；涉及移民157户645人。

第六节　移民机构

1985年12月，县援漫办成立，正科级，主任由副县长兼任。1990年3月，援漫办改设为政府职能部门，设专职主任1人、副主任1人、兼职副主任2人。1992年1月11日，援漫办更名为移民搬迁安置办公室（简称移民办）。1996年11月，内设办公室、计划财务股、规划安置股、生产恢复股。2002年3月27日，并入国土资源局，副科级。2005年2月，县移民开发局成立，事业单位，正科级，参公管理，人员和编制均从国土资源局调整。2005年6月，设置漫湾、林街、曼等、永秀和大朝山东镇后靠移民工作管理所，管理人员各1人；设置锦屏、文井和者后远迁移民工作管理所，管理人员各1人，计8人。2006年7月2日，思茅市编办正式同意成立县移民开发局，正科级事业单位。2011年12月，内设办公室、财务股、政策法规股、规划安置股、后期扶持股。历任援漫办主任：谢强章（兼）、刀学明（兼）、熊大兴，历任移民办主任：熊大兴、李向荣、李启荣、彭关明，历任移民开发局长：周开胜、汪明、余开旺。

第十八编

教育　科技

第一章 教 育

第一节 明清儒学教育

一、明代

景东儒学始于明初。据民国《景东县志稿》载："景东黉宫，旧在治南塘窑，为卫学，明正统七年（1442）建于城外南仓井之西。"同书"东区圣迹"又载："明洪武八年（1375）春正月诏天下立社学。东区黉宫之建即此始……"刘文征《滇志》载："景东卫儒学，在卫城外，建于正统七年。"这是境内见诸史书最早的儒学，办学时间当在明正统七年之前，具体时间不详。景东卫儒学有确切时间记载，为明正统七年。

景东卫儒学　亦称庙学、黉学、黉宫、官学，或府学。明代，除庙学之外，还设有书院和社学。（1）文庙。初为祭祀孔子庙宇，但中国古代以孔孟之道、儒家思想教化学生，特别是元明清代，建孔庙设学堂，融祭祀、礼教为一体，成为文化教育祭祀中心，所以称庙学或儒学。又因建筑规模宏大、气氛庄严而称学宫。至明代，各府州县儒学教官衙署、官学、学舍也设于文庙，故又称黉学（官学）。境内上规模且较具影响的庙学有景东城庙学和者干三营庙学，此外也有一些规模较小的文庙，其中景福文庙较具影响。（2）景东城庙学。明洪武十五年（1382），景东仍袭元制设府。明洪武二十三年（1390），设景东卫，于塘窑设景东卫儒学。明正统七年（1442），迁建于卫城外南仓井之西，设训导一员，执掌卫学事宜，管理卫学生员；禀膳 20 石，每年科试两次，每次允附儒童（童生）12 名；设文武两科，名额相同。明万历十五年（1587），通判尹学孔迁卫学于锦屏山下（今塘窑一带）。同年，巡抚陈用宾请奏，改卫学为景东府学，裁训导，设儒学教授一员管理府学教学事务。景泰《云南图经》载："经籍、雅乐、祭器亦备。"（3）者干三营庙学。俗称三营黉学，位于大街乡三营村境内。设于乾隆四十三年（1778）。《重修社学碑序》载："社学之建其来旧矣。宣德年间（1426—1435）设立卫学……自嘉靖后之得人迁，谱详上德众议立社学……后改府学。先任□尹老公祖，祖讳学孔，治下□莫来询知，景郡人文翰起，惟麟川之众起，惟麟川为最著。公事之暇，观风□至止，改迁于斯。仍捐金二十八金。诸尹予竭力修建新学。"者干三营庙学兴办较早，前身为宣德年间所建卫学（具体校址不详）。民国《景东县志稿》载："明洪武八年春正月，诏天下立社学。东区黉宫之建即此始……杨仕汉发迹于斯……"东区黉宫指者干三营庙学（黉学），明万历十五年（1587）孝廉杨仕汉在此发迹，万历十九年（1591）杨仕汉、罗一甲双双中举，杨仕汉官至广西庆远府同知（正四品），罗一甲授湖南耒阳知县。杨仕汉广西任职期间，大力捐资支持三营庙学（黉学）。同时，景东通判尹学孔也捐金资助，使其规制比一般乡间社学更大。明崇祯十四年（1641），司马赵邦奇又捐资修崇圣祠、大成殿、东西两厢房、桂宫、魁阁、围墙等，式样与之后修建的县城学宫（文庙）相似，只是比县城学宫略小。

书院　书院始于唐代，属官学之外教育机构，由官方藏书、校书和私人读书治学之所发展而来。一般由学田作经费来源，招收学生按学规从事教学，教学内容以儒家经典为主，有名学者集众讲学。明代始，多数书院已演变为科举考试场所。（1）明志书院。位于县城西北。据李国均《中国书院史》载："明志书院，景东彝族自治县，同知胡光（明）弘治间（1488—1505）。"具体创办时间、地点和规模不详。（2）新城书院。据《景东府志》载："新城书院。明万历十五年（1587）通判尹学孔建，今废。""明万历年间（1573—1620），通判尹学孔还筹建设立新城书院，成为当地最高学府，但不久就停办。"《古今图书集成·景东府学夜考》、民国《新纂云南通志》《景东直隶厅志》也有类似记载。

社学　社学，元明清三代地方学校。元制五十家为一社，每社设学校一所，择通晓经书者为教师，农闲时子弟入学，读《孝经》《小学》《大学》《论语》《孟子》等。明代各府州县皆立社学，教育十五岁以下学童。教育内容包括御制大诰、本朝律令及冠婚丧祭等礼节。明代，除景东城儒学、新城书院外，还在各地设立了几所义学（社学）。据《古今图书集成·边裔典》载："计城内一所，河东土府一所，城外文德坊一所，蛮井村一所，者干一所，共五所。"均分布在坝区，主要学生来源乃是傣族和汉族移民。这些社学，如同今天初级小学，招收农家子弟，以傣族子弟为多，也有汉族移民，教授汉儒学。

科举　科举制度始于隋，完善于唐，鼎盛于明清，废于清末光绪三十一年（1905）。景东府开科时间为明成化七年（1471）。据明代《云南通志》载，景东府最早的举人为"成化甲午科刘贤，乡试8科得举人9人，无进士。"以上两书所载的成化七年与成化十年，相差仅3年。从开科中举至南明永历五年，即清顺治八年（1651）止，计180年，共中文举11人，拔贡6人，岁贡32人（多失考）。又据《新纂云南通志》载："高寿，明成化七年辛卯科文举人；刘贤，明成化十年甲午科文举人；林凤，明成化十六年庚子科文举人；陈善，正德八年癸酉科文科人；张朝宪，嘉靖二十二年癸卯科文举人，官至四川汾州知县；李汝登，万历十六年戊子科文举人；罗一甲，万历十九年辛卯科文举人，官至湖南耒阳知县；杨仕汉，万历十九年辛卯科文举人，官至广西庆远府知府；杨汝樘，万历三十七年己酉科文举人；杨启昌，万历四十三年乙卯科文举人；李灏，南明永历五年辛卯科文举人。拔贡（6人）：罗锦（明嘉靖年任四川德阳知县）、罗一苏（景泰年任应天高淳县承）、罗万选（万历年任贵州毕节卫训导）、李欲楫（官至同知）、徐宗时（官至同知）、罗一恩。岁贡（多失考，有名者仅32人）：吴英、尹乡、杨显宗、杨仕秀、杨仕可、罗一韬、罗一骥、袁以和、辜应龙、时燮、周启仁、张孟享、胥学贤、邱文教（经历）、邱时享（经历）、张显明、王捷、杨天植、杨芳誉、扬垂秀、扬齐照、谷晓、杨健、杨仕宗、王登朝、张可久、陈思美、衷复光、杨庭篆、时圣会、杨懋彬、日升（训导）。"

二、清代

清代，省设学政，府学设教授（正七品）1名、训导1名，州学设学正（正八品）1名、训导1名，县学设教谕（正八品）1名、训导1名。训导从八品，为教官之副职。各级教官职责为掌训迪学校生徒，课艺业勤惰，评品行优劣，以听于学政。教官都由朝廷委派，规定教授必须由科目出身，捐纳者必须是生员才能为教官。景东直隶厅学设教授、训导各1名。教授训导都由进士、举人、各类贡生担任。景东直隶厅设有学官、书院、社学、义学以及蒙学。

（一）学宫

景东直隶厅学宫　景东直隶厅学宫位于县城玉屏山，前身为明代卫儒学，明代万历十五年（1587）改为景东府学，明末少数民族起义中被焚。清顺治十七年（1660），同知薛荩及绅士购买徐指挥宅为庙学（府学），是普洱境内创办时间最早、建筑规模最大、成就最显著、延续时间最长的学宫。据《新纂云南通志》载："明正统七年，建于城外南仓井之西。万历十五年（1587），通判尹学孔迁今地，巡抚陈用宾奏改为府学，明末'猓寇焚'。清顺治十七年，同知薛荩及绅士买徐指挥宅为庙学。康熙二十一年（1682），署同知楚雄通判汪遴卿改建于城西玉屏麓；二十七年，同知汤傅楷建明伦堂；三十九年，署同知徐曰忠乃迁于今地，殿堂庑俱备。雍正十一年，同知徐树闳、教授张问政重修，置祭器、乐器。乾隆十七年（1752），同知程近仁率绅士复迁于玉屏山旧址；三十五年改府为直隶厅，庙仍其旧；五十三年，绅士建崇圣祠。嘉庆十一年（1806），署同知嵩山率绅士扩大宫墙，规模益广；二十一年教授李继昌率绅士罗承休等复修。道光元年，罗承式等重建二阁于棂星门前，立二柴门于奎阁前，左曰圣域，右曰贤关。同治元年兵燹，多所毁坏；十三年同知凌应梧率邑绅捐资修补，焕然一新。"从清初顺治十七年（1660）至光绪三十一年（1905）废科举，历时245年。

者干三营学宫　东区者干三营学宫，又名三营黉学，位于大街乡三营村境内，前身为明代初年社学，民国初年改为学堂。中华人民共和国成立后为三营村完小。还遗存有泮池、大成殿、桂宫等建筑。明万历十五年（1587），杨仕汉在此发迹，庙学得其大力支持，通判尹学孔亦捐金资助，使其规模较一般乡间社学更大。明崇祯十四年（1641），司马赵邦奇又捐资培修崇圣祠、大成殿、东西两厢、桂宫、魁阁、围墙等，式样基本仿县城学宫而建，只是规模略小而已。清雍正八年（1730）同知徐树闳拨给小街租税，永为师生膏火。清咸丰、同治年间（1851—1874），大成殿等主要建筑在回民起义中火毁。清同治十一年（1872），同知凌应梧捐金一百两，并饬令拔贡戴朝辅、黄金弟，岁贡罗为炯、雷之汉，廪生田赢州、陈开俊、罗之彦，把总罗士恩，文生罗之恺，武生张德源等重修经营，基本恢复原貌。另外，规定凡岁科两试新取文武生员，富者年捐银五两，贫者年捐银三两，监生捐银五两，储存备用。清末废科举后，租税、房产归东区初高两等小学使用。三营学宫从创办社学至清末废科举改学堂，历时近500年。

景东直隶厅学额　清代，每一所地方官学学额由朝廷直接确定和控制，并据各地人文情况分为大中小学，各地区又因人文不同而大中小学招生数也有不同。《清会典事例》载："清顺治九年，直隶厅各省分大中小学，大学取生员四十名，中学生员三十名，小学生员十二名。又定直省各学廪生，府学四十名，州学三十名，县学二十名，卫学十名，增广生额数同。"一般府学均取生员20名，大州县视府学，其次州县大学15人，中学12人，小学8人。另府学一年贡1人，州学三年贡2人，县学二年贡1人。同书又载："乾隆三十六年，议准景东府改为直隶厅，仍照原额取进文生二十名，武生二十名。原设廪增及出贡年份俱勿用裁改。"又据《学政全书》载："景东厅学额进二十名，廪生四十名，增生四十名，一年一贡。"景东直隶厅学乾隆三十一年照原额取进文生20名，武生20名，廪生、增生各40名，一年一贡。相当于大学规格。

（二）书院

清代，境内有开南书院、保和书院、凌风书院三个书院。

开南书院　位于县城内。据《新纂云南通志》载："开南书院，在府治北旧学宫址。清康熙四十年同知茹仪凤设立，雍正十二年同知徐树闳改设学署内，每年束修京斗谷二十石，节仪银十两。"是清代历史上普洱境内创办时间最早、级别最高、规模最大、成效最显著、延续时间最长的书院。从康熙四十年（1701）开设至光绪三十一年（1905）改为中学堂，历时204年。

保和书院　位于漫湾镇保甸河东岸。据《新纂云南通志》载："保和书院，在厅属之保甸河，清雍正十二年同知徐树闳建，久废。"办学规模不详，光绪年间（1875—1908）废弃。

凌风书院　位于林街乡政府驻地以北回营。据《新纂云南通志》载："凌风书院，在厅属之林街清真寺旧址，清同治十二年同知凌应梧率邑绅刘尚中创建。"光绪二十九年（1903）奉令改为学堂。从创建至改学堂，仅存30年。

兴文书院　位于府治北鼠街，时归蒙化。创于雍正元年（1723），同知罗德彦设。

兴降书院　位于兴隆。创于清乾隆二十二年（1757）。

（三）蒙学

蒙学是中国古代初等教育，属普及性教育。景东蒙学教育始于明代。清代蒙学教育主要有社学、义学、私塾三种形式。

社学　清初，袭明制，令各直省府州县置社学，每乡立社学一所，并列入国家地方官学系统。据《清会典事例》裁："州县设学，多在城市，乡民居住辽远，不能到学。照顺治九年例，州县于大乡巨堡，各置社学、择生员学优行端者，补充社师，免其差役，量给廪饩。凡近乡子弟，年十二岁以上，二十以内，有志学文者，俱令入学肄业。"说明清代社学既有普遍性，又有方向性，主要是面向乡村和少数民族地区普及教育。清兵入滇平定云南较晚，又因吴三桂的分裂、割据、叛乱以及战争创伤，使云南教育很长一段时间得不到发展。境内社学仅龙泉寺一馆，位于县城龙泉寺内（县委党校址）。

义学　少数民族地区义学，雍正三年（1725）首先在云南威远州（今景谷县）和贵州各府州县设立，以后逐渐在云南东川府、四川建昌府、湖南永绥六里等地设立。在云南府州县推广时间为乾隆二十六年（1761）。

据《滇系》记载，景东厅有义学17所，但《新纂云南通志》等史记载的数量还要更多，计有龙泉寺、者吉文昌宫、都拉文昌宫、猛统多宝寺、保甸关圣庙、福都圈者干、猛者普牙村、者牙关圣宫、仰里圈、乌木圈、兴隆寺、戞里那亢村、猛猛圈关圣庙、安定关、大井、磨外井、者干关圣宫、东乡老街明善、文岔锡保、福都文昌宫、秀龙、里崴里、圈折圈、圈铁圈24所义学。(1）龙泉寺义学。在城南外龙泉寺。据《新纂云南通志》载："清康熙四十年同知茹仪凤设立，每年束修京斗谷二十石。""同知茹仪凤捐田二段，除完条粮外，每年收京斗谷九十八石，分给二馆（龙泉寺义学、开南书院）各二十石永供束修，余谷五十八石作儒学月课及奖赏诸生之费。"(2）者吉文昌宫义学。在城南七十里者吉文昌宫，今文井镇者吉村。据载："雍正十三年，陶绍周直出田二十亩二分，坐落在小者吉河口。除完条粮外，每年收京斗谷一十八石七斗三升，永作义学馆束修。"(3）都拉文昌宫义学。在城南八十五里都拉里文昌宫，今文井镇都拉村。据载："雍正十三年，同知徐树闳捐赎田五亩五分……又招田恳田一十七亩二分，坐落大河边，除纳条粮外，年收京斗谷二十石二斗二升，永供束修。"(4）猛统多宝寺义学。在城西南二百二十里猛统里多宝寺。据载："土民公建置田二十五亩，坐落那乃村……除完条粮外，年收京斗谷二十石，永供束修。"(5）保甸关圣庙义学。在西北一百七十里保甸里关圣庙，今漫湾镇保甸村。据载："同知徐树闳捐田十六亩五分，坐落保甸河边；又捐赎田六亩，坐落河边，除完纳条粮外，年收京斗谷二十石二升，永供束修。"(6）福都圈者干义学。在城东南九十里福都圈，今花山乡福都村。据载："同知徐树闳捐赎田二段，一坐落蛮招村田十二亩，一坐落蛮费村田七亩九分五厘，除完纳条粮外，年收京斗谷一十六石九斗六升，永供束修。"(7）猛整普雅村义学。在城东六十里猛整圈普雅村，在今太忠乡。据载："同知徐树闳捐田七段……除纳条粮之外，年收京斗谷一十七石七斗，永供束修。"(8）者牙关圣宫义学。在城西南二百里者牙圈关圣宫。据载："同知徐树闳捐田二段……除纳完条粮外，年收京斗谷一十八石一斗，永供束修。"(9）仰里圈义学。在城西南一百九十里仰里圈舍房。据载："同知徐树闳断入田二十亩，坐落小仰里村，除纳完条粮外，年收京斗谷一十八石六斗四升，永供束修。"(10）乌木圈义学。在在城西南二百三十里乌木圈，由监生周纯文等捐建。据载："同知徐树闳查出田二段……除完纳条粮外，年收京斗谷一十八石六斗四升，永供束修。"(11）兴隆寺义学。在城西南二百四十里兴隆寺。据载："同知徐树闳捐田三段……除纳条粮外，年收京斗谷一十八石九斗，永供束修。"(12）戞里那亢村主学。在城西三百五十里戞里圈那亢村，圈民公建书舍。据载：“同知徐树闳断入田三亩二分，坐落戞里河；又查出田一十六亩八分，坐落戞里河边，除完纳条粮外，年收京斗谷一十八石六斗，永供束修。”（13）猛猛圈关圣庙义学。在城西南三百二十里猛猛圈关圣庙。据载：“雍正十三年，土目陶维先等捐垦田三十亩。坐落猛拿村，除完纳条粮外，年收京斗谷二十五石二升，永供束修。”（14）安定关义学。在城西北一百六十里，今安定乡鼠街村境内。由安定关土巡检杨可倡捐建。据载：“同知徐树闳捐垦井旁荒地一块。”（15）大井义学。在城西南二百里大井，由经历成师灏捐建。据载：“同知徐树闳捐垦井旁荒地一块。”（16）磨外井义学。在城西二百三十里磨外井，由经历成师灏捐建。据载：“雍正十一年（1733），士民欧阳高、闻暹、周纯文等首出田一份，除完纳条粮外，年收京斗谷二十石，永供束修。”（17）者干关圣宫义学。在城东南一百里，今大街乡大街村。据载：“者干圈关圣宫义学一馆，雍正十三年（1735）徐树闳捐田二段，年束修京斗谷十八石一斗。”据《光绪志》记载，至清光绪年间（1875—1908），除猛统圈关圣庙义学馆因邑绅李春阳捐修尚存外，其余各馆均已废弃。

另外，在今花山乡境内，“查福都圈地蛮岔、蛮别、回扎三村，于乾隆十三年（1748）前任徐（树闳）即将此地拨为义学，俱系义庄，历有义租，但无馆舍……”清道光十八年（1838），“受饬该三村绅耆设法捐建”。（《文岔锡保义馆记》）

私塾　私塾，即私人创办的学校。一般有三种形式：（1）门馆、家塾。即塾师在自己家里，或借祠堂、庙宇，或租借他人房屋设馆招收附近学童就读。（2）村塾、族塾。由一族一村延师择址建馆课其子弟。（3）坐馆、教馆。由富裕人家聘请教师在家设馆，专教自家子弟及亲友子弟。私塾教育的重要特点是私人创设的收费教育，学生入学年龄没有硬性规定，一般在7~14岁，大的可到20岁左右。塾师大多是下层士子，“秀才没落，下乡教学”，为了生计或科考，边学边教，以应科举考试。私塾之设，虽历史悠久，但景东由于地处边疆，开化时间较晚，私塾创设远远晚于内地，可以说随着儒学教育的兴起，私塾教育产生。到清代特别是晚清时期，景东私塾教育已经比较普遍，在史料中也有不少记载。如《景东县志稿》载：“刘丕英，字菊坪，郡教廉，者干人……设帐麟川，远近学士多出其门，教人以明体达用为先，教孝弟，讲道德，不专为科举业。”“王绍恒，郡孝廉，者干人，字海楼，隐居不仕，设帐麟川，从游者行文有声……”说明清嘉庆年间（1796—1820）境内就有举人所办的私塾。据《景东彝族自治县教育志》载，清末至民国初年著名私塾有传道堂（中区，塾师刘琮教）、溪谷堂（中区侯宏教读处）、明德堂（中区，塾师何之抒）、启后馆（上南区，塾师徐昌）、小石窗（下北区，塾师戴家政）、兰雀馆（下北区，塾师曹鹤鸣）、乐育堂（塾师曹鹤书）、尚志堂（下北区，塾师苏宝生）、未是馆（上北区，塾师程含章）、事语堂（上北区，塾师张风书）、乐育堂（下北区，塾师纪福清）、传心堂（上北区，塾师黄金弟）、礼道堂（上北区，塾师黄汝钦）、养心堂（下北区，塾师梁星恒）、修德堂（下北区，塾师邓子建）、同人馆（上北区，塾师罗大任）、翠英馆（南区，塾师唐学科）、韵泉山房（中区，塾师侯应中）。此外，清末至民国初年私塾已遍布各村寨，如大街镇境内就有河头、文育、田心、文召、土主庙、文焕、涧水、文岭、大水平、大庙、大山、菠萝林、观音庙、白化村、灵官庙、下昆岗、大昆岗、小昆岗、祝山、龙树、立石碑、大古者、文昌宫、下文燕、文昌、大街26馆。

科举　（1）教官品级。清制规定教官六年一任，任满由学政与督抚对其共同甄别，以分别去留。清雍正年间（1723—1735），考虑到教官“官职卑微，恐以冗故自居，不思殚心尽职，故持加品级以鼓励”。各府卫儒学教授为正七品官，各州学正、县教谕为正八品官，各府（直隶厅）州厅县训导为从八品。（2）岁科两试。清代地方官学课程很少，只有季考月课，重点放在季考上，一般考完即散。地方官学考试主要是童试、季考月课、岁科考试。童试，是地方官学的入学考试，未取得生员资格士子，无论年龄大小，统称童生或儒生。童生要入学，须参加童试，也称小试、小考，每三年内举行2次，丑、未、辰、戌年为岁考，寅、申、巳、亥年为科考。童试包括县试、府试和院试三级考试，层层筛选，每一级考试又包括正考和复考。县府院三级考试分别由知县、知府、学政主持。季考月课，按月月课、四季季考是地方官学的日常考试，清代地方官学，轻教重考，以考代教，季考月课是主要的教学活动。岁科考试，是由学政主持的地方官学最高级别考试，即院试。按规定学政三年中须巡回所属各校，分别进行一次岁考和一次科考。岁试和科试对童生来说，是入学考试；对于生员来说，岁试是升降级考试（清代生员分廪生、增生、附生、青衣、发社生员五种），而科试则是科举前的资格考试，用以选拔参加科举考试生员。景东直隶厅学可举行由知府（同知）主持的童试二级考试（府试）。总体看童生入学考试是“科举之阶”，岁科两试，是生员升降级考和资格考试，所以两者近似于科举考试。只有季考月课较为松散。具体内容有四书、《孝经》《小学》《圣谕广训》等。(3) 景东考棚。据《景东县志稿》：“景东岁科两试，旧赴榆城（大理）。雍正十二年始设立考棚，岁试兼科，普洱（宁洱）、思茅、威远（景谷）、他郎（墨江）、镇沅皆附之。”又据《新纂云南通志》载：清雍正十二年（1734），同知徐树闳在景东学署内（开南书院）设立考棚。岁试或科试，结束生员（秀才）赴大理考棚应考历史。普洱府宁洱、威远（景谷）、思茅、他郎（墨江）、镇沅等地生员皆赴景东应考，成为清代云南省乡试的一个考点，由省学政亲临主持。清顺治十八年（1661）云南乡试开科至清末光绪三十一年（1905）废科举止，历时244年。据不完全统计，景东直隶厅共取进士4人、文武举人109人、各类贡生240人（拔贡30人，优贡2人，岁贡208人）。

第二节　学前教育

一、幼儿园

校园舞蹈《花儿朵朵向太阳》
（罗海垠　2008年5月摄于县幼儿园）

1957年，县人事科根据机关职工要求，考虑到职工子女逐渐增多，为关心幼儿成长，解除职工后顾之忧，经请示县委县政府同意，从职工福利费中拨出1万元筹建县幼儿教园。1958年8月，县幼儿园竣工，地址在尚武门北、玉屏路西，占地0.5公顷，建有教室4间1幢，宿舍2间1幢，小床60张，配有简易活动设施。当年，招收县级机关职工子女20人，实行寄宿制全托；教职工3人，由县妇联派王顺仙主持园务工作，昆明幼师毕业生袁月兰任教养员。1968年，县幼儿园由寄宿制全托改为走读制半托，扩大招生，在园幼儿增至5班150人，至1985年达六班266人。1992年与县政府招待所调换，搬迁到文化街19号，与图书馆相连。占地3955平方米，建筑2726平方米，1999年审评为省一级二等幼儿园；2011年，有专业老师48人，工勤人员13人（其中临时工28人），在园幼儿696人。

1982年，锦屏镇幼儿园开办。1984年，文井区、森工局、文华农场等幼儿园相继开办。自1981年10月始，执行教育部《幼儿教育纲要》(以下简称《纲要》)。景东县幼儿园按要求对入园幼儿开展体、智、德、美全面发展的教育。教育内容包括生活卫生习惯、体育活动、思想品德、语言、常识、计算、音乐、美术八大方面。农村学前班囿于师资和设备条件限制，一般只能开展语言、计算、常识、音乐、体育等方面教学，类似小学入学前预备班，则未能按《纲要》规定全面开展幼教活动。

景东县幼儿园按幼儿年龄分为大中小班，即3~4岁为小班，4~5岁为中班，5~6岁为大班。1988年后，入园幼儿增多，增设2个小小班。按《纲要》要求，各项教育保育内容按大中小班级提出具体要求，如生活习惯包括饭前便后洗手，按次序穿（脱）衣服，养成洗头、洗脸、洗脚、洗澡、剪指甲习惯，不抠鼻孔、不挖耳朵，坐、立、行保持正确姿势等；体育活动包括走、跑、跳跃、投掷、钻爬、攀登等基本内容及基本体操两大类；思想品德包括不打人、不骂人、爱护玩具（用具）和花木，学会做自己能做的事，对大人要尊称、问早、问好，能说再见和谢谢、不拿别人东西，爱父母、敬长辈等；语言包括听（说）普通话、学词汇、背诵儿歌、学讲故事、复述内容等；常识包括社会和自然方面的粗浅知识，培养兴趣和求知欲，培养幼儿注意力、观察力、记忆力、想象力、思维力、语言表达能力等；计算包括10以内数的概念和加减运算，学习几何形体、时间、空间等简单形体认识，培养对计算的兴趣、发展初步逻辑思维能力，培养思想准确性、灵活性、敏捷性；音乐包括唱歌、舞蹈和音乐游戏，模仿打鼓、吹喇叭、开火车、小鸟飞、小兔跳等动作，能做拍手、点头、碎步、跳步、进退步等基本动作；美术包括绘画、手工（泥工、纸工、自制玩具）、欣赏等。上课时间随幼儿年龄递增，小班6~8节/星期、10~15分钟/节，中班10~11节/星期、20~25分钟/节，大班12节/星期、25~30分钟/节，不考试、不留家庭作业。

1998年，全县有县幼儿园和锦屏镇幼儿园2所，共16个班，学前班97班，在园（班）幼儿3104人。至2011年，全县有幼儿园21所。其中，公办2所，民办19所；在园幼儿3879人，学前幼儿入园（班）率31.8%。

二、学前班

20世纪90年代后，部分乡镇小学开设附设学前班，让入学幼儿到小学附设学前班接受一年学前教育。随着国家普及农村九年义务教育，农村学前教育不属于“普九”范围，因涉及师资、教学场所、费用等诸多问题，学前班逐渐消失，私立幼儿园逐渐兴起。

第三节　基础教育

一、普通小学

中共十一届三中全会后，拨正教育发展方向。根据中央“调整、改革、整顿、提高”方针，由县级统一任命中心学校校长，配备学校领导班子；建立健全各项规章制度，恢复正常教学秩序，调整学校布点，逐步撤销小学附设初中班，小学教育步入正轨。1981年末，全县小学校调整至558所，在校生36654人，教职工1569人，民办教师645人，学校数、师生数的减少也包含农村推行包产到户责任制之初村级小学民办教师波动、小学生流失等因素。1982年，中共第十二次全国代表大会决定，把农业、能源、交通、教育和科学技术作为经济社会发展战略重点，国家加大对教育投入。县委县政府把普及小学四年义务教育作为教育工作重点来抓，专门召开全县乡村两级干部教育工作会议，着重解决普及义务教育与发展生产力、提高民族素质的关系等问题；调整布点，加强师资队伍建设，加强民族教育，落实分级办学、分级管理体制，调动广大人民群众改善办学条件积极性，小学教育持续发展。自1984年始，根据省教育厅安排部署，创办半寄宿制民族高小班，至1989年末半寄宿制学校发展到25个校（点），学生2733人；国家每年拨出专款，给这些校点改善办学条件，每个学生每月补助学习费用7元。1987年末，全县有小学633所，在校生57697人，适龄儿童35382人，入学34472人，入学率98.2%、巩固率98.42%、毕业率87.38%，办学条件基本实现“一无两有”（基本无危房、班班有教室、人人有课桌凳），教师合格率不断提高。1987年12月，景东县普及四年义务教育通过省地检查验收；次年3月，获省政府“普及四年初等义务教育合格证”。自1990年始，按照《中华人民共和国义务教育法》和中央、省地有关普及义务教育规划和要求，把普及义务教育工作纳入全县经济、社会发展总体规划，列入重要议事日程；制订《景东彝族自治县普及九年义务教育规划》，并报县人大审议通过，有计划分步骤组织实施。1994年初，县普及义务教育领导小组成立，各乡镇相应成立机构，开展普及六年义务教育（简称“普六”）工作；采取“扶贫先扶教”、扶贫开发同扶持贫困地区义务教育相结合方法，每个部门（单位）挂钩扶贫一个村的学校，在全县掀起集资建校热潮，办学条件不断得到改善。1997年，普及小学六年义务教育。全县共有小学309所（其中完小172所），小学教师1637人（其中民办教师176人）；全县小学在校生39359人，巩固率95.4%。自2003年始，执行国务院《关于进一步加强农村教育工作的决定》，巩固和提高“两基”（基本实施九年义务教育和基本扫除青壮年文盲）成果；加大《中华人民共和国义务教育法》宣传和执法力度，依法保障适龄儿童进得来、留得住、学得好，不断提高普及力度。2007年，景东县“两基”通过省市政府教育督导和复查评估。当年起，全面落实中央“两免一补”政策，做好贫困学生资助工作。学生使用免费教科书、免交杂费，对贫困家庭学生给予寄宿生活补助。2007—2008学年，全县小学适龄儿童入学率由1979年的75%提高到99.5%，巩固率98.6%，辍学率控制在0.57%内；初中毛入学率由1979年的50.6%提高到97.6%，巩固率98.6%，辍学率控制在1.33%内；幼儿园（学前班）入园（班）率由1979年的10%提高到31.8%；青壮年文盲率由1979年的45.2%下降到0.39%。2011年，全县共有小学145所，学生27018人，小学入学率99.1%。“两基”普及程度和人民科学文化素质不断提高，人均受教育年限8.5年。

天文知识教育
（罗汀　摄）

民族小学少先队大队委竞选
（刘馗　摄）

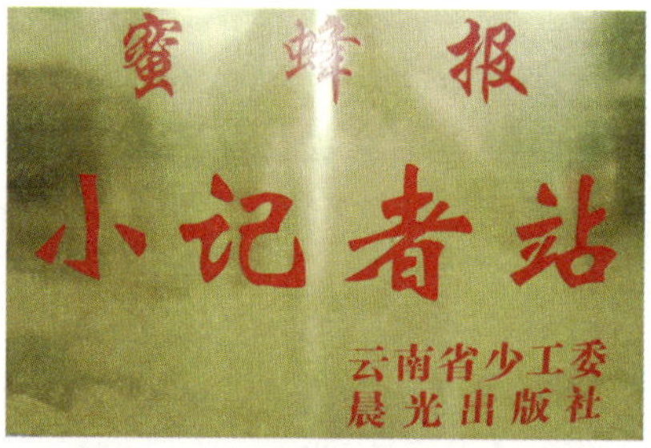

民族小学《蜜蜂报》小记者站牌匾
（罗汀　摄）

景东县小　位于县城玉屏山麓虹桥路4号，始创于清光绪二十九年（1903）。校园占地27668平方米，其中茶园11867平方米、绿化面积878平方米。校舍建筑面积9594平方米，其中，教学楼2幢3485平方米，综合楼1幢2600平方米，食堂1幢719平方米，公租房1幢1030平方米；固定资产总额370万元。1978年，有教学班17个，学生825人；1990年，有教学班28个，学生1336人，毕业247人；2000年，有教学班30个，学生1564人，毕业199人；2011年，有教学班30个，学生1500人，毕业259人。属省级“一级示范小学”“文明学校”，市级“文明单位”“平安校园”“绿色学校”，县级“安全文明小区”。2011年，实行岗位聘任制，编制由88人增加到99人，聘用中级8级20人、中级9级26人、中级10级19人、初级11级14人、12级14人。学校力求教育教学质量稳中求升，同时，全面实施素质教育，开展美术、舞蹈、器乐、声乐、自然、球类等10余项课外兴趣小组活动，使学生特长得以发展。每年均举办元旦运动会，五一节篮球、乒乓球比赛，六一节文艺晚会。

县民族小学　位于县城瑞霞路2号，与县青少年校外活动中心、县民族中学毗邻，始建于2001年，2002年8月正式设校，2003年9月开始招收一年级学生。校园占地13765平方米，其中绿化2800平方米。校舍建筑5193平方米，其中，教学楼1幢1756平方米，综合用房1幢551平方米，综合楼1幢1686平方米；200米跑道小型运动场1个，篮球场2块。全校24个教学班均安装有班班通，有小学数学、音乐、体育、美术、自然一类教具各1套。2011年，学校教职工68人，平均年龄37岁。先后举办旧玩具书刊交易会、建校十周年汇报演出、校园文化节、大队委竞选、六一节活动、元旦运动会等大型活动，属省级“文明学校”“平安校园”“德育工作先进集体”“民族团结教育示范学校”“示范家长学校”“优秀少先队集体”，市级“文明单位”“现代教育示范学校”“防震减灾科普示范学校”“党建工作示范点”“深入开展创先争优活动百强支部”“少先队工作先进单位”，县级“绿色学校”“先进基层党组织”“先进党支部”“党工共建创先争优活动先进集体”“少先队示范学校”等。

云南省景东小学　位于安定乡外仓村。始建于民国5年（1916），前身为罗大任创设的“同人馆”。民国5年，罗大任回到故乡，用100银圆购买1公顷荒地创办同人馆。民国6年秋，正式开学，招收学生20多人。民国24年，开办1届初中补习班，专修文科。民国29年春，外仓绅民捐资2000多元（滇币）扩建。新中国成立后，1951年人民政府接管学校，改为安定区第二小学。1952年，改为安定区第四村初小。1952年9月，执行省文教厅《云南省兄弟民族小学教育计划（草案）》“凡少数民族聚居地区的县、区均应设立省小一所”精神，将外仓乡第四村小改设为云南省景东小学（以下简称省小）；同年11月6日，省小正式开学；招收学生224人，其中，彝族222人，汉族2人。1958年，因财政管理体制改变，省教育厅不再直接拨款，学校经费由县拨发；校名不再称“省立小学”，改称中仓完小。1969年，改称外仓完小。1970年，外仓完小开办小学附设两年制初中班。1976年改学制为三年。1985年改设为安定乡中学（兼小学）。1995年8月，撤安定乡中学，并入景东县第五中学。校长：李光泽。

1990年文玉中心学校一角
（李廷新　摄）

2007年东镇别落小学
住校小学生（罗海垠　摄）

花儿与少年
（吴永康　摄）

锦屏镇中心学校　位于县城北郊、川河西岸通化桥旁左所营，与镇中学、镇中心完小毗邻。(1) 镇中心小学。明清时为圆通寺，1927年称镇中心学校圆通分校，1950年改称区第二人民小学。1978年8月，公社社办中学，被定为公社中心学校，配设领导班子，成立教育党支部。1984年9月，区中心学校设在北屯完小。1987年9月至1990年8月，区中心学校改称区教育委员会。1988年9月，变更为乡教育委员会（中心学校），1990年9月，变更为乡中心学校，办公室设在左所营。(2) 镇中心学校。即塘窑小学（今县民族中学），始创于1965年秋，前身为红旗小学；1989年秋，镇中心学校小学停止招生，校属区划归县小；1995年秋，镇最后一班小学毕业班归并县小。1994年9月1日，镇中心学校撤销，镇中心学校和镇中学教师归并入县民族中学。同年12月，乡镇合并，中心学校变更为镇中心学校，负责管理锦屏镇中小学、幼儿园工作。

2000年9月前，镇中心小学有59个校点。2003年9月前，有43个校点，办公室人员10人，设校长、支书各1人，副校长2人，1人兼任中心完小校长，教导主任、办公室主任、校安工程业务员、职成教业务员、会计、出纳、少先队大队辅导员各1人。下辖小学教学点5个，其中完小10所、初级小学5所，有教学班79个，在校小学生2049人，其中寄宿880人；镇幼儿园1所，有教学班10个，在园幼儿485人。全镇小学、幼儿园教师197人，其中在小学任教156人，在镇幼儿园任教35人，在镇中学任教6人。另有4所民办幼儿园，教职工75人，总计幼儿958人。2012年9月，镇中小学分设，中心学校下辖学校15所，其中完小10所；民办幼儿园4所（鸿飞、华卓、育才、小神童）。1980年，有小学生2863人，教师188人，其中民办教师67人；2000年，有小学生2894人，在园幼儿426人，教师241人，其中民办教师48人；2011年，有小学生2348人，在园幼儿496人，教师203人，其中代课教师6人。

文井镇中心学校　位于川河西岸、文井镇政府北2千米姚营。下辖村级完小17所，多设立在中华人民共和国成立前后，房屋（教室）多由生产队仓房或牛圈改造，土木结构。中心小学占地5956平方米，建筑面积6487平方米，其中，教学用房2008平方米，业务用房589平方米；绿化面积500平方米，固定资产共计42.7万元。镇中心小学设校长办公室、书记办公室、教务办公室、工会办公室和财务室。全镇校舍建筑总面积35395平方米，其中，生活用房10718平方米，行政办公用房589平方米，教学用房24088平方米。1978年，有教学班131个，学生6562人，毕业2187人；普通中学专任教师45人、工勤4人，小学公办教师96人，职工5人，民办教师17人，合同代课教师30人，幼儿园专任教师1人。1990年，有教学班139个，学生6957人，毕业2319人；普通中学专任教师55人、工勤人员4人，小学公办教师203人，职工4人，民办教师23人，合同代课教师35人，幼儿园专任教师1人。2000年，有教学班81个，学生4050人，毕业1350人；普通中学专任教师75人、工勤人员1人，小学公办教师216人，职工3人，民办教师16人，合同代课教师25人，幼儿园专任教师1人。2011年，有教学班77个，学生3833人，毕业1278人；普通中学专任教师50人、工勤人员1人，小学公办教师253人，职工1人。举办1990年、2002年篮球运动会、1999年篮球和田径运动会和2011年体操比赛等全镇性大型活动。

花山乡中心学校　位于乡政府驻地花山街，下辖村级完小12所，中心幼儿园1所，始创于民国元年（1912），1913年迁址于文冒观音寺。1924年，扩建校舍，改称明善高初两等小学。1946年，迁址于公鸡梁子脚，改称明善乡中心校。1950年，改称花山区中心校。1952年，崇文、明善合并设崇明区，高小部亦合并崇明（大街）。1955年，增设高小称“崇明区第二完小”，迁址于酸枣树。1959年，大街、花山分区，恢复花山区中心校。1963年，迁址于花山街。1968—1978年，开办小学附设初中班。乡中心小学占地47503平方米，全乡学校建筑面积17631平方米，其中，教学用房7617平方米，教师宿舍4664平方米，学生宿舍3171平方米，食堂1590平方米，厕所589平方米；绿化11876平方米。固定资产总额1477.4万元。先后获县级“文明单位”“二级三等示范小学”，乡级“先进党支部”等称号。

大街乡中心学校　位于者干河畔大街乡瑞霞山。始建于民国2年（1913），前身为东区关圣宫高初两等小学，1931年，改称崇文镇中心学校。1957年，改称大街中心学校。自2006年9月始，全镇小学五、六年级学生集中到中心完小就读。下辖村级完小7所，幼儿园2所。全乡学校占地78044平方米，有足球场1个，篮球场8块。校舍建筑总面积17039平方米，其中，教学用房7345平方米，业务用房702平方米，教师宿舍2617平方米，学生宿舍3567平方米，食堂1145平方米，厕所372平方米；绿化46825平方米。固定资产总额1586.47万元。1978年，有学生2632人，其中初中生45人；教师86人，职工2人。1990年，有学生3266人；教师124人，职工2人。2000年，有学生2048人；教师120人，职工1人。2011年，有学生1700人；教师109人，职工2人。

太忠乡中心学校　位于乡政府驻地大水井街，始创于民国2年（1913），前身为花石国民学校

（花石岩小庙）和三合国民学校（三合观音庙）。民国3年，创设普牙国民学校（中普牙后山小庙）。1933年，迁址水阁梁子大庙。1950年，开设太忠区第一至第三完小。1952年，三所完小合并，设太忠区中心学校。1984年，设半寄宿制学校。1997年9月，中心学校迁址于上海市普陀区希望小学（现址）。1978年，有学校44所，其中完小9所；教学班86个，学生2436人，毕业351人；教师87人，其中，公办33人，民办47人，合同代课7人。1990年，有学校44所，其中完小9所；教学班129个，学生3503人，毕业314人；教师156人，其中，公办66人，民办8人，合同代课82人。2000年，有学校18所，其中完小7所；教学班90个，学生1998人，毕业280人；教师132人，其中，公办110人，合同代课22人。2011年，有学校10所，其中完小7所；教学班57个，学生1858人，毕业286人；教师116人，其中，公办110人，职工1人。

龙街乡中心学校　位于小龙街村大荒地，下辖村级完小11所，总占地33159平方米，建筑面积11884平方米。其中，教学用房4983平方米，教师宿舍1679平方米，学生宿舍3945平方米，厨房870平方米，厕所407平方米；绿化面积2350平方米。固定资产总额972.2万元。1988年，有学校33所，其中完小13所；教学班136个，学生3785人，毕业386人；教师160人，其中，公办51人，民办6人，合同代课103人。2000年，有学校20所，其中完小13所；教学班80个，学生1638人，毕业266人；教师181人，其中，普通中学专任55人，小学公办100人、合同代课26人。2011年，有学校11所（完小），教学班61个，学生1670人，毕业365人；教师144人，其中普通中学专任51人，小学公办93人。

文龙乡中心学校　始创于民国2年（1913）2月，前身为上北区文录寺高等小学。1950年，迁址于龙街（文龙），因不具备办学条件，又搬回文录寺。1952年3月，重迁龙街，改称文龙区小学。1969年，创办“五七中学”，校行政设于此。1984年9月，校行政迁设龙街完小，90年代初复迁中学。1999年前，借用乡中学或中心完小校舍办公、住宿。1999年后，有简单办公用房，但无专门住房。2005年前，设校长、副校长（兼乡中学校长）、支部书记、工会主席、教导主任、成教职教专干、会计、出纳。2005年后，设校长、支书、副校长（其中乡中学、中心完小校长各1人）、校长助理、工会主席、教导主任、成教职教专干、会计、出纳、办公室主任，并根据工作需要配设办公室人员。下辖区小学6所，民办幼儿园1所（春苗幼儿园）。1993年，有学校15所，其中完小12所；教学班72个，学生2068人，毕业321人；教师112人，其中，公办55人，民办57人。2011年，有学校9所，其中完小2所，学生1343人，公办教师86人。

安定乡中心学校　始创于民国2年（1913）2月，前身为上北区鼠街初级小学。1947年，迁址于鼠街新校。1950年初，改称区第一人民小学。1952年，中仓第二完小并入，改称安定区完小。1957年，设校党小组、团支部、少先队、教育工会。1958年，改称安定中心校，行使全区教育教学职能职责。1978年9月，与公社中学合并，称公社中心校，分中学、小学。1979年，中学改设景东五中，小学恢复合并前体制。1981年3月，征用检查站楼房1幢作为新校舍，供部分学生上课。1997年3月，社会各界投资120万元在新址扩建乡中心小学。2004年8月30日，五中撤销，学校改称乡中学，隶属乡中心学校。下辖学校11所，其中完小2所。学校占地0.6公顷，校舍建筑5882平方米，教学辅助用房2814平方米，学生宿舍684平方米，教师宿舍2270平方米，行政办公用房423平方米，食堂300平方米，厕所75平方米；绿化面积480平方米。固定资产701.6万元。1992年，有学校42所，其中完小16所；教学班135个，学生3629人，毕业407人；教师173人，其中，公办69人，民办18人，合同代课86人。2000年，有学校31所，其中完小16所；教学班100个，学生1903人，毕业620人；教师185人，其中，公办131人，合同代课54人。2011年，有学校15所，其中完小2所；教学班52个，学生1543人，毕业262人；教师210人；幼儿园专任3人、工勤1人。

漫湾镇中心学校　始创于民国2年（1913），前身为保甸关圣庙义学。1988年，迁址于镇政府驻地岔山街。下辖中学1所（漫湾中学），完小2所（中心完小与保甸完小），初级小学5所，私立幼儿园2所。设教育工会主席1人、办公室主任1人，教务室主任1人，财务室会计、出纳各1人。1999年，有完小8所，学生2410人，毕业500人。2006年，有学校9所，其中完小8所；教学班53个，学生1682人，毕业237人；教师110人，其中，公办109人，职工1人。2011年，有学校9所，其中完小8所；教学班43个，学生1615人，毕业297人；中学教师110人，其中，公办109人，职工1人；幼儿园专任教师6人、工勤2人。

林街乡中心学校　位于乡政府驻地林街，前身为清代凌风书院，同治十二年（1873）创办。宣统三年（1911）二月，改设上仲古里公立初等小学堂。民国2年（1913）2月，改称林街国民学校。新中国成立后，改称林街完小，回营民德小学并入林街完小。1956年后，划归保甸区中心校。1960年，改称林街中心校。1969年，附设初中班。2009年9月，箐头小学并入龙洞完小。2004年，有学校7所，其中完小2所；教学班42个，学生1024人，毕业105人；教师72人。2011年，有学校6所，其中完小2所；教学班31个，学生947人，毕业166人；教师63人。

景福乡中心小学　始建于清宣统三年（1911）二月，校址古里文庙（景东二中所在地）。民国7年，扩办为古里高初两等小学。1949年古里山头王姓家族女子小学并入。1950年，改为“古里完小”。1951年迁至古里山头原女子小学校址，1967年复迁古里街。1969年开办附设初中班，更名为景福中心学校。下辖勐令、勐片、中心、竹箐4所完小，学校占地24054平方米，建筑面积12353平方米；多媒体教室23个，计算机55台，图书2.5万册。

曼等乡中心学校　始创于民国5年（1916），前身为曼等私立江东高级小学。1931年，改称江东高初两级小学。中华人民共和国成立后，改称景福区曼等分校。1962年，景福、曼等分区，设曼等区中心学校，迁址于乡政府驻地。学校占地13916平方米，校园面积5880.04平方米，建设使用面积3560平方米。有教学楼1幢1250平方米，学生宿舍楼2幢1034平方米，食堂405平方米，厕所130平方米；绿化1728平方米。固定资产总值394.5万元。1978年，有学校42所，其中完小10所；教学班95个，学生2564人，毕业305人；教师46人，其中，公办28人，民办10人，合同代课8人。1990年，有学校32所，其中完小10所；教学班80个，学生2488人，毕业263人；教师121人，其中，公办47人，民办6人，合同代课68人。2000年，有学校10所（完小），教学班54个，学生1452人，毕业247人；教师115人，其中，公办99人，合同代课16人。2011年，有学校6所，其中完小3所；教学班40个，学生1160人，毕业210人；公办教师80人。

东镇中心学校　始创于民国2年，前身为大驮街观音庙初级小学和黑蛇土主庙初级小学。民国32年，开设大驮观音庙完全高等小学。1950年5月，设高等小学1所、初等小学4所。1989年，有完全初中1所，在校生400余人；完全小学9所、初级小学校点（含一师校）17个，小学生3236人。1995年，有教师107人，其中，公办70人，民办2人，合同代课35人。2000年，有学校6所（均为完小），教学班41个，学生1544人，毕业266人；教师113人，其中，公办82人，合同代课31人。2011年，有教职工75人。

者后中心学校　位于者后村大庙，始建于民国2年（1913）2月，前身为下南区国民小学。1961年11月，者后区从文井区分出，开设者后区中心学校，统管全区教育教学工作。1978年至2005年12月，改称乡中心学校。2006年3月，撤乡并镇后撤者后乡中心学校，设文井镇中心学校者后分校。2009年9月，撤文井镇中心学校者后分校，并文井镇中心学校。2012年9月，重设文井镇者后分校。学校占地12.25万平方米，其中，初中部58669平方米，者后村小学7005平方米，者后高级小学16415平方米，挖萨村小学4006平方米，新会村小学3336平方米，文会村小学5365平方米，双水井村小学3334平方米，速南村小学2006平方米，文新村小学3960平方米，路东村小学6666平方米，挖固村小学5735平方米，者后幼儿园6010平方米。总建筑面积17441平方米，其中，教学用房8762

平方米，业务用房750平方米，教师宿舍1574平方米，学生宿舍3996平方米，厨房1608平方米，厕所634平方米；绿化38600平方米。固定资产总额2364.13万元。

1978—2011年景东县小学发展统计表

表18-1-1　　单位：个、人、%

年度	学校数	其中完小	班数	学生数		入学率	毕业生
				合计	女生		
1978	692	221	1530	42265	17473	81.30	5530
1979	612	285	1288	38814	14763	75.00	4125
1980	588	199	1394	37972	15783	79.30	6161
1981	558	180	1370	36654	15415	73.00	2715
1982	553	166	1393	40257	16428	78.90	2062
1983	577	158	1486	43776	17703	84.80	3611
1984	635	129	1772	54643	21189	92.70	3324
1985	585	196	1828	52545	21871	91.40	3238
1986	617	185	1852	55477	24015	92.40	3397
1987	633	204	1905	57697	25616	97.40	4798
1988	611	251	1906	56047	25622	97.70	5347
1989	585	229	1792	53164	23706	96.90	6968
1990	568	213	1741	52326	23438	97.50	7848
1991	359	214	1729	51943	23481	97.50	6179
1992	335	182	1729	50981	23671	98.30	5808
1993	316	167	1673	48440	22906	98.90	5833
1994	346	191	1641	46006	21796	99.70	5411
1995	329	196	1586	43986	20794	99.70	5696
1996	309	172	1523	41796	19907	99.60	6268
1997	309	172	1481	39359	18799	99.80	6756
1998	277	191	1385	36032	17172	99.60	7025
1999	237	—	1306	33452	15779	99.10	6248
2000	272	—	1248	30039	14076	99.86	6917
2001	244	—	1214	27898	12946	99.01	5762
2002	212	—	1148	26190	12333	99.76	6090
2003	201	—	1081	24993	11940	99.82	5437
2004	191	—	1019	25179	12153	95.61	4357
2005	176	—	1001	26510	12753	95.09	3367
2006	166	—	964	27889	13446	95.62	3506
2007	165	—	952	28717	13838	95.29	3987
2008	161	—	926	28626	13799	95.39	4401
2009	160	—	906	28267	13620	91.16	4388
2010	149	—	865	27893	13390	99.39	4717
2011	145	—	821	27018	13084	99.12	4788

二、普通中学

景东一中远眺（向景春　摄于 2012 年 8 月）

景东二中一角（罗海垠　摄于 2015 年 5 月）

中共十一届三中全会后，各项工作重点转移到社会主义现代化建设。根据中央“调整、改革、整顿、提高”方针，“重点办好高中，稳定高中的发展，整顿、提高初中，压缩和调整小学附设初中班布点，加强和充实小学”。通过调整，中学协调发展，教学质量提高，教育事业步入正轨。1979 年，全县共有完中 5 所（含森工局子弟学校），初中 14 所，高初中在校生 227 班 9621 人，其中高中 23 班 1229 人；中学教职工 579 人。1979—1989 年，小学毕业生不断增多，结合《中华人民共和国义务教育法》实施，先后开办景东第五中学（安定区中学改建）、玉米山中学、大柏树中学、大街区中学、安定区中学（外仓），基本实现乡乡有中学。1989 年，全县共有完中 4 校，普通初中 21 校，小学附设初中 10 校；高初中 226 班，在校生 10485 人，其中高中 24 班，在校生 1208 人；中学教职工 741 人，其中专任 665 人。1989—1998 年，景东县中学教育快速、健康发展。根据《中华人民共和国义务教育法》规定和省地教育规划，在调查研究基础上，按照“稳定高中，大力发展职业技术教育，重点发展初中，推进普及九年义务教育”原则，全县一次性规划到位、分类实施、分步推进，制订《景东彝族自治县实施九年义务教育的办法》，掀起普及九年义务教育（简称“普九”）高潮；多渠道筹资，加强县属及乡镇中学校舍建设，改善办学条件，扩大初中招生规模，提高初中普及率。1997 年 12 月，者后乡率先通过思茅行署“普九”验收，全乡初中适龄少年入学率 98%。1998 年 12 月，锦屏镇、文井镇、花山乡、大街乡、太忠乡、龙街乡、文龙乡通过思茅行署“普九”验收。1999 年末，漫湾、林街等 7 个乡（镇）相继通过“普九”验收。1998 年，全县共有完中 3 所，初级中学 18 所，小学附设初中 5 所；高中、初中在校生 300 班 13744 人，其中，高中 24 班 1147 人，初中 274 班（含附中 24 班）12062 人（不含职业初中班学生）；中学教职工 961 人，其中，公办 810 人，职工 94 人，合同（代课）57 人；初中入学率 85%以上，高中、中专、职高升学率 48%以上（不含自费、委培），高考升学率 41. 3%。1978—1998 年，高考、中考、初考和会考成绩连续保持全区前列，为国家输送出大量合格人才。2003 年，景东一中停止初中招生，扩大高中办学规模；基于人口出生率降低，生源减少及各乡镇办学实际，整合教育资源，提高办学效益，五中、三中分别移交给安定乡、大街乡管理；根据国家剥离企业办学的相关政策，景东森工局子弟学校、景东监狱子弟学校先后停办，至2011年，全县共有初级中学15所，初中学生13256人，毛入学率97.02%；完全中学4所，在校生2432人，入学率58.7%。

景东一中　位于县城西北郊古卫城内。1924年10月10日，由县知事丁绩创立并兼任首届校长，继后聘北京大学毕业生杨瑞麟（锦屏人）为校长。1993年，升格为省二级一等完全中学；2001年，升格为省一级三等完全中学。学校占地9.4公顷，体育场地11035平方米，建筑面积21455平方米，教学用房7887平方米，业务用房1190平方米，教师宿舍2560平方米，学生宿舍5955平方米，厨房3261平方米，厕所601平方米；绿化38200平方米。有藏书5.95万册，学生用计算机200台。有多媒体教室38个，物理化学实验室4个、准备室2个，有生物实验室2个、准备室1个，有音乐、美术教室各2个，计算机教室3个，图书室、劳动技术教室、心理咨询室、电子阅览室各1个。固定资产1483.52万元。1987年，有教学班29个，其中，高中18个858人，初中11个583人，毕业451人（高中292人、初中159人）；教师89人，其中，专任71人，工勤18人。2000年，有教学班29个，其中，高中18个1029人，初中11个627人，毕业517人（高中300人、初中217人）；教师139人，其中，专任113人，工勤26人。2011年，有高中教学班34个1850人，高中毕业761人；教师150人，其中，专任135人，工勤15人。

景东四中一角（罗海垠　摄于2011年）

20世纪80年代景东四中学生运动会（杨成伟　摄）

银生中学一角（夏乡　摄于2011年5月）

景东二中　位于景福乡政府驻地古里街。1958年9月始创，生源主要来自景福、曼等、永秀、文玉、林街、漫湾6个乡（镇）。1971年9月，增办高中。2010年9月，停招高中。下设办公室、财务室、教务处、政教处、总务处、工会

民族中学一角（罗海垠　摄于 2011 年 8 月）

大街镇中学一角（罗海垠　摄于 2017 年 6 月）

者后中学一角（罗海垠　摄于 2015 年 6 月）

和团委。学校占地 13431 平方米，建筑面积 7417 平方米，其中，教学用房 1856 平方米，业务用房 608 平方米、教师宿舍 2611 平方米（含教师周转宿舍 700 平方米），学生宿舍 1500 平方米，学生食堂 842 平方米；绿化 180 平方米。固定资产总额 800 万元。

景东四中　位于文井镇姚营。1973 年始建，为文井公社中学。1977 年 9 月，改设景东县第四中学。2003 年，升格为省二级一等完全中学。2006 年，获省级文明学校称号。学校占地 5 万平方米，建筑面积 11054 平方米，有篮球场 3 块，足球场、排球场各 1 块，环形跑道 350 米及各种体育器材，图书 1.84 万册，一类完中实验仪器 1 套。1978 年，有教学班 10 个 540 人，其中，高中 4 个 216 人，初中 6 个 324 人，毕业 199 人（高中 97 人、初中 102 人）；教师 38 人，其中，专任 28 人，工勤 10 人。1990 年，有教学班 13 个 674 人，其中，高中 6 个 317 人，初中 7 个 357 人，毕业 201 人（高中 94 人、初中 107 人）；教师 61 人，其中，专任 47 人，工勤 14 人。2000 年，教师 76 人，其中，专任 63 人，工勤 13 人。2011 年，有教学班 18 个 1109 人，其中，高中 2 个 107 人，初中 16 个 1002 人，毕业 318 人（高中 97 人、初中 221 人）；教师 73 人，其中，专任 70 人，工勤 3 人。

银生中学　位于县城南郊孟沼山麓。2006 年开工建校，按省一级一等完全中学硬件标准规划建设。学校占地 14.33 公顷，投资 1.2 亿元。设计办学最大规模为 54 个教学班 3000 人，其中，初中 18 个 1000 人，高中 36 个 2000 人。实行全封闭、全寄宿、半军事化管理。2009 年 9 月首招初、高中班学生。

民族中学　位于县城银生路 1 号，与民族小学、青少年活动中心毗邻。1994 年始创，1995 年 9

月正式招生，前身为锦屏镇塘窑学校。学校占地 1.91 公顷，建筑面积 1.1 万平方米，绿化面积 5746 平方米。固定资产总额 1146.1 万元。1995 年，有教职工 52 人，学生 400 人，其中 200 人为前塘窑学校学生。2000 年，有教职工 50 人，学生 663 人。2011 年，有教职工 86 人，学生 1062 人。先后获省级“预防艾滋病教育示范学校”“现代教育技术实验学校”“民族团结示范学校”，市级教学质量一等奖。

锦屏镇中学　位于景东县城北郊弥宁公路旁。学校占地 1.1 万平方米，校舍建筑面积 8290 平方米，绿化 1200 平方米。固定资产总额 810 万元。学校有教学楼 1 幢，设教室 20 间，标准篮球场 2 块。有物理、化学、生物Ⅰ类实验器材各 1 套，图书 3.4 万册，远程教育网点 1 个；计算机教室 1 间，计算机 108 台；多媒体教室 2 间，多媒体教学设备（电子白板）22 套。学生宿舍 1 幢，设宿舍 84 间，按标准可供学生 670 人住宿；学生食堂 1 幢，可容纳 1000 多人就餐。2011 年，有初中教学班 24 个，学生 1278 人，初中毕业 394 人；教职工 93 人。

文井镇中学　（1）文井镇中学。位于川河东畔老练村。1985 年 8 月始创，前身为“大柏树中学”。由镇中心小学附属初中班分离新建。下设清凉完小附中、者孟中学、老练完小附中、玉米山中学。1995 年，搬迁至文井农中（农中迁出）。1996 年，撤者孟中学。2004 年，撤清凉附中。1999 年，搬迁至老练附中（小学迁出另建）。2008 年，撤玉米山中学。学校占地 6.26 万平方米，新建学生宿舍 1200 平方米，学生食堂 1200 平方米，教学楼 700 平方米，教师公租房 1000 平方米，有学校综合楼 1400 平方米，厕所 160 平方米，250 米环形跑道运动场 1 个，基地 1.11 公顷；图书 1.6 万册及微机室、多媒体教室，生物、化学、物理实验室。固定资产 700 万元。常规教学班 13 个，学生 600 余人；教师 50 人，技工 1 人。（2）者后中学。1976 年 3 月，在者后区农科站大海田设农业中学。同年 9 月，改称者后公社中学。1979 年 9 月，迁校至者后村那兔山。2002 年，获“全省勤工俭学示范基地”称号。2009 年 9 月，撤文井镇中心学校者后分校，并文井镇中心学校，归其管辖。2012 年 9 月，重设文井镇者后分校。

花山乡中学　位于公鸡山麓、花山街旁。1969 年秋始建，前身为公社中心完小附设初中班。1972 年，附设初中班与小学在原址分设，开设公社中学。自 1978 年始，每年招生 2 个班。1984 年，改称花山区中学。1988 年，改称花山乡中学。1989 年，扩大招生。全校共有教学班 12 个，学生 613 人，教职工 25 人。学校占地 20530 平方米，建筑面积 10253 平方米；绿化 2563 平方米。固定资产总额 1290 万元。有计算机教室 1 个、电脑 60 台，多媒体教学设备 12 套，体育设施 1 套，运动场 1 个，篮球场 3 个，排球场 2 个，图书 3.3 万册。

大街乡中学　位于县城东部、哀牢山西麓。1984 年，开设大街区中学。1988 年，改称大街乡中学。2001 年 12 月，获“省二级一等初级中学”。2004 年 8 月，乡中学与景东三中合并，称大街乡中学；有“老乡中学”及“景东三中”两个校点。2007 年 9 月，“老乡中学”正式并入“景东三中”。学校占地 53348.23 平方米，建筑面积 12165 平方米，其中，学校教学用房 3736 平方米，教师宿舍（教师廉租房）1900 平方米，学生宿舍 4424 平方米，食堂 1670 平方米，厕所 349 平方米；绿化 33183 平方米。学校固定资产 1504 万元。有计算机教室 1 个、电脑 60 余台，新图书 0.8 万册，生物、地理、音乐、体育、美术全新器材各 1 套。2011 年，有初中教学班 14 个，学生 804 人，毕业 269 人；教职工 49 人。

太忠乡中学　位于哀牢山西麓、嘎埂河畔。1969 年秋始创，前身为三合完小附设初中班和大水井附设初中班。1973—1975 年，设大水井、三合、麦地 3 个附属初中班。自 1978 年始，缩减为大水井附设初中班、三合中学。1997 年 9 月，合并在大水井设太忠乡中学。2001 年，获“省二级二等初级中学”。学校占地 13274 平方米，建筑面积 9084 平方米：综合楼 2250 平方米，教师廉租房 1400 平方米，教学楼 1476 平方米；宿舍楼 2512 平方米，食堂 1030 平方米，厕所 331 平方米，浴室 85 平方米；绿化 2000 平方米。有图书室 1 个，理化生仪器室各 1 个，计算机教室 1 个，多媒体室 1 个，远程教育室 1 个，电子白板教室 9 个。固定资产 2536 万元。1987 年，教职工 25 人。2000 年，有学生 932 人，毕业 246 人；教职工 43 人。2011 年，有学生 685 人，毕业 169 人；教职工 43 人。

龙街乡中学　位于乡政府驻地小龙街东北 1 千米大荒地，前身为龙街公社农业中学。1972 年，更名为龙街公社中学，附设小学 1 个班。1978 年，更名为龙街公社中心学校，设两套领导班子，中小学分头管理。1989 年，有教学班 8 个，学生 403 人；教职工 18 人。2008 年 9 月，有教学班 16 个（包括小学部 4 个班），学生 760 人；教职工 56 人，其中技工 2 人。2008 年“11·2”洪灾后，学校被县政府列为“山体滑坡安全隐患点”。学校占地 12683 平方米，建筑面积 4254 平方米，其中，教学用房 1854 平方米，教师宿舍 1522 平方米，学生宿舍 532 平方米，厨房 180 平方米，厕所 108 平方米，其他 58 平方米；绿化 360 平方米。2011 年，有教学班 18 个（其中附设小学 3 个），学生 923 人（其中附设小学 55 人），毕业 293 人（其中附设小学 37 人）；教职工 57 人。

文龙乡中学　1969 年始创，前身为文龙“五七”中学，后改称文龙乡中学。学校占地 13340 平方米，建筑面积 4454 平方米，其中，教学楼、教师宿舍楼各 1 幢 1722 平方米，综合楼、学生宿舍楼各 1 幢 2200 平方米，食堂 1 幢 1000 平方米，篮球场 2 块。2011 年，有初中教学班 12 个，学生 624 人，毕业 168 人；教职员工 41 人。

安定乡中学　位于普洱市北大门安定乡鼠街。1970 年始创，前身为安定“五七”中学。1979 年 9 月，成立景东五中。1995 年 9 月，撤安定中学，并景东五中。2004 年 9 月，改设安定乡中学。学校占地 16720 平方米，建筑面积 6583 平方米；绿化 1000 平方米。固定资产总额 476 万元。1978 年（五七中学），有初中教学班 6 个，学生 273 人，毕业 98 人；教师 20 人，其中，专任 16 人，工勤 4 人。1990 年（五中），有初中教学班 6 个，学生 320 人，毕业 74 人；教师 25 人，其中，专任 18 人，工勤 7 人。2000 年（五中），有初中教学班 20 个，学生 876 人，毕业 163 人；教师 70 人，其中，专任 68 人，工勤 3 人。2011 年（乡中），有初中教学班 11 个，学生 525 人，毕业 178 人；教师 39 人，其中，专任 38 人，工勤 1 人。

漫湾镇中学　位于镇政府驻地岔山街。1969 年 9 月，开设安乐小学附设初中班。1970 年 9 月，开设保甸小学附设初中班。1975 年 9 月至 1977 年，开设漫湾小学附设初中班。1992 年 3 月，撤销保甸、安乐 2 所附设初中班，开设漫湾镇中学，迁校址于岔山岭岗。1969—1991 年，安乐、保甸小学附设初中共招收教学班 68 个，毕业 2684 人。2001 年，漫湾镇中学获“省二级一等初级中学”。学校占地 15541 平方米，建筑面积 5814 平方米，其中，教学用房 2240 平方米，教师宿舍 800 平方米，学生宿舍 800 平方米，厨房 570 平方米，厕所 80 平方米，行政办工用房 202 平方米；绿化 1200 平方米。有图书室 1 个、图书 1.7 万册，计算机教室 1 个、电脑 65 台、电子白板 9 台。1992 年，有初中教学班 6 个，学生 326 人，毕业 103 人；教师 24 人，其中，专任 19 人，工勤 5 人。2000 年，有初中教学班 17 个，学生 789 人，毕业 242 人；教师 55 人，其中，专任 46 人，工勤 9 人。2011 年，有初中教学班 12 个，学生 657 人，毕业 216 人；教师 46 人，其中，专任 45 人，工勤 1 人。

林街乡中学　位于乡政府驻地林街南 2.5 千米公路边。1969 年，林街中心校附设初中班，校址位于林街街边（后设乡卫生院）。1976 年，设林街公社中学。1984 年，改称林街区中学。1974 年，迁址大平掌（又名大松山）。1991 年，因隔河交通生活不便、饮水困难等原因搬迁。校园占地 10990 平方米，校舍依山而建，主要分布在三个台阶上，第一台阶为教学区，第二台阶为学生生活区，第三台阶为教师生活区，以宽 6 米台阶 120 级连接在一起，建筑面积 3736 平方米，包括教学楼、综合楼、学生餐厅、教师周转宿舍、学生宿舍各 1 幢；绿化 980 平方米。固定资产 532 万元。2004 年，有初中教学班 3 个，学生 134 人，毕业 52 人。教职工 17 人（专任）。2011 年，有初中教学班 4 个，学生 165 人，毕业 52 人；教职工 17 人，其中工勤 1 人。

景福乡中学　前身为大岔路中学和双桥中学。大岔路中学位于勐片村大岔路，距古里街 18 千米。

1969 年筹建，占地 19980 平方米，校舍建筑面积 1021 平方米，1970 年秋正式招生。至 1976 年秋，学校发展至 3 个年级 6 个教学班，学生 300 余人，教职工 19 人。双桥中学选址棠梨箐村，距古里村 8 千米。1979 年筹建，占地 6066 平方米，校舍建筑面积 829 平方米。1982 年春季落成，秋季正式招生。1988 年发展至 4 个教学班，学生 196 人，教职工 12 人。1989 年，经乡人民代表大会决议，选址大岭岗新建乡中学，距古里街 3 千米，1990 年落成，两所中学师生迁入新址。学校占地 6600 平方米，建筑面积 1800 平方米，其中砖混结构三层楼房 8 幢。至 2002 年，有教学班 7 个，学生 301 人，教职工 24 人。

曼等乡中学　位于乡政府驻地大行山。1969 年 9 月始建。校园占地面积 10905 平方米，建筑面积 4490 平方米，教学楼 1 幢 1150 平方米，餐厅 1 幢 533 平方米，厕所 85 平方米，廉租房 1 幢 20 套 1000 平方米，周转宿舍 1 幢 10 套 350 平方米，学生宿舍楼 1372 平方米；绿化 990 平方米。有广播室 1 个，图书室、阅览室各 1 个，图书 1.2 万册。固定资产总值 500 多万元。1978 年，有初中教学班 6 个，学生 278 人，毕业 94 人；教师 10 人（专任）。1990 年，有初中教学班 6 个，学生 308 人，毕业 121 人；教师 19 人（专任）。2000 年，有初中教学班 9 个，学生 434 人，毕业 143 人；教师 24 人（专任）。2011 年，教师 29 人（专任）。

东镇中学　（1）大朝山东镇中学。位于镇政府驻地大驮街东南 800 米。前身是永秀农业中学，1959 年始建，1973 年改全日制永秀公社初级中学。学校占地 23423 平方米，建筑面积 9223 平方米，绿化面积 2800 平方米，茶叶经济林园 30015 平方米。固定资产 830.78 万元。有教学用计算机 5 台，图书 1.84 万册，单人套课桌椅 603 套，单人床 480 张，Ⅱ类理化试验器材 1 套，多媒体 2 台，电子白版 12 台。1973 年，有学生 271 人，教职工 15 人，其中专任 14 人。1998 年，有学生 420 人，教职工 27 人，其中专任 21 人。2012 年，有学生 603 人，教职工 34 人，其中专任 33 人。（2）文玉中学。位于文玉街东南 1 千米山包上。1969 年，文玉完小招收附设初中班。1988 年，3 个初中班 160 人从文玉完小分离出来，开设文玉乡中学。1994 年，改称大朝山东镇中学。1995 年 8 月，迁址文玉老粮店。2005 年 12 月，改设大朝山东镇文玉中学。学校占地 7254 平方米，建筑面积 4454 平方米，其中，教学用房 1625 平方米，教师宿舍 1200 平方米，学生宿舍 1419 平方米，食堂 155 平方米，厕所 55 平方米；绿化 380 平方米。固定资产总额 500 万元。

1978—2011 景东县普通中学发展情况一览表

表 18-1-2　　单位：个、人

年度	校数			班数			学生数			毕业生数		
	合计	完中	初中	合计	高中	初中	合计	高中	初中	合计	高中	初中
1978	19	5	14	271	25	246	11822	1272	10550	3197	565	2632
1979	19	5	14	227	23	204	9621	1229	8392	4404	595	3809
1980	17	5	12	204	20	184	8713	1031	7682	3777	550	3227
1981	17	5	12	167	17	150	7390	868	6522	2941	355	2586
1982	20	4	16	141	17	124	6286	796	5490	1574	361	1213
1983	20	4	16	139	18	121	6043	662	5381	2539	281	2258
1984	21	4	17	146	19	127	6967	947	6020	2289	312	1977
1985	22	4	18	163	22	141	7853	1067	6786	1998	190	1808
1986	21	3	18	203	21	182	8005	1031	6974	2098	277	1821
1987	21	5	16	209	23	186	9347	1111	8236	2416	252	2164

续表 18-1-2

年度	校数			班数			学生数			毕业生数		
	合计	完中	初中	合计	高中	初中	合计	高中	初中	合计	高中	初中
1988	21	5	16	220	24	196	10262	1242	9020	2200	313	1887
1989	25	4	21	226	24	202	10485	1208	9277	2493	377	2116
1990	25	4	21	228	27	201	10917	1392	9525	2768	386	2382
1991	23	4	19	238	29	209	12379	1488	10891	2714	378	2336
1992	23	4	19	243	32	211	10937	1519	9418	3515	549	2966
1993	23	4	19	291	29	262	13363	1414	11949	3294	514	2780
1994	23	4	19	276	30	246	12961	1396	11565	2845	454	2391
1995	23	4	19	290	28	262	12852	1357	11495	2793	443	2350
1996	22	4	18	268	29	239	11414	1295	10119	3118	402	2716
1197	22	4	18	273	27	246	12445	1224	11221	3092	431	2661
1998	22	3	18	300	26	274	13744	1141	12603	3349	411	2938
1999	22	4	18	314	26	288	17367	1306	16061	4159	337	3822
2000	22	4	18	358	27	331	19390	1457	17933	4468	379	4089
2001	22	4	18	372	30	342	20195	1628	18567	5206	409	4797
2002	21	3	18	365	34	331	19783	1975	17808	6632	495	6137
2003	21	3	18	348	37	311	18314	1950	16364	6944	663	6281
2004	21	3	18	314	38	276	16793	2205	14588	6027	575	5452
2005	20	3	17	277	40	237	14477	2420	12057	6785	638	6147
2006	20	3	17	250	45	205	13179	2727	10452	5521	606	4915
2007	20	3	17	256	47	209	12921	2520	10401	4595	759	3836
2008	20	3	17	266	46	220	13885	2706	11179	3953	845	3108
2009	21	4	17	278	45	233	14482	2616	11866	4095	816	3279
2010	19	4	15	282	45	237	15209	2384	12825	4241	738	3503
2011	19	4	15	293	47	246	15688	2432	13256	4563	601	3962

1978—2011 年景东县中考高考学生录取情况一览表

表 18-1-3　　单位：人

年度	高中录取			初中录取		
	本科	专科	中专	中专	普高	职高
1978	—	12	150	—	677	—
1979	—	27	84	115	584	—
1980	—	32	72	125	461	—
1981	—	52	133	43	385	—
1982	—	53	107	29	389	—
1983	—	74	115	34	347	40
1984	—	43	109	29	405	50
1985	—	59	71	30	332	48

续表 18-1-3

年度	高中录取			初中录取		
	本科	专科	中专	中专	普高	职高
1986	—	82	80	46	340	30
1987	—	90	54	117	403	—
1988	—	63	52	144	411	—
1989	—	122	77	118	383	—
1990	—	85	47	137	618	—
1991	—	73	116	98	514	—
1992	—	69	70	168	494	142
1993	—	80	67	173	442	—
1994	—	117	121	172	502	—
1995	—	78	66	175	452	—
1996	—	121	94	174	412	—
1997	—	150	106	244	425	—
1998	—	118	99	323	462	—
1999	102	163	72	—	588	—
2000	145	114	26	—	550	—
2001	151	111	12	351	627	—
2002	137	110	18	—	754	—
2003	117	146	4	268	704	—
2004	320	121	6	81	874	—
2005	346	199	17	112	984	—
2006	344	158	—	89	1009	—
2007	317	294	—	57	921	—
2008	155	150	—	297	918	—
2009	429	461	—	367	898	829
2010	384	456	—	436	809	936
2011	464	437	—	412	911	740

三、特殊教育

坐落于县城北郊锦屏镇景范村，在儿童院基础上开设，为市内首家县级特殊教育学校。工程于2010年奠基开工，2013年4月建盖完工。学校占地0.9公顷，有教学楼、学生宿舍、食堂等建筑4270平方米，绿化1200平方米。专任教师15人；总投资516万元。主要招收视力、听力、智力三类残疾儿童和少年。首批招听障班、培智班31人。

特殊教育学校一角（罗海垠　摄于2013年8月）

第四节　职业教育

一、师范教育

县教师进修学校是1所集师资培训，中小学、幼儿教师教育与科研职能于一体的师范类成人中专学校。1979年3月，经县委县政府研究决定，并报请地区教育局批准，设立教师进修学校。因未选定校址，向县小借教室3个做学员宿舍和教室，抽选教师2人、工勤人员1人开展工作。当年3月，招收公办教师48人开办第一期短训班。之后，每年招收学员1个班，主要开展小学教材教法培训。随即，选址县城西北郊县小左上面玉屏山半坡，建盖砖木结构教师宿舍1幢，土砖木结构学员宿舍1幢，教室仍向县小借用。1983年至1984年1月，县委县政府先后拨款16万元建盖教学大楼1幢。1984年3月，学员正式进入新教室上课。学校相继又增建砖混结构教师宿舍1幢和砖木结构厨房1幢，增添体育、实验设备。1989年，学校占地4666.4平方米，建筑面积1815.59平方米；有较完备的物理化学实验设备和文体设备，图书室藏书3145册；固定资产总值21万元。1994年8月，由于教师培训量增加，校舍不能满足培训需要，加之学校地势偏陡，土地可使用面积有限，不能扩展建设，迁校址于县城南郊锦屏山麓翠屏新村131号（与县职中毗邻），原校舍归并县小；迁校后，校园面积8000平方米，建筑面积2491.45平方米。1995年，学校获首批“云南省二级教师进修学校”认定。1998年，有普通教室4个、多媒体微格教室3个、实验室1个、图书阅览室1个、音乐室和美术室各1个；图书4105册，各种实验、电教、艺体等教辅设备较齐全，能开展多种形式教学服务。学校总资产达150万元。2008年，学校获“云南省示范性教师进修学校”认定。30余年间，先后长短期培训学员5.3万余人次。

二、职业技术教育

农业中学　1980年后，农村中等教育结构改革不断深化。按照中央及其教育行政部门一系列重要指示精神，云南省大幅度压缩小学附设初中班，控制普通高中，发展农村职业技术教育。全县中等教育结构单一，比例失调状况有所改变，但发展很不平衡。1983年初，省教育厅发文强调办好农业职业中学重要性和必要性，责成每县务必办1所农业中学，并和财政部门商定对新办学校给予资金补助。同年9月6日，县政府批准教育局在文井公社文井街后筹建农业中学（简称县农中）。1989年，农业中学占地1.73公顷，有砖木结构建筑1500平方米，教职工13人。1993年7月，县农中停办。校址校舍及部分师资归并大柏树中学（镇中），部分师资迁往新建职业技术学校。10年间，先后培养职高、中专毕业生400多人。

职业技术学校　1992年，在锦屏山北麓创办景东职业技术学校，由昆虫资源研究所景东实验站划出试验地1.5公顷作学校用地；9月，首届招生。之后，又征用县食品公司种猪养殖场土地3.13公顷作为实习基地、再次收回实验站试验地1.4公顷作为运动场地。1994年，有在校学生256人，教职工30人。先后开设“家庭综合经营”“畜牧兽医”“经济作物栽培”等专业。

职业高级中学　1994年，职业技术学校改称职业高级中学。由政府配套及各界捐资建成职技教学大楼1幢，其中景东籍台胞陶镕等人捐资40万元。1997年12月，通过省教委“合格职高”验收。2006年，通过“省级重点中等职业学校”验收。2010年，通过“国家级重点中等职业学校”验收。2011年，校园占地11公顷，建筑面积1.82万平方米。全校教职工102人，其中，专任96人，职工5人，管理1人；研究生2人，本科84人；高职32人，中职31人，初职33人。常设畜牧兽医、现代农艺技术、旅游服务、电子电器应用与维修、汽车运用与维修、计算机应用等专业8个，各专业设备齐全，建成生猪存栏500余头、鸡存栏6000余只的综合养殖场1个，校外大型汽车修理厂1个，校内汽修实训操作室1个，占地1.3万余平方米农艺实训基地2个及电子电工、焊工、餐饮、烹调等实训实验室。同时，利用“民办职业培训信息”优势，开展计算机操作、动物疫病防治、果树嫁接、摩托车修理、钢筋工、混凝土工、饲养工、维修电工、餐厅服务、客房服务等覆盖全县各乡镇专业短期培训工作。各专业先后为社会输送高素质技能型人才3万多人，向高一级院校输送本专科生1300多人，对口升学人数及升学率稳居全省同类学校前列，在社会上享有良好声誉。

教师进修学校一角

（县教师进修学校　提供）

景东职中实训综合楼

（罗海垠　摄于2012年12月）

其他职业技术教育　1984年9月，根据上级要求，在景东三中附办林业和茶果职高班。其中，林业职高班1班50多人，茶果职高班1班30多人；翌年，增办林业职高班1班48人。但在办学过程中，存在师资及毕业生出路等未落实情况，学生流动，招生困难。1988年后，景东三中附办职业高中改招为普通高中班。除农职业高中外，还在者后、大街等区中学开办初中程度农业班或畜牧班，但1~2班后未能坚持。

至1998年，全县共设乡镇成人文化技术学校15所，其中，示范校点1所（花山乡），村（办）166所；培训各种实用技术3.61万人次。

第五节　成人教育

一、职工教育

1981年2月，中共中央、国务院发布《关于加强职工教育的决定》，明确指出职工教育是开发智力、培养人才的重要途径。1983年1月，职工教育管理委员会及办公室（县总工会下设股室）成立，负责全县职工技能（包括岗位、技术业务）和文化培训。1987年，升格为县政府正科职能部门。1983—1987年，通过组织培训和考试，全县成人大中专生毕业493人，其中，大专222人，毕业109人、结业113人；中专271人，毕业140人、结业131人。另外，按省教育厅通知，县教育局业余教育办公室还担负全县在职职工初中文化补课合格考试，每年2~3次。1982年8月至1984年11月，共组织考试6次，参考最多年为509人。自1985年始，该项工作改由县职教办负责；同年，应补文化课1172人，补课合格838人，占补课人数的71.5%；应补技术课987人，补课合格560人，占补课人数的56.7%。1989年10月，因职工教育培训量减少，县政府精简机构，体制变更，县职工教育办公室撤销，职工教育职责对口归属组织、人事、劳动、教育等部门。

二、自学考试

1983 年，开设自学考试。自学考试属个人自学、社会助学、国家考试新型教育形式，最初由教育局业余教育办公室管理。自 1983 年 11 月始，按省教育厅通知，组织高等教育自学考试。当年，开考中文、英语、法律、哲学 4 个专业、3 门课程，参考 22 人；之后，每年举行考试 2 次。1985 年 9 月，教育局调教师吴继红专门经办。1989 年 9 月后，归属招考办，对外称自学考试办公室。1989 年，举行第 13 次考试，高、中等开考课程 61 门，参考 317 人。其中，中文、英语、哲学、法律、商经、党政、金融、统计、会计、价格、财税等专业 18 个、课程 57 门，参考 255 人；公安中专专业 1 个、课程 4 门，参考 62 人。1989 年度，获单科合格证 1423 科，专科毕业 32 人，中专毕业 27 人。1983—1998 年，先后举办 32 次考试，开考层次发展到本科、专科、中专 3 个学历层次，专业 30 个、科目 120 个，参考 599 人。15 年内，通过自学考试共毕业本科生 4 人（其中 2 人获学士学位）、专科生 136 人、中专生 51 人，共获单科合格证 5164 科。通过自学考试，大批合格人才走上不同工作岗位。1998 年后，自学考试每年组织 1 月、4 月、10 月 3 次。2002 年 4 月，报名人数 1408 人。自 2011 年始，景东不再设考场，只组织报名，发放考试通知单、准考证，统一到市上考试，为考完规定科目且合格者办理毕业证相关手续。

三、函授教育

中共十一届三中全会后，景东成人教育在整顿和恢复基础上改革与发展，不断开创新局面。1976 年 10 月至 1978 年，“文化大革命”期间被迫停办的职工、农民和干部学校相继复校，转业或下放劳动教师、办学干部逐步归队，各级管理机构逐步恢复。为了适应新时期教育教学工作，提高在职教师学历层次、教育教学水平和个人文化素养，很多在职教师利用业余时间，以自学函授教材为主，由学校给予辅导与考核，参加短期集中学习和就地委托辅导。高等学校举办的函授教育，参照全日制高等学校相应专业教学计划和教学大纲教学，并参加严格考试。据不完全统计，1978—2011 年，通过函授教育获得大学本科和专科学历 2 万人。

第六节　少数民族教育

景东县历来重视民族教育工作，自治县成立后，继续采取特殊政策，制订各种有效措施发展民族教育，提高民族素质。一度降分录取初高中少数民族学生，实施高寒山区民办代课教师优先转为公办教师政策，选送少数民族教师到师范院校深造。在扶贫中，“扶贫先扶教”，优先改善民族贫困山区办学条件。自 1984 年始，在全县 15 个乡镇 25 个学校（点）开设半寄宿制民族高小班，每个校点招生 50 人，年招民族高小 25 个班 1250 人，经费由省教育厅、财政厅在“支援不发达地区发展资金中”划拨，用于改善校舍条件，并向每位学生每月发放生活补助费 7 元；按上级要求，县教育部门每年组织评估检查 1 次。2006 年末，全县半寄宿制校点增至 39 个，学生增至 3900 人，生活补助增至每生 12 元/月。自 2007 年始，实施贫困家庭寄宿学生生活费补助政策。1984—2006 年，全县各乡镇半寄宿制校点培养少数民族高小生 2.3 万余人，占总人口的 34%。21 世纪后，按照“国家安全、边疆稳定、民族团结”宗旨，加强半寄宿制校点管理，修缮校舍、添置教学仪器、图书、电教设备，开办学生伙食团，方便学生生活，创建安全、舒适、洁静的学习生活环境，而且，办学效益高、学校房屋新、绿化美化好已成为半寄宿制学校一个重要特色。

1995 年 9 月，民族中学开设，填补景东县民族初中教育空白。2011 年，民族中学共有教学班 22

个，教职工 90 人，在校学生 1171 人。

2002 年，争取邵逸夫项目资金 100 万元，在县城新区开设民族小学。2011 年，民族小学共有教学班 20 个，教职工 55 人，在校学生 1127 人。

2011 年，全县共有在校中小学生（含幼儿园、学前班）45168 人，其中少数民族 23578 人，占学生数的 52.2%，义务教育阶段少数民族学生完学率 98%。

第七节　教　师

一、教师队伍

1978 年后，景东县不断深化教育改革，完善竞争机制，加强教师队伍建设。1989 年，在大街乡试行“三制改革”（校长负责制、经费包干制、教师聘任制），获得成功后在全县推行。2001 年，在者后乡开展学校领导竞选任职、教师竞聘上岗改革试点，继“三制改革”后作大胆尝试。2003 年，一次性辞退代课教师，解决历史遗留问题，新进教师实行公开招考制度；调入城区学校的教师须公开考试，择优选调。按照“振兴民族的希望在教育、振兴教育的希望在教师”指导思想，完善师德师风建设制度。坚持干部、教师、后勤人员三支队伍一起抓，依法治教，通过招聘、引进等方式，择优录用新教师，抓好中小学教师培训，提升学校教学和管理水平。2011 年，全县共有教职工 3188 人，其中公办 3141 人。

1978—2011 年景东县教职工情况表

表 18-1-4　　　　单位：人

年度	普通中学					农职中学		教师进修学校		小学			幼儿园	
	合计	公办	工勤	合同代课	民办	专任	工勤	专任	工勤	合计	公办	民办代课	专任	工勤
1978	698	536	—	75	87	—	—	—	—	2266	1428	838	—	—
1979	622	541	—	43	38	—	—	2	1	2206	1450	756	—	—
1980	601	555	—	26	20	—	—	—	—	2116	1443	673	—	—
1981	566	542	—	20	4	—	—	—	—	2214	1569	645	—	—
1982	509	489	—	17	3	—	—	—	—	1886	1483	403	—	—
1983	540	469	51	18	2	—	—	—	—	1858	1448	410	—	—
1984	572	469	65	37	1	—	—	—	—	1646	1323	323	—	—
1985	623	530	45	45	3	—	—	—	—	1560	1255	305	—	—
1986	513	389	65	59	—	—	—	—	—	1466	1188	278	—	—
1987	584	452	77	51	4	—	—	—	—	1639	1331	308	—	—
1988	692	545	71	76	—	—	—	—	—	1641	1333	308	—	—
1989	741	592	76	73	—	13	—	10	—	1658	1355	303	—	—
1990	715	566	85	64	—	—	—	—	—	1682	1379	303	—	—
1991	716	578	85	53	—	—	—	—	—	1727	1424	303	—	—
1992	710	556	104	50	—	—	—	—	—	1711	1411	300	—	—
1993	760	610	98	52	—	—	—	—	—	1756	1463	293	—	—
1994	776	639	78	59	—	—	—	12	5	1760	1467	293	—	—

续表 18-1-4

年度	普通中学					农职中学		教师进修学校		小学			幼儿园	
	合计	公办	工勤	合同代课	民办	专任	工勤	专任	工勤	合计	公办	民办代课	专任	工勤
1995	806	672	77	57	—	—	—	—	—	1816	1531	285	—	—
1996	839	717	77	45	—	—	—	—	—	1785	1575	210	—	—
1997	901	734	94	73	—	—	—	—	—	1813	1637	176	—	—
1998	961	810	94	57	—	—	—	12	—	1821	1685	136	—	—
1999	1166	974	97	95	—	38	25	—	—	2244	1791	453	—	—
2000	1227	1030	92	105	—	42	22	—	—	2238	1963	275	82	—
2001	1153	1018	86	49	—	34	29	—	—	2255	1959	296	42	18
2002	1189	1062	83	44	—	41	29	10	4	2287	2045	242	43	21
2003	1133	1061	72	—	—	47	24	10	4	2002	1979	23	65	15
2004	1069	1000	69	—	—	51	23	10	4	1830	1830	—	101	16
2005	1035	968	67	—	—	49	25	10	4	1848	1843	5	101	30
2006	977	921	56	—	—	59	16	12	9	1804	1801	3	120	46
2007	976	918	57	1	—	62	18	11	9	1857	1857	—	128	46
2008	992	933	59	—	—	70	11	11	9	1821	1821	—	139	52
2009	1019	955	63	1	—	76	14	12	9	1794	1792	2	138	56
2010	1044	982	62	—	—	81	6	13	9	1785	1785	—	150	61
2011	1081	1014	67	—	—	91	12	15	—	1738	1691	47	167	84

二、教师素质

自 1978 年始，景东县以建立一支师德高尚、业务精良、充满生机活力教师队伍为目标，以《中小学教师职业道德规范》为准则，规范教师从教行为，不断提高师德水平。2011 年 4 月，教育局下发《“教育在我心中”主题实践活动指导意见》，增强教职员工爱岗敬业、教书育人，严谨笃学、淡泊名利、关爱学生、为人师表责任感和使命感。贯彻执行《公民道德实施纲要》和《禁令》，狠刹“六风”(官僚文牍风、吃拿卡要风、懒散推诿风、走读漂浮风、设宴敛财风、吃喝玩乐风)，树立教师、教育良好形象；以“树新风、强作风、兴思茅”活动和政风行风民主评议工作为契机，加强教师队伍思想和作风建设。完善教研和师训网络，以县教师进修学校为教师培训重要基地，采取“走出去、请进来”等方式进行师资培训，鼓励教师参加提高学历层次培训，教师学历层次和思想业务素质不断提高。2011 年，全县高中专任教师学历合格率由 1985 年的 44.2%提高到 100%，初中专任教师学历合格率由 1985 年的 16%提高到 98.2%，小学专任教师学历合格率由 1985 年的 46.4%提高到 98.9%，幼儿专任教师学历合格率 99.4%。

2006—2011 年景东县中小学教师继续教育培训情况统计表

表 18-1-5　　单位：人次

序号	培训项目	2006	2007	2008	2009	2010	2011	合计
1	履职晋级	1515	1232	1039	1741	1862	1633	9022
2	省级骨干教师	—	—	16	13	12	14	55

续表 18-1-5

序号	培训项目	2006	2007	2008	2009	2010	2011	合计
3	市县级骨干教师	14	36	54	143	145	20	412
4	省级教师	42	87	10	103	102	96	440
5	英特尔未来教育	200	200	250	651	100	70	1471
6	英助会参与式教师	10	—	120	112	127	97	466
7	赴上海中小学教师	34	25	14	27	1	40	141
8	赴上海中小学校长	24	32	10	18	12	20	116
9	西部、省外校长	1	2	1	3	7	1	15
10	省级校长	7	6	2	3	4	3	25
11	市级校长	16	14	39	8	16	14	107
12	县级校长	22	25	275	64	32	30	448
13	远程项目教师	—	—	162	246	684	768	1860
14	校本教师	159	287	456	1160	1273	1314	4649
15	班主任	87	124	126	121	236	272	966
16	远程班主任	—	—	187	146	257	312	902
17	各级培训者	6	8	10	16	34	41	115
18	其他项目	158	329	247	241	378	365	1718
19	教育技术能力	—	—	—	—	300	30	300
合计	—	2295	2407	3018	4816	5582	5140	23228

景东县 1997—2011 年专任教师学历合格率情况统计表

表 18-1-6　　单位：人,%

年度	高中教师			初中教师			小学教师			幼儿园教师		
	专任教师人数	合格教师人数	合格率	专任教师人数	合格教师人数	合格率	专任教师人数	合格教师人数	合格率	专任教师人数	合格教师人数	合格率
1997	82	46	56.1	581	375	64.5	1459	1299	89.0	24	22	91.7
1998	81	48	59.3	604	455	75.3	1506	1403	93.2	27	24	88.9
1999	86	57	66.3	678	547	80.7	1569	1475	94.0	76	70	92.1
2000	85	42	49.4	923	846	91.7	1697	1642	96.8	78	72	92.3
2001	86	46	53.5	894	817	91.4	1854	1818	98.1	82	82	100.0
2002	87	49	56.3	886	802	90.5	1842	1770	96.1	81	72	88.9
2003	108	80	74.1	908	834	91.9	1931	1872	96.9	43	43	100.0
2004	123	101	82.1	900	826	91.8	1892	1852	97.9	71	68	95.8
2005	136	116	85.3	833	775	93.0	1751	1727	98.6	101	99	98.0
2006	137	124	90.5	802	753	93.9	1767	1747	98.9	111	108	97.3
2007	152	142	93.4	740	710	95.9	1730	1716	99.2	120	118	98.3
2008	162	156	96.3	731	718	98.2	1788	1773	99.2	128	128	100.0
2009	171	166	97.1	738	719	97.4	1754	1733	98.8	157	148	94.3
2010	172	168	97.7	760	744	97.9	1729	1717	99.3	159	156	98.1
2011	177	177	100.0	789	775	98.2	1726	1707	98.9	172	171	99.4

第八节　教学与研究

一、教学

改革开放后，景东县结合实际，把普及义务教育作为教育工作重点。1999 年，全县实现“两基”，普及义务教育取得阶段性成果。自 2007—2008 学年始，落实中央“两免一补”政策，免除义务教育阶段学生学杂费，对贫困家庭学生给予寄宿生活补助。2007 年，通过省市政府教育督导和“两基”复查评估。人均受教育年限 8.5 年。截至 2011 年 10 月，全县共有各级各类学校 187 所，其中，完全中学 4 所，职业高级中学 1 所，教师进修学校 1 所，初级中学 15 所，小学 145 所，幼儿园 21 所（含民办幼儿园 19 所）。在校（园）学生（幼儿）48788 人，其中，普通高中 2432 人，职业高中 2203 人，初中生 13256 人，小学生 27018 人，在园幼儿 3879 人；学前幼儿入园（班）率 31.8%，小学入学率 99.1%、辍学率 0.53%，初中阶段毛入学率 97.02%、辍学率 1.58%，残疾儿童、少年入学率 95.6%，高中阶段入学率 58.7%，青壮年文盲率 0.32%，义务教育人口覆盖率 100%。各级各类学校占地 163.46 万平方米，校舍 35.4 万平方米（不含幼儿园），固定资产总价值 1.62 亿元。

2001 年新课改后，全面使用新课改后新教材。

小学阶段　以综合课程为主。小学低年级开设品德与生活、语文、数学、体育、艺术（或音乐、美术）等课程，小学中高年级开设品德与社会、语文、数学、科学、外语、综合实践活动、体育、艺术（或音乐、美术）等课程。

初中阶段　放置分科与综合相结合课程，主要包括思想品德、语文、数学、外语、科学（或物理、化学、生物）、历史与社会（或历史、地理）、体育与健康、艺术（或音乐、美术）以及综合实践活动。倡导各地选择综合课程，创造条件开设选修课程。义务教育阶段语文、艺术、美术课中，加强写字教学。

高中阶段　以分科课程为主。主要开设语文、外语、数学、思想政治、历史、地理、物理、化学、生物、技术（含信息技术和通用技术）、艺术（或音乐）、美术、体育与健康、研究性学习活动、社区服务、社会实践等科目。高中考试模块分设文史类、理工类、艺术类（文、理）、体育类（文、理）四类。

二、教研

教研工作由教育局教研室具体负责。主要内容：（1）完善师训和教研工作机制。以教师进修学校为培训基地，采取“请进来，送出去”“送教下乡”等方式，开展各类师资培训，提高教师学历，推进学科带头人和骨干教师建设。（2）推进教育教学改革与发展步伐。聘请各级学校兼职教研员，形成县乡校三级教研网络。结合实际和校本教研，以教研促课改，以教学促管理，加强教学质量监测和过程管理，提升教育教学质量，推动校本教研基地建设和校本教材研发工作；开展教师优质课与课件制作评比、优秀教育教学成果展演及教师优秀论文评选、骨干教师示范课等活动。（3）加强中小学片区中心教研组教育教学研究工作。每学期组织一次教育教学研究活动，研究课改教材教法、班主任和毕业班复习备考工作等，为教师搭建教育教学研究平台，促进校际、教师间交流，推进新课程顺利实施；实行局班子成员挂钩联系各学校抓教育教学质量工作机制，加强考前心理辅导，组织毕业班师生分析备考中存在问题，探讨对策，推进课程改革。2007—2011 年，全县先后补充新教师 205 人（含特岗教师），开展各级各类课程培训 480 人次、教师履职晋级培训 2060 人次，省市县三级骨干教师培训 134 人；认定县级骨干教师 70 人、学科带头人 17 人。先后申报市级研究课题 11 项，审批县级研究课题

113项；争取上海对口支教3个学科5人，选派中青年骨干教师到上海市普陀区对口培训20人。

第九节　教育信息化建设

一、电化教育

1986年9月，教育局下设电教育室管理卫星电视教育和学校电化教育，收录教学节目，利用卫星电视教材培训师资。1992年1月，设立教育电视收转台，履行电教室和教育电视收转职能。1994年2月，省教委批准设景东教育电视台，除管理指导学校电化教育外，继续办好教育电视台。1998年，电教室拥有设备价值30余万元，以及近3000个附教学、文艺音像节目；工作人员5人。

二、远程教育项目

2006年末（远程教育项目未实施前），全县中小学共有计算机282台，计算机教室5间，投影教室5间，书写投影仪71台，彩电145台，各类远程教育网点42个，DVD影碟机134台，中小学生人机比150∶1，仅一中、四中、五中、县小4所学校开设信息技术教育课。有专兼职计算机教师8人，可接受信息技术教育中小学生2600人，占中小学生总数的6.11%，全县中小学校信息技术教育课开设率2.2%。2007年，远程教育项目开始实施。全县共配备计算机846台、投影机21台、彩电378台、DVD机204台。所有初级中学开设信息技术教育课，所有农村小学配置卫星教学收视设施，农村小学教学点配置教学光盘播放设施。享受信息技术教育的学生增至14066人，占中小学生总数的33%。截至2010年12月，全县中小学共有计算机1329台（不含一中），其中，小学451台，中学878台；投影机43台，其中，小学9台，中学34台。2011年3月，全县中小学校全部接入电信光缆；4月，远程教育双向互动平台建成使用，初步搭建现代远程教学“三网合一”（天网、地网、人网）信息化发展构架。(1）教学远程示范与观摩评估。通过综合视讯平台，实现县乡两级教学公开示范课实时、同步双向传输。既能节省大量人力物力财力，又能更方便地探讨和交流，大大节约组织时间和成本，提高沟通与学习效率。(2）远程互动教学。通过互动平台，让县内外优秀教师为学校提供实时教学共享，参加远程教学学生在本校教室就可以与身在县城的老师互动交流，改变网上教室只提供单向接收的弊端。(3）教师远程培训。利用综合视讯平台，可以大面积地培训教师。(4）建立教育教学资源库。在远程教育资源基础上，加以本地资源（教师实况课、专题讲座录像等），拓展教育教学资源供全县各级各类学校调用。

多媒体教育授课（罗汀　摄）

远程教育工程（罗汀　摄）

三、教师信息化建设

2007—2011 年，省市县三级举办“农村中小学现代远程教育工程”培训，经考试合格取得省级上岗证书技术支撑骨干教师 205 人；根据《景东县 2006 年度农村中小学现代远程教育工程人员培训方案》，建立健全县乡校三级人才队伍和培训网络，分级管理、分级承担相应培训工作，依托骨干教师开展教师全员信息技术技能培训，建立项目学校校本培训制度和培训模式，远程教育培训延伸到乡镇和学校，提高广大教师应用能力和信息技术素质。全县利用远程教育平台，实施高中新课改高一科任教师、中小学继续教育、中小学班主任、云南省中小学骨干教师、云南省中小学校长、现代教育技术、云南省教育技术能力、英特尔未来教育等国家、省级项目培训 2871 人次。

四、教育教学变化

远程教育平台建成后，景东教育教学实现“一个提供”“三个转变”“三个增多”和“三个提高”（“一个提供”，即为全面提高教育教学质量提供硬件条件和资源；“三个转变”，即教师教学理念转变，教师教学方法转变，学生学习习惯转变；“三个增多”，即主动收集教学信息老师增多，自觉研究教学老师增多，自主学习学生增多；“三个提高”，即课堂教学效率提高，学生学习兴趣提高，教学研究水平提高）。通过改变教学方式、大量运用优质资源，部分学校教育教学质量明显提高，如东镇、漫湾、锦屏等乡（镇）初级中学教育教学质量连年稳中有升。另外，各学校积极利用远程教育平台，组织师生参加省市电脑作品竞赛，获得好成绩，如县小学生罗丹《溪水》、罗爽《浅蓝色的童年》分别获得省教育厅“2009 年中小学电脑制作评审活动”小学组电子报刊一、二等奖；民小学生杨雅棋《新农村》、周筠皓《我的飞天梦》获得小学组电脑绘画二等奖，境内中小学学生在电脑知识、动手创新竞赛方面，首次获得省级奖励。远程教育平台，使边远与发达地区孩子能够共享优质教育资源，农村教师用上现代教学媒体，师生视野得到拓展，知识得到更新，信息化素质得到提高。

第十节　教育机构

暗 1972 年 9 月，景东重设文教科。设正副科长各 1 人，下设人事秘书、会计等，各公社文教助理协助文教科管理各公社教育事务。

1982 年 2 月，撤销文教科，教育文化分设，教育局成立。教育局设局长 1 人、副局长 2 人及人事秘书、会计等职员，有教学研究室、业余教育办、招生办等直属事业机构。1989 年，内设 11 个股室，干部职工 30 人。1996 年 9 月 10 日，机构改革，改称教育委员会，设主任 1 人、副主任 3 人。1998 年 5 月，内设办公室、计划财务统计股、基础教育股、成教职教股、督导办、校建办、勤工俭学办、招生考试办、教学研究室、电化教育办，工作人员 40 人。2002 年 4 月，机构改革，恢复教育局，为县政府工作部门，正科级。行政机构设行政办、教育督导室、计财股、招生考试办、基础教育股、职成教股、校建办、勤工俭学办，事业机构设教研室、电教室、青少年校外活动中心。党群机构设先后教育党支、党委，下属局机关支部、老干支部及 10 所县属学校党支部、教育工会；2011 年，全局干部职工 66 人，在编在岗 42 人，借调 24 人。县属学校（10 所）、乡镇中心学校（14 所）由教育局直接管理，乡镇中学、完小及村级小学由乡镇中心学校直接管理，乡镇中心学校党支部由当地党委直接管理。历任局长（主任）：李荣昌、魏鹏华（副局长主持）、部云涛、魏鹏华（副局长主持）、张善强、魏鹏华、李品荣（副局长主持）、郭崇伟、李品荣（书记主持）、陈登方、杨勇、杨海。

第二章　科学技术

第一节　科技应用和推广

一、农业

（一）良种引进与推广

水稻　（1）引进。20世纪70年代末，引进矮秆早熟水稻品种。1978年，引进籼型杂交水稻南优2号150千克，在农科所、文井公社等地试种，但未大面积推广。1979年，引进水稻品种725。1984—1999年，先后引进威优6号、威优64号、D优1号、D优2号、汕优2号、汕优3号、汕优桂32号、D优63号、D优10号、D优725号、汕优63号、汕优64号、云光14号等杂交品种，其中以汕优63号、D优63号、D优10号为主，单产6750~8250千克/公顷。1991年后，经试验示范，引进湘晚籼3号、滇沌502、滇陇201、1458-2、云香糯等品种。2000—2011年，先后引进杂交水稻品系47个、品种100余个，其中以Q优、T优、Ⅱ优、宜优、中优、川优、国丰、金优品系为主，单产7500~9750千克/公顷。（2）制种。1982年，在景范良种场试制汕优6号0.073公顷，单产379.5千克/公顷。1986年，杂交水稻制种9.27公顷，单产1200千克/公顷。1989年，景东被云南省列为杂交水稻制种基地县。之后，制种面积逐年扩大，产量和质量一年比一年提高。21世纪始，繁育籼型杂交水稻种子。2011年，杂交水稻制种78公顷，单产3210千克/公顷。1982—2011年，全县杂交水稻制种累计1451.11公顷，总产量719.42万千克。（3）推广。1980年，推广广农矮1号2700公顷，产量5250千克/公顷，成为低热河谷区当家品种。自1982年始，推广杂交水稻品种，并逐年扩大种植面积。1999年，杂交水稻制种134.67公顷，单产2551.95千克/公顷。1984年，种植725品种2000公顷，逐步取代广农矮1号。2000年，水稻良种推广0.91万公顷。2011年，水稻单产6724.3千克/公顷，比1984年增产3498.23千克/公顷，增长率92.2%。1982—2011年，全县累计推广水稻良种15.61万公顷，平均覆盖率63.23%，其中杂交水稻推广12.58万公顷，平均覆盖率58.9%。

玉米　1978—1990年，引进、推广玉米改良品种贵阳黄、昆明黄、金黄后、白普照、墨黄80号、墨白1号、墨白94号和杂交品种引金顶、云杂3号、嵩杂2号、京杂6号、七三单交、扎单201。1991—2011年，引进、推广杂交品种莫A、莫楚、靖单6号、兴黄单892号、中单8号、罗单5号、会单4号、云瑞88号、海禾14号、海玉92号、长城799号、雅玉13号、川单23号、路单6号、黔单20号、红单10号、渝单8号、北玉20号、贵单8号、正大615号、保玉13号、成单22号、寻单7号、濮单6号、迪卡2号、五谷1790。20世纪七八十年代，主要引进群改系列品种。1990年，全县种植群改玉米0.69万公顷，平均单产2214千克/公顷，产量显著高于当地老品种。其间，累计推广杂交玉3.8万公顷，平均单产2763.45千克/公顷。自1991年始，杂交玉米种植面积逐年扩大。2011 年，全县玉米平均单产 3876.19 千克/公顷，每公顷比 1990 年增长 1385.04 千克，增长率 55.6%。1991—2011 年，全县累计推广杂交玉米 9.93 万公顷，覆盖率 77.8%。

良种玉米引种

（县农业和科学技术局　提供）

小麦品比试验

（杨春冉　摄）

大豆施肥对比实验

（县农业和科学技术局　提供）

小麦　境内小麦种植历史悠久，分布范围广，从温凉高寒山区到低热河谷地区都有种植，常年播种 6700 公顷以上。20 世纪七八十年代，从云南省农科院引进具有抗锈、矮秆、丰产、适应性广的小麦新品种墨波、墨沙、墨卡、墨查、沙选 2 号，推广墨沙、墨波、墨卡、风麦系统、本地光头麦等品种，单产 2250~3000 千克/公顷；80 年代，县农科所和省农科院粮食作物研究所合作，引进和繁育高产、优质、抗逆性强的小麦新品种云植 437、822-678、783-4283、景麦 80-6，推广云植 437 号、822-678、783-4283、景麦 80-6、风麦系统等品种。1990—2011 年，先后引进和繁育具有适应性广、抗逆性强、根系发达、丰产性好的小麦新品种云麦 39 号（杂 14）、京选 9 号、绵阳 20 号、S001、E001、R101、云麦 53 号、云麦 42 号、宜麦 1 号，推广云麦 39 号、绵阳 20 号、京选 9 号、S001、E001、R101、云麦 53 号、云麦 42 号等品种，其中云麦 53 号、云麦 42 号为主要推广品种，单产 3138~5520 千克/公顷。1990—2011 年，全县累计推广小麦良种 7.53 万公顷，平均覆盖率 85%以上。2011 年，小麦平均单产 1876 千克/公顷，每公顷比 1990 年增产 1662 千克，增长率 12.88%。

冬大豆　境内冬大豆品种主要有本地绿皮豆、细黄脐豆、中黄脐豆、细黑脐豆 4 个品种。这些品种种植历史悠久，退化较为严重，影响冬大豆产量和品质提高。1999—2000 年，云南省农业综合开发办“思茅地区冬大豆新品系推广项目”在景东县实施，开展早、晚熟两组品比试验，确定首推品种为景选 1 号、滇沧 2 号（A121），其次是 A4331、C212b、E1153、E1145、中品 661。2000 年后，主要推广品种为景选 1 号和滇沧 2 号。

马铃薯　1978—1998 年，景东县先后引进、推广米拉、会-2 等马铃薯品种。1998 年始，马铃薯被确定为新替补产业，当年调供国际合作 88 号 16 万千克；在锦屏镇黄草岭村试种会-2 号，在锦屏镇斗阁村小河桥社试种园田-2 号、园田-良 3 号、园田-良 6 号、园田-良 7 号、园田-良 8、CFK69.1 等品种。1999—2000 年，相继引进会顺 23 号、中薯 3 号、费乌瑞它、大西洋、中甸红眼、米拉等品种试验、示范和推广。2000 年，全县 13 个乡镇种植马铃薯 416.67 公顷，比米拉平均增产 4815 千克/公顷，增产率 34.7%，共增产值 114.31 万元。2000 年后，主要推广合作 88 号、会-2 号、丽薯 6 号。1998—2011 年，全县累计推广马铃薯良种 1.61 万公顷，平均覆盖率 94%。2011 年，马铃薯平均单产 4265.6 千克/公顷（按 5∶1 折粮，下同），比 1998 年增产 665.6 千克/公顷，增长 18.49%。其中冬季马铃薯种植 0.14 万公顷，平均单产 4658.6 千克/公顷。

烤烟　景东县试种烤烟后，在境内开展烤烟栽培多点试验。

1992 年发展烤烟生产伊始，县政府出台《关于烟草生产有关问题的通知》指出：“烟草生产工艺复杂，技术要求很高”。要求规范烤烟栽培技术，高起点、一步到位，推行“三化、两膜、一袋、双配套”（良种化、区域化、规范化，薄膜育苗、地膜凸架栽培和营养袋假植排苗，烟肥配套与烟水配套)。同时，推广红花大金元、G28、NC82、K326、K346、云烟 85 等优良品种，烤烟种子由省公司原料部和省烟科统一指定单位购进；抓好常规育苗，推行漂浮育苗，做到统一供种、统一技术，集中育苗、统一供苗，并推进商品化育苗进程；抓住节令抗旱抢栽，缩短移栽周期；推行啤酒瓶定位拉线移栽；新建和改造烤房，全面推行热风循环烘烤和立式炉“三段式”烘烤工艺。2001 年，启动测土配方施肥，由仁恒、云叶两家化肥厂帮助取土样 38 个，进行测土配方施肥和控氮降碱获得成功；实行行政首长负责制，以综合示范区为龙头，层层建立示范样板，通过建设综合示范区提高烟叶产量和质量，促进新科技项目推广运用。1992—2005 年，先后建设省市县综合示范区和“省优质烟示范县”项目面积 2340 公顷，占总种植面积的 15%，烟叶产量由 1992 年 1213.5 千克/公顷增至 2005 年 1881 千克/公顷，上等烟由 2.7%增至 38.3%。

引种云蔗 71/388
（县农业和科学技术局　提供）

马铃薯规范化种植
（杨春冉　摄）

玉米覆膜种植
（杨春冉　摄）

甘蔗　根据 1979 年农作物普查资料，全县累计甘蔗品种 14 个。主要繁育和推广品种有台糖 134、108，印度 290，云蔗 71/388、71/59，桂糖 7 号、11 号。川糖 61/408，思茅 2 号、11 号。种植 1 万亩以上品种有台糖 134，种植 0.5 万~1 万亩品种有印度 290，其他品种种植均在 0.3 万亩以下。20 世纪八九十年代，除原有品种外，繁育和推广闽糖 703、福引 79/8、选 50、新台糖 16 号、闽糖 79/177 等。2007—2011 年，引进和推广品种主要有粤糖 93/159、79/09，新台 20 号、22 号、25 号、10 号，69/421 等。

油菜　自 1982 年始，引进和推广 814008、814358、81008 三个油菜新品种 349.33 公顷。1985 年，油菜种植 214 公顷。1987 年后，种植面积稳定在 95 公顷左右。1994 年，县农技推广中心从省农科院引进 884898、91H006、H166、8840894、87A007、80127 等优良油菜新品种，通过试验示范，推广种植 283.33 公顷。1999 年，从省农科院引进 H012-2、H045、H090（花油 3 号）、H019-4、H066、H030（花油 6 号）等花育系列新品种。通过试验，选出丰产性好、抗逆性强的花油 6 号在全县推广。2005—2011 年，从省农科院引进花油 5 号、089D、A35、LX001、LX002、LX003、LX004、花油 6 号、花油 7 号等花育系列新品种。通过试验，选出花油 5 号、花油 6 号、花油 7 号推广。1982—2011 年，全县累计推广油菜良种 6700 公顷，平均覆盖率 76%。2011 年，油菜平均单产 1028.25 千克/公顷，比 1982 年增产 548.25 千克/公顷，增长 214.2%。

咖啡　1985—1997 年，主要引进小粒种咖啡 S288，但未推广。199—2011 年，引进具有抗逆性强、丰产性好、品质优良的 P2、P4、7963 等卡地姆系列品种。

橡胶　2001 年，大朝山东镇从镇沅县秀山乡引进橡胶品种 600 号试种。至 2011 年，600 号成为主要推广品种。

（二）栽培技术

水稻　1978—2011 年，境内水稻栽培技术经历四次变革。1982 年前，育秧方式为水育秧，用种量较多；移栽方式多为栽“花秧”，即满天星式栽插。1982 年始，推广杂交水稻，引进湿润薄膜育秧技术，用种量显著减少；推广箱秧、宽窄行条栽技术。自1995年始，引进、推广水稻肥床旱育稀植浅插技术；大面积推广箱秧、宽窄条栽技术，小面积推广抛秧技术。自2010年始，引进、推广水稻高产创建技术，实行统一主栽品种、统一旱育秧、统一栽培规格、统一配方施肥、统一病虫害防治。20世纪80年代前，施肥多以农家肥和绿肥为主；20世纪90年代后，化肥、微量元素肥料开始作为中层肥施用，并推广测土配方施肥。2007—2011年，全县累计推广测土配方施肥19.33万公顷。

玉米　20世纪80年代初，景东县推广玉米等行距单沟条点播技术。1985年后，推广玉米规格化栽培技术；引进、示范玉米地膜覆盖栽培技术，促进高寒冷凉地区玉米生产发展。1989年，首次示范、推广玉米容器育苗移栽技术。自1991年始，引进、示范玉米机制营养钵育苗密植定向移栽技术。2000年，全县机制营养钵育苗密植定向移栽玉米0.23万公顷。自2009年始，开展玉米高产创建活动。集成示范、推广玉米高产栽培技术，主要推广玉米包衣种，育苗移栽、湿直播、三干播种，规范密植、地膜覆盖、免耕种植技术和测土配方施肥，统一品种及病虫害防治。

小麦　1978年，景东县引进、推广小麦开墒条点播技术。山地小麦主要采用“76853”（7尺开墒，6尺墒面，播8行，5寸播幅，3寸播距），水田小麦主要采用“981053”（9尺开墒，8尺墒面，播10行，5寸播幅，3寸播距）。1989年，小麦规格化种植1471.8公顷。2011年，小麦规格化种植7300公顷，占小麦播种面积的88%。20世纪80年代前，施肥多以农家肥为主；20世纪90年代后，以施用化学肥料为主；21世纪始，推广小麦配方施肥。2011年，小麦配方施肥666.67公顷，占小麦播种面积的92%。

蚕豆　旱地蚕豆栽培主要以撒播为主，规格化种植面积较少。施肥以厩肥、磷肥作底肥，一般不追肥。

大豆　20世纪七八十年代，冬大豆栽培管理粗放，稻田栽培多为免耕撒播。20世纪90年代后，种植业结构调整和大豆市场需求量增加，推动景东冬大豆生产发展，促进栽培技术水平提高。主要技术措施：（1）整地。稻田免耕种植法，在收稻前10~15天，排水控田，稻谷收后及时开沟分墒；旱地玉米收后翻犁、沤捂，然后犁耙整地，分墒。（2）种子处理。主要是选种、晒种、拌种。播种有单行点播和小墒匀播。稻田冬大豆以8月上、中旬播种为好，旱地以7月中旬为宜，选种景选1号、滇沧2号120千克/公顷。（3）田间管理。及时定苗、除草、施肥、防治病虫鼠害，适时收获。

马铃薯　2003年前，境内马铃薯栽培管理较为粗放。种植方式多采用低垄单行；施肥以农家肥为主，作底肥施用。自2003年始，开展冬季马铃薯高产创建活动、马铃薯区域站建设，规范和提高冬季马铃薯栽培管理水平。主要技术措施：（1）整地。清理排水沟，及时犁耙，做到土壤细碎、疏松、平整。（2）种薯处理。清除腐烂、带病种薯，大薯纵向切块，切口让阳光照射30分钟左右，并用银法利或多菌灵药液浸种15分钟，晾干后播种。（3）规范种植。采用高垄双行或小墒4行种植，大行距60厘米，小行距50厘米，株距27厘米；精细播种，重施基肥、配方施肥，按1.1米分垄，垄面宽0.8米，够宽0.3米或2米拉线分墒，墒面宽1.6米，沟宽0.4米，播种时先开20厘米宽幅播种沟，摆放种薯。（4）施肥。每公顷施用农家肥2.25万千克、硫酸钾450千克、钙镁磷600千克、尿素450千克、硫酸锌12千克、硼砂15千克。（5）化学除草，覆盖地膜。（6）田间管理。合理灌水，防治病虫草害。（7）适时收获。

甘蔗　20世纪七八十年代，境内甘蔗栽培方法为开沟斜平栽；20世纪90年代后，采用深沟平栽；21世纪后，采用“深沟、平植，浅盖、覆膜”。（1）整地。要求“深、松、细、平”，深耕40厘米，达到规格开挖种植沟，种植沟行距0.9~1米、深0.3~0.35米、底宽0.2~0.25米。（2）施肥。一般在下种时施用底肥，蔗沟内每公顷施用三元复合肥750千克、普通过磷酸钙750千克、尿素150千克。（3）蔗种处理。用2%石灰水浸种12小时或5%多菌灵（每公顷3000克）1000倍液浸种10分钟，捞起晾干水气后即可下种。（4）除草。蔗苗未出土前，每公顷用40%阿特拉津350毫升、亚码津

3000毫升，兑水750~900千克喷施于表土，或选用40%草净津、40%蔗地除草1号除草。(5) 追肥。在3~4叶时，每公顷施尿素150~225千克；在7~8叶时，每公顷施尿素300千克、复合肥300千克；在伸长期，每公顷施尿素600~750千克、复合肥450千克。

油菜 1978—1993年，推广打塘点播；1994—1999年，推广条播；2000—2011年，推广育苗移栽。栽培技术：选用良种（双低型油菜品种），适时播种，合理密植，科学施肥，综合防治病虫害，适时收获。

蔬菜 1978—1994年，境内蔬菜生产以农民自给自足为主，栽培技术粗放。自1995年始，景东县利用热区资源优势，开发冬早蔬菜。主要技术措施：(1) 改变熟制，变二熟为三熟；(2) 引进高产、优质、高抗性良种；(3) 规范化栽培；(4) 应用地膜覆盖、小拱棚、大拱棚技术；(5) 科学施用化肥、农药。

咖啡 自1997年始，县供销社整编出“小粒种咖啡栽培技术”，在全县普及。主要技术措施：(1) 选园。(2) 种植。种植沟上口宽6厘米、深50厘米、底宽40厘米，种植规格为株距1米、行距2米，用苗4995株/公顷。(3) 选种育苗。选择挂果3年以上、健壮、产量高、抗病能力强咖啡树，在盛熟期及时采摘制种，采用营养袋育苗。(4) 定植。选择在6月下旬至7月末前适时定植，浇透定根水。(5) 管理。及时除草、灌水、施肥，封顶控高、修枝抹芽，防治病虫害。

二、畜牧业

（一）生猪养殖

技术改进 主要推广养猪“八改”技术。一改乱交乱配为有计划杂交改良，推广猪人工授精。1982年，县兽医站引入内江猪，经纯繁成功后，有计划地分配到各乡镇饲养，内江猪与本地猪杂交后代性情温顺，生长快、适应性强，深受养殖户喜爱。1988年，引入长白猪、汉普夏，推广人工授精技术，良种精液覆盖面扩大，种公猪利用率比本交提高10倍以上，成功解决200~300千克良种公猪与50~60千克母猪配种难题。二改仔猪随母吃食为提早诱食开料，培育仔猪。传统饲养仔猪在出生1个月后，母猪奶水不足时才随娘吃食，生长缓慢。自1989年始，技术部门在饲养能繁母猪农户家推广8日龄诱食，15日龄仔猪喂配合料和青料，补喂铁铜合剂或注射牲血素等预防仔猪贫血，60日龄断奶窝重比传统饲养提高1倍以上。三改有啥喂啥为喂配合饲料。自1983年始，开展配合饲料喂猪试验，喂配合料比传统饲养增重明显，群众乐于接受，推广较快。四改熟喂为生喂。生喂可以减少饲料养分流失、减少亚硝酸盐中毒现象发生，且节柴、方便，但需定期驱虫。五改拖架子为直线育肥。仔猪阶段生长迅速，饲料利用率最高。传统养猪需要吊架子1年左右，耗料费时。据1989年者后乡实测：4户养殖户12头内本杂交猪直线育肥90千克，出栏需191天，每千克体重耗料3.41千克；吊架子饲养90千克，出栏需434天，每千克体重耗料4.86千克。直线育肥比吊架子缩短233天，少耗料130.5千克。六改养大肥猪为适时出栏。养猪成本中，饲料占80%。随着体重增长，每增重1千克所耗饲料比也不同，仔猪阶段为1.14千克，活重20~60千克为2.91千克、60~90千克为3.81千克、90~120千克为5千克以上。开始推行时养殖户不接受，认为正长膘的猪卖掉可惜，但通过慢慢对比，觉得内江猪90~100千克出栏好，约克等瘦肉型猪则110~120千克出栏合算。七改厩内积肥为建新式猪厩，厩外积肥，猪牛羊厩分开。建“三结合”（猪圈、厕所、沼气相结合）猪舍，猪舍要求干燥、通风、不积水，配有食槽和水槽（或安装自动饮水器），肥猪6~8头/圈，圈外有沤粪坑。母猪舍单设，1头/圈，配有仔猪脱温室和补饲栏。八改春秋两季防疫为按免疫程序预防，适时驱虫。春秋两防，间隔6个月，期间购入的生猪缺免，容易发瘟。春防后，根据新增猪只，按季补免，确保每头猪年内免疫猪瘟苗1次，适时驱虫，平时猪圈保持卫生、干燥。“八改”技术推广后，农户养猪水平大幅提高。1995 年，全县推广猪人工授精 5708 窝，推广配合饲料 698.47 万千克、浓缩料 94.95 万千克，改造“三结合”猪舍 2853 户 4.56 万平方米，推广猪瘟免疫程序 100 个村，免疫密度 92.8%，猪疫病死亡率 3.3%。

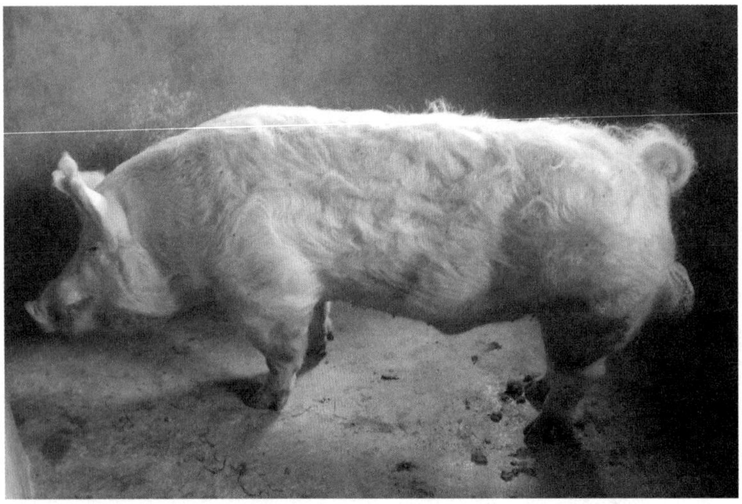

约克种公猪（侯明学　摄）

品种改良　1982 年，县兽医站从四川引进内江种公猪 50 头、种母猪 62 头，在北屯和斗阁农户家中建立纯种繁育点，与养殖户签订合同，派技术人员定点指导，科学饲养。种猪每月补助饲料 15 千克/头，种公猪每年补助 30 元/头；仔猪经选育后，调往县内作种用。1987 年，有纯繁点饲养户 37 户，饲养种公猪 4 头、母猪 34 头，基本上能满足县内内江种猪需求。1983—1987 年，共育成内江种猪 1230 头，供应各乡镇 1005 头。1988 年，全县饲养纯种内江公猪 192 头，年本交改良 6834 窝，提供杂交仔猪 5.47 万头，杂交改良面 20.5%。同年，根据养猪业发展需要，在兽医站生活区建成统一供精站，引进汉普夏种猪 2 头推广人工授精技术，当年输精 418 窝。1989 年，引入长白公猪 2 头、母猪 4 头，配种 1252 窝，产仔成活 8019 头，并在文龙、者后、文井、大街建立乡级猪人工授精点。1990 年，在景福、漫湾、花山、太忠扶持个体养殖户猪人工授精点，将猪人工授精技术逐步推向全县。2000 年，猪人工授精网点覆盖全县 15 个乡镇，授精网络初步建成，基本上实现“公猪良种化、肥猪杂交化”。1988—1995 年，全县推广猪人工授精 2.73 万窝，产仔成活 19.13 万头，平均每窝产仔成活 7 头。1996—2006 年，全县有猪人工授精网点 20 个，年推广猪人工授精 1.81 万窝。2005 年，省农业厅扶持猪人工授精网点建设经费 10 万元。2007 年，因猪疫病肆虐，县统一供精站停产。2009 年，拆除县供精站，土地用作房地产开发之用。据调查，1985 年，漫湾镇内江猪杂交改良面 41.8%，每头公猪年本交配种 35 窝，窝均产仔成活 5.8 头。1988—1989 年，根据者后乡饲养水平较高 10 窝长白猪×内江猪杂交后代断奶窝重统计资料，平均窝重 103.2 千克，断奶仔猪头均重 14.4 千克；10 窝内江猪×本地猪杂交后代断奶平均窝重 78.2 千克，断奶仔猪头均重 12.6 千克，前者窝均重高出 25 千克。1994 年 10 月 16 日，分类调查城街上市 655 头生猪，长白猪与汉普夏杂交后代占 11.86%，长白猪与内江猪杂交后代占 2.04%，汉普夏与内江猪杂交后代占 31.18%，汉普夏与本地猪杂交后代占 1.57%，内江猪与本地猪杂交后代占 47.4%，本地猪占 5.82%。自 2010 年始，本地奓耳猪被外来猪种替代，只有部分边远山区偶有养殖。

（二）肉牛养殖

品种改良　1997 年，景东县被列为省级商品牛羊基地县，实施肉牛品种改良项目，并投资 8 万元在县兽医站建成肉牛改良站，引入颗粒冻精 50 粒、细管冻精 50 管，推广肉牛冻精配种 27 胎。1998 年 7 月 5 日，在良种场产下第一头西门塔尔杂交犊牛。1998—2004 年，先后在大街、花山、文龙、文井、太忠、景福、林街、漫湾等乡（镇）建成冻改站点 12 个，用西门塔尔、短角、安格斯、荷斯坦、摩拉、尼里冻精改良本县水牛黄牛，杂交一代优势明显。2003 年 6 月，荷兰政府援助“景东无量山自然保护区周边区肉牛冻精改良项目”，总投资 28.96 万元，主要用于锦屏、文龙、安定、漫湾、林街、景福 6 个乡（镇）冻改站点建设；各站配备 YDS-30 液氮罐 2 个及冻改附属物资、五羊摩托1辆；县畜牧兽医中心配备北京吉普1辆、液氮罐2个。项目实施后，县内冻改技术步伐加快，2004年配种1084胎，位列普洱市前茅。2005—2010年，省农业厅投入肉牛冻改经费40万元。自2006年始，县畜牧局调整工作方法，收缩基层站点。2011年，仅存大街、花山、龙街冻改点运作。同年，国家实施肉牛良种补贴项目，景东每年可获0.8万头肉牛冻精补助。据统计，肉牛改良数量为1997—1999年393胎、2000—2004年3700胎、2005—2010年7105胎、2011年506胎。

改良效果 杂交黄牛初生平均体重18千克，180日龄平均体重78千克，比本地黄牛分别提高28.5%和34.5%；杂交水牛平均体重34千克，180日龄平均体重132千克，比本地水牛分别提高30.8%和35.7%。农户反映，半岁杂交牛有1岁本地牛大。2001年，河东街1头1岁龄杂交水牛卖价1680元，与本地牛种成年牛同价。大街乡冻改后，有水牛1胎产下2头杂交牛之先例。

（三）养鸡

选留种鸡 1999—2002年，畜牧部门在龙街、景福、安定、太忠、花山、大街等乡（镇）指导农户选留优良种鸡3.25万只，其中，棕红毛色1.23万只，黄紫毛色8670只，白毛色6850只，黑毛色684只，杂色毛3977只。

煤油灯孵化器孵苗（李世华 摄）

人工孵化技术 2000年，在龙街、景福指导农户用煤油灯孵化鸡苗，孵化规模700~1000枚/次，平均出壳率78.6%。经济条件较好地区用电热箱孵苗，孵化规模1500~3000枚/次，平均出壳率85.4%。自2003年始，龙街、花山、漫湾、曼等、锦屏一些养鸡大户采用全自动孵化器孵苗，效率大幅提高。

人工育雏技术 规模养鸡户推行1月龄雏鸡在脱温房中饲养，2月龄后放养，100天左右出栏，缩短饲养时间，提高鸡肉品质。

传染病防治技术 1995年，推广鸡病综合防治技术，防治鸡新城疫、禽霍乱、鸡白痢和鸡球虫病。防治技术措施：雏鸡出壳后，第一次饮水用0.01%高锰酸钾温开水溶液，1~10日龄在饲料（或饮水）中加入氟哌酸，11~30日龄用“球虫王”拌料，31~90日龄用土霉素钙拌料。雏鸡7日龄用鸡新城疫Ⅱ系苗滴鼻、30日龄重复1次，60日龄注射新城疫Ⅰ系苗，90日龄注射禽霍乱苗，阴雨潮湿季节刺种鸡痘苗，可有效控制鸡白痢、球虫病、鸡新城疫、禽霍乱发生，雏鸡成活率90%以上，鸡疫病死亡率10.5%，比实施前17.3%下降6.8%。

合理配料 1998—2003年，推广自制饲料配方。商品鸡料配方为玉米60.3%、小麦7%、豆类20%、鱼粉8%、含硒生长素2%、多维素1%、骨粉1.5%、食盐0.2%，种鸡料配方为玉米63.7%、豆类36%、鱼粉5%、含硒生长素2%、多维素1%、骨粉2%、食盐0.3%，要求1~30日龄用“正大小鸡料”饲喂，31~90日龄用自制鸡料饲喂；同时，补充充足青饲料和洁净饮水，青饲料主要为薯藤、鸡菜、鲁梅克斯、芭蕉、牛皮菜叶等。

三、林业

（一）核桃

砧木繁育 砧木主要选用铁核桃培育。种子处理采用冷浸日晒法或温水处理法。苗圃地选用交通、水肥条件好地块，整好地后晾晒 10 天，每公顷施复合肥 40~50 千克、普钙 15 包。苗床宽 1~1.2 米，苗床间留高宽 0.3×0.3 米步道。春播一般在 1—3 月，秋播一般在 10—11 月。多采用点播法，深度 5~6 厘米，行距 0.2~0.3 米，株距 0.12~0.15 米，注意种子缝合线与地面垂直，种尖统一向一侧摆放。芽砧接用种 6 万千克/公顷，可出苗 210 万~240 万株；坐地苗嫁接用种 3750 千克/公顷，可出苗 12 万株左右。播种后，40 天左右发芽，60 天左右基本出齐。繁育过程及时灌水和除虫。

嫁接苗采穗　采穗一般在 10 月 21 日至次年 2 月 10 日，最佳采穗时间在 1 月 10—15 日。芽接法多采用随采随接。采穗时，宜用手剪或高枝剪。接穗剪成 0.12~0.15 米穗条，及时用石蜡封口。

核桃子芽砧嫁接（叶珍德　摄）

嫁接　按接穗用途，分为枝接法和芽接法。按操作方法，分为劈接、插皮接、切接等。根据砧木不同分为苗砧接和子芽砧接。(1) 劈接法。也称破头接，实用于苗干较粗或较小苗木。将砧木从适当部位锯断，削平锯口，用刀从砧木中间垂直劈入，深约 8 厘米；接穗两侧各削 6~8 厘米对称大斜面，外侧稍厚，基部削成小斜面（外侧长于内侧），每条接穗带 1~3 个芽，下芽最好留在两个削面间，接穗削好后，迅速插入砧木劈口，使接穗削面露出少许，砧穗要紧密对合；若接穗比砧木细，应尽量使一侧形成层对齐，然后用塑料膜绑严。(2) 切接法。适用于细小砧木，春季较常用。该方法简单易行，效率高，常用于大规模育苗。嫁接时，先剪断砧木，若为苗圃嫁接，在离地面 8 厘米左右处剪断，从断面平滑一侧垂直切入，接口宽度与接穗直径相近，接穗一侧先削 7 厘米左右大斜面，再在背面削 1 厘米左右小切面，大斜面向里插入砧木切口，对准形成层，用塑料膜绑严。(3) 子芽砧嫁接。可秋季育苗，次年 12 月即出圃定植。具有嫁接效率高、育苗时间短、成本低、可大规模育苗等优点。9 月底至 10 月底，将铁核桃种子用高锰酸钾消毒液处理后浸泡，2~3 天翻动 1 次，一般浸泡 7~10 天，再用 1%赤霉素催芽，堆放 5~7 天，在做好的苗床上，将种子 700~800 个/平方米密集排列（注意缝合线要垂直地面），浇透水，用 0.015 毫米地膜覆盖。胚芽长到 8~10 厘米时，即可取出嫁接。嫁接时，在子牙柄以上 1 厘米处切断，顺子牙柄胚轴中心下切约 2 厘米切口；将接穗下端削成楔形，插入砧木口，用塑料膜绑紧。注意嫁接时不要弄伤叶柄，嫁接后及时排栽。一般宽度 1~1.2 米，步道 0.3 米，行距 0.4 米，株距 0.1 米，6.4 万株/公顷左右为宜。然后浇水，覆盖黑色薄膜，5 月中旬除膜。当年苗可长高 0.4~0.6 米。(4) 方块芽接。操作简单，嫁接率和成活率高，主要在夏季进行。嫁接时，在接穗上横切两刀，再竖切两刀，用刀将芽片挑起含在口中，在砧木上取掉与芽片大小韧皮，将芽片紧紧镶入，用薄膜扎紧。(5) 腹接。按照接穗切削方式，分为一刀半腹接和一般腹接两种。嫁接时，离地面 5 厘米处作为嫁接口，剪除接口 0.15 米以上砧木，在嫁接部位从上往下斜切一刀，深达木质部，长约 5 厘米，选择好两个芽的接穗，两边各斜切一口，长度与砧木口一致，对准形成层插入接穗，用薄膜扎紧。

栽培　主要有嫁接苗栽培和铁核桃籽直接点播 2 种。嫁接苗栽培一般在 12 月上旬至次年 1 月下旬；直接点播一般在秋季核桃采收后进行，最迟不超过 12 月底。株行距一般为 8×8 米，150 株/公顷。按“五个一”标准栽植，即选好一株健状嫁接苗或 1~3 粒成熟饱满铁核桃籽种，备好一个坑

（1×1×1 米），施足 50 千克农家肥和 1 千克复合肥，浇备 50 千克定根水，铺盖一平方米地膜。

（二）甜龙竹

育苗 在农村传统竹造林中，分篼法（也称移竹法）应用比较普遍，但一棵竹只能培育一丛竹，造林效率低。林业部门通过实验，发现埋秆法可以大规模培育竹苗，适用大面积竹造林。埋秆育苗时间一般在 2—4 月，选择 2~3 年生健状竹竿，留竹节 10~20 节，削去竹梢，每节留 1 枝主枝及周围隐芽，其余全部剪除。另外，每节间锯出一个竹盖，深度为三分之一竹竿直径，使其可以灌水。育苗时，苗床每隔 0.2~0.3 米开 1 条平行沟，宽深均 8 厘米，将竹竿盖口向上、枝（芽）向两侧平放在沟内，相邻行间竹竿头尾相反布置，从切口向竹腔内灌满水，盖上竹盖，覆土 5 厘米压实，再浇透水，上盖松毛或稻草。20 天后竹子开始发芽，30~40 天基本出齐。幼芽 3~5 厘米时，只留 1~3 苗壮芽，多余弱苗剪除。秋季竹苗生根后，施用稀薄氮肥或人畜粪尿。翌年雨季，竹苗出圃，锯成独立竹丛后便可用于造林。

造林 冬末春初整地。按 5×6 米株行距，开挖 0.8×0.8×0.8 米定植坑，表土、心土分开堆放，捡静石块、树草根，阳光下暴晒 2~3 个月，定植前一个月回土填穴至 3/4 坑深，每穴施用塘泥或廊肥 20 千克与土壤拌匀作基肥。4—5 月栽竹，密度 330 株/公顷为宜。

（三）板栗

育苗 通常采用就地育苗。要求圃地土壤疏松，光照充足，水肥条件好，交通方便。9 月深翻，每公顷施农家肥 2.25 万~3 万千克或复合肥 2250 千克，基肥均匀撒在圃地表，随机深翻入土。整地规格一般墒宽 1.5 米、高 0.1 米、步道宽 0.3 米，四周开排水沟，平整作床。要求选择粒大、饱满，无病虫害的优良种子。9—10 月播种，苗床喷洒福尔马林消毒，按 0.2~0.3 米行距开沟，按粒距 0.1 米将种子横放入沟内，覆土、压实（不应厚于 0.1 米）、浇水，盖膜。播种量 1500 千克/公顷左右，可出合格苗 12 万~15 万株。

嫁接 板栗实生苗结果晚，产量低，大小年现象严重，变异性大，最好用嫁接苗造林。嫁接一般在次年 1—2 月。接穗要求在性状优良、生长旺盛的单株上选取。通常采用双舌接和切接。（1）双舌接。适宜砧穗粗细相当时采用。将砧木剪断，选择光滑面，削出 3.5~4 厘米马耳形剖面，在削面上端 1/3 处垂直向下削一长约 2 厘米切口，形如舌状，接穗与砧木处理相同，然后将接穗削面的舌片与砧木削面上的切口对准，至两个削面重合，两个舌片彼此加紧，砧穗粗度不等时，使一侧形成层对齐，用薄膜将切口绑紧扎严。（2）切接。适用于小砧木。嫁接时将砧木离地面 0.1 米处剪断，削平剪口，然后在砧木平滑一侧从上往下直切一刀，宽度与接穗直径相当，长约 2.5 厘米，接穗削成长约 3 厘米削面，在反削长约 1 厘米小削面，把接穗放入切口处，形成左右层对齐，如接穗较细，对准砧木一边形成层对齐，再用薄膜将砧木和接穗绑紧扎严。嫁接后 10 天左右，砧木即发萌蘖，必须及时摘除。摘除时，要在接穗背面留一个萌蘖，使其长成新梢；接穗成活长到 0.3 米左右时，将其绑在新梢上以防风折（或者接穗不成活，留到来年做砧木），接穗生长茁壮后去除。接后 10~15 天检查成活率，未成活的及时补接。根据苗木长势进行摘心，一般应摘 2~3 次。并适当追肥，但起苗前两个月内应停止追肥，促进苗木木质化。

栽培 板栗为喜光树种，适宜栽培在海拔 1000~1600 米阳坡地带。8—9 月整地，坡度较大地块采用块状整地，开挖种植塘，塘规格 0.8×0.8×0.8 米。挖塘时，生土熟土分开堆放，晒一个月左右。回塘时，先将熟土和基肥拌匀先回，每塘施农家肥 10 千克或复合肥 0.5 千克，再回生土。回塘土应高于地面 5~10 厘米，避免回落后积水糟根。打塘株行距 4×5 米，造林量 495 株/公顷。来年 1—2 月栽植。

（四）思茅松

1. 采种

一般在1—2月采种，选择优良树种，松果由绿色变成黄褐色时，说明种子已经成熟，可以采摘。采摘后要立即制种，制种包括球果露晒、收种、干燥、制备净种、种子贮存等过程。

2. 育苗

采用容器（塑料袋）育苗。苗圃随造林地就地育苗，以减少运输成本。

苗圃整地　1月前完成，包括苗圃清理、平台等。首先要清除地被物，按宽1.5~1.8米，长视地形而定，但不宜超过10米，平整出置放容器袋的苗床。若苗圃地在思茅松林下开垦，则表层土可作为育苗基质置于床面备用（注意：不可火烧消毒）。

苗圃消毒　主要指苗床消毒，尤其在耕地、园圃地、庭院等人为活动频繁场地育苗时，必须严格消毒。可根据具体条件选择焚烧消毒或消毒液消毒。(1) 焚烧消毒。结合整地时清理出的杂物烧除等进行。若杂物较少，应从圃外运入可烧物堆积于苗圃内一同焚烧。(2) 消毒液消毒。多采用多菌灵和高锰酸钾粉剂。按8克/平方米多菌灵与3克/平方米高锰酸钾粉剂混合液均匀喷湿苗床表层土壤，厚0.2米，再用相同浓度高锰酸钾溶液浇湿同厚度土壤1次，待置育苗袋。必须注意，若苗圃布置于思茅松林内，且采用焚烧消毒时，烧除物不宜太厚或表层土不能被火烧到的地方，以免造成伴生菌菌丝失去生活力而影响菌根菌接种。如果烧除消毒后才取表层土作为基质，为保证育苗基质有足够的菌丝体，最好从圃外运入未经火烧或火烧较轻的思茅松林下表层土混入基质种（一般掺入基质体积1/4~1/3）。

育苗基质与容器　务必取思茅松林下疏松的黑土层壤土（又称菌根土），因为这种土壤带有思茅松伴生菌根菌黄硬皮马勃（马屁泡）的菌丝体，有利于苗木菌根菌接种，另外根土对松苗的感染性病菌较少，可从源头预防松苗病害。一般相对贫瘠的薄黑土层类型，取土深度为0.4~0.5米。若苗圃地离思茅松林较远，可采取森林土与菌根土2∶1的配方获得；若非思茅松林区育苗，菌根土运输不便，须进行人工接种。必须强调，为防治猝倒病等松苗病害感染，头年耕种过的农地耕作土、菜园土等一般不作思茅松育苗基质，尤其种过红薯、土豆等块茎作物或茄类的土壤，严禁混入育苗基质内。在选择时，既要能保证壮苗培育，又要达到省料（育苗基质、灌溉用水等）、省工、节约的目的，建议采用0.1×0.15米塑料袋培育，若苗木可保证在2~3个月内出圃定植，可选用0.08×0.15米塑料袋育苗。容器要求装满基质，置放整齐，一般采取袋间错位排列，即前后间错位半袋品字形放置，以利通风。

种子处理　播种前，先催芽。一般用2%高锰酸钾溶液浸种30分钟，取出后，用清水冲洗干净，再用50℃温水浸泡至自然冷却，再浸种24小时。先用百万分之五十吲哚乙酸浸泡12小时，再换清水浸种12小时后，及时播种。若不能及时播种，则将种子放入容器内，用湿布覆盖，或以3倍体积的湿沙层积催芽。

播种　先将袋内基质用水浇湿，待土壤不沾手时将松种点于袋土表面，深不超过2毫米，最好微露出土表。播种后立即覆土，覆土可用锯末与细土1∶1混合物轻撒于其上，厚度不超过5毫米。为防止蚁害，锯末中可加入0.1%甲敌粉；若没有锯末，可用细土壤代替，但保湿性相对较差。

苗圃管理　出苗前，表土不干情况下（用手触摸育苗袋土壤有潮湿感，即土壤用手捏可成团，松手时土团也松开；或直观地观察，育苗袋表层土不变成灰色），尽量不浇水。出苗后，根据幼苗根系深度，保证水分即可。一般在当天下午观察，营养袋表面不出现大面积干土不用浇水。出圃前约15天内应控制浇水，使苗木充分木质化。幼苗期，需要采取遮阴等措施，避免温度过高而灼伤苗木，一般用50%~75%遮阴网盖，并及时松土除草。在整个育苗过程中，一般施肥2~4次，施肥掌握“由稀到浓、量少次多、适时适量、分期巧施”要领。第一次追肥宜在幼苗出土2天左右，若有条件，可直接向土壤施用沼气水，注意不要沾到苗木针叶，还可用0.25%~0.5%过磷酸钙和硫酸钾；基肥可采用氮磷钾复合肥直接均匀撒拌于育苗基质内。施肥时间以早晚或阴天为宜，若育苗基质肥沃，可减少施肥次数或不施。一般出苗株数常大于计划产苗量，或因为播种不匀，造成出苗不齐，影响苗木质量和产量，需要间苗和补苗加以改善。(1) 间苗。一般在苗木抽薹后进行。在同一袋保留生长健壮，苗高和地茎最大，且为墨绿色的壮苗，其余则用剪刀从茎基步剪除。(2) 补苗。若有空袋，可把附近袋中多余的苗移入空袋。为保证成活率，移苗应在苗木未长侧根时进行。

苗木根菌接种和补接　伴生菌根菌接种的好坏，决定着苗木质量和成本高低，还严重影响着思茅松人工林的产量和质量。因此，菌根菌接种是思茅松壮苗快繁的关键。菌根菌接种主要有育苗基菌根菌接种、菌丝体接种和子实体孢子粉接种3种方式。(1) 育苗基菌根菌接种。利用带有伴生菌根菌菌丝体或其孢子体的思茅松林下表土作为育苗基，直接通过基质菌丝体或孢子体生长发育感染苗木根系培育壮苗的接种方式。该方法是菌根菌接种最简单、最实用的方法。(2) 菌丝体接种。指采用人工室内扩繁的伴生菌根菌丝体接种方式。菌种分固体菌种和液体菌种两种，可采用伴种或拌土直接施入而接种。播种后30~45天苗木未抽梢生长，则预示着苗木菌根菌接种不良，必须进行菌根菌接种。菌根菌补接多采用孢子粉浇灌，具体方法是把储藏或新采的孢子粉兑水浇苗。为保证有效接种，7天后再浇1次。

3. 造林

林地清理　包括砍山、炼山、后期清理几个步骤。砍山一般在上年底至次年2月前完成，除每亩保留一两颗健壮的大树外，要求彻底砍出乔灌木和草本植物，乔木伐桩要求低于0.2米。炼山应在砍山20天后进行，未充分燃烧的杂物，要求重新集中烧毁，保证林地清理干净。

整地　思茅松造林一般采用穴状整地，塘规格为0.4×0.4×0.4米，株行距根据立地条件、造林用途和林地抚育水平（主要是抚育间伐强度、间伐材的可用性和间伐成本）而采用不同的密度水平。一般立地条件好的林地，造林密度相对较小（株行距较稀）；立地条件差的林地，造林密度相对较大（株行距较密）；培育大径材（胶合板材、锯材等）为目的的人工林培育，造林密度较小；利用小径材而追求单位面积木材产量（纸浆材、纤维板材等）为目的的人工林，造林密度相对较小；抚育管理水平较高、小径材有销售市场、间伐材有收益的条件下，造林密度可相对较大。

季节和时间　最佳造林时间为雨季初期1~2次透雨后间歇晴天实施，8月前完成。

模式与密度　传统造林中，多采用均匀密度。“现代林业资源培育产业化实验与示范”项目采用非均匀密度（或称宽窄行）模式造林。

思茅松造林密度与单位面积造林株数一览表

表18-2-1　　单位：米、株/公顷

均匀密度		非均匀密度（宽窄行）		适用条件
规格	株数	规格	株数	
1.0×1.0	10000	1.0×1.0×2.0	6705	立地条件差；间作或间伐强度很高
1.0×1.5	6675	1.0×1.0×3.0	5010	立地条件差；间作或间伐强度很高
1.0×2.0	5010	1.0×1.5×3.0	4440	立地条件差；间作或间伐强度很高
1.5×1.5	4440	1.0×2.0×3.0	4005	立地条件较差；山顶；间作或间伐强度高
1.5×2.0	3330	1.5×1.5×3.0	2970	立地条件较差；山顶；间作或间伐强度高
2.0×2.0	2520	1.5×2.0×3.0	2670	立地条件较高；间作或间伐强度较高
2.0×3.0	1665	2.0×1.5×3.0	2220	立地条件较高；间作或间伐强度较高

续表 18-2-1

均匀密度		非均匀密度（宽窄行）		适用条件
规格	株数	规格	株数	
2.5×3.0	1335	1.0×2.0×4.0	3330	立地条件较高；间作或间伐强度较高
2.0×4.0	1245	2.0×2.0×4.0	1680	立地条件高；间伐条件较低
3.0×3.0	1110	2.0×2.0×5.0	1425	立地条件高；间伐条件较低
3.0×4.0	840	2.0×2.0×6.0	1245	立地条件高；间伐条件低

说明：非均匀密度造林中，第一个数表示株距，第二个数表示窄行距，第三个数表示宽行距。林地立地指数级 14 以上为立地条件高，立地指数级 14 以下则为立地条件差

混交与树种配置　人工林培育提倡“近自然林”混交造林，以提高林木抗病虫害和林地地力维护能力，实现林木优质丰产和可持续经营。低海拔（低于 1100 米）地区，思茅松可与西南桦、栎类、木荷等树种混交；高海拔地区，与栎类、木荷等树种混交。无论株数比或面积比，混交树种与思茅松比例一般为 3∶7。中密度纤维板以针叶林为主的前提下，需要适当加入一定量软阔叶材，一般与西南桦等树种可进行有比例无序混交，即每 70 株思茅松中，混交 30 株以上软阔叶树种，任意种植于相同地块上。造纸等为主的人工林，若采用均匀密度造林，可采用块状混交，便于木材采伐利用；若非均匀密度模式造林，可采用行间混交。

定植　苗木定植包括定植穴开挖、回塘、撕袋植苗、回土覆盖与踩实、扩塘等步骤。回塘时，不提倡回填挖出的生土，而是回填周围的灰土与表土，要注意杂草和树根不要回到塘内。建议边回塘边定植，回塘土略高出塘面，在塘中心挖定植穴。定植时，用手轻轻压实袋土，自袋底往上撕掉育苗袋，将苗木直立于定植穴内，立即回土覆盖、踩实。回土覆盖时，首先将土回到苗木基部 2/3 处，用脚或用手压实土壤，然后再回土到苗木原来露出袋内的基部或略高于基部，再踩实土壤，最后覆盖一层略高于原袋内苗木土痕的虚土。回土覆盖和踩实一般分 2~3 次进行，切忌 1 次完成。完成后，覆土应高于塘平面，呈馒头状。苗木定植时，要进行扩塘，即把定植塘周围约 1 米的杂灌草清理干净，并把清出的表土层作为回塘或覆盖土充分利用。

（五）西南桦

采种及种子贮存　西南桦种子极小，易脱落，平均千粒重 0.082 克。采集后常温保存易丧失发芽率，做好种子的采收和贮存，是育苗的重要环节。（1）采种。采种母树选择 20 年以上生长健壮、树干通直、侧枝细、分枝角小、无病虫害的优良大树。由于气候环境和海拔差异，各地采种期不尽相同，一般在 2 月下旬至 4 月初。成熟的种子挂果期仅在 10~15 天，以后随即大量脱落，果序也从树上迅速脱落。因此，要注意观察花期和果期，当看到果序由绿色变为黄色时，证明种子已开始成熟。采种要及时，不宜过早或过晚。成熟种子种粒为白黄色带翅小坚果，种胚略微突出，挤压有油迹点；未成熟种子种粒为果绿色，胚不明显，在纸上挤压没有油迹。采种时，将带有果序的小枝剪下，收集后放在水泥地板上短时间照晒（2~3 小时），忌强光下长时间暴晒。果序膨松后，用手轻轻搓揉，种子即可大量脱落，然后将果枝、果序轴等杂物除去。（2）种子贮存。采收后的西南桦种子可直接播种。暂不播用的种子，可贮藏备用。西南桦种子在高温高湿的气候环境室内常温贮存，有效保存期一般为 3~4 个月；在气温较低的气候条件下通风、干燥、阴凉的室内贮藏，有效保存期可延长 3~6 个月；在低湿条件（4℃~5℃）下，有效保存期可达 2 年左右。

育苗　西南桦种子细小，育苗技术要求高，从苗床整地、土壤消毒到播种都需要严格进行。西南桦苗期生长极为缓慢、娇嫩，宜采用两段式育苗法，即先在苗床上密播培育出小苗，再移栽培育袋

苗。(1) 作床与播种。播种床采用地床或箱床，当苗木需求量大时采用地床育苗，需求量小时采用箱床育苗。箱床可用厚2~3厘米木板钉成长宽高1.2×0.6×0.1米木箱，填充客土。无论是土床育苗还是箱床育苗，基质土宜采用客土，可挖取0.2~0.5米深森林土作育苗基质客土。播种前，可用50%多菌灵可湿性粉剂200倍液或0.2%高锰酸钾液，或0.5%福尔马林进行土壤消毒，但需在播种前10~15天进行，将药液喷洒至土壤层0.1米潮湿处，再用塑料膜覆盖，播种前1周将塑料膜揭开，待药味全部散失后即可播种。西南桦育苗播种期为2~3月，播种发芽温度大于或等于12℃。播种时如果气温过低，需要搭盖塑料棚增温，木箱育苗则直接用塑料膜覆盖。播前先浇透水，苗床稍干后再播种，1克西南桦种子约有1.2万粒，但发芽率仅50%左右，播种时要相应增加播量，一般30~40克/平方米，产小苗1万株左右。选择静风条件下，均匀撒播种子，不覆盖土。浇水时，要用喷雾器直接喷洒，忌用喷壶或直接用塑料管浇。(2) 苗期管理及袋苗培育。播后10~15天，种子发芽；45~60天后，长出2~3片真叶；90天后，有真叶4~5片，苗高2.5~4.0厘米，基径逐渐木质化，地下根系渐至发达，浇水要采用多次少量喷雾的方法，使基质土经常保持湿润，过干或过湿都容易导致幼苗死亡。幼苗期，要防止雨淋和曝晒。每隔7~10天，用0.1%高锰酸钾和50%多菌灵可湿性粉剂800~1000倍液交替喷雾，以防病虫。木质化后，要进行炼苗，先揭开塑料棚两端通风透气，再逐步揭去塑料膜，90天左右可移植进袋。选用直径5厘米、高15厘米的营养袋，营养土用森林土和农家肥按100∶20比例拌匀配成。移苗前，先用喷壶将营养袋浇透水，待土壤稍干即可移苗；移植后，用细喷壶喷洒浇水，保持袋内营养土湿润，但忌积水。小苗移植前期需要搭盖遮阴网，透光度控制在50%，苗木生长稳定进入快速生长期后再逐渐揭去遮阴网。袋苗期每月可追施0.3%尿素液1~2次。袋苗培育2~3个月后，苗高20厘米左右，形成多分枝的锥形苗，即可出圃。

造林 (1) 造林地选择。造林地条件：年均温度在16℃~21℃，大于或等于10℃积温为5500℃~7500℃，年极端最低温-4℃；最适生区年均温度18℃~20℃，大于或等于10℃积温6500℃~7500℃，年均降雨量1000毫米以上，干燥度1.5以下湿润、半湿润地区。赤红壤、红壤、黄红壤、黄棕壤等pH值4.2~6.0酸性土壤；山地雨林、季风常绿阔叶林和思茅松林区采伐迹地、荒山荒地等。海拔800~1000米。(2) 造林。造林前2~3个月全面清理林地，穴状整地。如果造林地地势较陡，采用等高线开挖水平台地种植，台宽0.5~1米，带间距依坡度、株距而定。一般造林地按设计密度挖穴，规格0.4×0.4×0.3米，整地工作要在造林前1个月（5月）完成。造林时间一般6—10月，6月雨水初期最好。造林密度采用2×2、2×3、3×3米株行距。中下等立地条件按2×2米定植，数量2505株/公顷；中等立地条件按2×3米定植，数量1665株/公顷；深厚、肥沃上等立地条件按3×3米定植，数量1110株/公顷。一般造林后3~4年即可郁闭成林。定植时，每穴施钙镁磷肥0.2~0.5千克，回填土与肥拌匀，将袋苗塑料膜撕除，保持苗木土团不散，放置于穴中心，扶正苗后再培土，边培边踩实，直至塘穴上部呈馒头状。定植后1个月，及时检查成活率，尽早补植补造。

（六）紫胶

紫胶寄主树 经过胶农多年实践表明，景东境内紫胶寄主树以钝叶黄檀、思茅黄檀、泡火绳、南岭黄檀和木豆为佳。这些树种生长快、萌发力强、有效枝多、适应能力强、伤口愈合快、固虫率高、产胶性能好。(1) 育苗。圃地选择按就近原则，要求土壤肥沃、热量充足、地势平整，交通便利。播种前一个月全面整地，深度0.2~0.3米，晒垄5天，每公顷施农家肥2.25万千克、钙镁磷肥0.15万千克。作床宽1.5米、高0.2米，步道或排水沟宽0.2米。3月播种，中小粒种子采用撒播，大粒种子采用条播，播后覆盖3~5厘米厚细土，早晚各浇水1次，3天后盖膜。苗木出土后除膜，早晚浇水，及时除草。(2) 整地。带状清理，穴块整地。2月清理造林地；3—4月整地，规格为钝叶黄檀、思茅黄檀、泡火绳、南岭黄檀0.6×0.6×0.6米，木豆0.2×0.2×0.2米，表土心土分开堆放；5月回塘，深度为2/3穴深。(3) 混交造林。钝叶黄檀、思茅黄檀、南岭黄檀、泡火绳分别与木豆按1∶1比例株间乔灌混交，品字形配置，钝叶黄檀、思茅黄檀、南岭黄檀、泡火绳纯林则按品字形配置。造林密度，钝叶黄檀、思茅黄檀、南岭黄檀纯林造林株行距3×4米，840株/公顷；泡火绳纯林造林株行距4×4米，630株/公顷；钝叶黄檀、思茅黄檀、南岭黄檀分别与木豆混交造林株行距3×3米，1110株/公顷，其中每个树种555株；泡火绳与木豆混交造林株行距4×5米，1020株/公顷，其中每个树种510株。造林时间，一般在6—7月。钝叶黄檀、思茅黄檀、南岭黄檀、泡火绳采用植苗造林，苗木类型为裸根苗；木豆采用点播造林。

胶虫放养　(1) 放养。选择完全成熟、胶被厚、生长良好的胶虫和无病虫害的胶枝，裁成0.25米左右枝条，两端顺胶被面切成斜口，以便胶虫涌散上树。紫胶寄主树实行分片分区隔年轮放制度，造林抚育3年即可放养紫胶虫。每年放养、采收寄主树总面积的一半，胶虫一般年放2次（即冬代胶和夏代胶），放养时间分别在5—6月和9—10月胶虫涌散前，在晴天无大风和大雨的上午或傍晚进行。放种时，先把胶绑在寄主树上，端口向外，尖端部分应紧贴寄主树皮，如梗种弯曲两端不能贴紧，则上端一定要紧贴树皮，使幼虫能顺利爬到寄主树。在乔木寄主树上挂种，应把种胶钉在适当部位，切不可钉放在离有效枝条太远的地方，因为胶虫爬行范围只有2~4米。一般寄主树0.05米胸径放种量为0.1千克，0.1~0.3米胸径放种量为0.4~1千克，0.35米以上胸径可放1千克以上。胶虫挂钟放养后，要随时掌握固虫情况，一般乔木类寄主树夏代胶固虫率不超过60%，冬代胶不超过50%；灌木类寄主树固虫率控制在夏代胶40%、冬代胶30%左右。(2) 采收。种胶采收：选择胶被厚、丰硕连片、颜色正常、枝鲜虫活、无病虫害的胶柄，用锋利的砍刀砍下胶枝，距离胶块上下5厘米处砍去多余树枝。种胶集中后，放在阴凉通风地方检查质量，再用长宽高0.45×0.3×0.3米、网眼直径3~5厘米竹筐包装。装筐时，筐四角搭1条衬篾，胶枝间留一定空隙，分层散放，上盖竹篾板，贴上标签，注明产地、净重和采收日期，及时运往目的地放种。运输时，要保持胶筐通风，切忌日晒雨淋和大量堆放。原胶采收：原胶是指从砍下的胶枝上剥下的胶块。生产上一般采用夏代产胶，冬代部分保种的方式。当胶被有明显裂纹，新胶停止增长，蜡丝减少，剥开胶块时孵化腔明显，腔中有幼虫蠕动，综合判断胶枝完全成熟时方可采收，采回的胶枝应及时在干燥通风的地方摊晒，厚度不超过5厘米，普遍出虫后才可增加堆放厚度。前10天每天翻动1次，10天后隔天翻动1次，直至全部干燥后，便可装箱销售。

胶虫放养（罗海垠　摄）

四、水利

20世纪70年代末，坚持以经济建设为中心，水利建设机械化进程加快。水利工程建筑结构，由永久性混凝土或钢筋混凝土建筑取代临时性、半永久性建筑。工程施工，运料土以推土机、大功率翻斗车取代胶轮手推车、小翻斗车；夯压填方以震荡碾、压路机、边角加固蛙式打夯机等取代拖拉机、震动碾，施工效率提高数十倍。20世纪80年代前，工程图纸靠日光晒，3人操作，数分钟出一图；

90 年代后，使用 R1200 型光电晒图，1 人操作，一次性出图，工作效益提高 10 倍；21 世纪后，工程设计、数据处理、图纸绘制等实现微机化。工程测量，以激光全站仪取代手水准、罗盘仪、水平仪和经纬仪，精度和进度大为提高。

五、工业

技术引进　1994 年 4 月，景东林产工业（集团）有限公司引进天津松盛食品有限公司核桃乳饮料生产技术，兴建年产 50 万千克核桃乳饮料加工生产线。2008 年，景东力奥林产集团银生木业有限公司引进上海木材工业研究所中密度纤维板生产技术，兴建年产 6 万立方米中密度纤维板生产线；2010 年，引进昆明新飞林人造板有限公司技术，建设年产 1 万立方米集成材生产线。2009 年，林业化工有限公司引进楚雄虹帮林化有限公司技术，建成年产 4000 万千克松香生产线。

2010 年，大街煤业有限责任公司采煤工艺技改。将生产工作面人工上煤、推车穿巷式改为人工捞煤、刮板运输机运煤短壁式采煤工艺，生产效率提高 2 倍；同时，将地面简易筛分筛原煤改为皮带运输、往复式机械筛煤，煤种划分更细，原煤质量显著提高，原煤价值提升 15%。

新产品开发　2010—2012 年，景东力奥林业化工有限公司应用南京林科院松香树脂生产技术成果，开发松香树脂系列产品 3 个。2011 年 1 月，景东力奥林产集团银生木业有限公司公司开展环保型用胶产品研发，两年研发出 2 种不同配方脲醛树脂；景东力奥林产集团天然饮品有限公司开发出不同型号外观图案包装罐 5 个。

六、环境保护

1983 年，县城区取源菊河水，始建第一水厂。1997 年扩建，日供水量 1 万立方米。2005 年，建第二水厂。设取水口 1 个，日供水量 2 万立方米。自来水经二次沉淀、过滤、消毒处理后，符合生活饮用水卫生标准（GB5749-2006）和生活饮用水水源水质标准（CJ3020-93），水质达标率 100%。2010 年 12 月至 2012 年 11 月，县城南部文黑污水处理厂建成。占地 2 公顷。设计处理量 1 万立方米/日，管网配套 37.19 千米，总投资约 6109.42 万元。2012 年 11 月，机器设备调试；12 月 10 日，取得普洱市环保局试生产批复。

2006 年，景东恒东制糖有限公司投资 60 万元引进水膜除尘技术，建设 2 台高效文丘里水膜除尘器，与 2 台 2 万千克/小时锅炉配套使用，除尘效率在 80%以上；同时，投资 5 万元建设一套 1460 立方米灰水沉淀处理系统，废水经处理后循环使用，减少、杜绝除尘废水排放。2009 年 10 月 30 日，恒东公司与永德糖业集团有限公司、昆明元特生物有限责任公司签订技术转让协议，采用 PSB 光合菌细菌剂处理糖厂排放物——生产液态生物有机肥（PSB 工艺综合利用项目）治理酒精废醪液，项目规模 4.5 万立方米/年，项目投资 140 万元，实现酒精废醪液资源化利用和零排放，并通过 PSB 光合菌细菌剂开发液体生物有机肥，供蔗农改良蔗区土壤、培肥地力，提高甘蔗品质和产量。

2006—2009 年，昌龙林产工业有限公司连续对木质粉尘二次污染进行治理，建设木质粉尘回收利用工程，投入资金 240 万元。

2007 年，景东佳浩茧丝绸有限公司建成制丝废水深度处理循环工程项目，总投资 290 万元，占地 1000 平方米，设计规模 2000 立方米/日，实际日处理 1200 立方米，循环利用废水 75%以上。

七、地震

1978—1999 年，主要以地应力 82 型观测仪、微 A 地电、地磁仪、地倾斜监测预报地震，并成功预报 1992 年 4 月 23 日中缅边境 6.8 级和 6.7 级地震，1993 年普洱同心 6.3 级地震，1995 年 6 月 30 日、7 月 10 日和 12 日孟连、西盟、中缅边境 5.5、6.2、7.3 级地震。

1989年，购置FD-105K1019、FD-105K1030型水氡仪各1台，在南仓井、乡镇企业局取水监测水氡。

1995年，在城建局大院打1口106米深井，1996年2月新上项目水位（SW40-1）、水温（SZW-1A）数字式水温仪，主要监测地下流体水氡、水位、水温，及时向省市地震部门提供前兆资料，并成功预报2001年4月11日施甸5.9级地震。

2011年，在文龙三岔河设地应力观测站；8月，用FD-125K型水氡仪替代FD-105K型水氡仪。

第二节 科技项目

1988—2011年，景东县共组织实施各级科技计划项目52项，其中，省级9项，市级7项，县级36项。

1988—2011年景东县部分科技项目实施情况一览表

表18-2-2

项目名称	实施时间	实施部门	列项部门	经费安排	主要实施内容和目的
紫胶虫优质种胶园建设技术开发	1988—1991	县紫胶办	省科委、行署科委	—	种胶园寄主植物群落组成及结构对光能利用影响研究，寄主树组成和间作物种类对土壤改良作用，间作物种类对促进优质种胶生产作用，种胶质量测定及种胶园直接生产成本分析等研究
推广210#松香改性酚醛树脂新工艺	1993	县林化厂	省科委、行署科委	—	针对国家210#松香改性酚醛树脂产品色深、原材料消耗高问题，研究新复合催化剂，改良产品色泽，降低成本，提高效益。项目实施后，达到预期目标
景东晚熟芒果高产栽培示范	1993—1996	县农业局、科委	行署热区办	—	采取综合性芒果高产栽培配套措施，对矮化密植，变化栽培，整形修剪，高水肥培，病虫防治作侧重研究，配套进行。项目实施结束后，达到预期效果
科技扶贫示范乡建设	1996—1998	太忠乡、县科委	省科委	30万元	对该乡进行综合性科技扶贫。主要内容包括：农村实用技术人才培训、农函大学员招生培训；科技项目包括：玉米规格化栽培、水稻旱育稀植、甘蔗丰产栽培、核桃栽培、烤烟栽培、乌骨鸡饲养、黑山羊养殖、科技示范村建设、农村沼气建设等。按实施方案及合同要求于1999年结束，达预期目标和效果
景川坝秋玉米种植试验示范	1997	县科委	县科委（部门列项）	—	摸索川河坝秋季种植玉米技术方案。通过试验，在川河坝秋季种植玉米获得成功，并进行示范推广
景东稻田养鱼试验示范	1997	县科委	县科委（部门列项）	—	利用稻鱼共生互利关系，实现稻田生态系统良性循环，争取稻鱼双丰收。内容包括规范示范田，选择良种鱼，田间科学放养等。该项目达到预期目标，为大面积稻田养鱼提供科学依据
脱毒马铃薯引种试验示范	1997—1998	县科委	县科委（部门列项）	—	引进脱毒马铃薯原种进行繁育、大田生产栽培试验示范，摸索马铃薯栽培技术方案，指导大田生产。项目实施后达到项目预期目标，为景东脱毒马铃薯推广提供科学依据

续表 18-2-2

项目名称	实施时间	实施部门	列项部门	经费安排	主要实施内容和目的
水稻品种引种试验	1997—1998	县科委	县科委（部门列项）	—	通过对16个品种两年重复试验，最终选择出适应景东区域内不同气候条件下栽培的水稻良种。该项目实施后，选择“云恢-290”等优良品种推广种植
薄荷高产栽培示范园建设	1999—2000	县科委	县科委（部门列项）	—	通过示范园项目建设摸索出一套适宜本地自然条件的39#薄荷栽培及蒸馏技术方案，在本地可达到的产量和经济效益等数据，为产业发展决策
景东科技示范园建设	2000—2003	县科委	行署科委	—	将景东科技局示范园建成集科研、生产、旅游观光为一体的现代化农业试验示范基地，为全县提供优质种苗，畜禽优良品种，开展技术培训，并在种植技术，养殖技术方面充分发挥引导和示范带动作用。该项目经过试验示范，达到预期目的，罗氏沼虾试验养殖获得成功
黄草岭花椒综合开发示范	2001—2003	县科委 黄草岭村	省科技厅	省科技三项费20万元	通过项目建设，新植椒园38.67公顷，使全村种植面积达80公顷，建成加工车间和仓库各200平方米，购置加工设备，订单收购农民鲜椒，集中加工、包装，注册商标后统一销售，提高经济效益。项目于2004年4月验收
景东毛竹引种栽培及甜龙竹笋开发示范	2002—2003	县科委	省科技厅	省科技经费10万元	引进毛竹新品种进行适应性栽培试验及甜龙竹笋开发技术摸索
景东核桃乳系列产品开发	2002—2004	县林产工业（集团）总公司	省科技厅	省科技经费35万元	通过项目实施，完成优质核桃原料栽培管理示范200公顷，引进优质丰产核桃新品种5个；针对不同消费需要开发出含量不等、包装不同的核桃乳系列产品，提高产品质量。项目于2005年5月验收
哀牢山地区植物资源持续利用模式的试验示范研究	2003—2007	中科院版纳植物园、县无量山绿色食品有限公司、县自然保护区管理局、县科技局	—	省科技经费30万元	通过对哀牢山地区利用植物资源方式和模式调查，按照生物相生相克原理和群落生态学理论，将具有市场前景和很高经济效益药用植物、经济林果、野生蔬菜进行科学组装，形成多种以植物为主混农林模式并对每种模式进行实施和科学地研究，从中筛选2~3种适合哀牢山地区大面积推广的优化模式，从而达到保护哀牢山生物资源和生态环境及推动地方经济社会发展目的
思茅松高产化学系采脂技术研究	2003—2007	普洱林达木业公司景谷林业股份有限公司、县林产工业（集团）总公司	—	—	通过项目实施，提供化学脂剂配方，并配制3种类型化学采脂剂约20种，在景东、普洱、景谷三县系统进行化学采脂剂增脂效果采脂试验，调整配方或采脂方法
依靠科技推动农业产业结构调整示范	2005—2007	县农业局承担、县科技局参与	省科技厅	省科技经费80万元	主要引进秋大豆、冬马铃薯良种繁殖示范，加大科技培训，做好秋大豆种子繁殖，冬马铃薯地膜栽培示范，建设秋大豆商品示范区2000公顷，冬马铃薯示范区666.67公顷。项目于2009年6月验收

续表 18-2-2

项目名称	实施时间	实施部门	列项部门	经费安排	主要实施内容和目的
2万亩冬亚麻高产栽培基地建设及产品开发	2005—2007	云南天行建亚麻有限公司	市科技局	市科技经费3万元	通过项目实施建成1333.33公顷亚麻高产栽培基地，公顷产达7500千克以上，建成年加工量1000万~1200万千克生产加工线2条，亚麻产品达国家标准中上等亚麻75%以上。通过项目实施，实现财税增收，企业增效
州（市）县科技支撑服务能力建设	2006	县科技局	省科技厅	省科技经费15万元	通过项目实施，购置必要的电脑、声像设备、办公桌椅等办公用品或设备，逐步改善工作环境和工作条件，提高科技服务能力，为景东县经济社会的发展提供科技支撑。项目于2010年4月验收
“大单”系列玉米新品种不同海拔带试种试验示范	2006	县科技局	市科技局	市科技经费5000元	通过项目建设，解决景东县玉米品种单一，产量徘徊不前，病虫害严重等问题，确定该品种是否适宜在县境山区半山区推广
大街乡冬季马铃薯优质丰产栽培技术推广	2006—2007	大街乡	市科技局	市科技经费6万元	通过项目实施，引进优质良种推广种植，开展地膜覆盖技术示范，调动更多农户积极性，全面提高产量、质量、经济效益，公顷产达4.5万千克，产值突破3.75万元，农户收入突破4万元
绿色无公害良种茶叶丰产示范	2007—2009	老仓福德茶厂	市科技局	市科技经费3万元	建立13.33公顷绿色无公害丰产示范基地，组织农民按标准开挖种植沟，由老仓福德茶厂负责引进优良茶种，就地育苗，就近移种，进行科学种植管理，为全县茶产业作出丰产示范样板
林街乡千亩紫胶示范园建设	2008—2009	林街乡	市科技局	市科技经费5万元	主要在澜沧江沿岸4个村种植紫胶寄主树33.33公顷，合理充分利用种胶，降底病虫危害，提高单产，使原有紫胶林在种养、管理水平上大幅度提高
景东县科技辅导员培训行动	2009—2010	县科技局	省科技厅	省科技经费15万元	主要对景东县烤烟、蚕桑、核桃3个产业科技辅导员620人进行专业培训，每人累计培训时间6天，使科技辅导员知识得到更新，技术水平得到提升，成为懂理论、会操作、善服务的技术能手，通过他们推广科技措施，进村入户开展技术指导，同时发挥自身示范带动作用，带动本村本乡产业发展
东镇万亩橡胶基地建设	2009—2011	东镇	市科技局	市科技经费6万元	按照丰产橡胶建设标准建设万亩橡胶林，调整东镇产业结构，开发优质特色产业，变资源优势为经济优势

第三节 科技成果与奖励

2002年，出台《景东彝族自治县科学技术奖励办法（试行）》（以下简称县奖励办法）、《景东彝族自治县专业技术人员奖励暂行办法》（以下简称县奖励暂行办法），表彰奖励科技人员、科技成果，营造尊重知识、尊重人才政策环境和社会环境。

一、评价科技成果

1996—2011 年，全县共评价科技成果 105 项。

1996—2011 年景东县评价科技成果一览表

表 18-2-3

序号	评价时间	项目名称	项目来源	完成单位	组织评价部门	评价方式	评价形式	评价地点
1	1996. 8. 7	水稻 13 万亩丰收计划	自选	县农业局、农广校	县科委	评定	会议	县农业局
2	1996. 8. 9	年产吨粮田丰产栽培	自选	景东监狱	县科委	评定	会议	景东监狱
3	1996. 8. 18	水稻抛秧技术引进	自选	县农机局	县科委	验收	会议、现场	县农机局
4	1996. 8. 30	晚熟芒果丰产栽培示范	自选	县农技中心、县科委	县科委（代）	评定	会议	县农技中心
5	1997. 1. 6	景川坝秋玉米示范推广	自选	县科委	县委、县政府、县科委	评定	会议、现场	文井中所
6	1997. 8. 8	景东灭鼠综合措施及效果评价	县级	县卫生局、卫生防疫站	县科委	评定	会议	县防疫站
7	1997. 9. 16	输卵管复通术	自选	县人民医院	县科委	评定	会议	县人民医院
8	1997. 9. 16	经肝实质取石治疗肝胆管结石	自选	县人民医院	县科委	评定	会议	县人民医院
9	1997. 9. 16	防盲治盲效果评价	自选	县人民医院	县科委	评定	会议	县人民医院
10	1997. 9. 23	玉米机制钵育苗推广	县级	县农机局	县科委	评定	会议、现场	龙街、太忠
11	1997. 10. 6	景东山羊商品基地建设项目	县级	县畜牧兽医中心	县科委	验收	会议	县畜牧兽医中心
12	1998. 1. 5	纵隔巨大肿瘤切除术	自选	县人民医院	县科委	评定	会议	县人民医院
13	1998. 8. 27	抛秧示范推广	自选	县农机局	县科委	评定	会议	县农机局
14	1998. 9. 29	“LYJ”多功能追肥枪深施技术项目	自选	县农机局	县科委	评定	会议	县农机局
15	1998. 11. 20	甘蔗品种思茅 11 号推广	自选	县农牧局、甘蔗站	县科委	评定	会议、现场	文井
16	1998. 11. 27	布病调查防控	自选	县畜牧局	县科委	评定	会议	县畜牧局
17	1998. 11. 27	牛冻精改良示范	自选	县畜牧局	县科委	评定	会议	县畜牧局
18	1998. 11. 27	猪人工授精突破万头	自选	县畜牧局	县科委	评定	会议	县畜牧局
19	1999. 1. 14	建设文井镇商品猪综示区	自选	县畜牧局、文井镇	县科委	评定	会议	县畜牧局
20	1999. 1. 28	甘蔗品种思茅 11 号选育	地区	地区经作站、景东甘蔗站	地区农牧局、县科委	鉴定	会议、现场	文井、锦屏
21	1999. 10. 23	水稻抛秧	自选	县农机局	地区科委、县科委	评定	会议	县农机局

续表 18-2-3

序号	评价时间	项目名称	项目来源	完成单位	组织评价部门	评价方式	评价形式	评价地点
22	1999.10.31	化肥深施推广	自选	县农机局	地区科委、县科委	评定	会议	县农机局
23	1999.11.9	秋大豆新品系示范	地区	县农业局、农技中心	地区农业局、县科委	验收	会议、现场	锦屏、文井
24	1999.11.9	大豆“景绿一号”地方品种	自选	县农业局、农技中心	地区农业局、县科委	认定	会议、现场	锦屏、文井
25	1999.12.24	景东羊肺病支原体病原调查结果报告	自选	县畜牧局	县科委	评定	会议	县畜牧局
26	1999.12.14	曼等乡人工牧草建设	自选	县畜牧局、曼等乡畜牧站	县科委	评定	会议	县畜牧局
27	2001.1.4	景东万亩低产茶园改造	自选	县农业局、茶试站	县科委	评定	会议	县农业局、茶试站
28	2000.4	景东4万亩低产茶园改造	自选	县农业局、茶试站	县科委（地科委委区托）	评定	会议	县茶试站
29	2001.8.25	稻鱼工程项目	自选	县农业局、渔政站	县科委	验收	会议、现场	良种场
30	2000.11.20	思茅地区冬大豆新品系推广	地区	地区土肥站、县农技中心	省农科院、县科委、科协	验收	会议	县农业局、农技中心
31	2002.4.16	农村初级卫生保健措施	县级	县卫生局、疾控中心	县科委（地区科委委托）	评定	会议	县疾控中心
32	2002.5	曲流布料沼气池技术改进	自选	县林业局、农村能源站	县科委（地区科委委托）	评定	会议	县节能站
33	2003.1.13	种桑养蚕技术推广应用	自选	花山蚕桑办	县科技局	评定	会议	县科技局
34	2003.1.13	桃树嫁接德李技术推广	自选	花山科技办	县科技局	评定	会议	县科技局
35	2003.1.16	水稻品种多样性混合间栽示范推广	自选	锦屏农工站	县科技局	评定	会议	县科技局
36	2003.1.21	安定乡冬早青蚕豆高产栽培技术	自选	安定农工站	县科技局	评定	会议	县科技局
37	2003.1.16	瓜果蔬菜大棚种植技术应用	自选	锦屏农工站	县科技局	评定	会议	县科技局
38	2003.1.18	者后乡稻、豆、油三熟复种技术推广	自选	者后农工站	县科技局	评定	会议	县科技局
39	2003.1.18	景东县开展消灭脊髓灰质炎效果评价	县级	县疾控中心	县科技局	评定	会议	疾控中心
40	2003.1.18	景东县51年麻风病防治效果	自选	县防疫站	县科技局	评定	会议	防疫站
41	2003.1.21	大街乡肉牛冻精改良技术推广	自选	大街畜牧站	县科技局	评定	会议	县科技局

续表 18-2-3

序号	评价时间	项目名称	项目来源	完成单位	组织评价部门	评价方式	评价形式	评价地点
42	2003.1.22	山区小水窖工程推广应用	县级	县水务局	县科技局	评定	会议	县水务局
43	2003.1.22	川河防洪整治工程技术应用	县级	县水务局	县科技局	评定	会议	县水务局
44	2003.1.24	龙竹埋竿育苗技术推广	自选	县林业局、林技中心	县科技局	评定	会议	县林业局
45	2003.1.27	人工股骨头置换术的应用	自选	县人民医院	县科技局	评定	会议	县人民医院
46	2003.1.27	硅橡胶在颅骨缺损修复中的应用	自选	县人民医院	县科技局	评定	会议	县人民医院
47	2003.1.28	世界宣明会景东唇腭裂技术助医项目总结	县级	县人民医院	县科技局	评定	会议	县人民医院
48	2003.1.28	健康教育在临床护理中的应用	自选	县人民医院	县科技局	评定	会议	县人民医院
49	2003.1.28	蛛网膜下腔出血的脑脊液置换治疗	自选	县人民医院	县科技局	评定	会议	县人民医院
50	2003.1.28	慢性细菌性前列腺炎灌注抗生素的临床应用	自选	县人民医院	县科技局	评定	会议	县人民医院
51	2003.1.28	阴式子宫全术切应用效果评价	自选	县人民医院	县科技局	评定	会议	县人民医院
52	2003.1.28	泌尿生殖系统支原体培养及药敏分析应用技术	自选	县人民医院	县科技局	评定	会议	县人民医院
53	2003.2.12	景东县行政区域界线勘定	县级	县勘界办	县科技局	评定	会议	县科技局
54	2003.2.12	大棚瓜果蔬菜种植技术示范	自选	文井农工站	县科技局	评定	会议	县科技局
55	2003.2.13	输尿管肾盂肾下盏切开取石侧侧吻合术治疗复杂性肾结石	自选	县中医医院	县科技局	评定	会议	县中医医院
56	2003.2.13	膀胱黏膜移植尿道成形术治疗尿道下裂	自选	县中医医院	县科技局	评定	会议	县中医医院
57	2003.2.13	0.2%利多卡因配制青霉素皮试液的临床应用	自选	县中医医院	县科技局	评定	会议	县中医医院
58	2003.2.20	无性系茶树良种母本园建设	自选	县农业局、茶试站	县科技局	评定	会议	县茶试站
59	2003.8.1	电脑农业试验示范	自选	景东监狱	县科技局参加验收	验收	会议、现场	景东监狱
60	2004.3.3	推广电脑农业4200公顷新增产值333万元	县级	县电脑农业领导小组	县科技局	评定	会议	县农业局
61	2004.3.25	"生物导弹"防治云南松毛虫	自选	县林业局、森防站	县科技局	评定	会议	县林业局

续表 18-2-3

序号	评价时间	项目名称	项目来源	完成单位	组织评价部门	评价方式	评价形式	评价地点
62	2005.11.8	景东县1000公顷无公害茶示范基地建设	自选	县农业局、茶试站	县科技局	评定	会议	县茶试站
63	2005.11.8	景东县无性系茶树良种母本园建设	自选	县农业局、茶试站	县科技局	评定	会议	县茶试站
64	2007.4.4	慢性肺心病并低血症临床研究	自选	县中医医院	县科技局	评定	会议	市人民医院
65	2007.4.4	骶管注射药给治疗慢性前列腺炎	自选	县中医医院	县科技局	评定	会议	市人民医院
66	2007.4.4	脊柱前路手术治疗颈柱骨折脱位结核及肿瘤病例	自选	县中医医院	县科技局	评定	会议	市人民医院
67	2007.4.4	景东县实施综合性妇女卫生保健效果评价	县级	县卫生项目办	县科技局	评定	会议	市人民医院
68	2007.4.4	景东县实施儿童计划免疫效果评价	县级	县卫生项目办	县科技局	评定	会议	市人民医院
69	2007.4.4	中草药治疗泌尿系统结石临床研究	自选	杨国民、杨华智（个体）	县科技局	评定	会议	市人民医院
70	2007.4.4	食道内支架治疗中期食道癌临床研究	自选	县中医医院	县科技局	评定	会议	市人民医院
71	2007.4.4	成人腹股沟疝平片无张力修补手术方法	自选	县中医医院	县科技局	评定	会议	市人民医院
72	2007.4.4	浅静脉留置针技术的临床应用	自选	县中医医院	县科技局	评定	会议	市人民医院
73	2007.4.4	中西药合用治疗小儿脓痤疮	自选	县中医医院	县科技局	评定	会议	市人民医院
74	2007.4.4	静脉注射美托洛尔针在急性心肌梗塞中的临床应用	自选	县中医医院	县科技局	评定	会议	市人民医院
75	2007.4.4	小隐静脉腓肠神经蒂皮辩移位用于修复足跟部等踝关节周围软组织缺损临床研究	自选	县中医医院	县科技局	评定	会议	市人民医院
76	2007.4.4	胫骨平台骨折术后康复治疗	自选	县人民医院	县科技局	评定	会议	市人民医院
77	2007.4.4	改良胆总管十二指肠吻合治疗胆总管下段梗阻分析	自选	县人民医院	县科技局	评定	会议	市人民医院
78	2007.4.4	无痛胃肠镜、无痛人流术的临床应用	自选	县人民医院	县科技局	评定	会议	市人民医院
79	2007.4.4	重型颅脑损伤的诊断和救治经验	自选	县人民医院	县科技局	评定	会议	市人民医院

续表 18-2-3

序号	评价时间	项目名称	项目来源	完成单位	组织评价部门	评价方式	评价形式	评价地点
80	2007. 4. 4	氧氟沙星和头孢拉定治疗尿路感染的对比	自选	县人民医院	县科技局	评定	会议	市人民医院
81	2007. 4. 4	结肠损伤一期修补吻合	自选	县人民医院	县科技局	评定	会议	市人民医院
82	2007. 4. 4	DHS 治疗股骨粗隆间骨折的临床研究	自选	县人民医院	县科技局	评定	会议	市人民医院
83	2007. 4. 4	胆囊切除术后麻醉镇痛泵的护理体会	自选	县人民医院	县科技局	评定	会议	市人民医院
84	2007. 4. 4	食管支架治疗中晚期食管癌临床研究	自选	县人民医院	县科技局	评定	会议	市人民医院
85	2007. 4. 4	体外震波碎石治疗泌尿系结石的应用	自选	县人民医院	县科技局	评定	会议	市人民医院
86	2007. 4. 4	5-氟脲嘧啶配合中药治疗移位妊娠的应用	自选	县人民医院	县科技局	评定	会议	市人民医院
87	2007. 4. 6	超薄混泥土防渗墙在水库大坝防渗体系中的应用	自选	县湾水河水库工程管理局、水电勘察设计室	县科技局	评定	会议	县科技局
88	2007. 4. 6	软基处理技术在倒虹吸工程中的应用	自选	县南洋河水库工程管理局、水电勘察设计室	县科技局	评定	会议	县科技局
89	2007. 4. 6	数字化仪器组合水下地形测量在倒虹吸工程测量中的应用	自选	县水电勘察设计室、水务局工程管理股	县科技局	评定	会议	县科技局
90	2007. 4. 6	无性系茶树良种定植地膜复盖技术应用	自选	农业局、茶试站	县科技局	评定	会议	县科技局
91	2007. 4. 6	572-38 型高效擦压式大豆脱粒机示范推广	自选	农机局、农技中心	县科技局	评定	会议	县科技局
92	2007. 4. 6	烤烟漂浮育苗种植技术示范	自选	锦屏科技办、烟办	县科技局	评定	会议	县科技局
93	2008. 1. 22	景东县省力化蚕台纸板方格簇推广应用	自选	佳浩公司	市科技局	鉴定	会议	市科技局
94	2008. 1. 22	FCCD 项目促进景东无量山社区发展与森林保护的管理研究	省级	自然保护区景东管理局	市科技局	鉴定	会议	市科技局
95	2008. 1. 22	景东县古茶树（园）资源普查	市级	县茶办	市科技局	鉴定	会议	市科技局
96	2008. 1. 22	景东县 2 万亩双高糖料综合技术示范园建设	自选	县农业局、甘蔗站	市科技局	鉴定	会议	市科技局

续表 18-2-3

序号	评价时间	项目名称	项目来源	完成单位	组织评价部门	评价方式	评价形式	评价地点
97	2008.9.4	5TG76 型水稻脱粒机引进示范推广	自选	县农业局、农机中心	县科技局	评定	会议、现场	县农机中心
98	2008.9.8	茶树嫁接技术应用	自选	县农业局、茶试站	县科技局	评定	会议	县茶试站
99	2008.9.8	高档烘青绿茶生产工艺技术应用	自选	县农业局、茶试站	县科技局	评定	会议	县茶试站
100	2008.11.4	景东县娱乐场所高危人群 STD/AIDS 知识同伴教育效果评价	自选	县疾控中心	县科技局	评定	会议	县疾控中心
101	2008.11.4	ViSuaIFOXPr06.0 软件开发与林权证信息管理系统数据库对接技术应用	县级	县林改办、县林业局	县科技局	评定	会议	县林业局
102	2008.11.4	GPS 与南方 CASS6.0 AutoCAD 软件对接应用技术	县级	县林改办、林业局	县科技局	评定	会议	县林业局
103	2009.6.2	侧脑室—腹腔分流术治疗脑积水病例的临床应用	自选	县中医医院	县科技局	评定	会议	县中医医院
104	2009.6.3	腰硬联合麻醉在临床中的应用	自选	县人民医院	县科技局	评定	会议	县中医医院
105	2009.6	依靠科技推动农业产业结构调整示范	省科技厅	县农业局、科技局	省科技厅委托市科技局	验收	会议	县农业局

二、获奖科技成果

1978—2011 年，全县共获国家、省部级科技成果表彰奖励 14 项，其中，二等奖 2 项，三等奖 10 项，四等奖 1 项，其他 1 项。1991—2011 年，全县共获市政府科技成果表彰奖励 31 项，其中，一等奖 2 项，二等奖 9 项，三等奖 20 项。

1978—2011 年景东县获得国家、省部级奖励科技成果一览表

表 18-2-4

序号	奖励年度	获奖项目名称	奖励等级	授奖部门	奖励情况	获奖单位	获奖人员
1	1978	紫胶虫采种期预测预报技术研究	—	全国科技大会	—	中国林科院紫胶研究所	洪广基、欧炳荣、唐广泉、杨星池、陈仲达
2	1978	温室无土育秧机播、机插“三配套”	三等奖	省政府	奖状及奖金 500 元	县农科所、农机所、锦屏公社景范大队农科站	—
3	1978	建设速成高产茶园技术	三等奖	省政府	奖状及奖金 500 元	县茶叶站	—

续表 18-2-4

序号	奖励年度	获奖项目名称	奖励等级	授奖部门	奖励情况	获奖单位	获奖人员
4	1981	景东县农业气候资源调查及区划	三等奖	国家气象局	—	地区气象局景东区划队	陆中林、曹旭初、束德茂、魏清荣、谷青
5	1984	玉米引群80号引种改良	四等奖	省政府	—	县农科所等	郎发康等
6	1985	紫胶虫寄主树及良种选育	三等奖	林业部	—	中国林科院紫胶研究所	吕福基、杨鸿玲、郑德荣、陈玉培、夏定久等
7	1985	紫胶白虫茧蜂的人工繁殖	三等奖	林业部	—	中国林科院紫胶研究所	赖永其、王士振
8	1988	中华人民共和国国家标准——五倍子	二等奖	林业部	—	中国林科院资源昆虫研究所	夏定久、何剑中、袁佩华、徐春贵、洪世俊、李绍家
9	1988	优质高产多抗糯稻新品种“云香糯一号”的选育及推广	三等奖	省政府	—	县农科所（参加单位）	王崇明
10	1989	中华人民共和国国家标准——紫胶原胶	三等奖	林业部	—	林科院资源昆虫研究所等	侯开卫、吕福基、李绍家、杨纲廉、宋玉斌
11	1989	中华人民共和国国家标准——紫胶虫种胶	三等奖	林业部	—	林科院资源昆虫研究所等	陈玉德、石秉聪、康国政、杨纲廉、宋玉斌等
12	1989	杂交水稻制种创高产	三等奖	省政府	—	县种子站等	—
13	1998	4万亩野生铁核桃改造	二等奖（星火奖）	省政府	奖状及奖金5000元	县科委等	周正清、沈忠强、王学敏、叶珍德、周志明、纪世忠、龙昆
14	1998	26万亩水稻良种及综合栽培技术示范推广	三等奖（星火奖）	省政府	奖状及奖金3000元	县农业局、农广校、农技推广中心	刘春玲、范景琼、魏大胜、熊朝兴、兰晓

1991—2011年景东县获得市级奖励科技成果一览表

表 18-2-5

序号	奖励年度	获奖项目名称	奖励等级	授奖部门	奖励情况	获奖单位	获奖人员
1	1991—1992	杂交水稻母本湿直播制种开发利用	三等奖	地区行署	奖状及奖金400元	县种子站者孟制种组	刘贤芳、张兴宗、王有富、罗恒华、自桂荣、李平一、王德富
2	1991—1992	景东县杂交水稻制种气象条件的初探	三等奖	地区行署	奖状及奖金400元	景东气象局等	王林、曹红勇、刘贤芳

续表 18-2-5

序号	奖励年度	获奖项目名称	奖励等级	授奖部门	奖励情况	获奖单位	获奖人员
3	1991—1992	杂交水稻万亩 650 千克栽培模式	三等奖	地区行署	奖状及奖金 400 元	文井农工站	王开明、肖明丽、梁明宇、杨开勇、黎燕、徐绍昌、兰晓
4	1993—1995	杂交水稻制种高产配套技术研究及应用	一等奖	地区行署	奖状及奖金 2000 元	景东种子站（协作）	刘贤芳、张兴宗
5	1993—1995	关于建立猪统一供精站促进商品猪生产发展	二等奖	地区行署	奖状及奖金 1500 元	县畜牧兽医站	杞文学、陈楠、袁德光、徐子云、郑平
6	1993—1995	思茅地区 20 万亩杂交玉米新组合推广	二等奖	地区行署	奖状及奖金 1500 元	景东种子站（协作）	罗恒华
7	1993—1995	板栗品种改良技术研究	二等奖	地区行署	奖状及奖金 1500 元	县森防站	王立新
8	1993—1995	30 万亩旱地甘蔗高产高糖栽培	二等奖	地区行署	奖状及奖金 1500 元	县糖办（协作）	魏文品
9	1993—1995	思茅地区松毛虫综合防治试验示范推广	二等奖	地区行署	奖状及奖金 1500 元	县林业局（协作）	王立新
10	1993—1995	景东县灭症后期监测管理效果	二等奖	地区行署	奖状及奖金 1500 元	县卫生防疫站	颜嘉惠、杨忠喜
11	1993—1995	景东县老梨树高枝多头嫁接技术（应用）	三等奖	地区行署	奖状及奖金 1000 元	县科委	周正清、沈忠强、王学敏、黄开鹏、丁有泽
12	1993—1995	晚熟芒果商品生产基地建设	三等奖	地区行署	奖状及奖金 1000 元	县农业局	魏大胜、王崇明、李发祥、师尚英、罗文荣
13	1993—1995	为造福子孙后代认真做好计划免疫工作	三等奖	地区行署	奖状及奖金 1000 元	县卫生防疫站	张德斌、李昌朝、杨明清、颜嘉惠、周灿海
14	1993—1995	高赖氨酸玉米群改种 8—10 示范	三等奖	地区行署	奖状及奖金 1000 元	县农技推广中心	朗发康、魏萍、陈杰、李应福、蔡东城
15	1996—1997	玉米机制钵育苗定向移栽技术推广	三等奖	地区行署	奖状及奖金 2000 元	县农机局	张国科、王德品、王丕学、王和全、程远
16	1996—1997	景东防盲治盲效果评价	三等奖	地区行署	奖状及奖金 2000 元	县人民医院	字雁鸣、杞福德、张德斌、杨明清、施庆华
17	1996—1997	景东灭鼠综合防治及效果评价	三等奖	地区行署	奖状及奖金 2000 元	县卫生防疫站	张德斌、李昌朝、李忠、杨明清、杨忠喜

续表 18-2-5

序号	奖励年度	获奖项目名称	奖励等级	授奖部门	奖励情况	获奖单位	获奖人员
18	1998—1999	核桃子芽苗露地创土嫁接技术及推广	三等奖	地区行署	奖状及奖金2000元	县林技中心	王立新、李彦勇、罗芳、刘文宏、魏大坤
19	1998—1999	景东县甘蔗喷施稀土技术推广	三等奖	地区行署	奖状及奖金2000元	县甘蔗指导站	李应良、李应福、师尚英、徐芬、王有富
20	1998—1999	景东羊肺炎支原体病病原调查	三等奖	地区行署	奖状及奖金2000元	县畜牧局	周正清、侯明学、谢帜刚、顾云春、毛德荣
21	2000—2001	优质杂交稻新组合制种技术攻关	一等奖	地区行署	—	县种子站（协作）	刘贤芳
22	2000—2001	哀牢山大种毛脚鸡科学养殖技术推广	二等奖	地区行署	奖状及奖金5000元	县畜牧局	周正清、杞文学、侯明学
23	2000—2001	“曲流布料”沼气池技术改进及推广	二等奖	地区行署	奖状及奖金5000元	县农村能源站	朱家伟、张春志、周康、郭年光、陈登明、李昌才、陈建华
24	2002—2003	云南松毛虫可持续控制研究	二等奖	市政府	奖状及奖金5000元	县森防站	姜伟、罗芳、李谊伟、童清、刘文红、陈疆、马从昌
25	2002—2003	景东县电脑农业专家系统推广应用	三等奖	市政府	奖状及奖金3000元	县电脑农业专家系统领导小组办公室	徐云、李应良、李应福、廖帮惠、师尚英
26	2002—2003	输尿管肾盂肾下盏切开取石侧侧吻合术治疗复杂性肾结石	三等奖	市政府	奖状及奖金3000元	县人民医院、中医医院	肖云、邓朝山、钱一峰、吴明华、罗正高
27	2004—2005	景东县1.5万亩无性系茶树良种示范推广	三等奖	市政府	奖状及奖金3000元	县茶试站	田良、者跃达、李仕成、欧明兰、彭刚
28	2004—2005	景东县无性系茶树良种母本园建设	三等奖	市政府	奖状及奖金3000元	县茶试站	田良、者跃达、李仕成、欧明兰、罗春
29	2006—2007	景东县省力化蚕台纸板方格簇推广应用	三等奖	市政府	奖状及奖金5000元	佳浩公司	李华、李同伟、李彦勇、刘波、罗明泽
30	2008—2009	Visual Foxpro 6.0 软件开发与林权证信息管理系统数据库	三等奖	市政府	奖状及奖金5000元	县林改办、县林业局	王承伟、诸良富、何姗姗、马媛、段学庄
31	2008—2009	景东50万亩核桃丰产栽培综合配套技术推广	三等奖	市政府	奖状及奖金5000元	县林业局（参与）力奥饮品公司（参与）	段方伟

2001—2006 年，根据县奖励办法，开展县级科学技术奖励工作，共获县政府表彰奖励科技成果 44 项，其中，一等奖 3 项，二等奖 10 项，三等奖 31 项；并根据县奖励暂行办法，开展先进专业技术人员评选表彰工作，共获县政府“先进专业技术人员”称号 25 人。

2001—2006 年景东县获得县级奖励科技成果表

表 18-2-6

序号	奖励年度	获奖项目名称	奖励等级	奖励情况	获奖单位	获奖人员
1	2000—2002	景东县行政区域界线勘定	一等奖	奖状及奖金 3000 元	县勘界办	罗海垠、孔广群、张华、吴志强、王江
2	2001—2002	输尿管肾盂肾不盏切开取石侧侧吻合术治疗肾结石	一等奖	奖状及奖金 3000 元	县人民医院、中医医院	肖云、邓朝山、钱一峰、吴明华
3	2001—2002	龙竹埋竿育苗技术推广	二等奖	奖状及奖金 2000 元	县林技中心	黄培根、叶绍增、罗建梅、杜林强、姜贵勇、陈光合、汤国武
4	2001—2002	无性系茶树良种母本园建设	二等奖	奖状及奖金 2000 元	县茶试站	曹万禹、者跃达、欧明兰、余勇、黄玲、罗春、彭刚
5	2001—2002	世界宣明会景东唇腭裂手术助医项目	二等奖	奖状及奖金 2000 元	县人民医院	查正纪、钱一峰、陈育林、唐坤、赵联英、罗艳萍、李兰春
6	2001—2002	景东县 51 年麻风病防治效果	二等奖	奖状及奖金 2000 元	县疾病控制中心	张德斌、杨明清、李昌朝、周林刚、罗恒智
7	2001—2002	健康教育在临床护理中的应用	三等奖	奖状及奖金 2000 元	县人民医院	赵云仙、王萍、钱一峰、周安荣、陈华
8	2001—2002	阴式子宫全切术应用效果评价	三等奖	奖状及奖金 2000 元	县人民医院	陈汝庆、杨明红、何明英、汤琼
9	2001—2002	泌尿生殖系统支原体培养及药敏分析技术应用	三等奖	奖状及奖金 2000 元	县人民医院	洪梅、罗德尧、袁志兰、张力、陈荣芳
10	2001—2002	人工股骨头置换术的应用	三等奖	奖状及奖金 2000 元	县人民医院	王庆华、钱一峰、李健、谢应贵、方文秀
11	2001—2002	蛛网膜下腔出血的脑脊液置换治疗	三等奖	奖状及奖金 2000 元	县人民医院	龙艳、陈麟华、张文秀、杨春生、姜志雄
12	2001—2002	慢性细菌性前列腺炎灌注抗生素的临床应用	三等奖	奖状及奖金 2000 元	县人民医院	谢应贵、钱一峰、王庆华、李健、王萍淳
13	2001—2002	膀胱黏膜移植尿道成形术治疗尿道下裂	三等奖	奖状及奖金 2000 元	县人民医院、县中医医院	肖云、邓朝山、吴明华、叶承永
14	2001—2002	0.2%利多卡因配置青霉素皮试液的临床应用	三等奖	奖状及奖金 2000 元	县中医医院	杨娅丽、杨景荣、肖云、罗娅、付萍
15	2001—2002	景东县实施初级卫生保健及效果评价	三等奖	奖状及奖金 2000 元	县疾病控制中心	张德斌、杨明清、李昌朝、周林刚、罗恒智
16	2001—2002	景东县开展消灭脊髓质炎效果评价	三等奖	奖状及奖金 2000 元	县疾病控制中心	颜嘉惠、杨明清、李昌朝、周灿海、苏俦
17	2001—2002	种桑养桑技术应用推广	三等奖	奖状及奖金 2000 元	花山蚕桑办	曹进、曹东进、龚向明、王斌、吴满宁

续表 18-2-6

序号	奖励年度	获奖项目名称	奖励等级	奖励情况	获奖单位	获奖人员
18	2001—2002	水稻多样性混合间栽技术示范推广	三等奖	奖状及奖金2000元	锦屏农工站	王芳、罗传兰、李正堂、曾承李、姜丽
19	2001—2002	者后乡稻、豆、油三熟复种技术推广	三等奖	奖状及奖金2000元	者后农工站、科技办	郭华、石凤升、罗春朝、廖学勇、杨春艳
20	2001—2002	大街乡肉牛冻精改良技术推广	三等奖	奖状及奖金2000元	大街农工站	杨国宏、杨春安
21	2001—2002	冬早青蚕豆高产栽培技术推广	三等奖	奖状及奖金2000元	安定农工站	卢爱华、罗成昆
22	2001—2002	大棚瓜果蔬菜种植技术示范总结	三等奖	奖状及奖金2000元	文井农工站	兰晓、张以宏、杨成山、冯明、熊逵
23	2001—2002	川河防洪整治工程技术应用	三等奖	奖状及奖金2000元	县水电勘察设计室	段明华、王所、杨坤、罗朝新
24	2001—2002	山区小水窑工程推广应用	三等奖	奖状及奖金2000元	县水电勘察设计室	段明华、罗朝新
25	2003—2006	DHS治疗股骨粗隆间骨折的临床研究	一等奖	奖状及奖金5000元	县人民医院	王庆华、李明庭、王平淳、
26	2003—2006	小隐静脉腓肠神经蒂皮瓣移位用于修复足跟部等踝关节周围软组织缺损临床研究	一等奖	奖状及奖金5000元	县中医医院	王生、肖云、罗正高、周洪、刘炳、冯广龙
27	2003—2006	超薄混凝土防渗墙在水库大坝防渗体系中的应用	一等奖	奖状及奖金5000元	县湾水河水库除险加固工程建设局、水电勘察设计室	李华喜、王开明、段明华、赵国菊、罗兆坚、徐恩东、金学成、邓轶群、周伟
28	2003—2006	无性系茶树良种定植地膜覆盖技术应用	二等奖	奖状及奖金3000元	县茶试站	戴成富、者跃达、欧明兰、李再勇、陈元花、李福琼、王和杏
29	2003—2006	软处理技术在倒虹吸工程中的应用	二等奖	奖状及奖金3000元	县南洋河水库管理局、水电勘察设计室	王所、段明华、黄东、金学成、王承伟、罗兆坚、余劲松、
30	2003—2006	慢性肺心病并低血症临床研究	二等奖	奖状及奖金3000元	县中医医院内儿科	高学军、杨景荣、赵珍秀、刘忠惠、
31	2003—2006	无痛胃肠镜、无痛人流术的临床应用	二等奖	奖状及奖金3000元	县人民医院	陈勇、代云维、卢丕军
32	2003—2006	结肠损伤一期修补吻合分析	二等奖	奖状及奖金3000元	县人民医院	罗文红
33	2003—2006	体外震波碎石治疗泌尿系结石的应用	二等奖	奖状及奖金3000元	县人民医院	谢应贵、魏松、李健、王庆华、邓朝山、明太松、方文秀
34	2003—2006	数字化仪器组合水下地形测量例在倒虹吸测量中的应用	三等奖	奖状及奖金2000元	县水务局设计室、建设管理股	段明华、王所、王承伟、金学威、黄东

续表 18-2-6

序号	奖励年度	获奖项目名称	奖励等级	奖励情况	获奖单位	获奖人员
35	2003—2006	烤烟漂浮苗种植技术示范	三等奖	奖状及奖金2000元	锦屏科技办、烟办中心烟站	杨灿辉、丁有泽、邓键、自华高、李正堂
36	2003—2006	572－38型高效擦压式大豆脱粒机示范推广	三等奖	奖状及奖金2000元	县农机化推广中心	罗文锦、李荣、吴国旗、童浩、周邦学
37	2003—2006	骶管注射给药治疗慢性前列腺炎	三等奖	奖状及奖金2000元	县中医医院	吴明华、肖云、叶承勇、阮中永
38	2003—2006	食道内支架治疗中晚期食管癌临床研究	三等奖	奖状及奖金2000元	县人民医院、县中医医院	李健、邓北、王庆华、刘燕平、王超、
39	2003—2006	成人腹股沟疝平片无张力修补手术方法	三等奖	奖状及奖金2000元	县中医医院	罗正高、肖云、杨亚丽
40	2003—2006	浅静脉留置针技术的临床应用	三等奖	奖状及奖金2000元	县中医医院	杨亚丽、付萍、王敏、吴应琴、罗娅、
41	2003—2006	静脉注射美托洛尔针在急性心肌梗塞中的临床应用	三等奖	奖状及奖金2000元	县中医医院	刘忠惠、高学军、纪光权、陈维、杨文忠
42	2003—2006	胆囊切除术后麻醉镇痛泵的护理体会	三等奖	奖状及奖金2000元	县人民医院	李兰春、陈勇、宋声银、王光梅
43	2003—2006	景东县实施儿童计划免疫效果评价	三等奖	奖状及奖金2000元	县卫生项目办	颜嘉惠、杨明清、李昌朝、周灿海
44	2003—2006	景东县实施综和性妇女卫生保健效果评价	三等奖	奖状及奖金2000元	县卫生项目办	颜嘉惠、杨明清、冯德娟、杨春晓

2001—2006年景东县县级先进专业技术人员一览表

表 18-2-7

序号	表彰人员	单位	奖励情况	序号	表彰人员	单位	奖励情况
1	侯明学	县农业局	奖金、证书	14	郎中标	县广电局	奖金、证书
2	杨和萍	县农业局	奖金、证书	15	罗庆光	景东自然保护区管理局	奖金、证书
3	张德斌	县疾控中心	奖金、证书	16	王　艳	景东一中	奖金、证书
4	王庆华	县人民医院	奖金、证书	17	阿进珍	林街中心校	奖金、证书
5	张春志	县林业局农村能源站	奖金、证书	18	陈　杰	县农业局项目办	奖金、证书
6	黄培根	县林业局、林技中心	奖金、证书	19	王庆生	县农业局种子站	奖金、证书
7	段明华	县水电勘察设计室	奖金、证书	20	孙志刚	县地方公路管理段	奖金、证书
8	陈纯锦	县交通局	奖金、证书	21	梁丹丹	县环保局环境监测站	奖金、证书
9	赵　刚	县教育局	奖金、证书	22	周自山	县烟草专卖局营销部	奖金、证书
10	王　微	县教育局	奖金、证书	23	罗兆坚	县水务局设计室	奖金、证书
11	方文秀	县人民医院	奖金、证书	24	罗开强	县水务局水政水资源站	奖金、证书
12	王德平	县林业局	奖金、证书	25	李龙海	福泉制糖有限责任公司	奖金、证书
13	肖　云	县中医医院	奖金、证书				

第四节 知识产权

2002年县级机构改革，县科技局加挂县知识产权局牌子，明确工作职责，知识产权工作步入正轨。

2004年，在全县范围内开展以“尊重知识产权、维护市场秩序”为主题宣传周活动，广泛宣传《中华人民共和国专利法》《云南省专利保护条例》等，营造尊重和保护知识产权、勇于创新的良好社会氛围。同年9月，文井镇农民魏大章设计出“一种沼气池出粪具”，具有实用性强、操作简便、结构简单、经济实惠等优点，获国家知识产权局“实用新型专利证书”，首开景东县专利纪录。2005年，全县共申报专利6件，均为发明专利，获得授权1件。木雕爱好者吕正学设计的景东黑冠长臂猿木雕工艺品，首获景东县外观设计专利。2006年，从提高专利执法队伍素质入手，安排4人参加市科技局专利执法培训班，取得专利执法证，并组织和引导全县专利申请。年内，“一种自动报警输液架”“能快速装卸的汽车用备胎架”等3项发明获国家专利。保护知识产权，促进专利成果转化。通过报纸、电视等新闻媒体广泛宣传“一种沼气池出粪具”，使广大沼气用户逐步认识并应用该专利产品。但因该产品具有较高的实用性和商业价值，导致不少人模仿生产、销售，给专利权人造成一定经济损失。县知识产权局及时调查并制止侵犯行为，教育侵权行为人，成功调解专利侵权纠纷2起。2007年4月，知识产权宣传周活动全面展开，县委宣传部、农业局、卫生局等13个部门参与，广泛宣传《保护知识产权促进创新发展》“知识产权知识问答”“违法音像制品鉴别方法”等，提高群众知识产权意识，营造良好创新环境。同年3月13日，召开全县专利权人座谈会，专利权人及县人大、政府、政协领导和相关人员参加，对专利工作提出意见和建议。实用新型专利“一种沼气池出粪具”“松脂、橡胶汁收集杯”由专利权人自行生产，产品销到周边地区（州）。2008年，将知识产权工作重点放在知识产权保护、宣传、专利申请、专利成果转化上，开展“知识产权宣传周”活动，宣传《中华人民共和国专利法》《专利费用减缓办法》等法律法规，通过电视、报纸、网络等媒体，强化知识产权工作宣传力度，提高全社会知识产权意识，形成尊重和保护知识产权良好社会氛围。在工作中，把知识产权保护、利用与科技管理工作有效结合，对拥有自主知识产权的景东银生福林塑料制品厂给予资金、技术等方面扶持，并向省科技厅、财政厅申报“松脂、橡胶汁收集杯”专利成果转化项目，使该厂获得20万元资助，促进专利成果转化。2009年4月，开展以“文化·战略·发展”为主题宣传、咨询活动，深入企业开展专利申请指导服务。活动期间共悬挂“保护知识产权，促进创新发展”“加大执法力度，严厉打击侵犯知识产权违法行为”等宣传标语20多条，发放知识产权简介、专利申请指南、商标注册与维护、违法音像制品及常用药品鉴别方法等各种宣传资料3000多份，展示专利产品及其他侵权产品，现场

专利产品法兰盘接头及连接套件铸造（叶珍德 摄）

接受咨询300多人次，受教育群众4000多人。2010年4月，承办“普洱市2010年知识产权宣传周”启动仪式，组织工商、质监等26家单位围绕“创造、保护、发展”活动主题，开展多种形式宣传教育活动，发放各类宣传资料3万余份，广泛宣传知识产权法律法规、专利知识，提高群众知识产权意识，营造良好创新环境。在知识产权宣传周期间，召开知识产权工作座谈暨培训会，邀请市局专家培训产权基本概念、专利申请、专利保护知识，共26个单位、40余人参训。2010年，全县共申请专利3件，其中“一种法兰盘接头”“一种高效节能气化灶”获国家知识产权局受理。2011年4月，在知识产权宣传周活动中，组织工商、公安、科协、计生等部门，开展县知识产权宣传周活动，共计发放《专利申请与指南》《中华人民共和国专利法》及实施细则等各种资料6000余份，受宣传群众4000余人。

2002—2011年，全县共获专利授权28件，其中，实用新型18件，发明7件，外观设计3件。

景东县2004—2011年国家专利统计表

表18-2-8

序号	专利名称	专利号	专利类型	授权时间	发明（设计）人	申请（专利权）人	地址
1	一种沼气池出粪具	ZL03252814.0	实用新型	2004.9.29	魏大章	魏大章	文井镇文光村六组
2	工艺品	ZL200430029233.1	外观设计	2005.1.12	吕正学	吕正学	锦屏镇玉屏路75号
3	硬帽檐式雨衣	ZL200420104575.X	实用新型	2006.4.26	刘一梅	刘云坤	景东林业局敬老院
4	能快速装卸的汽车用备胎架	ZL200520022462.X	实用新型	2006.7.5	李建平	李建平	文井镇清凉村街子组
5	一种自动报警输液架	ZL200520022365.0	实用新型	2006.7.19	董　超	董　超	景东一中高一（7）班
6	一种卷烟包装盒	ZL200520022597.6	实用新型	2006.8.23	崔发禹	崔发禹	锦屏镇灰窑村
7	松脂、橡胶汁收集杯	ZL200520100071.5	实用新型	2007.2.28	潘光福	潘光福	景东林业局
8	光导纤维式照明灯饰	ZL200510010987.6	发明专利	2007.3.7	刘云坤	刘云坤 刘一梅	景东林业局敬老院
9	智能延时开关	ZL200520100072.X	实用新型	2007.11.14	徐佳兵	徐佳兵	锦屏镇景川路村尚武门组
10	自来水球形三通管	ZL200920110991.3	实用新型	2009.12.2	李文勇	李文勇	者后乡中心学校
11	一种高效节能气化灶	ZL201020210200.7	实用新型	2010.12.29	李国安	李国安	花山乡淇海村山心组
12	一种高效节能取暖型柴秆炉	ZL201120071158.X	实用新型	2011.10.12	李国安	李国安	花山乡淇海村山心村
13	一种法兰盘接头及法兰盘连接套件	ZL201020515415.X	实用新型	2011.10.26	李建平	景东建装公司	景东县望城坡老道班
14	标签（福煌牛）	ZL201130184919.8	外观设计	2011.11.16	孙维琴	孙维琴	锦屏镇景川路337号
15	松香精制釜及松香精制方法	ZL201110150521.1	发明专利	2011.12.7	宋自旗 陈止戈	力奥公司	锦屏镇西郊路3号

续表 18-2-8

序号	专利名称	专利号	专利类型	授权时间	发明（设计）人	申请（专利权）人	地址
16	一种用于松香精制或松香树脂生产的尾气处理真空保护装置	ZL201110150512.2	发明专利	2011.12.14	宋自旗 陈止戈	力奥公司	锦屏镇西郊路3号
17	松香烤渣机及包含烤渣机的成套设备	ZL201120188217.1	实用新型	2011.12.21	宋自旗 陈止戈	力奥公司	锦屏镇西郊路3号
18	松香生产工艺	ZL201110189308.1	发明专利	2012.1.11	陈止戈 宋自旗	力奥公司	锦屏镇西郊路3号
19	用于松香树脂包装的挡板式提升机	ZL201120188207.8	实用新型	2012.1.18	宋自旗 陈止戈	力奥公司	锦屏镇西郊路3号
20	松香烤渣机及包含烤渣机的成套设备	ZL201110150513.7	发明专利	2012.1.18	陈止戈 宋自旗	力奥公司	锦屏镇西郊路3号
21	松香树脂生产工艺	ZL201110189298.1	发明专利	2012.2.1	陈止戈 宋自旗	力奥公司	锦屏镇西郊路3号
22	一种高效节能热水型柴秆炉	ZL201120071154.1	实用新型	2012.2.15	李国安	李国安	花山乡淇海村山心组
23	一种用于松香精制或松香树脂生产的尾气处理真空保护装置	ZL201120188222.2	实用新型	2012.2.22	陈止戈 宋自旗	力奥公司	锦屏镇西郊路3号
24	一种汽车悬架升降装置	ZL201120244860.1	实用新型	2012.3.7	苏　海	苏　海	景东四中（李建中转）
25	松香精制釜	ZL201120188209.7	实用新型	2012.3.14	陈止戈 宋自旗	力奥公司	锦屏镇西郊路3号
26	松香树脂尾气处理罐及尾气的处理方法	ZL201110155331.9	发明专利	2012.3.14	陈止戈 宋自旗	力奥公司	锦屏镇西郊路3号
27	取暖型柴秆炉	ZL201130239448.6	外观设计	2012.4.25	李国安	李国安	花山乡淇海村山心组
28	松香树脂尾气处理罐	ZL201120194294.8	实用新型	2012.7.11	陈止戈 宋自旗	力奥公司	锦屏镇西郊路3号

第五节　科普宣传与科技培训

1990—1995 年，县科委累计开展科技培训 104 期，培训农民 1.25 万人次。印发铁核桃嫁接改造、水稻旱育稀植和抛秧、玉米地膜覆盖、茶树修剪等技术及科普资料 6.02 万册（份）。1996 年，结合

科技下乡活动（县农业和科学技术局　提供）

太忠乡科技扶贫示范乡建设，按照“实际、实用、实效”培训原则，采用专题和现场等培训方式，开展水稻旱育稀植、植物生长调节剂“云大-120”施用、乌骨鸡饲养、黑山羊养殖等技术培训。1998 年，把科技普及和宣传重点放在农村，与农村各项工作相结合。在太忠（科技扶贫示范乡）建立宣传栏，宣传科普知识和农村实用技术；在农村开展科技知识竞赛、文艺联欢、科技咨询等活动，并开展科普物资交流会，把科技宣传与商贸活动相结合，参加活动科技人员 50 余人、群众约 6000 人。2001 年，请地区种子站专家到文井镇老练村举办“蔬菜瓜果种植技术培训班”1 期，到大营村举办“老茶园改造技术培训班”。全年共开展各类科技培训 18 期，培训 1235 人次。

2004 年，县科技局借“三八”节孔雀山凌云塔竣工庆典机会，开展禽流感防治等科普宣传。结合“科技活动周”“三下乡”活动，到太忠、林街、漫湾、景福等 8 个乡（镇）赶科普街、送科技下乡；结合“哀牢山地区植物资源持续利用模式的试验示范研究”项目实施，文井都拉、者吉科技文明示范点示范户建设，开展金银花、灯台叶等中药材、经济林木种植，以及水稻、烤烟、茶叶、养猪养牛、种桑养蚕等技术培训。全年共举办或参与举办科技街 11 场次、培训班 23 期，培训农民 3450 人，发放科技资料 1.46 万份（册）。2005 年，结合石斛产业发展与县林业局共同举办石斛种植技术培训班，参加培训种植示范户 50 户、68 人，使石斛种植户初步掌握石斛人工种植技术；结合科技示范户建设，开展中药材种植、科学养猪、种桑养蚕等技术培训，促进各类科技措施的推广应用。全年共举办各类科技培训班 23 期，培训 4650 人次；结合“保持共产党员先进性，科技为您服务”“科技活动周”“三下乡”等活动，在县城及文龙、文井等乡（镇）开展以赶科普街、科技咨询、发放宣传资料为主要方式，广泛宣传普及各种农村适用技术、卫生保健、农作物病虫害防治等知识。全年共举办或参与举办科技街 7 场次，宣传面 5.5 万人次，发放科技资料 8770 份（册）。2006 年，结合“依靠科技推动农业产业结构调整示范”项目实施，在太忠、锦屏、文井、大街开展秋大豆、冬马铃薯种植技术培训，编印并发放《秋大豆、冬马铃薯种植技术手册》1500 份；在林街等乡（镇）开展蚕桑种养技术培训，并印发价值 2000 元的《景东彝族自治县蚕桑实用技术规范》技术手册；在锦屏镇黄草岭村开展果树种植技术培训。全年共举办各类科技培训班 27 期，培训农民 1.26 万人、2.24 万人次。配合市委宣传部、市科技局等 10 个部门组成“三下乡”服务团到东镇开展“三下乡”活动；在“科技活动周”期间，统一制作 10 块宣传展板，向《云南科技报》订《科技活动周专刊》8000 份，组织科技、农业、卫生等 20 个单位、60 多人组成科技巡回宣传队，围绕“携手建设创新型国家”活动主题，到文井、安定、大街等乡（镇）开展巡回宣传，以科技咨询、图片展览、发放宣传资料、赠送物资等形式，广泛宣传农作物种植技术、病虫害防治、艾滋病防治、卫生保健知识等。全年共举办或参与举办科技街 9 场次，宣传面 8.5 万人次，发放各类科技资料 8.44 万份（册）。2007 年 1 月，结合“三下乡”活动，与农业、卫生等 7 个部门 33 人组成“三下乡”服务团，在县城、安定等地开展科技咨询、发放资料、赠送物品等形式活动，共发放种养殖技术、作物新品介绍、法律法规、医疗保健知识等方面宣传资料和《云南科技报》“三下乡”专刊、种植技术宣传挂历、《公民手册》等资料 6.89 万份（册）。同年 5 月，根据省市有关部门安排，由县科技局、宣传部、科协牵头，围绕“携手建设创新型国家”主题，突出宣传科学精神、弘扬科学精神主旋律，围绕“节约能源资源、保护生态环境、保障安全健康”热点问题、科技促进社会主义新农村建设、提高未成年人科学素质开展活动。在县城启动仪式后，26 个“科技活动周”成员单位 30 余人组成巡回宣传队，到景福、龙街、漫湾等乡（镇）赶科普街，以图片展览、发放宣传资料、开展咨询等形式，广泛宣传普及各种农村应用技术。全年共举办或参与举办科技街 9 场次，宣传面 11 万人次，发放各类科技资料 12.36 万份（册）。围绕新农村建设，结合科技项目实施及支柱产业发展，组织农业、畜牧、蚕桑等相关部门，在锦屏镇黄草岭、大街乡昆岗、文井镇都拉、安定乡逈仓等村开展茶叶、蚕桑、养殖等科技培训，提高劳动者素质，为促进各类科技措施的推广和应用发挥作用。2008 年，结合“三下乡”“知识产权宣传周”“科技活动周”等活动，组织有关部门采用培训、现场咨询、资料发放等方式，普及各类科技知识。在“科技活动周”期间，共组织农业、林业、畜牧等 20 个部门、科技者 80 人参与活动，接受群众咨询 260 人次，发放《景东农村林业技术实用手册》《无公害茶生产技术手册》《栽桑养蚕实用技术规范》等科技书籍 4327 册，《科技活动周宣传专刊》等技术资料 2.1 万份，参与群众 3.5 万人。全年共举办大型科普活动 3 场，发放各类宣传资料 6.56 万份，参与群众 7 万余人。结合科技项目实施、社会主义新农村建设等工作，联合农业、畜牧等部门开展技术培训，与畜牧局到太忠乡开展腺鸡养殖技术培训，与县蚕桑办到景福等乡（镇）开展蚕桑技术培训；结合县关工委“学科技奔小康”活动、县民宗局“扶持人口较少民族发展工程”等工作，针对青年农民、少数民族开展实际、实用、实效的技术培训，提高其科学文化素质和劳动技能。全年共开展科技培训 19 期，培训农民 5466 人次，发放培训资料 6750 份（册）。2009 年，结合“三下乡”“知识产权宣传周”“科技活动周”等活动，组织有关部门开展培训、现场咨询、发放资料等，普及各类科技知识。全年共举办大型科普活动 2 场，发放各类宣传资料 3.26 万份，参与群众 3 万余人。结合“黄草岭村水果实蝇综合治理技术推广应用”“林街乡千亩紫胶示范园建设”等科技项目和“百日百万”农民工培训等工作，到林街乡丁帕、锦屏镇黄草岭等村开展蚕桑养殖、紫胶种植及放养、果树病虫害防治等技术培训，提高群众科技意识，促进科技措施的推广应用。全年共开展科技培训 13 期，培训农民 3350 人次。2010 年 2 月“三下乡”活动期间，先后到安定、大街、花山等 5 个乡（镇）开展宣传服务活动，共发放《茶叶加工技术手册》《蔬菜科学种植手册》《马铃薯科学种植手册》等 10 多类实用技术资料 4240 册（份），接受现场咨询 413 人次。结合“景东县科技辅导员培训行动”项目实施，安排给东镇、景福、漫湾等 7 个乡（镇）培训经费 4.5 万元，培训科技辅导员 620 人，提高辅导员技术水平和服务能力，充分发挥科技辅导员在产业发展中的重要作用。2011 年上半年，结合在建“蚕桑产业科技培训”“芙蓉王品牌普洱烟原料需求与生态特色培育技术体系研究”等项目实施，在林街、东镇、景福等乡（镇）开展蚕桑、烤烟等科技培训，培训农民 2167 人次。还组织县林业局、供销社、力奥公司等单位参加省科技厅举办的科技计划项目申报及管理、市科技局“小粒咖啡种植培训班”。

第六节　科技大会

2007 年 9 月 21 日，县委县政府召开全县科技大会。县四班子领导、科技领导小组成员、县直各部委办局、人民团体、事业单位和重点企业、省市驻景单位主要负责人，各乡镇党政一把手、分管科技工作副乡镇长、科技助理员，受表彰人员等共计 200 人参加。会议总结全县“十五”期间科技工作，分析科技工作面临的形势并作工作安排。会议表彰奖励景东县 2003—2006 年度科学技术奖获奖成果 20 项、先进专业技术人员 15 人、专利权人 5 人、先进科技示范户及科技致富带头人 16 人。

第七节　科技机构

1960 年，景东县首次建立科学技术联合会，吸收会员 13 人。1971 年，县科技办公室成立。1981 年 11 月，县科学技术协会（简称科协）成立；次月，县科学技术委员会（简称科委）成立，两家合署办公，实行“一套班子两块牌子”运行机制，驻景川路 132 号。1988 年 12 月，执行省科委《关于县辖乡（镇）科技干事职责的暂行规定》，省地县三级匹配资金，设立科技干事工作岗位，每乡镇聘用科技干事 1 人，全县 16 乡镇招录科技干事 16 人，建立健全县乡科技管理体系。2002 年 5 月，按照机构改革“三定”原则，县科委更名为“县科学技术局”（简称科技局），加挂县知识产权局牌子，与县科协仍行“一套班子两块牌子”运行机制，两家合署办公。2002 年 3 月至 2006 年 6 月，建成科技综合楼，建筑面积 2064.8 平方米，其中办公室 356 平方米；2006 年 8 月，科技局迁入综合楼，驻瑞屏路 3 巷 2 号。2003 年 10 月，县科学技术局与县协分设。科技局、科协分设后，科技局办公楼建筑面积 237 平方米。2011 年 6 月，县科技局与县农业局合并，设县农业和科学技术局。历任科委主任（科技局长）：白应光、李云生、胡鸿昌（副主任主持）、周正清、杨志新、陶世凡、苏毅。

第三章　水　文

第一节　水文资源

一、水资源调查及开发利用

（一）水资源分区

根据《全国水资源综合规划》和《云南省水资源综合规划》分区成果，景东县处于西南诸河一级水资源区中红河二级水资源区以及澜沧江二级水资源区，分属于李仙江三级水资源区中李仙江四级水资源区以及沘江口以下三级水资源区中澜沧江中段四级水资源区。根据境内河流水系分布情况，在云南省水资源分区成果基础上将景东县划分为 3 个五级区，分别为李仙江上游川河景东段（川河区）、李仙江上游者干河景东县段（者干河区）和澜沧江东岸景东县区（澜沧江区）。

景东县水资源分区基本情况表

表 18-3-1　　单位：平方千米

水资源三级区	水资源四级区	水资源五级区	分区面积
李仙江	李仙江	川河景东段	2396.6
		者干河景东段	579.0
沘江口以下	澜沧江中段	澜沧江景东段	1556.4
合计	—	—	4532.0

（二）水资源数量

1. 降水及蒸发

降水　景东县属南亚热带季风气候，降雨丰沛。据景东气象站多年观测资料，境内多年平均降水量为 1436.4 毫米，折合总量为 65.1 亿立方米，降水多为降雨，其他降水有冰雹、霜、露、雾等，间或有降雪，多发生在高山地带，河谷坝区稀少，总量很小，全年冰雹期仅为 0.5 天。(1) 降雨年际变化。降雨量年际变化不大，降雨径流系数 0.4 左右。从降水年内时程分配看，每年 6—10 月为主雨季，降雨日数为 153.5 天，占总日数的 42.9%，降雨量占全年总降雨量的 85%。(2) 降水空间分布。降雨量随海拔变化特征明显，海拔越高，降雨量越大，降雨高值区多出现在水汽来源大的迎风坡和高山区。境内者干河流域与澜沧江流域靠近哀牢山和无量山脉的西风坡，海拔高，水汽来源充足，最高海拔分别为 2946 米和 3371 米，平均降雨量较大，两流域多年平均降雨量均为 1560 毫米，降雨高值区如徐家坝水库海拔2450米，降雨量1852毫米；川河流域由于地势平缓，海拔大多在1300米以下，降雨量较小，多年平均降雨量为1403毫米，其中川河坝海拔1180~1200米，降水量为1024~1079毫米，与徐家坝水库区降雨量相比，两者相差近一倍。

景东县多年平均降水量及径流量表

表18-3-2

五级区	分区面积（平方千米）	降水量（毫米）	地表径流量（亿立方米）	地下径流量（亿立方米）
川河景东段	2396.6	1403.1	15.39	5.19
者干河景东段	579.0	1560.2	4.98	1.02
澜沧江景东段	1556.4	1560.0	11.16	2.67
合计	4532.0	1436.5	31.53	8.88

景东县主要河流多年平均降水量及径流量表

表18-3-3

水系	流域	河流名称	集水面积（平方千米）	年均降水量（毫米）	年均降水总量（亿立方米）	年均径流量（毫米）	年均径流总量（亿立方米）
红河	者干河	沾雨河	48.0	1700	0.8160	975	0.4680
		昆岗河	40.0	1700	0.6800	983	0.3932
		文明河	31.2	1700	0.5304	983	0.3067
		淇海河	39.2	1700	0.6664	928	0.3638
		都鲁河	89.2	1600	1.4272	928	0.8278
	川河	老仓河	88.0	1453	1.2790	746	0.6569
		文路河	48.6	1488	0.7234	777	0.3779
		瓦伟河	148.4	1259	1.8690	376	0.5594
		龙树河	6.5	1580	1.0271	767	0.4985
		董报河	282.6	1304	3.6874	651	1.6107
		大坝河	64.6	1697	1.0966	858	0.5540
		利月河	35.2	1521	0.5354	790	0.2782
		菊河	91.2	1719	1.5683	946	0.8634
		三岔河	238.6	1421	3.3908	697	1.6647
		速南河	75.5	1495	1.1288	787	0.5941
		南线河	184.4	1576	2.9064	852	1.5728
		挖萨河	45.5	1405	0.6394	953	0.2696
		开南河	55.7	1549	0.8632	715	0.3980
		者吉河	59.8	1603	0.9586	798	0.4773
澜沧江		安召河	39.2	1201	0.4707	550	0.2156
		碱房河	43.6	1333	0.5813	580	0.2529
		文冒河	36.8	1500	0.5520	650	0.2529
		保甸河	35.1	1450	0.5090	650	0.2282

续表 18-3-3

水系	流域	河流名称	集水面积（平方千米）	年均降水量（毫米）	年均降水总量（亿立方米）	年均径流量（毫米）	年均径流总量（亿立方米）
澜沧江		昔掌河	44.0	1500	0.6600	763	0.3355
		清水河	62.2	1600	0.9952	763	0.4743
		中古河	76.4	1600	1.2224	763	0.5825
		古里河（上）	100.0	1750	1.7500	940	0.9400
		古里河（下）	112.0	1500	1.6500	713	0.7890
		岔河	80.0	1600	1.4400	975	0.7800
		勐片河	204.4	1560	3.1886	744	1.5216
		大田河	175.8	1733	3.0471	900	1.5822
		文笑河	205.6	1317	3.8940	688	2.0323

景东县各乡镇多年平均地下水径流量表

表 18-3-4

乡镇	集水面积（平方千米）	多年平均		不同保证率地下水量（亿立方米）			
		年地下水深（毫米）	年地下水量（亿立方米）	20%	50%	75%	95%
锦屏	512	294.2	1.5063	1.7473	1.4912	1.2954	1.0544
文井	848	166.75	1.4140	1.6403	1.4000	1.1861	0.9899
漫湾	308	181.6	0.5930	0.6488	0.5537	0.4810	0.3915
东镇	539	133.2	0.7179	0.8327	0.7107	0.6740	0.6525
曼等	158	130.8	0.2067	0.2398	0.2046	0.1777	0.1447
花山	287	186.4	0.5350	0.6206	0.5297	0.4601	0.3745
大街	183	186.4	0.3411	0.3957	0.3377	0.2934	0.2388
太忠	303	143.1	0.4336	0.5030	0.4293	0.3729	0.3035
龙街	272	174.8	0.4755	0.5516	0.4707	0.4089	0.3328
文龙	293	271.4	0.7952	0.9224	0.7372	0.6839	0.5566
安定	231	308.3	0.7122	0.8262	0.7051	0.6125	0.4985
林街	218	197.2	0.4299	0.4987	0.4256	0.3698	0.3009
景福	309	243.8	0.7533	0.8738	0.7458	0.6478	0.5273
合计	4461	—	8.9137	10.3009	8.7413	7.6635	6.3659
其他	4.85	—	—	—	—	—	—

说明：该表集水面积为2001年全县行政区域界线勘定之前官方使用的数据，即全县行政区域总面积为4465.85平方千米。全县多年平均地下水深为199.0毫米

蒸发　根据景东气象站资料，境内多年平均蒸发量1743毫米，蒸发量大于降水量，为多年平均降水量的1.21倍，其中3—5月为蒸发旺盛期，合计蒸发量796毫米。蒸发分为水面蒸发和陆面蒸发。(1) 水面蒸发。多年平均蒸发量1258毫米，低值区分布于无量山、哀牢山顶部，高值区分布于川河、者干河、澜沧江等低海拔河谷地带。(2) 陆面蒸发。多年平均蒸发量为749毫米，变化趋势由

南向北递减，与地势、热量、供水等诸因素关系密切。

2. 水资源量

景东县境内河流均属雨水补给水源河流类型。全县多年平均径流深695毫米，多年平均径流量40.44亿立方米，其中地下水径流量8.91亿立方米，基本与地表水重复。其中，澜沧江流域地表水径流量11.16亿立方米，地下水径流量2.67亿立方米，占全县总量的34.2%；者干河流域地表水径流量4.98亿立方米，地下水径流量1.02亿立方米，占全县总量的14.8%；川河流域地表水径流量15.39亿立方米，地下水径流量5.22亿立方米，占全县总量的51.0%。

从径流年际变化看，径流量年际变化较大，流量系数0.28左右，历史观测年最大径流量为50.45亿立方米（1966年），年最小径流量为16.39亿立方米（1977年），最大值是最小值3.1倍。从径流年内分配来看，由于境内都是雨水补给水源河流类型，径流年内分配与降雨年内分配情况基本一致，主要集中在6—10月雨季，雨季径流量占全年总径流量的72%。

从径流空间分布上看，全县径流深分布不均，境内3个水资源五级区中，者干河流域多年平均径流深1053毫米，居全县之首；澜沧江流域次之，多年平均径流深903毫米；川河流域最小，多年平均径流深872毫米。全县径流深最高值在1300毫米左右，位于无量山脉海拔2500米以上区域及哀牢山脉海拔2000米以上区域，径流深随海拔高程变化趋势明显，海拔越高，径流深值越大。

3. 水资源质量

污染源调查 景东县为典型山区型农业县，工业发展滞后，工业污水大多未经处理直接排放。据污染物入河量调查及估算成果，2008年重铬酸盐总入河量为568.84万千克，其中，面源污染414.32万千克，点源污染154.53万千克；贡献率分别为72.8%、27.2%；氨氮总入河量130.77万千克，其中，面源污染117.47万千克、点源污染13.3万千克；贡献率分别为89.8%、10.2%。表明，景东县河流水质污染以面源污染为主。

地表水水质 景东县河流污染源相对稳定，源强变化不大。据观测成果，境内河流水质总体较好，主要河流水质为Ⅱ～Ⅲ类，达到或超过Ⅲ类水质标准的河流长度占评价河长94.6%。调查的11个水功能区水质基本达到“地表水环境质量标准”Ⅲ类水标准。其中菊河饮用水源区、老仓河开发利用区、开南河开发利用区、者干河源头区、者干河干流等河段达到Ⅱ类水标准。境内水库无营养化现象，满足用水水质要求。

4. 水资源开发利用

供水设施及能力 截至2008年末，全县建成各类水利工程1.11万件。其中，蓄水工程80件，包括中型水库1件（南洋河水库）、小（一）型水库9件、小（二）型水库12件、坝塘58件，总库容4468万立方米、兴利库容3654万立方米；引水工程5399件，其中小（一）型1件（川河大沟）、设计引水流量5立方米/秒，小（二）型及以下5398件、设计引水流量51.52立方米/秒；提水工程11件，总装机容量134千瓦；山区“五小”水利工程5649件，其中小水池和小水窖3649件、小水管2000件，蓄水量7.5万立方米；集镇供水工程13件，水池38件。

全县各类供水工程以引水工程供水为主，总供水能力1.76亿立方米，其中，蓄水工程0.59亿立方米，占总供水能力的33.5%；引水工程1.17亿立方米，占66.5%。从工程分布看，川河区有南洋河中型水库和挖萨、徐家坝等小型水库13件，川河大沟小（一）型引水工程和董报河、菊河等小（二）型引水工程1868件和提水工程10件，水利条件相对较好；者干河区有平地、豆地箐、大旱塘、大滥箐、大草坝等水库5件及小（二）型引水工程804件、提水工程1件，水利条件稍差；澜沧江区属山区，田高水低，仅有湾水河、菜户河和干桔河小型水库3件，以及分散的小型引水工程，水利条件较差。

供用水量　景东县用水量随经济社会发展而不断增长。2008 年，全县总用水量由 1980 年 8899 万立方米增长到 17410 万立方米，年均增长率 3.1%；人均综合用水量由 1980 年 292 立方米提升到 488 立方米，年均增长 1.85%。同期，全县 GDP 总增长率 13.9%，总人口增长率 18.4%，其中城镇人口增长 8.6%。(1) 用水增长情况。农业用水增长量最多，由 1980 年 8721 万立方米增长到 2008 年 13950 万立方米，共增长 5229 万立方米，年均增长率 2.2%；工业用水增长速度最快，由 1980 年 40 万立方米增长到 2008 年 1671 万立方米，年均增长率 18.5%。(2) 用水结构调整情况。农业用水比例逐步降低，工业与生活用水稳步提高。其中，农业用由 1980 年 98% 降低到 2008 年 80.1%，工业用水占由 1980 年 0.4% 提高到 2008 年 9.6%，生活用水由 1980 年 1.4% 提高到 2008 年 6.3%。用水量与经济、人口增长情况及当地水资源条件密切相关。县城由于经济和人口发展在全县各乡镇中增长最快，加之川河流域水资源丰富，开发利用条件较好，总用水量增长速度居全县最高。

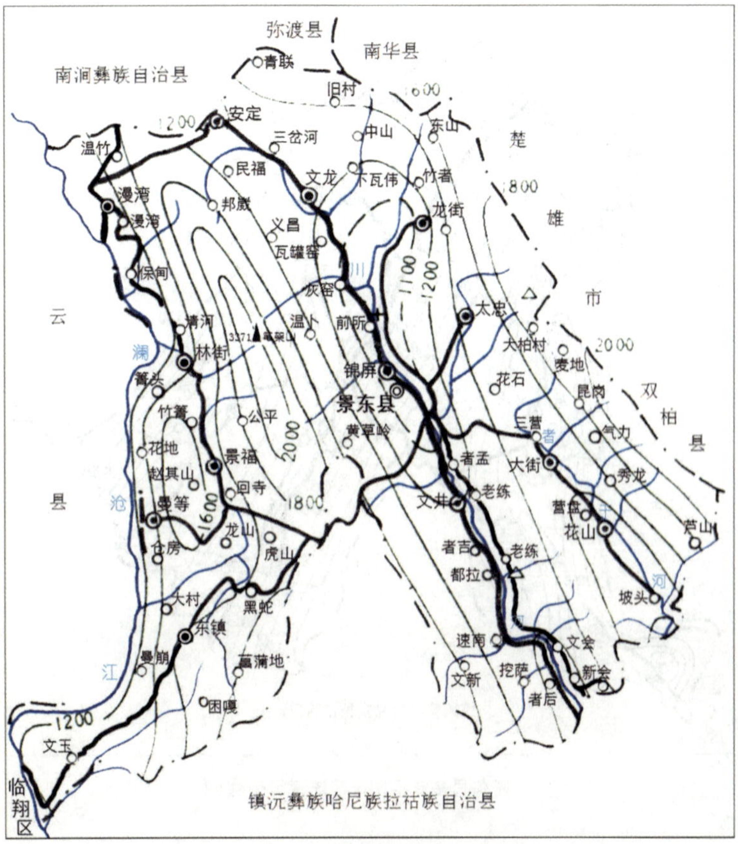

景东县多年平均降水量等值线图

用水水平及开发利用程度　2008 年，景东县人均用水量 488 立方米，高出普洱市平均水平 51 立方米，高出云南省平均水平 167 立方米；农业灌溉综合用水定额 5580 立方米/公顷，低于普洱市平均水平（8160 立方米/公顷），也低于云南省平均水平（7860 立方米/公顷），农业灌溉水利用系数 0.5，农业用水水平相对较高；万元 GDP 用水量 780 立方米，高于普洱市平均水平（626 立方米），远高于云南省平均水平（313 立方米），工业用水水平尤其较低，万元工业增加值用水量为 280 立方米，为普洱市平均水平（230 立方

景东县多年平均年水面蒸发等值线图

景东县多年平均年径流深等值线图

米）的 1.22 倍，云南省平均水平（115 立方米）的 2.4 倍；人均城镇生活用水 131 立方米，略低于普洱市平均水平（137 立方米），与云南省平均水平（131 立方米）持平，城镇生活用水与省市平均水平相当；农村生活用水 80 立方米，高于普洱市平均水平（69 立方米），也高于云南省平均水平（68 立方米），农村生活用水略高于省市平均水平。

1980—2008 年，景东县万元 GDP 用水量从 5428 立方米减少到 780 立方米，降低 86%；单方水 GDP 产出由 1.84 元提高到 12.82 元，增长 6 倍，用水效率增长较快。同期，万元工业增加值用水量从 698 立方米减少到 280 立方米，降低 60%；单方水工业增加值产出由 14.33 元提高到 35.71 元，工业用水效率明显提高；单方水粮食产量由 1.07 千克降低到 0.92 千克，农业用水效率略有降低。

综合评价与分析　(1) 水资源总量丰沛，但时空分布不均。境内多年平均水资源总量 40.41 亿立方米，占云南省水资源总量的 1.86%，占普洱市水资源总量的 12.7%，人均水资源量 10653 立方米，每公顷平均耕地水资源量 50715 立方米，高于云南省平均水平，低于普洱市平均水平。全年 80%以上降雨和 70%以上径流量均集中在 6—10 月雨季，从空间分布上来看，海拔较高山区迎风坡由于水汽来源丰富及地形抬升作用，容易形成降雨，河谷地带水汽来源与降雨形成条件相对较差，降雨量较少，形成明显降雨随垂直高度变化的分布特征，即海拔越高降雨量越大。同时，境内植被分布均匀，各区产流模数基本相近，因此径流深高值区分布与降雨高值区分布基本一致。(2) 河流水质情况总体良好。景东县境内植被良好，森林覆盖率较高，且工业化程度较低，水源污染程度较轻，主要河流干流水质基本维持在Ⅲ类水标准，部分河流支流及源头区能够达到Ⅱ类水标准。(3) 水资源开发利用程度不高，径流调节能力不足。景东县现状供水能力为 1.76 亿立方米，仅占全县水资源总量的 4.4%，水资源开发利用程度不高。在现状供水能力中以引水工程为主，引水工程供水能力占总供水能力的 66.5%，而有调蓄能力的蓄水工程（水库）兴利库容仅为 3654 万立方米，仅占总供水能力的 20.8%、水资源总量的 0.9%，供水保障程度受自然来水影响大，供水保障抗风险能力较低。

第二节　水文观测及情报

一、水文观测

景东县实测水文资料观测站有青龙站、景东站、蛮燕（二）站、蛮燕站、文道营站、文板站、景东气象站。其中，文板站、青龙站由景东县水务局设立，委托云南省水文水资源普洱分局观测和整编；景东站、蛮燕站、蛮燕（二）站、文道营站属国家基本站，其资料由云南省水文水资源局审核；

景东气象站资料由云南省气象局审核。

景东县水文资料观测站各站资料情况统计表

表 18-3-4　　　　单位：平方千米、米

河名	站名	站别	资料起止日期	集水面积	站址高程	测验项目					
						水位	流量	泥沙	降水	蒸发	其他
龙树河	青龙	水文（专）	2003. 1—2008. 12	64. 6	1230. 0	√	√	√	√	√	—
川河	景东	水文	2000. 1—2008. 12	1800. 0	1161. 2	√	√	√	√	√	—
川河	蛮燕（二）	水文	1968. 1—2000. 12	1186. 0	1200. 0	√	√	—	√	—	—
川河	蛮燕	水文	1959. 1—1967. 12	1514. 0	1190. 0	√	√	—	√	—	—
川河	文道营	水文	1959. 1—1959. 12	1888. 0	1172. 0	—	√	—	√	—	—
南洋河	文板	水文（专）	1992. 1—1998. 12	42. 7	1125. 6	√	√	√	√	√	—
川河	景东	气象	1952. 1—2008. 12	—	1162. 3	—	—	—	√	√	√

自 20 世纪 70 年代始，在龙街、安定、文龙、徐家坝水库、大街、者后、湾水河水库、平地水库、南洋河水库等地设雨量站，在文井镇观测土壤墒情（土壤含水率）。

二、水文情报

景东水文站属国家基本站，省级报汛站。向省防办、市各级防汛指挥部门、省水文水资源局、普洱分局报汛。报汛项目有降水量、水位、流量，报汛时段是枯期报旬、月报，汛期报日、旬、月报。基本上报段次为每日 8：00 一段 1 次。当局部地区 1 小时内降雨超过 30 毫米或日降水量达 100 毫米时，应在 1 小时内编报，写出水情快报报送防汛指挥部门；日降雨量达 100 毫米的大暴雨，遇全流域降水过程导致水文站出现十年一遇的较大洪水时，要及时组织人员开展调查和分析，并编写系统全面的暴雨洪水分析上报相关部门。

第三节　水文机构

1958 年 12 月，省农业厅水利局在清凉区鲍家村设文道营水文站。收集断面水位资料 1 年后，于 1960 年停测，继之在火箭公社东报（后改称董报）区文彦队设蛮燕（一作文燕）水文站。1968 年 1 月，迁至川河大沟坝头，更名为蛮燕（二）水文站。2000 年 1 月，迁至县城河东街，更名为景东水文站。2008 年，在文井镇设立文井土壤墒情站。建站初期，由思茅行署建设科水文组管理，几经变迁后归属省管，称云南省

景东水文站（罗海坝　摄于 2012 年 8 月）

水文总站思茅水文分站蛮燕水文站。1985 年 1 月 1 日，水文分站上归省水文总站，隶属省水利厅，名称也随之改为云南省水文总站思茅分站蛮燕水文站，股所级。1993 年，更名为云南省水文总站思茅水文水资源勘测大队蛮燕水文站，股所级。1997 年，更名为云南省水文水资源局思茅分局蛮燕水文站，股所级。2002 年，分局机构升格为副处级，景东水文站升格为副科。2007 年 4 月 8 日，更名为云南省水文水资源局普洱分局景东水文站。水文站占地 3860 平方米，建筑面积 530 平方米。2002 年后历任站长：马荣兵、徐学飞、金燕、杨红昆、李文明。

第四章　防震　减灾

第一节　防震宣传

1970—1995 年，景东县地震科普宣传以发放传单为主。1996—2007 年，每年都以墙报和发放宣传单形式，开展澜沧耿马“11·6”地震纪念日活动。2007 年，宁洱“6·3”地震发生后，基本形成党委领导、政府主导、部门协同、社会参与良好工作局面。每年“科技周”“5·12”防灾减灾日、澜沧耿马“11·6”宣传周等期间，联合宣传、广电、教育、民政、红十字会等部门，按照“主动、稳妥、科学、有效”原则，深入乡镇、部门、学校、厂矿企业开展防震减灾知识培训和防震演习，加强《中华人民共和国防震减灾法》《云南省防震减灾条例》《云南省建设工程抗震设防管理条例》等法律法规宣传，宣传能力及效果显著提升，全社会防震减灾意识明显增强。至 2011 年，先后发放《防震减灾册》3 万册、宣传单 1.3 万份，张挂布标 60 条，张贴标语 200 条，展出图片 60 幅/30 次。

地震应急演练（县供电公司　提供）

第二节　地震监测

一、初期监测

1970—1980 年，地震监测“土法上马、土洋结合”，处于初级阶段。设备主要为应力 82 型观测仪、微 A 地电、地磁仪、地倾斜等，通过观测，作日均值曲线图、地倾斜矢量图分析和监测地震异常，对地震前兆反映不明显。还以学校师生、厂矿职工为主，发动社会家家户户土法观察动物植物异常现象及井泉水、气候特殊变化情况，综合分析和预报地震。

二、专业监测

1988 年，景东县设立地震机构，配备专业技术人员。至 2007 年，所有在职监测工作人员完成省市业务培训，具有独立完成监测资料处理与综合分析和预报地震业务能力。监测设备不断更进，相继配备水氡仪、水位自记仪、数字式温度仪和其他辅助设备。1989 年，购置 FD-105K 型仪器水氡仪 2 台，在南仓井和乡镇企业局取水，由于人为用水干扰，达不到预测要求指标。1995 年，县政府拨款 3 万元在城建局大院打下 106 米地下深井，水流量稳定在 0.003 升/秒，水温 21.5℃~22.8℃，水氡正常值 7~13 贝柯，建成采样固定、方便，一井多用地震观测井（称景东井）。2011 年，更换新型 FD-125K 型水氡仪。水氡值预测地震是目前地震监测手段中行之有效方法之一，景东县有连续 15 年可靠观测资料。1996 年 2 月，景东井安装 SW40-1 型水位自记仪和 SZW-1A 型数字式温度仪并投入使用。SW40-1 型水位自记仪主要记录深井地下水位 24 小时潮汐日幅差变化值。16 年水位资料连续、完整、科学、可靠，应震效果较为理想。SZW-1A 型数字式温度仪主要监测地下深井水温高精度自记，精度高达万分之一。性能为自校、自记、自动打印 24 小时整点值，打印 1 个月变化曲线图，是县内观测手段较为现代化的观测仪器。2012 年 6 月，云南省监测中心到县地震局更换数据化水温仪器，同年 7 月开始正常使用。景东县每天向省市地震部门传输数据，每月向省地震局地震预报中心寄送原始记录和月报表、月均值曲线图，经省地震局地方地震技术服务部技术质量评比，水位和高精度水温均在 96 分以上优秀分值。地震监测中，为识别异常排除干扰因素，还增设水银气压表、气压自记、气温表、降雨记录等辅助设备。

第三节　地震防御

一、工程抗震设防审批

1978—1995 年，景东以墙报、挂图形式开展震害防御宣传；1995—2005 年，增加日常监测预报。通过宣传，提高群众地震防御知识。自 2005 年 7 月始，县委县政府加强地震防御工作领导，按照相关防震减灾法律法规要求，把抗震设防管理作为震灾预防重点，依法对境内重大建设工程和县城建设工程进行抗震设防监督和管理，要求对新建、扩建、改建工程严格执行抗震设防要求审批制度，并贯穿建设工程始终。先后审批抗震设防要求建设工程 103 个，协助云南省地震局工程院开展县医院医技大楼、勐片河梯级电站、青龙水库、青大公路等重大工程的地震安全性评价。

二、农村危房改造

2008—2011 年，按照抗震要求，全县完成拆除重建 2100 户、加固改造 3600 户。

第四节　地震机构

1970 年，县地震办公室成立，1979 年撤销。1989 年 6 月 11 日，地震办再次成立，属政府二级局。1990 年，地震办和抗震救灾办合二为一，称抗震防灾办，隶属建设局。1992 年 2 月 17 日，县委县政府决定，恢复地震办（二级局），人员从城建局编制调配。1993 年，县地震办改为事业单位，归属国土建设环境保护局。1995 年，抗震救灾指挥部更名为抗震防灾指挥部。2007 年 7 月，地震局升格为一级局，在岗 8 人。2011 年，机构改革，地震局为县政府直属正科级事业单位，设局长 1 人，副局长 1 人。历任主任：裴新好、普仕哲、杨洪云、普仕哲（二任）、刘国民，局长：王学岗。

第十九编

文化　旅游

第一章　文化艺术

第一节　文艺创作

一、文学创作

景东县自古人文辈出。中华人民共和国成立后，在秉承中华优秀传统文化艺术的同时，现代文学开始萌芽。1955 年，上海文化生活出版社出版邓承礼诗集《亲人的慰问》。1956 年,《思茅报》发表李光盈小品文 2 篇。1960 年,《思茅报》发表石德林诗歌 2 首。1964 年,《萌芽》发表刘仲诗歌《林区散曲》。1970 年,《人民中国》发表刘仲报告文学《洒尽热血为人民》。“文化大革命”期间，文学创作停滞不前。中共十一届三中全会后，报纸刊物逐渐恢复出版发行，成为文学创作者艺术催生和创作活动的重要平台，景东县涌现出一批民族作家、诗人和民间文艺家，在普洱市内形成独具地方民族特色的景东文学群体，受到社会普遍关注。

文艺刊物　(1)《景东消息》。1956 年，县委创办《景东报》，开设文艺版，油印八开二版，三日刊，日印 500 份。1958 年，改设四版铅印，三日刊，在四版设文艺版，专门刊出文学艺术作品。1961 年 2 月,《景东报》停刊。累计发行 49.3 万份。1994 年 1 月,《景东报》复刊，十日刊，云南省长和志强为“景东报”题名。1999 年，改称《景东消息》。至 2011 年，先后刊登文艺作品 600 余期、200 万余字。(2)《景东文化》。1959 年，县文化馆创办《景东文艺》，出刊 2 期后停办。1980 年，恢复办刊，刊名《杜鹃》，后因缺人编辑而停刊。1984 年，更名《银川》，出刊 5 期，因与其他刊物同名，恢复刊名《景东文化》，1990 年 2 月停刊。(3)《银生墨韵》。1993 年，县诗词书画协会成立，创办会刊《龙泉》，年刊。2006 年，改称《银生墨韵》。(4)《银生文化》。2002 年 4 月，县文联创办《无量》，半年刊。2005 年，改称《无量山文艺》。2007 年，改称《银生文化》，双月刊。至 2011 年末，累计出刊 38 期 336 万字，60 余万份。(5) 其他刊物。自 20 世纪 80 年代始，一些部门和文学创作爱好者自发创刊。2001 年，教育局创办《景东教育》，双月刊，后改为季刊；内页设文艺栏目。2000 年，锦屏镇中创办校刊《御笔雨花》；景东民中创办校刊《鸿鹄》，2010 年改称《心路》。2007 年，大街中学创办校刊

20 世纪 40 年代末开南诗社全体会员（市档案局　提供）

《润雨》。月报，四版设文艺版。2008年12月，景东昌龙公司创办《今日昌龙》，月报，四版设文艺版。2010年，文井中学创办校刊《川河莘园》、太忠中学创办校刊《嘎埂柳絮》。20世纪80年代，部分文学爱好者创办油印刊物，如林街周开胜等办《野山》、曼等周德翰等办《野夫》、漫湾李世华、纪明良等办《漫湾通讯》。21世纪后，部分个人网站大量转载文学作品，其中杨回“景东银生网”较具影响力。此外，县政府办“景东信息网”，县委宣传部“新华网·景东频道”“景东新闻网”等网页，大量登载文艺作品；县电视台开设文艺专栏节目。

作者群体与成果　中共十一届三中全会后，一些老作者相继开笔；一些年青作者勤奋创作，纷纷在文学界崭露头角。在省地报刊发表小说、散文、诗歌作品。同时，一些离退休人员开始著书立说，其中较有影响力的作者有曹守基、汪大学、李开运、张白、魏金德、邓贤刚、王致顺、苏有伯、田耕、李青、庞三省、姜兆武、傅琼芬、王焕朝（耕夫）、周正清等。在此期间，涌现出一批新文学创作群体，较有成就的作者有陶明贵、周德翰、周开胜、李世华、李庭辉、纪明良、邓朝山、王艳、曾玉、夏萍、石川、杜娜、丰诗文、颜仕勇、李力、李应林、李鸿湖、李祖质、杨洪江、李国忠、徐丕文、杨丕宁、王景天、罗庆东、罗意、解明君、刘陶然、沙红兵、张平等。20世纪90年代后，出现一批以写作散文、诗歌、小说以及网络创作为主的群体，主要作者有潘柏君、罗汀、王敬、田姗姗、王桂、王潇跃、杨洁、郭子艳、杨坤、刘怡、王秀才、江月、孙国章、罗美艳、田忠鸿、周华、余婷婷、陈学艳、王寒林、杨文云、戴时春、张新福、姚德芹、王云、黄福娟、杨坤、杨启琳、王周洁、何娅、罗君、杨丽华、李俊娇、杨学文、陈国娜、自学华、张花、杨早、丁建玲、杜文春、李卓颖等，在县境形成较大的文学爱好者群体。据不完全统计，经常写作、在市级以上刊物发表作品作者逾200人，市级作协会员逾20人。2000年，彝族作者周德翰加入云南省作家协会，继后，2003年彝族作者卢晨曦、2004年傣族作者陶明贵、2006年汉族作者邓朝山、2007年彝族作者潘柏君、2009年汉族作者杨洪江先后加入云南省作家协会。另外，景东籍在外工作的一大批文学作者也比较活跃，创作出大量作品，主要作者有邓承礼、文雏、李辉、刘仲、马青、魏鹏华、余仕海、王恒菊、毕登程等。在此期间，文学创作主要成果有曹守基散文集《滇豫散记》，周德翰长篇小说《冷寂大河》、诗集《雨淋沧江》，李开运长篇历史章回小说《陶府传》、散文集《芳草地》，卢晨曦长篇小说《蛮官传奇》《真爱永恒》、小说集《山里的金竹和菊花》，陶明贵散文集《绿色的爱》，邓朝山诗集《人生底片》，潘柏君散文集《无量山》《生命绝唱》，杨洪江散文集《做一片绿叶》、诗集《一树红山茶》。此外，正式出版发行的有马青小说集《黄栗木铜炮枪》《北回归线之城》《雨落拉祜山》，魏鹏华小说散文集《哀牢神韵》，余四海《四海小说集》《四海杂文集》等。在文学艺术研究上，曹守基著有《滇诗重光集选注》《清代晚期著名诗人戴家政诗选注》《景东古代诗选注》，李辉著有《程含章诗选注》；在哲学、社会科学研究上也取得一些成就，主要有邓承礼《南诏大理国军事史》、华林《西南彝族历史档案》，白应华《中国早期马克思主义者对中国近代史的研究》、李庭辉《明清时期思茅教育研究》等。据不完全统计，县境已出版各类专著150余部，对弘扬传统民族文化，发展景东文学创作起着重要作用。

文艺机构　1979年前，文学艺术创作工作由宣传部门监管。之后，成立文教局，设立文化科，由文化科负责文学艺术工作；在文化馆配设专人从事文学作品编辑。2002年，县文学艺术界联合会正式成立，下设各协会，负责指导、协调、组织全县文学艺术创作活动。景东文学艺术创作活动朝着有培养、有计划、有目标方向健康发展。

二、民间文学

（一）民间文学渊源

景东县地处无量山和哀牢山之间，气候温和，山川毓秀，物丰产富，民族众多。秀美山川给人们美妙的遐想，丰富物产给人们优裕的物质享受，众多民族聚居让人们互相交流融合，促进民族文化艺术发展，创造出光辉灿烂的民族文化。民间文学深深根植于劳动人民的生活土壤，由于长期饱受哀牢山和无量山奇峰异彩的熏陶，不但题材广泛，内容丰富，形式多样，而且风格独特。彝族民间歌谣更是浩如烟海，从不同角度反映出劳动人民勤劳、勇敢、纯朴、诚实的性格特征和喜怒哀乐的思想感情。它以老百姓喜闻乐见的艺术形式表现出来，反映社会生活、社会心理和风俗人情，总结生产经验和人生道德，歌颂正义，斥责邪恶，反抗强暴，激励人们为美好生活顽强奋斗，具有一定启发和教育作用。1984 年 5 月 28 日，文化部、国家民族事务委员会、中国民间文艺研究会联合发出《关于编辑出版〈中国民间故事集成〉〈中国歌谣集成〉〈中国谚语集成〉的通知》，在全国范围内展开搜集、挖掘、抢救、编辑出版民间文化遗产工作。景东县成立民间文学集成领导小组，配设工作人员，具体由县文化馆负责。1987 年，基本摸清全县民间文学蕴藏量及分布情况，采录大量第一手资料，填补民间文学空白；同时，为研究景东历史提供宝贵的参考资料，为后代留下宝贵民间文化财富。

景东民间文学，除具备民间文学的普遍性外，还具有自己的特征。景东民间文学是各民族大融合的产物。景东在历史上民族众多，迁徙频繁，而且互相杂居，互相往来，各民族之间经济和文化相互影响，相互吸收，相互促进，从而使民间文学具有较大的变易性。特别是近代，景东居民以汉、彝两族为主，和睦相处，共同奋斗，经济和文化融为一体，因此，民间文学便形成汉彝融合，你中有我，我中有你，你我一致的特点，部分歌谣更是如此。景东民间文学深受中原文化的影响，居住在这片土地上的居民，其祖先大多来自“三江”（即浙江、江苏、江西）等地，从中原带来先进的科学技术和文化艺术，给景东的经济和文化发展带来很大影响，民间文学愈加丰富和发展。

（二）民间歌谣

历代景东各民族能歌善舞，逢年过节、婚丧娶嫁、祭献神鬼，更是赋诗咏唱，信手拈来，充分表达自己的思想感情。因此，境内民歌民谣非常广泛，丰富多彩，堪称歌谣的海洋。如山歌所唱：“郎家门前我去过，调子口袋挂满罗；调子口袋放塌啦，山歌滚满几山坡。”

彝族人载歌载舞（罗海垠　2008 年 6 月摄于安定）

景东歌谣分为排曲和散曲两大类。排曲是指按一定传统格式来填词演唱的歌谣，所以又称古调。古调叙事性强，内容完整，格式整齐匀称，一般以农历十二个月或“一至十”为顺序演唱，如《十月关龙鲁班小调》《十爱》等。所谓散曲，指即兴创作的歌谣，一般以四句构成一首完整短歌。这种形式在民间广泛应用，它灵活多变，见景生情，出口成章，随机应变，对答如流。景东歌谣形式上几乎采用七言四句绝句式，并由此组成其他调式，短则四行，长达数百行。而歌谣每行一般以四三节奏为基本格式。如“想你想你真想你，请个画匠来画你；把你画在弦子上，拿起弦子就见你”，先出现“想你想你”四字，接着才是“真想你”三字。歌谣韵律一般一三不论，二四押韵。如“凤凰歇在甘蔗地，叫出一声甜诱心；鹦哥歇在绿叶上，绿上加绿青上青”，长调一般一段换一韵，很少一韵通篇。景东歌谣根据具体内容和情况，大体上可分为六种。

风俗歌　指各民族在风俗性活动中演唱或念颂的歌谣。它具有浓厚乡土生活气息，但由于历史等原因，或多或少地夹杂着一些封建色彩。如《上梁词》《装箱词》《入宅歌》，分别是建房上中梁、嫁姑娘装箱、新房落成入宅时举行仪式所唱或所念的吉利祝辞，表达人们要求平安幸福的美好愿望。

上梁词

紫金梁，紫金梁，
你在山中做树王，
今天遇着黄道日，
鲁班请你做中梁，
张班请你做中梁，
鲁张二班来请你，
请到山中你来做中梁。
左边放下什么索？——金线索。
右边放下什么索？——银线索。
金线索拿来拴龙头，
银线索拿来拴龙尾，
摇摇摆摆，摆摆摇摇，
摇摇摆摆登宝位。
中梁上到厦柱口，荣华富贵。
中梁上到银柱口，富贵荣华。
中梁登宝位，万事大吉利。
一拷龙头，多子多孙；
二拷龙尾，五谷丰登；
三拷龙头，五子登科出状元；
四拷龙尾，荣华富贵从此起。

生活歌　包括劳动生产、文化知识以及人生酸甜苦辣等内容，其形式绝大多数属于古调。它是景东各族人民世代对天文地理、生产知识、社会生活、传说故事等的总结记录，各族人民世代相传并逐步加工完善的智慧结晶。

十二属

正月好唱十二属，多多拜上属虎人，
老虎吃了仙人胆，坐在山中陡石崖。
二月好唱十二属，多多拜上属兔人，
兔儿不吃窝边草，鹞鹰不打脚下鸡。
三月好唱十二属，多多拜上属龙人，
老龙行错三点雨，杀得龙头血淋淋。
四月好唱十二属，多多拜上属蛇人，
小蛇钻进大蛇洞，不到立夏不出来。
五月好唱十二属，多多拜上属马人，
小马备起金鞍蹬，不到五江不回头。
六月好唱十二属，多多拜上属羊人，
小羊吃奶双膝跪，乌鸦抬食报母恩。
七月好唱十二属，多多拜上属猴人，
猴子吃了千样果，嚼出龙眼荔枝来。
八月好唱十二属，多多拜上属鸡人，
金鸡吃了五斗米，一心叫醒梦中人。
九月好唱十二属，多多拜上属狗人，
小狗吃掉盆边饭，睡在门口防小人。
十月好唱十二属，多多拜上属猪人，
小猪吃了绿叶子，瘦猪喂出胖猪来。
冬月好唱十二属，多多拜上属鼠人，
老鼠吃了千张纸，口口吐出文章来。
腊月好唱十二属，多多拜上属牛人，
小牛备上金犁头，犁平江山转过来。

情歌　大体可分传统情歌和即兴情歌两类。所谓传统情歌，一般是以农历“十二月”“十姐妹”“十爱”“十送”等为顺序，从正月到腊月或从一到十来演唱，这部分情歌一般在婚礼上或歌场上演唱，其目的是歌颂爱情的高尚纯贞。所谓即兴情歌，指男女青年互相试探和约会时倾诉情怀所唱的歌，它灵活多变，不拘形式，可长可短。但是，随着历史发展、社会进步，景东情歌也从单纯男女谈情说爱转化为集体性文化娱乐。纵观景东情歌，内容比较丰富，形式多样，浩如烟海。其特点是善用比兴，借景比物，形象生动，情深意切，富有抒情性。

爱妹调

一爱小妹好人才，强似高山百花开，
百花正开哥爱采，小妹好玩哥爱来。
二爱小妹真好看，眉毛弯弯像月亮，
眉毛弯弯月牙样，脸嘴生得团又圆。
三爱小妹情意深，树棚底下凉荫荫，
花树头上小雀叫，一对新人来成亲。
四爱小妹绣花针，小小花针绣手中，
两边绣起山茶树，中间绣上采茶人。
五爱小妹好声音，一出大门唱一声，
山前山后听得见，千里路上听得真。
六爱小妹生得巧，花中采花眼力好，
不采茶树小苗苗，只采花开叶子青。
七爱小妹良心好，探花路上玩当真，
有接有送又有糖，这个人意哪天还。
八爱小妹会当家，有酒有肉又有茶，
准备酒肉做什么，欢迎阿郎到妹家。
九爱小妹心宽宽，心宽小妹待得郎，
大河水深鱼爱在，小妹心宽哥爱来。
十爱小妹瓜子脸，泪水汪汪来面前，
十人见了十人爱，个个爱妹好人才。

情　歌（一首）

妹像粉团花正开，哥似蜜蜂把你采，
哪天说得情合意，连根拔起家里栽。
顺河拿鱼顺河玩，顺河放下钓鱼杆，
红鱼白鱼我不钓，专钓我的小心肝。
大理海水绿莹莹，绿上加绿青上青，
千年不干海中水，万年不变姊妹心。
铁打链子九十九，郎拴脖子妹拴手，
哪怕官家王法大，出了衙门手牵手。
吃水莫嫌沟头远，玩笑莫嫌路稍长，
沟头越远水越凉，路稍越长越散心。
等郎等到夜五更，手抹眼泪嘴吹灯。
拿着石头来压火，石头成灰你不来。
月亮出来白森森，照进莲花起白生，
郎是莲花妹是藕，藕跟莲花根串根。
相交要学长流水，细细长流不断根，
莫学露珠一早晨，太阳一出变灰尘。
高山砍柴柴码高，不是黄栎不动刀，
玩笑场上做姊妹，不是情妹不结交。
麻布洗脸初相会，缎子洗脸细相交，
头回来时初相会，二回来时细相交。
房子牵连瓦连瓦，姊妹牵连心连心，
房子牵连拆得开，姊妹牵连拆不开。
郎是藤子妹是树，藤子绕树绕到头，
过山藤子莫砍断，系系连连过一生。
花椒树上小灵雀，花椒麻嘴不会说，
真心只爱你一个，爱在心里不会说。
高山绿叶堆成堆，可惜小郎不会吹，
有朝一日学会吹，把妹吹来做一堆。
郎弹弦子妹唱曲，郎弹妹唱情意合，
今夜弹唱手牵手，明日弹唱好夫妻。

盘歌　又称猜曲，也称盘古今，是一种类似猜谜语式的智力对歌，但跟猜谜语有所不同，盘歌是人们把自然知识、生产经验、历史事件、民间传说以及器具、植物等编成歌词，相互考问或自问自答，以达到既传播知识，又可以娱乐的目的。

盘　歌（一首）

怪哉怪哉真怪哉，唱个小曲给你猜，
什么叫做两头尖？什么叫做三仄愣？
谷子叫做两头尖，荞子叫做三仄愣。

儿歌　景东民间儿歌流传不多，内容有限，仅收集到较为普遍的十几首小孩游戏趣味性儿歌。如：

儿　歌（二首）

小娃娃，敲瓦砟，
敲到阿婆家，
阿婆给吃一个大粑粑。

嗯哼哼，嗯哼哼，
大门外面哪个哼？
阿壁王三哥。
三哥请来家头坐。
不坐不坐，
你家莲花小狗给我一个。
还没有睁眼睛呢，
请讨三年米汤饭来喂它。
老天老天，给我一碗米汤饭，
拿去喂我家莲花小狗。

新民歌　中华人民共和国成立后，劳动大众自编自唱的民间歌谣，一般称为新民歌。其形式和手法跟传统歌谣相似，但内容已发生巨大变化，大多为歌颂党和社会主义，表达对党和社会主义的热爱，或结合形势宣传党的方针和政策及赞美家乡巨变等。

永远跟着共产党

山歌要唱共产党，幸福日子永不忘；
党是农家亲爹娘，永远跟着共产党。

党的政策暖人心

石榴开花叶子青，党的政策暖人心，
农村实行责任制，世上万物变成金。

（三）民间故事

景东民间故事题材广泛，内容丰富，风格别具，既具有口头相传、世代相沿，又有集体性、口头性和变易性特点，许多故事经过劳动人民以口代笔，不断修改、不断丰富，提高艺术品位，是人民智慧和才能的结晶。景东民间故事，就其篇幅而言都比较短小，其内容大体上可分为神话和民间传说。

神话　境内流传的神话数量不多，但很具特色，充满神奇幻想，主要有解释自然和征服自然两类神话。如《阿务录和阿皮则》，用神话解释天地和白云的来历；如《山峰由来》，讲述了把一望无际的平地霎时捏成山峰的经过，充分表达古代人民改天换地的美好幻想。

阿务录和阿皮则

相传，在很古老的年代，没有天、没有地，到处黑蒙蒙的。

玉皇大帝就派了七个叫“阿务录”的人去造天，派了三个叫“阿皮则”的人去造地。造天的以为人多，就睡懒觉去了；造地的人少，怕造不好，就日夜不停地干，很快就把大地造得平平的，无边无际。等到造天的“阿务录”醒来，看到造地的“阿皮则”早把大地造好，非常嫉妒，跳到大地上乱抓，结果把平展展的大地抓出了许许多多的高山和箐沟。

玉皇大帝规定的期限到了。“阿务录”和“阿皮则”都走了，可是“阿务录”没有把天造好，还缺着一个大口子。

太上老君看到缺口后，下凡烧了几窑石灰，做成石灰泥，把那个缺口补起来了。从那以后，天就变成石灰色了。

彝族刺绣来历

现代人觉得彝族服饰和刺绣都以黑色为底色，不好看！为什么不换成白色或者绿色红色的呢？其实，这就是一个民族根的问题了。相传，远古时候，人和鬼是住在同一屋子里的。白天，人和鬼都出去干活了，只有老人和老鬼守家，但家里时常发生鸡蛋遗失现象。老人说是老鬼偷吃了鸡蛋，而老鬼说是老人偷吃了鸡蛋，公说公有理，婆说婆有理，吵得不可开交。他们的子女就到天神那里告状，天神也没法断得清这种家务事。于是，天神就说，这样下去也不是办法，还不如分开居住。天神总是有些偏袒人，要人先挑选住什么地方，聪明的人就说不但要住在房子里，而且凡是眼睛看得见的地方都应该是人的地盘。

天神道:“那鬼就住在地洞里吧!”

鬼十分恼火，从此就处处与人为敌、作祟人，让人无法正常生活。鬼和人又闹到天神那里，天神说，你们就各用一件家具挡住自己的眼睛，只要相互看不到，双方就不会吵架，谁也无法作祟谁。这次，鬼要求先挑选家具，于是就拿了一把筛子，而人只拿到一把簸箕，筛子满是缝隙，人走到哪里，鬼都能看到；而簸箕严严实实，没有缝隙，从此人就看不到鬼了。所以，鬼还在继续作祟人，人无论到哪里，鬼就作祟到哪里。

人受不了，又到天神那里告状。那是一个美丽的夜晚，黑色的天幕上缀满了美丽的色彩。天神听后，觉得鬼太坏了，就随手抓了一把天上的云彩、月亮、鲜花和树叶丢给人。对人说，把这些东西披在身上，鬼就无法作祟人了。

从此，人就穿着天神送给的衣服，黑色挡住了鬼眼，鬼只要看到黑色上面点缀了如此好看的色彩，一下子头晕目眩，就不敢来作祟人了。从此，鬼就看不见人了。同时，天神又教人在结婚办喜事时，在筛子的缝隙中挂一面镜子和一方彝绣，鬼一看到镜子里自己的模样，就吓得逃之夭夭。后来，彝绣便从驱除邪魔的物品变成了审美的物品和图腾。从此，彝族人民就把黑色作为自己衣服的底色，并且以黑为美了。所以，没有黑色做底色的彝族服饰和彝绣都认为没有彝族元素，大大偏离了本民族文化，彝族的服饰每一针每一线都有内涵在里面。每个民族都有自己的审美观，彝族的审美标准就是以黑为美。

山峰由来

相传，远古时期没有天没有地，天地是由姊妹俩人造下的，并由姊妹俩人管，阿姊管天，阿妹管地。

造天造地时，阿妹造的地很大很大，而阿姊造的天很小很小，罩不下大地，因此阳光只能照到大地的中心部分，大地边缘许多地方都照不着阳光，黑乎乎、冷阴阴的。为了能使大地都照着阳光，阿姊就跟阿妹商量，请求阿妹把大地缩小一点。阿妹想了想，同意了。阿妹就排水把大地浇湿、发软，像做粑粑一样，把平平的大地捏出一个个山峰，尖溜溜的；大地缩小了，太阳光照得过来了。这样，大地就有了尖溜溜的山峰。

传说 民间传说大多与本地历史人物、历史事件和地方古迹、自然风物、社会习俗有关。如《背娃娃山》《夫妻寺》《吃团圆饭的由来》《程三“灭火”》《陶虎》等等。《背娃娃山》讲述无量山上背娃娃峰的来历，背娃娃峰海拔三千三百多米，雄伟壮观。主峰上附着个小峰，远远望去，似裹着包头的彝族妇女，背着娃娃，回头凝视着川河坝；像在盼、在翘首等待亲人——

背娃娃山

相传几百年前，陶虎得势，称霸景东。他荒淫骄奢，为所欲为，无恶不作。一天，陶虎在街上看到一位年轻彝族女子，美得像无量山的杜鹃花、鲜得像哀牢山的山茶花，顿生邪念。但是，这位彝族女子早已嫁人，是有一个娃娃的母亲了；然而，陶虎仍然不放过，一定要满足自己的兽欲才罢休。夫妻俩得知陶虎的邪念后，连夜悄悄逃走，但逃到无量山时，突然发现有一件非常重要的东西忘带了，丈夫叫妻子原地等待，自己跑回家去拿，可是，一回到家就被陶虎杀害了。妻子不知道丈夫被杀，背着娃娃站在无量山头，久久地凝视着川河坝，等呀等呀，等得心焦如焚、可总是不见丈夫赶来，等到天亮，母子俩突然变成山峰。后来，人们便把这座山峰称作背娃娃山。

年月四季推算来历

很早以前，哈尼人不懂历法，不懂得推算日月天数、分不清春夏秋冬。白天劳动、黑夜睡觉，人们平静地生活着。

有一年，寨子脚大岩石旁边长出来一棵树来。树根把偌大的岩石包起来，像一个大板凳；树身浑圆粗壮，要九个雅哟（小伙子）手拉手才围得过来；树枝弯弯地伸长开来，给雅迷（小姑娘）们打秋秋。人们常聚在树下歇凉。

一天，天神萨玛变成一位白发老者，也来到树下歇凉。他坐在石头上，对一位雅迷说：“这是一棵万年青，万年间的事，他都知道！小姑娘，你问问树公公，天有几岁地有几岁了？问问树公公，太阳月亮转了几圈，天地亮了几回，又黑了几回？”雅迷说：“老爷爷，树公公不会说话，怎么问呀？”

萨玛站起身来，抚摸着树杈，告诉人们：“这棵树有十二个枝杈，一年有十二月。”

他数了数树叶，告诉人们：“这树枝上有三百六十片叶子，一年有三百六十天。”

他抬头瞅了瞅树冠，告诉人们：“这种树开有四种花，一年分春夏秋冬四季；一朵花结三个果，一季有三个月。”

他摘下一个树果掰开，告诉人们：“这种树果有三十颗籽，一个月有三十天。”

他指了指树根，告诉人们：“这种树有十二支树根，一个轮回有十二天。”

“这种树籽飞到哪里，哪里就会长出各种各样的树来。”萨玛把树籽撒遍大地后，慢慢地消失了。

从此，哈尼人懂得了推算年月，知道了按日月轮回推算四季，开始有了自己原始的历法。而万年青树成了哈尼人最喜爱的树种。每逢外出劳动，凡见到大青树苗，就会把它移栽到村头寨尾。

磨秋来历

磨秋，又叫磨挡秋，是哈尼人喜爱的娱乐活动。相传很久以前，哈尼山寨住着两兄妹，哥哥叫阿朗，妹妹叫阿昂。阿朗武艺过人，阿昂聪明秀丽，两人都爱帮助乡亲们做事。那时候，天上太阳和月亮出没不定，有时一出来就是几天，有时几天不出来，庄稼不能正常生长。阿朗和阿昂商量到天上分头说服太阳和月亮有规律地出没。

这天，兄妹俩砍来栎木，制作出磨秋。他们一人一头，骑上磨秋，磨秋飞快地旋转起来，把阿朗和阿昂送上天空，找到太阳和月亮。兄妹俩费尽口舌，终于说服太阳和月亮，商定太阳白天出，月亮晚上出。从此，太阳和月亮就有规律地出没，庄稼生长得好了，粮食也丰收了。

陶府与木马

明朝时，景东陶土司家住在景东坝子，木马家住在龙街山区，两家隔一座大山——打鹰山，距离八十多里。木马家的“木马”二字不是姓名，他家原本姓王，那么，咋个又叫木马家呢？原来，王家大门供着两尊大木马，传说是鲁班徒弟制作的“把门将军”。王家请来能呼风唤雨的道士，用没有打过鸣的白公鸡血滴在木马身上点化。夜深人静，鸡叫以前，木马会变化成许多能走会跑的兵马，出去干些神出鬼没的勾当。这样，别人不会说是王家干的，而说是木马干的，后来则说成是木马家干的。“木马家”便一传十，十传百地传开啦。

木马家百把丈远的对面，是三座一线儿排列的团山包。每月逢初一和十五夜半三更，兵马点炮，初一三响、十五三响，三个山包响起“轰隆——轰隆——”的炮声，震摇村里村外的山谷，也震摇了远隔八十里外的陶府家院。

木马家家运红火极啦！

炮火在木马家点响，却震荡了陶府家院，陶家气坏了，发誓要出这口恶气。兵马斗不赢木马家，只好另想办法，暗中养起一群大象，伺机把木马家连人带房踏平。

一年秋天，陶家田里的谷子成熟了。这天，一只小鸟叼着一穗谷子，飞到陶家院子，把谷穗放在阳台上，巧嘴轻叫：“快收快割！快收快割！”

陶家知道事头不好，星夜做好准备，打算第二天收谷子。

木马家听得这一消息，当夜便派出兵马。兵马一个接一个地排成行，站满了八十多里山路；站满了，剩下的人下田割谷子，把割倒的谷子一个传一个，传递到隔木马家不远的山上平掌里堆放。田里的谷子割完了，大公鸡还不叫头遍。兵马撤回，打谷脱粒，搬运回家。

这天夜里，陶家好像听到“叮当叮当”的镰刀碰撞声，出门查看，黑夜里伸手不见五指，什么也没看见。天放亮了，出得门来一看……喔唷，不得了！怪不得昨夜鬼叫连天，几十公顷稻谷不翼而飞，只剩下齐刷刷一片谷茬。

这还了得！陶家马上派差役到处侦探。找了两三天，才找到木马家打谷场，发现一大堆稻草。不消问，这盗谷之事，肯定是木马家干的，要不然，谁会有这样大的本事！差役立即回禀，陶家听到谷子是木马家偷的，气得像火攻头顶，暴跳如雷。命放出大象，扬言要踏平木马家。

陶家哪会凶得过木马家！就在陶家放出大象的头天晚上，木马家已经派出兵马，到必经之地打鹰山一处山夹道，挖了一个又深又大的陷阱，伺机除害。

大象伤人性急，气势汹汹地赶来，走到陷阱面上，木头支撑持不住，“噼哩啪啦”地被踩断了，一群大象掉进坑里，砸得闷雷响，活活摔死啦！

如今，摔死大象的陷坑看不到了，但那山夹道还与古时候一模一样。老人们常说的“夹象沟”，就是这个地方。

刘崐“水平”

刘崐在湖南任学政。

一天，一群当地官宦子弟慕名而来。原来，他们听说刘崐的书法远近闻名，又听说刘崐来自云南景东无量山，出身卑微，对传闻将信将疑。刘崐知道这些人从小养尊处优，心高气傲，根本看不起那些没有学识、浪得虚名的官员。如此看来，这些人今天是想掂掂自己的斤两，给自己好看。一位杨姓秀才更是傲慢地说：“湖南学界传言纷纷，说刘大人才高八斗，学富五车，百闻不如一见，今日特请刘大人赐墨，小生们不要别的，倒要看看刘大人的‘水平’二字写得如何？”其他人大声附和，还噼里啪啦鼓起掌来。

刘崐谦逊地说：“韫斋学识浅陋，浪得虚名，各位大可不必在意！”推辞再三，这些人哪里肯依，执意要刘崐赐墨，好让他出出丑。刘崐推辞不过，只好说：“今天盛情难却，只好献丑了！”命家人拿酒来，解释道：“老家云南山大，人们出行前要喝三碗酒，写字前也要喝三碗酒，喝酒壮胆。”

大伙一听，更是暗暗偷笑。家人刘四宝摆出三只大酒碗，抱出一只大土坛，“哗哗哗”地把酒碗倒满。刘崐连着把三碗酒喝干了，才把笔往砚池里蘸了蘸，正准备下笔时，似乎是酒劲上来了，烦躁地把笔丢在一边，说：“墨少，墨少，连笔都蘸不饱！”刘四宝连忙提出一桶墨汁放下，刘崐随手拿起靠在墙壁的扫帚，往桶里蘸了蘸，唰唰几下，转眼间就在照壁上写下“水平”两个大字。

这些人连眼睛都看花了，但见这两字刚劲挺拔，笔饱墨酣，结构严谨，张弛有度，流利圆润，写在照壁上大小适中，能用扫帚扫出这等字来，确见其功底了！刘崐放下扫帚，坐下，醉眼朦胧，似乎想要卧桌大睡。忽然，有人掩面窃笑：看来这山民的“水平”就是差一点嘛！听到人们议论，刘四宝忙走到刘崐跟前，小声说：“大人，‘平’字差了一点。”

刘崐不为所动，说：“老夫又不与人比水平，还怕水平差一点？再说这样才不落窠臼呢！”想了想，又自言自语：“况且这点实在太简单了，好吧，加就加吧！”说完，抓起桌上的抹布，往墨桶里蘸了一下，连头都不回，随手往身后一丢，抹布不偏不倚，正好落在恰当的位置点了一下弹落在地。众人一看，不禁咋舌，原来这一点堪称点睛之笔，使得整个字面结构愈加鲜活起来。学子们方知天外有天，刘崐的水平果然名不虚传。

（四）民间文学收集整理

景东县人民政府成立后，虽然对民间文学有所重视，但只注重歌谣的以新替旧，大部分属结合形势宣传政策的新民歌。曾涌现出一些新民歌手，也仅限于口头传唱，很少有文字记录。中共十一届三中全会后，有人开始整理民间文学，但数量不多。1984 年末，在中央文件精神推动下，景东成立民间文学收集小组，并于 1989 年 3 月选编铅印出版《景东彝族自治县民间文学集成》和《景东彝族自治县民间歌谣集成》两书。辑录民间故事 159 篇，22 万字；歌谣 290 首，4300 行；附录谚语歇后语 100 条、谜语 79 条，基本上能反映景东民间文学的概貌。不过，这两本资料卷与公开发表的民间文学作品有所不同，它是在忠实记录前提下，按照民间文学集成“三性”（科学性、代表性、文学性）要求而收集、编辑，保持讲述者原始风貌，富有资料性。此外，一大批民间文艺爱好者也收集整理出一些故事，在《山茶》等刊物发表。

第二节　书法　美术　摄影作品

景东县书法美术创作可以追溯到明代。清代，书法艺术已达到鼎盛时期，涌现出全国颇具影响的大书法家刘崐、曹鹤鸣；另外，程含章、黄炳堃、程承辅、张凤书等书法艺术也颇有造诣。美术作品主要反映在壁画石雕上，市面上流传的很少见，民国《景东县志稿》收录有黄炳堃国画 3 幅。在庙宇、宗祠堂、匾额、楹联、墓葬等建筑装饰中，很多雕刻和绘画作品都具有一定水准。景东摄影始于清末民国初年，当时摄影用玻璃做片基，影印技术有限。民国《景东县志稿》中，也有大量照片登载，但当时的摄影仅限于拍摄人像。新中国成立之初，人们把精力都放在各项政治工作以及恢复发展生产和经济建设上，几乎没有人组织书画摄影活动。党的十一届三中全会后，书画艺术逐渐被重视，出现一批有成就的书法家、美术家和摄影家，特别是 21 世纪以后，摄影艺术发展到一个新的水平。县摄影家协会成立后，一批摄影艺术家脱颖而出，作品多次获国家、省市奖项。

一、书画艺术

1958 年，在城乡街头出现一些大幅标语和宣传画，宣传“大跃进”和“三面红旗”，美术书法开始受到重视，县内学校和文化馆开办美术课和美术书法讲习培训班。“文化大革命”期间，各种政治宣传画、讽刺漫画、大标语充斥街头巷尾，基本上是一些粗制滥造的涂鸦。20 世纪 70 年代初，县级配备书法美术专业人员。1973 年，举办首届美术书法摄影作品展，对景东书法艺术发展起到推动作用。10 月，黄丕智国画《茶山姐妹》首次参加云南省美术作品展，并获得荣誉。1975 年，县文化馆在者后举办美术学习班，首开乡村美术培训先河。中共十一届三中全会后，党的文艺方针政策得到贯彻落实，爱好书画艺术创作的队伍越来越多。不少作者作品相继参加省地县各级艺术作品展，有的作品还被选送参加国家级展览，并在省市报刊发表。1981 年，景东、景谷、镇沅联合举办“景景镇书画摄影作品联展”，景东参展作品 46 件。1982 年，与墨江联合举办“景东墨江美术书法摄影作品联展”，景东参展作品 53 件。1993 年，景东成立诗词书画协会和青年硬笔书法协会，绘画作品有国画、油画、水粉画、玻璃画、漫画、素描、版画、速写，还有农民画和儿童画；书法作品有楷书、行书、隶书、篆书、篆刻、硬笔书法等。1984 年春节，县总工会和文化馆举办县内外美术书法展，展出作品 98 件。1984—1989 年，县总工会每年都与文化馆联合，推出职工书画作品展，先后展出作品 218 件。1985 年 12 月，为庆祝景东彝族自治县成立，县总工会与文化馆联合举办美术书法展，共展出作品 76 件。1990 年 12 月 19—22 日，在工人俱乐部展出书画作品 406 件，评出一等奖 3 人，二等奖 5 人，三等奖 10 人，鼓励奖 50 人。之后，几乎年年有展出、有活动。县境书法创作较有成就者有杨柳郙、唐荫舜、华光汉、段永镇、李国顺、汪大学、胡池尧、李光盈、黄丕智、张泰安、张子正、潘祯春、施明、杨中厚等。继后，一批年轻书法爱好者崭露头角。主要有姜永华、谭大康、罗一华、何正荣、李文圣、许建新、曾寿华、王桂英、曾玉、唐云跃、彭其昌、殷建广、苏友鹏、王焕友等。美术创作也人才济济，较有影响的有黄丕智、段玉岗、李光盈、郭元辉、林斌、纪开武、黄崇普、万年红、李想、许彬、徐开萍、付廷勇、王发文等。

二、摄影艺术

1959 年，景东县组织中华人民共和国成立 10 周年成就展，揭开摄影艺术序幕。这次展览除以实物介绍新中国建立后工农业方面所取得的成就外，还附有大量照片、图表、模型以及文字说明，对推动摄影事业具有重要意义。20 世纪 70 年代初，县内开始配备专业摄影技术人员。1973 年，李光盈作品《晨耕》《播种》被选送“云南省工农兵摄影艺术展览”。这一时期，多次举行摄影知识培训讲座、摄影展，摄影创作活动进入新的时期。自 1980 年始，景东一批摄影作品在省市报刊发表，艺术摄影作品多次参加省地县级展览；通过举办摄影学习班，摄影艺术在机关干部和有一定经济基础人群中普及，爱好者日益增多。20 世纪 70 年代，景东摄影艺术仅限于黑白照片；80 年代后，彩色摄影技术逐渐发展起来。1989 年，《云南经济日报》刊登景东作者专版，摄影艺术达到新的发展时期。21 世纪初，数码相机普遍使用，相机逐步进入家庭，成为人们享受艺术生活的重要媒介。2008 年，县摄影家协会成立，通过举办讲座、组织摄影比赛，摄影技术取得长足进步。2009 年，纪昆《人间仙境》获市级摄影金奖，张兴伟《腾》获得省级保护环境大赛金奖、夏乡《用影像保护自然》获铜奖，景东摄影艺术逐渐进入鼎盛时期。较有影响摄影爱好者主要有李光盈、纳健康、黄丕智、石德林、石川、陈春刚、李文圣、李旭、夏乡、李力、张兴伟、唐云、纪昆、吴永康、杨勇等。

第三节　舞台艺术

中共十一届三中全会后，景东舞台演出得以提升，排练出一大批传统花灯、滇剧、彝族山歌剧和话剧，无论是编剧、舞美和演出均达到一个新的水平。在此期间，演出大型话剧《于无声处》《高山下的花环》《婚姻的桥梁》《权与法》《可口可笑》，大型花灯剧《徐九经升官记》《甜蜜的事业》《墙头记》《洛河儿女》等 20 多个剧目。1981 年，曹丽源编剧、郭元辉导演的花灯剧《千秋大业》在省专业会演中获得优秀奖。1993 年，县文工队仅有队员 6 人，基本不能展开演出活动，仅能开展一些基层农村和城区机关文艺演出辅导。1994 年，撤销民族文化工作队，人员并入文化馆。大型剧目演出退出舞台，舞台演出主要开展一些常规性和应急性活动。

一、调演会演

首届民族民间文艺会演　2000 年 12 月 20—22 日，自治县成立 15 周年庆典活动期间，在县城举行“景东首届民族民间文艺会演”，演出节目大多源于民间原生态文化，如对歌、情歌独唱、民间原始舞蹈等，大部分作品为各乡镇首次挖掘整理后搬上舞台。经过评比，评出乡镇节目一等奖 3 个，二等奖 5 个，三等奖 7 个，优秀节目奖 31 个。

第二届民族民间文艺会演　自 2005 年 9 月 25 日始，执行《景东彝族自治县成立二十周年庆祝活动实施方案》。从各单位抽调工作人员 12 人，辅导各乡镇编排文艺会演节目，提高第二届民族民间文艺会演水平。该次会演演出节目 30 个，参演 200 余人，其中，漫湾民间器乐小调《嘀二噜小闷笛、牛角吹奏》、文龙民间舞蹈《石龙鼓》获一等奖，锦屏民间舞蹈《祥龙腾飞赞锦屏》、永秀彝族舞蹈《火》、花山民间舞蹈《煞戏》(2009 年后改称“杀戏”)、太忠指哨民间小调《欢迎您到彝乡来》、大街采茶舞《绿色茶园我的家》、龙街民族民间器乐演奏及情歌对唱《郎弹弦子妹来唱》获二等奖，文井彝族舞蹈《秋之韵》、安定彝族清唱《大帮腔》、景福民间表演《牛歌》、锦屏苗族舞蹈《欢乐颂》、东镇彝族舞蹈《采松脂》、林街唢呐叶子笛子演奏《家园》、曼等彝族舞蹈《热烈的大三弦》、龙街彝族舞蹈《洒歌》获三等奖。获奖的 18 个节目，在自治县成立 20 周年晚会上再次演出。

2010 年元旦大型文艺晚会　2009 年 12 月 30 日，在月牙湾文化广场举办“庆祝中华人民共和国成立 60 周年暨 2010 年元旦大型文艺晚会——祖国礼赞”。晚会分“序・为祖国喝彩”“第一章・红色记忆”“第二章・银生巨变”“第三章・多彩乐土”“第四章・金色畅想”“尾声・心灵颂歌”，以诗乐舞等形式，艺术地呈现景东60年走过的光辉历程和取得的巨大成就。全县3000余名各族干部群众观看演出。

二、专题调演

20世纪90年代后，思茅地区曾举办农民文艺调演，部分调演各部门有零星参加。

云南省个体协会调演　1998年，县个体劳动者协会选送小品和舞蹈节目各1个，参加录像调演。经地区个体协会从10个县市参演节目中评选，景东2个节目被送省个体协会，文化馆周德翰创作的小品和锦屏镇景范村农民演员杨翠表演的舞蹈《水》，分获全省个体户调演创作和表演二等奖。

电力系统调演　2000年，文化馆周德翰编剧的小品《模范村停电》参加思茅市景东电力公司会演获一等奖，并被选送参加云南电网公司文艺调演，获创作二等奖、表演优秀奖。

监狱系统调演　2004年，云南省监狱系统举办《中华人民共和国监狱法》颁布10周年暨国庆55周年会演。景东监狱以系统内的一例真实事件为背景，聘请文化馆业务人员陈晓燕等编排舞蹈《热血铸警魂》，在演出中获二等奖。

市茶叶节系列活动调演　1993年4月，首届中国普洱茶叶节在思茅举办。景东共选送参赛文艺节目4个，其中，80人方队大型舞蹈《龙灯舞》获开幕式文艺表演一等奖，民间民族舞蹈《龙舞》《叫牛魂》分获舞台特别演出奖和一等奖；少数民族服饰展演彝装8套、苗装2套获二等奖；景东县获组织奖。2005年4月27日，第七届中国普洱茶·首届全球普洱茶嘉年华会·云南省首届普洱茶交易会在思茅举办。该次活动新增祭茶祖仪式，景东从县级机关抽调120人组成方队，设计制作排练并参演，仪式结束后受到普遍好评。2007年4月，第八届中国普洱茶叶节祭茶祖仪式分为彝族、哈尼族、拉祜族、傣族、佤族祭茶祖五部分，景东县承担彝族祭茶祖节目。从县级机关抽调120人，经过半月多排练，完成舞蹈编排。第七、第八届茶叶节新增“茶车巡游”项目，景东均按要求制作茶车并参加巡游，其中，第七届“巡游·景东茶车”主体造型为一朵盛开的茶花、一个能转动的大茶壶和一本写有“茶出银生”巨大仿真《蛮书》，茶花花蕊为2名“花仙子”；第八届茶车以展示景东深厚的历史文化和茶文化为总体构想，颂扬全市革故鼎新、百业兴盛、普洱茶名扬天下。

思茅市首届民族文化艺术节文艺调演　2006年9月底，景东县派出文艺表演团参加市首届民族文化艺术节文艺演出。其中，编导类《押饭·打黑脸》获一等奖，《三弦情》《跳菜》《平安吉祥》获三等奖；表演类彝族舞蹈《跳菜》获二等奖，男声独唱《银生吟》、大帮腔《朋友今天来相聚》获三等奖；音乐创作类大帮腔《朋友今天来相聚》获二等奖，《蜜蜂朝王》《押饭·打黑脸》获三等奖，景东代表队获团队优秀演出奖。

其他调演　自1992年始，工商银行、人民银行、工商局、商业局、林产公司先后参加地区、县调演。1999年，县人民医院参加全市卫生系统调演，表演舞蹈《生命之歌》。2004年，电力系统先后3次编排节目参加地区（市）调演，主要演出节目小品《电网情深》《老扯筋砍竹子》及舞蹈《向快乐出发》等。2005年，烟草公司参加全市烟草公司调演，主要节目小品《考验》（获得二等奖）、《扭扁担》。

三、专题演出

税收法规宣传　1996年12月，文化馆抽调14人组成中共十四届六中全会精神和税收法规宣传演出小分队，以小戏《税与情》等节目为主，到林街、曼等、永秀、东镇、景福5个乡（镇）演出20场次，观众5万余人。

电力宣传下乡慰问　1998年5月，电力公司出资，由文化馆和电力公司抽调人员共同组成演出小分队，以节目小戏《老电迷触电》、小品《三老俵偷电》《相亲》和舞蹈、摇滚为主，到安定、文

龙、太忠、大街、花山、锦屏灰窑、文井四里坝、景福、林街龙洞演出 12 场次，观众 2 万余人。1998—2002 年，电力系统每年都组成文艺演出小分队到基层站所慰问演出。

《中华人民共和国土地管理法》宣传　1999 年末，文化系统抽调职工组成小分队，举行新《中华人民共和国土地管理法》颁布实施宣传演出活动。主要节目小戏《留下寸土子孙耕》、小品《桂莲告状》等，到各乡镇 20 余村演出，观众 2 万余人。

《中华人民共和国水法》宣传　2001 年初，以文化馆职工为主，抽调部分乡镇文化站工作人员组成小分队，举行《中华人民共和国水法》宣传演出活动，编排节目小戏《李大爹种草》、小品《争水》、花灯表演《水法规就是好》等，到基层演出 13 场（次），观众 2 万余人。

城乡建设宣传　2003 年末，以文化馆职工和城乡建设局职工为主，组成“城乡建设宣传演出”小分队，自编自导节目，到各乡镇演出，历时 1 个月。

林业法规宣传　2005 年 9 月，从各单位抽调 20 余人组成《中华人民共和国森林法》文艺宣传演出小分队，组织创作小品 5 个、花灯表演 2 个、群口快板 2 个，编排节目 2 组 24 个，到全县各乡镇义务演出 25 场（次），观众 2.13 万人。

农村信用宣传　2007 年 5—6 月，农村信用合作社出资，抽调 20 余人编创宣传农村信用合作社小品、花灯、歌舞等节目 13 个，先后 6 个乡镇演出 15 场次，观众 2.2 万人。

四、县庆大型庆典演出

首届县庆庆典　1985 年 12 月 20 日，国务院批准成立景东彝族自治县，县委县政府决定每 5 年小庆、每 10 年大庆。首届庆典在夜里举行文艺专场演出，举行盛大篝火晚会。

5 周年县庆庆典　1990 年 12 月 20 日，县委县政府召开自治县成立 5 周年暨《景东彝族自治县自治条例》颁布实施大会。举办大型广场文艺表演“腾飞之歌”、文艺晚会“哀牢·无量·彝家情”和盛大焰火晚会以示庆祝。其中，大型广场文艺表演节目抽调县级机关和各乡镇人员参加，由“前奏”“奏序曲”“银生古韵”“编织希望”“托起太阳”“尾声”六部分组成，表演时间 90 分钟；解说词由陶明贵撰写，杨海寿、陈慧明、陈晓燕等人编导。文艺晚会由县庆文艺演出队、医院、供销社、县小参加演出，节目有舞蹈《欢天喜地》《哀牢情趣》《哩哩喇》《叫牛魂》《舞羊皮》《火把欢歌》《欢乐的彝家山寨》以及彝族小调《阿乖罗》《专钓我呢小心肝》《可惜没有躲凉人》等；由刘勇、唐丽、王梅、杨秋萍、李凡等人编导。

10 周年县庆庆典　1995 年 12 月 20 日，10 周年县庆庆祝大会后，举办大型广场文艺表演“腾飞之歌”。节目由 24 个民族精心组织编排，由“热恋光明”“编织希望”和“托起太阳”组成。是晚，举行盛大篝火晚会。

15 周年县庆文艺活动　2000 年 12 月 20 日，县庆 15 周年庆祝大会后，举行大型广场文艺表演“彝山风彩”。第一场青春之歌，由红旗、腰鼓、汽球花环、老年泰迪健身球等方队组成；第二场山风韵味，由扭扁担、跳笙、走马灯等方队组成；第三场龙腾虎跃，由跳菜、金龙戏珠方队组成；第四场尾声。是晚，举行盛大篝火晚会。

20 周年县庆文艺活动　2004 年 11 月 8 日，县委县政府召开几大班子和相关人员会议，提早安排部署县庆事宜。并要求坚持因史性、民族性、地方性以及继录和创新相结合原则，创作体现古朴、自然大气、粗犷且艺术性、观赏性较高的节目，着力打造“世界黑冠长臂猿之乡·银生古城——景东”。2005 年 12 月 20 日，20 周年县庆庆祝大会后，举行大型广场演出节目《魅力银生》，由“神奇银生”“火的民族”“腾飞的景东”“尾声”四部分组成的，节目由锦屏镇中、景东民族中学、景东一中、景东职业中学、景东县小学、县级机关 66 个部门的演员 2481 人参加演出。总导、总编导、执导、脚本、音乐执行人和节目主持人邀请省内知名人士担任，其中，总导演和舞台脚本写作由陶春担任，总编导由王伟军担任，执导由杨贵新、吴国安担任，音乐作曲人为陈应祥；主持词及大型表演解说词由周德翰撰稿，由洪军、张齐主持解说。在此期间，还举行“真情银生”迎宾晚会，迎宾晚会共分4场，由14个节目及序、尾声组成，节目由市歌舞团、景东文化系统、安定乡民福村、龙街乡河哨村、景东县小学、太忠乡6个部门的演员118人参加演出，由市歌舞团李彦播为总编导、市歌舞团施萍和文体局职工张红编导；舞台脚本、主持词由纪明良撰稿。

五、其他庆典演出

县林产公司成立10周年庆典 2002年2月6日，县林产工业（集团）总公司在体育馆举办公司成立10周年庆典活动。演唱会由歌唱家、魔术师、青年女歌手、相声、小品、口技表演艺术家组成。会上，王培演唱《好日子》《我爱你塞北的雪》，卢竹年表演魔术，徐瑾演唱《亲爱的中国我爱你》《青藏高原》，袁冬演唱《阳关大道》《今夜无眠》，耿莲凤演唱《祖国好》《毛主席派人来》，唐杰忠、卓林、博林、吉利、吉星、李进军等展示各自拿手绝活。活动特邀著名节目主持人薛艳、张秋歌主持。是晚，在人民会堂举行文艺晚会，仍由薛艳、张秋歌主持，节目由下属单位选送，内容包括诗歌朗诵、小品、歌舞、天津快板等。

旅游文化节文艺活动 2003年4月14—16日，在县城举办“2003年中国国际旅游节思茅分会场暨景东彝族文化旅游节”。迎宾晚会以“世界黑冠长臂猿之乡欢迎您”为主题，开幕式结束后推出大型广场文艺表演“世界黑冠长臂猿之乡的呼唤”(简称“呼唤”)。迎宾晚会共由13个节目组成，其中“呼唤”共分三场，由九个片断组成：第一场“沸腾的彝乡”、第二场“无量哀牢彝家情”、第三场“世界黑冠长臂猿之乡的呼唤”、尾声“走近共同的家园”。主要参加演出单位有景东一中、景东职业中学、景东民族中学，南国银莹公司、电力公司、安定乡、锦屏镇，演员980人；总编导由刘勇担任。此外，还举行焰火晚会装点节日气氛，在杜鹃湖举行对歌比赛。

首届银生古城茶原料交易会文艺活动 2007年4月14日晚，在县城举办首届银生古城茶原料交易会文艺活动。主要有“银生茶韵”迎宾晚会、茶艺表演、祭茶神等，其中迎宾晚会共演出节目11个。在粗犷豪放“迎宾曲”中，晚会拉开帷幕，以舞蹈《大茶山》《银生汉子》《踩云彩》《茶乡舞韵》《美丽大脚》《银生茶韵》为主要节目；祭茶神活动在古朴乐声和原始原生态舞蹈以及庄重神秘祭辞中进行，长达12分钟。该次晚会，舞蹈由市歌舞团协助下完成全篇；祭祀活动由罗德贵等人创意、陈晓燕编导，祭辞由周德翰撰写、陈慧明朗诵。

参加全国茶艺表演 2002年4月，在“全国首届民族茶艺表演大奖赛”上，由周德翰撰写脚本及解说词，陈慧明、殷林子、陈圆圆表演的“彝家糊米罐罐香茶”茶艺获金奖。2005年4月，在“第三届全国民族茶艺大赛”上，由周德翰撰写解说词，陈慧明、杨俊、殷林子、郭娅、陶磊表演的“银生碧玉”茶艺获优秀奖。

第四节 文化活动

一、群众文化

1979年9—12月，景东县组织农民演出队参加全区第一次农民文艺会演。1981年1—3月，组织农民演出队参加全区第二次农民文艺会演；5月，文化馆、总工会、团县委共同组建城关业余剧团。1982年春节，组织耍龙耍狮表演。1983年，组织农民演出队下乡巡回演出。1985年1月，组织农民演出队参加全区第三次农民文艺会演；6月，首次放映立体电影《欢欢笑笑》13场次；12月20日，举办自治县成立文艺演出。1986年火把节期间，举办文艺演出，参加地区农村文艺调演。1987年8

月火把节期间，组织撒火把、打歌活动。1988 年 12 月县庆期间，首次举办文物展。1989 年春节期间，举办文物展；9 月 30 日，举办国庆联欢晚会，并现场直播。2005 年，先后举办“三八”“两代会”“情醉彝乡”、安全生产宣传月、建党 84 周年、县庆 20 周年迎宾、第二届民运会闭幕等文艺晚会以及县庆 20 周年大型广场文艺表演；开展“云岭先锋工程”和“保持共产党员先进性育”文艺会演，送戏下乡 31 场次。2007 年，党代会、人代会、政协会议以及春节、元旦、县庆等节日期间，举办专场演出。2008 年，举办文艺晚会 30 余场次、茶艺表演 10 余场次，完成庆祝“两代会”、迎新春、火把节（社会主义新农村文艺会演）、国庆、“辉煌三十年”（纪念景东改革开放 30 年文艺晚会）等专场演出。2009 年，广泛开展迎接中华人民共和国成立 60 周年系列文化活动，做到月月有全县性文化活动。春节期间分别在体育馆和文庙开展游园活动；先后举办迎新春、“两代会”、庆“五一”迎“五四”“六一”等文艺晚会以及“祝福祖国·颂歌献给党”大型歌咏比赛；送戏下乡 20 余场次。2010 年，先后举办元旦、“两代会”、春节、“三八”“六一”、国庆、知青等文艺晚会以及文庙游园、民族民间原创歌曲大赛、火把节和县庆系列文化活动；开展“三下乡·送温暖”送戏下乡 20 余场次。2011 年，广泛开展庆祝建党 90 周年系列文化活动，举办建党 90 周年、中科院哀牢山生态站建立 30 周年、“两代会”、党代会、县人大建制 30 周年等文艺活动（晚会）40 余场次，开展文化科技卫生“三下乡”活动 13 场次。

二、广场文化

2004 年始，广场舞蹈普及，广场文化悄然兴起。在县城建成月牙湾、驭江、南岳、人民、银生、瑞霞、陶府 7 个文化广场，占地 9.45 公顷。同时，实施乡村组三级文化基础设施建设工程。兴建乡镇文化站及机关体育场、村文化活动室，住户 50 户以上小组兴建文化活动场所，开展农村群众广场文化活动。自 2006 年始，常年组织并开展丰富多彩的“银生风采”系列广场文化活动。2009 年 11 月，普洱市公益性广场文化活动现场会在景东县召开。

三、电影放映

1980 年，电影管理站改称电影发行放映公司。1983 年，建成县城电影院，建筑面积 1646 平方米。1985 年，建成文井镇电影院。1989 年，全县共有电影院（队）57 个，其中，35 毫米电影机电影院 2 个，35 毫米电影机电影队 2 个，16 毫米电影机电影队 53 个。20 世纪 90 年代中后期，电影市场逐渐萎缩。2001 年，国家启动农村电影放映工程。2002—2011 年，全面实施农村电影放映工程。先后组建放映队 9 个，平均每村每月放映免费电影 1 场次。

四、书画摄影等展览

1992 年，在文庙举办美术摄影书画展和少儿书画展各 1 次。1993 年，举办书法美术展 1 次，展出作品 100 余件。1993 年，县诗词美术摄影根艺协会成立后，每年举办根艺盆景展览比赛 1 次。1995 年，举办自治县成立十周年成就展。1997 年，举办香港回归图片展，展出图片 64 幅。1998 年，配合政法委、公安局在文庙举办全国禁毒图片和景东打击毒品走私成果展览。1999 年，举办电信成就展、50 年成就展、思茅地区电信成就摄影展以及黄丕智、黄崇普、姜永华、谭大康、万年红、罗一华书画作品展（展品 90 件）。2000 年，举办县法院院庆展、县人民医院建院成果展。2000 年至 2005 年 10 月，征集犁、耙、磨等民间生产生活用具 52 件在文庙展出。2001 年，举办首届“电信杯”书画展、“电信杯”青少年书画展、“崇尚科学，反对邪教”展、首届兰花展。2002 年至 2005 年 10 月，通过征集和受赠，举办爱国主义教育展。展出抗日战争和解放战争时期抗战纪念章、针线包、军用壶等 53 件。2003 年，举办景东民俗展。2004 年，举办景东书法美术摄影展。2005 年，开设孔子生平展、景东教育史展。2007 年，举办“走进黄草岭图片展”。2008 年，举办景东自然保护区暨珍稀动植物图片展、改革开放30年景东林业建设成就展、锦屏镇改革开放30年成就展。2009年，举办“一切为了孩子——走进景东儿童福利院”图片展、景东馆藏书画展。2010年，举办黑冠长臂猿宣传图片展、景东物质文化遗产图片展。2011年，举办党的建设成就、景东历史文化名人、“话说书院”、景东文物史迹、中国科举文化与景东科考等展。

五、休闲娱乐

改革开放之初，物资匮乏，休闲娱乐活动单调，工作之余以打台球、听广播、看录像、看电影为主。自20世纪90年代始，录音机、黑白电视走进人们日常生活。21世纪后，文化市场逐渐繁荣发展，电子游戏、KTV娱乐、上网消遣、旅游度假成为新时尚。

20世纪80年代电影放映
（石德林 提供）

“夕阳红” 歌舞表演
（吴永康 摄）

党的建设成就展
（李世华 摄）

六、艺术人才培养

1980年，举办业余美术训练班，训期半年，学员25人。1981年11月，在文井镇举办农林文艺骨干培训班，学员29人。1982年7月，举办第一期业余摄影培训班，学员11人；在大街举办文艺骨干培训班。1983年，举办第一期摄影学习班，学员11人；6月，举办花灯器乐训练班，学员31人。1984年8月，举办花灯、民族舞蹈培训班，学员30人。1986年6—8月，举办花灯、民族舞蹈培训班，学员20人；8月，举办书法训练班，训期1个月，学员50人。1987年9月，举办摄影学习班。2005年，筹备第二届民族民间文艺会演，培训乡镇文艺骨干350人。2007年，培养文艺骨干246人。2008年，培训文艺骨干1600余人次，开展少儿拉丁舞培训2期92人、舞蹈业务培训1期39人。2009年，培训文艺骨干1000余人次。2010年，派驻文化辅导员144人次，培训业余文艺人才2000余人次。2011年，举办民族器乐及民族歌舞培训班7期，培训业务骨干330人。

七、文化产业

2008—2012年，全县共建成行政村（社区）农家书屋170个。2003—2012年，先后兴建孔雀山森林公园、御笔山森林公园、驭江长廊景观、开南书院、8个文化广场和人民会堂。2009—2012年，建成文化信息资源共享工程县级支中心和各乡镇、各行政村（社区）服务点暨农民素质教育网络培训学校。自2009年始，实施全民健身基础设施工程93个。自2010年始，建成农村文化体育活动广场试点工程18个，乡镇综合文化站建设工程9个，广播电视“村村通”工程5.03万户，广播电视“户户通”工程2.73万户，广播电视人口覆盖率90%以上。初步形成县乡村三级公共文化服务体系。

2011年始，实施文化产业建设。建设安定镇青云村文化传承示范村；编制《景东县近中期文化建设与文化产业发展规划》，开展文化产业项目调研、储备、申报工作，奠定全县文化产业发展基础。

第五节　新华书店

1953年10月1日，开办景东新华书店。承担全县图书、教材教辅发行工作。小型国有企业，职工13人；营业面积420平方米，教材仓库160平方米，在售图书2万余种、10万余册。2002年，新增文体用品经营项目。2011年，销售总额1493.36万元，其中，图书330.27万元（含农家书屋124.3万元），教材教辅948.79万元，文体用品214.3万元。

第六节　文化市场管理

一、机构

20世纪90年代初，县委县政府先后成立文化市场管理委员会、“扫黄打非”工作领导小组，文化部门抽调人员组成文化市场稽查队。2001年7月20日，成立文化市场稽查队。2006年8月16日，调整“扫黄打非”工作领导小组，办公室仍设文化体育局。2010年3月22日，撤销文化市场稽查队，成立文化市场综合执法大队。

二、审批登记

景东县文化体育和广播电视局行政审批项目登记表

表19-1-1　　单位：年

序号	项目名称	设定依据	审批时限
1	娱乐经营许可	娱乐场所管理条例	20
2	网络文化经营许可	互联网上网服务	20
3	音像制品经营许可	音像制品管理条例	30
4	出版物经营许可	出版管理条例	20
5	印刷经营许可	印刷业管理条例	20
6	营业性演出许可	营业性演出管理条例	20
7	体育经营许可	中华人民共和国体育法	20
8	工艺品经营许可	云南省文化市场管理条例	20
9	有偿文化艺术培训许可	云南省文化市场管理条例	20
10	接收卫星传送境内电视节目许可	卫星电视广播地面接收设施管理规定	20
11	接收卫星传送境外电视节目许可	卫星电视广播地面接收设施管理规定	20
12	广播电视节目制作经营许可	广播电视节目制作经营管理规定	20
13	城市社区有线电视系统许可	城市社区有线电视系统管理暂行办法	20
14	广播电视播出机构许可	广播电台电视台审批管理办法	20
15	信息网络传播视听节目许可	互联网视听节目服务管理规定	20

三、清理整顿文化市场

执行“一手抓繁荣，一手抓管理，促进文化市场健康发展”方针，采取日常巡查、专项整治、联合执法等系列措施，开展文化市场监督管理和“扫黄打非”工作，逐步规范、净化和繁荣文化市场。1994 年末，全县登记在册文化市场经营户 286 个。2011 年，在册文化市场经营户 152 个，其中，娱乐 45 个，网吧 18 个，音像制品 21 个，印刷 47 个，出版物 21 个。

第七节　文　物

一、古遗址、古建筑

全县留存不可移动文物 99 处：按保护单位级别分类，省级 4 处、县级 22 处、未定级 73 处；按文物种类分类，古建筑 41 处，古遗址 20 处，古墓葬 7 处，近现代重要史迹及代表性建筑 28 处，碑刻石刻 3 处。

二、重要文物

馆藏文物 4526 件，上溯原始社会新石器时代，下迄近代。文物主要为石器、陶瓷器、金银器、铜器等，其中，国家一级 2 件，二级 8 件，三级 28 件，大多为傣族陶氏土司墓出土文物。

三、文物展览

1995 年 12 月县庆 10 周年期间，首次在文庙展出傣族陶氏土司墓出土文物及历史文物 848 件、图片 68 幅，以 1988 年发掘出土陶金墓文物为主。之后，每年春节等重大节庆期间，都要举办文物展览。1996—2005 年，先后抢救性发掘陶土司府古墓 6 座，文物展品愈加丰富。

四、文物管理

古遗址、古墓葬发掘　1998 年 12 月至 1999 年 1 月，为配合大朝山电站工程建设，云南省文物考古研究所、普洱市文物管理所、景东县文物管理所抢救性发掘林街丙况遗址，发现柱洞、柱洞沟槽、灰坑等遗迹，出土石器、陶器、铜器等遗物；人类在景东活动时间上溯到新石器时代晚期，迄今 3000 余年。自 1988 年始，先后抢救性发掘河东街傣族陶氏土司墓地遗址 4 次、清理墓葬 6 座，出土金执壶、金面具、金碗、金盘、金盒、金箸、金勺、金耳坠、金簪、银凤冠、银执壶、银瓶、银盘、银箸、瓷碗、瓷盘、铜镜、玉箍、玉簪等器物 1118 件。其中，第一次于 1988 年 10 月 13—26 日，清理陶金等墓葬 3 座，编号 M1-3；第二次于 1996 年 10 月 3 日，清理墓葬 1 座，编号 M4；第三次于 2000 年 1 月 26—29 日，清理墓葬 1 座，编号 M5；第四次于 2003 年 3 月 7—9 日，清理墓葬 1 座，编号 M6。

文物普查　1984 年 8—9 月，开展第二次全国文物普查。全县普查项目 192 项（件），填报上级文物主管部门 46 项，基本掌握全县文物古迹分布情况。2007 年 4 月至 2011 年 12 月，开展第三次全国文物普查。全县调查公布不可移动文物 99 处。

景东县第三次全国文物普查不可移动文物名录登记表

表 19-1-2

乡镇	名称	年代	类别	所在村（居）委会	保护级别
大街	三营杨家祠堂	清	古建筑	三营	未定级
	关圣宫戏楼	清	古建筑	大街	未定级
	三营观音寺	清	古建筑	三营	县级
	塘坊石洞寺遗址	清	古遗址	塘坊	县级
	杨营牌坊	清	古建筑	三营	县级
	德胜石拱桥	清	古建筑	大街	未定级
	小街石拱桥	清	古建筑	三营	未定级
	文东段家坟石标	清	古建筑	大街	未定级
	者干会盟址	清	古建筑	大街	县级
	三营文庙	明	古建筑	三营	未定级
	三营罗家祠堂	清	古建筑	三营	县级
	文焕石拱桥	清	古建筑	三营	未定级
	塘坊风雨桥	清	古建筑	塘坊	未定级
	三营罗家祖坟	清	古墓葬	三营	未定级
花山	福都石拱风雨桥	民国	近现代代表性建筑	坡头	县级
	卢丙河双石拱桥	清	古建筑	坡头	未定级
	小文献风雨桥	清	古建筑	文岔	未定级
	营盘战场遗址	清	古遗址	营盘	县级
	文俄双瓦桥	清	古建筑	文俄	未定级
	营盘河石拱桥	清	古建筑	营盘	未定级
	文召石拱桥	清	古建筑	文召	县级
	卜勺石拱桥	清	古建筑	卜勺	未定级
	练地河石拱桥	清	古建筑	芦山	未定级
	天华寺遗址	清	古遗址	营盘	县级
文龙	瓦伟石拱桥	清	古建筑	瓦伟	未定级
	仙人洞寺庙遗址	清	古遗址	三岔河	未定级
	大龙街公路石拱桥	新中国	近现代代表性建筑	龙街	未定级
	邦迈水阁遗址	清	古遗址	邦迈	未定级
	邦崴山神庙遗址	清	古建筑	邦迈	未定级
	瓦罐窑青龙寺遗址	清	古遗址	瓦罐窑	未定级
太忠	岔箐赵家坟	清	古墓葬	岔箐	未定级
	沾雨河瓦桥	民国	近现代代表性建筑	沾牛	未定级
	火石箐石拱桥	不详	近现代重要史迹及代表性建筑	沾牛	未定级

续表 19-1-2

乡镇	名称	年代	类别	所在村（居）委会	保护级别
太忠	嘎仰河石拱桥	清	古建筑	嘎仰	未定级
太忠	石匠房石拱桥	清	古建筑	嘎仰	县级
太忠	杨春琦烈士墓	1952	近现代重要史迹及代表性建筑	三合	未定级
漫湾	半坡石拱桥	清	古建筑	漫湾	未定级
漫湾	文冒振文塔	清	古建筑	文冒	县级
漫湾	保甸清真寺	清	古建筑	保甸	县级
漫湾	安乐老街	民国	近现代重要史迹及代表性建筑	安乐	未定级
漫湾	德哥银洞遗址	清	古遗址	保甸	未定级
漫湾	保甸榕树井	清	古建筑	保甸	未定级
漫湾	丙寨山傣族古墓群	明	古墓葬	安乐	未定级
漫湾	保甸回族古墓群	清	古墓葬	保甸	未定级
漫湾	红毛树地遗址	新石器时代	古遗址	安乐	未定级
漫湾	安乐清真寺	清	古建筑	安乐	未定级
林街	丙况遗址	新石器时代	古遗址	清河	未定级
林街	林街清真寺	清	古建筑	林街	省级
林街	清河太阳庙	清	古建筑	清河	未定级
林街	清河石拱桥	清	古建筑	清河	未定级
林街	大道场遗址	新石器时代	古遗址	万龙	未定级
林街	林街金鼎寺遗址	明清	古遗址	丁帕	县级
林街	金鼎山道人洞遗址	清	古遗址	丁帕	未定级
林街	金鼎山道人古墓群	清	古墓葬	丁帕	未定级
龙街	竹者河石拱桥	清	古建筑	竹者	未定级
龙街	望天坡石拱桥	清	古建筑	扎果	未定级
龙街	邦庆河石拱桥	清	古建筑	小龙街	未定级
龙街	南岸河石拱桥	清	古建筑	南岸	未定级
龙街	南岸白石岩营盘遗址	清	古遗址	南岸	县级
景福	勐令岩洞	不详	古遗址	勐令	未定级
景福	大河边石拱桥	清	古建筑	勐令	未定级
景福	公平河石拱桥	清	古建筑	公平	未定级
景福	勐令石像	清	石窟寺及石刻	勐令	未定级
景福	公平观音殿遗址	清	古遗址	公平	县级
景福	小河坡石拱桥	1950	近现代重要史及代表性建筑	古里	未定级
景福	勐片老街	清	古建筑	勐片	未定级
景福	凤冠山观音庙	不详	古建筑	岔河	未定级

续表 19-1-2

乡镇	名称	年代	类别	所在村（居）委会	保护级别
文井	文新仙人寨营盘遗址	清	古遗址	文新	县级
	文新石拱桥	清	古建筑	文新	未定级
	文哈水利工程	清	古建筑	路东	县级
	新村文宫庙遗址	清	古遗址	路东	未定级
	清凉老街	清	古建筑	清凉	未定级
	田房城隍庙遗址	清	古遗址	路东	未定级
	品秀河石拱桥	清	古建筑	文华	未定级
	永定桥	清	古建筑	开南	未定级
	南京山文笔塔	清	古建筑	文华	县级
	者后双水井	清	古建筑	双水井	未定级
	山心老营盘遗址	清	古遗址	山心	未定级
	麻地箐石拱桥	清	古建筑	文井	未定级
	寨上古井	清	古建筑	大营	未定级
	梁家大院	清	古建筑	清凉	未定级
安定	李文学起义军营盘遗址	清	古遗址	鼠街	县级
	罗大任故居	民国	近现代重要史迹及代表性建筑	外仓	未定级
	芹河景东府北界碑	清	石窟寺及石刻	芹河	县级
	大团山矿洞	民国	近现代重要史迹及代表性建筑	青胜	未定级
	扎木腊公碑	清	石窟寺及石刻	青联	县级
	上条街茶马古道	清	古遗址	鼠街	未定级
	鼠街姜家大院门楼	民国	近现代重要史迹及代表性建筑	鼠街	未定级
东镇	老厂山古矿洞遗址	不详	古遗址	曼状	未定级
	榨房大空碑	清	古墓葬	榨房	未定级
锦屏	曼笼桥	清	古建筑	山冲	未定级
	白头地遗址	新石器时代	古遗址	前所	未定级
	景东卫城遗址	明	古遗址	玉屏	省级
	孔雀山凌云塔	清	古建筑	斗阁	县级
	景东文庙	清	古建筑	玉屏	省级
	河东街傣族陶氏土司墓地遗址	明	古墓葬	景范	省级
曼等	栏杆箐石拱桥	清	古建筑	花地	未定级
	雷家山石拱桥	清	古建筑	曼等	未定级
	刘岷故居	清	近现代重要史迹及代表性建筑	曼等	未定级
合计	不可移动文物 99 处，其中，省级 4 处，县级 22 处，未定级 73 处				

文庙大成殿孔子汉白玉雕像

（罗海垠　摄）

文物保护单位　（1）县级文物保护单位。1986 年 8 月 20 日，县政府公布第一批县级文物保护单位 11 处，分别为景东文庙、卫城遗址、林街清真寺、文龙风雨桥、龙泉寺古戏台、者干会盟遗址、文冒振文塔、南京山文笔塔、孔雀山凌云塔、李文学起义军营盘遗址和文哈古水利工程。2011 年 10 月 28 日，县政府公布第二批县级文物保护单位 16 处，分别为三营观音寺、塘坊石洞寺遗址、杨营牌坊、三营罗家祠堂、福都石拱风雨桥、营盘古战场遗址、文召石拱桥、天华寺遗址、石匠房石拱桥、保甸清真寺、林街金鼎寺遗址、南岸白石岩营盘遗址、公平观音殿遗址、文新仙人寨营盘遗址、芹河景东府北界碑和扎木腊公碑。（2）省级文物保护单。1987 年 12 月 21 日，省政府公布景东文庙为第三批省级文物保护单位。1998 年 11 月 13 日，省政府公布景东卫城遗址为第五批省级文物保护单位。2003 年 12 月 18 日，省政府公布林街清真寺为第六批省级文物保护单位。2012 年 1 月 7 日，省政府公布河东街傣族陶氏土司墓地遗址为第七批省级文物保护单位。

文物维修　1983—1987 年，全面维修文庙，总投资 27.5 万元，其中，省文化厅拨款 12.5 万元，县政府拨款 15 万元。1992—1995 年，第二期维修文庙，并在大成殿立汉白玉孔子像。2004—2005 年，第三期维修文庙，主要是抢修棂星门，漆绘建筑，设立“四配十二哲”石像，恢复中轴路、泗水牌坊、魁星阁。省市县拨款 146 万元。（详见第七编第四章“城乡建设”）

第八节　文化机构

一、管理机构

1982 年 2 月，撤销文教科，分设为教育局和文化科。1984 年 1 月 10 日，文化科改称文化局。1984 年 9 月 12 日，改称文化广播电视局，内设办公室、文化艺术股、广播电视股，下辖文化馆、图书馆、文工队、电影公司、广播站、电视转播台、695 台。1992 年 2 月 28 日，撤销文化广播电视局，分设为文化局和广播电视局，文化局内设办公室、文化艺术股，下辖文化馆、图书馆、文工队、电影公司。1993 年 3 月，文化局和体育运动委员会撤并为文化体育局，内设办公室、文化艺术股、体育股，下辖机构沿袭。2011 年 5 月 30 日，文化体育局和广播电视局合并，成立文化体育和广播电视局，内设办公室、社会文化艺术管理股、文化产业与非物质文化遗产管理股、体育股、宣传股、广播电视电影事业管理股，下辖文化馆、图书馆、博物馆（文物管理所）、体育馆、文化市场综合执法大队、民族文化工作队、广播电视台、电视转播台、电影发行放映公司。

二、业务机构

文化馆　1952 年，在文庙内复设文化馆。1969—1971 年被撤销，1972 年恢复。设文化、美术、文物、摄影、财务等组室。1994 年 6 月，撤文工队，并文化馆；文物管理所、体育馆从文化馆分设。1996 年 6 月至 1997 年 10 月，在灯光球场原址建成砖混结构三层办公楼 1 幢，占地 230 平方米、建筑面积 690 平方米。

县图书馆（罗海垠　摄于 2015 年 7 月）

图书馆　1983 年 4 月，图书馆从文化馆分设。1993 年，在尚武门县幼儿园原址建盖图书馆，建成后与文庙旁县政府招待所置换。2003 年，核编 7 人。

博物馆　文物管理所　1972 年，文化馆内设文物室。1994 年 8 月 26 日，成立文物管理所，核编 5 人。1996 年 6 月 18 日，博物馆成立，与文物管理所合署办公。2011 年，在职 13 人。

文化市场综合执法大队　20 世纪 90 年代初，文化局抽调人员组成文化市场稽查队。2001 年 7 月 20 日，成立文化市场稽查队，不增加编制和经费，所需 3 人在系统内调配解决。2010 年 3 月 22 日，撤销文化市场稽查队，成立文化市场综合执法大队，正股级，核编 5 人。

民族歌舞团　1988 年，文工队改称民族文化工作队。1994 年 6 月，撤并入文化馆。2008 年 8 月 5 日，民族歌舞团成立，财政全额拨款股所级事业单位。2011 年，实有事业编制 3 人、合同制演员 26 人。

电影发行放映公司　1980 年，电影发行放映公司成立，属企业化管理事业单位。

乡镇文化站　（1）锦屏镇文化站。1982 年 5 月成立。有钢混结构三层办公楼 1 幢，占地面积 160 平方米、建筑面积 640 平方米，总投资 64.5 万元。（2）文井镇文化站。1983 年 9 月成立。2005 年者后乡撤并入文井镇，乡文化站同时并入。（3）太忠文化站。1984 年 6 月成立。1998 年投资 18 万元建成办公楼 1 幢。（4）龙街乡文化站。1984 年 6 月成立。1998 年投资 15 万余元建成办公楼 1 幢。（5）文龙文化站。1984 年 6 月成立。（6）安定文化站。1980 年 9 月成立，是普洱市建站最早的乡镇文化站之一。2002 年，购置占地 450 平方米、建筑面积 400 多平方米钢混结构楼房 1 幢。（7）花山文化站。1983 年 4 月建立。有建筑面积 300 平方米办公楼 1 幢。（8）大街镇文化站。1981 年 7 月成立。（9）漫湾文化站。1984 年 9 月成立，原名保甸区文化站。（10）林街乡文化站。1984 年 6 月成立。（11）景福文化站。1984 年 6 月成立。有占地面积 320 平方米、建筑面积 150 平方米二层钢混结构办公楼 1 幢。（12）曼等文化站。1983 年 4 月成立。（13）东镇文化站。1988 年 8 月成立。（14）锦屏区（乡）文化站。1984 年 6 月成立。1994 年撤锦屏乡，并锦屏镇，乡文化站同时并入。（15）者后文化站。有建筑面积 315 平方米办公楼 1 幢。2005 年撤者后乡，并文井镇，文化站同时并入。（16）永秀文化站。1984 年 6 月成立。2006 年撤永秀乡，并东镇，乡文化站同时并入。

第二章 方言 俗语

第一节 方 言

县境属北方方言区西南官话区汉语方言次方言区。汉语方言在形成过程中，受到少数民族语言影响，汉语也影响到少数民族语言，随着历史发展，已经有相当一部分少数民族青年在语言上能够熟练运用汉语，反而对本民族语言陌生。在少数民族聚居地，仍然保存有部分少数民族语言。例如，安定乡内彝族人口占95%以上，乡政府所在地鼠街村外来人口较多，机关单位分布较多，大部分人用汉语交流，但在赶集时农民间、特别是长者间多使用彝、汉语交叉或者纯彝语交流；又如，在文井镇新会村，老一辈在聊天时多使用哈尼语交流，而在40岁以下人群，能够听懂彝语、哈尼语的人较少，能说者更加少见。

一、县境方言片区

根据地域和语言习惯，可划分为安定彝族片区（安定）、哀牢山片区（花山、大街、太忠、龙街、文龙）、无量山片区（景福、林街、曼等、漫湾、东镇）和川河片区（锦屏、文井）。

安定彝族片区　因其特殊民族结构，安定乡在汉语方言中具有特殊位置。长期民族习惯使得彝族人具有独特交流方式和语言习惯。本志不对彝语进行研究，但安定居民在语音和语法上，深受彝语影响。

彝族在汉语交流时，最突出现象是动词前置，形成连谓共用同一个宾语情况。例如：蒸吃粑粑——蒸粑粑吃，饭吃——吃饭，帮来给下——请你来一下。

有时候宾语和补语互换。例如：我说他不过，你帮说说。——我说不过他，你来帮忙说说。

你怕是做不合。——你这样做可能不合适。在安定乡，“做不好”不是指做出来的东西不好，而是指这样做不合适。

这种情况仅限于安定乡，且越是封闭村落，这种口音和表述越加明显。在乡政府所在地鼠街村附近，因为往来人员较多，外来人口杂居，口音已经有所变化，日渐趋同于其他乡镇。

哀牢山片区　哀牢山区指花山、大街、太忠、龙街、文龙等乡（镇）。文龙乡虽在川河沿岸，又与安定乡毗邻，但语言习惯却归属于哀牢山片。在县内，哀牢山片区在口音和词汇运用上有一定特点。例如，花山、大街很多人习惯将普通话“什么?”说成“娘［niaŋ］^{53}?”或者“娘过［niaŋ］^{53}［kuo］^{213}?”表示疑问词。

你说［niaŋ］^{53}［kuo］^{213}？——你说什么?

花山还有一个独特语气词“哦”，其他地方语气为“噶”，单凭一个“哦”字就能够准确判断出此人是否为花山人。“哦”等语气词在语言运用中没有实际意思，只起到辅助作用。

例如：我先走了哦！——花山方言

我先走了噶！——景东县其他地方方言

哀牢山片区和川河片区部分人将挑食者称为“斋婆”。斋婆原指吃斋念佛妇人，由于吃斋有许多禁口，故引申为挑食。花山、大街境内有天华寺、石洞寺等寺庙，锦屏御笔山设有老君殿、财神殿、观音殿等，四季香火不断，逢年过节参拜的人很多，人们对吃斋念佛较为熟悉，“斋婆”之谓是一种指代。以花山营盘为例，天华寺地处营盘境内，宗教活动较多，耳濡目染之后，男女老少几乎使用“斋婆”一词。而这种称谓在无量山片区则较少，挑食被称作“拣嘴”，拣嘴一词不具有宗教色彩，但具有元明时期语言特点。例如：

你这样不吃那样不吃，像个老斋婆。——哀牢山片区、川河片区

你这个人太拣嘴了。——无量山片区

大街、花山一带有一句口头禅：“你（我）怕阿死了。”直译你（我）要死了，但实际并不指人要死的意思，多数时候表达一种娇嗔，有时候表示气愤，根据说话人语气和语境而定。

无量山片区　县境西部背靠无量山脉，在地理位置、民族风俗、语言习惯等方面独具特性，通称为西五区或者无量山区。无量山区山高路远，地势险要，与外界接触较少，较东片区（哀牢山片区、川河片区）而言，在词汇保存方面具有突出特点。很多词语具有元明时期语言特征，这些词外人很难理解，但此片区人却运用自如。例如：

钵头——大碗。“钵”指僧人食具，引申为饭碗；“头”在景东方言中作为名词后缀运用较为广泛。如“热头（日头）”，在曼等、漫湾等地指太阳。

如麻三界——太肉麻了，连天上人间地狱都感到肉麻。该词属于曼等方言，在曼等乡扎结、大行山等地，40岁以上中老年中较为常用。像这类词汇在无量山片区保存较多，因为现代汉语中几乎不用，在景东范围内也不通用，几乎只有此片区人能够理解。

在景东，人们习惯将父亲哥哥称为大爹。而在曼等乡后河村、林街乡箐头村，则把大爹称作阿爷，他们在与其他人交谈中，提到自己父亲母亲时称为“爹爹、妈妈”。曼等排沙村有一句口头禅——“阿爹阿妈！”用于受到惊吓或者害怕时呼喊。“阿妹”则是曼等扎结村人口头禅，张口就来：“阿妹！”或者“阿妹妹！”所以在曼等流传着这样一句顺口溜：“爹爹妈妈后河人，阿妹阿妹扎结人，阿爹阿妈排沙人。”

漫湾等地人际交流时，“我”与“们”连用时，将“我们”发音为“[a]^{55} [mən]^{55}”，单独使用“我”时，发“[wo]^{55}”或者“[wo]^{35}”音。景福乡公平村和漫湾镇部分地方彝族，在辈分称呼上有独特之处。如果自己父亲是家中排行老二，那么大爹（父亲的哥哥）家中孩子在辈分上就算比自己大，无论年纪大小，都要称之为哥、姐。此类可归为民俗类，但称呼的独特性也具有方言特点。

川河片区　指锦屏、文井等川河沿岸地区。为境内经济最为发达、交通最为便利之地，与外界接触较频繁，居民在性格、语音上能够和其他地方进行区分。景东有一句俗话：“文井人是景东犹太人。”说明文井人聪明能干，善于做生意。川河片区居民说话时语速普遍较快，这和他们性格和经常从事行业有很大关系。文井人将叔叔的妻子叫做“婶”，哀牢山片区则叫做“叔妈”，当然，婶婶这种叫法在中国各地方言中比较常见，也自有它产生的道理，但“叔妈”叫法流传度则比“婶（婶）”小得多。此外，文井大部分人在叫伯母（景东人称“大妈”）时，将“大妈 [ta]^{213} [ma]^{55}”说为“大嫫 [ta]^{213} [mo]^{55}”，区别于哀牢山区、无量山区等其他地方发音，甚至区别于同属于川河片区的锦屏镇，口音辨识度高。

二、汉语方言语音特点

在语音上，景东方言表现出与西南官话区共同性和独特性。据《云南省志·卷五十八·汉语方

言志》中分类，云南方言属北方方言西南次方言，景东方言是云南方言滇中方言片区。滇中方言片区包括曲靖、玉溪、普洱、西双版纳、楚雄及临沧一部分县市。除词汇和某些语法现象差异外，云南片区与西南官话区相比，主要特点：(1) 多数县市能区分声母 n 和 l，z、c、s 和 zh、ch、sh；(2) 韵母少于普通话韵母，一般在 30 个左右，缺乏撮口呼韵母和卷舌元音韵母；(3) 具有大量鼻化元音韵母；(4) 声调调值以低调、降调居多；(5) 轻声、变调较少。

除以上几条之外，云南方言中还有一个最为突出的特点，很多声母 j、q、x 发音都用 g、k、h 代替。这是由于历史沿革，云南很多汉族很早就进入云南，当时他们的语言应属古汉语，但古汉语中是没有 j、q、x 这三个音，现代汉语中 j、q、x 一部分来自古时 g、k、h，一部分来自 z、c、s。所以，在古汉语中“鞋子”不读作“[ɕiɛ]^{55} [tsɿ]”，而是读作“[xai]^{53} [tsɿ]”。所以，往往有“舍不得鞋子套不着狼”讹为“舍不得孩子套不着狼”情况发生。

以上几条都是云南各地区方言的共同点，这些共同点使得云南方言内部虽有诸多差别，却很少能够构成交际困难。景东方言具有云南方言以上特点之外，也有一些自己特点。各区因为民族构成、历史变迁和地域限制，在方言使用上略有差别。(1) 声调分为四类，阴平 [55]、阳平 [31]、上声 [53]、去声 [213]，其中入声多归为阳平，口语发音中上声十分少见，多归为阳平。太忠、安定方言在声调上较为特殊，口语发音中上声声调比景东其他地方多，其次是文井，在川河坝境内，大部分人发音都偏重于去声。例如：“我”字在景东方言发音中，安定片区和少数边远山区发音为 wo^{53}，文井发音则为 wo^{213}，而实际上，景东其他地方发音普遍为 wo^{55}。(2) 前后鼻音不分。在 [an]、[ɑŋ]、[ən]、[əŋ]、[in]、[iŋ] 等韵母发音上，约有一半乡镇能够区分“安、昂和弯、汪”等字的读音。在川河片区、哀牢山片区文井、大街、花山等地，能够清晰地区分出“安、昂和弯、汪”的读音，在无量山片区和安定彝族片区大部分乡镇和村组则不能。同理，“因、应、云”等字在景东方言发音中，所有 [in]、[iŋ]、[yn] 都读做 [in]，“陈”“成”也都统一读为 [ən] 音而不读为 [əŋ] 音，这两组在读音上几乎没有任何差别。(3) 除安定之外，其他乡镇都没有撮口呼韵母。在普通话中发 [y]、[yn]、[yɛn] 等音的字，在景东多半被归入齐齿呼韵母中。因此“烟”和“冤”除安定片区以外发音是一样的，都发 [i] 音，安定则将“冤”发为 [uən]。“局、雨、曲、畜”等字，在景东方言中，韵母都读作 [iu]，但是安定保留撮口呼韵母的发音。例如：老周，今天下午我请你吃鱼。——在花山（哀牢山片区）、景福（无量山片区）、锦屏（川河片区）等地方言中，这句话发音：tɕiu^{31} tʂaŋ^{55}，tɕiɑu^{55}（tɕin^{55} t‘iŋ^{55}）ɕia^{213} wu^{55} wo^{55} qiŋ^{55} niɛ^{31} tʂ‘ʅ^{53} i^{31}。但是安定发音则是：tɕu^{31} tʂaŋ^{53}，tɕin^{55} t‘iŋ^{55}ɕia^{213} wu^{31} wo^{53} qiŋ^{53} ni^{31} ts‘ʅ^{53} y^{31}。(4) 声母 f 和 h 难以区分。景东方言中没有 [xu] 音节，当 h（x）与 u 合拼时，容易把 h 声母读为 f，例如：乎 [xu]^{55}、湖 [xu]^{35}、虎 [xu]^{214}、户 [xu]^{51}易读为乎 [fu]^{55}、湖 [fu]^{31}、虎 [fu]^{53}、户 [fu]^{213}。(5) 在声母 n 和 l，z 和 zh，c 和 ch，s 和 sh 在与某些韵母相拼时属于自由变体。例如，几乎所有景东方言都将“暂”读为 [tʂan]^{213}，将“助”读为 [tsu]^{213}，但是“占”和“赞”的发音却与普通话发音无二；c 和 ch、s 和 sh 的区别同上。(6) 景东方言中无 [əu] 韵，“狗、斗、臭”等字均读为 [iɛ] 韵，发音简明容易。与此相应，景东方言也没有 [iəu] 韵，“秋、有、秀”等字均读为 [ə] 韵。但在安定等地保留彝语发音的地方，[əu]、[iəu] 发音特点较为明显。同理，“国”字的普通话韵母发音为 [uo]，景东方言发音为 [o]。少数较为落后边远地区，例如花山乡文俄村大文庄组村民在发音上，将“国”韵母发音读为 [o]，却将普通话中同样发音为 [uo] 的“果”字读为 [kuæɪ]^{53}音，这个词的发音在境内其他地方没有对应的读音，而该地区对“果”字的变音也仅限于对水果的称呼上，与其他词组合时仍然发 [o] 音。(7) 在景东方言中，没有卷舌音 [ɚ]，韵母中 [ɤ] 和 [ɜ] 部分都读为 [e]。所以在读“而”“儿”“饿”等字时几乎没有区别。但是在景东不同片区，e 在声调上有一定区别，例如坝区多将“耳朵”的“耳”字读为阴平声调，少部分山区和彝族地区则读阳平声调。(8) 韵母中 [əŋ] 音几乎发

［oŋ］音，“风、峰”字在景东方言中不发［fəŋ］^{55}音而发［foŋ］^{55}音。但奇怪的是，曼等乡扎结村等地，“刮大风”发音为［kuA］^{31}［ta］^{213}［fəŋ］^{55}，但是仅限于“风”字，在发“封、峰”音时，又和其他地区一样发［foŋ］^{55}音。

三、汉语方言词汇特点

除语音外，不同方言在词汇和词义上也会有差异。景东方言与普通话基本词汇大致相同。景东人在北方官话区内基本上可以用本土方言交际。

地名　民族语言地名经过长时间使用，已经变成一种约定俗成的专有名词，发展到后来，已经很少有人知道其来历，以为它们本就是汉语中固有的词，这种情况从汉语方言角度来讲，属于借词。其中在云南最著名的借词莫过于音译词“普洱”，普洱为哈尼语，意为水湾寨，但如今的“普洱”，既可以作为行政区划普洱市解释，也可以作为普洱茶解释，两者已经有一个约定俗成的指代，再没有水湾寨之意。景东历史上受陶氏土司统治500多年，在地名借词上很多采用傣语音译，少部分采用彝语和哈尼语音译。如，菠萝林：彝语，菠萝即栎树，指栎树成林之地。备的箐：哈尼语，备即坝、的［ti］^{55}即木姜子树；备的即木姜子树坝，后人讹为背爹箐。

物名　景东境内和新平、元江等地一样，把芒果叫做“骂们［ma］^{213}［mən］^{55}”，而“芒果”一词则是后来词汇，本地人仍然把野生小芒果叫做“骂们”。骂们为傣语借词。林街乡清河村南骂组，南：水，骂：果；南骂，意为水果飘香地方，来自傣语音译借词。景东仍有部分为傣语水果名，如：骂梨刚（骂桃），又叫缅石榴，即番石榴。

一些少数民族特有的东西，也把有关名词收入到汉语方言中。如：撒撇，指一种傣族名菜，牛苦肠水加上米线和各种作料凉拌制成。水涨汎，指鲜牛肉轻轻顺着滚锅水一焯就拿出来吃的一道菜。木瓜，景东所指木瓜是一种酸味及其突出的蔷薇科木瓜属植物果实，学名称木瓜海棠；而真正的木瓜在景东则被称作缅芭蕉。辣蜜，傣族、拉祜族用来蘸折耳根、水香菜等野菜吃的一种佐料。折耳根（即蕺菜，又名鱼腥草）在景东是一个特殊词汇，20世纪90年代前，景东还将折耳根叫做狗青菜，后来折耳根这种叫法传进来之后，在日常生活中逐步取代狗青菜称谓。因为外来人不清楚“狗青菜”为何菜，很多时候为避免麻烦，将长期使用的“狗青菜”一词改为大家所熟知的“折耳根”。

古语词　明代在云南实行雷厉风行的屯田制后，云南乃至景东居民的民族结构发生改变，在多数平坝区，汉族成了主体，不再需要“变服，从其俗”，在民族文化交流中，中原汉文化占据优势。由于景东地理环境特殊，山高谷深，交通十分不便，屯军来自不同省份，因此，其后代较完好地保存了中原各地汉文化特征。云南地方偏僻，景东更是如此，长时间游离于中原统治之外，使得语言发展较中原地区缓慢，也正是因为如此，在方言中才保留有相当一部分古词语，特别以元明时期词语为多。这些词语中，多数为宋人话本及元杂剧中，普通话中已不使用，景东方言中却保留较多。如：

何［xuo^{31}］消：云南各州市都有此词，意为“何必、不必、不需要”。如，“这么滴滴子事情，何消劳烦你！”《金瓶梅》第二回：“若要买他烧饼，少间等他街上回来买，何消上门上户？”字义与文中一模一样。

鏖［ɑu^{55}］糟：意为不洁，肮脏。例：“你望望瞧你身上呢那些鏖糟，都搓得出一盆了！”《醒世恒言》第十七卷：“今日这浴，就如脱皮退壳，身上鏖糟足足洗了半缸。”词义相同，用法未变。

此外，景东方言如“硬扎”“扯白”“被窝”“偏生”“奈烦”“乜斜”等词语，均常见于元明小说戏曲作品之中。

景东县方言土语表

表 19-2-1

类属		内容
名词	天文	热头、日头：太阳。白日：白天。太阳辣：阳光强烈。背荫：阴影下。太阴：月亮。扫把星：彗星。云彩：云。火烧天：朝霞、晚霞。扯闪：闪电。打炸雷：打雷、霹雷。夺雨：被雨淋了。躲雨：避雨。霜扎：被霜冻坏。雾露：雾。摩挲雨：小雨；一直不停地下小雨
	地理	坝子：盆地。雷响田：旱田。箐、山箐：山谷。热水塘：温泉。温吞水：温水。吸铁：磁石。街子：集市。巷道：小巷
	时间节令	昨日：昨天。今日：今天。明日：明天。后日：后天。多阵、哪下：什么时候。上前：刚才。早期：早晨。早升：早上。晚升：晚上。挨黑：黄昏。将将：刚刚。二天：以后，将来。擦黑：天快黑时。天麻麻亮：拂晓时分。大天四亮：天亮。大白日天：白天，中午。那起：那时。这起：这时
	人品称谓	男的：男人。女的：女人。老倌：老头。汉子：中年男人。伙子：青年男人。小儿子：小男孩。小姑娘：女孩、小女孩。老妈妈、老奶：老太太。老婆娘：中年已婚妇女。媳妇：青年已婚妇女；妻子；儿媳。垫窝：意指最小的孩子。姑爷：女婿。大爹：伯父。孙囡：孙女。叔妈、阿婶：叔叔的妻子，婶子。姑老太：丈夫的妹妹。妹子：妹妹。兄弟媳妇：弟媳
		阿婆：外婆。姨妈（嫫）：姨妈。老丈人：岳父。老岳母：岳母。小姨妹：妻子的妹妹。老公公：丈夫的父亲。老婆婆：丈夫的母亲。亲家：自己姑爷（媳妇）的父母，也可单指亲家公。亲家母：自己姑爷（媳妇）的母亲，也可称为亲家。亲爹：父亲的亲家。亲妈：父亲的亲家母。阿白：老人称呼年轻的小伙子。阿宝：彝族称呼男孩。阿花：彝族称呼女孩。城头人：城里人。贼头：土匪、强盗。烂使：妓女；不检点的女人，意指过度使用自身。花子：乞丐，或者没有上进心的人。厨子：厨师。拉不出圈门：怕见生人，害羞，没本事的人。阿咪孺：对孩子的爱称。阿老：对小孩子的爱称。鬼使：对小孩的称呼。黄花妞：对女孩的称呼。三只手：小偷
	婚丧生育	讨媳妇：娶亲。嫁人：出嫁。新姑爷：新郎。新媳妇：新娘。招姑爷：招婿。送布草：定亲前送礼。送祝米：送孩子满月的礼，一般是女方亲眷送。抬人、发丧：出殡。吃衣禄：骂人的话，说人要死
	人体动作	脑门头：额头。后脑壳：后脑勺。头皮：头屑。眼眨毛：眼睫毛。嘴皮：嘴唇。扇子骨：肩胛骨。哈痒：咯吱。手板心：手心。脚连杆：小腿。腿肚包：腿肚子。磕膝头：膝盖。簸箩盖：膝盖骨。脚螺丝骨：脚踝。脚丫巴：脚丫。鏖糟：肮脏；身上的皮屑等。矮夺夺：矮小
	医药疾病	难在：生病。泥鳅痧：中暑。心翻：恶心想吐。打摆子：疟疾。半边疯：半身不遂。扯疯、发老母猪疯：癫痫。塌皮：擦破皮。干疙瘌：疥疮。骚疙瘩：粉刺。夹汗：狐臭。独手：意指人只有一只手。独脚：瘸子；民间迷信也指家中豢养的一种鬼类。眯秋眼：近视眼
	器具	板凳、条凳：凳子。被窝：行李。被单：被子、铺盖。盅子：杯子。盐臼：用来舂东西的器具，多指小的。兑窝：舂东西较大的器具。信壳：信封。睡脑：枕头。窝道：地方
	饮食起居	早饭：午饭。晌午：中午加餐，午点。宵夜：夜点。牛头饭：不干不稀的饭。姑巴：锅巴。挂面：面条。米干：用米浆蒸制的食品，卷粉。粑粑：用米面做出来的圆形食品。烀拉：用米调制出的糊状食物；玉米粥。豆花：豆腐脑儿。旺子、血旺：猪血。腌：用盐等作料腌制，如腌鸭蛋、腌肉、腌菜。米花：爆米花。玉麦花：炸玉米花。娘子：酵母，如白酒娘，多指醪糟酒水。漱嘴：刷牙。歇气：休息。嘴头食：零食。向太阳：晒太阳。向火：烤火。躲凉：乘凉。冲瞌睡：打盹。茅厕：厕所。耳房：正房侧面的房间，厢房
	服饰工艺	马褂：坎肩。汗衣、汗褂：背心。汗裤：内裤。包头：头巾。靸鞋：拖鞋。镯头：手镯。耳坠：耳环。烫：熨。浪：晾晒。活络扣：活结。死疙瘩：死结。喳溜皮：借指小孩的衣服
	交际	拘：客气、害羞。下帖子：发请柬。做客：赴宴。搲：给人夹菜，劝酒，搲菜，搲酒。装佯：作假，假装。眼水：眼光。耳性：听话。嚼舌根：胡说八道
	农业	埫：垅。坝田、犁田：耕田。院场、晒场：场院。撮箕：装卸杂物的工具
	植物	玉麦、包谷：玉米。金豆、菜豌豆：豆角儿。包包菜：京白菜。落地松、落花松：花生。松陀螺：松果、松球。马桑果、蚕果：桑葚。柿花：柿子。朝阳饼、残阳饼：向日葵、葵花籽。骨朵：花蕾。蒿枝、蒿子：艾叶。狗青菜：鱼腥草

续表 19-2-1

类属		内容
名词	动物	牯子：公牛。伢狗：公狗。伢猪：公猪。劁：阉。瓦雀：麻雀。曲蟮：蚯蚓。虼蚤：跳蚤。火亮虫：萤火虫。叮呤当螂、张姑佬：螳螂。喳溜、知溜、锅呛：蝉。蚂蝗：水蛭。石蚌、田鸡：蛙。青叮子：青刺蛾幼虫。癞浆包：癞蛤蟆。习呵：壁虎。箐鸡：白鹇。瓦雀：麻雀。八哥、鹦哥：鹦鹉。老鸹：乌鸦。别蜉：蝙蝠。故鸪：杜鹃
	商业	相因：价格便宜。差：欠钱。找钱：赚钱；补钱。贴本：赔钱。路费：旅费。街子：集市
	政法	带牵：连累、连坐。捆：捆绑。学好：强制性劳动改造。买通：行贿。垮台：罢官。零蛋：零分
	祭祀迷信	供桌：香案。神灯：长明灯。做会：办庙会。土主：土地爷
	文体	躲猫猫、躲喵喵：捉迷藏。瞎子摸鱼：蒙瞎子。赌钱：赌博。耍把戏：杂耍、魔术。洗澡：游泳。杀戏：景东古老的戏剧方式。跳歌：打歌，边唱边跳
动词		扒：拨弄，“扒算盘”；分开，“扒成两碗”；用手，“扒饭、扒手”。巴：巴结；巴望，“眼巴巴”。涮：涮洗，清洗。败：凋谢，程度比“谢”更深。撇：掰开，用手分开；折下，“撇包谷”。包弹：批评，指责。滗：挡住渣滓倒出液体。镖：液体喷射。潽：煮沸物溢出。泼：泼水；漫出。拿，捉拿，“拿人”。批：剖开，“批干巴”；裂开。蹽：乱动，“蹽出蹽进”；有本事，会钻算，“这个人蹽得”。谱：夸大事实地讲，说。盘：搬弄，“盘是非”。摞：叠。卯：遗漏，错过，“卯脱了”。攒、统：移动。磨洋工：磨蹭，浪费时间。眯：小睡。母：以为、猜想，“我母着他会来。”闷：用力扔，“闷给他一石头。”冲：从口袋里掉出来。逮：使劲扯断，逮断。控：将水沥干，“控米水”。杀马虎：行骗。搨：蹭。赞、藏：碰撞，“脑门头赞起包了。”搪：抵挡；防护。调：抵触；调换。齐、打齐：达到，“水齐腰杆深”。搭伙：合伙。打照面：出现；见面，形容时间很短，“他打了个照面就不见了。”打失：丢失。耽搁：耽误，延误。辣疼：心疼。撂：到处跑。拢共：总共，所有。告嘴：打小报告。拱：钻、窜。惯适：娇纵。将就：迁就。古：脾气倔。过：传染。哈：哈痒；占人便宜，随便拿走东西，“哈着哪样算哪样。”该着：活该倒霉。攒：积蓄，存。雀、雀薄：缺德。熖：烟熏。浸：水淹，“浸鸽子”。睁：张开，“睁口袋”。造：踩，踏。肉酥：可怜；肉麻。尚咐：恳求。识数：不会数数，看不出东西的好坏。生数：自觉，知趣。够数：不省心，过分。神：承担；支撑；抵住，“神得住”。晓得、认得：知道。日气：生气，怄气。恣、逗恣：生气。不逗头：不对劲。装囊、推巴：装不知道。搡：使劲推（一下）。闹：中毒，毒杀。狂：好打扮。拦绊：阻碍。经说：劝不住。面愧：面有愧色。嚷架：吵架。挣：强辩、抬杠，意指声音大。嘈：骂人。喝：哄骗，讨好。拗：挪动，扭动身躯，动弹。推：假装，“推病”。抬：往上托举，同“端”。搅：吵闹、开玩笑，多指小孩。挨：连词，和、与、同；介词，替、给、把。勾：滚开；低头。搨：用手抠取；抹；乱画，“随便搨了几个字”。凶：聪明，狡猾。逗：碰见，遇见；结合处，“逗拢”。短：堵截。想：想念；亲吻。掼：跌倒，摔跤。侯：厉害，有本事；张狂。嫳：质量差；身体不好。烀：煮、炖，多指长时间地炖煮。不得：不同意，不谅解；指身体不行了，不舒服；不成熟；不能。不消：用不着、不需要；不值得。扎：捆绑；冷、冰凉。蹿：动作快。疲：动作缓慢，磨蹭。苕：憨。冲壳子：聊天、吹牛。尾：跟随；仿照。辣疼：心疼、遗憾。下：动物分娩；设陷阱捕杀动物。搭白：搭话。裹搅：纠缠不清。耳识：理睬。散闷：郁闷，想不通。拢共：全部。把连：又叫一把火连，全部。擤：擤鼻涕。硬扎：身体扎实。扯白：撒谎。偏生：偏偏，故意。奈烦：通常与“不”连用，忍受烦躁、烦闷。咂：吃，“咂烟”。搛：夹，搛菜，夹菜吃。添：盛，加入。交接：吩咐。挑：担。涩：困乏，“眼睛涩”。杀马虎：敷衍，欺骗。不习防、不习顾：不小心。偏生：偏偏，就要。冒失：差点。使气：使劲，用力。利辣：小气。拿：捉拿，拿人。擦板脸：帮，一起。背时：运气不好。将将：刚刚。嫑：不要。跳：不听话，嚣张。一下：全部。一概：完全，全部。反顺：反正。冲：脾气大，脾气不好。冲 be 呵：脾气冲。乔、兴：炫耀，显摆。冒失：差点。招呼：照看；接待；小心点，含警告意。款张：聊天。阿咪输：活该。开崴：欺骗，开玩笑。害火：没力气，败。煞火：过瘾，厉害，强势。拉渣：不注意个人形象，邋遢。打失：丢失。差起乎：冒失、差点。拿刻子、拿翘：摆谱。疲沓：拖沓。品白：撒谎，说假话。赌咒：发誓。喽搜：阴谋，见不得人的交易。包贪：指责、批评。拷钉锤：敲竹杠。一首：一律。一火铁：一次。一火特、一火松：一下子。打横耙：不讲理。煮穷：挑剔
形容词		二气：叛逆，找茬，不合群。赖猫：脾气坏，容易翻脸。小癫小狂：好打扮。狡筋：爱挑剔，难沟通。喳筋：爱挑剔，爱计较。冒失：差点。杠：形容人不变通。白生生：形容很白。绿阴阴：形容颜色很绿。黄双双：形容颜色很黄。黑秋秋（黑漆漆）：形容很黑。肚子胀（胀肚子）：形容生气，一肚子闷气无处撒。夹腻：形容不大方。Pia 普：普气、节制。来傣：厉害，好。皮子痒：形容不听话，欠揍。大拽拽：大大咧咧。Biang：憨、蠢。幸头：感觉、兆头。冲干香：对别人的显摆表示看不起。嫳、败：形容不成器。歪撒拉：不周正，不规范。做外揣：在山上做农活厉害。下力：多。搡兴：索性，干脆。子弟：长得好看，帅。日脓：憨，傻，笨，窝囊。忙了作飞火哼：形容很忙，顾头不顾尾。神兜兜、神垮垮、神壳壳：神秘。

续表 19-2-1

类属	内容
形容词	豹子吃呢（下豹子呢）：没良心的，该死的。吃了枪药了：形容火气大，一点就着。胎贴：表演，夸奖。雀博、折夺：过分，坏主意多。折寿：寿命变短。头大：自不量力，为难。重瓢：说话翻来覆去，颠三倒四。撇拔：很多。丢底：羞人，日脓。开条：开歪。木张捣：没有谱气。漏沟水：遗漏的一些好处。成行：漂亮、上档次。滤：吝啬。不昌盛：没本事。不过意：不好意思。不惜顾：对不起，没注意。拿脉、把脉：负责，把握。放黄腔：胡言乱语。猫施施：人长相或说话很凶。麻撒：不细心；得过且过；将就。破瓢：话多，乱说。杀马虎：以假充真。背时鬼：倒霉人。厚脸皮：不知羞耻。岔巴：爱插话。挖屎瓢：盘人是非。搅屎棍：不听话，淘气；讨人厌。猫盖屎：形容做事虎头蛇尾，只注重表面
合作成语	大口马牙：声音大，不含蓄，口无遮拦。推三挽四：拒绝、推辞。挨得挨到：迟缓。巴之不得：很想得到。半中辣腰：做事没有头尾。日千倒万：形容很多。昏头灿（呛）脑：头脑不清醒。一天到晚：经常，长时间。不是不道：说话不真实，道听途说。二哩五噜：说三道四。歪把扯扭：不端正、不周正。七到八处：到处、处处。憨眯日眼：不聪明，笨。冷眯日眼：形容很冷；冷冷清清。死眯羊眼：拖拉、迟缓。支嘛辣喊、鬼咕烂叫：大喊大叫，大哭大闹。鬼喊辣叫：大喊大叫。瘦骨寡脸、钢筋吊猴：形容人瘦。说白撩谎、日白撩谎：撒谎，大白天说鬼话之意。鬼迷日眼：描述状态或心态不似常人，难看，不老实，不正经。飞迪烂赞：形容速度快。日古日古：不怀好意地瞪眼睛，神态使人不舒服。鬼五十六：不着边际地瞎说。聋汤灌水：小声嘀咕，不停地唠叨。迷色眼倒：无精打采。拖衣挪食：指人没有发展前途，日子过得寒碜。红白烂赞：肤色好。扣米挖眼：虫吃狗咬。火烟闷杠：火烟多。獐跳鹿跳：嚣张，不自觉，不踏实。乌龟屁痨：乱七八糟的东西。不是不道：乱七八糟，说三道四。得意得意：故意，假装。你妈给你：表情绪的口头禅。沥沥勒勒：小气、抠门。密沥么勒：头脑混乱，理不出头绪。挨得挨到：迟缓。巴之不得：巴不得，很想得到。干得翻吃：有能力、有手段，受欢迎，吃得开。天大地大：形容非常大，有夸张的意味。小背时鬼、小短命鬼：骂人运气不好，短命。车迷拉属、鸣噜噜、给着：活该。绕山迈路：说话不直接。二不栏杆：突然。米利麻辣：形容很多。目之黑眼：什么都不知道，两眼摸黑。三毛两火：一下子，做事草率。三吵四闹：经常吵闹。花子滴朵：穿着不注意，像叫花子一样。倒懒嗑气：没有精神，状态不好。乱舞乒乓：杂乱无章。推三挽四：拒绝、推辞。摇铃晃荡：摇摇晃晃。丁零打转：不简练，东西又多又杂。屁怂屁怂：走路慢，拖沓。领头拨穗：带头做坏事。弊利无穷：说三道四。见面台前：一见面就说对方好话。挠头雾瘪：形容人垂头丧气，没有精神。日毛捣鬼：说话、做事不真诚。邪皮塌脸：脸皮厚、不害臊。二扯二扯：做事不配合，捣乱。四失柯勒：零散细碎的东西。鬼精鬼（失）倒：大惊小怪。扎八撩五：形容人状态、形象不严谨，杂乱。七扯六（八）曳：说话扯东扯西，顾左右而言他。日不拢怂：窝囊，没本事。烂毛捣屎：形容人长相难看，亦形容做事马虎。知妈拉哈：大声呼喊，一惊一乍。芝麻画虎：比喻做事马虎。屁炸火星：形容人非常忙

第二节 谚 语

一、气象时令

不经冬寒，不知春暖。百日连阴雨，总有一朝晴。立冬无雨，冬干。春寒有雨夏寒晴。早霞不出门，晚霞千里行。山雾雨，河雾晴。十雾九天晴。蚂蚁搬家要下雨。云往东，有雨变成风；云往西，出门披蓑衣；云往北，有雨下不得；云往南，有雨下不完。有雨山戴帽，无雨雾山腰。早烧日头晚烧雨，西虹日头东虹雨。三月发河水，四月见河底。三月下大雨，四月晒河底。天上起瓦渣，晒死老妈妈。天干不过五月十三。南风起雨不必急，北风起雨伞快举。雷声大，雨点小。立暑刚过莫忙狂，桐子花开冷一场。火烟不出门，大雨要来临。雾下坝，雨不下；雾上山，雨不干。

二、农业生产

三年李子四年桃。粗荞细麦懒豆子，寒露豆子霜降麦。种田要六翻，打谷不用簸和煽。布谷叫到三月三，早起晚归正栽秧。养猪不赚钱，肥了一坵田。有水无肥一半谷，有肥无水望天哭。庄稼一朵花，全靠肥当家。夏至忙忙，点火栽秧，早栽是谷，晚栽是糠。人勤地生宝，人懒地生草。庄稼无牛白起早，生意无本白操心。有田不耕饭食稀，有书不读子孙愚。积粮防荒，积钱防老。芒种不种，种下无用。好花不消勤浇水，春天一到自然开。立夏不下雨，犁耙高挂起。大不过礼，肥不过雨。什么树下出什么秧。惊蛰撒种夏至栽，未曾不栽就怀胎；一棵只结三颗籽，要收粮食哪里来。立夏包谷小满秧，白露萝卜处暑荞。麦黄一响，蚕老一时。种麦不过霜降关。头发离不开头皮，青草离不开土地。七月犁田，肉汤泡饭；八月犁田，米汤泡饭；九月犁田，开水泡饭；十月犁田，耙死不烂。犁得深、耙得烂，庄稼长一半。深栽芋头浅栽秧，不深不浅栽生姜。穷人莫听富人哄，棠梨（李子）开花要下种。立夏不下雨，犁耙高挂起。人哄地皮，地哄肚皮。

三、社会生活

久住坡，不嫌陡。马看牙板，人看言行。老牛老马难过冬。不挑担子不知重，不走长路不知远。不当家，不知柴米贵；不生子，不知父母恩。不摸锅底手不黑，不拿油瓶手不腻。水落现石头，日久见人心。头回上当，二回心亮。发回水，积层泥；经一事，长一智。耳听为虚，眼见为实。老马识路数，老人通世故。老人不讲古，后生会失谱。老牛肉有嚼头，老人言有听头。老姜辣味大，老人经验多。百闻不如一见。吃一回亏，学一回乖。光说不练假把式。树老根多，人老识多。砍柴上山，捉鸟上树。砍柴砍小头，问路问老头。砂锅不捣不漏，木头不凿不通。草遮不住鹰眼，水遮不住鱼眼。药农进山见草药，猎人进山见禽兽。是蛇一身冷，是狼一身腥。经一番挫折，长一番见识。人日脓，没形容。经得广，知得多。要知父母恩，怀里抱儿孙。树老半空心，人老百事通。一人说话全有理，两人说话见高低。人怕没理，狗怕夹尾。认理不认人，帮理不帮亲。水大漫不过船，手大遮不住天。水不平要流，理不平要说。好钢使在刀刃上。有理走遍天下，无理寸步难行。有志不在年高，有理不在会说。吃饭吃米，说话说理。吃人嘴软，拿人手短。舌头是肉长的，事实是铁打的。煮饭要放米，讲话要讲理。隔行如隔山。劈柴看纹理，说话凭道理。人有志，竹有节。人往高处走，水往低处流。人争一口气，佛争一炷香。人要心强，树要皮硬。三百六十行，行行出状元。天下无难事，只怕有心人。天无一月雨，人无一世穷。人多好做活，人少好吃饭。水往下流，人争上游。吃过的粑粑不香，嚼过的甘蔗不甜。君子报仇，十年不晚。虎不怕山高，鱼不怕水深。树老根子深，人老骨头硬。树怕烂根，人怕无志。秤砣虽小，能压千斤。留得青山在，不怕没柴烧。一个鸡蛋吃不饱，一身臭名背到老。人怕没脸，树怕没皮。人前若爱争长短，人后必然说是非。人是实的好，姜是老的辣。刀伤易治，口伤难医。小时偷针，大了偷金（牛）。不吃酒，脸不红；不做贼，心不惊。不图便宜不上当，贪图便宜吃大亏。天凭日月，人凭良心。打人两日忧，骂人三日羞。宁毁一座庙，不毁一门亲。宁可荤口念佛，不可素口骂人。宁叫心受苦，不叫脸受热。有心烧香，不论早晚。真人面前不说假话。学好三年，学坏三天。做贼偷葱起，贪污揩油起。脚正不怕鞋歪，心正不怕雷打。银钱如粪土，脸面值千金。一回经蛇咬，三年怕草绳。一年算得三次命，无病也要变有病。一瓶子水不响，半瓶子水乱晃。人心不足蛇吞象，贪心不足吃月亮。鸡大飞不过墙，灶灰筑不成墙。说话看势头，办事看风头。病急乱投医，逢庙就烧香。烧的香多，惹的鬼多。十里认人，百里认衣。大王好见，小鬼难求。上了赌场，不认爹娘。门前有个讨饭棍，骨肉至亲不上门。便宜没好货，好货不便宜。不吃羊肉惹身臊。山大无柴，树大空心。山外有山，天外有天。虱多不痒，债多不愁。什么藤结什么瓜，什么树开什么花。水停百日生虫，人闲百日生病。睡着的人好喊，装睡的人难喊。顺的好吃，横的难咽。说人别说短，打人别打脸。讨饭怕狗咬，秀才怕岁考。条条道路通罗马。无事嫌夜长，有事嫌日短。小伤风三日，大伤风七天。杨柳发青，百病皆生。一顿吃伤，十顿吃汤。衣不如新，人不如故。有多大的脚，穿多大的鞋。有借有还，再借不难；若借不还，再借万难。有钱难买老来瘦。鱼生火、肉生痰，青菜豆腐保平安。远亲不如近邻，近邻不如对门。真金不怕火烧。针不离线，线不离针。嘴上无毛，办事不牢。宁欺老杂种，莫欺鼻涕筒。好记性不如烂笔头。人狂有祸，天狂有雨。牵牛要牵鼻子，打蛇要打七寸。新三年、旧三年，缝缝补补又三年。人老颠东，树老心空。树大要分椏，儿大要分家。不怕不识货，只怕货比货。闲时不烧香，急时抱佛脚。拷簸箕吓天。蛇有多大，洞有多粗。出头的椽子先烂。烧老草纸哄鬼。猫搬甑子狗发财，老鼠下儿帮猫挣。鸭子死了嘴壳硬。死猪不怕开水烫。老鸹莫说猪头黑，刮刮洗洗一样白。不到黄河心不死，不见棺材不落泪。强扭的瓜不甜。碗大勺有数。一颗老鼠屎，搅坏一锅汤。火烧芭蕉心不死。小娃屁股三把火。王婆卖瓜，自卖自夸。一朵鲜花插在牛屎上。苍蝇不叮无缝的蛋。瘦死的骆驼比马大。瞎猫碰上死耗子。人到人家是非多，鸡到人家钻土锅。家花没有野花香，野花哪有家花长。好火只怕烘粑粑，好女只怕拉娃娃。馋婆娘盼做月，懒汉子望过年。太阳越晚越上坡，人越晚越奔波。老母虱在破布头上立人家。麻鼻子望青天。锣鼓听声，说话听音。男子心楼板钉，女子心豆腐心。牛屁股后捂豆芽。江边蚊子倒绕客。新讨媳妇乍来香，分养老母猪细筛糠。吃酒图醉，说话听音。三个锅桩石抵一灶。狗吃粑粑粘上壳，猫吃腌菜无奈何。娃娃一块板，又遮馋来又遮懒。和尚无儿孝子多，不见和尚倒埋着。有核桃不怕棒棒拷。淡话能伤人，淡酒能醉人。打虎要靠亲兄弟。酒是英雄财是胆，三文憋死英雄汉。见人不会笑一个，来客不发一锅烟。佛爷爷好看泥巴塑。猴子见不得溏鸡屎。石灰抹墙两面光。看什么树摘什么果。牛吃牛背，马吃马驮。穷人莫信富人哄，桃李开花要下种。晴带雨伞，饱带干粮。村望村、户望户，群众望干部。鸡肚不知鹅肚事，饱汉不知饿汉饥。贪心不足蛇吞象，人心不足制戥秤。年年有个二月八，各人谱气各人拿。家有千万，血财一半。婆娘肚大怀胎儿，汉子肚大喘得气。龙上天要就弯腰树。小小公鸡才学叫，扇扇翅膀又歇着。不会渡河赖河弯，不会打靶赖靶歪。烟锅担在嘴皮上，不出火烟想怪方。毡帽朝前不朝后，这时不比那时候。羊死眼不闭。软处好起土，硬处精钢钻。脸皮厚，吃得够，脸皮薄，吃不着。身正不怕影子歪，脚正不怕鞋子歪。老马眼睛不识宝，黄花实女叫大嫂。好马不吃回头草。凤凰落毛不如鸡。打铁全靠本身硬。上梁不正下梁歪。有钱难买朝后看。吃了五谷想六味。蛇蚤跳了狗喜欢，拔掉萝卜地窝宽。黄牛牯子母牛下，先生贡爷婆娘养。金砣砣、银砣砣，不如自家荞砣砣；金窝窝、银窝窝，不如自家茅草窝。豹子剩一口气，也能拱翻树根；彝族汉子剩一口气，也不能偷别的东西。靠桂花树的草，都沾有香气；吃苦荞粑粑长大的彝人，都穷得有志气。龙竹捆成排可以做桥；兄弟姐妹一条心，天下无对手。狗不嫌家穷，儿不嫌母丑。人看从小，马看蹄爪。心中无疾病，不怕冷粑粑。羊面前装不住盐疙瘩，叫花子留不住隔夜食。弟兄和睦家富贵，妯娌和睦不分家。好儿不吃分家饭，好女不穿嫁来衣。麻布口袋，一代教一代；羊皮口袋，分里分外。屋檐滴水在旧窝里。三岁娃娃娘惯适。一家有女百人求，九十九人回头走。枯柴火烟多。鸡脚杆上刮油，叫花子身上剥蓑衣。一堵篱笆三根柱，一个好汉三个帮。直路跌死人，弯路不亏人。婆娘肚子装得下一个娃娃，汉子肚子装不下一句话。好汉怕病魔。吃饭打冲锋，干活磨洋工。不懂装懂，皮泡眼肿。越闲越懒，越吃越馋。冬吃萝卜夏吃姜，不消医生开药方。好狗不咬鸡，好男不打妻。身在福中不知福，吃了五谷想六味。野花进房，家破人亡。人心隔肚皮，饭甑隔板壁。狗仗人势，火仗风势。十个说客，不如一个戳客。跟着好人学好人，跟个司娘跳家神。人比人气死人，马比骡子驮不成。有理三扁担，无理扁担三。你敬我一尺，我敬你一丈。人串门子是非多，狗串门子棍棒多。尖鼻子遇着寡骨脸，喳筋遇着破布条。早起遇着不睡人。粑粑落地不沾灰。洗脸洗耳朵，扫地扫旮旯。有理管人家，无理管下巴。彩礼要少，媳妇要好。瞎子包摊画匠。兔儿不吃窝边草，鹞鹰不打脚下鸡。富人也要穷人挨，大石也要小石塞。

第三节　歇后语

一画

一个师傅教拳——套路不多。一锅鸡头——嘴多舌多。一跤跌进茅厮（厕所）坑——从头臭到脚。一跤跌在甑子前——冷嘴对热饭。一丈二的和尚——摸不着头脑。一根藤上的蚂蚱——拴在一起。一根管子里通话——直说。一棵尖担两头戳——戳好弄歹。一辈子当水泥匠——专和稀泥。一锄挖个金娃娃——想得美。一口吃成个胖子——不大可能。一双筷子夹骨头——三条光棍。一根灯草点灯——没有二心。一根肠子通屁股——太直。

二画

二十一天不出小鸡——坏蛋。二梁上的吊死鬼——上不沾天下不着地。十冬腊月栽水稻——怪栽（哉）。十五个竹筒打水——七上八下。十个厨子九个客——忙得不得了。十八罗汉请观音——客少主人多。八十岁老倌吹火——上气不接下气。

三画

三十晚上盼月亮——没指望。三十晚上催年猪——来不及了。三只脚的蛤蟆——找不着。土基见水——返本还源。门缝里看人——把人看扁了。门外挂灯笼——只照外人。大风口上吹牛角——两头受气。大户人家的姑娘——难说。大姑娘上花轿——头一回。大姑娘回娘家——拉不完的家常。小矮人骑大骡子——上下两难。小葱拌豆腐——一清二白。小马拴在大树上——四平把稳放宽心。小庙里的菩萨——没见过大香火。大街上抬竹竿——横竖都不好走。上树的蚂蚁——不分路数。垭口上背稻草——兜风。山猴子超生的——见啥学啥。土狗放洋屁——瞎说。丈母娘跺脚——后悔莫及。丈母娘见新姑爷——无话找话。

四画

不吃羊肉羊膻臭——自背臭名。不叫的狗——下冷口。不出芽的谷子——坏种。火烧棺材——死人不急活人急。木匠拉锯子——有来有往。牛脖子上的耷拉皮——在其不在数。瓦匠干活——拖泥带水。瓦渣垫路——经不起压。乌龟砸在石板上——硬抵硬。双黄鸡蛋——二心。手心的鸡蛋——要捏就捏。公鸡屙屎——头节硬。

五画

叫花子过年——靠要。叫花子讨老婆——难说。电线杆上晾衣服——好高的架子。苞谷饭泡汤——满嘴跑。包子吃到豆沙边——尝到甜头。白毛乌鸦——与众不同。半路上的新闻——道听途说。半路上留客——嘴上热情。半夜吃黄瓜——摸不着头尾。半夜里的被窝——正热乎。讨媳妇嫁姑娘——一进一出。母鸡下蛋——空欢喜。生成的肉长成的骨——难改。头上点灯——自以为高明。孙猴子的脸——说变就变。石头砌墙脚——好口面在外。

六画

老马打架——不顾脸面。老水牛拖慢车——慢走慢摇。老公公背媳妇过河——吃力不讨好。老鼠爬墙——后火（劲）松。老鼠钻风箱——两头受气。老鼠钻烟囱——够呛。老鼠进米缸——又惊又喜。老妈妈裹脚条——又臭又长。羊群中的毛驴——与众不同。羊屎果不用搓——各有圆（缘）法。吃苞谷饭打喷嚏——放黄腔。竹筒倒豆子——一点不留。刚出窝的小鸡——离不开。刚进门的新媳妇——摸不着锅灶。抓住芝麻丢掉西瓜——因小失大。有碗米不吃稀饭——有时忘无时。米汤淋头——糊涂到顶。杀鸡问客——虚情假意。在家摸瘿袋——慢性子。吃冷饭长大的——尽出馊主意。尖鼻子遇着寡骨脸——两个都不是好东西。

七画

尿脬打人——不疼也气胀。花岗岩脑壳——不开窍。豆腐挡刀——抵挡不住。冷水泡茶——慢慢来。冷水烫猪——一毛不拔。吹火放屁——两头出气。坟头上拉屎——欺祖。坟头上耍刀——吓鬼。吹糠见米——一举两得。苍蝇吃一颗饭撵几座山——小里小气。针尖对麦芒——尖对尖。含屎喷天——臭不可闻。鸡戳鼻涕——图拖。

八画

拉着和尚打亲家——找错对象。狗咬吕洞宾——不识好人心。狗吃牛屎——图多。狗拿耗子——

多管闲事。狗拉羊肠——越拉越长。泥菩萨过河——自身难保。放屁脱裤子——多此一举。抱着金娃娃跳河——要财不要命。抱着孩子拜天地——双喜临门。抱着葫芦不开瓢——死脑筋。披蓑衣救火——惹火烧身。青蛙吃着火亮虫——心里明白。泥鳅黄鳝交朋友——滑头对滑头。顺藤摸瓜——稳拿。苦瓜藤爬黄连树——苦命相连。败家子回头——金不换。板凳上玩麻将——拉打不开。画上的佛爷——看得见摸不着。

九画

姜太公钓鱼——愿者上钩。屎急挖茅厕——来不及。眉毛胡子一把抓——主次不分。疯狗咬人——不认生。歪嘴的胡子——偏生。蚂蝗叮着鹭鸶脚——甩也甩不脱。蚂蚁过河——玩胆大。背媳妇过独木桥——又惊又喜。背着娃娃推磨——添人不添劲。哑巴扯藤——憨扯。哑巴吃黄连——有苦说不出。被打掉牙齿也只敢往肚里咽——忍声吞气。挑水代洗菜——一举两得。按猫吃屎——没奈何。砖头砌墙——后来居上。哑巴婆卖凉粉——佐料多。皇帝的女儿——不愁嫁。

十画

被窝里的跳蚤——掀不起风浪。饿狗抢屎——争打不休。

十一画

黄鼠狼给鸡拜年——不安好心。黄连树下唱小调——苦中作乐。黄鳝长毛——不可能。麻蛇钻进屁眼都不拉——懒得出奇。猪大肠套小肠——尽是走过场。猪八戒照镜子——里外不是人。猫咬尿脬——空喜欢。猫吃粑粑——抓打不开。铜锅遇着铁刷帚——硬碰硬。婊子立牌坊——假正经。掐掉头的苍蝇——任人整。阎王爷出告示——鬼话连篇。麻子打哈欠——全体总动员。做梦娶媳妇——想得美。

十二画及以上

喝水动筷子——装模作样。猴子掰苞谷——掰一包丢一包。腰上别着死老鼠——冒充打猎人。辣荨麻揩屁股——自作自受。端着金饭碗讨饭——装苦叫穷。敲簸箕吓麻雀——吓着胆小的。瞎子戴眼镜——多余的圈圈。癞哈蟆上脚——肉麻恶俗。零碎吃皮条——趸屙架索。跟和尚借梳篦——为难人。簸箕簸米——倒跌。懒汉子讨婆娘——紧晚进门。逼公鸡下蛋——故意刁难。搬菩萨洗澡——白费神。搬石头打天——自不量力。棒槌吹火——一窍不通。鼻梁碰着锅底灰——触霉头。癞痢头上的虱子——明摆着。瞎婆娘估野汉子——遇着哪个算哪个。

第四节 谜 语

一、植物类

红灯笼，绿宝盖，千人买来万人爱。（柿子）

四棵柱，顶大鼓，两把弯刀朝前舞，一把刷帚夹屁股。（牛）

不伸滕，不开花，就地结个小冬瓜。（马勃菌）

身上有节不是竹，腹中有蜜不外流；小孩抱住啃不够，老人牙坏直发愁。（甘蔗）

格子格、柜子柜，中间关着四姊妹。（核桃）

老爷当堂坐，酒肉四方来。（桌子）

我家有一群小姑娘，到石头底下换衣裳。（谷子）

天上下来一群兵，个个戴着红头巾。（苞谷）

风吹绿韭菜，脑袋碰脑袋。（松果）

一棵棍，顶簸簸，簸簸头上好家伙。（向日葵）

我家有棵玉蒿树，薅去薅来比人高，开出花来像丝线，结出果来像葡萄。(苞谷)
我家有个红公鸡，地上出去掉脖子。(辣子)
他娘才会爬，他儿就会蹲。(瓜)
小时青青腹中空，长大头发蓬蓬松，姐姐撑船不离它，哥哥钓鱼拿手中。(竹子)
青枝绿叶不是菜，有的烤来有的晒，腾云驾雾烧着吃，不能锅里煮熟卖。(烟叶)
兄弟几个真和气，天天并肩坐一起，少时喜欢绿衣服，老来都穿黄色衣。(芭蕉)
半截白，半截青，半截实来半截空，半截长在地面上，半截长在土当中。(葱)
一物生得真奇怪，腰里长出胡子来，拔掉胡子剥开看，露出牙齿一排排。(苞谷)
一物生来真奇怪，它是世上一盘菜，娘死以后它才生，它死以后娘还在。(木耳)
一个黄妈妈，生性手段辣，老来愈厉害，小娃最怕它。(姜)
一顶小伞，落在林中，一旦撑开，再难收拢。(蘑菇)
幼儿不怕冰霜，长大露出锋芒，老来粉身碎骨，仍然洁白无双。(麦子)
头戴节节帽，身穿节节衣，年年二三月，出土赴宴席。(竹笋)
红口袋，绿口袋，有人害怕有人爱。(辣椒)
上搭棚，下搭棚；开黄花，结青龙。(丝瓜)
小时青，老来黄，金色屋里小姑藏。(谷子)
生在山里，死在锅里，藏在瓶里，活在杯里。(茶叶)
紫色树，开紫花，紫色果里盛芝麻。(茄子)
小时绑绑扎扎，大时披头散发。(竹子)
开花像雪，结果像铁。(荞子)
花手巾，包冷饭，越包越好看。(石榴)
开花开一转，结果结一万。(向日葵)
开花开杂，结果一箩。(芭蕉)
先开花，后结果；果吃掉，花不落。(芭蕉)
脚是黄脚杆，头顶一把伞。(棕树)
长脖子，细腰杆；穿红裤，打绿伞。(棕树)
大口袋两三斗，小口袋装七八升。(蚕豆和芝麻)
毛叶开白花，结果一把拉；石头缝里能做窝，铁锅饭碗也安家。(黄豆)
绿姑娘骑白马，一见刀就下马。(萝卜)
后园有群鬼，个个出来花把腿。(魔芋)
一棵树子矮又矮，高上结些鬼崽崽（辣子)
一个黑孩，从不开口；要是开口，掉出舌头。(瓜籽)
弟兄七八个，围着柱子坐；只要一分开，衣服就扯破。(蒜)
不染它会红，不削它会尖。(辣子)

二、动物类

古里古怪，骨头在外。(螺蛳)

大哥田边叫，二哥点火照，三哥生癞子，四哥戴皮帽，五哥跳天缩地。(青蛙、萤火虫、癞蛤蟆、螺蛳、蚯蚓)

弟兄四五百，房子盖成窗风格；做出白酒甜又甜，榨出水来能卖钱。(蜂饼)

不怕烧来不怕煮，只怕放牛娃娃翻肠肚。(蚂蝗)
高高山上一座坟，石灰糊上不留门。(蜂桶)
高山头上有个碗，天天下雨不会满。(鸟窝)
高山头上一丛葱，千人万人钻不通，只有大岔角母牛钻得通。(虱子)
站着像豺狼虎豹，爬着像五霸之猴，自生疙瘩自丑。(癞蛤蟆)
脚是铁样叉，飞过九龙江，惊动几百家。(鹞鹰)
头戴乌纱帽，身穿铁甲壳，去时敲锣打鼓，来时坐马登桥。(屎壳郎)
头像狮子头，尾像一杆枪，身背四块板，一气飞到九龙江，名姓说给你听听，赌你猜也猜不着。(青蛙)
大哥把火照，二哥头上叫，三哥把地扫，四哥就来到。(闪电、雷鸣、刮风、下雨)
对门有根柴，摇得动搬不来。(牛尾巴)
一个老倌背背豆，一路走来一路漏。(羊)
一个老倌背背针，一路走来一路哼。(猪)
头戴红帽子，身披五彩衣，从来不唱戏，喜欢吊嗓子。(公鸡)
先修十字街，再修月花台，身子不用动，口粮自动来。(蜘蛛)
嘴像小铲子，脚像小扇子，走路左右摆，水上划船子。(鸭)
身穿白袍子，头戴红帽子，走路像公子，说话高嗓子。(鹅)

三、器物类

河那边一个鬼，河这边一个鬼，跳拢来就亲个嘴。(纽扣)
一个葫芦七个洞，这个不动那个动。(头)
三个老公公，同用一条包头巾。(三脚)
金亮亮，银亮亮，千把斧子砍不断。(河水)
砍得断，破不开。(头发)
热时似雪，冷来如铁。(糍粑)
土嘟噜头上铁嘟噜，铁嘟噜头上木嘟噜，木嘟噜头上盖嘟噜。(灶、铁锅、甑子、甑盖)
什么活着不喘气，什么死掉喘着气。(木风箱)
你嘴斗我嘴，我手扶你腰，你的屁股点火烧。(烟锅)
腻腻，两头不喘气，中间捏一把，黄水落下地。(鸡蛋)
黄嘀哩、黄喳啦，穷人富人都爱它。(火)
我家有群鹅，统统赶下河，漂漂的漂、落落的落。(汤圆)
老鼠爬门方，斗屁股放一枪。(锁)
大哥开路去，二哥赶猪来。(木梳、蓖子)
什么叫钻钻钻？什么叫篡钻篡？(木梳、蓖子)
长有五寸长，白天闲晚上忙。(电筒)
我家有个小茶罐，只煮得一口饭。(鸡蛋壳)
长有五寸长，放进嘴里挪过来挪过去，挪出些白沫来。(牙刷)
长脖子，细腰杆；白天闲，晚上忙。(棒头)
长锅煮长肉，翻翻煮不熟。(床)
他阿哥才两岁，他兄弟就有三岁。(手指头)

攒攒紧，攒不紧。（筛子）

我家有个老公公，死了三四十年肚脐红通通。（明骨节）

小时作菜，大时作筷。（竹子）

天生疙瘩地生包，水生木渣河生腰。（星星、山头、鱼、石头）

铜壳铁心恨病吃药，要死大叫一声。（铜炮枪）

我家有一条五眼牛，赶上五眼山，不吃五眼草，只嚼破衣裳。（剪子）

我家有一条五腿牛，顺沟吃顺沟睡。（戥 deng 子）

家有一群五腿牛，不通鼻子没有一条。（草房椽子）

亲着嘴，搂着腰；拿着火，肚脐烧。（烟筒）

箐脚上烧火，箐头上淌烟。（草烟锅）

我家有个石老虎，嘴上吃、腰上吐。（石磨）

我家有个老哑巴，客人一来遍地抓。（扫帚）

大树盘根坐，金钩吊鳞鱼，霹雳天下响，黄鳝钻白泥。（弹绵絮）

身坐金銮宝殿，脚踏云南二线，手拿大理干鱼，嘴吃蒙化挂面。（织布）

一个街街、两个巷巷，有两个白衣浪子出来逛，遇到五个冒失鬼，一把抓它贴在壁头上。（擤鼻涕）

红衙门、白粉墙，中间有个耍二郎。（嘴、牙齿、舌头）

一个老者背背柴，巴起壁头下不来。（筷箩）

身体细长，兄弟成双；光爱吃菜，不爱喝汤。（筷子）

四四方方一座城，四个将军把城门；外兜打得叫死喊，里兜死也不开门。（老式帐架床）

左一片、右一片，隔个山头看不见。（耳朵）

生在青山一碟碟，有杆杆无叶叶。（菌子）

老大老大，四脚咂跨；嘴头吃人，肚头谈话。（房子）

青石板，石板青，石板上面钉洋钉，洋钉旁边放大炮，大炮之后耍妖灯。（自然景观：蓝天、星宿、雷鸣、扯闪）

一座桥，生得怪；走上去，坐下来。（滑梯）

小小两只船，没桨没有帆；白天带它到处走，晚上停在床面前。（鞋子）

一个小姑娘，坐在水中央；穿着粉红袄，模样真漂亮。（荷花）

一根长竹竿，搭在对门山；里面跑兵马，外面开牡丹。（烟杆）

一个红鸡蛋，一家老小抱起看。（火）

一个老倌爬门方，朝他屁股打一枪。（锁）

五个兄弟，住在一起，名字不同，高矮不齐。（手指）

人脱衣服，它穿衣服，人脱帽子，它戴帽子。（衣帽架）

有面没有口，有脚没有手，虽有四只脚，自己不会走。（桌子）

圆筒白浆糊，早晚挤一股，兄弟三十二，都说有好处。（牙膏）

上不怕水，下不怕火；家家厨房，都有一个。（锅）

大姐用针不用线，二姐用线不用针，三姐点灯不干活，四姐做活不点灯。（蜜蜂、蜘蛛、萤火虫、纺织娘）

驼背公公，力大无穷；爱驮什么，车水马龙。（桥）

千条线、万条线，落到水里看不见。（雨）

用手拿不起，用刀劈不开，煮饭和洗衣，都得请我来。（水）

第三章　旅　游

第一节　旅游发展

长期以来，景东县由于受区位条件限制，交通闭塞，经济基础落后，诸多旅游资源藏在深闺人未识。20世纪90年代后期，随着经济社会发展，经过不断开发建设，旅游业历经从无到有过程。进入21世纪，县委县政府提出“建设绿色经济强县，民族文化兴县”战略方针，夯实基础，把旅游业培育成新的经济增长亮点。景区（点）开发建设力度日趋加大，逐步建成和完善孔雀山森林公园、双河温泉、文庙、开南书院、御笔山公园、湿地公园等旅游景（点）区，正在开发和建设无量山城、黄草岭旅游特色村、亚热带植物园等，游客明显增加，旅游业发展态势良好。2003年，成功举办中国昆明国际旅游节思茅分会场暨景东彝族文化旅游节。2011年，全县有景点264个，其中，重要景点24个，AA级旅游景区1个；国内旅行社1个，住宿设施144个，床位1486张，其中，三星级2个，二星级5个，一星级1个；特色农家乐15个，其中，市级4个，县级11个；旅游汽车公司1个。仅2011年，接待游客35.6万人次，旅游业总收入1.72亿元。

第二节　旅游资源

境内旅游资源为三级分类：一级分类为自然旅游资源和人文旅游资源两大类别，二级分类为地文景观类、水域风光类、天象景观类、生物景观类、历史遗迹类、古建筑类、城乡风光类、休闲设施类、民俗风情类、商品购物类十大类别，三级分类为河流、湖泊、泉、瀑布四个基本类型。据统计，全县主要旅游资源景点264个（处），其中，地文景观类39处，占15%，水域风光类40处，占15%，天象景观类14处，占5%，生物景观类73处，占28%，历史遗迹18处，占7%，古建筑类13处，占5%，城乡风光类16处，占6%，休闲设施类8处，占3%，民俗风情类26处，占10%，商品购物类17处，占6%。根据《中国旅游资源普查规范》所列74种旅游资源基本类型中，景东有43种，占58%；依据旅游功能分区原则，结合景东旅游资源类型，旅游业发展分为三大旅游资源片区，分别为无量山川河旅游片区、澜沧江旅游片区和哀牢山旅游片区。

一、自然资源

县境山川秀丽，气候怡人，风光无限。神奇的无量山，隽秀的哀牢山，深藏着无数鲜为人知的自然胜景，醉倒无数文人墨客。“两山逶迤三秀水”，是对景东自然环境最为生动的概括。无量山和哀牢山两个国家级自然保护区，从北向南蜿蜒，犹如两条绿色巨龙，东西对峙，把县城囊括其间，形成

“二龙戏珠”格局；“两山”莽莽苍苍的原始森林，形成景东天然的绿色宝库；把边江、者干河和澜沧江萦绕两山，奔流不息，和无数溪流涧泉一起，构成永不枯竭的生命源泉。优越自然环境和良好气候条件，形成各种生态植物、野生动物和农作物生长繁衍的温床；独特自然条件及千百万年来大自然默默地积淀，蕴育一处处精美绝伦的自然精品：险峻的无量诸峰、“无量玉壁”“无量剑湖”（羊山瀑布），大自然之精灵——黑冠长臂猿；世外桃源黄草岭、高山明珠杜鹃湖、鬼雕神塑景东土林、奇山美景无量山、妙趣横生者后仙人寨、静谧安怡的川河田园风光和漫湾、大朝山电站的百里长湖景观，共同构成景东三大旅游资源区。

无量山处于云南省中南部，为云岭山脉西支，从西北到东南走向，是把边江与澜沧江分水岭，滇西南最高的山地。景东境内的无量山西止于澜沧江边，东至川河，南北长 85 千米，东西宽 33 千米，绵延数百里，主峰笔架山海拔 3371 米。无量山雄峻而秀丽，峰险谷深，峻峭挺拔，古木参天，遮天蔽日，百鸟争鸣，山花绽放。山体支脉间山谷有 20 余条溪流，伞状汇集，分别向东西两侧注入川河和澜沧江，形成羊山、公平、乌龟坝等瀑布群。无数瀑布从百米悬崖飞泻而下，犹如玉龙腾空，又疑似银河倒悬落入九天，奇山、奇水、奇花异草，似神仙府地。金庸长篇武侠小说《天龙八部》所描述的“无量剑湖”“无量玉壁”“无量洞”，令人向往，其笔下的奇山美景就在景福乡羊山瀑布。羊山瀑布位于主峰笔架山右侧，自然保护区边缘，距景东县城 70 千米，高 120 米、宽 50 米。由于四周植被完好，溪水长流，丰水季节轰轰隆隆，汹涌澎湃，蔚为壮观，演绎着千古不变的绝唱；枯水季节，千百年来被清流冲磨得光滑如玉的石壁，犹如一块玻璃明镜，此即“无量玉壁”；当人们驻足湖岸，身影映入石壁，宛若迷惑江湖数十年无量剑之“玉壁仙影”；由于常年被瀑布冲激，玉壁下端形成一个自然湖泊，这便是小说里描写的“无量剑湖”。羊山瀑布下游还有天然巨石斜卧形成“天生桥”，古木深涧，曲径通幽，置身其中，令人流连忘返。

无量山、哀牢山国家级自然保护区是地球同纬度带上生物资源最为丰富的自然综合体，在不到万分之一国土面积上保留着占全国三分之一的物种，因此景东被誉为“天然绿色宝库”和“天然物种基因库”。无量山自然保护区有高等植物 187 科 798 属 1867 种，其中有国家一、二级保护植物 37 种。专家学者在考察中还不断发现区内新种和国内新种。境内有国家一级保护植物云南红豆杉、篦齿苏铁、野银杏、长蕊木兰、中华桫椤 5 种，其他被列为国家保护的珍稀树种有水青树、红花木莲、多花含笑、景东翅子树等。有保持原始状态的云南铁杉林 414 公顷，野生古茶园 1.3 万多公顷，还有灵芝、黄连等上千种珍贵药材。山中有画眉 50 种，景东因此素有“画眉之乡”美誉。无量山还是中国两栖爬行类动物特有比例最大的自然保护区，有两栖爬行类动物 28 种，仅云南特有种就有 10 种，其中有 8 种为新发现，其模式产地在景东。

无量山保持了世界上最原始的生态体系，生存着世界上最大种群黑冠长臂猿 89 群 500 只左右，为“世界仅有、中国之冠”。黑冠长臂猿是一种神秘而高贵的濒危动物，终年生活在树上，食各种植物嫩芽、果实，饮树叶上的露水，极少下地活动，属典型的树栖型家庭式生活动物。它们生存的环境必须是古木参天、枝叶相接、遮天蔽日、人迹罕至的原始森林。黑冠长臂猿无尾，体长 430~540 毫米，后肢长 150~165 毫米，刚出生时，雌雄都是黄色，到 3 岁左右雌雄变为黑色，到性成熟时，雌性再变为黄色，头上冠色仍留黑色，雄性仍为黑色，冠毛竖立，是进化程度仅次于大猩猩的人类近亲。黑冠长臂猿生活在如此神秘雄峻的无量山上，景东因此被誉为“中国黑冠长臂猿之乡”。

二、人文资源

景东历史源远流长，是滇西南历史文化名邦。早在新石器时代，就有人类在这块古老而神秘的沃土上生息繁衍。汉代开始，景东就成为滇西南通道上的重镇，东抵楚雄、昆明，南达普洱、景洪及东南亚各国，西连临沧、德宏、缅甸并通印度；北通大理、西藏。唐南诏国时期，曾设置开南节度和银生节度，建筑银生城，是南诏疆域最广阔的节度，同时，银生节度还是南诏时期的南方贸易重镇，其最大的贸易商品就是茶叶。唐·樊绰《蛮书》载："茶出银生城界诸山，散收，无采造法，蒙舍蛮以椒姜桂和烹而饮之。""蒙舍蛮"即指景东彝族祖先，"银生城界诸山"，指川河两岸的哀牢山和无量山。由此可见，景东先民不仅为后人发现了"国饮"，而且开创了悠久的茶文化历史，也正因为如此，景东被誉为"银生古城"。景东出土的4000多件文物当中，属于陶府家的就有1400多件。

景东民族文化灿烂辉煌，风情浓郁，风俗淳朴。近两千年内，以"重道崇儒，实行教化"为核心的中原文化，源源不断地与景东各少数民族联结、交融、渗透，孕育出多姿多彩、特色鲜明的民族民间文化。景东拥有文庙、卫城、林街清真寺、陶氏土司墓地4个省级文物重点保护单位，有《景东府志》等6部志书存史，有四省巡抚程含章、同治帝师刘崐等清朝名臣和戴家政、曹鹤鸣、侯应中等文人学子诗书传世。长期以来，景东人民在与大自然和谐相处，保护生态，改造自然过程中创造了异彩纷呈的民族民间文化，有笛子、芦笙、三弦乐器伴奏的"三跺脚""蹬歌""合脚歌"等彝族歌舞；有忘情劳动，渴望丰收的"开厩、出犁、架担、驶牛、解担"五部曲牛歌；有扭扁担、叫牛魂、彝族大帮腔、石龙鼓舞、花山杀戏、跳菜、跳秋歌、指哨、吹叶子等独特的彝族风俗，有者干白绵纸、彝家糊米罐罐香茶艺等。

第三节　旅游开发

一、旅游规划

县旅游部门成立后，随即着手调查旅游资源和编制《景东县旅游发展总体规划》。2012年，随着旅游市场不断发展，景东更多新奇旅游资源被发现，旧旅游规划目标思路和任务已不再适应新的发展需求和实际情况，景东县科学分析旅游现状和发展态势后，重新编制《全县旅游发展总体规划》，提出要依托产业优势发展特色旅游业，打好"两山"（哀牢山、无量山）牌，依托两山建设哀牢山国家公园、无量山国家公园或者哀牢—无量大国家公园，也是整合景东县旅游资源，形成旅游统一品牌的最佳载体。提出"一城、两园、三线、九点"空间布局规划，将景东定位为"大美之土·无量景东"，为旅游业发展指明发展方向。同时，充分发挥区位优势和生态旅游文化资源优势，着力打造黄草岭、大寨子、徐家坝等一批特色鲜明的旅游景点；总结探索节庆经济，设计包装旅游商品，规划建设一批特色精品酒店；结合良好生态环境和特色生态农业，推进茶叶、核桃、灰天鹅、生态农业等庄园建设，走出一条独具特色的旅游发展之路；推介亚热带丛林漂流；挖掘银生文化、草根文化、美食文化，精心打造胥家营美食特色村。

二、风景名胜区建设

景东县漫湾—哀牢山景区，由漫湾、哀牢山杜鹃湖、无量山黄草岭、大朝山、锦屏、仙人寨等六片和安定至漫湾一线组成，总面积160平方千米。1993年，漫湾—哀牢山景区被列为省级风景名胜区；1994年初，通过专家考察验收。该景区地处南北地质地理重要分界线上，保存有完好的原始生态，展示出独有的自然风光，具有"神奇的自然博物馆"美誉。主要以原始林海、奇花异草、珍禽异兽、地型地貌、澜沧江漫湾和大朝山两个大型水电站及其水库等为主体，是省内少有的景观资源集中分布的风景名胜区。而且，景东处于滇中旅游区、滇西北旅游区和滇西南旅游区分界点上，北部和东部紧邻楚雄、玉溪等滇中旅游区，南部和西部可直接进入滇西南旅游区，西北部可北上滇西北旅游区，具有良好旅游区位条件，旅游开发前景非常广阔。

三、历史文化名镇保护

景东县有着悠久的历史文化和丰富多彩的民俗风情，是坐落在滇西南中部的历史文化名邦，昆明、大理通往西双版纳及联系滇西滇南各州市陆路交通枢纽。景东城市文明兴盛于7世纪末8世纪初，为南方少数民族政权南诏、大理镇守南疆，交往东南亚各国军事重镇和经济文化中心。举世闻名的茶马古道起源于银生节度时期银生城，史称青木香山道，明清时则被称为贡象道路。景东还是历史民族文化荟萃之地，十五种原住民族文化、中原文化、大理白族文化、古傣族文明在这里交汇撞击，交相辉映，造就千姿百态、异彩纷呈且独具特色的历史民俗文化。景东又是25个民族混居的大县，各种民俗风情形成丰富多彩的民族文化，如龙灯、狮灯、马灯、跳菜、打歌、杀戏、洞经音乐等。已有3个省级文物保护单位，传统舞蹈彝族打歌被列入云南省第一批非物质文化遗产，传统戏剧杀戏被列为云南省第二批非物质文化遗产。景东无论是历史文物、名胜古迹还是民俗风情、建筑文化，均深深蕴含着悠久的历史民族文化。在数千年历史长河中，主要经历银生古城文明和陶府古傣文明两个重要历史阶段。银生古城兴盛于唐（宋）南诏国近五百年历史，后来被新兴陶氏傣族土司势力取代。在五百年历史长河中，银生处于重要地理位置，为南诏、大理交往东南亚各国的政治、军事、经济、文化重镇，对南诏国经济、政治、文化的繁荣昌盛起着重要作用。陶府古傣文明始于元世祖忽必列设立景东军民府，在历次保家卫国、维护国家统一的战争中，景东傣族土司功勋卓著，明朝皇帝御赐其为“陶”姓，民间称之为“陶府”。随即，开始陶府对景东五百余年的统治。后因种种原因，陶府文明消失于战火。陶府古傣文明在古代傣族文明发展、繁荣兴衰的历史进程中，占有举足轻重的作用，也给后人留下诸多未解之迷。景东陶氏土司旧宅遗址，即景东卫城遗址位于县城西北御笔山上，城墙依山而建，周长5000米。陶氏土司新宅遗址位于县城东部凤山山麓，从墓葬中清理出一批珍贵金银礼祭的陪葬品，其中有罕见金面具和精巧金银装饰物，不但数量多，而且件件都是珍贵精品。从卫城遗址出土文物中反映出土司贵族及当地民族的社会生活、风俗习惯、宗教意识和当地经济、手工艺发展状况，对研究古傣族文化有着深厚影响。

四、旅游度假区建设

景东旅游度假区主要围绕无量山和哀牢山进行建设。重点开发无量剑湖、大寨子、乌龟坝、黄草岭、杜鹃湖、邦崴、长地山、黄草坝。

五、旅游路线建设

外部旅游线路　大理—景东—镇沅—宁洱—普洱—老挝—泰国国际佛教文化旅游线。

内部旅游线路　（1）县城（文庙、御笔山）—太忠—大街—花山—九甲东部旅游环线。（2）县城—黄草岭。（3）县城（文庙、御笔山）—哀牢山杜鹃湖。（4）县城（文庙、御笔山）—清凉响水古村—无量山无量剑湖—大寨子。（5）县城（文庙、御笔山）—漫湾电站—大朝山电站。（6）县城（文庙、御笔山）—黄草坝。

第四节　特色旅游

一、自驾车旅游

境内旅游资源丰富，地貌地形特殊，随着现代交通工具家庭化，大力推进自驾车旅游项目开发，培育以县城为中心，以无量山和哀牢山为目的地的自驾车旅游线路。

二、特色乡村旅游

结合旅游特色村要求和标准，开发建设清凉响水古村和黄草岭。响水古村位于文井镇清凉办事处响水村民小组，距县城13千米，占地约1平方千米，保存有较完好的景东古民居建筑群，为清朝末期所建。主要以梁家大院为主，既具有典型的景东民居特征，又广泛吸收大理白族地区“三坊一照壁”和“四合五天井”建筑风格民居建筑特点。

黄草岭位于县城西部，无量山国家级自然保护区边缘原始森林之中，距离县城30千米，是一个奇特美丽的地方。这里果林密布，春天花香四溢，秋季硕果累累，是有名的花果山。黄草岭石板房，是极为独特的民居。清一色的石板房，掩映在繁茂果林之中，阳光下反射出奇异的光彩。居住在黄草岭的村民，足不出户便可听到黑冠长臂猿啼鸣，一抬头便可欣赏笔架山、猫头山和背娃娃山雄姿，是追踪黑冠长臂猿、攀越无量山、探寻原始密林和观赏溪涧飞瀑理想据点。黄草岭特产丰富，火红的花椒、香甜的蜂蜜、硕大的蜜桃、肥壮的刺苞菜，还有苹果、黄梨、樱桃、木瓜……带着山野气息，汇集自然精华，样样都是纯天然绿色生态食品，在市场上供不应求。黄草岭被称为“花果山”“世外桃源”，是一个生态旅游度假的好地方。

第五节　旅游管理

一、旅游管理

景东县旅游局成立后，随即调查全县旅游资源，编制《全县旅游业总体发展规划》；申报星级饭店和旅行社，探索旅游行业管理新途径、新思想，创新管理理念，开展行业监督管理各项工作。全县先后开发景点6个，其中AA级景点1个，共有星级饭店8家，国内旅行社1家。2011年，景东无量山旅游开发有限责任公司成立，整合全县旅游资源和资产，引导性开发重点项目。建立旅游融资平台，承接旅游开发专项资金，承接国家各类政策性银行和商业银行贷款，引导外资和民营资本、产业资本向旅游业聚集。

二、旅游特色产品

山珍　核桃、芒果、木瓜、黄草岭花椒、鸡枞干巴、鲜竹笋、野生刺苞菜、大麻菜、蕨蕨菜、臭菜、苦藤花、羊肝菌、香菌、虎掌菌、青头菌、松茸、金丝木耳、蜂蜜、蜂蛹等。

特产　无量山（或徐家坝）火腿、吹泡肝、无量山乌骨鸡、黑山羊、灰天鹅等。

佳肴　冬包肉、者干腊参、水酥肉、肝参、羊肉粉蒸、烧烤、汤锅、稀豆粉等。

物产　茶叶、蚕丝被、郝思嘉核桃饮品、小门坎酒、彝族刺绣等。

无量山火腿（罗美艳　摄）

三、旅游宣传

2003年，成功举办“景东县彝族文化旅游节”，编制旅游宣传资料，推介旅游项目。先后举办“全国知名画家画景东”“全国著名作家写景东”等活动，在省内外大力宣传“中国黑冠长臂猿之乡”“银生古城”品牌。在南北出入境安装大型户外广告牌，宣传景东旅游资源和旅游企业。建设和依托者后旅游厕所、文龙旅游服务区和游客休息驿站，在者后旅游服务区安装全县旅游资源宣传画板500平方米，宣传展示景东县旅游资源、星级饭店、特色农家乐、旅游线路等基本旅游信息。加强旅游信息化建设，建成景东无量山旅游信息网，加大网络营销宣传力度，及时向社会各界发布景东旅游信息，强化网络宣传营工作，不断提升景东旅游知名度。

四、旅游接待

截至2011年，全县共有住宿设施144家，房间2130间，床位4186张。其中，城区87家，客房1799间，床位3503张；乡镇57家，客房331间，床位683张。全县共有星级饭店8家，客房392间，床位734张。

第六节　旅游管理机构

一、旅游局

2001年4月，县旅游局成立，内设办公室、规划发展股、行业管理股。2011年，政府机构改革，旅游局被定位为行政性质，为县文化体育和广播电视局管理的部门管理机构。历任局长：查亚明、纪昆、黄金瑶。

二、无量山旅行社

2002年3月，经省旅游局批准，无量山旅行社成立，也是景东县唯一注册合法的旅行社。经过几年发展，已成为一家管理完善，服务优质，集旅游、客运、票务、商贸为一体的旅游企业。经营范围主要有组织单位和个人赴全国各地旅游、开会、探亲、度假。承接全国各地团体、个人到云南举办会议、旅游、探亲、度假。代订全国各地机票、火车票和预定各地星级酒店。注册人：王圣元。

第四章　民间饮食文化　生产生活用具

第一节　野菜　野生菌

一、野菜

景东民谚云："会动的都是肉，绿色的都是菜。"足见民间食源之广泛。从中医角度讲，几乎所有植物都可以食用，就算剧毒植物也有药用功能。其实，家植野菜和野生野菜营养相当，只是处于野生状态下的野菜味道要更浓烈一些。山野菜不仅含人体所必需的蛋白质、脂肪、碳水化合物、维生素、矿物质等营养成分，而且植物纤维更为丰富。有的野菜，维生素、矿物质含量比栽种的蔬菜高几倍甚至几十倍，而且大多山野菜生长于山林之中，未受到现代工业和农药化肥的污染，尤为珍贵。境内野菜的种类很多，通常被人们采摘并食用的有上百种。民间普遍食用的野菜有樱蒿、藜蒿、蒲公英、刺苞菜（楤木）、臭牡丹（臭荷包）、臭菜（羽叶金合欢）、辣木、少花龙葵（苦凉菜）、阎王菜（显脉大参、犁头菜）、蕨菜、大麻菜（商陆）、苹（细芽菜）、大果榕（橡皮菜）、鱼腥草（蕺菜）、灰苕菜、水香菜、野芹菜、萝卜菜、荠菜、野芒果、嘎哩啰、野茄子、滇橄榄、棕头、野芫荽、大蓟（鸡刺根）、细叶荨麻、蓑衣包、红薯叶、马蹄根、火通叶、桑叶、佛手瓜尖、南瓜尖、薄荷、金芥、野山药、金线吊蛤蟆（黄药子）、千层纸（海床果）、野芭蕉、滴水芋、豆腐渣果、杉叶尖、铜锤草（金纽扣）、鸡嗉果叶、蕹菜（地豇豆菜）、香椿、露水草、刺竹笋、绵竹笋、苦竹笋、甜笋、刺五加、枸杞菜、洋汉菜、臭灵丹、苜蓿、青苔、树花等等。

刺苞菜　又称树头菜、嫩芽菜、刺老苞，为春季楤木尚未展开之芽苞。多野生于海拔1000~3000米山区沟谷、山坡、灌丛和混交林处，县境常食用白背叶楤木、景东楤木和云南楤木，其中景东楤木芽苞状硕肥实，最受欢迎。据《滇南本草》："刺脑苞，又名刺老苞、鹊不宿。味苦、辛，性凉。入脾、肾二经。治风湿疼、胃疼、跌打损伤。""树皮及根均有健胃，收敛，利尿等作用。"刺苞菜含有多种维生素及人参皂甙，具有药食兼用效果。据有关资料介绍，刺苞菜具有驱毒扶正，除湿、平肝火、泻火，清肝明目，固体健脑之功效。境内民间食谱主要有刺苞菜煮鸡、刺苞菜煮豆米、刺苞菜煮腊猪脚、刺苞菜炒腊肉、凉拌刺苞菜等。

臭菜　为春夏秋季羽叶金合欢刚发出的嫩茎叶，因会散发出一种特异芬芳气味而得名。野生于低海拔疏林、灌丛中，常攀附于灌木或小乔木顶。民间喜欢密植在家旁地边，兼作栅栏用，像茶树一样修剪，发芽率高，芽茎肥嫩，容易采摘。臭菜营养丰富，具有开胃助消，增进食欲功效。每百克鲜样含蛋白质8.59克、胡萝卜素0.82毫克、维生素$B_1$0.5毫克、维生素$C_1$12毫克及钾、钙、镁、锌、铁等多种微量元素。境内民间食谱主要有臭菜煎鸡蛋、臭菜煮鱼、凉拌臭菜。

苦凉菜　为春夏季少花龙葵的嫩茎叶，生于山野荒地、园间路旁、屋前屋后、林下溪岸等阴湿处。苦凉菜味微苦、甘，性寒，既可入药，又可作菜。药用全草，具有入肝肺肾经功效；内服清热利湿、凉血解毒，外用消炎退肿。境内民间食谱主要有苦凉菜鸡蛋汤、苦凉菜煎鸡蛋、凉拌苦凉菜。

景东县常见野菜（罗海垠、杨春冉、周德翰等 摄）

阎王菜　又名犁头菜，为春夏季显脉大参的嫩茎叶，野生于海拔 700～1100 米灌丛、路边地脚。明清时期迁入金沙江河谷定居的景东傣族，为纪念故乡称之为“景东菜”，并沿称至今。味微苦、甘，入口香脆。境内民间食谱主要有阎王菜煮豆米、阎王菜煮腊肉、凉拌阎王菜，少数地方用来制腌菜。

鱼腥草　又名折耳根、狗青菜，为蕺菜全株，因其叶有鱼腥味得名，多野生于田边地脚、溪旁沟边、山野荒地、林下灌丛阴湿处，常年可取。鱼腥草味辛，性温，有小毒，既可入药，又可作菜。药用具有清热解毒，利尿消肿功效。境内民间食谱主要有凉拌鱼腥草、鱼腥草煮豆米。

大麻菜　为春季商陆刚发出的嫩茎叶，因吃味稍麻得名，多野生于海拔 500～3400 米疏林下、林缘路旁、山沟箐边湿润地方，火烧迹地长势最好。大麻菜既可入药，又可作菜。药用具有健胃、扫毒功效。境内民间食谱主要有大麻菜煮豆米、大麻菜煮腊肉。

橡皮菜　又名树头菜，为春季大果榕刚发出的嫩茎叶，多野生于海拔 1300～2100 米低山沟谷、潮湿雨林。境内民间食谱主要有橡皮菜煮豆米、橡皮菜煮腊肉、凉拌橡皮菜。

五加叶　又名五加、五加皮，为刺五加春夏季刚发出的嫩茎叶。多野生于海拔 500～2100 米山坡林中、路边灌丛，民间喜欢密植在家旁地边兼作栅栏用。五加叶既可入药，又可作菜，被誉为“小人参”。《本草纲目》称刺五加以五叶交加者良，故称五加，又名五花；《神农本草经》中将五加叶列为上品。五加叶含刺五加甙，具有补中，益精，坚筋骨，强意志功效；久食（服）可以轻身，延年益寿。境内民间食谱主要有五加叶炒鸡蛋、凉拌五加叶，并制出五加茶经常泡饮。

铜锤草　中文学名金纽扣。多野生于海拔 800～2000 米田野沟边，路边草丛，荒山荒地。铜锤草既可入药，又可作菜。药用全草，内服散气解毒，外用消肿止痛。食用春夏季刚发出的嫩茎叶，境内民间食谱主要有铜锤草炒羊肝。

香椿　又名香椿芽、臭椿，各地均有栽培。食用春季刚发出的嫩茎叶，境内民间食谱主要有香椿炒鸡蛋、凉拌香椿。

臭灵丹　多野生于荒山荒地、房前屋后。既可入药，也可作菜。药用全草，据《云南思茅中草药选》，臭灵丹具有清热解毒，消肿拔脓功效。治咽喉炎，口腔炎，支气管炎，疟疾，跌打损伤，烫烧伤，疮疔肿毒，蛇咬伤，疗毒。食用春夏季刚发出的嫩茎叶，境内民间食谱主要有臭灵丹水酥，亦用臭灵丹根煮鸡喝汤吃肉。

树花 又名树须、树胡子。树花非花，是一种可食用的苔藓植物。多野生于阔叶林、针叶林和针阔叶林风倒木及枯木树桩，高海拔地区树木树枝。全年可采，用石灰水煮泡漂洗，去除苦味后食用。味甘、平，具有补虚固本、益肾抗癌、利水消肿功效，可治疗痔疮。境内民间食谱主要有凉拌树花。

二、野生菌

野生菌中含有丰富单糖、双糖和多糖，蛋白质含量大大超过其他普通蔬菜，还含有多种维生素，尤其是水溶性B族维生素和维生素C，脂溶性维生素D含量也较高。野生菌中铁、锌、铜、硒、铬含量也较多，丰富的蛋白质提供鲜味，这也是野生菌口味鲜美的奥妙所在。景东是野生菌天堂，已识别的野生菌300多种，蕴藏量近1000万千克，上山不用花多少工夫就能拾到很多菌子。普遍食用的野生菌也很多，主要有木耳、香菌、虎掌菌、鸡枞、大红菌、俏红菇（二红菌、假红菌）、红胭脂、青头菌、香菇、象蹄菌、橄榄菌、松茸、老裂头、牛肝菌、美味牛肝菌、一抹绿（玉马鹿、见手青）、羊肝菌、鸡油菌、牛牙巴菌、木梳菌、栗窝、白参、马屁泡、奶浆菌、喇叭菌、扫帚菌、火炭菌、豆青菌、黄菌、柳姑菌、松毛菌、金针菇、银针菇、干巴菌（马牙齿菌）、八担柴（平菇、冻菌）、铜绿菌、鸡屁眼、黄罗伞、白罗伞、花菌、荞粑粑菌（荞面菌）、芝麻菌（麻母鸡菌）、饿老鹰菌、面瓜菌（谷熟菌）、大辣菌，等等。烹制菌子时，油要多、不能糊，加热时间要稍长。部分群众喜食杂菌，即将各种菌子混杂在一起烹制；也有人喜食白罗伞、红罗伞，认为味道更鲜美，但容易与有毒菌种混淆，食后引起中毒，且屡有发生，最好不食。民间常用“虫子吃没吃过、大蒜变不变黑”等方法鉴别菌子有毒无毒，专家言称无科学依据。民间还认为“菌子中毒要靠菌解”，用灵芝煎服治疗食用菌中毒。

木耳 夏秋季生长于栎、杨、榕、槐等枯木树枝上，丛生，常屋瓦状叠生，境内各地均有出产。因形似人耳得名。分黑木耳（金丝木耳）、白木耳两种，其中黑木耳最优。黑木耳营养价值极为丰富，被誉为“菌中之冠”“素中之荤”“素中之王”。每百克黑木耳含铁185毫克，比菠菜高20倍，比猪肝高7倍，含铁量高于各种荤素食品。中医认为，木耳味甘性平，有凉血、止血作用，主治咯血、吐血、衄血、血痢、崩漏、痔疮出血、便秘带血等，因其含铁量高，可及时补充人体足够的铁质，是一种天然补血食品。境内民间食谱主要有木耳炒鸡肉、木耳炒肉、木耳炒鸡蛋、木耳炖鸡蛋、木耳鸡蛋汤、素炒木耳、凉拌木耳、木耳腊生、木耳腌肉。

白参 白参是指裂褶菌科一种食药兼用的珍稀菇菌。夏秋季生长于枯木树枝树桩上，境内各地均有出产。白参菇体质韧，味道清香，鲜美爽口，营养丰富。性平，味甘。具有清肝明目、滋补强身、抗癌的功效，主治小儿盗汗、妇科疾病、神经衰弱、头昏耳鸣。据省农科院测试中心分析，白参含有人体必需的8种氨基酸，并富含锌、铁、钾、钙、磷、硒、锗等微量元素。境内民间食谱主要有白参炖鸡蛋、白参腊生、白参腌肉。

鸡枞 旧志写作“鸡葼”，报刊杂志多写作“鸡枞”。夏秋季生长于针阔叶林地、荒山荒地、坟岗、苞谷地、茶地等，一般定时定点出土，时间不会提前或超过三天。境内各地均有出产，而东镇最为盛产。根据颜色分类，主要有青头鸡枞、白头鸡枞、黄鸡枞、红鸡枞、鸡枞花等，其中红鸡枞较为稀少，民间常用于入药。根据上市节令，又分为火把鸡枞、黄土鸡枞等。火把鸡枞因在火把节前后出土得名，每窝少则几十朵，多则数百至上千朵丛聚，若遇到大面积出土，每窝产量可达上百千克；黄土鸡枞在土黄雨前后出土，一般独朵或数朵，若遇大个头，每朵可达数千克。鸡枞是食用菌珍品之一，被誉为“野生食用菌之王”。每百克含粗蛋白2.58%，粗脂肪2.51%，粗纤维1.03%，可溶性糖

0.33%，水解糖0.71%，灰分0.57%，富含钙、磷、铁、锰等微量元素以及麦角留醇、16种氨基酸和维生素C。有治疗糖尿病的有效成分，对降低血糖有明显效果，具有较高药用价值。境内民间食谱主要有素炒鸡枞、鸡枞炒腊肉、鸡枞煮肉、凉拌鸡枞、鸡枞汤，并制作鸡枞干、鸡枞油（详见本章第四节“特色美食”），供长期食用。

香菌　夏季生长于山箐茂密丛林中，是一种木材上生长的真菌，境内各地均有出产。若遇木材采伐，次年伐区剩余物树枝上会大量滋生。香菌是世界第二大食用菌，被誉为“山珍之王”“真菌皇后”。富含维生素B群、铁、钾、维生素D原（经日晒后转成维生素D）。味道鲜美，香气沁人。味甘，性平。主治食欲减退，少气乏力。境内民间食谱主要有香菌炒韭菜、香菌焖鸡、香菌炖鸡、香菌鸡汤、香菌猪肉饺子。

铜绿菌　又名松树蘑、松菌，学名松乳菇。秋季生长于针叶林、针阔叶林地，境内各地均有出产。铜绿菌是一种珍贵真菌，被誉为“菌中王子”。每百克含粗蛋白19.3克，脂肪6.8克，碳水化合物35.5克，纤维32.4克，以及18种氨基酸和维生素。具有强身、益肠胃、止痛、理气化痰、驱虫及治疗糖尿病、抗癌功效。食用质嫩爽口，香气浓郁。境内民间食谱主要有素炒铜绿菌、铜绿菌炒猪肉、铜绿菌炒腊肉、铜绿菌汤。

扫把菌　又名扫把菇、珊瑚菌，因形似扫帚得名。夏秋季生长于阔叶林、针阔叶林地，境内各地均有出产。扫把菌有很多种类，颜色艳丽，有红、黄、白等色。在世界很有名气，被誉为“野生菌之花”。含15种氨基酸，其中6种属人体所必需。味甘，性平。具有补钙，防止钙流失，镇静，强筋壮骨，养血安神功效。食用口感香脆，鲜甜爽口。境内民间食谱主要有扫把菌炒韭菜、扫把菌炒腊肉、扫把菌煮鸡。

大红菌　又名红菌、红菇、红椎菌。春夏季生长于红椎林腐殖层土壤上，境内各地均有出产，很多栎树林下会连片生长，产量可达上百千克。大红菌富含蛋白质、碳水化合物、矿物质、维生素B、维生素D、维生素E，并含稀有物质尼克酸，微量元素铁、锌、硒、锰等，具有养血壮体、护肤美颜、防癌抗癌、延缓衰老等保健功效，属纯天然保健食品。前期，县境很多地方群众不食大红菌，满山大红菌任其自生自灭。21世纪后，受日本、东南亚市场走俏影响，境内大红菌干品大量外运，价格一度攀升，食用大红菌成为时尚。民间食谱主要有大红菌煮鸡、大红菌炒肉、大红菌煮肉、大红菌炒韭菜。

羊肝菌　春末夏秋季生长于柞、栎等阔叶林、针阔叶林地、灌丛草丛。境内各地均有出产，民谣云：“羊肝菌、一抹绿，一山一山出，这山不出那山出。”羊肝菌分黑、白、黄3种。每百克干品含蛋白质20.2克，碳水化合物64.2克，热量338千卡，灰分4克，钙23毫克，磷500毫克，铁50毫克，核黄素3.68毫克。具有清热解烦、养血和中、追风散寒、舒筋和血、补虚提神等功效，是中成药“舒筋丸”原料之一，又可治妇女白带症及不孕症。羊肝菌营养丰富，味道香美，是极富美味的野生食用菌之一。21世纪后，境内羊肝菌制品出口欧美、日本等国，价格一度攀升。民间食谱主要有羊肝菌炒韭菜、羊肝菌炒腊肉、羊肝菌炒肉、羊肝菌汤、油炸羊肝菌。

牛肝菌　因肉质肥厚，似牛肝得名，主要有黄、白、黑牛肝菌。夏秋季生长于云南松、高山松、麻栎等针叶林和混交林地，境内各地均有出产。含有人体必需的8种氨基酸，还含有腺膘呤、胆碱、腐胺等生物碱。微甘，性温。具有清热解烦、养血和中、追风散寒、舒筋活血、补虚提神功效，抗流感病毒、防治感冒，可治疗腰腿疼痛、手足麻木、四肢抽搐、妇女白带异常等。牛肝菌营养丰富，味道香美，属世界性著名食用菌，是世界四大名菌之一。境内民间食谱主要有素炒牛肝菌、牛肝菌炒腊肉、牛肝菌炒韭菜。

虎掌菌　因有黑色花纹，形同虎掌得名。夏秋季生长于高海拔阔叶林乔木地，锦屏镇黄草岭、新民一带出产较多。分黑、黄2种。含17种氨基酸，其中7种为人体所必需，含11种矿物质和微量元素。性平，味甘，具有追风散寒、舒筋活血功效，可降低血胆固醇，提高人体免疫功能。虎掌菌营养价值和经济价值较高，属珍稀名贵野生食用菌，为历代朝廷贡品。近代，黑虎掌菌走俏韩国市场，价格昂贵。境内民间食谱主要有素炒虎掌菌、虎掌菌炒腌菜、虎掌菌炒猪肉、虎掌菌炒腊肉。

干巴菌　又名马牙菌、马牙齿菌，学名绣球菌。秋季生长于针叶林、针阔叶林地，分大、小两种，含蛋白质、脂肪、碳水化合物、维生素及钙、磷、钾、铁等微量元素，并含多种人体不能合成的氨基酸。具有延缓衰老、降低胆固醇、调节血脂、提高免疫力等功效。干巴菌营养丰富，味道略苦，风味独特，是云南特有的野生食用菌。境内民间食谱主要有油炸干巴菌、素炒干巴菌、干巴菌炒腊肉。

青头菌　夏秋季生长于针叶林、阔叶林以及针阔叶林地，境内各地均有出产。青头菌含蛋白质、碳水化合物、钙、磷、铁、维生素 B_2、尼克酸等营养成分。味甘甜，微酸。主治眼目不明，能泻肝经之火，散热舒气；妇人气郁，服之最良。境内民间食谱主要有青头菌炒韭菜、青头菌炒腊肉、青头菌汤、青头菌煮鸡。

鸡油菌　夏秋季生长于针叶林、阔叶林以及针阔叶林地，境内各地均有出产。鸡油菌含胡萝卜素、维生素 C、蛋白质、钙、磷、铁等营养成分，是世界四大名菌之一。性寒，味甘。具有利肺明目、补益肠胃、清热利尿、益气宽中功效。经常食用可治疗维生素 A 缺乏引起的皮肤粗糙、干燥症、夜盲症、视力失常、眼炎等疾病。境内民间食谱主要有素炒鸡油菌、鸡油菌汤、鸡油菌炒腊肉、鸡油菌煮鸡。

谷熟菌　又名面瓜菌、老黄面瓜菌。夏秋季生长于针叶林、阔叶林、针阔叶林地，尤以初秋稻谷成熟时最多，故称谷熟菌；表面呈黑黄赤褐色至深棠梨色，像老面瓜一样覆盖有白粉状附属物。境内各地均有出产。谷熟菌口感浓郁，风味独特，富含微量元素和 18 种氨基酸，其中有 7 种氨基酸为人体所必需。具有清肺胃、去内热功效，并含有非常高抗癌活性物质，是名贵食药用菌之一。境内民间食谱主要有素炒谷熟菌、谷熟菌汤、谷熟菌炒韭菜、谷熟菌炒腊肉。

奶浆菌　又名奶汁菇，因菌身新创口会流出牛乳般白色液体得名，分红、白、棕 3 种。夏秋季生长于针叶林、阔叶林及针阔叶林地，境内各地均有出产。奶浆菌香味浓郁，含有多种人体内不能合成的氨基酸，蛋白质、脂肪、碳水化合物、维生素、钙、磷、钾、铁核黄素等微量元素，经常食用能增强人体抗逆能力。境内民间食谱主要有奶浆菌炒韭菜、奶浆菌炒腊肉、奶浆菌煮鸡。

半边菌　又名冻菌、侧耳菌、八担柴，学名平菇。夏秋季生长于针叶林、阔叶林、针阔叶林地湿润枯木树桩，境内各地均有出产，亦有人工栽培。半边菌营养丰富，每百克干品含蛋白质 20~23 克，氨基酸成分种类齐全，矿物质含量丰富。性温，味甘。具有驱风散寒、舒筋活络功效，主治腰腿疼痛、手足麻木、筋络不通，能抑制癌细胞扩散，增强机体免疫能力。境内民间食谱主要有素炒半边菌、半边菌炒猪肉、半边菌炒腊肉、半边菌汤。

喇叭菌　又名吧啦菌、尿竹筒菌。春夏秋季生长于阔叶林、针阔叶林地，境内各地均有出产。喇叭菌含有 15 种氨基酸，其中有 6 种为人体所必需。味道鲜咸微甜，略酸。具有开胃健脾，止咳化气和治疗神经衰弱功效。食用前要将筒内鳞片及表面细皱纹刮洗干净，以去除酸味。境内民间食谱主要有喇叭菌炒腊肉、喇叭菌炒腌菜。

马屁泡　又名马屁勃、马勃。夏秋季生长于针叶林、阔叶林、针阔叶林腐殖裸露层，新开挖公路坎、牛羊脚迹窝等潮湿地，境内各地均有出产。味辛，性平。具有清热、利咽、止血功效。主治咽喉炎、扁桃体炎；外用治外伤出血、痔疮出血、冻疮。境内民间食谱主要有烧马屁泡、马屁泡炒腌菜、马屁泡炒韭菜、凉拌马屁泡。

景东县常见食用菌（朱家富、 叶绍增、 罗海垠、 罗一华等　摄）

第二节　食用昆虫　食用花卉　食用药材

一、食用昆虫

食用昆虫资源是地球上分布最广、种类最多、数量最大的动物类群。地球上的昆虫约有1000万种，占所有生物物种数量一半。已经发现并命名的昆虫近100万种，占已知动物物种数量的三分之二。据说，可食用的昆虫不下3000种，主要有鳞翅目1560种（以幼虫为主），直翅目730种（若虫、成虫），鞘翅目495种（幼虫、成虫），半翅目233种，双翅目230种，同翅目137种，其他目昆虫304种。

景东民间食虫由来已久。据明·王仕性《广志绎》载，滇西南“俗好食虫，诸处好食土蜂”，县境经常食用竹虫、柴虫、豆虫、知了、爬爬虫、红毛树虫、蜂蛹、蚕蛹、油蚂蚱、飞蚂蚁、山蟹、河虾、蜈蚣、蝎子等。

竹虫　又名竹蛆、竹蜂，为昆虫纲鳞翅目螟蛾科笋蠹螟之幼虫。春夏季竹笋刚出土，笋蠹螟便将卵产在笋上，几天后，虫卵孵化，极小的幼虫钻进竹芯寄生，吸食竹内壁养分和水分生长，秋季长到约筷头大小、牙签长短时即可食用。秋末竹壳脱落，竹虫归筒，更易找取——竹林中当年生有竹斑或明显变形的竹节，一般在有分泌物溢出竹洞上第一节处寄生，砍开后数十只至上千只不等。竹虫富含蛋白质、氨基酸，是当地群众喜爱的美食。境内民间食谱主要有油炸竹虫，若不放油，用弱炭火慢慢煎至金黄，竹虫自身会溢出油来，食之更加香脆可口，是一道很好的下酒菜。

爬爬虫　又名爬沙虫、水蜈蚣，为昆虫纲广翅目齿蛉科之幼虫。生活于低海拔干热河谷川河、者干河、澜沧江及其支流。每年5、6月，齿蛉产卵于岸边石缝或河卵石上，孵化后即为爬爬虫，爬爬虫白天喜欢躲在水里和河边卵石下、砂石中，夜间出来活动；冬春季长到5~9厘米时便可食用。爬爬虫富含蛋白质、多种氨基酸、微量元素及药用成分。性温，味甘。具有补气益肾、抑虚固本、滋补强壮的功效，被誉为“动物人参”。境内民间食谱主要有油炸爬爬虫，并常用瓦片当烤盘将其烤至焦脆，让小儿服用治尿床。

爬爬虫（周德翰　摄）

蜂蛹　又名蜂儿、蜂儿子、蜂子，为土蜂、胡峰、夜蜂、黄蜂等幼虫，生活于低海拔干热河谷地带。土蜂因筑巢于土中得名，其他野蜂筑巢于高大乔木树枝或灌木丛，秋季蜂蛹成熟时每窝数千克至数十千克不等。民间采用干牛粪烟熏驱蜂采巢，取食巢饼中白色虫蛹和幼蜂。蜂蛹含蛋白质20.3%，脂肪7.5%，碳水化合物19.5%，微量元素0.5%；营养价值高于花粉，尤其是维生素A含量超过牛肉，蛋白质含量仅次于鱼肝油，维生素D含量超过鱼肝油10倍。蜂蛹属纯天然食品，具有强身、益肠胃、止痛、理气、化痰、驱虫等功效，有治疗糖尿病、抗癌等特殊作用，被誉为“天上人参”。境内民间食谱主要有油炸蜂蛹、炒蜂蛹、蜂蛹葱花汤、蜂蛹青菜汤、凉拌蜂蛹。

油炸知了（罗海垠　摄）

知了　又名喳溜、知溜、锅枪、乌娘，学名蝉，生活于海拔1700米以下低热河谷、坝子灌丛林丛。知了幼虫生活在土中，靠吸食树根汁液长大；末龄幼虫多为棕色，与成虫相似，几年至十几年后钻出土表，爬到树上、草茎蜕皮成成虫，亦靠吸食树汁延长生命。每年4、5月，知了大量长成，黄昏后喜欢飞到附近溪河、水库边湿润砂石、泥土汲水，可大量捕获。知了性寒、味香，具有散风宣肺、解热定惊功效，且营养丰富，干基蛋白含量超过70%，脂肪约7%，维生素及各种有益微量元素均高于一般肉类食品，被誉为“食品蛋白王”。境内民间食谱主要有油炸知了。做法：先将知了用开水烫死、洗净，弃其足、翼和鼓盖板，再用一粒花生米从屁股倒塞入体内（或不放花生、或不放花生不塞屁股），与湿辣椒、葱、姜、大芫荽一起用冷油慢慢炸至金黄香脆，放入适量盐即可。也可把知了晒干保存，现吃现炸；或油炸后保存在冰箱冷冻层，长期食用。

油蚂蚱　又称蚂蚱、田蚂蚱、“跳菜”，广泛生活于山坡草地、田间地内，主要危害禾本科植物，是农业害虫。秋季稻谷收获后，夜间喜欢聚集在田埂草丛啃食青草，可大量捕获。油蚂蚱营养丰富，肉质鲜嫩，味美如虾，营养成分结构比畜禽更合理。具有止咳平喘、解毒透疹、降压减肥、降低胆固醇、滋补强壮和养胃健脾等功效，内用治疗百日咳、支气管哮喘、小儿惊风、咽喉肿痛、疹出不畅、支气管炎及止痉挛，可预防心脑血管疾病发生；外用可治疗中耳炎。境内民间食谱主要有油炸蚂蚱。做法：先将活油蚂蚱放入慢火炒锅，迅速盖上锅盖，待全部死后（锅盖听不到蚂蚱跳响），揭盖炒至翅膀褪尽，吹净褪出的翅膀，再放油盐煎至金黄香脆便可。

二、食用花卉

早在2000多年前，鲜花菜肴和饮料在少数民族中兴起。野花是特别大众化的菜肴，在饥荒年代，人们更是要到野外采摘各色野花，和面蒸，或煮或炒裹腹。野花大都能清火去燥、美容养颜。景东植物资源十分丰富，可谓四时有不败之花，花香不但使人陶醉，花色使人目眩，娇艳异常的花往往成为人们喜爱的食物。民国年间，各族群众喜欢用花把米饭染成各种色彩。20世纪末，随着一股食花潮流悄然兴起，街上出售的品种越来越多；也有人家用染饭花为豌豆凉粉增色增味，或为糯米饭着色。境内民间经常食用的野花有数十种，主要有白藤花、苦藤花、菊花、白花（白花羊蹄甲）、白杜鹃、地涌金莲、芭蕉花、攀枝花蕊、玫瑰花、棠梨花、桂花、火烧花等。

白藤花　为春季猪腰豆开出的花。猪腰豆生长于海拔790~1300米山谷疏林及林沿，常攀附于灌木、乔木顶。境内民间食谱主要有白藤花炒韭菜、白藤花炒豆豉、白藤花炒腊肉、白藤花炒香肠、白藤花腊肉豆米汤。

苦藤花　为春秋季南山藤开出的花及嫩茎叶。南山藤生长于海拔790~1500米山谷疏林及林沿，常攀附于灌木、乔木顶。分苦、甜两种。味辛、凉。具有清热、消炎，止吐功效。21世纪前，境内野生南山藤有零星分布。21世纪后，其食用方法从景洪、镇沅等地传入，各地开始种植和食用。民间食谱主要有素炒苦藤花、苦藤花炒猪肉、苦藤花炒腊肉、苦藤花炒鸡蛋、苦藤花炒香肠。

苦藤花（罗海垠　摄）

辣木（杨春冉　摄）

木瓜海棠（罗海垠　摄）

地涌金莲（罗海垠　摄）

大芫荽（罗海垠　摄）

蕺菜（罗海垠　摄）

白花　又名大白花，为白花羊蹄甲开出的花。白花羊蹄甲生长于海拔790~1700米河谷灌丛、山地丛林，每年3、4月开花。味淡，性凉。具有消炎解毒功效，主治肝炎、肺炎、气管炎、支气管炎，肺热咳嗽等。境内民间食谱主要有白花炒韭菜、白花炒香肠、白花炒腊肉、白花腊肉豆米汤、凉拌白花。

白杜鹃　又名白杜鹃花，生长于海拔1600~3000米山谷灌丛，春夏季白杜鹃开花时采摘。味辛、酸，性温，具有止咳、固精、止带功效，主治咳嗽、遗精、白带。境内民间食谱主要有白杜鹃炒香肠、白杜鹃炒腊肉、白杜鹃腊肉豆米汤。

地涌金莲　又名地金莲、野芭蕉。多种植于海拔1500~2500米山地边、家庭院，春季发出花苞时采摘，农户常用于喂猪。味苦、涩，性寒。具有收敛止血功效，主治白带、红崩、大肠下血；茎汁用于解酒及草乌中毒。境内民间食谱主要有凉拌地涌金莲、地涌金莲煮鸡、地涌金莲炒香肠、地涌金莲炒腊肉、地涌金莲腊肉豆米汤。饥荒年代，部分家庭用地涌金莲制香肠。

三、食用药材

无量山区和哀牢山区植物草药有上千种，并且运用较为广泛。境内农村多以鲜品入药，使用单味药较多，常捣烂、揉烂外敷，或咀嚼、熬水、泡酒、炖肉服用。景东产名贵中草药已有千年历史，特别是无量山地区，名贵药材极多。

脱腰药　为萝藦科藤本植物青阳参之根。生长于海拔1500~2800米山地、溪谷疏林或山坡路边，境内所产较少。脱腰药味甘辛，性温，有小毒。具有祛风湿、益肾健脾胃、驱虫的功效。主治风湿痹痛、肾虚腰痛、腰肌劳损、跌扑闪挫、积食、脘腹胀痛、小儿疳积、蛇犬咬伤。境内民间常用脱腰药炖猪腿猪蹄食用，用于补肾健体。

草乌　又名断肠草，俗称小黑牛，为毛茛科植物北乌头之干燥块根。生长于阔叶林地、林缘和沟谷草甸。性辛热，味苦，有大毒。具有祛风湿、散寒止痛、消肿功效，主治风寒湿痹、关节疼痛、中风瘫痪、破伤风、偏正头痛、脘腹冷痛、痃癖气块。景东盛产草乌，著述也较早。据明·王士性《广志绎·西南诸省》："余入景东，过一地长五里，他草不生，遍地皆断肠草。"又据《滇略》载，嘉靖丙寅（1566），土知府陶金毒死千户陈祺，即用的是草乌。境内民间常用制草乌炖猪脚猪肉，喝汤吃肉吃药。烹制时，需由有经验的人亲自动手，烹煮时间要在4小时以上，注意不时续柴续开水（不能加冷水），不能煮糊、不能断火；烹制到食用全程要随时盖锅盖，防止灶灰烟灰掉入；服用后要注意身体保暖，不能洗凉水澡，避免吹凉风。草乌内服过量或煎煮不当，易致中毒，除上述病患者外，其他病患者及孕妇忌用忌食。

鸡刺根　学名大蓟根，菊科。生长于无量山和哀牢山一带。性味甘、苦，凉。具有凉血止血、祛瘀消肿的功效，主治衄血、吐血、尿血、便血、崩漏、外伤出血、痈肿疮毒。境内民间常用鸡刺根文火炖鸡肉服用，用于健胃消食。

木瓜　木瓜为蔷薇科植物木瓜海棠的成熟果实。境内各地均有种植。木瓜海棠属落叶灌木，花紫红色，极漂亮。果实长椭圆形，成熟果深黄色，具光泽，果肉木质，味微酸、涩，有芳香，具短果梗。花期4月，果期9—10月。木瓜味酸，性温；具有舒筋活络、祛风止痛的功效，主治肌肤麻木、关节肿痛、脚气、霍乱大吐、转筋悄止。境内民间喜欢烹制木瓜鸡食用，木瓜鸡味酸香，汤纯正，可防治风湿，改善胃口。做法：取熟木瓜或木瓜干品适量，半年龄无量山乌骨鸡1只；鸡肉炒黄，加木瓜炒出味，再加适量开水，放入佐料煮熟即可。还可以用木瓜制成醋，常年食用。

理肺散　为菊科直立草本植物地胆草全株。常生于山谷坡地、村边路旁、荒山荒地低草丛，境内各地均有出产。性味苦，凉。具有清热解毒、凉血消肿、止咳利尿的功效，主治感冒、急性扁桃体炎、咽喉炎、眼结膜炎、流行性乙型脑炎、百日咳、急性黄疸型肝炎、肝硬化腹水、急慢性肾炎、疖肿、湿疹。民谚云："五月五，换肠肚。"境内民间喜欢在端午节前后用理肺散炖猪肠猪心肺，喝汤吃肉。

第三节　生　食

一、凉拌菜

境内各族人们喜吃生食和凉拌菜。在民间，大部分蔬菜和肉食品都可以用来凉拌，只需根据自己口味加盐、糖、味精、鸡精、生抽、醋、花椒油、辣椒油及蒜、葱、姜、香菜等佐料，就能做出一道美味的凉拌菜肴。

二、血渣

将洗净的猪头皮肉煮熟冷却，拌入适量草果面、花椒面、盐巴、大蒜和大量猪鲜血入坛，密封一星期后即可取出切片，加入鲜香菜上桌食用。

三、羊白旺

宰羊时，取少量高度酒，把羊血放入酒内，再加入适量花椒、盐巴和切碎的小米辣不断搅拌，待成熟后备用。然后把羊肉煮熟剁碎，放入备用羊血搅拌均匀，即可上桌食用。

第四节　特色美食

一、粑粑

景东民间各类粑粑不胜枚举。不但品种繁多、花色各异，加工技巧也很多，最有名的当数文井三角粑粑，西区灰水粑粑、马打滚，川河坝黄饼、饵块等。这些粑粑加工简单，做法各异。如玉米粑粑（也叫苞谷粑粑）在城乡颇为流行，是一种美味小吃。玉米粑粑以本地青玉米为原料制成，一般用糯玉米磨成稠浆，加入适量红糖末拌匀，再将稠浆包裹在玉米苞壳或芭蕉叶上，大小如掌，呈块状，通常为黄色，蒸熟后即可食用，味道甜美；在农村，也会放入火塘烤食，味道清香。

二、安定千层粉

千层粉也称锅巴粉，是安定乡境内彝族传统小吃。不论街天还是空天，鼠街都有千层粉买。

千层粉做法：头天先把锅巴做好，备用。做锅巴时，先将干豌豆磨成豌豆面，豌豆粉加水搅拌成糊状，再把面糊放进热铁锅摊薄后炕成锅巴。第二天，将豌豆粉放入盆中，加入适量水搅拌匀，用纱布滤去豆渣，再把滤好的豆粉水装在盆中静置 3~4 个小时，等豆粉完全沉淀后，把清水滗掉，一边把豆淀粉倒入沸水中，一边不停地搅拌直至熬成糊状。然后，先在簸箕中放入一层锅巴，再把豆粉糊舀出摊在锅巴上，一层锅巴、一层豆粉稀糊，做成“千层粉”。冷却后，用刀将千层粉切成片放入碗中，加入葱、姜、芫荽、辣椒和酱油、酸醋等佐料拌匀即可食用。千层粉清凉爽口，消暑祛火，深受当地人喜爱。

此外，还可以炒吃或煮吃，又别有一番风味。

三、冬包肉

冬包肉又称冬包，是安定乡境内彝族人民逢年过节、红白喜筵不可或缺的一大特色佳肴。一般逢年过节和喜事时做成红色，称红冬包，丧事时做成白色。

红冬包做法：杀猪时，把猪褪毛、洗净、剖开，然后从猪身上取下最好的带皮三线肉（五花肉），直接放入清水锅中煮熟，再捞出切成坨放在盆里备用，肉坨讲究方正。然后，倒 0.1 千克烧酒稀释，再添加适当红曲米，将肉染红为止，一般一调羹红曲米可以拌染 2.5 千克肉。肉染成红色后，放进铁锅中煎炒，放入草果面、姜、盐等，煎炒片刻，加入适量水炖熟即可食用。白事冬包肉不放红曲米，称白冬包肉。

冬包肉是安定乡彝家人最爱。20 世纪六七十年代，物资匮乏，没有红曲米，有人家将标语红纸调成红色液体制“红冬包”食用。

四、肉白酒

肉白酒是境内彝族人民杀年猪时必做的一道特色饮品。

肉白酒做法：糯苞谷磨细，筛去皮壳，将苞谷面兑水搓揉成蚕豆大小面团，用甑子蒸熟后冷却，喷洒适量冷开水和酒曲拌匀，之后装入土坛密封，发酵成醪糟。醪糟刚发酵时称新白酒，发酵一段时间后称老白酒或辣白酒，一般密封装坛半个月为宜。杀猪时，先把醪糟舀到铁锅中煮沸，再放入剁好的猪里脊肉与鸡冠油余汤，又加入细姜丝煮沸5分钟即成肉白酒。肉白酒除寒祛湿，香甜润口，是极好的饮品。

五、泡肝

泡肝，又叫吹泡肝，是无量山西部传统佳肴，也是馈赠亲朋好友的佳品。

泡肝做法：杀年猪时，取出新鲜、细嫩的猪肝，将茴香、辣子、花椒、草果、芫荽籽、荆芥、盐等佐料焙黄舂成粉，先用火麻杆或细金竹管往猪肝气管里（用人工或打气筒）吹气，把猪肝吹泡，然后将佐料粉放进猪肝气管内，再吹送到猪肝各个部位，扎紧总气管，挂晾干即成泡肝。

食用方法：将多年生老茴香根挖回洗净，和泡肝、猪三线肉同煮至熟，然后将三线肉切成薄片，将泡肝切成两块相连薄片，夹上三线肉片，装盘，称“泡肝夹肥肉”。泡肝味麻辣，稍带苦，具有清凉、泻肝火的功效。

六、羊肉粉蒸

羊肉粉蒸是境内彝族传统美食。旧时，每年农历六月二十四日，家家户户不做农活，在家杀羊做羊肉粉蒸吃，欢度佳节。

羊肉粉蒸做法：选用的上等羊肉切成块状，然后将苞谷面、糯米面、麦面、茴香、花椒、辣子、盐放入肉中拌匀，装入碗中，用甑子蒸45分钟即可食用。羊肉粉蒸味道鲜美，香醇可口，营养丰富，具有滋补的功效。

七、槽血腌菜

槽血腌菜是境内各族人民杀年猪及红白喜筵上必备的一道特色菜肴。

槽血腌菜做法：入冬，备好“酸叽菜”或“发水腌菜”。酸叽菜——用洗净的青菜，放在开水锅里焯一焯，沥水，放入土坛中加适量豆腐水浸泡，置在火塘边发酸，备用。杀猪时，取出猪槽旺（槽血），用新鲜猪油炒酸叽菜或发水腌菜，再放入猪槽旺，加花椒、辣子、盐等佐料即可。

八、蚕豆酱

蚕豆酱是安定鼠街特色食品。制作工艺由谢家于清光绪二十七年（1901）从四川（西康省）传入，已有一百多年历史。

蚕豆酱做法：阴历七八月间，把晒干扬净的干蚕豆用开水泡伸，挤出豆瓣，用苦蒿或草席捂，使豆瓣发酵，直至长出黄毛，晒干，存放。入冬霜期，把干“黄毛豆瓣”洗净、沥干，再用淡酒、盐、糟辣椒、茴香、花椒等佐料拌匀，放入土坛，加适量生水（霜水最好），调匀，封坛。过月余即可食用。

九、汤锅

汤锅，又称烂烀、氿烀，历史悠久，是境内传统美食。20世纪六七十年代，物资匮乏，大家仍要在中秋节统一熬制汤锅分食，是亲朋好友邀聚的首选菜肴，一般有牛、驴、羊、狗等汤锅。

黄鳝面（罗海垠　摄）

冬包肉（县文联　提供）

泡肝（者吉中　摄）

汤锅原料选用不肥不瘦的牛肉、驴肉、羊肉、狗肉等，除牛剥皮外，其他类汤锅均带皮连骨剁成小方块状，少则用土锅，多则用大铁锅与肚杂混煮，慢火煮至肉熟，舀出，用葱花、辣椒、花椒、薄荷、芹菜等制成的“蘸水”，吃肉喝汤，香辣可口。另外，可专门选用头脚煲汤，又别有风味。经常食用可滋阴壮阳，强身健体，增强肌体免疫力。如专门选用牛、驴、羊、狗等的肾和鞭作汤锅原料，强肾补体效果更佳。

十、肝参

肝参是境内彝家人年猪酒席上必备之菜。肝参做法：先把芭蕉心剁碎，装进盆里用清水漂淘，用筷子不停地搅动，把芭蕉心黏丝捞干净，沥去水分，再加煮熟的猪肝丝和瘦肉丝搅拌，最后加入油菜花腌制的特用酸菜以及各种佐料拌匀，即成所谓肝参。

肝参特点：清凉爽口，色鲜味佳。其色五彩缤纷，相杂谐调，有金黄色的油菜花酸菜、淡紫色的芭蕉心碎丁、紫黑色的猪肝丝、粉红色的瘦肉丝、大红色的辣子面、乳白色的蒜瓣、翠绿色的大葱和芫荽；其味酸、凉，融淡淡甜、涩、苦、辣、麻等为一体，食之甚是可口，能消热清凉、减弱油晕、增加食欲，并可缓解酒醉。

十一、者干腊参

者干腊参是最具地方特色的食品，深受各族群众欢迎。腊参做法：取猪头肉1个、三线肉（五花肉）2.5千克、猪肚子1个、瘦肉1.5千克、鸡1只、辣子面1千克、花椒面0.1千克、干姜丝0.05千克、茴香面0.05千克、醪糟酒水0.1千克，以及草果面、盐适量，还可加入少量竹笋或黑木耳。先将各类肉切成1厘米大小的方块，加入各种配料充分拌匀装入老坛子，边装边压实，最后加盖坛盖，放置在荫凉处，加放坛口水，注意时常添加坛口水使水不干，腌制一个月后即可。食用时，掏出腊参直接炖吃，或炖蛋吃，也可加入适量的水煮食。

者干腊参特点：色泽红润美观，味道麻辣甘香俱全。

十二、鸡枞干巴

鸡枞干巴又称鸡枞油，是景东饮食的重要美食辅料。它以鲜鸡枞、香油为原料，制作时先把鲜鸡枞洗干净，将鸡枞撕成条块，晾干。在锅中先将香油加热，将鸡枞放入锅内用文火煎炸，除其水分，待鸡枞煎炸成棕黄色时，出锅冷却即可食用。

鸡枞干巴特点：香气四溢，香味独特，不油不腻，提高食欲。可以用作菜肴，也可以用作面条、米干、米线佐料。可贮存半年左右，携带方便，是馈赠亲朋好友的山珍，深受人们青睐。

十三、烧烤

境内烧烤历史悠久、远近闻名。有烤牛肉、羊肉、猪肉、鸡肉、鱼肉、菌子、韭菜、茄子等，其中火烤猪和火烤乌骨鸡最有名。

火烤猪做法：选用 40 千克左右细骨猪（也称核桃猪），宰杀洗净后，周身擦上食盐、酒、花椒、大蒜等调料，用特殊的铁叉穿过猪身支撑，在栎炭火上翻烤，待猪皮烤至微黄时，边翻烤边抹卤水、麻油。约 4 小时左右，整个猪身金黄，皮脆肉酥，火烤猪即成。食用时，将猪肉切成坨，再用酱、醋、胡椒、芫荽、葱配成调料蘸着吃，味道清香，肉皮酥脆，别有一番风味。

火烤乌骨鸡做法：选用 1.5 千克左右生态乌骨鸡，宰杀洗净后，按部位分类剖开，放到烧盘上烘烤，要不断地翻动，同时边用刀在鸡肉上划割，边将香油、辣椒油、花椒油、酱油、胡椒粉、草果面等蘸在肉上，使其深入渗透。待鸡肉烤成黄色、有香脆感时，即可食用，食之鲜嫩可口，回味无穷。

十四、水酥肉

水酥肉是境内各族群众喜食的一道菜肴。水酥肉做法：猪瘦肉和三线肉（五花肉）适量，生姜切丝备用，茴香面、草果面、料酒、小粉、糯米面、熟豌豆面、鸡蛋备用。将肉切成大小适中的肉坨，盛进盆内，放入姜丝、茴香面、草果面、料酒、小粉、糯米面、熟豌豆和鸡蛋充分拌匀，再放入锅内加入沸水，旺火煮半个小时即可上桌食用。根据个人口味，可用辣子面、花椒面、大葱、芫荽、味精、酱油等制成蘸水调味。

十五、漫湾猪排

漫湾猪排是在每年冬至后，取猪后腿含少量膀子的部分去毛洗净，待冷却后用盐巴充分腌制四五日取出，挂在阴凉处，半年后取下，用火烧黄表皮、洗净，文火将肉煮熟即可食用，也可以配以菜肴煮食。因其味香、耐储存，深受人们欢迎。猪排多产在无量山一带农村，也有人在无量山高海拔地区大量加工出售。

十六、清凉黄鳝面

黄鳝又名鳝鱼，景东本地也称地龙。清凉黄鳝面是以地名命名的地方名食。制作方法：取干面条适量，在铁锅中焙黄备用。取适量鲜鳝鱼从中间破开，去除肚杂，鳝鱼连骨剁成小段。制作时，在炒锅中放入菜油、腊肥肉，待油至八成热时，加入蒜瓣、姜丝、鲜红辣椒段、黄草岭花椒、辣酱、草果面，将鳝段倒入爆炒至黄，加冷水煮沸，加入适量盐巴，放进焙好的面条，将面条煮熟，加韭菜、芫荽即成。

黄鳝面特点：味鲜肉美，刺少肉厚、细嫩，有补气养血、温阳健脾、滋补肝肾、祛风通络等医疗保健作用。以小暑前后一个月鳝鱼最为滋补味美，有“小暑黄鳝赛人参”之说。

第五节　民间生产生活用具

生产生活用具是人类长期以来战胜自然、改造自然而创造发明的工具，是劳动人民集体智慧的结晶。长期以来，作为载体传承着地方特色文化内涵。本志分别从生产用具类、日常生活用具类、狩猎和兵器类、乐器和礼仪器类四方面叙述，部分用具正逐渐淡出人们视野，被更先进的用具所取代，濒临消失。

一、生产用具类

（一）农业生产用具

耕作类 犁（配设弯担、打脚、撇索、小扣和耕索）、耙（分手耙、踩耙）、深扒、锄头（分花锄、条锄、有埂锄和板锄）、钉扒、甩刀等。

引水类 水车、笕槽（分石笕、竹笕和木笕）、水缸（分木缸、石缸）、水坪（分水装置）、“水上坡”（即原始倒虹吸设施，景东遗留有文哈“水上坡”古迹）等。

收获类 囤子、篮（由藤、竹、柳条等制成，分背篮、提篮、摇篮、挑篮等）、箩（分笨箩、面箩、刀别箩、挑箩、筐箩、簸箩、折箩、淘箩、筛箩、筐箩、兜箩、笋箩、篾箩等）、笼子（鸡笼、鸭笼）、扁担（分钩担、挑担、直担、尖担等）、背索、镰刀、蛮刀、刀卡拉、掼槽、掼斗、木风柜、竹篾笆、木扒爬、风扇、梿枷、杈、弯棍、背架、升、斗、木杆秤（分大小）等。

养殖类 猪槽（分石槽、木槽）、猪食缸、木灌桶、养蜂木桶、马料兜、马槽等。

（二）加工生产用具

纺织编织染用具 纺花车、纺线机、织布机、麻车、染布工具（由大木缸、木碾、踏石组成）。

制衣鞋袜工具 剪刀、针筒、针线包、椎子、火柱、打钻、顶针。

打铁工具 锤、火钳、风箱和炉子、铁砧等。

造纸工具 切割工具（铡刀、砍刀）、浸泡池、脚塔舂臼、槽池、抄纸盘等。

食品加工制作用具 灌猪肠筒、灌猪肠器、水碾、水磨、石磨、棒臼（又称懒臼、臼窝，分石臼、木臼）、盐臼、水碓（又称懒碓）、水榨、木榨、花托模子、葫芦瓢、木瓢、铁瓢、制糖模子、豆腐榨、木榨汁器等。

（三）建筑用具

制造木工类 墨斗（由墨仓、线轮、墨线、线锤、墨签组成）、弯子、五尺杆、套隼排等。

砍削等工具 刨（又称推刨，分长刨、中刨、短刨、细刨、弯刨、线刨、槽口刨、座刨、横刨、凹刨、凸刨、刮刨等）、锛、斧（分拼斧、手斧、央斧、斧头）、锉（分扁锉、圆锉、方锉、三角锉）、凿（分平凿、斜凿、圆凿、菱凿）、锯（分断锯、解锯、转弯锯）、响子（大木锤）、楔子、抓钉、楼梯（分木楼梯、竹楼梯）、翻木头抓、树皮铲等。

建房墙体和屋面结构类 （1）舂土墙工具：舂墙板、顶杆、架杆、榔头、木棒头、拍板等；（2）制瓦工具：转轮、瓦帘子、弯拍、平拍、泥刀、泥弓等；（3）制砖工具：砖模子、泥弓、辅助木板等；（4）支砌工具：泥笔、砖刀、平板、刮板等；（5）制土基工具：木模、拖泥盆等。

二、日常生活用具类

炊具食具 灶台、锅（分饭锅、铁锅、砂锅、锣锅等）、锅盖（分木盖、棕盖、草盖、笋叶盖、金属盖等）三脚架、铜壶、甑（分木甑、金属甑）、汤勺（分木勺、金属勺）、筷（分木筷、骨筷、金属筷等）、筷竹笼、盅、碗（分土碗、陶碗）、茶罐等。

多用类盛具和餐厨专用工具 瓢、筲箕、簸箕、筛子、挡折（又称刷把疙瘩，分挡折、硬挡折）、丝瓜布、篾锅盖、盆（分金属盆、木盆、竹盆、箍盆）、木臼、菜刀（分斩骨刀、切菜刀、杀猪刀、剔骨刀等）、菜刀架、碗架箩、瓜丝擦（又称丝瓜布）、坛、吹火筒、火钳、锅铲、桶、木柜等。

卫生医药饰品类工具　扫帚（又称笤帚）、撮箕、木梳、篦子、火罐（分竹罐、陶瓷火罐、玻璃拔火罐）、刮痧牛角、金竹筒等。

日常用具　桌（分木桌、铁桌、蔑桌等）、椅（分木制、竹制）、板凳、草鼓蹲等，其他如碗架箩、针线箩、鞋箩、茶叶箩、食箩、箸箩、饭箩等。

寝室用具　床（分竹笆床、平板床、四柱床、双层床等）、毡子（羊毛或兽毛揉压制成）、席子（分竹席、草席）、草帘子、被褥、枕头（分木枕、棉枕、荞壳枕、木棉枕、蚕砂枕等）等。

衣物和饰物　衣（有彝族羊皮领褂、火草衣等）、裤（有摆裆裤、开裆裤等）、鞋（有草鞋、尖口布鞋、绣花鞋、翘头鞋、毛边鞋等）、帽、包头、腰带、脚布、手巾、包（分挎包、提包）、皮兜肚等。

雨具灯具　笋壳帽、亮帽、蓑衣（棕蓑衣、草蓑衣）、撑子（即油纸伞）、灯具（菜油灯、马灯、豆形灯、煤石灯、汽灯等）。

烟叶加工和吸食烟草工具　（1）烟叶加工工具：烟帘子、烟榨子；（2）点烟火工具：火镰、火石、火草；（3）烟荷包：分麻荷包、布荷包、皮荷包等；（4）吸烟用具：水烟筒（竹烟筒、木烟筒、金属烟筒等）、水烟袋、旱烟斗（分竹、木、陶、石、金属、兽角等制）。

交通工具　手推车（分独轮手推车、双轮手推车）、木船、竹筏（又称竹排）、驮具（马鞍、马搭、驮、马掌等）、栓马柱（分石柱、木柱）、马车等。

捕鼠工具　老鼠夹、木猫、电猫、鼠笼等。

驱鸟工具　草人、水竹筒（一种水动力驱动并制造声响的简易装置）、拦网、响扒等。

三、狩猎和兵器类

（一）渔猎工具

文哈“水上坡”
（县文联　提供）

水碓
（黄丕智　摄）

水磨
（李世华　摄）

用糖模制红糖
（罗庆北　摄）

竹烟筒
（周德翰　摄）

马车
（黄丕智　摄）

射弩
（熊英华　摄）

捕鱼工具　渔网（主要有推网、拱兜网、地网、插网、抢网、粘网、拖网、旋网、张网、钓网、挂网、板罾等）、渔床（又称渔坝）、鱼塘、鱼钩（有送送鱼扣、连子扣、懒扣、钓钩等）、鱼笼、捞兜等。

捕虾蟹工具 草捆、撮箕等。

捕捉鳝鱼工具 鳝笼、鳝钩、明子火架、鳝夹、鱼篓等。

（二）狩猎用具

扣子（踏板扣、钻脖子扣、勘扣、铁夹等）、兽网、竹哨（模仿鸟兽鸣叫工具）、鸟笼等。

（三）兵器兼狩猎类

牛角号、弩（由弩臂、弩皮、弓弦、弩机等组成）、地弩、弓、矛、火枪、铁索甲（由细铁链制成的战甲）、三尖叉等。

四、乐器礼仪器具类

祭祀礼器 高脚油灯、香炉（有石制、陶制、金属制三种，分大、小、方、圆、高、矮等）。

吹管乐器 笛（分长笛、短笛、闷笛等）、箫（又名洞箫）、芦笙、唢呐（又称喇叭）、长号、大号（又称大筒）、嗡筒、大海螺、滴哩噜、响篾（分竹制和金属制）等。

打击乐器 鼓（分腰鼓、战鼓、板鼓、排鼓等）、碰铃、锣、钹、木鱼（分大小）、铛铛等。

弹拨乐器 三弦（分小三弦、双面小三弦、板面小三弦、大三弦、短杆大三弦、电三弦等）、琴（主要有提琴、月琴、电子琴、手风琴、钢琴等）、筝等。

拉弦乐器 二胡、板胡等。

第二十编

卫生　体育

第一章　卫　生

第一节　医疗卫生队伍

一、队伍结构

2011 年，景东县共有政府医疗机构和卫生单位 22 个。其中，县级 5 个，乡镇中心卫生院 4 个，普通卫生院 9 个，中心卫生院下设分院 4 个；职工 620 人，其中专业技术人员 572 人；病床 803 张。共有卫生室 165 个，聘用乡村医生 303 人；民营医院 1 个，个体医疗机构 30 个。每千人口拥有卫生技术人员 1.5 人、病床 2.1 张。

二、专业建设

按照基层医疗卫生机构人员编制标准，以县为单位实行人员编制总量控制、统筹安排、动态调整，全县卫生事业编制 779 人。实施县级医院特设岗位制度，引进急需高层次人才，制订《关于加强卫生人才队伍建设实施方案》，实施农村订单定向免费医学生培养项目，建立卫生人才队伍建设基金。培养一专多能全科医生，提高在职卫生技术人员学历层次和业务能力。1990—2011 年，先后参加学历培训 280 人次，外出进修 570 人次，为每个村卫生室培养乡村医生 1~2 人。撰写具有一定质量医学论文和医学教案 600 余篇，分别在国家、省、市、县级的科技学术会议、医学会、各类医学杂志上发表和交流，获科技成果市级一等奖 10 项、三等奖 6 项，县级一等奖 5 项、二等奖 4 项、三等奖 12 项。2011 年末，城乡医疗卫生体系基本形成，县乡村三级医疗保健网初具规模。

第二节　公共卫生

一、环境卫生

20 世纪六七十年代，景东县环境卫生主要由防疫部门负责。在县城建盖公共厕所 4 处，在老街、新大街设立垃圾坑若干，雇请临时工 1 人每天早上用牛车运送垃圾和负责打扫公厕。各机关、学校、厂矿、企事业单位先后设置厕所、垃圾堆场和污水排水沟。80 年代，城镇建设加快，城镇脏乱差现象凸显，新铺设大街、老街及通往景东一中、景东县小学各条通道，环境卫生有所改观。1983 年，环境卫生管理站设立，管理人员 2 人，临时清洁工 14 人；新建公厕 2 处、改建 3 处，临时清洁工划片包干，责任落实到个人，各机关、学校、厂矿、企事业单位门前实行“三包”（包卫生、包绿化、包管理），市容市貌有所改观。1986 年，环境卫生管理所隶属于城市建设局。卫生防疫部门负责每年定期对城区环境进行药物消毒。

二、饮水卫生

1981—1982 年，开展全县饮用水源卫生调查，为改水工作提供科学依据。自 1989 年始，防疫部门对县自来水厂生产进行卫生监测，每个季度 1 次，每年 4 次。

三、职业卫生

20 世纪 90 年代，开展职业病调查，完成大街煤矿、文龙白坡煤矿、锦屏红砖厂、灰窑水泥厂等参照工人管理人员体检建档工作。2010—2011 年，参加省卫生厅职业病诊断医师资质培训 4 人次，分别取得物理因素及其他职业病诊断医师和化学因素职业病、尘肺职业病、职业病诊断主检医师资质。

四、学校卫生

1983 年，首次开展中小学生、校医及技术状况调查。全县在校学生 6.35 万人，其中，高中 1031 人，初中 6974 人，小学 5.55 万人。设有医务室中学 3 所、小学 1 所；校医 5 人，其中，中专生 3 人，一般卫生人员 2 人。1989 年，到景东三中开展学生健康体检 481 人次。1990 年，到景东县小学为小学生讲解口腔卫生知识 3 个课时；到景东一中采用 OK 疗法治疗近视学生 20 人，时间 20 天。每年针对性地选择乡镇学校，开展中小学生体检及卫生学评价，并按要求开展县乡托幼机构空气质量、餐具消毒效果监测工作及卫生学评价。2009 年，执行《云南省中小学校配备兼职校医的指导意见》，卫生部门统一派驻中小学校兼职校医。

第三节　疾病防治

一、计划免疫

自 20 世纪 80 年代始，施行 0～7 岁儿童计划免疫，接种疫苗 4 种，预防传染病 6 种；建立接种表、卡，建卡率 95%以上，发证率 91.92%。1981 年，购置西北牌防疫车 1 辆。1982 年，思茅地区在景东县试行计划免疫工作，并在文龙卫生院举办培训班。1983 年，实现第一个 18 月龄免疫达标目标。自 1985 年始，配设县级冷链装备。1984—1986 年，疫苗运转 3～4 次/年。自 1987 年始，疫苗运转 6～7 次/年，县防疫站设计划免疫接种门诊。1990 年，景东成为全市第一个实现“第二个计划免疫 85% 达标县”。1991 年，景东获全国计划免疫达标先进县。自 1993 年始，开展 0～4 岁儿童消灭脊灰强化免疫活动，接种 2 轮/年。1996 年，“卫七”项目（中国疾病预防项目计划免疫子项目）启动，配设部分免疫装备。1999 年，实施乙肝扶贫项目。2002 年，乙肝疫苗纳入免疫规划接种疫

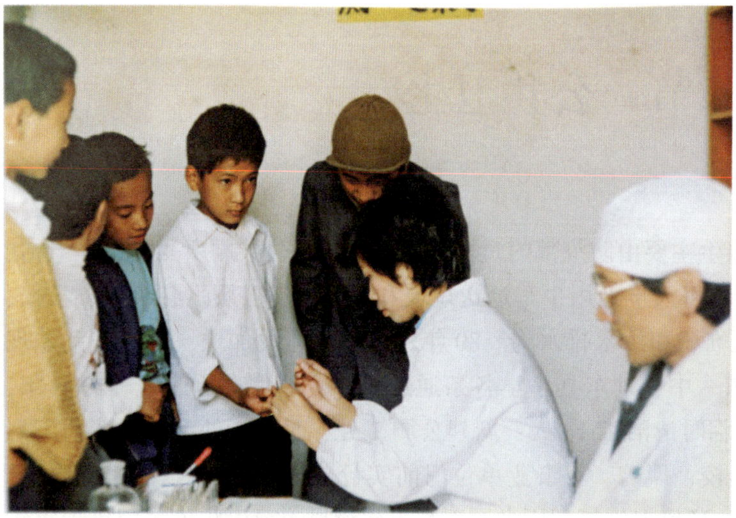

防疫检查（李廷新　摄）

苗，免疫规划疫苗从4苗增加到5苗。自2005年8月1日始，使用新计免台账。自2006年始，开展儿童预防接种证查验工作，查验乡镇小学131所和幼儿园13所，并将查验工作纳入常规管理。2007年，流脑、乙脑疫苗纳入免疫规划，免疫规划疫苗增加到7苗。自2008年始，施行国家扩大免疫规划，接种疫苗12种，防疾病15种；施行0~14岁儿童消除麻疹强化免疫活动，接种疫苗8万余人；使用新计免台账，儿童预防接种信息系统启用；疫苗运转改为1次/月。自2009年始，启动15岁以下人群补种乙肝疫苗项目，2009—2011年分阶段接种1994年1月1日至2001年12月31日出生未接种或未完成3针（次）乙肝疫苗接种儿童。扩大免疫规划项目疫苗运输车、10立方米冷库等设备、器材相继到位，预防接种服务能力大幅度提升。2010年5月，按要求升级中国免疫规划监测信息管理系统，收录数据至村级；开展8月龄至6岁儿童麻疹强化免疫工作，共接种疫苗2.44万人。2011年1—6月，实施卫生部全球疫苗免疫联盟合作项目——乙肝疫苗母婴阻断项目，在县城、文井、大街开展麻疹抗体水平监测；7月，国家扩大免疫规划项目，配备疫苗运输冷藏车1辆；11月，开展15岁以下麻疹查漏补种工作，共补种1942人。至2011年末，上级配送县乡村三级普通冰箱219台、冷藏包310个。

二、传染病防治

鼠疫　中华人民共和国成立后，境内未发生过鼠疫疫情。1984年，县地方病防治领导小组成立。决定开展鼠间鼠疫监测及灭鼠活动，在县城、安定设固定鼠疫监测点，在文龙、保甸、文井设流动监测点。自2006年始，全县在锦屏、安定设固定监测点，其他乡镇设流动监测点。自2007年始，执行鼠疫疫情“三报”［报自毙旱獭及其他原因不明病（死）动物，报诊断不明高烧、腺肿、咯血病人，报诊断不明急死病人］和病死鼠零报告制度，每月收报死鼠、病鼠报告卡，创建灭鼠达标先进县；每年开展春秋灭鼠活动，实行灭效监测和评价。

霍乱　中华人民共和国成立后，境内未发生过霍乱疫情。2006年，县人民医院开设肠道门诊。县疾控中心每年开展对中医院腹泻病例霍敌弧菌监测；5—10月开展对外环境水监测，霍乱疫情实行周报告和零报告制度，由专人管理。

防艾知识进校园（郑文化　摄）

肺结核　属境内常见高发传染病，发现及报告结核病病人逐年增多，居各类传染病之首。2004年6月1日，正式启动DOTS策略（直接督导短程化疗），项目覆盖全县各乡镇。2004年6月1日，启动世界银行贷款英国赠款、日本无偿援助、全球基金3项结核病控制项目，并在县疾控中心设立结核病防治科，免费治疗传染性肺结核病人。2008年11月，改造结核病项目耐药监测实验室，正式启动结核病耐药监测项目。2004年6月1日至2011年13月31日，全县共接诊初诊患者3939人，报告病例195例，发病率55.08/10万。

艾滋病　自1988年始，每年12月1日被确定为“世界艾滋病日”。1991年，启动艾滋病监测工作。1997年，第一例本地感染者报告，至2011年全县各乡镇均有发现。2005年1月，完成九类人群艾滋病筛查任务，对景东监狱（文华监区、小湾监区、糯扎渡监区）、看守所、娱乐场所等九类人群采集血清常规监测，并纳入常规工作，开始疫情网络上报；设立自愿咨询检测点，开通性病艾滋病咨询电话，成立艾滋病防治高危行为干预工作组，每月开展城区娱乐场所业主及性服务人员行为干预。2005 年 3 月，启动中英性病艾滋病防治合作项目。2008 年，自愿咨询检测纳入县人民医院、中医医院、妇幼保健院、疾控中心常规工作，开展检测数据网络上报工作，实行艾滋病病患者医疗救助 3 例。2009 年，实施第四轮全球基金中英艾滋病项目，将艾滋病病毒感染者 5 人、艾滋病病患者 3 人及其家属 7 人纳入低保管理。2010 年 1 月，启动暗娼哨点监测，开展娱乐场所暗娼 HIV（人类免疫缺陷病毒）、梅毒监测工作。2011 年，全县各医疗机构的医务人员均主动提供艾滋病检测咨询服务工作，全年共检测 1.37 万人，累计检测 17 类人群 6.04 万人。

疟疾　1978 年，疟疾发病 786 例。1980—1990 年，疟疾防治巩固阶段。累计报告疫情 1028 例，平均年发病率 28.79/10 万，无疟疾死亡报告。1985—1992 年，发病率连续控制在万分之一以下，达到卫生部控制和基本消灭疟疾标准，并绘制“景东县历史疟区分布图”。1986 年 11 月 21 日，普洱、景东、景谷、镇沅 4 县签订“疟疾联防协议书”及“联防公约”，每年按任务指标进行考核。1989 年，包括墨江在内 5 个县交叉考核，景东县获得第一名。1991 年，全面进入疟疾后期监测管理阶段，19 年间共上报疫情 739 例，平均年发病率 10.92/10 万。1996 年，经省卫生厅验收，景东县被评为“基本消灭疟疾达标县”。2006 年 10 月，实施全球基金疟疾项目，购置尼桑皮卡车 1 辆及各种设备。2010 年 7 月，全面实施全球基金消除疟疾项目。2011 年 12 月，疟疾项目机构为各乡镇配备嘉陵摩托车 1 辆。通过项目实施，疟疾发病率逐年下降，至 2011 年发病 2 人。1978—2011 年，疟疾发病率下降 99.74%。

病毒性肝炎　属县境常见传染病之一。1987 年 6 月下旬至 7 月上旬，病毒性肝炎在永秀乡流行，20 天内发病 70 人。1989 年 4—5 月，景东三中流行病毒性肝炎，其中，甲型 11 例，乙型 6 例；5—6 月，文井镇大者吉小学病毒性肝炎流行，发病 44 人。2004 年 4 月，花山文召村小学甲型肝炎点状爆发，发病 23 人。随着甲肝乙肝疫苗推广使用，特别是 2003 年“乙肝疫苗纳入基础免疫项目”后，病毒性肝炎发病率下降，自 2010 年 10 月始，开展 15 岁以下儿童乙肝疫苗补种工作，至 2011 年，完成 15 岁儿童乙肝疫苗查漏补种，应种 3916 人，实种 3905 人，接种率 99.72%，15 岁以下儿童乙肝疫苗查漏补种工作全面结束。2011 年，散发病例 113 例，发病率 31.43/10 万，未出现过暴发流行情况。

伤寒副伤寒　1978 年后，每年均有伤寒散发。1980—1990 年，发病 65 人，死亡 1 人。之后，发病率及死亡率逐年下降。2011 年，全县报告发病 1 例，发病率 0.28/10 万。

痢疾　1978—1981 年，痢疾累计发病 3.02 万例，死亡 92 例。经过加大宣传力度和改良饮水、加强食品卫生监管等各项防治措施后，20 世纪 80 年代后发病率逐年下降。2011 年，境内无痢疾病例报告。

流行性脑脊髓膜炎　1980 年，境内流脑流行，全县仅漫湾 1—3 月发病 59 例，死亡 19 例。流脑疫苗纳入免疫规划后，发病率逐年下降。2003—2011 年，县境内无病例报告。

流行性乙型脑炎　1978 年，乙脑发病 6 例。1981 年，乙脑发病 24 例，死亡 7 例，为实施疫情报告后发病最高年份。将乙脑疫苗纳入免疫规划后，发病逐年下降。2009 年 6 月，进行 7 岁以下儿童乙脑疫苗群体性接种，共接种 21965 人。2011 年，报告病例 3 例。

麻疹　1978 年，麻疹发病 128 例。1980 年，麻疹发病 6278 例。自 1984 年实施计划免疫后，麻疹发病大幅度下降。2008 年 11 月，全县开展麻疹疫苗强化免疫活动，共接种 8 月龄至 14 岁儿童 59293 人（份），接种率 96.81%。2009 年接发病报告 1 例。2010 年后，开展 8 月龄至 6 岁儿童麻疹疫苗查漏补种工作，至 2011 年末无病例报告。

百日咳　1978 年，百日咳发病 479 例。1981 年，发病 2309 人，死亡 3 人。1984 年实施计划免疫后，发病率得到有效控制。1996 年，报告发病 3 例。至 2011 年末，县境内无病例报告。

脊髓灰质炎　1980 年，脊髓灰质炎发病最后 1 例。至 2011 年末，维持无病例状态。

猩红热　1978 年，猩红热发病 2 例。1988 年，发病 1 例。1990 年，发病 3 例。1993 年，接壤地南华县暴发，致使境内龙街、安定、文龙、锦屏流行，发病 565 例。1994 年，发病 321 例。1995 年，发病率降至 1 例。1999 年，发病 2 例。2011 年，无病例报告。

手足口病　2008 年，手足口病纳入国家丙类传染病管理。境内全面开展防控，发病率减少。

甲型 H1N1 流感　2009 年，甲型 H1N1 流感纳入国家乙类传染病管理。自同年 10 月 17 日始，县境内实行甲型 H1N1 流感疫苗应急接种；12 月 4 日，确诊首例甲型 H1N1 病例；14 日，漫湾镇保甸完小发生甲型 H1N1 流感疫情；27 日，疫情得到有效控制。后无病例报告。

三、地方病防治

碘缺乏病　20 世纪 80~90 年代，开展乡镇地方性甲状腺肿调查，各乡镇均有不同程度患病。防疫站部门对患者给予治疗，对重点人群投服碘甘油胶丸，防治效果良好。1995 年后，开展碘盐监测，每年抽取居民食用盐样监测，实验室定量抽取盐样碘含量测定。2007 年，开展碘缺乏病中期评估，景东县制订出《实现消除碘缺乏病目标县级考核评估技术实施方案》；2009 年 6 月中旬，完成考核自查评估工作。2010 年，实现消除碘缺乏病目标县。

石垭口不明原因猝死　1993—2006 年。龙街乡石垭口村连续发生猝死病例 36 例。2002—2006 年，中国疾病预防控制中心、中国科学院地理与资源研究所、中国疾病预防控制中心地方病控制中心克山病防治所、云南省地方病研究所分别现场调查石垭口疫区，景东县突发公共卫生事件应急处理组织配合各级调查组在疫区疫点开展调查、采样工作，采取灭鼠、饮水消毒、饮食卫生及餐具消毒、环境喷洒、服用预防等预防措施，并积极上报疫情。2004 年，县委县政府决定将石垭口村民全部搬迁至文井镇新会村。至 2011 年，搬迁后无死亡病例发生，移民安置点各项监测工作继续开展。

麻风病防治　1959 年，景东县公丙山（《地名志》作“工兵山”）麻风病防治管理所建立，占地 13 公顷，隶属县民政局。初有岔河、王家山、大箐、老石塘 4 个点，人数最多时 610 人，累计收治病人上千人，涉及思茅、景洪两地。1965 年，改称景东县公丙山麻风病疗养院。1984 年，改称景东县皮肤病防治村。1986 年始，麻风病人统一收住公丙山。2001 年，卫生防疫站与皮肤病防治村合并，成立县疾病预防控制中心。2007 年 12 月，启动公丙山皮防院改扩建项目；2009 年 11 月投入使用，入住病人 6 人。

公丙山皮防院（罗海垠　摄于 2015 年 5 月）

1952—1990 年，全县累计治疗麻风病患者 703 例，治愈 601 例，治愈率 85.49%。自 1980 年始，麻风病患者及疑似病患者均纳入组织切片检验，对患症病人作造册登记，建立健全病历卡登记制度，逐步实现麻风病防治管理制度化和规范化。1981 年，在全县范围内开展皮防调查，全面检查、对服药患者家属采取预防措施 893 例，先后复查部分治愈人员 2 次；落实责任，分片包干，指标到人，为乡镇散居病人定期送药 103 人次，治愈率 95%，经常性防治、巩固 68 人。1988 年，出台全县麻风病患联合化疗实施方案，第一批化疗 52 人，至 1990 年治愈 27 人，抗复发治疗 40 人，服药预防 182 人。2009 年 3 月 25 日，启动消除麻风病危害项目。境内累计发现麻风患者 780 例，治愈 687 例。

2011 年，现症病人 7 例，治愈存活 190 余人，其余人群分布在全县各个乡镇。公丙山全村人口 54 人，其中，治愈 17 人，家属 37 人；住有汉、傣、彝 3 个民族。村民已纳入城镇人口最低生活保障管理，并参加新型农村合作医疗。

四、寄生虫病防治

境内常见人体寄生虫有钩虫、蛔虫、鞭虫、蛲虫。新中国成立后，1958 年县钩虫病防治领导小组成立，开展寄生虫病防治工作。1984 年，防疫站寄防科开展锦屏区斗阁乡马场坡社钩虫病感染情况调查。全社 181 人，粪检 81 人，其中阳性 52 人，阳性率 64.2%以上；阳性者均予左旋咪唑药物治疗。之后，每年均开展钩虫病查治。随着健康防病知识普及及实行农村无害化卫生厕所改造，发病率大大降低。2010 年 8 月，景东县配合云南省寄生虫病防治所开展大街、花山 2 乡囊虫病调查 1000 人。2011 年，省寄防所在大街、花山 2 乡发放驱虫药 1000 人（份）。2011 年，累计治疗寄生虫病人 3670 人。

第四节　卫生保健

一、保健基础设施

1956 年 6 月，县妇幼保健站成立。1958 年，妇幼保健站并县人民医院，设妇幼保健股。1959 年，妇幼保健站恢复，兼防疫站工作。1964 年，景东被列为全省 12 个重点县妇幼保健站之一。自 1977 年始，主要开展计划生育宣传及计划生育手术，发放避孕药具，查治妇女病。1979 年，开展儿童体检，对全县 12 岁以下儿童驱虫 7.3 万人；开设妇保儿保门诊，在锦屏北屯进行儿保试点；开始大规模查治宫颈癌为主的妇女病。1982 年，在景川路旁征地 0.26 公顷，新建四楼砖混结构业务用房 1 幢，建筑面积 670.48 平方米，公社级配备妇幼卫生兼职人员。1985 年，新建砖混结构保健教学大楼 1425.34 平方米，设妇保、儿保、计划生育 3 个科室，有病床 12 张。购进显微镜、万能手术床、无影灯、立式高压消毒锅、多功能治疗机、电动吸引器、A 超等设备；开展儿保妇保、计划生育、优生优育咨询及围产保健试点和婚前健康体检工作，成功实施尿瘘修补手术 2 例。1991 年，开展妇幼保健机构基础调查，开展 5 岁以下儿童死亡监测试点，建立文井、景福 2 个试点。制订《景东县妇幼保健工作十年规划》。配备妇幼保健救护车 1 辆。同年，景东被列为云南省 40 个世行贷款项目县计划之一，抽样调查 7 个乡镇 46 个村 10 万人。1994 年，开展全县 15～49 岁育龄死亡及孕产妇死亡补漏调查。1995 年，培训女村医 120 余人，开展县级师资及各专业进修培训；成立高危孕产妇和危重儿童抢救小组，制订《景东彝族自治县消除新生儿破伤风实施方案》，全县育龄妇女“破伤风类毒素”接种 9465 人。1997 年，“卫Ⅵ”（中国政

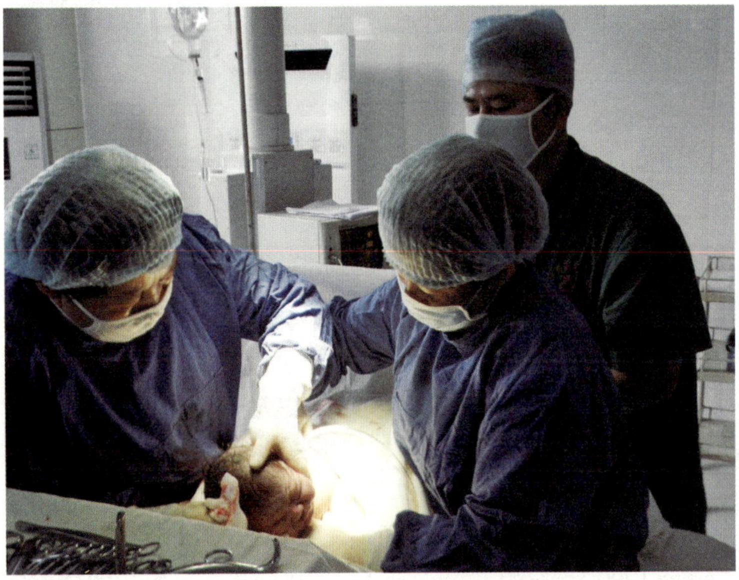

抢救危急产妇（杨丕顺　摄）

府与世界银行在卫生领域合作的第六个国际合作项目）培训大楼竣工使用。2007年7月，更名为县妇幼保健院。医院业务量增长迅猛，业务量创历史新高。实际开放病床18张，配备B超、心电监护仪、麻醉机、微波、半自动生化分析仪、血球分析仪、尿液十项分析仪、新生儿抢救台、手术台等硬件设备。常规开展妇女、儿童保健咨询，内、儿、外、妇产科常见病诊治，生理产科、临床输血、计划生育手术，病理产科开展剖宫产手术，妇科开展子宫全切、卵巢肿瘤切除和无痛人流术，肝功能检测，血糖、支原体、衣原体检测。2008年，妇幼保健院被确定为农村卫生服务体系建设项目单位。新增全自动血细胞分析仪、多参数监护仪、三氧治疗机各1台。2011年，新业务综合楼投入使用，配置呼叫、中心供氧、电梯与监控系统和供电、消防设施设备，建成医院管理信息系统；被宋庆龄基金会确定为“母婴平安”项目实施机构，基金会捐赠全自动血细胞分析仪、多参数监护仪投入临床使用。共有业务及办公用房2460平方米，病房9间（均为标准间），病床18张，医务人员32人。全年门诊2.08万人次，其中，儿保0.9万人次，妇保0.8万人次，皮肤科0.36万人次；产检0.66万人次，妇检0.16万人次，儿检0.45万人次，共收治住院病人1063人。

二、妇女保健项目

2000年，景东被列为国家级“降低孕产妇死亡率和消除新生儿破伤风项目”实施县。借助项目实施，建立健全机构机制，开展多形式健康教育活动，实行限价分娩政策，加强乡村妇幼卫生人员和接生员培训力度，成立危急孕产妇和危急儿童抢救小组，建立危急呼救网络，增加基层产科设备配置。2005年10月，开展预防艾滋病母婴传播工作。制订相应工作方案，成立项目领导小组及办公室、专家技术指导组，预防艾滋病、梅毒和乙肝母婴传播；按照项目管理模式，使用全省统一围产保健手册，统一全县检测印章标识；根据《预防艾滋病、梅毒和乙肝母婴传播工作流程和制度》，实行县乡分级督导，完善检测前后咨询，加强阳性对象抗病毒药物规范使用和阳性孕产妇及所生儿童跟踪随访，完善转介管理并实行专案管理。建立健全信息统计管理，强化专人规范管理信息统计工作，原始记录保存完好，资料管理档案化；实行信息数据月报制，及时、准确上报各类报表；专款专用，做到科学、合理管理项目资金。逐步加强VCT室、隔离产房建设及职业防护，购买相关物资。根据方案要求，开展县乡助产人员业务培训、健康教育、VCT咨询与检测、婚姻登记人群HIV、梅毒检测。结合孕产妇系统管理，孕产妇免费HIV、梅毒、乙肝检测均达到上级下达目标。

第五节　临床医疗

一、中医

1978年后，各乡镇卫生院均开设过中医科（门诊）。至2011年，除县中医医院外，仅文井、景福、安定、曼等、大街设有中医科（门诊）。

1973年，县人民医院开设中医中药库房、针灸室和收费室。2006年，购进熏蒸理疗床1张，煎药安装机1台；人员8人，其中，主治医师3人，医师2人，技工1人，助师2人。1999年，中医院建院，设中医门诊1个，中医3人；理疗室1个，医生2人，中药房2人，可开展中医常规诊疗工作。2008年，设立针推科，设病床30张，创建住院治疗条件；不断选送骨干到省城、上海、山东等地进修学习，理疗工作逐步拓展。同时，引进中医人员，并与云南中医学院合作培训西医人员，各临床科室均能为住院患者提供中西医结合治疗，开展中医特色治疗46项。建院后经过12年发展，分别创建省市级中医特色重点专科骨伤科和中医妇科。2011年末，设中医特色门诊3个，中医19人，中药师2人。

1978 年，文井镇中心医院开设中医科，至 2011 年配有药房、诊室和理疗室，中医师 1 人。能开展多种常见病中医诊疗，并开展针灸、低频脉冲电疗、拔罐等多种理疗。同年，景福乡中心卫生院开设中医科，有专人负责；曼等乡卫生院开设中医门诊；大街乡卫生院开设中医门诊，配有药房、诊室、理疗室，中医师 1 人，能开展多种常见病中医诊疗，并进行针灸、神灯照射，低频脉冲电疗、拔罐等多种理疗，配有常用中成药物 190 余种。1990 年，安定乡中心卫生院开设中医科。2006 年，配置科利福特频谱治疗仪、电子针疗仪、神灯各 1 台。

二、西医

1986 年 2 月，县人民医院开设医务科。至 2011 年，可开展外科开颅、开胸、肺叶切除、肝切除、半肝切除、泌尿系体内外碎石术、经输尿管镜气压弹道碎石术、经皮肾镜术、各种恶性肿瘤根治性手术及人工关节置换假体植入、颅内血肿微创碎吸术，带骨辦股方肌转位治疗股骨头坏死；内科心脑疾病，呼吸、消化、神经系统疾病治疗，无痛胃镜检查治疗；妇产科外阴癌根治、胎心监护使用；口腔科颗颈骨折内固定，颈淋巴清扫，腮腺肿瘤切除及五官、儿科等。医技科室均已开展 CT 全身平扫、CT 引导下肝穿活检、肝癌导管化疗灌注、静脉灌注法肝脏 CT 增强扫描，结核杆菌抗体，艾滋病病毒检测，癌胚抗原、甲状腺功能测定等新项目。1999 年，中医院西医开设外产科、急诊科和内儿科，西医医师 12 人。可开展临床妇科顺产，外科常规诊疗，普外、泌尿，骨科常规手术，内科常规药物治疗。2011 年，共有急诊科、外一科、外二科、内科、妇产科等西医临床、医技科室 18 个，西医医师 64 人。在县域内许多医疗技术处于领先地位，部分技术达到市级先进水平。内科可开展永久性心脏起搏器置入术，心包穿刺引流术、血液透析（县域内唯一可开展）、中西医结合溶栓治疗脑梗塞、心肌梗塞等；外科可开展胃癌、结肠癌、乳腺癌根治术、肝叶切除术、髋关节置换、高位截瘫手术、脑室—腹腔分流、钬激光清石术、腹腔镜下普外手术等手术治疗；妇产科可开展恶性肿瘤根治术、子宫全切、次全切术、阴式子宫切除术等。

文井镇中心卫生院能开展胆囊切除、阑尾切除、疝修补、剖腹取胎等中小手术，并进行诸多常见病诊疗。安定乡中心卫生院设有中医科、牙科、妇产科、内科、放射科、B 超室、化验室、外科，内科除收治地方常见病多发病外，对有机磷农药中毒患者抢救严把洗胃关，能较好诊治呼吸、消化、泌尿、循环等系统疾病。

三、中西医结合

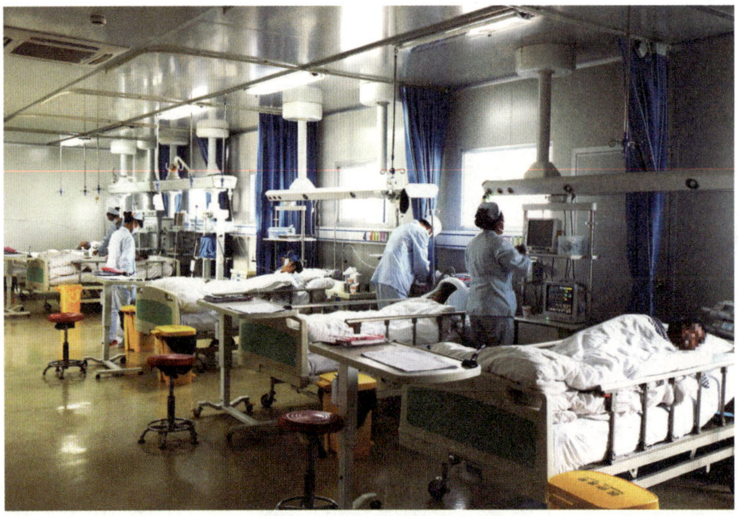
重症医学科（县人民医院　提供）

县中医医院可依据病人病情及其要求，开展中西医科间会诊。2008 年，开设针推理疗康复科及住院部，医师个人可针对病人病情提供中西医两套系统诊疗方案。在内科方面，中西医结合也得到广泛应用，其中溶栓治疗脑梗塞、心肌梗死、急慢性肝病疗效优于单纯西医治疗，大大减少死亡率和致残率。2011 年末，临床科室均可开展中西医结合治疗，特别是中医妇科、骨伤科、针推理疗科方面中西医结合。

安定乡中心卫生院可采取中西医

结合治疗各种疾病，主要治疗颈椎和腰椎疾病、结石病、风湿病、肝炎及内科疑难杂症；林街乡卫生院可采用中西医结合治疗盆腔炎、子宫肌瘤、类风湿性关节炎、慢性肠炎、慢性胃炎等疾病；太忠乡卫生院可西医治疗急症、农村多发病、危重症，中医治疗老慢性病、疑难杂症、常见病。

四、护理

（一）县人民医院

护理种类及方式 （1）基础及临床护理。1956 年，开展基础、晨间和临床护理。如为病人安置卧位，帮助病人就餐、扫床、叠被等。20 世纪 70 年代，加强临床护理，执行医嘱。完成各种治疗、服药、注射、输液给药、输血给氧、保温、物理降温、妇产会阴冲洗、产程观察、手术病人术前准备、备皮及术中术后护理，配合医生实施各种穿刺手术。严密观察病情，监测各种生命体征。观察、记录出入量、大小便和饮食情况，采集、送检各种标本，及时取回和粘贴辅助检验单，护送病人辅助检查。八九十年代，在临床护理基础上，重视病人心理护理。开导和安慰病人正确对待病症，配合医生治疗。1988 年 4 月，妇产科试行病床包干护理制。每个包干组设组长 1 人，对病人施行治疗、生活、饮食、心理护理包干。（2）专科及特级护理。20 世纪 70 年代前，多为综合性护理；80 年代初，分为内儿、传染与外科护理。80 年代中后期，逐渐完成内科、儿科、传染科、妇产科、外科、急诊科、五官科、口腔科分科护理。1995 年，先后开展麻醉科、内科、外科、急诊科用心电图监护仪监护等特级护理。（3）责任制护理。即以病人为中心，固定专人，对患者施行有计划、有系统地护理。1992 年 4 月，妇产科、外科病区试行责任制护理。要求责任制护士实行 8 小时在班、24 小时负责制，对病人从入院到出院进行有计划地护理；热情接待，向病人介绍责任护士姓名及住院规则；完成责任区病人的护理和治疗；24 小时内完成护理病历和护理计划，书写护理动态记录和各项护理记录；随同医生查房；经常巡视病房，多与病人交谈，做到“六知道”（知道病人姓名、病情、诊断、治疗、饮食、心理及睡眠）；搞好病房管理，做到病区整洁、舒适、安静；负责办理病人转科、出院、转院手续及书写护理小结；做好交接班和查对登记工作。1995 年，调整责任制护理病区和床位，内科、外科、妇产科各设 1 个责任制护理组，内科设 12 张病床，外科及妇产科各设 15 张病床，责任制护士须通过责任制培训。1995 年 9 月，2 次调整责任制护理区和床位，责任制护理内科、妇产科取消，外科保留。经过实践，责任制护理浪费人力财力，存在重记轻做现象，不但护理水平提高不大，而且 24 小时负责制无法做到。1997 年 5 月，停止责任制护理，恢复级别护理。（4）整体护理。即以病人为中心，实行床位包干负责制，施以健康教育服务。病人从入院到出院，得到治疗、康复、预防、保健、心理等方面服务。1999 年，派护理人员进修培训，施行整体护理模式。以外科病人为例，医生和护士要给病人讲解疾病有关知识、各种检查的作用和必要性、术中注意事项、术后预防和出现并发症应采取的护理措施、出院后自我护理和保健等。

护理业的发展 县卫生院成立时，设病床 10 张，护理工作由医务人员兼管。1978 年，护士增至 18 人，成立护理组；建立健全护理规章制度，明确岗位职责。1979 年，设立护理部及护理单元 3 个，设总护士长；住院部分科，外产科护士 8 人，内儿科护士 9 人；建立学习制度，每月组织护理人员学习分级护理常规、导尿、腰穿、无菌操作常规、外产科病人术前术后护理等业务知识，提高护理人员综合素质；明确各科室护理岗位职责，健全治疗、临床护理和常规操作规程，建立门房制度，规定探访时间和住院须知等；开展晨间口腔、皮肤、保留尿管等护理；完善无菌、输液、洗胃、导尿、腰穿等护理操作规程；招收高中毕业生 4 人，经过短期培训，基本掌握护理操作常规后，投身护理工作。同年，护理部开展三级护理业务。20 世纪 80 年代，分批派出护理人员到省、地区培训，提高专业技术水平；开展心理护理业务。1981 年，护理工作做到“三查七对”（操作前中后查，查对床号、姓名、药名、剂量、时间、浓度、用法），统一操作规程，杜绝交叉感染。1982年，建立护士长查房查岗制度，病人注射实行“一人一针一管一灭菌”，消毒棉球改用消毒棉签，减少交叉感染。1984年，护理部下设4个护理单元，建立外科、妇产科岗位责任制，外科护士9人、妇产科护士12人；11月，实行星期五上午护士长查房制度。1985年，设立五官科病房，护士3人；4月，制订护理用具用品损坏赔偿制度，凡因责任心不强损坏注射器、体温表等医疗设备须照价赔偿。1986年，设立门诊、住院护理部，下设护理检查组，配护士长；结合医院实际，制订10条检查项目，每周星期三全面查房，检查护理部护理质量和规章制度执行情况；实行护理质量300分考核标准，较全面地制订出一系列护理规章制度，包括各班组任务、岗位职责，护理部年初有计划，年终有总结，护士长须上行政班，护士办公室、治疗室、病房规范整洁，病床设施如床头柜、被褥、床单、盆、痰盂等保持消毒清洁无污染；建立分娩室、手术室、供应室、婴儿室、注射室、换药室消毒和空气培养制度。1990年，护理部共有护理人员56人，其中，主管护师7人，护师22人，护士24人，护理员3人。1991年，编制“建立护士长手册”，实行护理分组包干制；同年，掌握肝叶切除、前列腺摘除、子宫及肺叶切除等手术护理。1992年，护理部设总护士长1人，副总护士长2人，护理单元增至11个。1992—1997年，试行责任制护理，制订学习、护理技术档案管理、分季考核奖惩、病房管理、交叉感染控制、护士长例会等具体制度；规定职业道德、行风规范、礼貌待客、文明用语等规则。1992—1994年，娴熟进行肾盂切开取石、肾部分切除、膀胱切除、腭裂修补、喉腔成形术、高流量氧疗法治疗褥疮、腹膜透析疗法、静脉高营养疗法等护理。1994年，完善“六个制度”（查对制度、注射室制度、护士办公室管理制度、护理查房制度、护理交接班制度、护理操作常规）、“十项护理技术操作程序”（无菌技术操作、肌肉注射操作、会阴冲洗、女性导尿、酒精擦浴、徒手心肺复苏、氧气吸入、皮肤过敏试验、静脉输液法、褥疮预防与护理）。1995年8月，制订“三基”培训规则及劳动纪律、无菌操作、差错事故奖惩制度，开展门脉高压门奇静脉断流术、右肺叶切除护理。1997年，推广使用静脉输液记录单。1998年，开展气囊导尿管导尿与浅静脉留置针应用护理；6月，开展脑挫伤开颅手术护理。1999年，护理部制订新护理质量控制标准及考核办法，规范科室及护理部管理体制，建立护理质量控制组，每周开展一次科室自查和护理部检查；9月，制订配液时禁止开瓶倾倒，一律使用注射器抽吸规定，设立专职巡回护士，加强输液观察，改变患者输液需要家属陪同状况。自1999年始，医院规模不断扩张，医疗业务发展，病人增加，优质护理服务工作全面开展，试用非在编护士。2000年后，医院临床科室增至11个护理单元，并于2008年、2010年、2013年3次修订护理规章制度、护理应急预案、工作流程及专科护理常规；加大护理人才培养力度，每年除选派护理骨干参加省市短训和进修学习，鼓励在职护士参加自学考试、远程网络学历教育、脱产或业余成人学历教育。2002年，引进PICC置管护理，颅脑降温仪、输液泵使用及护理。2004—2010年，先后派人参加北京大学第二人民医院进修，参加中日友好医院短期培训。2006年6月，完善护理规章制度、护理应急预案、关键流程及专科护理常规，并印刷成册发放全院各临床科室，指导、规范各临床科室护理行为；设立医院护理质量管理组织体系，形成由分管副院长领导护理部主任负责制，实行二级护理垂直管理（护理部—护士长），科室建立科内质量控制小组，重新修订护理质量考核标准，并成立基础护理组、护理文书组、护理操作组、危重病人管理组、急救药品与物品管理组，每月不定期实行全院护理工作质量控制检查，并提出整改意见，由科室限期整改。2007年，各科配备微量血糖仪，在内科率先推广浅静脉留置针。2008年后，每年外派护士6~10人参加省护理学会护理技术操作培训班。2010年10月，开设ICU（重症加强护理病房），配设主管护师1人、护师2人、护士7人，病床4张，引进血气分析仪采集动脉血。2011年8月，实施“优质护理服务工作”，成立活动领导小组，由院长任组长，施行优质护理服务工作；制订医院实施方案、护理部优质护理服务工作实施细则。将外一科、内二科、ICU列为优质护理服务示范病房，床护比1∶0.4，每位责任护士分管病人8~10人，开展病人全程、连续、人性化优质护理服务；11月，由绩效咨询公司帮助县人民医院进行整体规划。

（二）其他医院

2011年12月，县中医医院开设针推理疗康复科，开展优质护理；有优质护理病床30张。自1978年始，文井镇中心卫生院设专职护理人员4人，开展注射、导尿、吸痰等多种护理。安定乡中心卫生院护理人员熟悉各种注射方法，按照各项规章制度和技术操作规程，熟练掌握隔离消毒技术及吸氧、吸痰、导尿等各种护理技术。景福乡中心卫生院将优质护理服务逐步应用到临床护理，围绕患者病情、医疗安全、诊疗效果、转归和康复需要实施基础护理，不断提高护理人员素质；结合医院实际，以综合护理为主，增加先进医疗设备，增强医疗队伍医疗技术水平。锦屏镇卫生院结合医院实际，以综合护理为主，增加先进医疗设备，增强医疗队伍医疗技术水平，将优质护理服务逐步应用到临床护理；围绕患者病情、医疗安全、诊疗效果、转归和康复需要实施基础护理，提高护理质量。大街乡卫生院开展注射、导尿、吸痰、插管洗胃等多种护理。德隆达医院根据病人要求，开展特级、一级、二级、三级4种层次护理。

五、民间民族医药

1978年，花山乡卫生院文岔、坡头卫生室设立，能开展中草药治疗农村常见多发病诊疗。1979年，文龙乡卫生院中山、勐涝、邦迈卫生室设立，能开展中草药治疗农村常见多发病诊疗。1991年前，林街乡中心卫生院有回族医生能利用中草药治疗感冒、肠胃炎等常见疾病，医治跌打损伤、接骨包等病症。太忠乡卫生院嘎仰卫生室杨国民、岔箐卫生室祝成荣，合理利用当地草药资源，治疗虚实、寒热、表里等症。2011年始，县中医医院因地制宜，发挥中医药与彝族医药特色和优势，向上级争取建设项目资金及云南省彝医医院（楚雄州中医医院）支持，选送中医骨干2人到该院进修彝医技术。

第六节　医疗技术设备

一、医疗技术

县人民医院开展术中经输尿管镜碎石术、腮腺肿瘤行面神经解剖、肿瘤及腮腺切除术、有创血压监测应用，剖宫产术腰硬联合麻醉应用，肱骨上段骨折闭合穿针术、胰岛素泵治疗糖尿病安尔碘临床应用，脉动真空灭菌临床应用，瑞芬太尼（全静脉）麻醉应用，应用新技术实施经上颌窦神经撕脱术治疗三叉神经痛Ⅱ支、经尿道前列腺等离子电切术60例。共计49项。

二、医疗设备

（一）县人民医院

除常规设备外，先进设备逐年增加。2001年2月，新增PIAS-1000型病理图文报告系统1套；9月，新增美国雅培全自动免疫分析仪1台。2002年1月，新增美国雅培300型全自动生化分析仪1台；11月，新增CBS-900型经颅多普勒仪1台、日机装DBB-26血液透析机1台。2003年4月，新增GE-7500小C臂1台；12月，新增美国康美2400高频电刀1台。2004年6月，新增德尔格Fabius麻醉机1台；6月，新增GETH-600数字胃肠机1台；7月，新增SUT-L-V超声降血脂仪1台。2005年3月，新增德国狼牌输尿管镜、膀胱镜、气压弹道碎石机各1套；6月，新增TDR-1002半自动细菌、药敏分析仪1套、英国P83E66千瓦柴油发电机1台；8月，新增SUT-680超声心脑血管治疗仪

县人民医院 DR 机（县人民医院　提供）

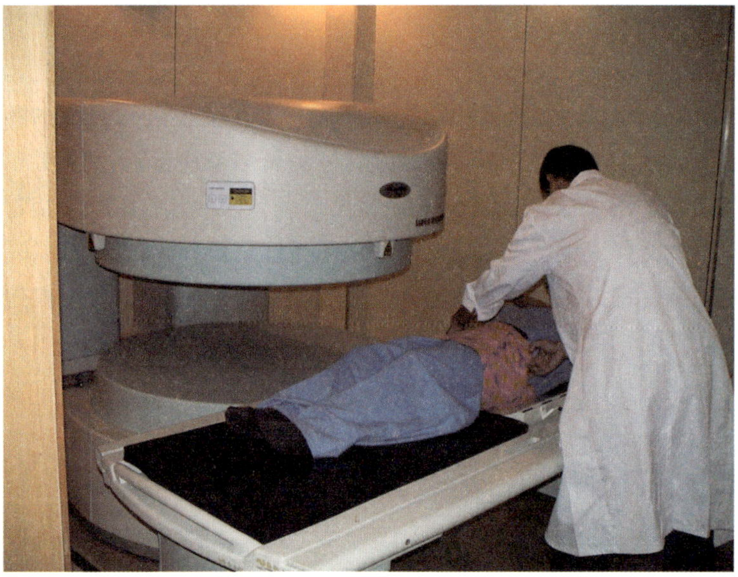

县中医医院磁共振（县中医医院　提供）

2 台。2006 年 3 月，新增 BC-1800 三分类血球计数仪 1 台；7 月，新增 KB-500C-5X 光机 1 台。2007 年 6 月，新增 PIC40TM 除颤心电监护仪 1 台；12 月，新增 optimax 全自动洗片机 1 台、日机装 DBB-27 血液透析机 2 台。2008 年 1 月，新增 MyLabTM15 彩色 B 超 1 台；1 月，新增北京中科美伦 ZK-DR（B）DR 机 1 台；7 月，新增英国佳乐 PK-SP 等离子双极内窥镜系统 1 套。2009 年 4 月，新增日本潘太克斯 EG-2970K 电子胃镜、EC-3870FK 肠镜各 1 条，EPK-1000 主机 1 台；4 月，新增美国世纪 300024h 动态心电图分析仪 1 套；8 月，新增 M4735A 除颤起搏监护仪 1 台、日本拓普康 CT-80 非接触眼压计 1 台。2010 年 2 月，新增飞利浦 Brilliance16 排螺旋 CT1 台；3 月，新增美国康美 2450 高频电刀 2 台；5 月，新增 B 超监视人流仪 1 台；10 月，新增迈瑞中央监护系统 1 拖 41 套、ICU 桥式吊塔 2 套、PB760 呼吸机 1 台、美国 GEM3000 血气分析仪 1 台；12 月，新增高档牙科治疗机 4 台、日本日立 7180+ISE 全自动生化分析仪 1 台。2011 年 1 月，新增台湾三丰高档手术无影灯 4 套、德尔格 Fabius Plus 麻醉机 1 台、迈瑞 T5 麻醉气体监护仪 1 台、上海医达外科吊塔 7 套、ICU 吊桥 3 套；4 月，新增沃尔沃 260 千瓦柴油发电机 1 台、中心供应室清洗、消毒全套设备 1 批；11 月，新增老肯牌动态空气消毒机 50 台。

（二）县中医医院

1999 年建院时，医疗设备仅有日本岛津 X 光机、黑白 B 超及半自动生化分析仪。2011 年末，拥有磁共振系统（MRI），数字化 X 射线摄影系统（DR）、X 线胃肠造影机、彩色 B 超、血液净化系统、全自动生化分析仪、钬激光清石系统、胃肠镜、腹腔镜、“麻醉工作站”、病理图象分析工作站、多参数动态心电图机、电动骨科牵引手术台、全自动多功能腰椎牵引床等，设备总值 2000 万元。医院还注重中医药特色诊疗设备投入，先后增添煎药机、心脑血管治疗仪、OT 综合训练工作台等中医诊疗设备。

（三）乡镇卫生院

安定乡中心卫生院　2011 年，配置有万能手术床、胃肠减压器、无影灯、外产科手术器械、X

光机、心电图监护仪、微波治疗仪、洗胃机、针灸治疗仪、B 超机、心电图机、全自动血液分析仪、尿十项分析仪、全自动生化分析仪等，

景福乡中心卫生院 1978 年，院内仅配备 50 毫安 X 光机 1 台及听诊器、血压表。1998 年后，逐步增设台式超声诊断仪（双探头）、台式 B 超、三导心电图机、血球计数仪、半自动生化分析仪、尿分析仪、200 毫安 X 光机、电动洗胃机、制氧机、牙科治疗仪。

东镇中心卫生院 1978 年，仅配备 50 毫安 X 光机 1 台及听诊器、血压表。1998 年后，逐步增设台式 B 超、三导心电图机、血球计数仪、半自动生化分析仪、尿分析仪、200 毫安 X 光机、电动洗胃机、牙科治疗仪。

漫湾镇卫生院 1992 年，配备 X 光机。2001 年，配备 B 超，心电图，手术床。2005 年，增加洗胃机和心电监护仪。2008 年，更新 X 光机、B 超、心电图，新购半自动生化分析仪，所有简易病床更换为单摇病床。

林街乡卫生院 1978 年，院内只有听诊器、血压表、体温表。1997 年，新增加 X 光机、B 超机、显微镜各 1 台及血液离心仪。2003 年，配置心电图 1 台。2010 年，配置半自动血液分析仪 1 台。2011 年，配置全自动血液分析仪 1 台。

景福乡卫生院 1975 年，购入 200 毫安 X 光机。自 1978 年始，先后购入心电图机、黑白 B 超、电子显微镜、分光光度计、半自动生化仪、手术床等医疗设备。

曼等乡卫生院 2001 年，配置 9 孔无影灯、100 毫安 X 光机、SA-88PB 超机、ECG-11A 型心电图机。2002 年，配置简易制氧机。2004 年，配置半自动化分析仪、微波治疗仪。2005 年，配置针灸治疗仪、LS-B100L 型立式压力灭菌器、SE-3 型多道心电图机。2009 年，配置 MD-100 型半自动化分析仪。2010 年，配置 CD1200 型心电监护仪、JIXI-11-100 型呼吸机、12 孔无影灯、BD-100A 婴儿辐射保暖台。

锦屏镇卫生院 2003 年始，逐步增设台式 B 超、三导心电图机、血球计数仪、半自动生化分析仪、尿分析仪、电动洗胃机等。2008 年，配备全自动生化分析仪、尿十二项分析仪。

花山乡卫生院 1994 年 10 月，投资 1.09 万元，购进电动吸引器 1 台。1998 年，配备 100 毫安 X 线诊断仪 1 台。2000 年 4 月，购进半自动生化分析仪 1 台。2004 年 4 月，购进 B 超诊断仪 1 台。2006 年 8 月，购进制氧机 1 台、新生儿抢救台 1 台、胎音仪 1 台、骨钻（电钻）1 台、高压消毒锅 1 台、三导心电图机 1 台、生物显微镜 1 台、半自动生化分析仪 1 台、液压式手术床 1 张。2011 年 9 月，购进尿液化学分析仪 1 台。

大街乡卫生院 2011 年，配有 B 型超声诊断仪 1 台、单道连心电图机 1 台、高频 X 摄影机 1 台、电动吸引器 1 台、双目电光显微镜 1 台、洗胃机 1 台、柜式高压消毒柜（80L）1 台、尿分析仪 1 台、血球计数仪 1 台、医用一次性毁形器 1 台、立式单头 TDP 治疗仪 2 台、立式双头 TDP 治疗仪 2 台、尿十项 1 台、微波治疗仪 1 台、电子治疗仪 4 台等设备。

太忠乡卫生院 1988 年，配置 50 毫安 X 光机。2000 年，配置黑白 B 超、心电图。2002 年，配置生化分析仪、尿液分析仪、血球分析仪。

龙街乡卫生院 2011 年，配置自动分析心电图 1 台（已停用）、半自动血生化仪 1 台、呼吸机 1 台、婴儿辐射保暖器 1 台。

文龙乡卫生院 至 2011 年，主要医疗设备有黑白 B 超、心电图机、心电监控仪、洗胃机、尿十项分析仪、全自动生化分析仪、全自动血球分析仪、电子显微镜、多功能手术床。

（四）私立医院

德隆达医院 2011 年，配置有 500 毫安 X 光机、原装进口东芝四探头彩色 B 超、全自动生化分

析仪、全自动血球仪、电子阴道镜、十二导心电图机、全自动洗胃机、多功能麻醉机、呼吸机、心电监护仪、整体反射手术无影灯、血凝仪、电解质分析仪、全自动血流变快测仪、循环空气消毒机、牙椅、全自动洗胃机等医疗设备。

第七节　卫生管理

一、医政

中共十一届三中全会后，提倡多种形式办医疗，联合诊所恢复，个体开业行医逐渐增多。1987年，全县有卫生机构18个，其中，县级1个，乡级13个，卫生防疫站1个，妇幼保健站1个，药检所1个，皮肤病防治院1个；卫生技术人员279人，其中个体医务46人。自1989年始，执行《思茅地区社会办医暂行管理办法》(以下简称《办法》)，加强社会办医管理。自1990年12月始，执行《云南省社会办医暂行管理办法补充规定》。1992年，抓住医药批发环节，坚持主渠道经营，规定社会办医申请条件及必备设施；严格检查考核，外地游医须向卫生部门提出申请，并经县药检所检验有关药品；建立档案管理制度，取缔非法行医。自1993年3月始，逐步施行国家《护士管理办法》《医疗机构管理条例》《医疗机构管理条例实施细则》，以及《中华人民共和国执业医师法》等卫生法律法规，医疗市场、医疗机构及护理人员纳入卫生法治管理；县卫生局设立医政股，开展医政日常工作。1994年1月20日，执行县卫生局《关于对社会办医进行清理整顿的通知》，在全县范围内开展社会办医机构、个体开业医务人员全面清理整顿工作。经清理整顿，全县有县级医疗机构2个（县人民医院，妇幼保健站)，病床160张，卫生技术人员241人；乡镇卫生院16个，病床183张，卫生技术人员184人；村卫生所（室）164个，乡村医生（卫生员）242人；省地属单位职工医院2所（景东监狱医院，景东林业局职工医院)，病床80张，卫生技术人员69人；县属企事业单位卫生所（室）12个，其中向社会开放5个；县内集体、个体医疗机构56个，其中个体诊所54个。

制订《社会办医暂行管理办法》　1994年1月25日，出台《景东彝族自治县社会办医暂行管理办法》(以下简称《办法》)，作为审批、组织管理、监督检查和规范社会办医依据。《办法》共五章二十七条，内容包括总则、开业条件、审批程序、组织管理、附则。

实施《医疗机构管理条例》　1995年10月11日，下发《关于实施〈医疗机构管理条例〉有关规定的通知》，规定“医疗机构执业许可证”发放范围、审批权限、审批程序及医疗机构评审程序、设置医疗机构批准书有效期、设置医疗机构标准和条件注册、行医保证金、评审审核发证收费标准等。1995年，全县共有医疗机构91个，其中，卫生系统21个，省地属2个，集体2个，单位内部2个，个体57个。1995年，核发医疗机构执业许可证26个。落实责任，县城内非全民所有制医疗机构由县卫生局管理，每季度检查1次，并组织相关人员学习法律法规；乡镇所在地由各乡镇卫生院管理，县卫生局作定期抽查。据统计，参加学习38人次，指导消毒高压锅检修1户（次)；取缔乡镇非法行医4个。

实施医疗机构设置规划　1997年7月24日，施行《景东彝族自治县医疗机构设置规划》，执行《医疗机构管理条例》。依法整顿医疗市场，合理配置资源，取缔无证行医，核换证照，严禁聘用非专业技术人员和游医从事诊疗活动。1997年9月10日，执行《关于整顿农村医疗秩序的通知》，提出整顿农村医疗秩序办法。(1) 农村医疗卫生管理。村卫生室及乡村其他医疗机构管理由乡镇卫生院负责，县卫生行政部门在宏观上给予指导；各乡镇所在地及主要集镇医疗机构由县卫生局负责管理，各乡镇卫生院协管。(2) 乡村医生认定。凡认定的乡村医生，必须办理聘任手续，建立必要的档案，辞聘乡村医生也应办理相应手续。乡村医生必须承担本村防保任务及其他社会性工作，同时政府给予适当补助。在乡村医生体制下（集体办、乡医承包经营)，原则上每个村（办）只能认定乡村医生2

人，其中女村医1人。如为集体办医（即统一核算，统一分配，有职责，有分工）则不受以上人员限制，但补助只按众计。聘任乡村医生应由村（办）提名，卫生院审核同意，报乡镇政府审批方能认可，并报县卫生局备案。不得聘用未经岗前培训无医学知识人员担任乡村医生。(3) 未被聘用的农村卫生人员管理。如原为乡村医生或经过各种途径进行过医学知识培训，具有中等专业学校以上学历人员在农村行医的，纳入社会办医管理，但须办理"医疗机构执业许可证"。(4) 整顿时间安排。1997年9月15日至1997年12月31日。1998年3月30日，下发《1998年医政工作要点》，全面清理医疗市场。2002年7—9月，开展全县农村医疗服务市场检查。设检查组2个，出动卫生监督员13人、60余辆（次），检查各类医疗场所150个，其中，县属国有20个，省地属2个，村卫生室20个，无证7个；卫生部门认可营利性医疗机构85个，无证机构23个，其中计生机构16个。2004年5月24—28日，开展打击非法行医专项整治阶段性工作，综合治理县城非营利性和营利性医疗机构。出动监督员30人次，监督医疗机构26个，其中，非营利性6个，营利性20个。2011年，全县共有各类医疗机构50个，其中，县级4个，乡级17个，民营1个，营利性诊所28个；医疗市场监督覆盖率100%。历年累计查处医疗违法案件27起，其中无证行医19起。

二、公费医疗

20世纪70年代，执行中央政府政务院《关于全国各级人民政府、党派、团体及所属事业单位的国家工作人员实行公费医疗的指示》及相关规定，实行公费医疗管理制度，成立县公费医疗管理办公室。1981年，实行门诊医药费包干制度。全年30元/人，由单位管理使用，超支自理，结余留用，与1980年相比减少支出8.93万元。自1987年始，实行门诊包干，住院费按照超额累进计算方法，门诊医药费以30元为基础，按工龄组长短计算递增。其中，1~10年工龄每年增加1.2元，11~20年工龄每年增加1.3元，21~30年工龄每年增加1.4元，31年以上工龄每年增加1.5元。住院费100元以内自付15%、101~400元自付10%，401元以上自付5%。1990年，调整公费医疗制度。门诊基础医疗费人均45元/年，计以工龄医疗费补助。其中，1~10年工龄每年补助1.2元，11~20年工龄每年补助1.3元，21~30年工龄每年补助1.4元，31~40年工龄每年补助1.5元，40年以上或持有部队伤残证明转业退伍军人每年补助1.6元；中华人民共和国成立前参加工作人员（含离休干部）按工龄1.7元/年基数计算，凭证到国家医疗单位就医，按就诊单据到县公医办核销，统一安排体检的检查费由公费医疗办和单位按比例负担，经组织批准推荐到外地疗养的医疗费用给予报销。住院医疗费按每次住院医疗费全额计算，实行超额累进计算方法，自付住院费100元以内报销20%，101~300元报销15%，301~500元报销10%，501元以上报销5%。住院治疗人员须有单位证明，预交部分住院医疗费，出院结算时多退少补。患有"麻风、脑血管意外、精神病、癌症"等享受公费医疗人员和住院治疗无效病故者，最后一次住院费予以全额报销。住院医疗费县级由县人民医院统一管理；乡级由乡镇卫生院统一核算，按月上报县人民医院财务室核销。2001年，县医保中心成立，公费医疗管理更名为城镇居民医疗保险，相关业务从县卫生局划归县医保中心。

三、推行无偿献血

2003年10月，县基层血站建成，隶属县卫生局，配备业务用房和采血设备，业务人员4人，并按《中华人民共和国献血法》开展采供血活动；11月12日，景东执行《景东彝族自治县基层血站与各医疗机构采供血相关问题的规定》，基层血站负责全县临床用血采集、检验、供应合格血液工作，按相关规定收费。每年根据上年用血情况，政府办发文将无偿献血任务数分配到各行政事业单位、乡镇及驻景东单位，卫生系统成立无偿献血应急小分队，基层血站负责采血及督促各部门完成无偿献血任务；不足部分由有偿献血补充。2006年12月31日，基层血站"中心血库血站执业许可证"过期失效。2009 年 6 月，改名为普洱中心血站景东固定采血点，停止采血；由县政府及卫生部门负责组织无偿献血活动。2011 年，全血无偿献血 723 人次，完成上级下达任务数。

四、红十字会

爱心助学（李世华　摄）

1991 年 8 月，县红十字会成立，隶属卫生局，由分管卫生副县长兼任会长，县卫生局长任副会长，兼职工作人员 1 人。2010 年 3 月，红十字会独立设置。2011 年 2 月，设置专职副会长 1 人，会长由分管副县长兼任。2011 年 5 月，明确红十字会为财政全额拨款正科级群团组织，内设 2 个机构，核编 4 人。自 2011 年始，执行《中华人民共和国红十字会法》《云南省红十字会条例》。传播国际红十字运动和国际人道主义，开展救灾备灾、人道领域内社会服务和公益活动、卫生救护培训及防病常识普及，参与贫困山区医疗服务与扶危助困。2011 年 1 月至 2012 年 11 月，共发放长效防疟蚊帐 1650 顶、毛毯 80 条，救济特困病人 3 人，送培少数民族村医 8 人，申请并获批救助先天性心脏病患儿 1 人；争取援建项目 2 个，资金 38 万元；培训初级卫生救护员 4200 余人，开展应急救护普及培训 30 余场次；募集救灾资金 16. 6 万元，争取救灾储备物资款 2 万余元。

第八节　医疗卫生机构

一、县卫生局

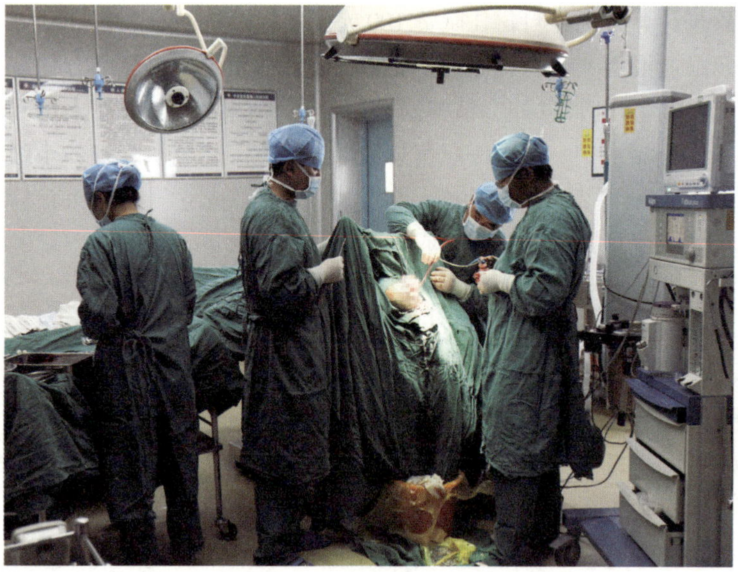

开颅术（县人民医院　提供）

1991 年，县卫生局成立。至 2011 年，内设办公室、财务室、业务股、项目办、防艾办，人员 13 人。下设县人民医院、中医医院、卫生监督所、疾控中心、妇幼保健院、新农合管理中心，文井、安定、景福和东镇中心卫生院，漫湾、林街、曼等、文龙、锦屏、花山、大街、太忠、龙街卫生院，文井镇中心卫生院清凉、文华、者后分院和东镇中心卫生院文玉分院。1990 年，全县卫生医疗系统共有干部职工和各类医护人员 359 人，其中副主任医师 2 人，主治（主管）医师 34 人，医师、药师、护师、技师130人，医士、护士、技士126人，初级卫生人员8人。2011年，共有职工620人，其中专业技术人员572人，占92.26%；正高级4人，副高级30人，中级164人，初级374人。病床803张，每千人拥有卫生技术人员1.5人、病床2.1张；卫生室165个，占应建数100%，聘用乡村医生303人；民营医院1个，个体医疗机构30个。历任局长：李开龙、杨明清、李建胭。

二、医院简介

县人民医院 1950年始建，全县唯一的二级甲等综合医院。占地3公顷，有5000平方米门诊楼1幢，六层6000平方米病房综合楼1幢，六层9000平方米外产科住院大楼1幢。职工241人，病区11个，医技科室13个，编制床位300张，实际开放350张，年门诊病人13万余人次，年收住院病人1.2万余人次，“120”急诊抢救1000余人次。2000年，建成覆盖医院临床、医技、药剂、财务、统计信息系统。以“总体规划，分步实施，前瞻设计，统一标准，集成开发，稳步发展，规范流程”为总体规划，建立数字化医院，实现人性化、智能化、集成化、无纸化、无胶片化、无线网络化管理。2011年，医院突出专业特色，将妇产科分设为妇科和产科，细化外一科（普外科、泌尿专业）、外二科（骨伤科、神经外科和胸外科专业）、内一科（心血管、肾内和呼吸）、内二科（神内、消化、风湿免疫和内分泌系统）整合分工。培育院内重点学科，打造多个重点学科品牌，形成拳头学科群，普外、胸外、骨科、脑外、泌尿外科、呼吸、心血管、消化、神经系统和产科、妇科等疾病治疗均达到较高水平，部分在市内处于领先地位。同时，开展多种新技术、新项目，其中，外科开颅、开胸、肺叶切除、肝切除、半肝切除、泌尿系体内外碎石术、经输尿管镜气压弹道碎石术、经皮肾镜术、各种恶性肿瘤的根治性手术及人工关节置换假体植入、颅内血肿微创碎吸术，带骨辨股方肌转位治疗股骨头坏死；内科心脑疾病，呼吸、消化、神经系统疾病的治疗、无痛胃镜检查治疗；妇产科外阴癌根治、胎心监护使用，口腔科的颗颈骨折内固定、颈淋巴清扫、腮腺肿瘤切除及五官、儿科等新技术、新业务日新月异。医技科室均已开展CT全身平扫、CT引导下肝穿活检、肝癌导管化疗灌注、静脉灌注法肝脏CT增强扫描，结核杆菌抗体，艾滋病病毒检测，癌胚抗原、甲状腺功能测定等新项目。历任院长：李民强、李尚义、字雁鸣、钱一峰、王庆华。

县中医医院 1999年2月始建，是集医疗、教学、科研、预防保健于一体，以临床医疗为重点的有较强综合实力的全民所有制二级中医医院。建院时，仅有启动资金50万元，职工27人。2006年，加入云南省中医医疗集团。2011年，被云南中医学院选定为实习医院。总占地8600平方米，业务用房9987平方米。设有临床、医技科室19个，定编床位200张，实际开放203张。总资产6122万元。职工126人，其中，医疗技术人员107人（高职13人、中级36人）。有急诊科、内儿科、外科（集颅脑外科、普外科、泌尿外科、神经外科、胸外科为一体）、妇产科、眼耳鼻咽喉科、皮肤科、肛肠科等临床科室，中医特色专科有省级重点专科骨伤科、针推科，市级重点专科妇科。2004年，建立“6229111”创伤急救绿色通道，院前急救能力提高。医院许多技术在县域内处于领先地位，一些技术达到市级先进水平。内儿科永久性心脏起搏器置入术、心包穿刺引流术、中西医结合溶栓治疗脑梗塞、心肌梗塞等，外科胃癌、结肠癌、乳腺癌根治术、肝叶切除术、髋关节置换、高位截瘫手术、脑室—腹腔分流、钬激光清石术、腹腔镜下普外手术等手术治疗，妇产科恶性肿瘤根治术、子宫全切、次全切术、阴式子宫切除术等，中西医结合保守治疗宫外孕、子宫肌瘤、子宫内膜异位症、功血、盆腔炎、各种妊娠合并症、先兆流产等疗效尤为显著；内科、皮肤科、肛肠科、针推理疗康复科采用传统中医治疗手段，具有痛苦小、疗效显著优点。拥有较先进医疗设备，如磁共振系统（MRI），数字化X射线摄影系统（DR）、X线胃肠造影机、彩色B超、血液净化系统、全自动生化分析仪、钬激光清石系统、胃肠镜、腹腔镜、“麻醉工作站”、病理图象分析工作站、多参数动态心电图机、电动骨科牵引手术台、全自动多功能腰椎牵引床等。医院还注重增强中医药特色诊疗设备支持和投入力度，增添购置煎药机、心脑血管治疗仪、OT综合训练工作台等中医诊疗设备，设备总值2000万元。同时，重视以电子病历为核心的医院信息化建设，在电子病历开发和应用上，遵循“强基础、抓重点、内部整合、外部共享”原则，电子病历、电子处方已在医院全面推行。历任院长：杨景荣、高学军。

县妇幼保健院　1955年前，为锦屏镇接生站。1985年12月20日，改设县妇幼保健站。2007年7月，改称妇幼保健院。占地1500平方米，共有业务及办公用房2460平方米，病房9间、病床18张。2011年，人员编制32人，在职职工28人。设办公室、财务科、妇保科、儿保科、基层保健科、护理部、药剂科、医技科、公共卫生科、后勤科、设备科。设备有全自动血细胞分析仪、多参数监护仪、黑白B超、三氧治疗机、红外线乳腺诊断仪、新生儿辐射抢救台、制氧机、全血多元素分析仪、半自动生化分析仪、经皮测胆红素仪、儿童听力筛查仪、儿童弱视治疗仪、产后康复治疗仪、妇科治疗仪、电子阴道镜、胎儿母亲监护仪。常规开展妇女、儿童保健咨询，预防艾滋病、梅毒和乙肝母婴阻断工作，内、儿、外、妇产科常见病诊治，生理产科、临床输血、计划生育手术、无痛人流术；病理产科开展剖宫产手术，妇科开展子宫全切、卵巢肿瘤切除等手术。历任院长（站长）：李嘉才、字雁鸣、冯德坚、李晖。

三、乡镇卫生院

文井镇中心卫生院　（1）文井镇中心卫生院。1951年，开办文井区卫生所，设中西医门诊。1978年，改称文井公社中心卫生院。2011年，全院占地1公顷，业务用房1600平方米，职工住房2000平方米，固定资产440万元；医技工作人员36人。设有外科、妇产科、内儿科、中医科、口腔科、放射科、检验科、公共卫生科等科室10个，开放床位50张。共有村级卫生服务25个，服务区域480平方千米、人口3.9万人，聘用村医33人。有日净化2万千克污水处理系统1套，设备有黑白B超、单道联心电图机、500毫安X光机、救护车、中医低频脉冲治疗仪、牙科治疗仪、血球分析仪等。门诊6万余人次，年住院病人3500人次，年做大小手术200台（次），业务收入600余万元。可开展胆囊切除、大部切除、阑尾切除、疝修补等手术，妇科可进行子宫全切除、剖腹取胎、中期引产、人流、取放环等手术。(2) 清凉分院。1952年10月，开设文井区卫生所清凉卫生点。1956年，改建清凉卫生所。1987年，改称清凉卫生院。1991年11月，建盖272.15平方米砖木结构业务用房1幢、72平方米砖木结构消毒室1间、141平方米土木结构职工宿舍1幢、78平方米砖木结构职工伙房1幢。2000年，建盖579平方米砖混结构职工宿舍1幢。2007年5月，改称文井镇中心卫生院清凉分院。(3) 者后分院。1963年前，称者后公社卫生所。占地3617平方米，职工住房768平方米、业务用房2849平方米，病床15张。2007年10月，改称文井镇中心卫生院者后分院。(4) 文华分院。位于文井镇文华村文华街。2010年5月，租用文华监狱医院开办文井镇中心卫生院文华分院。占地1600平方米，业务用房400余平方米。职工4人，其中，临床执业医师2人，中医执业师1人，护师1人；病床10张。

安定乡中心卫生院　1965年，开办安定公社卫生所。1987年，更名为安定乡卫生院。1990年，改称安定乡中心卫生院。总占地1192平方米，业务用房1200平方米，职工住房1幢600平方米。配置有万能手术床、胃肠减压器、无影灯、外产科手术器械，能开展中下腹部手术和计划生育手术，内科能治疗一般疑难病症，设有中医科、牙科、妇产科、内科、放射科、B超室、化验室。开展外科下腹部、一般骨科手术，内科常见病诊治，妇产科一般妇产科及绝育手术，检验科三大常规化验、肝肾功能化验等，中医科常见病诊治、针灸治疗等，牙科一般常规拔牙、镶牙等。

景福乡中心卫生院　1954年4月，开办景福区卫生所。1975年12月，改称景福公社中心卫生所。1978年，改称景福公社卫生院。占地2860平方米，建筑面积1705平方米，病床20张，核编17

人，实有14人。开设内科、外科、儿科、妇产科、检验科、中医科、预防保健、医学影像诊疗科目。重点开展外科阑尾及疝气手术、四肢骨折外固定，妇产科开展人流、引产、顺产、难产、剖宫产等手术，中医开展针灸理疗等。

东镇中心卫生院 （1）东镇中心卫生院。1956年6月，开办永秀区卫生所。1975年12月，改称永秀公社卫生所。1978年12月，改称永秀乡中心卫生院。2006年，乡镇合并，改称大朝山东镇中心卫生院。占地3532.48平方米，建筑面积1125平方米，病床19张，人员16人。2011年，开设内科、外科、儿科、妇产科、检验科、预防保健、医学影像诊疗科目。负责辖区内常见病、多发病及危急重症的诊断、治疗、急救、康复处置工作。除开展内科、儿科常见病及危急重症救治外，医院重点发展外科阑尾及疝气手术、四肢骨折外固定，妇产科开展人流、引产、顺产等手术。(2）文玉分院。1992年，开办文玉乡卫生院。2007年，撤乡并镇，更名大朝山东镇中心卫生院文玉分院。医院占地约650平方米，业务用房约350平方米，职工住房约300平方米。有人员5人，病床7张。

大街乡中心卫生院 1956年12月，开办大街区卫生所。1978年11月，改称大街中心卫生院。门诊综合楼551.22平方米，职工周转房650平方米。2011年，编制17人，实有13人；病床23张。

锦屏镇卫生院 1965年，开办前所卫生所。1990年，搬至头塘，改称锦屏镇卫生院。占地1046平方米，业务用房1006平方米；定编18人，在职人员16人。开展阑尾切除术、疝修补术、剖腹产术、门诊常见清创缝合术、流产及上环术等。

花山乡卫生院 1958年初，开办花山区卫生所，占地3650平方米。2007年10月，拆除门诊用房，投资40万元新建门诊楼1栋，占地585.36平方米；职工住房550平方米，占地297平方米。2011年，有病床25张。

太忠乡卫生院 1958年，开办太忠区联合诊所。1959年，在区驻地大水井开设乡卫生所。2011年，建盖4层办公楼2幢。有医护人员10人，病床20张。

龙街乡卫生院 1961年5月开办。2006年，新建业务综合楼280平方米，改建门诊楼293平方米。2010年，建盖输液大厅及停车场。在职8人，病床8张。

文龙乡卫生院 1956年2月开办。2011年，占地4392.86平方米，业务用房91.25万平方米，职工住房1万平方米；编制10人，职工9人，病床20张。

漫湾镇卫生院 1956年6月，称为保甸区卫生所。1975年，恢复保甸公社卫生所。2008年10月，搬至新大街。2011年，占地3902平方米，业务用房736.44平方米，职工住房700平方米。编制15人，在职9人，病床15张。开展外科阑尾切除术、斜疝高位结扎术及修补术、膀胱取石术、囊肿切除术、脓肿切开引流术、门诊常见清创缝合术，妇产科顺产接生、引产、流产及上环术等。

林街卫生院 1964年开办。2011年，占地4002平方米，业务用房868平方米，职工住房904.88平方米。编制15人，在职10人，病床18张。

曼等乡卫生院 1963年，开办曼等公社联合诊所。2000年，完成搬迁。占地1351平方米，房屋建筑物1266平方米，其中，办公用房200平方米，业务用房726平方米，

德隆达医院（县委党史办 提供）

其他 340 平方米。编制 15 人，在职 9 人，病床 10 张。

四、私立德隆达医院

2010 年 10 月 17 日，私立德隆达医院开业试运行。2011 年 1 月，纳入新农合县级定点医疗机构。同年 4 月，经市县卫生部门批准，设立为一级综合医院。同年 9 月，纳入云南省基本医疗保险定点医疗机构。设内科、外科、儿科、妇科、急诊科、预防保健科、医学影像、口腔科、检验科。

第九节　食品药品监督管理

一、食品安全监管

20 世纪八九十年代，食品卫生由县卫生防疫站（简称防疫站）代管。1980 年，防疫站设理化、细菌检验室，负责全县饮食卫生检测工作。开展全县食品加工、销售、饮食等从业人员健康体检，体检项目为内科、外科、五官科、肝功、甲肝、乙型肝炎表面抗原，X 线胸透及部分摄片等，检出患有国家规定有碍食品卫生的疾病者，即令其改换工作，不得参加接触直接入口食品的工作。1983 年 7 月，施行《中华人民共和国食品卫生法》，建立健全食品卫生监督机构和管理机制。设食品卫生监督检验所，配兼职所长 1 人、专兼职监督员 3~5 人，基层卫生院配兼职监督员 15 人；举办食品卫生知识培训班，培训 390 人次。1984—1990 年，先后为 1561 个食品产销单位 2864 人换发“健康证”和“卫生许可证”；建立食品店卫生档案，县城 67 个、建档率 100%，乡镇 130 个、建档率 99. 24%。1984 年，抽样检验县城食品产销单位的食品食具。共检验食品 80 件 188 项，细菌合格率 56. 8%，理化合格率 80. 5%。1986 年，实行县城国营、个体食店公开挂牌监督制度，即通过检查监测，在食品卫生合格店门面挂上“食品卫生合格”牌子。1987 年，重点监管流动性食品摊点，特别是县城中小学校、幼儿园附近流动摊点，实行造册登记、体检发证管理，开展卫生知识培训。1990 年，开展以县城为中心，同时抓好公路沿线和其他乡镇，以点带面实施监督监测；推广使用一次性卫生筷，保证食具卫生安全。2001 年 12 月，食品卫生职责划归卫生监督所管理。2005 年 5 月 23 日，县食品安全委员会及其办公室成立，由政府分管副县长担任食品安全委员会主任，成员由相关单位负责人组成；办公室设于食品药品监督管理局。2009 年 6 月后，餐饮消费食品安全监管职责划归食品药品监督管理局。截至 2011 年，先后查处餐饮服务食品违法案件 15 起，处置食品安全事件 4 起。2011 年，全县持“餐饮服务许可证”经营商户 1326 个，其中，学校食堂 226 个，中型餐馆 13 个，小型餐馆 469 个，小吃店 464 个，快餐店 82 个，饮品店 65 个，集体食堂 7 个。

食品安全督导（县文联　提供）

二、药政管理

药品和医疗器械监管　采取日常监督与专项整治相结合、业务指导与监督管理同步方法，开展药品及医疗器械监督管理。2001—2011 年，累计查处药品、医疗器械违法案件 336 起。2011 年，全县共有药品经营企业 145 个，其中，批发 4 个，零售 141 个；均通过 GSP 认证。

保健食品和化妆品监管 执行保健食品、化妆品消费安全监管法律法规。2009 年 6 月至 2011 年，先后查处保健食品、化妆品违法案件 2 件。

三、监督机构

1980 年 1 月 22 日，县药品检验所成立，医士 2 人。2001 年 12 月，药品检验所撤销，县内药样须向地区药品检验所送检。1995 年，县卫生局设药品监督办公室。2001 年 12 月，思茅地区药品监督管理局景东分局成立，正科级，内设办公室和业务综合管理科，人员从药检所、卫生局抽调组成。2005 年 3 月，改称县食品药品监督管理局（简称食药监局），内设办公室、食品安全监督管理科、药品医疗器监督管理科。2005 年 5 月 23 日，县食品安全委员会及办公室成立，由分管副县长任委员会主任、食药监局局长任办公室主任，负责食品药品综合监管、组织协调和重大案件查处。2006 年 7 月，聘用下岗失业人员 15 人为各乡镇食药监督协管员，各乡镇指定村干部或乡村医生兼任村级监督信息员。2009 年 6 月，执行《中华人民共和国食品安全法》，餐饮消费食品安全监督管理职责从卫生局划归食药监局，食品安全委员会办公室职责从食品药品监督管理局划归卫生局。2010 年 10 月，食药监局划归县政府管理。2011 年 12 月，列为政府职能部门，内设办公室、食品安全监督管理股、药品医疗器械监督管理股、保健食品化妆品监督管理股，局稽查队成立。历任局长：苏莹、周林刚。

第二章　体　育

第一节　学校体育

一、体育课

按照德智体全面发展的教育方针，县属中小学校推行“两课、两操、一活动”（即每周开设2节体育课，每天做好广播体操及眼保健操，每周安排2节课外活动）制度。体育科目有时仅作副科，成绩不列入学生升留学标准；有时作为考核标准，成绩作为升留级标准。先后推行一至七套广播体操、少年广播体操及儿童广播体操。大部分乡镇学校定期召开年度中小学生运动会、篮球运动会以及春冬两季运动会，提高学生体质。1990年3月，执行国家教委、国家体委《学校体育工作条例》及《云南省实施〈学校体育工作条例〉办法》、县相关贯彻条例意见，全县学校体育工作得到重视。

二、体育达标

1980年始，执行《国家体育锻炼标准》。当年全县各学校达标率仅一中、县小在50%以上。此后，逐年有所上升。

1981—1990年景东县学校体育达标率一览表

表19-2-1　　单位：%

年度	达标率	年度	达标率	年度	达标率
1981	31.1	1988	85.0	1993	87.5
1982	80.1	1995	88.5	1994	87.5
1983	82.0	1996	88.0	1997	88.4
1984	83.0	1989	85.0	1998	88.5
1985	83.5	1990	85.2	1999	88.8
1986	84.0	1991	85.5	2000	90.0
1987	84.5	1992	87.0	—	—

1991年，开展城区学校优质体育课评选活动。同年，全县各学校分年龄组参加《国家体育锻炼标准》测验48610人，合格44478人，合格率91.5%。其中，县城中学参测3280人，合格率93%；县城小学参测1039人，合格率91.5%。1992年4月，举行全县高中毕业班学生体育理论考试，参考367人，合格率96%；同时，初高中毕业生体育成绩纳入升学档案管理。1993年，执行《中学生体育合格标准》和《小学生体育合格标准》，全县体育合格率分别为中学生95%、小学生90%。1995年2

月 20 日，根据省、地区教育部门通知精神，县教育局发出《关于我县初中毕业生升学考试体育实施办法的通知》。从 1995 年始，凡初中升中专上线考生必须进行体育测试，初中考试体育成绩计入文化课。测试项目分别为 50 米短跑、立定跳远、原地推铅球，总分 45 分，27 分为合格。教育部门成立体育考试领导小组，局领导为组长，各县属中学校长为组员，由各县属中学体育教师牵头分片进行测试。全县中学生《国家体育锻炼标准》达标率从 1990 年的 85%提高到 1998 年的 88.8%，体育合格率由 1993 年的 95%提高到 1998 年的 96%以上；小学生体育合格率由 1993 年的 90%提高到 1998 年的 96%；初中考试体育平均分均为合格以上。

四、学校运动会

每年元旦或“五四”，县属学校和大部分乡镇学校都要举行 1 次综合性运动会；每隔 1~2 年，县级举行 1 次单项或综合运动会，检阅各学校的体育工作。如，1992 年 1 月 20—25 日，举行全县首届“红烛杯”教职工篮球运动会；1995 年 5 月 15—19 日，举行全县“希望杯”教职工篮球运动会；1998 年 11 月 14—22 日，举行全县第三届“教育杯”篮球运动会。3 次运动会展示出景东教育界的风彩，规模宏大、影响深远。此外，各学校中学生、教师代表队分别在县内球类运动会或田径运动会上获得名次。

五、课外体育

1987 年 1 月，首次举办全县中学生运动会。自后到 2007 年再次举办，时隔 20 年之久。该次运动会共有 15 个代表队参加，主要竞赛项目有男子 100 米、200 米、400 米、500 米、800 米、1500 米、3000 米、10000 米、4×100 米接力赛，以及女子除上述 3000 米、10000 米外其余竞赛项目。另外，还设跳高、跳远、铅球、手榴弹等 13 个项目。1988 年 1 月，首次举办全县中学生篮球运动会。自后到 2007 年 1 月再次举行，时隔 19 年之久。该次篮球运动会历时 10 天，参加队伍 17 支 455 人，共举行比赛 125 场次。1990—2007 年，景东县先后数次参加市级田径运动会，但均未获得较好成绩。2007 年，全市中学生运动会中，徐芳获 900 米、1500 米短跑冠军，文龙中学李成仙获 1 万米中长跑冠军。

第二节 群众体育

一、职工体育

1956 年，景东县体育运动委员会成立。以机关、团体、学校等部门为主组建业余篮球队，开展篮球比赛活动。1956—1958 年，党政机关和事业单位职工要求每天做 3 次广播体操。1958 年，遵照毛泽东“体育活动与民兵活动相结合”指示，境内体育活动广泛开展，哪里有民兵，哪里就有体育活动。“文化大革命”期间，体育活动有所削弱。1971 年后，逐步趋于正常，经常开展全县性篮球运动会；各单位间时常开展篮球比赛。1976 年，思茅地区召开职工篮球运动会，分设澜沧、景东 2 个赛区，男女队前三名集中在思茅决赛。景东选派运动员 22 人参加，并取得较好成绩。1977—1983 年，由县体委牵头，县总工会和团县委配合开展全县各项体育运动。以重大节日开展体育赛事，平时开展单位部门体育活动。1985 年，县总工会倡导，组织机关球队 56 个，队员 450 人；县酒厂、者孟糖厂等企业新建篮球场，并组织职工运动会。同年，选送景东二中教师冯天明参加全省运动会。1988—2010 年，县总工会配合有关部门经常组织体育赛事。其中 1988 年城区职工运动会及“景川杯”篮球运动会规模较大，参赛职工 275 人。同年，举办“金融杯”篮球运动会。1993 年国庆，举办城区篮球运动会，历时 11 天，比赛 66 场，参赛队员 220 人。1994 年，参加地区民族运动会。参会代表50人，参赛项目有表演赛、射弩、秋千、陀螺、摔跤和武术6个，各个项目均取得良好成绩，团体获第六名，获团体奖杯5个、奖旗3面，个人奖牌16枚。同年，举办首届“经贸杯”职工篮球运动会，参赛球队26支312人，历时7天；举办职工拔河比赛，参赛队员32队340人。1994年元旦、春节，举办职工陀螺比赛，历时3天，参赛268人；举办职工拔河比赛，参赛队伍36支450人。1995年元旦，举办职工足球运动会，参赛队伍18支220人，比赛82场；春节，举办职工陀螺比赛，历时3天，参赛468人；“三八”节，组织全县女职工篮球运动会，代表队25支286人，历时18天；“五一”节，组织全县教职工篮球运动会，参赛队伍31支755人，比赛168场次；10周年县庆，组织全县职工篮球运动会，代表队29支648人，比赛128场次。1996年春节，组织城区职工陀螺比赛，参赛596人，历时3天；6月，县委政府机关工会举办职工篮球运动会，参赛队伍24支258人，比赛102场次，历时1个月。1999年，选送射弩运动员3人加入地区队参加文山举办的云南省第六届少数民族传统体育运动会。2000年12月20日，在自治县成立15周年之际，举办全县首届民族民间文艺会演暨民族传统体育运动会。比赛项目有陀螺、秋千、射弩和扭扁担。2005年12月17—21日，举办全县第二届少数民族传统体育运动会。比赛项目有陀螺、秋千、射弩和扭扁担，开设奖项123名。2006年，参加在西盟举办的首届少数民族传统体育运动会。比赛项目有陀螺、射弩、秋千、吹枪和双拐及文艺表演，获金牌4块。

1988—1992年，在工会俱乐部开设乒乓球室，提供职工业余锻炼场地。1989年和1990年，两次举办乒乓球比赛。1985—2010年，每年均举办城区职工甲乙丙级篮球比赛。1996—2010年，组织“精神文明杯”篮球比赛。另外，足球运动项目自1995年开设至2010年足球场建成后，举办足球“消夏杯”运动会。基本做到元旦、春节、“五四”、国庆等节日有体育赛事活动，县级机关、学校和附近村社离退休干部职工、村民均成为参与者。

二、农民体育

历史上境内民间体育活动主要有打陀螺、扭扁担、打磨秋等。随着清末“新学”的兴起，逐渐开展篮球运动。民国年间，民间陀螺比赛极为普遍，每年大年初一至十五是陀螺比赛的高峰期。人们在大年三十以前就要做好准备，到大年初一集中到人们易于集中的中心地带，或是操场，或是草坪进行陀螺比赛。陀螺比赛常在村寨交界地带进行。参加陀螺比赛是一种竞技活动，而观看比赛更多的是看热闹和社会交往，所以每当进行较大的比赛，观众很多，有老人、有少儿、有少女、少妇，也是青年男女寻求对象的场所。除打陀螺以外，各村寨还时兴打磨秋、摔跤等活动。磨秋这种古老的体育活动，简便易行，只要准备一截木料，一截竹子（也可用木料）进行简单制作，找一块宽敞场所就行。所以每到春节，村头寨尾都可见磨秋，成为人们活动的重要场所。新中国成立后，党和政府对体育活动十分重视，特别在毛泽东“发展体育运动，增强人民体质”思想的鼓舞下，农村体育活动开展比较红火，体育事业得到很大发展。但是，20世纪80年代改革开放后，农村体育得不到有效重视。2011年，农村体育得到重视，体育活动场所建设有所加强。

三、老年人体育

自1984年12月始，老年人体育活动由老人体育协会组织开展。（详见第二编第一章第十四节）

四、少数民族体育

县境地理复杂、民族众多，人们在长期劳动和斗争生活中，形成各具特色、丰富多彩的传统体育项目。20世纪90年代后，举办过2次全县性民族体育运动会，并培养出不少少数民族体育尖子参加市级以上活动。2000年12月20—22日，举办全县第一届少数民族传统体育运动会暨民族民间文艺会演。体育竞技设陀螺、射弩、秋千和扭扁担，决出陀螺项目团体奖 12 名、个人奖 20 名，秋千项目团体奖（女子）6 名、个人奖（女子）10 名，射弩项目团体奖 12 名（男女各半）、个人奖 20 名（男女各半），扭扁担项目团体奖 17 名（其中女子 8 名）、个人奖 12 名（其中女子 6 名）；民族民间文艺会演评出乡镇一等奖 3 个、二等奖 5 个、三等奖 7 个，优秀节目奖 31 个。2005 年 12 月 17—21 日，举办全县第二届少数民族传统体育运动会暨民族民间文艺会演。体育竞技设陀螺、秋千、射弩、扭扁担 4 大项 114 个奖项以及团体总分奖 6 名、组织奖 3 名，决出陀螺比赛团体奖 10 名、个人奖 20 名，秋千团体奖 6 名、个人奖 10 名，射弩团体奖 12 名、个人奖 20 名，扭扁担团体奖 12 名、个人奖 24 名。曼等、景福、漫湾、东镇、锦屏、永秀获团体总分前 6 名，太忠、大街、者后获组织奖；评出民族民间文艺会演一等奖 2 名、二等奖 6 名、三等奖 10 名。

第六届“文明杯” 篮球运动开幕式

（县委党史办　提供）

全民健身日活动

（县文体广电局　提供）

五、残疾人体育

2002 年，景东选手视残运动员杨跃荣获云南省第七届残疾人体育运动会 50 米仰游 S11 级别第一名。2003 年 7 月，肢残运动员兰勇获第六届全国残疾人运动会男子坐式排球第七名；2007 年 7 月，获第七届全国残疾人运动会男子坐式排球第一名。2004 年 9 月 25—27 日，景东县获思茅市首届残疾人体育运动会优秀组织奖；聋哑运动员丁有凤获女子田径 800 米第一名、1500 米第一名，聋哑运动员贺明亚获男子田径 800 米第二名、跳高第二名，聋哑运动员周锋获男子田径铅球第三名。2011 年 12 月 16—19 日，景东县获普洱市第二届残疾人体育运动会优秀组织奖；聋哑运动员丁有凤获女子田径 50 米第三名、100 米第三名，视残运动员谢华勇获男子田径 50 米蛙游第三名、50 米自由泳第三名，肢残运动员刘开寿获男子组 60 千克级举重第二名。

第三节　体育竞赛

1980 年 2 月，举办中学生田径运动会。

1981 年 1 月，举办第二届中学生篮球运动会。

1982 年 1 月，举办中学生田径运动会。

1983 年 2 月，举办第三届中学生篮球运动会。

1987 月 1 月，举办中学生排球及田径运动会。

1988 年 1 月，举办中学生篮球运动会。

1992 年、1995 年、1998 年、2002 年、2005 年，先后举办第一至第五届“红烛杯”教职工篮球运动会。

1985 年元旦，举办职工运动会；春节，举办陀螺比赛；三八妇女节，举办女职工篮球运动会；五一劳动节，教育系统举办“希望杯”篮球运动会；8 月、10 月、11 月，先后举办丙级、乙级、甲级篮球运动会；县庆，举办全县篮球运动会。

1988 年 5 月，举办城区职工篮球运动会。

1993 年 10—12 月，先后举办甲级、乙级、丙级篮球运动会。

1994 年元旦，举办陀螺比赛；五一劳动节，举办拔河比赛；五四青年节，举办“经贸杯”职工篮球运动会；6 月、10 月、12 月，先后举办甲级、丙级、乙级篮球运动会。

1995 年，举办篮球运动会。

1996 年元旦，举办丙级篮球运动会；春节，举办陀螺比赛；5 月，举办乙级篮球运动会；6 月，县委政府机关举办篮球运动会；7 月，举办“消夏杯”足球运动会；国庆节，举办第一届“文明杯”篮球运动会；12 月，举办甲级篮球运动会。

全民健身与奥运同行活动

（县文体广电局　提供）

扭扁担比赛

（夏乡　摄）

陀螺比赛

（李金雄　摄）

1997 年春节，举办陀螺比赛；2—3 月，举办足球甲级联赛；4 月，举办乙级篮球运动会；5 月，举办第一届“财源杯”足球运动会；6 月，举办首届排球运动会；10 月、12 月，先后举办丙级、甲级篮球运动会。

1998 年 1 月，举办陀螺比赛；3 月、5 月、10 月，先后举办甲级、乙级、丙级篮球运动会；11 月，承办思茅地区水电杯篮球运动会；12 月，举办“红烛杯”教职工篮球运动会。

1999 年 1 月，举办第二届“文明杯”篮球运动会；春节，举办陀螺比赛；3 月，举办足球运动会；5 月，举办排球运动会；6 月，举办乙级篮球运动会；8 月，举办第二届“财源杯”足球运动会；10 月，举办城区职工篮球运动会；12 月，举办甲级篮球运动会。

2000 年春节，举办陀螺比赛；3 月，举办第三届排球运动会；4 月、6 月、10 月，先后举办丙级、乙级、甲级篮球运动会；12 月，举办第三届“文明杯”篮球运动会。

2001 年春节，举办陀螺比赛；3 月，举办第四届排球运动会；4 月，第二届“建材杯”篮球运动会；5 月，举办第一届 4×100 米接力赛、第三届“人民保险杯”足球运动会；7 月，举办乙级篮球运动会；8 月，举办第一届“电力杯”公路自行车赛；12 月，举办甲级篮球运动会。

2002 年 1 月，举办第四届“红烛杯”教职工篮球运动会；2 月，举办陀螺比赛；4 月，举办足球运动会；5 月，举办乙级篮球运动会；8 月，举办排球运动会；

2003 年春节，举办陀螺比赛；5 月，举办乙级篮球运动会；7 月，举办足球运动会；9 月，举办排球运动会；10 月、12 月，先后举办丙级、甲级篮球运动会。

2004年1月，举办乙级篮球运动会；春节，举办陀螺比赛；3月，举办足球运动会、拔河比赛；5月，举办第七届排球运动会；8月，举办第五届“文明杯”篮球运动会；12月，举办甲级篮球运动会。

2005年春节，举办陀螺比赛；2月，举办甲级篮球运动会；3月，举办拔河比赛；5月，举办乙级篮球运动会；6月，举办第八届排球运动会；11月，举办第五届“红烛杯”教职工篮球运动会；12月，举办第二届少数民族综合运动会。

2006年1月，举办甲级篮球运动会；春节，举办陀螺比赛；3月，举办拔河比赛；4月，承办思茅市工商系统五县篮球友谊赛；5月，举办乙级篮球运动会；6月，举办第九届排球运动会；7月，承办思茅市第二届象棋锦标赛；9月，举办城区中学生足球比赛；11—12月，举办第六届“文明杯”篮球运动会。

2007年1月，举办第五届中学生篮球运动会；2月，举办“迎春杯”陀螺运动会；3月，举办甲级篮球运动会；5月，举办“百姓杯”乒乓球、象棋比赛和第二十二届乙级篮球运动会；6月，举办迎奥运全民健身月登山比赛；12月，举办第十届排球运动会。

2008年，开展“全民健身与奥运同行”系列活动50余次，其中全县性体育竞赛9次，分别为“迎春杯”陀螺比赛、“天溪紫谷酒杯”暨第二十三届甲级业余篮球联赛、“全友家私杯”暨第二十三届乙级业余篮球联赛、“全民健身与奥运同行”系列活动启动仪式暨万人游行活动、“庆五一迎奥运”万人环城长跑比赛、“重阳杯”老年运动会、“凌云杯·迎奥运”篮球运动会、“银生杯”乒乓球运动会和第七届文明杯篮球运动会；全县性系统竞赛100余次，其中电力系统职工运动会、财税系统综合运动会、财政局迎奥运游行活动、老体协迎奥运健步走游行活动、“教育杯”篮球运动会等规模较大；各乡镇均举办体育竞赛，其中曼等、花山、漫湾、龙街、文井等乡（镇）全民健身运动会规模较大。

2009年，开展“迎国庆60周年·全民健身日活动”60余次，其中全县性体育竞赛7次。

2010年，开展“迎亚运（第十六届广州亚运会）·备两会（云南省第九届少数民族传统体育运动会和普洱市第二届少数民族传统体育运动会）”系列体育活动50余次，其中全县性体育竞赛8次，分别为甲乙级业余篮球联赛、七人制足球运动会、陀螺运动会、老年人运动会、“全民健身日”健身操展演、文明杯职工体育运动会等。

2011年，开展庆祝建党90周年系列体育活动，全年举办篮球、足球、乒乓球等运动会12次。

第四节　体育设施

一、体育场所

1996年前，景东县仅有灯光球场2块，重大比赛需利用单位场地。1996年后，体育馆建成，各项体育活动增多，其中篮球主要有城区男女甲乙丙三个级别队伍；同时，各乡镇及部门利用自有条件，经常开展各种冠名或者行业赛事。1994—1996年，在尚武门征地3.6公顷，建成半圆式400米田径场1块、足球场1块、看台灯光篮球场1块、开放式灯光篮球场2块、排球场2块、陀螺场2块及办公楼1幢，建筑面积500平方米。

二、体育设施

2010年，实施国家农民体育健身工程整乡推进项目25个，覆盖花山乡和景福乡。2011年，实施“七彩云南”全民健身基础设施建设工程村级项目17个。

第五节　体育彩票

体育彩票是为筹集体育事业发展资金发行的，印有号码、图形或文字，供人们自愿购买并按照特定规则获取中奖权力的书面凭证。体育彩票不计名，不挂失，不返回本金，不计付利息，不能流通使用。2001 年，体育彩票正式进入景东，当年设投注站 3 家，至 2011 年末发展至 18 家，销售收入稳步上升，其中，2009 年销售彩票 1008. 32 万元，2010 年 962. 05 万元，2011 年 1246. 54 万元。

第六节　体育机构

1973 年恢复文教科，体育运动属科内一个部门。1987 年 7 月，体育运动委员会升为科级单位后分设。1993 年 3 月，撤销体育运动委员会、文化局，成立文化体育局。内设办公室、文化艺术股、体育股，其余机构沿袭。1995 年 10 月 30 日，县体育馆成立。2009 年 8 月 26 日，县体育总会成立，属县境各族群众体育团体联合组织，是省市体育总会团体会员，下设裁判协会、乒乓球协会、篮球协会、棋牌协会。2011 年，有会员 1000 余人。

第二十一编

民族　宗教

第一章 民 族

第一节 彝 族

一、族源

彝族是境内古老民族之一。彝族渊源，据《中国云南彝族》:“彝族自古以来就生活在中国西南地区，彝族的主源是西南地区土著人，先秦时期的彝族自称宜、尼，汉文献讹化为‘夷’，今天滇、川、黔、桂、渝等地彝族均发源于中国西南或云南。”“大约公元前13世纪，在今天澜沧江两岸的景东彝族自治县、云县及怒江沿岸一带，居住着一个主要从事游牧生活的土著部落，约公元前12世纪，这个土著部落中的一部分进入洱海地区，与洱海地区的土著部落融合，并以洱海为中心，建立了西南历史上第一个氏族部落政权——古莽国。”秦汉时期，昆明族群为古莽部落后裔，史家称“昆明夷”。据东晋常璩《华阳国志·南中志》，东晋时，邪龙县内居住的民族仍名“昆明”。隋末唐初，“昆明人”形成北部越嶲诏和南部蒙舍诏（含景东地）两大集团。蒙舍诏产生后，已不再称“昆明”，而称为“蒙舍蛮”或“乌蛮”。这一称谓，直到宋代大理国时仍在沿称。而这一时期，南诏、大理地方政权在景东设立统治机构（银生节度），迁徙乌蛮白蛮到要隘地居住、扼守。乌蛮是南诏、大理地方政权主体民族。元代，中央王朝建立云南行省，设立罗罗斯宣慰司都元帅府，管理彝族聚居地区。之后，称彝族为“罗罗”的记载较为普遍。明清直至民国，景东彝族仍概称为“罗罗”。新中国成立后，改“夷”为“彝”,“夷族”通称“彝族”，并以此作为法定称谓。

景东彝族支系较多，有罗罗拔、腊鲁拔（又称香堂）、迷撒拔（又称蒙化）、罗卧拔（又称拉乌）、阿列（又称米俐）5个支系。各支系来源各不相同，罗罗拔、阿列支系生活在境内年代较久远，多数属土著居民，迷撒拔支系于清朝乾隆年间（1736—1795）从大理巍山一带迁人，香堂支系多数于1856年哀牢山各民族起义失败后迁人，拉乌支系则从玉溪新平迁人。各支系融合于明清时期为数众多的汉族移民，其中迷撒拔支系尤多，属明代“三王开滇”（傅友德、沐英、蓝玉）时随部队由江苏、浙江、江西等地迁入，多数系副将沐英麾下后裔。

二、人口及分布

2011年，景东县彝族人口153229人，主要分布在哀牢山和无量山广大山区。其中，罗罗拔人口较多，主要分布在安定、文龙、太忠、大街、花山，迷撒拔主要分布在安定、文龙、锦屏、漫湾；阿列主要分布在文龙、锦屏等；香堂主要分布在漫湾、景福、林街；拉乌主要分布在花山、文龙。

2011年景东县各乡镇彝族人口一览表

表20-1-1　　　　单位：人、%

乡镇	锦屏	文井	漫湾	东镇	花山	大街	太忠	龙街	文龙	安定	林街	景福	曼等	总计
总人口	56084	66380	20418	28457	28711	23203	23733	22282	18570	21962	14650	22680	16987	364117
彝族	19623	16572	10994	8989	9560	10013	12833	12405	8310	20870	8630	8900	5530	153229
占比	35.0	25.0	53.8	31.6	33.3	43.2	54.1	55.7	44.7	95.0	58.9	39.2	32.6	42.1

三、语言文字

彝族语言属汉藏语系藏缅语族彝语支。境内彝语大体分为罗罗拔方言和迷撒拔方言两种，但两支彝语音素及语法结构无较大差别。彝文历史久远，学者普遍认为，产生年代可上溯到四五千年前，是与甲骨文同源异流的古老文字。殷商前，彝文文字体系已比较完备，秦汉、魏晋时期已广泛使用。彝族文字自成体系，独体字多，合体字少，一个字形代表一个意义，大多使用象形、会意、指事、假借、引申、转位等造字法创造而成，基本上由点、横、竖、弯、圆笔画构成，书写时笔画较少。四川凉山一带新彝文一般由右向左横行书写，云南、贵州、广西一带则由左向右竖行书写。彝文属表意音节文字，汉文史志称“爨文”“爨书”“倮倮文”“韪文”“毕摩文”等。据统计，彝文有单字8200余字。彝文是彝族记录语言的书写符号，是彝族人民在长期历史发展历程中所创造出的独具风格的文字，并运用它书写出大量古籍。如，1984年景东县文物普查，在花山区坡头乡大洼子社施学明家发现一本古彝文书籍《叫魂经》，在大街乡一座山神庙中有一块彝文《母虎日历碑》，风化石片上能辨认出彝文“猪”等字。

县委县政府汉彝标识牌（县委党史办　提供）

清末，境内彝族能讲彝语人逐渐减少。至2011年，不会讲彝语的彝族人通用汉语，占比约50%；继续使用彝语、且能使用汉语的占50%。历史上，景东未开办过彝文私熟或学校，加之彝文不作通用文字，所以识彝文的人极少。自2010年始，各单位门牌均使用彝、汉双语标识。

彝语词语举例表（以汉语近音标示）

表20-1-2

汉语	彝语		汉语	彝语	
	迷撒支（迷撒拔）	罗罗拔		迷撒支（迷撒拔）	罗罗拔
天	木底	蒙	一	尺曼	情么
地	面	密堵	二	摁曼	情讷
风	阿母区义	蒙西	三	私尔曼	说切
雨	阿母哈（下雨）	蒙喇	四	狸衣曼	里切

续表 20-1-2

汉语	彝语		汉语	彝语	
	迷撒支（迷撒拔）	罗罗拔		迷撒支（迷撒拔）	罗罗拔
水	厄	衣	五	厄尔曼	俄勒
火	阿朵（dǒ）	阿朵（adō）	六	括曼	雀（quǒ）勒
鸡	哎	姨耳	七	赫曼	席勒
羊	阿尺（cǐ）	阿迟（cí）	八	痕银曼	合泻勒
狗	阿刻儿	阿怒（nú）	九	姑曼	格勒
猪	阿无也（veì）	（ví）	十	气曼	情勒
草	食	式巴	百	汉	情雪
菜	物吾（vu）	啊	千	吊	情都
布	灭（mié）	噻	男人	租八	超婆
大	也	呀	女人	阿妈热	若满
小	哦务	腰	祖父	阿伯尔	阿满播
长	务式	施	祖母	阿尼尔	阿满么
短	囡	妮	岳父	子若人	岳婆
病	难（nàn）	农	岳母	子若妈	岳么
犁	私哦	私果	妻子	迷语觉（jo）	满若
锄	吉马	弟目	丈夫	俄吾借	锅者
头	务底斜	哦得	房子	bieng 鼻韵	hí
嘴	母五子	明枯	竹子	万（van）字	么多
眼	咪邪	明都	梨树	小次字	洒迟子
手	里胚	列撇	棕树	资贝字	资奔字
脚	克胚	切格	鼠（子）	哈阿括（kuò）	哈阔（kuó）
毛	去	脉	牛（丑）	岸括	尼括
太阳	阿母厄	蒙搓	虎（寅）	腊括	罗阔
月亮	喝白（he be）	胸包	兔（卯）	塔拉括	它拉阔
水牛	稳（vě）	厄尼	龙（辰）	鹿括	鹿阔
黄牛	岸	尼奢	蛇（巳）	谢括	收阔
粮食	哈邪色（指籽粒）	酌洒	马（午）	阿母括	木阔
稻谷	气色邪	切儿洒	羊（未）	入括	耍阔
高粱	嗯鲁	路洒	猴（申）	莫括	苗阔
荞籽	厄邪	括洒	鸡（酉）	衣括	衣阔
小麦	舍邪	梭洒	狗（戌）	客尔括	齐阔
苞谷	阿洒邪	梭白（be）洒	猪（亥）	Vi 括	Vi 阔
青菜	物泥皮（叶）	撇切（qié）	二月八	日阿顶哈	北洒（bé sà）
白菜	物付皮（叶）	阿批	火把节	括拉赛	去区
木耳	嗯米沙	蒙捏格			

四、生活习俗

服饰　彝族服饰种类繁多、绚丽多彩。族内服饰不同支系、不同方言有别，同一支系、同一方言、不同区域有异；不仅有性别、年龄盛装之别，还有婚、丧、宗教等各种功能服饰之分，质地用料、形制款式、装饰工艺等方面也大相径庭。随着社会经济发展、审美情趣转向和服饰演变，彝族男装正日渐消亡，但女性服饰大多还保留着传统风格样式。

20 世纪 70 年代彝族妇女
（县文管所　提供）

彝族服饰
（肖公杰　摄）

迷撒拔姑娘
（罗海垠　摄）

按云南彝族服饰分类，景东彝族服饰属无量山型景东式。据清雍正《景东府志》：“倮倮，男着麻布短衣裤，女垂发两辫，覆麻布帕，着麻布密褶裙，赤足。”妇女还“束发、青布缠头，另用青帕覆之”。1911 年后，穿麻布密褶裙的妇女逐渐减少，而麻布绣花边装饰仍继续沿用。哀牢山彝族男着无领大襟衣或对襟衣，大襟衣短及小腹，对襟衣更短，仅至肚脐。老人多喜穿大襟衣，青年人则多喜穿对襟衣。妇女上衣为有领大襟衣，并习惯常年围腰裹腹。男女都穿黑色或蓝色棉布宽腰短脚裤，用布裹头，裤腰用白布做成。妇女喜爱四周镶绲粉底花边长服盛装。居住在安定一带彝族，喜欢白、青、蓝三色布料，男上装为白衬衣加领褂；女上装为右衽大襟衣，外套坎肩，腰系短围裙，盘发、包包头，并结一块蓝布顶帕，穿绣花鞋，胸前右边挂有银针筒、挖耳等饰物。男女都喜欢穿羊皮褂，妇女喜欢佩戴银制耳环、手镯、手箍等饰物。

饮食　河谷平坝彝族以大米、玉米、小麦相掺为食，山区彝族以玉米为主食，次为麦类。新中国成立后，大多数家庭都有能力用玉米、豆类、小麦等上市换回部分大米掺食。肉食以猪肉为主，鸡肉次之，也喜食牛羊肉。油脂以猪油为主，植物油相辅。猪肉一般在深冬腌制，全年食用。蔬菜食品，一般常年备用豆类、干萝卜条、干板菜、腌菜等，薯类、青菜、白菜、豆角等多作鲜食。成年男女多喜爱饮酒，也有喝茶、抽烟习惯。彝族山歌道：“小小烟袋五寸长，又吃草烟又歇凉。”

彝族一般日食两餐，早餐 10：00—11：00，晚餐一般在日落后；部分地区日食三餐，早餐 9：00 左右，中餐 13：00—14：00，晚餐一般在日落后。

居住　境内彝族选择居住地点习惯请地理先生看风水。一般选择在背风向阳、靠近水源和柴薪的半山腰。罗罗拔建房门向要对准洼子，讲究“左青龙，右白虎”；迷撒拔建房则讲究“龙脉”，门向要对山峰，不能对准石岩、垭口，左右有水源。挖地基和开山伐木时要祭神，择吉日吉时竖柱上梁。彝族一般以户单居，各成院落。房屋摆布一般一主一面，部分富裕人家与主房并连建耳房，或在主房两侧与主房成直角建厢房。房屋构造基本上为石基土墙木屋架，屋面则视经济条件盖瓦或盖草、盖栅片等。哀牢山区彝族住房多较矮小，多用毛块石砌墙脚，筑土墙或用篱笆墙或泥草挂墙，木质梁柱、门窗。最显著的特点是梁柱一般不打隼扣，通常以自然树杈代用，称之为“克杈房”。

中华人民共和国成立后，人民生活水平日渐改善，彝族房屋仍保持小院落格局，但屋顶都覆以瓦片。2011 年末，全县彝族瓦房住房占 95% 以上，部分建起砖木瓦房或砖混平顶房，混凝土或地板砖地面，嵌有玻璃的油漆门窗，墙体瓷砖贴面。

婚姻 彝族实行一夫一妻制。婚俗随时代和地区、支系不同而有差异。一般在本族内通婚，宗支内禁止婚配，较近亲戚辈分不同则忌结为夫妻，亲姨表兄妹忌成婚；姑舅表兄则优先互配，寡妇再嫁不受舆论谴责。民国时有“转房”习俗，即若兄亡故，其未婚之亲弟可与寡嫂继配，俗称“叔配嫂”，但不普遍。平常男女社交较为开放，大多可以自由恋爱。譬如，每逢聚会“打歌”，未婚男女若互相爱慕，可以双双离场到幽静处倾吐衷情，如双方情投意合，可以互赠定情信物。之后，男方可公开到女方家求亲；若双方或一方觉得尚须考虑，则可缓可断。民国时期，未婚男女虽可自由择偶，但要成婚却有许多障碍。例如，仍需遵守“媒妁之言，父母之命”，并需先行“合婚”（请巫师推算二人生肖命相是否相生相合）等，基本上仍是父母包办，自由恋爱能成婚者不多。彝族婚俗因支系不同而有所不同，但一般要经过提亲、吃订酒、举行婚礼、拜堂、回门等程序。家庭通常能和睦相处，夫妻恩爱，白头偕老，离婚率较低。家中丈夫为一家之长，妻子协助丈夫生产劳作，财产继承权一般归男子所有。新中国成立后，彝族婚姻遵守《中华人民共和国婚姻法》，对一些旧风俗有所改进，如迎亲改骑马为步行，不搞“合婚”“退喜神”等陈俗，部分家庭有文化、懂科学、会经营的妻子或儿女，也能成为当家人。

1973年前，彝族多有“传宗接代，多子多福”生育观念。自1973年始，响应国家号召实行计划生育。1964年，全县彝族72646人，人口自然增长率30.43‰。1973年，人口自然增长率24.78‰。2011年末，人口自然增长率降至5‰。

丧葬 彝族丧葬方式最早行野葬，后来逐渐改革。据《蛮书》载：“人死火焚，而承以金瓶。”明初，彝族一般行火葬，尸体火化后将骨灰撮入陶罐安葬。明代中叶，逐渐实行棺葬。清代，出现汉字墓碑碑文。彝族丧葬礼仪较为隆重，有“死人不吃饭，财产分一半”之说。一个人从生病、死亡到安葬，一般要经告终、报丧、洗尸、装棺、祭奠、守灵、出殡、安葬、筑坟、复山等过程。中华人民共和国成立后，彝族葬礼逐步趋简。1978年后，部分葬礼习俗有所恢复。

宗教信仰 彝族宗教信仰以崇拜祖先和自然神灵为主，信奉万物有灵，属多神崇拜，主要有自然、祖先、图腾三种崇拜形式，部分地区残留着“端公”“巫婆”跳神驱鬼等习俗。中华人民共和国成立后，通过广泛宣传和普及科学文化、马克思主义唯物论，人民对自然界和人类社会认识加深，部分信仰和崇拜已逐渐消失。

禁忌 彝族日常生活禁忌颇多，渗透在生产生活方方面面。如，忌生人动火塘铁三角、锅桩石，忌主人本命年竖柱，忌家狗产独仔、猪产双仔，忌大年初一动刀、用绳、吹火、梳头，忌同姓、堂兄妹通婚，忌别人说自己是“罗罗”，忌杀耕牛，忌在家中煮食狗肉，忌竹子开花，忌属蛇日动土，忌乱闯神堂、入院报丧，忌客死他乡之遗体抬回村、回家或埋在祖坟地内，等等。新中国成立后，科学知识不断普及，各种妨碍生产生活禁忌习俗已渐革除。

节日 彝族节日有正月春节、祭竜节、叫魂节（二月八日）、清明节、吃新节、端午节、火把节、月半节（七月半接祖）、中秋节、“十月招”、冬至节等。春节、清明、端午、中秋与汉族同俗，而火把节、祭竜节则属彝族最隆重的节日，每个节日活动都与祖先崇拜和自然崇拜分不开，而且多与生产生活息息相关。如，祭竜节祭献竜树，叫魂节为全家人叫魂，清明节祭献祖坟，吃新节献饭，火把节祭献祖先，七月半接祖宗，“十月招”吃新米献祖，冬至节不吃青菜，等等。

祭竜节，彝族人称寨神为竜，认为竜主宰着全寨吉凶祸福和兴衰荣辱。1949年前，哀牢山区彝族人民每年都要举行集体性祭竜活动。活动从每年正月第一个属龙日开始，连续在三个属龙日分别举行一次。第一个属龙日要祭三天，叫“头竜”；第二个属龙日要祭两天，叫“二竜”；第三个属龙日只祭一天，叫“三竜”。祭竜由竜头发动和主持，竜头轮流当值。正月第一个属龙日，全寨男女老幼聚集在祭竜圣地（一片约定俗成的密林，又称神林），在竜头面部画上龙纹装扮成龙，即行祭竜仪式。仪式后，全寨人聚集在竜头家跳歌，跳歌结束，祭竜结束。祭竜后第二、三天可以自由活动，但禁止从事一切生产活动，否则要被处罚。二竜、三竜期间，不举行集体活动，但同样禁止从事生产活动。新中国成立后，祭竜活动渐废，仅在东镇新村、困嘎一带彝寨流传。

火把节撒火把（罗海垠　摄）

火把节，又称星回节，每年农历六月二十四日举行。届时，人们清早到自家田间地角，摆上米饭、茶、酒、鸡肉，插上香火，献祭天神地神、祖先和五谷，随后采些谷穗及蔬菜回家尝新。夜幕降临，户主手持火把到房屋四周、田头地角、果木树旁撒火把，祈求丰收；青年们则举着火把聚集在公共活动场所，互撒松粉（香面）狂欢，以示驱邪除魔。火把节也是县境各族通行的节日，来历有多种说法。据民国《景东县志稿》："六月二十四日为星回节，燃松炬，俗谓洒火把，照田占岁。"一种说法是在汉朝时，有一位彝族妇女名叫阿南，为叶榆（今大理）酋长曼阿娜妻子。汉将郭世忠杀害曼阿娜，看到阿南年轻貌美，欲娶为妻。阿南说："要娶可以，但要答应三件事。"郭世忠说："只要美人答应，莫说三件，三十、三百件都可以！"阿南说："第一，设帐幕、祭坛，我要祭祀故夫。第二，我怕睹物伤情，怀念旧夫，因此要烧掉所有旧衣物，换成新衣，好死心塌地跟着将军。第三，迎娶时，必须通知我们部落所有人参加。"第二天，郭世忠遵照阿南意思，命人搭起青松棚，棚下架起松柴，燃起篝火，部落所有人被命聚在一起，前来观望。这时候，阿南悄悄在身上藏下一把刀，出来了。她祭过亡夫后，把旧衣物都烧掉，趁人不备，引刀断喉，然后举身投入熊熊篝火。每年这天，后人都会燃起篝火，洒火把祭祀，纪念阿南。另一种说法是南诏时，蒙舍诏（今巍山县）主皮罗阁在唐玄宗支持下，意欲兼并另外五诏，专门用松明树建盖成楼房，把祖宗牌位供奉其上，以祀祖为由召集五诏主前来聚会，称不赴者有罪。邓赕诏（今邓川县）主之妻名慈善，洞察出皮罗阁阴谋，力劝丈夫不要赴会，丈夫一意孤行，执意前往，慈善无法，只好在他身上悄悄放了一只铁钏。五诏主到齐松明楼后，先祭祖宗后喝酒吃饭，不到晚上就弄得酩酊大醉，皮罗阁趁机派兵围住松明楼，然后纵火烧楼，五诏主全被烧死，尸体莫辩。慈善凭铁钏识得丈夫尸首，把尸首运回家乡安葬。皮罗阁听说后，认为慈善不仅年轻貌美，而且忠贞贤惠，欲强娶为妻，于是派兵围住邓赕诏城楼，迫其答应。慈善怒骂："皮罗阁真是痴人说梦，我怎么会忘记杀夫之仇呢！"遂关闭城门坚守，半月后弹尽粮绝，自杀身亡。以后每年这天就成为纪念慈善之日。还有一种说法是三国时，诸葛亮七擒七放孟获，于这天被感化，答应归顺蜀国。孟获回来时，已是夜晚。父老乡亲们架起篝火，举着火把前来迎接，遂成风俗。每年这天，家家都要以鸡肉掺豆、笋、茄等蔬菜煮成"杂菜"而食，名曰和菜。再有一种说法据明·王士性《广志绎》载，这天是梁王匝剌瓦尔密擒杀大理总管段功之日，命其下属举火把以祭。以后每年六月二十日始，各家都要在庭院烧起大火，每人持一火把，以相互焚燎为戏。

除上述节日外，彝族还有插花节、拉乌节、"三一三"花会、密枝节、赶秋街、跳秋歌、背篓节、太阳节等，但这些节日多已废弛。

第二节 汉 族

一、族源

历史上，景东开发较早，汉族流入人口较多。元代，已有少量汉族人随忽必烈"畏吾儿"大军进入景东。明代，明王朝在元代郡县基础上增设一批府州县，迁徙大批内地军民屯田开发，加强中央集权统治。此外，以民屯、商屯形式迁入的汉族人口也不在少数。清代，清王朝进一步加强对边疆地区的统治。境内明代卫所仅设在川河、者干河沿岸，而清代关、隘、汛、哨、塘遍布坝区乃至偏僻山区。戍守兵役多为汉族穷人，他们有事守卫，无事开荒种地，抚养家人，年老体弱退役后，多数人选择留下垦荒、建寨，逐渐聚集成镇邑村寨。零零星星进入景东的汉族人，从三五户逐渐发展成一个村落，或依附当地土著形成较大村落，也有入赘到其他民族家庭，不改姓氏，慢慢用汉族习俗改变其他民族，使之同化为汉族。当然，也有相当数量汉族人通过与其他民族联姻而逐渐被少数民族同化。清咸同年间杜文秀、李文学起义失败后，部分少数民族为躲避清朝政府追杀，改名换姓、改为汉族，扩大了汉族人口的比重。另外，部分汉族游官、谪戍人员及农、商、工、医等，受生计所迫落籍景东。民国年间，不少汉族人进入景东，汉族人口随之跃居全县之首。中华人民共和国成立后，随着社会主义革命和建设事业需要，来自全国各地许多汉族干部、知识分子、南下解放军干部战士、科技人员先后进入景东工作，且大多数在景东安家落户。

民国时期汉族服饰及汉族妇女（高建国、市档案馆 提供）

二、人口及分布

汉族遍布全县，但主要居住在平坝河谷区。2011 年，景东县汉族人口 183859 人，分别为锦屏 32418 人，文井 40126 人，漫湾 8730 人，东镇 18288 人，曼等 11125 人，花山 14200 人，大街 11960 人，太忠 8048 人，龙街 9731 人，文龙 10133 人，安定 995 人，林街 4859 人，景福 13246 人。

三、语言文字

景东境内的汉语属汉藏语系北方方言。汉语是境内各族通用的语言，虽然汉语语法和现代汉语（普通话）无差别，但在语音和词汇方面仍保存着部分各自祖籍的乡音和方言。词汇中烙有彝语、傣语印迹，城乡间语音也略有差异。

四、生活习俗

服饰　汉族服饰随时代潮流而异。民国时期，男子上衣为长袖有领对开襟布纽式，裤子大裆宽筒式，前后不分，鞋子、帽子则款式不拘。女子上衣多为满襟布纽右扣式（俗称姊妹装），裤子多为大裆宽筒式，一般不喜欢戴帽，已婚女多编发盘髻于脑后，剪短发者多喜用彩带扎结如蝶系于头顶，女性鞋子也不拘一格。新中国成立后，不论男女老少衣着跟随流行趋势，与他地无异。

饮食　坝区汉族以稻米为主食；山区半山区汉族以玉米、小麦、荞为主食，辅以稻米。1978 年始，山区半山区汉族越来越多以稻米为主食。食肉以猪肉为主，其他肉类不拘；食用油以猪油为主，掺以植物油。城镇汉族居民早中晚一日三餐，农村汉族一般上午、下午两餐。汉族男人喜饮酒、抽烟、喝茶。

农村正堂家神（黄丕智　摄）

居住　境内汉族房屋按传统分为四合、三方一照壁、一正一面几种构造，也有少数为带过厅的三层两院式。一般为石基、土墙、木屋架结构平房。民国时期，屋顶有盖瓦、盖草、盖栅片等几种。瓦房要中等生活水平以上人家才能盖得起，大部分人家只住草房，另有部分人家住栅片房。1978 年后，逐步消除草房、栅片房。至 2011 年，农村草房、栅片房基本绝迹，普遍建盖瓦房。乡村新建房屋仍保持着传统小院落样式，集镇新房建设则有新的发展，构造越来越新颖多样。大致分为砖墙、钢筋混凝土结构，砖墙、钢筋混凝土楼面、大梁椽、瓦屋顶式和土墙木架瓦顶带阳台三类。在街集、公路沿线及经济较发达的乡村，屋内一般建成混凝土地面，部分人家铺设地板砖，不少房屋为油漆门面，设铁门、玻璃窗。

婚姻　新中国成立前，汉族婚姻遵照“父母之命，媒妁之言”，讲究门当户对，父母包办现象较为突出。男女双方经亲友和熟人介绍后，男家取双方生辰八字请人“合婚”，八字相合者便请媒人到女家正式提亲，征得女家同意后，即“吃订准”（订婚）。然后，双方议定婚期和彩礼，发放请柬，邀请亲朋好友届时光临婚宴。婚期当天，新郎披红挂彩，或步行、或骑马，由伴郎陪同，请喇叭队一路吹着唢呐，前往娶亲；到女家后，伴郎要偷回一对杯子和少许米、茶。新娘亦视经济条件或坐轿、或骑马、或步行随新郎回男家。到男家后，新郎新娘要抢新房，认为谁先入洞房今后谁当家做主。抢过洞房后，新郎新娘先拜天地，迎喜神，再拜高堂，夫妻对拜，方进入洞房，吃交杯酒。三日后，接新娘回娘家，新郎随去随回。新中国成立后，废黜封建婚姻制度，提倡自由恋爱，多数男女均能自由择偶，结为伉俪。寡妇再行婚嫁不受歧视。婚姻提倡新婚新办，勤俭节约，反对铺张浪费。自 20 世纪

90年代始，大操大办之风渐起，迎亲嫁娶一般乘坐拖拉机，富裕人家则用轿车；城镇汉族居民组成彩车队（一般黑色骄车6~8辆）迎娶，绕县城请人录像拍照。一般上午女家父母行嫁宴、下午男女双方行婚宴，酒席大多让酒店饭馆承包操办，动辄邀请宾客几十、上百桌。

中华人民共和国成立前，汉族一夫一妻与一夫多妻制并存，富家纳妾讨小较普遍。在家庭中，父为一家之长，父不存，则长子为尊，主管全家经济；女子被认为是“脸朝外”之人，无家庭事务决议权或财产继承权。中华人民共和国成立后，提倡男女平等，实行一夫一妻制，家庭决策权视家庭成员能力和威望而定。

丧葬　汉族实行棺木土葬。病人临危，即从卧室移入堂屋，断气时由儿孙“接气”，然后为其沐浴更衣，往口中放入少许银两（器），称“含口钱”，并用白布盖裹全身，装棺入殓。接着，请地理先生择坟地择发丧日。送葬时，至亲厚交者送祭幛、挽联，部分人家扎纸人纸马陪葬。棺材用一红毛毯盖顶，棺木上押一只雄鸡，一般由八人抬棺。葬后三天，孝子贤孙到坟地垒坟添土，或树碑立传，俗称“复山”。孝期百日、一年、三年不等。出门在外非正常死亡或产妇、孕妇离世，不得抬回家入殓，须火化后再行土葬。新中国成立后，只戴孝，不披麻，多数葬礼习俗相沿。

宗教信仰　汉族没有共同的宗教信仰，但历史上宗教对汉民族影响深厚，特别是对自然万物的崇拜曾在汉族生活中占有非常重要地位。汉族社会各种民间宗教信仰十分普遍，这些民间宗教在发展过程中深受佛教、道教影响。其中关于龙的信仰最具代表性。汉族崇拜龙是从原始图腾崇拜发展而来，在民间信仰中龙是万能的，关于龙的传说不胜枚举。龙被视为江河湖海之神，因而旧时龙王庙随处可见，遇到干旱则去龙王庙求雨。近代，龙作为吉祥的象征在汉族人心目中仍具有一定地位。民间信仰最高神为玉皇大帝，其下众神各司其职，如冥王（民间称阎王爷）属地狱之神，掌管人间生死；土地神（民间又称土地爷）是古代社神，属地方之神；城隍是城市守护神；灶神（民间称灶王爷、灶君爷）属家神，是民间普遍信仰的神。除祖先外，一些英雄、圣人也被汉族老百姓所供奉。另外，过去巫术、占卜、看相、算命等活动较普遍。1978年后，看相、算命等活动有所抬头。

禁忌　中华人民共和国成立前，汉族禁忌颇多。如，农历正月初一不动刀斧不动土，正月初五、初十四、初二十三忌办红白之事，逢戌日或逢五日、十五日、二十五日不动土，属猪日不卖猪不宰猪，属牛日不卖牛不宰牛；妇女产期不串门，串门会遭“厌误”（不干净、不吉利之意）；吃饭不准脱衣裳，脱衣裳易“魂背”；盖新房未上瓦前忌日月光照，须在椽梁上挂松叶；与长辈同处相坐禁跷脚，父母健在禁留须；孕妇不得参加接亲送亲活动，孕妇之夫及孝子不得做伴郎，孝子到亲友家报丧头缠孝帛不得入门。1950年后，除符合科学的禁忌和必需的礼节外，封建迷信和礼教禁忌基本废黜。自1978年始，部分禁忌恢复，如孕妇不得参加接亲送亲活动，孝子到亲友家报丧禁头缠孝帛入门等。

节日　境内汉族节日颇多。然而，由于历史、自然等原因，部分节日已经消亡，如寒食、重九、腊八等，部分节日则与当地兄弟民族习俗相融合。

春节，俗称过年，是汉族最为隆重的节日。农历十二月最后一天为除夕，俗称三十晚上。每近年三十，各家各户要备年货，将衣服被褥洗涤干净，房屋庭院内外全面大扫除，俗称扫尘。除夕前，包好粑粑（用糯米籼米兑合磨制），馅用菜肴、豆沙、糖花生等。除夕日，户户杀雄鸡、贴春联、燃高香，家家排神位、设天地、做年饭，饭菜上桌后，先祭天地，后献祖先，鸣放鞭炮，意在驱邪避鬼、振奋精神和烘托节日气氛。一些山区地方则要备“盘符斋饭”（“盘符”即肉类，“斋饭”即素饭）、酒茶香纸，托盘盛装，祭过天地神灵、家堂宗室，又祭猪牛狗鸡等畜禽君官，再祭山水路树诸神，每处烧3炷香、3份黄纸。农历正月初一至十六为节日喜庆期。初一，户主闻鸡而起，打上火把到井、沟、河汲水挑回，燃放鞭炮，若某户汲回的水越早，就预示该户一年用水丰足。初一忌讳较多，不准动刀斧，不准扫地，不准口角，不准哭闹，不准串门，不食腥荤。初二开荤，拜会亲友，打陀螺、荡秋千、“磨丹秋”，尽兴玩耍，晚上民众自发组织耍狮子、玩灯，逐户拜年祝贺。十六日为元宵节，亦称小年，最后饮宴一日，一年一度春节方告结束。1978 年后，随着社会经济的发展，汉族春节习俗相沿，并更为隆重。初一日，县城有关单位组织游园、斗鸡斗鸟、爬山等活动；初二日，县城及川河坝部分农村还要上坟山祭献祖宗。

清明节，公历 4 月 4 日或 5 日为清明节。节日前后，家家户户备办鸡、酒、菜饭、糖果、纸钱等祭物，入坟山祭扫祖墓，缅怀祖宗先烈。1950 年，扫坟活动停止。自 1978 年始，围坟、立碑、扫墓等活动逐渐恢复并日趋发展变化。

端午节，农历五月初五日为端午节。这天，家家包粽子，户户门庭挂艾蒿、菖蒲，意为驱蛇防病。中华人民共和国成立前，还用红布包雄黄、艾叶、茶叶、米粒等物缝制成香包挂在小儿脖颈，护身保命。新中国成立后，节日包粽子、杀鸡饮宴、插艾置蒲习俗相沿。

中元节，农历七月十五日为中元节，俗称接祖公、月半节。农历七月初，家家户户在庭外摆香案，燃香叩首将“祖公”接回家，煮肉宰鸡，一日三献。十四日下午，用纸制作“亡包”、银锞、阴钱送出家门烧化，典酒泼饭、上香，以示将祖公送走。自 1978 年始，中元节有所恢复和发展。

中秋节，每年农历八月十五日为中秋节，亦称团圆节。这天，散居各处的家庭成员都要回家团聚，并用糯米饭舂制成圆月状糍粑，配以板栗、核桃、花生等食品，全家人于庭院围坐，对月供献。1978 年始，中秋节渐至隆重。

第三节　哈尼族

一、族源

哈尼族源于古代北方氐羌族群。春秋战国，从青藏高原一带游牧进入西南地区。秦汉，西南地区（川、滇、黔）氐羌族群发展成为昆明、哀牢、滇、牢侵、靡莫、邛都、嶲、摩沙等部落，其中昆明、哀牢部落人数较多，最为强大，形成包括哈尼族在内的彝族支诸民族。据司马迁《史记・西南夷列传》载，昆明、哀牢等部落“西至桐师以东，北至叶榆”。即今曲靖市至大理白族自治州一带。西汉末至东汉初，汉王朝在嶲（叟）、昆明族聚居地设置郡县，派驻汉族官吏，分封部分昆明、哀牢部落酋长为王侯。景东先后归属益州郡和永昌郡。唐初，爨、叟、昆明居住地南部出现新族称“和蛮”。南诏统一云南各民族地区后，生活在西洱河地区包括今楚雄州南部和景东一带和蛮，史料称之为“和泥”。和泥居住地隶属通海都督和开南节度，其中开南节度主要辖开南城（今景东）、威远城（今景谷）、柳追和城（今镇沅按板）、奉逸城（今镇沅）、利润城（今勐腊易武），和泥与乌蛮（彝族）、扑子蛮（布朗族）、金齿百夷（傣族）等相杂居。元代，哈尼族被称为“斡尼”或“禾泥”。这一时期，和泥内部政治上尚未形成大的集团，多为分散的小部落，形成众多哈尼族支系。明代，哈尼族居住区域基本沿袭元朝分布状况，族称除沿称“禾泥”外，又写作“窝泥”“和尼”或“倭尼”。清代，又发现数十种内部称谓，如卡多、阿里卡多、阿古卡多、窝泥等。按照《景东府志》记载，这一时期景东一带哈尼族称为“窝泥”。民国初年，景东哈尼族称呼及分布区域基本不变。新中国成立后，根据本民族广大人民意愿，统称为哈尼族。

县境内哈尼族属卡多支系。卡多支系又有阿古卡多和阿里卡多之分，阿古卡多又称为卡多多纳（意为黑卡多），阿里卡多又称为卡多多士（意为黄卡多）。境内卡多为阿古卡多，自称卡多。

二、人口及分布

2011 年，景东县哈尼族人口 13283 人，分别为锦屏 1378 人，文井 7294 人，漫湾 39 人，东镇 159

人，曼等48人，花山3828人，大街219人，太忠42人，龙街25人，文龙47人，林街55人，景福110人，安定39人。

三、语言文字

哈尼语属汉藏语系藏缅语族彝语支，可分为哈尼雅尼、碧约卡多、豪尼白宏三种方言。境内哈尼族与汉族杂居年代比较早，融合也比较早。据1985年调查，花山区大部分哈尼人不会讲哈尼语，者后区文会乡部分哈尼人会讲哈尼语，岔河村彭贵和（73岁）及其老伴（63岁）介绍：哈尼话中“筷”称“朱约”，“碗”称“磕约”，“鸡”称“哈”，“鸭”称“阿鹭”，“猪”称“瓦”，“水牛”称“乌牛”，“喝酒”称“拉鹤度”，“吃饭”称“合作”。哈尼语元音分松紧，韵母以单元音为主，复元音韵母多出现在汉语借词上，没有塞音韵尾。在哈尼语词汇中，反映山区农业生产活动的词比较丰富，划分比较细致。各方言这类词同源词相当多，是哈尼语词汇重要组成部分。哈尼语与彝语支其他民族有不少同源词。哈尼语以词和虚词作为表达语法意义的主要手段。句子成分基本次序为主语—宾语—谓语，名词修饰语在名词被修饰语之前，名词和数量词结合时，名词在数量词之前；形容词在被修饰词的名词之后；单数人称代词用语音交替表示“格”的意义。名词多为双音节，动词多为单音节。许多双音节名词后一音节可做动词、量词。单音节形容词一般可以在后面加有关音节表示程度加深。方言之间，虚词有许多相同的，但也有一些表示词与词、句与句之间关联作用的词，以及具有修辞色彩的语气助词，又各有自己的特点，以区别于不同方言，但方言之间在语音、词汇和语法上的一致性是主要方面。

民国时期哈尼族妇女服饰

（市档案局　提供）

哈尼族小学生

（罗华　摄）

据传，哈尼族原来有文字，这些文字都写在牛皮上。有一年闹饥荒，人们都饿得快死了，就把有文字的牛皮煮吃了，从此哈尼族没有文字。1952年，政府重视并组织哈尼语调查研究工作，1957年写出《关于划分哈尼族方言和创造哈尼文的意见》调查报告，创造哈尼文声母32个，韵母26个，其中韵母单元音20个、复元音6个。1958年，哈尼文在红河州试点推广，取得一定效果。至2011年，尚未在景东推广。

四、生活习俗

服饰　据《景东府志》载：“窝泥，男服皂衣；女束发，青布缠头，另用宽布帕覆之，衣用长筒有领袖而无襟。穿衣自首套下，内着筒裤，领缀海肥，用金象作短小筒串以饰项。”中华人民共和国成立前，哈尼族衣着皆为自纺棉布（俗称土布）缝制，基本色调为黑色和蓝色，有厚实、保暖、耐穿等特点。男装为藏青色对襟短上衣或右斜开襟短上衣，配以银制纽扣，下穿宽大长裤，用蓝色或黑色土布包头，有的头戴小布帽，手戴手镯或手箍，留辫子。女装为青色和蓝色布料，右衽大襟衣，宽摆短角裤，头戴银桂花帽，胸着三丝银铃，耳戴耳环、手戴手镯，一般不穿鞋子。中华人民共和国成立后，哈尼族的服饰变化很大。川河坝区青年多着时装，山区青年逐渐改穿时装，中老年人多喜爱穿本民族传统服饰。

饮食　山区半山区哈尼族多以玉米和杂粮为主食，河谷平坝一带哈尼族以大米为主食。蔬菜有青菜、白菜、萝卜、豆角、南瓜、黄瓜、竹笋及野菜等；副食有猪、牛、羊、鱼、鸡、鸭肉等。喜食酸辣咸味及腌制品，善作鸭丸子、黄饭（用浸泡过黄色染饭花水煮出的糯米饭）。成年男女喜欢喝酒吃茶，男子喜吸水烟筒、抽兰花烟。《景东府志》载："窝泥……性嗜酒，食犬肉。"

居住　哈尼族新建房屋要请"贝母"（嫫庇或者汉族地理先生）选择地基。地基选定后，待秋收秋种结束，便择吉日动土。动土时，要杀鸡祭献，请祭司或长老挖上三锄，头锄要将地表挖破，挖出的土收藏好，象征吉祥；第二锄土撒向远方，喻将不吉祥的东西驱赶走；第三锄表示典基。若在老宅地基上建房，则免除上述仪式。哈尼族多依山傍水而居。新中国成立前，住房多为茅草房、栅片房、竹瓦房。经济条件好的人家为二层楼、穿心架、土基墙、茅草顶，人住楼上、畜养楼下。经济条件差的人家仅盖一层，木杈桩，土墙或泥巴墙、篱笆墙，茅草顶或竹片顶、木片顶。建筑形式多为长方形，屋顶双下斜或四下斜面，双斜面与汉族一般瓦房相似，而四斜面则从正房两边高杈柱子往下，像一把扇子样用椽子搭在矮杈横梁上，再覆盖茅草排为顶。高杈柱子房为正房，分为三隔，左边老人住，中间为堂屋，右边儿女住。两边似扇房子，一边为灶房，一边为畜禽圈。堂屋内紧挨后山墙设一张高至墙壁的供桌，桌左上方靠墙板供着代表父、祖父、曾祖父三代祖宗神灵的"俄定沙卡拉"四方小篾箩。逢年过节，将备好的菜饭放入筛中，由男户主高举过头顶，向俄定沙卡拉虔诚敬献，以求祖宗神灵保佑五谷丰收、六畜兴旺。哈尼族选择房屋门向很讲究，认为"活人朝湿（对山坳）、死人住干（山梁）"，户与户间门向不能相对。假若他姓人家房屋挡住门向，便要在自家门前拦块篾笆，以防门向被破坏带来灾难。

农村实行家庭联产承包责任制后，哈尼族建房形式有所改变，多建盖一楼一底土木结构瓦房，部分盖起钢筋混凝土结构平顶房。

婚姻　哈尼族实行一夫一妻制。中华人民共和国成立前，有少数一夫多妻现象，婚姻多为姑表舅婚，缔结婚约以父母包办为主，没有婚姻自由，婚姻范围大多限定在本民族范围内。孩子长到十五六岁时，父母就为其操办婚事，先请媒人到女方家提亲。提亲一般分三次进行，第一、二次主要是向姑娘父母表明来意，只要有允婚表示，分别称为"点香烛""合（押）八字"；第三次称订婚礼，带上茶叶、红糖、白酒、猪肉、草烟到女方家"吃小酒"，女方把主要亲戚邀来陪席，和男方代表共同商定聘礼种类和数量。吃过小酒，婚姻既定，双方不得反悔。然后是结婚过礼，一般男方向女方家送大米 15 千克、猪肉 30 千克、白银 16 两，新娘首饰若干。哈尼族婚礼较为简朴，一般分三天进行。第一天，娶亲人带着酒肉到女方家献家神，并在女方家住上一夜，女家应组织人接亲。娶亲人到女方家一一叩拜过家神，并把聘礼和奶母钱、舅舅钱摆在桌上，由女方收取，然后拜过父母，热闹一晚上。第二天，吃过早饭，娶亲人接新娘上路回家。这时，新娘须赖在闺房装作不肯出嫁样子，认为赖的越久越体面。男家要在娶亲人启程后，用青松、篾笆搭喜棚迎亲和宴请远来亲朋。新娘上路时，胸前要挂一面镜子辟邪，由伴娘撑红伞遮住新娘不让上天看见。走在路上时，遇到的人们会用橄榄、榕树果等扔向新郎新娘，以示祝贺。新娘接到家，要请贝母退喜神，新郎新娘吃交杯酒；交杯时，由族内长者指导完成，并由贝母口念吉利之词，大体内容为百年好合、敬老爱幼、勤俭持家之类。晚上，主人备好烟酒糖茶和夜宵，全寨子男女老幼聚集在青棚下，通宵达旦跳"三跺脚"、唱山歌祝福。

中华人民共和国成立后，哈尼族婚礼从简，双方议定婚姻婚期后，搭起喜棚，宴请远近亲邻，请 2~4 名喇叭匠吹拉弹唱，增添喜庆气氛。宴毕，婚礼宣告结束。1978 年后，部分婚俗有所恢复，富裕家庭婚礼较为隆重。

丧葬　哈尼族历史上盛行火葬。据清乾隆《开化府志》卷九和《普洱府志》卷之四十六、《云南通志》载："窝尼丧无棺，吊者击鼓摇铃，头插鸡尾跳舞，名曰洗鬼。忽饮忽泣三日，采松为柴，焚而葬其骨。祭用牛羊，挥扇环歌，拊掌蹈足，以钲鼓芦笙为乐。无箸，以手抟饭……死以雄雌鸡各一殉葬。"清中叶后，逐渐演变为木棺土葬。据《景东府志》载："窝泥丧葬刳木为棺，祭用牛，贫则用猪，不记生而记死，每逢祭日设牲祭于家。"除自杀、淹死等非正常死亡人外，均择地埋葬。哈尼族重视葬仪，年龄到50岁，多数人即开始预备棺材。人离世后，只请本族贝母安置阴魂。丧葬礼仪包括报丧、接气、入殓、吊唁、出殡、复山等。

中华人民共和国成立后，哈尼族葬仪有所趋减。1978年后，部分葬仪又有恢复。

复山（罗海垠　摄）

宗教信仰　哈尼族信仰原始宗教，主要是自然崇拜和祖先崇拜。认为神灵普遍存在，主宰着村寨和家族兴衰存亡、人畜和粮食兴旺丰收等。因而喜庆佳节、娶亲嫁女、外出活动、劳动生活等都带有原始宗教色彩。最敬重天神、地神、竜神（寨神）、谷神、树神和家神，其中祭竜和祭谷神活动较为隆重。常用祭品为鸡、猪、羊，主要祭祀方式为舂粑粑、看鸡卦、做法术、念咒语等。

祭谷神，撒播谷种前，先在田头插花、燃香、献饭，然后才撒播，边撒边念“一籽下地，万粒归仓”等吉语。花山哈尼族对谷神更为崇拜，秧苗发青时还要献一次饭。

祭竜，是寨子最大的活动，祈求上天风调雨顺，保人畜平安，五谷丰登。每年农历二月，由嫫庇（祭司）看鸡卦选好日子。祭品选用糯米饭、猪肉、酒等，开祭时，摆上一条三脚木凳，凳前插根竹竿或木棍，竿上套件白衣服。祭竜时妇女不得参加、不得动土；进寨路口要用竹笆栅拦，若有人闯入，则第二年要罚祭竜猪一头。祭好后，祭品要搬回家吃掉。

禁忌　哈尼族禁忌颇多，如，大年初一日忌吃荤及寡妇串门，其他人登门则备受欢迎，认为能给家人带来吉祥；属火日不竖柱、不盖茅草，否则会遭至火灾；雷击树不能砍伐，否则周身会灼热；属蛇日忌杀猪、属兔日忌杀鸡、属羊日忌杀牛，正月属虎日不卖家畜、六月属狗日不是吉日；死者未满周年其家属不准进青棚，狗不能上灶、牛不能进家；祭祀期间忌生产劳动，烹制酥肉时忌外人闯入，等等。

节日　哈尼族节日主要有春节、清明节、端午节、“七月半”、火把节、谷熟节（又称新米节）、中秋节和“大家猎”。

春节，又叫过年。是哈尼族最隆重的节日，有条件的人家要杀猪。除夕前几天，妇女忙着做粑粑，小伙子则砍回黄栎木、紫柚木做陀螺，砍来竹木在广场搭秋千、支磨秋。除夕，家家户户都要扫尘，清理所有家具，清洗所有衣物。年三十晚上要守岁，守岁一般守到半夜，要杀鸡祭天祭土主。要“偷菜”占卜祸福，预先想好到别人家哪块菜地中偷，不能半途变卦，摸黑到地后只偷蒜苗，偷时口中念念有词，面朝外反手拔蒜十二棵，依序排好，每棵代表来年相应月份，若遇有拔断的蒜苗，预示着相应月份内事有不顺；若遇主人头晚浇过尿粪，则预示着整年霉运，偷菜者会故意拔掉一大片蒜苗，蒜苗并不带回家，让主人看到后心痛破口大骂，骂了霉运也就解了。年初一早晨，男人要先起床，做好黄饭，祭神献祖后，再叫妇女起床吃饭；要抢“早水”，认为哪家先抢到头水，哪家就会四季平安、五谷丰登、六畜兴旺。当日始至小年十六日，男女老少穿上新衣裳，聚集在广场荡秋千、骑磨秋，举行打陀螺比赛；也有走亲串戚，出嫁女要带粑粑回娘家团圆。

中秋节，又叫“八月十五”。这天，寨子要统一宰牛，家家户户要舂糯米糍粑献月神。牛宰杀后，牛头、牛脚、牛排、牛筋、牛杂用大锅熬出汤锅，和精肉一起按人头平分带回。童谣道：“八月十五舂粑粑，烤牛吃。”改革开放后，吃“大锅肉”习俗废弛，部分家庭开始包粽子吃，但家家都要春糍粑，置办丰盛晚宴，边赏月边吃糍粑，享受团圆之乐。

大家猎，主要在文井镇新会村一带流行。开春之月，由嫫庇看鸡卦选定吉日。这天，全村男女老少或拿铓锣、或带棍、或执响筒，弹弓、猎枪、火铳齐上阵，共同狩猎。选好猎场后，人们将猎场合围，敲锣的敲锣、摇树的摇树、打草的打草，又喊又叫把猎物朝里撵，“射手”们则藏匿在里边射杀猎物。猎物一般有麂子、野兔、蛇、野鸡、白鹇、孔雀、斑鸠、鹌鹑、土画眉等。所有猎物收拾干净后，砍成块按人头平分。有时集体也会下河拿鱼。无论猎获或渔获，见者有份，即使是小孩也不例外。改革开放后，特别是政府实施禁猎政策后，该习俗废弛。

另外，哈尼族清明节只献祖、不扫坟。七月半（农历七月十五日），又称七月节，这天，要把祖宗接回家中祭祀。谷熟节，又称尝新节，六月初稻谷成熟时，要摘几穗带回家，剥出米粒献家神，杀鸡煮肉祭献。火把节撒火把等习俗多与彝族同。

第四节　瑶　族

一、族源

景东瑶族自称“瑶家”“乐舞人”，他称“乐舞”。据汉文献记载，先秦时瑶族被称为“三苗”“有苗”“苗氏”“南蛮”等，居住范围“左彭蠡之波，右有洞庭之水；文山在其南，而衡山在其北”。包括今湖北、安徽、湖南和江西部分地区。秦汉至隋唐时期，瑶族被称为“长沙武陵蛮”“荆州蛮”“五溪蛮”“莫瑶”等。南北朝时期，洞庭湖周边地区出现莫瑶，瑶族作为单一民族实体逐渐形成。唐朝中期，一部分莫瑶迁入今广东、广西和贵州部分地区。宋元时期，莫瑶继续大规模向南和西南方向迁徙，两广地区逐渐成为瑶族主要活动区域。元代，云南、越南开始有瑶族人活动，但大量迁入时间在明末清初。景东乐舞支系，一部分为明初随沐英迁入，另一部分据瑶族民间传说为清初从江西一带迁入。如瑶族李、方、祝、者、张姓，初入云南后定居墨江，后一部分继续南迁至江城等地，一部分则逆把边江而上定居在文井中所、大寨、小寨一带。之后，部分瑶族迁往大街乐舞箐（《景东彝族自治县地名志》作“罗武箐”），再从乐舞箐迁到太忠普牙山一带，随着人口增长，居住地不断扩大，主要集中在大松树、岔箐、戛仰、大水井等村。

二、人口及分布

2011 年，景东县瑶族人口 4671 人，分别为锦屏 652 人，文井 634 人，花山 135 人，大街 433 人，太忠 2722 人，龙街 57 人，曼等 15 人，其他乡镇有少量分布。

三、语言文字

瑶族语言属汉藏语系苗瑶语族瑶语支，使用汉语文字，读瑶语音，主要用于记录宗教经书和诗词。一般每寨有两三人识字，并保存有经书和诗词手抄本，收集和发现的瑶族文献有《大洞经》《三元宝》《金三章》《送葬书》《万年科》《十粮书》《照兵科》等。县境内瑶语已经失传。据 1985 年调查，仅太忠区岔箐乡普牙村祝兆金（85 岁）记得几个单词。如，吃饭——zuǒ zuó liē；猪心肺——cī ber；这里来——wū lài lai；什么东西——māi yuō；蚕豆——nuó suō；豌豆——nuó sǎi；回来，回来你回来——gǔ lāi gǔ lai gǔ lāi；白酒——zhī zhí；清酒——a zhì；筷子——a zhu；刀——bi tuo；斧子——shì cuo；碗——lin hua；勺——yì geu；打——ch wō；没有了——mā ia lāi。

四、生活习俗

服饰　境内瑶族服饰在民国年间就有改装，男子衣着与汉族无异；女子喜戴耳环，普遍蓄发编辫，婚前披辫于后、婚后盘结于上，以示区别，手戴银镯、胸佩三丝银链和银响铃。20 世纪 90 年代，少数妇女着满襟衣裳，花边衣袖、衣领和衣角，脚穿猫头绣花鞋、头戴猫头帽。

饮食　山区半山区瑶族以玉米为主食，稻米次之，兼食小麦、荞子等杂粮，坝区瑶族以大米为主食。副食有畜禽、蛋类和各类蔬菜。无论男女老少都喜爱饮酒喝茶，抽草烟。

居住　瑶族建房地点多选半山腰，要求背风、向阳、靠水源，“左有青龙，右有白虎”，门向须对山脊，不能对岩子、洼子、河水和箐水。建房时，择日动土挖地基、砍伐木料，舂墙上土前要杀鸡献饭。砍伐木料时，先砍中柱，尽量砍长一点，意为住得长久、吃穿有余；竖柱时，要选择吉日；上中梁时，要念吉利口诀，用画有太极符号的红布包梁，并包在中梁正中线，每个角用银钉固定，再用七粒糯米、七片茶叶、少许银器合包，作为镇房之宝。喜用椿木作梁帽。瑶族房屋建筑长必带“九”、宽必带“六”、高必带“一”，意为住得长久、有福有禄、高于一切。房屋构造以五架梁穿斗为主，土坯掌墙，顶部视经济条件覆瓦或覆草。一般以三五户为一个居住点，比较分散。

退喜神（者吉中　摄）

婚姻　瑶族婚姻以一夫一妻制为主。中华人民共和国成立前，多行姑表婚和族内婚，指腹为婚、父母包办现象较为普遍。夫死可以转房，多数为叔配嫂。提亲征得女方同意后，先按生辰八字“合婚”，八字合婚分上中下三等，上为理想、中为勉强、下为相克。合婚后，上婚中婚者，男方携酒数斤、糖果一盒到女家吃“火笼酒”，商定聘礼及婚期。瑶族婚礼较为隆重，必搭喜棚，请吹鼓手奏乐，花轿接亲。娶亲时，迎亲队伍除新郎、媒人、伴郎外，须有三代人同往，人数须为双数；女方送亲与男方迎亲人数相对。迎亲队伍到女家后，男方安排人偷女家杯子 1 对、筷子 1 双。按预约时间和程序，由一位德高望重长辈把新娘背“上轿”，迎送队伍簇拥于花轿旁，欢天喜地地把新娘送往男家。到男家后，新娘下轿入洞房前先杀鸡退喜神，然后，由陪嫁人用红伞遮护入洞房，部分地方时兴新郎新娘抢洞房枕头，认为谁先抢到，谁就是未来当家人。抢枕头仪式结束后，喝交杯酒，由一位老人在两个杯子上系上红线，斟满喜酒，口念“金杯金盏金线拴，夫妇二人把酒传”，让新郎新娘交杯喝下，念毕，新郎新娘交换杯子，又念“这杯传去那杯来，夫妇二人换酒台”，最后，双方各自喷酒，先喷者为胜。晚上，行拜堂礼、闹新房。婚后第三天，新郎新娘带上礼物到媒人家表示谢意，称“谢媒”。

丧葬　瑶族人离世后，要向亲友及后家报丧，请道士择日发丧安葬。其间，“刺血点圈”，请道士刺破孝子手指蘸血和墨写灵牌。尸体入棺，棺头装“压材饭”；装压材饭时，要请人哭丧。出殡时，棺材在十字路口停放，孝子们绕棺材转三圈，称“绕棺”，方向为男左女右，向遗体告别。瑶族一般实行土葬，不满十八岁或孕妇离世后实行火葬。不论土葬火葬，都要筑坟立碑，刻字为志。

宗教信仰　瑶族信仰万物有灵、灵分鬼神，崇拜祖先“盘王”。瑶族人认为，鬼神主宰着人类的生死祸福、五谷畜禽，鬼有人鬼、冤鬼、动物鬼、万丈鬼、独脚五郎鬼等，神有家神、灶神、土主神等。自然崇拜对象主要为天神、雷神、龙神、土地神等；祖先崇拜则较为普遍，先辈亡故后，要请人画像供在家中神坛上，长期献祭。每年农历二月十五日和八月十五日，家族所有人要参加祠堂祭祖，每次由两户人家主办，杀1头猪、1只羊，先生祭、后熟祭。祭时，男跪于正厅、女跪于台下，请道士念祭文。家族内倘有纷争或违反家规族规之事，也在祭祖活动中解决。

禁忌　瑶族在生产生活中有诸多禁忌。如，正月二十日忌风、三月初一忌水、五月龙节忌旱，用餐时忌讳互用碗筷，忌门槛上坐人、脚踏或狗爬灶上，大年初一妇女不能串门，正月初三、初五、初六家人不能出门，忌食水牛肉和狗肉，认为妇女生双胞胎不吉利。

节日　瑶族节日主要有春节，正月十五日过小年，二月初八过收尾年，二月十五日祭祖，三月清明节扫墓，三月十六日祭山神、二十日做子孙会，五月五日过端午节（又称面条节）、二十八日做土主会，六月十三日做龙王会、二十四日过火把节，七月半接送祖先，八月十五日过中秋节，十月十六日过“盘王节”。

盘王节，又叫“跳盘王”“做盘王”“还盘王愿”“众人打斋”，属瑶族人纪念祖先的盛大传统节日。1984年8月17—20日，瑶族研究会座谈会在广西南宁举行。会议一致通过“盘王节”为瑶族统一节日，时间定为每年农历十月十六日。

第五节　傣　族

一、族源

景东境内滇越部族称鸠僚，即今傣族先民。唐代，鸠僚被称为“金齿”“黑齿（漆齿）”“茫齿（他称）”，即南诏德化碑所载之“黑嘴”。清嘉庆《景东直隶厅志》卷二十载：“明初，原隰多僰夷，山多罗罗，是为土著。”“僰夷”亦属傣族称谓。公元10世纪前后，云南南部泰掸各部建立起许多小国，这些小国联合成一个大国，史称庸那迦国。与此同时，永昌、丽水、开南等地傣族先民金齿、茫蛮联合起来，组成一个更为强大的联盟——憍赏弥国，傣语称“果占壁”王国，即后来的麓川思氏王国。傣族分布区域扩展至红河上游、元江、南盘江一带。从元代始，景东傣族土司兵到峨山及金沙江河谷、四川大渡河一带征战，部分人在这些地方定居下来。明朝，境内川河、威远江流域傣族领主受明王朝封赏，势力日渐强盛，一度成为景东、景谷、孟连等地傣族土司制度鼎盛时期。清咸丰、同治年间（1851—1874），哀牢山地区彝族、哈尼族、傣族和大理洱海流域回族在李文学、田政（又名田以政、田四浪）、刀成义和杜文秀率领下举行起义，摧毁景东、景谷等地傣族土司统治。此后，景东、镇沅等地傣族多数迁徙到勐海、景洪、孟连及缅甸景栋一带，傣族人口陡然大减。民国30年（1941），景东县政府上报材料说：“汉摆夷约500余人，在民乐乡一带。”中华人民共和国成立后，据1953年统计：景东傣族共866户4072人，主要集中在民乐坝子。1957年12月，民乐乡划归景谷，景东傣族人口不足千人，已找不出一个完整的傣族村落。1982年，全县普查时仅剩1807人。

二、人口及分布

2011年，景东县傣族人口3103人，分别为锦屏662人，文井731人，东镇586人，漫湾16人，曼等185人，花山294人，大街467人，太忠15人，龙街24人，景福96人，其他乡镇少量分布。

三、语言文字

傣语属汉藏语系壮侗语族壮傣语支，景东傣族属傣那支系，受中原文化影响较为深远。明正统七年（1442），景东卫设儒学，教授汉文。据明刘文征《滇志·风俗》载：“景东府，民多僰夷，性本驯朴。田旧种秫，今皆禾稻。昔惟缅文，今渐习书史。民风地宜，日改而月化。”李中溪《云南通志》卷四《景东风俗》说：“学校声教，渐迁其俗，民多百夷，性本善朴，昔为缅字，今有史书。民风地宜，日改月化。”证明近200年的汉文化改造，景东傣族文化教育、风俗习惯均接受中原文化的熏陶，曾经大事使用缅文、小事使用木刻，而明末已大量使用汉文。1988年掘出的阴刻楷书“显考故知府少凤公墓”和“显考故知府陶讳金”汉文墓碑，可以证实，早在明代永乐年间（1403—1424）或者更早，境内傣族就已经使用汉文。清代，汉文流行，傣文在境内几近绝迹。

中华人民共和国成立后，傣族人在当地中小学校接受汉文化学习，日常均使用汉文。

四、生活习俗

服饰　据《景东府志》载：“僰夷，男皂衣，以青布绞足胫，肩挂春袋，染齿令紫红，喜浴；女短衣齐腰，穿筒裙，中以宽带缠绞腰腹。”中华人民共和国成立后，景东傣族服饰已失传，男女服饰与汉族无异。

饮食　傣族人多以大米为主食，少数人以玉米、杂粮为主食，喜食糯米。副食多酷爱酸、腥的水产品，有制作酸性食物习俗。除酸菜外，还制作水腌竹笋、干酸笋等，喜捕鱼，腌制鱼鲊。酸蚂蚁、酸笋丝、螺蛳是傣家人的上等食品，也是待客的佳肴。

居住　境内傣族建房屋一般要请地理先生看风水，多数选建在山坡或高地。据《景东府志·夷民种类》卷三载：“僰夷……屋多用榱，门开顺屋脊，傍水而居。”中华人民共和国成立前，大多数人家为杈杈房、茅草覆顶，富裕人家则住栅片房，少数与汉族杂居住瓦房。建房时，多用黑心树做杈，绵竹做梁，竹篱笆挂泥做墙。新中国成立后，多建土木或砖木结构瓦房。20世纪80年代后，部分建起钢筋混凝土结构平顶房。

婚姻　傣族以一夫一妻为主，若女方不能生育，男方多娶妾。有转房习俗，兄离世后，如果弟无妻，弟与嫂婚，称叔配嫂。同姓不能婚配，姑表可以结婚。婚姻大事由父母做主、请媒人提亲，聘礼根据双方家庭情况而定，婚礼过程主要包括迎亲、退喜神、拜堂、迎宾。夫妻地位平等，男耕女织，一般由女人赶集交易和掌管家庭经济。新中国建立前，无子不招女婿，只能过继一个儿子另娶儿媳，继儿须随姓。

丧葬　傣族实行火葬或土葬，正常死亡者行土葬，非正常死亡或因传染病死亡者实行火葬。人离世后，要请汉族道士择日、做灵牌、开路，一般要经过接气、报丧、洗尸体、穿寿衣、装棺、停尸、守灵、出殡、埋葬、隔魂等程序。下葬时，用黄豆、大米、茶叶混合撒“绿米”。落葬后，道士招魂才回家，一段时间或几年后才立墓碑。

宗教信仰　傣族信仰原始宗教，主要是自然崇拜和祖先崇拜。自然崇拜主要是对日、月、水、龙的崇拜。正月初六、冬月十九日做太阳太阴会，大伙凑米、凑钱、凑菜，请道士念经、祭拜；六月十三日做水井会，烧香、杀鸡祭献；正月属龙或属虎日祭竜，杀鸡、宰猪祭祀。祖先崇拜主要表现在老人离世后，子孙要请道士隔魂叫魂，逢年过节杀猪杀鸡祭献。

禁忌　傣族禁忌多与汉族相同，但释义有所不同。如，狗不能上房，认为狗上房会遭“鲁达神”害，须请贝母将狗拉到山上杀祭鲁达神才能免灾。狗产独子不能要，认为“独狗爬灶”；猪一胎生两儿不吉利，认为“双猪独狗不搬就走”。牛不能进家，牛进家家神会怪，会进家的牛不能饲养，要宰杀掉。祭竜期间，村人不能外出；正月初一到祭竜期间，禁止任何人上山砍伐活树，不准下田做活，不能扫地、用磨，否则竜神会降祸。忌妇女犁田耙地，忌跨火塘，忌食狗肉。新中国成立后，旧俗大多革除。

节日　境内傣族节日主要有春节、祭竜节、清明节、端午节、火把节、月半节、中秋节，其中春节、火把节较为隆重。

春节，农历正月初一到十五期间称过年，与汉族相似。有条件人家要杀猪、烤酒、舂粑粑，祭天地、献祖宗。

火把节，每年农历六月二十四日夜幕降临，各家各户点燃松明火把，带上香面，从家门口到畜禽圈、瓜菜地、果树旁通撒香面，驱虫赶邪，求人畜平安。当天要叫谷魂、牛魂、猪魂、鸡魂等，认为把禽畜魂叫回来后，家里就会五谷满仓、六畜兴旺。

第六节　回　族

一、族源

元代，大量回族人随元军迁入，居住在靛坑窝；一部分人耕种，一部分人经商或经营手工业。清雍正元年至三年（1723—1725），回族马、布、张、金四姓在无量山迤西建立村寨，逐步形成林街回营、漫湾保甸和忙笑、大街三营、东镇黑蛇回营、景福回寺等回民村落。1851—1874 年，滇西回族杜文秀率众起义失败，景东城郊十八回寨及忙笑回民被镇压，境内仅剩林街、安乐、保甸 3 个回族村。

二、人口及分布

2011 年，景东县回族人口 1709 人，分别为锦屏 248 人，文井 32 人，漫湾 362 人，林街 1040 人，其他乡镇有少量分布。

三、语言文字

景东回族通用汉语汉文，少数人学习阿拉伯文，阿拉伯文主要用于宗教活动。回族在日常生活中，仍保留着部分阿拉伯语或波斯语词汇（专用语）。

四、生活习俗

服饰　景东回族有本族专属的帽子，以白色最为普遍。男子礼拜时必戴帽子，其帽子大致分为四类：绣阿拉伯文经语六角尖顶布帽；绣阿拉伯文经语白布平顶布帽；白布平顶普型帽；毡质红色尖顶带穗或平顶带穗满克帽。妇女平时头戴面纱，礼拜时常戴过肩白布盖头。老年男子喜穿长衫。

饮食　回族以大米、小麦、玉米为主食；肉类主要为牛、羊、鸡、鸭、鹅、鱼，食用油以植物油为主；蔬菜水果与他族所食无异。油香是回族的特有食品，用精面、精红糖加水拌和后，用植物油煎炸而成，形式多样，其特点为香、甜、脆；每逢重大节庆，必制油香。此外，还善制泡米糖、苏子糖、核桃糖、黄豆糖等。成年男女喜欢喝茶，并以茶待客。

居住　回族建新房多选于清真寺附近平川河谷或半山区。村居特点为大分散、小集中，在农村组成户数相对集中的区域。民居为四合院，以坐东朝西为主，分正房和耳房。正房为砖木结构楼房，室内房间多为长九尺、宽一丈一尺。21 世纪后，回族人均住上瓦房，部分建起钢筋混凝土结构平顶房。

婚姻　回族主张“婚姻无贫富，必择善良”，要求婚前保持贞洁，身体健康，爱劳动、善经营，有良好道德品质。中华人民共和国成立前，存在少数一夫多妻现象，一般只在本民族范围内通婚；中华人民共和国成立后，遵守《中华人民共和国婚姻法》规定，实行一夫一妻制，与外族通婚者逐渐增多。

按照传统习俗，婚姻要经过“父母之命，媒妁之言”，并行过“拿手礼”，还需要五梭颂过“喜经”方为“正牌”的婚姻。男女恋爱后，男方请有妻室儿女者做媒，带聘礼到女家提亲，女家若同意便会收下聘礼，共同商定订亲日。聘礼通常为现金、金银首饰和衣物，数目视经济条件而定。订亲日，男方请有威望的长者或阿訇作证婚人，备好牛菜、羊菜、米糕等礼品，由证婚人带领亲友送到女家，女家则备下糖果、红糯米饭招待，准新郎当着阿訇、女方父母及其亲戚的面，边送礼边喊“父亲、母亲、舅舅、舅妈……”。婚日，新郎在伴郎的陪同下前往接亲，女家要以相同人数在门外迎亲。新娘接回家后，男家设筵席宴请宾客，请阿訇颂喜经、撒糖果，并教育新人要互敬互爱、孝敬父母、勤俭持家。回族看重团结和睦的大家庭，三代同堂者很普遍。20世纪60年代后，大家庭分家较为普遍。父母为子女完婚后，二子以上家庭即分立门户，但须留一子与父母同住，履行赡养义务，父母养老、医药、丧葬等费用则诸子同担。家庭中，若夫妇生女不生男，则入赘一婿为子或以直系侄辈承嗣。寡妇可以另嫁或招夫。婴儿出世后，要给亲友报喜，闻喜者送“祝米”（糖、米、鸡、布料）以示祝贺。

做都尔（者吉中　摄）

丧葬　回族把人的去世称作“归真”，即回归真主之意。因而，回民每当听到同族去世消息时，都念《古兰经》经文表示悼念，并要为亡人举行伊斯兰教葬礼。回族丧葬实行速葬、土葬和薄葬。回族人聚居的村寨、街道都设本族的公共坟地，其他族不得入葬。病人临危时，要请阿訇念“讨白”（忏悔词），请求真主饶恕和赦免一生的罪过；病人断气后，将尸体置于尸床，取去假牙及戒指等饰物，用温水遍洗尸身。然后，瞑其目、合其嘴、顺其手足。殓尸，男女贫富皆不用棺，概以白布严裹尸体三层，将尸体移到正堂，让尸位头北脚南、面略向西，仰卧停放片刻，再将尸体移至“经匣”（即灵床，公制公用，平时存放在清真寺里），送往清真寺举行伊斯兰教殡仪。待行过教门礼仪及散过“法金”后，即送往坟山埋葬。一般早晨归真，当天埋葬；晚上归真，次日埋葬。下葬行深穴土葬。埋葬时，“埋体”仰卧坟穴内，头枕北、脚朝南、面侧西，然后用石料或土坯封穴，以土覆坟；有的则用石块砌成坟，用汉文或阿拉伯文做墓志铭。

回族人逝世后，要请阿訇念经祈祷，为亡人赎罪。每当开斋节，亲属要到坟地游坟（走坟），表示哀悼。

宗教信仰　回族多信仰伊斯兰教。其教义教律可分为诚信和遵行两大纲。(1) 诚信。概要有六，即信真主、信使者、信经典、信前定、信后世、信天使。(2) 遵行。即遵行天道五功、人伦五典。天道五功，指认、礼、斋、课、朝。人伦五典，指子女孝顺之道、夫妇敬爱之道、敬长爱幼之道、兄弟宽忍之道、朋友忠信之道。县境穆斯林皆以清真寺（亦称礼拜寺）为活动中心，林街、保甸、安乐清真寺均设有管委会，成员由教民民主选举产生，负责管理本寺有关寺务，教务由阿訇主持。

禁忌　景东回族忌食自死的畜、禽、兽肉及不反刍的畜肉（如驴、骡、马）、带爪凶暴的畜肉兽肉（如狗、虎、豹等）、水产鳝鱼、螺肉，以及长有勾喙的鹰、鹦鹉等鸟肉；反对偶像崇拜、巫卜、算命、淫乱、偷盗、赌博、自杀、饮酒、抽烟等。礼节往来时，不行叩头礼、鞠躬礼。

节日　回族传统节日主要有开斋节、古尔邦节、圣纪节。

开斋节（阿拉伯语称尔德·非吐尔），是伊斯兰教的盛大节日。时间是伊斯兰教历10月1日。开斋节，就是穆斯林封斋一个月后庆祝斋功完成的日子。节日这天，清真寺装饰一新。各家各户可互请亲友同乐，一般家庭都备有各种油香佳肴，互相赠送。

古尔邦节，又称宰牲节、忠孝节，时间在伊斯兰教历12月10日。节日这天，穆斯林封斋（不吃早点)。沐浴后，来到清真寺举行会礼。古尔邦节和开斋节的宗教仪式相同。会礼结束后，穆斯林有条件者须宰羊或宰牛献祭。

圣纪节，不仅是伊斯兰教的重大节日，也是回族三大节日之一。伊斯兰教历 3 月 12 日为穆罕默德诞生纪念日，故谓圣纪。相传，伊斯兰教历第 11 年（632）3 月 12 日又为穆罕默德逝世日（圣忌)。圣纪节日，穆斯林去清真寺集体诵经，赞颂默罕默德，讲解穆罕默德的历史和伟大功绩，宣扬穆罕默德高尚的品格等。纪念活动一般有跪经、赞圣和演讲，活动结束后聚餐。

第七节　拉祜族

一、族源

公元 13 世纪，蒙古军队进攻大理国，迫使聚居于金沙江南岸的拉祜族分东西两路南迁。东路以拉祜西支系为主体，顺哀牢山西侧和无量山东侧南下到景东、景谷等地澜沧江东岸定居；西路以拉祜纳支系为主，沿澜沧江西岸分布于临沧市。县境拉祜族属拉祜西支系（俗称黄拉祜)。“拉祜”之“拉”是虎的意思，所以，拉祜族曾是以虎为图腾的民族。拉祜族自称“锅锉”，1953 年 4 月，澜沧拉祜族自治县成立，根据民族识别和本民族意愿，统一定名为拉祜族。景东一部分拉祜族直至 20 世纪 80 年代末仍使用苦聪族称谓。1987 年，根据苦聪人意愿，县政府委托县民族事务委员会召开全县苦聪人代表会。经代表一致要求、并根据上级有关部门批准归属为拉祜族。

二、人口及分布

2011 年，全县拉祜族人口 1502 人，分别为锦屏 130 人，文井 486 人，东镇 97 人，花山 639 人，大街 31 人，太忠 16 人，文龙 12 人，安定 13 人，漫湾 13 人，景福 32 人，曼等 17 人，其他乡镇少量分布。

三、语言文字

拉祜族有自己的语言，属汉藏语系藏缅语族彝语支。县境中老年人会说会听拉祜话。如，吃饭称“胡勺格拉”，慢慢吃为“阿路路则”。唐代，其先民“锅锉蛮”是南诏主体民族“乌蛮”中的一支，受南诏文化影响，有一部分人信奉佛教，并学会南诏境内流行使用的文字传播佛教。宋代后，拉祜族先民离开洱海流域向南迁徙，本民族文字失传。

中华人民共和国成立后，共产党和人民政府积极发展少数民族语言文字。1957 年，拟订出拉祜文改造方案，并在拉祜族聚居地区推广使用，但未在景东县推广。

四、生活习俗

服饰　据《景东府志》记载：“男如小罗罗，女短衣，以带缠腰，下着麻布，密褶裙。”又据《景东县拉祜族社会调查资料》载：“男穿满襟衣，留长辫子，包蓝布包头；女穿大镶边衣服，头戴银桂花帽。”

中华人民共和国成立后，仅老年人保留原有服装，大多数青年着汉装。中共十一届三中全会后，青年男女着装逐渐归随流行时装，与其他民族无异。

饮食　据《景东府志》载：“小古宗，以各种杂粮，取山芋野菜以为食。性喜猎、嗜酒。”拉祜族多种山地，以玉米为主粮，掺食稻米、苦荞、小红米等。喜食辛辣食物，喜爱喝酒，爱喝烤茶，男子爱抽烟，妇女抽烟者少。新中国成立后，山区拉祜族仍以玉米为主食，掺食稻米、荞等；坝区拉祜族以大米为主食，兼食玉米、荞等。肉食以猪肉为主，兼食牛、羊、鸡肉等，蔬菜水果与当地彝族、汉族无异。

居住 据《景东府志》载："小古宗，以叶搭棚，无定居。"到清代中期仍从事迁徙农业，居无定所。无论久居还是暂居，都喜欢选择在通风干燥的山梁上建房，门向要对准远处山峰。挖地基前，先挖平一小片，放上三撮米祈愿："此地如果可在人、可建房，蚂蚁就不会爬到米上。"第二天，如果米粒有蚂蚁或被鸟吃掉，即认为风水不好，必须另选地方。房屋结构以栎树杈为柱、松干为梁、栅片或茅草为顶，扎枝条糊泥巴为墙。竖柱日早上，要在新房正中摆上糯米饭，帮忙者每人吃上一团，以示吉利、有福有禄。房屋建好，亲友祝贺，年轻人跳舞，老年人喝酒唱歌。居所人口增长快就认为这个风水好，几十年不搬迁；家人疾病多就认为房屋不吉利，要另择地基新建。

新中国成立后，拉祜族居住的栅片房或茅草房逐渐改造成瓦房。1978 年后，部分人家建起钢筋混凝土结构平顶房。

婚姻 拉祜族实行一夫一妻制。男女青年到十八九岁时便开始社交活动，婚姻多由双方自由选择，少部分父母包办。每个姓氏一般固定与一二个异姓通婚，有个别姐妹与别家兄弟分别结婚现象。逢年过节和遇红白喜事期间是青年男女寻找对象的时机，人们成群结队跳舞、唱情歌，相互表达爱慕之情。拉祜族认为，"天上无云不下雨，地下无媒不成亲"，双方一旦情投意合即告诉父母，男家请媒人到女家说亲。初到女家说亲时，需带上两碗酒和两把草烟，如女方父母允婚，则大家吃"许口酒"（又称喜口酒），商定吃"火笼酒"时间。吃火笼酒时，男方要带去酒 1 千克、肉 2~2.5 千克，与女方父母、哥嫂及其亲戚商谈，定下合"八字"时间。吃过火笼酒后，婚事即算说定，只要双方八字合得上，谁也不准反悔。八字合上后，男方备上酒肉（数量不限）、米 1 斗、草烟几把送给女方，并邀请女方亲戚朋友吃一餐"团圆饭"，男方要给准岳父岳母叩头，向女方家"蔑达拉"（即神）叩头。吃过团圆饭，婚事就算谈成。如果男家经济条件较好，就选择吉日搭青棚，请 2~4 个吹鼓手，摆上酒席，热热闹闹地把新娘接到家；如果经济条件不许可，女婿要到岳父母家帮忙一段时间，再带妻子回家。讨亲时，男方还要给岳母"奶母钱"，一般为 12 个银圆。

中华人民共和国成立后，拉祜族婚俗从简。1978 年后，部分婚俗有所恢复。

丧葬 拉祜族普遍实行土葬，认为"人死得埋得"，葬仪简朴。成年人死亡行棺木土葬，小孩死亡挖坑埋葬，不用棺木。成年人死后要向亲友报丧，亲友自觉前来相帮。家庭条件好的人家要杀猪宰羊，条件差的人家也要杀鸡祭祀。选择坟地采用滚鸡蛋法，即择坟地时念过口诀，把鸡蛋从背部滚下，鸡蛋摔破处即可埋葬，否则另选。自杀、溺水等非正常死亡者不择地点，就地埋葬。埋葬时，墓向不能对准垭口、深沟和石崖。年满 30 岁以上死亡者葬后 3 天"复山"，垒石砌坟；未满 30 岁又无子女死亡者列为短命，埋葬后不垒坟。埋葬后，若家庭成员疾病多或遇灾难，即认为坟地风水不好，死者阴魂作怪，要挖出尸骸焚烧。出殡时，棺头朝前，"贝母"端着"升斗"（斋盘）在棺前给死者引路。埋葬毕，于坟后指定一株树为"坟山树"，这株树任何人都不得砍伐。意外死亡的产妇、孕妇和小孩，则实行火葬。

宗教信仰 拉祜族信奉万物有灵，崇拜自然神，宗教信仰主要为原始的多神崇拜，认为人畜吉凶和庄稼好坏都是由鬼神主宰，不能违背鬼神的意志。鬼神主要有家神（蔑达拉神）、雷神、土地神、谷神等。

禁忌 拉祜族禁忌颇多。如，大年初一不能吵闹、女性不准串门，正月逢九、十九、二十九日不能随便动用铁器，父辈丧日不外出，禁止在属牛、属蛇日举行婚礼，忌属蛇日做生产、舂碓及出卖家产，忌属虎日撒播、耕作及卖家畜，忌属羊日卖畜禽，属猪日不卖猪、属牛日不卖牛；人死后未满周年，客人不得在家留宿；认为"一年不出两头"，家人离世当年不嫁女；有人过世不能下地劳动，忌砍山神树、产独狗和双猪（一公一母）、食狗肉、跨越火塘、带伤流血、看见蛇正蜕皮等。

节日　拉祜族节日主要有春节、清明节、端午节、月半节、火把节，其中春节和火把节较为隆重。

春节，拉祜族要休息10~15天，每家每户都要在院子栽一棵松树，称为“天地棚”，其余与汉族相同。

火把节，每年农历六月二十四日举行，家家户户杀鸡祭献祖先。夜幕降临，各家各户都要用松枯木磨成香粉撒火把。

第八节　白　族

一、族源

公元8世纪中叶，在唐王朝扶持下，南诏地方政权统一洱海地区，并以武力强迫约20万户“白蛮”从滇中地区迁到永昌，不少“白蛮”被安置在洱海周围。经过唐代南诏到宋代大理国近600年的发展和巩固，在大理洱海流域形成稳定的“乌蛮”“白蛮”共同体。经近千年发展演变，融合数以万计外来人口（主要是汉族），形成白族群体。1956年，大理白族自治州成立。根据广大白族人民意愿，统称白族。

景东与白族聚居的大理白族自治州相毗邻。唐朝时期，南诏地方政权的统治区域一直延伸到东南亚地区，景东是南诏通往东南亚地区的交通要道，南诏政权在景东先后设置开南、银生节度，节度下设开南（今景东文井镇开南村）、威远（今景谷县城）等重要城镇。南诏统治者从大理附近调遣“白蛮”来镇守这些要塞。此后，历代都有一些“白蛮”迁到景东境内定居。民国时期迁入景东的白族人口较多，主要来自大理，其次是楚雄，如安定乡白族是民国初期从大理迁入鼠街定居，主要姓氏有段、赵、苏、杨、李、何、赫，后有3户迁往文井者孟。有一部分白族是中华人民共和国成立后调入县境工作的人员。

二、人口及分布

2011年，全县白族人口662人，分别为锦屏270人，文井187人，漫湾73人，东镇30人，花山10人，龙街15人，安定17人，林街19人，景福17人，曼等12人，其他乡镇有少量分布。

三、语言文字

白族有自己的语言，属汉藏语系藏缅语族，语支未定。由于长期受汉文化影响，白语中含有大量汉语词汇，大多数白族都通晓汉语。汉文也是白族长期习用的通行文字。历史上曾借用汉字或稍作变化的汉字标记白语，称为“白文”（或称“僰文”），俗称“汉字白读”，但未推广，仅在民间流传，用以记录历史传说和民间故事。景东境内白族都以汉语为通用语言，与彝族杂居者，亦能操彝语。

四、生活习俗

服饰　白族的衣物及装饰品的颜色一般为青、蓝、绿、红。男子服饰与汉人无差异。女子头缠包头，身穿领褂，系短围腰，头戴凤冠帽，喜戴耳环、手圈、手箍、戒指。

饮食　白族以大米为主食，兼食玉米、小麦、荞等杂粮。副食品有各类蔬菜等。嗜酸冷辣，喜食“生皮”，即将猪肉烤成半生半熟，切成肉丝，拌姜、蒜、醋食用，喜喝烤茶。

居住　白族房屋建筑有较高的工艺水平。传统的住房形式是“插厦房”，由正房和厢房、畜圈三部分组成。正房有一层楼房，楼前延伸出一个插厦，楼上存放粮食，楼下作卧室，东厢房作厨房，西厢房作客房，畜圈安排在天井下方，也分为两层，上层放家具和生产用具，底层关牲畜。

房屋多为土木结构瓦房。建造时，选料认真，穿斗扣榫都做得很严密。正房和厢房之间搭配得体，适应农村的生活特点。

中共十一届三中全会后，部分白族人家建起钢筋混泥土平顶房。

婚姻 白族实行一夫一妻制，但富有家庭一夫多妻不受限制。新中国成立前，当事男女不得自主婚姻，而凭“父母之命、媒妁之言”缔结。男家父母选定门户相当的适龄女子，请媒人说亲，并经合“八字”、吃订婚酒、过礼、迎聘等过程。婚礼仪式与汉族同。除同宗同姓不通婚外，有姑表优先婚配的习俗，并与其他民族通婚。有女无儿可招赘，无儿无女可抱养同族弟兄的子女（过继）或养子。

新中国成立后，多为自由恋爱结婚，烦琐的婚礼也大为简化。

丧葬 白族老人死了要报丧。死人入棺后一般停柩3天祭奠，如果犯了“重丧”，要停柩3个月。在追悼期间，子孙要披麻戴孝，富有人家还要扎纸鹿、纸马、纸狮、纸象和杀猪、羊祭奠，亲友祭奠送晚联、祭帐，并请道士开路点主，供奉灵牌后才能发丧。在埋葬前要请地理先生看风水，选择坟地。埋葬后当天垒坟，垒坟后过一段时间甚至几年才立墓碑。

宗教信仰 白族大部分信仰多神。其中，信仰虔诚的有“大头神”和“竜神”。对大头神的信仰形式是请画师画一张神图贴在中堂墙壁上。

祭竜活动是白族人的又一个重要的信仰活动。每年农历六月，要择一个属马的日子，举行全寨性的祭竜活动，时间3天，属蛇日开始做准备，马日杀猪宰牛，关闭寨门，杜绝外人闯入，全寨人汇集竜树下献祭，祭献结束共同聚餐。属羊日休息一天。祭竜期间外人骑马或携带红色东西入寨要受重罚，要买牲口来重新祭竜，俗称“扶竜”。中华人民共和国成立后，随着人们科学文化素质的提高，祭竜活动不再隆重举行。

有一部分白族人不供奉大头神，像汉族一样献祭列祖列宗。

禁忌 白族人忌在老人面前说脏话、翘二郎腿；忌大年三十日晚上有外人在场；忌大年初一日去别人家拜年；忌大年初一至初三动刀、扫地、用嘴吹火；禁止同姓同宗通婚；忌挂孝之人进产妇家门；忌死在外地的人抬回村子里。

节日 白族与汉族一样过春节、元宵、清明、端午、火把、月半、中秋、冬至节等节日。

白族人过火把节有一个特点，即当年家里生了第一个儿子要杀一头猪，请客吃饭，并负责全村撒火把人的一切开支。火把要扎成大火把，火把上要挂上各种水果，当水果落下地时少年儿童们要去抢水果，热闹异常。撒火把之家要蒸包子给扎火把的人吃，每人送5个。

第九节 苗 族

一、族源

苗族人迁入景东时间较晚。1855年，黔东南地区暴发以苗族张秀眉为首的农民大起义，起义军席卷湘桂黔数省，长达18年之久。最后，起义军被清政府残酷镇压，苗族人民被迫向边远地区迁徙。有一部分迁徙到红河一带，又辗转迁入景东哀牢山地段，多数人居住在太忠打鹰山，在深山密林中过着游耕生活。景东苗族有张、杨、灰、王、李、熊6个姓氏，各姓氏有口头传承的家谱，有自己家族的迁徙路线。其中，张姓：贵州→文山→景东茶山→太忠→者干→斗阁河边寨；杨姓：贵州→四川→云南蒙自→南涧→景东→太忠达家村→大洼子→斗阁河边寨；熊姓：贵州→重庆→阿公（今凤庆县

苗族服饰（李廷新 摄）

境）→楚雄毋掌村→景东太忠→斗阁麻栎桩；李姓：保山昌宁→南涧公郎→景东太忠→景谷扎鱼箐→包鸟桩→景东麻栎桩；王姓：贵州→蒙自→绿丰县抽靛村→景东大街区塘坊乡→斗阁麻栎桩；灰姓（不详）：景东长山地→斗阁麻栎桩。

景东苗族自称“蒙”，他称则历代有所不同，但一致称为“苗”。中华人民共和国成立后，中央人民政府在广泛征求民族代表和各方面意见基础上，确定“苗”为苗族统称。

二、人口及分布

2011 年，景东县苗族人口 594 人，分别为锦屏 386 人，文井 120 人，景福 39 人，其他乡镇少量分布。

三、语言文字

苗族语言属汉藏语系苗瑶语族苗语支，景东苗族属西部方言川黔滇次方言。20 世纪 50 年代语言工作者为苗族创造出拼音文字，但尚未在景东苗族群众中推广使用。县委县政府对推广使用苗文较为重视，1986 年选送苗族青年 2 人到文山壮族苗族自治州学习苗文。

四、生活习俗

服饰　1957 年前，苗族男子以黑色麻布包裹成六角形包头，着麻布大对襟衣服，衣角及手袖绲花边，系麻布腰带。妇女服饰讲究色彩鲜艳，绣工精细，花纹独特，每个图案都寓有深刻含意，其中，长条花纹表示苗族祖先从湘江流域迁来时所经过的大江大河，芝麻花、葵花图案喻示子孙繁衍昌盛，袖口和手臂菱形花纹表示不忘祖先曾在湘江流域曾种过田，一针一线精细缝制，需要技术精湛妇女 80~90 个工日。妇女头饰也极为讲究，用一丈多长黑布包扎成帽形，镶嵌上玉器和料珠，点缀上许多银饰，可以御寒和防晒。按照习俗，苗族新娘出嫁要着苗装。

中华人民共和国成立后，各族人民相互学习交流，交往密切。平常苗族人衣着与汉族无异，本族服饰多以棉、丝等料制作，在节日期间方才穿戴。

饮食　中华人民共和国成立前，苗族人没有稻田，粮食以山地玉米、荞为主，产少量小麦、高粱等，蔬菜多为易贮藏且可代粮充饥的马铃薯、芋头、瓜豆等。所生产的粮食很少，缴租后根本不够一年食用，绝大多数人家常年粮菜拌和蒸煮度日。平常肉食多靠狩猎，猎获有限，家庭饲养的牲畜只在婚丧大礼时宰杀。男女善饮，馈赠亲朋好友礼物以酒为贵。

1956 年后，县委县政府陆续将散居在哀牢山密林中的苗族迁到川河坝定居，分给田地。生产生活水平在与各族交往中不断提高，能加工制作糕点、汤圆、馒头、包子、米干等，腌制酸辣咸菜。中共十一届三中全会后，苗族人家都有腊肉、火腿、香肠等，生活与当地兄弟民族无差异。

居住　清乾隆中叶前，苗族人民居无定所，在深山密林中狩猎，住“克权房”。乾隆后期，住房多建成垛木房，即以方木垒墙，覆以茅草、荞秆。清末，苗族房屋出现长方形土墙，原木杈柱、梁椽，茅草顶。

1956 年，苗族人迁入坝区后，学会建盖土木结构穿斗房。至 1986 年，各地苗族均已盖起一楼一底瓦房，楼上堆放粮食、农具，楼下住人。房分三格，中格供家神，两边住人；门外设走廊，于走廊吃饭、会客。房屋结构采用七架梁，屋前延伸设厦子，称“抽厦”，抽厦建筑结构抗震、干燥、暖和。建房伐木、破土、上梁和入宅均择日而行，房屋门向需要按照屋主人生辰属相作选择。

婚姻　苗族实行一夫一妻制，婚姻多为父母包办。除李姓外，同族内同姓间不能通婚、辈分不同不能成亲。姑娘允亲前，须征求舅舅意见，若舅家认为这门亲事合适才能答应，俗称姑表舅婚。提亲时，男方父母、媒人要带上烟酒糖到女方家提亲，由媒人说明来意后向女方父母敬酒，若女方父母一饮而尽，表示同意；若滴酒不沾，表示亲事不成。定亲时，男方父母、媒人要带上相当数量的酒烟糖，邀请女方父母及其众亲戚围坐在火塘边，边谈边喝酒，俗称“火笼酒”，表示两家从此结亲。结婚时，男家要送女家大米、面条各 12 千克，猪 1 头，酒数千克，也可送钱。同时，要送奶母钱 120 元。女方嫁妆由娘家置办。迎亲时，新郎在伴郎、媒人、接亲人陪同下前往女方家，伴郎须为同辈人，接亲者须为长辈，且要成双成对。女方送亲必须是大妈、大舅母、大哥大嫂等，若嫁次女则只需二叔二婶、二舅舅母等迎送。送亲人数多则 12 对，少则 6 对。新娘接回途中和家门口时，要请“先生”退喜神，进家拜堂。婚后三天，新娘要“回门”，由大伯或叔叔带领，备酒 1 千克、鸡 1 对，岳父母衣服 2 套、鞋 2 双，当天去当天返回（路程短）；娘家回敬鸡 1 对、羊 1 只，富裕人家送牛 1 头。结婚后，若夫妻感情破裂或女方不能生育，也可提出离婚。在家庭中，男女地位平等，都有掌管家产、共同劳动、抚育子女的权利。孩子出生后随父姓，丈夫离世后，妻子抚养孩子并继承家产。

中华人民共和国成立后，特别是 1978 年后，苗族婚姻遵守《中华人民共和国婚姻法》，各项习俗有所改进。

丧葬　苗族人死后，或吹芦笙或击鼓或吹牛角号报丧，亲朋邻居听到报丧后主动前来帮忙。殡殓用棺材，择吉日出殡，请巫师为死者开路，即告诉死者如何从现在居住之地，沿祖先迁徙路线返回发祥地湘江流域。棺材抬到预选坟场后，再选择具体埋葬位置，先在棺材旁杀一只鸡，然后把鸡倒提着往前走，鸡血流尽处便为坟地。筑坟时，男性坟筑土 7 层、女性坟筑土 9 层，不立碑。

宗教信仰　苗族信仰原始宗教，主要是自然崇拜和祖先崇拜。自然崇拜主要表现在崇拜猎神，其次是山神、土地神、灶神；祖先崇拜表现为氏族祖先崇拜，也称宗族崇拜。苗族家中供奉着祖先和猎神牌位，逢年过节或外出狩猎前都要献祭，以求子孙长命富贵，一生平安；祈求猎神护佑，狩猎顺利，满载而归。

禁忌　苗族忌跨越牛耙，忌外人戴孝进入家门，忌屋内吹口哨，忌在苗族人家做客搛食鸡头，忌外人触摸神龛，忌外人进入产房，忌克死他乡的人抬进家门。

节日　苗族节日主要有春节、元宵节、二月八祭竜、五月端午、六月初六虫皇会、六月二十四日火把节、七月半送祖、八月十五中秋节，其中春节较为隆重。农历十二月三十日晚，家家户户要备办丰盛的晚餐，献祭过祖宗后，全家再用餐。用餐完毕，要把所有农具和生活用具用纸条封住，意为封财；同时，要贴门神和春联，在家中撒青松毛，然后放鞭炮封门。新年初一日不出门，不动财、不干活、不动刀、不用牛、不吃荤；初二日早要请人开门，给开门人“开门钱”，多少不计，但必带“六”，意为有福有禄。

第十节　布朗族

一、族源

布朗族是景东最古老民族之一。先秦文献中有布朗族先民“百濮”族群在滇南境内的零星记载。

布朗族男子（大朝山东镇　提供）

张守节《史记正义》中，首次把“百濮”称为濮人。

春秋战国，云南南部仍有大量“濮部落”。秦汉、三国时期，濮人散居在普洱、临沧、西双版纳等广阔区域。

隋唐宋，濮人已有较大变化，川河流域一带已经发展成“扑子蛮”。《蛮书》卷四记载：“朴子蛮，勇捍矫捷，以青娑罗段为通身袄。善用泊箕竹弓，深林间射飞鼠，发无不中。部落首领谓酋为上，土无食器，以芭蕉叶藉之。开南、银生、永昌、寻传四处皆有，铁桥西北边延澜沧江亦有部落。”同卷又载：“银生城（今普洱、西双版纳一带），在扑赕之南，去龙尾城十日程。”文中“扑赕”即指扑子蛮居住地，在今景东、景谷、镇沅一带。

唐代，景东、景谷一带扑蛮比较活跃，社会生产力有较大发展。南诏中后期，金齿百夷（即傣族先民）强势，与扑子蛮、和泥（哈尼族先民）相杂居，南诏政权设置开南节度、银生节度进行统治。

宋、元、明时期，“扑人”分布范围未发生过大的变化。

清代，据《清职员图》载：“蒲人，即蒲蛮，今顺宁、澧江、镇沅、普洱、楚雄、永昌、景东七府有此种。”又据《景东府志》载：“蒲蛮，男女体貌深黑，居深山，衣服、婚丧如白罗罗。女织棉布。惟沿江一带有此一种。”随着“改土归流”的推行，傣族土司势力日渐没落。清咸同年间（1851—1874），哀牢山暴发各族人民大起义，蒲人成为起义军主力之一。起义失败后，许多蒲人被迫向南迁徙。

中华人民共和国成立后，根据本民族人民意愿，统称为布朗族。

二、人口及分布

2011 年，景东县布朗族人口 499 人，分别为锦屏 73 人，文井 39 人，漫湾 103 人，东镇 231 人，林街 21 人，其他乡镇少量分布。

三、语言文字

景东布朗族有自己的语言，但无文字，属南亚语系孟高棉语族佤德语支，布朗方言，与佤语、德昂语有亲属关系。据调查，境内布朗族皆操汉语，仅六七十岁老人略知本民族语，但不用于交际。布朗语特点：（1）多带轻鼻音；（2）复辅音较多；（3）多 m、n、ng、b、d、g 等辅音韵尾；（4）数词中，皆以 yang（恙）作词根；（5）部分以声调区别词意；（6）句子成分基本格式为主语—谓语—宾语；（7）修饰语一般在被修饰词之后；（8）方言习惯用语（汉语）有明显特征，如“我们”常说为“an · a me men（安阿墨们）”；“我家”常说为“an · a me men jia（安阿墨们家）”等。

布朗语选录及与汉语对照表

表 20-1-3

汉语	布朗语（汉语近音）	汉语	布朗语（汉语近音）	汉语	布朗语（汉语近音）
一	衣恙	十	乔恙	羊	憋
二	阿耳恙	天	塔朴咧	人	尔务
三	歪恙	地	图委	女人	况坡（pe）
四	碰撒恙	水	翁	母亲	阿奶
五	包撒恙	筷子	一柱	父亲	阿答
六	套恙	吃饭	拿开	哥哥	锅
七	木朴恙	大米	五磕	姐姐	吉
八	塔恙	包谷	沙案	妹子	南
九	提恙	猪	里留	—	—

四、生活习俗

服饰　布朗族传统服装多为黑色或蓝色。男子上衣下裤，上衣为圆领长袖对襟短裳，下穿宽脚口半长裤，头戴六牙或八牙缎帽、或皂色布包头；妇女上衣为右衽大面襟窄长袖绣花边紧身短衫，下穿绣或镶花边统裙，头戴黑色包巾。未婚女子披辫发，不戴头巾；已婚女子盘髻或戴头巾，若婚后披辫发则被视为看不起丈夫。新中国成立特别是 1978 年后，布朗族人着装与汉族无异。

饮食　布朗族主要种植稻谷、玉米、小麦，蔬菜有瓜、豆、青菜、白菜、萝卜、茴香等。肉食以猪、鸡为主，次则羊、牛。每年冬天，各家都要腌制腊肉储存（自宰或购买鲜肉加工）。一般日食两餐，农忙时吃三餐，但中午多送到田地随餐。喜食糯糕、糯米汤圆等食品，爱喝酒饮茶。成年妇女都会做豆腐、醪糟等常用食品，烹调以煮食为主，喜咸、酸、辣味。

居住　布朗族住房多为一户一院。民国时期，部分为无石基土墙木屋架，茅草盖顶；部分为“丫杈做柱头，杂草盖房头，篱笆当墙头”的简陋草舍。一般倚山梁一方为主房，前面略留空地建畜圈。新中国成立后，房屋建筑结构改进较大，多为三面房、一面围墙，即主房（也称正房），前留院场，对面设面房，左侧或右侧相接设厢房（又称耳房）。主房为三间楼房，楼上为开间，用以堆放粮食、杂物；楼下中隔，俗称堂窝，设香台供奉祖先、接待客人。面房又称地楼，分上下两层，下层半入土做畜圈；上层一般设三间，为小辈寝室和客房。厢房一般无楼，设作厨房、饭厅。20 世纪 60 年代后，部分布朗族人盖起瓦房。至 2011 年，茅草房基本消失，部分人家住上钢混结构平顶房。

婚姻　布朗族婚姻实行一夫一妻制，基本上只在本民族内互配。视同姓氏为一家人，禁止婚配；视亲表兄妹如新兄妹，禁止通婚。民国时期，布朗族婚姻遵循“父母之命，媒妁之言”，婚礼需经讨口气、公开求婚、喝“火笼酒（又称喝火塘酒）”、正式献酒几个过程。新中国成立特别是 1978 年后，摒弃繁缛旧俗，遵守《中华人民共和国婚姻法》，与其他民族婚配现象渐开。

丧葬　布朗族人离世后，实行木棺殓尸埋葬，以石垒坟。清代中叶起，部分人家立祖坟墓碑。人刚咽气，要立即往死者口中放“口盒”，口盒为用布裹有少许米、茶、盐、银、玉的小包，用红线一端紧扎放入死者口中，红线另一端拴铜钱一枚挂在口外；同时，取一把铁尖刀绑在杆顶，于正堂屋檐口由内向外刺穿一小洞，谓之“戳煞”（意谓让死者灵魂升天）。人离世后，要煮香叶水净洗尸体，给死者穿黑色或蓝色寿衣，裹上包头，再用 2 米左右白布盖在尸体上。入棺前，要用一束黄刺葩与柳树枝扫空棺一遍，垫剪下四角的新席一张（席角分别订在正堂柱或门上），再垫棉絮 1~2 床才装棺。装殓毕，停灵于正堂待祭，一般在人离世后第二天吊丧。是日，请道士（巫师）做法事，亲友带牲畜家禽祭献，当日下午出殡安葬，次日筑坟。垒坟时，要杀鸡献祭山神（俗称还愿），宰羊招待亲友、打扫卫生等。老人离世，孝子一般守孝（即不外出）7 天；满百日，行烧孝礼，需宰鸡煮肉向死者献祭，烧纸钱时，直系亲属需剪一小块孝布随烧，钉于柱或门上的席角当即摘下同烧。

宗教信仰　布朗族信仰原始宗教，属多神崇拜。家中正堂设灵台祭祀祖宗、天地，当地汉族习惯称之为家堂桌，张贴有“天地君师”神位，逢年过节祭祀。上山打猎、伐木等重要活动前均要祭山神；破土建房要献土神，认为“田有田公、地有地母”等，奉神以山神庙为主，往往将太上老君、玉皇大帝、山神、财神等共置于一庙。

禁忌　布朗族禁忌颇多。如，新年初一不串门，火日不下种，立秋不下地干活，认为“立秋不犁牛，冬至不剥棕”，忌踩踏火塘三脚、外人触摸男子头帕、用田螺招待客人，禁牛狗祭神、砍伐祖坟地神树、未婚离世青年入祖坟等；婚礼忌穿孝服和孕妇参加、丧礼忌着红衣，父母新故，孝子 7 日内不进别家门、百日内不剃头；忌讳野兽进村、进家院，丑日不卖牛、未日不卖羊、子午日不卖骡马，巳亥日不卖猪。

节日　布朗族节日与当地各族大体一致。主要有春节（习惯称过年）、二月八、清明、端午、火把节、七月半、八月十五、冬至节等，其中以春节、七月半最为隆重。

春节，农历十二月三十日晚，要蒸糯米粑粑祭献天地；砍一棵青松栽于院内，意为连接天地的松梯，到正月十五日才拆除。

七月半，农历七月十二日，各家都要宰鸡，用一托盘放上熟鸡、酒、茶、盐等，点燃与祖宗人数相等（一般以三代计）的条香，到大门外焚烧纸箔、跪叩祖宗英灵回家。每食必先祭献，至十四日送祖归仙。十四日，早上要将稻谷、玉米、豆、麦等“五谷”各炒少许敬献祖先，下午宰鸡煮肉祭祖，将饭菜、果品放在托盘燃香送祖。送祖时，需面对祖宗埋葬方向拜送。

第十一节　壮　族

一、族源

根据调查，景东壮族于新中国成立前后由广西和云南文山迁入，少部分于改革开放后因工作调动迁入。主要有黄、魏、李、农、赵五姓。

二、人口及分布

2011 年，景东县壮族人口 206 人，分别为锦屏 106 人，文井 41 人，漫湾 15 人，其他乡镇少量分布。

三、语言文字

壮族有自己的语言，属汉藏语系壮侗语族壮傣语支。一千多年前，壮族先民利用汉字及其偏旁部首创造出“方块壮字”。如，“岜”念 bya，意为“山”；“峎”念 naz，意为“田”等，主要用以创作和记录民歌、账务、书信及经文。新中国成立后，根据壮族人民愿望和要求，派专家为壮族创造出一套拼音壮文。

县境内壮族人只有少部分会讲壮语，但不作交际之用。在日常生活和工作中，均使用汉语汉文。

四、生活习俗

服饰　壮族女性上衣为右衽无领阑干衣，下身着阑干镶边长裤，外套镶边短裙，黑头巾、绣花鞋，戴耳环、手镯和项圈；男性主要为无领大襟和对胸襟衣，长裤、头巾，扎腰带、穿布鞋，古今变化不大。新中国成立后，男子服饰逐渐发生变化，20 世纪 50~70 年代，喜穿军装和中山装；80 年代后，服装式样日益多样化，几乎与汉族等其他民族无异。

饮食　壮族以稻米为主食，辅以玉米、薯类、荞麦及豆类，喜食糯米，节日期间多做五色饭、糍粑、粽子等特色食品。副食主要来源于家养的鸡、猪、牛、羊等畜禽以及自种的蔬菜水果。日食三餐，一般全家共席，不论座次。待客必备酒，喝酒前各人用杯子划圈奠酒在地，说“恭喜发财”之类吉利话方才开饮。平时就餐先让老人入座，给老人盛饭、搛菜，双手呈递。

居住　壮族多选择在依山傍水的平坝、丘陵或半山区居住，分为楼居、半楼居和地居三种。地居即平房，多为砖瓦结构三间房，楼居和半楼居由干栏式建筑发展演变而来。

婚姻　壮族多为一夫一妻制父系小家庭，同姓不同宗可以通婚。新中国成立前，多在本民族、本支系中择偶，较少与其他民族通婚，父母包办和自由婚姻并存，一般要经过托媒说亲或求亲、讨“八字”、订婚、结婚等过程。新中国成立后，通婚范围有所扩大。家庭中，父亲是一家之主，享有家庭经济及其他事务决定权，财产由儿子继承。离婚妇女和寡妇可再嫁。

丧葬　壮族多实行棺木土葬。年老或生病离世后，一般要经过报丧、洗尸体、穿寿衣、入殓、停棺祭吊、开丧、吊丧、道场、出殡等过程。属被杀、溺水、上吊等死于非命者，尸体只能停于村寨外，要经过繁缛仪式或入棺埋葬、或停棺几年再捡尸骨另葬；婴幼儿夭折，用草席裹尸埋在山谷或河边，不筑坟，不行葬礼，不扫墓。

宗教信仰　壮族信仰原始宗教，崇拜自然、鬼神和祖先，少部分信仰佛教、基督教，宗教活动频繁。道公、巫婆充当人神媒介，主持各种宗教活动，以“鸡卜”“卵卜”“茅卜”“骨卜”等定吉凶。

禁忌　大致可分为生产生活禁忌、妇女禁忌、小孩禁忌等。如，正月初一至初十不能在野外活动，每月戊午、戊申、戊戌日不能下田，客人夫妇及女儿、女婿到家留宿不能同房，新房落成后要择吉日入住，女儿、媳妇不能在家唱山歌，孕妇不能走过神台、攀摘瓜果、跨牛马绳索及农具，小孩不能吃鸡肠，婴儿出生后第一次出门要择吉日；忌脚踏灶台和火塘三脚架，忌坐门槛或站在门槛上，妇女忌坐上席，前后门忌对开，忌外人触摸神龛；建房不能向西或北方开门，忌讳外人戴斗笠及扛锄头等农具进家、参观庙堂并大声喧哗，等等。

节日　除春节、清明节、端午节、中秋节等节日外，壮族有自己的传统节日，如农历二月初二“春社节”、二月初三“花炮节”、二月十九“花王节”、三月三歌会、四月初八“拜秧节”、八月“尝新节”、十二月二十三日“送灶节”等。

第十二节　其他民族

一、满族

族源　县境内满族大部分于清乾隆初（1760 年前后）从江西迁入云南，辗转流落到景福金鸡岭，有陈、杨两姓，两姓都有家谱。两姓原姓爱新觉罗，后改姓。至 2011 年，满族主要居住于景福乡金鸡岭村陈家和河头两个村民小组，另一部分为中华人民共和国成立后因工作调动从山西等地迁入。

人口及分布　2011 年，景东县满族人口 196 人，分别为锦屏 18 人，文井 8 人，花山 1 人，大街 4 人，文龙 2 人，林街 2 人，景福 147 人，曼等 14 人。

（一）语言文字

满族有本民族的语言文字，属阿尔泰语系通古斯语族满语支。至 2011 年，全国除有关学术研究机构极少数人懂满文外，满语文在普通民众中基本消失。

（二）生活习俗

县境内满族人口不多、居住村落较小，传承本族习俗极少，与当地汉族、彝族习俗大致相同。

二、傈僳族

族源 1803—1892年，傈僳族人为反抗剥削和压迫，被迫两次大规模迁徙，多数人迁徙到保山、德宏地区以及澜沧江、怒江峡谷地带，极少数人迁到景东境内。清末民国初年，辗转至文井、锦屏、漫湾一带居住。另有一部分是在中华人民共和国成立后，由于工作调动从弥渡等地到景东落籍。锦屏镇河东街丰家属傈僳族，于1908年从临沧云县迁入，暂住大驮街（今大朝山东镇大驮街），后迁至文井开南，再迁至锦屏毛家巷，最后定居于河东街。

人口及分布 2011年，景东县傈僳族人口123人，分别为锦屏35人，文井25人，漫湾48人，其他乡镇少量分布。

语言文字 傈僳族有自己的语言，属汉藏语系藏缅语族彝语支；与拉祜族、哈尼族和纳西族等语言相近，分为怒江、禄劝两种方言，景东傈僳族语言属怒江方言。新中国成立后，根据广大傈僳族人民意愿，政府以怒江方言为基础、以碧江县东岸五区语言为标准，造出拉丁字母与汉语拼音相一致的新文字。

生活习俗 县境内傈僳族居住分散，传承的本族习俗极少，大多与当地汉族、彝族习俗相同。

三、佤族

族源 县境内佤族主要因婚嫁、调动等从市内澜沧、西盟、孟连及临沧市等地迁入。

人口及分布 根据人口普查资料，景东县佤族人口分别为1964年62人，1982年41人，1990年93人，2000年124人。2011年，全县佤族人口113人，分别为锦屏16人，文井29人，东镇16人，景福12人，曼等10人，其他乡镇30人。

语言文字 佤族语属南亚语系孟高棉语族佤德语支。原本没有文字，通常以数玉米、刻木、结绳记数记事。1956年，语言工作者以巴饶克方言为基础，帮助佤族创制出一套拉丁字母文字，1957年试行推广。至2011年，景东县尚未使用。

生活习俗 境内佤族散居各地，生活习俗与他族无异。

四、其他民族

县境还有藏族、水族、布依族、纳西族、蒙古族等少数民族，多数属中华人民共和国成立后从外地调入落籍的干部、军人和技术人员及邻近地区迁入的少量人口，其语言、风俗大多融于当地民族，或与邻近民族相同。2011年，全县人口较少民族分别为藏族40人，水族34人，布依族30人，纳西族28人，蒙古族11人，普米族9人，基诺族8人，景颇族7人，怒族2人，阿昌族1人，其他民族199人。

第十三节 民族工作

一、建立新型民族关系

民族关系发展 增加少数民族人大代表比例。1985年始，按照国家有关规定，推选国家省市三级人民代表大会代表，先后推选出李海英（女，彝族）、李卓娟（女，彝族）、杨亚梅（女，彝族）为第九至第十一届全国人民代表大会代表；何太忠（彝族）、李青（哈尼族）、李凡一（女，彝族）、白兆清（彝族）、罗国文（哈尼族）、李有兰（女，彝族）、毕廷村（彝族）、李红（女，彝族）、白兆林（彝族）为第七至第十一届云南省人民代表大会代表。

帮助少数民族贫困地区发展经济。1985 年后，县委县政府积极向上级争取和筹措资金，增加少数民族贫困地区资金投入，加强各项基础设施建设，改善人民生产生活条件。

重视少数民族文化。中华人民共和国建立后，县委县政府尊重少数民族风俗习惯，恢复发展少数民族传统文化，促进汉族与少数民族文化多元发展。自 1985 年始，加强文化产业队伍建设，确定建立民族文化大县目标，实施文化兴县战略。经常举办少数民族传统体育运动会暨民间文艺会演，展示各民族风俗人情，促进各民族间文化沟通交流。

民族团结　1978—1979 年，全面落实党和国家的民族政策，开展民族平等、团结政策再教育。

1980 年后，景东县借助广播、电视、报纸等宣传媒体和会场、学校等宣传阵地，利用彝族火把节、回族古尔邦节、12 月 20 日民族团结活动日等节日，在全县各民族干部群众中开展马克思主义民族观、民族理论和党的民族政策以及法律法规教育；举办少数民族传统体育运动和民族民间文艺会演，促进各民族间互相了解和沟通；加强民族团结进步模范（先进）集体和个人学习宣传，增强各民族间互帮互学，以促进共同繁荣发展；在全县小学四年级和初中二年级班级中开设民族常识课和民族政策教育，让广大青少年从小树立民族团结意识和民族发展观；发挥各民族同呼吸、共命运、心连心的光荣传统，营造“汉族离不开少数民族，少数民族离不开汉族，各少数民族之间也相互离不开”的氛围，引导各民族为建设美好生活而共同团结奋斗，增进各民族大团结。自 2000 年始，在全县推行民族团结目标管理责任制，建立规范化、制度化、科学化民族团结目标管理新机制，形成县乡村三级齐抓共管民族团结和社会稳定工作新格局，把影响民族团结各类矛盾和纠纷解决在萌芽状态，促进全县民族团结和社会稳定。

开展少数民族上层人士工作　“文化大革命”期间，民族工作遭到破坏。中共十一届三中全会后，县委县政府贯彻落实党的民族宗教政策，长期开展少数民族工作。(1) 成立寺庙管理小组。组织宗教界上层人士到外地参观学习，召开上层人士、管理人员、信教群众代表座谈会，宣传党的宗教政策。(2) 退还被查抄财物。本着“原物在退还原物，原物不在做好工作，并作适当补偿”原则，退还部分“文化大革命”期间被查抄物资，补偿物资经济损失 2000 余元。(3) 提高民族宗教界人士的政治待遇。宗教人士马保林当选县人大代表、县政协副主席，马宣文、金光、马秉祥、沙金、金汝华等当选县人大代表、县政协委员。1989 年 9 月，县领导侯键、郭林到林街、保甸、安乐清真寺看望阿訇及信教群众，传达全省民族工作会议和民族团结表彰会议精神，赞扬回族上层人士和广大信教群众在精神文明和物质文明建设中所做的贡献，向林街清真寺阿訇马保林转发省政府民族团结先进个人荣誉证书及奖品。1990 年后，县领导多次到林街、保甸、安乐 3 个伊斯兰宗教活动场所召开座谈会慰问。1997 年 3 月 15—18 日，政协景东县第五届委员会第一次会议在县城举行，回族上层人士马升云当选政协副主席。2006 年 1 月 24—25 日，县领导杨学进、董世尧到林街、漫湾慰问回营村宗教上层人士。2007 年 3 月 21—22 日，县委统战部、县民宗部门领导分别到林街、保甸、安乐伊斯兰教活动场所宣传贯彻《宗教事务条例》，召开相关乡村领导、清真寺管委会成员及阿訇座谈会。2010 年，县民宗部门充分调研社会各界少数民族上层人士状况，提出做好少数民族上层人士工作意见和建议。

二、民族区域自治

建立民族自治县　1980 年 8 月 19 日，县革委会向思茅行署上报《关于要求成立景东彝族自治县的请示报告》；10 月 15 日，又上报《关于成立景东彝族自治县的补充报告》（以下简称《补充报告》)，进一步反映景东县彝族分布及特点。1985 年 6 月 1 日，经行署和省政府转报，国务院批准“撤销景东县，设立景东彝族自治县，以原景东县的行政区域为景东彝族自治县的行政区域”。1985 年 7 月 18 日，中共景东县委召开人大、政府、政协、纪委主要领导干部会议，决定成立景东彝族自治县筹备委员会。9 月 2 日，召开筹备委员会会议，主任何太忠（县委书记，彝族）传达省委筹备成立自治县工作会议精神，确定景东彝族自治县成立时间为 1985 年 12 月 20 日，省政府划拨筹备经费 12 万元。12 月 16—18 日，景东县举行第九届人民代表大会第三次会议，通过《关于成立景东彝族自治县的决定》，选举何太忠为自治县县长。1985 年 12 月 20 日，景东县召开自治县成立大会，宣告景东彝族自治县成立。

设立民族乡　1984 年 1 月 27 日，县委县政府发出《关于改革农村体制，实行政社分开，设区建乡的意见》。2 月 10 日至 4 月 10 日，开展设区建乡工作。将人民公社改为区，作为人民政府派出机构，在生产大队基础上恢复人民代表大会制度，选举产生乡长、办事处主任、镇长。凡是相当于乡的区划范围内少数民族聚居地方，按一个主体民族人口 30%以上或两个以上少数民族人口占 50%以上原则，根据当地民族关系，参照历史情况建立民族乡。经思茅地委研究批准，景东县建立民族乡 88 个。

1985 年 8 月 22 日，县政府发出《关于更改乡名的通知》。指出景东彝族自治县成立后，以自治民族（彝族）定名的乡不再冠以“彝族”二字。更改乡名后，景东县共有 9 个民族乡，分别为文井区文华哈尼族乡、者后区文会哈尼族乡、者后区怕末哈尼族乡、太忠区嘎仰瑶族乡、太忠区岔箐瑶族乡、太忠区大松树瑶族乡、花山区文召哈尼族乡、花山区文俄哈尼族乡、林街区林街回族乡。

1988 年 1 月，全县农村开展撤区改乡体制改革，撤销自治县成立后保留的 9 个民族乡。

三、发展民族经济

县民委成立后，上级先后共下达景东县民族专项资金 1298.8 万元。其中，“六五”至“八五”期间 119.5 万元，主要用于少数民族比较集中贫困山区水电路、产业结构调整项目建设；“九五”期间 30 项 225.5 万元，分别为省级民族机动金 22 项 165 万元、省级发展资金 6 项 58 万元、边疆事业建设费 2 项 2.5 万元；“十五”期间 49 项 361.8 万元，分别为省级机动金 18 项 178.3 万元、省级发展资金 9 项 51 万元、省级民教资金 1 项 10 万元、地（市）级机动金 14 项 31.5 万元、中央发展资金 7 项 91 万元；“十一五”期间 637 万元，主要用于人畜饮水、村组公路、文化室及活动场所、学校教学楼、安居工程、民族团结示范村、经济林木等项目建设。“十二五”期间（2011 年），实施漫湾镇保甸村王家箐自然村民族团结示范村、东镇曼崩村咖啡种植、太忠乡麦地村旧家田交通等项目建设，获扶持资金 176 万元。1987—2011 年，景东县在发展民族经济中，重点实施挂钩扶贫、电脑农业专家系统、扶持人口较少民族、民贸企业、民族用品定点生产企业优惠政策、民族团结示范村等项目建设。

四、培养少数民族干部

“文化大革命”期间，景东县培养少数民族干部工作被迫中断。中共十一届三中全会后，重新将其纳入议事日程，在招工、提干、入学等方面政策给予倾斜，以便培养更多少数民族干部和专业技术人才。1980 年 6 月，中共景东县第四次代表大会选举彝族代表担任县委书记；1981 年 12 月，第八届景东县人民代表大会选举彝族代表 2 人分别担任县长、县人大常委会主任。1985 年末，少数民族在全县干部中占 25.7%，其中彝族占少数民族干部的 71.9%；县区党委正副书记、副县长，正副区长、正副科领导中，少数民族占 27%。自治县成立后，县委县政府采取各种方法和措施，培养和使用民族干部。(1) 以党校、民族院校等为阵营，培养少数民族干部；(2) 选送少数民族干部到经济发达地区挂职锻炼；(3) 加大县内干部轮岗交流力度；(4) 鼓励通过成人高考、自学考试等方式提升学历教育、岗位职务培训和专业技术培训力度。用人方面坚持充分信任、放手使用原则。1990年末，全县有各族干部和专业技术人员9600人，其中少数民族干部2100人，各类少数民族专业技术人员985人。2000年始，先后制定《关于推进乡科级党政领导班子及领导干部队伍年轻化建设的暂行办法》《培养选拔使用少数民族干部的意见》《加快培养选拔少数民族、妇女、非党干部的意见》，确立少数民族干部培养选拔指导思想、目标和措施，加快民族干部队伍发展步伐。2010年末，全县有各族干部531人，其中少数民族239人。2011年，全县县乡领导干部133人，其中少数民族69人。

五、机构

县委民族工作领导小组　1992年，景东县民族工作领导小组成立，负责协调全县民族宗教工作各项事务，组长由分管民族工作副书记担任，副组长由分管民族工作副县长担任。2006年、2010年、2011年3次调整领导小组，成员单位由县委办、组织部、宣传部、民宗局等27个单位和部门组成。

县民族宗教事务局　1980年4月，景东县民族事务委员会成立。1996年9月，更名为县民族宗教事务局。内设办公室、经济股、宗教股。历任主任（局长）：叶自明、吴治德、阿银辉、杞云光、熊建荣。

第二章　宗教　信仰

景东由于特殊的历史地理环境，属中原文化与东南亚文明融合之地，是云南儒文化传播较早地区。道教和佛教在这里交汇，存在亦佛亦道、道佛共庙情况。在宗教活动上，以道教为主，同时信奉佛教和儒教，可谓道佛儒三教合一。同时，多种少数民族文化并存，民风民俗迥异，各种原始民间信仰并存。1996 年 9 月，县民宗局内设立宗教股，负责宗教事务的管理。2006 年 9 月 15 日，县委宗教工作领导小组成立。以后，随相关领导变动对成员单位进行调整。

第一节　民间信仰

万物有灵和灵魂不灭　信仰者认为，人离世后灵魂虽然离开躯体，但仍存于世上；动物死后，灵魂会依附在其他物体上，会变成另一种动物或植物，不能随意冒犯。即便是一棵树也有灵魂依附，砍下这棵树要给其招魂，不然会被“树鬼”纠缠。人死后灵魂尚在周围游荡，所以要给亡灵敬献生前喜爱的物品，让死者获得安慰。

自然崇拜　每逢人们遇到各种不寻常现象发生时都要为其做出解释，比如，风灾、水灾、雷电、地震等，这些现象让人们产生敬畏和恐惧感。一旦遇到这些反常现象，人们就认为是冒犯自然神灵所致。

动植物崇拜　不论是家养或是野生的动物，人们都认定它们不但有生命、有知觉，也有灵魂。为了不得罪这些灵魂，狩猎时要献祭，畜禽有了疾病要献祭，过节日要为畜禽叫魂。植物的春发夏长秋凋冬藏，其生命力的表现与对气候的适应能力，使原始先民认为它们也有精灵主宰，有着与人类相同的感情意志；有些含有特殊液汁的植物，能使人麻醉和中毒，为原始人敬畏和崇拜。境内各族大都残存着植物崇拜的奇异风俗，其中最突出最丰富的当属树木崇拜。布朗、彝、傈僳等民族有崇拜神灵、神树的风俗，他们奉神灵和神树为村寨保护神，对此倍加崇拜。

祖先崇拜　祖先崇拜是许多民族共有的现象，人们相信先辈离世后其灵魂都将回到本民族发祥地。景东彝族，每个家庭堂屋上要悬挂一张画有若干人像的图画，代表着各个家庭所供奉的历代先祖。彝族老人离世后，家人要用蜂蜡做成一个小人像，装进小布袋里，供在家屋楼上，凡遇年节即进行祭献。

图腾崇拜　每个民族都有本族图腾。图腾是一种受全民族人敬仰崇拜的动物或是一种植物，是一种庇护神，只要属于本民族的图腾就要加以保护，不能伤害，不能遗弃。如彝族的虎、拉祜族的葫芦等。

巫术　巫术是原始宗教重要组成部分。景东各民族巫术形式多样、内容庞杂，主要有占卜、驱

邪、禁忌、巫蛊等，各民族有各民族的做法，但都代表着神的意图。哈尼族巫术由贝母传承，彝族巫术由毕摩传承。巫卜方法很多，有用鸡骨头看吉凶的、有煮鸡蛋看吉凶的、有杀年猪时看猪肝断吉凶的，就算出门遇到飞禽走兽也可以断吉凶。

第二节　宗　教

一、佛教

据传，元代以前景东民间信奉的宗教主要为南传佛教（又称上座部佛教）。明初，大量内地汉人移民景东，北传佛教随之传入。另传，修建县城开化寺时，地方统治者初衷为南传佛教寺庙格局，但修建者信奉北传佛教，最终被建成北传佛教寺庙样式。清代，北传佛教在景东有所发展，佛寺增多，主要有开化寺、东岳庙、寿福寺、龙泉寺等。清末后，战乱不断，人民生活艰难，无力维修寺庙，和尚离寺，寺庙衰败。中华人民共和国成立时，多数佛堂倒闭，没有僧尼住持。

中华人民共和国成立至20世纪80年代末，景东没有公开的佛教徒。1992年，极少数退休人员在御笔山老君殿建盖简陋房屋，设置观音殿、财神殿供奉菩萨，供善男信女烧香拜佛，佛教信徒在御笔山恢复活动。至2009年，在御笔山活动的固定信徒300余人，其中，皈依41人，剃度2人，管理人员（民间）8人，主要活动日为农历二月十九、六月十九、九月十九，春节及每月初一和十五。据初略统计，每年到御笔山烧香求佛约1万人。2003年7月，大街石洞寺供奉佛像，开始有佛教活动，每年到寺庙烧香拜佛群众2500余人；花山天华寺、文龙小团山水阁和仙人洞、文井羊坡观音庙、太忠沾牛观音庙、林街金鼎寺、扎结老君殿等场所也有人自发开展宗教活动。

二、道教

明清时期，道教在县境内盛行。清康熙、乾隆年间，道教一度空前发展。彭本尚（人称彭道人）在林街金鼎山建盖金鼎殿，道教在景东西部乃至临近云县地区传播；罗元昭（三营村人）在者干主持建盖大街老君殿，十年后，一位赵姓道人（人称赵道人）化缘到者干扩修老君殿，道教在景东东部传播。乾隆年间（1736—1795），绅士涂跃龙在县城御笔山月城遗迹倡建老君殿，咸同年间（1851—1874）毁于兵燹；2005年复修。此外，在文井清凉、曼等扎结也设有老君殿。1957年、1958年，林街金鼎寺、大街老君殿、扎结老君殿先后被拆毁，道教活动停止。金鼎山道教活动从彭本尚开始到最后一名道士周志诚止，共有21位道士任过住持。

中华人民共和国成立后，县境内民间献天神、土主、树神、地母、龙王、财神、山神、灶神、水神、老君等活动比较普遍。这些活动因为没有开放的活动场所被认为是原始民间信仰，因而没有列入宗教管理范围，但它们属于道教信仰的形式。

三、伊斯兰教

宋末，回族随忽必烈“畏吾儿”大军进入县境，伊斯兰教即传入。1851—1874年，逐步发展到18个回寨和忙笑回民村落。杜文秀率众起义失败后，景东仅遗林街、安乐、保甸3个回族村。清末，伊斯兰教信仰有所恢复和发展，1894年建盖林街清真寺，1905年建盖保甸清真寺。民国时期（1945），建盖安乐清真寺。

中华人民共和国成立后，景东县落实国家民族宗教政策，伊斯兰教健康发展。至2011年，全县有林街清真寺、保甸清真寺、安乐清真寺3个合法宗教活动场所，信教群众1700余人，阿訇104人，履职教职人员 8 人。

四、基督教

民国 8 年（1919），英国女传教士梅利在县城十字街万姓宅设耶稣堂，传播基督教。中华人民共和国成立后，无传教士及活动场所。1994 年后，接受县外教堂洗礼基督教信徒 114 人，其中，镇沅恩乐教堂 95 人，景洪教堂 12 人，思茅教堂 3 人，昆明教堂 3 人，四川泸州教堂 1 人。到 2009 年 6 月，全县基督教信徒 300 余人，分布在文井、大街、花山、锦屏、安定等乡（镇）；经常参加活动 90 余人，活动地点主要在县城。

第三节　宗教事务管理

一、政策法规

“文化大革命”期间，景东县合法宗教活动被迫中断。1978 年后，县委统战部恢复，县民族事务委员会成立，落实国家宗教信仰自由政策。恢复和开放清真寺，宗教活动实现合法化正常化。每年年初或民族节日期间，县领导到伊斯兰教活动场所同信教群众和宗教界人士座谈交流；同时，借助广播、电视、报纸等宣传媒体和会场、学校等宣传阵地，利用火把节、古尔邦节等节日，贯彻落实党和国家的宗教政策和法规。1999 年，播出广播电视节目 25 场次，张贴标语 300 条，受教育 10 万余人。2002 年，全县受教育 2.7 万人次。2005 年，举办《宗教事务条例》培训班，参加培训 70 余人；印发《宗教事务条例》和《宗教活动场所设立审批和登记办法》200 余份。2006—2011 年，在林街、保甸、安乐 3 个宗教活动场所组织管委会成员学习《宗教事务条例》《宗教活动场所设立审批和登记办法》，开展信教群众和宗教上层人士“三个离不开”“三自”（汉族离不开少数民族、少数民族离不开汉族、各少数民族之间也互相离不开，自治、自养、自传）办教方针及爱国爱教教育；在漫湾、林街等 7 个乡（镇）推行宗教工作目标责任制，把责任制落实到相关 81 个村（居）委会和 3 个宗教活动场所；开展宗教渗透和民间信仰调查，摸清县城内宗教基本情况。

二、保护合法宗教

20 世纪 90 年代始，邪教分子打着“宗教信仰自由”旗号，鼓吹信本教后“不做生产也有饭吃”“能避灾难”“生病不用吃药打针也会好”“死后能升天”等歪理邪说，蛊惑人心，在县内贩卖邪教宣传品，引诱不明真相群众加入邪教。至 1995 年，全县 10 个乡镇近千人参加活动。1995 年 9 月 18 日，县委发出《关于坚决依法取缔非法传播邪教活动的通知》，取缔非法传播邪教活动，保护合法宗教。1996—1997 年，在锦屏、大街、太忠、花山等活动突出乡镇开展专项治理，取缔非法传教组织。2002 年，景东县按照党和国家宗教政策和法规，谨慎处理非法活动“信徒”来信来访问题，先后接待非法活动“信徒”8 起 27 人次，依法说服教育。至 2011 年，多次对县城大草地、御笔山老君殿等地各教信徒私设堂点、非法收徒等活动按照有关规定加强管理，未发生过异常情况。

第二十二编

乡　镇

第一章　镇

第一节　锦屏镇

一、自然概貌

锦屏镇位于景东县中部，县政府驻地，地跨北纬24°27′~24°33′，东经100°49′~100°52′，北接文龙乡，西至无量山脉分水岭与景福乡、镇沅县勐大为界，东与太忠乡、龙街乡毗邻，南与文井镇相依，为县域国土最广、人口最多大镇之一。全镇国土面积530.39平方千米，城区面积4.5平方千米。境内最高海拔3371米（笔架山），最低海拔1145米。海拔2000米以上山峰有猫头山、笔架山、背娃娃山、大囤子山、工兵山等16座。除川河外，境内10平方千米以上集水区域支流有冷窝河、文垂河、大坝河、菊河、董报河等，另外，较大河流还有南困河、曼笼河、文果河等。年平均气温18.3℃，年平均降雨量1380.3毫米。冬春为旱季，夏秋为雨季，干湿季界限较为明显，冬无寒暑，夏无酷热，四季温暖如春。西部无量山群峰纵横，保持有完整原始森林生态体系，列入国家保护37种植物资源保存较为完好。已识别哺乳动物101种，鸟类296种，两栖动物28种，爬行类动物35种。林业用地33497.2公顷，森林覆盖率74.04%，活立木蓄积355.31万立方米。矿产资源已探明有煤、水晶、铁、石灰石等。

二、经济建设

锦屏镇常用耕地面积2358.4公顷。境内气候条件优越，热能丰富，适合各类农作物生长。坝区半山区盛产水稻、玉米、小麦和各种薯类、豆类，山区盛产玉米、小麦等粮食作物。经济作物和经济林木主要有甘蔗、茶叶、核桃、芒果、蚕桑、烤烟等。通过川河一二期整治和川河大沟、菊河大沟、董报大沟、西山脚大沟等工程建设，能基本满足农田灌溉。通过实施“五小”水利工程，全镇共解决人畜饮水1.48万人、4129头。1997年底，实现村村通大电，2011年全镇农户用电率92.8%。至2011年，农村经济总收入3.54亿元，农民人均纯收入5290元。

三、社会事业

2011年末，全镇共19098户58911人，其中，农业人口36921人，少数民族人口23666人。居住有彝、哈尼、瑶、苗、回、傣等少数民族。全镇有初级中学1所、幼儿园5所（其中镇属1所、私立4所）、小学15所，镇属在校学生3434人，其中，初中1209人，小学2225人。1965年，锦屏卫生所成立；1990年，搬至锦屏镇头塘改称锦屏乡卫生院。医院占地660平方米，业务用房547平方米。人员定编18人，在职16人。相继实施斗阁、黄草岭村级文化体育活动广场试点工程，实施“七彩云南”全民健身基础设施工程5个，村村通用户2915人，广播覆盖率97.2%，电视覆盖率98.71%。

四、行政区划

2011 年锦屏镇行政区划表

表 22-1-1　　单位：米、个

村（居）名	驻地	驻地海拔	地理坐标		自然村（范围）
			东经	北纬	
北屯	北屯	1200	100°49′	24°28′	大咀子　桐子箐　贺家湾　北屯　右所　新桥河　西山脚　左所营
前所	梁子	1200	100°48′	24°30′	迤文垂　中文垂　外文垂　水塘　后所　中排　梁子　新街　箐边　半坡　前所　大英　中村　外大坝　高桥　迤大坝　果园　大丙郎　梅子箐
灰窑	杨家窝	1240	100°46′	24°32′	冷窝　大村　小村　迤板桥　外板桥　南困　梁子　荒田　大麦地　夹板箐　灰窑　长田　李家窝　杨家窝
董报	曼岗	1270	100°48′	24°33′	新村　文燕　那蚌田　杨家窝　曼岗　田房　三宝厂　平掌　董报　团山　垭口　大村　干田　营盘　麻栎树　西阿卓　东阿卓　山背后　排沙
景范	莲花塘	1180	100°49′	24°28′	新村　河东街　景范　平原　垭口　小河　白羊田一组　白羊田二组　白羊田三组　白羊田四组
斗阁	王官屯	1150	100°52′	24°26′	平掌　麻栎桩　文黑　河边　小河桥　王官屯　马场坡　胥家营　湾练　槐树　孔雀山　下文道　中文道　上文道
山冲	笼岗	1320	100°51′	24°24′	下营　下山冲　上山冲　外文果　中文果　迤文果　邦崴　笼岗　上旧村　下旧村　田头间　陶家　梁子头
黄草岭	石房箐	2200	100°45′	24°22′	篙枝林　竹叶坪　大垭口　石房箐　沟迤边
新民	三家村	1650	100°46′	24°26′	平地　坡脚　大村　老其田　三家村　平掌　外麦地　迤麦地　三岔河　茅草地　蒿枝坪　泡竹箐　上吊支山　下吊支山　核桃村　小龙潭　多依树　曼状　姚家坪　大箐
磨腊	迤磨腊	1810	100°46′	24°26′	猴子洞　迤柏树林　外柏树林　白垭口　三棵树　外磨腊　迤磨腊　下秧草塘　上秧草塘　白家坡
温卜	徐家窝	1700	100°44′	24°26′	团山　响水　大温卜　山头　徐家　中排　垭口　细左　大泥塘　团田　上排　下排　箐边　石旮旯　平掌　洼子　扎洼
利月	梁子头	1550	100°45′	24°33′	下村　梁子　山头　东落水洞　西落水洞　芹菜塘　核桃河　炭山　上和尚村　中和尚村　下和尚村　菖蒲塘　螺蛳塘　冬瓜林　陈小国　扎拉门
龙树	迤龙树	1640	100°43′	24°33′	曼状　垭口　小房子　独家村　中排　沟边　上核桃村　下核桃村　迤平掌　外平掌　板桥　外龙树上村　外龙树下村　迤龙树上村　迤龙树下村
菜户河	大村	1610	100°43′	24°32′	外团结村　迤团结村　上中山　下中山　田房　上大村　下大村　上大坡　下大坡　迤菜户　外菜户　洼子
景川路	彝兴路	1171	100°49′	24°27′	回营　三道沟　毛家巷　木场田　尚武门　大水沟　文旧　东门坡　武庙街　魁阁楼　方家井　学坡　马口　蔬菜队

续表 22-1-1

村（居）名	驻地	驻地海拔	地理坐标		自然村（范围）
			东经	北纬	
御笔	东正街	—	—	—	虹桥路至西正街、东正街直达凌云路以北
玉屏	南岳路	1171	100°49′	24°27′	东：川河；南：建设路；西：玉屏山脚；北：虹桥箐魁阁楼
龙泉	景川路	—	—	—	东：川河；南：马关桥；西：广播电视台；北：建设路
大草地	森工局	—	—	—	东：川河；南：文果河（小河桥）；西：695 台；北：文旧河（马关桥、景太大桥）
合计	19	—	—	—	—

说明：表内黑体字为社区名

五、领导名录

锦屏镇主要领导名录

表 22-1-2

职务	1978—1983（公社革委会、管委会）	1984—1987（区委、区公所）	1988—1995（乡、镇）	1996—2011（镇）
党委书记	镇：魏学智 罗廷荣 公社：赵　奇 杨正忠	镇：颜嘉荣 李述武 区：张宗美	镇：李述武　罗　川 白忠秀 乡：张宗美　温元浩	赵昌能　黄忠明 李　璟　龙　昆 冯周斌
主任、区长、乡镇长	镇：魏学智 邓兴富 公社：赵　奇 张宗美	镇：邓兴富 区：卢丕和	镇：邓兴富　苏里逵 乡：卢丕和　黄忠明	黄忠明　罗国文 彭关明　杨志新 施正伟　陶世凡
人大主席团常务主席	—	—	镇：罗家凤　钟履位 乡：张宗美	董开文　罗景清 赵树华

说明：1994 年 12 月，撤销锦屏乡，并入锦屏镇；1988 年，乡镇始设人大主席团，主席团由代表大会选举产生，主席团选举常务主席 1 人

第二节　文井镇

一、自然概貌

文井镇位于哀牢山、无量山之间，地跨北纬 24°11′~24°26′，东经 100°47′~101°03′，东北与大街乡、花山乡、锦屏镇接壤，西至无量山分水岭与景福乡相接，南与镇沅县相邻，东西宽 21 千米，南北长 40.6 千米，总面积 842.67 平方千米。镇政府所在地文井村，距县城 25 千米。平均温度 18.3℃，年平均降雨量 1200 毫米，年无霜期 355 天，年日照 2132 小时。海拔 1060~2700 米，最高峰大团山，海拔 2700 米，其他海拔 2000 米以上山峰有小坝子山、望天坡、熊洞山、八人抬轿、坝卡后山、老鹰岩、棠梨树山、巴麻山、石婆坡山、杨梅树垭口、白水云山、石老虎山、黄土坡、方家营盘、石岩垭口、仙人脚、刀箐垭口、大麦地梁子、营盘山、仙人寨梁子、平田后山、大石头垭口、滥坝后山、磨

刀箐梁子、岳河梁子、草山庙梁子、三棵桩梁子等。辖区内河流众多，除川河外，还有回喜河、扎龙河、四代河、里石河、丁居河、怕末河、文会河、高粱地河、文岗河、速南河、品秀河、老马河、南线河、清凉河、尹家河、开南河、昔固河、小古河、南洋河等，为农田灌溉、人畜饮水和水电开发提供充足水源。境内动植物资源丰富，林业用地 60673.1 公顷，森林覆盖率 71.07%，活立木蓄积 579.03 万立方米。矿产资源丰富，矿种多，品位高。金属矿产主要有铁、铜、铅、锌等，非金属矿有硅、石膏、凝灰岩、冰洲石等。

二、经济建设

文井街（罗海垠　摄于 2020 年 10 月）

镇党委政府办公楼（文井镇党政办　提供）

境内常用耕地 5590.73 公顷，适宜各种农作物生长和畜禽养殖。盛产水稻、玉米、小麦和各种豆类、薯类等粮食作物，主产甘蔗、茶叶、亚热带水果等经济作物及牛、羊、猪、鸡、鸭、鹅等畜禽，是景东县“粮仓”“肉库”。镇内通车里程 642.8 千米，弥宁公路贯穿全境，交通便捷，通讯畅通。25 个村均已实施通达工程，333 个村民小组已通公路，通车率 100%。陆续实施农村人畜安全饮水工程、川河中型灌区节水改造、挖萨水库渠道防渗、病险水库除险加固、烟区水利建设等项目工程。辖区内有清凉街、文井街、都拉街、玉米山街、者后街、者孟街 6 个小集镇，均完成基础设施建设。2011 年，全镇实现农村经济总收入 4.48 亿元，其中，第一产业收入 3.4 亿元，第二产业收入 0.29 亿元，第三产业收入 0.79 亿元。全镇固定资产投资总额 5253 万元，农村居民人均可支配收入 5099 元，各项存款余额 3.37 亿元，各项贷款余额 2.55 亿元。

三、社会事业

2011 年底，全镇共 19835 户 66380 人，其中农业人口 63648 人，少数民族人口 26255 人。共居住 26 个民族。2011 年末，全镇有小学 27 所、县级中学 1 所（景东四中）、镇属中学 2 所（文井镇中学、者后中学）。有小学教学班 187 个，在校小学生 4587 人，有小学教师 450 人；初中教学班 35 个，在校学生 2202 人，有教师 160 人；另有学前班 20 个，在校生 850 人。有私立幼儿园 6 所，在园儿童 660 余人。全镇有卫生院 4 所（文井中心卫生院、清凉卫生分院、文华卫生分院、者后卫生分院），医技人员 59 人，病床 74 张。2011 年末，新型农村合作医疗参合率 95%以上。完成挖萨村级文化体育活动广场建设，25 个村均完成农家书屋建设，每个农家书屋配备1台电脑、藏书2000册、音像制品150张；有25个村通数字电视，有线电视用户9807户；安装卫星电视村村通设备2715套，电视覆盖率100%；配备农村党员远程教育设备26套；从1987年始，成功举办十六届“景川杯”篮球赛。镇境内特色旅游景点有孔雀山凌云塔、南京山文笔塔、清凉老街、戴家政故居、文新仙人寨、梁家大院、文井土林等。

四、行政区划

2011年文井镇行政区划表

表22-1-3 单位：米、个

村名	驻地	驻地海拔	地理坐标		自然村
			东经	北纬	
文井	上街	1135	100°55′	24°18′	小大箐 龙家营 庙山 山边 上姚营 下姚营 昔固河 大柏树 上街 下街
清凉	街子	1130	100°52′	24°23′	徐家 罗家 张家 施家 杨家庄 那托街 梁家 朱家 田心 羊坡 麻栎庄 街子
山心	上马家	1383	100°51′	24°22′	草地 杨家 上田坝 下田坝 下马家 下冯家 上冯家 小庄 李家 上马家 小旧村 南倮
丙必	大庄地	1260	100°52′	24°22′	长地山 黄家 团田 上丙必 下丙必 大塘子 大庄地 文东 文仓 三道水 杨家凹 渡船上 渡船中 渡船下
开南	下营	1224	100°54′	24°19′	戴家营 迤山茶 外山茶 上品峰 下品峰 苏家营 红毛树 大海塘 文亮山 张鲁坡 上营 中营 下营 棕树田 大村 田心 菖蒲地
竹蓬	中窝铺	1708	100°51′	24°15′	碱水 牛筋木 老家窝 上龙洞 下龙洞 大竹山 外龙洞 大桥头 高家山 松毛林 大竹蓬 中窝铺 田房 杨家窝 大邦困 小邦困
大营	上大营	1150	100°55′	24°17′	半坡 村子 东月河 回营（冷水沟） 何家 罗家 上大营九组 上大营十组 孙家营 团山 文开 下大营八组 下大营七组 寨上三组 寨下四组 赵家
者吉	小者吉	1140	100°57′	24°15′	大者吉一组 大者吉二组 小者吉三组 小者吉四组 丙弄 常德 那允 大翁 螃蟹窝 小古河 大者吉十一组 大者吉十二组 大者吉十三组 大者吉十四组 小者吉十五组 董嘎 老茶厂 南吉 玉米山
都拉	都拉营	1136	100°58′	24°13′	都拉营 寨上 山边 上文板 下文板 楼梯坡 三家村 河底 南洛河 双龙 漫湾上片区 漫湾下片区 移民十三组 移民十四组 移民十五组 移民十六组 移民十七组 移民十八组
文华	文华街	1140	100°58′	24°14′	漫湾移民上组 漫湾移民下组 恩发 麦地下 麦地上 困岔 品秀 田心 文蚌 文别 文华街 小碗铺 洋移 中村
文窝	水阁	1140	100°56′	24°16′	大平掌 大崮堆 毛驴塘上组 毛驴塘中组 水阁 大鱼塘 后营 上龙洞 下龙洞 文当 被窝
老练	大河边	1120	100°56′	24°18′	龙口箐 观音阁 小农场 三家村 四组 二王 三王 明家 蚂蟥窝 老练六组 老练七组 马鞍山 普安寺 红土坡 桐关箐 背阴山

续表 22-1-3

村名	驻地	驻地海拔	地理坐标		自然村
			东经	北纬	
文光	大荒园	1120	100°55′	24°14′	老龙树　大洼子　毛家园　小荒田　老家　老马河　大荒园　大岔路
者孟	街子	1124	100°54′	24°20′	上营　中营　下营　瓦厂村　潘家庄　滥泥庄　大寨　街子　文蚌
中所	小山脚	1140	100°53′	24°23′	山背后　新村　小山脚　文卡　连家箐　朱家营　中所街
者后	下营	1100	101°02′	24°07′	上文东　下文东　那兔山　外文甲　迤文甲　草地　上营　中营　下营　兴利　三家村　大四代　勐口　小四代　那打　双龙　思桥
双水井	双水井	1150	100°53′	24°11′	双水井　碱水　平掌　四棵树　者乃　那赛　文竜　那掌　河边　硬怕　大文岗　小文岗　回龙
文会	街子	1093	101°02′	24°08′	文甸山　高粱地　小文甸　旧卡　大村　丙岔　新旱地　文会岔河　街子
新会	怕末	1060	101°03′	24°06′	海田坝　那信　里石　新村　丁居　怕末
挖萨	中挖萨	1229	101°00′	24°06′	下挖萨　中挖萨　下邦麻　上挖萨　中邦麻　上邦麻　大平掌　田房箐　外扎龙　中回喜　外回喜　张家坟　大村　龙潭地　迤扎龙　迤回喜　木瓜林　龙移
速南	大箐	1280	100°58′	24°08′	红毛树　河口　大箐　小箐　那巩　林家山　黄家　陷田　文腊　回索
文新	下村	1312	100°56′	24°07′	上村　朱家　半坡　下村　箐边　刀家营　大村　大竜　刀箐箐头　酸枣树　那边箐　户怕山　茅草山　滥坝　平田
路东	街子	1449	100°55′	24°08′	大石岩　文哈　马家　文代　三元井　田房　新村　旱田　上村　街子　李家　赵家　刘家　罗家　小石岩
挖固	大桥头	1489	100°53′	24°11′	李家　大园　下河田　上河田　核桃箐　大寺庙　大簸箕　倮西　箐头　大桥　董家　田心　大村
合计	24	—	—	—	—

五、领导名录

文井镇主要领导名录

表 22-1-4

职务	1978—1983（公社革委会、管委会）	1984—1987（区委、区公所）	1988—2005（乡、镇）	2006—2011（镇）
党委书记	文井：苏有明 者后：李飞雄 李仕儒 李锦昌 李　青	文井：苏有明 杞云山 者后：李　青 刘正泽	文井：杞云山　沈　铣 马先刚　李思华 王开明　郭崇伟 张鹤翔　黄灿华 者后：刘正泽　字忠森 李国忠　蔡宗云 王庆鸿　李建胭	黄灿华　王守忠 张　洲　白兆雄

续表 22-1-4

职务	1978—1983 （公社革委会、管委会）	1984—1987 （区委、区公所）	1988—2005 （乡、镇）	2006—2011 （镇）
主任、区长、乡镇长	文井：李　青 刀学明 者后：李飞雄 马兆洪	文井：杞仕仁 杞云山 周正清 者后：字忠森	文井：周正清　沈　铣 马先刚　王开明 郭崇伟　黄灿华 王守忠 者后：字忠森　鲁新明 陈登方　彭关明 王守荣　罗忠学	黄灿华　王守忠 卢丕军　朱　雄
人大主席团常务主席	—	—	文井：杞云山　普开祥 徐绍昌 者后：马兆洪　李应权 罗兴祥　叶荣德	叶荣德

说明：1988 年 1 月，区改乡，始设文井镇；2006 年 1 月，撤者后乡，并入文井镇

第三节　漫湾镇

一、自然概貌

漫湾镇地处景东县西北部，地跨北纬 24°30′~24°44′，东经 100°24′~100°37′。北与大理州南涧县山水相连，西至澜沧江主河道中心线与临沧市云县隔江相望，南与林街乡为邻，东与安定乡、文龙乡、锦屏镇相接。地势总体为东高西低，相对高差大。西北部微高，东南方略低。国土总面积 306.23 平方千米。镇内最高峰昔掌后山，海拔 2996 米，最低处为昔掌河与澜沧江汇口，海拔 888 米。林业用地 18930.7 公顷，森林覆盖率 67.13%，活立木蓄积量 156.5 万立方米。海拔高于 2000 米山峰有无量山头、吃响午岭岗、营盘山、岩子山、北左山、中山。较大河流有五里河、碱房河、文冒河、保甸河、昔掌河、安乐河、漫湾河。流经漫湾的澜沧江是景东县和云县天然界河，流程 11.49 千米。

镇政府驻地岔山街远眺（罗海垠　摄于 2007 年 12 月）

岔山街（者吉中　摄于 2011 年 1 月）

二、经济建设

漫湾镇常用耕地面积 2418.8 公顷，主要有保甸、文冒、漫湾等平坝，小平坝总面积 7.4 平方千米。2006 年，在保甸、文冒实施滇西南农业综合开发，投资 200 万元。2009 年，实施保甸坝子中低

产田改造，总面积387.53公顷，总投资1102.57万元。“十一五”期间，建设饮水工程37件，解决7村49组人畜饮水困难，总投资353万元；改造五里碱房五八大沟，投资15万元。国道36千米、县乡公路75.5千米、乡村公路42千米、村组公路423千米，实现组组通公路。水路交通从漫湾电站大坝朝北到小湾电站，航程72千米；从漫湾电站大坝向南到大朝山电站，航程94千米。以岔山35千伏变电站为核心，4条10千伏出线供电，拥有农网10千伏线路127千米，10千伏供变电80台，居民用户5129户，供电量266万千瓦时，售电量230万千瓦时，电费收入123万元。共有固定电话510台，“致富通”无线电话300台，互联网移动手机150台，宽带用户80户。建有致富通基站1个、移动基站2座、3G基站3个，移动信号基站14个，信号覆盖率95%，有客户5000户。漫湾红糖厂是漫湾工业企业的代表，始建于1988年，日处理甘蔗5万千克；1997年在原址技改为白糖厂，日处理甘蔗50万千克。2011年，全镇农村经济总收入10617万元，农民人均经济纯收入3691元，粮食总产量794.6万千克，社会固定资产投资3760万元，社会消费品零售总额4578万元，金融机构各项存款余额798万元，贷款余额5443万元，人口自然增长率小于6‰。

三、社会事业

2011年末，全镇共5905户20418人，其中农业人口19693人，少数民族人口11688人。有彝、汉、回、布朗等16个民族。有初级中学1所、完小7所、私立幼儿园1所，共有教职工144人，有初中在校生740人，教学班12个，小学在校生1631人，教学班45个。2008年，卫生院实现搬迁，占地3902平方米，业务用房540平方米，住院病房130平方米，编制床位10张。新农村合作医疗参合率99%。2007年，架通从景东到漫湾电厂通信光缆；2009年，实现有线电视数字化；2010年，实行“村村通”覆盖，共安装智能机3584台，群众能收看节目52套、收听广播25路。全镇电视覆盖率95%以上，安装广播小组10个。五里、漫湾、温竹、安乐、安召、文冒建成村级文化活动室，“农家书屋”实现村级全覆盖。完成新农村建设试点6个小组。按照扶贫开发整村推进思路，实施重点村建设20个小组。

四、行政区划

2011年漫湾镇行政区划表

表22-1-5　　单位：米、个

村名	驻地	驻地海拔	地理坐标		自然村
			东经	北纬	
安乐	岔山	1330	100°29′	24°38′	太平村　田口　岩脚　黄家　大田　大平掌　岔山　小河　河口　丙寨　大路边　雷响田　回营　大阿乐　街后　街子　棉花　上村　下村　老厂　下排手　上排手
安召	街子	1770	100°29′	24°44′	滴水箐　白石头　独家村　平掌　街子　龙树　大村　旧村　弯子　大包麦　上中山　下中山　酸荞地　倮么村　百地厂　会岗
温竹	干田	1740	100°30′	24°41′	曼状　龙树　垭口　山后　干田　新村　大村　平掌　上村　下村　杨家　八一　八二　八三　罗家　白家　新田　旧村　沙坝河
五里	上村	1200	100°26′	24°40′	小温力　大温力　大碱房　中碱房　下碱房　鱼落村　垭口　龙树　小碱房　上村　垭口田　下温东　上温东　大村　洼子　中村

续表 22-1-5

村名	驻地	驻地海拔	地理坐标		自然村
			东经	北纬	
漫湾	桥头	1200	100°30′	24°37′	岔河 中山 密花林 垭口 桥头 沙河 那卡 大地埂 田口 半坡 下村 大村 漫湾 朱家箐
保甸	街子	1040	100°31′	24°34′	石洞 龙潭 王家箐 麻栎林 曼甸 街子 江口 曼丙 茶园 回营 沙坝 得果寺 许家 公兵地 杨上村 垭口 石膏箐 小平掌 邦独 新寨 大树 陶家
文冒	下文冒	1200	100°31′	24°33′	江边 岩脚 怕岭 新村 大水塘 方家 文冒 丙戌 曼炮 下村 绿山 丙布 温岭 洼子 火山
昔掌	海上	1050	100°33′	24°31′	平掌 新田 王家 侯家 龙山 核桃 小村 地隔界 大村 杀牛村
合计	8	—	—	—	—

五、领导名录

漫湾镇主要领导名录

表 22-1-6

职务	1978—1983（公社革委会、管委会）	1984—1987（区委、区公所）	1988—2011（镇）
党委书记	罗廷荣 吴华亮 李旭	杨学进 赵昌能	赵昌能 周荣林 董世尧 朱世旺 李 况 刘 灿 何献春 杨汝龙
主任、区镇长	罗廷荣 吴华亮 杨学进	赵昌能	吴秀祥 董世尧 王 强 李朝海 杨汝龙 伍 敏 袁光奇
人大主席团常务主席	—	—	罗庆选 周灿荣 胡秀良 白正朝 自如金 李昌忠

说明：1988 年，区、乡体制改革，撤保甸乡，建漫湾镇

第四节 大朝山东镇

一、自然概貌

大朝山东镇位于景东县城西南部，地跨北纬 23°56′~24°14′，东经 100°22′~100°44′，地处无量山西坡、澜沧江东岸，距县城 108 千米。东邻镇沅县勐大镇，南邻镇沅县振太乡，西邻澜沧江，北邻曼等、景福乡。国土面积 543. 82 平方千米，海拔在 786~2390 米，境内地广人稀，海拔差异较大，高山林立，群峰交错，西北高、东南低，形成河谷和高寒山区。立体气候明显，年平均气温 15℃，年降水量 1500~2000 毫米。径流面积 10 平方千米以上河流有澜沧江、大田河、文笑河、困别河、勐片河

镇政府驻地大驮街远眺（罗海垠　摄于2009年6月）

大驮街（罗海垠　摄于2007年5月）

5条。全镇林地总面积38138.1公顷，森林覆盖率65.67%，活立木蓄积354.38万立方米。矿产资源有银、铜、铁、锰等，另有石灰石、黏土等建筑材料。

二、经济建设

大朝山东镇常用耕地面积2693.6公顷，主要发展烤烟、咖啡、茶、蚕桑、橡胶等产业。共修建水久性小水窖175个，蓄水2383立方米；小土窖21个，蓄水126立方米；小水塘、小水池158个，蓄水5077立方米；小水管144处，总长288.5千米；新增小水沟102条，总长141.1千米。实现全镇组组通公路。2011年，农村经济总收入为8159.2万元、农民人均纯收入为3509元。

三、社会事业

截至2011年底，全镇总户数7901户，人口28457人，其中，农业人口27731人，少数民族人口10169人。辖区内居住有汉、彝、回、傣、哈尼等13个民族。有6所完小，在校学生1285人；普通中学1所，在校学生587人，适龄儿童入学率大于98%，巩固率为100%；教职工114人。中心卫生院占地3532.48平方米，业务用房627平方米，职工住房600平方米。核准编制25人，实有人数16人，专业技术人员15人，病床编制18张。2011年度全镇农民参合23006人，参合率85.1%。实施“七彩云南”全民健身基础设施工程11个，村村通用户3672人，广播覆盖率97.13%，电视覆盖率98.68%。

四、行政区划

2011年大朝山东镇行政区划表

表22-1-7　　　　单位：米、个

村名	驻地	驻地海拔	地理坐标		自然村
			东经	北纬	
大驮	大驮街	2001	100°35′	24°09′	街子　周家村　对面山　干桔河　赵家村　高梁山　大松山　冯家村　下村　科武　大龙潭　芦山　熊家村　苏家村　大坝田　大桥头张家　董家村　麦地口　垭口田

续表 22-1-7

村名	驻地	驻地海拔	地理坐标		自然村
			东经	北纬	
曼状	曼状	1475	100°29′	24°03′	梁子 压鸡村 窝拖寨 曼状 岔河 老普村 洼子田 龙潭 罗邦东 岩子脚 文票 上村
长发	上村	1807	100°25′	24°02′	大村 白竹箐 半坡 得龙 干龙潭 麦地口 上村 新村 岩头 平掌 南普河 山头 普家村
芹菜塘	芹菜塘	1530	100°31′	24°05′	大村 李秀村 芹菜塘 陶家村 岔江 曼孟 大田 河边 锅底塘 吴家村 土库房 一碗水 压木箐
别落	大麦地	1840	100°33′	24°06′	小别落 大麦地 团山 大山 欧家 蓝家 大洼子 田坝
榨房	榨房	1552	100°24′	24°02′	河口 大田 压木河 团箐 干坝 岩头 麦地山 邹家村 周家村 榨房 大村 老皮村 黄家村 田头间 山背后 河底 石旮旯 河边
文玉	小厂街	1250	100°27′	24°01′	回营村 宋家村 玉学 小困索 大困索 硝洞 小厂街 水井 梁家 朱家 新村 园圃 干田 王降村 文笑 杨家村 大田山
大村	大梁子	1680	100°32′	24°10′	江边 周家村 陈家村 余家村 梁子村 魏家村 大梁子 龙家村 田心 老鱼田 上村 下村 平掌 平掌田 车树 邱家
彭家	马鞍山	1900	100°36′	24°11′	彭家村 小河边 困博 大树田 荨麻箐 丁家村 马鞍山 大驮村 钟家 赵家 冒水田 大河边 团山 松毛林 上田坝 下田坝 新村 大村 蚂蟥塘 田房
黑蛇	岩头	1605	100°39′	24°13′	黑蛇 芹菜坝 回民村 黑龙潭 大地山 大车树 大园圃 田心 灰苕地 山头 大村 蒿枝坝 上村 下村 岩头 水井 罗家 黄桑箐 学堂 岩脚 新村 祝家
新村	新村	1798	100°38′	24°09′	金家村 老干田 王家营 大田河 盐井坝 大田 新村 长路田 大园子 罗家村 岩脚 下岔河 李家村 山心 老鹰窝 菠萝树一组 菠萝树二组 菠萝树三组 上岔河 王家 张家 沙坝 中岭山 袁家山 绕远山 平掌 榨房 段家 光头坟
菖蒲地	菖蒲地	1768	100°38′	24°07′	大村 团山 菖蒲地 松毛林 狐狸洞 磨石山 田心 落水洞 大沟边 落雨山 河边 分家山 上石头 下石头 柳家 扎过山 扎里组 李家村 芦箐头 糯米箐 文厂河 段家 山尾巴 雷家村
苍文	芭蕉箐	1847	101°38′	24°38′	郭家村 李家村 鱼塘 下村 上村 河边 当边地 万年蜂 陈家村 芭蕉箐 大垭口 黄栎山 冒古天 一碗水 如么山 湾水河 王家村 大平掌 罗家村 老八箐 大龙塘 大新田 大地坡
困嘎	田心	1890	100°36′	24°04′	田心 大独田 新村 别落田 困嘎 徐家村 小垭口 旧村 核桃河 小龙潭
曼崩	大水井	1910	100°32′	24°07′	罗邦东 大平掌 上水井 下水井 熊家村 田心 瓦窑山 上曼落 下曼落 邓家村 独树 旧村 新村 沙坝
合计	15	—	—	—	—

五、领导名录

大朝山东镇主要领导名录

表 22-1-8

职务	1978—1983（公社革委会、管委会）	1983—1987（区委、区公所）	1988—1993（乡）	1994—2005（镇、乡）	2006—2011（镇）
党委书记	黎光祥 杞万芳 陶开明	李明华 杨文灿	文玉：杨文灿 周宣文 永秀：吴启林 章成贵	东镇：赵昌能　苏海新 永秀：叶文生　孙志虎 解明君	苏明新　徐明宏
主任、区长、乡镇长	黎光祥 杞万芳 杨文灿	杨文灿 叶文生 吴启林	文玉：苏海新 永秀：叶文生 王国祥	东镇：王大良　周灿平 周灿和　何献春 苏明新 永秀：石文兴　叶明武 杨李勇	杨李勇　熊学忠
人大主席团常务主席	—	—	文玉：杨文灿 永秀：施家智	东镇：苏海新　毕廷友 李光佐 永秀：吴启林　孙志虎	孙志虎

说明：1987 年 12 月，从永秀乡分出部分村社增设文玉乡；1994 年 3 月，撤文玉乡，设大朝山东镇；2006 年 1 月，撤永秀乡，并入大朝山东镇

第二章　乡

第一节　花山乡

一、自然概貌

花山乡位于景东县东南部，地跨北纬24°08′~24°19′，东经101°02′~101°15′。国土面积294.66平方千米，乡政府驻文俄村，距县城60千米。东至哀牢山脉与楚雄州双柏县碍嘉镇相连，南与镇沅县九甲镇和者东镇毗邻，西与文井镇接壤，北与大街乡山水相连。地形西北高，东南低，海拔1200~2945.9米，境内最低海拔为坡头村者干河流出口，海拔1200米，最高峰为文岗、卜勺村东部哀牢山脉主峰大亮山，海拔2945.9米。最大河流为者干河和都鲁河。年平均气温18℃，年降水量1200~2000毫米，雨量充足，终年霜雪罕见。林业用地18034.2公顷，森林覆盖率64.56%，活立木蓄积145.55万立方米。矿产资源丰富，矿种多，品位高，褐煤、铁矿储量丰富。

二、经济建设

全乡常用耕地2168.67公顷。牧渔、林业、蚕桑、茶叶、烤烟、核桃、文化旅游、咖啡等是花山八大支柱产业，咖啡为新兴产业。水利化程度41.5%，通电率99%。有公路里程65.3千米，通车率98%。2011年，全乡农村经济总收入1.28亿元，农民人均纯收入3500元，农村信用社各项存款余额1.06亿元，贷款余额5047万元。粮食总产1264.2万千克，人均有粮450千克。

三、社会事业

2011年，全乡共8028户28711人，其中农业人口27976人，少数民族人口14511人。境内居住

乡政府驻地远眺（吴永康　摄于2009年5月）

乡政府大院（罗海垠　摄于2015年9月）

着汉、彝、哈尼、拉祜、回、藏、瑶、傣、白等15个民族。共有小学12所，教职工130人，在校学生2100人，小学入学率99.8%；中学1所，教职工68人，在校初中生1002人，入学率98.5%。有卫技人员45人，其中村医24人。有业务楼2栋，病床45张，有12个村级卫生室，新农合参合率86.3%。相继实施文召、文俄村级文化体育活动广场试点工程，实施“七彩云南”全民健身基础设施工程15个，村村通用户4643人，广播覆盖率97.16%，电视覆盖率98.7%。

四、行政区划

2011年花山乡行政区划表

表22-2-1　　单位：米、个

村名	驻地	驻地海拔	地理坐标		自然村
			东经	北纬	
文俄	垭口	1250	101°06′	24°16′	花山街　下邦河　上邦河　那卡　爱国山　那弄　文闷　文俄　垭口　户腊　派往　大村　小文庄　大文庄　闷来　回展　那回
营盘	黄家梁子	1280	101°05′	24°16′	营盘　干海子　那赖　新村　巴腰　田头间　丙必　出人箐　看牛场　火会　盐水田　毕家村　岩脚　烧灰村　文卡　老街
文召	弯子	1343	101°07′	24°16′	大地　酸枣树　水井　文召　草地　外弯　迤弯　卢困　吴家　南底　文旧　平掌　文旧山　大村　龙树　桥头　芭蕉村　文付　文弄　上村　下村
坡头	米雅街	1195	101°10′	24°16′	文庄　坡头　别列　米雅街　都鲁河　邦直　卢丙　文俄　田坝　大洼子　福都　大村　文糯　登波　户东　新田　邦海　长田
文岔	文岔街	1816	101°11′	24°16′	大梁子　小文献　登闷　陷田　回扎　唐家村　山后　上村　大文献　河边　大村　曹家
芦山	新村	1820	101°13′	24°16′	老虎洞　炼地　碱水　迤芦山　大楚雄　外芦山　备的箐　大箐头　大石房　上新村　下新村
淇海	康家坟	1607	101°10′	24°16′	上武燕　马岭岗　大岭岗　大平掌　魁角　大村　山心　周家　石头村　小村　大田　上芦山　下芦山　上排　下排　大山
撇罗	垭口	1900	101°09′	24°16′	饶家村　陈家村　车树　吴家村　下村　平掌　垭口　付家　上排　龙树　过口村　团山
文明	上文明	1517	101°08′	24°16′	刘家村　打碑　山后　陈家坟　塘坊箐　箐边　苏家　上村　中村　下村　普家　岔路　路边　唐家村　中梁子　大沙田　周家　上排　下排　岩头
卜勺	坟山头	1700	101°08′	24°16′	背阴山　上村　水井　山背后　坟山　垭口　黄家　外村　梁子　箐头　平地　车树　龙潭
文岗	下文岗	1700	101°07′	24°16′	平掌　核桃树　中岭山　路边　黄栎树　文道　下文岗　大水平　箐边　车树　大麦地
秀龙	秀龙街	1708	101°06′	24°16′	象头山　车树　山背后　文崩　下柳树村　上柳树村　文件　洼子村　大山　上村　大田村　大梁子　广众　平掌　三棵　路边　旧村　沟边　垭口　大旧村　石岩　下村　外村
合计	12	—	—	—	—

五、领导名录

花山乡主要领导名录

表 22-2-2

职务	1978—1983 （公社革委会、管委会）	1984—1987 （区委、区公所）	1988—2011 （乡）
党委书记	李世庆 刘昌荣 罗绍忠	罗绍忠	罗绍忠 罗德禹 纪世忠 赵世凡 姜发明 罗德贵 孙亮章 陈发依 纪晓龙
主任、区长、乡长	刘昌荣 李正和	王忠伦	鲁新明 刘华高 丰诗文 袁光洪 杨文勇
人大主席团常务主席	—	—	王忠伦 罗德禹 王正辉 卢绍科 钱华运 王 斌

第二节 大街乡

一、自然概况

大街乡地处景东县东南部，者干河中游，地跨北纬 24°17′~24°28′，东经 100°57′~101°09′。北与太忠乡接壤，西至哀牢山支脉熊洞山顶与文井镇毗邻，东北靠哀牢山与双柏县分界，东南与花山乡相连。全乡辖区面积 187.83 平方千米，森林覆盖率 56.5%。境内平坝、谷地、丘陵地理特征明显，最高峰为昆岗村东北大光山，海拔 2684 米；最低点为者干河流出点，海拔 1200 米，高差 1484 米。坝区年平均气温 17℃，年降雨量 1100~1300 毫米，山区年平均气温 15℃，年降雨量 1500~2000 毫米，立体气候明显，属亚热带季风气候。林业用地 11961.8 公顷，森林覆盖率 67.91%，活立木蓄积 89.29 万立方米。主要河流有者干河、昆岗河、勺么河、气力河。大街乡矿产资源丰富，有金、银、铜、铁、煤等，其中煤矿最为丰富。境内有煤业公司、迤竹山磁铁矿、瀚景源矿业公司等企业。

二、经济建设

大街乡常用耕地面积 1925.13 公顷。者干河沿岸河谷丘陵区地势平缓以水稻为主，高寒山区以玉

乡政府驻地大街全貌（夏乡 摄于 2009 年 5 月）

米和各种豆类、小麦、荞、马铃薯、青稞等为主。经济作物主要有茶叶、核桃、梨、刺苞菜、桃、花椒。全乡通公路134个组，通车里程394.424千米，乡村组通车率100%，砂石道路铺装率90.42%。实施饮水安全工程，完成水库除险加固工程，完成299件小型水利工程产权发证工作，共实施农村饮水安全72个小组，解决11293人8790头牲畜饮水困难。2011年，全乡农村经济总收入12076万元，农民人均纯收入3704元，粮食总产量1185.3万千克，人均有粮508千克，人口自然增长率为5.5‰。

三、社会事业

2011年，全乡共6338户23203人，其中农业人口22388人，少数民族人口11243人。有汉、彝、壮、瑶、哈尼等14个民族。共有小学7所，教职工119人，在校学生1680人，幼儿园2所。中学1所，始创于1973年，前身是景东第三中学，在职教职工50人，14个教学班，共726人。全乡有卫技人员12人，其中村医13人。有业务楼1栋，病床18张，有8个村级卫生室。完成农家书屋建设7个，配备电脑设备8个村。实施“七彩云南”全民健身基础设施工程4个，村村通用户2446人，广播覆盖率97.1%，电视覆盖率98.69%。

四、行政区划

2011年大街乡行政区划表

表22-2-3　　单位：米、个

村名	驻地	驻地海拔	地理坐标		自然村
			东经	北纬	
大街	下营	1318	101°02′	24°21′	下营　文光　山边　红毛树　尖寨　树林　文燕　八座坟　文东　街头　桥头　田边　田头　槐树
文山	文召	1450	101°01′	24°20′	河头　那罕　周家　上文育　下文育　卢家　田心　旧家　上何家　下何家　王家　彭家　团山　丙必　上村　垭口　西山
塘坊	塘坊	1348	101°04′	24°19′	塘坊　田心　桥头　上村　下村　草地　者力　小河口　大河边　戳落　大文会　桂花树　石洞
勺么	路边	1675	101°06′	24°21′	下村　邦抗　大水平　柏枝树　坟山　路边　麦地湾　大山上村　何家　刀家坟　平掌　菠萝林　河边　沟边　勺么
气力	杨家村	1744	101°06′	24°22′	松毛林　大水井　垭口　龙洞　气力　杨家村　中村　红土坡　冬瓜林　熊家村　白花村　高家村　河头　箐门口　灵官庙　大地　旧家箐　邦井　下村　钟家村　山背后　背阴山
昆岗	大昆岗	1930	101°05′	24°24′	垭口　大地基　鱼塘　绕山田　沟边　水潭　团山　新田　路边　中山　山头　平掌　跃进　粪田　大村　小村　坡头　坡脚　水井　梁子
平地	外平地	1920	101°03′	24°25′	迤平地　山背后　中平地　外平地　芭蕉村　迤麻栎树　中麻栎树　外麻栎树　龙树　中村　河边　洼子　上村　下村　祝平地
三营	上营	1360	101°01′	24°22′	中营　杨营　后营　小街　上营　上周田　大草地　文武　河边　文焕　碱水　关仓　文新　文明　核桃箐　阳田
合计	8	—	—	—	—

五、领导名录

大街乡主要领导名录

表 22-2-4

职务	1978—1983 （公社革委会、管委会）	1984—1987 （区委、区公所）	1988—2011 （乡）
党委书记	张丕强　范昌元 童其峰	王浩明　李兴明	李兴明　罗德禹　杨忠轩　熊建荣 蔡忠文　卢绍科　武仕顺
主任、区长、乡长	张丕强　范昌元 张正科	张明强　杨忠轩	杨忠轩　蔡忠文　杨正荣　袁昌臻 罗　曼　罗　兮　赵　海
人大主席团常务主席	—	—	冯广汉　王浩明　李志兴　王忠熙 周安文

第三节　太忠乡

一、自然概况

乡政府驻地大水井街远眺（吴永康　摄于 2009 年 5 月）

太忠乡位于景东县东部，国家级自然保护区哀牢山西坡，地跨北纬 24°23′～24°36′，东经 100°53′～101°05′。东靠哀牢山，部分翻越分水岭与楚雄州双柏县、楚雄市为界，南与大街乡相邻，西接锦屏镇、文井镇，北邻龙街乡。乡政府驻地大水井村，海拔 1400 米，距县城 22 千米。全乡国土面积 292.88 平方千米，林业用地 17349.7 公顷，森林覆盖率 63.56%，活立木蓄积 121.4 万立方米。全乡年平均气温 18℃，年降雨量 1200～2200 毫米，海拔 1300～2600 米，海拔差异大，立体性明显，属高坡、低谷山区乡，高寒山区常有大风、暴雨和冰雹灾害。大牛丛河、清水河、李果成河、刁猛凹河、枇杷河、碧树河、倒淌河、中山河等支流形成南线河（上游为嘎埂河和普牙河）及者干河上游（支流为沾雨河），属红河水系。太忠乡矿产资源丰富，甲类矿有金、铅、煤、铜、铁、锌等，其中，金矿分布于太忠与龙街交界处解板山，铅矿分布于糯朵、寄庄，煤矿分布于三合、平掌；乙类矿主要是石灰岩。

二、经济建设

全乡常用耕地面积 2105.6 公顷。全乡公路通车里程 468.86 千米，乡村组通车率 99%，道路铺装率90.8%。电网改造工程全面结束。2011年，全乡农村经济总收入10621万元，人均纯收入3396元，粮食总产869.1万千克，人均有粮372千克。

三、社会事业

2011年末，全乡有6500户，23733人，其中农业人口23184人，少数民族人口15685人。主要有汉、彝、傣、哈尼、苗、瑶等民族。全乡有小学10所，教职工114人，在校学生1858人，小学入学率98.73%。中学1所，教职工45人，在校初中生685人，入学率98.68%。有乡级卫生院1所，有业务楼2栋，卫技人员9人，病床10张；有村级卫生室13个，村医23人，病床13张。14个村均完成农家书屋建设，每个农家书屋配备1套电脑、藏书2000册、音像制品200张；全乡有3个村通数字电视，共有有线电视用户200多户，互联网用户13户，相继实施大柏村、方家箐村级文化体育活动广场试点工程，实施“七彩云南”全民健身基础设施工程7个，村村通用户3699人，广播覆盖率97.15%，电视覆盖率98.7%。

平掌街畜牧交易市场（周德翰　摄于2007年11月）

四、行政区划

2011年太忠乡行政区划表

表22-2-5　　单位：米、个

村名	驻地	驻地海拔	地理坐标		自然村
			东经	北纬	
大水井	坟地村	1426	100°50′	24°28′	核桃村　洼子村　田坝心　中桥　坟地村　大水井　岔河　槽子　下勐育　上勐育　小河边　梁子　上排　下排　高粱地　碧坝山
叶家坡	叶家坡	1671	100°55′	24°28′	王家山　平掌　中村　垭口　叶家坡　旧房子　倮么山　下坝塘　上坝塘
嘎仰	杨家	1460	100°56′	24°28′	二道河　明子山　扎昔箐　三家村　叶家　大洼子　扎昔　文道　小起育　寨子　王家山　黄家村　杨家村　余家村　龙潭
岔箐	岔箐	1441	100°58′	24°28′	下普牙　中村　上普牙　卢家山　中普牙　山后　村子河　旧洒　麻栎树　垭口田　解家　章亥　雇工山　龙树　岔箐
大松树	丁怕	1500	100°56′	24°28′	大水井　小沟边　阿海　大松树　岩硝河　柳树田　迤柳树田　新房子
平掌	红山	1520	100°51′	24°28′	柏树　大邦别　小桥　车树　新平　平掌　三见坡　红山　核桃　龙洞

续表 22-2-5

村名	驻地	驻地海拔	地理坐标		自然村
			东经	北纬	
三合	三合	1544	100°58′	24°28′	下村 靛塘 龙塘 平掌 洼子 三合 大村 团山 勐整 勐新 糯朵 上村 大洼子 新明 恩华 寄庄 麻地
花石	河边	1424	100°59′	24°28′	花石 河边 文宫 双山 高笕槽 长坡 团山 岔河 拉坑 下村 大地
沾牛	沾雨河	1520	101°00′	24°28′	沾牛一 沾牛二 李果成 龙潭 龙树 半坡 芭蕉窝 大面楼 白马塘 萱草地 林场 麻嘎 沾雨河 小瓦桥 小河边
麦地	麦地洼子	2057	101°03′	24°28′	旧家田 下村 大牛丛 箐边 小牛丛 大村 平掌 麦地 黄风箐 大平梁子 上村 中村 迤中山 外中山 河边 大田 泡竹林 蕨蕨林 荒田 小村 松林 迤松山
大柏村	迤松山	1878	101°00′	24°28′	栎树 下村 上排 下排 平掌 外松山 垭口 田心 迤松山
王家村	小邦别	1781	100°58′	24°28′	小坡 龙潭 大田 河边 王家村 梁子 黄草坝 小火塘
方家箐	上村	1820	100°58′	24°28′	二道箐 鲁万地 上槽子 小沟边 上村 大村 酸枣树 方家箐 罗家山 银匠村 松毛林
大起育	大起育	1700	101°57′	24°28′	中山 小河头 大水平 大平掌 大起育 岩子脚 垭口田
合计	14	—	—	—	—

五、领导名录

太忠乡主要领导名录

表 22-2-6

职务	1978—1983 （公社革委会、管委会）	1984—1987 （区委、区公所）	1988—2011 （乡）
党委书记	鲁怀先 杨正星 李志兴	李志兴 陶开明	陶开明 杨忠明 李维荣 陶成先 余思文 王华林 冯周斌 杨灿辉
主任、区长、乡长	鲁怀先 杨正星 高正荣	张俊有	李世坤 李启荣 王华林 杞登荣 杨 闯 王芝勇
人大主席团常务主席	—	—	张俊有 李绍泽 杨国俊 祝 福

第四节 龙街乡

一、自然概貌

龙街乡位于景东县东北部，地跨北纬 24°33′~24°44′，东经 100°48′~101°01′。东靠哀牢山，与楚雄市西舍路乡岔河、保甸、安乐甸等村相邻，南与太忠乡叶家坡、嘎仰两村接壤，西与文龙乡瓦伟村和锦屏镇董报村相毗邻，北连文龙中山村及南华县兔街乡小村、小戈瓦两村。东西宽 15 千米，南北长 28 千米，国土面积 272. 77 平方千米。年平均气温 15℃，降水量 900~1800 毫米。境内林业用地

16150.1公顷，森林覆盖率63.7%，活立木蓄积123.89万立方米。境内海拔2000米以上山峰有汪家场山、大龙营山、大乌头山、大光山、大龙潭山、雷打石岩、起所山、扎果山、罗必节山、大梁子山头、小亮山、工兵山等。境内河流均发源于哀牢山，经南岸河、山心河、龙街河、扎果河汇集出境后称董报河，最后流入川河。由于地质构造复杂，矿产资源较为丰富，矿种多，品位高。全乡计有金、银、铜、铁、铅、锌、锑、铬等金属矿，还有水晶石、大理石、绿泥石、滑石、石膏、石棉、黄铁矿等。

二、经济建设

龙街乡常用耕地面积1978.27公顷。全乡共完成通达公路建设89千米，完成县城至龙街油路铺筑工程，修复部分村组公路。截至2011年，完成小水窖建设1500口，完成龙街集镇568人供水项目。农村经济总收入11128万元，农村居民可支配收入3644元，存款余额6100万元，贷款余额2100万元。

三、社会事业

2011年，全乡共有5949户22282人，其中农业人口21803人，少数民族人口12551人。主要有汉、彝、傣、哈尼、苗、瑶等民族。共有学校13所，其中，中学1所，完小12所，有教学班76个，有教师144人。有乡级卫生院1所，业务综合楼280平方米，改建门诊楼293平方米。在职人员8人，设床位8张。2011年，启动东山、新平、邦庆、多依树、戈瓦5个村卫生室建设，新农合参合率90%。完成和哨、东山、南岸、邦庆、垭口5个村农家书屋工程建设，配备图书7500册、影像制品970张；配备电脑12台，实现村村有电脑。实施“七彩云南”全民健身基础设施工程4个，村村通用户3410人，广播覆盖率97.1%，电视覆盖率98.66%。

乡政府驻地小龙街远眺（李旭　摄于2009年5月）

乡政府办公楼（罗海垠　摄于2013年5月）

四、行政区划

2011年龙街乡行政区划表

表22-2-7　　单位：米、个

村名	驻地	驻地海拔	地理坐标		自然村
			东经	北纬	
小龙街	街子	1480	100°52′	24°36′	良田　瓦房村　赵家村　起所村　南卡　黄家　会落　石家山　岔河　街子　新村　岭岗　上宜起苴　下宜起苴　公山　李家村　马街子　山头

续表 22-2-7

村名	驻地	驻地海拔	地理坐标		自然村
			东经	北纬	
和哨	大平掌	1880	100°51′	24°42′	洼子 大岭岗 火石哨 半坡 王家村 何家村 刘家山 垭口 大平掌 张家村 岭岗村 大村 瓦泥 迤村
东山	比打堂	2000	100°53′	24°42′	依喝地 下村 上村 白砂地 田尾 烟东 李家村 坝塘 岩子边 田家 坝依堵 白道场 垭口 石头 树叭喇 江西地
南岸	白石岩	1600	100°51′	24°40′	大麦地 南岸河 会皇村 董家村 塘泥村 罗家村 李家村 小坝塘 大坝塘 大箐头 中邦卡 迤村 山背后 大地 棠梨树 三家村
竹者	新村垭口	1950	100°53′	24°39′	团山 坝塘 堂尚 洼子 小村 叶家村 握苴 平掌地 大坟山 龙树 垭口 大岭岗 大田 长田 田心 田房 鸡脚路 水转弯
新平	平掌	2000	100°59′	24°39′	杨家村 泥格地 河边 拉务村 锣锅箐 半山 田心 平掌 狐狸洞 大洼子 上岩子脚 下岩子脚 塌土坎 尚家 马鞍山
邦庆	外邦庆	2200	100°50′	24°38′	白水箐 李家村 罗家村 周家村 黄栎林 廖家村 青树 官家 山背后 岩子头 下村 大坟山 外邦庆
多依树	多依树	1610	100°55′	24°37′	荨麻林 白竹林 杨家村 施家村 洼子村 核桃村 大村 山背后
戈瓦	戈瓦	1947	100°55′	24°36′	普家村 中梁子 大村 叶家村 羊街 杨家村 丁家村 张家村 王家村 大地 南岸山 岭岗
小村	小村	1815	100°57′	24°34′	大团田 田房 杨家 小村 黄家 吴家 硝井
垭口	垭口街	1740	100°54′	24°34′	扎筒 小抗马 上大梁子 下大梁子 上迤梁子 下迤梁子 上酸枣树 下酸枣树 上石头村 下石头村 上垭口街 下垭口街 马鞍山 山背后
扎果	周家村	1547	100°54′	24°35′	大平掌 周家村 磨马村 戴家村 下扎果 上扎果 夏家村 李家村 小河口
合计	12	—	—	—	—

五、领导名录

龙街乡主要领导名录

表 22-2-8

职务	1978—1983（公社革委会、管委会）	1984—1987（区委、区公所）	1988—2011（乡）
党委书记	杨明金 丁开喜	周开林 鲁开华	鲁开华 周成鹏 鲁文全 龙 昆 徐红斌 荣 团 蔡 志 罗云鸿 杨亚梅 彭其昌
主任、区长、乡长	毕成学 杨明金 丁开喜 鲁开华	田仕发 周成鹏	鲁文全 朱 平 龙 昆 徐洪斌 荣 团 罗云鸿 王学岗 张 洲 谢光照
人大主席团常务主席	—	—	丁开喜 周成鹏 鲁新亮 杨国有

第五节　文龙乡

一、自然概貌

文龙乡地处哀牢山脉西坡和无量山脉东坡之间，地跨北纬24°33′～24°43′，东经100°36′～100°50′，位于县城西北，距县城30千米，东连龙街乡，南接锦屏镇，西交漫湾镇，北邻安定乡，东北与南华县兔街镇接壤。总面积286.26平方千米，最高峰为无量山脉鸡冠山，海拔2987.3米，最低海拔为川河河道中心线与锦屏镇界线交汇点，海拔1180米。年均气温16℃，年降雨量1200～2000毫米。境内哀牢山和无量山东西对峙，地势东西高，南北低。全乡林业用地面积19045.5公顷，森林覆盖率79.4%，活立木蓄积162.28万立方米。最大河流为川河，其余主要河流有瓦伟河、义昌河、邦迈河、沙拉河、瓦伟河、浪淌河、马蹄河、文路河等，大都注入川河。文龙境内矿产资源较为贫乏，矿种少，品位低，只有少量水晶石分布。

二、经济建设

全乡常用耕地面积1773.2公顷。烤烟、林果、茶叶、畜牧为文龙乡四大支柱产业，蚕桑业为新兴产业。全乡水利化程度41.5%。建成文路河一二级电站和中山电站。水电站总装机容量260千瓦，可供整乡生产、照明用电。完成中心枢纽35千伏变电站建设，通电率99%。全乡有公路里程495.3千米，其中，乡村公路96.24千米，村组公路399.06千米，通车率98%。2011年，全乡农村经济总收入9978万元，农民人均纯收入3636元，信用社各项存款余额8139万元，贷款余额3907万元，粮食总产768.8万千克，人均有粮321千克。

三、社会事业

2011年，全乡共5138户18570人，其中，农业人口18018人，少数民族人口8437人。境内有汉、彝、白、瑶、哈尼等14个民族。有中小学校10所，其中，中学1所，小学9所，幼儿园1所。全乡校舍建筑面积1.52万平方米，有教师86人；中学1所，校舍建筑3633平方米，有教师36人；小学生1446人，中学生607人，义务教育普及率100%，初中入学率96.1%，小学适龄儿童入学率99.9%。有乡级卫生院1所、村级卫生所12所；卫生院占地4392.86平方米，业务用房91.25万平方米，职工住房1万平方米；编制10人，有职工9人，病床20张。实施“七彩云南”全民健身基础设施工程6个，村村通用户2897人，广播覆盖率97.12%，电视覆盖率98.67%。

乡政府驻地龙街远眺（罗海垠　摄于2015年11月）

四、行政区划

2011年文龙乡行政区划表

表22-2-9　　单位：米、个

村名	驻地	驻地海拔	地理坐标		自然村
			东经	北纬	
龙街	新桥	1200	100°44′	24°38′	师家山 大河边 道场 胡家山 田心 迤大沟 外大沟 洼子 新桥 新街 老街 老街外 新丈田 小河边 团山 小河口 那太田 李家 郭家村 迤干田 外干田 小村 茶厂
文录	大河边	1420	100°41′	24°41′	小石岩 扎怕 石家山 背阴山 沙拉河 饱谷田 大村 山头 张家 小文代 大文路 小民喜 李家 肖家 童家
三岔河	卢家	1350	100°40′	24°41′	张家村 邱家村 新抗村 蛇箐 龙树 上六库 下六库 大河边 猪街塘 大荒地 小平掌 孔家 米家村 卢库
邦崴	汪家村	1900	100°37′	24°38′	二无量 三家村 小平掌 新村 刘家村 下村 上村 汪家村 杨家村 何家 芹（菜塘）上 芹（菜塘）下
邦迈	杨家	1800	100°38′	24°37′	施家 蔡家 张家 自家 纪家 杨家 村头间 三家村 麻栎树 平掌 熊家 小平掌 纪家上 独田 洼子 团田 李家
勐涝	中村	1720	100°40′	24°39′	施家 伍家 上排 平掌 中村 张家 上沈家 下沈家 饶家村 小村
义昌	外村	1640	100°41′	24°36′	大村（一组） 大村（二组） 大村（三组） 大村（四组） 外河边（五组） 外河边（六组） 迤河边（七组） 迤河边（八组） 迤村（九组） 迤村（十组） 中村 外村 小南勺（十三组） 小南勺（十四组） 小南勺（十五组） 小南勺（十六组） 大南勺 箐头（十八组） 箐头（十九组）
瓦罐窑	瓦罐窑	1350	100°44′	24°35′	大麦地 阵营哨 岩子脚 小河边 杨对门 外冷远 迤冷远 河边 小白脸 上村 上村外 刘家 杨家
下瓦伟	丁家村	1250	100°46′	24°38′	岩子 丁家村 陈家 大草地 大树么 菖蒲塘 平掌 罗尾田
瓦伟	上瓦伟	1637	100°46′	24°40′	大垭口 李家村 伍家村 程家村 大村 何家 四角田 田心 中岭 龙树 哨房
中山	碱塘河	1526	100°47′	24°42′	上排 下排 上村 后山 大麦地 浪淌河 寅街 龙潭口 小瓦窄地 大岔路 刘家 杨家 下瓦窄地 碱塘河
会良河	硝水	1400	100°44′	24°40′	张家村 硝水 大村 蚂蚱地
合计	12	—	—	—	—

五、领导名录

文龙乡主要领导名录

表 22-2-10

职务	1978—1983（公社革委会、管委会）	1984—1987（区委、区公所）	1988—2011（乡）
党委书记	谭开友　李世庆	吴荣富　罗景军　杨文晋	杨文晋　周陆明　刘国民　王振学　雷　波　李　政　马　勇
主任、区长、乡长	李世庆　吴忠团	罗景军　杨应允	杨应允　周陆明　周志明　李　智　陈登方　姚　顺　谢开斌　马　勇　罗煜东
人大主席团常务主席	—	—	杨应允　李有红　李忠德　陶　勇

第六节　安定乡

一、自然概况

安定乡位于景东县北部，为普洱市最北端，地跨北纬 24°37′~24°49′，东经 100°32′~100°47′。东临大理州弥渡县牛街乡和楚雄州南华县兔街乡，南与文龙乡毗邻，西至漫湾镇以无量山分水岭为界，北和大理州南涧县无量山乡接壤。总面积 230.75 平方千米，最高海拔 2967.3 米，最低海拔 1460 米。年均温度 15℃，年降雨量 1300~2000 毫米。境内最高峰为与漫湾交界的中山，海拔 2889 米。海拔 2000 米以上山峰有大营盘山、营盘山、罗开明坟山、登高梁子、太平山、江伍坟山、中山、蕨蕨岭、灵宝山等 20 多座。境内发源于无量山和哀牢山之水全部流入川河，主要河流为老仓河、南涧河、沙拉河、小村河、小麦庄河。林业用地 16527.8 公顷，森林覆盖率 67.25%，活立木蓄积 97.02 万立方米。各类矿藏有待探明。

二、经济建设

境内常用耕地面积 1827.73 公顷。盛产玉米、水稻、杂粮、烤烟、茶叶、核桃，是典型的山地型农业乡。全乡人畜饮水和灌溉用水流量在 0.1 立方米/秒以上大沟主要望月大沟、三仓大沟、牛角垭口大沟、独田垭口大沟、鼠街大沟等。主要电站有鼠街电站、老仓河一至五级电站、热水塘电站。全乡公路里程 383.31 千米，其中，乡村公路 113.13 千米，村组公路 270 千米，村民小组通车率 99%。建设小水池 95 个、小水窖 332 个，小型农田水利建设工程完成总投资 200 万元。完成芹河、青联两村农网改造和旧村、青云两村台变改造，总投资 469 万元。2011 年，完成农村经济总收入 1.23 亿元，实现农民人均纯收入 3966 元，粮食总产量 755 万千克，财政收入 892 万元，金融机构存款余额 7886 万元，贷款余额 4869 万元。

三、社会事业

2011 年，境内有 6228 户 21962 人，其中农业人口 21211 人，少数民族人口 20967 人。有汉、彝、白、瑶、回、哈尼、傈僳等 7 个民族，其中彝族人口占 95%以上。全乡保留小学 15 所，52 个教学班，在校生 1555 人；有公办教师 104 人，技工 2 人，合计 10 人。有幼儿园 1 所。中心卫生院有医务人员11人，住院病床12张，门诊输液病床10张，业务用房3幢，职工住房1幢。安定具有独特的民族民间文化，如跳歌、唱山歌、跳菜、耍龙、玩灯、唱滇戏、唱花灯、打陀螺、荡秋千、赶庙会等民族民间文化丰富多彩，同时也涌现出一大批民间文化艺人及文化艺术人才。2011年，开展青云村文化传承示范村建设，实施旧村村级文化体育活动广场试点工程，实施“七彩云南”全民健身基础设施工程6个，村村通用户3489人，广播覆盖率97.12%，电视覆盖率98.68%。

乡政府驻地鼠街远眺（罗一华　摄于2012年10月）

安定畜牧交易市场（罗一华　摄于2008年4月）

四、行政区划

2011年安定乡行政区划表

表22-2-11　　单位：米、个

村名	驻地	驻地海拔	地理坐标		自然村
			东经	北纬	
鼠街	街子	1650	100°37′	24°44′	上街　小箐　中一　中二　柳树田　大桥　河边
民福	汉家村	1800	100°37′	24°40′	狐狸村　龙树　新华　横路　黄家　平掌　箐边　中村　上村　先锋　先明　龙潭　对门村　小民福　岩子村　新民　新光　新村　新庄
河底	利月	1700	100°36′	24°40′	绕马路　新鱼塘　花椒树　旧地基　上村　中村　下村　河边　窝落地　洼子村　向阳村
迤仓	李家村	2000	100°34′	24°41′	白家村　罗家村　施家村　燕子村　蓝家村　李家村　扫把村　河底村
中仓	面瓜村	1850	100°35′	24°41′	丰收村　龙树　洼子村　岩子　大树　核桃村　回民村　祭牛场　塘子边　平掌　玉池么　玉梅村　米富　面瓜村　菖蒲　热水塘　麻栎树　沙脚
外仓	新丰村	1964	100°37′	24°42′	上火炭　下火炭　毕家村　西瓜村　牛泥塘　阳坡村　杨家村　菌子村　吴家村　岩子村　田心　平路村　塘子边　罗家　新丰村
古德	旧村	1740	100°36′	24°43′	小老仓　新村　花上　花中　花下　锈水塘　常家村　雪柱村　旧村　马家村　潘家　大村　小麦庄
青胜	大村	1900	100°38′	24°46′	老米　下洼子　红石头　山背后　三家村　大坟地　龙潭　大村　上洼子　中村　平地　小村

续表 22-2-11

村名	驻地	驻地海拔	地理坐标		自然村
			东经	北纬	
青联	扎木腊	2099	100°38′	24°47′	箐门口 刺平掌 柏枝库 扎木腊 播所地
青云	上吴家	2260	100°39′	24°47′	祁家村 箐平掌 富民村 新村 下吴家 回龙村 上吴家
兴旺	瓦厂哨	1659	100°38′	24°44′	界牌 平掌 鱼塘 上村 下村 瓦厂哨 罗家 沈家 邦别 议事厂
望福	龙潭	1760	100°39′	24°44′	垭口 新庄 柳树 旧地基 田心 龙潭 上望月 下望月 横路 牛泥塘 小望月 转山田
菠萝	飞鼠箐	2180	100°40′	24°46′	小平地 沙过落 黄草岭 岩子脚 邦别箐 下羊圈房 上羊圈房 新村 菠萝林
旧村	旧村	2000	100°45′	24°44′	小荒田 菜子山 茶树箐 下忙得 高埂田 大山 大村 大平地 箐门口 旧村 松家 木栎林
芹河	独松树	2240	100°43′	24°46′	上大麦地 下大麦地 横路 射射么 小麦地 施家 吴家 罗家 自家 滥潭 半山 柏枝库 上独松树 下独松树 垭口 螳螂河 大石头 蕨蕨林 上蚂蝗箐 下蚂蝗箐 山背后
沙拉	龙潭	1600	100°43′	24°43′	田头间 上大村 下大村 白石岩 小猪街 马口 大会马 小会马 下沙拉
合计	16	—	—	—	—

五、领导名录

安定乡主要领导名录

表 22-2-12

职务	1978—1983（公社革委会、管委会）	1984—1987（区委、区公所）	1988—2011（乡）
党委书记	郭林 罗景喜	罗景喜 李昌瑞	李昌瑞 阿银辉 李国忠（四川籍） 吴治德 左兴金 徐文雄 白兆雄 张天梅 罗涓溪
主任、区长、乡长	叶自明 郭林 罗景喜	白兆智	白兆智 阿银辉 李智 左兴金 李昌瑞 李国忠 吴治德 罗景河 张德义 罗涓溪 查丕文
人大主席团常务主席	—	—	吴荣富 白兆智 自春 白兆雄 罗涓溪 罗海福

第七节 林街乡

一、自然概貌

林街乡位于县境西北，地跨北纬 24°24′~24°29′，东经 100°30′~100°41′。东与锦屏镇相接壤，南与景福乡相连，西至澜沧江主河道中心线与临沧市云县隔江相望，北与漫湾镇毗邻。国土面积218.56平方千米。境内最高海拔3206米，最低海拔850米；乡政府驻林街村，海拔1190米，距县城119千米。年平均气温16℃~20℃；年降雨量1400~1700毫米。境内林地面积11649.3公顷，森林覆盖率60.35%，活立木蓄积82.61万立方米。矿产资源分布及贮藏量有待探明。

二、经济建设

全乡常用耕地面积1619.27公顷，主要种植核桃、茶叶、蚕桑、烤烟等。全乡108个村民小组公路全通，公路保通率100%。累计完成人畜饮水项目建设50个小组。2011年，全乡农村经济总收入4883万元，农村人均纯收入2807元；金融机构各项存款余额3600万元，全年固定资产总投资1000万元。

乡政府驻地远眺（李彩文　摄于2013年4月）

三、社会事业

2011年末，全乡共有4139户，14650人，其中农业人口14219人，少数民族人口9791人。居住着彝、汉、回、布朗等12个民族，彝、回等民族人口占总人口的59.76%。有6所完小和1所中学，共有学生1241人，其中，小学生982人，中学生259人；教师79人。民办幼儿园1所，教职工3人，在园幼儿33人。有卫生院1所，病床10张，医护人员12人；村级卫生室7个，乡村医生7人。新型农村合作医疗参合率90%以上。7个村均完成农家书屋建设，藏书1.4万册。程控电话用户460户，移动电话用户2030户，有线电视400户，有电视机2477户。实施岩头村级文化体育活动广场试点工程，实施“七彩云南”全民健身基础设施工程5个，村村通用户1534人，广播覆盖率97.11%，电视覆盖率98.65%。

四、行政区划

2011年林街乡行政区划表

表22-2-13　　单位：米、个

村名	驻地	驻地海拔	地理坐标		自然村
			东经	北纬	
林街	岭岗	1058	100°35′	24°27′	白水　大平掌　山头　红帽　中心　红星　对门　外村　岭岗　上村　田心　半坡　团山　街子　洼子　中村　街后　下村
清河	清水河	1260	100°34′	24°29′	丙况　中山　垭口　南骂一组　大村　南骂二组　邦卡　核桃　清水河　三棵树
岩头	岩头	1875	100°36′	24°27′	箐门口　半坡　小昔藤　平掌　三棵树　岩脚　山头　岩头　上新村　中新村　下新村　箐边　新寨
丁帕	前进	1950	100°37′	24°26′	陈家　魏家村　前进　上岩　下岩　公众地　后山　逦大村　外大村　一锅箐　文庆　森林　永胜　下村　学堂　磨刀河　二道河　背阴山　大平掌　岔箐　前中

续表 22-2-13

村名	驻地	驻地海拔	地理坐标		自然村
			东经	北纬	
龙洞	外龙洞	1880	100°33′	24°24′	迤龙洞　外龙洞　轻木林　冷水箐街　塘泥村　小岩头　山头　下村山　半坡　上新村　小麦地　河边　上村　大水井　下村　下龙洞　下新村　岭岗　古路　中村　平掌
箐头	箐头	1965	100°32′	24°25′	双箐　茶园　山背后　温兴　箐头　周家　大松山　芭蕉箐　小河边　老房子　文兴　胶园　干海子　荞坝山
万龙	小村	1479	100°31′	24°24′	上黄果园　下村　河边　洼子　小村　上背阴山　下背阴山　大村　荒山　团山　坝子田
合计	7	—	—	—	—

五、领导名录

林街乡主要领导名录

表 22-2-14

职务	1978—1983（公社革委、管委）	1984—1987（区委、区公所）	1988—2011（乡）
党委书记	袁有章　杞云山　吴华亮	赵昌德	赵昌德　鲁文斌　侯国俊　蔡乔云　张云洪　魏启彪　者华平　李建谊　鲁怀海
主任、区长、乡长	袁有章　周世俊	周富汉　张善强	张善强　高昌荣　何志德　者华平　伍应祥　谢　兵　鲁怀海　王　江
人大主席团常务主席	—	—	侯国忠　侯国俊　蔡乔云　孙志华　邓祖凡　罗庆今

第八节　景福乡

一、自然概貌

景福乡地处景东县西部，澜沧江水系无量山腹地，地跨北纬 24°16′~24°23′，东经 100°35′~100°42′，东至无量山与锦屏镇、镇沅县勐大镇为界，南与大朝山东镇相连，西与曼等乡相邻，北与林街乡接壤。全乡东西长 16.8 千米，南北宽 22.6 千米，辖区面积 283.2 平方千米，林业用地 17567.1 公顷，森林覆盖率 68.84%，活立木蓄积 149 万立方米。全年霜期 30 天，半山地带温和，山头冷凉，降水量丰富，年降雨量 1200~2000 毫米，干湿季节分明；最高海拔 3371 米，最低海拔 1200 米，立体气候明显，年均温度 16℃，年温差小。境内主要河流有叶家坝河、瓦固山河、羊山河、文蚌河、纸厂河、上场河、虎山河、碱水河等，水资源较为丰富。矿产丰富，境内已探明金属矿有砂金、银、铜、铁、铅、锌、锑等，非金属矿有水晶石、冰洲石、绿泥石、蛇纹石、重晶石、滑石、石膏、黄铁矿等。

二、经济建设

境内常用耕地面积 2189 公顷，河谷坝区以水稻为主，高寒山区以玉米和各种豆类、小麦、荞等为主。经济作物主要有茶叶、核桃、蚕桑、烤烟。境内有小（一）型水库（湾水河水库）1 座，总库容 180 万立方米。2011 年，全乡农村经济总收入 1. 15 亿元，农民人均纯收入 3830 元，粮食总产量 929. 7 万千克，人均有粮 315 千克。存款余额 6584 万元，贷款余额 4012 万元。

乡政府驻地古里街远眺（朱家富　摄于 2009 年 6 月）

三、社会事业

2011 年，景福乡共有 6259 户，22680 人，其中农业人口 21969 人，少数民族人口 9434 人。有汉、彝、傣、回、瑶、白、哈尼、满等 14 个民族。共有小学 5 所，教职工 100 人，在校学生 1311 人，小学入学率 99. 6%；中学 1 所，教职工 62 人，在校初中生 650 人，入学率 99. 8%。有卫生院 1 所，卫技人员 15 人，其中村医 24 人。有业务楼 2 栋，病床 20 张，有 13 个村级卫生室。2010 年实施“村村通”工程，安装 3479 户，2011 年“村村通”安装 268 户。相继实施勐令、岔河、勐片村级文化体育活动广场试点工程，实施“七彩云南”全民健身基础设施工程 14 个，村村通用户 2915 人，广播覆盖率 97. 14%，电视覆盖率 98. 69%。

四、行政区划

2011 年景福乡行政区划表

表 22-2-15　　单位：米、个

村名	驻地	驻地海拔	地理坐标		自然村
			东经	北纬	
古里	秧田	1380	100°37′	24°20′	丫巴山　老钻天　外平掌　中平掌　遮平掌　老座河　山尾巴　苏家　酒房　街头　街尾　水井　秧田　龙树　上排　中排　下排　洼子　东村

续表 22-2-15

村名	驻地	驻地海拔	地理坐标		自然村
			东经	北纬	
棠梨箐	棠梨箐	1501	100°36′	24°21′	上村 下村 垭口 罗家 老座河 小村 棠梨箐 河边 冒古天 李家村 苏家村 邦信 小柒田
公平	大芦山	1950	100°38′	24°23′	上公平河 下公平河 上村 大芦山 箐头 中村 杨家 平掌 水井 洼子村 小芦山 大村 下村
竹箐	竹箐河	1550	100°35′	24°23′	毛家村 陶家村 杨家村 阿家村 竹箐河 王家村 垭口 马鹿塘 高笕槽 蚂蟥箐 锅底塘 大田 岔箐 上藤子蓬 下村 岔河 河边
金鸡林	三家村	1760	100°35′	24°22′	大田 三家村 垭口 梁子村 岔箐 河边 砍蓬村 向阳村 栏杆 罗家村 王家村 陈家村 河头村 刘家村 祁家
赵其山	下赵其	1740	100°36′	24°19′	丁家村 老虎山 上贯藤山 中贯藤山 下贯藤山 李家 上赵其 马鞍山 下赵其 上明子山 中明子山 下明子山 外明子山
鲁家	垭口	1800	100°36′	24°16′	马家铺 垭口 董家 杜家梁子 草子地 普家 鸡叫山 丰衣 罗家 老徐田 小河 岭岗 下村 洼子 大村 新村 山头
龙山	坡头山	1700	100°38′	24°16′	石婆坡 新村河 坡头山 荒田 三家村
回寺	大村	1617	100°38′	24°18′	大村 仓房 回寺 大水沟 大平掌 上村 中排 下排 山背后 大坡头 毛家坝 河边 杜家 杨家村
勐片	河坝子	1350	100°39′	24°17′	街子 大水井 宋家村 许家村 文蚌 郭家田 大岔路 胡家铺 大地 豆腐塘 山头 三家村 曼乃箐 温邦箐 梁子田 河坝子 上庄坡 中庄坡 下庄坡
岔河	坡脚	1300	100°40′	24°19′	羊山 对门村 瓦固山 大石头 岔河 魏家村 坡脚 半坡王家村 叶家坝 干河 大寨子 凤冠山 小龙村 大园子
勐令	芹菜塘	1800	100°42′	24°16′	街子 大平掌 鲍家村 一碗水 干沟村 梁家村 石头地 旧地基 小村 河边 车树 酸枣树 梁家地 大村子 芹菜塘 田心 骂掌
虎山	土丙洞	1449	100°41′	24°16′	虎山 土丙洞 大园子 洼子 周家 锈水田 团山 碱水 下碱水 估家山 外头田 丙必
合计	13	—	—	—	—

五、领导名录

景福乡主要领导名录

表 22-2-16

职务	1978—1983（公社革委会、管委会）	1984—1987（区委、区公所）	1988—2011（乡）
党委书记	罗汝明 姜华国	姜华国 侯国俊	侯国俊 王元泽 周灿和 杞瑞贵 余开旺 罗有勇 李明红
主任、区长、乡长	王瑞陶	王瑞陶 杞瑞贵	马恒荣 杨显文 杞瑞贵 李发聪 孙志华 肖淑能
人大主席团常务主席	—	—	王瑞陶 杨显文 杨明成 邓 红

第九节　曼等乡

一、自然概貌

曼等乡位于县境西南，地跨北纬24°12′~24°22′，东经100°30′~100°35′，北接林街乡，东与景福乡接壤，南与大朝山东镇毗邻，西至澜沧江主河道中心线与云县后箐、栗树两乡隔江相望。总面积171.21平方千米。最高海拔为二无量山主峰老虎山，高程2372米，最低海拔点排沙村老鸭石860米。年平均气温17℃~20℃，年降雨量1000~1500毫米。全乡有林用地10608.3公顷，森林覆盖率57.3%，活立木蓄积67.22万立方米。河流属澜沧江水系，主要河流有杏轩河、菜户河、勐片河、澜沧江4条。矿产资源有铜、铁、锰等，另有石灰石、黏土等建筑材料。

二、经济建设

境内常用耕地面积2035.13公顷，主要水利工程有菜户河水库，属小（一）型水库，蓄水124.3万立方米。2011年末，乡村组通车率100%；农村经济总收入7258万元，人均纯收入3045元。

乡政府驻地大行山街（罗海垠　摄于2008年6月）

三、社会事业

2011年末，全乡共有4737户，16987人，其中农业人口16532人，少数民族人口5862人。有汉、彝、傣、回、瑶、白、哈尼、满8个民族。有小学7所，在校小学生1150人；普通中学1所，在校学生450人；教职工101人。卫生院占地1351平方米，拥有房屋建筑物1266平方米。编制15人，实有人数9人，有病床10张。扩建后河街、大行山街集贸市场，新开排沙村集贸市场。完成8个村农家书屋建设，实施“七彩云南”全民健身基础设施工程5个，村村通用户2146人，广播覆盖率97.1%，电视覆盖率98.68%。

四、行政区划

2011年曼等乡行政区划表

表22-2-17　　单位：米、个

村名	驻地	驻地海拔	地理坐标		自然村
			东经	北纬	
花地	李子树田	1500	100°32′	24°22′	新村　后山　埋象山　大岭岗　栏杆箐　麻亚　烂铁村　荒田平掌　龙树　大弯箐　垭口田
后河	后河街	1640	100°32′	24°20′	打磨箐　大门村　小新街　街子　麻栎树　大村　洼子　毛家田　赵家　大岭岗　大平掌　小杏轩　梁子　垭口　外龙街　迤村　邦看

续表 22-2-17

村名	驻地	驻地海拔	地理坐标		自然村
			东经	北纬	
胜岩	沈家村	1700	100°33′	24°20′	胜岩　大水井　大水平　中村　四角田　岔河　大洼子　沈家村　小箐头　梁子　洼子　茶园　迤村　大村　胖腾河
瓦窑	瓦窑街	1500	100°32′	24°18′	大村　梁子　江边　小村　岭岗　化朋村　街子　瓦窑村　红毛　元丰　鱼塘　胖腾　火山
曼等	平掌	1420	100°31′	24°16′	雷家山　荒田　中村　坡头　祖坟田　洼子　松毛林　后山平掌　梁子　街子山　水阁　江边　后靠
菜户	三家田	1700	100°34′	24°17′	菜户河　新田　棉花林　垭口　菖蒲塘　下排　河边　照红豆坡　洼子　三家田　梁子　龙树　新园　下坝田　大行山　小平田
仓房	仓房	1600	100°32′	24°15′	中山　洼子田　岔箐 山尾巴　赵家山　中排　大路边　小课落　大平掌　大会哈 仓房　杨家　罗家　中会哈　小会哈　陈家　路边寨
排沙	排沙	1600	100°32′	24°12′	下排沙　江边　下课落　上课落　杨家村　旧地基　大坟山 排沙　困顶山　普家山
扎结	山后	1500	100°35′	24°14′	垭口　坝子　新村　山头　茅稗田　荒田　山后　田坝　大村 山尾巴　半坡　河边　大中山　牛角田　大丙拐　麦子箐　小丙拐
合计	9	—	—	—	—

五、领导名录

曼等乡主要领导名录

表 22-2-18

职务	1978—1983（公社革委会、管委会）	1984—1987（区委、区公所）	1988—2011（乡）
党委书记	张德全　邓贤刚 吴显富	吴显富　杨元祥	杨元祥　毕廷村　周富汉　李国忠 王元春　何志德　罗　涛　谢添翔
主任、区长、乡长	张德全　邓贤刚 李文忠	苏有良	苏有良　周富汉　吴　波　卢丕军 肖会清　谢添翔　朱　雄　张永磊
人大主席团常务主席	—	—	苏有良　李加寿　肖贤坤　王元春 肖贤荣

第二十三编

人　物

第一章　人物传　人物简介

第一节　人物传略

俄　陶

俄陶（？—?），出生于傣族首领家庭，明代景东第一任知府。明洪武十五年（1382），明太祖朱元璋部将傅友德、蓝玉、沐英率大军攻下大理、丽江后到达楚雄，俄陶派遣通事姜固宗、阿哀到明军帐前，交出元朝所授金牌、印信，并献驯象2头、马160匹、白银3100两，表示愿意归顺明朝。朱元璋准许景东仍为军民府，仍命俄陶为知府，正四品衔，赐给文绮、袭衣，颁发府印，准许世袭其职，并赐姓为陶。

公元10世纪前后，滇西傣族部落联盟逐渐强大，传到思伦发时，势力和野心已经膨胀到要与明王朝抗衡。洪武十八年（1385），麓川平缅宣慰使思伦发反叛明王朝，率十万大军进攻景东，发动著名的"景东之战"，拉开明王朝与麓川战争的序幕。面对强敌，俄陶亲率二万余众奋力抵抗，因力量悬殊，寡不敌众，只好率其民千余家退避于大理府之白崖川（今弥渡）。朱元璋得知此事，认为俄陶维护祖国统一，不惧大军压境勇敢抗击，即便无力抵抗也决不依附逆贼，被其忠心报国行为感动，于洪武二十年派通政司经历杨大用带白金500两、文绮24匹嘉奖俄陶。洪武二十一年，沐英讨平思伦发，朝廷仍让俄陶复任知府，并颁赐上镌"诚心报国"金带再次表彰。

为维护边疆长期稳定，俄陶请调神策卫官兵镇守景东。沐英便上奏朝廷，朝廷准许在景东设卫城。洪武二十三年（1390），俄陶献出景董山麓（御笔山）宅第修建卫城，自己迁到河东凤山山麓另建陶府，并献出大量土地供军屯。官兵从内地带来先进农业技术和文化思想，大大提高了傣族和其他少数民族生产水平，促进了文化大融合，推动了景东民族文化发展。

俄陶忠顺明王朝，任景东知府期间，凡有地方势力叛乱，始终听命于朝廷调遣，出兵捐饷，积极为稳定社会服务，深得明王朝赏识，明王朝树他为土司中楷模。俄陶在政治、经济、军事等方面的出色表现，为景东傣族土知府长治久安奠定了基础。

杨　钧

杨钧（？—?），汉族，字大用，云南禄丰县罗次镇人，明代景东土知府第一任知事，其后代于罗次县承袭。据《土官底簿·云南土官·罗次县知县》："杨大用，云南临安府宁州民。洪武十六年，总兵官拟任景东府经历司知事，赴京朝觐，除授通政司知事。二十年六月，升本司经历，差往云南宣布声教，承认土军领把事刀思养将赍方物进贡。二十三年九月升除户部郎中。二十五年除云南右参议。"明正德《云南志》卷二十一《列传七·乡献》："杨钧，字大用，宁州人。元时任威楚通判，后避地景东，王师南征，钧劝土官归款。颍国公上其名，除通政知事，历升户部郎中，寻升云南布政司士官参议。”据清道光《云南志钞》卷八《土司志下·废官》：“罗次县土官杨大用，宁州人。明洪武中归附，授景东府知事，累官右参政。其后有杨正者自请录用，初为邓川上江巡检，后调楚雄沙场巡检，寻授罗次县土知县。宋鲁、安铨、那鉴之乱，咸征其部兵至五百而止。传至似震，国朝平滇，似震投诚，仍授原职。以其无军功不予世袭，而县设流官。凡诸土官先经投诚授职后复废除者，皆如此。”

洪武十八年（1385）思伦发发动景东之战，俄陶力战不敌，遂携夷民奔走白崖川。朝廷看到思伦发作乱景东，野心愈炽，威胁内地，遂派杨大用前往元江等府练兵镇摄，以期弹压。据《明史》卷三百一十四《列传第二百二·云南土司二》：“二十年（1387）遣经历杨大用往元江等府练兵，时百夷屡为边患，帝欲发兵平之故也。”定边之战朝廷取得胜利，沉重地打击了思伦发嚣张气焰。“二十二年伦发遣把事、昭刚等来言：往者逆谋，皆由把事刀斯郎、刀斯养所为，乞贷死，愿输贡赋。云南守臣以闻。乃遣通政司经历杨大用赍敕往谕思伦发修臣礼，悉偿前日兵费，庶免闻罪之师。伦发听命，遂以象、马、白金、方物入贡谢罪。大用并令献叛首刀斯郎等137人，平缅遂平。自是，三年每来朝贡。”

杨仕汉

杨仕汉（？—1615），大街三营人，明景东卫指挥使杨晋后裔，官至广西庆远府同知。祖籍凤阳府人，其祖在明洪武年间（1368—1398）随军入滇，驻防景东，分屯于者干（即大街三营）。杨仕汉少年聪慧，勤奋好学，曾在三营黉学读书，明万历十五年（1587）在景东府学新城书院备考，万历十九年参加会乡试中举，任四川雅州芦山县教谕，后迁任贵州铜仁府铜仁县知县。在铜仁县任职期间，深入民间了解百姓疾苦，清正廉洁，勤政为民，爱民若子，攻绩卓著，深得百姓厚爱，其德行亦在地方上广为传颂。百姓为表其敬意，为他建盖生祠，以作永久纪念。万历三十二年，皇帝敕封杨仕汉之父杨显曜为文林郎，母焦氏为孺人。同年三月，又敕封妻纪氏为孺人。后升为广西庆远府同知（正四品）。杨仕汉为官期间，明王朝政治日趋腐败，他最终深感官场险恶，愤而辞官还乡养老。卒于明万历四十三年（1615）。

杨仕汉在广西任职期间，不忘家乡，大力支持者干三营黉学建设，并在景东通判尹学孔资助下，扩建黉学，使三营黉学成为仅次于景东文庙的学宫。他清廉、勤政、爱民的佳话亦在家乡广为流传。家乡不忘他的功绩，于万历年间（1573—1620）立“循良坊”为其颂德。据《云南通志》记载：杨仕汉“居官称职，绰有令闻”“抚字有声、口碑载道”，被尊列为明代景东名宦。

张　吉

张吉（1451—1518），字克修，号翼斋，亦号默庵，一号怡窝，晚号古城，江西余干人。成化十七年（1481）进士，工部营缮主事。民国《景东县志稿》卷之五《名宦》：“成化间，以工部郎中疏劾李孜省及僧继晓等，上怒，谪景东通判。景东居云南绝徼，俗鄙戾，吉教于礼义，民有罪者薄责之，约无再犯。土知府见吉不携家，欲为置妾，不听；馈以银器，复不受，心敬吉，遣其子桀就学。由是，夷民向慕，渐有中土之化。吉益自励，作慎独、穷理、改过、求仁四箴置座右，忘其身在蛮方也。”

张吉官至贵州左布政使。屏绝人事，穷诸经及宋儒之书。吉文平正通达，不雕章绘句。作有《古城集》六卷,《补遗》一卷,（均四库总目）传于世。

杨国翰

杨国翰（？—1631），三岔河巡检司第四代土巡检杨立程之子。明天启七年（1627）袭位，随陶氏土府从征安效良、普名胜有功，加授守备卫。崇祯四年（1631），复随征普名声，于阿迷州（开远）阵亡。

道光《云南志钞·土司志》载："杨胜，板桥村人，明宣德年间（1426—1435）充土司把事，明正统五年（1440）随土府征叛贼有功，授土府把事。杨胜卒、其子杨详为袭。寻因三河哨土贼出没，又因一碗水、瓦窑坡二哨当贼寇之冲，知府陶洪请设巡检司防守，从之，以杨胜之子杨详为土巡检，专任司事。"之后又经历杨銮、杨鹤承、杨立程共四代。杨国翰任土巡检时，是土巡检中最有战功之人，为杨氏土司鼎盛时期。据传杨氏土司府驻地在界牌鱼塘（一说安定"五七"中学，时称大部队），管理上北区（今安定、文龙两乡辖地），历经明清两朝，世袭十代270余年。杨氏土司手持土司官印，握有管辖一方之特权，交往甚广，家大业大，拥有良田几百亩，骡马上百匹，金银满箱，粮草满囤，院深宅大。民谚云"羊皮挂成墙，鸡毛堆成山"。随着改土归流的逐步推行，清咸丰、同治年间（1851—1874），杜文秀、李文学农民起义暴发，土巡检制度告终，杨氏家族衰落。其后裔定居于界牌鱼塘村。

魏景枝

魏景枝（？—?），浙江武康县（今德清）人，唐代著名宰相魏征裔孙。自幼寒窗苦读，聪慧不凡，以浙江湖州府选拔入国子监深造，精通历史、地理、算学。明万历乙卯科（1615）拔贡。万历四十七年（1619）除拜湖广保康县知县；天启五年（1625）擢升贵州广顺州知州，初授奉训大夫。崇祯元年（1628）丁艰归籍守孝，后闲赋；十一年迁任云南景东府同知，升授奉直大夫；十四年卸任致仕。病故葬于今贵阳市燕楼镇东南龙窝山。

据清同治《郧阳府志·官师志》载，其任职期间"核实征，革浮耗，清丁均役，惩奸理讼，多可记述，尝修县志（《保康县志》），今不存"。魏景枝一生无论做官何处，均勤政务实，体恤民情，扬善惩恶，兴利除弊，力减百姓税负、徭役，深受百姓爱戴，清名留鄂黔滇，堪称名宦。

刘大绅

刘大绅（1746—1828），字寄庵，云南省华宁县人，祖籍江西临川，曾祖由临川落籍云南华宁。清代著名诗人，教育家，曾任开南书院山长。清乾隆三十七年（1772），考中进士，授山东新城县令。后又迁文登、朝城县令及云南武定同知，当了十多年七品小官。刘大绅为官公正廉洁，关心同情百姓疾苦，深受人民爱戴。他竭力任事，政绩颇多。嘉庆十年（1805），以母老辞官回乡，山东新城县民张万灵等乡绅特请人作《遗爱图》一套十九幅，绘刘大绅在山东各地事迹，以寄托对他的思念之情。《清史稿》为他立传。

刘大绅出身于世代书香之家，祖辈有"文名在邦国，直声在闾里"美誉，他从小受到过良好家庭教育，诗书文章功底深厚，学识渊博，滇中一些学者和文化名流多出自他门下，其中包括同治帝师刘崐。嘉庆十八年（1813），云贵总督伯麟仰慕其名声，聘请他担任云南最高学府五华书院山长。据说，在此之前须为翰林方能担任山长，刘大绅虽进士出身，但未进过翰林院，一些轻薄士子企图试试他有无真才实学，便乘一位达官贵人小孩子满月请客之机，邀约数十人请他写贺联，谁知刘大绅博学多才，工诗善书，竟一口气将数十副对联写完，且副副秀劲飘洒，妙趣横生，令人叹服。刘大绅掌教开南书院期间，"和光可挹，道貌可亲；师弟之间，蔼如父子"，课余时间经常研究诗歌，每次命题，他都亲自作一首启发和诱导学生。民国《景东县志稿》收录其诗作25首，多为任开南书院山长时之作。

抗日战争时期，正中书局曾把刘大绅《哑孝子传》《东南山中看桃花后记》选入《初中国文》，作为必读课文，颇受文人学者好评和广大青年学生欢迎。

曹鹤鸣

曹鹤鸣（？—？），字九皋，号兰崖，文井镇清凉村庄上人。先祖曹明环，明万历年间（1573—1620）从江西抚州府临川县迁于景东，在陶土府中教读。曹鹤鸣和程含章同为乾隆壬子科（1792）举人，曾任山东省蒲台县知县，后辞官还乡。

曹鹤鸣擅长诗文和书法，博学工书。民国《景东县志稿》录有其诗词45首，主要内容：（1）反映景东各民族风情。如《竹枝词·郡属杂咏》，全文共20节，记述家乡无量山、哀牢山一带各族过春节、清明节、火把节、中元节、中秋节、重阳节和赶尽头街盛况，反映栽插、纺织、渔猎等农事活动，以及彝民穿着、歌舞、嗜酒等生活习俗，乡土气息浓郁，刻画生动入微，读之通俗易懂，脍炙人口。（2）讴歌景东山水风光。如《景东寺宫殿阁十七首》《金鼎山》《哀牢山》，涉猎广泛，观察细致，生动活泼，笔调清新。特别是《景东寺宫殿阁十七首》，对研究景东人文、地理、宗教等有一定的历史价值，七言古体诗《金鼎山》描写滇西南历史名山金鼎山、名刹金鼎寺，气势不凡。有人评价，景东是滇西南中庙多桥多的县份，山美水美，曹鹤鸣的诗就是历史记载，虽然部分景观现在只剩下遗址，但随着旅游事业的发展，仍有巨大开发价值。（3）砥砺立身品德。这方面作品虽然只留下五首，但从《修树》"立身须正直"诗句中，反映出曹鹤鸣对自己人格和品德修养的严格要求。曹鹤鸣著有诗集《兰崖集》，但未付梓流传。书法上，《景东县志稿》录有其四条幅草书，笔锋流畅，章法严谨，确是不可多得的佳作。

吴诒沣

吴诒沣（？—？），字在泽，号华川，安徽桐城人，清壬辰科（1772）进士，嘉庆三年（1798）任景东直隶厅同知。著有《华川诗》十八卷，《古文》十卷，《桐旧集》录其诗十九首。

吴诒沣任职期间，清廉勤政，重视人才，不惜以优厚待遇聘请真才实学之士，加强开南书院师资建设。他还重视与当地诗词爱好者结盟，支持诗词创作活动，促使这一时期景东文风大开，骚人辈出。时著名文人刘大绅于山东新城、曹县任上因开罪上司被革归滇。嘉庆四年，吴诒沣聘其延掌开南书院，并在景东形成以刘大绅为核心，吴诒沣、程含章、赵绂为骨干的诗词创作群体；程含章、戴家政直接受其影响，加上自身努力，终于有成。他们流连于景东秀美山水风光，诗酒唱和，创作大量诗歌，并将其编辑成集。程含章《戏简封川抄诗诸生》道："我本不好诗，寄庵（刘大绅）实予起。"

戴家政

戴家政（1793—？），字子政，号有亭，排行第四，文井镇开南人，晚清云南诗坛五位著名诗人之一。嘉庆二十一年（1816），参加乡试中举。道光六年（1826），按大清律法"举人知县铨补"，被派往湖南省永兴县为候补知县；十年，任永兴县知县，后任常宁、辰溪县知县；十八年（1838），引疾辞官归里，隐居以终。

戴家政从小受到家庭严格教育，喜爱读书，初识文字便琢磨诗道，刚启蒙就受到刘大绅、吴诒沣、程含章、赵绂等诗歌创作骨干浓厚诗风影响。青少年时期，又得到活跃滇中文化名人钱南园、尹楚珍、顾南雅等名师指点，为诗歌创作打下坚实基础。一生著有《吾庐集》《师山集》《蠖庵集》《停云集》《毋自欺集》《弹剑集》《集句》《试贴诗》八卷诗集，于道光二十一年（1841）合编为《酉蜓诗集》，由湖南文化名人岳文峰点定，丁紫琳太史、辛鸥乡司马同鉴，门人杨正麟、杨玉书等十人同校。民国3年（1914），云南省征集编纂《云南丛书》，共收录其诗歌178首，并独成一卷，排为集部之八十二卷。时云南省图书馆馆长、《云南丛书》总纂、云南近代著名学者、诗人、诗歌评论家、书法家赵藩在《戴大令·家政》中写道："蛟蟠蚯蚓杂深潭，与我周旋作我甘。目论漫须嗤宋格，扶馀伪霸亦奇男"。《滇诗重光集》共收录清代道光至光绪八十年间诗歌1323首（18卷），其中以陆应谷、范仁义、戴家政、黄踪、何彤云最多，戴家政诗词排在十八集中之卷四卷五。他的诗词不但内容丰富，体裁包括绝句、律诗、长律、古风、杂言诗多种。其律绝诗格律严谨，对仗工稳，内涵博大，语言优美，在古风、长律上也充分展示了诗人高妙的诗歌艺术手法。"诗言志"，从戴家政诗歌中可以看出，他是一位品德高尚、勤奋自励、热爱祖国、热爱家乡而又乐守清贫的优秀诗人，他的诗歌记录和反映他在不同时期的生活经历、思想情感，为后人留下一笔珍贵精神财富。他在《自箴》中写道："大厦依人，不如篷筚。梁肉非分，不如蔬食。骏马借乘，不如安步。拾采为章，不如守素。昆吾切玉，不以磨履。鱼目如珠，不以欺市。麟麒可骖，何异驽麝。鸾凤争食，何异鸡鹜。"立志不依仗别人，要靠自己本事，奋发图强做一个品德高尚之人。其次表现在一个"孝"字上。他辞官回乡后，在埋葬母亲的狮子山上搭建松庐守孝两年，并创作出130首诗歌，编成《师山集》，其中《除夕》一诗总述道："放怀领略青山趣，任尔寻常白眼看；吟罢先生殊自笑，一本诗卷两年。"青年时代，他曾跟随父亲观赏名山大川，足迹遍及大江南北，并有感而发，创作诗歌上千首，但不幸在旅途中遗失。从遗诗《京效秋夜》《登黄鹤楼》《黄河遇风》等篇章中，仍然可以清楚地看出他读万卷书、行万里路、作千首诗的痕迹。在湖南期间，无论任上政务多么繁忙，还是引疾辞官困居永兴县明月池畔蝼庵时生活多么拮据窘迫，他都笔耕不辍，坚持诗歌创作。获准辞官回家途中，他不顾艰辛劳累，一路辛苦一路诗，写成《停云集》；他回到家乡后，吃不饱穿不暖，但依然坚持诗歌创作，把真实生活情形升华为意境深邃、哲理深刻的诗歌。在《稀煮粥》一诗中写道："稀煮粥，稀煮粥，室人交谪幼儿哭。民脂民膏不养家，摆脱梁肉煮稀粥。千秋二字骗人多，千秋何补今米菽。不见悠悠道路人，争向先生问私蓄。"好友送他食米，他百感交集，在七言古诗《萧功曹退思惠米》中提到："儿童已走中堂告，雀鼠见米都欢跃"，其困难可以想见。同时还谈到"吾贫自取亦安之"。

戴家政在任期间，励精图治，嫉恶如仇，廉洁奉公，其政绩得到史家好评。他深懂民间疾苦，勤政爱民，深得当地百姓拥戴，被称为"戴父母""戴青天"。戴家政引疾辞官时，当地各界人士纷纷上书挽留，但他离意已决："平生此出真成错，聚铁当先铸个还"。对他的情操和政绩，民国《景东县志稿》载："居官勤慎，操守廉洁。"《新纂云南通志》和《湖南省通志》都有类似记载。辞官归里后，外国列强入侵，国难当头。此时诗人更是穷愁潦倒、贫困交加，但他仍然关注时局发展，表现出对国家、对民族命运的深切忧虑，以及对无能当政者和外国强盗的强烈愤慨，表示愿牺牲自己报效祖国，体现了对祖国的挚爱。戴家政虽宦游十余年、游览十余省风光，但他心目中最美的地方还是家乡。他的诗作中有大量歌咏景东山川风物作品，其中《师山集》不仅是古代写景东的佳作，同时也是景东山水诗经典之作，寄托他对"生于斯、长于斯、归老于斯"热土的深厚情感，表达出对家乡深深的爱。

刘体舒

刘体舒（？—1855），字云岩，曼等乡曼等村人。自幼聪颖，饱读诗书，文满乡野。道光八年（1828），乡试中第三名举人；十三年，中钦点壬辰科二甲赐进士出身第六十五名，封发直隶顺德府广宗县任知县，大修凤台书院；二十一年，拣发广西，任融县署养利知州。继后，分别任广西省思恩知府和浔州知府。在任期间关心农事，文振一方。民国《景东县志稿》云："政绩卓著，清惠在民"，"政治文学，为当代所推重"。清《新纂云南通志·刘体舒传》中也有赞誉。

清咸丰四年（1854），刘体舒任浔州知府。五年三月，广东天地会起义军遭清军和团练血腥镇压，武装起义转入低潮，而广西天地会仍很活跃，起义军头领陈开、李文茂等听从熟悉广西情况的梁培友话，率军向广西转移。广西清军自太平军兴起便向湘鄂地区转进，主要对付太平军，留下部队不多，广西地方当局不得不依靠团练来对付各地起义武装。四月初，陈开、李文茂、梁培友、区润、梁昌等率战船千余艘，溯西江直上，进入广西，进攻梧州不克，即西走藤县，过平南，进占大黄（湟）江口。四月二十一日，直逼浔州府城（今桂平）。浔州城三面临水，起义军战船分泊南北两河，发炮轰城，步军则在东西两门外扎营安炮，从陆路进攻。刘体舒督率清军、团练闭门坚守。起义军在屡攻不克情况下，一面派兵控制交通要隘，一面在城外筑墙设垒，阻击清军援兵，切断城内粮饷接济，实行长期围困。元月初十、七月十六日，起义军两次采用穴地攻城法轰塌南门城墙，但缺口很快被清军封闭，未能突入城内。八月中旬，浔州城清军粮尽援绝，士气低落，起义军便于八月十七日乘机发起总攻，由南城登梯缘墙，一举攻入城内，知府刘体舒被俘。史料记载："浔州城破被掳，供张甚备，舒终不屈，仰药而死。"咸丰帝闻奏，恤赠太仆寺卿。

黄炳堃

黄炳堃（1832—1904），字笛楼，别号迂道人，广东新会县邑城人，清末岭南派琴家，光绪十五年（1889）、十八年、二十四年三任景东直隶厅同知。黄炳堃不但精于琴，对诗古文辞、考据之学及金石书画亦很精通，曾取嵇康"抗心希古，任其所尚"之意，著《希古堂文集》。祖父黄观炯，性傲僻嫉俗，既不习举业，亦不事农桑，以弹古琴、玩土偶为乐，英年早逝，逝世后奉旨诰赠"通奉大夫"。叔祖父黄熠南为清末岭南琴派创始人。黄炳堃自幼在浓郁的古琴家庭熏陶下，得先人薪传，故精于琴技，是中国明清两朝著名琴师。在云南时期，曾作有《南湖秋雁》《赏荷》二首琴谱。黄炳堃二十九岁离开家乡，多年在外担任幕僚，足迹几乎遍及中国，并涉足日本。光绪元年（1875），随云贵总督刘长佑到滇担任幕僚。在云南宦游期间，遍历云南名山大川，对云南历史、风土民俗极为熟悉。特别是光绪十五年到景东直隶厅任同知后，重视儒学教育，大力修建寺庙、戏楼、楼亭，注重发展诗、文、琴、棋、书、画、戏剧等，特别把家传岭南琴艺、书画传播到景东，教化民风，深受景东社会文化名流和乡间百姓爱戴，被举为清末景东"循吏"。三任景东直隶厅同知期间，创建"稻香吟社""绾翠画舸""不户轩"等琴棋书画学社。

光绪十八年（1892），黄炳堃在署衙东门外先农坛左创建稻香吟社，经常召集近城文化名流及胡琴爱好者，亲自讲解经文、诗歌、词赋，操练传授胡琴技艺。一年后，黄炳堃调任腾越直隶厅同知，但念念不忘景东，常常深夜借琴声表达对景东及稻香吟社思念之情。光绪二十四年（1898）冬天，黄炳堃再次回到景东任职，但稻香吟社已遭废弃，往日的情景不再，成了蒿草、菊花的乐园。看到眼前荒凉景象，黄炳堃悲伤至极，感慨道："区区社耳，乃必视予之去来，为兴废其事之适，然抑数之必然耶。以知天下适然之事，罔非必然之数，栖栖者，何以返矣。"原来，继任刘云章到位后，以自己好恶评判和对前任声誉的嫉恨，拆毁了稻香吟社。闻听黄炳堃回到景东，郡城绅民无不欢呼雀跃，而他却悲喜交集，喜的是，又回到自己从政多年而朝思暮想的景东；悲的是，曾经平安、和谐、繁荣的郡城已不复存在，整个郡城赌博成风，毒品泛滥，民怨载道。第二年，黄炳堃在郡城南龙泉寺、者干蛮冒（大街乡大街村境内）关圣宫建盖戏楼，并在龙泉寺恢复稻香吟社。

黄炳堃第三次到任后，果断对前任弊政大胆裁革：把加收至二两有奇田赋减为一两五，一律裁革增收平头火耗票钱等项，把高达数十千文不等的讼诉费规定为每案原告二千四百文，被告三千二百文，并免去下乡勘验夫马各费，且把各项内容勒碑警示后人。同时，恢复书院，购置书籍，延聘品学兼优先达主讲书院，增给膏火，并亲自到书院召集士子讲解经文、历史、文艺，为学子修改课卷。恢复"稻香吟社""绾翠画舸""不户轩"，添置黉宫祭器，建造桥梁、寺观、平民养济院等，裨益地方事例不可枚举。郡属民风恢复，文学蒸蒸日上。黄炳堃体恤民情，亲民如子。如听到有年幼子弟好赌博或者吸烟土者，就在二堂侧设惩戒室来教育他们，每天三至四次亲口劝说，像父亲教育子女，老师教诲学生一样，一定使其悔悟改过送回家。他的事迹，感动郡城绅士百姓，也深得绅民爱戴。绅民送其“化被开南”匾额，并为他立“政德碑”。后遭同列嫉妒诽谤，被免去官职。郡城教授张寅旦、拔贡侯应中、黄汝钦、梁必仁，岁贡吴承鑫等百余人绅士百姓联名，前往省城公呈德政二十条，并购置宅地挽留。后移居楚雄终老。

杨 琼

杨琼（1846—1917），白族，号柿平，大理洱源人。清末民初教育家、政治人物。博览群书，精熟经史，其为文浩瀚江洋，有长江大河之势。

光绪十七年（1891），杨琼中举；十八年，受景东郡守黄炳堃之聘延掌景东开南书院，从者云集，造就颇多。此后历任晋宁州学政、昆明经正学院讲习、大理西云书院山长。光绪二十九年，留学日本归国后历任云南陆军学校、云南省会师范学校校长；三十三年，任邓川劝学所董事兼高等小学校长。宣统三年（1911），任云南省第二模范中学堂监督。民国2年（1913），任国会参议院议员；5年（1916），在昆明创办私德中学并任校长。著有《知白轩遗稿》《滇中杂琐》等书。

林春华

林春华（1862—1915），号绮楼，字蕊堂，云南省保山县城关镇人。光绪二十年（1894）中云南乡试甲午科举人，曾任永保书院山长，后考取官费赴日本东京巢鸭学校速成师范、宏文学院、警察学校留学深造。其间，与同乡李根源结识，成为莫逆之交。1905年8月20日，孙中山领导的中国同盟会在日本东京成立，在李根源、林春华等积极游说下，中国134名留学生中有70多人参加同盟会。同盟会在东京创办《民报》，林春华是主笔之一，经常在《民报》上发表文章宣扬革命。1908年4月，林春华回国，任教于腾冲、永昌等中学堂。

1911年11月，中华民国云南军都督府成立。滇西起义军顺利占领保山，分兵进攻大理。蔡锷、李根源以滇西国民军总司令名义率兵西巡，同时，任命清朝官僚赵藩为迤西巡按使，掌管滇西政权。林春华随李根源到达大理，随军屯驻大理。此时，景东军民上诉嘎里苏三宝独霸一方，危害乡民40余年，地方多次进剿失败，请求滇西军都督府派兵进剿。滇西军都督府委任林春华为景东县知事，并派驻军进剿苏三宝。林春华通过与地方紧密合作，一战肃清苏三宝匪祸。他任景东县知事期间，铁腕整肃地方吏治，不留情面，惩治腐败，使景东地方吏治为之一新；他还号召民众开荒垦田，增加收入，人民生活有一定好转。

1915年，林春华应李根源邀请，赴粤任第二十五团编修，因积劳成疾，离开军队担任广东省从化县县长，未莅任而病故，死后葬于广东省红花岗。

罗中良

罗中良（？—?），彝族，字俊卿，安定乡中仓村人。宣统三年（1911）任景东县第一届议事会议员，上北区团总。民国7年（1918）冬，为发展地方民族经济，增加农民收入，他与地方绅士罗德升（罗阿炳）、吴应龙（毕应龙）、施应宽等人组建数十人骡马队，到临沧双江县勐库村购入乔木型茶籽（即勐库茶），驮回后育出苗，在第二小学房屋边规范栽种，塘深二尺，使此茶种植得到大力推广。民国12年（1923），罗中良得知云南省劝业会要召开茶叶评选会后，吩咐茶农，福德茶山春茶一发就适时采摘，并亲自加工制作，在锅里杀青形成茶条（成针形），用红丝线捆扎，约四两一捆，冠以“老仓”品牌，以“景东之老仓福德茶山”为出品地点，共六捆送昆明参评。此次驮去茶叶三十多驮，住昆明顺城街马店。茶叶卸下后，赶马人即把骡马赶回安定，样品送至劝业会参评。几天后，接到劝业会通知，老仓茶荣获优等奖章，并由云南省长、云南劝业会总裁唐继尧亲自为罗忠良颁发奖章和证书。老仓茶获奖后，地方茶叶知名度提高，为安定民族地区开辟了广阔的茶叶销售市场。罗中良还倡导开辟中仓街子市场，促进地方经济贸易发展。又因重视教育，倡导办好苍山小学，被上司授予“热心教育”匾牌。

曲焕章

曲焕章（1882—1938），生于清末景东县一个彝族家庭，后迁居江川县。少年时父母双亡，沦为孤儿，流浪到个旧，身患重病，得医师姚连钧治愈，遂拜姚为师学医。他刻苦学习，努力钻研，配制出“百宝丹”等奇效药，成为一代名医和药物学家。他走村串寨为人治病，翻山越岭采药配方，经历无数次挫折和失败，研制成“百宝丹”“虎力散”“撑骨散”等中草药配方的奇效名药。这些药以治疗跌打损伤和刀枪损伤最为有效。穿胸洞腹，损伤肺、肝、胆、脾、肠、膜等，先吃“百宝丹”，后服“虎力散”，再用洗毒散洗净伤口，涂上止血药，能使气将绝者复苏，血流如注者渐止；内有子弹者再服“撑骨散”二次，子弹自能撑出。“百宝丹”对疮疡、痈、疽及妇科、儿科疾病亦有奇效。民国5年（1916），云南省政府立案考察，把“百宝丹”列为优等药品。民国14年，曲焕章被聘为东陆医院滇医部主任。民国18年，江西、福建、广东、浙江、湖北等省军队，函购数万瓶，因医疗功效特好，特赠“效验如神”匾额，声名大振。他不仅以高超医术为人治病，创造奇效药品，丰富了祖国医药宝库，而且具有强烈地爱国思想。抗日战争爆发后，捐赠药品和钱财，支持抗战，并决意奔赴抗日前线任军医，直接为抗战服务。后不幸逝于重庆。

姜尚文

姜尚文（1890—1950），四川省人，少时随父母入滇，至安定鼠街落脚。有茅屋1间，靠母亲做凉粉、豆腐为生。民国初年到广东当兵，曾任排长，回安定后任红帮团总。民国17年（1928），王燕山行匪，到处打劫，农历二月中旬祸及安定。姜时任队长，传与王有染，并从中得利。之后，招兵买枪，势力渐大。25年，任景福区长兼西区自卫大队（剿匪大队）队长，在执政和剿匪四年中，渔利敛财，收入颇丰；29年，回安定任自卫大队大队长，始建豪宅。姜尚文在鼠街，口碑不坏，姜母被誉为贤妻良母。发迹后，姜尚文不买田不置地，不欺本地人，时有“不吃窝边草”之说。

是时，一美国来华助战飞机与日机发生空战，于境内无量山域坠毁，受伤美国飞行员被姜尚文收留，请民间郎中医治。飞行员在姜家疗养痊愈后，返回祥云，姜亲送至牛街寺坡，飞行员不胜感激，临别赠纪念章及银若干，归队后向上峰禀报，由美方向蒋介石推举，姜被褒奖。1949年，梁星楼组建“景东民众自卫军”，姜尚文任第三支队长（辖北区即文龙、安定）。此外，姜尚文还任过县议会副议长、安定镇长、交兵队长（送兵到昆明）等职，被称为“顺江大王”。1949年11月20日，梁组织“敢死队”三百余人突破边纵八支队防线，携嫡系和亲眷从锦屏逃至蒙化投奔余建勋，姜尚文等非嫡系，被梁当作炮灰，率部与边纵八支队顽抗，在鼠街、大龙街、长虫街激战中败北，向八支队投降后返乡。1950年10月2日在“镇反”运动中，姜尚文在景东城被执行死刑。

布鲁格

布鲁格（？—1943），美国人，援华飞虎队队员。

民国32年（1943）7月14日17时许，驻云南驿美空军基地一架运输机，飞越景东北部哀牢山区龙街乡戈瓦一带上空时，机件出现严重故障。飞机出现故障时，机组人员本来全部可以跳伞脱险，但身为驾驶员的少尉布鲁格预测飞机将坠落在罗布山村庄，几十户人家生命财产会遭受不可估量地损失，他要机组其他 3 人先行跳伞，自己却拉起机头继续向前延飞。千钧一发之际，机身起火，操纵系统完全失控，飞机急速向山头坠落，布鲁格来不及跳伞，机毁人亡，壮烈牺牲，人们仅在飞机坠毁现场找到一只烧焦的大腿。

幸存的 3 位机组人员被送往县城，数千人沿途排队迎接，其中有县长及县府职员、中小学生、教师、百姓。县政府在县城广场召开追悼会，县长悼词言："美空军飞行员布鲁格壮烈牺牲，令人惋惜！他为了反对日本法西斯来华参战，他怀着崇高的中美友情，为维护中国人民的生命财产而死，令人非常敬佩，他永远活在中国人民心中！"

董辑武

董辑武（1912—1949），又名董国瑞，景福乡鲁家村人，从小喜欢舞枪弄棒，习拳练武，练就一身功夫和枪法。蒙化（巍山）中学肄业后，在家乡常做为人打抱不平、拿他人钱财替他人消灾之事。时任镇长姜尚文与董辑武关系交好。民国 27 年（1938），董在五福乡（曼等）排沙受雇错杀他人，在姜尚文等人庇护下，逃往蒙化（巍山）大地主李元斋家躲藏。后在李元斋保送下，到昆明参加地方公职人员训练班学习，毕业后被推荐任西区自卫大队副大队长，因剿匪有功，且与姜尚文配合默契，很快被提升为大队长。民国 29 年（1940），撤区设镇，董辑武出任景福镇镇长兼西区剿匪大队长。

20 世纪 30 年代末至 40 年代，一些地方劣绅打着抗日旗号搜刮民财，横征暴敛。一些流氓地痞盗贼趁机纠合起来，抢劫地方，十几人以上土匪就有几十伙，贫穷落后的无量山地区更是千疮百孔，民不聊生。姜尚文到任后，清剿西区土匪，对土匪有所打击。董辑武上任后，选拔一方有名猎户壮士为自卫队员，在县自卫大队协助下，开展大规模清剿，几年时间先后打死各类土匪上百名。经过几年努力，地方土匪几乎绝迹，百姓生产生活有所恢复。

1949 年，景福出现以彭学孔为首的反蒋队伍，董辑武即组织五福、永秀、景福等地地方武装，在勐大、里崴会同县长梁星楼部队与反蒋武装对抗。当年下半年，董被彭学孔部包围在竹箐小学校，激战后被俘，被押至小道坟枪杀。

曹起麟

曹起麟（1902—1949），字圣生，宾川县州城人，20 世纪 20 年代赴昆明谋生，在杨如轩部短暂从军后，考取南京警官学校学习，毕业后在浙江钱塘一带任县警察局局长。不久后回云南创警官学校，任校长。30 年代初，到禄丰某盐矿任场长。一年后，调磨黑盐矿，民国 25 年（1936）卸职。27 年（1938），考取镇雄县县长，上任时与绥江县互调，实任绥江县县长两年。民国 30—32 年任景东县县长。景东因川河坝肥沃富庶，所承担抗日税赋繁重，加上各类疫病流行，人民生活困苦。曹到任后，积极发展农业生产，垦殖荒芜土地，改善乡村卫生状况，利用中草药医治疫病，并重视文教事业，使农村经济得到一定恢复，文教卫生得到不同程度发展。

20 世纪 40 年代瘟疫刚过，景东河谷坝子荒芜，住户躲藏山野，人无厕、畜无厩，粪便、污水横流，特别夏秋之季，村落院旁蚊虫滋生，环境卫生极差，加之药品奇缺，民众缺乏卫生知识，各种疫病肆虐民间。民国 31 年 6—9 月，全县霍乱发病死亡 133 人。川河坝菌痢发病 272 例，尽管曹起麟积极组织中草药救治，仍有 68 人死亡。曹起麟到景东后，首先制定管理机制，改善卫生环境。仅县城改良厕所 5 次，新建厕所 6 个，城区环境消毒 22 次，还派出卫生督察员督察各地食馆摊点卫生，县城 3 家食馆被责令停业整顿。拨专款全面改造县城及城郊水井 14 口，消毒处理 13 次。动员群众清扫街道，开展灭蚊灭鼠活动，填埋和疏理臭水沟，使城乡卫生状况得到较大改善。其次，扩建县卫生院，加强医疗力量。聘请医术较好的杨元芝为院长，首次在医院配置助产士、护士、助理员、卫生稽查员、事务员，并针对新生儿死亡率高的状况，由各地选派接生婆集中培训。每年还向县人民医院补助5.9万元国币，使无经费来源的医院得以为继。县人民医院由丙等得升为甲等。另外，创办中医药公会，定期报告疫情。中医药公会创立后，向广大民众普及中医药知识。定期向省级报告疫情，积极向上级争取疫苗，仅民国32年（1943）7月全县种牛痘疫苗1560人次。

曹起麟积极鼓励地方投资建学，加大县级中学资金投入，大兴文艺，扶持滇剧演出，使景东文化教育事业得到较大发展。下车伊始，即到西区和南区视察，深感景东地域广大，文教事业落后，对南区唯一一所中学——泰和中学的办学大加赞赏，特将蛮别江渡税及草皮街升斗捐划拨给学校作办学之资，学校感其德，送“惠我士林”软匾。此外，他还积极奔走，促成设立“邱开基奖学金”。成立“雅集社”，从大理请来滇剧艺人张友谅教戏，在城街新置茶室，白天让张经营作生活之资，晚上供票友学戏作滇剧繁荣之资。严肃查处赵祥生私吞修筑滇缅公路经费案，将退回的款项修筑戏台，使滇剧演出形成规模，演员达40多人，每年固定演出49天，演出剧目100余出（场）。新中国成立后的“锦屏镇业余滇剧团”就是在此基础上建立，戏台后来成了县文工队（歌舞团）驻址。同时，鼓励农桑，号召澜沧江一带种棉花，川河坝子种甘蔗，山区种茶叶，推动农村经济发展。

民国34年（1945）日本投降后，曹起麟应同学之邀，出任辽宁省营口市警察局局长。37年11月营口解放，被送进集中营管制。1949年初，因病去世。

何焕清

何焕清（1892—1949），彝族，保甸五里（今漫湾镇五里村）人，曾任保甸乡长兼护路大队长、江防大队长、西护大队长。生平爱枪、爱马，为人豪爽仗义，广交四方朋友。

何焕清生活的年代，社会治安混乱，盗贼蜂起，民不聊生。五里坡为通往缅甸的必经之路，盗贼出没，匪患尤重。由于何焕清长期清匪，名声较大，凡经过景云桥去缅甸的商贾客人，只要取得何焕清的名片或令旗，一般情况下官和匪都会忌惮三分，网开一面。有一次，何焕清去缅甸，途经镇康，当地百姓诉说有一条巨蟒盘踞村落数年，人和牲畜常被吞食，弄得田地荒芜，人口凋零。应百姓请求，当即带领随从上山用机枪将巨蟒射杀，平息蟒患。民国27年（1938），修建滇缅铁路便道公路（弥遮公路），何焕清驻防景云桥。其间，大批抗日远征军将士流落到景云桥，无家可归，何焕清不仅收容他们，愿回乡者，还资助给路费。民国30年12月，云南省禁烟督察专员向仁圃一行到景东检查“三禁”，从安召入境，过安乐，到保甸，一路奸淫掳掠，民怨沸腾。在保甸街，看到吴灿然妻子颇有几分姿色，便将其掳走。百姓万般无奈，纷纷请求何焕清为他们讨还公道，何派人到金鼎山除掉向仁圃，解救回吴妻。省府追究下来，何焕清只好出走缅甸躲避风头。最后，向景东县长虞铖送上两驮烟土了事。民国32年（1943）4月，一架美军运输机被日军飞机击中，坠毁于无量山白直山笋子箐。何焕清当即派人保护失事现场，协助调查组调查失事原因，请人立碑记事。1944年，被人告发私扣烟课税，景东县长和志钧派人调查，了解到何焕清用扣下的烟课税修建安乐小学，自己任校长、校董，学校老师多数安排在他家食宿，便不予追究。民国37年，彭学孔、蒋中伟等人民变，要求何焕清参加，遭当面拒绝，但送了一批枪支弹药。1949年，梁星楼与蒙化民变武装张灼生等人，成立所谓“共革盟云南自卫军”，力图攻占下关，邀请何焕清参加。何焕清带上银两、人马，参与进攻下关，攻占蒙化、凤仪等县城。后来，何焕清与张灼生等人内讧，退守南涧县城西北面月牙山。张灼生部围攻三天三夜，就是攻不上去，便派人谈判求和。何焕清轻信对手，五月十三日被张灼生派人诱杀于月牙山庙。

罗庆云

罗庆云（1893—1950），彝族，安定乡古德村人，昆华中学高中毕业，曾任安定镇镇长。有数十人武装，时称“西山大王”。

民国36年（1947）秋末冬初，罗在古德老宅与人合伙，从昆明购买铸币设备和器材，从上海聘请工匠，铸造含银量20%、含铜量80%“云南光绪通宝”半开，民间称“庆云版”。在安定鼠街集市投放后，流通到南涧、巍山、景东、澜沧等地。37年，由于与姜尚文发生矛盾，被姜尚文派人围攻后，才停止铸造假币。此事当时轰动一时。

1950年，罗庆云在“镇反”运动中被处决。

苏普氏

苏普氏（1898—1981），女，瑶族，太忠乡岔箐村人。苏普氏出生于贫苦农民家庭，民国4年（1915）嫁到苏家，搬迁到锦屏镇斗阁村居住，人们亲切地称她为“苏大妈”。

景东是民歌的海洋。历代生活在这块土地上的各族人民，都非常喜爱唱山歌，用歌声表达自己的喜怒哀乐。孩提时代，苏大妈受家乡丰富多彩的山歌感染，自小就能出口成章。丈夫早逝后，她只能靠帮工度日，生活的艰苦，更只能以山歌为伴，排解忧愁，久而久之，渐渐成为当地最能唱山歌的人。新中国成立后，苏大妈走出贫困交加的窘境，像全国各族穷苦人民一样翻身当家做主，满怀信心和希望奔向美好的明天。于是，她把共产党和县政府当作自己的靠山，用歌声表达自己朴素、真诚的思想感情。1951年4月，全县开展声势浩大的“抗美援朝，保家卫国”宣传教育活动，苏大妈带头把独生子送去参军，深情地用山歌叮嘱道：“天上星星亮晶晶，我送儿子去当兵；你心里想着党的恩，眼睛盯着美国兵！”

1951年11月，弥（渡）宁（洱）公路全线开工，政府动员全县民工参加修筑公路，已经54岁的苏大妈积极报名。她把党的方针、政策和路线编成通俗易懂的山歌演唱，教育民工。她把工地上涌现出来的好人好事编成亲切生动的山歌演唱，还把家里1951年遗留下的1000多公斤余粮卖给国家，并耐心地向群众宣传国家粮食政策，打破当时富农有余粮不卖、中农犹豫观望的局面，对完成粮食统购统销任务起到一定推动作用。1954年5月，她加入中国共产党，当选为副社长，再次被评选为全县军属模范。同年12月，参加慰问团，到昆（昆明）洛（勐海打洛）公路工地上慰问民工。她作报告时，有说有唱，有理有据，通俗易懂，形象感人，让民工深受鼓舞。1956年11月，她出席在北京召开的全国烈军属、残废军人、复员军人社会主义建设积极分子大会，被推选为大会主席团成员。会议期间，受到毛泽东、刘少奇、周恩来、朱德、彭德怀、陈云、邓小平等党和国家领导人亲切接见。她即兴唱道：“哎——石榴开花么叶子青，感谢主席么您请听；穷人翻身做主人，得当代表进北京。”后来，代表们集会，还请她在会上演唱。

1956年12月至1963年12月，苏大妈被连选为县第二届至第五届人大代表、第二届至第四届县人委会委员。1957年1月6日，景东开始兴修川河大沟，三千多民工赤膊上阵，夜以继日，艰苦奋战。此时，苏大妈一有空闲，总爱跑到工地上给民工们唱山歌，鼓舞民工士气。

在中华人民共和国成立初期，无论是宣传党的方针政策，还是到工地鼓动群众、参加慰问活动，苏大妈的歌声响遍景东山山水水，她的歌声鼓舞了景东群众建设社会主义积极性，她的精神也感动了干部群众，成了那个时期的一面旗帜。

1981年，苏大妈因病逝世，享年83岁。

杨 祯

杨祯（1899—1950），生于县城老街一富户。其父杨聘成，民国末年任景东县泰和县佐。从小家庭富足，受到过良好教育。民国8年（1919）昆明中学毕业后，以优异成绩考入北京高等师范学校，并与云南籍楚图南等人为同学。在校期间，开始接触马列主义，在校办《教育新刊》等刊物上发表进步文章。时值“五四”运动，杨祯有机会读到李大钊、陈独秀、胡适等人进步文章，并和这些人接触，开始接受马克思主义思想熏陶，并和楚图南等人组织思想进步的读书小组活动。

民国 12 年秋，杨祯毕业。由于是由云南考入的官费生，按规定毕业后必须回乡服务桑梓，他和云南籍同学一起回到昆明，并在省立第一师范任教。14 年（1925），杨祯又到北京，在北京加入中国共产党，并在北京几所中学任教，成为景东籍最早的中共党员。16 年初，杨祯再度回云南省立师范任教，并开展组织活动。此时，省立师范学校有共产党和共青团组织，革命思想比较活跃。在这里，可以读到《新青年》《向导》《共产主义 ABC》等革命书刊，还积极开展马克思主义宣传活动。景东籍李德和也在该校读书，成为杨祯学生，开始接受马克思主义思想及共产主义理论教育，加入中共党员。

民国 17 年 1 月，云南省成立“清共委员会”，接连在昆明抓捕并杀害共产党人及革命人士。从小没有吃过多少苦的杨祯十分害怕，自动离开党的组织，跑回家乡躲避。在家庭压力下，杨祯以受骗为名，脱党自首，在家休息。31 年（1942），在朋友举荐下到昆明出任云南警官学校主任（校长）；34 年，任镇康县县长；36 年回景东赋闲半年，因病到昆明就医长住，不久即瘫痪在床。1950 年末，因病去世。

李成堂

李成堂（1901—1951），安定乡望福村人。云南省立一中毕业后，参加省府招县长考试，拟录云县县长，因未能及时筹交任职费大洋两千元被他人顶替。后入伍当兵，任过排长，不久回家侍奉老母。民国 15 年（1926），其兄去世，李接任保董。17 年后任剿匪大队长，建豪宅，筑堡垒，设暗道，小炮、机枪、长短枪齐备，时称“东山大王”，为安定最大地方武装之一。34 年当选安定镇副镇长，36 年当选镇长。民国时期，他贼喊捉贼，以禁烟为名种大烟，李倡导种大烟且喜抽大烟，联合姜尚文对禁烟督察施贿，力保种烟，敛财公抽，从中渔利发迹。

民国 37 年（1948）冬，县长王仁品以“偷漏烟税，截留公抽”罪名，派出县保安团拘留李成堂，未几，王仁品也因贪污被上司查办拘留。1949 年初，李被释放，数月后，被省政府保安司令部委以“景蒙边区联防指挥”，在昆明稍事筹备后起程返乡，途至弥渡，接到上司“暂不挂牌，回乡待命”密电。不几日，在弥渡与边纵八支队取得联系，经密谈决定，八支队派政工主任王勤随李回安定望月。景东解放后，李将下属人员枪支弹药及“委任状”等清理上缴区政府。1951 年 5 月 1 日“镇反”中，李成堂被执行死刑。

陶学渊

陶学渊（1904—1995），字孟楼，傣族，大街乡下营人，陶熔胞兄。民国 7 年（1918）考入云南邮政总局培训班学习，毕业后回到景东县城，在十字街开办蒙化邮局管辖的景东三等邮局，并由东区选为景东县参事会议员。11 年辞去邮局工作，辗转千里从越南至香港，赴广州参加国民革命，考入黄埔军官学校第六期学习军事，毕业后分派到陆军第三军任排长，并参加北伐战争，以后驻防江西。18 年，南京民国政府中央陆军军官学校开办高级班，招收黄埔六期以前各期毕业生，陶学渊又考入该校高级班学习炮兵科，学习结束后分派到独立炮兵第五团任连长。23 年派住庐山中央军训团受训，任学员队少校队长，继而任军事委员会别动总队第三大队中校副大队长，分赴四川成都组织训练市民。

民国 26 年（1937），抗日战争爆发，陶学渊调任第三军三十四师一〇二团上校团长。在八年抗战中，身经数战，参加过中条山大战。在中条山战役上，将士们坚守二十一天，最后，弹尽粮绝，第三军军长唐淮源、师长寸性奇以及团长黄仙谷、薛金吾、副团长潘尔伯、张永安等相继牺牲，陶学渊顶头上司三十四师师长公秉藩被俘。陶学渊收拾残部，浴血奋战，突破敌后三道防线，突出重围，整个第三军所剩兵力已经不足一个团。中条山战役后调任第七师二十团团长，开赴甘肃省官堡，截击流窜于北河各地抢劫的股匪。

抗日战争胜利后，陶学渊调国民党政府国防部任职，被派往云南省警备司令部任军士团准将团长，后任云南编练司令部少将高参。1949 年 12 月 9 日，在昆明随卢汉将军起义。1950 年初入云南军政大学学习，毕业后分配到昆明纺织工业学校工作。20 世纪 60 年代末，被疏散下放回大街下营村，后迁居昆明。1984 年任昆明五华区政协委员，1995 年在昆明逝世。

邱开基

邱开基（1905—1993），字丕昌，又字卫华，锦屏镇斗阁村人。小学毕业后，以优异成绩考入云南省立中学。民国 14 年（1925）初到达广州，考入黄埔第三期经理科。军校毕业后，又东渡日本经理学校学习，回国后在革命实践研究院联战班学习结业，即分派到黄埔陆军军官学校教导师第三团任连长。之后调到国民革命军第一军第一师第三团先后任连长、营长。不久，被推荐任蒋介石侍从室警卫组组长，后担任蒋介石卫士大队长、特勤处长、军事委员会禁烟缉私处长、军事委员会调查统计局执行科长、全国禁烟委员会禁烟督查处缉私主任兼巡缉总团长。

蒋介石为了稳固政权，大力培植特务势力，在“力行社”基础上成立“复兴社”(保密局前身)，并自任社长，下设中央常委干事会，由贺衷寒、酆悌、邱开基等人为干事，戴笠等人为候补干事，邱开基成为复兴社骨干成员之一。民国 21 年（1932），蒋介石命令邓文仪、邱开基整饬武汉秩序，得罪了与戴笠有着过命之交的某大员亲戚，为他的仕途埋下祸根。后来，邓文仪失宠，戴笠向蒋介石密告：邱开基的禁烟缉私处，不仅大量任用私人，发起“中国文化学会”后，更是假公济私，先后调拨资金近百万，养活大群文人，办起大批刊物，这群人中还有人咒骂蒋的统治。蒋介石一听，勃然大怒，撤销邓文仪一应职务外，囚禁邱开基，以示惩戒，邱开基成为蒋介石和湖北地方势力重组下的替罪羊。蒋介石在出了一通恶气之后，一脚把邱开基踢回云南，让他任学生集训总队队长。

抗日战争爆发后，民国 26 年（1937）邱开基出任六十军副军长，参加台儿庄和武汉会战等数十大战。28 年调第一集团军干部总队任队长。抗战危急之时，蒋介石不得不起用抗日名将，原新三军军长张冲担任第一集团军第二路军指挥，第二路军下辖三个旅，邱开基出任某旅旅长，任用张子斋（中共地下党员，后来成为云南省人大常委会副主任）为秘书，张士明为特务营长。之后，出任新编第三师师长，第六十军第一二八师师长。31 年 8 月 31 日，任第三军副军长兼四川剑平师管区司令，授中将军衔。抗日战争胜利后，历任平阳警备司令，甘肃师管区司令。34 年（1945）底，他把在全国禁烟委员会禁烟督查处缉私主任兼巡缉总团团长任上蒋介石发放的 200 万元奖金悉数捐献给家乡清凉小学。蒋介石闻之，大为感慨：“试问谁不要钱？社会上只见贪官污吏，像他这样清正廉明者极少！”

后来，邱开基回任云南省警保处长、云南省保安副司令、陆军第六编练副司令、中央陆军军官学校昆明分校副主任、独立总队总队长，云南省“反共救国军”副总指挥、云南省政府行署主任、云南省政府委员、行政督察专员等职。民国 37 年（1948）任第八军副军长，1949 年秋从香港辗转台湾，递补为第一届“国大代表”。后赋闲在家，1993 年 1 月病逝于香港。

梁德翼

梁德翼（1906—1966），字翔霄，文井清凉响水村人。民国 13 年（1924）在昆明一中就读，初中尚未毕业即投笔从戎，奔赴广州考入黄埔军校第三期。15 年黄埔军校毕业后，先后任排长、连长、营长、团长及军官学校教官，参加过抗日战争。33 年遭诬陷，被撤销团长职，在昆明赋闲。日本投降后，调任云南省警备司令部和第六编练司令部任少将高参。1949 年 12 月 9 日参加卢汉起义，起义前夕，在“九九肃整”中掩护中共地下党员天祥中学教师车铭。同时，共产党员范子明、吕永祯、牟龙光三人从香港到昆明被捕，梁通过警备司令部军法处进行营救，保释出狱，并介绍他们到保安团第十三军工作，以作掩护。云南起义后，仍任昆明警备司令部少将高参。1966 年 2 月逝世。

梁得桂

梁得桂（1906—2002），字映秋，文井清凉人。省立一中高中毕业后在卢汉部下任军需官，抗日战争时期任第一集团军总司令部军需处上校处长。抗战胜利后，随卢汉到越南接受日本投降。民国 35 年（1946）任沧源县县长，37 年任云南省政府视察室视察员、云南实业银行经理，1949 年 12 月 9 日随卢汉起义，1955 年后在昆明养鸡场工作，1981 年退休。曾任昆明市政协委员。

抗日战争期间，他日夜操劳，尽力保障前线十数万滇军健儿和云南本土军需供应。景东籍出征的士兵，他用自己积蓄，每人送十元大洋；上昆明求学的景东籍学子，尤其梁姓之人有困难找到他都给予资助。任沧源县长期间，创办沧源第一所小学，离任后仍捐资助学。时常关注家乡教育发展，多次向清凉老君殿小学、响水小学、泰和中学捐资。民国 33 年（1944）给景东一中一次捐款万元（折合银圆 5000 元），1985 年刚落实政策就给响水小学捐资 1000 元。新中国成立后清理银行债务，他将全部财产移交给县政府，顺利完成交接工作。2002 年逝世，享年 96 岁。

周　绅

周绅（1909—1951.4），原名周正绅，排行第三，大街乡塘坊村者力人，少年习画，颇有名气，20 世纪 30 年代后期毕业于云南师范学校。

周绅回景东时，逢国民党县政府开展田地清丈，即任“景东县土地清丈内业组组长”，后经县长李世昌推荐，撤区扩乡时回到崇文镇任镇长。民国 29 年（1940）2 月，三民主义青年团团部筹备处在昆明成立，经人推荐，到筹备处任职，后升任支团部秘书兼宣传组长。34 年，昆明爆发“一二·一”运动，周绅带领穿便衣的军人、特务组成 45 人队伍，手执木棒、铁棍，暗藏短刀、手枪、手榴弹，拥到龙翔街联大师范学校，从大门扔进两颗手榴弹，5 名学生倒在血泊中，其中，师院女学生潘琰腹部重伤，男学生李鲁连脑部重伤、缪祥烈左腿受重伤、李复业腹部重伤，昆华工校张华吕头部重伤，还有师院女学生杨莼小腿轻伤。

民国 35 年（1946 年 3 月初），三青团在昆明召开云南省第一次全国代表大会，选举产生干事会和监察会，周绅当选为干事兼书记。“一二·一”运动后，周绅被免职。1948 年 1 月至 1949 年 1 月，周绅任楚雄县县长。1949 年 1 月，周绅调回省民政厅任科长。1950 年 2 月上旬，企图逃往西康省会理县寻找中共部队任职的亲戚，在武定县猫街被抓获。1950 年 3 月，三民主义青年团支部被昆明市军事管制委员会定为反动组织，予以取缔。同年，周绅在昆明被宣判死刑，于 1951 年 4 月 15 日被处决。

陶　熔

陶熔（1911—1995），字贯成，傣族，大街乡下营人。其父陶芳，曾任东区区长、县参议员，在地方上颇有名望。陶熔大哥陶学源，北京国立师范大学毕业，一直在景东任教，二哥陶学渊参加北伐，在地方上颇受称道。陶熔毕业于云南法政专门学校。民国 13 年（1924），在校时加入于昆明成立的“青年努力会”。15 年初，国民军第三军军长朱培德考虑到第三军官兵绝大多数是云南人，决定自己培训一批约五十人政治工作干部充实到他的部队中，由王德三负责筹划。在青年努力会推荐下，陶熔参加广州大沙头第三军军官学校“第三军政治训练班”。19 年（1930）陶熔考入黄埔军官学校第八期，任教导总队区队长。毕业后任炮兵第五团排长，以后

又任连长、营长。21年入军事委员会武官训练班学习，同年8月任驻英国利物浦领事（代理馆务），以后任驻英国大使馆副武官、武官。期间，进入伦敦大学政治经济学院学习经济学三年。27年2月，进入英国炮兵学校校官班学习。回国后，任中央陆军军官学校第五分校第十六期学生大队大队长。28年3月，入中央训练党政班第四期学习，毕业后回云南任国民革命军军事训练处副处长、第一集团军高级参谋。29年（1940）9月，任军校军事委员会委员长、国民政府侍从室警卫旅政治部少将主任。32年1月，入中央训练团党政高级班第一期学习，后任国民革命军中国远征军总部少将高参。34年2月，入陆军大学甲级将官班第二期学习，结业后任国民革命军陆军总司令部高参。同年9月28日，为特派联络参谋到越南河内参与接受日军投降，同年11月任云南省训团教育长。35年3月，任三民主义青年团云南支团部干事会干事长。36年7月，任国民党党团合作后的第六届中央监察委员。37年7月，当选为“立法委员”，1949年随“立法院”迁往台湾。到台湾后，进入革命实践研究第17期及联合作战班受训，后任“立法院外交委员会”委员，“国防委员会”召集委员。1988年7月，任国民党第十一届中央评议委员。晚年准备回大陆省亲，未果。

陶熔热爱家乡，热衷于桑梓教育。曾在昆明创办“云岭小学”并令其夫人刘香谷为校长。民国27年（1938）在英国炮兵学校校官班学习期间，捐款建盖景东中学（今景东一中）“学源图书馆”；1994年又捐资40万元，建盖景东高级职业中学教学大楼。他一生勤奋好学，多次参加学习深造，喜好著书立说。在大陆期间，著有《困知集》；到台湾后，利用任“立法院外交委员会”委员之便利，游历亚、欧、美等全球40余国，著有《环球考察纪要》(60余万字）等书。

梁其才

梁其才（1912—1951），字少贤、英贤，文井镇清凉村人。少时到四川学艺，回来后开办“映华化装品工厂”，加工过香皂、肥皂、香水等。后把田当给四外公冯四伯，用当田所得做本钱，到按板井驮盐运往外地贩卖，不料有一次被文井区区长张世英以送征兵委员为由，逼其卸下盐驮，征其马匹，待盐巴送回后盐价下跌，无钱赎当，亏了本。秋收时，冯四伯又把所有谷子驮走，连口粮都不留。梁其才走投无路，拉起一伙人攻下文井区公所，又抢冯四伯。提出：“下等之人要钱跟我来，中等之人莫讨闲，上等之人你拿钱来”口号，其部下分散在景东各地，队伍发展到上千人，成为景东最大土匪势力。民国27年（1938）接受“招安”，解散队伍，随即参加58军开赴抗日前线，先后任连长、副营长。日本投降后，到下关、勐腊等地经商。38年（1949）参加梁星楼部队，任支队长。后响应卢汉起义，编为解放军暂编十二军三十五师军官队。1950年入军部学习，结业后调十四军工作。1951年2月调昆明军区工作，因景东“反共救国军”案受牵连，5月被捕，牢中病故。

1984年12月25日，中共景东县委统战部发文，按起义人员给予落实政策。1985年9月15日，昆明军区发给“起义人员证明书”。

阮学海

阮学海（1913—1949），大街乡文山村文育组人。出身贫苦，年幼丧父，其母抚养弟兄二人，靠租种三营黉学田度日，成人后到县常备队当兵。县常备队有4个分队300余人。阮学海枪法较好，打仗骁勇。民国36—38年（1947—1949），由县常备队大队长杨熙良提携，任命为田仲石分队长手下剿匪队长，负责景东东区（者干）剿匪任务。阮多次剿匪作战，以大棋山之仗最为闻名，震动者干上下。大棋山在景东与楚雄接壤处，今属楚雄辖地。阮学海侦察过大棋山盘踞土匪情况后，连夜带兵从大街出发，天亮时赶到大棋山与匪相遇，以80多人的剿匪队伍打散100多匪众，缴获马匹数百，大洋上千。解放前夕，成为地霸武装大队长。

阮学海因为有兵有枪，有钱人往往怕他，唯恐冒犯他会遭到抢劫，只要他出口索要钱粮，大户人家明知他在敲诈勒索，仍忍气吞声及时送来，不敢有怨言。在与洪启智“假红军”作战中，打散洪部并将其活捉。1949 年，阮学海被派往中窝铺与边纵九支队作战。他率领敢死队 200 人，依仗一棵大松树阻击九支队进攻，掩护大部队后撤。时值秋季，天气时阴时晴。一场大雨过后，阮部所在山头被阳光照亮，一览无遗，而九支队埋伏点云雾遮盖，一片模糊。就在阮冲上前时，被九支队击毙。

蒋中伟

蒋中伟（1919—1952），祖籍四川，生于保甸安乐街。读完高小后，适逢抗日战争爆发，滇缅铁路开工建设，蒋中伟为监工。民国 31 年（1942），铁路建设停止，蒋中伟回到家乡，被选派到景东简师读书，毕业后回安乐小学教书兼任校董。在此期间，专程到昆明了解中国革命形势，了解到中国共产党滇桂黔边区纵队在云南各地开展活动的情况。于是有了组织队伍、开展游击战争建立根据地想法。

回乡后，蒋中伟联络同学和朋友，串联亲朋好友，宣传革命，秘密组织武装。1949 年二月初三，蒋中伟、彭学孔等人拉起队伍，在景福凤冠山结盟，宣布成立“西南民主联军景东人民自卫军”，喊出“打倒蒋介石，打倒四大家族，反对三征，反对摊派门户钱”口号，并推举彭学孔为总指挥，带领暴动武装攻打景福镇政府。起义队伍下设 4 个大队，蒋中伟任第三大队队长。之后，队伍在镇沅县勐统整编为中国人民解放军边纵第九支队四十二团，彭学孔被任命为四十二团副团长，蒋中伟被任命为五营副营长。1952 年 2 月 22 日，在镇压反革命运动中，因“反共救国军”一案被捕，在保甸被杀。

1985 年 3 月 18 日，景东县法院撤销判决，宣告蒋中伟无罪，恢复政治名誉。

李昌发

李昌发（1922—1993），彝族，中共党员，曾用名阿守安，安定乡青胜村人。早年先后在小河底、小古德、鼠街、兴旺等地帮工度日。1951 年 1 月参加革命工作，1953 年 9 月加入中国共产党，任安定区旺福乡农会主席、中仓乡乡长，土改工作队、建党工作队副组长，中共安定区委组织委员、区委副书记、区委书记等职。1956 年 6 月调县城，被选为景东县二届至六届县人委会县长。1956 年 7 月至 1959 年 9 月，调重庆第七中级党校学习文化。1959 年 11 月至 1962 年 2 月，担任景东县县长，兼任文井公社党委第一书记。1963 年 8 月至 1966 年 10 月，在宜良县、墨江县、景谷县搞“四清”运动，任副队长、队长、党委书记等职。1968 年 9 月，被推荐为干部代表进入革委会，1969 年 2 月被撤销。1972 年 1 月，任县革委会副主任。1981 年 12 月，在景东县第八届人代会第一次会议上当选为人大常委会主任。1986 年 4 月退休，1993 年 11 月 14 日因病医治无效逝世，终年 71 岁。

20 世纪 50 年代初，李昌发加入中国共产党。其间，他带领广大农民开展减租退押，镇压反革命，开展土地改革、农业合作化运动。担任景东县要职后，始终保持艰苦朴素，密切联系群众的工作作风，廉洁奉公，受到各族干部群众尊敬和爱戴。“文化大革命”期间，李昌发遭受残酷斗争和无情打击。1975 年，李昌发任县革委会副主任期间，县革委会决定由他筹建菊河二级电站。他和电站指挥部全体人员一起，克服资金不足、技术力量缺乏等困难，建成菊河二级电站。80 年代在新的工作岗位上，他和县人大领导班子一起，学习党的方针、政策，法律常识，行使人大常委会职权，依法办事。多次组织县人大代表和人大机关工作人员到各公社检查物价、林业、农业、城镇建设、食品卫生、计划生育、教育、普法等工作，在检查中及时发现问题，及时研究解决。在检查林业工作时，多次发现森林火灾，他和基层干部一起及时组织群众扑灭山火，减轻火灾造成的损失。晚年，担任县老年人体育协会主席，多方筹集资金，创建老年人活动室、活动场地和开展老年人体育活动。

何耀邦

何耀邦（1926—1950），又名何炳星，建水县青龙乡老里硐村人。民国 33 年（1944）考入建民中学读书，民国36年（1947）毕业回乡后，与同学一道恢复村中停办多年的小学，并在学校任教。同年10月加入中国共产党，积极开展党的地下活动。民国37年5月，受组织委派参加云南人民自卫军第二纵队，到石屏、元江、墨江进行武装斗争。36年8月，任滇黔桂边纵九支队第二武工队队员，开赴临沧地区开辟新区，10月进入景东武装建政。1950年3月任明善区（今花山乡）区长，积极开展减租减息、征粮、建立地方政权等工作。

1950年4月，潜伏在区里的反革命分子预谋叛乱；5月14日，何耀邦前往县城开会途经熊洞山三台坡时被杀害，安葬于今文井镇文窝村被窝山。1983年5月，县政府将烈士遗体迁至开化寺景东革命公墓埋葬。

徐臣龙

徐臣龙（1926—2004），曼等乡花地村人，贫农。八岁时，父亲因痨病去世，母亲改嫁，靠帮工度日。民国34年（1945）5月6日，被国民党抓丁，编入第五军杜聿明部。内战爆发后，随军队辗转到大前方。1948年9月9日，随军队在洛阳向中国人民解放军投诚。经过思想教育后，自愿加入解放军，编入四野三十九军四十五团独立营。

1949年，徐臣龙随部队到北京，驻守沙定机厂。之后，参加宜昌、沙市、湘赣等战役，转战在广东、广西一线。1950年2月16日，部队围剿国民党广西大明山驻军。战斗刚胜利，被派往一块麦地边站岗，俘获躲在麦垛里乔装成士兵的大明山守敌司令。广西全境解放后，随部队移往南宁。1951年3月，获准加入中国人民志愿军，编在四分队独立警卫营一连，参加抗美援朝。一次，夜间抢修桥梁，不慎掉进江里，死里逃生，住了两个多月的院。1953年3月25日下午，他在长津大桥站岗。这时，远处开来几辆运送物资的汽车，4架准备轰炸桥梁的美军飞机刚好出现。敌机看到车辆后，改为轰炸车辆。徐臣龙乘敌机转圈机会，抬起步枪射击，未中。这时，第2架第3架连飞了过来，徐臣龙瞄准第四架射出连发，击中敌机，机尾冒出黑烟，轰然坠落。另3架见势不妙，连忙拉起机头逃逸。徐臣龙因此受到部队嘉奖，荣立一等功。

1955年12月，徐臣龙退伍回乡，参加农业生产劳动，但从未向人提起过击落敌机之事。“文化大革命”期间，“复退军人证书”等证件被红卫兵搜去，只藏下击落飞机的“立功证书”和几枚纪念章。直到逝世前，人们看到立功证书，他的事迹才被人所知。

黄强鼎

黄强鼎（1928—2005），云南红河县人。1949年7月参加中国人民解放军滇桂黔边区纵队，后分配到景东工作。1952年7月至1964年7月，先后在景东县政府任秘书，建设科副科长、农水科科长，以及川河大沟工程委员会副主任等职。1975年，任农林办主任。1978年6月至1980年8月，任思茅地区行政公署水利局副局长。1980年8月至1989年1月，任思茅地区行政公署水利局、水利电力局局长。

在景东工作的十五年间，黄强鼎为景东水利事业做出了较大的贡献，尤其在1957—1964年，全副身心投入到川河大沟艰巨的工程建设，充分依靠工程技术人员智慧和数千民工双手，自力更生，艰苦奋斗。物资不足就自办铁厂、石灰厂、炸药制造厂、篾器厂、伐木厂，自制炸药、铁具、木具、篾具及工程建材等；副食品不足就自办养猪厂、畜牧场，以“屯工”办法，解决工地部分食粮、肉类和蔬菜供应。1960—1964年，川河大沟工地自产石灰200万千克，自造炸药4.5万千克，自制各种铁木篾工具1.7万件，自产粮食23万千克、蔬菜37.5万千克，供应肥猪900余头、菜牛180头。1957—1964年，川河大沟总投资246万元，其中工地自筹资金42万元，占17%。经数千民工连续不断奋战，全长83千米的川河大沟建成，川河东岸万余亩“雷响田”变成保水田。1964年后，黄强鼎两次调离景东，但不管为官何地，无时无刻不在关心景东水利建设事业和川河大沟配套完善工程。

2005年11月7日，黄强鼎因病逝世，享年77岁。

何太忠

何太忠（1930—2005），彝族，中共党员，初中文化，锦屏镇利月人。民国34年（1945）景东师范毕业后回家务农，1950年2月当选锦屏区第四村二分会分会长，从此参加革命。1951年任锦屏区第四村副村长兼文书，1952年参加区土改试点，1952年末至1955年调区筹建供销合作社并历任主任，1956年任景东县政府财经委秘书，1958年参加大战钢铁铜任文玉铜厂厂长，1960年任景东机械厂厂长兼支书，1961年任县委工交财贸部副部长，1962年任花山区党委书记，1964年任县委办主任，1969年任文井公社党委书记兼公社主任，1974年任县委副书记，1980年当选县委书记，1981年当选云南省第四届党代表，1985年自治县成立、当选县长，1988年当选云南省人民代表大会代表，1992年任思茅地区政协工委副主任，1994年退休。

1958年，参加云南省民族参观团赴北京、上海、南京等八大城市参观学习，并受到国家总理周恩来接见。1981年，参加全国自治区主席、自治州州长、自治县县长考察团赴北京、上海、江苏、浙江等地参观学习。1991年，参加云南省赴日本农业考察团到日本东京、大阪、岐阜等地参观考察。1993年，参加云南省东南亚考察团赴新加坡、马来西亚、泰国等国参观考察。1959年获“云南省工业、交通、财贸系统劳动模范”称号，1991年获“全国民族团结进步个人”称号，1991年、1993年，分别获云南省政府“抗洪救灾模范”“支援漫湾水电站建设功臣”称号。

何太忠一生勤勤恳恳，大公无私，淡泊名利。在担任县委书记、县长期间，全县社会生产力发展低下，人民生活普遍贫困，他坚持“不盖房子，不买车子，保证工资，不饿肚子”执政理念，大干农田水利和交通建设，经常深入贫困山区调研，与群众同吃同住同劳动，并和他们结下深厚感情。他先后带领广大干部群众完成农业生产责任制、林业“三定”、自治县筹建、漫湾水电站建设等工作，全县经济社会发生翻天覆地变化。百姓亲切地称之为“农民县长”。

王文宽

王文宽（1931—1996），曼等乡扎结村人。1949年6月曼等乡高级小学毕业。1951年参加中国人民解放军，并参加抗美援朝。1957年从广州军区调南京军区861部队711研究所，从事国防科委工作。以后，担任海军研究所所长（享受副军职待遇）。为中国国防科委、海军事业做出了一定的贡献。1996年因病医治无效逝世，终年65岁。

武学惠

武学惠（1936—1982），中共党员，初中文化，文龙乡邦迈新村人。1957年参加文龙三岔河河道工程建设，1959年末出任邦迈大队大队长，“文化大革命”期间被免职。1970年整党，出任大队支书。

武学惠复出期间，正值全国上下百废待兴。他大胆创新，坡地改梯地，提高土地产出率；购买拖拉机和小麦脱粒机，解放劳动生产力，解决全村450户1730人温饱问题，并积极组织余粮，为龙街、瓦罐窑、文录等缺粮大队施以援手，共同度过饥荒年代。1975—1976年，武学惠举全大队之力，率先实行承包制，修通公社至大队公路15千米，结束当地“生产资料靠马驮，交售公粮靠人背”历史。1975年，组织兴修县内首家大队级水电站——邦迈三棵树水电站，装机容量30千瓦。受经济条件限制，加之材料奇缺，不得不就地取材，利用木匠所能制作木管替代钢管。电站建成后，供应全大队生产生活用电。1979年，电站扩建至55千瓦，需要更换重约4万千克的整装式水轮机，必须使用人力从文龙搬运至邦迈，全程山路15千米。武学惠发动全大队150个强劳力投入搬运，途经文路河300米左右河道时，为了不破坏庄稼，他把人力分成三组，第一组站在田埂路上，第二组站在河中作为人梯，并在肩上搭上木板，第三组踩在第二组人梯的木板上，耗时近6个小时。最终艰难完成整个搬运工程，耗时一个月。电站扩建后，供应邦崴、邦迈22个生产队700多户3000余人生产生活用电。

1982年，武学惠因积劳成疾，任上离世。

刘致高

刘致高（1962—1984），花山乡坡头村人，中共党员。1981年10月加入中国人民解放军。在部队期间，刻苦学习军事技术，苦练杀敌本领，成为全连射击能手，车体标兵、“四会”（投弹、射击、战术、队列）教员。担任某部侦察排二班班长时，带出全连先进班获“优秀班长”称号；代理侦察排排长时，该排各科成绩名列全连前茅。先后4次获连、2次获团直属队嘉奖。1984年4月初，部队进驻文山州麻栗坡县中越边界老山接防，执行防御任务。11月3日，刘致高担任奇袭越军A1据点第一战斗小组组长。战斗打响前一天，他带领侦察员3人冒着敌人炮火袭击，秘密开辟通道1000多米，保障奇袭分队按时到达预定位置。战斗打响后，刘致高率先冲入敌人战壕，占领有利地形，先向敌开火，击毙端着冲锋枪企图顽抗的敌人1人。当他冲到敌坑道口时，看到敌人一挺班用机枪从洞口伸出准备射击，千钧一发之际，毫不犹豫地跃上前去，一把抓住机枪枪管与敌人争夺搏斗并将其打死。当刘致高率领小组战士向敌纵深发动进攻时，不幸被敌人重机枪弹打穿腹部，壮烈牺牲。1985年1月26日，被部队政治处追记为一等功。

白兆清

白兆清（1948—2005），彝族，中共党员，初中文化，安定乡中仓村人。1964年6月初中毕业后，离开家乡参加革命工作；1964年6月至1965年12月，在县外贸站工作；1966年1月至1977年5月，在部队服兵役，历任战士、班长、排长、干事等职务；1968年4月加入中国共产党；1977年6月至1982年2月，先后在外贸站、县委落实政策办公室工作；1982年3月至1989年11月，在县劳动人事局工作，历任副局长、局长职务；1989年12月至1990年2月，任县政府县长助理；1990年3月至1995年1月，任县委常委、县政府常务副县长；1995年2月至2001年12月，任县委副书记、县政府代理县长、县长；2002年1月至2005年10月，任县政府正县级调研员。

白兆清工作扎实，能力出众。在部队服役期间，从普通战士成长为中国共产党员、连级干部。转业到地方后，他以党的需要和组织安排为己任，尽职尽责。任副县长期间，他分管支援电站建设工作，以“搬得出、稳得住、能致富”作为电站库区移民安置工作目标，协调各方，妥善处理各种复杂关系，保证国家重点工程建设项目顺利实施，得到上级领导肯定和电站业主赞赏。1995年担任县长后，团结和带领县政府一班人，透析县情和瞭望时代发展趋势，实施“科教兴县”和可持续发展战略，综合经济实力显著增强，扶贫攻坚取得阶段性成果，农民人均纯收入逐年提高，农村贫困面逐步缩小；全县基础设施建设得到加强，实现村村通公路、村村通大电、村村上程控。经充分论证和多方争取，他带领全县干部群众建成川河整治和拓城建镇德政工程，使其成为全市乃至全省加快小城镇建设步伐的成功典范。另外，积极争取项目改造南北出境公路、兴建南洋河水库和异地开发扶贫等，县域社会经济取得显著发展。2002 年 1 月，白兆清退居二线，仍积极为县委县政府各项工作出谋划策，发挥参谋助手作用；同时，组织实施双河温泉等当地德政工程。人们用“勤实廉俭”四字评价他的一生。

吴惠英

吴惠英（1940—1987），女，彝族，安定乡河底村人。1963 年参加工作，历任教师、县广播站广播员、县法院审判员、县人大常委会副主任。1983 年 8 月，任中共思茅地委委员、思茅地区妇联主任。工作中，她积极负责，认真开展“五好家庭”和“三八红旗手”评选活动，建立各级妇联法律顾问机构，同残害妇女、儿童违法犯罪行为作斗争，维护妇女儿童合法权益。

1987 年 8 月 30 日，吴惠英因病医治无效逝世，终年 46 岁。

袁德军

袁德军（1962—2004），曼等乡胜岩村人，中专文化，1979 年 11 月参加中国人民解放军，1987 年 3 月 24 日加入中国共产党。1979 年 11 月，在河口县 35548 部队 52 分队任战士、班长，受到连队嘉奖一次。1982 年 12 月复员到景东监狱工作，先后在景东监狱一中队、六监区、九监区、严管队历任干事、副队长、队长、副监区长、主任科员等职，二级警督警衔。

2004 年 3 月 22 日，袁德军在组织罪犯从事堆柴劳动时，突遭一罪犯持刀袭击。身负重伤情况下，他与罪犯展开殊死搏斗，并制服罪犯，最终因伤势过重，抢救无效不幸牺牲，年仅 42 岁。生前，因工作出色，表现突出，获监狱 3 次“优秀共产党员”、4 次“先进工作者”荣誉称号。2004 年 11 月，云南省政府批准袁德军为革命烈士；2004 年 12 月，中共云南省委员会追授袁德军为学习“三个代表”先进个人荣誉称号；2005 年 4 月 13 日，民政部为袁德军颁发革命烈士证明书；2006 年 1 月 23 日，司法部追授袁德军为司法行政系统二级英模荣誉称号。

第二节　全国人大代表简介

罗朝清　彝族，1944 年出生于漫湾镇安召村。1969 年参加修建景勐公路，1970 年任生产队长，带领农民搬走 4.67 公顷地乱石，使土地平均单产 100 多千克增产到 300 多千克。同时，大力发展农村经济，种植泡核桃，饲养牲畜，到 1980 年全村全部农户都住上瓦房，成为无量山区社会主义新农村建设典范。1978 年，罗朝清当选为第五届全国人大代表。1989 年因积劳成疾逝世，年仅 45 岁。

李海英　女，彝族，1964 年出生于安定乡青胜村。1984 年 8 月参加工作，先后在安定乡望福完小、安定乡古德一小、景东县小任教，任景东县小副校长。1998 年 3 月当选为第九届全国人大代表。

李卓娟　女，彝族，1972 年 3 月出生于安定乡古德村。1992 年 7 月毕业于思茅师范高等专科学校，先后在景东四中、一中任教。历任县教育局副局长、银生中学校长，政协景东县委员会文卫体副主任，宁洱县副县长。2003 年 2 月，当选为第十届全国人大代表。

杨亚梅　女，彝族，中共党员，大学文化。原籍文龙乡会良河村，1973 年 2 月出生于锦屏，1993 年 7 月参加工作。历任县财政局办公室副主任、主任，团县委副书记、书记，龙街乡党委书记，县人大常委会副主任，县委常委、副县长。2008 年 2 月，当选为第十一届全国人大代表。

第二章 人物名录

第一节 革命烈士名录

1949—2011 年景东县英烈表

表 23-2-1

姓名	性别	出生时间	籍贯	参加革命时间	政治面貌	牺牲时间	牺牲地点	牺牲时所在单位	牺牲时职务	功绩
彭正元	男	1930	曼等扎结山头	1947	—	1948	保山剿匪前线	—	排长	—
毕学科	男	—	勐大仰里	—	—	1949	那敦大村	那敦大村	送饭民兵	—
杞成友	男	1921.6	文井竹蓬村竹蓬	1949.8	—	1949.8	景谷中山	42 团 4 营独立大队	中队长	—
梁有能	男	1920.1	永秀大驮	1949	—	1949.9	镇沅里崴文冒山	边纵澜沧 9 支队	司务长	—
李国才	男	1925	景福勐令街子	1949.9	—	1949.9	镇沅里崴文冒山	边纵澜沧 9 支队	战士	—
罗从发	男	1923	景福勐令	1949.7	—	1949.9	镇沅里崴文冒山	边纵澜沧 9 支队	战士	—
谢　四	男	—	景福勐令梁家村	1949.7	—	1949.9	镇沅里崴文冒山	边纵澜沧 9 支队	战士	—
白开明	男	1921	墨江龙坝	1948.2	—	1949.10	文井中窝铺	边纵 9 支队 42 团	排长	—
郭安宝	男	1925	祥云马街	1949.5	—	1949.11	锦屏后所	边纵 8 支队	战士	—
苏以才	男	1926	里崴大山	1949.3	—	1949.11	镇沅恩乐	边纵镇沅整训中队 2 队	中队长	—
苏以光	男	1923	者后乡者后村	1949.3	—	1949.11	镇沅恩乐	边纵镇沅整训中队 2 队	战士	—
丁嵩中	男	1921	永秀彭家	1949.3	—	1949.11	镇沅恩乐	边纵镇沅整训中队 2 队	指导员	—

续表 23-2-1

姓名	性别	出生时间	籍贯	参加革命时间	政治面貌	牺牲时间	牺牲地点	牺牲时所在单位	牺牲时职务	功绩
马先祯	男	1930	者后路东	1949. 3	—	1949. 11	镇沅恩乐	边纵镇沅整训中队 2 队	指导员	—
魏文甲	男	1931	者后文新	1949. 3	—	1949. 11	镇沅恩乐	边纵镇沅整训中队 2 队	战士	—
赵清龙	男	1929	者后挖萨	1949. 3	—	1949. 11	镇沅恩乐	边纵镇沅整训中队 2 队	战士	—
杨元才	男	1919	者后挖萨	1949. 3	—	1949. 11	镇沅恩乐	边纵镇沅整训中队 2 队	战士	—
杨　甲	男	1918	者后挖萨	1949. 3	—	1949. 11	镇沅恩乐	边纵镇沅整训中队 2 队	战士	—
周保才	男	1924	者后文新	1949. 3	—	1949. 11	镇沅恩乐	边纵镇沅整训中队 2 队	战士	—
夏世祯	男	1917	文井都拉	1949. 11	—	1949. 11	镇沅恩乐	边纵镇沅整训中队 2 队	战士	—
杨开伟	男	1930	里崴大山	1949. 3	—	1949. 11	镇沅恩乐	边纵镇沅整训中队 2 队	指导员	—
陈应正	男	1912	景谷永平半坡	1949. 2	—	1949. 11	文井开南黄牛田	边纵 9 支队	战士	—
杨中胖	男	1933	小景谷小石脚	1949. 11	—	1949. 11	小景谷许家村	文昭小学校	教师	—
何天保	男	1925. 11. 10	文井竹蓬大邦困	1948. 12	—	1950. 2. 21	景洪大勐笼芒伞村	边纵 9 支队某连	战士	—
黄文忠	男	1933	勐大	1950. 2	—	1950. 4	鹦哥塘	勐大区政府	通讯员	—
何耀邦	男	1926. 4	云南建水老里硐	1948. 5	党员	1950. 5	景东明善三台坡	明善区政府	区长	
鲁　八	男	1920	太忠岔箐中村	1948. 9	—	1950	朝鲜	志愿军 39 军机枪连	战士	—
龚付顺	男	1930	花山文召下村	1949	—	1950	朝鲜	中国人民志愿军	战士	—
李东昌	男	—	山西省高平县	1947	党员	1951. 3	景东清凉	景东清凉区政府	副班长	—
黄定国	男	—	景东	—	—	1951. 8	西盟	西盟班母乡汉族寨	教师	—
周正甲	男	1928	崇明区大街	1951. 7	—	1951. 10	澜沧大黑山	解放军某连	战士	—
李朝元	男	—	锦屏山冲文果	1949	—	1951	双柏	解放军	战士	—
罗占周	男	1933	安定罗家	1949	—	1952. 1	朝鲜	中国人民志愿军	班长	二等功一次
黄前安	男	1935. 6	花山芦山练地	1949	—	1952. 7	—	—	—	
邓承铭	男	1932	锦屏山冲旧村	1951	—	1952. 8	澜沧大黑山	解放军某连	战士	—

续表 23-2-1

姓名	性别	出生时间	籍贯	参加革命时间	政治面貌	牺牲时间	牺牲地点	牺牲时所在单位	牺牲时职务	功绩
郭万学	男	1932. 2	林街龙洞邦拐	1951. 4	—	1952. 8	澜沧大黑山	解放军某连	战士	—
杨忠太	男	1932. 1	景福金鸡林砍棚	1951. 3	—	1952	澜沧大黑山	解放军某师	战士	—
田应才	男	1933. 2	者后文会那掌	1949	—	1952. 12	吉林省吉林市	解放军	班长	—
祝金学	男	1933. 5	花山秀龙大田	1951. 3	—	1953. 12. 26	勐海	1154 后勤运输连	文书	—
马先成	男	1941. 10	文井山心马家	1953. 10	团员	1954. 6	双江公路工地	0060 部队通讯连	战士	二等功一次
方万成	男	—	锦屏利月和尚村	1949	—	1954	四川	解放军	战士	—
何兴义	男	—	通海	—	—	1956. 10	景东	解放军某师	驾驶员	—
罗恒律	男	1935. 2	曼等仓房罗家村	1955	党员	1958. 7. 15	孟连	解放军	排长	—
刀朝仁	男	1939. 2	者后文会海田坝	1956. 4	团员	1959. 4	西双版纳贺相	思茅军分区某营	工作队员	—
李学荣	男	1931	振太泰和井冈村	1951	—	1960. 3	沧源县黑山	景东县公安中队	战士	—
何有进	男	—	大街勺么刀家坟	1958	—	1960. 11	—	—	—	—
周发清	男	1943	花山芦山	1959. 1	—	1960. 12	中缅边境	3641 部队 2 分队	战士	—
杨士学	男	1939. 10	文井者吉常德	1959. 3	团员	1961. 1	中缅边境	3524 部队 7 分队	副班长	—
钟学良	男	1938	文井开南红毛树	1958. 3	团员	1961. 1	中缅边境	3764 部队 3 大队	副班长	—
罗恒伟	男	1937	景东曼等	1955	党员	1961. 2	孟连	解放军某部	排长	—
牛东文	男	1923	河南省九寺村	1945	党员	1962. 6. 20	文井区	景东林业局文井林场	负责人	—
苏幼新	男	1946	永秀曼崩龙树	1964	—	1964. 9. 10	思茅洗马河水库	思茅 0059 部队	班长	—
谭智忠	男	1938	山东潍坊东郊草庙子村	1958. 3	党员	1965. 9. 20	景东	云南景东林业局	预备役少尉	—
周　标	男	1947	林街箐头老房子	1966. 2	团员	1966. 10	孟连芒信	解放军 7640 部队工作队	战士	—
孙桐章	男	1940. 9. 23	锦屏斗阁文道营	1963. 3	团员	1967. 7. 6	中越边境	解放军 6835 部队	班长	—
曾国兴	男	1944	文井老练红土坡	1963	团员	1968. 2	景洪小勐养关平	7680 部队 82 分队	副班长	—
杨付学	男	1949	文井开南红毛树	1968. 3	团员	1968. 11	景洪	景洪县武装部	战士	—
雷　富	男	1943	云南晋宁晋城	1964	党员	1969. 4. 19	锦屏山冲	0285 部队某连	文书	—

续表 23-2-1

姓名	性别	出生时间	籍贯	参加革命时间	政治面貌	牺牲时间	牺牲地点	牺牲时所在单位	牺牲时职务	功绩
李德明	男	1940. 2	锦屏新民大麦地	1959. 1	党员	1969. 8	昆明医院外二科	解放军030 部队	副班长	—
孙玉发	男	1948. 8	漫湾安乐新村	1968. 12	团员	1970. 9	老挝	昆字 904 部队	战士	—
杞正平	男	1952. 05	景福古里丫巴山	1969. 4	—	1971. 1. 26	泸水	云南某独立团	战士	—
罗成德	男	1951	锦屏磨腊猴子洞	1971. 3	—	1971. 4	墨江	墨江新兵连	战士	—
施文光	男	1951	锦屏黄草岭竹叶坪	1971. 3	团员	1971. 4. 21	墨江	思茅军分区新兵连	战士	—
张发兴	男	1951. 5	景东文井	1971	团员	1972. 12. 28	—	思茅军分区0300 部队	战士	—
罗景彦	男	1950	景东安定	1971	—	1972. 2	无量山西区公路	公路会战指挥部	民工	三等功一次
李德新	男	1952	景东曼等	1971	—	1972. 1	无量山西区公路	公路会战指挥部	民工	三等功一次
杨　忠	男	1949. 9. 28	文井清凉梁家	1969. 3	团员	1973. 3	云南保山	0296 部队通讯连	班长	—
何为刚	男	1952. 9. 18	永胜县梁官公社梁官大队三小队	1971. 1	团员	1973. 5. 2	景东县城北正街	云南地质局18 地质队	职工	—
罗承贵	男	1954. 4	曼等扎结田坝	1969	团员	1973. 9	怒江福贡二区	怒江福贡731 部队	战士	—
张以智	男	1936	者后文新大村	1955. 3	党员	1974. 4. 30	碧江	35557 部队	助理员	—
吴全华	男	1952. 10	锦屏北屯新桥河	1972. 11	团员	1974	保山猛塘	临沧 326 部队	战士	—
周文龙	男	1931	昆明蒲草田	1956	—	1976. 3	锦屏龙树	景东县水工队	技术员	三等功一次
李宗昌	男	1956. 3	文井都拉山边	1974. 1	团员	1977. 10. 28	辽宁鞍山齐大山	725 部队 1 中队	战士	—
李家祥	男	1955	曼等排沙课落	1976. 3	党员	1978. 8	宣威县 820工地	35404 部队70 分队	班长	—
李明成	男	1957	花山芦山大楚雄	1977. 1	团员	1979. 4	马关都龙田房	35347 部队	班长	三等功一次
曹国良	男	1956. 9	安定鼠街大桥	1977. 1	团员	1979. 4	中越边境	解放军某连	战士	—
付正才	男	1954	安乐新村红中	1977. 1	党员	1979. 3	中越边界	33546 部队62 分队	战士	三等功一次
周明忠	男	1955	林街箐头老房子	1977. 1	团员	1979. 2. 23	麻栗坡县河口	35574 部队工作队	战士	—
李德昌	男	1957	景福勐片郭家田	1977. 1	党员	1979	中越边境	35546 部队警通连	班长	二等功一次
王元伟	男	1960. 1	景福古里山尾巴	1980. 1	—	1981. 7	河口县龙壁沙拉山	边防某连	战士	—

续表 23-2-1

姓名	性别	出生时间	籍贯	参加革命时间	政治面貌	牺牲时间	牺牲地点	牺牲时所在单位	牺牲时职务	功绩
李朝元	男	—	锦屏山冲文果	1949	—	1951	双柏	—	战士	—
罗天龙	男	1963.9	景东	1983.1	党员	1984.4.29	麻栗坡老山	35206部队66分队	班长	三等功一次
徐明团	男	1963.7	文龙龙街	1982.1	党员	1984.4.30	麻栗坡者阴山	35105部队62分队	副班长	三等功一次
孙正荣	男	1963.7	永秀文玉	1981.10	—	1984.4.30	麻栗坡者阴山	35105部队53分队	战士	—
赵文学	男	1963	锦屏景范	1981.10	—	1984.4.30	麻栗坡者阴山	35105部队43分队	副班长	—
刘致高	男	1962	花山坡头	1981.10	—	1984.11.3	麻栗坡老山	35107部队	班长	一等功
彭　晓	男	1969.9.12	者后文新	1987.10	党员	1991.5.25	文山新街	武警文山支队新街检查站	排长	三等功一次
袁德军	男	1962.10	景东曼等	1979.11	党员	2004.3.22	景东监狱监区	景东监狱	主任科员	二级英模

说明：上述英烈根据现有资料整理，并对第一部县志补缺

第二节　省部级以上劳模　先进人物

一、省级以上表彰集体

1978—2011年景东县获得省级以上表彰集体名录

表 23-2-2

单位	荣誉称号	授誉单位	授誉时间
景东县	“迎亚运、迎国庆治理整顿道路交通秩序”先进单位	省政府	1991
景东县	粮食生产登上新台阶奖	省政府	1991
景东县	农田水利建设先进单位	省政府	1990、1991、1992、2001
景东县	全省发展乡镇企业先进县	省政府	1993
景东县	中国黑冠长臂猿之乡	中国野生动物保护协会	2008
景东县	粮食生产先进县	省政府	2011
锦屏镇革委会	计划生育工作先进集体	省政府	1980
花山区公所	全国计划生育工作先进单位	国家计生委	1986
县护林防火指挥部	全省森林防火先进单位	省政府	1987、1988、1990、1992、1995
县农业局	粮食登上新台阶超标准奖	省政府	1989

续表 23-2-2

单位	荣誉称号	授誉单位	授誉时间
县绿化委员会	全省绿化先进单位	省政府	1991
县文化馆	标准文化馆	文化部	1991
龙街派出所	全国廉政爱民优秀公安基层单位	公安部	1991
县人民武装部	省级文明单位	省委省政府	1993
县财政局	云南省财政工作先进集体	省政府	1994
林街乡丁帕村	千佳村	国务院绿化委员会	1995
锦屏镇黄草岭村	千佳村	国务院绿化委员会	1995
县财政局	云南省扶贫先进集体	省政府	1995
县财政局	税收财务物价大检查先进集体	省政府	1995
县滇西南开发办	一期二期开发项目建设先进单位	省政府	1995
县广播电视局	全国广播电影电视系统先进集体	广播电视部、人事部	1995
龙街林业工作站	全国先进林业工作站	国家林业局	1996
县财政局	省级文明单位	省委省政府	1997
太忠派出所	先进集体、1996 年度严打先进集体	省委省政府	1997
太忠乡大柏村	全国民族团结进步模范集体	国务院	1998
安定乡	1997 年度提前基本解决温饱扶贫攻坚乡	省政府	1998
景东函授站	全国先进函授站	中华会计函授总校	1998
县财政局	全国财政系统先进集体	人事部、财政部	1998
县滇西南开发办	开发项目建设先进单位	省政府	1999
县公安局刑警大队	人民满意公安基层单位	公安部	2000
县国税局	全省文明单位	省委省政府	2001
县水务局	水利工程管理体制改革工作先进单位（2006 年度）	省政府	2001
县地税局	全省文明单位	省委省政府	2002
自然保护区管理局	全国自然保护区先进集体	国家林业局	2002
县法院	全省文明单位	省委省政府	2003
县森防站	全国先进森林病虫害防治站	国家林业局	2004
县地税局	全省文明单位	省委省政府	2007
县公安局	全省文明单位	省委省政府	2007
驻看守所检察室	全国二级规范化检察室	最高人民检察院	2008
景东佳浩公司	蚕桑基地建设单位（2007 年度）	商务部	2008
景东佳浩公司	云南省 2007 年度社会扶贫工作先进集体	省委省政府	2008
景东佳浩公司	云南省“企村结对”共建新农村先进集体	省政府	2008
县财政局	全省文明单位	省委省政府	2009
县财政局	全国精神文明建设先进单位	中央精神文明建设指导委员会	2009
县法院	全省文明单位	省委省政府	2009
县林改办	全省集体林权制度改革工作先进单位	省委省政府	2010
县人民医院	全国医药卫生系统先进集体	卫生部	2010

续表 23-2-2

单位	荣誉称号	授誉单位	授誉时间
大街乡大街村	全国人口和计划生育基层群众自治示范村居	国家计生委	2010
大街乡大街村	全国计划生育协会先进单位	国家计生委	2010
县财政局	全国文明单位	中央精神文明建设指导委员会	2011
县农村信用合作联社	巾帼文明岗	全国妇联	2011
县职中	国家级重点中等职业学校	教育部	2011

说明：省级以上表彰是指获得省委、省人大、省政府、省政协、省军区及国家属部（局、委）表彰的先进或模范集体

二、 省级以上表彰个人

1978—2011 年景东县获得省级以上表彰个人名录

表 23-2-3

姓名	性别	民族	工作单位	出生年月	籍贯	职务职称	荣誉称号	授誉单位	授誉时间
刘致高	男	—	35107 部队	1962	景东花山	班长	对越反击战一等功	解放军总政治部	1985
李德昌	男	—	35546 部队	1957	景东景福	班长	对越反击战二等功	解放军总政治部	1979
徐明团	男	—	35105 部队	1963.7	景东文龙	副班长	对越反击战二等功	解放军总政治部	1994
李明成	男	—	35347 部队	1957	景东花山	班长	对越反击战三等功	解放军总政治部	1979
付正才	男	—	33546 部队	1954	景东漫湾	战士	对越反击战三等功	解放军总政治部	1979
李　柏	男	—	3459 部队	—	花山秀龙	—	对越反击战二等功	解放军总政治部	1979
刘学胜	男	哈尼	35502 部队	—	者后文会	—	对越反击战二等功	解放军总政治部	1979
邱贤章	男	—	35503 部队	—	景福古里	—	对越反击战三等功	解放军总政治部	1979
陶　宏	男	汉	昆明后勤部	1956.8	锦屏前所	弹药管理员	对越反击战三等功	解放军总政治部	1979
张兴伟	男	—	3554 部队	1947.6	曼等扎结	连长	对越反击战三等功	解放军总政治部	1979
肖智林	男	—	昆明步校	—	景东锦屏	—	对越反击战三等功	解放军总政治部	1979
张成贵	男	—	思茅军分区	—	永秀黑蛇	—	对越反击战三等功	解放军总政治部	1979
李　坚	男	—	大理部队	—	锦屏斗阁	—	对越反击战三等功	解放军总政治部	1979
罗天龙	男	—	35206 部队	1963.9	景东	班长	对越反击战三等功	解放军总政治部	1984
蔡文新	男	—	县汽车队	—	—	—	劳动模范	省政府	1979
蔡文新	男	—	县汽车队	—	—	—	安全驾驶员	交通部	1979
罗志杰	男	—	景东一中	—	云南嵩明	—	全国优秀体育教师	教育部、国家体委	1981
翁常谨	男	—	文井糖厂	—	—	—	先进工作者	轻工业部	1982
冯以庄	女	汉	县小	1933.5	云南景东	小学高教	全国“三八”红旗手	全国妇联	1983
薛　润	男	—	县汽车队	—	—	—	先进生产者	省政府	1983
王荣寿	男	—	文大公路道班	—	—	—	先进生产者	省政府	1983
程纯锦	男	—	景勐公路养路队	—	—	—	劳动模范	省政府	1983
赵应兰	女	—	者后速南	—	—	—	五好家庭	全国妇联	1983
杨开芳	女	—	文井者孟	—	—	—	五好家庭	全国妇联	1983
罗景芳	女	—	安定中仓	—	—	—	五好家庭	全国妇联	1983
李树旺	男	彝	安定沙拉	1940.9	云南景东	小学教师	全国优秀班主任	教育部	1984

续表 23-2-3

姓名	性别	民族	工作单位	出生年月	籍贯	职务职称	荣誉称号	授誉单位	授誉时间
邱仁宏	男	—	县林业局	—	—	—	绿化先进工作者	省政府	1984
邱仁宏	男	—	县林业局	—	—	—	劲松奖	林业部	1984
李春德	男	—	县林业局	—	—	—	劲松奖	林业部	1984
刘仁骐	—	—	县林业局	—	—	—	林业科技推广先进个人	林业部	1984
夏　华	男	—	花山营盘完小	1932.8	云南镇沅	小中高	全国教育系统劳动模范	国家教委、全国教育工会	1986
郑建萍	女	—	花山区计生办	—	云南景东	—	计划生育先进工作者	国家计生委	1986
李　莲	女	—	锦屏区白屯村	—	云南景东	计生宣传员	计划生育先进工作者	国家计生委	1986
鲁　伦	—	—	永秀税务所	—	景东太忠	所长	财税系统劳动模范	全国总工会、财政部	1987
何元德	男	哈尼	文井派出所	1948.10	云南景东	所长	全国基层优秀派出所所长	公安部	1989
何元德	男	哈尼	文井派出所	1948.10	云南景东	所长	先进工作者	省政府	1989
马保林	男	回	县政协	—	云南景东	副主席	全省民族团结先进个人	省政府	1989
黄丕纯	男	—	太忠三合中学	1935.6	云南景东	中教一级	全国优秀教师	国家教委、人事部、全国教育工会	1989
杨忠伟	男	汉	大街中心校	1951.7	云南景东	小学高教	全国优秀教师	国家教委、人事部、全国教育工会	1989
解正东	男	汉	景东一中	1931.1	云南景东	—	中学地理特级教师	省政府	1989
何太忠	男	彝	县政府	1930.6	锦屏利月	县长	全国民族团结进步先进个人	国家民族事务委员会	1990
施贵友	男	汉	大街中心校	1953.11	云南景东	小学高教	全国民族团结先进个人	国家民委	1990
郭富春	男	汉	35551 部队	1969.8	景东文龙	班长	部队建设三等功	35551 部队	1990
何太忠	男	彝	县政府	1930.6	锦屏利月	县长	抗旱救灾模范	省政府	1991
彭　晓	男	哈尼	武警文山支队	1969.9	景东者后	排长	三等功	—	1991
刘学柱	男	汉	川河大沟管理所	1957.7	景东漫湾	所长	水利先进工作者	水利部	1991
李开运	男	彝	县文化馆	1941	镇沅振太	馆长	文化系统先进工作者	文化部	1991
罗成才	男	汉	流动人口管理所	1956.6	云南景东	副主任科员	全国第四次人口普查先进个人	国家计生委	1991
张学良	男	汉	县公安局	1948.8	景东曼等	副局长	先进工作者	省政府	1991
张学良	男	汉	县公安局	1948.8	景东曼等	副局长	身份证发放先进工作者	公安部	1991
张发明	男	汉	县公安局	1947.5	云南祥云	副局长	身份证发放先进工作者	公安部	1991
王恒华	男	汉	曼等中心校	1959.3	云南景东	小学高教	全国优秀教师	国家教委等	1991
何元德	男	哈尼	县公安局	1948.10	云南景东	副局长	劳动模范	省政府	1992
张正文	男	—	县水电局	—	云南景东	站长	先进个人	省政协	
何太忠	男	彝	县政府	1930.6	锦屏利月	县长	漫湾水电站建设功臣	省政府	1993
陈星志	男	汉	景东一中	1939.9	四川江津	中学高教	全国教育系统劳动模范	国家教委、劳动人事部	1993
朱家伟	男	—	县林业局能源站	—	—	—	柴节煤工作先进工作者	国家计委、农业部	1993

续表 23-2-3

姓名	性别	民族	工作单位	出生年月	籍贯	职务职称	荣誉称号	授誉单位	授誉时间
杨　科	—	—	县农业局	—	—	股长	农业会计先进工作者	农业部、财政部	—
孔广群	女	汉	县妇联	1957	云南景东	主任	第二次民族团结进步模范	国务院	1994
曹守基	男	汉	县人大常委会	—	河南内乡	主任	百名少先队事业热心支持者	共青团中央全国少工委	1994
陈星志	男	汉	景东一中	1939.9	四川江津	中学高教	中学物理特级教师	省政府	1994
刘加信	男	汉	景东一中	—	云南景东	中学高教	优秀教师	教育部	1994
李　鹏	男	汉	漫湾保甸完小	1937.12	云南宁洱	小学高教	云南省边疆山区少数民族教育特别奖	省政协	1994
姜华国	男	彝	县政府	1945.3	景东林街	副县长	绿化造林先进工作者	林业部	1995
杨仕琼	女	汉	者后中心校	1943.9	云南景东	小学高教	云南省边疆山区少数民族教育特别奖	省政协	1995
刘昌发	男	哈尼	景东计生局	1961.8	云南景东	办公室主任	全国计划生育协会工作先进个人	国家计生委	1995
罗有勇	男	彝	景东监狱	1968.3	云南景东	狱政科长	云南省严打先进个人	省委省政府	1995
段方伟	男	—	森林公安分局	—	云南景东	—	全国林业系统优秀人民警察	林业部	1996
丁文忠	男	—	县滇西南开发办	—	景东永秀	主任	滇西南农业综合开发先进工作者	人事部、财政部	1997
王成明	男	汉	公安局禁毒大队	1968.6	云南景东	大队长	全国优秀人民警察	公安部	1997
李维泽	男	彝	县公安局	1967.7	云南景东	科员	严打先进工作者	省委、省政府	1997
王　强	男	汉	漫湾镇	1959.4	景东漫湾	镇长	先进个人	国家农业普查办公室	1997
罗朝芝	女	彝	龙街乡中心校	1945.2	云南景东	小学高教	云南省边疆山区少数民族教育特别奖	省政协	1996
戴志涵	男	汉	景东一中	1932.4	云南景东	中学高教	全国优秀教师	国家教委、人事部、全国教育工会	1998
李是呈	男	汉	县财政局	—	景东永秀	局长	先进工作者	省委省政府	1998
李芝琼	女	—	林街乡丁帕村	—	景东林街	妇女主任	抗洪抢险先进个人	全国妇联	1998
万家安	男	汉	曼等中心校	1955.8	云南景东	小学高教	云南省边疆山区少数民族教育特别奖	省政协	1997
杨枝荣	男	彝	安定沙拉完小	1945.9	云南景东	小学高教	云南省边疆山区少数民族教育特别奖	省政协	1998
张兴伟	男	汉	景东自然保护局	1947.6	景东曼等	局长	全国自然保护区管理工作先进个人	国家环保局、国家林业局、国家国土资源局	1999
解星奇	男	汉	文井派出所	1960.12	云南景东	所长	全国优秀人民警察	公安部	2000
赵丽梅	女	白	县公安局	1968.6	云南大理	副主任科员	全国优秀人民警察	公安部	2003

续表 23-2-3

姓名	性别	民族	工作单位	出生年月	籍贯	职务职称	荣誉称号	授誉单位	授誉时间
李剑飞	男	汉	市体校	1977.12	景东大街	运动员	全国五一劳动奖章	全国总工会	2004
李剑飞	男	汉	市体校	1977.12	景东大街	运动员	中国青年五四杰出贡献奖章	共青团中央	2004
李剑飞	男	汉	市体校	1977.12	景东大街	运动员	第十二届残奥会中国体育代表团优秀运动员	中国残联 国家体育总局	2004
袁德军	男	—	景东监狱	1962	曼等胜岩	副监区长	学习“三个代表”先进个人	省委	2004
罗中华	男	汉	景东一中	1957.4	云南景东	中学高教	优秀教育工作者	教育部、人事部	2004
李笪玮	男	汉	县林业局	—	景东曼等	林业局长	绿化造林先进工作者	国家林业局	2005
刘昌发	男	哈尼	景东计生局	1961.8	云南景东	办公室主任	全国优秀论文和调研报告三等奖	国家计生委	2005
袁德军	男	—	景东监狱	1962	曼等胜岩	副监区长	司法行政系统二级英模	司法部	2006
王　卿	男	汉	曼等乡计生服务所	1971.10	云南景东	所长	全国人口和计划生育科技工作先进个人	国家计生委	2006
李剑飞	男	汉	市体校	1977.12	景东大街	运动员	二等功	省政府	2007
李维泽	男	汉	公安局刑侦大队	1967.7	云南景东	副大队长	全国优秀人民警察	公安部	2007
邓立周	男	彝	者后中学	1974.6	云南景东	中教一级	模范教师	教育部	2007
程汝梁	男	汉	县检察院反渎职侵权局	1969.10	云南景东	局长	集中查办破坏社会主义市场经济秩序渎职犯罪先进个人	最高人民检察院	2007
王　强	男	汉	县信访局	1959.4	景东漫湾	局长	信访工作二等功	省委、省政府	2007
潘柏君	男	汉	昆明自强公司	1973.8	漫湾安召	董事长	云南省优秀农民工	省政府	2008
潘柏君	男	汉	昆明自强公司	1973.8	漫湾安召	董事长	全国优秀农民工	国务院	2008
白兆林	男	彝	县政府	1964	云南镇沅	县长	云南省林改先进个人	省委、省政府	2010
李发祥	男	汉	县林改办	1945.10	景东锦屏	特聘副主任	云南省林改先进个人	省委、省政府	2010
钟文勇	男	汉	东镇农业服务中心	1990.9	景东东镇	高级农艺师	第五届云南省科技兴乡贡献奖	省政府	2011
王　槐	女	汉	质量技术监督局	1977.12	云南景东	—	全国组织机构代码工作二十周年先进个人	全国组织机构代码管理中心	2011

说明：省级以上表彰是指获得省委、省人大、省政府、省政协、省军区及国家属部（局、委）表彰的先进或模范个人

第三节　特级教师

1979—2011 年景东县特级教师名录

表 23-2-4

姓名	性别	民族	籍贯	出生年月	参加工作时间	工作单位	获职称时间
解正东	男	汉	景东文井	1931.1	1949.10	景东一中	1989
陈星志	男	汉	四川江津	1939.9	1958.9	景东一中	1994
赵　康	男	壮	广西天等	1963.10	1982.7	景东一中	2008

第四节　副高以上专业人员

1978—2011 年景东县副高以上专业人员名录

表 23-2-5

姓名	性别	民族	籍贯	参加工作时间	工作单位	职称	获职称时间
罗恒联	男	汉	景东曼等	1957. 8	县委党校	高级讲师	1994. 10
李荣昌	男	白	大理剑川	1969. 7	县委党校	高级讲师	1997. 10
李培琼	女	彝	云南景东	1973. 12	计划生育服务站	副主任医师	2002. 8
张鸽翔	男	彝	景东花山	1972. 1	县委党校	高级讲师	2003. 10
李庭辉	男	彝	景东大街	1979. 8	县委党校	高级讲师	2004. 10
熊国华	女	汉	景东文龙	1990. 7	计划生育服务站	副主任医师	2011. 9
刘玉洪	男	汉	山东省	1956. 10	哀牢山生态站	副高级工程师	1997. 10
程正兴	男	汉	景东锦屏	1983. 8	农技中心	高级农艺师	2004. 9
熊有文	男	彝	景东林街	1976. 8	农技中心	高级农艺师	2008. 10
陈　杰	男	汉	景东锦屏	1984. 8	农技中心	高级农艺师	2009. 10
李应福	男	彝	景东文井	1980. 8	农技中心	高级农艺师	2007. 10
魏　平	女	汉	云南石屏	1977. 8	农技中心	高级农艺师	2009. 10
李发祥	男	汉	景东文井	1983. 7	农技中心	高级农艺师	2005. 9
罗文荣	男	汉	景东锦屏	1984. 8	农技中心	高级农艺师	2006. 9
颜仕宏	男	汉	景东锦屏	1985. 7	农技中心	高级农艺师	2007. 10
杨延康	女	汉	云南凤庆	1981. 8	农技中心	高级农艺师	2008. 10
赵　敏	男	汉	景东东镇	1985. 8	农技中心	高级农艺师	2009. 10
方德金	男	汉	景东花山	1977. 12	农技中心	高级农艺师	2009. 10
肖明莉	女	汉	景东文井	1981. 8	农技中心	高级农艺师	2010. 9
邓兴禄	男	汉	景东文井	1978. 8	农技中心	高级农艺师	2011. 9
刘春玲	女	汉	景东文井	1980. 8	农广校	高级农艺师	2001. 7
范景琼	女	汉	云南景谷	1977. 7	农广校	高级农艺师	2007. 10
李应良	男	汉	景东龙街	1977. 12	甘蔗站	高级农艺师	2008. 10
王有富	男	汉	景东花山	1981. 8	甘蔗站	高级农艺师	2009. 10
徐　芬	女	汉	景东文井	1989. 7	甘蔗站	高级农艺师	2008. 10
廖邦宏	男	哈尼	景东文井	1990. 7	甘蔗站	高级农艺师	2011. 9
夏海燕	女	汉	云南镇沅	1981. 8	植保站	高级农艺师	2004. 9
廖邦惠	女	汉	景东文井	1981. 8	植保站	高级农艺师	2006. 9
欧明兰	女	汉	景东锦屏	1987. 7	植保站	高级农艺师	2009. 10
王正昆	男	汉	景东漫湾	1978. 8	农试站	高级农艺师	1995. 8
张　雄	男	汉	景东安定	1991. 8	农试站	高级农艺师	2011. 9
田　梁	男	汉	景东大街	1986. 7	茶试站	高级农艺师	2007. 10
者跃达	男	瑶	景东太忠	1984. 7	茶试站	高级农艺师	2008. 10
罗　春	男	彝	景东安定	1979. 5	茶试站	高级农艺师	2009. 10

续表 23-2-5

姓名	性别	民族	籍贯	参加工作时间	工作单位	职称	获职称时间
刘贤芳	男	汉	景东文井	1980.8	种子站	高级农艺师	2003.7
曹万禹	男	汉	景东花山	1981.8	种子站	高级农艺师	2003.7
黄秋萍	女	汉	广西	1983.8	种子站	高级农艺师	2009.10
自桂荣	男	彝	景东锦屏	1981.8	种子站	高级农艺师	2011.9
杨显宏	男	彝	景东锦屏	1989.7	水产站	高级农艺师	2009.10
周安华	男	汉	云南镇沅	1950	农经站	高级经济师	—
杞　斌	男	彝	景东文井	1986.8	农机监理总站	高级工程师	2008.9
李海一	女	彝	景东安定	1986.8	农机监理总站	高级工程师	2011.9
罗传兰	女	汉	景东林街	1983.8	锦屏农工站	高级农艺师	2010.9
杨成山	男	汉	景东文井	1986.7	文井农工站	高级农艺师	2011.9
喻光泽	男	瑶	景东太忠	1977.12	太忠农工站	高级农艺师	2011.9
罗志坚	男	彝	景东	1981.8	景福农工站	高级农艺师	2009.9
周安荣	男	汉	景东东镇	1972.12	县人民医院	副主任医师	1999.8
朱元贵	男	彝	景东景福	1975.10	县人民医院	副主任药师	2003.10
吴　健	男	汉	景东锦屏	1973.10	县人民医院	副主任医师	2004.10
陈　华	女	汉	景东锦屏	1982.8	县人民医院	副主任护师	2005.10
查正纪	男	汉	云南镇沅	1982.7	县人民医院	副主任医师	2006.10
李兰春	女	汉	景东锦屏	1985.7	县人民医院	副主任护师	2007.9
熊　杰	女	布朗	景东东镇	1983.8	县人民医院	副主任护师	2007.9
王庆华	男	白	景东景福	1992.7	县人民医院	副主任医师	2008.9
谢应贵	男	汉	景东龙街	1996.8	县人民医院	副主任医师	2008.9
李嘉兰	女	汉	景东景福	1983.8	县人民医院	副主任医师	2008.9
艾　琼	女	哈尼	景东锦屏	1983.8	县人民医院	副主任药师	2008.9
罗阳菊	女	汉	景东文井	1983.8	县人民医院	副主任护师	2008.9
季忠惠	女	汉	景东安定	1984.8	县人民医院	副主任护师	2009.9
李明庭	男	彝	景东龙街	1999.10	县人民医院	副主任医师	2010.9
李开平	女	瑶	景东太忠	1991.8	县人民医院	副主任医师	2010.9
王　庆	女	汉	景东	1989.8	县人民医院	副主任护师	2011.9
杨丽丹	女	汉	景东文井	1999.10	县人民医院	副主任医师	2011.9
洪　梅	女	汉	景东大街	1992.7	县人民医院	副主任技师	2011.9
高学军	男	汉	景东锦屏	1991.7	县中医医院	副主任医师	2010.9
王　生	男	汉	景东文井	1993.7	县中医医院	副主任医师	2011.9
姜方伟	男	汉	景东锦屏	1974.8	县中医医院	副主任医师	2011.8
王　敏	女	彝	景东锦屏	1993.7	县中医医院	副主任护师	2011.9
李续萍	女	汉	景东文井	1986.7	县中医医院	副主任护师	2011.9
叶承勇	男	汉	景东锦屏	1975.9	县中医医院	副主任医师	2011.8
陈　敏	女	汉	四川江津	1984.7	县中医医院	副主任医师	2010.12
高　艳	女	汉	景东花山	1990.7	县中医医院	副主任医师	2011.9

续表 23-2-5

姓名	性别	民族	籍贯	参加工作时间	工作单位	职称	获职称时间
白继艳	女	汉	景东漫湾	1993.7	县中医医院	副主任医师	2011.9
王帮荣	男	彝	景东景福	1976.12	太忠卫生院	副主任医师	2011.8
张开敬	男	彝	景东花山	1977.12	花山卫生院	副主任医师	2004.9
李凡一	女	彝	景东安定	1983.8	县中医医院	主任医师	2011.8
刘利红	女	汉	景东文井	1991.7	县中医医院	主任医师	2010.12
方维翰	男	汉	云南昆明	1953	县人民医院	副主任药师	1987
唐启尧	男	汉	云南镇沅	1964	县人民医院	副主任医师	1993
施惠金	女	白	云南大理	1962	县人民医院	副主任医师	1994
杨子云	女	汉	云南石屏	1964	县人民医院	副主任护师	1994
字雁鸣	女	汉	云南大理	1964	县人民医院	副主任医师	1993
李郁海	男	彝	景东文龙	1958	县人民医院	副主任医师	1996
黄敏波	女	汉	云南思茅	1967	县人民医院	副主任医师	1997
吴登书	女	汉	景东东镇	1981.8	县保健院	副主任医师	2007.9
颜嘉惠	男	汉	景东锦屏	1962.8	县疾控中心	副主任医师	1999
杨开全	男	回	景东锦屏	1973.12	林街卫生院	副主任医师	2001
王　萍	女	汉	—	1970.11	县人民医院	副主任护师	2003
丁学云	男	哈尼	云南镇沅	1972.12	县人民医院	副主任医师	2002
程汝庆	女	汉	—	1972.12	县人民医院	副主任医师	2000
朱子康	男	回	景东景福	1975.9	文井卫生院	副主任医师	2001
冯德坚	女	汉	云南镇沅	1969.3	县保健院	副主任医师	1998
肖　云	男	汉	江西吉安	1973.8	县中医医院	副主任医师	2006
苏礼扬	男	汉	景东东镇	1970.10	清凉分院	副主任医师	2001
黎　明	女	汉	景东锦屏	1976.11	县人民医院	副主任护师	2010
方文秀	女	瑶	景东锦屏	1977.10	县人民医院	主任医师	2010
张文秀	女	汉	云南镇沅	1974.12	县人民医院	主任医师	2010
杨茂富	男	汉	景东锦屏	1975.7	县教育局	中教高级	2000.7
罗朝良	男	哈尼	景东花山	1976.7	县教育局	中教高级	2011.7
谢　明	男	汉	景东锦屏	1985.7	县教育局	中教高级	2011.7
雷庆有	男	汉	景东花山	1995.7	县教育局	中教高级	2010.7
陈晓宁	男	汉	景东锦屏	1992.7	县教育局	中教高级	2010.7
陈星志	男	汉	四川江津	1958.9	景东一中	中教高级	1987.1
张　英	女	汉	云南石屏	1969.10	景东一中	中教高级	1996.1
王　杰	男	汉	重庆	1964.9	景东一中	中教高级	1987.1
杨正坤	男	汉	景东文井	1971.9	景东一中	中教高级	1995.1
解正东	男	汉	景东锦屏	1949.10	景东一中	中教高级	1987.1
李德蓉	女	汉	景东锦屏	1965.8	景东一中	中教高级	2001.6
陈先平	男	汉	景东文井	1967.8	景东一中	中教高级	2001.6
王和钦	男	汉	景东文井	1963.7	景东一中	中教高级	1987.1

续表 23-2-5

姓名	性别	民族	籍贯	参加工作时间	工作单位	职称	获职称时间
杨开宇	男	汉	景东锦屏	1969.8	景东一中	中教高级	1999.9
戴志涵	男	汉	景东安定	1961.8	景东一中	中教高级	1992.1
王元章	男	汉	景东景福	1974.8	景东二中	中教高级	2003.7
段廷文	男	汉	景东东镇	1973.8	景东二中	中教高级	2005.6
王国柱	男	汉	景东文井	1963.8	景东四中	中教高级	1997.12
施建刚	男	汉	景东锦屏	1974.8	景东民中	中教高级	2003.7
李良秀	女	彝	景东	1973.9	景东民中	中教高级	2005.7
毕廷翠	女	彝	景东景福	1976.9	景东民中	中教高级	2002.6
罗菊美	女	哈尼	景东花山	1980.7	景东民中	中教高级	2004.7
周明仙	女	汉	景东文龙	1998.7	景东民中	中教高级	2009.7
罗庆鸿	男	哈尼	景东花山	1966.9	教师进修学校	高级讲师	1996.12
陈景高	男	汉	景东曼等	1974.8	教师进修学校	中教高级	1992.12
李树馨	男	汉	云南华宁	1950.2	景东教研室	中教高级	1988.4
夏　华	男	汉	云南镇沅	1950.8	花山中心校	中教高级	1989.8
赵　康	男	壮	广西天等	1982.7	景东一中	中教高级	2008.9
蔡　丽	女	汉	景东安定	1982.7	景东一中	中教高级	2003.7
蔡学礼	男	彝	景东锦屏	1982.7	景东一中	中教高级	2000.7
苏有能	男	汉	景东文井	1982.7	景东一中	中教高级	2000.7
熊正兴	男	汉	景东龙街	1981.7	景东一中	中教高级	2001.6
陈景楠	男	汉	景东东镇	1989.7	景东一中	中教高级	2003.7
黄培建	男	汉	景东锦屏	1980.7	景东一中	中教高级	2005.8
杨洪江	女	汉	景东锦屏	1984.7	景东一中	中教高级	2005.7
李忠和	男	彝	景东曼等	1986.7	景东一中	中教高级	2000.7
郜红梅	女	汉	云南鹤庆	1987.8	景东一中	中教高级	2005.7
汪洪波	女	彝	景东景福	1989.7	景东一中	中教高级	2008.7
王志昌	男	汉	景东文井	1982.7	景东一中	中教高级	2000.7
欧晓兰	女	壮	广西	1977.6	景东一中	中教高级	2000.7
杨忠寿	男	汉	景东文井	1979.9	景东一中	中教高级	2001.6
段晓凡	男	汉	景东锦屏	1983.7	景东一中	中教高级	2006.9
李　胜	男	彝	景东龙街	1988.7	景东一中	中教高级	2006.9
孔广厚	男	汉	景东花山	1988.7	景东一中	中教高级	2006.9
侯　灿	男	汉	景东锦屏	1988.7	景东一中	中教高级	2006.9
钟礼强	男	汉	景东曼等	1988.7	景东一中	中教高级	2008.6
邓家雯	女	汉	景东锦屏	1988.7	景东一中	中教高级	2005.8
周　明	男	彝	景东太忠	1984.7	景东一中	中教高级	2003.7
兰金勇	男	汉	景东锦屏	1981.7	景东一中	中教高级	2000.8
阮学成	男	汉	景东龙街	1980.7	景东一中	中教高级	2001.6
肖会强	男	汉	景东曼等	1982.7	景东一中	中教高级	2002.6

续表 23-2-5

姓名	性别	民族	籍贯	参加工作时间	工作单位	职称	获职称时间
陈忠义	男	汉	景东文井	1988.7	景东一中	中教高级	2004.7
罗现华	男	汉	景东花山	1981.7	景东一中	中教高级	2005.7
叶培燕	女	汉	景东锦屏	1989.8	景东一中	中教高级	2005.7
董有武	男	汉	景东文龙	1979.7	景东一中	中教高级	2002.6
罗中华	男	汉	景东花山	1991.7	景东一中	中教高级	2007.7
张启邦	男	彝	景东景福	1984.8	景东一中	中教高级	2005.7
杨文炳	男	汉	景东大街	1986.7	景东一中	中教高级	2003.7
罗朝武	男	哈尼	景东花山	1977.7	景东一中	中教高级	2003.7
苏其江	男	汉	景东文井	1989.7	景东一中	中教高级	2005.7
杨文云	男	汉	景东太忠	1988.7	景东一中	中教高级	2005.8
胡　晓	男	汉	景东锦屏	1978.7	景东一中	中教高级	1997.1
汪英俊	男	彝	景东景福	1979.7	景东一中	中教高级	2000.7
罗景科	男	彝	景东漫湾	1987.7	景东一中	中教高级	2003.8
张明达	男	彝	景东锦屏	1991.7	景东一中	中教高级	2004.7
余开发	男	汉	景东锦屏	1989.7	景东一中	中教高级	2006.8
李启勇	男	哈尼	景东文井	1975.8	景东一中	中教高级	2003.7
苏有洪	男	汉	景东锦屏	1977.3	景东一中	中教高级	2000.7
廖兴泽	男	汉	景东文井	1990.7	景东一中	中教高级	2004.8
陶仕兵	男	哈尼	景东大街	1989.7	景东一中	中教高级	2005.7
金媛芳	女	哈尼	景东文井	1993.7	景东一中	中教高级	2007.8
周永宏	男	汉	景东锦屏	1981.7	景东一中	中教高级	2003.7
冯广雄	男	汉	景东东镇	1988.7	景东一中	中教高级	2006.8
向　波	男	汉	景东锦屏	1989.7	景东一中	中教高级	2007.7
任智春	女	汉	景东文井	1990.7	景东一中	中教高级	2006.9
王继英	女	汉	景东锦屏	1988.7	景东一中	中教高级	2010.7
杨　勇	男	彝	景东龙街	1997.7	景东一中	中教高级	2010.7
陈忠书	女	彝	景东锦屏	1988.8	景东一中	中教高级	2010.7
莫伏秋	男	汉	湖南桃江	1989.8	景东一中	中教高级	2010.7
屈美林	女	汉	湖南桃源	1989.3	景东一中	中教高级	2010.7
周兆坤	男	汉	景东文井	1992.8	景东一中	中教高级	2009.7
杨光法	男	汉	景东锦屏	1992.7	景东一中	中教高级	2010.7
唐　丽	女	汉	景东锦屏	1995.7	景东一中	中教高级	2010.7
念　飞	男	汉	曲靖陆良	1995.7	景东一中	中教高级	2010.7
赵　伟	男	彝	景东大街	1998.7	景东一中	中教高级	2010.7
郭家贵	男	汉	景东锦屏	1984.7	景东一中	中教高级	2010.7
叶　英	女	汉	景东文井	1985.8	景东一中	中教高级	2010.7
罗庆生	男	哈尼	景东花山	1980.8	景东一中	中教高级	2010.7
李启强	男	汉	景东锦屏	1996.8	景东一中	中教高级	2010.7

续表 23-2-5

姓名	性别	民族	籍贯	参加工作时间	工作单位	职称	获职称时间
刘大芳	女	汉	景东林街	1993.7	景东一中	中教高级	2011.7
彭　林	男	哈尼	景东大街	1995.7	景东一中	中教高级	2011.11
李　玲	女	汉	景东锦屏	1988.7	景东一中	中教高级	2011.7
王芝伟	男	汉	景东景福	1987.8	景东一中	中教高级	2011.7
刘学明	男	汉	景东曼等	1998.7	景东一中	中教高级	2011.7
黎永辉	男	汉	丽江永胜	1998.7	景东一中	中教高级	2011.7
曾发文	男	哈尼	景东文井	1986.8	银生中学	中教高级	2005.7
刘　勇	男	彝	景东景福	1990.8	银生中学	中教高级	2006.8
白　翠	女	彝	景东漫湾	1986.8	银生中学	中教高级	2006.8
周　琼	女	哈尼	景东东镇	1991.8	银生中学	中教高级	2006.8
李启坚	男	汉	景东文井	1990.7	银生中学	中教高级	2007.7
王　艳	女	汉	云南玉溪	1993.7	银生中学	中教高级	2008.6
薛春文	女	汉	景东文井	1990.7	银生中学	中教高级	2010.7
李本莉	女	汉	景东文井	1984.7	银生中学	中教高级	2010.7
苏其荣	男	汉	景东曼等	1994.7	银生中学	中教高级	2010.7
陈林胜	男	汉	景东曼等	1988.7	银生中学	中教高级	2010.7
罗荣辉	女	哈尼	云南镇沅	1985.7	银生中学	中教高级	2010.7
王仕斌	男	彝	景东龙街	1995.8	银生中学	中教高级	2010.7
胡道成	男	汉	安徽	1996.7	银生中学	中教高级	2010.7
莫文贵	男	彝	景东林街	1995.8	银生中学	中教高级	2010.7
罗扬井	女	汉	景东文井	1996.7	银生中学	中教高级	2011.7
赵宏春	男	汉	景东漫湾	1996.9	银生中学	中教高级	2011.7
刘汉永	男	汉	景东曼等	1998.8	银生中学	中教高级	2011.7
周安礼	男	汉	景东大街	1993.7	银生中学	中教高级	2011.7
刘国峰	男	汉	景东龙街	1995.8	银生中学	中教高级	2011.7
侯明翠	女	汉	景东漫湾	1990.7	银生中学	中教高级	2010.7
谢　芳	女	彝	景东	1997.8	银生中学	中教高级	2011.7
罗恒荣	男	彝	景东曼等	1982.7	景东二中	中教高级	2002.6
卢丕生	男	汉	景东景福	1984.9	景东二中	中教高级	2007.7
罗德荣	男	彝	景东	1985.8	景东二中	中教高级	2008.6
许有新	男	汉	景东林街	1988.7	景东二中	中教高级	2009.7
冯天明	男	汉	景东文井	1982.7	景东二中	中教高级	2009.7
杨　华	男	彝	景东文井	1980.8	景东二中	中教高级	2010.8
王家泽	男	彝	景东太忠	1990.8	景东二中	中教高级	2010.8
王仕兰	女	汉	景东景福	1988.7	景东二中	中教高级	2011.7
王明宏	男	汉	云南宁洱	1994.7	景东二中	中教高级	2011.7
杨成兴	男	汉	景东文井	1980.8	景东四中	中教高级	1999.7
刘加春	男	汉	景东锦屏	1982.7	景东四中	中教高级	2001.6

续表 23-2-5

姓名	性别	民族	籍贯	参加工作时间	工作单位	职称	获职称时间
杨应春	男	汉	景东文井	1980.8	景东四中	中教高级	2002.6
陈登发	男	汉	景东文井	1984.7	景东四中	中教高级	2002.6
李建忠	男	彝	景东安定	1982.7	景东四中	中教高级	2003.7
陈麟杰	男	汉	云南镇沅	1984.7	景东四中	中教高级	2001.6
赵荣吉	男	彝	景东东镇	1985.7	景东四中	中教高级	2003.7
卢绍云	男	汉	景东文井	1985.7	景东四中	中教高级	2004.7
钟礼宏	男	汉	景东曼等	1984.7	景东四中	中教高级	2004.7
毛艳娇	女	汉	景东文井	1986.7	景东四中	中教高级	2006.8
穆　坚	男	汉	景东文井	1984.7	景东四中	中教高级	2006.8
陈仕翊	男	汉	景东花山	1982.7	景东四中	中教高级	2007.7
罗志刚	男	哈尼	景东太忠	1986.8	景东四中	中教高级	2009.7
刘加文	男	汉	景东锦屏	1989.8	景东四中	中教高级	2009.7
鲁成辉	男	彝	景东锦屏	1990.7	景东四中	中教高级	2009.7
杨丽芬	女	白	云南大理	1991.8	景东四中	中教高级	2009.7
蒋正英	女	汉	景东文井	1989.8	景东四中	中教高级	2010.7
魏丽娟	女	汉	景东文井	1990.7	景东四中	中教高级	2010.7
罗扬逵	男	汉	景东文井	1991.8	景东四中	中教高级	2010.7
廖兴耀	男	汉	景东文井	1990.7	景东四中	中教高级	2010.7
卢连珍	女	汉	湖南桃源	1989.3	景东四中	中教高级	2010.7
金　江	男	汉	景东曼等	1989.7	景东四中	中教高级	2004.5
李　梅	女	汉	景东文井	1994.7	景东四中	中教高级	2010.7
郎发菊	女	拉祜	景东文井	1992.8	景东四中	中教高级	2003.5
赵　勇	男	汉	景东文井	1991.7	景东四中	中教高级	2004.5
彭东权	男	白	景东文井	1991.7	景东四中	中教高级	2002.9
徐正平	男	汉	景东大街	1993.8	景东四中	中教高级	2004.5
李文靖	男	汉	景东漫湾	1973.8	民族中学	中教高级	2001.5
谢帜标	男	汉	景东文井	1974.8	民族中学	中教高级	1994.12
梁多秀	女	汉	景东锦屏	1977.8	民族中学	中教高级	2004.7
谭孟榕	女	汉	景东锦屏	1979.8	民族中学	中教高级	2007.7
王大琼	女	傣	景东文井	1982.8	民族中学	中教高级	2006.7
米　军	男	彝	景东安定	1987.8	民族中学	中教高级	2010.7
余　英	女	汉	景东锦屏	1987.8	民族中学	中教高级	2010.7
罗德仁	男	彝	景东花山	1977.8	民族中学	中教高级	2010.7
谢应江	男	汉	景东龙街	1983.9	民族中学	中教高级	2010.7
胡巧兰	女	汉	四川	1987.8	民族中学	中教高级	2010.7
张庆锐	女	汉	云南镇沅	1982.7	民族中学	中教高级	2010.7
孙文红	男	哈尼	景东文井	1989.7	民族中学	中教高级	2010.7
李永庆	男	汉	景东文井	1989.7	民族中学	中教高级	2010.7

续表 23-2-5

姓名	性别	民族	籍贯	参加工作时间	工作单位	职称	获职称时间
周廷丽	女	汉	景东文井	1988.7	民族中学	中教高级	2010.7
邱　梅	女	彝	景东锦屏	1992.7	民族中学	中教高级	2010.7
李　黎	男	汉	景东太忠	1981.8	民族中学	中教高级	2011.7
自家学	男	彝	景东景福	1982.8	民族中学	中教高级	2011.7
聂厚荣	男	汉	景东景福	1981.7	民族中学	中教高级	2011.7
李　菊	女	汉	景东文井	1984.8	民族中学	中教高级	2011.7
戴时春	女	汉	景东大街	1991.8	民族中学	中教高级	2010.7
杨文翠	女	汉	景东龙街	1993.7	民族中学	中教高级	2010.7
杨杰珍	女	汉	湖南石门	1989.8	民族中学	中教高级	2010.7
陈宗萍	女	傣	景东文井	1993.7	民族中学	中教高级	2011.7
罗　汀	男	瑶	景东太忠	1997.8	民族中学	中教高级	2011.7
兰成顺	男	汉	景东太忠	1998.8	民族中学	中教高级	2011.7
杨景花	女	汉	景东文龙	1994.7	民族中学	中教高级	2010.7
施有能	男	彝	景东漫湾	1993.7	民族中学	中教高级	2010.7
梁其锦	男	汉	景东文井	1977.8	景东职中	中教高级	2000.7
邓　勇	男	汉	景东文井	1982.7	景东职中	中教高级	2001.6
李明亮	男	彝	景东安定	1976.9	景东职中	中教高级	2002.6
姜晓文	男	彝	云南镇沅	1985.7	景东职中	中教高级	2002.6
饶贤清	男	汉	景东花山	1980.7	景东职中	中教高级	2003.7
方明学	男	汉	景东锦屏	1981.7	景东职中	中教高级	2004.7
杨灿贤	男	汉	景东漫湾	1981.7	景东职中	中教高级	2004.7
冯周怀	男	汉	景东文井	1975.9	景东职中	中教高级	2005.7
李雪艳	女	汉	景东文井	1989.7	景东职中	中教高级	2005.7
张景勇	男	汉	景东文井	1982.9	景东职中	中教高级	2004.7
罗开军	男	汉	景东漫湾	1992.7	景东职中	中教高级	2006.8
宁美芳	女	汉	景东锦屏	1989.7	景东职中	中教高级	2006.8
陈建萍	女	汉	景东锦屏	1986.7	景东职中	中教高级	2006.8
杨丕新	男	汉	景东文井	1985.7	景东职中	中教高级	2007.7
刘子艳	女	汉	景东锦屏	1984.7	景东职中	中教高级	2001.6
苏礼宏	男	汉	景东景福	1987.8	景东职中	中教高级	2003.7
阿应荣	男	彝	景东安定	1993.8	景东职中	中教高级	2009.7
赵琼美	女	汉	云南曲靖	1995.7	景东职中	中教高级	2009.7
张　宏	男	彝	景东太忠	1991.8	景东职中	中教高级	2009.7
罗朝荣	男	哈尼	景东花山	1994.7	景东职中	中教高级	2010.7
黄文奇	男	汉	景东太忠	1976.7	景东职中	中教高级	2010.7
方　倩	女	汉	景东文井	1996.7	景东职中	中教高级	2010.7
朱子艳	女	汉	景东文井	1988.7	景东职中	中教高级	2010.7
金元春	女	汉	景东文井	1994.7	景东职中	中教高级	2010.7

续表 23-2-5

姓名	性别	民族	籍贯	参加工作时间	工作单位	职称	获职称时间
罗兴贵	男	彝	景东锦屏	1995.7	景东职中	中教高级	2010.7
李有维	女	汉	景东锦屏	1994.7	景东职中	中教高级	2010.7
李有梅	女	汉	景东文井	1993.7	景东职中	中教高级	2010.7
施丽华	女	汉	景东锦屏	1995.7	景东职中	中教高级	2010.7
杨学勇	男	汉	景东文井	1980.7	景东职中	中教高级	2010.7
杨文纪	男	汉	景东文井	1992.7	景东职中	中教高级	2010.7
黄崇普	男	汉	云南宁洱	1990.8	景东职中	中教高级	2010.7
邹天云	男	汉	景东锦屏	1998.7	景东职中	中教高级	2010.7
罗中阳	男	哈尼	景东锦屏	1994.7	景东职中	中教高级	2010.7
杨学金	男	汉	景东文井	1998.8	景东职中	中教高级	2010.7
杨锦莲	女	白	云南大理	1997.7	景东职中	中教高级	2011.7
张梅燕	女	汉	景东花山	1994.7	景东职中	中教高级	2010.7
李树萍	女	彝	景东曼等	1994.7	进修学校	高级讲师	2005.7
王大云	男	汉	景东文井	1981.8	进修学校	高级讲师	2000.8
李之良	男	汉	景东安定	1990.8	进修学校	高级讲师	2008.7
罗 义	男	彝	景东安定	1984.7	进修学校	高级讲师	2009.6
刘子一	男	汉	景东锦屏	1984.7	进修学校	高级讲师	2010.6
黄 伟	男	汉	景东太忠	1988.7	进修学校	高级讲师	2011.6
杨学堂	男	彝	景东景福	1982.8	进修学校	高级讲师	2011.6
王家富	男	汉	景东锦屏	1978.9	锦屏中心校	中教高级	2009.7
赵忠寿	男	彝	景东龙街	1983.8	锦屏中心校	中教高级	2009.7
蔡学跃	男	彝	景东文井	1991.9	锦屏中心校	中教高级	2007.7
王明勇	男	汉	景东文井	1988.7	锦屏中心校	中教高级	2010.7
米思灵	男	汉	景东文井	1981.7	锦屏中心校	中教高级	2010.7
卢开兴	男	汉	景东文井	1991.7	锦屏中心校	中教高级	2010.7
黄 艳	女	汉	景东太忠	1995.7	锦屏中心校	中教高级	2010.7
刘 众	女	汉	景东大街	1993.7	锦屏中心校	中教高级	2010.7
陈廷湘	女	汉	景东文井	1990.7	锦屏中心校	中教高级	2010.7
周 菊	女	汉	景东大街	1987.7	锦屏中心校	中教高级	2010.7
朱云香	女	汉	云南澜沧	1984.8	锦屏中心校	中教高级	2010.7
周仕琼	女	汉	景东文井	1989.7	锦屏中心校	中教高级	2010.7
鲁文明	男	彝	景东文井	1978.9	锦屏中心校	中教高级	2010.7
文 芬	女	彝	景东漫湾	1990.7	锦屏中心校	中教高级	2010.7
任志高	男	汉	景东文井	1985.7	锦屏中心校	中教高级	2010.7
周廷智	男	汉	景东锦屏	1988.7	锦屏中心校	中教高级	2010.7
唐晓芳	女	汉	景东花山	1996.3	锦屏中心校	中教高级	2010.7
陶 红	女	瑶	景东文井	1994.8	锦屏中心校	中教高级	2011.7
李 平	男	彝	景东大街	1993.7	锦屏中心校	中教高级	2011.7

续表 23-2-5

姓名	性别	民族	籍贯	参加工作时间	工作单位	职称	获职称时间
卢丕全	男	汉	景东文井	1977.7	锦屏中心校	中教高级	2011.7
刘　华	男	汉	景东花山	1990.7	锦屏中心校	中教高级	2011.7
肖贤明	男	汉	景东锦屏	1984.9	锦屏中心校	中教高级	2011.7
李发萍	男	汉	景东锦屏	1989.9	锦屏中心校	中教高级	2011.7
李德荣	男	汉	景东漫湾	1984.7	锦屏中心校	中教高级	2011.7
何发云	男	汉	景东太忠	1981.7	锦屏中心校	中教高级	2011.7
杨正兴	男	汉	景东锦屏	1994.7	锦屏中心校	中教高级	2011.7
庄开玲	男	汉	景东太忠	1987.9	锦屏中心校	中教高级	2011.7
冯周友	男	汉	景东锦屏	1979.8	锦屏中心校	中教高级	2011.7
张启鸿	男	汉	景东锦屏	1984.9	锦屏中心校	中教高级	2011.7
梁名刚	男	汉	景东文井	1980.7	文井中学	中教高级	2005.7
杨春和	男	汉	景东文井	1981.7	文井中学	中教高级	2006.8
刘子顺	男	汉	景东文井	1981.7	文井中学	中教高级	2006.8
林星虹	男	汉	景东文井	1982.7	文井中学	中教高级	2007.7
金发彬	男	汉	景东文井	1982.7	文井中学	中教高级	2008.6
李　虎	男	彝	景东文井	1981.7	文井中学	中教高级	2008.6
马永德	男	汉	景东文井	1987.7	文井中学	中教高级	2008.6
肖贤华	男	汉	景东曼等	1981.7	文井中学	中教高级	2009.7
朱家顺	男	彝	景东文井	1978.3	文井中学	中教高级	2010.7
汤有刚	男	汉	景东文井	1983.7	文井中学	中教高级	2010.7
李录进	男	汉	景东文井	1993.7	文井中学	中教高级	2010.7
周正斌	男	汉	景东文井	1982.7	文井中学	中教高级	2010.7
陈文美	女	汉	景东文井	1988.8	文井中学	中教高级	2010.7
周亚平	男	汉	景东花山	1982.7	文井中学	中教高级	2010.7
苏其勇	男	汉	景东文井	1988.8	文井中学	中教高级	2011.7
钟洪良	男	汉	景东文井	1989.7	文井中学	中教高级	2011.7
蒋正兰	女	汉	景东文井	1986.8	文井中学	中教高级	2011.7
谢华强	男	汉	景东文井	1988.7	文井中学	中教高级	2011.7
邹群勇	男	彝	景东文井	1985.7	文井中学	中教高级	2011.7
苏　伟	男	汉	景东文井	1988.7	文井中学	中教高级	2011.7
王　勇	男	汉	景东文井	1986.7	文井中学	中教高级	2011.7
叶金敏	男	汉	景东文井	1981.8	者后中学	中教高级	2006.8
魏启敬	男	汉	景东文井	1980.9	者后中学	中教高级	2008.6
谢　洁	男	汉	景东	1990.8	者后中学	中教高级	2010.7
王国萍	女	汉	景东文井	1997.7	银生中学	中教高级	2010.7
双凤玉	男	汉	景东文井	1984.9	者后中学	中教高级	2010.7
鲁文鹤	男	汉	景东文井	1985.9	者后中学	中教高级	2010.7
赵　昇	男	汉	景东文井	1996.7	者后中学	中教高级	2011.7

续表 23-2-5

姓名	性别	民族	籍贯	参加工作时间	工作单位	职称	获职称时间
刘昌辉	男	汉	景东花山	1982.8	花山中学	中教高级	2006.8
罗 云	男	汉	景东花山	1984.8	花山中学	中教高级	2007.7
罗朝辉	男	哈尼	景东花山	1982.9	花山中学	中教高级	2008.6
王 勇	男	白	景东文井	1982.8	花山中学	中教高级	2011.6
陈云波	男	汉	景东文井	1982.8	花山中学	中教高级	2010.7
罗承伟	男	汉	景东花山	1985.9	花山中学	中教高级	2010.7
李惠艳	女	汉	景东文井	1994.8	花山中学	中教高级	2010.7
张开盛	男	彝	景东花山	1989.8	花山中学	中教高级	2010.7
叶松德	男	汉	景东文井	1989.8	花山中学	中教高级	2010.7
缪德金	男	哈尼	景东文井	1981.8	花山中学	中教高级	2011.7
自有兰	女	汉	景东文井	1985.9	花山中学	中教高级	2011.7
丰庆聪	男	汉	景东花山	1993.8	花山中学	中教高级	2011.7
丰娅玲	女	汉	景东花山	1992.9	花山中学	中教高级	2011.7
罗 艳	女	汉	景东花山	1992.9	花山中学	中教高级	2011.7
王德春	男	汉	景东大街	1984.8	大街中心校	中教高级	2005.7
蔡云富	男	汉	景东文井	1981.8	大街中心校	中教高级	2006.8
杨文清	男	彝	景东大街	1984.8	大街中心校	中教高级	2007.7
侯 明	男	汉	景东锦屏	1989.8	大街中心校	中教高级	2008.6
陈重斌	男	汉	景东太忠	1988.7	大街中心校	中教高级	2010.5
徐丕文	男	瑶	景东太忠	1987.8	大街中心校	中教高级	2010.5
王德刚	男	汉	景东大街	1994.7	大街中心校	中教高级	2011.6
谢泰郑	男	汉	景东锦屏	1986.8	大街中心校	中教高级	2010.5
郑周益	男	汉	景东大街	1988.7	大街中心校	中教高级	2010.5
钟国文	男	彝	景东大街	1982.8	大街中心校	中教高级	2010.5
孙国章	男	汉	景东太忠	1988.7	大街中心校	中教高级	2011.7
罗菊兰	女	汉	景东花山	1987.8	大街中心校	中教高级	2011.7
戴继慧	女	汉	景东大街	1984.3	大街中心校	中教高级	2011.7
彭迎春	女	汉	景东大街	1995.7	大街中心校	中教高级	2011.6
史晋云	女	彝	景东文井	1990.7	大街中心校	中教高级	2011.7
者华斐	男	瑶	景东太忠	1986.7	太忠中学	中教高级	2007.7
王昌宏	男	汉	景东太忠	1986.7	太忠中学	中教高级	2008.6
刘开艳	女	汉	景东太忠	1987.8	太忠中学	中教高级	2008.6
李玉萍	女	汉	景东	1993.7	太忠中学	中教高级	2008.6
彭荣亮	男	汉	景东太忠	1984.8	太忠中学	中教高级	2009.7
黄 丽	女	汉	景东太忠	1988.8	太忠中学	中教高级	2010.7
高 伟	男	彝	景东太忠	1992.7	太忠中学	中教高级	2010.7
祝文兴	男	瑶	景东太忠	1988.7	太忠中学	中教高级	2010.7
兰 萍	女	汉	景东太忠	1990.8	太忠中学	中教高级	2010.7

续表 23-2-5

姓名	性别	民族	籍贯	参加工作时间	工作单位	职称	获职称时间
邓承江	男	汉	景东	1995.7	太忠中学	中教高级	2011.7
谢太旭	男	汉	景东龙街	1981.8	龙街中学	中教高级	2008.6
田丕平	男	汉	景东太忠	1992.9	龙街中学	中教高级	2008.6
刘　勇	男	汉	景东太忠	1987.9	龙街中学	中教高级	2009.7
谢应普	男	汉	景东龙街	1991.8	龙街中学	中教高级	2009.7
余发祥	男	汉	景东	1995.8	龙街中学	中教高级	2010.6
杨　波	女	汉	景东	1996.8	龙街中学	中教高级	2010.6
朱玉芳	女	汉	景东锦屏	1989.9	龙街中学	中教高级	2011.7
谢应明	男	汉	景东龙街	1996.8	龙街中学	中教高级	2011.7
杨正良	男	汉	景东花山	1987.7	文龙中学	中教高级	2006.8
郭明智	男	汉	景东文龙	1992.9	文龙中学	中教高级	2008.6
董茗勤	女	汉	景东锦屏	1989.9	文龙中学	中教高级	2010.7
李　海	男	彝	景东文龙	1995.9	文龙中学	中教高级	2010.7
李之荣	男	汉	景东锦屏	1977.3	文龙中学	中教高级	1996.7
娄德福	男	彝	景东文龙	1984.9	文龙中学	中教高级	2004.5
罗成坤	男	汉	景东曼等	1991.7	文龙中学	中教高级	2006.5
何太明	男	汉	景东文龙	1990.9	文龙中学	中教高级	2005.5
吴聪祥	男	彝	景东安定	1989.8	安定中学	中教高级	2006.8
李文强	男	汉	景东锦屏	1989.8	安定中学	中教高级	2006.9
杨恩宏	男	彝	景东安定	1984.9	安定中学	中教高级	2007.7
吴　光	男	彝	景东安定	1986.8	安定中学	中教高级	2008.6
方华强	男	汉	景东锦屏	1990.8	安定中学	中教高级	2008.7
吴　旺	男	彝	景东安定	1991.8	安定中学	中教高级	2008.7
李连丽	女	汉	景东安定	1988.8	安定中学	中教高级	2011.6
曹　雄	男	汉	景东大街	1992.8	安定中学	中教高级	2003.5
罗庆华	男	彝	景东安定	1995.8	安定中学	中教高级	2005.5
王积芳	女	汉	景东锦屏	1993.8	安定中学	中教高级	2003.5
吴登萍	女	彝	景东安定	1988.8	安定中学	中教高级	2006.4
聂厚祥	男	汉	景东漫湾	1977.9	漫湾中学	中教高级	2006.8
苏有聪	男	汉	景东文井	1985.9	漫湾中学	中教高级	2008.7
刘　坤	男	汉	景东太忠	1992.8	漫湾中学	中教高级	2009.7
侯明俊	男	汉	景东漫湾	1981.8	漫湾中学	中教高级	2010.7
张　强	男	汉	景东文井	1992.8	漫湾中学	中教高级	2010.7
王俊杰	男	汉	景东漫湾	1995.8	漫湾中学	中教高级	2010.7
许绍强	男	汉	景东漫湾	1993.8	漫湾中学	中教高级	2011.7
马　仑	男	汉	景东文井	1990.8	林街中学	中教高级	2008.5
自忠文	男	彝	景东漫湾	1990.8	林街中学	中教高级	2010.5
吴德华	男	汉	景东文井	1994.8	林街中学	中教高级	2004.7

续表 23-2-5

姓名	性别	民族	籍贯	参加工作时间	工作单位	职称	获职称时间
肖贤昌	男	汉	景东曼等	1977.9	曼等中心校	中教高级	2004.7
王恒锋	男	汉	景东景福	1989.7	曼等中心校	中教高级	2008.6
杨新强	男	汉	景东曼等	1991.7	曼等中心校	中教高级	2011.7
肖会雄	男	汉	景东曼等	1995.7	曼等中心校	中教高级	2011.7
苏有宏	男	汉	景东曼等	1994.7	曼等中心校	中教高级	2011.7
樊治国	男	汉	景东东镇	1990.7	东镇中学	中教高级	2008.6
苏礼初	男	汉	景东东镇	1990.7	东镇中学	中教高级	2008.6
徐体宏	男	彝	景东东镇	1986.9	东镇中学	中教高级	2009.7
赵其昌	男	汉	景东东镇	1981.7	东镇中学	中教高级	2011.7
饶文春	男	汉	景东东镇	1994.7	东镇中学	中教高级	2011.7
杨　勇	男	彝	景东曼等	1992.7	东镇中学	中教高级	2010.7
苏礼福	男	汉	景东东镇	1991.7	文玉中学	中教高级	2009.8
李有全	男	彝	景东东镇	1995.7	文玉中学	中教高级	2011.7
李新奇	男	彝	景东东镇	1987.9	文玉中学	中教高级	2011.7
肖德兵	男	汉	景东文井	1993.7	景东自然保护局	高级工程师	2008.8
李昌朝	男	汉	景东文龙	1975.11	县疾控中心	副主任医师	2003
李正华	男	汉	景东锦屏	1975.11	文龙卫生院	副主任医师	2004
罗汝琼	女	彝	云南景东	1977.10	县人民医院	副主任医师	2009.9
江　帆	女	汉	景东锦屏	1985.8	县人民医院	副主任医师	2011.8
谢映香	女	汉	景东龙街	1993.8	县人民医院	副主任医师	2011.8

丛 录

一、重要文献

（一）地方性法律法规辑存

云南省景东彝族自治县自治条例

第一章　总则

第一条　根据《中华人民共和国宪法》和《中华人民共和国民族区域自治法》，结合景东彝族自治县（以下简称自治县）政治、经济、文化的特点，制定本条例。

第二条　自治县是彝族人民实行区域自治的地方。自治县内还居住着汉族、哈尼族、瑶族、傣族、回族等民族。

第三条　自治县的自治机关是自治县人民代表大会和人民政府。自治县的自治机关行使县级地方国家机关的职权，同时行使自治权。

自治县的自治机关驻锦屏镇。

第四条　自治县的自治机关保证宪法和法律在自治县的遵守和执行。在不违背宪法和法律的原则下，根据自治县的实际，采取特殊政策和灵活措施，加速自治县经济、社会事业的发展。

上级国家机关的决议、决定、命令和指示，如有不适合自治县实际情况的，自治机关应当报经该上级国家机关批准，变通执行或者停止执行。

第五条　自治县在中国共产党的领导下，以马克思列宁主义、毛泽东思想、邓小平理论和“三个代表”重要思想为指导，坚持人民民主专政，坚持中国特色社会主义道路，以经济建设为中心，坚持改革开放，推动物质文明、政治文明和精神文明协调发展，逐步把自治县建设成为民族团结、社会安定、经济发展、文化繁荣、人民富裕的民族自治地方。

第六条　自治县的自治机关建设社会主义政治文明，实行依法治县。坚持和完善人民代表大会制度和民族区域自治制度。加强农村基层政权建设和城乡基层群众自治组织建设，扩大基层民主，完善基层选举制度，强化社会监督。

自治县人民代表大会及其常务委员会依法加强对人民政府、人民法院、人民检察院的法律监督和工作监督。

第七条　自治县的自治机关加强社会主义精神文明建设，发展教育文化科学事业。对各族人民进行爱国主义、集体主义、社会主义，自力更生、艰苦奋斗的思想教育和革命传统教育，以及民族和宗教政策教育。继承和发扬各民族人民爱祖国、爱民族、勤劳勇敢、团结友爱、勇于创新的优良传统，树立自尊、自信、自立、自强的精神。自觉改革妨害民族兴旺、人民致富和社会文明进步的陈规陋习，改变妨碍生产力发展的旧观念。培养有理想、有道德、有文化、有纪律的公民。

第八条　自治县的自治机关保障各民族公民的合法权益。各民族公民在法律面前一律平等，享有宪法和法律赋予的权利，同时必须履行宪法和法律规定的义务。

自治县的自治机关维护和发展各民族平等、团结、互助的社会主义民族关系。禁止对任何民族的歧视和压迫，禁止破坏民族团结的行为。

第九条　自治县的自治机关保障各民族公民有宗教信仰自由。任何国家机关、社会团体和个人不得强制公民信仰宗教或者不信仰宗教，不得歧视信仰宗教的公民和不信仰宗教的公民。

自治县的自治机关保护正常的宗教活动。任何人不得利用宗教，破坏社会秩序，损害公民身体健康，妨碍国家司法和教育制度。

自治县内的宗教团体和宗教事务不受外国势力的支配。

第十条 自治县的自治机关依法保护归侨、侨眷、海外侨胞和台湾同胞在自治县的合法权益。

第十一条 自治县内的一切单位和个人必须遵守和执行本条例。

第二章 自治县的自治机关

第十二条 自治县的地方国家权力机关是自治县的人民代表大会。自治县人民代表大会代表的名额和比例，由自治县人民代表大会常务委员会根据云南省人民代表大会常务委员会确定的代表名额依法分配。

自治县人民代表大会常务委员会是自治县人民代表大会的常设机关，其组成人员中，彝族公民所占比例应与其人口所占比例相适应，应当有彝族公民担任主任或者副主任。

第十三条 自治县人民政府是自治县人民代表大会的执行机关，是自治县的地方国家行政机关。

自治县人民政府的组成人员中，彝族公民所占比例应与其人口所占比例相适应，其他民族也应有适当名额。自治县县长由彝族公民担任。

自治县人民政府所属工作部门的正职或者副职领导成员中，至少配备一名少数民族人员。其他工作人员中，应当合理配备彝族和其他少数民族人员。

第十四条 自治县的自治机关在执行职务的时候，使用汉语、汉文，根据需要可使用彝语。

第三章 自治县的人民法院和人民检察院

第十五条 自治县的人民法院和人民检察院的组织、职能和工作依照法律的有关规定执行。

自治县的人民法院和人民检察院，应当有彝族公民担任院长或者副院长、检察长或者副检察长。其他工作人员中，应当合理配备彝族和其他少数民族人员。

第十六条 自治县的人民法院和人民检察院使用汉语审理和检察案件，保障各民族公民都有使用本民族语言进行诉讼的权利。对于不通晓汉语、汉文的诉讼参与人，应当为他们提供翻译。

制作法律文书使用汉文。

第四章 自治县的经济建设

第十七条 自治县的自治机关发展社会主义市场经济，制定经济发展规划及政策措施，自主地安排和管理经济建设事业。

第十八条 自治县的自治机关坚持和完善国家的基本经济制度，制定优惠政策，营造良好环境，大力扶持、发展非公有制经济。

第十九条 自治县的经济建设坚持以农业为基础，以产业为支撑，调整经济结构和产业结构，发展特色农业和优势产业，推进农业产业化。巩固发展林产业、蔗糖业、烤烟业、畜牧业、茶产业和干鲜果等传统产业，培植发展电力、蚕桑、紫胶等新型产业。

第二十条 自治县的自治机关增加农业投入，实行基本农田地保护制度，加强农田水利设施建设，建设高稳产农田地，推广先进适用的农业科学技术和农机、农具，提高单位面积产量和经济效益。

自治县的自治机关建立健全农业社会化服务、农产品市场和对农业的支持保护体系。坚持长期稳定和完善以家庭承包经营为基础、统分结合的双层经营体制，保障农民的生产经营自主权，提倡在自愿互利的原则下，发展多种形式的合作经济，鼓励和扶持专业户和经济联合体从事开发性生产或者专业化经营。

第二十一条 自治县的自治机关扶持发展畜牧业、畜产品加工业，扶持养殖专业户、重点户，不断提高畜禽产品的商品率。

自治县的自治机关加强草山牧场建设，加强畜牧科技队伍建设，建立健全疫病防治、良种培育、饲料生产加工、产品营销等服务体系。加强动物检疫和畜禽产品检验。

第二十二条 自治县的自治机关实行森林资源分类经营管理，严格管理和保护公益林，大力发展商品林，合理开发利用森林资源。

自治县的自治机关稳定山林权属。保障农户对自留山的长期无偿使用，稳定责任山的承包关系，搞活集体山林的有效经营形式。农户在自留山、承包山上种植的林木归农户所有。

自治县的自治机关鼓励农民对自留山、承包山低价值林木的更新改造，鼓励单位和个人投资开发林产加工业，实行谁投资、谁收益。积极培育活立木市场。林地使用权、林木所有权和经营权可以依法流转。对投资者营造的商品林，优先办理采伐手续，允许进入市场交易。

自治县的自治机关加强能源建设，积极推广节柴改灶，以煤、电、沼气代柴，减少林木消耗。

自治县的自治机关保护生物多样性。加强对自治县境内哀牢山、无量山自然保护区的管理、保护。合理开发利用野生动植物资源。

第二十三条 自治县的自治机关依法加强水资源的管理、开发和利用。加强防洪抗旱措施和水土保持治理，提高水利化程度。改善农田水利灌溉和城乡人畜饮水条件。

自治县的自治机关鼓励各类经济组织和个人参与投资建设中、小型水利、水电工程，水利设施可以依法实行拍卖、租赁和承包。

自治县的自治机关对水资源实行有偿使用制度，提倡节约用水，依法收取水费和水资源费。

自治县的自治机关加强电力设施建设，完善城乡供电网，满足城乡人民生产生活的用电需求。

第二十四条 自治县的自治机关重视发展渔业生产，加强渔政管理。保护水产资源，严禁炸鱼、电鱼、毒鱼和竭泽等毁灭性的捕捞行为。

第二十五条 自治县的自治机关加强对国土资源的管理。按照土地利用总体规划，严格用途管制，实行土地有偿使用制度，规范搞活土地市场，合理利用土地资源，禁止乱占耕地和滥用土地，任何单位和个人未经批准不得擅自改变土地用途。

农民承包土地的经营权，可以按照依法、自愿、有偿的原则进行流转。鼓励各类经济组织和个人开发荒山、荒坡、荒地，从事多种经营。

第二十六条 自治县的自治机关依法保护和管理自治县的矿产资源和其他自然资源。对可以由自治县开发的矿产资源和其他自然资源，自治县优先合理开发利用，并制定优惠政策，鼓励各类经济组织和个人采取多种形式投资开发利用。

第二十七条 自治县的自治机关保护和改善生态环境和生活环境，加强环境保护执法和环境质量监测，防治污染和其他公害。

任何组织和个人在自治县境内开发利用自然资源，必须采取有效措施保护和改善生态环境。

第二十八条 自治县的自治机关在国家计划指导下，自主地安排基本建设项目，加强项目储备，争取上级国家机关审批立项和投资开发。

自治县的自治机关对上级国家机关批准的基本建设项目，需自治县配套的资金，如确有困难，应当报上级国家机关给予减免。

第二十九条 自治县的自治机关深化经济体制改革，保障企业的财产权、自主经营权和其它合法权利。鼓励企业参与国内、国外市场竞争。

自治县的商贸、供销、医药企业享受国家民族贸易政策的照顾。

自治县的自治机关规范市场经济秩序，加强质量技术监督和市场管理，保护消费者的合法权益。

第三十条 自治县的自治机关积极发展交通运输事业，加强公路网络建设，提高县、乡、村路面等级，支持国道、省道的新建、改建。加强路政管理。

自治县的自治机关重视信息产业的发展，加强城镇、乡村，特别是边远山区邮政、电信等通讯网络建设。

第三十一条 自治县的自治机关重视培育和发展旅游业，制定旅游业发展规划，保护和开发民族文化、名胜古迹、自然保护区和风景区等旅游资源，加强旅游特色商品的开发。

自治县的自治机关鼓励集体和个人投资兴办旅游企业。

第三十二条 自治县的自治机关重视金融工作，吸纳社会资金，搞好储蓄和信贷工作，为发展自治县的各项建设事业提供资金保障。

自治县的自治机关加强保险工作，发展保险事业。

第三十三条 自治县的自治机关鼓励国内外组织和个人到自治县境内兴办企业。在自治县兴办企业，享受自治县制定的各种优惠政策。

自治县的自治机关积极引进资金、技术和人才发展各类加工业、建材业和其他工业，加快新型工业化进程。

自治县的自治机关实行招商引资奖励制度，对招商引资有贡献的人员给予表彰奖励。

第三十四条 自治县的自治机关按照科学规划、合理布局的原则，多渠道增加建设资金投入，加快以县城为中心、建制镇为基础的具有民族传统和特色的城镇建设。

第三十五条 自治县的自治机关重视气象事业和防震减灾工作，充分发挥气象和防震预报功能，强化抗灾措施，为经济社会各项事业的发展服务。

第三十六条 自治县的自治机关把贫困山区列为扶贫重点，采取放宽政策，组织资金、物资、技术等扶持措施，利用资源优势发展生产。

自治县的自治机关逐年加大扶贫资金投入，切实加强对扶贫项目和资金的监督管理，严禁挪用、占用扶贫资金。

第五章 自治县的财政管理

第三十七条 自治县的财政是国家的一级地方财政。依照国家财政体制，制定财政管理办法。属于自治县的财政收入、收入的超收和支出的结余资金，由自治机关自主安排使用。

自治县在全国统一的财政体制下，通过国家实行的规范的财政转移支付制度，享受上级财政的照顾。

自治机关在自治县的财政收入不能保证支出时，应当报上级国家机关增加对自治县的转移支付。

第三十八条 自治县的自治机关合理安排使用财政资金。对上级财政下拨的各项专项建设资金和临时性补助款，本级财政安排的各类专项资金，任何部门不得截留、挪用。

第三十九条 自治县的自治机关按照当年自治县本级地方财政建设性预算支出的适当比例，安排民族机动金，用于帮助贫困地区发展经济、教育、科技、文化和卫生事业。

自治县的财政预算设置预备费，用于解决突发事件及不可预见的特殊支出。

第四十条 自治县的自治机关在执行国家税法时，除应当由国家统一审批的减免税收项目外，对属于地方财政收入中需要从税收上给予照顾和鼓励的，按规定报经批准后，可以实行减税或者免税。

第四十一条 自治县的人民代表大会批准的财政预算，自治县人民政府必须严格执行。自治县财政预算的调整或者变更，应当报经自治县人民代表大会常务委员会审查批准。

每年的财政预算执行及决算情况必须通过审计，并向自治县人民代表大会常务委员会报告。

第六章 自治县的社会事业

第四十二条 自治县的自治机关把教育放在优先发展的战略地位，深化教育改革，推进素质教育，促进教育为经济和社会发展服务。

自治县的自治机关根据国家的教育方针和法律、法规的规定，决定自治县的教育规划、各级各类学校的设置、办学形式和招生办法。

自治县的自治机关重视基础教育，发展幼儿教育，实施九年制义务教育。加快发展普通高中教育，加强职业教育，坚持普通教育、职业教育和成人教育相结合。鼓励自学成才。

自治县的自治机关重视民族教育。办好民族小学和民族中学，对家庭经济困难的学生给予适当生活补助。在经济困难、居住分散的山区办好寄宿制、半寄宿制学校。

自治县的自治机关加强各级各类学校的思想品德教育和法制教育，培养德、智、体全面发展的社会主义建设人才。

第四十三条 自治县的自治机关加强师资队伍建设，培养一支高素质的教师队伍。保障人民教师的合法权益。重视教师的在职学习和进修，表彰和奖励优秀教师。鼓励教师到边远贫困山区任教，在待遇上给予照顾。

第四十四条 自治县的自治机关用于教育的财政经费的增长比例，应当高于财政经常性收入的增长比例，并使在校学生按人数平均的教育费用及其公用部分逐步增长。

鼓励社会力量和个人办学或者捐资助学。

第四十五条 自治县的自治机关重视科学技术的发展，保障必要的科技投入，加强科技队伍建设，健全科技服务网络，推广农业适用技术，做好科技扶贫。

自治县的自治机关大力培育科技人才，鼓励科技人员进行生产经营承包和技术承包。努力改善科技人员的工作生活条件，对边远、贫困山区工作的人员待遇上给予照顾，对有显著成绩的单位和个人给予表彰奖励。

第四十六条 自治县的自治机关大力发展文化事业和文化产业，弘扬优秀民族文化。增加资金投入，培养文化人才，加强文化市场的建设和管理。

自治县的自治机关加强文化馆、站、室基础设施建设，积极扶持和指导业余文艺团体，开展健康向上的文化艺术活动。

自治县的自治机关重视发掘、收集、整理和研究民族文化遗产，认真编写地方史志。保护历史文物和名胜古迹，严禁盗掘古墓和破坏、盗卖文物。保护测量标志。

第四十七条 自治县的自治机关积极发展新闻、广播、电影、电视、档案和图书事业。加强广播电视基础设施建设和管理，规范乡、村地面卫星接收站，提高广播电视的覆盖率和收视质量。

自治县的自治机关重视新闻媒体的舆论引导和监督作用。

第四十八条 自治县的自治机关深化卫生体制改革，增加医疗卫生投入，改善医疗卫生基础设施，健全医疗卫生服务网络，建立和完善新型农村合作医疗制度和医疗救助制度。加强对传染病和地方病的防治。加强妇幼、老年保健工作。加强医药市场、食品卫生和环境卫生的监督管理。

自治县的自治机关重视医疗卫生队伍建设，加强医德教育和业务培训。

允许社会力量和个人依法开办医院。

第四十九条 自治县的自治机关加强人口与计划生育工作，建立健全计划生育服务网络，提倡晚婚晚育，优生优育，控制人口数量，提高人口素质。

第五十条 自治县的自治机关创造条件，增设体育设施，注重竞技性体育项目，开展群众性体育活动，增强人民体质。

第五十一条 自治县的自治机关建立健全基本养老保险、医疗保险、失业保险、工伤保险、生育保险和城镇居民最低生活保障、农村社会养老保险等社会保障制度。

第七章 自治县的干部职工队伍建设

第五十二条 自治县的自治机关采取各种措施，培养少数民族干部和妇女干部，重视干部职工队伍的思想品德教育、文化素质教育和各种专业知识培训，不断提高政治素质和业务水平。

第五十三条 自治县的国家机关、事业单位在录用工作人员时，可以确定招收彝族和其他少数民族的名额和比例，并适当放宽录用条件。

自治县的自治机关自主地补充编制内的自然减员缺额。

自治县内隶属于上级国家机关的企业事业单位在招收人员时，应当适当照顾自治县内人员。

第五十四条 自治县的自治机关重视发挥外来干部职工的作用，积极引进各类专业技术人才，并采取优惠政策，鼓励他们安心在自治县工作。

第八章 自治县的民族关系

第五十五条 自治县的自治机关维护和发展平等、团结、互助的社会主义民族关系，提倡各民族人民互相尊重、互相学习、互相信任、互相帮助，不断增进汉族干部和少数民族干部之间、外来干部和本地干部之间的团结，共同为自治县的经济建设和社会发展作出贡献。

自治县的自治机关保障各民族都有使用和发展自己语言文字的自由，都有保持或者改革本民族风俗习惯的自由。

第五十六条 自治县的自治机关维护自治县内散居少数民族的权益，照顾他们的特点和需要，积极帮助他们发展经济、文化事业，促进各民族的共同进步和繁荣。

第五十七条 自治县的自治机关在处理涉及自治县内各民族的特殊问题时，应当与他们的代表充分协商，尊重他们的意见。

第五十八条 每年公历 12 月 20 日是自治县成立纪念日，放假 1 天。

“火把节”是彝族人民的传统节日，放假 3 天。

各民族的传统节日都应当受到尊重。

第九章 附则

第五十九条 本条例经自治县人民代表大会通过，报云南省人民代表大会常务委员会批准后公布施行。

自治县人民政府应当根据本条例制定实施办法。

本条例由自治县人民代表大会常务委员会负责解释。

（二）重要文件辑存

中共景东彝族自治县委
景东彝族自治县人民政府
关于延长农村集体土地承包期的意见

（1999年1月19日）

……

二、延长土地承包期工作的有关政策

在第一轮土地承包即将到期之前，党中央就明确宣布，土地承包期在第一轮承包的基础上再延长30年不变，营造林地和“四荒”地治理等开发性生产的承包期可以更长，并对土地使用权的流转制度作了具体的规定。因此，在顺延土地承包期工作中，必须明确以下几点：

——第一轮土地承包到期后，土地承包期再延长30年，指的是家庭土地承包经营的期限。集体土地实行家庭联产承包制度，是一项长期不变的政策。

——土地承包期再延长30年，是在第一轮土地承包的基础上进行的。开展延长土地承包期工作，要使绝大多数农户原有的承包土地继续保持稳定。不能将原来的承包地打乱重新发包，更不能随意打破原生产队土地所有权的界限，在全村范围内平均承包。

——承包土地“大稳定、小调整”的前提是稳定。“大稳定、小调整”是指在坚持土地承包期再延长30年的前提下，根据实际需要，在个别农户之间小范围适当调整。“小调整”只限于人地矛盾突出的个别农户，不能对所有农户进行普遍调整；不得利用“小调整”提高承包费，增加农民负担；“小调整”的方案要经村民大会或村民代表大会三分之二以上成员同意，并报乡镇县政府和县政府主管部门审批；绝不能用行政命令的办法硬性规定在全村范围内重新调整一次承包地。

——搞好土地承包期再延长30年的工作，必须明确土地所有权，稳定土地承包权，搞活土地经营权。解决人地矛盾的主要途径要在搞活土地经营权上下工夫，而不能老是在调整土地上作文章。通过搞好土地承包顺延工作，促进农村经济发展，保持农村稳定。

顺延土地承包期工作，必须严格按照以下政策规定执行：

1. 以大包干到户和1984年“大稳定、小调整”时的承包户、承包人口、承包耕地为基础，从2000年起顺延30年，至2029年底止，并逐户签订承包合同，依法办好承包合同的各项手续。

2. 原承包耕地改变用途的，依以下原则处理。

（1）改作鱼塘、饲养场等养殖用地，以及改种水果、茶叶等经济林的，仍视为农业耕地纳入承包；

（2）国家建设征用的耕地，不再纳入承包。

3. 因泥石流、洪水等自然灾害损毁的耕地，无法垦复的，不再纳入承包，并按正常渠道和有关规定申报减免各项任务。

4. 对死绝户、农转非人口中国家安排了正式工作，以及户口已迁移的搬迁户的承包耕地，以及违反计划生育政策裁出的耕地，应把使用权收归合作社，优先向受自然灾害损毁了耕地的困难户或有劳力、有技术的种粮大户转包，也可留作集体的机动耕地。户口未迁移的搬迁户，应通知户主限期回来办理耕地承包手续，逾期不办的，原承包的耕地使用权收归集体另行转包。

5. 农户之间自行转包的耕地，应按原承包关系进行承包，然后再依法转包。

6. 新垦复的土地，已形成常年固定耕地的，应纳入承包，并按面积收取经营使用费。但是对影响水源、危害他人利益，妨碍道路、水沟等公共设施建设的，应恢复原状，不得视为耕地承包，也不得继续耕种。

7. 农户之间自愿调换耕地的，在原承包的面积、产量、两粮及集体提留款数额不变的前提下，按调换双方现在实际耕种的地块重新签合同。以非耕地调换耕地的，应按原承包关系进行承包。

8. “两山一地”到户政策长期稳定不变。

9. 农户承包的耕地，在坚持土地集体所有和不改变农业用地的前提下，经发包方同意，允许土地使用权在承包户之间依法有偿转让，但转让时间不得超过承包期。

10. 农户承包的耕地均应按国家和集体的有关规定，负担农业税、定购粮和各项包交提留，对无故拖欠不交者，集体有权收回土地使用权。

三、搞好合同欠款兑现，巩固和壮大集体经济

长期以来，景东县承包合同兑现率一直徘徊在70%左右，应引起各级领导的重视，在这次顺延土地承包期工作中，要认真抓好合同欠款兑现，确保集体资产不流失。

1. 放荒承包耕地的，放荒一年，每亩田收取30～50元的荒芜费，每亩地收取20～30元的荒芜费。连续两年放荒的，除收取荒芜费外，必须收回耕地使用权另行承包。

2. 大包干到户时折价给农户的耕牛、农具、超支款等欠款，一次性收回作为集体积累，不再顺延承包；一次性收回确有困难的，应订出还款计划，欠款数额按同期银行利息计息催收。

3. 大包干到户以来，承包户应上交的各项包交提留，要逐户清理收回，确有困难的作为欠款处理，并按上一条政策的有关规定执行。

4. 村（办）、社收取的各项包交提留，经营使用费，折价款，荒芜费等经费，除专款外，一律作为集体积累。集体积累主要用于兴办公共设施、公益事业，发展乡镇企业，开发资源，壮大集体经济实力，增强农村社会化服务功能，完善和发展农村社会化服务体系。

5. 加强村（办）、社财务管理，逐步实行村（办）专业会计制度。已实行专业会计管理制度的，除农业税外，各项提留统一上缴专业会计管理；未实行专业会计管理制度的，由合作社会计收取，交村（办）文书，实行分户、分社建账，专人管理。合作社使用资金应规定限额，经社员大会讨论，报村（办）批准方可使用。

6. 实行财务公开，按时公布账目。村（办）、社应将集体资金的收入使用情况向社员公布，接受群众监督，要求每年的六月底，十二月底公布账目，至少必须在年底公布一次。

四、做好深入细致的宣传、动员工作，切实解决好群众的认识问题

开展延长土地承包期工作是一项涉及千家万户农民利益和国家、集体利益的大事，抓好政策宣传和动员工作，使群众充分了解延长土地承包的各项方针政策是搞好工作的前提。因此，工作队员进村（办）、社后要开好三个会。一是社长、会计、党员参加的会议；二是扩大到团员妇女主任参加的会议；三是社员群众大会。通过三个会议，广泛宣传和发动干部群众，做到家喻户晓，人人皆知。从而提高广大干部、群众对延长土地承包工作重要性的认识。

五、搞好承包合同管理，建立健全土地承包档案

农村承包合同是体现家庭联产承包责任制的法律契约和联系国家、集体、农户三者利益的纽带。搞好承包合同管理，建立健全土地承包档案，是稳定承包关系，完善家庭联产承包责任制的一项十分重要的工作。

景东县土地承包合同到1999年底已满期，再顺延30年，就必须对现有农村承包合同进行一次全面清理，重新完善合同内容，逐户签订承包合同。承包合同书必须符合国家法律和政策规定，明确双方的权利和义务。土地承包合同顺延合同书实行全县统一文本，由县政府统一印制。合同一经签订（若农户要求公证的，由公证机关办理公证手续），便具有法律效力，双方必须遵守。土地承包顺延合同书是农户承包耕地的法律凭证，是转包、租赁、入股、继承、续包、转让的法律依据，农户应妥善保管。县乡（镇）农村经济管理部门，是农村土地承包合同的管理机关，应承担起承包合同的管理工作，建立、健全土地承包合同档案，包括发放集体土地经营权证书，土地承包合同管理登记薄等。村（办）、社也要相应建立土地承包资料档案，由村（办）统一保管。

在合同管理中，要正确处理好农业承包合同与减轻农民负担的关系，即农业承包合同中按人口、劳力、产量承包耕地的村提留，乡镇统筹费不得超过上年农民人均纯收入的5%（村办提留3%，乡镇统筹2%）。按专业承包经济果木林、水面、园地等的承包费，超过5%的作为集体公共积累。在抓好延长土地承包期的同时，要认真宣传好国务院《农民承担费用和劳务管理条例》、中央〔1996〕13号文件和《云南省农民承担费用和劳务管理办法》。在填发顺延土地承包合同的同时，把农民负担监督卡填发给农户，逐步完善保户农民合法权益的监督制度。

……

中共景东彝族自治县委
景东彝族自治县人民政府
关于加快非公有制经济发展的实施意见

（2003年8月13日）

……

二、放宽市场准入和投资领域

4. 依法进行审批。除国家法律、行政法规规定外，任何部门对非公企业的设立不得实行前置审批。部门规章和行业管理规定不得作为前置审批条件，要公开办事程序，减少审批环节，提高服务效率。

5. 降低设立成本。降低公司制企业注册资本金限额，资本金不能一次到位的，可分期注入，首期注入资本金可放宽到注册资本金的10%，允许人力资本、智力成果等无形资产经有资质的中介部门计价入股；清理注册登记收费项目，除工本费和法定收费外，一律不得收取其他费用。

6. 统一行业准入。除国家法律、法规明令禁止外的行业、领域及商品，均允许各类民间资本经营，鼓励非公企业投资教育、医疗、卫生、体育等行业；参与山区、农业产业化等综合性开发和能源、交通、水利等基础设施，以及市政工程建设的投资经营；凡对外开放的行业，投资领域均对非公企业开放；对非公企业利用自有资金和贷款投资建设的一般基建项目，不再进行投资审批；超出限额的，实行备案制。

7. 放宽进出口经营资质。达到国家规定标准和注册资本金在50万元以上人民币的非公企业，即可申请和办理自营进出口权，并在对外经贸业务及出口退税、配额分配、外经贸发展促进资金的使用、出国考察和商务活动、出口退税账户质押融资等方面，享受与国有企业同等的待遇。

三、实行税费优惠鼓励政策

8. 实行税收优惠政策。提高个体工商户和其他个人的增值税起征点：销售货物的由原规定月销售额2000元提高到5000元；销售应税劳务的由原规定月销售额800元提高到3000元；按次纳税的由原每次（日）80元提高到每次（日）200元。提高个体工商业户和其他个人的营业税起征点：按期纳税的，由月营业额800元提高到1200元；按次纳税的，由每次营业额50元提高到100元。新办企业、确定为农业产业化的重点龙头企业和兼并收购国有、集体企业的非公企业，自新企业生产经营之日起，免征企业所得税3年，免税期满后至2010年期间，减按15%的税率征收企业所得税。外省、地、县来景东县投资企业凡符合注册资本金中省外投资占51%以上或省外投资额在500万元以上条件的，享受我省权限范围内与外商投资企业的优惠政策。为非公经济贷款提供担保的担保机构，担保收费低于同期银行贷款利率50%、担保业务收入超过企业总收入50%的，自营业之日起，免征企业所得税3年，免税期满后至2010年，减按15%的税率征收企业所得税。企业研究开发新产品、新技术、新工艺所发生的各项费用和对社会公益性事业的捐款，允许在缴纳企业所得税前扣除。

9. 实行收费优惠政策。非公企业可享受国家和省的国有、集体企业收费优惠政策，兼并和收购国有、集体企业的，享受省深化国有企业改革的各项收费优惠政策。非公企业有偿开发国有、集体未利用土地，从事林业、种植、养殖业及其辅助设施建设的，从签订出让、承包、租赁合同之日起，返还头5年土地出让金、承包金或租金。农用地转用、土地征用涉及的费用应依法测算。对非公有制企业兼并、收购国有、集体企业的，享受省国有企业改革中土地资产处置的优惠政策。新办市场自开业之日起，1年内免收各种行政事业性收费，凡进入新办市场的经营者2年内免收各种行政事业性收费。

10. 实行税收由财政补助和奖励政策。所有非公企业缴纳的地方税收5万元以上的，比上年增长部分由财政返还30%。凡在景东县投资500万元以上的非公企业，从企业开始经营的年度起，经批准3年内缴纳的营业税、增值税地方分享部分和所得税地方分享部分由同级财政扣除体制上解部分后补助给企业。非公企业投资新办确认为高新技术企业的，从开始经营起3年内所缴纳增值税中的地方分享部分和所得税地方分享部分由同级财政扣除体制上解部分后补助给企业。非公企业从事荒山开发、易地扶贫的，3年内经批准免征农业税和农业特产税。除荒山开发、易地扶贫外，利用非耕地办的农业开发项目，从有收入的年度起3年内，所缴纳的农业特产税由同级财政扣除体制上解部分后补助给企业。对非公企业当年吸纳国有、集体企业下岗职工超过本企业从业人员总数30%，并签订2年以上劳动合同的，经批准，可在3年内将所缴纳的企业所得税地方分享部分由同级财政扣除体制上解部分后返回给企业。凡开发生产有利于节约能源和保护环境的企业，享受国家有关税收优惠政策。

四、加大资金扶持力度

11. 补充专项扶持资金。从今年起3年内，县财政每年安排50万元资金，补充景东县非公经济专项扶持资金；各乡镇财政也要逐年安排一定数量的专项扶持发展资金，并列入预算，主要用于建立非公经济信用担保体系。

12. 积极支持信用担保体系的建立和完善。尽快建立起景东县非公经济或中小企业信用担保体系的基本框架。在景东县注册的担保公司资本金达到500万元的，即可登记注册。要支持社会团体、行业协会、自然人等牵头出资组建多元化、多层次、不同类型的担保机构。企业贷款中涉及的资产抵押和产权登记收费，一律按下限收取。金融机构要加大对产品有市场、有效益、诚实守信企业等非公经济的借贷支持力度。政府和有关部门要积极向上争取资金，用于扶持非公经济的发展。

五、保障企业发展用地

13. 满足用地需求。非公企业用地要统一纳入当地土地于发和年度用地计划，要满足企业在新建、改造和扩建中向合理用地需求。其土地使用的审批程序、税费缴纳要与国有、集体企业一视同仁。

14. 降低用地成本。对需以出让等有偿方式提供用地的，属房地产开发等经营性用地应通过招标、拍卖和牌出让方式取得，属国家和省鼓励的投资项目，在出让金等方面给予优惠，即：200 万元以下的投资项目，出让金扣除征地成本费给予优惠 50%；200 万 ~500 万元的投资项目，出让金扣除征地成本费给予优惠 75%；投资 500 万元以上的项目，只收取征地成本费；投资额在 5000 万元以上的项目，所需土地费用由县政府承担。凡符合《中华人民共和国国土资源部划拨供地目录》（国土资发〔2001〕9 号）的城市基础设施、科技、教育、文化、卫生设施等社会公益性项目及国家和省鼓励投资的生产项目用地，可按划拨方式提供。对有偿获得土地使用权的非公企业，土地出让金中的政府收益部分，可采取两种方式支付，一是挂账付息；二是分期付款，即办证时支付 10%，其余在 5 年内付清。对原集体企业、乡镇企业改制为非公有制企业的，只要土地用途不发生改变或土地使用权不发生转让、出租、抵押等行为的，可维持原有的用地方式，改制时不办理土地征用和转用手续。改制后土地用途改为经营性用地的或土地使用权发生转让、出租、抵押等行为的，应依法办理土地征用、出让等有关手续。对非公有制企业租用的集体建设用地，在不改变土地用途的前提下，经当地农村集体经济组织同意，可办理有关手续。

15. 简化用地审批。对非公企业提交的用地申请和土地使用权处置方案，国土资源管理部门要在 5 个工作日内决定是否受理；符合条件的在 15 个工作日内完成审批或上报手续；获得土地使用权、申请办理登记手续的，在 30 天内完成登记发证工作。

六、保护经营者的合法权益

16. 规范经营行为。非公企业要切实加强管理，努力提高企业素质，严格按照国家有关法律、法规和政策规定开展生产经营活动，自觉遵守市场规则，安全生产，诚信经营，依法纳税。有关部门要密切配合，加大市场经济秩序整治力度，坚决取缔无证照经营，打击制假售假、坑蒙拐骗、逃税骗税等违法违章和损害消费者权益行为，保护合法经营，维护公平竞争。

17. 改善法治环境。根据公平、公正原则，进一步制定和完善保护非公企业合法权益的地方性法规和政府规章。对非公企业在发展过程中出现的问题，坚持以教育为主，尽量用经济和行政手段解决。公安机关要加强对非公企业生产经营场所的社会治安管理，政法部门要严厉打击危害非公企业生产经营秩序、侵犯非公企业家合法财产和人身安全的违法犯罪行为，对涉及金额大、影响恶劣的案件实行挂牌督办；加强执法队伍建设，积极公正地受理涉及非公企业的案件，维护司法公正。

18. 实行挂牌保护。努力为非公企业创造宽松的发展环境，在景东县投资 100 万元以上或年纳税额在 10 万元以上的非公企业和列入省、地的重点非公企业，由县监察部门实行挂牌保护。行政部门和执法部门对非公企业的检查必须经同级监察部门同意后进行。

19. 加强执法监督。要把服务改革、发展和稳定大局作为政法工作的出发点和落脚点，积极为非公经济发展提供法律支持。政法机关对非公企业法定代表人需采取强制措施或对非公企业、企业法定代表人的财产进行扣压或查封，若涉及年纳税额在 10 万元以上的非公企业和县确定的重点非公企业，必须报县委政法委协调同意后执行；其他行政部门对非公企业及其法定代表人的经营权及财产进行扣压或查封，必须报送县监察部门同意后执行。

七、坚决整治“四乱”行为

20. 强化监管。调整充实县治理整顿“四乱”和投诉工作机构，负责全县治理整顿乱收费、乱罚款、乱摊派、乱检查工作的指导、督促、协调。县乡两级各有关部门每半年必须开展自查自纠，并向同级党委、政府书面报告。

21. 规范收费。按照“谁主管，谁负责”的原则，对全县涉及非公经济的收费项目进行全面清理，凡省以下制定的收费项目一律取消，统一收费项目、收费标准，并向社会公布，不在公布范围内的收费项目，任何部门不得收取；对必须的收费项目，一律按下限收取；严格执行收费登记卡制度。

22. 减少检查。严禁对非公企业进行重复检查，同一部门对同一企业的同一项目例行检查，原则上一年不能超过一次，检查必须持有县以上部门领导签署的检查文件或证件。

23. 严管罚款。各级政府不得对所属部门、上级单位不得对下级下达罚款指标。各行政执法部门依法对个体工商户和非公企业罚款时，必须开具由国家或省级财政统一印制的票据。所有罚款，一律实行“部门开票、银行收款”制度，统一上缴财政，不得对行政执法部门实行提留、分成、返还或奖励。

24. 杜绝摊派。严禁任何职能部门和个人利用职权强行安排非公企业接待或报销不应由经营者开支的费用；严强行向非公企业推销商品、定点购买物品、订购报刊杂志和强制非公企业开展达标、评比、竞赛活动；严禁强制非公企业参加学术研讨会和收费性质的业务培训班；严禁强行向非公企业拉赞助、拉广告；严禁搞搭车收费。

25. 追究过错。实行治理“四乱”部门领导责任制，各部门主要领导对本部门发生的“四乱”行为负主要责任。对有令不行，违反本《意见》的执法人员，一经查实，要调离原岗位，性质严重的给予除名；凡出现 3 次以上违规行为的部门，主要领导必须向党委和政府作出检查，给予党纪政纪处分，性质严重的，给予部门领导降职或撤职处分。

26. 加强社会监督。实行社会评议部门行风制度，各级人大、政协要把政府职能部门的服务、行政执法部门的执法行为纳入对部门行风评议和领导干部述职评议内容。设立“四乱”治理整顿办公室，每年组织非公企业对政府职能部门的履职行为进行民主公开评议，评议结果向社会公布，对满意率低的部门主要领导要进行调整。

八、强化政府服务职能

27. 健全社会保障。加快把养老、失业、医疗、工伤、生育等社会保险的覆盖面扩大到非公经济，保证其从业人员享受国家统一的社会保障待遇，确保员工的合法权益不受侵犯。从国有、城镇集体企业中退出，从事个体经营、创办非公企业或到个体工商户和非公企业就业的人员，按规定交纳社会保险费后，交费年限可连续计算，档案由劳动、人事部门或中介组织托管。

28. 提供综合服务。外来非公企业和个体工商户经营者子女入托、入园和接受义务教育，凭营业执照给予享受本地居民的同等待遇，其收费严格执行国家有关规定，不得擅自或变相提高收费标准。入幼儿园的，由家长选择入园；入小学、初中的，凭营业执照由县教育局统筹安排，在投资所在地（居住地）全日制公办中小学就读。需要选择学校的，收取择校费。对择校费实行优惠，非公企业投资额在 50 万元以上，年纳税额在 10 万元以上的，免收择校费，投资额在 25 万元以上，年纳税额在 5 万元以上的半价收取择校费（教育部门以工商行政管理部门和税务部门出具的证明为准）。申请入学的程序：外来非公企业经营者子女确需在投资所在地（居住地）接受义务教育的，由家长持相关有效证明（营业执照、原户籍所在地县级教育行政部门同意转学意见），向居住地教育行政部门提出入学申请，手续完备即可安排就读并建立临时学籍。已取得景东县常住户口的，其子女就读普通高中的，如原就读学校同意，可向教育局申请办理有关成绩核转手续，经同意可在景东县就读普通高中，并取得高中学籍；户籍不在景东县的非公企业经营者子女，需在景东县就读普通高中的，经同意可借读，收取借读费，高考按当年的招生政策办理。户籍管理按思署发〔2002〕31 号文件办理。

29. 建立县乡有关领导挂钩联系私营企业制度，为私营企业排忧解难。建立非公经济发展目标责任制，对县乡年度非公经济发展实行目标考核，并作为党政领导干部政绩考核的内容之一，对促进非公经济发展有突出贡献的单位和个人要给予表彰和奖励。

……

中共景东彝族自治县委
景东彝族自治县人民政府
关于深化林业产权制度改革的意见

（2006 年 7 月 17 日）

……

三、深化林业产权制度改革的范围和内容

（六）改革的范围

1. 全县集体林中的商品林。对已明晰权属的自留山、责任山，实行家庭承包经营的经济林，国有、外资、民营企事业单位和个人依据合同租赁集体林造林的林木，应予稳定。对经县级以上县政府规划界定的集体林中的生态公益林和纳入天然林保护工程区的集体林，暂不列入本次改革范围，但应换发林权证。对有争议的集体林，通过协商能够明确权属的，可以进行改革；一时难以解决纠纷的，暂不列入本次改革的范围。对于重要水源地集体林的经营或处置，应征询当地水政主管部门的意见，或由县政府直接确定为生态公益林。

2. 全县国有林中的部分商品林。

3. 全县部分生态公益林。

（七）改革的内容

1. 落实集体林经营主体的“四权”。

——明确林地使用权。明确不论是自留山还是分户承包经营的责任山，其林地的所有权属于集体所有。自留山林地的使用权归个人，实行“生不增，死不减”，长期使用。责任山的林地在承包期内使用权归承包人，林地使用者必须与林地所有者签订有偿使用承包合同。在坚持林地用途不变和规范的前提下，林地使用权可以放活流转。

——明确责任山林木的所有权。通过量化明细，将责任山林木及其附属物的所有权落实到户、联户或其他经营主体。

——明确责任山林权所有者对林木的处置权。对责任山林木及林下附作物的经营形式和处置方式，由林木所有者自行决定。

——保障责任山林木所有者的收益权。分户经营的农户对自己拥有使用权的林地和拥有所有权的林木，其经营、处置、流转等所取得的合法收益，政府依法予以保护。

3. 建立国有商品林的管理体制和经营机制。建立林地、林木流转中介机构，规范流转程序。深化国有森工企业改革。

4. 建立生态公益林管理体制和经营机制。

四、相关政策

（八）深化林权制度改革，必须遵循《森林法》《土地管理法》《农村土地承包法》等有关法律法规及党在农村的各项方针政策。

1. 对已明晰权属的自留山应换发林权证。对集体林中的责任山，已经分山到户实行家庭承包经营的，经村民大会讨论认可的，则不再变动，经确定面积和界线，即可确权发证。

2. 凡属本次确认承包经营的集体林，承包期顺延 50 年。50 年内林地归业主使用，林木归业主所有，允许继承。

3. 有林权纠纷的先解决纠纷。本县与相邻州市之间的纠纷由市、县配合省有关部门解决；本县与市内县之间的纠纷由县配合市有关部门解决；县内乡镇之间的纠纷由乡镇配合县有关部门解决；村与村之间的纠纷由村配合乡镇有关部门解决；组与组、农户与农户之间的纠纷由村、组配合解决。凡是有纠纷的林地，界限的确定必须经过双方认可，改革后要基本实现图、证、实地相符，四至界线清楚。纠纷未解决的暂不进行林权制度改革。凡有纠纷的林区不安排木材生产指标，任何集体、单位和个人不得占为己有，违者将依法追究有关人员的责任。

4. 图证不符或图证与实地不符的，以原林业“三定”发证时所确认的四至界线为准，重新核定面积，签订承包合同书，依据合同进行林权登记，核发林权证。

5. 搬迁户的林地、林木处理。属于政府易地扶贫开发和工程移民等原因实施举家搬迁的农户，应按照搬迁时的政策，结合迁入地的实际，由当地政府处理。属于自行搬迁或婚嫁、出生的人员，按照“三定”发证时的规定，原则上“生不增，死不减”。

6. 承包集体商品林有偿使用。集体商品林地使用费标准为每年每亩收取 3 元，每年缴纳一次；集体林木资源补偿费标准为每立方米 30 元，在实施商品性采伐时一次性缴纳。收取的林地使用费和林木资源补偿费，村民小组占 80%，村民委员会占 20%，主要用于村、组的公益事业建设。自留山划为公益林的集体林，不收取承包费；划为天保工程区的集体商品林，在实施天保工程项目期间不收取承包费。参与承包经营的人口基数，原则上应以林业“三定”时的人口数确定；经村民会议或村民代表会议同意，也可以 2005 年末的在册人口数确定。

7. 改进木材采伐指标的分配办法。对实行承包经营的集体林，由乡镇编制森林经营方案，林木的采伐指标按森林经营需要和生产实际，分年度分配落实到林木所有者。

（九）建立新型的林业合作经营体系。在落实集体林责任山经营者的“四权”后，要积极引导林农在明晰产权、自主自愿和明确利益分配的基础上，采取家庭联合、委托经营、股份制等形式，组建新的林业经营实体，以提高抵御自然灾害和市场风险的能力。对已经建立的股份制林场应予以健全和完善。积极支持和鼓励林农以租赁、合作等形式，引进大公司、大集团建基地，发展“公司+基地+农户”的产业化经营。鼓励林农建立多种形式的合作经济组织和专业协会，提高农民进入市场的组织化程度。

（十）建立规范的林业要素市场。依照有关政策法规，制定林地使用权和林木所有权流转的实施程序和具体办法，培育林业要素市场，组建资产评估中介组织，发布交易信息，进行资产评估，在林地用途不变的前提下，根据林业生产的需要，开展林地和林木的合理流转，实现规模经营。

（十一）建立新型国有商品林管理体制。国有商品林通过资产中介评估，公开拍卖形成新的经营主体。建立与市场经济体制相适应的经营管理体制。对原有国有森工企业要按照政企分开的原则把森林管理职能从森工企业中剥离出来，由国有林管理机构代表国家行使并履行出资人职责，享有所有者权益。将企业所属国有林场界定为生态公益型林场和商品经营型林场。生态公益型林场以保护和培育森林资源为主要任务，按公共事业部门严格管理，费用由同级政府支付；商品经营型林场要放开放活，按市场机制运作，自主经营，自负盈亏，实行灵活多样的经营形式，努力提高经济效益。

（十二）建立生态公益林管理体制。生态公益林实行分级管理的原则，重点生态公益林由国家管理，一般生态公益林由地方管理。县上要成立生态公益林管理机构，明确所有权属，纳入公共事业管理，所需资金按行政隶属关系由同级财政承担。

……

中共景东彝族自治县委
景东彝族自治县人民政府
关于推进社会主义新农村建设的实施意见

（2007 年 3 月 5 日）

……

二、明确建设社会主义新农村的总体任务

……

（五）主要目标：总的要求是力争通过 15 年左右的努力，把景东县大多数的自然村建设成小康、文明、生态、和谐的社会主义新农村。要结合景东县实际，把新农村建设分为脱贫、温饱向小康迈进、小康向富裕迈进三个阶段和山区、半山区、坝区三个层次，统筹研究，搞好规划，分步实施。从 2007 年起，县级财政每年预算安排一定的资金用于社会主义新农村基础设施建设的配套资金，今后视财力情况争取逐年增加，稳步推进新农村建设。到 2020 年，目前已稳定解决温饱的农户，人均纯收入 6000 元以上；目前尚未解决温饱的农户，“十一五”期间首先解决温饱，继而人均纯收入达到 4000 元以上。“十一五”期间，要以村民小组或自然村为单位，根据坝区、山区等不同情况，因村举措，重点抓好 600 个典型示范村建设。到 2010 年，示范村建设取得显著成效，其中条件较好的 114 个典型示范村要全面达到小康、文明、生态、和谐的新农村建设目标。

（六）主要任务：“十一五”期间，景东县建设社会主义新农村的主要任务是努力做到“五通六好”。

“五通”即通水：群众能喝上安全、卫生的自来水，农村自来水普及率达到 70%以上，全县水利化程度达 40%；通路：出境公路进一步改善，县乡公路实现路面硬化，乡村公路等级提高，城市公共交通辐射到村；通电：加快农村电网改造，实现城乡同网同价；通电话：固定、移动电话辐射到广大农村，实现农民能上宽带网；通广播电视：广播电视覆盖率达 98%以上，扩大有线电视的覆盖面，广电光缆覆盖的地方实现与县城有线电视联网。

“六好”即产业培植好：加快农村经济结构调整，推进农业产业化经营，大力发展产业经济，实现每个乡镇有 2~3 个产值上千万元、每个村有 1~2 个产值上百万元、每个组有产值上十万元、每户农民有收入近万元的支柱产业，农民人均纯收入达 2420 元；房舍改建好：搞好村寨规划，因地制宜建设各具民族风情和地域风情的农民居住房，建设沼气、改圈舍，利用太阳能，实现房屋美化、庭院硬化绿化、畜禽圈舍规范化；乡风塑造好：加强农村精神文明建设，用先进文化占领农村阵地，开展文明村组、星级文明户评选和丰富多彩的文体活动，倡导健康、文明、科学的生活方式，乡镇有文化站，村组有文体活动室（场），有业余文化演出队，有地方特色的表演节目和传统体育项目，实现农村邻里和睦、互帮互助、遵纪守法、积极向上的新风尚；环境整治好：重点开展以改路、改水、改灶、改厕、改圈和治理人畜混居、柴火乱堆、垃圾乱倒、污水乱流、畜禽乱跑为主要内容的村容村貌整治，实现进村道路硬化，村寨绿化；农民培训好：加强基础教育和职业技术教育，大力开展农村先进技术培训，造就守法纪、有文化、懂技术、善经营的新型农民，突出培养“农村能人”，实现适龄青少年享有 9 年免费义务教育，农村有科技带头人，农户有科技明白人；班子建设好：加强基层组织建设，充分发挥党员、基层组织的先锋模范作用和战斗保垒作用，加强基层民主政治建设，实现基层管理民主的法制化、制度化、规范化。

三、实施八大工程

（七）产业建设和农民增收工程。一是始终抓好粮食生产，稳定粮食播种面积，推广粮食增产措施，保持粮食稳定增产，保障粮食安全。二是加快发展林产业、畜牧产业、蚕桑产业、蔗糖产业、烟草产业、茶产业和生物资源开发创新产业，促进农业产业化进程，强化科技创新，改革体制机制，全面提升农业产业化经营水平。力争到“十一五”末，实现林业产值7亿元，畜牧业产值5亿元，蚕桑产业产值3.5亿元，蔗糖业产值1.2亿元，烟草业产值1亿元，茶业产值3亿元，生物资源产值1亿元。坚持产业化发展方向，进一步整合资源，加大对农业龙头企业的扶持力度，以更加优惠的政策和宽松的环境，引导外地资本进入景东县农村种养及加工和销售各个领域，培育一批龙头，建设一批基地，发展一批产业，力争到“十一五”末，培育4户产值超亿元、5户产值超千万的农业龙头企业。认真落实中央关于促进农民增收的各项政策措施，落实对农民的“三减免、三补贴”和退耕还林补贴等政策，落实重大农业技术推广专项补贴，扩大粮食直补、良种和农机具购置补贴的实施范围，完善对化肥、燃油等农资的直接补贴制度。落实减轻农民负担的各项政策，加强对农民负担的监督管理。充分挖掘农村内部的增收潜力，发展品质优良、特色明显、附加值高的优势农产品，实现农业提质增效。大力发展农村劳务经济，引导和促进农村富余劳动力向非农产业和城镇有序转移，增加农民的务工收入。

（八）基础建设和环境保护工程。加强以农田水利建设为重点的农业基础设施建设，实施“沃土工程”，巩固高稳产农田地建设成果，坚持工程、生物和农艺措施相结合，进一步改造中低产农田地和坡地。加强中小型水利工程及配套设施建设，发展节水灌溉，增加有效灌溉面积。切实保护基本农田地，严禁乱占滥用基本农田地。加快农村公路建设。提高县乡公路等级和乡村公路通畅率，进一步改善农村交通条件。加快中、小水电开发步伐，完善农村电网改造，切实解决山区、半山区农村用电难的问题。继续实施广播电视、电话“村村通”工程，重点抓好“金农工程”和农业综合信息服务平台建设。加强农业生态环境保护，发展循环农业，大力推广节约资源和保护环境的农业技术。加强以环境治理为重点的农村生态建设，重点实施江河及荒山、荒坡综合治理。调整农村能源结构，大力发展沼气、太阳能等替代能源，逐步减少对森林资源的依赖和消耗。继续推进封山育林、退耕还林和天然林保护工程建设，加强自然保护区管理，有效管理森林资源，搞好水土保持，提高抵御自然灾害的能力，促进农业可持续发展。

（九）扶贫攻坚工程。继续加大扶贫攻坚力度，到2010年，新解决8.8万绝对贫困人口的温饱问题，帮助12.9万低收入人口稳定脱贫，实现基本解决现有贫困人口温饱问题的目标。坚持以改善生产生活条件和增加收入为重点，坚持开发式扶贫和贫困人口直接受益同步进行，解决温饱和巩固温饱同时推进，区别不同贫困区域类型，明确工作目标，落实扶贫责任，创新扶贫机制。积极实施“一体两翼”战略，通过集中力量和整合扶贫资金，加大整村推进力度，提高扶贫开发效率。加快安居工程建设步伐，积极稳妥地推进易地扶贫开发。抓好贫困山区劳动力培训和转移，“十一五”期间要培训和转移贫困山区劳动力4万人。加强和巩固温饱奔小康示范村建设，加强定点、挂钩扶贫和对口帮扶，大力推进科技、文化、教育、卫生扶贫，增强贫困山区自我发展能力。

（十）社会事业发展工程。加快农村社会事业健康发展，是建设社会主义新农村的必然要求。坚持科教兴农战略，全面加强农村义务教育，不断提高劳动者素质。加大力度扶持山区教育，逐步改善农村办学条件，确保义务教育的普及和巩固，使农村90%以上适龄青少年享有9年免费义务教育。实施新型农民科技培训工程，加大绿色证书培训力度，加强先进实用技术培训和农业科学知识普及，培养有文化、懂技术、会经营的新型农民，提高农民务农技能。扩大农村劳动力转移培训“阳光工程”的实施规模，大力开发职业技能培训和引导性培训，增强农民转产转岗就业能力。实施文化宣传工程和“两馆一站”建设工程，建立以县城为中心、以乡镇为骨干、以村组为终端的基层文化网络。巩固和健全县、乡、村三级农村公共卫生和基本医疗卫生服务体系，加快推进新型农村合作医疗试点，进一步完善农村疾病预防控制体系，强化主要传染病、地方病和人畜共患疾病的防控。继续实施农业人口独生子女“奖优免补”政策；鼓励少生优生。抓好出生缺陷干预，降低人口出生率，提高人口素质。

（十一）乡风文明建设工程。全面开展精神文明创建活动，塑造农村新风貌，是建设社会主义新农村的重任务。加强农村精神文明建设，认真实施《公民道德建设实施纲要》，引导农民崇尚科学，抵制迷信，移风易俗，破除陋习，树立先进的思想观念，培养文明、科学、健康向上的生活方式。广泛深入地开展创建“十星级文明户”、文明村、文明乡（镇）等活动，开展法制、科技、文化、卫生“四进村”活动，动员社会力量参与农村精神文明建设，组织各级文明单位、文明行业、文明社区与农村开展结对共建。加强乡镇文化活动中心、村民健身休闲场所建设，积极开展健康有益的文体活动，丰富群众文化生活，建设一批富有民族特色的文化村。

（十二）村容村貌整治工程。创造整洁、舒适、文明的生活环境，是建设社会主义新农村的基本要求。要科学制定村寨建设方案，按照人与环境和谐相处的原则，体现文化内涵，反映区域特色，因村制宜编制规划，以自然村为单位，根据地形地貌、人力财力、村寨历史文化等实际，因势利导，坚持延续传统和改造提高相结合，搞好村庄环境整治，形成自然和谐、各具特色的自然村落和田园农庄。引导农民由分散居住向适度聚居发展，按照农户自愿、规模适度、合理集聚和有利于生产生活的原则，逐步撤并小型村，整理空心村，缩减自然村，搬迁偏远村，形成布局合理的农村居住点。具备条件的地方可推进农民集中居住，建设中心村，促进土地集约、产业集群、人口集中。民宅建设要坚持实用性与美观性、特色性相统一。加快实施“村村通自来水”工程、村街村道硬化工程、村庄绿化工程、道路亮化工程、宽带信息网络延伸工程和通客车工程。当前，要从解决农民最迫切、直接、最关心的问题入手，认真开展改水、改路、改厕、改房、改灶及治脏、治乱、治差的“五改三治”工作，解决好人畜混居以及供水安全、环境卫生、垃圾处理等问题，使村容村貌有明显改观，切实改善农村居民的生产生活条件。

（十三）管理民主推进工程。加强农村民主政治建设，是建设社会主义新农村的有力保障。进一步健全村党组织领导下的村民自治机制，完善村级民主选举、民主决策、民主监督、民主管理的各项制度，制定和完善重要事务决策程序和管理办法，逐步实现基层民主管理的制度化、规范化和程序化。认真执行村务公开、政务公开、财务公开、村两委联席会议、党员议事会、村级重大事项报告制、“一事一议”制、离任审计制和民主评议会等各项制度，真正做到干部村民选、大事村民议、财务村民管。凡涉及村级集体经济收益与使用、发展公益事业、土地承包、宅基地处置和集体经济项目承包等农民群众普遍关心的问题，都要提交村民代表会议讨论，重大事项还要提请村民会议决定。坚持用制度规范农村基层干部行为，增强纪律意识和依法行政意识。推广民主评议村干部制度，建立和完善村干部的激励约束机制，对大多数群众不满意的事情要坚决予以纠正，对民主评议不称职的村干部要按规定程序进行调整。

（十四）平安和谐创建工程。创建平安和谐环境，是建设社会主义新农村的重要条件。深入开展“平安景东”创建活动，加强法制宣传教育，增强农村基层干部和农民的法律意识，形成一个全民知法、守法、用法的社会环境，促进农村法治建设。认真调处解决好因土地承包、移民搬迁、拖欠农民工工资、假劣农资等引发的矛盾纠纷，对需、要法律帮助的贫困农户给予法律援助，切实维护农民的合法权益。加强和改进农民群众的来信来访工作，正确处理人民内部矛盾，妥善调节各种利益关系，化解农村社会矛盾，增进农村安定团结，维护农村稳定。深入贯彻落实党的民族宗教政策，精心维护和促进民族宗教工作领域的团结和稳定。加大农村“禁毒防艾”工作力度，深入开展禁毒专项斗争，全面实施艾滋病防治“六项工程”，扫除社会丑恶现象，净化社会风气。依法打击各类刑事犯罪和农村流氓恶势力犯罪，保护城乡投资者的利益和农民权益，坚决查禁、取缔农村邪教和非法宗教组织。运用法律、行政、宣传教育等手段，狠抓农村治安防范、营造文明平安的农村社会环境。加强队伍建设，探索为农民服务的长效机制，建立健全矛盾纠纷排查调处机制、治安防范应对机制，逐步实行农村管理社区化、治安巡逻保安化、矛盾调处超前化。

四、完善六大保障体系

（十五）统筹城乡发展保障体系。一是要统筹城乡发展规划。按照统筹城乡经济社会发展的要求，把新农村建设纳入当地经济社会发展的总体规划，逐步形成比较完善的城乡规划编制体系和城乡一体的空间规划管理体系，编制《景东彝族自治县社会主义新农村建设规划纲要》，以此总揽县、乡（镇）、村的新农村建设规划，明确全县推进社会主义新农村建设的思路、目标和工作措施。根据城镇与农村、坝区与山区和不同民族地区发展的差异性，在抓紧搞好建制镇、集镇规划编制（或修编）的同时，要搞好村委会所在地的村庄建设规划。乡镇规划要通盘考虑基础设施建设、农业产业布局、农村社会事业和传统文化生态，尊重民意，突出特色，坚持人与自然和谐，注重保护历史文物，体现地方民族特色，不搞千篇一律，合理布局建设、住宅、农业与生态用地，做到科学用地、集约用地。村寨规划要科学预测和确定需要撤并的村庄，合理减少村庄数量，以便进行基础设施建设。村庄建设要因地制宜，分类指导。县城周围的村庄，要结合城市建设规划，建设与城市建设相协调的社区型农民新村；公路沿线、景区周围和坝区经济基础较好的村庄，要按照“路畅、山绿、整洁、民富”的要求，从村容村貌整治入手，加强村庄道路绿化、硬化和庭园美化建设，集中处理垃圾，拆除违章建筑，集中规划新建民房，打造一批规划有序、环境整洁、景观生态、村风文明的示范村；偏远、民族、山区的村庄，要根据其地理位置、生产条件、村风民俗等情况，合理规划，分类指导，鼓励农民集中居住、统一布局，保持原生态风格，突出民族特色、地方特色，努力打造一批具有地方民族特色的旅游村、生态村。二是要统筹城乡发展措施。要坚持“工业反哺农业、城市支持农村”和“多予少取放活”的方针，促进城乡资源的合理流动，加快建立以工促农、以城带乡的长效机制；积极拓展农田水利建设筹资渠道，水资源费的80%用于水利建设，建安营业税征收后返还水利工程；认真落实国有土地出让金纯收益的30%用于农业土地开发的政策；积极探索城乡产业融合。以城乡基础设施共同发展机制为突破口，大力促进城市基础设施向农村延伸、城市公共服务向农村覆盖、城市现代文明向农村辐射，让农民共享工业化、城镇化和现代化带来的实惠，建立城乡互动共进、平等和谐发展的经济社会发展新格局。要探索科技人员深入农业、乡镇企业实行有偿服务的机制，研制开发特色产品，创名牌产品。进一步落实机关事业单位挂钩帮扶贫困村制度，充分发挥城市的辐射带动作用。三是要统筹城乡工作机制。积极探索农村工作新办法、新途径，力求在新农村建设的举措上有新突破。坚持用工业发展理念谋划农业农村发展，创新农村工作机制，促进“三农”工作全面发展。完善政府管理体制，建立“县统筹协调、乡镇主抓、村实施”的工作机制。四是要统筹城乡就业，促进农村劳动力转移。要逐步建立农村富余劳动力就业安排和登记制度，实行城乡统一就业制度；取消对农民工的一切不合理规定和限制，实现农民进城务工在住房、参军、子女入托、入学等方面享受与当地居民同等待遇；有关部门要积极搭桥牵线，为农村劳动力转移提供市场信息，疏通农民工就业渠道，促进农村劳动力转移。

（十六）深化农村改革保障体系。深化以农村税费改革为主要内容的农村综合改革，是建设社会主义新农村的制度保障。坚定不移地把国家和省、市促进农民增收的各项政策落到实处，做到不缩水、不走样，真正让农民得到实惠。按照强化公共服务、严格依法办事和提高行政效率的要求，切实加强政府的社会管理和公共服务职能。积极稳妥地推进乡镇机构改革，切实转变乡镇政府职能，创新乡镇事业站所运行机制。加快农村义务教育体制改革，建立和完善责任明确、财政分级投入、经费稳定增长、管理以县为主的农村义务教育管理体制，深化农村学校人事和财务等制度改革。全面推进“乡财县管乡用”财政管理方式的改革，进一步规范财政转移支付资金管理，建立和完善农村基层政权运转保障机制。坚持最严格的耕地保护制度，加快征地制度改革，加强土地承包管理，及时解决土地承包中的矛盾纠纷，按照“明确所有权、稳定承包权、搞活使用权”和“依法、自愿、有偿”的原则，进一步规范土地流转机制，规范流转合同管理，加快山地流转步伐，促进农业适度规模经营。积极推进农村集体林权制度改革，明晰集体林木所有权，放活经营权，最大限度地调动林农及社会各界造林育林护林的积极性，促进林业健康发展。完善粮食流通体制，推进粮食流通市场多元化。巩固和发展农村信用社改革试点成果，优化经营机制，强化支农服务功能，实现支农政策与农村信用社信贷政策的良性互动。各金融机构在保证资金安全的前提下，新增存款要保证一定比例投放当地，支持农业和农村经济发展。抓紧推进水价、水利工程管理体制和水利投融资体制改革，鼓励通过小型水利设施的承包、租赁、拍卖或股份合作等方式，落实管护责任制。

（十七）农业科技创新和推广保障体系。加快农业科技进步，加大科技推广和普及力度，增强农业发展的科技支撑能力。抓好适应农业技术研究，加快农作物和畜禽良种繁育、动植物疫病防控、资源高效利用和防治污染技术的研发和推广，力争在品种优良化、种养规模化、管理科学化、产品优质化、产品加工标准化等现代农业科技方面取得新突破。加快农业技术推广服务体系的改革和建设，完善农技推广的社会化服务机制。以县、乡农技推广机构为依托，深入实施科技入户工程，加大农业科技成果转化、应用和普及力度，强化科技指导直接到户、良种良法直接到田、技术要领直接到人的科技推广新机制。结合“云岭先锋”工程“三培养”，以思茅市《建设社会主义新农村教育培训丛书》为辅导教材，实施“十万农民科技培训工程”，加大农民科技培训和推广力度，到2010年使全县每户有1~2个科技明白人，80%以上的劳动力掌握2门以上实用技术和市场经济基本知识。积极引进吸收先进技术，开发“名、特、优、新”产品，开拓市场，提高农业效益，到2010年全县粮食作物良种良法推广综合覆盖要达80%以上，科技对农业增长的贡献率提高到50%以上。加大科技示范基地、示范村、示范户建设力度，尽快形成示范网络，增强辐射带动力。深化农业科技创新和推广体系改革，提高农业科研创新力，完善农技推广服务机制，鼓励和支持企业建立农业科技研发中心，建立和完善农业科技创新和农技推广奖励制度，改善农业科技创新投资环境和农技推广环境，建立农业科技创新风险投资机制，加强农业科技资源整合，搞好农业科技成果集成创新，加大科技推广应用力度。

（十八）农村社会化服务保障体系。坚持“以农民为主体、为农民服务”的基本方向，构建面向新农村建设的社会化服务体系。进一步完善农业社会化服务体系，加快形成有利于农业农村发展和农民增收的市场体制，有效组织农民进入社会化大生产、大流通，激发农民走向市场、自主创业的内在动力。加大农产品市场的建设力度，加快建设农产品物流基地和专业物流中心，建立农村现货流通服务体系。加快农业标准化建设，建立健全农产品检测体系，全面提升农产品质量安全。到2010年，使50%以上的农产品通过无公害化农产品认证，10%以上的农产品通过绿色食品认证，5%以上的农产品通过有机食品认证，优势农产品、特色农产品质量安全指标合格率超过90%，促进农产品安全高效流通。按照“边发展、边规范、边提高”和“民办、民管、民受益”的原则，吸收民间资本建立农村社会服务体系，发展壮大农村经济组织，建立和完善各类公共服务组织，为农民提供产前、产中、产后服务。要围绕农产品生产、加工、储藏、运输、销售等环节，大力发展科技服务型、市场营销型及综合服务型的行业协会、农民协会和各类农民专业经济协会，不断壮大经纪人队伍，基本做到乡村主导产业都有行业协会或专业合作协会，切实提高农民进入市场的组织化程度。积极扶持壮大村集体经济组织，推广股份合作制，增强村集体经济组织的经济实力和服务功能，力争用5年的时间，将全县农村80%以上的集体经济组织都改造成新型经济实体。加快乡镇站所等事业单位以及供销社改革，转变职能，完善服务功能。加大信息基础设施建设力度，打造县、乡、村三级农产品市场信息平台，加强市场供求的调研预测，为农民调整种养业结构、进入市场交易、保护自身利益提供及时有效的信息服务。充分发挥信用社支持“三农”发展的主力军作用，继续加快推进农业银行服务“三农”行动计划。大力培育由自然人、企业法人或社团法人发起的小额信贷组织，引导农户发展资金互助组织，规范民间借贷。积极探索和建立农业贷款担保的有效机制，加大农户小额信贷力度，完善农户联保贷款办法，解决农业龙头企业、农村专业经济协会和种养、流通大户贷款难的问题。鼓励各种金融机构根据农村特点，积极开展金融创新服务，鼓励外地资本、民间资本向农村投入，建立有利于新农村建设和发展的融资体系。加快发展多形式、多渠道的农业保险。进一步落实农民减负的各项政策，完善涉农收费“公示制”，加强农民负担监督管理，严肃处理农村义务教育、农民建房、农业生产和经营服务等方面的乱收费现象，健全完善农民减负的长效机制。

（十九）农村社会保障体系。坚持从农村实际出发，逐步加大对农村社会保障的投入力度，建立与农村经济发展水平相适应的“生有所靠、病有所医、老有所养”的农村社会保障体系。积极稳妥地推进与其他保障措施相配套的农村社会养老保险制度，提高参保率，扩大社会保险覆盖面。建立健全农村医疗救助制度，积极扩大新型农村合作医疗覆盖面。逐步建立和完善农村五保户供养、特困户生活救助、丧失劳动能力的贫困人口和灾民救济保障制度，建立自然灾害应急救援制度和畜禽防疫、公共卫生等社会服务保障体系，提高农村的公共福利水平。开展新农村建设试点的村庄，应率先在最低生活保障制度、养老保险、医疗救助等方面进行探索实践，取得经验后在面上逐步推开。建立被征地农民的经济补偿、社会保障、就业服务同步进行的制度。认真落实军烈属优抚政策，积极发展残疾人事业，大力支持和引导社会慈善、社会捐赠、群众互助等社会公益活动。

（二十）农村基层组织建设保障体系。农村基层组织是农村全部工作和战斗力的基础，是推进社会主义新农村建设的政治保障。进一步巩固和扩大保持共产党员先进性教育活动和农村“三个代表”重要思想学习教育活动成果，继续扎实推进“云岭先锋”工程的实施，抓好以创建“五个好”村党支部、“六个好”乡镇党委活动，着力解决农村党组织和党员队伍中存在的一些基层党组织软弱涣散、基层干部作风不实的问题，真正把农村基层党组织建设成带领农民群众建设社会主义新农村的坚强领导核心。切实开展村务公开、财务公开和政务公开，认真落实民主选举、民主决策、民主管理和民主监督的各项制度，让农民群众真正享有知情权、参与权、管理权和监督权，加强村民自治，完善基层民主政治建设。加强基层领导班子、党员队伍建设和党员教育管理，加强基层组织阵地建设，建立党员长期受教育、永葆先进性的长效机制，充分发挥党员“五个带头”的先锋模范作用和党组织“五好”的战斗堡垒作用，增强党在农村基层的凝聚力、战斗力和向心力。抓好村干部的教育培训工作，提高村干部素质。加强共青团、妇女组织建设，加快农村技术协会建设，充分发挥他们在党与群众联系中的桥梁和纽带作用。

……

二、土　司

（一）景东府知府

景东府，设于元至顺二年（1331）二月，清咸丰七年（1857）撤销。知府陶氏，傣族，文井开南人。

1. 传袭及任职时间

元代：阿只鲁（1331—?）→罕旺（? —1382）→明代：俄陶（1382—1397）→陶干（1397—1429）→陶等（1429—1440）→陶瓒（1440—?）→陶洪（? —1516）→陶桀（1516—?）→陶炳（? —?）→陶

龙（？—？）→陶金（？—1582）→陶淞（1582—1591）→陶明卿（1591—1638）→陶玺（1638—？）→陶尔鉴（？—？）→清代：陶窒（1659—1681）→陶秉鉴（1682—1689）→陶溎（1689—1706）→陶大鉴（1706—1731）→陶淳（1731—1757）、陶澄（1757—1781）→陶士槽（1781—1795）→陶应昌（1796—1806）→陶熊（1806—1827）→陶德增（1832—？）→陶琨（？—？）→陶珍（？—1857）

按，据雍正《景东府志》："至元十二年（1275），改置开南州，隶于威楚路。其时，乃土知州即俄陶之祖阿只鲁也"（一说俄陶为阿只鲁之子），1262年蒙古军收景东时，阿只鲁（别名阿只弄、阿只步）之名已见诸史籍，1275年阿只鲁任土知州，至1331年任土知府时，已过59年；从1331年阿只鲁任知府到1382年俄陶继任知府，又过51年，时间跨度长达107年，所以中间似漏一人袭职，但是否为阿只鲁之子罕旺袭任？俄陶又是否为罕旺之子？旧志未记述，有待考证。

2. 辖地

元明两代辖地同前述（详见本志第一编）。清代，据民国《景东县志稿》载："东至者干一百二十里嘉州判界（即今嘉县），东南至者后一百里者乐甸镇沅直隶州界（即今镇沅县），南至猛统者只哨一百二十里播猛、按板、威远界（威远今改为景谷县），西南至戛里村二百四十里浪沧江界，西至保甸巡检司一百五十里云州界（即今云县），西北至羊街二百六十里公郎蒙化界，北至安定铺一百四十里署田蒙化界，东北至火石哨七村镇南州界（即镇南县）。"

3. 参考文献

《明史·云南土司一》："至元中，置开南州。洪武十五年（1382）平云南，景东先归附。土官俄陶献马百六十匹、银三千一百两、驯象二。诏置景东府，以俄陶知府事，赐以文绮袭衣。十八年（1385），百夷思伦发叛，率众十余万攻景东之北吉（者吉）寨。俄陶率众御之，为所败，率其民千余家避于大理府之白崖川。事闻，帝嘉其忠，遣通政司经历杨大用赍白金文绮赐之。二十三年（1390），沐英讨平思伦发，复景东地，因奏景东百夷要冲，宜置卫。以锦衣卫佥事胡常守之，俄陶仍旧职。二十四年，帝以景东为云南要害，且多腴田，调白崖川军士屯守。二十六年命洱海卫指挥同知赖镇守景东，从沐春请也。宣德五年（1430）置孟缅长官司。时景东奏所辖孟缅、孟梳，地方遐远，屡被外寇侵扰。乞并孟梳于孟缅，设长官司，授把事姜嵩为长官，以隶景东，岁增贡银五十两。六年（1431），大侯土知州刀奉汉侵据孟缅地，敕黔国公沐晟遣官抚谕。正统中，思任发叛，官军征麓川，知府陶瓒从征有功，进阶大中大夫。弘治十五年（1502）正月，景东卫云雾黑暗，昼夜不别者凡七日，巡抚陈金以闻。命廷臣议考察，以谢天变。南京刑部、都察院承旨，考黜文武官千二百员。嘉靖中，者东甸称乱，劫景东府印去。土舍陶金追斩其头目，夺印归。景东部皆僰种，性淳朴，习弩射，以象战。历讨铁索、米鲁、那鉴、安铨、凤继祖诸役，皆调其兵及战象。天启六年（1626），贵州水西安邦彦反，率众二十万入滇境，至马龙后山，去会城十五里。总兵官调景东土舍陶明卿率兵伏路左。贼分道并至，官兵御之，贼拒战，势甚锐。明卿乃以象阵从左翼冲出横击，贼溃，追奔十余里。巡抚上功，推明卿第一。景东每调兵二千，必自效千余，饷士之费，未尝仰给公家，土司中最称恭顺。其府治东有邦泰山，颇险峻，土官陶姓所世居也。"

道光《云南志钞》卷七《土司志上·景东直隶厅》："景东府土知府陶增德，其先阿只鲁，元时为开南州管理，统威远及案板、母龙、猛统三甸。明洪武初，大兵至楚雄，阿只鲁子俄陶遣通事姜固宗、阿哀纳款，献象、马、铠仗，并元所给牌、印，诏以开南地置景东府，授俄陶知府事，赐文绮、袭衣、颁印，世其职。十八年，百夷思伦发叛，率众十余万来攻北吉寨，俄陶御之，为所败，率其民千余家避于大理府之白崖川。事闻，帝嘉其忠，遣通政司经历杨大用赍百金文绮赐之，为景东卫。沐英讨平思伦发，俄陶仍旧职，颁赐金带，且镌'诚心报国'四大字褒之。俄陶卒，子陶干袭，遂赐姓陶。干传等，等传瓒。正统中，偕卫兵征麓川、者张、羽牙，杀奉撒等，晋阶大中大夫、资治少尹。瓒传洪，洪传橥，橥游国学，以孝义著。橥传炳，炳传化起（陶龙），化起传金。金未袭时，者东甸土贼来寇，劫印去。金追斩之，夺印回，及袭，以壮勇闻。金卒，子淞袭。嘉靖时，征铁索、米鲁、那鉴、安铨、凤继祖、乌撒诸役，皆以兵从。建立郡学。淞卒，子明卿袭，事母至孝，与母刁氏并以节孝受旌。天启、崇祯间，从征安效良、普名声有功，加三品服。明卿卒，子玺袭，以善事其亲，举孝子。玺卒，子尔鉴袭，年十八，殁于倮贼之难，无子，以明卿弟明弼之子埊袭。国朝开滇，埊投诚，仍授世职。埊告休，子秉鉴袭。秉鉴卒，子澾袭。澾卒，无子，秉鉴弟大鉴袭。土官旧有养廉田，不纳粮。大鉴始请升科，人称其忠。雍正五年，擒土贼刀如正，蒙赐银缎，并荫监生一人。大鉴卒，子淳袭。淳卒，无子，弟澄袭。澄告休，子士檩袭。士檩卒，子应昌袭。应昌卒，子熊袭，熊有罪黜革。道光七年，子增德幼，其叔父烺代理。陶氏在明时，每调兵二千，必自效千余，饷士之费，未尝仰给公家。天启六年，官军征贵州水西安彦，明卿以象阵建功，《明史》载之《土司列传》。我朝雍正间，大鉴及淳俱以军功显，论者以为克绳祖武云。”

明谢肇淛《滇略》卷三《产略》：“景东土官常畜（象）以备宣索。”又卷四《俗略》：“嘉靖丙寅，千户陈祺奉命往景东赐知府陶金金帛。祺善书法，金厚款之，请书匾额。祺醉，墨渖涴其金袍。金恚甚，以蒙肚毒之。归，发狂死。”

明田汝成《行边纪闻·云南》：“诸夷之魁，则元江、武定、景东、丽江、姚安、北胜、邓川、沾益并以兵力称雄，向背披靡。”

（二）景东府知事

景东府经历司，设于明洪武十六年（1383），清咸丰三年（1853）撤销。知事姜氏，汉族，镇南州（今南华县）人。

1. 传袭

明代：姜固宗→姜嵩→姜钺→姜源→姜廷璧→姜文→姜述望→清代：姜启滨→姜显望→姜启武→姜继申→姜增→姜之岐→姜之嵘→姜兴周

按，据《土官底簿》载，明洪武十六年（1383），总兵官拟以杨钧（即杨大用）任景东府经历司知事，未几迁任。把事姜固宗因军功显赫，授知事世袭。宣德五年（1430），授姜固宗之子姜蒿猛缅长官司正长官，后以土府缺员办事，改授经历，世袭土知事。末任姜兴周，咸丰三年（1853）死，世职替。土知事署建于陶府右侧。

2. 辖地

随土府管理。即：东至者干一百二十里礌嘉州判界，东南至者后一百里者乐甸镇沅界，南至蒙统者只哨一百二十里播猛、按板、威远界，西南至戛里村二百四十里澜沧江界，西至保甸巡检司一百五十里云州界，西北至羊街二百六十里公郎蒙化界，北至安定铺一百四十里雀田蒙化界，东北至火石哨七村镇南州界。

3. 参考文献

道光《云南志钞》卷七《土司志上·景东直隶厅》：“土知事姜之嵘。其先姜固宗，镇南州人。明洪武初，以把事随阿哀等赍故元所授土官俄陶金牌、印信诣军前纳款，寻以象、马入贡，又从都督冯城攻礌嘉，擒土酋刀猛温有功，赐冠带。卒，宣德二年，固宗子嵩进京朝贡，授猛缅正长官，寻改本府知事。嵩传钺，钺传源，源传廷璧，廷璧传文。嘉靖中，率夷兵从征凤继祖有功，具题奖赏。卒，子可久，先以岁贡仕为四川教谕，以其子述望袭。天启三年，督夷兵一千赴省防守，殁于军。姜氏世为土府首领，凡发土府象兵，皆以姜氏督之，而可久能以文学仕，入祀忠孝祠，可谓贤矣。国朝平滇，述望子启滨投诚，仍授世职。卒，无子，以叔父显望袭，述望之弟也。显望传启武，启武传继申，继申传增，增传之岐。之岐卒，无子，嘉庆七年，弟之嵘袭土知事之职。原随土府管理民事，自康熙四年改土归流后，惟听流官调遣。雍正五年，征威远、镇沅逆贼。雍正十年，征茶山土酋刀国兴，俱委启武管理军粮，议叙加级，具载案册。”

《新纂云南通志》卷一百七十三《土司考一》：“土司中属夷族者固多，属汉族者亦不少。景东土司姜固宗，为本省镇南人……”

（三）保甸巡检司

保甸巡检司，设于明宣德十年（1435）七月，清同治三年（1864）十一月撤销。巡检陶氏，傣族，景东人。

1. 传袭

明代：陶暹→陶华→陶忠→陶辅→陶煌→陶谅→陶用→陶昌→陶国臣→清代：陶承宣→陶增→陶舜举→陶瑜→陶自渊→陶仲选→陶镇→陶翊廷→陶元品

按：巡检司土巡检，从九品，主缉盗贼，盘诘奸伪。土巡检司署在今漫湾镇保甸村，宅第在今锦屏镇景范村。

2. 辖地

据民国《景东县志稿》：“东至无量山三十里，南至猛猓二百八十里威远界，西至浪沧江十五里云州界，北至羊街渡六十里公郎蒙化街。”

3. 参考文献

《明实录·英宗实录》：“宣德十年（1435）七月丙申……设云南景东府保甸巡检司，置巡检一员，从土官知府陶瓒等奏请也。”

明天启《滇志·羁縻志·土司官氏》：“陶暹，本府人。初为头目招冈。宣德中贡象人京，铨保甸巡检。又从征马龙他郎甸、者章、羽牙寨，累功县丞。后世，世为巡检。陶氏奉调出师，暹之子孙咸在焉。今沿至陶国臣，护印听袭。”按，“招冈”即副头目。

清道光《云南志钞》卷七《土司志上·景东直隶厅》：“保甸土巡检陶镇，其先陶暹，景东乡人。明宣德中，充土府头目，贡马赴京，授巡检。正统元年（1436），设巡检司于保甸，隶景东土府。从征他郎、者张、羽牙寨有功，升县丞，仍管司事。传子华，递传至承宣。国朝平滇，承宣投诚，仍授世职。卒，子增袭。增卒，子舜举袭。舜举卒，子瑜袭。瑜卒，子自淑袭。自淑卒，子仲选袭。仲选卒，嘉庆十六年（1811），子镇袭。保甸旧隶土府。明时，陶氏奉调出师，土巡检皆从。嘉庆元年，威远倮贼滋事，仲选奉调，率土练防堵戛里、蛮乐，擒解奸细王应梦，总督富纲赐袍套嘉奖之。”

《新纂云南通志·土司考三·景东直隶厅》：“保甸土巡检……传子华。递传至承宣。清初平滇，承宣投诚，仍授世职。卒，子增袭。增卒，子舜举袭。舜举卒，子瑜袭。瑜卒，子自淑袭。自淑卒，子仲选袭。仲选卒，嘉庆十六年，子镇袭。镇死，长子翊廷袭。翊廷死，子元品道光二十六年（1846）袭。”又：“陶元品，景东人。世袭土巡检。同治三年（1864），西匪犯景东，元品率练勇御于厅之关庙硐；十一月二十三日，兵溃阵亡。”

（四）三岔河巡检司

三岔河巡检司，设于明弘治十四年（1501）润七月，清咸丰年间撤销（具体时间不详）。巡检杨氏，彝族，今锦屏镇灰窑村板桥组村民。杨胜，宣德年间（1426—1435）充任陶氏土府把事，随陶府征叛贼有功，授陶府冠带把事。弘治十四年设三岔河巡检司，陶府保举杨胜之子杨详为土巡检。

1. 传袭及任职时间

明代：杨详（1501—1528）→杨銮（1528—1543）→杨鹤承（1543—1582）→杨立程（1582—1627）→杨国翰（1627—1631）→杨鸿绪（1631—1659）→清代：杨鸿仁（1659—?）→杨承文（?—1693）→杨可昌（1693—1737）→杨傅（1737—1752）→杨起彬（1752—1797）→杨天池（1797—?）

按：土巡检署、宅第初置于今文龙乡三岔河村境，后迁至今安定乡鼠街村。

2. 辖地

据民国《景东县志稿》："东至火石哨七十里镇南州七村界，南至新站三十里灰窑界，西至无量山五十里保甸土巡检界，北至安定铺二十里旧定边县界。"

3. 参考文献

《明实录》："弘治十四年（1501）闰七月己巳……改设云南景东府三义（岔）河哨房为三义河巡检司。"

清道光《云南志钞》："三岔河土巡检杨天池，其先杨胜，板桥村人。明宣德中，充土府把事，正统五年（1440），随土府进征叛贼有功，授土府冠带把事。卒，子详袭。寻因三岔河哨土贼出没，又一碗水、瓦窑坡二哨当寇贼之冲，土知府陶洪请设巡检司防守，从之。以胜子详为土巡检，专任司事。卒，子銮袭。銮卒，子鹤承袭。鹤承卒，子立程袭。立程卒，子国翰袭。崇祯元年（1628），从征安效良有功，加衔守备。四年（1631），从征普名声，殁于军，子鸿绪袭。鸿绪卒，弟鸿仁袭。国朝平滇，鸿仁投诚，仍授世职。卒，子承文袭。承文卒，子可昌袭。可昌卒，子傅袭。傅卒，子起彬袭。起彬卒，嘉庆二年（1797），天池袭。"

（五）板桥驿丞

板桥驿，设于明洪武二十一年（1388），咸丰五年（1855）撤销。驿丞云氏，彝族，景东人。板桥驿，明初设于今锦屏镇灰窑村板桥组，后迁至今文龙乡龙街村境。

1. 传袭及任职时间

明代：阿赛（？—1466）→阿哀（1466—？）→阿徐（？—？）→云汉（？—？）→云沧（？—1585）→云必高（1585—1600）→云腾（1600—1659）→清代：云联极（1659—1694）→云振宗（1694—1725）→云仍（1725—1750）→云嵩（1750—1779）→云灿南（1779—1820）→云现龙（1820—1855）→云锦（1855—1857）

按：驿丞，未入流，掌邮传迎送。

2. 辖地

据民国《景东县志稿》："东至后山岭十里本厅海村界，南至镇彝哨十五里，西至回黑山村前山界十里，北至猪街二十里。"

3. 参考文献

明正德《云南志》卷七《景东府》："板桥驿，在府北六十里罗俄村，洪武二十一年（1388）建。"

清道光《云南志钞》卷七《土司志上·景东直隶厅》："板桥驿土丞云灿南，其先阿赛，景东乡人。明初，充俄罗哨头目，通晓汉夷言语，迎送宾旅，得其欢心，土府保充板桥驿土驿丞。进京朝贡。宣德六年（1431），麓川叛贼过江滋扰，阿赛率乡兵抵敌，斩首三级，升衔巡检，管驿丞事。卒，子阿哀袭。阿哀卒，子阿徐袭。阿徐卒，弟阿秀袭。赐姓云，取名汉，汉弟阿英取名云沧。汉卒，无子，云沧孙必高袭。必高父端，云沧子也，有疾，故传其子。必高卒，子腾袭。腾卒，子联极袭。清初平滇，联极随土知府投诚，仍授世职。卒，子振宗袭。振宗卒，子仍袭。仍卒，子嵩袭。嵩卒，乾隆四十四年（1779），子灿南袭。"

民国《新纂云南通志·土司考三·景东直隶厅》："板桥……阿赛，景东乡人。明初充俄罗哨头目，通晓汉夷言语，迎送宾旅得其欢心，土府保充板桥驿土驿丞。进京朝贡。宣德六年（1431），麓川叛贼过江滋扰，阿赛率乡兵抵敌，斩首三级，升衔巡检，管驿丞事。卒，子阿哀袭。阿哀卒，子阿徐袭。阿徐卒，弟阿秀袭。赐姓云，取名汉；弟阿英，取名云沧。汉卒，无子，云沧孙必高袭。（按：

必高父云端，有疾故，传其子必高。）卒，子腾袭。腾卒，子联极袭。清初平滇，联极随土知府投诚，仍授世职。卒，子振宗袭。振宗卒，子仍袭。仍卒，子嵩袭。嵩卒，乾隆四十四年（1779），子灿南袭。灿南死，子大章未袭，故；孙现龙，道光二十年（1840）袭。现龙死，子锦咸丰五年（1855）袭。”

清雍正《景东府志》卷之一《建置沿革·驿堡铺哨》：“……板桥驿站马五匹，今俱废。……板桥驿，久裁。其驿丞仍世袭。”“板桥驿土驿丞，驻新站，在治北八十里。”

（六）景东驿丞

景东驿，洪武二十一年（1388）设立，康熙元年（1662）撤销，属城驿。驿丞姓氏、传袭、民族俱无考。

参考文献：正德《云南志》卷七《景东府》：“驿堡：景东驿，在府治之北，洪武二十一年建。”

明万历《云南通志》卷之五《建设志·景东府》：“景东驿，土官驿丞一人。”又卷之六《赋役志》：“站役，本府岁编景东驿站马、铺陈系开南、者孟、者吉、都喇四乡目把亲身答应，廪粮，商税银内支给。”

明·谢肇淛《滇略》卷九《夷略》：“土驿丞……景东（裁革）……”

清雍正《景东府志》卷之一《建置沿革·驿堡铺哨》：“旧《志》：景东驿站马八匹……景东驿，康熙元年裁。”

（七）外地景东籍土司

1. 邓川知州阿氏

邓川知州阿氏，傣族，祖籍景东府威远州。元末，威远州刀哀及长子阿这、次子阿世英因“车里之乱”，避地邓川羊塘里。明洪武十六年（1383），元右丞普颜笃与土官高大惠叛据浪穹，明征南将军傅友德率军征讨，阿这、阿世英兄弟率先冲入敌寨，活捉高大惠。洪武十七年，阿这因军功授邓川世袭土知州（阿世英授罗川土千户），辖十土巡检，地域为今洱源县全境及云龙县之一部。阿这故，长男阿子贤于永乐二年（1404）六月奉旨袭职；阿子贤故，子阿永忠自备象马，差把事尹朝禄进贡获准袭职；阿永忠患病，子阿照于正统九年（1444）袭职；阿永忠老疾，长男阿旻未袭，故。弘治六年（1493）六月，阿照嫡孙阿骥袭职；阿骥故，长男阿国祯袭职；嘉靖七年（1528），从征安铨、凤朝文之乱，又随巡抚邹应龙荡平赤石崖，论功叙赍。传至阿荣，万历中以八百护饷，征岳凤、罕拔，建陇川土城，又以六百人剿捕寻甸李贤等。传至阿尚夔，投诚清兵，仍授世职。清雍正四年（1726），传至阿觅远，以纵贼殃民被革职，迁徙江西。阿这后人阿旻，娶景东知府陶瓒女，生子阿骥，但子未满岁便亡。

参考文献：《土官底簿·云南土官·邓川州知州》：“阿这，本州小百夷人。洪武十五年闰二月投拜，总兵官札拟本州知州。十七年正月实授……”

明正德《云南志》卷二十二《列传八·列女》：“陶氏，景东知府陶瓒女。年二十二，归邓川州土官舍人阿旻，生子阿骥，甫一岁旻卒。陶时年二十四，矢志不二，孀居三十年，始终如一。奏请旌表。”

2. 元谋知县吾氏

元谋知县吾氏，傣族，祖籍景东。元至元十六年（1279），景东府世袭土司广哀任元谋知县。广哀死，传子阿吾。明师下云南，武定女土官商胜首先归附。阿吾袭职投降明朝，仍守旧职。阿吾死，子吾忠袭职，自此以吾为姓。吾忠故，吾政袭职；吾政以“风疾”，子吾起（一说阿吾子）袭职；吾起故，弟吾超袭职；吾超故，朝廷准庶长男吾隆就彼官带；吾隆长男吾大用于明弘治十四年（1501）

以平定武定县安铨、凤朝文之乱有功，授职土巡捕，其子吾至先、孙吾孟才、重孙吾道南皆为土巡捕，道南子吾必奎以平定迤东土司叛乱战功赫赫，由土巡捕擢升土守备，受命世袭土县丞以荫庇子孙。清顺治二年（南明隆武元年，即1645年）因参将李大贽数侵必奎（一说“数扰诸夷”）。必奎不能堪，遂反，连克武定、禄劝、定远（牟定）、大姚、姚安，直逼楚雄，终被云南当局集重兵击溃。必奎死，其子虽受招抚袭职，但已势衰力薄，不能复振，权职尽失。

参考文献：《土官底簿·云南土官·和曲州元谋县知县》：“阿吾，景东府百夷人，原袭土官知县。洪武十五年降，十六年札付与流官相兼署管，十七年有流官知县张元礼病故。阿吾赴京朝觐，二十七年实授元谋县县丞。当月西平侯奏，奉钦依实授知县。”

清道光《云南志钞》卷八《土司志下·废官》、檀萃《华竹新编》：“元谋县土官，其先有广哀者，本僰夷也。元时，世袭知县，属武定路。时，矣格为北部总管，广哀属之，传子阿吾。明师下云南，武定女土官商胜首先归附，阿吾从之。沐英令阿吾招谕所部，仍守其职。”

3. 会川军民指挥司贤氏

会川军民指挥司贤氏，傣族，祖籍景东。据《明史》卷三百十一《列传第一百九十九·四川土司》载：“……会川军民指挥使司，领迷易千户所。土官贤姓，其先云南景东僰种也，徙其属来田种。洪武十六年（1383）归附，以随征东川、茫部劳，授世袭副千户，居所治城外，所辖僰蛮仅八百户。”另据《蜀中广记》卷三四载：“迷易千户所，在卫（按：会川卫）西北八十里……《土夷考》曰：迷易土官，贤姓也。初，云南景东僰夷头目阿骇，徙其属来往种。洪武十六年归附，以随征东川、芒部二府效劳，授世袭副千户……管束八百僰夷而已。”

三、著述书目

（一）景东作者出版作品集统计

1990—2011年景东作者出版作品集统计表

书名	作者	题材	出版社	字数（万字）	年度
冷寂大河	周德翰	长篇小说	中国文联出版社	20	2000
雨淋沧江	周德翰	诗集	中国文联出版社	10	2005
绿色的爱	陶明贵	散文集	作家出版社	20	2003
蛮官传奇	卢晨曦	小说	云南民族出版社	12	2001
山里的金竹和菊花	卢晨曦	小说集	作家出版社	10	2001
陶府传	李开运	长篇章回小说	云南美术出版社	32	2004
芳草地	李开运	文学作品集	云南民族出版社	30	2009
用肩膀托起人生	李开运	纪实文学	云南民族出版社	10	2004
人生是一条等待的河	刘开富	小说散文集	作家出版社	—	—
真爱永恒	卢晨曦	长篇小说	云南民族出版社	20	2009
人生之旅	卢晨曦	散文、诗歌随笔集	内部出版	—	2005
戴家政诗选注	曹守基	诗集选注	云南科技出版社	13	2010
战地边疆故乡	曹守基	诗集	文联出版社	—	—
抹不去的记忆	曹守基	散文	中国文联出版社	—	—
滇诗重光集选注	曹守基	诗集选注	内部出版	—	—
景东古诗精选	曹守基	诗集选注	内部出版	—	—

续表

书名	作者	题材	出版社	字数（万字）	年度
滇豫散记	曹守基	散文	内部出版	—	—
夕阳絮语	杨云	散文	内部出版	—	—
程含章诗选注	李辉	诗集选注	云南民族出版社	—	—
景东散文精选	宣传部	散文集	云南人民出版社	25	2007
景东新诗精选	宣传部、县文联	诗集	云南人民出版社	15	2007
国内知名作家眼中的景东	宣传部、县文联	散文集	云南人民出版社	25	2007
思茅明清儒学教育研究	李庭辉	研究文集	中国文联出版社	—	—
春草诗集	姜兆武	诗集	内部出版	—	—
心花集	姜兆武	诗集	内部出版	—	—
感觉集	姜兆武	诗集	内部出版	—	—
从背阴山走来	王致顺	散文	内部出版	—	—
回首往事	汪大学	散文	内部出版	—	—
天罗地网	魏金德	纪实小说	内部出版	—	—
诗词书画集	李光盈	书画集	内部出版	—	—
光辉历程亮丽银生	宣传部、县文联	散文集	教育科学出版社	30	2011
影像景东	摄影家协会	画册	内部出版	—	—
流水惊梦	周正清	长篇小说	作家出版社	16	2011
一树红山茶	杨洪江	诗集	大众文艺出版社	15	2007
做一片绿叶	杨洪江	散文集	大众文艺出版社	15	2007
人生底片	邓朝山	诗集	云南民族出版社	10	2006
神圣文化殿堂	周德翰	散文	内部出版	—	—

说明：不含户籍在外地作者

（二）景东作者省刊以上发表文艺作品统计

1990—2011年景东作者省刊以上发表文艺作品统计表

作品	姓名	刊物	体裁	发表时间
二月八	周德翰	诗刊	诗歌	—
酿新酒	周德翰	民族音乐	歌曲	—
无量山彝族风情点滴	周德翰	中国乡镇论坛	散文	—
父亲	周德翰	边疆文学	散文	—
西望家乡	周德翰	云南日报	散文	—
村里又见麻栗白（小说二篇）	周德翰	云南日报	小说	—
天华山	周德翰	云南日报	散文	—
景东古城观文庙	周德翰	云南日报	散文	—
彝家情事	周德翰	云南日报	散文	—
倾情天华山	周德翰	春城晚报	散文	—

续表

作品	姓名	刊物	体裁	发表时间
心中的红叶	周德翰	春城晚报	散文	—
失足女	周德翰	云南个体经济报	纪实文学	—
漫湾漫湾人	周德翰	云南民族	散文	—
飘香酥油茶	周德翰	江南晚报	散文	—
清代唯一滇籍帝师刘崐	周德翰	云南政协报	散文	—
故乡未了结	周德翰	云南政协报	散文	—
银江边的红叶	周德翰	云南政协报	散文	—
诗歌十首	周德翰	云南乡镇企业	诗歌	—
改板匠（外三首）	周德翰	云南林业	诗歌	—
无量山彝族风情	周德翰	云南农业	随笔	—
彝家罐罐香	周德翰	云南农业	随笔	—
磨难的修剪	周德翰	云师大学报	散文	—
一张法国人拍摄的老照片和一段往事	周德翰	东方风情	散文	—
在无量山西坡种田父亲	周德翰	云南日报	小说	—
独醉无量哀牢深山中	周德翰	云南日报	散文	获全国散文学会散文二等奖
玉门关黑风暴	周德翰	江南晚报	散文	—
西望家乡	周德翰	云南日报	散文	—
爷爷与一壶古贝春的一生情结	周德翰	人民文学	散文	散文集，获优秀奖
我可以成为雪	王艳	诗刊	诗歌	—
西窗	王艳	春城晚报	诗歌	—
女人没有冬天	王艳	春城晚报	诗歌	—
瓷	王艳	春城晚报	诗歌	—
诗歌九首	王艳	边疆文学	诗歌	—
故园即诗	杨坤	诗刊	诗歌	—
岁月深处的土罐茶	杨坤	中国劳动保障报	散文	—
抱着书本取暖	杨坤	中国信息报	散文	—
从“爬格子”到电脑写作	杨坤	人大代表报	散文	—
滇西景东赋	杨坤	纪检监察报	赋	—
翠湖观鸥	杨坤	中国环境报	散文	—
牛歌声声入梦来	杨坤	云南日报	散文	—
草堆里的乡愁	杨坤	云南日报	散文	—
挂狗头·鳝鱼米线	杨坤	云南日报	散文	—
想起老家的热火塘	杨坤	春城晚报	散文	—
老昆明的记忆盛宴	杨坤	春城晚报	散文	—
闲话生炖肉	杨坤	春城晚报	散文	—
打个电话给父亲	杨坤	春城晚报	散文	—
眼泪为谁而流	杨坤	春城晚报	散文	—
童年的元宵节	杨坤	云南政协报	散文	—

续表

作品	姓名	刊物	体裁	发表时间
清明时节说《清明》	杨坤	云南政协报	散文	—
梦里又闻鸡香	杨坤	新民晚报	散文	—
回乡偶书	杨坤	新民晚报	散文	—
端午粽子香	杨坤	新民晚报	散文	—
心底无私天地宽	杨坤	新民晚报	散文	—
我就这样去想你	杨坤	新民晚报	散文	—
脚步的回声，颤动的灵魂	杨坤	北京晨报	散文	—
诗歌八首	杨坤	边疆文学	诗歌	—
牛歌声声入梦来（外两篇）	杨坤	云南民族	散文	—
黑色的舞蹈	陶明贵	春城晚报	散文	—
牛歌	陶明贵	云南政协报	散文	—
花椒铺就富裕路	陶明贵	云南政协报	散文	—
景东卫城遗址	陶明贵	云南政协报	散文	—
刘崐书法趣闻	陶明贵	云南政协报	散文	—
景东文庙增新辉	陶明贵	云南政协报	散文	—
懒猫的下场	陶明贵	蜜蜂报	散文	—
呼唤绿色	陶明贵	农村信息导报	散文	—
美哉杜鹃湖	陶明贵	云南广播电视报	散文	—
希望拥有“银屏太阳”	陶明贵	云南广播电视报	散文	—
绝恋	陶明贵	中国当代微型小说大观	小说	—
水泥赞	陶明贵	边疆文学	诗歌	—
缅甸邦桑见天壁牌水泥抒感	陶明贵	边疆文学	诗歌	—
莱阳河绿色之歌	陶明贵	云南林业	诗歌	—
乡愁	陶明贵	云南经济日报	诗歌	—
索取与奉献	陶明贵	云南政协报	诗歌	—
快乐吧，别管痛苦那么多	陶明贵	文学与人生	诗歌	—
三跺脚	陶明贵	云岭歌声	词	—
彝家火把节	陶明贵	云岭歌声	词	—
放牛娃和大地主	陶明贵	山茶	民间文学	—
美哉，景东	王潇跃	云南经济日报	散文	—
魅力银生，图说景东	王潇跃	云南日报	散文	—
长臂猿，无量山上牵动人类神经的精灵	王潇跃	云南画报	散文	—
帮崴，艳一个茶事包围的村落	王潇跃	影响力	散文	—
林改队员之歌	罗海垠	云南林业	诗歌	—
哀牢山奇遇	罗海垠	云南林业	散文	—
走进哀牢山站	罗海垠	云南林业	散文	—
非同一般的马鬃蛇	罗海垠	云南林业	散文	—
诗五首	邓朝山	边疆文学	诗歌	—

续表

作品	姓名	刊物	体裁	发表时间
彝乡不眠夜	王云	云南日报	散文	—
景东的夜	田姗姗	云南日报	散文	—
小说	卢晨曦	边疆文学	小说	—
冤家对亲	卢晨曦	《云南戏剧》丛书	花灯小戏	—
老贾与死地	卢晨曦	云南林业	小说	—
山宝舅舅	卢晨曦	人民文学	小说	—
猎人·猎狗·山鹿	卢晨曦	郑州晚报	小说	—
小说二题	卢晨曦	民族文学	小说	—
笑死的石安	卢晨曦	边疆文学	小说	—
怪人龙娃	卢晨曦	边疆文学	小说	—
人到中年	卢晨曦	江南晚报	散文	—
静心独坐	卢晨曦	江南晚报	散文	—
老宅	卢晨曦	思茅文艺	小说	2000年编入“青藤丛书”
愚公赞歌	李世华	老区建设	纪实文学	—
热血青年	李世华	老区建设	纪实文学	—
保家园	李世华	云南日报	纪实文学	—
难忘的景云桥	王秀才	春城晚报	散文	—
诗一首	孙国章	云南政协报	诗歌	—
瞧这“一家子”	李鸿湖	云南民族	纪实文学	—
大上海情系小村子	李鸿湖	支部生活	纪实文学	—
一群境外打工者的遭遇	李鸿湖	云南日报	纪实文学	—
百里追踪抓骗贼	李鸿湖	云南法制报	纪实文学	—
绿孔雀走在回家的路上	李鸿湖	中国林业杂志	纪实文学	—
情感天平离不开爱的砝码	李鸿湖	云南政协报	纪实文学	—
专与艾滋病打交道的人	李鸿湖	云南政协报	纪实文学	—
无量山下的惊天惨剧	李鸿湖	云南政协报	纪实文学	—
哀牢山千古奇案	李鸿湖	云南政协报	纪实文学	—
奶奶宠坏孙，忍无可忍父除子	李鸿湖	云南政协报	纪实文学	—
公丙山最后的麻风村	李鸿湖	云南政协报	纪实文学	—
擦亮眼睛　小心上当	李鸿湖	云南日报	纪实文学	—
让绿孔雀重返景东	李鸿湖	云南日报	纪实文学	—
一家人的爱心接力赛	李鸿湖	云南日报	纪实文学	—
五少年迷途原始森林	李鸿湖	云南日报	纪实文学	—
我和儿子是哥们	李鸿湖	四川精神文明报	散文	—
妈妈你还记得吗	李卓颖	生活新报	散文	—

说明：不含户籍在外地者和中小学生文章

四、文摘

（一）旧著摘录

1. 奏折

督办直隶水利折

清 程含章

奏为直隶之水患已深无可再缓，吁恳圣恩俯准筹款速办事：窃臣猥以一介庸愚，蒙皇上叠次简仕封圻，涓埃未报，方切恐惶。兹复奉命署理工部左侍郎，办理直隶水利事务，圣恩高厚，天地莫量。惟臣识暗昧，深惧弗克胜任，有负圣主知人之明，愈滋悚惕。交卸江西巡抚篆后，沿途探访，博稽直隶叠次治水旧案，得有端倪。又自道光元年以来，六次往来直隶道中，见闻渐熟。此番行入直境，历过景州、阜城、交河、献县河，间任邱雄县、新城、涿州、良乡十州县。沿途履勘河淀，访问官绅士民，又得各道府禀呈略节通省之利弊情形。虽未周历履勘，业已得其大概，知直隶之水患已深，不可不急急图之也。查直隶枕山近海，平原千里，本禹贡冀州之域。枕山则雨水陡泻，挟沙带泥；近海则众水朝宗，地形洼下。平源广野，则河水停积，消泻不速，故其受水患也独深。当尧舜之时，洪水为灾，大禹治之，亦于冀州工力为多。以国朝之近事言之，雍正三年频次大水，钦差怡贤亲王与大学士朱轼治之，大兴水利，用银数百万两，历五年而竣事。乾隆四年又复大水，直隶总督孙嘉淦治之，历两年而事竣。乾隆九年又复大水，钦差尚书刘于义曾同督臣高斌治之，历四年而竣事。乾隆十六年，直隶总督方观承大修天津尾闾一次。二十六七年又复大水，方观承治之，历三年而竣事。以上四次，共用银数百万两。自此之后，水道通利者数十年。迨嘉庆六年大水后，大小河道无不淤浅。其时因川陕军务未平，未暇修治，嗣后愈加淤积。以于道光二三年，大雨滂沱，被水州县多至一二百余处。小民荡析离居，哀鸿遍野。幸蒙圣主如天之仁，每岁赈恤银米百数十万，百姓不致困毙。然以数百万嗷嗷待哺之民，咸仰给于官，岂可为常？则疏通河淀，诚目前至急至要之务，无可再缓矣。臣闻治水如治病也，治病者必先明乎受病之源流，统全体而熟察之，按部位而谛审之。急则治其标，缓则治其本。循古人经验之良方，参今时变迁之症候，病乃可得而治也。以通省之大势观之，天津为众水出海之路。若海河、若塌河淀、若七里海、若贾家沽、若陈家沟、若三岔河、若兴济、若捷地、若勾盘、若老黄河、若筐儿港、若王家务，各减河皆所以泄水如海，犹人之尾闾也；东淀回环数百里，全省之水皆停蓄于此。若扬家河、若杨芬港、若台头、若胜芳、若辛张河、若三汊，皆淀中之河道，沉泓汪濊，犹人之有腹囊也；大清、子牙、永定、南运、北运五大川，乃众水之大宗，流贯淀中，犹人之有肠脏也；西淀容纳顺天、保定、河间三府二十余河之水，南北二泊容纳定正、顺德、广平三府二十余河之水，犹人之有胃垣也；而其传送之区，若大港、若马道、若清河门、若张清口、若玉带、若中亭、若卢僧等河，犹人之有胸膈也；其上若潴龙、若九龙、若府河、若三岔口、若新河、若十字河、若新泮河、若釜河，吐纳各支河之水，流注淀泊，犹如人之有咽喉也；各属之支港沟、渠道，引积水入河，犹人之有血脉也。今则消泻之尾闾无不阻塞，停蓄之腹囊无不浅隘，流贯之肠脏无不壅滞，收纳之胃垣无不平浅，传送之胸膈无不淤积，吐纳之咽喉无不填阙，流通之血脉无不凝滞。加以各河淀之大小堤埝、闸坝、桥梁，无不残缺。每遇霪潦大至，有不泛滥淫溢者乎？此直隶水道受病之部位情形也。伏思自有直隶以来，即有此河渠淀泊，前乎此者不闻频患水灾。自康熙三十九年以后，常苦水涝，则永定、子牙二浊河，筑堤之所致也。孙嘉淦有言："永定、子牙向皆无堤，泥得流行田间，而水不淤淀。自永定筑堤束水，而胜芳、三角等淀皆淤；自子牙筑堤束水，而台头等淀亦淤。"淀口既淤，河深日高，于是乎田水入河之道阻。陈仪亦云："永定自古无堤，虽不无迁徙、冲啮之虞，而填淤肥美。秋末所失，夏麦赔偿，原不足深为害。自筑堤束水东流入淀，于是淀病而全局皆病。"即永定一河，亦自不胜其病，总因浊水入淀，沙散泥沉之故。此又直隶水道致病之根源也。伏查永定河，自筑堤以来，于今已百有余年。河身高出平地丈有余尺，既不能挑之使平，又不能废堤不用，虽明知病根仍在，而无法可治。亦惟见病治病，多开闸坝以分其势，高筑堤埝以御其冲，使不致溃决为害而已。至通省大局，工段繁多，自不能同时并举。惟有用治标之法，先将河淀之尾间、胸膈、咽喉一律挑挖宽深，挑出之土用以筑堤。使洼水得以畅然下注，然后廓清腹脏，利道肠胃，俟大端就理。然后用治本之法，调理血脉，将各州县之支港、沟渠逐一疏通。俾民间灌溉有资，旱潦有备，三五年后，元气渐复，此又现在办理之先后次第也。至承办工段，领支钱粮必频。分段责成各道府各率所属之州县佐杂，并绅士、农民各治所属之水。一则责无旁贷，二则情形教熟，三则呼应较灵，四则利害切身。较之委员承办者，费省而工倍。此番工程浩大，除永定河例系官修，并大川、大泊、大淀、大堤及木石一切物料，非民力所能办理者，照例估计外，其余挑河、筑堤既难概照土方，致滋多费。而百姓连年灾歉，又不能枵腹从事，惟照以工代赈之例，为得事理之平。臣于途次接阅督臣蒋攸铦来咨，业经叠次具奏，皆已悉协机宜。惟须严平赏罚，明定章程，然后人心齐奋，办理妥速也。抑臣更有请者，臣闻治病者固在医方之良，尤贵药力之足。若有方无药，虽扁鹊、卢医不能徒手而奏效。经费者，治水之药物也。此番工程之大，十倍于乾隆年间。以彼时叠次大修之后，河淀之淤塞，犹较此番。当数十年未修之余，河淀之淤塞更重也。臣极知现在库贮未盈，理宜处处节省，然天下事有名为省而实费者，亦有名为费而实省者，所当合朝野上下前后而熟计之也。自道光元年以来，皇上之加恩于直隶灾民者，有赈恤蠲缓不下六七百万。而百余州县民间两年不收之粮食，不下六七千万；水浸之房屋、损坏之器物，又不下千余万，合公私耗损之财用计不下十千余万。曩令早用二三百万以治河，则可节省六七百万之蠲赈。藏之公府并可保全十千余万之食货，藏之民间则上下公私交受其益也。倘再不速用数百万以治河，窃恐每年仍须蠲赈银米二三百万。而河道终须修治，仍须用银数百万。民间每年不收之粮食，又不下三四千万。无论公项不支，而畿辅数百万生灵将不可复，问则上下公私交受不困也。且挑河、筑堤心须一气呵成，做一段即完善一段，方为有益。若轻挑小筑，工作未完，一过大雨时形势必至。挑者必淤，筑者复圮，为费转巨。臣愚昧之见，与其缓办而费多，不若速办而费少；与其零办而费重，何若全办而费轻？此案工费，断非一二百万所能竣事。若每岁止用银数十万两，何年得了？臣查看沿途地方情形，皆属安静。惟鸠形鹄面，向臣呼吁求救者不少。现在市集粮价，每面一斤制钱四十余文，小米一升制钱五十余文。纵有仓谷平粜，于事何济？必须地中出谷，乃得粮价平减。而河水一日不治，则庄稼一日不收；庄稼一日不收，则民间一日无食；民间一日无食，则圣心一日无安。臣反复思维，惟有仰恳圣恩饬部通盘筹议，宽给经费，俾不致办理掣肘。但令积水早得疏消，田地早得耕穫，畿辅数百万生灵感戴皇仁无暨矣。至各州县大小工程，头绪繁多，容臣周历查勘，会同督臣分起具奏。臣滇南蠢材，至愚至陋。独此为国为民之心，常固结于中而不能已。既已躬当其事，即不得不任怨任劳，亦不敢不与督臣蒋攸铦和衷共济。惟是地广工繁，臣有不谙估计，恐与督臣蒋攸铦多有见解不及、思虑不到之处。伏祈圣主随时教诲，俾一切得有遵循，臣不胜感激惶悚之至。谨缮折具奏，是否有当，伏祈皇上圣明训示。

谨奏。

2. 序

《景东县志稿》序

清　罗大任

志之毁，关乎气运乎？非吾所敢知也。志之成，亦关乎气运乎？更非吾敢知也。吾邑志书，创自明郡守李公大奎，郡孝廉杨君周行暨诸宿儒搜罗典故，编纂甫竣未梓而火于寇。清康熙朝郡守胡公向极，雍正朝徐公树闳，乾隆朝吴公兰孙，嘉庆朝张公志学与郡士赵君绂、袁君沣、涂君化龙、杨君履基、廖君棐、邵君溱、涂君浩、邓君良辅、杨君钟英、羊君洸、林君龙、曹君鹤鸣、罗君纶、纪君新文等前后编集成帖，复寄稿广东属程公含章总纂，刊印付回，板存学署。时家有是书，洵吾邑文献光昌之一会也！阅四十余年毁于杜火。迨烽烟粗靖，苏君宝生暨诸先达起而辑之，所遇不合绩用，弗成。又十余年，黄公炳堃旁搜远取，而意在重修也。至光绪戊戌冬，张公建勋按临校士，事竣，谆谆然命曰："此志非黄太守难成！诸生勉焉。"未几，黄公调省事，遂中止。得吾邑文献之厄之限未满欤？民国己未，勉之周君莅任，既靖崔苻，复倡县志采访，征诸学博编辑属于老成。聘侯君应中为总纂，以吴君承鑫佐之。任不敏，亦滥竽其间。呜呼！噫嘻！殆吾邑文献之厄之限已满，而又将见光昌之一会耶！自明迄今，相去三百年，书之成者屡矣，毁者亦屡矣，其间绝续存亡，默默中其有天乎？岂人力所得强乎？抑天工人其代乎？兹复贯朽果红，规模大备，吾景庶有豸乎！

民国十年十二月十三号　星期二

3. 记

改建开南书院记

清　吴诒沣

古者以学化人之气质而成其材使归于有用。故家塾、党庠、州术、国学，无非学之地。天子之元子众子、群后之太子、卿大夫士之适子，与凡民之俊秀，无非学之人。七岁入小学，十五岁入大学，春诵夏弦，秋礼冬书，无非学之时。始于洒扫，应对进退；终于诚意，正心修身，凡以为家国天下计也。管子曰："今夫士群萃而州处……少而习焉，其心安焉！"故士之子恒为士。三代以来，至于杂霸未有不知学之为贵者。闵子见原伯鲁，语不说学，叹曰："不植将落，非明证欤！"

景东僻陋在夷。唐宋以前不隶版图，元时疆以戎索，前明正统始置泮宫，祀先师孔子。我朝康熙四十一年，郡丞茹君仪凤爰有义学之建，所谓开南书院者也，其义近古之州序。城南及四境，凡十六所近古之党庠。"城南"亦茹君建，余皆雍正十年徐君树闳实创设焉。开南书院之立也，阅六十余年。谢君颖元醵资一修葺之。顾其地，幽阴卑湿，栋桴蚁集，相度弗良。而生徒弃是今，且墙倾木颓，将夷为墟。郡贡生赵绂等谋于予曰："请更诸爽垲者。"基既定迁，其旧材之可任以待其新，可谓善厥初已天之生。材不择地，惟人不兴学，则气质将狃于所习。而其地亦足以限人。景东虽不闻于古，然自有学校以迄，于今科名辈出，与他州邑齐。既可以笃信造物者之意，又以见国家行贤育才声教，暨讫比隆于三代之盛美。兹复勤勤于处士之宜地，以补昔之不逮，将必怀仁抱义，伟俊非常之士出于其间，以之任家国天下之用。予故乐观其成，而记其始事于此。

登玉笔山记

清・罗纶

大凡神皋奥区，必有负奇出类，表镇一方之名。山崛起其间，登高一览，觉万家灯火，亿罫绣塍，无不毕见。盖眼界愈空，则所见愈远，而其视不亦愈小也。景东名山最多，若花、若凤、若鹤笼、若孔雀、若笔架、若天马、若沙帽、若金顶、若锦屏，美不胜记。顾独此山名御笔者何？或曰："峰尖锐，宛如文笔，因以为名。"或曰："非是之谓。山本名景董。洪武初，陶氏赴沐英军前投诚，英请设卫防守，以舆图进明太祖俞允，以朱笔点景董山图，因名御笔，后人讹'御'为'玉'。"其说近是。有城直挂巅顶，回环十里，麓稍平，建卫署。东南北三门，皆下临数十仞。西则枕山，本陶氏旧宅。洪武二十三年，调神策卫官兵屯田，陶氏让宅为城，移居河东凤岭，遂世为游击营署。有亭有池，回顾银江三折，宝塔千层，亦胜概哉！由此而上三里许，则有财神殿、武侯祠、毗卢殿、观音阁。高瞻远瞩，一望松柏参翠，兰桂芬芳。游人至此，心神顿开，而登跻艰难，足软力竭，往往坐卧移特而不忍舍去。俄见层楼飞阁，隐见云表，则又神思飞去，不肯中道而返也。由左厢斜穿而出，俯瞰菊水流清，涓涓不息。更有飞泉万丈，自蒙乐山逶迤而来，穿山过峡，从山顶直泻入城下达街衢，遥望如银虹玉枕，蜿蜒屈曲。相传为明指挥袁贤所引导者，所谓“笕泉漱玉”是也。路愈陡峻，其形之玄。约里许，有巍然特起者，伽蓝、灵官二殿也。折而右，关帝庙在焉。又折而左，文昌宫在焉。又数转而入天门，崇阶六十余级，始达老君殿。高踞山顶，上出重宵。前则斗母阁、吕仙祠，后则观音殿。中有四时不谢之花、万年长青之木。虽时当盛夏，不觉肌体生寒。下视城市，屋如粟粒，人如蚁子，盖不知其几千万仞矣！朝则云烟缥缈，乍有乍无；夕则灯光荧荧，俨如星宿。非开南第一名胜而人文所由毓秀也乎？天下无在不有奇境，惟畏难苟安者乃不克造乎？其域独山也乎哉！因为之记。

纪迁行

清　曹鹤鸣

夫遥遥天壤险阻，孰得而穷？邈邈关河向往，惟其所至！窃慨尼山至圣，未免周流；以举孟氏先贤，犹烦历聘。栖皇老矣，遇合艰焉！仆本恨人，灵生斯世。初叨俊选，曾无面壁之功；滥厕贤书，敢懈观光之志。应大挑者，一度碌碌遭遭；赴礼闱者，七科年年被放。匪无同辈尽策勋名，独有不才常逢偃蹇。遂乃效郗诜之入幕，等温峤之截裙。数历齐秦，频游燕赵。不商不宦，觉名利之皆虚；以遨以游，藐形神之俱瘁。无称见痴，有愿难偿。止缘缟纻情多，致令妻帑乐少。东驰西逐，几忘寒暑推迁；水宿风餐，罔计疆圉辽阔。将贻饥于传食，恒抱惭于同人。然而，名山大川不无佳兴，通都大邑每有良朋。遇拟冯贤，会见田文烧券；贫如管子，遍逢鲍叔分金。或流连于诗酒场中，欣同剪烛；或涉猎于讴吟队里，缪托知音。其路债难还，空劳挹注；萍踪靡定，枉费经营。遡廿载之驰驱，不堪回首；计四年之奔走，直可惊人。盖自乙卯（乾隆六十年）去家，轮沾白雪；戊寅（嘉庆二十三年）归里，径满黄花。问客何来？笑儿童之不识；云我无所，嗟庐墓之犹存！喘未定于旋辕，行且疲于就聘。栖迟甸水，羞侪珠履三千；跋涉黔山，猥说鹏程九万。桥名可渡，过免蹇裳；关号七星，登宜缓步。棹轻舟于泸水，晚来听八百洪涛；观盛治于隆州，聿至览九宵威凤。成都市上升沉，莫问君平；万里桥边著作，拟闻法度。丞相之崇祠已古，柏自森森；工部之草堂未湮，花仍灿灿。既闻锦城丝管同心，则沈氏诸郎；更披赤岸云霞投契，则杜家群季。俄而平分秋色，嗟同里之西施。忽报东风整征，车而北上绸缪。灯下思挽驾，而潜意殷然祖饯；城东感挥毫，而都人洽尔云徂。何往请？从此辞。千里金城四望，洵堪衍沃；两头古栈翘首，实甚岧峣。文开七曲之峰，潼川迤逦；剑劈千寻之壑，合道峻嶒。牛首葭萌，雒标关隘；朝天转斗，峻接星辰。指汉中而陇树苍茫，入褒谷而江岩磵砢。鸡头直立，谁闻报晓之声？凤岭横栏，如奋冲宵之翼。过渭滨而思钓叟，经歧下而羡周原。鸿泽高高，尘埋班史；马嵬落落，土积杨妃。所谓历蜀道而至叹蚕丛，眺秦川而具言驰骤也。则有京兆名区，长安大国。终南太乙，储灵气以崇隆；金马承明，考故宫于禾黍。文人学士之涧薮，古意蒸腾；名公巨卿之敷施，余风辉映。朝辞冯翊，夕发新丰。灞岸长桥，原是断魂之地；华清旧馆，犹存赐浴之池。凤凰原则雾隐蒿来，鹦鹉谷正雪封松柏。登骊山而高望，幽王之峰火湮消；升鸿版而徐行，楚汉之军门宴杳。云树迷离于南郑，邱陵蟠绕于咸林。仰华岳之参天，直当落雁；指潼关之扼塞，实可丸泥。临河而不见蒲中，易轴而爰趋洛下。出兹金堤，遵彼陕西。顾一轨之仅容，如临幽谷；笑两骖之难击，宁论雁行。涧水东，瀍水西，周京安在；渑池关，孟津渡，河内非遥。爰及新乡，重经故道。新徘徊乎卫河之浒？足踯躅乎漳水之滨？寻旧侣于平恩，竞说刘郎前渡；访知交于安德，争看范叔当年。冰监永定，河中驰车偷过；雪满南西，门外迂道遄征。试问斯期，恨我来之已晚！莫知其向，伤春去以何言？唱罢逊山，讵有看花之骑；瞻从马首，曾无恋栈之心。当征夫靡及之时，即壮士无颜之日。四旬坐时，谁为东道主人？一旦倾囊，不乏中途侠客。时则榴花照眼，萱草舒目。觅得菖蒲，且酌延年之酒；分来禾黍，如添续命之丝。洎乎柳折阳关，人歌南浦。邹滕雨积，濡轨遍在后车；邳宿泥深，问渡更迷前路。又复黄流浩浩，骤尔平堤；淮水泱泱，忽然闭闸。将荡舟易为策卫，信沧海能变桑田。沽美酒于秦邮，缅怀苏子；溯甘棠于召棣，犹颂谢公。于时，落日衔山，暮霞横郭。萤飞板渚，柳拂芜城。且索断流，识是封关之侯；高登列岸，知为寓客之房。得待先生，仍栖旧邸；每向名圆，曲坞披襟。而纳熏风，常于古刹香林沦茗；而消永日，岂必缠腰骑鹤乃足？骋怀于兹，煮薤煎鱼，聊堪适志。方荷风之送暑，忽桐叶之惊秋。解缆刊沟，扬帆铁瓮。大江东去金焦，则砥柱中流；粮艘南来扬舞，则宣声夹岸。浒野关前讨路，贾客趑趄；虎邱山下停桡，游人杂沓。一声叹乃孤蓬过震泽吴江，半夜浮飘渔火隔鸯湖鹤渚。入武林之市，渌水斜通；登秦望之峰，苍烟乍合。下桥风景秋来，那似春来！三竹林峦间过，何如见过？尔乃跨柳浦沂钱江，访桐君观白水。严子陵之钓渚，尚有荒苔；戴仲若之隐居，惟余积石。摇舟买笑竞说，金衢遮道留茶。久闻长玉迢迢，越水已无船可渡；清湖叠叠，闽山须蹑屩乃趋。镇武陟仙霞之峻岭，草树蒙茸；望折桂之高山，风云变灭。筏偶乘于水北，径误借于松溪。粝酒粗餐，聊果忘饥之腹；凉亭野寺，稍舒欲断之筋。彼西粤尚隔天涯，幸东瓯不达海角。仗得一霄阴雨，顿添万倾洪涛。但切怀程，何知冒险？向建安而至止，行李一肩；依守府以言欢，乡情万缕。梅福升仙之地，毯灶如新；胡寅讲学之区，里居雅韵。况复黄花白鹤，未厌登临；云岛霞州，足资游赏。谈兵虎账，夜阑闻击柝之声；试马龙门，日出看扬鏕之气。且以喜乐，偏能脱略形骸；于焉逍遥，更欲适量心腹。迨夫三秋欲尽，长至临临。知不可乎久留，姑且为之熟计。牵车道左，曷胜桑梓之怀？判褐溪西，暗洒英雄之泪。五里十里，容舍青青；长亭短亭，独行踽踽。武夷山邃，家家储茶笋为生；彭蠡湖宽，处处指鱼虾成市。千尺雪迷将古渡，孰辨洪都？一帆风送到长州，试寻高阁。岁云暮矣，三五日何暇盘旋？君不闻乎？十八滩果堪惶恐。彼虔州之流收草贡，横浦之水志温凉。抑又路尽吴西山分岭表者矣，则有扒山小轿过岭长夫。络绎而陟层岭，仓皇而奔中站。落江满径，梅花早占先春；空翠连畦，柳色争摧残腊。泊孤村而守岁愁人，惟爆竹喧声傍诏郡。以迎年聒耳，是木鱼歌调。问熙年何处？渡阳山绕到中山；喜吾友在斯，话当日更谈今日。甫观灯于元夜，旋尉别于花朝。为羡羊城，七日之游未足；重经佛镇，两潮之趁非虚。览舸舰之迷津，看楼台之轧水。画舫开而笙歌彻夜，何须举士教来？金尊设而罗绮成围，并是司空见惯。鱼羹密蔗，四更犹听招呼；木客洋商，鼓里尚闻欢笑。倏而雨拖残日，风拍空船。西南之系揽何为？三水之分途不远。鼎湖湘峡，翻桃浪以夺腾；梧水浔江，涨春波而浩瀚。动不动长滩怪石，过来魂梦犹惊；曲远曲复岭香溪，盼着心旌尚恋。欲效愚公之见，山莫能移；曾无费氏之方，地弗可缩。窃意人多，君实宁无下榻之原；其如我慕，仲由敢宿平生之诺。鸟当知倦，云自无心。居亦几时，行常经岁。是岂探源宿海，须乘博望之槎；安在遍迹寰区，必跨穆王之马。惟半生其碌碌，实五夜以皇皇。须富贵何时？老夫耄矣；信穷通有命，小子诫之！

4. 诰封

刘体舒父兴周暨母王氏诰封

清（道光）

奉天承运，皇帝制曰：求治在亲民之吏，端重循良；教忠励资敬之忱，聿隆褒奖。尔前封文林即刘兴周，乃广西柳州府融县知县加知州衔刘体舒之父。禔躬淳厚，垂训端严。业可开先，式谷乃宣猷之本；泽堪启后，贻谋裕作牧之方。兹以覃恩晋封尔为奉职大夫，广西柳州府融县知县加知州衔锡之诰命。于戏！克承清白之风，嘉兹报政；用慰显扬之志，昭乃遗谟。制曰：朝廷重民社之司，功推循吏；臣子凛冰渊之操，教本慈帏。尔前封太孺人王氏，乃广西柳州府融县知县加知州衔刘体舒之母。淑慎其仪，柔嘉维则。宣训词于朝夕，不忘育子之勤；集庆泽于门闾，式被自天之宠。兹以覃恩，晋尔为太宜人。于戏！仰酬顾复之恩，勉思抚字；载焕丝纶之色，用慰劬劳。

5. 八股

禹、稷、颜子，易地则皆然

清　刘焜

设为易地之说，圣贤之心愈见矣。夫禹、稷自能乐颜子之乐，颜子亦能忧禹、稷之忧也，易地皆然，不愈见圣贤之心乎？且夫圣贤者，有一定之道，无一定之心也。而无一定之心，亦非胶执乎一定之道。盖行道者守道而有余，守道者亦行道而不足。分观之而圣贤之心见，互观之而圣贤之心愈见，而圣贤之道亦无不见。禹、稷之急如此，以天下之切于己也。而颜子可知矣？则试即其地观之出处。审乎势，廊庙之不能为山林，与山林之不能为廊庙势也。不知叔季滔滔，禹、稷何必不蠖屈？中天济济，颜子何必不龙骧？势事所凭，圣兴贤固有仕止咸宜之学穷达。视乎时，轩冕之不能为涂泥，与涂泥之不能为轩冕时也。不知终身韬晦，禹、稷亦可占不字之贞。奕世尊荣，颜子亦可卜汇征之吉。时命所值，贤与圣自有见潜各得之真。试为易地以观，其心不可共见乎？以帝廷之良佐，必谓可下居韦布，禹、稷亦有所不安。乃使禹为颜子，则九州之荒度，安知不为一室之坐忘？使稷为颜子，则有邵之家室，安知不作东山之啸傲？箪瓢陋巷，颜子然，禹、稷何必不然也。合前后以参观，而禹、稷非好劳矣，而颜子非耽逸矣。以东鲁之儒生，必谓可上跻古圣，颜子亦将谢不遑。乃使颜子为禹，则五典之愿敷，安知不为四载之随刊？使颜子为稷，则终日之无违，安知不为万邦之作义？三过不入，禹、稷然，颜子何必不然也。援古今以互勘，而颜子非徒自诿矣，而禹稷非徒自任矣，转移正无定耳。君若相，堂上畴咨，禹、稷为其盛；师若弟，空山太息，颜子为其衰。盛可易而为衰，衰亦可易为盛。道德与功名正，不必泥于迹也。而凡类于禹、稷、颜子者可知也。变通正靡常耳。二十二人分其忧，禹、稷之忧如故；七十二子同其乐，颜子之乐如常。忧可易为乐，乐亦可易为忧。事功与学问正，不限其域也。而凡愿为禹、稷、颜子者可思也。是可信圣贤之道同矣。

6. 策问

到永兴县任职观风策问

清　戴家政

问兴养立教，政之先务。永兴为郴属首邑，志乘所载“人文辈出”，何以近百年绝无继起者？书院为培植人才之地，邑旧有濂溪讲堂、湖南书院等九书院，行于何时？废于何代？可得闻欤？现在安陵书院变迁已屡，能悉其原委？与膏火坐诵之资，可得而设措之否？讼师、痞棍唆诱良民，逢口角细故，始则教以诉告，继则从中讲和，强者勒取人之财物，懦者附和以猎酒食，何道之从可以止之？歇户招一告状人到屋，便为奇货，从中代为营干讹诈，无所不至，可得而重惩之。与弭盗之法，莫良于保甲，十家相保，互为稽查，互相守望，则贼何由起？此外，尚有何法可以弭之溺女之风？伤天和，拂生机，非同小可，可得而禁止。与育婴堂，最为良法。师其意者，于各乡村、市镇捐置义资，随时救济，尤为妥善。此地人心、风俗尚厚，所在多乐善之事。此等功德，可勿亟图？与义仓社谷，有备无患。永邑社谷已交民间轮流收管，令尚如常经理，否可再行捐增？与农田水利，有可以兴修而利赖无穷者。与此外，尚有何事为吾民利？何事为吾民害？能畅言之。与本县亟思，行一二实政，为地方造福。尔诸生生长是邦，取决有年，其可以开发余心。匡所未逮者，悉举以对。勿私！勿隐！

7. 赋

打歌赋

——以男女聚会歌舞为韵

清　罗为炯

维黎庶安居得所，故闾阎乐事同酣。或吹豳而饮蜡，抑祭社以祈蚕。终岁田家作苦，同心茅舍分甘。击缶吹笙，微论五音六律；手舞足蹈，岂惟二女九男？溯盛世称唐称虞，彼蒸民多稌多黍。康衢则击壤谣传，率土则颂声时举。轶事常昭，流风谁御？逮后世春祈秋报，到处承平；仿前徽耳热酒酣，幽情畅叙。人胥踊跃，有如舞勺之童；市也婆娑，俨学宛邱之女。时则蔀屋清尘，茅檐安堵。秋风熟稻之场，春雨流膏之圃。地勿论五家之邻，时或值三星在户。相宴饮以乐天，悉荡游乎化宇。身无文饰，居然楚楚衣裳；人岂才华？俱属蚩蚩椎鲁。持笙箫而竞进，登得声多；偕妇子以齐来，纷纭类聚。则见布武追踪，褰裳束带。必鱼贯以齐驱，悉凫趋而莫外。乘柘影兮横斜，耸骈肩兮利泰。顿如山立，手小锤而大锤；动则时行，身尘霭而雾霭。巨跃何拘三百？不嫌手足胝胼；旁观应有万千，可庆风云聚会。是盖出作入息，食德饮和。久息争于鼠牙雀角，自顺则于雨笠烟簑。所以扬眉吐气，结伴呼陀。趾弥高而气弥盈，曲踊风情宛尔；沙则飞而蓬则振，欢呼景象如何？倘使星溜兴嗟，未获含哺鼓腹；漫道椒馨致庆，尚能恒舞酣歌。惟圣朝德泽覃敷，仁风广布。庆衍实夫三多，人欣得其四鬴。斯狂歌于送暑逆寒，于醉舞于迎猫祭虎。继课绩以劝耕，将修文而偃武。行见人才奋发，勃勃而兴；岂徒雪兆欢欣，蹲蹲而舞！

金鼎山歌

——月川太守手图其胜命赋

清　潮阳人　林龙

吁嗟乎巇！曩闻刘禹锡尝叹："荆山之外山无秀，太华之外山无奇。"晚得九华尤绝胜，乃悔前论诚卑卑。此君当日倘若见金鼎，我料后来居上不问而可知！翳予点苍夙亦未，蜡屐太守掀图示："吾天蔽亏，划破混茫飞腾入，驱山走海在人为，胸中突兀遽有此。"始叹山耶水耶书耶诗耶大都以意而为之！蒙乐一跌势顿止，修原匍伏三百里。蛛丝石笋排空来，插汉依霄拔戟起。夸娥兮掌孱，黑鳌兮脚拳。岊尖兮磴仄，体蹲兮态翩。前山捧兮震仰盂，后山踊兮笑胁肩。复谷叠帐而岭缺，浮土冒石而顶圆。狰狞少魖兮猊怒，坡陁陡陷兮虎颠。咄咄乎怪哉！五丁何年斧劈来？神输鬼运成此弄，特辟灵境显奇才。群真斗母参翔翱，呼吸帝座高复高。睹峰回翮当有雁，接树引劈岂无猱？瓜削三面之倾巇，蚁缘一线之秋毫。朝岚抱岫，黛柏霆鏖。上有盘古氏未消之雪，下有三千岁一花之桃。只觉巅平趾凸，瘦碧凉骨；枝鹳寓危，煤芋香馞。网络云根，罩盖林樾；非山非阜，如楼如阙；班采类绣，明白若月。萝蔓绝攀，苔衣流滑；术士不前，仙灵宅窟。苍梧之烟白如连，赤城之霞艳未歇。澜沧汹涌硊江翻，勒岸截流不敢越。吁嗟乎巇！人间奇崛罕遇此，缥缈瀛壶差相似。南岳徽号岂可干？松篁未爰污骄饵①。乾坤六幕随低昂，金绳玉检旷弗视。日引木石作知己，万事直付东流水。君不见终南嵩

① 蒙氏僭封"南岳"

少并太行，大名为占声利场。缛川藻野恣登涉，范水模山字亦芳。寸岑崇实势菜圃，掩斋方能驰英誉。才含漱竞买风月，大道傍蒸螺翠割。剑铓梯荣附势浩，相望曷怪嵚崎历？落地不入时俗富贵眼，难动龌龊鄙夫肠乱曰："金鼎金鼎吾语汝，得志则虎失则鼠！"纷纷轻薄何须数？物色国事相以皮，安在神皋非粪土？睡山醉笑山妩，五岳不平向谁吐？揭同青莲梦天姥，强如上界足官府。羌何为乎山中抱膝穷庐吟梁父？

尝新茶

——用六壹呈圣俞韵

清　梁必仁

远隔夷地数千里，银江春晓尝新茶。石泉槐火生蟹眼，临风啜茗旗枪夸。春光已到青阳杪，雷霆乍动惊火蛇。谷雨初过芳红敛，遂令游人徒咨呀。可怜百卉若梦寐，独殿群芳争出芽。灵秀特钟宜此物，赛过梅之黄兮桐之华！赏心随手资采撷，色嫩匀圆无污窊。先尝七碗较卢同，胜似仙人饭胡麻。提笔漫写坡仙句，帘外风雨侵横斜。座中弟子非凡近，多饮诗思清且嘉。此中滋味都肉食，肯教时物劳天涯。凝馨玉乳可供佛，一口吸入改眼花。眼花初改酌不卷，要向明月邀蟆虾。主能过饮客欢饮，客不含羞主不嗟。高歌将进青梅酒，劝君莫醉恐流哇！

8. 乐府

采谷引

清　汪如洋

开仓平谷贵，采谷补仓空。出陈易以新，立法期济众。入仓有定额，官胥毋容侵。斗石发价有定程，铢两勿使衡端轻。储仓卫民民所乐，颗粒终当有归着。官仓宜实欠宜追，但莫折钱饱私囊。

9. 律诗

锦屏山墨泉

清　侯应中

九五占中正，寒泉冽如冰。对人夸翰墨，到底总清澄。

续和一首

——公寓与土知府陶宅相望

清　刘大绅

东望高门第，蛮夷世长官。荒山余气象，乔木就凋残。
戟伐前朝重，优容圣代宽。升平思报国，不再据雕鞍。

开南山水二十四韵

清　吴诒沣

山色当窗静，泉声绕舍幽。十盘多屋角，九折入池头。
逼侧容樵担，杈枒得钩舟。天光向风尽，春意逐波流。
前代门城郭，遐荒杂府州。土官夸印绶，戍卒列戈矛。
蒲僰多椎鲁，园林半古邱。孳生归化育，蠕动伏怀柔。
宁宇休披甲，良辰尽荷耰。诸戎胥后乐，司马实先忧。
薪木都无恙，禽鱼得自由。讵真训泽雉，但欲狎沙鸥。
远已穷南国，高应上北楼。崎岖望乡恨，寂寞别人愁。
竟日翻诗卷，经年想棹讴。重阳悟回雁，七夕悔牵牛。
每觉花时异，常闻鸟语悠。樱桃空烂漫，鹦鹉总勾留。
寒燠随晴雨，衣冠混夏秋。鬓生华似雪，虹彩绿如油。
画食频搔首，宵眠屡豁眸。蚁醅输白傅，蝶梦慕庄周。
雨露同沾润，关河绝阻修。萦青兼绕白，盲负岂鲲游。

老仓温泉

民国　罗大任

生来正气秉氤氲，地冻天寒不与闻。几代疮痍犹待洗，浴沂风咏喜流芳。

10. 词曲

竹枝词·采茶曲

清　黄炳堃

正月采茶未有茶，村姑一队颜如花。秋千戏罢买春酒，醉倒胡麻报琵琶。
二月采茶茶叶尖，未堪劳动玉纤纤。东风骀荡春如海，怕有余寒不卷帘。
三月采茶茶叶香，清明过了雨前忙。大姑小姑入山去，不怕山高村路长。
四月采茶茶色深，色深味厚耐思寻。千枝万叶都同样，难得个人不变心。
五月采茶茶叶新，新茶远不及头春。后茶那比前茶好？买茶须问采茶人。
六月采茶茶叶粗，采茶大费拣工夫。问他浓淡茶中味，可似檀郎心事无？
七月采茶茶二春，秋风时节负芳辰。采茶争似饮茶易，莫忘采茶人苦辛。
八月采茶茶味淡，每于淡处见真情。浓时领取淡中趣，始识侬心如许清。
九月采茶茶叶疏，眼前风景忆当初。秋娘莫便伤憔悴，多少春花总不知。
十月采茶茶更稀，老茶每与嫩茶肥。织缣不如织素好，检点女儿箱内衣。
冬月采茶茶叶凋，朔风昨夜又今朝。为谁早起采茶去？负却兰房寒月宵。
腊月采茶茶半枯，谁言茶有傲霜株？采茶尚识来时路，何况春风无岁无！

清平乐·白燕

清　吴承鑫

过春社了，细雨梁间悄。一样琼楼颜色好，觅个影儿都香。
小院春色繁华，看他雪羽穿花。若向那人叙上，天然美玉无瑕。

丁香结·夜来香

清　黄炳堃

磨月修魂，炼霜呈质。输此淡妆风致，问那人情事。订密约，可是黄昏天气？早知他性格，防形迹，午眠未起。斜阳庭院，便暗动了风流花意。

还记。似小玉芳名，似薛家儿小妹。绛蜡初烧，明蟾渐上，暖春刚腻。人道多露厌挹，悄地休回避。深宵长伴我，拌得和伊不睡。

11. 楹联

开南书院书房

清　杨琼

雅化丈贤侯，诛荆榛而培桃李。又况烽烟久息，瘴雾全消。二三子畎亩余闲，宜有事乎夏弦春诵。

斯文在吾党，重经术不废词章。即此银水前横，玉峰后峙。数百里江山磅礴，当不亚于鹿洞鹅湖。

衙　署

清　黄炳堃

问春风何处归来？万紫千红别开世界；记往日似曾相识，四河五井无恙云山。
边陲向西南，七渡三关千里地；重镇控东北，四河五井万人家。

天华寺二楼台

清　雷文明

到此地，将书画琴棋俱演出来，趣甚！趣甚！登斯楼，把酒色财气都忘却了，仙乎？仙乎？

看花明柳媚，有象文章，苦趣化为乐趣，妙！妙！听燕语莺啼，天然节奏，忧心变作欢心，呵，呵……

漫瞧瞧，要领会其中妙趣，遍地慈云笼杰阁；且坐坐，莫辜负此地风光，诸天法雨出层岩。

大街石云寺

清 侯应中

头门 是谁垒石为山，留斯画本；莫使密云封径，正好清游。

二门 凭栏看青山烟雨翠岫风云，都收来百尺楼头，无边光景；引领想纯阳神仙太白诗酒，倘到得两人胸次，何等逍遥。

刘岷联选

长沙家宅大门联 愿与不解周旋客饮酒，难为不识姓名人作书

长沙家宅中堂联 凡人之有求于我者，皆使我有求于人者也；因人之求而求于人之求，使我失其为我也。

刘岷自撰曼等家宅大门、斤屋联 藜阁增辉仁贤集聚，澜江毓秀支派延长。

刘岷自撰曼等家宅斤屋联 对月三人李供奉，纵情八极宗少文。

刘岷撰挽兄（刘班）联 三十余年性挚情真梦中犹闻呼予季，一万多里星奔露宿痛定还当慰比儿。

宠荷龙章辉联隶萼，谋深燕翼秀发芝兰。

宝鸡市渭滨区茹家庄联 写生前之慈荣百年色笑历千载，勤身后之殷荐万亿子孙对一堂。

长沙定王台对联 玉佩琼琚，缅怀帝子；兰宫桂苑，结想山阿。

丽江博物馆藏联 得山水乐寄怀抱，于古今文观异同。

挽谢遇清联 磊落光明其人如玉，和平乐易与物皆春。

滇迤返人，故我犹存，两袖清风寒范叔；粤东遗爱，颂声不朽，一轮明月小包公。

曼等刘氏家族联 身修而后家齐，家齐而后国治，国治而后天下平；天时不如地利，地利不如人和，人和始臻百废兴。

挽左宗棠联 早娴韬略，晚赞丝纶，盖世勋名署丞相；西拓边陲，南筹海峤，过人胆识寇莱公。

长沙云阳楼联 细捡茶经，朗吟橘颂；闲论画舫，坐拥书城。

长沙贾谊故宅对联 汉策续遗篇，掩卷犹闻长太息；湘滨寻胜迹，结庐还忆此栖迟。

祥云文管所藏联 字随心正柳公权，文与年齐白居易。

其他散落对联 富贵何须六国相，功夫宜破百城书。

还书如别深情友，入室唯闻太古香。

此方定是神仙宅，满座疑闻锦绣香。

养身好守中和气，经世还抒磊落才。

文章史汉有心法，金石周秦生古香。

直谅喜来三径友，纵横富有百城书。

书藏大美终身益，座有微香满室清。

犹知有岁花，冲寒欲放梅。

海为龙世界，云是鹤家乡。

12. 碑文

勒石垂久　封山碑序

上古比户可风、人解良德，是以道不拾遗、夜不闭户，此风良可想也。敝邑家不盈百，其中贤愚杂处，先年众议蓄树滋水，禁火封山，不数载而林木森然，荟蔚可观。奈人心多涣，旦旦伐之，萌芽殆尽。兹复合志同心，冀臻美俗，照旧封蓄，重加严禁，尤期众志成城，勿蹈前辄，不唯利一时且及百世矣。所禁四至：上至红土坡头尖山后横路，右至王家坟横路下大箐边，左至结果箐头。每遇出水箐边，左右离箐二丈不准砍树种地。污秽水源，至干众究。所载公田旧界（并志水永垂不朽）：东至田家小桥凸子，南至小石岩凹口，西至总脉，北至结果箐，界内亦须严禁。至于各家先辈私山久蓄园林，更不得擅行剪伐，违者照乡规罚银充公。所有坟茔，不得以坟占山。凡我同乡，尤望一德一心，父戒其子，兄勉其弟，雍雍睦睦，以礼乎家喻户晓也。所订禁规条陈于后，犯者众姑公议，绝不徇私容阮，推委抗罚者倍罚，见不报者同罚。

禁纵火焚山，违者罚银三十三两。

一、凡有公事一传即至，违抗者罚银三两。

一、禁砍伐树木，伐枝者罚银三钱三分，伐木身者罚银三两，砍榨把罚银三钱三分。

一、禁毁树种地，违者罚银三十三两；有在公山砍榨把者，每把罚银三两三钱。

一、禁盗园蔬果瓜食物等项，查出罚银二十三两。

一、牲畜害田地者，除赔外加倍罚。

一、有外贼入村在槛盗牲畜者，协力寻觅；倘无踪影，众姓半价赔助。

道光二十二年六月十八日　石岩村众姓　同立

（二）现代文学作品选

1. 小说

死了也一定要看到你幸福

陶明贵（傣族）

森玲出生在无量山死亡村，因每年到雨季村子里就有不明病因的人死去而得此名。1992 年，森玲读初二时，父亲及哥哥不幸在这年雨季死去。她妈伤心得想一死了之，但不忍心丢下森玲孤苦伶仃地活在世上，就为女儿活下来了。她恳求森玲好好读书，逃出死亡村，去好地方寻求幸福生活。

父亲及哥哥的死，对森玲触动极大，她没有辜负母亲的希望，初中毕业以优异成绩考入无量山县一中。在森玲考上高中这年，祖传的三棵大核桃树，挂果出奇的少，收下的核桃仅卖得三百多元，身体瘦弱而意志坚强的妈妈还是东拼西借地凑足了九百块钱把森玲送进了县一中。交了学杂费后，几天下来，森玲就没有吃饭钱了。还好她初中的同桌因没有考上高中，家庭贫困不再补习，到县城一家食馆做小工，主要负责洗菜洗碗，她在收碗筷时用一个大口缸折收一些剩饭剩菜，到晚上食馆收摊后送到学校门卫室给森玲吃。

森玲一般中午只买一个白馒头下饭开水吃，然后一直饿到下晚自习才到学校门卫室取剩菜剩饭躲在足球场一角狼吞虎咽。虽然恨日子过得艰难，但她一想到父亲和哥哥的死及母亲的期盼，就一门心思地刻苦读书，用发奋与饥饿鏖战，因此学习成绩蒸蒸日上，很快成为年级的尖子生。

几月后，她初中的同桌因与一起打工的伙伴吵嘴，那伙伴把她收剩饭剩菜的事告诉了老板，企图让老板撵走她。老板叫她到学校里叫森玲来见面，否则就走人。没法，那位好心的同桌只好找来森玲见老板。不想老板却设宴招待森玲，并把与森玲同年级读书的儿子水宝贵介绍给森玲，还拜托森玲一定要帮帮水宝贵，否则，他出的一万多元的买读费就打水漂了。森玲别无选择地点点头，然后偷偷地瞟了一眼水宝贵，这时水宝贵也恰巧看了她一眼。他们不由脸烧起来，心里都嘀咕道还长得不错。

从此，森玲不再吃剩菜剩饭，由水老板主勺，亲自为森玲配料炒菜，天天由水宝贵回家吃饭后，及时给森玲送去。森玲从此能按时吃饭，营养跟得上，身心更健康，学习更出类拔萃。可水宝贵的学习依然一塌糊涂，没有一点长进；森玲就宁愿饿死，也不愿再吃水宝贵送的饭菜了。水宝贵怕挨爹打骂，求森玲吃饭。森玲趁机鼓励他要专心学习，还夸他长得聪明英俊，是帅哥呢。水宝贵得到心仪已久的女同学称赞，心里乐滋滋，就说出心里话，要森玲永远叫他帅哥。森玲沉默不语。水宝贵求她，森玲突然深情地盯着他说，好。你天天可以给我送饭，但要我永远叫你帅哥除非……那——那怎么样？水宝贵急了。森玲忍了忍说，那得等你拿到大学录取通知书那天再叫吧！水宝贵迟疑起来。森玲狠狠心说，做不到——那就再见！我宁愿饿死，以后一辈子也不会再理你了！森玲说完就跑了。水宝贵先一愣，接着追上森玲。森玲不容他啰嗦：想好啦！就别胡思乱想，鬼跳十跳呢，今后要一心一意地搞好学习啊！其实我也喜欢你，假如我们的理想能实现，那我们就能好梦成真了。森玲紧紧地握了一下水宝贵的手说，千万别让我失望啊——帅哥！

水宝贵从此像变了个人，肯刻苦学习了，不懂就问老师，但从不问森玲。森玲也从不问他的学习情况，只是在他送饭来时，紧紧地握一下他的手，用深情的眼神盯着他，盯得他脸红低头悄悄离去。

高一期末考后，水宝贵从慢班杀到重点班，高兴得水老板设宴犒劳森玲，还慷慨地资助解决森玲早点费和学杂费。森玲感恩谢过水老板后，又用那天紧紧握水宝贵手时的眼神盯着水宝贵说，我相信水帅哥不会让大叔失望的，请大叔放心得了。

假期，森玲到食馆与初中的同桌干洗碗洗菜等杂活，但水老板坚决不让她干，要她与儿子好好读书。她选择水老板不在时干，尽量回报水老板的资助。

时间过得真快，转眼跨进黑色七月。水宝贵对森玲说：他想叫他爹买两个手机，牌子他都想好了……

什么牌子的？森玲问。

爱立信。

好呀。

那我去叫我爹买啦?!

这——

因为我肯定考不上重点大学，所以才想买手机。

别泄气啊！帅哥——

你说的话还算数吗？

算数！君子一言……

驷马难追。那好，以后我假如不能天天见你，就天天发短信打电话给你吧！

森玲点点头说，不能强求你爹。我只看重你那张大学录取通知书。

水宝贵腼腆了，说我知道，手机只是附带的，我一定给你一张大学录取通知书。

好！森玲用深情的眼神盯着他，紧紧地握他的手……

高考分数公榜了。森玲全县第一名，水宝贵也考上了本科线。

森玲被清华大学录取，成为无量山县第一个挤进清华大学校门的大学生，为无量一中和无量山县争了光，学校、教委和县政府都分别奖励了森玲，并把她推荐列为西部助学基金对象，解决了她入学后的一切费用。森玲一时间成为县上的新闻人物，她面对镜头谈学习心得，谈成长经历，感谢初中的同桌，感谢水老板，感谢水宝贵……

水宝贵也随之出名，成为差生学习的榜样。

热闹了一阵后，森玲回死亡村陪她妈去了。

转眼到入学时间。森玲辞别母亲来到县城，找到水宝贵索要手机。

水宝贵惭愧地说，我只考上省师大。我以为你不要手机了。

森玲真诚地说，谢谢你没有让我失望！我们真的好梦成真了。也谢谢你们全家，没有你们家的帮助，我肯定没有今天！

水宝贵非常遗憾地说，我醒悟得太慢了，要是早点认识你……

森玲高兴地说，不错了，继续努力吧……我永远的帅哥！

森玲拥抱了水宝贵。他们约定，到大学以后每天只准发一条短信，每月只准打一次电话。

大一，他们遵守了约定。

可到大三刚开学，森玲提出每星期只发一条短信了。理由是她妈在她大二季雨不幸被病魔夺去了生命，安葬母亲，花去了一笔开支，她只有一分一分地死抠才能顺利读完大学。水宝贵同意，并尽量节省开支，攒一些钱汇给森玲。头次汇出的，森玲收下，但叫他下不为例。水宝贵后来寄了两次，都被森玲退回来了，也就没有再寄。

一晃大三快过去了。森玲说，因她学习成绩优秀，被公派到美国留学，等她到美国后，就不通电话了，因为国际长途话费太贵。水宝贵同意，发短信祝贺她，并嘱咐她到美国后，一定要自己照顾好自己。

大四，森玲说自己出国留学了。他们只用短信交流情感，表达相思。

大学毕业，水宝贵回无量一中教书。而森玲继续在国外读研究生，接着攻读博士……

几年下来，水宝贵成为深受学生欢迎的骨干教师，并有一名女同事猛烈地攻击他的爱情防线。快被攻垮时，他把这一情变发短信给森玲。森玲知道后，不但不生气，反而发短信向水宝贵道歉，申明她也不忍心再耽误他的青春了，她衷心祝福他爱情甜蜜，并祈祷神灵把她的爱转嫁到他选中的伴侣身上，让他的另一半加倍地爱他，让他在爱情的海洋中沐浴快乐，享受幸福，美满百年。他选定婚期后，通知森玲前来参加婚礼，给他增添福气。森玲回短信说没有时间回国，特意从美国寄回一束制干的黄玫瑰。刚好在他的婚礼当天收到，他把黄玫瑰摆在新房的显要位置，新娘子看了也满脸喜气，让他以夫妻双双的名誉发短信谢谢森玲。

婚后，水宝贵夫妻恩爱，一年多又喜添一子，日子过得美美满满。他与森玲的短信频率依旧，只不过感情变成兄妹亲情了。

……

水宝贵的儿子上幼儿园了。一天，水宝贵的儿子在一中门口玩耍，突然来了一个外国美女要找他爸爸，他把外国美女带回家。外国美女一看到水宝贵就冲过去拥抱，并喊道水帅哥，想死我了。

水宝贵推开外国美女，客气地请客人坐，并叫妻子倒茶。

外国美女坐下后，用中文流利地自我介绍，她来自美国，是森玲清华大学的同学，因患眼疾视网膜坏了，需要做视网膜移植手术才能复明，正当她找不到视网膜时，森玲找到医院告诉她，愿意把视网膜捐献给她……

那森玲呢？水宝贵急切地问。

她——森玲，在大三那个雨季，不幸患上她家乡那种地方病……我请求我的家人把她和我带到了美国，找最好的医生替她检查，也查不出病因；她只是心速跳得太快，什么药物都不能治疗。在她快走到生命尽头的头一天，她强烈要求医生把她的视网膜赶快移植给我，让来完成她的心愿……

以后由我替她按她的意愿给你准时发短信，用时间让你再找到心爱的人，美满幸福，快乐生活……

她说她一定在另一个世界里祝福你好梦成真，万事如意！并拜托我在适当的时机，用她依然存活的视网膜来看看你！看到你幸福，她在天之灵才能安息！

……

美女提出要去无量山死亡村。水宝贵告诉她，如今死亡村没有人了，全部搬迁到川江坝了，劝她别去了。

美女说，必须去，而且一定要水宝贵陪着去。水宝贵妻子不放心，要求同去。美女请求水宝贵妻子大度一点，让水宝贵亲自把森玲的骨灰送回死亡村，让她永远与家人在一起，这是森玲的最后心愿……

守摊人

颜仕勇

基建队倒闭关门。

麻五成了守摊看门的人。他是一个烟仙酒鬼，烟不管优劣，能冒烟就抽；酒不论好坏，能醉人就喝。

麻五是基建队元老，工资不低，孤独一人，每月烟酒钱还是有的，可他常缺钱花。他是“结对帮扶”寡嫂白二妞了。有人愿做红娘撮合他俩做一对，做长久的“结对帮扶”，麻五只硬硬的一声“白嫂”就没了下文。白嫂的儿子和女儿参加了工作，麻五依然扶贫乡下的白嫂。

队长请客吃饭，带回半瓶的酒，吸剩的烟。命令式地叫一声：“麻五，来。”

麻五习惯地高兴着跑过去，双手接过残烟剩酒。道一声：“队长，我去了。”队长一只粗壮的手在空中摇着：“去去。”

隆隆的机器声停了。麻五坐在或蹲在或躺在机器、墙脚、木板上，滋滋喝酒，咝咝吸烟，偶尔扫视一眼锈蚀的机器、腐烂的木头。

一天下午，喇叭声长鸣，麻五熟练地开了大门。一辆灰色的三菱车鱼儿样的滑进来。车停下。下来两个心宽体胖、脑门油亮的人，麻五只认识其中的一个就是队长，俩人对着几台机器、几堆木头指划着，仿佛没有麻五的存在。

麻五依然蹲在木头上吸烟。油肚更大一点、头发更稀一点的那个对队长说：“好说好说……”

麻五顿悟。“我不同意！”口气坚定有力。

“麻五，你……”队长沉思一会，从车里拿出一瓶无量清酒，挺着“啤酒肚”走过来：“麻兄咱俩喝一口。”

麻五夺过酒瓶，呆呆地审视着队长。队长惘然。

“叭！”酒瓶在地上砸得粉碎。

“队长，你听清楚，这是国有资产，有我守摊人在，你休想私自卖掉这些东西。”此时的麻五就像是拍板定案的大人物。

“麻师傅，你醉了。”

说时迟，那时快。麻五呀的一声，打起了年轻时练就的醉八仙。拳头呼呼生风，直奔队长。

两位胖子急忙钻进车，一溜烟而去。

麻五大笑，笑声在空旷的厂房里回荡。

——原载《思茅文艺》2004 年第 1 期

2. 散文

家在无量山

周德翰（彝族）

做人最悲的莫如知道历史只可顺行而不可逆溯。每当这时，不管是伟大的还是微小的，有名的还是无名的，有钱的还是无钱的，都只能把我们自己的肉身，像一棵摇曳的草，在夜静如海、孤独咬噬自己灵魂的时候，把心中想说的，在此时述说。述说我们对根的思念，以平息我们血脉中澎湃的传统。人的一生在世间穿行，疲乏了累了就要想家，直到匍匐在祖先的身影边，闻到生身的家乡泥土之气，我们才能像一个孩子，安然而睡。

我的家在无量山西部。那是一个濒临澜沧江的名叫曼等的小村。我们的祖先都是一些脸朝黄土背朝天的人，但在这些被太阳烤红的土里，却处处能感觉出一座座矗立的石碑，这是一本深深渗透民族魂的影集，也是我们的游子永远的心灵圣地。这是因为游子们懂得，自己的脚从出世以来就带着泥土，满身不管在外面的世上如何晃荡，总也洗不去乡野的气息。

细雨初歇的下午，我搜寻着生命或者经历残留的丝丝痕迹，踏上了家乡松软的红土地。

母亲大人作古之后，我已经很少回来，一则杂事缠身，二则到家不见母亲身影那种悲凉很惊扰我脆弱的神经。但是，人贱的时候，常常兜遮不住满怀的乡情，注定要被泼洒得满身透湿。不受思乡之苦的人是幸运的，像一粒浮尘傲游人世来去无踪。游走四方的人常背负着一身自己不需要的东西，我却两手空空，只有故乡。

暮色将至，甜甜的月牙不知何时眨起了金色之光，悄悄拉着山间宛若生命脐带的小道，拉长着山岗里无限质朴的树影。我坐在那个叫丙拐的山口。听着风，听着水，听着这极具南亚情致的风以及水古典地流过我的眼眸。我立起身，凝视着澜沧江沿岸如血脉般密布山脊的原野，又一次感受出这山这水再一次沉入它永恒不变的暗黑与宁静之中。

走进村落，家家户户似乎都已闭上了木门，但那充满似酒亲情晚餐的氛围，仍然散落于这个亘古的乡村世界。夜很静，我站在自己的感动里，感受着虚幻的幸福与真实的痛苦。这黑黑的故乡之夜，让我感受到泪水的冰凉与血液的灼燃。

翌日，我起得很早，因为我想拾回童年赶早割牛草或是打柴的日子。想不到，比我起得早的是我那上小学的侄女。扎着羊角小辫子的她已把火塘的火燃得很亮。乡间女孩，对山外的事既羡慕又陌生，她们大多是在灶间完成人生最初的启蒙。她们守着窄窄的灶膛口像守着一扇亮堂堂的窗。

这是秋末一个难得的好天。田野里弥漫着一股好闻的玉米清香，博大的澜沧江两岸的村子远处星星点点的灯火发出初冬的召唤。沿江而上，有时也要攀山崖，登云梯，在澜沧江的百里长湖岸边，只觉秋风振衣，逸兴遄飞。

是的，曼等的山坡，北倚无量山主峰，西被澜沧江缠绕，来自南亚的气流常年沿江而上，记得小时常听人们说："曼等风不多，一年刮两次，一次半年多"。其实，这不为过，这些风总是不间断地从西南褶皱之间暴发出来，漫过田园村庄，冲击无量山苍穹般头颅。

山能兴风，山也能止风。风走的路，不同于其他，它们好像都是在走一条迂回的路。河岸的山岗上，几株老树，在江雾的缠绕中挣脱出来，在我的眼前盘根错节，枝干遒劲，苍老的枝条在风中抖动，有些哀婉苍凉，让人想起村中年迈的老人，想起慢慢流逝的岁月。由于雾的作态，雾海中出现了独木、断峰、怪石，以及一切凸现或隐匿在大地上的活物，以自己的方式在这种时候述说一种存在。

曼等的农民的墙体用红泥夯实，建在临江的东坡。晚清时期，一些有钱人家修筑了不少的深宅大院，墙体还抹成白色，再配以好看的彩画，只是民国中后期累遭匪祸，大部分都已不存。我沿着村落底部往下走，见地里收完玉米包子的玉米秸秆，一簇一簇存放在地边，那些还冒着热气的红土，已经播上了小麦豌豆什么的。那些还没有收下玉米包子的玉米，在微风中抖动，一包一包实实在在地在向我微笑。千百年来，我的祖先沿山筑屋，在我们的屋顶，就可以凭眺世界—环山的邻寨、村落，以及江对岸火柴盒般的房屋和夸张的大山。我的眼前的所有这些年轮深深的老屋，这些曾为我们遮风挡雨的老屋，也是难寻当初状态了。墙体被风雨剥蚀，壁面再也不平了。条条裂缝赫然在目，像爬上纸面的多脚虫万爪横行触目惊心。那些老墙，诞生得很早，那都是一些遮风挡雨的刚毅的脸和淳厚的衣衫。

曼等的历史是厚重的，这或许是因为澜沧江如带地从山脚走过，幻化了无穷的光芒。就在这无量山下的村落中，清代却盈育了以刘崐这样闻名中国的大书法家为代表的学士，尔后也是学者教授辈出。而新时代，更是有一批人才投身各地，让我这个只会发几声叹息的人也为之五体投地。

沧江岸边尽皆为竹，竹们都喜欢高高伸张，让竹间轩朗通透出一片广袤的清明。这些竹是为旧时代那些名士寒儒而生的，面对着时代的黑暗和世道的荒谬，他们厌倦了浑浊纷争的现实，厌倦了官场磕头迎送的勾当，甘心辞官弃禄，走回故里，在绚丽多彩的大自然中寻找心灵的慰藉。在家乡护竹食笋，垂钓沧江，品茗钦酒，以寄情思，吐逸气。正因为刘崐的几行飘逸的大字，让曼等的山乡从此弥漫了书香，也因为他的名字，让子孙爱他的祖先，用他的作为温暖一方水土。

曼等的街很普通，但也有美丽故事。然而，更多的，却是如我们父辈那样平凡如草芥的普通人。没有豪宅，没有轿车，没有令人羡慕的工作，也没有高额收入和众人的呵护，但他们从不堕落自己，也不悖逆良。他们或许只为今天，或者明天的一点点生计而竭尽心力，无论境遇多么艰辛，他们都不会从高楼堕地而亡，因他们压根就没有高楼。他们很是自在，在秀野里生活如同踏青，在山里劳作如同拾翠。山里的水太清了，没一丝的浑浊，可清流濯足，澡身洗心。让柳丝编织春雨，落叶摇动秋声。

曼等金秋的夕阳很美，连绵耸峙的群山如一双玉手，轻托着一颗红红的圆果。蜿蜒在玉指间的澜沧江突地泛出丝丝亮光。那景致，美得让人心痛。不多久，一钩弯月就悬在了西天，悬在了开始乌黑的云州博大的群山上空，悬在江上，落到江底，我心底一阵乱，忽然就跳出唐人那“江畔何人初见月，江月何时初照人?”的追问。

云州北望，是我的家乡。云州即云县也。我清楚记得，平掌村的一座老楼里有这样一副古联：登绿阁已阅江江声响到家声振，对云山而望月月色辉来物色新。江即澜沧江。云山即云县的山。可见，曼等与江与云县的关联。

我至今仍不懂，为什么身体总会被故乡的平凡的事所激动，会被衣衫褴褛的孩子，墙角的空竹篮、磨刀石、喂猪的破槽，丢弃的杵臼，激动得眼湿。

在我的一切往事中，童年占据着重要篇章。因为，童年是灵魂生长的源头。

暮然回首，又见秋雨淅淅沥沥浇向有些干燥的热风，雨丝锁着大山，薄雾罩住沧江，几锁山水，几罩小桥。让人心醉，让人心碎。

——原载《云南日报》《江南晚报》

永远的怀念

李庭辉（彝族）

我是一个普通人。随着岁月的流逝，已步入不惑之年，然而回首往事，我和同龄人一样对伟大领袖毛主席怀着深厚的感情……

在那流逝的岁月中，我经历了许多可悲可喜的事情，可最使我难于忘怀的是1976年9月9日我们伟大领袖毛主席逝世的日子！

那是我高中毕业回乡的第二年，当时我担任生产队会计。9月9日清早，我背着账本到大队报账。下午，算了一天账的我拖着疲惫的身体离开大队走上了回家的路。当到大队不远处的茶山时，对面公社的大喇叭传来了哀乐，我感到不对劲，稳住脚仔细聆听——啊！伟大领袖毛主席与世长辞了！

噩耗传来，如惊天霹雳！顿时，我惊呆了——这是我们普通的农民一直担心的事！今天终于发生了！

“毛主席去世后，中国会不会变天？中国的前途会怎么样？”

我来不及多想，我是一个共青团员，一个生产队的干部。我要把这不幸的消息，马上带回去给乡亲们。我迈开脚步跑了起来……

悲痛！是悲痛的力量使我不知不觉跑完了三公里多的山路。到生产队，我颤抖……

我先到仓房，把这不幸的消息传给正准备回家的保管员和翻谷子的几个社员——保管员又去向队长汇报……不一会儿，队长来了！社员们来了——老的、少的、男的、女的。人们聚集到仓房——聚集到会议室的毛主席像前，瞻仰着毛主席的遗像，默默地——

我禁不住流泪了！社员们哭了……

今天，毛主席离开我们24年了，但那一切依然展现在眼前！对毛主席依旧那样的一往深情！

也许，年轻朋友会问：那是真的吗？

朋友，那是您不了解历史、不了解我们的缘故。

我们的祖先，祖祖辈辈都生活在这边远的哀牢山上，是大山的儿女，他们生活在贫穷、落后、黑暗的封建社会里，他们受够了贫穷，受尽了剥削与压迫。是毛主席共产党使他们翻身得解放，见到了光明，当家作了主人，自立更生过上了新的生活。

记得父亲曾对我说：“孩子，别忘了！你们兄弟姐妹能有今天，是托毛主席共产党的福……”

没有忘记！多年来，我没有忘记——

父亲的话，毛主席共产党的恩情，我将永志不忘！

今天，在新世纪即将到来之际，我对我的孩子，对年轻的朋友们说一句：别忘了！毛泽东主席是中国人民最伟大的领袖，是中华民族最伟大的人！。

——原载《云南广播电视报》《中国云南市委党校云南行政学院函授学院·函苑》

黄草岭，许你一个世外桃源

王潇跃（哈尼族）

在无量山中走了30千米，越走林越深，风越凉，高大核桃树正在醒来，发着绿芽。你觉得世界都绿了。硕大红色山茶旁若无人地怒放，小叶杜鹃和野樱花灌木丛中探头探脑，欲拒还迎。你完全不敢想象还有更美的惊喜潜伏在路上。阳光叫醒花木，给你一个更早的春天。

倘若不亲自到来，谁会曾想到，上苍竟在这逶迤的无量山中安排了一方世外桃源。温婉妥帖，却又孑然独立。这就是黄草岭，地处无量山腹地、国家级自然保护区边缘的小小村落，17.9平方千米的土地上，150户人家散居于此。

我庆幸要走这么远，才能够亲见她的美。

就是这里了，不会错了。你看那满目桃花盛开，你看那人们神态安详，你摸摸你的心，她也这样笃定。

越走就越美了。就在这轻脚轻手的春天，我在无量深山，遭遇一场与桃梨的盛大约会。舍下芳草鲜美，原野落英缤纷。桃花和梨花像云霞，似雾霭，飘渺四下，此起彼伏相得益彰。桃花的粉色更像是一个梦，一个欲言又止的梦，一个年轻秘密的保守，一种难以想象的想象。梨花则不。梨花总是洁白，那样的白，可天上，可人间，让人什么都想，又让人什么都不想。仿佛置身其中，又仿佛从未参与。这只在梦中可相见。可明明不是梦，那叫醒你嗅觉的阵阵清香，比满目桃梨更动人心魄。猿声起伏，在无量山风和日丽的清晨穿过山岚，叫醒沉睡山中的无量人家。村民日出而作，日落而息，时光在这里总是慢了节拍，生活像流水一样，舒缓，淡然。

你应该呆上一晚，从白天到夜晚，再从夜晚等到天明。在这黑夜里，听一听这风声。山风总是凛冽，不知起于何处，也不知止于何处。风呼啦啦地吹，树木是无事的。树密林厚，鲜少被风折断的枝杈，瓦片却容易被摧残。普通瓦片难于抵御凛冽山风的侵袭，这里的人们就地取材，将山中巨石劈为石板建盖房屋。山风善于塑造，沐浴在风雪中的村民，有着无量大山的坚韧，也有着菊河清泉的柔和；村民脸上的棱角或许和石板房一样分明，内心却如桃花一般美好。

绵绵不绝的无量山脉由北往南延伸，蕴藏无数奇神。云雾中，山峦竟勾勒出两个人像剪影，这就是无量佛和伟人峰。他们安卧无量山中，面朝青天白云，神态安详，襟怀坦荡，守得这一方安逸。

山高谷深，光少水冷，稻谷无法生长。可那又怎么样呢？花果野菜是吃不完的，出门就是山，举手投足之间总能满载而归；地涌金莲毫不示弱，给阡陌纵横的绿色庄稼镶一道惬意的金边；水灵的萝卜甜得都可以当水果。流光容易把人抛，红了樱桃，绿了芭蕉。雨水一阵一阵地来，不出一个月，枝头樱花幻化为点点莹红缀于绿叶间，玲珑剔透，娇艳欲滴。没有人不爱黄草岭樱桃，爱她的红火，爱她的玲珑，爱她细密绵长的甜和小心翼翼的酸。

樱桃之后是蜜桃，蜜桃之后是黄梨。这就够让人惊喜的了，想不到还有花椒。黄草岭的花椒，有一种仿佛浸润过的麻，和着几分滤过杂味的清香，令人在唇舌的酥麻中保留着独特的清醒。吃惯了黄草岭的花椒，其他花椒吃起来都觉得差一分味道，差得正是黄草岭的山水灵气。山高水长，万物集天地之灵气，再普通的食材都被赋予独特味道。

四季将黄草岭安排得严严实实，纷纷攘攘拥挤着一个又一个的丰年，而黄草岭的村民却井然有序，始终不曾慌忙。他们过惯了世外桃源般的生活，虽来往于集市，却与世无争。

流水不侵，山风不透。在黄草岭人心中，山花必定年年盛开，生活也将同样宁静而精彩。

每个人心中都有一个世外桃源，它严密包裹着对美好世界的所有期许。深藏于无量深山的黄草岭，她将 颗真心付出，只为许你 个，世外桃源。

——原载《普洱日报》

3. 诗歌

故乡（外一首）

王艳（哈尼族）

故乡永远那么安静
小鸟安静地唱歌
炊烟安静地跳舞
锄头安静地忙碌
只有爷爷永远不动
仿佛他生来就长在水塘边
像一棵嶙峋的老树
盘根错节

一动不动的爷爷
裤腰上拴着许多钥匙
那些上锁的剩饭和权力
永远没有机会霉变
我和弟弟从来不敢靠近
这个叫爷爷的东西
我们躲在门外偷窥
他怒不可遏的更年期
看他偷吃东西扇动耳朵的样子
在火塘边吐一地尼古丁的口水
有一回
他终于起身到屋后
撩起草场一样宽的裤腿
拿出一样东西
撒尿
有一天
十岁还未断奶的姑姑
从奶奶怀中抬起头
看见书包从爷爷手中划出一道凄美的弧线
在火塘中化作一堆女子无才便是德的灰烬
后来
她放牛做嫁妆
嫁到比天边还远的远方

奶奶长发早已及腰
水墨画般的美
被漫长的包头布终身囚禁
长发飞扬竟然是可耻的
冤案得雪那一天
奶奶雪样的长发在坟头飞舞

故乡依然那么安静
安静地褪去补丁外衣
安静地挺直腰杆
安静地等我归来
当我老得认不出自己
她还能喊出我的乳名

岁末

一年的光阴
又被晨钟暮鼓啃得只剩一截尾巴了
岁月碾过我们
一场不见血的车祸
并不代表无人死于严重内伤
光阴早已逃离现场
几根白发
几丝皱纹的证据
不足以将它绳之以法

墙上的日历气数将尽
单薄的日子武装到牙齿
冷依然无孔不入
于是
年轻或不再年轻的男女
纷纷钻进结婚的被窝
钻进幸福的坟墓
前来祭奠的人们
将铜的微臭
用礼尚往来的芬芳掩盖

因为冷
想分道扬镳的人姑且抱成一团
呈恩爱状
因为冷
干柴嫁了烈火
生了一堆基因突变的灰烬

关于茶的时光（外一首）

孙国章（瑶族）

漫步在银生大地上
一片大叶茶的温润与缠绵

让过往的时光意味深长

樊绰的目光漫过《蛮书》
所到之处，层林尽染茶的色彩
“茶出银生城界诸山”的意蕴
渐渐成为普洱茶的坐标
在雄奇秀丽的无量和哀牢之间
孕育着深邃宏大的历史源泉
翻开每一页都可以嗅到——
醇厚浓郁的古色古香

关于茶的时光
那些起起伏伏的往事
沉醉于纯朴善良的心底
一阵春风吹起层层涟漪，那是
绿色的爱恋在采茶女眼波里流动

绿色缘

徜徉在景东绿色天地间
每个人都可以畅快地呼吸
拥抱无量与哀牢赐予我们的
洁—净—世—界

踏上回家的路，一草一木
亲切无比，故乡——
飘出醇香的泥土气息
而那田园牧歌里的家
犹如一幅写意的山水画
密密层层的希望和爱
就在画里深情地耕种

无量山高大挺拔的身躯
筑起我们精神的疆域
哀牢山宽厚质朴的胸怀
馈赠我们思想的动力
你看，因为绿色——
年轻的心像风一样自由
无量和哀牢的每一个物语
让人忘情地陶醉
让人快乐地追随

御笔山（外一首）

楚小寒

在景东城西面，御笔山巍峨屹立
这座我生命中的秀美青山
在那远古的年代横空出世
在漫长的历史中慢慢发育、成长
当一个傍晚来到，我深情地呼唤着
她的名字，献出了我的眼泪
傍晚了，谁来陪伴我登上御笔山
习习的晚风，阵阵的松涛
鸟语和花香弥漫天空
谁在轻轻地弹响那首古老的歌谣
我把痴痴的明亮的双眸
投向无言无语的苍穹世界

遗失了故乡

我打乡村而来
在这个叫做异乡的城市
营养不良，贫血，苍白无力
人模狗样地——活着
走过风，走过雨，走过泥泞
错过的不堪回首，未来的路
曲折坎坷。至今才恍然醒悟
我的头颅是泥土做的
我的躯体是泥土做的
我的骨骼是泥土做的
我的血肉，也是泥土做的
在这个缺少泥土的城市

注定水土不服。卑微的我
终究抵达不了，城市的心脏
却已经把，生我养我的故乡
遗失在——向来的路上
再也无法返回
再也无法返回

我是农民（外一首）

姚池

别说我不容易
千万别说

我是农民
头戴烈日　身穿尘土的
庄稼一亲戚
我爱文学
就像山羊喜食青草
星星思念月亮一样简单

我吃饭是果腹
捧的东西叫“钵头”
交通工具随身携带“11 路”
重要一点环保无污染
被你的香车溅了一身泥
洗洗依旧好脾气

我孤陋寡闻
不懂咖啡得品
有这闲工夫我足以让荒山长出大堆芋头
营养我的黑瘦脸庞
宾馆的旋转玻璃门
转了个圈又将我送回原地
那衣服的样式
总也表达不了我的身材

但我心里装着所有
看得清世界
你我喜爱诗歌的幸福
属同一个级别

翅　膀

旧日荡眉梢　泊在心头
故居风中摇
晃　满头枯草
原是一片春

瘦黄花
咋不换身红妆
长成翅膀
飞出蝴蝶模样

冷月寒池葬蝶影
蝶魂追花舞
今冬泪湿襟

5. 名家题词

为哀牢山生态站题词

吴征镒

从现有的事实看来，生物是在一定的时期一定的地区生态系统中发生和演化的，被子植物和它相关的高等动物都是在以常绿树种为主的常绿阔叶林，特别是热带、亚热带山区发生和发展演化。哀牢山地处东亚的热带边缘，是云南的热带向亚热带发展的过渡地带，她拥有的常绿阔叶林和中国江南（广至日本西南部）广大的常绿阔叶林是一脉相承的，但异地分化的，也是全世界现有生态系统可能是白垩—老第三纪以来的森林的残余或其直接后裔，对全世界生态系统的研究来讲是至为重要的。因为她是常绿阔叶林生态系统亚热带唯一地域广大而类型多样的代表之一，所以我在很多年前建议在哀牢山成立一个山地常绿阔叶林的自然保护区和定位研究，现已由生态所的有关同志将这项野外定位系统研究坚持下来，是很不容易的，希望有关部门注意支持此项工作。热带山地、亚热带常绿阔叶林的研究不但对现在的生态环境的保护和发展有重要意义，将来很可能在人类“上天”的时候，要利用这些科学资料，带已有的生物至其他星球上进行进化工程，来使得它较快适应人类生存发展的需要。(2002 年 11 月)

保护优先，合理发展；惠及社区，共同参与；生态文明，和谐山川；上下齐心，创建伟业。(2008 年春)

6. 国家级报纸新闻摘编

哀牢山上 30 年的守望

赵亚辉

清晨 8 点，我们开车从云南景洪出发，一路向北，在群山中穿行，已经走了 10 个小时，终于到了哀牢山下。

天色渐黑，我们没在景东县城停留，连夜上山。山路蜿蜒而颠簸，上哀牢山并不像金庸笔下那么浪漫，反而是美国迈阿密大学那位教授的形容更加贴切——“这条路比迪士尼的过山车还要刺激”。还要加上一句，可比过山车的时间要漫长几百倍。

在 3 个小时的上山路上，我印象最深的是老刘的这句话：“你可能会觉得上山的路很烂，其实我得说，这是 30 年以来最好的路。现在有一半是柏油路，只有 20 多千米土路，还是修整过的。要在前几年，别说 3 小时，咱们就是一整天可能都到不了站上。那时是坑塘路，陷车是常事，大伙在推拉中折腾个一天两天都正常。”

老刘叫刘玉洪，是我们要去的中科院哀牢山亚热带森林生态系统研究站的常务副站长。1981 年，年仅 24 岁的他来到了哀牢山，参与生态站的组建。时光荏苒，一位风华正茂的青年变成了年过五旬的老人，他与哀牢山转眼已相伴了 30 年。

“这片林子好啊。当年吴老（吴征镒院士，国家最高科技奖获得者）带我们来选址，看到这么好的一片森林，发起建立了生态站，后来设立了保护区。”老刘说：“虽然这里远离社会，远离人群，远离城市，距离最近的村子都要几十里，但是我舍不下这片林子，舍不下哀牢山。”

在老刘的讲述中，我知道了哀牢山对于中国乃至世界的重要。纵贯云南中部的哀牢山，是中国云贵高原、横断山地和青藏高原三大自然地理区域的接合部，是多种生物区系地理成分荟萃之地，保存着中国亚热带地区面积最大的常绿阔叶林，物种丰富，构成了一个原始、和谐、完整的森林生态系统，是世界罕有的绿色宝库和天然物种基因库，也是开展科学研究的理想场所。

这里蕴藏着丰富的动植物资源。记录到的种子植物有 199 科、956 属、共 2242 种（不包括苔藓、地衣等），保存着水青冈、野荔枝、云南七叶树等许多特有、珍稀濒危国家级保护植物。栖息于森林内的野生动物十分丰富，既有哀牢髭蟾、景东齿蟾等珍贵稀有的新种类，也有黑长臂猿、非氏叶猴等国家一级保护动物。

“2000 年前，生态站的条件一直很艰苦，几间帐篷，几间房子，几个人，我们差点撑不下去”，老刘告诉我：“2000 年的时候，我们入选中科院西南知识创新基地，之后 10 年，是跨越式发展。2002 年，我们加入中国生态系统研究网络（CERN）；2005 年，我们被科技部批准进入国家野外观测研究站；如今，我们已经是具有世界水平的综合生态站了。”

和老刘一路聊着，我们到了生态站，已是晚上10点。满天星空下，静谧小湖边，一排白色的二层小楼依偎在一片茂密的森林旁。生态站麻雀虽小，功能齐全。房屋总建筑面积近2000平方米，有办公室、实验室、客房、餐厅和娱乐室，有10兆的宽带能够上网，有远程视频会议系统，还有2台越野车，能够同时接待20多名科学家和研究生到站工作。

冬天的哀牢山非常寒冷，走在站外的草地上，感觉鼻尖冻得发麻。“这里海拔2450米，以前这里冬天很难过，冷啊，现在有了电褥子，好过了。”在电褥子的陪伴下，我安然度过了一个晚上。

第二天清晨，我跟随几名科学家进入原始森林。在森林中，生态站建立了7个观测样地，要经常进行水文、土壤、大气和生物等学科的生态监测，有些数据是隔几天采集，有些数据则需要每天采集。对于重点的四五十种植物，需要做物候观测，植物发芽、开花、结果，整个生命过程都要做详细监测，有些监测将持续几十年。

只跟科学家跑了两个样地，时间就过去了半天。在一片特别茂密的林子中，矗立着一座30米多高的观测铁塔，塔上有许多监测装置。在一名科学家的带领下，我跟着爬上了塔顶。攀爬过程持续了20分钟，那是毕生难忘的20分钟。没有任何保护，冬日的铁栏杆，触手尽是寒意，这30米感觉比30层楼还要高，越往上爬，心砰砰直跳。

我鼓足勇气坚持，想想科学家每天要爬，而我只爬这一次。终于到了塔顶，我站在森林的顶上，树冠被我们抛在脚下。塔顶安装了一套数据采集和摄像系统，观测情况可以实时传到昆明和北京，由此可以实现碳水通量数据的采集、传输、监控的自动化，获取连续的碳循环观测数据集和视频监控数据集。铁塔的不同高度和附近地下还装置了测量热通量、水汽通量、太阳辐射、林冠表温、大气压等要素的传感器。通过这些传感器，可以研究在区域气候变暖情景下亚热带山地常绿阔叶林碳汇源效应的响应机制。

30年来，科研人员的不懈坚持结出了累累硕果。不仅积累了大量的第一手生态学基础资料，还通过对这些资料的整理和分析，发表了近300篇研究论文，出版专著6部，并培养了30多个硕士、20多个博士，接待了美、德、加等20多个国家的专家学者前来科考。

不仅如此，在生态站坚持30年的刘玉洪还获得了当地人民的认可。在当地一份报纸上，我看到了这样的条消息：哀牢山生态站刘玉洪入选“感动景东十大人物”。评选组委会对他长期坚守在哀牢山上从事科学研究给予了这样的评价：“你是行走在哀牢山上永不疲倦的一双脚，你是专注于哀牢山上永不休眠的一双眼。你以可贵的科研精神，成为一片山水的点金石，一个领域的佼佼者，你用自己的青春和持之以恒做永恒的守望”。

“这不仅是对我个人的褒奖，其实更是对我们几代哀牢山科研人员的认可”，刘玉洪说：“我们其实还有更大的梦想，我们不仅想守护好这片林子，我们下一个目标是帮助景东建立一个世界级的亚热带植物园，这项工作已经展开，相信在不久的未来一定能够实现。”

——原载《人民日报》

索　引

·本索引按主题词首字汉语拼音音序（同音词按音调）排列，若首字拼音相同则按第二字音序排列，以此类推。

·外文字母和阿拉伯数字开头的目排在最后。

D

E

F

G

H

J

K

L

M

N

P

Q

R

S

T

W

Y

Z

非音序

后　记

一县不可无志，犹一国不可无史。明代开始，景东即继承了盛世修志的优良传统，在滇西南独树一帜。据有案可查，景郡先后修志 9 次，今存清代古本 4 部、民国旧志和社会主义新方志各 1 部。2011 年，按照国家、省市地方志续修工作规划暨会议精神，景东县成立以县委、人大和政协主要领导为顾问、政府县长为主任的县志编纂领导机构，办公室设在县志办，落实县志办主任为主编，制订工作规划，召开业务培训会；各部门旋即成立工作组，指定专人负责撰稿。2013 年，聘请县人大退休领导李发祥为特邀顾问，邀请县委党史研究室主任颜仕勇、县委党校教授李庭辉、县文联主席周德翰和副主席王潇跃为副主编，强化编纂力量；而 4 位副主编仅能利用业余时间开展修志工作。

志书修编伊始，编辑部成员经验不足，案榻之稿良莠不齐。大家在学习相关法律法规和业务知识的同时，先后到昆明、大理、景洪、临沧、楚雄等州（市）50 余个县（区）交流取经；开展田野调查 62 次，走访当事人或知情人 205 次；查阅各级档案 1700 万字，完善部门及前志漏缺 50 万字。至 2015 年，共向 130 个单位、部门征稿 500 余万字。通过责任编辑组稿、初稿修订，主编“一支笔”统稿把关，整理出送审稿 200 余万字；同年 12 月，《景东彝族自治县志（1978—2011）》通过县级初审；越年 6 月，经过市级专家组严格审核，全票通过终审。2017 年，继续汇集部门和专家意见建议，美化版面设计、优化篇章结构，反复审校，八易其稿。2018 年 10 月，在云南省志办主任杨中林帮助下，景东向中国地方志指导小组办公室（简称中指办）提出了资助申请。次年 3 月，中指办下发了《关于民族地区与贫困地区志书出版资助工程第五批资助的通知》（中指办字〔2019〕32 号），景东县志获得资助。

《景东彝族自治县志（1978—2011）》撰稿及责任编辑人员名录

编名	章名	撰稿（整理）	责任编辑
凡例	—	罗海垠	罗海垠
概述	—	罗海垠	罗海垠
大事记	—	罗海垠	罗海垠
第一编　地理	建置、自然环境、自然资源、自然灾害、地名	罗海垠、颜仕勇、施秀梅、杨志	颜仕勇
第二编　政党·群众团体	中共景东地方组织、纪检　监察、群众团体、精神文明建设	木莉群、李发祥、周华、张新富、颜仕勇、罗舜、李庭辉、程永华、杨春晓、刘子豪、孙倩、罗开菊、李绫艳、王潇跃、吴道富	李发祥

续表

编名	章名	撰稿（整理）	责任编辑
第三编　政权·政协	县人民代表大会、县人民政府、政协景东县委员会、政务	谢安全、陈华、刘林、苏万新、黄成华、杨春焕、毛锐颖、罗莹莹、童墙华、陶明贵、苏思	李发祥
第四编　军事·法治	军事、政法委及综治、公安、检察、法院、司法行政、景东监狱	李庭辉、罗海垠、周德翰、王凯、李龙斌、李鑫、饶勇、苏元洪、鲁成学、吴毕应、姜桂寿、徐艳、李波、伍淑元、罗成顺	李庭辉
第五编　国策实施	人口与计划生育、国土资源管理、环境保护	刘昌发、徐文玺、高银、陈仕荣	颜仕勇
第六编　改革开放	政治体制改革、农村经济体制改革、企业经济改革、社会保障体制改革、综合体制改革、对外开放	李发祥、罗海垠、颜仕勇、李庭辉、李枦霖、罗庆东、杨忠霖、周德翰、罗汀、刘铭彬、王潇跃	李发祥
第七编　基础设施	农业基础设施、水利、交通、城乡建设	颜仕勇、邓铁群、李发祥、胡开明、熊元磊、周建国、罗海垠	颜仕勇
第八编　综合经济管理	经济概况、经济结构、计划、价格、统计、审计、工商行政管理、质量技术监督	颜仕勇、叶镜、黄梅、周华斌、李卫国、兰宏、李跃聪	王潇跃
第九编　农牧渔业	农业生产条件、农业技术及管理、种植业、畜牧业　渔业、茶业、烟草业、蚕桑业	颜仕勇、侯明学、罗海垠、郭成辉、张玲娜、宋艳、苏萍、谢荣贵	颜仕勇
第十编　林业	森林资源、山林权属、森林保护、荒山造林、林业管理	叶绍增、罗海垠、黄志刚	李发祥
第十一编　生物多样性保护	自然地理、野生植物资源、野生动物资源、保护区管理、科研与生物资源开发、国际国内合作项目	肖德兵、罗海垠、周静、刘玉洪	李发祥
第十二编　工业　乡镇企业	工业、电力、乡镇企业	刘本军、罗辉、李枦霖	李庭辉
第十三编　商贸	商业、供销、粮食流通	刘本军、汪永云、罗飞	周德翰
第十四编　财税·金融	财政、税务、金融、保险	杨忠霖、钱江、周恒东、李映林、何佳、蔡宗典、张玉顺、解明晓、查维奇、王凡	颜仕勇
第十五编　信息·传媒	邮政、电信、移动　联通　网通、新闻广电	伍中禄、王承秀、张天伦、杨晓庆、王潇跃	王潇跃
第十六编　人事　劳动	人事、劳动	罗庆东、李发祥、李庭辉	李庭辉
第十七编　民生保障	民政、扶贫、移民	董开友、董开文、朱勇、熊大兴	罗海垠
第十八编　教育　科技	教育、科学技术、水文、防震减灾	李庭辉、罗汀、刘铭斌、罗海垠、颜仕勇、侯明学、刘本军、高银、杨志、叶珍德	周德翰
第十九编　文化·旅游	文化艺术、方言　俗语、旅游、民间饮食文化　生产生活用具	张彪、周德翰、王潇跃、罗波、罗海垠	周德翰
第二十编　卫生·体育	卫生、体育	王政静、张彪、周德翰	周德翰
第二十一编　民族　宗教	民族、宗教　信仰	颜仕勇、李成章	罗海垠

续表

编名	章名	撰稿（整理）	责任编辑
第二十二编　乡镇	镇、乡	王芳、李兆达、王磊、者吉中、胥婷月、李勤贵、王东恒、方旖旎、李云、吴涛、刘刚力、陈建国、李军、杨春焕	王潇跃
第二十三编　人物	人物传　人物简介、人物名录	周德翰、李庭辉、罗海垠	周德翰
第二十四编　丛录	重要文献、土司、著述书目、文摘	颜仕勇、周德翰、罗海垠	颜仕勇
后　记	—	罗海垠	罗海垠

修志是功在当代、利在千秋的大事。一志在手，大到全县经济社会概貌，小到地方民风民俗，一目了然。由于本志修编起步晚，责任人更迭、办公设施简陋，一度影响了进度。在县委县政府的领导和支持下，通过改进工作方法，改善办公条件，加强作风和制度化建设，各位作者和编辑人员昼夜辛勤鏖战，仅用4年多时间就完成编纂、送审工作，可喜可贺！该次修志，也进一步检阅到了本县这支干部队伍，确实是一支能打硬战的队伍。不少单位还以撰写县志稿为契机，深挖广掘，编纂出版了本部门的志书，如公安、财政、卫生、妇幼保健等。当然，在肯定成绩的同时，我们也看到个别单位漠视修志，敷衍塞责，致使资料缺失、章节失衡，留下千古之憾。专家组评审时也提出了批评意见，如气象科技和机构、扶贫机构、文化机构等。孰是孰非，读者在翻阅时自能评判。

编纂《景东彝族自治县志（1978—2011）》是一项浩繁的文化系统工程，涉及全县的各行各业、方方面面，需要各乡镇、各单位和部门相互支持，相互配合。由于涉及年代久远、资料分散，撰稿人员较多、水平参差，书中出现纰漏和错误在所难免，真诚地欢迎各位读者提出宝贵意见。同时，借助这个平台，向那些默默参与和支持本志修编的人们表示深深地感谢！

编者

2020年6月

出版说明

根据国务院办公厅颁发的《全国地方志事业发展规划纲要（2015—2020年）》规定，到2020年必须全面完成第二轮地方志书规划任务。为确保这一目标顺利实现，针对当前部分民族地区与贫困地区志书出版经费困难的情况，在中国地方志指导小组组长王伟光、常务副组长李培林的亲自倡议和领导下，自2015年8月起中国地方志指导小组办公室启动民族地区与贫困地区志书出版资助工程，对经国务院扶贫开发领导小组办公室认定的国家级贫困县（区、旗、县级市），中西部地区、少数民族边疆地区、经济欠发达地区存在出版经费困难的省市县三级综合志书进行出版资助。

民族地区与贫困地区志书出版资助工程既是地方志系统的政治工程，又是全国地方志事业协调发展的促进工程，对于推进第二轮地方志书规划任务按期完成，实现地方志事业区域发展平衡，促进民族地区与贫困地区基础文化建设，具有重要的政治意义和文化意义。2016年4月，该工程入选国家新闻出版广电总局实施的“十三五”国家重点图书、音像、电子出版物出版规划项目。

本书经民族地区与贫困地区志书出版资助工程领导小组批准，入选民族地区与贫困地区志书出版资助工程。

民族地区与贫困地区志书出版
资助工程领导小组办公室
2015年9月